KENKYUSHA
NEW SCHOOL
ENGLISH-JAPANESE DICTIONARY

ニュースクール英和辞典

編者 廣瀬和清 伊部 哲

2nd edition
第二版

研究社

© 2009　株式会社　研究社 (KENKYUSHA Co., Ltd.)
KENKYUSHA NEW SCHOOL ENGLISH-JAPANESE DICTIONARY
ニュースクール英和辞典

第1版　1998年
第2版　2009年

編　　者

廣　瀬　和　清　　　伊　部　哲

編　集　委　員

David P. Dutcher　　米　山　朝　二
豊　田　一　男

校　　閲

David P. Dutcher　　Anthony H. Mills

執　筆　者

伊　藤　健　三　　伊　部　　　哲
植　松　靖　夫　　萱　原　雅　弘
川　辺　俊　一　　高　際　澄　雄
David P. Dutcher　　豊　田　一　男
廣　瀬　和　清　　松　原　陽　介
水　江　彰　一　　Anthony H. Mills
森　戸　由　久　　簗　取　和　紘
矢　野　浩　司　　米　山　朝　二

さ し 絵 画 家

浅野輝雄・上原朝光・ウノカマキリ・改田昌直・黒沢充夫・斎藤光一・立石大河亜・中嶋英敏

(あいうえお順)

まえがき

　世界で最も充実した学習辞典は日本の学生用の英和辞典であるということが最近よく言われています．そして，先行の辞典の長所をいろいろな形で取り入れたり，独自に工夫した特色を手際よく盛り込んだりして，その記述内容がますます豊富になってきています．

　しかし，学習辞典を使う人々の学力には極めて大きな幅があります．あまり英語が得意でない方々にとっては，非常に多くの情報が含まれている辞典よりも，自分が知りたい単語や熟語の意味が比較的簡単に見つけられる辞典がほしくなるのではないでしょうか．

　この辞典は，そのような学習者の方々のために 1988 年に出版された「ニュースクール英和辞典」の改訂版です．私たちは，初版を編集した際の基本方針をさらに検討して，より使いやすい辞典になることを心がけました．この辞典には下記のような数多くの特色があります．

1　文字を出来るだけ大きくし，目が疲れない読みやすいページになるように配慮する．
2　見出し語の意味がすぐ見つかるように，多くの辞書にあるように意味と用例を結びつけずに，意味だけを見出し語のすぐ後ろに列挙する．いくつかの品詞があるものも，その品詞の頻度順に並べてまとめて示す．用例は意味のあとにおき，意味の欄の品詞や番号との対応を明確にする．
3　発音は発音記号だけでなく，簡潔なカタカナでも表記する．
4　名詞については，表わす意味によって，1 つ 2 つと数えられる場合と数えられない場合とがあるので，固有名詞以外の名詞には，数えられる意味の場合には ⓒ，数えられない意味の場合には Ⓤ と示す．
5　基本的な動詞については，他の語とどういう結びつきをするとどういう意味になるかということを，なるべく具体的に示す．基本的な形容詞についても，必要な場合は同じようにする．
6　熟語については，名詞と動詞以外の場合には，見出し語の品詞にとらわれないでまとめて示すことにする．
7　語句の使い方などで注意する必要がある場合には，語法 という欄を設けて説明し，簡単な注意は (❂...) の中で説明する．
8　重要な名詞と動詞との結びつきを示すために，語の結びつき という欄を設ける．
9　英米の文化的背景などを示すために，INFO▶ (Information の略) という欄を設ける．
10　巻末に簡単な「和英辞典」をつけ，本体の「英和辞典」と関連づける．ここには多数のカタカナ語を収録する．

　この辞典の作成に当たっては，研究社の改田宏氏，大谷千明氏を中心とする編集者の方々をはじめ，印刷・制作担当者，特に株式会社ジャレックスと研究社印刷の橋本一郎氏をはじめとする皆様の多大なご尽力をいただきました．編者一同心から感謝を申し上げます．

　21 世紀に入って，英語を勉強しようとする方々がますます多くなってくると思いますが，この辞典がそのような方々のお役に立つことが出来れば幸いです．お使いくださった皆様から多くのご批判・ご助言をお寄せいただけることを切望しております．

2009 年 9 月

編者

この辞典の使い方

I 見出し語

1 収録語と重要語の頻度表示
総収録語 45500 語（そのうち見出し語 26300 語，成句・句動詞 6200 語，動詞・形容詞などの変化形や名詞の複数形 13000 語）．重要語の 4687 語は赤い活字，そのうち中学必修語と高校基本語 854 語は大活字で示した．重要語はよく使われる順に ⁑, ＊, ＊ の印を 3 段階で示した．

2 配列
配列はアルファベット順である．同じつづりで大文字と小文字があるときは大文字を先に示した．つづりが同じでも，語源が異なるときは別に見出し語を立て，語の右肩に小さな数字をつけた．

＊**bark**¹ 動圓 ❶ (犬などが) **ほえる**．❷ どなる．
bark² 名Ⓤ 木の皮．

3 つづりの切れ目
つづりの切れ目は中黒 (･) で示してある．

4 つづり字が違うとき
アメリカとイギリスでつづりが違うときは，アメリカつづりを先に出した．

5 複合語
複合語（2 語以上からなる見出し語）にはアクセントのみ付した．本文中にない単語にのみ，つづりの切れ目の中黒 (･)，発音記号，カナ発音をつけてある．

II 発音 《[7] ～ [9] ページの発音解説および [10] ページの発音記号とカナ発音を参照》．

III 品詞

1 品詞名：この辞典では品詞名などは以下の略語を用いている．
名 名詞　　代 代名詞　　動 動詞　　助 助動詞　　形 形容詞　　副 副詞
前 前置詞　　冠 冠詞　　感 感嘆詞　　接 接続詞　　接頭 接頭辞
動他 他動詞　　動圓 自動詞　　反 反意語　　複 複数形

2 多品詞語：1 つの見出し語に 2 つ以上の品詞があるときは ━ を使って別の品詞を示した．

IV 語形変化
この辞典では名詞・代名詞・形容詞・副詞・動詞・助動詞の語形変化を（ ）で示してある．

1 名詞の複数形：複 の記号に続けて示す．＊つきの重要語にはすべてに示し，＊なしの語でも不規則変化や語尾が - o, - ch, - y, - f の語には複数形を示した．

2 形容詞・副詞の比較変化：＊つきの重要語で比較変化する語には（ ）で示した．

3 動詞の語形変化：＊つきの重要語にはすべて（ ）で示した．＊なしの語でも不規則変化する語や規則変化でも語尾が - y の語や語尾の子音字を重ねる語などには示した．

V 語義

1 語義の区分：この辞典では，語義の区分には ❶, ❷, ❸..., それよりも下の区分には ⓐⓑⓒ... を用いた．語義の配列はよく使われる順に並んでいる．

2 補足説明：語義の補足説明は（ ）の中に，語義の解説は《 》の中に示した．

[4]

VI 名詞の Ⓤ Ⓒ について

名詞の中で1つ，2つと数えることができる語を「可算語」（countable）といい，略して Ⓒ，また1つ，2つと数えられない語を不可算語（uncountable）といい，略して Ⓤ と示した．

VII 用例

この辞書では語義と用例を分けて示してある．語義と用例は ❶❷❸ や ⓐⓑⓒ などの番号と対応させ，用例の始まりは ▶ や ……… で示してある．
また日常的に話し言葉として用いられる表現やよく耳にすることわざなどには 対話 ことわざ をつけた．

VIII 語法

語法の解説は用例や語義の後に示した．

IX スピーチレーベル

地域によって用法・意味などが異なるときは以下のような用法上の指示を 《 》 で示した．

- 《米》アメリカ用法 　　　　　　《英》イギリス用法
- 《スコットランド》スコットランド方言 　《豪》オーストラリア英語
- 《カナダ》カナダ英語 　　　　　《古語》古いことば
- 《文語》形式ばった表現の語 　　《口語》日常会話を中心としたくだけた語
- 《俗語》非常にくだけた語

X 語の結びつき

重要な名詞とよく結びつく動詞の表現を 語の結びつき という囲み記事で示した．英作文のときに役に立つ．

XI INFO

主に英米の文化的な背景を解説した囲み記事．

XII 類語

英語の微妙なニュアンスの違いを示した．

XIII 主な記号など

- ( )　　①省略できる語を示す．②語義の補足説明を示す．③同意語を示す．
- [ ]　　前の語句と置き換えられることを示す．
- 《 》　　語形，文型などを示す．
- ( )　　語義の解説．
- 〖 〗　　専門語の分野表示．
- 〔 〕　　①後に来る前置詞などを示す．②異なった要素の語を並べるときに用いる．
- (★)　　発音に関する注意を示す．
- (✪)　　用法に関する簡単な注意を示す．
- (☞)　　「参照せよ」の意味．

アルファベット表

発音記号	/éi/	/bíː/	/síː/	/díː/	/íː/	/éf/	/dʒíː/	/éitʃ/	/ái/	/dʒéi/	/kéi/	/él/	/ém/
活字体 大文字	A	B	C	D	E	F	G	H	I	J	K	L	M
活字体 小文字	a	b	c	d	e	f	g	h	i	j	k	l	m
ブロック体 大文字	A	B	C	D	E	F	G	H	I	J	K	L	M
ブロック体 小文字	a	b	c	d	e	f	g	h	i	j	k	l	m
筆記体 大文字	𝒜	ℬ	𝒞	𝒟	ℰ	ℱ	𝒢	ℋ	ℐ	𝒥	𝒦	ℒ	ℳ
筆記体 小文字	a	b	c	d	e	f	g	h	i	j	k	l	m

発音記号	/én/	/óu/	/píː/	/kjúː/	(米)/áːr/ (英)/áː/	/és/	/tíː/	/júː/	/víː/	/dʌbljuː/	/éks/	/wái/	(米)/zíː/ (英)/zéd/
活字体 大文字	N	O	P	Q	R	S	T	U	V	W	X	Y	Z
活字体 小文字	n	o	p	q	r	s	t	u	v	w	x	y	z
ブロック体 大文字	N	O	P	Q	R	S	T	U	V	W	X	Y	Z
ブロック体 小文字	n	o	p	q	r	s	t	u	v	w	x	y	z
筆記体 大文字	𝒩	𝒪	𝒫	𝒬	ℛ	𝒮	𝒯	𝒰	𝒱	𝒲	𝒳	𝒴	𝒵
筆記体 小文字	n	o	p	q	r	s	t	u	v	w	x	y	z

★筆順は、ここに示した順序以外にもまだあって、固定したものではありません。
例えば 𝓕, 𝒯 は、それぞれ 𝓕, 𝒯, と書いてもよいのです。

発 音 解 説

解説を読み，図に示されている口の形を参考にして発音の練習をしてみましょう．この辞書では発音を発音記号とカタカナ表記の両方で示していますが，カタカナ表記は一つのめやすです．英語の発音はカタカナでは正確に表わすことはできません．発音記号にも慣れ，英語らしい発音ができるようにしましょう．＊印のついているものは特に日本語の発音と大きく異なるもので，注意が必要です．

A 母音

日本語の母音は「ア」「イ」「ウ」「エ」「オ」の5つですが，英語にはいろいろな母音があります．

1 /iː イー /

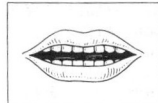

日本語よりくちびるを左に引いて「イー」と長めに発音．
eat /íːt **イート** /
sea /síː **スィー** /

2 /i イ /

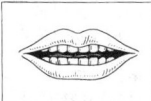

「イ」と「エ」の中間の音．
city /síti **スィティ** /
hit /hít **ヒット** /

3 /e エ /

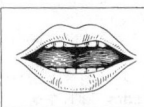

日本語より少し口を開いて「エ」と発音．
ten /tén **テン** /
head /héd **ヘッド** /

4 /æ ア / *

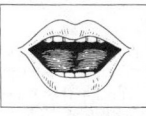

下くちびるを左右に引き，「エ」と発音する口の構えで「ア」と発音．
apple /ǽpl **アプル** /
map /mǽp **マップ** /

5 /ɑː アー /

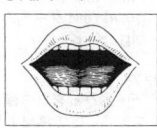

日本語より口を大きく開けて「アー」と長めに発音．
father /fɑ́ːðər **ファーザ** /

6 /ɑːr アー /

/ɑː アー / と同じだが，最後の方で軽く舌を上げる．
art /ɑ́ːrt **アート** / **star** /stɑ́ːr **スター** /

7 /ɔː オー /

口をかなり大きく開けて，奥のほうから「オー」と長めに発音．
all /ɔ́ːl **オール** /
talk /tɔ́ːk **トーク** /

8 /ɔːr オー /

/ɔː オー / と同じだが，最後の方で軽く舌を上げる．
door /dɔ́ːr **ドー** / **horse** /hɔ́ːrs **ホース** /

9 /ɑ ア /（米音）— **10** /ɔ オ /（英音）

/ɑ/ は日本語より口を少し大きく開けて「ア」と発音．
/ɔ/ は日本語より口を少し大きく開けて「オ」と発音．
top /tɑ́p **タップ** | tɔ́p **トップ** /
hot /hɑ́t **ハット** | hɔ́t **ホット** /

11 /uː ウー /

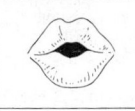

くちびるを小さく丸めて突き出すようにして「ウー」と長めに発音．
pool /púːl **プール** /
move /múːv **ムーヴ** /

12 /u ウ /

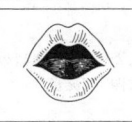

日本語よりくちびるを少し丸めて「ウ」と発音．
book /búk **ブック** /
put /pút **プット** /

13 /ʌ ア /

ほぼ日本語の「ア」と同じように発音．
bus /bʌ́s **バス** /
love /lʌ́v **ラヴ** /

14 /əːr アー / *

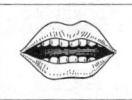

口をあまり開かずに「アー」と長めに発音し，最後の方で軽く舌先を上げる．
bird /bə́ːrd **バード** /
work /wə́ːrk **ワーク** /

[7]

発音解説

15 /ə ア/

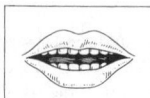

口をあまり開かずに弱く「ア」と発音.「イ」「ウ」や「オ」にも近くなる, あいまいな発音.
America /əmérikə **アメリカ** /
animal /ǽnəməl **アニマル** /

（二重母音）

二重母音は1つの母音からもう1つの母音に向かって移動する音で, 初めの母音は強くはっきりと, 後ろの母音は弱くぼかされて発音されます.

16 /ei エイ/
day /déi **デイ** /
cake /kéik **ケイク** /
17 /ai アイ/
/a/ は, /ɑ/ ほどではないが, 日本語の「ア」より口を少し大きめに開いて発音.
ice /áis **アイス** /
night /náit **ナイト** /
18 /ɔi オイ/
boy /bɔ́i **ボイ** /
voice /vɔ́is **ヴォイス** /
19 /au アウ/
/a/ は, /ɑ/ ほどではないが, 日本語の「ア」より口を少し大きめに開いて発音.
out /áut **アウト** /
house /háus **ハウス** /
20 /ou オウ/
/o/ は, /ɔ/ ほどではないが, 日本語の「オ」より口を少し大きめに開いて発音.
go /góu **ゴウ** /
hope /hóup **ホウプ** /
21 /iər イア/
後ろの母音 /ə/ の後, 舌先を軽く上げる.
here /híər **ヒア** /
tear /tíər **ティア** /
22 /eər エア/
後ろの母音 /ə/ の後, 舌先を軽く上げる.
care /kéər **ケア** /
hair /héər **ヘア** /
23 /uər ウア/
後ろの母音 /ə/ の後, 舌先を軽く上げる.
poor /púər **プア** /
sure /ʃúər **シュア** /

B 子音

日本語ではふつう子音（「ン」以外）はいつも母音と結びついて発音されますが, 英語では子音が母音なしで他の子音と結びついたり, 語尾が子音で終わったりすることが多く, このような子音の発音には特に注意が必要です.

子音には無声音（息だけの音）と有声音（声帯を振動させて出す音）があります.（母音はすべて有声音です）

1 /p プ/ − **2** /b ブ/

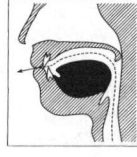

くちびるを閉じて,「プッ」（無声）「ブッ」（有声）とくちびるを破裂させて発音.
pen /pén **ペン** /
cup /kʌ́p **カップ** /
baby /béibi **ベイビ** /
club /klʌ́b **クラブ** /

3 /t ト/ − **4** /d ド/

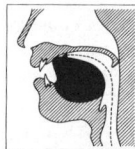

舌の先を上の歯ぐきのあたりにつけて,「トゥ」（無声）「ドゥ」（有声）と舌の先を破裂させて発音.
tea /tíː **ティー** /
cut /kʌ́t **カット** /
dark /dɑ́ːrk **ダーク** /
gold /góuld **ゴウルド** /

5 /ts ツ/ − **6** /dz ヅ/

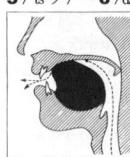

舌先を /t/ とほぼ同じ位置に置き,「ツ」（無声）「ヅ」（有声）と発音.
cats /kǽts **キャッツ** /
beds /bédz **ベッヅ** /

7 /k ク/ − **8** /g グ/

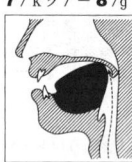

舌の後部を上あごの奥につけ,「クッ」（無声）「グッ」（有声）と舌の後部を破裂させて発音.
cook /kúk **クック** /
kick /kík **キック** /
good /gúd **グッド** /
big /bíg **ビッグ** /

9 /f フ/* − **10** /v ヴ/*

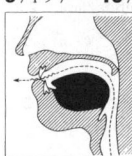

下くちびるを上の歯にあてて,「フ」（無声）「ブ」（有声）とそのすき間から強く息を出して発音.
face /féis **フェイス** /
leaf /líːf **リーフ** /
very /véri **ヴェリ** /
five /fáiv **ファイヴ** /

[8]

発音解説

11 /θ ス/* — **12** /ð ズ/*

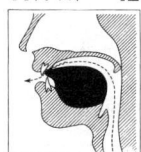

舌先を上の前歯の裏側に軽くあて,「ス」(無声)「ズ」(有声)と発音.
three /θríː スリー/
mouth /máuθ マウス/
this /ðís ズィス/
with /wíð ウィズ/

13 /s ス/ — **14** /z ズ/

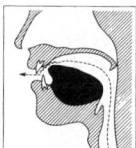

舌先を上の前歯の裏側に近づけ,「ス」(無声)「ズ」(有声)と発音.
see /síː スィー/
dress /drés ドレス/
zoo /zúː ズー/
size /sáiz サイズ/

15 /ʃ シ/ — **16** /ʒ ジ/

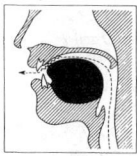

舌先を上の歯ぐきに近づけ,「シ」(無声)「ジ」(有声)と発音.
ship /ʃíp シップ/
fish /fíʃ フィッシュ/
usual /júːʒuəl ユージュアル/

17 /tʃ チ/ — **18** /dʒ ヂ/

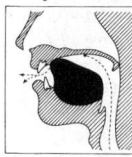

舌が /t/ よりも少し奥の位置で上の歯ぐきに触れ,「チ」(無声)「ヂ」(有声)と発音.
chair /tʃéər チェア/
each /íːtʃ イーチ/
just /dʒʌ́st ヂャスト/
page /péidʒ ペイヂ/

19 /m ム/

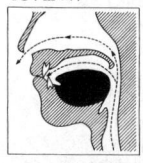

くちびるを閉じて「ム」(有声)と鼻から息を出して発音. ただし /b//f//p/ の前の /m/ は「ン」と表記.
moon /múːn ムーン/
time /táim タイム/
jump /dʒʌ́mp ヂャンプ/

20 /n ン/

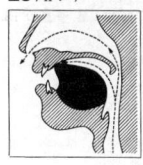

舌先を上の歯ぐきにつけて「ン」(有声)と鼻から息を出して発音.
night /náit ナイト/
noon /núːn ヌーン/

21 /ŋ ン, ング/*

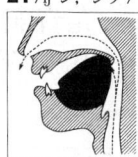

舌の後部を上あごの奥につけて閉じ,「ン」(有声)と鼻の方へ息を通して発音.
king /kíŋ キング/
think /θíŋk スィンク/

22 /l ル/*

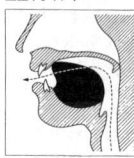

舌先を上の歯ぐきにつけて,舌の両側に息を通して「ル」と発音.
look /lúk ルック/
ball /bɔ́ːl ボール/

23 /r ル/*

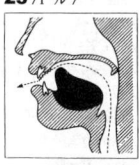

舌の中央を上あごに近づけ,「ル」(有声)と発音.
room /rúːm ルーム/
story /stɔ́ːri ストーリ/

24 /h ハ/

のどの奥から息を出すように「ハ」(無声)と発音.
hat /hǽt ハット/
high /hái ハイ/

25 /j イ/

舌の後部を上あごにつけるようにして「イ」(有声)と発音. 後ろに必ず母音を伴う.
yes /jés イエス/
young /jʌ́ŋ ヤング/

26 /w ウ/*

くちびるを /u/ よりさらに小さく丸めて,突き出すようにして「ウ」(有声)と発音. 後ろに必ず母音を伴う.
way /wéi ウェイ/
wood /wúd ウッド/

発音記号とカナ発音

英米で差の大きな発音については米音を先に英音をあとに示しその間を縦棒 / | / で区切った．
カナ発音は米音のみに表記した．

母　音 (vowels)			子　音 (consonants)		
記号	例		記号	例	
/iː イー/	sea	/síː スィー/	/p ブ/	pen	/pén ペン/
/i イ/ [1]	city	/síti スィティ/	/b ブ/	big	/bíg ビッグ/
	begin	/bigín ビギン/	/t ト/	tea	/tíː ティー/
/e エ/	bed	/béd ベッド/		cut	/kʌ́t カット/
/æ ア/	apple	/ǽpl アプル/	/d ド/	desk	/désk デスク/
	back	/bǽk バック/		red	/réd レッド/
	cat	/kǽt キャット/	/ts ツ/	puts	/púts プッツ/
	hand	/hǽnd ハンド/	/dz ヅ/	hands	/hǽndz ハンヅ/
/ɑː アー/	father	/fɑ́ːðər ファーザ/	/k ク/	car	/kɑ́ːr カー/
/ɑːr アー/	far	/fɑ́ːr ファー/	/g グ/	give	/gív ギヴ/
/ɔː オー/	all	/ɔ́ːl オール/	/f フ/	face	/féis フェイス/
/ɔːr オー/	door	/dɔ́ːr ドー/	/v ヴ/	very	/véri ヴェリ/
/ɑ ア | ɔ オ/	top	/tɑ́p タップ | tɔ́p トップ/	/θ ス/	three	/θríː スリー/
/uː ウー/	moon	/múːn ムーン/	/ð ズ/	these	/ðíːz ズィーズ/
/u ウ/	book	/búk ブック/	/s ス/	skate	/skéit スケイト/
/ʌ ア/	come	/kʌ́m カム/	/z ズ/	zoo	/zúː ズー/
/əːr アー/	girl	/gə́ːrl ガール/	/ʃ シ/	fish	/fíʃ フィッシュ/
	church	/tʃə́ːrtʃ チャーチ/		fishy	/fíʃi フィシィ/
/ər ア/	teacher	/tíːtʃər ティーチャ/	/ʒ ジ/	usual	/júːʒuəl ユージュアル/
/ə ア/ [2]	ago	/əgóu アゴウ/	/tʃ チ/	catch	/kǽtʃ キャッチ/
	hundred	/hʌ́ndrəd ハンドレド/		catchy	/kǽtʃi キャチィ/
	animal	/ǽnəməl アニマル/	/dʒ ヂ/	stage	/stéidʒ ステイヂ/
	computer	/kəmpjúːtər コンピュータ/		stagy	/stéidʒi ステイヂィ/
	Europe	/júərəp ユ(ア)ロプ/	/m ム/ [3]	make	/méik メイク/
/ei エイ/	day	/déi デイ/		time	/táim タイム/
/ai アイ/	ice	/áis アイス/	/n ン/ [3]	sun	/sʌ́n サン/
/ɔi オイ/	boy	/bɔ́i ボイ/		nice	/náis ナイス/
/au アウ/	house	/háus ハウス/	/ŋ ン, ング/	king	/kíŋ キング/
/ou オウ/	go	/góu ゴウ/	/l ル/	love	/lʌ́v ラヴ/
/iər イア/	here	/híər ヒア/	/r ル/	rain	/réin レイン/
/eər エア/	chair	/tʃéər チェア/	/h ハ/	high	/hái ハイ/
/uər ウア/	poor	/púər プア/	/j イ/	yes	/jés イェス/
/aiər アイア/	fire	/fáiər ファイア/		young	/jʌ́ŋ ヤング/
/auər アウア/	hour	/áuər アウア/	/w ウ/	wall	/wɔ́ːl ウォール/
				work	/wə́ːrk ワーク/

1) アクセントがないときには，つづり字に合わせ /エ/ に近い発音になることもある．
2) アクセントがつくことはなく，つづり字に合わせ /イ，エ，オ/ に近い発音になることもある．
3) 印の発音については，「発音解説」**B 子音**の 19, 20 参照．

アクセント記号
/ˈ/ 第1アクセント
/ˌ/ 第2アクセント
airplane /ˈɛərplèin **エ**アプレイン/ 　(カナ発音は第1アクセントのみ太字で表記)

A a 𝒜 𝒶

A, a¹ /éi エイ/ 图(榎 A's, As, a's, as /-z/)
❶ U.C エイ《英語アルファベットの1番目の文字》.
❷ C.U《大文字 A で》〖音〗イ音；イ調.
❸ C.U《大文字 A で》(成績などの)優.
from A to Z 初めから終わりまで，すっかり.

**a² /(弱)ə ア；(強) éi エイ/ 冠《不定冠詞》
❶ **ひとつの**，ひとりの.
❷《種類全体をさして》…というもの.
❸《固有名詞の前につけて》❹ …という人[もの].
❺ …のような人[もの].
❻ …家の人.
❼ …社の製品.
❹《単位を表わす語について》…につき.

❶ Can you see *a* boy and two girls at the gate? 門のところにひとりの男の子とふたりの女の子が見えますか.
❷ *A* horse is a useful animal. 馬というものは役に立つ動物だ.
❸ ❹ *A* Mr Brown has come to see you. ブラウンさんという人がお見えになりました. ❺ He isn't *a* Newton. 彼はニュートンのような(りっぱな)物理学者ではない. ❻ She is *a* Smith. 彼女はスミス家の人です. ❼ He bought *a* Toyota. 彼はトヨタの車を買った.
❹ These eggs are three hundred yen *a* dozen. この卵は1ダース300円です.

語法 (1) 数えられる名詞の単数形の前(その名詞に形容詞などが前についているときはその前)につく. (2) 綴り字に関係なく発音が母音で始まる語の前では an となる: an hour.

a.《略語》adjective.

a·back /əbǽk アバック/ 圃《次の成句で》: ***be taken aback*** (意表をつかれて)びっくりする.

ab·a·cus /ǽbəkəs アバカス/ 图 (榎 ~·es /-iz/, ab·a·ci /ǽbəsài/) C そろばん《◎英米では数を教える教具》.

*a·ban·don /əbǽndən アバンドン/ 動 (~s /-z/; ~ed /-d/; ~·ing) 他 ❶ …を**見捨てる**，放棄する. ❷ …をやめる.

a·ban·doned /əbǽndənd アバンドンド/ 形 見捨てられた，放棄された.

a·bashed /əbǽʃt アバッシュト/ 形 恥ずかしがっている，きまり悪そうな.

a·bate /əbéit アベイト/ 動 (現分 a·bat·ing) 圓《文語》(あらし・苦痛などが)弱まる，減る.

ab·bey /ǽbi アビ/ 图 C 大寺院《修道士と修道女の住む建物が付随している》.

ab·bre·vi·ate /əbríːvièit アブリーヴィエイト/ 動 (現分 -at·ing) 他 (単語など)を略して書く，短縮する《kilogram を kg とするなど》.
☞ 图 abbreviation.

ab·bre·vi·a·tion /əbrìːviéiʃən アブリーヴィエイション/ 图 C 短縮形；省略形.
☞ 動 abbreviate.

ABC¹ /éibìːsíː エイビースィー/ 图 (榎 ABC's, ABCs /-z/) 《(米)では複数形で》
❶ アルファベット (alphabet).
❷《the をつけて》初歩，基礎.
▶ ❷ *the ABC('s)* of mathematics 数学の初歩.

ABC² /éibìːsíː エイビースィー/《略語》
American Broadcasting Company
《アメリカの三大テレビネットワークのひとつ》.

ab·di·cate /ǽbdikèit アブディケイト/ 動 (現分 -cat·ing) 圓 (王などが)退位する.
— 他 (王位・地位・責任など)を放棄する.

ab·di·ca·tion /ǽbdikéiʃən アブディケイション/ 图 U.C 退位；(権利・責任などの)放棄.

ab·do·men /ǽbdəmən アブドメン/ 图 C 腹部.

ab·duct /æbdʌ́kt アブダクト/ 動 他 (人)を誘拐(かい)する，拉致(ち)する (kidnap).

ab·duc·tion /æbdʌ́kʃən アブダクション/

Abe

名 U.C 誘拐(%), 拉致(%).

Abe /éib エイブ/ 名 エイブ《男性の名; Abrahamの愛称》.

ab·hor /əbhɔ́ːr アブホー/ 動 (~s /-z/; ab·horred /-d/; ab·hor·ring /-hɔ́ːriŋ/) 他《文語》…をひどくきらう.
☞ 形 abhorrent.

ab·hor·rent /əbhɔ́(ː)rənt アブホ(ー)レント/ 形《文語》ぞっとするような, いやでたまらない.
☞ 動 abhor.

a·bide /əbáid アバイド/ 動 (~s /-dz/; a·bid·ed /-id/; a·bid·ing /-iŋ/) 他《否定文で》…をがまんする. ▶I can*not abide* the noise. 私はその騒音にはがまんできない.
abide by ... ①(規則・決定などに)従う. ②(約束などを)守る, 実行する.

*a·bil·i·ty /əbíləti アビリティ/ 名 (複 -i·ties /-z/)
❶ U 能力, (…することが)できること (反 inability, disability).
❷《複数形で》(知的・技術的な)才能 (talents).
☞ 形 able.

❶ Human beings have the *ability* to talk. 人間は話す能力がある / He had great *ability* as a statesman. 彼は政治家として非常な能力があった.

類語 **ability** は「知的能力や肉体的能力」; **capacity** は「ものを受け入れたり理解する能力」.

❷ musical *abilities* 音楽的才能.
to the best of one's ability 力の及ぶ限り: We did it *to the best of our ability*. われわれは全力をつくしてそれをした.

a·blaze /əbléiz アブレイズ/ 形 激しく燃えて(いる).

***a·ble** /éibl エイブル/ 形 (a·bler; a·blest)
❶《be able to *do*》…することができる (反 unable)(☞ 語法).
❷ 才能のある, 有能な.

❶ I *was able to* answer the question. 私はその質問に答えることができた / He may *be able to* repair the toaster. 彼はトースターを修理できるかもしれない. ❷ an *able* lawyer 有能な弁護士.
☞ 名 ability, 動 enable.

語法 助動詞(can, will, may など)は並べて用いることはできないので, 「できるでしょう」のように未来を表わす場合は will *be able to* のように be able to を用いる. また過去の実際の事柄を述べるときには could ではなく was [were] able to を用いるほうが多い. なお, 現在時制の場合は can のほうがふつう.

ab·nor·mal /æbnɔ́ːrməl アブノーマル/ 形 異常な, 変態の (反 normal).
☞ 名 abnormality.

ab·nor·mal·i·ty /æbnɔːrmǽləti アブノーマリティ/ 名 (複 -i·ties /-z/) U.C ふつうでないこと, 異常, 奇形, 変態.
☞ 形 abnormal.

ab·nor·mal·ly /æbnɔ́ːrməli アブノーマリ/ 副 異常に; 例外的に.

*a·board /əbɔ́ːrd アボード/ 副 船[飛行機・列車・バスなど]に乗って.
── 前 (船・飛行機・列車・バス)に乗って.

副 *get [go] aboard* 船[飛行機・バス]に乗りこむ.
All aboard! (出発ですから)皆さんお乗りください.
Welcome aboard! ご乗船[ご乗車・ご搭乗]ありがとうございます《乗務員が乗客にいう》.
── 前 He was already *aboard* the bus. 彼はすでにバスに乗っていた.

a·bol·ish /əbáliʃ アバリッシュ | əbɔ́- / 動 (~es /-iz/; ~ed /-t/; ~ing /-iŋ/) 他 (制度・法律・習慣など)を廃止する. ▶*abolish* the death penalty 死刑を廃止する.
☞ 名 abolition.

ab·o·li·tion /æbəlíʃən アボリション/ 名 U (制度・法律・習慣などの)廃止.
☞ 動 abolish.

a·bom·i·na·ble /əbámənəbl アバミナブル/ 形 ひどい, 不快な.

ab·o·rig·i·nal /æbərídʒənəl アボリジナル/ 形 ❶ (ある地域に)大むかしからすんでいる[生えている]. ❷《**Aboriginal** で》アボリジニーの(☞ Aborigine).

Ab·o·rig·i·ne /æbərídʒəni: アボリジニー/ 名 C アボリジニー《オーストラリア先住民》.

a b c d e f g h i j k l m n o p q r s t u v w x y z　　　**academic**

❶It's *absolutely* impossible. それは絶対に不可能だ.
❷I ate *absolutely* nothing yesterday. 私はきのうは全然食事をしなかった.
❸She refused *absolutely*. 彼女はきっぱりことわった.
❹対話 "Are you sure?"–"*Absolutely*." 「確かかね」「そうですとも」.

***ab·sorb** /əbsɔ́ːrb アブソーブ, -zɔ́ːrb/ 動 (~s /-z/; ~ed /-d/; ~ing)
❶(液体・音・光・衝撃など)を**吸収する**.
❷(知識など)を**吸収する**.
❸(大都市・大企業などが)…を合併する.
　　　　　　　　☞名absorption.

❶A sponge *absorbs* water. スポンジは水を吸収する.
❷*absorb* new technology 新しい科学技術を吸収する.
be absorbed in ... …に夢中になる: He *was absorbed in* video games. 彼はビデオゲームに夢中になっていた.

ab·sorb·ing /əbsɔ́ːrbiŋ アブソービング, -zɔ́ːrb-/ 形 人を夢中にさせる, とてもおもしろい.

ab·sorp·tion /əbsɔ́ːrpʃən アブソープション, -zɔ́ːrp-/ 名 U 吸収, 合併.
　　　　　　　　☞動absorb.

ab·stain /əbstéin アブステイン/ 動 自
❶(酒・たばこなどを)やめる. ❷棄権する.
▶❶*abstain from* drinking 禁酒する.
　　　　　　　☞❷では名abstention.

ab·sten·tion /əbsténʃən アブステンション/ 名 U C (投票の)**棄権**.
　　　　　　　　☞動abstain.

***ab·stract** /ǽbstrækt アブストラクト/ 形 (more ~; most ~) ❶(考えなどが)**抽象的な** (反 concrete). ❷【美術】抽象派的な.
　　　　　　　　☞名abstraction.
── 名 C ❶(記事・演説などの)抜粋(ばっすい), 要旨, アブストラクト. ❷抽象芸術作品.

形 ❶an *abstract* idea 抽象的な考え.
❷*abstract* art 抽象美術.
── 名 *in the abstract* 抽象的に, 理論的に.

ab·strac·tion /æbstrǽkʃən アブストラクション/ 名 U C 抽象的な考え.
　　　　　　　　☞形abstract.

ábstract nóun 名 C 【文法】抽象名詞.

ab·surd /əbsə́ːrd アブサード/ 形 (more ~; most ~) ばかげた.
▶Don't be *absurd*! ばかなことを言う[するな] / *It was absurd to* go there alone. あそこへひとりで行くなんてばかだった.
　　　　　　　　☞名absurdity.

ab·surd·i·ty /əbsə́ːrdəti アブサーディティ/ 名 (複 -i·ties /-z/) U C ばかばかしいこと.
　　　　　　　　☞形absurd.

ab·surd·ly /əbsə́ːrdli アブサードリ/ 副 ばかばかしいくらい.

a·bun·dance /əbʌ́ndəns アバンダンス/ 名 U 豊富, 多量.
an abundance of ... 多量の….
in abundance 豊富に; たくさん.
　　　　　　　　☞形abundant.

a·bun·dant /əbʌ́ndənt アバンダント/ 形 豊富な, たくさんの (反 poor).
▶an *abundant* supply of water 豊富な水の供給 / a country (that is) *abundant in* oil 石油が豊富な国.
　　　　　　　　☞名abundance.

a·bun·dant·ly /əbʌ́ndəntli アバンダントリ/ 副 豊富に.

***a·buse** /əbjúːz アビューズ/ 動 (a·bus·es /-iz/; a·bused /-d/; a·bus·ing) 他
❶…を**乱用する**, 悪用する.
❷…を虐待(ぎゃくたい)する, 酷使する.
❸…をののしる (☞middle finger のさし絵).
── 名 /əbjúːs アビュース/ (★動詞との発音の違いに注意) (複 a·bus·es /-iz/)
❶U C 乱用, 悪用. ❷U 虐待, 酷使.
❸U 悪口, ののしり.
　　　　　　　　☞形abusive.

a·bu·sive /əbjúːsiv アビューシヴ/ 形
❶虐待(ぎゃくたい)する. ❷口ぎたない.
　　　　　　　　☞名abuse.

AC /éisíː エイスィー/ 《略語》【電気】 alternating current 交流.

***ac·a·dem·ic** /ækədémik アカデミック/ 形 (more ~; most ~)
❶ⓐ学校(教育)の, 勉強の.
ⓑ学問の, 大学の, 高等教育の.
❷ⓐ学問的な, 学者的な.

academically

❺勉強の得意な.
❸理論的な, 非実際的な.
☞ 名 academy.
— 名 © 大学教師.

形 ❶ ⓐ an *academic* degree 学位 / *academic* freedom 学問の自由.
❷ ⓐ *academic* achievements 学問上の業績.

ac·a·dem·i·cal·ly /ækədémikəli アカデミカリ/ 副 学問的に, 理論的に.

acádemic yéar 名《**the** をつけて》学年《英米では9月に始まり6月に終わる; ⓞ school year ともいう; ☞ semester》.

a·cad·e·my /əkǽdəmi アキャデミ/ 名 (複 -e·mies /-z/) © ❶ 専門学校.
❷ 学士院, 芸術院; (学問・文芸・美術などの)協会. ❸ (米)私立高等学校[中学校].
☞ 形 academic.

Acádemy Awárd 名 © (映画)(アメリカの)アカデミー賞(☞ Oscar ❷).

ac·cel·er·ate /əksélərèit アクセラレイト/ 動 (~s /-ts/; -at·ed /-id/; -at·ing) 他
❶ …の速度を速める, …を加速する.
❷ …を促進させる.
— 自 速度を増す.

ac·cel·er·a·tion /əksèləréiʃən アクセラレイション/ 名 回 加速; 促進.

ac·cel·er·a·tor /əksélərèitər アクセラレイタ/ 名 © (自動車の)アクセル.

*** ac·cent** /ǽksent アクセント/ 名 (複 ~s /-ts/)
© ❶ ⓐ (発音するときの)**アクセント**, 強勢. ⓑ アクセントの符号(/´/ や /`/).
❷ (ことばの)**なまり**; 口調.
❸ 強調, 重視.
☞ 動 accentuate.
— 動 /æksént アクセント/ (★名詞とのアクセントの違いに注意)(~s /-ts/; ~ed /-id/; ~ing) 他 …を強調する.

名 ❷ speak English with a German *accent* ドイツ語なまりで英語を話す / in soft *accents* 柔(やゎ)らかな口調で.
put the accent on ... …を重視する.

ac·cen·tu·ate /ækséntʃuèit アクセンチュエイト/ 動 (現分 -at·ing) 他 …を強調する, 目だたせる.
☞ 名 accent.

A BCDEFGHIJKLMNOPQRSTUVWXYZ

*** ac·cept** /əksépt アクセプト/ 動 (~s /-ts/; ~ed /-id/; ~ing) 他
❶ …を**受け取る**, (招待・提案・忠告などを)**受け入れる**, …に応じる (反 refuse, reject) (◎「(いやいやではなく)積極的に受け取る」の意味;「(気持ちに関係なく)単に受け取る」は receive).
❷ (納得して)…を**認める**, 信じる.
❸ (責任・仕事・手形などを)引き受ける.
— 自 受け入れる, 応じる.
☞ 名 acceptance.

他 ❶ He *accepted* her present. 彼は彼女の贈り物を(喜んで)受け取った / She offered him some good advice, and he *accepted* it. 彼女は彼によいアドバイスをしたので彼はそれを受け入れた.
❷ His teacher *accepted* his reason for being late. 彼の先生は彼が遅刻した理由を認めてくれた / We *accepted* his statement *as* true. われわれは彼の言うことを本当だと認めた.
— 自 He asked her to marry him and she *accepted*. 彼は彼女に結婚を申し込み彼女は承諾した.

ac·cept·a·bil·i·ty /əksèptəbíləti アクセプタビリティ/ 名 回 (よいとして)受け入れてもよいこと.

*** ac·cept·a·ble** /əkséptəbl アクセプタブル/ 形 (more ~; most ~) ❶ **受け入れてもよいほどの**.
❷ まあまあである, 悪くはない.

*** ac·cept·ance** /əkséptəns アクセプタンス/ 名 (複 -anc·es /-iz/) 回 (よいとして)**受け入れる[受けとる]こと**.
☞ 動 accept.

ac·cept·ed /əkséptid アクセプティド/ 形 一般に認められた.

*** ac·cess** /ǽkses アクセス/ (★アクセント注意) 名 ❶ 回 ⓐ (物・人に)**近づくこと**, 接近; 入ること. ⓑ 利用する[手に入れる, 面会する]機会[権利].
❷ 回 近づく方法[道]; 利用する方法.
❸ 回 (電算) アクセス(コンピューターでデータを呼び出したり書き込んだりすること).
— 動 他 (電算) (データなど)にアクセスする.

名 ❶ ⓐ within easy *access* of the

abcdefghijklmnopqrstuvwxyz　　　　　　　　　　　　**according**

post office 郵便局のすぐそばに. ❷the only *access* to the house その家に行く唯一の方法.

ac·ces·sa·ry /æksésəri アクセサリ/ 名 (複 -sa·ries /-z/) = accessory.

ac·ces·si·ble /æksésəbl アクセスィブル/ 形 ❶近づきやすい (反 inaccessible). ❷手に入れやすい. ❸わかりやすい.

ac·ces·so·ry /æksésəri アクセサリ/ 名 (複 -so·ries /-z/) C ❶《ふつう複数形で》アクセサリー、装飾品. ❷(自動車・機械類の)付属品.

__ac·ci·dent__ /æksədənt アクスィデント/ 名 (複 ~s /-ts/) C ❶**事故**. ❷**思いがけないでき事**, 偶然(のでき事).

❶He was killed in a traffic *accident*. 彼は交通事故で死んだ / have [meet with] an *accident* 事故にあう / ことわざ *Accidents* will happen. 事故というものは(どんなに注意していても)起こるものだ.

❷Our meeting was a happy *accident*. われわれが出会ったのは幸運な偶然だった.

by accident 偶然に, たまたま (反 on purpose).

☞ 形 accidental.

ac·ci·den·tal /æksədéntl アクスィデントル/ 形 偶然の, 思いがけない.

☞ 名 accident.

ac·ci·den·tal·ly /æksədéntəli アクスィデンタリ/ 副 偶然に, 思いがけず.

ac·claim /əkléim アクレイム/ 動 他 …をほめたたえる.
— 名 U ほめたたえること.

ac·com·mo·date /əkámədèit アカモデイト ǀ əkɔ́m-/ 動 (~s /-ts/; -dat·ed /-id/; -dat·ing) 他 ❶(人などを)収容する(だけの大きさがある); (ホテルなどが)(人)を宿泊させる, (乗物などが)(人)を乗せる. ❷《文語》…に応じる.

▶ This hotel can *accommodate* 200 guests. このホテルは200人の客を泊めることができる.

☞ 名 accommodation.

ac·com·mo·dat·ing /əkámədèitiŋ アカモデイティング/ 形 《文語》好意的な.

ac·com·mo·da·tion /əkàmədéiʃən アカモデイション/ 名 ❶《《米》では複数形 accommodations で, 《英》では U》(ホテルなど)宿泊施設. ❷ U (宿泊施設・乗物などの)収容能力.

☞ 動 accommodate.

ac·com·pa·ni·ment /əkʌ́mpənimənt アカンパニメント/ 名 C ❶(食べ物などの)添えもの; 付随物. ❷ U C 【音楽】伴奏.

☞ 動 accompany.

ac·com·pa·nist /əkʌ́mpənist アカンパニスト/ 名 C (ピアノなどの)伴奏者.

__ac·com·pa·ny__ /əkʌ́mpəni アカンパニ/ 動 (-pa·nies /-z/; -pa·nied /-d/; ~·ing) 他 ❶…**について行く**, 同行する. ❷…の**伴奏をする**. ❸…にともなう, …といっしょに起こる.

❶He *accompanied* her to the airport. 彼は空港まで彼女といっしょに行った.

❷He *accompanied* her on the piano. 彼はピアノで彼女(の歌)の伴奏をした.

☞ 名 accompaniment.

__ac·com·plish__ /əkámpliʃ アカンプリシュ/ 動 (~·es /-iz/; ~ed /-t/; ~·ing) 他 …を**成しとげる**, 完成する.

☞ 名 accomplishment.

ac·com·plished /əkámpliʃt アカンプリシュト/ 形 熟練した.

ac·com·plish·ment /əkámpliʃmənt アカンプリシュメント/ 名 (複 ~s /-ts/) ❶ U (物事を)成しとげること, 達成, 完成. ❷ C 身につけたもの[技術].

☞ 動 accomplish.

__ac·cord__ /əkɔ́:rd アコード/ 名 (複 ~s /-dz/) ❶ C (国家間などの)**協定**, 合意. ❷《文語》 U (意見などの)一致.
— 動 自 《文語》一致する.
— 他 《文語》…に~を与える.

in accord with ... …と一致して.

of one's own accord 自分の意志で.

☞ 名 accordance.

ac·cord·ance /əkɔ́:rdəns アコーダンス/ 名 《次の成句で》 *in accordance with ...* (制度・規則などに)従って.

☞ 動 accord.

__ac·cord·ing__ /əkɔ́:rdiŋ アコーディング/ 副 《次の成句で》 *according to ...* ①…に**よれば**: *According to* the papers, there was a big fire in London. 新

seven　　　　　　　　　　　　　　　　　　　　　　　　7

accordingly

聞によればロンドンで大火があったそうだ. ②**…に従って**, …に応じて:We must live *according to* our income. われわれは収入に応じた生活をしなければならない.

ac·cord·ing·ly /əkɔ́ːrdiŋli アコーディングリ/ 副 ❶それに応じて. ❷《文語》その結果.

ac·cor·di·on /əkɔ́ːrdiən アコーディオン/ 名 C アコーディオン.

***ac·count /əkáunt アカウント/ 名
(複 ~s /-ts/) ❶ C ❹**勘定書**, 収支計算書, 請求書.
❺**預金口座**; 信用取引.
❷ C ❹**説明**, 話, 報告.
❺(新聞などの)記事.
❸ U 理由.
❹ U 価値, 重要性.
— 動 (~s /-ts/; ~ed /-id/; ~ing) 直
《account for …》 ❶ …の説明をする, 釈明する. ❷ (ものごとが)…の原因となる, 理由である.

・・・・・・・・・・・・・・・・・・・・・・
名 ❶ ❹keep household *accounts* 家計簿をつける. ❺open 〔close〕 an *account* at a bank 銀行口座を開く〔閉じる〕.
❷ ❹He gave an *account* of his trip. 彼は旅行の話をした.
❸on this *account* こういう理由で
by 〔*from*〕 *all accounts* ①だれに聞いても. ②どの報道によっても.
on account ①内金として. ②つけで, 月賦で.
on …'s account …のためを思って.
on account of **…の理由で**, …のために:He was absent *on account of* (his) illness. 彼は病気のため欠席した.
on no account 《文語》(どんなことがあっても)決して＿ない:*On no account* should you leave here. 決してここを離れてはいけない.
take account of … …を考慮に入れる.
take … into account = take *account of* ….
take no account of … …を無視する.
— 動 他 ❶How do you *account for* your foolish mistake? 君は君の愚かなまちがいをどう説明するのか ことわざ There is no *accounting for* tastes. 人の好みは説明できない;「たで食う虫も好きずき」.
❷Careless driving *accounts for* many accidents. 不注意な運転が多くの事故のもとになる.

ac·count·a·bil·i·ty /əkàuntəbíləti アカウンタビリティ/ 名 U 責任.

ac·count·a·ble /əkáuntəbl アカウンタブル/ 形 (自分のしたことに対して)責任がある, 説明できる必要がある.
be held accountable for … …に対して責任を問われる.

ac·count·ant /əkáuntənt アカウンタント/ 名 (複 ~s /-ts/) C ❶**会計士**, 計理士. ❷会計係.

ac·count·ing /əkáuntiŋ アカウンティング/ 名 U 会計, 計理, 計算.

ac·cred·it·ed /əkréditid アクレディティド/ 形 公的に認められた, 認定された.

ac·cu·mu·late /əkjúːmjulèit アキューミュレイト/ 動 (~s /-ts/; -lat·ed /-id/; -lat·ing) 他 (ある期間にわたって)…をためる, 蓄積する.
— 自 (ある期間にわたって)たまる, 蓄積する.
☞ 名 accumulation.

ac·cu·mu·la·tion /əkjùːmjuléiʃən アキューミュレイション/ 名 (複 ~s /-z/) ❶ U 蓄積. ❷ C 蓄積されたもの.
☞ 動 accumulate.

ac·cu·ra·cy /ǽkjurəsi アキュラスィ/ 名 U 正確さ, 精密 (反 inaccuracy).
with accuracy 正確に.
☞ 形 accurate.

***ac·cu·rate** /ǽkjurət アキュレット/ (★アクセント注意) 形 (more ~; most ~) **正確な**, 精密な (反 inaccuracy).

・・・・・・・・・・・・・・・・・・・・・・
My watch is *accurate*. 私の時計は正確である / *accurate* calculations 正確な計算.
☞ 名 accuracy.

ac·cu·rate·ly /ǽkjurətli アキュレットリ/ 副 正確に.

ac·cu·sa·tion /ækjuzéiʃən アキュゼイション/ 名 UC 非難, 告発.
☞ 動 accuse.

abcdefghijklmnopqrstuvwxyz　　　　　　　　　　**acknowledge**

***ac·cuse** /əkjúːz アキューズ/ 動 (ac·cus·es /-iz/; ac·cused /-d/; ac·cus·ing) 他
❶ …を**非難する**.
❷ …を告訴する, 告発する.

❶ He *accused* me *of telling* a lie. 彼はうそをついたといって私を非難した.
❷ Mrs. Smith *accused* him of stealing her car. スミス夫人は彼が車を盗んだと言って告訴した / be *accused* of murder 殺人罪で告訴される
　　　　　　　　　☞ 名 accusation.

ac·cused /əkjúːzd アキューズド/ 形 告訴された.
—— 名 《the をつけて》 (刑事訴訟の)被告人 《ふつうひとりの人をさすが, 複数の人々をさすこともある》.

ac·cus·er /əkjúːzər アキューザ/ 名 C 告訴人.

ac·cus·ing·ly /əkjúːziŋli アキューズィングリ/ 副 非難して.

***ac·cus·tom** /əkʌ́stəm アカストム/ 動 (~s /-z/; ~ed /-d/; ~ing) 他 (人など)を [… に] 慣れさせる [to].

accustom oneself to ... [doing] …[__すること] に**慣れる**: She *accustomed herself to* cooking Japanese food. 彼女は和食を調理するのに慣れた.
　　　　　　　　　☞ 名 custom.

***ac·cus·tomed** /əkʌ́stəmd アカストムド/ 形 《be accustomed to ... [doing]》 …[__すること] に**慣れている**.
▶ He *was accustomed to* the heat. 彼は暑さに慣れていた / She *is accustomed to getting* up early. 彼女は早く起きることに慣れている.

ace /éis エイス/ 名 C ❶ (トランプの)エース. ❷ (テニスなどの)サービスエース. ❸ 非常に上手な人, 名人, エース.
—— 形 最高の, 一流の.

***ache** /éik エイク/ (★発音注意) 動 (~s /-s/; ached /-t/; ach·ing) 自 ❶ (長く続けて) **痛む**, うずく.
❷ 《ache to do》 __したくてたまらない.
—— 名 (複 ~s /-s/) C (長く続く) **痛み** 《☞ pain》.

動 自 ❶ My head *aches*. 頭が痛い.
—— 名 I have an *ache* in my back. 背中が痛い.

a·chiev·a·ble /ətʃíːvəbl アチーヴァブル/ 形 達成可能な.

***a·chieve** /ətʃíːv アチーヴ/ 動 (~s /-z/; ~d /-d/; a·chiev·ing) 他 ❶ (努力して)…を**成しとげる**, 達成する.
❷ (努力して)(成功・名声など)を得る.

❶ He *achieved* his purpose. 彼は目的を達した.
❷ *achieve* a great victory 大勝利を得る / *achieve* fame 有名になる.
　　　　　　　　　☞ 名 achievement.

***a·chieve·ment** /ətʃíːvmənt アチーヴメント/ 名 (複 ~s /-ts/) ❶ C (努力して)**達成したこと**, 業績, 功績. ❷ U 達成.
▶ ❶ a scientific *achievement* 科学上の業績. ❷ the *achievement* of peace 平和の達成.
　　　　　　　　　☞ 動 achieve.

achíevement tèst 名 C アチーブメントテスト, 学力検査.

A·chil·les /əkíliːz アキリーズ/ 名 アキレス 《ギリシアのホメロス (Homer) の書いた叙事詩 *Iliad*「イリアッド」に出てくる勇士》; ☞ Achilles(') heel》.

Achílles(') héel 名 C (アキレスのかかとのような)唯一の弱点.
　INFO アキレス (Achilles)の母は, その水にさわれば不死身になるといわれた川に幼いアキレスを浸(½)したが, その時足首の周辺を握っていたためそこだけが彼の唯一の弱点となり, かかと (heel) に矢を射られて死んだという.

Achílles' téndon 名 C 【解剖】 アキレス腱(½) 《☞ Achilles(') heel》.

***ac·id** /ǽsid アスィッド/ 形 (more ~; most ~) ❶ **すっぱい**, 酸味のある; 【化学】酸性の 《☞ alkaline》.
❷ (ことばなどが) 辛辣(½)な, きつい.
　　　　　　　　　☞ 名 acidity.
—— 名 U C 【化学】 酸; 酸性液.

a·cid·ic /əsídik アスィディク/ 形 = acid ❶.

a·cid·i·ty /əsídəti アスィディティ/ 名 U 酸味; 酸(性)度.
　　　　　　　　　☞ 形 acid.

ácid ráin 名 U 酸性雨.

ac·knowl·edge /əknálidʒ アクナリヂ/ 動 (-edg·es /-iz/; -edged /-d/;

nine　　　　　　　　　　　　　　　　　　　　　　　　　　　　　　　　　　　　9

acknowledgment

-edg・ing) 他 ❶ⓐ…を認める, 自認する. ⓑ《acknowledge ... (as [to be]) ~》…を(~であると)認める(《○~には名詞, 形容詞がくる》).
❷…に感謝する.
❸(手紙など)を受け取ったことを知らせる. ❹(人に)(笑顔・身振りなどで)あいさつする.

──────────────

❶ⓐHe *acknowledged* defeat. 彼は自分が負けたことを認めた / She *acknowledged* (*that*) she had made a mistake. 彼女はまちがいをしたことを認めた / He *acknowledged* *shooting* the bird. 彼はその鳥を撃ったことを白状した. ⓑHe *acknowledged* himself (*to be*) wrong. 彼は自分がまちがっていることを認めた / She *acknowledged* it *as* [*to be*] true. 彼女はそれは本当だと認めた.
❷I *acknowledge* your kindness. 私はあなたの親切に感謝します.
❸I *acknowledge* (receipt of) your letter. お手紙たしかに受け取りました.
☞ 名acknowledgment.

ac・knowl・edg・ment, ac・knowl・edge・ment /əknɑ́lidʒmənt アクナリヂメント/ 名
❶Ⓤ認めること, 承認.
❷ⓐⓊ感謝.
ⓑⓊⒸ感謝のしるし[ことば].
❸Ⓒ(手紙などの)受け取りの通知.
☞ 動acknowledge.

ac・ne /ǽkni アクニ/ 名Ⓤ〖医学〗にきび (☞pimple).

a・corn /éikɔːrn エイコーン/ (★発音注意)名Ⓒどんぐり(オーク(oak)の実).

a・cous・tic /əkúːstik アクースティック/ (★発音注意)形聴覚の; 音響(学)上の.

acóustic guitár 名Ⓒアコースティックギター(《○ 「エレキギター」は electric guitar》).

a・cous・tics /əkúːstiks アクースティックス/ 名《複数扱い》(劇場などの)音響効果.

*ac・quaint /əkwéint アクウェイント/ 動 (~s /-ts/; ~ed /-id/; ~ing) 他 (人に)〔…を〕知らせる〔with〕.
acquaint oneself *with* ... …をよく知る.
be acquainted with ... …と知り合い

である; …をよく知っている.
get [*become*] *acquainted with* ... …と知り合いになる; …をよく知る.
☞ 名acquaintance.

*ac・quain・tance /əkwéintəns アクウェインタンス/ 名(履 -tanc・es /-iz/)Ⓒ知人, 知り合い(《○friend というほど親しくない》).
☞ 動acquaint.

ac・quaint・ed /əkwéintid アクウェインティド/ 形知り合いで, よく知っている.

*ac・quire /əkwáiər アクワイア/ 動(~s /-z/; ~d /-d/; ac・quir・ing /-wáiəriŋ/) 他
❶…を**手に入れる**, 購入する.
❷(名声など)を**得る**.
❸(努力によって)…を**習得する**, (習慣など)を身につける.
☞ 名acquisition.

──────────────

❶*acquire* a company 会社を買収する.
❸*acquire* English 英語を習得する.

ac・quired /əkwáiərd アクワイアド/ 形獲得した; 後天的な.

ac・qui・si・tion /ækwəzíʃən アクウィズィション/ 名(履 ~s /-z/) ❶Ⓤ獲得, 習得.
❷Ⓒ手に入れた物; 習得したもの.
☞ 動acquire.

ac・quit /əkwít アクウィット/ 動(~s /-ts/; ac・quit・ted /-id/; ac・quit・ting) 他…を無罪にする. ▶The court *acquitted* him *of* murder. 裁判所は殺人容疑について彼を無罪にした.
☞ 名acquittal.

ac・quit・tal /əkwítl アクウィトゥル/ 名ⓊⒸ〖法律〗無罪判決.　☞ 動acquit.

*a・cre /éikər エイカ/ 名(履 ~s /-z/)Ⓒ
エーカー (《土地面積の単位, 約4,047平方メートル; ○ a.と略す》).

ac・rid /ǽkrid アクリッド/ 形(味・においなどが)刺すような.

ac・ro・bat /ǽkrəbæt アクロバット/ (★アクセント注意)名Ⓒ軽わざ師, 曲芸師(○日本語の「アクロバット(軽わざ)」はacrobaticsという).

ac・ro・bat・ic /ækrəbǽtik アクロバティック/ 形軽わざの.

ac・ro・bat・ics /ækrəbǽtiks アクロバティックス/ 名《単数扱い》アクロバット, 軽わざ.

ac·ro·nym /ǽkrənìm アクロニム/ 名C アクロニム, 頭字語《PC /píːsíː/ (personal computer) のように合成語のかしら文字(または最初の数文字)を並べて作った語》.

a·cross /əkrɔ́(ː)s アクロ(ー)ス/ 前
❶…を横切って[る], 渡って.
❷…の向こう側に[の].
❸(直角に, 十文字に)…と交わるように.
—— 副 /əkrɔ́(ː)s アクロ(ー)ス/ ❶横切って; 向こう側に.
❷直径で, 幅で.

❶a flight *across* the Pacific 太平洋横断飛行.

He swam *across* the river.
(彼は川を泳いで渡った)

❷They live *across* the street from us. 彼らはわれわれとは反対の道路の向こう側に住んでいる.
❸Lay the two sticks *across* each other. その2本の棒を十文字に交差して置きなさい.
—— 副 ❶We came to a broad street and hurried *across*. 私たちは広い通りに出て急いで横切った.
❷☞下のさし絵.

The pond is fifty meters *across*.
(その池の直径は50メートルある)

across the board ☞ board.
a·cross-the-board /əkrɔ́(ː)s-ðə-bɔ́ːrd アクロ(ー)ス・ザ・ボード/ 形 全般にわたる, 全面的な.

*__act__ /ǽkt アクト/ 動 (~s /-ts/; ~ed /-id/; ~ing) 自 ❶行動する, ふるまう.
❷演技をする, 出演する; ふりをする.
❸(薬などが)効く, 作用する.
—— 他 …の役を演じる.
—— 名 (複 ~s /-ts/) C ❶行為, 行ない.
❷(演劇の)幕.
❸娯楽番組.
❹《しばしば Act で》法令, 条例.

動 自 ❶We must *act* at once. わたしたちはすぐに行動しなければならない / He *acted* foolishly. 彼はばかげたふるまいをした.
❷Tom *acted* in the school play. トムはその学校劇に出た / I thought she was crying, but she was only *acting*. 私は彼女が泣いていると思ったが泣いているふりをしているだけだった.
❸This medicine will *act* later. この薬は後で効いてきます.
—— 他 He *acted* (the part of) Hamlet. 彼はハムレット(の役)を演じた.

act as ... …の役をやる: She *acted as* (an) interpreter. 彼女は通訳を務めた.

act for ... …の代わりをする: My lawyer will *act for* me in my absence. 私の留守中は私の弁護士が私の代理人になる.

act on [upon] ... …に従って行動する: We *acted on* his suggestion. 私たちは彼の提案に従って行動した.

act out 他 ①(感情・考え)を行動で示す. ②…をやって見せる, 演じる.

act up 自《口語》いたずらをする.
—— 名 ❶action, 形 active.
—— 名 ❶a cruel *act* 残酷な行為.
❷a play in three *acts*=a three-*act* play 三幕劇 / *Act* I (○Act one と読む). = the first *act* 第1幕.

get *one's* **act together** 《口語》きちんとやる.

in the (very) act of *doing* …をしている最中に: *In the very act of repairing* the roof, it caved in. 屋根を修理している最中に屋根がへこんだ.

act·ing /ǽktiŋ アクティング/ 名U 演技.
—— 形 (臨時)代理の.
▶形 the *acting* principal 校長代理.

*__ac·tion__ /ǽkʃən アクション/ 名 (複 ~s /-z/)
❶ⓐU 活動, 働き(反 inaction).
ⓑC(具体的な)行動, 行為.
ⓒU 激しい動き, アクション.

activate

❷ⓐ⑪作用, 影響 (反 reaction).
ⓑⒸ(機械・器官などの) 機能.
❸⑪Ⓒ戦闘, 交戦.

---

❶ⓐNow is the time for *action*. 今は実行のときだ / a man of *action* 行動家 《学者などに対して政治家・軍人・探検家などをいう》.
ⓑThat *action* caused his downfall. その行動が彼の破滅を引き起こした.
ⓒ*action* movies アクション映画.
❷ⓐthe *action* of sunlight on plants 日光の植物への作用.

bring ... into action = put ... in [into] *action*.
in action ①活動中で[に], 働いて, 動いて. ②戦闘中で[に].
out of action 動けなくなって; 故障して.
put ... in [into] action …を活動させる; …を実行に移す.
take action 処置をとる, 行動を始める.

☞ 動act.

ac·ti·vate /ǽktəvèit アクティヴェイト/ 動 (現分 -vat·ing) 他 …を活動的にする; …を作動させる.

*ac·tive /ǽktiv アクティヴ/
形 (more ~; most ~) ❶ **活動的な**, 活発な, 積極的な (反 inactive, passive).
❷ⓐ活動中の, 効力のある. ⓑ(装置などが)すぐにでも作動するようになっている.
❸【文法】能動態の (反 passive).
— 名《the をつけて》【文法】能動態.

形 ❶He played an *active* part in the music festival. 彼はその音楽祭で積極的に活躍した / live an *active* life 活動的な生活をする / an *active* member of the club クラブの活動的なメンバー.
❷ⓐan *active* volcano 活火山.

☞ 動act, 名activity.

ac·tive·ly /ǽktivli アクティヴリ/ 副 活発に, 積極的に.
áctive vóice 名《the をつけて》【文法】能動態《◯「受動態」は passive voice》.
ac·tiv·ist /ǽktivist アクティヴィスト/ 名 Ⓒ (政治や社会運動などの)活動家.

*ac·tiv·i·ty /æktívəti アクティヴィティ/ 名 (複 -i·ties /-z/)
❶⑪活動, 活気 (反 inactivity).
❷Ⓒⓐ(楽しんでいる)活動.
ⓑ(目的を達成する)活動.

---

❶mental *activity* 精神活動 / the *activity* of a volcano 火山の活動.
❷ⓐsocial *activities* 社会活動.
ⓑextracurricular *activities* 課外活動.

☞ 形active.

*ac·tor /ǽktər アクタ/ 名 (複 ~s /-z/) Ⓒ **俳優, 男優**《◯「女優」は actress》.

*ac·tress /ǽktrəs アクトレス/ 名 (複 ~·es /-iz/) Ⓒ **女優**《◯「男優」は actor; ただし現在は女性にもactorを用いる》.

*ac·tu·al /ǽktʃuəl アクチュアル/ 形 **現実の**, 実際の, 実際のできごと. ▶an *actual* happening 実際のできごと / the *actual* conditions in Japan 日本の現状.

☞ 名actuality.

ac·tu·al·i·ty /æktʃuǽləti アクチュアリティ/ 名 ⑪ 現実(性).
in actuality 現実に.

☞ 形actual.

*ac·tu·al·ly /ǽktʃuəli アクチュアリ/ 副
❶**実際に**.
❷(意外に思えるかもしれないが)**ほんとうに**, ほんとうは.

---

❶Did you *actually* see the accident? 君はその事故を自分の目で見たのか.
❷He *actually* succeeded in the attempt. 彼はほんとうにその試みに成功したのだよ.

ac·u·punc·ture /ǽkjupʌ̀ŋktʃər アキュパンクチャ/ 名 ⑪ 針術法.

a·cute /əkjúːt アキュート/ 形
❶(感覚などが)鋭い, 鋭敏な.
❷(痛み・感情などが)激しい, 強烈な.
❸重大な, 深刻な.
❹(病気が)急性の (反 chronic).

---

❶*acute* eyesight 鋭い視力 / an *acute* observer 鋭い観察力をもった人.
❷(an) *acute* pain 激痛.
❸an *acute* shortage of water 深刻な水不足.

a·cute·ly /əkjúːtli アキュートリ/ 副 鋭く, 激しく.

A.D., A.D., AD /éidíː エイディー/ 《略語》西暦で, キリスト紀元で (☞ B.C.).
▶ *A.D.* 989 西暦989年.
語法 (1) 《英》では A.D. を数字の前に置くが, 《米》では後に置くことが多い.
(2) ふつうは紀元前 (B.C.) と対比するときやくと古い年代につける.

*__ad__ /ǽd アッド/ 名 (複 __ads__ /-dz/) C __広告__
(**ˇadvertisement** の短縮形).
▶ want *ads* 求人[求職]広告.

ad. 《略語》〖文法〗 adverb 副詞.

Ad·am /ǽdəm アダム/ 名 ❶ アダム《男性名》. ❷〖聖書〗アダム《旧約聖書の「創世紀」に出てくる神が初めて造った男性; ☞ Eden〗.

ad·a·mant /ǽdəmənt アダマント/ 形 《文語》(態度・決意などの) 強固な.

Ádam's ápple 名 C (男性の) のどぼとけ.

*__a·dapt__ /ədǽpt アダプト/ 動 (~**s** /-ts/; ~·ed /-id/; ~·ing) 他 ❶ ⓐ …を__適応させる__, 順応させる. ⓑ (対象などに合うように) …を変える, 改造する.
❷ …を脚色する.
—— 自 〔…に〕__順応する__ 〔*to*〕.

....

使 ❶ ⓐ He soon *adapted* himself *to* the new school. 彼はじきに新しい学校に順応した. ⓑ *adapt* the plan for elderly people 計画を高齢者向けに変える.
—— 自 She *adapted* easily *to* her new surroundings. 彼女は新しい環境にたやすく順応した.
☞ 名 adaptation.

a·dapt·a·bil·i·ty /ədæptəbíləti アダプタビリティ/ 名 U 適応性, 順応性.

a·dapt·a·ble /ədǽptəbl アダプタブル/ 形 改変できる, 融通のきく.

ad·ap·ta·tion /ædəptéiʃən アダプテイション/ 名 (複 ~**s** /-z/) ❶ U 適応, 順応; 改変. ❷ ⓐ U 脚色. ⓑ C 脚色作品.
☞ 動 adapt.

a·dapt·er, a·dap·tor /ədǽptər アダプタ/ 名 〖電気〗アダプター.

__add__ /ǽd アッド/ 動 (~**s** /-dz/; ~·ed /-id/; ~·ing) 他 ❶ …を__加える__, つけ足

す, 加算する (反 subtract).
❷ …をつけ加えて言う.
—— 自 足(ざ)し算をする.

....

使 ❶ *Add* 6 to [and] 5, and you get 11. 5に6を足すと11になる / *Add* some more sugar. 砂糖をもう少し入れなさい.
❷ "And I want you to go with me," she *added*.「そして私は一緒に行ってもらいたいのです」と彼女はつけ加えて言った.

add in 他 (全体の中に) …を加える.
add on 他 …をつけ加える.
add to ... …を増す, 強める (increase): The rain *added to* the difficulty of the journey. 雨のため旅行の困難はいっそう増した.
add up 他 …を__合計する__: *Add up* all these figures. この数字を全部合計しなさい. —— 自 (話の) つじつまが合う.
add up to ... 総計…になる.
☞ 名 addition, 形 additional.

ad·dict /ǽdikt アディクト/ (★アクセント注意) 名 C ❶ (麻薬) 中毒者. ❷ (ゲームなどの) 熱中者.

ad·dict·ed /ədíktid アディクティド/ 形 〔…の〕中毒になって(いる); 〔…に〕熱中して(いる) 〔*to*〕. ▶ He *is addicted to* gambling. 彼はかけごとに熱中している.

ad·dic·tion /ədíkʃən アディクション/ 名 UC ❶ (麻薬などの) 中毒. ❷ (ものごとに対する) 熱中.

ad·dic·tive /ədíktiv アディクティヴ/ 形 ❶ (薬などが) 習慣性のある. ❷ (ゲームなどが) 夢中にさせる.

*__ad·di·tion__ /ədíʃən アディション/ 名 (複 ~**s** /-z/)
❶ U ⓐ __加えること__, 追加.
ⓑ 〖数学〗足(ざ)し算 (《○「引き算」は subtraction.「掛け算」は multiplication.「割り算」は division》).
❷ C ⓐ 新しく加えたもの.
ⓑ 《米》建て増し (部分).

....

❷ ⓐ an *addition* to *one's* earnings 副収入. ⓑ build an *addition* on [to] the house 家の建て増しをする.
in addition それに加えて, さらに: pay 10 dollars *in addition* (その上) さらに

additional

10ドル払う
in addition to ... …に加えて, …のほかに: He receives 5,000 yen *in addition to* his salary. 彼は給料のほかに5千円もらっている.
☞ 動add, 形additional.

*ad・di・tion・al /ədíʃənəl アディショナル/ 形 **追加の**, 付加的な.
▶an *additional* charge 割増料金.
☞ 動add, 名addition.

ad・di・tive /ædítiv アディティヴ/ 名Ⓒ(食品などの)添加(ᵗᵉⁿ)物, 添加剤.

***ad・dress /ədrés アドレス, ǽdres/
名 (複 ~es /-iz/) Ⓒ ❶ **あて名**, 住所(《名前は含まない》).
❷ 演説, あいさつ.
❸ 〖電算〗 アドレス(《記憶装置内のデータが保存されている場所を示す表示》).
— 動 /ədrés アドレス/ (~es /-iz/; ~ed /-t/; ~ing) 他 ❶ (手紙など)に **あて名を書く**.
❷ (人)に話しかける; (人)に講演する.
❸ 《address ... as ＿》(人)を＿と(肩書きで)呼ぶ.
❹ (問題など)に対処する, 取り組む.

──────────

名 ❶ What is your *address*? ご住所はどちらですか / Please write your name and *address* here. ここにお名前と住所を書いて下さい.
❷ the opening [closing] *address* 開会[閉会]の辞.

give an *address*
(演説をする)

— 動 他 ❶ She *addressed* the letter *to* Bill. 彼女はその手紙をビルにあてにした.
❷ The President *addressed* the nation on television. 大統領はテレビ

で国民に演説をした.
❸ *Address* him *as* Dr. Brown. 彼に呼びかけるにはブラウン博士と言いなさい.
❹ *address* the problem of water pollution 水の汚染問題に対処する.
address oneself to ... (問題など)に取り組む.

ad・e・qua・cy /ædikwəsi アディクワスィ/ 名Ⓤ適当, 妥当(性).
☞ 形adequate.

*ad・e・quate /ædikwət アディクワト/ 形
❶ (ある目的のため)**足りるほどの**(反inadequate).
❷ まあまあの.

──────────

❶ an *adequate* income やっていける程度の収入 / This meal *is adequate for* two. この食事はふたり分はある.
❷ His grades were *adequate*, though not very good. 彼の成績はまあまあであまりよくなかった.
☞ 名adequacy.

ad・e・quate・ly /ædikwətli アディクワトリ/ 副足りる程度に, 適当に.

ad・here /ædhíər アドヒア/ 動 (現分 adhering /-híəriŋ/) 自 ❶ […に]しっかりくっつく〔to〕.
❷ 〔規則・信念などを〕忠実に守る〔to〕.
☞ ❶ は名adhesion, 形adhesive, ❷は名adherence.

ad・her・ence /ædhíərəns アドヒ(ア)レンス/ 名Ⓤ (規則・信念などを)忠実に守ること.
☞ 動adhere ❷.

ad・her・ent /ædhíərənt アドヒ(ア)レント/ 名Ⓒ (考えなどの)支持者.

ad・he・sion /ædhí:ʒən アドヒージョン/ 名Ⓤ粘着; 粘着力.
☞ 動adhere ❶.

ad・he・sive /ædhí:siv アドヒースィヴ/ 形粘着性の. — 名ⒸⓊ接着剤.
☞ 動adhere ❶.

adhésive tàpe 名ⓊⒸ接着テープ.

ad hoc /æd hák アド ハック/ 形副 (委員会・活動などが)一時的な[に].

adj. 《略語》〖文法〗 adjective 形容詞.

ad・ja・cent /ədʒéisnt アヂェイスント/ 形 《文語》すぐそばの, 隣接する.

*ad・jec・tive /ædʒiktiv アヂェクティヴ/ 名 (複 ~s /-z/) Ⓒ 〖文法〗 **形容詞** (《●a., adj.

ad·join·ing /ədʒɔ́iniŋ アヂョイニング/ 形 隣り合っている.

ad·journ /ədʒə́ːrn アヂャーン/ 動 他 (会議など)を一時閉会[休会]する.
— 自 一時閉会[休会]となる.
▶他 The meeting has been *adjourned* till tomorrow. 会はあすまで一時閉会になった.
☞ 名 adjournment.

ad·journ·ment /ədʒə́ːrnmənt アヂャーンメント/ 名 UC 一時閉会, 休会.
☞ 動 adjourn.

***ad·just** /ədʒʌ́st アヂャスト/ 動 (~s /-ts/; ~·ed /-id/; ~·ing) 他 …を**調節する**, 調整する.
— 自 《adjust to ...》…に順応する.

他 *adjust* the room temperature 室温を調節する / You should *adjust* your expenditure *to* your income. 君は収入に合わせて支出を調節すべきだ.
adjust oneself to ... …に順応する.
☞ 名 adjustment.

ad·just·a·ble /ədʒʌ́stəbl アヂャスタブル/ 形 調節[調整]できる.

***ad·just·ment** /ədʒʌ́stmənt アヂャストメント/ 名 (複 ~s /-ts/) UC ❶ **調節**, 調整. ❷ (環境などへの)順応.
☞ 動 adjust.

ad lib /ǽd líb アド リブ/ = **ad-lib**.

ad-lib /ǽd-líb アド・リブ/ 動 (~s /-z/; ad-libbed /-d/; ad-lib·bing) 他 《口語》…をアドリブで歌う[演奏する, 言う].
— 自 アドリブで歌う[演奏する, 言う].
— 形 《口語》アドリブの.
— 副 アドリブで.
— 名 C 《口語》アドリブのことば[せりふ・演奏・歌], アドリブ.

ad·min·is·ter /ədmínistər アドミニスタ/ 動 (~s /-z/; ~ed /-d/; -ter·ing /-təriŋ/) 他 ❶ (組織・業務など)を運営する, 管理する, 経営する.
❷ 《文語》(薬など)を与える.
▶❶ *administer* the sales department 販売部門を担当している.
☞ 名 administration, 形 administrative.

***ad·min·is·tra·tion** /ədmìnəstréiʃən アドミニストレイション/ 名 (複 ~s /-z/)
❶ 《the をつけて》《米》**政府**.
❷ⓐ U (企業・学校などの)**管理**, 運営, 経営. ⓑ 《the をつけて》(企業・学校などの)管理者[経営者]側; 当局.
❸ⓐ U 行政. ⓑ C 行政機関.

❶ *the* Obama *Administration* オバマ政権 (☞ government ❷).
❷ⓐ the *administration* of a museum 博物館の運営.
ⓑ *the* school *administration* 学校当局 (教師なども含まれる).
☞ 動 administer.

ad·min·is·tra·tive /ədmínəstrèitiv アドミニストレイティヴ/ 形 ❶ 管理(上)の, 経営(上)の. ❷ 行政(上)の.
☞ 動 administer.

ad·min·is·tra·tor /ədmínəstrèitər アドミニストレイタ/ 名 (複 ~s /-z/) C 管理者, 経営者.

ad·mi·ra·ble /ǽdmərəbl アドミラブル/ 《★アクセント注意》形 りっぱな, みごとな.
☞ 動 admire.

ad·mi·ra·bly /ǽdmərəbli アドミラブリ/ 副 りっぱに, みごとに.

ad·mi·ral /ǽdmərəl アドミラル/ 名 C 海軍将官, 海軍大将 (《❶「陸軍大将」は general》).

***ad·mi·ra·tion** /ædməréiʃən アドミレイション/ 名 U **すばらしいと思う気持ち**, 感心, 称賛.
▶She has great *admiration* for his paintings. 彼女は彼の絵に大変感心している.
in admiration 感心して.
☞ 動 admire.

***ad·mire** /ədmáiər アドマイア/ 動 (~s /-z/; ~d /-d/; ad·mir·ing /-máiəriŋ/) 他 …を**すばらしいと思う**, 称賛する.

We *admired* the girl for her courage. = We *admired* the girl's courage. 私たちはその女の子の勇気に感心した / *admire* a picture 絵をすばらしいと思う[ほめる].
☞ 名 admiration, 形 admirable.

ad·mir·er /ədmáiərər アドマイ(ア)ラ/ 名 C (人やものを)すばらしいと思う人, ファン; (女性に対する)崇拝者.

ad·mir·ing /ədmáiəriŋ アドマイ(ア)リン

admiringly

グ/ 形 すばらしいと思っている.
▶*admiring* glances すばらしいと思うまなざし.

ad·mir·ing·ly /ədmáiəriŋli アドマイ(ア)リングリ/ 副 すばらしいと思って, 感心して.

ad·mis·si·ble /ədmísəbl アドミスィブル/ 形 《考え・証拠などが》正当と認められる（反 inadmissible）.
☞ 動 admit.

*__ad·mis·sion__ /ədmíʃən アドミション/ 名
(複 ~s /-z/)
❶ ⓐ ⓊⒸ 《学校・会・会場などへ》**はいることを許す[許される]こと**；**入学**, 入場, 入会 (☞admittance). ⓑ Ⓤ 入場料, 入会金. ⓒ 《複数形で》（学校・大学などへの）入学, 入会.
❷ Ⓒ 認めること, 承認；自白.

❶ⓐ gain *admission* to the school その学校に入学を許可される. ⓑ *Admission* free 《掲示》入場無料. ⓒ the *admission* office 入学事務部.
❷ make an *admission* of *one's* failure 自分の失敗を認める
☞ 動 admit.

admíssion fèe 名 Ⓒ 入場料, 入会金.

*__ad·mit__ /ədmít アドミット/ 動 (~s /-ts/; ad·mit·ted /-id/; ad·mit·ting) 他 ❶ （しぶしぶ）…を**認める**.
❷ …が中に入ることを**許す**, （人に）入場[入学・入会]を許す.
— 自 （しぶしぶ）認める.

❶ He *admitted* his mistakes. 彼は自分の誤りを認めた / I *admit that* I was mistaken. 私は自分がまちがっていたことを認めます / He *admits* it *to be* true. 彼はそれを真実だと認めている.
❷ He opened the door and *admitted* me. 彼はドアをあけて私を中に入れてくれた / We *admitted* him *to* our club. 私たちは彼に私たちのクラブへの入会を許した.

admit to ... …を認める：He *admitted to* stealing the money. 彼はそのお金を盗んだことを認めた.
☞ 名 admission, admittance, 形 admissible.

ad·mit·tance /ədmítns アドミトンス/ 名 Ⓤ 入場[入国]許可, 入場 (☞admission ❶ a).
▶No *admittance* 《掲示》立入禁止.
☞ 動 admit.

ad·mit·ted·ly /ədmítidli アドミティドリ/ 副 （あまり認めたくはないが）確かに.

a·do·be /ədóubi アドウビ/ 名 Ⓤ アドービれんが 《メキシコなどの日干しれんが》.

ad·o·les·cence /ædəlésns アドレスンス/ 名 Ⓤ 思春期, 青春期 《12歳くらいから18歳くらいまでの時期》.

ad·o·les·cent /ædəlésnt アドレスント/ 形 思春期の.
— 名 Ⓒ 思春期の少年[少女].

*__a·dopt__ /ədápt アダプト ｜ ədɔ́pt/ 動 (~s /-ts/; ~ed /-id/; ~ing) 他 ❶ （人の意見・方法など）を**採用する**.
❷ …を**養子にする**.
▶❶ *adopt* a new teaching method 新しい教え方を採用する.
☞ 名 adoption, 形 adoptive.

a·dopt·ed /ədáptid アダプティド/ 形 養子になった.

a·dop·tion /ədápʃən アダプション/ 名 ⓊⒸ
❶ 養子にすること. ❷ 採用；採択.
☞ 動 adopt.

a·dop·tive /ədáptiv アダプティヴ/ 形 （親が）子どもを養子に迎えた.
☞ 動 adopt.

a·dor·a·ble /ədɔ́:rəbl アドーラブル/ 形 《口語》とてもかわいらしい, すてきな.
☞ 動 adore.

ad·o·ra·tion /ædəréiʃən アドレイション/ 名 Ⓤ ❶ 崇拝. ❷ 熱愛, あこがれ.
☞ 動 adore.

a·dore /ədɔ́:r アドー/ 動 (~s /-z/; a·dored /-d/; a·dor·ing /ədɔ́:riŋ/) 他 …が好きで好きでたまらない, 大好きである, …をすばらしいと思う.
▶He *adores* his grandfather. 彼は祖父が大好きで慕（した）っている / She *adores* cats. 彼女はネコが大好きだ.
☞ 名 adoration, 形 adorable.

a·dor·ing /ədɔ́:riŋ アドーリング/ 形 熱愛する；崇拝する.

a·dorn /ədɔ́:rn アドーン/ 動 他 《文語》…を飾る. ▶*adorn* the room *with* flowers 花で部屋を飾る.
☞ 名 adornment.

a·dorn·ment /ədɔ́:rnmənt アドーンメン

ト/ 名 UC 装飾, 飾り.
☞ 動 adorn.

a·drift /ədríft アドリフト/ 形副 漂流して(いる).

*__ad·ult__ /ədʌ́lt アダルト, ǽdʌlt/ 形 ❶ **成人した**, おとなの.
❷ (本・映画などが)成人向きの.
— 名 UC ❶ **おとな**, 成人 (☞grown-up). ❷ 〖生物〗 成体, 成虫.

adúlt educátion 名 U 成人教育.

a·dul·ter·y /ədʌ́ltəri アダルタリ/ 名 U 不倫, 姦通(かんつう).

adv. 《略語》 〖文法〗 adverb 副詞.

*__ad·vance__ /ədvǽns アドヴァンス/
動 (ad·vanc·es /-iz/; ad·vanced /-t/; ad·vanc·ing /-iŋ/) 自 ❶ **前へ進む**, 前進する (反 retreat).
❷ **進歩する**, はかどる.
❸ 《文語》 昇進する, 出世する.
— 他 ❶ …を**進歩させる**, 促進する.
❷ (計画・理論・意見など)を提出する.
❸ (お金)を前払いする.
— 名 (複 ad·vanc·es /-iz/) ❶ C 前進 (反 retreat). ❷ UC 進歩, 発達.
❸ 《複数形で》 (異性に)言い寄ること.
❹ 《形容詞的に》 前もっての, 前渡しの.

動 他 ❶ The crowd *advanced* toward the gates of the palace. 群衆は宮殿の門へと前進した.
❷ Biotechnology has *advanced* remarkably. 生物工学は大いに進歩した.
❸ *advance* in life [in the world] 出世をする.
— 他 ❶ The new theory *advanced* physics remarkably. その新しい理論で物理学は目ざましく進歩した / *advance* national security 国家の安全を促進する.
❷ *advance* a new theory 新しい理論を提出する.
☞ 名 advancement.
— 名 ❶ They made a steady *advance* toward the city. 彼らはその町へとじりじり進んで行った.
❷ Space science has made great *advances*. 宇宙科学は大きな進歩をした.
❸ make *advances* to a woman 女性に言い寄る.
❹ an *advance* payment 前払い(金).

in advance 前もって: Let's have a talk about it *in advance*. 前もってそれを相談しておこう / pay *in advance* 前払いする.

in advance of ... ①…よりも前に.

*__ad·vanced__ /ədvǽnst アドヴァンスト/ 形 (more ~; most ~)
❶ (程度が)**進んだ**, 高等の, 上級の (反 elementary). ❷ 進歩した, 進歩的な.

❶ *advanced* courses 上級コース.
❷ the economically *advanced* countries [nations] 経済先進国 / *advanced* ideas 進歩的な考え方.

ad·vance·ment /ədvǽnsmənt アドヴァンスメント/ 名 U ❶ 進歩, 発達. ❷ 昇進, 昇級.
☞ 動 advance.

*__ad·van·tage__ /ədvǽntidʒ アドヴァンティヂ/ 名 (複 -tag·es /-iz/)
❶ U **利益**, 有利, 好都合 (反 disadvantage).
❷ C **有利な点 [立場]**, 強み, 長所.
❸ U 〖テニス〗 アドバンテージ (《ジュース(deuce) 後の最初の得点》).

類語 **advantage** は他より「有利な立場や地位にあることによって生ずる利益」; **profit** は「金銭的利益」.

❶ She gained much *advantage* from her stay in the United States. 彼女はアメリカに滞在して多くの利益を得た.
❷ Being tall is an *advantage* for a basketball player. 背が高いことはバスケットボールの選手には有利である.

be at an advantage 有利である.

have an advantage over ... …に対して有利な立場にある.

have the advantage of ... …という有利な点がある: He *has the advantage of* a good education. 彼はよい教育を受けたという利点がある.

take advantage of ... ①…**を利用する**: *Take advantage of* this opportunity. この機会を利用しなさい. ②…(人の親切など)につけこむ; …(人)をだます.

to ...'s advantage …にとって有利に

A

[な].
to the advantage of ... ＝to ...'s *advantage.*
☞ [形]advantageous.

ad·van·ta·geous /ædvæntéidʒəs アドヴァンテイヂャス/ [形]有利な, 好都合な.
☞ [名]advantage.

ad·van·ta·geous·ly /ædvæntéidʒəsli アドヴァンテイヂャスリ/ [副]有利に, 都合よく.

ad·vent /ǽdvent アドヴェント/ ((★アクセント注意))[名](新しいこと・ものの)出現.

****ad·ven·ture** /ədvéntʃər アドヴェンチャ/ [名]([複] ~s /-z/)[UC]**冒険(的なこと)**; 楽しい経験, 思いがけない経験.

The trip was full of *adventures*. その旅行には思いがけないことがいっぱいあった.
☞ [形]adventurous.

ad·ven·tur·er /ədvéntʃərər アドヴェンチャラ/ [名][C]冒険家.

ad·ven·tur·ous /ədvéntʃərəs アドヴェンチャラス/ [形] ❶冒険好きな, 新しいことが好きな. ❷冒険的な, 危険な.
☞ [名]adventure.

***ad·verb** /ǽdvəːrb アドヴァーブ/ [名]([複] ~s /-z/)[C]〔文法〕**副詞**((✪adv.と略す)).

ad·ver·sar·y /ǽdvərsèri アドヴァセリ/ ((★アクセント注意))[名]([複] -sar·ies /-z/) [C]((文語))敵; (競争)相手.

ad·verse /ædvə́ːrs アドヴァース/ [形]((文語))不利な.
☞ [名]adversity.

ad·ver·si·ty /ædvə́ːrsəti アドヴァースィティ/ [名]([複] -si·ties /-z/)[UC]((文語))困難, 不運. ☞ [形]adverse.

****ad·ver·tise** /ǽdvərtàiz アドヴァタイズ/ ((★アクセント注意))[動](-tis·es /-iz/; -tised /-d/; -tis·ing)[自]**広告を出す**, 宣伝する.
— [他]…を**広告する**, …の広告を出す.

[自]*advertise for* a computer operator コンピューターのオペレーターの求人広告を出す.
— [他]He *advertised* his car for sale. 彼は自動車を売る広告を出した.
☞ [名]advertisement.

***ad·ver·tise·ment** /ædvərtáizmənt アドヴァタイズメント, ədvə́ːrtis-/ ((★発音注意))[名]([複] ~s /-ts/)[C]**広告**((✪((口語))では短縮して ad)).
▸run an *advertisement* for a new product 新製品の広告を出す.
☞ [動]advertise.

ad·ver·tis·er /ǽdvərtàizər アドヴァタイザ/ [名][C]広告主.

ad·ver·tis·ing /ǽdvərtàiziŋ アドヴァタイズィング/ [名][U]広告(活動), 広告業((☞ advertisement)). ▸an *advertising* agency 広告代理会社.

*****ad·vice** /ədváis アドヴァイス/ ((★アクセント注意))[名][U]**忠告**, アドバイス, 助言((✪具体的に「ひとつの忠告」「いくつかの忠告」という時は a piece of *advice*, some pieces of *advice* という)).

I'll give you a piece of *advice*. ひと言忠告をします / Take [Follow] my *advice!* 私の忠告に従いなさい.
☞ [動]advise.

ad·vis·a·ble /ədváizəbl アドヴァイザブル/ [形]((文語))(行為が)賢明な, 望ましい.

****ad·vise** /ədváiz アドヴァイズ/ ((★発音注意))[動](ad·vis·es /-iz/; ad·vised /-d/; ad·vis·ing)[他] ⓐ…に**忠告する**, 勧(すす)める, 助言する.
ⓑ《**advise ... to *do***》…に＿するように忠告する, 勧める.
ⓒ《**advise ... that** ＿》…に＿ということを忠告する.
ⓓ《**advise ... wh-**(疑問詞)＿》…に＿かを忠告する.
ⓔ《**advise ... against ~**》…に〜しないように忠告する.
— [自]忠告する, 勧告する.

[他]ⓐHe *advised* me on my future. 彼は私の将来について忠告してくれた.
ⓑShe *advised* me *to* study abroad. 彼女は私に留学するよう勧めた.
ⓒI *advised* him *that* he (should) leave at once. 私は彼にすぐ出発するように忠告した.
ⓓPlease *advise* me *which* to buy. ＝ Please *advise* me *which* I should buy. どちらを買ったらいいか教えてください.

[e]I *advised* her *against marrying* him. (=I *advised* her not to marry him.) 私は彼女に彼と結婚しないよう忠告した.
— [自]Do as I *advise*. 私が忠告するようにしなさい.
☞ [名]advice, [形]advisory.

*__ad·vis·er, ad·vi·sor__ /ədváizər アドヴァイザ/ [名]([複] ~s /-z/)[C] ❶**助言者**, 忠告者, 顧問. ❷(大学で履修などの相談相手となる) 指導教員.

ad·vi·so·ry /ədváizəri アドヴァイザリ/ [形] 助言を与える, 顧問の.
☞ [動]advise.

ad·vo·ca·cy /ǽdvəkəsi アドヴォカスィ/ [名][U]支持, 主張.

ad·vo·cate /ǽdvəkit アドヴォケット/ [名]《★アクセント注意》[C](考え・行動などの)支持者, 主張者.
— [動]/ǽdvəkèit アドヴォケイト/《★名詞との発音の違いに注意》(現分 -cat·ing)[他]《文語》(考え・行動など)を支持する, 主張する.

Ae·gé·an Séa /iːʤíːən- イーヂーアン・/ [名]《the をつけて》エーゲ海《ギリシアとトルコの間》.

aer·i·al /éəriəl エ(ア)リアル/ [形] ❶空からの, 飛行機からの. ❷空中の.
— [名][C]《英》アンテナ《✪《米》では antenna》.
▶[形] ❶an *aerial* photograph 航空写真.
☞ [名]air.

aer·o·bics /eəróubiks エ(ア)ロウビックス/ [名]《単数扱い》エアロビクス.

aer·o·dy·nam·ics /eəroudainǽmiks エ(ア)ロウダイナミックス/ [名][U]空気力学, 航空力学.

aer·o·plane /éərəplèin エ(ア)ロプレイン/ [名]([複] ~s /-z/)[C]《英》飛行機《✪《米》では airplane》.

aer·o·sol /éərəsɔ̀l エ(ア)ロサル/ [名][C]噴霧器, スプレー.

aer·o·space /éərouspèis エ(ア)ロウスペイス/ [名][U]航空宇宙(空間).
— [形]航空宇宙産業[学]の.
▶[形]the *aerospace* industry 航空産業.

Ae·sop /íːsɑp イーサップ/ [名]イソップ《619?–564 B.C.; 「イソップ物語」(Aesop's fables)の作者》.

aes·thet·ic /esθétik エスセティック/ [形]美の; 美学の.

aes·thet·ics /esθétiks エスセティックス/ [名]《単数扱い》美学.

a·far /əfɑ́ːr アファー/ [副]《文語》遠くに.
from afar 遠くから.

af·fa·ble /ǽfəbl アファブル/ [形]感じのよい.

af·fa·bly /ǽfəbli アファブリ/ [副]感じよく.

⁑__af·fair__ /əféər アフェア/ [名]([複] ~s /-z/)
❶[C]**ことがら, 事件**, でき事.
❷[C]**個人的なこと**.
❸《複数形で》(重要な)**動き**, 出来事, **事情**, 情勢.
❹[C]《口語》もの, こと.
❺[C](一時的で不純な)恋愛, 浮気, 情事《✪love affair ともいう》.

❶an important *affair* 重要なことがら / a terrible *affair* 恐ろしい事件.
❷That's my *affair*. よけいなお世話だ(それは私が関係することだ) / Mind your own *affairs*. よけいなお世話だ(自分のやるべきことに注意を払え).
❸political *affairs* 政治上のこと.
❹foreign *affairs* 海外の状況.

⁑__af·fect__ /əfékt アフェクト/ [動](~s /-ts/; ~ed /-id/; ~ing)[他] ❶…に**影響する**, (病気・苦痛が)…を痛めつける.
❷《**be affected** で》**感動する**, 心を動かす.

❶The hot weather *affected* his health. 暑い天候が彼の健康に影響した.
❷He *was* deeply *affected* by what he heard. 彼はその話を聞いて深く感動した.
☞ [名]affection.

af·fect·ed /əféktid アフェクティド/ [形]気どった, わざとらしい.
☞ [動]affect.

*__af·fec·tion__ /əfékʃən アフェクション/ [名]([複] ~s /-z/)[UC](親子間などの)**愛情**.
▶a deep *affection* 深い愛情.
☞ [動]affect, [形]affectionate.

af·fec·tion·ate /əfékʃənət アフェクショネト/ [形]愛情の豊かな, やさしい.
☞ [名]affection.

af·fec·tion·ate·ly /əfékʃənətli アフェク

affiliate

ショネトリ/ 副愛情をこめて、やさしく.

af·fil·i·ate /əfílièit アフィリエイト/ 動 (現分 -i·at·ing) 他 《**be affiliated with [to] ...**》(組織などの)…と提携している.

af·fil·i·a·tion /əfìliéiʃən アフィリエイション/ 名 U.C 提携, つながり.

af·fin·i·ty /əfínəti アフィニティ/ 名 (複 -i·ties /-z/) U.C ❶ 類似性[点]. ❷ 親近感.

af·firm /əfə́ːrm アファーム/ 動 (~s /-z/; ~ed /-d/; ~ing) 他 《文語》…を(肯定的に)断言する, 確信する (反 deny).
▶He *affirmed that* the story was true. 彼はその話は真実だと断言した.
☞ 名 affirmation, 形 affirmative.

af·fir·ma·tion /æfərméiʃən アファーメイション/ 名 U (肯定的)断言, 確言 (反 negation).
☞ 動 affirm.

af·firm·a·tive /əfə́ːrmətiv アファーマティヴ/ 形 肯定の (反 negative).
☞ 動 affirm.

affirmative áction 名 U (米)社会的差別撤廃措置(ほう) (少数民族・女性などに対する差別撤廃).

af·fir·ma·tive·ly /əfə́ːrmətivli アファーマティヴリ/ 副 肯定的に (反 negatively).

affirmative séntence 名 C 【文法】肯定文 (○「否定文」は negative sentence).

af·fix /æfiks アフィックス/ 名 (複 ~es /-iz/) C 【文法】接辞 (接頭辞 (prefix), 接尾辞 (suffix)をいう).

af·flict /əflíkt アフリクト/ 動 他 《文語》《しばしば **be afflicted with ...**》…(頭痛など)で苦しむ, 悩む.
☞ 名 affliction.

af·flic·tion /əflíkʃən アフリクション/ 名 《文語》U.C 苦しみ; 苦痛.
☞ 動 afflict.

af·flu·ence /ǽfluəns アフルーエンス/ 名 U 《文語》裕福.

af·flu·ent /ǽfluənt アフルーエント/ 形 裕福な.

*__af·ford__ /əfɔ́ːrd アフォード/ 動 (~s /-dz/; ~·ed /-id/; ~·ing) 他 ❶ⓐ 《**can afford ...**》(金銭・時間的に)**持つだけの余裕がある**.
ⓑ 《**can afford to** do》(金銭・時間的に) __する余裕がある, __できる.

❷ 《文語》…を**与える**, 供給する.

❶ⓐ We *can't afford* such an expensive car. 私たちにはとてもそのような高い車はもてない (**○can** とともに用い, ふつう否定文または疑問文で用いる).
ⓑ I *cannot afford to* take two days off a week. 私は(忙しくて)1週間に2日も休んではいられない (**○** ふつう否定文または疑問文で用いる).

af·ford·a·ble /əfɔ́ːrdəbl アフォーダブル/ 形 (高価でなくて)手に入れられるほどの.

Af·ghan·i·stan /ægǽnəstæn アフギャニスタン/ 名 アフガニスタン (イランとパキスタンの間にある国; 首都はカブール (Kabul)).

a·float /əflóut アフロウト/ 副形 (水面, 空中に)浮かんで[だ].

Afr. 《略語》Africa(n).

☆☆a·fraid /əfréid アフレイド/
形 (more ~; most ~)
❶ⓐ **恐れて(いる), こわがって(いる)**.
ⓑ《**be afraid of ...**》…を**こわいと思う**, こわがる.
❷ⓐ《**be afraid of** doing》__するのを**恐れる**, __するのではないかと心配する.
ⓑ《**be afraid that** __》__ではないかと心配する.
❸《**be afraid to** do》**こわくて__したくない**.
❹ **心配して(いる), 気づかって(いる)**.

❶ⓐ Don't be *afraid!* こわがるな.
ⓑ I *am* very [much] *afraid of* dogs. 私は犬がとてもこわい / There is nothing to *be afraid of*. こわがることなんか何もない.

❷ⓐ Don't *be afraid of making* mistakes. まちがいをすることを恐れるな / She *was afraid of awakening* her baby. 彼女は赤ちゃんを起こしはしないかと心配した /
ⓑ She *was afraid (that)* she might miss her train. 彼女は列車に乗りおくれるのではないかと心配した (**○that** はふつう略される).

❸ He *was afraid to* go farther. 彼はこわくてそれから先へは行きたくなかった.

|語法| afraid to *do* は「こわくて…したくない」ことを表わし, afraid of *do*ing

は「…するのではないかと恐れる」ことを表わすが, afraid of *do*ing が afraid to *do* と同じ意味になることもある.

I am [I'm] afraid (残念ながら)…ではないかと思う:*I'm afraid* it's going to rain. どうも雨が降りそうです / We may be late, *I'm afraid*. おくれるかもしれない / 対話《言いにくいことを言うとき》: "Is it true?"–"*I'm afraid* so." 「それは本当か」「(残念ながら)そのようです」/ "Can you lend me a dollar?"–"*I'm afraid* not."「1ドル貸してくれませんか」「あいにくですが都合がつきません」.

語法 (1) I'm afraid は文の先頭にも終わりにも用いる. (2) 表現を柔(やわ)らげる効果があり, 述べる内容が望ましいことでないときに用いる. 望ましい内容のときには I hope を用いる; ☞ hope 動 の語法.

a·fresh /əfréʃ アフレッシュ/ 副《文語》新たに, 再び.

***Af·ri·ca** /ǽfrikə アフリカ/ (★アクセント注意)名**アフリカ**.

***Af·ri·can** /ǽfrikən アフリカン/ 形 ❶**アフリカの. ❷アフリカ人の.
— 名 (複 ~s /-z/) C **アフリカ人**.

Af·ri·can A·mer·i·can /ǽfrikən əmérikən アフリカン アメリカン/ 名 C アフリカ系アメリカ人.

AFS /éièfés エイエフエス/《略語》American Field Service エイエフエス《アメリカに本部のある国際文化交流財団による高校生の留学制度》.

***af·ter** /ǽftər アフタ | ɑ́:ftə/
前 ❶(時間・順序が)**…のあとに[の]**.
❷…を求めて, 追って.
❸…にならって, …にちなんで.
❹…の結果, …のあと(だから).
— 接 …(した)**あとに[で]**, (…して)から.
— 副 /ǽftər アフタ | ɑ́:ftə/ **あとで**.

前 ❶Spring comes *after* winter. 春は冬の次です / the months *after* August 8月よりあとの月.
❷Several people are *after* the position. 何人かの人がその地位を得たがっている / Run *after* him. 彼を追いかけろ.
❸The building was designed *after* a classical model. その建物は古典的な様式にならって設計された.
❹Nobody trusts him *after* the lie he told. あんなうそをついたのでだれも彼を信用する者はいない. ***after all*** ①結局, ついに:He failed *after all*. (いろいろなことがあったが)結局彼は失敗した. ②なんと言っても;だって:*After all*, he is very busy. なんと言っても彼はとても忙しいのだからね.

after all … …にもかかわらず:I failed *after all* that effort. あんなに努力したのに失敗した.

After you. お先にどうぞ《相手, とくに女性に順番を譲るときの言葉. そう言われたら, Thank you. と答える》.

— 接 He came *after* you (had) left. お出かけになった後に彼が来ました.
— 副 He came back two days *after*. 2日後に彼は帰ってきた.

af·ter·care /ǽftərkèər アフタケア/ 名 U アフターケア《病後の養生・手当》.

af·ter·ef·fect /ǽftərifèkt アフタリフェクト/ 名 C 《事件などの後の》(悪)影響.

af·ter·life /ǽftərlàif アフタライフ/ 名《単数形で》来世, あの世.

af·ter·math /ǽftərmæθ アフタマス/ 名 C 《災害・大事件などの》影響, 余波(よは).

***af·ter·noon** /ǽftərnú:n アフタヌーン | ɑ̀:ftə-/ 名 (複 ~s /-z/)
❶ UC **午後**. ❷《形容詞的に》午後の.

❶He usually comes in the *afternoon*. 彼はたいてい午後に来ます / on a rainy *afternoon* ある雨の降っている午後に / on Monday *afternoon* 月曜日の午後に / on the *afternoon* of May 14 5月14日の午後に.
❷an *afternoon* train 午後の列車.
語法 漠然(ばくぜん)と「午後に」というときの前置詞は in を用い, いろいろな語句がついて「特定の日の午後に」というときは on を用いる; 次のような場合は前置詞を用いない:this *afternoon* きょうの午後(に) / yesterday [tomorrow] *afternoon* きのう [あす] の午後(に).

afternoon tea 名 UC 《英》午後のお茶《イギリスやオーストラリアで午後3時から5時

aftertaste

ごろに紅茶を飲みながらとる軽食のことをいう；○ 単に tea ともいう》.

af·ter·taste /ǽftərtèist アフタテイスト/ 名C（食後に口の中に残る）後味(跡).

af·ter·thought /ǽftərθɔ̀ːt アフタソート/ 名C あとからの思いつき.

***af·ter·ward** /ǽftərwərd アフタワド | ɑ́ːftə-/ 副 **あとで**, その後（反 beforehand）.
▶ I swam for an hour, and *afterward* I took a nap. 私は1時間泳いで, そのあとでひと眠りした / soon *afterward* そのあとすぐに.

af·ter·wards /ǽftərwərdz アフタワツ/ 副《英》= afterward.

****a·gain** /əgén アゲン, əgéin/ 《★発音注意》副
❶ **ふたたび**, もう一度, また.
❷ もとのところへ, もとの状態に.
❸ さらにまた, そのうえ.

❶ Try *again*. もう一度やってみなさい / See you *again*. また会いましょう, さようなら（○ I will see you again.の省略）.
❷ He got well *again*. 彼は健康を回復した / Put it back *again*. それをもとのところへ戻しなさい.
❸ This, *again*, is not true. これもまた本当じゃない.

again and again 何度も: I tried *again and again*. 私は何度もやってみた.

as ... again as 〜 〜の2倍の…（○ …には much, many, large, long などの形容詞・副詞がくる）: She has *as many* shoes *again as* I do [have]. 彼女は私の2倍の数のくつをもっている.

half as many [***much***] ***... again as*** 〜 の1倍半の数〔量〕の…（☞ half）.

now and again ときどき.

once again もう一度（☞ once 副）.

then [***there***] ***again*** 一方；それにひきかえ: This one is better, but *then again* it is more expensive. このほうが上等だが, そのかわり高価だ（○ ふつう前に but then [there] をつける）.

****a·gainst** /əgènst アゲンスト, əgèinst/ 前
❶ …に対抗して［の］.

❷ …に反対して［の］.
❸ …に逆らって.
❹ …にぶつかって.
❺ …に寄りかかって.
❻ …を背景にして, …と対照して.
❼ …を防ぐために, …に備えて.

❶ They fought *against* Germany. 彼らはドイツと戦った / We played *against* George and Helen. 私たちはジョージとヘレンを相手に試合をした.
❷ Are you for or *against* the proposal? 君はその提案に賛成ですか反対ですか.
❸ He tried to run *against* the strong wind. 彼は強風に向かって走ろうとした.
❹ He threw the ball *against* the wall. 彼はへいにボールを投げつけた / He bumped his head *against* a post. 彼は頭を柱にぶつけた.
❺ He leaned the ladder *against* the wall. 彼ははしごを壁にたてかけた.
❻ Mt. Everest could be seen clearly *against* the blue sky. 青空を背景にしてエベレスト山がくっきり見えた.
❼ You had better wear an overcoat *against* the chill. 防寒用にオーバーを着るほうがいいよ / They warned me *against* pickpockets. 彼らは私にすりに気をつけるように注意してくれた.

****age** /éidʒ エイヂ/ 名（複 **ag·es** /-iz/）
❶ U **年齢**, 歳(℃).
❷ U **成年**, 決められた一定の年齢.
❸ U **老齢**.
❹ U **時代**, 世代.
❺《an をつけてまたは複数形で》《口語》長い間.

❶ What is his *age*? (= How old is he?) 彼の年はいくつですか（○ 英米では初対面の人や女性に直接年齢をたずねるのは失礼になる）/ I am fifteen years of *age*. 私は15歳です（○ I am fifteen years old のほうが一般的）/ She looks old for her *age*. 彼女は年の割りにふけてみえる / I used to play baseball when I was your *age*. 私が君の年齢のときには野球をやったものだ.

❷be of driving *age* 運転できる年齢である.

❸He was weak and bent with *age*. 彼は老齢のため弱って腰も曲がっていた.

❹the Information *Age* 情報化の時代 / from *age* to *age* 代々.

❺I haven't seen you for *ages*. (ずいぶん)久しぶりだね.

come of age 成年に達する.

a·ged 形 (more ~ ; most ~)
❶/éidʒd エイヂド/ …歳の.
❷/éidʒid エイヂド/ (★発音注意) ⓐたいへん年とっている. ⓑ《the をつけて》老人たち.
▶ ❶ a boy *aged* 15 (years) 15歳の少年.

age-group /éidʒ-grùːp エイヂ・グループ/ 名 C 《集合的に》(特定の)年齢層の人々.

*__a·gen·cy__ /éidʒənsi エイヂェンスィ/ 名 (複 a·gen·cies /-z/) C ❶ **代理店**, 取次店.
❷《米》(政府などの)機関, 庁 (ministry, department (省)より小さい).
▶ ❶ a travel *agency* 旅行代理店.
❷ the *Agency* for Cultural Affairs 文化庁.

a·gen·da /ədʒéndə アヂェンダ/ 名 C 議事日程(表), 協議事項. ▶ That's not on the *agenda*. それは議題にはなっていない.

*__a·gent__ /éidʒənt エイヂェント/ 名 (複 ~s /-ts/) C ❶ (他の人や会社の代理をする)**代理人[店]**; 仲介者.
❷スパイ, 手先.

❶ an estate [《米》a real estate] *agent* 不動産業者.
❷ a secret *agent* スパイ.

ag·gra·vate /ǽgrəvèit アグラヴェイト/ 動 (現分 -vat·ing) 他 …を悪化させる.

ag·gra·va·tion /ægrəvéiʃən アグラヴェイション/ 名 U 悪化.

ag·gres·sion /əgréʃən アグレション/ 名 U 攻撃, 侵略; 攻撃性.

*__ag·gres·sive__ /əgrésiv アグレスィヴ/ 形 (more ~ ; most ~) ❶ **攻撃的な**, 侵略的な; けんか好きな. ❷ 強気の; 積極的な.

ag·gres·sor /əgrésər アグレサ/ 名 C 侵略者[国].

a·ghast /əgǽst アギャスト/ 形 びっくり仰天して(いる).

ag·ile /ǽdʒəl アヂル, ǽdʒail/ 形 機敏な.

a·gil·i·ty /ədʒíləti アヂリティ/ 名 U 機敏.

ag·i·tate /ǽdʒətèit アヂテイト/ 動 (現分 -tat·ing) 他 扇動(せんどう)する, アジる.
▶ *agitate for* freedom 自由をよこせと人を扇動する.
☞ 名 agitation.

ag·i·tat·ed /ǽdʒətèitid アヂテイティド/ 形 動揺している.

ag·i·ta·tion /ædʒətéiʃən アヂテイション/ 名 ❶ U 動揺. ❷ UC 扇動(せんどう).
☞ 動 agitate.

ag·i·ta·tor /ǽdʒətèitər アヂテイタ/ 名 C (おもに政治的な)扇動(せんどう)者.

*__ago__ /əɡóu アゴウ/ 副 (今から)**…前に**. ▶ He went out an hour *ago*. 彼は1時間前に外出した.

語法 (1)かならず前に時の長さを表わすことばがつき, 単独では用いない.
○ He went out an hour *ago*.
× He went out *ago*.
過去形とともに用い, 現在完了とは用いない.
× He has gone out an hour *ago*.
(2)「過去のある時から…前」は before を用いる.
I met him ten years *ago*. 私は(今から)10年前に彼に会った.
I had met him ten years before. 私はその10年前すでに彼に会っていた.

ag·o·nize /ǽgənàiz アゴナイズ/ 動 (現分 -niz·ing) 自 苦しむ, 悩む.
☞ 名 agony.

ag·o·niz·ing /ǽgənàiziŋ アゴナイズィング/ 形 きつい, つらい.

ag·o·ny /ǽgəni アゴニ/ 名 (複 -o·nies /-z/) UC (精神的・肉体的な激しい)苦痛.
☞ 動 agonize.

*__a·gree__ /əɡríː アグリー/ 動 (~s /-z/; ~d /-d/; ~ing) 自 ❶ ⓐ (相手の言うことなどに)**同意する**, 賛成する, 承諾する (反 disagree).
ⓑ 《*agree to* ...》(人の考えなど)に同意する, 賛成する.
ⓒ 《*agree with* ...》(人の考えなど)に賛

A

成する.
❷**意見が一致する**, 合意に達する.
❸(ものごとが)一致する.
❹《口語》(食物・天候などが)〔人の〕体質に合う〔*with*〕《✪ふつう否定文・疑問文に用いる》.
— [他] ❶ⓐ《agree to *do*》__**することに同意する**, 賛成する.
ⓑ《agree that __》__**ということに同意する**, 賛成する.
❷ⓐ《agree to *do*》__することに意見が一致する, 合意する.
ⓑ《agree that __》__ということに意見が一致する, 合意する.

[自] ❶ⓐI asked him to come and he *agreed*. 私が彼に来てくれるように頼んだら承諾してくれた. ⓑHe *agreed to* the proposal. 彼はその申し出に同意した / Mary's father has *agreed to* her *going* to Paris to study. メアリーの父は彼女がパリに留学することに同意した. ⓒI *agree with* you about the schedule. スケジュールについてはあなたに賛成です.
❷We have not *agreed on* the price yet. われわれはまだ価格について合意ができていない / We *agreed on making* an early start. われわれは早く出発することで意見が一致した / We could not *agree on* [*about, as to*] *how to* help them. われわれはどのようにして彼らを援助すべきかについて意見が一致しなかった.
❸His explanation does not *agree with* the facts. 彼の説明は事実と合わない.
❹Crab does *not agree with* me. カニは私の体質に合わない.
— [他] ❶ⓐHe *agreed to* lend me ten dollars. 彼は私に10ドル貸してくれることを承諾した. ⓑI *agree that* your plan is better. 私は君の計画のほうがよいことを認める.
❷ⓐThey *agreed to* work together. 彼らは協力して働くことに意見がまとまった. ⓑWe *agreed* (*that*) we should help them immediately. われわれはただちに彼らを援助すべきだということで意見が一致した.

☞ [名]agreement.

***a·gree·a·ble** /əgríːəbl アグリーアブル/ [形] (more ~; most ~)**感じのよい**, 気持ちのよい ([反]disagreeable)《✪pleasant より意味が弱い》. ▸Her voice is *agreeable* to the ear. 彼女の声は耳に気持ちよくひびく / an *agreeable* man 感じのよい人.

a·gree·a·bly /əgríːəbli アグリーアブリ/ [副] 気持ちよく, 感じよく.

a·greed /əgríːd アグリード/ [形] ❶合意した, 決められた. ❷意見が一致している.

****a·gree·ment** /əgríːmənt アグリーメント/ [名] ([複] ~s /-ts/)
❶[C]**協定**, 契約.
❷[U](意見の)**一致**, 同意, 承諾 ([反]disagreement).
❸[U]〖文法〗(性・数・格・人称の)一致.

❶come to [reach] an *agreement* 協定が成り立つ / make an *agreement* with … …と協定する, 契約を結ぶ.
❷reach *agreement* 意見が一致する / She nodded to show her *agreement*. 彼女はうなずいて同意を表わした.
in agreement **同意して**, 一致して: We are *in agreement* on that point. わたしたちはその点では意見が一致している.

☞ [動]agree.

***ag·ri·cul·tur·al** /æ̀grikʌ́ltʃərəl アグリカルチュラル/ [形]**農業の**.
▸*agricultural* products 農産物.

☞ [名]agriculture.

***ag·ri·cul·ture** /ǽgrikʌ̀ltʃər アグリカルチャ/ 《★アクセント注意》[名][U]**農業**; 農学.

☞ [形]agricultural.

a·ground /əgráund アグラウンド/ [副][形]浅瀬に乗り上げて. ▸run *aground* 浅瀬に乗り上げる.

***ah** /ɑ́ː アー/ [感]**ああ**, おお《喜び・驚き・落胆などを表わす発声》. ▸*Ah*, I cut my finger. ああ, 指を切っちゃった.

a·ha /ɑːhɑ́ː アーハー/ [感]はは《驚き・喜び・突然の理解などを表わす発声》; ああそうか.

****a·head** /əhéd アヘッド/ [副] (more ~; most ~)
❶**前方に[へ]** ([反]behind).
❷ⓐ(時間的に)**先に**, 前もって.

ⓑこれから先, 将来.
❸進んで, 勝(ち)って, 勝ち越して.

❶The police station is a mile *ahead*. 警察署は1マイル先にある / Move *ahead*. 前へ進みなさい.
❷ⓐYou have to phone *ahead*. 前もって電話をしなくてはいけません.
ⓑWe'll have a hard time *ahead*. これからは苦労があるだろう / think *ahead* 先のことを考える.
❸The Giants are *ahead* (by three runs). ジャイアンツが(3点差で)勝っている.

ahead of ... ①…の前方に: We saw his car *ahead of* us. われわれの前方に彼の車が見えた. ②…より早く, 前に: The bus left *ahead of* time. バスは定刻前に出発した. ③…よりすぐれて. ④(仕事などが)…より進んで.

ahead of time [schedule] 予定より早く.

get ahead ①先に進む. ②成功する.
get ahead of ... …を追い越す.
go ahead ①先へ進む: *Go* straight *ahead*. まっすぐ前方へ進みなさい. ②《ふつう命令文で》(話や仕事など)を**しなさい**;《相手をうながして; 依頼などを受けて》**さあどうぞ, どうぞお先へ**: "*Go ahead*. Don't hesitate." 「さあどうぞ, 遠慮しないで」/ 対話 "Can I use the telephone?"–"*Go ahead*." 「電話を貸していただけませんか」「ええどうぞ」.
go ahead with ... (仕事・話など)を先へ進める, 続ける: *Go ahead with* the discussion. 話し合いを続けなさい.

a·hem /əhém アヘム/ 感えへん.
AI /éiái エイアイ/《略語》〔電算〕artificial intelligence 人工知能.

*****aid** /éid エイド/ 動 (~s /-dz/; ~ed /-id/; ~·ing)他《文語》ⓐ(人)を**助ける**, 手伝う(◆help のほうがふつう).
ⓑ…を援助する, …の助けになる.
— 名(複 ~s /-dz/) ❶Ⓤ助け; (金銭・物資などの)援助. ❷Ⓒ助けとなる物, 補助器具.

動他ⓐWe *aided* him *in* his business. 私たちは彼の仕事を手伝ってやった. ⓑ*aid* refugees 難民を援助する / *aid* digestion 消化の助けになる.
— 名 ❶financial *aid* 財政援助.
❷a hearing *aid* 補聴器.
in aid of ... …の助けとして.
《同音異形語》aide.

aide /éid エイド/ 名Ⓒ(政府高官などの)補佐官; 補佐する人.

AIDS, Aids /éidz エイヅ/ 名Ⓤ〔医学〕エイズ, 後天性免疫不全症候群(《✚ *Acquired Immune Deficiency Syndrome* の略)》.

ail·ing /éiliŋ エイリング/ 形病気の; 弱っている.

ail·ment /éilmənt エイルメント/ 名Ⓒ(軽い)病気.

*****aim** /éim エイム/ 動 (~s /-z/; ~ed /-d/; ~·ing)自 ❶ⓐ目ざす.
ⓑ《*aim to do*》 _ することを目ざす, ねらう, こころざす.
— 他(銃)を向ける.
— 名(複 ~s /-z/) ❶Ⓒ目的, 目標.
❷Ⓤねらい, 照準.

動自 ❶ⓐHe *aimed* too high. 彼は高いところを目ざしすぎた(目標が高すぎた) / *aim for* fame 名声を得ようとする / *aim at* the championship 優勝をねらう.
ⓑHe *aimed to* study music abroad when he was young. 彼は若いころ海外で音楽を習おうとこころざした / They are *aiming to* preserve the traditional craft. 彼らはその伝統工芸を保存しようと思っている.
— 他He *aimed* his pistol *at* me. 彼は私にピストルを向けた.
— 名 ❶He achieved [attained] his *aim*. 彼は目的を達した.
❷I missed my *aim*. 私は(ねらった)的がはずれた.
take aim (at ...) (…を)ねらう, (…に)ねらいを定める.

aim·less /éimləs エイムレス/ 形目的のない.

aim·less·ly /éimləsli エイムレスリ/ 副目的もなく.

ain't /éint エイント/《口語・俗語》 ❶《*am not* の短縮形》. ❷《俗語》《*are not, is not, have not, has not* の短縮形》.
▶❶I'm right, *ain't* I? 私の言うことは

air

正しいでしょう.

air /éər エア/
名 (複 ~s /-z/) ❶ Ⓤ **空気**.
❷《the をつけて》**空中**, **大気**, 空.
❸ Ⓒ ⓐ (全体的な) 様子, 印象, (よくない) 感じ.
ⓑ《複数形で》気どった様子.
— 動 (~s /-z/; ~ed /-d/; ~ing /éəriŋ/)
他 ❶ …を空気にさらす, (衣類など) を干す. ❷ …を言いふらす.

名 ❶ We need some fresh *air*. われわれは新鮮な空気が必要だ, 風を入れよう / pollute the *air* 空気を汚す.
❷ float in the *air* 空中に浮かぶ / soar through *the air* 空高く飛ぶ.
❸ ⓐ He has a lofty *air*. 彼は態度が高慢だ. ⓑ be full of *airs* and graces 上品ぶっている.

a change of air 転地療養: go to Izu for *a change of air* 伊豆へ転地に行く.

by air 飛行機で, 航空便で (☞成句 by land (⇨ land), by sea (⇨ sea)): travel *by air* 飛行機で旅行する.

in the air ① 空中に: Smoke rose *in the air*. 煙が空に立ち上がった. ②《口語》(気分が) 広まって.

off the air 放送されないで.

on the air 放送されて: The show will go *on the air* at 7 p.m. そのショウは午後7時から放送される.

put on airs 気どる.

up in the air ① 空中に. ② (計画などが) 未決定で.

☞ 形 aerial, airy.

áir bàg 名 Ⓒ エアバッグ《自動車の衝突事故の際自動的にふくらんで, 乗員を保護する袋》.

áir bàse 名 Ⓒ 空軍基地.

air·borne /éərbɔ̀:rn エアボーン/ 形 ❶ 空輸の. ❷ (花粉・種などが) 空気で運ばれた.

áir bràke 名 Ⓒ エアブレーキ, 空気制動機.

Air·bus /éərbʌ̀s エアバス/ 名 (複 ~es, ~ses /-iz/) Ⓒ エアバス《商標; 近距離中距離用ジェット旅客機》.

air-con·di·tioned /éər-kəndíʃənd エア・コンディションド/ 形 空気調節装置のある.

áir condìtioner 名 Ⓒ 空調装置, エアコン《✿ cooler は飲み物などの冷却容器》.

áir condìtioning 名 Ⓤ 空気調節《室内の空気の浄化, 温度や湿度の調節など》.

***air·craft** /éərkræft エアクラフト/ 名 (複 air·craft) Ⓒ **航空機**《空を飛ぶ機械の総称; 飛行機 (airplane)・ヘリコプター (helicopter)・飛行船 (airship)・気球 (balloon) など》.

áircraft càrrier 名 Ⓒ 航空母艦, 空母《✿《口語》では単に carrier ともいう》.

air·crew /éərkrù: エアクルー/ 名 Ⓒ 航空機乗務員《全員》.

air·field /éərfì:ld エアフィールド/ 名 Ⓒ 飛行場 (airport より小さい).

áir fòrce 名 Ⓒ 空軍《✿「陸軍」は army, 「海軍」は navy》.

air·less /éərləs エアレス/ 形 風通しが悪い.

air·lift /éərlìft エアリフト/ 名 Ⓒ (緊急時の) 空輸. — 動 他 …を空輸する.

***air·line** /éərlàin エアライン/ 名 (複 ~s /-z/) Ⓒ **航空会社**. ▶ Japan *Airlines* 日本航空 (株式会社).

air·lin·er /éərlàinər エアライナー/ 名 Ⓒ (大型) 旅客機.

***air·mail** /éərmèil エアメイル/ 名 Ⓤ **航空郵便**《☞ surface mail》.
▶ by *airmail* 航空便で.

****air·plane** /éərplèin エアプレイン/ 名 (複 ~s /-z/) Ⓒ **《米》飛行機**《✿《口語》では単に plane ともいう;《英》では aeroplane》.

by *airplane* 飛行機で (by air).

áir pollútion 名 Ⓤ 大気汚染.

****air·port** /éərpɔ̀:rt エアポート/ 名 (複 ~s /-ts/) Ⓒ **空港**《☞ airfield》.

áir prèssure 名 Ⓤ 気圧.

áir ràid 名 Ⓒ 空襲.

air·ship /éərʃìp エアシップ/ 名 Ⓒ 飛行船.

air·sick /éərsìk エアスィック/ 形 飛行機に酔った.

air·space /éərspèis エアスペイス/ 名 Ⓤ 領空.

air·strip /éərstrìp エアストリップ/ 名 Ⓒ 滑走路.

abcdefghijklmnopqrstuvwxyz　　　　　　　　　　　　　　　alcoholism

air·tight /éərtàit エアタイト/ 形 気密の,密閉した.

air·y /éəri エ(ア)リ/ 形 (air·i·er; air·i·est) 風通しのよい.

☞ 名 air.

aisle /áil アイル/ ((★ s は発音されない)) 名 (複 ~s /-z/) C (劇場・列車・バス・教会などの座席間の)**通路** (❶(英)では gangway ともいう).

a·jar /ədʒɑ́:r アヂャー/ 副形 (ドアや窓が)少し開いて(いる).

AK〔米郵便〕Alaska.

a·kim·bo /əkímbou アキンボウ/ 副 《ふつう次の成句で》: **with arms akimbo** 腰に両手を当てひじを張って.

with (one's) arms akimbo
((特に女性の)挑戦を表わす身振り))

a·kin /əkín アキン/ 形 《文語》よく似て(いる).

AL〔米郵便〕Alabama.

Al /ǽl アル/ 名 アル (男性の名; Albert, Alexander, Alfred の愛称).

Al·a·bam·a /æ̀ləbǽmə アラバマ/ 名 アラバマ (アメリカ南東部の州; ❶〔郵便〕AL と略す).

à la carte /æ̀ lə kɑ́:rt アラ カート/ 副 (定食ではなくて)お好み注文で,アラカルトで.
—— 形 お好み注文の,アラカルトの.

A·lad·din /əlǽdn アラドン/ 名 アラジン (「アラビアンナイト」の物語に出てくる貧しい少年で,魔法のランプと指輪を手に入れ,大金持ちになる).

Al·an /ǽlən アラン/ 名 アラン (男性の名).

***a·larm** /əlɑ́:rm アラーム/ 名 (複 ~s /-z/)
❶ⓐ C **警報**. ⓑ **警報器**.
❷ C **目ざまし時計** (❶**alárm clòck** ともいう; ☞ bed のさし絵).
❸ U (突然の)**恐怖**,驚き.
—— 動 (~s /-z/; ~ed /-d/; ~·ing) 他
ⓐ (突然)(人)を**こわがらせる**,不安にさせる.
ⓑ 《**be alarmed** で》こわがる,不安になる.

名 ❶ⓐ give [raise, sound] the *alarm* (非常ベル・鐘などで)警報を出す.
❷ set the *alarm* for six 6 時に目ざましをセットする.
❸ I was filled with *alarm* when I heard the explosion. 私は爆発音を聞いてぎくっとした.
in alarm 恐ろしくて,驚いて.
—— 動 他 ❶ⓐ The explosion *alarmed* us. 何かが爆発するような音で私たちはびっくりした. ⓑ She *was alarmed* at the sight of the huge dog. 彼女は大きな犬を見てこわくなった.

a·larm·ing /əlɑ́:rmiŋ アラーミング/ 形 こわい,不安にさせる(ほどの).

a·las /əlǽs アラス/ 感 《文語》ああ (悲しみ・恐れ・後悔などを表わす発声).

A·las·ka /əlǽskə アラスカ/ 名 アラスカ (アメリカ北西部の州; ❶〔郵便〕AK と略す).

A·las·kan /əlǽskən アラスカン/ 形
❶ アラスカの. ❷ アラスカ人の.
—— 名 C アラスカ人.

al·ba·tross /ǽlbətrɔ̀(:)s アルバトロ(ー)ス/ 名 (複 al·ba·tross, ~·es /-iz/) C 〔鳥類〕アホウドリ.

al·be·it /ɔ:lbí:it オールビーイト/ 接《文語》たとえ…でも.

Al·bert /ǽlbərt アルバト/ 名 アルバート (男性の名; 愛称 Al, Bert).

***al·bum** /ǽlbəm アルバム/ 名 (複 ~s /-z/) C
❶ **アルバム** (写真などを貼る).
❷ (レコード・テープ・CD などの)アルバム,曲集.

***al·co·hol** /ǽlkəhɔ̀(:)l アルコホ(ー)ル/ ((★発音注意)) 名 ❶ U **アルコール**.
❷ UC **アルコール飲料**,酒.

☞ 形 alcoholic.

al·co·hol·ic /æ̀lkəhɔ́(:)lik アルコホ(ー)リック/ 形 アルコール性の.
—— 名 C アルコール中毒患者.
▶ 形 *alcoholic* drinks アルコール飲料 (❶「アルコールを含まない飲料」は soft drinks).

☞ 名 alcohol.

al·co·hol·ism /ǽlkəhɔ̀(:)lizm アルコホ

alcove

(-)リズム / 名U アルコール依存症[中毒(症)].

al·cove /ǽlkouv アルコウヴ/ 名C アルコーブ《部屋の一部をへこませてできた空間》.

ale /éil エイル/ 名U エール《ビール (beer) の一種》.

***a·lert** /ələ́ːrt アラート/ 形 (more ~; most ~) ❶ **油断のない**, 警戒して; 常に注意を払っている. ❷ 機敏な.
— 名C 警戒警報.
— 動他 (人)に警戒させる.
▶形 ❶ He was *alert* to any noise. 彼はどんな物音にも警戒していた.
— 名 **on the alert** 油断なく見張って, 警戒して.

a·lert·ness /ələ́ːrtnəs アラートネス/ 名U ❶ 油断のないこと. ❷ 機敏.

A-lev·el /éi-lèvəl エイ-レヴェル/ 名UC A レベル《⇨ advanced level の略; イギリスで大学受験のために求められる資格[試験]; ☞ GCSE》.

Al·ex·an·der /æligzǽndər アレグザンダ/ 名 アレクサンダー《男性の名》.

Al·fred /ǽlfrid アルフリッド/ 名 アルフレッド《男性の名; 愛称 Al, Fred》.

al·gae /ǽldʒiː アルチー/ 名複〖植物〗藻(⁵).

al·ge·bra /ǽldʒəbrə アルチェブラ/《★アクセント注意》名U 代数.

Al·ge·ri·a /ældʒíəriə アルヂ(ア)リア/ 名 アルジェリア《地中海に面するアフリカ北部の共和国》.

A·li Ba·ba /ǽli báːbə アリ バーバ/ 名 アリババ《「アラビアンナイト」の中の主人公》.

al·i·bi /ǽləbài アリバイ/ 名C アリバイ.
▶ He proved his *alibi*. 彼は(自分の)アリバイを立証した.

Al·ice /ǽlis アリス/ 名 アリス《女性の名》.

***al·ien** /éiljən エイリャン/ 形 (more ~; most ~) ❶ 外国(人)の (foreign).
❷ 見たこともない, 変な, 異様な.
— 名C ❶ (市民権のない)**外国人**.
❷ (地球人に対し)宇宙人, 異星人.

━━━━━━━━━━━━━━━━
形 ❶ *alien* customs 外国の習慣.
❷ *alien* environments 異様な環境.
━━━━━━━━━━━━━━━━

al·ien·ate /éiljənèit エイリャネイト/ 動(現分 -ating)他 (人)を遠ざける, 疎外する.

al·ien·a·tion /èiljənéiʃən エイリャネイション/ 名U (人を)遠ざけること, 疎外.

a·light¹ /əláit アライト/ 動 (~s /-ts/; ~ed /-id/, a·lit /əlít/; ~ing)自《文語》❶ (乗物から)降りる. ❷ (鳥などが)降りてとまる.

a·light² /əláit アライト/ 形 燃えて(いる).

a·lign /əláin アライン/ 動他 ❶ …を一列に並べる. ❷ …を提携させる.
— 自 ❶ 一列に並ぶ. ❷ 提携する.

a·lign·ment /əláinmənt アラインメント/ 名 ❶ U 一列に並べる[並ぶ]こと.
❷ UC 提携(⁽⁾).

***a·like** /əláik アライク/ (more ~; most ~) 形 **互いによく似て(いる)**, 類似して(いる) (反 different, unlike).
— 副 同じように, 等しく.

━━━━━━━━━━━━━━━━
形 The two sisters *are* very *alike*. そのふたりの姉妹はたいへんよく似ている.
— 副 treat all people *alike* すべての人々を平等に扱う / teachers and students *alike* 先生も生徒も同様に.
━━━━━━━━━━━━━━━━

al·i·mo·ny /ǽləmòuni アリモウニ/ 名U 離婚[別居]手当《離婚[別居]した(元の)配偶者に払う生活費》.

***a·live** /əláiv アライヴ/《★発音注意》形 (more ~; most ~)
❶ **生きている** (反 dead)(☞ live² 形).
❷ **現存の**《❸ 強調のため名詞のあとに用いる》.
❸ **生き生きして(いる)**, 活発で(ある); 活動中で(ある).
❹ 〔生きものなどが〕たくさんいる〔with〕.

━━━━━━━━━━━━━━━━
❶ I found the crab still *alive*. 蟹(ҡ)はまだ生きてい(ることがわかっ)た / catch a bird *alive* 鳥を生けどりにする.
❷ I am now the happiest man *alive*. 私は今この世で一番幸福な男です.
❸ She makes me feel *alive*. 彼女は私を生き生きとした気持ちにさせる / The office was *alive with* activity. その事務所は活気づいていた.
❹ This pond *is alive with* frogs. この池には蛙(ˢ)がたくさんいる.
━━━━━━━━━━━━━━━━

☞ 名 life, 動 live¹.

al·ka·li /ǽlkəlài アルカライ/ 名(複 ~s, ~z /-z/) UC 〖化学〗アルカリ.

al·ka·line /ǽlkəlàin アルカライン/ 形 〖化学〗アルカリ性の(☞ acid ❶).

all /ɔːl オール/

形 ❶ⓐ《数えられる名詞につけて》**全部の**; **すべての**(☞everyの語法, eachの類語).
ⓑ《数えられない名詞につけて》**全部の**.
❷《否定文で; 部分否定を表して》全部[すべて]の…〜であるというわけではない.

— 代 ❶《数えられるもの[人]に用いて》**全部(のもの[人])**,
❷《数えられないものに用いて》**全部(のもの[こと])**,
❸《名詞や他の代名詞の後において》…全部, …みんな.
❹《否定文で; 部分否定を表して》全部が…というわけではない(☞形❷の語法).

— 副 ❶ **すっかり, まったく**.
❷ (スポーツなどで)双方とも.

━━━━━━━━━━━━━━━━━━━━

形 ❶ⓐ *All* the students gathered around the teacher. 全部の生徒が先生のまわりに集まった / I know *all* these words. 私はこれらの単語は全部知っている / *all* kinds of sports あらゆる種類のスポーツ.
ⓑ Did you eat *all* the cake? あのケーキを全部食べてしまったのですか.
❷ *Not all* the students live in the city. 全部の生徒が市内に住んでいるわけではない / I haven*'t* yet done *all* my homework. 宿題はまだ全部終わったわけではない.

語法 not all …の語順になる場合は「全部の…が〜というわけではない」という意味になるが, allがnotの前にある場合は, イントネーションの違いによって部分否定になったり, 全部否定になったりする. *All* the roads were *not* closed. はイントネーションによって「全部の道路が通行止めだったというわけではない」か「全部の道路が通行止めでなかった → どの道路も通行できた」という意味になる. 文尾を上昇調で言えば前者の意味になり, 下降調でいえば後者の意味になる. はっきりと前者の意味にしたいなら *Not all* the roads were closed.に, 後者の意味にしたいなら No road was closed. にする. all … not の語順の文は避けるとよい.

— 代 ❶ *All* of the students passed the exam. (= *All* the students passed the exam.) 生徒全部が試験に合格した / I like *all* of his works. (= I like *all* his works.) 私は彼の作品全部が好きだ.
❷ I spent *all* of my allowance. (= I spent *all* my allowance.) 私はおこづかいを全部使ってしまった / *All* of what she said is true. 彼女の言ったことは全部ほんとうだ. /
❸ We *all* like English. 私たちはみんな英語が好きだ / I know them *all*. 私は彼らを全部知っている / The villagers were *all* kind to us. 村の人たちはみんな私たちに親切だった.
❹ *Not all* of us live in this same condominium. 私たちはみんなこの同じマンションに住んでいるわけではない.

— 副 ❶ The party is *all* over. パーティはすっかり終わった.
❷ The score was two *all*. 得点は2対2だった.

all but … …を除いて全部:*All but* Japan took part. 日本以外全部が参加した.
all in all 全体としては:*All in all*, it was successful. 全体としてはそれは成功だった.
all over ☞ over 成句.
all right ☞ right 形 成句.
all too … (残念ながら)あまりにも…で:My holidays ended *all too* soon. 私の休暇はあっという間に終わった.
at all ①《否定文で》少しも(…ない):He wasn*'t* surprised *at all*. 彼は少しも驚かなかった. ②《疑問文・条件文で》少しでも, いったい:Do you know him *at all*? いったい君は彼を知っているのかね / If you learn English *at all*, learn it well. どうせ英語を習うならちゃんと習いなさい.
for all ☞ for 成句.
in all 全部で, 合計して:*In all*, there are 700 students in our school. 私たちの学校には全部で700名の生徒がいる.
It is all over (with…) (…は)もうだめだ:*It's all over with* the company. その会社はもうだめだ.
That's all. それがすべてだ それで終わりだ.

Al·lah /ǽlə アラ/ 名 アラー《イスラム教の

all-American

神》).

all-A·mer·i·can /ɔ́:ləmérikən オーラメリカン/ 形 ❶ (スポーツで) 全米 (代表) の. ❷典型的 [純粋] にアメリカ (人) の.

all-a·round /ɔ́:ləráund オーララウンド/ 形 《米》(スポーツなどが) 万能の.

al·le·ga·tion /æləgéiʃən アレゲイション/ 名 C (十分な根拠のない) 主張.
☞ 動 allege.

al·lege /əlédʒ アレッヂ/ 動 (現分 al·leg·ing) 他 ❹ 《allege that __》(十分な根拠なしに) __と主張する.
❺ 《be alleged to have done》(十分な根拠なしに) __したと言われる.
▶ ❹ He *alleged that* his bag had been stolen. 彼は (根拠もないのに) カバンが盗まれたと主張した.
❺ She *is alleged to have* abused the child. 彼女はその子を虐待(ﾊﾞｸﾀｲ)したといわれている.
☞ 名 allegation.

al·leged /əlédʒd アレヂド/ 形 (十分な証拠もなく) …だといわれている.
▶ the *alleged* murderer 殺人犯だといわれている人.

al·leg·ed·ly /əlédʒidli アレヂドリ/ 《★発音注意》副 (事実かどうかはわからないが) 話によれば.

al·le·giance /əlí:dʒəns アリーヂャンス/ 名 U (王・国家・主義などに対する) 忠誠, 支持.

al·le·gor·i·cal /æləgɔ́(:)rikəl アレゴ(ー)リカル/ 形 寓話 (ふう) の.
☞ 名 allegory.

al·le·go·ry /æləgɔ̀:ri アレゴーリ | -gəri/ 《★アクセント注意》名 (複 -go·ries /-z/) U C たとえ話, 寓話; 寓話ふうの作品.
☞ 形 allegorical.

Al·len /ǽlən アレン/ 名 アレン《男性の名》.

al·ler·gic /ələ́:rdʒik アラーヂック/ 形
❶ アレルギー (性) の.
❷ 《be allergic to ...》 …に対してアレルギー反応をおこす.
▶ ❶ develop an *allergic* reaction アレルギー反応をおこす. ❷ She *is allergic to* pollen. 彼女は花粉アレルギーだ.
☞ 名 allergy.

al·ler·gy /ǽlərdʒi アラヂィ/ 《★アクセント注意》名 C 〔医学〕 アレルギー.
☞ 形 allergic.

al·le·vi·ate /əlí:vièit アリーヴィエイト/ 動 (現分 -vi·at·ing) 他 (苦痛など) を軽くする.

al·le·vi·a·tion /əlì:viéiʃən アリーヴィエイション/ 名 U (苦痛などの) 軽減.

al·ley /ǽli アリ/ 名 (複 ~s /-z/) C (狭い) 裏通り, 横町.

Áll Fóols' Dày /-fú:lz- -フールズ-/ 名 = **April Fools' Day**.

al·li·ance /əláiəns アライアンス/ 名 (複 -anc·es /-iz/) C 同盟, 協力.
▶ form an *alliance* with ... …と同盟を結ぶ.
☞ 動 ally.

al·lied /əláid アライド, ǽlaid/ 形 同盟している, 協力関係にある.
▶ the *Allied* Powers 連合国.
☞ 動 ally.

al·lies /ǽlaiz アライズ, əláiz/ 名 ally の複数形.

al·li·ga·tor /ǽləgèitər アリゲイタ/ 名 C 〔動物〕 アリゲーター《アメリカや中国にいるワニ; ☞ crocodile》.

áll-ín /ɔ́:l-ín オール-イン/ 形 《英》 = **all-inclusive**.

áll-in·clu·sive /ɔ́:linklú:siv オーリンクルースィヴ/ 形 すべてを含む.

al·lit·er·a·tion /əlìtəréiʃən アリタレイション/ 名 U 頭韻 (ﾄｳｲﾝ) (法) (safe and sound のように同じ音で始まる語を続ける方法).

all-night /ɔ́:l-náit オール-ナイト/ 形 夜通しの; 終夜営業の.

all-night·er /ɔ́:l-náitər オール-ナイタ/ 名 C 《米口語》徹夜 (の勉強会, 仕事).

al·lo·cate /ǽləkèit アロケイト/ 動 (現分 -cat·ing) 他 …を割り当てる, 分配する.

al·lo·ca·tion /æ̀ləkéiʃən アロケイション/ 名 UC 割り当て, 配分.

al·lot /əlát アラット | əlɔ́t/ 動 (~s /-ts/; al·lot·ted /-id/; al·lot·ting) 他 ❹ …を割り当てる. ❺ 《allot ... ~》…に~を割り当てる.
☞ 名 allotment.

al·lot·ment /əlátmənt アラトメント/ 名 UC 割り当て, 分配.
☞ 動 allot.

all-out /ɔ́:l-láut オーラウト/ 形 全力をあげての; 全面的な.

*__**al·low**__ /əláu アラウ/ 《★発音注意》動 (~s /-z/; ~ed /-d/; ~ing) 他

❶ⓐ…を許す;(物事が)…を可能にする. ⓑ《allow ... to do》…が__するのを許す, …に__させておく.
❷《allow ... ~》…に~を(定期的に)与える, 支給する.
❸ⓐ…を認める. ⓑ《allow that __》__ということを認める.
❹(費用・時間などの)余裕をみておく, 見込む.

❶ⓐSmoking is not *allowed* here. ここではたばこを吸うことは許されていません / The fact *allows* no excuse. その事実があるから言いわけはできない.
ⓑHis father didn't *allow* him *to* drive a car. 彼の父は彼が車の運転をすることを許さなかった / *allow* the grass *to* grow in the garden 草を庭一面に生えるままにさせておく / *Allow* me *to* introduce Dr. Brown. ブラウン博士を紹介させていただきます.

類語 **allow** は「禁止しない, 黙認する」という消極的な意味をふくむ; **permit** は「(積極的に)許す」.

❷My father *allows* me 5,000 yen a month for pocket money. 父は私に毎月こづかいとして5000円くれる.
❸ⓐ*allow* a request 要求を認める.
ⓑHe *allowed that* it was true. 彼はそれを本当だと認めた.
❹*allow* half an hour for lunch 昼食に30分を予定しておく.
allow for ... **…を考慮する**: We must *allow for* her poor health. 彼女が体が弱いことを考慮しなければならない.
☞ 名allowance.

al·low·a·ble /əláuəbl アラウアブル/ 形許容される.

al·low·ance /əláuəns アラウアンス/《★発音注意》名(複 -anc·es /-iz/) C
❶(定期的に支給される)手当, 給与;(米)子どもの(毎週の)こづかい(⊕(英)では pocket money). ❷許されている量.
❸考慮.
▶❶an *allowance* of 2,000 yen a month 1か月2000円のこづかい. ❷a baggage *allowance* 手荷物制限量.
make allowance(s) for ... **…を考慮に入れる**: We must *make allowance for* his inexperience. わたしたちは彼が不慣れであることを考えてやらなければなりません.
☞ 動allow.

all-pur·pose /ɔ́:l-pə́:rpəs オール・パーパス/ 形あらゆる目的にかなう[役立つ].

all-round /ɔ́:l-ráund オール・ラウンド/ 形 = all-around.

all-round·er /ɔ́:l-ráundər オール・ラウンダ/ 名C(英)万能選手, なんでも上手にできる人.

Áll Sáints' Dày /-séints- ・セインツ・/ 名万聖節, 諸聖人の祝日(11月1日;諸聖人, 殉職者の霊を祭る; ☞ Halloween).

all-star /ɔ́:l-stà:r オール・スター/ 形オールスターの, 名選手[俳優, 歌手]総出の.

all-time /ɔ́:l-táim オール・タイム/ 形前例のない, 空前の. ▶an *all-time* high [low] 史上最高[最低]記録.

al·lude /əlú:d アルード/ 動(現分 al·lud·ing)⊜《文語》《allude to ...》《文語》…のことをそれとなく言う, ほのめかす.
▶She *alluded to* his mistake. 彼女は彼のまちがいにそれとなくふれた.
☞ 名allusion, 形allusive.

al·lur·ing /əlúəriŋ アル(ア)リング/ 形魅力のある, うっとりさせる.

al·lu·sion /əlú:ʒən アルージョン/ 名U.C《文語》それとなく言うこと, ほのめかし.
☞ 動allude.

al·lu·sive /əlú:siv アルースィヴ/ 形それとなくほのめかした.
☞ 動allude.

al·ly /ǽlai アライ, əlái/ 名(複 al·lies /-z/) C同盟国, 味方.
— 動/əlái アライ, ǽlai/《★名詞とのアクセントの違いに注意》(al·lies /-z/; al·lied /-d/; ~·ing)⊕《ally *oneself* with [to] ...》…と同盟する.
▶動⊕Japan *allied* itself *with* the United States. 日本はアメリカと同盟を結んだ.
☞ 名alliance, 形allied.

al·ma ma·ter /ǽlmə má:tər アルマ マータ/ 名C ❶母校, 出身校.
❷(米)(母校の)校歌.

al·ma·nac /ɔ́:lmənæk オールマナック/《★発音注意》名C ❶暦(こよみ)(日の出・日の入り, 潮の干満の時刻などのことが書いてある; ☞ calendar). ❷年鑑.

almighty

al·might·y /ɔːlmáiti オールマイティ/ 形 なんでもする力をもった, 全能の.

al·mond /ɑ́ːmənd アーモンド/ (★ l は発音されない) 名 C 〖植物〗アーモンドの木; アーモンドの実.

＊＊al·most /ɔ́ːlmoust オールモウスト/
副 ❶ **ほとんど**, たいてい.
❷ もう少しで…するところ.

---

❶ It's *almost* eight o'clock. もうすぐ 8 時です / *Almost* all the students know that. そのことはほとんどすべての生徒が知っている.
❷ I *almost* slipped on the sidewalk. 私は歩道ですべって転びそうになった.

a·lo·ha /əlóuhə アロウア, アロウハ/ 感 ❶ ようこそ.
❷ さようなら.

＊＊a·lone /əlóun アロウン/
形 (more ~; most ~) ❶ **ただひとりで (いる)**, …だけで (いる).
❷ 《名詞, 代名詞の後で》**ただ…だけ**.
— 副 **ひとりで**, 独力で.

形 ❶ I want to be *alone* with you. あなたとふたりっきりになりたい / We were *alone* in the room for a few minutes. 数分の間その部屋に私たちだけでいた / We are not *alone* in believing that he is not guilty. 彼が無罪であることを信じているのはわれわれだけではない (**○** 複数の人［もの］についても「他の人がいない, 他のものがない」という意味でaloneを用いる).

❷ He *alone* came. 彼だけが来た (☞ 副 の用例) / Time *alone* will solve the problem. その問題を解決するのは時間だけだろう / Man cannot live by bread *alone*. 人はパンだけで生きるものではない (新訳聖書のことば).

leave ... alone ☞ leave¹ 動.
let alone ... ☞ let.
let ... alone ☞ let.

— 副 She came *alone*. 彼女はひとりで来た (☞ 形 ❷ の用例) / You cannot do it *alone*. あなたはひとりではそれはできない.

＊＊a·long 前 /əlɔ́(ː)ŋ アロ(ー)ング/
❶ (道路など) **を通って**.
❷ **…に沿って**, 沿う.
❸ …の途中に[の].

— 副 /əlɔ́(ː)ŋ アロ(ー)ング/ (**○** 単に動詞の意味を強めるだけのことが多い) (道などに沿って) ずっと.

前 ❶ I walked *along* the main street. 私は大通りを(ずっと)歩いた.
❷ the shops *along* the street 通りに沿って並んでいる店 / Cherry trees grow *along* the river. 川沿いに桜の木がある.
❸ I met her *along* the way. 私は途中で彼女に会った.
— 副 run *along* by the river 川に沿って走る.

all along 初めからずっと.

a·long·side /əlɔ́(ː)ŋsàid アロ(ー)ングサイド/ 前 …の横に[で], そばに[で].
— 副 そばに[で], いっしょに.
▶ 前 He parked his car *alongside* the fence. 彼はへいの横に駐車させた.

a·loof /əlúːf アルーフ/ 副 よそよそしく.
— 形 よそよそしい.

＊a·loud /əláud アラウド/ 副 声を出して.
▶ Read *aloud*. 声を出して読みなさい / think *aloud* 考えていることを(そのまま)口に出して言う.

al·pha /ǽlfə アルファ/ 名 C アルファ 《ギリシア語アルファベット (Greek alphabet) の 1 番目の文字 (A, α)》.

＊al·pha·bet /ǽlfəbèt アルファベット/ 名 (複 ~s /-ts/) C **アルファベット** (26文字全体; **○** ギリシア語のアルファベットの第 1 文字 alpha と第 2 文字 beta が結びついてできた語).

☞ 形 alphabetical.

al·pha·bet·i·cal /ælfəbétikəl アルファベティカル/ 形 アルファベット(順)の.
▶ in *alphabetical* order アルファベット順に.

☞ 名 alphabet.

al·pha·bet·i·cal·ly /ælfəbétikəli アルファベティカリ/ 副 アルファベット順に.

Al·pine /ǽlpain アルパイン/ 形 ❶ アルプスの.

❷《alpine で》高山の.
▶❷an *alpine* plant 高山植物.
☞ 名Alps.

Alps /ǽlps アルプス/ 名覆《the をつけて》アルプス山脈. ☞ 形Alpine ❶.

**al·read·y /ɔːlrédi オールレディ/ 副
《肯定文で》**すでに**, もう.

It's *already* nine o'clock. もう9時です / He had *already* left when I called. 私が訪ねたときには彼はすでに出かけていた.

語法 疑問文, 否定文では「すでに, もう」を表わすのには, ふつう yet を用いる; 疑問文, 否定文に already を用いると,「意外, 驚き」を表わす: Have you finished the work *already?* もうその仕事は終わったのですか(驚いた).

al·right /ɔːlráit オールライト/《口語》= all right(☞right 形 成句).

al·so /ɔ́ːlsou オールソウ/ 副 **…もまた, 同様に.

副 I *also* went there. 私はそこへも行きました / He can *also* speak French. 彼はフランス語も話せる / She can sing and *also* play the piano. 彼女は歌も歌えるしピアノもひける.

not only [**merely, simply**] **... but (also)** ~ …だけでなく〜もまた(☞not).

語法 (1) also は肯定文で用い, too よりややかたい語(☞ too) (2) ふつう動詞の前(助動詞, be 動詞がある場合はその後)に置く. (3) 修飾される語が強く発音される. (4) 「…もまた…でない」は not … either を用いる; ☞ either.

al·tar /ɔ́ːltər オールタ/ 名C (教会などの)祭壇.

***al·ter** /ɔ́ːltər オールタ/ 動 (~s /-z/; ~ed /-d/; al·ter·ing /-təriŋ/) 他 (部分的に)…を変える.
— 自 (部分的に)**変わる**(《「全面的に変える[変わる]」は change》).

他 Mother *altered* the dress to fit me. 母はその服を私に合うように直してくれた.
— 自 He has *altered* a lot since I saw him last. 彼はこの前会ったときとはずいぶん変わった.
☞ 名alteration.

al·ter·a·tion /ɔːltəréiʃən オールタレイション/ 名UC (部分的な)変更, 変化.
▶make an *alteration* in the plan その計画を一部変更する.
☞ 動alter.

al·ter·nate /ɔ́ːltərnèit オールタネイト/ 動 (~s /-ts/; -nat·ed /-id/; -nat·ing /-iŋ/) 自 (くり返し)交替する, 互い違いになる.
— 他 …を交互にする.
— 形 /ɔ́ːltərnət オールタネト/ 《★動詞との発音の違いに注意》(ふたつのものが)交互の, かわるがわるの.

動自 Day *alternates* with night. = Day and night *alternate*. 昼と夜は交互にくる.
— 他 *alternate* study and [with] rest 勉強と休息を交互にする.
☞ 名alternation, 形名alternative.
— 形 *alternate* periods of rain and drought 交互にやってくる雨季と乾季.

al·ter·nate·ly /ɔ́ːltərnətli オールタネトリ/ 副 交互に, かわるがわる.

al·ter·na·tion /ɔːltərnéiʃən オールタネイション/ 名UC 交互, 交替.
☞ 動alternate.

***al·ter·na·tive** /ɔːltə́ːrnətiv オールターナティヴ/《★アクセントに注意》形 ❶ (どちらでもよいが)(ふたつのうち)**どちらかの**.
❷ 代わりの, 代用の.
— 名 (覆 ~s /-z/) C ❶ (どちらでもよいが)(ふたつのうちの)**どちらか一方** (《 ❸ 3つ以上の場合にも用いることがある》).
❷ 代わりのもの.

形 ❶ We have *alternative* plans. 私たちにはどちらか選ばねばならないふたつの計画がある.
❷ We have no *alternative* method. 私たちには他に方法がない.
— 名 ❶ She was given the *alternative* of going to college or going to work. 彼女は大学へ行くか就職するかどちらかを選ばねばならなかった.
❷ We have no *alternative* but to

alternatively

wait. 私たちには待つしかほかに方法がない.

☞ 動alternate.

al·ter·na·tive·ly /ɔːltə́ːrnətivli オールターナティヴリ/ 副 (その)代わりに.

*__**al·though**__ /ɔːlðóu オールゾウ/ 接 **たとえ…でも, …だが**(☞though).

Although he is young, he is wise. 彼は若いが賢い.

| 語法 (1) 意味は though と同じであるが, though よりもややかたいことばである. (2) although に導かれる副詞節は, ふつう主節よりも前に置かれる.

al·ti·tude /ǽltətjùːd アルティチュード, ・テュード/ 名C ❶ **高度, 海抜.**
❷ **高い所.**
▶ ❶ at *an altitude* of 20,000 feet 2万フィートの高度で.

al·to /ǽltou アルトウ/ 名 (複 ~s /-z/) 〔音楽〕UC アルト《女声の最低音域》.

*__**al·to·geth·er**__ /ɔːltəgéðər オールトゲザ/ 副
❶ **まったく, すっかり, 完全に.**
❷ 《否定文で》**まったく…というわけではない**(○部分否定を表わす).
❸ **全部で, 全体で**(○all together (みんな一緒に)と混同しないこと).
❹ 《文全体を修飾して》**全体としては.**

---

❶ The city was *altogether* destroyed by the earthquake. 市は地震で完全に破壊された.
❷ Your opinion is *not altogether* wrong. あなたの意見はまったく悪いわけではない(いいところもある).
❸ There were six surfers *altogether*. サーファーは全部で6人いた.
❹ *Altogether*, our party was a success. 全体的にみればパーティーはうまくいった.

al·tru·ism /ǽltruizm アルトルイズム/ 名 U 他人のことを優先すること, 利他主義 (反egotism).

al·tru·ist /ǽltruist アルトルイスト/ 名C 他人のことを優先する人.

al·tru·is·tic /ǽltruístik アルトルイスティック/ 形 他人のことを優先する.

al·u·min·i·um /æljumíniəm アリュミニアム/ 名U《英》= **aluminum**.

a·lu·mi·num /əlúːmənəm アルーミナム/ 名U《米》アルミニウム.

a·lum·ni /əlʌ́mnai アラムナイ/ 名複《米》卒業生.

*__**al·ways**__ /ɔ́ːlweiz オールウェイズ, -wəz/ 副
❶ **いつも, つねに.**
❷ 《進行形とともに》**いつも__してばかりいる.**
❸ 《否定文で; 部分否定を表わす》**いつも…とは限らない.**

---

❶ She is *always* kind. 彼女はいつも親切です / He *always* comes late. 彼はいつも遅れてくる.
❷ He is *always complaining* about something. 彼はいつも何かと不平ばかり言っている.
❸ He is *not always* late. 彼はいつも遅刻するわけではない.

| 語法 頻度の順は次の通り:
| ① always (いつも)
| ② usually, generally (ふつう)
| ③ often, frequently (しばしば)
| ④ sometimes (ときどき)
| ⑤ seldom, rarely (めったに…ない)
| ⑥ never (ぜんぜん…ない)

Alz·hei·mer's disease /ɑ́ːltshàimərz dizíːz アールツハイマズ ディズィーズ/ 名U 〔医学〕アルツハイマー病.

Am. 《略語》America(n).

*__**am**__¹ /《弱》əm アム; 《強》ǽm アム/ 動 (was /《弱》wəz; 《強》wɑ́z ｜ wɔ́z/; been /《弱》bin; 《強》bí(ː)n/; be·ing) ⓐ 《主語が I であるときの be¹ の現在形》
❶ (私は)**…です, である.**
❷ (私は)**(…に)います, いる.**

---

❶ I'*m* [I *am*] Paul. 私はポールです / I'*m* sixteen years old. 私は16歳です / I *am* not thirsty. 私はのどがかわいていない / "Are you Japanese?"–"Yes, I *am*." 「あなたは日本人ですか」「はい, そうです」.
❷ I'*m* in the kitchen. 私は台所にいます.

*__**am**__² /《弱》əm アム; 《強》ǽm アム/ 助

abcdefghijklmnopqrstuvwxyz ambitious

(was /(弱) wəz; (強) wáz | wɔ́z/; been /(弱) bin; (強) bí(:)n/; be·ing //
❶《am *doing*》《進行形を作る》ⓐ《今》__している(ところである).
ⓑ(もうすぐ)__することになっている.
❷《am+他動詞の過去分詞で》《受身形を作る》__される, __されている.
❸《am to *do*》ⓐ__することになっている. ⓑ__しなくてはならない.

・・・・・・・・・・・・・・・・・・・

❶ⓐI'm [I *am*] *waiting* for the bus. 私は今バスを待っているところです.
ⓑI'm *leaving* at ten. 私は10時に出発します.
❷I'm often *scolded* by my mother. 私はよく母にしかられる.
❸ⓐI'm to see her at three. 私は彼女に3時に会うことになっています.
ⓑI'm to finish it by next Thursday. 私はそれをこんどの木曜日までに終えなくてはならない.

*__a.m., A.M.__[1] /éiém エイエム/
副形**午前(の)**(反 p.m., P.M.).
▶8:30 [(英) 8.30] *a.m.* 午前8時30分(◎eight thirty a.m と読む)/ The shop opens at 10 *a.m.* その店は午前10時に開く.

__AM, A.M.__[2] /éiém エイエム/《略語》〔通信〕エイエム, 振幅変調(☞FM).
▶an *AM* radio [station] AMラジオ[放送局].

__a·mal·ga·mate__ /əmǽlgəmèit アマルガメイト/ 動(現分 -mat·ing)他(会社など)を合併する.
── 自(会社・グループなどが)合併する.

__a·mal·ga·ma·tion__ /əmælgəméiʃən アマルガメイション/ 名UC (会社・グループなどの)合併.

__a·mass__ /əmǽs アマス/ 動(三単現 ~·es /-iz/)他(財産・情報など)をためる.

*__am·a·teur__ /ǽmətɚ:r アマター | -tʃùə/(★発音注意)名(複 ~s /-z/)C **アマチュア**, しろうと(反 professional).
── 形 アマチュアの, しろうとの.

*__a·maze__ /əméiz アメイズ/ 動(a·maz·es /-iz/; ~d /-d/; a·maz·ing)他 ⓐ …を**ひどくびっくりさせる**, 驚嘆させる(◎surprise よりも意味が強い).
ⓑ《be amazed で》**ひどくびっくりする**.
▶ⓐThe news *amazed* her. そのニュースは彼女をすっかり驚かせた. ⓑShe *was amazed at* the news. 彼女はその知らせを聞いてひどくびっくりした / I *was amazed to* find him there. 彼がそこにいたので私はすっかり驚いた.

☞名amazement.

__a·mazed__ /əméizd アメイズド/ 形びっくりした, 驚いた. ▶an *amazed* look びっくりした表情.

__a·maze·ment__ /əméizmənt アメイズメント/ 名U (大きな)驚き, 驚嘆.
in amazement ひどくびっくりして: They watched the performance *in amazement*. 彼らはその演技を驚嘆して見ていた.
to ...'s amazement …がすっかり驚いたことには.

☞動amaze.

*__a·maz·ing__ /əméiziŋ アメイズィング/ 形 (more ~; most ~)**驚くべき**, すごい.
▶She has an *amazing* memory. 彼女はすごい記憶力をもっている.

__a·maz·ing·ly__ /əméiziŋli アメイズィングリ/ 副驚くほどに.

__Am·a·zon__ /ǽməzàn アマザン/ 名《the をつけて》アマゾン川《南米の世界最大の川》.

*__am·bas·sa·dor__ /æmbǽsədɚr アンバサダ/ 名(複 ~s /-z/)C **大使**.
▶the British *ambassador* to Japan 駐日イギリス大使 (◎「大使館」は embassy).

__am·bi·gu·i·ty__ /æmbəgjú:əti アンビギューイティ/ 名(複 -i·ties /-z/) ❶U あいまいなこと, あいまいさ.
❷C あいまいな表現.

☞形ambiguous.

__am·big·u·ous__ /æmbígjuəs アンビギュアス/ 形(more ~; most ~)(意味などが)(ふたつ以上にとれて)あいまいな, 不明確な.

☞名ambiguity.

*__am·bi·tion__ /æmbíʃən アンビション/ 名(複 ~s /-z/)UC **大きな望み**, 野心.
▶He has a burning *ambition* to be a great scientist. 彼は偉大な科学者になろうという大きな望みをもっている.

☞形ambitious.

*__am·bi·tious__ /æmbíʃəs アンビシャス/ 形 (more ~; most ~)
❶ **大きな望みをもっている**, 野心的な;

ambivalence

(…したい)と熱望して(いる).
❷ (計画・仕事などが)意欲的な, 大規模な.

❶ Boys, be *ambitious!* 少年よ大志をいだけ (◆ クラーク (Clark) 博士のことば) / an *ambitious* young scientist 野心的な若い科学者.
❷ an *ambitious* project 大きな計画.
☞ 名 ambition.

am·biv·a·lence /æmbívələns アンビヴァレンス/ 名 UC 気持ちのゆれ.

am·biv·a·lent /æmbívələnt アンビヴァレント/ 形 気持ちがゆれている.

am·ble /ǽmbl アンブル/ 動 (現分 am·bling) ⑲ ぶらぶら歩く.

__am·bu·lance__ /ǽmbjuləns アンビュランス/ 名 (複 -lanc·es /-iz/) C 救急車.

am·bush /ǽmbuʃ アンブッシュ/ 名 (複 ~es /-iz/) UC 待ち伏せ(攻撃).
— 動 (三単現 ~es /-iz/) ⑯ …を待ち伏せする.

a·men /ɑ́mén アーメン, éimén/ 名 アーメン (《キリスト教で祈りの終わりなどに唱えることば》).

a·me·na·ble /əmíːnəbl アミーナブル/ 形 《be amenable to ...》…を喜んで受け入れる.

a·mend /əménd アメンド/ 動 (~s /-dz/; ~ed /-id/; ~ing /-iŋ/) ⑯ (一部)…を修正する, 改正する. ▶ *amend* the traffic rules 交通規則を改正する.
☞ 名 amendment.

a·mend·ment /əméndmənt アメンドメント/ 名 UC (一部)修正(案).
☞ 動 amend.

a·mends /əméndz アメンヅ/ 名 複 償い, 埋め合わせ.
▶ make *amends* 償いをする.

a·men·i·ty /əménəti アメニティ/ 名 (複 -ni·ties /-z/) C (生活を快適にする)施設, 設備.

__A·mer·i·ca__ /əmérikə アメリカ/ 名 ❶ **アメリカ合衆国**《首都ワシントン (Washington, D.C.); 正式名は the United States of America; ◆ アメリカ人は自国を単に the US または the (United) States という》.
❷ **アメリカ(大陸)** (《北アメリカ (North America), 南アメリカ (South America) のどちらかをさすか, 南北アメリカに中央アメリカ (Central America) を含めた大陸全体をさす》).

INFO コロンブス (Columbus) はこの大陸をインドの一部であると考えて, イタリア人の探険家アメリゴ ベスプチ (Amerigo Vespucci) は新しい大陸だと主張した. このためこの大陸はアメリゴの名にちなんで「アメリカ」とよばれるようになった; ☞ Indian.

☞ 形 American.

__A·mer·i·can__ /əmérikən アメリカン/ 形 ❶ **アメリカ合衆国の**.
❷ **アメリカ人の**, アメリカ国籍の; アメリカ風の.
❸ **アメリカ大陸の**.
— 名 (複 ~s /-z/) ❶ C **アメリカ人**.
❷ 《the Americans で; 集合的に》**アメリカ人** (◆ アメリカ人自身がいうときは, ふつう the をつけない).
❸ U アメリカ英語 (American English).
❹ C アメリカ大陸の住人.

形 ❶ *American* history アメリカ史.
❷ She is *American*. 彼女はアメリカ人です (《国籍をいう場合》).
☞ 名 America.

— 名 ❶ *Americans* who can speak Japanese 日本語が話せるアメリカ人.

Américan dréam 名 《the をつけて》アメリカの夢 《機会均等のもとで成功し, 物質的に豊かになるというアメリカ人の理想》.

Américan Énglish 名 U アメリカ英語, 米語 《アメリカ合衆国で使用される英語; 単に American ともいう; ☞ British English》.

Américan fóotball 名 U アメリカンフットボール (◆ 《米》では単に football).

Américan Índian 名 C アメリカインディアン (◆ Native American の方が好まれる. ☞ Indian).

A·mer·i·can·ism /əmérikənìzm アメリカニズム/ 名 C アメリカ語法 (《アメリカ英語特有の語または語法; ◆ この辞典では《米》としてある》).

A·mer·i·can·i·za·tion /əmèrikənaizéiʃən アメリカナイゼイション/ 名 U アメリカ化.

A·mer·i·can·ize /əmérikənàiz アメリカ

ナイズ/ **動**(現分 -iz·ing)**他**…をアメリカ風にする.

Américan Revolútion **名**《the をつけて》アメリカ独立戦争《イギリス本国とアメリカ植民地間の戦争 (1775–83) をいう》.

a·mi·a·ble /éimiəbl エイミアブル/ **形**(人・性質などが)やさしい, 愛想のよい.

a·mi·a·bly /éimiəbli エイミアブリ/ **副**やさしく, 愛想よく.

am·i·ca·ble /ǽmikəbl アミカブル/ **形**友好的な.

am·i·ca·bly /ǽmikəbli アミカブリ/ **副**友好的に.

a·mid /əmíd アミッド/ **前**《文語》…の中に[の, で], …中に.

a·midst /əmídst アミッドスト/ **前**《文語》 = amid.

a·miss /əmís アミス/ **形**不適当で(ある), 誤って(いる).

am·mo·nia /əmóunjə アモウニャ/ **名U**アンモニア; アンモニア水.

am·mu·ni·tion /ǽmjuníʃən アミュニション/ **名U** ❶ 弾薬. ❷ (相手を批判するための)攻撃材料.

am·ne·sia /æmníːʒə アムニージャ/ **名U**記憶喪失(症).

am·nes·ty /ǽmnəsti アムネスティ/ **名**(**複** -nes·ties /-z/)**UC**(政治犯に対する)特赦(とくしゃ), 恩赦.

Ámnesty Internatiónal **名**アムネスティインターナショナル《政治犯や思想犯の人権擁護を目的とする国際団体》.

a·moe·ba /əmíːbə アミーバ/ **名C**アメーバ.

a·mok /əmʌ́k アマック/ **副**《次の成句で》: ***run amok*** 狂ったようにあばれる.

a·mong /əmʌ́ŋ アマング/ **前
❶ (三つ以上の人・もの)の**中に[で, の]**, …の間に[で, の]《●「ふたつのものの間に」は between を用いる》.

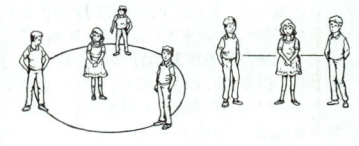

among　　　　between

❷ …の中のひとり[ひとつ]で, …の中に含まれて.

❶ She stood *among* the boys. 彼女は少年たちの中に立っていた / the youngest *among* the members 会員の中の最年少の人 / Divide the cake *among* the three of you. そのケーキを君たち3人で分けなさい.

❷ He was not *among* them. 彼は彼らの中にはいませんでした / New York is *among* the largest cities in the world. ニューヨークは世界でもっとも大きい都市のひとつである.

among others [***other things***] 中でもとくに: We talked about Japanese foods, *among other things*. 私たちは(いろいろと話した中でも)日本の食べ物について話した / John, *among others*, was praised. (何人かの中で)とくにジョンがほめられた.

among ourselves [***yourselves*** / ***themselves***] ①われわれ〔あなたたち/彼ら〕だけの間で: Those children play only *among themselves*. あの子どもたちは自分たちの間だけでしか遊ばない. ②ないしょで.

a·mor·al /èimɔ́ː(ː)rəl エイモ(−)ラル/ **形**道徳観念のない.

am·o·rous /ǽmərəs アモラス/ **形**好色な.

*a·mount /əmáunt アマウント/ **名**(**複** ~s /-ts/) ❶ **C**額, 量.
❷《the をつけて》**総計**, 総額.
― **動**(~s /-ts/; ~ed /-id/; ~ing)**自**《**amount to …**》❶ (総計が)…**に達する**.
❷ けっきょく…になる, …と同じことだ.

名 ❶ a large [small] *amount* of money 多額[少額]の金.
❷ He paid half *the amount*. 彼は半額払った / What is *the amount*? 合計いくらですか.
― **動自** ❶ The loss *amounted to* 3,000 dollars. 損害は3千ドルに達した.
❷ His answer *amounted to* a refusal. 彼の答えは拒絶も同然だった.

amp /ǽmp アンプ/ **名**《口語》= amplifier.

amp. (略語)〔電気〕ampere.

am・pere /ǽmpiər アンピア/ 名C〔電気〕アンペア.

am・phib・i・an /æmfíbiən アンフィビアン/ 名C〔動物〕両生動物《カエルなど》.

am・phib・i・ous /æmfíbiəs アンフィビアス/ 形 ❶〔動物〕水陸両生の. ❷水陸両用の.

am・phi・the・ater /ǽmfəθì(ː)ətər アンフィスィ(ー)アタ/ 名C (階段式観客席のある)円形劇場.

am・ple /ǽmpl アンプル/ 形 (am・pler, more~; am・plest, most~) ❶十分な, たっぷりした. ❷大きな.
▶ ❶ We have *ample* food for the camping trip. 私たちにはキャンプ旅行するのにたっぷりの食料がある.
☞ 動 amplify.

am・pli・fi・ca・tion /æmpləfikéiʃən アンプリフィケイション/ U 名 拡大; 強くすること.

am・pli・fi・er /ǽmpləfàiər アンプリファイア/ 名C (音や信号の)増幅器, アンプ《○口語では amp》.

am・pli・fy /ǽmpləfài アンプリファイ/ 動 (am・pli・fies /-z/; am・pli・fied /-d/; ~・ing) 他 ❶(音や信号)を増幅する.
❷…を詳しく説明する.
☞ 形 ample.

am・ply /ǽmpli アンプリ/ 副 たっぷり.

am・pu・tate /ǽmpjutèit アンピュテイト/ 動 (現分 -tat・ing) 他 (外科手術で)…を切断する.

am・pu・ta・tion /æmpjutéiʃən アンピュテイション/ 名UC〔医学〕切断.

Am・ster・dam /ǽmstərdæm アムスタダム/ 名 アムステルダム《オランダ (the Netherlands) の公式の首都; ☞Hague》.

Am・trak /ǽmtræk アムトラック/ 名 アムトラック《アメリカの鉄道会社》.

*__a・muse__ /əmjúːz アミューズ/ 動 (a・mus・es /-iz/; a・mused /-d/; a・mus・ing) 他 ❶(人)を**楽しませる**, おもしろがらせる, 笑わせる.
❷《be amused で》楽しむ, おもしろがる, 笑う (☞amused).
▶ ❶ The clowns *amused* everybody at the circus. サーカスで道化師たちがみんなを楽しませました.

❷ They *were* very *amused* at the joke. 彼らはその冗談をとてもおもしろがった.
☞ 形 amused, 名 amusement.

amused /əmjúːzd アミューズド/ 形 (人・表情などが)おもしろがって(いる).
▶ look *amused* おもしろがっている表情をしている.
☞ 動 amuse.

*__a・muse・ment__ /əmjúːzmənt アミューズメント/ 名 (複 ~s /-ts/)
❶Uおもしろいという**気持ち**, 楽しみ, おかしさ.
❷C楽しみ(ごと), 娯楽.

❶ She looked at him *with* [*in*] *amusement*. 彼女は彼をおもしろがって見た.
❷ Reading is his chief *amusement*. 読書が彼のおもな楽しみだ.
for amusement 楽しみとして.
to ...'s amusement …がおもしろがったことには: *To everybody's amusement*, the clown fell off the stage. 道化師が舞台から落ちたのでみんながおもしろがった.
☞ 動 amuse.

amúsement pàrk 名C 遊園地.

*__a・mus・ing__ /əmjúːziŋ アミューズィング/ 形 (more ~; most ~) **おかしい**, こっけいな, おもしろい (☞interesting).
▶ an *amusing* story おもしろい話.

*__an__ /(弱) ən アン; (強) ǽn アン/ 冠 《不定冠詞》《○意味・用法などについては a を参照》.

an orange (1個の)オレンジ / *an* honest man 正直な人 / *an* X-ray /éksrèi/ camera X線撮影のカメラ.
|語法| 母音で始まる語の前に a の代わりに用いる. あとにつづく語が hour のように子音字で始まるものでも, 発音が母音で始まれば *an* hour のようになる. 逆に, 母音字で始まっても, unit のように発音が子音で始まる語があとにつづくと *a* unit になる.

a・nach・ro・nism /ənǽkrənìzm アナクロニズム/ 名C 時代遅れの人[もの・考え方].

a·nach·ro·nis·tic /ənækrənístik アナクロニスティック/ 形 時代遅れの.

an·a·con·da /ænəkándə アナカンダ/ 名 ⓒ 〘動物〙アナコンダ《南米産大ヘビ》.

a·nae·mi·a /əní:miə アニーミア/ 名 Ⓤ = anemia.

a·nae·mic /əní:mik アニーミック/ 形 = anemic.

an·aes·the·sia /ænəsθí:ʒə アネススィージャ/ 名 = anesthesia.

an·aes·thet·ic /ænəsθétik アネスセティック/ 形 = anesthetic.

an·a·gram /ænəgræm アナグラム/ 名 ⓒ アナグラム《つづり換え語句; live からの evil, listen からの silent など》.

a·nal /éinl エイヌル/ 形 肛門(☺)の.
☞ 名 anus.

a·nal·o·gous /ənæləgəs アナロガス/ 《★アクセント注意》形《文語》〔…に〕似て(いる)〔*to*〕.

a·nal·o·gy /ənælədʒi アナロヂィ/ 名 (履 -o·gies /-z/) Ⓤ Ⓒ 類似.

an·a·lyse /ænəlàiz アナライズ/ 動 (英) = analyze.

***a·nal·y·sis** /ənæləsis アナリスィス/ 名 (履 -y·ses /-sì:z/) ❶ Ⓤ Ⓒ **分析**. ❷ Ⓤ 精神分析 (psychoanalysis).
☞ 形 analytic, 動 analyze.

an·a·lyst /ænəlist アナリスト/ 《★アクセント注意》名 ⓒ ❶ 分析者〔専門家〕. ❷ 精神分析医.

an·a·lyt·ic /ænəlítik アナリティック/ 形 = analytical.

an·a·lyt·i·cal /ænəlítikəl アナリティカル/ 形 分析的な.
☞ 名 analysis.

***a·na·lyze** /ænəlàiz アナライズ/ 《★アクセント注意》動 (-lyz·es /-iz/; -lyzed /-d/; -lyz·ing) 他 …を**分析する**, …をこまかく検討する. ▶ *analyze* the situation 状況を分析する.
☞ 名 analysis.

an·ar·chic /æná:rkik アナーキック/ 形 ❶ 無政府(状態)の; 無秩序の. ❷ 無政府主義の.

an·arch·ism /ænərkìzm アナキズム/ 名 Ⓤ 無政府主義.

an·arch·ist /ænərkist アナキスト/ 名 ⓒ 無政府主義者, アナキスト.

an·ar·chy /ænərki アナキ/ 《★アクセント注意》名 Ⓤ ❶ 無政府状態. ❷ 無秩序.

an·a·tom·i·cal /ænətámikəl アナタミカル/ 形 解剖の, 解剖学上の.

a·nat·o·my /ənætəmi アナトミ/ 名 (履 -o·mies /-z/) ❶ Ⓤ 解剖学. ❷ Ⓒ (人体などの)構造.

***an·ces·tor** /ænsestər アンセスタ/ 《★アクセント注意》名 (履 ~s /-z/) Ⓒ **先祖**, 祖先 (⇔「子孫」は descendant).
☞ 形 ancestral.

an·ces·tral /ænséstrəl アンセストラル/ 形 先祖の, 先祖からの.
☞ 名 ancestor.

an·ces·try /ænsestri アンセストリ/ 名 Ⓤ《集合的に》先祖 (反 posterity).

an·chor /æŋkər アンカ/ 名 ⓒ ❶ 錨(いかり). ❷ 〔テレビ・ラジオ〕(ニュース)キャスター, アンカー.
— 動 他 ❶ (船)を停泊させる. ❷ …をしっかり固定する. ❸ (番組)のキャスターをする. — 自 (船が)停泊する.

an·chor·man /æŋkərmæn アンカマン/ 名 (履 -men /-mèn/) Ⓒ (男性の)(ニュース)キャスター, アンカー (☺ 単に anchor ともいう; 男女の性差別を避けるために anchorperson ともいう).

an·chor·wo·man /æŋkərwùmən アンカウマン/ 名 Ⓒ (女性の)(ニュース)キャスター, アンカー (☺ 単に anchor ともいう).

an·cho·vy /æntʃouvi アンチョウヴィ/ 名 (履 an·cho·vy, an·cho·vies /-z/) Ⓤ Ⓒ 〘魚類〙アンチョビー《カタクチイワシ科の小魚》.

***an·cient** /éinʃənt エインシェント/ 《★発音注意》形 (more ~; most ~)
❶ **古代の**, 大昔の (反 modern)(☞ medieval).
❷ やたらと古い, 古めかしい.
▶ ❶ *ancient* times 古代.

****and** / (弱) ənd アンド, ən; (強) ænd アンド/ 接
❶《同じ性質の語を結びつけて》**…と(〜)**.
❷**そして**, それから.
❸《命令文のあとで》**そうすれば**(…).
❹《ふたつ合わせて一体となっている物を結びつけて》…つきの.
❺《足し算で》…足す〜.
❻《come, go などの動詞と他の動詞の原形をつなげて》…しに (☺《米口語》では and が

Andes　　　　　　　　　　　　　　　　**A** BCDEFGHIJKLMNOPQRSTUVWXYZ

省略されることがある》.
❼《同じことばをくりかえして》…も～も, どんどん….

━━━━━━━━━━

❶I like apples *and* oranges. 私はリンゴとミカンが好きだ／Betty is a tall *and* pretty girl. ベティは背が高くてかわいい女の子です.
> 語法　3個以上の語を結ぶときはふつう最後の語の前だけに and をつけ, その前では語と語の間にコンマ (,) をつける: a pencil, a pen(,) *and* a notebook 鉛筆とペンとノート.

❷She took some medicine *and* went to bed. 彼女は薬を飲んで寝た.
❸Hurry up, *and* you will catch the bus. 急ぎなさい, そうすればバスに間に合いますよ.
❹I have bread *and* butter /brédn-bÁtər/ for breakfast. 私は朝食にバターを塗ったパンを食べる.
> 語法　密接な関係があってふたつ合わせてひとつのものと考えられるものを結びつけて用いる. 単数扱い；冠詞の位置に注意. He is a doctor *and* writer. は「彼は医者でしかも作家である」ということを意味する. これに対して, I met a musician *and* a poet yesterday. は「私はきのう(ひとりの)音楽家と(ひとりの)詩人(ふたり)に会った」ということを意味する.

❺Five *and* three make eight. 5足す3は8だ.
❻Go *and* help them. 彼らを助けに行きなさい[行って彼らを助けてあげなさい]／Come *and* see me tomorrow. あす遊びにいらっしゃい.
❼He tried again *and* again. 彼は何度も何度も繰り返した／He walked *and* walked. 彼は歩きに歩いた／run faster *and* faster どんどんスピードを上げて走る.

An·des /ǽndi:z アンディーズ/ 图圈《the をつけて》アンデス山脈《南米西部を縦走する大山脈》.

and/or /ǽnd-ɔ́:r アンド・オー/ 圈両方ともまたはいずれか一方. ▶A *and/or* B (= A and B, or A or B) AとBまたはどちらか一方.

An·drew /ǽndru: アンドルー/ 图アンド

ルー《男性の名；愛称 Andy》.

An·dy /ǽndi アンディ/ 图アンディー《男性の名；Andrew の愛称》.

an·ec·dote /ǽnikdòut アネクドウト/ 图Ⓒちょっとしたおもしろい話, 逸話(いつわ).

a·ne·mi·a /əní:miə アニーミア/ 图Ⓤ貧血(症).

a·ne·mic /əní:mik アニーミック/ 形貧血(症)の.

a·nem·o·ne /ənéməni アネモニ/ 图Ⓒ【植物】アネモネ《キンポウゲ科の観賞植物》.

an·es·the·sia /ænəsθí:ʒə アネススィージャ/ 图Ⓤ麻酔.

an·es·thet·ic /ænəsθétik アネスセティック/ 图ⓊⒸ麻酔薬.

a·new /ənjú: アヌー, アニュー/ 副《文語》新たに.

an·gel /éindʒəl エインヂェル/ 图Ⓒ
❶天使, エンジェル.
> INFO　ふつう翼をもち白衣をまとった人間の姿として描かれる. 中世の天使は9段階に分けられており, angel は最下位.

angel ❶

❷(やさしい)天使のような人.
　　　　　　　　　　　☞ 形angelic.

an·gel·ic /ændʒélik アンヂェリック/ 形天使の(ような).
　　　　　　　　　　　☞ 图angel.

*an·ger** /ǽŋɡər アンガ/ 图Ⓤ怒り.
━━ 動 (~s /-z/; ~ed /-d/; -ger·ing /-ɡəriŋ/) 他 (人)を**おこらせる**.

━━━━━━━━━━

图*Anger* showed on his face. 彼の顔には怒りの気持ちが表われていた.
in anger おこって：He ran out of the room *in anger*. 彼はおこって部屋をとび出した.
　　　　　　　　　　　☞ 形angry.

*an·gle¹** /ǽŋɡl アングル/ 图(圈 ~s /-z/) Ⓒ❶角(かく), 角度.

❷(ものごとを見る)角度, 観点.
— [動](~s /-z/; ~d /-d/; an·gling)[他]…を(ある角度に)向ける, 傾ける.

[名] ❶These lines meet at right *angles*. これらの線は直角に交わる / an acute *angle* 鋭角 / at an *angle* of 30 degrees 30度の角度で.
❷look at things from different *angles* 物事をいろいろ違った角度から見る.
at an angle 傾いて.

an·gle² /ǽŋgl アングル/ [動](現分 an-gling)[自]《**angle for ...**》(それとなく)…を手に入れようとする.

An·gli·can /ǽŋglikən アングリカン/ [形]イングランド国教会の.

Ánglican Chúrch [名]《**the** をつけて》イングランド国教会, アングリカンチャーチ.

An·glo-Sax·on /ǽŋglou-sǽksn アングロウ・サクスン/ [名]([複] ~s /-z/) ❶《**the Anglo-Saxons** で》アングロサクソン民族《5, 6世紀に北ドイツからイングランドに移住してきたアングル族(Angles)とサクソン族(Saxons)とが一緒になった民族; 今日のイギリス人の祖先にあたる》.
❷[C]イギリス系の人; イギリス人.
❸[U]アングロサクソン語, 古(期)英語《✪ Old English ともいう》.
— [形] ❶アングロサクソン人の. ❷アングロサクソン語の. ❸イギリス系の.

An·go·ra /æŋgɔ́ːrə アンゴーラ/ [名][U]アンゴラヤギ[アンゴラウサギ]の毛.

an·gri·ly /ǽŋgrəli アングリリ/ [副]おこって.

***an·gry** /ǽŋgri アングリ/ [形](an·gri·er; an·gri·est) ⓐ**おこった**, 腹を立てた; おこって(いる), 腹を立てて(いる).
ⓑ《**be angry with ...**》(人)**のことをおこっている**.

ⓐShe looks *angry*. 彼女はおこった顔をしている / He got [became] *angry*. 彼はおこった / What are you *angry about*? あなたは何をおこっているのですか / an *angry* look おこったような顔つき.
ⓑHe *was angry with* me for going out without saying good-by. 彼は私がさよならを言わないで出て行ったので腹を立てた.
☞ [名]anger.

angst /ɑ́ːŋkst アーンクスト/ [名][U]不安(感), 苦悩.

an·guish /ǽŋgwiʃ アングウィッシュ/ [名][U](心の)激しい苦痛. ▸She was in *anguish* over her son's death. 彼女は息子が死んでひどくつらい思いをしていた.

an·gu·lar /ǽŋgjulər アンギュラ/ [形] ❶かどのある, かどばった. ❷やせこけた.

***an·i·mal** /ǽnəməl アニマル/ [名]([複] ~s /-z/)[C] ❶ⓐ(植物に対して)**動物**. ⓑ(人間以外の)**動物**.
❷けだもののような人.
— [形]動物の, 動物性の, 動物的な.

[名] ❶ⓑa wild *animal* 野獣 / a domestic *animal* 家畜.
— [形]*animal* foods 動物性の食物 / *animal* instincts 動物本能.

an·i·mate /ǽnəmèit アニメイト/ [動](現分 -mat·ing)[他]…を活気づける.
— [形]/ǽnəmət アニメト/《★動詞との発音の違いに注意》生命のある([反] inanimate).

an·i·mat·ed /ǽnəmèitid アニメイティド/ [形] ❶生き生きした, 元気な. ❷(漫画など)アニメにした, 動画の.

an·i·ma·tion /æ̀nəméiʃən アニメイション/ [名][U] ❶活気, 元気. ❷アニメーション製作, 動画製作.

an·i·mism /ǽnəmìzm アニミズム/ [名][U]アニミズム《自然界のすべての物に霊魂があると考える信仰》.

an·i·mos·i·ty /æ̀nəmɑ́səti アニマスィティ/ [名]([複] -i·ties /-z/)[U,C](強い)憎しみ, 恨み.

an·kle /ǽŋkl アンクル/ [名]([複] ~s /-z/)[C]足首《foot と leg をつなぐ部分; ☞ leg》.
▸He sprained his *ankle*. 彼は足首を捻挫(ねんざ)した.

Ann /ǽn アン/ [名]アン《女性の名; 愛称 Annie, Nancy》.

An·na /ǽnə アナ/ [名]ア(ン)ナ《女性の名; 愛称 Annie, Nancy》.

annals

an·nals /ǽnəlz アナルズ/ 名複 ❶ (年ごとに出来事を書き入れた)年記記, 記録. ❷ (学会の)年報, 紀要.

Anne /ǽn アン/ 名 アン《女性の名;愛称 Annie, Nancy》.

an·nex /ənéks アネックス/ 動 (三単現 ~es /-iz/) 他 (領土・国など)を併合する.
— 名 /ǽneks アネックス/《★動詞とのアクセントの違いに注意》(複 ~es /-iz/) C 建て増し部分, 別館.

an·nex·a·tion /æneksέiʃən アネクセイション/ 名 ❶ C 併合. ❷ C 併合領土.

an·nexe /ǽneks アネックス/ 名《英》= annex.

An·nie /ǽni アニ/ 名 アニー《女性の名; Ann, Anna, Anne の愛称》.

an·ni·hi·late /ənáiəlèit アナイアレイト/《★発音注意》動 (現分 -lat·ing) 他 …を全滅[絶滅]させる.

an·ni·hi·la·tion /ənàiəlέiʃən アナイアレイション/ 名 U 全滅, 絶滅.

an·ni·ver·sa·ry /ænəvə́ːrsəri アニヴァーサリ/ 名 (複 -sa·ries /-z/) C (1年に1回巡ってくる)記念日[祭]. ▶a wedding *anniversary* 結婚記念日.

an·no·ta·tion /ænoutέiʃən アノウテイション/ 名 UC 注釈.

*__an·nounce__ /ənáuns アナウンス/ 動 (an·nounc·es /-iz/; an·nounced /-t/; an·nounc·ing) 他

❶ ⓐ (正式に)…を[であると]**発表する**.
ⓑ《*announce* that __》(正式に)__**と発表する**.
❷ ⓐ …とはっきり言う, 宣言する.
ⓑ《*announce* that __》__ということを宣言する.
❸ (スピーカーなどで)…をアナウンスする.

・・・・・・・・・・・・・・・・・・・・・・・・・・・・・・・

❶ⓐThe government *announced* a tax increase. 政府は増税を発表した. ⓑIt has been *announced* that the bus fare will be raised next month. バス料金が来月から上がると発表された.
❷ⓐ"I'm not coming back here again." he *announced*. 「もう2度とここには来ません」と彼ははっきり言った. ⓑShe *announced* (*that*) she would quit her job. 彼女は仕事をやめると宣言した.

☞ 名 announcement.

*__an·nounce·ment__ /ənáunsmənt アナウンスメント/ 名 (複 ~s /-ts/) C (正式)**発表**, 公表. ▶make an *announcement* 発表をする.

☞ 動 announce.

*__an·nounc·er__ /ənáunsər アナウンサ/ 名 (複 ~s /-z/) C (ラジオ・テレビの)**アナウンサー**.

*__an·noy__ /ənɔ́i アノイ/ 動 (~s /-z/; ~ed /-d/; ~ing) 他 (人)を**いらいらさせる**, 腹を立てさせる.

・・・・・・・・・・・・・・・・・・・・・・・・・・・・・・・

Her shrill voice *annoyed* me. 彼女のかん高い声は私をいらいらさせた / We were *annoyed* by the traffic jam. 私たちは交通渋滞にいらいらした.

☞ 名 annoyance.

an·noy·ance /ənɔ́iəns アノイアンス/ 名 (複 -anc·es /-iz/) ❶ U いらだち, 困惑, 迷惑. ❷ C いらいらさせるもの[こと].

☞ 動 annoy.

an·noy·ing /ənɔ́iiŋ アノイイング/ 形 いらいらさせる, うるさい, 迷惑な.

*__an·nu·al__ /ǽnjuəl アニュアル/ 形 ❶ **毎年の**, 例年の, 年1回の《☞biennial》. ❷ 1年(間)の.
— 名 C ❶ 年鑑《☞monthly の 類語》. ❷ 1年生植物.

・・・・・・・・・・・・・・・・・・・・・・・・・・・・・・・

形 ❶an *annual* event 年中行事.
❷an *annual* income 年収.

an·nu·al·ly /ǽnjuəli アニュアリ/ 副 毎年, 年1回.

an·nul /ənʌ́l アナル/ 動 (~s /-z/; an·nulled /-d/; an·nul·ling) 他 (正式に)…を取り消す.

an·nul·ment /ənʌ́lmənt アナルメント/ 名 UC (正式な)取り消し.

a·noint /ənɔ́int アノイント/ 動 他【キリスト教】(儀式で)…に聖油を塗って清める.

a·noint·ment /ənɔ́intmənt アノイントメント/ 名 UC【キリスト教】塗油(ゆ)式.

a·nom·a·lous /ənɑ́mələs アナマラス/ 形《文語》変則の, 例外の.

a·nom·a·ly /ənɑ́məli アナマリ/ 名 (複 -a·lies /-z/) C《文語》変則, 例外.

an·o·nym·i·ty /ænəním̩əti アノニミティ/ 名 U 名前がふせてあること, 匿名(めい).

a·non·y·mous /ənɑ́nəməs アナニマス/

abcdefghijklmnopqrstuvwxyz　　　　　　　　　　　　　　　**answer**

形名前がふせてある, 匿名(とくめい)の.

an·o·rak /ǽnəræk アノラック/ 名©《英》アノラック《フードつきの防寒服; ✪《米》では parka という》.

a·no·rex·i·a /ænəréksiə アノレクシア/ 名Ⓤ拒食症.

an·oth·er /ənʌ́ðər アナザ/

形 ❶ **もうひとつの, もうひとりの**.
❷ **別の**, 他の.
❸ さらにもう(…).

— 代 ❶ **もうひとつのもの**, もうひとりの人.
❷ **別の物**, 別の人, 別のこと.

❶ Will you have *another* cup of tea? もう1杯お茶はどうですか.
❷ I felt myself quite *another* man. 私は自分が別人のような気がした / Would you show me *another* blouse? 《お店で》別のブラウスを見せてください.
❸ She will come in *another* ten minutes. もう10分もすれば彼女は来るでしょう(✪ten minutes をひとまとまりの時間とみなして another を用いる)).

— 代 ❶ He drank one glass of beer and then asked for *another*. 彼はビールを1杯飲んで, もう1杯ほしいと言った.
❷ I don't like this sweater very much. Would you show me *another*? このセーターはあまり好きではありません. 別のを見せてください / To know is one thing, to teach is *another*. 知っていることと教えることとは別のことだ.

an·swer /ǽnsər アンサ/ 名 (複 ~s /-z/) © ❶ (質問・問い合わせなどに対する) **答え**, 返事, 回答.
❷ (試験問題などに対する) **解答**, 答え.
❸ (問題に対する) **解決策〔方法〕**.

— 動 (~s /-z/; ~ed /-d/; an·swer·ing /-sərɪŋ/) 他 ❶ⓐ (質問・問い合わせなど)に**答える**, 回答する.
ⓑ (人)の質問に返事をする (反 ask).
ⓒ 《answer that __》__と返事をする, 回答する.
❷ (ノック・電話など)に応答する.

— 自 ❶ **答える**, 返事をする.
❷ (ノック・電話などに対して)応答する.

名 ❶ I'd like to have your *answer* tomorrow. あす返事をいただきたいのですが / an *answer* to the letter 手紙の返事 / give an *answer* 返事をする.
❷ give the correct〔wrong〕*answer* 正しい〔まちがった〕答えをする.
❸ We still have no *answer* to the declining birthrate. まだ少子化に対する解決策はない.

in answer to ... …に答えて, 応じて: *In answer to* our request, the singer sang another song. 私たちのリクエストに応じてその歌手はもう1曲歌った.

know* [*have*] *all the answers 《しばしば軽蔑(けいべつ)的に》何でも知っている(つもりでいる): He thinks he *knows all the answers*. 彼は万事心得ているつもりでいる.

— 動 他 ❶ⓐ Please *answer* my questions. 私の質問に答えてください / I must *answer* his letter. 彼の手紙に返事を出さなければならない. ⓑ She didn't *answer* me. 彼女は私の言うことには答えなかった / ⓒ She *answered that* she knew nothing about it. 彼女はそれについてはなにも知らないと答えた.
❷ Nobody *answered* my knock. だれも私のノックに答えて出てこなかった / *answer* the telephone 電話に出る.

— 自 ❶ Please *answer* louder. もっと大きな声で返事をしてください.
❷ I knocked on the door, but nobody *answered*. 私はドアをノックしたけれどもだれも応答しなかった.

answer back 《英》自 **口答えをする**.
— 他 (人)に口答えをする.

answer for ... ①…に代わって答える: She *answered for* her son. 彼女は息子に代わって答えた. ②…の責任を取る: He *answered for* the damage to my car. 彼は私の車の損害の責任を取った.

answer to ... (人)に対して責任を負う.

forty-three　　　　　　　　　　　　　　　43

answerable

an·swer·a·ble /ǽnsərəbl アンサラブル/ 形 責任がある. ▶He is *answerable* (to me) *for* what he has done. 彼は(私に対して)自分のしたことについて責任がある.

***ant** /ǽnt アント/ 名 (複 ~s /-ts/) C 〖昆虫〗 **アリ**. ▶work like *ants* アリのようにせっせと働く.

an·tag·o·nism /æntǽgənìzm アンタゴニズム/ 名 UC 敵対, 敵意.

an·tag·o·nist /æntǽgənist アンタゴニスト/ 名 C 相手, 敵.

an·tag·o·nis·tic /æntæɡənístik アンタゴニスティック/ 形 敵対する.

an·tag·o·nize /æntǽɡənàiz アンタゴナイズ/ 動 (現分 -niz·ing) 他 …をおこらせる, …を敵にまわす.

Ant·arc·tic /æntá:rktik アンタークティク/ 形 南極の (反 Arctic).
— 名 《the Antarctic で》南極地方 (○ 「南極(点)」は the South Pole).
▶形 an *Antarctic* expedition 南極探険(隊).

Ant·arc·ti·ca /æntá:rktikə アンタークティカ/ 名 = **Antarctic Continent**.

Antárctic Círcle 名 《the をつけて》南極圏.

Antárctic Cóntinent 名 《the をつけて》南極大陸.

Antárctic Ócean 名 《the をつけて》南極海, 南氷洋.

ant·eat·er /ǽntì:tər アンティータ/ 名 C 〖動物〗アリクイ (熱帯アメリカ産のシロアリを捕食する動物).

an·te·ced·ent /æntəsí:dnt アンテスィーデント/ 名 C ❶ 先例. ❷ 〖文法〗(関係詞の)先行詞 (○ たとえば the book (that) I bought yesterday (私がきのう買った本) では the book が that の先行詞).

an·te·lope /ǽntəlòup アンテロウプ/ 名 (複 an·te·lope, ~s /-s/) C 〖動物〗アンテロープ, 羚羊(れいよう).

an·ten·na /ænténə アンテナ/ 名 (❶の複は ~s /-z/, ❷の複は an·ten·nae /-ni:/) C ❶ (米) アンテナ (○ (英) aerial).
❷ 〖動物〗(昆虫・カニ・エビなどの)触角.

an·them /ǽnθəm アンセム/ 名 C
❶ (国歌など)祝歌. ❷ 賛美歌, 聖歌.
▶❶ the national *anthem* 国歌.

ant·hill /ǽnthìl アントヒル/ 名 C アリ塚, アリの塔.

an·thol·o·gy /ænθálədʒi アンサロヂィ/ 名 (複 -o·gies /-z/) C 名詩選集; 作品集, アンソロジー.

An·tho·ny /ǽnθəni アンソニ, -tə-/ 名 アントニー, アンソニー 《男性の名; 愛称 Tony》.

an·thrax /ǽnθræks アンスラックス/ 名 U 炭疽(たんそ)病 《家畜の重い病気で人にも感染する》.

an·thro·po·log·i·cal /ænθrəpəládʒikəl アンスロポラヂカル/ 形 人類学上の.

an·thro·pol·o·gist /æ̀nθrəpálədʒist アンスロパロヂスト/ 名 C 人類学者.

an·thro·pol·o·gy /æ̀nθrəpálədʒi アンスロパロヂィ/ 名 U 人類学.

an·ti- /ǽnti アンティ, /〖接頭〗「…に反対の, …嫌いの, …に対抗する」の意味. ▶*anti*biotic 抗生物質.

an·ti·air·craft /æ̀ntiéərkræft アンティエアクラフト/ 形 (武器などが)対空の.

an·ti·bi·ot·ic /æ̀ntibaiátik アンティバイアティック/ 形 〖生物〗抗生の.
— 名 C 抗生物質.

an·ti·bod·y /ǽntibàdi アンティバディ/ 名 (複 -bod·ies /-z/) C 〖医学〗抗体.

an·tic·i·pate /æntísəpèit アンティスィペイト/ 動 (~s /-ts/; -pat·ed /-id/; -pat·ing) 他
❶ ⓐ …を予期する, 予想する.
ⓑ 《anticipate that __》__ と予期する, 予想する.
❷ …を楽しみにして[心配して]待つ.
▶❶ⓐ Nobody *anticipated* the economic crisis. だれも経済危機を予期していなかった. ⓑ I *anticipated that* he would get angry. 私は彼がおこるだろうと予期していた.
❷ eagerly *anticipate* the class outing クラス遠足をとても楽しみにする.
☞ 名 anticipation.

an·ti·ci·pa·tion /æntìsəpéiʃən アンティスィペイション/ 名 UC 予期, 予想, 期待.
in anticipation of ... …を予期して.
☞ 動 anticipate.

an·ti·cli·max /æ̀ntikláimæks アンティクライマックス/ 名 UC あっけない結末, 拍子(ひょうし)抜け.

an·ti·clock·wise /æ̀ntiklákwàiz アンティクラクワイズ/ 副 形 (英) = **counter-**

abcdefghijklmnopqrstuvwxyz　　　　　　　　　　　　　　　　　**any**

clockwise.
an·ti·de·pres·sant /æntidiprésənt アンティディプレサント/ 名CU抗うつ剤.
an·ti·dote /ǽntidòut アンティドウト/ 名C ❶解毒(どく)剤. ❷対抗手段.
an·ti·freeze /ǽntifrì:z アンティフリーズ/ 名U不凍液.
an·tip·a·thy /æntípəθi アンティパスィ/ 名(複 -a·thies /-z/)UC反感.
an·ti·quat·ed /ǽntikwèitid アンティクウェイティド/ 形古風な;旧式な.
*****an·tique** /æntí:k アンティーク/ 名(複 ~s /-s/)C骨董(とう)品.
　— 形(more ~; most ~)古くて価値のある,骨董(とう)の.
an·tiq·ui·ty /æntíkwəti アンティクウィティ/ 名(複 -ui·ties /-z/) ❶U古さ.
❷U(とくにギリシア・ローマの)古代,大昔.
❸C《ふつう複数形で》古代の遺物《建物,美術など》.
an·ti-Se·mit·ic /ǽnti-semítik アンティ・セミティック/ 形反ユダヤ(主義)の.
an·ti-Sem·i·tism /ǽnti-sémətìzm アンティ・セミティズム/ 名UC反ユダヤ主義.
an·ti·sep·tic /æntiséptik アンティセプティック/ 名UC消毒剤.
　— 形殺菌の.
an·ti·so·cial /ǽntisóuʃəl アンティソウシャル/ 形 ❶反社会的な. ❷非社交的な.
an·tith·e·sis /æntíθəsis アンティセスィス/ 名(複 -e·ses /-sì:z/)《文語》UC正反対.
an·ti·trust /ǽntitrʌ́st アンティトラスト/ 形独占禁止(法)の.
ant·ler /ǽntlər アントラ/ 名C(シカの)枝角.
an·to·nym /ǽntənìm アントニム/ 名C反意語《true(正しい)に対して false (まちがった)のように互いに反対の意味をもつ語; ☞ synonym》.
a·nus /éinəs エイナス/ 名(複 ~·es /-iz/)C【解剖】肛門(もん).
　　　　　　　　　　　　　　　☞ 形anal.
*****anx·i·e·ty** /æŋzáiəti アンザイアティ/ (★発音注意)名(複 -e·ties /-z/)❶U心配,不安,気がり. ❷C心配ごと.

・・・・・・・・・・・・・・・・・・・・・・・・
❶The news gave him great *anxiety*. その知らせは彼をたいへん心配させた / He felt strong *anxiety* about [for] the future. 彼は将来について非常に心配していた.
❷Her sick child is one of her chief *anxieties*. 子どもが病気なのが彼女がとても心配していることのひとつです.
　　　　　　　　　　　　　　　☞ 形anxious.

*****anx·ious** /ǽŋkʃəs アンクシャス/ (★発音注意)形(more ~; most ~)
❶ⓐ《be anxious about [for] ...》…のことを心配している,不安に思っている.
ⓑ不安そうな,心配している.
❷ⓐ《be anxious for ...》…を熱望している,ぜひ＿したいと思っている.
ⓑ《be anxious to do》＿することを熱望している.
ⓒ《be anxious that ＿》＿を熱望している,ぜひ＿であってほしいと思っている.

・・・・・・・・・・・・・・・・・・・・・・・・
❶ⓐHe *was anxious about* his son's safety. 彼は息子の安否が心配だった.
ⓑan *anxious* look 心配そうな顔つき / an *anxious* night 不安な一夜.
❷ⓐHe *was anxious for* fame. 彼は名声を得たいと強く願っていた / We *are anxious for* you *to* return safely. われわれは君が無事に帰ってくることを心から望んでいる. ⓑHe *is anxious to* go abroad. 彼はしきりに外国に行きたがっている. ⓒShe *was* very *anxious that* her son (should) succeed. 彼女は息子が成功することを切望していた(《❹》《米》ではふつう should を用いない》).
　　　　　　　　　　　　　　　☞ 名anxiety.

anx·ious·ly /ǽŋkʃəsli アンクシャスリ/ 副心配して.

☆☆ an·y /(弱)əni エニ; (強)éni エニ/ 形
❶《疑問文または if の文で》**いくらかの**;なんらかの.
❷《否定文で》**少しも(…ない)**,なにも(…ない).
❸《肯定文で》(3つ[3人]以上のうちの)**どの…でも**.
　— 代 ❶《疑問文または if の文で》**いくらか**;なん人か.
❷《否定文で》**少しも(…ない)**,なにも[だれも](…ない).
❸《肯定文で》(3つ[3人]以上のうち)どれ

forty-five　　　　　　　　　　　　　　　　　　　　　　　　　　　　　　　　　　　　　　45

anybody

でも、だれでも.
— 副 ❶《疑問文または if の文で》**いくらか**.
❷《否定文で》**少しも(…ない)**.

形 ❶ Does she have *any* children? 彼女には子どもがいるのですか / If you find *any* spelling mistakes, please correct them. つづりのまちがいを見つけたら訂正してください / Is there *any* milk left? ミルクが残っていますか.

❷ I haven't got *any* money on me now. 今私は全然お金を持ち合わせていない / There weren*'t any* boys there. そこには男の子はひとりもいなかった.

❸ Please choose *any* flowers you like. 好きな花をどれでも選んでください.

語法 (1) 数えられるものにも数えられないものにも用いられるが、日本語に訳すときには現われない場合が多い. 英語では数量のある物事を表わす語は、数量を明確に示す語句がついていない場合は、そのまま用いないでふつう any か some を用いる.
(2) 疑問文が、疑問ではなく、勧誘・依頼の意味を表わす場合は、any ではなくsome を用いる (☞ some 語法): Will you have some tea? お茶はいかがですか.
(3) if で始まる条件節の中では、その物事の存在の可能性が高い場合は some が好まれる: If you have some money, go to the barber. お金があるのなら(あるのだろうから)床屋へ行きなさい.

— 代 ❶ I've run out of milk. Do you have *any*? 牛乳がなくなってしまった. ありますか / You can ask questions, if you have *any*. 質問があるならしていいですよ.

❷ She didn't touch *any* of the sushi. 彼女はそのすしには全然手をつけなかった / I don't know *any* of the boys. あの男の子たちのだれも知らない.

❸ You can choose *any* of these flowers. これらの花のどれでも選んでいいです / *Any* of you is [are] welcome. あなた方のだれでも歓迎します.

— 副 ❶ Do you feel *any* better today? きょうは気分は少しはいいですか.
❷ I can't walk *any* faster. 私はこれ以上はどうしても速く歩けない.

an·y·bod·y /énibɑ̀di エニバディ, -bədi | -bɔ̀di/

代 ❶《疑問文または条件節で》**だれか**.
❷《否定文で》**だれも(…ない)**.
❸《肯定文で》**だれでも**.
— 名 Ⓤ《疑問文・否定文・条件節で》重要な人物、偉い人(☞ somebody).

代 ❶ Is there *anybody* in the room? 部屋にはだれかいますか / If *anybody* knows his address, tell us, please. もしだれか彼の住所を知っていたら教えてください.

語法 (1) any+body であるから基本的には any 形 の用法と一致する.
(2) anyone より《口語》的.
(3) 単数として扱うが、《口語》では複数扱いのことがある.
(4) 肯定文では somebody を用いる.
(5) 否定文で anybody を用いるときは否定語が先にくる. Anybody didn't come. とはいわないで, Nobody came.「だれも来なかった」のようにする.

❷ I did*n't* meet *anybody*. (= I met nobody.) 私はだれにも会わなかった.
❸ *Anybody* can do it. それはだれでもできる.
— 名 Is he *anybody*? 彼は相当な人物なのですか.

*an·y·how /énihàu エニハウ/ 副 ❶ **とにかく**, いずれにしても《意味・用法は anyway と同じで anyhow の方が《口語》的).
❷ (話題を変えたり、もとの話題に戻ったりするときに) ところで.
▶❶ *Anyhow*, let's listen to him. とにかく彼の話を聞こう / It's too late now, *anyhow*. いずれにしても今ではもう遅すぎる.

an·y·more /ènimɔ́ːr エニモー/ 副《米》《否定文で》今はもう(…ない)(**○** any more ともつづる).▶ They don't live here *anymore*. 彼らはもうここには住んでいない.

an·y·one /éniwʌ̀n エニワン/ 代

❶《疑問文または条件節で》**だれか**.

❷《否定文で》**だれも(…ない)**.
❸《肯定文で》**だれでも**.

❶Is *anyone* absent? だれか欠席していますか / If *anyone* comes, please ask their [his] name. 今度だれか来たら名前を聞いておいてください.

語法 (1) 意味, 用法は anybody と同じである. (2) anybody の方が《口語》的.

❷I did*n't* see *anyone*. 私はだれも見なかった.
❸*Anyone* can come to the party. その会はだれでも来てよい.

an·y·place /énipleis エニプレイス/ 副 = anywhere.

an·y·thing /éniθiŋ エニスィング/
代 ❶《疑問文または if の文で》**なにか**.
❷《否定文で》**なにも(…ない)**.
❸《肯定文で》**なんでも**.

❶Did you hear *anything*? 何か聞こえましたか / Do you want *anything* else? ほかになにかほしい物はありませんか / If you know *anything* about it, please tell me. それについて何かご存じでしたらどうぞお話し下さい.

語法 anything を修飾する形容詞は anything beautiful のようにその後に置かれる; ☞ nothing, something, everything.

❷I did *not* buy *anything* at the store. その店ではなにも買いませんでした.
❸*Anything* will do. なんでも結構です.

anything but ... ①…のほかはなんでも: Alan will eat *anything but* raw fish. アランは生の魚[刺身]以外はなんでも食べるでしょう. ②決して…ない: The rumor is *anything but* true. そのうわさは決して本当ではない.

Anything new? やあ, 元気?, かわりない? 《親しい間柄のあいさつ》.

anything of ... ①《否定文で》少しも…ない: I haven*'t* seen *anything of* John lately. 近頃ジョンにさっぱり会わない. ②《疑問文または条件節で》少しは…: Is he *anything of* a scholar? 彼は少しは学者といえる人ですか.

(as) ... as anything 《口語》とても…: It's (*as*) easy *as anything*. それはとても簡単だ.

if anything ①どちらかというと: *If anything*, I like this one even better. どちらかというとこちらの方がもっと好きだ. ②少しはあるにしても.

like anything 《口語》すごく, 猛烈に.
not anything like ... 少しも…でない: She is *not anything like* her sister. 彼女は少しも姉さんに似ていない.

... or anything 《疑問文で》…かなにかそういったもの: Do you want coffee *or anything*? コーヒーかなにかほしいですか.

an·y·time /énitaim エニタイム/ 副《米》いつでも, どんな時でも (at any time).
▶You can come *anytime*. いつ来てもいいですよ.

*an·y·way /éniwei エニウェイ/ 副
❶**とにかく**, いずれにしても; やはり.
❷(話題を変えたり, もとの話題に戻ったりするときに)ところで.

❶*Anyway*, I'll begin first. とにかくわたくしが始めにやりましょう / Thank you, *anyway*. とにかくありがとう《相手の好意が役に立たなかったときのお礼のことば》.
❷*Anyway*, I have to take the 9:30 train. ところで私は9時半の電車に乗らなければならないのです(失礼します).

*an·y·where /énihwèər エニ(ホ)ウェア/ 副 ❶《疑問文または条件節で》**どこかへ[で]**.
❷《否定文で》**どこへ[に, で]も(…ない)**.
❸《肯定文で》**どこへでも**.

❶Did you go *anywhere* last Sunday? この間の日曜日にどこかへ行きましたか / If you see him *anywhere*, please ask him to come to see me. もしどこかで彼を見かけたら, 私のところに来てほしいと言ってください.
❷I did*n't* go *anywhere* last Sunday. この間の日曜日はどこへも行かなかった.
❸You may go *anywhere*. 君はどこへでも行ってよい.

get anywhere 《ふつう疑問文・否定文で》

AP

うまくいく, 成果があがる: We haven't got *anywhere*. 結局だめだった.

AP /éipí: エイピー/ 图 (アメリカの)AP通信社 (アメリカの通信社のひとつ; ✿ *A*ssociated *P*ress の略語; ☞ UPI).

Ap. 《略語》April.

*__a·part__ /əpάːrt アパート/ 副
❶ (場所的・時間的に)**離れて**, 別々に; わかれて.
❷ ばらばらに.
❸ 《名詞・動名詞のあとで》…は別として.

❶ The two boys live a mile *apart*. そのふたりの男の子たちは1マイル離れて住んでいる / They came home two hours *apart*. 彼らは帰宅が2時間ずれた.

❷ She tore the book *apart*. 彼女は本をばらばらに引き裂いた.

❸ Jane *apart*, all are here. ジェーンは別として全員がそろった.

apart from ... ①…から離れて: He lives *apart from* his family. 彼は家族と離れて住んでいる[別居している].
② …は別として, …を除けば: *Apart from* some spelling mistakes, your composition is very good. いくつかのつづりのまちがいを除けば君の作文は非常によい.

come [***fall***] ***apart*** (物がこわれて)ばらばらになる.

pull ... apart ① …をばらばらにする. ② …を引き離す.

take ... apart …(機械など)を分解する.

a·part·heid /əpάːrtait アパータイト/ 《★発音注意》图 U アパルトヘイト (南アフリカ共和国で行なわれた人種隔離政策; 1991年に廃止).

*__a·part·ment__ /əpάːrtmənt アパートメント/ 图 (圈 ~s /-ts/) C
❶ 《米》**アパート, マンション** (建物内の1世帯が住む1区画; ✿ 日本語の「アパート」は共同住宅の建物を表わし, 英語の apartment house [building] にあたる. apartment はふつう居間・寝室・台所・浴室などからなる; (英) では flat; ☞ mansion)).

❷ 《米》= **apartment building [house]**.

❶ a three-room *apartment* 3部屋のアパート.

語の結びつき

look for an *apartment* マンション[アパート]を探す
rent an *apartment* (from ...) (人から)マンション[アパート]を賃借りする
rent (out) an *apartment* (to ...) (人に)マンション[アパート]を賃貸しする
share an *apartment* マンション[アパート]を共同で借りる

apártment búilding [hóuse] 图 C 《米》アパート, マンション (✿単に apartment ともいう).

ap·a·thet·ic /æpəθétik アパセティック/ 形 無関心な, 冷淡な.

ap·a·thy /ǽpəθi アパスィ/ 图 U 無関心, 冷淡.

ape /éip エイプ/ 图 C 類人猿 (ﾙｲ) (ゴリラやチンパンジーなど人間に最も近い尾なしザル).

a·pe·ri·tif /əpèrətíːf アペリティーフ/ 图 (圈 ~s /-s/) C アペリチフ (食前に飲む少量の酒).

ap·er·ture /ǽpərtʃùər アパチュア/ 图 C
❶ (小さな)穴, すきま. ❷ (レンズの)口径.

a·pex /éipeks エイペックス/ 图 (圈 ~es /-iz/) C 頂点.

aph·o·rism /ǽfərìzm アフォリズム/ 图 C 格言.

a·piece /əpíːs アピース/ 副 それぞれに.
▶ $2 *apiece* ひとつ2ドルで.

A·pol·lo /əpάlou アパロウ/ 图 《ギリシア・ローマ神話》アポロ (太陽の神; 詩・音楽・予言などの神でもある).

a·pol·o·get·ic /əpὰlədʒétik アパロヂェティック/ 形 おわびの, 謝罪の; 謝罪して.
☞ 图 apology.

a·pol·o·get·i·cal·ly /əpὰlədʒétikəli アパロヂェティカリ/ 副 おわびして, 謝罪して.

*__a·pol·o·gize__ /əpάlədʒàiz アパロヂャイズ/ 動 (-giz·es /-iz/; ~d /-d/; -giz·ing) ⓘ
あやまる, おわびする.
▶ If I am mistaken, I *apologize*. 私がまちがってたらおわびします / I must *apologize* to you *for coming* late. 遅刻してすみません.
☞ 图 apology.

*__a·pol·o·gy__ /əpάlədʒi アパロヂィ/ 图 (圈

abcdefghijklmnopqrstuvwxyz appear

-o·gies /-z/) ⓒ **おわび**, 謝罪.
▶I made an *apology* to my teacher for being lazy. 私は先生になまけてすみませんとあやまった.
☞ 形apologetic, 動apologize.

a·pos·tle /əpásl アパスル/ (★tは発音されない) 名 ❶ ⓒ使徒《キリストの12人の弟子(ⅾ)のひとり; ☞ disciple》.
❷ ⓒ (主義・政策などの)主唱者.

a·pos·tro·phe /əpástrəfi アパストロフィ/ 名 ⓒ アポストロフィ, 省略符号(').
[語法] 次のような場合に用いる.
(1) 名詞の所有格を示すとき: boy's / boys' / John's.
(2) 文字, 数字の省略を示すとき: don't (= do not) / o'clock (= of the clock) / I'm (= I am) / '90 (= 1990).
(3) 文字, 数字, 記号などの複数形を示すとき(ただしこの場合は(')を省略することも多い): three 5's 3つの5 (の字)/ two i's 2つのi.

ap·pal /əpó:l アポール/ 動《英》= **appall**.

Ap·pa·lá·chi·an Móun·tains /æpəléitʃiən- アパレイチアン-/ 名《複》《the をつけて》アパラチア山脈《北米東部海岸に沿う山脈; ♦単に the **Appaláchians** ともいう》.

ap·pall /əpó:l アポール/ 動他 (人)をぎょっとさせる, ぞっとさせる.

ap·pall·ing /əpó:liŋ アポーリング/ 形 ぎょっとするような, ぞっとするような.

ap·pa·ra·tus /æpərétəs アパラタス, -réitəs/ (★アクセント注意) 名 (複 ~es /-iz/, ap·pa·ra·tus) ❶ (ひと組の)器具, 装置. ❷ 組織, 機構.

ap·par·el /əpǽrəl アパレル/ 名 Ⓤ《文語》衣服 (clothing).

＊**ap·par·ent** /əpǽrənt アパレント, əpéə-/ 形 (more ~; most ~) ❶ (ひと目見て)**明らかな**, はっきりした.
▶❶I see no *apparent* reason for her absence. 彼女が欠席しているはっきりした理由がわからない.
❷ *apparent* friendship みせかけの友情.

＊**ap·par·ent·ly** /əpǽrəntli アパレントリ, əpéə-/ 副《文を修飾して》(実際はともかく)**どうも…らしい**.
▶*Apparently* he never went there.

どうも彼はそこへは行かなかったらしい /
対話 "Did they get married?"– "*Apparently* not." 「彼らは結婚したの」「どうもそうではないらしい」.

ap·pa·ri·tion /æpəríʃən アパリション/ 名 ⓒ まぼろし; 幽霊 (ghost).

＊**ap·peal** /əpí:l アピール/ 動 (~s /-z/; ~ed /-d/; ~ing) 自《**appeal to ...**》
❶ (人)に**熱心にお願いする**, 熱心に頼る.
❷ (人)**の心に訴える**, (人)の気に入る.
❸ (理性など)に訴える.
❹【法律】…に上告する, 控訴(ㆍ)する.
— 名 (複 ~s /-z/) ❶ ⓒ **訴え**, お願い, 熱心に頼むこと.
❷ Ⓤ 魅力.
❸ ⓒ【法律】上告, 控訴(ㆍ).
❹ ⓒ【スポーツ】(審判や判定に対する)アピール, 抗議.

･････････････････････････････････

動 自 ❶ He *appealed to* me *for* a loan. 彼は私に熱心に借金を申しこんだ / I *appeal to* you *to* help me. どうか私を助けてください.
❷ The painting *appeals to* me. 私はその絵が好きだ.
❸ *appeal to* reason 理性に訴える.
❹ *appeal to* a higher court 上級裁判所に上告する.
— 名 ❷ Hunting has [holds] little *appeal* for me. 狩猟には私はあまり興味がない.

make an appeal for ... …を熱心に頼む, 求める: *make an appeal for* support 支持を求める.

make an appeal to ... (人)に訴える, 呼びかける, アピールする: We *made an appeal to* the students for support. 私たちは学生たちに支持を呼びかけた.

ap·peal·ing /əpí:liŋ アピーリング/ 形
❶ 訴えるような. ❷ 魅力的な, おもしろそうな.

＊＊**ap·pear** /əpíər アピア/ 動 (~s /-z/; ~ed /-d/; ap·pear·ing /əpíəriŋ/)
自 ❶ⓐ **現われる**, 見えてくる (反disappear).
ⓑ (会合・テレビなどに)出る, 登場する, 出演する.
ⓒ (裁判に)出頭する.

forty-nine 49

appearance

❷ⓐ …**のように見える**, …らしい.
ⓑ《It appears (to ...) that __》(…には) __のように見える.
❸ **出版される**.

❶ⓐ Soon the mountain peak *appeared* through the mist. まもなく霧を通して山頂が見えてきた.
ⓑ *appear* on television テレビに出る.
❷ⓐ The dog *appeared* (to be) friendly, but it wasn't. その犬は人なつっこそうに見えたがそうではなかった / She *appeared* to know nothing about that. 彼女はそれについてなにも知らないように見えた. ⓑ *It appears that* he doesn't have his father's consent. 彼は父の同意を得ていないようだ.
❸ His book is expected to *appear* soon. 彼の本はもうすぐ出版されるだろう.
☞ 名 appearance.

*ap·pear·ance /əpíərəns アピ(ア)ランス/ 名 (複 -anc·es /-iz/)
❶ C **外見**, 様子, 見かけ.
❷ C **現われること**, 出現; 出席; 出演; 出廷; (本などの)発刊 (反 disappearance).

❶ You must not judge things by *appearances*. ものごとは見かけで判断してはいけない / put on the *appearance* of innocence 潔白であるように見せかける.
❷ The sudden *appearance* of the black dog surprised me. その黒い犬が突然現われたので私は驚いた.
to [from, by] all appearance(s) 見たところでは (《❶「しかし実際はそうでなさそうだ」という意味を含む》): *To all appearance(s)*, they are in love with each other. どう見てもふたりはお互いに愛し合っているとしか見えない.
☞ 動 appear.

ap·pease /əpíːz アピーズ/ 動 (現分 ap·peas·ing) 他 (人)をなだめる.
ap·pease·ment /əpíːzmənt アピーズメント/ 名 UC なだめること.
ap·pen·di·ci·tis /əpèndəsáitis アペンディサイティス/ 名 U 【医学】虫垂炎, (俗に)盲腸炎.

ap·pen·dix /əpéndiks アペンディックス/ 名 (複 ~·es /-iz/, ap·pen·di·ces /-dəsìːz/) C ❶ (書物の)巻末付録. ❷ 【解剖】虫垂, (俗に)盲腸.

*ap·pe·tite /ǽpətàit アペタイト/ 名 (複 ~s /-ts/) UC ❶ **食欲**.
❷ 欲望.
▶ ❶ I have a good 〔poor〕 *appetite*. 私は食欲がある〔ない〕. ❷ an *appetite* for knowledge 知識欲.

ap·pe·tiz·er /ǽpətàizər アペタイザ/ 名 C 前菜 (食事の最初に出す).

ap·pe·tiz·ing /ǽpətàiziŋ アペタイジング/ 形 おいしそうな.

ap·plaud /əplɔ́ːd アプロード/ 動 (~s /-dz/; ~ed /-id/) 自 ❶ …に拍手かっさいする. ❷ …に大いに賛成する.
▶ 自 The audience *applauded* when she appeared on the stage. 彼女が舞台に現われると聴衆が拍手かっさいした.
— 他 ❶ *applaud* the baseball team 野球チームに拍手する.
☞ 名 applause.

ap·plause /əplɔ́ːz アプローズ/ 名 U 拍手.
▶ receive warm *applause* 心のこもった拍手を受ける.
☞ 動 applaud.

****ap·ple** /ǽpl アプル/ 名 (複 ~s /-z/) C ❶ **リンゴ**.
❷ リンゴの木 (**○ ápple trée** ともいう).

❶ peel an *apple* リンゴ(の皮)をむく / ことわざ An *apple* a day keeps the doctor away. 1日1個のリンゴを食べると医者にかからないですむ (リンゴは健康によい).

ápple cìder 名 = cider.

ápple píe 名 UC アップルパイ.
(as) American as apple pie 《口語》 アップルパイのようにアメリカ的な 《典型的にアメリカ的なという表現》.
INFO アメリカの代表的なデザートとしていろいろな種類のパイが食べられているが, 中でもアップルパイが人気がある. どの家にも独特の味があり, それを誇りにしている.

ap·ple·sauce /ǽplsɔ̀ːs アプルソース/ 名 U アップルソース 《リンゴをつぶして砂糖で

50　　　　　　　　　　　　　　　　　　　　　　　　　　　　　　　　　　　　　fifty

appreciable

ap·pli·ance /əpláiəns アプライアンス/ 名 C (家庭用)器具, 家庭用電気製品.

ap·pli·ca·ble /ǽplikəbl アプリカブル/ 形 〔…に〕適用される, 当てはまる〔to〕(反 inapplicable).

ap·pli·cant /ǽplikənt アプリカント/ (★アクセント注意)名 C 応募者, 志願者.
▶an *applicant* for the post 求職者.

*__ap·pli·ca·tion__ /æpləkéiʃən アプリケイション/ 名 (複 ~s /-z/)
❶ⓐ U C **応募, 申し込み**, 志願.
ⓑ C 申し込み書, 願書.
❷ U C **応用**, 活用, 適用.
❸ U (薬などを)塗ること, はること.
❹ U 心の集中, 没頭, 勤勉.
❺【電算】C アプリケーション(ソフト).

❶ⓐan *application* form 申し込み書.
❷the *application* of scientific knowledge to industry 科学知識の工業への応用.
❸the *application* of ice to the forehead (熱があるときに)氷を額に当てて冷やすこと.
☞ 動 apply.

ap·plied /əpláid アプライド/ 形 応用された, 実用的な.
▶*applied* chemistry 応用化学.

*__ap·ply__ /əplái アプライ/ 動 (ap·plies /-z/; ap·plied /-d/; ~·ing) 自
❶《apply (to ~) for ...》～に…を**申しこむ**, 依頼する, 照会する.
❷《apply to ...》**…に適用される**.
— 他 《apply ... to ~》❶ …を～に**応用する**, 適用する.
❷ …を～に**当てる**, 塗る, はる.

自 ❶ He *applied to* the bank *for* a loan. 彼は銀行に融資を求めた / *apply for* admission 入学を志願する, 入会を申しこむ / *apply for* a job 就職を申しこむ.
❷ This regulation does not *apply to* children. この規定は子どもには適用されない.
— 他 ❶ You can *apply* this rule *to* the problem. この規則がその問題に適用できます.

❷ She *applied* a cold compress *to* her swollen foot. 彼女ははれた足に冷湿布を当てた.
apply oneself to ... …に一生懸命に取り組む: You must *apply yourself to* your studies. 君は学問を一生懸命やらなければならない.
☞ 名 application.

*__ap·point__ /əpɔ́int アポイント/ 動 (~s /-ts/; ~ed /-id/; ~·ing) 他 ❶ …を**任命する**, 指名する.
❷《文語》(時・場所など)を**指定する**, 約束する.

❶ We *appointed* him (*as*) chairman of the committee. 私たちは彼を委員会の議長に指名した / She was *appointed* to the job of store manager. 彼女は店長に任命された.
☞ 名 appointment.

ap·point·ed /əpɔ́intid アポインティド/ 形 ❶任命された. ❷指定された, 約束の.
▶❶ the newly *appointed* principal 新任の校長.
❷ at the *appointed* time 指定の時刻に.

ap·poin·tee /əpɔintíː アポインティー/ 名 C 任命された人, 指名された人.

*__ap·point·ment__ /əpɔ́intmənt アポイントメント/ 名 (複 ~s /-ts/) ❶ U C ⓐ (日時・場所を決めて人と会う)**約束**.
ⓑ (診療などの)予約.
❷ⓐ U **任命**, 指名.
ⓑ C (任命された)職, 地位.

❶ⓐkeep 〔cancel〕 the *appointment* 約束を守る〔取り消す〕 / have a previous *appointment* 先約がある / by *appointment* 約束をして.
ⓑmake an *appointment* with the dentist 歯医者に診療の予約をする.
❷ⓐHis *appointment* as principal pleased us all. 彼が校長に任命されたのでみんなが喜んだ.
☞ 動 appoint.

ap·prais·al /əpréizl アプレイズル/ 名 U C 《文語》(正式な)評価.

ap·praise /əpréiz アプレイズ/ 動 (現分 ap·prais·ing) 他《文語》…を評価する.

ap·pre·cia·ble /əpríːʃəbl アプリーシャブ

appreciably

ル/ 形 感じとれるほどの, かなりの.
☞ 動 appreciate.

ap·pre·cia·bly /əpríːʃəbli アプリーシャブリ/ 副 感じとれるほどに, かなり.

***ap·pre·ci·ate** /əpríːʃièit アプリーシエイト/ 動 (~s /-ts/; -at·ed /-id/; -at·ing) 他
❶ⓐ (…の)**よさがわかる**, 価値がわかる.
ⓑ …を正しく評価する.
❷ (芸術・文学の作品)を**鑑賞する**.
❸ (好意など)を**感謝する**, ありがたく思う.
❹ (困難など)を認識している.
— 自 値上がりする.

他 ❶ⓐ He does not *appreciate* classical music. 彼はクラシック音楽のよさがわかっていない / We *appreciate* a rest after hard work. はげしい労働のあとでは休息のありがたさがわかる.
ⓑ Her services were *appreciated*. 彼女のしたこと[功績]は認められた.
❷ *appreciate* poetry 詩を鑑賞する.
❸ I *appreciate* your kindness. ご親切ありがとうございます / I *appreciated* the friendship of my classmates. 級友の友情をありがたいと思った.
❹ I *appreciate* your problem. あなたの問題は私にはよくわかっています.
☞ 名 appreciation, 形 appreciative, appreciable.

***ap·pre·ci·a·tion** /əpriːʃiéiʃən アプリーシエイション/ 名 ❶ⓤ (真価の)**理解**.
❷《単数形で》**鑑賞(力)**.
❸《単数形で》**感謝**.
in appreciation of ... …を十分認めて; …に感謝して.
☞ 動 appreciate.

ap·pre·cia·tive /əpríːʃətiv アプリーシャティヴ/ 形 ❶ よいと思っている. ❷ 感謝して(いる).
☞ 動 appreciate.

ap·pre·hend /æprəhénd アプレヘンド/ 動 他 《文語》…を逮捕する(《○ ふつう arrest を用いる》).

ap·pre·hen·sion /æprəhénʃən アプレヘンション/ 名 (複 ~s /-z/) ⓤⓒ 気がかり, 心配.

ap·pre·hen·sive /æprəhénsiv アプレヘンスィヴ/ 形 心配して(いる), 恐れて(いる).

ap·pren·tice /əpréntis アプレンティス/ 名 ⓒ 見習い(人).

ap·pren·tice·ship /əpréntisʃip アプレンティスシップ/ 名 ⓤⓒ 見習いの身分; 見習い期間.

***ap·proach** /əpróutʃ アプロウチ/ 動 (~es /-iz/; ~ed /-t/; ~·ing) 他
❶ …に**近づく**.
❷ (レベル・状態などが)(…(の域))に近づく, 似ている.
❸ (人)に話をもちかける, お願いする.
❹ (仕事・問題など)に取りかかる.
— 自 **近づく**.
— 名 (複 ~es /-iz/) ❶ⓤ (場所的・時間的)**接近**, 近づくこと.
❷ⓒ (…への)**道**, 入り口.
❸ⓒ 方法.
❹ⓒ《しばしば複数形で》(人に)話をもちかけること; (女性に)言い寄ること.
❺ⓒ [ゴルフ] アプローチ《グリーンに向けての寄せ打ち》.
❻ⓒ [航空] 進入《着陸態勢に入ること》.

動 他 ❶ Our train *approached* the town. 私たちの列車はその町に近づいた.
❷ The temperature *approached* 40 °C. 温度が摂氏40度に近づいた / His new painting *approaches* perfection. 彼の新しい絵は完成に近づきつつある.
❸ Have you *approached* your father about the money? 君はお金のことでおとうさんに話をもちかけましたか.
❹ *approach* a task energetically 仕事に熱心に取りかかる.
— 自 Christmas is *approaching*. クリスマスが近づいてきた.
— 名 ❶ I felt the *approach* of spring in the air. 私は風で春が近づいてくるのを感じた.
❷ This is the *approach* to the village. これがその村へいく道だ.
❸ a new *approach* to (the) learning of English 新しい英語学習法.

ap·proach·a·ble /əpróutʃəbl アプロウチャブル/ 形 ❶ (場所へ)近づくことができる. ❷ (人が)親しみやすい.

***ap·pro·pri·ate** /əpróupriət アプロウプリエト/ 形 (more ~; most ~) **適当な**, 適切な, ふさわしい (反 inappropriate).

— 動 /əpróuprièit アプロウプリエイト/《★形容詞との発音の違いに注意》(~s /-ts/; -at·ed /-id/; -at·ing) 他《文語》…を私物化する; …を盗む.

形 Your dress is *appropriate* for a formal party. あなたの服は正式のパーティーにふさわしい / words *appropriate* to the occasion その場にふさわしいことば.

— 動 他 *appropriate* a computer. コンピュータを私物化する[盗む].
☞ 名 appropriation.

ap·pro·pri·a·tion /əpròupriéiʃən アプロウプリエイション/ 名 U 横領, 流用.

***ap·prov·al** /əprúːvəl アプルーヴァル/ 名 U ❶ よいと認めること, 賛成 (反 disapproval).

❷ (正式な)承認, 認可.
▶ ❶ The reform received [won] universal *approval*. その改革は全面的賛成を得た.
❷ win government *approval* 政府の認可を得る.
☞ 動 approve.

***ap·prove** /əprúːv アプルーヴ/ 動 (~s /-z/; -proved /-d/; ap·prov·ing) 他 …を承認する, 認可する (反 disapprove).
— 自《approve of ...》…をよいと認める, …に賛成する.

他 The town council *approved* the school budget. 町議会は学校の予算を承認した.
— 自 My parents do not *approve of* my staying up late. 私の両親が遅くまで起きていることに反対だ.
☞ 名 approval.

ap·proved /əprúːvd アプルーヴド/ 形 認可された, 正式な.

ap·prov·ing·ly /əprúːviŋli アプルーヴィングリ/ 副 よいと認めて, 賛成して, 満足そうに.

approx.《略語》approximate(ly).

ap·prox·i·mate /əpráksəmit アプラクスィメト/ 形 だいたい正確な, おおよその.
▶ The *approximate* time is 9 o'clock. だいたいの時刻は9時だ.

ap·prox·i·mate·ly /əpráksəmitli アプラクスィメトリ/ 副 だいたい, およそ.

▶ in *approximately* two hours だいたい2時間で.

ap·prox·i·ma·tion /əpràksəméiʃən アプラクスィメイション/ 名 C ❶ 近似しているもの. ❷ 概算;【数学】近似値.

Apr.《略語》April.

a·pri·cot /ǽprəkàt アプリカット | éiprəkɔ̀t/ 名 C アンズの実; アンズ(の木).

****A·pril** /éiprəl エイプリル/ 名 **4月**
(❖Apr.と略す; ☞ January の 語法).

Ápril fóol 名 C ❶ 4月ばか《4月ばかの日(4月1日)に笑いものにされた人》. ❷ (4月1日の)人をかつぐうそ[いたずら].

Ápril Fóols' Dày /-fúːlz dèi -フールズデイ/ 名 エープリルフール, 4月ばかの日《4月1日; 正午までは罪のないうそやいたずらが許される》.

a·pron /éiprən エイプロン/ 名 C エプロン, 前掛け.

***apt** /ǽpt アプト/ 形 (~·er, more ~; ~·est, most ~) ❶ (ことばなどが)**ぴったりした**, 適切な (反 inapt).
❷《be apt to do》…しがちである, …する傾向がある.
❸ もの覚えの早い, 頭のよい.

❶ an *apt* answer 適切な答え.
❷ We *are apt to* make errors. 人はまちがいをしがちだ.
☞ 名 aptitude.

ap·ti·tude /ǽptətjùːd アプティトゥード, -テュード/ 名 UC 適性, 素質, 才能.
▶ He has an *aptitude* for music. 彼には音楽の才能がある.
☞ 形 apt.

áptitude tèst 名 C 適性検査.

apt·ly /ǽptli アプトリ/ 副 適切に.

aq·ua·lung /ǽkwəlʌ̀ŋ アクワラング/ 名 C アクアラング《潜水用水中呼吸器具》.

aq·ua·ma·rine /ækwəməríːn アクワマリーン/ 名 ❶ UC アクアマリン《3月の誕生石》. ❷ U 淡い青緑色.

a·quar·i·um /əkwéəriəm アクウェ(ア)リアム/ 名 (複 ~s /-z/, a·quar·i·a /-riə/) C ❶ 水族館. ❷ (ガラスの)養魚水槽(#3).

A·quar·i·us /əkwéəriəs アクウェ(ア)リアス/ 名 ❶ 水がめ座《☞ zodiac》. ❷ C 水がめ座生まれの人.

a·quat·ic /əkwátik アクワティック/ 形 水

AR

の, 水生の.

AR 〖米郵便〗Arkansas.

Ar·ab /ǽrəb アラブ/ 名(複 ~s /-z/)
❶ⓐ C アラブ人 (アラビア語 (Arabic) を話す民族). ⓑ《**the Arabs**》アラブ民族.
❷ C アラブ馬.
— 形 アラブ人の.

Arab. 《略語》Arabic.

A·ra·bi·a /əréibiə アレイビア/ (★発音注意)名 アラビア 《紅海 (the Red Sea) とペルシア湾 (the Persian Gulf) の間にある半島》. ☞ 形 Arabian.

A·ra·bi·an /əréibiən アレイビアン/ 形 アラビアの; アラブ人の. — 名 C アラブ人.
☞ 名 Arabia.

Arábian Níghts' /-náits -ナイツ/ 名複 《**The** をつけて》「アラビアンナイト」,「千夜一夜物語」《アラビア, ペルシア, インドなどの伝説や物語を集めたもの; ○ **The Arábian Níghts Entertainments** または **The Thóusand and Óne Níghts** ともいう》.

Arábian Séa 名《the をつけて》アラビア海.

Ar·a·bic /ǽrəbik アラビック/ 名 U アラビア語.
— 形 アラビアの.

Árabic númeral 名 C 《1, 2, 3 などの》アラビア数字, 算用数字 《☞ Roman numeral》.

ar·a·ble /ǽrəbl アラブル/ 形 耕作に適する.

ar·bi·tra·ri·ly /ɑ́:rbətrérəli アービトレリリ | ɑ́:bitrəri-/ 副 任意に, 勝手に.

ar·bi·trar·y /ɑ́:rbətrèri アービトレリ/ 形 (more ~; most ~) 任意の; 勝手な.

ar·bi·trate /ɑ́:rbətrèit アービトレイト/ 動 (現分 -trat·ing) 自他 仲裁する, 調定する.

ar·bi·tra·tion /ɑ̀:rbətréiʃən アービトレイション/ 名 U 仲裁, 調停.

ar·bi·tra·tor /ɑ́:rbətrèitər アービトレイタ/ 名 C 仲裁者, 調停者.

ar·bor /ɑ́:rbər アーバ/ 名 C あずまや 《公園などにある日よけの場所》.

ar·bour /ɑ́:rbər アーバ/ 名 《英》= **arbor**.

arc /ɑ́:rk アーク/ 名 C 弧; 弓形.

ar·cade /ɑ:rkéid アーケイド/ 名 C ❶ アーケード 《屋根のついた街路[商店街]》.
❷ ゲームセンター 《○「ゲームセンター」は和製英語》.

*** arch** /ɑ́:rtʃ アーチ/ 名(複 ~es /-iz/)
❶ アーチ[弓形] 門. ❷ アーチ形のもの.
❸ 《足の裏の》土踏まず.
— 動(~es /-iz/; ~ed /-t/; ~·ing) 他 …を弓形にする.
— 自 弓形になる.

ar·chae·o·log·i·cal /ɑ̀:rkiəládʒikəl アーキオラヂカル/ 形 考古学上の.

ar·chae·ol·o·gist /ɑ̀:rkiálədʒist アーキアロヂスト/ 名 C 考古学者.

ar·chae·ol·o·gy /ɑ̀:rkiálədʒi アーキアロヂィ/ 名 U 考古学.

ar·cha·ic /ɑ:rkéiik アーケイイック/ 形 古めかしい; 古風な.

arch·bish·op /ɑ̀:rtʃbíʃəp アーチビショプ/ 名 C 〖キリスト教〗❶ 《イングランド国教会の》大主教 《☞ bishop》.
❷ 《カトリックの》大司教.

arched /ɑ́:rtʃt アーチト/ 形 アーチ形の.

ar·che·o·log·i·cal /ɑ̀:rkiəládʒikəl アーキオラヂカル/ 形 = archaeological.

ar·che·ol·o·gist /ɑ̀:rkiálədʒist アーキアロヂスト/ 名 = archaeologist.

ar·che·ol·o·gy /ɑ̀:rkiálədʒi アーキアロヂィ/ 名 = archaeology.

arch·er·y /ɑ́:rtʃəri アーチェリ/ 名 U アーチェリー, 弓術.

ar·chi·pel·a·go /ɑ̀:rkəpéləgou アーキペラゴウ/ 名(複 ~s, ~es /-z/) C 群島.
▶the Japanese *Archipelago* 日本列島.

*** ar·chi·tect** /ɑ́:rkətèkt アーキテクト/ 《★アクセント注意》名(複 ~s /-ts/) C 建築家.

ar·chi·tec·tur·al /ɑ̀:rkətéktʃərəl アーキテクチュラル/ 形 建築学の; 建築の.
☞ 名 architecture.

*** ar·chi·tec·ture** /ɑ́:rkətèktʃər アーキテクチャ/ 《★アクセント注意》名 U ❶ 建築学.
❷ 建築様式.
☞ 形 architectural.

ar·chives /ɑ́:rkaivz アーカイヴズ/ 《★アクセント注意》名複 ❶ 公文書, 古文書.
❷ 〖電算〗アーカイブ 《複数のファイルをまとめたもの》.

arch·way /ɑ́:rtʃwèi アーチウェイ/ 名 C アーチの下の通路[入口].

Arc·tic /ɑ́:rktik アークティック/ 形 ❶ 北極の

abcdefghijklmnopqrstuvwxyz　　　　　　　　　　　　　　　　**arguably**

(反 Antarctic). ❷極寒の. ── 名《**the** をつけて》北極(地方)(✪「北極(点)」は the North Pole).

Árctic Círcle 名《**the** をつけて》北極圏.

Árctic Ócean 名《**the** をつけて》北極海, 北氷洋.

ar·dent /ɑ́ːrdnt アードント/ 形 熱烈な, 熱心な.

ar·dor, 《英》**ar·dour** /ɑ́ːrdər アーダ/ 名 C《文語》熱心, 熱情.

ar·du·ous /ɑ́ːrdʒuəs アーヂュアス/ 形《文語》(仕事などが)困難な, 骨の折れる.

＊are¹ /(弱) ər ア; (強) ɑ́ːr アー/ 動
(were /(弱) wər; (強) wə́ːr/; been /(弱) bin; (強) bí(ː)n/; be·ing) 自《主語が you および複数であるときの be¹ の現在形》
❶ …である, …です.
❷ (…に)ある, いる.

・・・・・・・・・・・・・・・・・・・・・・・・・・・・・
❶ We *are* high school students. 私たちは高校生です / These *are* not mine. これらは私のものではありません.
❷ There *are* big factories in our town. 私たちの町には大きな工場がある.
・・・・・・・・・・・・・・・・・・・・・・・・・・・・・

＊are² /(弱) ər ア; (強) ɑ́ːr アー/ 助
(were /(弱) wər; (強) wə́ːr/; been /(弱) bin; (強) bí(ː)n/; be·ing)《主語が you および複数であるときの be² の現在形》
❶《are *doing*》《進行形を作る》ⓐ (今)__している(ところである).
ⓑ (もうすぐ)__することになっている.
❷《are＋他動詞の過去分詞で》《受身形を作る》__される, __されている.
❸《are to *do*》ⓐ __することになっている. ⓑ __すべきである. ⓒ __できる.

・・・・・・・・・・・・・・・・・・・・・・・・・・・・・
❶ⓐ We *are* studying English. 私たちは英語を勉強しているところです.
ⓑ They *are* arriving soon. 彼らはもうすぐ到着します.
❷ The houses *are* covered with snow. 家々は雪でおおわれている.
❸ⓐ We *are* to go on a picnic tomorrow. 私たちはあすピクニックに行くことになっている.
ⓑ You *are* to talk with your parents about it. あなたはそのことで両親と話し合うべきだ.

ⓒ No plants *are* to be found in this area. この地域では植物は全然見あたらない.

are³ /éər エア, ɑ́ːr アー/ 名 C アール《メートル法の面積の単位, 100平方メートル; ✪ a.と略す》.

＊ar·e·a /éəriə エ(ア)リア/ 名 (複 ~s /-z/)
❶ C 地域, 地方, 地区.
❷ C 区域; (ある目的のための)場所.
❸ UC 面積.
❹ C 範囲, 領域, 分野.

・・・・・・・・・・・・・・・・・・・・・・・・・・・・・
❶ a mountain *area* 山岳地方 / a residential *area* 住宅地区.
❷ a parking *area* 駐車場.
❸ The *area* of our yard is 250 square feet. うちの家の庭の面積は250平方フィートだ.
❹ the whole *area* of science 科学の全領域.

área còde 名 C《米》(3ケタの)電話の市外局番(✪《英》では dialling code という).

a·re·na /əríːnə アリーナ/ 名 C ❶ 競技場.
❷ 活動の場.

＊aren't /ɑ́ːrnt アーント/
❶《口語》《**are¹** not の短縮形》ⓐ …ではない. ⓑ (…には)ない, いない.
❷《口語》《**are²** not の短縮形》.

・・・・・・・・・・・・・・・・・・・・・・・・・・・・・
❶ⓐ We *aren't* very hungry yet. 私たちはまだあまりおなかはすいていません.
ⓑ My socks *aren't* here. 私のソックスはここにはない.
❷ They *aren't* waiting for the bus. 彼らはバスを待っているのではない / These birds *aren't* found in Japan. これらの鳥は日本では見られない.

Ar·gen·ti·na /ɑ̀ːrdʒəntíːnə アージェンティーナ/ 名 アルゼンチン《南米の共和国; 首都はブエノスアイレス (Buenos Aires)》.

Ar·gen·tine /ɑ́ːrdʒəntìːn アージェンティーン/ 形 アルゼンチンの.
── 名 ❶ C アルゼンチン人.
❷《**the** をつけて; 集合的に》アルゼンチン人.

ar·gu·a·ble /ɑ́ːrgjuəbl アーギュアブル/ 形 議論の余地のある, 疑わしい.

ar·gu·a·bly /ɑ́ːrgjuəbli アーギュアブリ/ 副 多分.

argue

ar・gue /á:rgju: アーギュー/ 動 (~s /-z/; ~d /-d/; ar・gu・ing) 自 ❶ **口論する**, 言い争う.
❷ 議論する.
— 他 ⓐ (…について) **議論する**.
ⓑ 《argue that __》(__であると) 論じる, 主張する.

──────────────────────
自 ❶ He *argued with* Andy *about* it. 彼はアンディーとそのことで口論した.
❷ Don't *argue*; just do as you are told. 議論などするな. 言われたとおりやれ.
— 他 ⓐ *argue* politics 政治を論じる.
ⓑ Columbus *argued that* the earth is round. コロンブスは地球はまるいと主張した.

argue against ... …に反対の議論をする: She *argued against* my proposal. 彼女は私の提案に反対した.
argue for [in favor of] ... …に賛成の議論をする.
☞ 名 argument.

ar・gu・ment /á:rgjumənt アーギュメント/ 名 (複 ~s /-ts/) ©
❶ **口論**, 口げんか.
❷ **議論**, 論争.
❸ 論拠, 理由.

──────────────────────
❶ I got into an *argument* with him. 私は彼と口論になった.
❷ a heated *argument* among the students 生徒の間の激しい議論.
❸ Give your *argument* against going. 行かない理由を述べなさい.
☞ 動 argue, 形 argumentative.

ar・gu・men・ta・tive /à:rgjuméntətiv アーギュメンタティヴ/ 形 議論好きな.
☞ 名 argument.

a・ri・a /á:riə アーリア/ 名 © 【音楽】アリア《オペラの独唱曲》.

ar・id /ærid アリッド/ 形 (土地が) 乾燥した.

a・rise /əráiz アライズ/ 動 (a・ris・es /-iz/; a・rose /əróuz/; a・ris・en /ərízn/; a・ris・ing) 自 (問題・事態などが) **起こる**, 発生する. ▶ A different problem *arose*. ちがう問題が起こった.

a・ris・en /ərízn アリズン/ 動 arise の過去分詞形.

ar・is・toc・ra・cy /ærəstákrəsi アリスタクラスィ/ 《★アクセント注意》名 (複 -ra・cies /-z/) 《the をつけて; 集合的に》貴族階級 (の人たち). ☞ 形 aristocratic.

a・ris・to・crat /ərístəkræt アリストクラット, æris-/ 名 © 貴族 (階級の人).
☞ 形 aristocratic.

a・ris・to・crat・ic /ərìstəkrǽtik アリストクラティック/ 形 貴族の, 貴族的な.
☞ 名 aristocracy, aristocrat.

Ar・is・tot・le /ǽristàtl アリスタトル/ 名 アリストテレス《384–322 B.C.; 古代ギリシアの哲学者》.

a・rith・me・tic /əríθmətik アリスメティック/ 《★アクセント注意》名 Ⓤ
❶ 算数, 算術.
❷ 計算.
— /æriθmétik アリスメティック/ 形 算数の, 算術の.

Ar・i・zo・na /ærəzóunə アリゾウナ/ 名 アリゾナ《アメリカ南西部の州; ⓞ【郵便】AZ と略す》.

Ar・kan・sas /á:rkənsɔ̀: アーカンソー/ 《★発音注意》名 アーカンソー《アメリカ中部の州; ⓞ【郵便】AR と略す》.

Ar・ling・ton /á:rliŋtən アーリントン/ 名 アーリントン《アメリカのバージニア州 (Virginia) 北東部の郡; 国立墓地がある》.

arm¹ /á:rm アーム/ 名 (複 ~s /-z/) © ❶ **腕**《肩から手首まで》.

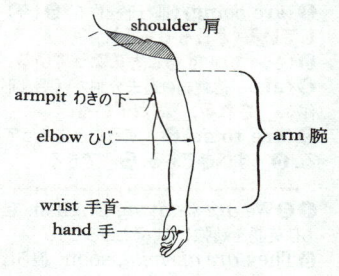

shoulder 肩
armpit わきの下
elbow ひじ
wrist 手首
hand 手
arm 腕

arm ❶

❷ 腕の形をしたもの; (衣服の) 袖(そで); (木の) 大枝; (いすの) ひじ掛け.
❸ (枝分かれした) 部門.
❹ 《複数形で》武器 (☞ arms).

──────────────────────
❶ She held her baby in her *arms*. 彼女は両腕で赤ん坊を抱いた.

abcdefghijklmnopqrstuvwxyz **around**

語の結びつき

cross [fold] one's *arms* 腕を組む
fold [take] ... in one's *arms* (…)を抱きしめる
stretch (out) one's *arms* 腕を伸ばす
throw one's *arms* around ... (人)に抱きつく
wave one's *arms* (around) 腕を振り動かす

arm in arm (ふたりが)**腕を組んで**.
keep ... at arm's length (人)を近づけない.
under one's ***arm*** わきの下に(かかえて).
with one's ***arms folded*** 腕組みをして.
with open arms (人を迎えるときなど)両手を広げて, 心から.

*__arm__² /ɑ́ːrm アーム/ 動 (~s /-z/; ~ed /-d/; ~ing) 他 …を**武装させる** (反 disarm).
— 自 武装する.
▶ 他 *arm* the police 警官を武装させる / The crowd *armed themselves with* iron bars. 群集は鉄棒で武装した.

ar·ma·ments /ɑ́ːrməmənts アーマメンツ/ 名複 軍備, 軍事力.

arm·band /ɑ́ːrmbænd アームバンド/ 名 C 腕章.

arm·chair /ɑ́ːrmtʃèər アームチェア/ 名 C ひじかけいす (☞living room のさし絵).

armed /ɑ́ːrmd アームド/ 形 武装した.

ármed fórces 名複《the をつけて》軍隊 (陸軍・海軍・空軍をふくむ).

arm·ful /ɑ́ːrmfùl アームフル/ 名 (複 ~s /-z/) C 両[片]腕いっぱい, ひとかかえ.
▶an *armful* of books ひとかかえの本.

ar·mi·stice /ɑ́ːrməstis アーミスティス/ 名 C 休戦; 休戦条約.

ar·mor /ɑ́ːrmər アーマ/ 名 U よろいかぶと.

ar·mored /ɑ́ːrmərd アーマド/ 形 防備用の鋼板をつけた.
▶an *armored* car 装甲車.

ar·mor·y /ɑ́ːrməri アーマリ/ 名 (複 ar·mor·ies /-z/) C 兵器庫.

ar·mour /ɑ́ːrmər アーマ/ 名《英》= armor.

ar·moured /ɑ́ːrmərd アーマド/ 形《英》= armored.

ar·mour·y /ɑ́ːrməri アーマリ/ 名《英》= armory.

arm·pit /ɑ́ːrmpìt アームピット/ 名 C わきの下 (☞arm¹ のさし絵).

*__arms__ /ɑ́ːrmz アームズ/ 名複
❶ **武器**, 兵器.
❷ 紋章.
▶❶ take up *arms* 武器を取って立ち上がる / the *arms* race (国家間の)軍備拡張競争.
bear arms 武器を持つ, 武装する.
To arms! 戦闘準備!
☞動 arm².

*__ar·my__ /ɑ́ːrmi アーミ/ 名 (複 ar·mies /-z/) C
❶《ふつう the をつけて; 集合的に》**陸軍**《↔navy, air force》.
❷ 軍隊, 兵力, 軍勢.
❸ 多数, 大群.

❶ join *the army* 陸軍に入隊する.
❷ a powerful *army* 強力な軍隊.
❸ an *army* of ants アリの大群.

Ar·nold /ɑ́ːrnəld アーノルド/ 名 アーノルド《男性の名》.

a·ro·ma /əróumə アロウマ/ 名 U よいかおり, 芳香.

a·ro·ma·ther·a·py /əròuməθérəpi アロウマセラピ/ 名 U 芳香治療, アロマセラピー.

ar·o·mat·ic /ærəmǽtik アロマティック/ 形 かおりのよい.

*__a·rose__ /əróuz アロウズ/ 動 arise の過去形.

**a·round 副 /əráund アラウンド/
《副 前 ともに《米》では around が,《英》では round が一般に用いられる》
❶ **周囲に**, まわりに.
❷ **(…の)まわりをまわって**, ぐるりと.
❸ あちこちに[を].
❹ 近くに[で], このへんに[で].
— 前 /əráund アラウンド/
❶ …**のまわりに[の]**.
❷ …を曲がって, …を曲がった所に[の].
❸ …のまわりをまわって.
❹ …のあちこちに.
❺ …のあたりに[を].
❻《米口語》およそ…, 約….

fifty-seven 57

around-the-clock

副 ❶There stood an oak tree in the square, and a crowd gathered *around*. 広場にオークの木が立っていて群衆がまわりに集まった.
❷He walked *around* and *around* in the room. 彼は部屋をぐるぐる歩き回った.
❸I walked *around* looking for my dog. 私は犬を見つけにあちこち歩き回った.
❹I'll wait *around* for a while. しばらくこのへんで待っています.

── 前 ❶Children were seated *around* the fire. 子どもたちは火を囲んで座っていた.
❷He followed her *around* the corner. 彼はかどを曲がって彼女の後について行った.

around ❶　　around ❷

❸The girls walked *around* the pond. 女の子たちは池のまわりをぐるっと歩いて回った.
❹He leaves his books (all) *around* the room. 彼は自分の本を部屋中に置きっぱなしにしている.
❺There are few houses *around* here. この辺には家はほとんどない.
❻I came home (at) *around* ten o'clock. 私は10時ごろ帰宅した.

a·round-the-clock /əráund-ðə-klák アラウンド・ザ・クラック/ 形 24時間ぶっ通しの, 休みなしの (**○**round-the-clockともいう).

a·rouse /əráuz アラウズ/ (★発音注意) 動 (現分 a·rous·ing) 他 (気持ちなど)をかきたてる. ▶Her attitude *aroused* my suspicion. 彼女の態度が私の疑いの気持ちを起こさせた.

*ar·range /əréindʒ アレインヂ/ 動
(ar·rang·es /-iz/; ar·ranged /-d/; ar·rang·ing) 他 ❶ …を整える, きちんと並べる.
❷ⓐ …の手はずを整える, 準備する.
ⓑ《arrange that ___》…ということに手はずを整える.
── 自 手はずを整える, 準備をする, 手配する.

● ❶She *arranged* her hair. 彼女はきちんと髪を整えた / *arrange* flowers 花を活(い)ける.
❷ⓐ *arrange* a meeting for Saturday afternoon 土曜日の午後に会合を開くことにする / The travel agent *arranged* everything for my trip. 旅行業者が私の旅行の手はずをすべてしてくれた.
ⓑ We have *arranged that* we (should) meet at the theater tomorrow. われわれはあす劇場で会うことにした.

── 自 I have *arranged to* meet him at noon. 私は正午に彼と会うことにしてある / We *arranged for* an early start. われわれは早く出発するように準備した / I *arranged for* my son *to* drive her home. 私は息子が彼女を家まで車で送るように手配した.

☞ 名 arrangement.

*ar·range·ment /əréindʒmənt アレインヂメント/ 名 (複 ~s /-ts/)
❶ⓐ Ⓤ **整理**, 整頓(とん); 配列, 配置.
ⓑ Ⓒ 配列[配置]したもの.
❷ Ⓒ **取り決め**, 協定.
❸ Ⓒ 《複数形で》**手はず**, 準備, 手配.
❹ Ⓒ 編曲, 脚色.

❶ⓐ the *arrangement* of the furniture in this room この部屋の家具の配置.
❷ come to [arrive at] an *arrangement* 話し合いがつく.
❸ We made *arrangements* for the school festival. 私たちは学園祭の準備をした.

☞ 動 arrange.

ar·ray /əréi アレイ/ 名 Ⓒ ずらりと並んだもの, (人やものの)勢ぞろい.
an array of ... ずらりと並んだ….

*ar·rest /ərést アレスト/ 動 (~s /-ts/; ~ed /-id/; ~ing) 他 ❶(人)を**逮捕する**;

58　　　　　　　　　　　　　　　　fifty-eight

❷《文語》…を止める.
— 名(複 ~s /-ts/) UC **逮捕**.

動 他 ❶ The policeman *arrested* him for drunk driving. 警官は彼を酔っぱらい運転で逮捕した.
— 名 make an *arrest* 逮捕する.
be under arrest 逮捕されている.
put ... under arrest …を逮捕する.

*ar·ri·val /əráivəl アライヴァル/ 名(複 ~s /-z/)
❶ U **到着** (反 departure).
❷ C 到着した人[もの], 手に入った物.

❶ We waited for her *arrival*. 私たちは彼女の到着を待った.
❷ These books are all new *arrivals*. この本はみんな新着書だ.
on (one's) arrival 着くとすぐ: *On my arrival* at the station, I called him up. 駅に着くとすぐ私は彼に電話をかけた.
☞ 動 arrive.

**ar·rive /əráiv アライヴ/ 動 (~s /-z/; ar·rived /-d/; ar·riv·ing) 自
❶ **着く**, 到着する (反 depart).
❷ (時が) **来る**; (予想していたことが)起きる.
❸《*arrive at* ...》(結論・目標・年齢など) **に達する**.
❹ (赤ん坊が) 生まれる.
❺《口語》成功する, 名声を得る.

❶ They *arrived at* the village. 彼らはその村に着いた / In the middle of a snowstorm, they at last *arrived in* our village. ふぶきの最中に彼らはやっとわが村にたどりついた / The train *arrived at* Tokyo Station at nine. 列車は9時に東京駅に着いた.

語法 到着する場所が小さな地点と考えられるときは at, 広い地域と考えられるときは in が用いられる. しかし一時的に立寄る場合は大都会でも at, 自分の住んでいる所なら小さな村でも in である.

❷ The day has *arrived* at last. とうとうその日がきた.
❸ *arrive at* a decision 結論に達する.
☞ 名 arrival.

ar·ro·gance /ǽrəgəns アロガンス/ 名 U 横柄(おうへい), 傲慢(ごうまん).
ar·ro·gant /ǽrəgənt アロガント/ 形 横柄(おうへい)な, 傲慢(ごうまん)な.

*ar·row /ǽrou アロウ/ 名(複 ~s /-z/) C
❶ 矢.
❷ 矢印(→ などの記号).

ar·se·nal /á:rsənl アーセヌル/ 名 C ⓐ 多量の兵器. ⓑ 兵器庫.
ar·se·nic /á:rsənik アーセニック/ 名 U【化学】ヒ素.
ar·son /á:rsn アースン/ 名 U 放火(罪).

****art** /á:rt アート/ 名 (複 ~s /-ts/)
❶ⓐ **芸術**, 美術 (○ 絵画・彫刻・建築など; ☞ fine arts).
ⓑ《集合的に》芸術作品.
ⓒ《*the arts* で》(絵画・音楽・映画・舞踊など広く)**芸術**.
❷ C **技術**, こつ.
❸ U 人工, 技巧.
❹《複数形で》(大学の)人文科学《文学・歴史・言語など》.
❺《形容詞的に》芸術の, 美術の.

❶ⓐ works of *art* 美術品 / an *art* exhibition 美術展覧会.
❷ the *art* of making money 金もうけのこつ / the *art* of singing 歌い方 / martial *arts* 武術.
❸ the harmony between nature and *art* 自然と人工の調和.
❺ an *art* school 美術学校.
☞ 形 artistic, artificial, artful.

ar·ter·y /á:rtəri アーテリ/ 名(複 ar·ter·ies /-z/) C 動脈 (○「静脈」は vein).
art·ful /á:rtfəl アートフル/ 形 巧妙な.
☞ 名 art.
ar·thri·tis /a:rθráitis アースライティス/ 名 U【医学】関節炎.
Ar·thur /á:rθər アーサ/ 名 ❶ アーサー《男性の名》. ❷《*King Arthur* で》アーサー王《英国の伝説的な王》.
ar·ti·choke /á:rtətʃòuk アーティチョウク/ 名 C【植物】アーティチョーク《頭のような形の花を食用にする》.

*ar·ti·cle /á:rtikl アーティクル/ 名(複 ~s /-z/) C ❶ (新聞・雑誌などの) **記事**, 論説.
❷ (セットになっている) **品物(のひとつ)**, 物品.

articulate

❸〔文法〕冠詞《a, an, the》.
❹(法律・条約の)条項.

❶an *article* on space travel 宇宙旅行に関する記事.
❷domestic *articles* 家庭用品 / an *article* of clothing 衣類1品 / two *articles* of furniture 家具2個.
❹*Article* 9 of the Constitution of Japan 日本国憲法第9条.

ar·tic·u·late /ɑːrtíkjulət アーティキュレト/ 形 (人が)はっきりものを言う (反 inarticulate).
— 動 /ɑːrtíkjulèit アーティキュレイト/《★形容詞との発音の違いに注意》(現分 -lat·ing) 他 (考えなど)をはっきり表現する.
— 自 はっきりものを言う.

ar·tic·u·la·tion /ɑːrtìkjuléiʃən アーティキュレイション/ 名 U はっきりものを言うこと.

ar·ti·fact /ɑːrtifækt アーティファクト/ 名 C (古代人の作った)物, 工芸品.

*__ar·ti·fi·cial__ /ɑːrtifíʃəl アーティフィシャル/ 形 (more ~; most ~)
❶人造の, 人工の (反 natural) (☞ man-made).
❷不自然な, わざとらしい.
▶❶*artificial* flowers 造花.
❷an *artificial* smile 作り笑い.
☞ 名art ❸.

artifícial intélligence 名 U 人工知能 (◎ AI と略す).

ar·ti·fi·cial·ly /ɑːrtifíʃəli アーティフィシャリ/ 副 ❶人が手を加えて, 人工的に.
❷不自然に, わざとらしく.

artifícial respirátion 名 U 人工呼吸.

ar·til·ler·y /ɑːrtíləri アーティラリ/ 名 U《集合的に》大砲.

ar·ti·san /ɑːrtəzn アーティズン | àːtizǽn/ 名 C 職人.

*__ar·tist__ /ɑːrtist アーティスト/ 名 (複 ~s /-ts/) C
❶画家 (painter). ❷(画家・音楽家・作家・歌手などの)芸術家.

*__ar·tis·tic__ /ɑːrtístik アーティスティック/ 形 (more ~; most ~) ❶芸術的な, 芸術の才能のある (反 inartistic).
❷芸術の, 美術の.

☞ 名art ❶.

ar·tis·ti·cal·ly /ɑːrtístikəli アーティスティカリ/ 副 芸術的に.

ar·tist·ry /ɑːrtistri アーティストリ/ 名 U 芸術的手腕.

art·less /ɑːrtləs アートレス/ 形 飾りけのない, 誠実な, 素朴(そぼく)な.

⁂as /(弱) əz アズ; (強) ǽz アズ/
接 ❶ **…(する)ように**, …のとおりに.
❷ **…するとき**, …しながら.
❸ **…するにつれて**.
❹…だから, …なので.
❺《as ... as ~》〜と同じくらいに….
❻《文語》…だけれども.
— 前 ❶…として.
❷…のときに.
❸《such as ...》(たとえば)…のような.
— 代《関係代名詞》《such ... as ~ または the same ... as または as ... as ~》〜のような….

接 ❶Do *as* I say. 私の言うとおりにしなさい / You can do *as* you like. 好きなようにしていいですよ
❷Mother often sings *as* she prepares dinner. 母は夕食を準備しながらよく歌を歌う.
❸*As* we go up, the air becomes colder. 上にのぼるにつれて空気は冷たくなる.
❹*As* you object, I won't go. あなたが反対するのだから, 私は行きません.
❺She is *as* tall *as* he. 彼女は彼と同じくらいの背の高さである.
❻Young *as* he is, he is an able man. 彼は若いが有能な人です.
— 前 ❶He is known *as* a great musician. 彼は偉大なミュージシャンとして知られている / work *as* an interpreter 通訳として働く(通訳をする).
❷*As* a boy, he often went skating in winter. 子どものころ, 彼は冬よくスケートに行った.
❸Some animals, *such as* foxes and squirrels, live in those woods. キツネやリスのような動物がその森に住んでいる.
— 代 Read *such* books *as* interest you. おもしろいと思う(ような)本を読みな

as ... as any だれ[どれ]にもおとらず…: He is *as* hardworking *as any* in the village. 彼は村のだれにも劣らずよく働く.

as for ... 《文頭で》…はどうかといえば: Well, *as for* him, he won't object. ところで,彼のことだが,彼は反対しないでしょう.

as if [though] __ ①まるで__であるかのように: He talks [talked] *as if* [*though*] he knew everything about it. 彼はそれについて何でも知っているような口ぶりだ[だった] / She looks *as if* [*though*] nothing had happened. 彼女はまるで何事も起こらなかったような顔つきをしている.

語法 as if [though] に続く節では,主節の動詞と同じ時のことを表わす場合は過去形(be 動詞は主語に関係なくwere; ただし《口語》では主語に合わせてwasになることもある)が用いられ,主節の動詞より前の時を表わす場合などには過去完了形が用いられる.主節の動詞が現在時制であれば, as if [though] の節の動詞も《口語》では現在時制にすることがある.

②《as if to do》まるで__する(ためである)かのように: He opened his mouth *as if to* speak. 彼はものを言おうとしているかのように口を開けた.

as it is [was] 《文頭で》しかし実際は: I thought he would get better. *As it is*, he is getting worse. 彼の病状はよくなると思ったが,しかし実際は悪化している.

as it is [was], as they are [were] あるがままに[の],そのままに[の]: Leave the chair *as it is*. そのいすはそのままにしておきなさい / He left the fallen leaves *as they were*. 彼は落ち葉をそのままにしておいた / Japan *as it is* 今の[現状のままの]日本.

as it were いわば: He is, *as it were*, the founder of our school. 彼はいわばわが校の創立者だ.

as of ... (なん月なん日)現在で[の]: *as of* April 1, 2009 2009年4月1日現在で.

as to ... ①…について: He didn't say anything *as to* where he would go. どこへ行くかについては彼は何も言わなかった. ② = as for ...

as usual いつもの通り.

It isn't as if [though] ... …というのではあるまいし: *It isn't as if* you were poor. 君は金に困っているわけではあるまいし.

It seems [looks] as if [though] __ まるで__のようだ: *It looks as if* [*though*] it is going to rain. 雨が降りそうだ.

a. s. a. p., asap, ASAP /éièsèipí: エイエスエイピー/《略語》*as soon as possible* できるだけ早く.

as·bes·tos /æsbéstəs アスベストス/ 名U 〖鉱物〗石綿(せきめん),アスベスト.

as·cend /əsénd アセンド/ 動 @《文語》登る(反 descend).
— 他《文語》…を登る.
☞ 名 ascent.

as·cent /əsént アセント/ 名 ❶ C 登ること,上昇(反 descent). ❷ C 坂道. ❸ U 昇進.
☞ 動 ascend.

as·cer·tain /æsərtéin アサテイン/ (★アクセント注意)動 他《文語》…を確かめる.

as·cribe /əskráib アスクライブ/ 動(現分 as·crib·ing)他《ascribe ... to ~》《文語》❶…を~のせいと考える. ❷…を~のもの[作]とする.
▶ ❶ She *ascribed* her failure *to* poor health. 彼女は自分の失敗を健康がすぐれなかったためだと考えた.

ASEAN /æsiən アスィアン/ 名 アセアン,東南アジア諸国連合(⇨Association of Southeast Asian Nations の短縮形).

a·sex·u·al /éisékʃuəl エイセクシュアル/ 形 ❶ 〖生物〗性別のない,無性の.
❷ 性とは関係のない.

*__**ash**__1__ /æʃ アッシュ/ 名(複 ~es /-iz/)
❶ U 灰. ❷《複数形で》燃えがら; (火事の)灰. ❸《複数形で》遺骨(☞bone ❸).
▶ ❶ volcanic *ash* 火山灰.
❷ The shrine burned to *ashes*. その神社は焼けて灰になった(全焼した).
☞ 形 ashen.

ash2 /æʃ アッシュ/ 名(複 ~es /-iz/)〖植

ashamed

a·shamed /əʃéimd アシェイムド/ 形 (more ~; most ~) ❶《be ashamed of ...》…を**恥ずかしいと思っている**, 恥じている (反 proud) (☞ shy).
❺《be ashamed that __》__を恥ずかしいと思っている.
❻《be ashamed to do》恥ずかしくて__したくない[できない].

❷ You should *be ashamed of* yourself. 君は自分のことを恥ずかしいと思うべきだ / He *was ashamed of* his rudeness. 彼は彼の失礼を恥ずかしく思った.
❺ I *am ashamed that* I have made such a mistake. そんなまちがいをしたのが恥ずかしい.
❻ She *was ashamed to* tell her father that she had lied. 彼女はうそをついたことを恥ずかしくて父に言えなかった.

ash·en /ǽʃən アシェン/ 形 (顔色などが)灰色の, 青ざめた.
☞ 名 ash¹.

a·shore /əʃɔ́ːr アショー/ 副 浜に[へ], 岸に[へ]. ▶We came *ashore* from the ferry. 私たちはフェリーから岸に上がった / The ship was driven *ashore* by bad weather. その船は悪天候で浜に乗り上げた.
☞ 名 shore.

ash·tray /ǽʃtrèi アシュトレイ/ 名 C 灰ざら.

A·sia /éiʒə エイジャ | éiʃə/ 《★発音注意》名 **アジア**.
☞ 形 Asian.

A·sian /éiʒən エイジャン | -ʃən/ 《★発音注意》形 ❶ アジアの. ❷ アジア人の.
☞ 名 Asia.
— 名 (複 ~s /-z/) C アジア人.

Asian-American /éiʒən-əmérikən エイジャン・アメリカン/ 名 C 形 アジア系アメリカ人(の).

a·side /əsáid アサイド/ 副 ❶ わきへ[に]. ❷ (ある目的のために)**別にして**.

副 ❶ Move the chair *aside*. いすをわ

きにやりなさい / step *aside* わきへ寄る.
aside from ... 《米》① …を除いては: *Aside from* a small dent, my car is all right. 小さいへこみ以外には, 私の車は大丈夫だ. ② 《米》 …のほかに, に加えて.

put [set] aside (ある目的のために)…をとっておく: *put* some money *aside* for a vacation 休暇のためにお金を別にとっておく.

ask /ǽsk アスク | áːsk/ 動 (~s /-s/; ~ed /-t/; ~ing) 他 ❶ ❷ (質問)を**する**.
❺ …に**たずねる**, とたずねる, 質問する (反 answer).
❻《ask ... ~》…に~(質問)をする.
❼《ask (...) wh-(疑問詞) __》(…)に__かたずねる.
❷ ❷ …を**頼む**, 要求する.
❺《ask to do》__させてくれるように頼む.
❻《ask ... to do》…に__するように頼む.
❼《ask that __》__と頼む.
❸ ❷ …を請求する.
❺《ask ... ~》…に~を請求する.
❹ …を招待する.
— 自 ❶ **たずねる**, 質問する.
❷ 要求する.

他 ❶ ❷ He *asked* a lot of questions about it. 彼はそれについてたくさん質問をした / "What time is it?" she *asked*. 「何時ですか」と彼女が聞いた.
❺ I *asked* Mary about her work. 私はメアリーに彼女の仕事についてたずねた.
❻ Tom *asked* me very difficult questions. トムは私にとても難しい質問をした.
❼ She *asked where* I lived. 彼女は私がどこに住んでいるかとたずねた / I *asked* him *whether* [*if*] he knew her phone number. 私は彼に彼女の電話番号を知っているかどうかたずねた / Let's *ask whether* [*if*] it is true. それが本当かどうかきいてみよう / She *asked* me *what to do* [*what she*

should do]. 彼女は私に何をしたらよいかたずねた /

❷ⓐHe *asked* my advice. 彼は私の助言を求めた / May I *ask* a favor *of* you? = May I *ask* you a favor? お願いがあるのですが.

ⓑI *asked* to see the pictures. 私はその写真を見せてもらいたいと頼んだ.

ⓒI *asked* them to leave the room. 私は彼らに部屋を出るように頼んだ.

ⓓI *asked that* he (should) come at once. 私は彼にすぐ来るように頼んだ.

類語 **ask** は「(人に)頼む」; **beg** は「…をめぐんでくださいと頼む」; **request** は「(あらたまってていねいに)…を頼む」.

❸ⓐ*ask* a high price 高い金額を請求する. ⓑHe *asked* me $10 for it. 彼はその代金として私に10ドル請求した.

❹She *asked* three guests for dinner. 彼女はディナーに3人の客を招待した.

— 圁 ❶*Ask* at the information desk. 案内所でたずねなさい / She *asked* about my school. 彼女は私の学校についてたずねた.

ask after ... (人の健康・安否など)を**たずねる**: I *asked after* him [his health]. 私は彼が元気かどうかたずねた.

ask for ... ①…をくれと頼む: *ask for* a cigarette たばこを1本くれという.

②…に面会を求める: *ask for* Mr. Smith スミス氏に面会を求める.

ask ... for ~ …に~をくれと頼む: I *asked* my father *for* some money. 私は父に金をくれとせがんだ.

ask ... out …をデートに誘う.

ask·ing /ǽskiŋ アスキング/ 图Ⓤたずねること, 頼むこと, 求めること.

a·sleep /əslíːp アスリープ/ 形**眠って(いる)** (反 awake). ▶The baby is fast *asleep*. 赤ちゃんはぐっすり寝ている / fall *asleep* 寝入る.

☞ 動sleep.

as·par·a·gus /əspǽrəgəs アスパラガス/ 图(複 ~) Ⓤ Ⓒ 〖植物〗アスパラガス.

as·pect /ǽspekt アスペクト/ (★アクセント注意) 图(複 ~s /-ts/) Ⓒ (ものごとの)面, 局面, 状況.

He considered all the *aspects* of the problem. = He considered the problem in all its *aspects*. 彼はその問題のあらゆる面を[その問題をあらゆる面から]考えた / political *aspects* of the problem その問題の政治的な面.

as·phalt /ǽsfɔːlt アスファールト ǀ -fælt/ 图Ⓤアスファルト.

as·pi·ra·tion /ǽspəréiʃən アスピレイション/ 图Ⓤ Ⓒ強い願望, 野心.

▶He has no *aspiration* for fame. 彼は名声を得たいという野心がない.

☞ 動aspire.

as·pire /əspáiər アスパイア/ 動 (現分 as·pir·ing /əspáiəriŋ/) 圁《文語》

ⓐ〔…を〕熱望する〔*to*〕.

ⓑ《*aspire to do*》__したいと熱望する.

▶ⓑ*aspire to become* a statesman 政治家になりたいと熱望する.

☞ 图aspiration.

as·pi·rin /ǽspərin アスピリン/ 图Ⓤ Ⓒ 〖薬学〗アスピリン.

ass¹ /ǽs アス/ 图(複 ~·es /-iz/) Ⓒ
❶ロバ (○donkey のほうがふつうに用いられる). ❷ばか者.

ass² /ǽs アス/ 图(複 ~·es /-iz/)《米俗語》Ⓒけつ.

as·sail /əséil アセイル/ 動他《文語》…を攻撃する.

as·sail·ant /əséilənt アセイラント/ 图Ⓒ《文語》攻撃者.

as·sas·sin /əsǽsn アサスン/ 图Ⓒ暗殺者.

as·sas·si·nate /əsǽsəneit アサスィネイト/ 動 (現分 -nat·ing) 他(人)を暗殺する.

as·sas·si·na·tion /əsǽsənéiʃən アサスィネイション/ 图Ⓤ Ⓒ暗殺.

as·sault /əsɔːlt アソールト/ 图(複 ~s /-ts/) Ⓤ Ⓒ襲撃, 攻撃. — 動他…を襲う.

as·sem·ble /əsémbl アセンブル/ 動 (~s /-z/; ~d /-d/; as·sem·bling) 他 ❶(ある目的のために)(人・物など)を**集める**.
❷(機械・家具など)を組み立てる.
— 圁(会合などのために)**集まる**, 集合する.

他 ❶*assemble* a team for a project プロジェクトのためにチームをつくる.
❷*assemble* a bookshelf 本棚を組み立てる.

☞ 图assembly.

assembly

*as·sem·bly /əsémbli アセンブリ/ 名(複 as·sem·blies /-z/) ❶ⓊⒸ ⓐ **集会**, 会合.
ⓑ (学校の)全校集会.
❷Ⓒ **議会**, 会議.
❸Ⓤ (部品の)組み立て.
▶❶ⓐ hold an *assembly* 集会をもつ.
ⓑ morning *assembly* (学校の)朝礼.
❷ the city *assembly* 市議会 / the General *Assembly* of the United Nations 国連総会.
☞ 動 assemble.

as·sém·bly lìne 名Ⓒ (組み立て)生産ライン.

as·sem·bly·man /əsémblimən アセンブリマン/ 名(複 -bly·men /-mən/)Ⓒ《米》(男性の)州議会議員.

as·sem·bly·wom·an /əsémbliwùmən アセンブリウマン/ 名(複)Ⓒ《米》(女性の)州議会議員.

as·sent /əsént アセント/ 名Ⓤ《文語》同意, 賛成.
— 動 ⾃《文語》同意する, 賛成する(反 dissent).

*as·sert /əsə́ːrt アサート/ 動(~s /-ts/; ~ed /-id/; ~·ing)⽥ ❶ⓐ …を**断言する**, 強く主張する.
ⓑ《assert that ＿》＿と断言する, 強く主張する.
❷(権利・要求など)を主張する, 言い張る.

▶❶ⓐ We *asserted* his innocence. われわれは彼の無罪を主張した.
ⓑ He *asserted that* he was not guilty. 彼は自分は無罪であると断言した.
assert oneself はっきり自己を主張する: He never *asserts himself*. 彼は決してはっきり自己主張をしない.
☞ 名 assertion, 形 assertive.

as·ser·tion /əsə́ːrʃən アサーション/ 名ⓊⒸ 断言, 強い主張.▶ make an *assertion* 主張する. ☞ 動 assert.

as·ser·tive /əsə́ːrtiv アサーティヴ/ 形 はっきりものを言う, 断定的な.
☞ 動 assert.

as·sess /əsés アセス/ 動(~es /-iz/; ~ed /-t/; ~·ing)⽥ …を評価する, 査定する.

as·sess·ment /əsésmənt アセスメント/ 名(複 ~s /-ts/)ⓊⒸ 評価, 査定.▶ (an) environmental *assessment* 環境アセスメント (環境にどう影響するかの評価).

as·set /ǽset アセット/ 名Ⓒ ❶(人や企業の)財産, 資産. ❷大事なもの[人].

*as·sign /əsáin アサイン/ (★ g は発音されない)動(~s /-z/; ~ed /-d/; ~·ing)⽥ ❶ⓐ …を**割り当てる**.
ⓑ《assign ... ~》…に~を**割り当てる**.
❷ (人)を任命する, 割り当てる.

▶❶ⓐ *assign* homework 宿題を出す.
ⓑ He *assigned* me a hard job＝He *assigned* a hard job *to* me. 彼は私につらい仕事を割り当てた.
❷ A new principal was *assigned to* the school. 新しい校長がその学校に任命された.
☞ 名 assignment.

*as·sign·ment /əsáinmənt アサインメント/ 名(複 ~s /-ts/)ⓊⒸ (仕事などの)**割り当て**, 宿題(☞ homework).
on assignment 任務についていて.
☞ 動 assign.

as·sim·i·late /əsíməlèit アスィミレイト/ 動(分詞 -lat·ing)⽥
❶ …を同化する.
❷ (知識)を吸収する, 自分のものにする.
— ⾃ 同化する.
▶⽥ ❶ *assimilate* immigrants 移民を同化する.

as·sim·i·la·tion /əsìməléiʃən アスィミレイション/ 名Ⓤ ⓐ 同化. ⓑ 知識(など)の吸収.

*as·sist /əsíst アスィスト/ 動(~s /-ts/; ~ed /-id/; ~·ing)⽥《文語》(人)を**手伝う**, 手助けする, 助ける.
— ⾃ 手伝う, 手助けする.
▶⽥ The boy *assisted* his father *in washing* the car. 少年は父が車を洗うのを手伝った.
☞ 名 assistance.

*as·sist·ance /əsístəns アスィスタンス/ 名Ⓤ **手伝い**, 手助け, 援助.
▶ She came to my *assistance*. 彼女は私を助けに来てくれた.
be of assistance 助けになる, 役に立つ: He *is of* no *assistance* to me. 彼は私の助けにならない.
☞ 動 assist.

*as·sist·ant /əsístənt アスィスタント/ 名(複 ~s /-ts/)Ⓒ ❶ **助手**, アシスタント.
❷《英》店員(◎ shop assistant ともいう;

《米》では(sales)clerk》.
— 形補助の, 助手の.
assistant proféssor 名C《米》助教授《☞associate professor》.

*__as·so·ci·ate__ /əsóuʃièit アソウシエイト/ 動(~s /-ts/; -at·ed /-id/; -at·ing) 他
❶《associate ... with ~》…を~と結びつけて考える, 連想する.
❷《be associated with ...》…と関係がある, …にかかわっている.
— 自〔…と〕つきあう, 共同でやる〔with〕.
— 名 /əsóuʃiət アソウシエット/ 《★動詞との発音の違いに注意》C ❶(仕事の)仲間, 同僚, 共同経営者. ❷(会の)準会員.
— 形 /əsóuʃiət アソウシエット/ 《★動詞との発音の違いに注意》準….

動他 ❶ We *associate* turkeys *with* Thanksgiving. われわれは七面鳥をみる[という]と感謝祭を連想する.
❷ She *is associated with* the Greens. 彼女は緑の党に加わっている.
— 自 Don't *associate with* him. 彼とはつきあってはいけません.
***associate oneself with* ...** …を支持する.
☞名assumption.

associate proféssor 名C《米》准教授《professor と assistant professor の間; ✿日本の「准教授」は「教授」と「(専任)講師」の間の地位をいう》.

*__as·so·ci·a·tion__ /əsòusiéiʃən アソウスィエイション/ 名(複 ~s /-z/)
❶ C 協会, 団体, 会《✿共通の利害・仕事・目的などをもった人々の会》.
❷ U つながり, 交際; 連携, 提携.
❸ UC 連想.

❶ the *Association* of English Teachers 英語教育研究会[学会].
❷ We have been in close *association*. 私たちはずっと親しいつき合いをしている.
***in association with* ...** …と連携して, 協力して.
☞動associate.

as·sort·ed /əsɔ́rtid アソーティド/ 形各種取りそろえた. ▶*assorted* fruits 詰め合わせの果物.

as·sort·ment /əsɔ́rtmənt アソートメント/ 名C(各種の)詰め[取り]合わせ.

*__as·sume__ /əsúːm アスーム | əsjúːm/ 動(~s /-z/; ~d /-d/; as·sum·ing) 他
❶ ⓐ (根拠はないが)…を正しいと思う, 信じる.
ⓑ 《assume ... to be ~》(根拠はないが)…は~だと思う, 信じる.
ⓒ 《assume that __》(根拠はないが)__と思う, 信じる.
❷ (責任・役目など)を引き受ける, (地位などに)就(つ)く.
❸ …のふりをする; (様子など)を見せる.

❶ ⓐ I *assume* his innocence. 私は彼が無罪であると思っている.
ⓑ I *assume* it *to be* true. 私はそれは本当だと思う. ⓒ We *assumed* that she was Japanese. 私たちは彼女は日本人だと思った.
❷ Barak Obama *assumed* the Presidency in 2009. バラク・オバマは2009年に大統領に就任した.
❸ *assume* an air of ignorance 知らないふりをする.
☞名assumption.

as·sumed /əsúːmd アスームド/ 形にせの, いつわりの.

*__as·sump·tion__ /əsʌ́mpʃən アサンプション/ 名(複 ~s /-z/)
❶ C 仮定, 想定.
❷ U (責任など)を引き受けること.
***on the assumption that* __** __という想定のもとに.
☞動assume.

as·sur·ance /əʃúərəns アシュ(ア)ランス/ 名
❶ C 保証, 確約. ❷ U 確信, 自信.
▶ ❶ He gave us no *assurance* that he would help us. 彼はわれわれを助けると確約しなかった.
❷ with *assurance* 確信をもって.
☞動assure.

*__as·sure__ /əʃúər アシュア/ 動(~s /-z/; as·sured /-d/; as·sur·ing /əʃúəriŋ/) 他
❶ ⓐ 《assure ... of ~》(人)に~を保証する, 確約する.
ⓑ 《assure ... that __》(人)に__ということを保証する, 確約する.
❷ …を確実にする.

assured

❶ⓐI *assure* you *of* its quality. (あなたに)その品質を保証します.
ⓑI can *assure* you *that* he is a reliable man. 彼が信頼できる人物であることは保証できる / I could not *assure* him *that* everything would go well. 私は万事うまくいくと彼に確約することができなかった.
❷His help *assured* our success. 彼の援助がわれわれの成功を確実にした.
☞ 名assurance.

as·sured /əʃúərd アシュアド/ 形 ❶確信して(いる), 自信のある.
❷確かな, 保証された.
▶❶You can be *assured that* he will recover soon. 彼はじきに回復すると確信してよいですよ / an *assured* manner 自信のある態度.

as·sur·ed·ly /əʃúəridli アシュ(ア)リドリ/ (★発音注意)副確かに, 確実に.

as·ter·isk /æstərìsk アステリスク/ 名C 星印(*). (☞star ❸).

as·ter·oid /æstərɔ̀id アステロイド/ 名C 〖天文〗小惑星.

asth·ma /ǽzmə アズマ | ǽs-/ (★th は発音されない)名U 〖医学〗ぜんそく.

asth·mat·ic /æzmǽtik アズマティック | æs-/ 形ぜんそくの.
— 名C ぜんそく患者.

*as·ton·ish /əstániʃ アスタニシュ/ 動 (~·es /-iz/; ~ed /-t/; ~·ing) 他…を**びっくりさせる**, ひどく驚かす (◐*surprise* よりも意味が強い; ☞ *astonished*). ▶The earthquake *astonished* me. 地震でびっくりした.
☞ 名astonishment.

as·ton·ished /əstániʃt アスタニシュト/ 形ⓐ《be astonished at [by] …》…にひどく驚く, びっくりする.
ⓑ《be astonished to *do*》_してひどく驚く.
ⓒ《be astonished that _》_にひどく驚く.
ⓓひどく驚いた, びっくりした.
▶ⓐI *was astonished at* [*by*] the news. 私はその知らせにひどく驚いた.
ⓑShe *was astonished to* find him unconscious. 彼女は彼が意識を失っているのを知ってびっくりした. ⓒHe *was astonished that* you had failed. 彼は君が失敗してとても驚いていた.

as·ton·ish·ing /əstániʃiŋ アスタニシング/ 形びっくりするような. ▶an *astonishing* fact びっくりするような事実.

as·ton·ish·ing·ly /əstániʃiŋli アスタニシングリ/ 副びっくりするほど, 驚くほど.

*as·ton·ish·ment /əstániʃmənt アスタニシュメント/ 名U (ひどい)**驚き**, びっくり.
in astonishment びっくりして.
to …'s astonishment …が驚いたことには: *To* our *astonishment* it was already midnight. (私たちの)驚いたことに, もう真夜中だった.
☞ 動astonish.

as·tound /əstáund アスタウンド/ 動他…をびっくり仰天(ぎょうてん)させる (◐*astonish* よりも意味が強い).

a·stray /əstréi アストレイ/ 副《次の成句で》:
go astray 行方不明になる, なくなる.
lead … astray …を堕落(だらく)させる.

a·stride /əstráid アストライド/ 副またがって. — 前 …にまたがって.

as·trol·o·ger /əstrálədʒər アストラロヂャ/ 名C 星占い師.

as·tro·log·i·cal /æstrəládʒikəl アストロラヂカル/ 形星占いの.

as·trol·o·gy /əstrálədʒi アストラロヂィ/ 名U 星占い, 占星術.

as·tro·naut /æstrənɔ̀:t アストロノート/ 名C 宇宙飛行士.

as·tron·o·mer /əstránəmər アストラノマ/ (★アクセント注意)名C 天文学者.

as·tro·nom·i·cal /æstrənámikəl アストロナミカル/ 形 ❶天文の, 天文学(上)の.
❷(数量が)天文学的な, 非常に大きい.
▶❶an *astronomical* observatory 天文台.
☞ 名astronomy.

as·tron·o·my /əstránəmi アストラノミ/ 名U 天文学.
☞ 形astronomical.

a·sy·lum /əsáiləm アサイラム/ (★発音注意)名U 亡命, (一時的な)保護.

at /(弱) ət アト; (強) æt アット/ 前
❶《話し手が狭いと感じる場所・位置》**…に**, …で; …にある.
❷《時》**…に**; 《時間の起点》…から.
❸《目標・方向》**…を目がけて**, …に向

かって.
❹《従事》…(に従事)して(いる).
❺《値段・割合》…で.
❻《原因・理由》…を聞いて[見て].
❼《状況・状態を表わして》…で, …して(いる).

❶I met him *at* the corner of the street. 私は街角で彼にあった / the kiosk *at* the street corner 街角の売店 / Open your book *at* page 10. 本の10ページを開けなさい.

語法 話し手が広いと感じる場所には in を用いるが, 同じ場所でも at を用いるか in を用いるかは話し手の気持ちで違ってくる. London は大都会だがよく知らない人や旅行者などにとっては地図上の一点にすぎないので at London のようになり, 住んでいる人にとっては広がりのある大都会なので, I live in London. のようになる. 小さな村でもそこに住んでいる人は, I live in this village. という.

❷I reached the hotel *at* five in the afternoon. 私は午後5時にホテルに着いた / Our school begins *at* 8:30. 私たちの学校は8時30分から始まる.

語法 「時の一点」と感じるときには at を, 「日」には on, 「月」, 「季節」, 「年」など広がりを感じる時には in を用いる: at 7 p.m. (午後7時に) / on Monday (月曜日に) / on December 22nd (12月22日に) / in October (10月に) / in spring (春に) / in 2009 (2009年に).

❸She smiled *at* me. 彼女は私に向かってほほえんだ / The boy threw the bone *at* the dog. その少年はその犬目がけて骨を投げつけた.

at the dog

to the dog

語法 この場合の at は「目標・方向」の意味を表わすので, I shot *at* the bird. といえば「私はその鳥をねらって撃った」(弾が当たったかどうかはわからない) という意味を表わし, I shot the bird. といえば「私はその鳥を撃った」(つまり弾が当たった) という意味を表わす.

❹They are *at* breakfast. 彼らは朝食中です.

❺She sold the cloth *at* 5 dollars a yard. 彼女はその生地を1ヤールにつき5ドルで売った / He drove *at* about 60 kilometers an hour. 彼は時速約60キロで運転した.

語法 「…につきいくらで」という場合は at を用いるが, 単に「いくらで」のように金額だけの場合は for を用いる: I bought this book *for* seven dollars. 私はこの本を7ドルで買った.

❻He was shocked *at* the news. そのニュースを聞いて彼はショックを受けた.

❼The flowers are *at* their best. その花はいちばん見ごろだ / A crow was *at* rest on the branch. カラスがその枝に止まっていた.

be at it (仕事・運動・けんかなどを)さかんにやっている:He *is* hard *at it*. 彼は夢中にやっている.

atch·oo /ətʃúː アチュー/ 感《米》ハクション《くしゃみの音; 《英》では atishoo; ☞sneeze の **INFO**》.

*__**ate**__ /éit エイト | ét/ 動 eat の過去形.

a·the·ism /éiθiìzm エイスィイズム/ 名【哲学】無神論(☞theism).

a·the·ist /éiθiist エイスィイスト/ 名 C 無神論者.

Ath·ens /æθənz アセンズ/ 名 アテネ《ギリシアの首都》.

*__**ath·lete**__ /ǽθliːt アスリート/ (★アクセント注意)名 (複 ~s /-ts/) C **運動選手**, スポーツマン(❖とくに陸上競技の選手をさす).

áthlete's fóot /ǽθliːts- アスリーツ-/ 名 U (足の)水虫.

*__**ath·let·ic**__ /æθlétik アスレティック/ 形
❶運動競技の.
❷(体格が)運動選手のような; がっしりとした体格の.
▶❶an *athletic* field 競技場.
❷a man of *athletic* build がっしりした体格の男.

athletic meet

athlétic méet 名C (陸上)競技会 (❂日本の学校で行なわれる運動会に相当するものは英米ではほとんどない).

ath・let・ics /æθlétiks アスレティックス/ 名U ❶《英》陸上競技. ❷《米》(各種の)運動競技.

a・tish・oo /ətíʃuː アティシュー/ 感《英》＝atchoo.

*__At・lan・tic__ /ətlǽntik アトランティック/ 名《the をつけて》大西洋 (❂the Atlantic Ocean ともいう; ☞ Pacific).
— 形 ❶大西洋の. ❷(アメリカ・カナダの)大西洋沿岸の.

Atlántic Ócean 名《the をつけて》大西洋 (❂単に the Atlantic ともいう).

At・lan・tis /ətlǽntis アトランティス/ 名 アトランティス《ジブラルタル (Gibraltar) 海峡の西方にあって水没したといわれる伝説上の島》.

At・las /ǽtləs アトラス/ 名【ギリシア神話】アトラス.

at・las /ǽtləs アトラス/ 名(複 ~・es /-iz/) C 地図書, 地図帳 (map (1枚の地図))を集めて本にしたもの).

ATM /éitìːém エイティーエム/ 《略語》 *a*utomated-*t*eller *m*achine 現金自動支払い機.

*__at・mo・sphere__ /ǽtməsfìər アトモスフィア/ (★アクセント注意) 名(複 ~s /-z/)
❶《the をつけて》(地球を取り巻く)**大気**, 大気圏.
❷C **雰囲気**(ふんいき) (☞mood).
❸C (特定の場所の)空気.

・・・・・・・・・・・・・・・・・・・・・・・・・・・・・・・・・・・・・・・
❶ The rocket blasted out of the *atmosphere*. ロケットは大気圏外へ飛んで行った.
❷ a friendly *atmosphere* 友好的な雰囲気.
　　　　　☞ 形atmospheric.

at・mo・spher・ic /ǽtməsférik アトモスフェリック/ 形大気の.
　　　　　☞ 名atmosphere.

atmosphéric préssure 名U気圧.

*__at・om__ /ǽtəm アトム/ 名(複 ~s /-z/) C 原子.
　　　　　☞ 形atomic.

atóm bòmb 名＝atomic bomb.

*__a・tom・ic__ /ətámik アタミック | ətóm-/ 形 ❶原子の. ❷原子力の.
　　　　　☞ 名atom.

atómic bómb 名C 原子爆弾 (❂atom bomb ともいう).

atómic énergy 名U 原子力 (❂nuclear energy ともいう).

atómic pówer plànt [stàtion] 名 C 原子力発電所.

a・tro・cious /ətróuʃəs アトロウシャス/ 形まったくひどい.

a・troc・i・ty /ətrásəti アトラスィティ/ 名 (複 -i・ties /-z/) UC 残虐行為.

*__at・tach__ /ətǽtʃ アタッチ/ 動 (~・es /-iz/; ~ed /-t/; ~・ing) 他 《attach ... to ～》
❶ …を～につける, はりつける.
❷ (重要性などが) ～にあると思う.
❸ …を～に所属 [付属] させる (☞ attached).

・・・・・・・・・・・・・・・・・・・・・・・・・・・・・・・・・・・・・・・
❶ *Attach* a stamp *to* the letter. 手紙に切手をはりなさい.
❷ She *attached* great importance *to* what I said. 彼女は私の言ったことを非常に重要と考えた.
　　　　　☞ 名attachment.

at・ta・ché /ætəʃéi | ətǽʃei/ 名 (複 ~s /-z/) C 大使館員.

attaché càse 名C書類入れ.

at・tached /ətǽtʃt アタチト/ 形付属した.
▶an *attached* school 付属学校.
be attached to ... ①…に愛情 [愛着] をもっている. ②…に所属 [付属] している: This hospital *is attached to* the university. この病院は大学に付属している.

at・tach・ment /ətǽtʃmənt アタチメント/ 名 ❶C 付属品 [装置].
❷C 【電算】(Eメールの)添付ファイル.
❸UC 愛着, 愛情.
　　　　　☞ 動attach.

*__at・tack__ /ətǽk アタック/ 動 (~s /-s/; ~ed /-t/; ~・ing) 他
❶ …を**攻撃する** (反 defend).
❷ …を**非難する**.
❸ (病気などが)(人)を襲(おそ)う.
— 名 (複 ~s /-s/) ❶ UC **攻撃** (反 defense).
❷ UC (激しい)非難.
❸ C 発病, (病気の)発作.

・・・・・・・・・・・・・・・・・・・・・・・・・・・・・・・・・・・・・・・
動他 ❶ *attack* the enemy 敵を攻撃

68　　　　　　　　　　　　　　　　　　　　　　　sixty-eight

する.

❷ *attack* the economic policy of the government 政府の経済政策を非難する.

❸ The fit *attacked* him suddenly. その発作が突然彼を襲った.

— 名 ❶ make an *attack* on the enemy 敵に攻撃をかける.

❸ a heart *attack* 心臓発作.

at·tack·er /ətǽkər アタッカ/ 名 C 襲う人, 攻撃する人.

* **at·tain** /ətéin アテイン/ 動 (~s /-z/; ~ed /-d/; ~ing) 他 (努力して)(目的など)を**達成する**, …を手に入れる. ▶ *attain* a position 地位を得る.
☞ 名 attainment.

at·tain·a·ble /ətéinəbl アテイナブル/ 形 (努力して)達成できる, 手に入れられる.

at·tain·ment /ətéinmənt アテインメント/ 名 ❶ U (目的の)達成. ❷ C (努力して得た)学識, 技能.
☞ 動 attain.

* **at·tempt** /ətémpt アテンプト/ 動 (~s /-ts/; ~ed /-id/; ~ing) 他 ⓐ …を**試みる**, 企(%)てる(○try より形式ばった語).
ⓑ 《attempt to *do*》＿しようと試みる, 企てる.

— 名 (複 ~s /-ts/) C ❶ **試み**, 企て.
❷ (人の命を奪おうとする)攻撃.

動 他 ⓐ They *attempted* the conquest of Mount Everest. 彼らはエベレスト山の征服を企てた.
ⓑ I *attempted* to solve the problem. 私はその問題を解こうとやってみた.
— 名 ❶ He made an *attempt* to escape [at escaping]. 彼は逃亡しようとした.

at·tempt·ed /ətémptid アテンプティド/ 形 (犯罪など)未遂の.
▶ *attempted* murder 殺人未遂.

* **at·tend** /əténd アテンド/ 動 (~s /-ds/; ~ed /-id/; ~ing) 他 ⓐ …に**出席する**.
ⓑ (学校など)に通う.
— 自 **出席する**, 参列する.

他 ⓐ I *attended* the meeting. 私はその会合に出席した. ⓑ *attend* church 教会へ(礼拝に)行く.

自 ⓑ He *attends* regularly. 彼は決まって出席する.

attend to ... ①(物事)を処理する, …に取り組む: *Attend to* your work. 仕事をしっかりやりなさい. ②…の世話をする.
☞ 名 attendance, 形 attendant.

at·tend·ance /əténdəns アテンダンス/ 名 (複 -anc·es /-iz/)
❶ U C 出席, 参列; 登校.
❷ U C 出席者数, 参加者数.

❶ We requested his *attendance* at the general meeting. 私たちは彼に総会への出席をお願いした.

❷ There was a large *attendance* at the conference. その会議には多数の出席者があった.
☞ 動 attend, 形 attendant.

at·tend·ant /əténdənt アテンダント/ 名 C ❶ 世話をする人[係]; 従者.
❷ 出席者.

— 形 《文語》 ❶ 付随した. ❷ 付き添いの.
▶ 名 ❶ a flight *attendant* (飛行機の)客室乗務員.
☞ 動 attend, 名 attendance.

* **at·ten·tion** /əténʃən アテンション/ 名 U
❶ **注意**, 注目, 関心 (反 inattention).
❷ 配慮, 思いやり; 世話, 措置(%).
❸ 気をつけ(の姿勢).

❶ Pay *attention* to your teacher. 先生の言うことを注意して聞きなさい / attract *attention* 人目を引く / avoid *attention* 人目を避ける.

❷ The matter needs special *attention*. そのことは特別の配慮が必要だ / The students can receive individual *attention*. 学生たちは個人指導を受けられる.

❸ *Attention*! 《号令》気をつけ / stand at *attention* 気をつけの姿勢で立つ[立っている].

Attention, please! ①**お知らせいたします** 《アナウンス係の用語》: *Attention, please!* Paging Mr White!. お知らせいたします. ホワイトさんはいらっしゃいますか. ②ちょっとお聞きください.

call attention to ... …への注意をうながす.
☞ 形 attentive.

attentive

at·ten·tive /əténtiv アテンティヴ/ 形 注意を集中した (反 inattentive).
▶an *attentive* audience 話をよく聞いている聴衆.
☞ 名 attention.

at·ten·tive·ly /əténtivli アテンティヴリ/ 副 注意深く.

at·test /ətést アテスト/ 動 他 《文語》 …を証明する.
— 自 […を] 証明する [*to*].

at·tic /ǽtik アティック/ 《★アクセント注意》名 (複 ~s /-s/) C 屋根部屋, 屋根裏.

attic

at·ti·tude /ǽtətjùːd アティテュード, ・テュード/ 名 (複 ~s /-dz/) C **考え方**, 気持ち; 態度.

What is her *attitude* toward the problem? その問題に対する彼女の考え方はどうですか / a positive *attitude* 前向きな考え / a friendly *attitude* 親切な態度.

at·tor·ney /ətə́ːrni アターニ/ 名 (複 ~s /-z/) C (米) 弁護士 (☞ lawyer).

attórney géneral 名 (複 attorneys general /ətə́ːrniz-/, ~s /-z/) C (米) 司法長官.

at·tract /ətrǽkt アトラクト/ 動 (~s /-ts/; ~ed /-id/; ~ing) 他
❶ (魅力などで) (人) を**引きつける**.
❷ (注意・興味など) を**引く**.
❸ (引力・磁力などで) (物) を引きつける.

❶ The swimming beach *attracts* a lot of people. その海水浴場には多くの人がやってくる.
❷ The article *attracted* my attention. その記事は私の注意を引いた.
☞ 名 attraction, 形 attractive.

at·trac·tion /ətrǽkʃən アトラクション/ 名
❶ U 人を引きつける力, 魅力.
❷ C 人を引きつけるもの; 呼び物, アトラクション.
❸ U 引きつける力, 引力.

❶ Her novels have great *attraction* for me. 彼女の小説は私の心を大いに引きつける.
❷ What is the main *attraction* at the circus? そのサーカスの第一の呼び物はなんですか.
☞ 動 attract.

at·trac·tive /ətrǽktiv アトラクティヴ/ 形 (more ~; most ~) ❶ **魅力のある**.
❷ 興味をそそる.
▶ ❶ an *attractive* woman 魅力ある女性.
☞ 動 attract.

at·trac·tive·ly /ətrǽktivli アトラクティヴリ/ 副 魅力的に.

at·trib·ute /ətríbjuːt アトリビュート/ 動 《★アクセント注意》(~s /-ts/; -ut·ed /-tid/; -ut·ing) 他 《*attribute* … *to* ~》…(の原因は)～だと考える[言う], …は～のせいだと考える[言う].
— 名 /ǽtrəbjùːt アトリビュート/ 《★動詞とのアクセントの違いに注意》(複 ~s /-ts/) C 特質, 特徴.

動 他 I *attribute* his success *to* hard work. 彼の成功は努力のおかげだと思う / *attribute* an illness to overwork 病気を過労のせいにする.
— 名 Diligence is one of his *attributes*. 勤勉は彼の特質のひとつだ.

at·tri·bu·tion /ætrəbjúːʃən アトリビューション/ 名 U (…に) 原因 [特質] があると考えること.

at·trib·u·tive /ətríbjutiv アトリビュティヴ/ 《★アクセント注意》形 〔文法〕限定的な.

attríbutive úse 名 U 〔文法〕限定用法 《形容詞が名詞を直接修飾する用法をいう》.

a·typ·i·cal /eitípiəl エイティピカル/ 形 典型的でない, 変則的な (反 typical).

au·ber·gine /óubərʒìːn オウバジーン/ 名 C (英) ナス (✿ (米) では eggplant).

au·burn /ɔ́ːbərn オーバン/ 形 (ふつう毛髪

abcdefghijklmnopqrstuvwxyz **authenticity**

が)赤茶色の. — 名 U 赤茶色.

auc·tion /ɔ́ːkʃən オークション/ 名 U C 競売, オークション. — 動 他 …を競売で売る.

auc·tion·eer /ɔ̀ːkʃəníər オークショニア/ 名 C 競売人, せり売りをする人.

au·da·cious /ɔːdéiʃəs オーデイシャス/ 形 《文語》ずうずうしい.

au·dac·i·ty /ɔːdǽsəti オーダスィティ/ 名 U 《文語》ずうずうしさ.

au·di·ble /ɔ́ːdəbl オーディブル/ 形 聞き取れる (反 inaudible).

au·di·bly /ɔ́ːdəbli オーディブリ/ 副 聞き取れる大きさで.

* **au·di·ence** /ɔ́ːdiəns オーディエンス/ 名 (複 -enc·es /-iz/) C

❶ⓐ《集合的に》**聴衆**, 観客.
ⓑ(テレビの)視聴者(たち); (ラジオの)聴取者(たち); 読者(たち).
❷会見, 接見《地位の高い人が低い人に公式に会うこと》.

・・・・・・・・・・・・・・・・・・・・・・・・・・・・・・・・・・

❶ⓐ There was a large〔small〕*audience* at the concert. 演奏会にはたくさん〔少数〕の聴衆がいた / The *audience* was [were] very excited by the show. 観客はそのショーを見てとてもわくわくした.

au·di·o /ɔ́ːdiou オーディオウ/ 形 音声の (☞ video).

au·di·o·vis·u·al /ɔ̀ːdiou-víʒuəl オーディオウ・ヴィジュアル/ 形 視聴覚の.

áudio-vísual áids 名 視聴覚教具.

au·dit /ɔ́ːdit オーディット/ 名 C 会計監査. — 動 他 ❶ …の会計監査をする. ❷ (大学で)…を聴講する.

au·di·tion /ɔːdíʃən オーディション/ 名 C オーディション, 審査. — 動 他 …のオーディションを行なう. — 自 オーディションを受ける.

au·di·tor /ɔ́ːdətər オーディタ/ 名 C 会計監査役.

au·di·to·ri·um /ɔ̀ːdətɔ́ːriəm オーディトーリアム/ 名 (複 ~s /-z/, -ri·a /-riə/) C 講堂, 公会堂, ホール.

Au·drey /ɔ́ːdri オードリ/ 名 オードリー《女性の名》.

Aug. 《略語》August.

*** **Au·gust** /ɔ́ːgəst オーガスト/ 名 **8月**《❖Aug.と略す; ☞ January の 語法》.

* **aunt** /ǽnt アント | ɑ́ːnt/ 名 (複 ~s /-ts/) C **おば**, おばさん 《❖「おじ」は uncle》.

aunt·ie, aunt·y /ǽnti アンティ/ 名 C 《口語》おばちゃん《❖aunt の親しみの形》.

au pair /oupéər オウペア/ 名 C オーペア《家庭に住みこんで家事を手伝う代わりに, その国の言語を学ぶ便を与えられる外国人(女性)》.

au·ra /ɔ́ːrə オーラ/ 名 (複 ~s /-z/, au·rae /ɔ́ːriː/) C (人・場所から発散する独特の)雰囲気, オーラ.

au·ral /ɔ́ːrəl オーラル/ 形 耳の, 聴覚の.

au·ro·ra /ərɔ́ːrə アローラ/ 名 C オーロラ.

Aus. 《略語》Australia; Australian.

aus·pic·es /ɔ́ːspisiz オースピスィーズ/ 名 複 《文語》《次の成句で》**:under the auspices of ...** …の後援で.

aus·pi·cious /ɔːspíʃəs オースピシャス/ 形 《文語》幸先(さいさき)のよい.

Aus·sie /ɔ́ːsi オースィ | ɔ́zi/ 《口語》形 名 = Australian.

aus·tere /ɔːstíər オースティア/ 《★アクセント注意》形 (-ter·er /-tíərər/; -ter·est /-tíərist/) ❶きびしい. ❷簡素な.

aus·ter·i·ty /ɔːstérəti オーステリティ/ 名 U ❶きびしさ. ❷簡素.

* **Aus·tra·lia** /ɔː(ː)stréiljə オ(ー)ストレイリャ/ 《★発音注意》名 **オーストラリア**《正式名は the Commonwealth of Australia (オーストラリア連邦); 首都キャンベラ (Canberra)》.

Aus·tra·lian /ɔː(ː)stréiljən オ(ー)ストレイリャン/ 《★発音注意》形 ❶オーストラリアの. ❷オーストラリア人の.
— 名 (複 ~s /-z/) C オーストラリア人.

Aus·tri·a /ɔ́ːstriə オーストリア/ 《★アクセント注意》名 オーストリア《ヨーロッパ中部の共和国; 首都ウィーン (Vienna)》.

Aus·tri·an /ɔː(ː)striən オ(ー)ストリアン/ 形 ❶オーストリアの. ❷オーストリア人の.
— 名 C オーストリア人.

au·then·tic /ɔːθéntik オーセンティック/ 形 (more ~; most ~) ❶本物の; 昔からの. ❷確かな.

au·then·tic·i·ty /ɔ̀ːθentísəti オーセンティ

author

スィティ/ 名U本物であること.

*****au·thor** /ɔ́:θər オーサ/ 名(複 ~s /-z/)C
❶ **著者**, 作者, 筆者.
❷ **作家**.
❸ (計画・着想などの)立案者.

au·thor·i·tar·i·an /ɔːθɑ̀rətéəriən オーサリテ(ア)リアン/ 形 権威主義の.
— 名C権威主義者.

au·thor·i·ta·tive /əθɑ́rətèitiv オサリテイティヴ/ 形 ❶権威のある. ❷高圧的な.
☞ 名authority.

au·thor·i·ta·tive·ly /əθɑ́rətèitivli オサリテイティヴリ/ 副 権威をもって; 高圧的に.

*****au·thor·i·ty** /ɔ:θɑ́rəti オーサリティ | -θɔ́-/ 名(複 -i·ties /-z/)
❶ U**権威**, 権力.
❷ U**権限**, 職権.
❸ 《複数形で》**当局**.
❹ C**権威者**, 大家.

----

❶ Kings used to have absolute *authority* over their subjects. 王はかつて国民に対して絶対的権威をもっていた.

❷ Policemen have *authority* to stop and check cars. 警官は車を止めて調べる権限をもっている.

❸ government 〔school〕 *authorities* 政府〔学校〕当局 / the *authorities* concerned 関係当局.

❹ He is an *authority* on French art. 彼はフランス美術の権威である.
☞ 形authoritative, 動authorize.

au·thor·i·za·tion /ɔ̀:θərizéiʃən オーソリゼイション | -rai-/ 名U ❶ 権限の付与, 委任. ❷認可, 公認.

au·thor·ize /ɔ́:θəràiz オーソライズ/ 動 (-iz·es /-iz/; -ized /-d/; -iz·ing)他
❶ …に権限を与える. ❷ …を正当と認める; …を認定する.
▶ ❶ The committee *authorized* him to speak for it. 委員会は彼に委員会を代弁する権限を与えた.
☞ 名authority.

au·thor·ized /ɔ́:θəràizd オーソライズド/ 形 ❶権限を与えられた.
❷認可された, 公認された.

Áuthorized Vérsion 名《the をつけて》欽定(ᡓᡓ)訳聖書《イギリス国王ジェームズ(James) 一世の命により1611年に発行された英訳聖書》.

au·tism /ɔ́:tizm オーティズム/ 名U自閉症.

au·tis·tic /ɔːtístik オーティスティック/ 形 名C自閉症の(人).

*****au·to** /ɔ́:tou オートウ/ 名(複 ~s /-z/)C 《米》自動車 (●automobile の短縮形; car の方が多く用いられる).

au·to- /ɔ́:tou オートウ/ 接頭「自身, 自己」「自動推進」の意味.
▶ *auto*graph 自筆の署名 / *auto*matic 自動の.

au·to·bi·og·ra·phy /ɔ̀:təbaiɑ́grəfi オートバイアグラフィ/ 名(複 -ra·phies /-z/) C自叙伝.

au·toc·ra·cy /ɔːtɑ́krəsi オータクラスィ/ 名(複 -ra·cies /-z/) ❶ U独裁政治. ❷ C独裁国.

au·to·crat·ic /ɔ̀:təkrǽtik オートクラティック/ 形独裁の.

au·to·graph /ɔ́:təgrǽf オートグラフ/ 名 C (有名人の)自筆の署名, サイン (《●「手紙や書類などにするサイン」は signature》).

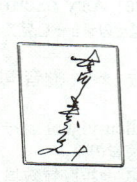

autograph   signature

— 動他 (有名人などが)…にサインする.

áutograph álbum [bòok] 名Cサイン帳.

au·to·mat·ed /ɔ́:təmèitid オートメイティド/ 形オートメーションの, 自動化された.

*****au·to·mat·ic** /ɔ̀:təmǽtik オートマティック/ 形 (more ~; most ~)
❶ ⓐ **自動の**, 自動的な.
ⓑ 自動的に生じる.
❷ (考えることなく)機械的な, 無意識の.
— 名(複 ~s /-s/) C ❶ オートマチック車. ❷ 自動小銃[ピストル].

形 ❶ ⓐ an *automatic* door 自動ドア
ⓑ an *automatic* penalty 自動的に課

a b c d e f g h i j k l m n o p q r s t u v w x y z　　　　　　　　　　**aversion**

せられる罰.
❷an *automatic* response 無意識的な反応.

*au・to・mat・i・cal・ly /ɔ̀:təmǽtikəli オートマティカリ/ 副 **自動的に**；機械的に，無意識に.

au・to・ma・tion /ɔ̀:təméiʃən オートメイション/ 名Ⅱオートメーション，自動操作.

*au・to・mo・bile /ɔ́:təməbì:l オートモビール, ɔ̀:təmoubí:l/ 名 (複 ~s /-z/) C (米) **自動車**(✿ふつう car という).

au・ton・o・mous /ɔ:tánəməs オータノマス/ 形自治の，自治権のある.

au・ton・o・my /ɔ:tánəmi オータノミ/ 名Ⅱ自治，自治権.

au・top・sy /ɔ́:tɑpsi オータプスィ/ 名C検死.

*au・tumn /ɔ́:təm オータム/ 名 (複 ~s /-z/) Ⅱ C **秋** (✿(米)ではふつう fall を用いる；北半球では9，10，11月をさす).☞season》.

late in *autumn* 晩秋に / in the *autumn* (of 2009) (2009年の)秋に.
☞ 形autumnal.

au・tum・nal /ɔ:támnəl オータムナル/ (★アクセント注意)形秋の.
☞ 名autumn.

aux・il・ia・ry /ɔ:gzíljəri オーグズィリャリ/ 形補助の.

auxíliary vérb 名C〖文法〗助動詞 ((be, have, do, will, shall, can, may, must などがある)).

a・vail /əvéil アヴェイル/ 動他《次の成句で》: ***avail** oneself of ...* 《文語》…を利用する.
☞ 形available.
— 名Ⅱ《文語》利益，効用.
be of no [little] avail 役に立たない.
to no [little] avail むだに.

a・vail・a・bil・i・ty /əvèiləbíləti アヴェイラビリティ/ 名Ⅱ手に入ること；役立つこと.

*a・vail・a・ble /əvéiləbl アヴェイラブル/ 形 (more ~; most ~) ❶**手にはいる**，得られる (反unavailable).
❷**利用できる**. ❸ (人が)手があいている，(ひまで)会って[来て]もらえる.

❶Magazines are *available* at station stalls. 雑誌は駅の売店で買える.

❷We tried every *available* means. 私たちは利用できるあらゆる手段を試みた / *available* service 利用できるサービス.
❸Are you *available* this afternoon? きょうの午後は手があいていますか [お会いできますか].
☞ 動avail.

av・a・lanche /ǽvəlæntʃ アヴァランチ/ 名C❶雪崩(なだれ). ❷(雪崩のような)殺到.

Ave., ave. (略語)Avenue; avenue.

A・ve Ma・ri・a /ɑ́:vei məríːə アーヴェイ マリーア/ 名〖カトリック〗アベマリア (聖母マリア (Virgin Mary)にささげる祈り).

a・venge /əvéndʒ アヴェンチ/ 動 (現分 a・veng・ing) 他《文語》…の復讐(ふくしゅう)をする (《revenge》).

*av・e・nue /ǽvənjuː; アヴェヌー, ・ニュー/ 名 (複 ~s /-z/) C ❶ **大通り** (《av., Ave., ave. と略す；☞ street》).
❷**手段**.
▶ ❷*avenues* to knowledge 知識を得る道.

*av・er・age /ǽvəridʒ アヴァリチ/ (★発音注意)名 (複 -ag・es /-iz/)
❶ C **平均**.
❷Ⅱ C**標準，ふつう**.
— 形 ❶**平均の**.
❷ふつうの，平均的な.
— 動 (現分 -ag・ing) 他 ❶…を**平均する**. ❷平均して…を得る[に達する].
— 自 平均が…となる.

名❶The *average* of 2, 7 and 9 is 6. 2と7と9の平均は6である.
❷come up to the *average* 標準に達する / above [below] *average* 標準以上[以下]で.

on average **平均して**：We have five classes a day *on average*. 私たちは平均して一日に5時間の授業がある.
— 形 ❶the *average* age 平均年齢.
❷the *average* person ふつうの人.
— 動他 ❷He *averages* seven hours of sleep a day. 彼は1日平均7時間睡眠をとる.

average out at ... 平均して…になる.

a・verse /əvə́:rs アヴァース/ 形《文語》《*be averse to ...*》…をひどくきらっている.

a・ver・sion /əvə́:rʒən アヴァージョン/ 名

seventy-three　　　　　　　　　　　　　　　　　　　　　　　　　　　　73

avert

ⓒ大きらい.

a·vert /əvə́:rt アヴァート/ 動他(不幸・災難など)を避ける, 防ぐ.
▶*avert* disaster 災害を避ける.

a·vi·a·tion /èiviéiʃən エイヴィエイション/ 名Ⓤ ❶航空, 飛行術. ❷航空機産業.

av·o·ca·do /ǽvəká:dou アヴォカードウ/ 名(複 ~s, ~es /-z/) ⒰Ⓒアボカド(熱帯産の果実).

*__a·void__ /əvɔ́id アヴォイド/ 動(~s /-dz/; ~ed /-id/; ~ing)他 ❹…を避ける.
❺《avoid *doing*》__することを避ける.

ⓐShe *avoids* Allen. 彼女はアレンを避けている / *avoid* sweets 甘いものを避ける.

ⓑI *avoided introducing* him to her. 私は彼を彼女に紹介することを避けた.

☞ 名avoidance.

a·void·a·ble /əvɔ́idəbl アヴォイダブル/ 形避けることのできる.

a·void·ance /əvɔ́idəns アヴォイダンス/ 名Ⓤ避けること, 回避(かいひ).

☞ 動avoid.

a·vow /əváu アヴァウ/ (★発音注意)動他《文語》…を明言する, 認める.

*__a·wait__ /əwéit アウェイト/ 動(~s /-ts/; ~ed /-id/; ~ing)他《文語》 ❶ …を待つ(⚠ふつうは wait for …を用いる).
❷ (ものごとが)(人)を待ちうけている.

❶We are *awaiting* your answer. ご返事をお待ちしています.
❷A different kind of life *awaits* you in college. 大学ではちがった生活が待ちうけている.

*__a·wake__ /əwéik アウェイク/ 形目がさめて(いる), 眠らないで(いる)(反asleep).
― 動(~s /-s/; a·woke /əwóuk/, a·waked /əwéikt/; a·waked, a·wok·en /əwóukən/; a·wak·ing)⾃《文語》(眠りから)目がさめる(⚠ふつう wake up を用いる).

― 他(人)の目をさまさせる.

形I was wide *awake* all night. 私は一晩じゅうまったく眠らないでいた.

― 動⾃I *awoke* at six. 6時に目がさめた.

― 他An earthquake *awoke* me during the night. 夜中に地震で目がさめた.

*__a·wak·en__ /əwéikən アウェイクン/ 動(~s /-z/; ~ed /-d/; ~ing)他
❶(人)の目をさまさせる.
❷(気持ちなど)を呼び起こす.
― ⾃= awake ⾃.

a·wak·en·ing /əwéikəniŋ アウェイクニング/ 名Ⓒ目覚め; 気づくこと.

*__a·ward__ /əwɔ́:rd アウォード/ 名(複 ~s /-dz/)Ⓒ賞, 賞品.
― 動(~s /-dz/; ~ed /-id/; ~ing)他
ⓐ(賞など)を与える, 授与する.
ⓑ《award … ~》(人)に~(賞など)を与える, 授与する.

名He received an *award* for his services. 彼は功績に対して賞をもらった.
― 動他ⓐThe teacher *awarded* a prize *to* the boy. 先生はその少年に賞を与えた.
ⓑHe was *awarded* the 2008 Nobel prize for physics. 彼は2008年度ノーベル物理学賞を与えられた.

*__a·ware__ /əwéər アウェア/ 形
❶ⓐ《be aware of …》…に気づいている(反unaware).
ⓑ《be aware that __》__ということに気づいている.
❷(あることに)関心が強い, 意識が高い.

❶ⓐHe *is* not *aware of* his error. 彼は自分の誤りに気づいていない.
ⓑI *was aware that* I was being followed. 私は自分があとをつけられていることに気づいていた.
❷a politically *aware* person 政治意識の高い人.

a·ware·ness /əwéərnəs アウェアネス/ 名Ⓤ気づいていること, 認識, 意識.

a·wash /əwɔ́(:)ʃ アウォ(ー)シュ/ 形水におおわれて(いる).

**__a·way__ /əwéi アウェイ/
副 ❶あちらへ, 向こうへ.
❷(位置が)離れて.
❸不在で.
❹なくなって, 消えて.

axle

❺ (時間的に)先に.
❻ (やめないで)どんどん続けて.
❼ (米)はるかに, ずっと.
— 形 (スポーツの試合など)相手の競技場での, 遠征先での (反 home).

❶ They ran *away* together. 彼らはいっしょに走り去った / Go *away*! (ここにいないで)向こうへ行け.
❷ She stood *away* from the dog. 彼女は犬から離れて立っていた / My house is 2 kilometers *away* from the school. 私の家は学校から2キロある.
❸ He is *away* from home. 彼は(よそへ行っていて)留守です.
❹ The snow has melted *away*. 雪はとけてしまった.
❺ The festival is a week *away*. お祭りは1週間先だ.
❻ work *away* for seven hours 7時間も働き続ける.
❼ *away* behind はるかうしろに(遅れて).
— 形 an *away* match [game] 遠征試合.

awe /ɔ́ː オー/ 名 U 畏(おそ)れ, 畏敬(いけい) (尊敬・恐れ・驚嘆などの入りまじった気持ち).
▶ The mountain filled us with *awe*. その山を見て私たちは畏敬の気持ちでいっぱいになった.

be [stand] in awe of ... …に対して畏敬の気持ちをもつ.
☞ 形 awful, awesome.

awe·some /ɔ́ːsəm オーサム/ 形 ❶ 畏敬(いけい)の念を起こさせる. ❷ (米) すごい.
☞ 名 awe.

*__aw·ful__ /ɔ́ːfəl オーフル/ 形 (more ~; most ~)
❶ ひどい, とても不愉快な.
❷ すごい, 大変な.
— 副 すごく.

形 ❶ an *awful* error ひどいまちがい / feel *awful* 気分がひどく悪い.
❷ an *awful* lot of money すごい額のお金.
☞ 名 awe.

*__aw·ful·ly__ /ɔ́ːfəli オーフリ/ 副 (more ~; most ~) (口語) とても, ものすごく.
▶ I'm *awfully* sorry. ほんとにすみません / It's *awfully* kind of you. ほんとうにご親切ありがとう.

*__awk·ward__ /ɔ́ːkwərd オークワド/ 形 (~·er; ~·est)
❶ ぎこちない, 無器用な; ぶざまな.
❷ きまりの悪い, どぎまぎした.
❸ やっかいな, 扱いにくい, 都合の悪い.

❶ He has *awkward* manners. 彼は態度がぎこちない / She is *awkward* *in* her movements. 彼女は動作が無器用だ.
❷ I felt *awkward*. 私はきまりの悪い思いをした.
❸ an *awkward* question やっかいな質問 / at an *awkward* time 都合の悪い時に.

awk·ward·ly /ɔ́ːkwərdli オークワドリ/ 副 ❶ 無器用に, ぎこちなく. ❷ きまり悪そうに.

awk·ward·ness /ɔ́ːkwərdnəs オークワドネス/ 名 U ❶ 無器用, ぎこちなさ.
❷ きまりの悪さ.

awn·ing /ɔ́ːniŋ オーニング/ 名 C (店の前などにつける)日よけ, 雨おおい.

a·woke /əwóuk アウォウク/ 動 awakeの過去形.

a·wok·en /əwóukən アウォウクン/ 動 awakeの過去分詞形.

a·wry /ərái アライ/ (★ w は発音されない) 形 《次の成句で》: *go awry* (計画などが)うまくいかない, 失敗する.

*__ax__, (英) **axe** /ǽks アックス/ 名 (複 ax·es /-iz/) C (長い柄の)斧(おの), まさかり.
— 動 他 ❶ (人・費用など)を減らす.
❷ (計画など)を中止する.
get the ax(e) (口語) 解雇される.
give ... the ax(e) (口語) …を解雇する.

ax·es[1] /ǽksiz アクスィズ/ 名 ax, axe の複数形.

ax·es[2] /ǽksiːz アクスィーズ/ 名 axis の複数形.

ax·i·om /ǽksiəm アクスィオム/ 名 C (文語) 自明とされていること[原則].

ax·is /ǽksis アクスィス/ 名 (複 ax·es /ǽksiːz/) C 軸, 軸線.

ax·le /ǽksl アクスル/ 名 (複 ~s /-z/) C

aye

車軸.

aye, ay /ái アイ/ 《文語》**副** はい, そのとおり; 賛成.
 — **名** C 賛成票; 賛成(投票)者.
 ▸ **名** the *ayes* and nays 賛否双方の投票者 / The *ayes* have it. 賛成者多数 (◎議会用語).

AZ 〖米郵便〗Arizona.

a·zal·ea /əzéiljə アゼイリャ/ **名** C 〖植物〗アザレア, ツツジ, サツキ.

B b

B, b /bíː ビー/ 名 (複 B's, Bs, b's, bs /-z/)
❶ UC ビー《英語アルファベットの2番目の文字》.
❷ CU 《大文字 B で》【音楽】ロ音；ロ調.
❸ CU 《大文字 B で》《成績の》2級, 良.

BA /bíːéi ビーエイ/ 《略語》British Airways 英国航空.

B.A. 《略語》Bachelor of Arts 文学士《号》.

baa /bǽ バー, báː/ 名 C メー《ヒツジ・ヤギの鳴き声》.
— 動 自 《ヒツジ・ヤギが》メーと鳴く.

bab·ble /bǽbl バブル/ 動 (現分 babbling) 自 ❶《わけのわからないことを》ぺちゃくちゃしゃべる.
❷《流れが》さらさらと音を立てる.
— 名《単数形で》❶《わけのわからない》おしゃべり. ❷がやがやいう音. ❸さらさら流れる音.

babe /béib ベイブ/ 名 C ❶《文語》赤ん坊 (baby). ❷《口語》《かわいい》女の子.

Ba·bel /béibəl ベイベル/ 名《聖書》バベルの塔《◎ the Tower of Babel ともいう》.
INFO ノア (Noah) の大洪水の後, 生き残ったノアの子孫たちがバベルの町に天までとどく高い塔を建てようとしたとき, 神がおこって, 工事にたずさわる人が話し合えないようにばらばらの言語を話すようにさせた. それ以後人間の言語は数多く分かれてしまったという.

ba·boon /bæbúːn バブーン/ 名 C ヒヒ《アフリカやアラビアに生息するサル》.

***ba·by** /béibi ベイビ/ 名 (複 ba·bies /-z/)
C ❶赤ん坊.
❷《悪い意味で》赤ん坊のような人.
❸《形容詞的に》赤ん坊(用)の; 小型の.
❹《俗語》人, やつ; 女の子, 恋人《◎ しばしば呼びかけに用いる》.

❶ She's going to have a *baby*. 彼女に赤ちゃんが生まれる予定です.

語法 baby を代名詞でさす場合に, 性別がはっきりしないときや性別を問題にしないときは it を用いる. しかし, 自分の赤ん坊など, 性別がはっきりしているときや愛情をこめていうときは he, she を用いる.

❷ Don't be a *baby*. 赤ん坊のようなまねはよせ.
❸ a *baby* lion ライオンの赤ちゃん / *baby* powder ベビーパウダー / a *baby* car 小型自動車.

báby bòom 名 C ベビーブーム《◎ とくに第2次世界大戦後の急激な出産の増加》.

báby bòomer 名 C ベビーブーム世代の人.

báby càrriage 名 C 《米》うば車《◎《米》では (**báby**) **búggy** または carriage ともいう；《英口語》では pram》.

ba·by·ish /béibiiʃ ベイビイッシュ/ 形《悪い意味で》赤ん坊のような, 幼稚な.

ba·by-sit /béibi-sìt ベイビ・スィット/ 動 (~s /-ts/; -sat /-sæt/; -sit·ting) 自《親の外出中に》子もりをする.

***ba·by-sit·ter** /béibi-sìtər ベイビ・スィタ/ 名 (複 ~s /-z/) C ベビーシッター《◎ 単に sitter ともいう》.
INFO 英米ではよく小さな子どもを家において夫婦で外出する. そのとき baby-sitter を頼み, アルバイトとして高校生や大学生の女性がよく baby-sitting をする.

ba·by-sit·ting /béibi-sìtiŋ ベイビ・スィティング/ 名 U ベビーシッター (baby-sitter) の仕事.

báby tàlk 名 U 赤ちゃんことば.

Bach /báːk バーク/ 名 バッハ《**Jo·hann** /jouháːn/ **Se·bas·tian** /sibǽstʃən/ **Bach** (1685-1750); ドイツの作曲家》.

bach·e·lor /bǽtʃələr バチェラ/ 名 C
❶《男の》独身者《◎ ふつう single man または unmarried man という；☞ spinster》.
❷《しばしば Bachelor で》学士; 学士号《大学を卒業した人に与えられる称号; ◎「修

back

士」は Master,「博士」は Doctor)).
▶ ❷ a *Bachelor* of Arts 文学士(号) (✪B.A. と略す)).

***back** /bǽk バック/ 名 (複 ~s /-s/)
© ❶ (人・動物の) **背中**(首 (neck) から尻 (buttocks) までの身体の後側全体をいう;☞ body のさし絵)).
❷ⓐ《ふつう **the** をつけて; 単数形で》**うしろ**, 後部, 裏面, 奥 (反 front).
ⓑ (舞台の)背景.
❸《ふつう the をつけて》(手の)甲; (書物の)背; (いすの)背.
❹ (アメリカンフットボール・サッカー・ラグビーなどの)バック, 後衛 (反 forward).

── 形 ❶ **うしろの**, 裏の, 奥の (反 front).
❷ (中心部から)遠く離れた, へんぴな.
❸ 払っていない, 未納の.

── 副 ❶ **うしろへ**, 後方へ.
❷ⓐ (もとの場所, 状態に)**戻って**, 帰って.
ⓑ 返して, お返しに.
❸ 奥に, 引っ込んで.
❹ (むかしに)戻って, (前に)さかのぼって.

── 動 (~s /-s/; ~ed /-t/; ~ing) 他
❶ …を**後退させる**, バックさせる.
❷ …を**支持する**, 後援する (☞成句 back up).

── 自 **後退する**, バックする (☞成句 back away).

· ·

名 ❶ He sat with his *back* to the fire. 彼は火に背中を向けてすわった.
❷ⓐHis room is in *the back* of the house. 彼の部屋は家の奥にある.

at* ... *'s back ① …のうしろに. ② …を支持して.

***at the back of* ...** ① …のうしろに, 裏に (behind) (反 in front of ...): There is a big garden *at the back of* the house. その家の裏に大きな庭がある. ② …の後部[奥, 最後]に. ③ …を支持して.

***back to back (with* ...)** (…と)背中あわせに.

back to front 《英》うしろ前に, 前後を逆にして (✪《米》では backward)).

behind* ... *'s back …**のいないところで**, 陰で (反 to ...'s *face*): Don't talk about people *behind their backs*. 陰で他人のうわさ話をするな.

break* ... *'s back …に大きな重荷[負担]を負わせる: The task is *breaking my back*. その仕事は私にはひどくつらい.

get off* ... *'s back 《口語》…のじゃま[批判]をするのをやめる, …をそっとしておく.

have one's back to* [*against*] *the wall 追いつめられている, もう後がない.

***in back of* ...** = at the *back* of ... ②.

on one's back ①背中に. ②あおむけに (反 on one's *face*). ③《口語》(病気やけがで)寝て.

***turn one's back on* ...** ① …に背中を向ける. ② …を見捨てる.

── 形 ❶ the *back* room (通りに面していない)奥の部屋.
❷ the *back* country 奥地.
❸ *back* pay 未払いの給料.

── 副 ❶ Please go *back* a few steps. 二, 三歩さがってください / He looked *back* at her. 彼は振り向いて彼女を見た.
❷ⓐ *Back!* = Go [Come] *back!* 帰れ, 戻れ / He will be *back* around five. 彼は5時ごろ戻るでしょう / Call her *back*. 彼女を呼び戻しなさい / on *one's* way *back* 帰り道で. ⓑtalk *back* 口答えする / write *back* 返事を書く.
❸ stand a little way *back* from the street 通りから少しひっこんだところに立っている[ある].
❹ It happened some years *back*. それは数年前に起こった / go *back* three pages in the book 本を3ページ戻る.

back and forth **前後に**, あちらこちらに.

***back of* ...** 《米口語》= at the *back* of ....

── 動 他 ❶ She *backed* her car into the garage. 彼女は車をバックさせて車庫に入れた.
❷ All of them *backed* his plan. 彼ら全員が彼の計画を支持した.

back away 自 後ずさりする, 後退する.
back down 自 主張[計画(など)]を引っ込める.
back off 自 ① = *back* away. ②《米》= *back* down.
back out 自 ①後ずさりして出る. ②約束を破る. ③(計画などから)手をひく.

back up 他 ① **…を支持する**：I will *back* you *up*. 私は君を支持します。② (野球・クリケットで)…をバックアップする。③(自動車)をバックさせる。④〔電算〕(データ)をコピーしておく，バックアップをとる。— 自 (自動車などが)バックする。

back·ache /bǽkèik バケイク/ 名 UC 背中[腰]の痛み。

back·bone /bǽkbòun バクボウン/ 名
❶《the をつけて》背骨, 脊椎(ﾂｲ)。
❷《the をつけて》中心的な存在, 主力。
❸ U 根性, 確固とした信念。
▶ ❷ *the backbone* of England イングランドの中心的存在。
❸ a man of *backbone* 信念のある人。

back·break·ing /bǽkbrèikiŋ バクブレイキング/ 形 (仕事が)ひどく骨の折れる。

back·date /bǽkdèit バクデイト/ 動 他 ❶(書類・小切手などに)実際より前の日付を書く。❷《英》(契約など)の発効をさかのぼらせる。

báck dóor 名 C 裏口。▶ through [by] the *backdoor* 裏口から; 不正な手段で。

back·drop /bǽkdràp バクドラップ/ 名 C
❶(舞台の)背景幕。❷(事件の)背景。

back·er /bǽkər バカ/ 名 C 後援者, 支持者。

back·fire /bǽkfàiər バクファイア/ 動 (現分 -fir·ing)自 ❶(エンジンが)バックファイア[逆火(ｷﾞｬｸｶ)]を起こす。
❷(計画などが)思いがけない結果に終わる, 裏目に出る。

back·gam·mon /bǽkgæmən バクギャモン/ 名 U バックギャモン《さいころを振ってこまを動かすふたりでするゲーム》。

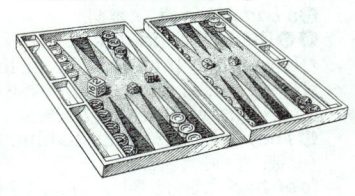

backgammon

*__**back·ground**__ /bǽkgràund バクグラウンド/ 名 (複 ~s /-dz/)
❶ C (絵画・写真などの)**背景**, バック (反 foreground)。
❷ C (家柄・教育・経験などの)背景, 経歴。
❸ C (事件などの)背景, 遠因。

❹《the をつけて; 単数形で》目だたない場所。
❺ C (織物・模様などの)地(ｼﾞ)。
❻ U = background music。

❶ a castle with hills in the *background* 山を背景にした城。
❷ He has a highly cultured *background*. 彼にはりっぱな教養がある。
❸ the *background* of the Civil War 南北戦争の遠因。
❹ stay in *the background* (人が)表面に立たない。

báckground mùsic 名 U バックグラウンドミュージック《BGMは和製英語》。

back·hand /bǽkhænd バクハンド/ 名 (テニスなどの)バック(ハンド) (反 forehand)。
— 形 バックハンドの。

back·hand·ed /bǽkhændid バクハンディッド/ 形 ❶(お世辞などが)裏の意味を含んだ, 皮肉な。❷(テニスなどで)バック(ハンド)の。

back·ing /bǽkiŋ バキング/ 名 U (とくに金銭的な)後援, 支持。

back·lash /bǽklæʃ バクラッシュ/ 名 C (政治的改革などに対する)激しい反発[反動]。

back·log /bǽklɔ̀g バクログ/ 名 C (仕事などの)やり残し。

báck númber 名 C (雑誌などの)バックナンバー, 古い号。

back·pack /bǽkpæk バクパック/ 名 C (アルミなどの枠のついた)箱形リュックサック, バックパック。
— 動 自 バックパックを背負って歩く。

báck séat 名 C (車などの)後部座席。
▶ take a *back seat* 目だたない。

báck·sèat dríver /bǽksìːt- バクスィート/ 名 C ❶車の後部座席から指図する人。❷《口語》よけいな口出しをする人。

back·side /bǽksàid バクサイド/ 名 C《口語》尻(ｼﾘ)。

back·stage /bǽkstèidʒ バクステイヂ/ 副
❶舞台裏へ[で], 楽屋へ[で]。
❷こっそり。
— 形 舞台裏の, 楽屋での。

back·stroke /bǽkstròuk バクストロウク/ 名《the をつけて》背泳《☞ breaststroke》。

báck tàlk 名 U《米》(生意気な)口答え《

backtrack

（英口語）では backchat）.

back・track /bǽktræk バクトラック/ 動
 ❶ 同じ道を通って帰る.
 ❷ 言ったこと［意見・約束］を取り消す.

back・up /bǽkʌp バカップ/ 名UC ❶ 支援, バックアップ. ❷ 予備, コピー (をすること). ❸【電算】バックアップ.

*__back・ward__ /bǽkwərd バクワド/ 副
 ❶ うしろへ, うしろ向きに, あと戻りして (反 forward).
 ❷ 退歩して, 悪化して.
 ❸ 逆に.
 ❹ (過去に)さかのぼって.
 ― 形 (more ~; most ~) ❶ 後方への, あと戻りの (反 forward).
 ❷ (進歩・発達などの)遅れた.

....

副 ❶ walk *backward* 後ずさりする / fall *backward* あおむけに倒れる.
❷ move *backward* 悪い方向へ向かう.
❸ say the alphabet *backward* アルファベットを逆に言う.

backward and forward 前後に, 行ったり来たり.
 ― 形 ❶ make a *backward* movement 後退する.
 ❷ a *backward* districts of the country 国の後進地域.

back・wards /bǽkwərdz バクワヅ/ 副 《英》＝ **backward**.

back・wa・ter /bǽkwɔːtər バクウォタ/ 名C ❶ (川の)よどみ. ❷ (世間の動きから離れた)静かな所, 僻地(へきち).

back・woods /bǽkwúdz バクウッヅ/ 名 《the をつけて》(北米・カナダなどの)未開拓の森林地, 奥地.

*__back・yard__ /bækjáːrd バクヤード/ 名 (複 ~s /-dz/) C 裏庭 (○《米》ではふつう芝生になっている;《英》では舗装されていてふつう塀に囲まれている)).

*__ba・con__ /béikən ベイコン/ 名U **ベーコン**.
▶ *bacon* and egg(s) ベーコンエッグ (薄く切ったベーコンと2個の卵の目玉焼きからなる料理; 卵1個の場合は単数形).

bac・te・ri・a /bæktíəriə バクティ(ア)リア/ 名複 バクテリア, 細菌.

bac・te・ri・al /bæktíəriəl バクティ(ア)リアル/ 形 バクテリアの.

︎︎︎**bad** /bǽd バッド/ 形 (worse /wə́ːrs/; worst /wə́ːrst/)

❶ⓐ (道徳的に) **悪い**, 不正な; 不運な (反 good).
ⓑ (子どもが)行儀の悪い.
❷ⓐ (病気・痛みなどが) **ひどい**, 悪性の.
ⓑ 病気の, 状態が悪い.
ⓒ (食物などが)腐った.
❸ へたな (反 good).
❹ 有害な, (健康などに)悪い.
❺ⓐ 質が悪い, 粗悪な.
ⓑ 不適当な, 不都合な.
ⓒ 不十分な.
ⓓ まちがった, まちがいの多い.
❻ⓐ 不快な, 望ましくない.
ⓑ (ことばなどが)下品な, 汚ない.
― 名U 悪いこと; 不運.
― 副《米口語》＝ **badly**.

....

形 ❶ⓐ It is *bad* to tell lies. うそをつくのは悪い / *Bad* habits are easily formed. 悪い習慣はつきやすい.
❷ⓐ have a *bad* cold ひどいかぜをひく / a *bad* accident ひどい事故.
ⓑ have a *bad* heart 心臓が悪い / two *bad* teeth 2本の虫歯.
❸ She is a *bad* tennis player. 彼女はテニスがへただ / He's *bad* at figures. 彼は計算がへただ / She is *bad* at keeping secrets. 彼女は秘密を守れない.
❹ Reading in bed is *bad* for your eyes. ベッドの中で本を読むのは目に悪い.
❺ⓐ a *bad* diamond 粗悪なダイヤモンド. ⓑ at a *bad* time 都合の悪いときに.
ⓒ in *bad* lighting 不十分な明かりで.
ⓓ a *bad* guess 誤った推測.
❻ⓐ It smells *bad*. いやなにおいがする / It was *bad* luck that he failed the exam. 彼が試験におちたのは不運だった / *bad* weather いやな天気.
ⓑ They said *bad* things to him. 彼らは彼に悪口を言った.

feel bad ①気分が悪い. ②《口語》後悔している, 悪いと思う, 残念に思う.

go bad (食べものが)腐(くさ)る.

have a bad time (of it) ひどい目にあう.

not bad ＝ ***not so bad*** 《口語》(まんざら)悪くない, 結構よい: He is *not so bad* at singing. 彼は歌が結構うまい /

a **b** cdefghijklmnopqrstuvwxyz　　　　　　　　　　　　　**bake**

対話 "How are you?"–"*Not bad*, thank you." 「いかがですか」「おかげさまでまあまあです」.
(*That's*) *too bad*. 《口語》それはお気の毒ですね[困った, 残念だ].
― 名 *go from bad to worse* ますます悪くなる.

bade /bǽd バッド | béid/ 動 bid の過去形.

badge /bǽdʒ バッヂ/ 名C ❶バッジ.
❷象徴.

badg·er /bǽdʒər バヂャ/ 名C アナグマ《北米・ヨーロッパ産》.

*__bad·ly__ /bǽdli バドリ/ 副 (worse /wə́ːrs/; worst /wə́ːrst/)
❶**悪く**, へたに (反 well).
❷《口語》**非常に** (○need, want を修飾して very much と同じ意味になる).
❸ひどく (○hurt, wounded など被害の意味を表わす語を修飾する).

・・・・・・・・・・・・・・・・・・・・・・・・・・・・
❶She sings *badly*. 彼女は歌がへただ / The room was *badly* heated. その部屋は暖房がきいていなかった.
❷Your hair *badly* needs cutting. 絶対髪を切らなければだめだ / She needed the money very *badly*. 彼女はその金がぜひ必要だった.
❸He was *badly* hurt. 彼はひどいけがをした.

badly off = badly-off.

badly-off /bǽdli-ɔ́(ː)f バドリ・オ(ー)フ/ 形 (worse-off /wə́ːrs-/; worst-off /wə́ːrst-/) (お金がなくて)生活が苦しい (反 well-off). ▶He is now *badly-off*. 彼は今生活に困っている.

bad·min·ton /bǽdmìntn バドミントン/ 名U バドミントン.

bad·ness /bǽdnəs バドネス/ 名U 悪い状態, 悪いこと; へたなこと; 有害; 不吉.

bad-tem·pered /bǽd-témpərd バド・テンパド/ 形 気難しい.

baf·fle /bǽfl バフル/ 動 (現分 baf·fling) 他 …を当惑させる, 困らせる. ▶The question *baffled* me. その問題はどう答えればよいのか私にはわからなかった.

*__bag__ /bǽg バッグ/ 名(複 ~s /-z/) C
❶袋, かばん, (ハンド)バッグ, 《女性用の》手さげ.
❷ひと袋(の分量).

❸《複数形で》目の下のたるみ.
― 動 (~s /-z/; bag·ged /-d/; bag·ging)
❶…を袋に入れる.
❷《口語》(人がほしがっているもの)を手に入れる.

・・・・・・・・・・・・・・・・・・・・・・・・・・・・
名 ❶a traveling *bag* 旅行かばん.
❷a *bag* of rice 米ひと袋.

ba·gel /béigl ベイグル/ 名C ベーグル《ドーナツ型の硬いパン》.

bag·ful /bǽgful バグフル/ 名(複 ~s /-z/, bags·ful /bǽgz-/) C ひと袋(の分量).

*__bag·gage__ /bǽgidʒ バギヂ/ 名U《集合的に》(旅行のときの)**手荷物**.
▶a piece of *baggage* 荷物 1 個.

bággage clàim 《米》(空港などの)手荷物受け取り所 (○《英》では **baggage reclaim**).

bággage ròom 名C《米》手荷物一時預り所 (○《英》では left-luggage office).

bag·gy /bǽgi バギ/ 形 (bag·gi·er; bag·gi·est) (服などが)たるんだ, だぶだぶした.

Bagh·dad /bǽgdæd バグダッド/ 名 バグダッド《イラク (Iraq) の首都》.

bag·pipes /bǽgpàips バグパイプス/ 名複 《the をつけて》バグパイプ《スコットランドの人が吹く皮袋のついた楽器》.

bail¹ /béil ベイル/ 名U 保釈金; 保釈.
be (*out*) *on bail* 保釈出所中である.
― 動《次の成句で》: *bail out* 他 ①(保証人が)…を保釈してもらう. ②…を苦境から救う.

bail² /béil ベイル/ 動《次の成句で》: *bail out* 他 ①(船)から水をくみ出す. ②(水)をくみ出す. ― 自 脱出する.

bait /béit ベイト/ 名U ❶(魚釣りの)えさ.
❷(おびき寄せる)おとり, わな, 誘惑.
― 動 他 ❶(釣り針・わな)にえさをつける.
❷(人)をおこらそうとする.

・・・・・・・・・・・・・・・・・・・・・・・・・・・・
名 ❶put *bait* on the hook 釣り針にえさをつける.
― 動 他 ❶*bait* the hook 釣り針にえさをつける; えさで人を誘惑する.

*__bake__ /béik ベイク/ 動 (~s /-s/; baked /-t/; bak·ing) 他 ❶@(オーブンや熱した鉄板の上などで)(パン・菓子など)を**焼く**(☞cook

baker

|類語|).
❺《**bake ～ ...** または **bake ... for ～**》～に…を焼いてあげる.
❷(かわら・れんがなどを)焼く.
❸(太陽が)…を熱で固くする,(肌)を焼く.
— ⃞自 ❶(パン・菓子などが)**焼ける**.
❷《口語》身体が暑くなる.

⃞他 ❶ⓐa *baked* apple 焼きリンゴ / a *baked* potato 皮つきの焼きジャガイモ (jacket potato).
ⓑI'm *baking* Tom a birthday cake. 私はトムのためにバースデイケーキを焼いている.
— ⃞自 ❶The bread is *baking*. パンが焼けている.
❷I'm *baking*! 暑くてたまらない.

|類語| **bake** は「パンなどを焼く」,**boil** は「煮る」,**fry** は「肉などを油で揚げる [いためる]」.

bake   boil   fry

*bak・er /béikər ベイカ/ 名(複 ~s /-z/) Ⓒ **パン屋**(人).
▶the *baker's* 《英》パン屋(店).

bak・er・y /béikəri ベイカリ/ 名(複 -er・ies /-z/) Ⓒパン屋(店), 製パン所.

bak・ing /béikiŋ ベイキング/ 名 ❶Ⓤパンを焼くこと. ❷Ⓒ(パンなどの)ひと焼き(分).
— 副焼けつくように.
▶副*baking* hot 焼けつくように熱い.

báking pòwder 名Ⓤ(パンやケーキを焼くときに入れる)ふくらし粉.

*bal・ance /bǽləns バランス/ (★アクセント注意)名(複 -anc・es /-iz/) ❶《単数形で》**バランス**, 釣り合い, (心の)落ち着き, 調和, 安定した状態(反 imbalance).
❷Ⓒ(貸借(たいしゃく)の)差し引き, (収支の)残高.
❸Ⓒ天秤(てんびん)ばかり.
— 動(-anc・es /-iz/; -anced /-t/; -anc・ing)⃞他 ❶…の釣り合いを取る, バランスを保たせる.
❷…と**釣り合う**, …の埋め合わせをする.
❸…を〔~と〕比較検討する〔*against*〕.
❹…を決算する, 清算する.
— ⃞自 ❶**釣り合う**, バランスを保つ.
❷(計算・帳簿などが)合う.

名 ❶a sense of *balance* 平衡感覚 / emotional *balance* 心の落ち着き.
❷a *balance* of accounts 差し引き残高 / a large bank *balance* 多額の銀行預金残高 / the *balance* of trade 貿易収支.
❸a pharmacist's *balance* 薬品用天秤(てんびん).

hang [*be, tremble*] *in the balance* 宙ぶらりん[未定]の状態にある.
keep one's balance ①体のバランスを保つ. ②心の落ち着きを保つ.
lose one's balance ①体のバランスを失う. ②心の落ち着きを失う.
off balance ①体のバランスを失って. ②心の落ち着きを失って.
on balance すべてを考慮すると[して].
strike a balance ①収支決算をする. ②公平な解決[調整]をする.

— 動⃞他 ❶She *balanced* three books on her head. 彼女は3冊の本を(落ちないように)頭にのせた / *balance* work *with* recreation 仕事とレクリエーションのバランスをとる.
❷This month's gains *balance* last month's losses. 今月の利益は先月の欠損を埋め合わせている.
❸balanece the need for a new road *against* the damage to the environment 新しい道路の必要性と環境への被害を比較検討する.
❹*balance* the books 帳簿を締める, 決算する.
— ⃞自 ❶The scales *balance*. はかりが釣り合っている / *balance* on one leg [foot] 片足でバランスをとる.

bal・anced /bǽlənst バランスト/ 形釣り合いのとれた; 公平な. ▶a *balanced* diet 完全栄養食.

bálance of pówer 名《the をつけて》❶(強国間の)勢力均衡. ❷(大きなグループの勢力が均衡状態にあるときに)小さなグ

a**b**cdefghijklmnopqrstuvwxyz   **ball game**

ループが持っている決定権.

bálance shèet 名C〖商業〗貸借(ホルヤラ)対照表, バランスシート.

*__bal·co·ny__ /bǽlkəni バルコニ/ 名 (複 -co·nies /-z/) C
❶ バルコニー(☞ yard のさし絵).
❷ (劇場の)2階席.

bald /bɔ́:ld ボールド/ 形 (~·er; ~·est)
❶ (頭などの)はげた.
❷ (山などが)木のない.
❸ 単調な, 飾りのない, ありのままの.

báld éagle 名C〖鳥類〗ハクトウワシ《北米産のワシ; ✿ American eagle ともいう; ☞ spread eagle》.

INFO ハクトウワシはアメリカ合衆国の国鳥であり, 合衆国のシンボルとされている. 国章 (seal), 郵便のマーク, 貨幣の裏模様などに用いられている.

ハクトウワシの郵便ポストのマーク

bald eagle

bald·ing /bɔ́:ldiŋ ボールディング/ 形 (頭が)はげかかった.

bald·ly /bɔ́:ldli ボールドリ/ 副 率直に, ぶっきらぼうに.

bale /béil ベイル/ 名C (船積み用商品の)こり, 包み.

balk /bɔ́:k ボーク/ 《★ l は発音されない》《米》名C ❶ 妨害, じゃま. ❷〖野球〗ボーク.
— 動 他 …を妨害する.
— 自 ❶ (馬が)急に止まって進もうとしない.
❷ (人が)しりごみする, ちゅうちょする.
❸〖野球〗(投手が)ボークする.

***__ball__¹** /bɔ́:l ボール/ 名 (複 ~s /-z/)
❶ C ⓐ **ボール, 球**.
ⓑ **球形をしたもの**.
❷ U 球技; (米)(とくに)野球.
❸ C ⓐ 投球; 打球.
ⓑ〖野球〗ボール (反 strike).

┈┈┈┈┈┈┈┈┈┈┈┈┈┈┈┈┈┈┈┈┈┈
❶ ⓑ The earth is a *ball*. 地球は球体である / a *ball* of yarn 毛糸の玉 / the *ball* of the foot 足の親指のつけ根のふくらみ.

語の結びつき

bounce a *ball* ボールをはずませる
catch a *ball* ボールをとる
drop a *ball* ボールを落とす
hit [bat, strike] a *ball* ボールを打つ
kick a *ball* ボールをける
miss a *ball* ボールをとりそこなう
throw a *ball* ボールを投げる

❸ⓐ a fast *ball* 速球. ⓑ three *balls* and two strikes 2ストライク3ボール 《✿ 英語では ball(s) を先にいう》.

be on the ball 《口語》機敏である, 有能である.

carry the ball 《米口語》(仕事・行動で)責任をとる; 率先してやる; 中心的役割を果たす: *carry the ball* for the U.S.A 合衆国のために難局にあたる 《✿ アメリカンフットボールではボールを持って走ることが非常に重要であることから》.

keep the ball rolling (会話・行動などをとぎれないように)うまく続けていく.

play ball ① 球技をする;《米》野球をする. ② (野球など)ゲームを始める [再開する]: *Play ball!*〖野球〗プレーボール! ③《口語》協力する.

set [start, get] the ball rolling (行為・議論などを)始める.

The ball is in ...'s court. = ***The ball is with ....*** さあ, …の番だ.

ball² /bɔ́:l ボール/ 名C 舞踏会《公式のダンスパーティー; ✿ ふつうのダンスパーティーは dance》.

bal·lad /bǽləd バラド/ 名C ❶ 民謡, バラッド《素朴なことばで書かれた民間伝承の物語詩》. ❷ (感傷的な)ラブソング.

báll béaring 名C ボールベアリング, 玉軸受け.

bal·le·ri·na /bæ̀lərí:nə バレリーナ/ 名C バレリーナ《女性のバレエの踊り手》.

*__bal·let__ /bǽlei バレイ, bæléi/《★ t は発音されない》名 (複 ~s /-z/)
❶ C バレエ, 舞踊劇.
❷ U バレエ(の技術).
❸ U バレエ音楽. ❹ C バレエ団.

báll gàme 名 ❶ C 《米》野球;《英》球技; 球技の試合. ❷ C 《口語》状況, 事態.
▶ ❷ a (whole) new [different] *ball game* まったく新しい[異なる]状況.

eighty-three   83

ballistic

bal·lis·tic /bəlístik バリスティック/ 形 弾道(学)の. ▶a *ballistic* missile 弾道ミサイル.

go ballistic 《口語》激怒する.

*__bal·loon__ /bəlúːn バルーン/ 图(複 ~s /-z/)
ⓒ ❶ 気球. ❷(おもちゃの)ゴム風船.
❸ 吹き出し《漫画の人物のことばを入れる部分》.
— 動 ⾃ ふくらむ.
▶图 ❶ launch [send up] a *balloon* 気球を上げる.

bal·lot /bǽlət バロト/ 图
❶ⓊⒸ(無記名)投票. ❷ⓒ(無記名)投票用紙(◎(英)では bállot pàper ともいう).
❸《the をつけて》投票総数.
— 動 ⾃(無記名)投票をする.
▶图 ❶ cast a *ballot* 投票する / hold a *ballot* 投票で決める.

bállot bòx 图 ❶ⓒ投票箱. ❷《the をつけて》投票, 選挙. ▶❷through *the ballot box* 投票により.

ball·park /bɔ́ːlpɑ̀ːrk ボールパーク/ 图 ⓒ
(米)野球場.
in the ballpark だいたい正確で.
in the same ballpark だいたい同じくらいで.

bállpark fígure [èstimate] 图 ⓒ 概数(ホム), だいたいの数.

bállpòint pén /bɔ́ːlpɔ̀int- ボールポイント/ 图 ⓒ ボールペン(◎ bállpóint ともいう).

ball·room /bɔ́ːlrù(ː)m ボールルーム/ 图 ⓒ ダンス室[場].

balm /bɑ́ːm バーム/ (★l は発音されない)图 ⓊⒸ鎮痛軟こう.

balm·y /bɑ́ːmi バーミ/ 形(balm·i·er; balm·i·est) さわやかな, 快い.

ba·lo·ney /bəlóuni バロウニ/ 图 ❶《米口語》Ⓤ くだらないこと. ❷ⓒ《米》ボロニアソーセージ(bologna).

Bal·tic /bɔ́ːltik ボールティック/ 形 バルト海の.
— 图《the をつけて》= Baltic Sea.

Báltic Séa 图《the をつけて》バルト海《ヨーロッパ北部とスカンジナビア半島との間の大西洋の一部》.

bam·boo /bæmbúː バンブー/ (★アクセント注意)图(複 ~s /-z/) ❶ⓊⒸ 竹.
❷《形容詞的に》竹の.
▶❷ *bamboo* shoots [sprouts] たけのこ.

ban /bǽn バン/ 图 ⓒ (法律による)禁止, 禁制, 禁止令.
— 動 (~s /-z/; banned /-d/; ban·ning) ⾏ …を禁止する.
▶图 There is a *ban* on smoking here. ここは禁煙になっている.
— 動 ⾏ He was *banned from* entering the room. 彼はその部屋に入ることを禁じられた.

ba·nal /bənǽl バナル/ 形 陳腐な, 平凡な.

*__ba·nan·a__ /bənǽnə バナナ | bənɑ́ːnə/
(★アクセント注意)图(複 ~s /-z/)ⓒ バナナ.
▶a bunch of *bananas* バナナ一房.

*__band__ /bǽnd バンド/ 图(複 ~s /-dz/)ⓒ
❶ 楽団, バンド.
❷ 一団, 一隊. ❸ ひも, なわ, たが.
❹ (帽子などの)バンド, 帯.
❺ 帯状のもの, (色の)筋.
❻ 周波数帯 (waveband).

《日本語でズボンの「バンド」というが, これは**belt**のこと》

— 動 (~s /-dz/; ~ed /-id/; ~·ing)
⾏ ❶ …にバンドをつける.
❷ …をしばる, くくる.

图 ❶ a *band* concert 楽団演奏会.
❷ a *band* of robbers 盗賊の一団.
❸ a rubber *band* 輪ゴム.
❹ wear a *band* of ribbon リボンを身につける.
❺ the seven *bands* of colors in a rainbow にじの七色の帯.
— 動 *band together* ⾏ …を団結させる. — ⾃ 団結する.

ban·dage /bǽndidʒ バンディチ/ 图(複 -dag·es /-iz/)ⓒ 包帯.
— 動(現分 -dag·ing) ⾏ …に包帯をする.
▶图 wear a *bandage* 包帯をつけている.

Band-Aid /bǽndéid バンデイド/ 图 ⓊⒸ バンドエイド《救急ばんそうこう》.

ban·dan·na, ban·dan·a /bændǽnə

a**b**cdefghijklmnopqrstuvwxyz　　　　　　　　　　　　　　**banker**

バンダナ/ 名Ⓒ バンダナ《首に巻く大形のハンカチ》.

B & B /bíː ən bíː ビー アン ビー/ 名＝**bed and breakfast**.

ban·dit /bǽndit バンディット/ 名Ⓒ 山賊(賊).

band·stand /bǽndstæ̀nd バンドスタンド/ 名Ⓒ (公園などの)屋外音楽堂.

band·wag·on /bǽndwæ̀gən バンドワゴン/ 名Ⓒ (パレードなどの先頭に立つ)楽団の乗って行く車.
climb [*jump*] *on the bandwagon* (政治運動や競技などで)優勢なほうに味方する; 時流に便乗する.

bang /bǽŋ バング/ 動 (~s /-z/; ~ed /-d/; ~ing) 他 ❶ …をドンとたたく.
❷ (うっかり)…をドンとぶつける.
❸ (ドア・ふたなどを)バタンと閉める.
❹ (鉄砲などを)ズドンと発砲する.
— 自 ❶ ドンとぶつかる. ❷ ドンとたたく. ❸ (ドアなどが)バタンと鳴る.
— 名 (複 ~s /-z/)Ⓒ ドカン, バタン, ズドン, 強打.
— 副 ❶ ドカンと, バタンと. ❷ (口語) ちょうど, ずばり.
— 感 バタン《ドアを閉める音》, ドシン, バーン, ズドン《ピストルなどの音》.

「バタン」　　　　　　「バーン」

動 他 ❶ *bang* a drum 太鼓をドンドン打つ. ❷ He *banged* his fist on the table. (= He *banged* the table with his fist.) 彼はこぶしでテーブルをたたいた / Be careful not to *bang* your head on the beam. 頭をはりにぶつけないように注意しなさい.
— 自 ❶ *bang into* [*against*] the wall 壁にぶつかる.
❷ *bang* on [at] the door ドアをドンドンとたたく.
— 名 *with a bang* ①バタンと音をたてて. ②大成功で.

Bang·kok /bǽŋkɑk バンカク │ bæŋkɔ́k/ 名 バンコック《タイ (Thailand) の首都》.

Ban·gla·desh /bàːŋglədéʃ バーングラデシュ/ 名 バングラデシュ《インド東方の共和国; 首都ダッカ (Dacca)》.

ban·gle /bǽŋgl バングル/ 名Ⓒ 腕輪, 足首飾り, バングル(☞**bracelet**).

ban·ish /bǽniʃ バニッシュ/ 動 (~es /-iz/; ~ed /-t/; ~ing) 他 (人)を追放する.

ban·is·ter /bǽnistər バニスタ/ 名Ⓒ《複数形で; 単数または複数扱い》(階段の)手すり《とくに建物内の階段の手すりとそれを支える支柱を含めていう》.

ban·jo /bǽndʒou バンチョウ/ 名 (複 ~s, ~es /-z/)Ⓒ バンジョー《ギターに似た 4 弦または 5 弦の楽器》.

*__bank__¹ /bǽŋk バンク/ 名 (複 ~s /-s/)Ⓒ
❶ 銀行.
❷ (血液・データなどの)バンク, 貯蔵所, 保管所.

❶ put money in the *bank* 銀行に金を預ける.
❷ a blood *bank* 血液銀行 / a data *bank* 資料の保管所, データバンク.

*__bank__² /bǽŋk バンク/ 名 (複 ~s /-s/)Ⓒ
❶ 土手, (川・湖などの)岸, 川[湖]沿いの土地.
❷ (土手のように)長く盛り上がったもの; (雪・雲などの)かたまり.
❸ (海・川の水中の)洲(ス), 浅瀬 (sandbank).
❹ (道路や競輪場などのカーブで外側が高くなっている)傾斜面.
— 動 他 ❶ …に土手を築く.
❷ …を(堤のように)積み上げる.

名 ❶ on the right *bank* of the river 川の(川下に向かって)右岸に.
❷ a *bank* of earth 帯状のもり土 / a snow *bank* 雪の吹きだまり.

bánk accòunt 名Ⓒ 銀行預金口座.

bánk càrd 名Ⓒ ❶ (米) (銀行の)クレジットカード《キャッシュカード (cash card)としても使う》.
❷ (英) バンクカード《cheque card ともいい, 小切手利用時に銀行の支払い保証のあることを示すことができる》.

bánk clèrk 名Ⓒ 銀行員.

*__bank·er__ /bǽŋkər バンカ/ 名 (複 ~s/-z/)

bank holiday

　 C**銀行家**, 銀行経営者.
bánk hóliday 名(複 ~s /-z/)C(英)
(土曜日, 日曜日以外の年8回の)公休日
(public holiday).
bank·ing /bǽŋkiŋ バンキング/ 名U銀行
業.
bánk nòte 名C紙幣(◎(米)では bill と
もいう; ☞ coin).
bank·rupt /bǽŋkrʌpt バンクラプト/ 形 破
産した. ― 動他 …を破産させる.
▶形go *bankrupt* 破産する.
　　　　　　　　　☞ 名bankruptcy.
bank·rupt·cy /bǽŋkrʌptsi バンクラブ(ト)
スィ/ 名(複 -rupt·cies /-z/)UC破産.
　　　　　　　　　☞ 形bankrupt.
ban·ner /bǽnər バナ/ 名C ❶旗じるし,
のぼり《スローガンなどを書いた長い布》.
❷旗《◎ふつうは flag を用いる》.
▶❷the Star-Spangled *Banner* 星
条旗《アメリカ国歌[国旗]》.
ban·quet /bǽŋkwit バンクウェット/ 名C
宴会《乾杯やスピーチが行なわれる正式なもの
をいう》.
ban·ter /bǽntər バンタ/ 名U悪意のない
からかい. ― 動他からかう.
bap·tism /bǽptizm バプティズム/ 名UC
洗礼(式)《キリスト教徒になる儀式》.
　　　　　　　　　☞ 動baptize.
Bap·tist /bǽptist バプティスト/ 名Cバプ
ティスト《キリスト教新教の一派》.
― 形バプティストの.
bap·tize /bæptáiz バプタイズ/ 動(現分
-tiz·ing)他…に洗礼を施(ほどこ)す.
*bar /báːr バー/ 名(複 ~s /-z/)
❶C(木・金属の)**棒**; 棒状のかたまり.
❷C**横木**, かんぬき.
❸C障害物, 障害.
❹C ⓐ バー, 酒場. ⓑ(バーなどの)カウン
ター. ⓒ 軽食堂《ふつう酒類は売らず客はカウ
ンターの前に腰掛けて飲食する》.
❺C(光・色などの)筋(すじ), しま.
❻C ⓐ(楽譜の小節を分ける)縦線.
　 ⓑ(縦線で仕切られた)小節.
❼《the をつけて》ⓐ法廷. ⓑ審判, 制裁.
❽《the bar または the Bar で》ⓐ弁護
士業. ⓑ《集合的に》《裁判所所属の》弁護士
団; 法界.
― 動(~s /-z/; barred /-d/; bar·ring
/báːriŋ/)他 ❶ (ドア・門などに)かんぬきを
かける.

❷ ⓐ (道)をふさぐ.
　 ⓑ …を妨害する, はばむ.
❸ …を公式に禁止する.
❹ …を除外する, 締め出す.
― 前 …を除いて (except).

―――――――――――――――

名 ❶ a *bar* of chocolate = a choco-
late *bar* 板[棒]チョコ.
❹ ⓑ a coffee *bar* コーヒースタンド.
❽ ⓐ go to *the bar* (法廷)弁護士にな
る.
behind bars 刑務所に入って[た].
― 動他 ❶ *bar* the gate 門にかんぬき
をかけて閉める.
❷ ⓐ *bar* the way into the building
建物に入る通路をふさぐ.
Bar·ba·ra /báːrbərə バーバラ/ 名バーバ
ラ《女性の名》.
bar·bar·i·an /baːrbéəriən バーベ(ア)リア
ン/ 名C ❶野蛮人. ❷教養のない人.
bar·bar·ic /baːrbǽrik バーバリック/ 形
❶野蛮な, 粗野な. ❷けばけばしい, 下品
な. ❸残忍な.
bar·ba·rism /báːrbərizm バーバリズム/
名 ❶U野蛮, 未開(の状態). ❷C粗野
な行為[ことば].
bar·bar·i·ty /baːrbǽrəti バーバリティ/ 名
(複 -i·ties /-z/) ❶U野蛮. ❷C野蛮
[残忍]な行為.
bar·ba·rous /báːrbərəs バーバラス/ 形
❶野蛮な, 粗野な. ❷教養のない, 下品
な. ❸残忍な.
bar·ba·rous·ly /báːrbərəsli バーバラスリ
/ 副 ❶野蛮に. ❷下品に. ❸残忍に.
bar·be·cue /báːrbikjùː バービキュー/ 名
❶UCバーベキュー.
❷C(バーベキューの出る)野外パーティー.
❸Cバーベキュー用の台.
― 動(現分 -cu·ing)他(豚・牛・鳥など)
を丸焼きにする, バーベキューにする.
barbed /báːrbd バーブド/ 形とげのある,
悪意のある.
bárbed wíre 名U有刺鉄線.
bar·bell /báːrbèl バーベル/ 名C(重量挙
げの)バーベル.
*bar·ber /báːrbər バーバ/ 名(複 ~s /-z/)
C ❶理髪師.
❷(英)理髪店《◎ふつうはbarber's という;
(米)では**barber shop**》.
　INFO 英米では, 散髪 (haircut), 洗髪

(shampoo), 顔そり (shave) など客が希望することだけをする. それぞれ別料金であり, さらにチップを払う; ☞ hairdresser, beauty parlor.

bár còde 名C バーコード《値段などの読み取りに用いる縦縞(しま)模様の記号》.

*__bare__ /béər ベア/ 形 (bar·er /béərər/; bar·est /béərist/)

❶ 裸の, むき出しの, 露出した.
❷ からの, がらんとした.
❸ ありのままの.
❹ 最低限の, かろうじての, 単なる.
— 動 (現分 bar·ing /béəriŋ/) …を裸にする, あらわにする.

形 ❶ walk with *bare* feet はだしで歩く / a *bare* floor (敷物の敷いてない)むき出しの床 / a *bare* tree 葉が落ちた木.
類語 **naked** は手や足などが部分的に露出しているときに用い, **nude** はモデルなどの場合の人の裸に用いる.

---

❷ a *bare* safe からっぽの金庫.
❸ the *bare* facts ありのままの事実.
❹ at the *bare* thought 考えただけで / the *bare* necessities of life やっと生きていくだけの必需品 / by a *bare* majority かろうじて過半数で.
lay bare 他 ①…をむき出しにする. ②…を打ち明ける. ③…を暴露する.
with …'s bare hands 武器を使わずに, 素手で.
— 動 他 *bare* one's head 帽子を脱ぐ《同音異形語》bear[1,2].

bare·foot /béərfùt ベアフット/ 形副 はだし[素足]の(で). ▶ walk *barefoot* はだしで歩く.

*__bare·ly__ /béərli ベアリ/ 副 ❶ かろうじて, やっと.
❷ 貧弱に, 乏しく.
語法 **hardly, scarcely** は「ほとんど…ない」という否定的意味に対して **barely** は「やっと…する」の肯定的意味を表わすのがふつう.
▶ ❶ I had *barely* enough money to go home. 私は家に帰るだけの金がやっとあった / *barely* pass the examination かろうじて試験に合格する.

*__bar·gain__ /bá:rgən バーゲン/ 名 (複 ~s /-z/) C ❶ 割安の買い物, 買い得品, 格安品.
❷ (売買などの) 契約, 協定, 取り引き.
— 動 (~s /-z/; ~ed /-d/; ~ing) 自
❶ (売買の) 契約をする.
❷ 交渉する; 値切る.

名 ❶ This table was a (good) *bargain*. このテーブルは買い得だった / make a good [bad] *bargain* じょうずな[へたな]買物をする.
at a bargain 安く.
— 動 自 ❷ *bargain* with the farmer over the potatoes 農夫とジャガイモの値引きの交渉をする.
bargain away 他 …を安値で手放す.
bargain for [《米》**on**] 《否定文で》…を予期する, 当てにする.

bar·gain·ing /bá:rgəniŋ バーゲニング/ 名U 取り引き, 契約, 交渉.

barge /bá:rdʒ バーヂ/ 名C (川などの)はしけ, 平底荷船.

bar·i·tone /bǽrətòun バリトウン/ 名
❶ U.C バリトン《男性の中間音域; ☞ bass[1]》. ❷ C バリトン歌手.
— 形 バリトンの.

*__bark__[1] /bá:rk バーク/ 動 (~s /-s/; ~ed /-t/; ~ing) 自 ❶ (犬などが)**ほえる**《☞roar》.
❷ どなる.
— 他 …をどなって言う.
— 名 (複 ~s /-s/) C (犬などの)ほえ声.

動 自 ❶ The dog *barked* at him. 犬は彼にほえついた.
▶ give a *bark* ワンとほえる.

bark[2] /bá:rk バーク/ 名U 木の皮.
— 動 他 (木の皮を)はぐ.

bar·ley /bá:rli バーリ/ 名U 大麦.

bar·maid /bá:rmèid バーメイド/ 名C 女性のバーテン《✿「男性のバーテン」は barman》.

bar·man /bá:rmən バーマン/ 名 (複 bar·men /-mən/) C 《英》バーテン《✿「女性のバーテン」は barmaid; 《米》ではふつう bartender》.

*__barn__ /bá:rn バーン/ 名 (複 ~s /-z/) C (農家の) 納屋(や), 物置き《《米》では家畜小屋を兼ねることがある》.

barn·yard /bá:rnjà:rd バーンヤード/ 名C 納屋(や) (barn) の周囲の庭; 農家の内庭.

ba·rom·e·ter /bərάmətər バラメタ/ 《★アクセント注意》 名 C ❶晴雨計, 気圧計. ❷傾向[変化]を示すもの, 指標, バロメーター.
☞ 形 barometric.

bar·o·met·ric /bæ̀rəmétrik バロメトリック/ 形 気圧の, 気圧計の. ▶*barometric* pressure 気圧.
☞ 名 barometer.

bar·on /bǽrən バロン/ 名 C ❶男爵(だんしゃく) (☞ peerage の INFO). ❷大実業家, …王.
▶❷an oil *baron* 石油王.

bar·on·ess /bǽrənəs バロネス/ 名 (複 ~es /-iz/) C 男爵夫人; 女性男爵 (☞ peerage の INFO).

ba·roque /bəróuk バロウク | -rɔ́k/ 名 《the をつけて》バロック様式 《17世紀のヨーロッパの建築や音楽などの様式》.
— 形 バロック様式の.

bar·racks /bǽrəks バラックス/ 名 (複 barracks) C 兵営, 兵舎.

bar·rage /bərάːʒ バラージュ/ 名 C ❶集中砲撃. ❷(質問・批判などの)連続, 集中, 雨.

*__bar·rel__ /bǽrəl バレル/ 名 (複 ~s /-z/) C ❶(胴のふくれた木・金属・プラスチック製の)たる 《ビールや石油などの液体だけでなく, 果物, 野菜, 魚, 肉などを入れるのにも用いる; ☞ tub, cask》. ❷ひとたるの量, バレル 《○入れる品物によってイギリスとアメリカで量がちがう》. ❸銃身.

bar·ren /bǽrən バレン/ 形 ❶作物のできない, 不毛の (反 fertile). ❷(動物が)子を生まない, (植物が)実を結ばない. ❸役に立たない.
▶❶a *barren* desert 不毛の砂ばく.

bar·ri·cade /bǽrəkèid バリケイド, bǽrəkéid/ 名 C バリケード.
— 動 (現分 -cad·ing) 他 …にバリケードを築く, (障害物で)…をふさぐ.

bar·ri·er /bǽriər バリア/ 名 (複 ~s /-z/) C ❶さく, 通行[出入り]をさまたげる物. ❷(駅の)改札口. ❸障害.

bar·ri·er-free /bǽriər-fríː バリアフリー/ 形 バリアフリーの.

bar·ring /bάːriŋ バーリング/ 前 …を除いて.

bar·ris·ter /bǽristər バリスタ/ 名 C (英) 法廷弁護士 《上級裁判所で弁護をする資格がある》.

bar·room /bάːrrù(ː)m バール(ー)ム/ 名 C (米) (ホテルなどの)酒場, バー.

bar·row /bǽrou バロウ/ 名 C ❶(石・砂などを運ぶ)一輪手押し車 (○wheelbarrow ともいう). ❷(英) (荷物などを運ぶ)二輪手押し車.

bar·tend·er /bάːrtèndər バーテンダ/ 名 C (米) バーテン (○(英)ではbarman).

bar·ter /bάːrtər バータ/ 動 自 物々交換をする. — 他 …を交換する.
▶*barter* a watch *for* food 時計を食物と交換する.
— 名 U 物々交換.

**base /béis ベイス/ 名 (複 bas·es /-iz/)

❶ C ⓐ **土台**.
ⓑ (山の)ふもと, (木の)根もと.
❷ C **基礎**, 根底.
❸ C 根拠地, 基地.
❹ UC (野球の)塁, ベース.
❺ C (混合物の)主成分.
❻ C 【数学】底辺, 底面.

— 動 (bas·es /-iz/; based /-t/; bas·ing) 他 ❶ 《ふつう be based on [upon] …》…を**基礎にしている**, に基づいている.
❷ 《ふつう be based in …》(活動の本拠地などを)…に置いている.

・・・・・・・・・・・・・・・・・・・・・・・・・
名 ❶ⓐ the *base* of the statue 彫像の台座.
❷ the *base* of the theory その理論の基礎.
❸ an air *base* 空軍基地.
❹ third *base* 三塁 / The *bases* are loaded [full]. 満塁だ 《○「フルベース」は和製英語》.

— 動 ❶ The movie is *based on* a true story. その映画は実話をもとにしている.
❷ The company is *based in* London. その会社はロンドンに本社がある.
☞ 形 basic.

*__base·ball__ /béisbɔ̀ːl ベイスボール/ 名 (複 ~s /-z/) ❶ U 野球.
❷ C 野球用のボール.

abcdefghijklmnopqrstuvwxyz　　　　　　　　　　　　　　　　bat

▶❶play *baseball* 野球をする.

báse càmp 名Ⓒ(登山隊などの)キャンプ基地, ベースキャンプ.

báse lìne 名Ⓒ❶(測量や製図の)基準線. ❷(テニスコートの)ベースライン.

*__base·ment__ /béismənt ベイスメント/ 名 (複 ~s /-ts/) Ⓒ地階, 地下室(☞cellar).
INFO ふつうの住宅では完全な地下室ではなくて, 道路面よりは低い「半地下室」の場合が多い. ふつう台所, 食堂, 貯蔵室などがあるが, 部屋があることもある.

ba·ses¹ /béisi:z ベイスィーズ/ 名 basis の複数形.

*__bas·es²__ /béisiz ベイスィズ/ 名 base の複数形.

bash /bǽʃ バッシュ/ 動 (~es; ~ed /-t/; ~ing) 他 ❶…をたたきつぶす, ぶんなぐる. ❷…を非難する.
— 名Ⓒ ❶強打. ❷《口語》(大きな)パーティー.

bash·ful /bǽʃfəl バシュフル/ 形 恥ずかしがる, 内気な(☞shy の 類語).

bash·ing /bǽʃiŋ バッシング/ 名Ⓤ《しばしば複合語で》強い批判, …たたき.
▶Japan-*bashing* 日本たたき.

*__bas·ic__ /béisik ベイスィック/ 形 (more ~; most ~) ❶基礎の, 根本の.
❷必要最小限の, 簡素な.
— 名《複数形 basics で》❶重要なこと, 基本, 基礎. ❷必需品.
▶形❶*basic* principles 根本原理 / *basic* wages 基本給. ❷*basic* equipment 必要最小限の設備.
☞名base.

*__ba·si·cal·ly__ /béisikəli ベイスィカリ/ 副 基本的に(は), 根本的に(は).
▶*Basically*, she is a nice person. 基本的には[本来]彼女はよい人だ.

*__ba·sin__ /béisn ベイスン/ 名 (複 ~s /-z/) Ⓒ❶洗面器; (料理用の)ボール, 鉢.
❷(英)洗面台(washbasin). ❸盆地.

*__ba·sis__ /béisis ベイスィス/ 名 (複 ba·ses /béisi:z/) Ⓒ基礎, 根拠, 原理; 基準.

．．．．．．．．．．．．．．．．．．．．．．．．．．．

There was no *basis* for believing that story. その話を信じる根拠はなにもなかった / work on a daily *basis* 日給で働く.

on the basis of ... …を基礎[根拠, 基準]にして: *on the basis of* efficiency 効率を基準にして.

bask /bǽsk バスク/ 動⾃ ❶〔日光などに〕暖まる, 暖かい所にすわる〔横たわる〕〔*in*〕.
❷〔恩恵などに〕浴する, ひたる〔*in*〕.
▶*bask in* the love of *one's* family 家族の愛情に包まれる.

*__bas·ket__ /bǽskit バスキット | bά:s-/ 名 (複 ~s /-z/) Ⓒ❶かご, バスケット.
❷＝basketful.
▶❶a shopping *basket* 買い物かご.

bas·ket·ball /bǽskitbɔ̀:l バスキトボール/ 名 (複 ~s /-z/) ❶Ⓤ(球技の)バスケットボール.
❷Ⓒバスケットボール用のボール.

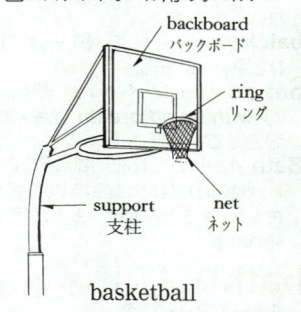

backboard バックボード
ring リング
support 支柱
net ネット
basketball

bas·ket·ful /bǽskitfùl バスキトフル/ 名 (複 ~s /-z/, bas·kets·ful /bǽskits-/) Ⓒかご1杯分(の分量).

bass¹ /béis ベイス/ 《★発音注意》名 (複 ~·es /-iz/) ❶⒰Ⓒバス, ベース《男声の最低音域; ✿ 中間音域はバリトン(baritone), 最高音域はテナー(tenor)という; ☞alto). ❷Ⓒⓐバスの歌手. ⓑ低音楽器. ⓒ＝double bass. ⓓベースギター《✿ **bass guitar** ともいう》.
— 形 バスの.

《同音異形語》base.

bass² /bǽs バス/ 《★bass¹との発音の違いに注意》名 (複 ~, ~·es /-iz/) Ⓒバス《スズキの類の魚》.

bas·soon /bəsú:n バスーン/ 名Ⓒバスーン, ファゴット《低音を出す大きな木管楽器》.

bas·tard /bǽstərd バスタド/ 名Ⓒ《俗語》いやなやつ.

*__bat¹__ /bǽt バット/ 名 (複 ~s /-ts/) Ⓒ
ⓐ(野球・クリケットなどの)**バット**.

bat

❻(ピンポン・テニスなどの)ラケット.
— 動(~s /-ts/; bat·ted /-id/; bat·ting)⾃ ❶(バットで)打つ. ❷打席に立つ.
— 他 ❶(バットで)…を打つ. ❷…の打率をあげる. ❸打って(走者)を進ませる.
▶名 *at bat* (野球・クリケットで)打席について (☞成句 in the field (⇨ field)).
— 動 他 ❷ *bat* .300 3 割打つ (⦿ .300 は three hundred と読む; ☞ batting average).

bat² /bæt バット/ 名 ⓒ コウモリ.

bat³ /bæt バット/ 動 他 (まぶた)をまばたかせる.
not bat an eye [*eyelid*] 少しも驚かない.

batch /bætʃ バッチ/ 名 (複 ~es /-iz/) ⓒ ひと束; 一群, 一団.

bat·ed /béitid ベイティド/ 形《次の成句で》: *with bated breath* (心配・興奮などで)息をころして.

Bath /bɑːθ バス | bάːθ/ 名 バース《イングランドの都市; 18世紀に温泉場として栄えた; 現在もローマぶろの遺跡がある; ☞ hot spring》.

★★★bath /bǽθ バス | bάːθ/ 名 (複 ~s /bǽðz | bάːðz/) ⓒ
❶**入浴**, 水浴.
❷ⓐ(英)**浴そう** (⦿ tub ともいう; (米)では bathtub).
ⓑ(米)浴室 (⦿ bathroom ともいう).
ⓒ(浴そうの)湯, 水.
❸《ふつう複数形で》(英)ⓐ屋内プール.
ⓑふろ屋. ⓒ温泉地.
— 動 他《英》(赤ん坊・病人など)をふろに入れる.
— ⾃《英》入浴する.

名 ❶ have [take] a *bath* 入浴する. ☞ 動 bathe.

★bathe /béið ベイズ/《★発音注意》動 (~s /-z/; bathed /-d/; bath·ing) 他 ❶…を**水にひたす**, 水で洗う.
❷(米)(赤ん坊・病人など)をふろに入れる.
— ⾃ ❶(米)入浴する. ❷(英)水泳する.

bath·ing /béiðiŋ ベイズィング/《★発音注意》名 ❶Ⓤ水泳, 海水浴 (⦿ sea bathing ともいう). ❷《形容詞的に》水泳用の.
▶ ❷ a *bathing* suit (女性用)水着 / *bathing* trunks 水泳パンツ.

báth màt 名 ⓒ 浴室用のマット, バスマット (☞ bathroom のさし絵).

bath·robe /bǽθròub バスロウブ/ 名 ⓒ バスローブ《入浴の前後などに着るガウン》.

★bath·room /bǽθrù(ː)m バスル(ー)ム | bάːθ-/ 名 (複 ~s /-z/) ⓒ
❶浴室 (☞ さし絵).
❷(米)トイレ, 便所.

mirror 鏡　cabinet たな　shower シャワー　shower curtain シャワーカーテン
faucet じゃ口
towel タオル
washstand 洗面台
bathtub 浴そう
toilet paper トイレットペーパー
wastebasket ごみ箱　toilet 便器　bath mat バスマット　scale 体重計

bathroom

90　　　　ninety

bath·tub /bǽθtʌb バスタブ/ 名C《米》浴そう《☆単に tub ともいう;《英》では bath》.

bat·on /bətán バトン | bǽtən/ 名C
❶ (音楽の)指揮棒. ❷ (バトントワラー (baton twirler) の)バトン. ❸ (警官の)警棒. ❹ (リレー競走の)バトン.

bats·man /bǽtsmən バツマン/ 名(複 -men /-mən/) C (クリケット (cricket) の)打者.

bat·tal·ion /bətǽljən バタリョン/ 名C (陸軍の)大隊《連隊 (regiment) の下部組織》.

***bat·ter**[1] /bǽtər バタ/ 名(複 ~s /-z/) C (野球の)打者, バッター《☆「3割バッター」は a three-hundred hitter という》.

bat·ter[2] /bǽtər バタ/ 動他 ❶ …を乱打する. ❷ …を打ちこわす.
— 自 乱打する.

bat·ter[3] /bǽtər バタ/ 名U (卵・牛乳・粉などの)こねもの《フライ (fry) の衣やホットケーキ (pancake) などの材料》.

bat·tered /bǽtərd バタド/ 形 ❶ (使い古して)形がくずれた. ❷ (家庭内暴力で)虐待(ぎゃくたい)された.

***bat·ter·y** /bǽtəri バテリ/ 名(複 -ter·ies /-z/) ❶ C (ひと組の)**電池**, バッテリー《2個以上の電池 (cell) の組み合わさったもの》.
❷ C (同種の人やものの)大群.
❸ U 暴力行為の罪.
❹ C (野球の)バッテリー《投手と捕手》.

····················

❶ a dry *battery* 乾電池 / a storage *battery* 蓄電池 / a solar *battery* 太陽電池 / The *battery* is dead [《英》flat]. この電池はきれている.

bat·ting /bǽtiŋ バティング/ 名U (野球・クリケットで)バッティング, 打撃. ▶the *batting* order 打順.

bátting àverage 名C (野球・クリケットの)打率.
▶a *batting average* of .334 3割3分4厘の打率《☆.334 は three thirty-four と読む》.

***bat·tle** /bǽtl バトル/ 名(複 ~s /-z/)
❶ CU (個々の)**戦い**, 戦闘《☆「国家間の大規模で長期的な戦争」は war》.
❷ C (困難克服などの目的のための)闘争, 戦い.

— 動自 (現分 bat·tling) 自 (困難克服などの目的を達しようと)戦う.

····················

名 ❶ fight a *battle* 一戦を交える / win [lose] a *battle* 戦いに勝つ[負ける].
❷ a *battle* against [with] poverty 貧困との戦い / a *battle* for life 生きるための戦い.
— 動自 *battle against* [*with*] the storm あらしと戦う / *battle for* freedom 自由のために戦う.

battle it out 《口語》最後まで戦い抜く: *battle it out* for first place 首位をめざして争い合う.

bat·tle·field /bǽtlfìːld バトルフィールド/ 名C 戦場.

bat·tle·ground /bǽtlgràund バトルグラウンド/ 名C = **battlefield**.

bat·tle·ship /bǽtlʃìp バトルシップ/ 名C 戦艦.

baulk /bóːk ボーク/ 名動 《英》= **balk**.

bawd·y /bóːdi ボーディ/ 形 (bawd·i·er; -i·est) (ことば・話などが)わいせつな.

bawl /bóːl ボール/ 動自 ❶ がなる, どなる. ❷ 大声で泣く. — 他 …をどなって言う.
bawl out 他 《米口語》…をどなりつける.

***bay**[1] /béi ベイ/ 名(複 ~s /-z/) C **湾**, 入り江《☆gulf より小さいが cove より大きい》.
▶Tokyo *Bay* 東京湾.

bay[2] /béi ベイ/ 名C (特定の目的のための)区画. ▶a parking *bay* 駐車場.
keep [***hold***] ***... at bay*** …を寄せつけない.

bay·o·net /béiənit ベイオニット/ 名C 銃剣.

báy wíndow 名C 張り出し窓《ふつう3面が窓になっている》.

bay window

ba·zaar, ba·zar /bəzáːr バザー/《★アクセント注意》名C ❶ (慈善などのための)バザー. ❷ (東洋諸国の道路に開く)バザール,

市場.

BBC /bíːbìːsíː ビービースィー/ 《略語》 British Broadcasting Corporation 英国放送協会.

BBQ 《略》= **barbecue**.

B.C., B.C., BC /bíːsíː ビースィー/ 《略語》 （西暦）紀元前 (○before Christ の略; ☞ A.D.). ▶in 20 B.C. 紀元前20年に (○年号や世紀の数字の後に置く).

be¹ /（弱）bi ビ; （強）bíː ビー/ 動 (☞下欄) 自 ❶ …である**.
❷ （物（事）が）…に**ある**, （人が）…に**いる**.

❶I *am* Japanese. 私は日本人です / It *was* very hot this afternoon. きょうの午後はとても暑かった / She wants to *be* a fashion designer. 彼女はデザイナーになりたがっている / He has *been* sick for two weeks. 彼は2週間前から病気だ / Are you hungry? おなかがすいてますか / *Be* careful. 気をつけなさい / Don't *be* foolish. ばかなことをするな.

❷There *is* a small pond in our garden. うちの庭には小さな池がある / There will *be* a concert at the hall this evening. 今晩ホールでコンサートがあります / The menu *is* on the table. メニューはテーブルの上にあります / I *was* in Paris that year. その年私はパリにいた / Put the book back where it *was*. 本はもとあったところへもどしておきなさい.

**be² /（弱）bi ビ; （強）bíː ビー/ 助 (☞下欄)

❶《**be** *do*ing》《進行形を作る》
|語法| 進行形は ⓐ のように進行中の動作ばかりでなく, ⓑ のように近い未来の予定や意図を表わすことがある. その場合, 動詞は go, come, start, arrive など「行く」, 「来る」の意味を含むものが多い. また, この場合未来を表わす副詞（句・節）をともなうことも多い.

ⓐ《動作の進行・継続または完了していないことを表わす》…**している**（**ところである**）.
ⓑ《近い未来の予定や意図を表わす》（**もうすぐ**） __**することになっている**.
ⓒ《always などの副詞をともなって》…してばかりいる (○ふつう非難の気持ちを含む).
❷《**be**＋過去分詞》ⓐ《受身形を作る》__**される**, __**されている**.
ⓑ《完了の意味》（もう）…した, …している.
❸《**be to** *do*》ⓐ《予定》__**することになっている**.
ⓑ《必要・義務》__**すべきである**.
ⓒ《可能》__**できる**.
|語法| ふつう否定文で用いられ, うしろは受身形になる.

【be¹(動)・be²(助)の語形変化表】

主 語		現在形	過去形	過去分詞形	現在分詞形
一人称	単数: I	am	was	been	being
	複数: we	are	were		
二人称	単数: you	are	were	been	being
	複数: you				
三人称	単数: he, she, it および単数形の名詞	is	was	been	being
	複数: they および複数形の名詞	are	were		

ⓓ《運命》__する運命である.
ⓔ__するためのもの.
ⓕ《if節の中で》(もし)__したい(ならば).
ⓖ《were to で》仮に__するとしたら.

❶ⓐI *am watering* the flowers in the garden. 私は庭の花に水をやっているところです / They have *been discussing* the matter for three hours. 彼らは3時間もずっとそのことを話し合っている.

ⓑWe *are leaving* for Kyoto next Saturday. 私たちは今度の土曜日に京都に出かけます / She *is coming* home tomorrow. 彼女はあす帰宅します.

ⓒHe *is* always *complaining* about everything. 彼はいつも何かにつけて文句ばっかり言っている.

❷ⓐHe *is liked* by everybody. 彼はだれにでも好かれている / I *was scolded* by my mother. 私は母にしかられた / The new bridge will *be completed* soon. その新しい橋はまもなく完成するでしょう / The store *was closed* when I arrived. 私が着いたときにはその店は閉まっていた.

[語法] この形は文脈によって「…される」と訳されたり,「…されている」と訳されたりする. たとえば, The store is closed. では店は「閉められる」のか「閉められている」のかはっきりしない. しかし, The store is closed at six every day. The store is closed today. のように副詞(句・節)をつけると, それぞれ「閉められる」,「閉められている」の意味であることがはっきりする.

ⓑThe moon *is risen*. 月が出ている / The summer [Summer] *is gone*. 夏は過ぎた.

[語法] この形は come, go, rise, arrive, fall など少数の動詞としか用いられない. 現在では be gone 以外は古語と感じられる場合が多い.

❸ⓐWe *are to* meet at three. 私たちは3時に会うことになっている / A new branch office *is to* be opened in Hokkaido. 新しい支店が北海道に開設される予定である.

ⓑYou *are* not *to* smoke here. ここでたばこを吸ってはいけません.

ⓒNo one *was to* be seen in the street. 町には人っ子ひとり見えなかった.

ⓓHe *was* never *to* see his hometown again. 彼はそれきり生まれ故郷の町へ帰ることができない運命だった.

ⓔThe letter *was to* announce his retirement. その手紙は彼の退職を知らせるものであった.

ⓕIf you *are to* keep fit, you should walk to work. 健康でいたいのなら歩いて通勤すべきだ.

ⓖIf I *were to* be reborn, I would like to be a bird. もし生まれ変わることができるなら, 私は鳥になりたい.

*__beach__ /bíːtʃ ビーチ/ 名(複 ~es /-iz/) C 浜辺, 海岸《大きな岩などのない砂や小石におおわれた平らな浜; ☞ coast の[類語]》.

béach bàll 名 C ビーチボール(海浜・プール用の大きな軽いボール).

béach umbrèlla 名 C (米)ビーチパラソル(◎「ビーチパラソル」は和製英語).

beach·wear /bíːtʃwèər ビーチウェア/ U ビーチウェア, 海水着(水着やその上にはおるもの).

bea·con /bíːkən ビーコン/ 名 C ❶灯台. ❷航空標識灯. ❸合図の火, のろし.

bead /bíːd ビード/ 名(複 ~s /-dz/)
❶ C ビーズ, じゅず玉《ガラス・木・石などの小さい玉で糸を通す穴があいている》.
❷ C (露・汗などの)玉.

bead·y /bíːdi ビーディ/ 形(bead·i·er; bead·i·est)ビーズのような; ビーズで飾った. ▶*beady* eyes 小さく丸く輝く目.

bea·gle /bíːgl ビーグル/ 名 C ビーグル《ウサギ狩り用の小猟犬; 漫画の主人公スヌーピー(Snoopy)はビーグル犬である》.

*__beak__ /bíːk ビーク/ 名(複 ~s /-s/) C くちばし《とくに猛鳥などの先が曲がったもの》.

beak·er /bíːkər ビーカ/ 名 C ❶(化学の実験用の)ビーカー. ❷(英)取っ手のない広口のプラスチック[紙]製コップ.

*__beam__ /bíːm ビーム/ 名(複 ~s /-z/) C
❶ⓐ梁(はり)《建物を支える横材》.
ⓑ(船の甲板を支える)横梁.
❷ⓐ光線, (光の)筋, 帯《◎rayより幅が広い》. ⓑ(顔などの)輝き; (希望などの)光.
—— 動(~s /-z/; ~ ed /-d/; ~·ing)(自)
❶ⓐ光を発する, 輝く. ⓑ(顔が)輝く.
❷ほほえむ.

bean

― 他 ❶ (光)を発する.
❷ (放送)を送信する.
▶ 自 ❶ ⓑ *beam* with joy 喜びで輝く.

***bean** /bíːn ビーン/ 名 (複 ~s /-z/) C
❶ 豆 (ソラマメ・インゲンなど).
❷ 豆に似た果実.
▶ ❷ coffee *beans* コーヒー豆.

béan cùrd 名 U 豆腐 (tofu).

bean-sprouts /bíːnspràuts ビーンスプラウツ/ 名 複 (豆)もやし.

***bear**[1] /béər ベア/ 名 (複 ~s /-z/) C
❶ クマ(熊). ❷〔株式〕売り方, 弱気の人 (☞ bull ❹).
▶ ❶ a polar [white] *bear* シロクマ, 北極グマ.

***bear**[2] /béər ベア/ 動 (~s /-z/; bore /bɔːr/; borne, born /bɔːrn/; bearing /béəriŋ/) (❹ 過去分詞 born は 他 ❶ ⓑ の「生まれる」という意味のときだけ用い, その他の場合は過去分詞は borne を用いる). 他 ❶ⓐ (子)を産む.
ⓑ 《be born で》**生まれる** (☞ born).
❷ⓐ (植物が) (実・花など)を**つける**.
ⓑ (努力などが) (実)を結ぶ.
❸ (重いもの)を**ささえる**.
❹ (費用・責任など)を**負担する**, もつ.
❺ⓐ (苦痛・不幸など)に**耐える**, をがまんする.
ⓑ 《*bear doing* [*to do*]》 ＿するのに耐える.
❻ⓐ (武器など)を身につけている.
ⓑ (特徴・しるし・関係・名前など)をもっている.
ⓒ (名前・日付など)が書いてある.
❼ (悪い感情など)をもっている.
― 自 ❶ (木などが)実をつける.
❷ 進む, 向かう.

‥‥‥‥‥‥‥‥‥‥‥‥‥‥‥‥‥‥‥‥‥

他 ❶ⓐ She has *borne* (him) five children. 彼女は(彼との間に)5人の子どもを産んだ. ⓑ He *was born* in 1990. 彼は1990年に生まれた.
❷ⓐ The tree *bears* a lot of fruit. その木はよく実がなる.
ⓑ *bear* fruit (努力などが)実を結ぶ.
❸ The ice is too thin to *bear* your weight. その氷は君の重みをささえるには薄すぎる.
❹ I am not rich enough to *bear* your loss. 私は君の損失を負担してあげ

るほど金持ちではない.
❺ⓐ I can't *bear* such unpleasant behavior. こんな不愉快なふるまいにはがまんができない / I can't *bear* to see her cry. 私は彼女が泣くのを見ていられない.
❻ⓑ He *bears* some resemblance to you. 彼はあなたにどこか似ている.
ⓒ The letter *bore* his signature. その手紙には彼のサインがしてあった.
❼ I *bear* no hatred against him. 私は彼に対して憎しみの気持ちをもっていない.

bear down on [***upon***] ... ①…を圧迫する, …に重くのしかかる. ②(おそろしいものが)…に接近する.

bear ... in mind …を記憶しておく: We must *bear* the fact *in mind*. われわれはその事実を心に留めていなければならない.

bear on [***upon***] ... …に関係[影響]がある: His story does not *bear on* the crime. 彼の話はその犯罪に関係ない.

bear oneself ふるまう: He *bore himself* well. 彼はりっぱにふるまった.

bear out 他 (理論など)が正しいことを示す.

bear up 自 がんばる, へこたれない.

bear with ... …をがまんする.

bear-a-ble /béərəbl ベ(ア)ラブル/ 形 がまんできる.

***beard** /bíərd ビアド/ (★発音注意) 名 (複 ~s /-dz/) C **あごひげ** (☞ mustache).
▶ have [wear] a *beard* あごひげを生(ᵃ)やしている.

beard (あごひげ)

beard-ed /bíərdid ビアディド/ 形 あごひ

bear·er /béərər ベ(ア)ラ/ 名C 運搬人.
bear·ing /béəriŋ ベ(ア)リング/ 名(複 ~s /-z/) C ❶態度. ❷(他に対する)関係. ❸相対的位置,進路. ❹(機械の)軸受け,ベアリング.
▶ ❶ a man of lofty 〔gentlemanly〕 *bearing* 堂々とした態度の〔紳士的な物腰の〕人.
❷ It has no *bearing* on the subject. それはその主題に全然関係がない.
get [***find***] ***one's bearings*** 自分のいる位置を知る;自分がすべきことを知る.
lose one's bearings 自分のいる位置がわからなくなる;自分がするべきことがわからなくなる.
béar màrket (弱気の)売り市場.
*__beast__ /bíːst ビースト/ 名(複 ~s /-ts/) C
❶《文語》(四つ足の)(大きな)動物(✪animal のほうが一般的).
❷けだもののような人間.
▶ ❶ wild *beasts* 野生の動物 / a *beast* of prey (他の動物を餌にする)猛獣 / a *beast* of burden 荷物運搬用の動物《牛・馬・ラクダなど》.
*__beat__ /bíːt ビート/ 動 (~s /-ts/; beat; beat·en /bíːtn/, beat; ~·ing) 他
❶ⓐ (棒などで)…を(続けて)**打つ**,(太鼓など)をたたく.
ⓑ (拍子)をとる.
❷ …を**負かす** (☞ win の 類語);(記録)を破る.
❸ (人)を困惑させる,(人)…にとってよく理解できない.
❹ (卵など)をかきまぜて泡立てる.
— 自 ❶ⓐ (続けて)〔…を〕**ドンドン打つ**〔*at, on*〕.
ⓑ (風・雨・波・などが)〔…に〕**激しく当たる**〔*against, on*〕.
❷ⓐ (心臓・脈などが)**打つ**,鼓動する.
ⓑ (太鼓などが)ドンドン鳴る.
— 名 (複 ~s /-ts/) ❶ⓐ C (続けざまに)**打つこと**. ⓑ《単数形で》(太鼓・時計などの)**打つ音**. ⓒ C (心臓の)動悸,脈はく.
❷《単数形で》《音楽》拍子.
❸《単数形で》(警官などの)巡回〔受け持ち〕区域.

動 他 ❶ⓐ He *beat* his son for lying. うそをついたので彼は息子をたたいた / *beat* gold into thin sheets 金をたたいて延ばしうすい箔にする.
ⓑ *beat* time 拍子をとる.
❷ I *beat* him in the race. 私は競走で彼に勝った / *beat* the world record 世界記録を破る.
❸ (That) *beats* me. それは私にはよく分からない.
❹ *beat* the eggs and sugar together 卵と砂糖をかきまぜて泡立てる.
— 自 ❶ⓐ *beat at* [*on*] the door ドアをドンドンたたく. ⓑ *beat against* [*on*] the window 激しく窓に打つける.
❷ⓐ My heart *beat* fast. 私の心臓は速く打った.

beat around [***about***] ***the bush*** ☞ bush.
beat back 他 …を撃退する.
Beat it. 《俗》出て行け.
beat off 他 …を撃退する.
beat out 他 ①たたいて(音)を出す. ②たたいて(火)を消す. ③(金属)をたたいて延ばす.
beat up 他 …をひどくなぐる,打ちのめす.

— 名 ❸ a policeman on the *beat* (受け持ち区域を)パトロール中の巡査.

*__beat·en__ /bíːtn ビートン/ 動 beat の過去分詞形.
— 形 ❶ 打ち延ばした.
❷ 負けた.
❸ 疲れきった.
❹ (卵など)よくかきまぜた.
❺ (道などが)踏み固められた.

形 ❶ *beaten* gold 延べ金,金ぱく.
❷ a *beaten* army 負けた軍隊.
off the beaten track へんぴな所に.

beat·er /bíːtər ビーター/ 名C (卵・クリームなどの)あわ立て器(✪ eggbeater ともいう).
beat·ing /bíːtiŋ ビーティング/ 名 ❶ U C 打つ[たたく]こと.
❷ U C (心臓の)鼓動.
❸ C 打ち負かすこと.
Bea·tles /bíːtlz ビートルズ/ 名《**the** をつけて》ビートルズ.
INFO イギリスのリバプール (Liverpool) 出身の有名なロック (rock) グループ. 1962年にデビューし1970年に解散した.

beautician

beau·ti·cian /bjuːtíʃən ビューティシャン/ 名 © 美容師.

beau·ti·ful /bjúːtifəl ビューティフル/ 形 (more ~; most ~)
❶ **美しい**, きれいな (反 ugly).
❷《口語》**すばらしい**, みごとな.
❸《the をつけて;名詞的に》 ⓐ 美.
ⓑ《複数扱いで》美しい人々, 美しいもの, すばらしいもの.

- - - - - - - - - - - - - - - - -

❷ play a *beautiful* game すばらしい試合をする / *beautiful* weather すばらしい天気 / 対話 "They agreed to the deal."–"Oh, (that's) *beautiful*." 「彼らは取引にのってくれました」「おお、それはすてきですね」.

類語 **beautiful** は「美しい」を意味する最も一般的な語; **handsome** は通例「顔立ちのよい」男性に用い, 女性に用いた場合は「立派な体つきでりりしい」; **lovely** は愛情を誘うような「愛らしい」; **pretty** は見た目などの「かわいらしい」.

☞ 名 beauty, 動 beautify.

beau·ti·ful·ly /bjúːtifəli ビューティフリ/ 副 ❶ 美しく, きれいに.
❷ みごとに.

beau·ti·fy /bjúːtifài ビューティファイ/ 動 (-ti·fies /-z/; -ti·fied /-d/; ~·ing) 他 …を美しくする, 飾る. ☞ 形 beautiful.

beau·ty /bjúːti ビューティ/ 名 (複 beau·ties /-z/)
❶ Ⓤ 美, 美しさ.
❷ Ⓒ 美人, 美しいもの, すばらしいもの.
❸ Ⓒ 美点, 長所.

- - - - - - - - - - - - - - - - -

❷ She was a *beauty* in her day. 彼女は若いころは美人だった / His new car is a real *beauty*. 彼の新車はとてもすばらしい.

☞ 形 beautiful.

béauty pàrlor [salòn, 《米》shòp] 名 Ⓒ 美容院 (☞ barber, hairdresser).

béauty spòt 名 Ⓒ ❶ ほくろ. ❷《英》景勝地.

bea·ver /bíːvər ビーヴァ/ 名 Ⓒ ビーバー《木をかじり倒し流れをせき止める習性があり, 勤勉な動物とされている》.

beaver

be·came /bikéim ビケイム/ 動 become の過去形.

be·cause /bikɔ́(ː)z ビコ(ー)ズ/ 接 ❶ **なぜなら…だから**.
❷《否定文で》ⓐ …だから (…でない).
ⓑ …だからといって (…ではない).

- - - - - - - - - - - - - - - - -

❶ I smiled *because* it was funny. 私はそれがおかしかったので笑った.
❷ ⓐ I didn't go *because* I was tired. 私は疲れていたので, 行かなかった.
ⓑ He didn't refuse it *because* he disliked it. 彼がそれを断ったのはそれが嫌いだからではなかった.

because of …のために: He was unable to come *because of* (his) illness. 彼は病気のために来られなかった.

類語 **because** は「理由」を表わす接続詞として最も一般的. 「理由」を表わす **since** はふつう文頭におかれる. **as** は付属的な状況を表わすのに用いられる. **for** は《文語》で, あることを述べた後に「というのは…」のようにつけ加える形で用いられる.

beck·on /békən ベコン/ 動 (~s /-z/; ~ed /-d/; ~·ing) 他 (身振りで)…をよび寄せる.
— 自 手招きする.

be·come /bikʌ́m ビカム/ 動 (~s /-z/; be·came /bikéim/; be·come; be·com·ing) 自 **…になる** (⭘…には名詞, 形容詞, 過去分詞などがくる).

- - - - - - - - - - - - - - - - -

自 He has *become* a doctor. 彼は医者になった / She *became* rich. 彼女は金持ちになった.

become of ...《what を主語にして》…は(どう)なる: *What* has *become of* her? 彼女はどうなったでしょうか.

a**b**cdefghijklmnopqrstuvwxyz　　　　　　　　　　**bedding**

*****bed** /béd ベド/ 名 (複 ~s /-dz/) ©
❶ⓐ**ベッド**, 寝台. ⓑ寝る所.
❷(川・海などの)**底**.
❸花壇,(植物を植える)場所, 苗床.
❹(平らな)土台.
— 動 (~ s /-dz/; bed·ded /-id/;
bed·ding) 他 (石・れんがなど)をしっかり
と積む, はめこむ.
— 自寝る.

....

名 ❶ⓐa single [double] *bed* ひとり
用[ふたり用]ベッド.
ⓑThe cat made its *bed* by the
fireplace. ネコは暖炉のそばで寝た.
語法 bed は「睡眠・病床」に関係があ
る意味ではふつう冠詞をつけないが,「家
具」のひとつと考える場合には冠詞がつ
く: Tom is in *bed*. (トムは(ベッドの中
に入って)寝ている)/ time for *bed*(寝
る時間) / sit on the *bed* (ベッドの上
にすわる).
❷the river *bed* 川床.
❸ⓐa flower *bed* 花壇.
❹a *bed* of concrete コンクリートの土
台 / a *bed* of gravel じゃりをしいた路
盤《その上を舗装する》.
be ill [*sick*] *in bed* 病気で寝ている.
be in bed (ベッドに)寝ている.

get into bed ベッドに入る, 就寝する.
get out of bed 起きる, 起床する.
go to bed ベッドに入る, 就寝する.
keep (*to*) *one's bed* 病気で寝込んで
いる.
leave one's bed 床離れする,病気がな
おる.
make the [*a, one's*] *bed* ベッドをき
ちんと整えて寝られるようにする, 寝床を
とる.
put ... to bed (赤ん坊など)を寝かしつ
ける.
take to one's bed 病床につく.
— 動 ⓐ ことわざ Early to *bed* and ear-
ly to rise makes a man healthy,
wealthy and wise. 早寝早起きは人を
健康で金持ちで賢明にする,「早起きは三
文の徳」.
bed down (ベッドでないところで)寝
る.

béd and bréakfast 名 ❶Ⓤ(翌日の)
朝食つき宿泊.
❷©(翌日の)朝食つきの民宿[旅館]《✪
B & B と略す》.
bed·clothes /bédklòuz ベドクロウズ,
-klòuðz/ 名 複 (マットレス以外の)寝具
《枕・毛布・シーツ・上掛けなど; ✪(英)では
bedcoversともいう》.
bed·ding /bédiŋ ベディング/ 名 Ⓤ =

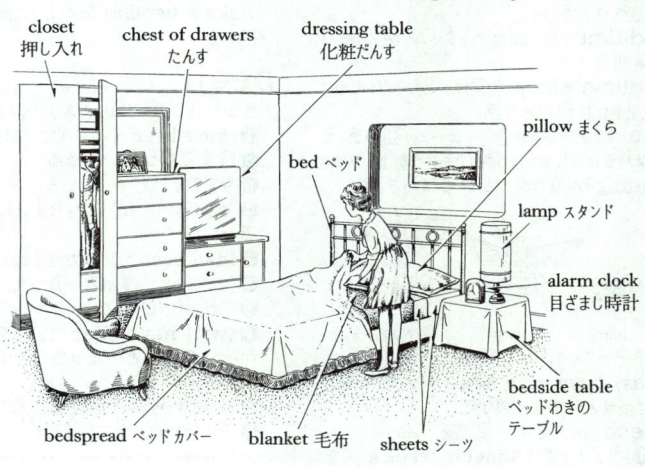

closet 押し入れ
chest of drawers たんす
dressing table 化粧だんす
pillow まくら
lamp スタンド
alarm clock 目ざまし時計
bedside table ベッドわきのテーブル
bedspread ベッドカバー
blanket 毛布
sheets シーツ
bed ❶ⓐ

ninety-seven　　　　　　　　　　　　　　　　　　　　　　　　　　　　　　　　　　97

bedmaking

bedclothes《マットレス(mattress)を含むこともある》.

bed·mak·ing /bédmèikiŋ ベドメイキング/ 名U (寝るために)ベッドを整えること.

bed·pan /bédpæn ベドパン/ 名C 病人用の便器, おまる.

be·drag·gled /bidrǽgld ビドラグルド/ 形 (衣服・髪などが)ぬれてきたない.

bed·rid·den /bédrìdn ベドリドン/ 形 (病気・老齢で)寝たきりの.

＊**bed·room** /bédrù(:)m ベドル(ー)ム/ 名 (複 ~s /-z/) C 寝室《2階建ての家では,ふつう bedroom は2階にあり, そのそばに bathroom (浴室, 洗面所, トイレを兼ねる)がある》.

＊**bed·side** /bédsàid ベドサイド/ 名 (複 ~s /-dz/) C 寝床のそば; (病人の)まくらもと.
— 形 (時計・電話が)寝床のそばの[にある].
▶a *bedside* table ベッドわきのテーブル(☞bed のさし絵).

bed·sitter /bédsìtər ベド・スィッタ/ 名C (英)寝室・居間兼用のひと間アパート(✿(英口語)では **béd·sìt** ともいう).

bed·sore /bédsɔ̀ːr ベドソー/ 名C (病人の)床ずれ.

bed·spread /bédsprèd ベドスプレッド/ 名C (寝ないときにベッドにかけておく装飾用の)ベッドカバー.

bed·time /bédtàim ベドタイム/ 名U 寝る時刻.

bédtime stòry 名C (子どもを寝かしつけるときに話す)おとぎ話.

＊**bee** /bíː ビー/ 名 (複 ~s /-z/) C ハチ, ミツバチ (✿**honeybee** ともいう). ▶I was stung by a *bee*. 私はハチに刺された.

bee (ミツバチ)　hornet (スズメバチ)　wasp (ジガバチ)

(as) busy as a bee (ミツバチのように)せっせと休みなく働いて.

beech /bíːtʃ ビーチ/ 名 (複 ~es /-iz/)
❶C ブナノキ (✿**beech tree**ともいう).
❷U ブナ材.

＊**beef** /bíːf ビーフ/ 名U 牛肉 (☞meat の

INFO》(2)》.

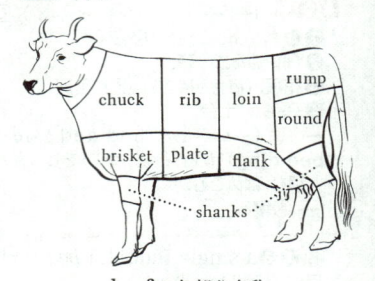

beefの各部分名称 (chuck, rib, loin, rump, round, brisket, plate, flank, shanks)

beef·burger /bíːfbəːrgər ビーフバーガ/ 名《英》ハンバーグ (hamburger).

beef·steak /bíːfstèik ビーフステイク/ 名UC ❶ ステーキ (✿ふつうsteakという; ☞ meat の *INFO*》).
❷ (ステーキ用の)牛肉の厚切り.

beef·y /bíːfi ビーフィ/ 形 (beef·i·er; beef·i·est) (人が)がっしりした.

bee·hive /bíːhàiv ビーハイヴ/ 名C ミツバチの巣箱 (✿**hive** ともいう).

bee·keep·er /bíːkìːpər ビーキーパ/ 名C ミツバチを飼う人, 養蜂(ほう)家.

bee·line /bíːlàin ビーライン/ 名C (巣に帰るハチの進路のような)直線, 最短コース.
▶in a *beeline* 一直線に.
make a beeline for ... 《口語》…に直行する.

＊＊**been**¹ /(弱) bin ビン; (強) bíː(n) ビ(ー)ン/ 動 《be¹の過去分詞形》
❶《have been で》《現在完了形を作って》
ⓐ 今までずっと…である.
ⓑ 今までずっと(…に)いる.
ⓒ 今までに(…に)行った[いた]ことがある.
❷《had been で》《過去完了形を作って》
ⓐ (そのときまで)ずっと…だった.
ⓑ ずっと(…に)いた.
❸《will have been で》《未来完了形を作って》ⓐ ずっと…だったことになるだろう.
ⓑ ずっと(…に)いたことになるだろう.
ⓒ …に行ったことになるだろう.

──────────

❶ⓐI *have been* busy since morning. 私は朝からずっと忙しい.

ⓑHe *has been* in his room since three o'clock. 彼は3時からずっと自分の部屋にいる.
ⓒI *have been* there three times. 私は3回そこへ行ったことがある.
❷ⓐShe *had been* sick until last month. 彼女は先月までずっと病気だった.
ⓑThe boy *had been* in the room alone for five hours when his mother came back. その男の子は母親が帰るまで5時間もずっとひとりでその部屋にいた.
❸ⓐHe *will have been* sick for ten days on Christmas Day. クリスマスがくると, 彼は病気になってから10日間たったことになる
ⓑI *will have been* in Tokyo for four years in March. 3月になると私は東京に4年いたことになる.

been² /bin ビン/ 勵《**be²**の過去分詞形》❶《have been *doing*》《現在完了進行形を作って》**今までずっと__していた.**
❷《have been+過去分詞で》《現在完了受身形を作って》今までずっと__されている.
❸《had been *doing*》(そのときまで)ずっと__していた.
❹《had been+過去分詞で》(そのときまで)ずっと__されていた.
❺《will have been *doing*》ずっと__していたことになるだろう.

❶I *have been reading* this novel since three o'clock. 私は3時からずっとこの小説を読んでいました.
❷The shop *has been* closed since last Tuesday. その店はこの前の火曜日からずっと閉められたままだ.
❸They *had been playing* tennis until sunset. 彼らは太陽が沈んでしまうまでずっとテニスをしていた.
❹The island *had* not *been* discovered until 1923. その島は1923年になるまで発見されなかった.
❺He *will have been sleeping* for eleven hours at seven. 彼は7時になると11時間眠っていたことになる.

beep /bíːp ビープ/ 名Ⓒ(警笛などの)ビーッという音;(無線・人工衛星などの)発信音.

beep·er /bíːpər ビーパ/ 名Ⓒ(米)ポケットベル(✪(英)では bleeper;(米)(英)で pager ともいう).

*****beer** /bíər ビア/ 名(複 ~s /-z/) ❶Ⓤビール. ❷Ⓒ1杯[1本, ひとかん]のビール.

béer bèlly 名Ⓒ(口語)ビール腹(の人).

beet /bíːt ビート/ 名Ⓒ ❶ビート.
❷(米)ビートの根(サラダ用)(✪(英)では **beet·root** /bíːtrùːt/).
▶❶a red *beet* (サラダ用)アカカブ / a white [sugar] *beet* サトウダイコン, テンサイ.

《同音異形語》beat.

Bee·tho·ven /béitouvən ベイトウヴェン/ 名ベートーベン(**Lud·wig van** /lúːdwig væn/ Beethoven (1770–1827); ドイツの作曲家).

bee·tle /bíːtl ビートル/ 名Ⓒ甲虫(こうちゅう)(カブトムシ, クワガタなど).

be·fall /bifɔ́ːl ビフォール/ 動(~s /-z/; be·fell /bifél/; ~en /bifɔ́ːlən/; ~ing) 他(文語)(悪いことが)…に起こる, 生じる. ▶A misfortune *befell* him. 災難が彼に降りかかった.

be·fall·en /bifɔ́ːlən ビフォールン/ 動 befall の過去分詞形.

be·fell /bifél ビフェル/ 動 befall の過去形.

*****be·fore** /bifɔ́ːr ビフォー/
前 ❶《時間》…よりも前に[の].
❷《順序》…よりも前に[の].
❸《文語》《位置》…の前に[で, の, を].
❹《選択》…よりはむしろ.
— 接
❶《時間・順序》(…する)**より前に, (…し)ないうちに.**
❷《選択》__よりはむしろ.
— 副 /bifɔːr ビフォー/ ⓐ《時》(今より)**前に.** ⓑ(過去の時点から)前に.

語法 before が単独の場合は, 現在完了時制・過去時制・過去完了時制・未来を表わす文法形式のどれにも用いられる. 時を表わす表現とともに用いられた場合は, 「過去のある時点から~前」の意味で, その文の述語動詞は過去完了時制で

before Christ　ABCDEFGHIJKLMNOPQRSTUVWXYZ

ある．「現在から~前」という場合は ago を用い，その文の述語動詞は過去時制である：I met him ten years *ago*. 私は10年前に彼に会った．

― 前 ❶We arrived there *before* noon. 私たちは正午前にそこへ着いた．
❷A walk *before* breakfast is refreshing. 朝食前の散歩は気持ちがよい / S comes *before* T in the alphabet. Sはアルファベットではtの前にある．
❸That happened right *before* our eyes. それが私たちのほんの目の前で起きたのです．
❹I would do anything *before* that. そのようなことをするくらいならなんでもする．

― 接 ❶I will do it now *before* I forget. 忘れないうちに今やっておこう / It will be long *before* we meet again. 再びお会いするのはずっと先のことでしょう．
❷I will die *before* I give in. 降参するくらいなら死んだほうがいい．

― 副 ❶I read [have read] the book *before*. 私はその本を前に読んだ〔読んだことがある〕．
❺I had met him ten years *before*. 私はその10年前に彼に会っていた．

It is not long before __ 間もなく__：It will *not* be *long before* he returns. 彼は間もなくもどります．

befòre Christ 西暦紀元前 名（❂B.C., B.C., BCと略す）．
be·fore·hand /bifɔ́ːrhænd ビフォーハンド/ 副前もって（反 afterward）．

＊**beg** /bég ベッグ/ 動（~s /-z/; begged /-d/; beg·ging）他 ❸〔人に〕〔金・食物・許し・恩恵など〕を**与えてくださいと頼む**〔*from, of*〕；〔人に〕〔金・食物・許し・恩恵などを〕与えてくださいと頼む〔*for*〕（☞ask の 類語）．
❺《**beg ... to** *do* / **beg that** __》…に__してくださいと頼む / __ということを頼む．

― 自 ❶**こじきをする**．
❷（犬が）ちんちんをする．

▪▪▪▪▪▪▪▪▪▪▪▪▪▪▪▪▪▪▪▪▪▪▪▪▪▪

他 ❸*beg* forgiveness 許してくれるように頼む / I *beg* a favor *of* you. あなたにお願いがあります / He *begged* me for money. 彼は私にお金を恵んでくれと言った / *beg* the judge *for* mercy 裁判官に慈悲をお願いする．❺I *begged* him *to* stay a little longer. ＝I *begged that* he (should [might]) stay a little longer. 私は彼にもう少し長くいてくれるように頼んだ（❂《米》ではふつう should や might は用いない）．

beg for ... …を（与えて）くださいと頼む：*beg for* mercy 許してくださいと頼む．

I beg your pardon. ☞ pardon 名．
I beg your pardon? ☞ pardon 名．

＊**be·gan** /bigǽn ビギャン/ 動 begin の過去形．

beg·gar /bégər ベガ/ 名 C こじき．

＊＊**be·gin** /bigín ビギン/ 動（~s /-z/; be·gan /-gǽn/; be·gun /-gʌ́n/; be·gin·ning）他
❸…を**始める**（反 end）．
❺《**begin** *doing* [**to** *do*]》__することを始める．

― 自 ❶**始まる**（反 end）．❷始める．

▪▪▪▪▪▪▪▪▪▪▪▪▪▪▪▪▪▪▪▪▪▪▪▪▪▪

他 ❸We *begin* breakfast at seven. われわれは7時に朝食を始める．
❺It *began to* rain. 雨が降り始めた / When did you *begin learning* [*to* learn] English? 君はいつから英語を習い始めましたか．

― 自 ❶School *begins at* eight 〔*on* Monday, *in* September〕. 学校は8時〔月曜日, 9月〕から始まる（❂前置詞は from を用いず at, on, in など始まる時点を示すものを用いる）．
❷Today we *begin at* page 5 line 6. きょうは5ページの6行目から始めます．

begin by *doing* まず始めに__する：*begin by reading* a poem まず始めに詩を読む．

begin with ... …で始まる, …から始まる（反 *end* with ...）：The conference *began with* his address. 会議は彼のあいさつで始まった．

cannot [***do not***] (***even***) ***begin to*** *do* ぜんぜん__しない：He *didn't begin to* understand what I meant. 彼は私の言いたいことをぜんぜん理解できそうも

なかった.
to begin with まず第一に：*To begin with,* he is too old. 第一に，彼は年をとりすぎている.
☞ 名 beginning.

***be·gin·ner** /bigínər ビギナ/ 名(複 ~s /-z/)C 初心者, 初学者.

***be·gin·ning** /bigíniŋ ビギニング/ 名(複 ~s /-z/)C ❶ **初め, 始まり**, 最初の部分 (反 end).
❷《ふつう複数形で》起源, きざし.

---

❶ at the *beginning* of this month 今月の初めに.
from beginning to end 初めから終わりまで.
in the beginning まず初めに, 最初は.
☞ 動 begin.

***be·gun** /bigʌ́n ビガン/ 動 begin の過去分詞形. ▶ ことわざ Well *begun* is half done. 初めがよければ半分でき上がったも同じだ.

be·half /bihǽf ビハフ/ 名《次の成句で》：***in ...'s behalf*** ＝ ***in behalf of ...*** 《米》① …のために, 利益になるように. ② ＝ on ...'s *behalf* ①.
on ...'s behalf ＝ ***on behalf of ...*** ① …に代わって, …を代表して：He spoke *on behalf of* the president. 彼は会長に代わってスピーチをした. ②《英》＝ in ...'s *behalf* ①.

***be·have** /bihéiv ビヘイヴ/《★発音注意》動 (~s /-z/; be·haved /-d/; be·hav·ing) 自 ❶ **ふるまう**.
❷ **行儀よくする**.
❸（機械などが）動く.

---

❶ He *behaved* badly〔well〕. 彼は行儀が悪かった〔よかった〕.
❷ Did you *behave* today? きょうは行儀よくしていたかい.
behave oneself 行儀よくする：*Behave yourself!*《子どもに向かって》お行儀よくしなさい.
☞ 名 behavior.

***be·hav·ior**,《英》**be·hav·iour** /bihéivjər ビヘイヴャ/ 名 U ❶ **態度**, ふるまい, 行儀. ❷（生物の）習性, 生態.
☞ 動 behave.

be·head /bihéd ビヘッド/ 動 他 …の首を切る.

****be·hind** 前 /bəháind ビハインド/
❶ⓐ《場所》**…のうしろに[の]**, …の向こう側に[の], …に隠れて[た].
ⓑ …の去ったあとに.
❷《時間》…に遅れて.
❸（進歩が）…より遅れて.
❹ …に味方して, 支持して.
❺（事実・態度など）の陰に, …の原因となって.
— 副 /bəháind ビハインド/
❶《場所》**うしろに**, 裏に隠れて.
❷（時・仕事などについて）遅れて.

前 ❶ⓐ There is a beautiful garden *behind* the house. その家の裏側には美しい庭がある ／ The sun went *behind* the clouds. 太陽は雲に隠れた ／ He appeared from *behind* the curtain. 彼はカーテンのうしろから現われた.
ⓑ She closed the door *behind* her. 彼女は（部屋に入って〔を出て〕から）ドアを閉めた ／ He left three children *behind* him. 彼は子どもを3人残して死んだ.
❷ You are five minutes *behind* the appointed time. 君は約束の時間に5分遅れたよ.
❸ I am *behind* him in English. 私は英語が彼より遅れている.
❹ His classmates are *behind* him. 級友が彼を支持している.
❺ What is the reason *behind* her refusal? 彼女が拒絶する理由は何だろうか.
— 副 ❶ She is a long way *behind*. 彼女はずっと遅れている ／ look *behind* うしろを見る ／ stay *behind* 後に残る.
❷ We are a little *behind* in our work. われわれは仕事が少し遅れている.

be·hold /bəhóuld ビホウルド/
— 感《古語》見よ.

beige /béiʒ ベイジュ/ 名 U ベージュ色（羊毛の地色である薄い茶色）.
— 形 ベージュ色の.

Bei·jing /bèidʒíŋ ベイヂング/ 名 北京(ペキン) (Peking).

****be·ing**[1] /bí:iŋ ビーイング/

being

A B C D E F G H I J K L M N O P Q R S T U V W X Y Z

動 ❶《**be¹** の現在分詞形》❷《**be being**》《進行形を表わして》(ふつうはそうではないが)**今は…だ**.
ⓑ《分詞構文を表わして》**…なので**.
❷《**be¹** の動名詞形》ⓐ**…であること**.
ⓑ**…にいること**.

❶ⓐHe *is being* naughty today. 彼はきょうは言うことを聞かない.
ⓑ*Being* hungry, he ate a lot. おなかがすいていたので, 彼はたくさん食べた.
❷ⓐI like *being* busy. 私は忙しいことが好きだ.
ⓑYour *being* here pleases him. あなたがここにいるので彼はうれしがっている.

***be·ing²** /bí:iŋ ビーイング/
助 ❶《**be²** の現在分詞形》ⓐ《**be being**+過去分詞で》《受身の進行形を表わして》**…されつつある**.
ⓑ《**being**+過去分詞で》《分詞構文を表わして》**…されているので**.
❷《**be²** の動名詞形》《過去分詞形とともに用いて》**…されること**.

❶ⓐThe house *is being* built. その家は建てられているところだ.
ⓑThis book (*being*) written in simple English, is suitable for beginners. この本はやさしい英語で書かれているので初学者に向いている.
❷I hate *being* told to do things. 私は物事をやれと言われるのが嫌いだ.

***be·ing³** /bí:iŋ ビーイング/ 名 (複 ~s /-z/)
❶ⓒ**生物**; 人間 (human being).
❷ⓤ**存在**; 人生.
▶ 名 ❶become quite a different *being* まったく別人になる.
bring ... into being **…を生み出す**.
come into being **生まれる, 生じる**.

be·lat·ed /bəléitid ベレイティド/ 形 (手紙などが)遅れた, 手遅れになった.

be·lat·ed·ly /bəléitidli ベレイティドリ/ 副 遅れて, 手遅れになったけれど.

belch /béltʃ ベルチ/ 動 (三単現 ~es /-iz/)
自 げっぷを出す (burp).
— 他 (炎・煙など)を噴出する.

bel·fry /bélfri ベルフリ/ 名 (複 bel·fries /-z/) ⓒ (教会堂の一部の)鐘楼 (しょうろう).

Bel·gian /béldʒən ベルヂャン/ 形 ❶ベルギー (Belgium)の. ❷ベルギー人の.
— 名 ⓒ ベルギー人.

Bel·gium /béldʒəm ベルヂャム/ 名 ベルギー《西ヨーロッパの王国; 首都ブリュッセル (Brussels)》.

be·lie /bəlái ベライ/ 動 (現分 be·ly·ing)
他 …について誤った印象を与える.

***be·lief** /bəlí:f ベリーフ/ 名 (複 ~s /-s/)
❶ⓤ(あるものの存在[正しさ]を)**信じていること**, 信念, 確信.
❷ⓒ**信仰**, (宗教上の)信条.

❶*belief* in the next world あの世の存在を信じること / My *belief* is that (=I believe that) he is right. 私は彼は正しいと信じる.
❷his *belief* in Christianity 彼のキリスト教信仰 / Divorce is against his religious *beliefs*. 離婚は彼の宗教的信条に反する.
beyond belief 信じられない(ほど).
☞ 動 believe.

be·liev·a·ble /bəlí:vəbl ベリーヴァブル/ 形 信じられる, 信用できる (反 unbelievable).

****be·lieve** /bəlí:v ベリーヴ/ 動 (~s /-z/; be·lieved /-d/; be·liev·ing)
他 ❶ⓐ**…を信じる, 本当だと思う**; (人)の言うことを信じる.
ⓑ《**believe (that)** _》_と信じる.
❷ⓐ《**believe (that)** _》_と思う, 確信する.
ⓑ《**believe ... (to be)** ~》…が~であると思う.
— 自 **信じる**.

| 類語 | **believe** は「証明はできなくともともかく自分は…と思う」, **think** は「ひとつの考え方として自分は…と思う」. |

他 ❶ⓐI don't *believe* her story. 私は彼女の話は信じない / I *believe* him. =I *believe* what he says. 私は彼の言うことを信じる. ⓑWe all *believe* (*that*) the earth is round. われわれはみな地球がまるいと信じている.
❷ⓐThey *believe that* he is honest. 彼らは彼が正直であると思っている (《✿that _の部分が肯定のときには so が, 否定のときには not がそれぞれ that _の代わり

に用いられることがある) / 対話 "Will he come tomorrow?"–"Yes, I *believe so.*"「彼はあす来るでしょうか」「はい, 来ると思います」 / "Is she ill?"–"No, I *believe not.*「彼女は病気ですか」「いいえ, そうではないと思います」.

❺They *believe* him (*to be*) honest. 彼らは彼が正直であると思っている / I *believe* him *to have returned.*＝I *believe* (*that*) he has returned. 私は彼は帰って来たと思う.

believe in ... ①(人格など)を信じる: I *believe in* you. 君の人格［力量］を信頼している (**○**I believe you. は「君の言うことを信じる, その通りだ」ということ). ②…の存在を信じる: Do you *believe in* UFOs? ユーフォー(の存在)を信じますか. ③…をよいと思う, …の価値を信じる: I *believe in* rising early. 早起きはよいと信じている.

believe it or not 《口語》まさかと思うかも知れないが.

believe me 《口語》《挿入(🏠)的に用いて》ほんとうに, ほんとですよ: *Believe me*, I didn't mean it. ほんとにそんなつもりはなかったのです.

make believe ふりをする (☞make 動 成句).

☞ 名 belief.

be·liev·er /bəlíːvər ベリーヴァ/ 名 ⓒ 信じる人; 信者.

be·lit·tle /bəlítl ベリトル/ 動 (現分 be·lit·tling) ⓗ …をけなす.

Bell /bél ベル/ 名 ベル (**Alexander Graham Bell** (1847–1922); アメリカの科学者, 電話の発明者).

✱✱**bell**
/bél ベル/ 名 (褥 ~s /-z/) ⓒ

❶ **ベル**, 鈴, 鐘; ベル［鐘］の音.
❷ 鐘型のもの.
— 動 ⓗ …に鈴をつける.

・・・・・・・・・・・・・・・・・・・・・・

名 ❶ There's the *bell.* ベルが鳴っている(お客様だ) / ring the *bell* ベルを鳴らす / answer the *bell* (玄関のベルに答えて)来客の応対に出る.

(as) sound as a bell ①きわめて健康で. ②(物・事が)完全な状態で, とてもよい調子で.

— 動 *bell the cat* 進んで危険な仕事を引き受ける.

INFO▶ ネズミたちはネコが近づいてくるのを知るためにネコの首に鈴をつけることに決めたが, しかしその仕事を実行することを引き受けるものはいなかったという「イソップ物語」(Aesop's fables)からきたことば.

bell·boy /bélbɔ̀i ベルボイ/ 名 ⓒ 《米》(ホテルなどの)ボーイ(客の荷物を運んだり使い走りをする).

bel·lig·er·ent /bəlídʒərənt ベリヂェラント/ 形 好戦的な, けんか腰の.

bel·low /bélou ベロウ/ 動 ⓐ ❶ (牛が)モーと鳴く. ❷ どなる.
— ⓗ …を大声で言う.
— 名 ⓒ ❶ モー (牛の鳴き声). ❷ どなり声.

bel·ly /béli ベリ/ 名 (褥 bel·lies /-z/) ⓒ
❶ 《口語》腹; 胃 (**○** ふつう stomach を用いる; ☞ body のさし絵).
❷ (びん・たるなどの)ふくらんだ部分, 胴.

bélly bùtton 名 ⓒ 《口語》 へそ (**○** ふつう navel を用いる).

✱**be·long** /bəlɔ́(ː)ŋ ビロ(ー)ング/ 動 (~s /-z/; ~ed /-d/; ~ing /-iŋ/) ⓐ
❶ 《*belong to ...*》…に**所属する**; …のものである.
❷ (本来)(ある場所に)ある［いる］べきである, (ある場所に)ぴったりである.

・・・・・・・・・・・・・・・・・・・・・・

❶Tom *belongs to* our club. トムはわれわれのクラブの会員です / This book *belongs to* me. この本は私のです.
❷This tool *belongs* in the box. この道具はその箱に入れておくのだ.

be·long·ings /bəlɔ́(ː)ŋiŋz ベロ(ー)ンギングズ/ 名 褥 ❶ 財産, (土地・建物などの不動産に対して家具などの)動産. ❷ 所持品, 身の回りの物.

✱**be·lov·ed** /bəlʌ́vid ベラヴィド/ (★発音注意) 形 ❶ かわいい, 愛する. ❷ 愛用の.
▶ ❶ his *beloved* son 彼の愛する息子.

✱✱**be·low**
前 /bəlóu ビロウ/

❶《位置》**…より下に［へ, で, の］**, …より下流に［の］, 下手(しも)に.
❷《地位・等級・能力など》…より下に［の］; …より劣る.
❸(数量などが)…未満で［の］.
— 副 /bəlóu ビロウ/ ❶下(のほう)に, 階下に, 下流に, 下部に.

❷ (本などの)後の部分で.

前 ❶ There is a wood *below* the bridge. 橋の下手に森がある / The sun sank *below* the horizon. 太陽は地平[水平]線の下に沈んだ.

below　　　　　above
　　　　　　　(…の上に)

❷ The thermometer showed ten degrees *below* zero. 温度計は氷点下10度を示していた / He was *below* me in the class. 彼はクラス(の成績)では私より下だった.

❸ men *below* (the age of) sixty 60歳未満の人々.

— 副 ❶ We saw a village far *below*. ずっと下のほうに村が見えた / in the room *below* 階下の部屋で.

❷ The reason will be given *below*. 理由は以下で述べよう.

*belt /bélt ベルト/ 名 (複 ~s /-ts/) C
❶ (ズボン・座席などの)**ベルト**, 帯 (○「(帽子などの)帯」は band).
❷ (機械の)ベルト.
❸ 地帯 (帯状に長い土地).
❹ 帯状のもの; 筋, しま.
— 動 他 ❶ …をベルトで締める.
❷ (口語) …をひっぱたく.

名 *below the belt* (批判などが)フェアでない, ひどい (《ボクシングでベルトの下を打つことは反則行為であることから》).

have ... under one's belt (口語) (すばらしいこと)をすでに達成[獲得]している.

tighten one's belt ①(ベルトをきつく締めて)空腹をがまんする. ②倹約した生活をする.

— 動 *belt out* (歌など)を大声で歌う.
bélt lìne 名 C (米) (交通機関の)環状線.
belt・way /béltwèi ベルトウェイ/ 名 C (米) (都市周辺の)環状道路 (◎(英)では ring road).

be・mused /bimjúːzd ビミューズド/ 形困った, 当惑した.
Ben /bén ベン/ 名 ベン (男性の名; Benjamin の愛称).

*bench /béntʃ ベンチ/ 名 (複 ~es /-iz/)
❶ C ベンチ, 長いす.
❷ C (大工などの)仕事台.
❸ (the をつけて) ⓐ 裁判官席. ⓑ 裁判官 (集合的にも個人にも用いる). ⓒ 裁判官の職.
❹ (複数形で) (英) (議会の)議員席.
❺ C [スポーツ] ベンチ, 選手席.
▶ ❶ sit on a *bench* ベンチにすわる.

bench・mark /béntʃmàːrk ベンチマーク/ 名 C (価値判断などの)基準.
bénch wàrmer 名 C (米口語) 補欠選手.

*bend /bénd ベンド/ 動 (~s /-dz/; bent /bént/; ~ing) 他 ❶ …を**曲げる**.
❷ (規則など)を**まげる**.
— 自 ❶ **曲がる**, たわむ.
❷ 体を曲げる, かがむ.
❸ 方向が変わる, カーブする.
— 名 (複 ~s /-dz/) C **カーブ**, 曲がっている部分.

動 他 ❶ *bend* a branch down 枝を下のほうに曲げる / *bend* one's knees ひざを曲げる.
— 自 ❶ The tree *bent* in the wind. 風に吹かれて木が曲がった.
❷ She *bent* down. 彼女は腰をかがめた / *bend* over the baby 赤ん坊の上に身をかがめる.
❸ The road *bends* to the right there. 道はそこから右へ曲がる.
— 名 There are many *bends* in the road. その道路にはたくさんカーブがある.

round the bend (英口語) 気が狂って, 頭が変になって.

*be・neath /biníːθ ビニース/ 前 ❶ (位置) …の下に[の].
❷ ⓐ (身分・地位・能力など) …より下に[の], …より劣った. ⓑ (価値) …にふさわしくない, …を受ける価値がない.
— 副 すぐ下に, 下のほうに.

前 ❶ The cat sat *beneath* the table.

abcdefghijklmnopqrstuvwxyz　　　　　　　　　　　　　**Bermuda shorts**

ネコはテーブルの真下にすわった．
❷ⓐHe is in the class *beneath* mine. 彼は私より下のクラスにいる．
ⓑIt is *beneath* him to cheat you. あなたをだますなんて彼らしくない．
— 副 They live on the floor *beneath*. 彼らはすぐ下の階に住んでいる．

ben·e·fac·tor /bénəfæktər ベネファクタ/ 名C 恩人；後援者．

ben·e·fi·cial /bènəfíʃəl ベネフィシャル/ 形 有益な，役に立つ，有利な．
☞ 名 benefit.

ben·e·fi·ci·ar·y /bènəfíʃièri ベネフィシエリ/ 名 (複 -ar·ies /-z/) C ❶利益[恩恵]を受ける人，受益者．❷ (保険・年金・遺産などの)受取人．

*__**ben·e·fit**__ /bénəfət ベネフィット/ 名 (複 ~s /-ts/) ❶ UC 利益．
❷ C 役立つもの，利点，よい点．
❸ UC ⓐ《しばしば複数形で》(会社の)手当て；(保険・年金などの)給付金．
ⓑ《英》(政府からの)手当て，給付金．
— 動 (~s /-ts/; ~ed, -fit·ted /-id/; ~ing, -fit·ting) 他 …のためになる，役に立つ．
— 自 利益を得る，得(ξ)をする．

名 ❶He got [derived] great *benefit* from the book. 彼はその本から大きな利益を得た / We have the *benefit* of a school bus service. 私たちはスクールバスが利用できる．
❸ⓑchild *benefit* 児童手当．
be of benefit to ... …のためになる，…の役に立つ：Your advice *was of* much *benefit to* me. あなたの助言は私にとってとても役に立ちました．
for the benefit of ... …のためになるように：*for the benefit of* the town 町のために．
give ... the benefit of the doubt (正しい保証がなくても)…の言うことを信用する．
☞ 形 beneficial.

— 動 他 *benefit* the village people 村の人の役に立つ．
— 自 She *benefited* a lot from [by] his advice. 彼女は彼の助言で大いに助かった．

bénefit society 名 C《米》共済組合．

be·nev·o·lence /bənévələns ベネヴォレンス/ 名 U 慈善心，博愛，情け．

be·nev·o·lent /bənévələnt ベネヴォレント/ 形 慈善心のある；やさしい，情け深い．

be·nev·o·lent·ly /bənévələntli ベネヴォレントリ/ 副 慈善心をもって；情け深く．

be·nign /bináin ビナイン/ 形
❶親切な．❷(気候などが)おだやかな．
❸(病気などが)悪性でない．

be·nign·ly /bináinli ビナインリ/ 副 親切に；おだやかに

Ben·ja·min /béndʒəmin ベンチャミン/ 名 ベンジャミン《男性の名；愛称 Ben》．

*__**bent**__ /bént ベント/ 動 bend の過去形・過去分詞形．
— 形 ❶曲がった．❷《英口語》不正直な．
— 名 (複 ~s /-ts/) 好み，適性．

形 **be bent on ...** ぜひ…しようと思っている：He *is bent on becoming* a doctor. 彼はぜひ医者になろうと思っている．
— 名 He has *a bent* for music. 彼は音楽の才能がある．

ben·zine /bénzi:n ベンズィーン/ 名 U ベンジン《自動車燃料・溶剤として使われる》．

be·queath /bikwí:ð ビクウィーズ, -kwí:θ/ 動 他《文語》[…に]…を遺言(ξξ)で残す〔*to*〕．

be·quest /bikwést ビクウェスト/ 名《文語》遺産，形見．

be·reaved /bərí:vd ベリーヴド/ 形
❶(親・子・夫・妻などに)死なれた．
❷《the をつけて；名詞的に》近親を失った人(々)；遺族．
▶❶the *bereaved* husband 妻に先だたれた[死なれた]夫．

be·reave·ment /bərí:vmənt ベリーヴメント/ 名 UC (近親に)先だたれること，死別．

be·ret /bəréi ベレイ | bérei/ 名 C ベレー帽．

Ber·lin /bə:rlín バーリン/ 名 ベルリン《ドイツの首都》．

Ber·mu·da /bərmjú:də バミューダ/ 名 バーミューダ《アメリカ東海岸の大西洋上にある群島》．

Bermúda shórts 名 複 バーミューダ(ショーツ)《ひざまでの半ズボン》．

one hundred and five　　105

berry

*ber·ry /béri ベリ/ 名(複 ber·ries /-z/)
Ⓒ**ベリー**《イチゴ・キイチゴなどの果実;核がなく果肉が柔(%)らかで多くの小さい種が入っている; ○「(からの固い)木の実」は nut》.
▶pick *berries* ベリーを摘む.
《同音異語》bury.

ber·serk /bərsə́ːrk バサーク/ 形《次の成句で》: ***go berserk*** 怒り狂う.

berth /bə́ːrθ バース/ 名(複 ~s /-s/) Ⓒ
❶(船室・寝台車などの)寝台.

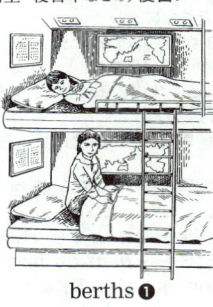

berths ❶

❷(船の)停泊位置.
— 動 他 (船)を停泊させる.
— 自 (船が)停泊する.

be·set /bisét ビセット/ 動(~s /-ts/; beset; be·set·ting) 他《**be beset with [by] ...**》(困難・誘惑など)につきまとわれる.

**be·side /bisáid ビサイド/ 前

❶ **…のそばに**, わきに. ❷ …と比べて.
❸ (的・本題など)をはずれて.

❶ There is a river *beside* the house. その家のそばに川がある / Look at the boy *beside* the car. 車のわきの男の子をごらんなさい.
❷ My foot is small *beside* yours. 私の足はあなたのに比べて小さい.
❸ *beside* the mark 的をはずれて.
beside oneself(感情が高まって)どうしてよいかわからなくなって: She was *beside herself* with joy. 彼女はうれしくて仕方がなかった.

|類語| **by** と **beside** はほぼ同じ意味であるが, by は前後左右のどれをもさすのに対して, beside は左右のいずれかをさす. **near** は単に距離的に接近している

ことを意味し,「並んで」という意味は含まない.

*be·sides /bisáidz ビサイヅ/ 副 **そのうえ**, さらに.
— 前 /bisàidz ビサイヅ/ **…のほかに**, …に加えて.

副 It's very hot, and it's humid *besides*. すごく暑い, そのうえじめじめしている.
— 前 We have two other pets *besides* this dog. 私たちはこの犬のほかに 2 匹のペットを飼っています.

be·siege /bisíːdʒ ビスィーチ/ 動(現分 be·sieg·ing) 他 ❶ (軍隊が)…を包囲する, 攻囲する.
❷ (群衆などが)…を取り囲む.

Bess /bés ベス/ 名 ベス《女性の名; Elizabeth の愛称》.

***best /bést ベスト/

形 ❶《good の最上級》ⓐ**最もよい**, 最善の, 最上の (反 worst).
ⓑ **最も上手な**.
ⓒ 最も適した.
❷《well の最上級》(体の調子・具合などが)**最もよく**, 最上で, 最高潮で (反 worst).
— 副《well の最上級》**最もよく**, いちばん; **最も上手に** (反 worst).
— 名 ❶《the をつけて》**最もよいもの**, 最もよい部分 (反 worst).
❷《**the** または **one's** をつけて》ⓐ最善の努力. ⓑ 最良の状態, 最もよい状態.
❸《one's をつけて》晴れ着.

形 ❶ ⓐ the *best* book on the subject その問題に関するいちばんよい本 / the *best* thing to do now 今すべきいちばんよいこと / I think it *best* for us to start at once. われわれはすぐ出発するのがいちばんよいと思う.
ⓑ the *best* swimmer in the class クラスで泳ぎがいちばんじょうずな人.
ⓒ the *best* man for the job その仕事の最適任者.

|語法| (1) ふつう前に the をつけるが, 後に名詞をともなわない場合は the がないことが多い. (2) 最上級で表わされるものはかならずしも「ひとつだけ」というわけで

はない: He is one of the *best* players on our team. 彼はわれわれのチームの最もすぐれた選手のひとりだ.

❷I feel *best* in the morning. 私は朝がいちばん気分がよい.

— 副 She danced (the) *best* of all. みんなの中で彼が最も上手に踊った / He likes baseball (the) *best* of all sports. 彼はすべてのスポーツのうちで野球がいちばん好きだ (✿副詞の場合には,《米》ではふつう前に the をつけ,《英》ではつけない).

— 名 ❷ⓐDo *the best* you can. = Do *your best*. できるだけのことをしなさい.
ⓑYou look *your best* in a white sweater. 君は白のセーターを着るといちばん似合う.

❸She was in *her* (Sunday) *best*. 彼女は晴れ着を着ていた.

(**all**) **for the best** (そうみえないかもしれないが)結局はいちばんよい.

all the best 《口語》最良の状態で: Goodbye, and *all the best*. さようなら, お元気で. 《別れのあいさつ》.

as best one can [may] (十分にはできないが)**できるだけうまく**: Do it *as best you can*. できるだけじょうずにしなさい.

at *one's* **best 最もよい状態で**: The cherry blossoms there are now *at their best*. そこの桜は今がいちばん見ごろです.

at (**the**) **best いくらよくても**, せいぜい (反 at (the) *worst*): You can earn, *at best*, only 200 dollars a week. 君はせいぜい 1 週間に 200 ドルしか稼げない.

best of all いちばんよいことに(は); なによりもまず, とくに.

get [have] the best of ... ①(人)を負かす. ②(試合・議論などに)勝つ.

had best do __ するのがいちばんよい(☞成句 had *better* do __ を強調した言い方 (⇒ better)).

make the best of ... (不利な条件など)**に対してできるだけのことをする**, がまんする (✿「有利な条件を活用する」は ☞ 成句 make the most of ... (⇒ most 代)): We will have to *make the best of* this old house. われわれはこの古い家でなんとかがまんしなければならないだろう.

the best part of ... …の大部分 (☞ 成句 the *better* part of ... (⇒ better)).

to the best of ... …の限り(では): *To the best of* my knowledge (= As far as I know), he is in Paris. 私の知っている限りでは彼はパリにいる.

bést mán 名ⓒ(結婚式で)花婿 (bridegroom) に付き添う男性 (✿花嫁 (bride) に付き添う未婚の女性は bridesmaid とよばれる; ☞ bride).

be·stow /bistóu ビストウ/ 動 他 《文語》《**bestow ... on [upon]** ~》…(位・賞など)を~に与える, 授(ﾞ)ける.

best-known /bést-nóun ベスト・ノウン/ 形《well-known の最上級》最もよく知られた.

bést séller 名ⓒベストセラー《ある期間中に非常に多く売れた本・レコードなど》.

best-sell·ing /bést-séliŋ ベスト・セリング/ 形ベストセラーの.

*__bet /bét ベット/ 動 (~s /-ts/; bet, betted /-id/; bet·ting) (✿一般に, とくに《米》では過去, 過去分詞は bet を用いる). 他
❶〔…に〕(金など)を**かける** 〔*on*〕.
❷ⓐ〔…で〕(人)とかけをする 〔*on*〕.
ⓑ《**bet** ~ ...》〔__で〕~(人)と…(金など)をかける〔*on, (that)* __〕.

— 自〔…のほうに / …でないほうに〕**かける**, かけをする〔*on / against*〕.

— 名 (複 ~s /-ts/) ⓒ ❶かけ. ❷かけた金, かけたもの. ❸予測, 見当.

動他 ❶He *bet* ten dollars *on* the horse. 彼はその馬に 10 ドルかけた.

❷ⓐI'll *bet* you *on* the election results. 選挙の結果について君とかけをしよう. ⓑI'll *bet* you my last pound *on* the race. 私はそのレースについて君を相手に最後の 1 ポンドをかけよう / I'll *bet* you two dollars (*that*) his team will win. 彼のチームが勝つほうに 2 ドルかけるよ.

— 自 I *bet on* the taller man. 私は背の高い男のほうにかけた / I'll *bet against* your winning. 私は君が勝たないほうにかけるよ(かけてもよいが, 君は勝てないよ).

I bet 《口語》**絶対に**, きっと (I am sure): *I bet* he's right. 絶対に彼は正

Beth ABCDEFGHIJKLMNOPQRSTUVWXYZ

しい.
You bet! 《口語》**もちろん, その通りだ**: 対話 "Are you going to the seaside?"–"*You bet!*"「君は海へ行くの」「もちろん行く」.

— 名 ❶They made a *bet* on the game. 彼らはその試合でかけをした.

Beth /béθ ベス/ 名 ベス 《女性の名; Elizabeth の愛称》.

be·tray /bitréi ビトレイ/ 動 (~s /-z/; ~ed /-d/; ~ing) 他
❶ (人・信頼など)を**裏切る**.
❷ (気持ち・弱点など)をうっかり表わす.
❸ (秘密など)を漏(も)らす, 密告する.

- - - - - - - - - - - - -
❶She never *betrayed* her friends. 彼女は決して友だちを裏切らなかった.
❷His eyes *betrayed* his fear. 彼の眼は彼の恐怖心を表わしていた(彼がこわがっているのは眼を見ればわかった).
betray oneself (うっかり)本心[正体]を表わす.
☞ 名 betrayal.

be·tray·al /bitréiəl ビトレイアル/ 名 U C 裏切り; 密告.
☞ 動 betray.

be·tray·er /bitréiər ビトレイア/ 名 C 裏切り者; 密告者.

bet·ter /bétər ベタ/
形 ❶《good の比較級》**よりよい**, よりすぐれている (反 worse).
❷《well の比較級》 ⓐ **気分[病状]がよりよい** (反 worse).
ⓑ 病気が全快した, 元気な.
— 副《well の比較級》❶ **もっとよく**, もっと上手に (反 worse).
❷ (程度などが)**さらに多く**.
— 名《単数形で》よりよいこと[もの] (反 worse).

- - - - - - - - - - - - -
形 ❶This room is *better* than that one. この部屋はあの部屋よりよい / He is a *better* swimmer than I [me]. 彼は私より泳ぎがうまい / It would be *better* for you to tell him the news. あなたは彼にその知らせを教えるほうがよいでしょう / It is *better* that you (should) go yourself. 君が自分で行くほうがよい 《✪(米)ではふつう should を用いない》/ ことわざ *Better* late than never. 遅くとも全然しないよりましだ.
❷ⓐI feel much [a little] *better* today than yesterday. 私はきょうはきのうよりずっと[少し]気分がよい.
ⓑYou can't go swimming until you get *better*. 元気になるまでは泳ぎに行ってはいけない.
— 副 ❶You should behave *better*. もっと行儀よくしなさい / He can sing *better* than I [me]. 彼は私より歌がうまい.
❷I like meat *better* than fish. 私は魚より肉のほうが好きだ.

all the better (for ...) (…だから)**ますますよく[多く]**:I like him *all the better* for his faults. 欠点があるからいっそう彼が好きだ.

be better off 《be well off の比較級》①(経済的に)より豊かである, 暮らし向きがよくなっている (反 be worse off). ②より幸福[快適・好都合]である.

for better or (for) worse どのような運命になろうとも, どんなことがあっても 《結婚宣誓式で用いる文句からきたことば》.

for the better よいほうへ:change *for the better* 改善する.

get the better of ... …を負かす.

had better *do* __したほうがよい, __すべきである 《☞ 成句 had best do (⇨ best)》:You *had better* go. 君は行ったほうがよい / You *had better* not go. 君は行かないほうがよい / What *had* I *better* do? 私は何をしたらよいでしょうか.

語法 主語が you の場合には, 忠告や軽い命令などに用いられる; 目上, 年上の人に対しては用いない; 《口語》では had を省くことがあり, さらに you も省くことがある: *Better* go back. 君は帰ったほうがいい.

know better もっと分別があるからそんなことはしない 《☞know 動》.

know better than to *do* __するほどばかではない 《☞know 動》.

no [little] better than ... …といってよいようなもの[人], …も同然:He is *no better than* a beggar. 彼はこじきも同然だ.

so much the better それはますます

108   one hundred and eight

結構(☞muchの成句 so muchの④).
***the better part of...** …の半分以上(☞成句 the *best* part of ... (⇨best)): It took *the better part of* a day to get there. そこに着くのには1日の半分以上かかった.
***think better of ...** ①(よいと思っていなかった人)を見直す. ②考え直して…をやめる(☞think).
bétter hálf 图《口語》《前に *one's* をつけて》妻, 夫.
INFO 自分の半身以上にあたるほどだいじな人という意味の語で, 夫婦やパートナーのどちらかをさすようになった.
bet·ter-known /bétər-nóun ベタ・ノウン/ 形 well-known の比較級.
bet·ting /bétiŋ ベティング/ 图 Ⓤ かけること.
Bet·ty /béti ベティ/ 图 ベティー《女性の名; Elizabeth の愛称》.

***be·tween** 前 /bitwíːn ビトウィーン/

❶《場所・位置・時・関係》(…と…)**ふたつの間に[で, を, の]**.

The boy stood proudly *between* his parents, holding their hands.
(その男の子は自慢気に両親の間に立ち, 両親の手を握っていた)

❷《相違・分割・選択》…**の間で**, …**のうちのひとつを**.
❸《協力・共有》…**が協力して**, …**を合わせれば**.
— 副 /bitwíːn ビトウィーン/ ふたつ[ふたり]の間に.

前 ❶ The bus runs *between* the two cities. ふたつの市の間をバスが走っている / the distance *between* the two railroad stations そのふたつの駅の間の距離 / Let's start *between* 7 and 8 in the morning. 朝7時から8時の間に出発しよう / a treaty *between* three countries 3国間の条約.
❷ There is hardly any difference *between* the two plans. そのふたつの計画にはほとんど差がない / Let's divide the money *between* us. そのお金をふたりで分けよう / Choose *between* this and that. これかそれのうちどちらかを選びなさい.
❸ We managed to finish it *between* us. われわれだけで何とかそれをやりとげた / How much do you have *between* you? ふたり合わせていくらもっていますか.
***between ourselves [you and me]** 《口語》あなたと私の間[ここ]だけの話だが: *Between you and me* I don't think she is such a good cook. ないしょだけれども彼女はそんなに料理は上手ではないと思う.
***come [stand] between ...** …の間に入ってじゃまをする.
— 副 fall *between* 間に落ちる.
***in between** ①間に(はさまって), 中間に. ②合い間に.

bev·er·age /bévəridʒ ベヴァリヂ/ 图 (複 -ag·es /-iz/) Ⓒ 飲み物《コーヒー・茶・牛乳・ジュース・ビール・ワインなど; 水は含まれない》.

be·ware /biwéər ビウェア/ 動 《❶命令形で》 ⾃ […に] 用心する, 気をつける 〔*of*〕.
▶ ⾃ *Beware of* pickpockets! すりにご用心.

be·wil·der /biwíldər ビウィルダ/ 動 (現分 -der·ing /-dəriŋ/) 他 …をまごつかせる, どうしてよいかわからなくさせる.
▶ I *was bewildered* by the question. 私はその質問にまごついてしまった.

be·wil·der·ing /biwíldəriŋ ビウィルダリング/ 形 人をまごつかせるような.

be·wil·der·ment /biwíldərmənt ビウィルダメント/ 图 Ⓤ 当惑.

be·witch /biwítʃ ビウィッチ/ 動 他 (三単現 ~·es /-iz/) …をうっとりさせる.

***be·yond** 前 /bijɑ́nd ビヤンド | bijɔ́nd/

❶《場所》…**を越えて向こうに[の]**.
❷《時間》…**を過ぎて**.

❸《能力・程度》…を**越えて[越えた]**, …におよばない(で).
❹《否定文・疑問文で》…以外に[の].
— 副 /bijánd ビヤンド, ビアンド | -jɔ́nd/
❶(その)かなたに, (その)向こうに.
❷(時刻などが)その後に[で].

・・・・・・・・・・・・・・・・・・・・
前 ❶ His farm is *beyond* the river. 彼の農場は川向こうにある / the mountains *beyond* the lake その湖の向こうの山々.
❷ I can't stay here *beyond* tomorrow. あすまでしかここにいられません.
❸ What he said was *beyond* me. 彼の言ったことは私には理解できなかった / He has gone far *beyond* me in learning. 彼は勉強では私よりずっと進んでいる.
❹ I know nothing *beyond* this. これ以上はなにも知りません.
— 副 ❶ We saw a small island *beyond*. (その)向こうに小さな島が見えた.
❷ the 1980s and *beyond* 1980年代とそれ以降.

bi·as /báiəs バイアス/ 名 (複 ~·es /-iz/)
UC ❶ 先入観(による好み・反感), 偏見.
❷ (心の)傾向, 好み.

bi·as(s)ed /báiəst バイアスト/ 形 偏見をもった.

bib /bíb ビブ/ 名C (赤ん坊の)よだれ掛け.

***Bi·ble** /báibl バイブル/ 名 (複 ~s /-z/)
❶ⓐ **the** をつけて) **聖書**, バイブル(旧約聖書 (the Old Testament) と新約聖書 (the New Testament) から成りたっている; ◐ the Holy Bible ともいう).
ⓑC (1冊の)聖書.
❷C 《**bible** で》最も重要な本.

・・・・・・・・・・・・・・・・・・・・
❶ⓐ I swear on *the Bible*. 聖書にかけて誓います.
❷ a *bible* for golfers ゴルファーの必読書.

bib·li·og·ra·phy /bìbliágrəfi ビブリアグラフィ/ 名 (複 -ra·phies /-z/) C (本や論文の最後にある)引用文献目録;(ある主題についての)参考書物一覧表;(ある著者の)著書一覧表.

bi·cen·te·na·ry /bàisenténəri バイセンテナリ/ 名 (複 -a·ries), 形 《英》= **bicen-**

tennial.
bi·cen·ten·ni·al /bàisenténiəl バイセンテニアル/ 名C 《米》200年記念日, 200年祭 (☞ **centennial**).
— 形 《米》200年記念の, 200年ごとの.

*** bi·cy·cle** /báisikl バイスィクル/
名 (複 ~s /-z/) C **自転車** (◐ bi- (ふたつ) +cycle (車輪) で「ふたつの車輪」という意味;「一輪車」は unicycle,「三輪車」は tricycle).

・・・・・・・・・・・・・・・・・・・・
by *bicycle* 自転車で (◐ by の後では a をつけない) / ride (on) a *bicycle* 自転車に乗る.

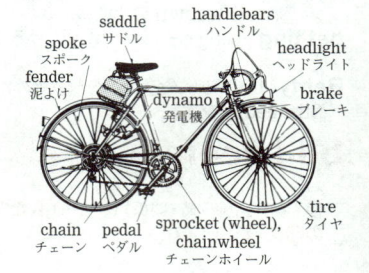

saddle サドル
handlebars ハンドル
headlight ヘッドライト
spoke スポーク
fender 泥よけ
dynamo 発電機
brake ブレーキ
tire タイヤ
chain チェーン
pedal ペダル
sprocket (wheel), chainwheel チェーンホイール

bicycle

***bid** /bíd ビッド/ 動 (~s /-dz/; bade /bǽd | béid/, bid; bid·den /bídn/, bid; bid·ding) (◐ 他 ❶の意味および 自 では過去・過去分詞はともに bid; 他 ❷の意味では, ふつう過去 bade, 過去分詞 bidden だが, bid も用いられる). 他
❶(せり売りで)〔…に〕…の**値をつける**〔for, 《米》on〕.
❷《文語》《**bid** ~ ... または **bid** ... **to**》〜(人)に…(あいさつなど)を**言う**.
— 自〔…に〕**値をつける**, 入札する〔for, 《米》on〕.
— 名 (複 ~s /-dz/) C ❶ **入札**, (せりの)つけ値. ❷ 努力, 試み.

・・・・・・・・・・・・・・・・・・・・
動 他 ❶ *bid* one hundred dollars *for* an old book 古書に100ドルの値をつける.
❷ He *bade* her good night. 彼は彼女に「おやすみなさい」と言った.
— 自 *bid* for the contract 契約に入札する.

bid·den /bídn ビドン/ 動 bid の過去分詞形.

bid·der /bídər ビダ/ 名 C (せり売りで)値をつける人.

bid·ding /bídiŋ ビディング/ 名 U 入札, せり.

bi·det /bidéi ビデイ/ 名 C ビデ (トイレなどにある臀(でん)部や陰部を洗うための洗浄器).

bi·en·ni·al /baiéniəl バイエニアル/ (☞annual) 形 2年に1度の.

bi·fo·cal /bàifóukəl バイフォウカル/ 形 (めがねのレンズが)焦点がふたつある.
— 名 《複数形で》(遠近両用の) 2 焦点めがね.

**big /bíg ビッグ/ 形 (big·ger; big·gest)
❶ **大きい** (反 little, small) (☞great, large); 成長した, 年上の (反 little).
❷ **重要な, 偉い**; 偉そうな.
❸ 寛大な, 大らかな.
❹ 《動詞に -er のついた名詞の前で》大いに…する.
❺ 《口語》人気のある.
— 副 《口語》❶ 偉そうに.
❷ (計画などを)大きく.

形 ❶ a *big* man 大男 / speak in a *big* voice 大声で話す / Don't cry. You're a *big* boy now. 泣くな, もう大きいんだから / my *big* brother 〔sister〕私の兄〔姉〕.
❷ He's a *big* man in banking. 彼は銀行業界の大物だ / a *big* day (大きな出来事などのあった)すばらしい日 / look *big* 偉そうな顔をする / *big* words 大げさなことば.
❸ a *big* heart 寛大な心.
❹ a *big* eater よく食べる人.
❺ The band is very *big* in Japan. そのバンドは日本ではとても人気がある.
— 副 ❶ talk *big* 偉そうな口をきく.
❷ think *big* スケールの大きい考えをする.

big·a·my /bígəmi ビガミ/ 名 U 重婚.

Bíg Ápple 名 《the をつけて》《米口語》ニューヨーク市.

bíg báng 名 《the をつけて》ビッグバン (宇宙の起源とされる宇宙大爆発).

Bíg Bén 名 ビッグベン.

INFO ロンドンにある国会議事堂 (the House of Parliament) の塔の上部にある大時計の鐘のことをいうが, ふつうは時計塔全体をさす. その制作責任者が大男で, Big Ben とよばれていたのでこの鐘の名前となったといわれている.

Bíg Bróther 名 《冠詞をつけずに》独裁者; 独裁国家 (人民に対して絶対的権力をふるう人〔国家・組織〕; ジョージ・オーウェル (George Orwell) の小説 *Nineteen Eighty-Four* (『1984 年』) より).

bíg búsiness 名 U 大企業.

bíg déal 名 《単数形で》たいしたこと, とても重要なこと. ▶ It's no *big deal*. それはたいしたことではない.

Bíg Deal! 感 《口語》《皮肉に》それがどうした, なんだそれっぽっちか.

Bíg Dípper 名 《米》《the をつけて》北斗七星 (○ 単に Dipper ともいう; 《英》では the Plough).

bíg gáme 名 U 《集合的に》【狩猟】大きな猟獣 (象・ライオン・トラなど).

bíg gún 名 C 《米》大物.

big-head /bíghed ビッグヘッド/ 名 C うぬぼれた人.

big-head·ed /bíghedid ビッグヘディド/ 形 《口語》うぬぼれた.

big-heart·ed /bíg-há:rtid ビッグ・ハーティド/ 形 気前のよい, 親切な.

bíg móuth 名 C 《口語》おしゃべり (人), 秘密を守れない人.

bíg náme 名 C 《口語》有名人.

big-name /bíg-néim ビッグ・ネイム/ 形 《口語》有名な.

big·ot /bígət ビゴト/ 名 C がんこな人.

bíg shòt 名 C 《口語》大者のように振る舞う人.

bíg tìme 形 《口語》一流の.
— 名 《the をつけて》《口語》(政界・芸能界などの)最高の地位, 成功, 名声.
— 副 《米口語》とても, 大いに.

big·wig /bígwìg ビッグウィグ/ 名 C 《口語》お偉(えら)がた.

*bike /báik バイク/ 名 (複 ~s /-s/) C 《口語》❶ **自転車** (○ bicycle の短縮形).
❷ **オートバイ** (○ motorbike の短縮形).
— 動 (現分 bik·ing) 自 《口語》自転車〔オートバイ〕に乗る.

bik·er /báikər バイカ/ 名 C ❶ 自転車〔オートバイ〕に乗った人. ❷ 暴走族 (のひ

bikini

とり).

bi·ki·ni /bikíːni ビキーニ/ 《★アクセント注意》图 (復 ~s /-z/) ⓒ ビキニ《露出部の多い女性用のセパレートの水着》.

bi·lat·er·al /bàilǽtərəl バイラテラル/ 形 ふたつの国[政党(など)]の間の.

bile /báil バイル/ 图Ⓤ❶胆汁(じゅう).
❷《文語》不機嫌.

bi·lin·gual /bàilíŋgwəl バイリングワル/ 形
❶ 二か国語を話す. ❷ 二か国語併用の《英和辞典など》.
— 图Ⓒ 二か国語を話す人.

Bill /bíl ビル/ 图 ビル《男性の名; William の愛称》.

*__**bill**__¹ /bíl ビル/ 图 (復 ~s /-z/) Ⓒ
❶ **請求書**, 勘定書, 伝票《❖レストランなどの請求書は(米)では check》.
❷《米》**紙幣**, 札《❖bank note ともいう;(英)では note; ☞ coin》).
❸ ビラ, ポスター.
❹ (議会の)**法案**; 議案《❖可決されて法律になったものは act(法令・条例)》).
❺ (劇場などの)プログラム.
— 動 他 ❶ …に請求書を送る.
ⓑ …を請求書に記入する.
❷ …をポスター[プログラム(など)]で広告する, 発表する.

━━━━━━━━━━━━━━━━

图 ❶ How much does the *bill* come to? 勘定はいくらになりますか / pay the *bill* for the repair 修理代を払う / the telephone *bill* 電話の請求書.
❷ a ten-dollar *bill* 10ドル紙幣.
❸ Post [Paste, Stick] No *Bills*《掲示》はり紙禁止.
❹ pass [reject] a *bill* 法案を可決[否決]する.

bill² /bíl ビル/ 图Ⓒ (鳥の)くちばし《とくに細くひらたいくちばし》).

bill·board /bílbɔ̀ːrd ビルボード/ 图Ⓒ (ふつう戸外の)広告掲示板《❖(英)では hoarding ともいう》.

bill·fold /bílfòuld ビルフォウルド/ 图Ⓒ《米》(ふたつ折りの)札入れ (wallet).

bil·liards /bíljərdz ビリャヅ/ 图Ⓤ ビリヤード, 玉突き.
▶play (at) *billiards* 玉突きをする.

*__**bil·lion**__ /bíljən ビリョン/ 图 (復 ~, ~s /-z/) ❶《数詞または数を示す形容詞を伴うときの複数形は ~s,《米》~》Ⓒ ⓐ《米》**10億**, 10^9《☞ trillion》. ⓑ《英》**1兆**, 10^{12} 《❖今では《英》でも10億の意に用いる》).
❷《複数形で》莫大な数.

━━━━━━━━━━━━━━━━

❶ ⓐ three *billion* 30億.
❷ *billions of* stars 無数の星.

bil·lion·aire /bìljənéər ビリョネア/ 图Ⓒ 億万長者《❖millionaire は「百万長者」》.

bil·low /bílou ビロウ/《★アクセント注意》動 ⓘ 大きくうねる; ふくらむ.

Bil·ly /bíli ビリ/ 图 ビリー《男性の名; William の愛称》.

bi·month·ly /baimʌ́nθli バイマンスリ/ 形
❶ 2か月に1回の. ❷ 月に2回の.
— 副 ❶ 2か月に1回. ❷ 月に2回.

bin /bín ビン/ 图Ⓒ ❶ ふたつきの大きな貯蔵箱.
❷《英》(家庭用の)ごみ箱《❖dustbin ともいう;《米》では garbage can, trash can》).

bi·na·ry /báinəri バイナリ/ 形 ふたつから成る. ▶the *binary* system 2進法《0と1を使ってすべての数を表わす方法; コンピューターで用いられる; ❖「10進法」は the decimal system》.

*__**bind**__ /báind バインド/ 動 (~s /-dz/; bound /báund/; ~ing) 他
❶ …を**縛**(しば)**る**; …を [~に] 縛りつける [*to*].
❷ …を**たばねる**, 縛る.
❸ ⓐ …に包帯をする《☞ 成句 *bind up* ①》).
ⓑ …を […で] 巻く [*with*]; …を [~に] 巻きつける [*about, (a)round*].
❹ (精神的に)…を結びつける, 団結させる.
❺《ふつう受身形で》ⓐ …を束縛(そくばく)する.
ⓑ《*bind ... to do*》…に__することを義務づける.
❻《ふつう受身形で》…を製本する, 装丁(そうてい)する.
— 图《単数形で》《口語》困ったこと, 困った状況.

━━━━━━━━━━━━━━━━

他 ❶ They *bound* him to a tree. 彼らは彼を木に縛りつけた.
❷ Please *bind* these magazines together with string. ひもでこの雑誌をたばねてください / *bind* wheat *into* shocks 小麦をたばねていくつかの束(たば)に

a**b**cdefghijklmnopqrstuvwxyz　　　　　　　　　　　　　　　　　　bird's-eye view

する. ❸ⓐ*bind* (up) the wound 傷に包帯する. ⓑShe *bound* her head *with* a ribbon. = She *bound* a ribbon *round* her head. 彼女はリボンを頭に巻いた.

❹A close friendship *binds* us together. 固い友情が私たちを結びつけている.

❺ⓑCitizens *are bound* by law *to* pay taxes. 市民は法律で税金を払う義務を負わされている.

bind up 他 ①…に**包帯をする**. ②…を**たばねる**. ③…を製本する.

bind・er /báindər バインダ/ 名C (紙や新聞などをとじる)表紙, バインダー.

bind・ing /báindiŋ バインディング/ 名
❶C 表紙. ❷U (補強・飾りのための)縁どり材料.
— 形 拘束力のある.

binge /bíndʒ ビンヂ/ 名C 《口語》がぶ飲み, ばか食い.
— 動 (現分 binge・ing, bing・ing) 自 がぶ飲みする, ばか食いする.
▶go on a *binge* がぶ飲み[ばか食い]する.

bin・go /bíŋgou ビンゴウ/ 名U ビンゴ 《数を記入してあるカードの目を埋めるゲーム》.

bi・noc・u・lars /bənákjulərz ビナキュラズ/ 名複 双眼鏡. ▶a pair of *binoculars* 双眼鏡1台.

bi・o・chem・i・cal /bàioukémikəl バイオウケミカル/ 形 生化学の.

bi・o・chem・ist /bàioukémist バイオウケミスト/ 名C 生化学者.

bi・o・chem・is・try /bàioukémistri バイオウケミストリ/ 名U 生化学.

bi・o・de・gra・da・ble /bàioudigréidəbl バイオウディグレイダブル/ 形 生物分解性の 《微生物などにより安全な形に分解できる》.

bi・og・ra・pher /baiágrəfər バイアグラファ/ 名C 伝記作家.

bi・o・graph・i・cal /bàiəgræfikəl バイオグラフィカル/ 形 伝記の.
☞ 名 biography.

bi・og・ra・phy /baiágrəfi バイアグラフィ | -ɔ́g-/ 名 (複 -ra・phies /-z/) C 伝記.
☞ 形 biographical.

bi・o・log・i・cal /bàiəládʒikəl バイオラヂカル/ 形 生物学(上)の, 生物学的な.

☞ 名 biology.

bi・ol・o・gist /baiálədʒist バイアロヂスト/ 名C 生物学者.

***bi・ol・o・gy** /baiálədʒi バイアロヂ | -ɔ́l-/ 名U **生物学**.
☞ 形 biological.

bi・op・sy /báiɑpsi バイアプスィ/ 名 (複 -op・sies /-z/) C 生体組織検査.

bi・o・rhythm /bàiouríðm バイオウリズム/ 名 U.C バイオリズム 《生体内の周期的な現象》.

bi・o・tech・nol・o・gy /bàioutèknálədʒi バイオウテクナロヂィ/ 名U 生物工学, バイオテクノロジー.

bi・par・ti・san /bàipɑ́:rtəzən バイパーティザン/ 形 二党の, 二派の; 二党連立の.

birch /bə́:rtʃ バーチ/ 名 (複 ~es /iz/)
❶C 〔植物〕 カンバ 《○**birch tree**ともいう》.
❷U カンバ材.

**bird /bə́:rd バード/ 名 (複 ~s /-dz/) C
❶ **鳥**.
❷ (俗語) 《形容詞をつけて》 (…な)人.

❶keep a *bird* 鳥を飼う / a *bird* of prey 猛禽(きん), 肉食鳥 (タカ・ワシの類) / ことわざ *Birds* of a feather flock together. 同じ羽の鳥は集まる(同じような性格[考え・興味(など)]をもつ人間は仲間になりやすい), 「類は友を呼ぶ」 / A *bird* in the hand is worth two in the bush. 捕えた1羽の鳥はやぶの中の2羽の鳥の価値がある, 「あすの百よりきょうの五十」 (☞**early bird**).

❷a queer *bird* 妙なやつ / an early *bird* 早起きの人, 早く来る人.

kill two birds with one stone 1個の石で2羽の鳥を殺す(一度でふたつの目的を果たす), 「一石二鳥」, 「一挙両得」.

bird・ie /bə́:rdi バーディ/ 名C ❶ (小児語)小鳥ちゃん. ❷ バーディー 《ゴルフでパー (par) よりひとつ少ない打数》. ❸ (米口語)(バドミントンの)羽根 (shuttlecock).

bird・seed /bə́:rdsì:d バードスィード/ 名U (小鳥用の)粒(つぶ)のえさ.

bird's-eye view /bə́:rdzài vjú: バーヅァイ ヴュー/ 名 《単数形で》 鳥瞰(かん)図 《鳥の目で上から見下ろしたときのような全景》.

one hundred and thirteen　　113

bírd wàtcher 名Ⓒ野鳥観察者.

bírd wàtching 名Ⓤ野鳥観察, バードウォッチング.

Bir·ming·ham /bə́ːrmiŋəm バーミンガム/ 名 バーミンガム《イングランド中部の大都市》.

Bi·ro /báiərou バイ(ア)ロウ/ 名(複 ~s /-z/) Ⓒ《英》【商標】ボールペン (ballpoint pen).

*__birth__ /bə́ːrθ バース/ 名(複 ~s /-s/)
❶ⓊⒸ**誕生**; 出産.
❷Ⓤ**家柄**, 家系, 血統.
❸Ⓤ(ものごとの)**誕生**, 始まり, 起源.

----

❶at *birth* 生まれたとき / the date of one's *birth* 生年月日.

❷She is of French *birth*. 彼女は生まれはフランス人だ / a person of noble *birth* 高貴な家柄の人.

❸the *birth* of the atomic age 原子力時代の始まり.

by birth ①**生まれは**: He is German *by birth*. 彼は生まれはドイツ人だ. ②生まれながらの: She is wealthy *by birth*. 彼女はお金持ちの家に生まれた.

from (one's) ***birth*** 生まれたときから: He was blind *from* (his) *birth*. 彼は生まれたときから目が見えなかった.

give birth to ... ①(赤ん坊)を**生む**. ②(考えなど)を**生み出す**: His experiences as a child *gave birth to* his inventions. 彼の小さいときの経験があの発明を生み出した.

----

bírth certíficate 名Ⓒ出生証明書
INFO 英米には日本のような戸籍制度がないので, これが日本の戸籍抄本に当たる.

bírth contròl 名Ⓤ産児制限.

*__birth·day__ /bə́ːrθdèi バースデイ/ 名(複 ~s /-z/) ❶Ⓒ**誕生日**.
❷《形容詞的に》誕生日の.

----

❶"When is your *birthday*?" – "It's (on) May 19." 「あなたの誕生日はいつですか」「5月19日です」 / celebrate her *birthday* 彼女の誕生日を祝う.

❷a *birthday* present [gift] 誕生日の贈り物.

INFO 誕生日を迎えた人は "Happy birthday (to you)!" (誕生日おめでとう)とか "(I wish you) Many happy returns (of the day)!" (なんども幸せな誕生日がめぐってきますように)などと言われて祝福を受ける. 答えは "Thank you." でよい. なお誕生日には Congratulations! とは言わない.

----

birth·mark /bə́ːrθmὰːrk バースマーク/ 名Ⓒ(生まれつきの)ほくろ, あざ.

birth·place /bə́ːrθplèis バースプレイス/ 名Ⓒ ❶生まれた所, 出生地. ❷始まった所.

birth·rate /bə́ːrθrèit バースレイト/ 名Ⓒ出生率.

birth·right /bə́ːrθràit バースライト/ 名Ⓒ生まれながらもっている権利.

birth·stone /bə́ːrθstòun バーススト―ン/ 名Ⓒ誕生石.

*__bis·cuit__ /bískit ビスキット/ 名(複 ~s /-ts/, bis·cuit) ❶Ⓒ(米)(パン種を使った柔(ᷤか)らかい)**小型パン**(✪(英)では scone).
❷Ⓒ(英)**ビスケット**(✪(米)では cracker または cookie).

bi·sex·u·al /bàisékʃuəl バイセクシュアル/ 形(男女)両性に心引かれる(☞heterosexual, homosexual).
— 名Ⓒ(男女)両性愛の人.

bish·op /bíʃəp ビショプ/ 名Ⓒ ❶(イングランド国教会などの)主教; (カトリック教会の)司教(☞archbishop).
❷【チェス】ビショップ.

bi·son /báisn バイスン/ 名(複 ~, ~s /-z/) Ⓒバイソン(《ウシ科の大型の動物; ✪(米)では俗称として buffalo という).

bis·tro /bíːstrou ビーストロウ/ 名(複 ~s /-z/)Ⓒ小さなレストラン, 小さな居酒屋.

*__bit¹__ /bít ビット/ 名(複 ~s /-ts/)Ⓒ**小片**, かけら, 小部分, 少量.

----

bits of broken glass ガラスのかけら / a *bit* of paper 一片の紙, 紙きれ / a *bit* of cake 少量のケーキ.

a bit 《副詞的に》①(程度などが)**少し**: It's *a bit* too sweet. ちょっと甘すぎる / I'm *a bit* tired. 少し疲れた. ②(時間的に)少し: Wait *a bit*. ちょっとお待ちなさい.

a bit of ... 《数えられない名詞について》**ひとつの…**; 少しばかりの…《✪a piece of ... よりも「少し」の意味が強く, 口語的》: *a bit of* advice ひとつの忠告 / *a bit of*

ab c d e f g h i j k l m n o p q r s t u v w x y z　　　　　　　　　　**bitterness**

news ひとつのニュース / *a bit of* land 少しばかりの土地 / *a bit of* luck ちょっとした幸運 / I know *a bit of* French. 私は少しフランス語がわかる.

a bit of a ... いくぶん…:He is *a bit of a* coward. 彼はややおくびょうだ.

a little bit 《副詞的に》= **a bit**.

bit by bit 少しずつ.

do one's bit 《口語》自分のやるべきことをやる.

every bit ①全部. ②《副詞的に》どの点から見ても:He is *every bit* as kind as she is. 彼は彼女とまったく同じくらい親切だ.

not a bit 少しも…でない (not at all):I'm *not a bit* tired. 私は全然疲れていません.

quite a bit ①かなりの量:*quite a bit* of money かなりのお金. ②《副詞的に》かなり.

to bits 粉々に, ばらばらに:tear a letter *to bits* 手紙をこまかく破る.

bit² /bít ビット/ 名C (馬のくつわの) はみ 《馬の口にかませる金属の棒で, 両端に手綱がつながっている》.

bit³ /bít ビット/ 名C ビット 《コンピューターの情報量の最小単位; ○ *b*inary dig*it* の略》.

bit⁴ /bít ビット/ 動 bite の過去形・過去分詞形.

bitch /bítʃ ビッチ/ 名 (複 ~es /-iz/) C ❶雌犬;雌. ❷《俗語》ひどい女.

bitch·y /bítʃi ビチィ/ 形 《俗語》意地悪な, いやみな.

***bite** /báit バイト/ 動 (~s /-ts/; bit /bít/; bit·ten /bítn/, bit; bit·ing) 他 ❶…を**か む**, かじる; …にかみつく.

❷ (蚊・ノミなどが) …を**刺す**.

— 自 ❶かむ, かみつく.

❷ (魚が) えさに食いつく.

❸ (悪い) 効果を表わす.

— 名 (複 ~s /-ts/) ❶ C **かむこと**.

❷C かみ傷, (虫などに) 刺されたところ.

❸ⓐC ひとかじり, ひと口.

ⓑ 《a をつけて》《口語》(軽い) 食事.

❹C (魚の) 餌(え)に食いつくこと.

❺ⓐ (食べ物の) ぴりっとした味.

ⓑ (風などの) 身を切るような寒さ.

　類語 **bite** は (リンゴなどを) かじる, (犬などが) かむ; **chew** は (肉などを) 奥歯でよくかむ.

— 動 他 ❶The dog *bit* him on the hand. = The dog *bit* his hand. 犬が彼の手をかんだ.

❷He was *bitten* on the arm by a mosquito. 彼は腕を蚊に刺された.

— 自 ❶This dog doesn't *bite*. この犬はかまない.

bite into ... ①…に食いつく. ②…にくいこむ. ③…を腐食する.

bite off 他 …をかみ切る.

— 名 ❶The dog gave him a *bite*. その犬は彼をかんだ.

❷mosquito *bites* 蚊の刺したあと.

❸ⓐtake a *bite* of bread パンをひと口食べる. ⓑI had *a bite* around 3 o'clock. 私は3時頃軽い食事をした.

bit·ing /báitiŋ バイティング/ 形 ❶ (風・寒さなどが) 身を切るような.

❷鋭い, 辛辣(しんらつ)な.

— 副 身を切るように.

▶副 It is *biting* cold. 身を切るように寒い.

bit·ten /bítn ビトン/ 動 bite の過去分詞形.

***bit·ter** /bítər ビタ/ 形 (~·er /-tərər/; ~·est /-tərist/)

❶ (味が) **にがい** (反 sweet).

❷ (寒さなどが) **ひどい**, 厳しい; (風などが) 身を切るような.

❸つらい, 苦しい; 悲しみの.

❹ (ことばなどが) きつい, 激しい.

— 副 (~·er; ~·est) ひどく, 激しく.

— 名 UC 《英》ビター 《(ホップのきいた) にが味の強いビール; ☞ beer》.

— 形 ❶This medicine tastes *bitter*. この薬はにがい.

❷in the *bitter* cold ひどい寒さの中で.

❸*bitter* memories つらい思い出 / *bitter* tears 悲痛の涙.

❹a *bitter* quarrel 激しい言い争い.
　　　　　　　　　　　☞ 名 bitterness.

— 副 *bitter* cold ひどく寒い.

***bit·ter·ly** /bítərli ビタリ/ 副 **ひどく**, 激しく.

bit·ter·ness /bítərnəs ビタネス/ 名 U ❶苦味(にがみ). ❷ひどさ. ❸つらさ. ❹激

one hundred and fifteen　　　　　　　　　　　　　　　　　　　　　　　　115

bittersweet

しさ.
bit・ter・sweet /bítərswìt ビタスウィート/ 形 ❶つらいけれども楽しくもある. ❷にがみがあって甘い.

bi・week・ly /bàiwíːkli バイウィークリ/ 形 1週間おきの, 2週に一度の (☞ fortnightly). — 副 1週間おきに.

bi・zarre /bizáːr ビザー/ 形 奇怪な, 異様な.

blab /blǽb ブラブ/ 動 (~s /-z/; blabbed /-d/; blab・bing) 他 (口語) 秘密をもらす. — 他 (口語)(秘密などを)ぺらぺらしゃべる.

black /blǽk ブラック/ 形 (~・er; ~・est)

❶ⓐ**黒い**, 黒色の.
ⓑ(皮膚の色が) 黒い.
❷まっ暗な.
❸陰うつな, 不吉な, 希望のもてない.
❹不機嫌な, むっとした.
❺凶悪な, 陰険な.
❻(コーヒーが)ブラックの, クリーム[ミルク]をいれない (反 white).
— 名 (複 ~s /-s/) ❶Ⓤ**黒**.
❷Ⓒ**黒人**.
❸Ⓤ黒い着物, 喪服 (もふく).
❹Ⓤ黒絵の具, 黒インキ, 黒色染料.
— 動 他 ❶…を黒くする, 暗くする.
❷(くつなど)を(黒く)みがく.

──────────────

形 ❶ⓐI have *black* hair. 私の髪の毛は黒い. ⓑ*black* people 黒人.
INFO black という語はかつては軽蔑(けいべつ)の意味を含んでいたが, 現在では黒人自身が自覚と誇りの気持ちをこめてこの語を用いる傾向がある. "Black Is Beautiful." (黒は美しい) はその主張を表わしている.
❷a *black* night まっ暗な夜.
❸Things look *black*. 情勢が悪い / a *black* day 不吉な日.
❹a *black* look 不機嫌な顔.
❺the *blackest* criminal 最も凶悪な犯罪者 / a *black* lie 陰険な[たちの悪い]うそ.
❻I'd like my coffee *black*. 私はコーヒーはブラックがよい.
— 名 ❸She was dressed in *black*. 彼女は黒い服[喪服]を着ていた.
be in the black (経営が)黒字である ((☞成句 *be in the red* (⇨ **red** 名))).

— 動 *black out* 自 (一時的に)意識を失う. — 他 (…)を暗くして見えなくする.

black-and-blue /blǽkən-blúː ブラカン・ブルー/ 形 (打たれて)青黒くあざになった.

bláck and whíte 名Ⓤ ❶(白地に黒インクでの)印刷, 手書き. ❷白黒写真[テレビ]. ❸白か黒か《善か悪かなど》割り切った考え方.
▶ ❶in *black and white* 白黒印刷で手書きで, 文書で.

black-and-white /blǽkən-hwáit ブラカン・(ホ)ワイト/ 形 ❶(テレビ・写真などが)白黒の. ❷白か黒かの, (単純に)割り切った.

bláck báss 名 (複 black bass, ~・es /-iz/) Ⓒ ブラックバス (北米産のスズキ類の淡水魚).

bláck bèlt 名 Ⓒ (柔道・空手の) 黒帯; 有段者.

black・ber・ry /blǽkbèri ブラクベリ/ 名 (複 -ber・ries /-z/) Ⓒ ブラックベリー, クロイチゴ(の実).

black・bird /blǽkbə̀ːrd ブラクバード/ 名 Ⓒ クロウタドリ (ヨーロッパ・アメリカでふつうに見られる鳥で, 雄は黒く, 雌は茶色).

blackbird

black・board /blǽkbɔ̀ːrd ブラクボード/ 名 (複 ~s /-dz/) Ⓒ **黒板**.
▶ Please write the answer on the *blackboard*. 答えを黒板に書いてください.

bláck bóx 名 Ⓒ フライトレコーダー (航空機に取りつけられている飛行記録をする装置; 事故調査に使われる).

black・en /blǽkən ブラクン/ 動 他 ❶…を黒くする; 暗くする. ❷(人格・名誉など)を傷つける, けがす.
— 自 黒くなる; 暗くなる.

Bláck Énglish 名 Ⓤ (アメリカの) 黒人英語.

bláck éye 名 Ⓒ (なぐられてできる) 目のふ

abcdefghijklmnopqrstuvwxyz

ちのあざ.

black・head /blǽkhèd ブラクヘッド/ 名 C (先が黒い)吹き出物.

bláck hóle 名 C 〖天文〗ブラックホール《超重力と高密度のために光さえも脱出できないとされる天体》.

bláck húmor 名 U ブラックユーモア《気味の悪い, ゾッとさせるような笑いをもたらすもの》.

black・jack /blǽkdʒæk ブラクチャック/ 名 U ブラックジャック《トランプ遊びのひとつ; ⇨21(=twenty-one)ともいう》.

black・list /blǽklist ブラクリスト/ 名 C ブラックリスト《要注意人物一覧表》.
— 動 他 (人)をブラックリストに載せる.

bláck mágic 名 U 黒魔術《悪霊や悪魔の助けをかりて行なうと称する魔術》.

black・mail /blǽkmèil ブラクメイル/ 名 U ゆすり, 恐かつ.
— 動 他 …をゆする.

black・mail・er /blǽkmèilər ブラクメイラ/ 名 C ゆすり, 恐かつ者.

bláck márket 名 ❶ U やみ取り引き. ❷ C やみ市.

black・ness /blǽknəs ブラクネス/ 名 U ❶ 黒いこと, 黒さ, 暗黒. ❷ 凶悪, 陰険, 陰うつ.

black・out /blǽkàut ブラカウト/ 名 C ❶ⓐ(夜間の)停電. ⓑ(英)(戦時中の)灯火管制. ❷ 一時的意識[記憶, 視覚]喪失.

Bláck Pówer 名 U ブラックパワー《1960年代から盛んになったアメリカでの黒人の社会的地位を白人と平等にするための急進的な政治運動をいう》.

Bláck Séa 名《the をつけて》黒海《ロシア・トルコ・バルカン半島に囲まれた内海》.

bláck shéep 名 (複 black sheep) C (一家・グループの中の)もてあまし者, やっかい者.
INFO▶ 突然変異として現われる黒いヒツジのこと. やっかい者扱いされてきた.

black・smith /blǽksmiθ ブラクスミス/ 名 C かじ屋(人)《⇨forge》.

bláck téa 名 U 紅茶《 ⦿ふつうは単に tea という;「緑茶」は green tea》.

blad・der /blǽdər ブラダー/ 名 C 膀胱(ぼう).

*__blade__ /bléid ブレイド/ 名 (複 ~s /-dz/)
❶ 刃. ❷ 細長い葉. ❸ (オールの)水かき; (プロペラ・スクリューなどの)羽根.

blank

*__blame__ /bléim ブレイム/ 動 (~s /-z/; blamed /-d/; blam・ing) 他 ❶ …を非難する (反 praise).
❷《blame ... for ~ または blame ~ on ...》~を…のせいにする, 責任にする.
— 名 U 非難, (悪いことについての)責任 (反 praise).

動 他 ❶ She never *blames* other people. 彼女は人を決して非難しない.
❷ The driver *blamed* the fog *for* the accident. =The driver *blamed* the accident *on* the fog. その運転手は事故を霧のせいにした.
be to blame 非難されるべきである, 責任がある: He *is to blame* for this failure. この失敗は彼の責任だ.
— 名 get the *blame* 責任をとらされる.
lay [put] the blame (for ~) on ... (~の)責任を…に負わせる: The judge *laid the blame for* the accident *on* the driver of the car. 裁判官はその事故の責任を車の運転手に負わせた.
take [bear] the blame for ... …の責任を負う.

blame・less /bléimləs ブレイムレス/ 形 悪くない, 潔白な.

blanch /blǽntʃ ブランチ | blá:ntʃ/ 動 自 (恐怖や寒さで)顔が青ざめる.
— 他 (野菜など)を熱湯に通す.

bland /blǽnd ブランド/ 形 ❶ 平凡な, おもしろみのない. ❷ (食物などが)薄味の. ❸ 感情を態度に表わさない.

*__blank__ /blǽŋk ブランク/ 形 (~er; ~est)
❶ なにも書いてない, 白紙の.
❷ なにもない, からっぽの.
❸ (表情が)ぽかんとした, 無表情の.
— 名 (複 ~s /-s/) C ❶ (記入用紙などの)空所, 空欄, 余白. ❷ 空白, 空虚; 空白の時間[時期]. ❸ (空白を示す)ダッシュ(__)《⇨so-and-so》.

形 ❶ a *blank* sheet of paper 白紙1枚 / a *blank* form (なにも記入してない)記入用紙 / (a) *blank* space (ページなどの)余白 / a *blank* cassette 録音していないカセットテープ.
❷ a *blank* wall ドアや窓のない壁; なにもかかっていない壁.
❸ Suddenly my mind went *blank*.

blank check

突然頭の中がからっぽになってしまった / look *blank* ぽかんとした顔をしている / a *blank* look ぽかんとした表情.

— 名 ❶ Fill in [out] the *blanks* with appropriate words. 適切な語で空所を埋めなさい.

❸ Mr. __ 某氏 (**○**Mr. Blank と読む)/ in 19__ 1900何年かに (**○**nineteen blank と読む).

blánk chéck, [(英) **chéque**] 名 ⓒ ❶ (金額未記入の)白地式小切手. ❷ 白紙委任.

*blan·ket /blǽŋkit ブランキット/ 名 (複 ~s /-ts/) ⓒ ❶ 毛布 (☞bed のさし絵).
❷ 一面におおうもの.
— 形 包括的な, 全体的な.
— 動 他 …を一面におおう.

名 ❶ She covered him with a *blanket*. 彼女は彼に毛布をかけてやった. ❷ a *blanket* of fog 一面の霧.

blank·ly /blǽŋkli ブランクリ/ 副 ぼんやりと, ぽかんとして.

blare /bléər ブレア/ 動 (現分 blar·ing /bléəriŋ/) 自 ガーガーやかましい音を立てる.

blare out 他 ①(やかましい音)を立てる. ②…を大声で叫ぶ, (音楽など)をやかましく流す.

— 名 《単数形で》やかましい音.

blas·phe·mous /blǽsfəməs ブラスフェマス/ 形 (人・ことばなどが)不敬な; 下品な.

blas·phe·my /blǽsfəmi ブラスフェミ/ 名 Ⓤ (神などへの)不敬, 冒瀆(とく).

blast /blǽst ブラスト | blɑ́ːst ブラースト/ 名 (複 ~s /-ts/)
❶ ⓒ 突風, 突然の強風; (空気などの)強い流れ. ❷ ⓒ 突然の大きな音. ❸ ⓒ 爆発, 爆風; 爆破.

— 動 (~s /-ts/; ~ed /-id/; ~ing)
❶ ⓐ …を爆破する. ⓑ …を攻撃する.
❷ (将来・希望など)を台なしにする.
❸ (ラッパなど)を大きな音で鳴らす.
❹ …をはげしく非難する.
— 自 《次の成句で》 **:blast off** 自 (ロケットなどが)発射される.

名 ❶ icy *blasts* 寒い突風.
at a blast ひと吹きで, 一気に.
(at) full blast 全(速)力で, 最大音量で.

blast-off /blǽstɔ̀ːf ブラストーフ/ 名 (複 ~s /-s/) ⓒ (ロケットなどの)発射, 打ち上げ.

bla·tant /bléitnt ブレイトント/ 形 ずうずうしい, 恥知らずな.

blaze /bléiz ブレイズ/ 名 ⓒ ❶ 赤々とした炎, 強い火. ❷ 強い光; 燃えるような色彩.
— 動 (現分 blaz·ing) 自 ❶ 赤々と燃える. ❷ 光り輝く.
— 名 *in a blaze* ① 赤々と炎を上げて. ② 盛大に.

blaz·er /bléizər ブレイザ/ 名 ⓒ ブレザー (運動選手などが着る上着).

blaz·ing /bléiziŋ ブレイズィング/ 形
❶ 赤々と燃えている. ❷ 光り輝く. ❸ (感情が)激した, 激しい.

bldg. 《略語》building.

bleach /blíːtʃ ブリーチ/ 動 (三単現 ~es /-iz/) 他 …を白く変色させる, 漂白する.
— 名 Ⓤ 漂白剤.

bleach·ers /blíːtʃərz ブリーチャズ/ 名 (複) (米) (野球場などの)屋根のない観覧席.

bleak /blíːk ブリーク/ 形 ❶ (場所などが)吹きさらしの, 荒涼(とした. ❷ (天候などが)寒くて陰うつな. ❸ 希望のない.

blear·y /blíəri ブリ(ア)リ/ 形 (blear·i·er; blear·i·est) (目が)(疲れたりして)かすんでよく見えない.

blear·y-eyed /blíəri-áid ブリ(ア)リ·アイド/ 形 (目が)ぼんやりした.

bleat /blíːt ブリート/ 動 自 (ヒツジなどが)メーと鳴く.
— 名 ⓒ メー (ヒツジなどの鳴き声).

bled /bléd ブレッド/ 動 bleed の過去形・過去分詞形.

*bleed /blíːd ブリード/ 動 (~s /-dz/; bled /bléd/; ~ing) 自 血が出る, 出血する.

自 His nose is *bleeding*. 彼は鼻血を出している / *bleed* from a cut 切り傷から血を流す. ☞ 名 blood.

bleed·ing /blíːdiŋ ブリーディング/ 名 Ⓤ 出血.

bleep /blíːp ブリープ/ 名 ⓒ (無線などによる)ピーッという音.
— 動 自 ピーッという音を出す.
— 他 (医者など)をポケットベルで呼ぶ.

bleep·er /blíːpər ブリーパ/ 名 ⓒ 《英》= beeper.

abcdefghijklmnopqrstuvwxyz   **blind**

blem·ish /blémiʃ ブレミッシュ/ 名 C
❶ (美しさなどをそこなう) きず, よごれ.
❷ (名声などを傷つける) 欠点, 汚点.
— 動 他 (名声など) を傷つける.

*__blend__ /blénd ブレンド/ 動 (~s /-dz/; ~-ed /-ɪd/; ~-ing) 他 ❶ …を〔…と〕**混ぜ合わせる**, ブレンドする〔*with*〕.
❷ (酒・茶など) をブレンドして作る, 混合する.
— 自 ❶ 混ざる. ❷ 調和する.
— 名 (複 ~s /-dz/) C 混合物, ブレンド.

••••••••••••••••••••••••••••••••••••

動 他 ❶ *blend* various kinds of coffee いろいろなコーヒーを混ぜ合わせる.
— 自 ❶ Oil and water don't *blend*. = Oil doesn't *blend with* water. 水と油は混ざらない.
blend in with ... ①…とよく調和する. ②(集団など) になじむ, とけこむ.
blend into ... = *blend in with ....*
— 名 I like this *blend* of coffees. 私はこのブレンドのコーヒーが好きだ.

blend·er /bléndər ブレンダ/ 名 C ミキサー (野菜や果物のジュースをつくる器具; ❍ 《英》は liquidizer ともいう).

*__bless__ /blés ブレス/ 動 (~·es /-ɪz/; ~ed /-t/, blest /blést/; ~·ing) 他 ❶ (牧師などが) …を**祝福する**, …のために神の恵みを祈る.
❷ (神) を**賛美する**.
❸ (神が) …に**恵みを与える**, …を守る.

••••••••••••••••••••••••••••••••••••

❶ The priest *blessed* the people. 司祭は人々のために神の恵みを祈った.
❷ *Bless* the Lord. 主をほめたたえよ.

《カトリック教会のローマ法王や司教などが信徒に祝福を与えるときにするジェスチャー》

❸ God *bless* us. 神が私たちを守ってくれますように (❍ この bless は仮定法現在なので -es がつかない)/ God *blessed* them *with* three children. 神は彼らに3人の子どもを授けた.
be blessed with …に恵まれている (☞❸): I *am blessed with* good teeth. 私はしあわせなことに歯がじょうぶだ.
(God) bless me! = ***Bless my soul!*** 《驚き・不快・怒りなどを表わして》おやおや; やれやれ; しまった (❍ この bless は仮定法現在なので -es がつかない; 下の場合も同じ).
(God) bless you! ①神があなたの上に恵みをたれ給わんことを (祈る). ②どうもありがとう. ③お大事に (くしゃみをした人に言う; ☞ sneeze). ④= (God) *bless me!*

bless·ed /blésid ブレスィド/ (★発音注意) 形 ❶ 恵まれた, しあわせな; ありがたい, うれしい. ❷ 神聖な.

*__bless·ing__ /blésɪŋ ブレスィング/ 名 (複 ~s /-z/) C ❶ **ありがたいもの[こと]**, 幸運.
❷ **神の祝福 (を祈ること)**; (食前・食後の) お祈り.
❸ 賛成, 奨励.

••••••••••••••••••••••••••••••••••••

❶ It was a *blessing* that we met there. 私たちがそこで会ったのは幸運だった.
❷ say [ask] the *blessing* お祈りをする.
a blessing in disguise いやなことのように見えるが実は幸運なこと.

blest /blést ブレスト/ 動 bless の過去形・過去分詞形.

*__blew__ /blúː ブルー/ 動 blow¹ の**過去形**. 《同音異義語》blue.

blight /bláɪt ブライト/ 名 UC ❶ 胴枯れ病 《植物が枯れる病気》. ❷ だめにするもの.
— 動 他 …をだめにする; (希望など) をくじく.

*__blind__ /bláɪnd ブラインド/ 形 (~·er; ~·est) ❶ ⓐ **目の見えない** (❍「耳がきこえない」は deaf,「口のきけない」は dumb).
ⓑ 《the をつけて; 名詞的に; 複数扱いで》目の見えない人たち.
ⓒ 目の見えない人のための.
❷ […に]**気づかないで(いる)**, […を] 見る目がなくて〔*to*〕.
❸ 盲目的な, 理性によらない.
❹ 肉眼によらない, 計器に頼った.
❺ 出口 [窓] のない, 行き止まりの.
❻ (交差点などが) 見通しの悪い.
— 動 (~s /-dz/; ~·ed /-ɪd/; ~·ing) 他

blind date

❶ …を失明させる, …の目をくらませる.
❷ …の理性を失わせる.
— 名(複 ~s /-dz/)C《しばしば複数形で単数扱い》ブラインド, (窓の)日よけ.

形 ❶ⓐ He is *blind* in one eye. 彼は片方の目が見えない / go [become] *blind* 目が見えなくなる, 失明する.
ⓑ a school for *the blind* 盲学校.
ⓒ a *blind* school 盲学校.
❷ He is *blind* to his own defects. 彼は自分自身の欠点がわかっていない.
❸ *blind* haste めちゃくちゃに急ぐこと / a *blind* guess あてずっぽうの推測.
❹ a *blind* flight 計器飛行 / a *blind* landing 計器着陸.
❺ a *blind* wall 窓のない壁.
❻ a *blind* corner 見通しの悪い曲がり角.
turn a blind eye to ... …を見て見ないふりをする.
— 動他 ❶ I was *blinded* by the sudden bright light. 突然の強い光で私は目がくらんだ.
— 名 pull down [draw up] the *blind(s)* ブラインドを下ろす[上げる].

blind date 名C ブラインドデート《第三者の紹介でたがいに知らない異性の相手とする(お見合い風の)デート》.

blind·fold /bláindfòuld ブラインドフォウルド/ 動他 (布などで)…を目隠しする.
— 名C 目隠し用の布.

blind·ly /bláindli ブラインドリ/ 副 盲目的に, でたらめに.

blind·ness /bláindnəs ブラインドネス/ 名U ❶ 盲目. ❷ 無分別, 無知.

blínd spòt 名C ❶ 自分の知らない分野, 盲点. ❷ (運転者の)死角.

*****blink** /blíŋk ブリンク/ 動 (~s /-s/; ~ed /-t/; ~ing) 自 ❶ まばたきする.
❷ (遠くの明かり・星などが)またたく, 点滅する.
— 他 (目)をぱちくりさせる.
— 名C ❶ まばたき. ❷ (光の)またたき, 点滅.
▶ 名 ***in the blink of an eye*** 一瞬の間に.
on the blink 《口語》(機械などが)故障して.

blink·er /blíŋkər ブリンカ/ 名《複数形で》《米》(自動車の)点滅式方向指示器《❖《英》では indicators》.

blip /blíp ブリップ/ 名C ❶ ブリップ《レーダーなどのスクリーンに現われる光; ときにはピーッという音を伴なう》. ❷ (一時的)異常.

bliss /blís ブリス/ 名U このうえない喜び[幸福].

bliss·ful /blísfəl ブリスフル/ 形 とてもうれしい.

blis·ter /blístər ブリスタ/ 名C (皮膚の)水ぶくれ; (手足の)まめ《☞corn²》.
— 動他 …を水ぶくれにする.
— 自 水ぶくれになる.

blis·ter·ing /blístəriŋ ブリスタリング/ 形 ❶ とても速い. ❷ 猛烈に暑い. ❸ (批判などが)きびしい.

blitz /blíts ブリッツ/ 名(複 ~es /-iz/)C ❶ 激しい奇襲攻撃; (とくに)空襲.
❷ 集中的努力.
— 動他 …に奇襲攻撃をする.

bliz·zard /blízərd ブリザド/ 名C 猛ふぶき, ブリザード.

bloat·ed /blóutid ブロウティド/ 形 ふくれ上がった, むくんだ.

blob /bláb ブラブ/ 名C ❶ (インクなどの)しみ. ❷ 球状のどろどろした小さなかたまり.

bloc /blák ブラック/ 名C ブロック, 圏《共通利益のために提携した国や人の団体》.

*****block** /blák ブラック | blɔ́k/ 名(複 ~s /-s/) C ❶ⓐ (木・石などの)**かたまり**, ブロック.
ⓑ (おもちゃの)積み木《❖《英》では brick ともいう》.
ⓒ (木などの)台(まな板・肉切り台など).
❷ (米) **a ブロック**, 街区《四方を道路に囲まれた区画》.
ⓑ 1 丁《街区の一辺の距離; 街区によって長さが異なる》.

blocks ❶ⓐ

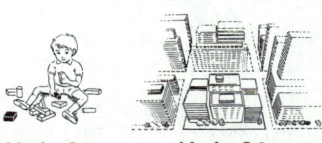

blocks ❶ⓑ   blocks ❷ⓐ

❸ 1 組, 1 まとめ.

❹《英》(中が住居や事務所に仕切られた)大きな建物.
❺ⓐ障害物;じゃまをするもの.
ⓑ(スポーツで相手に対する)ブロック.
❻思考停止.
— 動(~s /-s/; ~ed /-t/; ~·ing)⑲
❶(道路・管など)を**ふさぐ**,閉鎖する.
❷…を妨害する,妨げる.
❸(視界など)をさえぎる.
❹(スポーツで)(相手を)ブロックする.

名 ❶ⓐa large *block* of chocolate 大きなチョコレートひとかけら.
ⓑbuilding *blocks* おもちゃの積み木.
❷ⓐWe live on the same *block*. 私たちは同じブロック[町内]に住んでいる.
ⓑThe station is two *blocks* away. 駅は2丁先です.
❸a *block* of seats ひとかたまりの座席.
❹a *block* of flats アパートひと棟(ﾑﾈ).
❺ⓐa *block* to progress 進歩をじゃまするもの.
❻have a mental *block* 頭が働かない.
— 動⑲ ❶(Road) *Blocked*.《掲示》通行止め.
❷*block* the plan 計画のじゃまをする.
block in ⑲①すぐそばに駐車して(人・車)を動けなくする.②…のおおざっぱな図を描く[計画を立てる].
block off (道路など)をふさぐ.
block out ⑲①(光・音など)を入れないようにする.②…を考えない[思い出さない]ようにする.③(時間など)をあてる.④ = *block* in ②.
block up ⑲①(穴など)をふさぐ.②…をじゃまする.
☞ 名 blockade.

block·ade /blɑkéid ブラケイド/ 名 C
❶封鎖;閉鎖. ❷妨害物.
☞ 動 block.
— 動(現分 -ad·ing)⑲…を封鎖する,…を閉鎖する.

block·age /blɑ́kidʒ ブラキヂ/ 名 C 妨害物.

block·buster /blɑ́kbʌ̀stər ブラクバスタ/ 名 C《口語》(映画・小説などの)超大作,大ヒット作.

blóck càpitals [lètters] 名 C 活字体の大文字.

block·head /blɑ́khèd ブラクヘッド/ 名 C《口語》ばか,あほう.

*blond /blɑ́nd ブランド | blɔ́nd/ 形 (blond·er; blond·est)
❶(髪が)**金髪の**.
❷(人が)**ブロンドの**《《金髪で皮膚が白くふつう眼の色は青か灰色》》.
INFO▶ 元来はblondを男性に, blondeを女性に用いたが,現在ではこの区別がなくなりつつある.
▶❶She has *blond(e)* hair. 彼女は金髪だ.

*blonde /blɑ́nd ブランド | blɔ́nd/ 形 (blond·er; blond·est)**金髪の**,ブロンドの.
— 名(複 ~s /-dz/) C **ブロンドの女性**.

blood /blʌ́d ブラッド/《★発音注意》名 U
❶**血**,血液.
❷血筋,生まれ,家柄.
❸感情,激情.

❶shed *blood* 血を流す / lose *blood* 出血する / give [donate] *blood* 献血する.
❷We are related by *blood*. 私たちは血がつながっている / a person of noble *blood* 高貴な家柄の人 / ことわざ *Blood* is thicker than water. 血は水よりも濃い,「他人よりも身内」.
❸a man of hot [cold] *blood* 感情の激しい男[冷血漢].
be [run] in ...'s blood …が生まれたときから持っている.
in cold blood 冷酷に,計画的に.
make ...'s blood boil …をかっとおこらせる.
make ...'s blood run cold …をぞっとさせる.
☞ 動 bleed, 形 bloody.

blóod bànk 名 C 血液銀行.

blood·bath /blʌ́dbæ̀θ ブラドバス/ 名 C 大量殺人.

blood·cur·dling /blʌ́dkə̀ːrdliŋ ブラドカードリング/ 形 ぞっとさせる,血も凍るような.

blóod donàtion 名 UC 献血.
blóod dònor 名 C 献血者.
blóod gròup 名 C = blood type.
blood·hound /blʌ́dhàund ブラドハウンド/ 名 C ブラッドハウンド《《嗅覚(ｷｭｳｶｸ)が鋭

bloodless

い大型犬).

blood·less /blʌ́dləs ブラドレス/ 形
❶ 血の気のない, 青ざめた.
❷ 流血の惨事のない, 無血の.

blóod prèssure 名U 血圧.

blóod relátion [rélative] 名C 血のつながりのある者, 肉親.

blood·shed /blʌ́dʃèd ブラドシェッド/ 名U 流血(の惨事), 殺戮, 虐殺.

blood·shot /blʌ́dʃɑt ブラドシャット/ 形 (目が)充血した, 血走った.

blood·stain /blʌ́dstèin ブラドステイン/ 名C 血痕(こん).

blood·stained /blʌ́dstèind ブラドステインド/ 形 血痕(こん)のついた; 血まみれの.

blood·stream /blʌ́dstrìːm ブラドストリーム/ 名《単数形で》体内の血の流れ.

blóod tèst 名C 血液検査.

blood·thirst·y /blʌ́dθɚːsti ブラドサースティ/ 形 血に飢えた, 残忍な.

blóod transfùsion 名UC 輸血 (❍ 単に transfusion ともいう).

blóod tỳpe 名C 血液型.

blóod vèssel 名C 血管 (❍「動脈」は artery,「静脈」は vein).

blood·y /blʌ́di ブラディ/ 形 ❶ 血だらけの, 血のべっとりついた; 出血している.
❷ 血なまぐさい, 残虐な. ❸《英俗》ひどい; すごい (❍ 副詞としても用いる).
▶❶ a *bloody* nose 血の出ている鼻.
❷ a *bloody* fight 血なまぐさい戦い.
❸ a *bloody* liar ひどいうそつき / a *bloody* good time すばらしく楽しいとき.

☞ 名 blood.

blood·y-mind·ed /blʌ́di-màindid ブラディ・マインディド/ 形《英口語》意地の悪い, へそまがりの.

__bloom__ /blúːm ブルーム/ 名 (複 ~s /-z/)
❶ C (鑑賞用の)花 (☞ flower の 類語).
❷ U 花が咲いている状態, 開花; 花盛り.
❸《the をつけて》(健康・美しさなどの)最高の状態, 最盛期.
— 動 (~s /-z/; ~ed /-d/; ~·ing) ⾃
❶ 花が咲く.
❷ (女性・子どもが)健康美に輝く.
❸ 栄える, 発展する.

名 ❷ The roses are in *bloom*. バラは今咲いている / burst into *bloom* (花

がぱっと咲く.

in full bloom (花が)満開で.

bloom·ing /blúːmiŋ ブルーミング/ 形
❶ 花盛りの. ❷ 若々しく美しい.

__blos·som__ /blɑ́səm ブラサム | blɔ́s-/ 名 (複 ~s /-z/) ❶ⓐ C (とくに果樹の)花 (☞ flower の 類語). ⓑ U 《集合的に》(1本の木に咲いている全部の)花.
❷ U 花が咲いている状態; 花盛り.
— 動 (~s /-z/; ~ed /-d/; ~·ing) ⾃
❶ (木が)花を開く.
❷ (人が)きれいになる, 元気になる, 成功する.
▶名 *in full blossom* (木の花が)満開で: The pear trees are *in full blossom*. ナシの花が満開である.
— 動 ⾃ ❶ The cherry trees will *blossom* this week. 桜は今週咲くでしょう.

blossom into ... (すばらしい状態)になる.

blot /blɑ́t ブラット/ 名 (複 ~s /-ts/) C
❶ (インクなどの)しみ, よごれ. ❷ (人格・名声などの)きず, 汚点.
— 動 (~s /-ts/; blot·ted /-id/; blot·ting) 他 ❶ (吸い取り紙などで)…を吸い取る. ❷ …にしみをつける, …をよごす.
— ⾃ (インクが)にじむ, しみになる.

blot out 他 ① (文字・記憶など)を消す. ②…をすっかりおおい隠す.

blotch /blɑ́tʃ ブラッチ/ 名 (複 ~·es /-iz/) C しみ, よごれ.

blót·ting pàper /blɑ́tiŋ- ブラティング・/ 名U 吸い取り紙.

__blouse__ /bláus ブラウス | bláuz/ 名 (複 blous·es /-iz/) C (女性・子ども用)ブラウス.

__blow¹__ /blóu ブロウ/ 動 (~s /-z/; blew /blúː/; blown /blóun/; ~·ing) ⾃
❶ (風が)吹く; 《it を主語にして》風が吹く.
❷ (風で)飛ぶ, はためく.
❸ ⓐ 息を吹きかける.
ⓑ (扇風機などが)風を起こす.
❹ (笛などが)鳴る.
❺ あえぐ, はあはあいう.
❻ ⓐ 爆発する.
ⓑ (タイヤが)パンクする.
ⓒ (ヒューズが)とぶ.
— 他 ❶ (風が)…を吹き飛ばす, 動かす.
❷ (楽器など)を吹く, (警笛などを)鳴らす.

abcdefghijklmnopqrstuvwxyz　　　　　　　　　　　　　　　　**blue**

❸吹いて…を作る, ふくらます.
❹(鼻)をかむ.
❺ⓐ(息・水など)を吹きかける.
ⓑ…に息を吹きかける.
❻ⓐ…を爆破する.
ⓑ(タイヤ)をパンクさせる.
ⓒ(ヒューズ)をとばす.
❼(チャンスなど)を見逃す.
❽《口語》(金)を浪費する.
— 圓 ~s /-z/) Ⓒ ❶吹くこと.
❷ひと吹きの風.
❸鼻をかむこと.

‥‥‥‥‥‥‥‥‥‥‥‥‥‥‥‥‥‥

動⾃ ❶The wind [*It*] is *blowing* hard. 風がひどく吹いている.
❷The papers are *blowing* around. 書類が風であちこち飛んでいる.
❸He *blew* on his cold hands. 彼は冷たい手に息を吹きかけた.
— 他 ❶The wind *blew* the leaves across the garden. 風が落ち葉を庭の向こう側に吹き飛ばした.
❷He *blew* his trumpet. 彼はトランペットを吹いた.
❸*blow* bubbles 吹いてシャボン玉を作る. ❹He took out his handkerchief and *blew* his nose. 彼がハンカチを出して鼻をかんだ.

blow away 他 ①…を**吹き飛ばす**. ②《米口語》…を銃で殺す. ③《米口語》…を簡単に負かす. ④《米口語》…をびっくりさせる. — 自 吹き飛ぶ.
blow down 他 …を**吹き倒す**. — 自 (風で)倒れる.
blow hot and cold 《口語》考えがよく変わる.
blow in 自 《口語》ひょっこり姿を現わす.
blow into ... 《口語》…にひょっこり姿を現わす.
blow off 他 ①…を吹き払う, 吹き飛ばす:The wind *blew* his hat *off*. 風が彼の帽子を飛ばした. ②《米》…を無視する. — 自 吹き飛ぶ.
blow out 他 ①…を**吹き消す**:He *blew out* the candles on the cake. 彼はケーキのろうそくを吹き消した. ②(タイヤ)をパンクさせる, (ヒューズ)を飛ばす. — 自 ①(火が)風で消える. ②(タイヤが)パンクする, (ヒューズが)とぶ. ③(石油・ガスなどが)突然吹き出す.
blow over 自 ①(暴風雨などが)やむ. ②(うわさ・悩みなどが)去る, 忘れられる.
blow up 他 ①…を爆破する. ②…を(空気やガスで)ふくらませる. ③(写真など)を引き伸ばす. — 自 ①爆発する. ②ふくらむ. ③おこる. ④(あらしなどが)突然起こる.

*****blow²** /blóu ブロウ/ 图 (複 ~s /-z/) Ⓒ
❶強打.
❷(精神的)**打撃**, 災難.

‥‥‥‥‥‥‥‥‥‥‥‥‥‥‥‥‥‥

❶He got [received] a *blow* on the jaw. 彼はあごを強くなぐられた / strike a *blow* at him 彼になぐりかかる / strike him a *blow* 彼をなぐる.
❷My father's death was a real *blow* to me. 父の死は私にはほんとうに打撃だった.

at [with] one [a (single)] blow 一撃で; 一気に.
come to blows なぐり合いを始める.

blow-by-blow /blóu-bai-blóu ブロウ・バイ・ブロウ/ 形 細部にわたる.
blow·er /blóuər ブロウア/ 图 Ⓒ 送風機.
*****blown** /blóun ブロウン/ 動 blow¹の過去分詞形.
blow·out /blóuàut ブロウアウト/ 图 Ⓒ
❶破裂; (タイヤなどの)パンク (☞puncture❷). ❷大食事会.
blow·up /blóuʌ̀p ブロウアップ/ 图 Ⓒ
❶(写真の)引き伸ばし; 引き伸ばし写真.
❷《米口語》(突然の)激論.
blub·ber /blʌ́bər ブラバ/ 動 《口語》おいおい泣く.
bludg·eon /blʌ́dʒən ブラヂョン/ 動 他 …をこん棒で打つ.
*****blue** /blú ブルー/ 形 (blu·er; blu·est)
❶青い.
❷(寒さ・恐怖などで)青ざめた.
❸ゆううつな, 元気のない.
❹《口語》わいせつな.
— 图 (複 ~s /-z/) ❶ Ⓤ **青色**; 青い絵の具 [染料].
❷ Ⓤ 青い服.
❸《the をつけて》青い海; 青空.
❹《複数形で》⇨ blues.

‥‥‥‥‥‥‥‥‥‥‥‥‥‥‥‥‥‥

形 ❶the *blue* sky 青空.
❷He was *blue* with cold. 彼は寒さ

bluebell

で青ざめていた.
❸ feel *blue* ゆううつな気持ちである.
❹ *blue* films ポル/映画.
look blue ①(人が)ゆううつそうである. ②(形勢が)よくない.
— 名 ❶ dark *blue* 濃い青, 紺(⤵)色, 藍(⤵)色 / light *blue* 明るい青, 水色.
❷ wear *blue* 青い服を着る.
out of the blue まったく突然に, 予告なしに.

《同音異形語》blew.

blue·bell /blúːbèl ブルーベル/ 名 C ブルーベル(藍(⤵)色のつり鐘型の花をつける草).

blue·ber·ry /blúːbèri ブルーベリ/ 名 (複 -ber·ries /-z/) C ブルーベリーの実(ジャムなどにする).

blue·bird /blúːbə̀ːrd ブルーバード/ 名 C ブルーバード(アメリカ産の青い翼の鳴き声の美しい鳥; ✿ blúe bírd (青い鳥)と区別).

blue-black /blúː-blǽk ブルー・ブラック/ 形 濃い藍(⤵)色の.

blue-blooded /blúː-blʌ́did ブルー・ブラディド/ 形 貴族の血統の.

blúe bòok 名 C (米) ❶ (大学の)試験答案用紙帳(青表紙でとじてある). ❷ 中古車価格表.

blúe chèese 名 UC ブルーチーズ(青かびの入ったチーズの一種).

blue-col·lar /blúː-kálər ブルー・カラ/ 形 肉体労働者の(☞ white-collar).
▶a *blue-collar* worker 肉体労働者.

blue·grass /blúːgræs ブルーグラス/ 名 U
❶ イナゴツナギ(北米産の牧草).
❷ ブルーグラス(アメリカ南部のカントリー音楽).

blue·jay /blúːdʒèi ブルーチェイ/ 名 C オオカケス(北米東部やカナダにいる鳥).

blúe jèans 名 複 ジーンズ, ジーパン(✿ 単に jeans ともいう;「ジーパン」は和製英語).

blue·print /blúːprìnt ブループリント/ 名 C ❶ 青写真, (建築・機械の)設計図.
❷ 詳細な計画.

blúe ríbbon 名 C ブルーリボン賞(コンテスト・展覧会などの)最優秀賞).

blues /blúːz ブルーズ/ 名 ❶ 《ふつう the をつけて》ブルース(テンポの遅いジャズの一種).
❷ 《the をつけて》(口語)ゆううつ.
▶❷ have *the blues* ゆううつな気分でいる.

bluff¹ /blʌ́f ブラフ/ 名 (複 ~s /-s/) C (川・海などに面する)絶壁.

bluff² /blʌ́f ブラフ/ 動 他 …をはったりでだます.
— 自 はったりをかける.
— 名 UC はったり.

blu·ish /blúːiʃ ブルーイシュ/ 形 青みがかった, 青っぽい.

blun·der /blʌ́ndər ブランダ/ 名 C (無知・不注意のための)大失敗.
— 動 自 ❶ 大失敗をする, へまをする.
❷ まごまごしながら歩く.
▶名 make a *blunder* へまをする.

blunt /blʌ́nt ブラント/ 形 (~·er; ~·est)
❶ (刃・先などの)鈍(⤵)い (反 sharp, keen).
❷ ぶっきらぼうな, 無愛想な.
— 動 (~s /-ts/; ~ed /-id/; ~·ing) 他 (刃先などを)鈍らせる.
▶形 ❶ The knife is *blunt*. そのナイフは刃が鈍い[よく切れない].

blunt·ly /blʌ́ntli ブラントリ/ 副 ぶっきらぼうに.

blunt·ness /blʌ́ntnəs ブラントネス/ 名 U ❶ 鈍(⤵)いこと. ❷ ぶっきらぼう.

blur /bləːr ブラー/ 名 ❶ 《a をつけて》ぼんやりしたもの. ❷ C にじみ, よごれ.
— 動 (~s /-z/; blurred /-d/; blur·ring /bləːriŋ/) 他 ❶ …をぼやけさせる, はっきり見えないようにする; (涙が)(目)を曇らせる. ❷ (インキなどで)…をよごす.
— 自 ❶ ぼやける; (目が)(涙で)かすむ.
❷ にじむ.

blur·red /bləːrd ブラード/ 形 ❶ ぼやけた. ❷ (記憶・区別などが)はっきりしない.

blurt /bləːrt ブラート/ 動 《次の成句で》:
blurt out 他 …をついうっかりしゃべる.

***blush** /blʌ́ʃ ブラッシュ/ 動 (~·es /-iz/; ~ed /-t/; ~·ing) 自 顔を赤らめる, 恥ずかしくて赤くなる.
— 名 (複 ~·es /-iz/) ❶ C (恥ずかしさなどで)顔を赤らめること, 赤面. ❷ U 赤らみ, バラ色. ❸ UC (米) ほお紅.

動 自 She *blushes* easily. 彼女はすぐ顔を赤らめる / He *blushed* with [for] shame. 彼は恥ずかしくて顔が赤くなった / He *blushed* at his mistake. 彼は自分のまちがいに顔を赤くした.

blush·er /blʌ́ʃər ブラッシャ/ 名 UC ほお紅.

blvd. 《略語》boulevard.

boar /bɔ́ːr ボー/ 图 (複 ~s /-z/, ~) C
❶イノシシ (wild boar). ❷(去勢していない)雄ブタ.

board /bɔ́ːrd ボード/ 图 (複 ~s /-dz/) ❶ C ⓐ (細長くて平たい)板**(☞tree). ⓑ (特定の目的に使う)板, 盤, 台, ボード. ⓒ 掲示板. ⓓ 黒板.
❷ U **食事**, (有料の)まかない (✿食卓の意味から).
❸ C ⓐ (組織の中の)**会議**, 委員会 (✿会議用のテーブルの意味から). ⓑ (官庁の)部, 局.
— 動 (~s /-dz/; ~ed /-id/; ~ing) 他
❶ (船・飛行機・列車・バスなど)に**乗りこむ**.
❷ …を食事つきで下宿させる.
— 圓 ❶ (費用を払って)食事つきで下宿する.
❷ ⓐ (船・飛行機などに)乗りこむ.
ⓑ《進行形で》(船・飛行機などが)乗客を乗り込ませる.

图 ❶ⓐ The floor is made of *boards*. 床は板でできている. ⓑ a diving *board* 飛び込み板 / an ironing *board* アイロン台.
❷ I pay 80,000 yen a month for room and *board*. 私は部屋と食事に月8万円払っています / *board* and lodging まかないつきの下宿.
❸ⓐ the *board* of directors 重役会, 理事会.

above board 公明正大な[に].
across the board ぜんぶ同じように.
go on board (船[飛行機・列車・バス(など)]に)乗りこむ: We *went on board* at ten. 私たちは10時に乗り込んだ.
go on board ... …**に乗りこむ**: The passengers were already *going on board* the airplane. 乗客はもう飛行機に乗り込んでいるところだった.
on board (船[飛行機・列車・バス(など)]に)**乗って**: The bus had 50 passengers *on board*. そのバスには50人の乗客が乗っていた.
on board ... (船・飛行機・列車・バス(など))に乗って: There were a lot of cars *on board* the ship. その船はたくさん自動車を積んでいた.

— 動 他 ❶ *board* the train 電車に乗る.
— 圓 ❶ I *board* at my aunt's. = I *board* with my aunt. 私はおばの家に下宿している.

board out 圓外食する. — 他 …を外食させる.
board up 他 …の (窓や戸)を板で覆(おお)う.
《同音異形語》bored.

board·er /bɔ́ːrdər ボーダ/ 图 C ❶(食事つきの)下宿人. ❷寮生.

board·ing /bɔ́ːrdiŋ ボーディング/ 图 U
❶《集合的に》板. ❷板張りの床, 板囲い.
❸食事つき下宿. ❹ (乗り物に)乗ること, 乗車, 搭乗(とうじょう), 乗船.

bóarding càrd 图 C (旅客機の)搭乗(とうじょう)券; (客船の)乗船券.

bóarding hòuse 图 (複 -hous·es /-hàuziz/) C 食事つき下宿屋.

bóarding pàss 图 C = boarding card.

bóarding schòol 图 C 全寮制の学校《イギリスの私立の public school などは全寮制のものが多い; ☞ public school》.

board·room /bɔ́ːrdruːm ボードルム/ 图 (重役などの)会議室.

board·walk /bɔ́ːrdwɔ̀ːk ボードウォーク/ 图 《米》 C (板敷きの)海岸などの遊歩道.

*boast /bóust ボウスト/ 動 (~s /-ts/; ~ed /-id/; ~ing) 圓 **自慢する**.
— 他 ❶ …を**自慢する**.
❷ (場所などが)…を持っていることを誇りにしている.
— 图 (複 ~s /-ts/) C ❶誇りにしているもの. ❷自慢話.

動 圓 He *boasts* too much. 彼は自慢しすぎる / She never *boasted about* [*of*] her talent. 彼女は決して自分の才能を自慢しなかった.
— 他 ❶ He *boasts that* his son is the best player on the team. 彼は息子がチーム一番の選手だと自慢にしている.
❷ The town *boasts* a good library. その町はりっぱな図書館があることを誇りにしている.

☞ 形 boastful.

boast·ful /bóustfəl ボウストフル/ 形 高慢な.
☞ 動 boast.

boat

***boat /bóut ボウト/ 图 (複 ~s /-ts/)
© ❶ **小船**, **ボート** (☞ship).
❷ (大小に関係なく)**船**.
❸ (ボート型の)容器.
— 動 @ 小舟に乗る, ボートをこぐ.

....

图 ❶ row a *boat* ボートをこぐ (✿「カヌーをこぐ」は paddle a canoe).
be** (**all**) **in the same boat 同じ境遇[運命]にある.
by boat 船で: go *by boat* 船で行く.
miss the boat (口語)よいチャンスを逃がす.
rock the boat (口語)(意識的に)騒ぎを起こす.

— 動 @ go *boating* ボートをこぎに行く, 舟遊びに行く.

bóat pèople 图 複 (小船で自国を脱出する)難民, ボートピープル.

Bob /báb バブ/ 图 ボブ (男性の名; Robert の愛称).

bob[1] /báb バブ/ 動 (~s /-z/; bobbed /-d/; bob·bing) @ 上下にひょいと動く.
— 他 …を上下にひょいと動かす.
— 图 © 上下にひょいと動く[動かす]こと.
▶ 動 @ *bob* up (水面に)ひょいと現われる.

bob[2] /báb バブ/ 图 © (子どもや女性の)ショートカット, ボブ.

bob·cat /bábkæt バブキャット/ 图 © (北アメリカ産の)アカオオヤマネコ, ボブキャット.

bob·sled /bábslèd バブスレッド/ 《米》图 © ボブスレー (《かじとブレーキがついている長いそり; ✿ このそりによる競技は bobsledding》).
— 動 (~s /-ʤ/; bob·sled·ded /-id/; bob·sled·ding) @ ボブスレーに乗る.

bob·sleigh /báb-slèi バブ・スレイ/ 图 © (英) = bobsled.

bode /bóud ボウド/ 動 (現分 bod·ing) 《次の成句で》: ***bode well*** [***ill***] (**for ...**) (文語) (…にとって)よい[悪い]前兆である, 縁起がよい[悪い].

bod·ice /bádis バディス/ 图 © 婦人服の肩から腰までの部分.

bod·i·ly /bádəli バディリ/ 形 身体の, (精神的に対し)肉体上の.
☞ 图 body.
— 副 ❶ 全部ひとまとめで. ❷ 身体ごと.

***bod·y /bádi バディ | bɔ́di/ 图 (複 bod·ies /-z/) © ❶ **体**, **肉体** (☞leg, hand, head のさし絵, 下部のさし絵).
❷ⓐ (人間などの)**胴体**.
ⓑ (木の)幹.
❸ **死体**.
❹ⓐ (ものの)主要部 (車体・船体・機体など). ⓑ (法律文・手紙などの)本文.
❺ 団体, 集団, 群; 多数; 多量.

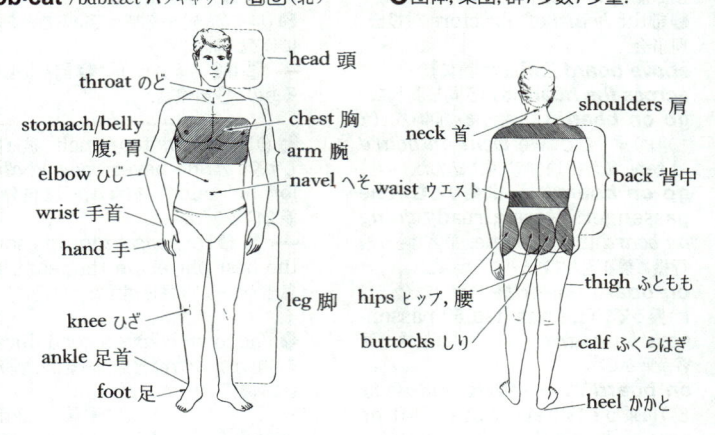

body ❶

❻物体. ❼《口語》人《✿ふつうは女性をさす》.

❶a sound *body* 健康な身体.
❺a large *body* of people 人の大集団 / the student *body*（集団としての）学生 / a *body* of information 多量の情報.
❻heavenly *bodies* 天体 / a solid *body* 固体.
in a body 一団となって.
keep body and soul together やっと生きていく《肉体 (body) と魂 (soul) が離れないようにしておく，つまり死なないようにしておくの意から》.

☞ 形bodily.

bódy blòw 名C ❶（ボクシングの）ボディーブロー. ❷大きな痛手.

bódy buìlding 名Uボディービル.

bod・y・guard /bάdigὰːrd バディガード/ 名C ❶ボディーガード，護衛(ごえい).
❷ボディーガードの一団.

bódy lánguage 名Uボディーランゲージ《意志や感情などを（無意識に）伝える身振り，表情など；☞ gesture》.

bódy òdor 名U体臭，わきが.

bod・y・suit /bάdisjùːt バディスート・スート/ 名C《米》ボディースーツ《シャツとパンツがひとつながりで体に密着する女性用の服 [下着]》.

bod・y・work /bάdiwəːrk バディワーク/ 名U車体.

bog /bάg バッグ/ 名C沼地，湿地.
── 動 (~s /-z/; bogged /-d/; bog・ging)《次の成句で》:*bog down* = *be bogged down*（困難などで）動きがとれなくなる.

bo・gey /bóugi ボウギ/ 名（複 ~s /-z/）C
❶〖ゴルフ〗ボギー《パーよりも1打多い打数；☞ par》. ❷おばけ；（何となく）恐ろしい [いやな]もの. ❸鼻くそ.

bog・gle /bάgl バグル/ 動（驚いて）ぼうぜんとする.

bog・gy /bάgi バギ/ 形 (-gi・er; -gi・est)沼地の，湿地の；沼の多い.

bo・gus /bóugəs ボウガス/ 形にせの.

Bo・he・mi・a /bouhíːmiə ボウヒーミア/ 名ボヘミア《チェコ (Czech) 西部の地方》.

Bo・he・mi・an /bouhíːmiən ボウヒーミアン/ 名C ❶ボヘミア人.
❷《bohemian で》伝統や因習(いんしゅう)にとらわれない自由な生活をする人.
── 形 ❶ボヘミアの；ボヘミア人の.
❷《bohemian で》自由奔放な，因習にとらわれない.

***boil** /bóil ボイル/ 動 (~s /-z/; ~ed /-d/; ~・ing) 他 ❶ⓐ（水など）を沸(わ)かす，沸騰(ふっとう)させる.
ⓑ（容器（の水など））を沸騰させる.
❷ⓐ…をゆでる，煮る，たく《☞ cook の類語》.
ⓑ《boil ~ ... または boil ... for ~》～に…をゆでてやる，煮てやる.
── 自 ❶沸(わ)く，沸騰する. ❷煮える，ゆだる. ❸腹を立てる，かっとなる.
── 名 ❶《単数形で》沸かすこと，煮ること；沸騰，沸騰点.
❷Uはれもの，おでき.

動 他 ❶ⓐ*boil* water for tea お茶をいれるためにお湯を沸かす.
ⓑ*boil* a kettle やかん（の水）を沸かす.
❷ⓐ*Boil* the three eggs for 20 minutes. 3個の卵を20分間ゆでなさい / *Boil* the eggs hard [soft]. 卵は固く [半熟に]ゆでなさい《☞egg¹ の **INFO**》.
ⓑPlease *boil* us two eggs. = Please *boil* two eggs for us. われわれに卵を2個ゆでてください.
── 自 ❶Water *boils* at 212°F. 水はカ氏212度で沸騰する《✿212°Fは two hundred (and) twelve degrees Fahrenheit と読む》/ The coffeepot is *boiling*. コーヒーポットが沸騰している.
❷The potatoes have finished *boiling*. じゃがいもがゆであがった.
❸*boil* with anger おこってかっとなる.
boil down 他①…を煮つめる. ②…を要約する. ── 自煮つまる.
boil down to ... （話などが）要約すると…になる：It all *boils down* to a question of money. それは要するにお金の問題だ.
boil over 自①吹き[煮]こぼれる. ②おこってかっとなる. ③（事が）手に負えなくなる.
── 名 ❶The cook brought the soup to a *boil*. コックはスープを沸騰させた.

boiled /bóild ボイルド/ 形煮た，ゆでた，沸(わ)かした.

boil·er /bɔ́ilər ボイラ/ 名C ボイラー; (家庭用)湯沸(ﾜ)かし器, かま.

boil·ing /bɔ́iliŋ ボイリング/ 形 ❶煮え立っている, 沸騰している. ❷《口語》猛烈に暑い. ― 副《次の成句で》:**boiling hot** 猛烈に暑い.

bóiling pòint 名C 沸(騰)点《セ氏100度; ☞ freezing point》.

bois·ter·ous /bɔ́istərəs ボイスタラス/ 形 荒れ狂う, そうぞうしい.

bois·ter·ous·ly /bɔ́istərəsli ボイスタラスリ/ 副 荒れ狂って, そうぞうしく.

*__bold__ /bóuld ボウルド/ 形 (~·er; ~·est)
❶**大胆な**, 勇敢な.
❷ずうずうしい, 無作法な.
❸ⓐよく目だつ.
ⓑ(線・字などが)太い, (描写が)力強い.

❶ a *bold* climber 大胆な登山家 / a *bold* attempt 大胆な試み / It was *bold* of you to contradict your boss.＝You were *bold* to contradict your boss. 上役に逆らうとは君は大胆だったね.

❸ⓑin *bold* type [print, letters] 太字で.

bold·ly /bóuldli ボウルドリ/ 副 ❶大胆に. ❷ずうずうしく. ❸くっきりと.

bold·ness /bóuldnəs ボウルドネス/ 名U ❶大胆さ. ❷ずうずうしさ.

Bo·liv·i·a /bəlíviə ボリヴィア/ 名 ボリビア《南米中西部の共和国》.

bol·lard /báləd バラード ｜ bɔ́lɑːd/ 名C 《英》(車の進入を防ぐ)道路のくい.

bo·lo·gna /bəlóunjə ボロウニャ/ 名C ボロニアソーセージ《大型のソーセージ》.

bol·ster /bóulstər ボウルスタ/ 動他 …を強化する.
bolster up 他 …を強化する.

bolt[1] /bóult ボウルト/ 《★発音注意》名C
❶ボルト, しめくぎ《⭕「止めねじ」は nut》.
❷かんぬき, (戸の)さし錠.

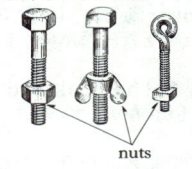

nuts

bolt 名❶

❸電光, いなずま.
― 動他 ❶…をボルトで締める.
❷(戸など)をかんぬき[さし錠]でしめる.
― 自 (急に)駆け出す, (人が)逃走する.

bolt[2] /bóult ボウルト/ 副《次の成句で》: ***sit*** [***stand***] ***bolt upright*** 背筋をのばしてすわる[立つ].

*__bomb__ /bám バム ｜ bɔ́m/ 《★m の後の b は発音されない》名(複 ~s /-z/)
❶ⓐC 爆弾《☞ atomic bomb》.
ⓑ《the をつけて》原子爆弾; 核兵器.
❷C 《米口語》(殺虫剤などの)スプレー.
― 動 (~s /-z/; ~ed /-d/; ~·ing) 他 …を爆撃する, …を爆破する.
― 自 爆撃する.

bom·bard /bɑmbáːrd バンバード/ 動他
❶…を砲撃する, 爆撃する.
❷…を〔質問などで〕攻め立てる〔*with*〕.

bom·bard·ment /bɑmbáːrdmənt バンバードメント/ 名UC 砲撃, 爆撃.

Bom·bay /bɑmbéi バンベイ/ 名 ボンベイ《インド西部の都市; 海港; 現在では ムンバイ (Mumbai) という》.

bomb·er /bámər バマ/ 《★m の後の b は発音されない》名C ❶爆撃機.
❷爆弾を仕掛けた者[犯人].

bomb·ing /bámiŋ バミング ｜ bɔ́m-/ 名 (複 ~s /-z/) UC 爆撃, 爆破.

bomb·shell /bámʃèl バムシェル/ 名C 《口語》人を驚かすような事[ニュース]; すごい美人.

bo·na fi·de /bóunəfáidi ボウナファイディ/ 形 本当の, 誠実な.

bo·nan·za /bənǽnzə ボナンザ/ 名C (事業などの)大当たり, (思いがけない)幸運.

bon·bon /bánbàn バンバン/ 名C ボンボン《中がやわらかい砂糖菓子》.

*__bond__ /bánd バンド ｜ bɔ́nd/ 名(複 ~s /-dz/)
❶C 《しばしば複数形で》(愛情・利益などによる)**結びつき**, 結束.
❷《複数形で》束縛(ﾊﾞｸ); (囚人など)をしばるもの.
❸C 契約(書).
❹C 債権, 公債, 社債.
❺ⓐ《aをつけて》接着.
ⓑUC 接着剤.

❶ There is a strong *bond* between them. 彼らの間には強い結びつきがある / the *bond(s)* of fellowship 友情のき

bond・age /bάndidʒ バンディチ/ 名Ⅱ束縛；奴隷( )の身分.

＊**bone** /bóun ボウン/ 名(複 ~s /-z/)
❶ⅡC骨.
❷C(象牙( )など)骨のようなもの.
❸《複数形で》死体, 遺骨(●「死体を焼いた骨」は ashes).
—— 動他(魚など)から骨をとる.

(*all*) *skin and bone*(*s*) 骨と皮ばかりにやせて.
(*as*) *dry as a bone* からからに乾( )いた.
feel it in one's bones (*that*__) __を(直感的に)確信する.
have a bone to pick with ... (人)に対して文句[苦情]がある.
make no bones about ... 平気で…する.
to the bone ①骨まで. ②徹底的に.
☞ 形 bony.

bóne drý 形からからに乾( )いた, ひからびた.
bone・head /bóunhèd ボウンヘッド/ 名C(口語)ばか者, まぬけ.
bóne màrrow 名Ⅱ骨髄( ).
bon・fire /bάnfàiər バンファイア/ 名C(祝いの)大かがり火, (野外の)たき火.
bon・go /bάŋgou バンゴウ/ 名(複 ~s /-z/)Cボンゴ(ラテン音楽に用いる小型のドラム).
bon・kers /bάŋkərz バンカーズ/ 形(口語)気が変な, 頭がおかしい.
bo・ni・to /bəní:tou ボニートウ/ 名(複 ~, ~s /-z/)Cカツオ.
bon・net /bάnit バニット/ 名C ❶ボンネット(女性や子どものかぶるひもをあごの下で結ぶ帽子). ❷(英)自動車のボンネット(エンジンのおおい；●(米)では hood).
bo・nus /bóunəs ボウナス/ 名(複 ~es /-iz/)C ❶ボーナス, 賞与(●日本の「ボーナス」のように定期的に支給されるものではなく, まただれでももらえるわけではない).
❷(口語)(予期していなかった)うれしいこと[もの].
bon・y /bóuni ボウニ/ 形(bon・i・er; bon・i・est) ❶やせこけた. ❷ 骨の多い. ☞ 名 bone.
boo /bú: ブー/ 感ブー(不満・非難・軽蔑( )

・反対などの気持ちを表わす). —— 名(複 ~s /-z/)Cブーという声.
—— 動他…にブーという, …をやじる.
—— 自ブーという声を出す.
boob /bú:b ブーブ/ 名C ❶《俗語》(女性の)おっぱい. ❷(口語)つまらないミス, へま.
—— 動自(口語)へまをする.
boo・by /bú:bi ブービ/ 名(複 boo・bies /-z/)C(口語)まぬけ.
bóoby prìze 名C(ご愛嬌( )の)最下位賞, ブービー賞(●日本では最下位から2番目の者に与えられる).

＊＊＊**book** /búk ブック/ 名(複 ~s /-s/)
❶C本.
❷C(本の)巻(●内容上の区分を表わす).
❸Cノート, …帳.
❹《複数形で》帳簿.
❺C(切符・小切手などの)ひとつづり, とじ込み.
❻ⓐ《the Book で》聖書(☞ prayer book ❷).
ⓑ《the をつけて》(英口語)電話帳.
—— 動(~s /-s/; ~ed /-t/; ~ing)他
❶(英)ⓐ(座席・部屋などを)予約する(●(米)ではふつう reserve).
ⓑ《book ~ ... または book ... for ~》~のために…を予約する.
❷…を記入する, 記録する.
—— 自予約する, 前売り券を買う.

名 ❶ a *book* in three volumes 3巻[3冊]より成る本.

【語の結びつき】
bind a *book* 製本する
edit a *book* 本を編集する
publish [bring out] a *book* 本を出版する
return a *book* to the library 図書館に本を返す
review a *book* 本を批評する
revise a *book* 本を改訂する
write a *book* 本を書く

❷ *Book* I 第1巻.
❸ an address *book* 住所録.
❹ keep the *books* 帳簿をつける.
❺ a *book* of bus tickets バスの回数券ひとつづり.

bookcase　　　　　　　　　　　　　ABC**D**EFGHIJKLMNOPQRSTUVWXYZ

by the book 規則通りに, 正確に.

— 動他 ❶ⓐI have *booked* two seats for the concert. 私はコンサートの座席をふたつ予約しました.

ⓑPlease *book* me a room at the hotel. ＝Please *book* a room *for* me at the hotel. そのホテルに部屋をとってください.

❷Your order is *booked*. あなたのご注文は記入しました.

be booked up ①(ホテル・劇場などが)予約で満員である. ②(人が)予定がつまっている.

book in 《英》自 (ホテル・空港などで)チェックインする (✪check inのほうがふつう).
— 他 (ホテルなどに)…の宿泊の予約をする.

book·case /búkkèis ブ**ケ**イス/ 名 (複 -cas·es /-iz/) Ⓒ **本箱, 本だな.**

bóok clùb 名Ⓒ読書クラブ《図書を選定して会員に安価で配本する会》.

book·end /búkènd ブ**ケ**ンド/ 名Ⓒブックエンド《本の両わきに立てて本を倒れないようにする》.

book·ie /búki ブ**キ**/ 名Ⓒ《口語》＝book-maker.

book·ing /búkiŋ ブ**キ**ング/ 名ⓊⒸ (席・部屋などの)予約 (✪reservation ともいう).

bóoking òffice 名Ⓒ《英》(駅などの)切符売り場 (ticket office)《☞ box office》.

book·keep·er /búkkì:pər ブ**ク**キーパ/ 名Ⓒ簿記係.

book·keep·ing /búkkì:piŋ ブ**ク**キーピング/ 名Ⓤ簿記.

book·let /búklət ブ**ク**レト/ 名Ⓒ(ふつう紙表紙の)小冊子.

book·mak·er /búkmèikər ブ**ク**メイカ/ 名Ⓒ(競馬の)私設馬券屋.

book·mark /búkmà:rk ブ**ク**マーク/ 名Ⓒ(本にはさむ)しおり.

bóok revìew 名Ⓒ(新刊書の)書評.

book·sell·er /búksèlər ブ**ク**セラ/ 名Ⓒ本屋(人).

***book·shelf** /búkʃèlf ブ**ク**シェルフ/ 名 (複 -shelves /-ʃèlvz/) Ⓒ **本だな.**

book·shop /búkʃàp ブ**ク**シャップ/ 名Ⓒ《英》＝bookstore.

book·stall /búkstò:l ブ**ク**ストール/ 名Ⓒ《英》(駅などの)新聞・雑誌の売店(《米》は newsstand).

***book·store** /búkstò:r ブ**ク**ストー/ 名 (複 ~s /-z/) Ⓒ《米》**書店**(✪《英》では bookshop).

book·worm /búkwà:rm ブ**ク**ワーム/ 名Ⓒ読書好きの人.

boom /bú:m ブーム/ 名Ⓒ ❶ⓐ突然の好景気 (反 slump). ⓑ急激な人気.
❷(雷・大砲などの)とどろき.
— 動自 ❶急に好景気になる; ブームになる.
❷とどろく.
▶ 名 ❶ⓐa building *boom* 建築ブーム.
— 動自 ❶Business is *booming*. 商売は今好景気だ.

boom·er·ang /bú:məræŋ ブ**ー**メラング/ 名Ⓒブーメラン《投げて物に当たらないと曲線を描いて投げた人のところへ戻ってくる; オーストラリア先住民の狩猟道具》.

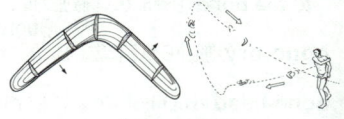

boomerang

bóom tòwn 名Ⓒ急成長都市.

boon /bú:n ブーン/ 名Ⓒありがたいもの, 恩恵.

boost /bú:st ブースト/ 動 (~s /-ts/; ~ed /-id/; ~·ing) 他《口語》❶…を増加させる, (利益・価格など)を上げる. ❷(自信・意欲など)…を高める. ❸《米》押し上げる, 持ち上げる.
— 名 (複 ~s /-ts/) Ⓒ ❶増加, (利益などの)上昇. ❷勇気づけ, はげまし, 応援. ❸《米》押し上げ.

boost·er /bú:stər ブ**ー**スタ/ 名Ⓒ ❶(宇宙船の)補助推進ロケット, ブースター (✪ **booster rocket**ともいう).
❷(自信・意欲などを)高めるもの, 刺激.
❸(少量の)薬効促進剤.
❹《米》(熱心な)後援者.

***boot** /bú:t ブート/ 名 (複 ~s /-ts/) Ⓒ
❶ **ブーツ**, 長ぐつ (✪「浅いくつ」は shoe(s)).
❷《英》(車の)トランク(✪《米》では trunk).
— 動他 ❶ (コンピューター)を起動させ

borough

る. ❷…をけとばす (kick).

名 ❶a pair of *boots* ブーツ1足 / ski *boots* スキーぐつ.
— 動《次の成句で》**: boot out** 他…を追い出す.

booth /búːθ ブース | búːð/ 名(複 ~s /búːðz/) ❶売店, 屋台の店. ❷(小さく仕切られた)ブース, ボックス；(レストランなどの)仕切り席.

❷a polling [voting] *booth* (投票場の)投票者記入用仕切り / a ticket *booth* (劇場などの)切符売り場.

boot·leg /búːtlèg ブートレッグ/ 形 違法の.

boot·y /búːti ブーティ/ 名U ❶(戦争での)略奪品. ❷賞品, 賞金.

booze /búːz ブーズ/《口語》動自 大酒を飲む.
— 名U 酒(とくに安い酒をいう).

＊**bor·der** /bɔ́ːrdər ボーダ/ 名(複 ~s /-z/)
C ❶ⓐ**境界**, **国境**; 国境地方.
ⓑ《the Border で》《米》(アメリカとメキシコの)国境地方; 《英》(イングランドとスコットランドの)国境地方.
❷へり, ふち; (婦人服などの)ふち飾り.
— 動 (~s /-z/; ~ed /-d/; ~ing /-dəriŋ/)
他 ❶…に接する, 隣り合う.
❷…にふちをつける.
— 自 接する.

名 ❶ⓐcross the *border* 国境[境界]を越える / on the west *borders* 西部国境(地方)で.
on the border of ... ①…のふちで: *on the border of* a stream 川辺で.
②今にも…しそうで: They are *on the border of* starvation. 彼らは餓死しそうだ.
— 動 他 ❶France *borders* six countries. フランスは六つの国と国境を接している.
❷*border* a handkerchief with lace ハンカチをレースでふち取りする.
border on [upon] ... ①…**に接する**, 隣り合う: America *borders on* the two great oceans. アメリカは両大洋に接している. ②…(の状態)に近い.

bor·der·line /bɔ́ːrdərlàin ボーダーライン/ 名C ❶国境線, 境界線. ❷どちらともいえない状態.
— 形 ❶国境[境界]線に近い. ❷どちらともいえない; きわどい, ボーダーラインの.
▶形 ❷a *borderline* pass in the exam 試験でのぎりぎりの合格.

＊**bore¹** /bɔ́ːr ボー/ 動 (~s /-z/; bored /-d/; bor·ing /bɔ́ːriŋ/) 他…を**うんざりさせる**, 退屈(たいくつ)させる.
— 名(複 ~s /-z/)C ❶うんざりさせる人[もの]. ❷おもしろくないこと[もの], いやなこと.

動 他 This game *bores* me. このゲームは退屈だ / He *bored* us with his long stories. 彼の長々とした話にわれわれはうんざりした.
— 名 ❶He is such a *bore*. 彼はほんとうに退屈なやつだ.

bore² /bɔ́ːr ボー/ 動 (~s /-z/; bored /-d/; bor·ing /bɔ́ːriŋ/) 他 ❶(穴・トンネルなど)をあける. ❷…に穴をあける.
— 自 穴をあける.
▶動 他 ❶*bore* a hole in the board 板に穴をあける.
— 自 *bore* through the wall 壁に穴をあける.

＊**bore³** /bɔ́ːr ボー/ 動 **bear²** の過去形.

bored /bɔ́ːrd ボード/ 形 うんざりした, 退屈(たいくつ)した. ▶ I'm *bored with* the game. そのゲームにはうんざりだ.

bore·dom /bɔ́ːrdəm ボーダム/ 名U 退屈.

＊**bor·ing** /bɔ́ːriŋ ボーリング/ 形 **うんざりさせるような**.

＊**born** /bɔ́ːrn ボーン/ 動 **bear²** の過去分詞形. 《be born で》**生まれる**.
— 形 生まれながらの, 天性の.

動 He *was born* in 1985. 彼は1985年に生まれた.
— 形 a *born* poet 生まれながらの詩人.

born-a·gain /bɔ́ːrn-əgén ボーンナゲン/ 形 信仰を新たにした; 最近目覚めた.

＊**borne** /bɔ́ːrn ボーン/ 動 **bear²** の過去分詞形.

Bor·ne·o /bɔ́ːrniòu ボーニオウ/ 名 ボルネオ島《マレー (Malay) 諸島最大の島》.

bor·ough /bɔ́ːrou バーロウ | bʌ́rə/《★発

borrow

音注意)名©❶自治町村. ❷《米》(ニューヨーク市の5つの)自治区. ❸《英》(ロンドンの32の)区.

*bor·row /bárou バロウ ǀ bɔ́r-/ 動 (~s /-z/; ~ed /-d/; ~·ing) 他
❶ …を借りる (反 lend).
❷ (考え・ことばなどを)借用する.
— 自 借りる, 借金する.

他 ❶ May I *borrow* this book? この本をお借りできますか.

類語 **borrow** は「無料で短期間借りる」, **rent**, **hire** は「有料で一定期間借りる」, **use** は「(トイレなどを)一時的に借りて使う」ということで, 本来「借りる」という意味はない.

❷ Many English words are *borrowed* from French. たくさんの英語の単語はフランス語から取り入れられている.

bor·row·er /bárouər バロウア/ 名©借りる人, 借用者.

bor·row·ing /bárouiŋ バロウイング/ 名
❶Ⓤ借用; 借金(すること).
❷©ⓐ借金. ⓑ借用語.

bos·om /búzəm ブザム/ (★発音注意) 名© ❶《文語》(とくに女性の)胸.
❷《形容詞的に》親しい.
▶ a *bosom* friend 親友.

*boss /bɔ́(:)s ボ(ー)ス/ 名 (複 ~·es /-iz/) © ❶ (職場などの)長, 上司 (社長, 所長, 部長, 課長, 主任など) (○日本語の「ボス」のような悪い意味は含まない; 男性だけでなく, 女性についても用いられる).
❷《口語》支配者, 実権をもっている人.
❸《米》《軽蔑(ミっ)的に》政界の有力者.
— 動 他《口語》…をこき使う.

名 ❶ the *boss* of this section この部[課]の部長[課長].
❷ She is the *boss* in the house. 彼女は家の実権をにぎっている.
— 動 *boss ... around* [*about*] (人)をこき使う, あごで使う.
☞ 形 **bossy**.

boss·y /bɔ́(:)si ボ(ー)スィ/ 形 (boss·i·er; boss·i·est) 《口語》いばりちらす.
☞ 名 **boss**.

Bos·ton /bɔ́(:)stən ボ(ー)ストン/ 名 ボストン《アメリカ大西洋岸マサチューセッツ (Massachusetts) 州の州都》.

bo·tan·i·cal /bətǽnikəl ボタニカル/ 形 植物の, 植物学(上)の.

botánical gárden 名©植物園.

bot·a·nist /bátənist バタニスト/ 名©植物学者.

bot·a·ny /bátəni バタニ/ 名Ⓤ植物学.

botch /bátʃ バッチ/ 動 (三単現 ~·es /-iz/) 他《口語》…をやりそこなう.

***both** /bóuθ ボウス/ 《★発音注意》
形 ❶《肯定文で》**両方の, ふたりの**.
❷《否定文で部分否定》両方の…とも…というわけではない.
— 代 ❶《肯定文で》**両方とも**, ふたりとも.
❷《否定文で部分否定》両方とも…というわけではない.
— 接 /bòuθ ボウス/ 《*both* ... *and* ~》…も~も.

形 ❶ *Both* (the) girls have brown eyes. その女の子たちはふたりとも茶色の目をしている (○**the**はないほうがふつう).
❷ I haven't read *both* her novels. 私は彼女の小説を両方とも読んだわけではない.

語法 文尾を上げて言うと「両方とも読んだわけではない」という部分否定の意味になり, 文尾を下げて言うと「両方とも読んでいない」という全部否定の意味になる.

— 代 ❶ We *both* want to go.=*Both* of us want to go. われわれはふたりとも行きたい.
❷ I don't know *both* of them. 私はその人たちを両方とも知っているわけではない.
— 接 This camera is *both* small *and* easy to handle. このカメラは小さいし扱いやすい.

*bother /báðər バザ ǀ bɔ́ðə/ 動 (~s /-z/; ~ed /-d/; ~·ing /-ðəriŋ/) 他 …を悩ます, うるさがらせる, 困らせる, …に迷惑をかける.
— 自 ❶ 気にする, 悩む.
❷《bother to *do*》《ふつう否定文で》わざわざ__する.
— 名 ❶Ⓤ面倒, やっかい.

132 one hundred and thirty-two

❷ ⓒ やっかいなこと[もの, 人].

動 他 I don't want to *bother* you, but could you tell me where the bus stop is? すみませんけれども, バス停はどこにあるか教えていただけませんか / The problem has been *bothering* me for weeks. その問題でもう何週間も悩んでいる.
— 自 ❶ Don't *bother*. 気にするな / He didn't *bother* about [with] it. 彼はそんなことは気にしていなかった.
❷ Please do*n't bother to* meet me at the station. わざわざ駅まで迎えに来てくださる必要はありません.
— 名 ❶ We had a lot of *bother* finding his house. われわれは彼の家をさがすのに苦労した.

both·er·some /bάðərsəm バザサム/ 形 やっかいな.

bot·tle /bάtl バトル | bɔ́tl/ 名 (複 ~s /-z/) ❶ ⓒ びん.
❷ ⓒ びん1本の量.
❸《the をつけて》酒.
— 動 (現分 bot·tling) 他 …をびん詰めにする.

名 ❶ Fill the *bottle* with water. そのびんを水でいっぱいにしなさい.

【語の結びつき】
break a *bottle* びんを割る
cork a *bottle* びんに(コルク)栓をする
empty a *bottle* (of ...) びん(の中の…)をからにする
open [uncork] a *bottle* びんの栓[コルク栓]を抜く
pour (out) a *bottle* びんの中身を注ぐ

❷ drink a whole *bottle* of milk ミルクをひとびんすっかり飲んでしまう.
— 動 ***bottle up*** 他 (怒りなど)を抑える.
bot·tled /bάtld バトルド/ 形 びん詰めの.
bot·tle·neck /bάtlnèk バトルネック/ 名 ⓒ ❶ 狭い通路[入り口]. ❷ 障害, ネック.
bot·tom /bάtəm バトム | bɔ́t-/ 名 (複 ~s /-z/) ❶《ふつう the をつけて》ⓐ 底, 最低部 (反 top).
ⓑ 海底, 湖底 (反 surface).

ⓒ 船底.
❷《ふつう the をつけて》最下部, (山の)ふもと, (木の)根元, (ページの)下部, (順番の)最後, (株式・相場の)底 (反 top).

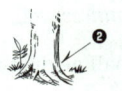

いろいろな bottoms

❸ ⓒ ⓐ (口語) おしり (buttocks).
ⓑ (ズボンなどの)しりの部分.
ⓒ (いすの)腰をかける部分.
ⓓ 《複数形で》(パジャマ・スーツなどの)ズボン.
❹ ⓒ [野球] (試合の回の)裏 (反 top).
❺《the をつけて》根底, 本質, 真相; 原因.
❻《形容詞的に》一番下の, 底の; 最低の.

名 ❶ ⓑ at *the bottom* of the sea 海底に.
❷ He is at *the bottom* of the class. 彼はクラスのびりです.
❹ the *bottom* of the second inning 2回の裏.
❻ the *bottom* shelf 一番下のたな.
at bottom ① 心の底は. ② 本質的には.
Bottoms up! (口語) 乾杯! (✿コップの底までからにするという意味という).
get to the bottom of ... …の真相をつきとめる.
— 動《次の成句で》: ***bottom out*** 自 (物価などが)底をつく.
bot·tom·less /bάtəmləs バトムレス/ 形 ❶ 底のない; 非常に深い. ❷ 限度のない, 無限の.
bough /báu バウ/《★発音注意》名 ⓒ (木の)大枝 (☞ branch の [類語]).
bought /bɔ́:t ボート/ 動 buy の過去形・過去分詞形.
boul·der /bóuldər ボウルダ/ 名 ⓒ (丸い)巨石, 巨岩.
boul·e·vard /bú(:)ləvà:rd ブ(ー)レヴァード/ 名 ⓒ 広い並木街路; 大通り.
bounce /báuns バウンス/ 動 (bounc·es /-iz/; bounced /-t/; bounc·ing) 自
❶ (ボールなどが) はずむ, バウンドする.

❷(人が)とび上がる;はね回る.
❸(小切手が)不渡りで戻ってくる.
— [他] ❶…を**はずませる**,バウンドさせる.
❷(人)をピョンピョンとび上がらせる.
❸(小切手)を不渡りにする.
— [名] ❶[U.C]はずみ,はね返り.
❷[U]反発力.

[動][自] ❶This ball *bounces* well. このボールはよくはずむ.
— [他] ❶*bounce* a ball against the wall ボールを壁に当てる.
bounce back [自](病気・失敗などから)すぐ立ち直る.
— [名] ❶on the *bounce* ワンバウンドで.

bounc·ing /báunsiŋ バウンスィング/ [形] (赤ん坊が)元気のよい.

bounc·y /báunsi バウンスィ/ [形] ❶(ボールが)よくはずむ. ❷元気のよい,快活な.

***bound**[1] /báund バウンド/ [動](~s /-dz/; ~·ed /-id/; ~·ing)[自] ❶**跳**(と)**びはねる**,跳んで行く.
❷(ボールなどが)はずむ,はね返る.
— [名][C] ❶跳躍.
❷バウンド,はずみ.

[自] ❶The rabbit *bounded* away. ウサギはピョンピョン跳んで行ってしまった.
— [名]《次の成句で》:***at a (single) bound*** ひと跳びで.
by [in] leaps and bounds とんとん拍子に (☞leap [名]).

bound[2] /báund バウンド/ [動]bind の過去形・過去分詞形.

bound[3] /báund バウンド/ [形] ❶**縛られた**;束縛(そくばく)された,拘束(こうそく)された ([反]free, unbound).
❷《**be bound to** *do*》ⓐ__する義務[責任]がある.
ⓑきっと__する,__するはずである.
❸装丁した,表紙をつけた.

❶a *bound* prisoner 縛られた囚人 / He *is bound to* his desk. 彼は(その仕事[勉強]で)机に向かったままだ.
❷ⓐYou *are bound to* pay the fine. 君は罰金を支払う義務がある.
ⓑYou *are bound to* succeed. 君はきっと成功する.
❸books *bound* in cloth 布で装丁した本.
be bound up in ... ①…に夢中になっている,…で忙しい. ②= be *bound* up with ....
be bound up with ... …と密接な関係がある.
I'm bound to say ... …と言わざるをえない.

bound[4] /báund バウンド/ [形]…行きの,…へ行く途中の. ▶The ship is *bound for* San Francisco. 船はサンフランシスコ行きです / He is homeward *bound*. 彼は帰国する途中です.

bound[5] /báund バウンド/ [名]《複数形で》
❶境界(線).
❷領域;境界に接した地域.
❸範囲,限界.
— [動][他]《**be bounded** で》境を接する.
▶[名] ❸go beyond the *bounds* of ... …の限界を越える.
— [動][他] The United States *is bounded* on the north by Canada. 合衆国は北はカナダと境を接している.
know no bounds 限りがない:His ambition *knows no bounds*. 彼の野心には限りがない.
out of bounds ①立入禁止で. ②禁止されて. ③(ボールが)コートの外に出て.

***bound·a·ry** /báundəri バウンダリ/ [名](複 -a·ries /-z/)[C] ❶**境界線**.
❷《しばしば複数形で》限界.
▶❶the *boundary* between the states ふたつの州の境界線.

bound·less /báundləs バウンドレス/ [形] 無限の.

bount·y /báunti バウンティ/ [名][C]報奨(ほうしょう)金,助成金.

bou·quet /boukéi ボウケイ, bu:-/ (★発音注意)[名][C](手に持つ)花束,ブーケ.

bour·bon /bə́:rbən バーボン/ [名][U]バーボンウイスキー《トウモロコシとライ麦から作る米国産のウイスキー》.

bour·geois /búərʒwɑ: ブアジュワー/ [形] ブルジョアの.

bour·geoi·sie /bùərʒwɑ:zí: ブアジュワーズィー/ [名]《the をつけて》ブルジョア.

bout /báut バウト/ [名][C] ❶(ボクシングなどの)ひと試合.
❷(はげしい活動・病気などの)期間.

bou·tique /bu:tí:k ブーティーク/ [名][C]ブ

a**b**cdefghijklmnopqrstuvwxyz　　　　　　　　　　　　　　　　　box

ティック《流行の婦人服,装身具の専門店》.
*bow¹ /báu バウ/ 《★ bow² との発音の違いに注意》動 (~s /-z/; ~ed /-d/; ~ing) 自
❶おじぎをする, 頭を下げる.
❷屈服する, 従う.
— 他 ❶ⓐ(頭など)を下げる,(ひざ・腰など)をかがめる.
ⓑ《be bowed で》腰(など)が曲がっている.
❷おじぎをして(感謝の意などを)表わす.
— 名 C おじぎ.

動 自 ❶He *bowed* to the ladies. 彼はそのご婦人がたにおじぎをした / He *bowed* politely *to* his teacher. 彼は先生にていねいにおじぎをした.
❷I *bow* to your judgment. 私はあなたの判断に従う.
— 他 ❶ⓑThe old man *is bowed* with age. その老人は年をとって腰が曲がっている.
bow out 自 ①おじぎをして退場する. ②やめる, 引退する.
— 名 make a deep *bow* 深くおじぎをする.

*bow² /bóu ボウ/ 《★ bow¹, ³ との発音の違いに注意》名 (複 ~s /-z/) C
❶弓.
❷ⓐ弓形(のもの). ⓑ(めがねの)つる.
ⓒ(バイオリンなどの)弓.
❸ⓐ(リボンなどの)ちょう結び.
ⓑちょうネクタイ《○bow tie ともいう》.

bow² ❷ⓒ
bow² ❶
bow² ❸ⓐ

▶❶draw a *bow* 弓を引く.
bow³ /báu バウ/ 《★ bow² との発音の違いに注意》名 C 船首, へさき.
bow·els /báuəlz バウ(エ)ルズ/ 名 複 腸.
*bowl¹ /bóul ボウル/ 名 (複 ~s /-z/) C
❶(料理用の)ボール, はち, どんぶり, 茶碗.

❷どんぶり[茶碗] 1杯の量.
❸茶碗状のもの;(パイプの)火ざら;(かりの)さら;(さじなどの)くぼみ;水盤.
❹《米》(アメリカンフットボールなどの)野外円形競技場.

❶a rice *bowl* ご飯茶わん / a salad *bowl* サラダボール / a soup *bowl* スープ入れ.
❷a *bowl* of rice ご飯1杯.
bowl² /bóul ボウル/ 名 C ❶ⓐ《複数形で》ボールズ. ⓑ(ボールズ (bowls) 用の重心の片寄った)木球. ⓒ(ボーリング用の)ボール. ❷(ボーリングの)1回の投球.
— 動 自 ❶ⓐボールズ (bowls) をする.
ⓑボーリングをする.
❷(クリケットなどで)投球する.
— 他 ❶(ボールズ・ボーリングで)(ボール)をころがす. ❷(クリケットで)(ボール)を投げる.
bow-leg·ged /bóu-lègid ボウレッギド | -lègd/ 形 O脚の, がにまたの.
bów légs 名 複 O脚, がにまた.
bowl·er /bóulər ボウラ/ 名 C ❶ボーリング[ボールズ]をする人. ❷【クリケット】投手《☞cricket²》. ❸《英》山高帽《○bowler hat ともいう;《米》ではderby》.
bowl·ing /bóuliŋ ボウリング/ 名 U ボーリング.
bówling àlley 名 C ❶ボーリング用レーン. ❷ボーリング場.
bowls /bóulz ボウルズ/ 名 U ボールズ, ローンボーリング《芝生(½)の上で木球 (bowl) をころがして静止している的球(註)(jack) の近くにとまらせようとする遊び》.
bow·string /bóustriŋ ボウストリング/ 名 C 弓の弦《○単に string ともいう》.
bów tíe 名 C ちょうネクタイ.
bow-wow /báuwáu バウワウ/ 名 C
❶ワンワン《犬のほえ声;☞dog》.
❷《小児語》わんわん, 犬.

box¹ /báks バックス | bóks/ 名 (複 ~·es /-iz/) C ❶箱.
❷ひと箱(の分量).
❸ⓐ仕切られた場所.
ⓑ(劇場などの)ボックス席.
ⓒ(法廷の)陪審席, 証人台.
ⓓ(記入用の)四角い欄.
❹番小屋, 詰め所.

one hundred and thirty-five　　　　　　　　　　　　　　　　　135

box

❺ⓐバターボックス.
ⓑキャッチャー[コーチなど]の立つ場所.
❻《the をつけて》《英口語》テレビ.
— 動(~・es /-iz/; ~ed /-t/; ~・ing)他 …を箱に入れる.

名 ❶a jewel *box* 宝石箱. ❷a *box* of soap powder 粉石けんひと箱.
— 《次の成句で》**:box in** 他 …を身動きできなくする, 閉じこめる.

box² /báks バックス | bóks/ 動(~・es /-iz/; ~ed /-t/; ~・ing)自ボクシングをする.
— 他 ❶…とボクシングをする.
❷…を平手[こぶし]でなぐる.
— 名(複 ~・es /-iz/)Ⓒ(耳のあたりを)平手[こぶし]で打つこと, びんた.

box・car /bákskɑːr バクスカー/ 名Ⓒ《米》(鉄道の)屋根のある貨車.

box・er /báksər バクサ/ 名Ⓒ ❶ボクシングをする人, ボクサー. ❷ボクサー《中型のドイツ系の犬》.

bóxer shòrts 名複 (男性用下着の)長いパンツ, トランクス.

*box・ing /báksiŋ バクスィング | bók-/ 名Ⓤボクシング.

Bóxing Dày 名《英》ボクシングデー《クリスマスの翌日(12月26日); 26日が月曜日に当たれば27日; イギリスの法定休日(bank holiday)のひとつ》.
INFO 使用人や郵便配達人などに1年間の働きに対するお礼としてお金や贈り物の入ったクリスマスボックス(Christmas box)を与える習慣があった.

bóx òffice 名Ⓒ(劇場などの)切符売り場.

**boy /bɔ́i ボイ/ 名(複 ~s /-z/)
❶ⓐⒸ**男の子**, 少年《17, 8歳まで》.
ⓑ《形容詞的に》**男の子の**.
❷Ⓒ《口語》**息子**.
❸Ⓒ男の使用人, 召し使い《◐レストランの「ボーイ」は waiter, ホテルの「ボーイ」は bellboy》
— 感《米口語》わあ《驚き, 喜びなどを表わす》.

名 ❶ⓑa *boy* student 男子生徒.
❷I'll have my *boy* do it. 息子にそれをやらせます.
— 感 Oh, *boy*! これは驚いた[すごい].

boy・cott /bɔ́ikɑt ボイカット/ 名Ⓒボイコット. — 動他 (商品・会合など)をボイコットする.

*boy・friend /bɔ́ifrènd ボイフレンド/ 名(複 ~s /-dz/)Ⓒボーイフレンド(反 girlfriend).

boy・hood /bɔ́ihùd ボイフッド/ 名Ⓤ少年時代. ▶in my *boyhood* 私の少年時代に.

boy・ish /bɔ́iiʃ ボイイシュ/ 形男の子らしい.

bóy scòut 名Ⓒボーイスカウト《ボーイスカウト(団) (Boy Scouts) の一団員で, とくに11歳から15—17歳までの少年をいう》.

Bóy Scòuts 名複《the をつけて》ボーイスカウト(団) 《☞Cub Scouts, Girl Scouts》.
INFO 1908年にイギリスで創設された少年のための組織(アメリカでは1910年創設). キャンプ, 山歩きなどの野外生活を中心として, 「自立, 責任, 奉仕」などの精神を育てることを目的としている; イギリスではふつう単に the Scoutsという.

BPS, bps 《略》【コンピューター】ビット毎秒(bit per secondの略).

Br. 《略語》Britain, British.

bra /brάː ブラー/ 名(複 ~s /-z/)Ⓒブラ(ジャー)《◐brassière の短縮形》.

brace /bréis ブレイス/ 名(複 brac・es /-iz/) ❶Ⓒ固定させるもの; ささえ. ❷Ⓒ《米》では複数形で》(歯科用の)歯列矯正器. ❸《複数形で》《英》ズボンつり《◐《米》では suspenders》. ❹《複数形で》かっこ({ })《☞bracket》.
— 動(brac・es /-iz/; braced /-t/; brac・ing)他 …をささえる, 固定させる.
▶名 ❸a pair of *braces* ズボンつりひと組.
— 動 *brace oneself* (失敗などにくじけず)(困難などに)備える.

brace・let /bréislit ブレイスリット/ 名(複 ~s /-ts/)Ⓒ腕輪, ブレスレット《☞anklet》.

brac・ing /bréisiŋ ブレイスィング/ 形 (空気など)すがすがしい.

brack・et /brǽkit ブラキット/ 名 ❶Ⓒ《複数形で》かっこ, (ふつう)角がっこ([ ]).
INFO かっこには次のようなものがある:
( ) round brackets (丸かっこ)または parentheses (パーレン)

a **b** cdefghijklmnopqrstuvwxyz　　　　　　　　　　　　　　　　**brand**

　　[ ] square brackets（角がっこ）または単に brackets
　　{ } braces（中かっこ）
　　< > angle brackets（山かっこ）
❷【建築】Ⅽ（壁などから突き出している）（たななどの）ささえ.
── 動 他 ❶ …をかっこでくくる.
❷ …をひとまとめにする.

brag /bréɡ ブラッグ/ 動（~s /-z/; bragged /-d/; brag·ging）自 ほらを吹く.

braid /bréid ブレイド/ 名 ❶Ⅽ《米》編んだ頭髪，三つ編み，おさげ髪（✪《英》では plaits）. ❷Ⅳ（装飾用の）モール.
── 動 他《米》（髪などを）編む（✪《英》では plait）.

Braille, braille /bréil ブレイル/ 名Ⅳ点字（法）（盲人用）.

****brain** /bréin ブレイン/ 名（複 ~s /-z/）
❶Ⅽ（器官としての）脳.
❷ⅣⅭ頭脳，知力.
❸Ⅽ《口語》秀才.
❹《the brains で; 単数扱い》知的指導者，ブレーン.

❷ She has a good *brain*. = She has *brains*. 彼女は頭がよい.
beat [*rack, cudgel*] *one's brains* 脳みそを絞る，一生懸命考える.
have ... on the brain …のことばかり考えている，…が頭から離れない.

brain·child /bréintʃàild ブレインチャイルド/ 名（複 -chil·dren /-tʃìldrən/）Ⅽ《口語》（ある人の）新構想，独創的な考え.

brain-dead /bréin-dèd ブレインデッド/ 形 脳死した.

bráin dèath 名Ⅳ脳死《ほかの臓器は動いていても脳の機能が停止した状態》.

bráin dràin 名Ⅽ頭脳流出《すぐれた学者などの海外移住》.

brain·less /bréinləs ブレインレス/ 形《口語》頭の悪い，愚かな.

brain·storm /bréinstɔ̀ːrm ブレインストーム/ 名Ⅽ ❶《米》突然浮かんだ名案（✪《英》では brain wave）.
❷《英》（突然の）頭の混乱.
── 動 自 ブレーンストーミングをする.

brain·storm·ing /bréinstɔ̀ːrmiŋ ブレインストーミング/ 名Ⅳ ブレーンストーミング《会議などで各人が自由にアイデアを出し合って進めていく方法》.

bráin trùst 名Ⅽ《米》ブレーントラスト《政治・経済などの専門家から成る顧問団》.

brain-wash /bréinwɒ̀ʃ ブレインワッシュ/ 動（三単現 ~·es /-iz/）他 …を洗脳する.

brain-wash·ing /bréinwɒ̀ʃiŋ ブレインワッシング/ 名Ⅳ 洗脳《新しい思想を植えつけること》.

bráin wàve 名Ⅽ《英口語》突然浮かんだ名案（✪《米口語》では brainstorm）.

brain·y /bréini ブレイニ/ 形（brain·i·er; brain·i·est）《口語》すごく頭のよい.

braise /bréiz ブレイズ/ 動 他 …を蒸し煮する.

****brake** /bréik ブレイク/ 名（複 ~s /-s/）Ⅽ
❶《しばしば複数形で》**ブレーキ**.
❷抑制，抑制するもの.
── 動（~s /-s/; braked /-t/; brak·ing）
自 ブレーキをかける. ── 他 …にブレーキをかける.
▶名 ❶ apply [put on] the *brake(s)* ブレーキをかける.
《同音異形語》break.

****branch** /bræntʃ ブランチ｜bráːntʃ/ 名（複 ~·es /-iz/）Ⅽ ❶（樹木の）**枝**（☞tree のさし絵）.
❷ 支店，支部，出張所；分家.
❸ 部門，分野.
❹（川の）支流；（鉄道の）支線.
── 動（三単現 ~·es /-iz/）自 ❶（木が）枝を出す. ❷（川・道などが）分かれる.

❶ The tree spreads into five *branches*. その木は 5 本の枝に分かれている.

|類語| 一般に **branch** は「枝」，**bough** は（木の）大枝，**twig** は小枝，**trunk** は「幹」.

── 動 ***branch off*** 自（川・道などが）分かれる，分岐(%)する.
branch out 自 ①枝を出す. ②（人・会社などが）事業を拡張する. ③興味の幅を広げる.

bránch òffice 名Ⅽ支店，支局（☞ head office）.

****brand** /brǽnd ブランド/ 名（複 ~s /-dz/）Ⅽ ❶（商品の）**商標**，ブランド. ❷ 種類，タイプ. ❸（家畜などの）焼き印.
── 動 他 ❶（家畜など）に焼き印を押す.
❷（人）を決めつける，不当に評価する.

brandish

名 ❶ The company sells goods under their own *brand* (name). その会社は自分の会社の商標をつけた商品を売っている. ❷a good *brand* of coffee 上等のコーヒー.
— 動他 ❷He was *branded* as a daydreamer. 彼は空想家と決めつけられた.

bran·dish /brǽndiʃ ブランディッシュ/ 動 (三単現 ~·es /-iz/) 他 (刀など)を振り回す.

brand-new /brǽnd-njúː ブランド・ヌー, ・ニュー/ 形 真新しい, 新品の.

bran·dy /brǽndi ブランディ/ 名 ❶Ⓤブランデー. ❷Ⓒブランデー1杯.

brash /brǽʃ ブラッシュ/ 形 生意気な.

Bra·sí·lia /brəzíljə ブラズィリャ/ 名 ブラジリア (ブラジル (Brazil) の首都).

* **brass** /brǽs ブラス | brάːs/ 名 (複 ~·es /-iz/) ❶Ⓤ真ちゅう.
❷ⓊⒸ《the をつけて; 集合的に》ⓐ (オーケストラの)金管楽器(部).
ⓑ 金管楽器奏者.

bráss bánd 名Ⓒブラスバンド.

bras·sière /brəzíər ブラズィア/ 名Ⓒブラジャー (○略して bra ともいう).

brat /brǽt ブラット/ 名Ⓒ (行儀の悪い)がき.

bra·va·do /brəvάːdou ブラヴァードウ/ 名Ⓤから威張り.

* **brave** /bréiv ブレイヴ/ 形 (brav·er; brav·est) ⓐ (人・行為などが) **勇敢な** (反 cowardly).
ⓑ《the をつけて》勇敢な人々.
— 動 (現分 brav·ing) 他 (危険など)に勇敢に立ち向かう, …をものともしない.

形 ⓐ Be *brave!* 勇気を出せ / a *brave* deed 勇敢な行為 / (as) *brave* as a lion ライオンのように勇敢な / It was *brave* of him *to* jump into the river to save the child.＝He was *brave* to jump into the river to save the child. その子を助けに川にとびこむとは彼は勇敢だった.

☞ 名 bravery.

brave·ly /bréivli ブレイヴリ/ 副勇敢に.
brav·er·y /bréivəri ブレイヴァリ/ 名Ⓤ勇敢(さ) (反 cowardice). ☞ 形 brave.

bra·vo /brάːvou ブラーヴォウ/ 感うまいぞ, よくやった, ブラボー.

brawl /brɔ́ːl ブロール/ 名Ⓒ(人前での)口論, けんか.
— 動 ⓐ (人前で)口論する, けんかをする.

brawn /brɔ́ːn ブローン/ 名Ⓤ筋力.

brawny /brɔ́ːni ブローニィ/ 形 筋肉たくましい.

bray /bréi ブレイ/ 名Ⓒロバの鳴き声; 騒々しい音. — 動 ⓐ (ロバが)いななく; 騒々しい音を立てる.

bra·zen /bréizn ブレイズン/ 形 ずうずうしい.

Bra·zil /brəzíl ブラズィル/ (★アクセント注意) 名 ブラジル (南米の共和国; 首都ブラジリア (Brasília)).

Bra·zil·ian /brəzíljən ブラズィリャン/ 形 ブラジルの. — 名Ⓒブラジル人.

breach /bríːtʃ ブリーチ/ 名 (複 ~·es /-iz/)
❶ⓊⒸ (法律・約束などの)違反, 不履行(ぎょう).
❷Ⓒ絶交, 不和.
❸Ⓒ (堤防などの)破れ口, 穴.
— 動他 ❶ (法律・約束など)を破る.
❷ (壁など)に穴をあける.

*** **bread** /bréd ブレッド/ 名Ⓤ
❶ パン.
❷ 《口語・古風》生活費, 生計.

❶ spread *one's bread* with butter パンにバターを塗る / toast a slice of *bread* パンをトーストにする.

語の結びつき

bake *bread* パンを焼く
butter *bread* パンにバターを塗る
slice *bread* パンを薄切りに[スライス]する
spread ... on *bread* パンに…を塗る

❷ earn [gain, win] *one's* (daily) *bread* 生活費をかせぐ.

《同音異形語》bred.

bread and butter /brédn bʌ́tər ブレドン バタ/ 名Ⓤ ❶ バターつきのパン. ❷ (口語)生計の手段, 収入源.

▶ ❶ The *bread and butter* is too thick. そのバターつきのパンは厚すぎる.

bread-and-butter /brédn-bʌ́tər ブレド

bread·bas·ket /brédbæskit ブレドバスキット/ 名 ❶ⓒパンかご.
❷《the をつけて》穀倉地帯, 主要食料供給地帯.

bread·crumbs /brédkrʌ̀mz ブレドクラムズ/ 名圈パンくず.

*****breadth** /brédθ ブレドス, brétθ/《★発音注意》名Ⓤ ❶幅, 広さ. ❷ (知識・興味などの)(広)範囲.
▶ ❶ It is two miles in *breadth*. 幅が2マイルある.
☞ 形 broad.

bread·win·ner /brédwìnər ブレドウィナ/ 名ⓒ一家の生活費をかせぐ人.

*****break** /bréik ブレイク/ 動 (~s /-s/; broke /bróuk/; bro·ken /bróukən/; ~ing) 他

❶ (物)を**こわす**, 割る, 砕く, 切断する (✪ 形のあるものに瞬間的に強い力を加えてふたつまたはそれ以上の部分にこわす).
❷ⓐ (枝・骨など)を**折る**, (体の一部)の骨を折る, (パンなど)をちぎる.
ⓑ (皮膚など)を傷つける, 切る.
❸ (機械など)を**こわす**, 役に立たなくする.
❹ (規則・約束など)を破る.
❺ⓐ (継続中の)…を**中断する**, (沈黙など)を破る, (平和など)を乱す.
ⓑ (習慣など)を破る.
❻ (記録など)を**破る**.
❼ⓐ (お金)をくずす.
ⓑ (まとまったもの)をばらばらにする.
❽ (隠していたこと)を打ち明ける, 知らせる, (秘密)をもらす.
❾ …をこわして開ける[出る, 入る].
❿ …を破滅させる, 破産させる.
⓫ⓐ (気持ちなど)をくじく, (人)を悲しませる;(人)を疲れ果てさせる.
ⓑ (風力・落下などの力)を弱める.
— 自 ❶ **こわれる**, 割れる;(波が)砕ける.
❷ⓐ **折れる**, (プツリと)**切れる**, とれる.
ⓑ (突然)離れる.
❸ **故障する**, だめになる.
❹ ・(雲が)切れる, (霧などが)消える, (霜(しも)・氷などが)とける.
❺ 中断する, とぎれる, 仕事をやめる.
❻ⓐ (気持ちが)くじける, ひどく悲しむ.
ⓑ (体が)弱る.
❼ 破滅する, 破産する.
❽ⓐ (あらし・叫び声などが)突然起こる, 突然現われる.
ⓑ (秘密などが)突然明らかになる.
❾ (子どもの声が)声変わりする, (声が)感情の激しさのためにとぎれる.
❿《**(the) day** または **dawn** を主語にして》夜が明ける.
— 名 (圈 ~s /-s/) ❶ⓒ **破損**, 割れ目, 裂(さ)け目, (雲などの)切れ目.
ⓑ 骨折.
❷ⓒⓐ **中断**, とぎれ.
ⓑ (短い)**休憩**, 休憩時間.
❸ⓒ (急激な)変化, 断絶.
❹ⓒ《口語》機会, (幸)運.
❺Ⓤ 夜明け.

動 他 ❶ *break* a vase 花びんをこわす / *break* a block of ice into pieces 氷のかたまりを粉々に砕く.

They pulled hard and *broke* the rope. (彼らはロープを強く引っ張って切断した)

❷ⓐ *break* the branches 枝を折る / *break* one's leg 足の骨を折る.
ⓑ *break* the skin 皮膚をすりむく.
❸ This watch is *broken*. この時計はこわれている / *break* a chair いすをこわす.
❹ *break* one's promise [word] 約束を破る / *break* the law 法律を犯す.
❺ⓐ We *broke* our journey at [in] Tokyo. 私たちは旅行を中止してしばらく東京に滞在した.
❻ Nobody *broke* her record for six years. 6年間だれも彼女の記録を破った人はいなかった.
❼ⓐ *break* a ten-dollar bill 10ドル紙幣をくずす. ⓑ *break* a set ひと揃いのものをばらばらに分ける, ばら売りする.
❽ *break* the bad news to him その悪い知らせを彼に伝える.
— 自 ❶ *break* to pieces 粉々に割れ

break

る / The waves *broke* against the rocks. 波は岩に当たって砕けた.
❷ⓐThe rope will *break*. ロープが切れそうだ.
❸The clock *broke* when I dropped it. その時計は落としたら動かなくなった.
❹The clouds *broke* and the sun appeared. 雲が切れて日がさしてきた.
❺Let's *break* for tea. 仕事をやめてお茶にしよう.
❻ⓐHer heart *broke* when she heard of her mother's death. 彼女は母親が死んだと聞いたとき胸がはり裂けそうだった.
❽ⓐThe storm *broke* around ten. あらしは10時頃始まった.
❿ *The day* [*Day*] is beginning to *break*. 夜が明けてきた (◎日本語では「夜が明ける」というが, 英語の break は begin (始まる)という意味なので, 主語は night ではなくて day (明るいとき, 昼間)である. したがって「夜明け」は daybreak という; ☞ dawn 動ⓐ❶).

break away ⓐ①こわれてはずれる[落ちる]：The handle *broke away*. 取っ手がとれた. ②逃げる, 離れて行く. ③急にやめる. ④脱退する, 関係を断つ.

break down ⓐ①(車・機械などが)こわれる, 故障する：Our bus *broke down* on the way. 私たちのバスは途中で故障した. ②感情を抑えられなくなる, 泣きくずれる：She *broke down* with grief. 彼女は悲しくて泣きくずれた. ③(肉体的・精神的に)まいる, へばる：He has *broken down*. 彼は倒れた. ④(会議・計画などが)失敗に終わる. ⑤(費用などが)分類[分析]される.
— 他①…を破壊する, 押しつぶす. ②(反対など)を鎮圧する. ③…を分解する, 分類する, 分析する.

break even ⓐ《口語》損得なしに終わる.

break free [*loose*] ⓐ脱出する, 自由になる.

break in ⓐ①(泥棒などが)押し入る. ②横から口を出す. — 他(動物・車など)を使いならす. (くつなど)をはきならす; (人)を仕込む.

break in on [*upon*] **...** …のじゃまをする, …に横から口を出す.

break into ... ①…に侵入する：The shop was *broken into* last night. その店は昨晩泥棒に入られた. ②…に横から口を出す：Don't *break into* our conversation. 私たちの話に横から口をはさまないでください. ③突然…し出す：*break into* tears わっと泣き出す. ④こわれて…になる. ⑤(新しい職業など)に入りこむ. ⑥…(貯えなど)をくずして使う. ⑦(時間など)に食いこむ.

break ... of ~ …(人)に~(悪い習慣)をやめさせる：The parents tried to *break* their child *of* the habit of biting his nails. 両親はその子に爪(つめ)をかむくせをやめさせようとした.

break off 他①…を折って取る, 取りはずす, もぎ取る. ②…を急に中止する. ③(関係など)を急に断つ.
— ⓐ①折れて取れる. ②急にやめる. ③休憩する. ④絶交する.

break off with ... …と絶交する.

break open 他(ドア)をこわして開ける, むりに開ける：*break open* the door = *break* the door *open* ドアをこわして開ける.
— ⓐこわれて開く：The box *broke open*. 箱はこわれてパッと開いた.

break out ⓐ①(戦争・火事・流行病などが)突然始まる：A fire *broke out* near their house. 彼らの家の近くで火事が起きた. ②(吹き出物などが)出る. ③脱出する.

break out in ... 突然(吹き出物・汗など)に覆(おお)われる.

break out *doing* 突然__し出す：He *broke out laughing*. 彼は突然笑い出した.

break out of ... …から脱出する：*break out of* prison 刑務所から脱走する.

break through ... ①…を突破する, 突き抜ける：*break through* the barrier さくを突破する. ②(太陽などが)…の間から現われる. ③…を克服する, …に打ち勝つ.

break through ⓐ①突破する, 突き抜ける. ②難問を解決する, 重要な新発見をする. ③(太陽が)(雲の間から)現われる：The sun *broke through*. 太陽が(雲間から)顔を出した.

break up 他 ①…を粉々[ばらばら]にする，小さく切る[割る]：*break up* a block of ice 氷のかたまりを小さく割る．②(船など)を解体する．③…を終わらせる，(集会など)を解散させる，(群衆など)を追い散らす．④(関係など)を終わらせる．⑤…を(精神的に)苦しめる．── 自 ①《英》(学校が)休みになる．②(会などが)解散する．③(夫婦などが)別れる，(関係などが)終わりになる．④こわれる，ばらばらになる．⑤(肉体的・精神的に)だめになる，まいる．

break with ... ①…と絶交する．②…(習慣・伝統など)を捨てる．

── 名 ❶ⓐ a *break* in the gas pipe ガス管の裂け目．
ⓑThere was a *break* in the conversation. 会話がとぎれた / without a *break* 中断しないで．ⓒtake a ten-minute *break* 10分間の休憩をとる．
❷a lucky *break* 幸運．
❸at (the) *break* of day 夜明けに．

give ... a break 《口語》…に(もう一度)チャンスを与える．

Give me a break! 《口語》もういいかげんにしてくれ，悩ますのはやめてくれ．

《同音異形語》brake．

break·a·ble /bréikəbl ブレイカブル/ 形 こわれやすい．

break·age /bréikidʒ ブレイキヂ/ 名 ❶Ⓤ破損．❷Ⓒ破損物．

break·a·way /bréikəwèi ブレイカウェイ/ 形 分離した；脱退した．

break·down /bréikdàun ブレイクダウン/ 名 (複 ~s /-z/) Ⓒ ❶(機械などの)故障．❷(精神的に)まいること．❸(交渉などの)中断．❹分析；分類．
▶❷a nervous *breakdown* 神経衰弱．

break·er /bréikər ブレイカ/ 名Ⓒ砕(くだ)ける波．

***break·fast** /brékfəst ブレクファスト/ 《★発音注意》名Ⓤ朝食 (❋種類などをいうときはⒸ)．

名have [eat, take] *breakfast* 朝食を食べる / What did you have for *breakfast*? 朝食になにを食べましたか / at [during] *breakfast* 朝食中に．

INFO この語は，break(中断する)＋fast(断食(だんじき))から成り「断食を中断する」の意味．前日の夕食以後の断食状態を中断する食事が朝食だからこう呼ばれる．

break-in /bréikìn ブレイキン/ 名Ⓒ不法侵入．

break·neck /bréiknèk ブレイクネック/ 形 やたらと速い．▶at *breakneck* speed ものすごいスピードで．

break·out /bréikàut ブレイカウト/ 名Ⓒ (集団による)脱獄，脱走．

break·through /bréikθrù: ブレイクスルー/ 名Ⓒ重要な発見[進歩，成果]．

break·up /bréikàp ブレイカップ/ 名Ⓒ解散；離婚．

bream /brí:m ブリーム/ 名 (複 ~, ~s /-z/) Ⓒ ブリーム：ⓐコイ科の魚．ⓑタイ科の魚．

***breast** /brést ブレスト/ 《★発音注意》名 (複 ~s /-ts/) Ⓒ ❶胸；(洋服の)胸部．❷乳房．
▶❶a *breast* pocket 胸ポケット．
❷She put the baby to her *breast*. 彼女は子どもに乳を吸わせた．

breast-feed /brést-fì:d ブレスト・フィード/ 動 (~s /-dz/; -fed /-fèd/; ~·ing) 他 (赤ん坊)を母乳で育てる．

breast·stroke /bréststròuk ブレストストロウク/ 名《ふつう the をつけて》平泳ぎ．

***breath** /bréθ ブレス/ 《★発音注意》名 (複 ~s /-s/)
❶ⓐⓊ息．ⓑⒸひと息，ひと呼吸．
❷Ⓒⓐ(風の)そよぎ．
ⓑかすかな気配(けはい)，きざし．

❶ⓑtake a deep *breath* 深呼吸をする．

take a deep *breath*
(深呼吸する)

breathalyze

❷ⓐThere was not a *breath* of wind. そよとも風が吹いていなかった.
a breath of fresh air ①(戸外の)新鮮な空気. ②気分をさわやかにしてくれるもの.
catch** one's **breath ①(恐怖・驚きなどで)はっとして息をのむ. ②(ほっとして)ひと息つく.
***get** one's **breath** (**back** [**again**])* 息づかいが正常にもどる.
hold** one's **breath (期待・興奮などで)**息を殺す**, かたずをのむ.
in one breath ひと息に.
in the same breath (2つの矛盾していること)をほとんど同時に：He says yes and no *in the same breath*. 彼はうんと言うかと思うとすぐいやと言う.
lose** one's **breath 息が切れる.
out of breath 息切れして.
short of breath = out of *breath*.
take a deep breath 大きく息を吸う.
take** ...'s **breath away …を(息が止まるほど)びっくりさせる.
under** one's **breath 小声で, 声をひそめて.
waste** one's **breath 言ったことがむだになる.
　　　　　　　　　　　　☞ 動 breathe.

breath·a·lyze /bréθəlàiz ブレサライズ/ 動 他 (ドライバー)の飲酒を検知器で調べる.

*__breathe__ /brí:ð ブリーズ/ (★発音注意) 動 (~s /-z/; breathed /-d/; breath·ing)
圁 ❶ **呼吸する**.
❷ 息を吐く.
— 他 ❶ …を吸いこむ, 呼吸する.
❷ …を吹きこむ.
❸ (ことば)を口に出す.
❹ (ためいきなど)をもらす.

・・・・・・・・・・・・・・・・・・・・・・・・・・・
圁 ❶ *breathe* deeply 深く息をする / *breathe* in [out] 息をすいこむ [吐き出す].
❷ *breathe* on one's hands 手に息を吹きかける.
— 他 ❶ *breathe* the fresh air 新鮮な空気を吸う.
❷ *breathe* new life *into* the team チームに新たな活力を吹きこむ.
❸ *breathe* words of love 愛のことばをささやく.
❹ *breathe* a sigh of relief ほっとしてため息をつく.
breathe** (**easily** [**freely**]) **again ほっとする.
***breathe** one's **last** (**breath**)* 死ぬ.
　　　　　　　　　　　　☞ 名 breath.

breath·ing /brí:ðiŋ ブリーズィング/ 名 U 呼吸. ▶deep *breathing* 深呼吸.

breath·less /bréθləs ブレスレス/ 形 ❶ 息を切らした. ❷ 緊張した.

breath·less·ly /bréθləsli ブレスレスリ/ 副 ❶ 息を切らして. ❷ 緊張して.

breath·tak·ing /bréθtèikiŋ ブレステイキング/ 形 あっと言わせるほどの.

bred /bréd ブレッド/ 動 breed の過去形・過去分詞形.
　　　　　　　　《同音異形語》bread.

*__breed__ /brí:d ブリード/ 動 (~s /-dz/; bred /bréd/; ~ ing) 他 ❶ (繁殖・品種改良のために) (家畜) を **飼育する**, (植物) を **栽培する**. ❷ …の原因になる.
— 圁 (動物が) **子を産む**, 繁殖する.
— 名 (複 ~s /-dz/) C ❶ (動植物の) 品種, 血統. ❷ (人の) タイプ.

・・・・・・・・・・・・・・・・・・・・・・・・・・・
動 他 ❶ *breed* horses for racing 競馬用に馬を飼育する / *breed* roses バラを栽培する.
❷ *breed* accidents 事故を引き起こす.
— 圁 Mice *breed* rapidly. ネズミは繁殖が早い.
— 名 ❶ a new *breed* of rice 新品種の米.

breed·er /brí:dər ブリーダ/ 名 C 飼育者, 栽培者.

breed·ing /brí:diŋ ブリーディング/ 名 U ⓐ 繁殖. ⓑ 飼育, 養殖.

bréeding gròund ❶ C (悪・病気などの) 温床. ❷ C (野生動物の) 繁殖地 [場所].

*__breeze__ /brí:z ブリーズ/ 名 (複 breez-es /-iz/) C ❶ そよ風, 弱い風.
❷ (米口語) 簡単にできること.
▶ ❶ There is no *breeze* this evening. 今晩はそよとも風が吹かない.
　　　　　　　　　　　　☞ 形 breezy.

breez·y /brí:zi ブリーズィ/ 形 (breez-i·er; breez·i·est) ❶ そよ風の吹く, 風通しのよい. ❷ (人が) 元気な, 快活な.

a**b**cdefghijklmnopqrstuvwxyz　　　　　　　　　　　　　　　　　　**brief**

☞ 名breeze.

brev·i·ty /brévəti ブレヴィティ/ 名U簡潔さ;(時間の)短さ. ☞ 形brief.

brew /brú: ブルー/ 動他 ❶(ビールなど)を醸造(じょうぞう)する. ❷(お茶・コーヒーなど)を入れる.
— 自 ❶醸造する. ❷(お茶・コーヒーなどが)入る《飲める状態になる》. ❸《進行形で》(陰謀などが)たくらまれている.

brew·er /brú:ər ブルーア/ 名Cビール醸造者.

brew·er·y /brú:əri ブルーアリ/ 名(複-er·ies /-z/)Cビール醸造所.

bribe /bráib ブライブ/ 名(複~s /-z/)Cわいろ. — 動(~s /-z/; ~d /-d/; brib·ing)他(人)にわいろを使う,(人)を買収する.
▶名take a *bribe* わいろをもらう / offer a *bribe* わいろを差し出す.
— 動他 *bribe* the witness to give false evidence 証人にわいろを使っていつわりの証言をさせる / *bribe* the witness *into* silence 証人を買収して口を封じる.

☞ 名bribery.

brib·er·y /bráibəri ブライバリ/ 名U贈賄(ぞうわい);収賄(しゅうわい),汚職.

☞ 動bribe.

bric-a-brac /bríkəbræk ブリッカブラック/ 名U(家の装飾に用いられる)安っぽい小物.

***brick** /brík ブリック/ 名(複~s /-s/)
❶ⓐれんが(1個).
ⓑU《集合的に》**れんが**.
ⓒ《形容詞的に》れんがの,れんが造りの.
❷Cⓐれんが状のもの.
ⓑ(英)積み木(◆(米)では block).

❶ⓐlay *bricks* れんがを積む.
ⓑThe house is made of red *brick*. その家は赤れんが造りである.
ⓒa *brick* house れんがが造りの家.

brick·lay·er /bríklèiər ブリクレイア/ 名Cれんが職人.

brick·work /bríkwə̀rk ブリクワーク/ 名U❶(建物などの)れんが造りの部分.
❷れんが積み(工事).

brid·al /bráidl ブライドル/ 形❶花嫁の.
❷婚礼の. ☞ 名bride.

*****bride** /bráid ブライド/ 名(複~s /-dz/)C花嫁,新婦(☞bridegroom).

☞ 形bridal.

*****bride·groom** /bráidgrù(:)m ブライドグル(ー)ム/ 名(複~s /-z/)C花婿(はなむこ),新郎(◆単に groom ともいう; ☞ bride).

brides·maid /bráidzmèid ブライヅメイド/ 名C(結婚式で)花嫁に付き添う未婚の女性(◆ふつうふたり以上; ☞ best man).

*****bridge**[1] /bríʤ ブリッヂ/ 名(複 bridg·es /-iz/)❶橋.
❷《the をつけて》(船の)ブリッジ《甲板より一段高い所;船長や艦長がここで指揮をする》.
❸ⓐ鼻柱.
ⓑ(めがねの)ブリッジ.
ⓒ弦楽器のこま.
ⓓ(入れ歯の)ブリッジ.
❹(ふたつのものの間の)橋渡し,かけ橋.
— 動(現分 bridg·ing)他 ❶…に橋をかける.
❷(橋などが)…にかかる.
❸(ギャップなど)を埋める.

名 ❶cross a *bridge* 橋を渡る / build a *bridge* across [over] a river 川に橋をかける [ことわざ] Don't cross the *bridge* till [before] you come [get] to it. 橋に着く前に橋を渡るな(面倒なことが起きてもいないのに心配するな),「取り越し苦労をするな」.

bridge[2] /bríʤ ブリッヂ/ 名U(トランプゲームの)ブリッジ.

bri·dle /bráidl ブライドル/ 名C馬勒(ばろく)《くつわ・手綱など馬の顔につけるものの総称》.
— 動(現分 bri·dling)他(馬)に馬勒をつける.

*****brief** /brí:f ブリーフ/ 形(~·er; ~·est)
❶(時間的に)**短い**.
❷**簡潔な**.
— 名(複 ~s /-s/)C ❶(米)要約,概要.
❷(英)(任務につく前に与える)説明,指示.
❸《複数形で》ブリーフ《男性または女性用のぴったりした短いパンツまたはパンティー》.
— 動他(人)に要点を話す.

形 ❶There was a *brief* break in the discussion. 話し合いはちょっと中断した.
❷a *brief* letter 短い手紙.

☞ 名brevity.

briefcase

— 名 ❸ a pair of *briefs* ブリーフ 1 着.
in brief 簡単に言えば；要するに.
brief·case /bríːfkèis ブリーフケイス/ 名 C (書類を入れる(皮製の)平たい)かばん.

briefcase

brief·ing /bríːfiŋ ブリーフィング/ 名 U C (事前に行われる)簡潔な説明[指示].

***brief·ly** /bríːfli ブリーフリ/ 副 ❶ ⓐ 簡潔に. ⓑ 簡単に言えば. ❷ 少しの間.

bri·gade /brigéid ブリゲイド/ 名 C ❶ (陸軍の)旅団(にょ). ❷ 隊, 組.
▶ ❷ a fire *brigade* 消防隊.

****bright** /bráit ブライト/ 形 (~·er; ~·est)
❶ **明るい**, 輝く (反 dark).
❷ (色の) **あざやかな**, 明るい, さえた (反 dull).
❸ (顔などの) **晴れやかな**, 明るい.
❹ (子ども・学生・生徒などが) **頭のよい**, 利口な (☞ clever の 類語).
❺ (考えなどが) **うまい**, 気のきいた.
❻ 有望な, 輝かしい.
— 副 明るく.

形 ❶ *bright* stars 輝いている星 / a *bright* day よく晴れた日 / It is *bright* and clear today. きょうは快晴だ.
❷ a *bright* red dress あざやかな赤い色のドレス.
❸ Everybody was *bright* and happy at the party. その会ではみんなが陽気だった / a *bright* smile 晴れやかな微笑.
❹ a *bright* girl 頭のいい女の子.
❺ I've got a *bright* idea. いい考えが私に浮かんだ.
❻ a *bright* future 明るい未来.
look on [***at***] ***the bright side of things*** ものごとの明るい面を見る, 楽観的である.
☞ 動 brighten.
— 副 shine *bright* 明るく輝く.

bright·en /bráitn ブライトン/ 動 (~s /-z/; ~ed /-d/; ~·ing) 他 ❶ …を明るくする, 輝かせる.
❷ (気分など)を明るくする.
— 自 ❶ 明るくなる；輝く.
❷ (気分などが)明るくなる.

他 ❶ *brighten* the room 部屋を明るくする.
— 自 ❷ Her face *brightened* when she heard the news. その知らせを聞いて彼女の顔は明るくなった.
☞ 形 bright.

brighten up 他 …を明るくする；…を晴れやかにする. — 自 明るくなる；晴れやかになる.

bright·ly /bráitli ブライトリ/ 副 ❶ 明るく. ❷ あざやかに. ❸ (顔などが)明るく, 晴れやかに.

bright·ness /bráitnəs ブライトネス/ 名 U ❶ 明るさ, 輝き. ❷ あざやかさ. ❸ 晴れやかさ. ❹ 頭のよさ, 聡明(%)さ.

bril·liance /bríljəns ブリリャンス/ 名 U ❶ 光り輝いていること, 光沢. ❷ みごとさ, すばらしさ. ❸ すぐれた才能のあること.
☞ 形 brilliant.

***bril·liant** /bríljənt ブリリャント/ 形 (more ~ ; most ~) ❶ きらきら光る, 輝く (○ bright より明るさが強い).
❷ みごとな, 立派な.
❸ 才能のある.

❶ a *brilliant* gem きらきら光る宝石.
❷ a *brilliant* achievement みごとな業績.
❸ a *brilliant* pianist 才能豊かなピアニスト.
☞ 名 brilliance.

bril·liant·ly /bríljəntli ブリリャントリ/ 副 ❶ きらきらと, 光り輝いて. ❷ りっぱに, みごとに.

brim /brím ブリム/ 名 (複 ~s /-z/) C ❶ (コップ・茶わんなど丸いものの)ふち.
❷ (帽子の)つば.
— 動 自 〔…で〕あふれるばかりにいっぱ

いである〔*with*〕.
▶動 His eyes were *brimming* with tears. 彼の目はなみだでいっぱいだった.

brim over with ... ①(グラスなどが)…があふれ出る. ②《進行形で》(喜びなど)でいっぱいである.

brine /bráin ブライン/ 名U (漬物用の)塩水.

***bring** /bríŋ ブリング/ 動 (~s /-z/; brought /brɔ́:t/; ~ing) 他

❶ⓐ…を(ある場所へ)**もってくる**, **連れてくる** (☞ take の 類語).
ⓑ《bring ~ ... または bring ... to ~》…を~に**もってくる**[**いく**], **連れてくる**[**いく**].
ⓒ (用件などが)(人)を**来させる**, (相手のところへ)**いかせる**.
ⓓ (動作が)(人)を導く.
❷ⓐ…を**もたらす**, 生み出す.
ⓑ《bring ~ ... または bring ... to ~》…を~にもたらす.
❸ …を〔ある状態に〕させる, もってくる〔*to, into*〕.
❹《おもに否定文・疑問文で》《bring ... to *do*》…に＿する気にさせる.

・・・・・・・・・・・・・・・・・・・・・・・・・・・・

❶ⓐ*Bring* the papers here. 書類をここに持ってきなさい / *Bring* your sister with you. 妹さんをいっしょに連れてきなさい / You cannot *bring* plants into Japan without a permit. 許可証なしに日本に植物を持ちこむことはできない.
ⓑ*Bring* me the book. = *Bring* the book *to* me. その本を私のところに持ってきなさい / *Bring* it *to* me, please. それを持ってきてください (♦it のときは bring me it とはいわない).
ⓒWhat has *brought* you here? なんの用でここへ来られたのですか. ⓓTen minutes' walk will *bring* you to the station. 10分歩くと駅へ着きます.
❷ⓐWar *brings* death and famine. 戦争は死と飢えをもたらす.
ⓑRest will *bring* you health. 君は休息すれば健康を回復するだろう / The picture *brought* him $1,000. その絵が売れて彼は1000ドル収入があった.
❸*Bring* the water to a boil. その水を沸騰させなさい.
❹I could not *bring* him *to* agree with me. どうしても彼を私に同意させることができなかった / I cannot *bring* myself *to* believe it. 私はどうしてもそれを信じる気にはなれない.

bring about 他 …を**引き起こす**, もたらす: The heavy rain *brought about* floods here. その大雨でこの辺に洪水が起きた.

bring around 他 ①…の意見を変えさせて味方に引き入れる: We at last *brought* him *around* to our opinion. われわれはとうとう彼をわれわれの意見に賛成させた. ②(気を失っている人)の意識を回復させる. ③…を連れて[持って]来る.

bring back 他 ①…を**持ち**[**連れ**]**帰る**, もとへ戻す, 返す: You must *bring back* these books by Monday. あなたはこれらの本を月曜日までに返さなければいけませんよ. ②…を**思い出させる**: The song *brought back* a lot of memories. その歌を聞いてたくさんの思い出がよみ返ってきた. ③…を(もとの状態へ)戻す, 復活させる.

bring down 他 ①(荷物など)を持っておりる, おろす; (飛行機)を着陸させる. ②(獲物(ﾓﾉ)など)を射落とす, (飛行機)を撃ち落とす, (木)を倒す; (人・政府)を打ち倒す. ③(値段など)を下げる.

bring forward 他 ①(提案・証拠など)を提出する. ②(期日など)を繰り上げる.

bring in 他 ①…を**持ちこむ**; (習慣・流行など)を取り入れる: *bring in* a new system 新しい方式を入れる. ②(利益など)をもたらす. ③(判決)を出す; (議案など)を提出する. ④(人)に参加してもらう.

bring off 他 …を成しとげる.

bring on 他 ①(病気など)を引き起こす. ②(作物など)を(どんどん)発育させる. ③(人)を向上させる.

bring out 他 ①…を**持ち出す**, 連れ出す; …を提出する: *Bring* the chairs *out* into the garden. 庭にいすを持ち出しなさい. ②…を発売する, 発表する, 出版する. ③(才能・性質など)を引き出す.

bring over 他 ①…を(遠方から)持ってくる, 連れてくる. ②(人)の意見を変えさせて味方に引き入れる.

B

bring round = *bring* around.
bring ... through (人)を困難[病気など]から切り抜けさせる.
bring ... to (人)の意識を回復させる.
bring together [他] ①…を合わせる, 結びつける. ②…を仲直りさせる.
bring up [他] ①…を**育てる**, しつける: She was *brought up* in Osaka. 彼女は大阪で育てられた. ②(議論・問題など)をもち出す. ③《英》(食べ物)を吐く.

brink /bríŋk ブリンク/ [名]《**the** をつけて》
❶ (がけなどの)ふち, 水ぎわ. ❷ せとぎわ, 間ぎわ.
▶ ❶ *the brink* of a cliff がけのふち.
❷ on *the brink* of starvation 今にも飢死しそうで.

brisk /brísk ブリスク/ [形] (~·er; ~·est)
❶ (人・態度などが)きびきびした; 元気な.
❷ (空気・天候などが)さわやかな, 心地よい.
▶ ❶ at a *brisk* pace きびきびとした歩調で.

brisk·ly /bráskli ブリスクリ/ [副] きびきびと, 力強く.

bris·tle /brísl ブリスル/ 《★ t は発音されない》[名] [C] (豚・歯ブラシなどの)堅い毛, 剛毛(ごうもう).
— [動] (現分 bris·tling) [自] ❶ ⓐ (動物などが)(おこって[恐ろしくて])毛をさか立てる.
ⓑ (毛などが)さか立つ.
❷ おこる, かっとなる.
▶ [動][自] ❷ He *bristled* (*with* anger) *at* her allusion to his dress. 彼の服装に対する彼女の当てつけに彼はいらだった.
bristle with ... …でいっぱいである.

Brit. 《略語》Britain; British.

***Brit·ain** /brítn ブリトン/ [名] = **Great Britain.**
☞ [形]British.

***Brit·ish /brítiʃ ブリティシュ/ [形]

❶ **イギリスの.**
❷ イギリス人の.
☞ [名]Britain.
— [名] ❶《**the** をつけて; 複数扱いで; 集合的に》**イギリス人**《☞English》.
❷ [U] = **British English.**

Brítish Bróadcasting Corporàtion [名]《**the** をつけて》英国放送協会《✪ BBC と略す》.

Brítish Colúmbia [名] ブリティッシュコロンビア《カナダ西部の州》.

Brítish Cómmonwealth of Nátions [名]《**the** をつけて》= **Commonwealth of Nations.**

Brítish Còuncil [名]《**the** をつけて》ブリティッシュカウンシル《イギリス文化の海外紹介, 英語の普及などを目的とするイギリス文化協会》.

Brítish Énglish [名] [U] イギリス英語《✪ 単に British ともいう; ☞ American English》.

Brítish Ísles /-áilz ·アイルズ/ [名] [複]《**the** をつけて》イギリス諸島《グレートブリテン島 (Great Britain), アイルランド (Ireland), マン島 (Isle of Man) および近隣の島々》.

Brítish Muséum [名]《**the** をつけて》(ロンドンの)大英博物館.

Brit·on /brítn ブリトン/ [名] [C] イギリス人.

brit·tle /brítl ブリトル/ [形] (堅いが)もろい, こわれやすい.

***broad** /brɔ́:d ブロード/ [形] (~·er; ~·est)
❶ ⓐ **幅の広い** (反 narrow)《✪ 広々とした広さを強調する; ☞ wide》. ⓑ 幅が…の.
❷ ⓐ **広々した.** ⓑ (範囲が)**広い.**
❸ (心が)広い, 寛大な.
❹ はっきりした, 明白な.
❺ 大ざっぱな, 一般的な.
— [副] すっかり.

[形] ❶ ⓐ He has *broad* shoulders. 彼は肩幅が広い.
ⓑ The road is seven meters *broad*. その道路は幅が7メートルある.
❷ ⓐ the *broad* ocean 広い海.
ⓑ a person with a *broad* outlook 視野の広い人.
❸ She has a *broad* mind. 彼女は心が広い.
❹ *broad* hints はっきりしたヒント.
❺ a *broad* outline 概略 / in a *broad* sense 広い意味で.
It's as broad as it's long. 《英口語》どっちにしても同じことだ《✪「長さと幅が同じ」の意から》.
☞ [名]breadth, [動]broaden.

broad·band /brɔ́:dbæ̀nd ブロードバンド/ [名] [U] ブロードバンド《インターネットで画像など大量のデータを高速で伝送する方式》.

abcdefghijklmnopqrstuvwxyz **Bronx**

*__broad·cast__ /brɔ́ːdkæst ブロードキャスト | -kàːst/ 動 (~s /-ts/; ~, ~ed /-id/; ~ing) 他 ❶ (ラジオ・テレビで)…を**放送する**. ❷ (うわさなど)を広める.
— 自 (ラジオ・テレビの)放送をする.
— 名 (複 ~s /-ts/) C **放送**, 放送番組.
▶名a live *broadcast* of the concert コンサートの生放送 (☉live は /láiv/ と発音する).

broad·cast·er /brɔ́ːdkæstər ブロードキャスタ/ 名 C ❶ (ラジオ・テレビの)**キャスター**, 解説者. ❷放送局.

broad·cast·ing /brɔ́ːdkæstiŋ ブロードキャスティング/ 名 U (ラジオ・テレビの)放送.

broad·en /brɔ́ːdn ブロードン/ 動 (~s /-z/; ~ed /-d/; ~ing) 他 …を広くする, 広げる. — 自 広くなる.
☞ 形broad.

bróad jùmp 名《the をつけて》(米)走り幅跳(ビ)び (☉(英)では long jump).

broad·ly /brɔ́ːdli ブロードリ/ 副 ❶広く. ❷大ざっぱに. ❸ (笑いなどが)満面に.
broadly speaking 大ざっぱに言って.

broad-mind·ed /brɔ́ːd-máindid ブロード・マインディッド/ 形 心の広い, 偏見のない.

broad·ness /brɔ́ːdnəs ブロードネス/ 名 U ❶ (幅の)広いこと. ❷ (心の)広さ, 寛大さ.

broad·sheet /brɔ́ːdʃìːt ブロードシート/ 名 C (大判の紙を使った普通の)新聞 (☞ tabloid).

Broad·way /brɔ́ːdwei ブロードウェイ/ 名 ブロードウェイ.
INFO ニューヨークのマンハッタン(Manhattan)島の南端から市の中央を北へ走っている大通り. 演劇や映画などの劇場が多い.

broc·co·li /brάkəli ブラコリ/ 名 C ブロッコリ (カリフラワー (cauliflower) の一種).

bro·chure /brouʃúər ブロウシュア/ 名 C (営業用の)パンフレット, 小冊子.

broil /brɔ́il ブロイル/ 動 他 (米) (肉・魚など)をじか火 [焼き網] で焼く (☉grill ともいう; ☞ cook の 類語).
— 自 (米) (肉が)焼ける.

broil·er /brɔ́ilər ブロイラ/ 名 C ❶ (米)肉焼き器 (☉(英)では grill). ❷食用若どり.

*__broke__ /bróuk ブロウク/ 動 break の過去形.

— 形 《口語》破産して(いる).

形 I'm *broke*. おれは１円もなくなった / go *broke* 破産する.
go for broke 《俗語》一か八(ばち)かやる.

***bro·ken /bróukən ブロウクン/ 動 break の過去分詞形.
— 形 ❶こわれた, 砕けた; 折れた; 切れた.
❷故障した.
❸ (約束・規則などが)破られた.
❹元気がなくなった, 意気消沈した.
❺ (家庭・結婚などが)崩壊した.
❻断続的な, とぎれた.
❼ (ことばが)みだれた, ブロークンな.

形 ❶ a *broken* cup 割れた茶わん / a *broken* leg 骨折した足 / a *broken* string 切れたひも.
❷ a *broken* television (set) 故障したテレビ.
❸ a *broken* promise 破られた約束.
❹ a *broken* heart 失意, 失恋.
❻ *broken* sleep とぎれがちの睡眠 / a *broken* line 破線.
❼ *broken* English たどたどしいまちがいの多い英語.

bro·ken-down /bróukən-dáun ブロウクン・ダウン/ 形 だめになった; 故障した; (車などが)動かない.

bro·ken-heart·ed /bróukən-háːrtid ブロウクン・ハーティド/ 形 悲しみにくれた, 失恋した.

bróken hóme 名 C 崩壊家庭 (離婚などのために両親のそろっていない家庭).

bro·ken·ly /bróukənli ブロウクンリ/ 副 とぎれとぎれに.

bro·ker /bróukər ブロウカ/ 名 C ❶ブローカー, 仲介人. ❷株式仲買人 (☉stockbroker ともいう).

bro·ker·age /bróukəridʒ ブロウカリヂ/ 名 U 仲買業.

bron·chi·tis /braŋkáitis ブランカイティス/ 名 U 気管支炎.

bron·co /brάŋkou ブランコウ/ 名 (複 ~s /-z/) C ブロンコ (小がらな野生馬).

Bronx /brάŋks ブランクス/ 名 《the をつけて》ブロンクス (ニューヨーク (New York) 市北部の区).

one hundred and forty-seven 147

bronze /bránz ブランズ | brónz/ 名 (複 bronz·es /-iz/) ❶ Ｕ ブロンズ, 青銅 (銅とすずの合金). ❷ Ｃ ブロンズ製品. ❸ Ｕ ブロンズ色 (赤っぽい茶色).
— 形 ❶ ブロンズ製の. ❷ ブロンズ色の.
▶ 形 ❶ a *bronze* statue 銅像.

Brónze Àge 名《the をつけて》青銅器時代《石器時代 (the Stone Age) と鉄器時代 (the Iron Age) との間》.

brooch /bróutʃ ブロウチ/《★発音注意》名 (複 ~·es /-iz/) Ｃ ブローチ.

brood /brú:d ブルード/ 名 Ｃ ❶《集合的に》一度にかえったひな鳥, (動物の) 一腹(ぷく)の子.
❷ (一家の) 子どもたち《◎おどけた言い方》.
— 動 圄 ❶ (かえすために) 卵を抱く, 巣につく.
❷ 〔…について〕じっと考えこむ〔*over, on*〕.
▶ 名 ❶ a *brood* of chickens ひとかえりの鶏のひな.
— 動 圄 ❷ *brood* over what to do 何をしようかと考える.

brook /brúk ブルック/ 名 Ｃ 小川 (☞ river の 類語).

Brook·lyn /brúklin ブルクリン/ 名 ブルックリン《ニューヨーク (New York) 市東部の区》.

broom /brú(:)m ブル(ー)ム/ 名 Ｃ ほうき.

broom·stick /brú(:)mstik ブル(ー)ムスティック/ 名 Ｃ ほうきの柄《witch (魔女) はこれにまたがって空を飛ぶと信じられていた; ☞ witch のさし絵》.

Bros. /bráðərz ブラザズ/ (略語) Brothers. ▶ Smith *Bros.* & Co. スミス兄弟商会.

broth /bró(:)θ ブロ(ー)ス/ 名 Ｕ (肉・魚・野菜などを煮て作る) 薄いスープ.

broth·el /bráθəl ブラセル/ 名 Ｃ 売春宿.

broth·er /bráðər ブラザ/ 名 (~s /-z/, ❸ の意味の場合ふつう breth·ren /bréðrən/)
❶ Ｃ 兄, 弟, 兄弟 (☞ sister).
❷ Ｃ (親しい) (男性の) 仲間, 同僚, 同業者.
❸ Ｃ 信者仲間.
❹《形容詞的に》(男性の) 仲間の, 同僚の.

❶ Tom and Jack are *brothers*. トムとジャックは兄弟だ.
🄸🄽🄵🄾 日本語では「兄」「弟」を区別するが英語では「男の兄弟」を意味する語しかなく, ふつう兄でも弟でも単に brother という.
❹ a *brother* doctor 同僚の医師.
☞ 形 brotherly.

broth·er·hood /bráðərhùd ブラザフッド/ 名 ❶ Ｕ 兄弟の間柄. ❷ Ｕ 兄弟愛; 気持ちのつながり. ❸ Ｃ (信徒などの) 団体, 協会.

broth·er-in-law /bráðər-in-lɔ̀: ブラザ・イン・ロー/ 名 (複 broth·ers-in-law) Ｃ 義理の兄弟.

broth·er·ly /bráðərli ブラザリ/ 形 ❶ 兄弟の, 兄弟らしい. ❷ 親密な.
☞ 名 brother.

***brought** /brɔ́:t ブロート/ 動 bring の過去形・過去分詞形.

***brow** /bráu ブラウ/《★発音注意》名 (複 ~s /-z/) Ｃ ❶ 額(ひたい) (forehead).
❷《複数形で》まゆ, まゆ毛《◎ふつう eyebrows という》.
❸ 切り立ったがけの縁.

brown /bráun ブラウン/ 名 Ｕ ❶ 茶色.
❷ 茶色の服, 茶色の布. ❸ 茶色の絵の具.
— 形 (~·er; ~·est) ❶ 茶色の.
❷ 色黒の, 日焼けした.
— 動 他 ❶ …を茶色にする.
❷ …を茶色に焼く.
— 圄 ❶ 茶色になる. ❷ 茶色に焼ける.

名 ❶ dark *brown* こげ茶色.
— 形 ❶ *brown* eyes 茶色の目 / *brown* leaves 枯れて茶色になった葉.

brówn béar 名 Ｃ ヒグマ.

brówn bréad 名 Ｕ 黒パン《おもにふすまをとらない小麦粉でつくる》.

Brown·ie /bráuni ブラウニ/ 名 Ｃ
❶《英》ブラウニー《ガールガイド (Girl Guides) の幼少団員 (7–11歳)》.
❷《米》ブラウニー《ガールスカウト (Girl Scouts) の幼少団員 (7–11歳)》.

brown·ie /bráuni ブラウニ/ 名 Ｃ ブラウニー《ナッツ入りチョコレートケーキ》.

brown·ish /bráuniʃ ブラウニッシュ/ 形 茶色がかった.

brównríce 名U 玄米.

brown·stone /bráunstòun ブラウンストウン/ 名《米》❶U ブラウンストーン《赤褐色の砂岩; 建築材料》.

❷C 正面にブラウンストーンを用いた家.

browse /bráuz ブラウズ/ 動 (現分 brows-ing) 自 ❶ 本 [雑誌] を拾い読みする.

❷ 店の中をぶらぶら見てまわる.

❸ (インターネットなどを) あちこち検索する.

— 名C ❶ (本や雑誌の) 拾い読み.

❷ (店の中を) ぶらぶら見てまわること.

brows·er /bráuzər ブラウザ/ 名 (インターネットの) ブラウザ, 閲覧(ミミ)ソフト.

bruise /brú:z ブルーズ/ (★発音注意) 名 (複 bruis·es /-iz/) C ❶ (あざになった) 打撲(セ゛)傷. ❷ (果物などの) 傷み.

— 動 (bruis·es /-iz/; bruised /-d/; bruis·ing) 他 ❶ … に打撲傷を与える, あざをつける. ❷ (果物など) に傷をつける.

❸ (感情など) を傷つける.

— 自 あざができる.

▶ 名 ❶ get a *bruise* on the arm 腕に打撲を受ける.

brunch /bránt∫ ブランチ/ 名 (複 ~·es /-iz/) UC (昼食兼用の) おそい朝食 (○ break-fast (朝食) と lunch (昼食) の合成語; ☞ meal の **INFO**).

bru·nette /bru:nét ブルーネット/ 名C (髪が) こげ茶色の白人女性 (☞ blond, dark, fair¹ ❺).

brunt /bránt ブラント/ 名《次の成句で》: **bear [take] the brunt of ...** (不快なこと) の被害 [負担] を経験する.

*‡**brush¹** /brá∫ ブラッシュ/ 名 (複 ~·es /-iz/) C ❶ ブラシ, はけ.

❷ 絵筆, 毛筆.

❸ ブラシをかけること, ブラシでみがくこと.

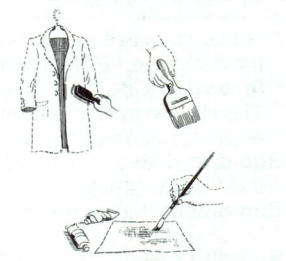

❹ (そばを通るときなどに) 軽くふれること, かすること.

— 動 (~·es /-iz/; ~ed /-t/; ~·ing) 他
❶ …にブラシをかける, …をブラシでみがく.

❷ …を払いのける, ぬぐう.

❸ (動きながら) …に軽くふれる, かする.

— 自 軽くふれる, かする.

・・・

名 ❶ with a *brush* ブラシで / a hair *brush* ヘアブラシ.

❸ Give your jacket another *brush*. もう一度上着にブラシをかけなさい.

— 動 他 ❶ *Brush* your hair. 髪にブラシをかけなさい / *brush* one's teeth 歯をみがく (☞ polish).

❷ *brush* the tears from *one's* cheeks ほおから涙をぬぐう.

❸ Her dress *brushed* his arm as she passed. 彼女が通って行ったとき彼女のドレスが彼の腕にふれた.

brush aside 他 ① …を無視する: They *brushed aside* my objections. 彼らは私の反対を無視した. ② (ブラシなどで) …を払いのける.

brush away 他 = *brush* aside.

brush off 他 ① (ブラシなどで) …を払いのける. ② (人・提案など) をはねつける, 無視する. — 自 (ほこりなどが) 払えば落ちる.

brush up 他 (忘れかけたもの) を改めてやり直す (○ polish up ともいう; ☞ brush-up): I must *brush up* my English. 私は英語をやり直さなければならない.

brush up on ... = *brush* up.

brush² /brá∫ ブラッシュ/ 名U《米》やぶ.

brush-off /brá∫ò(:)f ブラショ(ー)フ/ 名 《the をつけて》《口語》冷たい態度 [拒絶].

▶ When I asked her for a date, she gave me *the brush-off*. 彼女をデートに誘ったんだけど, ひじ鉄砲を食らっちゃった.

brusque /brásk ブラスク/ 形 ぶっきらぼうな.

brusque·ly /bráskli ブラスクリ/ 副 ぶっきらぼうに.

Brus·sels /báslz ブラスルズ/ 名 ブリュッセル 《ベルギー (Belgium) の首都》.

Brússels spróuts 名 複 芽キャベツ.

bru·tal /brú:tl ブルートル/ 形 残忍な, ひどい. ☞ 名 brute, brutality.

brush 名 ❶, ❷

brutality

bru·tal·i·ty /bru:tǽləti ブルータリティ/ 名(複 -i·ties /-z/) ❶Ⓤ残忍. ❷Ⓒ残忍な行為. ☞形brutal.

bru·tal·ly /brúːtəli ブルータリ/ 副残忍に.

brute /brúːt ブルート/ 名Ⓒ❶けだもの. ❷けだもののような人.
☞形brutal, brutish.

brut·ish /brúːtiʃ ブルーティシュ/ 形けだもののような；残忍な.
☞名brute.

Bru·tus /brúːtəs ブルータス/ 名ブルータス(**Mar·cus** /máːrkəs/ **Brutus** (85?–42 B.C.); ローマの政治家；シーザー(Caesar)の暗殺に加わった).

B.S. /bíːés ビーエス/ 《略語》Bachelor of Science 理学士(号).

B.Sc /bíːèssí: ビーエススィー/ 《略語》《英》Bachelor of Science 理学士(号).

BSE 名Ⓤ〔医学〕BSE, 牛海綿状脳症 (*b*ovine *s*pongiform *e*ncephalopathy の略).

BST /bíːèstíː ビーエスティー/ 《略語》British Summer Time 英国夏時間(3月下旬より10月下旬に使われる時間；グリニッジ標準時 (Greenwich (Mean) Time) より1時間早い).

*****bub·ble** /bʌ́bl バブル/ 名(複 ~s /-z/)Ⓒ
❶あわ, あぶく；(ガラスなどの中の)あわ.
❷短期間の幸運な状況.

― 動(~s /-z/; bubbled /-d/; bub·bling)(自)❶あわ立つ, 沸騰する.
❷(水などが)ぶくぶくとわき出る, あわ立って流れる. ❸(喜びなどがいっぱいで)はしゃぐ.
▶名❶blow soap *bubbles* しゃぼん玉を吹く.

― 動***bubble over*** (自)①あわ立ってあふれる. ②(喜びなどがいっぱいで)はしゃぐ.

bub·ble·gum /bʌ́blgʌ̀m バブルガム/ 名Ⓤ風船ガム.

bub·bly /bʌ́bli バブリ/ 形 (bub·bli·er; bub·bli·est) ❶あわ立つ, あわの多い. ❷陽気な.

― 名Ⓤ《口語》シャンパン (champagne).

buck[1] /bʌ́k バック/ 名Ⓒ❶(ウサギ・ヤギ・カモシカ・トナカイなどの)雄. ❷(米俗語)ドル (dollar).

buck[2] /bʌ́k バック/ 動(自)(馬が)(急に背を曲げて)はね上がる.

― 動(他)❶(馬が)(はねて)…を振り落とす.
❷…に抵抗する, 反抗する.

*****buck·et** /bʌ́kit バキット/ 名(複 ~s /-ts/)Ⓒ❶バケツ, 手おけ.
❷バケツ1杯(の量).
▶❶in a *bucket* バケツに入れて.
❷a *bucket* of water バケツ1杯の水.

buck·et·ful /bʌ́kitfùl バキトフル/ 名Ⓒ バケツ1杯(の量).

Búck·ing·ham Pálace /bʌ́kiŋəm- バキンガム-/ 名バッキンガム宮殿(ロンドンにあるイギリス(女)王の宮殿).

buck·le /bʌ́kl バクル/ 名Ⓒ❶(ベルトの)バックル, 締め金. ❷(くつなどの)飾りのバックル.

buckles ❷

― 動(他)❶…をバックルで留める.
❷(熱・圧力などが)…を曲げる.

― 動(自)❶バックルで留まる. ❷(熱・圧力などで)曲がる.

buck·wheat /bʌ́khwìːt バク(ホ)ウィート/ 名Ⓤ❶ソバ. ❷ソバの実(○家畜などの飼料にする；日本の食品としての「そば」は buckwheat noodle).

*****bud** /bʌ́d バッド/ 名(複 ~s /bʌ́dz/)Ⓒ芽；つぼみ.

― 動(~s /-dz/; bud·ded /-id/; bud·ding)(自)芽を出す, つぼみをもつ.

名The *buds* are out. 芽が出た / in the *bud* stage まだつぼみの状態で.
in bud 芽を出して；つぼみをもって: The cherry trees are *in bud*. 桜は芽を出して[つぼみをもって]いる.

Bud·dha /búːdə ブダ/ 名釈迦牟尼(しゃかむに), 仏陀(ぶっだ)(仏教の開祖).

Bud·dhism /búːdizm ブディズム/ 名Ⓤ仏教.

Bud·dhist /búːdist ブディスト/ 名(複 ~s /-ts/)Ⓒ仏教徒.

— 形 仏教の, 仏教徒の.
bud·ding /bʌ́diŋ バディング/ 形 ❶ 芽[つぼみ]を出しかけた. ❷ 有名になってきた, 新進の.
bud·dy /bʌ́di バディ/ 名 (複 bud·dies /-z/) C (口語) 仲間, 相棒 (✿ しばしば呼びかけに用いる)).
budge /bʌ́dʒ バッヂ/ 動《ふつう否定文で》自 ❶ 少し動く. ❷ 意見を変える.
— 他 ❶ …を少し動かす. ❷ …の意見を変える.
*__**bud·get**__ /bʌ́dʒit バヂット/ 名 (複 ~s /-ts/)
C ❶ 予算, 予算案, 予算額.
❷ 経費.
❸ 《形容詞的に》非常に安い (✿ 広告などに用いる)). — 動 自 予算を立てる.
— 他 ❶ (金・時間など)の使用計画を立てる.
❷ …の費用を予算に組む.

名 ❶ the government *budget* 政府予算(案) / the *budget* for a new building 新しい建物の予算.
❷ a family *budget* 家計.
（語の結びつき）
approve a *budget* 予算を承認する
balance the [one's] *budget* 支出を予算内に押さえる
cut [reduce] a *budget* 予算を縮小する
exceed a *budget* 予算を超過する
keep to [within] a *budget* 予算を守る
make up [prepare, draw up] a *budget* 予算を編成する

❸ a *budget* hotel 格安のホテル.
buff /bʌ́f バフ/ 名 (複 ~s /-s/) C (口語) …狂, …ファン. ▶ a film *buff* 映画ファン.
buf·fa·lo /bʌ́fəlòu バファロウ/ 名 (複 ~, ~s, ~es /-z/) C ❶ 水牛 (water buffalo). ❷ 《米》アメリカバイソン (bison) 《ウシ科の大型の野牛》.
buff·er /bʌ́fər バファ/ 名 C ❶ (鉄道車両などの)緩衝(かんしょう)器. ❷ (困難・衝撃などを)和らげてくれるもの[人]. ❸ バッファ《コンピューターのデータを一時的に記憶しておく装置》.
buf·fet /bʌféi バフェイ/ **búfei/ 名 C

❶ (列車内・駅などの)カウンター式軽食堂, ビュッフェ.
❷ 立食式の食事, バイキング.
buf·foon /bʌfúːn バフーン/ 名 C 道化者, 道化師.
*__**bug**__ /bʌ́g バッグ/ 名 (複 ~s /-z/) C
❶ (米) (小さい)昆虫, 虫 (クモなどをさすこともある)).
❷ (口語) ⓐ 軽い感染症の病気.
ⓑ ばい菌.
❸ (口語) ⓐ …狂. ⓑ 《the をつけて》…熱.
❹ (口語) 隠しマイク.
❺ (口語) (コンピューターなどの)故障, 欠陥.
▶ ❸ⓐ a movie *bug* 映画狂.
bug·gy /bʌ́gi バギ/ 名 (複 bug·gies /-z/) C ❶ (1頭立ての)軽装馬車.
❷ (英) ベビーカー (✿ **pushchair** ともいう)).
bu·gle /bjúːgl ビューグル/ 名 C (軍隊の)らっぱ.

***__**build**__ /bíld ビルド/ 動 (~s /-dz/; built /bílt/; ~ing) 他 ❶ ⓐ …を建てる, 建築する, 建造する; (橋など)を建設する.
ⓑ 《build ~ … または build … for ~》〜に…を建てて[作って]あげる.
ⓒ (巣など)を作る.
❷ (事業・名声など)を築き上げる, 確立する.
❸ (火)を起こす.
— 自 ❶ 家を建てる.
❷ (感情などが)高まる.
— 名 UC 体格.

動 他 ❶ ⓐ He *built* a new house recently. 彼は最近新しい家を建てた (✿ 自分で建てたときにも, 建築業者に建てさせたときにもいう)) / He had a new house *built* last year. 彼は昨年新しい家を建てた (✿ 業者に建てさせたときの表現)) / *build* a ship 船を建造する / *build* a bridge 橋を建設する / The school is *built of* wood. その学校は木造です.
ⓑ John *built* me a bookcase. = John *built* a bookcase *for* me. ジョンは私に本箱を作ってくれた.
❷ *build* a business 事業を築き上げる.
build in 《ふつう受身形で》(家具など)を作

りつけにする.
build ... into ~《ふつう受身形で》(家具など)を~に作りつけにする.
build on [他]…を増築する, 建て増しする.
build on ... (経験など)に基礎をおく, (土台として)…を利用する.
build ... on ~ ~に…の基礎をおく.
build up [他]①(富・名声など)を**築き上げる**: *build up* a fortune 財産を築き上げる. ②(身体)を鍛えあげる, 強くする. ③《ふつう **be built up** で》(地域が)建物でいっぱいになる. ④…を過大に評価する.
— [自](徐々に)増加する, 高まる, 強くなる.
— [名]have a sturdy [strong] *build* がっしりとした体格をしている.

build·er /bíldər ビルダ/ [名](複 ~s /-z/) [C] ❶建築業者. ❷建設者; …を築くもの.

***build·ing** /bíldiŋ ビルディング/ [名](複 ~s /-z/)
❶[C]**建物**, ビルディング.
❷ⓐ[U]**建築**, 建造, 建設.
ⓑ《形容詞的に》建築の, 建造の, 建設の.

❶a school *building* 校舎.
❷ⓐthe *building* of our new school 私たちの新校舎の建築.
ⓑ*building* costs 建築費.

buílding blòck [名][C] ❶(おもちゃの)積み木.
❷建築用ブロック.
❸《複数形で》構成要素; 論拠.

buílding society [名][C]《英》住宅金融会社.

build-up /bíldʌ̀p ビルダップ/ [名][U.C] ❶増強, 強化.
❷[C]準備期間.

***built** /bílt ビルト/ [動]build の過去形・過去分詞形.

built-in /bíltín ビルティン/ [形] ❶(家具など)作りつけの.
❷もともと備わっている.

built-up /bíltʌ́p ビルタップ/ [形](土地が)建て込んだ.

bulb /bʌ́lb バルブ/ [名](複 ~s /-z/)[C]
❶球根; 球根状のもの.
❷[C]電球(✪light bulb ともいう).

bulb ❶

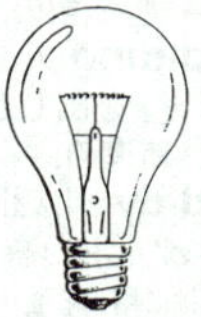
bulb ❷

bulb·ous /bʌ́lbəs バルバス/ [形]球根状の, ふくらんだ.

Bul·gar·i·a /bʌlgéəriə バルゲ(ア)リア/ [名]ブルガリア《黒海の西岸にある共和国》.

Bul·gar·i·an /bʌlgéəriən バルゲ(ア)リアン/ [形] ❶ブルガリアの; ブルガリア人の.
❷ブルガリア語の.
— [名] ❶[C]ブルガリア人.
❷[U]ブルガリア語.

bulge /bʌ́ldʒ バルヂ/ [名][C] ❶(丸い)ふくらみ, 出っ張り. ❷(数量の)一時的増大.
— [動](現分 **bulg·ing**)[自]ふくれる, 出っ張る.

bulk /bʌ́lk バルク/ [名] ❶[U](大きな)容積, 大きさ. ❷《**the** をつけて》大部分.
▶❶a ship of great *bulk* 大きい船.
❷*the bulk* of the work 仕事の大部分.
in bulk 大量に.
☞ [形]bulky.

bulk·y /bʌ́lki バルキ/ [形](**bulk·i·er**; **bulk·i·est**)かさばった, 大きくて扱いにくい.
☞ [名]bulk.

***bull** /búl ブル/ [名](複 ~s /-z/)[C] ❶**雄牛**. ❷(象・クジラなどの)雄. ❸体のがっしりした男性. ❹〔株式〕買い方, 強気の人(☞bear[1] ❷).
▶❷a *bull* elephant 雄象.

bull·dog /búldɔ̀(ː)g ブルド(ー)グ/ [名][C]ブルドッグ.

bull·doze /búldòuz ブルドウズ/ [動](現分 **-doz·ing**)[他](土地)をブルドーザーでならす.

bull·doz·er /búldòuzər ブルドウザ/ [名][C]ブルドーザー.

***bul·let** /búlit ブリット/ [名](複 ~s /-ts/)[C](小銃・ピストルなどの)**弾丸**.

***bul·le·tin** /búlətin ブレティン/ [名](複 ~s /-z/)[C] ❶(短い)**公報**, 報告. ❷(テレビ・ラジオの)ニュース速報. ❸(学会などの)会報, 紀要; 小新聞.

bulletin board 名C《米》掲示板((✿《英》では notice board)).

bul·let·proof /búlitprùːf ブリットプルーフ/ 形 防弾の.

bull·fight /búlfàit ブルファイト/ 名C 闘牛.

bull·fight·er /búlfàitər ブルファイタ/ 名C 闘牛士.

bul·lion /búliən ブリアン/ 名U 金[銀]の延べ棒.

bull market 名C (株式の)上げ相場.

bull·pen /búlpèn ブルペン/ 名C ブルペン((リリーフ)投手が投球練習をする場所).

bull's-eye /búlzài ブルザイ/ 名C (的の)中心円.

bul·ly /búli ブリ/ 名(複 bul·lies /-z/) C 弱い者いじめをする人, いじめっ子.
— 動 (bul·lies /-z/; bul·lied /-d/; ~-ing) 他 (弱い者)をいじめる, おどす.
▶動 他 He *bullied* me *into* doing it for him. 彼は私をおどして彼のためにそれをさせた.

bum¹ /bám バム/ 名C ❶《口語》ぐうたら. ❷《米口語》こじき.
— 形《口語》❶役に立たない, ひどい. ❷《米》(手・足が)きかない.

bum² /bám バム/ 名C《英口語》尻 (buttocks).

bum·ble·bee /bámblbìː バンブルビー/ 名C マルハナバチ.

bump /bámp バンプ/ 動 (~s /-s/; ~ed /-t/; ~·ing) 自 ❶ドンとぶつかる. ❷(車が)ガタガタ進む.
— 他 ❶…にドシンとぶつかる. ❷…をドシンとぶつける.
— 名(複 ~s /-s/) C ❶ドシンとぶつかること; ドシンという音. ❷(ぶつかってできた)こぶ. ❸(道路などの)でこぼこ; 隆起物.
— 副 ドシンと, バタンと.

- - - - - - - - - - - - - - - - - - -

動 自 ❶ Two cars *bumped* together. 2台の車が衝突した / I *bumped against* the chair in the darkness. 私は暗闇の中でいすにぶつかった.
❷ The truck *bumped* along the unpaved road. トラックが舗装されていない道をガタガタ走って行った.
— 他 ❶ The car *bumped* a lamppost. その車は街灯にドシンとぶつかった.
❷ He *bumped* his head *against* the bar. 彼は頭を横木にドシンとぶつけた.

bump into ... …にばったり会う; …とぶつかる: *bump into* an old friend 旧友にばったり会う.

bump off 他《口語》…を殺す.

bump up 他《口語》…を(大幅に)増やす, 上げる.

— 名 ❶ with a *bump* ドシンと音を立てて.

bump·er¹ /bámpər バンパ/ 名C (自動車の)バンパー.

bump·er² /bámpər バンパ/ 形 特別に量の多い.

bump·er-to-bump·er /bámpər-təbámpər バンパト・バンパ/ 形 (車の)じゅずつなぎの.

bump·y /bámpi バンピ/ 形 (bump·i·er; bump·i·est) ❶(道が)でこぼこの. ❷(車・飛行機などが)がたがたゆれる.

bun /bán バン/ 名C ❶(丸い・細長い)ロールパン((ハンバーガー用)). ❷《英》小型であまい丸いパン. ❸丸くまとめた髪の毛.

***bunch** /bántʃ バンチ/ 名(複 ~·es /-iz/) C ❶(果物などの)ふさ (☞cluster).
❷(同種のものをまとめた)束.
❸一団, 一群.
— 動 (~·es /-iz/; ~ed /-t/; ~·ing) 他 …を束ねる.
— 自 束になる, 一団になる.

- - - - - - - - - - - - - - - - - - -

名 ❶ a *bunch* of grapes ひとふさのブドウ. ❷ a *bunch* of keys ひと束のかぎ / in a *bunch* 束ねて.

***bun·dle** /bándl バンドル/ 名(複 ~s /-z/) C ❶束(➁).
❷包み. ❸《a をつけて》《口語》たくさん.
— 動 (~s /-z/; bun·dled /-d/; bun·dling) 他 ❶…を束ねる, (荷物)を包む. ❷…を無造作に押しこむ. ❸(人)をせきたてる.
— 自 急いで行く.

- - - - - - - - - - - - - - - - - - -

名 ❶ a *bundle* of letters ひと束の手紙.
❷ a *bundle* of clothes ひと包みの着物.

in a bundle ひと束にして, ひと包みにして.

bungalow

— 動 他 ❶ Mary *bundled* the flowers. メアリーは花を束ねた.

bundle ... off (人)をせきたてて行かせる:*bundle* a child *off* to bed 子どもをベッドに追いやる.

bundle up 他 ①…を束ねる. ②…に厚着させる. — 自 厚着する.

bun・ga・low /báŋgəlòu バンガロウ/ 名 C バンガロー《1階建ての小さな木造の家》.

bun・gee jumping /bʌ́ndʒi- バンヂー/ 名 U バンジージャンプ《弾力性がある丈夫なひもを足首に結びつけて崖や橋の上から飛び降りること》.

bungle /bʌ́ŋgl バングル/ 動 他 …をやりそこなう, しくじる.
— 名《a をつけて》へま, しくじり.

bunk /bʌ́ŋk バンク/ 名 C ❶ (船・列車などの壁に作りつけられた)たな式ベッド.
❷ = bunk bed.

búnk bèd 名 C 2段ベッド(のひとつ).

bunk・er /bʌ́ŋkər バンカ/ 名 C ❶ 地下壕. ❷ バンカー《ゴルフコースの砂地》.

bun・ny /bʌ́ni バニ/ 名 (複 bun・nies /-z/) C《小児語》うさちゃん《ウサギ (rabbit) の愛称》.

bunt /bʌ́nt バント/ 動 自 (野球で)バントする.

bu・oy /búːi ブーイ, bɔ́i ボイ/《★発音注意》名 C ブイ《海面に浮かべ浅瀬などを知らせる標識》.
— 動 他 ❶ …を浮かべておく. ❷ …を元気づける. ❸ (景気・価格など)を高く維持する.

動 ***buoy up*** 他 ①…を浮かべておく. ②…を元気づける. ③(景気・価格など)を高く維持する.

buoy・an・cy /bɔ́iənsi ボイアンスィ/ 名 U ❶ 陽気さ, 快活さ. ❷ (景気の)上向き.

buoy・ant /bɔ́iənt ボイアント/ 形 ❶ 陽気な, 快活な. ❷ (景気など)上向きの.

Bur・ber・ry /bə́ːrbəri バーベリ/ 名 (複 -ber・ries /-z/)《商標》バーバリー《レインコートなどの衣類》.

***bur・den** /bə́ːrdn バードン/ 名 (複 ~s /-z/) C ❶ (重い)荷物.
❷ (責任・仕事などの)重荷, 負担.
— 動 (~s /-z/; ~ed /-d/; ~ing) 他
❶ …に〔重いものを〕負わせる〔with〕.
❷ …に〔責任・仕事などを〕負わせる, …を〔…で〕苦しめる〔with〕.

❷ He is a *burden* to his parents. 彼は両親の悩みの種だ / the *burden* of taxation 税金の重い負担.
— 動 他 ❶ *burden* an animal *with* a load 動物に荷を負わせる.
❷ He is *burdened with* debts. 彼は借金で苦しんでいる.

***bu・reau** /bjúərou ビュ(ア)ロウ/ 名 (複 ~s /-z/, bureaux /-z/) C ❶ (米)《官庁の》局, 部《英》department》.
❷ (一般に)事務所.
❸《英》引き出しつき大机.
❹《米》たんす (chest of drawers).

❷ an information *bureau* 受付, 案内所 / an employment *bureau* 職業紹介所.

bu・reau・cra・cy /bjurɑ́krəsi ビュラクラスィ/ 名《ふつう軽蔑(察)的に》❶ U 官僚制度. ❷《the をつけて; 集合的に》官僚.

bu・reau・crat /bjúərəkræt ビュ(ア)ラクラット/ 名《ふつう軽蔑(察)的に》C 官僚, 役人.

bu・reau・crat・ic /bjùərəkrǽtik ビュ(ア)ラクラティック/ 形《軽蔑(察)的に》官僚的な.

bureau de change /bjúərou də ʃɑ́ːnʒ ビュ(ア)ロウ ド シャーンジュ/ 名 C《英》両替所.

bu・reaux /bjúərouz ビュ(ア)ロウズ/ 名 bureau の複数形.

bur・geon・ing /bə́ːrdʒəniŋ バーチョニング/ 形 急成長[拡大]している.

burg・er /bə́ːrgər バーガ/ 名 C ハンバーガー《◎hamburger の短縮形》.

bur・glar /bə́ːrglər バーグラ/ 名 C (建物に忍びこむ)強盗《☞thief の類語》.

búrglar alàrm 名 C 盗難報知器.

bur・glar・ize /bə́ːrgləraiz バーグラライズ/ 動 他《米》(強盗が)…に忍びこむ.

bur・gla・ry /bə́ːrgləri バーグラリ/ 名 (複 -gla・ries /-z/) U C 強盗(行為).

bur・gle /bə́ːrgl バーグル/ 動《英》= burglarize.

bur・gun・dy /bə́ːrgəndi バーガンディ/ 名 (複 -gun・dies /-z/) ❶ U C ブルゴーニュ産のワイン. ❷ U 暗赤色.

bur・i・al /bériəl ベリアル/《★発音注意》U C 埋葬, 葬式. ☞動 bury.

bur·ly /bə́:rli バーリ/ (bur·lier; bur·liest)形 身体が大きくがっしりした.

Bur·ma /bə́:rmə バーマ/ 名 ビルマ《ミャンマー (Myanmar) の旧称》.

★burn /bə́:rn バーン/ 動 (~s /-z/; ~ed /-d/, burnt /-t/; ~ing)《《英》では burnt, 《米》では burned が多いが,形容詞としてはいずれも burnt を用いる》. 自
❶ 燃える, 焼ける.
❷ 焦(こ)げる.
❸ 日に焼ける.
❹ 明るく光る, 輝く.
❺ⓐ 燃えるように感じる, ほてる.
ⓑ (口・舌などが)ひりひりする.
❻ 〔…で〕興奮する, かっとなる, 顔が赤くなる〔with〕.
— 他 ❶ …を**燃やす**, 焼く.
❷ⓐ …を**焦がす**.
ⓑ (身体の一部)をやけどする.
❸ (焼き印・穴など)を〔…に〕焼きつける〔in, into, on〕.
❹ …を燃料にする.
❺ …を日焼けさせる.
❻ (酸などが)…を腐食させる.
❼ (こしょうなどが)(人)をひりひりさせる.
❽ (CDなど)にデータを書きこむ.
— 名 (複 ~s /-z/) C **やけど**, 日焼け; 焼け焦げ.

··

動自 ❶ Dry wood *burns* quickly. かわいた木はすぐ燃える / *burn* to death 焼死する / *burn* to ashes 焼けて灰になる.
❷ The potatoes in the pot are *burning*. なべの中のジャガイモが焦げている.
❺ⓐ Your forehead is *burning* with fever. あなたの額は熱で燃えるように熱い.
❻ He was *burning* with anger. 彼はおこってかっとなっていた.
— 他 ❶ *Burn* all the fallen leaves. 落ち葉を全部燃やしてください.
❷ⓐ I have *burned* the toast. パンを焦がしてしまった.
ⓑ He *burned* his finger on the iron. 彼はアイロンで指をやけどした.
❸ *burn* a hole *in* the carpet じゅうたんに焼け焦げを作る.

be burned to the ground 全焼する.

be burning to *do* 非常に…したがっている: He *is burning to* tell you the news. 彼はあなたにそのニュースを教えたくてたまらない.

burn away 自 燃えつきる. — 他 …を焼きつくす, 焼き払う.

burn down 他 …をすっかり焼く: His house was *burned down*. 彼の家は全焼した. — 自 すっかり焼ける, 全焼する.

burn off 他 ① …を焼き払う. ② (運動などで)(精力など)を消費する.

burn *oneself* **out** ①(物が)燃えつきる: The candle has *burnt itself out*. ろうそくは燃えつきた. ②(人が)精力を使い果たす.

burn out 他 ①…を**焼きつくす**. ②《be burned out で》(建物などの内側が)すっかり焼ける. ③《be burned out で》(火事で)焼け出される. — 自 ①燃えつきる. ②精力を使い果たす.

burn up 自 ①ぱっと燃え上がる. ②燃えつきる. — 他 ①…を焼きつくす. ②《米口語》…をかっとさせる.

— 名 get a *burn* やけどする.

burn·er /bə́:rnər バーナ/ 名 C (ランプ・ガスなどの)火口(ほ), バーナー, 燃焼装置.

burn·ing /bə́:rniŋ バーニング/ 形 ❶ 焼けて[燃えて]いる. ❷ 焼けつくような.
❸ 強烈な; 激しい. ❹ 重要な, 緊急の.

Burns /bə́:rnz バーンズ/ 名 バーンズ《**Robert Burns** (1759-96)イギリス・スコットランドの詩人》.

burnt /bə́:rnt バーント/ 動 burn の過去形・過去分詞形.
— 形 ❶ 焼けた, 焦げた. ❷ やけどした.
▶形 ❷ ことわざ A *burnt* child dreads the fire. やけどをした子どもは火を恐れる, 失敗にこりて必要以上に用心深くなる.

burp /bə́:rp バープ/ 名 C げっぷ.
— 動 自 げっぷをする (●belch ともいう).
— 他 (授乳後に背中をたたいたりさすったりして)(赤ん坊)にげっぷをさせる.

bur·row /bə́:rou バーロウ/ 名 C (キツネ・ウサギ・モグラなどの掘った)穴, 地下の巣.
— 動 自 地下に穴を掘る.

★burst /bə́:rst バースト/ 動 (~s /-ts/; burst; ~ing)
自 ❶ⓐ **破裂する**, **爆発する**; はち切れる.

bury

❶ (ダムなどが)決壊する.
❷ (つぼみなどが)ほころびる, (花が)ぱっと開く.
—— 他 ⓐ …を**破裂させる**, 爆発させる.
ⓑ …を決壊させる.
—— 名 (複 ~s /-ts/) ⓒ ❶ ⓐ **破裂**, 爆発; 決壊. ⓑ 破裂[決壊]箇所.
❷ 突然起こること, 突発.

動 ❶ ⓐ The balloon *burst*. 風船は破裂した.
—— 他 ⓑ The river has *burst* its banks. 川は堤防を破って氾濫(はんらん)した.
be bursting to *do* __したくてたまらない: She *was bursting to* tell the news to everybody. 彼女はみんなにそのニュースを話したくてたまらなかった.
be bursting with ... …ではちきれそうである, いっぱいである: He *was bursting with* pride. 彼は得意満面であった.
burst forth 自 突然現われる, とび出す.
burst in 自 ① (戸などが)内側に急に開く. ② 突然はいる. —— 他 (戸など)を内側に急にあける.
burst in on [upon] ... ① …(の話)に突然横から口を出す. ② …に突然はいりこむ.
burst into ... ① …**に突然はいりこむ**, 乱入する: He *burst into* my room. 彼は私の部屋へとび込んで来た. ② **突然…の状態になる**: The cherry blossoms *burst into* bloom. 桜の花がいっせいに咲いた / *burst into* flame(s) ぱっと燃え上がる / *burst into* laughter [tears] どっと笑い[わっと泣き]出す.
burst open 他 (戸など)をぱっと押しあける: *burst open* the door ドアをぱっと押しあける. —— 自 ① (戸が)急に開く. ② (花が)いっせいにほころびる.
burst out 自 ① **突然現われる**, とび出す. ② 急に言う. ③ (事件などが)急に起こる.
burst out *doing* 急に__し出す: She *burst out crying*. 彼女は突然わっと泣き出した.
burst out of ... …からとび出す.
burst through ... …を破ってはいる[出る], …を通ってどっとはいる[出る].
burst on [upon] ... …に突然現われ

る: A new idea *burst upon* me. 私に突然新しい考えが浮かんだ.
—— 名 ❷ There was a *burst* of laughter from the audience. 聴衆の間にどっと笑い声が起こった.

bur·y /béri ベリ/ (★発音注意) 動 (bur·ies /-z/; bur·ied /-d/; ~·ing) 他
❶ ⓐ …を**埋める**. ⓑ (死体)を埋葬する.
❷ …をおおい隠す.

❶ ⓐ *Bury* the pot deep in the ground そのつぼを地中に深く埋めなさい.
❷ She *buried* her face in her hands. 彼女は両手で顔をおおった.
be buried in ... …に没頭している.
bury *oneself* ***in ...*** …に没頭する.
☞ 名 burial.
《同音異形語》berry.

bus /bás バス/ 名 (複 ~·es, bus·es /-iz/) ⓒ **バス**.
—— 動 (~·(s)es /-iz/; ~·(s)ed /-t/; ~·(s)ing) 他 《米》(通学児童)をバスで運ぶ.

名 We went there by *bus*. 私たちはそこへバスで行った (○ by の後では a や the をつけない).

【語の結びつき】
board a *bus* バスに乗りこむ
catch a *bus* バスに間に合う
get off a *bus* バスから降りる
get on a *bus* バスに乗りこむ
miss a *bus* バスに乗り遅れる
take a *bus* バスで行く

bush /búʃ ブッシュ/ 名 (複 ~·es /-iz/)
❶ ⓒ **低木** (根元から多くの枝が出ている低い木) (☞ tree の ⓒ). ❷ 《**the** をつけて》(アフリカやオーストラリアなどの)未開墾地.
▶ ❶ a rose *bush* バラの木.
beat around [about] the bush 要点にふれない, 遠回しにいう.
☞ 形 bushy.

Bush /búʃ ブッシュ/ 名 ❶ ブッシュ《George W. Bush (1946–); 第43代アメリカ合衆国大統領(2001–2009)》.
❷ ブッシュ《George H. W. Bush (1924–); 第41代アメリカ合衆国大統領(1989–93); ❶の父》.

bush·el /búʃəl ブシェル/ 名C ブッシェル《穀物，果物などを量る単位；イギリスでは約36リットル，アメリカでは約35リットル》．

bush·y /búʃi ブシィ/ 形 (bush·i·er; bush·i·est)(毛が)もじゃもじゃの．
☞ 名 bush．

bus·i·ly /bízəli ビズィリ/ 副 忙しく，せっせと．

***busi·ness** /bíznəs ビズネス/
《★発音注意》名 (複 ~·es /-iz/)
❶ UC **商売**，取り引き． ❻ **営業**，業務．
❷ UC **仕事**，役目，するべきこと．
❻ **用事**，用件．
❸ U **職業**，仕事《✿営利を目的とする職業；☞ occupation の 類語》．
❹ C **店，会社，事業**．
❺《単数形で》**事，事柄**．
❻《否定文で》関係のあること，(干渉する)権利．

・・・・・・・・・・・・・・・・・・・・・・

❶ⓐ We do not do much *business* with the firm. 私たち(の会社)はその会社とあまり取り引きをしていません / *Business* was good last week. 先週は売り上げがよかった / *Business* is *business*. 商売は商売だ(金銭に関することでは友情や同情はいけない)．
ⓑ *Business* as usual. 営業は平常通り．

❷ⓐ It is her *business* to manage the house. 家事をするのが彼女の仕事[役目]だ / ことわざ Everybody's *business* is nobody's *business*. 「共同責任は無責任」(みんなのすべき仕事は結局だれもしない)． ⓑ Do you have any *business* with me? 私になにかご用ですか．

❸ What *business* is he in? = What is his *business*? あの人の職業はなんですか．

❹ He owns a *business* in London. 彼はロンドンに店をもっている．

❺ I can't understand this strange *business* at all. こんな変な事はまったく理解できない．

❻ That's *none* of your *business*. = That's *no business* of yours. それは君の口だしすることではない(余計なお世話だ)．

get down to business 仕事にとりかかる．

go [be] about one's business 自分のすべき事をする．

go into business 商売を始める．

go out of business 店じまいをする，商売をやめる．

make it one's business to do (自分の役目として)必ず＿する，＿することを引き受ける．

mean business 《口語》本気である．

Mind your own business! 大きなお世話だ(自分のすべきことに目を向けよ)．

on business 仕事で：He went to Canada *on business*. 彼は仕事でカナダへ行った．

out of business 仕事がなくて．

búsiness càrd 名C (業務用の)名刺．

búsiness clàss 名U (飛行機の)ビジネスクラス．

búsiness Ènglish 名U 商業英語．

búsiness hòurs 名複 営業[勤務]時間．

busi·ness·like /bíznəslàik ビズネスライク/ 形 能率的な，てきぱきした．

*busi·ness·man /bíznəsmæn ビズネスマン/ 名 (複 -men /-mèn/) C (男性の)実業家《経営者，社長，重役など；✿日本語の「ビジネスマン」は office worker だが，《米》では businessman も用いる》．

busi·ness·per·son /bíznəspə̀ːrsn ビズネスパースン/ 名C 実業家《男性にも女性にも用いる》．

búsiness schòol 名C 《米》経営学大学院．

búsiness sùit 名C 《米》(日常の)背広．

busi·ness·wom·an /bíznəswùmən ビズネスウマン/ 名 (複 -wom·en /-wìmin/) C (女性の)実業家．

busk /básk バスク/ 動⑤ 《英口語》大道芸をする．

busk·er /báskər バスカ/ 名C 《英口語》大道芸人．

bús làne 名C バス専用車線．

bus·ses /básiz バスィズ/ 名 bus の複数形．

bús stàtion 名C (長距離用の)バスステーション．

bús stòp 名C バスの停留所，バス停．

bust¹ /bÁst バスト/ 名C ❶胸像. ❷(女性の)胸部, バスト.

bust² /bÁst バスト/ 動他《口語》❶…を破壊する, 使えなくする.
❷…を破産させる.
❸(警察が)…を逮捕する.
— 名C《口語》(警察の)不意の捜索[逮捕], 手入れ.
— 形《口語》こわれた.
go bust 破産する.

bus·tle /bÁsl バスル/ (★ t は発音されない) 動 (現分 bus·tling) 自 ❶せわしく[あたふたと]動き回る. ❷(場所などが)〔…で〕あふれている〔with〕.
— 名U ❶せわしい動き. ❷活気, ざわめき.
▶ 動自 ❶*bustle about* [*around*] せわしく動き回る.

bus·y /bízi ビズィ/ (★発音注意) 形
(bus·i·er; bus·i·est)
❶(人が)**忙しい**; (時期が)忙しい.
❷(場所が)(人の動きがあって)**にぎやかな**; 交通量の多い.
❸《米》(電話が)話し中で (《英》では engaged).
— 動 (bus·ies /-z/; bus·ied /-d/; ~·ing)《次の成句で》: ***busy oneself*** 忙しく働く.

形 ❶He has been *busy* with this work all week. 彼は今週はずっとこの仕事で忙しかった / (as) *busy* as a bee (ミツバチのように)とても忙しい / a *busy* day 忙しい日 / I am *busy preparing* for the exam. 私は試験の準備をしていて忙しい. ❷a *busy* street にぎやかな通り. ❸The line's *busy*. 《米》お話し中です(交換手のことば).
get busy 《口語》仕事にとりかかる.
— 動 I *busied* myself packing for the journey. 私は旅行の荷造りで忙しかった.

bus·y·bod·y /bízibàdi ビズィバディ/ 名 (複 -bod·ies /-z/) C おせっかいな人.

but /(弱) bət バト; (強) bÁt バット/ 接
❶**しかし**, けれども.
❷〈not ... but ~〉…でなくて〜.
❸《文語》《否定の意味を表わす節の後で》…しないで(〜することはない).
— 前 …のほかは[の], …を除いて[た].
— 副《文語》ほんの, だけ (only).
— 代 名詞《関係代名詞》《文語》…でない(もの・人).

接 ❶He was rich, *but* (he was) unhappy. 彼は金持ちだったが不幸だった.
❷He is *not* an Englishman, *but* an American. 彼はイングランド人ではなくアメリカ人です.
❸I *never* see that picture *but* I want to go to London. その写真を見るといつもロンドンへ行きたくなる.
— 前 I have read all his works *but* this. 私はこれを除いて彼の作品はみんな読んだ.

but for ... …がなければ: *But for* water, we could not live. 水がなければ私たちは生きてゆけないだろう / *But for* your advice, I should have failed. あなたの忠告がなかったら私は失敗していただろう.
but then ☞ then.
cannot (help) but do _しないではいられない: I *could not but* smile at the baby. (=I could not help smiling at the baby.) 私はその赤ん坊を見てにっこりせずにいられなかった.
nothing but ... ただ…だけ (only).
not only [merely, simply] ... but (also) 〜…だけでなく〜もまた (☞not)
— 副 Life is *but* a dream. 人生はほんの夢にすぎない.
— 代 There is no rule *but* has some exceptions. 例外のない規則はない.

butch·er /bútʃər ブチャ/ 名 (複 ~s /-z/)
C ❶肉屋(人). ❷大量虐殺者.
— 動 (現分 -er·ing /bútʃəriŋ/) 他 ❶(食肉用に)(動物)を殺す.
❷(多くの人)を虐殺する.
▶ 名 ❶a *butcher's* (shop) 肉屋(店).

butch·er·y /bútʃəri ブチャリ/ 名U
❶畜殺(業)(食用に家畜を殺す仕事).
❷虐殺, 大量殺人.

but·ler /bÁtlər バトラ/ 名C 執事, 召使がしら.

butt¹ /bÁt バット/ 名C ❶(武器・器具など

の)太いほうの端,台じり.
❷たばこの吸いさし.
❸《口語》しり,けつ.
butt² /bʌ́t バット/ 名C (角(⻆)や頭での)頭(⻆)突き.
— 動他 (角(⻆)や頭で)…を突く,押す.
— 自 (角や頭で)突く.
butt in 自 横から口出しする,でしゃばる.
butt out 自《米口語》口出しをしない,でしゃばらない.

**but·ter /bʌ́tər バタ/ 名U バター.
— 動他 …にバターを塗る.

名 We spread *butter* on our bread. = We spread our bread with *butter*. 私たちはパンにバターを塗った.

but·ter·cup /bʌ́tərkʌ̀p バタカップ/ 名C キンポウゲ.

buttercup

but·ter·fin·gers /bʌ́tərfìŋgərz バタフィンガズ/ 名(複 ~) C《口語》よく物を手から落とす人.

*but·ter·fly /bʌ́tərflài バタフライ/ 名(複 -ter·flies /-z/) ❶C チョウ(蝶).
❷《the をつけて》= butterfly stroke.
have butterflies (in one's stomach) (何かする前に)あがる,どきどきする.

bútterfly stròke 名《the をつけて》【水泳】バタフライ(☞breaststroke).

bútter knìfe 名C バターナイフ(バター皿からバターを切り取ってパンに塗る小さなナイフ).

but·ter·milk /bʌ́tərmìlk バタミルク/ 名U バターミルク(バターを取り去ったあとの牛乳;調理用または飲用).

but·tocks /bʌ́təks バトクス/ 名複 (人間の)しり,臀部(ᵈᵉⁿᵇᵘ)(☞body のさし絵).

*but·ton /bʌ́tn バトン/ (★発音注意) 名(複 ~s /-z/) C ❶(服などの)ボタン.
❷(ベルなどの)押しボタン.
— 動(~s /-z/; ~ed /-d/; ~·ing) 他(衣服)にボタンをかける(反 unbutton).
— 自 (服が)ボタンがかかる,ボタンで留まる.

名 ❶Two *buttons* have come off. ボタンが2個取れた / Fasten the *buttons*. ボタンをかけなさい.

on the button 《口語》時間どおりに;まったく正しい,どんぴしゃり.

— 動他 He *buttoned* (up) his coat. 彼は上着のボタンをかけた.
— 自 This dress *buttons* (up) at the back. このドレスはうしろでボタンが掛かる.

but·ton-down /bʌ́tn-dàun バトン・ダウン/ 形 (ワイシャツが)えりをボタンで留める,ボタンダウンの.

but·ton·hole /bʌ́tnhòul バトンホウル/ 名C ❶ボタン穴.❷《英》ボタン穴にさす飾り花.

but·tress /bʌ́trəs バトレス/ 名(複 ~·es /-iz/) C【建築】控え壁(建物の外壁を補強するささえ).
— 動(三単現 ~·es /-iz/) 他 …をささえる,補強する.

bux·om /bʌ́ksəm バクサム/ 形(女性が)胸の豊かな.

**buy /bái バイ/ 動 (~s /-z/; bought /bɔ́ːt/ ~·ing) 他 ❶ⓐ …を買う(反 sell).
ⓑ《buy ~ … または buy … for ~》~に…を買ってやる,おごってやる.
❷(犠牲を払って)…を手に入れる,獲得する.
❸…を買収する.
— 自 買う,買い物をする.
— 名C 買ったもの,掘り出し物.

動 他 ❶ⓐ He *bought* the vase for ten dollars. 彼はその花びんを10ドルで買った / Money cannot *buy* happiness. 金で幸福は買えない.
ⓑ My father *bought* me this hat. = My father *bought* this hat *for* me. 父が私にこの帽子を買ってくれた / I'll *buy* you lunch. 君に昼食をおごっ

buyer

❷ *buy* fame at the expense of health 健康を犠牲にして名声を得る.
buy back 他 …を買い戻す.
buy in 他 …を（大量に）買いこむ.
buy into ... ①（企業など）の株を買う. ②（考えなど）を信じる, 受け入れる.
buy off 他 （人）を買収する.
buy out 他 …から権利（など）を買い取る.
buy up 他 …を買い占める.
— 名 a good *buy* いい買い物.

***buy·er** /báiər バイア/ 名 (複 ~s /-z/) C
❶ 買う人 (反 seller).
❷ （デパートなどの）仕入係.

búyers' màrket /báiərz- バイアズ-/ 名 《a をつけて》買い手市場（需要より供給が多い状況）.

buy·out, buy-out /báiàut バイアウト/ 名 C （株の）買い占め.

***buzz** /bʌ́z バズ/ （★発音注意）動 (~es /-iz/; ~ed /-d/; ~ing) 自 ❶（ハチ・機械などが）**ブンブンいう**.
❷ⓐ（人々が）ざわめく, がやがや言う.
ⓑ（場所が）ざわめく.
ⓒ（頭などが）［…で］いっぱいである［*with*］.
❸ ブザーを鳴らして［…を］呼ぶ［*for*］.
— 他 ❶ …をブンブン鳴らす.
❷（飛行機が）…の上すれすれに飛ぶ.
❸ …を言いふらす.
❹ …をブザーで呼ぶ.
— 名 (複 ~es /-iz/) C ❶ⓐ ブーン（ハチの羽音）. ⓑ（機械の）音.
❷ がやがやいう声；ざわめき.
❸ ブザーの音.
❹《口語》興奮.

動 自 ❶ Bees are *buzzing* around the flowers. ハチが花の回りをブンブンいっている.
buzz off 自 《口語》急いで去る.

buzz·er /bʌ́zər バザ/ （★発音注意）名 C
❶ ブザー. ❷ ブザーの音.

buzz·word /bʌ́zwə̀ːrd バズワード/ 名 C 流行語.

*****by** /bái バイ/ 前
❶《位置・場所》**…のそばに[の]**（☞beside の 類語）.

❷《手段・方法》**…によって**；…による.
❸《期限》**…までに[は]**.
❹《動作を行なう人》**…によって**.
❺《動作を受ける身体・衣服の部分》…を.
❻《基準・単位》…を基準に（した）, …単位で[の].
❼《程度・差異》…だけ（の）, …ずつ.
❽《原因》…による, …で[の].
❾ …のそばを通って（いる）.
❿《通路・経路》…を通って（の）, …を経由して（の）.
⓫ …で［掛けて［割って］].
⓬《... by ~ で》縦…横〜（の）, 長さ〜幅〜（の）.
⓭《時の経過》…のうちに［は].
⓮《関係》…に関していえば, …は.
— 副 /bái バイ/ ❶ そばに. ❷ そばを通り過ぎて.

前 ❶ She sat *by* me. 彼女は私のそばに座った / the tree *by* the gate 門のそばの木.

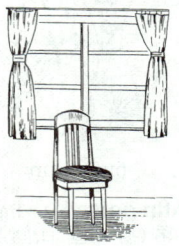

There is a chair *by* the window.
（窓のそばにいすがある）

❷ We go to school *by* bus. 私たちはバスで通学する / He tried to get to India *by* sailing west. 彼は西へ航海することによってインドに到着しようとした.
❸ I'll be back *by* noon. 正午までにはもどります.
❹ This picture was painted *by* Picasso. この絵はピカソによって描かれた.
❺ He caught me *by* the arm. 彼は私の腕をつかんだ.
❻ What time is it *by* your watch? あなたの時計では何時ですか / They hired a car *by* the hour. 彼らは時間ぎめで車を借りた.

❼He is younger than I [me] *by* two years. 彼は私よりふたつ若い.

❽I took the wrong train *by* mistake. 私はまちがって違う列車に乗った.

❾He passed *by* me without noticing me. 彼は私に気づかないで私のそばを通り過ぎた.

❿They returned home *by* the nearest way. 彼らは一番近い経路で帰国した.

⓫Three multiplied *by* two makes [is] six. 3×2=6 / Six divided *by* three is two. 6÷3=2.

⓬a room 15 ft. *by* 12 縦[奥行き]15フィート横[幅]12フィートの部屋.

⓭We worked *by* day and slept *by* night. 私たちは昼は働き,夜は寝た.

⓮He is an Englishman *by* birth. 彼は生まれはイギリス人です.

— 副 ❶There is no police station close *by*. すぐ近くには警察署はない.

❷A bird flew *by*. 鳥がそばを飛んでいった.

(all) by oneself 自分だけで:I did it (all) *by* myself. 私は自分だけでそれをした.

by and by やがて,間もなく:*By and by* it began to rain. やがて雨が降り出した.

by and large 全体的に;概して.
by far ☞ far.

bye /bái バイ/ 感《口語》さよなら,バイバイ《✿good-bye の短縮形でごく親しい間でかわすあいさつで,《米》ではしばしば bye now の形で用いられる》.

bye-bye /bái-bái バイ・バイ/ 感《口語》**さよなら,バイバイ**《good-bye の省略形 bye をふたつ重ねたもので,おとなどうしでも用いる》.

— 名Ｕ《小児語》ねんね(sleep).

▶感 対話 "*Bye-bye*, Mom!"–"*Bye-bye*, dear!"「ママ行ってきます」「いってらっしゃい」.

— 名 go (to) *bye-bye(s)* ねんねする.

by·e·lec·tion /bái-ilèkʃən バイ・エレクション/ 名Ⓒ 補欠選挙《☞general election》.

by·gone /báigɔ̀(:)n バイゴ(ー)ン/ 形 過去の.

— 名Ⓒ《複数形で》過去,過去のこと.

▶名 ことわざ Let *bygones* be *bygones*. 過去のことは水に流せ.

B.Y.O.B. 《略語》bring your own booze [bottle]《パーティーの案内状などで》各自酒持参のこと.

INFO オーストラリアのレストランの中にはアルコール類を置いてなくて表にBYOという表示のある店がある.これはbring your ownの略で,アルコール類の持ち込みOKということである.

by·pass /báipæs バイパス | -pà:s/ 名《複~·es /-iz/》Ⓒ ❶バイパス《自動車専用迂回(う)路》. ❷バイパス手術.

— 動他 ❶…を迂回する. ❷《手続き・問題など》を無視する,回避する.

by-prod·uct /bái-prɑ̀dəkt バイ・プラダクト/ 名Ⓒ ❶副産物《☞end product》. ❷思いがけない結果[効果].

by·road /báiròud バイロウド/ 名Ⓒ わき道.

by·stand·er /báistændər バイスタンダ/ 名Ⓒ 傍観者.

byte /báit バイト/ 名Ⓒ バイト《コンピューター処理の情報量を表わす単位のひとつ;1バイトは8ビット;☞bit³》.

by·way /báiwèi バイウェイ/ 名Ⓒ わき道.

by·word /báiwə̀rd バイワード/ 名Ⓒ《なにかを表わす》代名詞(といってもよい人[物]),典型.

ABCDEFGHIJKLMNOPQRSTUVWXYZ

C c 𝒞 𝒸

C¹, c¹ /síː スィー/ 名 (複 C's, Cs, c's, cs /-z/) ❶ UC シー《英語アルファベットの3番目の文字》.
❷ CU 《Cで》【音楽】ハ音《ドレミファのドの音》, ハ調. ❸ U (ローマ数字の)100.
❹ CU 《Cで》(成績の)3級, 可.
▶ ❷ *C minor* ハ短調. ❸ *C*VII 107.

C² (元素記号)carbon.

°C (記号)Celsius, centigrade(☞ °F).

C. (略語) century.

c., c² (略語) ❶ cent(s)(アメリカ, EU などの貨幣単位; ✿ 記号は ¢). ❷ circa.

¢ (記号)cent(s). ▶ 1¢ 1セント《✿ one [a] cent と読む》.

© (記号)copyright 著作権所有.

CA 〖米郵便〗California.

Ca (元素記号)calcium.

*__cab__ /kǽb キャブ/ 名 (複 ~s /-z/) C
❶ **タクシー** (✿ taxicab の省略形; ☞ taxi). ❷ (機関車・バス・トラックなどの)運転席.
▶ ❶ We took a *cab* to the airport. 空港までタクシーに乗った / go by *cab* タクシーで行く.

cab·a·ret /kæbəréi キャバレイ | kǽbərèi/ 名 C ❶ キャバレー《ショーを楽しめるレストラン》. ❷ (キャバレーの)ショー.

*__cab·bage__ /kǽbidʒ キャベヂ/ 名 (複 -bag·es /-iz/) CU キャベツ.

cab·by, cab·bie /kǽbi キャビ/ 名 (複 cab·bies /-z/) C (口語)タクシー運転手.

*__cab·in__ /kǽbin キャビン/ 名 (複 ~s /-z/) C
❶ **キャビン** (簡素な造りの小屋). ❷ (寝台つきの)船室, キャビン. ❸ (飛行機の)客室.

cábin crèw 名 C 《集合的に》(航空機の)客室乗務員.

*__cab·i·net__ /kǽbənit キャビネット/ 名 (複 ~s /-ts/) C ❶ **飾りだな, キャビネット** 《ふつう, 戸・引き出しなどのついた食器・美術品・レコードなどを入れる戸だな; ☞ bathroom のさし絵》.
❷ 《しばしば **Cabinet** で; 単数または複数扱い》**内閣**.

▶ ❷ The *Cabinet* is (are) meeting at eight. 閣議は8時に始まる予定である / a *cabinet* member 〖英〗minister] 閣僚, (主要)大臣 / a *cabinet* meeting 閣議.

*__ca·ble__ /kéibl ケイブル/ 名 (複 ~s /-z/)
❶ UC (針金または麻などの)**ケーブル, 太い綱**. ❷ C **ケーブル線**《海底電線, 地下電線など》. ❸ U = **cable television**.

cáble càr 名 C ❶ ケーブル鉄道(cable railway)の客車. ❷ 〖英〗 ⓐ ロープウエー. ⓑ (ロープウエーの)ゴンドラ.

cáble télevision [TV] 名 U 有線テレビ《✿ CATV と略す》.

ca·boose /kəbúːs カブース/ 名 C 〖米〗(列車の最後部の)車掌用車両《✿ 〖英〗では guard's van》.

cab rank 〖英〗 = cabstand.

cab·stand /kǽbstænd キャブスタンド/ 名 C 〖米〗タクシー乗り場《✿ taxi stand ともいう; 〖英〗では cab rank, taxi rank》.

ca·cao /kəkáu カカウ/ 《★アクセント注意》名 (複 ~s /-z/) UC カカオの実《チョコレートやココアの原料》; カカオ(の木).

cache /kǽʃ キャッシュ/ 名 C ❶ 隠してある物《武器・盗品など》. ❷ (武器・盗品などの)隠し場. ❸ C 【電算】キャッシュ(メモリー).

cack·le /kǽkl キャクル/ 名 C ❶ コッコッ《めんどりの卵を生んだ後などの鳴き声》.
❷ かん高い笑い声. — 動 (現分 cack·ling) 自 ❶ (めんどりが)コッコッと鳴く. ❷ かん高い声で笑う.

cac·tus /kǽktəs キャクタス/ 名 (複 ~·es /-iz/, cac·ti /kǽktai/) C サボテン.

CAD /kǽd キャド/ 名 U 【電算】キャド《コンピューターを利用する設計; ✿ *c*omputer *a*ided *d*esign の略》.

cad·die, cad·dy /kǽdi キャディ/ 名 (複 cad·dies /-z/) C (ゴルフの)キャディー《クラブ(club)を運ぶ人》.

ca·det /kədét カデット/ 名 C (陸・海・空軍の)士官学校生徒, (警察学校の)生徒.

162　　　　　　　　　　　　　　　　　　　　　　　　　　　　　　　　one hundred and sixty-two abcdefghijklmnopqrstuvwxyz　　　　　　　　　　　calf

Cad·il·lac /kǽdəlæk キャディラック/ 名 C キャデラック(アメリカ製の高級車).

cad·mi·um /kǽdmiəm キャドミアム/ 名 U カドミウム(元素記号 Cd).

Cae·sar /síːzər スィーザ/ 名 シーザー (**Julius** /dʒúːljəs/ **Caesar** (100-44 B.C.); ローマの将軍・政治家).

cae·sar·e·an /sizéəriən スィゼリアン/ 名 U = cesarean.

***ca·fé, ca·fe** /kæféi キャフェイ│kǽfei/ 名 (複 ~s /-z/) C ❶ **軽食堂**. ❷ (米) バー, ナイトクラブ.

café au lait /kæféi ou léi キャフェイ オウ レイ/ 名 U カフェオレ(ほぼ同量のミルクを入れたコーヒー).

***caf·e·te·ri·a** /kæfətíəriə キャフェティ(ア)リア/ 名 (複 ~s /-z/) C **カフェテリア**(セルフサービス方式の食堂).

caf·feine /kǽfiːn キャフィーン│kǽfiːn/ (★発音注意)名 U カフェイン(コーヒー・茶などに含まれる).

***cage** /kéidʒ ケイヂ/ 名 (複 cag·es /-iz/) C ❶ **鳥かご**; (動物の)**おり**. ❷ (エレベーターの)箱. ❸ (野球の)バッティングケージ. ❹ (アイスホッケーの)ゴール.
— 動 (現分 cag·ing) 他 (鳥など)をかごに入れる, (動物など)をおりに入れる.

Cai·ro /káirou カイ(ア)ロウ/ 名 カイロ (エジプト (Egypt) の首都).

***cake** /kéik ケイク/ 名 (複 ~s /-s/)
❶ U C ケーキ.
❷ C (うすくて平たい固形物の)1個.
— 動 (現分 cak·ing) 自 乾(か)いて固まる.
— 他 (乾くと固まる物で)…を厚く塗る.

‥‥‥‥‥‥‥‥‥‥‥‥‥‥‥‥‥‥‥
名 ❶ Don't eat too much *cake*. ケーキを食べすぎてはいけません / ことわざ You cannot eat your *cake* and have it (too). = You cannot have your *cake* and eat it. ケーキを食べてしかももっていることはできない; 菓子は食べてしまえばなくなるものだ; 同時にふたつよいことはないものだ.
❷ a *cake* of soap 石けん 1 個.
a piece of cake (口語)楽なこと[仕事].
— 動 他 His shoes were *caked with* mud. 彼のくつには泥が固まりついていた.

ca·lam·i·tous /kəlǽmətəs カラミタス/ 形 災害を引き起こす, 悲惨な.

☞ 名 calamity.

ca·lam·i·ty /kəlǽməti カラミティ/ 名 (複 -i·ties /-z/) U C 災難, 災害.

☞ 形 calamitous.

cal·ci·um /kǽlsiəm キャルスィアム/ 名 U カルシウム(元素記号 Ca).

***cal·cu·late** /kǽlkjulèit キャルキュレイト/ 動 (~s /-ts/; -lat·ed /-id/; -lat·ing) 他
❶ …を**計算する**, 見積もる.
❷ 《*be calculated to do*》…するよう計画されている, 考えられている.
❸ (…だと)思う, 推測する.
— 自 **計算する**.

‥‥‥‥‥‥‥‥‥‥‥‥‥‥‥‥‥‥‥
他 ❶ They *calculated* the cost of the repair. 彼らは修理費用を見積もった. ❷ The new design *was calculated to* attract young girls. 新しいデザインは若い女の子たちをひきつけるように考えられたものだった. ❸ I *calculate* (*that*) he will soon be back. 彼はすぐもどってくると思う.

☞ 名 calculation.

cal·cu·lat·ed /kǽlkjulèitid キャルキュレイティド/ 形 計算された; 計画的な.

cal·cu·lat·ing /kǽlkjulèitiŋ キャルキュレイティング/ 形 打算的な, 抜け目のない.

cal·cu·la·tion /kæ̀lkjuléiʃən キャルキュレイション/ 名 (複 ~s /-z/) ❶ U C 計算.
❷ U C 推測, 予測. ❸ 抜け目ない計画.

☞ 動 calculate.

cal·cu·la·tor /kǽlkjulèitər キャルキュレイタ/ 名 C 計算器.

cal·cu·lus /kǽlkjuləs キャルキュラス/ 名 (複 -cu·li /-kjulài/, ~·es /-iz/) U 〖数学〗微積分学.

Cal·cut·ta /kælkʌ́tə キャルカタ/ 名 カルカッタ(インド北東部の港湾都市; コルカタ (Kolkata) の旧称).

***cal·en·dar** /kǽləndər キャレンダ/ (★アクセント注意)名 (複 ~s /-z/) C ❶ **カレンダー** (☞ almanac).
❷ 暦(こよみ). ❸ 行事予定表.
▶ ❶ Consult the *calendar*. カレンダーを調べなさい. ❷ the solar *calendar* 太陽暦(れき).

***calf**[1] /kǽf キャフ│káːf/ (★l は発音されない) 名 (複 calves /kǽvz│káːvz/)
❶ C 子牛 (🔴 「子牛の肉」は veal; ☞ cow[1] の 類語). ❷ C (象・クジラ・大ジカ・ア

ザラシなどの)子. ❸Ⓤ子牛のなめし皮 (✪ calfskin ともいう).

calf² /kǽf キャフ | kɑ́:f | 图 (★ l は発音されない) (複 calves /kǽvz | kɑ́:vz/) Ⓒ ふくらはぎ (☞leg のさし絵).

cal·i·ber, (英) **cal·i·bre** /kǽləbər キャリバ/ 图 ❶ⓊⒸ(人などの)力量, 能力.
❷Ⓒ(銃砲・管などの)口径, (弾丸の)直径.

Cal·i·for·nia /kæləfɔ́ːrnjə キャリフォーニャ / 图 カリフォルニア (アメリカ西海岸の州; ✪ 〖郵便〗 CA と略す).

***call** /kɔ́:l コール/ 動 (~s /-z/; ~ed /-d/; ~ing)
㊗ ❶…を(大声で)**呼ぶ**, 叫ぶ.
❷…に**電話をかける** (phone) (✪ (英) では ring ともいう).
❸《call ... ~》… を~と**呼ぶ**, 名づける (✪~には名詞・形容詞がくる).
❹ⓐ…を**呼び寄せる**.
ⓑ《call ~ ... または call ... for 》~のために…(タクシーなど)を呼ぶ.
❺(眠っている人)を起こす.
❻(会議など)を招集する.
❼《call ... ~》…を~と考える (✪~には名詞・形容詞がくる).
❽(名簿)を読みあげる.
❾…を指令する.
❿〖スポーツ〗(米)(試合)を中止する.
— ㊉ ❶ (大声で)**呼ぶ**, 叫ぶ.
❷**電話をかける** (✪ (英) では ring ともいう).
❸訪問する, 立ち寄る (☞call at ..., call on ...).
— 图 (複 ~s /-z/) ❶Ⓒⓐ**呼び声**, 叫び. ⓑ(鳥・動物などの)鳴き声, (ラッパ・笛などの)音.
❷Ⓒ**電話(をかけること)**.
❸Ⓒ(短い)**訪問**; (船の)寄港, (列車の)停車.
❹ⓐⒸ要求. ⓑⓊ需要, 必要 (✪ふつう否定文に用いる).
❺Ⓒ招集, 招待. ❻Ⓒ〖スポーツ〗(審判の)判定.

動 ㊗ ❶He *called* (out) my name. 彼は私の名前を呼んだ.
❷*Call* me as soon as you arrive. 着いたらすぐ電話してください (☞成句 *call* up ①).

❸They *call* the cat Mew. = The cat is *called* Mew. そのネコはミューと呼ばれている / What do you *call* this flower in English? = What is this flower *called* in English? この花の名は英語でなんといいますか.
❹ⓐMother *called* the doctor. 母は医者を呼んだ. ⓑ*Call* me a taxi. = *Call* a taxi *for* me. 私にタクシーを呼んでください.
❺*Call* me for breakfast at seven. 7時に朝食に起こしてください.
❻*call* a meeting 会議を招集する.
❼I would *call* that ridiculous. 私はそれはばかげていると思う.
❽The teacher *called* the roll. 先生は出席をとった.
❾*call* a strike ストライキを指令する.
❿The game was *called* on account of the rain. 試合はその雨で中止になった.

— ㊉ ❶My dog comes when I *call*. 私の犬は私が呼ぶとやってきます / They *called to* me from a distance. 彼らは遠くから私に大声で呼びかけた.
❷I'll *call* again later. また後でかけます.
❸She was out when I *called*. 私が訪ねたとき彼女はるすだった.

call ... after ~~の名をとって…と名づける (✪ふつう受身形で用いる): He *was called* John *after* his grandfather. 彼は祖父の名をとってジョンと名づけられた.

call at ... (場所)を**訪問する**, …に立ち寄る; …に停車[寄港]する: Please *call at* my office at ten tomorrow morning. 明朝10時に私の事務所に来てください.

call at ...　　　　　call on ...
((場所)を訪問する)　　((人)を訪問する)

call back ㊗ ①(電話をかけられた人が後

abcdefghijklmnopqrstuvwxyz　　　　　　　　　　　　　　　　　calm

で)…に**電話をかけなおす**: I'll *call* you *back* when I find out. わかり次第こちらからお電話します. ②…を呼びもどす: He was *called back* from Europe. 彼はヨーロッパから呼びもどされた. ── 自 ①(電話をかけられた人が後で)電話をかけなおす. ②あとでまた訪問する.

call for ... ①…を**迎えに行く**; …を取りに行く: I'll *call for* you at six. 6時に迎えに行きます. ②…を**大きな声で求める**: They *called for* more wine. 彼らは大声でもっとワインをもって来いと言った. ③…を必要とする: This job *calls for* patience. この仕事は忍耐力が必要だ.

call in 他 ①…を**呼び入れる**; (専門家など)を呼ぶ: We should *call in* a lawyer. 弁護士を呼ぶべきだ. ②(製品など)を回収する. ── 自 (職場などに)電話する: *call in* sick (職場などに)電話で病気で休むと伝える.

call off 他 …を**中止する**; …を取り消す: Union leaders *called off* the strike. 労働組合の指導者がストを中止した.

call on ... (人)を**訪問する**: He *called on* her at nine yesterday morning. 彼はきのうの朝9時に彼女を訪ねてきた.

call on ... for ~ [*to do*] …に~を[__することを]要求する, 頼む: They *called on* me *for* a speech. ＝ They *called on* me *to* make a speech. 彼らは私に演説をしてくれと言った.

call out 自 **大声で叫ぶ**: They *called out* to their teacher. 彼らは先生に大きな声で呼びかけた. ── 他 ①(緊急事態のために)…を呼び出す, (軍隊など)を召集する. ②…にストライキを指令する.

call up 他 ①(米)…に**電話をかける** (⇔(英)では ring up): I'll *call* you *up* later. あとで電話します. ②…を思い出させる. ③【電算】(情報)を(画面に)呼び出す.

call upon ... = *call on ...*.

what is called = ***what you*** [*we, they*] ***call*** **いわゆる**: He is *what is called* [*what we call*] a walking encyclopedia. 彼はいわゆる生き字引きだ.

── 名 ❷ You have a telephone *call* from Mr. Smith. あなたにスミスさんから電話です / I'll give you a *call* this evening. 今晩あなたにお電話いたします. ❸ I paid a *call* on my friend. 私は友人を訪ねた.

at call = *on call*.

on call 呼べばすぐこられる, 待機して: Dr. Young is *on call* this weekend. この週末はヤング医師が待機中です.

within call 呼べば聞こえる所に.

cáll bòx 名 C ❶ (英)(公衆)電話ボックス (⇔(tele)phone box ともいう). ❷ (米)(屋外の)緊急連絡用電話.

cáll cènter 名 C (米)(通販などの)電話受付センター.

cáll cèntre 名 C (英) = **call center**.

cálled gáme /kɔ́:ld- コールド-/ 名 C 【野球】コールドゲーム.

call·er /kɔ́:lər コーラ/ 名 C ❶ 訪問者. ❷ 電話をかける[た]人.

cáll gìrl 名 C コールガール(電話で呼び出されて客をとる売春婦).

cal·lig·ra·phy /kəlíɡrəfi カリグラフィ/ 名 U きれいに書くこと; 書道; ペン習字.

call-in /kɔ́:lìn コーリン/ 名 C (米)(ラジオ・テレビの)視聴者参加番組 (⇔(英)では phone-in).

call·ing /kɔ́:liŋ コーリング/ 名 C ❶ (ある仕事に対する)強い義務感[意欲]. ❷ 天職.

cálling càrd 名 C (米)(訪問用の)名刺 (⇔(英)では visiting card).

cal·lous /kǽləs キャラス/ 形 無神経な, 冷たい.

＊**calm** /ká:m カーム/ (★l は発音されない) 形 (~·er; ~·est)

❶ (海・天候などが)穏(おだ)やかな, 静かな (⇔stormy).

❷ 落ち着いた, 冷静な.

── 名 U C ❶ 静けさ, 平穏; なぎ.

❷ 落ち着き, 冷静.

── 動 (~s /-z/; ~ed /-d/; ~·ing) 他 …を落ち着かせる, 静かにさせる.

── 自 静まる, 落ち着く.

━━━━━━━━━━━━━━━━━━━━

形 ❶ The sea is *calm*. 海は穏(おだ)やかである / What a *calm* evening! 何て静かな晩だ. ❷ in a *calm* voice 落ち着いた声で / keep *calm* 冷静にしている.

── 動 他 *Calm* yourself! 落ち着け.

calm down 自 静まる; 落着く. ── 他 …を静める, 落ち着かせる.

calm·ly /ká:mli カームリ/ 副 **静かに**, 落ち着いて.

calm·ness /ká:mnəs カームネス/ 名 U ❶ 静けさ, 平穏(へいおん). ❷ 落ち着き, 冷静.

cal·o·rie /kǽləri キャロリ/ 名 (複 ~s /-z/) C カロリー《熱量の単位》.

calves /kǽvz キャヴズ｜ká:vz/ 《★ l は発音されない》名 calf¹, calf² の複数形.

ca·lyp·so /kəlípsou カリプソウ/ 名 (複 ~s, ~es /-z/) C カリプソ《西インド諸島起源の歌》.

Cam·bo·di·a /kæmbóudiə キャンボウディア/ 名 カンボジア《インドシナ半島南西部の共和国》.

Cam·bridge /kéimbridʒ ケインブリヂ/ 名 ❶ ケンブリッジ《イギリス, イングランド南東部の都市; ケンブリッジ大学の所在地》. ❷ = Cambridge University.

Cámbridge Univérsity 名 ケンブリッジ大学.
INFO イギリスでオックスフォード大学について古い大学で, 13世紀に創立された. 約30の学寮 (college) をもち, うち三つが女子学寮で, その他はほとんどすべて共学である; ☞ Oxford University.

cam·cord·er /kǽmkɔ̀:rdər キャムコーダ/ 名 C ポータブルビデオカメラ《✪camera と recorder の混成語》.

*__came__ /kéim ケイム/ 動 ⨁ come の過去形.

*__cam·el__ /kǽməl キャメル/ 名 (複 ~s /-z/) C ラクダ.

ca·mel·lia /kəmí:ljə カミーリャ/ 名 C ツバキ.

cam·e·o /kǽmiòu キャミオウ/ 名 (複 ~s /-z/) C カメオ《浮き彫りをしためのう・こはく・貝がらなど》.

*__cam·er·a__ /kǽmərə キャメラ/ 名 (複 ~s /-z/) C **カメラ**.
▶ a digital *camera* デジタルカメラ.

cam·er·a·man /kǽmərəmæ̀n キャメラマン/ 名 (複 -a·men /-mèn/) C 《映画・テレビの》撮影技師 《✪一般に写真をとる人は photographer》.

camisole /kǽməsòul キャミソウル/ 名 C キャミソール《婦人用の肩ひもつきの短い肌着》.

cam·ou·flage /kǽməflà:ʒ キャムフラージュ/ 名 UC カムフラージュ《周囲の環境に色や形を合わせて見えにくくする》.
— 動 (現分 -flag·ing) ⊕ …をカムフラージュする.

*__camp__ /kǽmp キャンプ/ 名 (複 ~s /-s/)
❶ ⓐ UC **キャンプ**. ⓑ C キャンプ場, 《軍隊の》野営地.
❷ C 《主義・主張などの》グループ, 陣営.
❸ C 《捕虜や難民などの》収容所.
— 動 (~s /-s/; ~ed /-t/; ~·ing) ⊕ キャンプする.

名 ❶ ⓐ We set up *camp* by the lake. 私たちは湖のほとりでキャンプした / a training *camp* 訓練のためのキャンプ. ⓑ a base *camp* 《登山などの》ベースキャンプ.

break [strike] camp キャンプをやめる, テントをたたむ.

make [pitch] camp キャンプをする, テントを張る.

— 動 ⨁ go *camping* キャンプに行く.
camp out ⨁ キャンプする.

*__cam·paign__ /kæmpéin キャンペイン/ 《★ g は発音されない》名 (複 ~s /-z/) C
❶ 《社会的・政治的》**運動**, キャンペーン.
❷ 《特定の目的をもった一連の》軍事行動.
— 動 ⨁ 《社会的・政治的な》運動をする.

名 ❶ They organized a *campaign* against the policy. 彼らはその政策に反対の運動を起こした / carry on a *campaign* for women's rights 女性の権利を求める運動をする / an election *campaign* 選挙運動 / a sales *campaign* 大売出し.
— 動 ⨁ *campaign for* equal rights 平等の権利を求めて運動する.

cam·paign·er /kæmpéinər キャンペイナ/ 名 C 社会運動家; 選挙運動員.

cámp bèd 名 C 《英》《布を張った》折りたたみ式小型ベッド《✪《米》では cot》.

camp·er /kǽmpər キャンパ/ 名 C ❶ キャンプをする人. ❷ キャンピングカー《《英》では camper van ともいう; ✪日本語の「キャンピングカー」は和製英語》.

camp·fire /kǽmpfàiər キャンプファイア/ 名 C キャンプファイア.

camp·ground /kǽmpgràund キャンプグラウンド/ 名 C 《米》キャンプ場.

camp·site /kǽmpsàit キャンプサイト/ 名 C 《英》= campground.

*__cam·pus__ /kǽmpəs キャンパス/ 名 (複 ~es /-iz/) C 《学校・大学などの》**構内**, キャンパ

ス《敷地と建物を含む》.
▸a college *campus* 大学の構内 / on *campus* (大学)構内で / *campus* life 学生生活.

***can**[1] /《弱》kən カン; 《強》kǽn キャン/ [助] (過去 could /《弱》kəd; 《強》kúd/)
❶《能力》__**することができる.**
❷《許可》《口語》__してもよい.
❸《可能性・推量》ⓐ《肯定文で》__することがありうる, __することもある. ⓑ《疑問文で》いったい__かしら. ⓒ《否定文で》__である[する] はずがない.

❶He *can* swim well. 彼は泳ぎがうまい / She *can* speak French. 彼女はフランス語が話せる.
[語法] Can you speak French? は相手の能力を露骨に聞くことになるので, Do you speak French? というほうがよい. can の前にさらに助動詞を置きたい場合は be able to を用いる: You will be able to ski next year. 君は来年スキーができるようになるでしょう.
❷You *can* come with me if you like. よかったら私と一緒に来てもいいですよ / *Can* I use this telephone? この電話を使ってもいいですか.
❸ⓐHe *can* be mistaken. 彼がまちがっていることもありうる / Accidents *can* happen. 事故は起こりうる.
ⓑ*Can* it be true? いったいそれは本当なんですか / Where *can* she have gone? 彼女はいったいどこへ行ってしまったのか.
ⓒThe news *can*'t be true. そのニュースは本当のはずがない / She *can*'t have seen me there. 彼女が私をそこで見かけたはずがない.
Can you ...? 《口語》…してくれませんか: *Can you* help me? お手伝いしてくれませんか.

***can**[2] /kǽn キャン/ [名] ([複] ~s /-z/) [C] ❶(金属製の)**かん,** 容器《ふつうは円筒形で, ふた(ときには取っ手や口)がついている》. ❷**かん詰め**; かん詰めのかん《✪《英》では tin ともいう》.
[INFO] 《英》では飲み物についてはいつもcanが, 食べ物についてはcanもtinも用いられる: a *can* [tin] of tuna まぐろのかん詰め.
— [動] (~s /-z/; canned /-d/; canning) [他] …を**かん詰めにする** 《✪《英》では tinともいう》.

[名] ❶a trash *can* ごみ入れのかん / a sprinkling [《英》 watering] *can* (水をまく)じょうろ. ❷a *can* of beans 豆のかん詰め / a *can* of beer かんビール1本.
— [動] [他] Fish is *canned* at this factory. この工場では魚のかん詰めを作っている.

Can. 《略語》Canada.

***Can·a·da** /kǽnədə キャナダ/ [名] **カナダ** 《北アメリカ大陸北部にある英連邦内の独立国; 首都オタワ(Ottawa); ✪ 略は Can.》.
☞ [形] Canadian.

***Ca·na·di·an** /kənéidiən カネイディアン/ 《★キャネイディアンではない》[形] ❶**カナダの.** ❷**カナダ人の.**
☞ [名] Canada.
— [名] ([複] ~s /-z/) [C] **カナダ人.**

***ca·nal** /kənǽl カナル/ 《★キャナルではない》[名] ([複] ~s /-z/) [C] **運河.** ▸the Suez *Canal* スエズ運河.

can·a·pé /kǽnəpi キャナピ/ [名] [C] カナッペ《薄いパンまたはクラッカーの上にチーズ・肉・魚などをのせた前菜の一種》.

ca·nar·y /kənéəri カネ(ア)リ/ 《★キャネ(ア)リではない》[名] ([複] ca·nar·ies /-z/) [C] カナリア《カナリア諸島 (the Canary Islands) 原産の飼鳥》.

Can·ber·ra /kǽnbərə キャンベラ/ [名] キャンベラ《オーストラリア南東部にある同国の首都》.

***can·cel** /kǽnsl キャンスル/ [動] (~s /-z/; ~ed, 《英》 can·celled /-d/; ~ing, 《英》 -cel·ling) [他] (約束など)を**取り消す,** キャンセルする, (行事など)を中止する.
▸He *canceled* his order for the book. 彼はその本の注文を取り消した.
☞ [名] cancellation.

can·cel·la·tion /kæ̀nsəléiʃən キャンセレイション/ [名] [UC] 取り消し, キャンセル, 中止.
☞ [動] cancel.

***can·cer** /kǽnsər キャンサ/ [名] ([複] ~s /-z/) ❶ [UC] **癌**(がん). ❷ [C] (社会の)害悪.
❸《Cancerで》〔占星〕ⓐ かに座《☞ zodiac》. ⓑ [C] かに座生まれの人.
▸❶die of stomach *cancer* 胃癌で死

can·cer·ous /kǽnsərəs キャンサラス/ 形 癌(がん)の, 癌にかかった.
☞ 名 cancer.

can·did /kǽndid キャンディド/ 形 (more ~; most ~) 率直な, (たとえ相手に不快であっても)ずけずけ言う.
▶a *candid* answer 率直な返事.
☞ 名 candor.

can·di·da·cy /kǽndədəsi キャンディダスィ/ 名 UC 立候補.

*__can·di·date__ /kǽndədèit キャンディデイト/ 名 (複 ~s /-ts/) C **候補者**; 志願者.
▶a *candidate* for president 大統領候補者.

can·did·ly /kǽndidli キャンディドリ/ 副 率直に.

can·died /kǽndid キャンディド/ 形 砂糖づけの, 砂糖で煮た.

*__can·dle__ /kǽndl キャンドル/ 名 (複 ~s /-z/) C **ろうそく**.
▶light〔put out〕a *candle* ろうそくをつける〔消す〕.

can·dle·light /kǽndllàit キャンドルライト/ 名 U ろうそくの明かり.

can·dle·stick /kǽndlstìk キャンドルスティック/ 名 C ろうそく立て.

can·dor, (英) can·dour /kǽndər キャンダ/ 名 U 率直さ.
☞ 形 candid.

*__can·dy__ /kǽndi キャンディ/ 名 (複 can·dies /-z/) UC **(米)キャンデー**, 砂糖菓子 (ドロップ・キャラメル・チョコレートなど; ◎ (英) では sweets).

cándy flòss 名 UC (英) 綿菓子 (◎ (米) では cotton candy).

cane /kéin ケイン/ 名 (複 ~s /-z/) ❶ C ⓐ 杖(つえ), ステッキ. ⓑ (体罰用の)むち. ❷ C (竹・サトウキビなどの細長い)茎(くき).

ca·nine /kéinain ケイナイン/ 形 犬の; 犬科の; 犬のような.

can·is·ter /kǽnistər キャニスタ/ 名 C (茶・コーヒー・たばこなどを入れる小型のふたつきの)容器, かん.

can·na·bis /kǽnəbis キャナビス/ 名 U ❶ インド麻, 大麻. ❷ 大麻 (インド麻から作られる麻薬).

canned /kǽnd キャンド/ 動 can² の過去形・過去分詞形.
— 形 ❶ かん詰めにされた ((◎ (英) では tinned ともいう)). ❷ (音楽・笑い声などが)まえもって録音された.
▶形 ❶ *canned* fruit かん詰めの果物.

can·ner·y /kǽnəri キャナリ/ 名 (複 -ner·ies /-z/) C かん詰め工場.

can·ni·bal /kǽnəbəl キャニバル/ 名 C 人食い人; 共食いする動物.
— 形 人食いの; 共食いの.

can·ni·bal·ism /kǽnəbəlìzm キャニバリズム/ 名 U 人食い(の風習); 共食い.

can·non /kǽnən キャノン/ 名 (複 ~s /-z/, ~) C (旧式の)大砲 ((◎ 現在は gun のほうがふつう)).

can·non·ball /kǽnənbɔ̀ːl キャノンボール/ 名 C (むかしの丸い)砲弾 ((◎ 現在のものは shell という)).

*__can·not__ /kǽnat キャナット, kənát | kǽnɔt/ 《can¹ の否定形》 ((◎ (口語) では can't と短縮されるのがふつう; can not とつづることがある)). ▶She *cannot* swim. 彼女は泳げない.

ca·noe /kənúː カヌー/ 名 C カヌー ((オール(oar)でなく, かい(paddle)でこぐ小舟)).
— 動 (現分 ~·ing) ⓘ カヌーをこぐ, カヌーで行く.
▶名 paddle a *canoe* カヌーをこぐ.

can·on /kǽnən キャノン/ 名 C ❶ (行動・思考などの)規準. ❷ (作家などの本物の作品と認められる)正典. ❸ 【キリスト教】ⓐ 教会法 ((公認された教理・戒律・法令など)). ⓑ (大聖堂の)牧師.

cán òpener 名 C かん切り ((◎ (英) では tin opener ともいう)).

can·o·py /kǽnəpi キャノピ/ 名 (複 -o·pies /-z/) C ❶ 天蓋(てんがい) ((王座や寝台の上にかけるおおい)).
❷ (建物の入口の前にとりつけた)天蓋型のひさし, 張り出し.

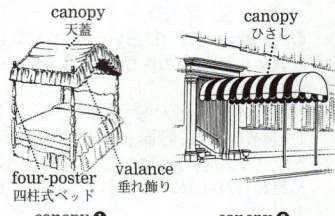

canopy
天蓋

canopy
ひさし

four-poster
四柱式ベッド

valance
垂れ飾り

canopy ❶   canopy ❷

*__can't__ /kǽnt キャント | káːnt/ ((口語)) 《**cannot, can¹ not** の短縮形》. ▶I *can't*

cape

swim. 私は泳げない / *Can't* I go now? もう行ってもよいでしょうか.

can·ta·loupe, can·ta·loup /kǽntəlòup キャンタロウプ | -lù:p/ 名 C カンタロープ《マスクメロン (muskmelon) の一種》.

can·teen /kæntí:n キャンティーン/ 名 C ❶ (工場・学校などの)食堂，(軍の基地などの)売店. ❷水筒.

can·ter /kǽntər キャンタ/ 名 C (馬の)ゆっくりした駆け足 (☞gallop).
— 動 自 (馬が)ゆっくり駆け足をする.

Can·ter·bur·y /kǽntərbèri キャンタベリ/ 名 カンタベリー《イギリス Kent 州の都市；イングランド国教会総本山の所在地》.

Can·ton /kæntɑn キャントン/ 名 広東 (カントン)《中国南東部の海港》.

*__can·vas__ /kǽnvəs キャンヴァス/ 名 (複 ~·es /-iz/) ❶ U キャンバス地《テントなどに使う目のあらいじょうぶな布》.
❷ C (油絵を描く)キャンバス, 画布 (ガフ).

can·vass /kǽnvəs キャンヴァス/ 動 (三単現 ~·es /-iz/) 他 ❶ (ある地域を)(意見など)を聞いて回る, (人)の意見を聞いて回る. ❷ (ある地域)を選挙運動して回る.
— 自 選挙運動して回る.

can·yon /kǽnjən キャニョン/ 名 C (川が流れる)深い峡谷 (キョウコク).

*__cap__ /kǽp キャップ/ 名 (複 ~s /-s/)
C ❶ (ふちのない)帽子《前だけにひさしのついたものも cap だが, これはとくに peaked cap ともいう；◆ふちがまわりについた帽子が hat》.
❷ ⓐ 帽子状のもの. ⓑ (鉛筆・ペンの)キャップ. ⓒ (ビンの)ふた.
❸ (使用可能金額の)上限.
❹【スポーツ】《英》国際試合の代表選手の資格.
— 動 (~s /-s/; capped /-t/; cap·ping) 他 ❶ …にふたをする, …の頂上をおおう.
❷ …よりまさる.
❸ …の使用可能金額を制限する.
❹《be capped で》【スポーツ】《英》国際試合の代表に選ばれる.

名 ❶ a nurse's *cap* 看護師の制帽 / put on [take off] a *cap* 帽子をかぶる [脱ぐ] / wear a *cap* 帽子をかぶっている.

❷ ⓒ She took the *cap* off the bottle. 彼女はびんのふたをとった.
— 動 他 ❶ The mountains were *capped* with snow. 山々の頂きは雪におおわれていた / *cap* a bottle びんにふたをする.

to cap it all さらに悪いことに.

ca·pa·bil·i·ty /kèipəbíləti ケイパビリティ/ 名 (複 -i·ties /-z/) U C 能力, 才能, 素質. ☞ 形 capable.

*__ca·pa·ble__ /kéipəbl ケイパブル/ 形 (more ~; most ~)
❶ 有能な (反 incapable).
❷《be capable of ... [*do*ing]》…の [_する]能力[才能]がある, 可能性がある (反 incapable).

----

❶ She is a *capable* teacher. 彼女は有能な教師だ. ❷ The young man *is capable of* original ideas. その青年は独創的な考えを出す才能がある / Monkeys *are capable of being* taught. サルにはものを教えこむことができる.
☞ 名 capability.

*__ca·pac·i·ty__ /kəpǽsəti カパシティ/《★キャパスィティではない》名 (複 -i·ties /-z/)
❶ C 収容能力, 容積.
❷ C 能力, 才能 (☞ ability の 類語).
❸ C 地位, 立場.

----

❶ have a seating *capacity* of 100 people 100人分の座席がある / The ship's *capacity* is 1,000 tons. その船の容積は1000トンである.
❷ a man of great intellectual *capacity* 非常に頭のよい男の人 / She has a great *capacity* for learning. 彼女は学問の才能が大いにある / have the *capacity* to become a doctor 医者になる能力がある. ❸ *in the capacity* of adviser 顧問の立場で.

at full capacity 全力で.
be filled [packed] to capacity《会場などが》(収容力)限度いっぱいまで入っている[詰まっている].

cáp and gówn 名 C (大学の教授や学生用の)礼装, 正装.

*__cape__¹ /kéip ケイプ/ 名 (複 ~s /-s/) C 岬 (ミサキ).

cape² /kéip ケイプ/ 名 C (婦人・子ども用

one hundred and sixty-nine 169

caper

の)ケープ《肩からおおう袖(💬)のないマント》.

ca·per /kéipər ケイパ/ 動⾃(陽気に)はねまわる.

Cape Town, Cape·town /kéip táun ケイプ タウン/ 名ケープタウン《南アフリカ共和国の立法府の所在地》.

*__cap·i·tal__ /kǽpətl キャピトル/ 名(複 ~s /-z/) ❶ⓒ首都.
❷ⓒ**大文字**.
❸Ⓤⓒ資本, 資本金, 元金.
— 形 ❶(文字が)**大文字の**.
❷(罪などが)死に値する; (誤りなどが)重大な. ❸資本の.

- -

名 ❶ Tokyo is the *capital* of Japan. 東京は日本の首都である.
❷ Begin the word with a *capital*. その語は大文字で始めなさい.
❸ He started his business with (a) *capital* of $50,000. 彼は5万ドルの資本で事業を始めた / *capital* and interest 元金と利子.
make capital (out) of ... …を(自分に有利なように)利用する.
— 形 ❷ *capital* punishment 死刑.
《同音異義語》capitol.

cap·i·tal·ism /kǽpətəlìzm キャピタリズム/ 名Ⓤ資本主義《☞ communism, socialism》.

cap·i·tal·ist /kǽpətəlist キャピタリスト/ 名ⓒ ❶資本主義者. ❷資本家. — 形資本主義の.

cap·i·tal·is·tic /kǽpətəlístik キャピタリスティック/ 形 ❶資本主義の. ❷資本家の.

ca·pi·tal·ize /kǽpətəlàiz キャピタライズ/ 動(現分 -iz·ing)他 ❶ …を大文字で書く; (単語)を大文字で始める. ❷ …に出資する. ❸ …を現金化する.
— ⾃[…を](自分に有利なように)利用する〔*on*〕.

cápital létter 名ⓒ大文字《✿「小文字」は small letter》.

Cap·i·tol /kǽpətl キャピトル/ 名 ❶《the をつけて》(アメリカの)国会議事堂《☞ parliament の表》. ❷ⓒ《しばしば capitol で》州議会議事堂.
《同音異義語》capital.

ca·price /kəprí:s カプリース/ 名Ⓤⓒ気まぐれ(な行動), 移り気.

ca·pri·cious /kəpríʃəs カプリシャス/ 形気まぐれな, 移り気の; (天候などが)不安定な, いつ変わるかわからない.

Cap·ri·corn /kǽprikɔ̀ːrn キャプリコーン/ 名〖占星〗❶やぎ座, 磨羯(🌟)宮《☞ zodiac》. ❷ⓒやぎ座生まれの人.

cap·size /kǽpsaiz キャプサイズ | kæpsáiz/ 動(現分 -siz·ing)他 (船など)をひっくり返す. — ⾃(船などが)ひっくり返る.

cap·sule /kǽpsl キャプスル/ 名ⓒ ❶ カプセル《薬を入れて飲むゼラチン製容器; ☞ medicine の【類語】》. ❷(宇宙ロケットの)カプセル. ❸(種子の)さや.

Capt.《略語》Captain.

*__cap·tain__ /kǽptən キャプテン/ 名(複 ~s /-z/)ⓒ ❶船長, 艦長; (飛行機の)機長.
❷キャプテン, 主将.
❸海軍大佐; 陸軍大尉, (米)空軍大尉.
— 動他 (船長・主将などとして)…を指揮する.

▶ 名 ❷ He is the *captain* of our team. 彼はわれわれのチームの主将です.

cap·tion /kǽpʃən キャプション/ 名ⓒ(写真・さし絵などの)説明; (映画の)字幕.

cap·ti·vate /kǽptəvèit キャプティヴェイト/ 動(現分 -vat·ing)他 …をうっとりさせる, 魅惑する.

cap·ti·vat·ing /kǽptəvèitiŋ キャプティヴェイティング/ 形うっとりさせる, 魅惑的な.

cap·tive /kǽptiv キャプティヴ/ 形捕虜(💬)になった, つかまえられた.
— 名(複 ~s /-z/)ⓒ捕虜.
▶ 形 a *captive* soldier 捕虜の兵隊.
hold ... captive …を捕虜にしておく.
take ... captive …を捕虜にする.

cap·tiv·i·ty /kæptívəti キャプティヴィティ/ 名Ⓤ捕(💬)らえられていること, 監禁.

cap·tor /kǽptər キャプタ/ 名ⓒ捕(💬)らえる人.

*__cap·ture__ /kǽptʃər キャプチャ/ 動(~s /-z/; cap·tured /-d/; -tur·ing /-tʃəriŋ/)他
❶ⓐ …を捕(💬)**らえる**, 捕虜(💬)にする.
ⓑ(場所・建物)を占拠(💬)する.
❷(心・注意など)を**ひきつける**. ❸(賞など)を得る.
❹ …を(写真や文章に)表現する.
— 名(複 ~s /-z/)Ⓤ**捕獲(する[される]こと)**; 占拠.

▶️動他 ❶ *capture* a thief どろぼうを捕らえる. ❷ The story *captured* the children's attention. その話は子どもたちの注意をひきつけた. ❸ *capture* a prize 賞を得る.
— 名 evade *capture* 逮捕(されること)をまぬがれる.

car /káːr カー/ 名 (複 ~s /-z/) C
❶ **車, 自動車** (◎(米)ではautomobileともいう;バスやトラックは含まない).
❷ⓐ (米)(鉄道の)**車両, 客車**(ⁿ);(◎(英)ではcarriageやcoachという;2両以上連結したものはtrain). ⓑ …車.

- - - - - - - - - - - - - - - - - - - -
❶ sleep in a *car* 車で眠る / a used *car* 中古車.

語の結びつき
back (up) [reverse] a *car* 車をバックさせる
drive a *car* 車を運転する
get in [into] a *car* 車に乗りこむ
get out of a *car* 車から降りる
rent [(米) hire] a *car* レンタカーを借りる
ride in a *car* 車に乗っていく
park a *car* 駐車する
stop a *car* 車を止める[停車させる]
take a *car* 車に乗っていく
- - - - - - - - - - - - - - - - - - - -

❷ⓐ This train is made up of seven *cars*. この列車は7両編成です.
ⓑ a sleeping *car* 寝台車 / a freight *car* (米)(屋根なし)貨車 ((◎(英)では (goods) wagon)/ a dining *car* 食堂車.

by car 車で: Let's go *by car*. 車で行こう.

car·a·mel /kǽrəməl キャラメル/ 名 ❶ U カラメル(砂糖を煮つめた茶色の液体;着色料・香料にする). ❷ UC キャラメル.

car·at /kǽrət キャラト/ 名 C ❶ カラット(宝石を計る単位;1カラットは200 mg.).
❷(英) = karat.

car·a·van /kǽrəvæn キャラヴァン/ 名 (複 ~s /-z/) C ❶(英)トレーラーハウス(自動車で引く移動住宅; ◎(米)ではtrailer).
❷(ジプシー・サーカスなどの)ほろ馬車.
❸(さばく地方の)隊商;旅行隊.

car·bine /káːrbiːn カービーン, -bain/ 名 C カービン銃.

car·bo·hy·drate /kàːrbouháidreit カーボウハイドレイト/ 名 UC 【化学】炭水化物.

*****car·bon** /káːrbən カーボン/ 名 U **炭素**(元素記号 C).
☞ 形 carbonic

cár·bon·at·ed drínk /káːrbənèitid カーボネイティド·/ 名 C 炭酸飲料.

cárbon cópy 名 C ❶カーボンコピー(☞cc). ❷よく似たもの, 生き写し.

cárbon dióxide /-daiɑ́ksaid ·ダイアクサイド/ 名 U 二酸化炭素, 炭酸ガス.

car·bon·ic /kɑːrbɑ́nik カーバニック/ 形 炭素の, 炭素を含む.
☞ 名 carbon

cárbon monóxide 名 U 一酸化炭素.
cárbon pàper 名 UC カーボン紙.

car·bu·re·tor, (英) **car·bu·ret·tor** /káːrbərèitər カーブレイタ | kàːbjurétə/

carcass

图⃝キャブレター《自動車などのガソリンを気化する装置》.

car·cass /kɑ́:rkəs カーカス/ 图（複 ~es /-iz/）⃝《動物の》死体《❶とくに食用に殺したもの；人間の死体はbody》.

card /kɑ́:rd カード/ 图（複 ~s /-dz/）⃝ ❶ **カード, 札, 券.
❷ⓐ《トランプの》**カード**《❶playing cardともいう；英語のtrumpは「切り札」の意》. ⓑ《複数形で》トランプ遊び.
❸ **クレジットカード**《☞credit card》.
❹ はがき（postcard），あいさつ状，案内状.
❺ 名刺.
❻《競技の》プログラム，対戦表，カード.

・・・・・・・・・・・・・・・・・・・・・・・・
❶ a boarding *card* 搭乗券 / a bank *card* 銀行のキャッシュカード / a membership *card* 会員券.
❷ⓐ shuffle the *cards* トランプを（混ぜて）切る / a pack of *cards* トランプひと組. ⓑ play *cards* トランプをする.
❹ an invitation *card* 招待状 / a New Year's *card* 年賀状.

be in [《英》*on*] *the cards*《物事が》起こりそうである.

have a card up *one's* ***sleeve***《口語》ひそかに奥の手を用意している.

hold [***keep, play***] *one's* ***cards to*** *one's* ***chest*** 考え[計画]などを秘密にしておく.

play *one's* ***best*** [***strongest***] ***card*** とっておきの手を使う.

play *one's* ***cards right*** ことをうまく処理する.

put [***lay***] *one's* ***cards on the table*** 手の内を見せる；意図[計画(など)]を公開する.

show *one's* ***cards*** 手の内を見せる.

card·board /kɑ́:rdbɔ̀:rd カードボード/ ⓊU ボール紙，厚紙，段ボール.
▶ a *cardboard* box（段）ボール箱.

car·di·ac /kɑ́:rdiæk カーディアック/ 圏 心臓(病)の. ▶ a *cardiac* arrest 心臓麻痺(まひ).

car·di·gan /kɑ́:rdigən カーディガン/ 图 ⃝ カーディガン.

car·di·nal /kɑ́:rdənl カーディヌル/ 圏 主要な，基本的な.

— 图⃝【カトリック】枢機卿(すうききょう)《ローマ教皇(Pope)の最高顧問》.

cárdinal númber 图⃝ 基数《one, two, threeなどの数》.

*care /kéər ケア/ 图（複 ~s /-z/）
❶Ⓤ 世話，保護；管理.
❷Ⓤ 用心，注意，気配り.
❸ⓐⒸ 心配，悩み. ⓑⒸ《しばしば複数形で》**心配ごと**，気になること，苦労の種.

— 動（~s /-z/; cared /-d/; car·ing /kéəriŋ/）⃝《ふつう否定文・疑問文で》気にする，心配する.

— 他 ❶《ふつう否定文・疑問文・条件節で》__したいと思う.
❷《ふつう否定文・疑問文で》__を気にする，心配する.

・・・・・・・・・・・・・・・・・・・・・・・・
图 ❶ The child was left in his uncle's *care*. その子はおじの世話になることになった / The villa is under the *care* of Mr. Shulz. その別荘はシュルツ氏が管理している.
❷ with great *care* よく注意して.
❸ⓐ He is free from *care*. 彼には悩みがない.
ⓑ financial *cares* 金銭上の苦労.

care of ...〔郵便〕…宛(あて)で，…方(かた)《❶c/oと略す》：Write to me *care of* my lawyer. 私には弁護士あてで手紙をください / Mr. James Foster, c/o Mr. Thomas Carter トマス カーター様方ジェームズ フォスター様.

in care of ...《米》= *care of ....*

take care 気をつける，用心する：*Take care* (that) you don't catch cold. かぜをひかないように気をつけなさい / *Take care* not to break the vase. 花びんをこわさないように注意しなさい / Bye! *Take care!* さようなら．お元気で.

take care of ... ①…を **世話する**，…に気をつける，…の責任をもつ：I *take care of* the dog. 私が犬を世話しています．②…を **処理する**，始末する：I will *take care of* the hotel reservations. ホテルの予約は私がいたしましょう.

take care of oneself ① 体を大事にする：*Take care of yourself*. 体を大事にするのですよ．② 自分のことは自分でする.

with care 注意して（carefully）：

Handle *with care*. 取扱い注意《荷物などにつける注意書き》.
☞ 形 careful.

— 動 ⾃ I don't *care* if I fail. 失敗してもかまわない.

— ⾃ ❶ Would you *care to* go to the movies? 映画に行きませんか / I don't *care to* drink coffee. コーヒーは飲みたくありません. ❷ I don't *care what* people say. 人が何と言おうと平気だ.

care about ... …に関心がある, …が気になる: He only *cares about* money. 彼はお金にしか関心がない.

care for ... ①《ふつう疑問文・否定文で》…が**好きである**: She doesn't *care* much *for* modern jazz. 彼女はモダンジャズはそう好きではない. ②《ふつう疑問文・否定文で》…が**ほしい**: Would you *care for* a cup of tea? お茶を一杯召しあがりますか. ③…の**世話をする**.

couldn't care less 全然気にしない, どうでもいい: I *couldn't care less* what you think. 君がどう思おうと全然気にしないよ.

for all ... care …の知ったことではない: He can fail *for all* I *care*. 彼が失敗したって私の知ったことではない.

Who cares? 《口語》だれがかまうものか（そんなことはどうでもいい）.

ca‧reer /kəríər カリア/《★キャリアではない》名（複 ～s /-z/）❶ **職業**（一生の仕事とするような, 専門的な職業）.
❷ **経歴**; **生涯**.

— 形 職業的な, 専門の, 自分の職業を一生の仕事と考えている.

名 ❶ He took up medicine as his *career*. = He made medicine his *career*. 彼は医学を自分の職業として選んだ / follow a business〔political〕*career* 実業家〔政治家〕として生涯を送る. ❷ She started her *career* as a lawyer. 彼女は弁護士として人生の第一歩を踏み出した / the *careers* of great people 偉大な人たちの生涯.

— 形 a *career* diplomat はえぬきの外交官 / a *career* woman（専門職に従事する）キャリアウーマン.

care‧free /kéərfrì: ケアフリー/ 形 のんきな, 心配ごとのない.

care‧ful /kéərfəl ケアフル/ 形
(more～; most～)
❶ⓐ **注意深い**, 慎重な (反 careless).
ⓑ《be careful of [about] ...》…に気をつける.
ⓒ《be careful to *do*》_するように気をつける.
ⓓ《be careful (that) _》_ように気をつける.
❷ 念入りな, 綿密な.

❶ⓐ She is a *careful* driver. 彼女は運転が慎重だ. ⓑ *Be* more *careful of* [about] your health. = *Be* more *careful of* [about] yourself. 健康にはもっと注意しなさい / You must *be careful (about)* what you say. ことばに注意しなければいけません. ⓒ *Be careful* not *to* slip. 滑らないように気をつけなさい. ⓓ *Be careful (that)* you don't break the eggs. 卵を割らないように注意しなさい.
❷ make a *careful* planning 綿密な計画をする.

be careful with ... …の扱いに注意する: *Be careful with* fire. 火に注意しなさい.

☞ 名 care.

care‧ful‧ly /kéərfəli ケアフリ/ 副 (more ～; most ～) **注意深く**.
▶ Read this paragraph *carefully*. この段落を注意して読みなさい.

care‧giv‧er /kéərgìvə ケアギヴァ/ 名 C《米》《病人・子どもなどの》世話をする人, 介護者（《英》では carer）.

care‧less /kéərləs ケアレス/ 形 (more ～; most ～)
❶ **不注意な**, 軽率な (反 careful).
❷《be careless of ...》…を**気にしない**, …にむとんちゃくである. ❸ のんきな.

❶ He is a *careless* driver. 彼は運転が不注意だ / make *careless* mistakes 不注意な誤りをする / It was *careless of* you *to* leave the door unlocked. = You were *careless* to leave the door unlocked. ドアに鍵をかけぬままにおくとは君も不注意だった.

carelessly

❷He *is careless of* his clothes. 彼は服装にはむとんちゃくです.
❸a *careless* life のんきな生活.

care·less·ly /kέərləsli ケアレスリ/ 副 ❶不注意に, うっかりと. ❷むぞうさに.

care·less·ness /kέərləsnəs ケアレスネス/ 名Ⓤ不注意, 軽率.

car·er /kέərər ケアラ/ 名Ⓒ《英》=caregiver.

ca·ress /kərés カレス/ 名(複 ~es /-iz/)Ⓒ愛情をこめてやさしくだいたりなでたりすること, 愛撫(ぶ).
— 動(三単現 ~es /-iz/)他 …を愛撫する.

care·tak·er /kέərtèikər ケアテイカ/ 名Ⓒ ❶《英》(学校・アパートなどの)管理人 (◆《米》ではjanitor). ❷(所有者が不在の建物・土地などの)管理人. ❸《米》=caregiver.
— 形暫定(ぜん)的な, 臨時の.
▶形a *caretaker* government 暫定内閣.

*__car·go__ /ká:rgou カーゴウ/ 名(複 ~es, ~s /-z/)ⓊⒸ(船・飛行機などの)**積み荷**.

Car·ib·be·an /kærəbí:ən キャリビーアン/ 形 ❶カリブ海の. ❷カリブ人の.

Caribbéan Séa 名《theをつけて》カリブ海《中南米・西インド諸島間の海》.

car·i·bou /kǽrəbù: キャリブー/ 名(複 ~, ~s /-z/)Ⓒ《動物》カリブー《北米産の大トナカイ》.

car·i·ca·ture /kǽrikətʃùər キャリカチュア/ 名Ⓒ(人物の特徴を誇張して描く)風刺画, 風刺文.

car·load /ká:rlòud カーロウド/ 名Ⓒ貨車1車両分の貨物.

car·nage /ká:rnidʒ カーニチ/ 名Ⓤ(戦争による)大虐殺(さつ).

car·na·tion /ka:rnéiʃən カーネイション/ 名Ⓒカーネーション.

Car·ne·gie /ká:rnəgì: カーネギー | ka:rnégi/ 名カーネギー《**Andrew Carnegie** (1835–1919); アメリカの実業家・慈善家》.

car·ni·val /ká:rnəvəl カーニヴァル/ 名 ❶Ⓤカーニバル, 謝肉祭《カトリック教徒の祭り; 仮装行列などをして浮かれさわぐ》.
❷Ⓒお祭り騒ぎ.
❸Ⓒ《米》(大がかりな野外)巡業ショー.

car·ni·vore /ká:rnəvɔ̀:r カーニヴォー/ 名Ⓒ肉食動物 (☞herbivore).

car·niv·o·rous /ka:rnívərəs カーニヴォラス/ 形 (動物が)肉食性の.

Car·ol /kǽrəl キャロル/ 名キャロル《女性の名》.

car·ol /kǽrəl キャロル/ 名Ⓒクリスマスキャロル.

Car·o·li·na /kærəláinə キャロライナ/ 名カロライナ《アメリカ南部の大西洋岸の地域; South Carolina と North Carolina のふたつの州に分かれている》.

Car·o·line /kǽrəlin キャロリン, -làin/ 名キャロライン《女性の名》.

car·o·tene /kǽrəti:n キャロティーン/ 名Ⓤカロチン, カロテン《ニンジンなどに含まれる》.

car·ou·sel /kærəsél キャルセル/ 《★アクセント注意》名Ⓒ ❶《米》メリーゴーラウンド (merry-go-round). ❷(空港の)回転式ベルトコンベヤー《この上にのって出てくる荷物を乗客が受け取る》.

carousel ❷

carp /ká:rp カープ/ 名(複 carp, ~s /-s/)Ⓒコイ(鯉).

cár párk 名Ⓒ《英》駐車場《◆《米》では parking lot》.

*__car·pen·ter__ /ká:rpəntər カーペンタ/ 名(複 ~s /-z/)Ⓒ**大工**.

car·pen·try /ká:rpəntri カーペントリ/ 名Ⓤ大工の仕事.

*__car·pet__ /ká:rpit カーピット/ 名(複 ~s /-ts/)Ⓒ ❶**じゅうたん**, 敷物 (☞rug).
❷(花・雪などの)一面の広がり.
— 動他 …にじゅうたんを敷く.
▶名 ❷a *carpet* of moss 一面にはえたコケ.

car·pet·ing /ká:rpitiŋ カーピティング/ 名Ⓤ ❶《集合的に》じゅうたん類. ❷じゅうたん地.

cár pòol 名Ⓒカープール《隣近所の人たちが交替で目的地までお互いの車に相乗りする取決め[方式]》.

car・port /kάːrpɔ̀ːrt カーポート/ 名Cカーポート《さしかけ屋根の車置き場》.

***car・riage** /kǽridʒ キャリヂ/ 名(複 -riages /-iz/)

❶Ⓒ **4輪馬車**. ❺《米》うば車《○baby carriage ともいう》.

❷Ⓒ《英》(鉄道の)**客車**《(カッ)》《○coach ともいう;《米》では car; 2両以上連結したものは train》.

▶ ❶**a** *carriage* **and pair** 〔**four**〕2〔4〕頭立ての馬車. ❷**a first-class** *carriage* 一等車.

***car・ri・er** /kǽriər キャリア/ 名(複 ~s /-z/)Ⓒ ❶ⓐ運ぶ人. ⓑ運送業者. ⓒ輸送車[機, 船]. ⓓ(自転車などの)荷台.

❷(伝染病の)**保菌者**; (病原菌の)媒介体.

❸**航空母艦**《○aircraft carrier ともいう》.

cárrier bàg 名Ⓒ《英》買い物袋《商店が買い物を入れて客に渡す; ○《米》では shopping bag》.

Car・roll /kǽrəl キャロル/ 名キャロル《**Lewis Carroll** (1832-98); イギリスの童話作家・数学者;『不思議の国のアリス』(*Alice's Adventures in Wonderland*) の作者; ☞ Alice》.

***car・rot** /kǽrət キャロト/ 名(複 ~s /-ts/) ⓊⒸニンジン.

(**the**) **carrot and** (**the**) **stick** 甘い約束とおどし,「飴(あめ)と答(むち)」《○馬の好物のニンジンと嫌いなむちを使って馬をうまく走らせることから》.

car・rou・sel /kæ̀rəsél キャルセル/ 名《米》= carousel.

****car・ry** /kǽri キャリ/ 動 (car・ries /-z/; car・ried /-d/; ~・ing) 他

❶**…を運ぶ, 持っていく, 乗せていく**.

❷ⓐ**…を(身につけて)持っている**, 持ち歩く.

ⓑ(子ども)を抱く, おんぶする.

❸ⓐ(知らせなど)を**伝える**.

ⓑ(昆虫などが)(病気)をうつす.

ⓒ(音・水など)を通す, 導く.

❹(新聞・雑誌などが)(記事)を**載せる**.

❺ⓐ(…の重さ)を**ささえる**.

ⓑ(会社など)を支える, 維持する.

ⓒ(体)を(ある姿勢に)しておく.

❻(物事が)(人)を(ある状態・地位まで)行かせる.

❼ⓐ…を必然的に含む; (義務など)をともなう.

ⓑ(結果として)…を生じる.

❽(店が)…を売っている.

❾ⓐ(選挙に)勝つ.

ⓑ(主張・議案・動議など)を通す.

━ 自 (音などが)届く, 伝わる; (ボールなどが)飛ぶ.

─────────

使 ❶ This bus cannot *carry* more than 60 people. このバスには60人以上は乗れない.

❷ⓐ *carry* a handbag ハンドバッグを持ち歩く. ⓑ She is *carrying* her baby in her arms. 彼女は赤ん坊を両腕に抱いている.

❸ⓐ He *carried* the news to her. 彼はそのニュースを彼女に伝えた. ⓒ Air *carries* sound. 空気は音を伝える.

❹ Today's paper *carries* a special report on the water shortage. きょうの新聞は水不足の特別記事を載せている.

❺ⓐ These beams *carry* the weight of the roof. これらのはりが屋根の重さをささえている. ⓒ He *carried* his head proudly. 彼は誇らしげに頭を高く上げていた.

❻ Hard work *carried* her to the top of the class. 彼女はよく勉強してクラスのトップになった.

❼ⓐ Rights *carry* responsibilities with them. 権利には義務がともなう.

❽ Does this store *carry* toys? この店では玩具を売っていますか.

❾ⓐ *carry* the election 選挙に勝つ / *carry* the argument 議論に勝つ.

ⓑ *carry* a motion 動議を可決する.

carry about [***around***] 他…を持ち歩く.

carry away 他 ① …を**運び去る**: The injured men were *carried away*. 負傷した男たちは運び去られた. ② 《ふつう **be carried away** で》**夢中になる**, うっとりする: We *were carried away* by the sweet music. われわれはその美しい音楽にすっかり心を奪われた.

carry back 他 ① (人)に**思い出させる**: The picture *carried* me *back* to my school days. その写真で私は学生時代を思い出した. ② …を**もとの所へもど**

carry forward 他 ① …を推進する。② …を (次のページへ) 繰り越す。

carry off 他 ① …を (つかまえて) もち去る、つれ去る。② (賞など) を獲得する。③ (役割・行為など) をうまくやりとげる、こなす。④ (病気などが) …の命を奪う。

carry on 他 ①(仕事・行為など)を**続ける**：It is difficult to *carry on* a conversation in a noisy train. 騒がしい車中で会話を続けるのは困難だ / *carry on* drinking 飲み続ける。②(業務など)をする、行なう：*carry on* business 商売をする。— 自 ①続ける。②泣いたりわめいたりする；みっともないふるまいをする。

carry *oneself* (ある態度で)ふるまう：She *carries herself* gracefully. 彼女はしとやかにふるまう。

carry on with ... ①…を続ける：*Carry on with* your work. 仕事を続けなさい。②(異性)と関係を続ける。

carry out 他 ①(約束・計画など)を**実行する**；(実験など)を行なう：You must *carry out* what you have promised. 約束したことは果たさなければいけませんよ / *carry out* a plan 計画を実行する。②…を**運び出す**。

carry over 他 ①…を延期する。② = *carry* forward ②。

carry through 他 ①…を**やりとげる**：*carry* the work *through* 仕事をやりとげる。②(人)に困難を切りぬけさせる。

carry ... too far …をやりすぎる：Don't *carry* the trick *too far*. いたずらがすぎないようにしなさい。

car·ry-on /kǽri-ὰn キャリ・アン/ 名C《米》(飛行)機内持ちこみ手荷物。

car·ry·out /kǽriàut キャリアウト/ 形名《米・スコットランド》= **takeout**。

car·ry·o·ver /kǽri-òuvər キャリ・オウヴァ/ 名C繰り越し(金額)。

car·sick /kɑ́ːrsìk カースィック/ 形車に酔った。

*__cart__ /kɑ́ːrt カート/ 名 (複 ~s /-ts/) C
❶ⓐ**手押し車**。ⓑ《米》(スーパーで買った物を入れて運ぶ)カート (◆shopping car ともいう；《英》では (shopping) trolley)。❷ (2輪または4輪の)荷馬車 (☞wagon)。❸ (料理をのせて運ぶ)ワゴン。

put the cart before the horse 順序が逆のことをする、本末を転倒する。

car·tel /kɑːrtél カーテル/ 名C カルテル、企業連合。

car·ti·lage /kɑ́ːrtəlidʒ カーティリヂ/ 名UC 〖解剖〗軟骨。

car·ton /kɑ́ːrtn カートン/ 名C カートン、ボール箱、プラスチック箱。▶a carton of cigarettes 紙巻たばこ1カートン《ふつう10箱》/ two milk *cartons* 牛乳2パック。

car·toon /kɑːrtúːn カートゥーン/ 名 (★アクセント注意) C ❶ (ふつう1コマの)時事風刺漫画。❷ 漫画映画、アニメ映画。

car·toon·ist /kɑːrtúːnist カートゥーニスト/ 名C 漫画家。

car·tridge /kɑ́ːrtridʒ カートリヂ/ 名C
❶ 弾薬筒。❷ (フィルム・テープなどを入れる)カートリッジ。❸ (万年筆の)カートリッジ。

cart·wheel /kɑ́ːrthwìːl カート(ホ)ウィール/ 名C ❶ 横とんぼ返り、側転。❷ 荷車の車輪。

cartwheel ❶

*__carve__ /kɑ́ːrv カーヴ/ 動 (~s /-z/; carved /-d/; carv·ing) 他 ❶ⓐ (木・石などに)…を**彫る**、彫刻する。ⓑ (木・石など)を彫る。❷ (食卓で)(肉)を切り分ける。
— 自 ❶ (食卓で)肉を切り分ける。❷彫刻する。
▶❶ⓐHe *carved* her initials on a tree. 彼は木に彼女のイニシャルを彫りつけた / *carve* a statue from [out of] marble 大理石を彫って像を作る。
ⓑ *carve* wood into a Buddhist image 木を彫って仏像を作る。

carve out 他 ①…を彫って作る。②(地位・名声など)を努力して得る。

carve up 他 ①…を切り分ける。②…を山分けする。

carv·er /kɑ́ːrvər カーヴァ/ 名C ❶ 彫刻家。❷ = **carving knife**。

carv·ing /kɑ́ːrviŋ カーヴィング/ 名UC 彫刻。

cárving knìfe 名C (食卓用)大型肉切りナイフ (◆carver ともいう)。

cas·cade /kæskéid キャスケイド/ 名

小さい滝.
*__case__¹ /kéis ケイス/ 图(複 cas・es /-iz/)
© ❶場合.
❷事例, ケース, 問題.
❸《the をつけて》実情, 真相.
❹事件. ❺(病気の)症例, 患者.
❻訴訟(セ。ぅ); 判例.
❼言い分, 主張, 申し立て.
❽〔文法〕格.

❶In that *case* I won't go. その場合には私は行きません / in some *cases* いくつかの場合には.
❷That's a very unusual *case*. それはとても珍しい例[ケース]だ / a *case* of conscience 良心の問題.
❸That is not *the case*. それは実情とはちがう / It is always *the case* with her. 彼女はいつもそうだ / such [this] being *the case* こんな事情なので.
❹a *case* of murder〔robbery〕殺人〔強盗〕事件 / a *case* for the police 警察の扱うべき事件.
❺Another *case* of typhoid was reported. また1名チフス患者が報告された. ❽the nominative〔possessive / objective〕*case* 主格〔所有格/目的格〕.

as is often the case (*with …*) (…にはよくあることだが): He was late for school, *as is often the case with* him. 彼は学校に遅れたが, それは彼にありがちなことである.
as the case may be 場合によって.
be on …'s case …に文句ばかり言う, 干渉する.
in any case いずれにしても, ともかく: We will call on him *in any case*. ともかく彼を訪ねます.
in case = just in *case*.
in case __ ①__だといけないから; __の場合に備えて: Take an umbrella with you *in case* it rains [should rain]. 雨が降るといけないから, かさをもって行きなさい 《☻(口語)では should を用いないほうが多い》. ②《米》__の場合は, __ならば: *In case* he comes, tell him that I will be back soon. もし彼が来たら私はすぐもどると言ってください.
in case of … …の場合は, …が起こったら: *In case of* accident, call the police at once. 事故の場合はすぐ警察を呼びなさい.
in either case どっちにしても.
(*in*) *nine cases out of ten* 十中八九, ほとんどまちがいなく.
in no case 決して…ない.
in the case of … …の場合は, …については: *in the case of* Tom トムについては.
just in case 《ふつう文尾に置いて》万一に備えて: I'll take a sweater *just in case*. 万一に備えて[寒くなるといけないから]セーターをもっていきます.
just in case __ = in *case* __.
make a case for 〔*against*〕*…* …に賛成〔反対〕であると主張する.

*__case__² /kéis ケイス/ 图(複 cas・es /-iz/)
© ❶ⓐ箱, ケース, 入れ物, …入れ. ⓑ 1箱(の量). ❷(窓などの)わく, (時計などの)側(が). ❸旅行かばん (suitcase).
▶ ❶ⓐ a pencil *case* 鉛筆入れ. ⓑ a *case* of wine ブドウ酒1箱 《1ダース[12本]入り》.

cáse hístory 图© ❶病歴. ❷(ケースワーク (casework) の資料としての)個人歴.

cáse stùdy 图©ケーススタディ, 事例研究.

case・work /kéiswə̀:rk ケイスワーク/ 图 Ⓤ ケースワーク 《caseworker の仕事》.

case・work・er /kéiswə̀rkər ケイスワーカ/ 图©ケースワーカー, 社会福祉士 《社会的・心理的・経済的に問題のある人や家族に指導・助言をする人》.

*__cash__ /kǽʃ キャッシュ/ 图Ⓤ現金 《紙幣 (《米》bill, 《英》note)と硬貨(coin)がある》.
— 動 (~es /-iz/; ~ed /-t/; ~ing) 他 (小切手・手形)を**現金に換える**.

图 pay in [by] *cash* = pay *cash* 現金で代金を支払う / He is short of *cash* now. 彼は今金に困っている(支払うだけの現金をもっていない) / hard *cash* (小切手などではない)現金 / ready *cash* もち合わせの現金 / *cash* payment 現金払い.
cash down 即金で.
cash on delivery 代金引き換えで.

cash card

— 動 他 Can you *cash* this check for me? この小切手を現金に換えてくれませんか / I got my check *cashed* at the bank. 私は小切手を銀行で現金に換えてもらった.

cash in on ... …を利用してもうける.
《同音異形語》cache.

cásh càrd 名 C 《英》キャッシュカード, 現金引き出しカード《✿《米》では ATM card》.

cásh díscount 名 U C 現金割引.

cásh dispènser 名 C 《英》現金自動支払い機《✿**cásh machìne**ともいう;《米》では ATM》.

cash·ew /kǽʃuː キャシュー, kəʃúː/ 名 C カシューの実, カシューナッツ (cashew nut); カシュー(の木).

cash·ier /kæʃíər キャシア/《★アクセント注意》名 (複 ~s /-z/) C 《銀行・ホテル・店などの》レジ係.

cash·mere /kǽʒmiər キャジミア, kǽʃ-/《★発音注意》名 U カシミヤ(織り)《インドのカシミール (Kashmir) 地方産のヤギの毛で織った柔(やわ)らかい織物》.

cásh règister 名 C レジ(の機械).

cas·ing /kéisiŋ ケイシング/ 名 C 《物を保護する》おおい, カバー.

ca·si·no /kəsíːnou カスィーノウ/《★アクセント注意》名 (複 ~s /-z/) C カジノ《賭博(とばく)場》.

cask /kǽsk キャスク/ 名 C 《酒を貯蔵する》木製のたる《☞ barrel 》.

cas·ket /kǽskit キャスキット/ 名 C
❶ 《宝石などを入れる》小箱. ❷《米》ひつぎ (coffin).

Cás·pi·an Séa /kǽspiən- キャスピアン-/ 名 《the をつけて》カスピ海.

cas·se·role /kǽsəròul キャセロウル/ 名
❶ U C 蒸し焼きなべ料理, キャセロール《なべにいれたままオーブンで焼く》. ❷ C 蒸し焼きなべ, キャセロール《✿**cásserole dìsh**ともいう》.

*****cas·sette*** /kəsét カセット/ 名 (複 ~s /-ts/) C 《テープ・ビデオの》カセット(テープ).

Cas·si·o·pe·ia /kǽsiəpíːə キャスィオピーア/ 名 【天文】カシオペア座.

*****cast*** /kǽst キャスト | káːst/ 動 (~s /-ts/; cast; ~ing) 他 ❶ⓐ …を**投げる**《✿「投げる」の意味では, ふつう throw を用い, cast は特定の語と結びついて用いられることが多

い》. ⓑ (票など)を**投じる**.
❷ⓐ (光・影など)を**投げかける**. ⓑ (非難・疑惑など)を向ける.
❸ (視線など)を**向ける**.
❹ (動物が)(皮など)を脱ぐ.
❺《cast ... as ~》…に~(の役)を振り当てる.
❻ …を鋳造(ちゅうぞう)する, 型に入れて作る.
— 名 (複 ~s /-ts/) C ❶《集合的に》出演俳優. ❷ ギブス《✿**plaster cast** ともいう》. ❸ (ロープ・つり糸などを)投げること; (さいころを)振ること. ❹ⓐ 鋳型(いがた); 石膏(せっこう)型. ⓑ 鋳造(ちゅうぞう)物. ❺ 気性, 型, タイプ. ❻《a をつけて》色合い.

動 他 ❶ⓐ He *cast* his fishing line into the water. 彼は釣り糸を水中に投げ入れた / *cast* dice さいころを振る / *cast* anchor いかりを降ろす, 停泊する. ⓑ *cast one's* vote [ballot] 投票する.
❷ⓐ *cast* a shadow on ... …に影を投げかける. ❸ *cast* a glance (at ...) (…を)ちらりと見る. ❹ Snakes *cast* their skins. ヘビは脱皮する. ❺ The director *cast me as* Romeo. 監督は私をロミオの役につけた. ❻ *cast* a statue in bronze 青銅で像を鋳造する.

cast about [around] for ... ①…をさがし回る. ②(解答などを)さがし求める.

cast aside 他 ①…を投げ捨てる. ②(不要なもの)を捨て去る. ③(不安など)を振り捨てる.

cast away 他 ①…を(投げ)捨てる. ②《be cast away で》(難破(なんぱ)して)置きざりにされる.

cast down 他 ①(視線など)を低くする, 下げる. ②《ふつう be cast down で》がっかりする, 意気消沈する.

cast off 他 ①…を**投げ捨てる**: He *cast off* his coat. 彼は上着を脱ぎ捨てた. ②…を捨て去る. ③(船のロープなど)を解く.
— 自 船のロープを解く; (船が)出航する.

cast out 他 ①…を投げ出す. ②…を追い出す, 追い払う.

— 名 ❶ an all-star *cast* スター総出演.
《同音異形語》caste.

cas·ta·nets /kæstənéts キャスタネッツ/ 名 (複) カスタネット《打楽器》.

caste /kǽst キャスト/ 名 UC カースト《インドに古くからある世襲的階級制度》.

cast・er /kǽstər キャスタ/ 名 C キャスター《ピアノ・イスなど動かすためにつけた小さい車》.

cast・ing /kǽstiŋ キャスティング/ 名
❶ C (映画などの役の)振り当て. ❷ U 鋳造(ちゅう).

cásting vóte 名 C 《会議で賛否同数のときに議長が行なう》決定投票.

cást íron 名 U 鋳鉄(ちゅうてつ).

*__cas・tle__ /kǽsl キャスル | káːsl/ 《★t は発音されない》名 (複 ~s /-z/) C 城;大邸宅.
▶ことば An Englishman's house is his *castle*. イギリス人の家は城だ；私生活に他人が立ち入ることは許されない.
build castles [a castle] in the air [in Spain] 実現しそうもないことを空想する.

cast-off /kǽstɔ̀ːf キャストーフ/ 形 (服など)不要になった,おさがりの.
— 名 C 《ふつう複数形で》古着(ふるぎ).

cast・or /kǽstər キャスタ/ 名 = **caster**.

cas・trate /kǽstreit キャストレイト | kæstréit/ 動 (現分 -trat・ing) 他 …を去勢(きょせい)する.

Cas・tro /kǽstrou キャストロウ/ 名 カストロ《**Fi・del** /fidél/ **Castro** (1927–); キューバの革命政治家；首相 (1959–2008)》.

*__cas・u・al__ /kǽʒuəl キャジュアル/ 形 (more ~; most ~)
❶ なにげない,思いつきの.
❷ (人など)気まぐれの,いいかげんな.
❸ ⓐ (服装など)形式ばらない (反 formal). ⓑ (態度など)打ちとけた,気どらない. ❹ 臨時の,不定期の. ❺ 偶然の,思いがけない.

❶ a *casual* answer (深く考えない)出まかせの返事.
❷ a *casual* sort of person いいかげんな人間.
❸ ⓐ *casual* clothes [wear] ふだん着,カジュアルウェア. ⓑ *casual* manners 気取らない態度. ❹ a *casual* worker 臨時の労働者 / *casual* expenses 臨時の出費. ❺ a *casual* visitor 思いがけない来客.

cas・u・al・ly /kǽʒuəli キャジュアリ/ 副
❶ なに気なく. ❷ ふだん着で,軽装で.

❸ 偶然に.

cas・u・al・ty /kǽʒuəlti キャジュアルティ/ 名 (複 -al・ties /-z/) C (事故・災難・戦争などの)死傷者,犠牲者.

**cat /kǽt キャット/ 名 (複 ~s /-ts/) C
❶ **ネコ** (猫).
❷ ネコ科の動物《ライオン・トラ・ヒョウなど》.

❶ He has a *cat*. 彼はネコを飼っている / *Cats* purr. ネコはのどをゴロゴロならす / ことば A *cat* has nine lives. ネコには9つの命がある；ネコはなかなか死なない / When the *cat's* away, the mice will play. ネコがいないときはネズミがあばれる,「鬼のいない間の洗たく」.
INFO▶ (1) 中世の迷信によると悪魔のお気に入りは黒ネコで,魔女もネコを飼いならしていたという. 古代ローマではネコは自由の象徴で,ネコほど拘束をきらう動物はいなかったという.
(2)「子ネコ」は kitten, 小児語の「ネコちゃん」は kitty, pussy.
(3) 鳴き声の「ニャオー」は mew, meow という.

bell the cat (☞ bell 動).
let the cat out of the bag ついうっかり秘密を漏(も)らしてしまう.
rain cats and dogs 雨がどしゃぶりに降る《❂ しばしば進行形で用いる；使い古された表現》.

*__cat・a・log, cat・a・logue__ /kǽtəlɔ̀(ː)g キャタロ(ー)グ/ 名 (複 ~s /-z/) C **カタログ**,目録.
— 動 (~s /-z/; -loged, -logued /-d/; -log・ing, -logu・ing) 他 ❶ …をカタログ[目録]に載せる. ❷ …のカタログ[目録]を作る.

ca・tal・y・sis /kətǽləsis カタリシィス/ 名 (複 -y・ses /-sìːz/) UC 【化学】触媒(しょくばい)作用.

cat・a・lyst /kǽtəlist キャタリスト/ 名 C
❶ 【化学】触媒(しょくばい). ❷ 変化を促進するもの[人].

cat・a・pult /kǽtəpʌlt キャタパルト/ 名 C
❶ 《英》(おもちゃの)パチンコ《❂《米》では **slingshot**》. ❷ カタパルト《航空母艦などの飛行機発進装置》.
— 動 他 ❶ …を発射する. ❷ (物事が)

(人)を急にある状態にする.
cat·a·ract /kǽtərækt キャタラクト/ 名C 白内障《目の病気》.
ca·tas·tro·phe /kətǽstrəfi カタストロフィ/《★キャタストロフィではない》名(複 ~s /-z/) UC 大災害, 悲劇.
☞ 形 catastrophic.
cat·a·stroph·ic /kætəstráfik キャタストラフィック/ 形 大災害の; 悲劇的な.
☞ 名 catastrophe.
cat·call /kǽtkɔ̀ːl キャトコール/ 名C (聴衆などの)やじ.

★★catch /kǽtʃ キャッチ/ 動 (~·es /-iz/; caught /kɔ́ːt/; ~·ing) 他 ❶ …を**つかまえる**.
❷ⓐ(乗物など)に**間に合う**(反 miss).
ⓑ(人)と(うまく)会う, 連絡をとる.
❸(人)が__(よくないことを)**しているところを見つける**.
❹ⓐ(病気など)に**かかる**, 感染する.
ⓑ(火)がつく.
❺ …を**聞きとる**, …がわかる.
❻ (投げたものなどが)(人)の〔…に〕当たる, ぶつかる〔on〕.
❼ⓐ(くぎなどが)…にひっかかる.
ⓑ …をひっかける.
❽ (注目・関心など)を引く.
❾ (文章・写真などが)…をみごとに表現する.
— 自 ❶ ひっかかる, からまる.
❷ⓐ(エンジンなどが)始動する.
ⓑ(火)がつく.
❸【野球】キャッチャーをする.
— 名 (複 ~·es /-iz/) ❶ C **つかまえること**; (野球などの)捕球.
❷ U キャッチボール《❖「キャッチボール」は和製英語》.
❸ C **捕った物**; 捕獲高.
❹ C 留め金, かけがね. ❺ C 《口語》結婚相手にしたい人. ❻ C わな, 策略.

動 他 ❶ The cat *caught* a mouse. ネコはネズミをつかまえた / He *caught* the ball with both hands. 彼はボールを両手で受けた / Tall trees *catch* the wind. 高い木は風がよく当たる / get *caught* つかまる / She *caught* him *by the* arm. 彼女は彼の腕をつかまえた.
❷ⓐ He ran to *catch* the bus. 彼はバスに間に合うように走った.
ⓑ I *caught* him before he left. 僕は彼が出かけないうちにつかまえた.
❸ I *caught* the boy (in the act of) *smoking*. 私はその少年がたばこを吸っているところを見つけた.
❹ⓐ She *caught* a bad cold. 彼女はひどいかぜをひいた. ⓑ The wallpaper will *catch* fire easily. その壁紙は火がつきやすい.

catch the train
(列車に間に合う)

catch a cold
(かぜをひく)

❺ I didn't *catch* his words. 私は彼のことばが聞き取れなかった / Do you *catch* my meaning? 私の言おうとすることがわかりますか.
❻ A stone *caught* me *on* the head. 石が私の頭に当たった.
❼ⓐ A nail *caught* my sleeve. くぎが私のそでに引っかかった. ⓑ I *caught* my foot in the rope. 私はそのなわに足をひっかけた.
❽ The old man *caught* her attention. その老人が彼女の注意を引いた / A strange figure *caught* my eye. 不思議な人物が私の目を引いた.
— 自 ❶ My coat *caught* in the door. 私の上着がドアにはさまった.

be caught in ... …(雨など)にあう: I *was caught in* a traffic jam. 私は交通渋滞にひっかかった / We *were caught in* a shower. 私たちはにわか雨にあった.

be caught up in ... (事件など)に巻きこまれる.

catch at ... …を**つかまえようとする**《❖ 実際に「つかまえる(catch)」という意味ではない》: A drowning man will *catch at* a straw. おぼれかけている者は1本のわらでもつかもうとする.

catch it 《口語》しかられる, 罰を受ける.

catch on 自 ①理解する: He explained, but I could not *catch on*. 彼が説明したけれども私は理解できなかった. ②《口語》人気を得る, ヒットする: The song will *catch on*. その歌はヒットするだろう.

catch on to ... …を理解する.

catch ... out ①(人)の誤り[うそ・無知]を見破る. ②(人)を困った立場に追いやる.

catch up 圓追いつく. — 他(英)(人)に追いつく.

catch up on ... ①…の遅れを取りもどす. ②(新しい情報など)を知る.

catch up with ... **…に追いつく**: I *caught up with* my friends. 私は友人たちに追いついた.

— 名 ❶ He made a fine *catch*. 彼はうまく捕らえた[捕球した].
❷ We played *catch* during recess. 休み時間に私たちはキャッチボールをした.
❸ get a good *catch* (of fish) (魚を)どっさりとる.

catch・er /kǽtʃər キャチャ/ 名 (複 ~s /-z/) C (野球の)キャッチャー, 捕手.

catch・ing /kǽtʃiŋ キャチング/ 形 (病気などが)伝染しやすい.

catch・phrase /kǽtʃfrèiz キャチフレイズ/ 名 C キャッチフレーズ, 標語.

Catch-22 /kǽtʃ-twèntitúː キャチ・トウェンティトゥー/《しばしば **catch-22** で》名 U.C 困った状況.

catch・word /kǽtʃwə̀ːrd キャチワード/ 名 C (新聞・政治運動などの)標語, スローガン.

catch・y /kǽtʃi キャチィ/ 形 (catch・i・er; catch・i・est) (メロディーなどが)覚えやすい.

cat・e・gor・i・cal /kæ̀təgɔ́(ː)rikəl キャテゴ(ー)リカル/ 形 断定的な, 明確な.

cat・e・go・rize /kǽtəgəràiz キャテゴライズ/ 動(分詞 -riz・ing) 他 …を分類する.

***cat・e・go・ry** /kǽtəgɔ̀ːri キャテゴーリ｜-gə-ri/《★アクセント注意》名 (複 -go・ries /-z/) C **カテゴリー**, 部門, 部類; 種類.

ca・ter /kéitər ケイタ/ 動 圓 ❶ (店・業者が)[パーティーなどの]料理を提供する [*for*]. ❷ 必要なもの[娯楽]を[…に]提供する [*to*,《英》*for*]. — 他 (米)…に(パーティーなどの)料理を提供する.

▶圓 ❶ Our hotel *caters for* wedding receptions. 当ホテルは結婚披露宴をお引き受けします. ❷ The shop *caters to* young people. その店は若い人向けである.

ca・ter・er /kéitərər ケイタラ/ 名 C (パーティーなどに)料理やサービスなどを提供する人[会社], 仕出し屋.

ca・ter・ing /kéitəriŋ ケイタリング/ 名 U ケータリング, 仕出し業.

cat・er・pil・lar /kǽtərpilər キャタピラ/ 名 (複 ~s /-z/) C 毛虫, (チョウ・ガなどの)幼虫.

cat・fish /kǽtfiʃ キャトフィッシュ/ 名 (複 cat・fish, ~・es /-iz/) C ナマズ.

ca・thar・sis /kəθɑ́ːrsis カサースィス/ 名 (複 ca・thar・ses /-siːz/) U カタルシス《抑えられていた感情を発散してすっきりすること》.

ca・the・dral /kəθíːdrəl カスィードラル/ 名 C (カトリック教会の司教(bishop), イングランド国教会の主教(bishop)がいる)大聖堂.
▶ Canterbury *Cathedral* カンタベリー大聖堂.

Canterbury Cathedral《カンタベリー大聖堂》

Cath・e・rine /kǽθərin キャサリン/ 名 キャサリン《女性の名; ○ **Cath・a・rine** ともつづる; 愛称 Cathy, Kate, Kitty》.

***Cath・o・lic** /kǽθəlik キャソリック/《★アクセント注意》形 **(ローマ)カトリック教の**(☞ Protestant).
— 名 C **(ローマ)カトリック教徒**.

Ca・thol・i・cism /kəθɑ́ləsìzm カサリスィズム｜-θɔ́l-/ 名 U (ローマ)カトリック教, カトリックの教義[信仰].

Cath・y /kǽθi キャスィ/ 名 キャシー《女性の名; Catherine の愛称》.

cat・nap /kǽtnæp キャトナップ/ 名 C 《口語》うたた寝.

CAT scàn /kǽt-/ 名 C コンピューター利用の X 線(体軸)断層撮影による検査,

catsup

CTスキャン; CTスキャン写真 (◎CT scanともいう).

cat·sup /kétʃəp ケチャプ, kǽtsəp/ 名U《米》= **ketchup**.

‡cat·tle /kǽtl キャトル/ 名《複数扱い; 集合的に》(家畜としての)**牛**《とくに cows をいう; ☞ cow¹ の 類語 》.
 ▶I see many *cattle* in the meadow. その牧場にはたくさん牛がいる / twenty (head of) *cattle* 20頭の牛.

CATV /síːèitìːvíː スィーエイティーヴィー/《略語》cable television.

cat·walk /kǽtwɔ̀ːk キャトウォーク/ 名C ❶(ファッションショーなどでモデルが歩く)張り出し舞台. ❷キャットウォーク《橋や船などの高い所の狭い通路》.

Cau·ca·sia /kɔːkéiʒə コーケイジャ/ 名コーカサス《黒海とカスピ海の間にある地方》.

Cau·ca·sian /kɔːkéiʒən コーケイジャン/ 形 ❶白人の. ❷コーカサスの; コーカサス人の.
— 名C ❶白人. ❷コーカサス人.

cau·cus /kɔ́ːkəs コーカス/ 名C(政党などの)幹部会議.

‡caught /kɔ́ːt コート/ 動catchの過去形・過去分詞形.

caul·i·flow·er /kɔ́(ː)lifl̀àuər コ(ー)リフラウア, káli-/《★発音注意》名Cカリフラワー.

‡‡cause /kɔ́ːz コーズ/ 名
(複 caus·es /-iz/) ❶ UC **原因** (反 effect).
❷U(正当な)**理由**.
❸C(人々が熱心に支持する)**大目的**, 主義; (主義実現のための)運動.
— 動 (caus·es /-iz/; caused /-d/; caus·ing)他 ❶…の**原因となる**, …を引き起こす.
❷(人に)(迷惑など)をかける.
❸《cause ... to *do*》…に__させる.

名 ❶The *cause* of his death is unknown. 彼の死因は不明だ / *cause* and effect 原因と結果, 因果関係.
❷You have no *cause* to complain. 君が不平を言う理由はない / *cause* for worry 心配する理由.
❸work for the *cause* of peace 平和のために働く.
— 動他 ❶What *caused* World War II? なにが原因で第二次世界大戦が起ったのか.
❷He *caused* his friend a lot of trouble.= He *caused* a lot of trouble *for* his friend. 彼は友だちにたいへんめんどうをかけた.
❸A loud noise *caused* me *to* jump back. 大きな音で私はとびさがった.

cause·way /kɔ́ːzwèi コーズウェイ/ 名C(沼地などを通る一段高く作った)土手道.

caus·tic /kɔ́ːstik コースティック/ 形 ❶腐食性の. ❷痛烈な, 辛辣(らつ)な.

‡cau·tion /kɔ́ːʃən コーション/ 名 (複 ~s /-z/) ❶U用心, 注意, 慎重さ.
❷C警告, 訓戒.
— 動 (~s /-z/; ~ed /-d/; ~·ing)他 (人)に**警告する**, 注意する.

名 ❶Use *caution* in crossing the street. 街路を横断するときは用心しなさい.
❷He gave a *caution* to the player. 彼はその選手に警告を与えた.
with caution 用心して.
　　　☞ 形cautious, cautionary.
— 動他She *cautioned* me about speeding. 彼女は私にスピード違反に関して注意した / I *cautioned* her *against* being late.= I *cautioned* her *not to be* late. 私は彼女に時間に遅れないよう注意した.

cau·tion·ar·y /kɔ́ːʃənèri コーショネリ/ 形警告の. 　　☞ 名caution.

cau·tious /kɔ́ːʃəs コーシャス/ 形 (more ~; most ~)用心深い, 慎重な (反 incautious). ▶a *cautious* speaker 用心深く話す人 / He *is cautious* about making decision. 彼は決心するのに慎重だ(慎重に決心する).
　　　　　　　☞ 名caution.

cau·tious·ly /kɔ́ːʃəsli コーシャスリ/ 副用心深く.

cav·al·ry /kǽvəlri キャヴァルリ/ 名U《the をつけて; 集合的に》騎兵(隊).

‡cave /kéiv ケイヴ/ 名 (複 ~s /-z/)C(自然にできた)**ほら穴**, 洞窟(くつ)《とくに横穴》.
— 動自(現分 cav·ing)洞窟を探検する

cave in 動⓵①(屋根などが)崩れ落ちる;陥没(ぶぁ)する. ②[…に]屈伏する〔*to*〕.

cave·man /kéivmən ケイヴマン/ 名©(石器時代の)穴居(ぷぁ)人.

cav·ern /kǽvərn キャヴァン/ 名©(大きな)ほら穴.

cav·i·ar, cav·i·are /kǽviɑ̀ːr キャヴィアー/ 名Ⓤキャビア《チョウザメ(sturgeon)の卵の塩づけ》.

cav·i·ty /kǽvəti キャヴィティ/ 名(穣 -i·ties /-z/)© ❶ 空洞(ぷぁ), 穴, くぼみ. ❷ 虫歯の穴.

ca·vort /kəvɔ́ːrt カヴォート/ 動⓵(人が)はね回る.

caw /kɔ́ː コー/ 名©カーカー《カラスの鳴き声; ☞ crow¹》.
― 動⓵(カラスが)カーカー鳴く.

CB /síː bíː スィービー/ 名ⓊC《通信》市民バンド《トランシーバー用などの個人用周波数帯;*C*itizens(') *B*andの略》.

CBS /síː bìː és スィービーエス/ 《略語》シービーエス《アメリカの3大テレビネットワークのひとつ; 正式名称は Columbia Broadcasting System》.

cc /síː síː スィースィー/ 《略語》 ❶ carbon copy《手紙・Eメールなどで同じ文面を別の人にも送ったことを示す場合に用いる》. ❷ cubic centimeter 立方センチ.

CCTV /síː sìː tìː víː スィースィーティーヴィー/ 《略語》closed-circuit television.

CD /síː díː スィーディー/ 《略語》compact disc.

CD-R /síː dìː ɑ́ːr スィーディーアー/ 名ⓒⓊ《略語》〔電算〕シーディーアール《データの書きこみが1回可能なCD; *c*ompact *d*isc *r*ecordable の略》.

CD-ROM /síː dìː rám スィーディー・ラム/ 名Ⓤ〔電算〕シーディーロム《情報読み出し専用CD; *c*ompact *d*isk *r*ead-*o*nly *m*emory の略》.

CD-RW /síː dìː ɑ̀ːr dʌ́blju: スィーディーアーダブリュー/ 名ⒸⓊ《略語》〔電算〕シーディーアールダブリュ《データの書き換えが可能なCD; *c*ompact *d*isc *r*ewritable の略》.

***cease** /síːs スィース/ 動(ceas·es /-iz/; ceased /-t/; ceas·ing)《文語》⓵(続いていることが)**終わる**.
― 他 ⓐ…を**やめる**. ⓑ《*cease doing [to do]*》(_すること)をやめる.

― 名《次の成句で》:*without cease* 絶え間なく.

⓵ At last the rain has *ceased*. やっと雨がやんだ.
― 他 ⓐ *cease* assistance 援助を中止する. ⓑ *cease* sing*ing*=*cease to* sing 歌うのをやめる.

cease-fire /síːs-fáiər スィース・ファイア/ 名©休戦.

cease·less /síːsləs スィースレス/ 形《文語》絶え間のない.

cease·less·ly /síːsləsli スィースレスリ/ 副《文語》絶え間なく.

ce·dar /síːdər スィーダ/ 名(穣 ~s /-z/) ❶©ヒマラヤスギ. ❷Ⓤヒマラヤスギ材.

***ceil·ing** /síːliŋ スィーリング/ 名(穣 ~s /-z/)© ❶ **天井**(ぷぁ)《反 floor》. ❷(賃金・価格などの)最高限度, 上限《反 floor》.
▶ ❶ a room with a high [low] *ceiling* 天井の高い[低い]部屋.

***cel·e·brate** /séləbrèit セレブレイト/《★アクセント注意》動(~s /-ts/; -brat·ed /-id/; -brat·ing) 他 ❶(記念日・うれしい出来事など)**を祝う**(◎「(人)を祝う」は congratulate). ❷(ミサなど)を行なう.
― ⓵ お祝いをする.
▶ 他 ❶ We *celebrated* her birthday with a party. 私たちはパーティーを開いて彼女の誕生日を祝った.
☞ 名 celebration.

cel·e·brat·ed /séləbrèitid セレブレイティド/ 形有名な.

***cel·e·bra·tion** /sèləbréiʃən セレブレイション/ 名(穣 ~s /-z/) ❶ Ⓤ 祝うこと, 祝賀. ❷ © 祝典, 祝賀会.
▶ ❷ hold a *celebration* 祝賀会を開く.
in celebration of ... …を祝って.
☞ 動 celebrate.

ce·leb·ri·ty /səlébrəti セレブリティ/ 名(穣 -ri·ties /-z/)© ❶(とくに芸能・スポーツなどの分野の)有名人, 名士, セレブ. ❷Ⓤ名声.

cel·er·y /séləri セラリ/ 名Ⓤセロリ.

***cell** /sél セル/ 名(穣 ~s /-z/)© ❶ ⓐ(刑務所の)**独房**. ⓑ(修道院などの)独居室. ❷〔生物〕**細胞**. ❸電池《◎ battery は cell が組み合わされたもの》.

cellar

❹ (政党などの)細胞, 小グループ.
❺ (はちの巣の)穴.
▶ ❸ a dry *cell* 乾電池.
☞ ❷ では 形 cellular.
《同音異形語》sell.

cel·lar /sélər セラ/ 名 (複 ~s /-z/) ⓒ
❶ 地下室 (ふつうブドウ酒・燃料・食料品などをたくわえる; ☞ basement). ❷ 貯蔵してあるブドウ酒.

cel·list /tʃélist チェリスト/ 名 ⓒ チェロ奏者.

cel·lo /tʃélou チェロウ/ 名 (複 ~s /-z/) ⓒ チェロ (弦楽器).

cel·lo·phane /séləfèin セロフェイン/ 名 Ⓤ [商標] セロハン.

céll phòne 名 ⓒ (米) 携帯電話 (❃ (英) では mobile phone).

cel·lu·lar /séljulər セリュラ/ 形 細胞の; 細胞状の. ☞ 名 cell ❷.

céllular phóne 名 (米) = cell phone.

cel·lu·lose /séljulòus セリュロウス/ 名 Ⓤ セルロース, 繊維素(ゼ゙).

Cel·si·us /sélsiəs セルスィアス/ 形 名 (温度が)セ氏(の) (❃ 記号 C; ☞ centigrade). ▶ 20°C セ氏 20度 (❃ twenty degrees *Celsius* と読む; 「カ氏」は Fahrenheit).

Celt /kélt ケルト, sélt/ 名 ⓒ ケルト人 (古代, ヨーロッパ中央部に住んでいた民族; 子孫はイギリスのウェールズ (Wales), スコットランド (Scotland), アイルランド (Ireland) などに住む).

Celt·ic /kéltik ケルティック, sél-/ 形 ❶ ケルト (Celt) 人[族]の. ❷ ケルト語の.
— 名 Ⓤ ケルト語.

ce·ment /simént シメント/ (★アクセント注意) 名 Ⓤ ❶ ❸ セメント(の粉末). ❹ (建築材料としての)セメント (セメントの粉末に砂と水を混ぜたもの).
❷ 接着剤, 接合剤. ❸ 結びつけるもの, (友情などの)きずな.
— 動 他 ❶ …にセメントを塗る; …をセメントで固める [接合する]. ❷ (友情など)を堅くする.

cem·e·ter·y /sémətèri セメテリ/ 名 (複 -ter·ies /-z/) ⓒ 共同墓地 (ふつう教会に付属しないものをいう; ☞ churchyard).

cen·sor /sénsər センサ/ 名 ⓒ (出版物・映画・新聞などの)検閲(ポ)官.
— 動 他 …を検閲する.

cen·sor·ship /sénsərʃìp センサシップ/ 名 Ⓤ 検閲(ポ); 検閲制度.

cen·sure /sénʃər センシャ/ 名 Ⓤ (文語) 非難.
— 動 (現分 -sur·ing /-ʃəriŋ/) 他 …を非難する.

cen·sus /sénsəs センサス/ 名 (複 ~·es /-iz/) ⓒ 人口調査, 国勢調査. ▶ take a *census* of the population 人口調査をする.

cent /sént セント/ 名 (複 ~s /-ts/) ⓒ ❶ **セント** (アメリカ・カナダ・ヨーロッパ連合の貨幣の単位; 1ドル(dollar)または 1ユーロ(euro)の100分 1; ❃ c., c と略す; 記号は ¢).
❷ 1セント銅貨.
❸ (単位としての)100.
▶ ❸ twenty per *cent* 20パーセント.

cen·te·nar·y /senténəri センテナリ | sentíːnəri/ 名 (複 -nar·ies /-z/) ⓒ 100年祭.

cen·ten·ni·al /senténiəl センテニアル | sentíːniəl/ 名 ⓒ (米) = **centenary**.

cen·ter /séntər センタ/ 名 (複 ~s /-z/) ❶ 《the をつけて》❸ ⓒ **中心**, 中央 (☞ middle 名 の 類語).
❹ 中心部.
❷ ⓒ (活動などの)中心地, 中心総合施設, センター.
❸ 《the をつけて》(事件・興味などの)中心, 中心人物 (❃ 物・人・集団のいずれにも用いられる).
❹ ❸ Ⓤ (スポーツのポジションとしての)センター. ❹ ⓒ (スポーツの選手として)センター.
❺ 《the をつけて》(政治の)中道派, 穏健派.
— 動 (~s /-z/; ~ed /-d/; ~·ing /-təriŋ/) 自 […に]集中する [*on, about, around*].
— 他 ❶ …を […に]**集中させる** [*on, upon*].
❷ …を中心に置く.

名 ❶ ❸ Put the stone at *the center* of the circle. その石を円の中心に置きなさい. ❹ The university stands in *the center* of the city. その大学は市の中心部にある.
❷ Osaka is a *center* of commerce.

大阪は商業の中心地だ / an amusement *center* 娯楽街 / a medical *center* 医療センター.

❸ Julie was *the center* of attention at the party. ジュリーはそのパーティーで注目の的だった.

☞ 形 central.

— 動 ⓐ Their interest *centered* on [*around*] this question. 彼らの興味はこの問題に集中した.

— ⓑ ❶ She *centered* her affection *on* her son. 彼女は愛情をもっぱら息子に注いだ.

cénter fíeld 名 U 〖野球〗センター (ポジション).

cénter fíelder 名 C 〖野球〗センター (選手).

cénter fórward 〖サッカー〗センターフォワード (ポジション・選手).

cen·ti·grade /séntəgrèid センティグレイド/ 形 名 (温度が)セ氏(の) (◆記号 C; 科学用語としてはふつう Celsius を用いる;「カ氏」は Fahrenheit).

*****cen·ti·me·ter**, (英) **cen·ti·me·tre** /séntəmì:tər センティミータ/ 名 (複 ~s /-z/) C センチメートル (100分の1メートル; ◆ cm と略す).

cen·ti·pede /séntəpì:d センティピード/ 名 C ムカデ.

*****cen·tral** /séntrəl セントラル/ 形 (more~; most~)

❶ **中心の**, 中央の, 中心部の.

❷ **主要な**, 中心的な.

❶ My office is in the *central* area of the city. 私の事務所は市の中心部にある / the *central* government 中央政府.

❷ the *central* figure of the drama その劇の中心人物.

☞ 名 center, 動 centralize.

Céntral América 名 中央アメリカ, 中米.

Céntral Ásia /-éiʒə エイジャ/ 名 中央アジア.

céntral héating 名 U セントラルヒーティング, 集中暖房装置.

Céntral Intélligence Àgency 名 《the をつけて》(米)中央情報局 (略 CIA).

cen·tral·i·za·tion /sèntrəlizéiʃən セントラリゼイション | -lai-/ 名 U 集中(化); 中央集権化.

cen·tral·ize /séntrəlàiz セントラライズ/ 動 (現分 -iz·ing) ⓐ 集中的に管理[統制]する, 中央集権化する.

☞ 形 central.

cen·tral·ly /séntrəli セントラリ/ 副 中央に, 中心に.

Céntral Párk 名 セントラルパーク (ニューヨーク (New York) 市中心部の公園).

*****cen·tre** /séntər センタ/ 名 動 (現分 cen·tring /-tərin/)(英)= **center**.

*****cen·tu·ry** /séntʃuri センチュリ/ 名 (複 -tu·ries /-z/) C ❶ **世紀** (◆ C., cent. と略す). ❷ 百年.

▶ ❶ It happened many *centuries* ago. それはなん世紀も前に起きた / The 21st *century* began in 2001. 21世紀は2001年から始まった.

CEO (略語) Chief Executive Officer 最高経営責任者.

ce·ram·ic /səræmik セラミック/ 形 陶磁器の.

ce·ram·ics /səræmiks セラミックス/ 名 ❶《単数扱い》製陶術. ❷《複数扱い; 集合的に》陶磁器.

ce·re·al /síəriəl スィ(ア)リアル/ 名 (複 ~s /-z/) ❶ U C (朝食用の)シリアル (牛乳・砂糖などを加えて食べるオートミール (oatmeal), コーンフレークス (cornflakes) など). ❷ C 穀物, 穀類 (小麦・米など).

cer·e·bral /sérəbrəl セリブラル, sérə-/ 形 大脳の; 脳の.

cer·e·mo·ni·al /sèrəmóuniəl セレモウニアル/ 形 儀式の, 儀式上の.

☞ 名 ceremony.

cer·e·mo·ni·al·ly /sèrəmóuniəli セレモウニアリ/ 副 儀式として, 儀式的に.

cer·e·mo·ni·ous /sèrəmóuniəs セレモウニアス/ 形 儀式ばった, おごそかな.

☞ 名 ceremony.

cer·e·mo·ni·ous·ly /sèrəmóuniəsli セレモウニアスリ/ 副 儀式ばって, おごそかに.

*****cer·e·mo·ny** /sérəmòuni セレモウニ/ 名 (複 -mo·nies /-z/)

❶ C **式**, 儀式.

❷ U 儀礼, 作法.

❶ I attended her wedding *ceremony*. 私は彼女の結婚式に出席した /

certain

an opening〔a closing〕*ceremony* 開会〔閉会〕式 / an entrance〔a graduation〕*ceremony* 入学〔卒業〕式.
with ceremony 儀式ばって，丁重に．
without ceremony 儀式ばらないで．
☞形 ceremonial, ceremonious.

＊cer·tain /sə́:rtn サートン/（★サーテインではない）形（more ~; most ~）
❶ 確信して（いる），よくわかって（いる）（反 uncertain）（🔴 sure とほぼ同じ意味だが certain のほうが強い）．
❷ⓐ 確かな，正確な，確実な．ⓑ 確実に起こる，避けられない．
❸《be certain to *do*》必ず＿するだろう．
❹ⓐ ある（🔴 わかっているが，はっきり言うのを避ける場合などに用いる）．ⓑ《姓の前につけて》…とかいう人．ⓒ ある（一定の）．ⓓ ある程度の，いくらかの．

❶ I *am certain* (that) I am right. 私は正しいと確信している / I *am certain of* his success. ＝ I *am certain* (that) he will succeed. 私は彼が成功すると確信している / I'm not *certain how* it happened. 私はそれがどうして起こったのかよくわからない / She *was* not *certain whether* he would agree. 彼女は彼が同意してくれるかどうか自信がなかった．
❷ⓐ There is no *certain* cure for this illness. この病気には確実な治療法がない / Nothing is very *certain* in this situation. この状況ではあまり確実なことはなにもない / It *is certain* (that) the typhoon will hit Japan. その台風が日本を襲うのは確実だ / It *is* not *certain when* he will come back. 彼がいつ帰ってくるかはっきりしていない．
❸ He *is certain* to come.（＝ I am *certain* (that) he will come.）彼はきっと来るだろうと私は確信している．

|語法| ❶では確信しているのは文の主語；❸では確信しているのは文の主語ではなくて，この文を言っている人すなわち「私」である．

❹ⓐ *Certain* people disagreed with me. ある人たちが私に反対した．
ⓑ a *certain* Mr. Stokes ストークスさんとかいう人（🔴単に a Mr. Stokes というほうがふつう）．ⓒ at a *certain* time ある一定の時刻に．ⓓ There was a *certain* coldness in her manner. 彼女の態度にはいくぶん冷淡なところがあった．
for certain 確かに（は），確実に（は）： I don't know *for certain*. 私ははっきりとは知らない．
make certain 確かめる．
make certain of ... …を確かめる，確認する： I *made certain of* her safe arrival. 私は彼女が無事着いたのを確かめた．
make certain (that)＿ ①＿ということを確かめる： *Make certain* (*that*) the door is locked. ドアにカギがかかっているか確かめなさい．②確実に＿をする： I'll *make certain* (*that*) you get the job. あなたがきっとその仕事につけるようにしてあげよう．
☞名 certainty, 動 ascertain.

＊＊cer·tain·ly /sə́:rtnli サートンリ/（★サーテインリではない）副（more ~; most ~）
❶ 確かに，きっと．
❷《答えとして》どうぞ，いいですよ，もちろん（🔴 sure よりもていねいで強い表現）．

❶ He is *certainly* a good actor. 彼は確かによい俳優だ / She will *certainly* come. 彼女はきっと来るだろう．
❷ 対話 "Will you please lend me your knife?"–"*Certainly*." 「ナイフを貸してくださいませんか」「どうぞ」/ 対話 "May I go alone?"–"*Certainly* not."「ひとりで行っていいですか」「もちろんいけません」．

cer·tain·ty /sə́:rtnti サートンティ/ 名（複 -tain·ties /-z/）❶ Ⓤ 確実（性），必然（性）；確信．
❷ Ⓒ 確実なこと［もの］．
▶❶ I have no *certainty* of success. うまくいく確信はありません．
❷ That's an absolute *certainty*. それは絶対確実です．
with certainty 確信をもって．
☞形 certain.

cer·tif·i·cate /sərtífəkət サーティフィケト/ 名（複 ~s /-ts/）Ⓒ 証明書；免許状．

cer·ti·fi·ca·tion /sə̀ːrtəfikéiʃən サーティフィケイション/ 名UC 証明(する[される]こと); 認可.

cer·ti·fied /sə́ːrtəfàid サーティファイド/ 形 ❶ 保証された, 証明された. ❷ 公認された, 免許状をもっている.

cértified máil 名U 配達証明郵便 (◆(英)では recorded delivery).

cértified públic accóuntant 名C (米)公認会計士 (◆(英)では chartered accountant).

cer·ti·fy /sə́ːrtəfài サーティファイ/ 動 (-ti·fies /-z/; -ti·fied /-d/; ~·ing) 他
❶ (文書で)…を証明する, 保証する.
❷ (人)に証明書を与える.
▶❶ This is to *certify* that the bearer is employed by *The Times*. 本状持参の者はタイムズ紙の社員であることを証明する.

ce·sar·e·an /sizéəriən スィゼ(ア)リアン/ 名UC 帝王切開 (《Julius Caesar がこの方法で生まれたという伝説から; ◆cesarean section ともいう》).

Cey·lon /silán シラン, sei-/ (★発音注意) 名 セイロン (《スリランカ (Sri Lanka) の旧称》).

cf. /síːéf スィーエフ, kəmpéər/ (略語) 参照せよ, 比較せよ (《ラテン語 *confer* (= compare) の略》).

CFC (略語) chlorofluorocarbon フロンガス.

ch. (略語) chapter.

chafe /tʃéif チェイフ/ 動 (現分 chaf·ing) 他 …をすりむく. — 自 すりむける.

cha·grin /ʃəgrín シャグリン | ʃǽgrin/ (★発音注意) 名U くやしさ.

*****chain** /tʃéin チェイン/ 名 (複 ~s /-z/) C
❶ 鎖(くさり), チェーン.
❷ ひと続き, 一連.
❸ 《ふつう複数形で》束縛(ばく).
❹ (同じ資本による複数の店・劇場・ホテルなどの)チェーン.
— 動 (~s /-z/; ~ed /-d/; ~·ing) 他
❶ …を鎖でつなぐ.
❷ …を束縛する.

名 ❶ She wore a silver *chain*. 彼女は銀の首飾りをしていた.

❷ a *chain* of mountains 山脈, 山の連なり / a *chain* of events (次々に起こる)一連のできごと / a human *chain* (抗議などのために)腕をつないだ人の列.

in chains ① 鎖につながれて, 刑務所に入って. ② 束縛されて.

on a chain 鎖につながれて: The tiger is *on a chain*. トラは鎖につながれている.

— 動 他 ❶ The dog is *chained* (up) to the tree. その犬は鎖で木につながれている.

cháin reàction 名C ❶ 連鎖反応.
❷ 連鎖的に起こる出来事.

cháin sàw 名C チェーンソー, 動力のこぎり.

cháin smòker 名C 続けざまにたばこを吸う人.

cháin stòre 名C チェーン店 (◆(英)では multiple (store) ともいう).

******chair** /tʃéər チェア/ 名 (複 ~s /-z/) C
❶ いす (《ひとり用の背もたれのあるもの》).
❷ (会議などの)議長, 委員長.
❸ (企業などの)会長.
❹ 教授の地位.
— 動 (~s /-z/; chaired /-d/; ~·ing /tʃéəriŋ/) 他 (会)の議長をする.

名 ❶ She sat down on [in] a *chair*. 彼女はいすに腰かけた (◆on は肘掛(ひじかけ)のないいす, in はあるいすに用いる) / Take a *chair*, please. どうぞおすわりください / an easy *chair* 安楽いす / a rocking *chair* ゆりいす.

❹ a *chair* in philosophy 哲学教授の地位.

be in the chair 議長をする.
take the chair 議長をする.
— 動 他 Who *chaired* the meeting? だれがその会の議長をしたのですか.

cháir lift 名C (スキー場の)リフト.

*****chair·man** /tʃéərmən チェアマン/ 名 (複 chair·men /-mən/) C ❶ 議長, 司会者.
❷ (企業などの)会長.
▶❶ He was elected *chairman*. 彼は議長に選ばれた (◆chairman は補語で役職をさすので冠詞の a はついていない).

語法 現在ではふつう性別に関係のない chair, chairperson を用いる.

chair·man·ship /tʃéərmənʃìp **チェアマンシップ**/ 名U議長[委員長]の職.

chair·per·son /tʃéərpə̀ːrsn **チェアパースン**/ 名C(男性または女性の)議長, 委員長.

chair·wom·an /tʃéərwùmən **チェアウマン**/ 名(複 -wom·en /-wìmin/)C(女性の)議長[委員長](☞chairman 語法).

cha·let /ʃæléi シャレイ ǀ ʃælei/ 名Cシャレー《スイスの山岳地帯に立てられた木造の屋根が大きくて急傾斜の家》.

chalet

*chalk /tʃɔ́ːk チョーク/ 名(複 ~s /-s/)

❶U.Cチョーク, 白墨.
❷U白亜《貝殻の化石などから成る》.
— 動他…をチョークで書く[描く].

....

名 ❶ write with a piece of white *chalk* 白いチョークで書く / colored *chalks* 色チョーク(✪チョーク1本, 2本はふつう a piece of *chalk*, two pieces of *chalk* というが, 種類をいうときは複数形が用いられることもある).

(as) different as chalk and cheese = **(like) chalk and cheese** (外見だけ似ていて実際は)まったく違う.

— 動*chalk up* 他①= chalk. ②(試合で)(勝利・得点など)をあげる.

☞ 形chalky.

chalk·board /tʃɔ́ːkbɔ̀rd **チョークボード**/ 名C(米)黒板(blackboard).

chalk·y /tʃɔ́ːki **チョーキ**/ 形(chalk·i·er; chalk·i·est)白亜質の, 白亜のような.
☞ 名chalk.

*chal·lenge /tʃǽlindʒ チャリンヂ/ 《★アクセント注意》名(複 -leng·es /-iz/)

❶C挑戦, 挑戦の申し込み.
❷ⓐU手ごたえ, やりがい.

ⓑC(やりがいのある)難問, 能力や努力の必要な課題.
❸C異議, 異論.
— 動(-leng·es /-iz/; chal·lenged /-d/; -leng·ing)他 ❶(人)に挑戦する.
❷ⓐ…に異議を唱える. ⓑ(事実・正当性など)を疑う.
❸(ものごとが)(人の才能・努力など)を必要とする, 要求する; (人の興味・関心など)を刺激する.

名 ❶ We accepted their *challenge* to a baseball game. 私たちは彼らの野球の試合の挑戦に応じた.
❷ⓑMathematics is a real *challenge* for me. 数学は私にとってはほんとに骨の折れる相手だ.
— 動他 ❶ The school *challenged* us *to* a game of football. その学校はわれわれにフットボールの試合を申し込んできた / He *challenged* me *to* run another race. 彼は私にもう1回競走しようと挑戦した.
❷ⓐI *challenged* the truth of his story. 私は彼の話は本当ではないと異議を唱えた.
❸The task *challenges* our skills. その仕事には技術がいります《✪私たちの技術でできるかどうかが試されているという気持ちが含まれている》/ This problem *challenges* us *to* develop new methods. この問題は(当然のこととして)私たちに新しい方法の開発をせまっている.

chal·leng·er /tʃǽlindʒər **チャリンヂャ**/ 名C挑戦者(☞defender).

chal·leng·ing /tʃǽlindʒiŋ **チャリンヂング**/ 形 ❶興味をひく, やる気を起こさせる. ❷(目つき・態度などが)挑戦的な.

cham·ber /tʃéimbər **チェインバ**/《★チャンバではない》名(複 ~s /-z/)C ❶会議室; 会議所; 会館; 会議院. ❷(国会の)議院. ❸(動植物の体内にある)小室, (心臓の)心室.
▶❶ a *chamber* of commerce 商工会議所. ❷ the upper *chamber* 上院.

cham·ber·maid /tʃéimbərmèid **チェインバメイド**/ 名C(ホテルなどの)部屋係のメイド.

chámber mùsic 名U室内楽.

cha·me·leon /kəmíːljən **カミーリョン**/《★発音注意》名Cカメレオン《は虫類の1

abcdefghijklmnopqrstuvwxyz　　　　　　　　　　　change

種).

champ /tʃǽmp チャンプ/ 名C 優勝者, チャンピオン(**○**champion の短縮形).

cham·pagne /ʃæmpéin シャンペイン/ 名U シャンペン《発泡性白ブドウ酒》.

*__cham·pi·on__ /tʃǽmpiən チャンピオン/ 名
(複 ~s /-z/) ❶C **優勝者**, チャンピオン, 選手権保持者(☞defender).
❷C (主義・主張の)闘士, 擁護(ごう)者.
❸《形容詞的に》優勝した.
── 動他 (主義・主張)のために戦う, …を擁護(ごう)する.

▶名 ❶this year's tennis *champion* 今年のテニスのチャンピオン. ❷a *champion* of liberty 自由の闘士. ❸the *champion* team 優勝チーム.

cham·pi·on·ship /tʃǽmpiənʃip チャンピオンシップ/ 名 (複 ~s /-s/) ❶C 選手権, 優勝. ❷C《しばしば複数形で》選手権試合, 決勝戦. ❸U (主義・主張の)擁護(ごう), 支持.

▶❶We won the soccer *championship*. 私たちはサッカーの選手権を取った / the *championship* flag [cup] 優勝旗[杯].

***__chance__ /tʃǽns チャンス | tʃɑ́:ns/
名 (複 chanc·es /-iz/)
❶ⓐU **偶然**, 運.
ⓑC 偶然の出来事.
ⓒ《形容詞的に》偶然の, たまたまの.
❷C **機会**, チャンス.
❸ⓐUC **見込み**, 可能性, 勝ち目.
ⓑ《複数形で》形勢.
── 動 (chanc·es /-iz/; chanced /-t/; chanc·ing) 自《**chance to** *do*》たまたま…する(**○**happen to *do* より文語的).
── 他 …を思い切ってやる.

名 ❶ⓐ*Chance* sometimes leads to a new discovery. 偶然がときに新発見をもたらす / a game of *chance* 運まかせの勝負. ⓑIt was a mere *chance* that we happened to meet. われわれが会ったのはまったくの偶然だった / by a lucky *chance* 運よく. ⓒa *chance* meeting 偶然の出会い.
❷I will have a *chance* to visit Egypt next year. 私には来年エジプトを訪れる機会があるでしょう / I will give you another *chance*. (今度だけは許して)君にもういちど機会を与えてやろう / miss a *chance* チャンスを見逃す.
❸ⓐHe has no [a good] *chance* of winning. 彼は勝つ可能性はない[十分ある] / There is a *chance* that you will find her at home. 彼女は家にいる可能性がある. ⓑThe *chances* are against us. 形勢はわれわれに不利である.

by any chance 万が一にも, ひょっとしたら:Could you lend me some money, *by any chance*? ひょっとしたら私にお金を貸してくださらないでしょうか.

by chance 偶然に (by accident):I met her *by chance*. 僕は彼女に偶然に出会った.

stand a (good [fair]) chance of doing …する見込みが(十分に)ある.

take a chance = ***take chances*** いちかばちかやってみる.

(The) chances are (that)___. たぶん___だ:*(The) chances are (that)* you will win. たぶんあなたは勝ちます.

── 動自 I *chanced* to see him yesterday. きのうたまたま彼を見かけた.

chance it (だめかもしれないが)やってみる:Let's *chance it*. (難しいが)やってみよう.

chance on [upon] ... …に偶然出会う;…を偶然見つける:I *chanced upon* Tom on [in] the street. 私は通りでたまたまトムに会った.

chan·cel·lor /tʃǽnsələr チャンセラ/ 名 C ❶《英》大臣, 長官. ❷(ドイツ・オーストリアの)首相. ❸《英》(大学の)(名誉)総長《王族などが就任する名誉職で, 実務は Vice-chancellor が受け持つ》. ❹《米》(一部の大学の)学長.

▶❶the *Chancellor* of the Exchequer (イギリスの)財務大臣(**○**「(アメリカの)財務長官」は the Secretary of the Treasury》.

chanc·y /tʃǽnsi チャンスィ/ 形 (chanc·i·er; -i·est)《口語》当てにならない, あぶなっかしい.

chan·de·lier /ʃæ̀ndəlíər シャンデリア/《★アクセント注意》名C シャンデリア.

***__change__ /tʃéindʒ チェインヂ/ 動
(chang·es /-iz/; changed /-d/; chang·ing)

one hundred and eighty-nine　　　　　　　　　　　　　　　　　　　　　　189

[他] ❶…を**変える**, 変化させる, 変更する, 全面的に変える《✪「部分的に変える」は alter》.
❷ⓐ…を**取り替える**, 交換する.
ⓑ(乗り物)を**乗り換える**.
❸(お金)を**両替する**, くずす.
❹ⓐ(子ども)に着替えをさせる.
ⓑ(ベッド)のシーツを取り替える.
— [自] ❶**変わる**, 変化する.
❷**乗り換える**.
❸着替える. ❹《英》(自動車の)ギアを入れ替える《✪《米》では shift》.
— [名] ([複] chang·es /-iz/) ❶ [U,C] **変化**, 変遷(へんせん); 変更.
❷ [U] ⓐ**小銭**(こぜに)《✪small change ともいう》. ⓑ**釣り銭**.
❸ [C] 取り替え; 着替え. ❹ [C] 乗り換え.
❺ [C] 気分転換; 転地.

[動] [他] ❶We *changed* our schedule. 私たちは予定を変えた / I *changed* my mind. 私は気が変わった / Heat *changes* water *into* vapor. 熱は水を蒸気に変える(熱すると水は蒸気になる).
❷ⓐHe *changed* seats with her. 彼は彼女と席を交換した / I will *change* my car *for* a smaller one. 私は車を小型車に買い替えるつもりだ. ⓑ*change* trains 列車を乗り換える《✪目的語は複数形》.
❸ⓐCan you *change* a 10-dollar bill? 10ドル札をくずしていただけませんか.
❹ⓑ*Change* your bed. ベッドのシーツを取り替えなさい.

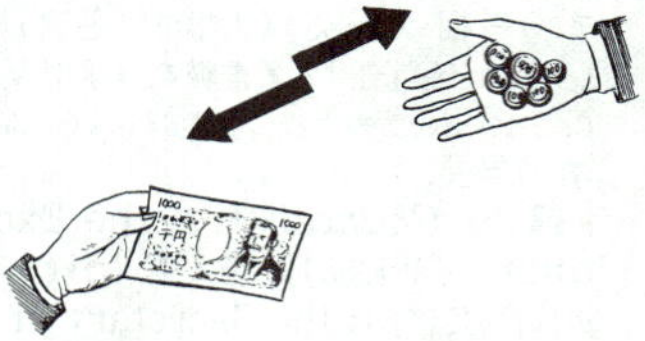

Could you *change* this 1,000-yen bill [《英》 note] *into* 100-yen coins?
(千円札を百円玉に換えてくれませんか)

— [自] ❶She has *changed* a lot since I saw her last. 彼女はこの前会って以来ずい分変わりました.
❷You have to *change* to a local train at the next station. あなたは次の駅で普通列車に乗り換えなければなりません.
❸Shall we *change* for dinner? 夕食を食べるため着替えましょうか.
change into ... ①**変化して…になる:** He has *changed into* a fine gentleman. 彼は(以前とは変わって)立派な紳士になった. ②…に**着替える:** He *changed into* his flannels. 彼はフランネルのズボンにはき替えた / She *changed into* her best clothes. 彼女はよそゆきに着替えた.
change over [自] 切り替わる, 変更する.
— [名] ❶There is no *change* in our plan. 私たちの計画にはなんの変更もない / a *change* of mind 心の変化 / a *change* for the better 改善 / make a *change* in the program 計画を変更する.
❷ⓐI have no *change* on me. 私は小銭の持ち合わせがない / Do you have *change* for a dollar? 1ドルをくずしてもらえますか.
ⓑHere is your *change*. お釣りです.
❸Take a *change* of clothes with you. 着替えを持って行きなさい.
❹We make a *change* (of trains) at the next station. 私たちはこの次の駅で乗り換えです.
❺for a *change* of air 転地療養のために.
for a change いつものやり方とは変えて, 気分転換に.

change·a·ble /tʃéindʒəbl チェインヂャブル/ [形] ❶(天気が)変わりやすい, 不安定な. ❷(人が)気まぐれな.

change·o·ver /tʃéindʒòuvər チェインヂョウヴァ/ [名] [C] (体制などの)切り換え, 転換.

***chan·nel** /tʃǽnl チャヌル/ [名] ([複] ~s /-z/) [C] ❶**海峡**《☞strait》.
❷**水路**《湖・湾などの船の通れる深い部分》; みぞ.
❸(テレビ・ラジオなどの)**チャンネル**.
❹《複数形で》(情報・伝達などの伝わる)経路, ルート.
— [動] (~s /-z/; ~ed, 《英》 chan·nelled /-d/; ~·ing, 《英》 chan·nel·ling) [他]
❶(水・光など)を運ぶ, 通す.
❷(努力・金など)を注ぐ, 向ける.
▶[名] ❶the English *Channel* イギリス

海峡 (**○the Channel** ともいう).
❸ *Channel* 6 (第) 6 チャンネル.
❹ through various *channels* いろいろの経路を通って [ルートを通じて].

chan·son /ʃǽnsən シャンソン/ 名Ⓒシャンソン 《フランスの歌曲》.

chant /tʃǽnt チャント/ 名Ⓒ ❶ 聖歌 《宗教的儀式などで単調な節で唱えるもの》. ❷ (スローガンなどを) くり返し言うこと.
— 動 他 ❶ (聖歌) を歌う. ❷ (スローガンなど) をくり返し言う.

cha·os /kéiɑs ケイアス/ (★発音注意) 名Ⓤ 混乱, 無秩序. ▶The town was in *chaos* after the flood. 洪水のあとその町は混乱状態になっていた.
☞ 形 chaotic.

cha·ot·ic /keiɑ́tik ケイアティック/ 形 混乱した, 無秩序の. ☞ 名 chaos.

chap /tʃǽp チャップ/ 名Ⓒ 《英口語》 やつ, 男.

chap. 《略語》 chapter.

chap·el /tʃǽpəl チャペル/ 名Ⓒ ❶ (教会内の) 礼拝堂 [室].
❷ (学校・病院などの) 礼拝堂, チャペル.
❸ 《英》 (イングランド国教会・ローマカトリック教会以外の宗派の) 教会.

chap·er·on, chap·er·one /ʃǽpəròun シャペロン/ 名Ⓒ シャペロン, 付き添い 《かつて社交界の場で若い女性に付き添う役目をした年配の婦人》.

chap·lain /tʃǽplən チャプレン/ 名Ⓒ (学校・病院・軍隊・刑務所などの) 牧師.

Chap·lin /tʃǽplin チャプリン/ 名 チャップリン 《Sir Charles Spencer Chaplin (1889–1977); イギリス生まれの喜劇映画俳優・制作者》.

*__**chap·ter**__ /tʃǽptər チャプタ/ 名 (複 ~s /-z/) Ⓒ ❶ (書物の) 章 (**○**ch., chap. と略す). ❷ (人生・歴史などの) 区切り, 時期. ❸ 《米》 (会やクラブの) 支部.
▶ ❶ the first *chapter* = *Chapter* One 第 1 章.

*__**char·ac·ter**__ /kǽrəktər キャラクタ/ (★発音注意) 名 (複 ~s /-z/)

❶ⓐ ⓊⒸ **性格**, 人柄. ⓑⓊ (立派な) 人格.
❷Ⓒ (事柄や土地の) **特質**, 特徴.
❸Ⓒ (小説・劇などの) **登場人物**.
❹Ⓒ 人; 変わった人, 個性的な人.
❺Ⓒ ⓐ **文字** (**○** アルファベット (alphabet) の文字は letter). ⓑ 記号.

❶ⓐ She has a friendly *character*. 彼女はやさしい性格をしている / He is strong in *character*. 彼は性格が強い / the national *character* 国民性.
ⓑ a man [woman] of *character* 人格者.
❷ the *character* of the region その地方の特質.
❸ She plays the leading *character*. 彼女は主役を演じます.
❹ He is quite a *character*. あいつはたいしたやつだ (**○** 「変なやつだ」と悪い意味に用いることもある).
❺ⓐ Chinese *characters* 漢字.

in character ① その人にふさわしい. ② [...に] 調和した [with].

out of character ① その人にふさわしくない. ② [...に] 調和しない [with].
☞ 形 characteristic, 動 characterize.

*__**char·ac·ter·is·tic**__ /kæ̀rəktərístik キャラクタリスティック/ 名 (複 ~s /-s/) Ⓒ 特色, 特徴.
— 形 (more ~; most ~) 特徴的な, 独特の; [...に] 特有の [of].
▶ 名 the *characteristics* of modern music 現代音楽の特色.
— 形 Onions have their own *characteristic* smell. 玉ねぎには特有のにおいがある / Those kind words are *characteristic of* her. そのようなやさしいことばはいかにも彼女らしい.
☞ 名 character.

char·ac·ter·is·ti·cal·ly /kæ̀rəktərístikəli キャラクタリスティカリ/ 副 ❶ 特徴として. ❷ その人にふさわしく, 例によって.

char·ac·ter·i·za·tion /kæ̀rəktərizéiʃən キャラクタリゼイション | -tərai-/ 名ⓊⒸ ❶ 特色づけること.
❷ (小説や劇の登場人物の) 性格描写.

char·ac·ter·ize /kǽrəktəràiz キャラクタライズ/ 動 (-iz·es /-iz/; -ized /-d/; -iz·ing) 他 ❶ ...を特色づける. ❷ ...の特徴を述べる. ☞ 名 character.

cha·rade /ʃəréid シャレイド | -rάːd/ 名 (複 ~s /-dz/) ❶ 《複数形で; ふつう単数扱いで》 ジェスチャーゲーム (**○** 「ジェスチャーゲーム」は和製英語). ❷Ⓒ 見えすいた態度 [ことば], 見せかけ.

charade

one hundred and ninety-one

charcoal

▶ ❶ play *charades* ジェスチャーゲームをする.

char·coal /tʃɑ́ːrkòul チャーコウル/ 名 U 炭, 木炭.

＊charge /tʃɑ́ːrdʒ チャーヂ/ 名 (複 charges /-iz/) ❶ C 料金, 手数料, 費用 (おもにサービスや労働などに対する料金をいう; ☞ price の 類語).

❷ C 非難; 告訴; (告訴すべき)罪, 容疑.

❸ ⓐ U 責任, 義務; 管理, 世話. ⓑ C 預けられた人[もの]. ❹ C 突撃. ❺ C 命令, 合図. ❻ U.C (火薬の)装填(そうてん). ❼ U.C 充電.

— 動 (charg·es /-iz/; charged /-d/; charg·ing) 他 ❶ (料金・代金など)を**請求する**.

❷ ⓐ (買物)を**つけにする**.
ⓑ 《米》…をクレジットカード(など)で買う.
❸ …を**告訴する**; 非難する.
❹ (人)に〔責任・仕事などを〕**負わせる**, 任せる〔*with*〕.
❺ …を襲(おそ)う, …に突進する; (スポーツで)(人)に体当たりする.
❻ (入れ物など)に詰める; (電池)に充電する. ❼ (人)に命じる.

— 自 ❶〔…に対する〕**料金を請求する**〔*for*〕.
❷ 突進する, 襲(おそ)いかかる; 体当たりする. ❸ (電池が)充電される.

- - - - - - - - - -

名 ❶ No *charge* for admission. 入場無料 / the *charge* for the repair その修理代 / free of *charge* 無料で / for a small *charge* 安い料金で.

❷ He faces two *charges* of murder. 彼はふたつの殺人の罪に問われている.

❸ ⓐ I'd like to give you the *charge* of the house in my absence. 私は留守のあいだあなたに家の管理をまかせたい. ⓑ These children are my *charges*. この子どもたちは私が預かっている子どもたちだ.

❹ make a *charge* on the enemy 敵に突撃する.

***bring* [*press*] *charges against* ...** …を告発する.

***have charge of* ...** …を預かっている, 世話している.

in charge 担当している, 責任をもっている: the doctor *in charge* 主治医 / the person *in charge* 責任者.

***in charge of* ...** …を預かって, 担当して; 管理して: She is the teacher *in charge of* the class. 彼女がそのクラスの担任の先生だ.

in the charge of* ... = *in* ...'*s charge …に預けられて, …の担当で: The patients are *in the charge of* Dr. Green. あの人たちはグリーン先生の担当の患者だ / The children are *in her charge*. その子どもたちは彼女が世話をしている.

***on a* [*the*] *charge of* ... = *on charges of* ...** …の罪で, …の容疑で.

put* ... *in charge of* ~ = *put* ... *in* ~'*s charge …を~に預ける.

***take charge of* ...** …を預かる, 受け持つ: I *took charge of* the group. 私はそのグループを受け持った.

under the charge of* ... = *under* ...'*s charge …に預けられて, …の担当で.

— 動 他 ❶ *charge* thirty dollars *for* a haircut 散髪に30ドルとる / The hotel *charged* me 9,000 yen *for* an overnight stay. そのホテルは1泊9,000円だった.

❷ ⓐ Please *charge* this book to my account. この本は私のつけにしておいてください. ⓑ 対話 "Would you like to pay cash?"–"No, I'll *charge* it." 「現金でお支払いですか」「いや, カードにします」.

❸ The police *charged* him *with* robbery. 警察は彼を強盗の罪で起訴した / The people *charged that* the boys were making too much noise. その人たちは少年たちが大きな騒音をだしすぎると非難した.

❹ They *charged* me *with* the care of the children. 彼らは私に子どもの世話を任せた.

❺ The soldiers *charged* the enemy. 兵隊は敵を攻撃した.

❻ *charge* the battery 電池を充電する. ❼ He *charged* us *to* be silent. 彼は私たちに黙るよう命じた.

— 自 ❶ The shop did not *charge for* delivery. その店は配達料を請求し

char·i·ot /tʃǽriət チャリオト/ 名C《(古代の)戦車《2–4頭がひく座席のない2輪馬車》.

cha·ris·ma /kərízmə カリズマ/《★発音注意》名(複 -ris·ma·ta /-rízmətə/) UC カリスマ《人を引きつける強烈な個性・指導力》.

cha·ris·mat·ic /kærizmǽtik キャリズマティク/ 形 カリスマ的な, 大衆を引きつける力のある.

char·i·ta·ble /tʃǽrətəbl チャリタブル/ 形 ❶慈悲深い, 情け深い. ❷寛大な. ❸慈善(活動)の. ☞名charity.

*__char·i·ty__ /tʃǽrəti チャリティ/ 名(複 -i·ties /-z/) ❶ a U《困っている人たちへの》**慈善**;慈善事業. b《形容詞的に》慈善のための. ❷ C慈善団体. ❸ U慈悲の心;(他人への)思いやり.
▶❶ⓐraise money for *charity* 慈善のために金を集める. ⓑa *charity* concert チャリティーコンサート,慈善音楽会.
out of charity かわいそうに思って.
☞ 形charitable.

Charles /tʃɑ́ːrlz チャールズ/ 名チャールズ《男性の名;愛称 Charley, Charlie》.

Char·ley, Char·lie /tʃɑ́ːrli チャーリ/ 名チャーリー《男性の名;Charles の愛称》.

Char·lotte /ʃɑ́ːrlət シャーロト/ 名シャーロット《女性の名;愛称 Lottie, Lotty》.

*__charm__ /tʃɑ́ːrm チャーム/ 名(複 ~s /-z/) ❶ UC**魅力**,人をひきつける力. ❷ C まじない,魔よけ;お守り. ❸ C小さな飾り《幸運を呼ぶためまたは魔よけのために時計の鎖などにつける》.
— 動(~s /-z/; ~ed /-d/; ~ing) 他 ❶…を**魅力でひきつける**,うっとりさせる. ❷ⓐ…に魔法をかける. ⓑ(人)を(…)の状態にさせる.

名❶the *charm* of country life いなかの生活の魅力 / Her *charm* is in her eyes. 彼女の魅力は目にある.
❷use a *charm* まじないをする / as a *charm* お守りとして.
— 動 他 ❶The girl *charmed* everyone at the party. 少女はパーティーにいたすべての人をひきつけた / I was *charmed* with [by] the picture. 私はその絵に見とれた.

charmed /tʃɑ́ːrmd チャームド/ 形 ❶魔法をかけられた. ❷幸運な.

charm·er /tʃɑ́ːrmər チャーマ/ 名C ❶人を魅惑する人. ❷魔法使い.

*__charm·ing__ /tʃɑ́ːrmiŋ チャーミング/ 形 (more ~; most ~)**魅力的な**;とても楽しい. ▶a *charming* personality 魅力的な人柄 / a *charming* story 楽しい話.

charm·ing·ly /tʃɑ́ːrmiŋli チャーミングリ/ 副 魅力的に.

*__chart__ /tʃɑ́ːrt チャート/ 名(複 ~s /-ts/) C ❶図表, 図. ❷海図《☞map の 関連》. ❸《ポピュラー曲のCDの》ヒットチャート.
— 動 他 ❶…を記録する. ❷…を海図にする. ❸…を計画する.
▶名❶a weather *chart* 天気図.

*__char·ter__ /tʃɑ́ːrtər チャータ/ 名(複 ~s /-z/) ❶ⓐ U《船・飛行機・バスなどの》**チャーター**. ⓑ C チャーター便, チャーター機[船]. ⓒ《形容詞的に》《飛行機・船などの》チャーターの, 借り切りの.
❷ C憲章.
— 動(~s /-z/; ~ed /-d/; -ter·ing /-tə-riŋ/) 他《船・飛行機・バスなど》を**チャーターする**, (契約して)借り切る.
▶名 ❶ⓒa *charter* flight《飛行機の》チャーター便. ❷the *Charter* of the United Nations 国際連合憲章.

char·tered /tʃɑ́ːrtərd チャータド/ 形 ❶チャーターした, 借り切った. ❷《英》公認の, 免許をもっている.

*__chase__ /tʃéis チェイス/ 動(chas·es /-iz/; chased /-t/; chas·ing) 他 ❶《つかまえようと》…を**追いかける**.
❷…を**追い払う**, 追い出す.
— 自《…を》追いかける〔*after*〕.
— 名(複 chas·es /-iz/) C **追跡**.
▶動 他 ❶The cat *chased* the bird. ネコが小鳥を追いまわした. ❷*Chase* the cat out of the kitchen. ネコを台所から追い出しなさい / She *chased* his fears away. 彼女は彼の不安を追い払った.
— 名❶a car *chase* 自動車での追跡.
give chase 追いかける.

chas·er /tʃéisər チェイサ/ 名C ❶チェーサー《強い酒の直後に飲む水[弱い酒];弱い酒の直後に飲む強い酒》. ❷追いかける人[動物];猟師.

chasm /kǽzm チャズム/《★発音注意》名 C ❶ 大きな割れ目, 亀裂(๛).
❷ (感情・意見などの)隔たり, みぞ.

chas·sis /tʃǽsi チャスィ, ʃǽ-/《★発音注意》名 (複 chas·sis /-z/) C シャシー, 自動車の車台.

chaste /tʃéist チェイスト/ 形 (chast·er; chast·est)《文語》純潔な, 貞節な.

chas·tise /tʃæstáiz チャスタイズ/《★アクセント注意》動 (現分 -tis·ing) 他《文語》
❶ …をきびしく批判する. ❷ …を(罰で)懲(ั)らしめる, 罰する.

chas·tise·ment /tʃæstáizmənt チャスタイズメント│tʃǽstiz-/ 名 UC ❶ きびしい批判.
❷ 懲(ั)らしめ, 罰.

chas·ti·ty /tʃǽstəti チャスティティ/ 名 U 純潔, 貞節.

*__chat__ /tʃǽt チャット/ 動 (~s /-ts/; chat·ted /-id/; chat·ting) 自 **おしゃべりする**.
— 名 (複 ~s /-ts/) C **おしゃべり**.
▶ 動 自 I *chatted* with everyone at the party. 私はパーティーですべての人とおしゃべりした.
— 名 I had a pleasant *chat* with him. 私は彼と楽しい雑談をした.
☞ 形 chatty.

châ·teau /ʃætóu シャトウ│ʃǽtou/ 名 (複 ~s, châ·teaux /ʃætóuz│ʃǽtouz/) C (フランスの)城, 大邸宅.

chát ròom 名 C (インターネットの)チャットルーム.

chat·ter /tʃǽtər チャタ/ 動 (~s /-z/; ~ed /-d/; -ter·ing /-təriŋ/) 自 ❶ ペチャクチャしゃべる. ❷ (歯・機械などが)カタカタ[ガタガタ]いう.
— 名 U ❶ (くだらない)おしゃべり.
❷ (歯・機械などの)カタカタ[ガタガタ]いう音.

chat·ter·box /tʃǽtərbàks チャタバックス/ 名 (複 ~es /-iz/) C おしゃべりな人.

chat·ty /tʃǽti チャティ/ 形 (chat·ti·er; chat·ti·est) ❶ おしゃべりな. ❷ くだけた調子の.
☞ 名 chat.

Chau·cer /tʃɔ́ːsər チョーサ/ 名 チョーサー《**Geoffrey** /dʒéfri/ **Chaucer** (1340?−1400); イギリスの詩人;「カンタベリー物語」(*The Canterbury Tales*) の作者》.

chauf·feur /ʃóufər ショウファ/ 名 C (会社の車や自家用車の)雇われ運転手.

chau·vin·ism /ʃóuvənìzm ショウヴィニズム/ 名 U ❶ 狂信的愛国主義. ❷ 男性優越主義.

chau·vin·ist /ʃóuvənist ショウヴィニスト/ 名 C ❶ 狂信的愛国主義者. ❷ 男性優越主義者.

chau·vin·is·tic /ʃòuvənístik ショウヴィニスティック/ 形 ❶ 狂信的愛国主義の.
❷ 男性優越主義の.

*__cheap__ /tʃíːp チープ/ 形 (~·er; ~·est)
❶ (品物などが) **安い** (反 dear, expensive).
❷ 安っぽい, 質の悪い; 品のない.
❸ 《米口語》(人が)けちな (《英》では mean).
— 副 (~·er; ~·est) 《口語》安く.

> [類語] **cheap** は「安っぽい(安く質も悪い)」の意味もあるので, 単に価格・費用の安さだけをいうときには **inexpensive** を用いることが多い.

形 ❶ Oranges are *cheap* today. きょうはオレンジが安い.
❷ a *cheap* novel 安っぽい小説.
feel cheap 恥ずかしく思う.
— 副 I bought the radio *cheap*. 私はそのラジオを安く買った.

cheap·en /tʃíːpən チープン/ 動 他 ❶ (品物)を安くする. ❷ (人・物)を安っぽくする. ❷ *cheapen one*self 自分の品位を下げる.

cheap·ly /tʃíːpli チープリ/ 副 ❶ 安く. ❷ 安っぽく.

cheap·ness /tʃíːpnəs チープネス/ 名 U ❶ 安価(ๆ). ❷ 安っぽさ.

*__cheat__ /tʃíːt チート/ 動 (~s /-ts/; ~ed /-id/; ~·ing) 他 ❶ …をだます.
❷ 《*cheat ... (out) of ~*》…(人)をだまして~(もの)を取る.
— 自 […で] **ごまかす**, 不正行為[カンニング]をする [*at, in, on*] 《❷ 英語の cunning は「ずるい」の意味の形容詞》.
— 名 C ❶ 不正をする人, ぺてん師.
❷ 不正行為, ごまかし.

動 他 ❶ He *cheated* the old man. 彼はその老人をだました. ❷ He *cheated*

me (*out*) *of* my money. 彼は私から金をだまし取った.
— ⑲He *cheats at* cards. 彼はトランプでインチキをする / Some students *cheated on* the test. 何人かの生徒が試験でカンニングをした.

*check /tʃék チェック/ 名(複 ~s /-s/)
❶ⓐ照合, 点検, チェック, 検査.
ⓑ《米》照合のしるし(✓)(✪《英》ではtick).
❷ⓒ《米》小切手(✪《英》では cheque とつづる).
❸ⓒ《米》(飲食店などの)勘定書き, 伝票(✪《英》では bill).
❹ⓒ阻止, 抑制; 阻止[抑制]するもの.
❺ⓒ《米》(荷物預かりなどの)預かり札, 引き換え券.
❻ⓒ格子じま, チェック.
❼Ⓤ〖チェス〗王手.
— 動(~s /-s/; ~ed /-t/; ~ing)⑯
❶ⓐ…を照合する; …を点検する.
ⓑ《米》…に点検のしるし(✓)をつける, …をチェックする(✪《英》ではtick).
❷ⓐ(進行など)を阻止する, 抑制する.
ⓑ(感情など)を抑える, 抑制する.
❸《米》(預かり札をもらって)…を預ける.
— ⑲調べる, 点検する.

▪▪▪▪▪▪▪▪▪▪▪▪▪▪▪▪▪▪▪▪▪▪▪▪

名 ❶ⓐHe made a quick *check* on [of] his sums. 彼は急いで計算を点検した / give the engine a *check* エンジンを点検する. ⓑMark the correct answer with a *check*. 正しい答えにチェックのしるしをつけなさい.
❷pay by *check* 小切手で払う / I'd like to have this *check* cashed. この小切手を現金にしてもらいたいのですが.
❸Waiter! Give me the *check*, please. 給仕さん, 伝票をください.
❹His illness caused a *check* to our plans. 彼の病気のためにわれわれの計画は一時中止になった.
❺a baggage *check* 手荷物預かり札.
❻a *check* skirt チェック(模様)のスカート.

hold [*keep*] *... in check* …を阻止する, 抑制する.

— 動⑯ ❶ⓐ*Check* your answers with mine. あなたの答えを私のと照らし合わせなさい. ⓑ*Check* the names of the students present. 出席した生徒の名前に✓じるしをつけなさい.
❷ⓐA change of wind *checked* the fire. 風向きが変わって火は止まった. ⓑHe *checked* his anger. 彼は怒りを抑えた. ❸*Check* your raincoat at the door. レインコートは入口でお預けください.

check in ⑲〔ホテルで〕宿泊のサインをする, チェックインする;〔空港などで〕搭乗手続きをする〔*at*〕:He *checked in at* the hotel around four. 彼はそのホテルに4時頃チェックインした.

check off ⑯《米》…に点検済みのしるし(✓)をつける, チェックする(✪《英》ではtick off).

check on ... = *check up on* ....

check out ⑲①(ホテルなどで)勘定を済ませて出る, チェックアウトする;(店などで)支払いをすませて出る. ②(情報などが)事実と一致することが確認される.
— ⑯①(正常[正しい]かどうか)…を調べる. ②《米》(本など)を借り出す.

check over ... …を点検する.

check up on ... …に問題がないことを確認する.

check·book /tʃékbùk チェックブック/ 名 ⓒ《米》小切手帳(✪《英》ではcheque-bookとつづる).

checked /tʃékt チェックト/ 形 格子(ご)じまの.

check·er /tʃékər チェカ/ 名ⓒ ❶検査する人. ❷《米》(スーパーなどの)レジ係.

check·ered /tʃékərd チェカド/ 形 格子(ご)じまの.

check·ers /tʃékərz チェカズ/ 名《単数扱い》《米》チェッカー《日本のはさみ将棋に似た遊び; ✪《英》では draughts》.

check-in /tʃékìn チェキン/ 名 ❶Ⓤ(ホテルなどでの)チェックイン;(空港での)搭乗手続き. ❷ⓒ(チェックインの)受付所.

chéck·ing ac·còunt /tʃékiŋ- チェキング-/ 名ⓒ《米》当座預金口座(✪《英》では current account; ☞ savings account).

check·list /tʃéklìst チェクリスト/ 名ⓒ照合一覧表.

check·mate /tʃékmèit チェクメイト/ 名ⓒ〖チェス〗王を詰めること, 詰み.

check-out /tʃékàut チェカウト/ 名ⓒ

checkpoint

❶ (スーパーなどの)勘定などを払う所.
❷ (ホテルなどでの)チェックアウト.

check·point /tʃékpɔ̀int チェクポイント/ 名C検問所.

check·up /tʃékʌ̀p チェカップ/ 名C検査; 健康診断. ▶a medical *checkup* 健康診断 / have a *checkup* 健康診断を受ける.

Ched·dar /tʃédər チェダ/ 名U チェダー(チーズ)《イギリスのチェダー地方でできる硬いチーズ; ○**Cheddar cheese**ともいう》.

***cheek** /tʃíːk チーク/ 名(複 ~s /-s/)

❶ C ほお. ❷ UC《英》あつかましさ, 生意気; あつかましい行為.

▶名❶ rosy *cheeks* ばら色のほお.
❷ What (a) *cheek!* なんて生意気な.
have the cheek to *do* あつかましくも__する.

☞名❷では形cheeky.

cheek·bone /tʃíːkbòun チークボウン/ 名C ほお骨.

cheek·y /tʃíːki チーキ/ 形(cheek·i·er; cheek·i·est)《英口語》あつかましい, 生意気な.

☞名cheek ❷.

cheep /tʃíːp チープ/ 名C ピヨピヨ(ひな鳥の鳴き声). ― 動自 ピヨピヨ鳴く.

***cheer** /tʃíər チア/ 名(複 ~s /-z/) C 歓声, 応援, 声援《○「よくやった」とか「頑張れ」という気持ちを表わす》.

― 動(~s /-z/; ~ed /-d/; cheer·ing /tʃíəriŋ/) 他 ❶ …に歓声をあげる, …を声援する. ❷ …を元気づける.
― 自 歓声をあげる, 声援する.

・・・・・・・・・・・・・・・・・・・・・・・・・・・・・・・・・・

名 A great *cheer* went up when the president appeared. 大統領が現われたとき大歓声があがった.
Cheers! ①《口語》乾杯(かんぱい)!《☞toast² の **INFO**》. ②《英口語》ありがとう(Thank you). ③《英口語》さようなら(Good-bye).

― 動他 ❶ They all *cheered* the new champion. 彼らはみんな新しいチャンピオンにかっさいした.

❷ The good news *cheered* us all. そのよいニュースで私たち全員は元気づいた.

― 自 We all *cheered* when he hit a home run. 彼がホームランを打って私たちはみんな歓声をあげた.

***cheer on** 他 …に声援を送る.
***cheer up** 自 元気を出す: He *cheered up* at the news. 彼はその知らせで元気づいた / *Cheer up!* 元気を出せ. ― 他 …を元気づける, 励ます: Her friends tried to *cheer* her *up*. 彼女の友だちが彼女を元気づけようとした.

☞形cheerful, cheery.

***cheer·ful** /tʃíərfəl チアフル/ 形(more ~; most~)

❶ (人が)元気な, 機嫌のいい, 陽気な.
❷ (ものが)気持ちのよい, 気持ちを楽しくさせる.

▶❶ He is *cheerful* today. 彼はきょうは明るく元気だ.
❷ *cheerful* music 楽しい音楽.

☞名cheer.

cheer·ful·ly /tʃíərfəli チアフリ/ 副 陽気に, 明るく.

cheer·ful·ness /tʃíərfəlnəs チアフルネス/ 名U 陽気さ, 明るさ.

cheer·i·o /tʃìərióu チ(ア)リオウ/ 感《英口語》さようなら(good-bye).

cheer·lead·er /tʃíərlìːdər チアリーダ/ 名C《米》チアリーダー《○「チアガール」は和製英語》.

cheer·less /tʃíərləs チアレス/ 形 楽しくない, 陰気な.

cheer·y /tʃíəri チ(ア)リ/ 形(cheer·i·er; cheer·i·est) 陽気な, 快活な(cheerful).

☞名cheer.

***cheese** /tʃíːz チーズ/ 名(複 chees·es /-iz/) U チーズ《○種類などをいうときにはC》.

▶two pieces [slices] of *cheese* チーズ2切れ[2枚] / a variety of French *cheeses* さまざまなフランス製チーズ.
Say cheese! 「はい, チーズ」「にっこり笑って」《○写真をとる人がとられる人に言うことば》.

cheese·burg·er /tʃíːzbə̀ːrgər チーズバーガ/ 名C チーズバーガー.

cheese·cake /tʃíːzkèik チーズケイク/ 名UC チーズケーキ.

chee·tah /tʃíːtə チータ/ 名C チータ.

chef /ʃéf シェフ/ 名(複 ~s /-s/) C シェフ, コック長.

***chem·i·cal** /kémikəl ケミカル/ 形 化学の, 化学的な.

— 名(複 ~s /-z/) ⓒ《しばしば複数形で》化学薬品[製品].
▶形 a *chemical* change 化学変化 / a *chemical* weapon 化学兵器.
☞ 名chemistry.

chem·i·cal·ly /kémikəli ケミカリ/ 副化学的に.

*chem·ist /kémist ケミスト/ 名(複 ~s /-ts/) ⓒ ❶化学者. ❷(英) ⓐ薬剤師, 薬屋(⊙(米)では druggist). ⓑ薬局, 薬屋(店)(⊙chemist's ともいう).

*chem·is·try /kémistri ケミストリ/ 名Ⓤ ❶化学. ❷化学作用. ❸相性, 親近感.
▶❶ organic [inorganic] *chemistry* 有機[無機]化学.
☞ 形chemical.

cheque /tʃék チェック/ 名(複 ~s /-s/) ⓒ(英)小切手(⊙(米)では check とつづる).

cheque·book /tʃékbùk チェックブック/ 名(英) = **checkbook**.

cheq·uered /tʃékərd チェカド/ 形(英) = **checkered**.

cher·ish /tʃériʃ チェリシュ/ 動(~es /-iz/; ~ed /-t/; ~ing) 他 ❶…を大事にする, かわいがる. ❷(希望・気持ちなど)を心にいだく, 大切に持ち続ける.
▶❶ They *cherished* the baby as their own. 彼らはその赤ん坊を自分たちの子として大事にした.
❷ *cherish* a hope 希望をもつ.

*cher·ry /tʃéri チェリ/ 名(複 cher·ries /-z/) ⓒ ❶さくらんぼ.
❷ⓒサクラ(の木)(⊙chérry trèe ともいう). ❸Ⓤサクラ材.
▶❶ The *cherries* are not yet ripe. さくらんぼはまだ熟していない.

chérry blòssom 名ⓒ桜の花.

cher·ub /tʃérəb チェラブ/ 名ⓒ〔聖書〕ケルビム, 智天使(丸々と太ったかわいらしい子どもの姿をしている).

chess /tʃés チェス/ 名Ⓤチェス. ▶ play *chess* チェスをする.

chess·board /tʃésbɔ̀ːrd チェスボード/ 名ⓒチェス盤.

*chest /tʃést チェスト/ 名(複 ~s /-ts/) ⓒ ❶胸部, 胸(☞ body のさし絵).
❷(ふたつきのじょうぶな)箱.
▶❶ He has a broad *chest*. 彼は胸が広い. ❷ a tool *chest* 道具箱.

get ... off one's chest …(悩み・心配ごとなど)を打ちあける.
raise one's hand to one's chest 胸に手を当てる(国旗に対する敬意のしぐさ).

chest·nut /tʃésnÀt チェスナット/(★ n の前の t は発音されない)名 ❶ⓒクリ(の木)(⊙chéstnut trèe ともいう). ❷ⓒクリの実. ❸Ⓤクリ材. ❹Ⓤクリ色.
— 形クリ色の.

chést of dràwers 名ⓒたんす(⊙(米)ではふつう bureau, dresser という; ☞ bed のさし絵).

*chew /tʃúː チュー/ 動(~s /-z/; ~ed /-d/; ~·ing) 他 …を(奥歯でよく)かむ, かみこなす(☞ bite の 類語).
— 自よくかむ.
▶ 動 他 *Chew* your food well before you swallow it. 食べ物はよくかんで食べなさい.
— 自 It is rude to *chew* with your mouth open. 口を開けてものをかむのは失礼です.
chew over 他 …をじっくり考える.

chéw·ing gùm /tʃúːiŋ- チューイング-/ 名Ⓤチューインガム(⊙単に gum ともいう).

chew·y /tʃúːi チューイ/ 形(食べ物が)かみにくい.

chic /ʃíːk シーク/ 形(服装などが)あかぬけした, シックな.

Chi·ca·go /ʃikáːgou シカーゴウ/ 名シカゴ(アメリカ中部イリノイ (Illinois) 州の大都市).

Chi·ca·no /tʃikáːnou チカーノウ/ 名(複 ~s /-z/) ⓒメキシコ系アメリカ人.

chick /tʃík チック/ 名ⓒひよこ, ひな.

*chick·en /tʃíkən チケン/ 名(複 ~s /-z/)
❶ⓒにわとり.
❷ⓒひよこ, ひな.
❸Ⓤ鶏肉, チキン(☞ meat の INFO (2)).
❹ⓒ(口語)おくびょう者.
— 動 自《次の成句で》: *chicken out* おじけづいてやめる.
▶❶ raise *chicken* にわとりを飼う.
❷ ことわざ Don't count your *chickens* before they are hatched. かえらないうちからひよこを数えるな, 「とらぬたぬきの皮算用(をするな)」.

chick·en-heart·ed /tʃíkən-háːrtid チケン・ハーティド/ 形おくびょうな, 気の弱

chícken pòx 名U〖医学〗水ぼうそう.

chic・o・ry /tʃíkəri チコリ/ 名U《英》チコリ《葉はサラダ用; ◎《米》ではendive》.

***chief** /tʃíːf チーフ/ 名(複 ~s /-s/) C(集団・組織などの)長.
— 形 ❶最高位の, 首席の.
❷おもな, 主要な.

名the *chief* of (the) police 警察署長.

in chief 《名詞の後で》最高位の 《◎ハイフンでつなぐことが多い》:the editor-*in-chief* 編集長.

— 形 ❶the *chief* justice 裁判長 / the *chief* executive 行政長官《アメリカでは大統領・州知事・市長など》. ❷the *chief* industry おもな産業 / the *chief* reasons おもな理由.

***chief・ly** /tʃíːfli チーフリ/ 副**主として**.
▶The boys are *chiefly* interested in soccer. その少年たちは主としてサッカーに興味をもっている.

chief・tain /tʃíːftən チーフテン/ 名C(部族などの)首領(しゅりょう), かしら.

chi・hua・hua /tʃiwáːwɑː チワーワー/ 名Cチワワ《メキシコ原産の超小型の犬》.

****child** /tʃáild チャイルド/ 名(複 chil・dren /tʃíldrən/) C

❶(おとなに対して)**子ども**, 幼児, 児童.
❷(親に対して)**子**.
❸子孫.
❹子どもみたいな人, 幼稚な人.
❺ⓐ(ある時代・境遇などから生まれた)人[もの]. ⓑ産物, 結果.

❶books for *children* 子ども向けの本 / as a *child* 子どものころ.
❷an only *child* ひとりっ子.
❸a *child* of Abraham アブラハムの子孫《ユダヤ人》.
❹He is such a *child* about money. 彼は金銭に関してまるで子どもだ.
❺ⓐ *a child of the age* 時代の生んだ人[もの].
☞ 形childish, childlike.

child・bear・ing /tʃáildbèəriŋ チャイルドベ(ア)リング/ 名U出産.

child bénefit 名U《英》児童手当.

child・birth /tʃáildbəːrθ チャイルドバース/ 名U出産.

child・care /tʃáildkèər チャイルドケア/ 名U保育, 育児.

***child・hood** /tʃáildhùd チャイルドフッド/ 名U**子どものころ**, 幼年時代.
▶I was weak in my *childhood*. 私は子どものころ弱かった.

***child・ish** /tʃáildiʃ チャイルディシュ/ 形 (more ~; most ~)
❶(おとなが)**子どもっぽい**, 幼稚な《☞ childlike》.
❷子どもらしい, 子どもの.
▶❶Don't be *childish*. 子どもみたいなことを言っては[しては]いけません / *childish* ideas 子どもっぽい考え. ❷He has a *childish* voice. 彼は子どものような声をしている. ☞ 名child.

child・ish・ly /tʃáildiʃli チャイルディシリ/ 副子どもっぽく.

child・less /tʃáildləs チャイルドレス/ 形子どものない.

child・like /tʃáildlàik チャイルドライク/ 形子どもらしい, 純真な, 無邪気な《☞ childish》.

child・min・der /tʃáildmàindər チャイルドマインダ/ 名C《英》(親が働いている)子どもを預かる人《☞baby-sitter》.

***chil・dren** /tʃíldrən チルドレン/ 名child の複数形.

child's pláy /tʃáildz- チャイルヅ-/ 名U簡単にできること.

child suppórt U(離婚後などに払う)子どもの養育費.

Chil・e /tʃíli チリ/ 名チリ《南米の共和国》.

chil・i /tʃíli チリ/ 名(複 ~es /-z/)《米》
❶UCチリ《トウガラシの実の一種》. ❷Uチリ《メキシコ料理》.

***chill** /tʃíl チル/ 名(複 ~s /-z/) ❶《単数形で》(不快な)(ひゃっとした)**冷たさ**, 冷気.
❷C寒け, 悪寒(おかん).
❸C(恐怖などで)ぞっとする気持ち.
— 形 (~er; ~est) ❶(不快なほど)冷たい, ひんやりする.
❷冷淡な, よそよそしい.
— 動 (~s /-z/; ~ed /-d/; ~ing) 他
❶…を**冷やす**, (食品)を冷蔵する.
❷ⓐ(人)をぞっとさせる.
ⓑ(興味・熱意などを)さます.
— ❶自冷える. ❷リラックスして過ご

す.
▶ 名 ❶There was a *chill* in the mountain air. 山の空気には冷たさが感じられた. ❷I have a slight *chill*. 少し寒けがする.
— 形 ❶a *chill* wind 冷たい風.
— 動 他 ❶I was *chilled* to the bone. 骨まで寒さがしみた / *chill* the wine ワインを冷やす. ❷ⓑHis letter *chilled* our hopes. 彼の手紙は私たちの期待に水を差した.
chill out = chill 自 ❷.

☞ 形chilly.

chilled /tʃíld チルド/ 形冷やした, 冷蔵した.

chil·li /tʃíli チリ/ 名(複 ~es /-z/)(英) = chili.

chil·ling /tʃíliŋ チリング/ 形 ❶ぞっとするような, こわい. ❷冷淡な, 心のこもらない.

chill·y /tʃíli チリ/ 形(chill·i·er; chill·i·est) ❶(不快なほど)冷たい, 冷え冷えする.
❷(態度などが)冷たい, よそよそしい.
▶ ❶*chilly* air 冷たい空気 / feel *chilly* 寒けがする. ❷a *chilly* manner 冷たい態度.

☞ 名chill.

chime /tʃáim チャイム/ 名Ⓒ ❶ⓐ《複数形で》(教会などの)鐘《大きさの違う鐘を組み合わせたもの》. ⓑチャイム. ❷鐘[チャイム]の音.
— 動 (現分 chim·ing) 他 ❶(鐘・チャイムなど)を鳴らす. ❷(時間)を鐘[チャイム]を鳴らして知らせる.
— 自 (鐘・チャイムなどが)鳴る.
▶ 動 ❷The village clock *chimed* six. 村の時計が6時を知らせた.
chime in 自 口をはさむ.

*chim·ney /tʃímni チムニ/ 名(複 ~s /-z/) Ⓒ煙突 (☞house のさし絵).
▶The *chimney* is giving out black smoke. 煙突は黒い煙を出している.

chímney pòt 名Ⓒ(英)煙突頭部につけた煙の出口.

chímney swèep [swèeper] 名Ⓒ 煙突そうじ人 (✪単に sweep ともいう).

chimp /tʃímp チンプ/ 名(口語) = chim·panzee.

chim·pan·zee /tʃìmpænzí: チンパンズィー/ (★アクセント注意)名Ⓒチンパンジー (✪(口語)では 短縮して chimp という).

*chin /tʃín チン/ 名(複 ~s /-z/)Ⓒあご, 下あごの先端 (☞jaw).
Keep your chin up. (あきらめないで)元気を出しなさい (✪**Chin up!** ともいう).
take ... on the chin (口語)(困難など)に耐える.

*Chi·na /tʃáinə チャイナ/ 名中国《正式名は the People's Republic of China (中華人民共和国); 首都ペキン (Beijing, Peking)》.

☞ 形Chinese.

chi·na /tʃáinə チャイナ/ 名Ⓤ《集合的に》陶磁器(類) (☞pottery, porcelain).
▶a piece of *china* 1個の磁器 / a *china* shop 陶磁器店.

Chi·na·town /tʃáinətàun チャイナタウン/ 名Ⓒ(中国以外の国の都市にある)中国人街.

*Chi·nese /tʃàiní:z チャイニーズ/ 形
❶中国の. ❷中国人の. ❸中国語の.
— 名(複 Chi·nese) ❶Ⓒ中国人.
❷Ⓤ中国語.

形 ❶*Chinese* characters 漢字 / *Chinese* dishes 中華料理. ❷*Chinese* friends 中国人の友人 / He is *Chinese*. 彼は中国人だ.

☞ 名China.

— 名 ❶some *Chinese* 何人かの中国人.

Chínese Wáll 名《the をつけて》中国の万里の長城 (✪**the Great Wall of China** ともいう).

chink[1] /tʃíŋk チンク/ 名Ⓒ(小さな)割れ目, すきま.

chink[2] /tʃíŋk チンク/ 名Ⓒチリン, カチン《金属・ガラスなどの出す音》.
— 動自チリンと鳴る.

*chip /tʃíp チップ/ 名(複 ~s /-s/)Ⓒ
❶ⓐ《ふつう複数形で》(米) **ポテトチップス** (✪(英) では crisps).
ⓑ《ふつう複数形で》(英) **フライドポテト** (✪(米) では French fries).
❷(木・石などの)切れはし; (瀬戸物などの)かけら.
❸(茶わん・コップなどの)欠け傷.
❹(ポーカーなどの)チップ, 点棒. ❺チップ《集積回路をプリントしたシリコンの小片》.

chipmunk

— 動 (~s /-s/; chipped /-t/; chipping) 他 (陶器など)を欠く; (陶器などの一部)を欠く.

— 自 (陶器などが)かける.

▶名 ❷ We burned *chips* of wood. 私たちは木の切れはしを燃やした.

have a chip on *one's* ***shoulder*** 《口語》(過去のことについての不満などのために)きげんが悪い.

— 動 ***chip away at ...*** …を少しずつ削る.

chip in 自 《口語》①(人の話に)ことばをさしはさむ. ②お金を出し合う.

chip·munk /tʃípmʌŋk チプマンク/ 名 C シマリス.

chip·per /tʃípər チパ/ 形 《口語》元気のいい.

chi·ro·prac·tic /káiəpræktik カイロプラクティック/ 名 U カイロプラクティック《背骨のゆがみを直して健康回復をはかる治療法》.

chirp /tʃə́:rp チャープ/ 動 (~s /-s/; ~ed /-t/; ~ing) 自 ❶ (小鳥・虫などが)チュウチュウ[チッチッ]と鳴く. ❷ かん高い声で話す.

— 名 C (小鳥・虫などの)鳴き声.

chis·el /tʃízl チズル/ 名 C のみ《大工道具の一種》.

— 動 (~s /-z/; ~ed, 《英》chis·elled /-d/; ~ing, 《英》~l·ing) 他 ❶ (石・木など)をのみで彫る. ❷ (仏像など)をのみで彫る.

chit·chat /tʃítʃæt チトチャット/ 名 U 《口語》おしゃべり, むだ話.

chiv·al·rous /ʃívəlrəs シヴァルラス/ 形 《文語》(男性が)礼儀正しい; 女性にやさしい. ☞ 名 **chivalry**.

chiv·al·ry /ʃívəlri シヴァルリ/ 名 U 騎士道.

INFO 中世ヨーロッパの騎士 (knight) 特有の気風; 勇気, 礼儀, 忠誠, 寛大などを理想とし, とくに弱い者に対する同情と婦人に対する尊敬がその特色. ☞ 形 **chivalrous**.

chive /tʃáiv チャイヴ/ 名 C 《ふつう複数形で》チャイブ, エゾネギ《細いネギに似た野菜; 薬味などに用いる》.

chlo·rine /klɔ́:ri:n クローリーン/ 名 U 塩素《元素記号 Cl》.

chlo·ro·form /klɔ́:rəfɔ:rm クロロフォーム/ 名 U クロロホルム《麻酔薬》.

chlo·ro·phyl, chlo·ro·phyll /klɔ́:rəfil クロロフィル/ 名 U クロロフィル, 葉緑素.

*choc·o·late /tʃá:kələt チャコレト | tʃɔ́k-/ 《★アクセント注意》名 (複 ~s /-ts/)
❶ U|C チョコレート.
❷ U ココア.
❸ U チョコレート色.

▶❶ a *chocolate* bar 板チョコ / a box of *chocolates* チョコレートひと箱.

*choice /tʃɔ́is チョイス/ 名 (複 choic·es /-iz/) ❶ C 選ぶこと, 選択.
❷ U 選択権, 選択の自由.
❸ C 選んだもの[人].
❹ C 選択の範囲, (その中から選べる)いろいろな選択.
❺ C 選び抜かれたもの, 最上等品.

— 形 とくに選んだ, 最上等の.

- -

名 ❶ Be careful in your *choice* of friends. 友人を選ぶときには気をつけなさい / It is difficult [hard] to make a *choice* between the two. そのふたつの中からひとつを選ぶのは難しい.

❷ We have our *choice* of subjects. 私たちに科目の選択の自由がある.

❸ Which is your *choice?* どれにしますか / He is our *choice* for captain. 彼は私たちがキャプテンに選んだ人だ.

❹ The store has a large *choice* of shoes. あの店はくつをたくさん取りそろえてある.

by choice 自分から進んで.

have no choice but to *do* __するより仕方がない: He *had no choice but to* agree. 彼は賛成せざるを得なかった.

of choice 一般に用いられる.

of *one's* **(*own*) *choice*** 自分で選んだ.

☞ 動 **choose**.

— 形 *choice* fruit 特選果物 / the *choicest* wine 最上等のワイン.

choir /kwáiər クワイア/ 名 《★発音注意》 C 聖歌隊.

choke /tʃóuk チョウク/ 動 (~s /-s/; choked /-t/; chok·ing) 他 ❶ …を窒息(そく)させる, 息苦しくさせる.
❷ …をふさぐ, 詰まらせる.

— 自 ❶ 息が詰まる. ❷ (物が)つかえる.

— 名 C ❶ 窒息, むせること.

❷《自動車のエンジンの》空気調節装置, チョーク.

━━ 動 他 ❶ The smoke almost *choked* the fireman to death. 煙で消防士は窒息しそうになった. ❷ The pipe is *choked* with dirt. 管にゴミが詰まった.
━━ 自 ❶ He *choked* from the smoke. 彼は煙でのどが詰まった.
choke back 他 (感情など)を抑える.
choke down 他 (食べ物)をやっと飲みこむ.
choke off 他 …を妨げる.
choke up 他 ①…をふさぐ, つまらせる. ②…をひどく困惑させる. ━━ 自 (緊張して)声がつまる.

chok·er /tʃóukər チョウカ/ 名 C チョーカー (首にぴったりの)短いネックレス.

chol·er·a /kálərə カレラ/ 名 U コレラ.

cho·les·ter·ol /kəléstəròul コレステロウル/ 名 U コレステロール.

choose /tʃúːz チューズ/ 動
(*choos·es* /-iz/; *chose* /tʃóuz/; *cho·sen* /tʃóuzn/; *choos·ing*) 他
❶ⓐ …を**選ぶ** (☞ *select* の 類語).
ⓑ《*choose ~ …* または *choose … for ~*》～に…を選んでやる.
ⓒ …を〔役職などに〕選ぶ, 選挙する〔*as, to be*〕.
❷《*choose to do*》(__することのほう)を**望む**, (__すること)に決める.
━━ 自 ❶ 選択をする. ❷ 望む.

━━ 動 他 ❶ⓐ *Choose* the fruit you like best. あなたの一番好きな果物を選びなさい / *choose* only one *from* them それらの中からひとつだけ選ぶ.
ⓑ Father *chose* me a good book. = Father *chose* a good book *for* me. 父は私によい本を選んでくれた.
ⓒ They *chose* Jimmy *as* [*to be*] their leader. 彼らはジミーをリーダーに選んだ / Jimmy was *chosen* (*as*) leader. ジミーはリーダーに選ばれた.
❷ She *chose* to stay at home. 彼女は家にいることにした.
━━ 自 ❶ *choose* between the two そのふたつのうちどちらかを選ぶ.
❷ Do just as you *choose*. 好きなようにしなさい.

cannot choose but *do* __せざるを得ない: I *cannot choose but* go at once. すぐ行くよりほかに仕方がない.
There is nothing to choose between … and ~. …と～は(どちらを選んでも)違いはない.
☞ 名 choice.

choos·y /tʃúːzi チューズィ/ 形 (*choos·i·er*; *-i·est*)《口語》好みのうるさい, えり好みする.

*__chop__ /tʃáp チャプ | tʃɔ́p/ (~s /-s/; *chopped* /-t/; *chop·ping*) 他 ❶ (おの・なたなどで)…を**たたき切る** (☞ *cut* の 類語). ❷ (肉・野菜などを)**切り刻む**.
━━ 名 C ❶ (あばら骨つき)厚切り肉, チョップ. ❷ (空手などの)チョップ (上からの切りつけるような一撃).
▶ 動 他 ❶ He *chopped* firewood with his ax. 彼はまきをおので割った.
❷ *chop* onions to put in the stew シチューに入れるためにたまねぎを刻む.
chop down 他 (おのなどで)…を切り倒す.
chop off 他 (おのなどで)…を切り取る.

chop·per /tʃápər チャパ/ 名 C《俗語》ヘリコプター (helicopter).

chop·py /tʃápi チャピ/ 形 (*chop·pi·er*; *chop·pi·est*) (水面が)波立っている.

chop·stick /tʃápstìk チャプスティック/ 名 C《ふつう複数形で》(食事用の)はし.
▶ a pair of *chopsticks* はし 1 ぜん.

cho·ral /kɔ́ːrəl コーラル/ 形 合唱用の.
☞ 名 chorus.

chord /kɔ́ːrd コード/ 名 C 和音, コード.
touch [strike] the right chord 心をゆさぶる, 共感を呼ぶ.

chore /tʃɔ́ːr チョー/ 名 (複 ~s /-z/) C
❶ (日常の)雑用. ❷ 退屈(たいくつ)な仕事.
▶ household *chores* 家事.

*__cho·rus__ /kɔ́ːrəs コーラス/ 名 (複 ~·es /-iz/) C ❶ **合唱団**, 合唱隊.
❷ **合唱曲**; (歌の)合唱部.
❸ **声をそろえて言うことば**.
❹ (ミュージカルなどの)コーラス《主役以外の歌手・ダンサーなどの一群》.
━━ 動 (三単現 ~·es /-iz/) 他 ❶ …を合唱する. ❷ …を声をそろえて言う.

名 ❶ I joined the school *chorus*. 私

は学校の合唱団に入った.
❷ sing a *chorus* 合唱曲を歌う.
❸ a *chorus* of protest みんながいっせいに言う抗議.

in chorus 声をそろえて: Read it *in chorus*. 声をそろえて読みなさい.

☞ 形 choral.

*__chose__ /tʃóuz チョウズ/ 動 choose の過去形.

*__chos·en__ /tʃóuzn チョウズン/ 動 choose の過去分詞形.
— 形 選ばれた.

__chow·der__ /tʃáudər チャウダ/ 名 U チャウダー《魚貝類・豚肉などと野菜と牛乳を加えて煮こんだスープの一種》.

__Chris__ /krís クリス/ 名 ❶ クリス《男性の名; Christopher の愛称》. ❷ クリス《女性の名; Christina の愛称》.

*__Christ__ /kráist クライスト/《★発音注意》名《Jesus Christ で》__イエスキリスト__《04? B.C.–A.D. 29?》.
— 感 とんでもない, ちくしょう.

__chris·ten__ /krísn クリスン/《★t は発音されない》動 他 ❶ (洗礼をして)(人)に(…と)名をつける《☞ Christian name》.
❶ (船など)を(…と)命名する.
▶ ❶ They *christened* the baby George. 彼らは(洗礼をして)その赤ん坊をジョージと名づけた.

__chris·ten·ing__ /krísniŋ クリスニング/ 名 UC 洗礼命名(式).

*__Chris·tian__ /krístʃən クリスチャン/ 形 (more ~; most ~) __キリスト教の__; キリスト教徒の.
— 名 (履 ~s /-z/) C __キリスト教徒__.
▶ 形 the *Christian* church キリスト教会 / *Christian* ideas キリスト教の考え.

☞ 名 Christianity.

__Chris·ti·an·i·ty__ /krìstʃiǽnəti クリスチアニティ/ 名 U キリスト教.

☞ 形 Christian.

__Christian náme__ 名 C 洗礼名, クリスチャンネーム.

__INFO__ 洗礼式 (christening) のときに個人に与えられる名前をいう. たとえばジョージ ワシントン (George Washington) の George が Christian name で Washington は surname, family name (姓) である.

__Chris·ti·na__ /kristí:nə クリスティーナ/ 名 クリスチーナ《女性の名; 愛称 Chris》.

*__Christ·mas__ /krísməs クリスマス/《★t は発音されない》
名 C __クリスマス__, キリスト降誕祭《12月25日; ❂ Christmas Dáy ともいう》.
__INFO__ この日がキリストの誕生日であるかどうかは不明だが, 4 世紀ごろからそう考えられてきた. 宣伝, 広告などで Xmas と表記することがある.

__Christmas càrd__ 名 C クリスマスカード.

__Christmas càrol__ 名 C クリスマスの祝い歌《「きよしこの夜」 (*Silent Night, Holy Night*) は最も有名》.

__Christmas Éve__ 名 クリスマスイブ, クリスマスの前夜[前日]《12月24日》.

__Christmas hólidays__ 名 履《the をつけて》《英》クリスマス休暇; (学校の)冬休み《❂《米》では Christmas vacation》.

__Christmas púdding__ 名 UC《英》クリスマスプディング《クリスマスに暖めて食べる干しぶどうなどのはいった茶色いフルーツケーキ》.

__Christmas stòcking__ 名 C クリスマスのくつ下《子どもがクリスマスのプレゼントを入れてもらうようにベッドなどにつるす》.

__Christmas trèe__ 名 C クリスマスツリー《ふつうモミ (fir) など針葉樹を使う》.

__Christmas vacátion__ 名《米》《the をつけて》= Christmas holidays.

__Chris·to·pher__ /krístəfər クリストファ/ 名 クリストファー《男性の名; 愛称 Chris》.

__chrome__ /króum クロウム/ 名 U ❶ = chromium. ❷ = chrome yellow.

__chróme yéllow__ 名 U クロムイエロー, 黄鉛《黄色顔料; ❂ 単に chrome ともいう》.

__chro·mi·um__ /króumiəm クロウミアム/ 名 U クロム, クロミウム《元素記号 Cr; chrome ともいう》.

__chro·mo·some__ /króuməsòum クロウモソウム/ 名 C 染色体.

__chron·ic__ /kránik クラニック/ 形 ❶ (病気が)慢性の《反 acute》. ❷ (問題などが)慢性的な. ❸ (人・習慣などが)常習の.

__chron·i·cal·ly__ /kránikəli クラニカリ/ 副 慢性的に, 絶えず.

__chron·i·cle__ /kránikl クラニクル/ 名 C 年

abc**c**defghijklmnopqrstuvwxyz   **cinema**

代記《出来事を年代順に記録した歴史》.

chron・o・log・i・cal /krànəládʒikəl クラノラヂカル/ 形年代順の.

chro・nol・o・gy /krənálədʒi クロナロヂィ/ 名(複 -o・gies /-z/) ❶ U 年代学《出来事の年代を決める学問》. ❷ C 年代記, 年表.

chry・san・the・mum /krisǽnθəməm クリサンセマム/ 名 C キク《菊》.

chub・by /tʃʌ́bi チャビ/ 形 (chub・bi・er; chub・bi・est) ぽっちゃりした.

chuck /tʃʌ́k チャック/ 動他《口語》…を(ぽいと)投げる, すてる.

chuck・le /tʃʌ́kl チャクル/ 動 (~s /-z/; chuck・led /-d/; chuck・ling) 自 くすくす笑う.
— 名 C くすくす笑い.

chug /tʃʌ́g チャッグ/ 名 C (エンジン・機関車などの)ポッポッ[タッタッ]という音.
— 動 (~s /-z/; chugged /-d/; chug・ging) 自 ポッポッ[タッタッ]という音を出す[出して動く].

chunk /tʃʌ́ŋk チャンク/ 名 C《口語》❶(チーズ・パンなどの)厚いひと切れ, 大きなかたまり. ❷大部分.

chunk・y /tʃʌ́ŋki チャンキ/ 形 (chunk・i・er; chunk・i・est) ずんぐりした, がっちりした.

**church /tʃə́ːrtʃ チャーチ/ 名 (複 ~・es /-iz/)
❶ C (キリスト教の)**教会**(堂).
❷ U (教会で行なう)**礼拝**.
❸ C《**Church**で》(組織体としての)**教派**, …教会.
▶ ❷ go to *church* 教会へ礼拝に行く.
❸ the Methodist *Church* メソジスト教会.

church・go・er /tʃə́ːrtʃgòuər チャーチゴウア/ 名 C (日曜ごとに)教会へ礼拝に行く人.

Chur・chill /tʃə́ːrtʃil チャーチル/ 名 チャーチル《**Sir Winston Leonard Spencer Churchill** (1874–1965); イギリスの政治家・首相 (1940–45, 1951–55), Nobel 文学賞受賞 (1953)》.

Chúrch of Èngland 名《the をつけて》イングランド国教会《イングランドは1532年ヘンリー8世の意向でローマ教皇支配下を脱して, 国王を首長とする教会を設立した》.

chúrch sèrvice 名 C (教会の)礼拝式.

church・yard /tʃə́ːrtʃjàːrd チャーチヤード/ 名 C (教会付属の)墓地《☞cemetery》.

churn /tʃə́ːrn チャーン/ 動他 ❶(牛乳をかきまわして)(バター)を作る.
❷ …を激しくかきまわす.
— 自 ❶ 激しく動く. ❷(緊張などで)胃がきりきりする.
churn out 他 …を次々と大量に作る.

chute /ʃúːt シュート/ 名 C ❶ シュート《物や人を下へ送る(傾斜した)通路[管]》. ❷《口語》落下傘(さん)《➡parachute の短縮形》.
▶ ❶ a letter *chute* レターシュート《郵便投下装置》.

CIA /síːàiéi スィーアイエイ/ 名《アメリカの》中央情報局《➡アメリカ政府の秘密情報機関; *C*entral *I*ntelligence *A*gency の短縮形; ☞ FBI》.

ci・ca・da /sikéidə スィケイダ, -káː-/ 名 (複 ~s /-z/) C セミ.

ci・der /sáidər サイダ/ 名 U ❶《英》(発酵)リンゴ酒《アルコール入り; ➡日本語の「サイダー」は英語では soda pop (炭酸入り清涼飲料水)という》. ❷《米》リンゴジュース.

ci・gar /sigáːr スィガー/ 名《★発音注意》名 C 葉巻き(たばこ)《☞tobacco》.

*cig・a・rette, cig・a・ret /sìgərét スィガレット, sígərèt/ 名 (複 ~s /-ts/) C **紙巻きたばこ**《☞tobacco》.
▶ a pack of *cigarettes* 紙巻きたばこひと箱.

語の結びつき

light (up) a *cigarette* たばこに火をつける

puff on a *cigarette* たばこをふかす

put out [extinguish] a *cigarette* たばこの火を消す

smoke a *cigarette* たばこをすう

cinch /síntʃ スィンチ/ 名《**a**をつけて》《口語》❶簡単なこと. ❷確かなこと.

cin・der /síndər スィンダ/ 名 C ❶(石炭・木などの)燃えがら. ❷《複数形で》灰.

Cin・der・el・la /sìndərélə スィンデレラ/ 名 シンデレラ《★童話の主人公》.

*cin・e・ma /sínəmə スィネマ/ 名 (複 ~s /-z/)
❶ U《**the**をつけて》《英》**映画**(の上映)《➡《米》では the movies;「1本の映画」は a film》.

203

❷ ⓒ《英》**映画館**(《米》では movie (theater)).
▶❶I went to *the cinema* yesterday. 私はきのう映画を見に行った.

cin·na·mon /sínəmən スィナモン/ 名Ⓤ シナモン, 肉桂(にっけい)(香味料).

ci·pher /sáifər サイファ/ 名ⓒ暗号.

cir·ca /sə́:rkə サーカ/ (文語)前およそ, …のころ(《ふつう c.と略して年号などの前につける》). ▶*c*. 1600 西暦1600年ごろに.

*__cir·cle__ /sə́:rkl サークル/ 名(複 ~s /-z/)
ⓒ❶ⓐ**円**(☞square ❶ ⓐ).
ⓑ円形のもの, 輪.
❷《集合的に》**仲間**, …社会, …界, …サークル.
❸ = dress circle.
── 動(~s /-z/; cir·cled /-d/; cir·cling)他 ❶…を回る, …の上を旋回する.
❷…を丸で囲む; …を取り巻く.
── 自回る, 旋回する.

名 ❶ⓐWe sat in a *circle* on the lawn. 私たちは芝生(しばふ)の上で輪を作ってすわった / draw a *circle* 円を描く. ⓑa *circle* of trees 円形に植えた木.
❷He has a large *circle* of friends. 彼は交際が広い / the upper *circles* of society 上流社会 / business *circles* 実業界 / a reading *circle* 読書会, 読書グループ.

☞形circular.

── 動他 ❶The spaceship is *circling* the earth. その宇宙船は地球を旋回中です. ❷*Circle* the right answers. 正しい答えを丸で囲みなさい.
── 自A hawk was *circling* overhead. タカが頭上を旋回していた.

*__cir·cuit__ /sə́:rkit サーキット/ (★発音注意)名(複 ~s /-ts/)ⓒ❶**一周**, 巡回.
❷巡回地域. ❸【電気】回路, 回線. ❹(自動車などの)サーキット.
▶❶a *circuit* of the track トラック一周. ❸a closed *circuit* 閉回路 / a short *circuit* ショート回路.
make a circuit of ... …を一周する.

círcuit brèaker 名ⓒ(電気の)回路遮断(しゃだん)器, ブレイカー.

círcuit cóurt 名ⓒ巡回裁判所.

cir·cu·lar /sə́:rkjulər サーキュラ/ 形 ❶円形の. ❷(動きが)円を描くような; 巡回の; 循環する. ❸(議論などが)堂々めぐりの.
── 名ⓒ回覧板.
▶形❶a *circular* railway 環状鉄道. ❷*circular* motion 円運動. ❸a *circular* argument 堂々めぐりの議論.

☞ 名circle.

cir·cu·late /sə́:rkjulèit サーキュレイト/ 動 (~s /-ts/; -lat·ed /-id/; -lat·ing)自
❶(血液・空気などが)**循環する**.
❷ⓐ(うわさ・情報などが)伝わる. ⓑ(新聞・雑誌などが)広く読まれる, 行きわたる.
ⓒ(貨幣が)流通する.
❸(パーティーなどで)人の間を動き回る.
── 他 ❶(空気など)を循環させる.
❷ⓐ(うわさなど)を広める.
ⓑ(新聞・雑誌など)を配布する.
▶自 ❶Blood *circulates* in [through] the body. 血液は体内を循環する.
❷ⓐThe news *circulated* through [around] the town. そのニュースは町じゅうに広まった.
── 他 ❷ⓐHe *circulated* a false rumor. 彼はデマを言いふらした.

☞ 名circulation.

*__cir·cu·la·tion__ /sə̀:rkjuléiʃən サーキュレイション/ 名(複 ~s /-z/)
❶Ⓤⓒ(血液・空気などの)**循環**.
❷Ⓤⓐ(うわさなどが)広まること; (うわさなど)を広めること. ⓑ(貨幣の)流通.
❸Ⓤ(新聞・雑誌などの)発行部数.

❶the *circulation* of air 通気.
❷ⓐthe *circulation* of the news そのニュースの広まり.
❸This paper has a large *circulation*. この新聞は発行部数が多い.

in circulation ①循環して. ②出回って. ③(人が)社会に出て.

☞ 動circulate.

cir·cu·la·to·ry /sə́:rkjulətɔ̀:ri サーキュラトーリ/ 形(血液の)循環の, 循環に関する.

cir·cum·fer·ence /sərkʌ́mfərəns サカンファランス/ 《★アクセント注意》名ⓊⓒⒸ円周; 周囲.

*__cir·cum·stance__ /sə́:rkəmstæns サーカムスタンス/ 《★アクセント注意》名(複 -stanc·es /-iz/)ⓒ ❶(周囲の)**事情, 状況**, 環境. ❷《複数形で》暮らし向き, 境遇.

abcdefghijklmnopqrstuvwxyz　　　　　　　　　　　　　　　　　　civilisation

❶What were the *circumstances* of his death? 彼の死んだときの状況はどんなでしたか / It depends on the *circumstances*. それは事情による(時と場合による) / according to the *circumstances* 状況に応じて.
❷in easy [bad] *circumstances* 裕福で[困って].
under [in] no circumstances どんなことがあっても決して…ない.
under [in] the circumstances こんな状況では[なので]：*Under [In] the circumstances* we cannot save any money. こんな状況では少しも貯金できない.
　　　　　　　　　☞ 形circumstantial.

cir·cum·stan·tial /sə̀ːrkəmstǽnʃəl サーカムスタンシャル/ 形状況による；状況しだいの. ▶*circumstantial* evidence 状況証拠.　　　☞ 名circumstance.

*cir·cus /sə́ːrkəs サーカス/ 名 (複 ~es /-iz/) C ❶ⓐ《the をつけて》**サーカス(の興行)**. ⓑサーカス団.
❷《英》《しばしば固有名詞とともに》(いくつかの道路が集まっている)円形広場 (☞ square ❷).

cis·tern /sístərn スィスタン/ 名 C 貯水タンク.

ci·ta·tion /saitéiʃən サイテイション/ 名 ❶ U 引用. ❷ C 引用文.　　☞ 動cite.

cite /sáit サイト/ 動 (~s /-ts/; cit·ed /-id/; cit·ing) 他 …を引用する；…を証拠としてあげる. ▶The lawyer *cited* a previous case. 弁護士は前例[判例]を引用した.　　　　　　　　☞ 名citation.

***cit·i·zen** /sítəzən スィティズン/ 名 (複 ~s /-z/) C ❶ (国家の一員としての権利と義務をもつ)**国民**.
❷ (市や町の)**市民**, 住民.
▶❶an American *citizen* アメリカ国民.
❷the *citizens* of Tokyo 東京都民.

cit·i·zen·ship /sítəzənʃip スィティズンシップ/ 名 U 市民権, 公民権.

cit·ron /sítrən スィトロン/ 名 C シトロン (《地中海産のミカンの類の植物》).

cit·rus /sítrəs スィトラス/ 名 C 柑橘(かんきつ)類の植物 (《ミカン・レモンなど》).
— 形柑橘類の.

**cit·y /síti スィティ/ 名 (複 cit·ies /-z/)
❶ C **都市**, 都会；市.
❷《the をつけて；集合的に》市民.
❸《the City で》(ロンドンの)シティー.
INFO ロンドン (London) の旧市部で約1マイル平方の地域. イギリスの金融, 商業の中心地；正式名 the City of London.
❹《形容詞的に》市の, 都会の.

❶Tokyo is one of the largest *cities* in the world. 東京は世界最大の都市のひとつである / New York *City* ニューヨーク市 / the *City* of Nagasaki 長崎市 (《New York City のように固有名詞となっていない場合はふつう, the City of … という》).
❹*city* buses 市バス / *city* life 都会生活.
　　　　　　　　　　☞ 形civic.

cíty cóuncil 名 C 市議会.
cíty háll 名 《米》❶ C 市庁舎(《英》では town hall). ❷ U 市役所, 市当局.

civ·ic /sívik スィヴィック/ 形 ❶市の, 都市の. ❷市民の, 市民としての.
　　　　　　　　　　☞ 名city.

civ·ics /síviks スィヴィックス/ 名 《単数扱い》(学科としての)公民科.

***civ·il** /sívəl スィヴィル/ 形 (civ·il·er, more ~; civ·il·est, most ~)
❶**市民の**；国内の.
❷ (軍人・聖職者などに対して)**一般人の**, 民間の.
❸**礼儀正しい**, ていねいな (《よそよそしさを暗示する》).
❹ 《法律》民事の (☞criminal).

❶*civil* life 社会[公民]生活. ❷*civil* government (軍政に対して)民政.
❸a *civil* answer ていねいな答え.
❹a *civil* case 民事事件.

cívil enginéer 名 C 土木技師.
cívil enginéering 名 U 土木工学.

ci·vil·ian /sivíljən スィヴィリャン/ 名 C (軍人に対して)一般市民.
— 形一般市民の.

civ·i·li·sa·tion /sìvəlizéiʃən スィヴィリゼ

civilise

イション ｜ -lai/ 名Ｕ《英》= **civilization**.

civ·i·lise /sívəlàiz スィヴィライズ/ 動 (-lis·es /-iz/; -i·lised /-d/; -lis·ing) 《英》= **civilize**.

civ·i·lised /sívəlàizd スィヴィライズド/ 形 《英》= **civilized**.

*__**civ·i·li·za·tion**__ /sìvəlizéiʃən スィヴィリゼイション ｜ -lai-/ 名 (複 ~s /-z/)
❶ ＵＣ **文明** (《❏ 精神的な「文化」は culture》). ❷Ｕ《集合的に》 **文明社会**.
▶ ❶ Western *civilization* 西洋文明.
☞ 動 civilize.

*__**civ·i·lize**__ /sívəlàiz スィヴィライズ/ 動 (-liz·es /-iz/; -i·lized /-d/; -liz·ing) 他 …を **文明化する**.
☞ 名 civilization.

*__**civ·i·lized**__ /sívəlàizd スィヴィライズド/ 形 (more ~; most ~) ❶ **文明化した**.
❷ **教養がある, 礼儀正しい, 洗練された**.
▶ ❶ a *civilized* people 文明国民 / *civilized* life 文明生活.

cívil láw 名Ｕ民法.

cívil líberty 名ＵＣ市民としての自由の権利 (言論・思想などの自由).

civ·il·ly /sívəli スィヴィ(ル)リ/ 副 礼儀正しく, ていねいに.

cívil ríghts 名 複 公民権, 市民権.

cívil sérvant 名Ｃ公務員.

cívil sérvice 名Ｕ 《the をつけて》 ❶ (軍以外の) 行政機関. ❷《集合的に》 公務員.

cívil wár 名 ❶ Ｃ 内戦, 内乱. ❷ 《the Civil War で》(アメリカの)南北戦争 (1861–65).

CJD /síːdʒèidíː スィーチェイディー/ 名Ｕクロイツフェルト・ヤコブ病 (Creutzfeld(t)-Jakob diseaseの略; BSE感染などが原因とされる; ☞ BSE).

clack /klǽk クラック/ 動 自 カタカタと音を立てる. ― 名Ｃカタカタいう音.

*__**claim**__ /kléim クレイム/ 動 (~s /-z/; ~ed /-d/; ~·ing) 他 ❶ⓐ …を **自分のものだと言う**.
ⓑ …を (当然の権利として) **要求する**.
❷ __と主張する.
❸ (事物が) …を要求する, …を必要とする. ❹ (事故・病気などが) (生命など) を奪う.
― 自 権利を主張する, 要求する.
― 名 (複 ~s /-z/) Ｃ ❶ⓐ (自分のものだという) **主張**.
ⓑ (当然の権利としての) **要求**; 賠償請求.
❷ (当然だという) **主張**.
❸ (要求する) **権利**, 資格.

動 ❶ⓐ Does anyone *claim* this umbrella? このかさの持ち主はいませんか / Where do I *claim* my baggage? (空港などで)私の荷物はどこで受け取るのですか / Both teams *claimed* victory. 両チームがともに自分達のほうが勝ったのだと言った. ⓑ He *claimed* a reward. 彼は報酬を要求した.
❷ She *claims to* own the land. = She *claims* (*that*) she owns the land. 彼女はその土地は自分のものだと主張している / They *claimed to* have heard nothing of it. = They *claimed* (*that*) they had heard nothing of it. 彼らはそのことはなにも聞かなかったと主張した.
❸ The matter *claims* our attention. われわれはその問題に注目する必要がある / This work *claimed* most of my waking hours. この仕事に私の起きている時間の大部分をとられた.
❹ The accident *claimed* seventeen lives. その事故は17人の人命を奪った.

― 名 ❶ⓐ Does anyone make a *claim* to this suitcase? このスーツケースを自分のものだとおっしゃる方はいますか / I have many *claims* on my time. 私はあれこれと時間をとられることが多い / a *claim* for compensation 弁償の要求.
❷ Her *claim* of innocence was not believed. 彼女の無罪であるという主張は信じられなかった.
❸ He has no *claim* to scholarship. 彼はとても学者などだと称する資格はない.

lay claim to ... …に対する権利を主張する: He *laid claim to* the property. 彼はその財産の所有権を主張した.

make a claim for ... …に対する所有権を申し立てる.

claim·ant /kléimənt クレイマント/ 名Ｃ 請求者.

clair·voy·ant /kleərvɔ́iənt クレアヴォイアント/ 名Ｃ 予知能力者.

abcdefghijklmnopqrstuvwxyz　　　　　　　　　　　　　　　　　　　　　　　　　　**clash**

― 形 予知能力のある.

clam /klǽm クラム/ 名(複 clam, ~s /-z/)Ⓒハマグリ; (一般に)二枚貝.
― 動(~s /-z/; clammed /-d/; clam·ming)⾃《次の成句で》: ***clam up*** 《口語》突然だまる.

clam·ber /klǽmbər クランバ/ 動⾃(苦労して)よじ登る, はい降りる.

clam·my /klǽmi クラミ/ 形 (clam·mi·er; clam·mi·est) (汗などで)冷たくべっとりした.

clam·or /klǽmər クラマ/ 名Ⓒそうぞうしいどなり声; やかましい要求.
― 動 (現分 ~·ing /-məriŋ/)⾃やかましく要求する.　☞ 形 clamorous.

clam·or·ous /klǽmərəs クラマラス/ 形 やかましく要求する.　☞ 形 clamor.

clam·our /klǽmər クラマ/ 名動《英》= clamor.

clamp /klǽmp クランプ/ 名Ⓒ締め金.
― 動他(締め金などで)…を締める.
clamp down on ... …を厳しく取り締まる.

clamp·down /klǽmpdaun クランプダウン/ 名Ⓒ取り締まり, 弾圧.

clan /klǽn クラン/ 名Ⓒ(とくに高地スコットランドの)一族, 氏族.

clan·des·tine /klændéstin クランデスティン/ 形秘密の.

clang /klǽŋ クラング/ 名Ⓒ(金属・鐘などの)カラン[ガラン]という音.
― 動⾃カラン[ガラン]と鳴る.
― 他…をカラン[ガラン]と鳴らす.

clank /klǽŋk クランク/ 名Ⓒガチャッ[チャリン]という音(☞ clink).
― 動⾃ガチャッ[チャリン]と鳴る.

***clap** /klǽp クラップ/ 動 (~s /-s/; clapped /-t/; clap·ping) 他 ❶ⓐ(手)をたたく. ⓑ(人)に拍手する. ❷ (親しみをこめて)…を(軽く平手で)ポンとたたく.
― ⾃ ❶拍手する. ❷ピシャリ[パタン]と音がする.
― 名 ❶Ⓒピシャリ[バリバリ]という音. ❷拍手(の音).

• •

動他 ❶ⓐThe boys *clapped* their hands. 少年たちは拍手した.
❷He *clapped* her *on the* back. 彼は彼女の背中をぽんとたたいた.
― ⾃ ❶They all *clapped*. 彼らはみん

な拍手した.
― 名 ❶a *clap* of thunder 雷鳴.

clap·board /klǽpbərd クラプバド, -bɔ́:rd/ 名ⓊⒸ《米》羽目板 (◐《英》ではweather-board).

Clar·a /kléərə クレ(ア)ラ, klárə/ 名クララ《女性の名》.

clar·et /klǽrət クラレット/ 名Ⓤ ❶クラレット《フランスのボルドー産赤ブドウ酒》. ❷赤紫色.

clar·i·fi·ca·tion /klærəfikéiʃən クラリフィケイション/ 名ⓊⒸ(意味などを)はっきりさせること.

clar·i·fy /klǽrəfài クラリファイ/ 動 (-i·fies /-z/; -i·fied /-d/; ~·ing) 他 (意味など)をはっきりさせる.
　　　　　　　　　　　　☞ 形 clear.

clar·i·net /klærənét クラリネット/ 名Ⓒクラリネット《木管楽器の一種》.

clar·i·ty /klǽrəti クラリティ/ 名Ⓤ(考え・話などの)明快さ; はっきりしていること.
　　　　　　　　　　　　☞ 形 clear.

clash /klǽʃ クラッシュ/ 動 (~·es /-iz/; ~ed /-t/; ~·ing) ⾃ ❶ (ぶつかって)ガチャン[カチン]という. ❷ (集団などが)衝突する, (スポーツなどで)ぶつかり合う〔*with*〕.
❸ (意見・利害などが)衝突する.
❹ (日程などが)かち合う〔*with*〕.
❺ (色などが)調和しない.
― 他…をガチャン[カチン]と鳴らす.
― 名 (複 ~·es /-iz/)Ⓒ ❶ガチャン, カチン《物がぶつかり合う音》.
❷ (集団などの)衝突.
❸ (意見・感情などの)衝突, 対立.
❹ (日程などの)かち合い.
❺ (色などの)不調和.

• •

動⾃ ❶The cymbals *clashed*. シンバルがジャンと鳴った.
❷The two armies *clashed* in the jungle. 両軍はジャングルの中で激突した.
❸We *clash over* this question. 私たちはこの問題に関して意見が食い違う.
❹The dates of the two concerts *clash*. そのふたつのコンサートは日がかち合っている.
❺The blouse *clashes with* the skirt. そのブラウスはそのスカートとは似合わない.

207

clasp /klǽsp クラスプ/ 動他 ❶ⓐ…をしっかりと握る. ⓑ…を抱きしめる.
❷(留め金で)…を留める.
— 名 C ❶留め金.
❷握り[抱き]しめること.
▶動他 ❶ⓐHe *clasped* his hands. 彼は(指をくみ合わせ)両手を握りしめた.

*****class** /klǽs クラス | klάːs/ 名(複 ~·es /-iz/)

❶ C **クラス**, **学級**, 組；クラスの生徒たち.
❷ C **授業**, 講習.
❸ C (社会の)**階級**, 階層.
❹ C **等級**；種類.
❺ C (米)《集合的に》同期生.
❻ U 高級；上品さ, 気品.
❼ C 〖生物〗(分類学上の)綱(ｺｳ).
— 動他 ❶…を分類する.
❷…の等級を決める.

──────────────

名 ❶The tenth grade has five *classes*. (高校)1年生は5組まである / We are in the same *class*. 私たちは同級生だ / I am in *class* C of the tenth grade. 私は(高校)1年C組です.

❷The chemistry *class* begins at nine. 化学の授業は9時に始まります / How many *classes* do you have on Wednesdays? 水曜日には授業はなん時間ありますか.

語の結びつき
attend [go to] a *class* 授業に出る[出席する]
cut [skip] a *class* 授業をさぼる
give a *class* (先生が)授業をする
have a *class* 授業をする；授業を受ける
miss a *class* 授業に出そこなう
take a *class* 授業を受ける
teach a *class* 授業をする

❸the upper〔middle / lower〕*class(es)* 上流〔中流/下層〕階級 / the working *class* 労働者階級 / a *class* struggle 階級闘争.
❹Their performance was (of the) first *class*. 彼らの演奏は一級のものだった / travel first *class* ファーストクラスで旅行する.
❺the *class* of 1983 1983年卒業の同期生.
❻She's got *class*. 彼女には品がある.
be in a class of ...'s own 他に類を見ない, 大変優れている.
in class 授業中に[で]：The students are *in class* now. 生徒は今授業中だ.
☞ 動classify.
— 動他 ❶He is *classed* with the best players. 彼は最優秀選手の中に入れられている.

***clas·sic** /klǽsik クラスィック/ 形 ❶永続的な価値のある, 最高級の.
❷伝統的な, 古典的な.
❸代表的な, 典型的な.
— 名(複 ~s /-s/) C **古典**, 一流の作品.
▶形 ❶*classic* works of art 世に認められている芸術品. ❷a dress of *classic* style 伝統的なスタイルの服. ❸a *classic* example 典型的な例.
— 名 Shakespeare's works are *classics*. シェイクスピアの作品は古典である.

***clas·si·cal** /klǽsikəl クラスィカル/ 形 (*more* ~; *most* ~)
❶伝統的な；古典的な.
❷古典派の.
❸(ギリシア・ローマの)古典の.
▶❶*classical* Japanese dancing 伝統的日本舞踊. ❷*classical* music (ポピュラーやジャズなどに対して)クラシック音楽 (✿classic music とはいわない).
❸the *classical* languages 古典語(ギリシア語とラテン語).
☞ 名classic.

clas·si·fi·ca·tion /klæsəfikéiʃən クラスィフィケイション/ 名(複 ~s /-z/) UC 分類. ☞ 動classify.

clas·si·fied /klǽsəfàid クラスィファイド/ 形 ❶分類された. ❷(書類などが)機密の.
▶❶the *classified* advertisements [ads] 項目別広告 《新聞などで求人・貸家・譲渡などを項目別に分けて出す広告； ☞ want ad》.

clas·si·fy /klǽsəfài クラスィファイ/ 動 (-si·fies /-z/; -si·fied /-d/; ~·ing) 他
❶…を分類する.
❷(書類など)を機密扱いにする.
▶❶These books are *classified* by [according to] authors. これらの本は

abcdefghijklmnopqrstuvwxyz **clean**

作家別に分類されている.
☞ 名 class, classification.
class·less /klǽsləs クラスレス/ 形 ❶階級[差別]のない. ❷どの階級にも属さない.

***class·mate** /klǽsmèit クラスメイト | klɑ́ːs-/ 名 (複 ~s /-ts/) C **同級生**, 級友.

class·room /klǽsrùː(ː)m クラスル(ー)ム | klɑ́ːs-/ 名 (複 ~s /-z/) C **教室, クラスルーム (☞下のさし絵).

class·y /klǽsi クラスィ/ 形 (class·i·er; class·i·est) (口語) おしゃれな, 高級な.

clat·ter /klǽtər クラタァ/ 名 UC ガチャガチャ[ガタガタ]という音.
— 動 自 ガチャガチャ[ガタガタ]音がする. — 他 …をガチャガチャ[ガタガタ]鳴らす.

clause /klɔ́ːz クローズ/ 名 (複 ~es /-iz/) C ❶ 〖文法〗**節**(「主語＋(述語)動詞」の構造を備えている語群; ☞ phrase).
❷(法律・条約などの)条項.
▶ ❶ noun 〔adjective/adverb〕 clause 名詞〔形容詞/副詞〕節.

claw /klɔ́ː クロー/ 名 (複 ~s /-z/) C ⓐ(鳥・ネコなどの尖って鋭い)かぎづめ (☞ nail, talon). ⓑ(カニなどの)はさみ.
— 動 他 (つめで)…をひっかく[裂(さ)く].

*****clay** /kléi クレイ/ 名 U 粘土; 土.

clean /klíːn クリーン/ 形 (~·er; ~·est) ❶ⓐ **清潔な, 汚れていない,

きれいな (反 dirty).
ⓑ 新しい, まだ使っていない.
❷ⓐ **清らかな**, 汚(けが)れのない; (過去において)罪など犯してない.
ⓑ (ことばなどが)下品でない.
❸(スポーツで)ルールを守った, 反則のない.
❹きれい好きな, 身ぎれいな.
❺すっきりした, 格好のよい.
❻みごとな, あざやかな; 完全な.
— 副 (~·er; ~·est) (口語) **すっかり**, 完全に; あざやかに.
— 動 (~s /-z/; ~ed /-d/; ~·ing) 他
❶ …を**きれいにする**, そうじする.
❷(料理の前に)(魚・鳥などの)臓物をとる.
— 自 ❶(物が)きれいになる.
❷そうじする.

・・・・・・・・・・・・・・・・・・・・・・・・・・・・

形 ❶ⓐ His clothes are always *clean*. 彼の服装はいつも清潔だ / Keep yourself *clean*. 身なりを清潔にしておきなさい / *clean* water きれいな水. ⓑ a *clean* piece of paper ま新しい紙.
❷ⓐ a *clean* driver's license 違反のない運転免許証 / She has a *clean* record. 彼女の履歴には前科がない. ⓑ a *clean* joke 下品でない冗談.
❸ a *clean* game (反則のない)フェアな試合.
❺ a *clean* figure すらりとした姿 / a *clean* shape すっきりした形.
❻ a *clean* hit 〖野球〗クリーンヒット.
come clean (口語) (隠していたことを)す

(1) blackboard 黒板
(2) map 地図
(3) eraser 黒板ふき
(4) teacher 先生
(5) chalk チョーク
(6) *calendar* カレンダー
(7) desk 机
(8) pupil 生徒
(9) chair いす
(10) pencil case 鉛筆入れ
(11) eraser 消しゴム
(12) pencil 鉛筆
(13) fountain pen 万年筆
(14) compass コンパス
(15) ruler 定規
(16) textbook 教科書

classroom

two hundred and nine 209

clean-cut

べて話す, 自白する.
— 動 他 ❶ *clean* the room 部屋をそうじする / *Clean* your teeth. 歯をみがきなさい.

clean out 他 ① (…の中)をすっかりきれいにする：*Clean out* your drawers. ひき出しの中をきれいにしなさい. ② (人)を一文なしにする. ③ (場所)からすべてを盗みだす.

clean up 他 ① …をきれいにそうじする[かたづける]. ② (政界など)を浄化する.
— 自 きれいにそうじする[かたづける].

clean-cut /klí:n-kʌ́t クリーン・カット/ 形 (外見などが)すっかりとした.

clean・er /klí:nər クリーナ/ 名 C
❶ⓐ《the cleaner's で》クリーニング屋《店》. ⓑ そうじ人.
❷ きれいにする機械, そうじ機. ❸ 洗剤.
▶❷ an air *cleaner* 空気清浄機.

clean・ing /klí:niŋ クリーニング/ 名 U きれいにすること, そうじ.

clean・li・ness /klénlinəs クレンリネス/ 《★発音注意》名 U 清潔；きれい好き.

*__clean・ly__ /klí:nli クリーンリ/ 副 (more ~; most ~) ❶ きれいに, 清潔に. ❷ きちんと, 見事に.
▶❶ The boy eats very *cleanly*. その少年は食べ方がたいへんきれいだ.
❷ She cut the cake *cleanly* into six. 彼女はケーキをきれいに六つに切った.

clean・ness /klí:nnəs クリーンネス/ 名 U 清潔；潔白.

cleanse /klénz クレンズ/ 《★発音注意》動 (現分 cleans・ing) 他 (肌・傷など)をきれいにする.

cleans・er /klénzər クレンザ/ 名 U C
❶ 洗顔乳液. ❷ クレンザー, 洗剤.

clean-shav・en /klí:n-ʃéivən クリーン・シェイヴン/ 形 きれいにひげをそった.

clean-up /klí:n-ʌ́p クリーナップ/ ❶ C 大そうじ. ❷ C (汚職などの)一掃, 浄化.

*__**clear**__ /klíər クリア/ 形 (~・er /klíərər/; ~・est /klíərist/)
❶ **はっきりした, 明らかな**；わかりやすい；鮮明な (反 vague).
❷ (色・光などが) **明るい**, (天気が)晴れた.
❸ **澄(*)みきった**, 透明な；(音が)澄んだ.

❹ じゃまがない, 開けた.
❺ (頭が)さえた, 頭のよい.
❻ (…について)確信して(いる), はっきり知って(いる)〔about〕.
❼ 潔白な, やましいところのない.

— 副 (~・er; ~・est) ❶ はっきりと, 明瞭に. ❷ すっかり, 完全に.

— 動 (~s /-z/; ~ed /-d/; clear・ing /klíəriŋ/) 他 ❶ (場所)を **きれいにする**, かたづける；…から(じゃまな物)を **取り除く**.
❷ⓐ (液体)を **澄ませる**, 透明にする.
ⓑ …の汚れをとる, …をきれいにする.
❸ⓐ …を(触れずに) **通り越す**, 跳(*)び越す, クリアーする. ⓑ …を無事通過する.
❹〔疑いなどから〕(人)を解放する〔of, from〕.
❺ …に許可を与える；…についての許可を得る.
❻ (小切手など)を精算する.

— 自 ❶ (空が) **晴れる**, (霧などが)晴れる, (水が)澄む.
❷ (顔・気分などが)明るくなる.
❸ (食器などの)後片づけをする.
❹ (小切手が)現金化される.

形 ❶ He is *clear* in his speech. 彼はことばがはっきりしている / It is *clear* that they love each other. 彼らが愛し合っていることは明らかだ / a *clear* explanation わかりやすい説明 / a *clear* picture はっきりした映像.
❷ The sky is *clear*. 空は明るい[晴れている].
❸ He has *clear* eyes. 彼は澄んだ目をしている / *clear* water 透明な水 / the *clear* sound of bells さえ渡る鐘の音.
❹ The road is *clear* at night. その道路は夜は人や車が通らない / a *clear* space 空いている場所 / The roads are now *clear* of snow. 道路にはもう雪がまったくない / She *is clear of* debt. 彼女は借金がない.
❺ He has a *clear* head. 彼は頭がさえている.
❻ I'm not *clear about* his plan. 彼の計画についてはよく知らない / Are you *clear (about)* what you should do now? 君は今なにをすべきかよくわかっているのか.

☞ 名 clarity, 動 clarify.

a b **c** d e f g h i j k l m n o p q r s t u v w x y z　　　　　　　　　　　clever

— 副 ❶ Speak loud and *clear*. 大きな声ではっきり言いなさい / The tower stands *clear* against the evening sky. その塔は夕空にくっきり立っている.
❷ The bullet passed *clear* through the wall. 弾丸は完全に壁を貫通した.

get clear of ... …からのがれる；…から離れる：We *got clear of* the scene of the accident. 私たちは事故現場から抜け出した.

keep [stay] clear of ... …をさけている, …から離れている：I *kept clear of* the rough boys. 私は乱暴な男の子たちをさけていた.

— 動 ❶ I *cleared* the table. 私は食卓の上の物をかたづけた / He *cleared* his throat. 彼はせきばらいをした / They *cleared* the road *of* snow. = They *cleared* the snow *from* the road. 彼らは道路から雪を取り除いた.
❷ ⓑ This soap will help *clear* your skin. このせっけんでお肌がきれいになるでしょう.
❸ ⓐ The car only just *cleared* the gateposts. 車はやっとのことで門柱に触れずに通過した / *clear* a hurdle ハードルをうまく跳び越す.
❹ He was *cleared of* the charge of stealing. 彼は盗みの容疑が晴れた.
❺ The plane was *cleared* for take-off. その飛行機に離陸の許可が出た.

clear away 他 …を**片づける**；…を取り除く. — 自 あと片づけをする.
clear off 自《口語》（急に）立ち去る.
clear out 自《口語》急いで出て行く. — 他 ①（部屋・戸だななど）をきれいにする. ②（不用なもの）を取り除く, 捨てる.
clear up 自 ① **晴れ上がる**：The weather will *clear up* soon. じきに晴れ上がるでしょう. ②（病気が）よくなる. ③ あと片づけをする. — 他 ① …を解決する. ② …を片づける.
☞ 名 clearance.

clear·ance /klíərəns クリ(ア)ランス/ 名 ⓤⓒ ❶ 取り除くこと, 処理, 片づけ.
❷（触れ合わないようにする）空間, すき間.
❸ 許可. ☞ 動 clear.

cléarance sàle 名 ⓒ 在庫一掃大売り出し.

clear-cut /klíər-kʌ́t クリア・カット/ 形 ❶ 輪郭(ﾘﾝｶｸ)のはっきりした. ❷ 明白な.

clear·head·ed /klíərhédid クリアヘディド/ 形 頭のさえた.

clear·ing /klíəriŋ クリ(ア)リング/ 名 ⓒ （森林の木を切り倒した）空き地；開拓地.

*****clear·ly** /klíərli クリアリ/ 副 (more ~; most ~) ❶ **はっきりと**.
❷《文全体を修飾して》**明らかに**.
▶ ❶ Speak more *clearly*. もっとはっきり言いなさい.
❷ It is *clearly* a mistake. それは明らかにまちがいだ.

clear-sight·ed /klíər-sáitid クリア・サイティド/ 形 判断力のある, 先見の明がある.

cleav·age /klí:vidʒ クリーヴェヂ/ 名 ⓤⓒ 裂(ｻ)け目；（女性の）胸の谷間.

cleft /kléft クレフト/ 形 裂(ｻ)けている.
— 名 ⓒ 裂け目, 割れ目.

clem·en·cy /klémənsi クレメンスィ/ 名 ⓤ（罪を軽くする）寛大な措置(ｿﾁ).

clench /kléntʃ クレンチ/ 動（三単現 ~es /-iz/）他 …を堅く握る, しっかりつかむ, しっかりとじる.
▶ *clench one's* fist こぶしを握りしめる.

Cle·o·pa·tra /klì:əpǽtrə クリーオパトラ, -péitrə/ 名 クレオパトラ（69?-30 B.C.; エジプト最後の女王（51-49, 47-30 B.C.）; 美人で有名）.

cler·gy /klə́:rdʒi クラーヂィ/ 名《the をつけて；集合的に》聖職者たち.

cler·gy·man /klə́:rdʒimən クラーヂマン/ 名 (複 cler·gy·men /-mən/) ⓒ（男性の）牧師, 聖職者.

cler·i·cal /klérikəl クレリカル/ 形 ❶ 事務の. ❷ 牧師の.
▶ ❶ *clerical* work 事務.

*****clerk** /klə́:rk クラーク | klá:k/ 名 (複 ~s /-s/) ⓒ ❶ **事務員**, 書記；（裁判所などの）事務官.
❷《米》**店員**（◉ salesclerk ともいう；《英》では shop assistant）.
▶ ❶ a bank *clerk* 銀行員.

*****clev·er** /klévər クレヴァ/ 形 (~·er /-vərər/; ~·est /-vərist/)
❶ **りこうな**, 頭のよい (反 stupid).
❷（考え・行動などが）**うまい**, 巧妙な.
❸ **器用な**, じょうずな.
❹ ずる賢い, 抜け目のない.

two hundred and eleven　　　　　　　　　　　　　　　　　　　　　211

cleverly

❶a *clever* student 頭のよい生徒 / *It is clever of* him *to* say so. (= He is *clever* to say so.) そう言うとは彼はりこうだ.

類語 **clever** は「ずるがしこい」の意味をふくむことがあるが，**wise** は「知識や経験が豊かで正しい判断力のある」，**bright** は「(子どもなどが)頭がいい」.

❷a *clever* plan よくできた計画.
❸He is *clever* at cooking. 彼は料理がじょうずだ / She is *clever* with her hands. 彼女は手先が器用だ.
❹He made a *clever* excuse. 彼は抜け目のない言い訳をした.

clev·er·ly /klévərli クレヴァリ/ 副 ❶りこうに，賢く. ❷うまく，巧妙に，器用に.

clev·er·ness /klévərnəs クレヴァネス/ 名U ❶りこうさ. ❷器用さ，巧妙さ.

cli·ché /kli:ʃéi クリーシェイ | klí:ʃei/ 名 C古くさいきまり文句.

click /klík クリック/ 名C ❶カチッという音《かぎ・掛けがねなどの音》. ❷舌打ちの音. ❸【電算】クリック.
— 動 ⾃ ❶カチッと音がする. ❷ (口語) (冗談・人の名前などが) (人に) 理解される，ぴんとくる. ❸ (口語) 気が合う. ❹【電算】 (…を) マウスでクリックする (on) (☞ double-click).
— 他 ❶…をカチッと鳴らす. ❷【電算】…をクリックする.
▶名 ❶with a *click* カチッと音をたてて.

*__**cli·ent**__ /kláiənt クライアント/ 名 (複 ~s /-ts/) C ❶ (弁護士などの) **依頼人**.
❷ (店などの) 客，常連.

cli·en·tele /klàiəntél クライアンテル | klì:-əntél/ 名U (集合的に) (店などの) 常連.

*__**cliff**__ /klíf クリフ/ 名 (複 ~s /-s/) C (とくに海岸の) **がけ**，絶壁.

cli·mac·tic /klaimæktik クライマクティック/ 形クライマックスの.
☞ 名 climax.

*__**cli·mate**__ /kláimət クライメト/ 名 (複 ~s /-ts/) C ❶ⓐ **気候** (ある地域の長期にわたる平均的な気候をさす; ☞ weather).
ⓑ (気候からみた) 地方, 風土.
❷風潮, 情勢.

❶ⓐThe *climate* of Japan is mild. 日本の気候は温和だ / a dry *climate* 乾燥した気候.
❷a political *climate* 政治的情勢.
☞ 形 climatic.

cli·mat·ic /klaimætik クライマティック/ 形気候上の; 風土の.
☞ 名 climate.

cli·max /kláimæks クライマックス/ 名 (複 ~es /-iz/) C クライマックス, 最高潮.
▶名He is at the *climax* of his fame. 彼は名声の絶頂にある.
☞ 形 climactic.

*__**climb**__ /kláim クライム/ (★b は発音されない) 動 (~s /-z/; ~ed /-d/; ~ing)
他 ❶ (手足を使って) …を**登る**, よじ登る.
❷ (植物が) 巻きついて…をのぼる.
— ⾃ ❶ (手足を使って) **登る**, よじ登る.
❷ⓐ (太陽・月・煙などが) 上る. ⓑ (物価・気温などが) 上昇する. ❸ (努力して) 地位が上がる, 昇進する. ❹ (道が) 登り坂になる. ❺ (植物が) 巻きついてのぼる.
— 名 (複 ~s /-z/) C ❶ (よじ) 登ること; 登山. ❷登る場所, 登り坂. ❸ (価値などの) 上昇. ❹ (地位の) 昇進.

動他 ❶*climb* Mt. Fuji 富士山に登る / The car *climbed* the slope. 車は坂を登った / *climb* a tree 木に登る.
❷The ivy *climbed* the wall. ツタが壁面を伝ってのぼっていた.
— ⾃ ❶*climb* over the fence へいを登って越える.
❷ⓐI saw smoke *climbing* from the forest. 煙が森からたちのぼるのが見えた.
❸*climb* to the top of the class クラスの首席になる / *climb* to power 権力ある地位に昇る.

climb down 他 (手足を使って)…を降りる: *climb down* a tree 木から降りる.
— ⾃ (1)(手足を使って)降りる. (2)(自分の誤りを認めて)主張を捨てる, 譲歩する.

climb into ... …に入りこむ, もぐりこむ, 乗りこむ: *climb into* the driver's seat 運転席に乗りこむ / *climb into* bed ベッドにもぐりこむ.

climb out of ... …から出てくる: *climb out of* the window 窓を乗り越

abc**d**efghijklmnopqrstuvwxyz　　　　　　　　　　　　　　　　　　　**clock**

え外に出る.

climb·er /kláimər クライマ/ 名C登山者.

climb·ing /kláimiŋ クライミング/ 名U登ること. ▶go *climbing* 登山をする.

clinch /klíntʃ クリンチ/ 動 (三単現 ~·es /-iz/) 他 …をなんとか手に入れる.

cling /klíŋ クリング/ 動 (~s /-z/; clung /kláŋ/; ~·ing) 自 ❶ […に]しがみつく, くっついて離れない〔to〕.
❷ […に]執着する, […を]捨てない〔to〕.
▶❶The child *clung to* his mother's skirt. その子は母親のスカートにしがみついた. ❷*cling to* the old customs 古いしきたりに執着する.

cling·y /klíŋi クリンギ/ 形 まつわりついて離れない.

*__**clin·ic**__ /klínik クリニック/ 名 (複 ~s /-s/) C ❶a (入院設備のない)**診療所**. b (個人の)専門医院. ❷a (ある問題についての)相談, 診療. b 専門相談所.
▶❶b a dental *clinic* 歯科医院. ❷a a speech *clinic* 言語クリニック《言語障害の治療を行なう》.

clin·i·cal /klínikəl クリニカル/ 形 ❶臨床の. ❷診療所の. ❸(態度が)冷たい.

clink /klíŋk クリンク/ 名C (銀貨・グラスなどの)チリン[カチリ]という音 (☞clank).
— 動 自 チリン[カチリ]と鳴る.
— 他 …をチリン[カチン]と鳴らす.

*__**clip**__¹ /klíp クリップ/ 動 (~s /-s/; clipped /-t/; clip·ping) 他 (毛・枝など)を**切り取る**, 刈りこむ; (新聞記事など)を切り抜く (☞cut の 類語).
— 名 C ❶切り取り, 刈りこみ; 切り抜き. ❷(映画の)カット, 1場面. ❸切り取ったもの;《米》(新聞・雑誌などの)切り抜き. ❹(英口語)強いパンチ.
▶ 動 他 I *clipped* the article from [out of] the newspaper. 私はその記事を新聞から切り抜いた.

*__**clip**__² /klíp クリップ/ 名 (複 ~s /-s/) C **クリップ**.
— 動 (~s /-s/; clipped /-t/; clip·ping) 他 (クリップなどで)…を留める.
▶ 名 a tie *clip* ネクタイ留め.
— 動 他 She *clipped* the papers together. 彼女はクリップで書類を留めた.

clip·board /klípbɔːrd クリップボード/ 名C クリップボード《一方の端に紙をはさむクリップのついた筆記板》.

clip-on /klípàn クリパン/ 形 クリップ式の; クリップで留める. ▶ *clip-on* earrings クリップ式イアリング.

clip·pers /klípərz クリパズ/ 名 複 (小型の)はさみ, バリカン, 爪(ﾂﾒ)切り.

clip·ping /klípiŋ クリピング/ 名 ❶U 刈りこみ, 切ること. ❷C 刈り取った[切り取った]もの. ❸C (米)(新聞・雑誌などの)切り抜き (☯(英)では cutting).

clique /klíːk クリーク/ 名C (排他的な)徒党.

clit·o·ris /klítəris クリトリス/ 名C クリトリス.

cloak /klóuk クロウク/ 名C (そでなしの)外套(ｶﾞｲﾄｳ), マント.
— 動 他 …をおおいかくす.

cloak·room /klóukrùːm クロウクルーム/ 名C (レストラン・劇場などの)携帯品預かり所, クローク.

clob·ber /klábər クラバ/ 動 他 《口語》…をぶんなぐる, 徹底的にやっつける.

---

*__**clock**__ /klák クラック | klɔ́k/
名 (複 ~s /-s/) C ❶ **時計**《置き時計・柱時計など携帯用でないもの; ☯携帯用の腕時計は watch》.
❷《the をつけて》(車の)走行距離計.
— 動 他 ❶ …の速度を計る.
❷ (ある記録)を示す.

名 ❶My *clock* gains [loses] ten seconds a month. 私の時計はひと月に10秒進む[遅れる] / The *clock* is two minutes fast [slow]. その時計は2分進んで[遅れて]いる / The *clock* struck nine. 時計が9時を打った / an alarm *clock* 目ざまし時計 / a musical *clock* オルゴール時計.

against the clock 時計とにらめっこして, 大急ぎで: We worked *against the clock* to finish the job. 時計とにらめっこしてその仕事の仕上げにかかった.

around [round] the clock 丸一日中.

set [put] the clock back ①(夏時間が終わったあと)時計の針を戻す. ②時代を逆行させる.

set [put] the clock forward (夏時間

two hundred and thirteen　　　　　　　　　　　　　　　　　　　　　　　　　　　　213

clockwise

に合わせて)時計の針を進める.
— 動 *clock in* [*on*] 圓 (タイムレコーダーで)出勤時を記録する.
clock out [*off*] 圓 (タイムレコーダーで)退出時を記録する.

clock·wise /klákwàiz クラクワイズ/ 副 形 時計回りに[の] (反 counterclockwise).

clock·work /klákwə̀ːrk クラクワーク/ 名 U 時計仕掛け, ぜんまい仕掛け.
like clockwork 正確に, 規則正しく, 順調に.

clod /klád クラッド/ 名 C ❶ (土などの)かたまり. ❷ さえないやつ, のろま.

clog /klág クラッグ/ 動 (~s /-z/; clogged /-d/; clog·ging) 他 …をじゃまする, (管など)をつまらせる.
— 圓 (管などが)つまる.
— 名 C 《ふつう複数形で》木ぐつ.

clois·ter /klɔ́istər クロイスタ/ 名 C 《ふつう複数形で》回廊(かいろう) 《♦修道院・大学などの中庭を囲んだ柱が並びアーチがついたもの》.

clone /klóun クロウン/ 名 C ❶ クローン 《♦植物や動物の1個の細胞から無性生殖で増殖した個体(群)》. ❷ そっくりなもの[人].
— 動 他 …のクローンを作る.

★★close¹ /klóuz クロウズ/ 動 (clos·es /-iz/; closed /-d/; clos·ing)
他 ❶ (開いているもの)を**閉じる**, しめる (反 open).
❷ (店など)を**しめる**; (店など)の営業をやめる; (道路など)を閉鎖する.
❸ (話・会議など)を**終える**, 締めくくる.
— 圓 ❶ (開いているものが)**閉じる**, しまる.
❷ (店などが)**しまる**, 閉店になる; 休業する.
❸ (会などが)終わる.
— 名 《単数形で》終わり, 終結, 終末.

動 他 ❶ *Close* the door, please. ドアをしめてください / She *closed* her eyes. 彼女は目を閉じた.
❷ He *closed* his store earlier than usual. 彼はいつもより早く閉店した / *close* the school 学校を休みにする / The street is *closed* to traffic. その通りは通行止めである.
❸ We will *close* the meeting now. 会合はこれで終わりにします / *close* a speech 演説を終える.
— 圓 ❶ The door suddenly *closed*. ドアが突然しまった.
❷ What time does the bank *close*? 銀行は何時にしまりますか.
❸ The exhibition *closed* last Tuesday. その展覧会は火曜日に終わった.

close down 他 (店・工場など)を閉鎖する. — 圓 ①(店・工場などが)閉鎖される. ②《英》(放送時間が)終了する.

close in 圓 ①(敵・やみなどが)迫る: Winter is *closing in*. 冬が近づいてきた. ②(日が)短くなる. ③(天気が)悪くなる.

close in on [*upon*] ... (敵・やみなどが)…に迫る: Darkness *closed in on* us. やみが私たちに迫ってきた.

close off 他 (道路・地域など)を封鎖する.

close out 《米》他 (在庫品を売りつくすため)(商品)を安売りする.

close up 他 ①(工場・道路など)を**閉鎖する**. ②(列などの間)を詰める. — 圓 ①(傷口などが)ふさがる. ②(店などが)しまる. ③(列などの)間が詰まる.
☞ 名 closure.

— 名 *at the close of ...* …の終わりに.
bring ... to a close …を終わらせる.
come [*draw*] *to a close* 終わる.

★★close² /klóus クロウス/ 《★クロウズではない》形 (clos·er; clos·est)
❶ (場所的・時間的に)**すぐ近くの**.
❷ⓐ **親しい**, 親密な (☞intimate ❶). ⓑ (親族関係が)近い.
❸ 厳密な, 綿密な, 精密な; 注意深い.
❹ よく似た.
❺ⓐ 密集した, ぎっしり詰まった, 目のつんだ. ⓑ ぴったりした.
❻ 風通しの悪い, 息苦しい; むし暑い.
❼ (試合などが)接戦の.
— 副 (clos·er; clos·est) ❶ **接近して**, すぐ近くに.
❷ **ぴったりと**; ぎっしりと.

形 ❶ My house is *close* to the station. 私の家はその駅のすぐ近くです.

❷ⓐNed and Jill are *close* friends. ネッドとジルは親友です / a *close* connection 密接な関係.
❸a *close* examination 精密な検査 / *close* attention 綿密な注意.
❹The girl bears a *close* resemblance to her mother. その少女は母親と大変よく似ている.
❺ⓐa *close* thicket 密生した茂み / *close* quarters 密集した住宅地区 / a *close* texture 目のつんだ織物.
❻It [The air] was very *close* in the room. 室内はたいへん息苦しかった.
❼a *close* game 接戦の試合, クロスゲーム.

— 副 ❶He stood *close* behind me. 彼は私のすぐうしろに立った / I sat *close* to my mother. 私は母の近くにすわった / Come *closer*. もっと近くに来なさい.
❷The books are packed *close* together. 本がぎっしり詰まっている.

close at hand すぐ近くに[の]：Summer vacation is *close at hand*. 夏休みはま近です.

close by すぐそばに[の].

close by ... …のすぐそばに[の]：She lives *close by* the school. 彼女は学校のすぐ近くに住んでいます.

close on [upon] ... …（数など）に近い：He is *close on* sixty. 彼はもうすぐ60歳です.

close to ... = *close* on [upon] ....

close up = *up close* すぐそばで[から].

come close to doing もう少しで__しそうになる.

*closed /klóuzd クロウズド/ 形
❶ **しめられた**, 閉じた（反 open）.
❷閉鎖的な, 排他的な.
❸秘密の, 非公開の.

❶Keep the door *closed*. ドアをしめたままにしておきなさい / *Closed* today.《掲示》本日休業. ❷a *closed* society 閉鎖的な社会. ❸a *closed* conference 非公開の会議.

clósed-cir·cuit tél·e·vi·sion /klóuzdsə:rkit- クロウズド・サーキット・/ 名 CU 有線テレビ（監視や教育用に使われる；略：CCTV）.

close·down /klóuzdàun クロウズダウン/ 名 C（工場などの）操業停止, 閉鎖.

close-fit·ting /klóus-fítiŋ クロウス・フィティング/ 形（体に）ぴったり合う.

***close·ly** /klóusli クロウスリ/（★発音注意）副（more ~; most ~）
❶ **注意して**, 厳密に, 正確に.
❷ **接近して**, ぴったりと；しっかりと；ぎっしり.
❸密接に, 親密に. ❹互角に, 接線で.

❶Look *closely*. 注意して見なさい.
❷The suitcase was *closely* packed. そのスーツケースは物がぎっしり詰まっていた.
❸John and Jane are *closely* related. ジョンとジェーンは近い親せきだ.

close·ness /klóusnəs クロウスネス/ 名
U ❶接近；近いこと；詰まっていること.
❷親密さ.
❸風通しの悪いこと, 息苦しさ.

***clos·et** /klázit クラズィト | klɔ́z-/ 名（複 ~s /-ts/）C（米）**押し入れ**, 戸だな, クロゼット（衣類・道具・食料などを入れておく）. ⚪(英) では cupboard; ☞ bed のさし絵.

close-up /klóusàp クロウサップ/（★クロウザップではない）名 C〖写真〗クローズアップ, 大写し.

clos·ing /klóuziŋ クロウズィング/ 形 閉会の, 終わりの（反 opening）.
▶the *closing* address 閉会のことば / It's *closing* time. 終了時間です.

clósing céremony 名 C 閉会式（反 opening ceremony）.

clo·sure /klóuʒər クロウジャ/ 名 UC
❶（店・工場などの）閉鎖, 閉店；（道路などの）閉鎖. ❷（会合などの）終わり. ❸心の落ち着きを取り戻すこと, 気持ちの整理. ☞ 動 close¹.

clot /klát クラット/ 名 C（血などの）柔（やわ）らかい固まり.
— 動（~s /-ts/; clot·ted /-id/; clot·ting）自 固まる.
— 他 …を凝結（ぎょうけつ）させる.

***cloth** /klɔ́(:)θ クロ(ー)ス/ 名（複 ~s /klɔ́:ðz クロー ズズ, klɔ́(:)θs/）
❶ U 布；織物, 服地.
❷ C（特定の用途の）**布切れ**, テーブル掛け, ふきん, ぞうきん.
▶❶two yards of *cloth* 2ヤールの布.

clothe /klóuð クロウズ/ 《★発音注意》動 (~s /-z/; clothed /-d/; cloth・ing) 他《文語》…に**衣服を着せる**, …に衣服を与える.

clothes
/klóuz クロウズ, klóuðz/ 《★発音注意》名 複 **衣服**, 衣類 (○帽子・ネクタイなどを身につけるすべてを含む).

everyday *clothes* ふだん着 / a change of *clothes* 着がえ(1組) (☞ clothing).

語の結びつき
alter [mend] *clothes* 服を作り変える[直す]
change (one's) *clothes* 服を着替える
fold *clothes* 服をたたむ
have *clothes* on 服を着ている
put (one's) *clothes* on 服を着る
take (one's) *clothes* off 服を脱ぐ
wear *clothes* 服を着ている

---

clothes・line /klóuðzlàin クロウ(ズ)ズライン/ 名 C 物干し綱.
clóthes pèg 名 C 《英》= **clothespin**.
clothes・pin /klóuðzpìn クロウ(ズ)ズピン/ 名 C 《米》洗濯ばさみ (○《英》では clothes peg).

cloth・ing /klóuðiŋ クロウズィング/ 《★発音注意》名 U 《集合的に》**衣類**, 衣料品 (○ clothes よりも固く, 専門的な語). ▶ an article of *clothing* (上着・ズボンなど) 衣類一品 / waterproof *clothing* 防水着.

cloud
/kláud クラウド/ 名 (複 ~s /-dz/) ❶ UC **雲**.
❷ C 雲のようなもの; 大群.
❸ C (恐れ・不安などの)暗い影, かげり.
— 動 (~s /-dz/; ~ed /-id/; ~ing) 他
❶ …を**曇らせる**, …を雲などでおおう.
❷ (問題など)をわかりにくくする.
❸ (判断など)をにぶらせる.
❹ (人生など)を暗くする.
— 自 ❶ 曇る.
❷ (顔・目などが)曇る.

名 ❶ a dark *cloud* 黒雲 / a sea of *clouds* 雲海 / ことわざ Every *cloud* has a silver lining. どんな雲もその裏側は銀色である(下から見れば黒い雲でもその裏側は太陽の光をうけて輝いている), 「苦は楽の種」.
❷ a *cloud* of dust もうもうと立ち上るほこり / a *cloud* of locusts イナゴの大群.
❸ a *cloud* of suspicion 疑惑の影.
under a cloud 疑惑を受けて.
☞ 形 cloudy.

— 動 他 ❶ Her eyes were *clouded* with tears. 彼女の目は涙で曇っていた / The mist *clouded* the valley. もやが谷間をおおった.

cloud over 自 ① (空が)曇る. ② (顔・目などが)曇る.

cloud・burst /kláudbə̀ːrst クラウドバースト/ 名 C 突然のどしゃ降り.
cloud・less /kláudləs クラウドレス/ 形 雲ひとつない, 晴れあがった.

cloud・y
/kláudi クラウディ/ 形 (cloud・i・er; cloud・i・est) ❶ **曇った**, 雲でおおわれた (☞ fair¹ ❸, fine¹ ❸).
❷ (液体が)透明でない, 濁った.
❸ ぼんやりした, はっきりしない.

---

❶ It is *cloudy* today. きょうは曇っている / a *cloudy* sky 曇った空.
❸ a *cloudy* photo はっきりしない写真.
☞ 名 cloud.

clout /kláut クラウト/ 名 C《口語》❶ 影響力. ❷ (手で)強くなぐること.
clove¹ /klóuv クロウヴ/ 名 C 丁子(ちょうじ)《香味料》.
clove² /klóuv クロウヴ/ 名 C (ユリ・ニンニクなどの球根の)ひとかけ.
clo・ver /klóuvər クロウヴァ/ 名 UC クローバー.
clown /kláun クラウン/ 名 C (サーカスなどの)道化師, ピエロ (pierrot).

club /kláb クラブ/ 名 (複 ~s /-z/) C
❶ **クラブ**, 同好会.
❷ クラブ室, クラブ会館 (○ clubhouse ともいう).
❸ 棍棒(こんぼう), 警棒.
❹ (ゴルフ・ホッケーなどの)**クラブ**, スティック.
❺ (トランプの)クラブ.

語の結びつき
belong to a *club* クラブに所属する
disband [dissolve, break up] a

club クラブを解散する
join a *club* クラブに入る, 入部する
leave [resign from] a *club* クラブをやめる, 退部する
set up [organize, form, found] a *club* クラブを結成する

── 動 (~s /-z/; clubbed /-d/; clubbing) 他 …を棒で打つ.

名 ❶ a member of the tea ceremony *club* 茶道クラブ[部]員.
❹ a golf *club* ゴルフ用クラブ.
❺ the king of *clubs* クラブのキング.

club·house /klʌ́bhàus クラブハウス/ 名 (複 -hous·es /-hàuziz/) C クラブ会館 (✿単に club ともいう).

club sándwich 名C (米)クラブサンドイッチ (3枚重ねのサンドイッチ).

cluck /klʌ́k クラック/ 名C コッコッ (めんどりなどの鳴き声).
── 動 (めんどりが)コッコッと鳴く.

*__clue__ /klúː クルー/ 名 (複 ~s /-z/) C (問題解決の) **手がかり**, 糸口. ▶I found a *clue* to the mystery. 私はそのなぞを解く手がかりを得た.

clue·less /klúːləs クルーレス/ 形 (口語) 無知な, 無能な.

clump /klʌ́mp クランプ/ 名C 木立ち; やぶ.

clum·si·ly /klʌ́mzili クラムズィリ/ 副 無器用に.

clum·si·ness /klʌ́mzinəs クラムズィネス/ 名U 無器用さ.

clum·sy /klʌ́mzi クラムズィ/ 形 (clum·si·er; clum·si·est)
❶ 無器用な, ぎこちない. ❷ (道具など)扱い[使い]にくい. ❸ (表現などが)へたな, 人を傷つけるような.

❶ She is *clumsy* with her hands. 彼女は手先が無器用だ / a *clumsy* dancer ぎこちなく踊る人. ❷ *clumsy* shoes はき心地の悪いくつ. ❸ a *clumsy* apology まずい言いわけ.

clung /klʌ́ŋ クラング/ 動 cling の過去形・過去分詞形.

clus·ter /klʌ́stər クラスタ/ 名C
❶ (ブドウ・花などの)ふさ (☞bunch).
❷ (密集した)群, 集団.

── 動 (~s /-z/; ~ed /-d/; -ter·ing /-təriŋ/) 自 群がる.

名 ❶ Grapes grow in *clusters*. ブドウはふさになって実る.
❷ a *cluster* of lilies ユリの一群 / a *cluster* of spectators 一群の観客.
── 動 自 The fans *clustered* around the pop star. ファンたちはポップスターの周りに群がった.

clutch /klʌ́tʃ クラッチ/ 動 (~es /-iz/; -ed /-t/; ~·ing) 他 …をしっかりつかむ [握る].
── 自 《次の成句で》: *clutch at* ... …をつかもうとする.
── 名 (複 ~es /-iz/) C ❶ 【機械】クラッチ. ❷ 《複数形で》手中, 支配. ❸ しっかりつかむ[つかまれる]こと.
▶ She *clutched* her baby to her breast. 彼女は赤ん坊をしっかりと胸にだいた.
── 自 *clutch at* a rope ロープをつかもうとする.
── 名 ❷ fall into the enemy's *clutches* 敵につかまる.

clut·ter /klʌ́tər クラタ/ 名U 散乱している物. ── 動他 (場所)を散らかす.

cm 《略語》centimeter(s).

CNN /síːènén スィーエヌエヌ/ 名 CNN 《米国のニュース専門のケーブルテレビ局; Cable News Network の略》.

CO 〔米郵便〕Colorado.

Co.¹ /kóu コウ, kʌ́mpəni/ 《略語》company 会社 《✿Co. の前が人名であればその間に & (and) を入れる》.
▶ James & *Co* ジェイムズ商会.

Co.² 《略語》County.

c/o /síːóu スィーオウ/ 《略語》 (in) care of ... …方 《✿手紙の上書きに用いる》.
▶ Mr. Brown *c/o* Mr. Jones ジョーンズ様方ブラウン様.

*__coach__ /kóutʃ コウチ/ 名 (複 ~es /-iz/) C ❶ a (スポーツなどの) **コーチ**.
b (英) (受験指導のための)家庭教師.
❷ U (米) (飛行機の)**エコノミークラス**.
❸ (英) (鉄道の) **客車** 《✿(英)では carriage ともいう; (米)では car》.
❹ (英) (長距離用・観光用の) **バス**.
❺ 大型4輪馬車 《現在は公式の儀式などに用いられる》.

coach station

— 動 (~・es /-iz/; ~ed /-t/; ~ing) 他
❶ (スポーツなどで)…を**指導する**, コーチする. ❷ (家庭教師が)…の受験指導をする.
— 自 指導する, コーチする.

名 ❺ a *coach* and four〔six〕4〔6〕頭だての馬車.
— 動 他 ❸ *coach* a soccer club サッカー部を指導する.

cóach stàtion 名 ⓒ (英)(長距離用の)バスターミナル.

*coal /kóul コウル/ 名 (複 ~s /-z/)
❶ Ⓤ石炭. ❷ Ⓒ(ふつう複数形で)(燃えている)石炭.
▶ ❶ burn *coal* 石炭をたく / a lump of *coal* 石炭1個.
carry coals to Newcastle (英) よけいなことをする.

co·a·li·tion /kòuəlíʃən コウアリション/ 名 ⓊⒸ 連合, 連立. ▶ a *coalition* cabinet 連立内閣.

cóal mìne 名 ⓒ 炭鉱.
cóal mìner 名 ⓒ 炭坑夫.

coarse /kɔ́ːrs コース/ 形 (coars・er; coars・est)
❶ ❹(肌・生地などが)目のあらい, ざらざらした (rough) (反 fine, smooth).
❺粒(ﾂﾌﾞ)のあらい (反 fine).
❷ 洗練されていない, 下品な (rude) (反 refined).
▶ ❶ ❹ *coarse* cloth 地のあらい布.
❺ *coarse* sand 粒のあらい砂.
❷ *coarse* manners 無作法.

coarse·ly /kɔ́ːrsli コースリ/ 副 ❶ 粗雑に, 大ざっぱに. ❷ 下品に.

coarse·ness /kɔ́ːrsnəs コースネス/ 名 Ⓤ ❶ 目[粒(ﾂﾌﾞ)]のあらさ. ❷ 品のなさ, 下品.

coast /kóust コウスト/ 名 (複 ~s /-ts/) ⓒ **海岸, 沿岸.
— 動 (~s /-ts/; ~ed /-id/; ~ing) 自
❶ (車などが)惰性(ﾀﾞｾｲ)で進む.
❷ 努力しないでうまくやる.

名 live in a small town on the Pacific *coast* 太平洋沿岸の小さな町に住んでいる / sail along the *coast* 沿岸を航行する.

類語 「(陸のほうから見た)海に接する長い陸地海岸」は **coast**; 「(海のほうから見た)海岸」は **shore**, 「浜辺」は **beach**.

from coast to coast (米)東海岸から西海岸まで; 全国に.
The coast is clear. (口語)(沿岸警備隊などがいなくて)今なら見つからない, 今こそよいときだ(⇦密輸業者の見張りのことばから). ☞ coastal.

— 動 自 ❷ *coast* through college 努力せずに大学を出る.

coast·al /kóustl コウストル/ 形 沿岸の. ☞ 名 coast.

coast·er /kóustər コウスタ/ 名 ⓒ (コップなどの)下敷き, コースター.

cóast guàrd 名 (しばしば the Coast Guard で)沿岸警備隊.

coast·line /kóustlàin コウストライン/ 名 ⓒ 海岸線.

**coat /kóut コウト/ 名 (複 ~s /-ts/)
ⓒ ❶ ❹ **コート, オーバー** (❸ overcoat ともいう). ❺ (スーツの)上着(婦人用の袖のついたものにもいう). ❻ 「たけの短い上着」は jacket; ☞ suit).
❷ (動物の)毛皮, 毛. ❸ (ペンキなどの)塗り; めっき. ❹ 表面をおおうもの.
— 動 (~s /-ts/; ~ed /-id/; ~ing) 他
❶ …に**塗る**, かぶせる, …をおおう.
❷ (ほこりなどが)…の表面をおおう.

名 ❶ ❺ Put on your *coat*. 上着を着なさい.
cut one's coat according to one's cloth 収入に応じた生活をする (❸ 服を布地に合わせて裁断する, の意から).

— 動 他 ❶ I *coated* the wall *with* paint. 私は壁にペンキを塗った.
❷ Dust *coated* the furniture. 家具にはほこりがかかっていた.

cóat hànger 名 ⓒ 洋服掛け.

coat·ing /kóutiŋ コウティング/ 名 (複 ~s /-z/) ⓒ ❶ (ペンキの)上塗り, 塗料. ❷ 被膜.

cóat of árms 名 (複 coats /kóuts/ of arms) ⓒ (盾(ﾀﾃ)形の)紋章 (seal).

coax /kóuks コウクス/ 動 (三単現 ~・es /-iz/) 他 (人)をやさしく話して__させよ

うとする. ▶We *coaxed* her *to* come to the party.＝ We *coaxed* her *into* *coming* to the party. 私たちは彼女をなだめてパーティーに出席させた / He *coaxed* me *out of* my plan. 彼はうまいことを言って私の計画をやめさせた.

cob /káb カブ/ 名Ⓒトウモロコシの穂軸 (❂**corncob** ともいう).

co・balt /kóubɔːlt コウボールト/ 名Ⓤ
❶ コバルト (《元素記号 Co》).
❷ ＝ cobalt blue.

cóbalt blúe 名Ⓤコバルトブルー (《濃青色》).

cob・bled /kábld カブルド/ 形丸石で舗装した.

cob・bles /káblz カブルズ/ 名複 ＝ **cobblestones**.

cob・ble・stones /káblstòunz カブルストウンズ/ 名複 (道路舗装用》丸石.

co・bra /kóubrə コウブラ/ 名Ⓒコブラ (《アフリカ, インド産の毒ヘビ》).

cob・web /kábwèb カブウェブ/ 名Ⓒクモの巣.

Co・ca-Co・la /kòukə-kóulə コウカ・コウラ/ 名ⓊⒸ《商標》コカコーラ (❂**Coke** ともいう).

co・caine /koukéin コウケイン/ 名Ⓤコカイン (《局所麻酔剤; 中毒性がある》).

cock /kák カック/ 名Ⓒ ❶ⓐ《英》おんどり (☞**hen**; ❂《米》では **rooster**. cock の鳴き声は cock-a-doodle-doo》).
ⓑ (キジ・クジャク・七面鳥などの鳥の) 雄.
❷《俗語》ペニス.
— 動他 (耳など) をぴんと立てる; …を上に向ける.
▶名 ❶ⓐ The *cocks* crowed. おんどりが鳴いた.

cock-a-doo・dle-doo /kákə-dùːdl-dúː カカ・ドゥードゥル・ドゥー/ 名 (複 ~s /-z/)Ⓒ コケコッコー (《おんどり (cock) の鳴き声》).

cock-eyed /kákàid カカイド/ 形
❶ 傾いた. ❷ 実際的でない, ばかげた.

cock・ney /kákni カクニ/ 名《しばしば **Cockney** で》 ❶Ⓒロンドン子, コックニー.

INFO ロンドン東部に生まれ育ち, ロンドンの下町特有のなまりがある人のことをいう.

❷Ⓤロンドン英語 [なまり], コックニー.

INFO stay /stéi/ を /stái/, nine /náin/ を /nóin/ などと発音したり, ham and eggs を 'am and heggs のように h が脱落したり逆に母音の前に h をつけたりするようななまりのことをいう.

cock・pit /kákpit カクピット/ 名Ⓒ (飛行機やレーシングカーの) 操縦席.

cock・roach /kákroutʃ カクロウチ/ 名 (複 ~es /-iz/)Ⓒゴキブリ (❂《米口語》では **roach** ともいう).

cock・tail /káktеil カクテイル/ 名Ⓒ
❶ カクテル (《強い酒に甘味・苦味・香料・リキュール (liqueur) などを混ぜて作る》).
❷ (前菜としての) カクテル (《ガラスの食器に冷たいエビ, カキなどを入れソースをかけて食べる》).

cócktail lòunge 名Ⓒカクテルラウンジ (《ホテルなどでカクテルを飲ませる休憩所》).

cócktail pàrty 名Ⓒカクテルパーティー (《お酒と軽い食べ物が出るフォーマルなパーティー》).

cock・y /káki カキ/ 形 (cock・i・er; cock・i・est) 《口語》うぬぼれた, 生意気な.

co・coa /kóukou コウコウ/ (★発音注意) 名Ⓤ ❶ ココア (《カカオ (cacao) の種子を粉末にした物; 砂糖やミルクを加えて飲む; チョコレートの原料にする》).
❷ (飲み物としての) ココア (❂**chocolate** ともいう).

co・co・nut /kóukənÀt コウコナット/ 名 (複 ~s /-ts/)ⓊⒸ ココナツ, ココヤシの実.

cóconut pàlm [trèe] 名Ⓒココヤシ, ヤシノキ.

co・coon /kəkúːn コクーン/ 名Ⓒ ❶ (カイコなどの) 繭(まゆ) (☞**silkworm**). ❷ 安全で心地よい場所.

cod /kád カッド/ 名 (複 cod, ~s /-dz/)Ⓒタラ (❂**codfish** ともいう).

***code** /kóud コウド/ 名 (複 ~s /-dz/)
❶Ⓒⓐ **法典**, 法規集, 規則集.
ⓑ (社会・団体などの) 規律, 慣例.
❷ⓊⒸ **暗号**, 信号.
❸Ⓒ符号, コード.
— 動他 …を符号にする.
▶名 ❶ⓐ the building *code* 建築法規. ⓑ the press *code* 新聞綱領.
in code 暗号で.

cod・fish /kádfiʃ カドフィッシュ/ 名 (複 cod・fish, ~es /-iz/)Ⓒタラ (❂単に **cod** ともいう).

co・ed, co-ed /kóuéd コウエッド/ 形 男

coeducation

女共学の (**co-educational** の略).

co·ed·u·ca·tion /kòuèdʒukéiʃən コウエデュケイション/ 名 男女共学.

co·ed·u·ca·tion·al /kòuèdʒukéiʃənəl コウエデュケイショナル/ 形 男女共学の.

coe·la·canth /síːləkænθ スィーラキャンス/ 《★発音注意》名C シーラカンス.

co·erce /kouə́ːrs コウアース/ 動 (現分 coerc·ing) 他 (脅して)(人)に…をさせる.
▶He *coerced* the boy *into* telling the truth. 彼は脅してその少年に本当のことを言わせた.

co·er·cion /kouə́ːrʃən コウアーション/ 名 U 強制, 強引.

co·ex·ist /kòuigzíst コウエグズィスト/ 動 自 共存する.

co·ex·ist·ence /kòuigzístəns コウエグズィステンス/ 名 U (平和)共存.

***cof·fee** /kɔ́(ː)fi コ(ー)フィ, kɑ́fi カフィ/
名 (複 ~s /-z/)
❶ⓐU (飲み物としての)**コーヒー**.
ⓑC (1 杯の)コーヒー.
❷ⓐU.C コーヒー豆 (**coffee bean** ともいう); (豆をいっていひいた)粉末のコーヒー (☞tea ❸). ⓑC コーヒーノキ (**cóffee trèe** ともいう). ❸U コーヒー色.

❶ⓐWould you like a cup of *coffee*? コーヒーを1杯いかがですか / black *coffee* ブラックコーヒー《ミルクやクリームを入れないコーヒー》/ make *coffee* コーヒーを入れる / weak [strong] *coffee* 薄い[濃い]コーヒー. ▶Two *coffees*, please. コーヒーふたつください.
❷ⓐa pound of *coffee* コーヒー 1 ポンド.

cóffee bàr 名C (英)軽食堂《アルコール以外の飲み物・菓子・軽食などを出す》.

cóffee brèak 名C コーヒーブレーク《(飲み物を飲んだりする)休憩時間; ☞tea break》. ▶take [have] a *coffee break* コーヒーブレークをとる[にする].

cóffee hòuse 名C = coffee bar.

cóffee màk·er 名C コーヒーメーカー[沸かし器].

cóffee mill 名C コーヒーひき(器).

***cóffee pòt** 名C コーヒーポット.

cóffee shòp 名C = coffee bar.

cóffee tàble 名C 低いテーブル.

cof·fers /kɔ́(ː)fərz コ(ー)ファズ/ 名 (複) (団体などの)資金, 財源.

cof·fin /kɔ́(ː)fin コ(ー)フィン/ 名C 棺, ひつぎ (**(米)** では casket ともいう).

cog /kɑ́g カッグ/ 名C (歯車の)歯.

co·gnac /kóunjæk コウニャック/ 名U.C コニャック《フランス, コニャック地方産のブランデー (brandy)》.

co·hab·it /kòuhǽbit コウハビット/ 動 自 同棲(せい)する.

co·her·ence /kouhíərəns コウヒ(ア)ランス/ 名U 筋が通っていること, 首尾一貫していること.

co·her·ent /kouhíərənt コウヒ(ア)ラント/ 形 筋の通った, 首尾一貫した (反 incoherent).

co·he·sion /kouhíːʒən コウヒージョン/ 名U 結合, 粘着; 粘着力.

coil /kɔ́il コイル/ 動 (~s /-z/; ~ed /-d/; ~·ing /-/) 他 …をぐるぐる巻く (反 uncoil).
— 自 輪になる, 巻きつく.
— 名 (複 ~s /-z/) C ❶ (綱・針金などを渦巻き形に)巻いたもの, 渦巻き.
❷ 〖電気〗コイル.
▶動 他 *coil* (up) a rope ロープをぐるぐる巻く / The snake *coiled* itself up. ヘビがとぐろを巻いた.
— 自 ❶ The vine *coiled* around the branch. ツタが枝に巻きついていた.
— 名 ❶ a *coil* of string 1 巻きのひも / in a *coil* ぐるぐる巻きに(なって).

***coin** /kɔ́in コイン/
— 名 (複 ~s /-z/) ⓐC **硬貨**, コイン (☞次ページの表; ○「紙幣」は paper money, bank note, bill などという》.
ⓑU 《集合的に》硬貨.
— 動 他 (新語など)を作り出す.
▶名 ⓐa copper *coin* 銅貨 / a gold *coin* 金貨 / change a dollar bill into *coins* 1ドル紙幣を硬貨にかえる.
ⓑpay in [with] *coin* 硬貨で支払う.
— 動 他 *coin* new words 新語を作る.

co·in·cide /kòuinsáid コウインサイド/ 《★アクセント注意》動 (~s /-dz/; -cid·ed /-id/; -cid·ing) 自 ❶ (ふたつ以上のことが)同時に起こる [*with*].
❷ (意見・趣味などが)一致する, 符合する [*with*].
▶❶ My birthday *coincides with*

hers. 私の誕生日は彼女の誕生日と同じだ. ❷My interests and hers *coincide*. 私の興味と彼女の興味は同じだ / His views *coincide with* mine. 彼の意見は私と一致する.

☞ 名coincidence.

co·in·ci·dence /kouínsədəns コウインスィデンス/ 《★アクセント注意》名 UC 偶然の一致; 同時発生.
▶What a *coincidence*! 何という偶然(の一致)でしょう / by a curious *coincidence* 妙なめぐり合わせで / the *coincidence* of events 事件の同時発生.

☞ 動coincide.

co·in·ci·den·tal /kouìnsədéntl コウインスィデントル/ 形偶然に一致した.

Coke /kóuk コウク/ 名 UC 〔商標〕コーク 《Coca-Cola の別称》.

coke[1] /kóuk コウク/ 名 U (燃料の)コークス.

coke[2] /kóuk コウク/ 名 U 《俗語》コカイン 《☯cocaine の短縮形》.

co·la /kóulə コウラ/ 名 UC コーラ.

***cold** /kóuld コウルド/ 形 (~·er; ~·est)
❶ 寒い, 冷たい, 冷えた (反 hot) (☞ cool).
❷心の冷たい, 冷淡な (反 warm).
❸《口語》(クイズなどで)見当がはずれて, なかなか当たらなくて (反 hot).
❹(頭を打って)意識不明の; 死んだ.
— 名 (複 ~s /-z/) ❶ UC かぜ, 感冒.
❷ U 《ふつう the をつけて》寒さ (反 heat).

形 ❶It is *cold* outside. 外は寒い / *cold* weather 寒い天気 / Are you *cold*?＝Do you feel *cold*? 寒いですか / a *cold* drink 冷たい飲みもの.
❷She is *cold* to me. 彼女は私には冷淡だ / a *cold* reply 冷たい返事.
❸You're getting *colder*. ますます正解から遠ざかっています.

get* [*have*] *cold feet 《口語》おびえる, おじけづく.

leave ... cold …になんの興味も起こさせない[印象も与えない].

— 名 ❶He is in bed with a *cold*. 彼はかぜで寝ている / have a *cold* かぜをひいている / catch (a) *cold* かぜをひく 《☯a がないほうがふつうだが形容詞があると a が必ずつく: catch a bad *cold* ひどいかぜをひく》.
❷I don't mind *the cold*. 私は寒さは

アメリカの硬貨 (coin) の種類

coin の種類	通称名	coin の表にのっている肖像
1 セント (cent) 銅貨	penny (ペニー)	リンカーン (Lincoln)
5 セント (cents) 白銅貨	nickel (ニッケル)	ジェファーソン (Jefferson)
10 セント 白銅貨	dime (ダイム)	F. ルーズベルト (Roosevelt)
25 セント 白銅貨	quarter (クォーター)	ワシントン (Washington)
50 セント 白銅貨	half dollar (ハーフダラー)	ケネディー (Kennedy)
1 ドル (dollar) 白銅貨	silver dollar (シルバーダラー)	アイゼンハワー (Eisenhower)

《coin の表には歴代大統領の肖像が描かれている》

イギリスの硬貨 (coin) の種類

1 ペニー (1 penny) 銅貨	2 ペンス (2 pence) 銅貨	5 ペンス (5 pence) 白銅貨
10 ペンス (10 pence) 白銅貨	20 ペンス (20 pence) 白銅貨	50 ペンス (50 pence) 白銅貨
1 ポンド (1 pound) 白銅貨		

《20 ペンスと 50 ペンスは 7 角形; その他は円形》

イギリスは 1971 年の 10 進法移行により新制度の貨幣になった. 《coin の表の肖像はすべてエリザベス 2 世 (Elizabeth II) である; ☞ penny》

cold-blooded

気にならない.

cold-blood·ed /kóuld-bládid コウルド-ブラディド/ 形 ❶ (動物が)冷血の(反 warm-blooded).
❷冷酷な, 残忍な.

cold-heart·ed /kóuld-há:rtid コウルド-ハーティド/ 形 心の冷たい, 冷淡な.

cold·ly /kóuldli コウルドリ/ 副 冷たく, 冷淡に.

cold·ness /kóuldnəs コウルドネス/ 名U ❶ 寒さ, 冷たさ. ❷冷淡.

cóld shóulder 名《the をつけて》冷淡な態度, 冷遇.
get the cold shoulder 冷遇される.
give ... the cold shoulder …に冷たく当たる.

cóld wár 名UC 冷戦《武力に訴えず, おもに外交や宣伝などで争うこと》.

cole·slaw /kóulslɔ̀: コウルスロー/ 名U コールスロー《生のキャベツとニンジンを細かく刻んだものをドレッシングであえたサラダ》.

col·ic /kálik カリック/ 名U (赤ん坊などの)急激な腹痛.

col·lab·o·rate /kəlǽbərèit コラボレイト/ 動 (現分 -rat·ing) 自 ❶いっしょに仕事をする, 共同研究する〔*with*〕.
❷〔占領軍に〕協力する〔*with*〕.

col·lab·o·ra·tion /kəlæ̀bəréiʃən コラボレイション/ 名U ❶共同作業, 協力.
❷占領軍への協力.
in collaboration with ... …と協力して.

col·lab·o·ra·tor /kəlǽbərèitər コラボレイタ/ 名C ❶共同作業者, 協力者.
❷占領軍への協力者.

col·lage /kəlá:ʒ コラージュ/ 名【美術】
❶U コラージュ《技法》《画面に新聞紙の切り抜きや写真などを貼りつけ特殊な効果をねらう技法》. ❷C コラージュの作品.

*col·lapse /kəlǽps コラプス/ 動 (-laps·es /-iz/; col·lapsed /-t/; -laps·ing) 自
❶ (突然)くずれる, つぶれる.
❷ (体が)衰弱する;(人が)卒倒する.
❸ (計画・希望などが)つぶれる, 失敗する.
❹ (いすなどが)折りたためる.
— 他 (いすなど)を折りたたむ.
— 名 (複 col·laps·es /-iz/)
❶U くずれること, 崩壊.
❷U (計画・希望などが)だめになること, 失敗, 挫折.
❸UC 衰弱;卒倒.

動 自 ❶ The roof *collapsed* under the weight of the snow. 屋根が雪の重みでつぶれた.
❷ *collapse* from overwork 過労で倒れる.
— 名 ❶ The storm caused the *collapse* of the tower. あらしで塔がくずれ落ちた. ❷ economic *collapse* 経済的破綻. ❸ nervous *collapse* ノイローゼ.

col·laps·i·ble /kəlǽpsəbl コラプスィブル/ 形 折りたたみ式の.▶a *collapsible* chair 折りたたみ式いす.

*col·lar /kálər カラ | kɔ́lə/ 名 (複 ~s /-z/) C ❶ (ワイシャツの)カラー, (服の)えり.
❷ (犬などの)首輪.
— 動 他《口語》…を捕える.
▶名 ❶ I turned up my coat *collar*. 私は上着のえりを立てた.

col·lar·bone /kálərbòun カラボウン/ 名 C 鎖骨.

col·league /káli:g カリーグ/《★アクセント注意》名 C (仕事の上の)同僚, 仲間.

*col·lect /kəlékt コレクト/ 動 (~s /-ts/; ~ed /-id/; ~·ing) 他 ❶ …を集める, 収集する.
❷ …を集金する, 徴収する;(寄付金など)を募集する, 集める.
❸ (考え)を集中させる, まとめる.
❹ (英)(人)を迎えにいく, (物)を取りにいく.
— 自 ❶ (人が)集まる.
❷ (ほこりなどが)たまる.
— 形《米》(電話料が)受信者払いの.
— 副《米》(電話料が)受信者払いで.

動 他 ❶ *collect* foreign stamps 外国切手を集める / *collect* garbage ごみを収集する.
❷ *collect* rent 家賃を集める / *collect* contributions 寄付金を集める.
❸ *Collect* your thoughts. 考えをまとめなさい.
❹ I'll *collect* the kids from school. 子どもたちを学校へ迎えにいきます.
— 自 ❶ Many people *collected* in front of the gate. たくさんの人々が門の前に集まった.

collect *oneself* 心を落ち着ける, 気を取り直す: She *collected herself* before she spoke. 彼女は話す前に気を落ち着けた.
☞ 名collection, 形collective.
— 副 I called Mr. Smith *collect*. 私はスミス氏に受信者払いで電話した.

colléct càll 名C(米)(電話の)コレクトコール(受信者払いの電話).

col·lect·ed /kəléktid コレクティド/ 形
❶寄せ集めた. ❷落ち着いた, 冷静な.
▶❶the *collected* works 全集.
❷She always stays cool, calm and *collected*. 彼女はいつも冷静である.

col·lect·ed·ly /kəléktidli コレクティドリ/ 副 落ち着いて, 冷静に.

col·lec·tion /kəlékʃən コレクション/ 名
(複 ~s /-z/)
❶UC 集める[集まる]こと, 収集, 採集.
❷C (集合的に)収集品, 採集品.
❸C ⓐ 集金; 寄付金集め. ⓑ 募金額.
❹(小説・音楽などの)選集.
❺(人などの)群, (ごみなどの)山.
❻(服などの)新作発表会, コレクション.
▶❶make a *collection* of coins コインを収集する.
❷He has a large *collection* of CDs. 彼はCDをたくさん集めている.
☞ 動collect.

*col·lec·tive /kəléktiv コレクティヴ/ 形
集団的な, 団体の, 共同の.
— 名C 共同事業体.
▶形*collective* leadership 集団指導.
☞ 動collect.

colléctive bárgaining 名U (労使間の)団体交渉.

col·lec·tive·ly /kəléktivli コレクティヴリ/ 副 集合的に, 一体となって, 集団的に (反 individually).

colléctive nóun 名C 〖文法〗集合名詞 (形は単数でも, 複数の人やものから成り立っている名詞; class, family など).

col·lec·tor /kəléktər コレクタ/ 名C ❶収集家, コレクター. ❷集金人, 徴税官.

***col·lege** /kálidʒ カリヂ | kɔ́l-/ 名
(複 -leg·es /-iz/) .
❶UC (米)**単科大学**; (米)**大学**(✿総合大学の university と同じ意味で用いられることも多い).

❷C (米)(大学の)学部.
❸C (英)学寮.
INFO イギリスではオックスフォード (Oxford), ケンブリッジ (Cambridge) などの大学にみられるように, 多くの学寮 (college) が集まって university を構成している大学がある. そこでは教員と学生が起居を共にし, 個人指導 (tutorial) がなされる.
❹C 専門学校.
❺C 協会, 団体.
❻U (英)パブリックスクール (学校の名称として用いられる; ☞ Eton College).

❶She entered a women's *college*. 彼女は女子大に入った / My brother goes to *college*. 私の兄は大学へ行っている / He is in [(英) at] *college*. 彼は大学生だ (✿建物よりも授業に重点があるときはふつう冠詞がつかない) / a junior *college* 短期大学.

【語の結びつき】
attend *college* 大学に通う
get into (a) *college* 大学に入る
finish [leave, graduate from] *college* 大学を出る
leave [drop out of] *college* 大学をやめる[退学する]

❷This university has six *colleges*. この大学には六つの学部がある.
❹a business *college* 実務専門学校.
☞ 形collegiate.

col·le·gi·ate /kəlíːdʒiət コリーヂエト/ 形 大学の; 大学生(用)の.
☞ 名college.

col·lide /kəláid コライド/ 動 (~s /-z/; -lid·ed /-id/; -lid·ing) 自 ❶ […と]衝突する, ぶつかる〔*with*〕. ❷(意見・利害などが)衝突する.
▶❶*collide with* a truck トラックと衝突する.
☞ 名collision.

col·lie /káli カリ/ 名C コリー(スコットランド原産の牧羊犬).

col·li·sion /kəlíʒən カリジョン/ 名UC
❶(乗物などの)衝突.
❷(意見・利害などの)衝突.
▶❶There was a *collision* between a car and a bus. 車とバスの衝突があっ

collocation

た.　　　　　　　　　　　☞ 動collide.

be on a collision course ①衝突が避けられない. ②(意見などが)衝突しそうである.

col·lo·ca·tion /kàləkéiʃən カロケイション/ 名 ŪC 語と語の結びつき;連語,コロケーション.

col·lo·qui·al /kəlóukwiəl コロウクウィアル/ 形 口語(体)の,(ことばが)日常使う(✪「文語の」は literary). ▶ *colloquial* English 口語英語.

col·lo·qui·al·ism /kəlóukwiəlìzm コロウクウィアリズム/ 名 Ⓒ 口語的表現.

col·lo·qui·al·ly /kəlóukwiəli コロウクウィアリ/ 副 口語(体)で.

col·lu·sion /kəlúːʒən コルージョン/ 名 Ū 共謀,談合,なれ合い.

co·logne /kəlóun コロウン/ 名 Ū = **eau-de-cologne**.

Co·lom·bi·a /kəlʌ́mbiə コランビア/ 名 コロンビア《南米北西部の共和国;首都 Bogota /bòugətáː/》.

Co·lom·bo /kəlʌ́mbou コロンボウ/ 名 コロンボ《スリランカ (Sri Lanka) の旧首都》.

co·lon /kóulən コウロン/ 名 Ⓒ コロン(:)《前に述べたことを言いかえたり,詳しく説明したり,要約したりする場合に用いる; ☞ comma》.

colo·nel /kə́ːrnl カーヌル/《★最初の l は発音されない》名 (複 ~s /-z/) Ⓒ 大佐.

co·lo·ni·al /kəlóuniəl コロウニアル/ 形 ❶植民地の. ❷《米》植民地時代(ふう)の.
　　　　　　　　　　　☞ 名colony.

co·lo·ni·al·ism /kəlóuniəlìzm コロウニアリズム/ 名 Ū 植民地主義.

col·o·nist /kálənist カロニスト/ 名 Ⓒ 植民地開拓者,入植者.

col·o·ni·za·tion /kàlənizéiʃən カロニゼイション | kɔ̀lənai-/ 名 Ū 植民地化.

col·o·nize /kálənàiz カロナイズ/ 動 (現分 -niz·ing) 他 …を植民地にする.
　— 自 入植する,開拓者となる.
　　　　　　　　　　　☞ 名colony.

*col·o·ny /káləni カロニ | kɔ́l-/ 名 (複 -o·nies /-z/) Ⓒ ❶ⓐ**植民地**,入植地.
ⓑ移住地. ⓒ開拓地.
❷《集合的に》移民,入植者.

❸《集合的に》(ある所に集中して住む国籍,宗教,職業などの同じ)住民.
❹(みつばち・ありなどの)生活集団,(植物の)群生,群落.
▶ ❶ⓐestablish a *colony* 植民地をつくる. ⓑthe Italian *colony* in London ロンドンのイタリア系住民 / a *colony* of artists 芸術家集団.
❹a *colony* of ants アリの生活集団.
　　　　　　　☞ 動colonize, 形colonial.

***col·or** /kʌ́lər カラ/ 名 (複 ~s /-z/) ❶ⓐ Ⓒ **色**,色彩.
ⓑ《形容詞的に》**色のついた**, カラーの.
❷ŪC 顔色,血色.
❸ⒸŪ **絵の具**,塗料,染料.
❹Ū 皮膚の色;(とくに)黒い肌.
❺Ū (特徴を示す)個性,特色;面白さ,精彩.
❻《複数形で》(所属するクラブ・団体・学校などを示す色のついた)リボン[バッジ];旗,軍旗.

— 動 (~s /-z/; ~ed /-d/; ~·ing /-lərɪŋ/) 他 ❶ⓐ…に**色をつける**.
ⓑ(*color ... ~*)…を~に塗る(✪~には形容詞がくる).
❷(考えなど)に(悪い)影響を与える,…をゆがめる.

名 ❶ⓐWhat *color* is your car?= What is the *color* of your car? あなたの車は何色ですか.
ⓑ*color* film カラーフィルム / a *color* television (set) カラーテレビ.
❷She has a good [healthy] *color*. 彼女は血色がいい / have no [very little] *color* 血色がわるい.
❸He painted it with [in] bright *colors*. 彼はそれに明るい色をぬった / oil *colors* 油絵の具 / water *colors* 水彩絵の具.
❺local *color* 地方色.
in color 色つきで,カラーで.
off color 顔色[気分]がよくない,病気で.

　　　　　　　　　　　☞ 形colorful.
— 動 他 ❶We *colored* the eggs yellow. 私たちは卵を黄色に塗った.
❷The news is *colored* by prejudice. そのニュースは偏見でゆがめられてい

る.

Col·o·ra·do /kàlərǽdou カララドウ/ 名
❶ コロラド《アメリカ西部の州；◎〖郵便〗COと略す》.
❷《theをつけて》コロラド川.

col·or-blind /kʌ́lər-blàind カラ・ブラインド/ 形 色覚異常の.

col·or-blind·ness /kʌ́lər-blàindnəs カラ・ブラインドネス/ 名 U 色覚異常.

col·ored /kʌ́lərd カラド/ 形 ❶ 色のついた, 色刷りの. ❷ 有色人種の.
▶形 ❶ a cream-*colored* dress クリーム色の服 / a *colored* pencils 色えんぴつ. ❷ *colored* people（白人種以外の）有色人種.

*__col·or·ful__ /kʌ́lərfəl カラフル/ 形 (more ~; most ~) ❶ 色彩の豊かな, カラフルな. ❷ 生き生きした, おもしろい.
☞ 名 color.

col·or·ing /kʌ́ləriŋ カラリング/ 名 ❶ U（髪の毛・肌・目などの）色. ❷ UC 着色剤, 色素.

col·or·less /kʌ́lərləs カラレス/ 形 ❶ 無色の. ❷ おもしろみのない.

co·los·sal /kəlásl コラスル/ 形 巨大な.

Col·os·se·um /kàləsíːəm カロスィーアム/ 名 コロシアム《古代ローマの大円形演技場》.

*__col·our__ /kʌ́lər カラ/ 名動《英》= color.

col·our-blind /kʌ́lər-blàind カラ・ブラインド/ 形《英》= color-blind.

col·oured /kʌ́lərd カラド/ 形《英》= colored.

col·our·ful /kʌ́lərfəl カラフル/ 形《英》= colorful.

col·our·ing /kʌ́ləriŋ カラリング/ 名《英》= coloring.

col·our·less /kʌ́lərləs カラレス/ 形《英》= colorless.

colt /kóult コウルト/ 名 C 雄（⛤）の子馬.

Co·lum·bus /kəlʌ́mbəs コランバス/ 名 コロンブス《**Chris·to·pher** /krístəfər/ **Columbus** (1451?–1506); イタリアの航海家; サンタマリア号 (the Santa Maria) に乗り1492年に北米に到達した》.

Colúmbus Dày 名 コロンブス記念日.
__INFO__▶ コロンブスのアメリカ上陸 (1492) を記念する祝祭日をいう. 10月の第2月曜日で法定の祝祭日になっている.

*__col·umn__ /kʌ́ləm カラム | kɔ́l-/《★n は発音されない》名（複 ~s /-z/）C ❶ 円柱.
❷ 円柱状のもの.
❸ ⓐ（英字新聞などの縦に区切られた）欄, 段. ⓑ コラム《特定の人が定期的に書く記事》.
❹（数字や名前の）縦の行.
❺（人や車などの）列.
▶a *column* of smoke 柱のように立ち上る煙.
❸ⓐThis dictionary has two *columns* on a page. この辞書は1ページに2段ある / the advertisement *columns* 広告欄.
ⓑan obituary *column* 死亡記事欄.
ⓐadd up a *column* of figures 数字の縦列を合計する.

col·um·nist /kʌ́ləmnist カラムニスト, カラミスト/ 名 C《米》（新聞・雑誌の）特約寄稿家, コラムニスト《定期的に寄稿する人》.

co·ma /kóumə コウマ/ 名 C こん睡状態, こん睡. ▶in a *coma* こん睡状態で.

*__comb__ /kóum コウム/《★ b は発音されない》名（複 ~s /-z/）C ❶ くし.
❷《単数形で》くしでとかすこと.
— 動 (~s /-z/; ~ed /-d/; ~ing) 他
❶（髪など）をくしでとかす.
❷（何かを求めて）（場所）を徹底的にさがす.
▶名 ❶ a wooden *comb* 木のくし.
— 動 他 ❶ *Comb* your hair. 髪をとかしなさい. ❷ The police *combed* the whole town for the murderer. 警察は殺人犯を町じゅうしらみつぶしにさがした.

com·bat /kámbæt カンバット | kɔ́m-/（複 ~s /-ts/）UC 戦闘, 格闘.
— /kəmbǽt コンバット, kámbæt/ 動《★名詞とのアクセントの違いに注意》(~s /-ts/; ~·ed, com·bat·ted /-id/, ~·ing, com·bat·ting) 他（病気・犯罪など）と戦う.
▶名 He was wounded in *combat*. 戦闘中に彼は負傷した.
— 動 他 *combat* diseases [inflation] 病気 [インフレ] と戦う.

com·bat·ant /kəmbǽtənt コンバタント | kɔ́mbət-/ 名 C 戦闘員.

*__com·bi·na·tion__ /kàmbənéiʃən カンビネイション | kɔ̀m-/ 名（複 ~s /-z/）
❶ UC **組み合わせ**, 結合, 配合.
❷（錠を開けるための）組み合わせ数字 [文

字].
▶ ❶ Beef with onions is *a good combination*. 牛肉にたまねぎはよいとり合わせである / a strange *combination* of colors 色の不思議な組み合わせ.

in combination with ... …と共同[連合]して,組み合わせて.

☞ 動 combine.

combinátion lòck 名 C 数字[文字]組み合わせ錠.

*com·bine /kəmbáin コンバイン/ 動 (~s /-z/; com·bined /-d/; -bin·ing) 他
❶ …を〔~と〕**結合させる**,連合させる〔*with*〕(反 separate).
❷ …を兼ね備える,同時に持つ.
— 自 **結合する**,連合する.
— /kámbain カンバイン | kɔ́m-/ 名 (★動詞とのアクセントの違いに注意) C
❶ (人々・企業などの) 連合体. ❷ コンバイン (1 台で刈り入れも脱穀もできる機械; **combine harvester** ともいう).

▶ 動 他 ❶ They *combined* their efforts. 彼らは力を合わせて努力した / *combine* theory *with* [*and*] practice 理論と実際とを結びつける.
❷ The hotel *combines* comfort *with* [*and*] convenience. そのホテルは快適さと利便性を兼ね備えている.
— 自 The two parties *combined* to form a government. 2党は連合して内閣を作った.

☞ 名 combination.

com·bo /kámbou カンボウ/ 名 C (口語) (複 ~s /-z/) コンボ (小編成のジャズバンド).

com·bus·ti·ble /kəmbʌ́stəbl コンバスティブル/ 形 可燃性の.
— 名 C 可燃物.

com·bus·tion /kəmbʌ́stʃən コンバスチョン/ 名 U 燃焼.

*****come** /kʌ́m カム/ 動 (~s /-z/; came /kéim/; come; com·ing) 自
❶ ⓐ (話し手のいる所へ) **来る**, (話し手の関心の向けられている所へ) 来る, 行く.
ⓑ (相手のいる所[行く所]へ) **行く**.
❷ (ある場所に) **着く**.
❸ (ある所まで) **とどく**, 達する, 伸びる.
❹ (結論などに) **達する**.

❺ ⓐ (時が) **くる**, (季節などが) **めぐってくる**. ⓑ 《*... to come*》 これからやってくる…, 将来の… (✿ 名詞の後に用いる).
❻ (順序として) **位置する**, ある, 来る.
❼ ⓐ **生じる**, 起こる.
ⓑ (考えなどが) 浮かぶ.
❽ (合計・結果などが) **なる**.
❾ 《*come to do*》 **…するようになる**.
❿ 《*come ...*》 … (の状態) になる (✿ …には形容詞, 過去分詞がくる).
⓫ (商品が) (…の形・種類で) 売られている, 手に入る.
⓬ 《時を表わす語句の前で》 …がくると (✿ 現在ではやや古風な表現).
⓭ 《命令文で》 さあ, おい (✿ 非難・警告・激励などの気持を表わす).

Come here.
(ここへ来なさい)
《人を呼び寄せるジェスチャー.
手のひら全体を動かす場合と人差し指を動かす場合がある》

ⓐ ❶ ⓐ He *came* to see us last Sunday. この間の日曜に彼が訪ねて来た / No letter *came* for me today. きょうは私には手紙は来なかった / Are you *coming* to the party this evening? 今晩のパーティーにはいらっしゃいますか.
ⓑ May I *come* in? はいってもいいですか (✿ 相手が中にいるときは go in とはいわない) / Can I *come* to the party? パーティーにうかがってもよいですか.

|語法| come=「来る」とはならないことがあることに注意. (1) 話をしている人が自分を中心に考えて, 自分に向かって近づくことを表わす場合は, ⓐ のように come は「来る」でよい. (2) しかし, 英語では, 話し相手を中心に考えて, 相手に向かって近づくことを come と言う場合も多い. その場合は, ⓑ のように come が日本語の「行く」に相当することになる.

❷ He hasn't *come* yet. 彼はまだ来て(い)ない.
❸ His hair *comes* (down) to his shoulders. 彼の髪は肩まで伸びている.
❹ They at last *came* to an agreement. 彼らはやっと合意に達した.
❺ ⓐ Spring has *come*. 春がきた /

（電灯・テレビ・ラジオなどが）**つく**：Lights *came on* one by one. 明かりがひとつひとつついた．④(劇・映画などが)始まる．⑤(舞台に)登場する；(試合に)出る．⑥(事が)進む，よくなる，うまくいく．

come on ... = *come* upon ....

Come on in! 《口語》おはいりなさい．

come out ⑥①**出てくる**，現われる：The moon *came out*. 月が出た．②発表される，出版される：His first novel will *come out* next month. 彼の小説の第一作が来月出版されます．③(花が)咲く，(芽が)出る：The cherry blossoms will *come out* soon. 桜の花がまもなく咲きます．④(秘密などが)もれる，知れ渡る，明らかになる：The secret has *come out* at last. その秘密がついに知れ渡った．⑤(結果として)…になる：Everything *came out* all right in the end. 結局万事うまくいった．⑥(写真に)写る：Alice *came out* very well in the photo. アリスは写真にとてもよくとれた．⑦(歯などが)抜ける；(しみなどが)とれる．⑧態度をはっきりさせる：She *came out* against the plan. 彼女はその計画に反対であると言った．

come out of ... ①…から出てくる．②…から抜ける，とれる．

come out with ... 《口語》(びっくりするようなこと)を公表する．

come over ⑥①(はるばる)**やって来る**：He *came over* from London (just) to see us. 彼はわざわざロンドンから私たちに会いにきた／*Come over* here. 《離れたところにいる人に向かって》こっちへ来なさい．②(ぶらりと)訪ねて来る．

come over ... ①(変化が)…に**起こる**．②(病気・感情が)…を**襲う**：The fear of death *came over* us. 死の恐怖が私たちを襲った．

come over as ... 《口語》…という印象を与える．

come round ⑥= *come* around.

come through ⑥①通りぬける．②うまく切りぬける，生きぬく．③(情報などが)伝わってくる．④(許可・ビザなどが)おりる．

come through ... ①…**を通りぬける**：We *came through* a long tunnel. 私たちは長いトンネルを通りぬけた．②**を切り抜ける**，うまくやりぬく；…を生きぬく：He *came through* the operation. 彼はその手術を無事終えた．

come to ⑥意識を取りもどす(**to**は副詞で /túː/ と発音される)．

come to ... ①…へ来る，着く：We *came to* a small lake. 私たちは小さな湖に着いた．②…まで届く；…に達する：The dress *comes to* her knees. そのドレスは彼女のひざの所まである．③…(の心)に浮かぶ(☞*come* ⑥❼ⓑ)．④(合計が)…となる．

come to oneself ①= *come to*. ②自制心を取り戻す．

Come to that 《口語》= If it *comes to* that.

come under ... ①…の項目に入る，…に分類される．②…の支配[影響]を受ける．

come up ⑥①**上って来る**：She *came up* to my room. 彼女は私の(2階の)部屋に上って来た．②近づく，やって来る．③(話題・議題に)とりあげられる：The case will *come up* tomorrow. その事件はあす審議される．④(事件などが)起こる，(機会などが)生じる．⑤(値段などが)上がる．⑥(植物が)芽を出す．

come up against ... …に直面する．

come up to ... ①…に近づく：A stranger *came up to* us. 見知らぬ人が私たちのところに近づいてきた．②…(の高さ)に達する：The water *came up to* my waist. 水は私の腰まできた．③…(の水準)に達する，(期待など)にこたえる：My work doesn't *come up to* yours. 私の作品はあなたのものにはかなわない．

come up with ... ①…に追いつく．②…を思いつく，見つける：He *came up with* a bright idea. 彼はすばらしいアイディアを思いついた．③(必要な金)を用意する．

come upon [on] ... ①…**に出会う**；…を偶然見つける：I *came upon* an old friend of mine on the street. 私は通りで旧友に出会った．②…**を不意に襲う**：A disaster *came upon* the village. 災害が村に突然ふりかかった．

How come __? 《口語》どうして__か(☞*how*)．

If it comes to that そういうことにな

comeback

れば.
when it comes to ... …のこととなると：*When it comes to* speaking in English, I am not as fluent as he. 英語で話すこととなると私は彼ほど流ちょうではありません.

come·back /kʌ́mbæk カムバック/ 名C
❶ 《口語》もとの（よい）状態にもどること, (人気・権力などの)回復；カムバック.
❷ (気のきいた)応答.
▶ ❶ make a *comeback* カムバックする.

co·me·di·an /kəmíːdiən コミーディアン/ 《★発音注意》名C コメディアン, 喜劇俳優.

come·down /kʌ́mdàun カムダウン/ 名C 《口語》(地位などが)下がること；落ちぶれ.

*__**com·e·dy**__ /kάmədi カメディ | kɔ́m-/ 名 (複 -e·dies /-z/)
❶ UC 喜劇（❖「悲劇」はtragedy）.
❷ U 喜劇的なおかしさ.
▶ ❶ a light *comedy* 軽喜劇 / a musical *comedy* 喜歌劇.
☞ 形 comic, comical.

come-on /kʌ́mɑn カマン/ 名C 《米口語》誘惑的な言動, 色目.

com·et /kάmit カミット | kɔ́m-/ 名 (複 ~s /-ts/) C 《天文》彗星（☞star）.

*__**com·fort**__ /kʌ́mfərt カンファト/ 《★発音注意》名 (複 ~s /-ts/) ❶ U 快適さ, ここちよさ (反 discomfort).
❷ U 慰め.
❸ C 慰めを与える人[もの].
— 動 (~s /-ts/; ~ed /-id/; ~ing) 他 …を慰める, 元気づける.

‥‥‥‥‥‥‥‥‥‥‥‥‥‥‥

名 ❶ She lives in *comfort*. 彼女は快適に暮らしている.
❷ The news brought *comfort* to us. その知らせは私たちに慰めをもたらした / words of *comfort* 慰めのことば.
❸ The baby is a great *comfort* to me. 赤ん坊は私にとって大きな慰めです.
☞ 形 comfortable.

*__**com·fort·a·ble**__ /kʌ́mfərtəbl カンファタブル/ 《★発音注意》形 (more ~; most ~)
❶ （場所・ものが）**快適な**, **気持ちのよい**（反 uncomfortable）.
❷ （人が）**気分がよい**, くつろいだ.
❸ （収入などが）十分な.

❶ a *comfortable* house 住み心地のよい家 / *comfortable* shoes はきごこちのよいくつ.
❷ I am [feel] quite *comfortable* at this hotel. このホテルはとても気持ちがよい.
❸ a *comfortable* income 不自由なく暮らせるだけの収入. ☞ 名 comfort.

*__**com·fort·a·bly**__ /kʌ́mfərtəbli カンファタブリ/ 副 快適に；気持ちよく, 気楽に.

com·fort·er /kʌ́mfərtər カンファタ/ 名C ❶ 慰める人[もの]. ❷ 《米》掛けぶとん.

com·fy /kʌ́mfi カンフィ/ 形 (-fi·er; -fi·est) 《口語》= **comfortable**.

*__**com·ic**__ /kάmik カミック | kɔ́m-/ 形 (more ~; most ~) ❶ 喜劇の（☞tragic）. ❷ こっけいな.
— 名C ❶ 喜劇俳優, コメディアン.
❷ 《米》漫画雑誌. ❸ 《the をつけて；複数形で》《米》(新聞などの)数コマ漫画欄.
▶ 形 ❶ a *comic* writer 喜劇作家.
❷ a *comic* song こっけいな歌.
☞ 名 comedy.

com·i·cal /kάmikəl カミカル/ 形 こっけいな, おかしな. ☞ 名 comedy.

cómic bòok 名C 《米》漫画雑誌.

cómic ópera 名C 喜歌劇.

cómic stríp 名C (新聞などの)数コマ漫画（❖《英》では(strip) cartoon, 《米》では単に stripともいう）.

*__**com·ing**__ /kʌ́miŋ カミング/ 形 **今度の**, 次の.
— 名 来ること, 到来.
▶ 形 the *coming* examination 今度の試験.
— 名 with the *coming* of spring 春の訪れとともに.

cómings and góings 名 複 人々の往来, 動向.

*__**com·ma**__ /kάmə カマ | kɔ́mə/ 名 (複 ~s /-z/) C **コンマ** (,)（❖(.) は period または ; semicolon）.

*__**com·mand**__ /kəmǽnd コマンド | -mάːnd/ 動 (~s /-dz/; ~ed /-id/; ~ing) 他
❶ ⓐ …に**命令する**（❖order より形式ばった語）.
ⓑ 《command ... to *do*》…に__するよう命令する.
ⓒ 《command that __》__と命令する.

ト/ 图(覆) ~s /-ts/) ❶ⓒ約束, 公約; 公約[約束]をしていること. ❷Ⓤ献身, 参加.　　　　　　　　☞ 動commit.

com·mit·ted /kəmítid コミティッド/ 形 献身的な, 熱心な.

＊**com·mit·tee** /kəmíti コミティ/ 图(覆 ~s /-z/) ⓒ委員会; 《集合的に》委員.
▶He is on the budget *committee*. 彼は予算委員である / The *committee* is made up of six members. その委員会は 6 名で構成されている / a member of the *committee* ひとりの委員.

com·mod·i·ty /kəmádəti コマディティ/ 图(覆 -i·ties /-z/)ⓒ (商品としての)品物, 日用品, 商品. ▶household *commodities* 家庭用品.

com·mo·dore /kámədɔːr カモドー/ 图 ⓒ ❶〘海軍〙准将(じゅんしょう), 代将《少将と大佐の間の階級》. ❷提督, 艦長, 船長.

＊**com·mon** /kámən カモン｜kɔ́m-/ 形 (~·er, more ~; ~·est, most ~)
❶ふつうの, ありふれた, よくある (反 rare, uncommon).
❷ⓐ共通の, 共有の.
ⓑ […に]共通で(ある), 共同使用して(いる) 〔*to*〕.
❸公共の, 公衆の, 一般の.
❹平凡な, ふつうの, 粗末な.
❺《英》下品な.
— 图(覆 ~s /-z/) ❶ⓒ共有地, 共用地《村の牧草地や広場など囲いのないあき地; 行事やスポーツなどをする》.
❷《the Commons で》= House of Commons 《☞ house》.

⸺⸺⸺⸺⸺⸺⸺⸺⸺⸺

形 ❶The pine and the cedar are *common* trees in Japan. 松と杉は日本ではありふれた木だ / a *common* event 日常よくあるできごと / a *common* year 平年 《✪「うるう年」は leap year》.
❷ⓐThe two countries have *common* interests. そのふたつの国は共通の利害をもっている / the *common* property of the brothers 兄弟の共有財産. ⓑThe garden *is common to* the two houses. 庭は 2 軒に共用のものです.
❸He worked for the *common* good. 彼は公共の利益のために働いた /

by *common* consent みんなの同意で.
❹the *common* people 一般庶民 / *common* clothes 粗末な服.
— 图*in common* (*with* ...) (…と)共通に, 共同で:He and I have nothing *in common*. = I have nothing *in common with* him. 私は彼と共通したところが少しもない.

cómmon cóld 图ⓒ(ふつうの)かぜ《☞ influenza》.

cómmon gróund 图Ⓤ共通の立場.

cómmon knówledge 图Ⓤ常識, だれでももっている知識《☞ common sense》.

cómmon láw 图Ⓤ《英》慣習法《イギリスでむかしから伝わっている慣例と裁判の判例などをいう》.

com·mon-law /kámən-lɔ̀ː カモン・ロー/ 形 慣習法上の; 内縁(関係)の.

＊**com·mon·ly** /kámənli カモンリ｜kɔ́m-/ 副 一般に, ふつう, 広く. ▶It is *commonly* believed that Japanese are polite. 一般に日本人は礼儀正しいと思われている / the most *commonly*-used computer もっともふつうに使われているコンピューター.

cómmon nóun 图ⓒ〘文法〙普通名詞.

com·mon·place /kámənplèis カモンプレイス｜kɔ́m-/ 形平凡な, ありふれた.
▶形Air travel is now *commonplace*. 空の旅は今ではふつうのことです.

cómmon ròom 图ⓒ(大学・学校などの)集会室, 休憩室.

Com·mons /kámənz カモンズ/ 图覆 《the をつけて》= House of Commons.

cómmon sénse 图Ⓤ(正しい判断のもとになる)常識, 良識《✪「だれでも知っていること」という意味の「常識」は common knowledge》.

com·mon·wealth /kámənwèlθ カモンウェルス/ 图 ❶ⓒ共和国; 連邦.
❷《the Commonwealth で》= Commonwealth of Nations.

Cómmonwealth of Nátions 图 《the をつけて》英連邦《イギリス (the United Kingdom) を始め, もとイギリスの植民地であったオーストラリア, カナダ, ニュージーランド, インドなど約50か国からなる連合体; ✪ 単に the Commonwealth ともいう》.

com·mo·tion /kəmóuʃən コモウション/ 名 U C 動揺; 騒動.

com·mu·nal /kəmjú:nl コミューヌル/ 形 ❶ 共用の, 共有の. ❷ 共同社会の, 自治体の. ❸ (人種・宗教などが違う)共同社会間の.
▶ ❶ a *communal* kitchen 共有のキッチン.

com·mune /kámju:n カミューン/ 《★アクセント注意》 名 C 生活共同体.

com·mu·ni·ca·ble /kəmjú:nikəbl コミューニカブル/ 形 (病気が)伝染性の.

＊**com·mu·ni·cate** /kəmjú:nəkèit コミューニケイト/ 動 (~s /-ts/; -cat·ed /-id/; -cat·ing) 他 ❶ (情報・考え・感情など)を**伝える**, 知らせる.
❷ (熱など)を伝える; (病気)をうつす.
— 自 ❶ **情報[意見]を交換する**, 連絡する; 理解し合う.
❷ (部屋などが)つながっている.

・・・・・・・・・・・・・・・・・・・・・・・・・・・
動 他 ❶ He *communicated* his ideas to the class. 彼は自分の考えをクラスの者に伝えた.
— 自 ❶ They *communicate* without words. 彼らはことばを使わずに気持ちを通じ合う / I *communicated* with them by gesture. 私は彼らと身振りで意志を通じあった.
❷ The two rooms *communicate* by a door. ふたつの部屋はドアでつながっている.
・・・・・・・・・・・・・・・・・・・・・・・・・・・
☞ 名 communication.

＊**com·mu·ni·ca·tion** /kəmjù:nəkéiʃən コミューニケイション/ 名 (複 ~s /-z/)
❶ U (情報・意見などの)**伝達**, コミュニケーション, 意志の疎通.
❷ U **通信**, 連絡.
❸ ⓐ U C 交通, 交通の便. ⓑ 《複数形で》(電話・新聞・ラジオなどの)通信網; 交通機関. ❹ C 《文語》通知, 情報, 手紙, 伝言.

・・・・・・・・・・・・・・・・・・・・・・・・・・・
❶ Language is a means of *communication*. 言語は伝達の手段である.
❷ All *communication* between them broke off. 彼らの間のすべての通信は途絶えた.
❸ ⓐ There is no *communication* between the two villages. そのふたつの村には交通の便がない.

ⓑ road *communications* 道路網.
☞ 動 communicate.

communicátions sàtellite 名 C 通信衛星.

com·mu·ni·ca·tive /kəmjú:nəkèitiv コミューニケイティヴ/ 形 ❶ 話し好きの.
❷ (情報)伝達の, 意志疎通の.

com·mun·ion /kəmjú:njən コミューニョン/ 名 ❶ U 《**Communion** で》(カトリックの)聖体領拝, (プロテスタントの)聖餐(さん)式 《**◯ Holy Communion** ともいう》.
❷ U 心の交流. ❸ C 宗派.

com·mu·ni·qué /kəmjú:nikèi コミューニケイ/ 名 C コミュニケ, 公式発表.

com·mu·nism /kámjunìzm カミュニズム/ 名 U 共産主義 《☞ capitalism, socialism》.

com·mu·nist /kámjunist カミュニスト/ 名 C 共産主義者. — 形 共産主義(者)の.

Cómmunist Párty 名 《**the** をつけて》共産党.

＊**com·mu·ni·ty** /kəmjú:nəti コミューニティ/ 名 (複 -ni·ties /-z/)
❶ C **地域社会** (国・市・町・村など同じ地域に住む人の集団をいう).
❷ C **共同社会** (民族・宗教・関心などが共通する(いっしょに生活する)人の集団をいう).
❸ U 共同体意識.
❹ 《**the** をつけて》一般社会, 公衆.
▶ ❶ Our *community* has a nice concert hall. 私たちの市[町・村]には立派なコンサートホールがある.
❷ the Jewish *community* ユダヤ人社会 / a religious *community* 宗教団体. ❸ a sense of *community* 連帯感.

commúnity cènter 名 C 地域社会センター (地域住民が集まれるいろいろな施設のある建物).

community còllege 名 U C コミュニティーカレッジ (地域社会のための職業教育を重視する公立の短期大学).

com·mute /kəmjú:t コミュート/ 動 (~s /-ts/; -mut·ed /-id/; -mut·ing) 自 通勤する.
— 名 C 通勤.

com·mut·er /kəmjú:tər コミュータ/ 名 C 通勤者. ▶ a *commuter* train 通勤列車.

abcd**e**fghijklmnopqrstuvwxyz　　　　　　　　　　　　　　compare

***com·pact**[1] /kəmpǽkt コンパクト/ 《★アクセント注意》形 (more ~; most ~) ❶**小型で使いやすい**, 小さくよくまとまった. ❷ぎっしり詰まっている, 密な. ❸(文章などが)簡潔な, 引きしまった.
── 動 他 …を圧縮する.

形 ❶a *compact* camera 小型カメラ. ❷*compact* earth しっかり固められた土. ❸in a *compact* style 簡潔な文体で.

com·pact[2] /kάmpækt カンパクト/ 《★アクセント注意》名 Ⓒ ❶(化粧用)コンパクト. ❷(米)小型自動車(◎**cómpact cár** ともいう). ❸(文語)契約.

cómpact dìsc 名 Ⓒ コンパクトディスク(◎略 CD).

***com·pan·ion** /kəmpǽnjən コンパニョン/ 名 (複 ~s /-z/) Ⓒ ❶**仲間**, 友だち. ❷手引き書. ❸ 1 対の片方.
▶❶The dog is her faithful *companion*. その犬は彼女の忠実な友だ / a travel *companion* 旅の道連れ.
❷a birdwatchers' *companion* バードウォッチャー用手引き書.

com·pan·ion·ship /kəmpǽnjənʃip コンパニョンシップ/ 名 Ⓤ 仲間づき合い, 親しい交わり.

****com·pa·ny** /kʎmpəni カンパニ/ 名 (複 -pa·nies /-z/)
❶ Ⓒ **会社**.
❷ Ⓤ **つきあい**, 交際; いっしょにいること, 同席.
❸ Ⓤ 仲間, 友だち; 《集合的に》いっしょにいる人.
❹ Ⓤ 《集合的に》来客(たち).
❺ Ⓒ (役者・歌手などの)一座, グループ.

・・・・・・・・・・・・・・・・・・・・・・・・・
❶ My father works for a railroad *company*. 私の父は鉄道会社に勤めている / a trading *company* 商事会社, 貿易会社.
語法 会社名に用いるときは Co. と略すのがふつう: Jones & *Co*.＝Jones and *Company* ジョーンズ商会.
❷ I enjoyed your *company*. あなたとごいっしょできてうれしかった / I always get nervous in her *company*. 彼女といっしょにいるといつもあがってしまう.
❸ He is good 〔bad〕 *company*. 彼はつきあっておもしろい〔おもしろくない〕相手だ / mixed *company* 男女一緒の仲間 / ことわざ A man is known by the *company* he keeps. つき合う仲間を見ればその人がわかる.
❹ We have *company* now. 今お客が来ています. ❺a theater *company* 劇団.

in company ①人前で. ②いっしょに.
keep ... company …とつきあう, …の相手をする: I'll *keep* you *company* this evening. 今晩は君のお相手をしよう.
keep company with ... …とつきあう.

☞ 動accompany.

com·pa·ra·ble /kάmpərəbl カンパラブル | kɔ́m-/ 《★アクセント注意》形 (more ~; most ~) 同じような, (質などが)似たような, (…に)劣らない.
▶ Rugby *is comparable to* soccer in many respects. ラグビーはサッカーと多くの点で似ている / No jewel *is comparable to* a diamond. ダイヤモンドに匹敵する宝石はない.

com·par·a·tive /kəmpǽrətiv コンパラティヴ/ 形 (more ~; most ~) ❶ 比較の, 比較上の. ❷ (他と比較して)ある程度の. ❸ 〔文法〕 比較級の.
── 名 《the をつけて》〔文法〕＝ comparative degree.
▶ 形 ❶a *comparative* study of languages 言語の比較研究. ❷It was a *comparative* success. それは比較的成功であった.

☞ 動compare.

compárative degrée 名 《the をつけて》〔文法〕比較級.

com·par·a·tive·ly /kəmpǽrətivli コンパラティヴリ/ 副 比較的; 比較してみて.
▶ *comparatively* speaking 比較して言えば.

***com·pare** /kəmpéər コンペア/ 動 (~s /-z/; com·pared /-d/; com·par·ing /-péəriŋ/) 他 ❶ …を 〔~と〕 **比較する**, 比べる 〔*with, to*〕.
❷ 《compare ... to ~》 …を~にたとえる.
── 自 《compare with [to] ...》 …と同

two hundred and thirty-five　　　　　　　　　　　　　　　　235

comparison

じ程度である, …に匹敵する.

動他 ❶ Before deciding which to buy, he *compared* the two PCs carefully. どれを買うか決める前に彼はそのふたつのパソコンを注意深く比較してみた / *Compare* the new-model car *with* [*to*] the old one. 新型車を古いのと比べてごらん. ❷ Life is often *compared to* a voyage. 人生はしばしば航海にたとえられる.

— 自 His latest novel doesn't *compare with* [*to*] his first. 彼の最新の小説は彼の処女作とはくらべものにならない(大変劣る).

compared with [***to***] **...** …と比較して: *Compared with* his work, yours is much better. 彼の仕事と比較してあなたの仕事のほうがずっとよい.

☞ 名comparison, 形comparative.

*com·par·i·son /kəmpǽrəsn コンパリスン/ 名 (複 ~s /-z/)

❶ UC 比較(する[される]こと), 対照 (☞ contrast). ❷ U 《ふつう否定文で》類似. ❸ UC たとえること.

❶ A *comparison* of the two answers shows that yours is incomplete. ふたつの答えを比較してみると君の答えが不十分であることがわかる. ❷ There is no *comparison* between fresh and canned fruit. 生の果物とかん詰の果物は全然ちがう. ❸ the *comparison* of the brain to a computer 脳をコンピューターにたとえること.

bear [***stand***] ***comparison with*** **...** …に匹敵する.

by [***in***] ***comparison*** ほかと比較して: He seems rather weak *by comparison*. 彼はほかの人と比較していくらか弱いように思える.

by [***in***] ***comparison with*** **...** …と比較すると.

make a comparison between **...** (ふたつのもの)を比較する.

☞ 動compare.

com·part·ment /kəmpάːrtmənt コンパートメント/ 名 (複 ~s /-ts/) C

❶仕切られた部分. ❷ (列車の)コンパートメント.

INFO イギリスなどの列車には客車を横に仕切っていくつかの部屋を作り, それぞれに向かい合った座席が 2 列できているものがある. この部屋を compartment といい, ふつう通路は片側にある.

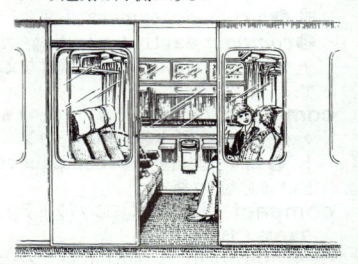

*com·pass /kʌ́mpəs カンパス/ 《★発音注意》名 (複 ~es /-iz/) C

❶ (船の)羅針(しん)盤.
❷ 《複数形で用いて》(製図用の)コンパス.
▶ ❷ a pair of *compasses* コンパス 1個.

com·pas·sion /kəmpǽʃən コンパション/ 名 U 同情.

com·pas·sion·ate /kəmpǽʃənət コンパショネト/ 形 情け深い, 同情的な.

com·pas·sion·ate·ly /kəmpǽʃənətli コンパショネトリ/ 副 同情して, 情け深く.

com·pat·i·bil·i·ty /kəmpæ̀təbíləti コンパティビリティ/ 名 U ❶両立できること. ❷ (機器などの)互換性, 他のものと取りかえができること.

com·pat·i·ble /kəmpǽtəbl コンパティブル/ 《★アクセント注意》形 ❶両立できる (反 incompatible). ❷仲よくやっていける. ❸ (機器などが)互換性のある, 他のものと取りかえ可能な.

▶ ❶ Slavery *is* not *compatible with* democracy. 奴隷(れい)制度は民主主義と両立しない.

com·pat·i·bly /kəmpǽtəbli コンパティブリ/ 副 両立して; 仲よく.

com·pat·ri·ot /kəmpéitriət コンペイトリオト | -pǽt-/ 名 C 同国人, 同胞(ほう).

*com·pel /kəmpél コンペル/ 動 (~s /-z/; -pelled /-d/; -pel·ling) 他 《compel ... to do》…に無理に__させる.

▶ The rain *compelled* us *to* stop

our game. われわれは雨のため試合をやめざるを得なかった / She *was compelled to* give up her job. 彼女は仕事をやめざるをえなかった.
☞ 名compulsion, 形compulsory.
com·pel·ling /kəmpélɪŋ コンペリング/ 形 ❶ (議論など)文句の言いようのない, 説得力のある. ❷大変興味をひく.
com·pen·sate /kámpənsèit カンペンセイト | kɔ́m-/ (★アクセント注意)動 (~s /-ts/; -sat·ed /-id/; -sat·ing) 他 (人など)に補償する.
— 自 (償いとして)補う, 埋め合わせる.
▶他I will *compensate* you *for* your loss. あなたの損害は償います.
— 自Money cannot *compensate for* the loss of a life. 命は金には代えられない.
☞ 名compensation.
com·pen·sa·tion /kàmpənséɪʃən カンペンセイション | kɔ̀m-/ 名
❶ⓒⓤ補償, 賠償, 埋め合わせ. ❷ⓤ補償金, 賠償金; 埋め合わせとなるもの.
▶❶*compensation* for the damage 損害に対する補償.
in compensation for ... …に対する補償として.
☞ 動compensate.
*****com·pete** /kəmpíːt コンピート/ 動 (~s /-ts/; -pet·ed /-id/; -pet·ing) 自
❶競争する; (競技に)出場する.
❷《ふつう否定文で》匹敵(ひってき)する.

―――――――――――――――

❶The two companies are *competing* in information technology. そのふたつの会社は情報技術で競っている / Will you *compete* in the race? 君はその競走に出ますか / She *competed with* [*against*] her rival *for* the prize. 彼女は賞を獲得するためにライバルと競争した.
❷*No* one can *compete with* him in chess. チェスに関しては彼にかなう者はない.
☞ 名competition, 形competitive.
com·pe·tence /kámpətəns カンペテンス | kɔ́m-/ (★アクセント注意)名ⓤ (高い)能力, 適性. ▶I question her *competence* as a teacher. 私は彼女の教師としての能力を疑問に思う.
☞ 形competent.
com·pe·tent /kámpətənt カンペテント | kɔ́m-/ (★アクセント注意)形 (more ~; most ~) ❶ (高い)能力のある, 有能な. ❷ (すばらしいとはいえないが)まずまずの, 水準以上の.
▶❶Mary is a *competent* secretary. メアリーは有能な秘書だ / I *am* not *competent for* this task. 私にはこの仕事はできない.
☞ 名competence.
*****com·pe·ti·tion** /kàmpətíʃən カンペティション | kɔ̀m-/ 名 (複 ~s /-z/)
❶ⓤ競争.
❷ⓒ競技(会), 試合, コンペ.
❸《theをつけて; 集合的に》競争相手.
▶❶There is keen *competition* among the auto manufacturers. 自動車メーカー間に激しい競争がある.
❷a swimming *competition* 水泳競技会 / a *competition* for a prize 賞のかかっている試合[コンペ].
in competition with ... …と競争して.
☞ 動compete.
com·pet·i·tive /kəmpétətɪv コンペティティヴ/ 形 (more ~; most ~)
❶競争の. ❷ (人が)競争心の強い.
❸ (商品・価格などが)競争力のある.
▶❸*competitive* prices (他の店と競争できる)安い価格. ☞ 動compete.
*****com·pet·i·tor** /kəmpétətər コンペティタ/ 名ⓒ競争者, 競争相手.
com·pi·la·tion /kàmpəléɪʃən カンピレイション/ 名 ❶ⓤ編集. ❷ⓒ編集したもの, (CDなどの)コンピレーション.
com·pile /kəmpáɪl コンパイル/ 動 (現分 -pil·ing) 他 (辞書・本など)を編集する(☞ edit). ▶*compile* a dictionary 辞書を編集する.
com·pla·cen·cy /kəmpléɪsnsi コンプレイスンスィ/ 名ⓤ自己満足, 現状に満足していること.
com·pla·cent /kəmpléɪsnt コンプレイスント/ 形 自己満足している, 現状に満足している.
*****com·plain** /kəmpléɪn コンプレイン/ 動 (~s /-z/; ~ed /-d/; ~·ing) 自 ❶不平 [不満]を言う, 苦情を言う, 訴える.
❷《*complain of ...*》ⓐ (苦痛などを)訴

える. ❺ …を訴える.
—《**complain (that) ...**》(_だと) **不平[不満]を言う**.

(他) ❶ She is always *complaining*. 彼女はいつも不平ばかり言っている / We *complained to* the police *about* our neighbor's noise. 私たちは近所の人の騒音のことで警察に訴えた / 対話 "How are you?"–"I can't *complain*."「いかがですか」「元気だよ」.
❷ⓐ He often *complains of* a headache. 彼はよく頭痛を訴える[頭が痛いと言う]. ⓑ They *complained of* racism. 彼らは人種差別だと訴えた.
— (他) She *complains (that)* nobody takes good care of her. 彼女はだれも自分のことをちゃんと面倒を見てくれないとこぼしている.

☞ 名 complaint.

com·plain·ing·ly /kəmpléiniŋli コンプレイニングリ/ 副 不平がましく, 不満そうに.

*__**com·plaint**__ /kəmpléint コンプレイント/ 名 (複 ~s /-ts/)
❶ [U][C] **不満[不平]の種**; 不平, 不満, ぐち.
❷ [C] 病気. ❸ [C] 【法律】告訴.
▶ ❶ I have no *complaints* about the food in this hotel. このホテルの食べ物には不平はない.

【語の結びつき】
disregard [ignore] a *complaint* 苦情を無視する
handle [deal with] a *complaint* 苦情を処理する
make a *complaint* 苦情を言う
receive a *complaint* 苦情を受ける
reject a *complaint* 苦情の申し立てをはねつける
resolve a *complaint* 苦情を解決する
respond to a *complaint* 苦情に対応する

❷ He has a liver *complaint*. 彼は肝臓が悪い.
☞ 動 complain.

com·ple·ment /kámpləmənt カンプリメント/ (★ compliment と同音) 名 [C] ❶ (足りない分)を補って完全にするもの. ❷ (必要な)定員, 全数量. ❸ 【文法】補語 (《 ❖ C

と略す; ☞ object¹ ❹).
— /kámpləmènt カンプリメント/ 動 (他) …と補い合う, …を引き立てる.
▶ 名 ❶ Mercy is the *complement* of the law. 慈悲は法律の足りないところを補うものだ.

com·ple·men·ta·ry /kàmpləméntəri カンプレメンタリ/ 形 補足的な, 互いに補い合う.

*__**com·plete**__ /kəmplí:t コンプリート/ 形 (more ~; most ~)
❶ **完全な**; まったくの (反 incomplete).
❷ ⓐ **全部の**, 全部そろった.
ⓑ 《**complete with ...**》…が完備した.
❸ **完成して(いる)**, 出来あがって(いる).
— 動 (~s /-ts/; -plet·ed /-id/; -plet·ing) (他)
❶ …を **完成する**, 終える.
❷ …を完全なものにする, 全部そろえる.
❸ (書類など)にすべて記入する.

形 ❶ She has *complete* trust in her family doctor. 彼女はかかりつけの医者を信頼しきっている / a *complete* stranger まったく知らない人.
❷ ⓐ a *complete* works of Shakespeare シェイクスピア全集.
ⓑ an apartment *complete with* furniture 家具つきのアパート.
❸ The job will *be complete* next week. その仕事は来週完成します.
— 動 (他) ❶ She has *completed* her task. 彼女は役目を果たした / The building is now *completed*. その建物が完成した / *complete* the whole course 全課程を終える.
☞ 名 completion.

*__**com·plete·ly**__ /kəmplí:tli コンプリートリ/ 副 **完全に**, まったく (反 incompletely).
▶ We failed *completely*. 私たちは完全に失敗した.

com·plete·ness /kəmplí:tnəs コンプリートネス/ 名 [U] 完全(であること).

com·ple·tion /kəmplí:ʃən コンプリーション/ 名 [U] 完成, 完結, 修了.
on completion (of ...) (…を)完成したら.
☞ 動 complete.

compose

com·plex /kámpleks カンプレックス | kɔ́m-pleks/ 形 (more ~; most ~)
❶ 複雑な, こみ入った, 理解しにくい (反 simple).
❷ いろいろな要素からなる, 複合の.
— /kámpleks カンプレックス | kɔ́m-/ 名 (★形容詞とのアクセントの違いに注意) (複 ~·es /-iz/) ⓒ ❶ (建物などの)集合体, 総合施設; 工場団地.
❷ 〖精神分析〗コンプレックス《本人は意識していない異常な行動の原因となる感情; ♦ 日本語の「コンプレックス」は inferiority complex (劣等感) のこと》.
▶ 形 ❶ The story is too *complex* for children. その話は子どもたちには複雑すぎる / a *complex* problem 複雑な問題.
☞ 名complexity.
— 名 ❶ a sports *complex* 体育総合施設.

com·plex·ion /kəmplékʃən コンプレクション/ 名 ⓒ ❶ 顔色. ❷ (事態の)様相, 外観.
▶ ❶ a good *complexion* よい顔色.

com·plex·i·ty /kəmpléksəti コンプレクスィティ/ 名 (複 -i·ties /-z/) ❶ Ⓤ 複雑さ. ❷ ⓒ 複雑な点. ☞ 形complex.

com·pli·ance /kəmpláiəns コンプライアンス/ 名 Ⓤ ❶ (規則・命令などに)従うこと, (法令)遵守(じゅんしゅ). ❷ 人のいいなりになること; 従順さ.
in compliance with ... …に従って.
☞ 動comply.

com·pli·ant /kəmpláiənt コンプライアント/ 形 ❶ (規則・命令などに)従った. ❷ (人の希望・要求などに)すぐ応じる, 従順な.
☞ 動comply.

*__com·pli·cate__ /kámpləkèit カンプリケイト | kɔ́m-/ 動 (~s /-ts/; -cat·ed /-id/; -cat·ing) ⑪ ❶ …を**複雑にする**, わかりにくくする. ❷ (病気)を悪化させる.
▶ ❶ His help only *complicated* my job. 彼が手伝ってくれたけれども私の仕事を複雑にしただけだった.

*__com·pli·cat·ed__ /kámpləkèitid カンプリケイティド | kɔ́m-/ 形 (more ~; most ~)
複雑な, 込み入った, わかりにくい.
▶ a *complicated* machine 複雑な機械 / *complicated* rules 複雑な規則.

com·pli·ca·tion /kàmpləkéiʃən カンプリケイション/ 名 ❶ Ⓤ⸍ⓒ やっかいなこと, 複雑な状況. ❷ ⓒ 《ふつう複数形で》合併症.

com·pli·ment /kámpləmənt カンプリメント | kɔ́m-/ 名 (★ complementと同音) (複 ~s /-ts/) ❶ ⓒ ほめことば, 賛辞.
❷ ⓒ 《複数形で》あいさつのことば.
— /kámpləmènt カンプリメント/ 動 (~s /-ts/; ~·ed /-id/; ~·ing) ⑪ …をほめる.

名 ❶ They paid Alice many *compliments* on her cooking. 彼らはアリスの料理を大いにほめた / a sincere *compliment* 心からの賛辞. ❷ Please give my *compliments* to your family. ご家族の皆様によろしく / *Compliments* of the season! (クリスマスなどに) シーズンのごあいさつを申し上げます.
with the compliments of ... = *with ...'s compliments* …よりの贈り物として《人に物を贈るときに書き添えたりする》.
☞ 形complimentary.
— 動 He *complimented* me *on* my skill. 彼は私の腕前をほめた.

com·pli·men·ta·ry /kàmpləméntəri カンプリメンタリ/ 形 ❶ 賞賛の. ❷ 無料の.
☞ 名compliment.

com·ply /kəmplái コンプライ/ 動 (com·plies /-z/; com·plied /-d/; ~·ing) ⑲ 〔要求・規則などに〕応じる, 従う〔*with*〕.
▶ He *complied with* my request. 彼は私の依頼に応じた.
☞ 名compliance, 形compliant.

*__com·po·nent__ /kəmpóunənt コンポウネント/ 名 ⓒ 構成要素, 成分.

*__com·pose__ /kəmpóuz コンポウズ/ 動 (-pos·es /-iz/; com·posed /-d/; -pos·ing) ⑪ ❶ⓐ (詩・文など)を**作る**.
ⓑ …を**作曲する**.
❷ …を**構成する**.
⑲ 詩[文(など)]を作る, 作曲する.

⑪ ❶ⓑ Who *composed* the song? だれがその歌を作曲したのですか. ❷ Nine players *compose* a baseball team. 9人の選手が野球のチームを構成する.
— ⑲ Chopin *composed* mostly for the piano. ショパンはおもにピアノ曲を作曲した.
be composed of ... …から成り立っ

composed

ている：The group *was composed of* six boys. その集団は6人の少年から成り立っていた.

***compose* oneself** 気を落ち着ける：Try to *compose yourself*. 気を落ち着けるように努力しなさい.

☞ 名composition, 形composed.

com·posed /kəmpóuzd コンポウズド/ 形落ち着いた, 冷静な.

*__com·pos·er__ /kəmpóuzər コンポウザ/ 名 (複 ~s /-z/) C 作曲家.

com·pos·ite /kəmpázit カンパズィト | kɔ́mpəzit/ 形混合の, 合成の.
— 名 C 混合物, 合成物.

*__com·po·si·tion__ /kàmpəzíʃən カンポズィション | kɔ̀m-/ 名 (複 ~s /-z/)
❶ U C 構成, 構造, なりたち, (絵の)構図.
❷ U ⓐ 作文(すること), 作詩(すること). ⓑ 作曲.
❸ C ⓐ (生徒などが書く)作文.
ⓑ (文学・音楽・美術の)作品.

....

❶ They analyzed the soil to find out its *composition*. 彼らは成分(構成)を知るためにその土を分析した / the *composition* of the picture その絵の構図.

❷ⓐ The *composition* of this report took six months. この報告書をまとめるのに半年かかった.
ⓑ He started the *composition* of the opera early in 1930. 彼はそのオペラの作曲を1930年早々に始めた.

❸ⓐ I wrote a *composition* about my family. 私は自分の家族について作文を書いた.
ⓑ a *composition* for the violin バイオリンのための曲.

☞ 動compose.

com·post /kámpoust カンポウスト/ 名 U 堆肥(たいひ).

com·po·sure /kəmpóuʒər コンポウジャ/ 名 U 落ち着き, 冷静さ.
▶regain [recover] *one's composure* 落ち着きを取りもどす.

*__com·pound__[1] /kámpaund カンパウンド | kɔ́m-/ 名 (複 ~s /-dz/) ❶ 【化学】化合物 (✪「混合物」は mixture).
❷ 合成物, 混合物.
❸ 【文法】複合語, 合成語 (classroom のように2語が合成して1語となったもの; ✪ **cómpound wòrd** ともいう).
— 動 /kɑmpáund カンパウンド/ (★名詞のアクセントの違いに注意) 他 (よくないこと)をいっそうひどくする.
▶ 名 ❶ organic *compounds* 有機化合物.

com·pound[2] /kámpaund カンパウンド/ 名 C (一群の建物がある)囲いをした敷地.

com·pre·hend /kàmprihénd カンプリヘンド/ 動 他 《文語》…を理解する.
▶ 他 I cannot *comprehend* his intention. 私には彼の意図が理解できない.

☞ 形comprehensible.

com·pre·hen·si·ble /kàmprihénsəbl カンプリヘンスィブル/ 形わかりやすい (反 incomprehensible).

☞ 動comprehend.

com·pre·hen·sion /kàmprihénʃən カンプリヘンション/ 名 U 理解, 理解力.

beyond** (...'s) **comprehension (…には)理解できない：The theory is *beyond* my *comprehension*. その理論は私には理解できない.

*__com·pre·hen·sive__ /kàmprihénsiv カンプリヘンスィヴ | kɔ̀m-/ 形 (more ~; most ~) 包括的な, 範囲の広い.
— 名 C (英) =**comprehensive school**.
▶ 形 a *comprehensive* study of world affairs 世界情勢の包括的研究(書).

com·pre·hen·sive·ly /kàmprihénsivli カンプリヘンスィヴリ/ 副 包括的に, 広く.

comprehénsive schòol 名 C (英) 総合制中等学校 (✪単に comprehensive ともいう).

INFO▷ 能力もいろいろな生徒がいっしょに学ぶ5年制の公立中等教育機関. 11歳で入学し, 義務教育が終わる16歳で卒業することになるが, 大学進学を目指すものはその後2年間18歳までの在学が認められている.

com·press /kəmprés コンプレス/ 動 (三単現 ~·es /-iz/) 他 …を圧縮する, 短縮する. ▶*compress* air 空気を圧搾(あっさく)する.

☞ 名compression.

com·pres·sion /kəmpréʃən コンプレ

ション/ 名 U 圧縮, 短縮.
☞ 動 compress.

com·prise /kəmpráiz コンプライズ/ 動 (現分 -pris·ing) 他 《文語》 ❶ (全体が)…から成る.
❷ (部分が)…を構成する, 占(し)める.
▶❶ The house *comprises* ten rooms. その家は10室ある. ❷ Women *comprise* 30% of the staff. 女性が職員の30パーセントを占めている.

***com·pro·mise** /kάmprəmàiz カンプロマイズ | kɔ́m-/ (★アクセント注意) 名 (複 -pro·mis·es /-iz/) UC 妥協.
― 動 (-mis·es /-iz/; -mised /-d/; -mis·ing) 自 妥協する, 和解する.
― 他 ❶ (名誉・人格などを)傷つける.
❷ (主義などを)曲げる.
▶名 The strike was settled by *compromise*. ストライキは妥協により解決した.
― 動 自 The two *compromised* on the issue. ふたりはそのことで妥協した.
他 ❷ He never *compromises* his principles. 彼は決して自分の方針を曲げない.

com·pul·sion /kəmpʌ́lʃən コンパルション/ 名 ❶ U 強制. ❷ C 衝動.
☞ 動 compel.

com·pul·sive /kəmpʌ́lsiv コンパルスィヴ/ 形 ❶ (行動などが)抑制できない.
❷ (人が)自分の意志ではやめられない.
▶❷ a *compulsive* drinker アル中.
☞ 動 compel.

com·pul·sive·ly /kəmpʌ́lsivli コンパルスィヴリ/ 副 自分の意志ではやめられなくて.

***com·pul·so·ry** /kəmpʌ́lsəri コンパルソリ/ 形
❶ 強制的な; 義務的な (反 voluntary).
❷ (英) (科目が)必修の (反 optional) (● (米) では required).
▶❶ *compulsory* education 義務教育. ❷ a *compulsory* subject 必修科目.
☞ 動 compel.

com·pu·ta·tion /kὰmpjutéiʃən カンピュテイション/ 名 UC 計算.

com·pute /kəmpjúːt コンピュート/ 動 (現分 -put·ing) 《文語》 他 …を計算する.
― 自 計算する.

***com·pu·ter** /kəmpjúːtər コンピュータ/ 名 (複 ~s /-z/) C **コンピューター** (☞ laptop).
☞ 動 computerize.

com·pu·ter·ize /kəmpjúːtəràiz コンピュタライズ/ 動 (現分 -iz·ing) 他 (データ)をコンピューターで処理する.
☞ 名 computer.

com·put·er-lit·er·ate /kəmpjúːtərlítərət コンピュタリテレト/ 形 (人が)コンピューターを使いこなせる.

com·put·ing /kəmpjúːtiŋ コンピューティング/ 名 U コンピューター操作[使用].

***com·rade** /kάmræd カムラド | kɔ́mreid/ 名 (複 ~s /-dz/) C 《文語》 **仲間**, 友だち, 戦友, 同志.

con /kάn カン/ 《口語》 動 (~s /-z/; conned /-d/; con·ning) 他 …をだます.
― 名 C 詐欺(ぎ), ぺてん.

***con·ceal** /kənsíːl コンスィール/ 動 (~s /-z/; ~ed /-d/; ~·ing) 他 《文語》 …を**隠す**.
▶She *concealed* her hurt feelings. 彼女は傷ついた気持ちを押し隠した.

con·cede /kənsíːd コンスィード/ 動 (現分 -ced·ing) 他 ❶ⓐ (しかたなく)…を認める. ⓑ 《concede that ＿》 (しかたなく)＿を認める. ❷ (権利など)を許す, 与える.
― 自 敗北を認める.
▶他 ❶ⓐ He *conceded* defeat. 彼は敗北を認めた. ⓑ They *conceded that* it was true. 彼らはそれを真実だと認めた.
☞ 名 concession.

con·ceit /kənsíːt コンスィート/ 名 U うぬぼれ.

con·ceit·ed /kənsíːtid コンスィーティド/ 形 うぬぼれの強い.

con·ceiv·a·ble /kənsíːvəbl コンスィーヴァブル/ 形 想像できる, 考えられる.
▶the best way *conceivable* 考えられる最上の方法.

con·ceiv·a·bly /kənsíːvəbli コンスィーヴァブリ/ 副 考えられる限りでは; ことによると.

***con·ceive** /kənsíːv コンスィーヴ/ 動 (~s /-z/; con·ceived /-d/; -ceiv·ing) 他
❶ (考え・計画など)を**思いつく**, (感情・意見など)をもつ. ❷ (子)を宿す, 身ごもる.
― 自 ❶ 《conceive of ...》 (ふつう否定文で) …を想像する, 考える. ❷ 妊娠する.

concentrate

▶ 他 ❶ Who first *conceived* the idea of using atomic energy? 原子力を利用することを最初に思いついたのはだれですか.

— 自 ❶ I can*not conceive of* his failure. 彼が失敗するなんて想像できない.

☞ 名 concept, conception.

＊con・cen・trate /kánsəntrèit カンセントレイト ｜ kɔ́n-/ (★アクセント注意) 動 (~s /-ts/; -trat・ed /-id/; -trat・ing) 自
❶《concentrate on [upon] ...》…に心を集中する, 専念する.
❷集中する, 1か所に集まる.

— 他 ⓐ (注意・努力など)を集中する.
ⓑ …を(1か所に)集める.
▶ 動自 ❶ She *concentrated on* her studies. 彼女は研究に専念した.
❷ The population tends to *concentrate* in large cities. 人口は大都市に集中する傾向がある.

— 他 ⓐ We *concentrated* all our efforts *on* winning the game. 私たちは試合に勝つことに全力を注いだ.
ⓑ The shops are *concentrated* around the railroad station. 店は駅の周辺に集中している.

☞ 名 concentration.

con・cen・trat・ed /kánsəntrèitid カンセントレイティド/ 形 ❶集中した. ❷濃縮した.
▶ ❶ make a *concentrated* effort 一心に努力する.

＊con・cen・tra・tion /kànsəntréiʃən カンセントレイション ｜ kɔ̀n-/ 名 Ⓤ
❶ (精神などの)集中, 専念.
❷ (人や物の)集中. ❸濃縮.

☞ 動 concentrate.

concentrátion càmp 名 Ⓒ 強制収容所.

con・cen・tric /kənséntrik コンセントリック/ 形 (円が)(他の円と)中心が同じ, 同心の.

＊con・cept /kánsept カンセプト ｜ kɔ́n-/ 名 (複 ~s /-ts/) Ⓒ (抽象的なものについての)概念, 考え. ▶ He has no clear *concept* of what politics is. 彼は政治とはどういうものかよくわかっていない.

☞ 動 conceive.

con・cep・tion /kənsépʃən コンセプション/ 名 ❶ Ⓤ Ⓒ 概念, 認識, 理解.
❷ Ⓤ 思いつくこと, 着想, 発案.
❸ Ⓤ Ⓒ 妊娠.
▶ ❶ a *conception* of the universe 宇宙の概念.

☞ 動 conceive.

＊con・cern /kənsə́ːrn コンサーン/ 動 (~s /-z/; ~ed /-d/; ~・ing) 他 ❶ (物事が)…に関係する, かかわる, 影響がある.
❷ …を心配させる (worry) (☞ concerned ❶).

— 名 (複 ~s /-z/) ❶ Ⓒ 関心のあること, 重要な問題.
❷ ⓐ Ⓤ 心配, 気がかり.
ⓑ Ⓒ 心配していること, 気になること.
❸ Ⓤ 関係, 利害関係.
❹ Ⓒ 事業, 商売; 会社.

動 他 ❶ This letter does not *concern* you. この手紙はあなたに関係ありません. ❷ Your bad cough *concerns* me very much. あなたのひどいせきは私にはとても心配です.

concern one*self about* [*over*] ... …のことを心配する (☞ concerned ❶): Don't *concern yourself about* it. そのことは心配しないでよい.

concern one*self with* [*in*] ... …に関心をもつ, かかわる: Don't *concern yourself with* my affairs. 私のことによけいな口を出すな.

— 名 ❶ Getting a driver's license is his chief *concern* now. 運転免許を取ることが今彼が一番関心をもっていることだ / It is no *concern* of mine. それは私の知ったことではない. ❷ ⓐ She felt *concern* about her husband's health. 彼女は夫の健康を心配した / with much *concern* 非常に心配して.

＊con・cerned /kənsə́ːrnd コンサーンド/ 形 (more ~; most ~)
❶ ⓐ 心配している, 心配そうな.
ⓑ《be concerned about [for] ...》…について心配している, 気にしている.
❷ ⓐ 関係している.
ⓑ《be concerned with [in] ...》…に関係している.
ⓒ《be concerned with [about] ...》…に関心をもっている.

❶ ⓐ with a *concerned* look 心配そうな表情で. ⓑ I am very *concerned about* his health. 私は彼の健康のことが非常に心配だ / He *is* much *concerned for* her safety. 彼は彼女の安否を大変気にしている.

❷ⓐAll the people *concerned* came together. 関係者全員が集まった((✿名詞を修飾する場合はそのうしろにおかれる)). ⓑHis new book is *concerned with* the Middle East. 彼の新しい本は中東に関するものだ / He was not *concerned in* the plot. 彼はその陰謀に加わっていなかった(✿「犯罪,事件」などにかかわりをもつ場合はふつう in). ⓒShe is not *concerned with* politics. 彼女は政治には関心がない.

*con‧cern‧ing /kənsə́ːrnɪŋ コンサーニング/ 前 …について(の)(✿about よりも《文語》的). ▶the facts *concerning* the case その事件に関する事実.

*con‧cert /kánsə(ː)rt カンサ(ー)ト | kɔ́nsət/ 名(複 ~s /-ts/) Ⓒ コンサート, 音楽会, 演奏会.
▶give a *concert* コンサートを開く / an open-air *concert* 野外音楽会.
in concert (with ...) (…と)協力して.

con‧cert‧ed /kənsə́ːrtɪd/ 形 協力した. ▶make a *concerted* effort 力を合わせて努力する.

con‧cert‧mas‧ter /kánsərtmæstər カンサトマスタ/ 名Ⓒ《米》コンサートマスター《オーケストラの第1バイオリンの主席奏者;✿《英》ではleader》.

con‧cer‧to /kəntʃéərtou コンチェアトウ/ 名(複 ~s /-z/) Ⓒ 協奏曲, コンチェルト.
▶a piano *concerto* ピアノ協奏曲.

con‧ces‧sion /kənséʃən コンセション/ 名Ⓒ ❶譲歩 ❷特権. ❸《英》(老人などに対する)割引料金. ❹《米》営業権.
▶❶make *concessions* to ... …に譲歩をする.   ☞ 動concede.

con‧cil‧i‧a‧tion /kənsìliéiʃən コンスィリエイション/ 名Ⓤ和解, 調停.

con‧cil‧i‧a‧to‧ry /kənsíliətɔ̀ːri コンスィリアトーリ/ 形和解の(ための).

con‧cise /kənsáis コンサイス/ (★アクセント注意) 形 (-cis‧er; -cis‧est) 簡潔な.

con‧cise‧ly /kənsáisli コンサイスリ/ 副 簡潔に.

*con‧clude /kənklúːd コンクルード/ 動 (~s /-dz/; -clud‧ed /-ɪd/; -clud‧ing) 他
❶《conclude (that) ＿》＿と結論を下す.
❷(締めくくりをして)(話・会議など)を終える(✿close, end よりもかたいことば).
❸(条約など)を結ぶ, 締結する.
— 自 終わる, 完了する.

⊕❶We *concluded* (*that*) her proposal should be accepted. 私たちは彼女の提案を受け入れようという結論を下した. ❷He *concluded* his speech with a joke [by cracking a joke]. 彼は話をジョークでしめくくった. ❸*conclude* a peace treaty with ... …と平和条約を結ぶ.
— 自 The meeting *concluded* with applause. 会は拍手をもって終わった / He *concluded by* quoting a passage from Goethe. 彼はゲーテから一節を引用して結びとした.

Concluded. 終わり, 完結《連載物の最終回の最後の行に書く》.

To be concluded. 次回完結《連載物の最終回のひとつ前の回の最後の行に書く; ☞ 成句 To be continued (⇨ continue)》.

to conclude 結論として.
                    ☞ 名conclusion, 形conclusive.

*con‧clu‧sion /kənklúːʒən コンクルージョン/ 名(複 ~s /-z/) Ⓒ ❶結論, 決定.
❷終わり(の部分), 結末.
❸(条約を)結ぶこと, 締結.

❶What *conclusion* did you reach? どんな結論に達しましたか / a logical *conclusion* 論理的結論.
❷There was applause at the *conclusion* of her speech. 彼女の演説の終わりに拍手かっさいがあった.

in conclusion 最後に, 結論として.
jump [*leap*] *to conclusions* 早まった結論を出す.
                    ☞ 動conclude.

con‧clu‧sive /kənklúːsiv コンクルースィヴ/ 形 決定的な(反inconclusive).
                    ☞ 動conclude.

con‧coct /kənkákt コンカクト/ 動他
❶(スープ・飲み物など)を(材料を混ぜて)作る. ❷(話など)をでっち上げる, 作る.

con‧coc‧tion /kənkákʃən コンカクショ

ン/ [名] ❶[U][C]混合して作った変な物［飲み物・スープ］.
❷[C]でっち上げ, 作り話.

con·course /kɑ́nkɔːrs カンコース/ [名][C] (駅・空港などの)中央ホール, コンコース.

***con·crete** /kɑ̀nkríːt カンクリート | kɔ́ŋkriːt/ [形] (more ~; most ~)
❶**具体的な**, 形のある ([反]abstract).
❷**コンクリート製の**.
— /kɑ́nkriːt カンクリート | kɔ́ŋ-/ [名][U]**コンクリート**.

[形] ❶Give us *concrete* evidence. 具体的な証拠をあげてください. ❷a *concrete* bridge コンクリートの橋.

con·crete·ly /kɑ̀nkríːtli カンクリートリ/ [副]具体的に.

con·cur /kənkɔ́ːr コンカー/ [動] (~s /-z/; con·curred /-d/; -cur·ring /-kɔ́ːriŋ/) [自] (意見などが)一致する, 同意する.

con·cur·rence /kənkɔ́ːrəns コンカーランス/ [名][U][C] ❶意見の一致. ❷同時発生.

con·cur·rent /kənkɔ́ːrənt コンカーラント/ [形] ❶同時に起こる［発生する］.
❷(意見などが)一致した.

con·cus·sion /kənkʌ́ʃən コンカション/ [名][U][C]〔医学〕脳振盪(しんとう).

con·demn /kəndém コンデム/ 《★語末の n は発音されない》[動] (~s /-z/; ~ed /-d/; ~ing) [他] ❶…を非難する, 責める《⊕ blame より意味が強い》.
❷…に有罪を宣告する.
❸…を〔…に〕運命づける〔*to*〕. ❹(建物・品物など)を使用に適さないと評価する.

❶We *condemn* violence of any sort. どんな種類の暴力も非難する / His wife *condemned* him *for* neglecting her birthday. 彼の奥さんは誕生日を無視したと彼を非難した. ❷The prisoner was *condemned to* three months' imprisonment. 囚人は禁固 3 か月を宣告された. ❸She was *condemned to* a life of poverty. 彼女は貧乏な生活に運命づけられていた.
☞ [名]condemnation.

con·dem·na·tion /kɑ̀ndemnéiʃən カンデムネイション/ [名][U][C]非難.
☞ [動]condemn.

con·den·sa·tion /kɑ̀ndenséiʃən カンデンセイション/ [名][U] ❶(鏡などの)曇り, 結露. ❷濃縮, 圧縮; 凝縮(ぎょうしゅく). ❸(思想・物語などの)要約.
☞ [動]condense.

con·dense /kəndéns コンデンス/ [動] (-dens·es /-iz/; con·densed /-t/; -dens·ing) [他] ❶(液体)を濃縮する.
❷(圧縮して)(気体)を液化する. ❸…を短くまとめる.
— [自](気体が)液化する, 結露する.

▶[動][他] ❶*condense* sea water to make salt 塩を作るために海水を濃縮する. ❷*condense* a long story into a few lines 長い話を数行にまとめる.
— [自]Steam *condenses* into water. 水蒸気は凝縮して水になる.
☞ [名]condensation.

con·dénsed mílk /kəndénst- コンデンスト·/ [名][U]コンデンスミルク, 練乳.

con·de·scend /kɑ̀ndisénd カンディセンド/ [動][自] (目下の人に合わせて)わざわざ＿する, 恩着せがましく＿する.
▶Jane finally *condescended to* sit next to the new girl. ジェーンはやっと恩着せがましく新入りの女の子の隣りにすわってやった.

con·de·scend·ing /kɑ̀ndəséndiŋ カンデセンディング/ [形]人を見下すような.

con·de·scen·sion /kɑ̀ndəsénʃən カンデセンション/ [名][U]人を見下すような態度.

***con·di·tion** /kəndíʃən コンディション/ [名] ([複] ~s /-z/) ❶[U]**状態**, 健康状態, (身体・機械などの)コンディション.
❷[C]《複数形で》(周囲の)**状況**, 事情.
❸[C]**条件**, 必要条件.
— [動] (~s /-z/; -di·tioned /-d/; ~ing) [他] ❶(人・動物など)を**慣らす**; …を適応させる.
❷(事情などが)…を決める.
❸(髪・皮膚)のコンディションを整える.

[名] ❶You could improve your *condition* by jogging every day. 毎日ジョギングすれば体の調子はよくなる / The equipment is in poor [bad] *condition*. その設備は状態がよくない.
❷Road *conditions* are much better now. 道路の状況はずっとよくなっている / study under difficult *conditions* 困難な状況のもとで研究する / liv-

ing *conditions* 生活状況 / in windy *conditions* 風が吹く状況では.
❸ These *conditions* are hard to meet. これらの条件は満たすのが難しい / Hard work is usually a *condition* of success. 勤勉はふつう成功の必要条件である.

be in no condition to *do* __できる健康状態ではない**:** He *is in no condition to* travel alone. 彼はひとりで旅行できる健康状態ではない.

be out of condition 体の調子が悪い.

on condition that __ __という条件で, もし__ならば**:** I will do it *on condition that* you help me. 君が手伝ってくれるならそれをしよう.

on no condition どんなことがあっても…しない**:** You must *on no condition* tell him what I said. 私の言ったことはどんなことがあっても彼に言ってはならない.

☞ 形 conditional.

— 動 ❶ We are *conditioned* to have three meals a day. 私たちは 1 日に 3 食食べるように慣らされている.
❷ Our environment *conditions* our lives. 環境がわれわれの生活を左右する.

＊**con·di·tion·al** /kəndíʃənəl コンディショナル/ 形 **条件つきの**（反 unconditional）.

be conditional on ... …しだいである, …によって決まる.

☞ 名 condition.

con·di·tion·al·ly /kəndíʃənəli コンディショナリ/ 副 条件つきで.

con·di·tion·er /kəndíʃənər コンディショナ/ 名 U（洗髪後用の）コンディショナー.

con·do /kándou カンドウ/ 名（複 ~s /-z/）《米口語》= condominium.

con·do·lence /kəndóuləns コンドウレンス/ 名 CU《ふつう複数形で》お悔やみ, なぐさめのことば.

con·dom /kándəm カンダム/ 名 C コンドーム.

con·do·min·i·um /kàndəmíniəm カンドミニアム/ 名 C《米》分譲（ぶんじょう）マンション《建物全体または一戸分》（❍略して condo ともいう；☞ mansion の **INFO**）.

con·done /kəndóun コンドウン/ 動（現分 -don·ing）他 …を大目にみる.

con·dor /kándər カンド/ 名 C コンドル《南アメリカ産のハゲタカ》.

con·du·cive /kəndjúːsiv カンデュースィヴ/ 形 […の]助けとなる, 貢献する［*to*］.

＊**con·duct** /kándʌkt カンダクト｜kɔ́n-/ 名（★アクセント注意）U ❶ 行ない, 行為, ふるまい. ❷《文語》経営, 運営.
— /kəndʌ́kt コンダクト/ 動（★名詞とのアクセントの違いに注意）（~s /-ts/; ~ed /-id/; ~ing）他 ❶ …を**運営する**, 経営する,（業務など）を行なう.
❷（楽団など）を**指揮する**.
❸（熱・電気など）を伝える, 伝導する.
— 自 楽団を指揮する.

・・

名 ❶ shameful *conduct* 恥ずべき行為. ❷ the *conduct* of business 事業の運営.

— 動 他 ❶ *conduct* a meeting 会議を運営する / *conduct* a survey 調査を行なう. ❷ *conduct* an orchestra オーケストラを指揮する.

conduct *oneself*《文語》ふるまう**:** She *conducted herself* well. 彼女は立派にふるまった.

＊**con·duc·tor** /kəndʌ́ktər コンダクタ/ 名（複 ~s /-z/）C ❶ ⓐ（バスの）**車掌**. ⓑ（米）（列車の）車掌（❍《英》では guard）.
❷（楽団の）**指揮者**.
❸（熱・電気などの）伝導体.

＊**cone** /kóun コウン/ 名（複 ~s /-z/）C ❶ アイスクリームコーン（❍ice-cream cone ともいう）. ❷ ⓐ 円錐（えんすい）. ⓑ（道路工事現場を仕切るために立てる）円錐柱.
❸ マツカサ《松の球果, 松ぼっくり》.

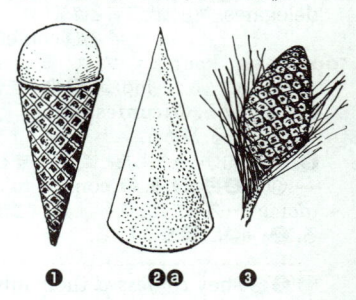

cones

con·fec·tion·er·y /kənfékʃənèri コンフェクショネリ/ 图 (閥 -er·ies /-z/) ❶ Ⓤ《集合的に》菓子類. ❷Ⓒ《米》菓子店.

con·fed·er·a·cy /kənfédərəsi コンフェダラスィ/ 图 ❶ Ⓒ連合(国), 同盟(国). ❷《the Confederacy で》(アメリカの南北戦争当時の)南部連邦.

con·fed·er·ate /kənfédərət コンフェダレト/ 形 ❶ 連合した, 同盟した. ❷《Confederate で》(南北戦争当時の)南部連邦の.
— 图Ⓒ《Confederate で》(南北戦争当時の)南部連邦支持者.

con·fed·er·a·tion /kənfèdəréiʃən コンフェデレイション/ 图Ⓒ同盟; 連合組織, 同盟[連合]国.

con·fer /kənfə́ːr コンファー/《★アクセント注意》動 (~s /-z/; con·ferred /-d/; -fer·ring /-fə́ːriŋ/) 圓 相談する, 打ち合わせる, 協議する.
— 他 (賞・称号など)を〔…に〕授与する, 贈る〔on〕.
▶ 圓 *confer* with a lawyer 弁護士と相談する.
☞ 图 conference.
— 他 The president *conferred* a medal *on* him. 社長は彼にメダルを授与した.

***con·fer·ence** /kánfərəns カンファレンス | kɔ́n-/《★アクセント注意》图 (閥 -enc·es /-iz/) Ⓒ ❶ (大きな公式の)**会議** (☞ party の類語).
❷ (少人数による公式の)**相談**, 協議.
▶ ❶ The *conference* on education was held in October. その教育に関する会議は10月に行なわれた.
❷ They had a *conference* with the delegates. 彼らは代表者と協議した.
☞ 動 圓 confer.

***con·fess** /kənfés コンフェス/ 動 (~es /-iz/; ~ed /-t/; ~ing /-iŋ/) 他 ❶ⓐ…を**告白する**, 認める. ⓑ《confess (that) ＿》＿と告白する, 認める.
❷ (神・司祭に)…を犯したと懺悔(ざんげ)する.
— 圓 ❶ⓐ**白状する**. ⓑ《confess to …〔doing〕》…をしたと[＿したと]認める. ❷ (司祭に)懺悔(ざんげ)する.

他 ❶ⓐ They *confessed* their mistake. 彼らはあやまちを認めた. ⓑ She *confessed* (*that*) she was guilty. 彼女は罪を犯したことを自白した. ❷ *confess* one's sin 罪を犯したとざんげする.
— 圓 ❶ⓐ He refused to *confess*. 彼は白状しようとしなかった. ⓑ He *confessed to* the robbery. 彼は盗んだことを認めた / She *confessed to breaking* the speed limit. 彼女はスピード違反を認めた.
☞ 图 confession.

con·fes·sion /kənféʃən コンフェション/ 图 ❶ ⓊⒸ 自白, 告白.
❷ ⓊⒸ 懺悔(ざんげ).
▶ ❶ make a *confession* 自白する.
☞ 動 confess.

con·fet·ti /kənféti コンフェティ/ 图Ⓤ紙ふぶき《新郎新婦やパレードなどに投げる》.

con·fide /kənfáid コンファイド/ 動 (~s /-dz/; -fid·ed /-id/; -fid·ing/) 他
ⓐ (秘密・思いなど)をひそかに打ち明ける.
ⓑ《confide (to …) that ＿》(…に)＿と打ち明ける.
— 圓《confide in …》(信頼して)秘密[思い]を…に打ち明ける.
▶ 他 ⓐ He *confided* his secret *to* me. 彼は自分の秘密を私に打ち明けた.
ⓑ He *confided to* me *that* he lacked confidence. 彼は私に自分に自信が持てないのだと打ち明けた.
— 圓 He often *confides in* me. 彼はよく私に心のうちを打ち明ける.
☞ 图 confidence.

***con·fi·dence** /kánfədəns カンフィデンス | kɔ́n-/ 图 (閥 -denc·es /-iz/)
❶ Ⓤ 信頼, 信用.
❷ Ⓤ 自信, 確信 (反 diffidence).
❸ Ⓒ 打ち明け話, 秘密.
▶ ❶ I have great *confidence* in him. 私は彼を大いに信頼している / He has won his boss's *confidence*. 彼は上役の信用を得た.
❷ She is full of *confidence*. 彼女は自信に満ちている / lose *confidence* 自信を失う.
in confidence 秘密で, ないしょで.
☞ 動 confide, 形 confident, confidential.

***con·fi·dent** /kánfədənt カンフィデント | kɔ́n-/ 形 (more ~; most ~)
❶ⓐ《be confident of …》…を確信し

ている.
❶ ⓑ《be confident of *do*ing》__すると確信している.
ⓒ《be confident that __》__と確信している.
❷ 自信に満ちた(反 diffident).

❶ ⓐI am *confident of* success. 私は成功を確信している. ⓑHe *was confident of winning*. 彼には勝つ自信があった. ⓒI am *confident that* I will pass the exam. 私は試験に合格すると確信している. ❷He has a *confident* manner of speaking. 彼は自信たっぷりの話し方をする.
☞ 名 confidence.

con·fi·den·tial /kὰnfədénʃəl カンフィデンシャル/ 形 (more ~; most ~) 秘密の, 秘密にしておくべき.
▶ *confidential* documents 秘密文書 / a *confidential* conversation ないしょ話 / *Confidential* 「親展」(封筒・文書の表などに書く).
☞ 名 confidence.

con·fi·den·tial·ly /kὰnfədénʃəli カンフィデンシャリ/ 副 秘密に, こっそりと.

con·fi·dent·ly /kάnfədəntli カンフィデントリ/ 副 確信をもって.

con·fig·u·ra·tion /kənfìgjuréiʃən コンフィギュレイション/ 名 C 配列.

*__con·fine__ /kənfáin コンファイン/ 動 (~s /-z/; con·fined /-d/; -fin·ing) 他
❶ (人などを) 閉じこめる, 監禁する.
❷ …を限定する, 制限する.

動 他 ❶He was *confined* in prison for ten years. 彼は10年間刑務所に入れられていた / The urgent business *confined* him *to* his office. その急ぐ仕事で彼は事務所から出られなかった.
❷ *confine* the demonstration march *to* the mainstreet デモ行進を大通りに限定する.
☞ 名 confinement.

con·fined /kənfáind コンファインド/ 形 (スペースなどが) 限られた; 狭い.

con·fine·ment /kənfáinmənt コンファインメント/ 名 U 監禁(する[される]こと).
☞ 動 confine.

*__con·firm__ /kənfə́:rm コンファーム/ 動 (~s /-z/; ~ed /-d/; ~·ing) 他
❶ ⓐ …を確認する.
ⓑ …を正しいと言う.
ⓒ 《confirm (that) __》__と確認する.
❷ (物事が)…が正しいことを示す, 確認する.
❸ …を承認する; (条約など)を批准する.

❶ ⓐYou have to *confirm* your reservation. あなたは自分の予約を確認する必要があります. ⓑThe mayor *confirmed* the report. 市長はその報道は正しいと述べた. ⓒShe *confirmed* (*that*) the car was hers. 彼女はその車は自分のものであると確認した[言った].
❷Her answer *confirmed* my fears. 彼女の返事は私の心配が正しいことを示した[裏書した].
☞ 名 confirmation.

con·fir·ma·tion /kὰnfərméiʃən カンファメイション/ 名 U|C 確認(する[される]こと), 確証. ☞ 動 confirm.

con·firmed /kənfə́:rmd コンファームド/ 形 ❶ 確認された. ❷ 変わることのない, 常習的な, (考え方などが)強固な.

con·fis·cate /kάnfəskèit カンフィスケイト/ 動 (現分 -cat·ing) 他 …を没収する, 押収する.

con·fis·ca·tion /kὰnfəskéiʃən カンフィスケイション/ 名 U|C 没収, 押収.

*__con·flict__ /kάnflikt カンフリクト/ 名 (複 ~s /-ts/) U|C ❶ (意見・利害の)衝突, 不一致. ❷ 争い, 紛争. ❸ どちらとも決めにくい状態, 板ばさみ.
— 動 /kənflíkt コンフリクト/ (★名詞とのアクセントの違いに注意) (~s /-ts/; ~ed /-id/; ~·ing) 自 〔…と〕衝突する, 一致しない 〔with〕.

名 ❶ the *conflict* between the workers and their employers 労働者と雇い主の間の衝突 / a *conflict* of interests 利害の対立.
❷There has been a *conflict* between the two countries. そのふたつの国の間にはずっと争いが続いている.
❸ a *conflict* between dream and reality 夢と現実の板ばさみ.
be in conflict (*with ...*) (…と)衝突

conflicting

している, (…と)一致しない:My interests *are in conflict with* yours. 私の利害は君のと相反する.

come into conflict (with ...) (…と)衝突する, 一致しない.

— 動 Her ideas *conflict with* mine. 彼女の意見は私の意見と食い違う.

con·flict·ing /kənflíktiŋ コンフリクティング/ 形 矛盾する, 対立する.

con·form /kənfɔ́ːrm コンフォーム/ 動 ⓐ
❶《conform to [with] ...》ⓐ(法律・規則など)に従う.
ⓑ(基準など)に合う, 合わせる.
❷人と同じようにふるまう.

▶ⓐ ❶ⓐ We must *conform to* the rules. 私たちは規則に従わなければならない. ❷ Some boys wouldn't *conform*. 男の子のなかにはどうしても人に合わせて行動しないものがいた.

☞ 名 conformity.

con·form·ist /kənfɔ́ːrmist コンフォーミスト/ 名 C 世間の人と同じようにする人 (反 nonconformist).

con·form·i·ty /kənfɔ́ːrməti コンフォーミティ/ 名 Ⓤ (規則・習慣などへの)服従, 順応. ☞ 動 conform.

con·found /kənfáund コンファウンド/ 動 ⓐ (人)を混乱させる, まごつかせる.

***con·front** /kənfrʌ́nt コンフラント/ 動 (~s /-ts/; ~ed /-id/; ~ing) ⓐ ❶(ひるまずに)(困難など)に**取り組む**, 立ち向かう.
❷(問題・困難などが)(人の前に)立ちはだかる.
❸(人)に〔証拠などを〕つきつける〔*with*〕.

----

❶ She *confronted* the problem immediately. 彼女はただちにその問題に取り組んだ. ❷ A new problem *confronted* us. 新しい問題がわれわれの前に立ちはだかった. ❸ They *confronted* him *with* the new evidence. 彼らは彼にその新しい証拠をつきつけた.

be confronted with ... …に直面する[している]:We *are confronted with* a new problem. 私たちは今新しい問題に直面している.

☞ 名 confrontation.

con·fron·ta·tion /kànfrʌntéiʃən カンフランテイション/ 名 ⓊC 対決; 直面.
☞ 動 confront.

ABCDEFGHIJKLMNOPQRSTUVWXYZ

***con·fuse** /kənfjúːz コンフューズ/ 動 (-fus·es /-iz/; con·fused /-d/; -fus·ing) ⓐ ❶(人)を**当惑させる**, まごつかせる. ❷(問題など)を**混乱させる**, わかりにくくする. ❸…を〔~と〕**混同する**〔*with*〕; …の区別がつかない.

----

❶ They *confused* the teacher with their questions. 彼らは質問をして先生をまごつかせた. ❷ Your explanation *confuses* the issue. 君の説明を聞くとその問題がかえってわからなくなる. ❸ Don't *confuse* Austria *with* Australia. オーストリアとオーストラリアを混同するな.

☞ 名 confusion.

con·fused /kənfjúːzd コンフューズド/ 形 (more ~; most ~) ❶当惑した.
❷不明確な, ややこしい.

▶❶ I was *confused* about what to do. 私は何をすればよいか当惑した.

con·fus·ed·ly /kənfjúːzidli コンフューズィドリ/ 《★発音注意》副 ❶当惑して.
❷ややこしく.

con·fus·ing /kənfjúːziŋ コンフューズィング/ 形 (more ~; most ~) (頭など)を混乱させる, わかりにくい.

***con·fu·sion** /kənfjúːʒən コンフュージョン/ 名 ⓊC ❶当惑, (頭の)混乱. ❷**混乱**, 乱雑; 騒ぎ. ❸混同, 取り違い.

----

❶ She couldn't hide her *confusion*. 彼女は当惑の色をかくせなかった / *in confusion* 何がなんだかよくわからない気持ちで. ❷ The room was in great *confusion*. その部屋はとても散らかっていた / The earthquake caused great *confusion* in the city. その地震がその町に大混乱を起こした. ❸ the *confusion* of /l/ and /r/ /l/と/r/の混同.

☞ 動 confuse.

con·geal /kəndʒíːl コンチール/ 動 ⓐ (血などが)固まる, 凝固(ぎょうこ)する.

con·ge·nial /kəndʒíːnjəl コンヂーニャル/ 形 《文語》快適な (pleasant).

con·gen·i·tal /kəndʒénitl コンヂェニトル/ 形 (病気などが)先天的な.

con·gest·ed /kəndʒéstid コンヂェスティド/ 形 身動きできないほど込み合った.

con·ges·tion /kəndʒéstʃən コンヂェスチョン/ 名 U 密集；(交通の)渋滞.

con·glom·er·ate /kənglámərət コングラメレト/ 名 C 複合企業，コングロマリット(あまり関連のない会社の連合体).

Con·go /káŋgou カンゴウ/ 名《the をつけて》❶ コンゴ(人民)共和国《アフリカ中部の共和国》.
❷ コンゴ民主共和国《アフリカ中部の共和国；旧称ザイール(Zaire)》.

*__con·grat·u·late__ /kəngrǽtʃuleit コングラチュレイト/ 動 (~s /-ts/; -lat·ed /-id/; -lat·ing) 他 ⓐ (人)に**お祝いを言う**，おめでとうと言う.
ⓑ 《congratulate ... on ~》…に～のことでお祝いを言う.
▶ⓑ I *congratulate* you *on* your graduation. ご卒業おめでとうございます.
☞ 名 congratulation.

*__con·grat·u·la·tion__ /kəngrǽtʃuléiʃən コングラチュレイション/ 名 (複 ~s /-z/)《複数形で》**おめでとう(ということば)**，祝いのことば.
▶*Congratulations!* おめでとう/Please accept my *congratulations* on your recovery. ご全快おめでとうございます.
☞ 動 congratulate.

con·gre·gate /káŋgrəgeit カングレゲイト/ 動 (現分 -gat·ing) 自 (たくさん)集まる.

con·gre·ga·tion /kàŋgrəgéiʃən カングレゲイション/ 名 C (教会の礼拝に集まる)会衆.

*__con·gress__ /káŋgrəs カングレス | kɔ́ŋgres/ 名 (複 ~·es /-iz/)
❶《Congress で》(アメリカの)**議会**，国会《☞parliament, Capitol》.
❷ C (正式な)会議，大会.
▶❶ *Congress* meets in Washington. 国会はワシントンで開かれる.
☞ 形 congressional.

con·gres·sion·al /kəngréʃənəl カングレショナル/ 形 ❶《Congressional で》(アメリカ)議会の，国会の. ❷ (正式な)会議の.
☞ 名 congress.

Con·gress·man /káŋgrəsmən カングレスマン/ 名 (複 -gress·men /-mən/) C (アメリカの)(男性の)下院議員《❶性差別を避けるために Congressperson ともいう：☞ House of Representatives》.

Con·gress·wom·an /káŋgrəswùmən カングレスウマン/ 名 (複 -wom·en /-wìmin/) C (アメリカの)女性下院議員.

con·i·cal /kánikəl カニカル/ 形 円錐(すい)形の. ☞ 名 cone.

co·ni·fer /kánəfər カニファ/ 名 C 針葉樹.

conj. (略語)conjunction.

con·ju·gal /kándʒugəl カンヂュガル/ 形《文語》❶ 夫婦の. ❷ 結婚の.

con·ju·gate /kándʒugeit カンヂュゲイト/ 動 (現分 -gat·ing) 他〔文法〕(動詞)を活用させる.

con·ju·ga·tion /kàndʒugéiʃən カンヂュゲイション/ 名 UC〔文法〕(動詞の)活用，語形変化.

con·junc·tion /kəndʒʌ́ŋkʃən コンヂャンクション/ 名 (複 ~s /-z/) ❶ C〔文法〕接続詞. ❷ UC 結合，連結.
in conjunction (with ...) (…と)いっしょに.

con·jure /kándʒər カンヂャ/ 動 (現分 -jur·ing /-dʒəriŋ/) 他 …を手品で出す.
— 自 手品をやる.
conjure up 他 ① (物・事が)…を思い出させる. ② (手品のように)…をあっという間に作る，する.

*__con·nect__ /kənékt コネクト/ 動 (~s /-ts/; ~·ed /-id/; ~·ing) 他 ❶ …を〔~と〕**つなぐ**，結ぶ，連結する〔*to, with*〕(反 disconnect).
❷ (電話・インターネットなどで)…を〔~と〕つなぐ〔*to, with*〕.
❸ …を〔~と〕結びつけて考える〔*with*〕.
— 自 ❶ つながる.
❷ (人が)〔ネットワークなどに〕接続する.
❸ (列車・バスなどが)連絡する.

‥‥‥‥‥‥‥‥‥‥‥‥‥‥‥‥‥‥

他 ❶ *Connect* the two wires. 2本の電線を接続させなさい/A bus line *connects* the town and the village. 1本のバス路線がその町と村を結んでいる/I *connect* the printer *to* the PC プリンターをパソコンにつなぐ.

類語 **connect** は「ふたつのものを結びつける」，**join** は「(ふたつ以上のものを)直接つなぐ」，**unite** は「(ふたつ以上のものを結びつけて)ひとつの統一体にする」.

❷《電話で交換手に》Please *connect*

connected

me *to* the reservation desk. 予約係りにつないでください.

❸ People *connect* his name *with* that incident. 人は彼の名前をその出来事と結びつけて考える.

― 圓 ❶ The two rooms *connect*. そのふたつの部屋はつながっている.

❷ I have yet to *connect to* the Internet. 私はまだインターネットに接続していない.

❸ The train *connects with* the bus for the airport here. 列車はここで空港行きのバスに接続する.

☞ 名 connection.

con·nect·ed /kənéktid コネクティド/ 形
❶ つながっている, 通じている. ❷ 関連のある, 関係している. ❸ 縁故関係のある. ❹ 一貫した, 筋が通った.

▶ ❶ The two buildings are *connected*. そのふたつのビルはつながっている.
be connected with ... …と関係がある, 親せき関係である: He *is* not *connected with* the scandal. 彼はそのスキャンダルには関係がない / I *am* distantly *connected with* his family. 私は彼の家とは遠縁にあたる.

Con·nec·ti·cut /kənétikət コネティカト/ (★ t の前の c は発音されない)名 コネチカット 《アメリカ北東部ニューイングランド(New England) の州; ✿〖郵便〗CT と略す》.

‡con·nec·tion /kənékʃən コネクション/ 名 (複 ~s /-z/)
❶ ⓐ UC 関係, 関連.
ⓑ C 縁故(えんこ), コネ.
❷ UC ⓐ (交通機関などの) **連絡**, 接続; 接続する乗り物.
ⓑ (電話・インターネットの)接続.
❸ C 接続部分, 結合部.

❶ⓐ There is a close *connection* between the two. そのふたつの間には密接な関係がある / This has no *connection* with the matter. これはその問題と関係がない. ⓑ have *connections* in the media マスコミ(界)にコネがある. ❷ⓐ The train makes a *connection* here with the ferry for the island. 列車はここでその島行きのフェリーと接続する / I missed my (bus) *connection*. 私は乗り継ぎ(のバス)に間に合わなかった.

in connection with ... …に関連して(の).

☞ 動 connect.

con·niv·ance /kənáivəns コナイヴァンス/ 名 U 共謀(きょうぼう).

con·nive /kənáiv コナイヴ/ 動 (現分 -niv·ing) 圓 共謀(きょうぼう)する.

con·nois·seur /kànəsə́ːr カノサー/ 《★発音注意》名 C (美術品・ワインなどに)詳しい人.

con·no·ta·tion /kànətéiʃən カノテイション/ 名 C 裏に含まれた意味, 言外の意味.

‡con·quer /káŋkər カンカ | kɔ́ŋ-/ (~s /-z/; ~ed /-d/; -quer·ing /-kəriŋ/) 他
❶ …を征服する.
❷ (困難・悪習・恐怖など)に**打ち勝つ**, …を克服する.

― 圓 ❶ 征服する. ❷ 勝利を得る.

他 ❶ The Normans *conquered* England in 1066. ノルマン人は1066年にイングランドを征服した / *conquer* Mt. Everest エベレスト山を征服する.
❷ *conquer* alcoholism アルコール依存症を断ちきる / *conquer* inflation インフレを克服する.

☞ 名 conquest.

con·quer·or /káŋkərər カンカラ | kɔ́ŋkərə/ 名 (複 ~s /-z/) C 征服者, 勝利者.

con·quest /káŋkwest カンクウェスト/ 名 (複 ~s /-ts/) ❶ UC 征服(する[される]こと). ❷ U (努力による)獲得.
❸ 《the Conquest で》= **Norman Conquest**.

▶ ❶ the *conquest* of Italy by Napoleon ナポレオンのイタリア征服. ❷ the *conquest* of happiness 幸福をつかむこと.

☞ 動 conquer.

‡con·science /kánʃəns カンシャンス | kɔ́n-/ 名 UC **良心**, 道徳意識.

▶ He has a clear〔guilty〕*conscience*. 彼には気がとがめることはなにもない〔気がとがめることがある〕/ a man of *conscience* 良心的な男.

have ... on one's conscience …で気がとがめる: She seemed to *have*

something *on her conscience*. 彼女はなにか気がとがめているようだった.
☞ 形conscientious.

con·sci·en·tious /kànʃiénʃəs カンシエンシャス/ 形良心的な, 誠実な.
☞ 名conscience.

con·sci·en·tious·ly /kànʃiénʃəsli カンシエンシャスリ/ 副良心的に, 誠実に.

consciéntious objéctor 名C (宗教上などの理由による)良心的兵役(ᐟ)拒否者.

***con·scious** /kánʃəs カンシャス | kɔ́n-/ 形 (more ~; most ~)
❶ **意識がある** (反 unconscious) (☞ subconscious).
❷ ⓐ《be conscious of ...》…に**気づいて(いる)**, …を意識[自覚]して(いる).
ⓑ《be conscious that __》__ということに気づいている, __ということを意識[自覚]している. ❸ 意識的な, 意図的な.
❹《複合語で》…を意識した.

❶ She soon became *conscious*. 彼女はすぐに意識をとりもどした.
❷ ⓐ He *is conscious of* his weak points. 彼は自分の弱点を自覚している / I *was conscious of* being watched. ＝ I *was conscious of* someone watching me. 私はだれかに見られているのに気づいていた / He isn't *conscious of* what is going to happen. 彼はこれから何が起ころうとしているか感づいてない. ⓑ I *was conscious that* someone was following me. 私はだれかが私の後をつけているのに気づいていた.
❸ She made a *conscious* effort to be kind. 彼女は親切にしようと意識的に努力した.
❹ self-*conscious* 自意識の強い / health-*conscious* 健康を気にする[している].

con·scious·ly /kánʃəsli カンシャスリ | kɔ́n-/ 副意識的に, 自覚して; わざと.

***con·scious·ness** /kánʃəsnəs カンシャスネス | kɔ́n-/ 名 ❶ U **意識**(があること).
❷ U,C 意識, 気づいていること.
❸ U (個人や集団の)意識, 精神.

❶ lose [recover] *consciousness* 意識を失う[回復する].
❷ He had *a* vague *consciousness* that someone was watching him. 彼はだれかが彼をじっと見ているということをなんとなく感じていた / *a consciousness* of guilt 罪の意識. ❸ national *consciousness* 国家意識.

con·script /kənskrípt コンスクリプト/ 動 他 (人)を徴兵する.

con·scrip·tion /kənskrípʃən コンスクリプション/ 名 U 徴兵(制度).

con·se·crate /kánsəkrèit カンセクレイト/ 動 (現分 -crat·ing) 他 (儀式をして)…を神聖なものと決める.

con·se·cra·tion /kànsəkréiʃən カンセクレイション/ 名 U 神聖なものとすること.

con·sec·u·tive /kənsékjutiv コンセキュティヴ/ 形連続した, 引き続いて起こる.
▶for three *consecutive* months 3か月続けて.

con·sec·u·tive·ly /kənsékjutivli コンセキュティヴリ/ 副連続して.

con·sen·sus /kənsénsəs コンセンサス/ 名 U,C (関係者全体の意見などの)一致, コンセンサス. ▶reach a *consensus* 意見が一致する.

***con·sent** /kənsént コンセント/ 動 (~s /-ts/; ~ed /-id/; ~ing) 自 ⓐ […に]**同意する**, 承諾(ᐟ)する 〔to〕. ⓑ 《consent to do》__することに同意する.
— 名 U ❶ 同意, 承諾(ᐟ), 許可.
❷ (意見などの)一致.

動 ⓐ She wouldn't *consent*. 彼女はどうしても同意しなかった / Everybody *consented to* the proposal. みんなその提案に同意した. ⓑ He finally *consented to* go with us. 彼は最終的に私たちと一緒に行くことに同意した.
— 名 ❶ Her parents didn't give their *consent* to her marriage to Robert. 彼女の両親は彼女のロバートとの結婚に同意しなかった. ❷ by unanimous [common] *consent* 満場一致で.

***con·se·quence** /kánsəkwèns カンセクウェンス | kɔ́nsikwəns/ (★アクセント注意) 名 (複 -quenc·es /-iz/)
❶ C **結果**(として起こること).
❷ U 《文語》重要(性).

consequent

▶ ❶ Success is usually a *consequence* of hard work. 成功はふつう一生懸命やったことの結果である.
❷ a matter of no *consequence* とるに足らないこと.

***in [as a] consequence* その結果**: He failed the exam and *as a consequence* had to take it again. 彼は試験に落ちてまた受け直さなければならなかった.

***in [as a] consequence of ... …の結果として, …のために**: *in consequence of* a severe earthquake はげしい地震のために.

☞ 形 consequent.

con·se·quent /kánsəkwənt カンセクウェント/ 形《文語》(ある事の)結果として生じる.
☞ 名 consequence.

***con·se·quent·ly** /kánsəkwəntli カンセクウェントリ/ 副 **その結果**. ▶ It started to rain, and *consequently* the baseball game was called off. 雨が降り始め, その結果野球の試合は中止になった.

con·ser·va·tion /kànsərvéiʃən カンサヴェイション/ 名 U ❶ (自然の)保護, 保存.
❷ (資源などの)節約.
▶ ❶ the *conservation* of forests 森林の保護.
☞ 動 conserve.

con·ser·va·tion·ist /kànsərvéiʃənist カンサヴェイショニスト/ 名 C 環境保護主義者.

con·ser·va·tism /kənsə́ːrvətìzm コンサーヴァティズム/ 名 U 保守主義.

***con·ser·va·tive** /kənsə́ːrvətiv コンサーヴァティヴ/ 形 (more~; most~)
❶ **保守的な**, 保守主義の (対 progressive). ❷《Conservative で》(イギリスの)保守党の. ❸ 控えめな, 慎重な; 地味な.

— 名 (複 ~s /-z/) C ❶ **保守的な人**.
❷《Conservative で》(イギリスの)保守党員.
▶ 形 ❶ He's very *conservative in* his attitude to women. 彼の女性に対する態度はひどく保守的である. ❸ a *conservative* estimate 控えめな評価.
☞ 動 conserve.

con·ser·va·tive·ly /kənsə́ːrvətivli コンサーヴァティヴリ/ 副 保守的に; 控えめに.

Consérvative Pàrty 名《the をつけて》(イギリスの)保守党《労働党 (Labour Party) とともにイギリスの2大政党のひとつ》.

con·ser·va·to·ry /kənsə́ːrvətɔ̀ːri コンサーヴァトーリ/ 名 (複 -to·ries /-z/) C
❶ (家の一部に作った)温室. ❷(米)音楽[演劇]学校.

con·serve /kənsə́ːrv コンサーヴ/ 動 (現分 -serv·ing) 他 ❶ …を保存する.
❷ …を節約する.
▶ ❷ *conserve* water 水を節約する[大切に使う].
☞ 形 conservation, conservative.

***con·sid·er** /kənsídər ｜ コンスィダ/ 動 (~s /-z/; ~ed /-d/; -er·ing /-dəriŋ/) 他
❶ ⓐ《consider ... (to be) ~》…を~**と思う**, 考える, みなす《❹ ~には名詞, 形容詞がくる》.
ⓑ《consider (that) __》__ と思う, 考える.
❷ ⓐ …をよく考える.
ⓑ《consider whether (疑問詞) __》__ かをよく考える.
ⓒ《consider *do*ing》__ しようかと考える, 熟考する, 検討する《❹consider to *do* とはいわない》.
❸ …を**考慮に入れる**, 配慮する, 思いやる.

— 自 熟考する, よく調べる.

....

他 ❶ ⓐ I *consider* him (*to be*) a genius. 私は彼を天才だと思う / She *considered* him rude. 彼女は彼を失礼だと考えた / She *is considered* (*to be*) the best suited for the job. 彼女はその仕事に最も適していると考えられている / I *consider* it necessary to ask him for his opinion first. まず彼に意見を聞く必要があると思う.
ⓑ I *consider* (*that*) he is a genius. 私は彼を天才だと思う.
❷ ⓐ You should *consider* his proposal seriously. 彼の申し出を真剣に考えてみるべきです. ⓑ *Consider what* you should do next. = *Consider what to* do next. 次になにをしたらよいかを考えなさい / You must *consider whether* [*if*] it is worth doing or

not. それがやる価値があるかどうかをよく考えなければいけません. ❻He is *considering going* to New Zealand. 彼はニュージーランドに行こうかと考えている.

❸You must always *consider* the feelings of others. いつも他人の感情を思いやらなければならない / *consider* the possibility of failure 失敗する可能性を考慮する.

all things considered すべてを考慮に入れると, 結局(のところ).

☞ 形considerate, 名consideration.

***con·sid·er·a·ble** /kənsídərəbl コンス**ィ**ダラブル/ 形(more ~; most ~)(量・大きさ・程度などが)**かなりの**, 相当な.

▶a *considerable* sum of money 相当な金額.

con·sid·er·a·bly /kənsídərəbli コンス**ィ**ダラブリ/ 副かなり, 相当, 非常に.

▶The plan was *considerably* changed. その計画はかなり変えられた.

con·sid·er·ate /kənsídərət コンス**ィ**ダレト/ 形(more ~; most ~)(他人に対して)思いやりのある. ▶She is *considerate* of [toward] old people. 彼女は老人に対して思いやりがある / It was *considerate* of you to invite him too. 彼も招待するとはあなたは思いやりがあった.

☞ 動consider.

***con·sid·er·a·tion** /kənsìdəréiʃən コンスィダレイション/ 名(複 ~s /-z/)

❶U(文語)**慎重に考えること**.
❷C**よく考えるべきこと**; 問題点.
❸U**思いやり**, 配慮.

▶❶I'll give full *consideration* to your proposal. あなたの提案をよく考えてみます. ❷Health should be your first *consideration*. 健康はあなたがまず第一に考えるべきことだ. ❸He has no *consideration* for others. 彼には他人に対する思いやりがない.

leave ... out of consideration …を考慮に入れない.

take ... into consideration …を考慮に入れる: We should *take* the weather *into consideration*. 天候を考慮に入れなければならない.

under consideration 考慮中の[で].

☞ 動consider.

con·sid·er·ing /kənsídəriŋ コンス**ィ**ダリング/ 前…を考慮に入れると.
— 接__であることを考慮に入れると.

▶前This kitchen knife cuts very well *considering* its price. このほうちょうは値段の割によく切れる.

— 接She did well on the test *considering that* she had studied very little. 彼女はほとんど勉強しなかったにしては試験の成績はよかった.

con·sign /kənsáin コンサ**イ**ン/ 動他

❶…を(どこかに)片づける, 捨てる.
❷…を(ひどい状況に)追いやる.

con·sign·ment /kənsáinmənt コンサ**イ**ンメント/ 名C委託販売品, 委託貨物.

***con·sist** /kənsíst コンス**ィ**スト/ 動(~s /-ts/; ~ed /-id/; ~ing)自

❶《*consist of ...*》**…から成る**.
❷《*consist in ...*》(要点は)**…にある**.

▶ ❶ Congress *consists of* the Upper and the Lower Houses. (アメリカの)議会は上院と下院から成る.

❷Happiness *consists in* desiring little. 幸福は多くを望まないことにある.

con·sist·en·cy /kənsístənsi コンス**ィ**ステンスィ/ 名(複 **-en·cies** /-z/)

❶U(言行などの)一貫性, 矛盾(むじゅん)がないこと(反inconsistency).
❷UC(液体などの)濃さ, ねばり.

☞ 形consistent.

con·sist·ent /kənsístənt コンス**ィ**ステント/ 形❶(言行などが)首尾一貫した, 矛盾(むじゅん)がない(反inconsistent).
❷(言行などが)〔…と〕一致している, 矛盾しない〔with〕.

▶❶He is *consistent* in his opinions. 彼の考えは首尾一貫している.

❷Your behavior *is* not *consistent with* your principles. 君の行動は君の主義と一致していない.

☞ 名consistency.

con·sist·ent·ly /kənsístəntli コンス**ィ**ステントリ/ 副首尾一貫して, 矛盾なく; 終始変わらず.

con·so·la·tion /kànsəléiʃən カンソレイション/ 名UC慰(なぐさ)め, 励まし.

☞ 動console.

con·sole /kənsóul コンソ**ウ**ル/ 動(~s /-z/; -soled /-d/; -sol·ing)他(人)を慰(なぐさ)める. ▶I tried to *console* the girl,

consolidate

but she kept on weeping. 私はその少女を慰めようとしたが，彼女は泣き続けた．

☞ 名consolation.

con·sol·i·date /kənsálədèit コンソリデイト/ 動 (現分 -dat·ing) 他 ❶ …を強化する．❷(会社など)を合併する．
— 自 ❶(会社などが)合併する．❷強固になる．

con·sol·i·da·tion /kənsàlədéiʃən コンサリデイション/ 名Ⓤ強化；(会社などの)合併．

con·som·mé /kànsəméi カンソメイ | kənsɔ́mei/ 名Ⓤコンソメ《澄ましスープの一種》．

con·so·nant /kánsənənt カンソナント | kɔ́n-/ 名Ⓒ ❶【音声】子音(ﾎ)(⇔「母音」は vowel)．❷子音字．

con·sor·ti·um /kənsɔ́ːrtiəm コンソーティアム/ 名Ⓒ (複 ~s /-z/; con·sor·ti·a /-tiə/) 【経済】コンソーシアム《ある国の財政援助や巨大事業を行なうための国際的な資本合同》．

con·spic·u·ous /kənspíkjuəs コンスピキュアス/ 形 (more ~; most ~) 目だつ，人目を引く (反 inconspicuous).
▶a *conspicuous* error 明らかなまちがい．

con·spic·u·ous·ly /kənspíkjuəsli コンスピキュアスリ/ 副目だって，著しく．

con·spir·a·cy /kənspírəsi コンスピラスィ/ 名 (複 -a·cies /-z/) ⓊⒸ (複数の人の)陰謀(ﾀﾞ)，共謀．
▶in *conspiracy* 陰謀をたくらんで．

con·spir·a·tor /kənspírətər コンスピラタ/ 名Ⓒ陰謀(ﾀﾞ)者，共謀者．

con·spire /kənspáiər コンスパイア/ 動 (現分 -spir·ing /-spáiəriŋ/) 自 (数人で)陰謀(ﾀﾞ)を企(ｸﾞ)てる，共謀する．
▶*conspire* against the government 政府の打倒を企(ｸﾞ)てる．

con·sta·ble /kánstəbl カンスタブル/ 名Ⓒ《英》巡査，警官《⊙police constable ともいう; ☞ policeman》.

con·stan·cy /kánstənsi カンスタンスィ/ 名Ⓤ不変；気持ちが変わらないこと．
☞ 形constant.

＊con·stant /kánstənt カンスタント | kɔ́n-/ 形 (more ~; most ~) ❶絶え間ない，休みなく続く．❷不変の，一定の．
— 名Ⓒ【数学】定数，定量．
▶形 ❶He has a *constant* headache. 彼は絶え間なく頭痛がしている / a *constant* flow of water 水の絶え間ない流れ．❷We drove at a *constant* speed. 私たちは一定のスピードで車を走らせた．

☞ 名constancy.

＊con·stant·ly /kánstəntli カンスタントリ | kɔ́n-/ 副 (more ~; most ~) たえず，いつも．▶It rained *constantly* for two days. 2日間雨が降りつづいた / They are *constantly* quarreling. 彼らはしょっちゅう口げんかしている．

con·stel·la·tion /kànstəléiʃən カンステレイション/ 名Ⓒ星座．

con·ster·na·tion /kànstərnéiʃən カンスタネイション/ 名Ⓤ非常な驚き[恐怖]．

con·sti·pat·ed /kánstəpèitid カンスティペイティド/ 形便秘した．

con·sti·pa·tion /kànstəpéiʃən カンスティペイション/ 名Ⓤ便秘．

con·stit·u·en·cy /kənstítʃuənsi コンスティチュエンスィ/ 名 (複 -en·cies /-z/) Ⓒ ❶《集合的に》選挙区の有権者．❷選挙区．

con·stit·u·ent /kənstítʃuənt コンスティチュエント/ 名Ⓒ ❶構成要素，成分．❷(選挙)有権者．

＊con·sti·tute /kánstətjùːt カンスティトゥート，・テュート | kɔ́n-/ 《★アクセント注意》動 (~s /-ts/; -tut·ed /-id/; -tut·ing) 他 ❶ …を**構成する**，…の構成要素となる．❷ …と考えられる，みなされる．
▶❶ Twelve months *constitute* a year. 12か月で1年となる．❷Such an activity *constitutes* a threat to our society. そのような行動はわれわれの社会にとって脅威(ｷｮｳ)となる．

☞ 名constitution.

＊con·sti·tu·tion /kànstətjúːʃən カンスティトゥーション，・テュー・ | kɔ́n-/ 名 (複 ~s /-z/) ❶Ⓒ憲法(⊙「法律」は law).
❷ⓊⒸ構成，組織．
❸Ⓒ体格，体質．

❶the *Constitution* of Japan 日本国憲法．❷the *constitution* of the commission その委員会の構成．❸He has a strong *constitution*. 彼は身体

con·sti·tu·tion·al /kɑ̀nstətjúːʃənəl カンスティトゥーショナル, -テュー-/ 形 ❶憲法(上)の, 合憲の. ❷体格的, 体質上の.
☞ 名constitution.

con·sti·tu·tion·al·ly /kɑ̀nstətjúːʃənəli カンスティトゥーショナリ, -テュー- ǀ kɔ̀n-/ 副憲法上; 合憲的に.

con·strain /kənstréin コンストレイン/ 動 他《文語》❶ …に強制する. ❷ …を制約する, 規制する.

con·straint /kənstréint コンストレイント/ 名 Ｕ Ｃ 制約(するもの).

con·strict /kənstríkt コンストリクト/ 動 ❶ 他 …を締めつける, 圧縮する. ❷ …を制約する.
— 自締めつけられる.

con·stric·tion /kənstríkʃən コンストリクション/ 名 Ｕ Ｃ 締めつけ(るもの).

*__con·struct__ /kənstrʌ́kt コンストラクト/ 動 (~s /-ts/; ~ed /-id/; ~ing) 他
❶ (建物・道路・橋など)を**建造する**, 建設する (反destroy).
❷ (文・理論など)を**構成する**, 組み立てる.
▶❶ *construct* a highway 幹線道路を建設する.
❷ He *constructed* his theory from these data. 彼はこれらのデータから理論を組み立てた.
☞ 名construction, 形constructive.

*__con·struc·tion__ /kənstrʌ́kʃən コンストラクション/ 名 (複 ~s /-z/)
❶ Ｕ **建造**, 建設 (反destruction).
❷ Ｃ **建造物**, 建物.
❸ Ｃ (文などの)組み立て, 構文, 構造.
▶❶ the *construction* of a new bridge 新しい橋の建設.
❷ That new *construction* is a hotel. あの新しい建物はホテルだ.
under construction **建設中**, 工事中:The new city hall is *under construction* now. 新しい市庁舎は今建設中である.
☞ 動construct, 形constructive.

con·struc·tive /kənstrʌ́ktiv コンストラクティヴ/ 形 (意見などが)建設的な, 役に立つ (反destructive).
☞ 動construct, 名construction.

con·strue /kənstrúː コンストルー/ 動 (人の言動など)を解釈する, 理解する (反misconstrue).

con·sul /kɑ́nsl カンスル/ 名 Ｃ 領事.
▶the Chinese *consul* at Osaka 大阪駐在中国領事.

con·su·lar /kɑ́nsələr カンスラ/ 形 領事の.

con·su·late /kɑ́nsələt カンスレト/ 名 Ｃ 領事館 (✿「大使館」はembassy).

*__con·sult__ /kənsʌ́lt コンサルト/ 動 (~s /-ts/; ~ed /-id/; ~ing) 他 ❶ⓐ (専門家など)に**意見をきく**, 相談する.
ⓑ (医者)に診(ﾐ)てもらう.
❷ (参考書・辞書など)を**調べる**, ひく.
— 自《consult with ...》…と相談する, 話し合う (✿ふつう対等の関係で相談する場合に用いるが《米》では他 ❶の意味でも用いる).

他 ❶ⓐ*consult* a lawyer 弁護士に相談する. ⓑYou should *consult* your doctor about your cough. 君はせきのことで医者に診てもらったほうがいい.
❷ *Consult* the map to find the town. 地図を調べてその町を見つけてごらん / *consult* a dictionary 辞書をひく.
— 自 You should *consult with* John about it. 君はそのことについてジョンと相談したほうがいい.
☞ 名consultation, consultant.

con·sul·tan·cy /kənsʌ́ltənsi コンサルタンスィ/ 名 (複 -tan·cies /-z/) Ｃ コンサルタント会社.

con·sult·ant /kənsʌ́ltənt コンサルタント/ 名 (複 ~s /-ts/) Ｃ ❶ コンサルタント, (専門的な)助言を与える人. ❷《英》専門医.
☞ 動consult.

con·sul·ta·tion /kɑ̀nsəltéiʃən カンサルテイション/ 名 ❶ Ｕ Ｃ 協議, 相談. ❷ Ｃ 協議会.
☞ 動consult.

*__con·sume__ /kənsúːm コンスーム ǀ -sjúːm/ 動 (~s /-z/; -sumed /-d/; -sum·ing) 他 ❶ …を**消費する**, 使いつくす.
❷ …を(大量に)食べる[飲む].
❸ …を焼きつくす.
▶❶ The car *consumes* a lot of gasoline. その車はたくさんのガソリンを消費

consumer

する. ❷She *consumed* the whole cake. 彼女はそのケーキを全部食べた.

be consumed with [by] ... (強い感情)にとりつかれている: She *was consumed with* jealousy. 彼女はしっと心に燃えた.

☞ 名 consumption.

*con·sum·er /kənsúːmər コンスーマ | -sjúːmə/ 名 (複 ~s /-z/) C **消費者** (反 producer).

consúmer goòds 名 複 〔経済〕消費財.

con·sum·er·ism /kənsúːmərìzm コンスーマリズム/ 名 U ❶ 消費者保護(運動). ❷ 消費擁護論.

consúmer príce ìndex 名 C 〔経済〕消費者物価指数.

con·sum·ing /kənsúːmiŋ コンスーミング/ 形 (感情などが)激しい, 焼きつくすような, 強い.

con·sum·mate /kánsəmət カンサマト/ 形 熟練した, 完全な.

*con·sump·tion /kənsʌ́mpʃən コンサンプション/ 名 U **消費** (反 production).
☞ 動 consume.

cont. (略語) contents; continued (☞ continue 成句).

*con·tact /kántækt カンタクト | kɔ́n-/ (★アクセント注意) 名 (複 ~s /-ts/)
❶ U つき合い, 交際, 連絡, 接触.
❷ U (人・物の)接触.
❸ C 縁故, つながり, コネ.
❹ U 〔電気〕接触.
❺ C = contact lens.

— 動 (~s /-ts/; ~ed /-id/; ~ing) 他 《口語》 (電話・手紙などで)…に連絡する, …と接触する.

・・・・・・・・・・・・・・・・・・・・・・・・・

名 ❶There is no direct *contact* between the two countries. そのふたつの国の間には直接の接触がない.
❷We avoid physical *contact* with other people. 私たちは他人との身体的接触を避ける.
❸He has many *contacts* in the IT industry. 彼は情報産業に顔が広い.

語の結びつき

be in [out of] *contact* with ... …と接触がある[ない], つき合っている[いない]

have *contact* with ... …と接触をもっている, つき合いがある

lose [break off] *contact* with ... …と連絡がとれなくなる[を断つ]

make [come into, get in] *contact* with ... …と連絡をとる, 接触する

stay in [keep in, maintain] *contact* with ... …と連絡を保つ

bring ... into contact with ~ …を~に接触させる, 近づける: He *brought* the two groups *into contact with* each other. 彼はそのふたつのグループを接触させた.

in contact with ... …と接触して, 交際して: Newspapers keep us *in contact with* the events of the world. 新聞のおかげでわれわれは世界のできごとに触れることができる.

put ... in contact with ~ …を~に紹介する.

— 動 他 Please *contact* me by phone tomorrow. あす電話で私にご連絡ください.

cóntact lèns 名 C コンタクトレンズ (**◎** 単に contact ともいう).

con·ta·gion /kəntéidʒən コンテイヂョン/ 名 U (病気の)接触伝染, 感染 (☞ infection).

con·ta·gious /kəntéidʒəs コンテイヂャス/ 形 ❶ (病気が)接触伝染性の (**◎** 「空気による伝染性の」 は infectious). ❷ (感情・笑いなどが)うつりやすい.

*con·tain /kəntéin コンテイン/ 動 (~s /-z/; ~ed /-d/; ~ing) 他
❶ …を **含む**, …が(中に)入っている.
❷ 《ふつう否定文で》(感情など)を抑える.
❸ (敵など)を押さえこむ, 封じこめる; (火事・病気など)を(広がらないように)抑える.

類語 **contain** は通例含まれているもの全体をさす; **include** は「(全体のなかの一部として)含む」.

・・・・・・・・・・・・・・・・・・・・・・・・・

❶This box *contains* a dozen eggs. この箱には卵が1ダースはいっている / The water in this well *contains* salt. この井戸の水は塩分を含んでいる.
❷He could *not contain* his anger. 彼は怒りを抑えることができなかった.

abcdefghijklmnopqrstuvwxyz   **content**

contain oneself《ふつう否定文で》感情を抑える：I could *not contain myself* for joy. 私はうれしくてしかたがなかった．

☞ 名❶では content¹.

*****con·tain·er** /kəntéinər コンテイナ/ 名 (複 ~s /-z/) Ⓒ ❶ (箱・びんなど) **容器**．
❷ (貨物輸送用の) コンテナ．

con·tam·i·nate /kəntǽmənèit コンタミネイト/ (現分 nat·ing) 他 …をよごす, 汚染する．

con·tam·i·na·tion /kəntæməneiʃən コンタミネイション/ 名Ⓤ よごす［よごされる］こと, 汚染．

contd.《略語》continued (☞continue 成句)

con·tem·plate /kántəmplèit カンテンプレイト｜kɔ́n-/ (★アクセント注意) 動 (~s /-ts/; -plat·ed /-id/; -plat·ing) 他
❶ …をじっくり考える, 慎重に考える．
❷ⓐ …をしようと思う, 意図する．
ⓑ《contemplate *do*ing》 __しようと思う． ❸ …をじっと見つめる．

▶他 ❶ She *contemplated* her future. 彼女は自分の将来をじっくり考えた． ❷ⓐ *contemplate* retirement 引退しようと思う． ⓑ *contemplate* studying abroad 留学しようと思う．

☞ 名contemplation.

con·tem·pla·tion /kàntəmpléiʃən カンテンプレイション/ 名Ⓤ ❶ じっくり考えること, 熟考． ❷ じっと見ること, 凝視．

☞ 動contemplate.

*****con·tem·po·rar·y** /kəntémpərèri コンテンポレリ/ 形 ❶ 現代の． ❷ 同時代の．

— 名 (複 -rar·ies /-z/) Ⓒ **同時代の人**．

▶ 形 ❶ *contemporary* writers 現代作家． ❷ The two events were *contemporary*. そのふたつの出来事は同時代に起こった．

con·tempt /kəntémpt コンテンプト/ 名Ⓤ 軽蔑(ᵇつ), 侮辱(ᵇじょく) (反 respect)．

▶ I feel *contempt* for corrupt politicians. 私は堕落した政治家を軽蔑する / *contempt* of court 法廷侮辱罪．
hold ... in contempt …を軽蔑する．
in contempt (of ...) …を軽蔑して．
with contempt 軽蔑して．

☞ 形contemptible, contemptuous.

con·tempt·i·ble /kəntémptəbl コンテンプティブル/ 形 軽蔑(ᵇつ)すべき, 卑劣(ひれつ)な．

☞ 名contempt.

con·temp·tu·ous /kəntémptʃuəs コンテンプチュアス/ 形 人をばかにするような, 〔…を〕軽蔑(ᵇつ)して〔*of*〕．

☞ 名contempt.

con·tend /kənténd コンテンド/ 動 (~s /-dz/; ~ed /-id/; ~ing)《contend that __》 __と主張する, 論じる．
— 自 競争する, 戦う．

▶ 他 The scientist *contends that* UFOs exist. その科学者は空飛ぶ円盤が存在すると主張している．

— 自 Seven swimmers *contended* in the race. その競泳には7人の選手が出て争った / *contend for* freedom 自由のために戦う．

☞ 名contention, 形contentious.

con·tend·er /kənténdər コンテンダ/ 名Ⓒ (競技に参加する) 選手［チーム］．

*****con·tent¹** /kántent カンテント｜kɔ́n-/ (★アクセント注意) 名 (複 ~s /-ts/)
❶《複数形で》(容器などの) **中身**, 内容．
❷《複数形で》(本などの) **内容(全体)**; **目次**．
❸ Ⓤ (本・話の) 中身． ❹ Ⓒ 含有(ᵇん)量．

――――――――――――――――

❶ What are the *contents* of the bottle? びんの中身はなんですか．
❷ the table of *contents* 目次 (一覧)．
❸ The book has no *content*. その本はぜんぜん中身がない．

☞ 動contain ❶.

*****con·tent²** /kəntént コンテント/ 形 (more ~; most ~) ⓐ 《be content (with ...)》(現状よりも多くは望まないで) **…に満足している** (☞satisfied ❶ 類語)．
ⓑ 《be content to *do*》 __ することで (一応) 満足している．
— 名《文語》《おもに次の成句で》:
in content 満足して．
to one's heart's content 思いきり, 心ゆくまで．
— 動 (~s /-ts/; ~ed /-id/; ~ing) 他《文語》…を **満足させる**．

――――――――――――――――

形 ⓐ He *is content with* his present position. 彼は現在の地位に満足している． ⓑ I *am content to* live in the

two hundred and fifty-seven   257

countryside. 私はいなかに暮らして（一応）満足している。

— 形 live *in content* 満足して暮らす／She danced *to her heart's content*. 彼女は心ゆくまで踊った。

— 動 他 A word of praise will *content* him. 一言ほめてやれば彼は満足するだろう。

***content* oneself with ...** (それでいいと)…で満足する。
☞ 名 contentment.

con·tent·ed /kəntɛ́ntid コンテンティド/ 形 まあまあ満足して(いる).
▶a *contented* look 満足そうな顔つき。

con·tent·ed·ly /kəntɛ́ntidli コンテンティドリ/ 副 (まあまあ)満足して.

con·ten·tion /kəntɛ́nʃən コンテンション/ 名 ❶ Ｕ 論争, 口論. ❷ Ｃ 論点, 主張.
☞ 動 contend.

con·ten·tious /kəntɛ́nʃəs コンテンシャス/ 形 ❶ (問題などが)議論を引き起こす, 異論のある. ❷ (人が)議論の好きな, けんか好きな. ☞ 動 contend.

con·tent·ment /kəntɛ́ntmənt コンテントメント/ 名 Ｕ 満足(する[させる]こと) ((☞content² 名)). ▶Happiness consists in *contentment*. 幸福は満足することにある。
☞ 形 動 content².

*__con·test__ /kɑ́ntest カンテスト｜kɔ́n-/ 名 (複 ~s /-ts/) Ｃ ❶ **競争**, 競技, コンテスト. ❷争い, 闘争.

— /kəntɛ́st コンテスト/ 動 ((★名詞とのアクセントの違いに注意)) 他 ❶ (賞・選挙など)を争う. ❷…に異議を申し立てる.

▶名 ❶ a speech *contest* 弁論大会／a *contest* for the championship 優勝戦. ❷ a leadership *contest* 指導者争い.

con·test·ant /kəntɛ́stənt コンテスタント/ 名 Ｃ (競技会などの)出場者.

*__con·text__ /kɑ́ntekst カンテキスト｜kɔ́n-/ ((★アクセント注意)) 名 (複 ~s /-ts/) ＵＣ
❶ **文脈**, (文の)**前後関係**, コンテクスト.
❷ (できごとなどの)背景.

in this context この状況の中で；前後関係から。

*__con·ti·nent__ /kɑ́ntənənt カンティネント｜kɔ́n-/ 名 (複 ~s /-ts/)
❶ Ｃ **大陸**.

❷ ((the Continent で))((英))(イギリスからみて)ヨーロッパ大陸.
▶❶ the Asian *Continent* アジア大陸.
☞ 形 continental.

con·ti·nen·tal /kɑ̀ntənɛ́ntl カンティネントル｜kɔ̀n-/ 形 ❶ 大陸の, 大陸性の.
❷ ((Continental で))((英))(イギリスからみて)ヨーロッパ大陸の.
▶❶ a *continental* climate 大陸性気候. ☞ 名 continent.

continéntal bréakfast 名 ＵＣ ヨーロッパ式朝食 ((パンとコーヒーだけの軽い朝食)).

con·tin·gen·cy /kəntíndʒənsi コンティンチェンスィ/ 名 (複 -gen·cies /-z/) Ｃ 起こりうること, 偶発事件.

con·tin·gent /kəntíndʒənt コンティンチェント/ 形 〔…〕しだいで(ある)〔*on, upon*〕.

— 名 Ｃ 分遣(ﾝ)隊, 派遣団.
▶形 His success *is contingent on* [*upon*] your support. 彼の成功はあなたの支援しだいです。

con·tin·u·al /kəntínjuəl コンティニュアル/ 形 (ときどき間をおいて)続く, 断続的な, ひんぱんな ((✪「絶え間なく続く」は continuous)).
▶*continual* interruptions ひんぱんな中断. ☞ 動 continue.

con·tin·u·al·ly /kəntínjuəli コンティニュアリ/ 副 断続的に, ひんぱんに, しきりに.
▶He is *continually* sneezing. 彼はしきりにくしゃみをしている。

con·tin·u·a·tion /kəntìnjuéiʃən コンティニュエイション/ 名
❶ Ｕ 続く[ける]こと, 継続.
❷ Ｃ (話などの)続き；(道路・建物などの)つきだし部分.
☞ 動 continue.

***__con·tin·ue__** /kəntínju: コンティニュー/ 動 (~s /-z/; -tin·ued /-d/; -tin·u·ing)
自 ❶ ａ (ある動作・状態などが)(切れ目なく)**続く**, 持続する ((✪「(ある状態が一定期間)続く」は last)).
ｂ (一時中断後)続く.
❷ (ある状態・地位などに)**とどまる**, 留任する.
❸ (前から続いて)(…の)**ままである**, 引き

続き(…で)ある.
— 他 ❶ⓐ…を**続ける**(反 discontinue).
ⓑ(中断後に)…を続ける.
ⓒ《continue *do*ing [to] *do*》__し続ける.
❷(前に言ったことに)続けて…と**言う**.

圓 ❶ⓐThis road *continues* for miles. この道はなんマイルも続いている / The rain *continued* for three days. 雨は3日降り続いた. ⓑThe meeting *continued* after a ten-minute break. 会議は10分休みをおいて続いた.
❷He *continued* as editor in chief. 彼は引き続き編集長を勤めた / The chairperson will *continue in* office for another year. 議長はもう1年留任するだろう.
❸The weather *continued* foul. 天候は相変わらずぐずついていた.

— 他 ❶ⓐHe *continued* his work in spite of a headache. 頭痛にもかかわらず彼は仕事を続けた. ⓑThey *continued* the game after lunch. 彼らは昼食後試合を続けた. ⓒShe *continued working* [*to* work] late into night. 彼女は夜遅くまで仕事を続けた.
❷"But," he *continued*, "I remained silent."「しかし, 私は黙っていました」と彼は続けて言った.

continue with ... …を続ける: She *continued with* her work. 彼女は仕事を続けた.

To be continued. つづく, 以下次号《連載物の末尾に書く; 略: cont., contd; ☞成句 To be concluded. (⇨conclude)》.

☞形continual, continuous, 名continuation, continuity.

con·ti·nu·i·ty /kàntinjú:əti カンティヌーイティ, -ニュー- | kòn-/ 名U続いていること, 連続(状態), 継続; 連続性.

☞動continue.

*****con·tin·u·ous** /kəntínjuəs コン**ティ**ニュアス/ 形 (more~; most~)**切れ目なく続く**, 連続的な, 絶え間ない (☞continual の ❷). ▶*continuous* rain 絶え間なく降る雨 / a *continuous* line of cars 切れ目のない車の列.

☞動continue.

con·tin·u·ous·ly /kəntínjuəsli コンティニュアスリ/ 副切れ目なく, 連続的に, 絶えず.

con·tort /kəntɔ́:rt コントート/ 動他…をゆがめる.

con·tor·tion /kəntɔ́:rʃən コン**トー**ション/ 名Uゆがめること.

con·tour /kántuər **カ**ントゥァ | kɔ́ntuə/ 名C❶輪郭(%), 外形.
❷ = contour line.

cóntour lìne 名C等高線.

con·tra·bass /kántrəbèis **カ**ントラベイス | kɔ̀ntrəbéis/《★発音注意》名(複 ~·es /-iz/) Cコントラバス《大型の弦楽器》.

con·tra·cep·tion /kàntrəsépʃən カントラ**セ**プション/ 名U避妊(法).

con·tra·cep·tive /kàntrəséptiv カントラ**セ**プティヴ/ 形避妊の.
— 名C避妊薬, 避妊用具.

*****con·tract¹** /kántrækt **カ**ントラクト | kɔ́n-/ 名(複 ~s /-ts/) C**契約**(書), 請負(恕).
— /kántrækt **カ**ントラクト | kəntrǽkt/ 動《★名詞とのアクセントの違いに注意》(~s /-ts/; ~ed /-id/; ~ing) 他 ❶ⓐ…を**契約する**. ⓑ《contract to *do*》__する契約をする. ❷(病気に)かかる.
— 圓契約をする, 請(')け負う.

▶名a written *contract* 契約書 / sign a two-year *contract* 2年契約を結ぶ.

☞形contractual.

— 動他 ❶ⓐ*contract* a partnership 協力関係を結ぶ. ⓑ*contract to* build a bridge 橋を建設することを請け負う. ❷*contract* AIDS エイズにかかる.

contract out 他…を下請けに出す.

con·tract² /kəntrǽkt コントラクト/ 動 (~s /-ts/; ~ed /-id/; ~ing) 圓収縮する, 縮まる (反 expand).
— 他 ❶…を収縮させる. ❷(語句)を短縮する.

▶圓Rubber stretches and *contracts*. ゴムは伸びたり縮んだりする.

☞名contraction.

cóntract brídge 名Uコントラクトブリッジ《トランプのゲームのひとつ》.

con·trac·tion /kəntrǽkʃən コントラ**ク**ション/ 名 ❶U縮むこと, 収縮; 縮小. ❷C(出産の)陣痛. ❸C(語句の)短縮形

contractor　　　　　　　　　　　　　　　ABC**C**DEFGHIJKLMNOPQRSTUVWXYZ

《I'm, don'tなど》.
☞ 動contract².
con·trac·tor /kάntræktər カントラクタ｜kəntrǽkto/ 名C契約者, 請負(ラウォ)人.
con·trac·tu·al /kəntrǽktʃuəl コントラクチュアル/ 形契約(上)の.
☞ 名contract¹.
＊**con·tra·dict** /kὰntrədíkt カントラディクト/ 動(~s /-ts/; ~ed /-id/; ~ing) 他
❶ⓐ (人)に**まちがっていると言う**, 反論する. ⓑ (事実)を(まちがっていると)否定する. ❷ …と矛盾(ムシュン)する.
▶❶He *contradicted* me in public. 彼は公然と私がまちがっていると言った[私に反論した]. ❷The facts *contradict* his theory. その事実は彼の説に反する.
contradict oneself (前に言ったことと)矛盾したことを言う.
☞ 名contradiction, 形contradictory.
con·tra·dic·tion /kὰntrədíkʃən カントラディクション/ 名U.C矛盾.
☞ 動contradict.
con·tra·dic·to·ry /kὰntrədíktəri カントラディクトリ/ 形矛盾した, 両立しない.
☞ 動contradict.
con·trap·tion /kəntrǽpʃən コントラプション/ 名C(口語)奇妙な道具[機械].
＊**con·trar·y** /kάntrèri カントレリ｜kɔ́ntrəri/ 《★❶と❷のアクセントの違いに注意》形 (more ~; most ~)
❶ (正)**反対の**, 逆の.
❷ /kəntrέəri コントレ(ア)リ/ ひねくれた, 強情な.
— 名《the をつけて》**逆**, (正)反対.
— 副《次の成句で》:
contrary to …**に反して**, …とは逆に.
▶形❶They have *contrary* views. 彼らは正反対の意見をもっている / The result was *contrary to* my expectation. その結果は私の期待に反した.
on the contrary それどころか: "Have you finished?"–"No, *on the contrary*, I have not yet begun." 「終わりましたか」「いやそれどころかまだ始めていません」.
to the contrary それとは反対に[の]: Her story may be true; there's no evidence *to the contrary*. 彼女の話は本当かもしれない—そうでないという証拠

はない.
— 副*contrary to* popular belief 一般に信じられているのとはちがって.
＊**con·trast** /kάntræst カントラスト｜kɔ́ntrɑːst/ 名(複~s /-ts/)
❶U**対照**, 対比.
❷U.C(対照による)**差異**, 違い.
❸C対照的なもの[人], 正反対のもの.
— /kəntrǽst コントラスト｜-trάːst/ 動(★名詞とのアクセントの違いに注意)(~s /-ts/; ~ed /-id/; ~ing) 他 …を[~と]**対比させる**[*with*].
— 自[他の物・人と]**よい対照をなす**, はっきり異なる[*with*].

・・・・・・・・・・・・・・・・・・・・・・・・・・・・・・・・

名❶The *contrast* of light and shade is effective in this photo. この写真では光と影の対照が効果的である. ❷There is a marked *contrast* between the countries. それらの国を比べるとはっきりとした違いがあります. ❸Her new car is quite a *contrast* to her old one. 彼女の新車は彼女の古い車とまったく対照的です.
by contrast 《前のことばを受けて》それとは対照的に.
in contrast to … …**とは対照的に**: This appears small *in contrast to* that. これはそれと比べると小さく見える.
— 動他*Contrast* their climates. その気候を比べてごらん(なんという違いだろう) / He *contrasted* country life *with* city life. 彼は田園生活と都市生活とを対比させた.
— 自Their plans *contrast* sharply *with* ours. 彼らの計画はわれわれのとははっきりと違う.
con·trast·ing /kəntrǽstiŋ コントラスティング/ 形(色・性質などが)際立って異なる, 対照的な.
con·tra·vene /kὰntrəvíːn カントラヴィーン/ 動他(法律など)に違反する.
＊**con·trib·ute** /kəntríbjuː(ː)t コントリビュ(ー)ト/ 《★アクセント注意》動(~s /-ts/; -ut·ed /-id/; -ut·ing) 他《*contribute … to* ~》❶ⓐ …(金)を~に**寄付する**, …(援助など)を~に与える. ⓑ …(努力・時間など)を~にささげる.
❷ …を~(新聞・雑誌)に**寄稿する**.
— 自《*contribute to …*》❶ …に**寄付**

260　　　　　　　　　　　　　　　　　　　　　　　　　　　　　　　two hundred and sixty

する.
❷ⓐ…に**貢献する**, 役立つ.
ⓑ…の原因となる.
❸…(新聞・雑誌)に**寄稿する**, 記事を書く.

――――――――――――――
他 ❶ⓐShe *contributes* some money *to* the Red Cross every year. 彼女は毎年赤十字にお金をいくらか寄付する. ⓑHe *contributed* his time and energy *to* the work. 彼はその仕事に時間と労力をささげた.
❷*contribute* an essay *to* the magazine 随筆を雑誌に寄稿する.
――自 ❶*contribute to* the hospital 病院に寄付する.
❷ⓐHis personality *contributed to* his success as a salesman. 彼の人柄が彼のセールスマンとしての成功に役立った. ⓑOverwork *contributed to* his ill health. 過労が彼の体の不調の原因だった. ❸*contribute* regularly *to* the newspaper その新聞に定期的に記事を書く.
☞ 名contribution, 形contributory.

con·tri·bu·tion /kɑ̀ntrəbjúːʃən カントリビューション | kɔ̀n-/ 名(複 ~s /-z/)
❶⒰Ⓒ**寄付(金)**, 寄贈(品).
❷Ⓒ**貢献**, 寄与.
❸Ⓒ寄稿(記事).

▶名 ❶I gave *a* small *contribution* to the campaign. 私はその運動に少し寄付した. ❷Her *contribution* to the welfare of the disabled people was enormous. 彼女の障害者の福祉に対する貢献はすばらしかった.
make a contribution to ... ①…に寄付する. ②…に貢献する.
☞ 動contribute.

con·trib·u·tor /kəntríbjutər コントリビュタ/ 名Ⓒ ❶寄付者. ❷寄稿家.

con·trib·u·to·ry /kəntríbjutɔ̀ːri コントリビュートーリ/ 形 ❶〔…に〕貢献する. ❷〔…の〕原因となる〔*to*〕.
☞ 動contribute.

con·trive /kəntráiv コントライヴ/ 動 (-triv·ing) 他 ❶…を工夫して作る, 考案する. ❷…を苦労して実現させる.
❸《*contrive to do*》どうにか__する.

▶ ❶*contrive* a new robot 新しいロボットを工夫して作る. ❷*contrive* a talk between the party heads ふたつの党の党首会談を実現する. ❸*contrive to* escape どうにかして脱出する.

***con·trol** /kəntróul コントロウル/ 名(複 ~s /-z/) ❶Ⓤ**支配(する[される]こと)**, **統制**, 管理; 支配[統制, 管理]力.
❷Ⓤⓐ(機械などの)制御(⸺), 規制; 制御力. ⓑ(気持ちなどの)抑制; 抑制力.
❸Ⓒ(機械の)操縦[調整]装置, 統制[抑制]手段.
❹Ⓤ(野球)制球力, コントロール.
―― 動(~s /-z/; con·trolled /-d/; -trol·ling) 他 ❶…を**支配する**, 統制する, 管理する.
❷…を制御する, 調節する; (災害などの)拡大を防ぐ.
❸(感情など)を抑える, 抑制する.

――――――――――――――
名 ❶The teacher has good *control* over her class. その先生は自分のクラスをうまく掌握(ときあく)している / price *control* 物価の統制. ❷He has no *control* over his feelings. 彼は自分の感情を抑えることができない. ❸the volume *control* 音量調整装置.
beyond** (...'s) **control (…には)抑えきれない, どうにもならない.
bring [get] ... under control …を抑える.
get [go] out of** (...'s) **control (…には)抑えきれなくなる, 手に負えなくなる: Her children have *got(ten)* out of her *control*. 彼女の子どもたちは彼女の手に負えなくなった.
in control of ... …を管理して, 掌握して, 支配して.
keep ... under control …を統制しておく, 抑えている: *Keep* your temper *under control*. むやみに腹を立てるな.
lose control of [over] ... …を抑制することができなくなる: She *lost control of* herself. 彼女は自分の気持ちを抑えることができなくなった.
take [gain, get] control of ... …を支配する, 制御する, 思うように扱う.
under control 統制[制御]されて, 抑えられて: The class is *under control*. そのクラスは統制がとれている.

control freak

under the control of ... = under ...'s control …に支配されて，管理されて．

— 動 他 ❶ Napoleon once *controlled* Europe. ナポレオンはかつてヨーロッパを支配した / *control* a class クラスを掌握する． ❷ *control* a machine 機械を制御する / *control* the flow of water 水の流れを調節する / *control* the spread of flu 流感の広がるのを抑える． ❸ He could not *control* his anger. 彼は怒りを抑えられなかった．

control oneself 感情を抑える，自制する．

contról frèak 名 C 何でも自分が指示したい人．

con・trol・ler /kəntróulər コントロウラ/ 名 C 管理者．

contról tòwer 名 C コントロールタワー，管制塔 (飛行場にあって離陸・着陸などの管制を行なう).

con・tro・ver・sial /kὰntrəvə́ːrʃəl カントロヴァーシャル/ 形 議論を引き起こしそうな，異論の多い．

*__con・tro・ver・sy__ /kɑ́ntrəvə̀ːrsi カントロヴァースィ ǀ kɔ́ntrəvə̀si /《★アクセント注意》名 (複 -ver・sies /-z/) U C 論争，議論． ▶ There was *controversy* over the new law. その新しい法律に関しては論争があった．

con・va・lesce /kὰnvəlés カンヴァレス/ 動 (現分 -lesc・ing) (自) (病後)徐々によくなる．

con・va・les・cence /kὰnvəlésns カンヴァレスンス/ 名 U (病後の)健康回復．

con・va・les・cent /kὰnvəlésnt カンヴァレスント/ 形 病後回復の．

con・vene /kənvíːn コンヴィーン/ 動 (現分 -ven・ing) 《文語》 自 (会議が)開かれる．
— 他 (会議を)開く．
☞ 名 convention ❶．

*__con・ve・nience__ /kənvíːnjəns コンヴィーニェンス/ 名 (複 -nienc・es /-iz/)

❶ U 便利さ，都合のよさ (反 inconvenience).

❷ C ⓐ 便利なこと．

ⓑ 便利なもの，便利な機器[設備]．

・・・・・・・・・・・・・・・・・・・・・・・・・・・・・・

❶ the *convenience* of using the Internet インターネットを使う便利さ / for mutual *convenience* お互いの便宜(ぎ)のために．

❷ⓐ It is a great *convenience* to have a hospital nearby. 近くに病院のあることはとても便利なことだ．

ⓑ A PC is a great *convenience*. パソコンは非常に便利なものだ / His house is full of *conveniences* of every kind. 彼の家はあらゆる便利な設備がととのっている．

at one's convenience 《文語》都合のよいときに[場所で]，都合のよいように: Come and see me *at your convenience*. 都合のよいときにいらっしゃい．

for the conveneince of ... (人)の便宜(ぎ)を思って．

for (the sake of) convenience 便宜(ぎ)的に．
☞ 形 convenient.

convénience fòod 名 UC (少し手を加えるだけですぐに食べられる)インスタント食品．

convénience stòre 名 C コンビニエンスストア，コンビニ．

*__con・ve・nient__ /kənvíːnjənt コンヴィーニェント/ 形 (more ~; most ~) ⓐ (もの・場所などが)**便利な**，好都合の (反 inconvenient). ⓑ (事情・時などが)都合がよい．ⓒ (場所が)近くて便利な．

・・・・・・・・・・・・・・・・・・・・・・・・・・・・・・

ⓐ Cellphones are *convenient* to use. 携帯電話は使うと便利だ / This is a *convenient* place for camping. ここはキャンプをするのに便利な場所だ / a *convenient* tool 便利な道具．

ⓑ When would it be *convenient* for you to visit us? 家へ来てくださるのはいつが都合がよいですか / I will call on you this evening, if it is *convenient for* [*to*] you. もしご都合がよろしければ今晩おうかがい致します．

ⓒ His house *is convenient to* [*for*] the bus stop. 彼の家はバスの停留所の近くで便利である．
☞ 名 convenience.

con・ve・nient・ly /kənvíːnjəntli コンヴィーニェントリ/ 副 便利に，都合よく．

con・vent /kάnvənt カンヴェント/ 名 C 女子修道院 (❖「(男の)修道院」は monastery).

abc**d**efghijklmnopqrstuvwxyz **convex**

*****con·ven·tion** /kənvénʃən コンヴェンション/ 名 (複 ~s /-z/)
❶ C ⓐ (政治・専門の団体などの) **大会**, 年次総会, 代表者会議. ⓑ (米) 党大会.
❷ U C (伝統的な) **しきたり, 慣習**; 因習.
❸ C 協定, 申し合わせ.
▶ ❶ⓐ a *convention* of medical doctors 医師の大会.
☞ ❶では 動 convene, ❷では 形 conventional.

*****con·ven·tion·al** /kənvénʃənəl コンヴェンショナル/ 形 (more ~; most ~)
❶ **型にはまった**, 平凡な.
❷ 伝統的な.
▶ ❶ a *conventional* phrase きまり文句. ❷ *conventional* table manners 伝統的な食事作法.
☞ 名 convention ❷.

con·ven·tion·al·ly /kənvénʃənəli コンヴェンショナリ/ 副 ❶ 型どおりに.
❷ 伝統的に.

con·verge /kənvə́ːrdʒ コンヴァーチ/ 動 (現分 -verg·ing) ⓘ (人・物が) (一点に) 集まる.

con·ver·sant /kənvə́ːrsnt コンヴァースント/ 形 《文語》 [… を] よく知って (いる) [with].

*****con·ver·sa·tion** /kànvərséiʃən カンヴァセイション | kɔ̀nvəséi-/ 名 (複 ~s /-z/)
U C **会話**, 座談.
▶ a telephone *conversation* 電話での話 / deep in *conversation* 会話に夢中になって.
☞ 形 conversational.

語の結びつき

continue [carry on, keep up] a *conversation* 会話を続ける
end [stop, break off] a *conversation* 会話をやめる
have [hold, make] a *conversation* (with ...) (…と) 話をする
interrupt a *conversation* 会話をさえぎる
start [begin, get into, strike up] a *conversation* (with ...) (…と) 会話を始める

con·ver·sa·tion·al /kànvərséiʃənəl カンヴァセイショナル/ 形 会話の.
☞ 名 conversation.

con·verse¹ /kənvə́ːrs コンヴァース/ 動 ⓘ 会話をする.

con·verse² /kənvə́ːrs コンヴァース, kánvəːrs/ 形 (方向・意見などが) 逆の.
— 名 《the をつけて》逆, 反対.

con·verse·ly /kənvə́ːrsli コンヴァースリ/ 副 ❶ 逆に. ❷ 《文全体を修飾して》(前の文の内容を受けて) それとは逆に.

con·ver·sion /kənvə́ːrʒən コンヴァージョン | -və́ːʃən/ 名 (複 ~s /-z/)
❶ U C ⓐ 転換, 改造. ⓑ (単位・通貨などの) 変換, 換算. ❷ U C 改宗; (主義などの) 転向.
☞ 動 convert.

*****con·vert** /kənvə́ːrt コンヴァート/ 動 (~s /-ts/; ~ed /-id/; ~ing) ⓗ
❶ ⓐ …を **変える**, 転換する, 改造する.
ⓑ (単位など) を変換する, 換算する.
❷ (人) を **改宗させる**; (人) を (別の考え方などに) 転向させる.
❸ ⓐ 〖ラグビー〗(トライ) をコンバートする.
ⓑ 〖アメフト〗(タッチダウン) をコンバートする.
— ⓘ ❶ 信念を変える, 改宗する, 転向する. ❷ (用途などが) 変わる. ❸ 〖ラグビー・アメフト〗コンバートする.
— /kánvəːrt カンヴァート/ 名 《★動詞とのアクセントの違いに注意》 C 改宗者, 転向者.

━━━━━━━━━━━━━━━━━━

動 ⓗ ❶ⓐ He *converted* the room *into* a studio. 彼はその部屋をスタジオに変えた. ❷ She *converted* him *to* Christianity. 彼女は彼をキリスト教に改宗させた.
— ⓘ ❶ *convert to* Christianity キリスト教に改宗する / *convert to* a vegetarian 菜食主義者になる. ❷ The sofa *converts into* a bed. このソファーはベッドにもなる.
☞ 名 conversion.

con·vert·i·ble /kənvə́ːrtəbl コンヴァーティブル/ 形 ❶ (家具などが) (他の用途に) 変えられる, 変換できる. ❷ (通貨が) 他国の通貨に変えられる. ❸ (自動車が) 屋根を折りたためる.
— 名 C コンバーチブル, オープンカー (屋根がたためるほろつき自動車).

con·vex /kànvéks カンヴェックス/ 形 (表面が) 凸 (⁵) 面の, 凸状の.
▶ a *convex* lens 凸レンズ.

two hundred and sixty-three 263

convey

*con·vey /kənvéi コンヴェイ/ 動 (~s /-z/; ~ed /-d/; ~·ing) 他 ❶ (考え・気持ちなど)を**伝える**. ❷ …を**運ぶ**, 運搬(%)する.

con·vey·or /kənvéiər コンヴェイア/ 名 C 運搬(%)する人[もの].

convéyor bèlt 名 C ベルトコンベヤー.

con·vict /kənvíkt コンヴィクト/ 動 (~s /-ts/; ~ed /-id/; ~ing) 他 (人)に有罪を宣告する.
—/kάnvikt カンヴィクト/ 名 (★動詞とのアクセントの違いに注意) C 犯罪者, 罪人.
▶ 動 他 The jury *convicted* him *of* murder. 陪審員は彼に殺人罪で有罪を宣告した.　　☞ 名 conviction ❷.

con·vic·tion /kənvíkʃən コンヴィクション/ 名 UC ❶ 確信, 信念. ❷ 有罪の判決.
with conviction 確信をもって.
　　☞ ❷ では 動 convict.

*con·vince /kənvíns コンヴィンス/ 動 (-vinc·es /-iz/; con·vinced /-t/; -vinc·ing) 他 ❶ⓐ 《convince ... of ~》 …(人)に~を納得させる.
ⓑ 《convince ... that __》 …(人)に__と納得させる.
❷ 《convince ... to *do*》 …(人)に__するよう説得する.
▶ ❶ⓐ I *convinced* him *of* my seriousness. 私は彼に私が本気であることを納得させた.
ⓑ I *convinced* her *that* she shouldn't quit her job. 私は彼女に仕事をやめてはいけないことをはっきりわからせた.
❷ He tried to *convince* me *to* change my mind. 彼は私に思い直せと説得しようとした.
　　☞ 名 conviction ❶.

*con·vinced /kənvínst コンヴィンスト/ 形 […を]**確信して(いる)** 〔*of*, *that*〕.
▶ I am *convinced of* her innocence. = I am *convinced that* she is innocent. 私は彼女の無罪を確信している.

con·vinc·ing /kənvínsiŋ コンヴィンスィング/ 形 人を納得させる, 説得力のある.

con·vinc·ing·ly /kənvínsiŋli コンヴィンスィングリ/ 副 人を納得させるように, 説得力をもって.

con·voy /kάnvɔi カンヴォイ/ 名 UC 船団; 車両隊.

con·vulse /kənvʌ́ls コンヴァルス/ 動 (現分 -vuls·ing) 他 けいれんさせる, 身もだえさせる.
— 自 けいれんする.

con·vul·sion /kənvʌ́lʃən コンヴァルション/ 名 C 《ふつう複数形で》 ❶ けいれん, ひきつけ. ❷ (社会などの)異変, 動乱.

con·vul·sive /kənvʌ́lsiv コンヴァルスィヴ/ 形 けいれん性の, 発作的な.

coo /kú: クー/ 名 (複 ~s /-z/) C クークー 《ハトの鳴き声》. — 動 自 ❶ (ハトが)クークー鳴く. ❷ (人が)甘くささやく.

Cook /kúk クック/ 名 クック 《**James Cook** (1728–79); イギリスの航海家; Captain Cook といわれた》.

cook /kúk クック/ 動 (~s /-s/; ~ed /-t/; ~·ing) 他
❶ (熱を加えて)…を**料理する** 《❶加熱を含む料理にのみ用いる; ☞ dress ❷, make 動 他 ❷ の *INFO*》.
❷ (食事)を作る.
❸ …を(人に)料理してやる.
— 自 ❶ **料理する**.
❷ (食物が)料理される.
— 名 (複 ~s /-s/) C **コック**, 調理人, 料理をする人.

　　類語 roast は「オーブンで焼く」; bake は「オーブンや熱した鉄板の上などで焼く」; grill, broil は「じか火や焼き網で焼く, あぶる」; boil は「煮る, ゆでる, たく」; poach は「割った卵を熱湯でゆでる」; fry は「油で揚げる, いためる」.

roast　　bake　　grill broil

boil　　poach　　fry

動 他 ❶ *cook* rice ご飯をたく.
❷ I'm going to *cook* dinner today. きょうは私が夕食を作ります.
❸ She *cooked* us Italian dishes. =

She *cooked* Italian dishes *for* us. 彼女は私たちにイタリア料理を作ってくれた．
— 圓 ❶He *cooks* well. 彼は料理がうまい．
❷The rice is *cooking* now. ごはんがもうじきたきあがります．
cook up 他《口語》(話・口実(ﾄﾞﾂ)など)をでっちあげる．
— 名 He is a good 〔bad, poor〕 *cook*. 彼は料理がうまい〔へただ〕．／ことわざ Too many *cooks* spoil the broth. 料理人が多すぎるとスープができそこなう，「船頭多くして船山に上る」．

cook·book /kúkbùk ククブック/ 名 C 料理の本．

cook·er /kúkər クカ/ 名 C《英》料理用レンジ (stove)《ｵｰﾌﾞﾝ (oven), ガスレンジ (gas stove) など；❖《米》では range や stove》．

cook·er·y /kúkəri クカリ/ 名 U 料理法．
cóokery bòok 名《英》＝ cookbook．

*cook·ie /kúki クキ/ 名 (複 ～s /-z/) C《米》クッキー (❖《英》では biscuit)．
▶bake *cookies* クッキーを焼く．

*cook·ing /kúkiŋ クキング/ 名 ❶ U **料理(法)**. ❷ U 料理(されたもの). ❸《形容詞的に》料理用の．
▶❶ He is good at *cooking*. 彼は料理がうまい．❸*cooking* utensils 料理用器具．

**cool /kúːl クール/ 形 (~·er, ~·est)
❶ⓐ **涼しい**, ほどよく冷たい, 少し寒い (☞cold)．ⓑ 熱くない, さめた．
❷ **冷静な**, 落ち着いた (反 hot, warm)．
❸ (人・態度などが) **冷たい**, 熱意のない (反 warm)．
❹ (色が) 涼しげな, 冷たい (反 warm)．
❺《口語》すてきな, かっこいい, すばらしい．
— 動 (~s /-z/; ~ed /-d/; ~ing) 他 …を **冷やす**, 涼しくする (反 heat)．
— 圓 ❶ 冷える, さめる, 涼しくなる．
❷ (気持ちが) 落ち着く, 冷静になる．
— 名 ❶《the をつけて》涼しさ, 冷気．
❷《*one's cool*で》冷静さ．

形 ❶ⓐ It's *cool* under the tree. 木の下は涼しい／a *cool* breeze 涼しい風／a *cool* dress 涼しい服．
ⓑ The soup has got(ten) *cool*. スープはさめてしまった．
❷ Keep [Stay] *cool*. 冷静にしていなさい／She has a *cool* head. 彼女は冷静な人だ．
❸ She is *cool* toward me. 彼女は私に対し冷淡です／They gave him a *cool* welcome. 彼らは彼を冷たく迎えた．
❹ a *cool* color (青・緑など)冷たい色．
— 動 他 Open the windows and *cool* the room. 窓を開けて部屋を涼しくしなさい／*cool* milk in the refrigerator 冷蔵庫でミルクを冷やす．
— 圓 ❶ The soup has *cooled*. スープはさめた(飲みごろだ)．
❷ His excitement is *cooling* (down). 彼の興奮はさめかけている．

cool down 圓 ① 冷える, さめる, 涼しくなる. ② 冷静になる. — 他 ① (人・感情など)を落ち着かせる, 静める．
② …を冷やす, さます．

Cool it.《俗語》冷静になれ．
cool off ＝ *cool down*.
— 名 ❶ keep 〔lose〕 *one's cool* 冷静さを保つ〔失う〕．

cool·er /kúːlər クーラ/ 名 C (飲み物・食べ物)を冷やす[冷やしておく]器具 (❖ 日本語の「クーラー」は air conditioner)．

cool-head·ed /kúːl-hédid クール-ヘディド/ 形 冷静な．

cóol·ing-óff pè·ri·od /kúːliŋ-ó(ː)f- クーリング-オ(ー)フ-/ 名 C 契約取り消しのできる期間．

cool·ly /kúːlli クー(ル)リ/ 副 ❶ 冷静に. ❷ 冷淡に．

cool·ness /kúːlnəs クールネス/ 名 U ❶ 涼しさ, 冷たさ. ❷ 冷静. ❸ 冷淡．

coop /kúːp クープ/ 名 C (鶏などを入れる)囲い．
— 動 他《次の成句で》：**coop up** (狭い所に)…を閉じこめる．

co-op, co·op /kóuɑp コウ・アップ/ 名 ＝ cooperative．

*co·op·er·ate /kouɑ́pərèit コウアパレイト｜-ɔ́p-/ 動 (~s /-ts/; -at·ed /-id/; -at·ing) 圓 **協力する**, 支援する (❖《英》では co-operate ともつづる)．
▶I will *cooperate* with him on that

cooperation

project. 私はその企画で彼と協力します / We all *cooperated* to finish the work. 私たちみんなで助け合って仕事を完成させた.
☞ 名cooperation, 形cooperative.

*__co·op·er·a·tion__ /kouὰpəréiʃən コウアパレイション | -ɔ́p-/ 名U **協力**, 協同; 支援 (✿《英》では co-operation ともつづる).
▶Thank you for your *cooperation*. ご支援ありがとうございました.
in cooperation with ... …と協力して: I did the research *in cooperation with* them. 私は彼らと協力してその研究をした.
☞ 動cooperate.

*__co·op·er·a·tive__ /kouάpərətiv コウアパラティヴ | -ɔ́p-/ 形 (more ~; most ~)
❶ **進んで協力する**, 協力的な (✿《英》では co-operative ともつづる).
❷ 協力による, 協同の.
☞ 動cooperate.
— 名 協同組合; 生活協同組合, 生協 (✿《口語》では co-op と略す).

co·or·di·nate /kouɔ́ːrdənèit コウオーディネイト/ 動 (現分 -nat·ing) 他 ❶(うまくいくように)…をまとめる; (人々)を協力させる. ❷…をつりあわせる, 調和させる.
▶❶ *coordinate* the government services 行政のサービスを効率よくする.
❷ *coordinate* the colors 色を調和させる.

co·or·di·na·tion /kouɔ̀ːrdənéiʃən コウオーディネイション/ 名U ❶まとめること, 協力 (✿《英》では co-ordination ともつづる). ❷つりあい, 調整. ❸(身体の部分の)連係.

co·or·di·na·tor /kouɔ́ːrdənèitər コウオーディネイタ/ 名C 調整者, コーディネーター (✿《英》では co-ordinator ともつづる).

cop /kάp カップ | kɔ́p/ 名C《口語》おまわり, 警官.

*__cope__ /kóup コウプ/ 動 (現分 cop·ing) 自 《**cope with ...**》…を**うまく処理する**.
▶*The police could not cope with* the crowds. 警官は群衆をうまくさばけなかった.

Co·pen·ha·gen /kòupənhéigən コウペンヘイゲン/《★発音注意》名 コペンハーゲン《デンマーク (Denmark) の首都》.

cop·i·er /kάpiər カピア/ 名C コピー機 (photocopier).

co·pi·lot /kóupàilət コウパイロト/ 名C 副操縦士.

co·pi·ous /kóupiəs コウピアス/ 形 豊富な, たくさんの. ▶a *copious* supply of water 豊富な水の供給.

cop·out /kάpàut カパウト/ 名C《俗語》言い逃れ, 責任回避.

*__cop·per__ /kάpər カパ | kɔ́pə/ 名 (複 ~s /-z/) ❶U 銅 (元素記号 Cu).
❷C《英》銅貨. — 形 銅製の; 銅色の.
▶形 *copper* wire 銅線.

cop·u·late /kάpjulèit カピュレイト/ 動 (現分 -lat·ing) 自《文語》交尾する; 性交する.

__cop·y__ /kάpi カピ | kɔ́pi/ 名 (複 cop·ies /-z/)
❶C ⓐ **写し**, 複写, コピー.
ⓑ 複製(品), 模倣(したもの); 模造(品).
❷C (同じ本・雑誌・新聞の)**部**, 冊.
❸U (印刷するための)原稿; 広告文.
— 動 (cop·ies /-z/; cop·ied /-d/; ~·ing) 他 ❶ ⓐ …を**コピーする**, 写す, 複写する.
ⓑ …を複製する, 模倣する; 模造する.
❷ …をそっくりまねる.
❸ (カンニングするために)…を写す.
— 自 ❶ 複写する, コピーする.
❷ まねる. ❸ (人の答案や本を)写す, カンニングする.

....

名 ❶ⓐ Make a *copy* of this letter. この手紙をコピーしておきなさい / keep a *copy* of ... …のコピーを取っておく.
ⓑ This picture is a *copy* of a Millet. この絵はミレーの複製だ.
❷ Give me three *copies* of that dictionary. その辞書を3冊ください.
— 動 他 ❶ *Copy* this letter. この手紙をコピーしてください / He *copied* the article into his notebook. 彼はその記事をノートに写した.
❷ She *copied* her sister's hair-style. 彼女は姉[妹]の髪型をそっくりまねした.
— 自 ❶ *copy* from the original 原本のコピーをとる.
❸ *copy from [off]* Tom (試験で)トム

abcdefghijklmnopqrstuvwxyz　　　　　　　　　　　　　　　　　　　　corner

の答えをこっそり写す.
***copy down [out]** ...* …を正確に書きとる[写しとる].
cop・y・cat /kápikæt カピキャット/ 名C《口語》まねばかりしている人.
cop・y・right /kápiràit カピライト/ 名UC（本・写真・曲などの）版権, 著作権（*記号は©）.
cop・y・writ・er /kápiràitər カピライタ/ 名Cコピーライター《広告の文案を作る人》.
cor・al /kɔ́(:)rəl コ(ー)ラル/ 名U サンゴ.
córal rèef 名Cサンゴ礁.
***cord** /kɔ́:rd コード/ 名（複 ~s /-dz/）UC
❶ひも, なわ, 綱（☞string ❶ ）.
❷《米》（電気の）コード（*《英》ではflex）.
❸《複数形で》コーデュロイ[コール天]のズボン.
▶❷Plug in the *cord*. コードを差しこみなさい.
cor・dial /kɔ́:rdʒəl コーヂャル/ 形（more ~; most~）心からの, 心をこめた.
▶They gave me a *cordial* welcome. 彼らは私を心から歓迎してくれた / express *cordial* thanks 心からの感謝を述べる.
cor・dial・ly /kɔ́:rdʒəli コーヂャリ/ 副心から, 心をこめて.
cord・less /kɔ́:rdləs コードレス/ 形コードレスの.
cor・don /kɔ́:rdn コードン/ 名C（警官や兵隊などが並んで作る）非常[警戒]線.
— 動《次の成句で》:
cordon off …に非常線をはる: *cordon off* the street 通りを交通止めにする.
cor・du・roy /kɔ́:rdərɔ̀i コーデュロイ/ 名Uコーデュロイ, コール天.
***core** /kɔ́:r コー/ 名（複 ~s /-z/）❶C（ナシ・リンゴなどの）しん. ❷《the をつけて》《もののごとの》核心, 大事な点.
to the core 心の底まで, 徹底的に: He is Irish *to the core*. 彼は生粋(きっすい)のアイルランド人だ.
《同音異語》corps.
cork /kɔ́:rk コーク/ 名 ❶Uコルク.
❷Cコルクの栓(せん); 栓.
— 形コルク（製）の.
— 動他…に（コルクの）栓をする.
▶名 ❶Most stoppers used to be made of *cork*. たいていの栓はかつてはコルクでできていた. ❷draw the *cork* of a bottle. びんの栓を抜く.
— 動他*Cork* the bottle. びんに栓をしなさい.
cork・screw /kɔ́:rkskrù: コークスクルー/ 名C（コルク）栓(せん)抜き.
***corn¹** /kɔ́:rn コーン/ 名（複 ~s /-z/）
❶U《米・カナダ・オーストラリア》**トウモロコシ**（*《英》では maize）.
❷U《英》**穀物**;（とくに）**小麦**（☞wheat）.
corn² /kɔ́:rn コーン/ 名C（足の指の）うおのめ, たこ（☞blister）.
Córn Bèlt 名《the をつけて》トウモロコシ地帯《アメリカ中西部のトウモロコシの主産地》.
córn brèad 名U《米》トウモロコシパン.
corn・cob /kɔ́:rnkàb コーンカブ/ 名Cトウモロコシの穂軸（*単に cob ともいう）.
cor・ne・a /kɔ́:rniə コーニア/ 名C（目の）角膜.
córned béef /kɔ́:rnd- コーンド-/ 名Uコーンビーフ（*cornedは「塩づけの」という意味）.

****cor・ner** /kɔ́:rnər コーナ/ 名（複 ~s /-z/）C
❶ⓐ**かど**. ⓑ（道の）曲がりかど, 町かど.
❷ⓐ（部屋などの）**すみ**.
ⓑ（口・目などの）（両）はしの部分.
❸（中心的な地域を離れた）片すみ, ひっそりした所, 辺ぴな所.
❹苦しい立場, 窮地(きゅうち).
❺〖サッカー〗＝ **corner kick**.
— 形❶かど[すみ]（用）の.
❷かどにある.
— 動（~s /-z/; ~ed /-d/; ~ner・ing /-nəriŋ/）他 ❶（人・動物）を追いつめる.
❷…を買い占める, 独占する.
— 自（車・運転手が）かどを曲がる.

名 ❶ⓐI hit my leg against the sharp *corner* of the table. 私はテーブルのとがったかどに脚をぶつけた. ⓑThe mailbox stands at [on] the *corner* of the street. ポストは街かどにある. ❷ⓐThere was a desk in the *corner* of the room. 部屋のすみに机があった. ⓑHe looked at me out of the *corner* of his eye. 彼は横目で私を見た.

corner kick

❸ The athletes came from all the *corners* of the earth. 選手は世のいたる所からやって来た.
❹ They were in *a* tight *corner*. 彼らは苦しい立場に立っていた.

around [round] the corner ① かどを曲がった所に, すぐそこに: There is a store *around the corner*. 街かどを曲がったすぐそこに店があります. ② (時間的に) 間近に: Christmas is just *around the corner*. クリスマスはもうすぐだ.

around the *corner* ①
(かどを曲がった所に)

cut corners 手抜きをする, (費用などを節約して)安く上げる.

turn the corner ①**かどを曲がる**. ②(病気・仕事などの)危機を脱する, 峠を越す.

— 形 ❶ a *corner* table 部屋のすみに置くテーブル. ❷ a *corner* shop かどの店, 雑貨屋.

— 動 他 ❶ *corner* a dog 犬を追い詰める. ❷ *corner* the market 市場を独占する.

córner kíck 名Ⓒ〘サッカー〙コーナーキック(◌単に corner ともいう).

cor·ner·stone /kɔ́:rnərstòun コーナストウン/ 名Ⓒ ❶ 〘建築〙(建物のすみに据える)すみ石, 礎石(≈)(年号その他記念になる文句が刻んであるものが多い).
❷ (物事の)基礎, 土台.
▶ ❷ the *cornerstone* of his argument 彼の議論の基礎.

corn·flakes /kɔ́:rnflèiks コーンフレイクス/ 名複 コーンフレーク.
ℹ️ 朝食用の食物の一種. トウモロコシの薄片で, 砂糖をまぜ牛乳をかけて食べる. 木の実や穀物を入れることもある. こういう食物はまとめてシリアル(cereal)という.

corn·flour /kɔ́:rnflàuər コーンフラウア/ 名(英) = cornstarch.

corn·meal /kɔ́:rnmì:l コーンミール/ 名Ⓤ(米)ひき割りトウモロコシ.

córn on the còb 名Ⓤ軸つき焼き〔ゆで〕トウモロコシ.

corn·starch /kɔ́:rnstɑ̀:rtʃ コーンスターチ/ 名Ⓤ(米)コーンスターチ (トウモロコシから取ったでんぷん; 料理用; ◌(英)では cornflour).

corn·y /kɔ́:rni コーニ/ 形 (corn·i·er; -i·est) (口語) 陳腐な, 古くさい; ださい.

co·ro·na /kəróunə コロウナ/ 名 (複 ~s /-z/, co·ro·nae /-ni:/) Ⓒ 〘天文〙 コロナ, 光冠(ミェ).

cor·o·nar·y /kɔ́:rənèri コーロネリ/ 形 冠状動脈の.
— 名Ⓒ 〘医学〙 冠状動脈血栓症.

cor·o·na·tion /kɔ̀:(:)rənéiʃən コ(ー)ロネイション/ 名Ⓒ戴冠(≈)式, 即位式.

cor·o·ner /kɔ́:(:)rənər コ(ー)ロナ/ 名Ⓒ検死官.

cor·o·net /kɔ̀(:)rənét コ(ー)ロネット/ 名Ⓒ小型の冠.

corp., Corp. (略語) corporation.

cor·po·ral¹ /kɔ́:rpərəl コーポラル/ 名Ⓒ伍(ˆ)長(陸軍・空軍の最下位の下士官).

cor·po·ral² /kɔ́:rpərəl コーポラル/ 形 身体の, 肉体の. ▶ *corporal* punishment 体罰.

cor·po·rate /kɔ́:rpərət コーポレト/ 形 法人の, 会社の; 共同の.

****cor·po·ra·tion** /kɔ̀:rpəréiʃən コーポレイション/ 名 (複 ~s /-z/) Ⓒ ❶**有限会社**, 株式会社 (◌corp., Corp. と略す).
❷(英)社団法人.
❸(英)都市自治体.
▶ ❶ a trading *corporation* 商事会社. ❷ British Broadcasting *Corporation* イギリス放送協会 (◌BBCと略す). ❸ a municipal *corporation* 地方公共団体.

corps /kɔ́:r コー/ (★ p と s は発音されない) 名 (複 corps /kɔ́:rz/) Ⓒ (特別な機能をもった)部隊, 集団.
▶ the medical *corps* 医療隊 / the Peace *Corps* 平和部隊 / the diplomatic *corps* 外交団.

《同音異形語》core.

abcdefghijklmnopqrstuvwxyz　　　　　　　　　　　　　　　　　　**corroborate**

corpse /kɔ́ːrps コープス/ 名Ⓒ(人間の)死体.

cor·pus /kɔ́ːrpəs コーパス/ 名(複 cor·po·ra /kɔ́ːrpərə/, ~·es)Ⓒ【言語学】コーパス《コンピューター入力された膨大(紫)な言語資料》.

cor·ral /kəræl コラル/ 名Ⓒ《米》(家畜用の)柵(ミ)囲い.

cor·rect /kərékt コレクト/ 形
(~·er; ~·est) ❶(誤りがなくて)**正しい**, 正確な(反incorrect).
❷適切な, 礼儀にかなった.
— 動(~s /-ts/; ~ed /-id/; ~·ing)他
❶ⓐ(誤り)を**訂正する**, …のまちがいを直す.
ⓑ(人)の言う[する]ことを訂正する.
❷(機器など)を調整する.

━━━━━━━━━━━━━━━━━━
形❶What is the *correct* spelling of the word? その語の正しいつづりはどうですか / You are *correct* in thinking so. 君がそう考えるのは正しい.
❷You should know *correct* manners. あなたは正しい作法を知っていなければなりません / It is not *correct* for a man to wear a hat inside. 男性が室内で帽子をかぶっているのは失礼だ.
— 動❶ⓐThe teacher *corrected* our compositions. 先生は私たちの作文を直してくれた / *correct* spelling mistakes つづりの誤りを訂正する.
ⓑ*Correct* me if I'm wrong. 私がまちがっていたら直して下さい.
❷You need glasses to *correct* your vision. あなたの視力を矯正するにはめがねが必要だ.
　　　☞ 名correction, 形corrective.

*cor·rec·tion /kərékʃən コレクション/ 名(複 ~s /-z/)ⓊⒸ**訂正**, 修正.
　　　☞ 動correct.

cor·rec·tive /kəréktiv コレクティヴ/ 形直すための.　☞ 動correct.

*cor·rect·ly /kəréktli コレクトリ/ 副(more~; most ~)**正確に**, 正しく.

cor·rect·ness /kəréktnəs コレクトネス/ 名Ⓤ正しいこと, 正確さ.

cor·re·late /kɔ́ːrəlèit コ(ー)レレイト/ 動(現分 -lat·ing)他…を〔~と〕関連させる〔*with*〕. — 自関連する.

▶他*correlate* theory *with* practice 理論と実際を関連づける.

cor·re·la·tion /kɔ̀ːrəléiʃən コ(ー)レレイション/ 名ⓊⒸ相関関係, 関連性.

*cor·re·spond /kɔ̀ː(ː)rəspɑ́nd コ(ー)レスパンド | -spɔ́nd/ 動(~s /-dz/; ~ed /-id/; ~·ing)自 ❶〔…と〕**一致する**〔*to, with*〕.
❷《*correspond to ...*》…**に相当する**.
❸《文語》**文通する**.

━━━━━━━━━━━━━━━━━━
❶Your words and actions do not *correspond*. 君のことばと行動は一致してない / The goods did not *correspond to* the samples. 品物は見本と同じではなかった.
❷The gills of a fish *correspond to* our lungs. 魚のえらは私たちの肺に相当する.
　　☞ 名correspondence, correspondent.

cor·re·spond·ence /kɔ̀ː(ː)rəspɑ́ndəns コ(ー)レスパンデンス | -spɔ́nd-/ 名(複 -enc·es /-iz/)
❶Ⓤⓐ文通. ⓑ《集合的に》通信文; 投書. ❷ⓊⒸ一致. ❸ⓊⒸ類似, 対応.
▶❶ⓐI have no *correspondence* with him. 私は彼とは文通していない.
　　　☞ 動correspond.

correspóndence còurse 名Ⓒ通信教育(課程).

cor·re·spond·ent /kɔ̀ː(ː)rəspɑ́ndənt コ(ー)レスパンデント | -pɔ́nd-/ 名(複 ~s /-ts/)Ⓒ❶(新聞社などの)通信員.
❷手紙を書く人, 文通する人.
▶❶a special *correspondent* in London ロンドン特派員.
　　　☞ 動correspond.

cor·re·spond·ing /kɔ̀ː(ː)rəspɑ́ndiŋ コ(ー)レスパンディング/ 形(他のものと)一致する; (他のものに)対応する. ▶the *corresponding* period of last year 昨年の同時期.

cor·re·spond·ing·ly /kɔ̀ː(ː)rəspɑ́ndiŋli コ(ー)レスパンディングリ/ 副(他のものと)一致して, (他のものと)対応して.

cor·ri·dor /kɔ́ːridər コーリダ | kɔ́rədɔ̀ː/ 名Ⓒ廊下, 通路.

cor·rob·o·rate /kərɑ́bərèit コラボレイト/ 動(現分 -rat·ing)他《文語》…を確認する, 裏づける.

cor·rob·o·ra·tion /kəràbəréiʃən コラボレイション/ 名U《文語》確証, 裏づけ.

cor·rode /kəróud コロウド/ 動 (現分 -rod·ing) 他 (さび・酸などによって)…を腐食させる. ― 自 腐食する.

cor·ro·sion /kəróuʒən コロウジョン/ 名U腐食(作用); さび.

cor·ro·sive /kəróusiv コロウスィヴ/ 形 腐食性の.

cor·ru·gat·ed /kɔ́(:)rəgèitid コ(ー)ルゲイティド/ 形 (鉄板などが)波形の, 波形のしわのついた.

córrugated páper 名U段ボール紙.

cor·rupt /kərʌ́pt コラプト/ 形 (more~; most ~) 堕落した, わいろのきく.
― 動 (~s /-ts/; ~ed /-id/; ~ing) 他
❶ …を堕落させる.
❷ …を改悪する, だめにする.
▶形 *corrupt* politicians 汚職政治家 / a *corrupt* government 腐敗した政府.
― 動 他 ❶He was *corrupted* by city life. 彼は都会の生活で堕落した.
❷*corrupt* a traditional culture 伝統文化をだめにする.
☞名corruption.

cor·rupt·i·ble /kərʌ́ptəbl コラプティブル/ 形 堕落しやすい, わいろのきく.

cor·rup·tion /kərʌ́pʃən コラプション/ 名U.C.堕落, 腐敗; 汚職, 買収.
☞動corrupt.

cor·sage /kɔːrsɑ́ːʒ コーサージュ/ 名C コサージュ《婦人が胸や肩や腰につける小さな花飾り》.

cor·set /kɔ́ːrsit コースィト/ 名C コルセット《女性が体形を整えるために使用する下着》.

cos·met·ic /kɑzmétik カズメティック/ 《★発音注意》名C《ふつう複数形で》化粧品. ― 形 ❶化粧用の, 美容のための.
❷外見だけの.

cos·mic /kɑ́zmik カズミック/ 形 《★発音注意》宇宙の.

cos·mo·pol·i·tan /kɑ̀zməpɑ́lətn カズモパリトン/ 《★発音注意》形 ❶世界各地から人が集まっている, 国際的な.
❷国際経験豊かな, 偏見にとらわれない.
― 名C コスモポリタン, 国際人.
▶形 ❶Tokyo is a *cosmopolitan* city. 東京は国際都市だ. ❷a *cosmopolitan* person 世界的視野をもつ人.

cos·mos¹ /kɑ́zməs カズモス/ 《★発音注意》名《the をつけて》宇宙.

cos·mos² /kɑ́zməs カズモス/ 《★発音注意》名 (複 cos·mos または ~·es /-iz/) C コスモス《キク科の植物》.

*‎**cost** /kɔ́(:)st コ(ー)スト/ 名 (複 ~s /-ts/)
❶C.U.費用, 値段, 原価《費用を払う側から見た場合に用いる; ☞ price の 類語》.
❷C.U.(時間・労力・人命などの)損失, 犠牲.
❸《複数形で》@経費, 運営費.
ⓑ訴訟(だし)費用.
― 動 (~s /-ts/; cost; ~·ing) 他
❶《cost (~) …》値段が…である, (~に)…(費用)がかかる.
❷《cost (~) …》(~にとって)…(時間・労力など)を要する.
❸《cost ~ …》~に…(貴重なもの)を犠牲にさせる, 失わせる.

━━━━━━━━━━━━━━━━━━━━

名 ❶What is the *cost* of the repairs? 修理費はいくらですか / Living *costs* are [The *cost* of living is] going up. 生活費が上がっている / building *costs* 建築費.
❷the *cost* in human life 人命の犠牲.
❸ⓐa operating *costs* of an elevator エレベーターの運転経費.

at all costs = **at any cost** ① どんな犠牲を払っても, ぜひとも:I will complete the work *at any cost*. 私はなにがなんでもその仕事をやりとげるつもりです. ② どんなに費用がかかっても.

at cost もうけなしで, 原価で.

at the cost of ... …を犠牲にして, …を失って:*at the cost of one's own life* 自分の命を犠牲にして.

to one's cost 苦い経験をして, 痛い目にあって.

― 動 他 ❶The PC *cost* 153,000 yen. そのパソコンは153,000円でした / How much [What] does the repair *cost*? 修理費はいくらですか / This bicycle *cost* (me) 200 dollars. この自転車は200ドルでした / It will *cost* (you) three hundred yen to send this letter by airmail. この手紙を航空便で出すには300円かかる. ❷This book *cost* me a great deal of labor. この本を書くのは私にはたいへん

abc**defghijk**l**mn**opqrstuvwxyz　　　　　　　　　　　　　　　　**could**

だった. ❸Heavy drinking may *cost* you your health. 酒を飲みすぎると健康をそこなうかもしれませんよ.
cost a fortune 非常に高価である.
☞ 形 costly.

co-star /kóu-stɑːr コウ・スター/ 名 C 共演スター.
— 動 (~s /-z/; co-starred /-d/; co-star·ring /-stɑ̀ːriŋ/) ⓐ 共演する.
— ⓗ …を共演させる.

cost-ef·fec·tive /kɔ́(ː)st-iféktiv コ(ー)スト・イフェクティヴ/ 形 費用効率の高い.

cost·ly /kɔ́(ː)stli コ(ー)ストリ/ 形 (cost·li·er; cost·li·est) ❶高価な, 費用のかかる (☞ expensive). ❷損失[犠牲]の大きい.
▶❶a *costly* diamond ring 高価なダイヤの指輪. ❷a *costly* victory 多くの犠牲を払って得た勝利.
☞ 名 動 cost.

*__**cos·tume**__ /kástjuːm カストゥーム, ・テューム | kɔ́stjuːm/ 《★アクセント注意》名 (複 ~s /-z/) UC ❶ (民族・地方・時代などに特有の)**服装**.
❷舞台衣装; (特定のときに着る)服装.
▶❶in folk *costume* 民族衣装を着て. ❷the *costume* of Hamlet ハムレットの衣装.

co·sy /kóuzi コウズィ/ 形 名 《英》＝ cozy.

cot /kát カット/ 名 C ❶《米》(布を張った)折りたたみ式小型ベッド (✿《英》では camp bed). ❷《英》(四方にわくのついた)幼児用ベッド (✿《米》では crib).

*__**cot·tage**__ /kátidʒ カテヂ | kɔ́t-/ 名 (複 -tag·es /-iz/) C (いなかの)(古い)**小さな家**.

cóttage chèese 名 U カッテージチーズ (白くてやわらかいチーズ).

*__**cot·ton**__ /kátn カトン | kɔ́tn/ 名 U ❶a 綿, 綿花. ❶b ワタ (の木).
❷もめん, 綿織物; もめん糸.
— 形 綿製の; 綿の.
▶形 a *cotton* shirt 綿製シャツ.

Cótton Bèlt 名 《the をつけて》綿花地帯 (アメリカ南部の綿花を多量に産する地帯).

cótton cándy 名 UC 《米》綿菓子 (✿《英》では candy floss).

cótton wóol 名 U 《英》脱脂綿 (✿《米》では absorbent cotton).

couch /káutʃ カウチ/ 《★発音注意》名 (複 ~·es /-iz/) C 長いす, ソファー.
— 動 ⓗ 《be couched in ...》…で表現される.

cóuch potàto 名 C 《口語》(ソファーにすわってポテトチップを食べながら)長時間テレビを見ている人.

*__**cough**__ /kɔ́(ː)f コ(ー)フ/ 《★発音注意》名 (複 ~s /-s/) C ❶せき.
❷せきの出る病気.
— 動 (~s /-s/; ~ed /-t/; ~·ing) ⓐ ❶**せきをする**.
❷ (機械などが)せきこむような音を出す.
— ⓗ ＝ *cough* up ①.

名 ❶have a bad *cough* ひどいせきをする / I gave a *cough* to attract her attention. 私は彼女の注意をひくためにせき払いをした.
— 動 ❶She *is coughing* badly. 彼女はひどいせきをしている.

cough up ⓗ ①(たんなど)をせきをして吐き出す. ②《口語》(お金)をしぶしぶ払う. ③《口語》…をしぶしぶしゃべる.

*__**could**__ /(弱) kəd クド; (強) kúd クッド/ 助 《can の過去形》
❶**…することができた**; する能力があった.

|語法| couldは形は過去形だが, ❷以下の用法で使われるのがふつうである. 1回かぎりの行為について「…することができた」という意味ではcouldは使われず, その代わりに was able to が使われる. ただ, 文脈から過去を表わすことが明らかな文では,「…することができた, …する能力があった」という意味でcouldを使うことができる.

❷ⓐ (実際にはそうでないが) (もし＿ならば)**…することができるのに**.
ⓑ 《if節の中で》(実際にはできないが)もし…することができるとしたら.
❸ 《could have＋過去分詞》(実際にはそうではなかったが) (もし＿だったならば)…することができたのに.
❹ 《wishのあとで》(実際にはできないが)…することができればいいのに.
❺ⓐ (ことによると)…かもしれない, …もありうる.
ⓑ 《could have＋過去分詞》(ことによる

couldn't

と)…だったかもしれない, …だったこともありうる.

❻ⓐ(しようと思えば)…することができるのに, …したらどうですか.
ⓑ《could have＋過去分詞》(しようと思えば)…することができたのに.
❼《間接話法の文などの中で時制の一致によるcanの過去形》…することができる; …する能力がある.

---

❶She *could* read when she was four. 彼女は4歳のときに字を読むことができた / I *could* not catch what he was saying. 私は彼が何を言っているのかわからなかった.

❷ⓐI *could* do it, if somebody helped me. もしだれかが手伝ってくれたらそれをすることができるのだが(手伝ってくれないからできない). ⓑIf I *could* go to the moon, I would like to go right now. もし月へ行くことができるならば今すぐでも行きたい.

❸If I had had enough money, I *could have bought* it. お金が足りたらそれが買えたのに(足りなくて買えなかった).

❹I *wish* I *could* speak German. ドイツ語が話せたらいいのですが / She *wishes* she *could* go to see a movie with him. 彼女は彼と一緒に映画にいければいいと思っている.

❺ⓐThe phone is ringing. It *could* be Mary. 電話がなっている. メアリーかもしれない.
ⓑShe *could have missed* the bus. 彼女はバスに乗り遅れたのかもしれない.

❻ⓐYou *could* be more careful. もっと注意深くしたらどうですか.
ⓑYou *could have helped* me then. あのときは助けてくれてもよかったのに.

❼He said that he *could* not come. (＝He said, "I can not come.") 彼は来られないと言った.

Could be. 《口語》たぶんね, そうかもね《◎はっきり yes, no と言いたくないときに使う》.

could do with ... …がほしい：I *could do with* a drink. 1杯飲みたい.

Could I ...? …してもよろしいでしょうか：*Could I* sit here? ここに座ってもよろしいでしょうか.

Could you ...? …していただけませんか：*Could you* come and see me tomorrow? あすおいでいただけませんか.

***couldn't** /kúdnt クドント/ 《口語》could not の短縮形.

***coun·cil** /káunsl カウンスル/ 名(複 ~s /-z/) Ⓒ ❶ⓐ**評議会**, 審議会.
ⓑ会議, 協議.
❷(地方自治体の)議会.
▶❶ⓐa student *council* 生徒会, 学生自治会 / attend a *council* 評議会に出席する. ❷a city [town] *council* 市[町]議会.

《同音異形語》counsel.

cóuncil hòuse 名Ⓒ《英》(家賃の安い)市[町・村]営住宅[アパート].

coun·ci·lor, 《英》**coun·cil·lor** /káunsələr カウンスィラ/ 名Ⓒ ❶評議員, 審議官. ❷(市会・町会などの)議員.

***coun·sel** /káunsl カウンスル/ 名(複 ~)
❶Ⓒ(法廷の)**弁護士**, 弁護団.
❷Ⓤ**助言**, 忠告《◎ふつうは advice を用いる》.
── 動 (~s /-z/; ~ed, 《英》coun·selled /-d/; ~ing, 《英》coun·sel·ling) 他
❶(専門家の立場で)(人)の相談にのる, …に助言する, カウンセリングをする.
❷《counsel ... to *do*》《文語》…に__するように助言する.
▶名 ❶(the) *counsel* for the defense 被告側弁護団 ❷follow the lawyer's *counsel* 弁護士の助言に従う.
── 動他 ❶*counsel* an autistic child 自閉症の子どものカウンセリングをする. ❷He *counseled* me *to act* quickly. 彼はす早く行動するように私に忠告してくれた.

《同音異形語》council.

coun·sel·ing, 《英》**coun·sel·ling** /káunsəliŋ カウンスリング/ 名Ⓤカウンセリング《専門的な訓練を受けたカウンセラーの指導・助言》.

coun·se·lor, 《英》**coun·sel·lor** /káunsələr カウンスラ/ 名Ⓒカウンセラー《悩みなどを聴き助言してくれる専門家》.

count /káunt カウント/ 動 (~s /-ts/; ~ed /-id/; ~ing) 他
❶(…の数)を**数える**, …を計算する.

❷ⓐ …を**数に入れる**, 含める.
ⓑ《count ... among ~》…を~のひとつとみなす.
❸《count ... (as) ~》…を~と思う, みなす《◆~には 名詞, 形容詞がくる》.
— 圓 ❶**数を数える**, 計算する.
❷重要である.
❸《count as ...》…とみなされる.
— 名 (複 ~s /-ts/) C
❶**計算**, **勘定**, 数えること.
❷**総計**, 総数.
❸〖ボクシング〗カウント.
❹〖野球〗(打者の)ボールカウント.

動 他 ❶ *Count* the apples in the basket. かごの中のリンゴの数を数えなさい / Wait untill I *count* ten. 私が10数えるまで待ちなさい.
❷ⓐ There were forty people there, *counting* the children. 子どもを入れて40人の人がそこにいた. ⓑ I do not *count* him *among* my friends. 私は彼を私の友だちの中には入れていない.
❸ I *count* myself lucky to be here. 私はここにいられて幸せだと思う / I *count* her *as* one of my best friends. 私は彼女を親友のひとりと考えています.
— 圓 ❶ The child can't *count* yet. その子はまだ数を数えることができない / *Count* (up) *to* ten. 10まで数えなさい.
❷ Every minute *counts*. 1分1分が大切である.
❸ This book *counts as* a classic. この本は古典とみなされている.

count against ... …にとって不利になる.

count down 圓 (ロケット発射前などで)秒読みをする《☞ countdown》. — 他 (残りの日数など)を数えながら楽しみに待つ.

count for little [*nothing*] ほとんど[まったく]重要でない.

count in 他 ①…を勘定に入れる. ②《口語》…を仲間に入れる[と考える]: We can't *count* him *in*. 彼は仲間としては数えられない.

count on [*upon*] ... …をあてにする, …にたよる: You can *count on* him. 彼はあてにできますよ.

count out 他 ①…をひとつひとつ数えながら出す: She *counted out* 100 dollars in ten-dollar bills. 彼女は10ドル札を1枚1枚数えながら100ドルを出した. ②…を除外する. ③〖ボクシング〗(人)にノックアウトを宣告する.

— 名 ❶ By my *count* there were thirty-one ducks on the pond. 私の計算では池には31羽のカモがいた.
INFO▶ 1, 2, 3, 4, 5と数えるときに日本では「正」と書くが, 英米では縦の線4本に斜線を1本入れる. また指を使って数を数える場合も日本とは少し違う.

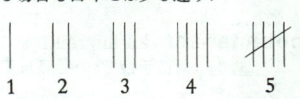

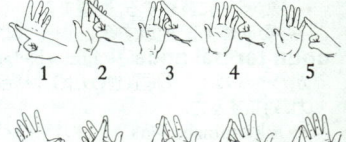

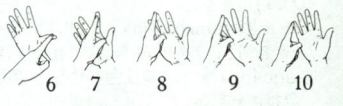

at (the) last count 最終集計で.

keep count of ... …の数を正確に数え続ける.

lose count of ... …の数がわからなくなる.

count・a・ble /káuntəbl カウンタブル/ 形 数えられる.

cóuntable nóun 名 C 〖文法〗数えられる名詞, 可算名詞 (反 uncountable-noun)《book, plan, hour など; 本辞典では C の記号を用いて明示してある》.

count・down /káuntdàun カウントダウン/ 名 C ❶秒読み《ロケットを発射するときなどに 5, 4, 3, 2, 1, 0 のように数を逆に数える》. ❷(重要な出来事の)直前の時期.

coun・te・nance /káuntənəns カウンテナンス/ 名 C《文語》顔つき, 表情.
— 動 他《文語》…に賛成する.

***count・er**¹ /káuntər カウンタ/ 名 (複 ~s /-z/) C ❶(店の)**カウンター**, (銀行などの)窓口. ❷(軽食堂などの)**カウンター**. ❸ⓐ計算機. ⓑ(ゲームなどの)点棒, チップ.

over the counter (薬を買うとき)医師

counter

の処方箋(%)なしで[の].
under the counter こっそりと, 不正に.

coun·ter² /káuntər カウンタ/ 形 反対の, 逆の.
— 副 《*counter to ...*》…に逆らって, 反して.
— 動 他 ❶ …に反撃する, 逆襲する.
❷ …に対応する.
▶形 a *counter* statement 反対声明.
— 副 She acted *counter to* all advice. 彼女はすべての忠告に逆らって行動した.

coun·ter·act /kàuntərǽkt カウンタラクト/ 動 他 (対抗手段で)…を減らす, 妨げる.

coun·ter·at·tack /káuntərətæk カウンタラタック/ 名 C 反撃, 逆襲.
— 動 他 …に反撃する, 逆襲する.
— 自 反撃する, 逆襲する.

coun·ter·bal·ance /káuntərbæləns カウンタバランス/ 名 C (別の力に)つり合う力, 対抗する力.
— /kàuntərbæləns カウンタバランス/ 動 《★名詞とのアクセントの違いに注意》(現分 -anc·ing) 他 …とつり合わせる, …の埋め合わせをする.

coun·ter·clock·wise /kàuntərklákwàiz カウンタクラクワイズ/ 副形 時計の針と反対の方向に[の], 右から左へ[の] (反 clockwise) 《◐ (英) では anticlockwise のほうがふつう》.

coun·ter·feit /káuntərfìt カウンタフィット/ 動 他 …を偽造する.
— 形 偽造の, にせの.

coun·ter·part /káuntərpà:rt カウンタパート/ 名 C (他の人・ものに)相当する人[もの].
▶ Our Foreign Minister met with his Korean *counterpart*. 私たちの外務大臣は韓国の外務大臣と会談した.

coun·ter·pro·duc·tive /kàuntərprədʌktiv カウンタプロダクティヴ/ 形 逆効果の.

*****count·less** /káuntləs カウントレス/ 形 数えきれない(ほど多数の), 無数の.

**coun·try /kʌ́ntri カントリ/ 名
(複 coun·tries /-z/)
❶ C 国.
❷ C 《ふつう *one's* をつけて》母国, 故郷.
❸ ❸ 《*the* をつけて》(都会 (town) に対して)いなか.
ⓑ 《形容詞的に》いなかの, いなか風の.
❹ U (地勢や地形からみた)地域, 土地 《◐ ふつう冠詞なしで形容詞をともなう》.
❺ 《*the* をつけて; 集合的に; 単数扱いで》国民.
❻ U ＝ country music.
▶ ❶ Brazil is her native *country*. ブラジルは彼女の生まれた国です / an industrial *country* 工業国.

> **類語** **country** は「国」の意味を表わすもっとも一般的な語で, 「国土」の意味を表わす. **state** はやや格式ばった語で, 法律的な意味での「国」, **nation** は「国民の集合体」としての「国」の意味に用いられる.

❷ He returned to *his country*. 彼は自分の国[故郷]に帰った.
❸ ❸ He likes to live in *the country*. 彼はいなかに住むのが好きだ.
ⓑ *country* life いなかの生活 / *country* people いなかの人.
❹ I live in mountainous *country*. 私は山国に住んでいる / farming *country* 農業地域.
❺ *The* whole *country* was against the new tax. 全国民がその新しい税金に反対した.

cóuntry and wéstern 名 U ＝ country music.

cóuntry clùb 名 C カントリークラブ 《スポーツや社交的な集まりをする設備がある郊外のクラブ》.

cóuntry dànce 名 C (英) カントリーダンス 《男女が横になったり輪になって踊る伝統的なダンス》.

cóuntry hóuse 名 C (英) (貴族などの)いなかの邸宅.

coun·try·man /kʌ́ntrimən カントリマン/ 名 (複 -men /-mən/) C ❶ 《*one's* をつけて》同じ国籍の人. ❷ いなかの人.

cóuntry mùsic 名 U カントリーミュージック 《アメリカ南西部の民俗音楽から発生したポピュラーミュージック》.

coun·try·side /kʌ́ntrisàid カントリサイド/ 名 U いなか, 田園地方.

*****coun·ty** /káunti カウンティ/ 名 (複

coun·ties /-z/ 名C ❶(米)郡《(州 (state) の中の行政区分; ✿ Co. と略す)》. ❷(英)州.
INFO アメリカ, オーストラリアなどでは州 (state) の下の郡にあたり, イギリス, カナダ, ニュージーランドなどで最も大きな行政区分で日本の県に相当する.

cóunty cóuncil 名C(英)州議会.
cóunty fáir 名C(米)郡の農産物品評会《☞fair²》.
cóunty séat 名C(米)郡庁所在都市.
cóunty tówn 名C(英)州庁所在都市.
coup /kúː クー/ 《★ p は発音されない》名C ❶大成功. ❷ = coup d'état.
coup d'état /kùː deitáː クー デイター/ 名C クーデター《非合法的手段によって政権を奪うこと》.
*cou·ple /kʌ́pl カプル/ 名(複 ~s /-z/)C
❶対(ツイ), (ふたつ[ふたり]から成る)組《☞pair ❶ⓐ》.
❷男女の1組, カップル, 夫婦.
— 動 (~s /-z/; ~d /-d/; cou·pling) 他 …を〔~と〕連結する, つなぐ〔to, with〕.
— 自結合する, つながる.

名 ❶ She bought a *couple* of dolls. 彼女は1対の人形を買った.
❷ a well-matched *couple* 似合いの夫婦 / a young *couple* (ふたりづれの)若い男女[若い夫婦].
a couple of ... ①ふたつの…, ふたりの…: I saw *a couple of* dogs in his house. 私は2匹の犬を彼の家で見かけた. ②2, 3の, いくつかの, いく人かの: I asked him *a couple of* questions. 私は彼に2, 3質問をした.
— 動 他 An engine was *coupled to* the passenger cars. 機関車が客車に連結された / The wind, *coupled with* snow, made driving dangerous. 雪に加えて風のため, 運転は危険であった.
cou·pon /kjúːpɑn クーパン, キューˈ/ 名C ❶クーポン券《表示してある品物・サービスなどを受けとることができる引き換え券》; (広告などについている)優待券, 割引き券.
❷ (新聞・雑誌などについている)申し込み書.
▶a discount *coupon* 割引き券.
*cour·age /kə́ːridʒ カーリヂ | kʌ́r-/ 名U

勇気, 度胸.
▶He is a man of *courage*. 彼は勇気のある人だ / She had the *courage* to refuse it. 彼女は勇敢にもそれを拒否した.
☞ 形 courageous, 動 encourage.
*cou·ra·geous /kəréidʒəs カレイヂャス/ 《アクセント注意》形 (more ~; most ~) 勇気のある, 勇ましい.
▶a *courageous* soldier 勇ましい兵士 / It was *courageous* of her to reject his offer. (= She was *courageous* to reject his offer.) 彼の申し出をはねつけたとは彼女は勇気があったね.
☞ 名 courage.
cou·ra·geous·ly /kəréidʒəsli カレイヂャスリ/ 副勇敢に.
cour·i·er /kúːriər クリア/ 名C ❶(文書などを)運ぶ人. ❷(英)(旅行者の)ガイド, 添乗(テン)員.

course /kɔ́ːrs コース/ 名 (複 cours·es /-iz/) ❶CU (進む)**方向**, 進路, 道筋, コース.
❷Cⓐ(学習の)**課程**; 講座. ⓑ(一連の)授業, 講義. ⓒ(英)(一連の)治療.
❸C**方針**, (物事の)やり方. ❹C(ゴルフなどの競技の)コース, (マラソンなどの)走路.
❺C(順に出される料理の)1品, コース.
❻U経過, 進行, 成り行き.

名 ❶ The ship set a *course* for new York. 船はニューヨークへ進路をとった / The airplane changed *course*. 飛行機は進路を変えた / the *course* of a river 川の流れ.
❷ⓐ She has just finished the high school *course*. 彼女は高等学校の課程を終了したばかりだ / I took the beginner's *course* in English. 私は英語の初級コースを取った / a summer *course* 夏期講座. ⓑ a *course* of lectures 一連の講義.
❸ The best *course* is to make a constant effort. 最もいいのはこつこつ努力することです.
❹ a golf *course* ゴルフのコース.
❺ I had a five-*course* dinner. 私は5品の料理を食べた / the main *course* おもな料理《スープ (soup), 魚

court

(fish), 肉 (meat), 甘い食べ物 (sweets), チーズ (cheese), デザート (dessert) などのコースを適当に組み合わせて dinner にする; ✪「フルコース」は和製英語).

❻ the *course* of events 事の成り行き / the *course* of a disease 病気の経過.

a matter of course 当然のこと: as *a matter of course* 当然のこととして, もちろん.

in due course やがて, そのうちに (☞ due の成句).

in [during, over] the course of ... …中に, …のうちに: I expect to see him *in the course of* this year. 今年中に彼に会えると思う.

in the course of time やがて, そのうちに.

of course /əv kɔ́ːrs オヴ コース, əf-/ ① もちろん, 当然: *Of course* I know that. もちろんそのことは知っています / 対話 "Don't you like tempura?"–"*Of course* I do." 「てんぷらはお好きではないのですか」「もちろん好きですよ」. ②《相手の依頼に喜んで応ずるときなどに》もちろんですよ, どうぞ: 対話 "Can I see it?"–"*Of course* you can." 「見てもいいですか」「もちろんいいですよ」.

of course not もちろんそんなことはありません: 対話 "Aren't you afraid of dogs?" –"*Of course not*." 「犬はこわくないですか」「もちろんこわくはありません」.

off course ①(目指す)進路をはずれて. ②よくない方向に.
on course ①(目指す)進路に沿って. ②うまくいって.

《同音異形語》coarse.

*__court__ /kɔ́ːrt コート/ 名 (複 ~s /-ts/)
❶ U.C 法廷, 裁判所.
❷《**the** をつけて; 集合的に》U 裁判官《陪審員, 弁護士などを含めることもある》.
❸ C (テニス・バスケットボールなどの)コート.
❹ C 中庭 (✪courtyard ともいう).
❺ⓐ C.U 宮廷, 王宮. ⓑ《**the** をつけて》王室; 宮廷にいる人々.
— 動 他 ❶ⓐ …の支持[関心]を得ようとする. ⓑ (支持[関心])を得ようとする.
❷ (災難など)を招く.

名 ❶ appear in *court* 出廷する / a *court* of justice [law] 法廷, 裁判所 / the Supreme *Court* 最高裁判所.
❷ The *court* judged him innocent. 裁判官は彼に無罪の判決を下した.
in court 法廷で.
out of court ①法廷外で. ②示談(じだん)で.
take ... to court …を訴える.

cour·te·ous /kə́ːrtiəs カーティアス/ 形 (more ~; most ~) 礼儀正しい, ていねいな. ▶*courteous* manners 礼儀正しい態度. ☞ 名 courtesy.

cour·te·ous·ly /kə́ːrtiəsli カーティアスリ/ 副 礼儀正しく, ていねいに.

cour·te·sy /kə́ːrtəsi カーテシ/ 名 (複

(1) judge 裁判官
(2) clerk 書記
(3) defendant 被告
(4) counsel 弁護士
(5) witness 証人
(6) prosecutor 検事
(7) jury 陪審

court ❶

-te・sies /-z/) ❶ C礼儀正しいこと、ていねい、丁重. ❷ C礼儀正しい[心のこもった]行為[ことば].
▶ ❶ with *courtesy* 礼儀正しく、丁重に.
(*by*) *courtesy of* ... …の好意によって: This program was presented (*by*) *courtesy of* the ABC Company. この番組は ABC 会社の好意により提供されました.

☞ 形 courteous.

court・house /kɔ́ːrtháus コートハウス/ 名 (複 -hous・es /-hàuziz/) C 裁判所.

court-mar・tial /kɔ́ːrt-máːrʃəl コート・マーシャル/ 名 (複 courts-mar・tial /kɔ́ːrts-/, ~s /-z/) C 軍法会議.
— 動 他 (人)を軍法会議にかける.

court・ship /kɔ́ːrt-ʃip コートシップ/ 名 UC 《文語》婚前交際(期間).

court・yard /kɔ́ːrtjàːrd コートヤード/ 名 C 中庭.

*‍**cous・in** /kʌ́zn カズン/ 《★発音注意》名 (複 ~s /-z/) C ❶ **いとこ**《❶男にも女にも使う: **first cousin** ともいう》. ❷親類.
▶ I have five *cousins* on my mother's side. 私には母方に 5 人のとこがいる.

cove /kóuv コウヴ/ 名 C 入り江 (☞bay¹).

cov・e・nant /kʌ́vənənt カヴェナント/ 名 C 誓約(恕).

Cóv・ent Gárden /kʌ́vənt- カヴェント・/ 名 コベントガーデン《ロンドン中央部のショッピングセンター》.

‍cov・er** /kʌ́vər カヴァ/ 動 (~s /-z/; ~ed /-d/; -er・ing /-vəriŋ/) 他
❶ …を**おおう**、包む (反 uncover).
❷ …を**隠す** (hide).
❸ (ある距離)を**行く**、歩きぬく.
❹ (範囲が)…に**わたる**、…を含む、…にあてはまる; …を扱っている.
❺ (費用など)をまかなう、償(認)う.
❻ …を取材する、報道する.
— 自 […の]代わりをする [*for*].
— 名 (複 ~s /-z/) ❶ⓐ **おおい**; カバー; ふた; 包み紙; 封筒. ⓑ《**the covers**》かけぶとん《上からかける毛布・シーツなど》.
❷ C (本の)**表紙**《❶「表紙にかぶせるカバー」は jacket》.

❸ⓐ U 避難場所、隠れ場所; おおい隠すもの、保護するもの.
ⓑ《a をつけて》隠れみの.
❹ C 見せかけ、口実(祭).
❺ U (他人の仕事の)代理.
❻ (英)(保険の)補償範囲、補償額《❶(米)では coverage》.
❼ C (食卓上の)一人前の食器類.

•••••••••••••••••••

動 他 ❶ Leaves from the trees *covered* the garden. 落ち葉が庭をおおった / *Cover* the pan. なべにふたをしなさい / His pants were *covered* with mud. 彼のズボンは泥だらけだった.
❷ He smiled to *cover* his anxiety. 彼は心配な気持を隠そうとにっこりした / She *covered* the photo *with* her hands. 彼女は写真を両手で隠した.
❸ The train *covers* the distance in an hour. 列車はその距離を 1 時間で走る / He *covered* 20 miles a day. 彼は 1 日に 20 マイル進んだ.
❹ The rule *covers* all cases. その規則はすべての場合に適用される / This book *covers* genetic engineering. この本は遺伝子工学まで扱っている.
❺ Will 50,000 yen *cover* the traveling expenses? 旅費は 5 万円で足りるだろうか / My loss is *covered* by insurance. 私の損失は保険で償われる.
❻ *cover* a traffic accident 交通事故を取材する.
— 自 Mary is sick today, so will you *cover for* her, Nancy? メアリーはきょう病気なので、ナンシー、あなた代わりをしてくれませんか.

cover up 他 ① …をすっかり包む. ② (事実など)をすっかり隠す: *cover up* an affair 事件を隠す.

cover up for ... (人)をかばう.

— 名 ❶ⓐ She put a *cover* on the chair. 彼女はそのいすにカバーをつけた / The box has no *cover*. その箱にはふたがない.
❷ the back *cover* 裏表紙.
❸ⓐ The big tree gave us good *cover* from the rain. その大きな木のおかげで私たちは雨を避けられた.

from cover to cover 本の初めから終わりまで.

coverage

take cover 避難する.

under cover 秘密に[の];こっそりと, 身分を隠して:Keep it *under cover*. それは秘密にしておきなさい / a policeman working *under cover* 身分を隠して活動している警官.

under (the) cover of ... ①…に助けられて:*Under cover of* night he stole into the house. 彼は夜の闇にまぎれてその家に忍びこんだ. ②…の口実で, …にかこつけて:*under cover of* charity 慈善にかこつけて.

cov·er·age /kʌ́vəridʒ カヴァリヂ/ 名 U
❶(新聞・ラジオ・テレビなどの)報道;取材.
❷(本・授業などの)取扱範囲.
❸(米)(保険の)補償範囲, 補償額(◎(英)では cover).

cov·er·alls /kʌ́vərɔ̀ːlz カヴァロールズ/ 名 (複)(米) つなぎ服(overall)(シャツとズボンがいっしょになった仕事着).

cóver chàrge 名 C (レストランなどの)席料, カバーチャージ.

cov·ered /kʌ́vərd カヴァド/ 形 おおわれた, ふたつきの.

cóver gìrl 名 C カバーガール(雑誌などの表紙に出る美人).

cov·er·ing /kʌ́vəriŋ カヴァリング/ 名 C おおい.

cóver stòry 名 C (雑誌の)特集記事(表紙に見出し, 写真や絵などが出ている).

cov·ert /kʌ́vərt カヴァト/ 形 秘密の, ひそかな.

cov·er-up /kʌ́vərʌ̀p カヴァラップ/ 名 C (不正・失敗などを)隠すこと, もみ消し.

cov·et /kʌ́vit カヴィット/ 動 他 《文語》(他人のもの)をひどく欲しがる.

****COW**¹ /káu カウ/ 名 (複 ~s /-z/) C
❶雌牛(ﾒす), 乳牛(☞beef).
❷(ゾウ・クジラなど大きな動物の)雌(ﾒす).

類語 **ox** は「(食肉・荷車用の)去勢した雄牛」, **bull** は「(成育した)去勢されていない雄牛」, **calf** は「子牛」, **cattle** は集合的に「畜牛」, **steer** は「食用に去勢された若い雄牛」.

▶❶milk a *cow* 牛の乳をしぼる.

cow² /káu カウ/ 動 他 …をおどかす.

***cow·ard** /káuərd カウアド/ 名 (複 ~s /-dz/) C おくびょう者, ひきょう者.
☞ 形 cowardly.

cow·ard·ice /káuərdis カウアディス/ 名 U おくびょう, ひきょう(反 bravery).

cow·ard·ly /káuərdli カウアドリ/ 形 (-li·er; -li·est) おくびょうな, ひきょうな(反 brave). ☞ 名 coward.

cow·bell /káubèl カウベル/ 名 C (居場所を知るための)牛の首につける鈴.

cow·boy /káubɔ̀i カウボイ/ 名 C ❶(米) カウボーイ(牧場で馬に乗って働く男). ❷(英口語)悪徳業者.

cow·er /káuər カウア/ 動 (恐怖・恥ずかしさなどで)すくんで後ずさりする.

cow·girl /káugə̀ːrl カウガール/ 名 C (米)(女性の)牛飼い.

cow·hide /káuhàid カウハイド/ 名 U C (原料としての)牛革(ﾋめ);(はぎ取った)牛の皮.

co-work·er /kóu-wə̀ːrkər コウ・ワーカ/ 名 C 仕事仲間, 協力者, 同僚.

cox /káks カックス/ 名 (複 ~·es /-iz/) C 《口語》(ボートの)コックス, かじ取り.

coy /kɔ́i コイ/ 形 (~·er; ~·est) ❶はにかんだふりをする;(態度が)もじもじした. ❷話したがらない, 隠しごとをする.

coy·ote /káiout カイオウト/ (★発音注意) 名 (複 coy·ote, ~s /-ts/) C コヨーテ(北米の大草原にすむオオカミの一種).

co·zi·ness /kóuzinəs コウズィネス/ 名 U (場所などが)気持ちよいこと.

co·zy /kóuzi コウズィ/ 形 (co·zi·er; co·zi·est)(場所などが)暖かくて気持ちのよい.

CPU (略語)【電算】central processing unit(コンピューターの)中央演算処理装置.

crab /kræb クラブ/ 名 ❶ C カニ. ❷ U カニの肉.

***crack** /kræk クラック/ 名 (複 ~s /-s/) C
❶ⓐ 割れ目, ひび. ⓑ (窓・カーテンなどの)狭いすき間.
❷《単数形で》ガチャン, パチッ, バリッ, ガン, ピシッ(堅い物のこわれる音, 銃声, むちの音など).
❸(口語)ピシャリというひと打ち.
❹(口語)皮肉, (悪い)冗談.
❺(口語)(…しようとする)試み, ためし.
❻(突然の)声の変調;声変わり.
❼クラック(麻薬).
— 動 (~s /-s/; ~ed /-t/; ~·ing) 自
❶ⓐ ひびがはいる. ⓑ パチンと割れる.

abc**c**defghijklmnopqrstuvwxyz　　　　　　　　　　　　　　**craftsmanship**

❷パチッ[バリッ, ガチャン]と音を出す. ❸ⓐ(声が)かすれる, うわずる. ⓑ声変わりする. ⓒかっとなる, ひどいことを言う.
── 他 ❶ⓐ…に**ひびを入れる**. ⓑ…をパチッと割る.
❷ⓐ…をパチッ[バリッ, ガチャン]といわせる. ⓑ…をパチッと打つ, (頭など)をゴツンと打つ.
❸《口語》(冗談)を言う.
❹…を激しくぶつける.
❺(難問・暗号など)を解決する, 解く.
── 形《口語》すばらしい.

・・・・・・・・・・・・・・・・・・・・・・・・・・・・・・・・・・・・・

名 ❶ⓐThere is a *crack* in this cup. この茶わんにはひびがはいっている / a glass with a *crack* ひび割れの入ったグラス. ⓑthrough the *crack* between the curtains カーテンの間のすき間を通して. ❷a *crack* of thunder 鋭い雷鳴.

The ice on the pond suddenly broke with a *crack*.
(池の氷が突然バリッといって割れた)

❸I got a *crack* on the head. 私は頭をピシャリとたたかれた.
❹make a *crack* (悪い)冗談を言う.
at the crack of dawn 夜明けに.
have [take] a crack at ... 《口語》…を試してみる: I'll *have* a *crack at* doing the puzzle. (はたしてできるか)そのなぞを解いてみよう.

── 動 自 ❶ⓐMy teacup *cracked*. 私の茶わんにひびがはいった. ⓑThe tree *cracked* loudly and fell. その木はパリッと音をたてて割れて倒れた.
❷Thunder *cracked* in the sky. 雷が空でバリバリと鳴った.
── 他 ❶ⓐ*crack* a plate 皿にひびを入れてしまう. ⓑ*crack* a nut くるみを割る.
❷ⓐThe cowboy *cracked* a whip. カウボーイがむちをパチッと鳴らした.
ⓑHe *cracked* his head against the pillar. 彼は柱に頭をぶっつけた.
❸*crack* a joke (悪い)冗談を言う.
❺*crack* a code 暗号を解く.
crack down (on...) (…に)厳しい処置をとる, (…を)厳しく取り締まる.
crack up 他 ①…をめちゃめちゃにこわす. ②…を大笑いさせる. ── 自《口語》①精神的にまいる, 気が狂う. ②大笑いする.

crack·down /krǽkdàun クラクダウン/ 名 C (違法行為などの)取締まり; 断固とした処置.

cracked /krǽkt クラックト/ 形 ❶ひびのはいった. ❷声のかすれた, 声変わりした.

crack·er /krǽkər クラカ/ 名 C ❶クラッカー《甘味のない薄い堅焼きビスケット》. ❷爆竹(禁), かんしゃく玉.

crack·le /krǽkl クラクル/ 動 (現分 crack·ling) 自 パチパチ音を立てる.
── 名 U|C パチパチいう音.

cra·dle /kréidl クレイドル/ 名 ❶ C 揺りかご, 小児用ベッド. ❷《the をつけて》(文化・民族などの)起源の地, 発祥地. ❸ C 電話の受話器を載せる台(☞telephone のさし絵).
── 動 (現分 cra·dling) 他 (赤ん坊)をやさしく抱く.
▶名 ❶ ことわざ What is learned in *the cradle* is carried to the grave. 赤ん坊のときに覚えたこと[習慣]は死ぬまで覚えている, 「三つ子の魂百まで」. ❷ *the cradle* of civilization 文明の発祥地.
from the cradle to the grave 揺りかごから墓場まで, 生まれて死ぬまで《社会福祉に関し用いられる》.

*****craft** /krǽft クラフト | krɑ́ːft/ 名 (複 ~s /-ts/) ❶ U|C (職人などの)**技術**, 技巧.
❷ C (とくに手先または特殊技術を要する)職業, 仕事. ❸ C (複 craft) ⓐ船. ⓑ航空機; 宇宙船.
▶ ❶ with skilled *craft* 熟練した技術で. ❷ a school for arts and *crafts* 美術工芸学校.
　　　　　　　　　　　　☞ 形 crafty.

crafts·man /krǽftsmən クラフツマン/ 名 (複 crafts·men /-mən/) C 熟練職人; 工芸家.

crafts·man·ship /krǽftsmənʃip クラフツマンシップ/ 名 U 熟練職人の技能.

two hundred and seventy-nine　　　　　　　　　　　　　　279

crafty

craft·y /krǽfti クラフティ/ 形 (craft·i·er; craft·i·est) 悪賢い, ずるい.
☞ 名 craft.

crag /kr&æg; クラッグ/ 名 © けわしい岩.

crag·gy /krǽgi クラギ/ 形 (-gi·er; -gi·est) ❶ごつごつした岩の多い. ❷(男性の顔が)ほりの深い.

cram /krǽm クラム/ 動 (~s /-z/; crammed /-d/; cram·ming) 他 (物・人)を〔…に〕詰めこむ, 押しこむ〔into〕; …に〔…を〕詰めこむ, 押しこむ〔with〕.
— 自 ❶(試験のために)詰めこみ勉強をする. ❷(たくさんの人が)入りこむ.
▶ 他 She *crammed* her clothes *into* her suitcase. = She *crammed* her suitcase *with* her clothes. 彼女はスーツケースに衣類を詰めこんだ.
— 自 ❶ He is *cramming* for his final tests. 彼は最終試験のために詰めこみ勉強をしている.

crammed /krǽmd クラムド/ 形 (人・物で)いっぱいの, ぎゅうぎゅうの.
▶ The theater was *crammed with* audience. 劇場は観客で満員だった.

cramp /krǽmp クランプ/ 名 U C (筋肉の)痙攣(れん), こむらがえり.

cramped /krǽmpt クランプト/ 形 (場所が)せま苦しい.

cran·ber·ry /krǽnbèri クランベリ/ 名 (複 -ber·ries /-z/) © ツルコケモモ《赤いすっぱい小粒の実をつける; 実はソースやゼリーに使われる》.

crane /kréin クレイン/ 名 (複 ~s /-z/) © ❶ⓐ ツル. ⓑ サギ(科の鳥). ❷ クレーン, 起重機.
— 動 (現分 cran·ing) 他 (よく見るために)(首)を伸ばす.
— 自 (よく見るために)首を伸ばす.

crank /krǽŋk クランク/ 名 © ❶ L字形のハンドル《えんぴつ削り器の取っ手など》. ❷《口語》変人, つむじ曲がり. ❸《米口語》気難しい人, 怒りっぽい人.
— 動 他 (エンジンなど)をクランクを回して動かす.

crank·y /krǽŋki クランキ/ 形 (crank·i·er; crank·i·est) ❶風変わりな. ❷《米》気難しい, 怒りっぽい.

***crash** /krǽʃ クラッシュ/ 名 (複 ~es /-iz/) ©
❶(車などの)**衝突**, (飛行機などの)**墜落**.

❷ ガチャン, ガラガラ, ドシン《ものがこわれたり, 落ちたりするときの大きな音; ☯ crush は「押しつぶすこと」》.
❸ⓐ (突然の)事業不振, 倒産. ⓑ(株の)急落. ❹〔電算〕クラッシュ, 突然の停止.
— 動 (~·es /-iz/; ~ed /-t/; ~·ing) 自
❶ⓐ (車などが)**衝突する**. ⓑ (飛行機が)**墜落する**.
❷ものすごい音を立てる, 大きな音を立てて倒れる[落ちる, こわれる].
❸ⓐ (計画・事業などが)つぶれる, 失敗する. ⓑ (株が)暴落する.
❹〔電算〕(コンピューターが)動かなくなる.
— 他 ❶ⓐ (破損を覚悟して)(飛行機)を緊急着陸させる. ⓑ (車)を衝突させる.
❷ …をガチャンと割る[たたきつける].
— 形 ❶応急の, 緊急の. ❷速成の.

名 ❶ There was a car *crash* on the street involving three cars. 通りで3台の車の衝突があった / a plane *crash* 飛行機の墜落.
❷ I heard a *crash* of thunder. 雷鳴を聞いた / The dish hit the floor with a *crash*. 皿が床に落ちたときガチャンと大きな音がした.
— 動 自 ❶ⓐ The dump truck *crashed* into a train. そのダンプカーは列車に衝突した. ⓑ A jumbo jet *crashed* into the mountainside. ジャンボ機が山腹に墜落した.
❷ The tree *crashed* down. 木は大きな音をたてて倒れた / The pot *crashed* to [on] the floor. つぼは床にガチャンと落ちて割れた.
— 他 ❷ The girl *crashed* the plates together. 少女は皿をみんな割ってしまった.

crash out 自《口語》(疲れていて)すぐ寝入る.
— 形 ❶ a *crash* program 応急計画. ❷ a *crash* course in English 英語速成コース.

crásh bàrrier 名 © (高速道路などの)中央分離帯.

crásh hèlmet 名 © (レーシングカーやオートバイに乗る人がかぶる厚い)ヘルメット.

crash-land /krǽʃ-lǽnd クラシュ・ランド/ 動 他 (飛行機)を緊急着陸させる.
— 自 (飛行機が)緊急着陸する.

crásh lánding 名C 緊急着陸.
crass /krǽs クラス/ 形 ばかげた, ひどい.
crate /kréit クレイト/ 名C (家具・果物などを入れる)大きな木箱.
cra·ter /kréitər クレイタ/ 名C ❶ⓐ噴火口. ⓑ(地面にできた)穴. ❷(月面などの)クレーター.
cra·vat /krəvǽt クラヴァット/ 名C クラバット《男性用スカーフ》.
crave /kréiv クレイヴ/ 動 (現分 crav·ing) 他 …を非常に欲しがる.
— 自 [⋯を]非常に欲しがる [for].
crav·ing /kréiviŋ クレイヴィング/ 名C 強い願望[欲求].
craw·fish /krɔ́:fiʃ クローフィッシュ/ 名 (複 craw·fish, ~·es /-iz/) = **crayfish**.
*****crawl** /krɔ́:l クロール/ 動 (~s /-z/; ~ed /-d/; ~·ing) 自 ❶ はう, 腹ばいで進む.

crawl ❶

❷のろのろ進む, 徐行する.
❸《ふつう **be crawling with …**》… (虫など)がうようよしている, (人)で埋まっている. ❹へつらってぺこぺこする.
— 名 ❶《a をつけて》ⓐはうこと.
ⓑのろのろ動くこと, 徐行, 低速.
❷《the をつけて》【水泳】クロール(泳法) (○**cráwl stròke** ともいう; ☞ breaststroke).

・・・・・・・・・・・・・・・・・・・・・・・・・・・・・・

動 ❶Babies *crawl* before they walk. 赤ん坊は歩けるまでははいはいする / An insect was *crawling* on the tile. 虫がタイルの上をはっていた / *crawl* into [out of] bed (疲れていて)やっとベッドにもぐりこむ[からはい出る]. ❷Our train *crawled* along through the fog. われわれの列車は霧の中をのろのろ進んだ. ❸The rotten log *was crawling* with ants. 腐った丸太にはアリがうようよたかっていた.

cray·fish /kréifiʃ クレイフィッシュ/ 名 (複 cray·fish, ~·es /-iz/) C ザリガニ.

cray·on /kréian クレイアン/ 名C クレヨン.
craze /kréiz クレイズ/ 動 (現分 craz·ing) 他《ふつう **be crazed** で》夢中になる, 発狂したようになる.
— 名C (一時的)大流行, 大人気.
▶動他 She *is crazed* with jealousy. 彼女は嫉妬(しっと)に狂っている.
— 名 Long skirts were the *craze* that year. その年はロングスカートが大流行した.
☞ 形 crazy.

cra·zi·ly /kréizəli クレイズィリ/ 副 狂ったように, 夢中になって.
cra·zi·ness /kréizinəs クレイズィネス/ 名U 狂気, 熱狂.
*****cra·zy** /kréizi クレイズィ/ 形 (-zi·er; -zi·est)
❶ⓐ**気の狂ったような**, 狂気じみた, 異常な. ⓑ正気でない.
❷《口語》《**be crazy about …**》…に**夢中になっている**, …が大好きである.
❸おこった[ている].

crazy ❶
《「あの人は頭がおかしい」というときにするジェスチャー》

・・・・・・・・・・・・・・・・・・・・・・・・・・・・・・

❶ⓐa *crazy* idea 狂気じみた考え / It was *crazy* of you to trust him. (= You were *crazy* to trust him.) 彼を信用するなんて君はどうかしていた.
ⓑAre you *crazy*? 気でもちがったのかい.
❷She *is crazy about* dancing. 彼女は踊りに夢中だ / He *is crazy about* Lisa. 彼はリサが好きで好きでたまらない.
drive … crazy ①…をおこらせる. ②…を興奮させる.
go crazy ①おこる. ②興奮する. ③気が狂う.
like crazy 《口語》必死に, 猛烈に: work *like crazy* 猛烈に働く.
☞ 動名 craze.

creak /krí:k クリーク/ 動自 キーキーきしる. — 名C キーキーきしる音, きしみ.
creak·y /krí:ki クリーキ/ 形 (creak·i·er;

cream

creak·i·est) キーキーいう, よくきしる.

*__cream__ /krí:m クリーム/ 名 (複 ~s /-z/)
❶ Ⓤ **クリーム** 《牛乳の脂肪分》.
❷ ⓐ Ⓤ クリームの入った菓子. ⓑ Ⓒ クリーム状のもの.
❸ ⓊⒸ (化粧用の)クリーム.
❹ Ⓤ クリーム色.
❺ 《the をつけて》最良の部分.
— 動 他 ❶ …を混ぜてクリーム状にする.
❷ 《米口語》(試合で)…に大差で勝つ.

名 ❶ Do you take *cream* in your coffee? コーヒーにクリームを入れますか.
❺ *the cream* of the class (クラスの)優等生たち.
☞ 形 creamy.

— 動 *cream off* 他 (一番よいところ)を抜きとる, 精選する.

créam chèese 名 Ⓤ クリームチーズ《白くやわらかい生チーズ》.

créam sóda 名 Ⓤ 《米》(バニラの香りを加えた)ソーダ水《アイスクリームは入っていない; ✪ 日本語の「クリームソーダ」は ice-cream soda》.

cream·y /krí:mi クリーミ/ 形 (cream·i·er; cream·i·est) ❶ クリームの多い, クリーム状の. ❷ クリーム色の.
☞ 名 cream.

crease /krí:s クリース/ 名 Ⓒ ❶ (ズボンなどの)折り目. ❷ しわ.
— 動 (現分 creas·ing) 他 ❶ …に折り目をつける. ❷ …をしわにする.
— 自 ❶ 折り目がつく. ❷ しわがよる.

*__cre·ate__ /kriéit クリエイト/ (★発音注意) 動 (~s /-ts/; -at·ed /-id/; -at·ing) 他 ❶ …を**創造する**, (今までないもの)を考え出す[作り出す].
❷ (事態・問題など)を**引き起こす**, (評判など)を生む.

❶ God *created* heaven and earth. 神は天と地とを創造された / He *created* wonderful characters in his novels. 彼は小説の中ですばらしい人物を生み出した / The new factory *created* a lot of jobs. 新しい工場は多くの勤め口を作り出した.
❷ The movie *created* a sensation. その映画は大評判になった / *create* unrest 不穏な状況を作り出す.
☞ 名 creation, creativity, 形 creative.

*__cre·a·tion__ /kriéiʃən クリエイション/ 名 (複 ~s /-z/) ❶ Ⓤ **創造(する[される]こと)**, 創作, 創設.
❷ Ⓒ 創作物, 創作品.
❸ 《the Creation で》天地創造.
▶ the *creation* of a new design 新しい図案の創造 / the *creation* of a branch office 支店を新しく作ること.
❷ a *creation* by a great artist 大芸術家による作品 / imaginary *creations* 想像の作り出したもの.
☞ 動 create.

*__cre·a·tive__ /kriéitiv クリエイティヴ/ 形 (more ~; most ~) 創造力のある, 独創的な.
▶ *creative* power 創造力 / *creative* writing (詩・劇・物語などを書く)創作 / a *creative* writer 創造力のある作家.
☞ 動 create.

cre·a·tiv·i·ty /krì:eitívəti クリーエイティヴィティ/ 名 Ⓤ 創造性, 独創性.
☞ 形 creative.

cre·a·tor /kriéitər クリエイタ/ 名 ❶ Ⓒ 創造者; 創設者. ❷ 《the Creator で》(造物主としての)神.

*__crea·ture__ /krí:tʃər クリーチャ/ (★発音注意) 名 (複 ~s /-z/) Ⓒ **生き物**; (とくに)動物.
▶ sea *creatures* 海に住む動物たち.

cre·den·tials /kridénʃəlz クリデンシャルズ/ 名 複 ❶ 適正, 資格. ❷ (適正・資格・身分などを保証する)証明書. ❸ 信任状《大使などの身分を証明する書類》.

cred·i·bil·i·ty /krèdəbíləti クレディビリティ/ 名 Ⓤ 信用できること, 信頼性.

cred·i·ble /krédəbl クレディブル/ 形 信用できる, 実現の可能性がある (反 incredible).

*__cred·it__ /krédit クレディト/ 名 (複 ~s /-ts/) ❶ Ⓤ (現金で払わない)**クレジット**, 信用販売, 付け.
❷ Ⓤ ⓐ (銀行の)**預金**, 預金残高.
ⓑ (もらう権利のある)交付金, 助成金.
❸ ⓐ Ⓤ (よいことをしたという)**賞賛**, 名誉.
ⓑ 《a をつけて》名誉となる人[物].
❹ ⓐ (商取引に関する)**信用**. ⓑ 信用, 信頼. ❺ 《米》(大学の)(履修)単位《☞ unit

❺). ❻《**the credits**》クレジット・タイトル《映画やテレビで出演者や監督などを列挙してある字幕》.
— 動 (~s /-ts/; ~ed /-id/; ~ing) 他
❶(口座に)(お金など)を入れる, 振りこむ.
❷ⓐ《**credit ... with ~**》…に~(性質・感情・功績など)があると信じる(言う).
ⓑ《**be credittted to ...**》…(功績など)があると信じられている.
❸《英》《否定文・疑問文で》…を信じる.

名 ❶The store allows us *credit* up to $1000. その店は付けで[クレジットで]1000ドルまで買い物をさせてくれる / The store doesn't give us *credit*. その店は付けでは買い物をさせてくれない.
❷ⓐhave *credit* at a bank 銀行預金がある. ⓑexport *credit* 輸出助成金.
❸ⓑHe is *a credit* to our school. 彼は私たちの学校の名誉である.
❹ⓐ*Credit* is everything to a businessman. 実業家には信用がなにより大切である.
❺She got four *credits* for history. 彼女は歴史で4単位取った.

do ... credit = do credit to ... …の**名誉になる**: This work *does* you *credit*. = This work *does credit to* you. この仕事をすることは君の名誉となる.

give ... credit for ~ ①…を~だと信じる, …が~をもっていると信じる: I *gave* her *credit for* being more sensible. 私は彼女はもっとものわかりがよいと思っていた. ②~は…がしたものだと認める, ~を…の功績とする: The class *gave* her *credit for* making a success of the party. クラスの生徒たちはパーティーの成功は彼女のおかげだと思った.

on credit クレジットで, 付けで: We do not sell *on credit*. 当店ではクレジットは使えません.

take [get] (the) credit (for ...) (…の)功績を認められる, (…で)賞賛される; (…を)自分の手柄とする.

to ...'s credit ①…の**名誉となって**: His conduct is very much *to his credit*. 彼の行為は彼の名誉となるようなりっぱなものだ / It is *to his credit* that he worked his way through college. 彼が働きながら大学を出たことは立派だ. ②…の名義で.

— 動 他 ❶The money was *credited* to her account. そのお金は彼女の口座に入れられた. ❷ⓐHe is *credited with* the invention. 彼がそれを発明したと言われている.

cred·it·a·ble /kréditəbl クレディタブル/ 形 りっぱな.

crédit càrd 名 C クレジットカード《❸単に card ともいう》.

cred·it·or /kréditər クレディタ/ 名 C 債権者, 貸し主.

cre·do /krí:dou クリードゥ/ 名 (複 ~s /-z/) C 信条.

creed /krí:d クリード/ 名 C 主義, 信念.

creek /krí:k クリーク/ 名 C ❶《米》小川. ❷《英》小さな入江.

***creep** /krí:p クリープ/ 動 (~s /-s/; crept /krépt/; ~ing) 自 ❶ⓐ (虫などが)**はう**, はって進む.
ⓑ (つる草などが)はう, からみつく.
❷ (ひそかに)**ゆっくり進む**, 忍び足で行く; はうようにのろのろ進む.
❸ (時間などが)ゆっくり過ぎる, 忍び寄る.

— 名 ❶《**the creeps**》ぞっとする感じ.
❷ C 《米口語》いやなやつ. ❸《英口語》おべっか使い.

動 他 ❶ⓐA lizard *crept* into the bush. トカゲがやぶの中に入りこんだ.
ⓑIvy has *crept* up the walls of the school buildings. 校舎の壁にはツタがはっている.
❷He *crept* downstairs. 彼はこっそり2階から下りてきた / The traffic was *creeping*. 交通ははうようにのろのろ動いていた.
❸Old age *creeps* up on us. 老いは知らぬ間にせまってくる.

creep in 自 じわじわと入りこむ.

creep into ... ①じわじわと…に入りこむ, 広がる: The floodwaters *crept* little by little *into* the fields. 洪水がじわじわと畑に入っていった. ②(気持ちが)…に忍びこむ: Doubt *crept into* her mind. 疑いの気持ちが彼女の心に忍びこんできた.

creeper

— 名 ❶ It gave me *the creeps*. それは私をぞっとさせた（それには思わずぞっとした）.

☞ 形 creepy.

creep·er /krí:pər クリーパ/ 名 © つる植物.

creep·y /krí:pi クリーピ/ 形 (creep·i·er; creep·i·est) ぞっとするような.

☞ 名 creep.

cre·mate /krí:meit クリーメイト | kriméit/ 動 (現分 -mat·ing) 他 (死体)を火葬にする.

cre·ma·tion /kriméiʃən クリメイション/ 名 U|C 火葬.

crem·ma·to·ri·um /krì:mətɔ́:riəm クリーマトーリアム/ 名 (複 ~s /-z/; -to·ria /-tɔ́:riə/) © 火葬場.

Cre·ole /krí:oul クリーオウル/ 名 ❶ © クリオール人《ヨーロッパ系とアフリカ系人種の混血人種》.
❷ © 《米》クリオール人《フランスまたはスペイン系移民の子孫; とくに西インド諸島に住んでいる人々を指す》.
❸ U|C クリオール語《カリブ海地域などで話されるヨーロッパ系の言語と他の言語がまじり合った混合言語》.

crepe, crêpe /kréip クレイプ/ 名 ❶ U クレープ, ちりめん. ❷ U|C 薄いパンケーキ, クレープ.

*__crept__ /krépt クレプト/ 動 creep の過去形・過去分詞形.

cre·scen·do /krəʃéndou クレシェンドウ/ 名 ©〔音楽〕クレッシェンド, しだいに強く.

cres·cent /krésnt クレスント/ 名 © ❶ 三日月. ❷ⓐ 三日月形のもの. ⓑ《英》三日月形の町並み.

cress /krés クレス/ 名 U カラシ菜《葉はサラダ用》.

crest /krést クレスト/ 名 © ❶ (にわとりなどの)とさか. ❷ 山頂; 波頭(なみがしら).

crest·fall·en /kréstfɔ̀:lən クレストフォールン/ 形 がっかりした, 元気のない.

cre·vasse /krivǽs クリヴァス/ 名 © (氷河などの深い)割れ目, クレバス.

crev·ice /krévis クレヴィス/ 名 © (岩・壁などの)割れ目.

*__crew__ /krú: クルー/ 名 (複 ~s /-z/) ©《集合的に》❶ (船・飛行機・列車・バスなどの)**乗組員**, 乗務員, 搭乗員.

❷ (いっしょに働く)作業グループ.
❸ (ボートレースの)クルー, 選手.

・・・・・・・・・・・・・・・・・・・・・・
❶ The ship carries a *crew* of thirty men. その船は30人の乗組員を乗せている / The *crew* were [was] all saved. 乗組員は全員救助された / a train *crew* (ひとつの)列車乗務員(全員).
❷ a road *crew* 道路工夫のグループ.
❸ the Oxford *crew* オックスフォード大学のボートの選手(全員).

créw cùt 名 © (男性の髪の)短い角刈り.

crib /kríb クリブ/ 名 © 《米》(四方にわくのついた)ベビーベッド《●《英》では cot; ☞ playpen》.

crick /krík クリック/ 名 © (首・背中などの)筋(すじ)違い.

crick·et¹ /kríkit クリキット/ 名 (複 ~s /-ts/) © コオロギ. ▶ I hear *crickets* chirping. コオロギが鳴いているのが聞こえる.

crick·et² /kríkit クリキット/ 名 U|C クリケット《イギリスの国技で11人ずつのふたつのチームで芝の上で行なう球技》.

crick·et·er /kríkitər クリキッタ/ 名 © クリケット選手.

*__cried__ /kráid クライド/ 動 cry の過去形・過去分詞形.

*__cries__ /kráiz クライズ/ 名 cry の複数形.
— 動 cry の三人称単数現在形.

*__crime__ /kráim クライム/ 名 (複 ~s /-z/)
❶ © **犯罪**《☞ sin の 類語》.
❷ U (一般に)犯罪行為.
❸ © 《口語》恥ずべきこと, よくないこと.

・・・・・・・・・・・・・・・・・・・・・・
❶ He committed a serious *crime*. 彼は重大な罪を犯した / a capital *crime* 死刑に値する罪.
❷ *Crime* is increasing. 犯罪が増えている.
❸ It's a *crime* to keep others waiting so long. 他人をそんなに長く待たせておくのはよくないことだ.

☞ 形 criminal.

*__crim·i·nal__ /krímənl クリミヌル/ 名 (複 ~s /-z/) © **犯罪者**, 犯人《●「宗教・道徳上の罪人」は sinner》.

— 形 (more ~; most ~) ❶ **犯罪の**; 刑事上の《☞ civil》.
❷ 《口語》けしからん, とんでもない.

críminal láw 名U 刑法.

crimp /krímp クリンプ/ 動他 ❶ …にひだをつける, (髪)をカールさせる. ❷《米口語》…を抑える, 妨害する.

crim·son /krímzn クリムズン/ 名U 濃い紅色.
— 形 濃い紅色の.

cringe /krínʤ クリンヂ/ 動圓 ❶ (こわくて)すくむ, 縮み上がる. ❷ (上役などに)ぺこぺこする, へつらう. ❸ ばつの悪い思いをする.

crin·kle /kríŋkl クリンクル/ 動 (現分 crin-kling) 他 ❶ …に(細かい)しわを寄せる. ❷ (髪の毛)をちぢれさせる.
— 圓 (細かい)しわが寄る; ちぢれる.
— 名C (細かい)しわ, ちぢれ.

crin·kly /kríŋkli クリンクリ/ 形 (-kli·er; -kli·est) 細かいしわの寄った, ちぢれた.

crip·ple /krípl クリプル/ 動 (現分 crip-pling) 他 ❶ (人)の手足を不自由にする, (人)を身体障害者にする (❍差別的な語なので disable を使うのが好ましい). ❷ …に大打撃を与える, …の機能をまひさせる.

cri·ses /kráisi:z クライスィーズ/ 名 crisis の複数形.

__crisis__ /kráisis クライスィス/ 名 (複 cri·ses /-si:z/) C ❶ **危機**. ❷ (運命などの)重大な分かれ目.
▶ ❶ There is a political *crisis* between the two countries. その2国の間には政治危機が存在している.
❷ She was seriously ill but the *crisis* has passed. 彼女の病気は重かったが峠を越した.
☞ 形 critical ❷❸.

crisp /krísp クリスプ/ 形 (~·er; ~·est)
❶ⓐ (食物などが)カリカリする. ⓑ (野菜などが)新鮮で, パリパリする; (紙などが)手が切れるような.
❷ (天候などが)すがすがしい, さわやかな.
❸ (態度・語調などが)てきぱきした, 歯切れのよい.
— 名C 《ふつう複数形で》《英》 ポテトチップス (❍ potato crisps ともいう; 《米》では (potato) chips).
▶ 形 ❶ⓐ *crisp* toast カリカリするトースト. ⓑ *crisp* lettuce パリパリするレタス.
❷ The air was cool and *crisp*. 空気は涼しくてさわやかだった.
❸ a *crisp* manner of speaking きっぱりした話し方.

crisp·y /kríspi クリスピ/ 形 (crisp·i·er; crisp·i·est) = crisp 形 ❶.

criss·cross /krískrɔ(:)s クリスクロ(ー)ス/ 形 格子(ごうし)模様の.
— 動 (三単現 ~·es /-iz/) 他 ❶ …の上を格子模様に交差する. ❷ …を何度も行き来する.
— 圓 格子模様に交差する.

cri·te·ri·on /kraitíəriən クライティ(ア)リアン/ 名 (複 -te·ri·a /-riə/, ~s /-z/) C (判断の)基準.

__crit·ic__ /krítik クリティック/ 名 (複 ~s /-s/) C ❶ (文学・美術などの) **批評家**, 評論家. ❷ 批判をする人.

__crit·i·cal__ /krítikəl クリティカル/ 形 (more ~; most ~)
❶ⓐ **批判的な**, あら捜(さが)し的な.
ⓑ 《be critical of ...》…に対して批判的である, …をよくないと思っている.
❷ (物事を左右するような) **非常に重要な**.
❸ⓐ (状況などが) **危機的な**.
ⓑ (病状が)非常に危険な, 危篤(きとく)の.
❹ 批評の, 評論の.

❶ⓐ He had a *critical* attitude toward the project. 彼はそのプロジェクトに対しては批判的な姿勢をもっていた / a highly *critical* book review 非常に批判的な書評.
ⓑ She *is critical of* your idea. 彼女はあなたの考えに批判的だ.
❷ Export is *critical* to Japanese economy. 輸出は日本経済にとって非常に重要だ / That was a *critical* moment for me. それは私にとって決定的な瞬間だった.
❸ⓐ a *critical* situation 危機的な[重大な]状況. ⓑ She is in *critical* condition. 彼女は重態[危篤]である.
❹ a *critical* study of a book 本の批評的研究.
☞ 名 ❶, ❹ では criticism, ❷, ❸ では crisis.

crit·i·cal·ly /krítikəli クリティカリ/ 副 ❶ 批判的に, 批評的に. ❷ 危機的に, 危

険なまでに.

crit·i·cise /krítəsàiz クリティサイズ/ 動《英》= criticize.

***crit·i·cism** /krítəsìzm クリティシィズム/ 名 (複 ~s /-z/) [U][C] ❶ **批判**, 非難, あら捜し.

❷ (文学・美術などの)**批評**, 評論.
▶ I cannot stand his *criticism*. 私は彼の批判にはがまんができない. ❷ literary *criticism* 文芸評論[批評].
☞ 形 critical ❶, ❹, 動 criticize.

***crit·i·cize** /krítəsàiz クリティサイズ/ 動 (-ciz·es /-iz/; -cized /-d/; -ciz·ing) 他 ❶ …を**批判する**, 非難する, …のあら捜しをする.

❷ …を**批評する**, 論評する.
▶ ❶ We *criticized* him for his rudeness. 私たちは彼を乱暴[無礼]だといって非難した. ❷ The teacher *criticized* their papers. 先生は彼らのレポートを批評した.
☞ 名 criticism.

cri·tique /kritíːk クリティーク/ 名[C] (文学・美術などの)評論(文).

croak /króuk クロウク/ 名[C] ❶ ゲロゲロ, ケロケロ《カエルの鳴き声》. ❷ しわがれ声.
— 動 ⾃ ❶ (カエルなどが)ゲロゲロ[ケロケロ]鳴く. ❷ しわがれ声で話す.
— 他 …としわがれ声で言う.

cro·chet /króuʃéi クロウシェイ | króuʃei/ 《★発音注意》動 他 …をかぎ針編みする.
— ⾃ かぎ針編みする.

crock·er·y /krákəri クラカリ/ 名[U]《英》《集合的に》(食器としての)陶磁器《◆皿・カップなど; ☞ cutlery》.

Crock·ett /krákit クラキット/ 名 クロケット《David Crockett (1786–1836); アメリカの西部開拓者・政治家; 伝説的英雄; 通称 Davy Crockett》.

croc·o·dile /krákədàil クラコダイル/ 名[C] クロコダイル, (一般に)ワニ《とくにアフリカやアジア産のもの; 口先きが細長い; ✿ アメリカ, 中国産のワニは alligator》.
shed [*weep*] *crocodile tears* うそ涙を流す.

cro·cus /króukəs クロウカス/ 名 (複 ~·es /-iz/)[C] クロッカス《イギリスで春の花のさきがけとなる》.

crois·sant /krwɑːsɑ́ːŋ クルワーサーング/ 《★発音注意》名[C] クロワッサン《三日月形のロールパン》.

Crom·well /krámwel クラムウェル/ 名 クロムウェル《Oliver Cromwell (1599–1658); イギリスの将軍で清教徒の政治家; チャールズ (Charles) 一世を処刑した後, イングランド共和国 (the Commonwealth of England)(1649–60) をつくった》.

cro·ny /króuni クロウニ/ 名 (複 cro·nies /-z/)[C]《口語》(悪い意味で)仲間, (権力者の)とりまき.

crook /krúk クルック/ 名[C] ❶《口語》不正を働くやつ, 詐欺(さぎ)師. ❷ 曲がったもの, 鉤(かぎ); わん曲部.

crook·ed /krúkid クルキド/ 《★発音注意》形 ❶ 曲がった, カーブした.
❷ 心が曲がった, 不正直な.

croon /krúːn クルーン/ 動 ⾃ 低い柔(やわ)らかい声で歌う.
— 他 …を低くやさしく歌う.

***crop** /kráp クラップ | króp/ 名 (複 ~s /-s/)[C] ❶ **農作物**, 作物.
❷ (一シーズンの)(すべての)**収穫**(高).
❸《単数形で》(一度に現われる)(人やものの)群れ, 集団.
— 動 (~s /-s/; cropped /-t/; crop·ping) 他 ❶ …を**刈りこむ**, 切って短く[小さく]する.
❷ (動物が)(草)を食べる, (草)の先を食いちぎる.
— ⾃ (作物の)収穫がある.

....

名 ❶ Rice is the principal *crop* of our village. 米が私たちの村の主要作物だ / The warm weather was good for the *crops*. 暖かい天気は作物によかった. ❷ The rice *crop* was very good last year. 去年は米の収穫は非常によかった / We have had a good *crop* of apples this year. 今年はリンゴが豊作だった. ❸ *a* large *crop* of new writers 新しいたくさんの作家 / *a crop* of inventions 一群の発明.
— 動 他 ❶ He had his hair *cropped*. 彼は髪を短かく刈りこんでもらった.

crop up ⾃ 突然現われる, (問題などが)突然生じる.

cro·quet /króukéi クロウケイ | króukei/ 名[U] クローケー《木球を木づちで打って門柱

の中を通す屋外のゲーム；ゲートボールの原型).

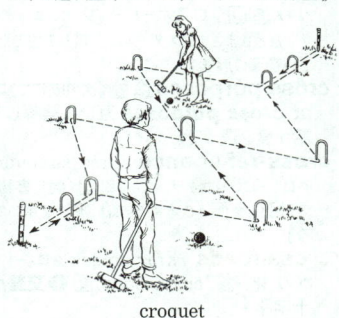

croquet

cro·quette /kroukét クロウ**ケッ**ト/ (★発音注意) 名 C コロッケ.

***cross** /krɔ́(ː)s クロ (ー) ス/
動 (~·es /-iz/; ~ed /-t/; ~ing) 他
❶ …を**横切る**, 横断する, 渡る.
❷ⓐ …を**交差させる**, …と交差する.
ⓑ (腕・脚など) を組む (☞ cross-legged, fold¹).
❸ …に横線を引く (☞成句 cross out).
❹ …(人)とすれ違う, (手紙が)…と行き違いになる.
❺ (動植物を)〔～と〕交配する〔with〕.
❻ (人)に反対しておこらせる.
— 自 ❶ **横切る**, 渡る.
❷ (線・道などが) **交差する**.
❸ (手紙が) 行き違いになる.
— 名 (複 ~·es /-iz/) C ❶ⓐ **十字形**, 十字記号. ⓑ (勲章・塔などの) 十字形のもの. ⓒ (祈りのときなどに切る) 十字.
❷ⓐ **十字架** (キリスト教信仰のしるし).
ⓑ《the Cross で》(キリストがはりつけになった) 十字架.
❸ 交配種, 雑種.
— 形 (~·er; ~·est) 不機嫌(きげん)な, おこりっぽい.

- -

動 他 ❶ A railroad bridge *crosses* the river. その川には鉄橋がかかっている / We *crossed* the lake in a boat. 私たちはその湖をボートで横断した.
❷ⓐ The two streets *cross* each other. その2本の道路は交差している.
ⓑ He sat with his legs *crossed*. 彼は足を組んですわっていた / *cross* one's arms 腕を組む.
❹ Your letter *crossed* mine. 君の手紙は私のと行き違いになった.
— 自 ❶ He *crossed* over to America. 彼は (海を渡って) アメリカへ行った.
cross ...'s mind (考えが)…の頭に思い浮かぶ: A good idea *crossed his mind*. 彼の心によい考えが浮かんだ.
cross oneself (胸の前で)十字を切る: She *crossed herself*. 彼女は十字を切った.

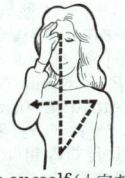

cross oneself (十字を切る)
《カトリック教徒は神に祈る時や厄ばらいの時によく十字を切る》

cross one's fingers (☞ finger).
cross off 他 (線を引いて)…を消す.
cross ... off ~ (線を引いて)…を～から**削る**, 消す: I *crossed* his name *off* the list. 私は彼の名前を名簿から削った.
cross out 他 (線を引いて)…を**削る**, 消す: She *crossed out* the word. 彼女はその単語を線を引いて削った.
cross over 自 ① (反対側に) 渡る. ② (海などを渡って) 行く. ③ 反対派に寝返る. ④ (演奏などが) ジャンルを変える.
— 名 ❶ⓐ Mark the place on the map with a *cross*. 地図上のその場所に×じるしをつけなさい.
ⓒ make the sign of the *cross* 十字を切る (☞成句 *cross oneself*).
❷ⓐ She always wears a *cross*. 彼女はいつも十字架を身につけている.
❸ A mule is a *cross* between a mare and a donkey. ラバは雌馬とロバの混血である.
— 形 He looked *cross*. 彼は機嫌が悪そうな顔つきをしていた.

cross·bar /krɔ́(ː)sbɑ̀ːr クロ(ー)ス**バー**/ 名 C (サッカー・ラグビーなどのゴールの) クロスバー; (自転車のハンドルとサドルをつなぐ) 横棒.

cross·breed /krɔ́(ː)sbrìːd クロ(ー)スブ

287

cross-check /krɔ́(:)s-tʃèk クロ(ー)ス・チェック/ 動他 (計算・情報など)を他の方法で再確認[点検]する.

cross-coun·try /krɔ́(:)s-kʌ́ntri クロ(ー)ス・カントリ/ 形 (道路を通らず)山野を横断する, クロスカントリーの.
— 副 (道路を通らず)山野を横断して.
▶形 a *cross-country* race クロスカントリーレース.

cross-cul·tur·al /krɔ́(:)s-kʌ́ltʃərəl クロ(ー)ス・カルチュラル/ 形 異文化間の.

cross-ex·am·i·na·tion /krɔ́(:)s-igzæmənéiʃən クロ(ー)ス・エグザミネイション/ 名 UC 【法律】反対尋問(じん); きびしい追及.

cross-ex·am·ine /krɔ́(:)s-igzǽmin クロ(ー)ス・エグザミン/ 動 (現分 -in·ing) 他 【法律】…に反対尋問(じん)をする; …をきびしく追及する.

cross-eyed /krɔ́(:)sáid クロ(ー)サイド/ 形 (視線が中側で交わる)斜視の.

cróss fíre 名 ❶ U 多方向からの銃弾. ❷ C 激しい議論.
▶ ❷ be caught in the *cross fire* 他人の争いに巻きこまれる.

***cross·ing** /krɔ́(:)siŋ クロ(ー)スィング/ 名 (複 ~s /-z/) C ❶ⓐ 交差, 横断; ⓑ 横断航海. ❷ⓐ 交差点. ⓑ 横断歩道. ⓒ (鉄道の)踏切.
▶ ❶ⓐ make a *crossing* 横断する.

cross-leg·ged /krɔ́(:)s-légid クロ(ー)ス・レッギッド, -レッグド/ 形副 脚(を)を組んだ[で], あぐらをかいた[て] (☞leg ❶).
▶ He is sitting *cross-legged*. 彼はあぐらをかいている.

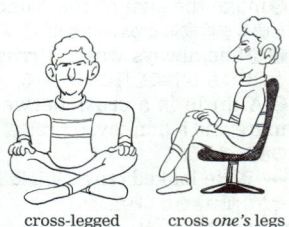

cross-legged (あぐらをかいて)

cross *one's* legs (脚を組む)

cross·ly /krɔ́(:)sli クロ(ー)スリ/ 副 不機嫌に.

cross·o·ver /krɔ́(:)sòuvər クロ(ー)ソウヴァ/ 名 U クロスオーバー 《ジャズ・ロック・ラテンなどさまざまなスタイルが交錯して生じた新しい音楽の形態》.

cróss púrposes 名 複 《次の成句で》: *at cross purposes* 互いに誤解して, 話が食い違って.

cross-ref·er·ence /krɔ́(:)s-réfərəns クロ(ー)ス・レファランス/ 名 C (同じ書物中の)相互参照 《◎本辞典では ☞ を用いている》.

***cross·roads** /krɔ́(:)sròudz クロ(ー)スロウツ/ 名 (複 crossroads) C ❶ 交差点, 十字路.
❷ (重大決意をすべき)岐路(きろ).
▶ ❷ We are standing at a [the] *crossroads*. われわれは重大な岐路に立っている.

cróss séction 名 C ❶ 横断面, 断面図. ❷ (社会などの)断面.

cross·walk /krɔ́(:)swɔ̀:k クロ(ー)スウォーク/ 名 C 《米》横断歩道 《◎《英》では pedestrian crossing》.

cróss wòrd púzzle /krɔ́(:)swə̀:rd- クロ(ー)スワード-/ 名 C クロスワードパズル 《単に crossword ともいう》.
▶ do a [the] *crossword puzzle* クロスワードパズルを解く.

crotch /krátʃ クラッチ/ 名 (複 ~·es /-iz/) C (人体・ズボンの)股(また)(の部分).

crouch /kráutʃ クラウチ/ 動 (~·es /-iz/; ~ed /-t/; ~·ing) 自 (ひざを曲げて)かがむ, しゃがむ. ▶動 自 The dog *crouched* (down) at her feet. 犬は彼女の足元にしゃがみこんだ.

crow¹ /króu クロウ/ 名 C カラス.
▶ *Crows* caw loudly. カラスはカーカーうるさい声で鳴く / (as) black as a *crow* 真っ黒い.
as the crow flies (カラスが飛ぶように)一直線に.

crow² /króu クロウ/ 動 (~s /-z/; crowed /-d/; crowed; ~·ing) 自 ❶ (おんどりが)鳴く. ❷ 自慢してしゃべる.

crow·bar /króubà:r クロウバー/ 名 C かなてこ, バール.

****crowd** /kráud クラウド/ 名 (複 ~s /-dz/) ❶ⓒⓐ 群衆, 人込み. ⓑ (スポーツの)観衆.

❷《the をつけて》一般の人, 大衆, 民衆.
❸C《口語》仲間.
— 動 (~s /-dz/; ~ed /-id/; ~ing) 自
❶群がる, たくさん集まる.
❷群がって進む, 押し寄せる.
— 他 ❶(人が)(場所)に群がる, つめかける.
❷…を押しこむ, 詰めこむ.

名 ❶ⓐ There was a large *crowd* in the park. 公園には大勢の人がいた / All the *crowd* was [were] waiting for the princess to arrive. 群衆はみな王女の到着を待っていた.
a crowd of ... = ***crowds of ...*** 多数の…《✿人にも物にも用いる》.
follow [***go with, move with***] ***the crowd*** 世間の人がするようにする.
in crowds 大勢で, 群れをなして.
stand out from the [***in a***] ***crowd*** 目だつ.

— 動自 ❶ They *crowded* around [round] the injured child. 彼らはけがをした子どものまわりに集まった.
❷ They *crowded* into the room. 彼らは部屋に押し入った.
— 他 ❶ People *crowded* the hall. ホールは人でいっぱいになった.
❷ The prisoners were *crowded* into the cell. 囚人たちはその独房に詰めこまれた.
crowd out 他①(満員のために)…を締め出す. ②(他のものが入れないほど)…を満員にする.

***crowd·ed** /kráudid クラウディド/ 形 (more ~; most ~) 込んでいる, 満員の; 〔…で〕いっぱいである〔*with*〕.
▶The bus was very *crowded*. バスはとても込んでいた / The street was *crowded* with sightseers. その通りは観光客でいっぱいだった / a *crowded* train 込んでいる列車.

***crown** /kráun クラウン/ 名 (複 ~s /-z/)
❶C 王冠.
❷ⓐC 冠, 栄冠《勝利の象徴として用いた花や葉で飾った冠》.
ⓑ《口語》勝利の栄誉; (競技の)優勝.
❸《the をつけて》ⓐ 王(位), 君主.
ⓑ(王国の)政府.
❹C ⓐ 一番上の部分, 頭, 頂上, (帽子の)山. ⓑ〔歯科〕歯冠(ﾖｳ).
— 動 (~s /-z/; ~ed /-d/; ~ing) 他
❶(王冠をつけて)(人)を王位につかせる.
❷(成功・栄誉などが)…に報いる.
❸…の頂上にのる, 上部をおおう.

名 ❶ wear a *crown* 王冠をかぶる.
❷ⓐ a laurel *crown* 月桂冠.
ⓑ win the *crown* 優勝する.
❸ⓐ succeed to *the crown* [*the Crown*] 王位を継ぐ.

— 動他 ❶ He was *crowned* (as) king. 彼は王位についた. ❷ Success *crowned* his efforts. = His efforts were *crowned* with success. 彼の努力は成功をもって報いられた. ❸ A gold star *crowns* the Christmas tree. 金の星がクリスマスツリーの頂点についている / The mountains are *crowned* with snow. 山の頂きは雪でおおわれている.

crown·ing /kráuniŋ クラウニング/ 形 最後を飾る; 絶頂の, 最高の.

crówn prínce 名C (イギリス以外の)皇太子《✿「イギリス皇太子」は the Prince of Wales》.

crówn príncess 名C ❶皇太子妃《✿「イギリス皇太子妃」は the Princess of Wales》. ❷(女王になる予定の)王女.

cru·cial /krúːʃəl クルーシャル/ 形 重大な, 決定的な.
▶the *crucial* moment 決定的瞬間.
☞ 名 crux.

cru·ci·fix /krúːsəfɪks クルースィフィックス/ 名 (複 ~es /-ɪz/) C 十字架にかけられているキリストの像.

cru·ci·fix·ion /krùːsəfíkʃən クルースィフィクション/ 名 ❶UC はりつけ.
❷《the Crucifixion で》キリストのはりつけ.

cru·ci·fy /krúːsəfài クルースィファイ/ 動 (-ci·fies /-z/; -ci·fied /-d/; ~ing)
❶…をはりつけにする. ❷…をひどい目にあわせる, 迫害する; 酷評する.

***crude** /krúːd クルード/ 形 (crud·er; crud·est)
❶天然のままの, 加工してない.
❷(人・態度が)粗野な, 品のない.
❸大ざっぱな, 粗雑な.
▶❶ *crude* oil 原油.

cruel

❷ *crude* manners 不作法 / a *crude* joke 下品なジョーク.
❸ in *crude* terms 大ざっぱに言えば / a *crude* cabin 雑に作られた小屋.

*__cru·el__ /krúːəl クルーエル/ 形 (~·er, 《英》-el·ler; ~·est, 《英》-el·lest)
❶ **残酷な**, 人[動物]を傷つけて喜ぶ.
❷ **悲惨な**, 痛ましい, ひどい.

❶ Don't be *cruel* to animals. 動物に残酷なことをしてはいけない / It is *cruel* of you *to* say that to her. (= You are *cruel* to say that to her.) 彼女にあんなことを言うなんて君は残酷だ / *cruel* remarks 残酷なことば.
❷ a *cruel* sight 悲惨な光景 / a *cruel* disease ひどい病気.
☞ 名 cruelty.

__cru·el·ly__ /krúːəli クルーエリ/ 副 残酷に, 情け容赦(ようしゃ)なく.

*__cru·el·ty__ /krúːəlti クルーエルティ/ 名 (複 -el·ties /-z/)
❶ 《ふつう複数形で》**残酷な行為[ことば]**.
❷ Ⓤ 残酷, 無慈悲.
▶ ❶ *cruelties* to animals 動物虐待(ぎゃくたい). ❷ He has some *cruelty* in his nature. 彼の性格には残酷なところがある.
☞ 形 cruel.

__cruise__ /krúːz クルーズ/ 動 (現分 cruis·ing) 自 ❶ (観光のために)あちらこちらと航海する.
❷ (自動車・飛行機などが)一定速度で走る[飛ぶ].
❸ ⓐ (ゆっくりと)車を走らせる.
ⓑ (タクシーが)流す.
— 名 Ⓒ 船旅, (船による)遊覧旅行.

__cruis·er__ /krúːzər クルーザ/ 名 Ⓒ ❶ クルーザー《寝室もあるモーターボート》.
❷ 巡洋艦.
❸ 《米》パトカー (patrol car).

__crumb__ /krʌ́m クラム/ 《★ b は発音されない》名 (複 ~s /-z/) Ⓒ ❶ (パン, クッキーの)くず. ❷ 少量, 少し.
▶ ❶ I fed *crumbs* to the birds. 私はパンくずを小鳥にやった.

__crum·ble__ /krʌ́mbl クランブル/ 動 (現分 crum·bling) 他 …を小さく砕(くだ)く, こなごなにする.
— 自 ❶ こなごな[ぼろぼろ]に砕ける.

❷ (望み・権力などが)なくなる, 弱くなる.

__crum·bly__ /krʌ́mbli クランブリ/ 形 (-bli·er; -bli·est) 砕(くだ)けやすい, もろい.

__crum·ple__ /krʌ́mpl クランプル/ 動 (現分 crum·pling) 他 …をくしゃくしゃにする.
— 自 くしゃくしゃになる.

__crunch__ /krʌ́ntʃ クランチ/ 動 (三単現 ~·es /-iz/) 他 …をポリポリ[カリカリ]かむ.
— 自 ❶ ポリポリ[カリカリ]音を立てる. ❷ ザクザク音を立てながら進む.
— 名 ❶ Ⓒ ポリポリ[カリカリ]かみくだく音. ❷ Ⓒ ザクザクいう音. ❸ 《the をつけて》危機.

__cru·sade__ /kruːséid クルーセイド/ 名 Ⓒ
❶ 《Crusade で》十字軍《聖地エルサレムをイスラム教徒の手から奪回しようと11世紀から13世紀にかけて派遣されたキリスト教徒の遠征軍》.
❷ (改善・改革などのための)運動.
— 動 (現分 -sad·ing) 自 (改善・改革のための)運動に参加する.
▶ 名 ❷ a *crusade* against juvenile delinquency 青少年犯罪[非行]防止運動.

__cru·sad·er__ /kruːséidər クルーセイダ/ 名 Ⓒ ❶ 十字軍の戦士 (☞ crusade ❶).
❷ 改善[改革]運動家.

*__crush__ /krʌ́ʃ クラッシュ/ 動 (~·es /-iz/; ~ed /-t/; ~·ing) 他
❶ ⓐ …を**押しつぶす**.
ⓑ …をしわくちゃにする.
ⓒ …を砕く, こわす.
❷ ⓐ (敵など)を**打ちくだく**, 壊滅(かいめつ)する.
ⓑ (希望など)をくじく, がっかりさせる.
❸ …を押しこむ, 押しつける.
— 自 **つぶれる**, しわくちゃになる.
— 名 (複 ~·es /-iz/) ❶ Ⓒ 雑踏, 群衆.
❷ Ⓒ 《口語》(異性に対する)のぼせ上がり, 強いあこがれ, 片思い.

動 他 ❶ ⓐ Grapes are *crushed* to make wine. ワインを作るためにブドウがつぶされる / *crush* a plastic bottle ペットボトルを押しつぶす. ⓑ Pack the dress carefully or you'll *crush* it. 着物を注意して荷作りしないとしわくちゃにしてしまうよ.
❷ ⓐ They *crushed* their enemy. 彼

らは敵を鎮圧した / *crush* the champion team 優勝チームを破る. ❺Our hopes have been *crushed*. われわれの希望はくじかれた / We were *crushed* that we lost the championship. 選手権を失ってわれわれはがっくりきた. ❸*crush* passengers *into* the train 乗客を列車に押しこむ.
— ⾃ Linen *crushes* easily. リンネル布はすぐしわになる.
— 名 ❶There is always *a crush* on the morning train. 朝の電車はいつもすし詰めだ. ❷He has a *crush* on Meg. 彼はメグにのぼせあがっている.

crush·ing /krʌ́ʃiŋ クラシング/ 形 ❶厳しい. ❷圧倒的な, 決定的な.

Cru·soe /krúːsou クルーソウ/ 名 ☞ Robinson Crusoe.

crust /krʌ́st クラスト/ 名 U C ❶ (堅い)パンの外皮; 堅いパン; (食べ物の)堅い外皮. ❷ⓐ (土・雪などの)堅くなった表面. ❺ [地質] 地殻(かく).

crust·y /krʌ́sti クラスティ/ 形 (crust·i·er; crust·i·est) ❶外側の堅い. ❷(口語)おこりっぽい, 気難しい.

crutch /krʌ́tʃ クラッチ/ 名 (複 ~es /-iz/) C ❶松葉づえ. ❷ささえ.
▶❶walk on *crutches*. 松葉づえをついて歩く / a pair of *crutches* ひと組の松葉づえ.

crux /krʌ́ks クラックス/ 名《the をつけて》最も重要な点, 核心. ☞ 形 crucial.

***cry** /krái クライ/ 動 (cries /-z/; cried /-d/; ~ing)
⾃ ❶ (声をあげて)**泣く**, (涙を流して)泣く.
❷ (恐怖・苦痛・喜びなどで)**大声を出す**, 叫ぶ.
❸ (動物が)**鳴く, ほえる**.
— ⾃ ❶ …と叫ぶ, 大声で言う.
❷…を大声で知らせる. ❸(涙)を流す.

類語 **cry** は声をあげないで泣くこともいう場合もある; **weep** は「(声をあげないで)涙を流して泣く」, **sob** は「しくしくとすすり泣く」

— 名 (複 cries /-z/) C ❶ⓐ声をあげて[涙を流して]泣くこと. ❺泣き声.
❷ⓐ叫び声. ❺ (動物などの)**鳴く**声, ほえ

声. ❸世間の要求, 世論. ❹ふれ回る声; (デモなどで)叫ぶことば.

● ● ● ● ● ● ● ● ● ● ● ● ● ● ● ● ● ● ●

動 ⾃ ❶I *cried* when I heard the sad news. 私はその悲しい知らせを聞いて泣いた / The baby was *crying* in the crib. 赤ちゃんはベビーベッドで泣いていた.
❷I *cried* with pain. 私は痛くて大声を出した.
— ⾃ ❶ "Help!" *cried* the boy. 「助けて」とその少年は叫んだ.

cry for ... ①…を求めて叫ぶ: *cry for* help 大声で助けを求める. ②…をほしがって泣く: The baby is *crying for* milk. 赤ちゃんはミルクがほしいと泣いている.

cry oneself to sleep 泣きながら眠ってしまう: The child *cried himself to sleep*. その子は泣き泣き寝入ってしまった.

cry one's eyes [heart] out ひどく泣き悲しむ.

cry out ⾃ **大声を出す**. — ⾃ …と大声で叫ぶ.

cry out for ... …を大いに必要としている.

cry over ... (不幸など)を**嘆く**: *cry over* spilled milk もう取り返しのできないことを嘆く《☞milk》.

cry wolf ☞ wolf.

— 名 ❶ⓐShe had a good *cry*. 彼女はおいおい泣いた.
❷ⓐHe gave a *cry* of joy [anger, fear]. 彼は喜び[怒り, 恐怖]の叫び声をあげた / We heard a *cry* for help. 私たちは助けを求める叫び声を聞いた.
❸a *cry* for reform 改革要求の声.

be a far cry from ... …とは大変違いである: This is *a far cry from* what I expected. これは私が期待していたものとはまったく違う.

in full cry 激しく要求[批判]して.

cry·ba·by /kráibèibi クライベイビ/ 名 (複 -ba·bies /-z/) C 泣き虫, 弱虫.

cry·ing /kráiiŋ クライング/ 形 ❶緊急の. ❷ひどい.
▶❶a *crying* need 緊急の必要性. ❷a *crying* shame ひどい恥.

crypt /krípt クリプト/ 名 C 教会の地下室《昔, 人を埋葬した》.

crys·tal /krístl クリストル/ 名 ❶ U 水晶.

crystal ball

❷ C 水晶製品. ❸ U クリスタルグラス (**✿crýstal glàss** ともいう). ❹ U《集合的に》クリスタルグラス製品. ❺ C 結晶.

▶ ❶ The stream was (as) clear as *crystal*. その小川は水晶のように透明だった. ❺ a snow *crystal* 雪の結晶.

crýstal báll 名 C (占い師が使う)水晶[ガラス]玉.

crystal clear /krístl klíər クリストル・クリア/ 形 ❶ (水晶のように)とてもよく澄んだ. ❷ 明白な.

crys・tal・lize /krístəlàiz クリスタライズ/ 動 (現分 -liz・ing) 他 ❶ …を結晶させる. ❷ (思想・計画など)を明確にする, 具体化する. ❸ (果物など)を砂糖づけにする.
— 自 ❶ 結晶する. ❷ 明確になる.

CST 《略語》Central (Standard) Time 《米》中部標準時.

CT 【米郵便】Connecticut.

ĆT scán 名 C【医】CTスキャン《身体の横断断層を撮影する装置》.

cub /kʌ́b カブ/ 名 C ❶ (ライオン・クマ・キツネ・オオカミ・トラなどの)子. ❷ = Cub Scout.

Cúb Scòut 名 C ❶《the Cub Scouts で》カブスカウト《ボーイスカウトの8-11歳の年少グループ; ☞ Boy Scouts》. ❷ カブスカウト団員.

Cu・ba /kjúːbə キューバ/ 名 キューバ《西インド諸島最大の島; 共和国; 首都ハバナ (Havana)》.

Cu・ban /kjúːbən キューバン/ 形 ❶ キューバ(島)の. ❷ キューバ人の.
— 名 C キューバ人.

*__cube__ /kjúːb キューブ/ 名 (複 ~s /-z/) C ❶ 立方体, 立方形のもの. ❷【数学】3乗, 立方《☞square ❸》.
— 動 (現分 cub・ing) 他 ❶ …を3乗する. ❷ …を立方体に切る.

名 ❶ ice *cubes* 角氷 / a sugar *cube* 角砂糖. ❷ The *cube* of 3 is 27. 3の3乗は27.
— 動 他 ❶ 3 *cubed* is 27. 3の3乗は27.

☞ 形 cubic.

cu・bic /kjúːbik キュービック/ 形 ❶ 立方体の; 立方形の. ❷ 立方の, 3乗の.
▶ ❷ a *cubic* meter 立方メートル.

☞ 名 cube.

cu・bi・cle /kjúːbikl キュービクル/ 名 C (小さく仕切った)小部屋《更衣室など》.

cuck・oo /kúː(ː)kuː ク(ー)クー/ 名 (複 ~s /-z/) C ❶ カッコウ. ❷ カッコウ(カッコウの鳴き声).

INFO イギリスでは春をつげる鳥として知られている. ほかの小鳥の巣(*)に産卵し, 卵からかえるとひなは他の鳥をはじき出して大きくなる.

cúckoo clòck 名 C カッコウ時計, ハト時計.

cu・cum・ber /kjúːkʌmbər キューカンバ/ 名 C キュウリ.
(as) cool as a cucumber 非常に冷静な.

cud・dle /kʌ́dl カドル/ 動 (現分 cud・dling) 他 …を(愛情をこめて)抱きしめる.
— 自 抱きしめ合う.
cuddle up ぴったり寄りそう.
— 名 C 《ふつう a をつけて》抱きしめること.

cud・dly /kʌ́dli カドリ/ 形 (cud・dli・er; cud・dli・est) ❶ 抱きしめたいほどかわいい. ❷ (おもちゃが)やわらかく暖かい.
▶ ❷ a *cuddly* rabbit ぬいぐるみのウサギ.

cue¹ /kjúː キュー/ 名 C ❶ 合図, きっかけ, ヒント.
❷【演劇】きっかけ, キュー《せりふの最後の文句やしぐさで次の役者のせりふ, 動作の合図となるもの》.
(right, as if) on cue タイミングよく.
take one's cue from ... そっくり…のまねをする.
— 動 (現分 cu・ing) 他 …に合図する.

cue² /kjúː キュー/ 名 C (玉突きの)キュー, 突き棒.

cuff /kʌ́f カフ/ 名 C ❶ (ワイシャツの)カフス, そで口.

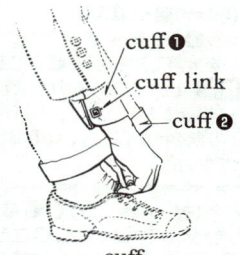

❷《米》(ズボンのすその)折り返し(✿《英》では turnup). ❸《複数形で》手錠(handcuffs).
— 動 他 …に手錠をかける.
▶熟 **off the cuff** (発言などが)準備なしの[で], 即興の[で].

cúff lìnk 名 C カフスボタン.

cui·sine /kwizíːn クウィ**ズィー**ン/《★発音注意》名 U 料理法.

cul-de-sac /kʌ́l-də-sæk カル・ド・**サック**, kúl-/《★発音注意》名(複 culs-de-sac /kʌ́l(z) də-sæk, kúl(z)-/, ~s /-s/) C 袋小路, 行きどまり.

cul·i·nar·y /kʌ́lənèri カリネリ/ 形《文語》料理の.

cull /kʌ́l カル/ 動 他 ❶ (情報など)を集める. ❷ (増えすぎないように)(動物)を処分する.
— 名 C (増えすぎないように)動物を殺すこと.

cul·mi·nate /kʌ́lmənèit カルミネイト/ 動 (現分 -nat·ing) (自)《次の成句で》
culminate in ... 結局…となる: The troubles *culminated in* war. そのもめごとは結局戦争になった.

cul·mi·na·tion /kʌ̀lmənéiʃən カルミ**ネ**イション/ 名《**the** をつけて》(ある状況・過程の)最終結果.

cu·lottes /kjúːlɑts クーラッツ, キュー-/ 名 複 キュロット《女性用のスカート風ズボン》.

cul·pa·ble /kʌ́lpəbl カルパブル/ 形《文語》非難されるべき, けしからぬ.

cul·prit /kʌ́lprit カルプリット/ 名 C ❶犯人. ❷(悪い事の)原因.

cult /kʌ́lt カルト/ 名 C ❶ (いかがわしい)新興宗教(集団).
❷ (人・考えなどに対する)賛美, 崇拝; 流行.
❸ 特定の人々の間だけに人気のある人[もの].
— 形 特定の人々の間だけに人気のある.
▶ 形 a *cult* figure (一部の人々にとって)教祖的人物.

*__**cul·ti·vate**__ /kʌ́ltəvèit カルティヴェイト/ 動 (~s /-ts/; -vat·ed /-id/; -vat·ing) 他
❶ (土地)を**耕す**, 耕作する.
❷ (作物)を**栽培する**.
❸ (才能・習慣・品性などを)**養う**.
❹ (人)との交際を求める; (友情など)を深める.
▶ ❸ He has *cultivated* good manners. 彼はよい礼儀を身につけた / Reading *cultivates* the mind. 読書は心を養う. ❹ *cultivate* a friendship with the local leader その土地の名士と親しくしようとする.
☞ 名 cultivation.

cul·ti·vat·ed /kʌ́ltəvèitid カルティ**ヴェ**イティド/ 形 ❶ 教養のある, 洗練された.
❷ 耕された.
❸ 栽培された.

cul·ti·va·tion /kʌ̀ltəvéiʃən カルティ**ヴェ**イション/ 名 U ❶ 耕作. ❷ 栽培. ❸ 育成, 修練.   ☞ 動 cultivate.

*__**cul·tur·al**__ /kʌ́ltʃərəl カルチュラル/ 形
❶ **文化の**, 文化的な.
❷ 芸術の.
▶ ❶ a *cultural* exchange 文化交流.
☞ 名 culture.

*__**cul·ture**__ /kʌ́ltʃər カルチャ/ 名(複 ~s /-z/)
❶ U C (特定の国・地域などの)**文化**, 精神文明, 生活様式(☞ civilization).
❷ U **教養**, (知的な)洗練.
❸ U (美術・音楽・文学などの)芸術.
❹ U (細菌などの)培養.

❶ Each nation has its own *culture*. 民族はそれぞれ独自の文化をもっている / Indian *culture* インド文化.
❷ He is a man of *culture*. 彼は教養のある人だ.
☞ 形 cultural.

cul·tured /kʌ́ltʃərd カルチャド/ 形 教養のある, 洗練された.

cúlture shòck 名 UC カルチャーショック《異なった文化や慣習などに接したときの驚きや困惑》.

cum·ber·some /kʌ́mbərsəm カンバサム/ 形 ❶ 重くて扱いにくい. ❷ 複雑で手間のかかる, やっかいな.

cu·mu·la·tive /kjúːmjulətiv キューミュラティヴ/ 形 しだいに増える.

cun·ning /kʌ́niŋ カニング/ 形 ずるい, 悪賢い《✿日本語の名詞「カンニング」は cheating という》.

cun·ning·ly /kʌ́niŋli カニングリ/ 副 ずるく.

__cup__ /kʌ́p カップ/ 名(複 ~s /-s/) C

❶ (コーヒーなどの)**茶わん**, カップ《取っ手がついたガラス製以外の容器で, ふつう暖かい飲み物に用いる. 日本語のコップにあたるのは glass》.
❷**カップ[茶わん] 1 杯(分の量)**.
❸ⓐ**優勝杯**, (競技などの賞に使われる)カップ.
ⓑ優勝杯を争う試合.
❹カップ状のもの.
― [動] (~s /-s/; cupped /-t/; cupping) [他] (手のひらなど)をカップ型にする.

[名] ❶a coffee *cup* コーヒーカップ.
❷I'd like to have a *cup* of tea. 紅茶を 1 杯飲みたい.
❸ⓐHe won the *cup* in the tennis tournament. 彼はテニスのトーナメントで優勝杯をもらった.
― [動] He *cupped* his hands to catch the ball. 彼はボールを受けようとして両手をおわんのようにまるめた.

cup and saucer /kʌ́pən sɔ́:sər カパンソーサ/ [名] ([複] cups /-s/ and saucers /-z/) [C] (セットになっている)茶わんと受けざら.

a cup and saucer

***cup·board** /kʌ́bərd カバド/ 《★ p は発音されない》[名] ([複] ~s /-dz/) [C] ❶**食器だな**《食器や食料を入れるとびらつきの戸だな; ☞ dresser ❶; kitchen のさし絵》.
❷《英》押入れ, 戸だな《食器や食料以外に衣料なども入れる; ✪《米》では closet》.

cup·cake /kʌ́pkèik カプケイク/ [名] [C] カップケーキ《カップ型に入れて作った小さいケーキ》.

cup·ful /kʌ́pfùl カプフル/ [名] [C] カップ 1 杯(の量).

Cu·pid /kjú:pid キューピッド/ [名] 〔ローマ神話〕キューピッド
INFO 恋愛の神で, はだかで羽根がはえ, 弓矢をかまえた美少年の姿をしている; その気まぐれに放った矢に当たった者はだれでも最初に会った異性に恋をするようになるという. ギリシア神話のエロス (Eros) にあたる.

Cupid

cur·a·ble /kjúərəbl キュ(ア)ラブル/ [形] (病気が)直せる ([反] incurable). ▸a *curable* disease 直る病気.

cu·rate /kjúərət キュ(ア)レト/ [名] [C] (イングランド国教会の教区の)副牧師.

cu·ra·tor /kjuəréitər キュ(ア)レイタ/ [名] [C] (博物館・図書館などの)学芸員, 館長, 管理者.

***curb** /kə́:rb カーブ/ [名] ([複] ~s /-z/) [C] ❶《米》(車道との境界にある歩道 (sidewalk) の)**へり(石)** (✪《英》では kerb とつづる).
❷抑制.
― [動] [他] …を抑制する, 抑える.
▸[名] ❶park a car by the *curb* 車を道のへりに止める. ❷Put [Place] a *curb* on your anger. 怒りを抑えなさい.

curd /kə́:rd カード/ [名] [U.C] ❶カード, 凝乳(ぎょうにゅう)《牛乳の凝固した部分; チーズの原料になる》. ❷凝乳状のもの.
▸❷bean *curd* 豆腐 《tofu ともいう》.

cur·dle /kə́:rdl カードル/ [動] (現分 curdling) [自] 凝固(ぎょうこ)する.
― [他] …を凝固させる.

⁑**cure** /kjúər キュア/ [動] (~s /-z/; cured /-d/; cur·ing /kjúəriŋ/) [他] ❶ⓐ(病気・けがなどを治して)(人)を**元気にさせる**.
ⓑ(病気・けがなど)を**治療する**, 治す.
ⓒ《cure ... of ~》… (人)の~ (病気など)を治す.
❷《cure ... of ~》… (人)の~ (悪い癖(くせ)など)を直す, 取り除く.
❸ (問題など)を解決する, (事態など)を改善する, 直す. ❹ (乾燥・塩づけ・くん製などにして)(食物)を保存する.
― [自] (病気が)治る.
― [名] ([複] ~s /-z/) ❶[C] **治療法**, (治療)薬. ❷(病気の)回復, 治す[治る] こと.
❸ (問題などの)解決, 対策.

[動] [他] ❶ⓐShe is now completely

curler

cured. 彼女はもうすっかり治った. ❺ This medicine will *cure* your headache. この薬であなたの頭痛は治るでしょう. ❻ The doctor *cured* him *of* his pimples. 医者は彼のにきびを治してくれた. ❷ The mother tried to *cure* the boy *of* his bad habit. 母親はその少年の悪い癖を直そうと努力した.
— 名 ❶ Rest is the best *cure*. 休息は最上の治療法である / There is no good *cure* for the common cold. ふつうのかぜには良い薬[治療法]はない. ❷ Her *cure* took three months. 彼女が治るのに3か月かかった. ❸ There was no *cure* for rising prices. 上がる物価にうつ手はなかった.

cur・few /kə́:rfju カーフュー/ 名 C ❶ (夜間の)外出禁止令. ❷ (夜間の)外出禁止時間, 門限.

Cu・rie /kjurí: キュリー/ 名 キュリー (**Ma・rie** /məri:/ **Curie** (1867–1934); ポーランド生まれのフランスの物理化学者; 夫 **Pierre** /pjéər/ **Curie** とともにラジウムを発見 (1898); 夫とともにノーベル物理学賞, 単独で化学賞を受賞した).

cu・ri・o /kjúəriòu キュ(ア)リオウ/ 名 (複 ~s /-z/) C 骨董(とう)品.

***cu・ri・os・i・ty** /kjùəriásəti キュ(ア)リアスィティ | -ɔ́s-/ 名 (複 -i・ties /-z/)
❶ U **好奇心**, 知りたがる気持ち.
❷ C 珍しいもの, 骨董(とう)品.
▶ ❶ Babies show great *curiosity* about anything moving. 赤ん坊はなんでも動くものに非常に好奇心をもつ.
❷ a *curiosity* shop 骨董屋.
out of curiosity 好奇心から.
☞ 形 curious.

***cu・ri・ous** /kjúəriəs キュ(ア)リアス/ 形 (more ~; most ~)
❶ ⓐ **好奇心の強い**, ものを知りたがる (《⊕ よい意味にも悪い意味にも用いる》).
ⓑ 《**be curious to** *do*》(好奇心が強くて)**非常に__したがっている**.
❷ **奇妙な**, 不思議な, 変な.

･･････････････････････････････

❶ ⓐ He is *curious* by nature. 彼は生まれつき好奇心が強い / You are too *curious* about your neighbors. あなたは近所の人のことに興味をもちすぎます / cast a *curious* glance 好奇心をもってチラッと見る.
ⓑ I am *curious* to know the result. 私はその結果をぜひ知りたい.
❷ a *curious* flying object 奇妙な飛行物体 / It is *curious* that he never talks about his family. 彼が家族のことをぜんぜん話さないのは変だ.
curious to say 《文全体を修飾して》奇妙なことだが : *Curious to say*, he did not know it. 奇妙なことには彼はそれを知らなかった.
☞ 名 curiosity.

cu・ri・ous・ly /kjúəriəsli キュ(ア)リアスリ/ 副 ❶ もの珍しそうに, 好奇心をもって.
❷ 奇妙にも, 不思議なことだが.
❸ 不思議なほどに.
▶ look around *curiously* もの珍しそうに見回す. ❷ *Curiously* (enough), he didn't recognize me. 不思議なことだが, 彼は私がだれだかわからなかった.
❸ *curiously* charming 不思議なほどに魅力的な.

***curl** /kə́:rl カール/ 動 (~s /-z/; ~ed /-d/; ~・ing) 他 ❶ (髪など)を**カールさせる**.
❷ …をねじ曲げる, よじる.
❸ …をうず巻き状にする.
— 自 ❶ (髪などが)カールする. ❷ ねじ曲がる, よじれる; 背中を丸くする. ❸ うず巻き状になる.
— 名 (複 ~s /-z/) ❶ C カール, 巻き毛.
❷ C ⓐ カールしたもの, うず巻き状のもの. ⓑ U カールしていること[状態].

･･････････････････････････････

動 他 ❷ She *curled* her lips. 彼女は口をゆがめた (《⊕ 不快・不賛成・退屈(くつ)などを示す》).
— 自 ❶ My hair *curls* naturally. 私の髪の毛は自然にカールする.
❷ Smoke *curled* up lazily from the pipe. 煙がパイプからゆっくりとうずを巻いて立ちのぼった.
curl up 自 ①(人などが)背中を丸くして横になる[すわる]. ②うず巻き状になる.
— 名 ❶ She has long *curls* over her shoulders. 彼女は長い巻き毛を肩にたらしている. ❷ ⓐ a *curl* of smoke 煙のうず巻き.
☞ 形 curly.

curl・er /kə́:rlər カーラ/ 名 C (毛髪をカールさせる)カーラー.

curling

curl·ing /kə́ːrliŋ カーリング/ 图Ⅱカーリング《4名ひと組の2チームで行なわれ, 平円形の石 (**cúrling stòne**) を標的に向けて氷上を滑らせる競技》.

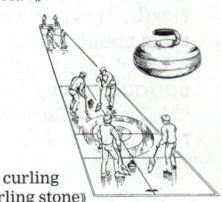

curling
《右上部の絵はcurling stone》

curl·y /kə́ːrli カーリ/ 形 (curl·i·er; curl·i·est)《髪が》巻き毛の, ちぢれ毛の《☞ straight》. ☞ 图curl.

cur·rant /kə́ːrənt カーラント/ 图Ⓒ小粒の種なし干しブドウ《料理用》.

*__cur·ren·cy__ /kə́ːrənsi カーレンスィ/ 图 (履 -ren·cies /-z/) ❶ⓊⒸ通貨, 貨幣. ❷Ⓤ広く使われていること, 広く行きわたっていること, 流通, 通用.
▶ ❶foreign *currency* 外貨.
be in currency 通用している.
gain 〔***lose***〕 ***currency*** 通用し始める〔すたれる〕.
☞ 形current.

‡**cur·rent** /kə́ːrənt カーレント | kʌ́r-/ 形 (more ~; most ~) ❶現在の, 今の. ❷現在行なわれている, 現行の, 現在通用している.
— 图 (履 ~s /-ts/) ❶Ⓒ《水・空気・ガスなどの》流れ, 海流, 気流. ❷ⓊⒸ電流. ❸Ⓒ《時勢・世論などの》動き, 傾向, 風潮.

形 ❶the *current* situation 現状 / the *current* issue《雑誌などの》今月〔今週〕号 / *current* topics きょうの話題 / my *current* address 私の現在の住所. ❷This word is not in *current* use. この語はもう一般には使われていない.
☞ 图currency.
— 图 ❶swim against the *current* 流れに逆らって泳ぐ / a strong *current* of air 強い気流 / the Black〔Japan〕Current 黒潮. ❷direct *current* 直流 / alternating *current* 交流. ❸the *current* of public opinion 世論の動向.

cúrrent accóunt 图Ⓒ《英》当座預金口座《◐《米》では checking account; ☞ savings account》.

cúrrent affáirs 图履時事問題.

cur·rent·ly /kə́ːrəntli カーレントリ/ 副現在は. ▶She is *currently* staying in Sydney. 彼女は現在シドニーにいる.

cur·ric·u·lum /kərík julə m カリキュラム/ 图 (履 ~s /-z/, cur·ric·u·la /-lə/) Ⓒ教科課程, カリキュラム.

curríc ulum vítae /-váiti ・ヴァイティ | -víːtai/ 图 (履 cur·ric·u·la vi·tae /kərík julə-/) Ⓒ履歴書.

cur·ried /kə́ːrid カーリド/ 形カレーで料理した.

cur·ry /kə́ːri カーリ/ 图 (履 cur·ries /-z/) ⓊⒸカレー (料理).
▶This *curry* is very hot, isn't it? このカレーは辛(から)いね.

cúrry and ríce 图ⓊⒸカレーライス.

*__curse__ /kə́ːrs カース/ 動 (curs·es /-iz/; cursed /-t/; curs·ing) 他 ❶…をののしる, …の悪口をいう.
❷…をのろう, …に災難がふりかかるように祈る《反 bless》.
— 圓 ❶ののしる. ❷のろう.
— 图 (履 curs·es /-iz/) Ⓒ ❶のろい; のろいのことば.
❷ののしりことば《Damn it! (ちくしょうめ), Damn you! (こんちくしょう), You son of a bitch! (こんちくしょう) など》.
❸災いのもと, やっかいもの.

動 他 ❶She *cursed* him harshly. 彼女は激しく彼をののしった.
— 圓 ❶He *cursed* at the careless driver. 彼は不注意なドライバーをののしった.
— 图 ❸He is a *curse* to his family. 彼は家族にとってやっかいものだ.
be under a curse のろわれている, たたりを受けている.

curs·ed /kə́ːrst カースト/ 形 ❶のろわれた, たたられた. ❷《be cursed with …》…に取りつかれている, 悩まされている.
▶ ❶They say the house is *cursed*. その家はのろわれていると人は言っている.
❷She *was cursed with* poor health. 彼女は体が弱かった.

cur·sor /kə́ːrsər カーサ/ 名C カーソル《電算機などの表示画面で入力位置を示すしるし》.

cur·so·ry /kə́ːrsəri カーソリ/ 形 いいかげんな, 大ざっぱな.

curt /kə́ːrt カート/ 形 ぶっきらぼうな, そっけない.

cur·tail /kərtéil カーテイル/ 動 他《文語》…を短縮する; …を減らす, 制限する.

cur·tail·ment /kərtéilmənt カーテイルメント/ 名UC 短縮, 削減; 制限.

*__cur·tain__ /kə́ːrtn カートン/ 名 (複 ~s /-z/) C ❶カーテン《☞living room のさし絵》. ❷(劇場の)幕, カーテン. ❸幕のようなもの.

名 ❶ open [close] the *curtains* カーテンを開ける〔閉める〕/ She drew the *curtain*. 彼女はカーテンを引いた《✿開閉のどちらにも用いる》. ❷ The *curtain* rises [is raised] at 7 pm. 午後7時に幕が上がる, 劇が始まる / The audience broke into applause when the *curtain* fell [came down]. 幕が降りるときに観客は拍手かっさいした. ❸ a *curtain* of fog (幕のように)たれこめた霧.

cúrtain càll 名C カーテンコール《幕が降りてから拍手して役者を幕前に呼び出すこと》.

curt·ly /kə́ːrtli カートリ/ 副 ぶっきらぼうに, そっけなく.

curt·sy, curt·sey /kə́ːrtsi カーツィ/ 名 (複 curt·sies, curt·seys /-z/) C 《女性の》おじぎ《左足を後に引き両ひざを曲げて体を低くする高貴な人に対するおじぎ》.
— 動 自《女性が》おじぎをする.

curtsy

▶名 make a *curtsy* 《女性が》おじぎをする.

*__curve__ /kə́ːrv カーヴ/ 名 (複 ~s /-z/) C
❶曲線.
❷曲がり, 湾曲(ホネゥ)(部), カーブ.
❸《野球》カーブ.
— 動 (~s /-z/; curved /-d/; curv·ing) 自 曲がる, 曲線を描く, カーブする.
— 他 …を曲げる, カーブさせる.

名 ❶ draw a *curve* 曲線を描く.
❷ The road is full of *curves*. その道路はカーブがたくさんある / go round [take] a *curve* カーブを曲がる.
❸ throw [pitch] a *curve* (ball) カーブを投げる.

curved /kə́ːrvd カーヴド/ 形 曲がった, カーブした.

*__cush·ion__ /kúʃən クション/ 名 (複 ~s /-z/) C ❶クッション, 座ぶとん, 背もたれ《☞living room のさし絵》.
❷ⓐクッションのようなもの.
ⓑ《衝撃をやわらげる》クッション.
— 動 他 …の衝撃をやわらげる.

cus·tard /kʌ́stərd カスタド/ 名UC カスタード《卵・牛乳・砂糖に香料を混ぜて加熱して作った菓子》.

cus·to·di·an /kʌstóudiən カストウディアン/ 名C 《公共建造物の》管理人.

cus·to·dy /kʌ́stədi カストディ/ 名U ❶ 《未成年者の後見人としての》保護, 監督(権). ❷管理, 保管. ❸拘留(ネネネ), 監禁.
be in custody 監禁されている.
be in …'s custody = be in the custody of … …に預けられている.

*__cus·tom__ /kʌ́stəm カスタム/ 名 (複 ~s /-z/) ❶ⓐUC《社会の》慣習, 風習, しきたり《☞habit の 類語 》. ⓑ《単数形で》《文語》《個人の》習慣《✿この場合は habit がふつう》.
❷《複数形で》ⓐ関税. ⓑ《しばしば (the) Customs で; 単数扱いで》税関.
❸U《英》《特定の商店などで》いつも買い物をすること, ひいき, 引き立て; 顧客.
❹《形容詞的に》《米》注文で作った, 注文で作る.

❶ⓐ Greeting people by bowing is a Japanese *custom*. おじぎをして人にあいさつするのは日本の習慣だ / It is our *custom* to send New Year's cards to friends. = We have the *custom* of sending New Year's cards to

customarily

friends. 友人に年賀状を出すのが私たちの慣習になっている / follow 〔break〕 an old *custom* 古い慣習を守る〔破る〕.
❶It's my *custom* to get up early. 早起きが私の習慣だ.
❷ⓐWe have to pay *customs* on imported goods. 輸入品には関税を払わなければならない.
ⓑPassengers are checked at *customs*. 乗客は税関でチェックされる.
❸lose *custom* 常連客を失う.
❹a *custom* suit 注文服 / a *custom* shoemaker 注文ぐつを作る店.
☞ 動accustom, 形customary.

cus·tom·ar·i·ly /kʌ́stəmèrəli カスタメリリ/ 副 習慣的に, ふつうは.

cus·tom·ar·y /kʌ́stəmèri カスタメリ/ 形 習慣的になっている, ふつうの; 慣例による. ▶It is *customary* in Japan to eat rice cakes on New Year's Day. 日本では元日に餅(もち)を食べるのが習慣になっている. ☞ 名custom.

cus·tom-built /kʌ́stəm-bílt カスタム・ビルト/ 形《米》(家・車など) 注文製の.

*__**cus·tom·er**__ /kʌ́stəmər カスタマ/ 名 (複 ~s /-z/) ⓒ (商店の) お客, (会社などの) 得意先 (❷日本語の「お客様」のように呼び掛けには用いない; ☞ visitor の 類語).

cus·tom·ize /kʌ́stəmaiz カスタマイズ/ 動 (現分 -iz·ing) 他 (客の注文で) (乗用車など)を特別仕様で作る [作りかえる].

cus·tom-made /kʌ́stəm-méid カスタム・メイド/ 形《米》注文品の, あつらえの (⇔ready-made).

cut /kʌ́t カット/ 動 (~s /-ts/; cut; cut·ting)
他 ❶ⓐ (刃物で)…を**切る**, 切断する, 切り取る; (髪・草など)を刈る.
ⓑ《cut ~ ... または cut ... for ~》…に…を**切ってあげる**.
ⓒ (刃物で)…を**切る**, 傷つける.
ⓓ《cut *oneself*》(誤って)体の一部を切る, けがをする.
❷ⓐ (穴など)を**切って[掘って]作る**.
ⓑ (道など)を切り開く.
ⓒ (船などが) (水)を切って進む.
❸ⓐ (石など)を**刻む**, 彫る. ⓑ (像など)を〔木・石などに〕刻む, 彫る〔*into*〕. ⓒ (宝石など)を切って形を整える, カットする.

❹ⓐ (費用など)を**切り詰める**, 削減する.
ⓑ (文章・話など)を一部カットする, 短くする. ⓒ【電算】(文書の一部)を削除する.
❺ⓐ (寒さなどが) (人)のはだをさす.
ⓑ (人)の心を傷つける.
❻ (口語) (おしゃべりなど)をやめる.
❼ (エンジン・電気・ガスなど)を止める.
❽ (口語) (授業など)を(無断で)欠席する, さぼる. ❾ (人)を無視する. ❿ (赤ん坊が) (歯)をはやす. ⓫ (トランプで) (札)を切る.
⓬ (テニス・卓球などで) (ボール)をカットする, 切る.
— 自 ❶ⓐ (刃物などが) **切れる**. ⓑ《副詞をともなって》(物が) (刃物などで)切れる.
❷急に方向を変える.
❸心を傷つける.
— 名 (複 ~s /-ts/) ⓒ ❶ⓐ 切り傷, 切り口. ⓑ (刃物で)切ること.
❷ⓐ (経費・数量などの) **切り詰め**, 引き下げ, カット. ⓑ (文章などの)削除, 短縮.
❸ⓐ (衣服などの) **型**, スタイル.
ⓑ髪を刈ること; (髪の)刈り方, カット.
❹ⓐ (肉などの) **切り身**.
ⓑ切り [刈り] 取ったもの.
❺分け前, 配当.
— 形 ❶切り取った, 裁断した. ❷刻んだ, 彫った. ❸切り詰めた, 削減した.

━━━━━━━━━━━━━━━

動 他 ❶ⓐShe *cut* the pie into four pieces with a knife. 彼女はナイフでパイを4つに切った / I had my hair *cut* yesterday. 私はきのう髪を刈ってもらった.

類語 cut は「切る」の最も一般的な語; **clip** は「毛, 枝などを切る」; **chop** は「おの, なたなどで木などを切る」; **slice** は「ハムなどを薄く切る」. ☞ 次ページのイラスト

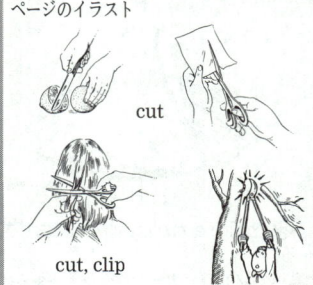

cut

cut, clip

clip

chop   slice

❻Will you *cut* me a piece of cake?＝Will you *cut* a piece of cake *for* me? ケーキをひときれ切ってくれませんか. ❼I *cut* my toe on a piece of glass. 私は(うっかり)ガラスのかけらで足の指を切った. ❽He *cut himself* (while) shaving. 彼はひげをそっていて顔に傷をつけてしまった.

❷❶He *cut* a hole *through* the wall. 彼は壁に穴をあけた. ❻*cut* a road *through* the forest その森に道を切り開く. ❼The ship *cut* her way through the waves. 船は波を切って進んだ.

❸❶He *cut* the stone *into* a statue. 彼は石を刻んで像を作った. ❻You shouldn't *cut* your name *into* trees. 木に名前を彫ったりしてはいけない.

❹❶*cut* his salary by ten percent 彼の給料を10パーセント下げる / *cut* costs 費用を削減する. ❻The editor *cut* the article by a fourth. 編集者はその記事を4分の1カットした.

❺❶The icy wind *cut* me to the bone. 冷たい風が骨までしみた. ❻His words *cut* me. 彼のことばは私の胸にこたえた.

❻*Cut* the chat! おしゃべりはやめろ.

❼The gas will be *cut* from ten to eleven. ガスは10時から11時まで止まります.

❽He often *cuts* class. 彼はよく授業をさぼる.

❾She *cut* me when she saw me. 彼女は私に会っても知らないふりをした.

❿The baby is *cutting* its teeth. その赤ん坊は歯がはえ始めている.

━ 自 ❶❶This knife won't *cut*. このナイフはどうも切れない / This knife *cuts* well. このナイフはよく切れる. ❻The meat did not *cut* easily. その肉はなかなか切れなかった.

❸His criticism *cut* deep. 彼の批評は痛烈に胸にこたえた.

be cut off (人・場所が)孤立する.

be cut out for [*to be*] ...《ふつう否定文で》…に適している：He *isn't cut out for* the job. 彼はその仕事に適していない.

cut across ... ①…を突っ切って近道をする：*cut across* the playground 運動場を突っ切る. ②(いろいろな人間集団の境界線)を越えて広く影響を与える.

cut at ... …に切りつける.

cut away 他 (不要な部分)を**切り取る**：*Cut* the dead branch *away* from the tree. その枯れた枝を木から切り取りなさい.

cut back 他 …を削減する：*cut back* the expenses 出費を切り詰める.

cut back on ... …を削減する：*cut back on* salt 塩を少なめにする.

cut down 他 ①…を**切り倒す**：He *cut down* lots of trees. 彼は木を何本も切り倒した. ②…を削減する：Please *cut down* the article. その記事を切り詰めてください / *cut down* the number of cigarettes たばこの数を減らす. ③(人)を殺す.

cut down on ... …を削減する：*cut down on* expenses 支出を減らす.

cut in 自 ①(人の話などに)口をはさむ. ②(列などに)割りこむ. ③(装置・機械などが)(自動的に)動き出す, 作動する.

cut in on ... ① …(話など)に割りこむ. ②(列など)に割りこむ.

cut ... in on ~《口語》① …(人)に~の分け前を与える. ② …(人)を~(計画など)の仲間に入れる.

cut into ... ①…に割りこむ, 食いこむ. ②…にナイフを入れる.

cut loose 他 自 ☞ loose 形.

cut off 他 ①…を**切り離す**[**取る**]；…を切断する：He *cut off* a branch from the tree. 彼はその木から枝を切り取った. ②(人の話など)をさえぎる；(人)の電話を切る. ③(電気・水など)を止める. ④(人)を締め出す, 疎外する, (場所)を孤立させる. ⑤(進路・眺望など)をさえぎる.

cut ... open ①…を切って開く. ②…に大きな切り傷をつける.

cut out 他 ①…を切り抜く[切る]：*cut out* a tumor 腫瘍(ﾙﾖｳ)を切除する．②…を削除する，省略する．③…を止める，やめる：*Cut* it *out*. そんなことはやめろよ．④切って…を作る．— 自 (エンジンなどが)急に止まる．

cut ... short ☞ short 副．

cut through ... ①…を突っ切って進む：He decided to *cut through* the wood. 彼は林を通り抜けようと決心した／The ship *cut through* the waves. 船が波を切って進んでいった．②(道・人などが)…を突っ切って通る：The tunnel *cuts through* the mountain. トンネルが山を貫通している．③(難しい状況)を切り抜ける．

cut up 他 ①…を切り裂く, 切り刻む．②…を傷つける, 痛めつける．③《be cut up》悲しむ．— 自 《米口語》悪ふざけをする．

— 名 ❶ⓐ He got *cuts* on his hand and arm. 彼は手と腕に切り傷をおった．ⓑ make a clean *cut* with a knife ナイフできれいに切る．

❷ⓐ He was given a ten-percent *cut* in wages. 彼は賃金を1割カットされた／a budget *cut* 予算の引き下げ．

❸ⓐ a dress of the latest *cut* 最新流行のスタイルのドレス．
ⓑ I'd like a *cut* and blow-dry. カットとブローだをお願いします．

❹ⓐ a *cut* of beef 牛肉ひと切れ．

❺ a *cut* of 5 percent from the profits もうけの5パーセントの分け前．

be a cut above ... 《口語》…より一段上である：This apple *is a cut above* the others. このリンゴは他のものより一段上等だ．

— 形 ❶ *cut* flowers 切り花．❸ at *cut* prices 割引き値段で．

cut-and-dried /kʌ́tn-dráid カトン・ドライド/ 形 確定している．

cut・back /kʌ́tbæk カトバック/ 名 Ⓒ 縮小，削減．

*****cute** /kjúːt キュート/ 形 (cut・er; cut・est)
❶《口語》(子ども・小物などが)かわいい．
❷《口語》調子のいい，小利口(ﾘｺｳ)な．

cút gláss 名 Ⓤ カットグラス《切って形をつけたり表面に彫刻をしてみがいてあるガラス器》．

cu・ti・cle /kjúːtikl キューティクル/ 名 Ⓒ (つめのつけ根の)あま皮．

cut・ler・y /kʌ́tləri カトラリ/ 名 Ⓤ 《集合的に》金属食器《ナイフ・フォーク・スプーンなど；◉(米)では silverware ともいう》．

cut・let /kʌ́tlit カトリット/ 名 Ⓒ (骨のついた肉の)切り身《◉ 日本語の「カツ(レツ)」はこれからきている》．

cut-off /kʌ́tɔ(ː)f カト(-)フ/ 名 (複 ~s /-s/)
❶ Ⓒ 停止点, 限界；終了時期, 締め切り．
❷《複数形で》ひざ上で切ったズボン．

cut-price /kʌ́tpráis カトプライス/ 形《英》= cut-rate．

cut-rate /kʌ́tréit カトレイト/ 形《米》割引の, 値引きした《◉《英》では cut-price》．

cut・ter /kʌ́tər カタ/ 名 (~s /-z/) Ⓒ 《ふつう複数形で》切る道具, 切断器, 裁断器．

cut-throat /kʌ́t-θròut カト・スロウト/ 形 情け容赦(ﾖｳｼｬ)のない, 激烈な．

cut・ting /kʌ́tiŋ カティング/ 名 (複 ~s /-z/)
❶ Ⓤ 切ること, 切断, 裁断．❷ Ⓒ 切り取ったもの．❸ Ⓒ (さし木などにする)切り枝．❹ Ⓒ 《英》(新聞・雑誌などの)切り抜き《◉《米》では clipping》．
— 形 ❶ 痛烈な．❷ (風などが)身を切るような．
▶ 形 ❶ a *cutting* remark 辛辣(ｼﾝﾗﾂ)なことば．

cútting bòard 名 Ⓒ 《米》まな板《◉《英》では chopping board》．

cútting édge 名 Ⓒ ❶《the をつけて》(発達などの)最先端．❷ 優位(性)．

cut・tle・fish /kʌ́tlfiʃ カトルフィッシュ/ 名 (複 cut・tle・fish, ~・es /-iz/) Ⓒ コウイカ, (一般に)イカ．

cy・a・nide /sáiənàid サイアナイド/ 名 Ⓤ シアン化物；青酸カリ．

cy・ber・ca・fé /sàibərkæféi サイバカフェイ/ 名 Ⓒ インターネットカフェ, サイバーカフェ．

cy・ber・net・ics /sàibərnétiks サイバネティックス/ 名 Ⓤ サイバネティックス, 人工頭脳学．

cy・ber・space /sáibərspèis サイバスペイス/ サイバースペース《ネットワークで結ばれたコンピュータが作り出す情報の行き来する空間》．

cyc・la・men /sáikləmən サイクラメン, sík-/ 名 Ⓒ シクラメン《球根植物》．

*****cy・cle** /sáikl サイクル/ 名 (複 ~s /-z/) Ⓒ

❶周期, ひとめぐり(の時間), 循環(期); 規則的に起こる一連の出来事. ❷ⓐ自転車. ⓑバイク(《❶motorcycle ともいう》). ❸サイクル, 周波.
— 動 (~s /-z/; cy·cled /-d/; cy·cling) ⓐ自転車に乗る.

名 ❶ the *cycle* of the seasons 季節の循環 / in a *cycle* 周期的に. ☞ 形 cyclic, cyclical.
— 動 ⓐ She *cycled* to town. 彼女は自転車で町へ行った / Let's go *cycling*. サイクリングに行こう.

cy·clic /sáiklik **サ**イクリック/ 形 周期的な, 循環する. ☞ 名 cycle.

cy·cli·cal /sáiklikəl **サ**イクリカル/ 形 = cyclic.

cy·cling /sáikliŋ **サ**イクリング/ 名 Ⓤ サイクリング.

cy·clist /sáiklist **サ**イクリスト/ 名 Ⓒ サイクリングする人.

cy·clone /sáikloun **サ**イクロウン/ 名 Ⓒ ❶ サイクロン(《(インド洋方面の)熱帯性低気圧; ☞ typhoon》). ❷ たつ巻き.

cyl·in·der /sílindər **ス**ィリンダ/ 名 (複 ~s /-z/) Ⓒ ❶ⓐ 円筒, 円柱. ⓑ 円筒形のもの. ❷ (エンジンの)シリンダー, 気筒(きとう).

cy·lin·dri·cal /səlíndrikəl スィ**リ**ンドリカル/ 形 円筒形の, 円柱状の.

cym·bal /símbəl **ス**ィンバル/ 名 Ⓒ 《ふつう複数形で》シンバル.

cyn·ic /sínik **ス**ィニック/ 名 Ⓒ (人間の善意などを信じない)ひねくれ者, 皮肉屋.

cyn·i·cal /sínikəl **ス**ィニカル/ 形 人の善意を信じない, ひねくれた.

cyn·i·cism /sínisìzm **ス**ィニスィズム/ 名 Ⓤ (人間の善意を信じない)ひねくれた考え方[態度].

cy·pher /sáifər **サ**イファ/ 名 = cipher.

cy·press /sáiprəs **サ**イプラス/ 名 (複 ~es /-iz/) Ⓒ イトスギ《しばしば死または喪の象徴として墓地に植えられる》.

Cy·prus /sáiprəs **サ**イプラス/ 名 キプロス《地中海東部の島; 共和国》.

czar /zá:r **ザ**ー/ 名 Ⓒ ❶ (帝政ロシア時代の)ロシア皇帝. ❷ 《米口語》(ある分野の)大物, …王.

Czech /tʃék **チェ**ック/ 名 ❶ Ⓒ チェコ人. ❷ Ⓤ チェコ語.
— 形 ❶ チェコ人の. ❷ チェコ語の.

Czech·o·slo·vak, Czech·o- Slo·vak /tʃèkəslóuva:k チェコスロ**ヴァ**ーク/ 名 Ⓒ (旧)チェコスロバキア人.
— 形 (旧)チェコスロバキア(人)の.

Czech·o·slo·vak·i·a, Czech·o-Slo·vak·i·a /tʃèkəslouvá:kiə チェコスロウ**ヴァ**ーキア/ 名 チェコスロバキア《ヨーロッパ中部の旧連邦共和国; 1993年チェコ共和国 (the Czech Republic) とスロバキア (Slovakia) に分離した》.

Czech·o·slo·vak·i·an /tʃèkəslouvá:kiən チェコスロウ**ヴァ**ーキアン/ 名 形 = Czechoslovak.

Czech Repúblic 名 《the をつけて》チェコ共和国.

D, d /díː ディー/ 名(複 D's, Ds, d's, ds /-z/) ❶UC ディー《英語アルファベットの4番目の文字》. ❷CU《大文字 D で》【音楽】二音《ドレミファのレの音》,二調. ❸CU《大文字 D で》《米》(5段階評価で成績の)4級
▶❷*D* major ニ長調.

***'d** /d ド/《口語》❶《助動詞 **would** の短縮形》.
❷《助動詞 **had** の短縮形》.
▶❶I'd like to go there. 私はそこに行きたい. ❷He said he'd met you in Rome. 彼はローマで君に会ったと言っていた.

dab /dǽb ダブ/ 動(~s /-z/; dabbed /-d/; dab·bing) 他 ❶…を(何回か)軽くたたく. ❷…を手早く[軽く]塗る.
—自[…を](何回か)軽くたたく[at].
—名CU ❶軽くたたく[塗る]こと.
❷(やわらかいものや液体の)少量.
▶名 ❷a *dab* of butter (さっと塗られた)少量のバター.

dab·ble /dǽbl ダブル/ 動(現分 dab·bling) 他 (水中で)(手・足など)をパチャパチャさせる.
—自 ❶(水中で)手,足などをパチャパチャする.
❷[…を]趣味として[おもしろ半分に]やる[やっている][in, at].

dachs·hund /dáːkshùnd ダークスフンド | dǽks-/ 名C ダックスフント《胴と耳が長く,脚が短いドイツ原産の犬; 色は黒か黄褐色》.

dachshund

***dad** /dǽd ダッド/ 名(複 ~s /-dz/)C《口語》**おとうさん**《☞father》.

▶Where are you going, *Dad*? おとうさん,どこへ行くの / Is your *dad* at home? 君のおとうさんは家にいるの.

***dad·dy** /dǽdi ダディ/ 名(複 dad·dies /-z/)C《小児語》**おとうちゃん**.

daf·fo·dil /dǽfədil ダフォディル/ 名C【植物】ラッパズイセン.

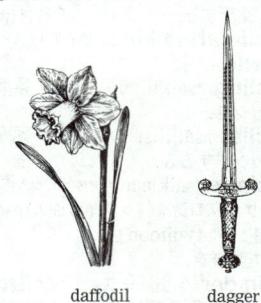

daffodil   dagger

daft /dǽft ダフト/ 形(~·er; ~·est)《口語》ばかな. ▶a *daft* idea ばかげた考え.

dag·ger /dǽɡər ダガ/ 名(複 ~s /-z/)C (両刃の)短剣.

*dai·ly /déili ディリ/ 形 **毎日の**, 日常の《☞weekly》.
—副 **毎日**.
—名(複 dai·lies /-z/)C **日刊新聞**《☞monthly の 類語 》.
▶形 one's *daily* work (毎日することになっている)日課 / one's *daily* life 日常生活 / a *daily* paper 日刊新聞.
                                    ☞名day.
—副 This paper is published *daily*. この新聞は日刊だ.

dain·ti·ly /déintəli ディンティリ/ 副 かわいらしく,優美に,上品に.

dain·ty /déinti ディンティ/ 形(dain·ti·er; dain·ti·est) かわいらしい, 優美な.
▶a *dainty* child かわいらしい子.

dair·y /déəri デ(ア)リ/ 名(複 dair·ies /-z/)C ❶(酪農場内の)バター・チーズ工場. ❷乳製品販売会社[店]《牛乳,バター,

チーズ，卵などを売る）．❸ = **dairy farm**.
dáiry fàrm 名C酪農場《牛乳，バターなどを生産する農場；⚙ 単に dairy ともいう》．
dai·sy /déizi ディズィ/ 名(複 dai·sies /-z/)【植物】C《英》ヒナギク．
Da·ko·ta /dəkóutə ダコウタ/ 名 ダコタ《North Dakota と South Dakota の2州を中心とするアメリカの中西部の地方》．

***dam** /dǽm ダム/ 名(複 ~s /-z/)C**ダム**.
— 動(~s /-z/; dammed /-d/; dam·ming)他（川など）に**ダムをつくる**，（川など）を**せき止める**．

《同音異形語》damn.

***dam·age** /dǽmidʒ ダミヂ/《❶発音注意》名(複 -ag·es /-iz/)❶Uⓐ**損害**，被害，損傷．ⓑ**悪影響**，ダメージ．
❷《複数形で》損害賠償金．
— 動(-ag·es /-iz/; dam·aged /-d/; -ag·ing)他 ❶…に**損害を与える**，損傷を与える，ダメージを与える．
❷（評判・名誉など）に**傷をつける**，ダメージを与える．

▶名 ❶ⓐThe typhoon did [caused] much *damage* to the crops. 台風は作物に大きな被害を与えた．
— 動他 ❶The buildings were badly *damaged* by the earthquake. それらの建物は地震でひどい被害を受けた．

damn /dǽm ダム/《★ n は発音されない》動(~s /-z/; ~ed /-d/; ~ing)他 ❶…なんかくそくらえ，こんちくしょう，いまいましい．❷…をけなす．
— 自《感嘆詞的に》ちくしょう，しまった《☞ goddammit》．
— 名《a をつけて；否定文で》**少しも**.

動他 ❶*Damn* you!= God *damn* you!《相手に対して》こんちくしょう《☞ curse》／*Damn* it! ちくしょうめ／*Damn* that driver! あのいまいましい運転手の野郎め．

語法 感嘆詞的にののしりの語として用いることが多い；☞ damned 形．

— 自*Damn*! I've forgotten the key. しまった！鍵を忘れてきた．
— 名It's *not* worth *a damn*. それは少しも価値がない／I *don't* care [give] *a damn*. 私は少しもかまわない．

《同音異形語》dam.

damned /dǽmd ダムド/ 形《口語》《名詞の前に用いて》**ひどい，いまいましい，ばかばかしい**《⚙単に語調を強めるほとんど無意味な添えことば》．
— 副《口語》ひどく，非常に《⚙よい意味で用いられることもある》．
▶形a *damned* lie とほうもないうそ／a *damned* fool 大ばかもの．

I'll be [I'm] damned if ...《口語》…などしてたまるものか，…など絶対しない：*I'll be damned if* I'm going to help him! 彼を助けるなんて絶対いやだ．
— 副It was so *damned* hot. やけに暑かった／a *damned* good idea すごくいい考え．

***damp** /dǽmp ダンプ/ 形(~·er; ~·est)(不快なほど)**湿気のある**，じめじめした《☞ wet の 類語》．
— 名U湿気．
— 動(~s /-s/; ~ed /-t/; ~ing)他 = **dampen**.
▶形a *damp* shirt 湿ったシャツ／*damp* weather じめじめした天気．
☞ 動dampen.
— 動 ***damp down*** 他（灰をかけたりして）（火など）を弱める．

damp·en /dǽmpən ダンプン/ 動他 ❶…を湿らせる．
❷ⓐ（灰をかけたり空気を調節したりして）（火）を弱める．ⓑ（楽器の音）を低くする．
❸（熱意）を鈍(にぶ)らせる，（気力）をくじく．
☞ 形damp.

damp·er /dǽmpər ダンパ/ 名C ❶（ストーブなどの）空気調節弁．❷雰囲気(ふんいき)をこわすもの[人]．

Dan /dǽn ダン/ 名 ダン《男性の名；Daniel の愛称》．

*****dance** /dǽns ダンス | dáːns/
動(danc·es /-iz/; danced /-t/; danc·ing)自 ❶**踊る**，ダンスをする．
❷はね回る．
❸ゆらゆら動く．
— 他（踊り）を**踊る**．
— 名(複 danc·es /-iz/)C ❶**踊り**，ダンス，舞踊．
❷ダンスパーティー《⚙dance partyはまれ》．
❸ダンス音楽．

dance hall

動詞 ❶ They *danced* to the music. 彼らは音楽に合わせて踊った.
❷ She was *dancing* up and down with excitement. 彼女は感激のあまり小踊りしていた.
❸ The tulips were *dancing* in the breeze. チューリップがそよ風に揺れていた.
— 他 *dance* a waltz ワルツを踊る.
— 名 ❶ May I have the next *dance* (with you)? 次のダンスのお相手をお願いできますか / a social *dance* 社交ダンス.
❷ Will you come to the *dance* with me? 一緒にダンスパーティーに行きませんか / at a *dance* ダンスパーティーで.

dánce hàll 名 C ダンスホール.

*__danc·er__ /dǽnsər ダンサ | dáːnsə/ 名 (複 ~s /-z/) C **ダンサー**, 舞踊家, 踊る人. ▶a good *dancer* 踊りがじょうずな人.

*__danc·ing__ /dǽnsɪŋ ダンスィング | dáːns-/ 名 U **踊ること**, 踊り(の仕方).

dan·de·li·on /dǽndəlàɪən ダンデライオン/ 名 C [植物] セイヨウタンポポ (《○「ライオンの歯」の意味. 葉が歯の形をしているところから》).

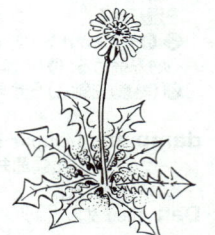

dandelion

dan·druff /dǽndrəf ダンドラフ/ 名 U (頭の)ふけ.

dan·dy /dǽndi ダンディ/ 形 おしゃれな, かっこいい.

*__dan·ger__ /déɪndʒər デインヂャ/ 名 (複 ~s /-z/)

❶ U **危険**, 危険な状態 (反 safety) (《○「(自分にふりかかるかもしれない)危険」は risk》).

❷ C **危険なこと[もの, 人]**.

❶ His life is in *danger*. 彼の命があぶない (彼は危篤(きとく)だ) / They faced *danger*. 彼らは危険に直面した / out of *danger* 危険を脱して / *Danger*! Keep off [(米) away]! 《掲示》危険, 近寄るな.

語の結びつき

avert (a) *danger* 危険を防ぐ
avoid (a) *danger* 危険を避ける
escape (a) *danger* 危険をのがれる
sense (a) *danger* 危険を感じる

❷ A slippery road is a *danger* to drivers. すべりやすい道はドライバーにとって危険だ / the *dangers* of smoking 喫煙の害.

be in dánger of dóing __する危険がある: The ship *was in danger of sinking*. その船は沈みそうだった.
☞ 形 dangerous, 動 endanger.

***__dan·ger·ous__** /déɪndʒərəs デインヂャラス/ 形 (more ~; most ~) **危険な**, あぶない (反 safe).

There is a *dangerous* place 100 meters ahead.
(100メートル先に危険な場所があります)

That is a *dangerous* cliff. あの崖(がけ)は危険だ / It is *dangerous* to play catch in the street. 通りでキャッチボールをするのは危険です / The river is *dangerous* to swim in. その川は泳ぐにはあぶない (《○ *dangerous* は他の人[もの]を「危険な状態に追いこむおそれがある」という意味であり, 自分が「危険な状態にある」という意味では be in danger を用いる》).
☞ 名 danger.

dan·ger·ous·ly /déɪndʒərəsli デインヂャラスリ/ 副 危険なほど. ▶His father is *dangerously* ill. 彼の父は危篤(きとく)だ.

dan·gle /dǽŋgl ダングル/ 動 (現分 dan·gling) 自 ぶら下がる, ぶらぶらゆれ

Dan·iel /dǽnjəl ダニェル/ 名 ダニエル《男性の名; 愛称 Dan》.

dank /dǽŋk ダンク/ 形 じめじめした.

＊dare /déər デア/ 動 (~s /-z/; dared /-d/; dar·ing /déəriŋ/) ❶《dare to do》思い切って＿する, ＿する勇気[ずうずうしさ]がある.
❷《dare ... to do》…に＿できるならしてみろと言う[挑戦する].
❸(新しいこと)を思いきってやってみる.
— /(弱) dər デァ; (強) déər デア/ 助 (過去 dared /-d/) 思い切って…する, …する勇気[ずうずうしさ]がある.

動 他 ❶ She *dares to* tell anybody what she thinks. 彼女はだれにでも自分の思っていることをずばずば言う / He doesn't *dare to* admit (that) he's wrong. 彼は自分がまちがっていることを認めるだけの勇気がない.
❷ He *dared* me *to jump* off the roof. 彼は私にできるなら屋根からとび降りてみろと言った. ❸ I *dare* a new method 新しい方法をためしてみる.
— 助 I *dare* not speak to her. 私は思いきって彼女に話しかけることができない / *Dare* he say so? 彼はそんなことまで言うのですか.

Don't you dare *do* ＿. 絶対に＿してはいけないぞ:*Don't you dare talk* like that again! 二度とそんな口をきいてはだめだぞ.

How dare you *do* ＿? 君はよくもまあ＿できるものだね:*How dare you ask* me for help? よくもまあ私に助けてくれといえるものだね.

I dare say ... (たぶん)…だろう:He is right, *I dare say.* たぶん彼のいうとおりだろう.

daren't /déərnt デアント/ 助 ＝**dare not** の短縮形.

dar·ing /déəriŋ デ(ア)リング/ 形 大胆な, 勇敢な, 向こうみずの.
— 名 U 大胆不敵, 豪勇, 向こうみず.
▶形 a *daring* climber 勇敢な登山家.

＊＊dark /dáːrk ダーク/ 形 (~·er; ~·est)

❶ ⓐ 暗い (反 light, bright). ⓑ (気持ちなどが)暗い, 悲しい, 心配な (反 happy).
ⓒ (時代などが)まだ文化が遅れている, 暗黒の.
❷ (色が)濃い (反 light).
❸ (皮膚(ふ)・毛・目などが)黒い, (皮膚が)浅黒い (☞blond, fair¹ ❺).
❹ (時代・期間などが)陰うつな, 暗い.
❺ (道徳的に)悪い, ひどい, 脅すような.
— 名 ❶《the をつけて》暗やみ, 暗黒.
❷ U 夕暮れ, 夜.

形 ❶ ⓐ It is getting *dark*. 暗くなりかけている / It's *dark* here. ここは暗い / a *dark* room 暗い部屋.
ⓑ *dark* thoughts 暗い考え.
❷ *dark* blue 濃紺.
❸ She has *dark* hair. 彼女は髪が黒い / *dark* eyes 黒い瞳(ひとみ).
❹ the *dark* period of the war 戦争の陰うつな時代 / look on the *dark* side of things ものごとの暗い面をみる, ものごとを悲観的にみる.
❺ a *dark* deed [remark] ひどい行為[ことば].

☞動 darken.

— 名 **after dark** 日が暮れてから, 夜になってから.
before dark 日暮れ前に, 夜にならないうちに.
in the dark ①暗い所で[に]:A cat can see *in the dark*. ネコは暗い所でも物が見える. ②何も知らない(で):He was quite *in the dark* about her plan. 彼は彼女の計画をまったく知らなかった.

dark·en /dáːrkən ダークン/ 動
他 ❶ …を暗くする.
❷ …を黒くする.
❸ (気分など)を暗くする, 陰うつにする.
— 自 ❶ 暗くなる, 薄黒くなる. ❷ 黒くなる. ❸ (気分などが)暗くなる, 陰うつになる; 真剣になる.

☞形 dark.

dárk hórse 名 C ❶ ダークホース《予想外の勝ち馬, 予想外の勝者》. ❷ かくれた才能[資質]をもつ人.

dark·ly /dáːrkli ダークリ/ 副 ❶ 暗く, 黒く. ❷ 陰うつに, 陰うつな目つき[調子]で. ❸ おこって, おどすように.

day

tory 有史以前に[の].
— 動 @ ❶The day is *dawning* bright. 夜が明るく明けかかっている (○日本語では「夜が明ける」というが，英語の dawn は基本的には begin (始まる)という意味なので，主語に night にはならない; ☞ break 動 @ ❿). ❷A new age is *dawning*. 新時代が始まっている.
❸Her intention *dawned on* him. 彼女の言いたいことが彼にわかってきた / It *dawned on* me that I was wrong. 私は自分がまちがっているということに気づき始めた.

***day** /déi デイ/ 名 (複 ~s /-z/)

❶ⓒ(暦の上の)**日**, 一日, 一昼夜.
❷ⓐ ⓤ ⓒ **昼間**, 日中(日の出から日没まで) (反 night). ⓑ(人が起きて活動している)一日.
❸ⓒ(労働時間の) 1 日.
❹ⓒ《しばしば複数形で》**時代**, 時, 日.
❺《*one's days* で》生涯, 寿命.
❻ⓤ《しばしば *one's day* で》全盛期.

❶What *day* (of the week) is it today? きょうは何曜日ですか (☞date¹ ❶) /There are twenty-four hours in a *day*. 1日は24時間です / every *day* 毎日 / every other [second] *day* 1日おきに / the *day* after tomorrow 明後日 / the *day* before yesterday 一昨日 / She will be back in a few *days*. 彼女は2, 3日したら帰ってくるでしょう.
❷ⓐ*Days* are longer in summer than in winter. 夏は冬よりも昼が長い. ⓑI had a long *day* today. きょうは一日が長かった(忙しい一日だった) / He seldom leaves his desk during the *day*. 彼は一日に机を離れることはめったにない.
❸an eight-hour *day* 1日8時間労働 / take a *day* off 1日休暇を取る.
❹in the *days* of Queen Victoria=in Queen Victoria's *day* ビクトリア女王の時代に / The *day* will come when cancer will be conquered. 癌が撲滅される日が来ることでしょう / the good old *days* あのなつかしい(よかった)昔の日々.

❺He worked hard to the end of *his days*. 彼は死ぬまでよく働いた / She ended her *days* at ninety-nine. 彼女は99歳で死んだ.
❻She was a well-known singer in *her day*. 彼女は若いころは有名な歌手だった.

all day (*long*) **一日中:** I was busy *all day*. 私は一日中忙しかった.
by day **昼間は:** We work *by day* and sleep by night. われわれは昼間は働き夜は眠る.
by the day **1日いくらで:** They are paid *by the day*. 彼らは日給で働いている.
call it a day (その日の)仕事を終わりにする.
day after day **毎日毎日**.
day and night **昼も夜も**.
day by day (程度などが) **1日1日と(少しずつ)**, 日ごとに: It is getting colder *day by day*. 1日1日と寒くなっている.
day in, day out = day after day.
from day to day 日ごとに: change *from day to day* 日ごとに変化する.
Have a nice day! いい1日を!, 行ってらっしゃい (○別れのことばに用いる).
have seen [known] better days よい時代もあった (現在はおちぶれている).
in a day **1日に[で]**; 短時間に[で] (☞Rome の ことわざ).
in those days **そのころは**, その時代は: We were poor *in those days*. そのころは私たちは貧しかった.
make a day of it 一日中楽しむ.
make ...'s day 《口語》(人)を楽しませる.
of the day 当時の, 現代の: the best singer *of the day* 当時[現代]一流の歌手.
one day (過去か未来の) **ある日**, いつか: *One day* I happened to see her on the bus. ある日偶然バスで彼女に会った / I'd like to visit Switzerland *one day*. いつかスイスを訪ねたい.
one of these days 近いうちに, 近日中に.
some day (*or other*) (将来の)いつか, そのうちに (☞some 形, someday

308　　　　　　　　　　　　　　　　　　　　　three hundred and eight

abcd**e**fghijklmnopqrstuvwxyz　　　　　　　　　　　　**dead**

副》).
　the other day 先日: I saw him on campus *the other day*. 先日学内で彼を見かけた.
　these days このごろは: Almost all young people carry cellphones *these days*. このごろは若い人はほとんどが携帯電話を持っている.
　to this day 今日まで, 現在まで.
　　　　　　　　　　　☞ 形daily.

day·break /déibrèik デイブレイク/ 名Ｕ 夜明け (☞break 動 自 ❿).
▶at *daybreak* 夜明けに.

day-care /déi-kèər デイ・ケア/ 形昼間保育の. ▶a *day-care* center 保育[託児]所.

day·dream /déidrì:m デイドリーム/ 名Ｃ 空想. ─ 動 (~s /-z/; ~ed /-d/; ~-ing) 自空想にふける.

day·dream·er /déidrì:mər デイドリーマ/ 名Ｃ 空想家.

*__day·light__ /déilàit デイライト/ 名Ｕ
❶日光. ❷昼間. ❸夜明け.
▶at *daylight* 夜明けに.
　in broad daylight ①まっ昼間に. ②公衆の面前で.

dáylight-sáving tìme 名Ｕ《米》日照活用時間, 夏時間(*○*D.S.T. と略す;《英》では summer time》).

dáy núrsery 名Ｃ保育所.

dáy retúrn 名Ｃ《英》通用当日限り往復切符.

dáy schòol 名Ｃ(昼の)学校(boarding school(寄宿学校), night school(夜間学校)と区別して昼間通学する学校》).

*__day·time__ /déitàim デイタイム/ 名Ｕ 昼間, 日中(反nighttime).
▶in the *daytime* 昼間に, 日中.

day-to-day /déi-tə-déi デイ・ト・デイ/ 形日常の.

daze /déiz デイズ/ 名《次の成句で》*:in a daze* ぼうっとして.

dazed /déizd デイズド/ 形ぼうっとした.

daz·zle /dǽzl ダズル/ 動 (~s /-z/; ~d /-d/; daz·zling) 他《ふつう **be dazzled** で》❶ (光などがまぶしくて)…の目をくらませる. ❷ (すばらしい美しさなどが)…をぼう然とさせる, 魅了する.
▶❶I *am dazzled* by the sunlight. 日の光でまぶしい, 目がくらむ.

❷He *was dazzled* by her beauty. 彼は彼女の美しさにぼうっとした.

daz·zling /dǽzliŋ ダズリング/ 形目もくらむほどの, まぶしい(ほどの).

daz·zling·ly /dǽzliŋli ダズリングリ/ 副目もくらむほど, まぶしいほど.

DC【米郵便】District of Columbia.

D.C. /dí:sí: ディースィー/ 《略語》District of Columbia コロンビア区《アメリカの首都ワシントン(Washington)の所在地》.

DE【米郵便】Delaware.

de- /dì: ディー, di/ 接頭「除去・否定・反対・低下」などを表わす.
▶*de*frost 霜を取り除く.

dea·con /dí:kən ディーコン/ 名Ｃ(イングランド国教会・聖公会の)執事(*), (カトリック教会の)助祭《priest(司祭)の次の位の聖職者).

＊＊dead /déd デッド/ 形
❶ⓐ 死んで(いる)(反 live, alive, living).
ⓑ枯れた.
ⓒ(場所に)生き物がいない.
❷ⓐ動かない; 電流が通じていない, (電池が)きれた.
ⓑ役に立たない, 非生産的な.
❸すたれた, 使われなくなった.
❹ⓐ感覚のなくなった, まひした.
ⓑ《be dead to ...》…を感じない.
❺ⓐ死んだような, 動きのない.
ⓑ火が消えた; 活動を停止した.
ⓒ(球技で)(ボールが)死んで(いる).
❻完全な, まったくの.
─ 名《ふつう **the** をつけて》(死んだような)静かな時間, (暗さ・寒さなどの)最中.
─ 副《口語》❶まったく, すっかり.
❷急に, 突然.

────────────────
形 ❶ⓐHe has been *dead* for two years. (= It is [has been] two years since he died. = Two years have passed since he died. = He died two years ago.) 彼が死んでから２年になる / *Dead* men tell no tales. 死人に口なし《秘密を知る者は殺すが安全》/ He was shot *dead*. 彼は撃たれて死んだ. ⓑ*dead* leaves [trees] 枯葉[木].
❷ⓐThe radio is *dead*. ラジオは聞こえない. ⓑ*dead* soil 不毛の土地.

three hundred and nine　　　　　　　　　　　　　　　　　　　　　309

deaden

❸a *dead* custom すたれた習慣 / a *dead* language 死語 (ラテン語など)(◎「現在使われている言語」は a living language).
❹❶My fingers have gone *dead* with the cold. 寒さのあまり私の指は感覚がなくなってしまった. ❺He *is dead to* pity. 彼はあわれみの気持ちがない.
❺❶the *dead* hours of night 真夜中《人の寝静まった時刻》/ a *dead* sleep 熟睡. ❺a *dead* volcano 死火山.
❻*dead* silence まったくの静けさ / in *dead* earnest とても真剣に / come to a *dead* stop ぴたりと止まる.
☞ 名death, 動die¹, deaden.
— 名in *the dead of* night 〔winter〕真夜中に〔真冬に〕.
— 副 ❶He was *dead* tired from running. 彼は走ったので疲れ果てていた / He is *dead* asleep. 彼はぐっすり眠っている.

dead·en /dédn デドン/ 動 他 (苦痛・音などを)弱める. ☞ 形dead.

déad énd 名Ⓒ ❶(通路などの)行きどまり. ❷(仕事などの)行きづまり.

déad héat 名Ⓒ同時ゴールイン, 引き分け.

dead·line /dédlàin デドライン/ 名Ⓒ(提出物などの)締め切り.

dead·lock /dédlàk デドラック/ 名ⓊⒸ(物事が進展しない)行きづまり.
▶at a *deadlock* 行きづまって.

***dead·ly** /dédli デドリ/ 形 (dead·li·er; dead·li·est) ❶命にかかわる, 致命的な.
❷ひどい, ものすごい.
— 副ひどく.

形 ❶a *deadly* poison 猛毒 / a *deadly* weapon 凶器. ❷in *deadly* earnest ものすごくまじめで.
— 副It's *deadly* cold. ひどく寒い.

dead·pan /dédpæn デドパン/ 形無表情の, まじめくさった.

Déad Séa 名《the をつけて》死海《イスラエルとヨルダンの間にある塩水湖; 湖面の高さは世界最低で, 海面下約430メートル》.

***deaf** /déf デフ/ 《★発音注意》形 (~·er; ~·est)
❶❶耳が聞こえない《☞blind 形❶ 》.
❺耳が遠い.

❷《be deaf to ...》…を**聞こうとしないでいる**.

❶❶He is *deaf* in one ear. 彼は片方の耳が聞こえない.
❷He *was deaf to* all my excuses. 彼は私の言いわけをぜんぜん聞き入れてくれなかった.
fall on deaf ears (忠告・警告などが)無視される.
☞ 動deafen.

deaf·en /défən デフン/ 動 他 (一時的に)…の耳を聞こえなくする. ☞ 形deaf.

deaf·en·ing /défəniŋ デフニング/ 形耳を聞こえなくするような.
▶a *deafening* noise ものすごい騒音.

***deal¹** /díːl ディール/ 名《次の成句で》:*a good* [*great*] *deal* ①(量が)**たくさん**: He reads *a good* [*great*] *deal*. 彼は本をたくさん読む. ②大いに:She is *a good* [*great*] *deal* better today. 彼女はきょうはたいへん体のぐあいがいい.

a good [*great*] *deal of ...* **たくさんの(量の)…**《◎ofの次には数えられない名詞がくる》:*a good deal of* snow たくさんの雪.

***deal²** /díːl ディール/ 名Ⓒ ❶(商売・政治上の)(取引)**契約, 協定**.
❷《口語》取り扱い.
❸(トランプの)カードを配ること[順番].
— 動 (~s /-z/; dealt /délt/; ~·ing)他
❶…を**分配する**, 分ける, 配る.
❷…に (打撃などを)**加える**, 与える.
— 自 ❶《deal with ...》❸…を処理する, 取り扱う. ❺(人)とつきあう. ❻(店・人など)と取り引きする.
❷《deal in ...》(商品)を**扱う**, 売買する.
❸トランプのカードを配る.

名 ❶They made a business *deal* with a Chinese company. 彼らは中国の会社と取引契約をした / reach a peace *deal* 平和協定を結ぶ.
❷a fair *deal* 公正な取り扱い.
— 動 他 ❶I dealt five cards to each of them. 私は彼らに5枚ずつカードを配った. ❷He *dealt* his opponent a heavy blow. 彼は相手にすごい一撃を加えた[相手を一発ぶんなぐった].
— 自 ❶❶*deal with* difficulties 困

abc**d**efghijklmnopqrstuvwxyz　　　　　　　　　　　　　　　　　　　　　　　**death toll**

難を処理する / This book *deals with* air pollution. この本は空気汚染の問題を扱っている. ❺He is hard to *deal with*. 彼は扱いにくい[手に負えない].

❷He *deals in* tea. 彼はお茶を売買している.

deal out 他 …を分配する, 分ける, 配る: They *dealt out* food and blankets to the flood victims. 彼らは洪水の被害者に食物と毛布を配った.

***deal·er** /díːlər ディーラ/ 名 (複 ~s /-z/) C ❶商人, …業者.

❷(トランプの)配り手,「親」.

▶ ❶He is a *dealer* in rice. 彼は米屋です / a car *dealer* 自動車販売人[業者].

deal·ing /díːliŋ ディーリング/ 名 ❶《複数形で》取り引き, 商売; 交際, 関係.

❷U (他人に対する)ふるまい, 行動.

▶ ❶I have *dealings* with him. 私は彼と取り引き[交際]がある.

***dealt** /délt デルト/ 《★発音注意》動 deal の過去形・過去分詞形.

dean /díːn ディーン/ 名 C ❶(イングランド国教会の聖堂の)首席司祭《bishop のすぐ下の地位》.

❷ⓐ (大学の)学部長. ⓑ《おもに米》(大学・高校などの)学生部長.

****dear** /díər ディア/ 形 (~·er /díərər/; ~·est /díərist/)

❶愛する, 親愛な, かわいい.

❷《Dear ...》で》敬愛する, …様.

❸たいせつな, 貴重な.

❹《文語》(品物が)値段が高い, 高価な (反 cheap, inexpensive).

— 名 (複 ~s /-z/) C ❶かわいい人, 愛する人.

❷《愛する者に対する呼びかけで》**あなた**, お前 (✿男性, 女性の両方に用いられる; ⇨ darling, honey).

— 間 《驚き・悲しみを表わして》**おや**, まあ.

形 ❶He is a *dear* friend of mine. 彼は私の親友だ / my *dear* little children 私の愛するかわいい子どもたち.

❷*Dear* Sir [Madam] 拝啓 (✿知らない人に対する形式的な手紙の書きだしのあいさつ) / *Dear* [My *dear*] Mr. Smith スミス様 (✿親しい人に対する手紙の書き出しのあ

いさつ).

❹This desk is very *dear*. この机は値段が非常に高い.

***for dear life* 必死で**, 命がけで (☞ life).

— 名 ❷Yes, *dear*. そうだよ, お前[です, あなた].

my dear [***dearest***] 《愛する人への呼びかけとして》**あなた**, お前.

— 間 *Dear* me! = Oh *dear*! = *Dear*, *dear*! おやまあ.

《同音異語》deer.

dear·ly /díərli ディアリ/ 副 ❶大いに, 心から, 深く. ❷大きな犠牲を払って.

▶ ❶She loved her mother *dearly*. 彼女は母を深く愛した.

dearth /də́ːrθ ダース/ 名《文語》《a をつけて》不足, 欠乏.

***death** /déθ デス/ 名 (複 ~s /-s/)

❶U C 死 (反 life).

❷《the をつけて》終わり, 消滅.

❸《しばしば Death で》死神《黒い服を着たがい骨姿で大鎌 (scythe) を持っている》.

---

❶He died a peaceful *death*. 彼は安らかに息を引きとった / Drunk driving causes thousands of *deaths* every year. 酔い運転のため毎年何千人もの人が死ぬ / a natural *death* 自然死 《事故などでなく老衰や病気で死ぬこと》.

❷*the death* of *one's* hopes 希望の消滅.

***put ... to death* …を殺す, 死刑にする.**

to death ①死ぬまで: He burned [froze / starved] *to death*. 彼は焼け死んだ[凍死した / 飢え死にした]. ②死ぬほど, ひどく: He was bored *to death*. 彼は死ぬほど退屈(たいくつ)していた.

☞ 形 dead, deathly, 動 die¹.

death·bed /déθbèd デスベッド/ 名 C 死の床, 臨終(りんじゅう).

déath certíficate 名 C 死亡証明書.

death·ly /déθli デスリ/ 形 死んだような.

☞ 名 death.

— 副 ❶死んだように. ❷非常に.

déath màsk 名 C デスマスク《石こうで型どった死者の顔型》.

déath ràte 名 C 死亡率.

déath tòll 名 C (事故などによる)死亡者数.

three hundred and eleven　　　　　　　　　　　　　　　　　　　　　　　　　　　　311

de·base /dibéis ディベイス/ 動 (現分 de·bas·ing) 他 《文語》…の価値[品位]を低下させる.

de·bat·a·ble /dibéitəbl ディベイタブル/ 形 論議の余地のある, 異論のある.

*__de·bate__ /dibéit ディベイト/ 名 (複 ~s /-ts/)
❶ UC (具体的な話題に関する)(賛否両派に分かれて行なう)**討論**, ディベート.
❷ UC (公式の)討論, 審議 (最終的には票決をすることがある).
— 動 (~s /-ts/; de·bat·ed /-id/; de·bat·ing) 他 ❶ (公式の場で)…を**討論する**.
❷ …を**考える**, 熟考する.
— 自 ❶**討論する**, 討議する.
❷ (結論を出すために)考える, 熟考する.

名 ❶ There was a heated *debate* about [on] politics and religion. 政治と宗教に関して激しい討論が行われた. ❷ a *debate* on the budget 予算に関する審議.
— 動 他 ❶ The Diet will *debate* the bill tomorrow. 国会はあすその議案を討議する. ❷ I *debated* whether to accept the offer. 私はその申し出を受け入れるべきかどうかよく考えた.

de·bauch /dibɔ́ːtʃ ディボーチ/ 動 (三単現 ~es /-iz/) 他 (酒やセックスなどで)(人)を堕落(だらく)させる.

de·bauched /dibɔ́ːtʃt ディボーチト/ 形 《文語》堕落(だらく)した.

de·bauch·er·y /dibɔ́ːtʃəri ディボーチャリ/ 名 (複 -er·ies /-z/) U 酒やセックスにおぼれること.

Deb·bie, Deb·by /débi デビ/ 名 デビー 《女性の名; Deborah の愛称》.

deb·it /débit デビット/ 名 【簿記】 C (銀行口座からの)引き落とした金額.
— 動 他 (口座から)…だけ引き落とす.

débit càrd 名 C デビットカード 《銀行の引き出し用のキャッシュカード》.

Deb·o·rah /débərə デボラ/ 名 デボラ 《女性の名; 愛称 Debbie, Debby》.

de·bris /dəbríː デブリー, débri:/ 《★発音注意》 名 U (破壊物の)破片.

*__debt__ /dét デット/ 《★b は発音されない》 名 (複 ~s /-ts/)
❶ⓐ C **借金**, 負債. ⓑ U 借金している状態. ❷ UC **恩義**, 恩恵.

❶ⓐ I owe him a *debt* of twenty pounds. 私は彼に20ポンドの借金がある / I paid all my *debts*. 私は借金を全部払った. ⓑ He is always in *debt*. 彼はいつも借金している / get [run] into *debt* 借金をする / get out of *debt* 借金を返す / keep out of *debt* 借金をしないで暮らしていく.

【語の結びつき】
be out of *debt* 借金がない
go into *debt* 借金をする
clear [repay] a *debt* [one's *debt(s)*] 借金を返済する[返す]
run up a *debt* 借金をためる
settle a *debt* 借金を清算する
write off a *debt* 借金を帳消しにする

be in debt to ... …に**借金がある**: I am greatly *in debt to* her. 私は彼女に多額の借金がある.

debt·or /détər デタ/ 名 C 借り主, 債務者.

de·bug /dìːbʌ́g ディーバッグ/ 動 他 ❶ 【電算】(プログラムの)(誤りや欠点)を訂正する. ❷ …から盗聴装置を取り除く.

de·but, dè·but /déibjuː ディビュー, deibjúː/ 《★t は発音されない》 名 C 初出演, 初舞台, デビュー. ▶ She made her *debut* yesterday. 彼女はきのうデビューした.

*__dec·ade__ /dékeid デケイド, dekéid/ 名 (複 ~s /-dz/) C **10年間**.
▶ three *decades* ago 30年前.

dec·a·dence /dékədəns デカデンス/ 名 U 退廃(たいはい), 堕落(だらく).

dec·a·dent /dékədənt デカデント/ 形 退廃(たいはい)的な, 堕落(だらく)してゆく.

de·caf·fein·at·ed /diːkǽfəneitid ディーキャフィネイティド/ 形 (コーヒーなどが)カフェインの入っていない.

de·cap·i·tate /dikǽpəteit ディキャピテイト/ 動 (現分 -tat·ing) 他 《文語》(処刑などで)(人)の首を切る.

*__de·cay__ /dikéi ディケイ/ 動 (~s /-z/; ~ed /-d/; ~ing) 自 ❶ⓐ**腐(くさ)る**. ⓑ (歯が)虫歯になる.
❷ 劣化する; 衰える.
— 他 ❶ⓐ …を腐らせる. ⓑ (歯)を虫歯にする. ❷ …を劣化させる, 衰えさせる.

abc**d**efghijklmnopqrstuvwxyz　　　　　　　　　　　　　　　　　　　　　　　　　　　**decide**

— 名U ❶腐食,腐敗. ❷劣化,衰え,衰退.

▶動自 ❶ⓐThe old apple tree has begun to *decay*. その古いリンゴの木は枯れ始めた.

— 名 ***go to decay = fall into decay*** ①腐る. ②衰える. ③荒れ果てる.

de·cayed /dikéid ディ**ケ**イド/ 形 ❶腐った. ❷劣化した,衰えた.
▶ ❶a *decayed* tooth 虫歯.

de·ceased /disí:st ディスィースト/ 形《文語》《最近》死去した.
— 名《**the** をつけて；単数または複数扱い》故人.

de·ceit /disí:t ディスィート/ 名U だますこと,ごまかし.
　　　　　　☞動deceive,形deceitful.

de·ceit·ful /disí:tfəl ディスィートフル/ 形 ❶うそつきの. ❷人をだまそうとする.
　　　　　　　　　　　　☞名deceit.

de·ceit·ful·ly /disí:tfəli ディスィートフリ/ 副人をだますつもりで,ごまかして.

*__**de·ceive**__ /disí:v ディスィーヴ/ 動(~s /-z/; de·ceived /-d/; de·ceiv·ing) 他 …を**だます**. ▶He *deceived* us with false promises. 彼はわれわれをうその約束でだましました / He *deceived* me *into* buying a cheap watch. 彼は私をだまして安物の時計を買わせた.

deceive oneself (いやなことを避けようとする気持ちから)思い違いをする.
　　　　　　☞名deceit, deception,
　　　　　　　　　　　形deceptive.

De·cem·ber /disémbər ディ**セ**ンバ/

名**12月**《❶Dec. と略す；☞January の語法》.

de·cen·cy /dí:snsi ディースンスィ/ 名U (社会一般の規範からみて)見苦しくないこと,品位のあること. ▶She didn't have the *decency* to say "Thank you." 彼女はありがとうと言うほどの礼儀の心得(ﾞﾞ)もなかった.　　　　☞形decent.

*__**de·cent**__ /dí:snt ディースント/(★発音注意)形(more ~ ; most ~)

❶ (時・場所などに)**ふさわしい**,ちゃんとした,見苦しくない(反indecent)《❶社会常識から考えて「非難されない」という消極的な意味をもつ》.

❷《口語》相当な,かなりな.
▶❶*decent* clothes ちゃんとした服装 / It is not *decent* to talk loud at (the) table. 食事中大きい声で話すのは無作法である. ❷a *decent* family 相当な身分の家柄 / live in a fairly *decent* house. かなりりっぱな家に住む.
　　　　　　　　☞名decency.

de·cent·ly /dí:sntli ディースントリ/ 副 ❶(時・場所などに)ふさわしく,見苦しくなく. ❷相当に,かなり.

de·cen·tral·i·za·tion /di:sèntrəlizéiʃən ディーセントラリ**ゼ**イション | -lai-/ 名U (集中していたものの)分散,集中排除；地方分権.

de·cen·tral·ize /di:séntrəlàiz ディー**セ**ントラライズ/ 動 (現分 -iz·ing) 他(行政権・組織など)を分散させる,地方分権にする.

de·cep·tion /disépʃən ディ**セ**プション/ 名 ❶U だますこと,だまされること. ❷C ごまかし行為.　　☞動deceive.

de·cep·tive /diséptiv ディ**セ**プティヴ/ 形人をだますような,ごまかしの,あてにならない.　　　　　　　☞動deceive.

de·cep·tive·ly /diséptivli ディ**セ**プティヴリ/ 副だまして,ごまかして.

dec·i·bel /désəbèl **デ**スィベル/ 名C 〔物理〕デシベル《音の大きさを測る単位；❶ dB, db と略す》.

*__# **de·cide**__ /disáid ディ**サ**イド/ 動 (~s /-dz/; de·cid·ed /-id/; de·cid·ing) 他

❶ⓐ《**decide to** *do*》__しようと決める__,決心する.
ⓑ《**decide (that)** __》__ということを決める,決心する.
ⓒ《**decide wh-**(疑問詞) __》__ かを決める.
❷…を**決める**,決定する.
❸…に**決着をつける**.
❹…について判決を下す,判断する.
— 自 決める,決定する,決心する.

他 ❶ⓐHe has *decided to* say no.＝ He has *decided that* he will say no. 彼はいやだと言おうと決めた.
ⓑI *decided that* I would never make the same mistake again. 私は同じまちがいを2度としない決心をした.
ⓒShe could not *decide what* to

decided

do.= She could not *decide what she should do*. 彼女はなにをすべきか決心がつかなかった.

❷ The date for our next meeting has not been *decided* yet. 次の会合の日にちはまだ決まっていない.

❸ The error *decided* the game. そのエラーが試合を決めた.

❹ The judge *decided* the case. 裁判官はその事件に判決を下した.

— 圓 We have to *decide* between the two. 私たちはふたつのうちのどちらかに決めなければならない / It is for you to *decide*. 決めるのは君だ.

decide against ... ①…に反対する: They *decided against* construction of a new road. 彼らは新しい道路の建設に反対した. ②…しないことに決める: We have *decided against* selling our house. 私たちは家を売らないことにした. ③…に不利な決定[判決]を下す.

decide in favor of ... …に有利な決定[判決]をする: The committee finally *decided in favor of* us. 委員会は結局私たちに有利な決定をした.

decide on ... …に決める: We have *decided on* selling our house. 私たちは家を売ることに決めた / He *decided on* the green necktie. 彼はその緑色のネクタイに決めた.

☞ 名decision, 形decisive.

de·cid·ed /disáidid ディサイディド/ 形
❶ はっきりした, 明確な (☞decisive).
❷ 断固とした, きっぱりした, 決意した.
▶ ❶ a *decided* difference 明らかな違い.

de·cid·ed·ly /disáididli ディサイディドリ/ 副 ❶ 確かに, 明らかに. ❷ はっきりと, きっぱりと.

de·cid·u·ous /disídʒuəs ディスィヂュアス/ 形【植物】落葉性の (☞evergreen).

dec·i·mal /désəməl デスィマル/ 形【数学】小数の.
— 名 C【数学】小数 (**décimal fràction** ともいう; 「分数」は fraction).
▶ 形 a *decimal* point 小数点.

dec·i·mate /désəmèit デスィメイト/ 動 他 …の多くを殺す[破壊する].

de·ci·pher /disáifər ディサイファ/ 動 他
❶ (暗号)を解読する.
❷ (文字など)を判読する.

***de·ci·sion** /disíʒən ディスィジョン/ 名 (複 ~s /-z/)
❶ UC 決定, 決心, 解決, 判決.
❷ U 決断力 (反indecision).
▶ ❶ come to [reach] a *decision* 決定する / *decision* by majority 多数決.

語の結びつき

announce [(米) hand down] a *decision* 判決を言い渡す

arrive at [come to, reach] a *decision* 結論に達する

make [(英) take] a *decision* 決定[決心]する

reverse a *decision* 判決をくつがえす

❷ a man of *decision* 決断力のある人.
make a decision 決定する; 決心する.
with decision 断固として, きっぱりと.

☞ 動decide, 形decisive.

de·ci·sive /disáisiv ディサイスィヴ/ 《★発音注意》形
❶ 決定的な (「ものごとを決定するような」の意味; ◐「だれにも明らかな」は decided).
❷ 断固とした, 決断力のある (反indecisive).
▶ ❶ *decisive* evidence (有罪・無罪を決める)決定的証拠.

☞ 動decide, 名decision.

de·ci·sive·ly /disáisivli ディサイスィヴリ/ 副 ❶ 決定的に. ❷ 断固として.

***deck** /dék デック/ 名 (複 ~s /-s/) C
❶ (船の)デッキ, 甲板(かんぱん).
❷ (電車・バスなどの)床.
❸ デッキ (屋根なしのベランダ).
❹ 《米》(トランプの)ひと組 (◐《英》では pack).
❺ テープデッキ (tape deck).
— 動 他 …を飾る.

名 ❶ the upper [lower] *deck* 上[下]甲板.
❷ the top *deck* (バスなどの)2階 (◐「2階だてバス」は double-decker という).
on deck ①デッキで[へ]. ②《米》(行動する)用意ができて.

abc**d**efghijklmnopqrstuvwxyz   **decoy**

— 動 他 The room was *decked with* flowers. 部屋は花で飾られていた.

déck chàir 名 C デッキチェア《船のデッキや浜辺などで用いられる布張りの折りたたみ式寝いす》.

deck chair

*__dec·la·ra·tion__ /dèkləréiʃən デクラレイション/ 名 (複 ~s /-z/)
❶ U C 宣言, 布告, 発表. ❷ C 申告書.

❶ a *declaration* of peace 平和の宣言. ❷ a customs *declaration* 税関での課税品の申告.

☞ 動 declare.

Declarátion of Indepéndence 名 《the をつけて》アメリカ合衆国独立宣言(1776年7月4日に宣言された).

*__de·clare__ /dikléər ディクレア/ 動 (~s /-z/; de·clared /-d/; de·clar·ing /-kléəriŋ/)
他 ❶ …を**宣言する**, 発表する.
❷ …を**断言する**, 言明する.
❸ (税関などで) …の課税申告をする.

他 ❶ *declare* independence 独立を宣言する / Germany *declared* war on [against] France. ドイツはフランスに対して宣戦布告した.
❷ The man *declared* (*that*) he had told the truth. その男は真実を述べたのだと強く言った.
❸ Do you have anything to *declare*? (税関で) 申告しなければならない課税品をお持ちですか.

☞ 名 declaration.

*__de·cline__ /dikláin ディクライン/ 動 (~s /-z/; de·clined /-d/; de·clin·ing) 自
❶ 衰える, 減退する.
❷ 断わる, 辞退する.
❸ (物価などが) 下落する.
— 他 《文語》 (ていねいに) …を**断わる**, 辞退する (☞ refuse¹ の 類語).

— 名 (複 ~s /-z/) C ❶ **衰え**, 衰退.
❷ (物価などの) **下落**; 低下.

動 自 ❶ His health slowly *declined*. 彼の健康は徐々に衰えた.
— 他 I *declined* their invitation. 私は彼らの招待を断わった.
— 名 ❶ the *decline* of the Roman Empire ローマ帝国の衰退.
❷ a *decline* in prices 物価の下落.
in decline = **on the decline** ①下り坂で, 衰えて. ②傾いて.

de·code /dìːkóud ディーコウド/ 動 (現分 -cod·ing) 他 (暗号など) を解読する (反 encode).

de·com·pose /dìːkəmpóuz ディーコンポウズ/ 動 (現分 -pos·ing) 他 …を腐敗させる.
— 自 腐敗する.

de·com·po·si·tion /dìːkɑmpəzíʃən ディーカンポズィション/ 名 U 腐敗.

decor /deikɔ́ːr デイコー/ 名 C U (室内) 装飾.

*__dec·o·rate__ /dékərèit デコレイト/ 《★アクセント注意》 動 (~s /-ts/; -rat·ed /-id/; -rat·ing) 他 ❶ …を**飾る**.
❷ (英) (家・部屋など) にペンキを塗る, 壁紙をはる.
❸ 《ふつう受身形で》 …に勲章(くんしょう)を授ける.

▶ ❶ The children *decorated* the tree. 子どもたちは木に飾り付けをした / She *decorated* the walls of the hall *with* pictures. 彼女は玄関の壁を絵で飾った.
❷ *decorate* the kitchen in pale yellow 台所を薄い黄色に塗る.

☞ 名 decoration, 形 decorative.

dec·o·ra·tion /dèkəréiʃən デコレイション/ 名 (複 ~s /-z/) ❶ U 装飾, 飾りつけ.
❷ C 《しばしば複数形で》 装飾物, 飾り.
❸ C 勲章.

▶ ❷ Christmas *decorations* クリスマスの装飾. ☞ 動 decorate.

dec·o·ra·tive /dékərətiv デコラティヴ/ 形 装飾用の, 飾りの. ☞ 動 decorate.

de·coy /díːkɔi ディーコイ/ 名 C (野鳥や動物などをおびきよせるための) おとり.
— 動 /dikɔ́i ディコイ/ 《★名詞とのアクセントの違いに注意》 他 (野鳥・動物など) をおび

315

きよせる.

*de·crease /dikríːs ディクリース/ 動 (de·creas·es /-iz/; de·creased /-t/; de·creas·ing) 圓 (数・量などが) **減る** (反 increase).
— 他 (数・量など) を**減らす**.
— 名 /díːkriːs ディークリース/ (★動詞とのアクセントの違いに注意) (複 -creas·es /-iz/) UC **減少** (反 increase).

動圓 The population of this village has *decreased* to 200. この村の人口は200人に減った.
— 名 There was a *decrease* in sales last month. 先月は売り上げが減った.
on the decrease だんだん減少して.

de·cree /dikríː ディクリー/ 名 C 法令, 布告.
— 動 (現分 de·cree·ing) 他 (法令などで) …を命じる.

de·crep·it /dikrépit ディクレピット/ 形 ❶ 老いぼれの. ❷ (古くなって) がたがたの.

*ded·i·cate /dédikèit デディケイト/ (★アクセント注意) (~s /-ts/; -cat·ed /-id/; -cat·ing) 他 ❶ …を […に] **ささげる** [to].
❷ …を […に] 献呈(%)する [to].

❶ She *dedicated* her life *to* the poor people. 彼女は貧しい人びとのために一生をささげた. ❷ He *dedicated* the book *to* his wife. 彼は本を妻に (感謝のしるしとして) ささげた.
dedicate *oneself* **to ...** …に身をささげる, 専念する.
☞ 名 dedication.

ded·i·cat·ed /dédikèitid デディケイティド/ 形 (仕事などに) 打ち込んでいる, 献身的な.

ded·i·ca·tion /dèdikéiʃən デディケイション/ 名 ❶ ⓐ U 献呈(%). ⓑ C 献呈のことば. ❷ U 献身, 専心.
☞ 動 dedicate.

de·duce /didjúːs ディデュース, ・デュース/ 動 (現分 de·duc·ing) 他 …を推論する.
☞ 名 deduction ❷.

de·duct /didʌ́kt ディダクト/ 動 他 …を差し引く. ▶ *deduct* 10% *from* the price 1割値を引く. ☞ 名 deduction ❶.

de·duc·tion /didʌ́kʃən ディダクション/ 名 ❶ ⓐ UC 差し引き, 割引. ⓑ C 差し引き額, 割引き額. ❷ C 推論, 推定.
☞ ❶ では 動 deduct, ❷ では 動 deduce.

*deed /díːd ディード/ 名 (複 ~s /-dz/) C ❶ 行ない, 行為. ❷ (正式の) 証書.
▶ ❶ a good *deed* よい行ない.
☞ 動 do¹.

deem /díːm ディーム/ 動 他 《文語》《deem ... (to be) ~》 …を~と考える (《○~には名詞, 形容詞がくる》). ▶ I *deem* it an honor. 私はそれを名誉なことだと思う.

deep /díːp ディープ/ 形 (~·er; ~·est) ❶ **深い (反 shallow).
❷ **深さが…の [で]**; 奥行きが…の [で], 横…列になって.
❸ (色が) **濃い**.
❹ (声などが) **低く太い**.
❺ (程度などが) 深い, 強い.
❻ 難しい; 深遠な, 高級な.
❼ 《be deep in ...》 …に夢中になっている, はまりこんでいる (《☞ 成句 in deep water(s) (⇨ water)》).
— 副 (~·er; ~·est) ❶ **深く**, 奥に.
❷ (夜) 遅くまで.
— 名 《the をつけて》 (詩語) 海.

形 ❶ This river is *deep* around here. この川はこのあたりが深い / dig a *deep* hole 深い穴を掘る / a *deep* valley 深い谷.
❷ The snow lay about two meters *deep*. 雪は2メートルほど積もっていた / a shelf thirty centimeters *deep* 奥行き30センチの棚(集) / stand two *deep* 横2列になって立つ.
❸ a *deep* brown 濃い茶色.
❹ a *deep* voice 太い声.
❺ a *deep* sleep 深い眠り / *deep* sorrow 深い悲しみ / have a *deep* love of music 音楽が大好きである / a *deep* breath 深呼吸.
❻ His jokes are too *deep* for me. 彼の冗談は私には難しすぎる.
❼ We *were deep in* conversation. 私たちはすっかり話をするのに夢中になっていた / He *is deep in* debt. 彼は借金で首がまわらない.
☞ 名 depth, 動 deepen.

abc**d**efghijklmnopqrstuvwxyz　　　　　　　　　　　　**defend**

— 副 ❶They dug *deep* to find water. 彼らは水を発見するために深く掘った / go *deep* into the forest 森の奥深くはいって行く.
❷read *deep* into the night 夜遅くまで本を読む.
deep down 心の底では.

deep・en /díːpən ディープン/ 動 (~s /-z/; ~ed /-d/; ~ing) 他 ❶…を深くする.
❷ⓐ(色)を濃くする.
ⓑ(音)を低く[太く]する.
❸(印象・知識などを)深める.
— 自 ❶深くなる.
❷ⓐ(色が)濃くなる.
ⓑ(音が)低く[太く]なる.
❸(印象・知識などが)深まる.
☞ 形 deep.

déep fréeze 名Ⓒ(食品の)冷凍庫.

deep-fry /dìːp-frái ディープ・フライ/ 動 (-fries /-z/; -fried /-d/; -fry・ing) 他 …をたっぷり油を使って揚げる(☞ fry).

*deep・ly /díːpli ディープリ/ 副 (more ~; most ~) ❶深く, 強く, 非常に(◉ふつう比喩的に用いる; 具体的に「深く」は deep を用いることが多い).
❷ⓐ(色が)濃く. ⓑ(音が)太く, 低く.
▶ ❶I am *deeply* interested in music. 私は音楽にたいへん興味がある.

deep-root・ed /dìːp-rúːtid ディープ・ルーティド/ 形 深く根ざした.▶ *deep-rooted* traditions 深く根ざした伝統 / a *deep-rooted* hatred 根深い憎しみ.

deep-seat・ed /dìːp-síːtid ディープ・スィーティド/ 形 = **deep-rooted**.

*deer /díər ディア/ 名 (複 ~) Ⓒ 〖動物〗シカ(鹿).
ⒾⓃⒻⓄ▶ 成熟した雄(゚)ジカは一般に stag, 雌(゚)ジカは doe という.
《同音異形語》dear.

de・face /diféis ディフェイス/ 動 (現分 de・fac・ing) 他 …の外観[表面]をきたなくする, …をよごす.

de・fault /difɔ́ːlt ディフォールト/ 名 ❶ⓁⒸ (義務・債権などの)不履行(ﾘこう), (税金などの)滞納(ﾉう). ❷〖電算〗ⓁⒸデフォルト, 初期設定(値).
— 動 自 ❶義務を怠る, 約束を実行しない, 税金を滞納する. ❷〖電算〗(初期設定(値)に)戻る, デフォルトする.

*de・feat /difíːt ディフィート/ 動 (~s /-ts/; ~ed /-id/; ~ing) 他
❶(敵・対抗するもの)を**負かす**, 打ち破る(☞ win の 類語).
❷(計画・希望などを)**くじく**.
❸…には理解できない.
— 名 (複 ~s /-ts/) ❶ⓁⓊ**負かすこと**, 打破.
❷ⓁⒸ**負かされること**, 敗北(反 victory).
❸ⓁⒸ挫折, 失敗.

....

動 他 ❶We *defeated* them by three goals. 私たちは彼らを3ゴール差で破った / He was *defeated* in the election. 彼は選挙で負けた.
❷Lack of money *defeated* the plan. 資金不足で計画は挫折した.
❸I've tried to understand his idea, but it *defeats* me. 彼の考えを理解しようと努力してみたが, わからない.
— 名 ❶The party suffered a *defeat* in the election. その党は選挙で負けた. ❷Our football team has not had one *defeat* this year. われわれのフットボールチームは今年は一度も負けていない.

*de・fect¹ /díːfekt ディーフェクト, difékt/ 名 (複 ~s /-ts/) Ⓒ欠陥, 欠点; 不足.
▶ a *defect* in a machine 機械の欠陥箇所.
☞ 形 defective.

de・fect² /difékt ディフェクト/ 動 自 ❶(グループ・国・主義などから)〔反対側に〕つく〔*to*〕.
☞ 名 defection.

de・fec・tion /difékʃən ディフェクション/ 名 ⓁⒸ離反, 脱党, 脱会. ☞ 動 defect².

de・fec・tive /diféktiv ディフェクティヴ/ 形 欠点のある, 不完全な.▶ You can return *defective* merchandise. 欠陥商品は返品できます.
☞ 名 defect¹.

de・fence /diféns ディフェンス/ 名 (複 de・fenc・es /-iz/)《英》= **defense**.

de・fence・less /difénsləs ディフェンスレス/ 形《英》= **defenseless**.

*de・fend /difénd ディフェンド/ 動 (~s /-dz/; ~ed /-id/; ~ing) 他 ❶…を**守る**, 防御する(反 attack).
❷…を弁護する, …が正しいと主張する.
❸…の弁護士をつとめる.

defendant

❶ He *defended* himself with a stick. 彼はステッキで身を守った / They *defended* the city *against* the enemy. 彼らは敵からその市を守った.

❷ She *defended* our position. 彼女はわれわれの立場を弁護してくれた.

類語 **defend** は実際の攻撃や危険に積極的に抵抗して守る; **protect** は危険や害から防御に役立つものを用いて守る.

☞ 名defense, 形defensive.

de·fend·ant /diféndənt ディ**フェ**ンダント/ 名Ⓒ(裁判の)被告.

de·fend·er /diféndər ディ**フェ**ンダ/ 名Ⓒ
❶ (サッカーなどの)(後方守備の)ディフェンダー.
❷ (主義・主張などの)支持者; 弁護者.

*__de·fense__ /diféns ディ**フェ**ンス/ 名(複 de·fens·es /-iz/)
❶ Ⓤ **防御**, 守ること, ディフェンス (反 offense, attack).
❷ Ⓒ **防備(のための物)**, 防ぐもの.
❸ Ⓤ.Ⓒ 弁護; 弁明.
❹【スポーツ】《ふつう the をつけて; 単数または複数扱い》守備側.
❺【法律】《the をつけて; 単数または複数扱い》弁護側, 弁護団.

❶ *defense* of the country 国の防衛 / *defense* against terrorists テロリストから身[国など]を守ること / national *defense* 国防 / the Secretary of *Defense* (アメリカ)国防長官.

❷ The river was the only *defense* against the enemy. その川が敵に対するただひとつの防備だった.

come [rush] to ...'s defense 急いで…を弁護する.

in defense of ...* = *in ...'s defense
① …を弁護して. ② …を守るために.
☞ 動defend, 形defensive.

de·fense·less /difénsləs ディ**フェ**ンスレス/ 形防備のない, 自分を守れない.

de·fen·sive /difénsiv ディ**フェ**ンスィヴ/ 形 (more ~; most ~)防御の, 守勢の (反 offensive).
—— 名《the をつけて》守り, 守勢.
▶ 形*defensive* measures 防御策.

☞ 名defense, 動defend.

—— 名He is always on *the defensive*. 彼はいつでも(非難を予期して)守りの身構えをしている人だ.

de·fer /difə́ːr ディ**ファー**/ 《★ differ との発音の違いに注意》動 (~s /-z/; de·ferred /-d/; de·fer·ring /-fə́ːriŋ/) 他 …を延期する.

def·er·ence /défərəns **デ**ファレンス/ 名Ⓤ《文語》敬意.

de·fi·ance /difáiəns ディ**ファ**イアンス/ 名Ⓤ反抗(的態度).

in defiance of ... …をものともせずに: They went out *in defiance of* the storm. 彼らはあらしを無視して出かけた.
☞ 動defy.

de·fi·ant /difáiənt ディ**ファ**イアント/ 形反抗的な. ☞ 動defy.

de·fi·ant·ly /difáiəntli ディ**ファ**イアントリ/ 副反抗的に.

de·fi·cien·cy /difíʃənsi ディ**フィ**シェンスィ/ 名(複 -cien·cies /-z/) Ⓤ.Ⓒ ❶不足, 欠乏, 欠如. ❷欠陥, 欠点.
▶ ❶ a *deficiency* of food 食物の不足 / a vitamin C *deficiency* ビタミンC欠乏. ☞ 形deficient.

de·fi·cient /difíʃənt ディ**フィ**シェント/ 形不足した, 不充分な.
☞ 名deficiency.

def·i·cit /défəsit **デ**フィスィット/ 名Ⓒ不足額, 赤字.
▶ a trade *deficit* 貿易赤字.

*__de·fine__ /difáin ディ**ファ**イン/ 動 (~s /-z/; de·fined /-d/; de·fin·ing) 他
❶ (語など)を**定義する**, …の意味を説明する.
❷ (基準・限界・範囲など)を**明確に示す**.

❶ Please *define* the word "nerd." "nerd"という単語の意味を説明してください.

❷ The river *defines* the borders of the two countries. その川が2国間の国境となっている / Please *define* my duties. 私のやるべきことをはっきり言ってください.
☞ 名definition, 形definite.

*__def·i·nite__ /défənit **デ**フィニット/ 形 (more ~; most ~)

degradation

❶ **明確な**, はっきりした (反 indefinite).
❷ **確実な**.
❸ (人が)気持ちをはっきり決めて.

❶ He hasn't given a *definite* answer yet. 彼はまだ明確な回答はしていない / a *definite* proof 明確な証拠 / a *definite* date はっきりした日にち. ❷ a *definite* possibility 確実な可能性.
☞ 動 define.

définite árticle 名《the をつけて》〖文法〗定冠詞 (the のこと; ☞ indefinite article).

def·i·nite·ly /défənitli デフィニトリ/ 副
❶ ⓐ《口語》(会話の応答として) **確かに**, そうですとも. ⓑ《否定語をともなって》絶対(…ない).
❷ **明確に**, はっきりと.

❶ ⓐ 対話 "So you think he is a suspect?"–"(Yes,) *definitely*."「では, 君は彼を容疑者だと考えるんだね」「(うん)そうだとも」」(○同意や強い肯定を表わす). ⓑ 対話 "So you don't trust her?"–"(No,) *definitely* (*not*!)"「では, 君は彼女を信用しないんだね」「(うん)そうだとも」(○否定語とともに用いて強い否定を表わす). ❷ She is *definitely* the best speaker of English in our schoool. 彼女がまちがいなくわが校でいちばん英語を話すのが上手だ.

def·i·ni·tion /dèfəníʃən デフィニション/ 名 (複 ~s /-z/) ❶ C (語句などの) **定義**, 語義, 説明. ❷ U (映像などの) 鮮明さ.
☞ 動 define.

de·fin·i·tive /difínətiv ディフィニティヴ/ 形 最終的な; 確定した.
▶ a *definitive* decision 最終的決定.

de·flate /difléit ディフレイト/ 動 (現分 de·flat·ing) 他 ❶ (タイヤ・気球などの) 空気[ガス]を抜く.
❷ …の自信をなくさせる. ❸〖経済〗(通貨などを) 収縮させる, デフレにする (反 inflate).
— 自 (風船などが) しぼむ.

de·fla·tion /difléiʃən ディフレイション/ 名
❶ U 空気[ガス]を抜くこと. ❷ U C〖経済〗通貨収縮, デフレ (-ション) (反 inflation).

de·flect /diflékt ディフレクト/ 動 他 (光線などの) 進路をそらす. — 自 方向を変える, それる.

de·flec·tion /diflékʃən ディフレクション/ 名 U C (進路などの) それ, ゆがみ.

de·for·es·ta·tion /di:fɔ:ristéiʃən ディーフォーリステイション/ 名 U 森林破壊.

de·form /difɔ́:rm ディフォーム/ 動 他 …の形を悪くする, …をぶかっこうにする.

de·for·ma·tion /dì:fɔ:rméiʃən ディーフォーメイション/ 名 ⓐ U 形を悪くすること, 変形. ⓑ C ぶかっこうなもの.

de·formed /difɔ́:rmd ディフォームド/ 形 ぶかっこうな.

de·form·i·ty /difɔ́:rməti ディフォーミティ/ 名 (複 -i·ties /-z/) ⓐ U 奇形, 変形. ⓑ C (体の) 奇形・変形の部分.

de·fraud /difrɔ́:d ディフロード/ 動 他 (人など)からだましとる.

de·frost /dì:frɔ́(:)st ディーフロ(ー)スト/ 動 他 ❶ (冷凍食品)を解凍する.
❷ ⓐ (冷蔵庫などから)霜を取り除く.
ⓑ (自動車の窓の)くもりを取る.

deft /déft デフト/ 形 じょうずな, 手ぎわのよい, 器用な.

deft·ly /déftli デフトリ/ 副 手ぎわよく, 器用に.

de·funct /difʌ́ŋkt ディファンクト/ 形《文語》機能していない, すたれた.

de·fuse /dì:fjú:z ディーフューズ/ 動 (現分 -fus·ing) 他 ❶ (爆弾などの) 信管を除去する. ❷ (危険・緊張などを)和らげる.

de·fy /difái ディファイ/ 動 (de·fies /-z/; de·fied /-d/; ~·ing) 他 ❶ …に反抗する. ❷ …を許さない, 不可能にする.
▶ ❶ She *defied* her parents and continued seeing him. 彼女は両親の言うことを聞かずに彼と会い続けた.
☞ 名 defiance, 形 defiant.

de·gen·er·ate /didʒénərèit ディヂェネレイト/ 動 (現分 -at·ing) 自 退歩する, 悪くなる, 堕落(ﾀﾞﾗｸ)する.
— 形 /didʒénərət ディヂェネレト/ (★動詞との発音の違いに注意)退歩した, 悪くなった, 堕落した.

de·gen·er·a·tion /didʒènəréiʃən ディヂェネレイション/ 名 U 退歩, 堕落(ﾀﾞﾗｸ).

deg·ra·da·tion /dègrədéiʃən デグラデイション/ 名 U ❶ (品位・価値などの) 低下, 衰退. ❷ 悪化.
▶ ❶ the *degradation* of democ-

degrade

racy 民主主義の衰退. ❷environmental *degradation* 環境の悪化.

de·grade /digréid ディグレイド/ 動 (現分 de·grad·ing) ⑲ …の品位[価値, 質]を低下させる, 貶(おとし)める.

*__de·gree__ /digríː ディグリー/ 名 (複 ~s /-z/)

❶ ⓊⒸ **程度**, 段階.

❷ Ⓒ (目もり・温度・角度などの) **度** (❍ deg. と略す; 符号は°;「分」は minute,「秒」は second).

❸ Ⓒ **学位** (bachelor (学士), master (修士), doctor (博士) などがある).

❹ Ⓒ 〖文法〗 (形容詞・副詞の) 級.

・・・・・・・・・・・・・・・・・・

❶ To what *degree* can the data be trusted? そのデータはどの程度信頼できるのか.

❷ There are 360 *degrees* in any circle. 円はどれも360°です / Water freezes at 32 *degrees* (Fahrenheit) (= 32°F). 水はカ氏32度で凍る (❍ 英米ではふつうカ氏が用いられる. とくに明示していなければカ氏である).

❸ He has taken a master's *degree* in information science. 彼は情報科学の修士の学位をとった.

❹ the positive [comparative / superlative] *degree* 原[比較/最上]級.

by degrees だんだん.

to a [some] degree いくぶんか, ある程度:They succeeded *to some degree*. 彼らはある程度成功した.

to a large degree 非常に, 大いに.

dehydrate /diːháidreit ディーハイドレイト/ 動 ⑲《普通は受身形で》…を脱水する, 乾燥させる; (体など) を脱水状態にする.
— ⑲ (体が) 脱水状態になる.

deign /déin デイン/ (★ g は発音されない) 動 ⑲《軽蔑(けいべつ)的に》もったいなくも…してくださる [*to do*].

de·i·ty /díːəti ディーイティ/ (★発音注意) 名 (複 de·i·ties /-z/) Ⓒ 〖文語〗神.

dé·jà vu /dèiʒɑː vjúː デイジャー ヴー, ・ヴュー/ 名 Ⓤ 〖心理〗既視感 (経験したことがないことが以前に経験したように感じられること).

de·ject·ed /didʒéktid ディヂェクティド/ 形 気落ちした, がっかりした.

de·jec·tion /didʒékʃən ディヂェクション/ 名 Ⓤ 失意, 落胆.

Del·a·ware /déləwèər デラウェア/ 名 デラウェア (《アメリカ東部の州》; ❍ 〖郵便〗DE と略す).

*__de·lay__ /diléi ディレイ/ (★アクセント注意) 動 (~s /-z/; ~ed /-d/; ~·ing) ⑲

❶ …を**延期する**.

❷ (事情が) …を**遅らせる** (❍ しばしば受身形で,「遅れる」の意味).

— ⑲ **ぐずぐずする**, 遅れる.

— 名 (複 ~s /-z/) ⓊⒸ **遅れ**, 延期.

・・・・・・・・・・・・・・・・・・

動 ⑲ ❶ We *delayed* the start of the game because of the rain. 雨のため試合の開始を遅らせた / He *delayed* answering the letter. 彼はその手紙に返事を出すのを延ばした.

❷ Heavy traffic *delayed* us. = We were *delayed* by heavy traffic. 交通渋滞で遅れてしまった.

— ⑲ Don't *delay* on your way. 行く途中でぐずぐずしてはいけません.

— 名 You must leave without *delay*. 君はすぐ出発しなければならない.

del·e·gate /déləgət デレゲト/ 名 (★アクセント注意) Ⓒ (会議などに出席する) (会や組織の) 代表者, 代議員, 使節.

— 動 /déləgèit デレゲイト/ (★名詞との発音の違いに注意) (現分 -gat·ing) ⑲ ❶ (権限など) を委任する.

❷ …を代表として選ぶ, 派遣する.

・・・・・・・・・・・・・・・・・・

名 Japan sent two *delegates* to the conference. 日本は2人の代表をその会議に派遣した (☞delegation).

— 動 ⑲ ❶ He has *delegated* some of the task *to* his son. 彼は仕事の一部を息子にまかせた. ❷ We *delegated* him *to* attend the meeting. われわれは彼を代表として会議に出席させた.

☞ 名 delegation.

del·e·ga·tion /dèləgéiʃən デレゲイション/ 名 (複 ~s /-z/) ❶ Ⓒ《単数または複数扱いで》代表団. ❷ Ⓤ 代表派遣, 代表任命. ❸ Ⓤ (権限などの) 委任. ☞ 動 delegate.

de·lete /dilíːt ディリート/ 動 (現分 de·let·ing) ⑲ (文字・コンピューターの情報など) を削除する, 削る.

☞ 名 deletion.

de·le·tion /dilíːʃən ディリーション/ 名
❶ U 削除. ❷ C 削除部分.
☞ 動 delete.

de·lib·er·ate /dilíbərət ディリバレト/ 形
❶ 意図的な, 故意の.
❷ 慎重な, 思慮深い.
— 動 /dilíbərèit ディリバレイト/ 《★形容詞との発音の違いに注意》(現分 -at·ing) 自
❶ 審議する. ❷ 慎重に考える.
— 他 ❶ …を審議する. ❷ …について慎重に考える.

形 ❶ tell a *deliberate* lie 意図的なうそをつく.
— 動 自 ❶ We *deliberated on* the problems of young people. 私たちは若者の問題を審議した.
— 他 ❶ *deliberate* a problem ある問題を審議する.

☞ 名 deliberation.

de·lib·er·ate·ly /dilíbərətli ディリバレトリ/ 副 ❶ 意図的に, 故意に. ❷ 慎重に.

de·lib·er·a·tion /dilìbəréiʃən ディリバレイション/ 名 ❶ U C 審議. ❷ U C 熟考.
☞ 動 deliberate.

del·i·ca·cy /délikəsi デリカスィ/ 《★アクセント注意》名 (複 -ca·cies /-z/)
❶ U (感情・感覚などの)繊細さ, 敏感さ.
❷ U 優美さ, 上品さ. ❸ U (身体的)かよわさ; (ものの)こわれやすさ. ❹ U (問題などの)微妙さ, 取り扱いにくさ. ❺ C おいしいもの, ごちそう.
▶ She has great *delicacy* of feeling. 彼女は感情がとてもこまやかだ. ❹ a matter of great *delicacy* 非常に取り扱いの難しい問題. ❺ all the *delicacies* of the season 季節のあらゆる珍味.

☞ 形 delicate.

*****del·i·cate** /délikət デリケト/ 《★発音注意》形 (more ~; most ~)
❶ (感情が)**繊細な**; (感覚などが)**鋭敏な**, 敏感な (反 indelicate).
❷ 優美な, 上品な.
❸ⓐ かわいい, きゃしゃな.
ⓑ (ものが)こわれやすい.
❹ 微妙な, 取り扱いにくい, 難しい.

---

❶ have a *delicate* ear for music 音楽に対して鋭敏な耳をもっている. ❷ *delicate* patterns 上品な模様. ❸ⓐ She is in *delicate* health. 彼女は体が弱い. ❹ She is in a *delicate* situation. 彼女は微妙な立場にいる.

☞ 名 delicacy.

del·i·cate·ly /délikətli デリケトリ/ 副 ❶ 優美に, 上品に. ❷ 微妙に. ❸ かよわく.

del·i·ca·tes·sen /dèlikətésn デリカテスン/ 名 C デリカテッセン《調理ずみの肉やチーズなどの食品を売る店》.

*****de·li·cious** /dilíʃəs ディリシャス/ 《★アクセント注意》形 (more ~; most ~)
❶ (非常に)**おいしい**.
❷ (かおりなどが)よい.
▶ a *delicious* cake おいしいケーキ.
❷ a *delicious* smell よいにおい.

*****de·light** /diláit ディライト/ 《★gh は発音されない》名 (複 ~s /-ts/) ❶ U 大喜び, 愉快 (☞ joy).
❷ C 楽しみとなるもの.
— 動 (~s /-ts/; ~ed /-id/; ~ing) 他
❶ …を楽しませる, 喜ばせる (◎ please より意味が強い). ❷ 《be delighted》喜ぶ, 喜んでいる (☞ delighted).

名 ❶ She finds *delight* in gardening. 彼女は庭の手入れを楽しんでいる / with *delight* 大喜びで.
❷ the *delights* of living in the countryside 田舎に住むいろいろな喜び.
— 動 他 ❶ Her music *delighted* audiences all over the world. 彼女の音楽は世界中の聴衆を楽しませた.

take delight in ... …を喜ぶ: He *takes* great *delight in* watching his goldfish. 彼は金魚をながめているのがたいへん好きだ.

to ...'s delight …にとってうれしいことには: *To my delight*, I won the 100 meter dash. うれしかったことには, 私は100メートル競走で優勝した.

*****de·light·ed** /diláitid ディライティド/ 形 (more ~; most ~) ⓐ 大変喜んでいる, 大変うれしそうな.
ⓑ 《be delighted at [with] ...》…を[に]大変喜ぶ.
ⓒ 《be delighted to *do*》 __して大変喜ぶ.
ⓓ 《be delighted that __》__ということ

delightful

とを大変喜ぶ (☞delightful).

ⓐwith a *delighted* smile 大変うれしそうに笑いながら.
ⓑShe *was delighted at* the news. 彼女はその知らせを聞いて大変喜んだ / The girl *was delighted with* the new dress. 少女は新しいドレスに大喜びだった.
ⓒI *am delighted to* meet you. あなたにお会いできて本当にうれしい《人に紹介されたときのあいさつ》/ I *will be delighted to* help you. 喜んでお手伝い致します.
ⓓShe *is delighted that* you are well again. 君が元気になったことを彼女は大変喜んでいる.

*de·light·ful /diláitfəl ディライトフル/ 形 (more ~; most ~) とても楽しい《「(ものごとが)人を喜ばせる」、または「(人が)他人を喜ばせる」の意味; ☞ delighted》.
▶a *delightful* trip 楽しい旅行.
☞ 名delight.

de·light·ful·ly /diláitfəli ディライトフリ/ 副 とても楽しく.

de·lin·quen·cy /dilíŋkwənsi ディリンクウェンスィ/ 名 U (未成年者の)非行, 犯罪.
▶juvenile *delinquency* 少年非行[犯罪].

de·lin·quent /dilíŋkwənt ディリンクウェント/ 形 ❶非行のある. ❷義務を果たさない.
— 名 C (未成年の)非行者.
▶名juvenile *delinquents* 非行少年[少女]たち.

de·lir·i·ous /dilíriəs ディリリアス/ 形
❶(重病などで)精神が錯乱した, うわごとをいう.
❷無我夢中の, ひどく興奮した.

de·lir·i·um /dilíriəm ディリリアム/ 名 (複 ~s /-z/; de·lir·i·a /dilíriə/) U C 精神錯乱状態, うわごとを言う状態.

*de·liv·er /dilívər ディリヴァ/ 動 (~s /-z/; de·liv·ered /-d/; -er·ing /-vəriŋ/) 他 ❶ⓐ (物)を配達する, 届ける (☞send のさし絵).
ⓑ(情報・書類など)を伝える, 届ける.
❷(人など)を引き渡す, 連れて行く.
❸(演説など)をする, 述べる.
❹(約束したこと・すべきこと)を実行する.

❺(打撃など)を加える.
❻ⓐ(医者などが)(赤ん坊)をとりあげる.
ⓑ《主に受身形で》(妊婦)に分べんさせる.
❼《文語》(人)を困難から解放する.
— 自 約束[すべきこと]を実行する.

動他 ❶ⓐ*deliver* letters 手紙を配達する / *deliver* vegetables to the market 野菜を市場に届ける. ⓑHe *delivered* his mother's message to me. 彼は母の伝言を私に伝えた. ❷ We *delivered* the thief *to* the police. 私たちはその泥棒を警察に引き渡した. ❸*deliver* a speech in English 英語で演説をする. / *deliver one*self *of* ... (意見など)を述べる.
☞ 名delivery.

*de·liv·er·y /dilívəri ディリヴァリ/ 名 (複 -er·ies /-z/)
❶ⓐ U C 配達. ⓑ C 配達物. ❷ C 話し方. ❸ U C 出産.

❶ⓐWe have one postal *delivery* every day. 郵便物の配達は毎日1回ある / free *delivery* of the shopping 買い物の無料配達. ❷have a good [poor] *delivery* 話し方がうまい[まずい].

on delivery 配達されたときに: cash [collect] *on delivery* 代金引き替え払い (○cod, COD と略す).
take delivery of ... …を受け取る.
☞ 動deliver.

del·ta /déltə デルタ/ 名 C (河口の)三角州('), デルタ.

de·lude /dilú:d ディルード/ 動 (現分 de·lud·ing) 他 (人)をだます, 勘[思い]違いさせる.
***delude one*self** 思い違いする.
☞ 名delusion.

del·uge /délju:dʒ デリューヂ/ 《★アクセント注意》名 ❶《ふつう **a** をつけて》(手紙・質問・訪問などの)殺到, 押し寄せ.
❷ C 大洪水; 豪雨.
— 動 (現分 -ug·ing) 他 ❶(手紙・質問などが)…に(大洪水のように)殺到する, どっとやってくる. ❷…を氾濫(はん)させる.
▶名 ❶*a deluge of* letters 殺到するたくさんの手紙 / *a deluge of* com-

plaints 苦情の殺到.

de·lu·sion /dilúːʒən ディルージョン/ 名 UC 妄想, 思い違い, 錯覚 (《◆「幻想」は illusionという》).

☞ 動 delude.

de·luxe, de luxe /dəlúks デラックス, -lúks/ 形 豪華な, ぜいたくな, デラックスな. ▶a *deluxe* hotel 豪華なホテル.

delve /délv デルヴ/ 動 (現分 delv·ing) 自 こまかく調べる. ▶*delve into* the documents 文書を調べる.

*__de·mand__ /dimǽnd ディマンド | -máːnd/ 動 (~s /-dz/; ~ed /-id/; ~ing) 他

❶ⓐ …を**強く要求する**.

ⓑ《demand ... of ~》~に…を強く要求する.

ⓒ《demand to *do*》__することを強く要求する.

ⓓ《demand (that) __》__ということを強く要求する.

❷ (ものごとが) …を**必要とする**.

— 名 (複 ~s /-dz/) ❶ C **強い要求**.

❷ U **需要** (☞ supply).

❸《複数形 **demands** で》必要なこと[物].

動 他 ❶ⓐ I *demand* an explanation. 私は説明を求めます / The policeman *demanded* his name. 警察官はその男に氏名を言えと迫った.

ⓑ They *demanded* money *of* him. 彼らは彼に金を強く要求した.

ⓒ He *demanded to* know the truth. 彼は真実を教えてほしいと強く要求した.

ⓓ He *demanded that* I (should) pay the money at once. 彼は私にすぐ金を払うように強く要求した (《◆ (米) ではふつう should を用いない》).

❷ Cooking *demands* a lot of practice. 料理 (が上手になる) にはたくさんの練習が必要である.

— 名 ❶ the workers' *demand* for higher wages 労働者の賃上げ要求 / We can't meet their *demand*. 彼らの要求には応じられない.

語の結びつき

agree to a *demand* 要求に応じる
drop a *demand* 要求を取り下げる
give in [yield] to a *demand* 要求に屈する
make a *demand* 要求する
reject a *demand* 要求をはねつける

❷ There is a great *demand* for this wine in Japan. 日本ではこのワインに対する需要が非常に多い (《◆形容詞をともなうと a がつくことがある》) / supply and *demand* 需要と供給, 需給 (《◆「需要と供給」の語順が日英では逆》.

❸ He has many *demands* on his time. 彼はいろいろなことで時間がつぶれる.

in demand 需要がある: These articles are *in* great *demand*. これらの品には需要が多い.

on demand 要求に応じて, 請求次第.

de·mand·ing /dimǽndiŋ ディマンディング/ 形 ❶ (人が) (いろいろ要求して) うるさい, 手のかかる, 厄介な.

❷ (仕事などが) 努力[注意, 時間など]を必要とする, きつい.

▶ ❶ a *demanding* child 手のかかる子ども.

❷ a *demanding* job きつい仕事.

de·mean /dimíːn ディミーン/ 動 他 《しばしば **demean** *one*self で》卑劣なことをする.

de·mer·it /dimérit ディメリット/ 名 C 欠点, 短所 (反 merit).

de·mise /dimáiz ディマイズ/ 名 U 《文語》

❶ 死去.

❷ 消滅.

dem·o /démou デモウ/ 名 (複 ~s /-z/) C 《口語》(《◆ demonstration の短縮形》)

❶ (英) デモ.

❷ 試聴用テープ[CD], デモテープ.

*__de·moc·ra·cy__ /dimákrəsi ディマクラスィ | -mɔ́k-/ (★アクセント注意) 名 (複 -ra·cies /-z/)

❶ U **民主主義**, 民主政体[政治], デモクラシー (《「人民」の意味のギリシア語 demos に, 「支配」の意味の cracy がつき「人民が支配権をもつこと」を意味する》).

❷ C **民主主義国**.

❸ U 平等.

☞ 形 democratic.

dem·o·crat /déməkræt デモクラット/ (★アクセント注意) 名 C

❶《Democrat で》(アメリカ) 民主党員 (☞ republican 名 ❷).

democratic

❷民主主義者.

*__dem·o·crat·ic__ /dèməkrǽtik デモクラティック/ 《★アクセント注意》形 (more ~; most ~)
❶民主主義の.
❷民主的な, 庶民的な, 大衆的な.
❸《Democratic で》(アメリカ)民主党の.
☞ 名democracy.

__dem·o·crat·i·cal·ly__ /dèməkrǽtikəli デモクラティカリ/ 副民主的に.

__Democrátic Párty__ 名《the をつけて》(アメリカ)民主党《共和党 (the Republican Party) とともに2大政党のひとつ; ロバの絵が党のシンボル; ☞ donkey》.

__de·mol·ish__ /dimáliʃ ディマリシュ/ 動 (三単現 ~·es /-iz/) 他 (建物)を取りこわす, 破壊する.

__dem·o·li·tion__ /dèməlíʃən デモリション/ 名 U.C 破壊, 取りこわし.

__de·mon__ /díːmən ディーモン/ 名 C 悪魔, 鬼.

__de·mon·ic__ /dimánik ディマニク | -mɔ́n-/ 形 鬼[悪霊, 悪魔]に取りつかれた; 鬼の(ような).

*__dem·on·strate__ /démənstrèit デモンストレイト/ 《★アクセント注意》動 (~s /-ts/; -strat·ed /-id/; -strat·ing) 他 ❶ⓐ …を**証明[実証]する**.
ⓑ 《demonstrate (that) __》__ ということを証明[実証]する.
❷ⓐ (実物を見せて)…を**説明する**, 宣伝する. ⓑ《demonstrate 疑問詞 __》(実物を見せて)__ を説明する, 宣伝する.
— 自デモをする, 示威(ぃ)運動をする.

・・・・・・・・・・・・・・・・・・・・・・・・

他 ❶ⓐHis words *demonstrate* his ignorance of the situation. 彼の言うことは彼が事態について何も知らないことを証明している. ⓑHow can you *demonstrate* that the earth goes round the sun? どうやって地球が太陽のまわりを回っていることを証明できますか.
❷ⓐThe salesclerk *demonstrated* the new PC. 店員は新しいパソコンを実物(の使い方)を見せて宣伝した.
ⓑHe *demonstrated how* the new washing machine works. 彼はその新しい洗濯機がどのように作動するかを実演して説明した.

— 自*demonstrate* for peace 平和デモをする / *demonstrate* against the new government 新政府に反対のデモをする.

☞ 名demonstration, 形demonstrative.

*__dem·on·stra·tion__ /dèmənstréiʃən デモンストレイション/ 名 (複 ~s /-z/)
❶ U.C 証明(すること), 実証.
❷ U.C ⓐ (商品の宣伝などのための)実演説明. ⓑ (料理などの)実演指導, 模範授業.
❸ C デモ行進 (◐《口語》では短縮してdemo という)).

☞ 動demonstrate.

__de·mon·stra·tive__ /dimánstrətiv ディマンストラティヴ/ 《★アクセント注意》形 (隠さずに)人に愛情[好意]を示す.

☞ 動demonstrate.

__dem·on·stra·tor__ /démənstrèitər デモンストレイタ/ 名 C ❶ (商品宣伝のための)実演者; 実演宣伝をする人. ❷デモ参加者.

__de·mor·al·ize__ /dimɔ́ːrəlàiz ディモーラライズ/ 動 (現分 -iz·ing) 他 …の自信[やる気]をくじく.

__de·mor·al·iz·ing__ /dimɔ́ːrəlaiziŋ ディモーラライジング/ 形 自信[やる気]をなくさせる(ような).

__de·mote__ /dimóut ディモウト/ 動 (現分 de·mot·ing) 他 (人)の地位[階級]を下げる (反promote).

__de·mure__ /dimjúər ディミュア/ 形 (de·mur·er /-mjúərər/; de·mur·est /-mjúərist/) (女性が)控えめな; (衣服が)上品な.

__den__ /dén デン/ 名 C ❶ (ライオンなどの野獣のすむ)巣穴. ❷巣窟(ゔ); 隠れ家.

__de·ni·al__ /dináiəl ディナイ(ア)ル/ 名 (複 ~s /-z/) U.C 否定, 否認; 拒絶.

☞ 動deny.

__den·im__ /dénim デニム/ 名 U デニム《ジーンズ (jeans) などに用いる丈夫な綿布》.

__Den·mark__ /dénmɑːrk デンマーク/ 名 デンマーク《首都コペンハーゲン (Copenhagen)》.

__de·nom·i·na·tion__ /dinàmənéiʃən ディナミネイション/ 名 C ❶ (重量・貨幣などの)単位(名)《ドル (dollar) など》.
❷宗派, 教派.

__de·note__ /dinóut ディノウト/ 動 (現分 de·not·ing) 他《文語》…を示す, 意味する.

abc**d**efghijklmnopqrstuvwxyz　　　　　　　　　　　　　　　　**departmental**

de·nounce /dináuns ディナウンス/ 動
(-nounc·es /-iz/; -nounced /-t/; -nounc·ing) 他 …を(公然と)非難する.
☞ 名 denunciation.

*****dense** /déns デンス/ 形 (dens·er; dens·est)
❶ (人・ものなどが)**密集した** (反 sparse).
❷ (霧などが)**濃い**, 深い (反 thin).
❸ 頭の悪い.
▶ ❶ a *dense* crowd たいへんな人ごみ, 群集. ❷ a *dense* fog 濃霧.
☞ 名 density.

dense·ly /dénsli デンスリ/ 副 密に, 濃く.

den·si·ty /dénsəti デンスィティ/ 名 U 密度, 密集[密比]状態, 濃度. ▶the population *density* 人口密度.
☞ 形 dense.

dent /dént デント/ 名 C くぼみ, へこみ.
— 動 他 …をへこませる.

den·tal /déntl デントル/ 形 歯の, 歯科の.

déntal flòss 名 U デンタルフロス《歯の間のかすをとるためのナイロンなどの糸》.

*****den·tist** /déntist デンティスト/ 名 (複 ~s /-ts/) C **歯科医**, 歯医者 (☞ doctor).
▶consult [see] a *dentist* 歯医者にみてもらう.

den·ture /déntʃər デンチャ/ 名 C 《複数形で》入れ歯, 義歯《総入歯のような入れこむもの; ❶ふつう false teeth という》.

de·nun·ci·a·tion /dinʌ̀nsiéiʃən ディナンスィエイション/ 名 UC 公然の非難; 告発.
☞ 動 denounce.

Den·ver /dénvər デンヴァ/ 名 デンバー《アメリカのコロラド (Colorado) 州の州都》.

*****de·ny** /dinái ディナイ/《★発音注意》動
(de·nies /-z/; de·nied /-d/; ~ing) 他
❶ ⓐ …を**否定する**, 打ち消す (反 affirm).
ⓑ 《**deny (that)** __》__ ということを否定する.
ⓒ 《**deny** *doing*》 __することを否定する.
❷ ⓐ (要求などを)**拒否する**.
ⓑ 《**deny ~ …**または**deny … to ~**》~に…(要求されたもの)を与えない.

• •

❶ ⓐ You can't *deny* the fact. 君はその事実を否定することはできない. ⓑ She *denied that* she had written the letter. 彼女はその手紙は自分が書いたのではないと言った. ⓒ She *denied breaking* the dish. 彼女は自分がそのお皿を割ったのではないと言った.
❷ ⓐ He will *deny* your request. 彼はあなたの要求を断わるでしょう.
ⓑ She *denied* her son nothing. = She *denied* nothing *to* her son. 彼女は息子にはどんなことでもいやと言わなかった[聞いてやった].

deny **oneself** (楽しみなどを)がまんする, 自制する.

There's no denying … [(*that*) __] …[__]を否定することはできない: *There's no denying* (*that*) she is the best swimmer in our school. 彼女がうちの学校で水泳がいちばん上手なことは確実だ.
☞ 名 denial.

de·o·dor·ant /di:óudərənt ディーオウドラント/ 名 UC (とくに体臭の)防臭剤, デオドラント.

*****de·part** /dipá:rt ディパート/ 動 (~s /-ts/; ~·ed /-id/; ~·ing) 自 (旅行などに)**出発する** (反 arrive)《❶start, leave より形式ばったことば》.
▶The train *departs* for Paris at noon. その列車は正午にパリへ出発する.
☞ 名 departure.

*****de·part·ment** /dipá:rtmənt ディパートメント/ 名 (複 ~s /-ts/)
❶ C ⓐ (組織の)**部門**, 部 《❶ dep., Dept., dept. と略す》. ⓑ (デパートなどの)**売り場**.
❷ C 省; (イギリスの行政組織の)局, 課 《❶アメリカでは「局」は bureau, 「課」は division; ☞ secretary, office ❷》.
❸ C 学部, 学科.

• •

❶ ⓐ the export *department* 輸出部. ⓑ the shoe *department* (大きな店の)くつ売り場.
❷ the *Department* of State (アメリカの)国務省《❶the State Department ともいう》/ the *Department* of the Treasury (アメリカの)財務省.
❸ the *department* of philosophy = the philosophy *department* 哲学科.
☞ 形 departmental.

de·part·men·tal /di:pà:rtméntl ディパートメントル/ 形 部門別の, 各部の, 省の.

department store　　　　　　　　　ABC**D**EFGHIJKLMNOPQRSTUVWXYZ

☞ 名department.

depártment stòre 名Ｃデパート, 百貨店 (✿「デパート」は和製英語).

*__de・par・ture__ /dipάːrtʃər ディパーチャ/ 名 (複 ~s /-z/) ＵＣ ❶**出発** (反 arrival). ❷はずれること, 逸脱(いつだつ), 違反.

----

❶the time of our *departure* われわれの出発時間 / take *one's departure* 出発する. ❷a *departure from* the old custom 古い習慣から離れること.

☞ 動depart.

*__de・pend__ /dipénd ディペンド/ 動 (~s /-dz/; ~ed /-id/; ~ing)
㉘《depend on [upon] ...》❶**…しだいである**, …によって決まる.
❷…に頼る, 依存する.
❸…を信頼する, あてにする.

----

❶Success *depends upon* the weather. 成功(するかどうか)は天気しだいだ / Everything *depends on which* (one) you choose. すべては君がどれを選択するかにかかっている. ❷Children *depend on* their parents. 子どもは親をたよりにする / We *depend upon* so many people *for* our happiness. われわれは非常に多くの人々のおかげで幸福を得ている.
❸You may *depend upon* me. あなたは私を信じてよい / He cannot be *depended on*. 彼は当てにはならない / You can *depend on* me *to* do it. 私はきっとそうしますからまかせてください / We can *depend on* his coming. 彼が来ることはたしかだ / You may *depend on it that* we shall never give up. われわれは決してあきらめませんよ(大丈夫です).

depend upon it 確かに, 必ず (✿文の先頭または最後に置く):*Depend upon it*, he will come back. 確かに彼はもどって来る.

That [It] depends. それは時と場合による.

☞ 名dependence, 形dependent.

de・pend・a・ble /dipéndəbl ディペンダブル/ 形 ❶頼りになる, 当てになる. ❷確実な.

de・pend・ence /dipéndəns ディペンデンス/ 名 Ｕ ❶頼りにすること, 依存 (反 independence). ❷(麻薬などへの)依存, 中毒.

☞ 動depend.

de・pend・en・cy /dipéndənsi ディペンデンスィ/ 名 (複 -en・cies /-z/) Ｃ属国, 保護領

*__de・pend・ent__ /dipéndənt ディペンデント/ 形 (more ~ ; most ~)
❶〔…に〕**頼っている**〔*on, upon*〕 (反 independent).
❷《be dependent on [upon] ...》…によって決まる, しだいである.
— 名 (複 ~s /-ts/) Ｃ ❶他人にたよって生活している人.
❷扶養家族(のひとり).

形 ❶She *is dependent on* her parents. 彼女は親のすねをかじっている / He *is dependent on* his uncle *for* his school expenses. 彼は学費をおじからもらっている. ❷Our trip *is dependent on* the weather. われわれの旅行は天気しだいだ.

☞ 動depend.

de・pict /dipíkt ディピクト/ 動 他 (絵・ことばなどで)…を描写する, 描く.

de・plete /diplíːt ディプリート/ 動 (現分 de・plet・ing) 他《文語》…を減らす.

de・ple・tion /diplíːʃən ディプリーション/ 名 Ｕ減らすこと.

de・plor・a・ble /diplɔ́ːrəbl ディプローラブル/ 形《文語》嘆かわしい, ひどい.

de・plor・a・bly /diplɔ́ːrəbli ディプローラブリ/ 副嘆かわしいほどに, ひどく.

de・plore /diplɔ́ːr ディプロー/ 動 (現分 de・plor・ing /-plɔ́ːriŋ/) 他《文語》…を嘆かわしく思う, ひどいと思う.

de・ploy /diplɔ́i ディプロイ/ 動 他【軍事】(部隊・兵など)を配置する.

de・port /dipɔ́ːrt ディポート/ 動 他 (外国人・犯罪者など)を国外に追放する.

de・por・ta・tion /dìːpɔːrtéiʃən ディーポーテイション/ 名 ＵＣ国外追放.

de・pose /dipóuz ディポウズ/ 動 (現分 de・pos・ing) 他 (王など)を退位させる.

*__de・pos・it__ /dipázit ディパズィット | -pɔ́z-/ 動 (~s /-ts/; ~ed /-id/; ~ing) 他
❶(金・貴重品)…を**預ける**, 預金する.
❷《文語》(物)を置く.

❸ (沈殿物)を堆積(たいせき)する.
— [名] ([複] ~s /-ts/) ❶ [C] **手付け金**, 頭金; 保証金, 敷金.
❷ [C] **預金**.
❸ [U.C] 沈殿物, 堆積物.
❹ [U.C] (石油・金などの)埋蔵(まいぞう)物, 地下資源.

[動] [他] ❶ I *deposited* the money in my bank account. 私はそのお金を私の銀行口座に入れた / You can *deposit* your valuables in the hotel safe. 貴重品はホテルの金庫に預けることができる.
— [名] ❶ We paid [put] a *deposit* of £100 on the car. 私たちは自動車の頭金として100ポンド支払った. ❷ make a *deposit* 預金をする.
on deposit 預金されて: He has $200 *on deposit*. 彼は200ドルを預金している.

depósit accòunt [名] [C] 《英》 普通預金口座 (《米》では savings account).

dep·ot /dépou デポウ, dí:-/ (★ t は発音されない) [名] [C] ❶ 《米》 ⓐ (鉄道の)駅. ⓑ (バスの)発着所. ⓒ バスの車庫. ❷ 置き場, 倉庫.

de·praved /dipréivd ディプレイヴド/ [形] 堕落(だらく)した.

de·prav·i·ty /diprǽvəti ディプラヴィティ/ [名] [U] 堕落(だらく).

de·pre·ci·ate /diprí:ʃièit ディプリーシエイト/ [動] (現分 -at·ing) [自] 価値が下がる.

de·pre·ci·a·tion /diprì:ʃiéiʃən ディプリーシエイション/ [名] [U] (価値・価格の)下落.

***de·press** /diprés ディプレス/ [動] (~·es /-iz/; ~ed /-t/; ~·ing) [他]
❶ ⓐ (人)の**元気をなくさせる**, …を憂うつにする. ⓑ 《be depressed》 元気がない, 憂うつである (☞ depressed).
❷ ⓐ (価値・値段など)を下げる.
ⓑ (景気)を悪くする.
▸ ❶ The bad news *depressed* us. その悪い知らせはわれわれを憂うつにした.
☞ [名] depression.

de·pressed /diprést ディプレスト/ [形]
❶ 元気のない, 憂うつな. ❷ 不景気の.
▸ ❶ He looked *depressed*. 彼は憂うつそうだ / feel *depressed* 憂うつである.
❷ a *depressed* industry 不況産業.

de·press·ing /diprésiŋ ディプレスィング/ [形] 気のめいるような, 憂うつな, うっとうしい. ▸ *depressing* weather うっとうしい天気.

***de·pres·sion** /dipréʃən ディプレション/ [名] ([複] ~s /-z/)
❶ [U] **憂うつ**.
❷ [C] **不景気**. ❸ [C] くぼみ. ❹ [C] 低気圧.
▸ ❶ He was in a state of deep *depression*. 彼はひどく憂うつな状態だった. ❷ Business is in a *depression*. 商業は不景気である.
☞ [動] depress.

***de·prive** /dipráiv ディプライヴ/ [動] (~s /-z/; ~d /-d/; de·priv·ing) [他] 《**deprive ... of ~**》 ~から…を**奪う**.
▸ His troubles *deprived* him *of* sleep. 彼は心配で眠れなかった(心配事が彼から眠りを奪った) / They have been *deprived of* their rights. 彼らは権利を剥奪(はくだつ)されている.

de·prived /dipráivd ディプライヴド/ [形] 恵まれない, 貧しい. ▸ *deprived* children 恵まれない子どもたち.

****depth** /dépθ デプス/ [名] ([複] ~s /-s/)
❶ 《単数形で》 **深さ**.
❷ 《単数形で》 (建物などの)**奥行き**.
❸ ⓐ [U] (知識・経験などが)**多いこと**, 深いこと. ⓑ [U] (感情が)強いこと; (状況が)深刻なこと.
❹ [U] (色の)濃さ; (音の)低さ.
❺ 《**the depths**で》 《文語》 (海・森などの)深い所, 奥深い所.

❶ What is the *depth* of this lake? (= How deep is this lake?) この湖の深さはどのくらいあるのですか.
❷ the *depth* of a shelf 棚(たな)の奥行き.
❸ ⓐ the *depth* of his knowledge 彼の知識が深いこと. ⓑ the *depth* of recession 不景気が深刻なこと.
❹ the *depth* of color 色の濃さ.
❺ *the depths* of the ocean 海の深み.
in depth ①深さ[奥行き]の点で: The snow was often twenty feet *in depth*. 雪はしばしば20フィートの深さになった. ②詳細に, 徹底的に.
out of* [*beyond*] *...'s depth ①…の背の立たない深い所に[の]. ②…には力が及ばない, 理解できない.

deputy

☞ 形deep.

dep·u·ty /dépjuti デピュティ/ 名(複 -u-ties /-z/) ❶ C 代理人. ❷《形容詞的に》代理の,副….

▶ ❷a *deputy* mayor 市助役.

de·rail /diréil ディレイル/ 動《ふつう be derailed で》(列車などが)脱線する.

de·rail·ment /diréilmənt ディレイルメント/ 名 U C (列車などの)脱線.

de·ranged /diréindʒd ディレインヂド/ 形 気が狂って(いる).

der·by /dɑ́ːrbi ダービ/ 名(複 der·bies /-z/) C ❶ ダービー；競技. ❷《米》= derby hat.

dérby hát 名 C 《米》山高帽《◆《英》では bowler (hat)》.

der·e·lict /dérəlìkt デレリクト/ 形 (建物などが)放棄された.

de·ride /diráid ディライド/ 動 (現分 de-rid·ing) 他 …をばかにして笑う.

de·ri·sion /diríʒən ディリジョン/ 名 U ばかにして笑うこと, 嘲笑(ちょうしょう).

de·ri·sive /diráisiv ディライスィヴ/ 形 ばかにした.

derisory /diráisəri ディライスィリ/ 形 (金額などが)あまりにもわずかな.

der·i·va·tion /dèrəvéiʃən デリヴェイション/ 名 U C (ことばなどの)由来(ゆらい), 起源.

▶ a word of Greek *derivation* ギリシア語起源の語. ☞ 動derive.

de·riv·a·tive /dirívətiv ディリヴァティヴ/ 名 C ❶ 【文法】 派生語《たとえば名詞 kindness(親切)は形容詞 kind(親切な)の derivative である》. ❷派生したもの.

__de·rive__ /diráiv ディライヴ/ 動 (~s /-z/; de·rived /-d/; de·riv·ing) 他 ❶ …を**引き出す**, 得る. ❷《be derived from …》…からきている, 出ている.

❷ 【化学】(他の物質から)…を取り出す.

— 自 (ことば・気持ちなどが)[…が]**起源である**, […から]きている[*from*].

他 ❶ ⓐ *derive* a lot of pleasure *from* music 音楽から大いに楽しみを得る. ❷ This word *is derived from* Latin. この語はラテン語からきている.

— 自 Many English words *derive from* Latin. たくさんの英語の単語がラテン語に由来する.

☞ 名derivation, 形derivative.

de·rog·a·to·ry /dirágətɔ̀ːri ディラガトーリ/ 形 軽蔑(けいべつ)的な.

__de·scend__ /disénd ディセンド/ 動 (~s /-dz/; ~ed /-id/; ~ing) 自 《文語》**下**(くだ)**る**, 下がる, 降りる；下りになる(反 ascend).

— 他 《文語》 ❶ …を**下**(くだ)**る**, 降りる. ❷《be descended from …》…の系統をひく, 子孫である.

自 The path *descends* to the lake. その道を下って行くと湖に出る.

— 他 ❶ *descend* the stairs 階段を降りる. ❷ He claims that he *is descended from* Shakespeare. 彼はシェイクスピアの子孫だと言っている.

☞ 名descent.

des·cend·ant, de·scen·dent /diséndənt ディセンダント/ 名 (複 ~s /-ts/) C 子孫 《◆「先祖」は ancestor, forefather》.

de·scent /disént ディセント/ 名 (複 ~s /-ts/) ❶ U C 下ること, 降下 (反 ascent). ❷ U 家柄, 家系.

▶ ❶ make a slow *descent* ゆっくり降りる. ❷ a man of noble *descent* 高貴な家柄の人.

☞ 動descend.

__de·scribe__ /diskráib ディスクライブ/ 動 (~s /-z/; de·scribed /-d/; de·scrib·ing) 他 ❶ ⓐ …を**説明する**, 描写する.

ⓑ 《describe 疑問詞 __》__ かを説明する, 描写する.

❷《describe … as ~》…を~であるという, 評する.

❶ ⓐ Please *describe* the lake you visited. あなたの行った湖のことを話してください.

ⓑ It's impossible to *describe how* I felt then. 私がその時どんな気持ちだったかはことばでは言い表わせません.

❷ He was *described as* a great poet. 彼は偉大な詩人であるといわれた.

☞ 名description, 形descriptive.

__de·scrip·tion__ /diskrípʃən ディスクリプション/ 名 (複 ~s /-z/) ❶ U C (ことばによる)**表現**, 描写. ❷ C 種類.

❶ He gave me a full 〔brief〕 *de-*

abc**d**efghijklmnopqrstuvwxyz　　　　　　　　　　　　　　　　**designation**

scription of what he had seen. 彼は見たことをくわしく〔手短かに〕説明した.
beyond description ことばでは表現できないほど(の):The beauty of the English countryside is *beyond description*. イングランドのいなかの美しさはことばでは言いつくせないほどです.
☞ 動describe.

de·scrip·tive /diskríptiv ディスクリプティヴ/ 形記述している, 描写している.
☞ 動describe.

des·e·crate /désikrèit デスィクレイト/ 動他 …の神聖を汚す, 冒瀆(ぼうとく)する.

des·e·cra·tion /dèsikréiʃən ディスィクレイション/ 名U神聖を汚すこと, 冒瀆.

de·seg·re·gate /dìːségrigèit ディーセグリゲイト/ 動 (現分 -gat·ing)他 …の人種差別を廃止する.

*__**des·ert**__*¹ /dézərt デザト/ 《★アクセント注意》名 (複 ~s /-ts/) UC砂漠(さばく); 荒野.
— 形砂漠の; 人が住んでいない.
▶名the Sahara *Desert* サハラ砂漠.
— 形a *desert* island 無人島.

*__**de·sert**__*² /dizə́ːrt ディザート/ 《★アクセント注意》動 (~s /-ts/; ~·ed /-id/; ~·ing)他
❶…を**見捨てる**.
❷ (軍隊などから)脱走する, (職場・職務など)を捨てる, 放棄する.
— 自職務を捨てる; 脱走する.
▶他 ❶ He *deserted* his wife. 彼は妻を捨てた.
☞ 名desertion.
《同音異形語》dessert.

de·sert·ed /dizə́ːrtid ディザーティド/ 形人の住まない, さびれた; 見捨てられた.
▶a *deserted* village さびれた村.

de·ser·tion /dizə́ːrʃən ディザーション/ 名U ❶見捨てること. ❷職場放棄; (兵の)脱走.
☞ 動desert².

*__**de·serve**__* /dizə́ːrv ディザーヴ/ 動 (~s /-z/; de·served /-d/; de·serv·ing /-iŋ/)他 …の**価値がある**, …に値する.

Her recent work *deserves* the prize. 彼女の最近の作品は賞を受けるにふさわしい / He *deserves* to be praised.＝He *deserves* praise. 彼は称賛に値する / The problem *deserves* consideration [to be considered]. その問題は考慮される価値がある.

de·serv·ed·ly /dizə́ːrvidli ディザーヴィドリ/ 《★発音注意》副当然の報いとして.

de·serv·ing /dizə́ːrviŋ ディザーヴィング/ 形❶(援助などに)値する.
❷《be deserving of …》…に値する.

*__**de·sign**__* /dizáin ディザイン/ 《★gは発音されない》動 (~s /-z/; ~ed /-d/; ~·ing)
他 ❶…を**デザインする**, 設計する.
❷…を**計画する**, 企(くわだ)てる.
— 名 (複 ~s /-z/) ❶UC**デザイン(作成)**, 設計.
❷C図案, デザイン, 模様.
❸CU計画.

動他 ❶ She *designs* dresses. 彼女は服をデザインしている[服飾デザイナーだ] / Who *designed* this cathedral? この大聖堂を設計したのはだれですか / This engine is specially *designed* to reduce fuel consumption. このエンジンはとくに燃費をよくするように設計されている.

❷ *design* a project プロジェクトを計画する / *design* a perfect crime 完全犯罪を企てる.

— 名 ❶ He has a talent for graphic *design*. 彼はグラフィックデザインの才能がある / a new *design* for a kitchen 台所の新しいデザイン.

❷ a carpet with a floral *design* in the center 真ん中に花模様をあしらったじゅうたん.

by design 故意に, わざと.

des·ig·nate /dézignèit デズィグネイト/ 《★アクセント注意》動 (~s /-ts/; -nat·ed /-id/; -nat·ing)他 ❶ …を指名する, 任命する. ❷ …を指定する.
▶他 ❶ The president has *designated* him (*as*) the next secretary of state. 大統領は彼を次期国務長官に指名している. ❷ The area was *designated* as a world heritage. その地域は世界遺産と指定された.

des·ig·nat·ed /dézignèitid デズィグネイティド/ 《★アクセント注意》形指定された, 指名された.

dés·ig·nat·ed hít·ter 名C〔野球〕指名打者 (○D.H.と略す).

des·ig·na·tion /dèzignéiʃən デズィグネ

three hundred and twenty-nine　　329

designer

イション/ 名 ❶ⓊU 指名, 指定. ❷ⓒ 名称.

*de·sign·er /dizáinər ディザイナ/ 名 (複 ~s /-z/) ⓒ ❶ (服飾・室内装飾などの)**デザイナー**.
❷**設計者[技師]**.
▶❶a dress *designer* 服のデザイナー.

*de·sir·a·ble /dizáiərəbl ディザイ(ア)ラブル/ 形 (more ~ ; most ~)
❶ **望ましい**, 好ましい (反 undesirable).
❷ 性的魅力のある.
▶❶a *desirable* place for a baseball field 野球場を作るのに適当な場所 / It is *desirable* that you (should) do it yourself. 君が自分でそれをすることが望ましい (✪《米》ではふつう should を用いない).

*de·sire /dizáiər ディザイア/ 動 (~s /-z/; de·sired /-d/; de·sir·ing /-záiəriŋ/) 他
ⓐ《文語》…を(強く)**望む**, 願う.
ⓑ《desire to *do*》＿することを(強く)望む, 願う.
— 名 (複 ~s /-z/) Ⓤⓒ **願い**, **願望**, 欲望.

動 他 ⓐ We all *desire* world peace. 私たちは皆世界平和を願っている.
ⓑ The president *desires* to see you. 社長が君に会いたがっている.
leave much [a lot] to be desired 不満な点がいっぱいある.
leave nothing [little] to be desired 申し分がない.
— 名 We have a strong *desire* for world peace. 私たちは世界平和を強く願っている / I have no *desire* to visit that country again. 私はまたあの国に行ってみたいとは思わない / It is our *desire* that the river will be as clean as it used to be. 川が昔のようにきれいになるのが私たちの願いです.

desk /désk デスク/ 名 (複 ~s /-s/) ⓒ ❶ **机 (☞table).
❷ (ホテル・会社などの)**受付**, フロント.
❸《the をつけて》《米》(新聞社の)編集部, デスク.
❹《形容詞的に》机でする, 卓上用の.

❹a *desk* dictionary (大型の)机上版辞書.

be [sit] at one's desk 机に向かって(勉強・書きものなどをして)いる.

desk·top /déskta̱p デスクタップ/ 形 (パソコンなど)机の上に乗せる, デスクトップ型の. ▶a *desktop* computer デスクトップコンピューター.

des·o·late /désələt デソレト/ 形《★発音注意》❶(人・生活が)寂しい, 孤独な.
❷ 荒れ果てた, 住む人のない.

*de·spair /dispéər ディスペア/ 名 Ⓤ **絶望(感)** (反 hope).
— 動 (~s /-z/; ~ed /-d/; de·spair·ing /-spéəriŋ/) 自 ⓐ 絶望する, あきらめる.
ⓑ《despair of …》…をあきらめる.

名 Her son's death drove her to *despair*. 息子の死が彼女を絶望へ追いやった.
in despair 絶望して, やけになって.
to the despair of … …が絶望的になったことには.
— 動 自 ⓐ She never *despairs*. 彼女は決してあきらめません.
ⓑ He *despaired of* success [succeeding]. 彼は成功をあきらめた.
☞ 形 desperate, 名 desperation.

des·patch /dispǽtʃ ディスパッチ/ 動名 = dispatch.

*des·per·ate /déspərət デスパレト/ 形 (more ~ ; most ~)
❶ **必死の**, 命がけの.
❷ ⓐ《be desperate for …》…が欲しくてたまらない, どうしても必要である.
ⓑ《be desperate to *do*》＿したくてたまらない, どうしても＿する必要がある.
❸ 深刻な, ひどい.

❶ She made a *desperate* attempt to escape. 彼女は逃げようと必死の努力をした.
❷ ⓐ The refugees *were desperate for* food. 難民たちは食べ物が欲しくてたまらなかった.
ⓑ He *was desperate* to get into the college. 彼はその大学に入りたくてたまらなかった.
❸ a *desperate* shortage of food 深刻な食料不足. ☞ 動 despair.

des·per·ate·ly /déspərətli デスパレトリ/

abcdefghijklmnopqrstuvwxyz **detachment**

副 ❶必死に. ❷ひどく.
des·per·a·tion /dèspəréiʃən デスパレイション/ 名Ⅱ必死, 絶望.
in desperation 必死になって.
☞ 動despair.
des·pi·ca·ble /dispíkəbl ディスピカブル, déspikəbl/ 形卑劣な.
***de·spise** /dispáiz ディスパイズ/ 動 (de-spis·es /-iz/; de·spised /-d/; de·spis·ing) 他 ❶…を**軽蔑**(ぶ)**する** (反respect).
▶She *despises* him because he is rude. 彼女は(彼が)不作法なので彼を軽蔑している.
***de·spite** /dispáit ディスパイト/ 前**…にもかかわらず.** ▶He is strong *despite* his (advanced) age. 彼は年とっているにもかかわらずじょうぶだ.
de·spond·en·cy /dispándənsi ディスパンデンスィ/ 名Ⅱ失望.
de·spond·ent /dispándənt ディスパンデント/ 形がっかりした, 失望した.
des·pot /déspət デスポト/ 名C独裁者, 暴君.
des·pot·ic /dispátik ディスパティック/ 形独裁的な, 横暴な.
***des·sert** /dizə́ːrt ディザート/ 名(複 ~s /-ts/) UC (食後の)**デザート** (ディナー (dinner) の最後に出されるパイ (pie), ケーキ (cake), アイスクリーム (ice cream), 果物など). 《同音異形語》desert².
des·sert·spoon /dizə́ːrtspùːn ディザートスプーン/ 名Cデザート用スプーン《テーブルスプーン (tablespoon) と小さじ (teaspoon) の中間の大きさ》.
***des·ti·na·tion** /dèstənéiʃən デスティネイション/ 名(複 ~s /-z/) C ❶**目的地**, 行き先.
❷(荷物・手紙などの)届け先, あて先.
des·tined /déstind デスティンド/ 《★発音注意》形 ⓐ前もって運命づけられている.
ⓑ《be destined for …》…となるはずである.
▶ⓐThey were *destined* never to part from each other. 彼らはお互いに離れられない運命にあった.
ⓑI think he *is destined for* success. 彼はきっと成功すると私は思う.
☞ 名destiny.
***des·ti·ny** /déstəni デスティニ/ 名(複 -ti·nies /-z/) UC **運命**, 宿命 (☞fate).

▶He accepted his *destiny*. 彼は自分の運命を甘んじて受け入れた.
des·ti·tute /déstətjùːt デスティトゥート, -テュート/ 形《最低の衣食住に困っているほど》貧困な 《❶poor よりはるかに意味が強い》.
***de·stroy** /distrói ディストロイ/ 動 (~s /-z/; ~ed /-d/; ~ing) 他 ❶…を**破壊する**, こわす (反construct).
❷(人)の生活(など)をだめにする, (希望など)を打ち砕く.
❸(相手・敵)を打ちのめす, 完全に負かす.
❹(病気の動物など)を殺す, 処分する.

❶Six houses were *destroyed* by the fire. 家が6戸焼失した.
❷The accident *destroyed* him. その事故は彼をだめにした / Nothing *destroyed* his hopes. どんなことがあっても彼は希望を失わなかった.
☞ 名destruction, 形destructive.
de·stroy·er /distrɔ́iər ディストロイア/ 名C ❶破壊者. ❷駆逐艦(ぶ).
***de·struc·tion** /distrʌ́kʃən ディストラクション/ 名Ⅱ ❶**破壊(すること)** (反construction); 破壊された状態.
❷絶滅, 殺害.
☞ 動destroy.
***de·struc·tive** /distrʌ́ktiv ディストラクティヴ/ 形 ❶**破壊的な** (反constructive).
❷破滅させるような.
☞ 動destroy.
de·tach /ditǽtʃ ディタッチ/ 動 (~es /-iz/; ~ed /-t/; ~ing) 他 ❶…を切り離す, 取りはずす (反attach). ❷…を離れさせる.
▶❶*detach* a stamp *from* a sheet 切手を切手シートから切り離す.
☞ 名detachment.
de·tach·a·ble /ditǽtʃəbl ディタチャブル/ 形取りはずせる.
de·tached /ditǽtʃt ディタッチト/ 形 ❶分離した, 離れている. ❷無関心な, 超然とした.
▶❶a *detached* house 1戸建ての家.
❷have a *detached* attitude 自分には関係ないという態度をとる.
de·tach·ment /ditǽtʃmənt ディタチメント/ 名Ⅱ ❶自分には関係ないと平然とし

331

three hundred and thirty-one

detail

ていること. ❷【軍事】分遣(ぶんけん)隊.
☞ 動 detach.

*__de·tail__ /ditéil ディテイル, dí:teil/ 名 (複 ~s /-z/) ⓊⒸ **細かい部分**, 細かい点, 細部.
— 動 (~s /-z/; ~ed /-d/; ~ing) 他 …を詳しく述べる.
▸名 I've forgotten the *details* of what she said. 彼女の話の細かい部分は忘れてしまった.
go into detail 詳しく述べる.
in detail 詳細に, 細部にわたって.

de·tailed /ditéild ディテイルド, dí:teild/ 形 詳細な (反 general).

de·tain /ditéin ディテイン/ 動 他 ❶ …を拘留(こうりゅう)する.
❷ …を引き止める.
☞ 名 detention.

de·tect /ditékt ディテクト/ 動 (~s /-ts/; ~ed /-id/; ~ing) 他 (わかりにくいもの)を見つけ出す, 見破る; (…の存在)に気づく.
▸ She *detected* the smell of gas. 彼女はガスのにおいに気づいた.
☞ 名 detection, 形 detective.

de·tec·tion /ditékʃən ディテクション/ 名 Ⓤ 探知, 発見.
☞ 動 detect.

*__de·tec·tive__ /ditéktiv ディテクティヴ/ 名 (複 ~s /-z/) Ⓒ **刑事**, 探偵.
— 形 探偵の.
▸名 a private *detective* 私立探偵.
— 形 a *detective* story 推理[探偵]小説.
☞ 動 detect.

de·tec·tor /ditéktər ディテクタ/ 名 Ⓒ 探知器, 検出器.
▸ a lie *detector* うそ発見器.

de·ten·tion /diténʃən ディテンション/ 名 Ⓤ ❶ 抑留(よくりゅう), 拘留(こうりゅう).
❷ 罰として学校に残すこと.
☞ 動 detain.

de·ter /ditə́:r ディター/ (★アクセント注意) 動 (~s /-z/; de·terred /-d/; de·ter·ring /-tə́:riŋ/) 他 (悪天候などが)…に(~するのを)思いとどまらせる.
▸ Bad weather *deterred* us *from going* on a hike. 天気が悪いのでわれわれはハイキングに行くのを思いとどまった.
☞ 形 名 deterrent.

de·ter·gent /ditə́:rdʒənt ディターヂェント/ 名 ⓊⒸ (合成)洗剤.

de·te·ri·o·rate /ditíəriərèit ディティ(ア)リオレイト/ 動 (現分 -rat·ing) 自 悪くなる, 劣化する.

de·te·ri·o·ra·tion /ditìəriəréiʃən ディティ(ア)リオレイション/ 名 Ⓤ 悪化, 劣化.

*__de·ter·mi·na·tion__ /ditə̀:rminéiʃən ディターミネイション/ 名
❶ Ⓤ **決心**, 決意, 決断力.
❷ ⓊⒸ 《文語》(正式な) **決定**.
▸ ❶ his *determination* to master English 英語をマスターしようという彼の決心 / with *determination* 決心して.
☞ 動 determine.

*__de·ter·mine__ /ditə́:rmin ディターミン/ 動 (~s /-z/; -mined /-d/; -min·ing) 他
❶ⓐ (人が)…を**決定する**, 決める.
ⓑ 《determin (that) __》__ ということを決定する, 決める.
ⓒ 《determine whether / 疑問詞 __》 __かを決定する, 決める.
❷ⓐ (物事が)…を**決める**, 確定する.
ⓑ 《determine whether / 疑問詞 __》 __かを決める, 確定する.
❸ (調べて)…を見つけ出す, 確定する.
— 自 決心する, 決定する.

⸻⸻⸻⸻⸻⸻⸻⸻⸻⸻

他 ❶ⓐ *determine* the price 値段を決める. ⓑ The judge *determined that* the defendant was innocent. 裁判官は被告は無罪であると判定した. ⓒ *determine which* is right どちらが正しいかを決める.
❷ⓐ His advice *determined* my course in life. 彼の忠告で私の進路が決まった. ⓑ The result will *determine what* we should do next. 結果次第で次にすべきことが決まる.
❸ *determine* the cause of the accident 事故の原因を究明する / *determine* what causes the disease 何がその病気を引き起こすかをつきとめる.
☞ 名 determination.

*__de·ter·mined__ /ditə́:rmind ディターミンド/ 形 (more ~; most ~)
❶ 《be determined to *do*》__しようと**決心している**.
❷ かたく決心した, 断固とした.
▸ ❶ She *is determined to* become a painter. 彼女は画家になろうと決心して

developing

いる. ❷He looked *determined*. 彼は断固とした顔つきをしていた.

de·ter·rent /ditə́:rənt ディターレント｜-tér-/ 形 思いとどまらせる, 妨(さまた)げる;(くにに)戦争を起こさせない.
— 名 ⓒ 思いとどまらせるもの, 妨げるもの[力];戦争[犯罪]を起こさせないもの[力].
▶名 the nuclear *deterrent*（核戦争抑止力としての）核兵器.
☞ 動 deter.

de·test /ditést ディテスト/ 動 他 …をひどくきらう.

det·o·nate /détənèit デトネイト/ 動（現分 -nat·ing) 他 …を爆発させる.
— 自 爆発する.

det·o·na·tion /dètənéiʃən デトネイション/ 名 ❶ ⓊⒸ 爆発. ❷ ⓒ 爆発音.

de·tour /dí:tuər ディートゥア/ 名 ⓒ 回り道, 遠回り.
— 動 自 回り道をする.
▶名 make a *detour* of three miles 3マイル回り道をする.

de·tox /dí:tàks, ditáks ディータクス/ 名 有害物質除去, 解毒(げどく).

de·tract /ditrǽkt ディトラクト/ 動 自〔信用・評判などを〕落とす, 減ずる〔*from*〕.

det·ri·ment /détrəmənt デトリメント/ 名 Ⓤ《文語》損害, 損傷.

det·ri·men·tal /dètrəméntl デトリメントル/ 形 有害な.

De·troit /ditrɔ́it ディトロイト/ 名 デトロイト（アメリカのミシガン (Michigan) 州南東部の都市;自動車工業の中心地）.

deuce /djú:s ドゥース, デュース/ 名 Ⓤ〔テニス〕デュース《1ゲームで「3-3」(forty all), またはその後の同点の状態; 一方が2点連取すれば勝ちになる》.

de·val·u·a·tion /dì:væljuéiʃən ディーヴァリュエイション/ 名 Ⓤ〔経済〕平価切り下げ.

de·val·ue /dì:vǽlju ディーヴァリュ/ 動（現分 -u·ing) 他（貨幣の）平価を切り下げる.

dev·as·tate /dévəstèit デヴァステイト/《★アクセント注意》動（現分 -tat·ing) 他
❶ （国など）を荒廃(こうはい)させる.
❷ （人）にショックを与える.

dev·as·tat·ing /dévəstèitiŋ デヴァステイティング/ 形 ❶ 破壊的な, 荒廃(こうはい)させる. ❷ 痛烈な, ショッキングな.

dev·as·ta·tion /dèvəstéiʃən デヴァステイション/ 名 Ⓤ 荒廃(こうはい).

***de·vel·op** /divéləp ディヴェロプ/《★アクセント注意》動 (~s /-s/; ~ed /-t/; ~·ing) 自 ❶ 発達する, 発展する;発育する.
❷ (問題などが)発生する, (事態などが)進展する, (病気などが)進む.
— 他 ❶ …を発達させる, 発展させる, (能力・技術など)を伸ばす.
❷ (製品・土地・資源など)を開発する.
❸ (関心など)をもつようになる.
❹ (病気など)にかかり始める.
❺〖写真〗（フィルム）を現像する.

自 ❶ The city has *developed* at an awesome rate. その町は驚異的な早さで発展した.
❷ Things are *developing*. 事態は進展している / The disease *develops* gradually. その病気はゆっくり進む.
— 他 ❶ He has greatly *developed* his father's business. 彼は父親の商売を大いに発展させた / *develop* an idea 考えを発展させる / *develop* information technology 情報技術を発展させる / *develop* speaking ability 話す力を伸ばす.
❷ *develop* new drugs 新薬を開発する / *develop* natural resources 天然資源を開発する.
❸ *develop* an interest in science 科学に興味をもつようになる.
❹ *develop* cancer 癌(がん)になる.

develop into ... 発展［発達］して…になる: Their friendship *developed into* love. 彼らの友情が愛情に変わっていった.

develop ... into ~ …を発展［発達, 開発］させて～にする: *develop* land *into* an industrial park 土地を開発して工業団地にする.
☞ 名 development.

de·vel·oped /divéləpt ディヴェロプト/ 形 発達した;(技術・考えなどが)進んだ.
▶*developed* countries 先進国.

de·vel·op·er /divéləpər ディヴェロパ/ 名 ⓒ ❶ 土地開発（業）者;宅地開発（業）者.
❷ （新技術の）開発者.

de·vel·op·ing /divéləpiŋ ディヴェロピング/ 形 発達中の, 発展中の.

developing country

devéloping cóuntry 名(複 -countries /-z/) ⓒ発展途上国.

*__de·vel·op·ment__ /divéləpmənt ディヴェロプメント/ 名(複 ~s /-ts/)
❶ Ⓤ **発達**, 発展, 進展, 発育.
❷ ⓒ **発展[発達]の結果**.
❸ ⓒ **新しい事実[状況]**.
❹ Ⓤ (製品・土地・資源などの)**開発**.
❺ ⓒ 開発地区.
❻ Ⓤ 〖写真〗現像.

❶ the *development* of the Roman Empire ローマ帝国の発達 / economic *development* 経済の発展.
❷ recent *developments* in medical science 最近の医学の成果.
❹ *development* of new products 新しい製品の開発 / *development* of water power 水力の開発[利用].
❺ a housing *development* 団地.
☞ 動 develop.

de·vi·ate /díːvièit ディーヴィエイト/ 動 (現分 -ating) 圓 それる, はずれる. ▶*deviate from* the truth 真実からそれる.

de·vi·a·tion /dìːviéiʃən ディーヴィエイション/ 名 Ⓤ.ⓒ (真実・習慣などから)それる[はずれる]こと, 逸脱(いつだつ).

*__de·vice__ /diváis ディヴァイス/ 名 (複 -vices /-iz/) ⓒ ❶ **装置**, 仕掛け.
❷ 工夫, 計画; 策略.
▶ ❶ a safety *device* 安全装置 / a new *device* for printing 新型印刷機.
☞ 動 devise.

*__dev·il__ /dévəl デヴル/ 名 (複 ~s /-z/)
❶ ⓒ **悪魔**.
❷ 《the Devil で》魔王, サタン (Satan).
❸ 《口語》《the をつけて; 疑問詞のあとに用いその語を強めて》いったい.
❹ …なやつ.

devil ❶

❶ ことわざ Speak [Talk] of the *devil*, and he will [is sure to] appear. 悪魔のうわさをすると悪魔がやってくる, 「うわさをすれば影(かげ)がさす」.

❸ *What the devil* is he doing? 彼はいったいなにをしているんだい.

be a devil 《英》思い切って(やれ).
(the) poor devil かわいそうなやつ (✪ しばしば呼びかけに用いる).
☞ 形 devilish.

dev·il·ish /dévliʃ デヴリシュ/ 形 ひどい, ものすごい. ☞ 名 devil.

de·vi·ous /díːviəs ディーヴィアス/ 形 ひねくれた, 不誠実な.

*__de·vise__ /diváiz ディヴァイズ/ (★発音注意) 動 (de·vis·es /-iz/; de·vised /-d/; de·vis·ing) 他 …を**工夫する**, 考え出す.
▶*devise* a new plan 新しい計画を考え出す / *devise* means to carry it out それを実行する方法を工夫する.
☞ 名 device.

de·void /divɔ́id ディヴォイド/ 形 《文語》〔…が〕欠けて(いる), 〔…を〕もっていない〔*of*〕.

dev·o·lu·tion /dèvəlúːʃən デヴォルーション/ 名 Ⓤ (中央政府から地方自治体への)権限委譲.

*__de·vote__ /divóut ディヴォウト/ 動 (~s /-ts/; de·vot·ed /-id/; de·vot·ing) 他 〖物事に〗(努力・時間・金など)を**ささげる**, 向ける〔*to*〕.

He *devoted* his spare time in gardening. 彼は余暇を庭の手入れにつぎ込んだ / She *devoted* her life *to* science. 彼女は一生を科学にささげた.

devote oneself to … …に**専念する**, 打ちこむ: She *devoted* herself to her sick husband. 彼女は病気の夫のためにつくした.
☞ 名 devotion, 形 devout.

de·vot·ed /divóutid ディヴォウティド/ 形 (more ~; most ~) ❶ 〔人を〕深く愛して(いる)〔*to*〕. ❷ 熱烈な, 熱心な.
▶ ❶ She *is devoted to* her mother. 彼女は母を深く愛している. ❷ a *devoted* fan 熱烈なファン.

de·vot·ed·ly /divóutidli ディヴォウティドリ/ 副 献身的に, 熱心に, 深い愛情をこめ

abcdefghijklmnopqrstuvwxyz   **diaper**

て.

dev·o·tee /dèvətí: デヴォティー/ 《★アクセント注意》名C ❶(人・物を)熱愛している人. ❷熱心な信者.

de·vo·tion /divóuʃən ディヴォウション/ 名U ❶ⓐ(人・物に対する)熱愛. ⓑ(人・仕事に対する)献身, 専念. ❷(深い)信心.
▶❶ⓑa mother's *devotion* to her children 子に対する母の献身的愛情.
☞動devote.

de·vour /diváuər ディヴァウア/ 《★発音注意》動(現分 ~·ing /-váuəriŋ/)他 ❶ⓐ…をがつがつ食う. ⓑ(本など)をむさぼり読む. ❷(伝染病・火事などが)…を壊滅させる.
▶❷The fire *devoured* half the town. その火事で町の半分が焼けた.

de·vout /diváut ディヴァウト/ 《★発音注意》形信心深い.
☞動devote.

de·vout·ly /diváutli ディヴァウトリ/ 副信心深く.

dew /djú: ドゥー, デュー/ 名U露(つゆ).

dew·drop /djú:drɑp ドゥードラップ, デュー-/ 名C露(つゆ)の玉.

dex·ter·i·ty /dekstérəti デクステリティ/ 名U(手先の)器用さ.

dex·ter·ous /dékstərəs デクスタラス/ 《★アクセント注意》形(手先などが)器用な.

DH 《略語》〖野球〗designated hitter.

di·a·be·tes /dàiəbí:ti:z ダイアビーティーズ/ 名U糖尿病.

di·a·bet·ic /dàiəbétik ダイアベティック/ 形糖尿病の.
— 名C糖尿病患者.

di·a·bol·i·cal /dàiəbɑ́likəl ダイアバリカル/ 形 ❶残忍な. ❷《口語》ひどい.

di·ag·nose /dáiəgnòus ダイアグノウス/ 動(現分 -nos·ing)他(病気)を診断する.

di·ag·no·sis /dàiəgnóusis ダイアグノウスィス/ 名(複 -no·ses /-si:z/)UC〖医学〗診断.

di·ag·nos·tic /dàiəgnɑ́stik ダイアグナスティック/ 形診断の.

di·ag·o·nal /daiǽgənl ダイアゴヌル/ 形対角線の, ななめの.
— 名C対角線.

di·ag·o·nal·ly /daiǽgənəli ダイアゴナリ/ 副対角線的に, ななめに.

*__di·a·gram__ /dáiəgræm ダイアグラム/ 名C図解, 図表, 図式.
▶a *diagram* of the motor そのモーターの説明図.

*__di·al__ /dáiəl ダイアル/ 名(複 ~s /-z/)C
❶ⓐ(時計などの)**文字盤**.
ⓑ(機器などの)表示盤.
❷(電話などの)**ダイヤル**.
— 動(~s /-z/; ~ed, 《英》 di·alled /-d/; ~·ing, 《英》 di·al·ling)他…に**電話をかける**.
— 自電話をかける.
▶動他Please *dial* this number. この番号に電話をかけてください.
dial 999 /dáiəl náin-nàin-náin/ 《英》緊急電話をする, 999 番へ電話する (☞ emergency).
INFO▶ 緊急電話番号はアメリカでは911のところが多いが, 地方により役所ごとに番号が異なっている場合があり, 各家庭ではemergency strip(緊急電話番号表)にそれぞれの番号を書きこむのがふつうである.

di·a·lect /dáiəlèkt ダイアレクト/ 名UC方言, なまり.

di·a·log /dáiəlɔ̀(:)g ダイアロ(ー)グ/ 名《米》= dialogue.

di·a·logue /dáiəlɔ̀(:)g ダイアロ(ー)グ/ 名UC ❶(小説・劇などの)対話, 会話 (☞ monologue, soliloquy). ❷会談.

*__di·am·e·ter__ /daiǽmətər ダイアメタ/ 《★アクセント注意》名(複 ~s /-z/)C**直径** (◐「半径」は radius).
▶The circle is five meters in *diameter*. その円は直径が5メートルある.

*__di·a·mond__ /dáiəmənd ダイアモンド/ 《★アクセント注意》名(複 ~s /-dz/)
❶UC**ダイヤモンド**《4月の誕生石》.
❷Cひし形.
❸Cⓐ(野球の)内野.
ⓑ野球場.
❹C(トランプの)ダイヤ.

díamond wédding 名Cダイヤモンド婚式《結婚60周年記念式日; ☞ wedding》.

Di·an·a /daiǽnə ダイアナ/ 名〖ローマ神話〗ダイアナ《月の女神で, また狩猟の女神》.

di·a·per /dáiəpər ダイ(ア)パ/ 名C《米》(赤ん坊用)おむつ, おしめ《◐《英》ではnappy》.

di・a・phragm /dáiəfræm ダイアフラム/ 名(★gは発音されない)C〖解剖〗横隔膜.

di・ar・rhe・a, di・ar・rhoe・a /dàiərí(:)ə ダイアリ(ー)ア/ 名U〖医学〗下痢(ﾘ).

*__di・a・ry__ /dáiəri ダイアリ/ 名(複 di・a・ries /-z/)C日記.
▶Do you keep [write] a *diary*? 日記をつけていますか.

dice /dáis ダイス/ 名(複)さいころ.
▶throw [cast] the *dice* さいころをふる.

|語法| die² の複数形. さいころは普通2個いっしょにふるので複数形 dice がよく用いられる.

Dick /dík ディック/ 名ディック《男性の名；Richard の愛称》.

dic・tate /díkteit ディクテイト | diktéit/ 動(~s /-ts/; -tat・ed /-id/; -tat・ing)他
❶(口で言って)…を書き取らせる.
❷…を命令する, 指令する.
— 自 ❶〔人に〕(口で言って)書き取らせる, 口述する〔to〕.
❷〔…に〕命令する, さしずする〔to〕.
▶他 ❶She *dictated* a letter *to* her secretary. 彼女は手紙の文句を口で言って秘書に書き取らせた.
☞ 名dictation.

*__dic・ta・tion__ /diktéiʃən ディクテイション/ 名(複 ~s /-z/) ❶U書き取り, 口述.
❷C書きとられたもの.
☞ 動dictate.

dic・ta・tor /díkteitər ディクテイタ | diktéitə/ (★アクセント注意)名C独裁者.

dic・ta・to・ri・al /dìktətɔ́:riəl ディクタトーリアル/ 形独裁的な, 独裁者のような.

dic・ta・tor・ship /diktéitərʃip ディクテイタシップ/ 名 ❶U独裁; 独裁政治. ❷C独裁国家.

dic・tion /díkʃən ディクション/ 名Uことばづかい, 言い回し, 語法.

*__**dic・tion・ar・y**__ /díkʃənèri ディクショネリ | -nəri/ 名(複 -ar・ies /-z/)C**辞書**, 辞典.

an English-Japanese *dictionary* 英和辞典 / look up a word in a *dictionary* ことばを辞書で調べる / consult a *dictionary* 辞書をひく.

*__did¹__ /díd ディド/ 動do¹の過去形.

*__did²__ /(弱) did ディド; (強) díd ディド/ 助do²の過去形.

*__didn't__ /dídnt ディドント/ 《口語》did² not の短縮形.

*__**die¹**__ /dái ダイ/ 動 (~s /-z/; died /-d/; dy・ing /dáiiŋ/) 自
❶ⓐ(人・動物が)**死ぬ**(☞kill の |類語|).
ⓑ(植物が)枯れる.
❷ⓐ(火・音などが)消える. ⓑ(愛情などが)なくなる. ⓒ(機械などが)動かなくなる.
— 他《die a ... death》…な死に方をする.

自 ❶ⓐHe *died* young. 彼は若くして死んだ / *die* in a car crash 自動車の衝突事故で死ぬ / *die of* cancer 〔a heart attack〕癌(ｶﾞﾝ) 〔心臓まひ〕で死ぬ / *die from* the wound その傷がもとで死ぬ / *die of* hunger 飢え死にする.

|語法| die of ... は病気・飢え・老齢などで死ぬ場合に用いられ, die from ... はけが・不注意などが原因で死ぬ場合に用いられる傾向があるが, この区別は必ずしも明確ではない.

— 他*die a* natural *death* 寿命で死ぬ.

be dying for ... 《口語》…がほしくてたまらない：I *am dying for* something to drink. 私は何か飲む物が欲しくてたまらない.

be dying to *do* 《口語》_したくてたまらない：They *are dying to* know what happened. 彼らは何が起こったのかを知りたがっている.

die away 自(風・音・光などが)(しだいに)消えていく, 静まる：The storm has *died away*. あらしがおさまった.

die down 自(音・風などが)かすかになる, 小さくなる, (暖炉の火などが)衰える; (うわさなどが)静まる：The storm *died down* before midnight. あらしは真夜中になる前に静まった.

die hard (古い習慣・癖(ｸｾ)などが)なかなか消滅しない, 容易になくならない.

die laughing 動自笑いこける.

die off 自①次から次へと死んで〔枯れて〕いく. ②(死に)絶える.

die out 自①(死に)絶える, 死滅する. ②(風習などが)なくなる.

I'd rather die (そんなことをするくらいなら)死んだほうがましだ, 絶対いやだ.
Never say die! 弱音(ホ)をはくな, しっかりやれ.
☞ 名death, 形dead.
《同音異形語》dye.

die² /dái ダイ/ 名 (複 **dice** /dáis/) C さい, さいころ (❖ふつうは2個ひと組として用いられるので単数形 die はあまり用いられない; ☞ dice).
The die is cast. さいは投げられた, 方針はすでに決まった《今さら変えられない》.
《同音異形語》dye.

die-hard /dáihɑːrd ダイハード/ 形 頑強な. ― 名 頑強な抵抗者.

die·sel /díːzl ディーゼル/ 名 ❶ C ディーゼルエンジン (❖**díesel èngine** ともいう). ❷ U ディーゼル重油 (❖**díesel òil [fùel]** ともいう).

***di·et**¹ /dáiət ダイエット/ 名 (複 ~s /-ts/)
❶ U|C (日常の)**食物** (飲み物も含む).
❷ C (治療・健康などのための)**ダイエット**.
― 動 ⓘ ダイエットをする.

名 ❶ a healthy *diet* 健康食 / a balanced *diet* バランスのとれた食事.
❷ She is on a *diet.* 彼女はダイエットをしている / go on a *diet* ダイエットをする.

***di·et**² /dáiət ダイエット/ 名 《**the Diet** で》(日本・デンマークなどの)**国会, 議会** (❖イギリスの国会は Parliament, アメリカの国会は Congressという; ☞ parliament の表).
▶ *The Diet* is in session. 国会は開会中である.

***dif·fer** /dífər ディファ/ 《★アクセント注意》動 (~**s** /-z/; ~**ed** /-d/; **dif·fer·ing** /-fər-iŋ/) ⓘ
❶ (他の人・こと・物と)**違う**, 異なる.
❷ **意見が合わない**, 一致しない.

❶ The brothers *differ* greatly in looks. その兄弟は顔つきがまるで違う / Her opinion *differs from* mine. 彼女の意見は私のとは違う. ❷ I am sorry to *differ with [from]* you on that point. 《(英)では *from* がふつう》失礼ながら私はその点については君と意見が違う.
☞ 名difference, 形different.

***dif·fer·ence** /dífərəns ディファレンス/ 名 (複 **-enc·es** /-iz/)
❶ U|C (他の人・こと・物との)**違い, 相違,** 相違点 (反 similarity).
❷ U 《ふつう **a** をつけて》**差**, 差額.
❸ C 意見の相違, 不和.

❶ I can't see much *difference* between the two books. 私にはその2冊の本がたいして違うとは思われない / What's the *difference* between the two? そのふたつの違いは何ですか / a *difference* of opinion 意見の違い.
❷ There's an age *difference* of five years between the two children. そのふたりの子どもには5歳の年齢差がある.
❸ Even best friends have their *differences* from time to time. 親友同士でもときどき意見の合わないことはあるものだ.

make a (big) difference **(大きな)相違を生じる,** (大きな)影響がある, (大変)重要である: Your help *made a* (big) *difference.* あなたの助けは(とても)貴重でした.

make all the difference = *make a (big) difference.*

make no [little] difference **相違を生じない,** 影響がない, 重要でない: It *makes no difference* to me whether you do it now or later. 君がそれを今やろうと後でやろうと, 私にとってはどちらでも同じことだ.
☞ 動differ, 形different.

****dif·fer·ent** /dífərənt ディファレント/ 形 (**more** ~; **most** ~)
❶ (他の人・こと・物と)**違った,** 異なる (反 same, alike).
❷ **別々の,** 互いに異なる, いろいろな.
❸ ふつうではない, 変わった.

❶ She wears a *different* blouse every day. 彼女は毎日違ったブラウスを着る / She looks quite *different* today. 彼女はきょうは様子がまったく違う / My view is *different from* yours. 私の考えは君とは違う (❖**different** に続く前置詞は **from** が普通であるが, 《英》では **to** を, 《米》では **than** を用いることもある).

differentiate　　　　　　　　　　ABC**D**EFGHIJKLMNOPQRSTUVWXYZ

❷This sweater is available in five *different* colors. このセーターには5種類の色がそろっています / *Different* cultures have *different* customs. それぞれの文化にはそれぞれの習慣がある.

☞ 動differ, differentiate, 名difference.

dif·fer·en·ti·ate /dífərénʃièit ディファレンシエイト/ 動 (現分 -at·ing) 他 …を区別する, 見分ける.
— 自 区別する, 見分ける.
▶ 他 What *differentiates* cheese *from* butter? チーズとバターはどこが違うか.
— 自 I cannot *differentiate between* these two drawings. 私はこの二つの絵の区別ができない.

☞ 形different.

dif·fer·en·ti·a·tion /dífərənʃiéiʃən ディファレンシエイション/ 名UC区別, 見分け.

dif·fer·ent·ly /dífərəntli ディファレントリ/ 副違ったように, 別々に.

※※difficult /dífikəlt ディフィカルト/
形 (more ~; most ~)
❶ **難しい**, 困難な, 厄介な (反 easy).
❷ (人が) 扱いにくい, 気難しい.

❶It is *difficult* for me to explain it in English. 私にはそれを英語で説明するのは難しい / This question is *difficult* to answer.＝This is a *difficult* question to answer. この質問は答えるのが難しい / We are living in *difficult* times. われわれは難しい時代に生きている. ❷She has a *difficult* temperament. 彼女は気難しい性格だ / a *difficult* customer 対応するのが大変な客.

☞ 名difficulty.

※dif·fi·cul·ty /dífikəlti ディフィカルティ/ 名 (複 -cul·ties /-z/)
❶ U困難, 難しさ (反 ease).
❷ C《ふつう複数形で》問題, 困難(な状況).

❶He had *difficulty* (in) getting up early. 彼には早起きするのが大変なことだった.
❷face economic *difficulties* 経済的な問題に直面する / experience *difficulties* 困難を経験する.

【語の結びつき】
cause *difficulties* 困難を引き起こす
face [confront] *difficulties* 困難に直面する
overcome [clear up] *difficulties* 困難を克服する

get [*run*] *into difficulty* 困難な状況におちいる.
in difficulty 困難な状況に.
with difficulty やっと, 苦労して.
without (*any*) *difficulty* 楽々と, なんの苦もなく.

☞ 形difficult.

dif·fi·dence /dífədəns ディフィデンス/ 名U自信のないこと (反 confidence).

dif·fi·dent /dífədənt ディフィデント/ 形自信のない (反 confident).

dif·fuse /difjúːz ディフューズ/ 動 (現分 -fus·ing) 他 ❶(熱・光など)を発散する.
❷(情報など)を広める.
— 自 ❶(光・熱などが)発散する.
❷広まる, 普及する.
— 形 /difjúːs ディフュース/ 《★動詞との発音の違いに注意》広がった, 広まった.

※※dig /díg ディッグ/ 動 (~s /-z/; dug /dʌ́g/; dig·ging)
他 ❶ⓐ(地面・雪など)を**掘る**.
ⓑ(穴など)を掘る.
❷ …を**掘り出す**, 採掘する.
❸(手など)を突っこむ.
— 自 ❶土[雪]を掘る.
❷手を突っこむ.
— 名 C ❶ (ひじや指による)ひと突き, こづき. ❷あてこすり. ❸発掘.

動 他 ❶ⓐ*dig* the ground 地面を掘る. ⓑ*dig* a hole in the ground 地面に穴を掘る.
❷*dig* potatoes ジャガイモを掘りだす.
❸He *dug* his hand into his pocket. 彼はポケットに手を突っ込んだ.
— 自 ❶*dig* for gold 金を求めて掘る.
❷*dig* in the pocket for coins コインをさがしてポケットに手を突っこむ.
dig for ... …を(掘って)さがす.
dig in 他 土を掘って(肥料など)を埋め

こむ. ― 圄①《口語》がつがつ食べ始める. ②(とがったものが)刺さる.

dig into ... ①…をがつがつ食べ始める. ②…を詳しく調べる. ③(物が)…に食いこむ. ④(資金など)に手をつける.

dig ... into ~ ①…を~に埋めこむ. ②…を~に突き立てる.

dig out 他①…を掘り出す. ②(事実・物事など)をさがし出す.

dig up 他①(土地)を掘り起こす. ②…を掘り出す. ③(事実など)をさがし出す.

― 名 ❶ She gave him a *dig* in his ribs. 彼女は彼のわき腹をこづいた.
❷ have a *dig* at him 彼に当てこすりを言う.

*__di・gest__ /daidʒést ダイ**ヂェ**スト | di-/ 動 (《★アクセント注意》)(~s /-ts/; ~ed /-id/; ~ing) 他 ❶ (食物)を**消化する**.
❷ …をよく考えて理解する.
― 名 /dáidʒest **ダイ**ヂェスト/ 《★動詞とのアクセントの違いに注意》(複 ~s /-ts/) C 要約したもの, ダイジェスト.
▶ 動 他 ❶ This meat is hard to *digest*. この肉は消化しにくい.
☞ 名 digestion, 形 digestive.

di・ges・tion /daidʒéstʃən ダイ**ヂェ**スチョン | di-/ 名 ❶ U 消化. ❷ UC 消化力.
☞ 動 digest.

di・ges・tive /daidʒéstiv ダイ**ヂェ**スティヴ | di-/ 形 消化の, 消化力のある.
▶ the *digestive* tract 消化器官.
☞ 動 digest.

dig・it /dídʒit **ディ**チット/ 名 C アラビア数字(0から9までのうちのひとつ).

dig・i・tal /dídʒətl **ディ**チトル/ 形 デジタル [計数]型の.
▶ a *digital* watch デジタル時計.

dig・ni・fied /dígnəfàid **ディ**グニファイド/ 形 威厳(いげん)のある.

*__dig・ni・ty__ /dígnəti **ディ**グニティ/ 名 U
❶ **威厳**(いげん), **気品**, 重々しさ (反 indignity).
❷ 尊さ, 尊厳.
▶ ❶ a man [woman] of *dignity* 威厳のある人.
with dignity 威厳のある態度で, 堂々と.

di・gress /daigrés ダイ**グレ**ス, di-/ 動 圄《文語》(話・文章で)わき道へそれる.

di・gres・sion /daigréʃən ダイ**グレ**ション,

di-/ 名 UC (話・文章で)横道へそれること, 脱線.

dike /dáik **ダ**イク/ 名 C = **dyke**.

di・lap・i・dat・ed /dilǽpədèitid ディ**ラ**ピデイティド/ 形 荒れ果てた.

di・lap・i・da・tion /dilæpədéiʃən ディラピ**デ**イション/ 名 U 荒廃(こうはい), 崩壊(ほうかい).

di・late /dailéit ダイ**レ**イト, di-/ 動 (現分 -lat・ing) 圄 広がる, ふくれる.
― 他 …を広げる, ふくらます.

di・lem・ma /diléma ディ**レ**マ/ 名 (複 ~s /-z/) C ジレンマ, 板ばさみ.
▶ He is (caught) in a *dilemma*. 彼はジレンマにおちいっている.

dil・i・gence /dílədʒəns **ディ**リヂェンス/ 名 U 勤勉. ☞ 形 diligent.

dil・i・gent /dílədʒənt **ディ**リヂェント/ 形 勤勉な (反 lazy). ▶ a *diligent* worker 勉強家, 勤勉に仕事をする人.
☞ 名 diligence.

dil・i・gent・ly /dílədʒəntli **ディ**リヂェントリ/ 副 勤勉に.

di・lute /dailú:t ダイ**ルー**ト, di-/ 動 (現分 di・lut・ing) 他 (液体)を薄める.

di・lu・tion /dailú:ʃən ダイ**ルー**ション, di-/ 名 ❶ U 薄めること. ❷ C 薄めたもの.

*__dim__ /dím **ディ**ム/ 形 (dim・mer; dim・mest) ❶ **薄暗い**.
❷ (物が) **ぼんやり見える**, かすんだ.
❸ (目が) **かすんだ**, よく見えない.
❹ (記憶が) **かすかな**, おぼろげな.
❺《口語》頭の鈍(にぶ)い, ばかな.
― 動 (~s /-z/; dimmed /-d/; dim・ming) 他 …を薄暗くする, 曇らせる.
― 圄 薄暗くなる; かすむ.
▶ 形 ❶ a *dim* light 薄暗い光.
❷ a *dim* outline ぼんやり見える輪郭(りんかく).
❸ Her eyes were *dim* with age. 年をとって彼女の目はかすんでいた.
❹ I have *dim* memories of my father. 私は父のことをかすかに覚えている.

dime /dáim **ダ**イム/ 名 (複 ~s /-z/) C **ダイム** (《アメリカ・カナダの10セント貨幣》; ☞ nickel, quarter ❸).

*__di・men・sion__ /diménʃən ディ**メ**ンション, dai-/ 名 (複 ~s /-z/) C
❶ (長さ・幅・厚さの) **寸法**.
❷《ふつう複数形で》❸ 大きさ, 面積.
ⓑ 規模, 程度, 範囲; 重要性.

diminish

❸(問題などの)局面, 要素.
❹〖物理・数学〗ディメンション, 次元.

❶The *dimensions* of the room are 10 ft. by 12 ft. 部屋の広さは縦横が10フィートに12フィートだ.
❷❸a building of great *dimensions* 非常に大きな建物.
❸a problem of great *dimensions* 非常に重大[要]な問題.
❹the fourth *dimension* 第四次元.

*di·min·ish /dimíniʃ ディミニシュ/ 動 (~es /-iz/; ~ed /-t/; ~ing) 他
❶ …を減らす (反 increase).
❷ …を小さくする.
— 自 ❶減る.
❷小さくなる.
▶ 他 ❶Illness *diminished* her strength. 病気のために彼女の体力は衰えた.

di·min·u·tive /dimínjutiv ディミニュティヴ/ 形《文語》小さい, 小形の.

dim·ly /dímli ディムリ/ 副薄暗く, ぼんやりと.

dim·ple /dímpl ディンプル/ 名Cえくぼ.

din /dín ディン/ 名C(がやがや)騒ぎ, やかましい音. ▶make a *din* 騒音をだす.

dine /dáin ダイン/ 動 (~s /-z/; ~d /-d/; din·ing) 《文語》自食事をする.
☞ 名 dinner.

din·er /dáinər ダイナ/ 名C ❶レストランで食事をしている人. ❷《米》食堂.

ding-dong /díŋdò(:)ŋ ディングド(ー)ング/ 名U ゴーンゴーン, ジャンジャン《鐘の音》.

din·ghy /díŋgi ディンギ/ 名 (複 din·ghies /-z/) C ❶ディンギー《競走用小ヨット》.
❷小型ボート; 救命ゴムボート.

din·gy /díndʒi ディンヂ/ 形 (-gi·er; -gi·est) 黒ずんだ, よごれた, うすぎたない.

***díning ròom** /dáiniŋ- ダイニング-/ 名 (複 ~s /-z/) C食事をする部屋, 食堂.

****din·ner** /dínər ディナ/ 名 (複 ~s /-z/)

❶UCディナー (◆形容詞をともなって種類などをいうときには C).
❷C (正式の)晩餐(ばんさん)会 (◆dinner party ともいう).

❶We usually have *dinner* at seven. 私たちはふつう7時にディナーを食べます.
❷They gave a *dinner* for [in honor of] her. 彼女のために晩餐会が催された.

INFO 一日のうちで一番充実した食事のことで一般に夕食のことをいうが, 日曜日や休日など外出しない場合は昼食が dinner になることもあり, その場合夕食が supper になる.

☞ 動 dine.

dínner jàcket 名C《英》タキシード《男性用の略式夜会服;《米》では tuxedo の方をよく用いる》.

di·no·saur /dáinəsɔ̀:r ダイノソー/ 名C 恐竜(きょうりゅう)《中生代の巨大な爬(は)虫類の動物》.

di·o·cese /dáiəsis ダイオスィス/ 名C【キリスト教】主教区 (☞ parish).

***dip** /díp ディプ/ 動 (~s /-s/; dipped /-t/; dip·ping) 他 ❶❸ …を (液体の中に) ちょっとつける[入れる], ひたす.
❺ (動物を) (消毒液に) ひたす.
❷ …をひょいと下げる, おろす.
❸❸ (手を) 容器 (など) に入れる.
❺ …をすくいあげる.
— 自 ❶ (水などに) ちょっとはいる, ちょっともぐる.
❷❸ (土地・道路などが) 下がる.
❺ (飛行機・鳥などが) 急に高度を下げる.
❻ (値段・程度などが) 下がる.
— 名 ❶C❸ひたすこと.
❺《口語》ひと浴(ぁ)び, ひと泳ぎ.
❷C❸ (土地などの) くぼみ, へこみ.
❺ (値段・程度などの) 下落.
❸U ディップ《クラッカー, ポテトチップ, 野菜などをひたして食べるドレッシング, ソースなど》.

動 他 ❶❸She *dipped* her hand into the water. 彼女は手を水の中にちょっと入れた.
— 自 ❶*dip* into a river 川にひょいともぐる.
❷❸The terrain *dips* a little then rises. 土地はちょっと下がり, また上がる.

dip into ... ①(物を取り出そうと) …の中に手を突っこむ. ②(本など)をちょっと調

べてみる, ざっと目を通す.
― 名 ❶ⓑLet's have a *dip* in the sea. 海でひと浴びしよう.
❷ⓐa *dip* in the road 道路のへこみ.
ⓑa *dip* in prices 物価の下落.

diph·the·ri·a /dɪfθíəriə ディフ**スィ**(ア)リア/ 名Ⓤ〖医学〗ジフテリア《伝染病の一種》.

di·plo·ma /dɪplóumə ディプ**ロ**ウマ/ 《★発音注意》《複 ~s /-z/》名Ⓒ卒業証書.

di·plo·ma·cy /dɪplóuməsi ディプ**ロ**ウマスィ/ 名Ⓤ❶外交. ❷駆け引き.
☞ 形 diplomatic.

dip·lo·mat /dípləmæt **ディ**プロマット/ 《★アクセント注意》名《複 ~s /-ts/》Ⓒ外交官. ☞ 形 diplomatic.

*__dip·lo·mat·ic__ /dìpləmǽtɪk ディプロ**マ**ティク/ 形 (more ~; most ~)
❶**外交の**, 外交上の.
❷人扱いのじょうずな.
▶ ❶He is in the *diplomatic* service. 彼は外交官の仕事をしている.
❷a *diplomatic* answer 巧妙な返事.
☞ 名 diplomacy, diplomat.

dip·lo·mat·i·cal·ly /dìpləmǽtɪkəli ディプロ**マ**ティカリ/ 副 ❶外交上. ❷人扱いをじょうずに.

dip·per /dípər **ディ**パ/ 名 ❶Ⓒひしゃく, しゃもじ. ❷《the Dipper で》《米》〖天文〗北斗七星.

dire /dáɪər **ダ**イア/ 形 (dir·er /dáɪərər/; dir·est /dáɪərɪst/) 《文語》恐ろしい, 悲惨な.

*__di·rect__ /dɪrékt ディ**レ**クト, daɪ-/ 形 (~·er; ~·est) ❶**まっすぐの**, 一直線の, 直行の (⇔indirect).
❷**直接の** (⇔indirect).
❸**率直な** (⇔indirect).
❹まったくの.
― 副 ❶**まっすぐに**, 直行して.
❷直接に.
― 動 (~s /-ts/; ~ed /-ɪd/; ~·ing) 他
❶ (視線・注意・言葉など)を**向ける** 〔to, at, toward〕.
❷…に**道を教える**.
❸ⓐ《direct ... to *do*》…に_するように指示する.
ⓑ《direct (that) _》_ということを指示する.
❹ⓐ…を指導する, 監督する.

ⓑ (音楽など) の指揮をする.

形 ❶a *direct* flight to London ロンドンへの直行便.
❷I am in *direct* contact with the President. 私は大統領と直接接触がある [連絡がつく] / *direct* sunlight 直射日光.
❸give a *direct* answer 率直に答える.
❹He is the *direct* opposite of his father. 彼は父親とは正反対の人間だ.
― 副 ❶This plane flies *direct* to Paris. この飛行機はパリへ直行する.
❷Send the book *direct* to me. その本を直接私に送ってください.
― 動 他 ❶The teacher *directed* the children's attention to the map. 先生は生徒の注意を地図に向けさせた / He *directed* all his energies *to* his research. 彼は自分の研究に全精力をかたむけた.
❷The girl *directed* me *to* the station. その女の子は私に駅までの道を教えてくれた.
❸ⓐThe coach *directed* the players *to* start practicing at once. コーチは選手たちにすぐに練習を始めるように指示した.
❹ⓐ*direct* traffic 交通整理をする / *direct* a film 映画の監督をする.
ⓑ*direct* an orchestra オーケストラを指揮する.
☞ 名 direction.

diréct cúrrent 名Ⓤ〖電気〗直流 (❖DC, dc と略す; 「交流」は alternating current).

*__di·rec·tion__ /dɪrékʃən ディ**レ**クション, daɪ-/ 名 《複 ~s /-z/》
❶ⓤⒸ (動いてゆく) **方向**, 方面.
ⓑ (発展・進歩などの) 方向.
❷Ⓒ《ふつう複数形で》ⓐ (薬・機械などの) **使用法**, 説明書. ⓑ指示, 命令.
❸Ⓤ指導, 監督, 指揮.

❶ⓐWhich *direction* did the car go? 車はどっちの方へ行きましたか / He looked in our *direction*. 彼はわれわれの方を見た / in all *directions* 四方八方に / a sense of *direction* 方向感

directive

覚. ❺Things are moving in the right *direction*. 物事は正しい方向へ動いている.
❷❺Follow the *direction*. 指示に従いなさい.
❸We are under the *direction* of a good teacher. われわれはよい先生に指導されている.

in the direction of ... …の方向へ:*in the direction of* the bridge 橋の方向へ.

under the direction of ... …に指揮されて.

☞ 動direct.

di·rec·tive /diréktiv ディレクティヴ, dai-/ 名ⓒ(正式な)命令, 指令.

***di·rect·ly** /diréktli ディレクトリ, dai-/ 副 (more ~ ; most ~) ❶**直接に**.
❷**まっすぐに**, 一直線に, 間もなく.
❸まったく, まさに.
── 接《英口語》**…するとすぐに** (as soon as).

副 ❶He spoke *directly* to the president. 彼は大統領に直接話した.
❷Come home *directly*. すぐ家に帰って来なさい.
❸*directly* opposite 正反対で.
── 接*Directly* the king came in, everyone was quiet. 王様がはいってくるとすぐにみんな静かになった.

diréct narrátion 名ⓒ〖文法〗直接話法 (❶direct speechともいう).

diréct óbject 名ⓒ〖文法〗直接目的語.

***di·rec·tor** /diréktər ディレクタ, dai-/ 名 (複 ~s /-z/)ⓒ❶**指導者**.
❷(会社などの)重役.
❸管理者, 長官, 局長, 部長; 校長.
❹(映画・演劇などの)監督; 演出家.
❺(音楽の)指揮者.

di·rec·to·ry /diréktəri ディレクトリ, dai-/ 名 (複 -to·ries /-z/)ⓒ名簿《ふつう住所も併記してある》.
▶a telephone *directory* 電話帳.

diréct spéech 名〖文法〗＝**direct narration**.

***dirt** /dáːrt ダート/ 名Ⓤ❶**ほこり**, ごみ.
❷泥, 土.
❸悪口.

☞ 形dirty.

****dirt·y** /dáːrti ダーティ/ 形 (dirt·i·er; dirt·i·est)
❶ **きたない**, よごれた, 不潔な (反 clean).
❷卑劣な, 不正な, ひどい.
❸わいせつな, いやらしい.

・・・・・・・・・・・・・・・・・・・・・・・・・・・・

❶Your shoes are *dirty*. あなたのくつはよごれている / *dirty* feet よごれた足.
❷He played a *dirty* trick on me. 彼は私に卑劣な手段を使った / a *dirty* word ひどいことば.

☞ 名dirt.

dis- /dis ディス, dìs/ 接頭「反対, 非…, 不…, 分離」などの意. ▶*dis*appear 見えなくなる.

dis·a·bil·i·ty /dìsəbíləti ディサビリティ/ 名 (複 -i·ties /-z/) ❶Ⓤ(身体や精神の)無能力(状態)(反 ability). ❷ⓒ身体障害.

dis·a·ble /diséibl ディセイブル/ 動 (現分 dis·a·bling) ⑯ ❶(人)を身体[精神]障害者にする.
❷(機械など)を動かなくする.
▶❶He *was disabled* in the war. 彼は戦争で障害を負った.

dis·a·bled /diséibld ディセイブルド/ 形
❶身体[精神]障害者になった.
❷《theをつけて; 名詞的に; 複数扱いで》身体[精神]障害者たち.

***dis·ad·van·tage** /dìsədvǽntidʒ ディサドヴァンテヂ ｜ -váːn-/ 名 (複 -tag·es /-iz/) ⓒ**不利なこと**, 不利な立場 (反 advantage).
▶He was at a *disadvantage*. 彼は不利な立場にいた.

to ...'s disadvantage …の不利になるような[に]:That would be *to your disadvantage*. それではあなたに不利だ.

dis·ad·van·taged /dìsədvǽntidʒd ディサドヴァンテヂド/ 形 (社会的に)不利な, 恵まれない, 貧しい.

dis·ad·van·ta·geous /dìsædvəntéidʒəs ディサドヴァンテイチャス/ 形不利な, 都合が悪い (反 advantageous).

dis·af·fect·ed /dìsəféktid ディサフェクティド/ 形 (集団の中で)不満をもっている.

dis·af·fec·tion /dìsəfékʃən ディサフェクション/ 名Ⓤ不満, 不信.

342　three hundred and forty-two

disapproval

*dis・a・gree /dìsəgríː ディサグリー/ 動 (~s /-z/; -a・greed /-d/; ~・ing) ⓐ
❶ⓐ (人と)**意見が合わない** (反 agree).
ⓑ (他人の意見[考え]に)**反対だ**.
❷ (話・報告などが)**一致しない**, くい違う〔*with*〕.

❶They often *disagree*. 彼らはよく意見が合わないことがある / I *disagree with* you about what we should do now. 今なにをすべきについては私は君と意見が合わない. ⓑ"I think she is right."–"I *disagree*." 「彼女が正しいと思う」「私はそう思わない」.
❷Your account of the accident *disagrees* with hers. その事故についての君の説明は彼女の説明と食い違っている.

☞ 名 disagreement.

dis・a・gree・a・ble /dìsəgríːəbl ディサグリーアブル/ 形 不愉快な, いやな (反 agreeable).

dis・a・gree・ment /dìsəgríːmənt ディサグリーメント/ 名 Ⓤ Ⓒ 不一致, 意見の相違 (反 agreement).

☞ 動 disagree.

dis・al・low /dìsəláu ディサラウ/ 動 他 …を許さない, 認めない (反 allow).

*dis・ap・pear /dìsəpíər ディサピア/ 動 (~s /-z/; ~ed /-d/; ~・ing /-píəriŋ/) ⓐ
❶**見えなくなる**, 姿を消す (反 appear).
❷**なくなる**, 消滅する.

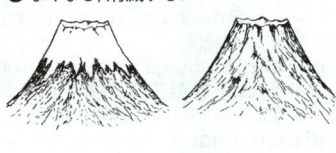

It is spring and the snow has *disappeared*. (春になって雪が消えた)

❶She *disappears* every time we need her help. 彼女の手助けが必要になるといつも彼女は姿を消す / The moon *disappeared* into the cloud. 月が雲の中にかくれた.
❷His tumor has *disappeared*. 彼の腫瘍(しゅよう)はなくなった.

☞ 名 disappearance.

dis・ap・pear・ance /dìsəpíərəns ディサピ(ア)ランス/ 名 Ⓤ Ⓒ 見えなくなること, 消滅 (反 appearance).

☞ 動 disappear.

*dis・ap・point /dìsəpɔ́int ディサポイント/ 動 (~s /-ts/; ~・ed /-id/; ~・ing) 他
ⓐ (人)を**失望させる**, がっかりさせる.
ⓑ (be disappointed で)**失望する**[している] (☞ disappointed).

▶ⓐThe TV show *disappointed* us. そのテレビ番組に私たちはがっかりした.

☞ 名 disappointment.

*dis・ap・point・ed /dìsəpɔ́intid ディサポインティド/ 形 (more ~; most ~) **がっかりした**, 失望した.

a *disappointed* look がっかりした顔つき / We *were disappointed at* the results. 私たちはその結果にがっかりした / I *am disappointed in* [*with*] him. 彼にはがっかりしました / She *was disappointed to* hear the news. 彼女はそのしらせを聞いてがっかりした / We *were disappointed that* our aunt could not come. おばが来られなかったのでわれわれはがっかりした.

dis・ap・point・ing /dìsəpɔ́intiŋ ディサポインティング/ 形 がっかりさせる, 失望させるような, 期待はずれの.

*dis・ap・point・ment /dìsəpɔ́intmənt ディサポイントメント/ 名 (複 ~s /-ts/)
❶ Ⓤ **失望**, がっかりすること.
❷ Ⓒ **失望させる人[もの]**.

❶in great *disappointment* 大いに失望して. ❷The movie was a *disappointment* to us. その映画に私たちはがっかりだった.

to ...'s disappointment …ががっかりしたことには: *To my disappointment*, he was out. がっかりしたことには, 彼は外出中だった.

☞ 動 disappoint.

dis・ap・prov・al /dìsəprúːvəl ディサプルーヴァル/ 名 Ⓤ 不賛成; 非難 (反 approval).

▶He showed his *disapproval* by rasing an eyebrow. 彼は(片方の)まゆを上げて不賛成の気持ちを示した.

disapprove

☞ 動disapprove.

dis·ap·prove /dìsəprúːv ディサプルーヴ/ 動 (-proves /-z/; -proved /-d/; -proving) 自 ❶ 賛成しない, 認めない.
❶ 《disapprove of ...》...に賛成しない, ...を認めない, 非難する.
— 他 ...を認めない, 非難する (反 approve).
▶ 自 ❶ His parents *disapproved of* his long hair. 彼の両親は彼の長髪を認めなかった.
— 他 I'm sorry I must *disapprove* your plan. 残念ですが君の計画は私には認められない.

☞ 名disapproval.

dis·arm /disɑ́ːrm ディサーム/ 動 他 ❶ ...から武器を取り上げる, ...の武装を解除する (反 arm).
❷ (人)の敵意を和らげる, 静める.
— 自 軍備を縮小[撤廃]する.

☞ 名disarmament.

dis·ar·ma·ment /disɑ́ːrməmənt ディサーマメント/ 名 U 軍備縮小; 武装解除.

☞ 動disarm.

*__dis·as·ter__ /dizǽstər ディザスタ | -záːstə/ 名 (複 ~s /-z/) ❶ C **大災害**, 惨事.
❷ U (大きな)不幸, 災難.
❸ C 大失敗.

☞ 形disastrous.

dis·as·trous /dizǽstrəs ディザストラス | -záːs-/ 形 悲惨な. ☞ 名disaster.

dis·as·trous·ly /dizǽstrəsli ディザストラスリ/ 副 悲惨に.

dis·band /disbǽnd ディスバンド/ 動 他 (グループなど)を解散する.
— 自 (グループなどが)解散する.

dis·be·lief /dìsbəlíːf ディスベリーフ/ 名 U 信じようとしないこと, 不信 (反 belief).

dis·be·lieve /dìsbəlíːv ディスベリーヴ/ 動 (現分 -liev·ing) 他 《文語》...を信じない.

disc /dísk ディスク/ 名 = disk.

dis·card /diskɑ́ːrd ディスカード/ 動 他 (不用なもの)を捨てる.

dis·cern /disə́ːrn ディサーン/ 動 他 《文語》(よく見てようやく)...を見つける, ...に気づく.
▶ 他 *discern* a boat in the fog 霧の中に船を見つける / *discern* a slight difference *between* the two ふたつの間にわずかな違いを見出す.

dis·cern·i·ble /disə́ːrnəbl ディサーニブル/ 形 見てわかる, 見分けられる.

dis·cern·ing /disə́ːrniŋ ディサーニング/ 形 見分ける力のある, 鑑識力のある.

dis·charge /distʃɑ́ːrdʒ ディスチャーヂ/ 動 (-charg·es /-iz/; -charged /-d/; -charg·ing) 他 ❶ (人)を解放する, 釈放する, 除隊させる, 退院させる; ...の任務を解く.
❷ ...を解雇する (反 employ), ...を解任する.
❸ ⓐ (気体・液体)を放出する, 吐き出す.
ⓑ (銃など)を発射する.
ⓒ (電気)を放電する.
❹ 《文語》(義務・約束)を果たす, 遂行する.
— 自 ❶ (気体・液体・電気などが)流れ出る.
— 名 /dístʃɑːrdʒ ディスチャーヂ/ (★動詞とのアクセントの違いに注意) (複 -charg·es /-iz/) ❶ UC 解放, 釈放, 除隊, 退院.
❷ UC ⓐ (気体・液体などの)放出.
ⓑ (電気の)放電.
❸ U 発射.

動 他 ❶ He was soon *discharged* from the hospital. 彼は間もなく退院した.
❷ 300 workers were *discharged* from the company. 300人の労働者がその会社から解雇された.
❸ ⓐ *discharge* fumes 排気ガスを吐き出す.
— 名 ❶ *discharge* from the army 陸軍からの除隊.

dis·ci·ple /disáipl ディサイプル/ (★発音注意) 名 C ❶ 弟子(でし). ❷ キリストの十二使徒のひとり (☞apostle ❶).

dis·ci·pli·nar·y /dísəplinèri ディスィプリネリ/ 形 懲戒(ちょうかい)の, こらしめの.

☞ 名discipline.

*__dis·ci·pline__ /dísəplin ディスィプリン/ 名 (複 ~s /-z/) ❶ U **しつけ**, 訓練.
❷ U (身についた)しつけ, 規律, 統制.
❸ U 懲戒(ちょうかい), 処罰.
❹ C 学問(の分野).
— 動 (~s /-z/; -plined /-d/; -plin·ing) 他 ❶ ...を**訓練する**, しつける.
❷ ...を罰する.

名 ❶ moral *discipline* 道徳教育 /

discipline problems しつけ上の問題. ❷A teacher must maintain *discipline* in the classroom. 教師はクラスの規律を維持しなくてはならない.
☞ [形]disciplinary.
— [動][他] ❶She has *disciplined* her children. 彼女は子どもをよくしつけている.

dísc jòckey /-ʤɑ̀ki ·チャキ/ [名][C]ディスクジョッキー《軽い話題などをはさみながら音楽を流すラジオ番組の担当者; ✪ DJ や D.J. と略す; disk jockeyともつづる》.

dis·claim /diskléim ディスクレイム/ [動][他] ❶(権利)を放棄する([反]claim).
❷(責任・関係など)を否認する.

dis·close /disklóuz ディスクロウズ/ [動] (-closes /-iz/; -closed /-d/; -clos·ing)[他]…を明らかにする, 公表する, 暴露(ばくろ)する.
▸He *disclosed* the secret. 彼は秘密を明らかにした.
☞ [名]disclosure.

dis·clo·sure /disklóuʒər ディスクロウジャ/ [名] ❶[U](秘密などを)ばらすこと, 暴露(ばくろ), 公表. ❷[C]発覚した事がら, 打ち明け話. ☞ [動]disclose.

dis·co /dískou ディスコウ/ [名]([複] ~s /-z/) [C]《口語》ディスコ.

dis·col·or, 《英》**dis·col·our** /dìskʌ́lər ディスカラ/ [動][他]…を変色させる, …の色をあせさせる.
— [自]変色する, 色があせる.

dis·col·or·a·tion, 《英》**dis·col·our·a·tion** /dìskʌ̀ləréiʃən ディスカラレイション/ [名][U,C]変色, 色あせ.

dis·com·fort /diskʌ́mfərt ディスカンフォト/ [名] ❶[U]不愉快; 不安; 苦痛([反]comfort).
❷[C]いやなこと; 不便なこと[もの].

dis·con·cert /dìskənsə́ːrt ディスコンサート/ [動][他]…をあわてさせる, まごつかせる.

dis·con·cert·ing /dìskənsə́ːrtiŋ ディスコンサーティング/ [形]あわてさせる, まごつかせる.

dis·con·nect /dìskənékt ディスコネクト/ [動][他] ❶…を離す, 分離する([反]connect). ❷(電話など)を切る.

dis·con·nec·tion /dìskənékʃən ディスコネクション/ [名][U,C] ❶分離, 断絶.
❷〔電気〕断線.

dis·con·tent /dìskəntént ディスコンテント/ [名][U]不平, 不満.

dis·con·tent·ed /dìskənténtid ディスコンテンティド/ [形]不満のある([反]contented).

dis·con·tin·ue /dìskəntínjuː ディスコンティニュー/ [動](現分 -u·ing)[他]…を中止する, 廃止する([反]continue).

dis·cord /dískɔːrd ディスコード/ 《★アクセント注意》[名][U]《文語》不一致, 意見のくい違い.

dis·cord·ant /diskɔ́ːrdnt ディスコードント/ [形]不調和な.

***dis·count** /dískaunt ディスカウント, diskáunt/ [動](~s /-ts/; ~ed /-id/; ~ing)[他] ❶…を**割引きする**.
❷(話など)を割引いて聞く.
— [名]《★アクセント注意》([複] ~s /-ts/)
❶[C]**割引き**《☞premium》.
❷《形容詞的に》割引きの, 安売りをする.

[動][他] ❶*discount* 10 percent for cash 現金払いは1割引く.
— [名] ❶make [give] a 10 percent *discount* 10パーセント割引きをする.
❷a *discount* sale 安売り / a *discount* store 安売り店.
at a discount 割引いて:sell goods *at a discount* 割引きで品物を売る.

***dis·cour·age** /diskə́ːriʤ ディスカーリヂ | -kʌ́r-/ [動](-ag·es /-iz/; -cour·aged /-d/; -ag·ing)[他] ❶ⓐ(人)を**がっかりさせる**,(人)にやる気をなくさせる, 自信を失わせる([反]encourage).
ⓑ《**be discouraged**で》がっかりする[している].
❷《**discourage ... from** *doing*》(人)に＿することを思いとどまらせる.

---

❶ⓐHis failure *discouraged* his parents. 彼の失敗は親をがっかりさせた.
ⓑI *was discouraged* at the news. 私はその知らせを聞いてがっかりした.
❷The rain *discouraged* us *from climbing* to the mountain summit. 雨のため私たちは山の頂上まで登るのを思いとどまった.
☞ [名]discouragement.

dis·cour·aged /diskə́ːriʤd ディスカー

リヒド | -kár-/ 形 がっかりして, やる気を失って.

dis･cour･age･ment /diskə́:ridʒmənt ディスカーリヂメント/ 名 ❶ U 落胆, 失望. ❷ C がっかりさせるようなもの[こと].
☞ 動 discourage.

dis･cour･ag･ing /diskə́:ridʒiŋ ディスカーリヂング/ 形 がっかりさせるような, やる気をなくさせるような.

dis･course /dískɔːrs ディスコース/《★アクセント注意》名 ❶ U (まじめな) 会話, 討論. ❷ C 論説, 論文.

dis･cour･te･ous /diskə́:rtiəs ディスカーティアス/ 形 《文語》失礼な, 無作法な (反 courteous).

＊**dis･cov･er** /diskʌ́vər ディスカヴァ/ 動 (~s /-z/; -cov･ered /-d/; ~ing /-vəriŋ/)
他 ❶ …を発見する.
❷ⓐ (知らないでいたこと) がわかる, …を知る.
ⓑ 《discover (that) ＿》＿ということがわかる, ＿ということを知る.
ⓒ 《discover 疑問詞 ＿》＿がわかる, ＿かを知る.

❶ Who *discovered* radium? だれがラジウムを発見したか.
❷ⓐ *discover* the truth 真相がわかる. ⓑ It was *discovered that* the documents were missing. その書類がなくなっていることがわかった.
ⓒ We *discovered* where she lived. 彼女がどこに住んでいるのかわかった.
☞ 名 discovery.

dis･cov･er･er /diskʌ́vərər ディスカヴァラ/ 名 C 発見者.

＊**dis･cov･er･y** /diskʌ́vəri ディスカヴァリ/ 名 (複 -er･ies /-z/)
❶ U 発見 (✿「発明」は invention).
❷ C 発見されたもの[こと].
make a discovery 発見をする.
☞ 動 discover.

dis･cred･it /dìskrédit ディスクレディット/ 動 他 …の信用を落とさせる, 評判を悪くする.
— 名 U 不名誉, 悪評.

dis･creet /diskríːt ディスクリート/ 形 (話・行動などが) 思慮深い, 慎重な (反 indiscreet).
☞ 名 discretion ❶.

dis･creet･ly /diskríːtli ディスクリートリ/ 副 慎重に, 考え深く, 用心深く.

dis･crep･an･cy /diskrépənsi ディスクレパンスィ/ 名 (複 -an･cies /-z/) UC 相違, 不一致, 矛盾(むじゅん).

dis･cre･tion /diskréʃən ディスクレション/ 名 ❶ U 思慮, 分別, 慎重 (反 indiscretion).
❷ U 行動[判断]の自由, 任意.
▶ ❷ I leave this to your *discretion*. 私はこれを君の自由に任せる.
at …'s discretion = at the discretion of ….
at the discretion of … …の考え通りに.
☞ ❶ では 形 discreet.

dis･crim･i･nate /diskrímənèit ディスクリミネイト/ 動 (~s /-ts/; -nat･ed /-id/; -nat･ing)
自 ❶ 《discriminate against …》…に対して差別待遇する.
❷ 区別する, 見[聞き]分ける.
— 他 …を区別する, 見[聞き]分ける.
▶ 自 ❶ They did not *discriminate against* minorities. 彼らは少数民族の人たちを差別しなかった. ❷ *discriminate between* good books *and* bad ones よい本と悪い本を見分ける.
— 他 *discriminate* red *from* green 赤と緑を見分ける.

dis･crim･i･nat･ing /diskrímənèitiŋ ディスクリミネイティング/ 形 (良し悪しの)識別力のある.

＊**dis･crim･i･na･tion** /diskrìmənéiʃən ディスクリミネイション/ 名 U ❶ 差別待遇.
❷ 識別力.
▶ ❶ racial *discrimination* 人種差別 / *discrimination* against women 女性差別.

dis･crim･i･na･to･ry /diskrímənətɔ̀:ri ディスクリミナトーリ/ 形 差別的な.

dis･cus /dískəs ディスカス/ 名 (複 ~es /-iz/) ❶ C (競技用の) 円盤.
❷ 《the をつけて》円盤投げ (競技).

＊**dis･cuss** /diskʌ́s ディスカス/ 動 (~es /-iz/; ~ed /-t/; ~ing) 他 ❶ …について話し合う, 議論する.
❷ …を論じる[話す, 書く].

❶ We had a meeting to *discuss* the problem. 私たちはその問題を話し

abc**d**efghijklmnopqrstuvwxyz　　　　　　　　　　　　　　　　　　　　　**disgraceful**

合うために会議をした / I *discussed* the question with my friends. 私はその問題について友だちと議論した / We must *discuss* what to do next. 私たちは次になにをすべきか話し合わなければならない.

|語法| *discuss* は自動詞としては用いられない. discuss about it は誤りで, discuss it が正しい.

❷He *discusses* the problem in his new book. 彼はその問題を新しい本で論じている.

☞ 图discussion.

***dis·cus·sion** /dɪskʌ́ʃən ディスカション/ 图 (覆 ~s /-z/) ❶ⓊⒸ **討論**, 議論, 論議. ❷Ⓒ論文, 論考.

❶We had a heated *discussion* about it. 私たちはそれについてはげしく討論した / hold a *discussion* 討論会をする.

（語の結びつき）

end [finish, close, conclude] a *discussion* 議論を終わらせる

enter into a *discussion* (with ...) (…と)討議を開始する

start [begin] a *discussion* 議論を始める

take part [participate] in a *discussion* 議論に加わる

❷I read a *discussion* of the new policy in the newspaper. 私はその新しい政策についての論文を新聞で読んだ.

under discussion 審議中で[の].

☞ 動discuss.

dis·dain /dɪsdéɪn ディスデイン/ 图Ⓤ《文語》軽蔑（ﾍﾞつ）, 軽蔑の態度.

☞ 形disdainful.

dis·dain·ful /dɪsdéɪnfəl ディスデインフル/ 形軽蔑（ﾍﾞつ）的な.

☞ 图disdain.

***dis·ease** /dɪzíːz ディズィーズ/《★発音注意》图 (覆 dis·eas·es /-ɪz/) ⓊⒸ ❶ **病気** (☞illness の 類語).

❷(心・社会などの)不健全な状態.

❶(a) heart *disease* 心臓病 / catch [suffer from] a serious *disease* 重病にかかる.

（語の結びつき）

carry (a) *disease* 病気の保菌者である

catch [contract, 《口語》 come down with] a *disease* 病気にかかる

cause (a) *disease* 病気をひき起こす

cure (a) *disease* 病気を治療する

fight [combat] (a) *disease* 病気と闘う

prevent (a) *disease* 病気を予防する

dis·eased /dɪzíːzd ディズィーズド/ 形 ❶病気にかかった. ❷病的な, 不健全な.

dis·em·bark /dìsɪmbɑ́ːrk ディスィンバーク/ 動⑨下船する, (飛行機などから)降りる.

dis·em·bar·ka·tion /dɪsèmbɑːrkéɪʃən ディスィンバーケイション/ 图Ⓤ下船, (飛行機などから)降りること.

dis·en·chant·ed /dìsɪntʃǽntɪd ディスィンチャンティド/ 形幻滅した.

dis·en·chant·ment /dìsɪntʃǽntmənt ディスィンチャントメント/ 图Ⓤ幻滅.

dis·en·gage /dìsɪngéɪdʒ ディスィンゲイヂ/ 動 (現分 -gag·ing) 他…をはずす, 離す, 解く. — ⑨はずれる.

dis·en·tan·gle /dìsɪntǽŋgl ディスィンタングル/ 動 (現分 -tan·gling) 他…のもつれを解く, …をほどく, …を解放[分離]する.

dis·fig·ure /dɪsfígjər ディスフィギャ/ 動 (現分 -ur·ing /-gjərɪŋ/) 他…の形をそこねる.

dis·grace /dɪsgréɪs ディスグレイス/ 图 ❶Ⓤ不名誉, 恥.

❷《**a**をつけて》恥となるもの[こと, 人].

— 動 (現分 -grac·ing) 他…の恥となる, …の名を汚（けが）す.

图 ❶He brought *disgrace* on his family. 彼は家族に不名誉をもたらした[家名を汚した]. ❷The bad boy was *a disgrace* to his school. その悪い少年は学校の恥だった.

in disgrace 不名誉な形で, はずかしめられて, きらわれて：resign *in disgrace* 不名誉な退任をする.

☞ 形disgraceful.

— 動他He *disgraced* his family. 彼は家族の恥となった.

dis·grace·ful /dɪsgréɪsfəl ディスグレイス

three hundred and forty-seven　　　347

disgracefully

フル/ 形恥ずべき,不名誉な.
☞名disgrace.

dis·grace·ful·ly /disgréisfəli ディスグレイスフリ/ 副恥ずかしくも,不名誉にも.

dis·grun·tled /disgrʌ́ntld ディスグラントルド/ 形不機嫌(きげん)な,不満な.

dis·guise /disgáiz ディスガイズ/ 動 (-guis·es /-iz/; -guised /-d/; -guis·ing) 他 ❶…を変装させる. ❷…をほかのものに見せかける,ほかのものと思わせる. ❸(事実・感情など)を隠す,いつわる.
— 名UC ❶変装,偽装(ぎそう).
❷見せかけ,ごまかし.
▶動他 ❶He *disguised* himself *as* a young girl. 彼は若い女の子に変装した.
❷She *disguised* her voice. 彼女はつくり声を出した.
❸*disguise* the fact 事実を隠す.
— 名*in disguise* 変装して[した]：go to the party *in disguise* 変装してパーティーに行く.

dis·gust /disgʌ́st ディスガスト/ 名U (むかむかするほど)きらうこと,ひどくいやがること,嫌悪.
— 動 (~s /-ts/; -gust·ed /-id/; -gust·ing) 他 ❶(人)をむかむかさせる,不快にする,おこらせる.
❷《be disgusted で》うんざりする,おこる (☞disgusted).
▶名*in disgust* いやになって,うんざりして.
to ...'s *disgust* …がうんざりしたことには：*To my disgust*, he broke his promise again. 私がうんざりしたことには彼はまた約束を破った.
— 動他 ❶The bad smells of the place *disgusted* me. その場所の悪臭にむかむかした.

dis·gust·ed /disgʌ́stid ディスガスティド/ 形うんざりした,いやでしかたがない.
▶I *was disgusted* with [by] his table manners. 私は彼のテーブルマナーには頭にきた.

dis·gust·ing /disgʌ́stiŋ ディスガスティング/ 形ひどくいやな,むかつくような.

dis·gust·ing·ly /disgʌ́stiŋli ディスガスティングリ/ 副むかつくばかりに,うんざりするほど.

***dish /díʃ ディッシュ/ 名 (複 ~es /-iz/)
❶C皿 (《料理を盛るための大きな深い皿》).
❷《the dishes で》食器類 (《いろいろな皿だけでなく knife (ナイフ), fork (フォーク)なども含む》).
❸C一皿分(の料理).
❹C(皿に盛った)料理.
— 動 (三単現 ~·es /-iz/) 他…を皿に盛る.

名 ❶wooden *dish* 木の皿.
類語 **plate** はひとりひとりの前に置かれる浅い皿；**saucer** はコーヒーカップなどの受け皿.

❷wash [do] *the dishes* 食器を洗う.
❸a *dish* of meat and potatoes 一皿の肉とポテトの料理.
❹Japanese *dishes* 日本料理.
— 動*dish out* 他①(料理)を各自の皿に取り分ける. ②(口語)…を配る,あげる.

dish·cloth /díʃklɔ̀(ː)θ ディシュクロ(ー)ス/ (複 -cloths /-klɔ̀ːðz, -klɔ̀ːθs/) 名C (皿洗い用)ふきん.

dis·heart·en /dishɑ́ːrtn ディスハートン/ 動他 ❶…をがっかりさせる,勇気を奪う. ❷《be [get] disheartened で》がっかりする.
▶❷Don't *be* [*get*] *disheartened at* the news. その知らせを聞いて落胆してはいけない.

dis·heart·ened /dishɑ́ːrtnd ディスハートンド/ 形がっかりした,落胆した.

dis·heart·en·ing /dishɑ́ːrtniŋ ディスハートニング/ 形がっかりさせるような.

di·shev·eled, (英)**di·shev·elled** /diʃévəld ディシェヴェルド/ 《★発音注意》形 (髪・服装などが)乱れた.

abc**d**efghijklmnopqrstuvwxyz　　　　　　　　　　　　　　　　　　　　　　　**dismiss**

dis·hon·est /dɪsánɪst ディサニスト/ 形 (more ~; most ~)不正直な, 信用できない (反 honest).
☞ 名 dishonesty.

dis·hon·est·ly /dɪsánɪstli ディサニストリ/ 副 不正直に, 不正に.

dis·hon·es·ty /dɪsánɪsti ディサニスティ/ 名 U 不正直, 不正.
☞ 形 dishonest.

dis·hon·or, (英) **dis·hon·our** /dɪsánər ディサナ/ 名 U 不名誉 (反 honor).
☞ 形 dishonorable.
— 動 他 …の不名誉になる, 恥になる.

dis·hon·or·a·ble, (英) **dis·hon·oura·ble** /dɪsánərəbl ディサナラブル/ 形 不名誉な, 卑劣な (反 honorable).
☞ 名 dishonor.

dish·wash·er /díʃwàʃər ディシュワシャ/ 名 C 食器洗い器 (☞ kitchen のさし絵).

dis·il·lu·sion /dìsɪlúːʒən ディスィルージョン/ 動 他 …の迷いをさまさせる, …に幻滅を感じさせる.

dis·il·lu·sioned /dìsɪlúːʒənd ディスィルージョンド/ 形 幻滅を感じている.

dis·il·lu·sion·ment /dìsɪlúːʒənmənt ディスィルージョンメント/ 名 U 幻滅.

dis·in·fect /dìsɪnfékt ディスィンフェクト/ 動 他 …を消毒する.

dis·in·fec·tant /dìsɪnféktənt ディスィンフェクタント/ 形 消毒の.
— 名 UC 消毒剤, 殺菌剤.

dis·in·fec·tion /dìsɪnfékʃən ディスィンフェクション/ 名 U 消毒, 殺菌.

dis·in·te·grate /disíntəgrèit ディスィンテグレイト/ (★アクセント注意) 動 (現分 -grat·ing) 自 ばらばらになる, 崩壊 (ほうかい) する.

dis·in·te·gra·tion /dìsìntəgréiʃən ディスィンテグレイション/ 名 U 崩壊 (ほうかい), 分解.

dis·in·ter·est·ed /dìsíntəristid ディスィンタリスティド/ 形 私心がない, 公平な (反 interested).

dis·joint·ed /dìsdʒɔ́intid ディスヂョインティド/ 形 (話などが) まとまりがない.

*__disk__ /dísk ディスク/ 名 (複 ~s /-s/) C
❶ 円盤, 円盤状のもの.
❷〔電算〕ディスク (☞ floppy disk).

dísk drìve 名 C 〔電算〕ディスクドライブ (《フロッピーディスクなどの記憶媒体にデータを書き込み・読み込みをする装置》).

disk·ette /dísket ディスケット/ 名 C 〔電算〕フロッピーディスク.

*__dis·like__ /dìsláik ディスライク/ 動 (~s /-s/; dis·liked /-t/; -lik·ing) 他 ❷ …をきらう, いやがる (反 like¹).
❺ 《dislike *do*ing》＿するのをきらう, いやがる.
— 名 UC きらい, いや.

D

— 動 他 ❺ She *dislikes doing* housework. 彼女は家事をするのがきらいだ.
— 名 She has a *dislike* of alcohol. 彼女は酒類はきらいだ / Everybody has his likes and *dislikes*. (★この場合は /díslaik/ と発音する) だれでも好ききらいがある.

dis·lo·cate /dísloukèit ディスロウケイト/ 動 (現分 -cat·ing) 他 ❶ …を脱臼 (だっきゅう) させる. ❷ …を混乱させる.

dis·lo·ca·tion /dìsloukéiʃən ディスロウケイション/ 名 UC ❶ 脱臼 (だっきゅう). ❷ 混乱.

dis·lodge /dìslɑ́dʒ ディスラッヂ/ 動 他 …を取りはずす.

dis·loy·al /dìslɔ́iəl ディスロイ(ア)ル/ 形 忠実でない, 不実な (反 loyal).

dis·loy·al·ty /dìslɔ́iəlti ディスロイ(ア)ルティ/ (複 -ties /-z/) 名 ❶ U 不実. ❷ C 不実な行為.

dis·mal /dízməl ディズマル/ (★発音注意) 形 (more ~; most ~) 陰気な, 陰うつな.
▶ *dismal* weather うっとうしい天気.

dis·man·tle /dismǽntl ディスマントル/ 動 (現分 -mant·ling) 他 (機械・装置など) を解体する.

dis·may /disméi ディスメイ/ 動 他 (人) をうろたえさせる, ひどくびっくりさせる.
— 名 U (恐怖・心配などによる) うろたえ, おびえ.
▶ 動 他 The attack *dismayed* the enemy. その攻撃は敵をうろたえさせた / I *was dismayed* at the news. 私はその知らせにうろたえた.

to …'s dismay …がうろたえたことには.

dis·mem·ber /dìsmémbər ディスメンバ/ 動 他 ❶ …の手足を切り離す. ❷ (国など) を分割する.

*__dis·miss__ /dismís ディスミス/ 動 (~es /-iz/;

349

dismissal

~ed /-t/; ~·ing/ 他 ❶(意見など)を**受け入れない**, 否定する.
❷(人)を**解雇する**, 免職にする(反 employ).
❸ⓐ(集会など)を解散する. ⓑ(人)を立ち去らせる.
❹(裁判官が)(訴訟)を却下する.

....

❶The sales manager *dismissed* the plan as impracticable. 販売部長はその計画を実行不可能として受け入れなかった.
❷The restaurant *dismissed* the cook. そのレストランはそのコックをやめさせた[首にした] / *dismiss* a worker *from* his job 従業員を解雇する.
❸ⓐThe teacher *dismissed* his class a little early today. きょう先生は授業を少し早めに終わらせた.
☞ 名 dismissal.

dis·miss·al /dismísl ディス**ミ**スル/ 名
❶Ⓤ(意見などを)受け入れないこと.
❷ⓊⒸ解雇, 免職.
❸ⓊⒸ解散, 退出.
☞ 動 dismiss.

dis·mis·sive /dismísiv ディス**ミ**スィヴ/ 形 (考えなどを)重要視しない.

dis·mount /dìsmáunt ディス**マ**ウント/ 動 自 [馬・自転車などから] 降りる [*from*] (反 mount).

Dis·ney·land /díznilænd **ディ**ズニランド/ 名 ディズニーランド 《ウォルト ディズニー(Walt Disney)の作ったアメリカのロサンゼルス(Los Angeles)近郊にある遊園地》.

dis·o·be·di·ence /dìsəbí:diəns ディソビーディエンス/ 名 Ⓤ 不従順, 反抗; 違反 (反 obedience).

dis·o·be·di·ent /dìsəbí:diənt ディソビーディエント/ 形 従順でない, 言うことをきかない (反 obedient).

dis·o·bey /dìsəbéi ディソ**ベ**イ/ 動 他 …の言うことをきかない, (規則・命令など)に従わない (反 obey).

dis·or·der /disó:rdər ディス**オ**ーダ/ 名
❶Ⓤ 混乱, 乱雑 (反 order).
❷Ⓤ(社会的な)騒動, 暴動.
❸ⓊⒸ(軽い)病気, (心・身体の)異常.
▶❶The living room was in great *disorder*. 居間はひどくちらかっていた.
☞ 形 disorderly.

dis·or·dered /disó:rdərd ディス**オ**ーダド/ 形 ❶混乱した. ❷体調が悪い, 病気の.

dis·or·der·ly /disó:rdərli ディス**オ**ーダリ/ 形 ❶乱雑な; 無秩序の. ❷乱暴な, 無法な. ☞ 名 disorder.

dis·or·ga·ni·za·tion /disò:rgənəzéiʃən ディスオーガニ**ゼ**イション/ 名 混乱, 無秩序.

dis·or·ga·nized /disó:rgənaizd ディス**オ**ーガナイズド/ 形 混乱した, まとまりのない.

dis·o·ri·en·tat·ed /dìsó:riəntèitid ディス**オ**ーリエンテイティド/ 形 《英》= **disoriented**.

dis·o·ri·ent·ed /dìsó:rièntid ディス**オ**ーリエンティド/ 形 混乱して, まごついて.

dis·own /disóun ディ**ソ**ウン/ 動 他 …と自分との関係を否認する, 縁を切る.

dis·par·age /dispǽridʒ ディス**パ**リヂ/ 動 (現分 -ag·ing) 他 《文語》…をけなす.

dis·par·ag·ing /dispǽridʒiŋ ディス**パ**リヂング/ 形 けなす.

dis·par·i·ty /dispǽrəti ディス**パ**リティ/ 名 (複 -i·ties /-z/) ⓊⒸ 相違, 不つりあい.

dis·patch /dispǽtʃ ディス**パ**ッチ/ 動 他 (人・手紙・荷物など)を送る; 派遣(はけん)する.
— 名 ❶Ⓤ送付; 派遣(はけん). ❷Ⓒ(送られる)報告[文書・ニュース].

dis·pel /dispél ディス**ペ**ル/ 動 (~s /-z/; dis·pelled /-d/; -pel·ling) 他 (心配など)を追い払う.

dis·pense /dispéns ディス**ペ**ンス/ 動 (現分 -pens·ing) 他 …を配布する, 与える, 出す.
dispense with ... (必要ないので)…なしですませる: *dispense with* formalities 形式ばったことはなしにする.

dis·pens·er /dispénsər ディス**ペ**ンサ/ 名 Ⓒ ディスペンサー《紙コップ, 液体石けん, 飲み物などを少しずつ取り出せる容器》; 自動販売機.

dis·per·sal /dispə́:rsl ディス**パ**ースル/ 名 Ⓤ 分散; 消散. ☞ 動 disperse.

dis·perse /dispə́:rs ディス**パ**ース/ 動 (現分 -pers·ing) 他 (群衆・霧など)を分散させる, 追い散らす.
— 自 (群衆・霧などが)散る.
☞ 名 dispersal.

di·spir·it·ed /dispíritid ディス**ピ**リティド/ 形 元気がない, がっかりした.

dis·place /displéis ディスプレイス/ 動 (現分 -plac·ing) 他 ❶ …にとって代わる.
❷ …を (いつもいる[ある]場所から)動かす, 移す.
▶❶ Buses are *displacing* streetcars in this city. この市ではバスが市電にとって代わりつつある.

dis·place·ment /displéismənt ディスプレイスメント/ 名 U ❶ とって代わること, 置き換え. ❷ 移動.

*__dis·play__ /displéi ディスプレイ/ 動 (~s /-z/; ~ed /-d/; ~ing) (★アクセント注意) 他
❶ …を **展示する**, 陳列する.
❷ (感情・能力など)を**はっきりと表わす**, 見せる.
❸ 【電算】(コンピューター画面に) (情報)を表示する.
— 名 (複 ~s /-z/) ❶ C ⓐ 展示, 陳列, 展示品. ⓑ 展示会, (…)大会.
❷ C (感情などを)表わすこと, (能力などの)発揮. ❸ C 【電算】ディスプレー《コンピューターなどで文字・図形を表示する画面》.

····················

動 他 ❶ *display* the latest products 最近の製品を展示する. ❷ She *displayed* strong concern about environmental pollution. 彼女は環境汚染に強い懸念を示した / *display* creativity 創造性を示す.
— 名 ❶ ⓐ a *display* of folk art 民芸品の展示. ❷ a *display* of uneasiness 不安の表われ / a *display* of remarkable physical strength すばらしい体力の発揮.

make a display of ... …を見せびらかす.
on display 展示[陳列]されて.

dis·please /displíːz ディスプリーズ/ 動 (-pleas·es /-iz/; -pleased /-d/; -pleas·ing) 他 ⓐ …をおこらせる, 不愉快にさせる (反 please).
ⓑ 《**be displeased** で》おこっている, 腹を立てている (☞ displeased).
▶ⓐ His words *displeased* her. 彼のことばが彼女をおこらせた.

dis·pleased /displíːzd ディスプリーズド/ 形 おこった[ている], 腹を立てた[ている].
▶ He is *displeased with* you [your answer]. 彼はあなたに[あなたの返事に]

腹を立てている / She was *displeased* to hear that. 彼女はそれを聞いて腹を立てた. ☞ displeasure.

dis·pleas·ure /displéʒər ディスプレジャ/ 名 U 《文語》不機嫌(きげん), 不快, 立腹 (反 pleasure). ☞ 動 displease.

dis·pos·a·ble /dispóuzəbl ディスポウザブル/ 形 ❶ 使い捨て(方式)の.
❷ 自由に使える.
▶❶ *disposable* paper plates 使い捨ての紙の皿.

dispósable íncome U (税金などを払った後の)自由に使える金.

*__dis·pos·al__ /dispóuzl ディスポウズル/ 名 (複 ~s /-z/) ❶ U 廃棄, 処分, 処理.
❷ C = disposer.
▶❶ *disposal* of nuclear wastes 核廃棄物の処理.
at ...'s disposal …が自由に利用[使用]できる: These books are *at* your *disposal*. これらの本はどうぞ自由にお使いください.
☞ 動 dispose.

dis·pose /dispóuz ディスポウズ/ 動 (-pos·es /-iz/; -posed /-d/; -pos·ing) 他 ❶ 《**dispose of ...**》(ゴミなど)を捨てる; …を処分する, (財産など)を処する, 売る. ❷ …を殺す, 処分する.
▶❶ She *disposed of* the trash. 彼女はゴミを処分した.
☞ 名 disposal.

dis·posed /dispóuzd ディスポウズド/ 形 《文語》❶ 《**be disposed to** *do*》 _ したい気がしている.
❷ (人が) […の]傾向がある〔*to*〕.
▶❶ We *are disposed to* help you. 私たちはあなたを助けたいと思う.
be well disposed to [toward] ... …に好意をもっている.

dis·pos·er /dispóuzər ディスポウザ/ 名 C ごみ処理器, ディスポーザー.

dis·po·si·tion /dìspəzíʃən ディスポズィション/ 名 (複 ~s /-z/) C 性質, 気質; 傾向. ▶ She is of a cheerful *disposition*. 彼女は快活な性質だ / He has a *disposition* to quarrel. 彼はすぐ口論を始める.

dis·pro·por·tion /dìsprəpɔ́ːrʃən ディスプロポーション/ 名 UC (二者間の)不つりあい (反 proportion).

dis·pro·por·tion·ate /dìsprəpɔ́ːrʃənət ディスプロポーショネト/ 形 つりあいない。

dis·prove /dìsprúːv ディスプルーヴ/ 動 (現分 -prov·ing) 他 …が誤りであることを証明する (☞prove).

*__dis·pute__ /dispjúːt ディスピュート/ 動 (~s /-ts/; -put·ed /-id/; -put·ing) 他 …を**疑う**, …に反論する.
— 名 (複 ~s /-ts/) C **論争**, 議論.
▶ 動 他 They *dispute* the truth of what you say. 彼らはあなたの言うことが本当かどうかを疑っているのです.
— 名 *beyond dispute* 疑いなく, 確かに.
in dispute 討議されて; 未解決の[で].

dis·qual·i·fi·ca·tion /dìskwòləfikéiʃən ディスクワリフィケイション/ 名 UC 資格剥奪(的), 失格 (☞qualification).

dis·qual·i·fy /dìskwóləfài ディスクワリファイ/ 動 (-i·fies /-z/; -i·fied /-d/; ~·ing) 他 …の資格を奪う, …を失格させる (☞qualify).
▶ Lack of a diploma *disqualified* him from applying for the job. 卒業証書をとっていなかったので彼はその仕事に応募することができなかった.

dis·re·gard /dìsrigáːrd ディスリガード/ 動 他 …を無視する (☞regard).
— 名《単数形で》無視 (☞regard).
▶ 名 *have a disregard* for [of] … …を無視する.

dis·re·pair /dìsripéər ディスリペア/ 名 U (手入れ不足による)破損(状態), 荒廃.

dis·rep·u·ta·ble /dìsrépjutəbl ディスレピュタブル/ 形 評判のよくない, いかがわしい.

dis·re·pute /dìsripjúːt ディスリピュート/ 名 U 不評, 悪評.

dis·re·spect /dìsrispékt ディスリスペクト/ 名 U 無礼, 失礼 (☞respect).

dis·re·spect·ful /dìsrispéktfəl ディスリスペクトフル/ 形 無礼な, 失礼な.

dis·rupt /disrápt ディスラプト/ 動 他 …を中断させる, 混乱させる.

dis·rup·tion /disrápʃən ディスラプション/ 名 UC 中断, 混乱.

dis·sat·is·fac·tion /dìssætisfǽkʃən ディスサティスファクション/ 名 U 不満, 不平 (☞satisfaction).

dis·sat·is·fied /dìssǽtisfàid ディスサティスファイド/ 形 不満な.
▶ He *is dissatisfied with* his salary. 彼は給料に不満である.

dis·sect /disékt ディセクト/ 動 他 ❶ …を解剖する. ❷ (問題など)を分析する.

dis·sec·tion /disékʃən ディセクション/ 名 UC ❶ 解剖. ❷ 分析.

dis·sem·i·nate /disémənèit ディセミネイト/ 動 (現分 -nat·ing) 他《文語》(説・意見など)を広める.

dis·sem·i·na·tion /dìsèmənéiʃən ディセミネイション/ 名 U 普及.

dis·sent /disént ディセント/ 動 自 […に]同意しない, 反対する 〔*from*〕 (反 assent).
— 名 U 異議, 反対.

dis·ser·ta·tion /dìsərtéiʃən ディサーテイション/ 名 C 論文; (とくに博士号取得のための)学位論文.

dis·serv·ice /dìssə́ːrvis ディスサーヴィス/ 名《単数形で》不利〔害〕になる行為.

dis·si·dent /dísədənt ディスィデント/ 名 C 反体制の人.
— 形 反体制の.

dis·sim·i·lar /dìssímələr ディススィミラ/ 形 似ていない (反 similar).

dis·si·pate /dísəpèit ディスィペイト/ 《★アクセント注意》動 (現分 -pat·ing) 他 ❶ (雲・霧など)を散らす. ❷ (時間・金銭など)を浪費する.
— 自 (雲・霧などが)散る, 消える.

dis·so·ci·ate /disóuʃièit ディソウシエイト/ 動 (現分 -at·ing) 他 …を分離する (反 associate).
dissociate oneself from … …との関係を絶つ[否認する].

dis·so·lu·tion /dìsəlúːʃən ディソルーション/ 名 U ❶ (組織・議会などの)解散. ❷ (契約・結婚などの)解消. ❸ 分解, 溶解. ☞ 動 dissolve.

*__dis·solve__ /dizálv ディザルヴ | -zɔ́lv/ 動 (~s /-z/; ~d /-d/; -solv·ing) 他
❶ …を**溶かす**, 分解する.
❷ (組織・議会など)を**解散する**.
❸ (契約・結婚など)を解消する, 取り消す.
— 自 ❶ **溶ける**; 溶解する. ❷ (組織・議会などが)解散する. ❸ (契約・結婚などの関係が)解消する. ❹ 消滅する.

他 ❶ *dissolve* sugar in hot water

砂糖をお湯に溶かす.
— 自 ❶ Sugar *dissolves* in water. 砂糖は水に溶ける.
dissolve into ... …(という気分)になる:*dissolve into* tears 泣きくずれる.
☞ 名 dissolution.

dis･suade /diswéid ディスウェイド/ (★発音注意) 動 (現分 -suad･ing) 他 《文語》《**dissuade ... from do**ing》(人)を説得して__することを思いとどまらせる (☞persuade).

*__**dis･tance**__ /dístəns ディスタンス/ 名 (複 dis･tanc･es /-iz/) ❶ CU **距離**.
❷《単数形で》**遠距離**, 遠方.
❸ CU (時間の)隔たり, 経過.
❹ CU (関係･身分などの)隔たり, 相違.
❺《単数形で》(人間関係の)隔たり, 疎遠さ.
— 動 (現分 -tanc･ing) 他 (競走などで)…を追い越す, 引き離す.

名 ❶ What is the *distance* from here to Oxford? ここからオックスフォードまでの距離はどのくらいですか / The *distance* between the two cities is about 50 kilometers. そのふたつの市の間の距離は約50キロメートルだ.
❷ My school is quite a *distance* from here. 私の学校はここからかなり遠い. ❸ at this *distance* of time (これだけ時がたった)今となっては. ❹ⓐ the social *distance* between the two ふたりの間の社会階級の差.
at a distance 離れて: The picture looks better *at a distance*. その絵は離れたほうが美しく見える.
at a distance of ... …離れて, 離れたところに[から]: *at a distance of* three kilometers 3キロ離れて.
from a distance 離れた所から: The thunder came *from a distance*. 雷が離れたところから聞こえてきた.
in the distance 遠くに, 遠方に: We saw a lake *in the distance*. 遠方に湖が見えた.
keep ... at a distance ①…を遠ざけておく. ②…によそよそしくする.
keep one's distance ①離れている, 近づかない. ②よそよそしくする, 遠慮する.

within walking* [*commuting*] *distance 歩いて行ける[通勤できる]ところに.
☞ 形 distant.

*__**dis･tant**__ /dístənt ディスタント/ 形 (more ~ ; most ~)
❶ (時間･距離が)**遠い**, 離れた (反 near).
❷ 遠縁の.
❸ (態度などが)冷淡な, よそよそしい.

❶ The town is *distant* from the sea. その町は海から遠く離れている / The station is three miles *distant* from here. 駅はここから3マイル離れている / in the *distant* past 遠い過去に.
❷ a *distant* relative 遠い親戚(戚).
❸ in a *distant* manner よそよそしい態度で.
☞ 名 distance.

dis･tant･ly /dístəntli ディスタントリ/ 副
❶《文語》遠くに. ❷ 冷淡に, よそよそしく. ❸ 遠縁で.

dis･taste /distéist ディステイスト/ 名《単数形で》きらい, いや気 (反 taste).
▶have a *distaste* for chocolate チョコレートをきらう.

dis･taste･ful /distéistfəl ディステイストフル/ 形 (ものごとが)いやな, 不愉快な.

dis･till,《英》**dis･til** /distíl ディスティル/ 動 (~s,《英》dis･tils /-z/; dis･tilled /-d/; -till･ing) 他 ❶ …を蒸留する.
❷ (ウィスキーなど)を蒸留して造る.
▶❷ *distill* brandy *from* wine ワインを蒸留してブランデーを作る.

dis･tílled wáter /distíld- ディスティルド-/ 名 U 蒸留水.

dis･til･la･tion /dìstəléiʃən ディスティレイション/ 名 U 蒸留, 蒸留法.

dis･till･er･y /distíləri ディスティラリ/ 名 (複 -er･ies /-z/) C (ウィスキーなどの)蒸留酒製造所.

*__**dis･tinct**__ /distíŋkt ディスティンクト/ 形 (more ~ , ~er; most ~ , ~est)
❶ⓐ (形･色などが)**はっきりした**, 明りょうな (反 indistinct, vague). ⓑ 明確な.
❷ **まったく別の**, 異なる.

❶ⓐ The city is divided into two *distinct* parts. その市はふたつのはっきり

distinction

した地域に分かれている / I have *distinct* memories of the incident. 私はその出来事をはっきり覚えている. ❺*distinct* evidence 明確な証拠.

❷These two methods are quite *distinct from* each other. このふたつの方法はそれぞれまったく異なっている.
☞ 動distinguish.

dis·tinc·tion /distíŋkʃən ディスティンクション/ 名(複 ~s /-z/)
❶ CU **明確な違い**, 区別, 相違点.
❷ U 優秀(であること).
❸ CU 《英》成績優秀.

❶There is no clear *distinction* between the two. そのふたつの間にははっきりした相違はない / without *distinction* of rank 階級の差別なしに, 公平に.
❷a pianist of *distinction* すぐれたピアニスト. ❸get a *distinction* in chemistry 化学で優秀な成績を取る.
make [draw] a distinction 区別する:*make [draw] a distinction* between what is right and what is wrong 正しいこととまちがっていることの区別をする.
☞ 動distinguish.

dis·tinc·tive /distíŋktiv ディスティンクティヴ/ 形特色のある, 独特の; (他との)違いを示す.
▶a *distinctive* uniform 独特の制服.
☞ 動distinguish.

dis·tinc·tive·ly /distíŋktivli ディスティンクティヴリ/ 副独特に, 他との区別を示して.

dis·tinct·ly /distíŋktli ディスティンクトリ/ 副 ❶はっきりと, 明確に. ❷非常に.

dis·tin·guish /distíŋgwiʃ ディスティングウィシュ/ 動(~es /-iz/; ~ed /-t/; ~ing) 他 ❶ (特徴などで)…を**識別する**, 区別する, 見分ける, 聞き分ける.
❷ⓐ…を**特徴づける**, 区別する.
ⓑ《distinguish ... from ~》(特徴などが)~と…を区別する.
— 自**識別する**, 区別する〔between〕.

⊕ ❶I can *distinguish* your voice on the telephone. 私は君の声を電話で聞いてもすぐわかる / It is difficult to *distinguish* him *from* his brother. 彼と彼の弟[兄]を見分けることは難しい.
❷ⓐHe can be *distinguished* by his German accent. ドイツ語なまりが彼の特徴だ. ⓑHis red hair *distinguished* him *from* the other boys. 彼は髪の毛が赤いので他の少年と区別がついた.

— 自Can you *distinguish between* a butterfly and a moth? 蝶(ちょう)と蛾(が)の区別ができますか.
☞ 名distinction, 形distinct, distinctive.

dis·tin·guish·a·ble /distíŋgwiʃəbl ディスティングウィシャブル/ 形区別できる, 見分けのつく (反 indistinguishable).

dis·tin·guished /distíŋgwiʃt ディスティングウィシュト/ 形(more ~ ; most ~)
❶ 著名な, 有名な. ❷ (外見などが)立派な.
▶❶He was a *distinguished* physicist. 彼は有名な物理学者だった.

dis·tort /distɔ́ːrt ディストート/ 動 (~s /-ts/; ~ed /-id/; ~ing) 他 ❶(顔・形などを)ゆがめる.
❷(事実など)をゆがめる, ゆがめて伝える.
▶❶Pain *distorted* his face. 苦痛が彼の顔をゆがめた(=苦痛で彼の顔がゆがんだ).
❷He *distorted* what I said. 彼は私が言ったことをゆがめて伝えた.
☞ 名distortion.

dis·tor·tion /distɔ́ːrʃən ディストーション/ 名 UC ❶ゆがめること, ゆがみ.
❷(事実などを)ゆがめて伝えること, ゆがめられた話. ☞ 動distort.

dis·tract /distrǽkt ディストラクト/ 動 他 (注意など)をそらす, 散らす (反 attract).
▶The noise *distracted* me *from* my work. 私は騒音のため仕事に集中できなかった. ☞ 名distraction.

dis·tract·ed /distrǽktid ディストラクティド/ 形 ❶(心配したりして)ぼんやりした[ている], 気が散った[ている]. ❷(心が)動揺している, 取り乱した.
▶❶She looked *distracted* today. 彼女はきょうはぼんやりしているように見えた.

dis·trac·tion /distrǽkʃən ディストラクション/ 名 UC 気をそらすもの[こと], 注

abcd**e**fghijklmnopqrstuvwxyz　　　　　　　　　　　　　　　　　　　　**disturb**

意の集中を妨げるもの.
☞ 動distract.

dis·traught /distrɔ́ːt ディストロート/ 形 取り乱した, 気の動転した.

dis·tress /distrés ディストレス/ 《★アクセント注意》名 U ❶つらい思い, ひどい悲しみ, 苦痛. ❷貧困. ❸緊急事態.
— (~·es /-iz/; ~ed /-t/; ~·ing) 他
❶…につらい思いをさせる[悲しませる].
❷《しばしば be distressed で》ひどく悲しんでいる, 苦しんでいる《☞distressed》.
▶名 ❶She was in *distress* over her father's death. 彼女は父の死でひどく悲しい思いをしていた. ❷The family was in great *distress*. その家族はひどく困っていた. ☞形distressful.
— 動他 ❶The news *distressed* her. その知らせは彼女につらい思いをさせた.

dis·tressed /distrést ディストレスト/ 形 ひどくつらい思いをして(いる), 悲しんで(いる).
▶She *was distressed* at the news. 彼女はその知らせを聞いてつらい思いをした / I *was distressed to* hear of his death. 私は彼の死を聞いてひどく悲しかった.

dis·tress·ing /distrésiŋ ディストレスィング/ 形 (人に)つらい思いをさせる, 苦しめる.

*__dis·trib·ute__ /distríbju(ː)t ディストリビュ(ー)ト/ 《★アクセント注意》動 (~s /-ts/; -ut·ed /-id/; -ut·ing) 他 ❶ⓐ…を配布する, 配る. ⓑ(店などに)(商品)を配送する.
❷…を(一面に)まく, 塗る.

❶ⓐShe *distributed* the books among [to] the children. 彼女は子どもたちにその本を配った / *distribute* pamphlets パンフレットを配布する.
ⓑ*distribute* goods to retailers 商品を小売店へ配送する.
❷This machine *distributes* seed evenly. この機械は種をむらなくまきます.
☞名distribution.

*__dis·tri·bu·tion__ /dìstrəbjúːʃən ディストリビューション/ 名 (複 ~s /-z/) ❶UC配給, 分配, 配布.
❷U(商品の)配送. ❸CU分布.

☞ 動distribute.

dis·trib·u·tor /distríbjutər ディストリビュタ/ 名C (商品を供給する)元売業者[会社].

*__dis·trict__ /dístrikt ディストリクト/ 《★アクセント注意》名 (複 ~s /-ts/) C ❶地域, 街.
❷(行政・郵便などの)地区, 管区.
▶❶a shopping *district* 商店街.
❷a school *district* 学区.

dístrict attórney 名C (米)地方検事《⦿DA と略す》.

Dístrict of Colúmbia 名《the をつけて》(アメリカの)コロンビア特別区《⦿D.C., 〔郵便〕DC と略す》.
INFO 首都ワシントン (Washington) のことで, 連邦議会の直轄地である. アメリカにはワシントンという州があり, 同名の町もいくつかあるので, 首都ワシントンはとくに the District of Columbia の略である D.C. をつけて, Washington, D.C. という.

dis·trust /distrʌ́st ディストラスト/ 名 《単数形で》不信(感)《反 trust》.
— 動他 …を信用しない《反 trust》.

dis·trust·ful /distrʌ́stfəl ディストラストフル/ 形 信用しない.

*__dis·turb__ /distə́ːrb ディスターブ/ 動 (~s /-z/; ~ed /-d/; ~·ing) 他 ❶(睡眠中・休息中・仕事中の)…のじゃまをする, …を妨害する.
❷…を不安にする, 心配させる.
❸(静かなもの・整頓してあるもの)をかき乱す, 混乱させる; …を乱す.
— 自 (休息・睡眠などの)じゃまをする.

他 ❶I am sorry to *disturb* you. おじゃまをしてすみません / A dream *disturbed* me lastnight. ゆうべは夢でよく眠れなかった.
❷The false rumor *disturbed* the whole village. そのうそのうわさが村中の人々を不安にさせた / She *was disturbed* to hear of her mother's illness. 彼女は母が病気だと聞いて不安になった. ❸The wind *disturbed* the surface of the lake. 風が湖水の表面を波立たせた.
— 自 Do not *disturb*. (睡眠中につき)起こさないでください《ホテル (hotel) の部

three hundred and fifty-five　　　　　　　　　　　　　　　　　　　　355

disturbance

屋のドアにかける掲示》.
☞ 名 disturbance.

dis·turb·ance /distə́ːrbəns ディスターバンス/ 名 ❶ⓒⓤじゃま, 妨害, 迷惑. ❷ⓒⓤ(公共の場での)騒ぎ, 騒動. ❸ⓒⓤかき乱すこと.
▶ ❶ The noise of the traffic was a *disturbance* to the hotel guests. 車の騒音はホテルのお客にとって迷惑だった. ❷ make [cause] a *disturbance* 騒ぎを起こす.
☞ 動 disturb.

dis·turbed /distə́ːrbd ディスターブド/ 形 ❶ 不安な, 動揺した. ❷ 精神異常の.

*__dis·turb·ing__ /distə́ːrbiŋ ディスタービング/ 形 **不安にさせる**, (心を)動揺させる.

dis·use /dìsjúːs ディスユース/ 名ⓤ使わないこと (反 use).

dis·used /disjúːzd ディスユーズド/ 形 使われていない.

*__ditch__ /dítʃ ディッチ/ 名 (複 ~es /-iz/) ⓒ みぞ, どぶ.
— 動 他 ❶《口語》…を捨てる; (人)を見捨てる. ❷《米口語》(学校など)をさぼる.

dith·er /díðər ディザ/ 動 ⾃ ためらう, 迷う.

dit·to /dítou ディトウ/ 名ⓤ同上, 同前 (一覧表などでは 〃 (ditto mark) または - を代用する).

*__dive__ /dáiv ダイヴ/ 動 (~s /-z/; dived /-d/, 《米》 dove /dóuv/; dived /-d/; div·ing) ⾃ ❶ ⓐ (水中へ頭から)**飛びこむ**. ⓑ 水にもぐる[もぐって泳ぐ]. ❷ 突進する. ❸ 急降下する, 急に下がる.
— 名 (複 ~s /-z/) ⓒ ❶ ⓐ 飛び込み. ⓑ 潜水. ❷ 突進. ❸ 急降下.

動 ⾃ ❶ ⓐ *dive* off a rock into the sea 岩から海へ飛びこむ. ⓑ He often *dives* for pearls. 彼はよく真珠を取りに(海中に)もぐる. ❷ *dive* under a table テーブルの下に急いでもぐりこむ / The rabbit *dived* into its hole. ウサギは巣穴に逃げ込んだ.
— 名 ❶ ⓐ make a *dive* from the springboard 飛び込み板から飛びこむ.

div·er /dáivər ダイヴァ/ 名 ⓒ ❶ 潜水夫, ダイバー. ❷ 飛びこむ人, 水泳のダイビング選手.

di·verge /divə́ːrdʒ ディヴァーヂ, dai-/ 動 (現分 di·verg·ing) ⾃ ❶ (線路・道などが)分岐する. ❷ (意見などが)分かれる, 異なる.

di·ver·gent /divə́ːrdʒənt ディヴァーヂェント, dai-/ 形 ❶ 分岐している. ❷ 異なっている.

di·verse /daivə́ːrs ダイヴァース/ 《★アクセント注意》形 いろいろな, 異なった.
☞ 名 diversity.

di·ver·si·fi·ca·tion /divə̀ːrsəfikéiʃən ディヴァースィフィケイション/ 名ⓤ多様化.

di·ver·si·fy /divə́ːrsəfài ディヴァースィファイ, dai-/ 動 (-si·fies /-z/; -si·fied /-d/; ~ing) 他 …を多様化させる.
▶ We must *deversify* our products. われわれは製品を多様化しなければならない.

di·ver·sion /divə́ːrʒən ディヴァージョン, dai-/ 名 ❶ⓤⓒ わきへそらすこと, 転換. ❷ⓒ 気晴らし, 娯楽.
☞ 動 divert.

di·ver·si·ty /divə́ːrsəti ディヴァースィティ, dai-/ 名ⓤ 多様性, 変化.
a diversity of ... さまざまな….
☞ 形 diverse.

di·vert /divə́ːrt ディヴァート, dai-/ 動 (~s /-ts/; ~ed /-id/; ~ing) 他 ❶ …の進む方向を変える, コースを変える. ❷ …の用途を変える. ❸ (注意など)をそらす. ❹《文語》(人)を気分転換させて楽しませる.
▶ ❶ The accident *diverted* the traffic. その事故があって交通の流れが変わった. ❷ *divert* the funds to another project 資金の使い道を他のプロジェクトに振り替える. ❸ The noise *diverted* her attention *from* her book. その物音で読んでいた本から彼女の注意がそれた(本を読むのをやめた).
☞ 名 diversion.

*__di·vide__ /diváid ディヴァイド/ 動 (~s /-dz/; di·vid·ed /-id/; di·vid·ing) 他
❶ …を(ふたつ以上の部分・グループに)**分割する**, 分ける.
❷ …を**分配する**, 分ける.
❸【数学】…を割る (☞ divisible).
❹ (人)の間に(意見の)不一致を生む (☞ divided).
— ⾃ ❶ (道などが)**分かれる**.
❷ (意見などが)分かれる.

dizziness

㉑ ❶ The river *divides* the town into two parts. その川は町を2分している.

We were *divided into* two groups. (私たちは二組に分けられた)

❷ They *divided* the profit among them. 彼らは利益を分け合った. ❸ 15 *divided* by 3 is 5. 15割る3は5. ❹ The topic *divided* the panelists. その話題はパネルディスカッションの討論者の間に意見の違いを生んだ.

— ㉒ ❶ The road *divided* into two near the town. その道は町の近くで二つに分かれていた. ❷ The Democrats *divided* on the issue. 民主党員はその問題で意見が割れた.

☞ 名 division.

di·vid·ed /diváidid ディヴァイディド/ 形 ❶ 分けられた; 分裂した. ❷ 意見が分かれた.
▶ ❷ They were *divided* on the issue. その問題に関しては彼らの意見は分かれた.

divíded híghway 名 C (米) 中央分離帯のある高速道路 ((☞ (英)では dual carriageway)).

div·i·dend /dívədènd ディヴィデンド/ 名 C 配当金.

di·vine /diváin ディヴァイン/ 形 (di·vin·er; di·vin·est) ❹ 神の ((☞ human)). ❺ 神のような.
▶ 形 ❹ *divine* will 神の意志.

☞ 名 divinity.

div·ing /dáiviŋ ダイヴィング/ 名 U ❶ 潜水. ❷ 〖水泳〗ダイビング, 飛び込み.

díving bòard 名 C 飛び込み板.

di·vin·i·ty /divínəti ディヴィニティ/ 名 ❶ U 神であること, 神性. ❷ U 神学.

☞ 形 divine.

di·vis·i·ble /divízəbl ディヴィズィブル/ 形 〖数学〗割り切れる ((☞ divide ❸)).

*__di·vi·sion__ /divíʒən ディヴィジョン/ 名 (複 ~s /-z/) ❶ ⓐ UC 分けること, 分割, 区分. ⓑ U 分配.
❷ U 〖数学〗割り算 ((✿「掛け算」は multiplication という; ☞ product ❸)).
❸ C ⓐ (会社・官庁など)部, 部門.
ⓑ 局 (bureau), (米)課.
❹ C (陸軍の)師団(軍団(corps)の下部組織; いくつかの旅団 (brigade) から成る).
❺ U (意見の)相違, 不一致.

❶ ⓐ *division* of labor 分業.
ⓑ a fair *division* of the money そのお金の公平な分配 ((✿ 形容詞をともなうと a がつくことがある)).
❷ 10÷2 is a simple *division*. 10÷2 はやさしい割り算だ ((✿ 10÷2は ten divided by two と読む)).

☞ 動 divide.

*__di·vorce__ /divɔ́ːrs ディヴォース/ 名 (複 di·vorc·es /-iz/) CU 離婚.
— 動 (現分 di·vorc·ing) 他 ❶ (夫[妻])と離婚する. ❷ …を分離する.
— 自 離婚する.
▶ 名 She got [obtained] a *divorce* from her husband. 彼女は夫と離婚した.

— 動 他 ❶ ☞ 下のさし絵のキャプション.

She *divorced* her husband last year. (彼女は去年夫と離婚した)

di·vor·cée /divɔ̀ːrséi ディヴォーセイ, -síː/ 名 C 離婚した女性, 離婚した人.

di·vulge /diváldʒ ディヴァルヂ | dai-/ 動 (現分 di·vulg·ing) 他 (秘密)を漏らす.

DIY (略語)(英) do-it-yourself.

diz·zi·ness /dízinəs ディズィネス/ 名 U

357

dock² /dάk ダック/ 名《the をつけて; 単数形で》(法廷の)被告席.
《同音異語》doc.

dock³ /dάk ダック/ 動 他 (罰として)(賃金など)を削る.
《同音異語》doc.

doc·tor /dάktər ダクタ | dɔ́ktə/
名 (複 ~s /-z/) C ❶ (一般に)**医者** (❃イギリスでは個人開業医はふつう GP という; 専門別には内科医は physician, 歯科医は dentist, 外科医は surgeon; 《口語》では doc).
❷《しばしば Doctor で》**博士(号をもつ人)** (❃敬称として名前につけるときは Dr. と書く; ☞ bachelor ❷, Ph. D.).
— 動 (現分 ~·ing /-təriŋ/) 他 (報告書など)を勝手に変える.

名 ❶ You have to see [consult] a *doctor* right now. 君はすぐ医者にみてもらわねばならない / send for a *doctor* 医者を呼ぶ / one's family *doctor* かかりつけの医者.
❷ *Doctor* of Medicine 医学博士 (❃M. D. と略す).

doc·tor·ate /dάktərət ダクトレト/ 名 C 博士号.

***doc·trine** /dάktrin ダクトリン | dɔ́k-/ 名 (複 ~s /-z/) UC ❶ **教義**, 教理.
❷ (政策上の)**主義**.

***doc·u·ment** /dάkjumənt ダキュメント | dɔ́k-/ 名 (複 ~s /-ts/) C ❶ **文書**, 書類, 文献; 証書; 記録. ❷〔電算〕ドキュメント.

▶ ❶ public [official] *documents* 公文書.
☞ 形 documentary.

doc·u·men·ta·ry /dὰkjuméntəri ダキュメンタリ/ 形 (映画などで)事実を記録した.
— 名 (複 -ta·ries /-z/) C 記録映画, (テレビ・ラジオの)記録もの, ドキュメンタリー.

▶ 形 a *documentary* film 記録映画.
☞ 名 document.

dodge /dάdʒ ダッヂ/ 動 (現分 dodg·ing)
他 ❶ (打撃など)を素早く避ける, (ひらりと)よける.
❷ (質問など)を言い抜ける, ごまかす, (義理など)を巧みに避ける.
— 自 ❶ ひらりと身をかわす.

❷ 巧みに言い抜ける, 避ける.
— 名 ❶《単数形で》すばやく身をかわすこと.
❷ C (口語) 言い抜け, ごまかし.

▶ 動 他 ❶ The boxer *dodged* the punch. そのボクサーはパンチをさっとかわした.
❷ He *dodged* my questions. 彼は私の質問をうまくはぐらかした.

doe /dóu ドウ/ 名 (複 doe, ~s /-z/) C
❶ 雌(°)ジカ (☞ deer).
❷ (ウサギなどの)雌(°).

***does¹** /dʌ́z ダズ/ 動 do¹ の三人称単数現在形.

***does²** /(弱) dəz ダズ; (強) dʌ́z ダズ/ 助 do² の三人称単数現在形.

***does·n't** /dʌ́znt ダズント/ 《口語》《**does²** not の短縮形》.
▶ She *doesn't* know it. 彼女はそのことは知らない.

dog /dɔ́(ː)g ド(ー)グ/ 名 (複 ~s /-z/) C ❶ **犬**.
❷ 雄(°)犬, (狼・狐などの)雄.
— 動 (~s /-z/; dogged /-d/; dog·ging) 他 (しつこく)…のあとをつける.

名 ❶ I walk our *dog* every morning. 私は毎朝犬を散歩させる / ことわざ Barking *dogs* seldom bite. ほえる犬はめったにかまない《大声でおどしたり自慢したりする人は大したことはできない》/ Every *dog* has its [his] day. どの犬にも盛りがある(だれにでも一生に一度は幸運が訪れる) / Love me, love my *dog*. 私をしたうのなら私の犬までしたえ,「坊主憎けりゃ袈裟(°)まで憎い」.

<u>語の結びつき</u>
breed *dogs* 犬を飼育する
have [keep] a *dog* 犬を飼う
pet a *dog* 犬をなでてやる
tie a *dog* to … 犬を…につなぐ

INFO▶ (1) 英米人, とくにイギリス人にとっては犬は「人間の最良の友」でありペット(pet)としての dog のかわいがり方は徹底している. また一方でしつけ方もきびしくめったにほえない.
(2) 英米での一般的な犬の名前は Toby (トビー), Fido (ファイドー), Rover (ロー

abcd**e**fghijklmnopqrstuvwxyz　　　　　　　　　　　　　　**domestic**

バー), Spotty(スポッティー)などである.
(3) 鳴き声の「ワンワン」は bowwow /báuwáu/; うなり声は woof, woof /wúːf wúːf/ という.

「ワンワン」

❷ a dog wolf 雄の狼.
a dog's life《口語》みじめな暮らし.
dog days《ふつう *the* をつけて》《文語》暑中, 夏の真っ盛り.

dog-eared /dɔ́(ː)gìərd ド(ー)ギアド/ 形
(本・書類が)ページの隅が折れた.

dóg èat dóg 名Ⓤ食うか食われるかの争い.

dog·ged /dɔ́(ː)gid ド(ー)ギッド/《★発音注意》形 頑固(^{ガンコ})な, 粘り強い.

dog·ged·ly /dɔ́(ː)gidli ド(ー)ギドリ/ 副 頑固(^{ガンコ})に, 粘り強く.

dog·gie /dɔ́(ː)gi ド(ー)ギ/ 名Ⓒ小犬;《小児語》ワンワン.

dóggie bàg 名Ⓒ食べ残し持ち帰り袋.
INFO▶ レストランなどで食べ残した料理を持ち帰るために客がもらう袋をいう. 犬(doggie, doggy)に与えることを口実(^{こうじつ})にして持って帰るが, 人間が食べる.

dog·gy /dɔ́(ː)gi ド(ー)ギ/ 名(複 doggies /-z/) ＝ **doggie**.

dóggy bàg 名Ⓒ ＝ **doggie bag**.

dog·house /dɔ́(ː)ghàus ド(ー)グハウス/ 名Ⓒ《米》犬小屋(◐ **kennel** ともいう).
in the doghouse《口語》きらわれて[た].

dog·ma /dɔ́(ː)gmə ド(ー)グマ/ 名(複 ~s /-z/, dog·ma·ta /-mətə/) ❶Ⓤ．Ⓒ (教会が定めた)教義. ❷Ⓒ信じて疑わない考え, 独断的な考え.

dog·mat·ic /dɔ(ː)gmǽtik ド(ー)グマティク/ 形 ❶教義上の. ❷信じて疑わない, 独断的な.

***do·ing** /dúːiŋ ドゥーイング/ 動 **do**¹ の現在分詞・動名詞形.
── 名(複 ~s /-z/) ❶《複数形で》**行な**

**い, 行動. ❷Ⓤしわざ.
▶**動 What are you *doing*? 何をしているのですか / Her hobby is *doing* the flowers. 彼女の趣味は花を生けることです.

do-it-your·self /dùːitʃərsélf ドゥー・イチャセルフ/ 名Ⓤ(人に頼らないで)自分でやる[作る]こと, 日曜大工仕事《《英》略して DIYという》.

dol·drums /dóuldrəmz ドウルドラムズ/ 名複《the をつけて; 次の成句で》:
in the doldrums《口語》①陰うつな気分で. ②沈滞して, 不況で.

dole /dóul ドウル/ 名Ⓒ《次の成句で》:
be [*go*] *on the dole*《英口語》失業手当を受けている[受ける].
── 動 (現分 dol·ing)《次の成句で》:*dole out* 他 (お金・食べ物など)を分け与える, 施(^{ほどこ})しをする.

dole·ful /dóulfəl ドウルフル/ 形悲しい, 陰うつな.

dole·ful·ly /dóulfəli ドウルフリ/ 副悲しげに.

***doll** /dɑ́l ダル | dɔ́l/ 名(複 ~s /-z/) Ⓒ
❶人形. ❷《米俗語》かわいい女の子.

*****dol·lar** /dɑ́lər ダラ | dɔ́lə/ 名
(複 ~s /-z/) Ⓒ ❶ **ドル**《100セント (cents); アメリカ・カナダ・オーストラリア・ニュージーランドなどの貨幣単位; 記号は $ あるいは $)》.
❷ **1ドル紙幣, 1ドル銀貨.**

dol·lop /dɑ́ləp ダロプ/ 名Ⓒ (クリームなどの)ひとかたまり.

dol·phin /dɑ́lfin ダルフィン/ 名Ⓒイルカ (☞ **porpoise**).

do·main /douméin ドウメイン/ 名Ⓒ
❶領域, 分野. ❷【電算】ドメイン名.

dome /dóum ドウム/ 名(複 ~s /-z/) Ⓒ
❶ドーム, 丸屋根, 丸天井. ❷ドーム状のもの.▶❷ the *dome* of the sky 大空.

domed /dóumd ドウムド/ 形ドーム状の, 丸屋根の(ついた).

***do·mes·tic** /dəméstik ドメスティク/ 形
(more ~; most ~) ❶家庭の.
❷家庭的な.
❸国内の, 自国の (反 foreign); 内地産の.
❹(動物が)**飼い慣らされた** (反 wild).
── 名Ⓒ (ふつう女性の)使用人, 召使.

dot-com

❸《dot ... with ~》…に~をところどころつける.

───

图 ❶The butterfly has white *dots* on her wings. その蝶は羽に白い斑点がついている / *dots* of ink on the desk 机の上のインクのしみ.
❷The jet was just a *dot* in the distance. ジェット機は遠くでは点にすぎなかった.

on the dot 《口語》きちんと時間どおりに.

── 動 他 ❶*dot* the 'i' i に点を打つ《☞成句》. ❷Houses *dot* the hillside. 山腹に家が点々とある.
❸The lake *was dotted with* boats. 湖には点々とボートが浮かんでいた.

dot the [*one's*] **i's** /áiz/ **and cross the** [*one's*] **t's** /tíːz/ 細かいところまで正確にする[気を使う]《❏「i に点を打ち, t に横棒を引く」の意から》.

dot-com /dàtkám ダトカム/ 图 C ドットコム《インターネットで取引をする会社》.
── 形 ドットコムの.

dote /dóut ドウト/ 動 (現分 dot-ing) 自《**dote on ...**》…をむやみにかわいがる.

dot·ing /dóutiŋ ドウティング/ 形 盲目的に人を愛する. ▶a *doting* mother 子どもを溺愛(できあい)する母親.

dot·ted /dátid ダティド/ 形 点のある, 点線の. ▶a *dotted* line 点線.

＊**dou·ble** /dʌ́bl ダブル/ 形 ❶ 2倍の《❏ dbl. と略す》. ❷二重の, ふたつの部分からなる. ❸ 2人用の《☞single ❸》.

── 副 ❶ 2倍(だけ). ❷二重に, ふたつ折りに. ❸ 2人で.

── 图 (複 ~s /-z/) ❶ C 2倍(の数・量). ❷ⓐ C よく似た人[物]. ⓑ 代役.
❸ C 2人用の部屋.
❹《複数形で》(テニスなどの)ダブルス(の試合).
❺ C 【野球】二塁打.

── 動 (~s /-z/; dou·bled /-d/; dou·bling) 他 ❶ …を **2倍にする**.
❷ …をふたつに折る, 二重にする.
── 自 ❶ 2倍になる.
❷ 役を兼ねる, 兼用になる.

───

形 ❶The price is *double* what it was last year. 価格が去年の2倍になった / His income is *double* hers. 彼の収入は彼女の2倍だ / a *double* whisky ダブルのウイスキー1杯《ふつうの量の2倍分》. ❷a *double* window 二重窓. ❸a *double* bed ダブルベッド / a *double* room (ダブルベッドの入っている) 2人用の部屋.

── 副 ❶pay *double* 倍額を支払う. ❷see *double* (酔いなどで)物が二重に見える / bend *double* 体をふたつ折りにする.
❸ride *double* on a bicycle 自転車に相乗りする.

── 图 ❶Four is the *double* of two. 4は2の2倍だ. ❷ⓐShe is your *double*. 彼女はあなたにそっくりだ. ❹mixed *doubles* 混合ダブルス.

on [at] the double 《口語》すぐ, ただちに.

── 動 他 ❶The government aims to *double* the tax on liquor. 政府は酒税を2倍に引き上げようとしている.
── 自 ❶The profit soon *doubled*. 利益はじきに2倍になった.

double as ... (本来とは別に)…の役も果たす: This sofa *doubles as* a bed. このソファーはベッドの役も果たす.

double over = *double* up.

double up 自 ①(苦痛・笑いなどで)体を折り曲げる: *double up* with laughter 体を折り曲げて笑う. ②(ふたりが)同じ部屋に泊まる.
── 他 ① …をふたつに折る. ②(苦痛・笑いなどで)…の体を折り曲げさせる.

dóuble ágent 图 C 二重スパイ.

dóuble báss /-béis -ベイス/ 图 C ダブルベース《弦楽器の一種; ❏ contrabass または単に bass ともいう》.

dou·ble-breast·ed /dʌ́bl-bréstid ダブル・ブレスティド/ 形 (上着が)ダブルの.

double-check /dʌ́bl-tʃék ダブル・チェク/ 動 自 再確認する, 再点検する.
── 他 …を再確認する, 再点検する.

double-click /dʌ́bl-klík ダブル・クリック/ 動 他 〖電算〗…をダブルクリックする.
── 图 C 〖電算〗ダブルクリック.

dou·ble-cross /dʌ́bl-krɔ́(ː)s ダブル・クロ(ー)ス/ 動 (三単現 ~es /-iz/) 他《口語》…を裏切る.

dóuble dáte 图 C 《米口語》ダブルデート《男女ふた組 4人によるデート》.

dou·ble-deck·er /dÁbl-dékɚ ダブル・デカ/ 名C ❶ 2階だてバス[電車]《イギリスの大都市およびその近郊を走る2階つきのバスをいう》.
❷ (パン3枚重ねの)2段サンドイッチ.

dou·ble-dig·it /dÁbl-díʤit ダブル・ディヂット/ 形 《インフレなどの値が》2けた台の.

dóuble fáult 名C 〖テニス〗ダブルフォールト《連続2回のサーブ失敗》.

dóuble-fíg·ure 形《英》= **double-digit**.

dóuble fígures 名複 2けたの数《10から99まで》.

dou·ble-head·er /dÁblhédɚ ダブルヘダ/ 名C《米》〖野球〗ダブルヘッダー《同一の2チームが同じ日に2回連続して行なう試合》.

dóuble lífe 二重生活《一方は秘密にしてある》.

dóuble pláy 名C〖野球〗ダブルプレー.

double-speak /dÁbl-spìːk ダブル・スピーク/ = **double-talk**.

dóuble stándard 名C (不公平な)二重基準《相手によって変える基準》.

dou·ble-talk /dÁbl-tɔ̀ːk ダブル・トーク/ 名U あいまいな話.

dou·bly /dÁbli ダブリ/ 副 ❶ 2倍に, 非常に. ❷ 二重に.
▸ ❶ make *doubly* sure 念には念を入れる. ❷ be *doubly* mistaken 二重にまちがいをしている.

***doubt** /dáut ダウト/ (★ b は発音されない) 動 (~s /-ts/; ~ed /-id/; ~ing) 他
ⓐ …を疑う, うそだろうと思う.
ⓑ《doubt whether [if, 疑問詞] __》__か疑う.
ⓒ《doubt (that) __》__ということを疑う, __ということはないだろうと思う.
— 自 疑う, 疑惑を抱く.
— 名 (複 ~s /-ts/) UC 疑い, 疑念, 疑問 (☞ **suspicion**).

動他 ⓐ She *doubts* his story. 彼女は彼の話を疑っている / I don't *doubt* his honesty. 私は彼の誠実さを疑わない.
ⓑ I *doubt* whether [if] the plan will work. 私はその計画がうまく行くか疑わしく思う (**❶** if の方が《口語》的).
ⓒ I don't *doubt* that he will help me. 彼が助けてくれることを疑わない / I

doubt (that) she loves him. 彼女は彼を愛していないだろうと思う.

語法 doubt に続く接続詞は肯定文ではふつう whether か if が用いられ, 否定文, 疑問文ではふつう that が用いられる.

— 名 I have no *doubt* about his personality. 私は彼の人柄には疑いを持っていない / I have little *doubt* that she will do her best in this. 彼女は疑いなくこのことでは全力をつくすはずだ / There is some *doubt* (about [as to]) whether he will keep his promise. 彼が約束を守るかどうかいささか疑わしい.

語法 (1) 名詞 doubt に続く接続詞は肯定文ではふつう whether で, 否定文, 疑問文では, ふつう that が用いられる. (2) whether の前に about か as to がつくこともある.

〔語の結びつき〕

cast [throw] *doubt* on ... …に疑いをかける

clear up [dispel] a *doubt* 疑いをはらす

express *doubts* [(a) *doubt*] (about ...) (…について)疑念を表明する

raise *doubts* [(a) *doubt*] (about ...) (…について)疑いの念を起こさせる

beyond doubt 疑う余地もなく, 確かに.

in doubt ①《人が》疑って; 迷って: I am *in doubt* (about [as to]) what to do. 私はどうしてよいか迷っている. ②《物事が》疑わしい, 不確かな: The result is still *in doubt*. その結果はまだどうなるかわからない.

no doubt 《口語》きっと, まちがいなく《❶ without doubt より意味が弱い》: He will come later, *no doubt*. きっと彼はあとから来ます.

open to doubt 疑いの余地がある: The news is *open to doubt*. そのニュースは疑いの余地がある.

without (a) doubt 疑いなく, 確実に《❶ no doubt より意味が強い》: *Without doubt* it is the best. 確かにそれがいちばんよい.

☞ 形 **doubtful**.

doubtful

*__doubt・ful__ /dáutfəl ダウトフル/ 形 (more ~; most ~)
❶ (物事が)**確実ではない**, 不確かな, 疑わしい.
❷ (人が)疑って(いる), 確信がない.

・・・・・・・・・・・・・・・・・・・・・・・・
❶ It *is doubtful whether* [*if*] he will arrive in time for the concert. 彼がコンサートに間に合うように来るかどうかあやしいものだ / It is *doubtful* that the two will make peace. ふたりが仲直りをするかは疑わしい.
❷ I am *doubtful* about his chances of recovery. 私は彼の回復の可能性はないかもしれないと思っています.

☞ 名doubt.

doubt・ful・ly /dáutfəli ダウトフリ/ 副 疑わしげに.

doubt・less /dáutləs ダウトレス/ 副 疑いなく, 確かに. ▶ She is *doubtless* the best pianist in Japan. 彼女はまちがいなく日本でいちばんのピアニストだ.

dough /dóu ドウ/ (★ gh は発音しない) 名
Ⓤ❶ ねり粉; 生パン.
❷《俗語》金(㊎).

dough・nut /dóunʌt ドウナット/ 名 Ⓒ ドーナツ(✿必ずしもリング状でなく, 丸型のものなどもある).

Doug・las /dʌ́gləs ダグラス/ 名 ダグラス《男性の名》.

dour /dáuər ダウア/ 形 陰気な, ふきげんな.

douse /dáus ダウス/ 動 (現分 dous・ing)
他 ❶ …に〔水などを〕かける〔*with*〕.
❷ …を〔水などに〕突っこむ〔*in*〕.

*__dove__[1] /dʌ́v ダヴ/ (★発音注意) 名 (複 ~s /-z/) Ⓒ ❶ ハト (✿ふつう野生の小型のハトをいう; 平和の象徴; ☞ pigeon).
❷ ハト派の人, 穏健派の人 (☞ hawk).

dove[2] /dóuv ドウヴ/ 動《米》dive の過去形.

dow・dy /dáudi ダウディ/ 形 (dow・di・er; dow・di・est) (女性が)やぼったい, (服装が)ぱっとしない.

**down[1] /dáun ダウン/ 副
❶《動作の方向を表わして》**下へ**, 降りて.
❷ (立っているものを)横にして, 倒して.
❸《位置・状態を表わして》下に, 横になって, 倒れて, 沈んで.
❹《中心点, 話者のいる場所などから》遠くへ, (都会から)いなかへ, (北から)南へ.
❺ (早い時代から)後の時代へ.
❻ (重要性・質・程度・数値などが)下がって, 落ちぶれて.
❼ (勢い・健康などが)衰えて, (気分などが)沈んで, (病気で)寝ていて.
❽ 完全に, 十分に; きれいになるまで.
❾ (分割払いの頭金を)現金で.
❿ 紙の上に, 書きつけて.
— 前 ❶《動作の方向を表わして》…の**下の方へ(の)**, (川)の下流へ.
❷《位置・状態を表わして》…の下のところに[の], (川)の下流に[の].
❸ (道など)に沿って.
— 形 ❶ 下への, 下りの.
❷《米》(交通機関が)南行きの; 繁華街行きの;《英》下りの.
— 名 ❶ 下降, 下り.
❷《複数形で》悲運.

副 ❶ He will come *down* soon. 彼はすぐ降りてくるでしょう / They ran *down* from the top of the hill. 彼らは丘の頂上から駆け降りた.

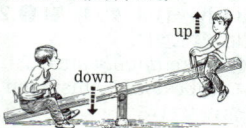

The boys went up and *down* on the seesaw.
(少年たちはシーソーに乗って上がったり下りたりした)

❷ You look pale. Go and lie *down*. 顔色がよくない. 行って横になりなさい / Sit *down*, please. おすわりください.
❸ Several trees are *down*. 数本の木が倒れている / The sun is *down*. 日は沈んでしまった.
❹ He goes *down* to the country in summer. 彼は夏はいなかへ行く / go *down* south 南下する.
❺ The story has come *down* through many years. その物語は昔から伝わってきた.
❻ The temperature has gone *down* suddenly. 気温が急に下がった / The price of oranges has come

down. オレンジの値段が下がった.
❼ The storm has died *down*. あらしはやんだ / He felt *down* about his failure. 彼は失敗してがっくりした / She is *down* with a cold. 彼女はかぜで寝ている.
❽ I washed *down* the car. 私は車をすっかりきれいに洗った.
❾ pay 10 dollars *down* 頭金に10ドル払う.
❿ take [write, put] *down* his address 彼の住所を書き留める.
— 前 ❶ The climb *down* the cliff was a hard job. 崖(端)を下るのはたいへんだった / The ship sailed *down* the river. 船は川を下って行った.
❷ The bag is *down* the stairs. そのかばんは階段の下のところにある / The bridge is far *down* the river. その橋はずっと下流にある.
❸ He walked *down* the street. 彼は通りを歩いて行った.
— 形 ❶ a *down* elevator 下りのエレベーター.
❷ a *down* platform 下り線のホーム.

down² /dáun ダウン/ 名U ❶《(鳥の)綿毛(端)《羽軸のない柔らかい小さな羽毛; 羽根ぶとんや枕などにつめる》.
❷ うぶ毛.

down³ /dáun ダウン/ 名 ❶《複数形で》樹木のない起伏のゆるやかな小高い草原.
❷《the Downs で》ダウンズ《イギリス南部の起伏のゆるやかな草原地帯》.

down-and-out /dáunənd-áut ダウナンド・アウト/ 形 落ちぶれ果てた.

down·cast /dáunkæst ダウンキャスト/ 形 ❶ うつ向いた. ❷ がっかりした.

down·fall /dáunfɔ̀:l ダウンフォール/ 名C 没落, 滅亡.

down·grade /dàungréid ダウングレイド/ 動 (現分 -grad·ing) 他 ❶ …を格下げする (反 upgrade).
❷ …をけなす.

down·hearted /dáunhá:rtid ダウンハーティド/ 形 がっかりした, 元気のない.

down·hill /dáunhíl ダウンヒル/ 形 ❶ 下り坂の (反 uphill).
❷ 悪い方への.
— 副 坂を下って.
go downhill ①坂を下る. ②衰える, 悪化する.

down·load /dáunlòud ダウンロウド/ 動他 《電算》(データなど)をダウンロードする.

dòwn páyment 名UC (分割払いの)頭金, 手付け金. ▶ make a *down payment* 頭金を払う.

down·pour /dáunpò:r ダウンポー/ 名C どしゃ降り.

down·right /dáunràit ダウンライト/ 形 まったくの《❶ とくに悪い意味を表わす語とともに用いる》.
— 副 まったく, 完全に《❶ とくに悪い意味を表わす語とともに用いる》.
▶ 形 a *downright* lie まっかなうそ.

down·side /dáunsàid ダウンサイド/ 名 欠点.

Down's syndrome /dáunz- ダウンズ-/ 名U 《医学》ダウン症(候群).

＊**down·stairs** /dáunstéərz ダウンステアズ/ 副 階下へ[に] (反 upstairs).
— 形 階下の.
— 名U《単数扱いで》階下.
▶ 副 He soon came *downstairs*. 彼は間もなく下に降りて来た.
— 形 the *downstairs* rooms 階下の部屋.

down·stream /dáunstrí:m ダウンストリーム/ 副 川下へ[に] (反 upstream).
— 形 川下の.

down-to-earth /dáun-tə-ɔ́:rθ ダウン・ト・アース/ 形 現実的な, 実際的な.

＊**down·town** /dáuntáun ダウンタウン/ 副《米》町の中心街へ[に], 繁華街へ[に] (☞ uptown).
— 形《米》町の中心街の, 繁華街の.
— 名 /dáuntàun ダウンタウン/《★副詞・形容詞とのアクセントの違いに注意》(複 ~s /-z/) UC《米》**町の中心街**, 繁華街, ダウンタウン, 商業地区《❶ 日本語の「下町」とは違い, 商店・銀行・劇場などが集まっている都

downtrodden

市の中心部をさす; ☞ uptown).
▶副 go *downtown* 繁華街に行く.
— 形 *downtown* New York ニューヨークの繁華街.

down·trod·den /dáuntrɑ̀dn ダウントラドン/ 形 しいたげられた.

down·turn /dáuntəːrn ダウンターン/ 名 © (景気などの)悪化 (反 upturn).

‡down·ward /dáunwərd ダウンワド/ 副
❶ 下の方へ, 下向きに; 下って (反 upward).
❷ 悪化して.
— 形 ❶下の方への.
❷悪化の方向へ.

・・・・・・・・・・・・・・・・・・・・・・・・・・・・
副 ❶ He looked *downward* to avoid my eyes. 彼は私の眼を避けるために下を向いた / from the 17th century *downward* 17世紀以後.
— 形 ❶ a *downward* slope 下り坂.
❷ take a *downward* turn 悪化する.

down·wards /dáunwərdz ダウンワヅ/ 副 = downward.

down·y /dáuni ダウニ/ 形 (down·i·er; down·i·est)綿毛〔羽毛〕のような, 柔(ゃゎ)らかい.

doz. (略語) dozen(s).

doze /dóuz ドウズ/ 名 《a をつけて》居眠り.
— 動 (現分 doz·ing) 圓 居眠りする.
▶名 have *a doze* 居眠りする (☞ nap).
— 動 *doze off* 圓 思わずうとうとする.

‡doz·en /dázn ダズン/ (★発音注意) 名 (複 ~s /-z/) © **ダース**, (種類の同じもの)12 (✿ 正確に「12」ではなく, 「10か少し多いくらい」の数を表わすこともある; doz.dz と略す).

・・・・・・・・・・・・・・・・・・・・・・・・・・・・
How many *dozen* eggs are there in the basket? そのかごには卵が何ダースありますか / Half a *dozen* of these apples are bad. これらのりんごのうちの5, 6個は腐(くさ)っている.

|語法| (1) 前に複数を表わす数詞などがきても, dozen には -s をつけない.
(2) 後に名詞が続く場合は, two dozen of eggs よりも two dozen eggs と of をつけない方がふつう. dozen の後に of がつくのは (1) ある特定のもの〔人たち〕の一部を表わすとき (例: two dozen of these eggs これらの卵のうちの2ダース / a dozen of

ABC**D**EFGHIJKLMNOPQRSTUVWXYZ

us われわれのうちの12人). ② bottles などが省略されたと思われるとき(例: a dozen (bottles) of wine ワイン1ダース).

by the dozen ダースいくらで: Pencils are sold *by the dozen*. 鉛筆はダースで売られる.

dozens of ... 数十もの…, 多数の…: There were *dozens of* English books on the shelf. その書棚には数十冊もの英語の本があった.

*Dr., Dr /dáktər ダクタ | dɔ́ktə/ (略語) Doctor (✿ 姓または姓名の前につける).
▶ *Dr*. (John) Smith (ジョン)スミス博士.

drab /dræb ドラブ/ 形 (drab·ber; drab·best)おもしろみのない, つまらない.

‡draft /dræft ドラフト | drɑːft/ 名 (複 ~s /-ts/) © (✿(米)ではふつう draft を用い, (英)では ❷, ❸ は draught を用いる).
❶ © (計画・手紙などの)**下書き**, 素案; (設計などの)下図.
❷ © (部屋などに入る)(**冷たい**)**風**, すきま風.
❸ © (ビールなどの)**ひと飲み(の量)**.
❹ ⓐ 《the をつけて》《(米)》**ドラフト(制度)** (プロの各チームが優秀な選手を均等に選抜できる制度).
ⓑ 《the をつけて》《(米)》徴兵.
❺ © (英)為替(かゎせ)手形, 小切手.

— 動 他 ❶ (文書・計画など)の下書きをする, 素案を書く; (設計図など)の下図を書く.
❷ ⓐ (米)(選手)を取る; …をドラフトで取る. ⓑ (米)《ふつう be drafted で》…を徴兵する.

・・・・・・・・・・・・・・・・・・・・・・・・・・・・
名 ❶ the first *draft* of the poem その詩の最初の草稿 / a *draft* for an advertising campaign 宣伝活動の素案. ❷ sit in a cold *draft* 冷たいすきま風のくる所にすわる.

on draft (ビールなどが)たる出しの: beer *on draft* 生ビール (☞ draft beer).
— 動 他 ❶ *draft* a speech スピーチの下書きを書く.

dráft beèr 名 UC 生ビール.

drafts·man /dræftsmən ドラフツマン/ 名 (複 drafts·men /-mən/) © (米)製図家

[エ]（◎〈英〉では draughtsman）.
draft·y /drǽfti ドラフティ/ 形 (draft·i·er; draft·i·est)《米》すきま風のはいる（◎〈英〉では draughty）.
*__drag__ /drǽg ドラッグ/ 動 (~s /-z/; dragged /-d/; drag·ging) 他
❶ⓐ (重いもの)を**引っぱる**, 引きずる.
ⓑ (人など)を(無理やりに)引っ張る, 引き連れてゆく.
❷【電算】(コンピューター画面で)(マウスで)…をドラッグする.
— 自 ❶(足・服のすそなどが)**引きずられる**. ❷(時間が)のろのろ過ぎる；(会議などが)だらだら長引く.
— 名 (榎 ~s /-z/) ❶ⓊⒸ引きずること.
❷Ⓒ退屈(芬)なもの[人].

動 他 ❶ⓐ He *dragged* the big branch into the yard. 彼は大きな枝を庭に引きずりこんだ / He was *dragging* his feet. 彼は足を重そうに引きずっていた.
ⓑ The police *dragged* the man out of the driver's seat. 警官はその男を車の運転席から引きずり出した.
— 自 ❶ Her skirt *dragged* in the mud. 彼女は泥の中にすそを引きずっていた.
❷ The day *dragged* by today. きょうは時間がのろのろ過ぎた[退屈だった].
drag along 他 …を引きずっていく.
drag down 他 …を引きずりおろす.
drag in 他 ①…を引きずりこむ. ②(よけいな話題などを)持ち出す.
drag ... into ~ …を~に引きずりこむ.
drag on 自 だらだら進む.
drag *oneself* (体を引きずるように)進む, いやいや動く：He *dragged himself* to bed. 彼はベッドまでやっと歩いていった / She *dragged herself* away from the TV. 彼女はいやいやテレビから離れた.
drag out 他 ①…を引っぱり出す. ②…を長引かせる.
drag ... out of ~ ~から…を聞き出す.
*__drag·on__ /drǽgən ドラゴン/ 名 (榎 ~s /-z/) Ⓒ竜, ドラゴン.
INFO ワシの足と翼, ライオンの前脚と頭, 魚のうろこ, カモシカの角, 蛇の尾をもち口から火を吐くという伝説上の巨大な怪物をいう.

dragon

drag·on·fly /drǽgənflài ドラゴンフライ/ 名 (榎 drag·on·flies /-z/) Ⓒ【昆虫】トンボ.
*__drain__ /dréin ドレイン/ 動 (~s /-z/; ~ed /-d/; ~ing) 他 ❶ …の**排水をする**, (水など)を抜く.
❷ⓐ …の水気を切る, 水分をとる.
ⓑ (グラスなどの中身)を飲み干す.
❸ (体力など)を消耗させる.
— 自 ❶(水が)はける, 引く；(沼地などが)干上がる. ❷(土地が)排水される.
❸(色・血の気が)抜けてゆく；(体力などが)次第になくなる.
— 名 (榎 ~s /-z/) ❶ⓐ**排水管**, 排水路. ⓑ(**the drains**で)排水[下水]設備.
❷Ⓒ(人・物などの)流出；出費；消耗.
❸Ⓒ流出[出費・消耗]のもと.

動 他 ❶ We *drained* the pool. 私たちはプールの水を抜いた / *drain* water out of the hole 穴から水を抜く.
❷ⓐ *drain* pasta パスタの湯を切る.
ⓑ *drain* a glass (中身を飲んで)グラスを空にする.
❸ His illness has really *drained* him. 病気が彼をすっかり消耗させてしまった.
— 自 ❶ The water *drained* out of the pond. 池から水が抜けた.
❸ The color gradually *drained* from her face. 血の気がだんだんと彼女の顔から抜けていった.
— 名 ❶ⓐ The *drains* overflowed. 排水管があふれた.
❷ a brain *drain* 頭脳の流出.
go down the drain ①無駄になる：All our time and effort went down the *drain*. われわれの時間と努力はすべて無駄になった. ②(組織などが)だめになる.

drain·age /dréinidʒ ドレイニヂ/ 名U
❶排水. ❷排水装置, 下水道.
☞ 動drain.

drain·pipe /dréinpàip ドレインパイプ/ 名C排水管.

drake /dréik ドレイク/ 名Cアヒル[カモ]の雄(ホ)(●「アヒル[カモ]の雌(ホ)」はduck).

**dra·ma /drɑ́ːmə ドラーマ/ 名(複 ~s /-z/)
❶C劇, 戯曲, ドラマ, 脚本, 台本.
❷U(文学としての)**演劇**, 劇文学.
❸UC劇的事件[状況].
▶ ❸Her life was one long *drama*. 彼女の一生はひとつの長いドラマだった.

類語 **drama** と **play** はほとんど同じ意味に用いられるが, どちらかといえば play は《口語》的であり drama は《文語》的または学問的な含みがある.

☞ 形dramatic, 動dramatize.

*dra·mat·ic /drəmǽtik ドラマティック/ 形
(more ~; most ~) ❶**劇的な**.
❷**劇の**, 演劇についての.
☞ 名drama.

dra·mat·i·cal·ly /drəmǽtikəli ドラマティカリ/ 副劇的に.

dra·mat·ics /drəmǽtiks ドラマティックス/ 名《複数扱いで》大げさなしぐさ.

dram·a·tist /drǽmətist ドラマティスト/ 名C劇作家.

dram·a·ti·za·tion /drǽmətizéiʃən ドラマティゼイション | -tai-/ 名UC戯曲化, 脚色.

dram·a·tize /drǽmətàiz ドラマタイズ/ 動(現分 -tiz·ing)他 ❶(小説など)を劇にする, 脚色する. ❷…をドラマチックにする, 大げさにする. ☞ 名drama.

*drank /drǽŋk ドランク/ 動drinkの過去形.

drape /dréip ドレイプ/ 動(現分 drap·ing)他 ❶(衣類・布など)を優美にたらし掛ける. ❷…を覆(ホホ)う.
— 名C《ふつう複数形で》《米》厚いカーテン.
▶ 動他 ❶*drape* a gown over the shoulders 肩にガウンをかっこうよく着け掛ける. ❷The table *was draped with* a white cloth. テーブルには白い布がかかっていた.

dra·per·y /dréipəri ドレイパリ/ 名(複 -per·ies /-z/)UCひだの美しい掛け布.

dras·tic /drǽstik ドラスティック/ 形徹底的な, 思い切った. ▶take *drastic* measures 思い切った手段をとる.

draught /drǽft ドラフト | drάːft/ 名動《英》= draft.

draughts /drǽfts ドラフツ/ 名《英》= checkers.

draughts·man /drǽftsmən ドラフツマン/ 名(複 draughts·men /-mən/)C《英》= draftsman.

draught·y /drǽfti ドラフティ/ 形(draught·i·er; draught·i·est)《英》= drafty.

**draw /dróː ドロー/ 動 (~s /-z/; drew /drúː/; drawn /dróːn/; ~·ing)
他 ❶ (鉛筆・ペンなどで) (線) を**引く**, (絵[図])を描く.
❷…を**引く**, 引っ張って動かす.
❸ⓐ…を引き出す, 取り出す.
ⓑ(武器)を取り出す.
ⓒ(アイデア・結論など)を引き出す.
❹(トランプなどで)(カード)を引く; (抽選などで)…を引く, 選ぶ.
❺ⓐ(口座から)(金)を引き出す.
ⓑ(賃金など)を受け取る, もらう.
❻ⓐ(注意・関心など)を引きつける, 集める. ⓑ(反応・評判など)を呼ぶ, 招く.
❼(息)を吸う.
❽《おもに英》(勝負・試合など)を引き分ける.
— 自 ❶(鉛筆・ペンなどで)絵を描く.
❷(ゆっくり)近寄る, 動く.
❸《おもに英》(試合が)引き分けになる.
— 名(複 ~s /-z/)C❶引き分け.
❷ くじ引き. ❸ 人を引きつけるもの[人].

類語 **draw** は「(鉛筆・ペン・クレヨン・チョークなどを用いて)線で描く」; **paint** は「絵の具で絵を描く」.

動他 ❶*draw* a line on the ground 地面に線を引く / *draw* a circle 円を描く / *draw* a picture 線画を描く.

❷*draw* a chair toward the window いすを窓の方へ引っ張って動かす / *draw* the curtains カーテンを開ける[閉める].

❸ⓐHe *drew* his handkerchief out of his pocket. 彼はポケットからハンカチを取り出した / *draw* water from a well 井戸から水を引く. ⓑ*draw* a gun [knife] ピストル[ナイフ]を取り出す. ⓒ*draw* a conclusion 結論を引き出す.

❹*draw* the queen of hearts ハートのクイーンを引く.

❺ⓐI *drew* $50 from [out of] my bank account. 私は銀行口座から50ドルおろした. ⓑThey *draw* their wages every Friday. 彼らは毎週金曜日に給料をもらう.

❻ⓐHis lecture will *draw* large audiences. 彼の講演には大勢の聴衆が集まるだろう. ⓑHer new work *drew* much criticism. 彼女の新作は酷評を招いた.

❼*draw* a deep breath 深く息を吸いこむ.

❽The game was *drawn*. 試合は引き分けになった.

— 自 ❶She *draws* very well. 彼女はとても絵がうまい.

❷Winter is *drawing* near. 冬が近づいている / The train *drew* into the station. 列車が駅に入ってきた.

❸Japan *drew* with France. 日本はフランスと引き分けた.

draw apart 他 …を引き離す.
— 自 離れていく.

draw back 他 …を引き戻す: *draw back* the curtains カーテンを開ける.
— 自 うしろへさがる.

draw in 自 (列車などが)入って来る.
— 他 …を引いて入れる.

draw on 他 …をはめる, はく.
— 自 (時などが)近づく: Night was *drawing on*. 夜が近づいていた.

draw on [upon] ... …を利用する, …に頼る.

draw out 自 (列車などが)発車して出て行く. — 他 ①…を引き出す. ②…を長びかせる.

draw up 他 (文書・計画など)を作成する: *draw up* a will 遺書を作る.
— 自 (車が)止まる.

draw·back /drɔ́ːbæk ドローバック/ 名 ⓒ 欠点, 短所, 障害.

draw·bridge /drɔ́ːbridʒ ドローブリッヂ/ 名 ⓒ はね橋, つり上げ橋.

***draw·er** /drɔ́ːr ドロー/ (★発音注意) (複 ~s /-z/) 名 ⓒ 引き出し.

***draw·ing** /drɔ́ːiŋ ドローイング/ 名 (複 ~s /-z/) ❶ ⓒ 絵, 線画, スケッチ ((鉛筆・ペン・木炭で描いたものをいう)).
❷ Ⓤ (線を主体にして)絵を描くこと.

dráwing pìn 名 ⓒ (英)画びょう ((⇨(米)では thumbtack)).

dráwing ròom 名 ⓒ (文語) 応接室, 客間.

drawl /drɔ́ːl ドロール/ 動 自 (母音を引きのばして)ゆっくり発音する, 気どってゆっくりしゃべる.
— 他 …をゆっくり発音する.
— 名 ⓒ のろい話しぶり.

***drawn** /drɔ́ːn ドローン/ 動 draw の過去分詞形.
— 形 (more ~; most ~) ❶ 引き分けの. ❷ (顔が)引きつった, やつれた.
▶ 形 ❶ a *drawn* game 引き分け試合 (⇨draw 他 ❽).

dread /dréd ドレッド/ 動 他 …を恐れる, ひどくこわがる.
— 名 ⓊⒸ (将来の危険などに対する)恐怖, 不安.
▶ 動 他 *dread* death 死を恐れる / *dread* going [*to go*] to the doctor 医者に行くことをとてもこわがる.
— 名 She was always in *dread* of an earthquake. 彼女はいつも地震をこわがっていた.

☞ 形 dreadful.

dread·ful /drédfəl ドレドフル/ 形 ❶ (非常に)恐ろしい, こわい. ❷ (口語)ひどい, いやな.
▶ ❶ a *dreadful* earthquake 恐ろしい地震. ❷ *dreadful* weather ひどい天気.

☞ 名 dread.

dread·ful·ly /drédfəli ドレドフリ/ 副 ❶ (非常に)恐ろしく. ❷ (口語)ひどく.

dread·locks /drédlàks | -lɔ̀ks ドレドロックス/ 名 複 ドレッドロックス[ヘア] ((髪の毛を細く束ねて縮らせたヘアスタイル)).

dream

dream /drí:m ドリーム/ 名 (複 ~s /-z/) C ❶ (眠っているときに見る)夢.
❷(そうなって欲しい)夢, 希望, 理想.
❸夢見心地, 夢見状態.

── 動 (~s /-z/; ~ed /drí:md, drémt/, dreamt /drémt/; ~·ing) (✪(米)では過去形, 過去分詞形に dreamed を用いることが多い). 自 ❶ (眠って)夢を見る.
❷空想する, 想像する, 夢に描く.
❸《否定文で》(予想して)思う, 考える.

── 他 ❶ⓐ《dream (that) ＿》＿という夢を見る. ⓑ《dream a ... dream》…な夢を見る (✪…には形容詞が来る;《口語》have a ... dreamのほうがふつう).
❷ⓐ…を夢見る, 空想する. ⓑ《dream (that) ＿》＿ということを夢見る, 空想する.
❸《dream (that) ＿; 否定文で》(予想して)＿と思う, 考える.

名 ❶ I had a strange *dream* last night. ゆうべ私は奇妙な夢を見た / In my *dream*, I was flying in the sky. 夢の中で私は空を飛んでいた.
❷His *dream* was to have a house in the suburbs of Tokyo. 彼の夢は東京の郊外に家を持つことだった / achieve [realize, fulfill] *one's dream* 夢を実現する.
❸ live in a *dream* 夢うつつで暮らす.
be (*like*) *a dream come true* まるで夢のようだ：The overseas travel*was a dream come true.* その海外旅行はまるで夢のようだった.
like a dream みごとに：She sings *like a dream.* 彼女の歌はみごとだ.
☞ 形 dreamy.

── 動 自 ❶ I seldom *dream* at night. 私は夜めったに夢を見ない / I *dreamed* about you last night. ゆうべ私はあなたの夢を見ました.
❷ She often spends time *dreaming*. 彼女はよく空想にふけって時を過ごす / He *dreamed of* becoming a famous pianist. 彼は有名なピアニストになることを夢見ていた.
❸ We would *never dream of* letting our son do that. 私たちは息子にそんなことをさせようとは夢にも思っていません.

── 他 ❶ⓐShe *dreamed that* she was on the bus. 彼女はバスに乗っている夢を見た. ⓑHe *dreamed a* happy *dream* last night. 彼はゆうべ楽しい夢を見た.
❷ⓐWho would have *dreamed* such a thing? だれがそんなことを予想しただろうか. ⓑShe *dreamed (that)* one day she would study abroad. 彼女はいつか留学することを夢見ていた.
❸ He *never* [*little*] *dreamed (that)* his son would marry a foreigner. 彼は自分の息子が外国人と結婚しようとは夢にも思わなかった.

dream away 他 (夢をみているように)(時間)をぼんやりと過ごす：*dream away* the afternoon 午後をぼんやりと過ごす.

dream up 他《口語》(ふつうではないこと)を思いつく.

dream·er /drí:mər ドリーマ/ 名 C ❶ 夢をみている人. ❷ 夢想家.

dream·i·ly /drí:mili ドリーミリ/ 副 夢ごこちで, うとうとと.

dreamt /drémt ドレムト/ (★発音注意) 動 dreamの過去形・過去分詞形.

dream·y /drí:mi ドリーミ/ 形 (dream·i·er; dream·i·est) ❶ (表情などが)夢をみているような, 空想にふける, ぼんやりした. ❷ (口語)夢のような, すばらしい. ❸ (人が)夢想家的な, 現実離れした.
▶ ❶ a *dreamy* look 夢をみているような顔つき. ❷ *dreamy* music 夢のような[うっとりする]音楽.
☞ 名 dream.

drear·i·ly /dríərəli ドリ(ア)リリ/ 副 ものさびしく, わびしく.

drear·i·ness /dríərinəs ドリ(ア)リネス/ 名 U ものさびしさ, わびしさ; 陰うつ.

drear·y /dríəri ドリ(ア)リ/ (drear·i·er; drear·i·est) 形 ❶ ものさびしい, 陰うつな. ❷ 退屈(たいくつ)な, つまらない.
▶ ❶ a *dreary* day 陰うつな日. ❷ a long *dreary* tale 長く退屈な話.

dredge /drédʒ ドレッヂ/ 動 (現分 dredg·ing) 他 (水底)をさらう.
dredge up 他 (過去の不愉快なできごとなど)をむし返す.

dregs /drégz ドレッグズ/ 名 複 ❶ (コーヒーなどの飲物の底に残る)かす. ❷くず, つまら

drench /drént∫ ドレンチ/ 動 (三単現 ~・es /-iz/) 他 …をびしょぬれにする.
 ▶I *got drenched* (to the skin) in [by] the thunderstorm. 私は雷雨で(肌(はだ)まで)びしょぬれになった.

dress /drés ドレス/

動 (~・es /-iz/; ~ed /-t/; ~・ing)
他 ❶(人)に**服を着せる**(反 undress).
❷(サラダなど)にドレッシングをかける.
❸(傷)を消毒して包帯を巻く.
— 自 ❶**服を着る[着ている]**.
❷(場にふさわしい)服装をする, 正装する[している].
— 名 (複 ~・es /-iz/) ❶C (女性・女児の)**ドレス**, ワンピース(☞ suit).
❷U **服装**.

動 他 ❶ She *dressed* the children. 彼女は子どもたちに服を着せた / He was neatly *dressed*. 彼はきちんとした服装をしていた / Get *dressed* quickly. 急いで服を着なさい.

❷ *dress* a salad with oil and vinegar サラダにオイルと酢のドレッシングをかける.

❸ *dress* a wound 傷を消毒して包帯を巻く.

— 自 ❶ She often *dresses* in black. 彼女はよく黒い服を着る.

❷ *dress* for dinner 晩餐(ばんさん)のために正装する.

— 名 ❶ wear a red *dress* 赤いドレスを着(てい)る.

(語の結びつき)
change one's *dress* ドレスを(着)替える
make a *dress* ドレスを作る
put on a *dress* ドレスを着る
take off a *dress* ドレスを脱ぐ
try on a *dress* ドレスを試着する

❷ casual *dress* ふだん着 / evening *dress* 夜会服.
　　　　　　　　　　　　　☞ 形 dressy.
dress *oneself* 衣服を着る.
dress up 自①盛装する: She *dressed up* for the party. 彼女はそのパーティーのために盛装した.

②(他人の服を着て)扮装(ふんそう)する, 仮装する.
dréss còde 名C 服装規定.
dress・er /drésər ドレサ/ 名C ❶(英)(台所の)食器だな. ❷(米)(寝室などの)たんす(bureau, chest of drawers)(しばしば鏡台が上部に付く).

dresser ❶ 　　　 dresser ❷

dress・ing /drésiŋ ドレスィング/ 名 ❶ U|C ドレッシング(魚, サラダなどにかけるソース).
❷ C 包帯.
dréssing gòwn 名C 化粧着, 部屋着(パジャマの上に着たり, くつろぐときに着るガウン; ✿ 単に gown ともいう).
dréssing ròom 名C ❶(劇場の)楽屋.
❷ 更衣室.
dréssing tàble 名C (寝室などの)化粧台, 鏡台(☞ bed のさし絵).
dress・y /drési ドレスィ/ 形 (dress・i・er; dress・i・est) (服装が)あらたまった.
　　　　　　　　　　　　　☞ 名 dress.
*****drew** /drú: ドルー/ 動 draw の過去形.
drib・ble /dríbl ドリブル/ 動 (現分 drib・bling) 他 ❶(液体)をポタポタたらす, したたらせる. ❷[球技](ボール)をドリブルする.
— 自 ❶(液体が)ポタポタたれる, したたる. ❷よだれをたらす. ❸[球技]ボールをドリブルする.
— 名C ❶(液体の)したたり. ❷[球技]ドリブル.
*****dried** /dráid ドライド/ 動 dry の過去形・過去分詞形.
— 形 乾燥した.
 ▶形 *dried* fruit 干し果物 / *dried* milk 粉ミルク.
dri・er[1] /dráiər ドライア/ 形 dry の比較級.
dri・er[2] /dráiər ドライア/ 名C = dryer.
*****dries** /dráiz ドライズ/ 動 dry の三人称単数現在形.

driest

dri·est /dráiist ドライエスト/ 形 dryの最上級.

*__drift__ /dríft ドリフト/ 動 (~s /-ts/; ~ed /-id/; ~ing) ⓐ ❶ **漂流する**.
❷ ぶらぶら動く, あてもなくさまよう.
❸ (状況などが)いつの間にか変わる.
❹ (雪・落ち葉などが)吹き積もる.
— ⓑ ❶ …を押し流す, 漂流させる.
❷ (風が)(雪・落ち葉など)を吹き寄せる.
— 名 (複 ~s /-ts/)
❶ Ⓒ ゆっくりした変化. ❷《単数形で》(人・物の)**流れ**, 移動, 動き.
❸ Ⓒ (雪・砂・落ち葉などの)**吹きだまり**.
❹《単数形で》(口語)趣旨, 要点.

動 ⓐ ❶ A small boat was *drifting* down the river. 小舟が1そう下流の方へ流れていった.
❷ People *drifted* toward the beach. 人々は浜の方へぶらぶら動いて行った.
❸ *drift* into sleep いつの間にか眠る / *drift* from job to job 転々と仕事を変える.
drift apart ⓐ (人が)(他の人と)だんだん疎遠になる.
drift off いつの間にか寝入る.
— 名 ❶ a *drift* toward protection of the environment 環境保護へのゆっくりした変化. ❷ the *drift* toward big cities 大都会への人の流れ.
❸ *drifts* of snow 雪の吹きだまり.
drift ice 名 Ⓤ 流氷.

*__drill__ /dríl ドリル/ 名 (複 ~s /-z/) ❶ Ⓒ **きり**, 穴あけ器, ドリル.
❷ ⓊⒸ (きびしい)**訓練**, (くり返し行なう)**練習**.
— 動 (~s /-z/; ~ed /-d/; ~ing) ⓑ
❶ …を**訓練する**, …にきびしく教えこむ.
❷ …にきりで穴をあける.
— ⓐ ❶ 訓練を受ける, 反復練習をする. ❷ 穴をあける[掘る].

名 ❶ an electric *drill* 電気ドリル.
❷ do a *drill* in English conversation 英会話の練習をする / a fire *drill* 防火訓練.
— 動 ⓑ ❶ Our teacher *drills* us in English. 先生はわれわれに英語をきびしく教える. ❷ *drill* a hole in the wood 木に穴をあける.
— ⓐ ❷ *drill* for oil 石油を求めて地中深く穴を掘る.

dri·ly /dráili ドライリ/ 副 = **dryly**.

__drink__ /dríŋk ドリンク/ 動
(~s /-s/; drank /drǽŋk/; drunk /dráŋk/; ~ing) ⓑ (液体)を**飲む**.
— ⓐ ❶ 飲む.
❷ (よく)酒を飲む.
❸ 乾杯する.
— 名 (複 ~s /-s/) ❶ ⓊⒸ **飲み物**.
❷ ⓊⒸ アルコール飲料, 酒.
❸ Ⓒ (酒・水などの)一杯.

動 ⓑ *drink* a cup of coffee コーヒーを一杯飲む / I'd like something to *drink*. 飲み物がほしいのですが.
— ⓐ ❶ *drink* from a glass グラスで飲む.
❷ *drink* too much 酒を飲み過ぎる.
❸ Let's *drink to* the success of his plan. 彼の計画の成功を祈って乾杯しよう / *drink to* her good luck [success, health] 彼女の好運[成功, 健康]を祈って乾杯する.
drink in ⓑ …に見とれる, 聞きほれる.
drink to ... …を祈って乾杯する: *drink to* the winner 優勝者におめでとうと乾杯する.
drink up ⓐ《ふつう命令文で》飲み干す.
— ⓑ《ふつう命令文で》…を飲み干す.
I'll drink to that! 《口語》その意見に賛成!
— 名 ❶ food and *drink* 飲食物 / soft *drinks* アルコール分のない飲み物.
❷ The *drinks* are on me. 酒は私のおごりだ / strong *drink* 強い酒.
❸ have a *drink* of water 水を一杯飲む / How about a *drink*? いっぱい飲もうか.

drínk dríving 名 Ⓤ《英》= **drunk driving**.

drink·er /dríŋkər ドリンカ/ 名 Ⓒ 酒飲み.
▶a heavy *drinker* 大酒飲み.

drink·ing /dríŋkiŋ ドリンキング/ 名 Ⓤ 飲酒. ▶give up *drinking* 酒をやめる.

drínking fòuntain 名 Ⓒ (公園などの)噴水式水飲み場.

drínking wàter 名 Ⓤ 飲料水.

drip /dríp ドリップ/ 動 (~s /-s/; dripped /-t/; drip·ping) 圓 ❶ (液体が)ポタポタ落ちる, したたる.

❷ (人・物などが)液体をポタポタ落とす.
— 他 (水・血など)をポタポタ落とす, したたらせる.
— 图 ❶ⓒしずく. ❷Ｕしずくの音；しずく(が落ちること). ❸ⓒ【医学】点滴装置. ❹ (情報など)少量.

動 圓 ❶Water is *dripping* from the faucet. (= The faucet is *dripping*.) 水が蛇口(ぐち)からポタポタと落ちている. ❷Her hat was *dripping*. 彼女の帽子からしずくが落ちていた.
— 他 The leaves were *dripping* water. 葉から水滴がしたたり落ちていた.
be dripping with ... ①…でびしょぬれである. ②…でいっぱいである.
— 图 ❶ *drips* of sweat 汗のしずく.

drive /dráiv ドライヴ/ 動 (~s /-z/; drove /dróuv/; driv·en /drívən/; driv·ing) 他 ❶ (自動車など)を**運転する**.

❷ (人)を(自動車などに)**乗せて行く**, 送る.
❸ (人・動物)を(ある方向・状態に)**追いやる**, 追いたてる.
❹ⓐ《drive ... ~》(人)を駆(か)り立てて~にさせる(◎~には形容詞(句)などがくる).
ⓑ《drive ... to *do*》…にむりやり__させる.
❺ (釘(くぎ)など)を打ちこむ.
❻ …をこき使う.
❼ 《ふつう受身形で》(電気・蒸気などが)(機械)を動かす.
❽ 【スポーツ】…を強打する, …にドライブをかける.
— 圓 ❶**車を運転する**, 車で行く.
❷ (雨などが)吹きつける, ぶつかる.
— 图 (複 ~s /-z/) ❶ⓒ**ドライブ**, (車の)運転.
❷ⓒ(自動車で行く)道のり.
❸ⓒ= **driveway**.
❹ⓒ(募金などの)運動.
❺Ｕ精力, やる気.
❻ⓒ衝動.
❼【スポーツ】強打, ドライブ.

動 他 ❶Can you *drive* a car? あなたは自動車の運転ができますか / *drive* a taxi タクシーの運転手をしている.

❷I *drove* him to the airport. 私は彼を車で空港まで送った.
❸ *drive* sheep into the grassland 羊を牧草地へと追っていく.
❹ⓐJealousy *drove* her crazy [out of her mind]. 嫉妬のあまり彼女は気が狂った.
ⓑHunger *drove* the boy *to* steal [*into* stealing]. 空腹のあまりその少年は盗みをはたらいた.
❺ *drive* a nail *into* wood 木に釘を打ちこむ.
❻He *drives* himself too hard. 彼は働きすぎだ.
❼This car is *driven* by electricity. (= Electricity *drives* this car.) この車は電気で動く.
— 圓 ❶ *drive* to work 車で通勤する / Don't drink and *drive*. 飲酒運転をするな.
❷The rain was *driving* against the building. 雨がビルに打ちつけていた.

be driving at ... …を言おう[しよう]としている: What *are* you *driving at*? 君はなにを言おう[しよう]としているのか.
drive away = *drive* off.
drive back 他 …を追い返す.
— 圓 自動車で帰る.
drive down 他 (物価など)を下げる.
drive ... home ①(人)を家まで車で送る. ②(釘)をしっかり打ちこむ. ③(はっきり話して)…をしっかり人に理解させる.
drive off 他 …を追い払う.
— 圓 自動車で走り去る.
drive out 他 …を追い出す.
— 圓 自動車で出かける.
drive up 他 (物価など)を押し上げる.
— 图 ❶Let's go out for a *drive*. ドライブに行きましょう.
❷The hotel is about a ten-minute *drive* from the railroad station. ホテルは車で駅から約10分だ.
❹an anti-smoking *drive* 禁煙運動.
❺She is full of *drive*. 彼女はやる気満々だ.

drive-by /dráivbài ドライヴバイ/ 形 《米》

drive-in

走行中の車からの.

drive-in /dráivìn ドライヴィン/ 名C ドライブインの銀行[食堂, 映画館]《自動車に乗ったまま金の出し入れ, 食事の注文, 映画鑑賞ができる; ✪ 日本語の「ドライブイン」は roadside restaurant または drive-in restaurant にあたる》.
— 形 ドライブインの.
▶ a *drive-in* restaurant ドライブインレストラン.

drive-in théater 名C ドライブイン劇場《自動車に乗ったまま映画を見ることのできる野外映画劇場》.

＊driv·en /drívən ドリヴン/ 動 drive の過去分詞形.

＊driv·er /dráivər ドライヴァ/ 名 (複 ~s /-z/)
C ❶ 運転者[手], 機関士; (馬車の)御者(者).
❷ (ゴルフの)ドライバー《長距離用のクラブ》.
▶ ❶ a careful〔good〕 *driver* 注意して運転する〔運転の上手な〕人 / a taxi *driver* タクシーの運転手.

dríver's lícense /dráivərz-/ 名C《米》運転免許証《◯《英》では driving licence》.
INFO アメリカでは一般の高校の授業の中に driving という選択科目があって, 試験をうけて運転免許を取得できる. イギリスには driving school が町の中にあり, 特別の練習場はなく, いきなり一般の道路に出て練習をする.

drive-through /dráivθrù: ドライヴスルー/ 形《おもに米》(ファーストフード店・銀行などが)ドライブスルーの, 車に乗ったまま用の足せる.
— 名C《おもに米》ドライブスルーの店[銀行など].

drive·way /dráivwèi ドライヴウェイ/ 名 C (公道から玄関までの)(私設)車道《◯ drive ともいう; 日本でいう「自動車道路」の意味では用いない; ☞ house のさし絵》.

＊driv·ing /dráiviŋ ドライヴィング/ 名U 運転, 操縦.
— 形 ❶ (物事を)推進する.
❷ (雨・風が)吹きつける.
▶ 形 ❶ the *driving* force behind the project 計画を推し進める主要な人物.

dríving lìcence 名C《英》= **driver's license**.

driz·zle /drízl ドリズル/ 名U 霧雨(蒸).
— 動 (現分 driz·zling) 自《**it** を主語にして》霧雨が降る.
▶ *It* is *drizzling*. 霧雨が降っている.

drone /dróun ドロウン/ 名C ブーン《ハチなどのうなる音》.
— 動 (現分 dron·ing) 自 ❶ (ハチなどが)ブーンという音をたてる. ❷ 単調な声で話す[歌う].

drool /drú:l ドルール/ 動 自 ❶ よだれを垂らす. ❷ …をうっとりと見る.

droop /drú:p ドループ/ 動 (~s /-s/; drooped /-t/; ~ing) 自 ❶ (だらりと)たれる. ❷ (元気が)なくなる.

＊＊drop

/dráp ドラップ | dróp/ 動 (~s /-s/; dropped /-t/; drop·ping) 自
❶ **落ちる**.
❷ 倒れる, 下がる.
❸ (勢い・価値などが)低下する, 衰える.
— 他 ❶ …を**落とす**, (液体)をたらす.
❷ …を倒す, 下げる.
❸ (人・荷物など)を降ろす.
❹ (勢い・価値など)を低下させる, 弱める.
❺ ⓐ (計画・考えなど)をやめる, 捨てる.
ⓑ …を除外する.
— 名 (複 ~s /-s/) ❶ C **しずく**, 1滴.
❷ C (液体の)少量.
❸ 《単数形で》落下, 下落.
❹ C しずく形のもの, あめ玉.

動 自 ❶ The book *dropped* from [off] his lap. 本が彼のひざから落ちた.
❷ She *dropped* into the sofa. 彼女はソファーに倒れこんだ / The temperature will *drop* to minus 5. 気温は零下5度まで下がるだろう.
❸ The wind has *dropped*. 風が弱まった.

— 他 ❶ She *dropped* the bottle and broke it. 彼女はびんを落として割ってしまった.
❷ She *dropped* her chin onto her chest. 彼女は頭をたれた.
❸ Could you *drop* me (off) near the station? 私を駅の近くで降ろしてくれませんか.
❹ *Drop* your voices. 声を小さくしなさい.
❺ ⓐ Let's *drop* this plan. この計画は

やめにしよう / *drop* math 数学(の履修)をやめる.
❺*drop* several names from the list リストからいくつか名前を落とす.
drop behind 他 …に**遅れる**：He *dropped behind* the other runners in the race. 彼は競走で他のランナーに遅れた.
drop by 自 (ちょっと)立ち寄る.
drop in 自 = *drop by*.
drop in at ... (場所)に**立ち寄る**.

He *dropped in at* my house on his way home.
(彼は家に帰る途中私の家に寄った)

drop in on ... (人のところ)に**立ち寄る**：*Drop in on* me on your way home from school. 学校の帰りに私の家に寄ってください.
drop off 自 ①取れて落ちる. ②《口語》眠ってしまう. ③(価値などが)下落する.
— 他 …を降ろす.
drop out 自 (途中で)やめる, 中途退学する.
drop out of ... …を(途中で)やめる：He *dropped out of* school. 彼は学校をやめた.
— 名 ❶big *drops* of rain 大粒の雨.
❷I'll have a *drop* more wine. もうちょっとワインを飲むことにします.
❸a *drop* in prices 物価の下落.
a drop in the bucket [ocean] 大海の1滴, ごくわずかな量, 焼け石に水.
at the drop of a hat ①合図と同時に, すぐに. ②待ってましたとばかりに.
drop by drop 1滴ずつ, 少しずつ.
in drops しずくとなって, 1滴ずつ, 少しずつ.

drop·out /drápàut ドラパウト/ 名C ❶中途退学生. ❷(社会の)落伍(%)者.

drop·pings /drápiŋz ドラピングズ/ 名複 (鳥や獣の)ふん.

drought /dráut ドラウト/ (★gh は発音されない) 名C 干ばつ, 日照り続き.

****drove¹** /dróuv ドロウヴ/ 動 drive の過去形.

drove² /dróuv ドロウヴ/ 名C ❶(ぞろぞろ動いている)家畜の群れ. ❷(ぞろぞろ通る)群衆.

***drown** /dráun ドラウン/ (★発音注意) 動 (~s /-z/; ~ed /-d/; ~ing) 他
❶…を**溺死**(で)**させる**.
❷…を水びたしにする.
❸(騒音などが)(他の音)を消す, 聞きとれなくする.
— 自 おぼれ死ぬ, 水死する.

他 ❶The boy *drowned* the rat in the river. 少年はネズミを川に入れて殺した / He *drowned himself* in the river. 彼は川に身投げした. ❷The village was *drowned* by the flood. その村は洪水で水びたしになった. ❸The noises in the street *drowned* (out) her voice. 通りの騒音で彼女の声が聞きとれなかった.
— 自 She was *drowning*. 彼女はおぼれかけていた / He *drowned* in the lake. 彼は湖でおぼれ死んだ / ことわざ A *drowning* man will catch at a straw. おぼれかけている者は1本のわらでもつかもうとする,「おぼれる者はわらをもつかむ」.

drow·si·ly /dráuzəli ドラウズィリ/ 副 眠そうに.

drow·si·ness /dráuzinəs ドラウズィネス/ 名U 眠け.

drow·sy /dráuzi ドラウズィ/ 形 (drow·si·er; drow·si·est) (けだるく)眠い.
▶He feels *drowsy* after dinner. 彼は食事のあと眠くなる.

drudge /drʌ́dʒ ドラッヂ/ 名C (ほねのおれる単調な仕事を)こつこつやる人.

***drug** /drʌ́g ドラッグ/ 名(複 ~s /-z/) C
❶**麻薬**; 麻酔剤.
❷**薬**(《ふつう medicine を用いる》).
— 動 (~s /-z/; drugged /-d/; drugging) 他 …に麻薬を飲ませる.

***drug·store** /drʌ́gstɔ̀:r ドラグストー/ 名(複 ~s /-z/) C 《米》**ドラッグストア**.
INFO 本来薬を売る店だが, 他に化粧品,

377

キャンデー, たばこ類, 文房具, 雑誌, 日用雑貨などを売る. またカウンターがあってホットドッグ, ジュース, アイスクリームなども食べたり飲んだりできる.

*__drum__ /drʌ́m ドラム/ 名(複 ~s /-z/) C
❶ **太鼓**, ドラム. ❷ ドラムかん.
— 動 (~s /-z/; drummed /-d/; drumming) 自 ❶ 太鼓[ドラム]を鳴らす.
❷ トントンたたく.
— 他 ❶ …を太鼓で演奏する.
❷ (指などで)…をドンドンたたく.

名 ❶ play the _drums_ ドラムをたたく.
— 動自 ❷ He _drummed_ on the desk with his fingers. 彼は指で机をトントンたたいた.
— 他 ❶ _drum_ a march 太鼓で行進曲を演奏する.
❷ He _drummed_ his fingers on the table. 彼は指でテーブルをたたいた.
drum ... into ~ …を~にくり返し言い聞かせる.
drum up 他 …を(宣伝して)獲得する.

drum·mer /drʌ́mər ドラマ/ 名 C ドラム奏者, ドラマー.
drum·stick /drʌ́mstìk ドラムスティック/ 名 C ❶ ドラムのスティック[ばち].
❷ (料理した)鶏や七面鳥などの足の下部.
**drunk /drʌ́ŋk ドランク/ 動 drinkの過去分詞形.
— 形 (~er; ~est) **酔って(いる)**, 酔っぱらった[ている] (☞drunken).
— 名 C (口語)酔っぱらい.
▶形 He _was_ blind _drunk_. 彼はひどく酔っていた / get _drunk_ 酔う.
drunk·ard /drʌ́ŋkərd ドランカド/ 名 C 《文語》大酒のみ, 飲んだくれ.
drúnk dríving 名 U 《米》飲酒運転.
drunk·en /drʌ́ŋkən ドランクン/ 形
❶ 酔っぱらった (☞drunk). ❷ 酔ったあげくの, 酒の上の.
▶ a _drunken_ man 酔っぱらい.
drunk·en·ness /drʌ́ŋkənnəs ドランクンネス/ 名 U 酔い.

*****dry** /drái ドライ/ 形 (dri·er, dry·er; dri·est, dry·est)
❶ **乾(かわ)いた**, 水分のない (反 wet); (肌などが)かさかさの.
❷ 雨の降らない, 雨の少ない.

❸ (酒などが)辛口の (反 sweet).
❹ (口語)のどがかわいた.
❺ (川などが)水のかれた, 干上がった.
❻ (パンなどが)(水分・バターなどがなく)かたい, かりかりした.
❼ (硬くて)つまらない, おもしろくない.
❽ (声などが)感情のこもらない, そっけない.
❾ (冗談などが)さりげない.
— 動 (dries /-z/; dried /-d/; ~·ing)
他 …を**乾かす**, …の水分をとる.
— 自 乾く.

形 ❶ The towel isn't _dry_ yet. タオルはまだ乾いていない / have a _dry_ skin 肌がかさかさしている / _dry_ ground 乾いた地面.
❷ Winters are usually _dry_ here. ここではふつう冬は雨が少ない / _dry_ season 乾季.
❸ _dry_ red wine 辛口の赤ワイン.
❹ I'm a bit _dry_. 私は少しのどが渇いた.
❺ a _dry_ well 水の枯れた井戸.
❼ a _dry_ speech 硬くてつまらない演説.
❽ in a _dry_ voice そっけない声で.
❾ a _dry_ sense of humor さりげないユーモアのセンス.
run dry (川などが)干上がる, (インク・乳などが)出なくなる.
— 動 他 May I _dry_ my hands on this towel? このタオルで手をふいてもよろしいですか.
dry off 自 乾く, 体が乾く.
— 他 …を乾かす, (体)をふく.
dry oneself 体をふいて乾かす.
dry out 自 すっかり乾く. — 他 …をすっかり乾かす.
dry up 自 ① **すっかり乾く**: The well has _dried up_. 井戸は水が出なくなってしまった. ② すっかりなくなる.
— 他 ① …をすっかり乾かす. ② (洗った皿)をふく.

dry-clean /dràiklíːn ドライ・クリーン/ 動 他 …をドライクリーニングする.
dry-cleaner's /dràiklí:nərz ドライ・クリーナーズ/ 名 C ドライクリーニング屋(人・店).
drý clèaning 名 U ドライクリーニング (水を用いず, 薬品で汚れを落とす洗濯(せんたく)法).

dry·er /dráiər ドライア/ 名(複 ~s /-z/) ⓒ ❶ドライヤー, 乾燥器. ❷(ヘアー)ドライヤー (hairdrier).

drý íce 名Ⓤドライアイス《もとは商標名; 冷凍剤》.

dry·ly /dráili ドライリ/ 副さりげなく, さらりと.

DTP /dí:ti:pí: ディーティーピー/ 名Ⓤデスクトップパブリッシング, ディーティーピー《コンピューターによる印刷版下の作成》.

du·al /djú:əl ドゥーアル, デュー-/ 形ふたつの; 二重の. ▶a *dual* character [personality] 二重人格 / have *dual* citizenship 2 重国籍をもつ.
《同音異形語》duel.

dub[1] /dʌ́b ダブ/ 動(~s /-z/; dubbed /-d/; dub·bing) 他《ふつう **be dubbed ...** で》…というあだ名をつけられる.
▶He *was dubbed* "Shorty." 彼は「チビ」というあだ名をつけられた.

dub[2] /dʌ́b ダブ/ 動(~s /-z/; dubbed /-d/; dub·bing) 他 ❶(フィルム)に吹き替えのせりふを入れる. ❷(映画・テレビ・ラジオで)(フィルム・テープなどに)別の音を加えて録音する. ❸…をダビングする.

du·bi·ous /djú:biəs ドゥービアス, デュー-/ 形 ❶(真実・価値・人物などが)疑わしい, あやしげな, いかがわしい. ❷[…を]疑わしく思って(いる)〔*about, of*〕.
▶❶a *dubious* character いかがわしい人物.
❷We *are dubious about* his honesty. 私たちは彼の正直さを疑っている.

du·bi·ous·ly /djú:biəsli ドゥービアスリ, デュー-/ 副あやしげに, 疑わしく.

Dub·lin /dʌ́blin ダブリン/ 名ダブリン《アイルランド (Ireland) 共和国の首都》.

duch·ess /dʌ́tʃəs ダチェス/ 名(複 ~es /-iz/) ❶(イギリスの)公爵(こうしゃく)夫人. ❷(女性の)公爵 (☞ peerage の INFO).

***duck**[1] /dʌ́k ダック/ 名(複 ~s /-s/)
❶ⓒアヒル. ⓑカモ.
❷ⓒアヒル[カモ]の雌(めす) (❖「アヒル[カモ]の雄(おす)」は drake, 「アヒル[カモ]の子」は duckling).
❸Ⓤアヒル[カモ]の肉.

duck[2] /dʌ́k ダック/ 動㊀ ❶ひょいと頭[身体]を下げる, かがむ.
❷ひょいとよける[避ける].
— 他 ❶(頭・身体)をひょいと下げる.

❷(危険など)を避ける, かわす.

duck·ling /dʌ́kliŋ ダクリング/ 名ⓒアヒルの子, 子ガモ.

duct /dʌ́kt ダクト/ 名ⓒ ❶送水管, 送風管, ガス管. ❷(体内の)導管.

dud /dʌ́d ダッド/ 名ⓒ《口語》役に立たない物[人].

***due** /djú: ドゥー, デュー/ 形 ❶《**be due to** *do*》__することになっている, 予定である.
❷ⓐ(到着・誕生・開催などが)**予定されている**. ⓑ期限である.
❸**支払わなければならない**.
❹**当然与えられるべき**, 受け取る権利のある.
❺ しかるべき, 当然の, 正当な (反 undue).
❻ …が原因である (☞ **due to ...**).
— 副(方角が)まっすぐに, 真….
— 名 ❶ⓒ当然与えられるべきもの.
❷《複数形で》会費.

─────────────

形 ❶The train *is due to* arrive at 2:30. 列車は 2 時半に到着する予定である / The meeting *is due to* be held in two weeks' time. 会合は 2 週間後に開かれることになっている.
❷ⓐShe is *due* in Tokyo tomorrow. 彼女はあす東京へ帰る予定だ / Their baby is *due* in March. 彼らの赤ちゃんは 3 月に生まれる予定だ.
ⓑThe application is *due* next Friday. 応募は今度の金曜日が期限だ.
❸The rent is *due* at the end of each month. 家賃は毎月末が支払い日になっている.
❹He's *due* for a pay raise now. 彼はもう昇給してもいいはずだ / receive *due* reward 当然の報酬を与えられる.
❺after *due* consideration よく考えた上で.

due to ... …のために, …が原因で: The game was put off *due to* the rain. 試合は雨のため延期された / The accident was *due to* his careless driving. その事故は彼の不注意な運転のせいだった.

***in due time* [*course*]** やがて, 時が来れば.

with due respect 《口語》そうはおっ

duel

しゃいますが：*With due respect*, I must disagree. そうはおっしゃいますが, 私は反対です.
— 副 The ship sailed *due* north. 船は真北に航行した.
— 名 ❶ The raise is his *due*. その昇給は彼には当然だ.

du·el /djúːəl ドューエル, デューエ/ 名 ⓒ
❶ 決闘. ❷ (二者間の)闘争, 論争.
— 動 (~s /-z/; ~ed, (英) du·elled /-d/; ~·ing, (英) du·el·ling) ⓘ 決闘をする.
《同音異形語》dual.

du·et /djuːét ドューエット, デューエ/《★アクセント注意》名【音楽】ⓒ 二重奏[唱]曲 (☞solo).

duf·fel /dʌ́fəl ダフェル/ 名 Ⓤ ダフル《目の粗(あら)い布, ズック》.

dúffel bàg 名 ⓒ ダフルバッグ《ダフル製のバッグ》.

dúffel còat 名 ⓒ ダッフルコート《フード付きのダッフル製のオーバー》.

duffel coat

duf·fle /dʌ́fl ダフル/ 名 = duffel.

dug /dʌ́g ダッグ/ 動 dig の過去形・過去分詞形.

dug·out /dʌ́gàut ダガウト/ 名 ⓒ 【野球】ダッグアウト.

duke /djúːk ドューク, デューク/ 名《しばしばDuke で》ⓒ (イギリスの)公爵(こうしゃく)《イギリスの最高位の貴族の名称; 女性の公爵, または公爵夫人は duchess; ☞ nobility, peerage の INFO 》. ▶the *Duke* of Windsor ウインザー公爵.

*****dull** /dʌ́l ダル/ 形 (~·er; ~·est)
❶ つまらない, 退屈(たいくつ)な (反 interesting).
❷ⓐ (光・色などが) くすんだ, さえない.
ⓑ (天気が悪く) どんよりした, 薄暗い.
❸ⓐ (音・痛みなどが) はっきりしない, ぼんやりした, 鈍(にぶ)い.
ⓑ (刃などが) よく切れない, 鋭さがない.

❹ (頭が) ぼんやりした; 頭の悪い.
— 動 (~s /-z/; ~ed /-d/; ~·ing) ⓣ (音・痛みなど)を弱くする; (色など)をくすませる.
— ⓘ 鈍くなる, 弱まる, くすむ.

形 ❶ The lecture was deadly *dull*. その講義はひどくつまらなかった.
❷ⓐ a *dull* red color くすんだ赤色.
ⓑ a *dull* and cloudy day どんより曇った日.
❸ⓐ a *dull* sound さえない音 / a *dull* pain 鈍い痛み.
— 動 ⓣ This drug will *dull* the pain. この薬が痛みをやわらげてくれるだろう.

dull·ness /dʌ́lnəs ダルネス/ 名 Ⓤ
❶ 単調, 退屈(たいくつ). ❷ 鈍(にぶ)さ, 鈍感.
❸ 不活発, 不景気.

dul·ly /dʌ́li ダリ/ 副 鈍(にぶ)く, 不活発に, のろのろと.

du·ly /djúːli ドューリ, デューリ/ 副《文語》
❶ 適切に, 確かに, 予期されたとおりに.
❷ 時間どおりに.
▶❶ I have *duly* received your letter. お手紙確かに受け取りました.

*****dumb** /dʌ́m ダム/《★b は発音されない》形
(~·er; ~·est) ❶ (ショックなどで) ものも言えない.
❷《口語》ばかな, ばかげた.
❸《文語》口のきけない《◎ふつう差別語と考えられる; ☞blind の ❶の ◎》.
▶❶ She was *dumb* for a while. 彼女はしばらく口がきけなかった / I was struck *dumb* at the news. 私はその知らせにあ然とした.
❷ a *dumb* question ばかげた質問.
play [act] dumb わからないふりをする.

dumb·bell /dʌ́mbèl ダムベル/ 名 ⓒ ダンベル《ボディービル用具》.

dumb·found·ed /dʌ̀mfáundid ダムファウンディド/ 形 (ものも言えないほど) びっくりしている.

dumb·ly /dʌ́mli ダムリ/ 副 無言で.

dum·my /dʌ́mi ダミ/ 名 (複 dum·mies /-z/) ⓒ ❶ (洋服屋の) マネキン人形.
❷ 模造品.
❸《英》(赤ん坊の) おしゃぶり《◎《米》では pacifier》.

abcde**d**efghijklmnopqrstuvwxyz　　　　　　　　　　　　　**dust**

― 形にせの.
dump /dÁmp ダンプ/ 動 (~s /-s/; ~ed /-t/; ~·ing) 他 ❶ …をどさっと降ろす［置く］, (ごみなど)を捨てる.
❷ (友人など)と別れる.
― 名Ⓒ ❶ ごみ捨て場. ❷ きたない場所.
dúmper trùck /dÁmpər- ダンパ-/ 名 《英》= dump truck.
dumps /dÁmps ダンプス/ 名腹 《口語》憂うつ, 意気消沈. ▶He is (down) in the *dumps*. 彼は憂うつだ[沈んでいる].
dúmp trùck 名Ⓒ《米》ダンプカー (⦿《英》では dumper truck; 日本語の「ダンプカー」は和製英語).
dump·y /dÁmpi ダンピ/ 形 (dump·i·er; dump·i·est) ずんぐりした.
dunce /dÁns ダンス/ 名Ⓒ ばか, のろま.
dune /djú:n ドゥーン, デューン/ 名Ⓒ 砂丘.
dung /dÁŋ ダング/ 名Ⓤ (牛・馬などの)ふん.
dun·geon /dÁndʒən ダンヂョン/ 名Ⓒ 地下牢(ろう).
dunk /dÁŋk ダンク/ 動 他 ❶ (パンなどを)(コーヒー・紅茶などに)ちょっと浸(ひた)す.
❷ (物)を液体にちょっと浸す.
― 名Ⓒ【バスケット】ダンクショット 《ジャンプしてバスケットの上からボールをたたき落とすようにしてシュートすること; ⦿ **dúnk shòt** ともいう》.

dunk (shot)

dun·no /dənóu ダノウ/ (I) don't know の短縮形.
du·o /djú:ou ドゥーオウ, デュー-/ 名Ⓒ 〖音楽〗二重奏[唱]者 (☞duet).
dupe /djú:p ドゥープ, デュープ/ 名Ⓒ だまされやすい人, お人よし.

― 動 (現分 dup·ing) 他 (人)をだます.
du·pli·cate /djú:plikət ドゥープリケト, デュー-/ 形 複製の, 複写の, 重複の.
― 名Ⓒ 複製, 複写.
― 動 /djú:pləkèit ドゥープリケイト, デュー-/ 《★形容詞・名詞との発音の違いに注意》(現分 -cat·ing) 他 ❶ …をコピーする, 複写する. ❷ …をくり返す.
▶形 a *duplicate* key 合いかぎ.
― 名 a *duplicate* of a document 書類の写し.
― 動 他 ❶ *duplicate* a letter 手紙をコピーする.
du·pli·ca·tion /djù:pləkéiʃən ドゥープリケイション, デュー-/ 名Ⓤ 複製, 複写.
du·ra·bil·i·ty /djùərəbíləti ドゥ(ア)ラビリティ, デュ(ア)-/ 名Ⓤ 耐久性, 永続性.
du·ra·ble /djúərəbl ドゥ(ア)ラブル, デュ(ア)-/ 形 ❶ 長持ちする, 耐久力のある.
❷ (平和・愛情などが)永続性のある.
dur·a·tion /djuréiʃən ドゥレイション, デュ-/ 名Ⓤ 持続[存続]期間.
du·ress /djurés ドゥレス, デュ-/ 名Ⓤ 《文語》強迫.
under duress 強迫されて.

※<big>**dur·ing**</big> /djúəriŋ ドゥ(ア)リング, デュ(ア)-/ 前

❶ **…の間ずっと**, …の間の.
❷ …のある時に.
❸ …の間に(何度か).

──────
❶They were in Spain *during* the winter vacation. 彼らは冬休みの間スペインにいた / The heat *during* the day was hard to bear. 昼間の暑さは耐えがたかった.
❷It stopped raining *during* the night. 夜の間に雨がやんだ / *during* your absence あなたの留守中に.
❸I woke up several times *during* the night. 私は夜中に何度か目が覚めた.
dusk /dÁsk ダスク/ 名Ⓤ (夜になる前の)薄暗がり, 夕暮れ.
▶from dawn to *dusk* 夜明けから夕暮れまで / at *dusk* 夕暮れ時に.
*dust /dÁst ダスト/ 名Ⓤ ❶ⓐ ほこり, ちり. ⓑ 砂ぼこり, 土ぼこり.
❷ (石炭・金などの)粉.

three hundred and eighty-one　　　　　　381

dustbin

— 動 (~s /-ts/; ~ed /-id/; ~ing) 他
❶ …のほこりを払う[ふきとる].
❷ (粉など)を振りかける,まぶす.

名 ❶ⓐThe desk was covered with *dust*. 机はほこりをかぶっていた.
ⓑThe bus drove off in a cloud of *dust*. バスはもうもうたる砂煙をあげて走り去った.
❷ chalk *dust* チョークの粉 / gold *dust* 砂金,金粉.

collect [gather] dust (使われないでいて)ほこりをかぶる: The table *collected dust*. テーブルはほこりをかぶっていた.
let the dust settle (異常事態の後)状況がおさまるのを待つ.
turn ... to dust …をだめにする.
☞ 形 dusty.

— 動 他 ❶ *dust* a table テーブルのほこりを払う. ❷ *dust* flour over the dough = *dust* the dough with flour ねり粉に小麦粉をまぶす.
dust off 他 ① …のほこりをはらう. ② (長い間使わなかったもの)を再び使い始める.

dust·bin /dʌ́stbìn ダストビン/ 名 C 《英》ごみ入れ,ごみ箱 (❖《米》では garbage can, trash can).

dust·er /dʌ́stər ダスタ/ 名 C ❶ はたき; ふきん.
❷ 《米》ダスター《そうじの時などに着るほこりよけの軽い上衣》.

dúst jàcket 名 C (本の)カバー (❖単に jacket ともいう).

dust·man /dʌ́stmən ダストマン/ 名 (複 dust·men /-mən/) C 《英》ごみ収集人 (❖《米》では garbage collector).

dust·pan /dʌ́stpæn ダストパン/ 名 C ちり取り.

*__dust·y__ /dʌ́sti ダスティ/ 形 (dust·i·er; dust·i·est) ❶ **ほこりだらけの**, ほこりっぽい. ❷ (色が)くすんだ.
☞ 名 dust.

Dutch /dʌ́tʃ ダッチ/ 形 ❶ オランダの (❖オランダは Holland といい,正式には the Netherlands という).
❷ⓐオランダ人の. ⓑオランダ語の.
— 名 ❶ U オランダ語.
❷ 《the をつけて; 集合的に; 複数扱いで》オランダ人 (❖個人は Dutchman).

du·ti·ful /djú:tifəl ドゥーティフル, デュー・/ 形 すべきことをきちんとする, 義務[職務]に忠実な.
☞ 名 duty.

du·ti·ful·ly /djú:tifəli ドゥーティフリ, デュー・/ 副 (すべきことを)きちんと,忠実に.

*__du·ty__ /djú:ti ドゥーティ, デュー・/ 名 (複 du·ties /-z/)
❶ UC (法的・道徳的) **義務**, すべきこと.
❷ UC **職務**, 任務.
❸ UC 税,関税.

---

❶ Your *duty* is [= It is your *duty*] to keep your room clean. あなたのすべきことは部屋をきれいにしておくことだ / a sense of *duty* 義務感.
❷ He carries out his *duties* to the letter. 彼は自分の職務を見事にこなしている.
❸ customs *duties* 関税 / export [import] *duties* 輸出[輸入]税.
off duty 勤務時間外で.
on duty 勤務時間中で.
☞ 形 dutiful.

du·ty-free /djú:ti-frí: ドゥーティ・フリー, デュー・/ 形 関税のかからない,免税の.
— 副 免税で.
▶形 *duty-free* goods 免税品.

DVD /dí:vì:dí: ディーヴィーディー/ 名 C DVD 《CDの記憶容量を飛躍的に増大させたディスク》.

dwarf /dwɔ́:rf ドウォーフ/ 名 (複 ~s /-s/, dwarves /dwɔ́:rvz/) ❶ C (物語などに出る)小びと. ❷ C 特別に小さい動物[植物]. ❸ 《形容詞的に》(ふつうより)小型の, ちっぽけな.
— 動 他 (対照によって)(他のもの)を小さく見せる.
▶名 ❶ Snow White and the Seven *Dwarfs* 白雪姫と七人の小びと.
— 動 他 The new building *dwarfs* all the other ones. 新しい建物のため他の建物がみんな小さく見える.

*__dwell__ /dwél ドウェル/ 動 (~s /-z/; dwelt /dwélt/, ~ed /-d/; ~ing) 自 《文語》**住む** (❖日常語としては live を用いる).
dwell on [upon] ... …についてよくよく考える[話す].

dwell·er /dwélər ドウェラ/ 名 C 居住者.

dwell·ing /dwéliŋ ドウェリング/ 名 C《文語》住宅, 家.

dwelt /dwélt ドウェルト/ 動 dwell の過去形・過去分詞形.

dwin·dle /dwíndl ドウィンドル/ 動 (現分 dwin·dling) 圓 だんだん小さくなる [減る].

dye /dái ダイ/ 名 (~s /-z/) UC 染料.
— 動 (~s /-z/; ~d /-d/; ~·ing) 他 …を染める.
《同音異形語》die[1,2].

***dy·ing** /dáiiŋ ダイイング/ 動 die[1] の現在分詞形.
— 形 ⓐ 死にかけている, 瀕死(ひんし)の.
ⓑ 枯れかかった, 消えかかった.
ⓒ 滅びゆく, 消えてゆく.

・・・・・・・・・・・・・・・・・・・・・・・・・・・・・

形 ⓐ a *dying* man 死にかかっている人.
ⓑ a *dying* fire 消えかかっている火.
ⓒ a *dying* tradition 消えてゆく伝統.
***be dying to** do* 《口語》しきりに__したがっている：I am *dying* to see him. 私は彼に会いたくてたまらない.

be dying for ... 《口語》しきりに…を欲しがっている：He *was dying for* a drink. 彼は(酒を)1杯飲みたくてたまらなかった.

dyke /dáik ダイク/ 名 C ❶ 堤防, 堤.
❷ (排水用の)みぞ, 堀.

***dy·nam·ic** /dainǽmik ダイナミック/ 形 (more ~; most ~) ❶ **活動的な**, 精力的な, ダイナミックな. ❷ 動的な (反 static). ❸ 力学(上)の, 動力の.

dy·nam·ics /dainǽmiks ダイナミックス/ 名 ❶《単数扱いで》【物理】力学.
❷《複数扱いで》(状況を動かす)力, 力学.

dy·na·mism /dáinəmìzm ダイナミズム/ 名 U 活力, 活動力.

dy·na·mite /dáinəmàit ダイナマイト/ 名 ❶ U ダイナマイト. ❷ C《口語》衝撃を与える人[もの]. — 動 (現分 -mit·ing) 他 …をダイナマイトで爆破する.

dy·na·mo /dáinəmòu ダイナモウ/ 名 (複 ~s /-z/) C【電気】ダイナモ, 発電機.

dyn·as·ty /dáinəsti ダイナスティ｜dí-/ 名 (複 -as·ties /-z/) C 王朝.
▶the Tudor *dynasty* in England イングランドのチューダー王朝.

dys·en·ter·y /dísntèri ディスンテリ/ 名 U【医学】赤痢(せきり).

dys·lex·ia /disléksiə ディスレクスィア/ 名【医学】難読症.

E e ℰ e

E, e /íː イー/ 名 (複 E's, Es, e's, es /-z/)
❶ U C イー(英語アルファベットの5番目の文字).
❷ C U 《大文字 E で》〔音楽〕ホ音,ホ調.
❸ C U 《大文字 E で》(米)(成績の) E, (5段階評価で)条件つき合格.

E., e. (《略語》)east; eastern.

each /íːtʃ イーチ/ 形 代 副
それぞれ(の, に), おのおの(の), めいめい(の), ひとり[1個]につき.

形 There is a sidewalk on *each* side of the road. その道路の両側に歩道がある.

— 代 *Each* has his own faults. 人はそれぞれ欠点を持っている / *Each* of the girls has her own wardrobe. その女の子たちはそれぞれ洋服ダンスを持っている.

— 副 These apples cost fifty cents *each*. これらのリンゴは1個50セントです / We had two thousand yen *each*. 私たちはそれぞれ2,000円もっていた.

類語 **all** と **every** と **each** の区別は以下の通り. たとえば man という名詞の前についた場合, **all men** は全体をまとめて「すべての男たち」の意味で, 複数の動詞が用いられる. **every man** は全体の中のひとりひとりをさして「どのすべての男も」の意味. **every** のあとの名詞は単数名詞で, 単数の動詞が用いられる. **each man** は「めいめいの男の人」の意味で, それぞれ個々に考える場合. **each** のあとの名詞は単数名詞で, 単数の動詞が用いられる.

each and every ... どの…もみんな: *Each and every* student in the class won a prize. そのクラスのどの生徒もみんな賞をもらった.
each other **お互い(を, に)**: They looked at *each other* for some time. 彼らはしばらくの間お互いを見つめ合った.

***ea·ger** /íːgər イーガ/ 形 (more ~; most ~) ❶ ⓐ 《be eager to *do*》__**すること を熱望している**, __**したがっている**.
ⓑ 《be eager for ...》…**を熱望している**.
❷ **熱心な**.

❶ ⓐ He *is eager to* win the game. 彼はしきりにその試合に勝ちたがっている.
ⓑ He *is eager for* success. 彼はぜひ成功したいと思っている.
❷ She was happy to see so many *eager* faces. 彼女はたくさんの熱心な顔を見てうれしかった.

ea·ger·ly /íːgərli イーガリ/ 副 熱心に, しきりに.
ea·ger·ness /íːgərnəs イーガネス/ 名 U 熱心, 熱望.

***ea·gle** /íːgl イーグル/ 名 (複 ~s /-z/) C
❶ 〔鳥類〕**ワシ**.
❷ 〔ゴルフ〕イーグル《パーよりも2打少ない打数; ☞ par》.

ear¹ /íər イア/ 名 (複 ~s /-z/) C
❶ **耳**.
❷ **聴覚**, 聴力, 聞きわける力; 音感.
❸ 耳状のもの, (水差し・花びんなどの)取っ手.

❶ He has large *ears*. 彼は耳が大きい / My *ears* are ringing. 私は耳鳴りがする. ❷ He has a keen *ear*. 彼は耳がよい / She has an *ear* for music. 彼女は音楽を聞く耳がある[音楽がわかる].

語の結びつき
clean one's *ear* 耳そうじをする
cover one's *ears* 耳をふさぐ
prick up one's *ears* (動物が)耳を立てる; (人が)聞き耳を立てる

be all ears 《口語》熱心に聞いている.

abcd**e**fghijklmnopqrstuvwxyz　　　　　　　　　　　　　　　　**earnest**

be up to the [*one's*] ***ears in*** …で手いっぱいである；…で忙しい.
close [*shut*] ***one's ears to ...*** …を聞こうとしない.
go in one ear and out the other 聞き流されてしまう.
play [*sing*] ***... by ear*** …を楽譜なしで演奏する[歌う].
play it by ear (前もって考えないで)そのときそのときに決める.
one's ears are burning 自分について人がうわさをしていると感じる.

ear² /íər イア/ 名C (麦などの)穂；(トウモロコシの)実.

ear·ache /íərèik イアエイク/ 名UC 耳の痛み.

ear·drum /íərdrÀm イアドラム/ 名C 鼓膜.

earl /ə́ːrl アール/ 名C (イギリスの)伯爵(はく)(☞peerage の INFO).

***ear·li·er** /ə́ːrliər アーリア/ early 形,副 の比較級.

earlier on あらかじめ，前もって.

***ear·li·est** /ə́ːrliist アーリイスト/ early 形,副 の最上級.

at the earliest 早くとも.

ear·lobe /íərlòub イアロウブ/ 名C 耳たぶ(●単に lobe ともいう).

*****ear·ly** /ə́ːrli アーリ/ 形 (ear·li·er; ear·li·est)
❶ (時間・時期などが)(ふつうより)**早い**(反 late)(●「(動作の速度が)速い」は fast, quick, rapid).
❷ **初期の**，むかしの；若いころの(反 late).
❸ 近い将来の，早めの.
　— 副 (ear·li·er; ear·li·est) (時間的・時期的に)(ふつうより)**早く**，早くから，初期に(反 late)(●「(動作の速度が)速く」は fast, quickly, rapidly)).

形 ❶ You are very *early* this morning. けさは君は非常に早いね / I was twenty minutes *early* for the appointment. 私は会う約束時間より20分早かった / an *early* riser 早起きの人 / Let's take an *earlier* train. もっと早い列車に乗ろう / in the *early* morning 朝早く (●*early* を 副 に用いて *early* in the morning ともいう；☞ 副)) / the *early* hours 夜半すぎ.
❷ In the *early* days there were few houses in this neighborhood. むかしはこの近所には家は少なかった / In his *early* years he loved to draw pictures. 彼は幼いころ絵を描くのが好きだった / in the *early* part of the 20th century 20世紀の初期に.
❸ I look forward to an *early* reply. 早い返事をお待ちしています.
　— 副 *early* in the morning 朝早く / Mother gets up *earlier* than any of us. 母は私たちのだれよりも早く起きる / I was born *early* in July. 私は7月の上旬に生まれた / ことわざ *Early* to bed and *early* to rise makes a man healthy, wealthy, and wise. 早寝早起きは人を健康に金持ちにまた賢明にする.

as early as ... 早くも…のころに.

éarly bìrd 名C 早起きの人；早く来る人.▶ ことわざ The *early bird* catches the worm. 早起きの鳥は虫を捕らえる，「早起きは三文の得[徳]」.

ear·mark /íərmɑ̀ːrk イアマーク/ 動他 [...のために](資金など)を取っておく [*for*].

***earn** /ə́ːrn アーン/ 動 (~s /-z/; ~ed /-d/; ~·ing) 他 ❶ (働いて)(金)を**かせぐ**.
❷ⓐ (努力をして)…を**手に入れる**，(名声など)を**得る**. ⓑ 《*earn* ～ ...》(努力・資質など)が～(人)に名声(など)をもたらす.

❶ He *earns* eighty dollars a day. 彼は1日に80ドルかせいでいる.
❷ⓐ He has *earned* international fame. 彼は国際的名声を得た / *earn* respect 尊敬されるようになる.
ⓑ Her diligence *earned* her our respect. 彼女は勤勉だったのでわたしたちに尊敬された.

earn a [*one's*] ***living*** 生計を立てる，(収入を得て)暮らす.

***ear·nest** /ə́ːrnəst アーネスト/ 形 (more ~; most ~) **まじめな**，真剣な，熱心な.
　— 名 《次の成句で》**:*in earnest*** ①まじめに[な]，本気で[の]: Are you *in earnest*? あなたは本気なのですか. ②本格的に.

earnestly

▶形 an *earnest* student まじめな学生 / an *earnest* appeal 熱心な訴え.

ear·nest·ly /ə́ːrnəstli アーネストリ/ 副 まじめに, 真剣に.

ear·nest·ness /ə́ːrnəstnəs アーネストネス/ 名U まじめなこと, 真剣さ.

earn·ings /ə́ːrniŋz アーニングズ/ 名複 所得, 収入, 利益.

ear·phone /íərfòun イアフォウン/ 名C ヘッドホーン, イヤホーン.

ear·plug /íərplʌ̀g イアプラグ/ 名C 耳栓.

ear·ring /íərrìŋ イアリング/ 名C イヤリング, 耳飾り.

ear·shot /íərʃàt イアシャット/ 名U 聞こえる距離. ▶within〔out of〕 *earshot* of the bell ベルの聞こえる〔聞こえない〕所に.

ear·split·ting /íərsplìtiŋ イアスプリティング/ 形 耳をつんざくような.

★★★earth /ə́ːrθ アース/ 名 (複 ~s /-s/)

❶U 《または the をつけて》**地球** (✪the Earth とも書く; ☞ planet).

❷《the をつけて》(空・海に対して) **大地**, 陸地; 地面.

❸U 土, 土壌.

❹《the をつけて; 集合的に》地球上の人々.

❺C 〖電気〗《英》 アース (✪《米》 では ground).

— 動他 ❶ (種子・植物など)に土をかぶせる.

❷《英》〖電気〗(電線など)をアースする (✪《米》 では ground).

名 ❶ *The earth* is round. 地球はまるい / the warming of the *Earth* 地球の温暖化 / the *Earth's* surface 地表.

❷ The *earth* trembled. 地面が揺れた / fall to the *earth* 地面に落下する.

❸ fill a pot with *earth* 鉢に土をつめる / The *earth* in this area is fertile. この地域の土は肥沃(ひよく)だ.

on earth ①**地上に[で, の]**: life on *earth* 地上の生物. ②《意味を強めて》**世界中で(最高に)**: the luckiest man on *earth* 世界でもっとも運のいい人. ③《疑問詞の意味を強めて》**いったい…**: Where on *earth* has he gone? いったい彼はど こへ行ったのだろう. ④《否定の意味を強めて》**まったく**: Why on *earth* is he so angry? 彼がそんなにおこる理由が私にはまったくわからない.

☞ 形 earthly.

earth·en·ware /ə́ːrθənwèər アースンウェア/ 名U 陶器類.

earth·ly /ə́ːrθli アースリ/ 形 ❶《文語》この世の, 俗世間の. ❷《否定文・疑問文で; 意味を強めて》まったく; いったい.

▶ ❷ There is no *earthly* use for it. それはまったく役に立たない.

☞ 名 earth.

★earth·quake /ə́ːrθkwèik アースクウェイク/ 名 (複 ~s /-s/) C **地震** (✪単に quake ともいう).

A massive *earthquake* shook Kobe. = There was a massive *earthquake* in Kobe. 神戸に大地震があった.

éarth science 名UC 地球科学.

earth·worm /ə́ːrθwə̀ːrm アースワーム/ 名C 〖動物〗ミミズ.

★ease /íːz イーズ/ 名U ❶ **容易さ**, 簡単さ, 楽さ (反 difficulty).

❷ **心配[苦労など]がないこと**, **気楽**, 安楽, 安心; くつろぎ.

— 動 (eas·es /-iz/; eased /-d/; eas·ing) 他 ❶ⓐ (気持ちなど)を**楽にする**, (苦痛など)を**やわらげる**, 軽くする.

ⓑ (状況など)を改善する, 緩和(かんわ)する.

❷ (規則・罰などを)**ゆるめる**, 軽減する.

❸ (ねじ・ひもなど)をゆるめる.

❹ …をそっと動かす.

— 自 ❶ⓐ (痛み・重荷・気分などが)楽になる, 軽くなる. ⓑ ゆるむ.

❷ (前より)よくなる, 改善する.

名 ❶ *Ease* of use is our (first) priority. 使いやすさが私たちの一番のねらいだ. ❷ They live in *ease*. 彼らは安楽に暮らしている.

at** (one's) **ease 気楽に; くつろいで: I feel *at ease* (when I am) with you. あなたといっしょにいると気持ちが安らぐ / Her kind words put [set] him *at ease*. 彼女のやさしいことばで彼は気持ちが安らいだ.

ill at ease 落ち着かないで: He felt *ill*

abcde fghijklmnopqrstuvwxyz   **economize**

eau de Co·logne /òu də kəlóun オウ デコロウン/ 名Ⓤオーデコロン《一種の香水》.

eaves /í:vz イーヴズ/ 名(複)(家の)軒, ひさし.

eaves·drop /í:vzdràp イーヴズドラップ/ 動(~s /-s/; -dropped /-t/; -dropping)(自)立ち聞きする, 盗み聞きする (☞overhear).

ebb /éb エッブ/ 名《theをつけて》引き潮, 干潮 (反flow).
— 動(自)(潮が)引く, 引き潮になる (反flow).
at a low ebb 衰えて, うまくいかないで.
the ebb and flow 名①潮の干満. ②増減; (人生などの)盛衰.

ébb tìde 名Ⓒ引き潮 (反flood tide).

eb·on·y /ébəni エボニ/ 名(複 -on·ies /-z/)Ⓒコクタン(材質が堅く, 重くて黒い高級木材).
— 形❶コクタン製の. ❷真黒の.

EC /í:sí: イースィー/ 《略語》*E*uropean *C*ommunity ヨーロッパ共同体 (○現在のEUの前身).

ec·cen·tric /ikséntrik イクセントリック/ 形(性格・行動などが)異常な, 風変わりな.
— 名Ⓒ奇人, 変人.

ec·cen·tric·i·ty /èksentrísəti エクセントリスィティ/ 名(複 -i·ties /-z/)❶Ⓤ風変わりであること. ❷Ⓒ風変わりな言動.

ec·cle·si·as·ti·cal /iklì:ziǽstikəl イクリーズィアスティカル/ 形(キリスト)教会の, 牧師の.

***ech·o** /ékou エコウ/ 名(複 ~es /-z/)Ⓒ
❶こだま, 山びこ.
❷(他のものの)影響, よく似た考え[ことば, こと].
— 動(~es /-z/; ~ed /-d/; ~·ing)(自)反響する, 鳴り響く.
— (他)❶(音)を反響する.
❷(人のことば)を(そのまま)くり返す.

・・・・・・・・・・・・・・・・・・・・・・・・・・・・・・・・
名❶I heard the *echo* of my voice in the valley. 私はその谷で自分の声のこだまを聞いた. ❷We find *echoes* of *ukiyo-e* prints in these paintings. これらの絵には浮世絵の影響がある.
find an echo in ... (考えなどが)(人)の同意を得る: His opinion *found* no *echo in* the class. 彼の意見には賛成するものがいなかった.

é·clair /eikléər エイクレア/ 名Ⓒエクレア《細長いシュークリームにチョコレートをかけた生菓子》.

ec·lec·tic /ekléktik エクレクティック/ 形いろいろ取りまぜた, 折衷(*セっちゅう*)的な.

e·clipse /iklíps イクリプス/ 名Ⓒ【天文】(太陽・月の)食(*しょく*).
— 動(現分 e·clips·ing)(他)❶【天文】(天体が)(他の天体)を食する.
❷…の重要性を下げる.
▶名a solar *eclipse* 日食 / a lunar *eclipse* 月食.

e·co·log·i·cal /ì:kəládʒikəl イーコラヂカル/ 形❶生態学の; 生態上の.
❷環境保全の.

e·col·o·gist /ikálədʒist イカロヂスト/ 名Ⓒ❶生態学者.
❷環境保全論者[運動家].

e·col·o·gy /ikálədʒi イカロヂ/ 名Ⓤ
❶生態学《生物とその環境との関係を研究する科学》. ❷生態; 環境.

***e·co·nom·ic** /èkənámik エコナミック | -nɔ́m-/ 形
❶経済(上)の (☞economical).
❷利益のあがる.

・・・・・・・・・・・・・・・・・・・・・・・・・・・・・・・・
❶an *economic* policy 経済政策 / an *economic* power 経済大国.
☞ 名economy ❶, economics.

***e·co·nom·i·cal** /èkənámikəl エコナミカル | -nɔ́m-/ 形(more ~; most ~)❶経済的な, 節約になる, 安くあがる, むだがない (☞economic). ❷(人が)節約する, むだをしない (☞economic).
▶❶an *economical* engine 経済的なエンジン.
☞ 名economy ❷, ❸.

e·co·nom·i·cal·ly /èkənámikəli エコナミカリ/ 副❶経済的に, 経済上. ❷節約して, むだをしないで.

***e·co·nom·ics** /èkənámiks エコナミックス | -nɔ́m-/ 名Ⓤ❶経済学.
❷経済状態.
☞ 形economic.

e·con·o·mist /ikánəmist イカノミスト/ 名Ⓒ経済学者, 経済専門家.

e·con·o·mize /ikánəmàiz イカノマイズ/ 動(現分 -miz·ing)(自)節約する.

389

economy

▶*economize* on fuel 燃料を節約する.
☞ 名 economy ❷.

e‧con‧o‧my /ikάnəmi イカノミ│-kɔ́n-/ 名 (複 -o‧mies /-z/)

❶ ⓐ Ⓤ (国・社会・家庭などの) **経済**.
ⓑ Ⓒ **経済組織**, 経済機構.
❷ ⓐ Ⓤ **節約**, 倹約.
ⓑ Ⓒ **節約になること**.
❸ 《形容詞的に》節約になる;お得な,安い.

・・・・・・・・・・・・・・・・・・・・・・・・
❶ ⓐ a free *economy* 自由経済.
ⓑ Japan's domestic *economy* 日本の国内経済.
❷ ⓐ She practices *economy* in everything. 彼女はなんでも節約する / *economy* of energy エネルギーの節約.
❸ an *economy* car 省エネの車 / the *economy* size お得なサイズ.

☞ ❶ では 形 economic, ❷ では 形 economical, 動 economize.

ecónomy cláss 名 Ⓤ (飛行機の)エコノミークラス,普通席 (《◆米》では coach class ともいう).
— 副 エコノミークラスで.

ecónomy cláss sýndrome 名 Ⓤ 《口語》エコノミークラス症候群.

e‧co‧sys‧tem /íːkousistəm イーコウスィステム/ 名 Ⓒ 生態系.

ec‧sta‧sy /ékstəsi エクスタスィ/ (★アクセント注意) 名 (複 ec‧sta‧sies /-z/) ❶ Ⓤ Ⓒ 有頂天,歓喜,うっとりした状態.
❷ Ⓤ《Ecstasyで》エクスタシー《一種の幻覚剤》.

▶ ❶ go [fall] into *ecstasies* うっとりする.

☞ 形 ecstatic.

ec‧stat‧ic /ekstǽtik エクスタティック/ 形 有頂天の,夢中の.

☞ 名 ecstasy.

ec‧ze‧ma /éksəmə エクサマ/ 名 Ⓤ 湿疹 (しっしん).

Ed /éd エド/ 名 エド《男性の名; Edward, Edgar, Edmond, Edwin の愛称》.

ed. 《略語》edited (☞ *edit*); edition; editor; education; educated.

ed‧dy /édi エディ/ 名 (複 ed‧dies /-z/) Ⓒ (水・空気・ほこりなどの)小さな渦 (うず).

E‧den /íːdn イードン/ (★発音注意) 名
❶ 〔聖書〕エデンの園 (《◆the Garden of Eden, Paradise ともいう》).

INFO 神が人類の祖先アダム (Adam) とイブ (Eve) を住まわせたといわれる楽園.「知恵の木」があり,蛇に誘惑されてその禁断の木の実 (the forbidden fruit) を食べてしまうという罪を犯し,ふたりはエデンの楽園から追放される (旧約聖書「創世記」より); ☞ Adam's apple.

❷ Ⓒ 楽園,極楽.

Ed‧gar /édgər エドガ/ 名 エドガー《男性の名; 愛称 Ed, Ned, Eddie, Neddie》.

edge /édʒ エッヂ/ 名 (複 edg‧es /-iz/) Ⓒ
❶ ふち,へり;端.
❷ (刃物の)**刃**;刃のような物[部分].

edge ❶   edge ❷

❸ (他の人・物・ことに対する)優位,有利,強み.
❹ (声の)鋭さ,激しさ.

— 動 (edg‧es /-iz/; edged /-d/; edg‧ing) 他 ❶ …にふち[へり]をつける.
❷ …を少しずつ静かに動かす.

— 自 ❶ (体を斜めにして)そろそろと進む.
❷ 少しずつ変化する.

・・・・・・・・・・・・・・・・・・・・・・・・
名 ❶ sit on the *edge* of a sofa ソファーの端にすわる / at the *edge* of the town 町はずれに.
❷ the sharp *edge* of a knife ナイフのするどい刃.
❸ You have an *edge* over him at tennis. テニスでは君のほうが強い / Technological innovations give the company the *edge* over others. 技術革新がその会社を他の会社より優位にしている.

be on edge いらいらしている;興奮している.

be on the edge 気が狂いそうである.

on the edge of ... もう少しで…しそうで: be *on the edge of* success もう

少しで成功しそうである.
— 動他 ❶The tablecloth is *edged* with lace. そのテーブル掛けはレースでふちどられている.
❷They *edged* the piano into the room. 彼らはそのピアノをそろそろ動かして部屋に入れた.

edge·ways /édʒwèiz エヂウェイズ/ 副 (英)＝edgewise.

edge·wise /édʒwàiz エヂワイズ/ 副 斜めに, 横向きに.

ed·i·ble /édəbl エディブル/ 形 食べられる, 食用の (反 inedible) (☞ eatable).

ed·i·fice /édəfis エディフィス/ 名 C (文語) (堂々とした)建物.

Ed·in·burgh /édnbə̀ːrə エドンバーラ/ 名 エジンバラ (英国スコットランドの首都).

Ed·i·son /édəsən エディスン/ 名 エジソン (**Thomas Al·va** /ǽlvə/ **Edison** (1847-1931); アメリカの発明家; 白熱電球・蓄音機などを発明した).

ed·it /édit エディット/ 動 (~s /-ts/; ~ed /-id/; ~ing) 他 ❶(新聞・本・フィルム・DVDなど)を(整理・修正などをして)編集する (☞ compile).
❷(原稿・データなど)を整理する.
▶❶*edit* a school paper 学校新聞を編集する / *edit* a collection of haiku poetry 俳句集を編集する.
☞ 名 edition.

*__e·di·tion__ /idíʃən イディション/ 名 (複 ~s /-z/) C (出版物の)版, 型 (❶ ed. と略す).
▶the first *edition* of the book その本の初版 / a revised *edition* 改訂版.
☞ 動 edit, 形 editorial.

*__ed·i·tor__ /édətər エディタ/ 名 (複 ~s /-z/) C (新聞・雑誌・映画・書物・放送番組などの)**編集者**; 編集責任者.
▶the chief *editor* 編集長.

ed·i·to·ri·al /èdətɔ́ːriəl エディトーリアル/ 形 編集の.
— 名 C (複 ~s /-z/) 社説, 論説.
▶形 the *editorial* staff 編集スタッフ / the *editorial* office 編集室.
☞ 名 edition.

*__ed·u·cate__ /édʒukèit エヂュケイト/ (★アクセント注意) 動 (~s /-ts/; -cat·ed /-id/; -cat·ing) 他 ❶《しばしば受身形で》(人)を**教育する**, 学校へやる.
❷(人)に知識を与える.

❶Where did you *educate* your son? あなたは息子さんをどこで教育されたのですか / He was *educated* at Yale University. 彼はエール大学で教育を受けた. ❷*educate* the public about environmental destruction 一般の人々に環境破壊について教える.
☞ 名 education.

ed·u·cat·ed /édʒukèitid エヂュケイティド/ 形 ❶(高い)教育を受けた, 教養のある.
❷知識[経験]に基づいた.
▶❶*educated* people 教育のある人々. ❷an *educated* guess 裏づけのある推測.

*__ed·u·ca·tion__ /èdʒukéiʃən エヂュケイション/ 名
❶ⓐ U (学校・大学などでの)**教育**.
ⓑ U (特定の科目などの)教育.
❷ U 教育学, 教育法.

❶ⓐcompulsory *education* 義務教育 / moral〔adult〕*education* 道徳〔成人〕教育 / higher *education* 高等〔大学〕教育 / the Ministry of *Education*, Culture, Sports, Science and Technology 文部科学省.
ⓑhealth *education* 健康教育.
☞ 動 educate, 形 educational.

【語の結びつき】

complete one's *education* 教育を終える

give (...) an *education* ＝ provide (an) *education* for ... (人に)教育を受けさせる

have [get, receive] a good *education* よい教育を受ける; 立派な教養を身につける

*__ed·u·ca·tion·al__ /èdʒukéiʃənəl エヂュケイショナル/ 形 (more ~; most ~)
❶教育(上)の. ❷教育的な.
▶❶an *educational* system 教育制度. ❷*educational* films 教育映画.
☞ 名 education.

ed·u·ca·tor /édʒukèitər エヂュケイタ/ 名 C 教育者, 教師; 教育学者.

Ed·ward /édwərd エドワド/ 名 エドワード (男性の名; 愛称 Ed, Ned, Ted, Teddy).

eel /íːl イール/ 名 C ウナギ.

eerie

ee·rie, ee·ry /íəri イ(ア)リ/ 形 (ee·ri·er; ee·ri·est) 無気味な, うす気味の悪い.

***ef·fect** /ifékt イフェクト/ 名 (複 ~s /-ts/)
❶ UC **効果**, 効力, ききめ; 心理的影響.
❷ UC **結果** (反 cause).
❸《複数形で》【演劇・映画】(音響などの)効果.
❹《複数形で》《文語》私有物.
— 動 (~s /-ts/; ~ed /-id/; ~·ing) 他 (変化・効果など)を**もたらす**, 引き起こす.

名 ❶ The medicine had a good *effect* on her. その薬は彼女によく効いた / psychological *effects* 心理的影響 / a good *effect* on children 子どもに対するよい影響.
❷ cause and *effect* 原因と結果 / The *effects* of the typhoon were not so serious in this area. その台風の被害はこの地域ではそんなにひどくはなかった.
❸ color *effects* 色彩効果 / sound *effects* 音響効果.

come into effect (規則・法などが)**効力を発する**, 実施される.
for effect 人の目を引くように.
have an effect on ... …に影響を及ぼす, …に効果がある.
in effect ①**実際には, 事実上**: Your reply is, *in effect*, an apology. 君の返答は要するに弁解だ. ②(規則・法律が)効力のある, 実施されて: The law is still *in effect*. その法律はまだ有効だ.
of no effect 無効で, むだで.
put [***bring, carry***] ***... into effect*** (計画など)を実行する.
take effect ①**効果をあらわす**: The medicine soon *took effect*. その薬はすぐにききめをあらわした. ②(法律などが)効力を生じる.
to good [***full***] ***effect*** 有効に.
to no effect なんの効果もなく, 無駄に: We tried to persuade him *to no effect*. 私たちは彼を説得しようとしたがだめだった.
to the effect that___ ___ という趣旨の[で]: I received a letter *to the effect that* he would help me. 彼が私を手伝ってくれるという趣旨の手紙を受け取った.
to this [***that***] ***effect*** この[その]趣旨で.

☞ 形 effective.

— 動 他 His opinion *effected* a change in the plan. 彼の意見のため計画が変更された.

***ef·fec·tive** /iféktiv イフェクティヴ/ 形 (more ~; most ~) **効果的な**, 有効な; 効力のある (反 ineffective) (☞ efficient).

------

effective measures 有効な手段 / This law became *effective* on July 1. この法律は7月1日から効力を発した / This medicine is *effective* against pneumonia. この薬は肺炎に効く.

☞ 名 effect.

***ef·fec·tive·ly** /iféktivli イフェクティヴリ/ 副 ❶ **有効に**; 効果的に.
❷ 実際上, 事実上.

ef·fem·i·nate /ifémənət イフェミネト/ 形 (男性またはその行動が)めめしい, 柔弱(じゅうじゃく)な.

ef·fer·ves·cent /èfərvésnt エファヴェスント/ 形 ❶ あわだつ. ❷ 活気のある.

***ef·fi·cien·cy** /ifíʃənsi イフィシェンスィ/ 名 U **能率(がよいこと)**, 効率, 効力 (反 inefficiency). ▶increase [improve] *efficiency* 能率を上げる.

☞ 形 efficient.

***ef·fi·cient** /ifíʃənt イフィシェント/ 形 (more ~; most ~)
❶ (ものが)**能率的な**, 効率のよい, 効果的な (反 inefficient) (☞ effective).
❷ (人が)**有能な**.

------

❶ an *efficient* engine 効率のよいエンジン / an *efficient* method 能率的な方法.
❷ She is very *efficient* as a secretary. 彼女は秘書としてとても有能だ.

☞ 名 efficiency.

ef·fi·cient·ly /ifíʃəntli イフィシェントリ/ 副 ❶ 能率的に, 効果的に, 有効に.
❷ 有能に.

ef·fi·gy /éfədʒi エフィチィ/ 名 (複 ef·fi·gies /-z/) C ❶ 肖像, 彫像.
❷ (のろいたい人の姿に似せた)人形(にんぎょう).

ef·flu·ent /éflu:ənt エフルーエント/ 名 UC (工場などの)廃水.

abcd**e**fghijklmnopqrstuvwxyz   **egotism**

*ef·fort /éfərt エフォト/ 名 (複 ~s /-ts/)
❶ UC ⓐ 努力, 苦労, ほねおり.
ⓑ《aをつけて》努力のいること.
❷ C (組織的)活動.
❸ C (努力の)成果; 労作, 力作.

❶ⓐ We can do nothing without *effort*. 努力なしにはなにごともできない / Your *efforts* will be rewarded. あなたの努力は報いられるでしょう / It took a lot of *effort* to finish on time. 時間通りに終わるには苦労した. ⓑ It is such *an effort* to be always punctual. いつも時間をきちんと守ることは相当な苦労だ / a relief *effort* 救援活動.
❸ this writer's best *effort* この作家の最高の作品.

make an effort [*efforts*] 努力する: She *made a great effort* to learn English. 彼女は英語を学ぼうと大変な努力をした.

put effort into ... …に努力をそそぐ.
with (*an*) *effort* 努力して, 苦労して.

ef·fort·less /éfərtləs エフォトレス/ 形 努力をする必要のない, 楽な.

EFL《略語》*E*nglish as a *F*oreign *L*anguage 外国語としての英語.

e.g. /í:dʒí: イーヂー, fərigzǽmpl/ たとえば (○ ラテン語 *exempli gratia* /igzémpli:grá:tià/ (= for example) の略).

e·gal·i·tar·i·an /igæ̀lətéəriən イガリテアリアン/ 形 平等主義の.

****egg**¹ /ég エッグ/ 名 (複 ~s /-z/) C
卵; 鶏卵.

An *egg* has a yolk and the white. 卵には黄身と白身がはいっている / This hen laid five *eggs* last week. このめんどりは先週5個の卵を産んだ.

INFO▶ ベーコンエッグ (bacon and eggs), ハムエッグ (ham and eggs); 目玉焼き (a fried egg), 半熟卵 (a soft-boiled egg), かたゆで卵 (a hard-boiled egg), いり卵 (scrambled egg(s)), 落とし卵 (a poached egg) などにして食べる. 生(なま)のまま食べることはない.

┌─ 語の結びつき ─┐

beat [whisk] an *egg* 卵をかきまぜる [あわ立てる]

boil an *egg* (hard [soft]) 卵を(固く[半熟に])ゆでる
break [crack] an *egg* 卵を割る
separate *eggs* 卵を黄身と白身に分ける
hatch [sit on] an *egg* (動物が)卵を抱く[かえす]

egg² /ég エッグ/ 動《次の成句で》: *egg on* 他 (人)をそそのかす.

egg·beat·er /égbì:tər エグビータ/ 名 C (卵・クリームなどの)あわだて器 (《英》では egg whisk).

egg·cup /égkʌ̀p エグカップ/ 名 C (食卓用)エッグカップ, ゆで卵立て.

eggcups

egg·plant /égplæ̀nt エグプラント/ 名 C 《おもに米》ナス《アメリカのナスは日本のものよりかなり大きい; ○ 形が卵に似ているのでこの名がある; 《英》では aubergine》.

eggplants

egg·shell /égʃèl エグシェル/ 名 C 卵の殻(から).

égg whìsk 名 C 《英》= eggbeater.

eg·o /í:gou イーゴウ, ég-/ 名 (複 ~s /-z/) UC 自我, 自尊心.

e·go·cen·tric /ì:gouséntrik イーゴウセントリク/ 形 自己中心的な.

eg·o·ism /í:gouìzm イーゴウイズム/ 名 = egotism.

eg·o·ist /í:gouist イーゴウイスト/ 名 = egotist.

eg·o·ist·ic /ì:gouístik イーゴウイスティク/ 形 = egotistical.

eg·o·tism /í:gətìzm イーゴティズム/ 名 U 自己中心癖; うぬぼれ.

elbowroom

C ❶(体・衣類などの)**ひじ**(☞body のさし絵).
❷ひじ形のもの,急カーブ.
— 動他…をひじで押す.
▶名 ❶He leaned his *elbows* on the desk. 彼は両ひじをついて机にもたれかかった.
at ...'s elbow 手近に.
— 動他 The big man *elbowed* us aside. その大男は私たちをひじで押しのけた.
elbow ...'s way ひじで押しのけて進む.

el・bow・room /élbourù:m エルボウルーム/
名U 身動きできる余地.

*__**el・der**__ /éldər エルダ/ 形《old の比較級》**年上の**,年長の(☞younger).
— 名(複 ~s /-z/) C ❶年上の人,年長者.
❷長老,元老.

形 He is my *elder* brother. あれは私の兄です / Who is the *elder* (of the two)? どちらが兄[姉]ですか(❍old の比較級のひとつで,兄弟・姉妹に関して用いる.おもに名詞の前に用いる.《米》ではこの場合ふつう older を用いる)).
— 名 He is my *elder* by several years. 彼は私よりいくつか年上です.

eld・er・ly /éldərli エルダリ/ 形 ❶年をとった,老齢の(❍old の婉曲な語として用いられる).
❷《the elderly》で》老人たち (elderly people).

*__**eld・est**__ /éldist エルディスト/ 形《old の最上級》**一番年上の**,最年長の(☞youngest (⇨ young ❸)).
▶She is my *eldest* daughter. 彼女は私の長女です(❍old の最上級のひとつで,兄弟・姉妹に関して用いる.《米》ではこの場合ふつう oldest を用いる).

*__**e・lect**__ /ilékt イレクト/ 動 (~s /-ts/; ~ed /-id/; ~ing) 他 ❶ⓐ(投票によって)…を**選ぶ**,選挙する(☞select の 類語).
ⓑ《elect ... (as) ~》(投票で)…を~に選ぶ.
ⓒ《elect ... to ~》(投票で)…を~に選ぶ.
❷《elect to *do*》(文語)…することに決める.

— 形《名詞の後に用いて》当選した(❍当選したがまだ就任していない場合に用いる).
— 名《the をつけて,または所有格の後で複数扱いで》(神によって)選ばれた人(々).

動他 ❶ⓐThey *elected* a new chairman. 彼らは新しい議長を選んだ.
ⓑWe *elected* her (*as*) mayor. われわれは彼女を市長に選んだ.
ⓒHe was *elected to* the presidency. 彼は会長[社長]に選ばれた.
❷He *elected to* remain at home. 彼は家にいることにした.
☞ 名election, 形elective.
— 形the president-*elect* 大統領当選者.
— 名 God's *elect* 神の選民(イスラエル人).

*__**e・lec・tion**__ /ilékʃən イレクション/ 名(複 ~s /-z/) UC **選挙**;(投票によって)選ぶ[選ばれる]こと.

The Democratic Party won in the general *election*. 民主党が総選挙に勝った.
☞ 動elect.

語の結びつき
decide [swing] an *election* 選挙の行方(ゆくえ)を決定づける[左右する]
have [hold] an *election* 選挙を行なう
run [《英》stand] for *election* 選挙に立候補する
win [lose] an *election* 選挙に勝つ[負ける]

Eléction Dày 名(アメリカの)総選挙日《4年ごとの大統領と副大統領の選挙人を選挙する日》.

e・lec・tive /iléktiv イレクティヴ/ 形
❶(地位などが)選挙によって選ばれる.
❷(治療などが)自分で選ぶことができる.
❸《米》(科目が)選択制の(反 required)(《英》では optional).
— 名C《米》選択科目.
▶形 ❸ an *elective* subject [course] 選択科目.
☞ 動elect.

e・lec・tor /iléktər イレクタ/ 名C ❶選挙人,有権者.
❷《米》大統領[副大統領]選挙人《各州か

abcd**e**fghijklmnopqrstuvwxyz　　　　　　　　　　　　　　　　　　　　　　　　　**element**

ら選出される)).

e·lec·to·ral /ilékt(ə)rəl イレクトラル/ 形 選挙の, 選挙人の.
▶an *electoral* district 選挙区.

eléctoral cóllege 名Ｕ《the をつけて》《米》各州から選出された大統領[副大統領]選挙人団.

e·lec·to·rate /ilékt(ə)rət イレクトレト/ 名Ｕ《the をつけて; 集合的に》選挙民, 有権者.

***e·lec·tric** /iléktrik イレクトリック/ 形
❶電気で動く, 電動の.
❷電気の, 電気に関する.
❸すごくおもしろい, わくわくさせる.

-----
❶*electric* appliances 電気器具 / an *electric* car 電気自動車.
❷an *electric* current 電流.
　　☞ 名electricity, 動electrify.

***e·lec·tri·cal** /iléktrikəl イレクトリカル/ 形 **電気に関する**; 電気の.
▶*electrical* engineering 電気工学.

e·lec·tri·cal·ly /iléktrikəli イレクトリカリ/ 副 電気で.

eléctric cháir 名Ｃ《the をつけて》《死刑用》電気いす((◯《米》では the chair ともいう)).

eléctric guitár 名Ｃ エレキギター.

***e·lec·tri·cian** /ilèktríʃən イレクトリシャン/ 名(複 ~s /-z/) Ｃ 電気技師.

***e·lec·tric·i·ty** /ilèktrísəti イレクトリスィティ/ 名Ｕ **電気**, 電流.

This car is powered by *electricity*. この車は電気で動く / Don't waste *electricity*. 電気を無駄にしてはいけません.

　　☞ 形electric.

eléctric shóck 名Ｃ 電気ショック, 感電.

e·lec·tri·fy /iléktrəfài イレクトリファイ/ 動 (-tri·fies /-z/; -tri·fied /-d/; ~·ing) 他 ❶…を電化する.
❷(人)をすごく興奮させる.

　　☞ 形electric.

e·lec·tro·cute /iléktrəkjùːt イレクトロキュート/ 動 (現分 -cut·ing) 他 (電気いすで)(人)を死刑にする; 感電死させる.

e·lec·tro·cu·tion /ilèktrəkjúːʃən イレクトロキューション/ 名Ｕ 電気死刑; 感電死.

e·lec·trode /iléktroud イレクトロウド/ 名Ｃ 電極.

e·lec·tro·mag·net /ilèktroumǽgnit イレクトロウマグネット/ 名Ｃ 電磁石.

e·lec·tro·mag·net·ic /ilèktroumæɡnétik イレクトロウマグネティック/ 形 電磁石の; 電磁気の.

e·lec·tron /iléktran イレクトラン/ 名Ｃ 〔物理〕電子, エレクトロン.

***e·lec·tron·ic** /ilèktránik イレクトラニック │ -trón-/ 形
❶**電子の**, 電子を利用する.
❷コンピューターを利用する.
▶❶an *electronic* organ 電子オルガン.

electrónic bráin 名Ｃ 電子頭脳((コンピューターのこと)).

electrónic engineéring 名Ｕ 電子工学.

electrónic máil 名Ｕ 電子メール, Eメール((パソコンを用いて行なう通信; ◯ 略して email, e-mail という)).

e·lec·tron·ics /ilèktrániks イレクトラニクス/ 名Ｕ 電子工学, エレクトロニクス.

el·e·gance /éliɡəns エリガンス/ 名Ｕ 優雅, 優美, 気品, 上品.

　　☞ 形elegant.

el·e·gant /éliɡənt エリガント/ 形 (more ~, most ~)優雅な, 優美な, 上品な, 洗練された. ▶She has *elegant* manners. 彼女は優雅な作法を身につけている / She is *elegant* in her tastes. 彼女は趣味が洗練されている.

　　☞ 名elegance.

el·e·gy /élədʒi エレヂィ/ 名(複 el·e·gies /-z/) Ｃ (人の死をいたむ)哀歌, 悲歌, 挽歌(ばんか), エレジー.

***el·e·ment** /éləmənt エレメント/ 名(複 ~s /-ts/) Ｃ ❶**要素**, 成分.
❷〔化学〕元素.
❸《the elements で》(学問の)原理; 初歩; 基礎.
❹(社会の)構成分子.
❺《the elements で》自然の(暴)力, 暴風雨.

-----
❶Kindness is one of the *elements* of a good character. 親切はすぐれた

three hundred and ninety-seven　　　　　　　　　　　　　　　　　　　　　　　　　　　　　397

elementary

人格を構成する要素のひとつである / What are the *elements* of a balanced diet? バランスのとれた食事の成分とはどんなものですか.
❸ *the elements* of arithmetic 算数の初歩.
❺ the fury of *the elements* 自然の猛威[暴風雨].
an element of ... 多少の….
be in** one's **element 本領を発揮している.
be out of** one's **element 本領を発揮していない.

*el·e·men·ta·ry /èləméntəri エレメンタリ/ 形 (more ~; most ~) **初歩の**, 初級の, 基本的な (反 advanced).

an *elementary* education 初等教育 / *elementary* mathematics 初歩の数学.

 eleméntary schòol 名 UC (米) 小学校, 初等学校 (✪ (英) では primary school).
 INFO アメリカで6-3-3 制(6-2-4 制, 6-6 制もある)のところでは最初の6年間, 8-4 制では最初の8年間が小学校にあたる; ☞ primary school.

*el·e·phant /éləfənt エレファント/ 名 (複 ~s /-ts/) C 象(ぞう).

 el·e·vate /éləvèit エレヴェイト/ (★アクセント注意) 動 (現分 -vat·ing) 他 ❶ (文語) (地位・レベルなど)を上げる, (人)を昇進させる. ❷(文語)(心など)を高める, 高揚させる. ❸…を持ち上げる, 高くする.
▶ ❷ Great ideas *elevate* the mind. 偉大な思想は精神を高揚させる.
☞ 名 elevation.

 el·e·vat·ed /éləvèitid エレヴェイティド/ 形 ❶ 高められた, 高い. ❷ (鉄道などが)高架の.

 el·e·va·tion /èləvéiʃən エレヴェイション/ 名 ❶ C 高くなっている所, 小高い丘.
❷ UC 高める[高まる]こと, 向上, 昇進.
☞ 動 elevate.

*el·e·va·tor /éləvèitər エレヴェイタ/ (★アクセント注意) 名 (複 ~s /-z/) C (米) **エレベーター** (✪ (英) では lift).
▶ We went up to the sixth floor in the *elevator*. 私たちはエレベーターで6階へ上がった.

****e·lev·en** /ilévən イレヴン/ 名 (複 ~s /-z/)
❶ⓐ U (数の) **11** (☞ one).
ⓑ C (数字の) 11 (11, XI など).
❷ 《複数扱いで》 **11人**, 11個.
❸ⓐ U **11時**, 11分.
ⓑ C 11ドル[ポンド, ペンス, セント, インチなど].
❹ U 11歳.
❺ C ⓐ 11人[11個] ひと組のもの.
ⓑ (サッカー・クリケットの)チーム, イレブン.
― 形 ❶ **11の**, 11人の, 11個の.
❷ 11歳で(ある).

****e·lev·enth** /ilévənθ イレヴンス/ 形 ❶ 《ふつう the をつけて》 **11番目の** (☞ first).
❷ 11分の1の.
― 名 (複 ~s /-s/) ❶ U 《ふつう the をつけて》 **11番目の人[もの]**.
❷ U 《ふつう the をつけて》 (月の) **11日** (✪ 略語は 11th).
❸ C 11分の1.
▶ 形 ***at the eleventh hour*** (もうこれ以上遅くてはいけない)きわどいときに, 最後の土壇場(どたんば)で.

 elf /élf エルフ/ 名 (複 **elves** /élvz/) C (いたずらな)小妖精(ようせい) 《森・丘・荒野などに住むと想像されている》.

elf

 elf·in /élfin エルフィン/ 形 小妖精(ようせい)の; 小妖精のような.

 e·lic·it /ilísit イリスィット/ 動 他 ❶ (事実・情報など)を引き出す. ❷ (笑いなど)を誘う.

 el·i·gi·bil·i·ty /èlidʒəbíləti エリヂビリティ/ 名 U 選ばれる資格のあること; 適任, 適

abcd**e**fghijklmnopqrstuvwxyz　　　　　　　**else**

格.

el·i·gi·ble /élidʒəbl エリヂブル/ 形 (more ~ ; most ~) ❶選ばれる資格のある, 適格の, 適任の (反ineligible).
❷結婚相手としてふさわしい.
▶❶You are *eligible for* citizenship. あなたは市民権をとる資格がある.

***e·lim·i·nate** /ilímənèit イリミネイト/ 動 (-nates /-ts/; -nat·ed /-tid/; -nat·ing /-nating/) 他 ❶…を**取り除く**, 除去する, 排除する.
❷(競技・選挙などで)(人)を失格にする.
❸(敵など)を殺す.
▶❶Please *eliminate* his name from the list. 彼の名前を一覧表からけずってください / *eliminate* causes of accidents 事故の原因を排除する.
❷He was *eliminated* in the first round of the tennis tournament. 彼はテニスの1回戦で負けた.
　　　　　　　　　☞ 名elimination.

e·lim·i·na·tion /ilìmənéiʃən イリミネイション/ 名 ❶ U 除去, 排除. ❷ C (競技などでの)負け, (出場からの)除外. ❸ U (敵などを)殺すこと.
▶❶*elimination* of crime 犯罪の排除. ❷*elimination* contest 予選.
　　　　　　　　　☞ 動eliminate.

e·lite, é·lite /eilíːt エイリート/ (★発音注意) 名 C 《the をつけて; 複数扱い》選ばれた[えり抜きの]人々, エリート; 精鋭.
— 形 エリートの.

e·lit·ism /eilíːtizm エイリーティズム/ 名 U エリート主義.

e·lit·ist /eilíːtist エイリーティスト/ 名 C エリート主義者. — 形 エリート主義の.

E·liz·a·beth /ilízəbəθ イリザベス/ 名 エリザベス《女性の名; 愛称 Bess, Beth, Betty, Elsie, Liz》.

Elizabeth I /-ðə fɔːrst -ザ ファースト/ 名 エリザベス一世《(1533–1603); イングランド (England) とアイルランド (Ireland) の女王》.

Elizabeth II /-ðə sékənd -ザ セカンド/ 名 エリザベス二世《(1926–); 現在のイギリスの女王(1952 年即位)》.

E·liz·a·be·than /ilìzəbíːθən イリザビーサン/ (★アクセント注意) 形 エリザベス(一世)女王時代の.

elk /élk エルク/ 名 (複 ~s /-s/, elk) C ヘラジカ《ヨーロッパやアジアに生息; 雄はての

ひらのような角 (antler) をもつ》.

elk

El·len /élən エレン/ 名 エレン《女性の名; 愛称 Nell, Nellie, Nelly》.

el·lip·tic /ilíptik イリプティック/ 形 = elliptical.

el·lip·ti·cal /ilíptikəl イリプティカル/ 形 省略した, 省略法の.

elm /élm エルム/ 名 ❶ C ニレ(の木).
❷ U ニレ材.

El Niño /el níːnjou エル ニーニョウ/ 名 U エルニーニョ現象《ペルー沖の海面温度が急上昇する現象. 異常気象の原因になる》.

el·o·cu·tion /èləkjúːʃən エロキューション/ 名 U 雄弁術, 演説法.

e·lon·gat·ed /ilɔ́ːŋgeitid イローンゲイティド/ 形 …を長く延ばした.

e·lope /ilóup イロウプ/ 動 (現分 e·loping) 自 かけ落ちする.

e·lope·ment /ilóupmənt イロウプメント/ 名 U C かけ落ち.

el·o·quence /éləkwəns エロクウェンス/ (★アクセント注意) 名 U 話がうまいこと, 雄弁.
　　　　　　　　　☞ 形eloquent.

el·o·quent /éləkwənt エロクウェント/ (★アクセント注意) 形 (more ~; most ~) 話のうまい, 雄弁な.
▶an *eloquent* speaker 雄弁家.
　　　　　　　　　☞ 名eloquence.

el·o·quent·ly /éləkwəntli エロクウェントリ/ 副 雄弁に.

*****else** /éls エルス/ 副
❶《ふつう any-, no-, some- のつく語や疑問詞の後で》**そのほかに**, 他に, 別に.
❷《ふつう or else で》さもないと, そうでなければ《❶or なしで用いることもある》.

❶Do you want anything *else*? ほかになにかいりませんか / No one *else*

399

elsewhere

knows her house. ほかにはだれも彼女の家を知っている人はいない / Who *else* is coming? ほかにだれが来ますか / Where *else* did you go? ほかにどこへ行きましたか.

❷Put on your sweater, *or else* you will catch cold. セーターを着なさい, さもないとかぜをひきますよ.

|語法| 所有格は＿else's で表わす: *someone else's* hat だれか他の人の帽子 / This isn't mine; it's somebody *else's*. これは私のではない, だれか他の人のものだ.

***else·where** /élshweər エルス(ホ)ウェア/ 副 **どこかほかの所に[で, へ]**, よそに[で, へ] (☆somewhere else, anywhere else ともいえる).

▶They don't carry your brand, so you'll have to look *elsewhere*. そこではあなたの欲しいブランドを扱っていないから, よそで探さなければだめでしょう.

e·lude /ilúːd イルード/ 動 (現分 e·lud·ing) 他 ❶ (なんとか)…をのがれる, 避ける. ❷ (ものが)(人)に理解できない, 思い出せない.

▶❷Her name *eludes* me. 私は彼女の名前が思い出せない.

e·lu·sive /ilúːsiv イルースィヴ/ 形 ❶なかなかつかまらない. ❷わかりにくい, おぼえにくい.

elves /élvz エルヴズ/ 名 elfの複数形.

'em /əm エム/ 代 (口語)＝them (☆弱く発音される場合に用いられる).

e·ma·ci·at·ed /iméiʃièitid イメイシエイティド/ 形 (人・顔などが)ひどくやせ衰えた.

e-mail, e-mail /íː-mèil イー・メイル/ 名 ⓒ E メール, メール (☆ⓞelectronic mailの略). ― 動 他 …をEメールで送る.

☞名send an *email* Eメールを送る.

em·a·nate /émənèit エマネイト/ 動 (現分 -nat·ing) 他 《文語》(光・音・熱・香り・思想などが)出る.

e·man·ci·pate /imǽnsəpèit イマンスィペイト/ 動 (現分 -pat·ing) 他 《文語》(社会的・政治的・法律的制約から)(人)を解放する.

e·man·ci·pa·tion /imæ̀nsəpéiʃən イマンスィペイション/ 名 Ⓤ (社会的・政治的・法律的制約からの)解放.

em·balm /imbá:m インバーム/ (★1 は発音されない) 動 他 (死体)に香料や薬品で防腐処置をする.

em·bank·ment /imbǽŋkmənt インバンクメント/ 名 ⓒ 堤防, 土手.

em·bar·go /imbá:rgou インバーゴウ/ 名 (複 ~es /-z/) ⓒ 通商禁止(令).
― 動 (~es /-z/; ~ed /-d/; ~·ing) 他 (通商など)を禁止する.

em·bark /imbá:rk インバーク/ 動 ⓐ 船[飛行機(など)]に乗りこむ.
☞ 名embarkation.

em·bar·ka·tion /èmba:rkéiʃən エンバーケイション/ 名 Ⓤ (船・飛行機に)乗り[積み]こむこと. ☞動embark.

***em·bar·rass** /imbǽrəs インバラス/ 動 (~·es /-iz/; ~ed /-t/; ~·ing) 他
❶ (人)にきまりの悪い思いをさせる, (人)を当惑させる, 困らせる.
❷《be embarrassed》当惑する[している] (☞embarrassed).

▶❶The child *embarrassed* me by asking unexpected questions. その子は思いもよらない質問をして私を困らせた.

☞ 名embarrassment.

em·bar·rassed /imbǽrəst インバラスト/ 形 (more ~; most ~) きまりの悪い思いをした, 当惑した, まごついた.

▶I *was* [*felt*] *embarrassed* at [by] her praise. 彼女にほめられて私はまごついた / look *embarrassed* 当惑した顔をする.

em·bar·rass·ing /imbǽrəsiŋ インバラスィング/ 形 きまりの悪い思いをさせる, 困らせるような, やっかいな.

▶*embarrassing* questions 人を困らせるような質問.

em·bar·rass·ment /imbǽrəsmənt インバラスメント/ 名 ❶Ⓤきまりの悪い思い, 当惑; (人前などでの)気おくれ.
❷ⓒ当惑させること[もの].

☞ 動embarrass.

em·bas·sy /émbəsi エンバスィ/ 名 (複 em·bas·sies /-z/) ❶ⓒ大使館 (☆「大使」は ambassador).
❷Ⓤ《集合的に》大使館員.

▶❶ the American *Embassy* in Tokyo 東京のアメリカ大使館.

em·bat·tled /imbǽtld インバトルド/ 形

《文語》❶敵に囲まれた. ❷問題をたくさんかかえた.

em·bed /imbéd インベッド/ 動 (~s /-dz/; em·bed·ded /-id/; em·bed·ding) 他 《ふつう be embedded で》❶しっかり埋めこまれている. ❷(気持ち・考えなどが)しっかり根づいている.

em·bel·lish /imbéliʃ インベリシュ/ 動 (三単現 ~·es /-iz/) 他 《文語》❶…を飾る. ❷(話など)に尾ひれをつけておもしろくする.

em·bel·lish·ment /imbéliʃmənt インベリシュメント/ 名 U|C 装飾(すること).

em·ber /émbər エンバ/ 名 C 残り火, 燃え残り.

em·bez·zle /imbézl インベズル/ 動 (現分 em·bez·zling) 他 (公金など)を使いこむ, 横領する.

em·bez·zle·ment /imbézlmənt インベズルメント/ 名 U 使いこみ, 横領.

em·bit·ter /imbítər インビタ/ 動 他 (人)をいやな気持ちにする;…をおこらせる.

em·blem /émbləm エンブレム/ 名 C
❶象徴, 象徴するもの. ❷標章, 記章.
▶ ❶ The dove is the *emblem* of peace. ハトは平和の象徴である.
❷ The *emblem* of the United States is the bald eagle. 合衆国の国章はハクトウワシである / a company *emblem* 会社のバッジ, 社章.

em·bod·i·ment /imbádimənt インバディメント/ 名 U 具体化, 具現.
❷ C (性質・思想・感情などを)具体的な形で表わしたもの, 化身(けしん).
▶ ❷ He is the *embodiment* of courage. 彼は勇気そのものだ.

em·bod·y /imbádi インバディ/ 動 (em·bod·ies /-z/; em·bod·ied /-d/; ~·ing) 他 …を具体的に表現する.
▶ *His ideas are embodied* in his writings. 彼の思想は彼の著作の中に具体的に表わされている.

em·bold·en /imbóuldən インボウルデン/ 動 他 …を大胆にする, 勇気づける.
☞ 形 bold.

em·boss /imbɔ́s インバス/ 動 (三単現 ~·es /-iz/) 他 …を浮き彫(ぼ)りにする, 浮き出させる.

em·brace /imbréis インブレイス/ 動 (em·brac·es /-iz/; em·braced /-t/; em·brac·ing) 他 ❶…を抱きしめる. ❷《文語》…を受け入れる.
— 自 抱き合う.
— 名 (複 em·brac·es /-iz/) C 抱擁(ほうよう).
▶ 動 他 ❶ *embrace* each other 抱き合う. ❷ He *embraced* my offer at once. 彼はすぐに私の申し出を受け入れた.

em·broi·der /imbrɔ́idər インブロイダ/ 動 他 ❶…に刺しゅうする; (模様など)を縫いこむ. ❷(話など)に尾ひれをつける.
— 自 刺しゅうをする.
▶ 他 ❶ *embroider* a handkerchief *with* a pattern = *embroider* a pattern *on* a handkerchief ハンカチに模様を刺しゅうする.

em·broi·der·y /imbrɔ́idəri インブロイダリ/ 名 (複 -der·ies /-z/) U|C 刺しゅう(をすること).

em·broil /imbrɔ́il インブロイル/ 動 他 《文語》(人)を(紛争・議論などに)巻きこむ.

em·bry·o /émbriòu エンブリオウ/ 名 (複 ~s /-z/) C ⓐ (哺乳動物の)胎児. ⓑ (植物の)胚(はい).

em·bry·on·ic /èmbriánik エンブリアニック/ 形 未発達の; 初期の.

em·cee /émsí: エムスィー/ 名 C 《米口語》(パーティー・テレビ番組などの)司会者 《◆master of ceremonies のかしら文字 m と c から; MC, M.C. ともつづる》.
— 動 他 …を司会する.
— 自 司会をする.

em·er·ald /émərəld エメラルド/ 名
❶ C エメラルド (あざやかな緑色の宝石).
❷ U エメラルド色.

***e·merge** /imə́:rdʒ イマーヂ/ 動 (e·merg·es /-iz/; e·merged /-d/; e·merg·ing) 自 ❶ (水中・暗やみなどから)**出て来る**, 現われる.
❷明らかになる.
❸ (困難などから)脱出する.

──────────────

❶ A diver *emerged* from the water. ダイバーが水中から浮かび上った.
❷ Several new facts *emerged*. いくつかの新事実が明らかになった.
❸ When will Japan *emerge* from the global recession? 日本はいつ世界的な不景気から抜け出せるだろうか.
☞ 名 emergence.

emergence

e·mer·gence /imə́ːrdʒəns イマーチェンス/ 名U ❶現われること, 出現. ❷(困難などからの)脱出.
☞ 動emerge.

*__e·mer·gen·cy__ /imə́ːrdʒənsi イマーチェンスィ/ 名(複 -gen·cies /-z/)

❶ UC **緊急の場合**, 緊急事態, 非常事態, 突発事件.

❷《形容詞的に》緊急の.

----

❶ We must be prepared for *emergencies*. 私たちは緊急の場合に対して用意ができていなくてはならない.

❷ an *emergency* measure 非常手段.

in an emergency*=*in case of emergency 非常の場合に(は) (☞成句 dial 999 (⇨ dial 動)) : For use only *in case of emergency*. 《掲示》非常の場合以外使わないでください.

----

emérgency bràke 名C非常ブレーキ, サイドブレーキ.

emérgency èxit 名C非常口.

emérgency ròom 名C救急治療室 (○ERと略す).

e·mer·i·tus /imérətəs イメリタス/ 形名誉職の. ▶ an *emeritus* professor=a professor *emeritus* 名誉教授.

em·i·grant /émigrənt エミグラント/ (★アクセント注意)名C(外国へ出る)移(住)民 (☞immigrant).

em·i·grate /émigrèit エミグレイト/ 動 (現分 -grat·ing) 自 (他国へ)移住する (☞immigrate).
☞ 名emigration.

em·i·gra·tion /èmigréiʃən エミグレイション/ 名UC (他国への)移住 (☞immigration). ☞ 動emigrate.

Em·i·ly /émɪli エミリ/ 名エミリー(女性の名).

em·i·nence /émɪnəns エミネンス/ 名U 名声, 著名. ☞ 形eminent.

em·i·nent /émənənt エミネント/ 形 (人が)著名な, 名の通った; すぐれた.
☞ 名eminence.

em·i·nent·ly /émənəntli エミネントリ/ 副著しく; 非常に.

e·mir /imíər イミア/ 名C(イスラム教国の)首長.

e·mir·ate /émərət エミレト/ C(イスラム教の)首長国.

em·is·sar·y /éməsèri エミセリ/ 名(複 -sar·ies /-z/)C 使者.

e·mis·sion /imíʃən イミション/ 名U (光・熱・ガスなどの)放出, 発散.

e·mit /imít イミット/ 動 (~s /-ts/; e·mit·ted /-id/; e·mit·ting) 他 (光・熱・音・においなど)を発する, 出す.

Em·ma /émə エマ/ 名エマ(女性の名).

Em·mie, Em·my /émi エミ/ 名 ❶エミー(女性の名; Emily, Emma の愛称). ❷(米)エミー賞(アメリカで毎年テレビの最優秀番組や最優秀演技者に与えられる賞).

*__e·mo·tion__ /imóuʃən イモウション/ 名(複 ~s /-z/)UC (強い)**感情**, 気持ち (○愛, 幸福感, 怒り, 恐怖など).

Love and hate are opposite *emotions*. 愛と憎しみは反対の感情である / Her voice trembled with *emotion*. 彼女の声は感情が高まって震えた.
☞ 形emotional, emotive.

----

*__e·mo·tion·al__ /imóuʃənəl イモウショナル/ 形 (more ~; most ~)

❶感情の, 情緒の.

❷感情的な, 感情の高まった.

❸強い感情を引き起こす.

----

❶ He has *emotional* problems. 彼には情緒にかかわる問題がある[情緒が不安定だ].

❷ She was very *emotional* then. 彼女はそのとき大変感情的だった.

❸ an *emotional* issue 強い感情を引き起こす問題.
☞ 名emotion.

----

e·mo·tion·al·ly /imóuʃənəli イモウショナリ/ 副感情的に, 情緒の面で; 感情に訴えて.

e·mo·tive /imóutiv イモウティヴ/ 形強い感情を引き起こす. ☞ 名emotion.

em·pa·thy /émpəθi エンパスィ/ 名U 他人と同じ気持ちになること, 共感.

*__em·per·or__ /émpərər エンペラ/ 名(複 ~s /-z/) C (帝国を支配する) **皇帝**; (日本の)天皇 (○「皇后, 女帝」は empress; ☞empire).

▶ the *Emperor* Meiji 明治天皇 / a Roman *Emperor* ローマ皇帝.
☞ 形imperial.

em·pha·ses /émfəsìːz エンファスィーズ/ [名]emphasisの複数形.

***em·pha·sis** /émfəsis エンファスィス/ [名]（[複] em·pha·ses /-sìːz/）[UC] ❶**強調**, 重要視, 重点(をおくこと).
❷**強勢**, 強調《発音するときにある音節や語などを強くいうこと》.

❶Our school puts [places, lays] special *emphasis* on English. われわれの学校は英語をとくに重視している.
❷In reading aloud, put *emphasis* upon the most important words. 声を出して読むときは最も重要な語に強勢を置きなさい.
***with emphasis* 強調して**, 強く.
☞ [動]emphasize, [形]emphatic.

⁑**em·pha·size** /émfəsàiz エンファサイズ/ [動]（-siz·es /-iz/; -sized /-d/; -siz·ing）[他] ❶ⓐ…を**強調する**, 重視する.
ⓑ《emphasize that __》__ということを強調する.
❷（語など）を**強めていう**.

❶ⓐThey *emphasized* the need for a park in the town. 彼らは町に公園の必要なことを強調した.
ⓑShe *emphasized that* special attention must be paid to small children. 彼女は小さな子どもにはとくに注意する必要があると強調した.
❷She *emphasized* the word 'freedom.' 彼女は「自由」ということばを力を込めて言った.
☞ [名]emphasis.

em·phat·ic /imfǽtik インファティック/ [形]（more ~; most ~）❶（表現・態度・考えなどが）強い, 断固とした, きっぱりした; 強く主張する. ❷明確な, はっきりした.
▶❶His reply was an *emphatic* 'no.' 彼の返答は強い「ノー」だった. ❷an *emphatic* victory 明らかな勝利.
☞ [名]emphasis.

em·phat·i·cal·ly /imfǽtikəli インファティカリ/ [副]強調して; 断固として; 明確に.

***em·pire** /émpaiər エンパイア/ 《★アクセント注意》[名]（[複] ~s /-z/）[C] **帝国**《☞ emperor》. ▶the Roman *Empire* ローマ帝国.
☞ [形]imperial.

Émpire Státe Bùilding [名]《the をつけて》エンパイア ステートビルディング《ニューヨーク (New York) 市のマンハッタン (Manhattan) 区にある1931年に完成した102階 (381m) の建物》.

em·pir·i·cal /impírikəl インピリカル/ [形]経験にもとづく, 経験上の; 実証的な.

em·pir·i·cal·ly /impírikəli インピリカリ/ [副]経験的に; 実証的に.

⁑**em·ploy** /implɔ́i インプロイ/ [動]（~s /-z/; ~ed /-d/; ~·ing）[他]
❶（人）を**雇う**, 雇用する《会社などが職員として人を雇う; ✪「(個人的・一時的に)雇う」は hire》.
❷（もの・手段など）を使用する《✪use のほうが一般的》.

❶That store *employs* eight clerks. あの店は8人の店員を雇っている / She is *employed* as a secretary. 彼女は秘書として雇われている.
❷*employ* a new method 新しい方法を用いる.
☞ [名]employment.

⁑**em·ploy·ee** /implɔiíː インプロイイー/ 《★アクセント注意》[名]（[複] ~s /-z/）[C]**雇われている人**; 従業員, 社員.

em·ploy·er /implɔ́iər インプロイア/ [名][C]雇い主, 使用者《個人・企業・団体など》.

⁑**em·ploy·ment** /implɔ́imənt インプロイメント/ [名][U] ❶**雇う[われる]こと**, 雇用（[反] unemployment）; 職.
❷《文語》（もの・手段などの）使用.

❶(the) *employment* of women 女性の雇用 / full *employment* 完全雇用 / lose〔seek, find〕*employment* 職を失う〔探す, 見つける〕.
❷*employment* of force 暴力の使用.
***be out of employment* 失業している**: He *is out of employment*. 彼は失業している.
☞ [動]employ.

emplóyment àgency [名][C]（民間の）職業紹介所.

em·pow·er /impáuər インパウア/ [動][他]…に権限を与える. ☞ [名]power.

em·press /émprəs エンプレス/ [名]（[複] ~·es /-iz/）[C] ❶皇后《皇帝・天皇の夫人》.

E

emptiness

❷女帝(✪「皇帝・天皇」はemperor).

emp・ti・ness /émptinəs エンプティネス/ 名U ❶から, 空虚. ❷むなしさ.

*__emp・ty__ /émpti エンプティ/ 形 (emp・ti・er; emp・ti・est) ❶**からの**, なにもはいっていない, だれもいない; 使われていない (反 full)(☞vacant の 類語).

❷ (話などが)中身のない; 面白くない; 無意味な.

— 動 (emp・ties /-z/; emp・tied /-d/; ~・ing) 他 ❶ (中に入っている物)を**からにする**, あける.

❷ (中身)を(他の容器などに)移す.

— 自 ❶ **からになる**.

❷ (川が)〔…に〕**注ぐ**〔*into*〕.

形 ❶ The box was *empty*. その箱はからだった / I found the room *empty*. 部屋にはだれもいなかった / an *empty* house 空き家. ❷ Never use *empty* words. 意味のないことばは使うな.

— 動 他 ❶ She *emptied* the shopping bag onto the table. 彼女は買いもの袋をあけてテーブル上にみんな出した / She *emptied* the drawers *of* everything in it. 彼女は引き出しのものをすっかり出した.

❷ *Empty* the bucket of water *into* the tub. ばけつの水をたらいに移しなさい.

— 自 ❶ The hall soon *emptied* after the conference. 会議後, 会場はすぐにからっぽになった.

❷ The Nile *empties into* the Mediterranean. ナイル川は地中海に注ぐ.

emp・ty-hand・ed /émpti-hændid エンプティ・ハンディド/ 形 なにも手に持っていない, 手ぶらの[で].

emp・ty-head・ed /émpti-hédid エンプティ・ヘディド/ 形 頭のからっぽな, ばかな.

e・mu /íːmjuː イーミュー/ 名C 【鳥類】エミュー《オーストラリア産のダチョウに似た大きな鳥; 飛力がない》.

em・u・late /émjuleit エミュレイト/ 動 (現分 -lat・ing) 他 《文語》…に負けまいと努力する[まねをする].

en- /in イン, en / 接頭 ❶《動詞をつくる》《形容詞・名詞につく》「…にする」の意. ❷《動詞をつくる》《名詞・動詞につく》「…の中に入れる」の意.

*__en・a・ble__ /inéibl イネイブル/ 動 (en・a・bles /-z/; en・a・bled /-d/; en・a・bling) 他 ❶《enable ... to do》(人)に__する**ことができるようにする**, __することを可能にする.

❷ …を可能にする (反 disable).

❶ The prize money *enabled* me *to* buy this digital camera. その賞金のおかげでこのデジカメが買えた / Airplanes *enable* us *to* travel far and wide. 飛行機のおかげで私たちは遠く広く旅をすることができる.

❷ The computer *enabled* the development of space science. コンピューターが宇宙科学の発展を可能にした.

☞ 形 able.

en・act /inækt イナクト/ 動 他 …を法律にする; (法)を制定する.

en・act・ment /inæktmənt イナクトメント/ 名U (法の)制定.

en・am・el /inæməl イナメル/ (★アクセント注意) 名U ❶ エナメル(塗料), ほうろう, (陶器の)上薬(うわぐすり), ❷ (歯の)ほうろう質.

en・case /inkéis インケイス/ 動 (現分 en・cas・ing) 他 …を容器に入れる; …を包む.

en・chant /intʃænt インチャント/ 動 他 ❶ …をうっとりさせる, 魅惑する.

❷ …を魔法にかける.

en・chant・ed /intʃæntid インチャンティド/ 形 ❶ 魔法をかけられた. ❷《文語》うっとりした.

en・chant・ing /intʃæntiŋ インチャンティング/ 形 魅力的な, うっとりさせるような.

en・cir・cle /insə́ːrkl インサークル/ 動 (現分 en・cir・cling) 他 …を取り巻く, 取り囲む.

*__en・close__ /inklóuz インクロウズ/ 動 (en・clos・es /-iz/; en・closed /-d/; en・clos・ing) 他 ❶ (壁・フェンスなどで)…を**囲む**, 囲いをする.

❷ (手紙などに)…を**同封する**.

❶ They *enclosed* the garden with a high wall. 彼らは高い塀(へい)で庭に囲いをした / The field *is enclosed* by [with] trees. 野原は木で囲まれている.

❷ He *enclosed* a check with the letter. 彼は手紙に小切手を同封した /

en·clo·sure /inklóuʒər インクロウジャ/ 名 ❶ C (手紙などの)同封物, 封入物. ❷ C 囲まれた場所. ☞ 動 enclose.

Enclosed is a check for ten dollars. 《おもに商用文で》10ドルの小切手を同封しました.
☞ 名 enclosure.

en·code /inkóud インコウド/ 動 他 (文などを)暗号にする (反 decode).

en·com·pass /inkámpəs インカンパス/ 動 (三単現 ~es /-iz/) 他 ❶《文語》…を取り囲む, 取り巻く. ❷ …を含む.

en·core /á:ŋkɔːr アーンコー | ɔ́ŋkɔː/ 間 アンコール《聴衆が演奏者・歌手などにもっと演奏や歌うことを頼む叫び声や長い拍手》.
— 名 C アンコールに応じる演奏[歌].
▶ 名 play [sing] three *encores* アンコールに応じて3曲演奏する[歌う].

*__**en·coun·ter**__ /inkáuntər インカウンタ/ 動 (~s /-z/; ~ed /-d/; ~ing /-təriŋ/) 他 ❶ (敵・危険・困難などに)**出くわす**, 遭遇する.
❷ (思いがけなく)(人)に出会う.
— 名 (複 ~s /-z/) C ❶ (敵・危険・困難などとの)**遭遇**. ❷ (偶然の)出会い.

動 他 ❶ The explorers *encountered* many difficulties. 探検家たちは多くの困難に遭遇した.
— 名 ❷ A chance *encounter* can change your life. 偶然に人に会うことで人生が変わることがある.

*__**en·cour·age**__ /inkə́:ridʒ インカーリヂ | -kʌ́r-/ 動 (-ag·es /-iz/; -aged /-d/; -ag·ing/) 他 ❶ ⓐ (人)を**勇気[元気]づける**, 励ます (反 discourage).
ⓑ《encourage ... to do》…に__するように励ます, 説得する.
❷ …を**うながす**, 助ける, 奨励する.

❶ ⓐ The good news *encouraged* us. よい知らせが私たちを元気づけた.
ⓑ She *encouraged* me *to* try again. 彼女は私にもう1回やってみるように励ましてくれた.
❷ Warm weather *encourages* the sale of soft drinks. 暑い天候だと清涼飲料の売り上げが伸びる.
☞ 名 courage, encouragement.

en·cour·age·ment /inkə́:ridʒmənt インカーリヂメント/ 名 ❶ U 元気づけ(ること), 励まし; 奨励. ❷ C 元気づけるもの; 奨励[刺激]となるもの.
☞ 動 encourage.

en·cour·ag·ing /inkə́:ridʒiŋ インカーリヂング/ 形 元気づける, 励ましの; 奨励の.

en·cour·ag·ing·ly /inkə́:ridʒiŋli インカーリヂングリ/ 副 元気づけるように, 励まして.

en·croach /inkróutʃ インクロウチ/ 動 (三単現 ~es /-iz/) 自《encroach on [upon] ...》(だんだんと)(権力・権利・領土など)を侵す, 奪う.

en·croach·ment /inkróutʃmənt インクロウチメント/ 名 UC 侵入, 侵害.

*__**en·cy·clo·pe·di·a**__, **en·cy·clo·pae·di·a** /ensàikləpí:diə エンサイクロピーディア/ 名 (複 ~s /-z/) C **百科事典**.

en·cy·clo·pe·dic, **en·cy·clo·pae·dic** /ensàikləpí:dik エンサイクロピーディック/ 形 百科事典的な; 博学な.

*__**end**__ /énd エンド/ 名 (複 ~s /-dz/) C
❶ (時間・物事・活動・話などの)**終わり**, 最後(の部分); 結末 (反 beginning).
❷ (細長いものの)端, 先端, 末端; (電話の)一方の側; (道などの)突き当たり.
❸ (数量・力などの)限り, 限度.
❹ 目的.
❺ 最期, 滅亡, 死.
— 動 (~s /-dz/; ~ed /-id/; ~ing) 自 **終わる** (反 begin, start).
— 他 …を終える, やめる (反 begin, start).

名 ❶ He made a short speech at the *end* of the party. 彼はパーティーの終わりに短いスピーチをした / The *end* of the novel was sad. その小説の最後は悲しかった / I met her at the *end* of August. 私は8月の末に彼女に会った.
❷ Please hold this *end* of the rope. ロープのこちらの端を持っていてください / at the *end* of the road 道路の突き当たりに.
❸ They were at the *end* of their food supplies. 彼らは食料もつきていた.

405

enforce

❷ She put all her *energies* into social work. 彼女は社会奉仕に全力をそそいだ.
❸ⓐ atomic *energy* 原子力.
ⓑ *energy* sources 〔conservation〕エネルギー源〔節約〕.
☞ 形 energetic, 動 energize.

en·force /infɔ́ːrs インフォース/ 動 (現分 en·forc·ing) 他 ❶ (法律など)を執行する, 実施する. ❷ …を強要する, 強(し)いる, 押しつける.

en·force·ment /infɔ́ːrsmənt インフォースメント/ 名 U ❶ (法律などの)執行. ❷ 強制, 強要.

Eng. 《略語》England; English.

*en·gage /ingéidʒ インゲイジ/ 動 (en·gag·es /-iz/; en·gaged /-d/; en·gag·ing) 他 ❶ (関心・注意など)を**引く**.
❷ **婚約させる** (✿ふつう受身形で用いる; ☞ engaged ❶).
❸ⓐ **従事させる** (✿ふつう受身形で用いる; ☞ engaged ❷).
ⓑ (人)を(会話などに)引きこむ.
❹ (人)を**雇う** (✿(米)ではふつう hire, employ を用いる).
— 自 《engage in ...》…に従事する, 参加する.

他 ❶ The new toy *engaged* the baby's attention. 赤ん坊は新しいおもちゃに夢中になった. ❸ⓑ I *engaged* Bess in conversation. 私はベスと会話を始めた. ❹ *engage* a student as a guide 学生をガイドに雇う.
— 自 He *engaged in* the study of microbes. 彼は微生物の研究をした / *engage in* a discussion 議論をする.
☞ 名 engagement.

*en·gaged /ingéidʒd インゲイジド/ 形
❶ **婚約して(いる)**.
❷ⓐ (仕事などで)**忙しい**.
ⓑ 《be engaged in ...》…で忙しい; …に従事している.
❸ 《英》(電話などが)使用中で(ある).
----
❶ John and Mary *are engaged*.＝John *is engaged to* Mary. ジョンとメリーとは婚約している. ❷ⓐ He will see you if he *is* not *engaged*. 忙しくなければ彼はあなたに会ってくれるでしょう.

ⓑ My father *is engaged in* business. 私の父は商売をしている / She *is engaged in* writing a report. 彼女は報告書を書いているところです.

*en·gage·ment /ingéidʒmənt インゲイジメント/ 名 (複 ~s /-ts/) ❶ C 婚約; 婚約期間 (反 disengagement).
❷ C (人に会う)**約束**; 予約.
ⓑ (物事をする)約束, 取り決め.
▶ ❶ They announced their *engagement*. 彼らは婚約を発表した.
❷ⓐ I have a previous *engagement*. 私には先約があります.
☞ 動 engage.

engágement rìng 名 C 婚約指輪 (男性から女性に贈る; ✿「エンゲージリング」は和製英語).

en·gag·ing /ingéidʒiŋ インゲイジング/ 形 人を引きつける, 魅力のある.
▶ an *engaging* smile 魅力的な微笑.

*en·gine /éndʒin エンジン/ 名 (複 ~s /-z/) C ❶ **エンジン**, 機関.
❷ 機関車 (✿locomotive ともいう).

éngine drìver 名 C (英) (列車の)機関士 (✿(米) では engineer).

*en·gi·neer /èndʒəníər エンジニア/ (★アクセント注意) 名 (複 ~s /-z/) C ❶ 技師, 技術者, エンジニア. ❷ⓐ (汽船などの)機関士. ⓑ (米) (列車の)機関士 (✿(英)では engine driver).
— 動 他 ❶ …を設計する, 作る.
❷ …をたくらむ.
▶ 名 ❶ an electrical 〔mechanical〕*engineer* 電気〔機械〕技師.

*en·gi·neer·ing /èndʒəníəriŋ エンジニ(ア)リング/ 名 U ❶ **工学**, 工学技術.
❷ 技師の仕事; 工事.
▶ ❶ electrical 〔mechanical〕*engineering* 電気〔機械〕工学.

***Eng·land** /íŋglənd イングランド/ 名 ❶ **イングランド** 《大ブリテン島 (Great Britain) のスコットランド (Scotland) とウェールズ (Wales) を除いた南の部分; ☞ 見返しの地図》.
❷ (国名としての)**イギリス**, 英国.
語法 「イギリス」という国名は正式には the United Kingdom of Great Britain and Northern Ireland で, ふつう the United Kingdom と

abcd**e**fghijklmnopqrstuvwxyz　　　　　　　　　　　　　　　　**enjoy**

よばれ, the U.K. がその略称である. ☞ Great Britain, United Kingdom.

☞ 形 English.

****Eng·lish** /íŋgliʃ イングリシュ/ 形
❶ **英語の**; 英語で書かれた[話された].
❷ **イングランドの**; **イギリスの** (☞British).
❸ **イングランド人の**; **イギリス人の**.
— 名 ❶ U **英語**.
❷《the をつけて; 集合的に; 複数扱いで》
ⓐ **イングランド人**《◆個人は Englishman, Englishwoman という》.
ⓑ **イギリス人**《◆正式には the British という》.

形 ❶ *English* grammar 英文法.
❷ *English* folk songs イングランド民謡 / the *English* people イギリス国民 (☞Englishman の 語法).

語法 English は大ブリテン島 (Great Britain)《England, Wales, Scotland からなる》の中心的地域である「England の」「England 人の」という意味である. English を「イギリスの」「イギリス人の」の意味に使うのは俗な使い方で正確ではない. 厳密には British を用いる.

❸ She is *English*. 彼女はイングランド人[イギリス人]だ(◆正確に「イギリス人」とするには She is British という; ☞ ❷ の 語法).

☞ 名 England.

— 名 ❶ Say it in *English*. それを英語で言いなさい / What is the *English* for the Japanese 'sakura'? 日本語の「さくら」は英語でなんといいますか / speak in broken *English* でたらめな英語でしゃべる / American *English* アメリカ英語 / British *English* イギリス英語.

❷ *The English* are a practical people. イギリス人は現実的な国民である.

Énglish bréakfast 名CUイギリス式の朝食《ベーコンエッグ・トースト・紅茶が基本で量が多い》.

Énglish Chánnel 名《the をつけて》イギリス海峡《イングランド南部とフランス北部の間の海峡》.

Énglish hórn 名Cイングリッシュホルン《オーボエ (oboe) より大きく, 低い音を出す木管楽器》.

****Eng·lish·man** /íŋgliʃmən イングリシュマン/ 名 (複 Eng·lish·men /-mən/)
C(男の)**イングランド人**.

I'm not an *Englishman*, but a Scotsman. 私はイングランド人ではなくてスコットランド人です.

語法 「イギリス国民(全体)」は the British または the British people という; ☞ English の 語法 .

Énglish múffin 名Cイングリッシュマフィン《◆平たい円形のパン; muffin ともいう》.

Eng·lish-speak·ing /íŋgliʃ-spìːkiŋ イングリシュ・スピーキング/ 形英語を話す.

Eng·lish·wom·an /íŋgliʃwùmən イングリシュウマン/ 名Cイングランド女性(☞Englishwoman).

en·grave /ingréiv イングレイヴ/ 動 (現分 en·grav·ing) 他 (形・文字など)を〔金属・石などに〕彫りこむ, 刻む〔on〕. ▶*engrave* an image *on* stone 像を石に刻む.

en·grav·ing /ingréiviŋ イングレイヴィング/ 名 ❶ U 彫刻. ❷ C 版画.

en·grossed /ingróust イングロウスト/ 形夢中になって(いる). ▶He *was* deeply *engrossed in* the novel. 彼はその小説に夢中になっていた.

en·gulf /ingʌ́lf イングァルフ/ 動他 ❶ (波などが)…を巻きこむ, 飲みこむ. ❷ …を圧倒する.

en·hance /inhǽns インハンス/ 動 (現分 en·hanc·ing) 他 (質・価値など)を高める.

en·hance·ment /inhǽnsmənt インハンスメント/ 名U (質・価値などを)高めること, 増大.

e·nig·ma /inígmə イニグマ/ 名Cなぞ; なぞの人, 不可解なこと.

en·ig·mat·ic /ènigmǽtik エニグマティック/ 形なぞのような; 不思議な.

****en·joy** /indʒɔ́i インヂョイ/ 動 (~s /-z/; ~ed /-d/; ~ing) 他
❶ⓐ **…を楽しむ**.

enjoyable

❺《enjoy *doing*》…して楽しむ(◎ enjoy to *do* の形では用いない)).
❷《文語》(権利・利点など)を**もっている**.

❶ⓐ We *enjoyed* the concert. その音楽会は楽しかった / How did you *enjoy* your trip? 旅行は楽しかったですか. ⓑ We *enjoyed playing* baseball. 私たちは野球をして楽しんだ.
❷ She *enjoys* good health. 彼女は健康に恵まれている / Japan *enjoys* a mild climate. 日本は気候が温和だ.
enjoy *oneself* **楽しい思いをする**, 楽しむ: Did you *enjoy yourself* at the party? パーティーは楽しかったですか.
☞ 名 enjoyment.

*en·joy·a·ble /indʒɔ́iəbl インヂョイアブル/ 形 (more ~; most ~) **楽しい**, 愉快な.

en·joy·a·bly /indʒɔ́iəbli インヂョイアブリ/ 副 楽しく, 愉快に.

*en·joy·ment /indʒɔ́imənt インヂョイメント/ 名 (複 ~s /-ts/) ❶ Ⓤ **楽しみ**, 楽しい気分.
❷ Ⓒ 楽しいこと, 楽しみ.

❶ He gets a lot of *enjoyment* from reading classical literature. 彼は古典文学を読んで大いに楽しんでいる.
❷ Swimming is one of my greatest *enjoyments*. 水泳は私の最大の楽しみのひとつだ.
☞ 動 enjoy.

en·large /inlá:rdʒ インラーヂ/ 動 (enlarg·es /-iz/; en·larged /-d/; en·larg·ing) 他 ❶ …を大きくする, 拡張する.
❷ (写真を)引き伸ばす.
— 自 ❶ 大きくなる, 拡大する.
❷ (写真が)引き伸ばせる.
❸ 〔…について〕詳しく述べる〔*on, upon*〕.
▶ He *enlarged* his house. 彼は家を増築した / *enlarge* a playground 運動場を大きくする.
☞ 形 large, 名 enlargement.

en·large·ment /inlá:rdʒmənt インラーヂメント/ 名 ❶ Ⓤ 拡大, 拡張, 増大. ❷ Ⓒ 引き伸ばした写真.
☞ 動 enlarge.

en·light·en /inláitn インライトン/ 動 他 (人)にものごとをわからせる, 啓発する.

☞ 名 enlightenment.

en·light·ened /inláitnd インライトンド/ 形 啓発された; 見識のある; 進んだ.

en·light·en·ing /inláitniŋ インライトニング/ 形 啓発的な; (不明なところを)はっきりさせる.

en·light·en·ment /inláitnmənt インライトンメント/ 名 Ⓤ ものごとをわからせること, 啓発.
☞ 動 enlighten.

en·list /inlíst インリスト/ 動 自 〔陸軍・海軍などに〕はいる〔*in*〕.
— 他 ❶ …を軍隊に入れる. ❷ (援助・同情など)を得る.

en·list·ment /inlístmənt インリストメント/ 名 ❶ Ⓤ 入隊.
❷ Ⓒ 入隊期間.

en·liv·en /inláivən インライヴン/ 動 他 …を活気づける, 楽しくする.
☞ 形 live².

en·mi·ty /énməti エンミティ/ 名 Ⓤ 敵意, 憎しみ.

e·nor·mi·ty /inɔ́:rməti イノーミティ/ 名 Ⓤ ひどいこと; 途方もないこと.

*e·nor·mous /inɔ́:rməs イノーマス/ 形 (more ~; most ~) (形・量などが)**非常に大きい**, ばく大な, 巨大な.
▶ an *enormous* building 巨大な建造物 / an *enormous* meal 大量の食事.

e·nor·mous·ly /inɔ́:rməsli イノーマスリ/ 副 非常に, ものすごく.

**e·nough /ináf イナフ/
形 (数量など) **足りるだけの**, 必要なだけの, **十分な**.
— 代 **足りるだけの数[量]**, 必要なだけの数[量], 十分な数[量].
— 副 ❶ **足りるだけ**, 必要なだけ, 十分に.
❷ ずいぶん, かなり, 大いに, まったく.
|語法| (1) enough は「必要なだけの」「足りるだけの」がもとの意味で,「ありあまるほど多くの」という意味はない. したがって, たとえば enough money の額は人によって違う. 百円必要な人にとっては百円ですでに enough money であり, 千円必要な人にとっては千円が enough money である.
(2) 形容詞の場合, 名詞の前にもうしろにも用いられる.

形 I want to buy the book, but I don't have *enough* money. その本が買いたいけれども, お金が足りない / I don't have *enough* time [time *enough*] to eat lunch. 私は昼食をとる時間がない / There aren't *enough* seats for all of us. 私たちみんなが座るだけの席はない / There are *enough* dictionaries in the library for you all to use. 図書館にはみんなが使えるだけの辞書がある.

— 代 There is *enough* for our family. 私たち家族の分はある / *Enough* has been discussed. もう十分議論された.

have had enough (of ...) …はもう十分だ: I *have had enough* (*of* it). (それは)もう十分です, もうこれ以上はいりません, もうこれ以上はごめんです.

enough is enough《口語》もう終わりにしよう, もうたくさんだ.

— 副 ❶ I have slept *enough*. 私は必要なだけ(十分に)眠った / The girl is not old *enough* to go to school. この女の子は学校へ行ける年齢にはまだなっていない / This book is easy *enough* for children. この本は子どもにも読めるほどやさしい / I was foolish *enough* to make the same error again. 私は馬鹿なことに同じまちがいをまたしてしまった.

❷ I understood him well *enough*. 私は彼のいうことがたいへんよくわかった / Strangely [Oddly] *enough*, we happened to meet each other in town three times in a (single) day. 奇妙なことに私たちは1日に3回も街で出会った.

cannot do enough = **can never do enough** いくら__してもしすぎない: I *can't* thank you *enough*. あなたにいくらお礼を言ってもたりません.

en·quire /inkwáiər インクワイア/ 動(現分 en·quir·ing /inkwáiəriŋ/) 他自 = **inquire**.

en·quir·y /inkwáiəri インクワイ(ア)リ/ 名(複 en·quir·ies /-z/) C = **inquiry**.

en·rage /inréidʒ インレイヂ/ 動(現分 en·rag·ing) 他 (人)をひどくおこらせる.

en·rich /inrítʃ インリッチ/ 動(三現 ~-es /-iz/) 他 ❶(人・国・心などを)豊かにする. ❷(味・かおりなど)を濃厚にする, (食品の)栄養価を高くする; (土地)を肥やす.
▶ ❶ Foreign influences have *enriched* our culture. 外国の影響が私たちの文化を豊かにした.
☞ 形 rich.

en·rich·ment /inrítʃmənt インリチメント/ 名 U 豊かにすること; (栄養価などの)強化.

en·roll, 《英》**en·rol** /inróul インロウル/ 動 他 ❶(人)を会員にする, 入会させる. ❷(人)を入学させる.
— 会員になる, 入学する, 入隊する.
▶ 他 ❶ The club *enrolled* me as a member. クラブは私を会員にしてくれた.

en·roll·ment, 《英》**en·rol·ment** /inróulmənt インロウルメント/ 名 ❶ UC 入会, 入学.
❷ C 入会[入学]者数; 在籍数.

en route /a:n rú:t アーン ルート/ 副 途中で. ▶ *en route* from Chicago to Detroit シカゴからデトロイトへ行く途中で.

en·sem·ble /a:nsá:mbl アーンサーンブル/ 名 C ❶ 【服飾】アンサンブル《調和のとれた婦人服のひとそろい》. ❷ 【音楽】(少人数の)合奏団.

en·shrine /inʃráin インシュライン/ 動(現分 en·shrin·ing) 他 …を神殿[神社]に祭る. ☞ 名 shrine.

en·slave /insléiv インスレイヴ/ 動(現分 en·slav·ing) 他 ❶ …を奴隷にする.
❷ …をとりこにする.

en·sue /insú: インスー/ 動(現分 en·su·ing) 自《文語》続いて起こる.

*__**en·sure** /inʃúər インシュア/ 動(en·sures /-z/; en·sured /-d/; en·sur·ing /-ʃúəriŋ/) 他 …を**確実にする**, 確実に(…になるように)する; 保証する.
▶ I cannot *ensure that* she will get well. 私は彼女がよくなることは保証できない.
☞ 形 sure.

en·tail /intéil インテイル/ 動 他 …を必然的にともなう.

en·tan·gle /intǽŋgl インタングル/ 動(現分 en·tan·gling) 他 ❶ …をもつれさせる. ❷ …を(困難などに)巻きこむ.

entanglement

☞ 名entanglement.
en·tan·gle·ment /ɪntǽŋglmənt インタングルメント/ 名Ⓤもつれ(させること).
☞ 動entangle.

en·ter /éntər エンタ/ 動 (~s /-z/; ~ed /-d/; en·ter·ing /-təriŋ/) 他

❶ (場所)に**入る**.

❷ⓐ(組織・学校など)に**入る**, 入会する, 入学する.
ⓑ(競技など)に**参加する**.

❸ (名前・日付など)を記入する, 登録する.

❹ⓐ (人)を〔組織・学校などに〕入れる, 入学[入会]させる.
ⓑ …を(競技などに)参加させる.

❺ (活動など)を始める; (新しい局面〔時代〕)に入る.

❻ (提案など)を正式に提出する, 申し出る.

❼ 【電算】(情報など)を(コンピューターに)入力する.

── 自 ❶ **入る**.

❷ 【演劇】《主語の前で》(舞台に)**登場する**(○脚本のト書きに用いる; ☞ exit).

━━━━━━━━━━━━━━━━━━━

他 ❶ She *entered* the room quietly. 彼女はそっとその部屋に入った (○ enter into the room とはいわない).

❷ⓐ He *entered* that school in 1990. 彼はその学校に1990年に入学した / *enter* a firm 会社に入る.
ⓑ She *entered* the speech contest. 彼女は弁論大会に出場した.

❸ Please *enter* the date in your report. レポートに日付を記入しなさい.

❹ⓐ They *entered* their son *in* a private school. 彼らは息子を私立学校に入れた.
ⓑ Mr. Smith *entered* his horse in the Derby. スミス氏は持ち馬をダービーに出した.

❺ *enter* politics 政治を始める, 政治の世界に入る.

❻ *enter* a protest 異議を申し立てる.

── 自 ❶ He *entered* at [through, by] the back door. 彼は裏口から入った. ❷ *Enter* Hamlet. ハムレット登場.

enter into ... ①(仕事・議論などを始める, 参加する); (合意など)に達する: *enter into* negotiations 交渉を始める / *enter into* an agreement 合意に達する. ②(詳細など)を扱う, 論じる: *enter into* particulars 細かい点まで話す. ③ …に影響する. ④(計画・考慮など)の中に入る.

enter upon [on] ... 《文語》…に取りかかる, 始める.

☞ 名entrance¹, entry.

en·ter·prise /éntərpràiz エンタプライズ/ (★アクセント注意)名(複 -pris·es /-iz/)

❶ Ⓒ **企業**, 会社.

❷ Ⓒ (困難や危険をともなう)**計画**, 企(くわだ)て; **事業**.

❸ Ⓤ (新しい, または困難や危険をともなうことを)**進んでする気持ち**, チャレンジ精神.

━━━━━━━━━━━━━━━━━━━

❶ a large *enterprise* 大企業.

❷ He took part in the *enterprise*. 彼はその計画に参加した / a business *enterprise* 事業.

❸ He has much *enterprise*. = He is a man of *enterprise*. 彼は大いにやる気がある.

en·ter·pris·ing /éntərpràiziŋ エンタプライズィング/ 形なにか新しい[難しい]ことを進んでやろうとする, チャレンジ精神のある.

en·ter·tain /èntərtéin エンタテイン/ 動 (~s /-z/; ~ed /-d/; ~·ing) 他 ❶ …を**楽しませる**, おもしろがらせる.

❷ (客など)を**もてなす**, 招いてごちそうする.

❸ 《文語》(感情・考え・希望など)をもつ, いだく.

── 自 人を招いてもてなす, 歓待する.

━━━━━━━━━━━━━━━━━━━

他 ❶ The dogs *entertained* us very much with their tricks. その犬たちは芸をやって私たちをたいへん楽しませてくれた.

❷ She loves to *entertain* her friends. 彼女は友人たちを招いてもてなすのが好きだ / We were *entertained* with refreshments. 私たちはお菓子や飲み物をごちそうになった.

❸ He *entertains* strange ideas. 彼は風変わりな考えをもっている.

☞ 名entertainment.

en·ter·tain·er /èntərtéinər エンタテイナ/ 名Ⓒ (歌・芸などで人を楽しませる)芸人, エ

en·ter·tain·ing /èntərtéiniŋ エンタテイニング/ 形 おもしろい, 愉快な.

*__en·ter·tain·ment__ /èntərtéinmənt エンタテインメント/ 名 (複 ~s /-ts/)

❶ UC 人を楽しませるもの [演芸, 娯楽, 余興].

❷ U 楽しませること, 接待, (お客の)もてなし.

❶ an *entertainment* program 娯楽番組 / *entertainment* industry 娯楽産業.

❷ She played the piano for the *entertainment* of the guests. お客さんを楽しませるために彼女はピアノを弾いた.

☞ 動 entertain.

en·thrall, 《英》**en·thral** /inθrɔ́ːl インスロール/ 動 (~s /-z/; en·thralled /-d/; en·thrall·ing) 他 (人の)心をとりこにする, (人)を魅惑する.

*__en·thu·si·asm__ /inθjúːziæzm インス(ュ)ーズィアズム/ (★アクセント注意) 名 (複 ~s /-z/) UC 熱狂, 熱中, 熱意.

▶ He has a great *enthusiasm* for soccer. 彼はサッカーに夢中だ.

☞ 形 enthusiastic.

en·thu·si·ast /inθjúːziæst インス(ュ)ーズィアスト/ 名 C 熱中している人, マニア, …狂, ファン.

*__en·thu·si·as·tic__ /inθjùːziǽstik インス(ュ)ーズィアスティック/ (★アクセント注意) 形 (more ~; most ~) 熱狂的な, 熱心な, 熱意をもった. ▶ She is *enthusiastic* about learning English. 彼女は英語を覚えることに夢中になっている.

☞ 名 enthusiasm.

en·thu·si·as·ti·cal·ly /inθjùːziǽstikəli インス(ュ)ーズィアスティカリ/ 副 熱狂的に, 熱心に.

en·tice /intáis インタイス/ 動 (現分 en·tic·ing) 他 (人)を誘惑する, そそのかす.

▶ He *enticed* her *into* leaving her parents. 彼は彼女をそそのかして両親のもとから家出させた.

en·tice·ment /intáismənt インタイスメント/ 名 UC 誘い, 誘惑; 誘惑するもの.

*__en·tire__ /intáiər インタイア/ 形 全体の, 全部の; 完全な, 欠けていない.

He spent the *entire* morning at his desk. 彼は午前中ずっと机に向かって過ごした / the *entire* city 市全体 / the *entire* budget 予算全体.

☞ 名 entirety.

*__en·tire·ly__ /intáiərli インタイアリ/ 副 まったく, すっかり, 完全に.

It is *entirely* his fault. それはまったく彼の過失だ / The news is not *entirely* true. そのニュースは全部正しいわけではない (○ not entirely で部分否定を表わす).

en·ti·re·ty /intáiərəti インタイ(ア)レティ, -táiərti/ 名 U 全体, 完全.
in its entirety そっくりそのまま.

☞ 形 entire.

*__en·ti·tle__ /intáitl インタイトル/ 動 (~s /-z/; en·ti·tled /-d/; en·ti·tling) 他

❶ ⓐ (人)に**権利[資格]を与える**.
ⓑ 《*entitle ... to do*》 …に__する権利[資格]を与える.

❷ (本などに)**表題をつける**.

❶ ⓐ This coupon *entitles* you *to* a 10 percent discount. このクーポン券であなたは10パーセントの割引きをしてもらえます. ⓑ I am not *entitled to* comment on this. 私にはこのことについてコメントする資格はありません.

❷ The musical is *entitled* "Cats." そのミュージカルには「キャッツ」という題がつけられている.

☞ 名 title.

en·ti·ty /éntəti エンティティ/ 名 (複 en·ti·ties /-z/) C (独自性をもった)実在物, 実体.

en·trails /éntreilz エントレイルズ/ 名 複 内臓, はらわた.

*__en·trance__[1] /éntrəns エントランス/ 名 (複 en·tranc·es /-iz/)

❶ C **入り口**, 玄関 (反 exit).

❷ U 入ること, 入場; 入会, 入学; (舞台への)登場.

❸ U 入る権利.

❶ I met him at the front *entrance*. 私は正面入り口で彼に会った / There are two *entrances* to the theater.

entrance

その劇場にはふたつの入り口がある.

entrance¹ ❶   exit(出口)

❷ Men without jackets were refused *entrance*. 上着を着ていない男性は入ることを拒否された / The *entrance* of the singer excited the young audience. その歌手が入場して若い聴衆は興奮した / No *Entrance*《掲示》立ち入り[進入]禁止 / make an *entrance* 入る;登場する.

☞ 動 enter.

en·trance² /intræns イントランス/《★アクセント注意》動 (現分 en·tranc·ing) 他 (人)をうっとりさせる.

éntrance examinátion 名Ⓒ 入学[入社]試験. ▶ take the *entrance examination* for the university その大学の入学試験を受ける.

en·trant /éntrənt エントラント/ 名Ⓒ 入会者,入学者;(競技の)参加者.

en·treat /intríːt イントリート/ 動 他《文語》(人)に(真剣に)頼む.

en·treat·y /intríːti イントリーティ/ 名 (複 en·treat·ies /-z/) Ⓤ Ⓒ 真剣に頼むこと, 懇願(がん).

☞ 動 entreat.

en·tree, en·trée /ɑ́ːntrei アーントレイ | ɔ́ːn-/ 名Ⓒ (食事の)主要料理.

en·tre·pre·neur /ɑ̀ːntrəprəné:r アーントレプレナー/ 名Ⓒ 企業家, 起業家.

en·trust /intrʌ́st イントラスト/ 動 他 (人)に任せる,委託する. ▶ They *entrusted* the baby-sitter *with* their children. 彼らは子どもの世話をベビーシッターに任せた.

***en·try** /éntri エントリ/ 名 (複 en·tries /-z/)

❶ Ⓤ Ⓒ ⓐ 入ること, 入場, 入国;〔演劇〕登場. ⓑ 参加, 入会, 加入.

❷ Ⓒ 入り口.

❸ ⓐ Ⓤ Ⓒ 記載,記入.

ⓑ Ⓒ (表などの)記載事項, (辞書の)見出し語.

❹ Ⓒ (競技などの)参加者;(コンテストなどの)出品物.

❶ ⓐ No *Entry*《掲示》入ることを禁ず. ❸ ⓐ make an *entry* of ... …を記載[記入]する. ❹ There were more than thirty *entries* for the speech contest. そのスピーチコンテストに30人以上の参加者があった.

☞ 動 enter.

éntry vìsa 名Ⓒ 入国ビザ (反 exit visa).

en·twine /intwáin イントワイン/ 動 (現分 en·twin·ing) 他 ❶ …をからませる.

❷ …にまきつく.

e·nu·mer·ate /injúːmərèit イヌーメレイト, イニューメ/ 動 (現分 -at·ing) 他《文語》…をひとつひとつ数え上げる.

en·vel·op /invéləp インヴェロプ/《★アクセント注意》動 他《文語》…を包む, おおう, 囲む.

***en·ve·lope** /énvəlòup エンヴェロウプ/《★アクセント注意》名 (複 ~s /-s/) Ⓒ 封筒. ▶ She put the photos in an *envelope* and sealed it. 彼女はその写真を封筒に入れ,封をした.

en·vi·a·ble /énviəbl エンヴィアブル/ 形 人がうらやましがるような.

☞ 名 動 envy.

en·vi·ous /énviəs エンヴィアス/《★アクセント注意》形 (more ~; most ~)

ⓐ うらやましがる, うらやましげな, ねたましそうな.

ⓑ《be envious of ...》…をうらやましく思う[ねたむ].

▶ ⓐ She cast an *envious* glance at the dress. 彼女はうらやましそうな目つきでそのドレスを見た.

ⓑ I am *envious of* your new car. 君の新しい車がうらやましい.

☞ 名 動 envy.

en·vi·ous·ly /énviəsli エンヴィアスリ/ 副 うらやましそうに, ねたましそうに.

***en·vi·ron·ment** /inváiərənmənt インヴァイ(ア)ロンメント/ 名 (複 ~s /-ts/)

❶ Ⓤ Ⓒ (人が暮らす)環境 (✿ ふつう「周囲の環境」は surroundings).

❷《the をつけて》自然環境.

abcd**e**fghijklmnopqrstuvwxyz **equal**

❶ We want to live in a safe *environment*. 私たちは安全な環境で暮らしたい / the working *environment* 労働環境. ❷ protect the *environment* 環境を保護する.

☞ 形 environmental.

en·vi·ron·men·tal /invàiərənméntl インヴァイ(ア)ロンメントル/ 形 (自然)環境(上)の. ▶*environmental* destruction 〔pollution〕環境破壊〔汚染〕.

☞ 名 environment.

en·vi·ron·men·tal·ist /invàiərənméntəlist インヴァイ(ア)ロンメンタリスト/ 名 C
❶ 環境問題専門家. ❷ 環境保護論者.

en·vi·ron·men·tal·ly /invàiərənméntəli インヴァイ(ア)ロンメンタリ/ 副 環境に関して, 環境上.

environmentally friendly 形 環境にやさしい.

en·vi·ron·ment-friend·ly /invàiərənment-fréndli インヴァイ(ア)ロンメント・フレンドリ/ 形 = **environmentally friendly**.

en·voy /énvɔi エンヴォイ/ 名 C ❶ (外交)使節; 使者. ❷ 全権公使.

***en·vy** /énvi エンヴィ/ 名 ❶ U うらやみ, ねたみ.
❷ 《the をつけて》うらやましい人[もの].
— 動 (en·vies /-z/; en·vied /-d/; ~·ing) 他 ⓐ …をうらやむ, ねたむ.
ⓑ 《envy ... ~》…の~をうらやましく思う.
▶ 名 ❶ They felt *envy* toward [at] him. 彼らは彼をうらやましがった / with *envy* うらやましそうに. ❷ His new car is *the envy of* his friends. 彼の新車は彼の友だちの羨望(せんぼう)の的だ.

☞ 形 enviable, envious.

— 動 他 ⓐ I *envy* you. 私は君がうらやましい. ⓑ I *envy* you your beautiful hair. あなたの美しい髪がうらやましい.

en·zyme /énzaim エンザイム/ 名 C 酵素(こうそ).

e·phem·er·al /ifémərəl イフェメラル/ 形 《文語》つかの間の, はかない, 短命な.

ep·ic /épik エピック/ 名 C ❶ 叙事詩 (✿「叙情詩」は lyric という). ❷ (小説・映画などの)大作.
— 形 (話・映画などが)壮大(そうだい)な.

ep·i·cen·ter, 《英》**ep·i·cen·tre** /épəsèntər エピセンタ/ 名 C (地震の)震央; 震源地.

ep·i·dem·ic /èpədémik エピデミック/ 名 C ❶ 伝染(病). ❷ 流行.
— 形 ❶ (病気が)伝染性の. ❷ 流行している.

ep·i·gram /épəgræm エピグラム/ 名 C 警句; (短い)風刺詩.

ep·i·lep·sy /épəlèpsi エピレプスィ/ 名 U てんかん.

ep·i·lep·tic /èpəléptik エピレプティック/ 形 てんかん(性)の.
— 名 C てんかん患者.

ep·i·logue, ep·i·log /épəlɔ̀(:)g エピロ(ー)グ/ 名 C ❶ (小説・詩の)結びの部分.
❷ エピローグ(劇の終わりに俳優が述べる言葉); ☞ prologue).

E·pis·co·pal /ipískəpəl イピスコパル/ 形 【キリスト教】《**Episcopal** で》(教会が)監督派の; (とくに)イングランド国教会派の. ▶the *Episcopal* Church 監督教会(米国聖公会およびスコットランド聖公会).

***ep·i·sode** /épəsòud エピソウド/ 《★アクセント注意》名 (複 ~s /-dz/) C ❶ (小説・劇などの中の)**挿話**(そうわ).
❷ 挿話的なできごと, エピソード.
❸ (テレビやラジオのシリーズものの)一編.

e·pis·tle /ipísl イピスル/ 《★ t は発音されない》名 C ❶ 手紙, 書簡. ❷ 《the Epistles で》(新約聖書中の)使徒書簡.

ep·i·taph /épətæf エピタフ/ 名 C 墓碑銘, 碑文(墓石に刻むことば).

e·pit·o·me /ipítəmi イピトミ/ 《★アクセント注意》名 C (…の)特徴をもち合わせている人[もの], 典型.

e·poch /épək エポク | í:pɔk/ 名 (複 ~s /-s/) C (画期的な)時代, 時期.

e·poch-mak·ing /épək-mèikiŋ エポク・メイキング/ 形 新時代を開く, 画期的な.

***e·qual** /í:kwəl イークワル/ 《★発音注意》形 (more ~; most ~) ❶ ⓐ (数・量・程度などが)**等しい**.
ⓑ 《be equal to ...》…と(数・量・程度などが)**同等である**, …に匹敵する (反 unequal).
❷ (権利・機会などが)**平等の**, 対等の.
❸ 《be equal to ...》(人が)…〔任務など〕に耐えられる, …をするだけの能力[体

equality

力]がある.
— 名(複 ~s /-z/)Ⓒ(能力・質などが)**同等の人[もの]**.
— 動(~s /-z/; ~ed, (英) e·qualled /-d/; ~·ing, (英) e·qual·ling) 他 ❶(数・量・程度などが)…に**等しい**. ❷(能力・質などが)…に**匹敵する**, 劣らない.

・・・・・・・・・・・・・・・・・・・・・・

形 ❶ⓐCut the cake into three *equal* pieces. ケーキを3等分に切りなさい / The number of students in each class is roughly *equal*. それぞれのクラスには大体同じ数の生徒がいる / be *equal* in size 大きさが同じである.
ⓑOne mile *is equal to* 1,609 meters. 1マイルは, 1,609メートルだ / No one *is equal to* him in courage. だれも勇気では彼にかなわない.
❷All people are *equal* under the law. すべての人間は法の下で平等である / *equal* rights 平等な権利.
❸He *is equal to* the job. 彼はその仕事に耐えられる / She *is* not *equal to* making a long trip. 彼女は(体力がなく)長旅は無理だ.
all〔other〕things being equal すべての〔他の〕条件が同じならば.
☞ 名equality, 動equalize.

— 名In cooking she has no *equal*. 料理では彼女にかなう人はない / I am not her *equal* in English ability. 私は英語の能力では彼女にかなわない.

— 動他 ❶Three plus four *equals* seven. 3たす4は7である.
❷Your ability *equals* his. あなたの能力は彼の能力に劣らない / She *equals* him *in* cleverness. 彼女は利口さでは彼に負けない.

*e·qual·i·ty /ikwɑ́ləti イク**ワ**リティ | -kwɔ́l-/ 名Ⓤ(権利・機会などが)**等しいこと**, 平等, 同等, 対等(反 inequality). ▶ social *equality* 社会的平等 / *equality* of opportunities 機会の平等.
☞ 形equal.

e·qual·i·za·tion /ìːkwəlizéiʃən イークワリゼイション | -lai-/ 名Ⓤ同等化, 平等化, 均等化.

e·qual·ize /íːkwəlàiz イークワライズ/ 動 (現分 -iz·ing) 他…を等しくする, 平等化

する, 同等にする. ☞ 形equal.

*e·qual·ly /íːkwəli イーク**ワ**リ/《★発音注意》副 (more ~ ; most ~)
❶**等しく**, 同じように, 同程度に.
❷平等に, 均一に.
❸《接続詞的に》(前のことを受けて)それと同様〔同時〕に.

▶ ❶The sisters are *equally* pretty. その姉妹は負けず劣らずかわいい.
❷Divide it *equally* among you. それをあなたがたの間で平等に分けなさい.

e·quate /ikwéit イク**ウェ**イト/ 動 (現分 e·quat·ing) 他《equate ... with ~》《文語》…を~と等しいとみなす.

e·qua·tion /ikwéiʒən イクウェイジョン, -ʃən/ 名(複 ~s /-z/)Ⓒ〖数学〗方程式, 等式.

e·qua·tor /ikwéitər イク**ウェ**イタ/ 名《the をつけて》赤道.▶ We cross *the equator* on our way to Australia. オーストラリアに行く途中赤道を越える.
☞ 形equatorial.

e·qua·to·ri·al /ìːkwətɔ́ːriəl イークワ**トー**リアル/ 形赤道の; 赤道直下の(ような).
☞ 名equator.

e·qui·lib·ri·um /ìːkwəlíbriəm イークウィ**リ**ブリアム/ 名Ⓤ ❶つり合い, バランス.
❷(心の)平静.

e·qui·nox /íːkwənɑ̀ks イークウィ**ナ**ックス/ 名(複 ~·es /-iz/)Ⓒ彼岸(ひがん)の中日(ちゅうにち) (昼と夜の長さが等しい日; ☞ solstice).
▶the autumnal *equinox* 秋分 / the spring 〔vernal〕 *equinox* 春分.

*e·quip /ikwíp イク**ウィ**ップ/ 動(~s /-s/; e·quipped /-t/; e·quip·ping) 他
❶ⓐ…に設備(など)を備(そな)**えつける**, 装備する; …(人)に装備をつけさせる.
ⓑ《equip ... with ~》…に~(設備など)を備えつける, 装備する; …(人)に~(装備)をつけさせる.
❷ⓐ《equip ... with ~》…(人)に~(知識〔技術など〕)を身につけさせる.
ⓑ《equip ... to *do*》…(人)に__する知識〔技術(など)〕を身につけさせる.

・・・・・・・・・・・・・・・・・・・・・・

❶ⓐThey *equipped* their boat for a long voyage. 彼らは長い航海に備え船に装備をした. ⓑThey *equipped* the factory *with* the new type of machinery. 彼らは工場に新型の機械を

abcd**e**fghijklmnopqrstuvwxyz　　　　　　　　　　　　　　　　　　　**erect**

設置した / The spaceship is *equipped with* a solar battery. その宇宙船は太陽電池が取りつけられている. ❷ⓐHe *equipped* all his children *with* a good education. 彼は子どもにはみな立派な教育を受けさせた. ⓑ*equip* teachers *to* deal with violent students 先生に乱暴な生徒を扱う方法を身につけさせる.

☞ 名equipment.

＊**e·quip·ment** /ikwípmənt イクウィプメント/ 名 ❶Ⓤ装備, 備品, 設備.
❷Ⓤ設備[装備](すること).
❸Ⓤ(物事をする)能力.

---

❶camping *equipment* キャンプ用品.
❷the *equipment* of a ship with life boats 船に救命ボートを備えること.
☞ 動equip.

eq·ui·ty /ékwəti エクウィティ/ 名 ❶Ⓤ《文語》公平, 公正, 正義. ❷Ⓤ(最終的に手元に残る)純資産額.

＊**e·quiv·a·lent** /ikwívələnt イクウィヴァレント/ 形 (数・量・価値などが)**同等の**, 等しい.
— 名Ⓒ❶同等のもの, 相当するもの.
❷同義語(句);相当語句.

形The two words are *equivalent* in meaning. ふたつの単語は意味が同じです / Your silence *is equivalent to* saying yes. あなたが黙っていることは「はい」と言うのと同じです.

— 名 ❶the Japanese *equivalent* of the Chinese custom その中国の習慣に相当する日本の習慣.

e·quiv·o·cal /ikwívəkəl イクウィヴォカル/ 形 ❶(意味・内容が)どうにでもとれる, あいまいな. ❷わかりにくい.

ER /í:á:r イーアー/《略語》《米》= **emergency room**.

er /ə: アー/ 感えーと, あのー《❖ことばにつかえたときに発する》. ▶It happened – *er* – five years ago. それは―えーと―5年前に起こりました.

＊**e·ra** /íərə イ(ア)ラ/ 名 (複 ~s /-z/)Ⓒ
❶時代; 時期. ❷紀元.
▶❶the Meiji *era* 明治時代. ❷the Christian *era* 西暦紀元.

e·rad·i·cate /irǽdəkèit イラディケイト/ 動 (現分 -cat·ing)⊕《文語》…を根こそぎにする, 根絶させる.

e·rad·i·ca·tion /irædəkéiʃən イラディケイション/ 名Ⓤ根絶, 一掃.

＊**e·rase** /iréis イレイス | iréiz/ 動 (e·ras·es /-iz/; e·rased /-t/; e·ras·ing)⊕
❶ⓐ(書いたもの)を**消す**, ふいて消す;削除(ᶜʸ)する.
ⓑ…をふいてきれいにする.
❷ⓐ(記憶・気持ちなど)を消す.
ⓑ…を除去する, 抹殺する.
❸(コンピューター・テープ・CDなどから)(記録してあるもの)を消す.

---

❶ⓐI *erased* the misspelled word. 私はつづりをまちがえた単語を消した / We *erased* his name from the list. 私たちは彼の名前をその表から消した.
ⓑ ☞さし絵のキャプション.

He *erased* the blackboard.
(彼は黒板を消した)

❷ⓐ*erase* sad memories 悲しい記憶を消す.
ⓑ*erase* terrorism テロリズムをなくす.
❸*erase* the music on the audiotape 録音テープから音楽を消す.

e·ras·er /iréisər イレイサ | -zə/ 名Ⓒ
❶《米》消しゴム(《❖《英》では rubber》). ❷黒板ふき.

＊**e·rect** /irékt イレクト/ 形 (more ~ ; most ~)
❶**直立した**, まっすぐの, (毛髪などが)さか立った.
❷(ペニスが)勃起(ᵇᵒ)した.
— 動 (~s /-ts/; ~ed /-id/; ~ing)⊕《文語》❶…を**建てる**, 建設する《❖ふつうは build を用いる》.
❷…をまっすぐに立てる, 起こす.
▶形❶He stood *erect*. 彼はまっすぐに立っていた / The dog is sitting with

its ears *erect*. 犬は耳をぴんと立てておすわりしている.

☞ 名erection.

— 動 他 ❷ *erect* a flagpole 旗ざおを立てる.

e·rec·tion /irékʃən イレクション/ 名 ❶ U 建設, 組み立て. ❷ C (ペニスの)勃起(ぼっき).
☞ 動erect.

E·rie /íəri イ(ア)リ/ 名《前に Lake をつけて》エリー湖《北米五大湖のひとつ; ☞ Great Lakes》.

Er·nest /ə́ːrnəst アーネスト/ 名 アーネスト《男性の名》.

e·rode /iróud イロウド/ 動 (現分 e·rod·ing) 他 ❶ (風雨などが)…を浸食する. ❷ (力・権威など)をだんだん弱める.
☞ 名erosion.

E·ros /érɑs エラス | íərɔs/ 名【ギリシア神話】エロス《恋愛の神; ローマ神話のキューピッド (Cupid) にあたる》.

e·ro·sion /iróuʒən イロウジョン/ 名 U ❶ (風雨などによる)浸食. ❷ (力などの)低下.
☞ 動erode.

e·rot·ic /irɑ́tik イラティック | irɔ́t-/ 形 好色な, エロチックな.

e·rot·i·cism /irɑ́təsìzm イラティシィズム/ 名 U エロチシズム, 好色性.

err /ə́ːr アー/ 動 (~s /-z/; ~ed /-d/; ~·ing /ə́ːriŋ/) 自《文語》まちがいをする, 誤る《◎《口語》では make a mistake》.
☞ 名error.

er·rand /érənd エランド/ 名 (複 ~s /-dz/) C (ちょっとした)使い, 使い走り.
run [go on, do] an errand (人の)使い走りをする.

er·rat·ic /irǽtik イラティック/ 形 (動きが)安定しない; (言動が)一貫性のない.

er·ro·ne·ous /iróuniəs イロウニアス/ 形《文語》誤った, まちがった.
☞ 名error.

*****er·ror** /érər エラ/ 名 (複 ~s /-z/)
❶ U C 誤り, まちがい, 過失《◎ 正解や基準を外れていることを表わす; ☞ mistake》.
❷ C ⓐ (コンピューター操作上の)エラー.
ⓑ【野球】エラー, 失策.

❶ I made a serious *error*. 私は大変なまちがいをしてしまった.

❷ ⓑ The shortstop made two *errors* in one inning. ショートは1イニングにふたつエラーした.

in error まちがって: I put on his shoes *in error*. 私はまちがって彼のくつをはいた.
☞ 動err, 形erroneous.

e·rupt /irʌ́pt イラプト/ 動 自 ❶ (火山が)噴火[爆発]する. ❷ (事件などが)発生する. ❸ (湿疹(しっしん)などが)出る; (皮膚が)湿疹になる.

e·rup·tion /irʌ́pʃən イラプション/ 名 ❶ U C (火山の)噴火, 爆発; 噴出. ❷ C (事件などの)発生; (怒り・笑いなどの)爆発. ❸ C 発疹(ほっしん).

es·ca·late /éskəlèit エスカレイト/《★アクセント注意》動 (現分 -lat·ing) 他 (物価・戦いなど)をエスカレートさせる, だんだん悪化させる.
— 自 エスカレートする, 悪化する.

es·ca·la·tion /èskəléiʃən エスカレイション/ 名 U C 段階的悪化, エスカレーション.

es·ca·la·tor /éskəlèitər エスカレイタ/《★アクセント注意》名 (複 ~s /-z/) C エスカレーター《◎ moving staircase ともいう》.▶go up〔down〕on the *escalator* エスカレーターで昇る〔降りる〕.

*****es·cape** /iskéip イスケイプ/ 動 (~s /-s/; es·caped /-t/; es·cap·ing) 自
❶ **逃げる**, 逃亡する, 脱出する.
❷ (危険などから)**のがれる**.
❸ (液体・ガスなどが)漏(も)れる.
— 他 ❶ (危険など)**をのがれる**, まぬがれる.
❷ⓐ (人の注意)を引かない, (人)に気づかれない. ⓑ (人)に忘れられる.
❸ (言葉・ため息などが)(思わず)…からもれる, 出る.
— 名 (複 ~s /-s/) ❶ U C **逃亡**, 逃走, 脱出.
❷ U C (災難などを)**のがれること**, まぬがれること.
❸ C のがれる手段; 避難装置; 非常口.
❹ C (液体・ガスなどが)漏れること.
❺ U 現実逃避(の手段).

動 自 ❶ The bird *escaped* from the cage. 鳥が鳥かごから逃げた / He *escaped* from prison. 彼は脱獄した.
❷ *escape* from death 死をまぬがれる / *escape* unhurt けがをしないで逃れる.

❸ Gas is *escaping* from the stove. レンジからガスが漏れている.

— 他 **❶** *escape* death 死をまぬがれる / *escape* punishment＝*escape being* punished 罰せられないですむ（○ふつう escape *being*＋過去分詞となる）.
❷ⓐ The mistake *escaped* our notice. そのまちがいに私たちは気づかなかった. **ⓑ** His name *escapes* me [my memory]. 彼の名が思い出せない.
❸ A scream *escaped* her (lips). 悲鳴が思わず彼女(の口)から出た.

— 名 **❶** He tried to make an *escape* from jail. 彼は刑務所から逃げようとした.
❷ He had a narrow *escape* from death. 彼はやっとのことで死をまぬがれた[もう少しで死ぬところだった].
❸ a fire *escape* 火災避難設備.
❹ There was an *escape* of gas from the pipe. ガスがパイプから漏れていた.

es·cap·ism /iskéipizm イスケイピズム/ 名Ⓤ現実逃避(主義).

es·cap·ist /iskéipist イスケイピスト/ 名Ⓒ逃避主義の人.
— 形現実逃避(主義)の.

es·cort /iskɔ́ːrt イスコート/ 動（～ /-ts/; ～ed /-id/; ～ing）他 **❶** (護衛して)(人)を送り届ける, (人)に付き添う; …を護送する.
❷ …を案内する. **❸** (パーティーなどに)(人)に付き添う; (女性)を送り届ける.

— 名/éskɔːrt エスコート/（★動詞とのアクセントの違いに注意）（複 ～s /-ts/）Ⓒ
❶ 護衛する人; 護衛者(全体), 護衛隊.
❷ (パーティーなどへ行く女性に付き添う)男性の同伴者.

・・・・・・・・・・・・・・・・・・・・
動他 **❶** The police *escorted* the President during the tour. 旅行中警官が大統領を護衛した.
❸ John will *escort* Ann *to* the dance. ジョンがアンをダンスパーティーに付き添って行ってくれます.

— 名 **❶** an *escort* of policemen 警官の護衛.

Es·ki·mo /éskəmòu エスキモウ/ 名（複 ～s, ～es /-z/, ～）Ⓒ エスキモー人 （○ Eskimo は軽蔑(ǩっ)的な響きをもつので, ふつう Inuit を用いる）.

ESL 《略語》English as a Second Language 第2言語としての英語.

es·o·ter·ic /èsətérik エソテリック/ 形 ふつうの人にはわからない, 難解な.

esp. 《略語》especially.

es·pe·cial /ispéʃəl イスペシャル/ 形《文語》特別の; 特殊の （○ ふつう special を用いる）.

＊**es·pe·cial·ly** /ispéʃəli イスペシャリ/ 副 (more ～; most ～) **とくに**, ことに, 特別に.

・・・・・・・・・・・・・・・・・・・・
People suffer from smog, *especially* in industrial cities. 人々はスモッグに苦しむ, とくに工業都市では / It is *especially* cold this morning. けさはとくに寒い / She *especially* likes music. 彼女はとくに音楽が好きだ.

類語 **especially** は「他と比較してとくに程度が高いこと」を表わす. **specially** は「ある特別の目的や用途のために」という意味を表わす.

Es·pe·ran·to /èspəræntou エスペラントウ/ 名Ⓤエスペラント(語)（ポーランドのザメンホフ (Zamenhof) が創案した国際語）.

es·pi·o·nage /éspiənɑ̀ːʒ エスピオナージュ/ 名Ⓤスパイ行為.

es·pres·so /esprésou エスプレソウ/ (複 ～s /-z/) **❶** Ⓤエスプレッソコーヒー（粉末のコーヒー豆に蒸気を通して作る濃いコーヒー）. **❷** Ⓒエスプレッソコーヒー1杯.

＊**es·say** /ései エセイ/ 名（複 ～s /-z/）Ⓒ
❶ 随筆, 小論文, 評論, エッセイ.
❷ (学校の)作文.

es·say·ist /éseiist エセイイスト/ 名Ⓒ随筆家, エッセイスト.

＊**es·sence** /ésns エスンス/ 名（複 -sences /-iz/）
❶ (the essence of …) …の**本質**(をなすもの). **❷** ⓊⒸ (植物などから抽出(ちゅぅ)した)エッセンス, エキス.

・・・・・・・・・・・・・・・・・・・・
❶ The *essence* of his poems is love for nature. 彼の詩の本質は自然への愛である. **❷** vanila *essence* バニラエッセンス / meat *essence* 肉のエキス.
in essence 本質において, 本質的に.
☞ 形 essential.

＊**es·sen·tial** /isénʃəl イセンシャル/ 形

Eton

E・ton /íːtn イートン/ 图イートン《ロンドンの西, テムズ川北岸にある町; ☞ Eton College》.

Éton Cóllege 图イートン校.
INFO イギリスのパブリックスクール (public school) の中でも最も有名な学校. 日本の中学校と高校をいっしょにしたような全寮制の私立の男子校で, 生徒は上流階級の子どもが多い; ☞ Harrow School.

et・y・mo・log・i・cal /ètəməládʒikəl エティモラヂカル/ 形語的な, 語源(学)上の.

et・y・mol・o・gy /ètəmálədʒi エティマロヂィ/ 图 (腹 -o・gies /-z/) ❶ⒸCCC語源.
❷Ⓤ語源学.

EU /íːjúː イーユー/ 《略語》*E*uropean *U*nion.

eu・ca・lyp・tus /jùːkəlíptəs ユーカリプタス/ 图 (腹 ~es /-iz/, -lyp・ti /-tai/) Ⓒ ユーカリ(の木)《オーストラリア産の巨木; コアラ(koala)が食べる》.

Eu・clid /júːklid ユークリッド/ 图 ユークリッド《古代ギリシアの数学者; ユークリッド幾何学を確立》.

eu・lo・gy /júːlədʒi ユーロヂィ/ 图 (腹 eu・lo・gies /-z/) ⓊⒸ《文語》賛辞, ほめたたえることば.

eu・phe・mism /júːfəmìzm ユーフェミズム/ 图 Ⓤ 【修辞】婉曲(えんきょく)語法《遠回しな言い方》.

eu・phe・mis・tic /jùːfəmístik ユーフェミスティック/ 形婉曲(えんきょく)な, (表現が)遠回しの.

eu・phe・mis・ti・cal・ly /jùːfəmístikəli ユーフェミスティカリ/ 副婉曲(えんきょく)に, 遠回しに.

eu・pho・ri・a /juːfɔ́ːriə ユーフォーリア/ 图 Ⓤ《文語》(大きな)幸福感.

Eu・phra・tes /juːfréitiːz ユーフレイティーズ/ 图《the をつけて》ユーフラテス川《トルコ, シリア, イラクを経てチグリス (Tigris) 川と合流して, ペルシア湾に注ぐ川; その流域は古代文明発祥地》.

Eur・a・sia /juəréiʒə ユ(ア)レイジャ/ 图 ユーラシア《ヨーロッパ大陸とアジア大陸をひとつにあわせた名称》.

Eur・a・sian /juəréiʒən ユ(ア)レイジャン/ 形ユーラシアの. — 图Ⓒヨーロッパ人とアジア人の混血児.

eu・ro /júərou ユ(ア)ロウ/ 图ユーロ《EUの単一通貨の名称; 記号は€》.

****Eu・rope** /júərəp ユ(ア)ロブ/
图ヨーロッパ, 欧州.
☞ 形European.

***Eu・ro・pe・an** /jùərəpíːən ユ(ア)ロピーアン/ 形 ❶ ヨーロッパの, 欧州の.
❷ⓐヨーロッパ人の.
ⓑヨーロッパ風の.
☞ 图Europe.
— 图 (腹 ~s /-z/) Ⓒ ヨーロッパ人.

Européan plàn 图《the をつけて》ヨーロッパ方式《部屋代・サービス料と食事代とは別勘定にするホテル方式》.

Européan Ùnion 《the をつけて》欧州連合《1993年11月に発足したヨーロッパの政治・経済共同体; ◆ EU と略す》.

eu・tha・na・si・a /jùːθənéiʒiə ユーサネイジャ/ 图Ⓤ安楽死(させること).

E・va /íːvə イーヴァ/ 图エバ《女性の名》.

e・vac・u・ate /ivǽkjueit イヴァキュエイト/ 動 (現分 -at・ing) 他 (人)を立ちのかせる, 避難させる.

e・vac・u・a・tion /ivækjuéiʃən イヴァキュエイション/ 图ⓊⒸ立ちのき, 避難.

e・vac・u・ee /ivækjuíː イヴァキュイー/《★アクセント注意》图Ⓒ避難民.

e・vade /ivéid イヴェイド/ 動 (現分 e・vad・ing) 他 ❶ …をうまく避ける, よける, のがれる. ❷ (質問など)を(うまく)言い抜ける.
▶ ❶ *evade* taxes 脱税する.
☞ 图evasion.

e・val・u・ate /ivǽljueit イヴァリュエイト/ 動 (-u・ates /-èits/; -u・at・ed /-tid/; -u・at・ing)他 (…の価値など)を評価する.
☞ 图value.

e・val・u・a・tion /ivæljuéiʃən イヴァリュエイション/ 图ⓊⒸ評価.

e・van・gel・i・cal /ìːvændʒélikəl イーヴァンヂェリカル/ 形福音(ふくいん)主義の.

e・van・gel・ist /ivǽndʒəlist イヴァンヂェリスト/ 图Ⓒ福音(ふくいん)伝道者.

e・vap・o・rate /ivǽpəreit イヴァポレイト/ 動 (-o・rates /-ts/; -o・rat・ed /-tid/; -o・rat・ing)自 ❶蒸発する. ❷消えてなくなる. — 他 …を蒸発させる.
▶ 自 ❶ The water in the dish *evaporated* in the sun. 皿の水は日に当たって蒸発した.

abcd**e**fghijklmnopqrstuvwxyz　　　　　　　　　　　　　　　　　　**evening paper**

☞ 名vapor, evaporation.

e‧vap‧o‧ra‧tion /ivæpəréiʃən イヴァポレイション/ 名 U ❶蒸発. ❷消滅.
☞ 動evaporate.

e‧va‧sion /ivéiʒən イヴェイジョン/ 名 U C
❶(うまく)のがれること；(責任・義務などの)回避. ❷言いのがれ.
▶❶tax *evasion* 脱税.

e‧va‧sive /ivéisiv イヴェイスィヴ/ 形 (責任などを)回避する, 言いのがれの, ごまかしの.

Eve /íːv イーヴ/ 名 (★発音注意)
❶〖聖書〗イブ(☞Eden の INFO).
❷イブ《女性の名》.

***eve** /íːv イーヴ/ 名 (複 ~s /-z/) C ❶(祝祭日の)**前夜**, 前日, イブ(☞Christmas Eve, New Year's Eve).
❷《the をつけて》(重要なできごと・事件の)直前.
▶❷on *the eve* of the election 選挙の直前に.

****e‧ven** /íːvən イーヴン/ 形
❶**平らな**, でこぼこのない (反uneven).
❷(速度・湿度などが)**一定の**.
❸(数量などが)**同じの**, 均等の；(試合などが)互角の.
❹**偶数の**, 端数のない (反odd).
❺(性格などが)落ち着いた (calm).
❻貸し借りのない.
— 副 ❶…(で)**さえも**.
❷《比較級を強めて》**さらに, なお, いっそう**.

- - - - - - - - - - - - - - - - - - -

形 ❶The boulder has an *even* surface. その大きな石は表面が平らだ / The ground along the river is *even*. 川に沿った土地は平坦(たん)だ.
❷work〔run〕at an *even* pace 一定の歩調で歩く〔走る〕.
❸an *even* score 同点.
❹an *even* number 偶数 (☉「奇数は」an odd number》.
❺She has an *even* temper. 彼女は落ち着いた性格だ.
get [be] even with ... …に仕返しをする：I'll *get even with* him someday. いつか彼に仕返しをしてやる.
— 副 ❶We can enjoy swimming *even* in winter in Okinawa. 沖縄では冬でも水泳が楽しめる / *Even* a small child can do it. 小さな子どもでもそれはできる / I have never *even* heard of it. 私はそれは聞いたことさえない.
❷This book is *even* more useful than that one. (あの本も役に立つが)この本はあの本よりもなおいっそう役に立つ.

even if __ たとえ__でも：*Even if* it rains, I'll go. たとえ雨が降っても私は行きます.

even so たとえそうでも："It is risky." "Maybe. But *even so*, I have to do it."「危険ですよ」「たぶんね. だけど, たとえそうでも, しなくてはならないのだ」.

even though __ (実際に)__ではあるけれども：*Even though* he looks stern, he is kind at heart. 彼はきびしそうに見えても心はやさしい.

e‧ven-hand‧ed /íːvən-hǽndid イーヴン・ハンディド/ 形 (扱いが)公平な.

****eve‧ning** /íːvniŋ イーヴニング/ 名 (複 ~s /-z/)
❶ U C **夕方, 晩；夜** (☉ふつう日暮れから寝るときまでの間をいい, 日が暮れる頃を表わす「夕方」「晩」とはずれがあり, 「夜」としてもよいときがある).
❷《形容詞的に》**夕方の**, 晩の.
❸ C 夕方の催し；(…の)夕べ.

- - - - - - - - - - - - - - - - - - -

❶It will rain in the *evening*. 夕方雨が降るでしょう / on Saturday *evening* 土曜日の晩に / on the *evening* of May 16 5月16日の晩に / on a cold *evening* ある寒い晩に / yesterday〔tomorrow〕 *evening* 昨〔あしたの〕晩.

|語法| 「夕方に」というときの前置詞は in を, いろいろな語がついて「…の晩」というときの前置詞は on を用いる；this, that, every, yesterday などが前につくと前置詞を用いない；☞ morning の |語法|.

❷the *evening* meal 夕食 / an *evening* class 夜の授業.
❸a musical *evening* 音楽の夕べ.

évening dréss 名 C イブニングドレス《女性のすそ長い正式な礼服》.

évening pàper 名 C 夕刊(☞newspaper の INFO).

evening school

évening schòol 名C=night school.
évening stár 名《the をつけて》宵(よい)の明星《ふつうは金星 (Venus) をさす; ☞ morning star》.

e·ven·ly /íːvənli イーヴンリ/ 副 ❶平らに; むらなく.
❷同等に, 平等に; 互角に.

e·ven·ness /íːvənnəs イーヴンネス/ 名
U ❶平ら, 平坦(へいたん).
❷同等, 平等.

*__e·vent__ /ivént イヴェント/ 《★アクセント注意》名 (複 ~s /-ts/) C ❶ ❺(大きな)できごと, 事件 (☞ incident). ❻行事.
❷ (競技の)種目.

━━━━━━━━━━━━━━━━━
❶❺ a happy *event* 楽しいできごと / a historical *event* 歴史上のできごと[事件]. ❻ The school festival is one of the big *events* of our school year. 学園祭は私たちの学校の1年間の大きな行事のひとつだ.
❷ track and field *events* 陸上競技.
☞ ❶ では 形 eventful.

at all events いずれにしても, とにかく: *At all events*, you should try. とにかくやってみるべきだ.
in any event = at all events.
in either event = at all events.
in that event その場合には.
in the event (that) _《英》_の場合には.
in the event of ... …の場合には.
in the normal [ordinary] course of events 普通にいけば, 順調に進めば.

e·vent·ful /ivéntfəl イヴェントフル/ 形 できごとの多い.
☞ 名 event ❶.

e·ven·tu·al /ivéntʃuəl イヴェンチュアル/ 形 (当然の結果として)いつかは起こる, 結局の. ▶ He is sure of his *eventual* success. 彼は自分が結局は成功すると信じている.

*__e·ven·tu·al·ly__ /ivéntʃuəli イヴェンチュアリ/ 副 結局, ついには.
▶ We *eventually* beat them in baseball. 私たちは野球でとうとう彼らを負かした.

**__ev·er__ /évər エヴァ/ 副
❶《疑問文で》**かつて**, 今まで.

❷《否定語とともに》**今までに (…ない)**, **決して (…ない)**.
❸《比較級や最上級, 疑問, 条件を表わす文などを強めて》今までに(ないくらい), いったい, (とにかく)いつか, つねに, いつも, ずっと.

━━━━━━━━━━━━━━━━━
❶ Have you *ever* been there? (今までに)そこへ行ったことがありますか.
❷ None of us has *ever* been there. 私たちのうちだれも今までそこへ行った人はいない / He hardly *ever* goes out. 彼はめったに外出しない.
❸ She looked healthier than *ever*. 彼女は今までにないくらい健康そうだった / He is the greatest musician that Japan (has) *ever* produced. 彼は日本が今までに生んだ最大の音楽家だ / What *ever* is she doing? 彼女はいったい何をしているんだ / If I *ever* catch him! 彼を捕えようものなら(ただではおかない).

as ... as ever **相変わらず…**: She looks as happy *as ever*. 彼女は相変わらず楽しそうだ.
ever after その後ずっと.
ever since その後ずっと(今まで).
ever so 《口語》非常に, とても: Thank you *ever so* much. 大変ありがとうございます.
hardly, if ever めったに…ない: They *hardly, if ever*, eat rice. 彼らはめったに米は食べない.

Ev·er·est /évərist エヴェリスト/ 名 《前に Mount をつけて》エベレスト山《ヒマラヤ山脈の世界最高の山; 8,848メートル》.

ev·er·green /évərgrìːn エヴァグリーン/ 形 〖植物〗 常緑の(☞ deciduous).
━━ 名 C 常緑樹.

ev·er·last·ing /èvərlǽstiŋ エヴァラスティング/ 形 《文語》永遠の, 永久の.
▶ *everlasting* peace 永遠の平和.

ev·er·last·ing·ly /èvərlǽstiŋli エヴァラスティングリ/ 副 永遠に, 永久に.

*__ev·er·y__ /évri エヴリ/ 形
❶ **どの…もすべて**, すべての, あらゆる.
❷ 《否定文で部分否定を表わして》**どの…も (〜というわけではない)**.
❸ …ごとに.

abcde**e**fghijklmnopqrstuvwxyz　　　　　　　　　　　　　　　　**everything**

❹ 考えられるすべての，あらゆる．

❶ *Every* student has his favorite subject. 生徒はだれでも好きな科目がある．

❷ I don't know *every* one of them. 私は彼らを全部知っているわけではない．

❸ I come here *every* week. 私は毎週ここに来ます／The Olympic Games are held *every* four years. オリンピックは4年目ごとに催される．

❹ *Every* effort was made. 可能な限りの努力がなされた．

語法 数えられる名詞の単数形につけ，個々のものそれぞれを全部さして述べるのに用いられる：*Every* student knows the word. は全員の生徒のことを考えながら，「それぞれの生徒がみんなその単語を知っている」という意味である．一方，All the students know the word. は，全員の生徒をひとまとめに考えて，「全部の生徒がその単語を知っている」の意味である；☞ each の 類語 ．

every now and then [***again***] ときどき：We visit our parents *every now and then* [*again*]. 私たちはときどき父母を訪ねる．

every other [***second***] ... ①**ひとつおきの…(に)**：Write on *every other* [*second*] line. 1行おきに書きなさい／She comes here *every other* day. 彼女は1日おきにここへ来ます．②**他のすべての…**：*Every other* girl was safe. 他のすべての女の子は無事だった．

every time 接 **…するたびに**：*Every time* I went to her house, she was out. 彼女の家に行くたびごとに彼女は外出していた．── 副 そのたびに，毎回：I read the book four times, and I found it interesting *every time*. 私はその本を4回読んだがそのたびにおもしろいと思った．

(in) every way あらゆる点で：This dictionary is better than that one *in every way*. この辞書のほうがあらゆる点であの辞書よりもよい．

****ev·er·y·bod·y** /évribὰdi エヴリバディ | -bɔ̀di/ 代 《単数扱いで》

❶ **だれでも(みんな)**，それぞれみんな(《 ✿

everyone より《口語》的)．

❷ 《否定文で》**だれでも(みんな)が(…というわけではない)**(《 ✿ ふつう not が everybody の前にくる)．

❶ *Everybody* likes the song. だれもがその歌が好きだ／She is loved by *everybody*. 彼女はだれにでも好かれている／*Everybody* has his own desk. みんなが自分の机をもっている／ ことわざ *Everybody*'s business is nobody's business. 共同責任は無責任(と同じ)．

語法 (1) *Everybody* の中には男女が含まれるので，とくに正確に言うときは *Everybody* has *his or her* own desk. となる．(2)《口語》では複数代名詞で受けることがよくある：Has *everybody* got *their* keys? みんな自分の鍵をもっていますか．

❷ *Not everybody* likes singing. だれもが歌を歌うことが好きというわけではない／I do*n't* know *everybody* in my class. 私はクラスの人全部を知っているわけではない．

***ev·er·y·day** /évridèi エヴリデイ/ 形 **毎日の，日々の；日常の；いつもの，ふだんの，ありふれた**(《 ✿ 「毎日」という副詞は2語の every day であることに注意：He takes a walk *every day*. 彼は毎日散歩する)．

▶He came in his *everyday* clothes. 彼はふだん着を着てやって来た／*everyday* life 日常生活．

***ev·er·y·one** /évriwʌ̀n エヴリワン/ 代 **だれでも(みんな)，それぞれみんな**(《 ✿ 用法は everybody と同じで，everybody のほうが《口語》的；every one ともつづる；☞ everybody)．

*****ev·er·y·thing** /évriθìŋ エヴリスィング/ 代 《単数扱いで》

❶ **なんでもみんな**，あらゆること[もの]．

❷ 《否定文で》**全部が(…というわけではない)**(《 ✿ ふつう not が everything の前にくる)．

❸ **なによりも大切なもの**．

❶ He knows *everything* about it. 彼はそれについてはなんでも知っている／*Everything* she said is true. 彼女の言ったことはみんなほんとうだ／Thank you for *everything*. いろいろありがとう / Tell me *everything* important about it. それについて重要なことはみんな話しなさい ((●*everything* を修飾する形容詞は上例のようにその後に置かれる; ☞ nothing, something, anything)).

❷*Not everything* is known about the sun. 太陽についてはなにもかもわかっているわけではない / I do*n't* understand *everything* in this book. 私はこの本のなかのなにもかも理解しているわけではない.

❸His child is *everything* to him. 彼には子どもがなによりも大切だ / Money is not *everything*. お金がすべてでは[万能では]ない.

and everything そして必要な[あるべき]ものすべて : butter, cheese *and everything* バター, チーズ, その他もろもろ.

ev·er·y·where
/évrihwèər エヴリ(ホ)ウェア/ 副
❶**どこでも**, どこにも, 至るところに.
❷《否定文で》**どこでも(…というわけではない)**.

❶This flower is found *everywhere* in Japan. この花は日本のどこでも見られる / Her dog followed her *everywhere* she went. 彼女の犬は彼女が行くところはどこへでもついてまわった.
❷He has *not* traveled *everywhere* in Hokkaido. 彼は北海道をすみからすみまで旅行したわけではない.

*ev·i·dence /évədəns エヴィデンス/ 名
❶Ⓤ**証拠**; 跡(ぁと), 形跡(けいせき).
❷Ⓤ〖法律〗証言; 証拠物件.

❶Her smiling face is *evidence* of her happiness. 彼女がにこにこしているのは幸せな証拠だ / No *evidence* of life has been found on the moon. 月には生命の痕跡(こんせき)は見つかっていない / There is some *evidence* that Japan is recovering from recession. 日本が不況から回復しつつあるいくらかの証拠がある. ❷This is sufficient *evidence* that he is guilty. これは彼が有罪であるという十分な証言だ.
give evidence 証言する.

give [show, bear] evidence of ...
①…の形跡を示す : The riverbank *gave evidence of* the recent flood. 川岸は最近の洪水の形跡を示していた. ②…の証拠となる.
in evidence 《文語》目について, 目だって.

*ev·i·dent /évədənt エヴィデント/ 形 (more ~ ; most ~) **明らかな**, すぐわかる.

▶His age is *evident* in his wrinkled hands. 彼の老齢はしわだらけの手にはっきりと表われている / an *evident* mistake 明らかな誤り / It is *evident* (to everybody) *that* he loves Karen. 彼がカレンを愛していることは(だれの目にも)明らかだ.

*ev·i·dent·ly /évədəntli エヴィデントリ/ 副 **明らかに**. ▶She was *evidently* angry. 彼女は明らかにおこっていた / *Evidently*, he didn't know anything about it. 明らかに彼はそのことについては何も知らなかった.

*e·vil /íːvəl イーヴィル/ (★発音注意)形 (more ~ , ~·er; most ~ , ~·est)
❶(道徳的に)**悪い**, 悪いことをする, ひどい, 有害な.
❷不幸な; 不吉な.
❸いやな, 不快な.
— 名 (複 ~s /-z/) ❶Ⓤ**悪**, 邪悪 (反 good).
❷Ⓒ悪(事), 害悪, 災い.

形 ❶an *evil* killer ひどい人殺し / *evil* effects 悪影響 / *evil* spirits 悪霊.
❸an *evil* smell いやなにおい.
— 名 ❶He does not know good from *evil*. 彼は善悪の区別がつかない.
❷social *evils* 社会悪 / a necessary *evil* 必要悪.

e·voke /ivóuk イヴォウク/ 動 (現分 e·vok·ing) 他 《文語》(感情・記憶など)を心に呼び起こす.

*e·vo·lu·tion /èvəlúːʃən エヴォルーション/ 名 Ⓤ ❶ (段階的な)**発展**, 成長, 展開, 変化. ❷(生物の)進化.

▶❶economic *evolution* 経済的発展. ❷Charles Darwin's theory of *evolution* チャールズ ダーウィンの進化論.
☞ 動 evolve.

e·vo·lu·tion·ar·y /évəlú:ʃənèri エヴォルーショネリ/ 形 ❶発展[展開]する. ❷進化(論)的な.

*__e·volve__ /iválv イヴァルヴ | ivɔ́lv/ 動 (e·volves /-z/; e·volved /-d/; e·volv·ing) 他 (徐々に)…を発展させ、展開させる.
— 自 ❶ (徐々に)発展する, 展開する. ❷進化する.
▶*evolve* a new technique 新しい技術を発展させる.
☞ 名 evolution.

ewe /jú: ユー/ 名 C (成長した)雌のヒツジ(雄ヒツジはramという).

ex-¹ /iks イクス, eks/ 接頭「外へ, 外に」の意.

ex-² /éks エックス/ 接頭「前の, 前…」の意.

ex·ac·er·bate /igzǽsərbèit イグザサペイト/ 動 (現分 -bat·ing) 《文語》(病気・事態など)を悪化させる.

*__ex·act__ /igzǽkt イグザクト/ 形 (more ~; most ~)
❶**正確な** (反 inexact).
❷**厳密な**, 精密な. ❸きちょうめんな.
— 動 他 《文語》…を強要する.

形 ❶I don't know the *exact* location of the cave. 私はその洞窟の正確な場所を知らない / the *exact* number of applicants 応募者の正確な数.
❷the *exact* sciences 精密科学(数学・物理学などをいう).
❸She is *exact* in her work. 彼女は仕事がきちょうめんだ.

to be exact 厳密にいえば：*To be exact*, my weight is 65.25 kg. 厳密には私の体重は65.25キロです.
☞ 名 exactness.

ex·act·ing /igzǽktiŋ イグザクティング/ 形 ❶厳密さが必要な. ❷(人に対して)きびしい, 厳格な.

*__ex·act·ly__ /igzǽktli イグザクトリ/ 副 (more ~; most ~)
❶**正確に**, 厳密に, きっかりと, きっちりと.
❷《賛成の気持ちを強めて》**まったくそのとおり**.

❶Tell me *exactly* what he said. 彼の言ったことをそのまま言いなさい / What *exactly* did she say? 彼女は正確には何と言ったのですか / at *exactly* eight o'clock 8時きっかりに.
❷ 対話 "Is this what you want?"–"*Exactly*." 「これがあなたのお望みのものですか」「まったくそのとおりです」.

not exactly 正確[厳密]には…ない (◎ 部分否定を表わす)：I do*n't exactly* like physics. 私は(きらいではないが)厳密には物理は好きとはいえない / 対話 "Do you agree with me?"–"Well, *not exactly*." 「私に賛成？」「いや, ちょっと違うね」.

ex·act·ness /igzǽktnəs イグザクトネス/ 名 U 正確さ, 厳密さ.   ☞ 形 exact.

ex·ag·ger·ate /igzǽdʒərèit イグザチャレイト/ 動 (-ger·ates /-rèits/; -ger·at·ed /-tid/; -ger·at·ing) 他 …をおおげさにいう, 誇張する.
— 自 おおげさにいう, 誇張する.
▶ 他 He *exaggerated* the number of books he had. 彼は自分の持っている本の数を誇張していった / It seemed to me that he *exaggerated* the damage. 私には彼は被害を誇張しているように思えた.
— 自 You are *exaggerating*, aren't you? 君は誇張して(言って)いるでしょう.
☞ 名 exaggeration.

ex·ag·ger·at·ed /igzǽdʒərèitid イグザチャレイティド/ 形 誇張された, 大げさな.
▶an *exaggerated* expression 誇張された表現.

ex·ag·ger·a·tion /igzǽdʒəréiʃən イグザチャレイション/ 名 ❶ U おおげさ(にいうこと), 誇張.
❷ C 誇張的表現.
▶ ❷ Isn't that an *exaggeration*? それは誇張ではないですか / His story was full of *exaggerations*. 彼の話にはおおげさな表現がいっぱいあった.
☞ 動 exaggerate.

ex·alt·ed /igzɔ́:ltid イグゾールティド/ 形 《文語》有頂天の, 大得意の.

*__ex·am__ /igzǽm イグザム/ 名 (複 ~s /-z/) C ❶ (口語) (進級・入学などのための)**試験** (◎ examination の短縮形).
❷ (米) 問題[答案] 用紙.
❸ (医学) 検査, 健康診断, 診察.

❶take [have] an *exam* 試験を受ける / pass [fail] an *exam* 試験に合格す

427

examination

る〔落ちる〕/ *exam* results 試験結果.
❸have an eye *exam* 目の検査を受ける.

*ex·am·i·na·tion /igzæmənéiʃən イグザミネイション/ 名(複 ~s /-z/)
❶Ⓒ(進級・入学などのための)**試験** (✪《口語》ではexamを用いる).
❷ⓐ Ⓤ Ⓒ **検査, 調査**.
ⓑ Ⓒ (医学)検査, 健康診断, 診察.

・・・・・・・・・・・・・・・・・・
❶We had [took] an *examination* in English yesterday. きのう英語の試験があった / pass [fail] the *examination* 試験に合格する〔落ちる〕/ a written *examination* 筆記試験.
❷ⓐ We have to make a closer *examination* of the matter. そのことはもっと綿密な調査が必要だ.
ⓑ have a medical [health] *examination* 健康診断を受ける.

make an examination of ... …を検査する.
under examination 調査中で, 検討中で.

☞ 動examine.

*ex·am·ine /igzǽmin イグザミン/ 動 (~s /-z/; ex·am·ined /-d/; -in·ing) 他
❶ …を綿密に調べる [調査する, 検査する] (☞investigate, inspect).
❷ …を診察する.
❸ (学生)に〔…の〕試験をする.

・・・・・・・・・・・・・・・・・・
❶The customs officer *examined* my baggage. 税関吏は私の荷物を調べた / They *examined* the knife for fingerprints. 指紋が残っていないかとナイフを検査した.
❷The doctor *examined* the baby. 医者は赤ん坊の診察をした / I had my eyes *examined*. 私は目を検査してもらった.
❸ *examine* pupils *in* history 生徒に歴史の試験をする.

☞ 名examination.

ex·am·i·nee /igzæmənː イグザミニー/ (★アクセント注意)名Ⓒ ❶受験者.
❷調べられる人.

ex·am·in·er /igzǽminər イグザミナ/ 名Ⓒ ❶試験官. ❷調べる人, 調査官[員].

*ex·am·ple /igzǽmpl イグザンプル | -zάːm-/ 名(複 ~s /-z/)Ⓒ ❶ **例, 実例; 例文, 用**

例; (数学などの)例題.
❷**手本**, 模範. ❸みせしめ, いましめ.

・・・・・・・・・・・・・・・・・・
❶ Here is another *example*. ここに別の例があります(別の例をあげましょう) / Please give some *examples*. 例をあげてください. ❷He set a good *example* to his friends. 彼は友だちのよい手本になった / Follow her *example*. 彼女をお手本にしなさい.

for example **たとえば** (for instance): We visited several countries in Europe – France, Ger-many and Italy, *for example*. 私たちはヨーロッパのいくつかの国, たとえばフランス, ドイツ, イタリアを訪れた (✪実例としてあげた名詞の後にも前にもつけられる).

make an example of ... …をみせしめにして罰する, こらしめる.

ex·as·per·ate /igzǽspərèit イグザスパレイト/ 動 (現分 -at·ing) 他 (人)をいらいらさせる, おこらせる.

ex·as·per·at·ed /igzǽspərèitid イグザスパレイティド/ 形 いらいらした, おこった.

ex·as·per·a·tion /igzæspəréiʃən イグザスパレイション/ 名Ⓤ いら立ち, 激怒.

ex·ca·vate /ékskəvèit エクスカヴェイト/ 動 (現分 -vat·ing) 他 ❶ (穴)を掘る.
❷ (埋もれた物)を掘り出す, 発掘する.

ex·ca·va·tion /èkskəvéiʃən エクスカヴェイション/ 名Ⓤ Ⓒ ❶穴掘り. ❷発掘.

ex·ceed /iksíːd イクスィード/ 動 (~s /-dz/; ~ed /-id/; ~ing) 他 (限度など)を越える, 超過する.

▶Don't *exceed* the speed limit. 制限速度を越えてはいけない.

☞ 名excess, 形excessive.

ex·ceed·ing·ly /iksíːdiŋli イクスィーディングリ/ 副《文語》非常に, きわめて.

ex·cel /iksél イクセル/ (★アクセント注意) 動 《文語》 (~s /-z/; ex·celled /-d/; ex·cel·ling) 自 (他の人より)非常にすぐれている.
— 他 …よりすぐれている.

▶自 He *excels* at golf. 彼はゴルフが非常にうまい.

— 他 He *excels* me *in* mathematics. 彼は私より数学にすぐれている.

☞ 形excellent, 名excellence.

ex·cel·lence /éksələns エクセレンス/ 《★

アクセント注意》图U すぐれていること, 優秀. ☞ 形 excellent, 動 excel.

Ex·cel·len·cy /éksələnsi エクセレンスィ/ 图 (複 -len·cies /-z/) C 閣下(%), 令夫人《大臣・知事・大使やその夫人などに対して用いられる敬称》.
▶ Your *Excellency*《相手に向かって》閣下 / His *Excellency*《間接に》閣下 / Her *Excellency*《間接に》令夫人閣下.

*__ex·cel·lent__ /éksələnt エクセレント/ 形《★アクセント注意》❶ 非常にすぐれた, 優秀な; すばらしい, 見事な. ❷《喜んで・ほめて》すばらしい, いいですね, 結構, お見事.

❶ She is an *excellent* teacher. 彼女はすばらしい先生だ / Her English is *excellent*.= She speaks *excellent* English. 彼女の英語はすばらしい / do an *excellent* job (物事を)立派にやる.
❷ 対話 "We will be finished in five minutes."–"*Excellent*!" 「あと5分で終わります」「すばらしい」.
☞ 動 excel, 图 excellence.

ex·cel·lent·ly /éksələntli エクセレントリ/ 副 すばらしく, みごとに.

*__ex·cept__ /iksépt イクセプト/ 前 …以外(は); …(だけ)を除いて(は), …のほか(は), …以外の.
— 動 他 …を除く, 除外する.

前 Nobody *except* Tom knew the word. トム以外はだれもその単語を知らなかった / He works every day *except* Sunday. 彼は日曜を除いては毎日仕事をする.

All *except* him were present.
(彼のほか全員が出席していた)

語法 名詞・代名詞以外を目的語にすることがある: I didn't do anything *except* read mysteries yesterday. きのうはミステリーを読むほかはなにもしなかった / I like her *except* when she is angry. 私は彼女が好きだ. ただおこっているときの彼女は別だが.

except for ... ①…を除けば …(の点)を別にすれば: The house is completed *except for* painting. ペンキ塗りを除けばその家は完成している.

語法 ~ except … では~と…は同じ種類のものである. たとえば All were present *except* Steve. (スティーブを除いてはみんな出席していた)では all も Steve も「人間」である. それに対して ~ except for ... では~と…とは種類が違い, Your composition is perfect *except for* a spelling mistake. (つづりのまちがいがひとつあるだけであなたの作文はよくできている)のように用いる.

②…がなければ (but for ...): I would go with you *except for* my headache. 頭が痛くなければ君と行きたいのだが.

except (that) __を除けば, 別として《○ that が省かれると except は接続詞になる》: The car is very good *except (that)* it is a little too expensive. ちょっと高すぎるということを除けばその車はたいへんよい.

— 動 他 He was *excepted from* the list of starting pitchers. 彼は先発投手のリストからはずされた / Everyone, Sue *excepted*, was present. スーを除いてみんな出席していた.
☞ 图 exception.

ex·cept·ing /ikséptiŋ イクセプティング/ 前《文語》…を除いては, …のほかは.

*__ex·cep·tion__ /iksépʃən イクセプション/ 图 (複 ~s /-z/)
❶ C 例外; 例外的な場合[こと].
❷ U 除外.

❶ There is no rule without *exceptions*. 例外のない規則はない.

make an exception of ... …を別扱いする.
take exception to ... …に異議を申し立てる.
without exception 例外なく, みんな.
☞ 動 except, 形 exceptional.

ex·cep·tion·al /iksépʃənəl イクセプショナル/ 形 (more ~; most ~) ❶ とくにすぐれた. ❷ 例外的な.
☞ 名 exception.

ex·cep·tion·al·ly /iksépʃənəli イクセプショナリ/ 副 とくにすぐれて；例外的に.

ex·cerpt /éksəːrpt エクサープト/ (★アクセント注意) 名 C 抜粋(ばっすい), 引用(句).

*__ex·cess__ /iksés イクセス/ 名 (複 ~es /-iz/) 《単数形で》 **超過**, 過剰；超過量[額].
— 形 /ékses エクセス, iksés/ (★名詞とのアクセントの違いに注意) 超過した.

....

名 *an excess* in eating 食べ過ぎ / *an excess* of imports over exports 輸入超過.
in excess of ... …を超過して.
to excess 過度に：eat *to excess* 食べすぎる.
— 形 *excess* weight 超過体重[重量] / *excess* fare 乗り越し料金.
☞ 動 exceed, 形 excessive.

*__ex·ces·sive__ /iksésiv イクセスィヴ/ 形 (more ~; most ~) **度を越した**, 過度の.
▶the *excessive* rainfall 雨の降り過ぎ.
☞ 名 excess, 動 exceed.

ex·ces·sive·ly /iksésivli イクセスィヴリ/ 副 過度に, 非常に.

*__ex·change__ /ikstʃéindʒ イクスチェインヂ/ 動 (ex·chang·es /-iz/; ex·changed /-d/; ex·chang·ing) 他 ❶ⓐ …を**交換する**, 取りかえる (◐目的語にはふつう複数名詞がくる).
ⓑ (あいさつ・ことばなど)を交わす.
❷ 《exchange ... for ~》…を～と**取りかえる**, 交換する.
— 名 (複 ex·chang·es /-iz/) ❶ⓐ U C **交換**, やりとり.
ⓑ C (激しい)(ことばの)やりとり, 応酬.
❷ C (人・文化などの)**交流**.
❸ U 両替.
❹ C (商品・株の)取引所.

....

動 他 ❶ⓐ The two *exchanged* business cards at the meeting. ふたりはその会で名刺を交換した / Will you *exchange* seats *with* me? 私と席を代わってくれませんか.
ⓑ *exchange* greetings あいさつを交わす / *exchange* a few words 少しことばを交わす / She *exchanged* a smile with him. 彼女は彼とほほ笑みを交わした.
❷ He *exchanged* his used PC *for* a printer. 彼は中古のパソコンをプリンターと交換した / She *exchanged* yen *for* US dollars. 彼女は円をアメリカドルに替えた.
— 名 ❶ⓐ an *exchange* of gifts おくりものの交換 / an *exchange* of views 意見の交換. ⓑ There was a heated *exchange* between the two. ふたりの間では激しいやり取りがあった.
❷ a cultural *exchange* 文化交流 / We have a student *exchange* program with three universities in America. 私たちの大学はアメリカの3つの大学と学生交流プログラムがある.
❸ an *exchange* house 両替所.
❹ the stock *exchange* 株式取引所.
in exchange (for ...) (…と) **交換に**, 引き換えに.

ex·change·a·ble /ikstʃéindʒəbl イクスチェインチャブル/ 形 交換できる, 取り替えられる.

exchánge ràte 名 C 《the をつけて》 為替(かわせ)レート, 為替相場.

exchánge stùdent 名 C 交換学生.

ex·cheq·uer /ékstʃekər エクスチェカ/ 名 《the Exchequer で》(イギリスの)財務省. ▶the Chancellor of *the Exchequer* (イギリスの)財務大臣.

ex·cise /éksaiz エクサイズ/ 名 C (酒・たばこなどの)物品税.

ex·cit·a·ble /iksáitəbl イクサイタブル/ 形 興奮しやすい.

*__ex·cite__ /iksáit イクサイト/ 動 (~s /-ts/; ex·cit·ed /-id/; ex·cit·ing) 他 ❶ⓐ …を**興奮させる**, 刺激する；…をわくわくさせる.
ⓑ 《be excited で》興奮する[している] (☞ excited).
❷ (感情など)を起こさせる.

....

❶ⓐ The news *excited* me. (= I was *excited* by the news.) その知らせは私をわくわくさせた(その知らせを聞いて私はわくわくした) / I *excited* him to

anger. 私は彼をおこらせてしまった.
❷Her story *excited* our sympathy〔curiosity〕. 彼女の話を聞いてわれわれは同情した〔好奇心をもった〕/ His skill in skiing *excited* admiration in us. 彼のスキー技術に私たちはすごいと感じした.
excite *oneself* 興奮する.
☞ 图**excitement**.

***ex·cit·ed** /iksáitid イク**サ**イティド/ 形
(more ~ ; most ~)(うれしくて)**興奮した**, わくわくした《「人が興奮している」という意味; ✿「人を興奮させる(ような)」は exciting》.

Don't be [get] so *excited*. そんなに興奮しないでくれ / She is easily *excited*. 彼女はすぐ興奮する / We are *excited* about the school trip. 私たちは修学旅行のことでわくわくしている / I *was excited to* hear that. 私はそれを聞いてわくわくした / *excited* cheers 興奮した歓声.

ex·cit·ed·ly /iksáitidli イク**サ**イティドリ/ 副 興奮して.

***ex·cite·ment** /iksáitmənt イク**サ**イトメント/ 图 (複 ~s /-ts/)
❶ Ⓤ **興奮**; わくわくする[させる]こと.
❷ Ⓒ 興奮させるもの, 刺激(%)(するもの).

❶ cause great *excitement* 非常な興奮を引き起こす / feel great *excitement* すごく興奮する.
❷ the *excitements* of city life 都会生活のいろいろな刺激.
in excitement 興奮して:They shouted *in excitement*. 彼らは興奮して叫んだ.
☞ 動**excite**.

***ex·cit·ing** /iksáitiŋ イク**サ**イティング/ 形
(more ~ ; most ~)**興奮させる**, はらはら[わくわく]させる.
▶ What an *exciting* race it was! なんとはらはらさせるレースだったことだろう.
類語 「人を興奮させる」は **exciting**;「人が興奮している」は **excited**.

***ex·claim** /ikskléim イクスク**レ**イム/ 動 (~s /-z/; ~ed /-d/; ~·ing) 圓 (苦痛・怒り・驚きなどで)(突然)**叫ぶ**, いう.
— 他 (感情をこめて)(突然)(…と)**叫ぶ**, いう.
▶ 他 "What a surprise!" she *exclaimed*. 「まあ驚いた」と彼女は大きな声でいった.
☞ 图**exclamation**, 形**exclamatory**.

ex·cla·ma·tion /èksklǝméiʃǝn エクスクラ**メ**イション/ 图Ⓒ ❶ 叫び(声). ❷【文法】感嘆詞, 間投詞.
☞ 動**exclaim**.

exclamátion màrk 图Ⓒ《英》＝ exclamation point.

exclamátion pòint 图Ⓒ《米》感嘆符(!) (✿《英》では exclamation mark).

ex·clam·a·to·ry /iksklǽmǝtɔ̀:ri イクスク**ラ**マトーリ/ 形 感嘆の.
☞ 動**exclaim**.

exclámatory séntence 图Ⓒ【文法】感嘆文.

***ex·clude** /iksklú:d イクスク**ルー**ド/ 動 (excludes /-dz/; ex·clud·ed /-id/; ex·clud·ing) 他 ❶ⓐ …を**締め出す**, 除外する, 入れない (反 include).
ⓑ《英》(生徒)を退校処分にする.
❷ (可能性など)を排除する, 考慮に入れない.
▶ ❶ⓐ Curtains *exclude* light. カーテンは光をさえぎる / He was *excluded* from the team. 彼はそのチームには入れてもらえなかった / She felt *excluded*. 彼女は仲間はずれにされていると感じた.
❷ We cannot *exclude* the possibility that we may lose. われわれが負ける可能性は排除できない.
☞ 图**exclusion**, 形**exclusive**.

ex·clud·ing /iksklú:diŋ イクスク**ルー**ディング/ 前 …を除いて.
▶ We are open every day, *excluding* Christmas Day. クリスマスの日以外は毎日開店しています.

ex·clu·sion /iksklú:ʒǝn イクスク**ルー**ジョン/ 图Ⓤ 排除, 締めだし, 除外 (反 inclusion).
to the exclusion of ... (他のことが中心になって)(結果的に)…を除外するほど(に).
☞ 動**exclude**.

ex·clu·sive /iksklú:siv イクスク**ルー**シィ

exclusively

ヴ/ 形(more ~ ; most ~) ❶特定の人たちに限られた, 排他的な, 閉鎖的な.
❷高級な, 高価な.
❸独占的な, 専用の.
— 名 C (新聞などの)独占記事.

形 ❶ The offer of this service is *exclusive* to seniors. このサービスの提供は高齢者に限定されています / an *exclusive* club 会員限定の[入会条件のやかましい]クラブ.
❷ an *exclusive* hotel 高級ホテル.
❸ an *exclusive* interview[report] 独占会見[報道].

exclusive of ... …を除いて:There were thirteen of us in the room, *exclusive of* our teacher. 先生を除いてわれわれ13名がその部屋にいた.
☞ 動 exclude, 名 exclusion.

ex·clu·sive·ly /iksklúːsivli イクスクルースィヴリ/ 副 (他のものは除いて)もっぱら…だけ, 独占的に.

ex·cre·ment /ékskrəmənt エクスクレメント/ 名 U (文語)大便.

ex·cur·sion /ikskə́ːrʒən イクスカージョン | -kə́ːʃən/ 名 (複 ~s /-z/) C (団体の)観光旅行, 遠足, 小旅行.

go on an excursion = *make an excursion* 観光旅行[遠足]に行く:They *went on* [*made*] an *excursion* to Nara. 彼らは奈良へ観光旅行に出かけた.

ex·cus·a·ble /ikskjúːzəbl イクスキューザブル/ 形 (言動が)許される, 許してもよい(程度の) (反 inexcusable).

＊**ex·cuse** 動 /ikskjúːz イクスキューズ/ (ex·cus·es /-iz/; ex·cused /-d/; ex·cus·ing) 他 ❶ⓐ (人・行為など)を**許す**, 大目にみてやる.
ⓑ《excuse ... for ~》…(人)の~を許す, 大目にみてやる.

類語 **excuse** は「ちょっとした過ちや失礼を許す」;**pardon** は「(人・罪などを)(公に)許す」;**forgive** は「(人・罪などを)(個人的な同情心から)許す」.

❷ⓐ …を言いわけする, 弁解する.
ⓑ《否定文で》…の言いわけになる.
❸ⓐ《excuse ... from ~》…(人)を~から免除する.
ⓑ《ふつう be excused で》義務を免除される, いる場所を離れることを許される.
— 名 /ikskjúːs イクスキュース/ (★動詞との発音の違いに注意)(複 ex·cus·es /-iz/) U C 言いわけ, 弁解;口実(ː˜).

動 他 ❶ⓐ We cannot *excuse* his behavior. 私たちは彼の行為を許せない.
ⓑ *Excuse* me *for being* late.= *Excuse my being* late. 遅れて来てすみません.
❷ⓐ He *excused* his absence from the meeting. 彼は会議に出なかったことの言いわけをした. ⓑ *Nothing* will *excuse* his absence. なにをいっても彼の欠席の言いわけにはならない.
❸ⓐ The teacher *excused* her *from* the test. 先生は彼女にテストを免除した / He was *excused from doing* the homework. 彼は宿題をすることを免除された. ⓑ You *are excused* now. 君はもう帰ってよろしい / May I *be excused*, Miss? (学校などで)先生, トイレへ行ってもいいですか.

Excuse me. ① 《しばしばうしろに but をともなって》**失礼します**, すみません (《❖*Pardon me.* はさらにていねいな言い方》):*Excuse me*, (*but*) would you tell me the way to City Hall? 失礼ですが, 市役所へ行く道を教えていただけませんか / *Excuse me*, (*but*) I have to go. すみませんが行かなければなりません / 対話 "*Excuse me*!"–"Yes?"–"Would you take our picture?"–"Sure." 「すみません」「何でしょう」「私たちの写真をとってくださいませんか」「はい喜んで」.

INFO 相手に少し不快感を与えるのではないかと予想してあらかじめ失礼をわびるのに用いる. たとえば知らない人にものをたずねるとき, 人の前を通るとき, 相手のことばをさえぎるときなど.

② (米)**失礼しました**, ごめんなさい, すみません (《❖(英)では Sorry!》).

INFO 思いがけず軽い不快感を与えてしまった相手に対してわびるのに用いる. たとえば人の体に軽くふれたとき, または人と話をしていてせきなどをしたときなど. これに対する受け答えはふつう That's all right. (いいんですよ)や Never mind. (かまいませんよ)などを用いる.

abcd**e**fghijklmnopqrstuvwxyz　　　　　　　　　　　　　　　　**exercise**

Excuse me.　　That's all right.

「ごめんなさい」「いいんですよ」

Excuse me? 《米》すみませんがもう一度おっしゃってください《❖相手の言ったことが聞きとれなかったときのことば；ていねいな表現；上昇調で言う；《英口語》では Sorry? と上昇調で言う》.
***excuse* oneself** 弁解する：She *excused herself* for being late. 彼女は遅れたことの言いわけをした.
— 名 He made many *excuses* for coming late. 遅れて来たことに対して彼はいろいろ言いわけをした / Oversleeping is no *excuse*. 寝過ごしは言いわけにならない.

*ex‧e‧cute /éksəkjùːt エクセキュート/ 《★アクセント注意》動 (~s /-ts/; -cut‧ed /-id/; -cut‧ing) 他 ❶ (人)を**処刑する**, 死刑にする.
❷《文語》(命令・計画など)を**実行する**, (職務などを)果たす.
❸ (法律・遺言(ゆいごん)など)を**実施する**, 執行する.

❶ The murderer was *executed*. 殺人犯は死刑を執行された.
❷ You must *execute* his orders. 君は彼の命令を実行しなくてはならない.
❸ His will was not *executed*. 彼の遺言は実行されなかった.
☞ 名 execution, 形 executive.

ex‧e‧cu‧tion /èksəkjúːʃən エクセキューション/ 名 (~s /-z/) ❶ UC 死刑執行.
❷ U《文語》(命令・計画などの)実行, (職務などの)遂行；(法律・遺言(ゆいごん)などの)実施, 執行.
☞ 動 execute.

ex‧e‧cu‧tion‧er /èksəkjúːʃənər エクセキューショナ/ 名 C 死刑執行人.

***ex‧ec‧u‧tive** /igzékjutiv イグゼキュティヴ/ 《★発音注意》名 (複 ~s /-z/)
❶ C (会社などの)**役員**, 重役, 管理職(員), 経営者.
❷《**the** をつけて；単数または複数扱いで》(政府の)行政部.
❸ C (組織の)役員, 理事.
— 形 ❶ **管理の**, 経営の, 執行の；実行[執行]権限のある《組織内の重要な決定を行なう》.
❷ 行政上の, 行政部の.
❸ 管理職(用)の, 高級な.

名 ❶ a senior *executive* 上級役員, 首脳 / a party *executive* 政党の役員.
❷ the chief *executive* 社長, 最高責任者.
— 形 ❶ the *executive* committee 執行[実行]委員会.
❷ the *executive* head of state (首相・大統領など)国家の行政最高責任者 / the *executive* branch 行政部.
☞ 動 execute.

ex‧em‧pla‧ry /igzémpləri イグゼンプラリ/ 形 ❶ 模範的な. ❷ みせしめの.

ex‧em‧pli‧fy /igzémpləfài イグゼンプリファイ/ 動 (-pli‧fies /-z/; -pli‧fied /-d/; ~ing) 他 …を実例で示す；…のよい例となる.

ex‧empt /igzémpt イグゼンプト/ 動 他《文語》(人・義務など)を免除する.
— 形 免除された.

ex‧emp‧tion /igzémpʃən イグゼンプション/ 名 UC (義務の)免除.

***ex‧er‧cise** /éksərsàiz エクササイズ/ 名 (複 -cis‧es /-iz/) ❶ UC (身体の)**運動**, 体操.
❷ C ⓐ **練習**, 訓練.
ⓑ《ふつう複数形で》軍事訓練.
❸ C **練習問題**；課題；練習曲.
❹《単数形で》(精神力などを)**働かせること**, 実行；(目的を持った)行為.
❺ U (権力・権利などの)**使用**, 行使.
— 動 (-cis‧es /-iz/; -cised /-d/; -cis‧ing) 他 ❶ (権力・権利・影響力などを)**行使する**.
❷ (精神力・注意力などを)**働かせる**.
❸ …に運動させる, …を練習させる, 訓練する.
— 自 ❶ **運動する**. ❷ 練習する.

four hundred and thirty-three　　　　　　　　　　　　　　　　　　　　　　433

[名] ❶I take [do, get] *exercise* every day. 私は毎日運動する / Swimming is good *exercise*. 水泳はよい運動だ / stretching *exercise* ストレッチ体操.
❷ⓐReading is a good mental *exercise*. 読書は頭にはよい訓練だ.
❸Do these grammar *exercises*. これらの文法の練習問題をしなさい.
❹by an *exercise* of will power 意志の力を働かせて. ❺the *exercise* of political power 政治権力の行使.
— [動][他] ❶You can *exercise* your rights as a citizen by voting. あなたがたは投票によって市民としての権利を行使することができる. ❷You must *exercise* your judgment. 判断力を働かせなさい. ❸My brother *exercises* our dog every morning. 弟[兄]は毎朝犬に運動させている / *Exercise* your muscles. 筋肉をきたえなさい.

ex·ert /igzə́ːrt イグザート/ 《★発音注意》[動][他] (権力など)をふるう, 行使する.
▸*exert* authority 権力をふるう.
exert oneself (大いに)努力する.
☞ [名]exertion.

ex·er·tion /igzə́ːrʃən イグザーション/ [名][U.C] (力の)発揮; (権力などの)行使.
☞ [動]exert.

ex·ha·la·tion /èkshəléiʃən エクスハレイション, エクサレ-/ [名][U.C] (息などを)吐き出すこと ([反]inhalation).

ex·hale /ekshéil エクスヘイル/ [動] (現分 ex·hal·ing) [他] (息・煙など)を吐き出す ([反]inhale). — [自] 息[煙]を吐き出す.

***ex·haust** /igzɔ́ːst イグゾースト/ 《★ h は発音されない》[動] (~s /-ts/; ~·ed /-id/; ~·ing) [他] ❶ⓐ…を**疲れ果てさせる** (☞ tired ❶ ⓑ).
ⓑ《be exhaustedで》疲れ果てる (☞ exhausted).
❷…を**使い果たす**, 全部使う.
— [名] ❶[U]排気ガス. ❷[C]排気装置, 排気管.

[動][他] ❶ⓐThe long drive *exhausted* him. 彼は長いドライブで疲れきった.
❷I have *exhausted* my savings. 私は貯金を使い果たした.
exhaust oneself 疲れ果てる:He *exhausted himself* (by) working long hours. 彼は長時間勤務でくたくたになった.
☞ [名]exhaustion, [形]exhaustive.

***ex·haust·ed** /igzɔ́ːstid イグゾースティド/ 《★ h は発音されない》[形] (more ~; most ~) **疲れきった**.
▸She looked *exhausted*. 彼女は疲れきっているように見えた.

ex·haust·ing /igzɔ́ːstiŋ イグゾースティング/ [形] (more ~; most ~) (心身を)疲れ果てさせる.

ex·haus·tion /igzɔ́ːstʃən イグゾースチョン/ [名][U] (極度の)疲労.
☞ [動]exhaust.

ex·haus·tive /igzɔ́ːstiv イグゾースティヴ/ [形] 徹底的な, 完全な. ▸make an *exhaustive* study of ... を徹底的に研究する.
☞ [動]exhaust.

ex·haus·tive·ly /igzɔ́ːstivli イグゾースティヴリ/ [副] 徹底的に, 完全に.

***ex·hib·it** /igzíbit イグズィビット/ 《★ h は発音されない》[動] (~s /-ts/; ~·ed /-id/; ~·ing) [他] ❶…を**展示する**, 公開する, 陳列する. ❷《文語》(感情・性質など)を**見せる**, 表わす.
— [名] ([複] ~s /-ts/) [C] ❶展示品, 陳列品, 出品物. ❷〔法律〕証拠物件[書類].
❸《米》= **exhibition** ❶ ⓐ.

[動][他] ❶He *exhibited* his paintings in the city gallery. 彼は市立画廊に絵を展示した. ❷She seldom *exhibits* her emotions. 彼女はめったに感情を外に表わさない.
☞ [名]exhibition.

***ex·hi·bi·tion** /èksəbíʃən エクスィビション/ 《★ h は発音されない》[名] ([複] ~s /-z/)
❶ⓐ[C]**展覧会**, 展示会 (☞ exposition, fair² ❷). ⓑ[U]展示(すること).
❷[C] (演技・技術・気持ちなどを)見せる[示す]こと.

❶ⓐThe art school held an *exhibition*. 美術学校が展覧会を開いた / There was an *exhibition* of new-model computers last week. 先週新型コンピューターの展示会があった.
❷*an exhibition* of driving skills 運転技術の発揮 / an *exhibition* of

abcd**e**fghijklmnopqrstuvwxyz　　　　　　　　　　　　　　　　**expansion**

bad temper 不機嫌を示すこと.
on exhibition 展示[陳列]されて.
☞ 動exhibit.
exhibítion màtch 名C模範試合.
ex·hil·a·rat·ed /iɡzíləreìtid イグ**ズィ**ラレイティド/ （★h は発音されない）形 うきうきしている.
ex·hil·a·rat·ing /iɡzíləreìtiŋ イグ**ズィ**ラレイティング/ 形（人の気分を）うきうきさせる.
ex·hil·a·ra·tion /iɡzìləreíʃən イグ**ズィ**ラレイション/ 名U うきうきした気分.
ex·ile /éɡzail エ**グ**ザイル, éksail/ （★アクセント注意）名（複 ~s /-z/）❶U 国外追放；亡命.
❷C 国外追放された人；亡命者.
— 動（現分 ex·il·ing）他（人）を国外へ追放する.
▶名❶ go into *exile* 亡命する,追放の身となる.
＊**ex·ist** /iɡzíst イグ**ズ**ィスト/ 動（~s /-ts/；~ed /-id/; ~ing）自❶ 存在する[している], 実在する[している], ある.
❷（困難の中を）生き残る,生きている.

❶ Do you believe that ghosts *exist*? あなたは幽霊がいると信じますか.
❷ *exist on* a small amount of food 少量の食物で生きる.
☞ 名existence.
＊**ex·is·tence** /iɡzístəns イグ**ズ**ィステンス/ 名❶U 存在；実在；生存.
❷《an をつけて》（つらい）生活.

❶ I do not believe in the *existence* of ghosts. 私は幽霊の存在を信じない / the struggle for *existence* 生存競争. ❷ *a* miserable *existence* みじめな生活.
come into existence 生まれる,出現する.
in existence 現存の,存在して：This is the oldest wooden house *in existence*. これは現存する最古の木造家屋である.
☞ 動exist.
ex·ist·ing /iɡzístiŋ イグ**ズ**ィスティング/ 形 現在の；現存の.
＊**ex·it** /éɡzit エ**グ**ズィット, éksit/ （★アクセント注意）名（複 ~s /-ts/）C

❶ 出口（反entrance）（☞ way out）.
❷ 出て行くこと,退場,退出.
— 動自 出て行く,〖演劇〗退場する.
— 他 …を出て行く.
▶名❶ an emergency *exit* 非常口.
éxit vìsa 名C 出国ビザ（反 entry visa）.
ex·o·dus /éksədəs エクソダス/ 名❶C（多数の人の）出国. ❷《Exodus で》〖聖書〗「出エジプト記」（旧約聖書の一書）.
ex·or·cism /éksɔːrsizm エク**ソー**スィズム/ 名UC悪魔払い（の儀式）.
ex·or·cist /éksɔːrsist エク**ソー**スィスト/ 名C（悪魔払いの）祈禱師.
ex·ot·ic /iɡzátik イグ**ザ**ティック/ （★発音注意）形 ❶ 異国風の,風変わりな.
❷ 外国から来た,外来の（☞native ❸）.
＊**ex·pand** /ikspǽnd イク**スパ**ンド/ 動（~s /-ds/; ~ed /-id/; ~ing）他 ❶（大きさ・数量など）を広げる；…を拡張する；…を膨張させる.
❷（議論・考えなど）を発展させる.
— 自 ❶ 広がる,拡大する；膨張する.
❷ 発展する.

他 ❶ He *expanded* his business. 彼は事業[商売]を拡張した / Heat *expands* metal. 熱は金属を膨張させる / *expand* the network ネットワークを広げる. ❷ He *expanded* the story *into* a novel. 彼はその話を発展させて小説にした.
— 自 ❶ The desert is *expanding*. その砂漠は広がりつつある / The demand for organic food is *expanding*. 有機食品の需要が広がっている / *expand* with heat 熱によって膨張する.
❷ The small shop *expanded into* a supermarket. その小さな店は発展してスーパーマーケットになった.
☞ 名expanse, expansion, 形expansive.
ex·panse /ikspǽns イク**スパ**ンス/ 名C（陸・海・空などの）広がり.
▶the blue *expanses* of the sky 広々とした青空.
☞ 動expand.
＊**ex·pan·sion** /ikspǽnʃən イク**スパ**ンション/ 名U拡張,拡大,発展,膨張.
▶the *expansion* of trade 貿易の拡

expansive

大.
☞ 動expand.

ex·pan·sive /ikspǽnsiv イクスパンスィヴ/ 形
❶広々とした, 広大な；広範にわたる.
❷親しみやすい, よくしゃべる, 大らかな.
☞ 動expand.

ex·pat·ri·ate /ekspéitriət エクスペイトリエト/-pǽet-/ 名Ⓒ国外在住者.
— 形国外に在住している.

***ex·pect** /ikspékt イクスペクト/ 動 (~s/-ts/; ~ed /-id/; ~ing) 他
❶ⓐ…を**予期する**, 予想する, 思う《望ましいことまたは望ましくないことをかなりの確信をもって予期する；☞ hopeの 類語》.
ⓑ《expect to do》_するものと予期する, 予想する.
ⓒ《expect ... to do》…が_するものと予期する, 予想する.
ⓓ《expect (that) _》_ということを予期する, 予想する.
❷ⓐ《当然のこととして》…を**期待する**.
ⓑ《expect ... to do》…が当然_すると期待する.
ⓒ《expect (that) _》_ということを期待する.
ⓓ《expect ... of [from] ~》~に…を期待する.
❸…が来るものと思う.
❹《I expect _》《英口語》多分_だと思う.

----

❶ⓐNobody *expected* the shower. だれにもにわか雨になるとは思っていなかった / We *expect* hot days in summer. われわれは夏には暑い日があるものだと思っている / This dictionary is more useful than I *expected*. この辞書は思っていた以上に役に立つ.
ⓑI *expect* to hear from John soon. じきにジョンから連絡[便り, 電話]がくると思う / We *expect* to win the game. 試合にはきっと勝ちます / I *expect* to be back tomorrow. 私はあす戻ります.
ⓒI did not *expect* her *to* be late.(＝I did not *expect* (that) she would be late.) 彼女が遅れるとは思わなかった.
ⓓI *expect* (*that*) he will join our club. 彼はわれわれのクラブに入ると思う.
❷ⓐI *expected* a higher salary. 私はもっと高い給料をもらえると思っていた.
ⓑI *expect* you *to* be punctual. 時間を厳守してもらいたい / You are *expected to* do a good job. 君には立派にやってもらいたい.
ⓒI *expect* (*that*) everybody will do their assignment in time. みんな自分の課題を遅れないで仕上げるのですよ.
ⓓPeople *expected* too much *of* him. 人々は彼に大きな望みをかけすぎた.
❸I've been *expecting* you all (the) morning. 午前中ずっとお待ちしていました / I'm *expecting* a phone call from her. 彼女から電話がくるはずです.
❹I *expect* something is wrong with her. 多分彼女はどこか具合が悪いのだと思う.

as might have been expected 予想していた通り.

be expecting (*a baby*) 妊娠している：His wife *is expecting*. 彼の奥さんは近いうちに赤ん坊が生まれる.
☞ 名expectation, expectancy, 形expectant.

ex·pect·an·cy /ikspéktənsi イクスペクタンスィ/ 名Ⓤ(よいことの)予期, 期待.
▶(average) life *expectancy* 平均余命.
☞ 動expect.

ex·pect·ant /ikspéktənt イクスペクタント/ 形 ❶(よいことが起きると)予期している, 期待している. ❷子どもがじきに生まれる；妊娠中の.
▶❷an *expectant* mother 妊婦.
☞ 動expect.

ex·pect·ant·ly /ikspéktəntli イクスペクタントリ/ 副 (よいことが起きると)予期して, 期待して.

***ex·pec·ta·tion** /èkspektéiʃən エクスペクテイション/ 名 (複 ~s /-z/)
❶Ⓤ**予期**, 予想, 見込み；期待.
❷《ふつう複数形で》**期待(する気持ち)**.

----

❶He has no *expectation* of passing the examination. 彼は試験に合格するとは思っていません / There is little *expectation* that he will succeed.＝There is little *expectation* abcd**e**fghijklmnopqrstuvwxyz　　　　　　　　　　　　**experience**

of his success. 彼が成功する見込みはほとんどない. ❷All parents have high *expectations* of their children. 親はすべて子どもに大いに期待している.

***against** [**contrary to**] (**all**) expectations* 予想に反して.

***beyond** (…'s) expectation(s)* (…の)予想以上に.

***come** [**live**] **up to** …'s expectations* …の期待にそう.

***fall short of** …'s expectations* …の期待を裏切る.

***in expectation of** …* …を予期して, 期待して, 見越して:He did it *in expectation of* a reward. 彼はほうびをもらえると思ってそれをやった.

***meet** …'s expectations* …の期待にそう.

☞ 動expect.

ex·pe·di·ence /ikspíːdiəns イクスピーディエンス/ 名= expediency.

ex·pe·di·en·cy /ikspíːdiənsi イクスピーディエンスィ/ 名U(善悪は別としての)好都合.

ex·pe·di·ent /ikspíːdiənt イクスピーディエント/ 形(善悪は別として)好都合な.

*__**ex·pe·di·tion**__ /èkspədíʃən エクスペディション/ 名(複 ~s /-z/) C ❶探検(旅行); 遠征, (ある目的をもった)旅. ❷外出, ちょっと出かけること.
▸❶They went on an *expedition* to the North Pole. 彼らは北極探検に出かけた. ❷a shopping *expedition* 買い物(に出かけること).
☞ 形expeditionary.

ex·pe·di·tion·ar·y /èkspədíʃənèri エクスペディショネリ/ 形探検の, 遠征の.
☞ 名expedition.

ex·pel /ikspél イクスペル/ 動(~s /-z/; ex·pelled /-d/; ex·pel·ling)他 ❶…を追い出す, …を追放する, (生徒)を退学させる. ❷…を排出する, 吐き出す.
▸❶Tom was *expelled from* school. トムは退学させられた.
☞ 名expulsion.

ex·pend /ikspénd イクスペンド/ 動他(《文語》)(時間・労力・お金など)を費やす, 消費する.
☞ 名expense, expenditure.

ex·pend·i·ture /ikspéndətʃər イクスペンディチャ/ 名(複 ~s /-z/) UC《文語》支出, 出費; 経費, 費用.
▸an annual *expenditure* on education 年間の教育への支出.
☞ 動expend.

*__**ex·pense**__ /ikspéns イクスペンス/ 名(複 ex·pens·es /-iz/)
❶UC費用, 出費. ❷《複数形で》経費.

❶go abroad at public *expense* 公費で外国へ行く / cover an *expense* 費用をまかなう.
❷School *expenses* will go up. 学費が上がるだろう / reduce [cut down] *expenses* 経費を切り詰める / traveling *expenses* 旅費.

at any expense どんな犠牲を払っても; どんなに費用がかかっても:He will do it *at any expense*. 彼はなにがなんでもそれをするだろう.

***at** …'s expense* ①…の費用で:He was educated *at his* uncle's *expense*. 彼はおじさんの出してくれるお金で教育を受けた. ②…を犠牲にして.

***at one's** (**own**) *expense* ①自費で. ②自分を犠牲にして.

***at the expense of** …* …を犠牲にして:He wrote a lot of novels *at the expense of* his health. 彼は健康を犠牲にしてたくさんの小説を書いた.

go to great expense 大きな出費をする.

spare no expense 費用を惜(ぉ)しまない, 金に糸目をつけない.
☞ 動expend, 形expensive.

*__**ex·pen·sive**__ /ikspénsiv イクスペンスィヴ/ 形(more ~; most ~)値段が高い, 高価な, 費用のかかる (反 inexpensive, cheap)(☞high 形 ❹ⓐ).
▸*expensive* clothes 高価な服 / Eating at restaurants is *expensive*. レストランで食事をすると高くつく / It is *expensive* to live in Tokyo. 東京で生活するには大変お金がかかる / an *expensive* hobby お金のかかる趣味.
☞ 名expense.

ex·pen·sive·ly /ikspénsivli イクスペンスィヴリ/ 副費用をかけて, ぜいたくに.

*__**ex·pe·ri·ence**__ /ikspíəriəns イクスピ(ア)

four hundred and thirty-seven　　　　　437

experienced

リエンス/ 名(複 -enc·es /-iz/)
❶ U 経験, 体験 (反 inexperience).
❷ C 経験(したこと).

— 動 (-enc·es /-iz/; -enced /-t/; -enc-ing) 他 ❶ …を経験する, 体験する.
❷ (気分・苦痛など)を感じる.

名 ❶ The woman has long *experience* in teaching music. その女性は音楽を教えた経験が長い / We learn things by [from] *experience*. 私たちは経験からいろいろなことを学ぶ / a doctor with *experience* 経験豊かな医者.
❷ Tell us about your *experiences*. あなたの経験について話してください / I had a shocking *experience* on my trip. 私は旅行でショッキングな経験をしました / My stay in Canada was a great *experience*. カナダでの滞在はすばらしい経験だった.

— 動 他 ❶ They *experienced* great hardships in the desert. 彼らは砂漠でたいへんな苦労を経験した.

ex·pe·ri·enced /ikspíəriənst イクスピ(ア)リエンスト/ 形 (more ~; most ~) 経験を積んだ, 経験豊かな (反 inexperienced).

▶ He is *experienced* in teaching. 彼は教師としての長い経験をもっています / an *experienced* pilot 経験豊かなパイロット.

ex·per·i·ment /ikspérəmənt イクスペリメント/ 名 (複 ~s /-ts/) UC 実験, 試験, ためし.

— 動 /ikspérəmènt イクスペリメント/ (★名詞との発音の違いに注意) (~s /-ts/; ~-ed /-id/; ~-ing) 自 […の] 実験をする, 試してみる 〔with, on〕.

名 They conducted *experiments* in living underwater. 彼らは水中生活の実験をした / a chemical *experiment* = an *experiment* in chemistry 化学の実験.

☞ 形 experimental.

— 動 自 We are *experimenting* with new medicines. 私たちは新薬の実験をしている / *experiment on* animals 動物実験をする.

ex·per·i·men·tal /ikspèrəméntl イクスペリメントル/ 形 (more ~; most ~) 実験(用の), 実験に基づく; 試験的な.

☞ 名 experiment.

ex·per·i·men·tal·ly /ikspèrəméntəli イクスペリメンタリ/ 副 実験的に, 実験によって, 実験上.

＊ex·pert /ékspəːrt エクスパート/ (★アクセント注意) 名 (複 ~s /-ts/) C 専門家, 熟練者, エキスパート; 達人.

— 形 (more ~; most ~) 熟練した, 老練な; 専門家の, 専門的な知識や技術をもった.

名 She is an *expert* in child care. 彼女は児童保育の専門家だ / an *expert* on American literature アメリカ文学の専門家.

— 形 an *expert* carpenter 腕のよい大工 / She *is expert at* [*in*] looking after babies. 彼女は赤ちゃんの世話をするのがとてもじょうずだ.

ex·per·tise /èkspə(ː)rtíːz エクスパ(ー)ティーズ/ 名 U 専門的知識[技術].

ex·pert·ly /ékspəːrtli エクスパートリ/ 副 上手に, みごとに; 専門的に.

ex·pire /ikspáiər イクスパイア/ 動 (現分 ex·pir·ing /-páiəriŋ/) 自 期限が切れる; 失効する.

＊ex·plain /ikspléin イクスプレイン/ 動 (~s /-z/; ~ed /-d/; ~·ing) 他
❶ ⓐ …を説明する.
ⓑ《explain (to ...) (that)__》(…に)__と説明する.
ⓒ《explain 疑問詞__》__かを説明する.
❷ …の理由を述べる.
❸ (物事が)…の説明となる.
— 自 説明する, 弁明する.

他 ❶ ⓐ Please *explain* the haiku to me. その俳句を私に説明してください / He *explained* the reason he was late. 彼は遅刻した理由を説明した.
ⓑ I *explained to* them *that* I could not help them. 私は彼らに力を貸せないことを説明した.
ⓒ Please *explain* how to use this cell phone. この携帯電話の使い方を教えてください / Did he *explain why* he couldn't come? 彼はどうして来れないか説明しましたか.

abcd**e**fghijklmnopqrstuvwxyz   **explosion**

❷The climbers *explained* their failure. その登山者たちは失敗の理由を話した.

❸That does not *explain* your failure to keep your promise. それでは君が約束を守らなかった理由にはならない.

explain away ㉺…を大したことはないと言う,…をうまく言い抜ける.

explain oneself ①(おこっている人に)言いわけをする. ②自分の考えをはっきり説明する.

☞ 名explanation, 形explanatory.

*ex・pla・na・tion /èksplənéiʃən エクスプラネイション/ 名(複 ~s /-z/) ❶ⓊⒸ説明, 解説. ❷ⓊⒸ弁明, 弁解.

❶Your plan needs some *explanation*. 君の計画は少し説明が必要だ / He gave a full *explanation* for [of] his plan. 彼は自分の計画を十分説明した.

❷He gave no *explanation* for his mistake. 彼は失敗の弁解をしなかった.

in explanation of ... …の説明[弁明]として.

☞ 動explain.

ex・plan・a・to・ry /iksplǽnətɔ̀ːri イクスプラナトーリ/ 形説明の(ための).

☞ 動explain.

ex・pli・ca・ble /ekspĺikəbl エクスプリカブル, éksplik-/ 形(人の行為などが)説明のできる(反inexplicable).

ex・plic・it /iksplísit イクスプリスィット/ 形 (more ~; most ~) ❶(ことば・表現などが)はっきりとした, 明白な (反implicit). ❷(性的に)露骨な.

ex・plic・it・ly /iksplísitli イクスプリスィットリ/ 副 ❶(ことばに出して)はっきりと, 明白に (反implicitly). ❷露骨に.

*ex・plode /iksplóud イクスプロウド/ 動(~s /-dz/; ex・plod・ed /-id/; ex・plod・ing) ㉘ ❶ⓐ**爆発する**, 破裂する. ⓑ突然大きな音をたてる.

❷いきなり感情を爆発させる.

❸爆発的に増大する.

— ㉺ ❶…を**爆発させる**, 破裂させる. ❷(迷信など)を打破する, (学説)を論破(ろんぱ)する.

ⓒ ❶ⓐA bomb *exploded* near the military camp. 軍隊の駐留地の近くで爆弾が爆発した.
ⓑThunder *exploded*. 雷がとどろいた.

❷He suddenly *exploded* with anger. 彼は突然怒りを爆発させた.

❸The population is *exploding* in Africa. アフリカでは人口が激増している.

— ㉺ ❶*explode* a dynamite ダイナマイトを破裂させる.

☞ 名explosion, 形explosive.

*ex・ploit /iksplóit イクスプロイト/ 動(~s /-ts/; ~ed /-id/; ~ing) ㉺ ❶(人)を(不当に)**利用する**, 食いものにする, 搾取(さくしゅ)する. ❷ⓐ(資源など)を**開発する**. ⓑ(状況など)を利用する.

▶ ❶The workers have been *exploited*. その労働者たちは食いものにされてきた.

❷ⓐ*exploit* natural resources 天然資源を開発する.

☞ 名exploitation.

ex・ploi・ta・tion /èksploitéiʃən エクスプロイティション/ 名Ⓤ ❶利己的利用; 搾取(さくしゅ). ❷(資源などの)開発.

☞ 動exploit.

*ex・plo・ra・tion /èkspləréiʃən エクスプロレイション/ 名(複 ~s /-z/)ⓊⒸ ❶**探検**. ❷(問題などの)研究[調査], 議論.

▶ ❶an *exploration* of the Himalayas ヒマラヤ山脈の探検.

☞ 動explore.

ex・plor・a・to・ry /iksplɔ́ːrətɔ̀ːri イクスプローラトーリ/ 形研究[調査]の.

☞ 動explore.

*ex・plore /iksplɔ́ːr イクスプロー/ 動(~s /-z/; ex・plored /-d/; ex・plor・ing /-plɔ́ːr-iŋ/) ㉺ ❶…を**探検する**, 実地踏査する. ❷…をつぶさに**研究[調査]する**, 議論する.

▶ ❶They *explored* the region around the South Pole. 彼らは南極点周辺の地域を探検した.

☞ 名exploration, 形exploratory.

ex・plor・er /iksplɔ́ːrər イクスプローラ/ 名Ⓒ探検家, 調査する人.

*ex・plo・sion /iksplóuʒən イクスプロウジョン/ 名(複 ~s /-z/) ❶ⓊⒸ**爆発**, 破裂, 爆

expressionism

感情を表(ポ゚ェ)に表わさない.
past expression = beyond *expression*.
with expression 表現豊かに, 感情をこめて.

☞ 動express.

ex·pres·sion·ism /ikspréʃənìzm イクスプレショニズム/ 名Ⓤ 表現主義《事物や経験の描写よりも感情, 感覚の表現を追求する芸術上の主義》.

ex·pres·sion·less /ikspréʃənləs イクスプレションレス/ 形 無表情な, 思いを表に表わさない.

ex·pres·sive /iksprésiv イクスプレスィヴ/ 形 (more ~; most ~)
❶ 表情豊かな, 表現力に富む; 意味ありげな.
❷《文語》〔感情などを〕表わして(いる), 表現して(いる)〔*of*〕.

▶❶ an *expressive* face 表現豊かな顔 / an *expressive* smile 意味ありげな微笑. ❷ Her smile *was expressive of* gratitude. 彼女の微笑は感謝の気持ちを表わしていた.

☞ 動express.

ex·pres·sive·ly /iksprésivli イクスプレスィヴリ/ 副 表情たっぷりに, 意味ありげに.

ex·pres·sive·ness /iksprésivnəs イクスプレスィヴネス/ 名Ⓤ 豊かな表現力, 豊かな表情.

expréss làne 名Ⓒ《米》(幹線道路の)高速[追い越し]レーン.

ex·press·ly /iksprésli イクスプレスリ/ 副《文語》はっきりと, 明確に.

ex·press·way /ikswéi イクスプレスウェイ/ 名Ⓒ《米》高速(幹線自動車)道路, ハイウェー《✿《英》では motorway という; ☞ freeway, highway》.

ex·pul·sion /ikspʌ́lʃən イクスパルション/ 名ⓊⒸ 追い出す[される]こと; 追放; 除名. ☞ 動expel.

ex·qui·site /ékskwizit エクスク**ウィ**ズィット, ékskwizit/ 形 たいへんみごとな, 非常に美しい, すばらしい.

▶She has *exquisite* manners. 彼女はすばらしいマナーのもち主だ / a person of *exquisite* taste とても洗練された趣味をもった人 / *exquisite* workmanship 精巧な細工.

ex·qui·site·ly /ekskwízitli エクスク**ウィ**ズィトリ/ 副 たいへんみごとに, とても美しく, すばらしく.

ex·tem·po·ra·ne·ous /ikstèmpəréiniəs イクステンポ**レ**イニアス/ 形 即席の, 前もって準備のない.

*****ex·tend** /iksténd イクス**テ**ンド/ 動 (~s /-dz/; ~ed /-id/; ~ing) 他
❶(期間・距離などを) **延長する**, 延ばす.
❷(地域・建物・範囲・勢力などを) **広げる**, 拡張する.
❸(手足などを) **伸ばす**, 広げる.
❹《文語》(親切・援助などを)施(ほどこ)す, 与える.
— 自 ❶(距離・範囲などが) **伸びる**, 広がる.
❷(期間などが)わたる, 続く.

・・・・・・・・・・・・・・・・・・・・

他 ❶ Can't you *extend* your stay for a few days? 滞在を数日間延ばせませんか / The highway was *extended* as far as our town. 幹線道路は私たちの町まで延長された.
❷ The company *extended* their service to Hokkaido. その会社はサービスを北海道まで広げた / They *extended* their store. 彼らは店を拡張した / China is *extending* its influence. 中国は勢力を広げている.
❸ *Extend* your arms. 腕を伸ばし[広げ]なさい.
❹ *Extend* kindness *to* your neighbors. 隣人に親切にしなさい.
— 自 ❶ The road *extends* to the next town. この道は次の町まで続いている / The lake *extends* three miles from north to south. その湖は南北3マイルの広がりをもっている. ❷ The meeting *extended* for another two hours. 会議はさらに2時間続いた.

extend one's hand (握手しようと)手を伸ばす.

☞ 名extension, extent, 形extensive.

ex·tend·ed /iksténdid イクス**テ**ンディド/ 形 伸ばされた, 広がった, 延びた, 延長された; 長期の.

exténded fámily 名Ⓒ 拡大家族《夫婦や子どものほかに祖父母やおじおばなどが同居する家族; ⇔「夫婦および子どもだけの家族」

442

abcd**e**fghijklmnopqrstuvwxyz　　　　　　　　　　　　　　　　　　**extra**

は nuclear family)).

*ex・ten・sion /iksténʃən イクステンション/
名(複 ~s /-z/) ❶ UC **伸ばすこと**, 延長; **広げること**, 拡張, 拡大.

❷ C (期間の)延長, 日延べ.

❸ C 広げられた[伸ばされた]部分, 増築箇所.

❹ C (電話の)**内線**.

❶ the *extension* of the railroad 鉄道の延長. ❷ an *extension* of stay in Japan 日本滞在期間の延長. ❸ a new *extension* to the old building 古い建物に増築した新しい部分. ❹ Give me *extension* 53, please. 内線53をお願いします.

☞ 動 extend.

exténsion còrd 名 C (米)(電気の)延長コード.

exténsion nùmber 名 C 内線番号.

ex・ten・sive /iksténsiv イクステンスィヴ/
形 ❶ 広い, 広大な.

❷ 広範囲にわたる (反 intensive).

❸ 大規模な, 非常に大きい.

▶ ❶ an *extensive* park 広い公園.
❷ *extensive* reading 多読, 広い読書 / *extensive* business 手広い商売.
❸ *extensive* damage 大きな損害.

☞ 動 extend.

ex・ten・sive・ly /iksténsivli イクステンスィヴリ/ 副 広く, 広い範囲にわたって; 大規模に.

*ex・tent /ikstént イクステント/ 名 U ❶ (場所などの)**広がり**, 広さ, 大きさ; 長さ.
❷ **程度**, 範囲, 限界.

❶ The property is several acres in *extent*. この土地は数エーカーの広さがある. ❷ The *extent* of his reading is unbelievable. 彼の読書の広さは信じられないほどだ / I really don't know to what *extent* we can trust him. どの程度まで彼を信用してもよいかまったくわからない.

to a great [large] extent 大部分は, おもに.

to some [a certain] extent ある程度(まで): I agree with you *to some extent*. 私はある程度あなたの意見に賛成です.

to the [such an] extent that __ するほど: He boasted *to such an extent that* everybody got irritated. 彼はみんながいらいらするほど自慢した.

to the extent of ... …の程度[範囲]まで.

☞ 動 extend.

ex・te・ri・or /ekstíəriər エクスティ(ア)リア/
形 外側の, 外面の; 外部(から)の (反 interior).

— 名 ❶ 《the をつけて》外側, 外面, 外部. ❷ C 外観.

ex・ter・mi・nate /ikstə́:rmənèit イクスターミネイト/ 動 (現分 -nat・ing)他 …を絶滅させる; (害虫などを)駆除(く)する.

ex・ter・mi・na・tion /ikstə̀:rmənéiʃən イクスターミネイション/ 名 U 絶滅; 駆除(く).

*ex・ter・nal /ekstə́:rnl エクスターヌル/ 形
❶ **外部の**, 外の, 外面の; 外からの (反 internal). ❷ 対外的な, 外国との.

▶ ❶ the *external* world 外界 / *external* influences 外からの影響.
❷ *external* trade 外国貿易.

ex・ter・nal・ly /ikstə́:rnəli エクスターナリ/ 副 外部に, 外部から, 外面的に(は).

ex・tinct /ikstíŋkt イクスティンクト/ 形
❶ (火山が)活動を止めた.
❷ (生物などが)死に絶えた, 絶滅した.

▶ ❶ an *extinct* volcano 死火山.

☞ 動 extinguish.

ex・tinc・tion /ikstíŋkʃən イクスティンクション/ 名 U 死滅, 絶滅, 消滅.

ex・tin・guish /ikstíŋgwiʃ イクスティングウィシュ/ 動 (~・es /-iz/) 他 (火・光などを)消す.

ex・tin・guish・er /ikstíŋgwiʃər イクスティングウィシャ/ 名 C 消火器 (《◆fire extinguisher ともいう》).

ex・tort /ikstɔ́:rt イクストート/ 動 他 (金などを)ゆすって取る.

ex・tor・tion /ikstɔ́:rʃən イクストーション/ 名 U ゆすり, 強要(き).

*ex・tra /ékstrə エクストラ/ 《★アクセント注意》形 余分の, 追加の, 特別の; 臨時の; 割り増しの.

— 副 ❶ 余分に. ❷ 特別に.

— 名 C ❶ (上乗せする)別料金[割り増し金]の必要なもの; 割り増し料金.

❷ (新聞の)号外; (雑誌の)増刊号.

❸ (映画などの)エキストラ(俳優).

four hundred and forty-three　　　　　　　　　　　　　　　　　　　　　443

extract

形 I had to pay an *extra* charge. 私は追加料金を払わされた / We need *extra* time for that. それには余分の時間が必要だ / *extra* pay 余分の手当て,臨時給与 / take *extra* care (とくに)余分に注意する.
— 副 ❶ You must work *extra* for a better life. もっとよい生活をするには余分に働かなければならない.
❷ *extra* good wine 特上のワイン.
— 名 ❶ an optional *extra* (別料金の)オプション.

ex·tract /ikstrǽkt イクストラクト/ 動 (~s /-ts/; ~ed /-id/; ~ing) 他 ❶《文語》…を取り出す, (歯など)を抜く, 抜き取る. ❷ (ジュース・油など)をしぼり出す, (蒸溜したりして)…を抽出(ちゅうしゅつ)する. ❸ (情報・文章などを)を抜き出す, 抜粋(ばっすい)する.
— 名 /ékstrækt エクストラクト/《★動詞とのアクセントの違いに注意》❶ UC 抽出物, エキス. ❷ C 抜粋(ばっすい), 引用(句).

動 他 ❶ *extract* a bad tooth 悪い歯を抜く. ❷ *extract* juice *from* grapefruits グレープフルーツからジュースをしぼって取る. ❸ *extract* a passage *from* the book その本からある1節を抜粋する.

☞ 名 extraction.
— 名 ❶ *extract* of beef 牛肉のエキス.

ex·trac·tion /ikstrǽkʃən イクストラクション/ 名 ❶ UC 抜き取ること, 抜き取り; 引き出すこと, 抽出(ちゅうしゅつ). ❷ U 血統, 生まれ.

☞ 動 extract.

ex·tra·cur·ric·u·lar /èkstrəkəríkjulər エクストラカリキュラ/ 形 正規の授業以外の, 課外の.

extracurrícular actívities 名複 (学校の)課外活動.

ex·tra·dite /ékstrədàit エクストラダイト/ 動 (現分 -dit·ing) 他 (犯人など)を(本国に)引き渡す.

ex·tra·di·tion /èkstrədíʃən エクストラディション/ 名 UC (犯人などの)本国送還.

ex·tra·mar·i·tal /èkstrəmǽrətl エクストラマリトル/ 形 (性関係が)婚外の.

ex·traor·di·na·ri·ly /ikstrɔ́:rdənérəli

イクストローディネリリ, ikstrɔ́:rdənèrəli/ 副 異常に; 異常なほどに, ものすごく.

*__ex·traor·di·nar·y__ /ikstrɔ́:rdənèri イクストローディネリ/ 《★発音注意》形 (*more* ~; *most* ~) ❶ 異常な, 風変わりな, 並みはずれた; 驚くべき. ❷ 臨時の, 特別の.

❶ What an *extraordinary* idea! なんて変わった考えだ / an *extraordinary* memory すごい記憶力 / It was *extraordinary* that she was late for class. 彼女が授業に遅刻するとは驚きだった. ❷ an *extraordinary* general meeting 臨時総会.

ex·tra·ter·res·tri·al /èkstrətəréstriəl エクストラテレストリアル/ 形 地球外の.
— 名 C 宇宙人, 宇宙から来た生物.

ex·trav·a·gance /ikstrǽvəgəns イクストラヴァガンス/ 名 ❶ UC 浪費, ぜいたく(品). ❷ U 常識を越えたこと.

ex·trav·a·gant /ikstrǽvəgənt イクストラヴァガント/ 形 ❶ むだ遣(づか)いする, 金使いの荒い. ❷ 常識を越えた, とっぴな.

ex·trav·a·gant·ly /ikstrǽvəgəntli イクストラヴァガントリ/ 副 ぜいたくに; 非常識に.

*__ex·treme__ /ikstrí:m イクストリーム/ 形 ❶ (程度が)極端な, 極度の, 極端に大きい.
❷ (考え方などが)過激な, 激しい (反 moderate).
❸ (状況などが)異常な, 深刻な.
❹ いちばん端の, 先端の.
— 名 (複 ~s /-z/) C 極端な状態[考え, 行為]; 両極端.

形 ❶ They lived in *extreme* poverty. 彼らはひどい貧乏暮らしをした / *extreme* joy 非常に大きな喜び.
❷ an *extreme* right-winger 極右翼の人 / *extreme* sensitivity 異常なほど強い感受性.
❹ the *extreme* end of a rope ロープのいちばん端.

☞ 名 extremity.
— 名 The weather changed from one *extreme* to the other. 天気は極端から極端へと変化した / *extremes* of heat and cold 暑さ寒さの両極端 /

ことわざ *Extremes* meet. 両極端は一致する.

go to extremes 極端なことをする[いう].

in the extreme 極端に, 極度に.

*ex·treme·ly /ikstríːmli イクストリームリ/
副 **極度に**; 非常に, ひどく, ものすごく.
▶She was *extremely* glad. 彼女はものすごく喜んだ.

ex·trem·ist /ikstríːmist イクストリーミスト/ 名C (考えなどが)過激な人.
— 形 過激な考えの.

ex·trem·i·ty /ikstréməti イクストレミティ/ (★発音注意) 名 (複 -i·ties /-z/)
❶ C 先端, 端.
❷ U 限度, 極限.
❸《複数形で》手足, 四肢(し).
☞形 extreme.

ex·tri·cate /ékstrəkèit エクストリケイト/ 動 (現分 -cat·ing) 他 …を(困難などから)助け出す.

ex·tro·vert /ékstrəvəːrt エクストロヴァート/ 名C 外向的な人 (反 introvert); 陽気な人.

ex·u·ber·ance /igzúːbərəns イグズーベランス/ 名U (あふれるばかりの)活気.

ex·u·ber·ant /igzúːbərənt イグズーベラント/ 形 活気にあふれている.

ex·ult /igzʌ́lt イグザルト/ 動 自《文語》大喜びする, 有頂天になる; 勝ち誇る.

ex·ult·ant /igzʌ́ltənt イグザルタント/ 形《文語》大喜びの, 大得意の, 勝ち誇った.

ex·ul·ta·tion /ègzʌltéiʃən エグザルテイション/ 名U 《文語》大喜び, 大得意.

****eye** /ái アイ/ 名 (複 ~s /-z/) C
❶ **目**, 眼.

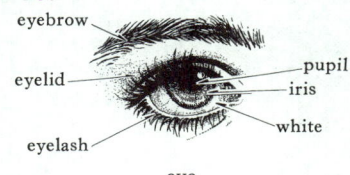

eyebrow
eyelid — pupil
— iris
— white
eyelash

eye

❷ **視力**.
❸ **観察力**, 見わける力, 眼力(がんりき).
❹ 目の形をしたもの: ⓐ ジャガイモなどの芽. ⓑ (クジャクの尾やチョウの羽の)目玉模様.
ⓒ 針の穴. ⓓ ホックの穴 (☞ hook ❸).
ⓔ 台風の目(など).

— 動 (~s /-z/; eyed /-d/; ~ing, ey·ing) 他 …をよく見る, じろじろ見る.

名 ❶ She has blue〔dark〕*eyes*. 彼女は青い〔黒い〕目をしている / I saw it with my own *eyes*. それは私がこの目で見た《それだから確かだ》/ He was sitting with his *eyes* closed. 彼は目を閉じてすわっていた / charming *eyes* かわいい目(つき).

INFO 英米では目の色は髪の色とともに I.D. card (身分証明書)などに記入され重要な身体の特徴のひとつにされている.

❷ He has weak *eyes*. 彼は視力が弱い / There was nothing but water as far as the *eye* could see. 目の届く限り水しかなかった.

❸ You have *an eye* for beauty. あなたは美しいものを見分ける目がある / with a critical *eye* 批判的な目で.

語の結びつき

blink one's *eyes* 目をぱちくりさせる
close [shut] one's *eyes* 目を閉じる
lose *an eye* 視力を失う, 失明する
open one's *eyes* 目を開ける

an eye for an eye 目には目《自分の受けたと同じ程度の相手に対する報復》: I repaid her, *an eye for an eye*. 私は彼女にしっぺ返しをした.

be all eyes (全身を目にしたように)じっと見て: They *were all eyes* when I showed them the new model. 私が新型を見せたら彼らは目をさらのようにしていた.

before ...'s (very) eyes …の目の前で[に].

catch ...'s eye (人の)目につく, 目に止まる: The notice *caught my eye*. その掲示が私の目に止まった.

close one's eyes to ... …を見ないふりをする, 知らないふりをする.

fix one's eyes on ... …をじっと見つめる.

have an eye [a good eye] for ... (良し悪し)を見分ける目がある, …の目が高い.

have an eye to ... …に目をつけている, 注目している: He *has an eye to*

eye bank

the position. 彼はその地位に目をつけている.

have one's eye on [upon] ... …に目をつけている.

in ...'s eyes (人)の目から見れば: *In my eyes*, he is a mere child. 私の目から見れば彼はほんの子どもだ.

in the eye(s) of ... = in ...'s eyes.

keep an [one's] eye on [upon] ... …から目を離さない; …を見張っている: *Keep an eye on* the baby. 赤ちゃんから目を離さないで.

keep an eye out for ... 《口語》(犯罪など)を警戒する.

keep one's eyes open 油断なく気を配っている.

make eyes at ... …に色目を使う.

My eye! 《俗語》こりゃ驚いた; 怪しいもんだ.

open ...'s eyes to ~ …(人)に~をわからせる, 悟らせる.

see eye to eye (with ...) (…と)意見が合う《○ふつう否定文に用いる》.

take one's eyes off ... …から目を離す《○ふつう否定文に用いる》: *Don't take your eyes off* the man. あの男から目を離すな.

under the eye of ... (人)の目の前で[に].

with an eye to ... …の目的で.

éye bànk 名C 眼球銀行, アイバンク.

eye·ball /áibɔ̀:l アイボール/ 名C 眼球.

eyeball to eyeball 《口語》〔…と〕(険悪な状態で)顔と顔を突き合わせて〔*with*〕.

***eye·brow** /áibràu アイブラウ/ 《★発音注意》名 (複 ~s /-z/) C **まゆ**, まゆ毛《○単に brows ともいう》.

▶She raised her *eyebrows*. 彼女はまゆをつり上げた《驚き・疑いの表情》.

eye-catch·ing /ái-kætʃiŋ アイ・キャッチング/ 形 人の目を引く.

éye cóntact 名C 視線を合わせること.

-eyed /áid アイド/ 形《複合語をなして》(…の)目をした; 目が(…の)ような.

▶blue-*eyed* 青い目をした.

éye dòctor 名C 《口語》目医者.

eye·glass /áiglæs アイグラス/ 名 (複 ~es /-iz/) C《複数形で》めがね《○ふつう単に glasses という》.

eye·lash /áilæʃ アイラッシュ/ 名 (複 ~es /-iz/) C (1本の)まつげ《○単に lash ともいう》.

eye·lid /áilìd アイリッド/ 名 (複 ~s /-dz/) C まぶた《○単に lid ともいう》.

▶the upper 〔lower〕 *eyelid* 上〔下〕まぶた.

eye·liner /áilàinər アイライナ/ 名UC アイライナー《目の輪郭を目だたせる化粧品》.

éye lòtion 名U 目薬, 洗眼液.

eye-o·pen·er /áiðupənər アイ・オウプナ/ 名C 目を見はらせるような驚くべきこと[もの].

éye shàdow 名UC アイシャドー.

▶put on [wear] *eye shadow* アイシャドーを塗る.

eye·sight /áisàit アイサイト/ 名U 視力, 視覚. ▶have good〔poor〕*eyesight* 視力がよい〔悪い〕.

eye·sore /áisɔ̀:r アイソー/ 名C 目ざわりなもの.

eye·wit·ness /áiwítnəs アイウィトネス/ 名 (複 ~es /-iz/) C 目撃者; 証人《○単に witness ともいう》.

F f ℱ ƒ

F, f /éf エフ/ 名(複 F's, Fs, f's, fs /-s/)
❶ⓊⒸ エフ《英語 アルファベットの6番目の文字》. ❷ⒸⓊ《音楽》ヘ音(ドレミファのファの音);ヘ調. ❸ⒸⓊ《大文字 F で》(成績などの)不可, 落第. ❹《略語》female (女性).

*°**F** 《記号》《温度を表わす数字の後につけて》**カ氏…度**(✿ Fahrenheit を略したもの). ▶90 °F カ氏90度(✿ninety degrees Fahrenheit と読む; ☞ Fahrenheit, °C).

fa /fáː/ 名ⒸⓊ《音楽》ファ(ドレミファ音階の第4音).

fa·ble /féibl フェイブル/ 名ⒸⒸ寓話(ぐうわ)《教訓や諷刺(ふうし)を含むたとえ話; 動物などを擬人化したものが多い》.
▶Aesop's *fables*「イソップ物語」.
 ☞ 形 fabulous.

*__fab·ric__ /fǽbrik ファブリック/ 名(複 ~s /-s/)
❶ⓊⒸ 織物.
❷Ⓤ 構造, 組織.

❶woolen *fabrics* 毛織物.
❷the *fabric* of society = the social *fabric* 社会機構, 社会組織.

fab·u·lous /fǽbjuləs ファビュラス/ 形
❶《口語》とてもすばらしい. ❷信じられないような, 途方もない.
▶❶a *fabulous* party すばらしいパーティー.
 ☞ 名 fable.

fa·cade, fa·çade /fəsáːd ファサード/ 名Ⓒ ❶《建築》(大きな建物の)正面, ファサード. ❷見かけ.

***face** /féis フェイス/ 名(複 fac·es /-iz/) ❶Ⓒ 顔《目・鼻・口などがある頭部の前面部分》.
❷Ⓒⓐ 顔つき, 表情, 顔色.
ⓑ《形容詞をつけて》人.
❸Ⓒ (物の)**表面**, (貨幣などの)表, (建物の)正面.
❹Ⓒ 外見, うわべ; 外観.
❺面目(めんぼく), メンツ, 体面.

✿ face はあごから髪の毛までの head の前面をいう. 目 (eyes), 口 (mouth), 鼻 (nose) のある所だが, 耳 (ears) は含まない.

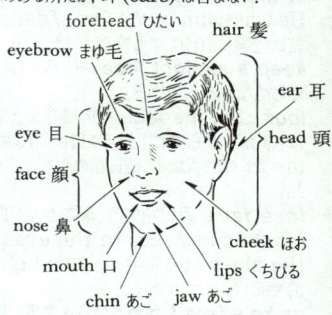

forehead ひたい　hair 髪
eyebrow まゆ毛
ear 耳
eye 目
head 頭
face 顔
nose 鼻
cheek ほお
mouth 口
lips くちびる
chin あご
jaw あご

face ❶

— 動 (fac·es /-iz/; faced /-t/; fac·ing) 他 (建物などが)…**に面する**, (人が)…のほうを向く.
❷ⓐ (問題・困難など)に**直面する**, 立ち向かう, …を直視する; (人)に面と向かう.
ⓑ《be faced with ...で》…に直面している. ❸ (危険・困難などが)…の前に現われる, …に迫る.
— 自 (建物などが)(ある方向に)向いている, 面している.

名 ❶She has a lovely *face*. 彼女はかわいい顔をしている / hit a person in the *face* 人の顔を殴る.
❷ⓐHe had a sad *face* then. 彼はそのとき悲しそうな顔つきをしていた / read ...'s *face* …(人)の顔色を読む. ⓑI saw several new *faces* at the committee. 私は会議で新顔を何人か見た.
❸on the *face* of the rock その岩の表面に.
❹That's an old problem with a new *face*. それは外見は新しいが古い問題だ.
❺He managed not to lose *face*. 彼は面目を失わないですんだ.

facecloth

face down 顔を下に向けて,うつぶせに: *face down* on the ground 顔を地面に向けて.

face to face (with ...) ①(…と)向かいあって: sit *face to face* 向かいあってすわる. ②(死などに)直面して: come *face to face with* death 死と直面する.

face up 顔を上に向けて,あおむけに.

in the face of ... …に直面して(も): He was calm *in the face of* danger. 彼は危険に直面しても冷静だった.

keep a straight face (笑いをこらえて)まじめな顔をしている.

look ... in the face …の顔をまともに[恥ずかしがらずに]見る: He looked me *in the face*. 彼は私の顔をじっと見た.

lose face 面目を失う,恥をかく: The teacher *lost face* in the eyes of the class. その先生はクラスの生徒達の前で面目丸つぶれだった.

make a face しかめっつらをする: The boy *made a face* at me. 少年は私に向かってしかめっつらをした.

on one's face うつぶせになって(反 on one's back)(☞ prone ❷): He lay *on his face* on the bed. 彼はベッドにうつぶせになった.

on the face of it 一見したところでは: The story seemed true *on the face of it*. 一見したところその話はほんとうのようだった.

pull a face = make a *face*.

put a brave face on ... (困難など)に対して平気な顔をする.

save face 面目を保つ,恥をかかないですむ: He *saved face* by winning the next game. 彼は次の試合に勝って面目を保った.

to ...'s face …に面と向かって(反 behind ...'s back): He didn't dare say it *to my face*. 彼は私に面と向かってそれを言う勇気がなかった.

☞ 形 facial.

— 動 他 ❶ His house *faces* the street. 彼の家はその通りに面している / Please *face* the camera. カメラのほうを向いてください. ❷ⓐ He *faced* the danger alone. 彼は独りでその危険に立ち向かった / *face* the facts (逃げずに)事実を直視する. ⓑ She *was faced with* a difficult problem. 彼女は難しい問題に直面していた. ❸ A crisis was *facing* us. 危機が差し迫っていた.

— 自 Our house *faces* (to [toward] the) south. 私たちの家は南向きだ.

face ... down 負けずに(相手に)立ち向かう.

face up to ... (困難など)に立ち向かう,正面からぶつかる.

face・cloth /féisklɔ̀(:)θ フェイスクロ(ー)ス/ 名(英) (顔・体などを洗うのに使う小形の)タオル(◐(米)では washcloth という).

face・less /féisləs フェイスレス/ 形 ❶ 顔のない. ❷ 個性のない.

face-lift /féis-lìft フェイス・リフト/ 名 ❶Ⓤ(顔の)美容整形. ❷Ⓒ(建物・部屋などの)改装,模様替え.

fac・et /fǽsit ファセット/ 名Ⓒ ❶(宝石・結晶など多面体の)面. ❷(物事の)面.

fa・ce・tious /fəsíːʃəs ファスィーシャス/ 形 ふざけた,不まじめな.

fa・ce・tious・ly /fəsíːʃəsli ファスィーシャスリ/ 副 ふざけて.

face-to-face /féis-tə-féis フェイス・ト・フェイス/ 形 面と向かっての.

fáce válue 名 ❶ⓊⒸ額面価格(《記載してある金額》). ❷Ⓤことば通りの意味.
▶ ❷at *face value* ことば通りに.

fa・cial /féiʃəl フェイシャル/ 形 顔の.
▶a *facial* expression 顔の表情.
☞ 名 face.
— 名Ⓒ美顔術,顔面マッサージ.

fac・ile /fǽsl ファスル | fǽsail/ 形 (考えなどが)うすっぺらな.
☞ 名 facility, 動 facilitate.

fa・cil・i・tate /fəsílətèit ファスィリテイト/ 動 (現分 -tat・ing) 他 (ものごとが)(仕事など)を容易にする. ▶Zip codes *facilitate* mail service. 郵便番号制度は郵便業務を容易にしている.
☞ 形 facile, 名 facility.

*****fa・cil・i・ty** /fəsíləti ファスィリティ/ 名 (複 -i・ties /-z/)
❶ⓐ《複数形で》設備,施設.
ⓑ(米)Ⓒ(特定の目的のための)施設.
❷Ⓒ(付加された)機能.

━━━━━━━━━━━━━━━━━
❶ⓐ research *facilities* 研究設備.

abcdef**g**hijklmnopqrstuvwxyz　　　　　　　　　　　fade

ⓑa sports *facility* スポーツ施設.
　　　　☞ 形facile, 動facilitate.
fac·sim·i·le /fæksíməli ファクスィミリ/
《★発音注意》名C（筆跡・絵画・印刷物などの）コピー（☞fax）. ☞ 動fax.

**fact /fækt ファクト/ 名（複 ~s /-ts/）
❶ C **事実**, 真相.
❷ U （想像や理想などに対して）現実, 実際.

❶ It is a *fact* that he won the prize. 彼が賞を取ったのは事実だ / That's my guess, not necessarily the *fact*. それは私の推測で必ずしも事実ではない / the *fact* that the earth moves around the sun 地球が太陽の周囲を回っているという事実 / a *fact* of life 人生のどうにもならない事柄.

（語の結びつき）
accept [deny] the *fact* that ... …という事実を認める[否定する]
discover a *fact* 事実を発見する
distort [misinterpret] the *facts* 事実をゆがめる[誤解する]
face a *fact* [the *fact* that ...] 事実[…という事実]を直視する
hide [cover up] a *fact* 事実を(覆(おお)い)隠す

❷ ことわざ *Fact* is stranger than fiction. 事実は小説よりも奇なり.

as a matter of fact （前に述べたことを強調・補足して）**いや実は**, それどころか；I think so; *as a matter of fact*, I'm quite sure. 私はそう思います, いや実はそうだと確信しています / She doesn't like him very much; *as a matter of fact*, I think she hates him. 彼女はあまり彼が好きではない, いやそれどころか, 彼をきらっていると思います.

in (actual) fact = as a matter of *fact*.
in fact = as a matter of *fact*.
The fact is (that)＿. 実は＿である（❖（口語）ではしばしば that が省かれる）: *The fact is (that)* he knows nothing about it. 実は彼はそのことについてはなにも知らないのです.
the facts of life 性知識, 性の実態（❖遠回しな表現）.

☞ 形factual.

fac·tion /fǽkʃən ファクション/ 名C （反主流の）党派, 派閥.
fac·tion·al /fǽkʃənəl ファクショナル/ 形党派の.

*fac·tor /fǽktər ファクタ/ 名（複 ~s /-z/）
C ❶ **要因**, 要素. ❷《数学》因数.
▶❶ a key *factor* 重要な要因.

*fac·to·ry /fǽktəri ファクトリ/ 名（複 -to·ries /-z/）
❶ C **工場**, 製造[製作]所.
❷《形容詞的に》工場の, 製造所の.

❶ a car *factory* 自動車工場.
❷ a *factory* worker 工員.

fac·tu·al /fǽktʃuəl ファクチュアル/ 形事実の, 事実に基づく.
　　　　☞ 名fact.

*fac·ul·ty /fǽkəlti ファカルティ/ 名（複 -ul·ties /-z/）C ❶（生まれつきの）**機能**, 能力. ❷（大学の）学部.
❸ U.C ⓐ（米）《集合的に》（大学・学部の）教授団.
ⓑ（米）（学校の）教員.

❶ *faculty* of seeing ものを見る能力.
❷ the *faculty* of medicine 医学部.
❸ⓐ a *faculty* meeting 教授会.

fad /fæd ファッド/ 名C 一時的な大流行.
*fade /féid フェイド/ 動（~s /-dz/; fad·ed /-id/; fad·ing）⾃ ❶ⓐ（色・美しさなどが）**あせていく, さめていく**. ⓑ（光が）薄れていく. ⓒ（音・希望などが）消えていく.
ⓓ（印象・記憶・感情などが）薄れていく.
ⓔ（元気などが）だんだん衰える.
❷（花が）**しぼむ**, しおれる.
—— ⑲ ❶…の色をあせさせる.
❷（花）をしおれさす.

⾃ ❶ⓐ The wall paintings in the cave have *faded*. 洞窟の壁画はあせている. ⓓ My memories of my grandfather have begun to *fade*. 祖父の記憶は薄れ始めた.
—— ⑲ ❶ The sunlight has *faded* the curtain. 日に当たってカーテンの色があせた.

fade away ⾃ ①（音・希望などが）消えてゆく. ②（体力・名声などが）衰えてゆく.
fade in ⾃⑲【映画・ラジオ・テレビ】（画面・

faeces

音などが）次第にはっきりする.
fade out 【映画・ラジオ・テレビ】自他（画面・音など）次第にぼんやりする[させる].

fae・ces /fíːsiːz フィースィーズ/ 名複《英》糞便, 排泄(はいせつ)物（○《米》では feces）.

fag /fǽg ファッグ/ 名 ❶《単数形で》《英》めんどうな仕事. ❷ C《英口語》たばこ.

Fahr・en・heit /fǽrənhàit ファレンハイト/ 形（温度が）力氏の（○Fah. Fahr. と略す; 英米の日常生活では「セ氏」ではなくて「カ氏」が用いられている; 記号°F; ☞ centigrade). ▶ 90°F カ氏90度（○ninety degrees Fahrenheit と読む）.

***fail** /féil フェイル/ 動 (~s /-z/; ~ed /-d/; ~ing) 自 ❶ ⓐ **失敗する**, うまくいかない（反 succeed）.
ⓑ 《fail in ...》…**に失敗する**.
❷《fail to *do*》（すべきこと[したいこと]を）**しないでしまう**, することができない.
❸（生徒が）**落第する**, 落第点をとる（反 pass）.
❹ⓐ（健康・視力などが）衰える.
ⓑ（機械などが）動かなくなる.
ⓒ（事業・関係などが）だめになる.
❺（供給・収穫などが）不足する,（必要なものが）なくなる.
— 他 ❶（いざというときに）(人)の**役に立たない**,（人）を見捨てる.
❷（人）に落第点をつける.
❸（試験）で**落第点をとる**,（科目など）を落とす（反 pass）.
— 名《次の成句で》: ***without fail*** かならず, きっと, まちがいなく: I'll be there by two o'clock *without fail*. 2時までにはかならずそこへ行きますよ.

- - - - - - - - - - - - - - - - - - - -

動 自 ❶ ⓐ He tried hard but *failed*. 彼は熱心にやってみたが失敗した / The plan *failed*. その計画は失敗した.
ⓑ They *failed in* their attempt to climb the mountain. 彼らはその山に登ろうとしたが失敗した.
❷ She *failed to* get to the station in time to catch the train. 彼女はその列車に間に合うよう駅に着くことができなかった / I *failed to* catch what she said. 彼女の言ったことを聞きそこねてしまった / The bomb *failed to* explode. 爆弾は爆発しなかった.
❸ Tom *failed in* the French exam.

ABCDE**F**GHIJKLMNOPQRSTUVWXYZ

トムはフランス語の試験に落第した[フランス語の単位が取れなかった].
❹ⓐ His heart is *failing*. 彼の心臓は弱りつつある. ⓑ The engine *failed*. エンジンが止まった. ⓒ I hear their business is *failing*. 彼らの事業はだめになりつつあるそうだ.
❺ The water supply has *failed*. 給水[水道]が止まってしまった / Last year the crops *failed*. 昨年は不作だった.
— 他 ❶ My tongue *failed* me. 私は口がきけ[ことばも出]なかった / He *failed* me when I needed him most. 私が彼を最も必要としたときに彼は私を見捨てた. ❷ The teacher *failed* me in French. 先生は私にフランス語で落第点をつけた. ❸ He *failed* some of his tests. 彼はテストのいくつかを落とした.

never [***not***] ***fail to do*** （忘れたりしないで）**かならず__する**: Do *not fail to* write your name. かならず名前を書きなさい / He will *never fail to* help you. 彼はきっと君を助けてくれるよ.
☞ 名 failure.

fail・ing /féiliŋ フェイリング/ 名 C（性質などの）欠点.
— 前《次の成句で》: ***failing that*** それがだめならば.

fail-safe /féil-séif フェイル・セイフ/ 形（万一の事故に備えて）安全装置のついた.

***fail・ure** /féiljər フェイリャ/ 名（複 ~s /-z/）
❶ U **失敗**, うまくいかないこと; 落第（反 success）.
❷ UC 《failure to *do* で》__**しないこと**.
❸ C **失敗者**; 失敗（した企(くわだ)て）; だめなもの.
❹ UCⓐ（体力・機能などの）衰え, 減退.
ⓑ（機械・器官などの）停止, 故障, 破損.
❺ UC（穀物などの）不作.

- - - - - - - - - - - - - - - - - - - -

❶ I was surprised at his *failure* in business. 私は彼が事業に失敗したことに驚きました.
❷ Her *failure* to come to the party was disappointing. 彼女がパーティーに来られなくてがっかりした.
❸ He was a *failure* as a pianist. 彼はピアニストとしては成功しなかった / The

abcde**f**ghijklmnopqrstuvwxyz　　　　　　　　　　　　**fair**

meeting was a *failure*. 会合は失敗だった.
❹ⓐThe *failure* of his eyesight made him very depressed. 彼は視力の衰えを感じて非常に気落ちした.
ⓑheart *failure* 心臓麻痺(ひ).
❺a *failure* of crops＝a crop *failure* 不作.
　　　　　　　　　☞**動**fail.

***faint** /féint フェイント/ **形**(~・er; ~・est)
❶ⓐ(音・色・光などが)**かすかな**, ほのかな, 薄い.
ⓑ弱々しい.
❷(記憶・希望・可能性などが)**ぼんやりした**, おぼろな, かすかな.
❸**気が遠くなりかかって(いる)**, ふらふら[まいがい]して(いる).
── **動**(~s /-ts/; ~ed /-id/; ~ing)**自**気を失う, 気絶する, 失神する, 卒倒する.
── **名**《a をつけて》失神, 気絶, 卒倒.

形❶ⓐin a *faint* voice かすかな声で / a *faint* light ほのかな明かり. ⓑHis breathing became *fainter*. 彼の呼吸はいっそう弱くなった / She showed only a *faint* smile. 彼女は弱々しく笑っただけだった.
❷There is still a *faint* hope that he may recover consciousness. 彼が意識を回復する望みはまだかすかにある / I don't have the *faintest* idea (of) what she means. 私には彼女が何を言いたいのかさっぱりわからない.
❸She felt *faint* with heat and hunger. 彼女は暑さと空腹のため気が遠くなる感じだった.
── **動**⑥He *fainted* from (the) pain. 彼は(その)痛みで気を失った.
── **名**in a *faint* 失神して.
　　　　　　　　《同音異形語》feint.

faint・ly /féintli フェイントリ/ **副**弱々しく, かすかに.

***fair**[1] /féər フェア/ **形**(~・er /féərər/; ~・est /féərist/)
❶**公正な**, 公平な, 正しい, 正当な (**反**unfair).
❷**ルールに従った**, フェアな;〖野球〗(打ったボールが)フェアの (**反**foul).
❸(天候が)**晴れた**, 天気がよい (**反**foul) (☞cloudy).

❹ⓐ(米)**まあまあの**, よくも悪くもない, 並みの. ⓑ(英)**かなりの**, 相当の, まずまずの.
❺(皮膚が)**色白の**;(髪が)金髪の (☞dark, blond, brunet).
── **副**(~・er /-ərər/; ~・est /-ərist/)
❶**公明正大に**, 規則を守って, ルールに従って, フェアに.
❷まともに, まっすぐに, まさしく.
❸きれいに, はっきりと.

形❶He is *fair* even to people he doesn't like. 彼は好きでない人にも公平だ / a *fair* trial〔competition〕公正な裁判〔競争〕/ a *fair* price 正当な値段.
❷a *fair* fight フェアな戦い / a *fair* ball フェアボール.
❸The weather will be *fair* today. きょうは晴れるでしょう.
❹ⓐa *fair* grade まあまあの成績. ⓑa *fair* amount of rain かなりの量の雨.
❺She has *fair* skin. 彼女は色白です.

Be fair! 《口語》(人のことばをとがめて)そんなに言わないでもいいではないか.

Fair enough. 《口語》結構だ, オーケーだ(⊘相手の意見や提案に対する応答として: 対話 "I'll do the cooking and you clean up afterwards. OK?"–"*Fair enough!*" 「私が料理をするから後片づけをして, いいね」「オーケーだ」).

It's fair to say (that) ＿＿と言ってもさしつかえない: I think *it's fair to say that* they are to blame. 私は彼らのほうが悪いと言っていいと思う.

to be fair (前に述べたことを弱めて)(とはいっても)実は: I don't like sushi. *To be fair*, many of my friends do. 私はすしは好きではありません. とはいっても, 友だちには好きな人はたくさんいるのですが.

── **副**❶Let's play *fair*. 正々堂々とプレーしよう. ❷The ball hit him *fair* in the head. そのボールは彼の頭にまともに当たった.

fair and square 《口語》公明正大に.
　　　　　　　　《同音異形語》fare[1,2].

***fair**[2] /féər フェア/ **名**(複 ~s /-z/)ⓒ
❶フェア《仮設の遊園地と物産の販売を兼ねている》.

451

fallacious

fall for ... 《口語》①…にほれる. ②(ことばなど)にだまされる.

fall into ... ①…の中に落ちる. ②(ある状態)になる, (悪習)がつく：The children *fell into* a bad habit. その子どもたちは悪いくせがついた. ③…を始める：He *fell into* conversation with Lucy. 彼はルーシーと話を始めた. ④(部分など)に分けられる, 分類される.

fall off 📘①離れる, 離れて落ちる. ②(数・量などが)減る；(質が)落ちる：Attendance *falls off* on a rainy day. 雨の日は出席が悪い.

fall on [upon] ①(の上)に落ちる, 倒れる, 降る：He *fell on* the ice. 彼は氷の上に倒れた. ②(休日などが)…にあたる：My birthday *falls on* Monday this year. 今年は私の誕生日は月曜日にあたる. ③(仕事・責任などが)…にかかってくる. ④…に襲いかかる.

fall out 📘①外へ落ちる：Several potatoes *fell out* of the bucket. バケツからジャガイモがいくつかこぼれた. ②(毛・歯などが)抜ける. ③《口語》けんかする.

fall over 📘倒れる, ころぶ.

fall short of ... ☞ short 副.

fall through 📘(計画などが)だめになる.

— 名 ❶ⓐ We have our school festival in the *fall*. 私たちの学校祭は秋にある / in the early [late] *fall* 初[晩]秋に. ⓑ the *fall* semester 秋学期 / *fall* holidays 秋休み.

❷ He had a *fall* and injured his arm. 彼はころんで腕をけがした.

❸ The *fall* from his horse hurt him. 彼は馬から落ちてけがをした.

❹ We had a heavy *fall* of snow last week. 先週大雪が降った.

❺ a *fall* in prices 物価の下落.

❻ The *falls* are 30 feet high. その滝は高さが30フィートある / Niagara *Falls* ナイアガラ瀑布(ばくふ).

❼ the *fall* of the Roman Empire ローマ帝国の滅亡.

fal·la·cious /fəléiʃəs ファレイシャス/ 形 ❶誤りの, 誤りに基づく. ❷当てにならない.

fal·la·cy /fǽləsi ファラスィ/ 名(複 -lacies /-z/) ⓤⓒ《文語》誤った考え.

***fall·en** /fɔ́ːlən フォーレン/ 動 fall の過去分詞形.

— 形 ❶落ちた, 倒れた. ❷(戦争などで)死んだ.

▶形 ❶ *fallen* leaves 落ち葉.

fáll gùy 名ⓒ《米俗語》他人の罪をかぶる人, 身代わり.

fal·li·ble /fǽləbl ファリブル/ 形 誤りをしがちな.

fall·out /fɔ́ːlàut フォーラウト/ 名ⓤ (核爆発による)放射性降下物.

***false** /fɔ́ːls フォールス/ 《★発音注意》形 (fals·er; fals·est) ❶ まちがった, 事実とちがう, 誤りの (反 true).

❷ にせの；本物でない, 人造の (反 real, genuine).

❸ 本心からではない, 不誠実な.

❹ いつわりの, 虚偽の.

形 ❶ I cannot tell if his story is true or *false*. 彼の話が本当かうそか私にはわからない / *false* news 誤報 / give a *false* impression 誤った印象を与える.

❷ *false* teeth 入れ歯, 義歯 / a *false* diamond 人造ダイヤ. ❸ He wore a *false* smile on his face. 彼は見せかけのほほえみを浮べていた. ❹ give [bear] *false* witness 偽証する / under *false* pretenses いつわって.

☞ 名falsehood, 動falsify.

fálse alárm 名ⓒ ❶ うその警報.

❷ (根拠のない)デマ.

false·hood /fɔ́ːlshùd フォールスフッド/ 名 ❶ⓤ うそであること；うそをつくこと.

❷ⓒ うそ (☞ lie²).

☞ 形false.

false·ly /fɔ́ːlsli フォールスリ/ 副 誤って；いつわって.

fálse stárt 名ⓒ ❶ [陸上競技] フライング. ❷ 出だしのつまずき.

fal·si·fi·ca·tion /fɔ̀ːlsəfikéiʃən フォールスィフィケイション/ 名ⓤⓒ (文書などの)改ざん.

fal·si·fy /fɔ́ːlsəfài フォールスィファイ/ 動 (-si·fies /-z/; -si·fied /-d/; ~·ing) 他 (文書など)を改ざんする. ☞ 形false.

fal·ter /fɔ́ːltər フォールタ/ 動📘 ❶ よろけ

abcdefghijklmnopqrstuvwxyz　　　　　　　　　　　**family**

る；弱まる. ❷ためらう，へまをする.

***fame** /féim フェイム/ 名U**名声**，有名なこと.
▶wish for *fame* 名声を望む / come to *fame* = win [achieve] *fame* 有名になる.
☞ 形famous, famed.

famed /féimd フェイムド/ 形《文語》有名な，よく知られた.
☞ 名fame.

***fa·mil·iar** /fəmíljər ファミリャ/ 形 (more ~; most ~)
❶《物が人に》**よく知られている**，ありふれた，よく見かける.
❷《be familiar with ...》…を**よく知って(いる)**.
❸ **親しみのある**，よく知っている (反 unfamiliar).
❹なれなれしい，(行動などに)遠慮がない，厚かましい.
❺(態度・関係などが)形式ばらない，打ち解けた，(文体などが)くだけた.

──────────

❶ The song *is familiar to* children. その歌は子どもたちによく知られている / a *familiar* tune よく知られた曲 / a *familiar* problem ありふれた問題.
❷ She *is familiar with* French cooking. 彼女はフランス料理のことをよく知っている.
❸ a *familiar* voice 聞き慣れた声 / *familiar* faces 見慣れた顔[人].
❹ He *is* too *familiar with* me. このごろ彼は私にやたらとなれなれしくするようになってきた / in a *familiar* manner なれなれしく.
❺ The story is written in a *familiar* style. その物語はくだけた文体で書かれている.

on familiar terms with ... …と親しい間がらで：I am *on familiar terms with* her. 私は彼女とは親しくしています.
☞ 名familiarity, 動familiarize.

fa·mil·iar·i·ty /fəmìliǽrəti ファミリャリティ, -liǽr-/ 名U ❶よく知っていること. ❷親しみ，親密. ❸なれなれしさ.

──────────

❶ His *familiarity* with the Bible is remarkable. 彼が聖書に精通しているのは驚くほどだ.
☞ 形familiar.

fa·mil·iar·i·za·tion /fəmìljərizéiʃən ファミリャリゼイション/ 名U よくわからせること，親しませること.

fa·mil·iar·ize /fəmíljəràiz ファミリャライズ/ 動 (現分 -iz·ing) 他《**familiarize ... with ~**》…(人)を~に親しませる，慣れさせる.▶*familiarize* consumers *with* new products 新製品を消費者によく知ってもらう.

familiarize *oneself* **with ...** …をよく知る，…に慣れる.
☞ 形familiar.

fa·mil·iar·ly /fəmíljərli ファミリャリ/ 副 親しみをこめて，なれなれしく.

****fam·i·ly** /fǽməli ファミリ/ 名 (複 -i·lies /-z/)
❶ⓐC**家族**(夫婦とその子どもたち；同居，別居を問わない；使用人やペットを含むこともある)；世帯，家庭. ⓑ《形容詞的に》家族の，一族の，家庭の，家族向きの.
❷《単数形で》(一家の)**子どもたち**.
❸C**一族**(おじ，おば，いとこなど同じ血族の一団；死んだ人も含む).
❹U**家柄**，名門.
❺C〖言語〗語族；〖生物〗(分類学上の)科.

──────────

❶ⓐ There are five people in my *family*. 私の家族は5人です / Twenty *families* live on our street. 私たち町内には20世帯が住んでいます / a *family* of five 5人家族 / a member of the *family* 家族の一員.

語法 家族の個々の構成員を指すときは単数形でも複数扱いで，家族全体を一まとめに考えるときは単数扱い．しかし《米》では前者の場合も単数扱いする傾向がある：My *family* are all early risers. 私の家族はみな早起きです / His *family* is large. 彼の家族は大勢だ / How is [《英》are] your *family*? ご家族の皆さんはお元気ですか.

ⓑ *family* life 家庭生活 / a *family* car 自家用車 / a *family* restaurant 家族向きのレストラン.
❷ Mr. and Mrs. Brown have a

four hundred and fifty-five　　　　　　　　　　　　　　　　　　　　　　**455**

faraway

はおもに疑問文，否定文で用いる．肯定文では far を単独で用いないで，代わりに a long way などを用いる．

❷*far* into the future 遠く将来に / *far* back in the past ずっと以前に / as *far* back as 1850 はるか1850年の昔に．

❸How *far* did the argument go? 議論はどのへんまで進みましたか．

❹This is *far* longer than that. これはそれよりはるかに長い / It is *far* beyond my powers. それは私の能力をはるかに越えている / *far* ahead はるか前方に / *far* away from here ここからずっと向こうに．

as far as ... (ある所)**まで**: I will go on the train with you *as far as* Osaka. 私は君と大阪までは列車でいっしょに行きます (◎否定文では so far as …も用いる: I didn't go *so far as* the post office. 私は郵便局までは行かなかった).

as far as __ ①__**のかぎり(では)** (◎so far as __ともいう): I will help you *as far as* I can. 私はできるだけ君を助けよう / *As far as* I know, he never met her. 私が知るかぎりでは彼は彼女に会ったことはない. ②__のかぎり遠くまで: *As far as* the eye could see, the city was a sea of fire. 目の届く[見渡す]かぎり市は火の海だった．

by far 《おもに最上級，ときには比較級を強めて》**はるかに**: He is *by far* the best swimmer in our class. 彼は私たちのクラスではとびぬけて一番泳ぎのうまい生徒です．

far from ... ①**…から遠い**: The library is not *far from* here. 図書館はここからは遠くない. ②**…どころではない**(その反対), 決して…ではない (◎…には名詞, 形容詞, *doing* がくる): He is *far from* a fool. 彼は全然ばかなどではない / He is *far from* rich. 彼は金持ちどころか貧乏だ / *Far from liking* him, she detests him. 彼女は彼を好きであるどころかとてもきらっている / "Is he a good driver?"–"*Far from* it!" 「彼は車の運転はじょうずですか」「とんでもない(じょうずなどとは断じて言えない)」．

go so [as] far as to *do* __**さえする**: She *went so far as to* call me a liar. 彼女は私をうそつきとまで言った．

go too far 度を過ごす, 言い[やり]過ぎる; 深入りする: Don't *go too far* into the matter. その問題に深入りするな．

so far ①**今までは**: *So far* we talked about where to visit on our trip. これまで私たちは旅行でどこへ行くか話し合った. ②そこまで, その点[程度]まで．

so far as ... 《ふつう否定文で》(ある所)**まで** (◎☞as *far* as ...)．

so far as __ __**のかぎりでは** (◎as far as __ともいう): *So far as* I am concerned, everything is all right. 私に関するかぎりすべてうまくいっている．

So far, so good. これまでは万事うまくいった (がこれからはわからない)．

— 形 ❶a *far* country 遠く離れた国. ❷He lives on the *far* side of the street. 彼は通りの向こう側に住んでいる. ❸the *far* right 極右．

far·a·way /fáːrəwèi ファーラウェイ/ 形
❶《文語》(場所・時などが)遠い．
❷(顔つき・目つきなどが)ぼかんとした．
▶❷a *faraway* look ぼかんとした顔つき．

farce /fáːrs ファース/ 名 ❶ⓊⒸどたばた喜劇. ❷Ⓤばかげたこと．

*****fare**¹ /féər フェア/ 名 (複 ~s /-z/)
❶Ⓒ(乗り物の)**料金**, 運賃 (☞price の類義).
❷Ⓤ《文語》(食卓に出される)食物.
▶❶What is the *fare* to London? ロンドンまで料金はいくらか / the bus [taxi] *fare* バス[タクシー]料金．
《同音異形語》fair¹,².

fare² /féər フェア/ 動 (現分 far·ing /féəriŋ/) ⊜《文語》(ものごとが)(うまく・まずく)いく.
▶*fare* ill [well] 失敗する[うまくいく]．
《同音異形語》fair¹,².

Fár Eást 名《the をつけて》極東《中国・日本・朝鮮・タイ・ミャンマーなどの東アジアの地域をさす; ☞ Near East, Middle East》．

fare·well /féərwél フェアウェル/ 名
❶Ⓒ《文語》別れ; 別れの言葉.
❷《形容詞的に》送別の.
— 間《文語》さようなら, ごきげんよう.
▶名 ❶bid [say] *farewell* 別れのあいさつをする. ❷hold a *farewell* party 送別会を開く．

far-fetched /fɑ́:r-fétʃt ファー・フェッチト/ 形 こじつけの, ばかげた.

farm /fɑ́:rm ファーム/ 名 (複 ~s /-z/) C
❶ **農場**, 農園 《ふつう田畑・住居・納屋などを含む; 家畜も飼育する; ☞❷》. ❷ **飼育所**, 養殖場.
❸《米》【野球】ファーム(チーム)《大リーグ所属の二軍チーム》.
— 動 他 ❶ (土地)を耕作する. ❷ (作物・家畜)を(農場で)栽培[飼育]する.
— 自 耕作する, 農業をする, 農場を経営する.

名 ❶ They work on the *farm*. 彼らは(雇われて)その農場で働いている / run [keep] a *farm* 農場を経営する
❷ a chicken *farm* 養鶏場 / an oyster *farm* 牡蠣(かき)の養殖場 / a dairy *farm* 酪農場.
— 動 他 ❶ They *farm* 500 acres. 彼らは500エーカーの農場をもっている.

farm·er /fɑ́:rmər ファーマ/ 名 (複 ~s /-z/) C
農場主, 農場経営者, (自作)農民 《☞peasant》. ▶a peanut *farmer* ピーナッツ農場経営者.

farm·hand /fɑ́:rmhænd ファームハンド/ 名 C 農場労働者.

farm·house /fɑ́:rmhàus ファームハウス/ 名 (複 -hous·es /-hàuziz/) C 農場主の住宅, 農家.

farm·ing /fɑ́:rmiŋ ファーミング/ 名 U 農業, 農場経営; 飼育, 養殖.

farm·land /fɑ́:rmlænd ファームランド/ 名 U 農地.

farm·yard /fɑ́:rmjà:rd ファームヤード/ 名 C 農家の庭《住宅・納屋・家畜小屋などの周辺やそれらに囲まれた土地》.

far-off /fɑ́:rɔ́(:)f ファーロ(ー)フ/ 形 遠く離れた.

far-out /fɑ́:ráut ファーラウト/ 形 《口語》奇抜な, 風変わりな.

far-reach·ing /fɑ́:r-rí:tʃiŋ ファー・リーチング/ 形 (効果・影響が)遠くまでおよぶ.

far-sight·ed /fɑ́:rsáitid ファーサイティド/ 形 ❶ 遠視の 《反 nearsighted》. ❷ 先見の明のある.

fart /fɑ́:rt ファート/ 名 おなら.

— 動 自 おならをする.

*****far·ther** /fɑ́:rðər ファーザ/ 副《far の比較級》もっと遠くに 《☞further》.
— 形《far の比較級》もっと遠くの, 遠いほうの 《☞further》.

副 I can't go any *farther*. もうこれ以上は行けません / ten miles *farther* (on) さらに10マイル先に[まで].
— 形 The bus stopped at the *farther* end of the street. バスは通りの向こうの端で止まった.

*****far·thest** /fɑ́:rðist ファーゼスト/ 副《far の最上級》最も遠くに 《☞furthest》.
— 形《far の最上級》最も遠い.

副 Who threw the ball (the) *farthest*? だれが一番遠くまでボールを投げたか.
— 形 the *farthest* planet 最も遠い惑星.

at (the) farthest ① いくら遠くても. ② いくらおそくても (at (the) latest). ③ せいぜい.

fas·ci·nate /fǽsənèit ファスィネイト/ 《★アクセント注意》動 (-nates /-ts/; -nat·ed /-id/ -nat·ing) 他 ❸ **うっとりさせる**, 魅惑する.
❻ 《be fascinated》= fascinated.
▶❸ The chorus singing *fascinated* us. そのコーラスは私たちをうっとりさせた.
　　　　　　　　　☞ 名 fascination.

fas·ci·nat·ed /fǽsənèitid ファスィネイティド/ 形 うっとりした. ▶We were all *fascinated by* [*with*] her performance. 私たちはみんな彼女の演技にうっとりした.

*****fas·ci·nat·ing** /fǽsənèitiŋ ファスィネイティング/ 形 (more ~; most ~) **とても魅力的な**, うっとりさせるような. ▶a *fascinating* story とてもおもしろい話 / a *fascinating* boy すばらしい少年.

fas·ci·na·tion /fæ̀sənéiʃən ファスィネイション/ 名 U うっとりして[強く引かれて]いること. ▶our *fascination* with American culture 私たちがアメリカ文化に強く引かれていること / in *fascination* うっとりして.
　　　　　　　　　☞ 動 fascinate.

fas·cism /fǽʃizm ファシズム/ 名 U くしば

fascist

しば **Fascism** で》ファシズム《独裁的国家主義(体制)，☞ Nazism》．

fas·cist /fǽʃist ファシスト/ 名C ❶ファシズム信奉者．❷極右主義者．

＊fash·ion /fǽʃən ファション/ 名(複 ~s /-z/)
❶ⓐU (服装・行動などの)**流行**，はやり．ⓑC **流行しているもの**，ファッション．ⓒ《形容詞的に》ファッション関係の．
❷《単数形で》方法，やり方，流儀《○manner, way より形式ばった言い方》．
❸《名詞と結合して副詞的に》…のように，…ふうに．
— 動 他 《文語》…を作る，形作る．

- -

名 ❶ⓐ follow the latest *fashion* 最新の流行を追う / set the *fashion* 流行を作りだす．ⓑ She always wears the latest *fashion* in shoes. 彼女はいつも最新流行のくつを履いている．ⓒ a *fashion* designer〔show〕ファッション・デザイナー〔ショー〕. ❷ She decorated her room in her own *fashion*. 彼女は独特のやり方で自分の部屋を飾った / in a similar *fashion* 似たようなやり方で．❸ walk crab-*fashion* 蟹(かに)のように横に歩く．

after the fashion of ... …をまねて[た]，…ふうに[の]：*after the fashion of* the Queen 女王のまねをして．
come into fashion 流行してくる．
go out of fashion 流行おくれになる．
in fashion 流行して：This purse is in *fashion*. このハンドバッグが今はやりです．
out of fashion 流行おくれで[の]．
☞ 形 fashionable.

＊fash·ion·a·ble /fǽʃənəbl ファショナブル/ 形 (more ~; most ~)
❶**流行の**，はやりの．
❷お金持ちに人気の，高級な．

- -

❶ Surfing is *fashionable* now. 今サーフィンがはやっている / *fashionable* clothes 流行の服．
❷ a *fashionable* hotel 高級ホテル．
☞ 名 fashion.

fash·ion·a·bly /fǽʃənəbli ファショナブリ/ 副 流行を追って．▶ She is always *fashionably* dressed. 彼女はいつも流行の服装をしている．

＊＊fast¹ /fǽst ファスト | fάːst/ 副 (~er; ~est) ❶**速く**，急速に，素早く (反 slowly) 《○「(時間・時期などが)早く」は early》．❷ひっきりなしに，次々に，どんどん続いて．❸しっかりと，堅く．❹ぐっすりと．
— 形 (~er; ~est) ❶ (動作が)**速い**，急速な，素早い，敏速な (反 slow) 《○「(時間・時期などが)早い」は early》．
❷ (時計などが)**進んで(いる)**，早い (反 slow).
❸ (道路などが)高速用の，(フィルムが)高感度の．
❹固定した，ぐらつかない，しっかり締まった．

- -

副 ❶ Don't walk so *fast*. そんなに速く歩くな / He speaks *fast*. 彼は早口だ / How *fast* time passes! 時のたつのは何と速いのだろう / grow *fast* 成長が速い．
❷ It was raining *fast*. 雨がしきりに降っていた / Reports of the typhoon are coming in *fast*. 台風の情報が次々と入ってきている．
❸ Tie it *fast* to the tree. それを木にしっかり結びつけなさい．
❹ My brother is *fast* asleep. 兄はぐっすり眠っている．
— 形 ❶ He is a *fast* runner. 彼は走るのが速い / a *fast* pitcher 速球投手 / *fast* music テンポの速い音楽．
❷ My watch is two minutes *fast*. 私の時計は2分進んでいる．
❸ a *fast* highway 高速幹線道路 / the *fast* lane (道路の)追い越し車線．
❹ The door was held *fast* by a bolt. 戸がボルトでしっかり締められていた．

fast² /fǽst ファスト/ 動 自 (宗教的行事などで)断食(だんじき)する，絶食する．
— 名 C 断食，絶食 《☞ breakfast の INFO 》．
▶ 名 break (*one's*) *fast* 断食をやめる．

＊fas·ten /fǽsn ファスン | fάːsn/ 《★ t は発音されない》 動 (~s /-z/; ~ed /-d/; ~ing) 他 ❶…を**しっかり固定する**，結びつける，打ちつける，締(し)める，留める (反 unfasten).
❷ (注意・視線など)をじっと向ける．

— [自] (戸・ファスナーなどが) **しっかり締まる**, (鍵が)かかる.

[他] ❶ *Fasten* your belt ベルトをしっかり締めなさい / She *fastened* a flower to her dress. 彼女はドレスに花をつけた / *fasten* a picture on the wall with hooks 留め金で壁に絵をしっかりと取りつける / *fasten* sticks (together) with string 小枝をひもで束ねる. ❷ She *fastened* her eyes *on* me. 彼女は私をじっと見つめた.
— [自] This window will not *fasten*. この窓はどうしても締まらない.
☞ [形] fast[1] ❹.

fas·ten·er /fǽsnər ファスナ/ (★ t は発音されない) [名] [C] 留める[締める]物 (ボタン, クリップ, フック, ファスナーなど). ▸ Please help me do up the *fasteners* in back. 背中のフックを留めるのを手伝ってください.

fas·ten·ing /fǽsniŋ ファスニング/ (★ t は発音されない) [名] = **fastener**.

fást fòod [名] [U] ファーストフード.

fast-food /fǽst-fúːd ファスト・フード/ [形] ファーストフードの. ▸ a *fast-food* restaurant ファーストフード・レストラン.

fas·tid·i·ous /fæstídiəs ファスティディアス/ [形] 細かいことを気にする, 好みの難しい. ▸ She is *fastidious* about [in] her dress. 彼女は自分の着る物にやかましい.

fas·tid·i·ous·ly /fæstídiəsli ファスティディアスリ/ [副] 細かいことを気にして, 好みが難しく.

fat /fǽt ファット/ [形] (fat·ter; fat·test)
❶ **太った**, 肥えた, でぶの ([反] lean, thin).
❷ **ぶ厚い**, 大きい.
❸ 金額の多い; (財布などが) ふくれた.
— [名] ❶ [U] 脂肪, (食用の) 油脂.
❷ [U] 脂肉, あぶら身.
❸ [U,C] (料理用の) ヘット (牛や植物の脂肪から精製した半個体の油; ☞ lard).

[形] ❶ I am a little too *fat*. 私はちょっと太りすぎだ / get *fat* 太る.

> [類語] **fat** は「太った」の最も一般的な語であるが露骨で軽蔑(けいべつ)の意味をともなうことがある; **plump** はよい意味で「かわいらしくふっくらした」で, 主として赤ん坊や若い女性に用いる; **stout** は「かっぷくのよい」で fat の遠まわしな語で年配の人に用いる; **corpulent** は「肥満した」, **obese** は「太りすぎの」; ☞ thin の [類語].

❷ a *fat* dictionary ぶ厚い辞書.
❸ a *fat* profit 大きな利益 / a *fat* wallet お札でふくれた財布.
☞ [動] fatten.
— [名] ❶ animal *fat* 動物性油.
☞ [形] fatty.

***fa·tal** /féitl フェイトル/ [形] (more ~ ; most ~)
❶ **致命的な**, 命にかかわる.
❷ 取り返しがつかない, 破滅[不幸]をもたらす.

❶ The wound was *fatal* to him. その傷は彼にとって致命的だった (その傷で彼は死んだ) / a *fatal* illness 命にかかわる病気. ❷ a *fatal* mistake 取り返しのつかない誤り.
☞ [名] fate, fatality.

fa·tal·ism /féitəlìzm フェイタリズム/ [名] [U] 運命論 (人の運命はすでに決まっているという考え方).

fa·tal·is·tic /fèitəlístik フェイタリスティック/ [形] 運命論的な.

fa·tal·i·ty /feitǽləti フェイタリティ/ [名] ([複] -i·ties /-z/) [C] (事故・戦争などによる) 不慮の死, 死者. ☞ [形] fatal.

fa·tal·ly /féitəli フェイタリ/ [副] 命にかかわるほどに, 致命的に.

****fate** /féit フェイト/ [名] ([複] ~s /-ts/)
❶ [C] (ふりかかる) **運命**, 宿命, 不運なこと (☞ destiny).
❷ [U] (物事を決める) 運命.

❶ It was his *fate* to live a lonely life. 孤独な人生を送るのが彼の運命であった / suffer a *fate* 不運なことに会う. ❷ His father's early death decided his *fate*. 彼の父親の早死にが彼の運命を決めた.
☞ [形] fatal, fateful.
《同音異形語》fete.

fat·ed /féitid フェイティド/ [形] 《**be fated** *to do*》_する運命にある.

fateful

▶He *was fated to* die young. 彼は若死にする運命だった.

fate‧ful /féitfəl フェイトフル/ 形 運命を決する, 運命的な, 宿命的な. ▶a *fateful* decision. (運命を決める)重大な決定.
☞ 名 fate.

fate‧ful‧ly /féitfəli フェイトフリ/ 副 運命的に, 宿命的に, 決定的に.

fat-free /fǽt-frí: ファト・フリー/ 形 脂肪分を含まない.

fa‧ther /fá:ðər ファーザ/ 名 (複 ~s /-z/)

❶ ⓐ C **父**, 父親 (☞ mother).
ⓑ 《Father で; 呼びかけで》 **お父さん**.
❷ C **創始者**, 生みの親, 元祖.
❸ C 〖カトリック〗《Father で; 敬称として》神父 (● Fr. と略す).
❹ 《the Father または our Father で》天の父, 神.

— 動 他 …の父となる.

- - - - - - - - - - - - - - - - - - - -

名 ❶ⓐ the *father* of three children 3児の父 / ことわざ Like *father*, like son. この父にしてこの子あり,「親が親なら子も子だ」/ The child is *father* of [to] the man. 子どもは成人の父(子どもの性格を見ているとどういう大人になるかわかる),「三つ子の魂百まで」. ⓑ When will *Father* be back, Mother? お母さん, お父さんはいつ帰ってくるの (●家族間では固有名詞のように用いることがよくあり, 冠詞をつけず Father と大文字で書く).

INFO 英米の家庭では父親のことを呼ぶときは《口語》で Dad また小さな子どもは Daddy という. 改まった言い方をするときは Father と呼ぶ. 母親については mother を参照; ☞ grandparent.

❷ George Washington has been called the *father* of his country. ジョージ ワシントンは彼の祖国(アメリカ合衆国)の父と呼ばれてきている.
❸ *Father* Sullivan サリバン神父.
☞ 形 fatherly.

Fáther Chrístmas 名 《英》 サンタクロース (Santa Claus).

fa‧ther‧hood /fá:ðərhùd ファーザフッド/ 名 U 父親であること.

fa‧ther-in-law /fá:ðərin-lò: ファーザリン・ロー/ 名 (複 fathers-in-law /fá:ðərz-/)

C 夫[妻]の父, 義父, しゅうと (●所有格は father-in-law's).

fa‧ther‧ly /fá:ðərli ファーザリ/ 形 ❶ 父親としての. ❷ 父親のような(やさしい).
☞ 名 father.

Fáther's Dáy /fá:ðərz- ファーザズ・/ 名 《米》父の日 (6月の第3日曜日; ☞ Mother's Day).

fath‧om /fǽðəm ファゾム/ 名 (複 ~s /-z/, fathom) C ひろ (●水の深さを測る単位; 6 feet (1.83 m) に相当する).

— 動 他 《ふつう否定文で》(よく考えて)…を理解する, (人の心など)を底まで見抜く.

▶動 他 I can't *fathom* what he means. 私は彼がなにを言っているのかさっぱりわかりません.

fa‧tigue /fətí:g ファティーグ/ (★発音注意) 名 ❶ U (精神的・肉体的な)疲労, 疲れ. ❷ U 〖機械〗(金属などの)疲労.

— 動 (~s /-z/; fa‧tigued /-d/; fa‧tigu‧ing) 他 《文語》…を疲れさせる.

▶名 ❶ mental *fatigue* 精神的疲れ. ❷ metal *fatigue* 金属疲労.

fat‧ten /fǽtn ファトン/ 動 他 (食肉用に)(家畜など)を太らせる. — 自 太る.
☞ 形 fat.

fat‧ten‧ing /fǽtniŋ ファトニング/ 形 (食物が)人を太らせる.

fat‧ty /fǽti ファティ/ 形 (fat‧ti‧er; fat‧ti‧est)脂肪の(多い), 脂肪質の.
☞ 名 fat.

fau‧cet /fɔ́:sit フォースィット/ 名 C 《米》(たるや水道の)蛇口(ぐち), 栓(せん), コック (《英では tap》). ▶turn on [turn off] the *faucet* 蛇口をひねって開ける[閉める].

fault /fɔ́:lt フォールト/ (★発音注意) 名 (複 ~s /-ts/)

❶ U C (過失などの)**責任**, 罪.
❷ C 誤り, 不備な点.
❸ C **欠点**, 短所 (●性格・行動・習慣などの欠点; 必ずしも非難されるほど重大なものではない).
❹ C 〖球技〗フォールト (テニスなどのサーブの失敗).

- - - - - - - - - - - - - - - - - - - -

❶ It was my *fault* that my mother got sick. 母が病気になったのは私の責任です / The *fault* is mine. 悪いのは私です. ❷ This book has many *faults*.

abcdef**g**hijklmnopqrstuvwxyz **favorite**

この本には問題点がたくさんある. ❸He loves me in spite of my *faults*. 私にはいろいろ欠点があるのに彼は私を愛してくれている.
at fault (よくないことに対して)責任がある:You are not *at fault* in this case. この場合には君は悪くない.
find fault with ... …の粗(あら)捜しをする:She is always *finding fault with* others. 彼女はいつも他人のあら捜しばかりしている.

☞ 形faulty.

fault・less /fɔ́:ltləs フォールトレス/ 形欠点のない, 完全な(反faulty).

fault・y /fɔ́:lti フォールティ/ 形 (faulti・er; faulti・est) (とくに機械・器具など)欠陥のある, できの悪い (反faultless).
▶a *faulty* part 欠陥部品.

☞ 名fault.

fau・na /fɔ́:nə フォーナ/ 名U《ふつう the をつけて》(一地域または一時代に特有な)動物群(☞flora).

faux pas /fóupá: フォウパー/ 名C (社交上の)失敗, 無作法.

*__fa・vor__ /féivər フェイヴァ/ 名 (複 ~s /-z/)
❶ C 親切な行ない, 世話.
❷ U 好意, 同意, 支持.
❸ U えこひいき, とくに目をかけること.
— 動 (~s /-z/; ~ed /-d/; ~ing /-vəriŋ/) 他 ❶ (考え・計画など)を支持する, …に賛成する. ❷ …をえこひいきする.
❸ (状況などが)…に有利である, 好都合である.

名 ❶ 対話 "Can I ask you a *favor* [ask a *favor* of you]?"–"Certainly." 「ひとつお願いしてもよろしいですか(お願いがあるのですが)」「はいどうぞ」/ "Will [Would] you do me a *favor*?"–"Yes, if I can." 「お願いを聞き入れていただけますか(お願いがあるのですが)」「ええ, 私にできることでしたら」.
❷He won [lost] her *favor*. 彼は彼女に気に入られた〔愛想をつかされた〕.
❸The judge showed *favor* to nobody. 裁判官はだれにもえこひいきしなかった.
— 動 他 ❶ Which proposal do you *favor*? 君はどちらの提案に賛成しますか.
❷She *favored* her youngest son.

彼女はいちばん下の息子を偏愛した.
❸The weather *favored* us. われわれは天候に恵まれた.
find favor with ... …に気に入られる:He has *found favor with* Mr. Brown. 彼はブラウン先生に気に入られている.
in favor 人気があって, 好かれて.
in ...'s favor ①…に気に入られて:He is [stands] high *in* his teacher's *favor*. 彼は先生にたいへん気に入られている. ②…の有利に:The score is 6 to 3 *in our favor*. スコアは6対3でわれわれが勝っている / The case was decided *in our favor*. その事件は私たちに有利なように決まった.
in favor of ... ①…に賛成して, …を支持して:Are you *in favor of* the plan? あなたはその計画に賛成ですか. ②…の有利に:Things turned out *in favor of* our team. 状況はわれわれのチームに有利に展開した.
out of favor with ... …にきらわれて:He is *out of favor with* his teacher. 彼は先生にきらわれている.

☞ 形favorable, favorite.

*__fa・vor・a・ble__ /féivərəbl フェイヴァラブル/ 形 (more ~ ; most ~)
❶ 好意的な, 賛成の (○「お気に入りの」は favorite).
❷ 都合のよい, 有利な (反 unfavorable).

❶He gave me a *favorable* answer. 彼は承諾の返事をしてくれた / They *are favorable to* our plan. 彼らはわれわれの計画に賛成である.
❷The weather was not *favorable for* tennis. 天候はテニスには向かなかった / a *favorable* wind 順風.

☞ 名favor.

fa・vor・a・bly /féivərəbli フェイヴァラブリ/ 副 ❶ 好意的に. ❷ 有利に, 好都合に.
▶ ❶ He spoke *favorably* of our plan. 彼は私たちの計画をほめてくれた.

*__fa・vor・ite__ /féivərit フェイヴァリット/ 形 気に入りの, 大好きな, 得意な (○「好意的な, 都合のよい」は favorable).
— 名 (複 ~s /-ts/) C お気に入り(の人・もの), 人気者; 好きなもの, 好物.

four hundred and sixty-three　463

feces

名 **2月**《○Feb. と略す；☞ January の 語法》．

fe·ces /fíːsiːz フィースィーズ/ 名 複《米》糞便（煲）；排泄（煲）物《○《英》では faeces》．

***fed** /féd フェッド/ 動 feed の過去形・過去分詞形．

***fed·er·al** /fédərəl フェデラル/ 形 ❶《Federal で》《アメリカの》**連邦政府の**, 連邦国家の．

❷**連邦制の**, 連合の．

── 名 C《Federal で》【アメリカ史】（南北戦争当時の）北部連盟支持者；北軍兵士．

▶ ❶ the *Federal* Government （アメリカの）連邦政府《○アメリカは連邦国家なので各州の state government （州政府）に対して中央政府をこのように呼ぶ》．

Féderal Búreau of Investigátion
名《the をつけて》（アメリカの）連邦捜査局《○FBI と略す》．

fed·er·al·ism /fédərəlìzm フェデラリズム/ 名 U 連邦主義, 連邦制度．

fed·er·al·ist /fédərəlist フェデラリスト/ 名 C 連邦主義者．

fed·er·a·tion /fèdəréiʃən フェデレイション/ 名 ❶ C 連邦制度；連邦政府．

❷ C （組合・学会などの）連合組織[会]．

***fee** /fíː フィー/ 名 複 ~s /-z/ C

❶（医者・弁護士などへの）**謝礼**, 報酬．

❷**料金**, 手数料, 入場料．

▶ ❶ a doctor's *fee* for a visit （医師の）往診料．❷ an admission *fee* 入場料 / a license *fee* 免許料 / a school [tuition] *fee* 授業料．

***fee·ble** /fíːbl フィーブル/ 形 (-bler; -blest)

❶（体・力などが）**弱い**, 弱々しい．

❷（光・音などが）かすかな．

❸（説得力などが）弱い．

▶ ❶ His pulse is very *feeble*. 彼の脈はとても弱い / a *feeble* body 弱い体．

fee·ble·mind·ed /fíːblmáindid フィーブルマインディド/ 形《軽蔑（煲）的に》頭の悪い．

fee·bly /fíːbli フィーブリ/ 副 弱々しく, 力なく；かすかに．

***feed** /fíːd フィード/ 動 (~s /-dz/; fed /féd/; ~ing) 他

❶ⓐ（動物）に**餌を与える**,（人）に**食べ物を与える**,（赤ん坊）に授乳する．

ⓑ…を養う, 扶養する．

ⓒ（植物）に肥料をやる．

❷ⓐ《feed ~ ... または feed ... to ~》~ に（食物として）…を与える．

ⓑ《feed ... on ~》…に（食物として）~を与える．

❸ⓐ…に（必要な物）を供給する, 注入する．

ⓑ《feed ... with ~ または feed ~ into ...》…に~を供給する．

❹（データ・信号など）を（コンピューターなどに）入力する．

── 自 （おもに動物が）**物を食う**．

── 名 複 ~s /-dz/ ❶ U （動物・鳥などの）**餌**, 飼料．

❷ C 餌を与える（食べる）こと；（赤ん坊の）授乳．

❸《a をつけて》《文語》食事．

❹ⓐ（コンピューターなどの）データ入力装置．ⓑ（燃料などの）供給[注入]装置．

▶ 動 他 ❶ⓐ He is now *feeding* the birds. 彼は今鳥に餌をやっている / They are well [poorly] *fed*. 彼らは栄養が良い[悪い] / *feed* a baby 赤ん坊に乳を飲ませる．ⓑ He has to *feed* a large family. 彼は大家族を養わなければならない．

❷ⓐ I *feed* meat *to* my dog every day. 私は飼い犬に毎日肉を与える / What do you *feed* the chickens? その鶏には何のえさをやりますか．

ⓑ During the winter they *feed* the cattle on hay. 冬の間は彼らは干草を牛のえさにする．

❸ⓐ *feed* a stove ストーブに燃料をくべる / *feed* a machine 機械に油をさす．

ⓑ *feed* a furnace *with* coal = *feed* coal *into* a furnace 炉に石炭をくべる．

── 自 The cows are *feeding* in the barn. 牛が牛舎でえさを食べている．

be fed up (with ...)《口語》（…に）飽きる, うんざりしている：I'm fed up *with* her carelessness. 彼女の（たびたびの）不注意にはうんざりだ．

feed back (on ...)（…に対して）コメントする．

feed on ... ①（動物が）…を常食とする：

abcdef**g**hijklmnopqrstuvwxyz　　　　**feel**

Cows *feed on* hay. 牛は干草をえさとする. ②(感情などが)…によって強くなる: Prejudice *feeds on* ignorance. 偏見は無知によって一層強くなる.
☞ 名food.

— 名 ❶*feed* for cows 牛の飼料.

❷How many *feeds* a day does the baby have? その赤ん坊には1日に何回授乳しますか.

feed・back /fíːdbæk フィードバック/ 名 U コメント, アドバイス;反応.
▶I got positive *feedback* on my proposal. 私は提案によいコメントをもらった.

feed・ing /fíːdiŋ フィーディング/ 名 U 食物を与える[食べる]こと.

★★feel /fíːl フィール/ 動 (~s /-z/; felt /félt/; ~ing) 自

❶《feel ...》ⓐ(気分・身体の状態などについて)**…だと感じる** (✪…には形容詞(句)がくる).
ⓑ(感覚的に)**…だと思う, …という気がする**.
ⓒ(触ると)**…のように思われる,** (物が)…の感じがする.

❷(人・手足などが)感覚がある.

— 他 ❶(手などで)**…に触る**, 触って調べる[確かめる].

❷ⓐ(身体で)…を**感じる**.
ⓑ《feel ... *do*》…が__するのを感じる.
ⓒ《feel ... *do*ing》…が__しているのを感じる.

❸ⓐ…を(心で)感じる, 思う.
ⓑ《feel (that) __》__と感じる, 思う.
ⓒ《feel ... (to be) ~》…が~であると思う (✪~には形容詞(句)がくる).

❹…を身にしみて感じる, 感じて悲しむ[苦しむ].

— 名《単数形で》❶ 手ざわり, 感じ, 感触;触ること. ❷雰囲気, 感じ.

────────────────

動 自 ❶ ⓐI *feel* happy. 私は幸福だ[うれしい] / I *feel* better today. きょうは(きのうより)気分が良い / How are you *feeling* this morning? 今朝は気分はどうですか / *feel* cold 寒いと感じる.

ⓑI *feel* sure that she will be successful. 彼女はきっとうまくやれると思う / How do you *feel* about that? それについてどう思いますか.

ⓒThis cloth *feels* soft. この布は手ざわりが柔(ゃゎ)らかい / The air *feels* cold. 空気が冷たい.

— 他 ❶ *Feel* the baby's forehead to see if he has a fever. 熱があるかどうか赤ん坊の額に触ってみなさい / The doctor *felt* my pulse. 医者は私の脈をとった.

❷ⓐI can *feel* something in my shoe. くつの中に何かが入っている感じがする.

ⓑI *felt* the house shake. 家が揺れるのを感じた (✪この文型は受け身にすると be felt to *do* の形になり,例文は The house was felt to shake. となる).

ⓒI *felt* something creep*ing* on my foot. 私は何かが足の上をはっているのを感じた.

❸ⓐI don't *feel* much pity for her. 私は彼女はあまりかわいそうだとは思わない.

ⓑI *feel* (that) he will come. 彼が来るような気がする.

ⓒI *felt* his opinion *to* be radical. 私は彼の意見は過激だという気がした / I *feel* it my duty *to* do so. そうするのが私の義務だと思う (✪it は to 以下を受ける形式目的語).

❹He doesn't *feel* the heat at all. 彼は暑さがぜんぜん苦にならない.

***feel as if* [though] __ まるで__のように感じる**: I *felt as if* I were traveling in a foreign country. 私はまるで外国を旅行しているような気がした.

***feel for ...* ①…を手探りでさがす**: I *felt for* my wallet in my inside pocket. 私は内ポケットに手を入れて財布をさがした. ②**…に同情する**: I *felt for* the poor old woman. 私はその貧しいおばあさんに同情した.

***feel free to do* ☞ free 形.**

***feel like ...* ①…が欲しい(気がする)**: I *feel like* a glass of wine. ワインを一杯飲みたい. ②《*feel like do*ing で》**__したいような気がする**: I don't *feel like* taking a walk now. 今は散歩をする気がしない. ③**…のような手ざわりだ**: It *feels like* fur. それは毛皮のような手ざわりだ. ④**…のような気分になる**: She *felt*

four hundred and sixty-seven　　　　467

ferocious

fe·ro·cious /fəróuʃəs フェロウシャス/ 形
❶どうもうな. ❷ものすごい, ひどい.

fe·ro·cious·ly /fəróuʃəsli フェロウシャスリ/ 副 ❶どうもうに. ❷ものすごく.

fe·roc·i·ty /fərásəti フェラスィティ/ 名U
狂暴性.

fer·ret /férit フェリット/ 名C〔動物〕フェレット(ケナガイタチの変種;飼いならしてウサギ・ネズミなどを巣穴から追い出すのに用いる).

ferret

— 動他 …を捜(さが)し出す.
— 自〔…を〕捜し回る〔for〕.

Fer·ris wheel /féris hwì:l フェリス(ホ)ウィール/ 名C(遊園地などにある)大観覧車.

*__fer·ry__ /féri フェリ/ 名(複 fer·ries /-z/)
C **フェリー**, 連絡船, 渡し船(○ferry-boat ともいう).
— 動(fer·ries /-z/; fer·ried /-d/; ~ing)
他 …をフェリー[飛行機・車]で運ぶ.

*__fer·tile__ /fə́:rtl ファートル | fə́:tail/ 形
(more ~; most ~)
❶(土地が)**肥えた**, 肥沃(ひよく)な(反 infertile, barren).
❷(動植物が)繁殖力のある, 多産の.
❸アイデイアに富む, 発想豊かな.
▶ ❶ *fertile* land 肥沃な土地. ❸ She has a *fertile* imagination. 彼女は豊かな想像力を持っている.
☞ 名fertility, 動fertilize.

fer·til·i·ty /fə:rtíləti ファーティリティ/ 名U ❶土地の肥えていること, 肥沃(ひよく).
❷多産; 繁殖力. ❸(創意などの)豊かさ.
☞ 形fertile.

fer·ti·li·za·tion /fə̀:rtəlizéiʃən ファーティリゼイション/ 名U ❶肥沃(ひよく)化, 肥料をまくこと. ❷〔生物〕受精.

fer·ti·lize /fə́:rtəlàiz ファーティライズ/ 動(現分 -liz·ing) 他 ❶(土)を肥やす, …に肥料をまく. ❷〔生物〕…を受精させる.
☞ 形fertile.

fer·ti·liz·er /fə́:rtəlàizər ファーティライザ/ 名UC肥料(❶「こやし」は manure).

fer·vent /fə́:rvənt ファーヴェント/ 形熱烈な, 強烈な. ▶ a *fervent* admirer (of ...) (…の)熱烈なファン.

fer·vent·ly /fə́:rvəntli ファーヴェントリ/ 副熱烈に.

fer·vor, (英) **fer·vour** /fə́:rvər ファーヴァ/ 名U熱意, 熱情.

fes·ter /féstər フェスタ/ 動自 ❶(傷口などが)うむ, 悪化する. ❷(状況などが)悪化する.

*__fes·ti·val__ /féstəvəl フェスティヴァル/ 名
(複 ~s /-z/)C ❶**祭り, 祝い**. ❷(ふつう定期的な)催し, …祭.

❶ hold a *festival* お祭りをする. ❷ the Cannes Film *Festival* カンヌ映画祭 / a school *festival* 学園祭.
☞ 形festive.

fes·tive /féstiv フェスティヴ/ 形お祭りのような, 楽しい. ▶ be in a *festive* mood お祭り気分である.
☞ 名feast, festival.

fes·tiv·i·ty /festívəti フェスティヴィティ/
名(複 -i·ties /-z/) ❶Uお祭り気分.
❷《複数形で》楽しい催し.

fes·toon /festú:n フェストーン/ 動他(花・リボンなどで)…を飾る.

*__fetch__ /fétʃ フェッチ/ 動(~·es /-iz/; ~ ed /-t/; ~·ing) 他 ❶ **行って(物)を取ってくる, 行って(人)を連れて来る[呼んでくる]**(○(米)ではふつう go (and) pick up または go (and) get などを用いる; ☞ take の **類語**).
ⓑ《fetch ~ ... または fetch ... for ~》〜に…を取ってきてやる.
❷(競売などで)…が(ある値で)売れる.

他 ❶ⓐ I'll (go and) *fetch* the book from the library. 図書館からその本を持ってこよう / *fetch* a mechanic 修理工を呼んでくる. ⓑ *Fetch* me my gloves.＝*Fetch* my gloves *for* me. 手袋を持ってきてくれ.

❷ The pot *fetched* $30,000 at the auction. その壷(つぼ)は競売で3万ドルで売れた.

fete, fête /féit フェイト/ 名C(とくに戸外

での)祭り, にぎやかな催し《資金集めなどのために行なう》.
── 動 (現分 fet·ing) 他 (人)のために祝宴を開く.
《同音異形語》fate.

fet·ter /fétər フェタ/ 名 《複数形で》© ❶ 足かせ《足を縛りつける鎖》.
❷ (規制・責任など)人を束縛(ホミ)するもの.
── 動 他 …を束縛する.

fe·tus /fíːtəs フィータス/ 名 (複 ~es /-iz/) © (哺乳動物の)胎児《人間の場合は妊娠8か月以後にいう;《英》では foetus という; ○「(3か月までの)胎児」は embryo》.

feud /fjúːd フュード/ 名 © (家同士または種族間の長い間の)不和, 争い. ── 動 ⾃ 反目して争う.

feu·dal /fjúːdl フュードル/ 形 封建制の. ▶ the *feudal* age 封建時代 / the *feudal* system 封建制度.

feu·dal·ism /fjúːdəlìzm フューダリズム/ 名 Ⓤ 封建制度.

*__**fe·ver**__ /fíːvər フィーヴァ/ 《★発音注意》名
❶ Ⓤ© 熱, 発熱(状態) (temperature).
❷ Ⓤ (多数の人の)(極度の)興奮(状態).
❸ Ⓤ 熱病.

▶ ❶ He has *a* high [slight] *fever*. 彼は高[微]熱がある. ❷ soccer *fever* サッカー熱. ❸ yellow *fever* 黄熱病.
☞ 形 feverish.

fe·ver·ish /fíːvəriʃ フィーヴァリシュ/ 形
❶ 熱がある. ❷ 熱狂的な.
▶ ❶ Your forehead is *feverish*. 君の額は熱っぽい.
☞ 名 fever.

fe·ver·ish·ly /fíːvəriʃli フィーヴァリシュリ/ 副 熱狂して, 夢中になって.

*__**few**__ /fjúː フュー/ 形 (few·er; few·est) ❶ 《a をつけずに否定的な意味で》ほとんどない, 少ししかない (☞ little のさし絵).
❷ 《a をつけて肯定的な意味で》少数の, 少しはある (反 many).
── 代 ❶ 《a をつけずに否定的な意味で》少数(しかない).
❷ 《a をつけて肯定的な意味で》少数(はある).
❸ 《the をつけて》(多数に対する)少数の人々, 限られた一部の人々.

形 ❶ There were *few* children in the yard. 庭にはほとんど子どもがいなかった / Such examples are *few*. このような例は少ない.

|語法| 「数」についていう場合に用いられ, あとには数えられる名詞の複数形がくる;「量」については little を用いる.

❷ There were *a few* children in the yard. 庭には子どもが少しはいた / He is one of the *few* friends I have in Tokyo. 彼は東京にいる数少ない私の友だちのひとりだ (○特定のものをさすときは a が the や one's に変わる).

|語法| few と a few との違いは話したり書いたりする人の主観による. たとえば, 2, 3 人の友だちがいる場合にも, 話したり書いたりする人の気持ちで「少しは友だちがいる」と考えれば I have *a few* friends. といい, 「友だちがほとんどいない」と考えれば I have *few* friends. という; ☞ several の |語法|.

be few and far between (数が)きわめてわずかである, まれである: Holidays *are few and far between*. 休日はごく少ない.

no fewer than ... …もの: *No fewer than* 450 people were present. 450人もの人が出席した《○数が多いことを強調するときに用いる》.

not a few ... 少なからぬ…, かなり多数の…: *Not a few* people believe it. それを信じている人が少なからずいる.

only a few ... ほんの少数の…しかない, …はほとんどない: I have *only a few* English books. 英語の本はほんの少ししか持っていない.

quite a few ... 《口語》かなり多数の…: There were *quite a few* children in the park. 公園にはかなり多くの子どもたちがいた.

── 代 ❶ Very *few* are as bright as he is. 彼ほど頭のいい人はめったにいない.
❷ *A few* of my friends called on me. 私を訪問してくれた友人も少しはいた.

not a few 《文語》かなり多数.

only a few ほんの少数: There are *only a few* left. ほんのわずかしか残って

ff

いない.
quite a few《口語》かなり多数.

ff《略語》〔音楽〕fortissimo フォルティシモ, きわめて強い.

fi・an・cé /fìːɑːnséi フィーアーンセイ | fiáːnsei/ 图ⓒ婚約中の男性, フィアンセ.

fi・an・cée /fìːɑːnséi フィーアーンセイ | fiáːnsei/ 图ⓒ婚約中の女性, フィアンセ.

fi・as・co /fiǽskou フィアスコウ/ 图(複《米》~es, 《英》~s /-z/) ⓒ大失敗.

fib /fíb フィブ/ 图ⓒ罪のないうそ.
— 動 (~s /-z/; fibbed /-d/; fib・bing) 圎 罪のないうそをつく(☞lie²).

***fi・ber** /fáibər ファイバ/ 图(複 ~s /-z/)
❶Ⓤ(食べ物としての植物の)繊維質.
❷Ⓤ,Ⓒ(織物などの)**繊維**.
❸Ⓒ(植物や動物の)繊維組織.
▶cotton *fibers* 綿繊維 / synthetic *fiber* 合成繊維.

fi・ber・glass /fáibərglæs ファイバグラス/ 图Ⓤ繊維ガラス, グラスファイバー.

fíber óptics 图(複)光ファイバー.

fi・bre /fáibər ファイバ/ 图Ⓤ,Ⓒ《英》= fiber.

fi・bre・glass /fáibərglæs ファイバグラス/ 图Ⓤ《英》= fiberglass.

fick・le /fíkl フィクル/ 形気まぐれな, 移り気の.

***fic・tion** /fíkʃən フィクション/ 图(複 ~s /-z/) ❶Ⓤ(文学としての)**小説**, 創作(☞nonfiction).
❷Ⓤ,Ⓒ**作り話**; 作りごと.
▶❷His story is a complete *fiction*. 彼の話はまったくの作りごとだ.
☞ 形fictitious, fictional.

fic・tion・al /fíkʃənəl フィクショナル/ 形
❶小説の. ❷作りごとの.
☞ 图fiction.

fic・ti・tious /fiktíʃəs フィクティシャス/ 形 架空の. ▶a *fictitious* character 架空の人物.
☞ 图fiction.

fid・dle /fídl フィドル/ 图《口語》ⓒバイオリン(violin).
— 動 (現分 fid・dling) 他《口語》(書類の中身など)をごまかして変える.
— 圎 《口語》〔…を〕いじくりまわす〔*with*〕.
▶图*play second fiddle to* ... …の下になって働く.

— 動*fiddle about* [*around*] 圎ぶらぶら過ごす.

fid・dler /fídlər フィドラ/ 图ⓒバイオリンひき.

fi・del・i・ty /fidéləti フィデリティ/ 图Ⓤ忠実, 誠実. ▶a dog's *fidelity* to its master 主人に対する犬の忠実さ.

fidg・et /fídʒit フィヂット/ 動圎そわそわする.

fidg・et・y /fídʒiti フィヂティ/ 形《口語》そわそわしている.

Fi・do /fáidou ファイドウ/ 图《米》ファイドー《よくある飼い犬の名》.

***field** /fíːld フィールド/ 图(複 ~s /-dz/)
❶Ⓒ**畑**, 田, 牧草地, 放牧地《ふつう垣(き)・溝・土手などで囲まれ利用されている場所をさす》.
❷Ⓒⓐ**競技場**; (野球・フットボールの)球場. ⓑ(ある目的のための)**用地**, 広場. ⓒ戦場(✦battlefieldともいう).
❸Ⓒ(氷・雪などの)**一面の広がり**.
❹Ⓒ(学問などの)**分野**, 領域.
❺Ⓒ(鉱物の)産地.
❻Ⓒ(カメラ・レンズの)視界.
❼Ⓒ〔物理〕場, 界.
❽《theをつけて; 集合的に; 単数または複数扱いで》競技参加者, 選手.
❾ⓐ《theをつけて》現場, 現地, 実地. ⓑ《形容詞的に》現場での, 実地の.
❿Ⓒ〔電算〕フィールド, 項目《データベースの項目で, 文字・数字などの区分がある》.

— 動圎(野球・クリケットで)(野手として)守備につく.

— 他(野手として)(打球)をさばく.

图❶work in the *fields* 畑で仕事をする / a *field* of wheat 小麦畑.
❷ⓐon the playing *field* 競技場で / a soccer *field* サッカー場. ⓑan air *field* (小さな)飛行場 / an oil *field* 油田.
❸a *field* of clouds 雲海 / a snow *field* 雪原.
❹That is outside my *field*. それは私の専門外だ / the *field* of medicine 医学の分野.
❺a gold *field* 金の採掘場.
❻the *field* of vision 視野.
❼a magnetic *field* 磁場, 磁界.

abcde**f**ghijklmnopqrstuvwxyz　　　　　　　　　　　　　　　　　　　　**fifty**

❾ⓐdo research in *the field* 実地に学ぶ．ⓑa *field* study〔survey〕実地研究〔調査〕．

in the field ①競技に参加して．②〖野球〗守備について（☞成句 at bat（⇨ bat¹））．③（研究室などでなく）現場で，現地で．

take the field 戦闘〔競技〕を開始する．

fíeld dày 名ⒸⓏ❶《米》（学校の）運動会の日．❷はめをはずす機会．

field・er /fí:ldər フィールダ/ 名Ⓒ（野球・クリケットの）野手；（野球の）外野手．

fíeld evènt 名Ⓒ〖陸上競技〗フィールド種目《走り高跳(ヒヒ)びなどの跳躍競技と砲丸投げなどの投てき競技など；☞ field ❷ ⓐ, track event》．

fíeld hòckey 名Ⓤ（米）ホッケー《✿（英）では単に hockey；☞ ice hockey》．

fíeld tèst [trìal] 名Ⓒ実地試験．

fíeld trìp 名Ⓒ（学生・生徒の）校外見学；（学者・研究者の）実地研究旅行．

field・work /fí:ldwə:rk フィールドワーク/ 名Ⓤ（研究室・実験室などの外で行なう）実地研究，実地調査．

fiend /fí:nd フィーンド/ 名Ⓒ❶《文語》悪魔．❷《口語》…狂．

▶ ❷ a drug *fiend* 麻薬常用者 / a *fiend* for jogging ジョギング大好き人間．

fiend・ish /fí:ndiʃ フィーンディシュ/ 形 ❶悪魔のような，残忍な．❷やっかいな．

***fierce** /fíərs フィアス/ 形（fierc・er; fierc・est）

❶どうもうな．

❷激しい，猛烈な．

▶ ❶ a *fierce* dog 猛犬 / look *fierce* 恐ろしい表情をしている．

❷*fierce* anger 激しい怒り / a *fierce* storm 激しいあらし．

fierce・ly /fíərsli フィアスリ/ 副猛烈に，どうもうに．

fi・er・y /fáiəri ファイ(ア)リ/（★発音注意）形（fi・er・i・er; fi・er・i・est）

❶火の；火のような．❷（性格などが）激しい，おこりやすい．

▶ ❷ a *fiery* speech 激しい演説．
　　　　　　　　　　　　　　☞ 名 fire.

fi・es・ta /fiéstə フィエスタ/ 名Ⓒ（スペインや南米の）（宗教的）祝祭日．

****fif・teen** /fiftí:n フィフティーン/ 名

（複 ~s /-z/）❶ⓐⓊ（数の）**15**（☞one）．ⓑⒸ（数字の）15（15, XV など）．

❷《複数扱いで》**15人，15個**．

❸ⓐⓊ15分，(24時間制で)15時．ⓑ15ドル[ポンド, ペンス, セント, インチなど]．

❹Ⓤ15歳．

❺Ⓒⓐ15人[15個]ひと組のもの．

ⓑラグビーチーム《1 チームが15人である》．

❻Ⓤ〖テニス〗フィフティーン，「15」《ゲームの 1 点目をいう；✿2 点目は「30」 thirty, 3 点目は「40」 forty という；☞ love 名 ❼》．

— 形 ❶**15の，15人の，15個の．**

❷15歳で(ある)．

- -

名 ❻ The score was *fifteen* all. 得点は「フィフティーンオール（1 対1）」だった / *fifteen* love 15対0（1 対0）．

***fif・teenth** /fiftí:nθ フィフティーンス/ 形

❶《ふつう the をつけて》**15番目の**（☞ first）．❷15分の 1 の．

— 名（複 ~s /-s/）❶Ⓤ《ふつう the をつけて》**15番目の人[もの]**．❷Ⓤ《ふつう the をつけて》（月の）**15日**《✿略語は 15th》．❸Ⓒ15分の 1．

****fifth** /fífθ フィフス/ 形 ❶《ふつう the をつけて》**5番目の**（☞first）．

❷ 5 分の 1 の．

— 名（複 ~s /-s/）❶Ⓤ《ふつう the をつけて》**5番目の人[もの]**．

❷Ⓤ《ふつう the をつけて》（月の）**5日**《✿略語は 5th》．❸Ⓒ 5 分の 1．

***fif・ti・eth** /fíftiəθ フィフティエス/ 形

❶《ふつう the をつけて》**50番目の**．

❷50分の 1 の．

— 名（~s /-s/）❶Ⓤ《ふつう the をつけて》**50番目の人[もの]**．❷Ⓒ50分の 1．

****fif・ty** /fífti フィフティ/ 名（複 fif・ties /-z/）❶ⓐⓊ（数の）**50**（☞one）．ⓑⒸ（数字の）50《50, L など》．

❷《複数扱いで》**50人，50個**．

❸Ⓤⓐ50分．ⓑ50ドル[ポンド, ペンス, セント, インチなど]．

❹Ⓤ50歳．

❺Ⓒ50人[50個]ひと組のもの．

❻ⓐ《the fifties で》50年代《しばしば the 50's [50s]と書く》．

ⓑ《*one's* fifties で》50歳代．

four hundred and seventy-three 473

fifty-fifty

— 形 ❶**50の**, 50人の, 50個の. ❷50歳で(ある).

fif·ty-fif·ty /fífti-fífti フィフティ・フィフティ/ 副 《口語》半々に, 等分に.

— 形 《口語》半々の, 五分五分の.
▶ 形 Our team has a *fifty-fifty* chance of winning the game. わがチームが試合に勝つ見込みは五分五分だ.

fig /fíg フィッグ/ 名 ⓒ ⓐ 〖植物〗イチジク (**ⓞ fíg trèe** ともいう). ⓑ イチジクの果実.

fig. 《略語》figure.

✱✱✱fight /fáit ファイト/ 名 (複 ~s /-ts/) ❶ ⓒ **戦い**, 戦闘, 闘争;争い, 競争.

❷ ⓒ **格闘**, (なぐり合い・取っ組み合いの)けんか.

❸ ⓒ **言い争い**, 口げんか, 口論, 議論, 論争.

❹ Ⓤ 闘志, 戦意, やる気.

— 動 (~s /-ts/; fought /fɔ́ːt/; ~·ing) 自 ❶ **戦う**, 争う, けんかする, 戦争に参加する.

❷ 取っ組み合いのけんかをする.

❸ 言い争いをする, 口げんかをする, 口論する, 議論する.

❹ 奮闘する.

— 他 ❶ **…と戦う**, 争う;…を(相手に)戦う.

❷ (気持ち)を抑えようと努力する.

・・・・・・・・・・・・・・・・・・・・・・

名 ❶ *fight* against poverty 貧困との戦い / a *fight* for higher wages 賃上げ闘争 / a snowball *fight* 雪合戦 / She won (lost) her *fight* for reelection. 彼女は再選を目指した戦いに勝った〔負けた〕.

❷ There was a *fight* between the two gangs.＝The two gangs had a *fight*. ふたつの暴力団の間でけんかがあった / a dog *fight* 犬のけんか.

❸ He had a *fight* with his brother. 彼は弟と口げんかをした / a *fight* over money 金のことでの言い争い.

❹ He still had plenty of *fight* in him.＝He was still full of *fight*. 彼はまだ闘志満々だった / show *fight* 闘志を示す / have no *fight* 戦意を喪失している.

— 動 自 ❶ Japan *fought against* the U.S. in World War II. 日本は第2次世界大戦でアメリカ合衆国と戦った / They *fought for* freedom. 彼らは自由のために戦った / *fight* in the election 選挙で戦う.

❷ John and Paul were *fighting* with each other in the classroom. ジョンとポールは教室で取っ組み合いをしていた.

❸ They are always *fighting* over trifles. 彼らはいつもっさいなことで言い争っている.

❹ *fight* to protect the natural environment 自然環境保護のために大いに努力する.

— 他 ❶ Firemen *fought* the fire for hours. 消防士は火事と何時間も戦った / *fight* a disease 病気と戦う.

❷ *fight* a temptation 誘惑に抵抗する.

fight back 自 抵抗する. — 他 (気持ちなど)を抑える:*fight back* tears 涙を抑える.

fight it out とことん戦って〔議論して〕決着をつける.

fight off 他 ①…を撃退する. ②(病気など)にかからない.

fight *one's* ***way*** 戦いながら〔苦労して〕進む:He *fought his way* through the crowd. 彼は人込みの中を苦労して進んだ.

fight·er /fáitər ファイタ/ 名 ⓒ ❶ 戦う人, 戦士, 闘士. ❷ プロボクサー (**ⓞ prize-fighter** ともいう). ❸ 闘志のある人.

❹ 〖軍事〗戦闘機 (**ⓞ fíghter plàne** ともいう).
▶ ❶ a *fighter* for liberty 自由の戦士.

fight·ing /fáitiŋ ファイティング/ 名 Ⓤ 戦い, 戦闘.

fig·ment /fígmənt フィグメント/ 名 ⓒ 作りごと, 作り話.

fig·ur·a·tive /fígjurətiv フィギュラティヴ/ 形 比喩(ひゆ)的な (反 literal). ▶ in a *figurative* sense 比喩的な意味で.

fig·ur·a·tive·ly /fígjurətivli フィギュラティヴリ/ 副 比喩的に.

✱fig·ure /fígjər フィギャ | fígə/ 名 (複 ~s /-z/) ❶ ⓐ 数字 (0から9までの) **数字**, 桁, (数字の)位. ⓑ (なんらかの数量を示す)数字. ⓒ《複数形で》数字の計算.

❷ [C] (人の)**姿**, **容姿**, スタイル, 人影 (☞ style ❷).
❸ 《形容詞などと共に》(…の)**人物**, 名士.
❹ [C] (彫刻・絵画などの)**像**, 彫像, 肖像.
❺ [C] 図形; 図, 表, さし絵 (✪fig. と略す).
❻ [C] 〔スケート〕フィギュア.
— [動] (~s /-z/; fig·ured /-d/; fig·ur·ing /-gjəriŋ | -gər-/) [他] 《米口語》…だと思う, 考える, 判断する.
— [自] 重要である.

[名] ❶ ⓐ Answer in *figures*. 数字で答えなさい / double 〔three〕 *figures* 2〔3〕桁の数.
ⓑ the dropout *figures* for the school その学校の中途退学者数.
ⓒ He is good at *figures*. 彼は計算が得意だ / do *figures* 計算する.
❷ have a good 〔poor〕 *figure* スタイルがよい〔悪い〕 / a fine *figure* of a man 立派な姿の男性.
❸ Lincoln is one of the best-known *figures* in American history. リンカーンはアメリカ史上で最もよく知られている人物のひとりである / a political *figure* 名のある政治家 / a public *figure* 公人.
❹ a stone *figure* of Cupid キューピッドの石像.
❺ See *Fig.* 1. 第1図を見よ / draw *figures* on the blackboard 黒板に図形を描く.
— [動] [他] I *figure that* he is the best man for the job. 私は彼がその仕事には最適だと思う.
— [自] He *figures* as a likely candidate. 彼は有力な候補者である.
figure on ... 《米口語》…を予期する, 当てにする.
figure out [他] ①**…を理解する**, …の答えを出す: I can't *figure out* why he left so quickly. 彼がなぜそんなにすぐに出かけて行ったかわからない. ②…を計算して答えを出す: *figure out* the total cost 費用の総額を計算して出す.
It figures. 《米口語》やっぱり(思ったとおりだ).

fig·ure·head /fígjərhèd フィギャヘッド/ [名] [C] 名目だけの責任者[長].

fígure of spéech [名] [C] ([複] figures of speech) ことばのあや, 比喩(ゆ)的表現.

fígure skàting [名] [U] フィギュアスケート.

***file**[1] /fáil ファイル/ [名] ([複] ~s /-z/) [C]
❶ **ファイル**, 書類ばさみ.
❷ (まとまった)文書, 書類, 記録.
❸ 〔電算〕ファイル.
— [動] (~s /-z/; filed /-d/; fil·ing) [他]
❶ …を**ファイルする**, 記録として保存する. ❷ (書類など)を提出する; (訴訟など)を提出する.

[名] ❷ keep *files* on students' performance 生徒の成績を記録しておく.
❸ save a *file* ファイルを保存する.
on file ファイルに整理して, とじこんで: keep newspapers *on file* 新聞をとじこんでおく.
— [動] ***file ... away*** …を記録にして残す.

file[2] /fáil ファイル/ [名] [C] 縦列 (✪「横列」は rank). — [動] (現分 fil·ing) [自] 縦に列を作って行進する.
▶[動] [自] *file* in 〔out〕 縦に列を作ってはいる〔出る〕.

file[3] /fáil ファイル/ [名] [C] **やすり**.
— [動] (files /-z/; filed /-d/; fil·ing) [他] …にやすりをかける.

fíle càbinet [名] [C] 《米》(書類整理用)キャビネット.

fi·let /filéi フィレイ/ [名] [C] 《米》= **fillet**.

fil·i·bus·ter /fíləbÀstər フィリバスタ/ [名] [C] (長演説による)議事妨害.
— [動] [自] (長演説で)議事の進行を妨害する.

fil·ing /fáiliŋ ファイリング/ [名] [U] (書類の)とじこみ.

fíling càbinet [名] [C] = **file cabinet**.

Fil·i·pi·no /fìləpí:nou フィリピーノウ/ [名] ([複] ~s /-z/) ❶ [C] フィリピン人.
❷ [U] フィリピン語.
— [形] = **Philippine**.

*****fill** /fíl フィル/ [動] (~s /-z/; ~ed /-d/; ~·ing) [他] ❶ …を**満たす**, いっぱいにする.
❷ ⓐ (場所・空間など)を**うずめる**, 占める.
ⓑ (煙・匂いなどが)(場所)に充満する, 満ちあふれる. ⓒ (穴など)をふさぐ.
❸ (地位・職務など)に就(つ)く.

fillet

❹(要求・注文などに)応じる.
❺(時間)を過ごす.
— ⓐ ❶いっぱいになる, 満ちる.
❷(帆が)(風をはらんで)ふくらむ.
— 名《one's をつけて》十分, いっぱい.

動他 ❶ She *filled* the bottle with water. 彼女はびんを水で満たした / The result *filled* his heart with joy. 結果を知って彼の心は喜びで満たされた / Her eyes were *filled* with tears. 彼女の眼は涙でいっぱいだった.

❷ⓐ Young girls *filled* the concert hall. 演奏会場は若い女性でいっぱいだった. ⓑ Smoke *filled* the room. その部屋は煙が充満していた. ⓒ *fill* a crack with plaster 割れ目をしっくいで埋める.

❸ He cannot *fill* the job. 彼にはその仕事はできない.

❹ *fill* an order 注文に応じる.

— ⓐ ❶ The theater *filled* rapidly. 劇場はたちまち満席になった / The kitchen *filled* with smoke. 台所は煙で充満した.

fill in 他①…に書きこむ: *Fill in* the blanks with suitable words. 空所に適当な語を書き入れなさい. ②…を書きこむ: *Fill in* your name on the application form. 願書に自分の名前を書きこみなさい. ③(穴など)をふさぐ: He *filled in* the hole with sand. 彼は穴を砂でふさいだ. ④(時間)をつぶす. ⑤(図形など)をぬりつぶす. — ⓐ代理をする, 代行をする: She *filled in* for me while I was out. 彼女は私が外出している間私の代わりをしてくれた.

fill out 他①…をふくらませる. ②《米》= *fill in* 他 ①. — ⓐふくらむ, ふとる.
fill up 他…をいっぱいにする: *Fill* it [her] *up*. (車を)満タンにしてください.
— ⓐ いっぱいになる: The theater *filled up* quickly. 劇場はすぐに満員になった.

— 名 He ate [drank] *his fill*. 彼は腹いっぱい食べた[飲んだ].

fil·let /fílit フィレット, filéi/ 名 [料理]
ⓐ [UC] ヒレ肉(牛・豚の腰肉で最上のもの).
ⓑ [C](魚の骨なし)切り身.

fill·ing /fíliŋ フィリング/ 名 ❶ [UC](パイ・サンドイッチなどの)中に詰めるもの. ❷ [C](歯の)詰め物.
— 形(食べ物が)腹を満たす.

fílling stàtion 名 [C] ガソリンスタンド(◎《米》では gas station, 《英》では petrol station, service station ともいう; 「ガソリンスタンド」は和製英語).

*film /film フィルム/ 名(複 ~s /-z/)
❶ [UC] フィルム.
❷ⓐ [UC] 映画(◎とくに《米》では movie や motion picture ともいう; ☞ movie theater, cinema). ⓑ [U] 映画製作.
ⓒ《形容詞的に》映画の.
❸ [C](表面にできる)薄皮, 薄膜.
— 動他 ❶(映画)を撮影する.
❷…を映画にする.
— ⓐ映画を撮影する.

名 ❶ I got a roll of color *film* developed. 私はカラーフィルムを現像してもらった / The camera is loaded with *film*. カメラにはフィルムが入っている.

❷ⓐ make [shoot] a *film* 映画を撮影する / release a *film* 映画を封切る / a science-fiction [an SF] *film* 空想科学映画 / go to see a *film* 映画を見に行く / a *film*'s rating 映画観客指定表示(PG, R などがある).
ⓑ I'm interested in *film*. 私は映画製作に興味をもっている.
ⓒ enter the *film* world 映画界に入る / a *film* library 映画図書館.

❸ The table was covered with *a* thin *film* of dust. テーブルは薄いほこりの層で覆われていた / *a film* of oil 薄い油膜.

— 動他 ❶ *film* the plane crash 飛行機の墜落事故を撮影する. ❷ One of his novels was *filmed* last year. 彼の小説のひとつが昨年映画化された.

fílm stàr 名 [C] 《英》映画スター(◎《米》では movie star).

film·y /fílmi フィルミ/ 形 (film·i·er; film·i·est) ❶(布などが)透(す)けて見えるほど薄い. ❷薄膜状の.
☞ 名 film.

***fil·ter** /fíltər フィルタ/ 名 [C] ❶ろ過器[装置].

❷ⓐ[写真]フィルター. ⓑ(たばこの)フィ

ルター(**○filter tip** ともいう).
— 動(~s /-z/; ~ed /-d/; ~ing /-təriŋ/)
他…をろ過する, こす.
— 自 ❶(光・水などが)もれる, しみ出る.
❷(情報などが)だんだん知れる.
❸(人が)動いてゆく.

──────────

名an water *filter* 水のろ過器[装置].
— 動他We *filter* our drinking water. われわれは飲み水をろ過する / *filter* out impurities ろ過して不純物を除く
— 自 ❷The news began to *filter* out. そのニュースはもれ始めた.

fílter típ 名C たばこのフィルター(**○filter** ともいう).

filth /fílθ フィルス/ 名U ❶ 汚物, きたない物. ❷ 下品なことば.

filth・y /fílθi フィルスィ/ 形 (filth・i・er; filth・i・est) ❶ 不潔な, きたない. ❷ 下品な.

fin /fín フィン/ 名C ❶(魚の)ひれ. ❷ⓐ ひれ状のもの. ⓑ (航空機などの)飛行安定板. ⓒ(米)(潜水用の)足ひれ.

*__**fi・nal**__ /fáinl ファイヌル/ 形 ❶ 最後の (反 initial).
❷ 最終的な, 決定的な.
— 名 (複 ~s /-z/) C《しばしば複数形で》
ⓐ 決勝戦. ⓑ (大学などの)学年末試験.

形 ❶the *final* examination (大学などの)学年末試験 / the *final* round (ボクシングなどの)最終回. ❷the *final* aim 窮極の目的 / the *final* decision 最終的な決定.
☞ 名finality.
— 名ⓐthe tennis *finals* テニス決勝戦 (《○「準決勝戦」は the semifinals》).
ⓑHe took his *finals*. 彼は学年末試験を受けた.

fi・na・le /fináːli フィナリ/ 名C【音楽】フィナーレ, 終楽章; 【演劇】大詰め, 終幕.

fi・nal・ist /fáinəlist ファイナリスト/ 名C 決勝戦出場選手[チーム].

fi・nal・i・ty /fainǽləti ファイナェリティ/ 名U 最終的[決定的]であること. ▶speak with *finality* きっぱりと言う, 断言する.
☞ 形final.

fi・na・lize /fáinəlàiz ファイナライズ/ 動 (現分 -lizing) 他…を完成させる, 仕上げる.

*__**fi・nal・ly**__ /fáinəli ファイナリ/ 副

❶(長い時間ののち)**ついに**, やっと.
❷最後に.
❸最終的に, すっかり.

──────────

❶We *finally* reached the top of the mountain. 私たちはついに山頂についた. ❷*Finally*, he thanked us and left. 最後に彼は私たちに礼を言って帰って行った. ❸The project was *finally* decided. 計画は最終的に決まった.

*__**fi・nance**__ /fináens フィナンス, fáinæns/ 名C ❶U (国家・組織などの)**財政(運営)**, 財務; U 財政学.
❷《複数形で》(国家・団体または個人の)財政状態, 財源, 財力.
— 動 (fi・nanc・es /-iz/; fi・nanced /-t/; fi・nanc・ing) 他…に資金を提供する.

──────────

名 ❶the *Finance* Ministry〔Minister〕(日本などの)財務省〔大臣〕.
❷The city's *finances* are bad. 市の財政状態はよくない / personal *finances* 個人の財力.
☞ 形financial.
— 動他The prefecture *financed* the athletic meet. 県がその陸上競技会の資金を出した.

*__**fi・nan・cial**__ /fináenʃəl フィナンシャル, fai-/ 形 **財政上の**, 金融上の; 財界の. ▶The city is in *financial* difficulties. 市は財政困難になっている / *financial* aid 財政援助.
☞ 名finance.

fi・nan・cial・ly /fináenʃəli フィナンシャリ/ 副 財政的に, 財政上.

fináncial yéar 名C (英)会計年度 (《○(米)では fiscal year という》).

finch /fíntʃ フィンチ/ 名 (複 ~es /-iz/) C 【鳥類】アトリ(《ヒワなどの仲間の小鳥; 鳴き声の美しいものが多い》).

find /fáind ファインド/ 動 (~s /-dz/; found /fáund/; ~ing) 他 ❶ (偶然に)…を見つける**.
❷ⓐ…を**捜**(さが)**し出す**, 見つけ出す.
ⓑ《find ~ ... または find ... for ~》〜に…を見つけてやる, 探し出してやる.
❸…が**いる[ある]ことを知る**.
❹ⓐ《find (that) ___》(___ということが)**わかる**.

fingernail

get one's fingers burned = burn one's fingers.
give ... the finger 《米口語》(手のひらを自分に向けて)(人)に中指の背を向ける《相手に対する怒りを表わすしぐさ》.
have a finger in every pie いろいろよけいな手出しをする.
have [keep] one's fingers crossed. = cross one's fingers.
not lift [raise] a finger 指1本動かさない, なにも手伝ってくれない.
point the finger at ... …を非難する《◎ 英米では相手に人差し指を向けるのは失礼になる》.
shake one's finger at ... …に向かって(人指し)指を振る.

He *shook his finger at* them in anger. (彼がおこって(非難の意味で)彼らに向かって指を振った)(人を非難, 警告などをするときによくするジェスチャー)

put one's finger on ... …がわかる.
snap [click] one's fingers (注意を引こうと)指を鳴らす.
— 動 他 ❶ *finger* the fabric 生地を指でさすったり, つまんだりする.

fin・ger・nail /fíŋɡərnèil フィンガネイル/ 名 C (手の)指のつめ(☞finger, toenail).

fin・ger・print /fíŋɡərprìnt フィンガプリント/ 名 C 指紋(◎「声紋」は voiceprint).
— 動 他 …の指紋をとる.

fin・ger・tip /fíŋɡərtìp フィンガティップ/ 名 C 指先.
have ... at one's fingertips ①…をよく知っている. ②…がすぐにでも使える.

fin・ish /fíniʃ フィニッシュ/ 動 (~・es /-iz/; ~ed /-t/; ~ing) 他
❶ⓐ …を**終える**, 済ます, 完成する(☞finished).
ⓑ《**finish *doing***》__し終わる.
❷ (飲食物)を**食べ[飲み] 終わる**, 平らげる.
❸ …の仕上げをする, 磨きをかける.
— 自 **終わる**, 済む, おしまいになる.
— 名 (複 ~・es /-iz/) ❶ C ⓐ **終わり**, 最後, 最終段階, フィニッシュ. ⓑ (マラソン・競馬などの)決勝点, ゴール(地点)(◎ fínish lìne ともいう; ☞ goal).
❷《単数形で》最後の仕上げ, 磨き, つや出し.

- - - - - - - -

動 他 ❶ⓐ Have you *finished* your work yet? 仕事はお済みですか / *finish* school 学校を卒業する.
ⓑ I *finished reading* the book yesterday. 私はきのうその本を読み終えた(◎finished to read とはいわない).
❷ He has *finished* the bottle of whiskey. 彼はウイスキーのボトルをあけてしまった / *finish* a meal 食事を終わる.
❸ The cabinet is beautifully *finished*. そのキャビネットはきれいに仕上げてある.
— 自 This term *finishes* next week. 今学期は来週で終わる.

finish off 他 ① …を仕上げる: He *finished off* the work before he left. 彼は出かける前にその仕事をかたづけた. ② 《口語》…をやっつけてしまう, 殺す. ③ (飲食物)を全部食べて[飲んで]しまう. — 自 終わりにする.

finish up 他 ① …を仕上げる. ② …を全部使ってしまう; …を全部食べて[飲んで]しまう.

finish up ... 《英口語》自 結局…で終わる: I *finished up* completely tired. 私は最後に完全に疲れてしまった.

finish up with ... で終わりになる: The meeting *finished up with* a prayer. その会合はお祈りをして散会した.

finish with ... ①《ふつう完了形 have finished with ...》…**を完了する**, 完成する: *Have* you *finished with* the paper? その新聞はお済みになりましたか. ②…と関係を絶つ, …にはもう用はない: I *have finished with* him. 私は彼とは絶交した.

— 名 ❶ⓐ from start to *finish* 初めから終わりまで. ⓑ The race had a close *finish*. そのレースのゴール前は接戦だった.
❷ The table has *a* smooth *finish*. そのテーブルはなめらかな仕上げがしてある.
《同音異形語》Finnish.

fin・ished /fíniʃt フィニッシュト/ 形

❶ⓐ(人が)仕事[食事(など)]を終えて(いる). ⓑ関係がなくなって. ⓒ(ものが)終わって, なくなって.
❷ 仕上がった, 完成した (反 unfinished).
❸ (人などが)だめになって(いる).

❶ⓐI *am finished* for the day. きょうの仕事はこれで終わった / (*Are you*) *finished*? もうお済みですか (※レストランなどでウェイターなどが客の皿をさげようとするときに用いる表現). ⓑShe *is finished* with him for good. 彼女は彼と完全に手を切った. ⓒMy savings are *finished*. 私の貯金はおしまいだ(私の貯金はなくなってしまった).
❷ a *finished* product 完成品.
❸ He's *finished* as a businessman. 彼は実業家としてはもうだめだ.

fi・nite /fáinait ファイナイト/ (★発音注意) 形 有限の, 限りのある (反 infinite).

Fin・land /fínlənd フィンランド/ 图 フィンランド (北欧の共和国; 首都ヘルシンキ (Helsinki)).

Finn・ish /fíniʃ フィニシュ/ 形 フィンランドの; フィンランド人の; フィンランド語の (☞Finland).
— 图 Ⓤ フィンランド語.

fi・ord /fió:rd フィオード/ 图 Ⓒ フィヨルド (ノルウェーの海岸などにある絶壁の間に深くはいりこんだ入り江).

fir /fə:r ファー/ 图 ❶ Ⓒ (植物) モミ, モミの木 (クリスマスツリーとして用いる).
❷ Ⓤ モミ材.
《同音異形語》fur.

****fire** /fáiər ファイア/ 图 (複 ~s /-z/)
❶ Ⓤ **火**; 炎 (※マッチ・ライター・煙草などの「火」は light).
❷ Ⓒⓐ (暖房や炊事用の) **火**, 焚(た)き火.
ⓑ (英) 暖房器具.
❸ ⓊⒸ **火事**, 火災.
❹ Ⓤ **砲火**, 銃撃, 射撃, 砲撃.
— 動 (~s /-z/; fired /-d/; fir・ing /fáiəriŋ/) 他 ❶ (銃・弾丸など)を**発射する**.
❷ (質問など)を浴びせる.
❸ (米)…を解雇する, 首にする.
❹ …に火をつける, 点火する.
❺ (感情)を燃え立たせる, 興奮させる.
— 自 発砲する.

图 ❶ Animals are afraid of *fire*. 動物は火を恐れる.
❷ⓐ Let's sit around the *fire* and talk. 火の周りに座ってお話ししましょう / make [build] a *fire* 火を起こす / put out the *fire* 火を消す. ⓑ a gas *fire* ガス暖房器.
❸ A *fire* broke out in the supermarket. スーパーマーケットで火事があった / There have been seven *fires* this week. 今週はすでに火事が7件あった / fight a *fire* 火事を消そうとする.
❹ open [cease] *fire* 射撃を始める [止める] / exchange *fire* with the enemy 敵と砲火を交える.

catch fire 火がつく, 燃え始める: The wooden house *caught fire*. 木造の家に火がついた.

on fire 燃えて, 火災を起こして: The tanker was *on fire*. そのタンカーは火災を起こしていた.

set fire to ... ①…に火をつける: He *set fire to* his own house. 彼は自宅に放火した. ②…を熱中させる, 興奮させる.

set ... on fire = set *fire* to ....

under fire ①砲火を浴びて. ②非難されて.

☞ 形 fiery.

— 動 他 ❶ *fire* an automatic rifle at the crowd 人ごみに向けて自動小銃を発射する.
❷ She *fired* questions at me. 彼女は私に質問を浴びせかけた.
❸ He was *fired* after the blunder. 彼はその失敗のあと首になった.
❹ *fire* a house 家に火をつける / *fire* rocket engines ロケットエンジンに点火する.
❺ His speech *fired* our imagination. 彼の演説は私たちの想像力をかきたてた.
— 自 *fire* at the enemy 敵に向けて発砲する.

fire away 自 (口語)(ふつう命令文で)(質問などを)始める: *Fire away*! さっさと言え.

fire back 自 かっとなって言い返す.

fire up 他 (人の気持ち)を燃え上がらせ

fire alarm

る;(人)をかっとさせる.
fíre alárm 名C火災報知器.
fire·arm /fáiərɑ̀ːrm ファイアラーム/ 名C(携帯できる)銃砲(ライフル・ピストルなど).
fíre brigàde 名C(英)消防隊, 消防署(⭘(米)では fire department).
fire·crack·er /fáiərkræ̀kər ファイアクラカ/ 名C爆竹, かんしゃく玉(祝い用).
fíre depàrtment 名C(米)消防隊, 消防署(⭘(英)では fire brigade).
fíre èngine 名C消防車((米)ではfire truck ともいう; ☞ dial 動).
fíre escàpe 名C非常階段.
fíre extìnguisher 名C消火器.
fíre fìghter 名C= fireman.
fire·fly /fáiərflài ファイアフライ/ 名(複 fire·flies /-z/)C[昆虫]ホタル.
fire·man /fáiərmən ファイアマン/ 名(複 fire·men /-mən/)C消防士(⭘(米)の公用語は fire fighter).
fire·place /fáiərplèis ファイアプレイス/ 名C(壁に取りつけた)暖炉.
INFO 部屋の壁の中に作ってある炉をいう. 最近では電気やガスを炉に用いることが多い. 家庭の一家団欒(だん)の中心で, イギリス人は愛着をもっている.

mantelpiece
hob
fireplace
andirons

fire·proof /fáiərprùːf ファイアプルーフ/ 形耐火の, 不燃性の. — 動他…を耐火性にする.
fire·side /fáiərsàid ファイアサイド/ 名
❶《the をつけて》炉ばた(一家団欒(だん)のくつろいだ気分を象徴する; ☞ fireplace).
❷《形容詞的に》炉ばたの; くつろいだ, 一家団欒の.
fíre stàtion 名C消防署.
fíre trùck 名C(米)= fire engine.
fire·wall /fáiərwɔ̀ːl ファイアウォール/ 名

C[電算]ファイアウォール(ネットワークへの不正侵入を防ぐシステム).
fire·wood /fáiərwùd ファイアウッド/ 名Uまき, たきぎ.
fire·work /fáiərwə̀ːrk ファイアワーク/ 名C《ふつう複数形で》花火.
fir·ing squad /fáiəriŋ skwɑ̀d ファイアリングスクワッド/ 名C《単数形でもときに複数扱い》銃殺隊.

*__firm__¹ /fə́ːrm ファーム/ 形 (firm·er; firm·est)
❶堅い, 頑丈な, 堅固な.
❷ぐらつかない, しっかりとした, 安定した.
❸断固とした, きっぱりとした, 厳格な.
❹(信念などが)堅い, 揺るがない.

形 ❶He has *firm* muscles. 彼は堅い筋肉をしている / a *firm* handshake 堅い握手. ❷*firm* ground しっかりした大地 / *firm* steps 力強い足取り / a *firm* voice しっかりした声 / *firm* evidence しっかりした証拠. ❸She is *firm* with her children. 彼女は子どもたちに厳しい. ❹a *firm* belief 堅い信念[信仰] / a *firm* determination 揺るがない決心.

hold firm to ... (考えなど)を変えないで守り抜く.
stand [hold] firm (行動・意志などを)変えない, 断固とした態度を示す.

*__firm__² /fə́ːrm ファーム/ 名(複 ~s /-z/)C商社, 会社.

firm·ly /fə́ːrmli ファームリ/ 副 ❶しっかりと. ❷断固として.
▶❶The boy held his mother's hand *firmly*. 男の子は母親の手をしっかり握っていた. ❷I *firmly* believe we must wait and see. われわれは待って様子を見るべきだと確信している.

**first /fə́ːrst ファースト/ 形
❶ⓐ《ふつう the をつけて》**1番目の**, 第一の, 一番目の(阪 last), ⓑ基本的な.
❷最も重要な, 最高の, 第一位の, 一流の.
— 名(複 ~s /-ts/) ❶U《ふつう the をつけて; 単数または複数扱いで》**最初の人[もの]**, (重要性・順位・時間的に)第一位の人[もの].
❷U《ふつう the をつけて》(月の)**第1日**, ついたち(⭘略語は 1st).
❸《the First で》一世.

❹ⒸⒸ(競技などの)第1位, 優勝者.
❺(英)(大学試験の)最優秀者.
❺Ⓤ《無冠詞で》〔野球〕一塁(✪first base ともいう).
── 副 ❶最初に, 真っ先に (反last).
❷(順序・重要性が)第一位に, 一番目に.
❸初めて.
❹《wouldまたはwillとともに》(…するくらいなら)むしろ.

形 ❶ⓐthe *first* president of the United States アメリカ合衆国初代大統領 / the *first* lesson 第1課 / for the *first* two years 最初の2年間 / the *first* snow [snowfall] of the year 初雪 / the *first* man from the left 一番左の人 / be *first* in line 列の先頭にいる.
ⓑthe *first* thing we learn in *judo* 柔道で習う最も基本的なこと.
❷What is your *first* concern now? 今あなたの最大の関心事は何ですか / The *first* question is what you want to do. 一番の問題は君が何をしたいかということだ / a matter of the *first* importance 最も重要な事柄 / (the) *first* prize 1等賞.

at first hand 直接に (☞hand).
at first sight ①一見したところでは. ②一目見て (☞sight).
first thing (口語)まず第一に: I'll visit the Atomic Bomb Memorial museum *first thing* tomorrow. 私はあすは(何よりも)まず第一に原爆記念館を訪ねる.
for the first time 初めて (反 for the *last* time): He saw the sea *for the first time* in his life. 彼は生まれて初めて海を見た / He returned home *for the first time* in ten years. 彼は10年ぶりで故郷へ帰った.
in the first place 初めに, まず第一に: *In the first place*, you should be punctual. まず第一に, 君は時間を守らなくてはいけない.

── 名 ❶He was *the first* to arrive. 彼が最初に到着した / This invention is *the first* of its kind. この発明品はその種のものでは最初である.
❷Today is *the first* [*1st*] of May [May 1]. きょうは5月1日です (✪May 1 は May (the) first と読む).
❸Napoleon *the First* ナポレオン一世 (✪ふつう Napoleon I と書く).

at first 初めは (あとで変わることを暗示する): I didn't believe him *at first*. 私は最初は彼の言うことは信じなかった.
from first to last 初めから終わりまで.
from the first 最初から: *From the first* I didn't trust her. 私は最初から彼女を信用してはいなかった.

── 副 ❶He spoke *first*. 彼は真っ先に話した / *First*, I must ask (for) your pardon. 私は最初にあなたのお許しを願わねばならない / ことわざ *First come, first served*. 先着順から先に接待, 「早い者勝ち」.
❷He was ranked *first* in his class in physics. 彼は物理学ではクラスで一番だった / She came in *first* in the race. 彼女は競走で一位になった.
❸I *first* met him ten years ago. 私が初めて彼に会ったのは10年前でした.

come first …がまず第一, 最も重要である: Small children must *come first*. まず小さい子どもが第一だ.
first and foremost = *first* of all.
first and last 全体として, 概して.
first come, first served 先着順に.
first of all まず第一に, まっ先に: *First of all* he told us about his hometown. 彼はまず第一に彼の故郷の町のことについて話した.
first off (口語)まず初めに.
first things first 大切なことをまず最初に.

fírst áid 名Ⓤ応急手当.
first-aid /fə́:rst-éid ファーステイド/ 形応急の, 救急の. ▸a *first-aid* kit 救急箱.
fírst báse 名Ⓤ《無冠詞で》〔野球〕一塁(✪単に first ともいう).
fírst báseman 名Ⓒ〔野球〕一塁手.
fírst cláss 名Ⓤ❶一流, 第一級.
❷(乗り物の)ファーストクラス, 1等.
❸ⓐ(米)第1種郵便(ふつうの手紙・葉書など). ⓑ(英)速達便, 特別配達便(✪(英)では「普通郵便」は second class).
first-class /fə́:rst-klǽs ファースト・クラス | fə́:st-klɑ́:s/ 形 ❶一流の, 最高の.
❷(乗り物の)1等の (☞second-class).

first family

❸ ⓐ (米)(郵便物が)第1種の(☞ first class ❸). ⓑ(英)(郵便物が)速達の, 特別配達の.
— 副 ❶ (乗り物の)ファーストクラスで. ❷ⓐ(米)第1種郵便で. ⓑ(英)速達で, 特別配達で.

▸ 形 ❶ a *first-class* hotel 一流のホテル.
— 副 ❶ travel *first-class* ファーストクラスで行く.

first fámily 名《the をつけて; しばしば the First Family で》(米)大統領一家.

first flóor 名《the をつけて》❶(米)1階(◆(英)では the ground floor). ❷(英)2階(◆(米)では the second floor; ☞ floor の INFO).

first·hand /fə́ːrsthǽnd ファーストハンド/ 形 直接得た. — 副 直接に, じかに.
▸ 形 *firsthand* information 直接聞いた[手に入れた]情報.
— 副 I heard it *firsthand*. 私はそれを直接聞いた.

first lády 名(米)《the をつけて; しばしば the First Lady で》❶ 大統領夫人. ❷ 州知事夫人.

first·ly /fə́ːrstli ファーストリ/ 副 まず第一に(◆ firstly ..., secondly ..., ... lastly ... と列挙する場合に用いる).

first náme 名 C (姓に対して)名(◆ forename, given name, Christian name ともいう; ☞ name, nickname, surname).
INFO (1) 英米では親しい間柄, すなわち夫婦, 兄弟姉妹, 友人などでは first name それも愛称で呼び合うのがふつうである. また職場の同僚や上下関係の間柄でも互いに first name で呼び合うことも多い. ふつう会話の中でしばしば相手の名前を呼んで話しかける.

「おはようございますデビッドさん」
「おはようジェーン」
《first name で呼び合うのがふつう》

(2) Christian name ともいわれるように, キリスト教国では聖書や聖人から名前をとることが多い.

first pérson 名《the をつけて》〖文法〗一人称(I, me, we, us など).

first-rate /fə́ːrst-réit ファースト・レイト/ 形 ❶ 一流の, 一級の(☞ second-rate, third-rate). ❷(口語)すばらしい.
▸ 形 ❶ a *first-rate* writer 一流の作家.

first thíng 副 (とくに朝)一番に(☞ first 形 成句 first thing).

fis·cal /fískəl フィスカル/ 形 国庫の, 財政上の. ▸ a *fiscal* stamp 収入印紙 / in *fiscal* 1999 1999年会計年度で.

físcal yéar 名 C (米)会計年度(◆(英)では financial year という).

★★fish /fíʃ フィッシュ/ 名 (複 fish, ~es /-iz/) ❶ C 魚.
❷ U 魚肉, (食物としての)魚.
— 動 (~es /-iz/; ~ed /-t/; ~ing)自
❶ ⓐ 釣りをする. ⓑ 〔…を〕釣ろうとして釣り糸をたれる〔for〕.
❷《fish for ...》で》ⓐ 捜(さが)す, (情報などを)探り出そうとする. ⓑ (うまいこと)…を手に入れようとする.

名 ❶ I caught three *fish* yesterday. きのう魚を3匹とった / There are a lot of *fish(es)* living in the sea. 海にはたくさんの魚がすんでいる 《◆ 種類を問題にしないでいうときの複数形はふつう fish を用いるが, 種類をいうときの複数形は fishes を用いる》.
❷ I prefer *fish* to meat. 私は肉より魚が好きだ / dried *fish* 干し魚, (魚の)干物(ひもの) / fresh *fish* 鮮魚 / eat *fish* raw 魚を生(なま)で食べる.
— 動 自 ❶ ⓐ They went *fishing* in the sea last Sunday. 彼らはこの前の日曜日に海へ釣りに行った. ⓑ *fish* in the pond *for* carp 池で鯉(こい)釣りをする. ❷ⓐ She *fished* in her purse *for* a coin. 彼女は硬貨を取り出そうと財布の中を捜した / *fish for* information 情報を探り出そうとする. ⓑ *fish for* compliments ほめてもらおうと思う.

fish and chíps 名 U (英)フィッシュアンドチップス.
INFO 油で揚げたタラ (cod), シタビラメ

abcdef**g**hijk**l**mnopqrstuvwxyz   **fit**

(sole), アカガレイ (plaice) の類に油で揚げた細切りのジャガイモ(chips (=《米》French fries) フライドポテト)をそえたもので, これに塩と酢をふりかけて食べる庶民的な食べ物である; ☞ fast food.

*__fish・er・man__ /fíʃərmən フィシャマン/ 名 (複 -er・men /-mən/) C 漁師; 魚を釣る人.

fish・er・y /fíʃəri フィシャリ/ 名 (複 -er・ies /-z/) ❶ U 漁業; 水産業.
❷ C 《ふつう複数形で》漁場; 養殖場.

*__fish・ing__ /fíʃiŋ フィシング/ 名 U 魚釣り; 漁業. ▶My brother is fond of *fishing*. 私の兄は魚釣りが好きだ.

físhing ròd [pòle] 名 C 釣りざお.

fish・mon・ger /fíʃmʌŋgər フィシュマンガ/ 名 C 《英》さかな屋.

fish・y /fíʃi フィシィ/ 形 (fish・i・er; fish・i・est) ❶ (におい・味・形などが)魚のような; 生臭(なまぐさ)い.
❷《口語》疑わしい, あやしい.
▶ ❷ a *fishy* excuse あやしい言い訳. ☞ 名 fish.

fis・sion /fíʃən フィション/ 名 U ❶【生物】分裂. ❷【物理】核分裂.

fis・sure /fíʃər フィシャ/ 名 C (岩などの) (深くて細長い)裂(さ)け目.

*__fist__ /físt フィスト/ 名 (複 ~s /-ts/) C 握りこぶし, げんこつ. ▶He clenched his *fist*. 彼はこぶしを握りしめた.

★★fit¹ /fít フィット/ 動 (~s /-ts/; fit・ted /-id/; fit・ting) 他
❶ ⓐ (寸法・型などが)…に**合う**, ぴったり合う (⬥「色や柄(がら)が似合う」は become または suit).
ⓑ …にふさわしい, 適切である.
ⓒ …にぴったり合う, 符合する.
❷ ⓐ …を**取りつける**.
ⓑ《fit ... with ~》…に~を取りつける.
❸ …をぴったり入れる, はめる, 合わせる.
— 自 **ぴったり合う**, 調和する.
— 形 (fit・ter; fit・test)
❶ **健康で(ある)**, 身体の調子がよい, (スポーツ選手が)コンディションがよい.
❷ (ある目的・状況に)**適当な**, 適した, ふさわしい (反 unfit).
❸ …をするだけの能力[資格]がある.
❹ 正しい, 適切である.
— 名 (複 ~s /-ts/) CU (形・大きさなどの)合い具合.

・・・・・・・・・・・・・・・・・・・・

動 他 ❶ⓐThis dress *fits* her perfectly. このドレスは彼女(の身体に)ぴったりです / This key doesn't *fit* the lock. この鍵はその錠に合わない.
ⓑThe tune exactly *fits* the words. その曲は歌詞にぴったり合っている / His story doesn't *fit* the facts. 彼の話は事実とは合わない.
❷ⓐPlease *fit* a new muffler to the car. 車に新しいマフラーをつけてください / *fit* an air conditioner エアコンを取りつける. ⓑ*fit* a room *with* shelves 部屋に棚を取りつける / The jet plane was *fitted with* new engines. そのジェット機には新しいエンジンが取りつけられていた.
❸I *fitted* the cork into the bottle. 私は瓶(びん)に栓(せん)をした / He *fitted* his speech to the occasion. 彼は話をその場に合わせた / *fit* one's actions to *one's* words 言行を一致させる.
— 自The shirt *fits* very well. そのシャツは身体にぴったりだ / Will this sofa *fit* with our living room? このソファーはうちの居間に合うかしら.

fit in 自①ぴったりはまる[はいる]. ②うまく調和する. ③(グループなどに)受け入れられる. — 他①…をきちんと取りつける, はめこむ:Isn't there enough space to *fit* this chair *in*? このいすを入れるだけの余地はありませんか. ②(…のために)日時を都合する, …を割りこませる, はめこませる:The doctor can *fit* you *in* at 4:30. 医者はあなたの診察を4時30分に入れることができます.

The key doesn't *fit in* the lock.
(鍵が錠にうまくはまらない)

fit into ... ①(分類など)に当てはまる. ②(グループなど)に受け入れられる.

485
four hundred and eighty-five

fit

fit in with ... ①…に合う，調和する：That *fits in* well *with* my plans. それは私の計画とうまく合う．②（グループなど）に受け入れられる．
fit out 他 …に必要な物を取りつける；（人）に必要な物をそろえてやる：The building is not yet *fitted out*. そのビルはまだ必要な物を取りつけていない．
fit up 《英》他 …に必要な物を取りつける；（人）に必要な物をそろえてやる：The house is well *fitted up*. その家にはよい家具が備えつけてある／*fit up* a room as a study 部屋を書斎に模様替えする．

— 形 ❶ He looks *fit* again after his illness. 彼は病気が治ってまた元気そうだ／keep *oneself fit* 健康を保つ．
❷ The plan is not *fit* for our purpose. その計画はわれわれの目的に合わない／This water is *fit* to drink. この水は飲むのに適している／The toy is not *fit* for little kids. その玩具は小さな子どもにはふさわしくない／the *fittest* person for the job その仕事に最適の人．
❸ I am not *fit* to look after children. 私は子どもの世話をするのが苦手だ／He is physically *fit* for the job. 彼は肉体的にその仕事に耐えられる．
❹ It is not *fit* that you (should) stay here. 君がここにいるのはよくない（◎《米》ではふつう should を用いない）．

think [see] fit to do __するのがよい［適当］と思う，__しようと決心する：He didn't *think fit* to do what I suggested. 彼は私が提案したことをしないほうがよいと思ってしなかった（しかし私は彼の判断には反対だ）．

— 名 The jacket had a loose *fit*. その上着はだぶだぶだった．

fit² /fít フィット/ 名 C
❶（病気の）発作．
❷ⓐ（感情の）一時的爆発；気まぐれ．
ⓑ（一時的な）気分．
▶ ❶ She had a *fit* of coughing. 彼女は（発作的に）せきこんだ／fall down in a *fit* 発作で倒れる．❷ⓐ a *fit* of laughter 突然どっと笑い出すこと／in a *fit* of anger かっとなって．
have a fit ①《口語》非常におこる．②発作を起こす．

fit·ful /fítfəl フィトフル/ 形 発作的な；気まぐれな．
fit·ness /fítnəs フィトネス/ 名 Ⓤ ❶ 適当であること，適性．❷ 健康であること，フィットネス．
fit·ted /fítid フィティド/ 形（服が）身体にぴったり合った．
fit·ting /fítiŋ フィティング/ 形 適当な，ぴったり合った．— 名 Ⓒ ❶（仮縫いの）着つけ．❷《ふつう複数形で》作りつけ家具類，建具類；備品類；部品．
▶名 ❷ office *fittings* 事務所備品《机・椅子など》．
fitting ròom 名Ⓒ 試着室．

✲✲five /fáiv ファイヴ/ 名 (複 ~s /-z/)
❶ⓐⓊ（数の）**5**（☞one）．ⓑⒸ（数字の）5《5, V など》．
❷《複数扱いで》**5つ**，5人，5個．
❸ⓐⓊ **5時**，5分．ⓑⒸ 5ドル［ポンド，ペンス，セント，インチなど］．
❹Ⓤ 5歳．
❺ⓐⒸ 5つ［5人，5個］ひと組のもの．ⓑ（バスケットボールなどの）5人チーム．
— 形 ❶ **5つの**，5人の，5個の．
❷ 5歳で（ある）．

✲✲fix /fíks フィックス/ 動 (~・es /-iz/; fixed /-t/; ~・ing) 他 ❶ ⓐ …を**固定する**，しっかり取りつける．
ⓑ …を（心・記憶などに）しっかり留める．
❷ⓐ（目・注意など）を**じっと注ぐ**．ⓑ（目・注意など）を引きつける．ⓒ …をじっと見つめる．ⓓ（カメラ・銃など）を向ける．
❸ⓐ …を**修理する**，繕(つくろ)う（☞mend の 類語 ）．ⓑ（問題など）を直す，解決する．
❹ⓐ（日時・価格）を**決める**．ⓑ《fix 疑問詞__》__かを決める．
❺ⓐ《米口語》（食事・飲み物など）を**作る**，用意する．ⓑ《fix ~ …または fix … for ~》~に（食事など）を作ってやる．
❻《口語》（髪）を整える；（顔）を化粧する；…を整頓(せいとん)する．
❼（選挙など）で不正をする，…で八百長(やおちょう)をする．
❽《口語》…に仕返しをする，（人）をやっつける．
— 名（複 ~・es /-iz/）Ⓒ《a をつけて》
❶ 解決．

abcde**f**ghijklmnopqrstuvwxyz　　　　　　　　　　　　　　**flag**

❷ (動きのとれない)苦しい立場, 苦境.
❸ⓒ《俗語》(麻薬の)注射.
❹不正行為.

──────────────

動 他 ❶ⓐPlease *fix* this shelf to the wall. この棚を壁に取りつけてください / *fix* a post in the ground 柱を地面に立てる. ⓑPlease *fix* this fact in your mind. この事実をしっかり覚えておきなさい.

❷ⓐShe *fixed* her eyes *on* her son. 彼女は息子を見据えた. ⓑThe sight *fixed* his attention. 彼はその光景に引きつけられた. ⓒShe *fixed* me with an angry stare. 彼女はおこった目つきで私をじっと見た.

❸ⓐ*fix* a broken chair こわれたいすを修理する / get *one's* bicycle *fixed* 自転車を修理してもらう. ⓑ*fix* the problem 問題を解決する.

❹ⓐThe date was *fixed* for the wedding. 結婚式の日取りが決まった / *fix* the price at ten dollars 値段を10ドルと決める. ⓑ*fix when to* start いつ出発するかを決める.

❺ⓐMother is *fixing* my lunch. 母は私の昼食[弁当]を作っている. ⓑI'll *fix* you a drink.＝I'll *fix* a drink *for* you. 何か飲み物を作ってあげましょう.

❻She *fixed* her hair〔face〕. 彼女は髪を整えた〔化粧した〕 / *fix* up a room 部屋を整頓する. ❼*fix* a boxing match ボクシングで八百長試合をする.

fix on [*upon*] ... ...に決める: Let's *fix on* the 10th of May for the meeting. 会の日取りは5月10日に決めよう.

fix up 他 ①...を取り決める: *fix up* a date 日取りを決める. ②...を修理する; ...を改良する; ...を飾る.

fix ... up with ～ ...(人)に～を用意してやる, ...に～を見つけてやる: I *fixed* him *up with* a job. 私は彼に仕事を与えた.

　　　　　　☞ 名 fixation, fixture.

── 名 ❷He is in *a fix*. 彼は苦境に立っている.

fix·a·tion /fikséiʃən フィクセイション/ 名 ⓒ 病的な執着, 固執 《何かをこわがる場合にも用いる》. ▶have a *fixation* with ...

...に執着する.

　　　　　　　　　　☞ 動 fix.

*****fixed** /fíkst フィクスト/ 形 (more ~ ; most ~)
❶固定した, 据(ｽ)えつけの.
❷(視線などが)じっとして動かない.
❸確固とした.
❹一定の, 決まった. ❺不正の.

──────────────

❶a *fixed* seat (劇場などの)据えつけの席. ❷a *fixed* gaze じっとした視線.
❸a *fixed* opinion 確固とした意見.
❹a *fixed* price 定価.

fix·ed·ly /fíksidli フィクスィドリ/ 《★発音注意》副 じっと. ▶look *fixedly* at ... ...をじっと見つめる.

fix·ture /fíkstʃər フィクスチャ/ 名 ⓒ
❶(作りつけの)設備, 備品.
❷(地位などに)固定して変わらない人.

──────────────

❶bathroom *fixtures* 浴室の設備.

　　　　　　　　　　☞ 動 fix.

fizz /fíz フィズ/ 動 (三単現 ~s /-iz/) 自 (ビールのような飲み物が)シューシューとあわだつ.
── 名 Ⓤ シューという音.

fiz·zle /fízl フィズル/ 動 (現分 fiz·zling) 自 《次の成句で》: *fizzle out* 自 《口語》(勢いなどが)しぼんでしまう, だめになる.

fiz·zy /fízi フィズィ/ 形 (飲み物が)発泡性の.

fjord /fjɔ́ːrd フィオード/ 名 ＝fiord.

FL 《米郵便》Florida.

flab·ber·gast /flǽbərgæst フラバギャスト/ 動 他 《口語》《ふつう be flabbergasted で》びっくり仰天する, 面くらう.

flab·by /flǽbi フラビ/ 形 (flab·bi·er; flab·bi·est)(脂肪で)ぶよぶよよの.

*****flag** /flǽg フラッグ/ 名 (複 ~s /-z/) ⓒ
❶ⓐ(国・団体などを象徴する)旗.
ⓑ《the をつけて》(旗で象徴される)国.
❷(合図・信号のための)旗.
── 動 (~s /-z/; flagged /-d/; flag·ging) 自 ぐったりする, 力がなくなる.
── 他 ...に合図する.

──────────────

名 ❶ⓐthe national *flag* of Japan ＝ the rising-sun *flag* 日本の国旗, 日の丸(の旗) / raise [hoist] the *flag* 旗を掲(ｶ)げる. ⓑbe loyal to the *flag*

flag day

国家に忠誠をつくす.
❷ a red *flag* 赤い旗《危険信号》. a white *flag* 白旗《降伏・敗北を示す》.
fly [show, wave] the flag (国外で母国支持を示すため)国旗を掲げる.

— 動 ***flag down*** 他 手を振って(車などを)止める: *flag down* a taxi 合図してタクシーを止める.

flág dày 名 ❶ C《英》旗の日《イギリスで慈善事業の目的で街頭募金をする日》.
❷《Flag Day で》アメリカ国旗制定記念日《アメリカ国旗, いわゆる星条旗 (the Stars and Stripes) が制定された 1777 年 6月14日を記念する日》.

flag·pole /flǽgpòul フラグポウル/ 名 C 旗ざお.

fla·grant /fléigrənt フレイグラント/ 形 (行動が)あまりにもひどい.

flag·ship /flǽgʃìp フラグシップ/ 名 C
❶ 旗艦《艦隊の司令官の乗っている軍艦》.
❷ (会社などの)主要製品, 主要なもの.

flag·stone /flǽgstòun フラグストウン/ 名 C (平らな)敷石.

flail /fléil フレイル/ 動 自 腕を振り回す, 足をばたばたさせる. — 他 (腕)を振り回す, (足)をばたばたさせる.

flair /fléər フレア/ 名 ❶《単数形で》(生まれつきの)才能, 能力. ❷ U 趣味のよさ.
《同音異形語》flare.

flak /flǽk フラク/ 名 U《口語》非難.

＊**flake** /fléik フレイク/ 名 (複 ~s /-s/) C
小さな薄い一片; (はげ落ちる)薄片.
— 動 (現分 flak·ing) 自 (薄片となって)はげ落ちる.
▶名 fall off in *flakes* 薄片となってはがれ落ちる / a *flake* of snow 雪片.

flam·boy·ant /flæmbóiənt フランボイアント/ 形 ❶ (色などが)はでな. ❷ (人・行動などが)はでな.

＊**flame** /fléim フレイム/ 名 (複 ~s /-z/) U C 炎(ほのお).
— 動 (~s /-z/; flamed /-d/; flam·ing) 自 ❶ **炎をあげて燃える**.
❷ (困惑・怒りなどで)(顔などが)赤らむ.

名 the *flame* of a gas stove ガスストーブの炎 / burn with a bright *flame* 赤々とした炎を上げて燃える.
burst into flames ぱっと燃え上がる.
go up in flames ＝burst into *flames*.

in flames 炎となって: The house was *in flames*. その家は炎に包まれていた.

— 動 自 ❶ The fire *flamed* up suddenly. 火が突然燃え上がった.
❷ Her cheeks *flamed* up at the words. 彼女の頬(ほお)はその言葉を聞いて赤くなった.

fla·men·co /fləméŋkou フラメンコウ/ 名 U C ❶ フラメンコ《スペインの民族舞踊》.
❷ フラメンコの曲.

flam·ing /fléimiŋ フレイミング/ 形
❶ 赤々と燃えている. ❷ 燃えるように赤い. ❸ 激しい.

fla·min·go /fləmíŋgou フラミンゴウ/ 名 (複 ~s, ~es /-z/) C〖鳥類〗フラミンゴ, ベニヅル.

flam·ma·ble /flǽməbl フラマブル/ 形 可燃性の, 燃えやすい (反 nonflammable).

flank /flǽŋk フランク/ 名 C ❶ わき腹, 横腹. ❷〖軍事〗部隊の側面.
— 動 他 …の側面に立つ[ある].

flan·nel /flǽnl フラヌル/ 名 ❶ U フラノ《柔(やわ)らかい羊毛のけば立った生地(きじ)》.
❷ C《英》洗面タオル.

flap /flǽp フラップ/ 動 (~s /-s/; flapped /-t/; flap·ping) 他 ❶ (翼など)をはばたかせる. ❷ (旗・布など)をパタパタ動かす.
❸ (腕など)を上下に動かす.
— 自 ❶ (鳥などが)はばたく.
❷ (旗・布など)パタパタする, はためく.
— 名 ❶ C ⓐ (ポケットの)たれぶた.
ⓑ (封筒の)折り返し.
ⓒ (机などの)垂れ板.

flap 名 ❶ⓐ, ⓑ, ⓒ

❷ C (飛行機の)フラップ, 下げ翼.

動 他 ❶ The birds *flapped* their wings. 鳥は翼をはばたかせた.
— 自 ❷ The curtains *flapped* in the breeze. カーテンがそよ風にひらひら

flare /fléər フレア/ 動 (現分 flar·ing /fléər-iŋ/) ⾃ ❶《**flare up**で》ぱっと燃え上がる. ❷(おこって)かっとなる. ❸(病気が)急に悪化する.
— 名 ❶《aをつけて》揺らめく炎, ぱっと燃え上がる火. ❷Ⓒⓐ火炎信号《海上または海岸で用いる》. ⓑ照明装置《飛行機の着陸位置を示すため用いる》.
▶動 **flare out** ⾃ (スカートなどが)朝顔型に広がる.
《同音異語》flair.

flare-up /fléər-ʌ̀p フレアアプ/ 名Ⓒ ❶ 突然の騒ぎ, 暴動. ❷(病気の)再発.

***flash** /flǽʃ フラッシュ/ 名 (複 ~es /-iz/)
❶Ⓒ**ぴかっと光る光**, 閃光(せんこう), 瞬間的な光.
❷Ⓒⓐ(考えなどの)**ひらめき**, ぱっと心に浮かぶこと; ぱっとわかること. ⓑ突然起こる気持ち.
❸ⓊⒸ(カメラの)フラッシュ(装置).
— 動 (~es /-iz/; ~ed /-t/; ~ing) ⾃
❶**ぴかっと光る**, ピカピカ光る.
❷(考えなどが)**ぱっと思い浮かぶ**, ひらめく.
❸(テレビなどの画面に)ぱっと現れる.
❹さっと動く[過ぎ去る].
— 他 ❶…を**ぱっと照らす**, ひらめかす.
❷(視線・微笑みなど)をちらりと向ける.
❸…をぱっと示す, ちらっと見せる.
— 形 (~er; ~est) ❶《口語》(見た目に)いかにも高そうな.
❷あっと言う間の, 一瞬の.

名 ❶I saw *flashes* of lightning in the distance. 私は遠くに稲妻(いなずま)が光るのを見た.

類語 **spark** は「(パッパッと光る)火花」, **glitter** は「(ぴかぴか光る)きらめき」.

❷ⓐI had a *flash* of inspiration. 私に霊感がひらめいた. ⓑa *flash* of joy 突然の喜び. ❸take a picture with a *flash* フラッシュを使って写真を撮る.
in [like] a flash すぐに, 素早く.
— 動 ⾃ ❶Lightning *flashed* in the sky. 稲妻(いなずま)が空にピカッと光った. ❷A splendid idea *flashed* into [across, through] her mind. 素晴らしい考えが彼女の心にひらめいた.
— 他 ❶The policeman *flashed* a light in her face. 警察官は彼女の顔に光をぱっと当てた. ❷She *flashed* a quick glance *at* him. 彼女は彼をちらりと見た. ❸He *flashed* his ID card. 彼は身分証明書をちらっと見せた.
flash on ... …に突然気づく, …を突然思い出す.
— 形 ❶a *flash* sportscar いかにも高そうなスポーツカー. ❷a *flash* flood 鉄砲水.

flash·back /flǽʃbæ̀k フラシュバック/ 名
❶ⓊⒸ[映画・文芸]フラッシュバック(の場面)《回想などのために一瞬のうちに場面を過去に切り換えること》. ❷Ⓒ(突然浮かぶ)過去のいやな思い出.

flash·light /flǽʃlàit フラシュライト/ 名Ⓒ
《米》懐中電灯(❖《英》では (electric) torch)).

flash·y /flǽʃi フラシィ/ 形 (**flash·i·er**; **flash·i·est**)(これ見よがしに)はでで高そうな.

flask /flǽsk フラスク/ 名Ⓒ ❶(化学実験用の)フラスコ. ❷(携帯用の)薄型の小びん《ウイスキーなどを入れる》. ❸《英》魔法びん(❖**thermos (flask)** ともいう)).

****flat¹** /flǽt フラット/ 形 (**flat·ter**; **flat·test**) ❶**平らな**, ひらべったい, 凹凸のない.
❷(議論する余地がないほど)**はっきりした**, きっぱりとした.
❸おもしろみのない, つまらない, 単調な.
❹ⓐ(ビールなどが)気の抜けた. ⓑ(タイヤが)空気の抜けた. ⓒ(電池が)きれた.
❺(料金などが)均一の, 一律の.
❻[音楽]フラットの, 半音低い, 変音の(☞sharp 形 ❼).
— 副 ❶**平らに**, ひらべったく.
❷**ちょうど**, きっかり.
❸**きっぱりと**, そっけなく.
❹[音楽]フラットで, 半音で.
— 名 (複 ~s /-ts/)Ⓒ ❶**平らな面**, 平坦(へいたん)な部分.
❷《ふつう複数形で》(川・海などのそばの)低湿地. ❸《米》空気の抜けたタイヤ.
❹[音楽]ⓐフラット, 変音《半音低めた音》. ⓑフラット記号 (♭)《☞sharp 名》.

形 ❶The farm was *flat*. 農場は平ら

flicker

打って動かすこと, はじくこと.
— 動他 ❶(手・指で)…を軽く打って動かす, …をはじく. ❷…をパタパタと払いのける, さっと動かす. ❸(スイッチ)をオンにする.
— 自 さっと動く.

flick·er /flíkər フリカ/ 動自 ❶(明かりが)ちらちらする, 明滅する. ❷(木の葉・影などが)揺れる. ❸(気持ちが)ちらっと動く.
— 名 ❶《単数形で》ⓐ(明かりなどの)明滅, ゆらめき. ⓑ(木の葉などの)そよぎ.
❷《aをつけて》(気持ちの)ひそかな動き.
▶動 ❶ The candle *flickered* in the breeze. ろうそくの火が微風でちらちらした.

flied /fláid フライド/ 動 fly¹ 自 ❼ の過去形・過去分詞形.

fli·er /fláiər フライア/ 名ⓒ(広告の)ちらし, ビラ.

＊**flies** /fláiz フライズ/ 動 fly¹ の三人称単数現在形.
— 名 fly¹,² の複数形.

＊**flight¹** /fláit フライト/ 名(複 ~s /-ts/)
❶ⓒⓐ 空の旅.
ⓑ(定期航空)便, フライト.
❷Ⓤ 飛ぶこと, 飛行.
❸ⓒ(飛ぶ鳥の)群れ.
❹ⓒ【建築】(ふたつの階を結ぶまっすぐな)階段.

flight¹ ❹

名 ❶ⓐ He made a nonstop *flight* to London. 彼はロンドンまで無着陸飛行をした / How was your *flight*? 空の旅はいかがでしたか. ⓑ He took the five o'clock *flight* to New York. 彼はニューヨーク行き5時の便に乗った / a direct *flight* 直行便 / JAL *Flight* 21 日本航空21便.
❷ I watched the graceful *flight* of a butterfly. 私はちょうが優雅に飛ぶのをじっと見つめた.
❸ a *flight* of swallows 飛んで行くツバメの群れ.
❹ go up a *flight* of stairs [steps] 階段を上がる.

in flight 飛んでいる, 飛行中で: I saw a crane *in flight*. 私はツルが飛んでいるのを見た.
☞ 動 fly¹.

flight² /fláit フライト/ 名Ⓤ(危険などから)逃げること, 逃走.
☞ 動 flee.

flíght atténdant 名ⓒ(旅客機の)客室乗務員(○男女ともに用いることが多い; ☞ stewardess).

flíght dèck 名ⓒ(航空機の)操縦席.

flíght recòrder 名ⓒ飛行データ記録装置, フライトレコーダー.

flim·sy /flímzi フリムズィ/ 形 (flim·si·er; flim·si·est) ❶薄っぺらな, もろい.
❷(理由などが)薄弱な, 説得力のない.

flinch /flíntʃ フリンチ/ 動 (三単現 ~es /-iz/)
自 (こわかったりして)ひょいとさがる, ひるむ.

fling /flíŋ フリング/ 動 (~s /-z/; flung /flʌ́ŋ/; ~ing) 他 ❶ⓐ(力まかせに)…を投げつける, 投げとばす.
ⓑ(非難のことばなど)を投げつける.
❷(頭・腕など)をはげしく動かす, 振り回す, 乱暴に振る.
❸《fling ... ~》(突然[急に])…を～(の状態)にする.
— 名《aをつけて》放り投げること.

動 他 ❶ⓐ He *flung* a stone at the tree. 彼は石を木に投げつけた / He *flung* his coat on the chair. 彼は上着をいすの上に放り投げた. ⓑ *fling* accusations at the government 政府に非難のことばを浴びせる. ❷ The girl *flung* her arms around her mother's neck. 女の子は母親の首に抱きついた. ❸ He *flung* the window open. 彼は窓をさっと開けた.

fling off 他 …を脱ぎ捨てる, 振り捨てる.

fling on 他 …をさっと着る.

fling oneself into ... 真剣に…を始める: He *flung* himself *into* the job.

彼はその仕事に真剣に取り組んだ.
fling out ⑲ …を放り出す, 追い出す.
flint /flínt フリント/ 图 ❶ Ⓤ 火打ち石.
❷ Ⓒ ライターの石.
flip /flíp フリップ/ 動 (~s /-s/; flipped /-t/; flip·ping) ⑲ ❶ⓐ …を**ひょいと動かす[投げる]**. ⓑ (コインなど)をひょいとほうり上げる.
❷ (スイッチ・テレビのチャンネル)を切り替える.
❸ (本のページなど)をぱらぱらめくる.
— ⓐ ❶ 急にぴくっと[ぐいと]動く.
❷ 突然変わる. ❸ 《口語》かっとなる.
— 图 Ⓒ 指ではじくこと, 軽く打つこと.
— 形《口語》人を小ばかにする.

⑲ ❶ⓐ *flip* a card around カードをひょいと裏返す / He *flipped* the Frisbee back to me. 彼はフリスビーをひょいと私に投げ返した. ⓑ *flip* a coin (表か裏かを決めるために)硬貨をはじき上げる.
❷ *flip* a switch スイッチをオン[オフ]にする / Stop *flipping* the channels. そんなにやたらにチャンネルを切り替えるな.
flip off ⑲ (電気・機械のスイッチ)をオフにする.
flip on ⑲ (電気・機械のスイッチ)をオンにする.
flip through ⑲ (本など)をぱらぱらめくる.
flip-flop /flípflàp フリプフラプ/ 图 Ⓒ 《米口語》心変り.
flip·pant /flípənt フリパント/ 形 いいかげんな.
flip·per /flípər フリパ/ 图 Ⓒ ❶ (アザラシなどの)ひれ状の足. ❷ (潜水用)足ひれ.
flirt /flə́ːrt フラート/ 動 ⓐ (異性と)ふざける, いちゃつく 《*with*》.
— 图 Ⓒ 浮気な女[男].
flir·ta·tion /flə:rtéiʃən フラーテイション/ 图 ❶ Ⓤ (男女の)いちゃつき. ❷ Ⓒ 浮気.
flir·ta·tious /flə:rtéiʃəs フラーテイシャス/ 形 いちゃつく, 浮気な.
flit /flít フリット/ 動 (~s /-ts/; flit·ted /-id/; flit·ting) ⓐ ❶ (鳥などが)ひょいひょい飛ぶ. ❷ 次から次へと動く.
***float** /flóut フロウト/ 動 (~s /-ts/; ~ed /-id/; ~ing) ⓐ ❶ (液体・気体に)**浮く**, 浮かぶ (反 sink).
❷ (浮かんで)**流れる**, ただよう.

❸ しとやかに[優美に]歩く.
❹ⓐ (音などが)流れる.
ⓑ (においが)ただよう.
❺ (うわさなどが)流れる.
— ⑲ ❶ (液体・気体に)…を**浮かべる**, 浮かせる.
❷ (…を浮かべて)流す.
❸ (人々の反応を知るために)(考えなど)をそれとなく流す.
❹ (通貨)を変動相場制にする.
— 图 Ⓒ ❶ 浮く物, (釣り糸の)浮き.
❷ 浮袋. ❸ フロート《アイスクリームを浮かせた飲み物》. ❹ (パレードの)山車(だし).

動 ⓐ ❶ He was *floating* on his back in the pool. 彼はプールで仰向けになって浮かんでいた / I see clouds *floating* in the sky. 空に雲が浮かんでいる.
❷ The boat *floated* off with the tide. ボートは潮流とともに流れて行った.
❸ She came *floating* into the room. 彼女はしとやかに部屋に入ってきた.
❹ⓐ I hear music *floating* down from the second floor. 二階からなにか音楽が聞こえてくる.
— ⑲ ❶ *float* toys in the bath おもちゃを浴そうに浮かべる.
❷ *float* lumber down the river 材木を下流へ流す.
❸ *float* a plan 計画をそれとなく流す.
❹ *float* the yen 円を変動相場制にする.
float around ⓐ (考えなどが)流れる.
float·ing /flóutiŋ フロウティング/ 形 ❶ 浮かんでいる. ❷ 一定しない, 流動性の.
***flock** /flák フラック | flɔ́k/ 图 (複 ~s /-s/) Ⓒ ❶ (ヒツジ・鳥などの)**群れ**. ❷ 群衆.
— 動 ⓐ (人が)群がる.

图 ❶ a *flock* of gulls カモメの群れ.
in flocks 群れをなして, 大ぜいで.
— 動 ⓐ People *flocked* into the theater. 人々が劇場に詰めかけた.
flog /flág フラッグ/ 動 (~s /-z/; flogged /-d/; flog·ging) ⑲ (罰として)(むち・棒などで)…を打つ.
flog·ging /flágiŋ フラギング/ 图 Ⓤ Ⓒ (体罰としての)むち打ち.

flood

*flood /flʌ́d フラッド/ 《★発音注意》名 (複 ~s /-dz/) ❶ⓒⓐ **洪水**, 大水, 出水.
ⓑ(洪水のような)多量なもの.
❷ⓒ(洪水のように)**押し寄せること**, 殺到, あふれること；(多量の)発生.
❸《the Flood で》〖聖書〗ノア (Noah) の洪水(☞Noah の **INFO**》).
— 動 (~s /-dz/; ~ed /-id/; ~ing) 他 ❶(地域など)を**水浸しにする**.
❷ⓐ(洪水のように)…へどっと押し寄せる, 殺到する.
ⓑ《flood ... with ~》…を~であふれさせる.
— 自 ❶(川などが)**氾濫**(はんらん)**する**.
❷(地域などが)水浸しになる.
❸ⓐ(人・手紙・申し込みが)どっと来る, 殺到する. ⓑ(光などが)どっと入る.
❹(感情・涙が)あふれる.

名 ❶ⓐThere was a sudden *flood* after the heavy rain. 大雨の後で突然洪水が起こった. ⓑa *flood* of light あふれるような光. ❷a *flood* of letters 殺到するたくさんの手紙 / a *flood* of refugees 難民の殺到 / in a *flood* of tears 涙をポロポロ出して.

in flood (川が)氾濫して, 洪水となって.
— 動 他 ❶The river *flooded* the town. 川が氾濫して町を水浸しにした.
❷ⓐCameras made in Japan are *flooding* the world. 日本製のカメラが世界にあふれている.
ⓑ*flood* the market with new products 新製品で市場をあふれさせる.
— 自 ❸ⓐBaseball fans *flooded* into the baseball stadium. 野球ファンが球場にどっと入った / E-mails *flooded* in. イーメールが殺到した.

flood·ed /flʌ́did フラディド/ 形 水浸しの, 洪水になった.

flood·ing /flʌ́diŋ フラディング/ 名 Ⓤ 洪水になること[になった状態].

flood·light /flʌ́dlàit フラドライト/ 名 Ⓒ フラッドライト, 投光照明《建築物・グランドなどに強力な電光をあてる照明》.

***floor /flɔ́ːr フロー/ 名 (複 ~s /-z/)
❶ⓒⓐ **床**(ゆか) (反 ceiling). ⓑ(ダンスの)フロア.
❷ⓒ(建物の)**階**, フロアー.

❸ⓒ(海・川・谷などの)底.
❹《the をつけて》ⓐ議場；議員席.
ⓑ《集合的に》(議会の討議者以外の)出席者, フロア；(議会出席の)議員.
❺ⓒ(賃金・価格などの)最低限度 (反 ceiling).
— 動 (現分 ~ing /flɔ́ːriŋ/) 他 ❶…に床(板)を張る.
❷(人)をあ然とさせる.

名 ❶a bare *floor* 敷物のない床 / sit on the *floor* 床に座(すわ)る / clean the kitchen *floor* 台所の床をそうじする.
❷His office is on the third *floor* of this building. 彼の事務所はこのビルの3階[《英》4階]にある.
INFO アメリカでは1階を the first floor (ときに the ground floor), 2階を the second floor というが, イギリスでは1階を the ground floor, 2階を the first floor という.

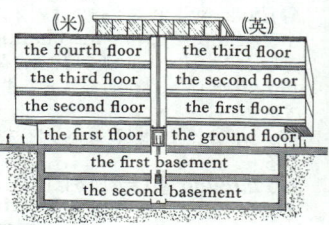

《米》	《英》
the fourth floor	the third floor
the third floor	the second floor
the second floor	the first floor
the first floor	the ground floor
the first basement	
the second basement	

❹ⓐthe *floor* of the Senate 上院の議員席 (アメリカ). ⓑThe chairperson invited questions from the *floor*. 議長がフロア(参加者)に質問をしてくださいといった / questions from the *floor* 出席者からの質問.
— 動 他 ❶*floor* the room with pine boards 松の板で部屋の床を張る.
❷His remark *floored* me. 彼の発言には閉口したよ.

have the floor (議会などで)発言している：The Senator from Michigan had the *floor*. ミシガン州選出の上院議員が発言していた.

take the floor (議会などで)発言を始める.

floor·board /flɔ́ːrbɔ̀ːrd フローボード/ 名 ⓒ(組み合わせてはる)(細長い)床板.

floor·ing /flɔ́ːriŋ フローリング/ 名 Ⓤ 床張

りの材料.

flop /flάp フラップ/ 動(~s /-s/; flopped /-t/; flop・ping) 自 ❶ どたっと倒れる, 座りこむ.
❷ ぶらぶら動く, だらりと垂れ下がる.
❸《口語》(計画・映画などが) 失敗する.
— 名 C ❶ どたっと倒れる[座りこむ]こと[音], ドサッと落ちること[音].
❷ C 《口語》失敗, 失敗作.

flop・py /flάpi フラピ/ 形 パタパタする; だらりとたれる.
— 名 C = floppy disk.

flóppy dísk 名 C フロッピーディスク(✿単に floppy ともいう; ☞ hard disk).

flo・ra /flɔ́:rə フローラ/ 名 U (一地域または一時代に特有な) 植物群 (☞fauna).

flo・ral /flɔ́:rəl フローラル/ 形 花の.
— 名 flower.

flor・id /flɔ́:rid フロ(ー)リッド/ 形 ❶ はでな. ❷ 《文語》(顔色が) 赤らんだ.

Flor・i・da /flɔ́:(:)rədə フロ(ー)リダ/ 名 フロリダ《アメリカ南東部の州; マイアミ (Miami) がある; ✿【郵便】FL と略す》.

flor・ist /flɔ́:(:)rist フロ(ー)リスト/ 名 C 花屋《人または店》. ▶ at a *florist('s)* 花屋で.

floss /flάs フラス/ 名 U デンタルフロス《歯間をそうじする糸状のもの; dental floss ともいう》.
— 動 他 (歯間を) デンタルフロスできれいにする.

floun・der /fláundər フラウンダ/ 動 自
❶ (泥・水などの中で) もがく.
❷ まごつく, しどろもどろになる.
❸ もたつく.

***flour** /fláuər フラウア/ 《★発音注意》名 U
小麦粉(☞wheat), (穀物の) 粉.
▶ Bread is made from *flour*. パンは小麦粉から作られる.
《同音異形語》flower.

flour・ish /flə́:riʃ フラーリシュ | flʌ́r-/ 《★発音注意》動 (-ish・es /-iz/; -ished /-t/; ~・ing) 自 ❶ (植物が) よく茂る, (動植物が) よく育つ.
❷ (事業・経済などが) 伸びる, 順調にいく.
— 他 …を見せびらかす.
— 名 C 派手な動作[態度].

動 自 ❶ These flowers *flourish* in Okinawa. これらの花は沖縄でよく育つ.

❷ His business is *flourishing*. 彼の商売は繁盛している.

flout /fláut フラウト/ 動 他 《文語》(法律・規則などを) 無視する.

***flow** /flóu フロウ/ 動 (~s /-z/; ~ed /-d/; ~・ing) 自 ❶ (液体・気体が) **流れる**.
❷ ⓐ (人・車・物・情報などが) **流れる(ように動く)**. ⓑ (電気が) 流れる.
❸ ⓐ (ことば・考えなどが) (流れるように) 途切れなく出てくる.
ⓑ (会話などが) よどみなく続く.
❹ (髪・衣服などが) 垂れ下がる; (風などに) なびく.
❺ (潮が) 上がる, 上げ潮になる (反 ebb).
— 名 ❶ ⓐ (液体・物などの) **流れ**, 流出, 流入. ⓑ (会話・情報などの) 流れ.
❷《the をつけて》上げ潮 (反 ebb).

動 自 ❶ The river *flows* slowly. その川はゆっくり流れている / The tears *flowed* from her eyes. 涙が彼女の眼からこぼれた. ❷ ⓐ The crowd *flowed* down the street. 大勢の人々が通りを途切れることなく流れていった.
ⓑ Electricity *flows* through copper wire. 電気は銅線を伝わって流れる.
❸ ⓐ Words *flowed* from her mouth. 彼女の口から言葉が途切れなく流れ出た.
❹ Her hair *flowed* over her shoulders. 彼女の髪は肩まで垂れ下がっていた.
❺ The tide began to *flow*. 潮が満ち始めた.
— 名 ❶ ⓐ There is a constant *flow* of water from the spring. その泉から絶えず水が流れ出ている / a heavy *flow* of traffic 激しい交通量.
ⓑ a smooth *flow* of conversation なめらかな会話の流れ.
❷ The tide is on the *flow*. 潮が差してきている.

the ebb and flow ☞ ebb.

flow・chart /flóutʃὰ:rt フロウチャート/ 名 C フローチャート, 流れ図《工場などの作業工程, 電算機のプログラム作成の順序などを図式化したもの》.

***flow・er** /fláuər フラウア/ 名 (複 ~s /-z/) ❶ C **花**, 草花, 花の咲く植物(☞

flower arrangement

florist).
❷ U **開花**, 花盛り, 満開.
— 動 (~s /-z/; ~ed /-d/; ~ing /fláuəriŋ/) 圓 ❶ **花が咲く**.
❷ (才能などが)花開く.

名 ❶ The *flowers* are out. 花が咲いた / plant [grow] *flowers* 草花を植える[育てる] / arrange [do] some *flowers* 花を生ける / artificial *flowers* 造花 / a bunch of *flowers* 一束の花.

類語 **flower** はふつうの「(草)花」, **blossom** は「果樹の花」, **bloom** は「観賞用の花」.

❷ The tulips are in (full) *flower*. チューリップは満開だ.
come into flower 花が咲き出す.
☞ 形 floral, flowery.
— 動 圓 ❶ Fruit trees *flower* in (the) spring. 果樹は春に花が咲く.
❷ *flower* as a singer 歌手として花を咲かせる.

《同音異形語》flour.

flówer arràngement 名 U (日本の)生け花.
INFO▶ 英米では花を装飾として用いることはあっても日本人のように生ける習慣はなく, イギリスでは草花の園芸や鉢植えが愛好され, アメリカでは切り花が贈り物としてよく用いられる.

flówer arrànging 名 U = flower arrangement.
flówer bèd 名 C 花壇.
flow·er·pot /fláuərpɑ̀t フラウアパット/ 名 C (草花の)植木ばち.
flow·er·y /fláuəri フラウ(ア)リ/ 形 (-er·i·er; -er·i·est) ❶ 花の多い. ❷ 花のような; 花で飾った. ❸ (文・話などが)美辞麗句の多い.

☞ 名 flower.

flow·ing /flóuiŋ フロウイング/ 形 ❶ 流れる. ❷ 流れるような.
*****flown** /flóun フロウン/ 動 fly¹ の過去分詞形.
***flu** /flúː フルー/ 名 U 《しばしば the をつけて》《口語》**インフルエンザ**, 流感 (《**●**influenza の短縮形》). ▶have (the) *flu* 流感にかかっている.

He is in bed with the flu.
(彼はインフルエンザで寝込んでいる)

《同音異形語》flew.

fluc·tu·ate /flʌ́ktʃuèit フラクチュエイト/ 動 (現分 -tu·at·ing) 圓 (量・程度・物価などが)変動する.
fluc·tu·a·tion /flʌ̀ktʃuéiʃən フラクチュエイション/ 名 U C 変動.
flu·en·cy /flúːənsi フルーエンスィ/ 名 U (ことばの)流暢(りゅうちょう)さ, なめらかさ. ▶speak with *fluency* 流暢に話す.
flu·ent /flúːənt フルーエント/ 形 ことばの流暢(りゅうちょう)な, 流れるような. ▶He speaks *fluent* English. = He is *fluent* in English. 彼は英語が流暢だ.
flu·ent·ly /flúːəntli フルーエントリ/ 副 流暢(りゅうちょう)に, すらすらと.
fluff /flʌ́f フラフ/ 名 U
❶ (毛布などの)けば, 綿ぼこり. ❷ 棉毛, うぶ毛.
— 動 他 ❶ …をけば立たせる, …をふっくらさせる. ❷ (口語)…をしくじる.
fluff·y /flʌ́fi フラフィ/ 形 (fluff·i·er; fluff·i·est) けばのある, 綿毛でおおわれた, ふわふわした.
flu·id /flúːid フルーイド/ 名 U C 《文語》流動体, 液体 (☞ solid).
— 形 (状況などが)流動的な, 変わりやすい.

☞ 名 fluidity.

flu·id·i·ty /fluːídəti フルーイディティ/ 名 U ❶ 流動性. ❷ 変わりやすいこと (反 solidity). ☞ 形 fluid.
fluke /flúːk フルーク/ 名 C 《口語》まぐれ当たり, 幸運.
flung /flʌ́ŋ フラング/ 動 fling の過去形・過去分詞形.
flunk /flʌ́ŋk フランク/ 動 《米口語》他
❶ (教師が)…に落第点をつける.
❷ (試験など)を失敗する.
— 圓 (試験などに)失敗する.
flunk out 圓 落第して退学する.
flu·o·res·cent /fluərésnt フル(ア)レスント/ 形 蛍光(けいこう)を放つ, 蛍光性の. ▶a *flu-*

abcdef**g**hijklmnopqrstuvwxyz　　　　　　　　　　　　　　**fly**

orescent lamp [light] 蛍光灯.

flu・o・ride /flúəraid フル(ア)ライド/ 名Ⓒ【化学】フッ化物.

flur・ry /flə́:ri フラーリ/ 名(複 flur・ries /-z/) Ⓒ ❶にわか雨[雪]. ❷混乱.

flush /flʌ́ʃ フラッシュ/ 動(~es /-iz/; ~ed /-t/; ~ing)⾃ ❶(トイレの水などが)**どっと流れる**.
❷(顔などが)(怒り・当惑などで)**赤くなる**.
── 他 ❶(トイレ)の水をどっと流す.
❷…を水で洗い流す.
── 名(複 ~es /-iz/) ❶《aをつけて》ⓐ(顔の)**紅潮**, 赤らみ.
ⓑ(突然の)興奮, 喚起, 当惑.
❷Ⓒⓐトイレの水洗装置. ⓑ(水が)どっと流れること, 洗い流すこと.

●●●●●●●●●●●●●●●●●●●●●●●●●●●●●●●●●

動⾃ ❶The toilet didn't *flush*. トイレの水が流れなかった / Water *flushed* through the pipe. 水がパイプの中をどっと流れた. ❷He [His face] *flushed* (red) with embarrassment. 彼は恥ずかしさで顔が赤くなった.
── 他 ❶*Flush* the toilet. トイレの水を流しなさい.

flush out 他水を流して…をきれいにする: *flush out* the drainpipe 水を流して排水管をそうじする.

── 名 ❶ⓐThe little boy ran in with *a flush* on his cheeks. 少年は頬を真っ赤にして走りこんできた. ⓑfeel a *flush* of anger 突然怒りを覚える.
❷ⓐrepair the *flush* トイレの水洗装置を直す. ⓑa *flush* of water どっと流れる水.

flushed /flʌ́ʃt フラッシュト/ 形顔を赤らめた[て].

flus・ter /flʌ́stər フラスタ/ 動 他(人)をまごつかせる.

flute /flú:t フルート/ 名Ⓒフルート, 横笛. ▶play the *flute* フルートを吹く.

flut・ist /flú:tist フルーティスト/ 名Ⓒ《米》フルート奏者(→《英》では flautist).

flut・ter /flʌ́tər フラタ/ 動⾃ ❶ⓐ(鳥が)羽ばたきする, 羽ばたいて飛ぶ.
ⓑ(チョウ・紙などが)ひらひらと飛ぶ.
❷(興奮・不安などで)(心臓・脈が)不規則に鼓動する, どきどきする.
❸(興奮不安などで)(胃が)ちくちく痛む.
── 他 ❶(鳥が飛ばないで)(羽)をばたばた動かす. ❷…をひらひらさせる.
── 名 ❶《単数形で》羽ばたき, ぱたぱたすること, (旗などが)ひるがえること. ❷《aをつけて》(心の)動揺, (心臓の)動悸(き).
❸Ⓒ【医学】(心臓の)異常鼓動.

●●●●●●●●●●●●●●●●●●●●●●●●●●●●●●●●●

動⾃ ❶ⓐA young eagle was *fluttering* in the nest. 一羽の若鷲が巣の中で羽ばたきをしていた / *flutter* to another branch 別の枝に飛んでゆく. ⓑThe butterfly *fluttered* from flower to flower. チョウが花から花へひらひらと舞った. ❷*flutter* with excitement 興奮して心臓がどきどきする.
── 名 ❶the *flutter* of wings 羽ばたき.

flux /flʌ́ks フラックス/ 名Ⓤ絶え間ない変化, 流動.

***fly**¹ /flái フライ/ 動 (flies /-z/; flew /flú:/; flown /flóun/; fly・ing)⾃
❶(鳥・飛行機などが)**飛ぶ**, 飛行する.
❷**飛行機に乗って行く**, 空の旅をする.
❸ⓐ飛ぶように速く走る[過ぎる], すばやく行く[動く]. ⓑ(うわさなどが)飛ぶ, (考えなどが)飛び交う.
❹(旗などが)ひるがえる, (髪などが)風になびく.
❺突然…になる《…にはふつう形容詞がくる》.
❻《文語》突然逃げる, いなくなる(→flee).
❼(過去・過分 flied /fláid/)【野球】フライを打つ.
── 他 ❶ⓐ(凧(たこ))を揚(あ)げる, (旗)を掲げる. ⓑ(飛行機など)を操縦する.
❷ⓐ…の**航空会社の飛行機で旅をする**; …クラスの飛行機で旅をする. ⓑ飛行機で…を輸送する.
❸(飛行機で)…を飛んで横断する.
── 名(複 flies /-z/)Ⓒ ❶【野球】フライ, 飛球.
❷ⓐ(ズボンの)ファスナー, ボタン隠し.
ⓑ(テントなどの)垂れ布.

●●●●●●●●●●●●●●●●●●●●●●●●●●●●●●●●●

動⾃ ❶Swallows *fly* very fast. ツバメはとても速く飛ぶ / I saw a jumbo *flying*. 私はジャンボ機が飛んでいるのを見た.
❷*fly* from London *to* Paris ロンドンからパリへ飛行機で行く / *fly* by [with] Japan Airlines 日本航空で旅行する /

fold

about her father's neck. 彼女は父の首に抱きついた / *fold one's* hands 両手を組み合わせる.

❹She *folded* the child in a towel. 彼女はその子どもをタオルにくるんだ.

— ⾃ ❶Does this table *fold*? このテーブルは折りたためますか.

❷ⓐThe play *folded* in a month. 芝居は1か月で上演中止になった.

fold up ⓗ …を折りたたむ: He *folded* the chair *up* and leaned it against the wall. 彼は椅子を折りたたみ，壁に立てかけた． — ⾃（口語）（事業などが）つぶれる．

— 图 ❶ⓒCut the paper along the *fold*. 折り目にそって紙を切りなさい / the *folds* of a dress 服の折り目.

fold² /fóuld フォウルド/ 图 ❶ⓒ家畜（とくにヒツジ）の囲い．❷《**the** をつけて》（教会の）信者たち；同じ信念の人たち．

fold·er /fóuldər フォウルダ/ 图ⓒ ❶（厚紙を折った）紙[書類]ばさみ．❷【電算】フォルダー《ファイルを入れておく所》．

fold·ing /fóuldiŋ フォウルディング/ 形 折りたたみ式の．▶a *folding* bed 折りたたみ式ベッド．

fo·li·age /fóuliidʒ フォウリイヂ/ 图Ⓤ《集合的に》(1本の草木の)葉．

*****folk*** /fóuk フォウク/《★lは発音されない》图（榎 ～s /-s/）

❶《複数扱いか複数形で》ⓐ**人々**．ⓑ（呼びかけて）みなさん．

❷《複数形で；ふつう *one's* をつけて》（口語）**家族**，一族，両親．❸《形容詞的に》民間の，民俗の．

・・・・・・・・・・・・・・・・・・・・・・・・・・・・・

❶ⓐcountry *folk* いなかの人々 / old *folks* 老人たち．ⓑSee you, *folks*. ではまた，みなさん．❷How are *your* young *folks*? お宅のお子さんたちはお元気ですか．❸*folk* dance フォークダンス，民俗舞踊 / *folk* music フォークミュージック，民俗音楽 / *folk* singer フォークシンガー，民謡歌手 / *folk* song 民謡，フォークソング．

folk·lore /fóuklɔ̀ːr フォウクロー/ 图Ⓤ民間伝承《古くから民間に伝わる風俗・ことわざ・伝説・舞踊などの総称》．

folk·tale /fóuktèil フォウクテイル/ 图ⓒ民話，伝説物語．

*****fol·low*** /fálou ファロウ | fɔ́lou/ 動
(～s /-z/; ~ed /-d/; ~·ing) ⓗ

❶ⓐ…の**後について行く[来る]**，…と一緒に行く[来る]．ⓑ…を追いかける，尾行する．

❷（時間・順序が）…の**後にくる[ある]**（反 precede）．

❸ⓐ（道）を**たどる**，…に沿って進む．ⓑ（物事の進行）をたどる，追う．

❹…に**続いて[結果として]**起こる．

❺ⓐ（職業などで）…の**あとを継ぐ**．ⓑ（職業など）に**従事する**，携(ﾀｽｻﾞ)わる．

❻ⓐ（風習・規則・忠告など）に**従う**．ⓑ（信頼して）…の言う[する]とおりにする，…を手本[模範]にする，真似る．

❼…を**理解する**，（議論などに）ついていく．

— ⾃ ❶**後について行く[来る]**．

❷（結果として）**続いて起こる**．

・・・・・・・・・・・・・・・・・・・・・・・・・・・・・

動 ⓗ ❶ⓐThe calf *followed* its mother into the barn. その子牛は母牛の後について牛小屋に入った．

The boy *followed* his mother.
(その少年は母親の後について行った)

ⓑI think we are being *followed*. われわれは尾行されていると思う．

❷A party *followed* the ceremony. 式典の後にパーティーがあった．

❸ⓐ*Follow* this road and turn left at the first corner. この道を行って最初の角を左に曲がりなさい．ⓑ*follow* the development of a case 事件の展開を追う．

❹Floods *followed* the heavy rain. = The heavy rain was *followed* by floods. 大雨が降って洪水(ｽﾞｲ)が起きた．

abcdefghijklmnopqrstuvwxyz ･･ **font**

❺ⓐHe *followed* his father as president (of the company). 彼は社長として父の後を継いだ.
❻ⓐHe would not *follow* his father's advice. 彼は父親の忠告を聞き入れようとしなかった / *follow* the traffic rules 交通規則を守る.
ⓑ*Follow* me, and you will be all right. 私のするとおりにすれば大丈夫だ.
❼Can you *follow* what he is saying? 彼の言っていることが理解できますか.

— 圓 ❶He went into the shop and I *followed*. 彼がその店に入ると, 私も後について入った. ❷No one knows what will *follow* from this. このあと何が起こるかだれにもわからない.

as follows 次のとおり：The results were *as follows*. その結果は次のとおりであった.

follow through 圓(仕事などで)最後までやりとげる：*follow through* with a plan 計画を最後まで実行する. — 囮(仕事など)を最後までやり通す：*follow* the directions *through* 指示どおりにきちんとやる.

follow up 囮①…をさらに追求する. ②…をさらに調べる. ③…をさらに行なう：*follow up* an e-mail with a telephone Eメールを出したあとで電話をかける.

it follows that ... 当然の結果として…になる：Because she is good, *it* does not *follow that* she is wise. 彼女がよい人であるからといって賢い人であるということにはならない.

fol·low·er /fάlouɚ ファロウア | fɔ́louə/ 名ⓒ ❶従者, 随行者. ❷(人・主義などの)信奉者.

***fol·low·ing** /fάlouiŋ ファロウイング | fɔ́l-/ 形《the をつけて》**次の, 下記の**, 次に述べる (反 preceding).

— 名 ❶《the をつけて; 複数扱いで》**次の人たち[もの, 事がら]**.
❷ⓒ信奉者, 支持者.

･･
形 He died in *the following* year. 彼はその翌年に死んだ / Correct *the following* sentences if there are any errors. 次の文に誤りがあれば正しなさい.
— 名 ❶*The following* were present at the party. 次の者がパーティーに出席した / *The following* is his opinion. 次が彼の意見である. ❷The politician has a large *following*. その政治家にはたくさんの支持者がいる.

follow-up /fάlou-ʌp ファロウ・アップ/ 名 ❶ⓒ(書物・映画などの)続編; (新聞などの)続報. ❷Ⓤⓒ(物事を確実にするための)追跡措置(ﾁ), 追跡治療.
— 形 続けて行なう.
▶形 a *follow-up* survey〔report〕追跡調査〔報告〕.

fol·ly /fάli ファリ/ 名 (複 fol·lies /-z/) ⓒ 愚かな行為.
☞ 形 foolish.

***fond** /fάnd ファンド | fɔ́nd/ 形 (fond·er; fond·est)
❶ⓐ《be fond of ...》**…が大好きである** (《❖「よく知っていて大好き」というニュアンスがあり, like よりも意味が強い》).
ⓑ《be fond of *do*ing》**_することが好きである**.
❷やさしい, 愛情のこもった.

･･
❶ⓐShe *is fond of* small animals. 彼女は小動物が大好きだ / He *is* very *fond of* wine. 彼はワインが大好きだ. ⓑTom *is fond of playing* video games. トムはビデオゲームをするのが好きだ. ❷a *fond* smile やさしい微笑 / a *fond* father 子どもにやさしい父親.
have fond memories of ... …をなつかしく思う：I *have fond memories of* my high school days. 私は高校時代をなつかしく思う.

fon·dle /fάndl ファンドル/ 動 (現分 fon·dling) 囮 …を(やさしく)なでる(《❖性的なニュアンスがある》).

fond·ly /fάndli ファンドリ/ 副 ❶やさしく, 愛情をこめて. ❷(思い出として)なつかしく.

fond·ness /fάndnəs ファンドネス/ 名Ⓤⓒ 好き(であること), 愛情, 好み.
▶She has *a fondness* for candy. 彼女はキャンデーが大好きだ.

font /fάnt ファント/ 名ⓒ ❶ (教会の)洗礼盤, 聖水盤 (洗礼のための水を入れる). ❷〔印刷〕 フォント (《活字の種類》).

five hundred and one 501

food

food /fúːd フード/ 名 (複 ~s /-dz/)
❶ U.C **食物**, 食品, 食料.
❷ U (精神の)糧(かて), (思考の)材料.

---

❶ fresh *food* 新鮮な食物 / the staple *food* 主食 / frozen *foods* 冷凍食品 / health *foods* 健康食品 / dog *food* ドッグフード / canned *foods* 缶詰の食品 / French *food* フランス料理.
❷ *food* for thought 考える材料.
☞ 動 feed.

fóod bànk 名 食料銀行《寄付された食料を困っている人たちに配布するセンター》.

fóod chàin 名 C 《the をつけて》食物連鎖《A は B に食われ, B は C に食われ, C は D に食われるという食う生物と食われる生物が連鎖をなす関係》.

fóod còupon 《米》= food stamp.

fóod póisoning 名 U 食中毒.

fóod pròcessor 名 C フードプロセッサー《電動調理器具》.

fóod stàmp 名 C《米》食品割引切符《❂ 政府が貧しい人たちに配布する》.

food-stuff /fúːdstʌ̀f フードスタッフ/ 名 C 《ふつう複数形で》食品.

*fool /fúːl フール/ 名 (複 ~s /-z/) C
❶ **ばか者**, 愚か者, 間抜け.
❷ 道化師《昔の王や貴族を楽しませた; ☞ clown》.

— 動 他 ❶ (人)をだます, あざむく.
❷《fool ... into *doing*》(人)をだまして__させる.

— 自 ばかなことをする, ふざける.

— 形《おもに米口語》= foolish.

名 ❶ What a *fool* I was to do such a thing! そんなことをするとは私は何とばかだったのだ / Don't be a *fool*. ばかなことをするな[言うな] / Any *fool* can do that. どんなばかだって[だれだって]できる / ことわざ *Fools* rush in where angels fear to tread. 天使が足を踏み入れるのをこわがる場所にばか者は入って行く,「盲蛇に怖(お)じず」.
be fool enough to *do* ばかなことに__する:He *was* fool *enough to* believe her. ばかなことに彼は彼女の言うことを信じた.
make a fool of ... ... をばかにする, 笑

いものにする:She *made a fool of* me. 彼女は私を笑いものにした.
make a fool of *oneself* ヘマをやってもの笑いになる:He is always *making a fool of himself*. 彼はいつも何かヘマをしている《☞ foolish》.

— 動 他 ❶ He *fooled* the old man and robbed him of his fortune. 彼は老人をだまして財産を奪った / I was *fooled* by his appearance. 私は彼の外見にだまされた. ❷ The man *fooled* me *into buying* a useless gadget. その男はだまして私に何の役にも立たない物を買わせた.

— 自 Stop *fooling*. ばかなまねはよせ / I was just *fooling*. 私はただふざけていたのだ.

fool about《英》= fool around.
fool around 自《口語》ばかなことをして過ごす, ぶらぶらして過ごす.
fool around [about] with ... = fool with ....
fool *oneself* 自分をだます, ばかなことをする.
fool with ... ... をもてあそぶ:Don't *fool with* knives. ナイフをおもちゃにするな.

fool·har·dy /fúːlhɑ̀ːrdi フールハーディ/ 形 (-har·di·er; -har·di·est) 向こうみずな, むちゃな, 無謀な.

*fool·ish /fúːliʃ フーリシュ/ 形 (more ~; most ~) **ばかな**, 愚(おろ)かな, ばかげた《反 wise》.

---

a *foolish* deed 愚かな行為 / a *foolish* boy ばかな少年 / It is *foolish* of you *to* borrow money from him. = You are *foolish* to borrow money from him. 彼から金を借りるなんて君はばかだよ.
☞ 名 fool, folly.

fool·ish·ly /fúːliʃli フーリシュリ/ 副 ばかなことに, 愚かにも.

fool·ish·ness /fúːliʃnəs フーリシュネス/ 名 U 愚かさ.

fool·proof /fúːlprúːf フールプルーフ/ 形
❶ (機械などが)ばかでも使えるような, とても簡単な. ❷ 決してまちがえようのない, だれにでもわかる.

▶ ❶ a *foolproof* camera (だれにでも写

せる)全自動カメラ. ❷ a *foolproof* instruction だれにでもよくわかる説明.

foot /fút フット/ 名 (複 feet /fíːt/; ❸ ではときに《口語》foot)

❶ C **足**《足首 (ankle) から下の部分; ☞ leg, body のさし絵, paw》.
❷ U《the をつけて》《物の》**最下部**, 底の部分,《山の》ふもと.
❸ C **フィート**《《人間の足を基準にした》長さの単位; 12インチ, 30.48 cm; ✿ ft. と略す; 記号は ′》.

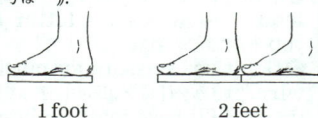

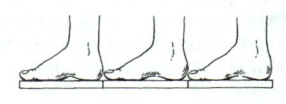

1 foot   2 feet

3 feet = 1 yard

❹ C【詩学】韻脚, 詩脚《強弱などの詩のリズムの単位; 2音節または3音節からなる》.
— 動 他《口語》…を支払う.

··

名 ❶ stand on one *foot* 片足で立つ / the arch of the *foot* 土踏まず. ❷ *the foot* of the page ページの下の部分 / at *the foot* of the hill〔stairs〕丘のふもと〔階段の下のところ〕に / the *foot* of the table テーブルの一番下手の部分.
❸ She is [stands] five *feet* four inches tall. 彼女は背の高さが5フィート4インチある.

語法 (1) 前の数詞と結びついて1語になり, その後の名詞を修飾するときは単数形 foot を用い feet を用いない: a ten-*foot* pole 10フィートの棒. (2) 後に他の数詞や long, tall などの形容詞が続くときにも《口語》では foot が用いられることがある: five *foot* [*feet*] six (inches) 5フィート6インチ / The bridge is 200 *foot* [*feet*] long. その橋は長さが200フィートある.

fall*〔*land*〕*on one's feet 運がいい.
find one's feet 自信が持てるようになる.

get back on one's feet 立ち直る; 元気になる.
get*〔*rise*〕*to one's feet 立ち上がる.
have*〔*keep*〕*both feet on the ground 足が地についている, 現実〔実際〕的である.
have one's feet on the ground 足が地についている, 現実〔実際〕的である.
have one foot in the grave《口語》(もう歳で)死にかけている,「棺おけに片足突っこんでいる」.
on foot (車などではなく)歩いて: I would rather go *on foot* than by bus. 私はバスで行くより歩いていきたい.
on one's feet ① 立って. ② (病後)元気になって. ③ (経済的に)独立して.
put one's best foot forward 一生懸命やり始める.
put one's feet up《口語》(腰かけているとき)足を高い所にのせてくつろぐ.
put one's foot down《口語》① 断固とした態度をとる. ② 車のスピードを上げる.
put one's foot in it [*one's mouth*]《口語》(うっかり)人を困らせることを言ってしまう.
set foot in ... …に入る.
set foot on*〔*upon*〕*... (土地など)に足を踏み入れる.
set ... on foot (仕事など)を始める: *set* a plan *on foot* 計画を実行し始める.
stand on one's own (two) feet 自立する.
to one's feet 立った状態に: help ... *to one's feet* 手を貸して…(人)を立ち上がらせる.

foot·age /fútidʒ フーティヂ/ 名 U (記録)映画, (フィルムの)場面.

foot·ball /fútbɔːl フトボール/ 名 (複 ~s /-z/) ❶ U **フットボール**.

INFO (1) イギリスではふつうサッカー (soccer), ラグビー (rugby) のことをいう. クリケット (cricket) と並んで人気のあるスポーツで, 秋から冬にかけて行なわれる.
(2) アメリカでは football といえばアメリカンフットボール (American football) のことをいう. 人気のあるスポーツである.
❷ C フットボール用のボール.

foot·ball·er /fútbɔːlər フトボーラ/ 名 C

footbridge

(プロの)フットボール選手.

foot・bridge /fútbridʒ フトブリヂ/ 名C 歩道橋.

foot・hold /fúthòuld フトホウルド/ 名C
❶ (岩登りなどの)足がかり, 足場.
❷ (進歩・発展などの)足がかり.

foot・ing /fútiŋ フティング/ 名《単数形で》
❶ 足もと; 足場. ❷ 基礎.
▶ ❶ He lost his *footing* on the road and fell. 彼は道路で足をすべらせて転んだ. ❷ on a sound *footing* しっかりした基礎の上に.

foot・note /fútnòut フトノウト/ 名C (ページの下のほうにつける)脚注.

foot・path /fútpæθ フトパス/ 名C (田舎の)小道, 歩道.

foot・print /fútprìnt フトプリント/ 名C 足跡.

foot・step /fút-stèp フトステップ/ 名C
❶ 足音. ❷ 足跡.
▶ ❶ I hear his *footsteps*. 彼の足音が聞こえる.
follow in ...'s footsteps (仕事などで) …と同じ道を歩む, …の跡を継ぐ.

foot・stool /fút-stù:l フトストゥール/ 名C (腰掛けているとき用いる)足のせ台.

foot・wear /fútwèər フトウェア/ 名U はきもの類《くつ・ブーツなど》.

foot・work /fútwə̀:rk フトワーク/ 名U (テニス・ボクシング・ダンスなどの)フットワーク, 足さばき.

**for /(弱) fər フォ; (強) fɔ́: フォー/ 前
❶《期間・距離》**…の間(の)**.
❷《受取人》**…のために[の]**, …への.
❸《用途・適否》**…のために[の], …向きに[の]**.
❹《目的・意図》**…のために[の]**.
❺《獲得・期待の対象》**…を求めて[る]**.
❻《原因・理由》**…のために[の]**.
❼《行き先・方向》**…に向かって(いる)**.
❽《代表・代用》**…を代表して[する], …の代わりに[の]**.
❾《代償・報償》**…に対して, …に対する**.
❿《賛成》**…に賛成して, …に賛成の**.
⓫《基準》**…の割には**.
⓬《対象》**…にとって(の)**.
⓭《表示》**…を表わして, …を表わす**.
⓮《指定の年月日》**…の**.
⓯《対比・割合》**…に対して, …に対する**.
⓰《資格・認識》**…として(の)**.
⓱《関連》**…について[は, の]**.
⓲《好み・興味》**…に対して, …に対する**.
— 接 (というのは)…だから (●直接の理由を述べるのではなく, 理由を補足的に述べる. 理由をきく質問に対する答えには使えない).

前 ❶ He studied (*for*) five hours last night. 彼はタベ5時間勉強した / They walked (*for*) miles. 彼らは何マイルも歩いた.

❷ This present is *for* you. この贈り物はあなたへのものです / a letter *for* you あなたあての手紙.

❸ Don't use scissors *for* cutting wire. はさみを針金を切るのに使ってはいけません / I'll have toast *for* breakfast. 朝食にはトーストをいただきます.

❹ He went *for* a walk. 彼は散歩に出かけた / She worked hard *for* world peace. 彼女は世界平和のために一生懸命働いた.

❺ I went to see him *for* advice. 私は意見を聞くために彼の所へ行った.

❻ She cried *for* joy. 彼女はうれしくて泣いてしまった.

❼ He left Tokyo *for* Kyushu. 彼は九州に向けて東京を発った / the train *for* Kyoto 京都方面行きの列車.

❽ Who will speak *for* our class? だれにクラスを代表して話してもらおうか / substitute margarine *for* butter バターの代用にマーガリンを使う.

❾ I paid ten dollars *for* the book. 私はその本に10ドル払った / Thank you *for* your advice. ご忠告ありがとう.

❿ I was *for* the plan. 私はその計画に賛成した.

⓫ The boy is tall *for* his age. その少年は歳の割には背が高い.

⓬ These shoes are too big *for* me. このくつは私には大きすぎる.

⓭ U. N. stands *for* the United Nations. U. N.は国際連合を意味する[の略である].

⓮ She was Miss Kobe *for* 1986. 彼女は1986年のミス神戸だった.

⓯ There will be one guide *for* every ten tourists. 10人の観光客に対してひとりの割合でガイドがつきます.

abcdefghijklmnopqrstuvwxyz　　　　　　　　　　　　　　**force**

⓰We gave him up *for* dead. われわれは彼を死んだものとあきらめた.
⓱So much *for* Lesson 5. 5課についてはそれだけで終わりにします.
⓲He has a good ear *for* music. 彼は音楽がよくわかる.

for all ... …にもかかわらず:*For all* her efforts, she failed. 努力したのに彼女は失敗した.

— 接I don't want to go, *for* it is raining. 私は行きたくない. 雨が降っているから.

for・age /fɔ́(:)riʤ フォ(ー)リヂ/ 動(現分 -ag・ing)自(動物が)(食べものなどを)さがし回る.

for・bad /fərbǽd フォバッド/ 動forbidの過去形.

for・bade /fərbǽd フォバッド, -béid/ 動forbidの過去形.

for・bear /fɔːrbéər フォーベア/ 動(~s /-z/; for・bore /fɔːrbɔ́ːr/; for・borne /fɔːrbɔ́ːrn/; -bear・ing /-béəriŋ/)他《文語》(…すること)を差し控える.

*****for・bid** /fərbíd フォビッド/ 動(~s /-dz/; for・bade /-bǽd, -béid/, for・bad /-bǽd/; for・bid・den /-bídn/; for・bid・ding)他
❶ⓐ(人が)…を**禁じる**, 許さない (反 permit)(**◯**prohibit よりも日常的な語). ⓑ《**forbid ... to *do*** または **forbid ... from *doing***》…が__するのを禁じる, 許さない.

━━━━━━━━━━━━━━━━

ⓐHer father *forbade* her marriage to him. 彼女の父親は彼女の彼との結婚を許さなかった / Parking is *forbidden* in this area. この区域では駐車は禁じられている / Smoking *forbidden*《掲示》禁煙.
ⓑThe teacher *forbade* us *to* leave our seats. = The teacher *forbade* us from *leaving* our seats. 先生は僕らが席を離れることを禁じた.

God forbid!* = *Heaven forbid! そんなことが絶対にないように!
God forbid (that)__! 《口語》__ということが絶対にないように!

for・bid・den /fərbídn フォビドン/ 動forbidの過去分詞形. ━━形禁じられた.

forbídden frúit 名❶《the をつけて》〔聖書〕禁断の木の実(☞Eden の **INFO**).

❷ⓒほしいけれども手に入らないもの.

for・bid・ding /fərbídiŋ フォビディング/ 形こわそうな. ▶a *forbidding* look こわそうな表情.

for・bore /fɔːrbɔ́ːr フォーボー/ 動forbearの過去形.

for・borne /fɔːrbɔ́ːrn フォーボーン/ 動forbearの過去分詞形.

*****force** /fɔːrs フォース/ 名(複 forc・es /-iz/)
❶ⓐ回(物理的な)**力**, 勢い, 作用.
ⓑ回(精神的な)**力**, 気力; (文章などの)迫力.
❷回暴力, 腕力.
❸ⓒⓐ《しばしば複数形で》**軍隊**, 武力.
ⓑ《the force で》《口語》警察.
ⓒⓒ(協力して物事をする)グループ, 集団.
❹ⓐ回影響力, 説得力, (社会的な)力.
ⓑⓒ影響力をもつ人[もの], 勢力.
❺回権力; (法律上の)効力.

━━動(forc・es /-iz/; forced /-t/; forc・ing)他 ❶ⓐ《**force ... to *do***》(人)に**無理やり__させる**. ⓑ《**force ... into *doing***》(人)に無理やり__させる.
❷…を**押しつける**, 強制する.
❸ⓐ…を力ずくでする.
ⓑ《**force ... ~**》…を無理やり~にする(《**◯**~には形容詞がくる》).
❹…を強要する.
❺(笑いなど)を無理に作る, 心にもなく(…を)する.

━━━━━━━━━━━━━━━━

名❶ⓐThe wind lost its *force*. 風は弱まった / the *forces* of nature 自然の力 / magnetic *force* 磁力.
ⓑby *force* of mind〔will〕精神力〔意志の力〕で / with all *one's force* 全力をつくして.
❷Don't use [employ] *force* on others. 他人に暴力をふるってはいけない / by *force* 力ずくで.
❸ⓐthe armed *forces* 軍隊 / the air *force* 空軍 / a peacekeeping *force* 平和維持部隊. ⓒⓐa sales *force* セールス担当グループ / a task *force* (特定の問題を扱う)特別委員会, 実行集団.
❹ⓐthe *force* of public opinion 世論の力 / the *force* of an argument 議論の(説得)力.
ⓑa political *force* 政治勢力.

by* [*from*] *force of ... …の力で, …に

five hundred and five

forestry

員.

for·est·ry /fɔ́(:)ristri フォ(ー)リストリ/ 名 ⓤ ❶林学,林業. ❷森林管理(法).

fore·tell /fɔ:rtél フォーテル/ 動 他 (~s /-z/; fore·told /-tóuld/; ~·ing) …を予言する,予告する.

fore·thought /fɔ́:rθɔ̀:t フォーソート/ 名 ⓤ 事前の熟慮.

fore·told /fɔ:rtóuld フォートウルド/ 動 foretell の過去形・過去分詞形.

*for·ev·er /fərévər フォレヴァ/ 副

❶ **永久に**, 永遠に(《英》では for ever と 2 語につづることもある).

❷《口語》(終わることなく)長い時間[年月],いつまでも.

❶ Nobody lives *forever*. 永久に生きる人はいない / Many traditional customs are gone *forever*. 多くの伝統的な習慣がなくなった.

❷ The meeting seemed to last *forever*. その会議は終わることなくいつまでも続くように思えた.

forever and ever ずっと永久に,終わることなくいつまでも.

fore·warn /fɔ:rwɔ́:rn フォーウォーン/ 動 他 …に前もって警告する.

fore·word /fɔ́:rwə̀:rd フォーワード/ 名 ⓒ (ふつう著者以外の人の書いた)序文(☞ preface).

for·feit /fɔ́:rfit フォーフィット/ (★発音注意) 動 他 (罰として)…を没収される; (権利などを)失う.

for·gave /fərgéiv フォゲイヴ/ 動 forgive の過去形.

forge /fɔ́:rdʒ フォーヂ/ 動 (現分 forg·ing) 他 ❶ (紙幣・署名・文書など)を偽造する. ❷ (努力して)…を作る. ❸ 金属を鍛えて …を作る.

— 名 ⓒ かじ屋の仕事場,鉄工場.

▶動 ❷ *forge* alliance 同盟関係を結ぶ.

forg·er /fɔ́:rdʒər フォーヂャ/ 名 ⓒ 偽造者.

for·ger·y /fɔ́:rdʒəri フォーヂャリ/ 名 (複 -ger·ies /-z/) ❶ ⓤ 偽造. ❷ ⓒ 偽造物,偽造文書.

**for·get /fərgét フォゲット/ 動 (~s /-ts/; for·got /fərgát ǀ fəgɔ́t/; for·got·ten /fərgátn ǀ fəgɔ́tn/, for·got; for·get·ting) 他

❶ ⓐ …を**忘れる**, (過去の事)が思い出せない (反 remember).

ⓑ《forget (that) __》__ ということを忘れる.

ⓒ《forget 疑問詞 __》__ かを忘れる.

❷ ⓐ《forget to *do*》__ **するのを忘れる**, 忘れて __ しない (反 remember).

ⓑ《forget *doing*》__ したことを忘れる.

❸ …を**持って来る[買う]のを忘れる**, 置き忘れる.

❹ 忘れて…をしないでしまう.

❺ …を気にしない,あきらめる,(考えの違いなど)を水に流す.

— 自 忘れる.

他 ❶ ⓐ I *forget* [have *forgotten*] her telephone number. 私は彼女の電話番号を忘れた (日本語の「忘れて思い出せない」に対応する英語は現在完了より現在形のほうがふつう). ⓑ I quite *forgot* (*that*) you were coming. あなたが来られることをすっかり忘れていた (忘れていて思い出した場合は forget ではなく forgot を用いる). ⓒ I *forget where* she lives. 私は彼女の住所を忘れた / I have *forgotten how* to spell the word. 私はその語のつづりを忘れてしまった.

❷ ⓐ Don't *forget to* lock the door. 戸に施錠するのを忘れるな / I *forgot to* do my homework. 宿題をするのを忘れた. ⓑ I will never *forget* meet*ing* you here. 私は君にここで会ったことを決して忘れないでしょう.

❸ Don't *forget* the camera. カメラを(持ってくるのを)忘れないように / I *forgot* my keys again. 私はまた鍵を置き忘れてきた (置き忘れた場所が示される場合は leave を用いる: I *left* my umbrella in [on] the train. 私は電車の中に傘を置き忘れた).

❹ Don't *forget* your duty. 自分の義務を果たすことを忘れるな.

❺ Let's *forget* our quarrels. けんかのことはお互い忘れよう.

— 自 She *forgot* about the promise. 彼女は約束のことを忘れていた.

Forget it. 《口語》① (そんなことは)もういいよ,心配するな: 対話 "I'm sorry I got your book dirty."–"*Forget it.*"

abcdef**g**hijklmnopqrstuvwxyz　　　　　　　　　　　　　　　　　　　　　　　　　**form**

「すみません，本をよごしてしまって」「いや，かまいません」．②《うるさいと思うことについて》もう２度と言うな．③《要求などについて》だめだ，あきらめろ．

forget oneself ①自制心を失ってばかなことをする：I *forgot myself* and shouted at her. 私は自制心を失って，彼女をどなりつけた．②《英》われを忘れて熱中する．

not forgetting …も含めて．

☞ 形 forgetful.

for·get·ful /fərɡétfəl フォゲトフル/ 形 忘れっぽい．▶I'm very *forgetful*. 私はとても忘れっぽい．

☞ 動 forget.

for·get·ful·ness /fərɡétfəlnəs フォゲトフルネス/ 名 U 忘れっぽさ，不注意．

for·get-me-not /fərɡét-mi:-nàt フォゲト・ミー・ナット/ 名 C 【植物】ワスレナグサ．

for·giv·a·ble /fərɡívəbl フォギヴァブル/ 形 許されてもよい．

*__**for·give**__ /fərɡív フォギヴ/ 動 (~s /-z/; for-gave /-ɡéiv/; for·giv·en /-ɡívən/; -giv-ing) 他 ❶ⓐ …を**許す**，勘弁する，(人)のことをおこらない．

ⓑ《forgive ... (for) ~》…の~を許す．

ⓒ《forgive ... for *do*ing》…が__したのを許す__．

❷(借金など)を帳消しにする．

— 自 許す．

他 ❶ⓐ Please *forgive* me. どうかお許しください / She could not *forgive* his insult. 彼女は彼の侮辱(ぶじょく)を許すことができなかった．

ⓑ I can't *forogive* him (*for*) his rudeness. 彼の失礼は許せない．

ⓒ *Forgive* me *for* com*ing* so late. 来るのがたいへん遅くなったことをお許し下さい．

— 自 ことわざ *forgive* and forget (人のしたことを)許して忘れる．

for·giv·en /fərɡívən フォギヴン/ 動 forgiveの過去分詞形．

for·give·ness /fərɡívnəs フォギヴネス/ 名 U 許すこと；寛大さ．

for·giv·ing /fərɡívɪŋ フォギヴィング/ 形 (人が)寛大な，罪を問わない．

for·go /fɔ:rɡóu フォーゴウ/ 動 他 (~es /-z/; for·went /-wént/; for·gone /-ɡɔ́(:)n/; for·go-ing) 《文語》(楽しみなど)をなしですませる．

for·gone /fɔ:rɡɔ́(:)n フォーゴ(ー)ン/ 動 forgoの過去分詞形．

*__**for·got**__ /fərɡát フォガット | fəɡɔ́t/ 動 forgetの過去形・過去分詞形．

*__**for·got·ten**__ /fərɡátn フォガトン | fəɡɔ́tn/ 動 forgetの過去分詞形．

*__**fork**__ /fɔ:rk フォーク/ 名 (複 ~s /-s/) C ❶ (食器の)**フォーク** (☞ spoon).

❷ くま手，またぐわ．

❸ (道路・川などの)分岐点．

— 動 自 (道路・川などが)分かれる．

— 他 くま手[フォーク]で…を持ち上げる[動かす]．

名 ❶ eat with (a) knife and *fork* 一組のナイフとフォークで食べる (○fork and knife とはいわない)．

— 動 自 This road *forks* near the railroad station. この道は駅の近くで分かれる．

— 他 *fork* hay くま手で干し草をかきあげる．

forked /fɔ:rkt フォークト/ 形 枝分かれした，分岐した，フォークのような．▶a *forked* road 二股に分かれた道．

fork·lift /fɔ́:rklìft フォークリフト/ 名 C フォークリフト《フォーク型をした重い荷物の積み降ろし機》．

forklift

*__**form**__ /fɔ́:rm フォーム/ 名 (複 ~s /-z/)

❶ U C **形**，形状，外観；姿，フォーム．

❷ C (人の)**体つき**，体型，体格．

❸ C 人影，人体，物影，物体．

❹ ⓐ U C (物が存在する)**状態**，形態．

ⓑ C 種類，形態．

❺ U (内容 (content) に対して)**形式**，型．

❻ C ⓐ (慣習などの)**形式**，やり方，様式．

ⓑ 行儀，作法．

❼ C **書式**，(空所に記入する)用紙．

❽ C 《英》学年《 1 学年 (first form) から 6 学年 (sixth form) まである》．

formal

❾ ⓤ (運動選手などの)コンディション, 体調, 調子; 元気.
— (~s /-z/; ~ed /-d/; ~ing) 他
❶ (型のあるもの)を**作る**, 形作る.
❷ (内閣・会など)を**組織する**, 構成する.
❸ (人格・精神など)を作り上げる.
❹ (考え・意見・計画など)をまとめる, 思いつく.
— 自 ❶ (物が)形をとる, (ある形に)なる.
❷ (考えなどが)生まれる, 浮かぶ.

名 ❶ the *form* of a pear 西洋梨の形 / her *form* in swimming 彼女の泳ぐ姿[フォーム].
❷ He has a well-proportioned *form*. 彼は均整のとれた体型をしている.
❸ I saw a *form* in the dark. 暗闇の中に人影が見えた.
❹ⓐ It was published in book *form*. それは本として出版された.
ⓑ Jogging is a *form* of exercise. ジョギングは運動の一種である / many *forms* of animal life 動物の多様な生活形態.
❺ in the *form* of a drama 戯曲の形式で.
❻ⓐ *forms* of worship 礼拝のやり方.
ⓑ It is bad *form* to spit in public. 人前でつばを吐くのは無作法だ.
❼ Fill in the application *form*. 申込み用紙に記入しなさい / an order *form* 注文用紙.
❽ She is in the fifth *form*. 彼女は5年生です. ❾ He is at the top of his *form*. 彼は今最高のコンディションだ / be in fine [bad] *form* 調子がいい[悪い]; 元気がいい[ない].

in the form of ... …の形で, …の形式で: *in the form of* a pay 給与の形で.
take the form of ... …の形となって現われる; …の形になる: The witch *took the form of* a cat. 魔女は猫の姿をして現われた.

☞ 形 formal.

— 動 他 ❶ *form* a circle 円を作る / *form* a lion's head (out) of clay 粘土でライオンの頭を作る / *form* the dough into balls 練り粉を丸めて丸いパンを作る.
❷ Parents and children together *form* a family. 両親と子どもがひとつの家族を構成する / *form* a cabinet 内閣を組織する.
❸ *form* the character of a child 子どもの人格を形成する / *form* good habits 良い習慣を身につける.
❹ *form* an opinion (自分の)意見をまとめる.

— 自 ❶ Ice *formed* on the lake. 湖に氷が張った. ❷ A good idea *formed* in his mind. いい考えが彼の心に浮かんだ.

☞ 名 formation.

***for·mal** /fɔ́ːrməl フォーマル/ 形 (more ~; most ~)
❶ **正式の**, 公式の (反 informal).
❷ **儀礼的な**.
❸ **格式ばった**, 堅苦しい (反 casual, informal).
❹ 形の, 形式上の, 表面的な.
❺ (形などが)整然とした, 幾何学模様の.

---

❶ in *formal* dress 正式の服装[礼服]で / a *formal* invitation [contract] 正式の招待[契約] / *formal* education (実技訓練などではない)(正式な)学校教育.
❷ make a *formal* visit 儀礼的な訪問をする.
❸ Don't be so *formal*. そんなに改まらないでね / *formal* expressions 堅苦しい表現 / a *formal* party 格式ばったパーティー.
❹ a *formal* analogy 外見上の類似 / *formal* beauty 形の美しさ.
❺ a *formal* garden 幾何学的配置の庭園.

☞ 名 form, formality.

for·mal·i·ty /fɔːrmǽləti フォーマリティ/ 名 (複 -i·ties /-z/) ❶ 《複数形で》正式な手続き.
❷ⓒ (重要とはいえない)形式的な行為.
❸ⓤ 形式を重要視すること, 堅苦しさ.
▶ ❶ legal *formalities* 法律上の正式な手続き. ❷ That's just a *formality*. それはほんの形式に過ぎない. ❸ without *formality* 形式ばらずに.

☞ 形 formal.

for·mal·ly /fɔ́ːrməli フォーマリ/ 副 ❶ 正式に. ❷ 固苦しく. ❸ 形式的に.

for·mat /fɔ́:rmæt フォーマット/ 图 C
❶ (大きさ・形など)体裁(ﾃｲｻｲ), 形式.
❷ (テレビ・ラジオ番組などの)構成.
❸ 〖電算〗フォーマット, 形式.
— 動 他 ❶ 〖電算〗(ディスク)をフォーマットする. ❷ …の体裁を整える.
▶图 ❶ in a new *format* 新しい体裁で.

***for·ma·tion** /fɔ:rméiʃən フォーメイション/ 图 (複 ~s /-z/)
❶ U 形成(すること).
❷ U (組織などを)つくること, 編成.
❸ C 形成されたもの.
❹ UC (軍隊などの)編隊, 隊形.
❺ 〖球技〗フォーメーション.

❶ the *formation* of character 人格の形成. ❷ the *formation* of a new ministry 新しい省の編成. ❸ cloud *formations* いろいろな形の雲.
❹ ⓐ line up in parade *formation* 行進の隊形で並ぶ.
☞ 動 form.

form·a·tive /fɔ́:rmətiv フォーマティヴ/ 形 発達の, 形成の. ▶ a child's *formative* years 小児の人格形成の時期.

***for·mer** /fɔ́:rmər フォーマ/ 形 ❶ 過去の, 以前の, 昔の.
❷ 《the をつけて》ⓐ (ふたつのうちで)前者の, 前にあげた (反 latter).
ⓑ 《代名詞的に》前者.

❶ in *former* times 昔は. ❷ ⓐ Canada and the United States are in North America; *the former* country lies north of the latter. カナダとアメリカは北アメリカにあり, 前にあげた国(すなわちカナダ)は後者(すなわちアメリカ)の北にある. ⓑ *The former* is better than the latter. 前者は後者よりいい.

***for·mer·ly** /fɔ́:rmərli フォーマリ/ 副 以前は, 昔は. ▶ He was *formerly* president of the club. 彼は以前はそのクラブの会長だった.

for·mi·da·ble /fɔ́:rmidəbl フォーミダブル/ 形 ❶ (強くて)恐ろしい. ❷ 手ごわい, 手におえない.
▶ ❷ a *formidable* enemy 手ごわい敵.

for·mi·da·bly /fɔ́:rmidəbli フォーミダブリ/ 副 ❶ 恐ろしく. ❷ 手ごわく.

form·less /fɔ́:rmləs フォームレス/ 形 (一定の)形のない, (形が)はっきりしない.

***for·mu·la** /fɔ́:rmjulə フォーミュラ/ 图 (複 ~s /-z/, -mu·lae /-mjulì:/) C ❶ 一定のやり方. ❷ (数学などの)公式. ❸ (薬の)調合法; 料理法.
▶ ❶ 'How do you do?' is a polite *formula* used for greeting. 「初めまして」はていねいなあいさつの決まり文句です / There's no *formula* for making friends. 友人を作るのに決まった法則はない.
☞ 動 formulate.

for·mu·lae /fɔ́:rmjulì: フォーミュリー/ 图 formulaの複数形.

for·mu·late /fɔ́:rmjuleit フォーミュレイト/ 動 (~s /-ts/; -lat·ed /-id/; -lat·ing)
他 ❶ (慎重に)(計画など)をつくる.
❷ (系統立てて)…を明確に述べる.
☞ 图 formula.

for·mu·la·tion /fɔ̀:rmjuléiʃən フォーミュレイション/ 图 ❶ U (計画などを)つくること. ❷ UC (合成薬品などの)調合法.

for·sake /fərséik フォセイク/ 動 (~s /-s/; for·sook /-súk/; for·sak·en /-séikən/; for·sak·ing) 他 《文語》…を見捨てる.

for·sak·en /fərséikən フォセイクン/ 動 forsakeの過去分詞形. — 形 見捨てられた, 孤独の.

for·sook /fərsúk フォスック/ 動 forsakeの過去形.

***fort** /fɔ́:rt フォート/ 图 (複 ~s /-ts/) C 要塞(ﾖｳｻｲ), とりで.

forth /fɔ́:rθ フォース/ 副 《文語》❶ 前方へ, 先へ. ❷ ほかのところへ.
and so forth …など (☞ so¹)
back and forth 前後に (☞ back 副).
《同音異語》fourth.

forth·com·ing /fɔ̀:rθkʌ́miŋ フォースカミング/ 形 《文語》❶ 間もなく行われる[現われる], 今度の. ❷ 手に入る. ❸ 協力的な.
▶ ❶ the *forthcoming* election 今度の選挙.

forth·right /fɔ́:rθràit フォースライト/ 形 率直な.

***for·ti·eth** /fɔ́:rtiəθ フォーティエス/ 形
❶ 《ふつう the をつけて》40番目の (☞ first). ❷ 40分の1の.
— 图 (複 ~s /-s/) ❶ U 《ふつう the をつけて》40番目の人[もの]. ❷ C 40分の

fortification

1.

for·ti·fi·ca·tion /fɔ̀ːrtəfikéiʃən フォーティフィケイション/ 名 ❶ C 《ふつう複数形で》防御設備, 要塞(ﾖｳｻｲ). ❷ U 強化.

for·ti·fy /fɔ́ːrtəfài フォーティファイ/ 動 (-ti·fies /-z/; -ti·fied /-d/; ~·ing) 他 ❶ …を強化する. ❷ (都市など)を要塞(ﾖｳｻｲ)化する.

for·ti·tude /fɔ́ːrtətjùːd フォーティトゥード, ·テュード/ 名 U がまん強さ, 不屈の精神.

fort·night /fɔ́ːrtnàit フォートナイト/ 名 C 《英》2週間《❍ fourteen nights が1語になってできた語; 《米》では two weeks》. ▶ for a *fortnight* 2週間の間.

fort·night·ly /fɔ́ːrtnàitli フォートナイトリ/ 形 《英》2週間に1回の, 隔週の《☞ biweekly》.
— 副 《英》2週間に1回, 隔週に.

for·tress /fɔ́ːrtrəs フォートレス/ 名 (複 ~·es /-iz/) C (大規模な)要塞(ﾖｳｻｲ).

for·tu·i·tous /fɔːrtjúːətəs フォートゥーイタス, ·テュー·/《★アクセント注意》形 《文語》思いがけない, 偶然の.

*__**for·tu·nate**__ /fɔ́ːrtʃunət フォーチュネット/ 形 (more ~; most ~)
❶ 幸運な, 運のよい 《反 unfortunate》.
❺ 《be fortunate (enough) to *do*》運よく__する.
❻ 《be fortunate that __》運よく__だ.
❼ 《it is fortunate that __》__というのは運がよい.

❶ He is a *fortunate* man. 彼は幸運な人だ / That was a *fortunate* opportunity for me. あれは私にとって幸運な機会だった / a *fortunate* event 幸運なできごと.
❺ She *was fortunate (enough) to* escape injury. 彼女は運よくけがなしですんだ.
❻ I *was fortunate that* I was with my best friend then. 私は運よくそのとき親友と一緒にいた.
❼ *It was fortunate that* we got there in time. われわれは運よく間に合った.

☞ 名 fortune.

*__**for·tu·nate·ly**__ /fɔ́ːrtʃunətli フォーチュネトリ/ 副 (more ~; most ~)《文全体を修飾して》運よく, 幸いにも 《反 unfortunately). ▶ *Fortunately*, I found his house soon. 幸いにも私は彼の家を間もなく見つけた.

*__**for·tune**__ /fɔ́ːrtʃun フォーチュン/ 名 (複 ~s /-z/)

❶ U 幸運 《反 misfortune》《❍「(偶然による)幸運」は luck》.
❷ 《複数形で》運, 運命, 人生の浮沈.
❸ C (大きな)財産, 富. ❹ 《Fortune で》運命の女神.

❶ I had the (good) *fortune* to win (the) first prize in the speech contest. 私は幸いにも弁論大会で優勝した / seek *one's fortune* 成功を求める.
❷ the *fortunes* of the company その会社の運. ❸ make a *fortune* in oil 石油で金持ちになる / inherit a large *fortune* 莫大な財産を相続する.

☞ 形 fortunate.

for·tune-tell·er /fɔ́ːrtʃun-tèlər フォーチュン·テラ/ 名 C 占い師, 易者.

*__**for·ty**__ /fɔ́ːrti フォーティ/《★つづり注意》名 (複 for·ties /-z/)

❶ ⓐ U (数の)40《☞ one》.
ⓑ C (数字の)40 (40, XL など).
❷ 《複数扱いで》40人, 40個.
❸ U ⓐ 40分. ⓑ 40ドル[ポンド, ペンス, セント, インチなど].
❹ U 40歳.
❺ C 40人[40個] ひと組のもの.
❻ ⓐ 《the forties で》40年代.
ⓑ 《one's forties で》40歳代.
❼ U 〖テニス〗フォーティー,「40」《3点目の得点; ☞ fifteen》.
— 形 ❶ 40の, 40人の, 40個の.
❷ 40歳で(ある).

名 ❼ The score was *forty* thirty. 得点はフォーティー·サーティー(3対2)だった.

fórty wínks 名 複 《単数または複数扱いで》《口語》(短い)昼寝, うたた寝.

fo·rum /fɔ́ːrəm フォーラム/ 名 (複 ~s /-z/) C ❶ (大きな問題を扱う)(公開)討論会.
❷ 公開討論会の場 《新聞の投書欄·テレビの討論会なども含む》.

*__**for·ward**__ /fɔ́ːrwərd フォーワド/ 副

❶**前方へ**, 先へ (反 backward).
❷**将来に向かって**, 以後; 前向きに.
— 形 (more ~, ~er; most ~, ~est)
❶**前方への**, 前方の; 前部の (反 backward).
❷**将来へ向けての**, 進歩的な, 先進的な.
❸《文語》出しゃばる, 生意気な, 厚かましい.
— 名 C (アメリカンフットボール・サッカー・ラグビーなどの) フォワード, 前衛 (反 back).
— 動 他 ❶ (郵便物など) を (新住所へ) 転送する.
❷ …を進める; 促進する.

副 ❶go *forward* 前進する; 進歩する / take a step *forward* 1歩前へ出る; 一段と進歩する / put the clock *forward* five minutes 時計を5分進ませる. ❷from this time *forward* 今後(は) / from that day *forward* その日以後 / look *forward* 前方を見る; 将来を考える.

look forward to ... **…を楽しみにして待つ** (☞look 動).

— 形 ❶a *forward* motion 前進運動 / the *forward* cabin of a ship 船の前部にある船室. ❷*forward* planning 将来へ向けての立案.

— 動 他 ❶Please *forward* this letter to the following address. この手紙を次の住所へ転送してください.
❷*forward* a plan 計画を進める.

fór·ward·ing addréss /fɔ́:rwərdiŋ-フォーワディング-/ 名 C (郵便物の) 転送先のあて名.

for·ward-look·ing /fɔ́:rwərd-lùkiŋ フォーワド・ルキング/ 形 将来を考えた, 前向きの, 進歩的な.

for·went /fɔ:rwént フォーウェント/ 動 forgoの過去形.

fos·sil /fásl ファスル/ 名 ❶ C 化石.
❷《形容詞的に》化石の.
▶ ❷*fossil* shells 化石の貝殻.

fóssil fùel 名 U.C 化石燃料 (石油・石炭など).

fos·sil·ize /fásələlàiz ファスィライズ/ 動 (現分 -iz·ing) 他 …を化石にする.
— 自 化石になる.

fos·ter /fɔ́:stər フォースタ/ 動 他 ❶ …を育成する, 促進する, 助長する.

❷ (自分の子でない者) を (家族の一員として) 育てる.
— 形 ❶養子にした[なった]. ❷養子を育てる.

動 他 ❶*foster* international understanding 国際理解を促進する.
❷*foster* an orphan 孤児を養育する.
— 形 ❶a *foster* child 養子, 里子.
❷*foster* parents 育ての親, 里親.

***fought** /fɔ́:t フォート/ 動 fightの過去形・過去分詞形.

***foul** /fául ファウル/《★発音注意》形 (~-er; ~-est) ❶**きたない**, 不潔な, よごれた; (におい・味が) むかつくような, 不快な (《❖dirty より意味が強い》).
❷**非常に不快な**, 実にひどい, 下品な.
❸ⓐ【スポーツ】**反則の** (反 fair¹).
ⓑ【野球】ファウルの (反 fair¹).
❹ⓐ**おこりっぽい**.
ⓑ (天候などが) 悪い; 荒れた (反 fair¹).
— 名 C ❶ (競技の) 反則.
❷【野球】= foul ball.
— 動 (~s /-z/; ~ed /-d/; ~·ing) 他
❶【スポーツ】(他の選手) に対して反則行為をする. ❷【野球】(ボール) をファウルにする. ❸ …をよごす.
— 自 ⓐ【スポーツ】反則をする.
ⓑ【野球】ファウルする.

形 ❶*foul* air よごれた空気 / *foul* water 汚水 / *foul* clothes よごれた服 / a *foul* smell 悪臭.
❷a *foul* oath きたないののしりことば / *foul* language ひどいことば.
❸ⓐa *foul* blow (ボクシングの) 反則打.
ⓑa *foul* fly 〔grounder〕ファウルフライ〔ゴロ〕. ❹ⓐShe was in a *foul* mood. 彼女は機嫌が悪かった.
ⓑ*foul* weather ひどい天気.
— 名 ❶claim a *foul* 相手方の反則を言いたてる.
— 動 他 ❶*foul* the opponent 相手に対して反則をする. ❷*foul* the ball ボールをファウルにする. ❸*foul* the air 大気を汚染する.
— 自 ⓑHe *fouled* again and again. 彼は何回も何回もファウルを打った.

foul up 他 …をだいなしにする.

foul ball

《同音異形語》fowl.

fóul báll 名C〖野球〗ファウル.

fóul pláy 名U ❶〖スポーツ〗反則 (反 fair play). ❷不正行為; 凶悪犯罪, 殺人.

*found¹ /fáund ファウンド/ 動 find の過去形・過去分詞形.

*found² /fáund ファウンド/ 動 (~s /-dz/; ~ed /-id/; ~ing) 他 ❶ …を設立する, 創立する, 創設する.
❷《be founded on …》基礎が…に置かれる, …が根拠になる.
▶ ❶ Our school was *founded* in 1963. われわれの学校は1963年に創立された / *found* a children's hospital 小児科病院を設立する / *found* a company 会社を設立する. ❷ This story *is founded on* old legends. この物語は古い伝説に基づいている.
☞ 名foundation.

*foun·da·tion /faundéiʃən ファウンデイション/ 名 (複 ~s /-z/)
❶《しばしば複数形で》(建物の)**土台**, 基礎.
❷C (ものごとの)**基礎**.
❸C 基礎となるもの[考え], 根拠.
❹U 設立, 創立.
❺ (資金を提供する)**財団**. ❻U ファンデーション《化粧下用のクリームなど》.

❶ The *foundations* of the new building will be constructed soon. その新しい建物の土台は間もなく造られる. ❷ lay [provide] the *foundation(s)* for economic growth 経済発展の基礎をつくる. ❸ The rumor has no *foundation*. そのうわさにはなんの根拠もない. ❹ the *foundation* of a university 大学の創立. ❺ the Carnegie *Foundation* カーネギー財団.

shake the foundations of … …を根本から揺るがす[変える].
☞ 動found², 形fundamental.

foundátion còurse 名C《英》(専門科目に進む前の)基礎コース.

foundátion gàrment 名C (容姿を整える)婦人用下着.

foundátion stòne 名C ❶ 礎石《記念のことばを刻んで建物の定礎式のときに据える》. ❷ 基礎理念.

*found·er /fáundər ファウンダ/ 名 (複 ~s /-z/) C 創立者.

Fóund·ing Fáthers /fáundiŋ- ファウンディング-/ 名《the をつけて》(1787年の)アメリカ合衆国憲法制定者.

found·ry /fáundri ファウンドリ/ 名 (複 found·ries /-z/) C (金属の)鋳造(ちゅうぞう)工場; ガラス工場.

*foun·tain /fáuntn ファウントン/ 名 (複 ~s /-z/) C ❶ 噴水, 噴水池. ❷ 噴水状の液体.

fóuntain pèn 名C 万年筆《○単に pen ともいう》.

*four /fɔ́ːr フォー/ 名 (複 ~s /-z/)
❶ⓐU (数の)**4**《☞one》.
ⓑC (数字の)4《4, IV など》.
❷《複数扱いで》**4つ**, 4人, 4個.
❸U ⓐ **4時**, 4分. ⓑ 4ドル[ポンド, ペンス, セント, インチなど].
❹U 4歳.
❺C 4つ[4人, 4個]ひと組のもの.
❻C (トランプの)4人の札; (さいころの)4の目.
― 形 ❶ **4つの**, 4人の, 4個の.
❷ 4歳で(ある).

名 **on all fours** 四つんばいになって.
― 形 ❶ A dog has *four* legs. 犬は4本足です.

fóur-lèaf clóver /fɔ́ːr-lìːf- フォー・リーフ・/ 名C 四つ葉のクローバー《☞superstition の INFO》.

fóur-lètter wórd /fɔ́ːr-lètər- フォー・レタ/ 名C 四文字語, 卑猥(ひわい)な語《おもに性・排泄(はいせつ)に関する下品な語; 四文字でできている語が多い》.

*four·teen /fɔːrtíːn フォーティーン/ 名 (複 ~s /-z/) ❶ⓐU (数の)**14**《☞one》. ⓑC (数字の)14《14, XIV など》.
❷《複数扱いで》**14人**, 14個.
❸U ⓐ 14分, (24時間制で)14時. ⓑ 14ドル[ポンド, ペンス, セント, インチなど].
❹U 14歳.
❺C 14人[14個]ひと組のもの.
― 形 ❶ **14の**, 14人の, 14個の.
❷ 14歳で(ある).

*four·teenth /fɔːrtíːnθ フォーティーンス/ 形 ❶《ふつう the をつけて》**14番目の**《☞

abcde**f**ghijklmnopqrstuvwxyz   **frame**

first 》. ❷14分の1の.
— 名 (複 ~s /-s/) ❶ⓤ《ふつう the をつけて》**14番目の人[もの]**.
❷ⓤ《ふつう the をつけて》(月の)**14日**(❂略語は 14th).
❸ⓒ14分の1.

***fourth /fɔ́ːrθ フォース/ 形 ❶《ふつう the をつけて》**4番目の**(☞first).
❷ 4分の1の.
— 名 (複 ~s /-s/) ❶ⓤ《ふつう the をつけて》**4番目の人[もの]**.
❷ⓤ《ふつう the をつけて》(月の)**4日**(❂略語は 4th).
❸ⓒ4分の1.

《同音異形語》forth.

Fóurth of Julý 名《the をつけて》(米)独立記念日《7月4日; ❂ Independence Day ともいう》.

four-wheel /fɔ́ːr-hwìːl フォー・(ホ)ウィール/ 形 四輪の. ▶ a *four-wheel* drive (車 (vehicle)が)四輪駆動車式の《❂F.W.D., f.w.d. と略す》.

fowl /fául ファウル/《★発音注意》名 (複 fowl, ~s /-z/) ⓒ 鶏(にわとり), 家禽(かきん)《農場で飼う鶏, アヒル, 七面鳥など》.

《同音異形語》foul.

*fox /fáks ファックス | fɔ́ks/ 名 (複 ~es /-iz/, fox) ❶ⓒ**キツネ**.

INFO> キツネには「イソップ物語」(Aesop's fables) のむかしから常に「ずるがしこい, 偽善者」といった悪いイメージがともなっている. a fox in a lamb's skin(子ヒツジの皮を着たキツネ)(偽善者)はその1例. ただし, 日本のように人に化けるという連想はない.

❷ⓒ(キツネのように)悪賢い人, ずるい人.
❸ⓒセクシーな人.

fóx hùnting 名ⓤキツネ狩り《イギリスの上流階級の間で行なわれ, 今では禁止されている貴族などの野外スポーツ》.

foy·er /fɔ́iər フォイア/ 名ⓒ《劇場・ホテルなどの》正面入口の広間, ロビー.

frac·tion /frǽkʃən フラクション/ 名ⓒ
❶ⓐ破片, 断片. ⓑわずか, ほんの少し.
❷〔数学〕分数《❂「整数」は integer,「小数」は decimal, decimal fraction》.
▶ ❶ⓑHe has done only a *fraction* of his homework. 彼は宿題をほんの一部しかやっていない.

☞ 形fractional.

frac·tion·al /frǽkʃənəl フラクショナル/ 形 ❶断片の, わずかの.
❷分数の.

☞ 名fraction.

frac·ture /frǽktʃər フラクチャ/ 名
❶ⓒ骨折. ❷ⓒ割れ目.
— 動 (現分 -tur·ing /-tʃəriŋ/) 他 …を割る, 折る, くじく.
— 自 割れる.
▶ 名 ❶ a simple [compound] *fracture* 単純[複雑]骨折.

frag·ile /frǽdʒəl フラチル | -dʒail/ 形
❶こわれやすい, もろい.
❷弱い.
▶ ❶ This glass vase is *fragile*. このガラスの花びんはこわれやすい.

frag·ment /frǽgmənt フラグメント/ 名ⓒ
ⓐ破片, かけら. ⓑ小部分, 断片.
▶ ⓑ *fragments* of the TV program テレビ番組の切れ切れの断片.

frag·ment·ed /frǽgməntid フラグメンティド/ 形断片状の, ばらばらになった.

fra·grance /fréigrəns フレイグランス/《★発音注意》名ⓤⓒ(花・香料などの)よいかおり(☞smell の 類語).

☞ 形fragrant.

fra·grant /fréigrənt フレイグラント/《★発音注意》形 かおりのよい. ▶ a *fragrant* rose かおりのよいバラ.

☞ 名fragrance.

frail /fréil フレイル/ 形 ❶(体が)弱い, 虚弱な. ❷こわれやすい, もろい.
▶ ❶ a *frail* and sickly girl 弱くがちな少女.

☞ 名frailty.

frail·ty /fréilti フレイルティ/ 名ⓤ《文語》(心身の)弱さ.

☞ 形frail.

*frame /fréim フレイム/ 名 (複 ~s /-z/) ⓒ
❶ⓐ(窓などの)**枠**(わく); 額ぶち.
ⓑ《複数形で》(眼鏡の)フレーム, 枠.
❷(建物・物などの)**骨組み**, 枠組み.
❸**構造**, 組織, 機構.
❹(人・動物の)**体格**, 骨格.
❺ⓐ(考え方などの)枠組み.
ⓑ(心の)状態.
❻(時間などの)枠.
❼(映画フィルムの)こま.
— 動 (~s /-z/; framed /-d/; fram-

frame-up

ing)⑲ ❶…を**枠にはめる**, 縁取る. ❷(計画など)を**立てる**, 工夫する. ❸《口語》…に無実の罪を着せる, ぬれぎぬを着せる. ❹(注意深く)…をことばに表わす, (ことば)を発する.

图 ❶ⓐa picture *frame* 額ぶち / put a photo into a *frame* 写真を額に入れる. ❷the *frame* of a building 建物の骨組み. ❸the *frame* of society 社会機構. ❹a woman of delicate *frame* きゃしゃな体格の女性. ❺ⓐa *frame* of reference 見地, 見方. ⓑShe is always in a positive *frame* of mind. 彼女はいつも前向きの心構えをしている. ❻within the time *frame* (決められた)時間の枠内で.
— ⑲ ❶The picture is not yet *framed*. その絵[写真]はまだ額縁に入れられていない / *frame* a garden with shrubs 庭を低木で縁取る. ❷ He *framed* a new theory. 彼は新しい理論を立てた. ❸I think I was *framed* by them. 私は彼らにぬれぎぬを着せられたのだと思う. ❹*frame* an excuse 言い訳をする / *frame* questions carefully 注意深くたずねる.

frame-up /fréimʌ̀p フレイマップ/ 图《口語》(ぬれぎぬを着せようとする)でっちあげ.

*__frame·work__ /fréimwə̀ːrk フレイムワーク/ 图(複 ~s /-s/)ⓒ ❶(考えなどの)**基本枠**, 骨組み. ❷(組織などの)構造. ❸(建物などの)枠組み.
 ▶ ❶ the *framework* for the research その研究の骨組み. ❷the *framework* of government〔society〕政治〔社会〕機構. ❸a steel *framework* 鉄の枠組み.

franc /fræŋk フランク/ 图ⓒ フラン《スイスなどの通貨単位; フランス・ベルギーなどの旧通貨単位》. 《同音異形語》frank.

*__France__ /fræns フランス ǀ frάːns/ 图 **フランス**《ヨーロッパ西部の共和国; 首都パリ (Paris); 正式名は the French Republic》. ☞ 圈French.

fran·chise /fræntʃaiz フランチャイズ/ 图 ❶ⓒフランチャイズ《一定の地域の独占販売権, 営業権》. ❷Ⓤ選挙権.

Frank /fræŋk フランク/ 图 フランク《男性の名》.

*__frank__ /fræŋk フランク/ 圈(~·er, more ~; ~·est, most ~)(人・意見などが)**率直な**, 隠しごとをしない.
 to be frank with you 率直に言うと, 実は:*To be frank with you*, I don't like your new novel. はっきり言うと, 君の新しい小説は気に入らない. 《同音異形語》franc.

frank·furt·er /fræŋkfərtər フランクフルタ/ 图ⓒ フランクフルトソーセージ《ホットドッグ (hot dog) に入れたりする》.

*__frank·ly__ /fræŋkli フランクリ/ 剾 (more ~; most ~) ❶**率直に**. ❷《文全体を修飾して》率直に言うと.
 ▶ ❶Please tell me your opinion *frankly*. 率直に意見を言ってください. ❷*Frankly*, I don't like sushi very much. 率直に言うと, 私はすしはあまり好きではない.
 frankly speaking 率直に言うと: *Frankly speaking*, I don't like him. 率直に言えば, 彼は好きではない.

frank·ness /fræŋknəs フランクネス/ 图Ⓤ率直(さ).

fran·tic /fræntik フランティック/ 圈 ❶(恐怖・心配などで)気が狂ったような, 半狂乱の. ❷《口語》大急ぎの, 大あわての.
 ▶ ❶That noise drives me *frantic*. あの騒音を聞くと私は気が狂いそうになる.

fran·ti·cal·ly /fræntikəli フランティカリ/ 剾気が狂ったように; 大あわてで.

fra·ter·nal /frətə́ːrnl フラターヌル/ 圈兄弟の. ▶*fraternal* love 兄弟愛.

fra·ter·ni·ty /frətə́ːrnəti フラターニティ/ 图(複 -ni·ties /-z/) ❶ⓒ《米》フラターニティー.
 〖INFO〗 全米レベルの連携で結ばれている男子大学生の友愛会のことをいう. メンバーは互いに "brother" と呼びあう. 女子大学生の友愛会は sorority という.
 ❷Ⓤ兄弟愛, 友愛.

fraud /frɔ́ːd フロード/ 图 ❶Ⓤ.ⓒ詐欺(ぎ), いんちき. ❷ⓒ詐欺師. ❸ⓒいんちきなもの.
 ▶ ❶by *fraud* 詐欺をして.

fraud·u·lent /frɔ́ːdʒulənt フローヂュラント/ 圈いんちきな.

fraught /frɔ́ːt フロート/ 圈(よくないことで)いっぱいの; 困った.

fray /fréi フレイ/ ⑲⑲ ❶(布・綱などの)端

をすり切れさせる. ❷(神経)をすり切れさせる.
── 圓 ❶すり切れる. ❷神経がすり切れる.
▶他 ❶His shirt was *frayed* at the neck. 彼のシャツは首のところがすり切れていた.

freak /frí:k フリーク/ 图Ⓒ ❶異常な出来事[行為]. ❷《口語》変人. ❸《俗語》…マニア, …オタク.
── 形異常な.
── 動圓《口語》(突然)ひどく興奮する.
── 他《口語》(突然)…をひどく興奮させる.

freck·le /frékl フレクル/ 图Ⓒ《しばしば複数形で》そばかす.

freck·led /frékld フレクルド/ 形そばかすのある.

Fred /fréd フレッド/ 图フレッド《男性の名; Alfred, Frederick の愛称》.

Fred·er·ick /frédrik フレドリック/ 图フレデリック《男性の名; 愛称は Fred》.

˚free /frí: フリー/ 形 (fre·er; fre·est)
❶ⓐ**自由な**, 束縛されていない, 解放された, 釈放された (⇄bound).
ⓑ(国・国民が)自由な, 自由主義の; 外国支配を受けない.
❷(因習・規則・形式などに)**とらわれていない**, 強制されていない, のびのびした.
❸《be free to *do*》**自由に[気がねなしに] ＿できる**.
❹《be free from [of] ...》《危険・苦痛など》が**ない**.
❺ⓐ**暇**(ひま)**な**; 手があいて. ⓑ(部屋・席などが)空いて; 使われていない.
❻ⓐ《口語》**無料の** (gratis); 無税の.
ⓑ《free of ...》…を免除されて.
❼自由に通れる, 自由に出入りできる, 自由に参加できる.
❽固定してない.
── 副 (fre·er; fre·est)
❶無料で.
❷自由に, 勝手に.
❸(ネジなどが)ゆるんで, はずれて.
── 動 (~s /-z/; freed /-d/; ~·ing)他
❶ⓐ…を**自由にする**, 解放する, 救う.
ⓑ《free ... from [of] ~》(人)を~(困難など)から救う.
❷《free ... of ~》…から~を取り除く.

形 ❶ⓐThe slaves were *free* at last. 奴隷(どれい)はやっと自由の身になった / set a bird *free* (from its cage) 鳥を(籠(かご)から)放してやる / *free* speech 自由な言論. ⓑa *free* nation (独裁国でない)自由主義国家 / a *free* people 自由国民.
❷*free* imagination 自由奔放(ほん)な想像 / a *free* translation (語句に縛られない)意訳 (⇔「直訳」は literal translation).
❸You *are free to* use my computer. 自由に私のコンピューターを使って結構です.
❹I *am* now *free from* care. 私はもう心配事がない / The lake *is free of* ice all winter. その湖は冬中凍らない.
❺ⓐWill you be *free* tomorrow? あすはお暇ですか / have little *free* time 暇な時間がほとんどない.
ⓑDo you have any rooms *free*? 空いた[使っていない]部屋がありますか / The telephone is *free* now. 電話はあいています.
❻ⓐ*free* delivery 無料配達 / a *free* ticket 無料の切符 / Admission *Free* 《掲示》入場無料.
ⓑThis camera is *free* of duty. このカメラは無税です / see a movie *free of* charge 無料[ただ]で映画を見る.
❼a *free* corridor 自由に通れる廊下 / a *free* discussion だれでも参加できる討論.
❽the *free* end of a rope 綱の結んでいないほうの端.

feel free to *do* 《ふつう命令形で》自由に＿してよい: Please feel *free to* use my car. 遠慮なく私の車をお使いください.

for free 無料で.

free and easy くつろいだ, 打ち解けた.

get free (from ...) (…から)自由になる, 解放される.

give ... a free hand …に行動の自由を与える, …の好きなようにさせる (☞ free hand).

make free with ... …を自由勝手に使う.

French fry

Frénch frý 名(複 -fries /-z/)C《ふつう複数形で》《米》フレンチフライ, フライドポテト (❶細長く切ったジャガイモから揚げ; 《英》では (potato) chips).

*****French·man** /fréntʃmən フレンチマン/ 名(複 French·men /-mən/)C(男の)**フランス人** (❶「フランス国民」(全体)は the French).

Frénch tóast 名U フレンチトースト (パンを牛乳と卵を混ぜたものの中にひたしてフライパンで焼く).

Frénch wíndow 名C《英》＝French door.

French·wom·an /fréntʃwùmən フレンチウマン/ 名(複 -wom·en /-wìmin/)C フランス女性.

fren·zied /frénzid フレンズィッド/ 形 半狂乱の.

fren·zy /frénzi フレンズィ/ 名UC 半狂乱(状態). ▶in a *frenzy* 気が狂ったように.

*****fre·quen·cy** /fríːkwənsi フリークウェンスィ/ (★発音注意) 名(複 -quen·cies /-z/)
❶ C (物事が起きる[行われる])**頻度**(%), 回数.
❷ U ことがしばしば起こること, 頻発(%).
❸ UC〔電気〕周波数, 〔物理〕振動数.

❶ The *frequency* of his absences from school has increased recently. 彼の学校の欠席回数が最近増えた. ❷ the *frequency* of traffic accidents 交通事故の頻度. ❸ a high (low) *frequency* 高[低]周波.
☞ 形 frequent.

*****fre·quent** /fríːkwənt フリークウェント/ 形 (more ~; most ~) **たびたびの**, 頻繁(%)な, しばしば起こる[行われる] (反 infrequent).
— 動 /fri:kwént フリークウェント/ (★形容詞とのアクセントの違いに注意)(~s /-ts/; ~ed /-id/; ~ing)他《文語》…にしばしば行く, …をよく訪れる.

形 Typhoons are *frequent* in September. 9月には台風がたびたびくる / He is a *frequent* guest at our house. 彼はよく私たちの家に来る / at *frequent* intervals 頻繁に.
☞ 名 frequency.

*****fre·quent·ly** /fríːkwəntli フリークウェン

トリ/ 副 (more ~; most ~) **しばしば**, たびたび, 頻繁(%)に (反 infrequently) (❶ frequently は often と比べ短期間にくり返されること表わす; ☞ always の 語法).
▶At that time I *frequently* visited Kyoto. 当時私はしばしば京都を訪ねた.

*****fresh** /fréʃ フレッシュ/ 形 (~·er; ~·est)
❶ **新鮮な**, できたての, 取り立ての (反 stale).
❷ ⓐ **新しい**, (以前)使った[見た, 聞いた]ことのない, 斬新(%)な.
ⓑ (ペンキが)塗り立ての.
❸ ⓐ (空気などが)**さわやかな**, すがすがしい. ⓑ 〔気象〕寒くて風のある.
❹ (印象などが)**鮮明な**, 生々しい, (色などが)明るい.
❺ **元気はつらつな**, 生き生きした, さわやかな, すっきりした.
❻ **塩気のない** (☞ salt); (食品が)塩漬け[缶詰・冷凍]などしていない.

❶ Are these vegetables *fresh*? これらの野菜は取り立てですか / *fresh* milk 新鮮なミルク / smell *fresh* 新鮮なにおいがする.
❷ ⓐ He made a *fresh* start after his failure. 彼は失敗の後で新しく出直した / Is there any *fresh* news? 何か新しいニュースがありますか / a *fresh* idea 今までにない新しい考え.
ⓑ *Fresh* Paint《掲示》ペンキ塗り立て (❶《米》では Wet Paint).
❸ ⓐ The wind was *fresh*. 風はさわやかだった / in the *fresh* air すがすがしい空気の中で, 戸外に出て.
❹ The accident is still very *fresh* in my memory. その事故はまだ私の記憶に生々しい.
❺ You look very *fresh* this morning. 君は今朝は元気いっぱいに[さわやかに]見えますね / a *fresh* complexion 生き生きとした顔色.
❻ *fresh* water 真水 / *fresh* meat (fruit) (缶詰や冷凍でない)生の肉[果物].

fresh from [out of] ... …から出た[出てきた]ばかりの: These vegetables are *fresh from* the farm. これらの野

abcde**f**ghijklmnopqrstuvwxyz　　　　　　　　　　　　　**friend**

菜は農場から来たばかりです / The new teacher is *fresh from* college. 新しい先生は大学を卒業したばかりだ.
☞ 動freshen.

fresh・en /fréʃən フレシェン/ 動 他 …を新鮮にする. — 自 (風が)強くなる.
freshen up 自 (入浴・休息などの後で)気分がさっぱりする, すっきりする. — 他 ①(入浴・休息などが)…の気分をさっぱりさせる. ②…を一新させる.
☞ 形fresh.

fresh・ly /fréʃli フレシュリ/ 副 ❶《過去分詞形の前で》最近, 新しく. ❷新鮮に, 生き生きと.
▶ ❶*freshly* picked fruit もぎたての果物.

fresh・man /fréʃmən フレシュマン/ 名 (複 fresh・men /-mən/) C (大学・高校の)1年生 (❂女子学生にも用いる).
INFO アメリカの4年制の大学では1年生を freshman, 2年生を sophomore, 3年生を junior, 4年生を senior という.

fresh・ness /fréʃnəs フレシュネス/ 名 U ❶新しさ, 新鮮さ. ❷さわやかさ.

fresh・wa・ter /fréʃwɔ̀:tər フレシュウォータ/ 形 真水の, 淡水の (☞saltwater).
▶ *freshwater* fish 淡水魚.

fret[1] /frét フレット/ 動 (~s /-ts/; fret・ted /-id/; fret・ting) 自 いらいらする, やきもきする. ▶ 動 自 Don't *fret* about little things. つまらないことでくよくよしてはいけない.
☞ 形fretful.

fret[2] /frét フレット/ 名 C (ギターなどの)仕切り.

fret・ful /frétfəl フレトフル/ 形 いらいらする.
☞ 動fret.

Fri. 《略語》Friday.

fri・ar /fráiər フライア/ 名 C 《カトリック》(托鉢(たくはつ)修道会の)修道士.

fric・tion /fríkʃən フリクション/ 名 U ❶摩擦. ❷(意見などの)衝突, 不和.
▶ ❶cause *friction* 摩擦を起こす.
❷trade *friction* between Japan and China 日本と中国間の貿易摩擦.

Fri・day /fráidei フライデイ, -di/ 名 (複 ~s /-z/) ❹ UC 金曜日 (❂Fri. と略す; ☞ Sunday の 語法).

❺《形容詞的に》**金曜日の**.
❻《副詞的に》《口語》金曜日に.

❹on *Friday* 金曜日に / next *Friday* 次の[今週の, 来週の]金曜日.
❺on *Friday* morning 金曜日の朝に.
❻She'll arrive *Friday*. 彼女は金曜日に着くでしょう.
INFO キリストが金曜日に処刑されたので, キリスト教国では金曜日は不吉な日と考えられている. なかでも「13日の金曜日」が最も不吉な日とされている.

fridge /fríʤ フリッヂ/ 名 (複 fridg・es /-iz/) C 《口語》冷蔵庫 (❂refrigerator の短縮形).

*****fried** /fráid フライド/ 動 fryの過去形・過去分詞形.

******friend** /frénd フレンド/ 名 (複 ~s /-dz/) C ❶ⓐ **友だち**, 友人.
ⓑ仲良し, 仲間.
❷ⓐ**味方** (反 enemy); 友好国.
ⓑ支持者, 後援者.
❸《**Friend** で》フレンド会員 (❂俗にクエーカー教徒 (Quaker) ともいう).

❶ⓐThey are close [good] *friends*. 彼らは親友だ / Tom is a *friend* of mine. トムは私の友人です / my *friend* Tom 私の友だちのトム (❂自分の友人を話題にするときは I met a *friend* on [in] the bus. (バスの中で友だちに会った)のように, 単に a friend, friends を用いる; my friend は「その(話題に出た)友だち」という意味) /
ことわざ A *friend* in need is a *friend* indeed. 困っているときの友こそ真の友.
ⓑThe dog is man's best *friend*. 犬とは人間の最良の友である / Be my *friend*. 仲良くしてちょうだい.
❷ⓐHe is a *friend* of the poor. 彼は貧しい人の味方だ / I am no *friend* of the government. 私は今の政府を支持しない.
ⓑa *friend* of the orchestra そのオーケストラの後援者.

be friends with ... …と親しい: I am friends with her brother. 私は彼女の兄さんと親しい.
make friends ①人と親しくなる, 友だ

friendliness ABCDE**F**GHIJKLMNOPQRSTUVWXYZ

ちができる: He *makes friends* easily. 彼にはすぐ友だちができる.
***make friends again* (*with* ...)** (不和の後)(…と)仲直りする.
make friends with ... …と親しくなる.

☞ 形 **friendly**.

friend·li·ness /fréndlinəs フレンドリネス/ 名 Ⓤ 友だちのような親しみ, 友情, 好意.

＊**friend·ly** /fréndli フレンドリ/ 形 (friend·li·er; friend·li·est)

❶ⓐ (友だちのように)**親しみのある**, 友好的な (反 unfriendly).
ⓑ《*be friendly with* ...》…**と親しい**.
❷ 好意的な, 親切な.
❸ 都合のよい, 役に立つ.
❹ 親善の.

───────────────

❶ⓐ a *friendly* personality 親しみのある人柄 / a *friendly* nation 友好国 / a *friendly* dog 人なつっこい犬.
ⓑ I've *been friendly with* him. 私は以前から彼とは親しくしています.
❷ Mrs. Ford *is* very *friendly to* me. フォード夫人は私にとても親切です / *friendly* advice 親切な忠告 / in a *friendly* way 好意的に.
❸ a *friendly* wind 都合よく吹いている風.
❹ a *friendly* match [game] 親善試合.

***on friendly terms* (*with* ...)** (…と)仲がよい: He *is on friendly terms with* Dr. Brown. 彼はブラウン博士と親しい間柄だ.

☞ 名 **friend**.

＊**friend·ship** /fréndʃip フレンドシップ/ 名 (複 ~s /-s/) Ⓤ Ⓒ **友情**, 友好関係.
▶ establish a close *friendship* (*with* ...) (…との)友好関係を確立する.

fries /fráiz フライズ/ 動 fry の三人称単数現在形.
— 名 fry の複数形.

frig·ate /frígət フリゲト/ 名 Ⓒ フリゲート艦((高速の)小型護衛艦).

fright /fráit フライト/ (★ gh は発音されない) 名 (複 ~s /-ts/) Ⓤ Ⓒ (突然の)**恐怖**, 激しい驚き. ▶ The scene gave me a *fright*. その光景は私をぞっとさせた / get [have] a *fright* こわい思いをする / turn pale with *fright* こわくて青くなる / in *fright* ぎょっとして.
take fright ぎょっとする.

☞ 動 **frighten**, 形 **frightful**.

＊**fright·en** /fráitn フライトン/ (★ gh は発音されない) 動 (~s /-z/; ~ed /-d/; ~ing) 他 ⓐ …を**ぎょっとさせる**, こわがらせる; おどかす. ⓑ《*be frightened* で》ぎょっとする, こわがる, おびえる (☞ frightened).

| 似語 | **frighten** は「突然こわがらせる」の最も一般的な語; **terrify** は「自制心を失うほどの恐怖を与える」で, 強い意味をもつ; **scare** は「突然おびえさせる, こわがらせる」. |

ⓐ Thunder *frightened* the baby. 雷が赤ん坊をこわがらせた.
frighten away* = *frighten off 他 …をおどかして追いはらう: A loud noise *frightened* the birds *away*. 大きな音がしたので鳥は驚いて飛び去った.
***frighten ... out of* ~** …(人)をおどかして~をやめさせる: He *frightened* his son *out of* smoking. 彼は息子をおどしてたばこをやめさせた.

☞ 名 **fright**.

＊**fright·ened** /fráitnd フライトンド/ 形 (more ~; most ~) **おびえた**, ぎょっとした, こわがっている.
▶ They were *frightened at* [*by*] the earthquake. 彼らは地震にぎょっとした / I *was frightened to* see a figure in the dark. 私は暗闇に人影を見ておびえた / I'm *frightened of* spiders. 私は(性格的に)クモがこわい / She *was frightened that* there might be a ghost in the house. 彼女は家に幽霊がいるかもしれないとおびえた / look *frightened* おびえた顔つきをする / a *frightened* look おびえた顔つき.

fright·en·ing /fráitniŋ フライトニング/ 形 ぎょっとさせるような. ▶ *frightening* news 恐ろしいニュース.

fright·ful /fráitfəl フライトフル/ 形 ❶ 恐ろしい, ぞっとするような. ❷ ひどい.

☞ 名 **fright**.

fright·ful·ly /fráitfəli フライトフリ/ 副《文語》❶ 恐ろしく. ❷ ひどく.

abcdef**g**hijklmnopqrstuvwxyz　　　　　　　　　　　　from

frig·id /frídʒid フリヂド/ 形《文語》❶ものすごく寒い. ❷（女性が）不感症の.

frill /fríl フリル/ 名C ❶【服飾】フリル《えり・そで口などにひだを寄せたふち飾り》. ❷余分なもの.

frilly /fríli フリリ/ 形フリルのついた.

fringe /fríndʒ フリンヂ/ 名（複 fring·es /-iz/）C ❶（衣類・カーテンなどのへりの）ふち飾り. ❷へり, ふち, 周辺. ❸非主流少数派（の人々）.
— 形（集団などが）非主流の.
— 動他…にふち飾りをつける.
▶名❶the *fringe* of a rug じゅうたんのふち飾り. ❷on the *fringe* of the forest 森の周辺に.

frínge bènefit 名C付加給付《給与以外の特典；年金・健康保険・有給休暇など》.

Fris·bee /frízbi フリズビ/ 名C【商標】フリスビー《戸外で投げ合うプラスチック製の円盤》.

frisk /frísk フリスク/ 動自（子ども・動物などが）軽快にはね回る.
— 他《口語》（警官などが）（違法品を隠していないか）…の体を服の上からさわって調べる.

frisk·y /fríski フリスキ/ 形（frisk·i·er; frisk·i·est）元気いっぱいの.

frit·ter¹ /frítər フリタ/ 動他（時間・金など）を浪費する.

frit·ter² /frítər フリタ/ 名Cフリッター《薄切りの果物や肉などに玉子と小麦粉の衣をつけて揚げたもの》.

fri·vol·i·ty /friváləti フリヴァリティ/ 名（複 -i·ties /-z/）UC軽薄な言動.

friv·o·lous /frívələs フリヴォラス/ 形 ❶軽薄な. ❷くだらない, ばかげた.

friz·zy /frízi フリズィ/ 形（friz·zi·er; friz·zi·est）ちぢれ毛の, 短くちぢれた.

fro /fróu フロウ/ 副《次の成句で》: **to and fro** 行ったり来たり: walk *to and fro* in the room 室内を行ったり来たりする.

***frog** /frɔ́(:)g フロ(ー)グ, frág フラグ/ 名（複 ~s /-z/）C【動物】**カエル**（☞toad）.
have a frog in *one's* ***throat*** 《口語》（のどが荒れて）しわがれ声をしている.

frog·man /frɔ́(:)gmæ̀n フロ(ー)グマン, frág-/ 名（複 frog·men /-mèn, -mən/）C潜水夫.

frol·ic /frálik フラリック/ 名CUふざけまわること.

— 動（~s /-s/; frol·icked /-t/; frol·ick·ing）自ふざけてはね回る.

from /《弱》frəm フロム; 《強》frám フラム, frʌ́m | frɔ́m/ 前…から(の)**.
❶《動作・距離などの起点》.
❷《時間・順序などの起点》.
❸《出所・出身地・根拠地》.
❹《相違・区別》.
❺《分離・除去・解放》.
❻《原料・材料》.
❼《原因・理由》.
❽《価格・数量などの下限》.
❾《状態などの変化》.
❿《副詞, 置詞句とともに用いて》.

❶He flew *from* New York to Boston. 彼はニューヨークからボストンまで飛行機で行った / How far is it *from* here to the park? = What is the distance *from* here to the park? ここから公園まで距離はどのくらいですか.

It takes ten minutes to walk *from* my house to the station.
（家から駅まで歩いて10分かかる）

❷He goes to work *from* Monday to Friday. 彼は月曜から金曜まで働きに行く / *from* beginning to end 始めから終わりまで.

語法 次のような「開始」を表わす動詞がある場合は from を用いないで, 始まる時点を表現する: This shop will open at about nine. この店は9時ごろ開くだろう / School begins on April 1. 学校は4月1日から始まる.

❸I come *from* Scotland. 私はスコットランドの出身です / I am speaking *from* experience. 私は経験に基づいて話しています.

❹My opinion is different *from* yours. 私の意見は君のと違う.

❺She took the book *from* me. 彼

女は私から本を取り上げた / He soon recovered *from* his illness. 彼はじきに病気から回復した.

❻Wine is made *from* grapes. ブドウ酒はブドウから作られる.

|語法| 何からできているか材料が見てもわからない場合は from を用いる. わかる場合は of: Their houses are made of stone. 彼らの家は石でできている.

❼I trembled *from* fear. 私は恐ろしくて震えた / He died *from* stress. 彼はストレスがもとで死んだ.

❽We have ladies' shoes *from* 20 dollars. 当店には婦人ぐつは20ドルからございます / There were *from* ten to twenty children present. 10人から20人ぐらいの子どもがいた.

❾Things are going *from* bad to worse. 事態がますます悪くなっている.

❿A voice was heard *from* within. 中から声がきこえた / A cat appeared *from* under the table. 猫がテーブルの下から現われた.

front /fránt フラント/ (★発音注意)名
(複 ~s /-ts/) ❶《the をつけて》**前部**, 前面; (建物などの)正面(玄関); (裏に対して)表(おもて) (反 back, rear).

❷ⓒ❸《ふつう the をつけて》(戦闘の)**最前線**, 戦線. ❺(政治活動の)共同戦線.

❸《the をつけて》❸(湖・川・海岸に面した)土地. ❺(英)(リゾート海岸などの)遊歩道.

❹(見せかけの)態度, 顔つき, 外見.

❺分野, 局面.

❻ⓒ【気象】前線.

— 形 **前の**, 前部の; 正面の (反 back).

— 動 他 ❶…に面する. ❷…のリーダーをする.

— 自 [〔…に〕面する〔on, towards〕.

名 ❶A few boys gathered at [in] *the front* of the museum. 数人の少年たちが博物館の前のほうに集まった (《✪ the front はある物の「前[正面]の部分」をさす; 「離れて前のほうに」を意味するときは in front of を用いる》/ *the front* of the church 教会の正面 / *the front* of the bus バスの前方の席 / *the front* of the envelope 封筒の表.

❷❸He was at *the front* in 1944. 彼は1944年には戦地にいた / go to *the front* 戦地へ赴(おもむ)く.

❺the liberation *front* 解放戦線.

❸❸a hotel on *the* lake *front* 湖に面したホテル.

❹put on a calm *front* 落ちついた態度をとる / keep up a *front* 体裁を保つ.

❺on the economic *front* 経済の分野で.

❻a warm 〔cold〕 *front* 温暖〔寒冷〕前線.

in front ①前に, 前方に:He was running *in front*. 彼は先頭を走っていた. ②(競技などで)リードして:We're *in front* by five runs. (野球試合の途中で)5点の差でわれわれが勝っている.

in front of ... ①…の前に[で,の] (反 in *back* of ...):*in front of* a large crowd 大群衆の前で.

There is a pond *in front of* the church.
(教会の前に池があります)

②(人の)将来に.
☞ 形frontal.

— 形the *front* row 前列 / the *front* room 通りに面した部屋 / *front* teeth 前歯.

fron·tal /frʌ́ntl フラントル/ 形 ❶正面の, 前面の. ❷正面への.
☞ 名front.

frónt désk 名ⓒ(米)(ホテルなどの)フロント, 受付 (《✪「フロント」は和製英語;(英)では reception》).

fron·tier /frʌntíər フランティア | frʌ́ntiə/ (★発音注意)名 (複 ~s /-z/)
❶ⓒ国境(地方).
❷《the をつけて》**フロンティア**, 辺境《アメリカ西部開拓時代の開拓地と未開拓地の境

界地域).
❸ C《しばしば複数形で》(学問などの)最先端(分野).

❶a town on the *frontier* 国境の町.
❸explore new *frontiers* in space 宇宙の新しい最先端分野を探究する.

front-page /fránt-péidʒ フラント・ペイヂ/ 形《口語》(ニュースなどが)第一面にのせる価値のある, 非常に重要な. ▶*front-page* news 第一面の記事, トップ記事.

frónt rúnner 名 C ❶(競技などで)先頭に立つ人. ❷最有力候補.

***frost** /frɔ́(:)st フロ(ー)スト/ 名(複 ~s /-ts/)
❶ⓐ U 霜.
ⓑ C 霜が降りること.
❷ U C (霜が降りるほどの)寒い天気.
— 動 他 ❶ …を霜で覆(おお)う.
❷《米》(菓子)に砂糖(など)をまぶす.
— 自 (畑・窓などが)霜で覆われる.

名 ❶ⓐThe ground was covered with *frost*. 地面は霜におおわれていた.
ⓑhave a heavy *frost* ひどい霜が降りる.
— 動 *frost over* [*up*] 自 霜で覆われる. — 他 …を霜で覆う.
☞ 形 frosty.

frost·bite /frɔ́(:)stbàit フロ(ー)ストバイト/ 名 U 凍傷.

frost·bit·ten /frɔ́(:)stbìtn フロ(ー)ストビトン/ 形 凍傷にかかった; 霜で傷(いた)んだ.

frost·ed /frɔ́(:)stid フロ(ー)スティド/ 形 ❶ 霜で覆われた. ❷《米》粉砂糖(など)をまぶした. ❸ つや消しをした.
▶ ❸ *frosted* glass すりガラス.

frost·ing /frɔ́(:)stiŋ フロ(ー)スティング/ 名 U ❶ (ケーキの上にかける)砂糖のころも.
❷ (金属・ガラス面などの)つや消し.

frost·y /frɔ́(:)sti フロ(ー)スティ/ 形 (frost·i·er; frost·i·est) ❶霜の降りる, ひどく寒い. ❷霜で覆われた. ❸冷淡な.
▶ ❶a *frosty* morning 霜の降りる(寒い)朝.
☞ 名 frost.

froth /frɔ́(:)θ フロ(ー)ス/ 名 U (ビールなどの)泡.
— 動 自 (ビールなどが)泡を立てる; 泡をふく.

froth·y /frɔ́(:)θi フロ(ー)スィ/ 形 (froth·i·er; froth·i·est)泡の, 泡の多い.

frown /fráun フラウン/《★発音注意》動 まゆをひそめる, しかめつらをする, いやな顔をする.
— 名 C しかめつら, いやな顔, しぶい顔.
▶ 動 自 He *frowned* at the policeman. 彼は警察官を見て顔をしかめた《怒りや当惑の表情》.

frown on [*upon*] *...* …に賛成しない, を認めない: She *frowns upon* gambling. 彼女は賭(か)け事には賛成しない.
— 名 with a *frown* 不機嫌な顔をして.

***froze** /fróuz フロウズ/ 動 freeze の過去形.

***fro·zen** /fróuzn フロウズン/ 動 freeze の過去分詞形.
— 形 ❶凍った, 冷凍した.
❷ものすごく寒い. ❸(恐怖などで)動けない. ❹(預金などが)凍結された.
▶ 形 ❶a *frozen* river 氷の張った川 / *frozen* meat 冷凍肉.

fru·gal /frúːɡəl フルーガル/ 形 (人が)倹約家の; 質素な. ▶a *frugal* meal 質素な食事.

fru·gal·i·ty /fruːɡǽləti フルーギャリティ/ 名 U 倹約, 節約; 質素.

fru·gal·ly /frúːɡəli フルーガリ/ 副 倹約して; 質素に.

*****fruit** /frúːt フルート/ 名 (複 ~s /-ts/)
❶ U C 果物, 果実, フルーツ.
❷ C (植物の)実(豆・どんぐり・小麦など広く植物の実をいう).
❸ C《しばしば複数形で》(行為・努力などの)成果.
— 動 自 実を結ぶ.

名 ❶eat a lot of *fruit* 果物をたくさん食べる / fresh *fruit* 新鮮な果物 / grow *fruit* 果物を栽培する / sell various *fruits* いろいろな果物を売る / Various kinds of *fruit* grow here. ここではいろんな果物が出来ます.

語法 一般に「果物」とまとめていうときは冠詞のない単数形 fruit を用い, 種類をいうときは, 1種類なら a fruit, 2種類以上なら fruits を用いる.

❸His success was the *fruit* of hard work. 彼の成功は一生懸命働いた

fruitcake

成果だった / the *fruits* of education 教育の成果.

bear fruit ①実を結ぶ: This tree *bears* red *fruit*. この木には赤い実がなる. ②(努力などが)実る: Your labor will *bear fruit* someday. あなたの努力はいつか実を結ぶでしょう.

☞形 fruity, fruitful.

fruit・cake /frúːtkèik フルートケイク/ 名 UC フルーツケーキ《干しブドウ・クルミなどの入った菓子》.

fruit・ful /frúːtfəl フルートフル/ 形 よい成果を生む, 効果のある. ▶a *fruitful* discussion 実りのある議論. ☞名 fruit.

fru・i・tion /fruːíʃən フルーイション/ 名 U《文語》(目的などの)達成, 実現.

fruit・less /frúːtləs フルートレス/ 形 効果のない. ▶*fruitless* efforts むだな努力.

fruit・y /frúːti フルーティ/ 形 (fruit・i・er; fruit・i・est) ❶果物の味がする, フルーティーな.
❷(声・笑いなどが)豊かでここちよい.
☞名 fruit.

*__frus・trate__ /frʌ́streit フラストレイト | frʌstréit/ 動 (~s /-ts/; -trat・ed /-id/; -trat・ing) 他 ❶ⓐ(思うようにならず)(人)を**がっくりさせる**, いらだたせる, 挫折(ざせつ)させる.
ⓑ《**be frustrated** で》(うまくいかないで)がっくりする, いやになる (☞frustrated ❶).
❷《しばしば受身形》(計画・希望など)を失敗させる, 挫折させる.

・・・・・・・・・・・・・・・・・・・・・・・・・・・・・・・・・・・・

❶ⓐNothing *frustrated* him. どんなことがあっても彼はがっくりしなかった.
❷Illness *frustrated* his plans for college. 彼は病気で大学進学の夢を実現できなかった.
☞名 frustration.

frus・trat・ed /frʌ́streitid フラストレイティド/ 形 ❶がっくりした, いやになった.
❷欲求不満の.
▶❶*She was frustrated* to hear of [about] her son's failure. 彼女は息子の失敗を知ってがっくりきた.

frus・trat・ing /frʌ́streitiŋ フラストレイティング/ 形 人をがっくりさせるような, 挫折感を味わせる.

526

*__frus・tra・tion__ /frʌstréiʃən フラストレイション/ 名 (複 ~s /-z/) UC ❶思うようにならないでがっくりしていること, 挫折.
❷〖心理〗欲求不満, フラストレーション.
☞動 frustrate.

*__fry__ /frái フライ/ 動 (fries /-z/; fried /-d/; ~・ing) 他 …を**油で揚げる**[**いためる**], フライにする (**☞** fry は油でいためる場合にも油で揚げる場合にも用いられる; 揚げることをはっきり表わす場合には deepfry を用いる; ☞ cook の 類語).
━ 自 油で揚げ[いため]られる, フライになる.
━ 名 (複 fries /-z/) C 《ふつう複数形で》(米)フライドポテト (☞French fry).
▶動 他 *fry* fish 魚をフライにする / *fry* potatoes ジャガイモを油で揚げる.

fry・ing pan /fráiiŋ pæn フライイングパン/ 名 C フライパン (**☞**(米)では skillet ともいい, 地域によっては fry pan ともいう).

*__ft.__ (略語) foot; feet.

fudge /fʌ́dʒ ファッヂ/ 名 U ファッジ《砂糖・牛乳・バター・チョコレートなどを混ぜて作る柔(やわ)らかいキャンデー》.
━ 動 (現分 fudg・ing) 自 いい加減なことを言う.

*__fu・el__ /fjúːəl フューエル/ 名 (複 ~s /-z/) UC 燃料.
━ 動 (~s /-z/; ~ed, (英) fu・elled /-d/; ~・ing, (英) fu・el・ling) 他 ❶…に燃料を供給する. ❷(状況・人の気持ちなど)を悪化させる.
━ 自 (船・飛行機などが)燃料を補給する.

・・・・・・・・・・・・・・・・・・・・・・・・・・・・・・・・・・・・

名 nuclear *fuel* 核燃料.

【語の結びつき】
consume *fuel* 燃料を消費する
run out of *fuel* 燃料がなくなる
save *fuel* 燃料を節約する
waste *fuel* 燃料を浪費する

━ 動 他 ❶The airplane was *fueled* and ready to go. 飛行機は燃料を補給し出発の準備ができた. ❷*fuel* inflation インフレを悪化させる.

fu・gi・tive /fjúːdʒətiv フューヂティヴ/ 名 C (警察に追われている)逃亡者.

*__ful・fill__, (英) **ful・fil** /fulfíl フルフィル/ (**★**アクセント注意) 動 (~s /-z/; ful・filled /-d/; ful・fill・ing) 他 ❶(希望・夢など)を実現す

full-scale

る. ❷(職務・責任・約束など)を**果たす**, 実行する. ❸(要求・条件など)を満たす.

❶ She *fulfilled* her dream of becoming a nurse. 彼女は看護師になる夢を実現させた.
❷ You must *fulfill* your duties. 君は職務を果たさなければならない.
fulfill oneself 思いを果たす.
☞ 名 fulfillment.

ful·fill·ment, (英) **ful·fil·ment** /fulfílmənt フルフィルメント/ 名 U ❶(希望・夢などの)実現. ❷(職務・責任・約束などの)実行.
☞ 動 fulfill.

***full** /fúl フル/ 形 (~·er; ~·est)
❶ **いっぱいの**, いっぱいつまった；(乗物などが)満員の (反 empty).
❷ **充実した**.
❸ ⓐ **完全な**, まるまる. ⓑ 最大限の.
❹ 腹[胸, 頭]がいっぱいの.
❺ (衣類など)寸法がたっぷりな, だぶだぶの (反 tight).
❻ ⓐ (声が)豊かな. ⓑ (酒が)こくのある.
— 副 ❶ 十分に；完全に.
❷ (位置などが)ちょうど, まともに.
— 名 U 全部；十分.

形 ❶ The bus was *full*. バスは満員だった / Don't speak with your mouth *full*. 口に食べ物をほおばったまましゃべってはいけない / He *is full of* hope and joy. 彼は希望と喜びにあふれている / a glass *full of* wine ワインがいっぱいのグラス.

His English *was full of* mistakes. (彼の英語はまちがいだらけだった)

❷ lead a *full* life 充実した生活をする.
❸ ⓐ She made a *full* recovery. 彼女は完全に復活した / The cherry trees are in *full* bloom. 桜は満開だ / tell the *full* story 一部始終を話す / for three *full* days まる3日間 / *full* marks (試験の点数について)満点.
ⓑ at *full* speed 全速力で.
❹ My heart is too *full* for words. 私は胸がいっぱいで何も話せません / No thank you. I am *full* now. もう結構です. もう満腹です.
❺ a *full* skirt ゆったりしたスカート.
❻ ⓐ Her voice is *full*. 彼女は声量がたっぷりしている.

— 副 ❶ He knew *full* well that he had lied to me. 彼は私にうそをついたことを百も承知だった.
❷ The ball struck him *full* in the face. ボールは彼の顔にまともに当たった.

— 名 *in full* ①全部, 省略しないで：Please write your name *in full*. 姓名を略さずに全部書いてください. ②全額：pay *one's* debt *in full* 借金を全部支払う.
to the full 十分に, 心ゆくまで：I enjoyed the concert *to the full*. 私は音楽会を心ゆくまで楽しんだ.

full-blown /fúl-blóun フル・ブロウン/ 形 完全に成熟した.

full-fledged /fúl-flédʒd フル・フレヂド/ 形 ❶ (鳥が)羽毛がはえそろった. ❷ 完全に一人前になった.

full-grown /fúl-gróun フル・グロウン/ 形 十分成長[成育]した.

fúll hóuse 名 C ❶ (会場などの)大入り満員. ❷ 〖トランプ〗フルハウス.

full-length /fúl-léŋkθ フル・レンクス/ 形 ❶ (写真・鏡などが)全身の. ❷ (スカート・ドレスなどが)床までとどく. ❸ (映画・劇・本などが)ふつうの長さの, 省略なしの.

fúll móon 名 C 満月 (☞ phase).

fúll náme 名 C フルネーム(略さない氏名；たとえば R. L. Stevenson の full name は Robert Louis Stevenson).

full·ness /fúlnəs フルネス/ 名 U 充満, いっぱい, たっぷりしていること.
▶ a feeling of *fullness* 満腹感.

full-scale /fúl-skèil フル・スケイル/ 形 ❶ 全面的な. ❷ 実物大の.

full stop

▶ ❶ a *full-scale* war 全面戦争.

fúll stóp 名C ピリオド, 終止符 (❂《米》では period のほうがふつう).

full-time /fúl-táim フル・タイム/ 形 フルタイムの, 全時間仕事［勉強］をする (☞ part-time).
— 副 フルタイムで, 専任で, 常勤で.
▶ 形 a *full-time* teacher 専任教師.
— 副 My mother works *full-time*. 母はフルタイムで働いている.

*ful·ly /fúli フリ/ 副 (more ~; most ~)
❶ **十分に**, 完全に. ❷ まるまる, たっぷり.
▶ ❶ a *fully* trained nurse 十分に訓練された看護師. ❷ for *fully* two hours たっぷり 2 時間.

fum·ble /fʌ́mbl ファンブル/ 動 (現分 fum·bling) 自 ❶ 不器用に手さぐりする［さがす］. ❷ 口ごもる. ❸〖球技〗ファンブルする.
— 他〖球技〗(ボール)をファンブルする.
— 名C〖球技〗ファンブル.
▶ 動 自 ❶ She *fumbled* in her handbag *for* her wallet. 彼女は手さげの中をごそごそ手さぐりで財布をさがした.
❷ *fumble for* words (迷って)ことばをさがしながら言う.
fumble *one's* **way** 手さぐりで進む.
fumble with ... ①…を不器用にいじる: *fumble with* a knife ナイフを不器用に扱う. ②(使うことば)で苦労する.

fume /fjúːm フューム/ 名《複数形で》(刺激性の)煙, ガス.
— 動 (現分 fum·ing) 自 ❶ 煙［ガス］を発する. ❷ ぷんぷんおこる, かっかする.
▶ 名 tobacco *fumes* たばこの煙.

fun /fʌ́n ファン/ 名U ❶ **楽しみ, おもしろさ.
❷《be fun で》**楽しいこと［人］**, おもしろいこと［人］.

❶ We had great *fun* at his birthday party. 彼の誕生パーティーはとても楽しかった / His sister is full of *fun*. 彼の妹はおもしろいことばかり言う［する］ / I had *fun* playing with the computer. 私はコンピューターで遊んで楽しかった / Have *fun*. 楽しんでらっしゃい《遊びに出かける人に》.

They're having *fun* at the beach.
(彼らは海辺で楽しんでいる)

❷ Driving *is* great *fun*. ドライブはとてもおもしろい / It will *be fun* to go camping. キャンプに行くのはおもしろいだろう / The book *is fun* to read. その本はおもしろい読み物だ / It's no *fun* traveling alone. ひとりで旅行するのは楽しくない.
for fun (ただ)楽しいから.
for the fun of it = for *fun*.
***in fun* 冗談に**, おもしろ半分に: I did it *in fun*. それは冗談にやった.
***make fun of ...* …をからかう**: He made *fun of* me for taking his words seriously. 彼は私が彼の言うことをまじめにとったので私をからかった.
poke fun at ... = make *fun* of ....
☞ 形 funny.

*func·tion /fʌ́ŋkʃən ファンクション/ 名 (複 ~s /-z/) C ❶ **機能**, 働き, 作用.
❷ **職務**, 役目. ❸ (大きな) **パーティー**, 催し. ❹〖電算〗ファンクション, 機能.
— 動 (~s /-z/; ~ed /-d/; ~ing) 自
❶ **機能する**, (機械・組織などが)動く.
❷《function as ...》…としての役目を果たす.

名 ❶ the main *function* of the gears その歯車のおもな働き.
❷ What is his *function* on the committee? 委員会での彼の役割は何ですか / the *functions* of a teacher 教師の役割.
❸ I was invited to the *function*. 私はそのパーティーに招待された.
☞ 形 functional.
— 動 自 ❶ This word processor doesn't *function* very well. このワー

プロはあまり具合がよくない. ❷The box *functioned as* a table. その箱はテーブルの役目を果たした.

func·tion·al /fʌ́ŋkʃənəl ファンクショナル/ 形 ❶機能(上)の. ❷機能的な,よくできている,実用的な.
▶❷a *functional* kitchen 機能的な台所.
☞ 名function.

fúnction kèy 名Ⓒ〘電算〙ファンクションキー.

*__fund__ /fʌ́nd ファンド/ 名(複 ~s /-dz/) Ⓒ
❶ⓐ(特定の目的のための)**資金**, 基金.
ⓑ基金(団体).
❷《複数形で》**手持ち資金**, 財源.
❸**ファンド**《資金をもっていて投資をする会社》.
❹(知識などの)**たくわえ**, 蓄積.
— 動他 …に資金援助する.

形 ❶ⓐa scholarship *fund* 奨学資金 / a retirement *fund* 退職資金.
ⓑthe International Monetary *Fund* 国際通貨基金.
❷raise [collect] *funds* for environmental protection 環境保護のために資金を集める.
❹a *fund* of knowledge (豊かな)知識のたくわえ.

*__fun·da·men·tal__ /fʌ̀ndəméntl ファンダメントル/ 形 (more ~; most ~) ❶**基本的な**, 基礎的な, 根本的な. ❷非常に重要な, 欠くことのできない.
— 名Ⓒ《ふつう複数形で; the をつけて》基本, 原則.

形 ❶*fundamental* skills 基本的な技能 / *fundamental* human rights 基本的人権. ❷Education is *fundamental* to modern society. 現代社会には(学校)教育は非常に重要だ.
☞ 名foundation.
— 名*the fundamentals* of mathematics 数学の基本原理.

fun·da·men·tal·ism /fʌ̀ndəméntəlìzm ファンダメンタリズム/ 名Ⓤ(宗教上の)原理主義.

fun·da·men·tal·ist /fʌ̀ndəméntəlist ファンダメンタリスト/ 名Ⓒ(宗教上の)原理主義者.

fun·da·men·tal·ly /fʌ̀ndəméntəli ファンダメンタリ/ 副 ❶基本的に, 根本的に. ❷《文全体を修飾して》根本的には.

fund-raising /fʌ́ndrèiziŋ ファンドレイズィング/ 名Ⓤ資金調達, 募金.

*__fu·ner·al__ /fjú:nərəl フューネラル/ 名(複 ~s /-z/) ❶Ⓒ**葬式**, 告別式.
❷《形容詞的に》葬式の.
▶❶attend a *funeral* 葬儀に参列する.
❷a *funeral* ceremony [service] 葬儀.

fúneral dìrector 名Ⓒ葬儀屋《✪ undertaker ともいう》.

fúneral hòme 名Ⓒ《米》= funeral parlor.

fúneral pàrlor 名Ⓒ葬儀屋《施設; 《米》では funeral home ともいう》.

fun·fair /fʌ́nfèər ファンフェア/ 名《英》Ⓒ (移動)遊園地《✪《米》では carnival》.

fun·gi /fʌ́ndʒai ファンチャイ, -gai/ 名 fungusの複数形.

fun·gus /fʌ́ŋgəs ファンガス/ 名(複 ~·es /-iz/; fun·gi /fʌ́ndʒai, -gai/)Ⓒ菌類《カビ・酵母菌・キノコなど》.

funk /fʌ́ŋk ファンク/ 名Ⓤファンク《ジャズをベースにしたビートの強い音楽》.

funk·y /fʌ́ŋki ファンキ/ 形 (funk·i·er; funk·i·est) ❶ファンク(funk)風の, ファンキーな.
❷ファッショナブルな, すばらしい.

fun·nel /fʌ́nl ファヌル/ 名Ⓒ❶じょうご.
❷(汽車・汽船などの)煙突.

fun·ni·ly /fʌ́nəli ファニリ/ 副
❶おもしろおかしく.
❷奇妙に.
▶❷*funnily* enough 奇妙なことには.

**__fun·ny__ /fʌ́ni ファニ/ 形 (fun·ni·er; fun·ni·est)
❶(人を笑わせたりする)**おかしな**, こっけいな, おもしろい《☞interesting》.
❷**奇妙な**, 不思議な, 変な.
❸ちょっと気分[体の具合]が悪い.

❶He's a *funny* man. 彼はおもしろい人だ(こっけいな話で人を笑わせる) / a *funny* story こっけいな話 / have a *funny* face おもしろい顔をしている.
❷There's something *funny* about the accident. その事故にはどこか奇妙

fur

なところがある / a *funny* smell 変なにおい. ❸He felt a little *funny*. 彼はちょっと気分[体の具合]が悪かった.

It's funny how ___ ___ は不思議だ：*It's funny how* he is so popular among girls. 彼があんなに女の子に人気があるのは不思議だ.

That's funny. それはどうしてかわからない[変だ].

☞ 名fun.

*****fur** /fə́ːr ファー/ 名Ⓤ ❶（動物の）**毛皮**.
❷（やわらかい）**毛皮**《えり巻きなどに用いる；☞ leather の 類語 》.

☞ 形furry.
《同音異形語》fir.

fu·ri·ous /fjúəriəs フュ(ア)リアス/ 形
❶怒り狂った. ❷猛烈な, 激しい.
▶❶He was *furious* with you [at your words]. 彼は君のこと[君の言ったこと]をひどくおこっていた. ❷a *furious* storm 猛烈な暴風 / at a *furious* speed すごいスピードで.

☞ 名fury.

fu·ri·ous·ly /fjúəriəsli フュ(ア)リアスリ/ 副 ❶怒り狂って. ❷猛烈に.

fur·nace /fə́ːrnəs ファーネス/ 名（複 -nac·es /-iz/）Ⓒ溶鉱炉.

*****fur·nish** /fə́ːrniʃ ファーニシュ/ 動（~es /-iz/; ~ed /-t/; ~ing）他 ❶（家・部屋などに）**家具を備えつける**（☞furnished）.
❷《furnish ... with ~》…に～（必要なもの）を**供給する**, 与える.

❶*furnish* a room [an office] 部屋[事務所]に家具を入れる / This room is *furnished* with a desk and a bed. この部屋には机とベッドが備えつけられている.

❷*furnish* students *with* textbooks 生徒に教科書を与える.

fur·nished /fə́ːrniʃt ファーニシュト/ 形家具つきの. ▶a *furnished* apartment 家具つきのアパート.

fur·nish·ing /fə́ːrniʃiŋ ファーニシング/ 名《複数形で》家具, 備品.

*****fur·ni·ture** /fə́ːrnitʃər ファーニチャ/ 名Ⓤ（ベッド・テーブル・椅子など移動可能な）**家具**《❶数えるときは a piece [an article, an item] of *furniture* のようにいう》.
▶have much *furniture* 家具はたくさ

んもっている / many pieces of *furniture* たくさんの家具.

fur·row /fə́ːrou ファーロウ | fʌ́rou/ 名Ⓒ
❶（すき (plow) ですいたあとの畑の）あぜみぞ.

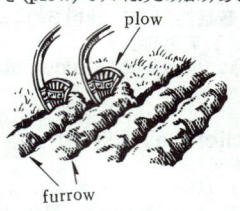

plow

furrow

furrow ❶

❷（顔の）深いしわ.
— 動他 …にみぞを作る.

fur·ry /fə́ːri ファーリ/ 形 (fur·ri·er; fur·ri·est) ❶やわらかい毛でおおわれた.
❷毛のようにやわらかい.

☞ 名fur.

*****fur·ther** /fə́ːrðər ファーザ/ 副《**far**の比較級》❶ⓐ（程度などが）**さらに**, その上, なお一層. ⓑ（時間などが）さらに.
❷**もっと遠くへ[に]**（☞farther）.
— 形《**far**の比較級》❶**それ以上の**, なお一層の. ❷**もっと遠い**, もっと先の（☞farther）.
— 動他《文語》…をさらに進める, 促進する.

副 ❶ⓐThe house isn't big enough, and *further*, it is too far from the station. その家は広くないし, その上, 駅から遠すぎる / His comments complicated the matter *further*. 彼のことばが問題をさらに複雑にした / expand the business *further* 事業をさらに広げる / even *further* さらにそれ以上に.
ⓑ*further* back in history 歴史上さらにさかのぼって.
❷He could not walk any *further*. 彼はもう一歩も歩けなかった / The post office is a mile *further*. 郵便局は1マイル先です / go *further* ahead さらに前へ進む.

語法 形容詞と副詞で, ふつうは「程度, 時間, 数量のへだたり」には further を, 「距離のへだたり」には farther を用いるといわれる. しかし実際には, 後者の場合にも further が用いられる.

go further さらに突っこんで言う.
take ... further …をさらに発展させる.
— 形 ❶ He will need *further* help. 彼にはさらに援助の必要があるだろう / get *further* information それ以上の情報を入手する / *further* education《英》(職業訓練などの)継続教育. ❷ on the *further* side of the road 道路の向こう側に[の].
— 動 他 *further* the project 計画を押し進める.

fur·ther·more /fə́:rðərmɔ̀:r ファーザモー/ 副《文語》なおその上に, さらに.

fur·thest /fə́:rðist ファーゼスト/ 副《far の最上級》もっとも遠くに(❍ 最上級では一般に farthest が用いられる).
— 形《far の最上級》もっとも遠い.

fur·tive /fə́:rtiv ファーティヴ/ 形 こそこそした, 人目を盗む(ような). ▶ He gave her a *furtive* glance. 彼は彼女をちらっと盗み見した.

fur·tive·ly /fə́:rtivli ファーティヴリ/ 副 こっそりと.

fu·ry /fjúəri フュ(ア)リ/ 名 (複 fu·ries /-z/)
❶ UC 激しい怒り, 憤激.
❷ U 激しさ, 猛威.
▶ ❶ He was full of *fury*. 彼は激しくおこっていた / She could not speak for her *fury*. 彼女は激しい怒りのため口がきけなかった.
❷ the *fury* of the storm あらしの激しさ.
fly into a fury 激しくおこる.
in a fury かっとなって: She turned on me *in a fury*. 彼女は激しくおこって私に食ってかかった.
like fury《口語》猛烈に.
with fury 激しく.
☞ 形 furious.

fuse[1] /fjú:z フューズ/ 動 (現分 fus·ing) 他
❶ (金属などを)融解させる. ❷ …を融合させる, 合体させる.
— 自 ❶ (金属などが)溶け合う. ❷ 融合する, 合体する.

fuse[2] /fjú:z フューズ/ 名 C ❶〔電気〕ヒューズ. ❷ (爆弾などの)信管; 導火線.
— 動 (現分 fus·ing) 他 …のヒューズをとばす.
— 自《英》ヒューズがとぶ.

fuse·box /fjú:zbɑ̀ks フューズバックス/ 名 C (電気の)ヒューズ箱.

fu·se·lage /fjú:səlɑ̀:ʒ フューセラージ/ 名 C (飛行機の)胴体, 機体.

fu·sion /fjú:ʒən フュージョン/ 名 UC 融合, 合体.

fuss /fʌ́s ファス/ 名 UC (つまらないことでの)大騒ぎ.
— 動 (三単現 ~·es /-iz/) 自 ❶ (つまらないことに)大騒ぎする, やきもきする.
❷ いじる.
▶ 名 What's all this *fuss*? この騒ぎはいったい何ですか / He made a *fuss* about nothing. 彼はつまらないことに大騒ぎした.
make a fuss over ... …をちやほやする, 必要以上にもてはやす: *make a fuss over one's* grandson 孫をちやほやする.
☞ 形 fussy.
— 動 自 ❶ Don't *fuss* over [about] trifles. つまらないことに大騒ぎするな.
❷ *fuss* with hair 髪の毛をいじる.

fuss·y /fʌ́si ファスィ/ 形 (fuss·i·er; fuss·i·est) ❶ (つまらないことに)騒ぎたてる, うるさい.
❷ やたらと詳細な, こまかくうるさい.
▶ ❶ He's very *fussy about* his food. 彼は食べ物のことにはとてもやかましい.
☞ 名 fuss.

fu·tile /fjú:tl フュートル | -tail/ 形 役に立たない, むだな, くだらない.
▶ a *futile* attempt むだな試み.

fu·til·i·ty /fju:tíləti フューティリティ/ 名 U むだ, 無益.

futon /fú:tɑn フートン/ 名 C フトン《マットレスのような敷きぶとん》.

***fu·ture** /fjú:tʃər フューチャ/ 名 (複 ~s /-z/)
❶ U《the をつけて》**将来**, 今後, 未来(❍「現在」は the present, 「過去」は the past).
❷ C (人の)**前途**, 将来.
❸〔文法〕《the をつけて》(動詞の)未来時制.
— 形 将来の, 未来の.

・・・・・・・・・・・・・・・・・・・・・・・・・・・・
名 ❶ We must provide for *the future*. われわれは将来に備えなくてはならない / discuss *the future* of mankind 人類の未来について討議する.

future perfect

❷ He has a great [bright] *future* (before him). 彼には有望な〔輝かしい〕前途がある / a young man with a *future* 将来性のある若者 / tell *one's future* (人の)将来を占う.
in future 《英》＝ in the *future*.
in the future **将来**, 今後, 未来に：I hope there will be no war *in the future*. 私は将来戦争がなければよいと思う / You must be more careful *in the future*. 今後はもっと注意しなさい.
in the near future 近い将来に.
— 形 my *future* wife 私の未来の妻, 許嫁(いいなずけ) / a *future* doctor 医者の卵 / the [a] *future* life 来世, 死後.

fúture pèrfect 名《**the** をつけて》〖文法〗(動詞の)未来完了時制.

fúture tènse 名《**the** をつけて》〖文法〗未来時制.

fu·tur·is·tic /fjùːtʃərístik フューチャリスティック/ 形 未来にかかわる.

fuzz /fʌ́z ファズ/ 名 Ⓤ (ラシャ・果物の皮などの)けば, 綿毛(わたげ).
▶peach *fuzz* 桃の綿毛.

fuzz·y /fʌ́zi ファズィ/ 形 (fuzz·i·er; fuzz·i·est) ❶けばのような, けばでおおわれた. ❷ぼやけた, はっきりしない, あいまいな.

F.W.D., f.w.d. 《略語》four-wheel drive.

FYI 《略語》for your information ご参考までに《Eメールで用いる》.

abcdef**g**hijklmnopqrstuvwxyz　　　　　　　　　　　　　　　　　**gallantry**

G g 𝒢 𝑔

G, g /dʒíː ヂー/ 名(複 G's, Gs, g's, gs /-z/) ❶ⓊⒸジー《英語アルファベットの7番目の文字》. ❷ⒸⓊ〖音楽〗《大文字 **G** で》ト音《ドレミファのソの音》;ト調.

GA〔米郵便〕Georgia.

ga‧ble /géibl ゲイブル/ 名Ⓒ〖建築〗切妻(_{きりづま}),破風(_{はふ})《2方が屋根で囲まれた3角形の壁面》.

gad‧get /gǽdʒit ギャヂット/ 名Ⓒ《口語》(家庭などにある)気のきいた小さな器具,小道具,装置.
▶ kitchen *gadgets* キッチン用小道具《トースター・かん切り・皮むきなど》.

gag /gǽg ギャグ/ 名Ⓒ ❶ ギャグ,だじゃれ. ❷さるぐつわ.
— 動 (~s /-z/; gagged /-d/; gag‧ging) ⓣ…にさるぐつわをはめる.

gage /géidʒ ゲイヂ/ 名動《米》= **gauge**.

gai‧e‧ty /géiəti ゲイエティ/ 名(複 -e‧ties /-z/) Ⓤ《文語》陽気,快活,楽しさ.
☞ 形 gay.

gai‧ly /géili ゲイリ/ 副 ❶陽気に,快活に,楽しそうに. ❷はなやかに,はでに.

*****gain** /géin ゲイン/ 動 (~s /-z/; ~ed /-d/; ~‧ing) ⓣ ❶…を(努力して)**得る**,手に入れる.
❷(力・重さ・速度など)を**増す**.
❸(時計が)…だけ**進む**(反 lose).
— ⓘ ❶**利益を得る**,得をする.
❷ⓐ(健康・能力などが)よくなる.
ⓑ(体重などが)**増す**.
❸(時計が)**進む**(反 lose).
— 名 (複 ~s /-z/) ❶ⓐⓊ**利益**(**を得ること**).
ⓑⒸ《しばしば複数形で》**もうけ**,利益(反 loss).
❷ⒸⓊ**増加**,増進.

•••••••••••••••••••••••

動 ⓣ ❶ *gain* independence 独立する / *gain* respect 尊敬されるようになる.
❷ The car *gained* speed. その車はスピードを上げた / *gain* ten pounds in weight 体重が10ポンド増える.
❸ My watch *gains* five seconds a day. 私の時計は1日に5秒進む.
— ⓘ ❶ Some companies *gained* by the rise of the yen. 円高で得をした会社がある.
❷ⓐ *gain* in health 身体がじょうぶになる / *gain* in popularity 人気が出る.
ⓑ *gain* in weight 体重が増える.
❸ My watch neither *gains* nor loses. 私の時計は進みも遅れもしない.

gain on [upon] ... (つかまえようとしているもの)にだんだん追いつく.

— 名 ❶ⓐfinancial *gain* 金銭的利益. ⓑill-gotten *gains* 不正な利益 / [ことわざ] No *gains* without pains.= No pain(s), no *gain*(s). 労なくしては得るところもない,「まかぬ種ははえぬ」.
❷a 10% *gain* in speed 10%のスピードの増加 / weight *gain* 体重の増加.

gait /géit ゲイト/ 名Ⓒ歩き方,足どり.

gal /gǽl ギャル/ 名Ⓒ《俗語》女の子,ギャル(girl).

ga‧la /géilə ゲイラ | gáː-/ 名Ⓒお祭り,特別の催し.

gal‧ax‧y /gǽləksi ギャラクスィ/ 名(複 -ax‧ies /-z/) Ⓒ〖天文〗 ❶銀河.
ⓑ《ふつう the Galaxy で》銀河系,天の川《◐ the Milky Way ともいう》.

gale /géil ゲイル/ 名Ⓒ ❶強風. ❷(笑いなどの)爆発.
▶ ❶ There was a *gale* blowing. 強風が吹いていた.
❷a *gale* of laughter 爆笑.

gal‧lant /gǽlənt ギャラント/ 形《文語》
❶勇ましい,勇気があってりっぱな《◐今では brave がふつう》.
❷(男性が)女性に対して親切な.

gal‧lant‧ly /gǽləntli ギャラントリ/ 副《文語》❶勇ましく;りっぱに. ❷/gəlǽntli ゲラントリ/ (婦人に対して)親切に.

gal‧lant‧ry /gǽləntri ギャラントリ/ 名(複 -lant‧ries /-z/) 《文語》Ⓤ ❶勇気(が

five hundred and thirty-three　　　　　　　　　　　　　　　　　　　　　　533

gallery

あるりっぱな行為). ❷ (男性の)女性に対する親切(な行為[ことば]).

*gal·ler·y /ɡǽləri ギャラリ/ 名 (複 -leries /-z/)
❶ C ⓐ **美術館**; 美術展示室. ⓑ 画廊 (美術品を陳列したり販売したりする).
❷ C (公会堂・教会などの高い所の壁から突き出た)階上の席.
❸ ⓐ C 天井さじき (劇場の最上階のいちばん安い席).
ⓑ 《the gallery で; 集合的に; 複数扱い》天井さじきの観客.
▶ ❶ ⓐ the National *Gallery* (ロンドンの)国立美術館.

gal·ley /ɡǽli ギャリ/ 名 C ❶ ガレー船 (ギリシア・ローマ時代から中世まで奴隷や罪人にこがせた軍船).

galley ❶

❷ (船・飛行機の)調理室.

*gal·lon /ɡǽlən ギャロン/ 名 (複 ~s /-z/) C **ガロン** (液体の容積の単位をいう; アメリカでは約 3.8 リットル, イギリスでは約 4.5 リットル; ❍ gal. と略す; ☞ pint, quart).
▶ sell gasoline by the *gallon* ガソリンをガロン単位で売る.

gal·lop /ɡǽləp ギャロプ/ 名 C ギャロップ (馬の最も速い駆け方).

類語 walk, amble は馬などの歩いている状態, trot は歩くのと走るのとの中間, canter はゆるい駆け足.

— 動 ⓐ (馬などが)全速力で駆ける.
▶ 名 *at a gallop* = *at full gallop* ギャロップで, 全速力で; 大急ぎで.

gal·lows /ɡǽlouz ギャロウズ/ 名 (複 gallows) C 絞首台 (☞ guillotine, hanging).

ga·lore /ɡəlɔ́ːr ガロー/ 形 《名詞の後で》たくさんの, 豊富な. ▶ Bargains *galore*! お買い得品山積み (広告文句).

gal·va·nize /ɡǽlvənàiz ギャルヴァナイズ/ 動 (現分 -niz·ing) ⓗ (人の気持ち)を強く刺激する. ▶ *galvanize* people into action 人々に急に行動をとらせる.

*gam·ble /ɡǽmbl ギャンブル/ 動 (~s /-z/; gam·bled /-d/; gam·bling) ⓐ
❶ 賭け事をする, 賭博をする.
❷ 思いきったことをする, 冒険してみる.
— ⓗ ❶ (金・名誉など)を賭ける.
❷ 《gamble that ___》一か八か___と考える.
— 名 (複 ~s /-z/) C 《口語》ばくち(のようなもの), 賭け事; 冒険.

動 ⓐ ❶ Don't *gamble* at cards. 賭けトランプをしてはいけません.
— ⓗ ❶ *gamble* $100 and lose 100ドル賭けて負ける.

gamble away ⓗ 賭け事をして…を全部失う.

gamble on ... ①…にお金を賭ける: *gamble on* horses 競馬で賭けをする.
②一か八か…に賭ける: *gamble on* a new product 一か八か新製品に賭ける.

— 名 Opening a store there is a big *gamble*. そこに店を出すことは大きな賭けだ.

gam·bler /ɡǽmblər ギャンブラ/ 名 C 賭け事をする人, ばくち打ち.

gam·bling /ɡǽmbliŋ ギャンブリング/ 名
U ❶ 賭け事, 賭博, ばくち.
❷ あぶない冒険的なことをすること.

****game** /ɡéim ゲイム/ 名 (複 ~s /-z/)
❶ C ⓐ **ゲーム**, 遊び.
ⓑ 遊び[ゲーム]のようなもの.
❷ C ⓐ (スポーツの)**試合**, 競技, 勝負.
ⓑ (スポーツの)技, うで.
❸ 《複数形で》**競技大会**.
❹ C (1つの試合や1セットの中の)ゲーム.
❺ U (狩り・釣りの)獲物.
— 形 勇気がある.

名 ❶ ⓐ play a computer *game* コンピューターゲームをする / Children play tag, marbles, hide-and-seek, and many other *games*. 子どもたちは鬼ごっこ, ビー玉, かくれんぼやその他いろいろな遊びをする.

abcdef**g**hijklmnopqrstuvwxyz　　　　　　　　　　　　　　　　　　　　　　gap

❷ That's just a *game* for him. そんなことは彼には遊び(のようなもの)にすぎない.

❷ ⓐ Who won the *game*? だれがゲームに勝ったの / We lost the *game* by a score of 5–2 (= five to two). 私たちは5対2で試合に負けた / We are going to play a football *game* with T High School. 私たちはT高校とフットボールの試合をします.

|語法| (米)では baseball, basketball, football などうしろに -ball が付く競技に game を用い, golf, tennis, boxing などには match を用いる傾向がある; (英)では一般に match を用いる.

語の結びつき

a losing *game* 勝ち目のない試合

a tied *game* 引き分け試合

call off [cancel] a *game* 試合を中止する

have [play] a *game* (of ...) (野球・チェス・トランプなどの)試合[勝負]をする

lose a *game* 試合に負ける

take part [play] in a *game* 試合に出る

throw a *game* 試合にわざと負ける

win a *game* 試合に勝つ

❸ the 1998 Olympic Winter *Games* at Nagano 1998年長野冬季オリンピック.

❹ I won the first set by a score of six *games* to four. 私は第1セットを6対4でとった.

❺ big *game* (狩りや釣りの)大物.

beat ... at ...'s own game …の得意な手[分野]で…を負かす.

give the game away 秘密をつい漏(ら)らしてしまう.

play games (真剣ではなく)遊び半分にやる; ずるいことをする.

play the game 公正である, 正々堂々と行なう.

── 形 He is *game* for anything. 彼は何でもやる気力がある.

gáme bìrd 名C 猟鳥 (法律で狩ることを許されている鳥).

game・keep・er /géimkìːpər ゲイムキーパ/ 名C 狩猟場の番人.

gáme plàn 名C (スポーツ・事業などの)計画.

gáme resèrve 名C (米) 野生動物保護区.

gáme shòw 名C (テレビの)ゲーム番組.

gan・der /ǽndər ギャンダ/ 名C ガチョウの雄(ぉす) (✿「ガチョウの雌(ぁす)」は goose).

*****gang** /ǽŋ ギャング/ 名(複 ~s /-z/) C

❶ 《単数または複数扱い; 集合的に》(若者の) **不良グループ**; ギャング集団 (✿「ギャングのひとり」は gangster).

❷ 《単数または複数扱い; 集合的に》(いっしょに作業をする労働者などの)**一団**.

❸ 《口語》(若者の)遊び仲間.

── 動 ⓘ 《口語》 グループを作る, 徒党を組む.

━━━━━━━━━━━━━━━━━━━

名 ❶ He joined a *gang*. 彼は不良グループに入った / a motorcycle *gang* 暴走族 / an armed *gang* 武装ギャング(の集団). ❷ A *gang* of workmen were repairing the road. 労働者たちが道路を修理していた. ❸ I went swimming with the usual *gang*. 私はいつもの仲間と泳ぎに行った.

── 動 *gang up on [against] ...* 《口語》…を集団で襲う[攻撃する].

gang・plank /ǽŋplæŋk ギャングプランク/ 名C タラップ (船と埠頭(ふとう)またははしけを連絡する通路); gangway ともいう).

gan・grene /ǽŋgriːn ギャングリーン/ 名U 【医学】壊疽(ぇ).

gang・ster /ǽŋstər ギャングスタ/ 名C ギャング(のひとり).

gang・way /ǽŋwèi ギャングウェイ/ 名C

❶ (大きな)タラップ (船の横側の出入口).

❷ (英) (劇場・列車・バスなどの座席間の)通路 (✿ (米) では aisle).

*****gap** /ǽp ギャップ/ 名(複 ~s /-s/) C

❶ (本来埋まっているべき)**すき間**, (壁などの)**割れ目**, 穴.

❷ **とぎれ**, 欠けているもの[点], (時間・空間などの)空白.

❸ (意見・年齢などの)**相違**, 食い違い, ギャップ.

━━━━━━━━━━━━━━━━━━━

❶ fill the *gap* in the wall 壁の裂(さ)け目をふさぐ.

❷ bridge a *gap* in the conversa-

gape

tion 会話のとぎれを埋める.

❸ There is a wide *gap* between your opinion and mine. 君と私の意見には大きな食い違いがある / a generation *gap* 世代の違い.

gape /géip ゲイプ/ 動 (現分 gap·ing) 自
❶ (驚いたり感心したりして) 口をぽかんとあけてじっと見る.
❷《ふつう **gape open** で》ぽっかり穴[口, すき間]があく.
▶❶ The child stood *gaping at* the elephant. その子は口をぽかんとあけて象をじっと見て立っていた.
❷ A hole *gaped open* in the road. 道路に穴がぽっかりあいた.

***gar·age** /gərá:ʒ ガラージ, -rá:dʒ | gǽra:ʒ, -ra:dʒ/ (★発音注意) 名 (複 -ag·es /-iz/) C
❶ ガレージ, 車庫 (☞house のさし絵).
❷ (自動車の) 修理工場 (✪ (英) ではガソリンスタンド (petrol station) を兼ねる).

・・・・・・・・・・・・・・・・・・・・・・・・
❶ Put the car in the *garage*. 車をガレージに入れなさい.

garáge sàle 名C《米》ガレージセール《自分のガレージ・庭先などで不要の品を売る》.

gar·bage /gá:rbidʒ ガービヂ/ 名U
❶《米》ごみ, くず (✪ (英) では rubbish).
❷ がらくた;くだらない話, 考え.

gárbage càn 名C《米》ごみ入れ (✪ (英) では dustbin).

gárbage colléctor 名C《米》ごみ収集人 (✪ (英) では dustman).

gárbage màn 名 = garbage collector.

gárbage trùck 名C《米》ごみ収集車 (✪ (英) では dust cart).

gar·bled /gá:rbld ガーブルド/ 形 よく意味のわからない.

****gar·den** /gá:rdn ガードン/ 名 (複 ~s /-z/) C
❶ 庭, 庭園《家に接していて草花・樹木・野菜などを植えた土地;✪ (米) では家に隣接している「庭」はふつう yard という》.
❷《米》花壇, 菜園《家に接するか近くにあり草花やハーブなどを育てて楽しむ土地》.
❸《しばしば複数形で》公園, 遊園地.

・・・・・・・・・・・・・・・・・・・・・・・・
❶ We have a small *garden*. わが家には小さい庭がある.

語の結びつき
lay out a *garden* 庭園を設計する, 造園する
look after [tend] a *garden* 庭を手入れする
plant a *garden* (with ...) 庭に (…を) 植える
water a *garden* 庭に水をまく
weed a *garden* 庭の雑草をむしる

❷ a kitchen *garden* 家庭菜園 / We have a flower *garden* behind our house. わが家の裏には花壇がある.
❸ botanical *gardens* 植物園 / Kensington *Gardens* (ロンドンの) ケンジントン公園.

gárden cènter 名C 園芸用品店.

gar·den·er /gá:rdnər ガードナ/ 名C
❶ 庭師, 植木屋. ❷ 園芸をする人, (趣味として) 庭いじりをする人.

gar·den·ing /gá:rdniŋ ガードニング/ 名U ガーデニング; 園芸.

gar·gle /gá:rgl ガーグル/ 動 (現分 gar·gling) 自 うがいをする.
— 名 ❶《a をつけて》うがい. ❷U うがい薬.

gar·goyle /gá:rgɔil ガーゴイル/ 名C 【建築】ガーゴイル《ゴシック建築に多い怪獣の型をした屋根の雨水の落とし口》.

gar·ish /géəriʃ ゲ(ア)リシュ/ 形 けばけばしい.

gar·land /gá:rlənd ガーランド/ 名C (頭にかぶったり, 首にかけたりする) 花輪.

gar·lic /gá:rlik ガーリック/ 名U 【植物】ニンニク.

gar·ment /gá:rmənt ガーメント/ 名C《文語》衣服, 衣類.

gar·net /gá:rnit ガーニット/ 名C ガーネット《宝石》.

gar·nish /gá:rniʃ ガーニシュ/ 動 (三単現 ~·es /-iz/) 他 (料理) につま [つけあわせ] を添える.
— 名C (飾りの) 料理のつけ合わせ.

gar·ri·son /gǽrəsn ギャリスン/ 名C 守備隊.

gar·ter /gá:rtər ガータ/ 名 ❶C くつ下留め, ガーター. ❷《the Garter》ガーター勲位 [勲章]《イギリスの最高勲章》.

***gas** /gǽs ギャス/ 名 (複 ~·es /-iz/;《米》ではまた ~·ses /-iz/) ❶UC 気体, ガス.

❷Ⓤ(燃料の)ガス.
❸Ⓤ《米》ガソリン(gasoline の短縮形; ✪《英》では petrol).
❹Ⓤ毒ガス.
❺Ⓤ麻酔ガス.
❻Ⓤおなら.
— 動 (gas·ses, ~·es /-iz/; gassed /-t/; gas·sing) 他 …をガス中毒にする[にして殺す].

名 ❶exhaust *gas* 排気ガス / Air is a mixture of *gases*. 空気は気体の混合物だ.
❷a *gas* stove ガスレンジ / turn on 〔off/up/down〕 the *gas* ガスをつける〔消す/強くする/細くする〕.
❸run out of *gas* ガソリンが切れる.
❹tear *gas* 催涙ガス.

step on the gas 《米口語》(車の)アクセルを踏む, スピードを出す.

gás chàmber 名《ふつう the をつけて》(処刑用の)ガス室.

gash /gǽʃ ギャッシュ/ 名 (榎 ~·es /-iz/) Ⓒ大きく深い傷. — 動 (三単現 ~·es /-iz/) 他 …に大きく深い傷をつける.

gás màsk 名Ⓒガスマスク, 防毒マスク.

*__gas·o·line__, **gas·o·lene** /ɡǽsəliːn ギャソリーン/ 名Ⓤ《米》**ガソリン**(✪《米口語》では短縮して gas, 《英》では petrol).

gasp /ɡǽsp ギャスプ| ɡáːsp/ 動 圓
❶(驚き・恐怖などで)はっと息をのむ.
❷あえぐ, 苦しそうに呼吸する.
— 他 …をあえぎながら言う.
— 名Ⓒ❶はっと息をのむこと.
❷あえぎ, 息切れ.

動 圓 ❶*gasp* with shock ショックではっと息をのむ. ❷*gasp* for breath 息が苦しくてあえぐ.
— 名 ❶give a *gasp* of pain 苦痛ではっと息をのむ.
❷in *gasps* あえぎながら.

gas·ses /ɡǽsiz ギャスィズ/ 名《米》gasの複数形.
— 動 gasの三人称・単数・現在形.

gás stàtion 名Ⓒ《米》ガソリンスタンド(✪《英》では petrol station; または《米》《英》ともに service station, filling station ともいう).

gas·tric /ɡǽstrik ギャストリック/ 形 胃(部)の.

gas·tro·nom·ic /ɡæstrənámik ギャストロナミク/ 形 美食の, おいしい物ばかり食べる.

*__gate__ /ɡéit ゲイト/ 名 (榎 ~s /-ts/)
❶Ⓒⓐ門, 出入口, 通用門.
ⓑ(運河などの)水門.
❷Ⓒⓐ(空港の)搭乗口, ゲート.
ⓑ(会場への)入り口.

---

❶ⓐI met her at the *gate*. 私は門のところで彼女に会った / the front〔back〕*gate* 表〔裏〕門 / enter at [through] the *gate* 門から入る.
❷ⓐFlight 505 to Honolulu leaves from *gate* 21. ホノルル行き505便は21ゲートから出ます.
ⓑenter the stadium at *Gate* 4 4番ゲートからスタジアムに入る.
《同音異形語》gait.

gâ·teau /ɡætóu ガトウ/ 名 (榎 gâ·teaux /-(z)/) (ふつうクリームの入った豪華な)ケーキ.

gate-crash /ɡéitkræʃ ゲイトクラッシュ/ 動《口語》(パーティーなどに)招待状なしで押しかける.
— 他《口語》(招待状なしで)(パーティー)に押しかける.

gate-crash·er /ɡéitkræʃər ゲイトクラッシャ/ 名Ⓒ《口語》(パーティーなどの)押しかけ客.

gate·way /ɡéitwèi ゲイトウェイ/ 名Ⓒ
❶(門のある)出入り口.
❷《比喩(ひゆ)的に》(…への)入り口.

*__gath·er__ /ɡǽðər ギャザ/ 動 (~s /-z/; ~ed /-d/; ~·ing) 他 ❶…を**集める**, まとめる.
❷…を**拾い集める**, 採集する, 収穫する.
❸(速度・力などを)(しだいに)**増す**.
❹ⓐ__と推測する, 思う.
ⓑ《gather (that) 》__と推測する, 思う.
— 圓 ❶集まる, 群がる. ❷集まって大きくまとまる, たまる, 蓄積する.
— 名 (榎 ~s /-z/) Ⓒ《ふつう複数形で》〖服飾〗ギャザー, ひだ.

動 他 ❶She *gathered* her personal belongings and put them in her suitcase. 彼女は持ち物を集めてスーツ

gathering

ケースに入れた / *gather* information 情報を集める / The teacher *gathered* the pupils around her. 先生は生徒たちをまわりに集めた.

❷ I *gathered* various shells on the beach. 私は海辺でいろいろな貝殻を拾い集めた / *gather* the crops 作物を収穫する.

❸ *gather* speed〔strength〕速度〔力〕を増す.

❹ⓐ She does not like Japanese food, from what I *gather*. 彼女はどうも日本食は好きではないようだ.
ⓑ I *gather* from this letter *that* he is angry. この手紙から察すると彼はおこっているようだ.

— 圓 ❶ A large crowd *gathered* to see the parade. 大群衆がそのパレードを見ようと集まった. ❷ Clouds are *gathering*. 雲が出てきた.

gather together 他 …を寄せ集める.
— 圓 集まって一緒になる.

gather up 他 …を拾い集める, まとめる: She *gathered up* her things and left the room. 彼女は自分の持ち物をまとめて部屋を出た.

gath·er·ing /gǽðəriŋ **ギャザリング**/ 名
❶ C 集まり, 集会.
❷ U 集める[集まる]こと, 採集, 収穫.
▶ ❶ a social *gathering* 懇親会.

gaud·y /gɔ́ːdi **ゴーディ**/ 形 (gaud·i·er; gaud·i·est) 安っぽくてけばけばしい.

gauge /géidʒ **ゲイヂ**/ (★発音注意) 名
❶ C 計器, 測定器具, ゲージ.
❷ UC【鉄道】ゲージ《線路の軌道の幅》.
❸ UC《針金や鉄板などの》規格, 寸法.
— 動 (現分 gaug·ing) 他 ❶《大きさ・力など》を測定する. ❷ …を評価する, 判断する.

名 ❶ a rain〔pressure〕*gauge* 雨量〔圧力〕計. ❷ broad〔standard/narrow〕*gauge* 広〔標準/狭〕軌.

gaunt /gɔ́ːnt **ゴーント**/ 形 (人が)やせこけた, やつれた.

gauze /gɔ́ːz **ゴーズ**/ (★発音注意) 名 U ガーゼ; 紗(しゃ)《軽くて薄い綿, 生糸織物》.

*gave /géiv **ゲイヴ**/ 動 give の過去形.

gav·el /gǽvəl **ギャヴェル**/ 名 C (議長・司会者などが用いる)つち《テーブルをたたいて静

粛(しゅく)を求めるときなどに用いる》.

*gay /géi **ゲイ**/ 形 (~·er; ~·est) ❶ 同性愛の, ホモの.
❷《文語》(服装・色彩などが)はでな, 華やかな.
❸《文語》陽気な, 楽しそうな.
— 名 (複 ~s /-z/) C (とくに男性の)同性愛者, ゲイ.
▶ 形 ❶ a *gay* bar ゲイバー.
☞ 名 gaiety.

gaze /géiz **ゲイズ**/ 動 (gaz·es /-iz/; gazed /-d/; gaz·ing) 圓 (興味・驚嘆のまなざしで, またときにはなんとなく)じっと見つめる, 凝視(ぎょうし)する (☞ look の類語).
— 名《単数形で》じっと見つめること.

動 圓 He was *gazing* at the beautiful sunrise. 彼は美しい日の出をじっと見つめていた / *gaze* into the deep water 深い水の中をじっとのぞきこむ.
— 名 an admiring *gaze* 賞賛のまなざし.

GB《略語》Great Britain.

Gb《略》【電算】gigabyte.

GCSE /dʒíːsìːèsíː **ヂースィーエスイー**/《略語》*G*eneral *C*ertificate of *S*econdary *E*ducation《英国で15歳または16歳の生徒を対象に行われる試験またはその合格証明書; 以前の GCE の O level と CSE (*C*ertificate of *S*econdary *E*ducation) を一本化したもの》.

GDP /dʒíːdìːpíː **ヂーディーピー**/《略語》【経済】*g*ross *d*omestic *p*roduct 国内総生産(額).

*gear /gíər **ギア**/ 名 (複 ~s /-z/)
❶ UC (自動車などの)ギヤ.
❷ U ギヤ, 歯車.
❸ U (特定の行動のための)用具(一式)《衣類も含む》.
— 動 (~s /-z/; ~ed /-d/; gear·ing /gíəriŋ/) 他《ふつう be geared で》(…に合わせて)調整する, 連動する.
— 圓《gear up で》準備する.
▶ 名 ❶ shift *gears* ギヤを入れかえる.
❸ climbing〔sports〕*gear* 登山用具〔スポーツ用品〕.

in gear ① ギヤがはいって. ② 調子よく.

out of gear ① ギヤがはずれて. ② 調子わるく.

— 動 他 Their efforts *were geared*

abcdef**g**hijklmnopqrstuvwxyz　　　　　　　　　　　　　　　　**generally**

to the overall plan. 彼らは全体の計画の線にそって努力した.

gear·box /gíɚrbɑ̀ks ギアバックス/ 名C ❶(自動車などの)ギア装置. ❷ギアの入っている場所.

géar lèver 名C《英》= **gear shift**.

gear·shift /gíɚrʃìft ギアシフト/ 名C《米》(自動車の)ギヤレバー, 変速レバー.

géar stick 名C《英》= **gear shift**.

gee /dʒíː ヂー/ 間《米口語》おや, あれ, まあ(《驚き・喜び・賞賛などを表わす発声》).

geek /gíːk ギーク/ 名 ❶C《俗語》変人. ❷C《俗語》(コンピューター)おたく.

geese /gíːs ギース/ 名 gooseの複数形.

gel /dʒél ヂェル/ 名UC ジェル; 〔化学〕ゲル(《ゼリー状のもの》).
— 動⾃ ❶ゼリー状になる. ❷《英》(考え・計画などが)固まる, 具体化する (《✪米》では jell).

gel·a·tin, gel·a·tine /dʒélətən ヂェラトン | dʒèlətíːn/ 名U ゼラチン.

gem /dʒém ヂェム/ 名C ❶宝石. ❷すばらしい人[もの], 逸品(⅔).

Gem·i·ni /dʒémənì: ヂェミニー, -nài/ 名〔天文〕ふたご座(《✪ the Twins ともいう》).

gen·der /dʒéndɚr ヂェンダ/ 名 ❶UC 性別. ❷U〔文法〕性(人や高等動物の雄(₂)・雌(₂)を性 (sex) というのに対して文法上の性の区別をいう).

gene /dʒíːn ヂーン/ 名C〔生物〕遺伝子, 因子.

gen·e·ra /dʒénərə ヂェネラ/ 名 genusの複数形.

＊**gen·er·al** /dʒénərəl ヂェネラル/ 形 (more ~; most ~)
❶ **一般の**, 広く, (部分ではなく)全体の, 広範囲にわたる (⇔individual).
❷ (特定・詳細ではなく)**ふつうの**, 一般的な (⇔special).
❸ **概略の**, 大体の (⇔detailed).
❹《役職名の名詞とともに》総…, …長官.
— 名 (複 ~s /-z/) C ❶《米》陸軍[空軍] 大将.
❷《英》陸軍大将; 将軍 (☞admiral).

形 ❶Education is a matter of *general* interest. 教育は世間一般の関心を引くことである / There is a *general* agreement about that. それについては広く意見が一致している / Computers are now in *general* use. コンピューターは現在広く利用されている / the *general* public 一般大衆 / a *general* tendency 全体的な傾向 / *general* knowledge 広範な知識.
❷ *general* readers (専門家ではない)ふつうの読者 / a *general* principle 一般的な原則.
❸ I'll give you a *general* idea of the work. 仕事の大体のことをお話ししましょう / a *general* outline of the plan その計画の概略.
❹ the Secretary *General* 事務総長.

as a general rule《文全体を修飾して》一般に, ふつう: *As a general rule*, trains are punctual in Japan. 一般に日本の列車は時間どおりに運行される.

in general ①《文全体を修飾して》**一般に**, ふつう, 全体に: *In general*, young children love watching TV. 一般に幼い子どもはテレビを見るのが好きだ.
②《名詞の後で》**たいていの**, 大部分の: He is good at ball games *in general*. 彼はたいていの球技が得意だ.
☞動 generalize.

géneral educátion 名U(専門教育に対して)一般教育, 教養課程.

géneral eléction 名C 総選挙.

gen·er·al·i·za·tion /dʒènərəlizéiʃən ヂェネラリゼイション | -lai-/ 名UC(大体の場合に当てはまる)一般論.
☞動 generalize.

gen·er·al·ize /dʒénərəlàiz ヂェネラライズ/ 動 (-al·iz·es /-iz/; -al·ized /-d/; -al·iz·ing) ⾃ ❶ (細かいことは扱わず)一般的に述べる, 一般論を述べる. ❷ (少数の事実から)一般的な結論を出す.
▶⾃ ❶ It's difficult to *generalize* about the influence of TV on children. テレビが子どもに及ぼす影響を一般的に述べるのは難しい.
☞形 general, 名 generalization.

＊**gen·er·al·ly** /dʒénərəli ヂェネラリ/ 副 (more ~; most ~)
❶ **一般に**, たいてい, ふつうは (《☞ always の 語法》)
❷ 広く, 世間一般に.
❸《文全体を修飾して》**一般的に(いって)**, 概して.

539

general meeting

❶ She *generally* goes to bed at ten. 彼女はふつう10時に寝る / Older people are *generally* conservative. 年上の人は一般的に保守的だ.
❷ It is *generally* known that tourism is the biggest industry in Hawaii. 観光はハワイ最大の産業であることは広く知られている / The custom is *generally* observed in Japan. 日本ではその習慣は世間で守られている.
❸ *Generally*, women live longer than men. 一般的に女性のほうが男性より長生きだ.

generally speaking《ふつう文頭で》**一般的にいって**, 概して: *Generally speaking*, the climate of Japan is mild. 一般的にいって日本の気候は温和である.

géneral méeting 名C 総会.
▶ a *general meeting* of the students 生徒総会.

géneral practítioner 名C 一般開業医 (◎G.P., g.p. と略す).

general-purpose /ʤénərəl-pɚ́rpəs **ヂェネラル・パーパス**/ 形《名詞の前に用いて》多目的の; 一般用の.

géneral stóre 名C (とくに田舎の)雑貨店.

*gen·er·ate /ʤénərèit ヂェネレイト/ 動 (~s /-ts/; -at·ed /-id/; -at·ing) ⊕
❶ (熱・電気など)を**発生させる**.
❷ …を作り出す, 生み出す.
▶ ❶ *generate* electricity 発電する.
❷ *generate* jobs 職を作り出す / *generate* demand〔profits〕需要〔利益〕を生み出す.

*gen·er·a·tion /ʤènəréiʃən ヂェネレイション/ 名 (複 ~s /-z/)
❶C (社会の)**同年代[同世代]の人々**.
❷C ❸ (家族の)**一代**. ❺ **世代**《人間が生まれてから親になるまでの平均期間; 約30年をいう》. ❻ (改良を重ねる製品の)世代.
❸U (電気・ガスなどの)**発生**.

❶ the present〔previous/next〕 *generation* 現代〔前の世代/次の世代〕の人々 / the younger *generation* 若い世代, 青年(層).
❷ ❸ She's a second-*generation* American. 彼女はアメリカ人として2代目だ. ❺ a *generation* ago 1世代前, 約30年前.
❸ the *generation* of gas〔electricity〕ガス〔電気〕の発生.

generátion gàp 名C《the をつけて》世代(間)の断絶.

gen·er·a·tor /ʤénərèitɚ **ヂェネレイタ**/ 名C 発電機; (ガス・蒸気などの)発生機.

ge·ner·ic /ʤənérik **ヂェネリック**/ 形
❶ (同類のもの全体に関係する)総称的な, 全体を表わす.
❷ (医薬品などが)ノーブランドの.
☞ 名 genus.

*gen·er·os·i·ty /ʤènərɑ́səti ヂェネラスィティ | -rɔ́s-/ 名 (複 -ties /-z/) U (人に対するやさしさからくる)**気前のよさ**, (人に金をあげたりする)やさしさ.

He showed *generosity* in giving all the money to the poor old man. 彼はそのお金を全部あわれな老人に与えてやさしいところを見せた.
☞ 形 generous.

*gen·er·ous /ʤénərəs ヂェネラス/ 形 (more ~; most ~)
❶ (人に対してやさしく)**気前のいい**, けちけちしない (反 stingy).
❷ **やさしい**, 親切な.
❸ たっぷりした, 豊富な.

❶ He is *generous* with his money. 彼は金離れがいい / It is *generous* of you to pay for our holiday. = You are *generous* to pay for our holiday. われわれの休暇の費用を払ってくれるなんてあなたは気前がいいですね《お礼のことば》.
❷ The teacher is always *generous* to her students. その先生は生徒たちにいつもやさしい / a *generous* attitude やさしい態度.
❸ a *generous* meal 量のたっぷりある食事.
☞ 名 generosity.

gen·er·ous·ly /ʤénərəsli **ヂェネラスリ**/ 副 ❶ (やさしさから)気前よく. ❷ やさしく. ❸ たっぷりと, 十分に.

gen·e·sis /ʤénəsis **ヂェネスィス**/ 名 (複 -e·ses /-sìːz/) C《ふつう the をつけて》起

abcdef**g**hijklmnopqrstuvwxyz　　　　　　　　　　　　　　**genus**

源, 発生.
ge・net・ic /dʒənétik チェネティック/ 形遺伝子の. ▶a *genetic* disorder 遺伝病.
ge・net・i・cal・ly /dʒənétikəli チェネティカリ/ 副遺伝的に.
genétically módified 形(食品・作物などが)遺伝子組み換えの(☞GM).
genétic enginéering 名Ｕ遺伝子工学.
ge・net・i・cist /dʒənétəsist チェネティスィスト/ 名Ｃ遺伝学者.
ge・net・ics /dʒənétiks チェネティックス/ 名Ｕ遺伝学.
ge・nial /dʒíːnjəl チーニャル/ 形明るくやさしい, 感じのよい, 親切な.
gen・i・tal /dʒénətl チェニトル/ 形生殖(器)の.
gen・i・tals /dʒénətlz チェニトルズ/ 名複生殖器.
*__**gen・ius**__ /dʒíːnjəs チーニャス/ 名(複 ~・es /-iz/) ❶Ｕ**天才**. ❷Ｃ**天才(的な人)**.
❸《単数形で》非常にすぐれた才能.

❶a person of *genius* 天才. ❷He was a *genius* in both science and art. 彼は科学と芸術と両方面の天才であった. ❸She has *a genius for* languages. 彼女には非常にすぐれた語学の才能がある.
gen・o・cide /dʒénəsàid チェノサイド/ 名Ｕ(人種・国民などの)集団大虐殺.
ge・nome /dʒíːnoum チーノウム/ 名Ｃ〖生物〗ゲノム《生命を保つために必要な遺伝子群を含む染色体のひと組》.
genre /ʒɑ́ːnrə ジャーンレ/ 名Ｃ(文芸作品などの)ジャンル, 種類.
gent /dʒént チェント/ 《略語》gentleman.
gen・teel /dʒentíːl チェンティール/ 形上品な; 気取った.
gen・til・i・ty /dʒentíləti チェンティリティ/ 名Ｕ❶上品さ, ❷お上品ぶり.
*__**gen・tle**__ /dʒéntl チェントル/ 形(gen・tler; gen・tlest)

❶(人柄・行動などが)**おだやかな**, やさしい, 上品な.
❷(強さ・程度などが)**おだやかな**, 静かな, やわらかな, ゆるやかな.

❶He has a *gentle* heart. 彼はおだやかでやさしい心をしている / She is *gentle*

with animals. 彼女は動物たちにやさしい. ❷a *gentle* wind おだやかな風 / a *gentle* curve ゆるやかなカーブ.

*__***gen・tle・man**__ /dʒéntlmən チェントルマン/ 名(複 -tle・men /-mən/) Ｃ
❶**紳士**《礼儀正しく, 思いやりがあり, 教養のある人をいう; ☞ lady》.
❷**男の方**(がた)《❶man よりもていねいな言い方; 呼びかけにも使う》.
❸《複数形で; 複数の男性に対する呼びかけで》皆さん.

❶a true *gentleman* ほんとうの紳士. ❷There is a *gentleman* who wants to see you. 男の方がご面会にお出でになりました.
❸*Gentlemen*, be quiet please. 皆さん, お静かに / Ladies and *gentlemen*!《演説などの初めに, 女性も含んだ聴衆に向かって》皆さん.

☞ 形 gentlemanly.
gen・tle・man・ly /dʒéntlmənli チェントルマンリ/ 形紳士的な, 礼儀正しい.
☞ 名 gentleman.
gen・tle・men /dʒéntlmən チェントルマン/ 名 gentleman の複数形.
gen・tle・ness /dʒéntlnəs チェントルネス/ 名Ｕおだやかさ, やさしさ, 上品さ; 温和.
*__**gen・tly**__ /dʒéntli チェントリ/ 副(more ~; most ~)

❶(ことば・動作が)**おだやかに**, やさしく.
❷(力・程度が)**おだやかに**, 静かに; ゆるやかに.

❶She speaks *gently*. 彼女はおだやかに話す / smile *gently* やさしくほほ笑む.
❷The road wound *gently* down the hills. 道はゆるやかに丘をくねくねと曲がって下っていた.
*__**gen・u・ine**__ /dʒénjuin チェニュイン/ 《★発音注意》形(more ~; most ~)
❶(にせ物でなく)**本物の**, 正真正銘の, 真の(反false).
❷(見せかけでない)心からの, 誠実な.
▶a *genuine* diamond 本物のダイヤモンド. ❷*genuine* joy 心からの喜び.
gen・u・ine・ly /dʒénjuinli チェニュインリ/ 副心から, 誠実に.
ge・nus /dʒíːnəs チーナス/ 《★発音注意》名

541

geographer

(複 gen·er·a /dʒénərə/, ~·es /-iz/) C 〖生物〗(分類学上の)属.
☞ 形 generic.

ge·og·ra·pher /dʒiágrəfər チアグラファ/ 名 C 地理学者.

ge·o·graph·ic /dʒì:əgrǽfik チーオグラフィック/ 形 = **geographical**.

ge·o·graph·i·cal /dʒì:əgrǽfikəl チーオグラフィカル/ 形 地理(学)の.
☞ 名 geography.

ge·o·graph·i·cal·ly /dʒì:əgrǽfikəli チーオグラフィカリ/ 副 地理的に, 地理学上.

*__ge·og·ra·phy__ /dʒiágrəfi チアグラフィ/ (★アクセント注意) 名 ❶ U 地理(学).
❷《the をつけて》地勢, 地形.
☞ 形 geographic, geographical.

ge·o·log·i·cal /dʒì:əládʒikəl チーオラヂカル/ 形 地質学の.
☞ 名 geology.

ge·ol·o·gist /dʒiálədʒist チアロヂスト/ 名 C 地質学者.

ge·ol·o·gy /dʒiálədʒi チアロヂィ/ 名 U 地質学.
☞ 形 geological.

ge·o·met·ric /dʒì:əmétrik チーオメトリック/ 形 ❶ 幾何学の. ❷ 幾何学的な.
▶ ❷ a *geometric* design [pattern] 幾何学模様.
☞ 名 geometry.

ge·o·met·ri·cal /dʒì:əmétrikəl チーオメトリカル/ 形 = **geometric**.

*__ge·om·e·try__ /dʒiámətri チアメトリ/ (★アクセント注意) 名 U 幾何学.
☞ 形 geometric, geometrical.
[INFO] geo は「土地」, metry は「測量」の意味. 古代エジプト時代, ナイル川 (the Nile) の洪水で所有地の消えた境界線をはっきりさせるため, 測量をしなおしたことから.

George /dʒɔ́:rdʒ ヂョーヂ/ 名 ジョージ《男性の名》.

Geor·gia /dʒɔ́:rdʒə ヂョーヂャ/ 名
❶ ジョージア《アメリカ南東部の州; ◎〖郵便〗GA と略す》. ❷ グルジア共和国《旧ソ連邦の共和国のひとつ》.

ger·i·at·rics /dʒèriǽtriks チェリアトリクス/ 名 U 老人医学.

germ /dʒə́:rm ヂャーム/ 名 C ❶ 細菌, 病原菌.
❷《the をつけて》芽ばえ, 初期の段階.

*__Ger·man__ /dʒə́:rmən ヂャーマン/ 形
❶ ドイツの. ❷ ドイツ人の. ❸ ドイツ語の.
— 名 (複 ~s /-z/) ❶ C ドイツ人.
❷ U ドイツ語.

形 ❶ a *German* car ドイツ製の車.
❷ His father is *German*. 彼の父はドイツ人です.
☞ 名 Germany.
— 名 ❶ She is a *German*. 彼女はドイツ人です / the *Germans*《集合的に》ドイツ人, ドイツ国民.
❷ She speaks a little *German*. 彼女は少しドイツ語を話す.

Gérman méasles 名 U 〖医学〗風疹 (ふうしん)《◎ **rubella** ともいう》.

Gérman shépherd 名 C シェパード《警察犬 (police dog) などに用いる; ◎(英)では Alsatian》.

*__Ger·many__ /dʒə́:rməni ヂャーマニ/ 名 ドイツ《ヨーロッパ中北部の国; 首都 Berlin (ベルリン); 正式名は the Federal Republic of Germany (ドイツ連邦共和国); ◎ Ger. と略す; ドイツ人, ドイツ語は German》.
☞ 形 German.

ger·mi·nate /dʒə́:rməneit ヂャーミネイト/ 動 (現分 -nat·ing) 自 発芽する.
— 他 …を発芽させる.

ger·mi·na·tion /dʒə̀:rmənéiʃən チャーミネイション/ 名 U 発芽; 芽ばえ.

ger·und /dʒérənd ヂェランド/ 名 C 〖文法〗動名詞《☞ verbal》.

ges·ta·tion /dʒestéiʃən チェステイション/ 名 U 〖医学〗妊娠.

ges·tic·u·late /dʒestíkjuleit チェスティキュレイト/ 動 (現分 -lat·ing) 自 (話すときに)身ぶりをつける.

*__ges·ture__ /dʒéstʃər ヂェスチャ/ 名 (複 ~s /-z/) C ❶ (気持ちなどを表わす)**身ぶり**, 手ぶり, ジェスチャー《◎ 日本でいう「ジェスチャーゲーム」は charades》.
❷ (気持ちを表わす)行為, しるし.
— 動 (~s /-z/; ~d /-d/; -tur·ing /-tʃəriŋ/) 自 身ぶり[手ぶり]をする.
— 他 (気持ちなど)を身ぶり[手ぶり]で表わす.

名 ❶ She made an angry *gesture*. 彼女はおこった身ぶりをした / a *gesture* of despair 絶望だという身ぶり.
[INFO] 日本人は自分の意思を相手に伝え

るときに身ぶりや手ぶりを用いることが比較的少ないが, 欧米人は「身体を使ってものを言う」といえる.
as a gesture of goodwill 善意のしるしとして.

— 動 自 He *gestured* for us to sit down. 彼はわれわれにすわるように身ぶりで指示した.

get /gét ゲット/

動 (~s /-ts/; got /gát | gɔ́t/; got, 《米》got･ten /gátn | gɔ́tn/; get･ting) 他

❶ ⓐ …を**手に入れる**, 得る, もらう, かせぐ.
ⓑ 《get ~ ... または get ... for ~》~(人)に…(ものなど)を手に入れてやる.
❷ …を**受け取る**, 受ける.
❸ ⓐ …を**買う**.
ⓑ 《get ~ ... または get ... for ~》~(人)に…(もの)を買ってやる.
❹ ⓐ …を**取ってくる**, 持ってくる, 連れてくる.
ⓑ 《get ~ ... または get ... for ~》~(人)に…(もの)を**取って[持って, 連れて]きて**やる.
❺ …を**動かす**, 運ぶ, 持って行く, 連れて行く.
❻ ⓐ …を**つかまえる**.
ⓑ (乗り物)に乗る, 間に合う.
❼ ⓐ …を**理解する**, …がわかる.
ⓑ …を聞き取る.
❽ (印象・気持ち・考えなど)を**もつ**.
❾ (病気)にかかる.
ⓑ (傷・損害・罰など)を**受ける**.
❿ (電話などで)…を呼び出す; …と連絡をつける.
⓫ 《get ... ~》…を~にする (❂ ~には形容詞がくる; ☞ have¹ ⓫).
⓬ 《get ... to do》(説得または命令して)(人)に__させる; (人)に__してもらう (☞ have¹ ❽).
⓭ 《get ... +過去分詞で》ⓐ …を__させる, …を__してもらう.
ⓑ …を__される (❂ get を弱く, 過去分詞を強く発音する; ☞ have¹ ❼).
ⓒ (口語)(自分で)…を__してしまう.
⓮ 《get ... *do*ing》…を__するようにする (☞ have¹ ❿).
⓯ 【いろいろな "get+名詞" 表現】 ☞ 次ページ.

— 自 ❶ **着く**, 行く.
❷ **動く**, 移動する.
❸ 《口語》 **…になる** (❂ … には形容詞がくる).
❹ 《口語》《get+過去分詞で》__される, __られる (❂ (1) 'get+過去分詞' は 'be+過去分詞' と同じように受け身の意味を表わす. (2) 動作をする人[もの]が by ... で示されることはふつうない).
❺ 《get to *do*》ⓐ __するようになる.
ⓑ (口語) __する機会を持つ, どうにか__する.
❻ 《口語》《get *do*ing》 __し始める.

━━━━━━━━━━━━━━━━━━

他 ❶ ⓐ He *got* first prize. 彼は一等賞をもらった / How did you *get* the money for the car? 車を買うお金はどうして得たのか / *get* advice 忠告をしてもらう.
ⓑ I *got* him a job. = I *got* a job *for* him. 私は彼に仕事を見つけてやった.
❷ I *got* a letter from him yesterday. きのう彼から手紙を受け取った / *get* a good education よい教育を受ける.
❸ ⓐ I *got* the camera yesterday. 私はそのカメラをきのう買った[手に入れた].
ⓑ Will you *get* me a ticket for the concert? = Will you *get* a ticket for the concert *for* me? 私にそのコンサートの切符を買ってくれませんか.
❹ ⓐ Go (and) *get* a pencil from the desk. 机のところから鉛筆を取って来なさい / I'll *get* your son from the kindergarten. 私が息子さんを幼稚園に迎えに行ってあげましょう.
ⓑ *Get* me my umbrella. 私のかさを取ってきてください / Could you *get* a glass of water *for* me? 水を一杯持ってきてくれませんか.
❺ How are they going to *get* the piano down the stairs? そのピアノをどうやって階段を下ろすつもりなのか / Shall I call a taxi and *get* her home? タクシーを呼んで彼女を家へ帰しましょうか.
❻ ⓐ The police *got* the suspect. 警察は容疑者をつかまえた.
ⓑ Let's *get* a taxi. タクシーをつかまえよう / What time are you *getting*

543

your train? 何時の列車に乗るのですか / We managed to *get* the last flight to Tokyo. われわれは東京行きの最終便に間に合った.

❼ⓐDid you *get* him [what he said]? 彼の言うことがわかりましたか / She didn't *get* my joke. 彼女は私の冗談がわからなかった.
ⓑDid you *get* his name? 彼の名前が聞きとれましたか.

❽I *got* the impression that she was not happy. 彼女は幸せではないという印象だった / I've *got* a good idea. よい考えを思いついた.

❾ⓐShe has *got* a bad cold. 彼女はひどいかぜをひいている. ⓑHe *got* six months in jail. 彼は懲役(ちょうえき)6か月の刑を受けた / He *got* a minor leg injury. 彼はちょっと足にけがをした.

❿You can *get* me on the mobile phone. 携帯に電話してください.

⓫She is *getting* breakfast ready. 彼女は朝食の準備をしている / I couldn't *get* her interested in my plan. 私は彼女に私の計画に興味をもたせることはできなかった.

⓬Let's *get* him *to* talk about the plan. その計画について彼に話をさせよう[してもらおう].

⓭ⓐHe *got* his watch repaired. 彼は時計をなおしてもらった / *Get* your hair cut. 髪をカットしてもらいなさい.
ⓑI *got* my watch stolen. 私は時計を盗まれた / He *got* his hand caught in the door. 彼はドアに手をはさまれた.
ⓒCan you *get* the work finished by ten? 10時までにその仕事を終えられますか.

⓮Can you *get* the car *going*? 君はその車にエンジンをかけることができますか.

— ⓑ ❶I *got* home after dark. 私は暗くなってから家に着いた / I *got* to the station at six. 私は6時に駅に着いた / How can I *get* there? そこへはどう行

【いろいろな "get+名詞" 表現】

get a call 電話をもらう：I've just *got* a call from your mother. たった今君のお母さんから電話があったよ.

get a glimpse ちらっと見る：I *got* a glimpse of the Queen as her car passed by. 私は女王の車が通りすぎる時にその姿をちらっと見た.

get a haircut 散髪してもらう：I *got* a haircut yesterday. 私はきのう散髪してもらった[床屋に行った].

get a haircut
(散髪してもらう)

get a lift (車などに)乗せてもらう：I *got* a lift to town in a truck. 私は町までトラックに乗せてもらった.

get a look 見る：I tried to *get* a better look at the famous actress. 私はその有名な女優をもっとよく見ようとした.

get a peep [peek] ちらっと見る：I managed to *get* a peep at the documents before he shut the drawers. 彼が引出しをしめる前になんとかその書類をちらっと見ることができた.

get a ride (車などに)乗せてもらう：I *got* a ride to town with Tom. トムが私を町まで乗せてくれた.

get a ride
((車などに)乗せてもらう)

get a shave ひげをそる[そってもらう].
get exercise 運動をする.
get sleep 眠る：I didn't *get* much sleep last night. 私はゆうべはあまり眠らなかった.

abcdef g hijklmnopqrstuvwxyz　　　　　　　　　　　　　　　　　　　　　　　**get**

❷The summer vacation is *getting* nearer and nearer. 夏休みがだんだん近づいてきた.

❸Come home before it *gets* dark. 暗くならないうちに家に帰りなさい / It is *getting* warmer every day. 日に日に暖かくなってきている / The work began to *get* more difficult. 仕事がますます困難になってきた / *get* wet ぬれる / *get* angry おこる / *get* well (病気などが)よくなる / *get* ill 病気になる / *get* better (病気などが)前よりよくなる.

❹The mirror *got* broken. その鏡はこわれた / She *got* hurt in the hand. 彼女は手にけがをした / I *got* caught in the shower. 私はにわか雨にあった / *get* scolded しかられる / *get* killed 殺される, (事故などで)死ぬ.

❺❶You will soon *get* to like it. すぐそれが好きになるでしょう / How did you *get* to know her? どうして彼女を知るようになったのですか.

❻At last I *got* to visit Paris. とうとう私はパリを訪れることができた.

❻They *got* talking together. 彼らは話[会談]を始めた.

get about ⓔ = *get* around.

get across ... (橋など)を渡る: *get across* a bridge 橋を渡る.

get across ⓔ①反対側に渡る, 横断する: They *got across* safely. 彼らは無事に向こう側へ渡った. ②(考えなどが)(相手に)通じる, 理解される: The idea will not *get across* to them. その考えは彼らには理解できないだろう.

— ⓗ①…を反対側に渡す: We *got* her *across* safely. われわれは彼女を無事に向こう側に渡してあげた. ②(ふつう多くの人々に)(考えなど)をわからせる, 伝える: He couldn't *get* his meaning *across*. 彼は自分の言いたいことをわからせることができなかった.

get ... across ～ …を～(橋・道など)の反対側に渡す: A policeman *got* the old woman *across* the street. 警官は老婦人を通りの向こうに渡してあげた.

get ahead ⓔ①前へ進む. ②成功[出世]する.

get ahead of ... ①…より前を行く, …を追い越す. ②…より成功[出世]する.

get along ⓔ①(いる場所を離れて)行く: I have to *get along*. 私は行かなければなりません. ②暮らす, なんとかやっていく: How are you *getting along*? いかがお暮らしですか. ③仲よくやっていく: I could not *get along* very well with my mother-in-law. 私は義母となかなかうまくやっていけなかった. ④(仕事などが)進む, うまくいく: How are your studies *getting along*? あなたの研究の進みぐあいはどうですか. ⑤前へ進む: We *got along* quickly down the road. 私たちはその道をどんどん進んだ. ⑥《口語》《進行形で》行く, 去る: I must be *getting along* now. もうおいとましなければなりません. ⑦《進行形で》(時間が)たつ, 過ぎる; 年をとる.

get along with ... (仕事など)を進める, うまくやっていく: How are you *getting along with* your studies? あなたの研究の進みぐあいはどうですか.

get around ... ①(法律・規則など)をのがれる: *get around* the tax laws 税法をくぐる. ②(困難など)をのがれる.

get around ⓔ①動き回る, 歩き回る: She is rather old, but she still *gets around* a lot. 彼女はかなりの年だけれどもまだよく動き回っている. ②(うわさなどが)広まる.

get around to doing (遅れて)やっと__する, やっと__する機会[時間]ができる: *get around to answering* a letter やっと手紙の返事を書く.

get at ... ①…に届く, …を手に入れる: Keep the fish where the cat can't *get at* it. その魚をネコの届かない所に置いておきなさい. ②…を理解する, 知る; (真実など)を突きとめる: I could not *get at* his meaning. 私は彼の言いたいことがつかめなかった. ③《進行形で》…を言おうとしている: I don't know what you *are getting at*. 私には君がなにを言おうとしているのかわかりません.

get away ⓔ①(つかまらずに)逃げる: The thief *got away*. 泥棒は逃げた. ②去る, 離れていく. ③(休暇などで)出かける.

get away from ... 《否定文で》(事実など)からのがれる, …を認めない: You

545

cannot *get away from* the fact. その事実は否定できない.

get away with ... ①…を持ち逃げする. ②(悪いこと)をうまく[見つからないで]やる(☞ *get away with murder* (⇨ murder 图 成句)):How did he *get away with* cheating in the examination? 彼はどうやって試験でのカンニングをうまくやったのか. ③(軽い罰などで)だけで済む.

get back 圓戻る, 帰る:I *got back* at nine last night. 昨晩は9時に戻った.
— 他 ①…を(取り)戻す:I have to *get back* the book I lent him. 彼に貸した本を取り戻さなくてはならない. ②…を送り返す.

get back at ... 《口語》…に仕返しをする.

get back to ... 《口語》①…に戻る. ②…にあとで返事[連絡]をする.

get behind 圓①(他より)遅れる. ②(仕事・支払いなどが)遅れる.

get by 圓①通り抜ける. ②なんとかやっていく:We cannot *get by* on your salary alone. われわれはあなたの給料だけではやってゆけない. ③なんとか通用する[認められる].

get down 圓①(高い所などから)降りる: *get down* from the roof 屋根から降りる. ②体をかがめる.
— 他 ①…を下ろす:*Get* the bag *down* from the rack. あみ棚からバッグを下ろしなさい. ②《口語》…を憂うつにさせる. ③…を書き留める.

get down ... …を下りる:*get down* a ladder はしごを下りる.

get down to ... (仕事など)に真剣に取りかかる.

get in ... …に乗りこむ, …の中に入る: *get in* a taxi タクシーに乗る.

get in 圓①中に入る:I had no key and couldn't *get in*. 私はかぎをもっていなかったので中へ入れなかった. ②(列車・バスなどが)到着する:What time does the train *get in*? 列車は何時に入ってきますか. ③(車・タクシーなどに)乗りこむ. ④入学する.
— 他 ①…を中に入れる:*Get* the washing *in*. 洗濯物を入れなさい. ②(ことばなど)をさしはさむ. ③…を集める, 集

金する.

get in on (活動など)に加わる.

get into ... ①…の中に入る, 乗りこむ: *Get into* the car. 車に乗りなさい. ②(学校などに)入る, 入学する. ③(ある習慣・行動)を始める:*get into* the habit of smoking たばこを吸う習慣がつく / *get into* an argument 議論を始める. ④…を身につける, 着る, はく. ⑤(ある状態)になる:*get into* a rage かっとなる / *get into* trouble めんどうを起こす.

get ... into ~ ①…を~の中に入れる: He finally *got* the key *into* the lock. 彼はやっと鍵を錠に差すことができた. ②…を(ある状態に)させる.

get nowhere 圓うまくいかない.

get off ... ①(乗り物・馬など)から降りる:He *got off* his bicycle. 彼は自転車から降りた. ②(人・場所など)から離れる. ③…をやめる.

get off 圓①(乗り物などから)降りる, 下車する:Let's *get off* at the next station. 次の駅で降りましょう.

get off(降りる)　　*get* on(乗る)

②出発する. ③刑罰[災難(など)]を受けないですむ, 軽くてすむ. ④仕事から解放される, 退社する. ⑤眠る. ⑥《命令文で》《口語》さわるな.
— 他 ①(着物など)を脱ぐ, (指輪など)をはずす:I couldn't *get* my ring *off*. 指輪を(なかなか)はずせなかった. ②…を送り出す.

get ... off ~ ①…を~からどける:*Get* your hands *off* me! 私から手を離せ. ②…を~から降ろす.

get on ... (乗り物・馬など)に乗る:*get on* the bus バスに乗る.

get on 圓①(列車・バス・バイク・馬などに)乗る:The bus soon came and he

got on. バスがじきに来て彼は乗った. ②**成功する**: *get on* in the world [in life] 出世する. ③**暮らす**, やっていく: I'm afraid she isn't *getting on* very well at school. 残念ながら彼女は学校の成績があまりよくない. ④仲よくやってゆく. ⑤(仕事などが)進む, はかどる. ⑥《進行形で》(時間が)たつ, 過ぎる; 年をとる.
— [他] (着物など)を**身につける**: *Get* your hat and coat *on*. 帽子をかぶってコートを着なさい.

get on for ... 《進行形で》…に近づいている: That old man *is getting on for* ninety. あの老人はそろそろ90歳になる.

get on to ... ①…について話し始める. ②…と連絡をとる.

get on with ... ①**…と仲よくやっていく**: She is *getting on* well *with* her cousin. 彼女はいとこと仲よくやっている. ②(ふつう中断した後で再び)…を続ける, (仕事など)をどんどんやる: *Get on with* your job. 仕事を続けなさい.

get out [自]①**外に出る**; (車などから)降りる: *Get out*! 出て行け.

Get out!《「出て行け」と言うときによくするジェスチャー》

②逃げる. ③(情報・秘密などが)もれる.
— [他]①…を**外に出す**, 取り出す: *Get* the car *out*. 車を出しなさい. ②…を逃がす. ③(ことばなど)をやっと言う. ④(商品)を生産する; …を出版する, 発行する.

get out of ... ①**…から出る**: *Get out of* my room. 私の部屋から出ていってくれよ. ②(習慣など)をやめる: *get out of* the habit of smoking 喫煙(きつえん)の習慣をやめる. ③…の義務を逃れる.

get ... out of ~ ①**…を~から出す**: Please *get* the dog *out of* the room. 部屋から犬を追い出してください. ②~から…を得る[引き出す, 聞き出す]. ③…を~から取り除く. ④…に~することをまぬかれさせる.

get out of ...'s way …のじゃまにならない所へよける: *Get out of my way*. I'm in a hurry. どいてくれよ. 急いでいるんだ.

get ... out of ~'s way **…を~のじゃまにならない所へやる**, どかす: Please *get* the car *out of my way*. 車を私のじゃまにならない所へやってください.

get out of the way じゃまにならない所へよける.

get over ... ①**…を乗り越える**: *get over* a fence へいを乗り越える. ②(困難など)に**打ち勝つ**: He *got over* his difficulties. 彼は困難に打ち勝った / She couldn't *get over* her shyness. 彼女は恥ずかしがり屋の性格を直すことができなかった. ③(病気・驚きなど)から回復する, 治る: Tom could not *get over* the shock of losing his wife. トムは妻を失ったショックから立ち直れなかった / I've *got over* my cold. 私のかぜはもう治った.

get over [他]①(人など)を越えさせる, 渡らせる. ②(仕事など)をやりとげる. ③＝*get* across ②.
— [自]①乗り越える, (向こうへ)渡る. ②＝*get* across [自] ②. ③(回復して)元気になる.

get ... over with …をやりとげる: Let's *get* it *over with*. それをやってしまおう.

get round ... ＝*get* around ....

get round [自]＝*get* around.

get there 目的を達する, 成功する.

get through ... ①**…を通り抜ける**: The train *got through* the tunnel. 列車はトンネルを通り抜けた. ②(仕事など)を**終える**: He *gets through* a lot of work in a day. 彼は1日にたくさんの仕事をすませる. ③(試験など)に合格する. ④(困難など)を切り抜ける. ⑤(金など)を使いつくす.

get through [自]①**通り抜ける**: There was a large crowd and I couldn't *get through*. 人がたくさんいて通り抜けられなかった. ②電話が通じる: I couldn't *get through* (to New York). (ニューヨークに)電話が通じなかった. ③試験に合格する. ④目的地に着く. ⑤自分の言いた

いことを理解してもらう, 話が通じる.
— [他] ①…を通り抜けさせる, (糸など)を通す. ②…を合格させる. ③…を送りとどける. ④…を理解させる: You must try and *get* it *through* to him how urgent the work is. その仕事がどんなに緊急か彼に理解させなければいけない.
get through with ... (仕事など)**を終える**: I *got through with* my work sooner than I expected. 私は思ったより早く仕事を終えた.
get to ... ①**…に到着する**: We *got to* the riverside around eleven. 私たちは11時ごろ川岸に着いた. ②**…をやり始める**: He will *get to* work soon. 彼はもうじき仕事を始めるでしょう / He *got to* wondering who she was. 彼は彼女がだれかと考え始めた. ③《口語》…をおこらせる, いらいらさせる: His words sometimes *get to* me. 彼の言うことにはときどき腹が立つ.
get together [自] (話し合いや楽しむために)**集まる**, 集まって会をする: We *got together* at a restaurant. 私たちはレストランに集まって会をした.
— [他] …を**集める**: *Get* the girls *together* at the gate. 女の子たちを門の所に集めなさい.
get up [自] ①**起床する**, 起きる: What time do you usually *get up*? ふつうは何時に起きるのですか / I try to *get up* early in the morning. 私は朝早く起きるよう努めています.

> [類語] **get up** はベッドから「起き上がる」; **wake (up)** は「目がさめる」.

②**立ち上がる**: He was knocked down and could not *get up*. 彼はなぐり倒されて立ち上がれなかった. ③(高い所に)上る, (馬などに)乗る. ④(火・風・海などが)激しくなる.
— [他] ①…を**起床させる**, 起こす: *Get* Father *up*. お父さんを起こしてちょうだい. ②…を**立ち上がらせる**, 起こす, 立てる: He was drunk and I couldn't *get* him *up*. 彼は酔っていて立ち上がらせることができなかった. ③…を高い所へ上げる. ④…を計画する, 準備する: *get up* a party パーティーを計画する. ⑤(勇気・感情など)を起こす: *get up* pity 同情する.
get upon ... = *get* on ....
get up to ... ①…に達する: *get up to* page 100 (読み進んで)100ページまでくる. ②…に近づく, 到達する. ③(ちょっと悪いこと)をする.
have got ... ☞ have[1].
have got to do ☞ have[1].

get·a·way /gétəwèi ゲタウェイ/ [名]《口語》[C] ❶(犯人の)逃走. ❷休暇.

get-to·geth·er /gét-təgèðər ゲト・トゲザ/ [名][C]《口語》(親睦の)集まり, パーティー.

gey·ser /gáizər ガイザ/ [名][C]間欠泉《一定の時間をおいて吹き上げる温泉》.

ghast·ly /gǽstli ギャストリ/ [形] (ghast·li·er, more ~; ghast·li·est, most ~)
❶ぞっとするような, 恐ろしい.
❷ひどい, いやな.
▶❶a *ghastly* accident ぞっとするような事故.

ghet·to /gétou ゲトウ/ [名] ([複] ~s, ~es /-z/) [C] ❶(特定の人種の人などがまとまって住む)貧民街; (一般に)スラム街. ❷(昔ヨーロッパの都会にあった)ユダヤ人地区[町].

***ghost** /góust ゴウスト/ [名] ([複] ~s /-ts/) [C] **幽霊**, 亡霊.
▶Do you believe in *ghosts*? 幽霊を信じますか / the *ghost* of Hamlet's father ハムレットの父の亡霊.
☞ [形]ghostly.

ghost·ly /góustli ゴウストリ/ [形] (ghost·li·er; ghost·li·est) 幽霊のような.
☞ [名]ghost.

ghóst tòwn [名][C]ゴーストタウン《人が見捨てた町》.

ghost·writer /góustràitər ゴウストライタ/ [名][C] (記事・本などの)代作者, ゴーストライター.

GI /dʒíːái ヂーアイ/ [名] ([複] GI's, GIs /-z/) [C]《口語》米軍兵士.

***gi·ant** /dʒáiənt ヂャイアント/ [名] ([複] ~s /-ts/) [C] ❶(神話・童話に出てくる)**巨人**. ❷**大男**. ❸(力・能力などが)傑出した人; 大国; 大企業. ❹《形容詞的に》**巨大な**.

❷The basketball players on this team are all *giants*. このバスケットボールのチームの選手はみんな大男だ. ❸a *giant* in the information industry 情報産業の大企業. ❹a *giant* potato

ばかでかい[おばけ]ジャガイモ / *giant* corporation 巨大企業.

☞ 形 gigantic.

gíant pánda 名C〖動物〗ジャイアントパンダ (✿日本で言うパンダはこれにあたる).

gib·ber·ish /dʒíbərɪʃ ヂバリシュ/ 名Ｕわけのわからないおしゃべり; ちんぷんかんぷんな話.

gid·dy /gídi ギディ/ 形 (gid·di·er; gid·di·est) めまいがする.
▶feel *giddy* 目まいがする.

***gift** /gíft ギフト/ 名 (複 ~s /-ts/) C
❶贈り物, ギフト.
❷もって生まれた才能[能力].

❶a Christmas *gift* クリスマスの贈り物 / a free *gift* 景品, おまけ / a *gift* shop みやげ物店.
❷His son has a *gift* for art. 彼の息子には美術の才能がある.

gift·ed /gíftɪd ギフティド/ 形 才能のある.
▶a *gifted* musician 才能豊かな音楽家.

gig /gíg ギグ/ 名C《口語》(ジャズなどの)演奏会.

gig·a·byte /gígəbàɪt ギガバイト/ 名C〖電算〗ギガバイト (10億バイト; ✿ Gb と略す).

***gi·gan·tic** /dʒaɪgǽntɪk ヂァイギャンティック/ 形 (more ~; most ~) 巨大な, やたらと大きい.
▶a *gigantic* plane 巨大な飛行機.

☞ 名 giant.

gig·gle /gígl ギグル/ 動 (現分 gig·gling) 自(おもしろがったり, とまどったりして)くすくす笑う.
— 名C くすくす笑い.

gild /gíld ギルド/ 動 (~s /-dz/; ~ed /-ɪd/, gilt /gílt/; ~ing) 他 …に金箔(はく)をかぶせる, 金めっきする.

gill /gíl ギル/ 名C《ふつう複数形で》(魚の)えら.

gilt /gílt ギルト/ 動 gild の過去形, 過去分詞形.
— 形 金箔(はく)をはった, 金めっきをした.

《同音異形語》guilt.

gim·mick /gímɪk ギミック/ 名C《口語》(広告などで人目を引くための)工夫, 仕掛け.

gin /dʒín ヂン/ 名Ｕジン《大麦・ライ麦などを原料とした蒸留酒》.

gín fízz 名Ｕジンフィズ《ジンに炭酸水を加えた飲料》.

gin·ger /dʒíndʒər ヂンヂャ/ 名 ❶Ｕ〖植物〗ショウガ.
❷《形容詞的に》(頭髪が)ショウガ色の.

gínger ále 名Ｕジンジャーエール《ショウガで味をつけた清涼飲料》.

gin·ger·bread /dʒíndʒərbrèd ヂンヂャブレッド/ 名Ｕショウガ入り菓子.

gin·ger·ly /dʒíndʒərli ヂンヂャリ/ 副 用心深く.

Gip·sy, gip·sy /dʒípsi ヂプスィ/ 名 (複 Gip·sies, gip·sies /-z/) = Gypsy.

gi·raffe /dʒərǽf ヂラフ | -rá:f/ 《★アクセント注意》名 (複 gi·raffe, ~s /-s/) C〖動物〗キリン, ジラフ.

gird·er /gə́:rdər ガーダ/ 名C〖建築〗(鉄製の)けた, はり.

gir·dle /gə́:rdl ガードル/ 名C ガードル《婦人用下着の一種》.

*****girl** /gə́:rl ガール/ 名 (複 ~s /-z/) C
❶ⓐ **女の子, 少女**.
ⓑ (一般に)娘, 若い女性《女性には嫌われる言い方》. ⓒ《複数形で》(呼びかけとして)(女性の)みなさん.
❷《口語》(親から見た)娘 (daughter) (反 boy).
❸《文語》(雇われて働いている)女性.
❹《形容詞的に》ⓐ 女子の.
ⓑ (動物の)雌(めす)の.

❶ⓐ I was a little *girl* at that time. 当時は私は小さい女の子だった.
❷ I have three *girls*. 私には娘が3人いる.
❸ office [shop] *girls* 女子事務員[店員]. ❹ⓐ a *girl* student 女子学生.
ⓑ a *girl* dog 雌犬.

***girl·friend** /gə́:rlfrènd ガールフレンド/ 名 (複 ~s /-z/) C ❶(男性にとっての)**女友だち, ガールフレンド, 恋人**. ❷(米)(女性にとっての)女友だち (反 boyfriend).

Gírl Gúides 名複 《the をつけて》《英語》ガールガイド《✿キャンプをしたりして訓練などをする; 今では単にThe Guidesと呼ばれている;《米》では the Girl Scouts》.

girl·hood /gə́:rlhùd ガールフッド/ 名Ｕ少女時代. ▶She was weak during

girlish

her *girlhood*. 彼女は少女時代は体が弱かった.

girl·ish /gə́ːrliʃ ガーリシュ/ 形 女の子らしい, 女の子のような. ▶*girlish* behavior 女の子らしいふるまい.

Gírl Scòuts 图複 《the をつけて》《米》ガールスカウト(✪《英》では the Guides という; ☞ Boy Scouts).

girth /gə́ːrθ ガース/ 图C 周囲の寸法; 胴回り.

gist /dʒíst ヂスト/ 图《the をつけて》要点, 要旨. ▶Can you give me *the gist* of his speech? 彼の演説の要点を教えてください.

**give /gív ギヴ/ 動 (~s /-z/; gave /géiv/; giv·en /gívən/; giv·ing) 他

❶《give ~ ... または give ... to ~》
ⓐ～(人)に…(ものなど)を**与える**, あげる, くれる; ～(人)に…(もの)を**供給する**.
ⓑ～(人)に…(情報・気分など)を**与える**.
ⓒ～(人)に…(もの)を**手渡す**.
ⓓ～(人)に…(もの)を**売る**.
ⓔ～(人)に…(もの)を**預ける**.
❷ⓐ(お金)を**支払う**.
ⓑ《give ~ ... または give ... to ~》～(人)に…(お金)を支払う.
❸(会など)を**開く**, 催す.
❹ⓐ…を**作り出す**, 生産する, 供給する; …を生じる.
ⓑ(計算などが)…の結果を出す.
❺《give ~ ... または give ... to ~》
ⓐ～(人)に…(病気など)をうつす.
ⓑ～(人)に…(罰など)を与える.
❻《give ... to [for] ~》…を～に捧げる.
❼ⓐ…を示す, 述べる, 伝える.
ⓑ《give ~ ... または give ... to ~》～(人)に…(もの)を示す, 述べる, 伝える.
❽《give ~ ...》～(人)に…を(認めて)与える, 許す.
❾【いろいろな"give＋名詞"表現】下欄.

— 自 ❶ ⓐ **お金[もの]を与える**, 寄付する.
❷(重さ・圧力などで)くずれる, こわれる, まがる.

動 他 ❶ⓐI *gave* Betty a doll.＝I

【いろいろな"give＋名詞"表現】

give an address 演説する, あいさつする: The mayor *gave* an address at the meeting. 市長はその会合で演説した.

give ... a bath …を入浴させる: John *gave* his dog a bath. ジョンは彼の犬をふろに入れた.

give a bow おじぎをする.

give ... a brush …にブラシをかける: I'll have to *give* my coat another brush. 私は上着にもう一度ブラシをかけなければいけないだろう.

give ... a call …に電話をかける: Please *give* me a call at seven this evening. 今晩7時に電話してください.

give a chuckle くすくす笑う.

give a cry 叫び声をあげる.

give ... a glance …をちらっと見る: She *gave* him only a glance. 彼女は彼をちらっと見ただけだった.

give ... a hug …を抱きしめる.

give ... a kick …をけとばす: The boy *gave* her a kick on the knee. その少年は彼女のひざをけとばした.

give ... a kiss …にキスする.

give a laugh 笑う.

give ... a lift …を車(など)に乗せてあげる: He *gave* me a lift to the airport. 彼は私を車で空港まで送ってくれた.

give ... a look …を見る: She *gave* me a quick look. 彼女は私をちらっと見た.

give ... a nod …に軽く頭を下げてあいさつする.

give ... a pat …を軽くたたく.

give ... a pinch …をつねる, かむ: She *gave* me a pinch on the arm. 彼女は私の腕をつねった.

give ... a polish …をみがく: His mother *gave* the silver spoons a good polish. 彼の母は銀のスプーンをよくみがいた.

give ... a pull …を引っぱる: He *gave* my sleeve a strong pull.

gave a doll *to* Betty. 私はベティーに人形をあげた / She *gave* him a phone call. 彼女は彼に電話した / Will you *give* me something to drink? なにか飲み物をください / *Give* me some time. ちょっと時間をください / The sun *gives* us warmth and light. 太陽はわれわれに暖かさと光を与えてくれる.

> 語法 (1) give ~ ..., または give ... to ~で, …が it のときは, ふつう it を最後におかない. たとえば I gave her it. とはいわないで, I *gave* it *to* her. のようにいう.
> (2) 受身の文は次の3とおりがある: Betty was given a doll. ベティーは人形をもらった / A doll was given to Betty.= まれ A doll was given Betty. 人形がベティーに贈られた

❶Music *gives* me pleasure. 音楽は私に喜びを与えてくれる / This dictionary *gives* us a lot of information. この辞書はたくさん情報を与えてくれる / She *gave* me the impression that she was a little tired. 彼女はちょっと疲れているような印象を私に与えた.

❷*Give* me the salt, please. 塩をとってください.

❸She *gave* me the bag *for* five dollars. 彼女は5ドルでそのバッグを私に売ってくれた / I will *give* it to you *for* 5,000 yen. それを5千円で売りましょう.

❹*Give* your suitcase *to* the bellboy, and he will put it in your room. スーツケースをボーイに預けてください, そうすれば部屋までお持ちします.

❷ⓐI *gave* 8,000 yen *for* my new shoes. 私は新しいくつに8千円払った. ⓑI will *give* you 5,000 yen *for* a day's work. 1日働いたら5千円を君に支払います.

❸*give* a concert コンサートを開く / *give* a party パーティーを開く.

❹ⓐThis cow *gives* a lot of milk. この牛はたくさん乳を出す. ⓑThree into fifteen *gives* five. 15割る3は5.

❺ⓐYou have *given* me your cold. 君は僕にかぜをうつした. ⓑThe man = He *gave* a strong pull at my sleeve. 彼は私のそでを強く引っぱった.

give ... a push …を押す.

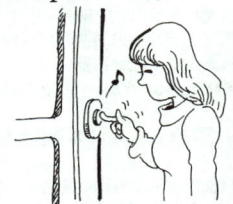

She *gave* the doorbell a push.
(彼女はドアチャイムを押してみた)

give ... a ride …を乗せてあげる: Please *give* me a ride in your car. あなたの車に乗せてください.

give ... a ring …に電話をかける: May I *give* you a ring this evening? 今晩あなたに電話してもいいですか.

give a scream 悲鳴をあげる.

give ... a shake …を振る, ゆすぶる: He *gave* the bottle a gentle shake. 彼はびんを軽く振った.

give a shout 叫び声をあげる.

give a shriek 悲鳴をあげる.

give a shrug 肩をすくめる.

give a sigh ため息をつく.

give ... a smile …にほほえみかける.

give a sneeze くしゃみをする.

give a speech 演説をする.

give ... a stare …を見つめる.

give ... a talk …に話をする.

give ... a tap …を軽くたたく: I *gave* Bill a tap on the shoulder. 私はビルの肩を軽くたたいた.

give ... a try …をやってみる: I'll *give* it a try. それをやってみよう.

give ... a wash …を洗う: I would like you to *give* my car a good wash. 私の車をよく洗ってもらいたい.

give ... a wink …にウィンクする, 目で合図する.

give a yawn あくびをする.

give-and-take

was *given* two years (in prison). その男は懲役(𣓤𣓤)2年の判決を受けた.

❻He *gave* his whole life *to* cancer research. 彼は全生涯を癌(𣓤)の研究に捧げた.

❼ⓐA report of the accident was *given* in the newspaper. その事故のことは新聞にのっていた.

ⓑ*Give* me some examples. 例を示してください / Please *give* my best regards *to* her. 彼女によろしくお伝えください.

❽I'll *give* you ten minutes to solve the problem. その問題を解く時間を10分あげよう.

— ⓐ❶He *gave* generously to the hospital. 彼は病院へ気前よく寄付をした.

❷The dam has finally *given*. そのダムはとうとうくずれた.

give away ⓐ①(ただで)…を**人にやってしまう**:He *gave* his watch *away*. 彼は時計を人にやってしまった.

②《口語》(秘密など)をもらす, ばらす(☞ giveaway).

③(機会など)を逃がす.

give back ⓐ…を**返す**:I asked him to *give* (me) *back* my pen. 私は彼にペンを返してくださいと言った.

give in ⓐ**降参する**:She wouldn't *give in* to her husband. 彼女は夫に絶対に降参しなかった.

— ⓐ(書類など)を**提出する**:*Give in* your paper to me. レポートは私のところへ提出しなさい.

give into ... (誘惑など)に負ける.

give off ⓐ(音・熱・においなど)を**出す**:*give off* a bad smell 悪いにおいを出す.

give out ⓐ①…を**くばる**:The teacher *gave out* cards to fill in. 先生は記入するカードをくばった.

②…を発表する, 公表する.

③(音・光・熱・においなど)を**出す**.

— ⓐ①(力・資源・食糧などが)**なくなる**:The food supply *gave out*. 食糧がなくなった.

②(機械などが)止まる, うまく動かなくなる.

give over ⓐ①…を**引き渡す**, 譲る, 任

せる:He *gave over* his business to his son. ＝He *gave* his business *over* to his son. 彼は息子に自分の家業を譲った.

②《英口語》《しばしば命令形で》…をやめる:*Give over* teasing the dog. 犬をいじめるのを止めろ.

give up ⓐ①(習慣など)を**やめる**:He has *given up* alcohol. 彼は酒をやめた / Don't *give up* your studies. 勉強をやめてはいけない.

②…を**あきらめる**, 放棄する:He did not *give up* his hope of becoming a pilot. 彼はパイロットになるという希望をすてなかった / She *gave* him *up* for dead. 彼女は彼はもう死んだものとあきらめた.

③(席など)を譲る:He *gave up* his seat to her. 彼は席を彼女に譲った.

— ⓐ**あきらめる**, 降参する:I can't solve that problem; I *give up*. その問題は解けない. あきらめた(参った).

give up on ... 《口語》…にもう期待をかけない.

give-and-take /gívən-téik ギヴァン・テイク/ 名Ⓤ ❶(お互いの)譲歩, お互いさまのこと. ❷意見[冗談]のやりとり.

give·a·way /gívəwèi ギヴァウェイ/ 名《口語》❶《単数形で》(秘密など)をうっかりもらしてしまうもの. ❷Ⓒ(客寄せの)景品.

— 形ただみたいに安い.

＊**given** /gívən ギヴン/ 動 give の過去分詞形.

— 形 ❶(前もって)**与えられた**, 決められた.

❷《前置詞的または接続詞的に》もし…なら[が与えられれば], …とすれば.

━━━━━━━━━━━

形 ❶at a *given* time ある決められた時刻に / on a *given* day 決められた日に.

❷*Given* good weather [*Given* that the weather is good], we will get to the top before noon. 好天に恵まれれば昼前に頂上に達するだろう.

gíven náme 名Ⓒ《米》(姓(family name)に対して)名(❖first name ともいう;クリスチャンであれば Christian name ともいう).

gla·cial /gléiʃəl グレイシャル/ 形 ❶氷河の; 氷河時代の. ❷氷のような; (態度など

abcdefg hijklmnopqrstuvwxyz　　　　　　　　　　　　　　　glass

が)冷たい.
glac·ier /gléiʃər グレイシャ/ 名C 氷河.

glad
/glǽd グラッド/ 形 (glad·der; glad·dest)
❶ⓐ うれしい〔about, of〕(反 sad).
ⓑ《be glad to do》__してうれしい.
ⓒ《be glad (that) __》__ということがうれしい.
❷《be glad to do》喜んで__する.

❶ⓐ I'm *glad about* your success. ご成功おめでとう / She was *glad of* your advice. 彼女はあなたの助言を喜んでいました.
ⓑ I'm *glad to* meet you. あなたにお目にかかれてうれしく思います, 初めまして (**○** 初対面の人と会ったときのあいさつ; ☞ see, nice).
ⓒ I am *glad (that)* you are back. あなたが戻ってきてくれてうれしく思います.
❷ I'll *be glad to* help you. 喜んでお手伝いしましょう.

glad·i·a·tor /glǽdièitər グラディエイタ/ 名C 剣闘士《古代ローマで見物人の前でお互いどうしまたは猛獣と戦った》.
glad·ly /glǽdli グラドリ/ 副 喜んで (反 sadly).
▶ I'll *gladly* help you. 喜んでお手伝いしましょう.
glam·or /glǽmər グラマ/ 名 = glam·our.
glam·or·ous /glǽmərəs グラマラス/ 形 (人・場所などが)魅力のある, 魅惑的な.
glam·our /glǽmər グラマ/ 名U うっとりさせる魅力, すばらしさ.
*__glance__ /glǽns グランス | glá:ns/ 動 (glanc·es /-iz/; glanced /-t/; glanc·ing) 圓ⓐ ちらっと見る, 一目見る.
ⓑ ざっと読む.
— 名 (複 glanc·es /-iz/) C ちらっと見ること.

動 圓ⓐ He *glanced* at his watch. 彼は時計をちらりと見た.
ⓑ *glance* at [through] the report 報告書にざっと目を通す.
glance off 圓 (ボールなどが)軽く当たってそれる. — 他 (ボールなどに)…に軽く当たってそれる.

— 名 He cast [took] a *glance* at her ring. 彼は彼女の指輪をちらっと見た / She gave me an envious *glance*. 彼女は私をうらやましそうにちらっと見た / exchange *glances* ちらっとお互いを見る.

She gave him a *glance* in the hallway.
(彼女は廊下で彼をちらっと見た)

at a glance 一目見て(すぐに): I could tell *at a glance* that something was wrong with her. 一目見て彼女はどこか具合が悪いことがわかった.
at first glance 最初見たとき(は).

gland /glǽnd グランド/ 名C《解剖》腺(ȝ).
▶ a lymphatic *gland* リンパ腺.
glare /gléər グレア/ 動 (現分 glar·ing) 圓 ❶ (おこって)にらみつける《☞ look の 類語》.
❷ ぎらぎら光る.
— 名 ❶U ぎらぎらした光. ❷C にらみ, 鋭い目つき.

動 圓 ❶ He *glared at* me. 彼は私をにらみつけた. ❷ The sun *glared* down upon the sands. 太陽が砂原の上にぎらぎら照りつけた.
— 名 ❶ the *glare* of the sun ぎらぎらした太陽の光. ❷ I looked at him with an angry *glare*. 私は彼をおこってじろりとにらみつけてやった.

glar·ing /gléəriŋ グレ(ア)リング/ 形
❶ ぎらぎら光る. ❷ (誤りなどが)見てすぐわかる, 明白な.

glass
/glǽs グラス | glá:s/ 名 (複 ~es /-iz/) ❶ⓐ U ガラス.
ⓑ《形容詞的に》ガラス製の.
❷ C コップ, グラス《水・ジュースなど冷たいものを入れる; ☞ cup》.
❸ C コップ1杯(分の量).

five hundred and fifty-three

glass ceiling

❹《複数形で》**めがね**, 双眼鏡.
❺ C 鏡, 姿見(%&).

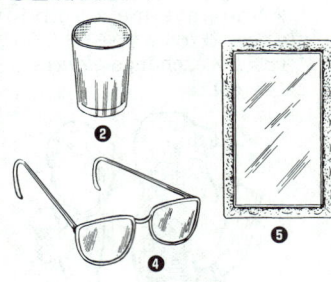

glass のいろいろ

名 ❶ ⓐ *Glass* breaks easily. ガラスは割れやすい / a sheet of *glass* 一枚のガラス. ⓑ a *glass* vase ガラスの花びん.
❷ She broke a *glass* on the floor. 彼はコップを床に落として割ってしまった.

語の結びつき

clink *glasses* (乾杯で)グラスをカチンと鳴らす
empty [drain] one's *glass* グラスを空ける
fill a *glass* with ... グラスを…で満たす
put down one's *glass* グラスを置く
raise one's *glass* (to ...) (…のために)乾杯のグラスを持ち上げる[掲げる]

❸ He drank two *glasses* of water. 彼は水をコップ2杯飲んだ.
❹ She wears *glasses*. 彼女はめがねをかけている / He put on his *glasses*. 彼はめがねをかけた / two pairs of *glasses* ふたつのめがね.
☞ 形 glassy.

gláss céiling 名 C 見えない差別《女性差別など表向きにはないが実際に存在する差別》.

gláss fíber 名 U = fiberglass.
gláss fíbre 名 U《英》= glass fiber.
glass·house /glǽshàus グラスハウス/ 名 (複 -hous·es /-hàuziz/) C《英》温室 (greenhouse).
glass·ware /glǽswèər グラスウェア/ 名 U (コップなどの)ガラス製品.
gláss·wòrks 名 (複 glass·works) C ガラス工場.

glass·y /glǽsi グラスィ/ 形 (glass·i·er, glass·i·est) ❶(表面が)ガラスのようになめらかで輝いた.
❷(目が)(生気がなく)ぼんやりした.
☞ 名 glass.

glaze /gléiz グレイズ/ 動 (現分 glaz·ing) 他 ❶(陶器など)にうわ薬をかける.
❷(食べ物など)に光沢をつける.
❸(窓など)にガラスをはめる.
— 名 (複 glaz·es /-iz/) ❶ UC(食べ物などにつけられた)つやつやした表面. ❷ C(陶器などの)うわ薬. ❸ U つや出し.
▶ 動 *glaze over* 自(目が)(生気がなく)どんよりする:His eyes *glazed over* with boredom. 退屈(なる)で彼の目はどんよりしていた.

gla·zier /gléiʒər グレイジャ/ 名 C ガラス屋.

glaz·ing /gléiziŋ グレイジング/ 名 U 窓ガラス.

gleam /glí:m グリーム/ 動 自 ❶きらりと光る, きらめく. ❷(気持ちなどが)ちらりと現われる, 目がきらっと光る.
— 名 C ❶(反射した)きらめき; 輝き.
❷(表情に現われる)(気持ちを示す)しるし.
▶ 動 ❶ I saw a light *gleaming* in the distance. 遠くに明りが光っているのが見えた.
— 名 ❶ the *gleam* of a star 星のきらめき. ❷ a *gleam* of irritation in *one's* eye いら立ちを示す目の輝き.

glean /glí:n グリーン/ 動 他(知識・情報など)をこつこつ集める.

glee /glí: グリー/ 名 U 大喜び, 歓喜.
▶ with *glee* 大喜びで.

glee·ful /glí:fəl グリーフル/ 形 大喜びの, うれしそうな.

glee·ful·ly /glí:fəli グリーフリ/ 副 大喜びで.

glen /glén グレン/ 名 C (とくにスコットランド・アイルランドの)峡谷(ネキネホ).

glib /glíb グリブ/ 形 (glib·ber; glib·best) 口のうまい, 出まかせの.

glib·ly /glíbli グリブリ/ 副 ぺらぺらと.

glide /gláid グライド/ 動 (現分 glid·ing) 自 ❶滑(**)るように進む[動く] (☞ slide の 類語).
❷(グライダー・飛行機などが)滑空(**)する.
— 名 C ❶滑るように[進む]動くこと.
❷(グライダー・飛行機などの)滑空.

▶ 動 @ ❶ The sea gulls *glided* across the sky. カモメがすうっと空を飛んでいった / She *glided* quietly out of the room. 彼女は音もなくすうっと部屋から出ていった.

glid・er /gláidər グライダ/ 名C グライダー.

glid・ing /gláidiŋ グライディング/ 名U グライダー飛行.

glim・mer /glímər グリマ/ 動@ かすかにちらちら光る.
— 名C ❶かすかなちらちらする光. ❷かすかなしるし[気持ち].
▶ 動@ A light was *glimmering* in the distance. 遠くに明かりがちらちら光っていた.
— 名 ❶ the *glimmer* of a dying fire 消えゆく火の光.
❷ a *glimmer* of hope かすかな望み.

*__glimpse__ /glímps グリンプス/ 名 (複 glimps・es /-iz/) C ちらっと見えること (✪「ちらっと見ること」は glance).
— 動 (glimps・es /-iz/; glimpsed /-t/; glimps・ing) ⑯ …をちらりと見かける.
▶名 I had a *glimpse* of a motorcycle. バイクがちらっと見えた / get a *glimpse* of space travel 宇宙旅行のことをちょっと知る.
catch [get, have] a glimpse of ... …がちらっと見える.
— 動⑯ I *glimpsed* her on [《英》in] the train. 私は彼女を電車の中でちらっと見かけた.

glint /glínt グリント/ 動@ きらっと光る.
— 名C きらめき, ひらめき.

glis・ten /glísn グリスン/ (★ t は発音されない) 動@ (ぬれたものが)きらきら輝く.
▶ *glisten* with sweat 汗で光る.

glit・ter /glítər グリタ/ 動 (現分 -ter・ing /-təriŋ/) @ ぴかぴか[きらきら]光る.
— 名U きらめき, 輝き (☞ flash の [類語]).
▶ 動@ Millions of stars *glittered* in the dark sky. 無数の星が暗い空にきらきら光っていた / ことわざ All that *glitters* is not gold. = All is not gold that *glitters*. 光るものが必ずしも金ではない.
— 名 the *glitter* of a diamond ダイヤのきらめき.

glit・ter・ing /glítəriŋ グリタリング/ 形 ❶ぴかぴか光る.

❷(成功などで)輝かしい.

gloat /glóut グロウト/ 動@ (自分の成功に)ほくそえむ, (他人の失敗に)いい気味だと思う.

*__glob・al__ /glóubəl グロウバル/ 形 (more ~; most ~) ❶全世界に及ぶ, 世界規模の.
❷全体の.
▶ ❶ The effect was *global*. その影響は世界中に及んだ / *global* problems 世界的な問題.
☞ 名 globe.

glo・bal・i・za・tion /glòubəlizéiʃən グロウバリゼイション/ 名U 地球規模化, グローバリゼーション.

glob・al・ly /glóubəli グロウバリ/ 副
❶世界的に. ❷全体的に.

glóbal víllage 名《the をつけて》地球村 (《交通・情報が発達してひとつの村のようになった地球》).

glóbal wárming 名U 地球の温暖化.

*__globe__ /glóub グロウブ/ 名 (複 ~s /-z/)
❶《the をつけて》地球. ❷C 地球儀.
❸C 球(体).
▶ ❶ travel around *the globe* 世界中を旅する.
☞ 形 global.

globe-trot・ter /glóub-tràtər グロウブ・トラタ/ 名C よく世界を(観光)旅行する人.

glob・ule /glábjuːl グラビュール/ 名C (液体の)小球体; しずく.

gloom /glúːm グルーム/ 名U ❶暗い気分, 憂うつ. ❷(薄)暗がり.
▶ ❶ We were filled with *gloom* about our failure. 失敗してわれわれは暗い気分であった.
❷ I couldn't see it clearly in the *gloom*. 暗がりでそれはよく見えなかった.
☞ 形 gloomy.

gloom・i・ly /glúːmili グルーミリ/ 副 暗い気分で.

gloom・y /glúːmi グルーミ/ 形 (gloom・i・er; gloom・i・est) ❶暗い気分の, 憂うつな, 悲観的な, 望みのない.
❷(薄)暗い, 陰気な.
▶ ❶ I feel *gloomy* about my future. 私は自分の将来について悲観的な気持ちだ / a *gloomy* face 陰気な顔.
❷ a *gloomy* room 暗い[陰気な]部屋.
☞ 名 gloom.

glo・ri・fi・ca・tion /glɔ̀:rəfikéiʃən グローリフィケイション/ 名U ❶(人・ものの)賛美, 美化. ❷(神の)栄光をたたえること.

glo・ri・fied /glɔ́:rəfàid グローリファイド/ 形美化された.

glo・ri・fy /glɔ́:rəfài グローリファイ/ 動 (-ri-fies /-z/; -ri-fied /-d/; ~ing)他 ❶(実際以上に)…を賛美する, …を美化する. ❷(神など)を賛美する.

☞ 名glory.

glo・ri・ous /glɔ́:riəs グローリアス/ 形
❶ 輝かしい, 栄光ある, りっぱな (反 inglorious).
❷(美しくて)みごとな, 壮麗な,
❸《口語》すばらしい, とても楽しい.
▶❶a *glorious* victory 輝かしい勝利.
❷a *glorious* view みごとなながめ, 絶景. ❸*glorious* weather すばらしい天気 / have a *glorious* time とても楽しい時を過ごす.

☞ 名glory.

glo・ri・ous・ly /glɔ́:riəsli グローリアスリ/ 副輝かしく, みごとに.

*****glo・ry** /glɔ́:ri グローリ/ 名 (複 glo-ries /-z/) ❶U栄光, 名誉. ❷C見事な[誇れる]もの. ❸U壮観, 見事さ.
— 動 (glo-ries /-z/; glo-ried /-d/; ~ing)自《**glory in ...** で》大喜びする, 誇りに思う.

・・・・・・・・・・・・・・・・・・・・・・・・・・・・・・・・・・・・・・

名 ❶The exploration brought him *glory*. その探検は彼に栄誉をもたらした / win *glory* 栄光を得る / Rome in its *glory* 栄光のローマ.
❷The sphinx is one of the *glories* of Egypt. スフィンクスはエジプトの誇るもののひとつです. ❸the *glory* of the sunset 日没のすばらしさ.

☞ 形glorious, 動glorify.

gloss /glɑ́s グラス/ 名U ❶光沢, つや.
❷C見ばえのよさ.
— 動 (三単現 ~es /-iz/)他 ❶…に光沢をつける. ❷…のうわべを飾る.
▶名 ❶the *gloss* of the floor 床のつや.

— 動*gloss over* 他 …をうまくかくしてごまかす.

glos・sa・ry /glɑ́səri グラサリ/ 名 (複 -sa-ries /-z/)C(本の巻末の)用語解説.

gloss・y /glɑ́si グラスィ/ 形 (gloss-i-er; gloss-i-est)光沢[つや]のある.
▶*glossy* hair つやのある髪.

*****glove** /glʌ́v グラヴ/《★発音注意》名 (複 ~s /-z/)C ❶《ふつう複数形で》**手袋**《◆親指だけ離れたふたまたの手袋は mitten》.
❷(野球・ボクシング用の)**グラブ**, グローブ.

・・・・・・・・・・・・・・・・・・・・・・・・・・・・・・・・・・・・・・

❶She wore red *gloves*. 彼女は赤い手袋をしていた / a pair of *gloves* 一組の手袋 / put on [take off] *one's gloves* 手袋をはめる[はずす].

*****glow** /glóu グロウ/ 動 (~s /-z/; ~ed /-d/; ~ing)自 ❶ⓐほのかに光る. ⓑ(炎・煙を出さずに)赤く光る. ❷明るく輝く.
❸(顔が)ほてる, 紅潮する.
— 名《単数形で》❶ⓐほのかな光.
ⓑ(熱を持った)赤々とした輝き.
❷(運動のあとやか健康などによる顔の)赤らみ, ほてり. ❸強い喜び.

・・・・・・・・・・・・・・・・・・・・・・・・・・・・・・・・・・・・・・

動自 ❶ⓐLanterns were *glowing* in the darkness. ちょうちんが暗やみでほのかに光っていた. ⓑEmbers were *glowing* in the fireplace. 暖炉の中で燃えさしがまっかに燃えていた.
❷The clouds *glowed* on the horizon. 雲が地平線で明るく輝いていた.
❸Her cheeks began to *glow* with joy. 喜びで彼女のほおがほてり始めた.
— 名 ❶ⓐthe *glow* of a neon sign ネオンの光. ⓑthe *glow* of red-hot iron 赤熱した鉄の輝き. ❷There is a *glow* of health in her face. 彼女の顔色は健康そうに赤くつやつやしている. ❸in the *glow* of excitement 興奮のあまり.

glow・er /gláuər グラウア/ 《★発音注意》動自《**glower at ...** で》…をにらみつける.

glow・ing /glóuiŋ グロウイング/ 形 ❶ほめたたえる.
❷(炎・煙を出さずに)赤く燃えている.

glow・ing・ly /glóuiŋli グロウイングリ/ 副ほめたたえて.

glow・worm /glóuwə̀:rm グロウワーム/ 名Cホタル.

glu・cose /glú:kous グルーコウス/ 名Uグルコース, ぶどう糖.

*****glue** /glú: グルー/ 名UC**接着剤**, のり.
— 動 (~s /-z/; glued /-d/; glu-ing)

abcdefghijklmnopqrstuvwxyz / **go**

㊒ ❶ …を**接着剤でつける**.
❷《口語》《**be glued to ...** で》…をじっと見つめている.
▶图 I mended the cup with *glue*. 私は接着剤で茶わんを直した.
— 動 ㊒ ❶ *glue* two pieces of wood together 2個の木片を接着剤で張り合わせる.
❷ His eyes *were glued to* the television screen. 彼はテレビ(の画面)をじっと見つめていた.

glum /glʌ́m グラム/ 形 (glum·mer; glum·mest)《口語》しょんぼりした.

glut /glʌ́t グラット/ 图 ⓒ (商品などの)供給過剰; 過多.
— 動 (~s /-ts/; glut·ted /-id/; glut·ting) ㊒ (商品など)を過度に供給する.

glut·ton /glʌ́tn グラトン/ 图 ⓒ ❶ 大食家. ❷《口語》(いやなことでも喜んで引き受ける)労を惜しまない人.

glut·ton·y /glʌ́təni グラトニ/ 图 Ⓤ (暴飲)暴食.

GM /dʒíːém ヂーエム/ 形《英》遺伝子組み換えの《*g*enetically *m*odified の略》.
▶ *GM* food 遺伝子組み換え食品.

gm. 《略語》gram(s); gramme(s).

G(M)T /dʒíː(èm)tíː ヂー(エム)ティー/《略語》Greenwich (Mean) Time グリニッジ標準時.

gnarled /náːrld ナールド/《★ g は発音されない》形 ふしだらけの, ふしくれだった.

gnash /nǽʃ ナッシュ/《★ g は発音されない》動 (三単現 ~es /-iz/) ㊒ (怒り・不満で)歯ぎしりする.

gnat /nǽt ナット/《★ g は発音されない》图ⓒ〖昆虫〗ブヨ.

gnaw /nɔ́ː ノー/《★ g は発音されない》動 (~s /-z/; ~ed /-d/; ~ing) ㊒ ❶ …をがりがりかじる.
❷ …を苦しめる, 悩ます.
— ㊀ ❶ […を]がりがりかじる〔*at, on*〕.
❷ (悩みなどが)〔…を〕絶えず苦しめる〔*at*〕.
▶㊒ ❶ⓐ The puppy was *gnawing* a bone. 子犬が骨をかじっていた.
— ㊀ ❶ She *gnawed at* her fingernails. 彼女は指のつめをかんだ.
❷ The problem *gnawed at* him. その問題は彼を苦しめた.

gnome /nóum ノウム/ 图《★ g は発音されない》ⓒ ❶ (地中に住むとされる)地の精, 小人. ❷ 地の精の像《庭に装飾としておかれることが多い》.

gnome ❷

GNP /dʒíːènpíː ヂーエヌピー/《略語》〖経済〗*g*ross *n*ational *p*roduct 国民総生産.

**go /góu ゴウ/ 動 (goes /-z/; went /wént/; gone /gɔ́(ː)n/; go·ing) ㊀
❶ⓐ **行く**.
ⓑ《**go** *do*ing》_しに行く.
❷ **去る**, 出発する.
❸ (乗り物などが)**進む**, 走る.
❹ⓐ **なくなる**, いなくなる. ⓑ 死ぬ.
❺ こわれる, だめになる.
ⓓ 処分される, 廃棄される.
❺ (道などが)**通じる**, 伸びる, 到達する.
❻ (時間が)**過ぎる**.
❼ (機械などが)**動く**.
❽《**go** ...》ⓐ …(よくない状態)**になる**《❖…には形容詞がくる》.
ⓑ いつも…(の状態)である《❖…には形容詞がくる》.
ⓒ (ものごとが)…に進行する, …という結果になる《❖…には副詞(句)がくる》.
❾ (鐘・ベルなどが)鳴る, (…と)音がする.
❿ (文句・節(t)などが)…となっている.
⓫ⓐ 通用する. ⓑ (…という名で)知られている. ⓒ 認められる, 受け入れられる.
⓬ いつも置かれる, 入れられる.
⓭ (お金などが)使われる.
⓮ (賞品・遺産などが)与えられる.
⓯《**go to** *do*》_するのに役立つ.
⓰《**... to go**》ⓐ (時間・距離など)残りが…《❖…には名詞がくる》.
ⓑ《米》持ち帰り用の…(飲食物) (fast food)《❖…には名詞がくる》.
— 图 (履 goes /-z/) ❶ ⓒ 試み.
❷ ⓒ《英》(ゲームをする)順番《《米》では turnを用いる》.

five hundred and fifty-seven

go

❸ ⓤ((英口語))活力, 気力, 元気.

動 ⓐ ❶ⓐ 対話 "Where did you *go* last summer?"—"I *went* to New York." 「この[去年の]夏はどこへ行きましたか」「ニューヨークへ行きました」/ He has *gone* to Hokkaido. 彼は北海道へ行った(いまここにいない)(☞have gone to ... (⇨ *gone* の成句))/I *go* to school by bicycle. 私は自転車で学校へ行く / *go* to bed 寝る, 寝床にはいる / *go* to sleep 眠りにつく / *go* by ship [sea] 船で行く / *go* by plane [air] 飛行機で行く / *go* by train [land] 列車[陸路]で行く.

go to bed (ベッドに入る)
go to sleep (眠りにつく)

ⓑ I *went fishing* in the sea. 私は海へ釣りに行った / We *went shopping* in Shinjuku. 私たちは新宿へ買い物に行った / *go skating* [*swimming*] スケート[泳ぎ]に行く.

|語法| この文型は *doing* の部分に重点があり,「行く」という意味は弱く, Mother has gone shopping. 「母は買い物に出かけました」のように場所をいわないことが多い. 場所を表現する場合は上の例文のように in, at, on などを用い, to は用いない.

❷ The train has just *gone*. 列車は今出たところだ / It is time for us to *go*. もう行く時間だ(さあ出かけよう) / I must be *going* now. (人の家などを訪問していて)もう帰らなければなりません, そろそろ失礼いたします.

❸ The car is *going* too fast. その車は速度を出しすぎている.

❹ⓐ All my money has [is] *gone*. 私の金はみんな(使って)なくなってしまった((☞*gone* 形の ❸))/ I wish my toothache would *go* (away). 歯痛がとれたらいいのになあ / My handbag was *gone* when I returned. もどって来たら私のハンドバッグがなくなっていた.

ⓑ Poor John has [is] *gone*. かわいそうにジョンは死んだ.

ⓒ My eyesight is *going* rapidly. 私の視力は急速におとろえてきている.

ⓓ These regulations *must go*. これらの規則は廃止されるべきだ / The old table will have to *go*. この古いテーブルは処分しなければならない.

❺ 対話 "Where does this road *go*?"—"It *goes* to the central part of the city." 「この道はどこへ通じているのですか」「市の中心部に通じています」/ The roots of this tree *go* deep. この木の根は深い.

❻ Time *goes* quickly when you are busy. 忙しいと時間がすぐたつものだ.

❼ The machine *goes* on electricity. その機械は電気で動く.

❽ⓐ She *went* red in the face with anger. 彼女はおこって顔が赤くなった / The milk has *gone* sour. そのミルクはすっぱくなった / *go* mad 気が狂う.

ⓑ *go* hungry いつも腹をすかしている / *go* naked いつも裸でいる.

ⓒ Everything *went* well with him. 彼にとっては万事うまくいった / His business is *going* from bad to worse. 彼の商売はますます悪くなってきている.

❾ There *goes* the bell. ベルが鳴っている / It has just *gone* six. ((英))ちょうど6時を打ったところだ.

❿ The tune *goes* like this. そのメロディーはこんなふうだ / The story *goes* that his daughter got divorced last month. 彼の娘は先月離婚したといううわさだ.

⓫ⓐ The dollar *goes* everywhere. ドルはどこでも通用する.

ⓑ He *goes* by the name of Bob. 彼はボブという名で通っている.

ⓒ Whatever she says *goes* here. ここでは彼女の言うことが何でも通る.

⓬ 対話 "Where do the knives and forks *go*?"—"They *go* in that drawer." 「ナイフとフォークはどこへしまうのですか」「その引き出しです」.

⓭ Most of his money *goes* for [on] books. 彼のお金は大部分が本に使われて

❹ The old man's wealth *went* to his grandson. その老人の財産は彼の孫のものになった.
❺ This *goes to* prove that I am right. これは私が正しいことを証明するのに役立つ.
❻ ⓐ There are still three days *to go* before Sunday. 日曜までまだ3日ある. ⓑ "Two ham sandwiches *to go*." 持ち帰り用ハムサンド2人前.

as ... go 世間一般の…としては《✪…にはふつう複数名詞がくる》: She is not bad *as* singers *go*. 彼女は(ふつうの)歌手としてはまあまあだ.

be going to *do* ①__しに行くところである: "Where are you going?"–"I'*m going to* meet my uncle at the bus stop." 「どこへ行くところですか」「バス停までおじを迎えに行くところです」. ②__するつもりである: "What *are* you *going to* do after school?"–"First (of all), I'*m going to* do my assignment." 「放課後何をするの」「まず宿題をするつもりだ」. ③__するところである, __しようとしている: I *was* just *going to* leave his house, when it began to rain. 私がちょうど彼の家を出ようとしていたら雨が降り出した. ④__しそうである, __するであろう: It'*s going to* rain very soon. もうすぐ雨が降りそうだ. ⑤(自然の結果として)__する, __になる: That old woman *is going to* be ninety next year. あの老婦人は来年90歳になります.

go about ⓑ ① **歩き回る**, 動きまわる, 旅をして回る: We *went about* in Kyushu. 私たちは九州を旅をして回った. ②(うわさなどが)**広まる**: A silly rumor *went about* in the town. ばかげたうわさが町に広まった.

go about ... ①…で忙しがる: He is *going about* his work. 彼は仕事をせっせと(忙しそうに)やっている. ②(仕事など)にとりかかる: I don't know how to *go about* finding him. どうやって彼を探したらよいのかわからない.

go after ... ①…を**手に入れようとする**, 求める: He *went after* wealth and fame. 彼は富と名声を得ようとした. ②…を追いかける: The police are *going after* him. 警察が彼を追っている.

go against ... ①…に反抗する: He *went against* his parents' wishes. 彼は両親の願いを聞き入れなかった. ②(状況などが)…の不利になる: The trial is *going against* him. その裁判は彼にとって不利になりつつある. ③(方針などに)合わない: It *goes against* my principles. それは私の方針に反する.

go ahead ⓑ ① **前へ進む**: Don't just stand there. *Go ahead*. そんな所につっ立っていないで, 前へ進みなさい. ②(仕事などが)**進む**, はかどる; 進歩する: Is your work *going ahead*? 仕事は進んでいますか. ③《命令形で》**どうぞ(おやりください)**, さあ: *Go ahead*, we're all listening. さあ話しなさい, みんなが聞いているから / *Go ahead* and use it. さあそれを使いなさい / "Can I use your pen?"–"Yes, *go ahead*." 「万年筆を借りてもいいですか」「ええ, どうぞ」. ④したいことをする: I was against it, but she *went ahead* and quit school. 私は反対したが彼女は自分の考え通り学校をやめた.

go ahead with ... (仕事・話など)を**先へ進める**, 続ける: *Go ahead with* your work. 勉強[仕事]を続けなさい.

go along ⓑ ① **進んで行く**: He whistled as he *went along*. 彼は歩きながら口笛を吹いた. ②やっていく, 続けていく. ③(仕事などが)すすんでいく, うまくいく: How is the negotiation *going along*? 交渉はうまくすすんでいますか.

go along with ... ①…といっしょに行く: I *went along with* him as far as the supermarket. 私はそのスーパーまで彼と一緒に行った. ②…に賛成する: I *go along with* what she says. 私は彼女の言うことに賛成だ. ③(仕事など)を進める. ④…に付随する.

go and *do* 《口語》__しに行く《✪*go to do*よりも《口語》的;《米》ではandなしで用いることもある》: *Go and* see what he's doing. 彼がなにをしているか行って見なさい / I'll *go and* tell her. 行って彼女に知らせます.

go and pick up=***go and get*** 行って(人を)連れてくる《✪話している人のいる

場所から離れた場所へ行ってものを取ってきたり, 人を連れてくる; ☞ take).

I *went and picked* her *up* at school. (私は彼女を学校へ迎えに行って, 連れてきた)

go around ⓐ①回る; 歩き回る, 動き回る, 見て回る: He *went around* alone. 彼はひとりで(歩き)回った / She *went around* telling lies about him. 彼女は彼についてでたらめを言って回った / *go around* in a circle 輪を描いて回る. ②回り道をする: The road was closed, so I had to *go around*. その道路は閉鎖されていたので回り道をしなければならなかった. ③(食物などが)(みんなに)行き渡る: There wasn't enough wine to *go around*. みんなに行き渡るだけのワインがなかった. ④(病気・うわさなどが)広まる. ⑤立ち寄る: *go around* to the shop その店に立ち寄る.

go around [round] ... …の回りを回る; …をひと回りする; …を見て回る: The earth *goes around [round]* the sun. 地球は太陽の回りを回る.

go at ... …に襲いかかる.

go away ⓐ①立ち去る, 出かける: *Go away* and leave me alone. 向こうへ行って私をひとりにしてくれ. ②(休暇などで)出かける. ③(痛み・においなどが)なくなる.

go away with ... …を持って[連れて]行く: He *went away with* my watch. 彼は私の時計を持ち逃げした.

go back ⓐ①帰って行く, 戻る: *Go back* to your seat. 席にもどりなさい. ②(元の状態・話題に)戻る: I'd like to *go back* to teaching. また教職に戻りたい. ③(過去に)さかのぼる: This custom *goes back* to the seventeenth century. この習慣は17世紀までさかのぼる.

go back on ... (約束など)を破る, 取り消す.

go before ⓐ先に起こる[行われる].

go before ... ①…より先に起こる[行われる]. ②…の前に出頭する.

go beyond ... …の(範囲・程度)を越える: *go beyond* our expectations われわれの期待以上になる.

go by ⓐ①通り過ぎる: A car *went by* at full speed. 車がフルスピードで通り過ぎた. ②(時が)経過する: Three years have *gone by* since you entered this school. あなたがこの学校に入学してから3年たった. ③見のがされる: He never lets a chance *go by*. 彼はチャンスは決して見のがさない.

go by ... ①…のそばを通り過ぎる: The parade *went by* our house. パレードは私たちの家の前を通った. ②…に基づいて行動する: *go by* what Mother says 母の言うことを守って行動する.

go down ⓐ①降りる, 下がる; (船が)沈む, (月・太陽などが)沈む: She *went down* by escalator. 彼女はエスカレーターで降りた. ②(価値・温度・程度などが)下がる. ③(風・波・火などが)弱まる, 静まる: はれがひく. ④(人・建物などが)倒れる. ⑤(船が)沈む. (飛行機が)落ちる. ⑥南下する, (都会から)地方へ行く. ⑦記録される, (後世に)残る: His name will *go down* in history. 彼の名は歴史に残るだろう. ⑧(飲食物・薬などが)のどを通る. ⑨(コンピューターが)ダウンする, (機械が)故障する.

go down with ... ①…に受け入れられる: His idea didn't *go down* well *with* them. 彼の考えは彼らには受け入れられなかった. ②(英口語)(病気)にかかる: *go down with* flu インフルエンザにかかる.

go for ... ①…を取り[呼び]に行く: Have him *go for* the doctor. 彼に医者を呼びに行かせなさい. ②…するために出かける: Let's *go for* a walk [drive]. 散歩[ドライブ]に行こう. ③…を得ようと努力する: *go for* the championship 選手権を取ろうと努力する. ④…に襲いかかる, …を非難する. ⑤…が好きだ: I don't *go for* soap operas. 私はメロドラマはきらいだ. ⑥…に当てはまる: That *goes for* me, too. それは私にも当てはまる. ⑦…を支持する.

go in ⓐ①中に入る: Let's *go in* and

have something to drink. 入ってなにか飲もう / This key doesn't *go in*. このかぎははいらない. ②(月・太陽などが)雲に隠れる. ③(競技などに)参加する: *Go in and win!* しっかりやれ《激励のことば》.

go in for ... ①好きで…をする: He doesn't *go in for* sports. 彼はスポーツは全然しない. ②(試験など)を受ける, (競技など)に参加する: *go in for* the 100-meter dash 100メートル競走に出る. ③…をすることにする.

go into ... ①…に入る: She *went into* the shop and soon came out. 彼女はその店に入って, じきに出てきた / This dictionary doesn't *go into* my pocket. この辞書は(大きくて)ポケットには入らない. ②(職業などに)つく, 入る: *go into* business 実業界に入る. ③…をくわしく調べる: *go into* a murder case 殺人事件をくわしく調べる. ④…を論じる, …について言う: *go into* details 細かいことまで話す. ⑤…の状態になる: *go into* hysterics ヒステリーを起こす. ⑥(お金・時間が)…に注ぎこまれる. ⑦…に衝突する.

go off ⓐ①立ち去る, 逃げる: He *went off* without saying anything. 彼はなにも言わずに立ち去った. ②(銃などが)発射される; 爆発する; (目覚まし時計などが)鳴る. ③(電気が)消える, 切れる; (水・ガスなどが)出なくなる; (機械などが)止まる. ④(うまく, まずく)いく: The performance *went off* well. その演奏[演技]はうまくいった. ⑤《英》悪くなる; くさる; (腕が)落ちる. ⑥(痛みなどが)なくなる. ⑦気を失う;《英》寝入る.

go off ... 《英口語》…がきらいになる.

go off with ... ①…を持って逃げる: *go off with* the suitcase スーツケースを持ち逃げする. ②…と駆け落ちする.

go on ⓐ①どんどん進む: Don't stop. *Go on*. 止まらないで前へ進みなさい / He *went on* to the station. 彼は駅へ向かって進んで行った / Let's *go on* to the next question. 次の問題へ進みましょう. ②(時が)経過する: As time *went on*, he became rich. 時がたつにつれて彼は金持ちになった. ③続く: This hot weather will *go on* for some time more. この暑さはもうしばらく続く

でしょう. ④(行動などを)続ける, 話し続ける: *Go on* please. どうぞ続けてください / "I don't understand," she *went on*. 「私にはわかりません」と彼女は話を続けた. ⑤《ふつう進行形で》起こる, 行なわれる: What's *going on* here? ここで何をやっているんだい. ⑥(仕事などが)進む. ⑦ふるまう: Don't *go on* like that. そんなふるまいはやめてくれ. ⑧(電気が)つく, (ガス・水道が)使えるようになる; (機械などが)動き始める.

go on *doing __し続ける《☞成句 *go on to do*》: He *went on talking* for two hours. 彼は2時間話し続けた.

go on (for) ... 《ふつう進行形で》(年齢・時間などが)…に近づく: He *is going on (for)* sixty. 彼は60歳に近づいている / It's *going on (for)* six. もう6時に近い.

go on to *do 次に__する;(中断のあと)再び__する《☞成句 *go on doing*》: He *went on to* read the letter. それから彼は手紙を読んだ.

go on with ... …を続ける: *Go on with* your work. 勉強[仕事]を続けなさい.

go out ⓐ①外出する, 出かける; 遠くへ出かける: The dog wants to *go out*. 犬は外へ出たがっています. ②(火事・明かりなどが)消える《✿「消す」は put out》; (潮などが)引く: Suddenly the lights *went out*. 突然電灯が消えた. ③《ふつう進行形で》(異性と)つき合う: John and Mary have *been going out* together for a long time. ジョンとメアリーはつき合い始めてから長い. ④流行遅れになる, 人気がなくなる. ⑤公表される.

go out of ... ①…から出る: I saw her *go out of* the classroom. 私は彼女が教室を出るのを見た. ②…でなくなる: *go out of* fashion 流行遅れになる / *go out of* general use 一般に使われなくなる.

go out with ... (異性の)…とつき合う: He is *going out with* Meg. 彼はメグとつき合っている.

go over ⓐ①(海・川を渡って)むこうへ行く; 近づいて行く: He *went over* to Europe. 彼はヨーロッパへ渡った. ②[他の宗教・政党・組織などへ]移る: The politician has *gone over* to the government party. その政治家は与党に移った.

go over ... ①**…を渡る**, 越える:He *went over* the mountain. 彼は山を越えて行った. ②**…を調べる**, 点検する:Did you *go over* the machine? 機械を点検しましたか. ③**…をやり直す**; …を読み直す;…を復習する:She always *goes over* her lessons. 彼女はいつも授業を復習する.

G

go round 《英》= *go* around.

go round ... 《英》= *go* around ....

go through [自]①通り抜ける, 通過する. ②(法案などが)可決される, 承認される:*go through* the Congress 国会を通る. ③(交渉などが)まとまる.

go through ... ①**…を通り抜ける**; 通過する. ②(法案などが)(議会など)を通過する. ③《英》(つらいこと)**を経験する**: We *went through* many difficulties. われわれは多くの困難に出会った. ④**…を詳しく調べる**: *go through* the documents 書類を細かく調べる. ⑤…を全部行なう. ⑥…を練習する, 復習する.

go through with ... …を最後までやり通す:He will *go through with* his promise. 彼は約束したことをやりとげるだろう.

go together [自]①**いっしょに行く**: We *went together* to visit our former teacher. 私たちはいっしょに以前教わった先生をたずねて行った. ②**つり合う**, 調和する:Your blouse and skirt *go together* well. 君のブラウスとスカートはよく合っている. ③恋人として付き合う.

go under [自]①(船などが)沈む. ②(事業などが)だめになる, 破産する, 倒産する.

go up [自]①**上がる**: She *went up* by elevator. 彼女はエレベーターで上がって行った. ②(値段・温度などが)**上がる**: The temperature has *gone up*. 気温[体温]が上がった. ③(建物などが)建てられる. ④吹き飛ばされる;(家が)焼けてしまう. ⑤近づく. ⑥北上する, (都会へ)行く.

go up ... **…を登る**: He *went up* the ladder. 彼ははしごを登った.

go with ... ①**…といっしょに行く**: Who do you want to *go with*? だれといっしょに行きたいですか. ②…と調和する:Her new shoes don't *go* well *with* her dress. 彼女の新しいくつはドレスに合わない. ③…に同意する, 同調する. ④…にともなう, 付随する. ⑤(異性)と付き合う.

go without なしですます:If you can't afford a car, you'll have to *go without*. 車を買うだけのお金がなければ, (車)なしですませなければならない.

go without ... **…なしですます**: *go without* lunch 昼食なしでがまんする.

have gone to ... ☞ gone [動].

— [名] ❶Let me have a *go*. 私にやらせてみて. ❸He is still full of *go*. 彼はまだ元気いっぱいだ.

have a go at ... 《口語》…をやってみる:Let's *have a go at* it. それをやってみよう.

make a go of ... 《口語》…を成功させる.

on the go 《口語》たえず動き回って[働いて]:Mother is always *on the go*. 母はいつも忙しそうに動き回っている.

goad /góud ゴウド/ [動][他](人)を無理やり に__させる.

▸Hunger *goaded* the boy *into* stealing the apple. 空腹に耐えかねて少年はついそのリンゴを盗んだ.

go-a·head /góu-əhèd ゴウ·アヘッド/ [名]《口語》《**the** をつけて》進めの許可, 認可.

— [形]積極的な.

▸[名]give *the go-ahead* for the plan その計画を認可する.

***goal** /góul ゴウル/ [名]([複] ~s /-z/)[C]

❶ⓐ(球技などの)**ゴール**(✪レースなどのゴールは finish (line)).

ⓑ(ゴールに入れた)**得点**.

❷(努力・行動などの)**目標**, 目的.

❶ⓐTom headed the ball into the *goal*. トムはヘディングでボールをゴールに入れた. ⓑOur team won the game by three *goals* to two. 私たちのチームは3対2でその試合に勝った / score [get, kick] a *goal* (サッカーなどで)得点する. ❷set 〔achieve〕 a *goal* 目標を設定〔達成〕する.

goal·ie /góuli ゴウリ/ [名][C] = **goal keeper**.

goal·keep·er /góulkìːpər ゴウルキーパ/

abcdef**g**hijklmnopqrstuvwxyz goddess

名Ⓒ(サッカーなどの)ゴールキーパー.
góal lìne 名Ⓒ(サッカーなどの)ゴールライン.
goal·post /góulpòust ゴウルポウスト/ 名Ⓒ《ふつう複数形で》(サッカー・ラグビーなどの)ゴールポスト.
***goat** /góut ゴウト/ 名(複 ~s /-ts/) Ⓒ
❶ヤギ.
❷好色な男.
get …'s goat 《口語》(人)を困らせる, いらだたせる.
goat·ee /góutíː ゴウティー/ 名Ⓒ(下あごの)ひげ, ヤギひげ.

goatee

gob·ble /gábl ガブル/ 動 (現分 gob·bling) 他 …をがつがつ食う.
go-be·tween /góu-bitwìːn ゴウ・ビトウィーン/ 名Ⓒ(間にはいって)取りもつ人, 仲介人; 仲人(なこうど).
gob·let /gáblit ガブリット/ 名Ⓒゴブレット《金属・ガラス製の長い脚のついたグラス》.
gob·lin /gáblin ガブリン/ 名Ⓒ(童話などに現われるいたずら好きでみにくい)鬼, 悪鬼.
go-cart /góu-kὰːrt ゴウ・カート/ 名Ⓒゴーカート《❂遊園地などで子どもが乗って遊ぶ模型自動車》.

go-cart

*****god** /gάd ガッド | gɔ́d/ 名 (複 ~s /-dz/)
❶《**God** で; つねに単数形で》(キリスト教・イスラム教など一神教の)**神**, 造物主.
❷Ⓒ(多神教の男性の)**神**《とくにギリシア・ローマ神話の神; ❂「女神」は goddess》.
❸Ⓒ神様のような存在;(人があがめる)もの.

━━━━━━━━━━━━━━

❶I believe in *God*. 私は神を信じます / She prayed to *God* for help. 彼女は神に祈って助けを求めた.
❷the Greek *gods* ギリシア神話の神々.
❸He was a *god* among his followers. 彼は信奉者の間では神様のような存在だった.
for God's sake お願いだから, 頼むから.
God bless me! ☞ bless.
God bless you! ☞ bless.
God forbid! まさか, そんな事がないように.
God help … ①…は困ったことになるぞ. ②…はかわいそうに.
God (only) knows.《知らないということを強調して》全然わからない, 知るもんか: 対話"Where is Sally?"–"*God knows*." 「サリーはどこにいるの」「知るわけないじゃない」.
God knows that___ ☞ know.
God knows wh- (疑問詞) ☞ know.
God willing (神様の助けで)支障なければ.
My God! = Good God! = O God! おお神よ, あれまあ, さあ大変《❂驚き・恐怖・困惑・悲しみなどを表わす》.
Thank God! ああよかった, やれやれ.
God-awful /gάd-ɔ́ːfəl ガド・オーフル/ 形《口語》ひどい.
god·child /gάdtʃàild ガドチャイルド/ 名 (複 god·chil·dren /-tʃìldrən/)Ⓒ名づけ子《自分が洗礼に立ち会った子; 男の子は godson, 女の子は goddaughter; ☞ godfather》.
god·dam·mit /gάddæmit ガドダミット/ 感《ふつう **Goddammit** で》いまいましい, ちくしょうめ《❂God damn it! ともいう》.
god·daugh·ter /gάddɔ̀ːtər ガドドータ/ 名Ⓒ(女の)名づけ子《自分が洗礼に立ち会った女の子; ☞ godfather》.
***god·dess** /gάdəs ガデス | gɔ́d-/ 名(複 ~es /-iz/)Ⓒ ❶**女神**《とくにギリシア・ローマ神話の女神; ☞ god》.

❷女神のように美しい女性.

god·fa·ther /ɡǽdfɑ̀:ðər ガドファーザ/ 名 ⓒ ❶ (男の)名づけ親 (✿ 女の名づけ親は godmother). ❷ (マフィアなどの組織の)大ボス, ゴッドファーザー. ❸ 大物.

INFO カトリック教会やイングランド国教会, ルーテル教会などで子どもが生まれてまもなく洗礼を受け, 洗礼名 (Christian name) をつけてもらうときに証人として立ち合い, その後の健全な成長の後見人(こうけんにん)となる男性をさす. その時に同じ役を務める女性が godmother で, 両者がそろって godparents となる. その子どもが godchild にあたる; ☞ baptism.

god·for·sak·en /ɡǽdfərsèikən ガドフォセイクン/ 形 (場所が)荒れはてた.

Go·di·va /ɡədáivə ゴダイヴァ/ 名 《前に Lady をつけて》ゴダイバ夫人.

god·less /ɡǽdləs ガドレス/ 形 神を信じない.

god·like /ɡǽdlàik ガドライク/ 形 神のような, こうごうしい.

god·ly /ɡǽdli ガドリ/ 形 (-li·er; -li·est) 信心深い.

god·moth·er /ɡǽdmʌ̀ðər ガドマザ/ 名 ⓒ (女の)名づけ親, ゴッドマザー (☞godfather).

god·par·ent /ɡǽdpɛ̀ərənt ガドペ(ア)レント/ 名 ⓒ 名づけ親《生まれた子どもの洗礼式に立ち会い, その子 (godchild, godson, goddaughter という)の宗教的訓育上の責任をもつ人; ☞ godfather》.

Gód Sáve the Quéen 名「ゴッドセイブザクイーン」《イギリス国歌; ✿ King の統治の場合は Gód Sáve the Kíng という; アメリカ国歌は The Star-Spangled Banner》.

god·send /ɡǽdsènd ガドセンド/ 名 ⓒ 思いがけないありがたいもの[こと].

god·son /ɡǽdsʌ̀n ガドサン/ 名 ⓒ (男の)名づけ子《自分が洗礼に立ち会った男の子; ☞ godfather》.

***goes** /ɡóuz ゴウズ/ 動 goの三人称・単数・現在形.

gog·gles /ɡǽɡlz ガグルズ/ 名 複 ゴーグル《オートバイの運転者・スキーヤーなどがかける》.

***go·ing** /ɡóuiŋ ゴウイング/ 動 goの現在分詞形.

— 名 Ⓤ ❶ 行くこと, 去ること; 出発. ❷ 進行, みちぐあい, 速さ.

— 形 ❶ 進行している, 動いている. ❷ 現在の, 現行の.

名 ❶ our *going* to the place われわれがそこへ行くこと.
❷ slow *going* ゆっくりした進行.
— 形 ❶ set the clock *going* 時計を動かす.
❷ the *going* price 現行の値段.

go·ing-o·ver /ɡóuiŋ-óuvər ゴウイング・オウヴァ/ 名 (複 go·ings-o·ver /ɡóuiŋz-/) ⓒ 《口語》徹底的な調査[尋問].

go·ings-on /ɡóuiŋzán ゴウイングザン/ 名 複 《口語》おかしな[不法な]行為.

go-kart /ɡóu-kɑ̀ːrt ゴウ・カート/ 名 ⓒ ゴーカート.

****gold** /ɡóuld ゴウルド/ 名
❶ Ⓤ ⓐ **金** (元素記号 Au).
ⓑ 《形容詞的に》**金(製)の**.
❷ Ⓤ 金製装飾品; 金貨.
❸ Ⓤⓒ 黄金色, 金色.
❹ ⓒ 金メダル.

❶ⓐ This ring is made of *gold*. この指輪は金製です / pure *gold* 純金.
ⓑ *gold* coins 金貨 / a *gold* tooth 金歯.
❷ wear *gold* 金の装飾品を身につける.
❸ *gold* glitter 金色の輝き.
☞ 形 golden.

góld cárd 名 ⓒ (クレジットカードの)ゴールドカード.

***gold·en** /ɡóuldn ゴウルドン/ 形
❶ 金色の.
❷ 貴重な, すばらしい, 絶好の.
❸ 繁栄した, 全盛の.
❹ 《文語》金製の, 金の (✿ 現在ではこの意味にはふつう gold を用いる).

❶ *golden* hair 金髪 / a *golden* sunset 黄金色の夕日.
❷ a *golden* opportunity 絶好の機会.
❸ *golden* days 全盛[黄金]時代.
☞ 名 gold.

gólden áge 名 《the をつけて》最盛期, 黄金時代. ▶ the *golden age* of Japanese films 日本映画の最盛期.

gólden annivérsary 名 ⓒ 金婚式 (✿

結婚50周年記念式[日]; (英)ではgolden wedding)).

gólden rúle 名C 重要な原則.

gólden wédding 名C(英)金婚式((米)ではgolden anniversary; ☞ wedding)).

gold·fish /góuldfiʃ **ゴウルドフィッシュ**/ 名(複 gold·fish, ~·es /-iz/)C 金魚.

góld médal 名CU 金メダル.

góld médalist 名C 金メダル獲得者.
▶the *gold medalist* in the marathon. マラソンの金メダリスト.

góld mìne 名C ❶金鉱, 金山. ❷もうかる商売.

*__golf__ /gálf **ガルフ**, gólf/ 名U **ゴルフ**(☞下のさし絵).
▶play *golf* ゴルフをする.

gólf clùb 名C ❶(ゴルフ用)クラブ. ❷ゴルフクラブ((ゴルフ愛好者のクラブ・その施設)).

gólf còurse 名C ゴルフ場, ゴルフコース((◎(golf) links ともいう)).

golf·er /gálfər **ガルファ**/ 名C ゴルフをする人, ゴルファー.

gólf lìnks 名(複 golf links)C ＝ golf course.

gol·ly /gáli **ガリ**/ 感 (驚いて)えっ.

gon·do·la /gándələ **ガンドラ**/ 名C
❶ゴンドラ((イタリアのベニス(Venice)の遊覧船)).
❷(気球(balloon)・飛行船(blimp)・ロープウェーの)ゴンドラ, つりかご.

*__gone__ /gó(:)n **ゴ(ー)ン**/ 動 goの過去分詞形.

— 形 **過ぎ去った**, なくなった, いなくなった.

— 動《次の成句で》: **have gone to ...** ①**…へ行った(今ここにいない)**: He *has gone to* Paris. 彼はパリへ行った. ②(米口語)…へ行ったことがある: *Have* you ever *gone to* China? 中国へ行ったことがありますか(have been to).

— 形 Summer is *gone*. 夏は去った((◎be gone の形は完了形の一種と考えられることもある)) / My bag was *gone* when I returned. もどって来たら私のバッグがなくなっていた / The cookies were soon *gone*. クッキーはじきに(全部食べられて)なくなった.

gong /gó(:)ŋ **ゴ(ー)ング**/ 名C ゴング.

gon·na /gɔ̀(:)nə **ゴ(ー)ナ**/ ＝ **going to**((◎くだけた発音のとおりにつづったもの)).
▶I'm *gonna* do it right away. すぐ(それを)するぞ.

goo /gú: **グー**/ 名U (のりのように)べとべとしたもの.

*__**good**__ /gúd **グッド**/ 形 (bet·ter /bétər/; best /bést/)
❶(質・内容・程度などが)**よい**, 立派な, 上等な(反 poor, bad).
❷ⓐ (人柄・行動などが)**よい**, 善良な(反 bad).
ⓑ **親切な**, やさしい((☞成句 be *good* enough to *do*, be so *good* as to *do*)).
ⓒ《the をつけて; 名詞的に; 複数扱いで》善良な人々.

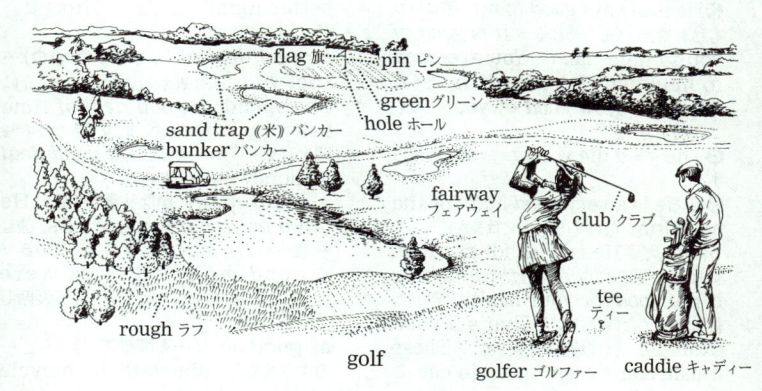

flag 旗
pin ピン
green グリーン
sand trap (米)バンカー
bunker バンカー
hole ホール
fairway フェアウェイ
club クラブ
tee ティー
rough ラフ
golf
golfer ゴルファー
caddie キャディー

good

❸ⓐ **適している**, ためになる, 役に立つ.
ⓑ 望ましい.
❹ **上手な**, 熟達した, 得意な (反 poor, bad) (☞ 成句 be good at ...).
❺ 楽しい, 愉快な.
❻ 元気な, 気分がよい.
❼ 親しい, 仲のよい.
❽ⓐ **正当な**, 妥当な.
ⓑ 有効な, 効力のある.
ⓒ (食品などが) 新鮮な.
❾ (数量・時間・距離などが) **十分な**, かなりの.

── 名 Ⓤ ❶ 利益, ため, 幸福 (反 harm).
❷ 役立つこと, ためになること.
❸ 善, よいこと, 長所 (反 evil).

── 感 **よろしい**, いいぞ (✿ 許可・承諾・満足などを表わす).

・・・・・・・・・・・・・・・・・・・・・・・・・・・・

形 ❶ She got *good* marks in English. 彼女は英語でよい成績をとった / It's a *good* idea. それはいい考えだ / Her piano playing is very *good*. (= She is a very *good* pianist.) 彼女のピアノ演奏はとてもすばらしい / You look *good* in that dress. = That dress looks *good* on you. 君はその服を着るとすてきだ (よく似合う) / *good* wine 上等なワイン.

❷ ⓐ He's a *good* citizen. 彼は善良な市民だ / a *good* deed よい行ない / Be a *good* boy [girl]! おとなしくしているんですよ / There's [That's] a *good* boy [girl]. いい子だからね (そうしなさい).
ⓑ He is always *good* to me. 彼はいつも私にやさしくしてくれる / It is *good* of you *to* help me. (= You are *good* to help me.) 私を手伝ってくれてどうもありがとう / How *good* of you! どうもご親切にありがとう.
ⓒ The *good* die young. 善人は若死にする.

❸ ⓐ He is a very *good* man for the position. 彼はその地位にはまさにうってつけの人だ / He is *good* for nothing. 彼は何の役にも立たない男だ / Smoking is not *good* for your health. 喫煙は健康によくないですよ / That's a *good* example. それは適切な実例だ / These mushrooms aren't *good* to eat. このキノコは食べられない.
ⓑ It is not *good* for her to go there alone. 彼女がそこへひとりで行くのは望ましくない / It is *good* that you are here. 君がここにいてくれて好都合だ.

❹ My father is a *good* carpenter. 私の父は腕利きの大工だ / She is a very *good* cook. 彼女はとても料理が上手だ / He is very *good* with children. 彼は子どもを扱うのがとても上手だ / a *good* swimmer 水泳の上手な人 (✿ ❏「…するのが上手だ」は, 上例のように, 「…する人」の意味を表わす名詞の前に good をつけて表わすことが多い).

❺ We had a *good* time (of it). 私たちは楽しい時を過ごした.

❻ I feel *good* today. 私はきょうは気分がよい / He is always in *good* health. 彼はいつも元気だ.

❼ They are *good* friends. 彼らは親友です.

❽ ⓐ You have *good* reason to think so. 君がそう考えるのももっともだ.
ⓑ This ticket is no longer *good*. この切符はもう使えません.
ⓒ Are these eggs still *good*? この卵はまだいたんでいませんか.

❾ He earns a *good* salary. 彼はかなりの給料をもらっている / have a *good* meal 十分に食べる / walk for a *good* three hours たっぷり3時間歩く.

a good deal ① (量が) **たくさん**：He reads *a good deal*. 彼は本をたくさん読む. ② 大いに：She is *a good deal* better today. 彼女はきょうは体の具合がとてもよい.

a good deal of ... かなりの (量の) ... (✿ of のうしろには数えられない名詞がくる)：She spends *a good deal of* time listening to music. 彼女はかなりの時間を音楽を聴いて過ごす / *a good deal of* money かなりのお金.

a good many かなり多数 (の)：He has *a good many* music CDs. 彼は音楽のCDをかなりたくさん持っている / *A good many* of them were absent. 彼らのうちかなりの人が欠席した.

as good as ... **...も同様で**, ほとんど...のようなもの (almost)：The bicycle

***is as good as* new.** その自転車は新品同様だ / He *as good as* promised it. 彼はそう約束したも同然だ.

be good at ... [*doing*] …が[__するのが]上手だ, 得意だ:She *is* very *good at* French. 彼女はフランス語がとてもよくできる / He *is good at* making excuses. 彼はいいわけをするのがうまい.

be good enough まあまあだ:This dictionary *is* small but *good enough* for everyday use. この辞書は小さいが日常使うには間に合う.

be good enough to *do* 親切にも__する:He *was good enough to* tell me the way to the post office. 彼は親切にも郵便局までの道を教えてくれた.

be so good as to *do* = be *good enough to do*:Would you *be so good as to* help me put the bag on the rack? 手荷物を棚に上げるのを手伝っていただけませんか.

good and ... 《口語》とても…, 非常に…(✿…には形容詞がくる):It is *good and* warm today. きょうはとても暖かい / I'm *good and* hungry. 私はおなかがぺこぺこです.

hold good 有効である, 適用される:This rule *holds good* in these cases. この規則はこれらの場合に適用される.

in good time ①(決められた)時間どおりに.②(決められた)時間よりも前に.

make good ①(損害・不足)を償う, 埋め合わせる:You should *make good* the loss. あなたはその損失を償うべきだ.②(約束・任務など)を果たす, (目的)をとげる:They managed to *make good* their escape. 彼らはどうにか逃げおおせた.③成功する:He *made good* in business. 彼は商売で成功した.

— 名 ❶I'm telling you this for your own *good*. 君のためを思ってこれを言っているのです / work for the public *good* 公の利益のために働く.

❷What is the *good* of collecting pebbles? 小石など集めてどうするの / That's no *good*. それはだめだ(役に立たない) / What *good* is it?= What is the *good* of it? そんなものが何の役に立つのか.

❸I cannot find any *good* in him. 彼にはいいところがない / know *good* from evil 善悪の区別がつく.

be up to no good 《口語》何かよくないことをしている(たくらんでいる):Those boys *are* always *up to no good*. あの少年たちはいつも何か悪さをしている.

come to no good まずい結果に終わる.

do (...) good …に**効果がある**:Taking exercise will *do* you *good*. 運動すると体によい / That won't *do* any *good*. そんなもの何にもならない.

for good (and all) 永久に:He left Japan *for good*. 彼は永久に日本を去った.

It is no good (just) *doing*. __してもむだである:*It's no good (just) talking*. いくら話してもむだだ.

— 感 対話 "I've finished all my work."–"*Good!*" 「仕事は全部済ませたよ」「よろしい」

gòod aftenóon 感 こんにちは(午後のあいさつ;helloとかhiと言うほうがふつう).
▶*Good afternoon*, Mrs. Jackson! ジャクソンさんこんにちは.

good-by /gùdbái グドバイ/ 感名 = goodbye.

***good·bye, good-bye

/gùdbái グドバイ/ 感

さようなら(一般的な別れのあいさつ;朝・昼・晩いつでも用いられる;☞ 成句 So long (⇨ long), See you ...! (⇨ see), So long (⇨ long), ☞ bye-bye).

— 名 (複 ~s /-z/) UC **別れのあいさつ**, さようなら.

感 *Good-bye*, everybody! みなさんさようなら.

— 名 I must say *good-bye* now. もう行かなくては[おいとましなくては]なりません.

gòod dáy 感 《文語》おはよう(good morning), こんにちは (good afternoon)(《日中の改まったあいさつ;helloとかhiと言うほうがふつう;《豪》ではとくに改まった感じはない).

***gòod évening** 感 **こんばんは**(夕方から夜にかけてのあいさつ).

good-for-noth·ing /gúd-fər-nʌ́θiŋ グド・フォ・**ナ**スィング/ 形 (人が)役に立たない, ろくでなしの.
— 名 ⓒ 役に立たない奴, ろくでなし.

Góod Fríday 名 聖金曜日《復活祭(Easter)の前の金曜日；キリストが処刑された日のことをいう》.

good-hu·mored,《英》**good-hu·moured** /gúd-hjúːmərd グド・**ヒュー**マド, ・ユー・/ 形 楽しい, 気さくな（反 ill-humored）.

good·ie /gúdi グディ/ 名 感 = goody¹,².

good-look·ing /gúd-lúkiŋ グド・ルキング/ 形 顔立ちのよい.

góod lóoks 名 複 美貌(ぼう).

góod lúck 名 ⓤ 幸運.
 Good luck (to you)! = *I wish you good luck.* ①幸運[成功]を祈ります, がんばって《人を元気づけたり, うまくいくことを祈る時のことば》. ②お元気で《旅立つ人や別れる人などへのことば》.

****gòod mórning** 感 **おはよう**, こんにちは《午前中のあいさつ》.
 INFO ふつう "Good morning, Kate!" のように相手の名前を呼びかける. 親しい者どうしでは Hello, Hi などと言うことが多い.

good-na·tured /gúd-néitʃərd グド・ネイチャド/ 形 やさしい, 人のよい.
 ▶a *good-natured* boy やさしい男の子.

****good·ness** /gúdnəs グドネス/ 名 ⓤ
 ❶ (質・人柄などの)よさ, 心のやさしさ.
 ❷ (健康に)よいもの.
 ❸《God の遠回しの表現として》.
 ▶❶ the *goodness* of the materials 材料のよさ / one's *goodness* of heart 心の善良さ.
 ❸ Thank *goodness!* ありがたや.
 for goodness' sake お願いだから, 頼むから：*For goodness' sake*, keep quiet. お願いだから静かにしていて.
 Goodness! = *My goodness!* おやおや, まあ《❃驚きや当惑を表わす》.

****góod níght** 感 **おやすみなさい**, さようなら《夜の別れのあいさつ》. ▶*Good night*, Mom! おかあさんおやすみなさい.

****goods** /gúdz グッツ/ 名 複《❃数詞や many などとは用いない》).
 ❶ **商品**, 品物. ❷ 家財, 所有物《❃土地・家屋などの不動産には用いない》).

▶❶ various kinds of electrical *goods* いろいろな種類の電気製品 / expensive *goods* 高額な商品. ❷ He lost all his personal *goods* in the fire. 彼は家財のすべてを火事で失った.

góod sénse 名 ⓤ 良識, 分別.

góods tràin 名 ⓒ 貨物列車《❃《米》では freight train》.

good·will, good will /gúdwíl グドウィル/ 名 ⓤ ❹ やさしい気持ち, 親切, 好意；親善. ❺《形容詞的に》親善のための.
 ▶❹ She showed *goodwill* toward us. 彼女は私たちに好意を示した. ❺ a *goodwill* visit 親善(のための)訪問.

good·y¹ /gúdi グディ/ 名 複 -ies /-z/) ❶ ⓒ (映画や小説の登場人物の)いい人. ❷ ⓒ《ふつう複数形で》《口語》おいしいもの《ケーキ・キャンデーなど》. ❸ ⓒ すばらしい物[事].

good·y² /gúdi グディ/ 感《口語》すてき, すごい《とくに子どもの喜びの表現》.

good·y-good·y /gúdi-gúdi グディ・グディ/ 名 複 -good·ies /-z/) ⓒ《口語》いやに善人ぶった人, いい子ぶった子ども, おべっか使い.

goof /gúːf グーフ/ 名 複 ~s /-s/)《米口語》ⓒ ❶ まぬけ, とんま.
 ❷ へま, しくじり.
 — 動 ⓘ《米口語》へまをする, しくじる.

goof around《米口語》ばかなことをしてぶらぶら過ごす.

goof off《米口語》なにもしないでぶらぶらする.

goo·fy /gúːfi グーフィ/ 形 (goof·i·er; -i·est)《米口語》とんまな, 間抜けの.

goose /gúːs グース/ 名 複 geese /gíːs/)
 ❶ ⓒ ガチョウ.
 ❷ ⓤ ガチョウの肉.
 kill the goose that lays [laid] the golden eggs 目前の利益のため将来の利益をすてる《『イソップ物語』から》.

goose·ber·ry /gúːsbèri グースベリ, gúːz-/ 名 複 -ber·ries /-z/) ⓒ《植物》グズベリー, スグリ(の実)《ジャムにしたりデザートに用いたりする》.

góose bùmps [pìmples] 名 ⓤ《寒さや恐怖のための》鳥肌(はだ).
 ▶get *goose bumps* 鳥肌が立つ.

GOP /dʒíːòupíː ヂーオウピー/ 名《the をつ

abcdefg**h**ijklmnopqrstuvwxyz　　　　　　　　　　　　　　　　　　　　　　　　　　**government**

けて》《米》共和党《Republican Partyの別称; Grand Old Partyの略》.

go·pher /góufər ゴウファ/ 名Ⓒ【動物】ホリネズミ《北米, 中米産》.

gore¹ /gɔ́ːr ゴー/ 名Ⓤ（傷から出た）血のかたまり.

gore² /gɔ́ːr ゴー/ 動（現分 gor·ing /gɔ́ːriŋ/）他 …を角(⻆)で[牙(きば)で]突きさす.

gorge¹ /gɔ́ːrdʒ ゴーチ/ 名Ⓒ峡谷(きょうこく), 山峡《ふたつの間に川が流れている; 地名にもよく用いられる》.

gorge² /gɔ́ːrdʒ ゴーチ/ 動（現分 gorg·ing）他《gorge oneself (on ...)で》…をがつがつ食べる.

gor·geous /gɔ́ːrdʒəs ゴーチャス/ 形豪華な, はなやかな, とてもすばらしい.

▶The peacock spread its *gorgeous* tail. クジャクはりっぱな尾を広げた / It's such a *gorgeous* day, isn't it? ほんとにすばらしい天気ですね.

gor·geous·ly /gɔ́ːrdʒəsli ゴーチャスリ/ 副豪華に, はなやかに, とてもすばらしく.

go·ril·la /gərílə ゴリラ/ 《★アクセント注意》名Ⓒ【動物】ゴリラ.

gor·y /gɔ́ːri ゴーリ/ 形残虐な.

gosh /gɑ́ʃ ガッシュ/ 感えっ, おや《驚きを表わす》.

gos·ling /gɑ́zliŋ ガズリング/ 名Ⓒガチョウ（goose）のひな.

gos·pel /gɑ́spəl ガスペル/ 名

❶Ⓤ《the をつけて》福音(ふくいん)《キリストの説いた神の愛と神の国についての教え》.

❷Ⓒ《the Gospel で》【聖書】福音書《新約聖書中の次のいずれかの書をいう;「マタイ（Matthew）伝」,「マルコ（Mark）伝」,「ルカ（Luke）伝」,「ヨハネ（John）伝」》.

❸Ⓤ真理, 完全に正しいこと《**○góspel trùth** ともいう》.

❹Ⓤゴスペル《アメリカ黒人の宗教音楽; **○góspel mùsic** ともいう》.

*__**gos·sip**__ /gɑ́sip ガスィプ | gɔ́s-/ 名（複 ~s /-s/）❶ⓊⒸうわさ話, 陰口, ゴシップ.

❷Ⓒうわさ話の好きな人, おしゃべりな人.

— 動 ⓘうわさ話をする.

▶名 ❶*gossip* column（新聞・雑誌などの）ゴシップ欄.

— 動 ⓘ*gossip* about the neighbors 近所の人たちのうわさ話をする.

*__**got**__ /gɑ́t ガット | gɔ́t/ 動getの過去形・過去分詞形.

Goth·ic /gɑ́θik ガスィック/ 形 ❶【建築】ゴシック様式の. ❷【印刷】ゴシック字体の.

— 名 ❶Ⓤ【建築】ゴシック様式.

❷ⓊⒸ【印刷】ゴシック字体《太い活字; ☞type ❸》.

got·ta /gɑ́tə ガタ/《口語》=（have [has］）got to《くだけた発音のとおりにつづったもの》. ▶I('ve) *gotta* get back. 帰らなくちゃあ.

*__**got·ten**__ /gɑ́tn ガトン | gɔ́tn/ 動《米》getの過去分詞形.

gouge /gáudʒ ガウヂ/ 名Ⓒ丸のみ.

— 動（現分 goug·ing）他…に穴をあける.

gourd /gɔ́ːrd ゴード/ 名Ⓒ【植物】ヒョウタン（の実）.

gour·met /gúərmei グアメイ/ 名Ⓒ食通, グルメ.

— 形（食べ物が）食通向きの.

gout /gáut ガウト/ 名Ⓤ【医学】痛風.

*__**gov·ern**__ /gʌ́vərn ガヴァン/ 動（~s /-z/; ~ed /-d/; ~ing）他 ❶（国・自治体・国民など）を**治める**, 統治する.

❷…を**支配する**, 左右する, …に影響を与える.

❸（組織など）を管理する, 運営する《☞ rule 動》.

— ⓘ治める, 統治する《☞ reign 動, rule 動》.

他 ❶The country used to be *governed* by a dictator. その国はかつて独裁者に統治されていた.

❷People are *governed* by their circumstances. 人は環境に支配される.
　　　　　　　　　　　☞名government.

gov·er·nance /gʌ́vərnəns ガヴァナンス/ 名Ⓤ《文語》統治, 運営.

gov·ern·ess /gʌ́vərnəs ガヴァネス/ 名（複 ~es /-iz/）Ⓒ（昔の住み込みの）女性家庭教師《☞tutor》.

*__**gov·ern·ment**__ /gʌ́vərnmənt ガヴァンメント/ 名（複 ~s /-ts/）

❶Ⓒ《しばしば Government で》（国・自治体の）**政府**;《英》内閣.

❷Ⓤ**政治**, 統治, 支配.

❸Ⓤ（公共機関の）管理, 運営.

❶The *Government* is [are] con-

graduate school

❸a *graduate* of Princeton プリンストン大学の卒業生 / a college *graduate* 大学卒業生.
— 形 a *graduate* student 大学院学生 / a *graduate* course 大学院課程.

gráduate schòol 名C《米》大学院.

*__grad·u·a·tion__ /ɡrædʒuéiʃən グラヂュエイション/ 名 (複 ~s /-z/) ❶U 卒業 (☞ commencement ❷).
❷U.C 卒業式 (○《英》では大学のみに,《米》では大学以外の学校にも用いる》.
▶❶a *graduation* ceremony 卒業式. ❷*graduation* day 卒業式の日.
☞ 動 graduate.

graf·fi·ti /ɡrəfíːti グラフィーティ, græ-/ 名 (複) graf·fi·to /ɡrəfíːtou/ (壁などの)落書き.

graft /ɡræft グラフト/ 動 他《graft ... onto ~ で》❸ ...を~につぎ木する.
❺〔医学〕…(皮膚・肉など)を~に移植する.
— 自《米》汚職する, 収賄(しゅうわい)する.
— 名 ❶C つぎ木, つぎ枝. ❷C〔医学〕移植された組織. ❸U《主に米》汚職, 収賄.

Gra·ham /ɡréiəm グレイアム/《★発音注意》名 グレアム, グラハム《男性の名》.

*__grain__ /ɡréin グレイン/ 名 (複 ~s /-z/)
❶U.C 穀物《wheat, corn, rice など》.
❷C (穀物・塩・砂などの)粒.
❸《ふつう a をつけて; 否定文で》ごく少し, 微量.
❹U (木材の)木目(もくめ), 石目, (織物の)目, きめ.

❶raise *grain* 穀物を作る.
❷a *grain* of rice 一粒の米 / *grains* of sand 砂の粒.
❸ a *grain* of truth わずかな真理.
go against the grain 自分の性分に合わない.

*__gram__ /ɡræm グラム/ 名 (複 ~s /-z/)C グラム《重さの単位, g, gm., gr と略す》. ▶200 *grams* of sugar 200グラムの砂糖.

*__gram·mar__ /ɡræmər グラマ/ 名 (複 ~s /-z/) ❶U 文法.
❷U (個人の)ことばづかい.
❸C 文法書.
▶❶He has a good knowledge of English *grammar*. 彼は英文法の知識が豊富だ.
❷Her *grammar* is correct. 彼女のことばづかいは正しい.
☞ 形 grammatical.

grámmar schòol 名U.C《英》(イギリスの)グラマースクール.
INFO 11歳から18歳までの小学校を卒業した者を対象とするおもに大学進学を目的とした公立の中等学校. 数は減って少ない; ☞ school¹.

gram·mat·i·cal /ɡrəmǽtikəl グラマティカル/ 形 ❶ 文法(上)の. ❷ 文法的に正しい.
▶❶a *grammatical* error 文法上の誤り. ❷a *grammatical* sentence 文法的に正しい文. ☞ 名 grammar.

gram·mat·i·cal·ly /ɡrəmǽtikəli グラマティカリ/ 副 ❶ 文法上(は).
❷ 文法的に正しく.

gramme /ɡrǽm グラム/ 名《英》= gram.

Gram·my /ɡrǽmi グラミ/ 名 (複 ~s, -mies /-z/)C《米》グラミー賞《アメリカで毎年最優秀の歌や歌手に与えられる賞》.

*__grand__ /ɡrǽnd グランド/ 形 (~·er; ~·est)
❶ (建物・場所などが)壮大な, 雄大な.
❷ ❸ (人が)威厳のある, りっぱな, 堂々とした. ❺ 偉そうな, 偉ぶっている.
❸《口語》すばらしい, すてきな.
❹ 最高位の.

❶a *grand* palace 壮大な宮殿 / a *grand* view 雄大なながめ.
❷❸He has a *grand* air. 彼は威厳がある[堂々としている].
❸have a *grand* time すばらしい時をすごす.
❹the *grand* champion グランドチャンピオン.

☞ 名 grandeur.

Gránd Cán·yon 名《the をつけて》グランドキャニオン《アメリカのアリゾナ (Arizona) 州北部にあるコロラド (Colorado) 川の大峡谷(だいきょうこく)》.

*__grand·child__ /ɡrǽndtʃàild グランドチャイルド/ 名 (複 -chil·dren /-tʃìldrən/)C 孫.

grand·dad /ɡrǽnddæd グランドダッド/ 名 (複 ~s /-dz/)C《口語》おじいちゃん (grandfather).

grand·daugh·ter /grǽnddɔ̀ːtər グランドドータ/ 名 (複 ~s /-z/) C **孫娘**.

gran·deur /grǽndʒər グランヂャ/ 名 U 壮大; 壮観.

☞ 形 grand.

grand·fa·ther /grǽndfɑ̀ːðər グランドファーザ/ 名 (複 ~s /-z/) C **祖父** (☞ grandparent).

grándfather clóck 名 C (背の高い箱入りの)大時計《おもりと振り子で動く旧式のもの》.

gran·di·ose /grǽndiòus グランディオウス/ 形 壮大な, 大げさな.

gránd júry 名 C《米法律》大陪審《起訴するかどうかを決定する; ☞ jury》.

grand·ly /grǽndli グランドリ/ 副 雄大に, 堂々と, 立派に.

grand·ma /grǽndmàː グランドマー/ 名 (複 ~s /-z/) C《口語》**おばあちゃん** (grandmother).

grand·moth·er /grǽndmʌ̀ðər グランドマザ/ 名 (複 ~s /-z/) C **祖母** (☞ grandparent).

grand·pa /grǽndpɑ̀ː グランドパー/ 名 (複 ~s /-z/) C《口語》**おじいちゃん** (grandfather).

grand·par·ent /grǽndpèərənt グランドペ(ア)レント/ 名 (複 ~s /-ts/) C **祖父母**《祖父 (grandfather) または祖母 (grandmother)》.

INFO 家庭では一般的には Grandpa (おじいちゃん) と Grandma (おばあちゃん) を用いる; ☞ father, mother.

gránd piáno 名 C グランドピアノ.

grand prix /grɑ́ːn príː グラーン プリー/ 名 (複 grands prix /grɑ́ːn-/) C《しばしば Grand Prix で》グランプリレース《自動車などの国際レース》.

gránd slám 名 C ❶ (テニス・ゴルフなどでの)グランドスラム《いくつかの主要な大会で優勝を独占すること》.

❷ 〔野球〕満塁ホーマー.

grand·son /grǽndsʌ̀n グランドサン/ 名 (複 ~s /-z/) C **男の孫**.

grand·stand /grǽndstæ̀nd グランドスタンド/ 名 C (競馬場・競技場などの)(屋根つきの)正面観覧席.

gránd tótal 名 C 総計.

gran·ite /grǽnit グラニット/ 名 U 花こう岩, みかげ石.

gran·ny, gran·nie /grǽni グラニ/ 名 (複 gran·nies /-z/) C《口語》おばあちゃん (grandmother).

grant /grǽnt グラント | grɑ́ːnt/ 動 (~s /-ts/; ~ed /-id/; ~ing) 他

❶《文語》❹ (上の立場の人などが)(願いなど)を**聞き入れてやる**, かなえてやる.

❺《grant ~ …または grant … to ~》~に…をかなえてやる.

❷《文語》《grant ~ …または grant … to ~》~に…(権利など)を与える.

❸《grant (~) (that) __》(~に)__ということを認める.

— 名 (複 ~s /-ts/) C (政府などの)交付金, 助成金.

••••••••••••••••••••••••••••

動 他 ❶ ❹ The principal *granted* our request to hold a meeting. 校長は私たちの集会をしたいという願いを聞き入れてくれた / His wish was *granted*. 彼の願いは聞き入れられた.

❺ He *granted* them their request. (= He *granted* their request.) 彼は彼らの要求を受け入れた.

❷ They *granted* equal rights *to* the tribespeople. 彼らはその部族の人たちに同等の権利を与えた.

❸ I *grant* that you are right. 私は君の言うことはもっともだと思う.

granted (that) __ たとえ __ だとしても: *Granted that* he said so, that is not his real intention. 彼がそう言ったとしてもそれは彼の本心ではない.

take … for granted ①…を当然のことと思う: I *took* his consent *for granted*. 私は彼が当然同意してくれるものと思っていた. ②(慣れてしまって)…**を大事に思わない**: We often *take* electricity *for granted*. 私たちは電気(に慣れっこになってて)の大切さがわからないことがよくある.

take it for granted that __ __ ということを当然のことと思う: I *took it for granted that* you would join us. 私は君が当然参加するものと思った.

— 名 a research *grant* 研究助成金.

gran·u·lat·ed súg·ar /grǽnjulèitid-グラニュレイティド-/ 名 U グラニュー糖.

granule　　　　　　　　　　　　　　　ABCDEF**G**HIJKLMNOPQRSTUVWXYZ

gran·ule /grǽnju:l グラニュール/ 名C小粒, 微粒.

*__grape__ /gréip グレイプ/ 名(複 ~s /-s/)C **ブドウ(の実)**《1粒をいう; ☞ sour grapes; ブドウのつる[木]は grapevine》.
▶Wine is made from *grapes*. ワインはブドウから作られる / a bunch of *grapes* ひとふさのブドウ.

grape·fruit /gréipfrù:t グレイプフルート/ 名(複 grape·fruit, ~s /-ts/)C グレープフルーツ.

grape·vine /gréipvàin グレイプヴァイン/ 名C ブドウのつる[木]《◆vine ともいう》.

*__graph__ /grǽf グラフ | grɑ́:f / 名(複 ~s /-s/) C **図表**, グラフ. ▶draw a *graph* グラフをかく / a bar [circle/line] *graph* 棒[円/線]グラフ.

graph·ic /grǽfik グラフィク/ 形 ❶(描写などが)(絵を見るように)はっきりした, 生き生きした. ❷グラフの, 図表の, グラフ[図表]で表わした.
▶ ❶a *graphic* description 絵を見るように生き生きした描写.

gráphic desígn 名U グラフィックデザイン《絵・図形・文字・写真などを組み合わせる技法》.

graph·i·cal·ly /grǽfikəli グラフィカリ/ 副 ❶写実的に, 絵を見るように. ❷グラフで, 図表で.

graph·ics /grǽfiks グラフィクス/ 名 ❶U 製図法, 図解法.
❷《複数扱いで》グラフィックス《絵や図》.

graph·ite /grǽfait グラファイト/ 名U〔鉱物〕黒鉛《鉛筆の芯(しん)の材料》.

gráph pàper 名U グラフ用紙, 方眼紙.

grap·ple /grǽpl グラプル/ 動(現分 grap·pling) 自《**grapple with ...** で》❶ ... と取っ組み合う.
ⓑ(難問などに)取り組む.

*__grasp__ /grǽsp グラスプ | grɑ́:sp/ 動 (~s /-s/; ~ed /-t/; ~·ing) 他 ❶ ... を **しっかりつかむ**, 握る.
❷(わかりにくいこと)を**理解する**.
— 自しっかりつかむ.
— 名《単数形で》❶ **しっかりつかむ[握る]こと**. ❷理解, 理解力. ❸能力.

動 他 ❶ I *grasped* his hand [him by the hand]. 私は彼の手をつかんだ / *grasp* a rope ロープをつかむ.

❷ I failed to *grasp* the meaning. 私はその意味がわからなかった.
grasp at ... ... をつかもうとする: *grasp at* a rope ロープをつかもうとする.
— 名 ❶ She took my arm in her *grasp*. 彼女は私の腕をぎゅっとつかんだ.
❷ He has a good *grasp* of foreign affairs. 彼は外交問題をよく理解している.
beyond ...'s grasp ①... には手の届かない. ②... の理解[能力]を越えた.
within ...'s grasp ①... の手の届く(ところに): Success is *within your grasp*. 成功は君の手の届くところにある. ②... の理解できる.

grasp·ing /grǽspiŋ グラスピング/ 形 金もうけばかり考えている.

grass /grǽs グラス | grɑ́:s/ 名(複 ~·es /-iz/) U ❶(広く一般的に)草**, 芝, 牧草《◆草の種類をいうときはC》.
❷ **芝生**, 牧草地, 草原.
❸《俗語》マリファナ(marijuana).

❶ The ground was covered with *grass*. その土地は草でおおわれていた / a blade of *grass* 1本の草, 草の葉 / cut the *grass* 草を刈る / feed on [eat] *grass* 草を食べる.
❷ Keep off the *grass*.《掲示》芝生に入るな.

grass·hop·per /grǽshàpər グラスハパ/ 名C〔昆虫〕キリギリス, バッタ, イナゴ《☞locust》.

grass·land /grǽslænd グラスランド/ 名U 草原, 牧草地.

gráss ròots 名複(権力をもたない)民衆, 一般庶民,「草の根」.
— 形民衆の,「草の根」の.
▶形a *grass*(-)*roots* movement 草の根運動.

grass·y /grǽsi グラスィ | grɑ́:si/ 形 (grass·i·er; grass·i·est) 草の多い, 草でおおわれた.
☞ 名grass.

grate¹ /gréit グレイト/ 動 (現分 grat·ing) 他(おろし器(grater)などで)... をおろす, する.
— 自 ❶ きしむ, すれ合う.

574　　　　　　　　　　　　　　　　　　　　　　　　　　　　　　　　five hundred and seventy-four abcdef**g**hijklmnopqrstuvwxyz　　　　　　　　　　　　　　　　　gray

❷〔神経などに〕さわる〔*on, upon*〕.
▶㊧*grate* cheese チーズをおろす.
— ㊉ ❷ The sound *grated on* my ears. その音は耳ざわりだった.

《同音異形語》great.

grate² /gréit グレイト/ 名Ⓒ ❶（暖炉の）火格子(ごうし).
❷ 鉄格子.

《同音異形語》great.

*__grate·ful__ /gréitfəl グレイトフル/ 形 (more ~; most ~)
❶〔人に〕**感謝して(いる)**〔*to*〕.
❷〔行為などを〕ありがたく思って(いる)〔*for*〕(反 ungrateful).
▶❶ I shall *be grateful to* you all my life. 生涯ご恩は忘れません.
▶❷ I *am* most *grateful for* your kindness. ご親切を深く感謝いたします.

grate·ful·ly /gréitfəli グレイトフリ/ 副 感謝して.

grat·er /gréitər グレイタ/ 名Ⓒ おろし器《野菜・チーズなどをすり細かくする器具》.

grater

grat·i·fi·ca·tion /grætəfikéiʃən グラティフィケイション/ 名Ⓤ 満足させる[する]こと, 満足感, 喜び.

☞ 動 gratify.

grat·i·fy /grǽtəfài グラティファイ/ 動 (-i-fies /-z/; -i-fied /-d/; ~-ing) ㊉《文語》(人)を喜ばす, 満足させる.

☞ 名 gratification.

grat·i·fy·ing /grǽtəfàiiŋ グラティファイイング/ 形 (人を)満足させる, 喜ばせる.

grat·ing¹ /gréitiŋ グレイティング/ 形 きしる, 耳ざわりな; いらいらさせる.

grat·ing² /gréitiŋ グレイティング/ 名Ⓒ（窓・排水口などの）格子(こうし).

grat·i·tude /grǽtətjùːd グラティトゥード, -テュード/ 名Ⓤ 感謝（の気持ち）(反 ingratitude).
▶with *gratitude* 感謝して / out of *gratitude* 感謝の気持ちから.

gra·tu·i·ty /grətjúːəti グラトゥーイティ, -テュー-/ 名（複 -i·ties /-z/）Ⓒ 心付け, チップ (tip).

*__grave¹__ /gréiv グレイヴ/ 名（複 ~s /-z/） Ⓒ（死体を埋める）**墓**, 墓穴 (tomb).
▶dig a *grave* 墓を掘る.
dig one's own grave 墓穴を掘る《自分で自分をだめにする》.
have one's foot in the grave ☞ foot.
... would turn in one's grave (そんなことをしたら)…(故人)が腹をたてるだろう.

grave² /gréiv グレイヴ/ 形 (grav·er; grav·est) ❶（ものごとが）重大な, 深刻な; 危険な. ❷（態度・顔つきなどが）まじめな, 真剣な, 重々しい.
▶❶ discuss *grave* questions 重大な問題を論じる / a *grave* responsibility 重大な責任. ❷ They all looked *grave*. 彼らはみな真剣な顔をしていた.

☞ 名 gravity.

grav·el /grǽvəl グラヴェル/ 名Ⓤ 砂利(じゃり).

grave·ly /gréivli グレイヴリ/ 副 ❶ 重大に, 深刻に. ❷ 重々しく, まじめに.

grave·stone /gréivstòun グレイヴストウン/ 名Ⓒ 墓石, 墓碑《死者の姓名, 生年月日, 死亡年月日, 死者に関係のあることばなどが刻(きざ)まれている; ✪ tombstone または単に stone ともいう》.

grave·yard /gréivjɑ̀ːrd グレイヴヤード/ 名Ⓒ 墓地.

*__grav·i·ty__ /grǽvəti グラヴィティ/ 名Ⓤ
❶【物理】**重力**, 引力《✪ g. と略す》.
❷ 重大さ.
▶❷ the *gravity* of the situation 事態の重大さ.

☞ 形 grave².

gra·vy /gréivi グレイヴィ/ 名Ⓤ（肉を煮たり焼いたりするときにできる）肉汁; 肉汁ソース.

*__gray__ /gréi グレイ/ 形 (~·er; ~·est)
❶ **灰色の**, グレーの, ネズミ色の.
❷（髪の毛が）**白髪(しらが)まじり**の.
❸（空・状況などが）暗い, どんよりした; 陰気な.
❹（病気などで顔が）青白い.
❺ 退屈(たいくつ)な, おもしろくない.

grayish

❻(どちらか)はっきりしない.
— 名U❶灰色, ネズミ色, グレー.
❷グレーの衣服.
— 動(~s /-z/; ~ed /-d/; ~ing)自灰色になる.
— 他…を灰色にする.

形 ❶ *gray* eyes 灰色の目 / a *gray* suit グレーのスーツ.
❷He [His hair] has turned *gray*. 彼の髪は白くなった.
❸a *gray* Sunday (空の)どんよりした日曜 / The future looks *gray*. 将来の見通しは暗い.
❹have a *gray* face 青白い顔をしている.
— 名 ❷He was dressed in *gray*. 彼はグレーの服を着ていた.
— 動自His hair is *graying* (at the temples). 彼の髪は(こめかみのあたりに)白髪がまじってきた.

gray·ish /gréiiʃ グレイイシュ/ 形 灰色がかった.

graze¹ /gréiz グレイズ/ 動 (graz·es /-iz/; grazed /-d/; graz·ing)自(家畜が)(はえている)草を食う.

graze² /gréiz グレイズ/ 動(現分 graz·ing)他 ❶…にかすり傷をつける, すりむく. ❷…をかする, かすめる.
— 名C❶かすり傷. ❷かすること.

grease /gríːs グリース/ 名U❶グリース(機械油). ❷(柔(ゃゎ)らかい)獣脂.
☞形 greasy.
— 動(現分 greas·ing)他…にグリースをぬる.

greas·y /gríːsi グリースィ, -zi/ 形
❶脂[油]でよごれた.
❷(食物などが)脂っこい.
☞名 grease.

***great** /gréit グレイト/ 形 (~·er; ~·est)
❶❶(形・規模・程度などが)(非常に)**大きい**(☞ big, large).
❻(数量が)(非常に)**多くの**, たくさんの.
❷**偉大な**, 有名な.
❸(非常に)**重要な**, 重大な.
❹**大の**, 非常な.
❺《口語》❶**すばらしい**, すぐれている, すごい.

❻(満足・感激などを表わして)**すごい**, すてきだ, よろしい.
❻(…が)大変上手だ, 大好きだ, …に詳しい.

— 副《口語》❶《大きさを表わす形容詞を修飾して》とても, 非常に.
❷うまく, 好都合に.

形 ❶❶A whale is a *great* animal. クジラは巨大な動物だ / The earthquake caused *great* damage. その地震は甚大な被害を与えた / a *great* success 大成功 / a *great* city 大都市 (○政治的・文化的に重要という意味を含むこともある; ☞ ❸).
❻There was a *great* amount of food at the party. そのパーティーには大量の食べ物が出た / a *great* number of books 非常にたくさんの本.
❷Mother Teresa was a *great* social worker. マザーテレサは偉大な社会事業家だった / a *great* artist 偉大な芸術家 / a *great* book すぐれた本 / Alfred the *Great* アルフレッド大王 / a *great* family 名門.
❸That's our country's *greatest* problem. それはわが国で最も重要な問題だ / a *great* event 重要な出来事 / *great* damage 重大な被害.
❹She is a *great* reader. 彼女は非常な読書家だ / a *great* supporter of the Tigers 大のタイガーズ・ファン / a *great* fool 大ばか.
❺❶We had a *great* time at the party. そのパーティーはとてもすばらしかった / It's *great* to see you again. 君にまた会えてとてもうれしい / I feel *great*. 私はとってもいい気分だ.
❻ 対話 "How about going for a drive?"–"Sounds [That sounds] *great*." 「ドライブはどう?」「すてきね」/ You've succeeded? *Great*. 成功したって? すごいな.
❻She is *great* at tennis. 彼女はテニスが上手だ / He is *great* in Japanese history. 彼は日本史に詳しい.

— 副 ❶What a *great* big fish! 何てでっかい魚だ.
❷Everything went *great*. すべてはうまくいった.

abcdefg**h**ijklmnopqrstuvwxyz   **green**

a great deal (量が)非常にたくさん: She talks *a great deal*. 彼女は非常によくしゃべる.

a great deal of ... 非常にたくさんの(量の)…: He spent *a great deal of* time on reading. 彼は読書に非常な時間をかけた.

a great many ... 非常にたくさんの(数の)…: I saw *a great many* swans on the lake. その湖には非常にたくさんの白鳥がいた.

《同音異形語》grate[1,2].

***Great Britain** /gréit brítn グレイト ブリトン/ 名 ❶ **大ブリテン島**(《イングランド (England)・ウェールズ (Wales)・スコットランド (Scotland) を含むイギリスの主島; ❂ GB と略す; 単に Britain ともいう》.

❷**英国**(the United Kingdom (of Great Britain and Northern Ireland) がイギリスの正式名; ☞ United Kingdom; UKと略す; ☞ England》.

great-grand·fath·er /gréit-grǽndfà:ðər グレイト・グランドファーザ/ 名 C 曾祖父(そうそふ), ひいおじいさん.

great-grand·moth·er /grèit-grǽndmʌ̀ðər グレイト・グランドマザ/ 名 C 曾祖母(そうそぼ), ひいおばあさん.

Gréat Lákes 名 複 《the をつけて》《カナダとアメリカの境にある》**五大湖** 《ヒューロン (Huron), オンタリオ (Ontario), ミシガン (Michigan), エリー (Erie), スペリオル (Superior) をいう》.

***great·ly** /gréitli グレイトリ/ 副 **大いに**, 非常に. ▶ The situation has *greatly* improved. 状況は大いに改善された / He was *greatly* surprised. 彼はとても驚いた.

***great·ness** /gréitnəs グレイトネス/ 名 U
❶**偉大さ**. ❷**重大さ**.
▶❶ the *greatness* of Einstein アインシュタインの偉大さ.

Gréat Wáll of Chína 名 《the をつけて》《中国の》**万里の長城** 《❂ the Chinese Wall ともいう》.

Greece /grí:s グリース/ 名 **ギリシア** 《首都はアテネ (Athens)》.
☞ 形 Greek.

greed /grí:d グリード/ 名 U **どん欲**, 欲張り; 食い意地.
▶ *greed* for money 金銭欲.

☞ 形 greedy.

greed·i·ly /grí:dəli グリーディリ/ 副 ❶**どん欲に, 欲張って**. ❷**がつがつと**.

***greed·y** /grí:di グリーディ/ 形 (greed·i·er; greed·i·est) ❶**どん欲な**, 欲張りの.
❷**がつがつした**, 食いしんぼうの.
☞ 名 greed.
▶❶ Don't be *greedy*. 欲ばってはいけません / He *is greedy for* money. 彼は金銭欲が強い.
❷ a *greedy* boy 食いしんぼうな子.
☞ 名 greed.

***Greek** /grí:k グリーク/ 形 ❶**ギリシアの**.
❷**ギリシア人の; ギリシア語の** 《❂ Gk., GK と略す》.
— 名 (複 ~s /-s/) ❶ C **ギリシア人**.
❷ U **ギリシア語** 《❂ Gk., GK と略す》.

─────

形 ❶ *Greek* literature ギリシア文学.
❷ *Greek* letters ギリシア文字.
☞ 名 Greece.
— 名 ❶ a *Greek* ギリシア人 / 《集合的に》the *Greeks* ギリシア人.
be (*all*) *Greek to* ... 《口語》《人》にはさっぱりわからない, ちんぷんかんぷんだ: It *is all Greek to* me. それは私にはまったくわからない 《❂ 外国語としてのギリシア語 (Greek) は大変に難しいことから》.

*****green** /grí:n グリーン/ 形 (~·er; ~·est) ❶ **緑(色)の**; (草が茂って) **青々とした**; **青野菜の**.
❷ (果物が) **熟していない** (反 ripe).
❸ 《口語》 経験のない, 未熟な.
❹ 嫉妬(しっと)した.
❺ 環境保全の, 環境を大切にする.
— 名 (複 ~s /-z/) ❶ U **緑(色)**.
❷ C 《英》 **草地** 《地域の人が共同利用する土地》.
❸ 《複数形で》青野菜.
❹ C [ゴルフ] グリーン (putting green).
❺ 緑の党 (Green Party) の党員.

─────

形 ❶ *green* grass 緑の草, 青々とした芝生 / *green* hills 草で青々とした丘 / *green* salad グリーンサラダ 《❂ 日本語の「青信号」「青野菜」などの「青」にあたる英語は blue ではなく green; ☞ green light》.
❷ *green* apples まだ熟していないリン

five hundred and seventy-seven   577

ゴ.

❸ I'm still *green* at my work. 私はまだ仕事に慣れていない / a *green* youth 青二才, 世間知らずの若者.

❹ Jo turned *green* with jealousy when she saw her boyfriend with Beth. ジョーはボーイフレンドがベスと一緒にいるのを見て嫉妬で青ざめた.

❺ *green* issues 環境保護の問題.

— 名 ❶ I like the fresh *green* of leaves. 私は若葉の緑が好きだ.

❷ The people came together on the village *green*. 人々は村の共有草地に集まった.

❸ Eat more *greens*. もっと青野菜を食べなさい.

❹ the *Greens* 緑の党 (Green Party).

green·back /grí:nbæk グリーンバック/ 名 ⓒ (米口語) ドル紙幣 (⦅ 裏面が緑色であることから ⦆).

green·belt /grí:nbèlt グリーンベルト/ 名 UC (都市周辺の)緑地帯 ⦅ 建物を建てることが禁止されている ⦆.

gréen cárd 名 ⓒ ⦅米⦆ 外国人労働許可証.

green·er·y /grí:nəri グリーナリ/ 名 U 青葉, 緑の草木.

green·gro·cer /grí:ngròusər グリーングロウサ/ 名 ⓒ ⦅英⦆ 八百屋 (人).

green·house /grí:nhàus グリーンハウス/ 名 ⦅複 -hous·es /-haùziz/⦆ ⓒ 温室 (⦅ hothouse ともいう ⦆).

gréenhouse efféct 名 U ⦅the をつけて⦆ 温室効果 ⦅大気中の二酸化炭素などの影響で地表近くの温度が上昇する現象⦆.

green·ish /grí:niʃ グリーニシュ/ 形 緑色がかった.

Green·land /grí:nlənd グリーンランド/ 名 グリーンランド ⦅カナダの北東にある世界最大の島; デンマーク領⦆.

gréen líght 名 ❶ ⓒ (交通の)青信号 (☞red light).

❷ ⦅the をつけて⦆ (計画などに対する)許可.

gréen pépper 名 ⓒ ピーマン.

gréen téa 名 U 緑茶 (⦅「紅茶」は black tea⦆).

Green·wich /grínidʒ グリニチ, grén-/ ⦅★発音注意⦆ 名 グリニッジ ⦅ロンドン東部の経度計算の起点(経度 0 度)⦆.

Gréenwich (Méan) Tìme 名 U グリニッジ標準時 (⦅G(M)T と略す⦆).

INFO グリニッジ (Greenwich) にあった王立天文台を基とするイギリスの標準時.

***greet** /grí:t グリート/ 動 (~s /-ts/; ~ed /-id/; ~ing) 他 ❶ …にあいさつをする, …をあいさつして迎える.

❷ ⦅ふつう be greeted で⦆ 受け止められる.

・・・・・・・・・・・・・・・・・・・・・・・・・・・・・・・・

❶ She *greeted* me with a cheerful "Good morning!" 彼女は明るく「おはよう」と私にあいさつした / We *greeted* our new neighbors at the door. 私たちは新しい隣人を玄関で迎えた.

❷ His proposal was *greeted* with a roar of laughter. 彼の提案にどっと笑いが起こった.

類語 greet は「あいさつする」の最も一般的な語; salute は greet より改まったあいさつを表わす.

***greet·ing** /grí:tiŋ グリーティング/ 名 ⦅複 ~s /-z/⦆ UC

❶ (人に会ったときの) **あいさつ**.

❷ ⦅ふつう複数形で⦆ (クリスマス・誕生日などに送る) **あいさつ [お祝い] のことば**.

・・・・・・・・・・・・・・・・・・・・・・・・・・・・・・・・

❶ He gave me a warm *greeting*. 彼は私を温かいあいさつで迎えてくれた / with a polite *greeting* ていねいにあいさつして.

INFO あいさつにはふつう "How are you?" (お元気ですか) が用いられる. イギリス人はよく天候についてコメントし "Good morning." (おはよう) などのほかに, "Nice day, isn't it?" "Lovely day, isn't it?" (いいお天気ですね) のようにあいさつする. アメリカ人は相手の近況について "Anything new?" (やあ, 元気) や "What's new?" (いかがですか) のように直接的に聞くことが多い.

❷ send Christmas *greetings* クリスマスのあいさつを送る / exchange New Year's *greetings* 年賀のあいさつをやり取りする / With the season's *greetings* 季節のあいさつを添えて ⦅贈物につけるカードの決まり文句⦆.

gréeting càrd 名 ⓒ あいさつ状, グリーティングカード ⦅クリスマスや誕生日に送る⦆.

abcdefghijklmnopqrstuvwxyz grin

gre·gar·i·ous /grigéəriəs グリゲ(ア)リアス/ 形 人づき合いの好きな, 社交好きな.

gre·nade /grinéid グリネイド/ 名C 手りゅう弾.

*__grew__ /grú: グルー/ 動 grow の過去形.

grey /gréi グレイ/ 形 (grey·er; grey·est) 名動 《英》= **gray**.

grey·hound /gréihàund グレイハウンド/ 名 ❶C グレーハウンド《やせ型で足の速い猟犬》.

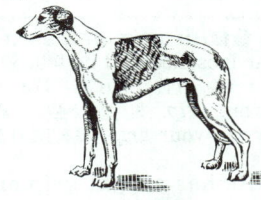

greyhound ❶

❷《Greyhound で》グレーハウンド社(のバス)《アメリカ最大の長距離バス会社 Greyhound Lines のバス》.

grey·ish /gréiiʃ グレイイシュ/ 形 《英》= **grayish**.

grid /gríd グリッド/ 名C ❶格子(こうし). ❷ ⓐ (地図などの)碁盤(ごばん)目. ⓑ (道路の)碁盤目状. ❸ (高圧線の)配線網.

grid·dle /grídl グリドル/ 名C グリドル《料理用の丸いフライパン状の鉄板》.

grid·i·ron /grídàiərn グリダイアン/ 名C ❶(肉や魚を焼く)焼き網. ❷(米口語)アメリカンフットボール場《5ヤードごとに白い平行線が引いてある》.

grid·lock /grídlàk グリドラク/ 名U ❶交通渋滞. ❷(議論などの)行きづまり.

grid·locked /grídlàkt グリドラクト/ 形 交通渋滞した.

*__grief__ /grí:f グリーフ/ 名 (複 ~s /-s/) U (人の死などからくる)**深い悲しみ**, 悲嘆.
▶in deep *grief* 深い悲しみに沈んで / *grief* at [over] his death 彼の死に対する深い悲しみ.
come to grief ①(完全に)失敗する: Our plan *came to grief*. われわれの計画は失敗に終わった.
②(事故で)負傷する, ひどい目にあう.
Good grief! 《口語》おやまあ, なんだって《驚きや不信を表わして》.
☞ 動**grieve**, 形**grievous**.

griev·ance /grí:vəns グリーヴァンス/ 名 ❶C 苦情. ❷UC 不平, 不満.
☞ 動**grieve**.

grieve /grí:v グリーヴ/ 動 (~s /-z/; grieved /-d/; griev·ing)
⾃ (人が死んで)嘆き悲しむ.
— 他《文語》(人)を嘆かせる.
▶We *grieved* to hear of her death. われわれは彼女の死を聞いて嘆き悲しんだ / *grieve at* the news そのニュースを聞いて悲しむ.
☞ 名**grief**, **grievance**.

griev·ous /grí:vəs グリーヴァス/ 形 深刻な, ひどい.
☞ 名**grief**.

grill¹ /gríl グリル/ 名 (複 ~s /-z/) C ❶ⓐ《英》(肉・魚などを焼く)グリル《ガスや電気で上から加熱する装置; 《米》ではふつう broiler》. ⓑ バーベキューなどの, 焼き網. ❷グリル《焼き肉料理を出す食堂》.
— 動 他 ❶(肉・魚など)をじか火[焼き網]で焼く(《米》では broil がふつう).
❷(口語)…をきびしく尋問する.

grille, grill² /gríl グリル/ 名C ❶(門・窓などの)格子(こうし), 鉄格子. ❷格子状のもの.

grim /grím グリム/ 形 (grim·mer; grim·mest) ❶(表情などが)きびしい, きつい; 断固とした.
❷(状況・ニュースなどが)きびしい, 不快な.
❸《口語》不快な, いやな.
▶look *grim* きつい顔をしている / wear a *grim* expression きびしい表情をする. ❷The situation is pretty *grim* for us. 状況はわれわれにかなりきびしい / *grim* news 不快なニュース.
❸feel *grim* 気分がよくない.

gri·mace /grímas グリメス, griméis/ 名C (苦痛・不快などで)顔をゆがめること, しかめつら.
— 動 (現分 gri·mac·ing) ⾃ しかめつらをする.

grime /gráim グライム/ 名U (表面にこびりついた)よごれ, あか.

grim·ly /grímli グリムリ/ 副 きびしく, きつく.

grim·y /gráimi グライミ/ 形 (grim·i·er; grim·i·est) (あか・すすなどで)よごれた.

grin /grín グリン/ 動 (~s /-z/; grinned /-d/; grin·ning) ⾃ (歯を見せて)にっこり

grind

笑う, にやっと笑う(☞laugh の **類語**).
— 名C(歯を見せて)笑うこと, にやっと笑うこと.
▶動自 He *grinned* with joy at the news. 彼はその知らせを聞いてにやりと笑った.

grin and bear it じっとがまんする.
— 名 with a *grin* にっこり笑って.

grind /gráind グラインド/ (★発音注意)動 (~s /-z/; ground /gráund/; ~·ing) 他
❶ⓐ …をひいて粉にする, 小さく砕(くだ)く. ⓑ(肉)をミンチにする, 細かくきざむ.
❷(ナイフ・刀など)をとぐ, みがく; (レンズなど)をみがく.
❸…を強くこすりつける, はげしくこすり合わせる.
— 自 ❶ 音をたてて動く[進む].
❷ ギシギシ鳴る, きしむ.
— 名《単数形で》《口語》きつくて単調な仕事[勉強].

動他 ❶ⓐ *grind* (up) wheat [coffee] 小麦[コーヒー]をひく / *grind* wheat *into* flour 小麦をひいて粉にする.

He is *grinding* coffee beans.
(彼はコーヒー豆をひいている)

❷ He *ground* the knife on the grindstone. 彼は砥石(といし)でナイフ[包丁]をといだ / *grind* a lens レンズをみがく.
❸ He *ground* his teeth (together) in anger. 彼はおこって歯ぎしりした / *grind* the pen over the paper ペンをギシギシいわせながら紙の上をはしらせる.

grind on 自 だらだら続く.
grind to a halt ①(車などが)ゆっくりと止まる. ②(活動が)次第に停止する.

grind·er /gráindər グラインダ/ 名C ❶粉にひく道具, 粉砕機.
❷ グラインダー, 研磨(けんま)機, 砥石(といし).
▶ a coffee *grinder* コーヒーひき器.

grind·stone /gráindstòun グラインドストウン/ 名C グラインダー, 回転砥石(といし).

---

*__**grip**__ /gríp グリップ/ 名(複 ~s /-s/)C
❶ⓐ しっかりつかむこと; 握力.
ⓑ 握り方, グリップ.
❷(器具などの)取っ手, 柄, グリップ.
❸《単数形で》統率, 支配.
❹《単数形で》理解, 把握.
— 動 (~s /-s/; gripped /-t/; gripping) 他 ❶ …をぎゅっと握る, つかむ.
❷ (人の注意・興味など)をひく, とらえる.
❸ …を支配する, …に強い影響力をもつ.

名 ❶ⓐ His *grip* on the exercise bar loosened and he fell. 鉄棒を握る手がゆるみ彼は落ちた / He has a strong *grip*. 彼は握力が強い / Please loosen your *grip*. 握る手をゆるめてください.
❸ He has a tight *grip* on the country. 彼は国をがっちり支配している.

be in the grip of ... ①…につかまれている. ②…に支配されている.
come [get] to grips with ... (問題など)と取り組む.
get a grip on oneself (感情などを抑えて)落ち着く.
lose ...'s grip on ~ ~(状況など)がわからなくなる[対処できなくなる].
— 動 ❶ I *gripped* his hand. 私は彼の手をぎゅっと握った.
❷ Her speech *gripped* the audience. 彼女の話は聴衆の心をつかんだ.
❸ Recession *gripped* the country. 不況がその国を支配した.

gripe /gráip グライプ/ 名C《口語》不平.
— 動自《口語》ぶつぶつ不平を言う.

grip·ping /grípiŋ グリッピング/ 形 (話などが)とてもおもしろい.

gris·ly /grízli グリズリ/ 形 (gris·li·er; gris·li·est) ぞっとするような, 恐ろしい.

gris·tle /grísl グリスル/ (★t は発音されない) 名U (食べにくい肉の)軟骨, すじ.

grit /grít グリット/ 名U ❶ 砂, じゃり.
❷《口語》勇気, 気力, 闘志.
— 動 (~s /-s/; grit·ted /-id/; gritting) 他 (歯)をきしらせる.
grit one's teeth ①歯を食いしばる. ②ぐっとこらえる.

grits /gríts グリッツ/ 名複《単数または複数扱いで》《米》あらびきの穀物(トウモロコシ)《かゆにして食べる》.

abcdefghijklmnopqrstuvwxyz　　　　　　　　　　　　　　　　　　　　　　　　　　ground

gríz·zly bèar /grízli- グリズリ-/ 名C〖動物〗ハイイログマ《北米産の大型のクマ;○単に **grizzly** ともいう》.

groan /gróun グロウン/ 動 (~s /-z/; ~ed /-d/; ~·ing) ⓐ ❶(悲しみ・苦痛・不満などで)うめく, うなる, うめき苦しむ.
❷(物が)うなるような音を出す.
❸不平を言う.
── 名 C ❶うめき声, うなり声.
❷うなるような音.
▶動ⓐ ❶He was *groaning* because of his toothache. 彼は歯痛でうなっていた / *groan* with rage 怒りでうなる.
── 名 ❶the *groans* of injured people 負傷者たちのうめき声 / give a *groan* うめく, うなる / with a *groan* うなって.

《同音異形語》grown.

***gro·cer** /gróusər グロウサ/ 名(複 ~s /-z/) C **食料雑貨商**《コーヒー・砂糖・かんづめ類・乳製品・肉製品などの食品や日用雑貨をあつかう》.
▶a *grocer*'s (shop) 食料雑貨店.

gro·cer·ies /gróusəriz グロウサリズ/ 名 複 食料雑貨類.

gro·cer·y /gróusəri グロウサリ/ 名(複 -cer·ies /-z/) C 食料雑貨店《○**grócery stòre** ともいう;☞ **grocer**》.
▶Please go and get some sugar at the *grocery*. 食料雑貨店に行って砂糖を買ってきてください.

grog·gy /grági グラギ/ 形 (-gi·er; -gi·est) (病気・疲労・睡眠不足などで)ふらふらする, グロッキーの.
▶feel *groggy* グロッキーになる.

groin /gróin グロイン/ 名 C 〖解剖〗ももの付け根.

groom /grú(:)m グル(ー)ム/ 名 C ❶花婿(むこ), 新郎 (○**bridegroom** ともいう).
❷馬丁(ばてい)《馬の世話をする人》.
── 動 他 ❶(馬などの)世話をする.
❷…の見た目を整える. ❸(人)を(ある目的のために)育てる, 仕込む.

groove /grú:v グルーヴ/ 名 C 細いみぞ.

grope /gróup グロウプ/ 動 (~s /-s/; groped /-t/; grop·ing) ⓐ 《**grope for** …》 ⓐ …を手さぐりでさがす.
ⓑ (よい考え・方法など)をさがし求める.
── 他 ❶(道)を手さぐりで進む.
❷(人)に対して痴漢をする.

▶ⓐⓐI *groped* (about) *for* the light switch in the dark. 私は暗がりの中で電灯のスイッチを(あちこち)手さぐりでさがした. ⓑ*grope for* a solution. 解決策をさがす.

grope *one's* **way** 手さぐりで進む:He *groped his way* toward the door in the dark. 彼は暗がりを戸口のほうへ手さぐりで進んだ.

***gross** /gróus グロウス/《★発音注意》形 (~·er; ~·est) ❶(費用・税金などを含んだ)(金の)**全体**の, 総額の.
❷ひどい, 不快な;下品な.
── 副 (税込み)総額で.
── 動 他 (税込み)総額…の収益をあげる.

━━━━━━━━━━━━━━━━━━

形 ❶the *gross* amount 総額 / his *gross* income 彼の(税込みの)総収入.
❷*gross* negligence ひどい怠慢.
── 副 earn $10,000 *gross* 税込み総額で10,000ドルかせぐ.

gróss doméstic próduct 名U国内総生産(額)《○**GDP** と略す》.

gróss nátional próduct 名U国民総生産(額)《○**GNP** と略す》.

gróss prófit 名C売り上げ総利益《総売上から原価を引いた分》.

gro·tesque /groutésk グロウテスク/ 形 グロテスクな, 怪奇な, 異様な.
▶*grotesque* animals グロテスクな動物.

grot·to /grátou グラトウ/ 名(複 ~es, ~s /-z/) C (庭などに飾りとして作った)ほら穴.

grouch /gráutʃ グラウチ/ 動 (三単現 ~·es /-iz/) ⓐ《口語》ぶつぶつ不平を言う.
── 名(複 ~·es /-iz/)《口語》C ぐちをいう人.

grouch·y /gráutʃi グラウチィ/ 形 (grouch·i·er; grouch·i·est)《口語》(不平そうに)すねた, 不機嫌(きげん)な.

*****ground**¹ /gráund グラウンド/ 名(複 ~s /-dz/)

❶ⓐ《**the** をつけて》**地面**. ⓑU**土地**, 土, 表土. ⓒ《形容詞的に》(空ではなく)地上の.
❷C《しばしば複数形で》(特定の目的に用いられる)**場所**, (…)場, グラウンド.
❸《複数形で》(大きな建物のまわりの)**敷地**, 土地, 屋敷.

ground

❹Ⓒ《ふつう複数形で》**根拠**, 理由.
❺Ⓤ**立場**, 考え, 気持ち.
❻Ⓤ(知識・情報などの)**領域**, 分野.
❼Ⓒ《米》〔電気〕アース (**○**《英》では earth).

——**動** (~s /-dz/; ~・ed /-id/; ~・ing) 他
❶《ふつう **be grounded** で》(天候などで)(飛行機が)離陸できない.
❷(船を)座礁させる,
❸《しばしば **be grounded in [on] ...** で》(議論・主張などが)…に**基づいている**.
❹(口語)(罰として)(子ども)を外出させない.

—— 自 ❶ (船が)座礁する.
❷〔野球〕ゴロを打つ.

名 ❶ⓐHe fell to *the ground*. 彼は地面に倒れた / sit〔lie〕on *the ground* 地面にすわる〔横たわる〕.
ⓑI planted the seeds in the *ground*. 私は種を土に植えた / rich〔poor〕*ground* 肥えた〔やせた〕土地.
ⓒ*ground* crew 地上勤務の職員.
❷ a soccer *ground* サッカー場 / picnic *grounds* ピクニック場 (**○**この意味では前に特定の目的を表わす語をともない, 日本語の「グラウンド」のように単独では用いない).
❸ The house has extensive *grounds*. その家の敷地は広い.
❹ What are the *grounds* for your opposition? 君が反対する理由は何だ / On what *grounds* do you say my brother is dishonest? 君は何が根拠で私の弟が不誠実だというのか.
❺ Their arguments had no common *ground*. 彼らの議論には主張が共通するところがなかった / middle *ground* 中間の考え〔立場〕.
❻ He covered a lot of *ground* in his lecture. 彼は講演でいろいろな分野のことを話題にした.

above*〔*below*〕*ground 地表に出て〔地下に〕.

be burned to the ground 全焼する, 焼け落ちる.

break fresh*〔*new*〕*ground 新分野を開拓する, 新発見をする.

cover ... ground ①…距離を行く. ②…の範囲にわたる, および.

gain ground ①近づく. ②力を増す, 前進する, うまく行く. ③(考えなどが)広がる.

get off the ground (プロジェクトなどが)うまくスタートする.

give*〔*lose*〕*ground ①(負けて)後退する. ②力が衰える.

go to ground 身を隠す.

hold*〔*keep, stand*〕*...'s ground ①(攻撃されても)後退しない. ②自分の立場〔主張〕をゆずらない.

on (the) grounds of ... = ***on the ground of ...*** という理由で: He resigned *on grounds of* ill health. 彼は健康不良という理由で辞職した.

on the grounds that ___ という理由で: He was dismissed *on the grounds that* he was lazy. 彼は怠け者であるという理由で首になった.

—— 動 他 ❶ The airplanes were *grounded* by the fog. 飛行機は霧のために運行できなかった.
❸ His opinion is *grounded* in〔on〕his own experiences. 彼の意見は自分自身の経験に基づいている.

ground² /gráund グラウンド/ 動 grind の過去形・過去分詞形.

gróund báll 名 = grounder.

gróund・breaking /gráundbrèikiŋ グラウンドブレイキング/ 形 革新的な.

gróund crèw 名Ⓒ《集合的に》(飛行場の)地上勤務員〔整備員〕.

ground・er /gráundər グラウンダ/ 名Ⓒ〔野球〕ゴロ (**○gróund báll** ともいう; 日本語の「ゴロ」はこの語からきている).

gróund flóor 名《the をつけて》1 階 (**○**《米》ではふつう the first floor という; ☞floor).

ground・hog /gráundhɔ̀(:)g グラウンドホ(ー)グ/ 名Ⓒ〔動物〕グランドホッグ《北米産の地中の穴にすむリスに似た小動物; **○** woodchuck ともいう).

Gróundhog Dày 名《米》グランドホッグデー.

INFO アメリカでの春の到来を占う日 (2 月 2 日) をいう. 冬眠していた groundhog が外に出て自分の影が見えれば春が来ていないと判断し, さらに 6 週間冬眠し冬が続くといわれ, 影が見えなければ春が近いとされる.

ground・ing /gráundiŋ グラウンディング/

abcdef**g**hijklmnopqrstuvwxyz　　　　　　　　　　　　　　　　　　　　**grow**

名《単数形で》基礎知識.
ground·less /gráundləs グラウンドレス/ 形 根拠のない, 理由のない.
▶a *groundless* fear 根拠のない恐れ.
gróund rùle 名 C 基本原則.
gróund stàff 名 ❶ C = ground crew.
❷ C《英》《集合的に》競技場の整備員.
gróund swèll 名 C (世論などの)急な高まり.
ground·work /gráundwə̀ːrk グラウンドワーク/ 名 U 準備(作業).

※**group** /grúːp グループ/ 名 (複 ~s /-s/) C ❶ (人や物の)**集団**, 集まり, 群れ, グループ.
❷ (同じ目的や共通した特徴を持つ人や物の)**集団, グループ**, 団体, 仲間, 派.
❸ 企業グループ.
— 動 (~s /-s/; ~ed /-t/; ~ing) 他
❶ …をひとつのグループにまとめる.
❷ …をグループに分ける.
— 自 集まる, ひとつのグループにまとまる.

- -

名 ❶ I saw a *group* of children were playing in the park. 何人かの子どもたちが公園で一緒に遊んでいるのを見た / travel in a *group* 団体で旅行をする / a *group* discussion 集団討議.
❷ What is your favorite pop *group*? あなたが一番好きなポップミュージックのグループはなんですか / a research *group* 調査団 / a racial *group* 人種集団.
— 動 他 ❶ The teacher *grouped* the students together for a photo. 先生は写真を撮るために生徒たちをまとめた.
❷ She *grouped* the children by age. 彼女は子どもたちを年齢で分けた / *group* volcanoes into three types 火山を3つのタイプに分類する.
— 自 The boys and girls *grouped* around the fire. 少年少女たちはたき火のまわりに集まった.
group·ing /grúːpiŋ グルーピング/ 名
❶ C グループ (☞group 名 ❷).
❷ U グループ分け.
grouse /gráus グラウス/ 名 (複 grouse)
C【鳥類】ライチョウ.

grouse

grove /gróuv グロウヴ/ 名 C (小さな)林, 木立ち; 果樹園.
▶an orange *grove* オレンジ園.
grov·el /grávəl グラヴェル/ 動 (~s /-z/; ~ed,《英》grov·elled /-d/; ~·ing,《英》-el·ling) 自 ❶ (よく思われようと)卑屈にふるまう, ぺこぺこする.
❷ 腹ばいになる, 体を伏せる.

※**grow** /gróu グロウ/ 動 (~s /-z/; grew /grúː/; grown /gróun/; ~·ing) 自 ❶ (人・動植物などが)**成長する**, 大きくなる, 育つ.
❷ (大きさ・数量・程度などが)**大きくなる**.
❸《*grow* …》**だんだん…になる**《⚡…には形容詞・過去分詞がくる》.
— 他 ❶ (作物などを)**育てる**, 栽培する.
❷ (ひげなどを)はやす, 伸ばす.

- -

自 ❶ Tom *grew* two inches last year. トムは去年2インチ背が伸びた / Rice doesn't *grow* in this region. この地域では米は育たない.
❷ Our city is *growing* rapidly. 私たちの町は急速に大きくなっている / Our anxiety *grew*. 私たちはますます心配になった / *grow* in number〔size/knowledge〕数〔大きさ/知識〕が増す.
❸ Everyone has to *grow* old. だれでも齢(よわい)をとらないわけにはいかない / I *grew* tired of listening to her talk. 私は彼女の話を聞くのにあきてきた / It is *growing* warmer every day. 一日ごとに暖かくなっている.
— 他 ❶ We *grow* roses in our garden. わが家では庭にバラを育てている / *grow* potatoes じゃがいもを栽培する.
❷ He is *growing* a beard. 彼はあごひげをはやし始めている.

five hundred and eighty-three　　　　　　　　　　　　　　　　　　　　　　　　　　　　　　583

grow apart（人の間柄が）冷えてくる.
grow into ... 圓①成長して…になる, だんだん…になる：She *grew into* a beautiful young woman. 彼女は美しい娘に成長した / A slight cold *grew into* a serious illness. ちょっとしたかぜがひどい病気になった. ②成長して…（服など）が着られるようになる：The baby will soon *grow into* these shoes. 赤ちゃんはすぐにそのくつが履けるようになるでしょう.

grow on [upon] ... …にとって好きなものになる：The book will *grow on* you. 君はその本がだんだん好きになってくるでしょう.

grow out of ... ①（子どもじみた行為）をやめる：She'll soon *grow out of* her rebellious behavior. 彼女はもう少ししたら反抗的な態度をとらなくなるだろう. ②成長して…（服など）が合わなくなる：He will soon *grow out of* the sweater. 彼はもうじきそのセーターが着られなくなるだろう.

grow up ①（人が）**成長する**, 大人になる, 大人らしくする：He *grew up* in a little village. 彼は小さな村で大きくなった / *Grow up*! 子どもじみたことはするな. ②発展する, 生じる.
☞ 名growth.

grow·ing /gróuiŋ グロウイング/ 形 ❶成長する. ❷だんだん大きくなる.

growl /grául グラウル/（★発音注意）動 (~s /-z/; ~ed /-d/; ~ing) 圓
❶（動物が）（おこって）うなる.
❷低く冷たい声で言う.
— 他…を低く冷たい声で言う.
— 名（複 ~s /-z/）C（犬などの）うなり声.
▶動 圓 ❶ Dogs *growl* at strangers. 犬は知らない人に対してはうなる.
— "Leave me alone!" he *growled*.「ほっといてくれ」と彼は低く冷たい声で言った.

＊**grown** /gróun グロウン/ 動 growの過去分詞形.
— 形 **成長した**, おとなの.
▶形 a *grown* man 大人の男性.
《同音異形語》groan.

＊**grown-up** /gróunʌ̀p グロウナップ/ 形 **成人した**, おとなの；おとならしい.
— 名（複 ~s /-s/）C **おとな** (adult)《子どもが使ったり, 子どもに向かって使う》.
▶形 a *grown-up* son 成人した息子.

＊**growth** /gróuθ グロウス/ 名（複 ~s /-s/）
❶U（動植物の）**成長**, 生育, 発達.
❷U**発展**, 発達.
❸UC**増大**, 増加.
❹UC（植物の）生育したもの；（植物の）伸びた部分.
❺C（おできなど）できもの.

❶ the *growth* of a plant 植物の生育 / intellectual *growth* 知的発達.
❷ The *growth* of Japanese industry was amazing. 日本の産業の発展は驚くほどだった / economic *growth* 経済的発展.
❸ the rapid *growth* of the population 急速な人口増加 / a steady *growth* in production 生産の着実な増大.
❹ new *growth*（植物の）新しく伸びた部分.
❺ a *growth* in the body 体内にできたできもの《腫瘍(ﾖ)など》.
☞ 動 grow.

grub /gráb グラブ/ 名 ❶C（昆虫の）幼虫, うじ虫. ❷U《俗語》食べ物.

grub·by /grábi グラビ/ 形 汚い, うすよごれた.

grudge /grádʒ グラッヂ/ 名（複 grudges /-iz/）C 恨み, 怒り.
— 動（現分 grudg·ing）《**grudge** ~ ...》ⓐ…を~に与えるのをいやがる. ⓑ~の…をねたむ.
▶名 He has [bears] no *grudge* against you. 彼はあなたに恨みをもってはいない.
— 動 ⓐ She *grudged* her son nothing. 彼女は息子に何でも惜しまず与えた.

grudg·ing /grádʒiŋ グラヂング/ 形 いやいやながらの, しぶしぶの.

grudg·ing·ly /grádʒiŋli グラヂングリ/ 副 いやいや, しぶしぶ.

gru·el·ing,《英》**gru·el·ling** /grúːəliŋ グルーエリング/ 形《口語》（人）たいへんきつい.

grue·some /grúːsəm グルーサム/ 形 ぞっとする, 身の毛のよだつ.

gruff /gráf グラフ/ 形 (声・態度が)荒々しい, ぶっきらぼうな.

gruff·ly /gráfli グラフリ/ 副 荒々しく, ぶっきらぼうに.

grum·ble /grámbl グランブル/ 動 (~s /-z/; grum·bled /-d/; grum·bling) 自
❶ ぶつぶつ不平を言う.
❷ (雷・電車などが)ゴロゴロ鳴る.
— 他 《grumble that __》__と不平を言う.
— 名 C ❶不平.
❷ (雷・電車などの)ゴロゴロ鳴る音.

・・・・・・・・・・・・・・・・・・
動 自 ❶He's always *grumbling* about his food. 彼はいつも食物の不平を言っている.
— 他 He *grumbled that* he had no time for himself. 彼は自分の時間がないと不平を言った.
— 名 ❶She is full of *grumbles*. 彼女は不平ばかり言っている.

grump·y /grámpi グランピ/ 形 (grump·i·er; grump·i·est)《口語》不きげんな.

grunt /gránt グラント/ 動 自 ❶ (人が)ぶつぶつ言う, 不平を言う.
❷ (ブタなどが)ブーブー鳴く.
— 他 …とつぶつぶ言う.
— 名 ❶ぶつぶつ言う声.
❷ (ブタなどの)ブーブーいう鳴き声.

*__**guar·an·tee**__ /gærəntíː ギャランティー/ (★アクセント注意) 名 (複 ~s /-z/) C
❶ (品質などの)保証; 保証書.
❷ (ある結果・状態を)保証するもの.
— 動 (~s /-z/; -teed /-d/; ~·ing) 他
❶ⓐ …を保証する.
ⓑ《guarantee ~ ... または guarantee ... to ~》~に…を**保証する**, 約束する.
ⓒ《guarantee (that) __》(__ということ)を**保証する**, 約束する.
ⓓ《guarantee to *do*》__することを保証する, 約束する.
❷ (借金などの)保証人になる.

・・・・・・・・・・・・・・・・・・
名 ❶The new car has a one-year *guarantee*. その新車には1年間の保証が付いている. ❷Wealth is no *guarantee* of happiness. 富は幸福を保証するものではない / There is no *guarantee* that we will succeed. 私たちが成功する保証はない / This medicine is no *guarantee* against side effects. この薬は副作用を起こさない保証はない.
— 動 他 ❶ⓐThis camera is *guaranteed* for one year. このカメラは1年間保証されている.
ⓑHe *guaranteed* us high wages. = He *guaranteed* high wages *to* us. 彼は私たちに高給を払うことを保証した.
ⓒWe cannot *guarantee that* the airplane will arrive here on time. 飛行機が時間どおりにここに着くかどうか保証できません.
ⓓI *guaranteed to* pay in cash. 私は現金で支払うと約束した.

*__**guard**__ /gáːrd ガード/ (★発音注意) 名 (複 ~s /-z/)
❶ C 警備員, ガードマン (《❶「ガードマン」は和製英語》, 守衛; 衛兵, 番兵.
❷ⓐ《単数形で》(兵隊・警察官などからなる)**警備隊**, ボディーガード《集団として》.
ⓑ《the Guards で》(イギリスの)近衛連隊《王・女王を護衛する》.
❸ⓐ Ⓤ **警備**, 見張り, 警戒.
ⓑ《形容詞的に》**警備の**, 見張りの.
❹ C 《米》(刑務所の)看守 (《❶《英》では warder》).
❺ C 《英》(列車の)車掌 (《❶《米》では conductor》).
❻ C (機器・体などを)保護[防護]するもの.
❼【スポーツ】ⓐ C (バスケットボール・アメフト選手のうちの)ガード.
ⓑ Ⓤ (ボクシングの)ガード, 守りの構え.
— 動 (~s /-dz/; ~·ed /-id/; ~·ing) 他
❶ …を**守る**, 警備する, 警護する.
❷ (人を)**見張る**, 監視する.
— 自 用心する, 警戒する.

・・・・・・・・・・・・・・・・・・
名 ❶There are two *guards* at the gate. 門のところに守衛が2人いる / an armed *guard* 武装警備員[衛兵].
❷ⓐThe President was surrounded by his *guard*. 大統領はボディーガードたちに囲まれていた.
ⓑthe Changing of *the Guards* (バッキンガム宮殿 (Buckingham Palace) での)衛兵の交替.
❸ⓐkeep *guard* over the prisoners 囚人を見張る / under armed

guard 武装警備されて.
catch ... off guard …の不意をつく, …をびっくりさせる:Her question *caught* me *off guard*. 彼女の質問は私の不意をついた.
off (*one's*) ***guard* 油断して:** She was *off guard* and had her bag stolen. 彼女は油断してバッグを盗まれた.
on (*one's*) ***guard* 用心して**; 警戒して, 見張って:Be *on your guard* against pickpockets. すりにご用心.
stand [***keep***] ***guard*** 見張りをする, 衛兵に立つ.
under guard ①警備されて, 守られて. ②見張られて.
— [動][他] ❶They *guarded* him from harm. 彼らは彼が害を受けないように守った / *guard* the palace 宮殿を警備する.
— [自]*Guard against* accidents. 事故が起きないように用心しなさい.

guárd dòg [名][C]番犬.

guard·ed /gáːrdid ガーディド/ [形](ことばなどが)慎重な, 用心深い.

guard·i·an /gáːrdiən ガーディアン/ [名][C] ❶保護者, 守護者. ❷(未成年者などの)(法的)後見人(こうけんにん).

guárdian àngel [名][C](人・地域などを守ってくれる)守護天使.

guard·rail /gáːrdrèil ガードレイル/ [名][C] ❶(階段などの)手すり, 欄干(らんかん). ❷ガードレール.

Gua·te·ma·la /gwàːtəmáːlə グワーテマーラ/ [名]グアテマラ《中央アメリカの共和国; その首都》.

guer·ril·la, gue·ril·la /gərílə ゲリラ/ 《★アクセント注意》[名][C]ゲリラ兵.
— [形]ゲリラ(兵)の.
▶[形]*guerrilla* activity ゲリラ活動.

⁑guess /gés ゲス/ [動](~·es /-iz/; ~ed /-t/; ~·ing)[他] ❶ⓐ(確信なしに)…を**推測する**, …の見当をつける.
ⓑ《guess wh-(疑問詞)＿》(確信なしに)＿か推測する, 見当をつける.
ⓒ《*guess* (*that*) ＿》(確信なしに)＿と推測する, 思う.
❷…を**正しく推測する**[**当てる, 解く**].
❸《米口語》《I guess (that) ＿》(確信なしに)＿と思う (I think ＿).
— [自](確信なしに)**推測する**.
— [名]([複] ~·es /-iz/)[C]**推測**, 推量.

[動][他] ❶ⓐI *guess* his age at fifty. 私は彼の年は50歳だと思う.
ⓑ*Guess* what I have in my hand. 私が手に何を持っているか当ててごらん.
ⓒI *guess* (*that*) she is over 30. 彼女は30歳以上だと思う.
❷He *guessed* the riddle. 彼はその謎を解いた.
❸I *guess* our team will win. 私たちのチームは勝つだろう《✪接続詞 that はふつう省略する》/ She is single, I *guess*. 彼女はたぶん独身だろう.
— [自]I'm just *guessing*. 私は推測で言っているだけです / You've *guessed* right 〔wrong〕. 君の推測は当たった〔はずれた〕.
Guess what! 《口語》(人にものを教える前に)あのね!, ちょっと聞いて!
I guess so. そうだと思う.
I guess not. そうだとは思わない:[対話]"She is American."–"*I guess not.*"「彼女はアメリカ人だ」「そうとは思わない」.
keep ... guessing …に(知りたいことを)教えないでやきもきさせておく.
Let me guess. 《口語》(人が言う前に)ちょっと待って.
— [名]Give it a *guess*. 当ててごらん / My *guess* is that it will rain tomorrow. 私はあすは雨だと思う.
anybody's [***anyone's***] ***guess*** だれにもわからないこと:What will happen next is *anybody's guess*. 次に何が起こるかはだれにもわからない.
at a guess 推測で:I would say, *at a guess*, that about 400 people were there. 推測だけど400人ぐらいがそこにいたと思う.
make [***take***] ***a guess at ...*** …を推測する:Let's *make* [*take*] *a guess at* his age. 彼の年齢を当ててみよう.
Your guess is as good as mine. 《口語》私もよくわからない.

guess·work /géswə̀ːrk ゲスワーク/ [名][U]推測(すること).

⁑guest /gést ゲスト/ 《★発音注意》[名]([複] ~s /-ts/)[C] ❶ⓐ(食事会や家庭に招待される)**客**, ゲスト《✪客を招いてもてなす主人は host (男性),

abcdef**g**hijklmnopqrstuvwxyz　　　　　　　　　　　　　　　　　　　　　　　　　　　　　**guilt**

hostess(女性); ☞ visitor の 類語).
❶**b**(パーティー・儀式・会議などに招かれた)**客**, ゲスト.
❷(ホテル・旅館などの)**泊まり客**.
❸**a**(テレビ番組や催しに招かれる)ゲスト.
b《形容詞的に》招待された, ゲストの.

❶**a**We had two *guests* at home last Saturday. うちは先週の土曜日にお客さんを2人招いた / Yesterday, I was her *guest* for dinner. きのうは彼女に食事をごちそうしてもらった.
bdistinguished *guests* 来ていただいて光栄に思うお客さん, 貴賓(ひん) / the *guest* of honor 主賓(ひん).
❷He was a *guest* at the hotel for four days. 彼はそのホテルに4日泊まった.
❸**a**We have two *guests* for our show this evening. この番組には今晩はゲストを2人お招きしています.
ba *guest* runner 招待選手のランナー / a *guest* speaker 招待講演者 / a *guest* conductor 客員指揮者.

Be my guest.《口語》(相手の希望を快く受けて)どうぞご遠慮なく: 対話 "May I use your telephone?" – "*Be my guest.*" 「電話を拝借できますか」「どうぞご自由に」.

guest・house /ɡésthàus ゲストハウス/ 名(複 -hous・es /-haùziz/) C ❶小型ホテル. ❷来客用の宿泊施設.

guf・faw /ɡʌfɔ́ː ガフォー/ 名 C ばか笑い, 大笑い.

****guid・ance** /ɡáidns ガイダンス/ 名 U **指導**, 助言; ガイダンス.
▶under the *guidance* of Dr. Smith スミス博士の指導のもとで / vocational *guidance* 職業指導.
　　　　　　　　　　　　　☞ 動 guide.

****guide** /ɡáid ガイド/ 名(複 ~s /-dz/) C
❶**a**(観光などの)**ガイド**, 案内人.
b(観光などの)**ガイドブック** (guidebook); 観光案内(書).
❷**a**助言[指針]を与えてくれる人.
b(判断の助けになる)助言, 指針.
❸(情報を与えてくれる)手引書, 助けになるもの.
❹《英》= **girl guide**.
　── 動(~s /-dz/; guid・ed /-id/; guid-

ing) 他 ❶…を**案内する**, 導く.
❷…に**助言**[**指針**]**を与える**, 指導する.

名 ❶**a**He acted as my *guide* in Sapporo. 彼は札幌で私の案内役をつとめてくれた.
bI want a *guide* to Rome. 私はローマのガイドブックが欲しい.
❷**a**My uncle has been my *guide* in life. おじはこれまでずっと私の人生の助言者です.
bYour advice will be a good *guide* for me. あなたの忠告は私のよい指針になるでしょう.
❸**a** *guide* to Japanese history 日本史の手引き / a *guide* to Chinese cuisine 中華料理の手引き.

── 動 ❶She *guided* us around the town. 彼女は私たちに町の中を案内してくれた / He took the old woman by the hand and *guided* her to the other side of the street. 彼はおばあさんの手を取って, 通りの向こう側へ連れて行ってあげた.
❷He *guided* his country out of its difficulties. 彼は祖国を指導して困難から救った / He was *guided* by his conscience. 彼は良心に従って行動した.
　　　　　　　　　　　　☞ 名 guidance.

guide・book /ɡáidbùk ガイドブック/ 名 C 旅行案内, ガイドブック.

guid・ed /ɡáidid ガイディド/ 形 (旅行が)ガイド付きの.
▶a *guided* tour ガイド付きの旅行.

guide dòg 名 C 《英》盲導犬 (Seeing Eye dog).

guide・line /ɡáidlàin ガイドライン/ 名《複数形で》(政策などの)指標, 指導目標, ガイドライン.

guild /ɡíld ギルド/ 名 C 同業組合.

guil・lo・tine /ɡílətìːn ギロティーン/ 名 C
❶ギロチン, 断頭台(☞gallows).
❷(紙などの)断裁機.
　── 動(現分 -tin・ing)他 …の首をギロチンにかけて切る.

****guilt** /ɡílt ギルト/ 名 U ❶**気のとがめ**, 罪の意識, 罪悪感. ❷**有罪**, 罪(を犯していること) (反innocence).
▶❶a sense of *guilt* 自分が悪い[悪

guiltily

かった］という気持ち．
❷ We have no proof of his *guilt*. 彼が有罪である証拠はない．
☞ 形 guilty．《同音異形語》gilt．

guilt·i·ly /gílṭəli ギルティリ/ 副 自分が悪いという気持ちで．

***guilt·y** /gílti ギルティ / 形 (guilt·i·er; guilt·i·est)
❶ **自分が悪いと思う**, 罪の意識のある, やましい．
❷ **有罪の** (対 innocent).
❸《**be guilty of ...**》 ❺ (法的に) …の罪がある．
❻ (よくない行為・過失など) を**犯している**．

---

❶ I feel *guilty* about having been unkind to him. 私は彼に対して冷たかったと気がとがめている / a *guilty* look 自分が悪いという顔つき．
❷ He was declared *guilty* [*not guilty*]. 彼は有罪 [無罪] と宣告された．
❸ ❺ He *was guilty of* murder. 彼は殺人罪を犯した．
plead guilty to ... 自分が…の罪があると認める．
☞ 名 guilt．

guise /gáiz ガイズ/ 名《文語》 C みせかけ．
▶under the *guise* of friendship 友情と見せかけて．

***gui·tar** /gitɑ́ːr ギター /《★アクセント注意》名 (複 ~s /-z/) C **ギター**．
▶play the *guitar* ギターを弾く．

gui·tar·ist /gitɑ́ːrist ギタリスト/ 名 C ギター奏者．

***gulf** /gʌ́lf ガルフ/ 名 (複 ~s /-s/) C
❶ **湾** (❺ bay より大きい)．
❷ (地表の) 深い割れ目, 深いふち．
❸ (考えなどの) 大きな隔たり．

▶ ❶ the *Gulf* of Mexico メキシコ湾 (❺ (米) では単に the Gulf ともいう) / the Persian *Gulf* ペルシア湾 (❺ (英) では単に the Gulf ともいう)．
❸ the *gulf* between the rich and the poor 貧富の大きな隔たり．
☞ 動 engulf．

gull /gʌ́l ガル/ 名 C 〖鳥類〗カモメ (❺ sea gull ともいう)．

gul·li·ble /gʌ́ləbl ガリブル/ 形 だまされやすい．

gulp /gʌ́lp ガルプ/ 動 他 ❶ …をぐいと飲

む. ❷ …をがぶっと食う. ❸ (息) を多量に吸いこむ.
— 自 (驚きなどで) はっと息をのむ.
— 名 C ❶ ぐいと飲むこと.
❷ がぶっと食うこと.
❸ 息を多量に吸いこむこと.
▶ 動 他 ❶ He *gulped* (down) a glass of beer. 彼はビールを 1 杯一気に飲みほした．

gulp back 他 (涙・感情など) をこらえる：*gulp back* one's tears 涙をぐっとこらえる．
gulp down 他 …をぐいと飲む．
— 名 ❶ in one *gulp* 一口で．

***gum**¹ /gʌ́m ガム/ 名 (複 ~s /-z/) U
❶ **ゴム樹液**；樹脂．
❷《英》**ゴムのり**．
❸ **チューインガム** (chewing gum)．
▶ ❸ a piece of *gum* 1 個のガム．

gum² /gʌ́m ガム/ 名 C《ふつう複数形で》歯ぐき．

gum·bo /gʌ́mbou ガンボウ/ 名 U ❶《米》〖植物〗オクラ (okra)．
❷ U オクラスープ《《オクラと肉・魚・野菜などを入れたスープ》．

****gun** /gʌ́n ガン/ 名 (複 ~s /-z/) C
❶ **銃, 鉄砲**；ライフル；猟銃；ピストル；大砲．
❷ (競技開始合図の) ピストル．
❸ 噴霧器；(びょうなどを打ち出す) 打ち出し機．
— 動 (guns /-z/; gunned /-d/; gun·ning) 他 ❶《米口語》(車など) のスピードを上げる．
❷ …を銃で撃つ．

名 ❶ fire [shoot] a *gun* 発砲する．

語の結びつき
aim [point] a *gun* (at ...) (…に) 銃口を向ける
carry a *gun* 銃を携帯する
draw [hold] a *gun* (on ...) 銃を（抜いて）(…に) つきつける
load a *gun* 銃に弾（たま）を込める

---

❸ a spray *gun* 吹き付け器．
INFO アメリカには「自分の安全は自分で守る」という伝統が生きている．銃規制 (gun control) は州によってまちまちで弱

abcdefg**h**ijklmnopqrstuvwxyz　　　　　　　　　　**gym**

いが, 最近は銃規制の動きもしだいに強まりつつある.
jump the gun ①〖競技〗合図よりも先に飛び出す, フライングをする (✪「フライング」は和製英語). ②《口語》人よりも先に行動する.
put [hold] a gun to ...'s head …を脅す.
stick to one's guns 自分の意見[立場]に固執する.
under the gun 圧力をかけられて.
— 動 **be gunning for ...** …をやっつけようと[手に入れよう]ねらう.
gun ... down …を銃で撃って倒す.

gun·boat /gʌ́nbòut ガンボウト/ 名Ⓒ (小型の)砲艦.
gún contròl 名ⓊⒸ銃規制法.
gun·fire /gʌ́nfàiər ガンファイア/ 名Ⓤ ❶ 銃の発射, 砲火. ❷砲の発射音, 号砲.
gun·man /gʌ́nmən ガンマン/ 名 (複 gun·men /-mən/) Ⓒピストル[銃]で脅(ぉど)す人; ガンマン.
gun·point /gʌ́npòint ガンポイント/ 名Ⓒ銃の先端. ▶at *gunpoint* 銃をつきつけられて[で脅かされて].
gun·pow·der /gʌ́npàudər ガンパウダ/ 名Ⓤ火薬.
gun·ship /gʌ́nʃip ガンシップ/ 名Ⓒ銃撃用ヘリコプター.
gun·shot /gʌ́nʃàt ガンシャット/ 名Ⓒ ❶射撃, 銃声. ❷射たれた弾丸.
gup·py /gʌ́pi ガピ/ (★発音注意) 名 (複 gup·pies /-z/) Ⓒグッピー (小さな観賞用熱帯魚).
gur·gle /gə́ːrgl ガーグル/ 動 (現分 gur·gling) 自 ❶ (水などが)ゴボゴボ音を立てて流れる.
❷のどをゴロゴロならす.
— 名ⓊⒸ ❶ ゴボゴボいう音.
❷(のどの)ゴロゴロなる音.
gu·ru /gúːəru: グ(ア)ルー/ 名Ⓒ ❶ (ヒンズー教の)導師. ❷《口語》大物.
gush /gʌ́ʃ ガッシュ/ 動 (三単現 ~·es /-iz/)
自 ❶ (液体・ことばなどが)ほとばしり出る, 吹き出す. ❷ (強い感情のこもった言葉が)ほとばしり出る.
— 他 ❶ (多量の液体)をどっと出す.
❷ (強い感情のこもったこと)をきつく言う.
— 名《a をつけて》(液体・ことば・感情などの)ほとばしり, 噴出.

動自 ❶ Water *gushed* out from the iron pipe. 鉄管から水がほとばしり出た.
— 他 ❷ *gush* praise ほめそやす.
— 名 *a gush* of blood 〔anger〕 血〔怒り〕のほとばしり.
gush·ing /gʌ́ʃiŋ ガシング/ 形 ❶ (液体などが)ほとばしり出る. ❷感情がほとばしる.
gust /gʌ́st ガスト/ 名Ⓒ ❶突風, (風の)ひと吹き. ❷ (感情などの)爆発.
▶❶ a *gust* of wind 突風, 一陣の風.
❷ a *gust* of rage 突然こみあげる怒り.
gus·to /gʌ́stou ガストウ/ 名Ⓤ大きな喜び. ▶with *gusto* さもうまそう[楽しそう]に.
gust·y /gʌ́sti ガスティ/ 形 (gust·i·er; gust·i·est) 突風の吹きすさぶ.
gut /gʌ́t ガット/ 名 ❶ⓐⒸ腸. ⓑ《複数形で》内臓, はらわた. ❷《複数形で》腹, 腹部. ❸《複数形で》《口語》勇気, 根性, ガッツ.
— 動 (~s /-ts/; gut·ted /-id/; gut·ting) 他 ❶ (料理のとき) (魚など)の臓物を取る. ❷ (火事で) (建物)の中を焼く.

名 ❸ You have a lot of *guts*. 君はすごく根性[ガッツ]があるね / She didn't have the *guts* to say no. 彼女はノーと言える勇気はなかった.
guts·y /gʌ́sti ガッツィ/ 形《口語》勇気のある, 根性のある.
gut·ter /gʌ́tər ガタ/ 名 ❶ Ⓒ (屋根の)樋(ぃ).
❷ Ⓒ (道路ぞいの排水用の)溝(みぞ), 排水溝.
❸《the をつけて》どん底社会, 最低の生活状態.
❹ Ⓒ〖ボウリング〗ガター (レーンのみぞ).
*****guy** /gái ガイ/ 名 (複 ~s /-z/) Ⓒ ⓐ《口語》男, やつ. ⓑ《複数形で》(男女を問わず呼びかけて)皆さん.
▶ⓐ a nice *guy* いいやつ.
guz·zle /gʌ́zl ガズル/ 動 (現分 guz·zling) 他《口語》(ビールなど)をがぶがぶ飲む, (食物)をがつがつ食う.
— 自 がぶがぶ飲む; がつがつ食う.
Guy·a·na /gaiǽnə ガイアナ/ 名 ガイアナ《南米の北東海岸にある共和国》.
*****gym** /dʒím ヂム/ 名 (複 ~s /-z/) ❶ Ⓒ《口語》体育館 (✪gymnasium の短縮形).
❷Ⓤ《口語》(学科の)体育 (✪gymnas-

five hundred and eighty-nine　　　　　　　　　　　589

gymnasium

tics の短縮形).
▶ ❶ play volleyball in the *gym* 体育館でバレーボールをする.
❷ *Gym* is my favorite subject. 体育は私の好きな科目だ.

gym·na·si·um /dʒimnéiziəm ヂムネイズィアム/ 名(複 ~s /-z/, gym·na·si·a /-ziə/) ⒞ 体育館 (✿《口語》では gym).

gym·nast /dʒímnæst ヂムナスト/ 名 ⒞ 体操選手.

gym·nas·tic /dʒimnǽstik ヂムナスティック/ 形 体操の, 体育の.
▶ *gymnastic* apparatus 体操器具 / *gymnastic* exercises 体操.

gym·nas·tics /dʒimnǽstiks ヂムナスティックス/ 名 ❶ Ⓤ《単数扱いで》(学科としての)体育 (✿《口語》では gym).
❷《複数扱いで》体操.

gy·ne·co·log·i·cal,《英》**gy·nae·co·log·i·cal** /gàinikəládʒikəl ガイネコラヂカル/ 形 婦人科(学)の.

gy·ne·col·o·gist,《英》**gy·nae·col·o·gist** /gàinəkálədʒist ガイネカラヂスト/ 名 ⒞〔医学〕婦人科医.

gy·ne·col·o·gy,《英》**gy·nae·col·o·gy** /gàinəkálədʒi ガイネカロヂィ/ 名 Ⓤ〔医学〕婦人科医学.

Gyp·sy, gypsy /dʒípsi ヂプスィ/ 名(複 Gyp·sies, gyp·sies /-z/) ⒞ ジプシー.
INFO 黒髪, 有色の肌をしたインド系の放浪民族で, 15世紀ごろインドからヨーロッパに流れ込んだという.

gy·rate /dʒáiəreit ヂャイ(ア)レイト/ 動 (現分 gy·rat·ing) 自 旋回する, 回転する.

abcdefg**h**ijklmnopqrstuvwxyz　　　　　　　　　　　　　　　　　　had

H h 〜

H¹, h /éitʃ エイチ/ 名(複 H's, Hs, h's, hs /-iz/) U.C エイチ《英語アルファベットの8番目の文字》.
H²《元素記号》hydrogen.
h.《略語》hour(s).
ha¹ /há: ハー/ 感 ほう,まあ,おや《驚き・悲しみ・喜び・疑い・不満・ためらいなどを表わす》.
ha²《略語》hectare(s).
*__hab・it__ /hǽbit ハビット/ 名(複 ~s /-ts/)
U.C (個人の)癖(ᛉ),習慣;(動植物の)習性.
類語 **habit** は個人がしばしば繰り返す動作や行為; **custom** はおもに社会や国などの伝統的な習慣.

His brother broke [gave up] his *habit* of smoking. 彼の兄はたばこをすう習慣をやめた / form a good *habit* よい習慣をつける / fall [get] into bad *habits* 悪い癖がつく / ことわざ *Habit* is second nature. 習慣は第二の天性,「習い性となる」.

be in the habit of doing = have the *habit of doing*.
have the [a] habit of doing __する癖(ᛉ)がある,__ するのが習慣になっている: He *has the habit of biting* his nails. 彼にはつめをかむ癖がある.
out of habit = **_from habit_** いつもの癖[習慣]で.
　　　　　　　　　☞ 形 habitual.

hab・it・a・ble /hǽbətəbl ハビタブル/ 形 (家などが)住むのに適した.
hab・i・tat /hǽbətæt ハビタット/ 名 C
❶(動物の)生息地. ❷(植物の)自生地.
hab・i・ta・tion /hæ̀bətéiʃən ハビテイション/ 名《文語》U 住むこと;居住.
ha・bit・u・al /həbítʃuəl ハビチュアル/ 形
❶ 習慣になっている,いつもの. ❷ 常習的な.　　　　　☞ 名 habit.
ha・bit・u・al・ly /həbítʃuəli ハビチュアリ/ 副 習慣的に,いつも.
hack¹ /hǽk ハック/ 動 他 ❶(おのなどで)

…をたたき切る. ❷(道など)を切り開く. ❸ …をカットする,減らす. ❹《電算》(他人のコンピューター)に不法侵入する.
　― 自 ❶(おのなどで)たたき切る〔at〕.
❷《電算》他人のコンピューターに不法侵入する.
hack² /hǽk ハック/ 名 C ❶(口語)へぼな記者[作家]. ❷ 金のためにだけ働く人.
hack・er /hǽkər ハカ/ 名 C《電算》ハッカー《他人のコンピューターシステムに不法に侵入する人》.
hack・neyed /hǽknid ハクニド/ 形 (表現などが)古くさい.
*__had¹__ /hǽd ハッド/ 動《**have¹** の過去形・過去分詞形》…をもっていた;手に入れた;食べた,飲んだ;経験した.

I *had* only 2,000 yen with me. 私はたった2,000円しかもち合わせていなかった / I have *had* no chance to see the movie. その映画を見る機会が今までなかった.

***__had²__** /《弱》həd ハド, əd;《強》hǽd ハッド/ 助《**have²** の過去形》
❶《**had²** + 過去分詞で過去完了を表わして》
ⓐ《ある動作や状態が,過去の他の動作や状態よりも前であることを表わして》**…した**.
ⓑ《過去のある時までの動作の完了を表わして》**__してしまっていた**.
ⓒ《過去のある時までの経験を表わして》**…したことがあった**.
ⓓ《過去のある時までの継続を表わして》(ずっと)**…していた**.
ⓔ《過去のある時までの動作や行動の結果を表わして》**…してしまっていた**.
❷《**had²** + 過去分詞で過去の事実と反対の事を仮定して》**…していたら**,だったら.

❶ⓐ He showed me the picture that he *had taken* there. 彼はそこで撮った写真を私に見せてくれた / She said that she *had seen* the movie.

five hundred and ninety-one　　　　　　　　　　　　　　591

haddock

彼女はその映画を見たと言った.
❺The airplane *had* already *left* when we got to the airport. 私たちが空港に着いた時にはもう飛行機は出てしまっていた.
❻I *had* never *talked* with her before that time. その時以前には私は彼女と話したことはなかった.
❼We *had lived* there for three years before our son was born. 息子が生まれたとき私たちはすでに 3 年そこに住んでいた.
❽She found she *had lost* her purse. 彼女はハンドバッグをなくしてしまった(そして手もとにないことに気づいた).
❷If I *had* [*Had* I] *known* your phone number, I would have called you. あなたの電話番号がわかっていたらお電話したのですが (《❖*Had* I *known* ... は《文語》》)/ I wish I *had got* up earlier. もっと早く起きていたらよかったのだが.

had best *do* ☞ best 副.
had better *do* ☞ better 副.
had rather *do* ☞ rather 副.

had·dock /hǽdək ハドク/ 名(複 haddock, ~s /-s/) C【魚類】ハドック《北大西洋産のタラ》.

Ha·des /héidi:z ヘイディーズ/ 名【ギリシア神話】黄泉(よみ)の国《地下にあり死者が住む》.

✱had·n't¹ /hǽdnt ハドント/ 《had¹ not の短縮形》《英口語》…をもっていなかった, 手にいれなかった, 食べなかった, 飲まなかった, 経験しなかった《☞had¹》.

✱had·n't² /hǽdnt ハドント/ 《口語》《had² not の短縮形》《hadn't+過去分詞で過去完了を表わして》
▶We *hadn't finished* dinner when he came home. 彼が帰宅したとき私たちはまだ夕食を終えていなかった / I *hadn't* even *touched* a computer before that. 私はそれ以前にはコンピューターにふれたことさえなかった.

hag·gard /hǽgərd ハガド/ 形(心配・過労・睡眠不足などで)やつれた, やせこけた.

Hague /héig ヘイグ/ 名《The をつけて》ハーグ《オランダ (the Netherlands) 西部の都市; 事実上の首都;公式の首都はアムステルダム (Amsterdam)》.

ha·ha /hà:há: ハーハー/ 感 ワッハッハ, アハハ《笑い声》.

hai·ku /háiku: ハイクー/ 名C(複 hai·ku)俳句.

hail¹ /héil ヘイル/ 名 ❶U《集合的に》あられ, ひょう《❖「ひと粒のあられ, ひょう」は hailstone》.
❷《a hail of ...》雨あられのような…, …の雨.
── 動倒 ❶《it を主語にして》あられ[ひょう]が降る.
❷(弾丸などが)雨あられと降る.
▶名 ❷*a hail of* bullets 雨あられのように飛んでくる弾丸.
── 動倒 ❶*It is hailing.* あられ[ひょう]が降っている.

hail² /héil ヘイル/ 動他 ❶…を歓呼して迎える, …に大きな声をかける. ❷《*hail* ... *as* ~》…を~だと歓迎する, ほめそやす. ❸(人・車など)を大声で呼ぶ.
▶❷The research results were *hailed as* a great achievement. その研究結果は大きな成果として歓迎された. ❸*hail* a taxi タクシーを呼び止める.

hail·stone /héilstòun ヘイルストウン/ 名 C あられ[ひょう]の粒《☞hail¹ ❶》.

hail·storm /héilstɔ̀:rm ヘイルストーム/ 名 C あられ[ひょう]をともなうあらし.

✱✱hair /héər ヘア/ 名 (複 ~s /-z/)
❶U《集合的に》髪の毛, 体毛, (動物の)毛.
❷C(1 本の)毛.

❶She has blonde *hair*. 彼女は金髪だ 《❖黒髪は black, dark, こげ茶色の髪は brunet(te), 金髪は golden, blond(e), fair, 赤毛は red》/ do one's *hair* 髪をきちんとする.

do one's hair
(髪をきちんとする)

abcdefg**h**ijklmnopqrstuvwxyz   **half**

語の結びつき
brush one's *hair* 髪にブラシをかける
comb one's *hair* 髪をくしでとかす
cut ...'s *hair* …の髪を切る
dry one's *hair* 髪を乾かす
shampoo one's *hair* 髪をシャンプーする
wash one's *hair* 髪を洗う

❷He doesn't have a single gray *hair*. 彼には1本のしらがもない.
do not turn a hair (驚くようなことがあっても)髪の毛1本動かさない, 平然としている.
let** one's **hair down 《口語》(仕事・緊張の後で)くつろぐ, 楽にする.
make** ...'s **hair stand on end …を(恐怖で)ぞっとさせる.
pull [tear]** one's **hair out (どうしてよいかわからず)ひどく心配する.
☞ 形 hairy.
《同音異義語》hare.

hair·breadth /héərbrèdθ ヘアブレドス/ 名 = hairsbreadth.

hair·brush /héərbrʌʃ ヘアブラッシュ/ 名 (複 ~es /-iz/) C ヘアブラシ.

***hair·cut** /héərkʌ̀t ヘアカット/ 名 (複 ~s /-ts/) C ❶散髪.
❷髪の刈り方, ヘアスタイル.
▶❶have [get] a *haircut* 髪をカットしてもらう.

hair·do /héərdùː ヘアドゥー/ 名 (複 ~s /-z/) C = hairstyle.

hair·dress·er /héərdrèsər ヘアドレサ/ 名 C 理容師, 美容師 (☞ barber, beauty parlor).
▶go to the *hairdresser's* 美容院へ行く.

hair·dress·ing /héərdrèsiŋ ヘアドレスィング/ 名 U 美容, 理容.

hair·dri·er, hair·dry·er /héərdràiər ヘアドライア/ 名 ヘアドライヤー.

hair·grip /héərgrìp ヘアグリップ/ 名 C 《英》平たいヘアピン (♦ 《米》では bobby pin).

hair·less /héərləs ヘアレス/ 形 毛のない, はげた.

hair·line /héərlàin ヘアライン/ 名 C (頭髪の)生えぎわ.

hair·net /héərnèt ヘアネット/ 名 C (女性用の)ヘアネット.

hair·piece /héərpìːs ヘアピース/ 名 C ヘアピース, 入れ毛.

hair·pin /héərpìn ヘアピン/ 名 ❶ C ヘアピン.
❷《形容詞的に》(道などが) U 字形の, 急カーブの.
▶❷a *hairpin* curve [《英》 bend] ヘアピンカーブ, U字形の曲折路.

hair·rais·ing /héər-réiziŋ ヘア・レイズィング/ 形 身の毛のよだつ[ぞっとする]ような.

hairs·breadth, hair's breadth /héərz-brèdθ ヘアズブレドス/ 名 《a をつけて》(毛1本ほどの)わずかな幅, 間一髪.
by a hairsbreadth もう少しのところで, かろうじて: escape death *by a hairsbreadth* 九死に一生を得る.

háir sprày 名 C ヘアスプレー.

hair·style /héərstàil ヘアスタイル/ 名 C 髪型, ヘアスタイル.

hair·y /héəri ヘ(ア)リ/ 形 (hair·i·er; hair·i·est) ❶毛深い (♦ ふつう頭の毛には用いない). ❷《俗語》ぞっとするような, 危険な.
☞ 名 hair.

Hai·ti /héiti ヘイティ/ 名 ハイチ 《西インド諸島 (West Indies) 中の共和国》.

Hal /hǽl ハル/ 名 ハル 《男性の名; Harold の愛称》.

*****half** /hǽf ハフ | hɑ́ːf ハーフ/ 《★ l は発音されない》 名 (複 halves /hǽvz | hɑ́ːvz/)
❶ UC **半分**, 半数, 2分の1.
❷ C (時刻の)**半**, 30分.
❸ C ⓐ (試合などの)前[後]**半**.
ⓑ (野球の)表, 裏.
— 形 **半分の**, 半数の, 2分の1の.
— 副 ❶**半分**, 半分だけ.
❷不十分に, 中途半ばに.

⋯⋯⋯⋯⋯⋯⋯⋯⋯⋯⋯⋯⋯⋯⋯⋯⋯
名 ❶ *Half* of 4 is 2. 4の半分は2 / *Half* of the apple is rotten. そのリンゴ(1個)の半分はくさっている / *Half* of the apples are rotten. そのリンゴ(数個)のうち半数はくさっている / two miles and a *half* (= two and a *half* miles) 2マイル半 / three *halves* (分数の)2分の3.

語法 half of につづく(代)名詞が単数なら動詞は単数扱いとなり, 複数なら複数扱いとなる.

five hundred and ninety-three   593

half-and-half

❷ get up at *half* past six in the morning 朝6時半に起きる.
❸ ⓐ They couldn't score in the first〔second〕*half*. 彼らは前半〔後半〕は得点できなかった.
ⓑ the top〔bottom〕*half* of the fifth inning〘野球〙5回の表〔裏〕.

by half 半分だけ:cut the budget *by half* 予算を半分カットする.

by halves 《ふつう否定文で》中途半ぱに,いいかげんに:*Don't* do anything *by halves*. なに事も中途半ぱにするな.

go halves on [in] ... (with ~)《口語》…を(~(人)と)山分けにする, 割り勘にする.

in half 半分に, 2等分に:Cut the apple *in half*. そのリンゴを半分に切りなさい.

into halves = in *half*.
☞ **halve**.

— 形 He was late for the party by *half* an hour [《米》a *half* hour]. 彼はパーティーに30分おくれた(**○** half は the, my などのまえにくるが, 不定冠詞のa がつく場合は,「half a(+普通名詞)」またはとくに《米》では「a half(+普通名詞)」の語順になる)/ for one and a *half* hours (= an hour and a *half*) 1 時間半 / *Half* the milk was spilled. ミルクは半分こぼれていた.

— 副 ❶ The house was *half* destroyed. その家は半分壊れ(てい)た / The bottle was *half* full. そのビンは半分入っていた[半分からだった] / She's *half* German. 彼女は半分ドイツ系です.
❷ The meat is only *half* cooked. その肉は生煮えだ.

half and half 副 半々で, 半々に.

half as ... as ~ ~の半分だけ…:He has *half as* many books *as* I. 彼は私の半分の本しかもっていない.

half as many [much] ... again as ~ =《米》*half again as many [much] ... as* ~ ~の1倍半の…:He earns *half as much* money *again as* you. 彼は君の1倍半の金を稼ぐ.

not half《口語》とても…どころでなく, ひどく:She did*n't half* cry at the news. 彼女はそのニュースを聞いてひどく泣いた.

not half bad《口語》わるくなんかない, かなりよい:Her English is*n't half bad*! 彼女の英語はなかなかたいしたものだ.

half-and-half /hǽfən-hǽf ハファン・ハフ/ 副 半々に, 半々で.
— 名Ⓤ《米》ミルクとクリームを半々に混ぜた物《コーヒーや紅茶に入れる》.

half·back /hǽfbæ̀k ハフバック/ 名Ⓒ(アメリカンフットボール・サッカーなどの)ハーフバック.

half-baked /hǽf-béikt ハフ・ベイクト/ 形 ❶ 生焼けの. ❷《口語》(考え・計画が)不十分な.

hálf bròther 名Ⓒ異母〔異父〕兄弟《☞ stepbrother》.

hálf dòllar 名Ⓒ《米》50セント銀貨.

half-heart·ed /hǽfhá:rtid ハフハーティド/ 形 気乗りのしない.

half-heart·ed·ly /hǽfhá:rtidli ハフハーティドリ/ 副 気乗りしないで.

half-mast /hǽf-mǽst ハフ・マスト/ 名Ⓤ(弔意(ちょうい)を表わす)半旗の位置.
▶at *half-mast* 半旗の位置に.

half-moon /hǽf-mù:n ハフ・ムーン/ 名Ⓒ ❶ 半月《☞ phase》. ❷ 半月型のもの.

half-price /hǽf-práis ハフ・プライス/ 形 半額の. — 副 半額で.

hálf sister 名Ⓒ異母〔異父〕姉妹《☞ stepsister》.

half-tim·bered /hǽf-tímbərd ハフ・ティンバド/ 形 (家が)木骨造りの《木材の間がしっくいなどで埋めてある》.

half·time, half-time /hǽftáim ハフタイム/ 名Ⓤ〘競技〙ハーフタイム《中間の休みの時間》.

half·way /hǽfwéi ハフウェイ/ 形 (ふたつの場所の)中間の.
— 副 中間で, 中ほどまで.
▶形 the *halfway* point 中間点.
— 副 Hamamatsu lies about *halfway* between Tokyo and Osaka. 浜松は東京と大阪のほぼ中間にある.

meet ... halfway ①…と途中で会う, …を途中まで出迎える. ②…と妥協する.

hal·i·but /hǽləbət ハリバト/ 名(複 hal·i·but, ~s /-ts/)Ⓒ〘魚類〙オヒョウ《北方海洋に産する大型のヒラメ》.

*‡**hall** /hɔ́:l ホール/ 名(複 ~s /-z/)Ⓒ

hammer

❶ⓐ **玄関(の広間)**, ホール《そこから各部屋に通ずる》. ⓑ **廊下**(%).《⇨hallway, corridor ともいう》.
❷ⓐ(催し物が行なわれる)**会館**, **公会堂**, ホール《ホールそのものまたはホールのついた建物をいう》. ⓑ 役所, (団体などの)事務所.
ⓒ(宮殿・大邸宅などの)大広間.
❸ⓐ (大学の)講堂, ホール. ⓑ 学生寮 (hall of residence)《⇨(米)では dormitory ともいう》. ⓒ(英)(大学の)食堂.

──────────

❶ⓐ Please leave your coat in the *hall*. コートは玄関においてください / an entrance *hall* 玄関の間.
ⓑ Don't run in the *halls*. 廊下は走ってはいけません.
❷ⓐ a public *hall* 公会堂 / a concert *hall* コンサートホール.
ⓑ City *Hall* (米)市役所.
❸ⓐ the Students' *Hall* (米)学生会館.

hal・le・lu・jah, hal・le・lu・iah /hæləlúːjə ハレルーヤ/ 名ⓒ ハレルヤ《神を賛美する叫び》.

hall・mark /hɔ́ːlmɑ̀ːrk ホールマーク/ 名
❶ⓒ(金や銀などの純度を証明する)極印(%), 品質優良証明. ❷Ⓤ(人や物事の)特徴.

hal・lo /həlóu ハロウ/ 間 = **hello**.

Hal・low・een, Hal・low・e'en /hæ̀louíːn ハロウイーン/ 名 ハロウィーン《万聖節 (All Saints' Day) の前夜祭で10月31日の夜》.

INFO アメリカでは子どもたちがいろいろな仮装をして、カボチャに目鼻をくりぬいたおばけちょうちんをつくり、近所の家をまわって Trick or treat!(お菓子をくれないといたずらするぞ)と言いながらお菓子などをもらったり、妖怪のまねをしていろいろないたずらをする.

hal・lu・ci・na・tion /həlùːsənéiʃən ハルースィネイション/ 名Ⓤⓒ(病気・薬・麻薬などによる)幻覚; 幻影.

hall・way /hɔ́ːlwèi ホールウェイ/ 名ⓒ
❶(建物の)玄関《⇨hall ❶》. ❷ 廊下(%).

ha・lo /héilou ヘイロウ/ 名(複 ~s, ~es /-z/)ⓒ ❶(太陽や月のまわりにできる)かさ.
❷〖美術〗(聖像の背後にある)後光, 光背.

halt /hɔ́ːlt ホールト/《★発音注意》動 自 停止する《⇨stop より形式ばった語》.

── 他 …を停止させる.
── 名《**a** をつけて》**停止**, 休止.
▶ 動 自 The train *halted* at the signal. 列車は信号のところで止まった.
── 名 *bring ... to a halt* …を止まらせる.
come to a halt 止まる.

halve /hǽv ハヴ | háːv/ 動 (~s /-z/; ~d /-d/; halv・ing) 他 ❶…を半分に減らす. ❷…を2等分する.
▶ ❷ *halve* (the) profits 利益を2等分する.

☞ 名 形 half.

halves /hǽvz ハヴズ | háːvz/ 名 half の複数形.

*****ham** /hǽm ハム/ 名 (複 ~s /-z/) Ⓤ ハム《豚のもも肉の塩漬けをくん製にしたもの; ☞ bacon》.
▶ a slice of *ham* ハムひと切れ.

ham and eggs /hǽməneégz ハムネッグズ/《★発音注意》名Ⓤ ハムエッグ.

Ham・burg /hǽmbɜːrg ハンバーグ/ 名 ハンブルグ《ドイツ北部の港湾都市》.

*****ham・burg・er** /hǽmbɜːrgər ハンバーガ/ 名Ⓒ ハンバーガー.

Ham・let /hǽmlət ハムレト/ 名 ❶「ハムレット」《シェイクスピア (Shakespeare) の四大悲劇のひとつ》. ❷ ハムレット《*Hamlet* の主人公》.

ham・let /hǽmlət ハムレト/ 名Ⓒ 小さな村《⇨village》.

*****ham・mer** /hǽmər ハマ/ 名 (複 ~s /-z/)Ⓒ **ハンマー**, 金づち.
── 動 (~s /-z/; ~ed /-d/; -mer・ing /-məriŋ/) 他 ❶ⓐ…を**ハンマーで打つ**.
ⓑ …を激しく打つ.
❷ⓐ …を痛めつける, …にダメージを与える. ⓑ(口語)…を激しく非難する.
── 自 くり返し激しくたたく.
▶ 名 *come* [*go*] *under the hammer* 競売される.
── 他 ❶ⓐ *hammer* a nail into the board 板にくぎを打ちこむ.
── 自 *hammer* on the door ドアを繰り返し激しくたたく.

hammer ... into ~ くり返し言って…を~にしっかり理解させる[たたきこむ].

hammer out 他 (徹底的に議論して)…の結論を出す.

hammock

ham·mock /hǽmək ハモク/ 名 C ハンモック.

ham·per¹ /hǽmpər ハンパ/ 動 他 …のじゃまをする, …を困らせる.

ham·per² /hǽmpər ハンパ/ 名 C ❶ (食べ物を入れて運ぶ)バスケット. ❷《米》洗たく物入れかご《●《英》では laundry basket》.

ham·ster /hǽmstər ハムスタ/ 名 C 〔動物〕ハムスター.

***hand** /hǽnd ハンド/

名 (複 ~s /-dz/) ❶ C **手**《手首より先の部分; ☞ body のさし絵》.

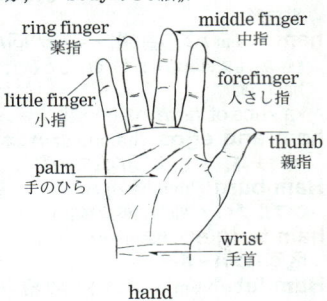

ring finger 薬指
middle finger 中指
forefinger 人さし指
little finger 小指
thumb 親指
palm 手のひら
wrist 手首

hand

❷ C (時計などの)**針**《●「縫い物や編み物などの針」は needle》.
❸ C (必要な)**人手**, 働き手.
❹《a をつけて》手助け, 援助.
❺ C 《ふつう複数形で》所有, 支配, 管理.
❻《単数形で》筆跡.
❼ C 技術, 腕前.
❽《a をつけて》拍手, 喝采(ポネ).
❾ C 方向, 側.
❿ C (トランプの)持ち札.
— 動 (~s /-dz/; ~ed /-id/; ~ing) 他《**hand** ~ …または **hand** … **to** ~》~ (人)に…を手渡す.

名 ❶ Wash your *hands*. 手を洗いなさい / She clapped her *hands*. 彼女は拍手した.

語の結びつき

grip [grasp, press] …'s *hand* (人)の手を握りしめる

hold …'s *hand* (人)の手を握る

hold [put] out one's *hand* (to …) (…に)手を差し出す

lower one's *hand* 手を下げる[降ろす]

raise [put up] one's *hand* 手を挙げる

take …'s *hand* (人)の手を取る

wave one's *hand* (at …) (…に)手を振る

❷ the hour *hand* = the short *hand* 時針, 短針 / the minute *hand* = the long *hand* 分針, 長針 / the second *hand* 秒針.

❸ We are short of *hands* now. われわれは今人手が足りない / a farm *hand* 農場労働者 / ことわざ Many *hands* make light [quick] work. 人手が多いと仕事が楽に〔早く〕なる.

❹ Give [Lend] me *a hand* with this box. この箱を運ぶのを手伝ってください.

❺ The villa changed *hands*. その別荘は持ち主が変わった / I'll leave the matter in your *hands*. その件は君に任せましょう.

❻ in one's own *hand* 自筆で / write a good *hand* 字がうまい.

❽ They gave the singer *a big hand*. 彼らはその歌手に盛大な拍手を送った.

❾ at one's right [left] *hand* 右〔左〕側に.

(at) first hand 直接に: I got the news *at first hand*. 私は(また聞きではなく)直接そのニュースを知った.

at hand ① すぐ近くに: You must keep your dictionary close *at hand*. 辞書をすぐ手もとに置いておかなければいけない. ② 近い**将来**, 間近に: The examinations are *at hand*. 試験が間近に迫っている.

(at) second hand 間接に, また聞きで.

at the hands of… = **at …'s hands** …の手から, …によって.

come to hand 手にはいる.

from hand to hand 人から人へ, 次々と人手に.

get one's **hands on …** …をつかまえる, 手に入れる.

get out of hand 手におえなくなる.

hand in hand ① **手をつないで**: walk

hand in hand 手をつないで歩く. ②ともなって:Poverty and crime go *hand in hand*. 貧困に犯罪はつきものだ. ③協力して.
hand over fist (大量に)どんどん.
hands down 楽々と.
Hands off! ①《掲示》手を触れるな. ②手出しをするな.
Hands up! ①《抵抗しないしるしとして》手をあげろ 《両手》. ②(答えなどがわかる人に)手を上げなさい.
hand to hand (戦闘で)接近して, 入り乱れて:fight *hand to hand* 接近戦をやる, つかみ合いをする.
have a hand in ... …に関係[参加] している.
have ... in hand …が手もとにある, …を管理している;(状況など)を把握している.
have** one's **hands full とても忙しい.
hold hands (恋人などが)手を取り合う.
in good hands よく面倒をみてもらって.
in hand ①手もとに(ある), (時間・金が)自由にできる:I have no money *in hand* now. 今は手もとに(自由になる)金は全然ない. ②進行中で, 考慮中で:the matter *in hand* 懸案事項.
join hands 協力する.
keep** one's **hands of ... …に手を触れない, 干渉しない.
lay hands on ... ①…をつかむ . ②…を (罰するために)捕える. ③…に暴力を加える.
live from hand to mouth その日暮しをする 《☞hand-to-mouth 》.
off ...'s hands …の責任[管理] から離れて:The job is now *off my hands*. その仕事はもう私の手を離れている.
on hand ①(いつでも使えるように)手もとに, すぐそばに. ②出席して;(近くに)いあわせて.
on ...'s hands …の責任になって:She has three babies *on her hands*. 彼女は 3 人の赤ん坊を世話している.
on** (one's) **hands and knees 四つんばいになって.
***on the one hand ... on the other** (hand)* **〜一方では…また一方では〜:** *On the one hand*, she is a very good cook, but *on the other* (*hand*), she does not like cleaning up. 彼女は料理はとても上手な一方, 後かたづけは好きではない.
***on the other hand* また一方では.**
out of hand ①(よく考えずに)ただちに:He said ,"No!" *out of hand*. 彼は即座に「いやだ」と言った. ②手に負えなくなって.
out of ...'s hands …の手[責任] を離れて.
put up [raise] one's hand (質問・採決のときなどに)手を上げる.
put up [raise]** one's **hands 両手を挙げる 《無抵抗などのしぐさ》.
shake hands 握手する:He *shook hands* with Bob. 彼はボブと握手した.
show** one's **hand 本心を打ち明ける.
spread** one's **hands (肩をすくめて)手を広げる 《どうしようもない, 何も知らないなどということを表わすしぐさ》.
take ... by the hand (人)の手をとる: He *took* me *by the hand*. 彼は私の手を取った.
take** one's **hands off ... …から手を離す, 手を引く.
take ... in hand ①…の世話[管理] を引き受ける. ②…を処理する.
to hand (すぐ使えるように)手もとに.
— [動]I *handed* him the bag.＝I *handed* the bag *to* him. 私は彼にかばんを手渡した.
hand ... back …を返す.
hand down [他]①(習慣・財産など)を伝える, 残す:He *handed* his property *down* to his sons. 彼は財産を息子たちに残した. ②(お古など)を下の子にやる. ③(判決など)を下す.
hand in [他](書類など)を提出する, 差し出す:*Hand in* the report by Wednesday. 水曜までにレポートを出しなさい.
hand on [他]①(書類など)を手渡しする, 順番に回す:Will you *hand* the papers *on* to him? 書類を彼に回していただけませんか. ②(伝統など)を伝える.
hand out [他]①(印刷物など)**を配る** 《☞handout 》:*hand out* leaflets ちらしを配る. ②(賞品など)を分配する.
hand over [他]①…を手渡しする, (警察などに)…を引き渡す. ②(地位・権力・財産

H

handbag

など)を譲る.

hand·bag /hǽndbæg ハンドバッグ/ 名C (婦人用の)ハンドバッグ(《米》ではふつう purse という).

hand·ball /hǽndbɔ̀:l ハンドボール/ 名U (米式)ハンドボール《2～4人で手でボールを壁に打ちつけて相手にとらせる競技; 《英》では相手のゴールに球を入れる日本式の「ハンドボール」をさすこともある》.

hand·book /hǽndbùk ハンドブック/ 名C説明書; 案内書.

hand·brake /hǽndbrèik ハンドブレイク/ 名C《英》(自動車などの)サイドブレーキ.

hand·clap /hǽndklæp ハンドクラップ/ 名C《英》拍手.

hand·cuff /hǽndkʌ̀f ハンドカフ/ 名C《複数形で》手錠.
— 動他(人)に手錠をかける.

***hand·ful** /hǽndfùl ハン(ド)フル/ 名(複 ~s /-z/)
❶Cひとつかみ(の量), ひと握り.
❷《a handful of ...》少数の….
▶❶a *handful* of sand ひと握りの砂.

hand·gun /hǽndgʌ̀n ハンドガン/ 名Cピストル, 拳銃.

hand-held /hǽnd-hèld ハンド・ヘルド/ 形手で持てる(大きさの), 手のひらにのる.

***hand·i·cap** /hǽndikæp ハンディキャップ/ 名(複 ~s /-s/)C ❶ⓐ**不利な条件**, ハンディキャップ.
ⓑ《文語》身体[精神]上の障害.
❷ ハンディキャップ《競技や競技で大きな差がつかないように優れているものの負担を大きくすること》.
— 動(~s /-s/; -i·capped /-t/; -cap·ping)他…にハンディキャップをつける, 不利な条件を負わせる.
▶名 ❷He has a *handicap* of four at golf. 彼はゴルフのハンデは4だ.
— 動 ❶Poor eyesight *handicaps* her in her work. 彼女は目が悪いので仕事の上で不利だ[ハンディキャップがある].

hand·i·capped /hǽndikæpt ハンディキャプト/ 形 ❶身体[精神]に障害のある. ❷《the をつけて; 複数扱いで》心身障害者たち《○現在は the disabledを用いる》.

hand·i·craft /hǽndikræft ハンディクラフト/ 名 ❶U.C手仕事; 手芸.

❷C《複数形で》手作りの品, 手芸品.

hand·i·work /hǽndiwə̀:rk ハンディワーク/ 名U手作りの品, 手工芸品.

***hand·ker·chief** /hǽŋkərtʃif ハンカチフ, -tʃì:f/ 《★dは発音されない》名(複 ~s /-s/)Cハンカチ.
▶She blew her nose into her *handkerchief*. 彼女はハンカチで鼻をかんだ.

***han·dle** /hǽndl ハンドル/
名(複 ~s /-z/)C柄, 取っ手《○自転車・オートバイのハンドルは handlebar(s), 自動車のハンドルは (steering) wheel という》.

— 動(~s /-z/; han·dled /-d/; han·dling)他 ❶…に手を触れる, …を手に取る, いじる.
❷ⓐ(道具など)を使う.
ⓑ(車など)を操縦する.
❸ⓐ(仕事・情報など)を処理する.
ⓑ(状況・問題など)をうまく処理する.
❹ⓐ(人・動物など)を扱う.
ⓑ(商品)を扱う.

名the *handle* of a cup カップの取っ手 / a door *handle* ドアの取っ手.

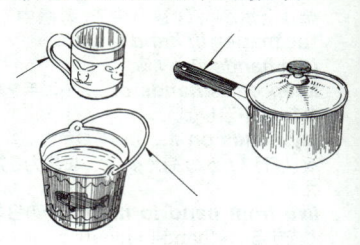

handles

fly off the handle 《口語》自制心を失う, かっとなる.
— 動他 ❶Don't *handle* my books with dirty hands. 私の本によごれた手で触れてはいけない.
❷ⓐShe *handled* her knife and fork very well. 彼女はじょうずにナイフとフォークを使った.
❸ⓐDo you think he can *handle* the job? あなたは彼がその仕事をやれると思いますか.
ⓑHe *handled* the negotiation

quite well. 彼はその交渉を見事にこなした．

❹ⓐHe doesn't know how to *handle* children. 彼は子どもの扱い方を知らない．

han·dle·bar /hǽndlbɑ̀ːr ハンドルバー/ 名Ⓒ《複数形で》(自転車・オートバイなどの)ハンドル (☞motorcycle, bicycle, steering wheel).

hand·made /hǽndméid ハンドメイド/ 形手作りの．

hand-me-down /hǽnd-mi-dàun ハンド・ミ・ダウン/ 名Ⓒ(衣服などの)おさがり．

hand·out /hǽndàut ハンダウト/ 名Ⓒ ❶(講義・学会などでくばる)資料，プリント (☞print 名 ❶). ❷(貧しい人などにただで与える)食物，金(など)．

hand-picked /hǽnd-píkt ハンド・ピックト/ 形(人が)とくに選ばれた．

hand-rail /hǽndrèil ハンドレイル/ 名Ⓒ(階段などの)手すり．

hand·shake /hǽndʃèik ハンドシェイク/ 名Ⓒ握手．

hands-off /hǽndz-ɔ́(ː)f ハンヅォフ/ 形(人のすることに)干渉しない．

*__hand·some__ /hǽnsəm ハンサム/ (★dは発音されない)形(-som·er, more ~; -som·est, most ~)
❶ⓐ(男性が)顔立ちの整った，ハンサムな (反 ugly). ⓑ(女性が)大がらできれいな (☞beautiful の 類語).
❷(金額・賞金などが)かなりの，多額の; (贈り物などが)高価な．

▶❶ⓐa *handsome* man ハンサムな男性，美男子．
❷a *handsome* profit 多額の利益．

hand·some·ly /hǽnsəmli ハンサムリ/ 副❶りっぱに，堂々として．❷気前よく．

hands-on /hǽndz-ɑ̀n ハンヅァン/ 形 ❶(理論ではなく)実地の，実践の．❷(人にまかせないで)自分自身で物事をする．

hand·stand /hǽndstænd ハンドスタンド/ 名Ⓒ(手で支える)さか立ち．

hand-to-mouth /hǽnd-tə-máuθ ハンド・トゥ・マウス/ 形その日暮らしの．

hand·writ·ing /hǽndràitiŋ ハンドライティング/ 名Ⓤ手書き，筆跡，書体．
▶have good *handwriting* 字が上手だ．

hand·writ·ten /hǽndrìtn ハンドリトン/ 形(印刷などではなくて)手書きの．

*__hand·y__ /hǽndi ハンディ/ 形 (hand·i·er; hand·i·est) ❶便利な，使いやすい．
❷器用な，じょうずな．❸《口語》手近にある．

▶❶a *handy* electronic dictionary 便利な電子辞書．❷She is *handy* with a PC. 彼女はパソコンがじょうずだ．❸Always keep this dictionary *handy*. (すぐに使えるように)この辞書を手もとにおいておきなさい．

come in handy (必要なときに)役に立つ．

hand·y·man /hǽndimæn ハンディマン/ 名(複 -men /-mèn/)Ⓒ(何でもしてくれる)器用な人．

*__hang__ /hǽŋ ハング/ 動 (~s /-z/; hung /hʌ́ŋ/; ~ing) 他 ❶…を掛ける，ぶら下げる，つるす．
❷(過去・過分 ~ed /hǽŋd/)…の首を絞める，首をつる; …を絞首刑にする．
— 自 ❶掛かる，ぶら下がる，たれる．
❷(雲などが)上にかかる，ただよう．

他 ❶She *hung* the picture on the wall. 彼女はその絵を壁に掛けた．
❷He was *hanged* for murder. 彼は殺人罪で絞首刑になった / He *hanged* himself. 彼は首つり自殺をした．
— 自 ❶There is a sign *hanging* over the door. ドアに掲示が掛かっている / A swing *hangs* from the tree. ぶらんこが木に掛かっている．
❷The clouds were *hanging* low. 雲が低くたれこめていた．

hang around [***about***] **(...)** (…のあたりを)ぶらつく，うろつく．

hang back 自しりごみする，ためらう．

hang on 自①しがみつく，しっかり持っている．②(やめないで)続ける; (病気などが)続く，長引く．③(口語)待つ，電話を切らずにおく: *Hang on*, please. 電話を切らずそのままお待ちください．

hang on ... …しだいできまる．

hang onto [***on to***] **...** …を手放さない，とっておく．

hang out 他…を外に掛ける，つるす，(旗など)を掲げる: *hang out* a flag 旗を掲げる．— 自①だらりとたれる，(外側

hangar

に)出ている. ②身を乗り出す. ③《口語》(人と)(遊びに)ひんぱんに行く, たまり場にする.

hang together 📘 (話などが)まとまりがある.

hang up 📕 (ハンガー・壁などに)…を掛ける, つるす. —— 📘 電話を切る：I was so angry that I *hung up* on her. あまり腹が立ったので私は彼女と話し中なのに電話を切った.

han·gar /hǽŋər ハンガ, hǽŋgər/ 名 © (飛行機の)格納(かくのう)庫.

hang·er /hǽŋər ハンガ/ 名 © 洋服掛け, ハンガー.

hang·er-on /hǽŋər-ɑ́n ハンガ・アン/ 名 (複 hang·ers-on /hǽŋərz-/) © ごきげん取りをする人, 取り巻き.

háng glìder 名 © ハンググライダー.

hang·ing /hǽŋiŋ ハンギング/ 名 UC 絞首刑.

hang·man /hǽŋmən ハングマン/ 名 (複 hang·men /-mən/) © 絞首刑執行人.

hang·o·ver /hǽŋòuvər ハングオウヴァ/ 名 © 二日酔い.

han·kie, han·ky /hǽŋki ハンキ/ 名 (複 han·kies /-z/) © 《口語》 ハンカチ (handkerchief).

Ha·noi /hænɔ́i ハノイ/ 名 ハノイ 《ベトナム共和国の首都》.

hap·haz·ard /hǽphǽzərd ハプハザド/ 形 いい加減な, 無計画の.

hap·haz·ard·ly /hǽphǽzərdli ハプハザドリ/ 副 いい加減に, 無計画に.

***hap·pen** /hǽpən ハプン/ 動 (~s /-z/; ~ed /-d/; ~ing) 📘 ❶ⓐ (できごとがなんの前ぶれもなく) **起こる**.
ⓑ《happen to …》**…の身にふりかかる**, **…に起こる**.

❷ⓐ《happen to *do*》**たまたま＿する**, 運よく[運わるく]＿する.
ⓑ《It (so) happens that＿》たまたま＿する, 運よく[運わるく]＿する.

> 類語 **occur** は happen と同意であるが, より形式ばった語である；「(予定していたことが)起こる」は多くの場合 **take place**.

❶ⓐ The accident *happened* just as I was turning the corner. 私がちょうど街角をまがろうとしていた時にその事故が起こった. ⓑ I wonder what has *happened to* her. 彼女になにが起こったのかしら.

❷ⓐ I *happened to* meet her in the bus. 私はたまたまバスで彼女に会った / Do you *happen to* know his phone number? ひょっとして彼の電話番号を知りませんか. ⓑ *It (so) happened that* I was absent from school that day. (= I *happened to* be absent from school that day.) その日私はたまたま学校を休んでいた.

as it happens たまたま, 運よく, 運わるく：*As it happened*, it was raining. あいにく雨が降っていた.

***hap·pen·ing** /hǽpəniŋ ハプニング/ 名 (複 ~s /-z/) © できごと, 事件.

***hap·pi·ly** /hǽpili ハピリ/ 副 (more ~; most ~) ❶ **幸福に**, 楽しく；幸せそうに, うれしそうに (反 unhappily).
❷ 《文全体を修飾して》運よく.
❸ 喜んで.

▶ ❶ They lived *happily* together ever after. それからずっと彼らはいっしょに幸福に暮らしました 《おとぎ話の終わりの決まり文句》/ He did not die *happily*. 彼は幸福な死に方をしなかった / smile *happily* うれしそうに笑う.

❷ *Happily*, he did not die. 運よく彼は死ななかった.

☞ 形 happy.

***hap·pi·ness** /hǽpinəs ハピネス/ 名 U **幸福**, 満足, 喜び.

▶ I wish you every *happiness*. ご多幸を祈ります.

☞ 形 happy.

***hap·py** /hǽpi ハピ/ 形 (hap·pi·er; hap·pi·est)
❶ⓐ (人間などが) **幸せな**, **楽しい**, うれしい, 満足した (反 unhappy).
ⓑ《be happy with [about, in] …》**…に満足している**, …が気に入っている.
ⓒ《be happy to *do*》＿してうれしい.
ⓓ《be happy that＿》＿のでうれしい.
❷ (表現などが) **幸せそうな**, うれしそうな.
❸ (ものごとが) **楽しい**, 幸せな, めでたい；幸運な.

abcdefg**h**ijklmnopqrstuvwxyz　　　　　　　　　　　　　　　　　　　　**hardcover**

❶ⓐShe looked very *happy* at the party. 彼女はパーティーでとても楽しそうだった. ⓑHe *is happy with* his present pay. 彼は現在の給料に満足している. ⓒI *am happy to* do it for you. それをしてあげることができてうれしい. ⓓI *am happy that* you are well. お元気でなによりです.
❷a *happy* smile 幸せそうなほほえみ.
❸I had such a *happy* day. ほんとうに楽しい日だった / (I wish you a) *Happy* New Year. 新年おめでとう(ございます)(☞ new year)/ *Happy* birthday (to you)! 誕生日おめでとう (☞ return 名 ❶ ⓑ)/ by a *happy* chance 運よく / a *happy* ending めでたい結末, ハッピーエンド.

will be happy to *do* 喜んで＿する: I'll be happy to accept your invitation. 喜んでご招待をお受けします.

☞ 名 happiness, 副 happily.

hap·py-go-luck·y /hǽpi-gòu-lʌ́ki ハピ・ゴウ・ラキ/ 形 のん気な, 楽天的な.

har·ass /hərǽs ハラス, hǽrəs/ 動 (~·es /-iz/; ~·ed /-t/; ~·ing) 他 (人)を(くりかえし)いやがらせる, 苦しめる, 困らす.

ha·rass·ment /hərǽsmənt ハラスメント, hǽrəs-/ 名 いやがらせ(をすること).
▶sexual *harassment* 性的いやがらせ, セクハラ.

***har·bor** /háːrbər ハーバ/ 名 (複 ~s /-z/) Ｕ Ｃ 港 《波風をさける地形に囲まれている港; ✪ port は「商船・客船などの出入りする港」で, 港のある町をも意味する》.

— 動 (~s /-z/; ~ed /-d/; -bor·ing) 他
❶ (考え・感情など)を(ひそかに)心にいだく. ❷ (犯罪者など)をかくまう.

har·bour /háːrbər ハーバ/ 名 動 《英》 = **harbor**.

***hard** /háːrd ハード/

形 (~·er; ~·est) ❶ (物が) **堅い** (反 soft) (☞ tough 形 ❷).
❷ⓐ 難しい, 困難な (反 easy).
ⓑ《be hard (for ...) to *do*》(…が[にとって])＿するのは難しい.
❸つらい, きつい, 苦しい, 耐え難い.
❹ 熱心な, 一生懸命な.
❺ (性格・行為などが) きびしい, 無情な.
❻ (事実など)厳然とした, 確実な.
❼ (天候が)激しい, きびしい (反 mild).
❽ⓐ (水が)硬質の (反 soft).
ⓑ (飲み物が)アルコールの多い (反 soft).

— 副 (~·er; ~·est) ❶ 熱心に, 一生懸命に (✪hardly は「ほとんど…ない」).
❷ 激しく, ひどく.

━━━━━━━━━━━━━━━━━━━

形 ❶a *hard* bed 堅いベッド.
❷ⓐa *hard* question [subject] 難しい質問[科目].
ⓑ*It* was *hard for* me *to* finish the task in a week. 私には一週間でその仕事を終えることは難しかった / This book will *be hard* (*for* you) *to* read. (= *It* will *be hard* (*for* you) *to* read this book.) この本は(あなたには)読むのが難しいでしょう.
❸I had a *hard* time (of it). 私はつらい目にあった / *hard* times 不景気(な時期) / *hard* luck 不運.
❹a *hard* worker 勉強家, 働き者.
❺He's much too *hard* on his children. 彼は子どもにきびしすぎる.
❻*hard* evidence 動かしがたい証拠.
❼We had a *hard* rain. 激しい雨が降った.

☞ 動 harden, 名 hardship.

— 副 ❶She works very *hard*. 彼女は実によく勉強する[働く] / He tried *hard* to change her mind. 彼は一所懸命彼女の気持ちを変えようとした.
❷It rained awfully *hard*. ひどい雨でした / He kicked the dog *hard*. 彼は犬をおもいっきりけった.

hard·back /háːrdbæk ハードバック/ 名 Ｕ Ｃ = **hardcover**.

hard-boiled /háːrd-bɔ́ild ハード・ボイルド/ 形 ❶ (卵が)堅くゆでた (☞egg¹).
❷非情な.

hárd cásh 名 Ｕ (手形・小切手に対して)現金.

hárd cópy 名 Ｕ ハードコピー《コンピューターの情報・記録を紙に印字したもの; ☞ soft copy》.

hárd córe 名 《the をつけて; 集合的に》(組織の)中核層, 中心勢力.

hard-core /háːrd-kɔ́ːr ハード・コー/ 形 がんこな.

hard·cov·er /háːrdkʌ́vər ハードカヴァ /

six hundred and one　　　　　　　　　　　　　　　　　　　　　　　　　　　　601

名 C ハードカバー本 ((表紙の堅い本; ☞ paperback)).

hárd cúrrency 名 UC (国際)通貨.

hárd dísk 名 C ハードディスク ((コンピューター用のデータを蓄えるディスク; ☞ floppy disk)).

hárd drúg 名 C (ヘロイン・モルヒネなどの)麻薬.

hard·en /há:rdn ハードン/ 動 他 ❶ …を固くする, 硬化させる. ❷ (心・考えなど)を冷たくする, 冷酷にする. ❸ (身体など)を強くする.
— 自 ❶ (物が)固くなる, 硬化する. ❷ (心・考えなどが)冷たくなる, 冷酷になる. ❸ (身体などが)強くなる.

他 ❶ The heat of the sun *hardens* clay. 太陽の熱は粘土を固くする.
❷ His experiences in the war *hardened* his heart. 戦時中の彼の体験が彼の気持ちを冷酷にした.
— 自 ❶ Clay *hardens* in a few days. 粘土は数日で固くなる.
☞ 形 hard.

hárd hàt 名 C (建設労働者などがかぶる)ヘルメット.

hard-head·ed /há:rd-hédid ハード・ヘディド/ 形 (仕事の面で)抜け目のない, 現実的な.

hard-heart·ed /há:rd-há:rtid ハード・ハーティド/ 形 無情な, 冷酷な.

har·di·ness /há:rdinəs ハーディネス/ 名 U がんじょうさ, 耐久力.

hard-line /há:rd-làin ハードライン/ 形 強硬な.

hárd lúck 名 U 不運.

＊＊hard·ly /há:rdli ハードリ/ 副 **ほとんど…ない** ((✪ふつう be 動詞, 助動詞の直後, 一般動詞の直前に置かれる)).

I can *hardly* believe it. 私はそれをほとんど信じることができない / Success is *hardly* possible for him. 彼の成功はほとんどありえない / He *hardly* works. *彼はほとんど働かない* ((✪hardは「熱心に」: He works hard. 彼は熱心に働く)) / *Hardly* a day goes by without reports of car accidents. 自動車事故の報道なしに一日が過ぎることはまずない.

> **類語** **hardly, scarcely** は「程度, 可能性」が「ほとんど…ない」; **seldom, rarely** は「頻度」が「ほとんど…ない, めったに…ない」; ☞ barely.

hardly any ... …がほとんどない: He had *hardly any* money at that time. その時彼はほとんどお金をもっていなかった ((✪any のほか, anybody, anything などの前にも用いる)) / 対話 "Did many people come?"–"No, *hardly anybody*." 「大勢来ましたか」「いや, ほとんどだれも(来なかった)」.

hardly ever まずめったに…ない (seldom): He *hardly ever* smiles. 彼はめったに笑わない.

hardly ... when [before] ＿ **…するかしないうちに＿**, …するとすぐに＿ ((✪(1)過去のできごとを述べるときにはふつう…には過去完了形の動詞を, ＿には過去形の動詞を用いる. (2) hardly が文頭に出ると, 主語の前に had がくる)): I had *hardly* sat [*Hardly* had I sat] in the chair *when* [*before*] someone knocked at the door. 私がいすにかけるかかけないうちにだれかがドアをノックした.

hard·ness /há:rdnəs ハードネス/ 名 U ❶ 堅いこと, 堅さ. ❷ きびしさ, 冷酷.

hárd séll 名 U 押し売り.

hard·ship /há:rdʃip ハードシップ/ 名 UC 苦難, 経済的困難. ▶ bear [endure] *hardship(s)* 困難に耐える.
☞ 形 hard.

hard·ware /há:rdwèər ハードウェア/ 名 U ❶ ハードウエア ((コンピューターの機械・設備などの総称; ☞ software)). ❷ 道具類.

hárd wáter 名 U 〔化学〕硬水 ((鉱物や塩分を多く含み石鹸(せっけん)がよくとけない; ☞ soft water)).

hard·wood /há:rdwùd ハードウッド/ 名 UC (カシ・サクラなどの)堅木(かたぎ), 堅材.

hard-work·ing /há:rdwə́:rkiŋ ハードワーキング/ 形 よく働く, よく勉強する, 勤勉な.

har·dy /há:rdi ハーディ/ 形 (har·di·er; har·di·est) がんじょうな, 苦しみ[寒さ]に耐えられる.

hare /héər ヘア/ 名C野ウサギ《rabbit よりは大きは、耳が長く、穴にすまない》.

hare   rabbit

har·em /héərəm ヘ(ア)レム/ 名C ❶ハレム《ひとりの男性と一緒に暮らすイスラム教国の女性たちの部屋》.
❷《集合的に》ハレムの女性たち.

Har·lem /hɑ́ːrləm ハーレム/ 名ハーレム《○ニューヨーク (New York) のセントラルパーク (Central Park) の北側にある黒人の多く住む地域》.

***harm** /hɑ́ːrm ハーム/ 名U損害, 害; 傷害, 傷; 害悪《反 good》.
— 動 (~s /-z/; ~ed /-d/; ~ing) 他 …を害する, 傷つける.

名The cold summer caused great *harm* to the crops. 冷夏が作物に大きな損害を与えた《☞成句 do (...) *harm*》.
come to no harm ひどい目に会わない, 傷害を受けない.
do (...) harm*=do harm (to ...) (…に)害[悪]を与える: Staying up late will *do* you *harm*. 夜ふかしは体によくない / *do harm* to the environment 環境に害を与える.
do more harm than good (よいところか)かえって害になる.
it wouldn't do ... any harm to do 《口語》…は__すべきだ《「__しても…には悪いことにはならない」から》: *It wouldn't do* you *any harm to* lend us a hand with the project. 君に損はさせないからわれわれの計画に手を貸してくれてもいいじゃないか.
mean no harm 悪意はない: He *meant no harm*. 彼には悪意はなかった.
no harm done 《口語》(相手のした[言った]ことに対して)なんでもありません.
out of harm's way 安全な所に.
there is no harm in doing __しても害にはならない[問題はない]: *There is no harm in trying*. やってみても悪いことはない.
☞ 形harmful.
— 動The dog will not *harm* you. その犬はかみついたりしませんよ.

***harm·ful** /hɑ́ːrmfəl ハームフル/ 形 (more ~; most ~) **有害な**, 害になる.
▶Smoking is *harmful* to the health. たばこを吸うのは体に悪い / *harmful* insects 害虫.
☞ 名harm.

harm·ful·ness /hɑ́ːrmfəlnəs ハームフルネス/ 名U有害(なこと).

harm·less /hɑ́ːrmləs ハームレス/ 形無害な, 害のない; 悪意のない. ▶*harmless* insects 害にはならない昆虫.

harm·less·ly /hɑ́ːrmləsli ハームレスリ/ 副無害に; 悪意なく.

har·mon·i·ca /hɑːrmɑ́nikə ハーマニカ/ 名Cハーモニカ.

har·mo·ni·ous /hɑːrmóuniəs ハーモウニアス/ 形 ❶仲のよい, 友好的な.
❷調和のとれた《反 inharmonious》.
❸ (音が)耳に快い, 美しい調子の.
▶❶They have a *harmonious* relationship. 彼らは仲がよい / *harmonious* circumstances よい環境.
❷*harmonious* combinations of colors 調和のとれた色の配合.
☞ 名harmony.

har·mo·ni·ous·ly /hɑːrmóuniəsli ハーモウニアスリ/ 副 ❶仲よく, 友好的に.
❷調和して.

har·mo·nize /hɑ́ːrmənaiz ハーモナイズ/ 動 (現分 -niz·ing) 自 ❶よく調和している. ❷〔音楽〕ハーモニーをつけて歌う[演奏する]. — 他…を調和させる.
▶自❶The curtain *harmonizes with* the wallpaper. そのカーテンは壁紙と調和している.
— 他*harmonize* the colors いろいろな色を調和させる.
☞ 名harmony.

***har·mo·ny** /hɑ́ːrməni ハーモニ/ 名(複 -mo·nies /-z/)
❶U (人々が仲よくしている)**よい環境**, 和合.
❷U (感情・形・色などの)**調和**.
❸UC〔音楽〕ハーモニー, 和声, 和音《☞

harness

melody, rhythm》).

❶ social *harmony* (いろいろな人々が仲良く暮らす)社会の協調.
❷ the *harmony* of the colors of the rainbow にじの色の調和.
in harmony (with ...) ①(…と)調和がとれて,仲よく:live *in harmony with* …と仲よく暮らす. ②(…と)ハーモニーが合って.
out of harmony (with ...) ①(…と)調和がとれないで,一致しないで. ②(…と)ハーモニーが合わないで.
☞ 形harmonious, 動harmonize.

har·ness /hάːrnəs ハーネス/ 名 ⓊⒸ ❶ 馬具, 引き具《馬を馬車につなぐための道具一式》. ❷ (幼児などにつける)革ひも《そばを離れたりころんだりするのを防ぐために用いる》.
— 動 (三単現 ~·es /-iz/) 他 ❶ (馬)に馬具をつける. ❷ (太陽・滝などの)自然の力を利用する.

Har·old /hǽrəld ハロルド/ 名 ハロルド《男性の名;愛称 Hal》.

harp /hάːrp ハープ/ 名Ⓒ ハープ《弦楽器》.
— 動 (自) (口語) くどくど言う.

harp·ist /hάːrpist ハーピスト/ 名Ⓒ ハープ奏者.

har·poon /hɑːrpúːn ハープーン/ 名Ⓒ (捕鯨用などの)もり.

harp·si·chord /hάːrpsikɔ̀ːrd ハープスィコード/ 名Ⓒ ハープシコード, チェンバロ《鍵盤(けんばん)楽器のひとつ》.

Har·ri·et /hǽriət ハリエット/ 名 ハリエット《女性の名;愛称 Hatty》.

Har·ris /hǽris ハリス/ 名 ハリス《男性の名》.

Har·row School /hǽrou- ハロウ·/ 名 ハロー校.
INFO▶ イギリスの有名なパブリックスクール (public school) のひとつで, 1571 年創立された. ☞ Eton College, Rugby School.

Har·ry /hǽri ハリ/ 名 ハリー《男性の名; Henry の愛称》.

*****harsh** /hάːrʃ ハーシュ/ 形 (~·er; ~·est)
❶ ⓐ (音が)(強くて)**不快な**, 耳ざわりな.
ⓑ (色・光などが)きつい, 強くて不快な.
❷ (気候・状況などが)**きびしい**, 難しい.
❸ (ことば・扱い方・法などが)**きつい**, きびしい; 冷たい.

▶ ❶ⓐ a *harsh* voice 耳ざわりな声.
ⓑ *harsh* light 目に強すぎる光.
❷ *harsh* winter きびしい冬 / *harsh* living conditions きびしい生活状況.
❸ He was very *harsh* to [with] the boys. 彼は少年たちに対してとてもきびしかった / *harsh* words きついことば.

harsh·ly /hάːrʃli ハーシュリ/ 副 ❶ 不快に. ❷ きつく, きびしく, 冷たく.

harsh·ness /hάːrʃnəs ハーシュネス/ 名Ⓤ ❶ 不快. ❷ きつさ, きびしさ, 冷たさ.

Hár·vard U·ni·vér·si·ty /hάːrvərd-ハーヴァド·/ 名 ハーバード大学《マサチューセッツ (Massachusetts) 州ケンブリッジ (Cambridge) にあるアメリカ最古の大学;1636年創立》.

*****har·vest** /hάːrvist ハーヴィスト/ 名 (複 ~s /-ts/) ❶Ⓒ (穀物・果物などの)**収穫**, 取り入れ;(はちみつの)採取.
❷ⓊⒸ 収穫期, 取り入れの時期.
❸Ⓒ (一季節の)**収穫物**, 収穫高[量].
— 動 (~s /-ts/; ~ed /-id/; ~ing) 他 (作物)を**取り入れる**, 収穫する.
— 自 取り入れをする.

名 ❶ the *harvest* of rice 米の収穫.
❸ We have had a good [bad; poor] *harvest* of apples this year. 今年はリンゴの豊[不]作だった.

har·vest·er /hάːrvistər ハーヴィスタ/ 名 Ⓒ ❶ 収穫者, 取り入れる人. ❷ 刈り取り機.

hárvest móon 名 《the をつけて》仲秋(ちゅうしゅう)の名月《秋分の日にいちばん近い満月》.

*****has¹** /hǽz ハズ/ 動 《**have¹** の三人称単数現在形》…をもっている
▶ She *has* a flower in her hand. 彼女は手に花をもっている.

*****has²** /(弱) həz ハズ, əz, s; (強) hǽz ハズ/ 動 《**have²** の三人称単数現在形》《has＋過去分詞で現在完了形を表して》__してしまった, __したことがある《☞ have²》.
▶ He *has finished* his homework. 彼は宿題を終えてしまった / "*Has* she ever *visited* your house?"–"No, she never *has*." 「彼女は君の家を訪ねたことがありますか」「いいえ, 一度もありません」.

has-been /hǽz-bì(ː)n ハズ·ビ(ー)ン/ 名 Ⓒ 《口語》過去の人[もの].

hash /hǽʃ ハッシュ/ 名 UC こま切れ肉料理.
make a hash of ... 《口語》…（仕事・人生など）をめちゃめちゃにする.

has·n't¹ /hǽznt ハズント/《英口語》《**has¹ not** の短縮形》**もっていない**.
▶My brother *hasn't* a girlfriend. 私の兄にはガールフレンドがいない（✿今では《英》でも《米》と同様にふつう My brother *doesn't have* a girlfriend. という）.

has·n't² /（弱）hoznt ハズント; （強）hǽznt ハズント/《口語》《**has² not** の短縮形》.
▶He *hasn't* come home yet. 彼はまだ家に帰っていない.

haste /héist ヘイスト/（★発音注意）名 U
❶（時間が足りなくて）**急ぐこと**（✿hurry より形式ばった語）.
❷あわてること，軽率.
▶❶All my *haste* was of no use. 私は急いだがむだだった. ❷Why all this *haste*? なにをそんなにあわてるのだ /
ことわざ More *haste*, less speed. あわてるほどスピードが遅くなる，「急がば回れ」/
Haste makes waste. あわてるとやりそこなう，「急がば回れ」.
in haste 急いで；あわてて.
make haste 《文語》急ぐ；あわてて. ことわざ *Make haste* slowly. ゆっくり急げ，「急がば回れ」.
☞ 動 hasten, 形 hasty.

has·ten /héisn ヘイスン/（★t は発音されない）動 ⓐ ❶急ぐ，急いで行く（✿hurry より形式ばった語）.
❷《**hasten to** *do*》急いで__する.
— 他《文語》…を早める，促進する.
▶ⓐ ❶She *hastened* to the station. 彼女は駅へ急いで行った / *hasten* away 急いで立ち去る. ❷He *hastened* to open the door for me. 彼は私のために急いで戸を開けてくれた.
☞ 名 haste.

hast·i·ly /héistəli ヘイスティリ/ 副 ❶急いで. ❷あわてて.

hast·y /héisti ヘイスティ/ 形 (hast·i·er; hast·i·est)
❶急ぎの，あわただしい（✿quick より形式ばった語）. ❷軽率な，せっかちな.
▶❶eat a *hasty* breakfast 急いで朝食をとる. ❷make a *hasty* judgment 軽率な判断を下す.
☞ 名 haste.

hat /hǽt ハット/ 名 (複 ~s /-ts/) C （ふちのある）**帽子**（☞cap）.
INFO 女性は室内でも帽子を脱ぐことはない. 劇場などでは大きな帽子なら脱ぐのがエチケットである. 男性は室内では必ず帽子を脱ぐほか，戸外でも女性，年輩の人などと話をする時は脱ぐ.

語の結びつき
put on a *hat* 帽子をかぶる
take off a *hat* 帽子を脱ぐ
wear a *hat* = have a *hat* on 帽子をかぶっている

hat in hand ①帽子を（胸に当てるように）手にもって. ②敬意を表して.
keep ... under one's hat 《口語》…を秘密に［ないしょに］しておく.
pass the hat (around) 《米》= ***pass the hat round*** 《英》帽子を回して寄付を集める，カンパを求める.
throw [toss] one's hat into the ring （競技・選挙などに）出ると宣言する.

hatch¹ /hǽtʃ ハッチ/ 動 (~·es /-iz/; ~ed /-t/; ~·ing) ⓐ（卵が）かえる，ふ化する.
— 他 ❶（卵）をかえす，ふ化する.
❷（陰謀）をたくらむ，（ひそかに）（計画）を立てる.
— 名 (複 ~·es /-iz/) C （ひななどの）ひとかえり.
▶ ⓐ Today three eggs *hatched*. きょうは3個の卵がかえった.
— 他 ❶*hatch* eggs 卵をかえす.
— 名 a *hatch* of chicks ひとかえりのひよこ.
hatch out （卵生の生き物が）ふ化して生まれてくる.

hatch² /hǽtʃ ハッチ/ 名 (複 ~·es /-iz/) C ❶ⓐ（航空機などの）出入口，ハッチ.
ⓑ（船の）甲板への昇降口，ハッチ.
❷（ふたつの部屋の間の壁にあけてある）小さな穴.

hatch·back /hǽtʃbæk ハチバック/ 名 C ハッチバックの車（後部にはね上げ式ドアのついた自動車）.

hatch·et /hǽtʃit ハチット/ 名 C ❶手おの. ❷（北米先住民の戦闘用）まさかり（✿tomahawk ともいう）.
bury the hatchet 仲直りをする（まさかりを埋めて戦う意志のないことを示す）.

hate

*__hate__ /héit ヘイト/
動(~s /-ts/; hat·ed /-id/; hat·ing) 他
❶ …を(ひどく)きらう, 憎む (反 love).
❷ⓐ〈hate to do または hate doing〉《口語》__したくない, __するのがいやだ.
ⓑ〈hate ... to do または hate ... doing〉《口語》…が__するのがいやだ, …に__させたくない.
— 名 (複 ~s /-ts/) ❶ Ⓤ 憎しみ, 憎悪.
❷ Ⓒ 大嫌いなもの[人].

･････････････････････････

動 他 ❶ They *hate* each other. 彼らはお互いに憎み合っている / She *hates* cats. 彼女はネコが大きらいだ / I *hate* you! あなたなんか大きらい.
❷ⓐ I *hate* to trouble you, but I have to ask you for help. 迷惑をかけたくないのですが, ぜひ手伝ってもらいたいのです / She *hated* getting to school late. 彼女は学校へ遅刻するのをいやがった / I *hate* to say it, but she is rather impolite. 言いたくないのですが, 彼女はかなり失礼です.
ⓑ He *hates* his children *using* bad words. 彼は自分の子どもが悪いことばを使うことをいやがる.
☞ 名 hatred.

hate·ful /héitfəl ヘイトフル/ 形 ❶ ひどい, いやな.
❷ 憎しみに満ちた.

*__ha·tred__ /héitrid ヘイトリッド/ 名 Ⓤ Ⓒ 憎しみ, 恨み (反 love).
▶ There was *hatred* in her eyes. 彼女の眼には憎しみの気持ちが現われていた / with *hatred* 憎らしそうに.
__have a hatred of [for] ...__ …を憎んでいる, ひどくきらっている: He *has a hatred of* urban life. 彼は都会生活が大きらいだ.
☞ 動 hate.

hát trìck 名 Ⓒ ハットトリック (《サッカーなどでひとりの選手が1試合3点をとること》).

haugh·ti·ly /hɔ́:təli ホーティリ/ 副 傲慢(ジ)に.

haugh·ty /hɔ́:ti ホーティ/ 形 (haugh·ti·er; haugh·ti·est) 傲慢(ジ)な, おうへいな.

haul /hɔ́:l ホール/ 動 他 ❶ (重いもの)を強く引く, 引きずる. ❷ (列車・トラックなどで) …を運ぶ.

— 名 ❶ (警察に見つかった)多量の盗品 [麻薬].
❷ 移動距離.
▶ 動 他 ❶ They are *hauling* up the fishing nets. 彼らは魚網を引き上げている / *haul* a heavy suitcase 重いスーツケースを引いてゆく.

haunt /hɔ́:nt ホーント/ 動 他 ❶ (幽霊などが)(ある場所)によく出る (《✿しばしば受身形で用いる; ☞ haunted》).
❷ⓐ (いやな気分・思い出などが)(人)にいつまでもつきまとう. ⓑ (失敗などが)(人)をいつまでも悩ます.
— 名 Ⓒ 《しばしば複数形で》(人・動物の)よく行く場所, 生息地, たまり場.
▶ 動 他 ❶ People say this castle is *haunted*. この城には幽霊が出ると言われている.
❷ⓐ She *was haunted* by fears. 彼女は絶えず恐怖感に悩まされた.

haunt·ed /hɔ́:ntid ホーンティド/ 形 幽霊の出る.
☞ 動 haunt ❶.

háunted hòuse 名 Ⓒ 幽霊[化け物]屋敷.

haunted house

haunt·ing /hɔ́:ntiŋ ホーンティング/ 形 (なにか物悲しく美しくて)いつまでも忘れられない.

Ha·van·a /həvǽnə ハヴァナ/ (★アクセント注意) 名 ハバナ (《キューバ (Cuba) 共和国の首都》).

*__have__[1] /hǽv ハヴ/ 動 (has /hǽz/; had /hǽd/; hav·ing) 他
❶ⓐ …を**もっている**, 身につけている, 飼っている; 《人・動物・場所を主語に》…がある. ⓑ 《人を主語に》(人)がいる, (お客などが)ある.
❷ …を食べる, 飲む.
❸ …を手に入れる, 受け取る.
❹ …を経験する, (病気)にかかっている.

have to do with ... …と関係がある,交渉がある:The announcement *has to do with* our flight. 場内放送はわれわれの飛行機の便と関係がある.

have ... to do with ～と…の関係がある (◎…には something, anything, nothing, little, a lot などがくる》:He *has* something *to do with* the new project. 彼はその新しい計画と何か関係がある / Do you *have* anything *to do with* the firm? あなたはその商社と何か関係がありますか / The accident *had* little *to do with* the rain. その事故は雨とほとんど関係がなかった / He *had* a lot *to do with* the plan. 彼はその計画に深い関係をもっていた.

have yet to do まだ…しなくてはならない:I *have yet to* finish my report. 私はまだレポートを完成しなければならない.

I have (got) it! そうだこれだ (◎いい案が浮かんだときにいう).

*****have**² /(弱) həv ハヴ, əv; (強) hǽv ハヴ/ 助 (has /həz, əz; hǽz/; had /(弱) həd, əd; (強) hǽd/; hav·ing)
《**have**＋過去分詞で現在完了形を表わして》
❶《動作の完了》__**したところだ**, __**してしまった**.

I *have just finished* my work. (今仕事を終えたところです)

❷《経験》__**したことがある**.
❸__**した**.
❹《継続》(今までずっと)__**である**, __**している**.
❺《結果》__**してしまっている**.
❻《未来のあるときにおける動作の完了》

----

❶She *has already read* the book. 彼女はもうその本を読んでしまった / I *have just finished* my work. 今仕事を終えたところです.
|語法| (1) do, read, write など動作を表わす動詞について用いる. (2) この意味のときは already, just, yet などの副詞をともなうことが多い.
❷I *have met* him *before*. 私は以前に彼に会ったことがある.
|語法| この意味のときは ever, never, before, once, ... times などをともなうことが多い.
❸I *have worked* in the garden *today*. 私はきょうは庭で仕事をした.

---

have a jog ジョギングをする.
have a laugh 笑う:We *had* a good laugh over his foolishness. 私たちは彼のばかさ加減に大笑いした.
have a look 見る:Let me *have* a look at the book. ちょっとその本を見せてください.
have a rest 休憩する.
have a ride (自動車・馬などに) 乗る:Can I *have* a ride there in your car? そこまであなたの車に乗せてくれませんか.
have a seat すわる:Please *have* a seat. どうぞ腰掛けてください.
have a shave ひげをそってもらう; ひげをそる.
have a shower シャワーを浴びる.

have a sleep 眠る:I *had* a short sleep in the afternoon. 私は午後少し寝た.
have a swim 泳ぐ.
have a talk 話をする.
have a taste 味わってみる:*Have* a taste of this pie. It's delicious. このパイを一口食べてごらん. おいしいよ.
have a try やってみる:*Have* a try at the exam. I am sure you'll pass. その試験を受けてみなさい. きっと合格するよ.
have a visit 訪問を受ける:I *had* a visit from my son's teacher yesterday. きのう息子の先生が家に訪ねてこられた.
have a walk 散歩する.

haven

[語法] (1) today, this week, recently など現在と密接につながっている副詞(句)をともなった現在完了は，日本語では「…した」と訳すとよいことがある．(2) 現在完了は何らかの形で現在とつながっていることを表わすものであるから，yesterday, last week, two years ago などのようにはっきり過去を表わす副詞(句)や疑問詞 when とは用いない: I worked in the garden *yesterday*. 私はきのうは庭で仕事をした /" When did he publish the book?"" He published it *last year*." 「彼はいつその本を出版したのですか」「昨年です」．

❹ They *have lived* here for seven years. あの人たちは7年前からここに住んでいる / I *have been* busy since morning. 朝からずっと忙しい．

[語法] 現在完了形で継続を表わす動詞は限られていて，be, live, know, like, love などそのことば自体に継続の意味を含んだものである；ある動作が継続していることを表わすときには現在完了進行形を用いる: He *has been waiting* for her more than thirty minutes. 彼はもう30分以上も彼女を待っている（今も待っている）．

❺ Summer *has come*. 夏がきた（そして今夏だ）/ I *have lost* the watch. 私はその時計をなくした（そして今も手もとにない）．

[語法] この用法は過去にある動作や行動があり，その結果今も同じ状態にあることを表わす．それに対して，単に過去形を用いた I lost the watch yesterday. 「私はきのうその時計をなくした」では，その後その時計が見つかったかどうかは表わされていない．

❻ I will make coffee for you when you *have finished* dinner. 食事が済んだらコーヒーを入れてあげます．

ha·ven /héivən ヘイヴン/ 图Ⓒ ❶ 安らぎを得られる場所，避難所. ❷《文語》港．

have-not /hǽv-nàt ハヴ・ナット/ 图Ⓒ《口語》《複数形で；ふつう the をつけて》(☞ have¹ 图) ❶ (財産などを)もっていない人，貧乏な人[国]．
❷ 非核保有国．

***have·n't¹** /hǽvənt ハヴント/《英口語》

《have¹ not の短縮形》もっていない．
▶I *haven't* any money with me. 今お金をもっていない (✪今では《米》と同様にふつう I *don't have* any money with me. という)．

***have·n't²** /hǽvənt ハヴント/《口語》《have² not の短縮形》．
▶I *haven't* read the novel yet. 私はまだその小説を読んでいない．

hav·ing /hǽviŋ ハヴィング/ 動《have¹ の現在分詞・動名詞》．
▶They are *having* a very good time. 彼らは楽しく過ごしています / She likes *having* a game of tennis. 彼女はテニスをするのが好きだ．

hav·oc /hǽvək ハヴォク/ 图Ⓤ (自然・暴動などの)大荒れ，大破壊，大混乱．
▶cause havoc 大混乱を起こす．
play havoc with ... …を破壊する，めちゃめちゃに荒らす．

Ha·wai·i /həwá:i: ハワーイー/ (★アクセント注意) 图 ❶ ハワイ (アメリカの州；州都はホノルル (Honolulu); ✪《米郵便》HIと略す)．
❷ ハワイ島 (ハワイ諸島中最大の島)．

Ha·wai·ian /həwá:jən ハワーヤン/ 形
❶ ハワイの．❷ ハワイ人の．❸ ハワイ語の．
― 图 ❶ Ⓒ ハワイ人．❷ Ⓤ ハワイ語．

Hawáiian Íslands /-áiləndz ·アイランヅ/ 图覆《the をつけて》ハワイ諸島．

hawk /hɔ́:k ホーク/ 图Ⓒ ❶ タカ．
❷ タカ派の人，強硬論者 (☞ dove¹)．

hawk·ish /hɔ́:kiʃ ホーキシュ/ 形 タカ派的な，強硬派の．

haw·thorn /hɔ́:θɔ̀:rn ホーソーン/ 图Ⓒ サンザシ《白または紅色の花をつけ，とげ (thorn) のある低木》．

***hay** /héi ヘイ/ 图Ⓤ 干し草，まぐさ．
▶[ことわざ] Make *hay* while the sun shines. 日の照っているうちに干し草を作れ（好機を逃がすな）．

háy fèver 图Ⓤ [医学] 花粉症．

hay·stack /héistæk ヘイスタック/ 图Ⓒ 大きな干し草の山．

haz·ard /hǽzərd ハザド/ (★アクセント注意) 图Ⓒ (ふりかかりそうな)危険．
▶a health *hazard* 健康に対する危険．

haz·ard·ous /hǽzərdəs ハザダス/ 形 危険な．

haze /héiz ヘイズ/ 图 ❶ ⓊⒸ もや，かすみ (☞ fog の [類語])．

❷《**a**をつけて》(精神の)もうろう状態.
ha·zel /héizl ヘイズル/ 名C〖植物〗ハシバミ. —形 (目が)薄茶色の.
ha·zel·nut /héizlnÀt ヘイズルナット/ 名C ハシバミの実, ヘイゼルナッツ《食用になる》.
ha·zy /héizi ヘイズィ/ 形 (**ha·zi·er**; **ha·zi·est**) ❶かすんだ, もやのかかった.
❷(考え・精神状態などが)ぼんやりした, もうろうとした.
H-bomb /éitʃbàm エイチバム/ 名C水爆 (hydrogen bombの略).
HDTV 《略語》high-definition television 高品位[ハイビジョン]テレビ.

he¹ /(弱) hi ヒ, i; (強) híː ヒー/ 代《❖所有格 his, 目的格 him, 所有代名詞 his, 複合人称代名詞 himself》.
❶《主語に用いて》**彼は, 彼が**《☞they》.
❷《**He** で》(キリスト教の)神は, 神が.

──────────

対話 "Where does your uncle live?"–"*He* lives in London." 「君のおじさんはどこに住んでいますか」「ロンドンです」/ "May I speak to Mr. Smith?" "This is *he*." 「スミスさんをお願いしたいのですが」「私です」《❖電話の中での会話》.

he who ＿《文語》＿ する者はだれでも.
he² /híː ヒー/ 名C《**a**をつけて》❶男, 男の子, 男性. ❷(動物の)雄(ホホ)(反 she² ❷).
▶❷ This cat is *a he*. このネコは雄だ.

head /héd ヘッド/

名(複 ~s /-dz/) C ❶ (人や動物の)**頭**《❖顔を含んで首 (neck) から上の部分をさす; したがって, 日本語では「頭」よりも「顔」「首」とした方がよい場合も多い; ☞ body のさし絵》.

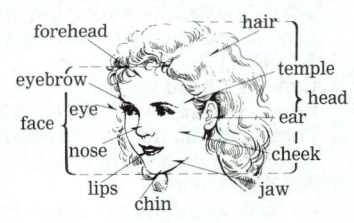

forehead — hair
eyebrow — temple
face { eye — } head
nose — ear
lips — cheek
chin — jaw

head ❶

❷**頭脳**, 知能, 理性.

❸ⓐ長, 指導者, リーダー. ⓑ《英》校長.
❹ (行列などの)先頭; (座席・序列などの)上座, 最高位, 首席.
❺ⓐ最上部. ⓑ(岬などの)先端. ⓒ(川などの)源(泉). ⓓ(草の)頭, 穂先. ⓔ船首.
❻ⓐ(複 head)(動物の)頭数(ホメ).
ⓑひとり分.
❼ⓐ項目, 題目. ⓑ(新聞の)見出し.
❽《ふつう複数形で》(硬貨の)おもて(反 tail)《❖王や大統領などの像のあるほうをいう》.
❾ (道具の)頭部, 頭.
❿ (結球した野菜の)玉.
── 動 (~s /-dz/; ~ed /-id/; ~ing) 自《**head for ...**》 …**の方へ進む**.
── 他 ❶ …の**先頭に立つ**, いちばん上[前]にある.
❷ …の長である, …を率いる.
❸《**head ... for ~**》… (船首・機首など)を ~の方向に向ける.
❹〖サッカー〗(ボール)をヘディングする.

──────────

名 ❶ He hit me on the *head*. 彼は私の頭を打った《❖ふつう He hit my head. とは言わない》/ The boys bowed their *heads* to me. 少年たちは私に頭を下げた[おじぎをした].

Don't put your *head* out of the window.
(窓から顔を出さないでください)
《❖head は首から上全部をさす》

❷ She has a clear [good] *head*. 彼女は明晰(ホッ)な頭脳の持主である / He is weak in the *head*. 彼は頭がわるい / Use your *head*. 頭を使え / ことわざ Two *heads* are better than one. ふたりで考えればひとりよりよい知恵が出る,「3人寄れば文殊(ホッ)の知恵」.
❸ⓐ the *head* of the company その会社の社長.
❹ Bob is at the *head* of the class. ボブはクラスで1番です.

head

❺ⓐ at the *head* of the staircase 階段の一番上で.
ⓑ Diamond *Head* ダイヤモンドヘッド《ハワイにある岬》.
ⓒ the *head* of the Mississippi ミシシッピー川の水源.
❻ⓐ thirty *head* of cattle 牛30頭.
ⓑ two dollars a *head* ひとりにつき2ドル.
❾ the *head* of a nail くぎの頭.
❿ a *head* of cabbage キャベツの玉, キャベツ1つ.

above ...'s head = *above the head of ...* …には難しすぎて理解できない.

by a head 頭の差だけ:win *by a head* (競馬で)首の差で勝つ.

come to a head ①(おできの)うみがたまる. ②(事件が)最終段階に達する, 危機に近づく.

count heads (出席者などの)人数を数える.

enter ...'s head …の頭に浮かぶ.

from head to foot [toe] ①頭の先から足の先まで, 全身. ②完全に.

give ... ...'s head …の好きなようにさせる.

go to ...'s head ①(酒が)…を酔わせる. ②…を興奮させる. ③…をうぬぼれさせる.

have one's head in the clouds 夢のようなことを考える.

head and shoulders above ... …よりずっとすぐれて.

head first まっさかさまに《☞head-first》.

head foremost まっさかさまに.

head on 正面に, 正面から, まともに《☞head-on》.

head over heels ①まっさかさまに. ②まったく, すっかり:He is *head over heels* in love with her. 彼は彼女にすっかりほれこんでいる.

Heads or tails? 表か裏か《硬貨(coin)を空中へはじき上げ(flip)てその表裏によって勝負を決めたりまたは賭(*)け事などをするときのことば; ☞ tossup》.

keep one's head 落ち着いている.

lay (one's) heads together = put *(one's) heads together*.

lose one's head ①首を切られる, 殺される. ②自制心を失う. ③夢中になる.

make head 進む.

make head against ... …に逆らって進む.

make head or tail of ...《否定文・疑問文で》…を理解する, わかる:I can*not make head or tail of* what you say. あなたの言うことは私にはさっぱりわからない.

nod one's head (同意・承諾を示して)うなずく:She *nodded her head*. 彼女はうなずいた.

off one's head《英口語》気が狂って.

on [upon] one's head ①(頭をつけて)さか立ちして:He stood *on his head*. 彼は(頭をつけて)さか立ちした. ②(災難・責任などが)…にかかって.

out of one's head = off *one's head*.

over ...'s head = *over the head of ...* ①= above ...'s head. ②(昇進などで)…を追い抜いて. ③(プールの水など)深さが…の身長よりあって:The water is *over my head* at the deep end of the pool. プールのはしの深い部分では水が私の身長より深い.

put (one's) heads together (ふたり以上の人々が)集まって相談する.

put ... out of one's head (いやなことを)忘れる.

shake one's head 首を横に振る《Noという(否定・不賛成・不承知・不満などの)意志を表わす; ☞ nod 動 ⓑ ❶》:"Is this OK?" I asked. He just *shook his head*. 「これでいいですか」と私が聞いたら, 彼はただ首を横に振っただけだった.

take it into one's head that__ = *take it into one's head to do* (軽率にも)急に__ということ[__すること]を思いつく, 決心する:She *took it into her head to* study music. 突然彼女は音楽の勉強をしようという気になった.

turn one's head 振り向く.

turn ...'s head ①…をうぬぼれさせる: Popularity did not *turn her head*. 人気が出ても彼女はうぬぼれなかった. ②…を恋で夢中にさせる.

── 動 ⓐ Let's *head for* home. 家へ向かおう.

── ⓑ ❶ *head* the parade パレードの先頭に立つ. ❷ *head* the committee

abcdefg**h**ijklmnopqrstuvwxyz　　　　　　　　　　　　　　　**heal**

委員長になる. ❸*head* the plane *for* the runway 機首を滑走路の方へ向ける.
be heading for ... = ***be headed for ...*** ①…に向かっている. ②必ず…になる.
head off ⑯①…の(前に出て)進路をそらす, 戻らせる. ②…を阻止する.

*****head·ache** /héde̍ik ヘデイク/ 名(複 ~s /-s/) C ❶**頭痛**.
❷《口語》心配事, 悩みの種.
▶❶I have a bad *headache*. 私はひどい頭痛がする.

head·band /hédbæ̀nd ヘドバンド/ 名 C ヘッドバンド, はち巻き.

héad còld 名 C 鼻かぜ.

héad còunt 名 C (出席者などの)人数(調査).

head·er /hédər ヘダ/ 名 C ❶ 〔サッカー〕ヘディング.
❷ 〔電算〕ヘッダー《文書の各ページ上部につけられた見出し》.

head·first /hédfə́ːrst ヘドファースト/ 副 形 = **headlong** ❶.

head·gear /hédgìər ヘドギア/ 名 U 頭にかぶる物(帽子, ヘルメットなど).

head·hunt·er /hédhʌ̀ntər ヘドハンタ/ 名 C 《口語》ヘッドハンター《優秀な人材の引き抜きをする人》.

head·hunt·ing /hédhʌ̀ntiŋ ヘドハンティング/ 名 U 《口語》優秀な人材を引き抜くこと.

head·ing /hédiŋ ヘディング/ 名 ❶ C 《新聞・雑誌・本などの》表題, 見出し.
❷ U 〔サッカー〕ヘディング.

head·lamp /hédlæ̀mp ヘドランプ/ 名 C 《英》= **headlight**.

head·land /hédlənd ヘドランド/ 名 C 岬(*ǎ゚), 突端.

head·light /hédlàit ヘドライト/ 名 C (車の)ヘッドライト (☞car のさし絵).

head·line /hédlàin ヘドライン/ 名 ❶ C (新聞・雑誌の)見出し. ❷ 《複数形で》(ニュースの前後に放送する)主要な項目.
hit [make] the headlines 新聞に大きく取り上げられる, 有名になる.

head·long /hédlɔ̀(ː)ŋ ヘドロ(ー)ング/ 副 ❶ まっさかさまに.
❷ 向こう見ずに, せっかちに, 軽率に.
— 形 ❶ まっさかさまの.
❷ せっかちな, 軽率な.

▶副 ❶ fall *headlong* まっさかさまに落ちる.
— 形 ❷ a *headlong* retreat 軽率な退却.

head·mas·ter /hédmæ̀stər ヘドマスタ/ 名 C ❶ 《英》校長.
❷ 《米》(私立学校の)校長.

head·mis·tress /hédmístrəs ヘドミストレス/ 名(複 ~es /-iz/) C ❶ 《英》女性校長. ❷ 《米》(私立学校の)女性校長.

héad òffice 名 C 本社, 本店, 本局 (☞branch office).

head-on /hédán ヘダン/ 形 正面(から)の.
— 副 ❶ 正面に, 正面から. ❷ まともに.
▶形 a *head-on* collision 正面衝突.

head·phone /hédfòun ヘドフォウン/ 名 C 《複数形で》ヘッドホン (☞earphone).

*****head·quar·ters** /hédkwɔ̀ːrtərz ヘドクウォータズ/ 名C《単数または複数扱いで》(組織・活動の)**本部**; (軍隊の)司令部, (警察の)本署; (会社の)本社, 本局 (❶h.q., H.Q. と略す).

head·rest /hédrèst ヘドレスト/ 名 C (いすや自動車の座席などの)頭ささえ.

head·set /hédsèt ヘドセット/ 名 C 《米》ヘッドホン (headphones).

héad stárt 名 C (競技などの)有利なスタート.

head·stone /hédstòun ヘドストウン/ 名 C 墓石《死者の姓名・生年月日・死亡年月日などが刻んである》.

head·strong /hédstrɔ̀(ː)ŋ ヘドストロ(ー)ング/ 形 頑固な, 強情な.

héad téacher 名 C 《英》校長.

head·way /hédwèi ヘドウェイ/ 名 U 前進, 進歩. ▶make *headway* (困難にもめげず)前進する.

héad wìnd 名 C 向かい風, 逆風.

head·word /hédwə̀ːrd ヘドワード/ 名 C (辞書などの)見出し語.

*****heal** /híːl ヒール/ 動 (~s /-z/; ~ed /-d/; ~·ing) ⑯ (傷・病気などが)治る.
— ⑯ ❶ (傷など)を**治す**.
❷ (悲しみ・悩みなど)をいやす.
▶⑯ The wound gradually *healed*. 傷はゆっくり治っていった.
— ⑯ ❶ The burn is not yet *healed*. やけどはまだ治っていない.
❷ Time *heals* grief. 時がたてば悲しみ

もいえる.
heal up [over] 圓 (傷が)治る.

***health** /hélθ ヘルス/ 图 ①① ❶健康状態 (反 illness). ❷健康(であること), 健全. ❸保健(事業).

──────────

❶ He is in good [poor] *health*. 彼は健康だ[身体が弱い] / enjoy good *health* 健康である / mental *health* 精神衛生.

❷ *Health* is better than wealth. 健康は富にまさる / Getting up early is good for the [your] *health*. 早起きは健康によい.

drink (to) ...'s health＝drink a health to ... …の健康を祝して乾杯する.

(To) your health! 健康を祝して《乾杯のときのことば; ☞ toast²》.

☞ 形 healthy, healthful.

héalth càre 图① 健康管理, 保健, 医療.

héalth cènter 图 ⓒ 《米》保健所, 診療所.

héalth cèntre 图 ⓒ 《英》＝health center.

héalth clùb 图 ⓒ (メンバー制の)スポーツクラブ.

héalth fàrm 图 ⓒ 健康センター《◯滞在して健康食品を食べ, 運動ができる施設;《米》では health spa ともいう》.

héalth fòod 图① 健康食品.

health・ful /hélθfəl ヘルスフル/ 形 (食物・環境などが)健康によい. ▶a *healthful* climate 身体によい気候.

☞ 图 health.

health・i・ly /hélθili ヘルスィリ/ 副 ❶健康で, 健全に. ❷健康によく.

héalth insùrance 图① 健康保険.

héalth sèrvice 图 ⓒ 公共医療.

***health・y** /hélθi ヘルスィ/ 形 (health・i・er; health・i・est)

❶ⓐ健康な (反 sick, ill, unhealthy).
ⓑ 健康であることを示す, 健康そうな.
❷健康によい, 健康的な.
❸ (考え方・行動・状態などが)健全な.
▶ ❶ⓐ The children look very *healthy*. 子どもたちはとても健康そうだ / a *healthy* baby 健康な赤ん坊.
ⓑ a *healthy* appetite 健康な食欲.

❷ a *healthy* climate 体によい気候.
❸ a *healthy* idea 健全な考え.

☞ 图 health.

***heap** /hí:p ヒープ/ 图 (複 ～s /-s/) ❶ⓒ (乱雑な)積み重ね(た物), かたまり, 山.
❷《a heap of ... または heaps of ...》《口語》たくさんの…《◯数・量ともに用いる》. ❸《しばしば複数形で; 副詞的に》《口語》とても, ずいぶん.

── 動 (～s /-s/; ～ed /-t/; ～ing) 他
❶ⓐ (乱雑に)…をどっさり積み上げる.
ⓑ《heap ... with ～》…を～にどっさりのせる. ❷《heap ... on ～》～に…をどっさり与える.

──────────

图 ❶ a *heap* of trash ごみの山.
❷ a *heap of* trouble 山ほどの悩み.
❸ I'm *heaps* better. 私はずっとよくなりました.

in a heap＝in heaps ①積み重なって, 山のように. ②どっと, どさりと.

── 動 他 ❶ⓐ *heap* books on the floor 床に本を山積みする.
ⓑ He *heaped* our plates *with* food. ＝He *heaped* food *on* our plates. 彼は私たちの皿に食べ物を山盛りにした.
❷ He *heaped* gifts *on* me. 彼は私に贈り物を山ほどくれた.

heap up 他 …をどっさり積み上げる.

****hear** /híər ヒア/ 動 (～s /-z/; heard /hə́ːrd/; ～ing /híəriŋ/) 他

❶ⓐ (自然に)…が**聞こえる**.
ⓑ《hear ... *do*》…が__するのが聞こえる.
ⓒ《hear ... *do*ing》…が__しているのが聞こえる.
ⓓ《hear ...＋過去分詞で》…が__されるのが聞こえる.
❷ (知らせ・うわさなど)を**聞く**, 聞いて知る (☞ 成句 I hear (that)__.).
❸ (聞こうとして)…を**聞く**, …に耳を傾ける.
❹ⓐ (願い・申し立てなど)を (正式に)聞く.
ⓑ …を聞き入れる.
ⓒ (裁判官が)(事件)を審議する.
── 圓 **耳が聞こえる**.

──────────

他 ❶ⓐ I *heard* a strange sound. 変な音が聞こえた / I can't *hear* you

abcdefgh ijklmnopqrstuvwxyz heart

very well. おっしゃることがよく聞こえません. ❺We *heard* him whistle. 彼が口笛を吹くのが聞こえた (❂hear が受身形になると be heard to *do* という形で用いられる:He *was heard to* whistle).

❻I *heard* my mother *singing* a song. 母が歌を歌っているのが聞こえた.

❼I *heard* my name *called*. 私の名前が呼ばれるのが聞えた.

類語 **hear** は「自然に聞こえる」, **listen (to ...)** は「(耳を傾けて)聞く」, ただし hear にも ⓗ ❸ のように「聞こうとして…を聞く」もある.

❷I *heard* the news from him just now. 私はその知らせを今彼から聞いたばかりだ / Have you *heard* anything about the big project? その大計画についてなにか聞いていますか.

❸Many people came together to *hear* him talk. たくさんの人が彼の話を聞こうと集まった.

— ⓗI can't *hear* very well. 私は(耳が遠くて)よく聞こえません.

Do you hear me? 《口語》いいかい, わかったかい.

hear about ... …のことを(くわしく)聞く:Did you *hear about* the railway accident? 鉄道事故のことを聞きましたか.

hear from ... …から便り[電話・連絡]がある:I have not *heard from* him for a long time. 長いこと彼から便り[連絡]がない.

Hear! Hear! いいぞ, その通り《賛成の声》.

hear of ... ①…のこと[存在]を聞く:Have you *heard of* a country called Chad? チャドという国のことを聞いたことがありますか. ②…の消息を聞く:I haven't *heard of* him since then. 私はそのとき以来彼の消息を聞かない. ③《will, would などをともなって; 否定文で》…を聞き入れる, …を許す:My parents *would not hear of* my traveling alone. 両親はどうしても私がひとりで旅行することを許そうとしなかった.

hear ... out …のいうことを最後まで聞く:Let's *hear* him *out*. 彼のいうことを最後まで聞こう.

I hear (*that*)__. (人のうわさでは)__だそうだ (☞成句 It is said that__. (⇨ say)):*I hear* (*that*) he is sick in bed. 彼は病気で寝ているそうだ.

語法 Her father is a painter, *I hear*.「彼女の父は画家だそうだ」のように文末に, また Her father, *I hear*, is a painter. のように文中にくることもある.

You hear me? 《口語》= Do you *hear* me?

***heard** /hə́ːrd ハード/ **動** hearの過去形・過去分詞形.

***hear·ing** /híəriŋ ヒ(ア)リング/ **名** (複 ~s /-z/)

❶Ⓤ**聞きとる力**, 聴力, 聴覚 (❂日本語で外国語を聞き取る能力を表わす「ヒアリング」は listening (comprehension)という).

❷Ⓒⓐ**言い分を述べる機会**.
ⓑ(法廷などの)意見聴取, 審問.
ⓒ聴聞会, ヒアリング.

▶ ❶He is hard of *hearing*.= His *hearing* is poor. 彼は耳が遠い / She has lost her *hearing*. 彼女は耳が聞こえなくなった / Their conversation was beyond my *hearing*. 彼らの会話は私には聞こえなかった.

❷ⓐThey gave me a fair *hearing*. 彼らは公正に私にも言い分をいわせてくれた.
ⓒa public *hearing* 公聴会.

out of hearing 聞こえないところで.

within (*...'s*) *hearing* (…の)聞こえるところで.

héaring àid **名**Ⓒ補聴器.

Hearn /hə́ːrn ハーン/ **名** ハーン (**Laf·cad·i·o** /læfkǽdiòu l -káːd-/ **Hearn** (1850–1904); アメリカから来日, 後に帰化して小泉八雲と名乗った新聞記者・作家).

hear·say /híərsèi ヒアセイ/ **名**Ⓤうわさ.

hearse /hə́ːrs ハース/ **名**Ⓒ霊柩(れいきゅう)車.

***heart** /háːrt ハート/ **名** (複 ~s /-ts/)

❶Ⓒⓐ**心臓**. ⓑ胸, 胸部.
❷Ⓒ**心**, 気持ち (☞mind の **類語**).
❸Ⓤ**愛情**, 同情, 親切心.
❹Ⓤ**元気**, 勇気, 自信.
❺《the をつけて》ⓐ**中心**, 奥地.
ⓑ核心, 本質.

six hundred and fifteen 615

heartache

❻ⓒ❸ハート形の物.
❺(トランプの)ハートの札.

❶❸My *heart* beat very fast. 私の心臓はとても速く打っていた / He has a weak *heart*. 彼は心臓が弱い / a *heart* attack 心臓発作.
❺She held her baby to her *heart*. 彼女は赤ん坊を胸に抱きしめた.
❷She has a warm [kind] *heart*. 彼女はあたたかい[やさしい]心の持主だ / She never opens her *heart*. 彼女は決して本音を言わない.
❸He won her *heart* at last. 彼はついに彼女の愛情を獲得した.
❹My *heart* sank. 私はがっかりした[心配になった].
❺❸in *the heart* of Tokyo 東京の中心部に[で]. ❺grasp *the heart* of the problem 問題の本質をつかむ.

after ...'s (own) heart …の好きなタイプの.
at heart (性格として)**心の底では**;実際は:He is a kind man *at heart*. 彼は実際は親切な人だ.
break ...'s heart …をひどく悲しませる.
by heart すっかり覚えて, 暗記して:Learn this poem *by heart*. この詩を暗記しなさい.
close to ...'s heart …にとって大切な.
cross one's heart ①胸に十字を切る. ②うそでないと誓う.
cry one's heart out 心底から泣く.
do not have the heart to do (かわいそうで)__する気になれない:I *do not have the heart to* tell him the truth. かわいそうで彼には本当のことは言えない.
from (the bottom of) one's heart 心(の底)から, 本当に.
Have a heart! 《口語》いいではないか[許してやりなさい].
have ... at heart …に深く関心をもつ.
have one's heart in one's mouth [boots] 《口語》びくびくしている.
heart and soul 身も心も打ち込んで, 熱心に.

in one's heart (of hearts) 心の底では.
lose heart がっかりする.
put one's heart into ... …に熱中する.
set one's heart on [upon] ... …をひどくほしがる.
set one's heart on [upon] doing ひどく__したがる.
take heart 勇気を出す, 元気を出す.
take ... to heart (人の言うことなど)を苦にする, 肝に銘じる.
to one's heart's content 思いきり(☞content² 名).
with all one's heart 心をこめて, 心から喜んで.
☞ 形hearty, 動hearten.

heart·ache /háːrtèik ハーテイク/ 名Ⓤ深い悲しみ, 心痛, 苦悩.
héart attàck 名Ⓒ心臓麻痺.
heart·beat /háːrtbìːt ハートビート/ 名Ⓒ心臓の鼓動.
heart·break /háːrtbrèik ハートブレイク/ 名Ⓤ深い悲しみ, 悲嘆.
heart·break·ing /háːrtbrèikiŋ ハートブレイキング/ 形胸が張り裂けるような, ひどくつらい.
heart·bro·ken /háːrtbròukən ハートブロウクン/ 形悲しみに打ちひしがれた.
heart·burn /háːrtbə̀ːrn ハートバーン/ 名Ⓤ胸やけ.
héart disèase 名Ⓤ心臓病.
heart·en /háːrtn ハートン/ 動他《ふつう受身形で》…を元気づける, 励ます.
☞ 名heart.
heart·en·ing /háːrtniŋ ハートニング/ 形元気づける, 励ましになる.
héart fàilure 名Ⓤ〖医学〗心不全.
heart·felt /háːrtfèlt ハートフェルト/ 形心からの.
hearth /háːrθ ハース/ 名Ⓒ炉辺.
heart·i·ly /háːrtili ハーティリ/ 副
❶ 心から, 心をこめて; 熱心に.
❷ (食べ物を)たっぷり, 思う存分に.
❸ まったく, とても.
▶ ❶ We welcomed him *heartily*. われわれは彼を心から歓迎した.
❷ eat *heartily* たらふく食べる.
heart·less /háːrtləs ハートレス/ 形無情な.

heart·less·ly /hάːrtləsli ハートレスリ/ 副無情に(も).

heart·rend·ing /hάːrtrèndiŋ ハートレンディング/ 形胸が張り裂(*)けるような, 悲痛な.

heart·strings /hάːrt-strìŋz ハートストリングズ/ 名復深い愛情[同情].
▶tug at his *heartstrings* 彼の感情を揺り動かす.

heart-to-heart /hάːrt-tə-hάːrt ハート・ト・ハート/ 形率直な, 心を打ち明けた.
▶have a *heart-to-heart* talk 隠しごとなく話し合う.

heart·warm·ing /hάːrtwɔ̀ːrmiŋ ハートウォーミング/ 形心温まる, ほのぼのとした.

heart·y /hάːrti ハーティ/ 形 (heart·i·er; heart·i·est) ❶心からの, 親切な, 温かい. ❷楽しくにぎやかな. ❸ⓐ(食事などが)たくさんの. ⓑ(人が)食欲旺盛な.
▶❶a *hearty* welcome 心からの歓迎.
❷give a *hearty* laugh 大笑いをする.
❸ⓐa *hearty* breakfast ボリュームのある朝食.

☞ 名 heart.

**heat /híːt ヒート/
名 (複 ~s /-ts/) ❶Ⓤⓐ**熱**. ⓑ温度.
❷Ⓤⓐ《または a をつけて》**熱さ**, 高温. ⓑ(気候の)**暑さ**, 暖かさ (反 cold).
❸Ⓤ(身体などの)**熱**, 高熱.
❹Ⓤ激しさ, 熱烈さ, 興奮, 激怒.
❺Ⓒ(予選などの) 1 回の競技.
— 動 (~s /-ts/; ~ed /-id/; ~ing) 他 …を**熱する**, 暖める (反 cool).
— 自 熱くなる, 暖まる.

- - - - - - - - - - - - - - - -

名 ❶ⓐthe *heat* of the sun 太陽の熱 / give off *heat* 熱を発散する. ⓑthe *heat* of the water 湯[水]の温度.
❷ⓐfeel the *heat* of the stove ストーブの熱を感じる. ⓑstand the *heat* of summer 夏の暑さに耐える.
❸His face was flushed because of the sudden *heat*. 急に発熱して彼は顔がほてった.
❹He spoke with some *heat*. 彼はかなり熱を入れて話した / the *heat* of the argument 議論の激しさ.
❺trial [preliminary] *heats* 予選.
in the heat of ... …の最中に.

— 動 他 I *heated* (up) the water to 90 degrees. 私はその水を90度まで熱した / *heat* a room 部屋を暖める.
— 自 It will *heat* up in the afternoon. 午後は暑くなるでしょう.

☞ 形 hot.

heat·ed /híːtid ヒーティド/ 形 ❶熱せられた. ❷興奮した, おこった.

heat·ed·ly /híːtidli ヒーティドリ/ 副興奮して, おこって.

*heat·er /híːtər ヒータ/ 名 (複 ~s /-z/) Ⓒ **ヒーター**, 暖房装置.

heath /híːθ ヒース/ 名 ❶Ⓒ《英》(ヒースのはえた)荒野. ❷Ⓤ Ⓒ 【植物】ヒース (荒野にはえるさまざまな種類の小低木; 小さな薄紅[紫, 白]色の花をつける).

hea·then /híːðən ヒーズン/ 名 (複 ~s /-z/, hea·then) Ⓒ《文語》異教徒 (キリスト教徒, ユダヤ教徒, イスラム教徒が自らの宗教以外を信じる人々をさしていう).

*heat·ing /híːtiŋ ヒーティング/ 名 ❶Ⓤ **暖房設備**.
❷《形容詞的に》暖める[熱する]ための.
▶❷a *heating* system [apparatus] 暖房装置.

heat-stroke /híːt-stròuk ヒートストロウク/ 名 Ⓤ 熱射病, 日射病.

héat wàve 名 Ⓒ 【気象】熱波 (夏におこる連続的な異常な暑さ).

heave /híːv ヒーヴ/ 動 (~s /-z/; heaved /-d/; heav·ing) 他 ❶(重い物)を持ち上げる[引く, 押す]. ❷(ため息・うめき声)をだす. ❸(重い物)を投げる.
— 自 ❶上下に動く; (波などが)うねる; (胸が)波うつ. ❷《口語》吐く.
— 名 Ⓒ (力を入れて重い物を)持ち上げる[引く, 押す]こと.

- - - - - - - - - - - - - - - -

動 他 ❶He *heaved* the box onto the truck. 彼はその箱を持ち上げトラックに乗せた. ❷*heave* a loud groan 大きなうめき声をだす / *heave* a sigh ため息をつく. ❸*heave* a stone 石を投げる.
— 自 ❶The earth *heaved* because of the earthquake. 地震のため大地が上下に揺れ動いた / Her chest *heaved* with a sob. 彼女は胸をふるわせてすすり泣いた.

**heav·en /hévən ヘヴン/ 名 (複 ~s /-z/)
❶Ⓤ《しばしば **Heaven** で》(神の住む)**天国**

heavenly

(反 hell).
❷《the heavens で》《文語》**天**, 空.
❸《Heaven で》《文語》**神**(○God の代用語に用いられる)).
❹Ⓤ《口語》天国のような場所, 楽園.

❶He is in *heaven*. 彼は天国にいる[死んだ] / go to *heaven* 天国へ行く, 死ぬ.
❷The sun was high up in *the heavens*. 太陽は空高く上がっていた.
❸*Heaven* be praised! ありがたや /
ことば *Heaven* helps those who help themselves. 天は自ら助くる者を助く (自分でできる限りのことをやる者は神が助けてくれる).
❹Life in the mountains was *heaven* on earth. 山の生活はまさにこの世の天国だった.

by Heaven(s) 神かけて, 確かに.
for Heaven's sake (いらだちなどを表わして)いったいぜんたい, お願いだから, ぜひ:*For heaven's sake*, why didn't you tell me? いったいぜんたいどうして黙っていたんだ.
(Good) Heavens! (驚き・困惑を表して)おや, あら, まあ.
Heaven (only, alone) knows. 神のみが知る, だれにもわからない (☞成句 God knows (⇨ god)).
heaven forbid 《挿入的に》(そのようにならないことを祈って)まさかとは思いますが.
☞ 形 heavenly.

heav·en·ly /hévənli ヘヴンリ/ 形 (-en·li·er; -en·li·est) ❶天国の, 天国のような.
❷すばらしい. ❸天の, 空の.
▶❶the *heavenly* kingdom 天国 / *heavenly* peace 天国のような平和.
❷*heavenly* weather すばらしい天気.
❸a *heavenly* body 天体《太陽・月・星など》.
☞ 名 heaven.

****heav·i·ly** /hévili ヘヴィリ/ 副 (more ~; most ~) ❶**たくさん**, どさりと, ひどく, 激しく. ❷(疲れたりして)**のろのろと**, だるそうに, ぐっすりと. ❸大いに, ひどく.

❶He drinks *heavily*. 彼はたくさん酒を飲む / It rained *heavily* last night. 昨夜は雨がひどく降った / a *heavily* loaded truck どっさり荷物を積んだトラック. ❷walk *heavily* 重い足どりで歩く / sleep *heavily* ぐっすりと眠る. ❸Japan relies *heavily* on its exports. 日本は大いに輸出に依存している / This area is *heavily* populated. この地域は人口が密集している / Worries weighed *heavily* upon him. いろいろな心配事が彼に重苦しくのしかかった / borrow *heavily* 多額の借金をする.

heav·i·ness /hévinəs ヘヴィネス/ 名Ⓤ
❶重いこと, 重さ. ❷重苦しさ.

****heav·y** /hévi ヘヴィ/ 形 (heav·i·er; heav·i·est)

❶ⓐ**重い**(反 light).
ⓑ(計量で)重さがある.
❷(機械類が)**重くて強力な**.
❸ⓐ(仕事・責任などが)**困難な**, きつい, 重い; きびしい. ⓑ深刻な, きびしい.
❹**量が多い**, ひどい, 激しい.
❺(心・気持ちが)沈んだ, 悲しい, しょげた.
❻(空・雲・天候などが)うっとうしい, どんよりした.
❼(文章などが)重苦しい, 退屈(たいくつ)な.
❽ⓐ(食物が)消化しにくい, しつこい.
ⓑ(クリームなどが)濃い.
❾(動作が)のろい, ぐずな, 無器用な.

❶ⓐThe suitcase is too *heavy* for her (to carry). そのスーツケースは重すぎて彼女には運べない / a tree *heavy* with apples りんごが枝もたわわに実った木 / *heavy* clothes (厚くて)重い衣類.
ⓑ対話 "How *heavy* is the parcel?" –"It's seven kilograms." 「その小包の重さはどのくらいですか」「7キロです」.
❷*heavy* machinery 重機械類.
❸ⓐa *heavy* responsibility 重い責任 / *heavy* work きつい仕事 / a *heavy* day 忙しくてつらい1日 / pay a *heavy* fine 重い罰金を払う.
ⓑa *heavy* discussion きびしい議論.
❹a *heavy* crop 豊作 / a *heavy* smoker 〔drinker〕非常なたばこ好き〔大酒飲み〕 / a *heavy* snow 大雪 / *heavy* traffic 激しい交通.
❺with a *heavy* heart 沈んだ心で.
❻a *heavy* sky どんよりした空.

abcdefg**h**ijklmnopqrstuvwxyz　　　　　　　　　　　　　　　　　　　　　　　　　　**hefty**

❼a *heavy* book (難しくて)退屈な本.
❽a *heavy* food 胸にもたれる[油っこい]食物.
❾*heavy* footsteps 重い足どり.

heav·y-du·ty /hévi-djú:ti ヘヴィ・ドゥーティ,-デューー/ 形 (衣服・機械などが)じょうぶな, がんじょうな.

heav·y-hand·ed /hévi-hǽndid ヘヴィ・ハンディド/ 形 高圧的な, 横暴な.

héavy índustry 名ⓤ重工業 (✪「軽工業」は light industry).

héavy métal 名 ❶ⓒ重金属.
❷ⓤヘビーメタル《金属音と重いビートを持ったロック音楽》.

heav·y·weight /héviwèit ヘヴィウェイト/ 名ⓒ ❶ (ボクシング・レスリングなどの)ヘビー級選手. ❷有力者, 大物.

He·brew /hí:bru: ヒーブルー/ 名 ❶ⓒ (古代の)ヘブライ人. ❷ⓤ (古代の)ヘブライ語; (現代の)ヘブライ語《イスラエルの公用語》.
— 形 ❶ヘブライ人の. ❷ヘブライ語の.

heck /hék ヘック/ 感《俗語》《意味を強めて》いったい, いったいぜんたい.
a heck of a ... 《口語》ものすごい….

heck·le /hékl ヘクル/ 動 (現分 heck-ling) 他 (演説者など)をやじり倒す, 質問攻めにする.

hec·tare /héktèər ヘクテア/ 名ⓒヘクタール《面積の単位, 1 万平方メートル; ✪ ha と略す》.

hec·tic /héktik ヘクティック/ 形 あわただしい.

***he'd** /hid ヒド, hi:d/《口語》 ❶《**he had**[2] の短縮形》《✪過去完了形の had と had better ... の場合にのみ用いられる》.
❷《**he would** の短縮形》.
▶ ❶ He said *he'd* climbed the mountain before. 彼はその山には前に登ったことがあると言った.
❷He thought *he'd* try again. 彼はもう一回やってみようと思った.

***hedge** /héʤ ヘッヂ/ 名 (複 hedg·es /-iz/) ⓒ ❶生けがき《低木などを植えたかき根; 野原, 畑, 庭などの境界にすることが多い; ✪「(木材や金網, 金属などで作られた)さく」は fence》.
❷保護手段, 防御策.
— 動 (hedg·es /-iz/; ~d /-d/; hedg-ing) 他 (質問などに対して)あいまいな返事

をする.
▶動 She *hedged* when I asked her to help us. 彼女にわれわれを手伝ってくれないかと頼んだが彼女はあいまいな返事をした.

hedge·hog /héʤhɔ̀(:)g ヘヂホ(−)グ/ 名 〖動物〗ⓒハリネズミ.

hedgehog

hedge·row /héʤròu ヘヂロウ/ 名ⓒ (1列に植えた)生けがき.

heed /hí:d ヒード/ 動他《文語》(忠告・警告など)に従う.
— 名ⓤ《文語》注意, 警告.
▶名 Take *heed* of my advice!＝Pay *heed* to my advice! 私の忠告を聞きなさい.

***heel** /hí:l ヒール/ 名 (複 ~s /-z/) ⓒ
❶ (人の足の)かかと (☞leg のさし絵).
❷ⓐ (くつ・くつ下の)かかと.
ⓑ《複数形で》ハイヒールのくつ (✪ **high heels** ともいう).
— 動他 (くつ)にかかとをつける.

名 ❶These shoes hurt my *heels*. このくつはかかとに当たって痛い.
❷ⓑwear (high) *heels* ハイヒール(のくつ)をはく.
at ...'s heels …のすぐあとについて: The dog followed *at his heels*. その犬は彼のあとについて行った.
bring ... to heel …を従わせる.
cool one's heels《口語》待ちくたびれる.
down at heel ①(くつが)かかとがすりへって. ②(人が)見すぼらしい, だらしない.
kick one's heels《英口語》＝cool *one's heels*.
on [*upon*] *...'s heels* …を追いかけて.
under the heel of ... …に征服されて.

heft·y /héfti ヘフティ/ 形 (heft·i·er; heft·i·est)《口語》❶重い. ❷強い.

six hundred and nineteen　　　　　　　　　　　　　　　　　　　　　　　　　　　　　　　　　　　619

he·gem·o·ny /hidʒéməni ヒヂェモニ, -gém-/ 名U《大国による》支配, 覇権《㌻》.

***height** /háit ハイト/《★発音注意》名(複 ~s /-ts/)

❶ UC **高さ**, 高度, 海抜; 身長《◎ 英米では高さや身長の単位にはふつうフィート (feet) を用いる》.

❷ C《しばしば複数形で》**高所**, 高台, 丘《◎ **Heights** でよく地名に用いられる》.

❸ C《しばしば複数形で》《程度などが》**高い状態**, 好調.

❹《**the** または **its** をつけて》**最高の状態**, 絶頂, 真最中.

・・・・・・・・・・・・・・・・・・・・・・・

❶ The hill is about 400 feet in *height*. その丘は高さ約400フィートです.
❷ There is a castle on the *heights*. その丘には城がある.
❸ The exchange rate of the yen reached new *heights*. 円の為替相場が新高値に達した.
❹ in *the height* of summer 夏の盛りに / The tourist season is at *its height* now. 観光シーズンは今最高潮です.

at a height of ... …の高さを[で].
☞ 形high, 動heighten.

height·en /háitn ハイトン/ 動他
❶ …を高くする, 高める (反lower).
❷ (効果など)を高める, 強める.
— 自 ❶ 高くなる, 高まる.
❷ (効果などが)高まる, 強まる.
☞ 名height.

heir /éər エア/《★ h は発音されない》名C **相続人**《◎「(女性の)相続人」は heiress》; 後継者.
▶He is the only *heir* to his father. 彼が唯一の父の相続人である / a legal *heir* 法定相続人.

heir·ess /éərəs エアレス/ 名(複 ~es /-iz/) C 女性相続人《◎「(男性の)相続人」は heir》.

heir·loom /éərlù:m エアルーム/ 名C 先祖伝来の家財, 家宝.

***held** /héld ヘルド/ 動holdの過去形・過去分詞形.

Hel·en /hélən ヘレン/ 名ヘレン《女性の名; 愛称 Nell, Nellie, Nelly》.

***hel·i·cop·ter** /hélək ὰptər ヘリカプタ | -kɔ̀ptə/ 名(複 ~s /-z/) C **ヘリコプター**.

hel·i·port /héləpɔ̀:rt ヘリポート/ 名 C ヘリポート《ヘリコプター発着場》.

he·li·um /hí:liəm ヒーリアム/ 名U 【化学】ヘリウム《元素記号 He》.

***hell** /hél ヘル/ 名(複 ~s /-z/) ❶ U《しばしば **Hell** で》**地獄**《反heaven》.
❷ UC 地獄のようなひどい場所[状態].
❸《**the** をつけて; 疑問文を強めて》《俗語》 **いったい, いったいぜんたい**.
— 感《俗語》《のろいなどのことばとして》**くそっ, こんちくしょう**.

・・・・・・・・・・・・・・・・・・・・・・・

名 ❷ The battlefield was (a) *hell* on earth. 戦場はまさにこの世の地獄であった / It was *hell* practicing soccer under the blazing sun. 焼け付くような日差しを浴びながらサッカーの練習をするのはまさに地獄だった.
❸ What *the hell* are you doing? お前はいったいなにをしているんだ.

a hell of a ...《俗語》①地獄のような…, とんでもない…:We had *a hell of a* trip. われわれの旅行はさんざんだった. ②すごく(いい)…:*a hell of a* good bike すごくいい自転車[バイク].
Go to hell! くたばれ, ちくしょう.
like hell ①《口語》死にもの狂いで, 猛烈に:He ran *like hell*. 彼は必死に走った. ②《俗語》《文頭に用いて》絶対に…ない:*Like hell* I'll pay more! これ以上は絶対に払わないぞ.
play hell with ...《英口語》…をめちゃくちゃにする.
to hell with ...《口語》…なんかくそ食らえ.
☞ 形hellish.

***he'll** /hil ヒル, hi:l/《口語》《**he will** の短縮形》▶*He'll* come again soon. 彼はまたすぐ来るでしょう.

Hel·le·nism /hélənìzm ヘレニズム/ 名U ヘレニズム《古代ギリシアの思想・文化》.

hel·lish /héliʃ ヘリシュ/ 形 ❶ 地獄の(ような), 身の毛もよだつ. ❷《口語》ひどい.
☞ 名hell.

****hel·lo** /həlóu ヘロウ/
感 ❶ **やあ**, こんにちは, ねえ《あいさつ, 注意をひくための呼びかけ; ◎ 親しい者同士の間で用いられる; ふつう hello のあとに相手の名前をいう; ☞ hi》.

❷**もしもし**《電話での呼びかけ; ふつう電話をうけた方がまず hello という》.
❸おや, ええ《驚き・喜びを表わす》.
── 名 (複 ~s /-z/) C《口語》「やあ」というあいさつ,「おい」という呼びかけ.

感 ❶*Hello*, Bob! やあ, ボブ.
❷*Hello*. This is (Mr.) Yamada. もしもし, こちらは山田です.
❸*Hello*! Are you keeping things from me again? だめだよ. また君はぼくに隠し事をしているね / *Hello*! Who is it? あれ, だれだろう.

── 名 *say hello to ...* 《ふつう命令形で》…によろしくと言う《◎親しい間がらで用いる; ていねいには give [send] my best regards to... または remember me to...という》: 対話 "Please *say hello to* Mr. Brown for me."–"Certainly." 「ブラウンさんにどうぞよろしく」「わかりました」.

helm /hélm ヘルム/ 名 ❶ C (船の)かじ, 舵輪《◎(steering) wheel ともいう》.

helm ❶

❷《the をつけて》(組織の)実権, 支配.
▶ ❷*at the helm* 実権を握って.

hel·met /hélmit ヘルミット/ 名 C ヘルメット(帽).

help /hélp ヘルプ/ 動 (~s /-s/; ~ed /-t/; ~ing) 他
❶ⓐ…を**手伝う**, …の手助けをする.
ⓑ《*help...* (to) *do*》…が__するのを手伝う.
ⓒ《*help* (to) *do*》__するのを手伝う.
❷(困っている人)を**助ける**, 救う.
❸(物事が)…に**役立つ**, …を促進する.
❹《can, cannot とともに》…を**避ける**, 抑える《☞*cannot help doing*》.
❺(病気など)をなおす, (苦痛など)を和らげる.
❻《*help ... to ~*》…に〜(食べ物など)をとってやる《☞*help oneself*》.
── 自 ❶**手伝う**, 助ける.
❷**役に立つ**, 助けになる.
── 名 (複 ~s /-s/) ❶ U **助け**, 援助, 手伝い.
❷《a をつけて》役に立つもの[人], 助けになるもの[人].
❸ C,U お手伝い, 従業員, (農場)労働者.
❹ U 《ふつう前に no をつけて》救済策, 避ける方法.

動 他 ❶ⓐ Will you please *help* me? 手伝ってくださいませんか / She *helps* her mother in the kitchen. 彼女は台所でお母さんを手伝います / She *helped* me *with* my homework. 彼女は私の宿題を手伝ってくれた《◎She helped my homework. とはいわない; ☞成句 *help* (...) *with* ~》. ⓑ I *helped* my mother (*to*) cook dinner. 私は母が夕食を作るのを手伝った《◎(米)ではふつう to をつけない, (英)でも to をつけないことが多い》. ⓒ I *helped* (*to*) carry his luggage to his room. 私は荷物を彼の部屋に運ぶのを手伝った.
❷ Please *help* me! 助けてください; 手伝ってください / We should *help* people in need. 困っている人を助けるべきだ / "*Help*!" cried a boy, running away from a dog. 「助けて！」と犬から逃げながら少年が叫んだ.
❸ Your advice *helped* me a lot. あなたのアドバイスが大変助けになりました / This book will *help* you (*to*) understand Japanese culture. この本は君が日本文化を理解するのに役立つでしょう.
❹ I *cannot help* it.＝It *can't be helped*. しかたがないです / How *can* I *help* (*doing*) it? そうするよりしかたがないじゃないか.
❺ Did the medicine *help* your cold? その薬は君のかぜにききましたか.
❻ She *helped* me *to* some potatoes. 彼女は私にジャガイモを分けてとってくれた.
── 自 ❶ He kindly offered to *help*. 彼は親切にも手伝ってくれると言ってくれた.

helper

❷Some sleep will *help*. ちょっと眠るといいですよ / It won't *help* to cry.＝Crying won't *help*. 泣いても何にもならない.

Can [May] I help you? なにをさしあげましょうか《店員などがお客に言うことば; ❂ may を用いるほうがていねい》.

cannot help but *do*《口語》__しないわけにはいかない, __せざるを得ない：I *cannot help but* think so. 私はそう考えないわけにはいかない.

cannot help *doing* __しないわけにはいかない, __せざるを得ない：I *could not help laughing*. 私は笑わずにいられなかった.

cannot help ...('*s*) *doing* …が__するのはどうしようもない.

help ... ***across*** ~ …が~(道路など)を横断するのを助ける.

help ... ***along*** …が前へ進むのを助ける.

help ... ***down*** (~) …が(~を)降りるのを助ける.

help ... ***into*** ~ …が~にはいる[乗る]のを助ける.

help ... ***on*** ~ …が~に乗る[に上がる]のを助ける.

help oneself ①《食べ物・飲み物を》**自分で取って食べる[飲む]**：*Help yourself*, please. どうぞ遠慮しないでお上がりください.
②《**cannot** をともなって》自分(の感情など)を抑える. ③自分のことは自分でする, 自立する.

help oneself to ... **…を自分で取って食べる[飲む]**：Please *help yourself to* the salad. どうぞサラダをご自由にお取りください.

対話「どうぞサンドイッチを召し上がってください」
「Please help yourself to the sandwiches.」
「ありがとう」
「Thank you.」

help ... ***out*** (***of*** ~) …が(~から)出るのを助ける, …を(困っている状況から)助け出す.

help ... ***up*** …が(立ち)上がるのを助ける.

help (...) ***with*** ~ (…の)~(仕事など)を手伝う：We all *helped with* the dishes. 皆で皿洗いを手伝った (☞ 他❶❸).

so help me (***God***) ①神に誓って《宣誓のことば》. ②かならず, きっと. ③《信じられないかもしれないが》本当に.

— 图 ❶He shouted [cried] for *help*. 彼は助けを求めて叫んだ / Thank you for your kind *help*. 手伝っていただき[ご援助]感謝します.

❷The guidebook was *a* great *help* to me. その案内書はとても役に立ちました.

❸It is hard to find *help* these days. 最近はお手伝いをさがすのは難しい.

❹There is *no help* for it. それはどうしようもない.

be of help 役に立つ：This dictionary *is of* great *help* to me. この辞書は私にはたいへん役に立っている.

Help Wanted お手伝いさん[従業員]求む《広告や掲示などの文句》.

with the help of ... …の助けをかりて：*with the help of* a dictionary 辞書の助けを借りて.

☞ 形 helpful.

help·er /hélpər ヘルパ/ 图 © 手助けする人, 助手.

＊**help·ful** /hélpfəl ヘルプフル/ 形 (***more*** ~; ***most*** ~) **助けになる**, 役に立つ.

This map was very *helpful* for walking around Kyoto. この地図は京都を歩き回るのにたいへん役立った / It will be *helpful* (for you) to ask her for advice. 彼女にアドバイスをもらうといいでしょう / *helpful* information 役に立つ情報.

☞ 图 help.

help·ful·ly /hélpfəli ヘルプフリ/ 副 役立つように.

＊**help·ing** /hélpiŋ ヘルピング/ 图 (複 ~**s** /-z/) ❶ Ü **手助け**, 助力.
❷ © (食物の)ひと盛り, 1杯.

abcdefg**h**ijklmnopqrstuvwxyz　　　　　　　　　　　　**herd**

— 形救いの,手助けになる.
▶名 ❷I'd like a second *helping* of soup. スープのお代わりをください.

hélping hánd 名C手助け,助力.
give [*lend*] *... a helping hand* …に手を貸す,…を手助けする.

***help·less** /hélpləs ヘルプレス/ 形(自分では)**どうすることもできない**, 無力な.
▶The injured man lay *helpless* on the ground. そのけが人はどうすることもできずに地面に横になっていた / a *helpless* baby ひとりではなにもできない赤ん坊 / feel *helpless* fury (よるべのない孤児などを見て)やり場のない憤(いきどお)りを感じる.

help·less·ly /hélpləsli ヘルプレスリ/ 副 どうすることもできないで.

help·less·ness /hélpləsnəs ヘルプレスネス/ 名Uどうすることもできない状態.

help·line /hélplàin ヘルプライン/ 名C (英)相談電話(の番号) (✪困った[知りたい]ことがあるときに緊急にかける電話番号).

Hel·sin·ki /hélsiŋki ヘルスィンキ/ 名ヘルシンキ (♦フィンランド (Finland) 南部の海港, 首都).

hem¹ /hém ヘム/ 名C (衣類の)へり, すそ.
— 動(~s /-z/; hemmed /-d/; hemming) 他…にへりをつける.
hem ... in …を取り囲む.

hem² /hm フム/ 感へん, えへん (♦他人の注意をひいたり, 疑いやためらいを表わすせき払いの音).

Hem·ing·way /hémiŋwèi ヘミングウェイ/ 名ヘミングウェー (♦**Ernest** /ə́ːrnist/ **Hemingway** (1899–1961); アメリカの作家).

hem·i·sphere /héməsfìər ヘミスフィア/ 名C (地球・天体の)半球.
▶the Eastern [Western] *hemisphere* 東[西]半球.

hem·line /hémlàin ヘムライン/ 名C (スカートなどの)すそ.

hem·lock /hémlak ヘムラック/ 名UC〖植物〗ドクニンジン.

he·mo·glo·bin /híːməglòubin ヒーモグロウビン/ 名U〖生化学〗ヘモグロビン.

hem·or·rhage /hémərid3 ヘモリヂ/ 名UC出血.

hemp /hémp ヘンプ/ 名U〖植物〗アサ, タイマ.

***hen** /hén ヘン/ 名(複 ~s /-z/) C ❶めんどり (☞rooster, cock).
❷(鳥の)雌(めす).

hence /héns ヘンス/ 副《文語》このゆえに, それゆえに, 従って.
▶Nobody listened to him, *hence* his anger. だれも彼の話を聞かなかった. そのために彼はおこった.

hence·forth /hénsfɔːrθ ヘンスフォース/ 副《文語》今後は, これ以後は.

hench·man /héntʃmən ヘンチマン/ 名(複 -men /-mən/) C (有力な人の)取り巻き, 子分.

hen·pecked /hénpèkt ヘンペックト/ 形 妻の尻(しり)にしかれた.
▶a *henpecked* husband 恐妻家.

Hen·ry /hénri ヘンリ/ 名ヘンリー《男性の名; 愛称 Harry》.

hep·a·ti·tis /hèpətáitis ヘパタイティス/ 名U〖医学〗肝炎.

****her** /(弱) hər ハ, ər; (強) hə́ːr ハー/ 代
❶《she の所有格》**彼女の**.
❷《she の目的格》**彼女を[に]**.
❸《補語として用いて》《口語》彼女(です,だ).

❶She has left *her* book here. 彼女はここに自分の本を置き忘れている.
❷Do you know *her*? 彼女を知っていますか / He brought *her* some flowers. 彼は彼女に花を持ってきてあげた.
❸It's *her*. それは彼女です.

He·ra /híərə ヒ(ア)ラ/ 名〖ギリシア神話〗ヘラ《ゼウス (Zeus) の妻》.

her·ald /hérəld ヘラルド/ 名C先ぶれ, 先駆者.
— 動他…の先ぶれとなる, …を予告する.

herb /hə́ːrb ハーブ, アーブ/ 名C薬草, 香料[食用]植物, ハーブ.

herb·al /hə́ːrbəl ハーバル, アー・/ 形草の, 薬草の.

Her·bert /hə́ːrbərt ハーバト/ 名ハーバート《男性の名; 愛称 Bert, Bertie》.

her·biv·ore /hə́ːrbəvɔ̀ːr ハービヴォー, アー・/ 名C草食動物 (☞carnivore).

Her·cu·les /hə́ːrkjuliːz ハーキュリーズ/ 名〖ギリシア神話〗ヘラクレス《ゼウス (Zeus) の子で, 大力と勇気で有名な英雄》.

herd /hə́ːrd ハード/ 名 ❶C (牛や馬などの)

群れ.
❷《the をつけて; 軽蔑(けいべつ)的に》大衆.
— [動][自]群れをなして動く.
— [他]❶(ヒツジ・牛などの群れ)をかり立てて移動させる.
❷(人の集団)を移動させる.
▸[名]❶a *herd* of cattle 牛の群れ.

＊＊＊＊**here** /híər ヒア/ [副]
❶《近くの場所をさして》**ここに[へ, で]**.
❷《問題とする点などを示して》**この点で**, ここで.
❸《相手の注意を引くために文頭で》**ほらここに[へ]**.
❹《名詞のうしろで》**ここにいる[ある]**.
❺《相手の注意を引こうとしたり, 命令したりするとき》**さあ**, ほら, おい.

❶*Here* is a bird. ここに鳥がいる / Come *here*. ここへいらっしゃい.
❷*Here* you are wrong. 君はここが違っている.
❸*Here* she comes. ほら彼女が来たぞ / *Here* comes Betty! ほらベティが来たぞ《✪主語が代名詞と名詞の場合の位置の違いに注意. 代名詞の場合はHere＋代名詞＋動詞となり, 名詞の場合はHere＋動詞＋名詞となる》.
❹My friend *here* can help you. ここにいる私の友人が君の手伝いをします.
❺*Here*, take the money. さあ, 金を受け取りなさい / *Here*, *here*, don't cry. さあさあ, もう泣くな.
Here! 「はい」《✪点呼をとるときにいう》.

[対話]「出席をとります. ジョン　スミス?」
「はい」

here and now 今すぐ, 今この場で.
here and there **あちこちに**, あちこちへ:I saw cows *here and there*. あちこちらに牛が見えた.
Here goes! さあ始めるぞ《✪困難なことやいやなことを思い切って始めるときにいう》.
Here I am. ①ただいま(帰りました). ②さあ着いたぞ.
Here it is. **はいここにあります**, はいどうぞ《✪相手の捜しているものを見つけたり渡すときにいう》.
Here's to ...! …のために乾杯:*Here's to* your health! あなたの健康を祈って乾杯.
here, there, and everywhere いたるところに, どこもかしこも.
Here we are! ①**さあ**(目的地に)**着いたぞ**. ②《捜しものが見つかって》ああここにあった.
Here you are. **はいここにあります**, はい(これを)どうぞ《✪相手のほしいものを渡すときにいう》:[対話]"Pass me the butter, please."– "*Here you are.*"「バターをとってください」「はい, どうぞ」.
Look here! ねえ君, いいかい.
neither here nor there 問題外で, どうでもいいことで, まとはずれで.
over here こちらに[へ], こちらで:I'm *over here*.《離れた所にいる人に向かって》私はここにいます.
See here! ねえ君, いいかい (Look here!).

here·a·bouts /híərəbàuts ヒアラバウツ/ [副]この辺に[で].
here·af·ter /hiəræftər ヒアラフタ/ [副]《文語》今後は, 将来は.
here·by /hiərbái ヒアバイ/ [副]《文語》これによって.
he·red·i·tar·y /hərédətèri ヘレディテリ/ [形]❶遺伝性の. ❷世襲(せしゅう)の.
▸❶*hereditary* diseases 遺伝病.
he·red·i·ty /hərédəti ヘレディティ/ [名][U]遺伝.
here·in /hiərín ヒアリン/ [副]《文語》ここに.
＊**here's** /híərz ヒアズ/《口語》《**here is**[1] の短縮形》.
▸*Here's* your tea. 紅茶をどうぞ.
her·e·sy /hérəsi ヘレスィ/ [名]([複] -e·sies /-z/)[U.C](宗教上の)異端, 異教.

her·e·tic /hérətik ヘレティック/ 名©異教徒, 異端者.

he·ret·i·cal /hirétikəl ヒレティカル/ 形異教の, 異端の.

her·i·tage /hérətidʒ ヘリティヂ/ 名UC《集合的に》相続遺産；(過去の)文化的遺産, 伝統.

Her·mes /hə́ːrmiːz ハーミーズ/ 名【ギリシア神話】ヘルメス《神々の使者で, 商業・技術・旅行・弁舌・盗賊などの守護神》.

her·mit /hə́ːrmit ハーミット/ 名©隠者, 世捨て人.

her·ni·a /hə́ːrniə ハーニア/ 名UC【医学】ヘルニア, (とくに)脱腸.

***he·ro** /híərou ヒ(ア)ロウ, híː-/ 名(複 ~es /-z/)©
❶ **英雄**, ヒーロー.
❷(小説・劇・映画などの)(男性の)**主人公**, ヒーロー(○「女主人公」は heroine).
make a hero of ... …を英雄扱いする.
☞形 heroic.

***he·ro·ic** /hiróuik ヒロウイック/ 形(more ~; most ~) ❶ **英雄的な**, 勇ましい.
❷古代の英雄を題材にした.
— 名(複 ~s /-s/)《複数形で》英雄的な行為.
▶形 ❶ *heroic* deeds 英雄的な行為.
☞名 hero.

he·ro·i·cal·ly /hiróuikəli ヒロウイカリ/ 副英雄らしく, 勇ましく.

her·o·in /hérouin ヘロウイン/ 名Uヘロイン《モルヒネ (morphine) 製の麻薬》.

her·o·ine /hérouin ヘロウイン/ 〖★発音注意〗名© ❶ (女性の)英雄.
❷ (小説・劇・映画などの)女主人公, ヒロイン(○「(男の)主人公」は hero).

her·o·ism /hérouìzm ヘロウイズム/ 〖★発音注意〗名U英雄的精神[行動], 勇気.

her·on /hérən ヘロン/ 名©アオサギ, サギ.

her·ring /hériŋ ヘリング/ 名(複 her·ring, ~s /-z/) UC ニシン.

****hers** /hə́ːrz ハーズ/ 代
❶《she の所有代名詞》**彼女のもの**.
❷《*... of hers*》彼女の….

❶ Is this your book or *hers*? これは君の本ですかそれとも彼女の本ですか.
❷ this book *of hers* 彼女のこの本 / a friend *of hers* 彼女の友人.

****her·self** /hərsélf ハセルフ, əːr-/ 代
❶《他動詞や前置詞の目的語として》**彼女自身を[に]**(○ふつうに発音して)
❷《強調用法》彼女自身(○強く発音して)
❸本来の彼女.

❶ She doesn't know *herself*. 彼女は自分自身のことをわかっていない / She is proud of *herself*. 彼女は自分のことを誇りに思っている.
❷ Meg *herself* carried the bag upstairs. メグは自分自身でそのかばんを2階へ運んだ.
❸ She was *herself* again. 彼女はまた元気になった[全快した].
by herself ①(他人から離れて)**ひとりで**, ひとりぼっちで. ②(他人の助けを借りずに)**独力で**.
for herself ①**自分のために**. ②独力で(○この意味では by herself とほぼ同じ意味であるが, for herself には「自分の利益のために」という気持ちが含まれる).

hertz /hə́ːrts ハーツ/ 名(複 hertz) ©【物理】ヘルツ《振動数・周波数の単位》.

***he's** /(弱) hiz ヒズ, iz; (強) híːz ヒーズ/《口語》
❶《he is¹ の短縮形》.
❷《he is² の短縮形》.
❸《he has² の短縮形》.

❶ *He's* my cousin. 彼は私のいとこです.
❷ *He's* reading a magazine now. 彼は今雑誌を読んでいる.
❸ *He's* just arrived. 彼はたった今着いたところです.

hes·i·tan·cy /hézətənsi ヘズィタンスィ/ 名Uためらい, ちゅうちょ.

hes·i·tant /hézətənt ヘズィタント/ 形ためらいがちな, ちゅうちょする.
▶He's very shy and *hesitant*. 彼はとても内気で煮えきらない.
☞動 hesitate.

hes·i·tant·ly /hézətəntli ヘズィタントリ/ 副ためらいながら；口ごもって.

***hes·i·tate** /hézətèit ヘズィテイト/ 動(~s /-ts/; -tat·ed /-id/; -tat·ing) ⾃
❶ⓐ **ためらう**, ちゅうちょする.
ⓑ《*hesitate to do*》__するのをためらう, ちゅうちょする.

hesitatingly

❷ (ためらって)口ごもる.

❶ⓐShe *hesitated* before knocking on the door. 彼女は少しためらってからドアをノックした / I'm still *hesitating* (*about*) how to explain it to him. それを彼にどう説明すべきかでまだ迷っている. ⓑI *hesitate to* ask you, but could you help me? お願いしにくいことですが,手伝っていただけませんか / Don't *hesitate to* call me if you need my help. 私の助けが必要だったら遠慮なく私に電話をください.

☞ 名hesitation, 形hesitant.

hes·i·tat·ing·ly /hézətèitiŋli ヘズィテイティングリ/ 副 = **hesitantly**.

hes·i·ta·tion /hèzətéiʃən ヘズィテイション/ 名ⓊⒸ ❶ためらい. ❷口ごもり.

▶ ❶ He had no *hesitation* in accepting the job. 彼はためらわずにその仕事を引き受けた.

☞ 動hesitate.

het·er·o·ge·ne·ous /hètərədʒí:niəs ヘテロヂーニアス/ 形《文語》異種の,異種のものが集まった (反 homogeneous).

het·er·o·sex·u·al /hètərousékʃuəl ヘテロウセクシュアル/ 形異性愛の (☞ homosexual, bisexual).
— 名Ⓒ異性愛の人.

hex·a·gon /héksəgàn ヘクサガン/ 名Ⓒ六角形,六辺形 (☞ square の 類語).

*__hey__ /héi ヘイ/ 感へー, おや, まあ, おい, やあ, ちょっと (驚き・喜び・注意・疑問などの発声).

▶ *Hey*! Here's Bob. やあ,ボブだ / *Hey*, you! おい,君.

hey·day /héidèi ヘイデイ/ 名まっ盛り,最盛時.

*__hi__ /hái ハイ/ 感やあ,こんにちは (注意・あいさつの発声; ○ ふつう後に相手の名前をつけていう; hello よりもくだけた表現).

▶ *Hi*, Bob. やあボブ.

hi·ber·nate /háibərnèit ハイバネイト/ 動 (現分 -nat·ing) 自 (動物が)冬眠する.

hi·ber·na·tion /hàibərnéiʃən ハイバネイション/ 名Ⓤ (動物の)冬眠.

hi·bis·cus /haibískəs ハイビスカス/ 名 (複 ~·es /-iz/) Ⓒ ハイビスカス.

hic /hík ヒック/ 感 ヒック (しゃっくりの音).

hic·cup /híkʌp ヒカップ/ 名Ⓒ しゃっくり.
— 動 (~s /-s/; ~ed, hic·cupped /-t/; ~·ing, hic·cup·ping) 自しゃっくりをする.

▶ 名 have [get] (the) *hiccups* しゃっくりが出る.

hick·o·ry /híkəri ヒコリ/ 名 (複 -o·ries /-z/) Ⓒ ヒッコリー (北米産クルミ科の木).

*__hid__ /híd ヒッド/ 動 hide¹ の過去形・過去分詞形.

*__hid·den__ /hídn ヒドン/ 動 hide¹ の過去分詞形.
— 形隠された,秘密の; 神秘の.

*__hide¹__ /háid ハイド/ 動 (~s /-dz/; hid /híd/; hid·den /hídn/, hid; hid·ing) 他
❶ …を隠す,見えなくする.
❷ (感情など)を人に知られないようにする,秘密にする.
— 自 隠れる.

他 ❶ She *hid* the key under the bed. 彼女はその鍵をベッドの下に隠した.
❷ She can't *hide* her feelings. 彼女は自分の気持ちを隠すことができない / We *hid* the facts *from* her. 私たちはそのことを彼女に知らせないでおいた.
— 自 He was *hiding* in the closet. 彼は押し入れに隠れていた.

hide oneself 隠れる.
hide out 身を隠す.

hide² /háid ハイド/ 名Ⓒ獣の皮 (とくに牛・馬・水牛などの皮); ☞ leather の 類語.

hide-and-seek /háidn-sí:k ハイドン・スィーク/ 名Ⓤかくれんぼ.

▶play (at) *hide-and-seek* かくれんぼをする (かくれた人を鬼 (it) がさがす遊びが一般的).

hide·a·way /háidəwèi ハイダウェイ/ 名Ⓒ隠れ場所.

hid·e·ous /hídiəs ヒディアス/ 形ぞっとする; (胸が悪くなるほど)いやな.

▶ a *hideous* crime ぞっとする犯罪.

hid·e·ous·ly /hídiəsli ヒディアスリ/ 副恐ろしく,ぞっとするほど.

hide·out /háidàut ハイダウト/ 名Ⓒ (犯人などの)隠れ家,潜伏場所.

hid·ing /háidiŋ ハイディング/ 名Ⓤ隠すこと,隠れること.

híding pláce 名Ⓒ隠れ[隠し]場所.

hi·er·ar·chi·cal /hàiərá:rkikəl ハイアラーキカル/ 形階級組織の.

abcdefg**h**ijklmnopqrstuvwxyz　　　　　　　　　　　　　**high blood pressure**

hi·er·ar·chy /háiərɑ̀ːrki ハイアラーキ/ 名（複 -ar·chies /-z/）C階級制度, 階級組織.

hi·er·o·glyph·ic /hàiərəɡlífik ハイアログリフィック/ 形象形文字(ふう)の.

hi·er·o·glyph·ics /hàiərəɡlífiks ハイアログリフィックス/ 名（古代エジプトなどの）象形文字による表記.

high /hái ハイ/

形 (~·er; ~·est) ❶ⓐ(高さなどが)**高い** (反 low). ⓑ高い所にある.

❷**高さが…の[で]**.

❸ⓐ(品質などが)**高級な**, 上等の.
ⓑ(地位・身分・順位などが)高い, 上流の.
ⓒ(人格などが)気高い, 高尚(こう)な.

❹ⓐ(値段・給料などが)高い (☞expensive). ⓑ(割合・度合い・評価などが標準より)高い, 激しい.

❺(季節・時期などが)盛りの, たけなわの.

❻ⓐ(音・声などが)高い, 鋭い.
ⓑ(色が)濃い, 赤い.

❼ⓐ楽しい, うれしい; 元気な. ⓑ(麻薬で)ハイの状態で, 気分が高揚して.

— 副 (~·er; ~·est) ❶**高く** (反 low).
❷(地位・目標などが)高く.
❸(値段・程度などが)高く; ぜいたくに.

— 名 C ❶天, 高い所.
❷最高記録; 高値.
❸(麻薬などによる)興奮状態.
❹〔気象〕高気圧(域).
❺= **high school**.
❻高速度, トップギア (high gear).

類語 **tall** は「(細長いものの高さが)高い」で, たとえば「身長が高い人」を a tall man という; ふつう **high** は人や動物には用いない. 建物などの場合には a tall building がふつうだが a high building ともいう.

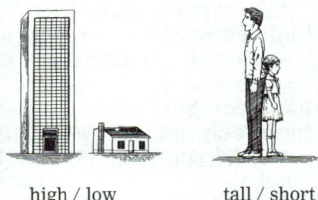

high / low　　　　　tall / short

･････････････････････････････････

形 ❶ⓐa very *high* mountain 非常に高い山 / a *high* tower 高い塔.
ⓑThe sun is already *high*. 日はすでに高い / a *high* shelf 高いたな.

❷ 対話 "How *high* is the mountain?"–"It is about two thousand meters *high*." 「その山の高さはどのくらいですか」「約2,000mです」.

❸ⓐThis is a pen of *high* quality, isn't it? これは高級な万年筆ですね.
ⓑa *high* official 高級官僚, 役員 / *high* social status 高い社会的地位.
ⓒ*high* ideals 高い理想.

❹ⓐThe price of meat is very *high* in Japan. 日本では肉の価格がひじょうに高い. ⓑa *high* temperature 高温 / a *high* percentage 高率 / at *high* speed 高速で.

❺*high* noon 真昼 / *high* summer 盛夏 / (the) *high* season (商売などの)忙しいとき, かき入れどき.

❻ⓐShe speaks in a *high* voice. 彼女はかん高い声でしゃべる.
ⓑthe *high* color of her cheeks 彼女のほおの血色のよさ.

❼ⓐWe had a *high* time. 私たちは楽しい時を過ごした / He was in *high* spirits. 彼は上きげん[とても元気]だった.

It is high time __. すぐ__しなければならないときだ (☞ **high time**).

☞ 名 **height**.

— 副 ❶The hawks were flying *high* up in the sky. タカは空高く飛んでいた.

❷He will rise *high* in his profession. 彼は今の仕事で出世するだろう / aim *high* 高い所を狙(ねら)う, 大志を抱く.

❸bid *high* 高い値段をつける.

high and low いたるところに[で].
run high (感情が)荒れる.

— 名 ❷The price of rice has reached a new *high*. 米価(べいか)は新高値になった.

hígh atmosphéric préssure 名 U〔気象〕高気圧.

high·ball /háibɔ̀ːl ハイボール/ 名 U C《米》ハイボール《ウイスキーなどをソーダ水で割った飲み物》.

hígh blóod prèssure 名 U 高血圧.

six hundred and twenty-seven　　　　　　　　　　　　　　　　　　　　627

high·brow /háibràu ハイブラウ/ 形 インテリ(向き)の.

hígh chàir 名C 赤ん坊用食事いす《脚が高く食事をのせる台がついている》.

high-class /hái-klǽs ハイ・クラス/ 形 高級の, 第1級の; 上流の.

*__high·er__ /háiər ハイア/ 形
❶《**high** の比較級》いっそう高い(反 lower).
❷ 高等な, 高度の, 上級の.
▶ ❶ Food prices are *higher* in Tokyo than in London. 東京の食品の価格はロンドンよりも高い.
❷ *higher* education 高等教育 / the *higher* animals 高等動物.

hígh fréquency 名C【無線】短波.

high-grade /hái-gréid ハイ・グレイド/ 形 高級な.

high-hand·ed /hái-hǽndid ハイ・ハンディド/ 形 高圧的な, おうへいな, 横暴な.

hígh jùmp 名《the をつけて》【陸上競技】走り高跳び.

high·land /háilənd ハイランド/ 名
❶ C《複数形で》高地, 高原.
❷《the Highlands で》(スコットランドの)高地地方.

high·light /háilàit ハイライト/ 名C(事件・ニュース・話・番組などの)もっとも興味ある[重要な]部分, ハイライト.
── 動他 …を目だたせる, 強調する.

*__high·ly__ /háili ハイリ/ 副 (more ~; most ~) ❶ 大いに, 非常に.
❷ 高く評価して, 尊敬して.

❶ They were *highly* pleased at the news. 彼らはそのニュースを聞いてとても喜んだ / a *highly* developed country 高度に発達した国, 先進国.
❷ The teachers spoke *highly* of his work. 先生たちは彼の作品を大いにほめた.

high-mind·ed /hái-máindid ハイ・マインディド/ 形 気高い, 高潔な.

high·ness /háinəs ハイネス/ 名 (複 ~es /-iz/) C《Highness で》殿下《皇族などに対する敬称; ◎ ふつう His, Her, Your などを前につける; 3人称単数として扱う; ☞ honor ❺, majesty ❷》.
▶ His *Highness* 殿下 / Your *Highness* 殿下, 妃殿下《◎ 直接向かって you というべきときに用いる》.

high-pitched /hái-pítʃt ハイ・ピッチト/ 形 (声・音が)調子の高い, かん高い.

high-pow·ered /hái-páuərd ハイ・パウアド/ 形 ❶ (人が)有力な.
❷ (機械などが)高性能の.

high-pres·sure /hái-préʃər ハイ・プレシャ/ 形 ❶ 高圧の, 高気圧の.
❷ 高圧的な, しつこい.

high-rank·ing /hái-rǽŋkiŋ ハイ・ランキング/ 形 高位の, 高い階級の.

hígh rise 名C 高層建築(物)《☞ skyscraper》.

high-rise /hái-ráiz ハイ・ライズ/ 形 (建物が)高層建築の.
── 名C 高層建築(物).
▶ 形 a *high-rise* apartment building 高層アパート.

hígh ròad 名《米》(道徳的に)正しい道.

hígh schòol 名 ❶ UC《米》ハイスクール.
INFO▶ アメリカの学校制度は小学校, 中学校, 高校の教育期間総計 12 年間というのが決まっているだけであって, その分け方は州によって異なっている. 6-3-3 制が最もふつうの分け方で, 4-4-4 制, 6-4-2 制, 8-4 制, 6-2-4 制, 6-6 制などもある. 6-3-3 制では初めの 3 年間が junior high school, 後の 3 年間が senior high school とよばれる; ☞ middle school.
❷ UC《英》= grammar school.

hígh séas 名複《the をつけて》公海《どこの国にも属さない海》.

high-speed /hái-spí:d ハイ・スピード/ 形 高速度の.

high-spir·it·ed /hái-spíritid ハイ・スピリティド/ 形 元気のよい(反 low-spirited).

hígh strèet 名C《英》(都市の)本通り, 大通り《◎《米》では main street》.

hígh téa 名UC《英》ハイティー《午後 5 時から 6 時ごろに食べる簡単な食事をいう; ☞ afternoon tea》.

hígh téch 形 ハイテクの.

high-tech /hái-ték ハイ・テク/ 形 ハイテクの, 高度技術[先端技術]の《☞ low-tech》.

hígh technólogy 名U ハイテク, 高度先端技術.

hígh tíde 名 UC 満潮(時)(反 low tide).

abcdefg**h**ijklmnopqrstuvwxyz   himself

hígh tíme 名Uちょうどよい時機, すぐに__しなければならない時間[時期].
▶It is *high time* I was [were] going. もうおいとましなければなりません (❏It is high time に続く節の前には that をつけず, 動詞は仮定法過去形を用いる; ☞ time ❸ ❹) / It is *high time* (for us) to start. もう出発する時間だ.

hígh wáter 名U満潮, (川や湖の)高水位.

*high・way /háiwèi ハイウェイ/ 名 (複 ~s /-z/) C **幹線道路**, 公道 (❏日本の「国道」や「県道」にあたる; 日本語の「ハイウェー, 高速自動車道路」は 《米》 では expressway または freeway, 《英》 では motorway).

hi・jack /háidʒæk ハイヂャク/ 動他 ⓐ (航空機など)を乗っ取る (❏skyjack ともいう). ⓑ (組織など)を乗っ取る.
— 名 C ハイジャック事件.

hi・jack・er /háidʒækər ハイヂャカ/ 名 C ハイジャックの犯人 (skyjacker).

hi・jack・ing /háidʒækiŋ ハイヂャキング/ 名 UC ハイジャック事件 (❏単に hijack ともいう).

*hike /háik ハイク/ 名 (複 ~s /-s/) C
❶ **ハイキング** (いなかや山を長距離歩くレクリエーション; ☞ picnic の **類語**).
❷ 《口語》 (物価・給料などの)(急で)大幅な上昇[引き上げ].
— 動 (~s /-s/; hiked /-t/; hik・ing) ⓐ **ハイキングをする**.
— 他 ❶ (値段など)を(急に)大幅に引き上げる.
❷ 《米》…をハイキングする.
▶名 ❶ go on [take] a *hike* ハイキングに行く
❷ a price [tax] *hike* 大幅な物価上昇 [増税].
— 動 ⓐ *hike* in the woods 森へハイキングに行く — 他 ❶ *hike* (up) the price 値段を(急に)大幅に引き上げる.
hike up 他 《米口語》…をぐいと引き上げる.

hik・er /háikər ハイカ/ 名 C ハイカー, 徒歩旅行者.

*hik・ing /háikiŋ ハイキング/ 名 U **ハイキング**, 徒歩旅行 (☞ hike).
▶go *hiking* ハイキングに行く.

hi・lar・i・ous /hiléəriəs ヒレ(ア)リアス/ 形 すごく愉快な.

*hill /híl ヒル/ 名 (複 ~s /-z/) C
❶ **丘**, 小山 (❏mountain より低いもの).
❷ **坂, 坂道**.
▶❶ climb a *hill* 丘に登る.
☞ 形 hilly.

hill・bil・ly /hílbili ヒルビリ/ 名 (複 -billies /-z/) C 《米》《軽蔑(%)的に》いなか者.

hill・side /hílsàid ヒルサイド/ 名 C 丘の斜面.

hill・top /híltàp ヒルタプ/ 名 C 丘の頂上.

hill・y /híli ヒリ/ 形 (hill・i・er; hill・i・est) 丘 [小山]の多い. ☞ 名 hill.

hilt /hílt ヒルト/ 名 C (刀の)つか.
(up) to the hilt 徹底的に.

*him /《弱》him ヒム, im;《強》hím ヒム/ 代 ❶ 《he¹の目的格》**彼を, 彼に**.
❷ 《補語として用いて》《口語》彼(です, だ).

❶ She loves *him*. 彼女は彼を愛している / I went there with *him*. 私は彼といっしょにそこへ行った.
❷ It's *him*. それは彼だ.

Hi・ma・lá・ya Móuntains /hìməléiə ヒマレイア・/ 名 複 《the をつけて》ヒマラヤ山脈.

Him・a・la・yan /hìməléiən ヒマレイアン/ 形 ヒマラヤ(山脈)の.

Him・a・la・yas /hìməléiəz ヒマレイアズ/ 名 複 《the をつけて》= **Himalaya Mountains**.

*him・self /himsélf ヒムセルフ, イム・/ 代 ❶ 《他動詞や前置詞の目的語として》**彼自身を[に]** (❏ふつうに発音して).
❷ 《強調用法》**彼自身** (❏強く発音して).
❸ 本来の彼.

❶ He warmed *himself* at the fire. 彼は暖炉にあたって体を暖めた.
❷ He went there *himself*. 彼は自身でそこへ行った.
❸ He came to *himself*. 彼は正気にかえった.

by himself ① (他人から離れて) **ひとりで**, ひとりぼっちで. ② (他人の助けを借りずに) **独力で**.

hind

for himself ①**自分のために**. ②独力で《❀この意味では by himself とほぼ同じ意味であるが，for himself には「自分の利益のために」という気持ちが含まれている》.

hind /háind ハインド/ 形 うしろの, 後部の (反 fore).
▶the *hind* legs (動物の)あと足.

hin・der /híndər ヒンダ/ 動 他 …をじゃまする, 妨害する.
▶The noise *hinders* my work.＝The noise *hinders* me in my work. 騒音が私の仕事のじゃまをしている.
☞ 名 hindrance.

Hin・di /híndi: ヒンディー/ 名 U ヒンディー語《北部インドの地方言語; インドの公用語のひとつ》.

hin・drance /híndrəns ヒンドランス/ 名 (複 -dranc・es /-iz/) C 障害物, じゃまな人, じゃま物. ▶without *hindrance* 支障なく, 無事に / a *hindrance* to success 成功の障害になるもの.
☞ 動 hinder.

hind・sight /háindsàit ハインドサイト/ 名 U あと知恵《あとになってからわかること》.

Hin・du /híndu: ヒンドゥー/ 名 (複 ~s /-z/) C ヒンズー教徒.
— 形 ヒンズー教(徒)の.

Hin・du・ism /híndu:ìzm ヒンドゥーイズム/ 名 U ヒンズー教.

hinge /híndʒ ヒンヂ/ 名 (複 hing・es /-iz/) C (開き戸などの)ちょうつがい.
— 動 (hing・es /-iz/; ~d /-d/; hing・ing)《*hinge* on [upon] ...》…しだいで決まる.
▶動 Our success *hinges* on your decision. われわれの成功は君の決心しだいで決まる.

*****hint** /hínt ヒント/ 名 (複 ~s /-ts/) C
❶**暗示**, ほのめかし. ❷(なにかの)**きざし**, 兆候, (わずかな)しるし. ❸**ヒント**, 助言. ❹微量, わずか.
— 動 (~s /-ts/; ~ed /-id/; ~ing) 他 《*hint* (to ...) that __》(…に)__とそれとなくいう, ほのめかす.
— 自 それとなくいう, ほのめかす.

名 ❶ I gave him a *hint* that I did not want him to come. 私は彼に来て欲しくないということをそれとなくほのめかした.
❷ a *hint* of summer 夏の気配.
❸ The teacher gave us a *hint* on how to solve the problem. 先生はわれわれに問題を解くヒントをくれた / *hints* on cooking 料理の心得.
❹ a *hint* of garlic 微量のニンニク.
— 動 他 She *hinted* to me that she wouldn't join us. 彼女はそれとなく私たちの仲間には入らないようなことをいった.
hint at ... **…をほのめかす**, それとなくいう：He *hinted at* his own resignation. 彼はそれとなく辞意をほのめかした.

hin・ter・land /híntərlænd ヒンタランド/ 名 C 後背地, 奥地.

*****hip**¹ /híp ヒプ/ 名 (複 ~s /-s/) C (人間の)**ヒップ**, 腰.
INFO▶ (1) 胴体と脚がつながる横へ張り出した部分のひとつをいい, それが左右でふたつあるのでふつう複数形で用いる. (2) hips の上のくびれた部分の「腰」は **waist**, いすなどにすわると下につく部分の「尻(しり)」は **buttocks**; ☞ body のさし絵.

hip² /híp ヒプ/ 感 ヒップ《応援のリーダーの発声; リーダーほか の人々は "Hip, hip!" というとほかの人々は "Hurray /huréi/!" (フレー)と叫び, これを3度くり返す; ☞ cheerleader》.

hip³ /híp ヒプ/ 形 《口語》(最新の流行などに)詳しい; かっこいい.

hip・pie /hípi ヒピ/ 名 C ヒッピー《1960年代アメリカに現われた反体制的な若者で, ひげをはやし長髪で気ままで型破りな服装をした》.

hip・po /hípou ヒポウ/ 名 C 《口語》カバ《❀ hippopotamus の短縮形》.

hip・po・pot・a・mus /hìpəpátəməs ヒポパタマス/ 名 (複 ~es /-iz/, -a・mi /-mài/) C 〖動物〗カバ《❀《口語》では hippo》.

hip・py /hípi ヒピ/ 名 ＝**hippie**.

*****hire** /háiər ハイア/ 動 (~s /-z/; hired /-d/; hir・ing /háiəriŋ/) 他 ❶ (人)を(一時的に)**雇う**《❀「(会社などが)(人)を職員として雇う」は employ》.
❷《英》(金を払って短期間)(車・部屋など)**を借りる**《《米》では rent; ☞ borrow の 類語》.
— 名 U 《英》(金を払って)(車・部屋などを)(短期間)借りること《❀《米》では rental という》.

動 ❶ *hire* part-timers パートタイマーを

雇う. ❷*hire* a car by the hour 車を1時間いくらで借りる.
hire out 他 (料金を取って)…を貸す.
— 名 *for hire* 貸し出し用の: boats *for hire* 貸しボート / *For Hire* 空車《タクシーなどの標示; ●日本語の運転手つきの貸し切り乗用車の意の「ハイヤー」の意味はない》.
《同音異形語》higher.

híred hánd 名 ⓒ (一時的に)雇われた人.

híre púrchase 名 Ⓤ《英》分割払い方式 (●**híre púrchase sỳstem** ともいう;《米》では installment plan).

his /(弱) hiz ヒズ, iz /(強) híz ヒズ/ 代
❶《he¹ の所有格》**彼の**.
❷《he¹ の所有代名詞》**彼のもの**.
❸《... of his》彼の….

❶ *His* name is Bill. 彼の名はビルだ.
❷ That book is *his*. その本は彼のものです.
❸ a friend *of his* 彼の友だち.

His·pan·ic /hispǽnik ヒスパニック/ 形
❶ スペインの. ❷ ラテンアメリカ(系)の.
— 名 ⓒ ヒスパニック《アメリカ在住のスペイン語を母語とするラテンアメリカ系の人》.

hiss /hís ヒス/ 動 (~es /-iz/; ~ed /-t/; ~ing) 自 ❶ (不賛成・怒りなどの気持ちを表わして)シーッという声を出す.
❷ (蒸気・ヘビなどが)シューと音を出す.
— 他 …をシーッとやじる.
— 名 (複 ~es /-iz/) ⓒ ❶ (不賛成・怒りなどの気持ちを表わす)シーッという声.
❷ (蒸気・ヘビなどの)シューという音.
▶ 動 他 ❶ The audience *hissed* at the actor. 観客はシーッといってその役者をやじった.

his·to·ri·an /histɔ́:riən ヒストーリアン/ 名 ⓒ 歴史家.

*** his·tor·ic** /histɔ́(:)rik ヒスト(ー)リック/ 形 (more ~; most ~) **歴史上有名な**, 歴史上重要な (●historical はふつう単に「歴史上で実際に起こった, 実在した」という意味).
▶ a *historic* event 歴史的な事件 / a *historic* spot [site] 史跡, 旧跡.
☞ 名 history.

‡his·tor·i·cal /histɔ́(:)rikəl ヒスト(ー)リカル/ 形
❶ **歴史上の**, 実際に起こった (☞*historic*). ❷ 歴史上の事実に基づく.

❶ a *historical* event 歴史上の事件 / a *historical* person (実在した)歴史上の人物.
❷ a *historical* novel 歴史小説.
☞ 名 history.

*** his·tor·i·cal·ly** /histɔ́(:)rikəli ヒストリカリ/ 副 **歴史的に**, 歴史上.

‡his·to·ry /hístəri ヒストリ/ 名 (複 -to·ries /-z/)
❶ Ⓤ ⓐ **歴史**.
ⓑ 歴史学; (学校の科目としての)歴史.
❷ ⓒ 歴史の本.
❸ ⓒ (個人の)経歴[前歴], (ものの)由来(ゆらい).

❶ ⓐ the *history* of Japan 日本史 / contemporary *history* 現代史 / ことわざ *History* repeats itself. 歴史はくり返す.
❷ a *history* of Asia アジアの歴史(の本).
❸ a *history* of asthma 喘息(ぜんそく)の病歴.
..., *and the rest is history* …で, 後は皆様のご存知の通りである[説明の必要はない].
make history 歴史に残ることをする.
☞ 形 historic, historical.

‡hit /hít ヒット/
動 (~s /-ts/; hit; hit·ting) 他 ❶ …を**打つ**, なぐる, ぶつ.
❷ (うっかりとまたは意図的に)…を**ぶつける**, 打ちつける.
❸ ⓐ …に**命中する**.
ⓑ (的(まと)など)に**当てる**, 命中させる.
❹ ⓐ …に**ぶつかる**, 当たる.
ⓑ (問題など)にぶち当たる, …を見つける.
❺ ⓐ (災害などが)…を**おそう**.
ⓑ …に打撃を与える.
❻ …を(偶然またはうまく)見つける, 言い当てる.
❼ (考えなどが)…にふと思い浮かぶ.
❽ 《口語》ⓐ (場所)に着く.
ⓑ (水準・程度など)に達する.

❾…にうまく合う, かなう.
❿〔野球〕(安打など)を打つ.
— [自] ❶(ねらって)**打つ**, なぐる.
❷**ぶつかる**, 衝突する.
❸〔野球〕ヒット[安打]を打つ.
— [名] ([複] ~s /-ts/) [C] ❶ⓐ**打撃**.
ⓑ(打撃の)命中. ⓒ衝突.
❷**大当たり**, 成功.
❸〔野球〕安打, ヒット.
❹((口語))殺人.
❺〔電算〕ⓐ(インターネット・データベース検索で)適合した件数.
ⓑ(ウェブサイトの)訪問者数.

H

[動] [他] ❶He *hit* the nail with the hammer. 彼はそのくぎを金づちで打った / She *hit* me in the face. 彼女は私の顔をぶった.

[語法] She hit me in the face. は「ほかの人ではなく私をぶった, そしてぶった場所は顔だった」という意味で, face よりも me に重点がある. それに対し, She hit my face. は「ほかの場所ではなく顔をぶった」という意味でぶった部分に重点がある.

❷He *hit* his head against the shelf. 彼は頭をたなにぶつけた.
❸ⓐA bullet *hit* him in the thigh. 銃弾が彼の太ももに当たった / The wild pitch *hit* him *on* the head. (野球で)暴投が彼の頭に当たった.
ⓑHe tried to *hit* the target with his arrow. 彼は矢で的を射ようとした.
❹ⓐThe car *hit* the fence. その車は柵(さく)にぶつかった.
ⓑ*hit* a problem 問題にぶち当たる.
❺ⓐTwo typhoons *hit* Kyushu this year. 今年はふたつの台風が九州をおそった / A depression *hit* Japan. 不況が日本をおそった. ⓑHe was badly *hit* by his wife's death. 彼は奥さんの死でひどい打撃を受けた.
❻I have *hit* the right answer. 私は正しい答を言い当てた.
❼Suddenly a good idea *hit* me. 私の頭に突然よい考えが浮かんだ / It suddenly *hit* me that I had an assignment. 突然宿題があることを思い出した.
❽ⓐ*hit* the main street 大通りに出る. ⓑ*hit* a new high 〔low〕 最高〔最低〕記録を更新する.
❾The chinaware *hit* his fancy. その陶器は彼の趣味に合った.
❿He *hit* a home run. 彼はホームランを打った.
— [自] ❶The boxer *hits* quite skillfully. そのボクサーは打つのがなかなかうまい.
❷A motorcycle *hit* hard against the post. オートバイが激しく柱にぶつかった.

hit back 仕返しをする, 反論する.
hit it off (with ...) (…と)仲よくなる.
hit on [upon] ... ①**…を思いつく**: I *hit upon* a good idea. 私はうまい考えを思いついた. ②…を運よく見つける.
hit out against ... = *hit* out at ... ①.
hit out at ... ①…を激しく批判する. ②…をなぐろうとする.

— [名] ❶ⓐa hard *hit* 激しく打つこと, 強打. ⓑfour *hits* and six misses 4発命中6発はずれ. ❷The drama was a big *hit*. そのドラマは大成功だった.

hit-and-miss /hítn-mís ヒットン・ミス/ [形] 行き当たりばったりの, でたらめの ((✪ hit-or-miss ともいう)).

hit-and-run /hítn-rʌ́n ヒットン・ラン/ [形] ❶ひき逃げの. ❷〔野球〕ヒットエンドランの.

hitch /hítʃ ヒッチ/ [動] (三単現 ~·es /-iz/) [他] ❶…をつなぐ.
❷(ヒッチハイクで)…にのせてもらう.
— [自] = **hitchhike**.
— [名] ([複] ~·es /-iz/) [C] 障害, 故障.

hitch·hike /hítʃhàik ヒチハイク/ [動] (現分 hitch·hik·ing) [自] ヒッチハイクをする ((☞ hitchhiking)).

He is hitchhiking.
(彼はヒッチハイクをしている)

abcdefg**h**ijklmnopqrstuvwxyz　　　　　　　　　　　　　　　　**hold**

hitch・hik・er /hítʃhàikər ヒッチハイカ/ 名Ⓒヒッチハイクをする人.

hitch・hik・ing /hítʃhàikiŋ ヒッチハイキング/ 名Ⓤヒッチハイク.

hith・er・to /híðərtùː ヒザトゥー/ 副《文語》今まで(は), これまでは.

Hit・ler /hítlər ヒトラ/ 名ヒトラー (**Adolf** /ǽdəlf | áːdɔlf/ **Hitler** (1889-1945); ナチス党 (the Nazis) の指導者でドイツの独裁者).

hít list 名Ⓒ《しばしば所有格の後で》❶殺害予定者リスト. ❷リストラ対象人物.

hít màn 名Ⓒ《米俗語》殺し屋.

hit-or-miss /hítər-mís ヒト・ミス/ 形行き当たりばったりの, 無計画の.

hít paràde 名Ⓒ《the をつけて》流行歌[ベストセラーなど]の番付, ヒットパレード.

hit・ter /hítər ヒタ/ 名Ⓒ打つ人, 打者.
▶a .300 *hitter* 〔野球〕3割打者 (*a three hundred hitter* と読む).

HIV 《略語》**human immunodeficiency virus** ヒト免疫不全ウイルス (エイズの原因となるウイルス).

hive /háiv ハイヴ/ 名Ⓒミツバチの巣(箱) (✿**beehive** ともいう; ☞ **honeycomb**).

hives /háivz ハイヴズ/ 名複〔医学〕じんましん.

h'm /hm フム/ 感ふむ《ためらい・疑い・不満などを表わす》; ☞ **hem²**).

ho /hóu ホウ/ 感❶ほー《驚き・喜び・軽蔑(ぐつ)などを表わす》.
❷おーい《注意を引くための発声》.

hoard /hɔ́ːrd ホード/ 名Ⓒ(たくさんの)秘蔵している物.
── 動他 (たくさんの)…を秘蔵する.

hoard・ing /hɔ́ːrdiŋ ホーディング/ 名Ⓒ《英》公告板, 掲示板 (✿《米》では **billboard**).

hoarse /hɔ́ːrs ホース/ 形 (**hoars・er**; **hoars・est**) (声が)かれた; しゃがれ声の.

hoax /hóuks ホウクス/ 動 (三単現 ~**es** /-iz/)他 …をだます, …にいっぱい食わせる.

hob・ble /hábl ハブル/ 動 (現分 **hob・bling**)自 (足を痛めたりして)よたよたと歩く.

*****hob・by** /hábi ハビ | hɔ́bi/ 名 (複 **hobbies** /-z/)Ⓒ趣味 (✿ふつう暇なときにひとりで楽しむものをさす).

▶His *hobby* is music [playing games on computer]. 彼の趣味は音楽[コンピューターでゲームをすること]だ.

hock・ey /háki ハキ/ 名Ⓤ❶《英》= **field hockey**. ❷《米》= **ice hockey**.

hodge・podge /hádʒpàdʒ ハヂパッヂ/ 名《**a** をつけて》ごた混ぜ, 寄せ集め.

hoe /hóu ホウ/
── 動 (現分 **hoe・ing**)他 …をくわで耕す. ── 自くわで耕す.

hog /hɔ́(ː)g ホ(ー)グ/ 名Ⓒ《米》豚《とくに太った食用豚; ☞ **pig**》.

hoist /hɔ́ist ホイスト/ 動他 (巻き揚げ機やロープで)…を巻き揚(ぁ)げる, 引き上げる.
── 名Ⓒ巻き揚げ機.

*****hold** /hóuld ホウルド/

動 (~**s** /-dz/; **held** /héld/; ~**ing**)他
❶(一時的に)…を**手に持つ, 持っている**, 握る, 握っている, つかむ, つかんでいる, かかえる, かかえている, 保持する.
❷…を**支える**, (重さを)もちこたえる.
❸(ある位置・場所に)…を**置いておく**.
❹《**hold … ~**》…を~(ある状態)にしておく (✿~には形容詞, 名詞がくる).
❺(ある状態など)を維持する.
❻ⓐ(土地・財産など)を**所有している**.
ⓑ…を保管する.
❼(地位・職など)**についている**.
❽ⓐ…を**抑制する**, 抑える.
ⓑ…を拘束する, 留めておく.
❾(会・式など)を**開く**, 行なう.
❿(容器などが)(ある量)を**入れることができる**.
⓫ⓐ(意見・信念など)を**もっている**.
ⓑ《**hold … (to be) ~**》…を~と思う (✿~には形容詞, 名詞がくる).
ⓒ《**hold that _＿_**》_＿_だと思う.
⓬(注意・関心など)を**引く**, 引きつけておく.
⓭(切符・席など)を取っておく.
── 自❶ⓐ**もちこたえる**, 耐える, もつ.
ⓑ(天気などが)続く.
ⓒ《**hold …**》…のままでいる (✿…には形容詞がくる).
❷つかまっている.
❸効力がある, 適用される.

── 名 (複 ~**s** /-dz/)❶《単数形で》(手で)**持つこと**, つかんでいること.
❷《単数形で》ⓐ(人の心)をつかむこと, 掌

H

633

握, 支配, 影響力. ⓑ理解力.
❸ [C] (登山のときなどの)つかまる所, 手がかり, 足がかり.
❹ 〔レスリング〕ホールド;〔柔道〕押さえ込み.

[動][他] ❶ *Hold* your pen in your hand. ペンを持ちなさい / She was *holding* her baby in her arms. 彼女は赤ん坊を両腕で抱いていた.
❷ A couple of nails will *hold* the shelf. くぎ2, 3本でその棚は支えられる.
❸ *Hold* your hands on your lap. 手をひざの上に置いておきなさい / She *held* her head high. 彼女は(下を向いたりしないで)顔を上げていた.

She *held* him *by* the arm.
(彼女は彼の腕を押えた)

❹ *Hold* the door open, please. どうぞドアを(手で押さえて)開けておいてください / *Hold* your hand steady. 手をじっと動かさないでおきなさい.
❺ You should *hold* your speed at 30mph in this area. この地域では時速30マイルを維持しなければいけない《✪ mph は miles per hour と読む》.
❻ ⓐHe *holds* a large tract of land here. 彼はここに広い土地をもっている.
❼ He *held* the same position for thirteen years. 彼は13年間同じ地位についていた.
❽ ⓐ*Hold* your tongue. 黙りなさい / She couldn't *hold* her temper. 彼女は怒りの気持ちを抑えておくことはできなかった / He can *hold* his breath for two minutes. 彼は息を2分とめていることができる. ⓑHe was *held* at the police station for two days. 彼は2日間警察署に留置された / The guards *held* the crowd at the gate. 警備員は群集を門のところにくいとめていた.
❾ The Olympic Games are *held* every four years. オリンピックは4年ごとに開かれる.
❿ This plastic bottle *holds* two liters. このペットボトルには2リットルはいる / This bookcase won't *hold* all my books. この本箱では私の本全部は入りきれない.
⓫ ⓐShe *holds* the opinion that there is life on Mars. 彼女は火星に生命が存在するという考えをもっている.
ⓑI *hold* the news *to be* true. そのニュースは本当だと思う / I *hold* him responsible for the accident. 私は彼がその事故について責任があると思う.
ⓒPeople once *held that* the earth was flat. むかしの人は地球は平らだと思っていた.
⓬ The picture *held* her attention. その絵は彼女の関心を引いた.
⓭ Will you *hold* this seat for me? この席を私に取っておいていただけませんか.
— [自] ❶ ⓐThe rope will not *hold* long. そのロープは長くはもたないだろう.
ⓑThis fine weather won't *hold* for long. この好天気は長続きはしないだろう. ⓒYou needn't *hold* still. じっとしていなくてもいいよ.
❷ *Hold* tight. しっかりつかまっていなさい.
❸ The rule does not *hold* in this case. その規則はこの場合には当てはまらない / Her promise still *holds*. 彼女の約束はまだ有効だ.

hold ... against ~ …を理由にして~(人)を恨(うら)む[非難する]:She still *holds* it *against* him that he once criticized her. 以前彼が批判したからと彼女はまだ彼を恨んでいる.

hold back [他] ①**…を押しとどめる**, 押さえておく:*Hold back* your hand. 手をさし出すな. ②(感情・涙などを)抑える:She couldn't *hold back* her tears. 彼女は涙をこらえることができなかった. ③(事実などを)隠しておく. — [自] ①しり込

hole

みする, ためらう. ②やめておく, 自制する.

hold down 他①(人)を押さえつけておく, (人)の自由を束縛する. (価格など)を低く押さえておく; 抑制する. ②(地位・職など)を持ち続ける.

hold in 他(気持ちなど)を抑える: He *held in* his anger. 彼は怒りを抑えた.

Hold it! 動くな.

hold off 他①…を近寄らせない, 防ぐ. ②…を延期する, しないでおく. ━ 自①延期する. ②(雨などが)降らない.

hold on 自①つかまっている: *Hold on* tight. しっかりつかまっていなさい. ②持ちこたえる, 頑張る: She *held on* in her job. 彼女は仕事をやめずに続けた. ③(電話を)**切らないでおく**: *Hold on*, please. (電話を切らないで)お待ちください. ④《口語》《命令文で》待ちなさい.

hold on to ... ①**…につかまっている**: *Hold on to* me. 私につかまっていなさい. ②…を手ばなさない.

hold out 他①(手など)を**差し出す**, 伸ばす: She *held out* her hands to me. 彼女は私に両手を差し出した. ②(可能性・希望など)を与える. ━ 自①(食料など)がなくならない: The water supply will not *hold out* for more than two weeks. 水(の供給)は2週間以上はもちそうにない. ②(負けないで)頑張る.

hold out for ... …をあくまで要求する.

hold out on ... …(人)には秘密にしておく.

hold over 他…を延期する.

hold ... over ~ ①…(かさなど)を~(人)にさしかけてあげる. ②…をねたにして~(人)をおどす.

hold to ... ①…にしがみついている: She *held* tight *to* my sleeve. 彼女は私の袖(そで)にしっかりとしがみついていた. ②…を固く守る.

hold together 他…をまとめておく, 団結させる: *hold* the class *together* クラスをまとめておく. ━ 自①まとまっている. ②団結している.

hold up 他①…を持ち[差し]上げる: All in favor *hold up* your hand(s). 賛成の方は(片)手を上げてください. ②支える: The roof is *held up* by stone pillars. その屋根は石柱で支えられている. ③(人を)支持する. ④《しばしば **be held up** で》…を止める, 遅らせる: Traffic *was held up* by an accident. 交通は事故のため渋滞した. ⑤(ある場所)に強盗にはいる. ⑥(人・車など)を止めて金や物を奪う. ━ 自①(負けないで)頑張る. ②(天候などが)もつ.

━ 名 ❶ Let go your *hold*. 手を放しなさい / Take a good *hold* of [on] this rope. この綱をしっかり握っていなさい. ❷ⓐ He has a strong *hold* on people's hearts. 彼は民衆の心を十分つかんでいる.

catch [seize, take] hold of ... **…をつかむ**: The monkey *caught hold of* a branch. サルは枝をつかんだ.

get hold of ... ①= catch *hold* of .... ②…を手に入れる. ③…(人)を見つける, …(人)と連絡をとる. ④…を理解する.

have a hold over [on] ... …の弱みをにぎっている.

keep hold of ... …をつかんではなさない: The girl *kept hold of* her motehr's arm. その女の子は母親の腕をつかんで放さなかった.

lose hold of ... ①…から手を放す. ②…の手がかりを失う.

hold・er /hóuldər ホウルダ/ 名Ⓒ ❶所有者, 保持者. ❷…入れ, …おき[かけ].
▶ ❶ a record *holder* 記録保持者.
❷ a towel *holder* タオルかけ.

hold・ing /hóuldiŋ ホウルディング/ 名
❶Ⓤ保持, 握ること. ❷Ⓒ《ふつう複数形で》持ち株.

hólding còmpany 名Ⓒ持ち株会社.

hold・o・ver /hóuldòuvər ホウルドウヴァ/ 名《米》Ⓒ(前から)残っているもの.

hold・up /hóuldʌp ホウルダップ/ 名Ⓒ
❶(ピストルや銃をつきつけて行なう)強盗行為. ❷(輸送・仕事などの)停滞, 遅延.

hole /hóul ホウル/
名 (履 ~s /-z/) Ⓒ ❶**穴**, くぼみ.
❷ⓐ(小動物の)巣穴.
ⓑ(せまくてむさくるしい場所.
❸欠落(箇所), 穴のようなもの.
❹《口語》苦しい立場, 苦境.
❺(理論・計画などの)欠陥, 弱点, 穴.

holiday

❻【ゴルフ】ホール《グリーン上のボールを入れる穴》.
— 動 (~s /-z/; ~d /-d/; hol·ing) 他
❶ …に穴をあける, 穴を掘る.
❷ (ゴルフで)(ボール)をホールに入れる.

名 ❶ a *hole* in a stocking くつ下の穴 / bore [drill] a *hole* 穴をあける / dig a *hole* 穴を掘る / fill up [in] a *hole* 穴をふさぐ[うめる] / look [peep] through a *hole* 穴からのぞく.
❷ⓐ a rabbit *hole* ウサギの巣穴.
❸ His death left a *hole* in her life. 彼の死は彼女を生活に穴があいたような気持ちにさせた.
❹ He is in a *hole*. 彼は苦しい立場にいる.
❺ There is a *hole* in his theory. 彼の理論には穴がある.
❻ make a *hole* in one ホールインワンする.

in the hole《米口語》借金して.
make a hole in ... ①…に穴をあける. ②…(貯金など)を大量に使いこむ.
pick holes in ... …のあらさがしをする.

**hol·i·day /hálədèi ハリデイ | hɔ́l-/
名 (複 ~s /-z/)
❶ⒸⒸ(1日の)**休日**; **祝日**, 祭日《☞ vacation の 類語, legal holiday, bank holiday》.
❷ⓊⒸ《英》休暇《◎単数形で複数の休暇を表わすが, 複数形も用いる;《米》では vacation》.
❸《形容詞的に》休日の, 休日用の.

---

❶ a national *holiday* 国民の祝日 / school *holidays* 学校の休み.
❷ take two weeks' *holiday* 2週間の休暇をとる / go to Europe for the summer *holiday(s)* 夏休みにヨーロッパへ行く / the Christmas *holidays* クリスマス休暇.
❸ *holiday* clothes よそ行きの着物[晴れ着].

on holiday《英》休暇をとって《◎《米》では on vacation》: He is *on holiday* this week. 彼は今週は休暇をとっている / go *on holiday* 休暇で出かける.

hóliday cámp 名Ⓒ《英》(宿泊・娯楽施設のある)行楽地.
hol·i·day-mak·er /hálədei-mèikər ハリデイ・メイカ/ 名Ⓒ《英》行楽客.
ho·li·ness /hóulinəs ホウリネス/ 名Ⓤ神聖(であること).
Hol·land /hálənd ハランド | hɔ́l-/ 名オランダ《英語の公式名は the Netherlands》.
Hol·land·er /háləndər ハランダ/ 名Ⓒオランダ人.
hol·ler /hálər ハラ/ 動《米口語》自他大声で(…と)言う, 叫ぶ.
— 名Ⓒ《米口語》叫び声.
*hol·low /hálou ハロウ | hɔ́l-/ 形 (more ~, ~·er; most ~, ~·est)
❶ (中が)**からの**, 空洞の.
❷ (表面が)**くぼんだ**, へこんだ.
❸ うわべだけの, いい加減な.
❹ (声などが)力のない, 弱々しい.
— 名 (複 ~s /-z/) Ⓒ ❶**へこみ**, くぼみ, 穴.
❷ くぼ地, 盆地, (小さな)谷状の土地.
— 動他 …をへこます, くりぬく.
▶形 ❶ a *hollow* tree (腐って)中がなくなった木. ❷ *hollow* eyes くぼんだ目 / *hollow* cheeks こけたほお. ❸ *hollow* compliments 口先だけのお世辞.
— 名 ❶ a *hollow* in the ground 地面にできたくぼみ.
— 動 *hollow out* 他 …をえぐる, くり抜く.
hol·ly /háli ハリ/ 名 (複 hol·lies /-z/) ⓊⒸ【植物】セイヨウヒイラギ《常緑で赤い実がなり, クリスマスの装飾に用いる》.
Hol·ly·wood /háliwùd ハリウッド/ 名ハリウッド《☆アメリカのカリフォルニア州ロサンゼルス市郊外にある映画産業の中心地》.
hol·o·caust /hálək`ɔːst ハロコースト/ 名
❶Ⓒ大量焼殺, 大虐殺.
❷ (the Holocaust で)(第二次大戦中の)ナチによるユダヤ人大虐殺.
hol·o·gram /hóuləgræm ホウログラム/ 名Ⓒホログラム《レーザー光線を利用した立体映像》.
hol·ster /hóulstər ホウルスタ/ 名Ⓒ(ベルトにつける)ピストルの皮ケース.
*ho·ly /hóuli ホウリ/《★発音注意》形 (ho·li·er; ho·li·est)
❶ **神聖な**, 宗教上の.
❷ 神に身をささげた, 敬虔(けい)な, 信心深

い.

❶ a *holy* day（宗教上の）祝祭日／*holy* ground 聖地.
❷ live a *holy* life 信仰生活を送る.

Hóly Bíble 图《**the** をつけて》バイブル, 聖書（❂単に the Bible ともいう）.

Hóly Fámily 图《**the** をつけて》聖家族《キリストの家族；キリスト，聖母マリアと夫のヨセフ》.

Hóly Lànd 图《**the** をつけて》聖地《パレスチナ (Palestine) のこと》.

Hóly Spírit 图《**the** をつけて》聖霊.

hom·age /hάmɪdʒ ハミヂ, アミヂ/ 图 Ⓤ《文語》敬意, 尊敬.

***home** /hóum ホウム/
图 (複 ~s /-z/) ❶ⓐ Ⓤ Ⓒ（家族の生活の場としての）**家**, 家庭；生家（❂ 1 戸建てであろうと集団住宅であろうと「住むところ」をいう；「1 家族の住む建物としての家」は ふつう houseという》.

home　　　　　house

ⓑ Ⓤ 家庭生活.
❷ Ⓒ（資産としての）**家**, 住宅 (house, apartment).
❸ Ⓤ 母国, 本国；(生まれ) 故郷.
❹ Ⓒ（動物の）生息地, (植物の) 原産地.
❺《the home で》（思想・文化・流行などの）発祥地, 中心地.
❻ Ⓒ（福祉施設としての）ホーム, 宿泊［収容］施設, 保養所.
❼ⓐ Ⓒ（陸上競技の）ゴール.
ⓑ Ⓤ 【野球】ホーム.
— 形 ❶ⓐ 家庭の. ⓑ 故郷の.
❷ 本国の, 国内の；国産の（反 foreign).
❸（スポーツの試合で）地元の.
❹ 急所を突く, 痛烈な.
— 副 ❶ⓐ **わが家へ**.
ⓑ 故郷へ, 母国へ, 本国へ.
❷《米》家に, 家で.
❸（剣・くぎなどを）ぐさりと, 深く.
❹ 胸にこたえるほどに, 痛烈に, 徹底的

に.

图 ❶ⓐ She left *home* at six. 彼女は 6 時に家を出た／There is no place like *home*. わが家にまさるところはない.
ⓑ the joys of *home* 家庭生活の喜び.
❷ His *home* is (in) Kyoto. 彼の家は京都だ／a beautiful *home* すばらしい家.
❸ He is now back *home* from Europe. 彼は今ヨーロッパから帰国している／Okinawa is *home* to her. 沖縄が彼女の生まれ故郷だ.
❹ the *home* of tigers トラの生息地.
❺ *the home* of the movie industry 映画産業の発祥地.
❻ a children's *home*（孤児の）養護施設／a *home* for the aged 老人ホーム.

at home ① **在宅して**：Is Bob *at home*? ボブはうちにいますか. ② 国内で［に］, 本国で［に］：The scientist is famous both *at home* and abroad. その科学者は国の内外で有名である. ③（スポーツの試合が）ホームグラウンドで.

feel [*be*] *at home* くつろぐ, 気楽に感じる：I don't *feel at home* among strangers. 知らない人の中だと私はくつろげない.

make oneself at home くつろぐ, 気楽にする：Please *make yourself at home*. どうぞお楽にしてください.
　　　　　　　☞ 形 homely, homey.
— 形 ❶ⓐ *home* life 家庭生活／my *home* address 私の家の住所.
ⓑ My *home* town is Sendai. 私の生まれ故郷は仙台です.
❷ *home* products 国産品.
❸ the *home* team 地元のチーム（❂「遠征チーム」は the visiting team).
— 副 ❶ⓐ He will be *home* in an hour. 彼は 1 時間もすればもどります（❂ この be home は「帰宅する, 家に帰っている」という意味で《英》《米》共通；☞ 副 ❷》／She got *home* at nine. 彼女は 9 時に帰宅した／drive *home* 車で家へ帰る.
ⓑ write *home* 故郷へ手紙を書く.
❷ I stayed *home* yesterday. 私はきのうは家にいた.
❸ drive a nail *home* くぎをしっかり打ちこむ.

home banking

bring ... home to ~ …（深刻さ）を〜（人）にはっきりと理解させる《**○**…が長い場合は〜のうしろにくることが多い》: You must *bring home to* him the danger of smoking. 彼にたばこの危険をよくわからせなくてはいけません.

come home to ... …の胸にしみじみとこたえる(☞come).

drive [hit] ... home …をしっかり理解させる.

see ... home …を家まで送る.

hóme bànking 名 U ホームバンキング《コンピューターで家にいながら自分の貯金を管理する》.

hóme báse 名 = home plate.

home·com·ing /hóumkÀmiŋ ホウムカミング/ 名 C ❶（長い期間をおいての）帰宅, 帰省, 帰国.
❷《米》（大学などの年1回の）同窓会《卒業生が年1回母校を訪れ再会する会》.

hóme economics 名 U 家政学, 家庭科.

home-grown /hóum-gróun ホウム・グロウン/ 形 ❶（果物・野菜などが）自分のところでできた.
❷その土地でできた, 国内産の.

hóme hélp 名 C 《英》ホームヘルパー.

home·land /hóumlænd ホウムランド/ 名 C 母国, 故国.

*__**home·less**__ /hóumləs ホウムレス/ 形 **家のない**, ホームレスの.
▶ the *homeless* 家のない[ホームレスの]人たち.

home·ly /hóumli ホウムリ/ 形 (home·li·er; home·li·est) ❶《英》ⓐ 家庭的な, 温かい. ⓑ 質素な, 地味な.
❷《米》外見のよくない《☞ugly》.
☞ 名 home.

*__**home·made**__ /hóumméid ホウムメイド/ 形 ❶ **自家製の**, 手製の. ❷国産の.

home·maker /hóummèikər ホウムメイカ/ 名 C 家庭の主婦[主夫]《☞housewife》.

Hóme Òffice 名《the をつけて》《イギリスの》内務省《☞department》.

hóme pàge 名 C ホームページ《ウェブサイト（website）の最初の画面》.

hóme pláte 名 U 《野球》ホーム（プレート）.

Ho·mer /hóumər ホウマ/ 名 ホメロス, ホーマー《紀元前8世紀ごろのギリシアの盲目の詩人》.
▶ ことわざ Even *Homer* sometimes nods. （偉大な詩人の）ホーマーでさえもうっかりして失敗することがある, 名人にもまずいことをする, 「弘法（ほう）も筆の誤り」.

hom·er /hóumər ホウマ/ 名 C ホームラン《**○**home run ともいう》.

home·room /hóumrù(:)m ホウムルー(ー)ム/ 名 U,C 《米》ホームルーム《教室・ホームルームの時間》.

hóme rún 名 C 《野球》ホームラン《**○**homer ともいう》.

hóme shópping 名 U ホームショッピング《インターネット, 郵便, 電話などによる買い物》.

home·sick /hóumsìk ホウムスィック/ 形 故郷[家]を恋しがる, ホームシックの.

home·sick·ness /hóumsìknəs ホウムスィックネス/ 名 U ホームシック.

home·stay /hóumstèi ホウムステイ/ 名 C 《米》ホームステイ《留学生や短期訪問者などが家族の一員として生活する》.

home·stead /hóumstèd ホウムステッド/ 名 C （付属の建物を含めた）農場.

home-straight /hóum·stréit ホウム・ストレイト/ 名 《英》 = homestretch.

home·stretch /hóumstrétʃ ホウムストレッチ/ 名 (複 ~·es /-iz/) C （陸上競技の）ホームストレッチ《**○**《英》では home-straight ともいう》.

*__**home·town**__ /hóumtáun ホウムタウン/ 名 (複 ~s /-z/) C **生まれ故郷の町**; 幼時を過ごした町.

home·ward /hóumwərd ホウムワド/ 副 家へ向かって, 本国へ向かって.
— 形 家へ向かう, 本国へ向かう.

home·wards /hóumwərdz ホウムワヅ/ 副 = homeward.

*__**home·work**__ /hóumwə̀:rk ホウムワーク/ 名 U ❶ （学校の）**宿題**《**○**housework は「家事」; ☞ assignment》.
❷（会議などの）下調べ, 準備.

home·y /hóumi ホウミ/ 形 (hom·i·er; hom·i·est) わが家のような, 居ごこちのよい, くつろげる.
☞ 名 home.

hom·i·ci·dal /hàməsáidl ハミサイドル/ 形 殺人を犯しそうな.

abcdefg**h**ijklmnopqrstuvwxyz　　　　　　　　　　　　　　　**Honolulu**

hom·i·cide /hάməsàid ハミサイド/ 名
Ⓤ Ⓒ殺人(罪)(☞murder).

ho·mo·ge·ne·i·ty /hòumədʒəní:əti ホウモヂェニーイティ/ 名Ⓤ同種, 同質(性), 均質(性).

ho·mo·ge·ne·ous /hòumədʒí:niəs ホウモヂーニアス/ 形同じ種類[質]のものから成る, 均質の(反heterogeneous).

ho·mog·e·nize /həmάdʒənàiz ホマヂェナイズ/ 動(現分 -niz·ing)他…を均質にする.

hom·o·nym /hάmənìm ハモニム/ 名
❶Ⓒ同音同形異義語 (bear (熊) と bear (がまんする) のように発音・綴(3)りが同じで意味が違う語). ❷Ⓒ＝homophone.

hom·o·phone /hάməfòun ハモフォウン/ 名Ⓒ同音異形異義語 (rain (雨) と rein (手綱) と reign (統治) など).

Homo sa·pi·ens /hóumou-séipiənz ホウモウ セイピエンズ, -sǽp-/ 名Ⓤ【生物】人類, ヒト (《人間を意味する学名》).

ho·mo·sex·u·al /hòuməsékʃuəl ホウモセクシュアル/ 形同性愛の.
— 名Ⓒ同性愛の人, ホモ (☞heterosexual, bisexual).

ho·mo·sex·u·al·i·ty /hòuməsèkʃuǽləti ホウモセクシュアリティ/ 名Ⓤ同性愛.

Hon.（略語）Honorable（☞honorable ❷）.

hone /hóun ホウン/ 名Ⓒ砥石(いし).
— 動(現分 hon·ing)他…を砥石でとぐ; 鋭くする.

***hon·est** /άnəst アネスト｜ɔ́nəst/ (★ h は発音されない) 形(more ~; most ~)
❶(人が)**正直な**, 誠実な, うそをいわない, 人をだまさない (反dishonest).
❷(ことば・行動などが)**率直な**, いつわりのない.
❸正当な, 正直に働いて得た.

・・・・・・・・・・・・・・・・・・・・・・・・・

❶She is always *honest* with me. 彼女は私に対してはいつも誠実である / He was *honest* in his business dealings. 彼は仕事のことでは誠実だった / Are you being *honest* about the matter? その問題についてあなたはほんとうのことをいっているのですか / It is *honest* of you *to* admit having done it. ＝ You are *honest* to admit having done it. 君はよく正直にそれをしたことを認めたね.
❷Is that your *honest* opinion? それはあなたの率直なご意見ですか.
❸an *honest* profit 正当な利益.
　　　　　　　　　　　☞名honesty.

to be honest (《口語》)率直に言えば, 実は: *To be honest*, I don't like the song. 実は私はその歌が好きではありません.

***hon·est·ly** /άnəstli アネストリ｜ɔ́n-/ (★ h は発音されない) 副
❶**正直に**, うそを言わないで.
❷《文全体を修飾して》正直に言って; まったく (《ふつう文頭に用いる》).
▶ ❶Tell me *honestly*. 正直に言いなさい. ❷*Honestly*, I don't know what to say. 正直に言って私はどう言っていいかわかりません.

***hon·es·ty** /άnəsti アネスティ｜ɔ́n-/ (★ h は発音されない) 名Ⓤ**正直**, 誠実.
▶ ことわざ *Honesty* is the best policy. 正直は最良の策である.

in all honesty (強調して)本当に.
　　　　　　　　　　　☞形honest.

***hon·ey** /hΛ́ni ハニ/ 名(複 ~s /-z/)
❶Ⓤ**はちみつ**, みつ.
❷Ⓒ《妻・子ども・恋人などへの呼びかけで》(《米口語》)ねえ(あなた) (☞dear 名 ❷).
▶ ❷*Honey*, I'm hungry. ねえあなた, おなかがすいたわ.

hon·ey·comb /hΛ́nikòum ハニコウム/ 名Ⓒミツバチの巣 (☞hive).

hon·ey·moon /hΛ́nimù:n ハニムーン/ 名Ⓒ ❶ハネムーン (《新婚旅行期間, 新婚休暇》). ❷(仕事の初期などの短期間の)協調関係, 友好関係.
— 動⾃ハネムーンに出かける, 新婚旅行をする.
▶名 ❶go on a *honeymoon* ハネムーンに出かける.

hon·ey·suck·le /hΛ́nisὰkl ハニサクル/ 名Ⓒ【植物】スイカズラ.

Hong Kong, Hong-Kong /hάŋ kάŋ ハン カン/ 名ホンコン, 香港.

honk /hάŋk ハンク/ 名Ⓒ ❶ガン[アヒル]の鳴き声. ❷(自動車の)警笛の音.
— 動⾃ ❶(ガンが)鳴く. ❷(警笛が)鳴る. — 他(警笛を)鳴らす.

Hon·o·lu·lu /hὰnəlú:lu: ハナルールー/ 名ホノルル (《アメリカのハワイ州の州都》).

honor

*hon·or /ánər アナ | ɔ́nə/ 《★ h は発音されない》名 (複 ~s /-z/)

❶ U **名声**, 評判, (世間から受ける)**尊敬**, 敬意 (反 dishonor).

❷ U **名誉**, 自尊心, 自信.

❸ C **光栄なこと**；名誉となる人[もの].

❹ ⓐ C 《ふつう複数形で》名誉の表彰, 勲章(くんしょう). ⓑ《複数形で》(ふつう大学での)優等(の成績).

❺《Honor で》閣下《高位・高官の人に対する敬称》; ☞ highness, majesty ❷ 》.

— 動 (~s /-z/; ~ed /-d/; ~ing /-nərɪŋ/)
他 ❶ …に敬意を表する, …を尊敬する[敬う].

❷〈honor … with ~〉…に~という名誉を与える.

❸《be honored で》光栄に思う.

名 ❶ Albert Einstein won *honor* as a physicist. アルバート・アインシュタインは物理学者として名声を得た / They showed *honor* to the great artist. 彼らはその大芸術家に敬意を表わした / a guest of *honor* 賓客(ひんきゃく).

❷ He is a man of *honor*. 彼は名誉を重んじる男だ.

❸ It is a great *honor* to be invited to speak at this meeting. この会で話をするようにとお招きをうけたことは大きな光栄であります.

❹ ⓐ win the highest *honors* in judo 柔道で最高の賞をもらう.
ⓑ He graduated from the university with *honors*. 彼はその大学を優等(の成績)で卒業した.

❺ Your *Honor* 閣下《○直接呼びかけるときに用いる》/ His [Her] *Honor* 閣下《○間接にさすときに he, him [she, her] の代わりに用いる》.

be (in) honor bound to *do* = be on one's honor to do.

be on *one's* **honor to** *do* 名誉にかけて__しなければならない.

do … honor = **do honor to …** ①…に敬意を表する：A farewell party was held to *do* him *honor*. 彼に敬意を表して送別会が催された. ②…の名誉となる：Your conduct *does honor to* your family. 君の行動は君の家族にとって名誉だ.

do …the honor of *doing* …(人)の名誉になるように__してあげる：He *did* me *the honor of attending* my wedding reception. 彼は光栄にも私の結婚披露宴に出席してくれた.

give *one's* **word of honor** 名誉にかけて誓う.

have the honor of *doing* [**to** *do*] 光栄なことですが__させていただきます：I *have the honor to* inform you that the dinner will start at seven. 夕食会は 7 時から始まりますことをつつしんでお知らせ申し上げます《ていねいな通知上の文句》/ May I *have the honor of visiting* you? おたずねしてもよろしいでしょうか.

hold … in honor …を尊敬する.

in honor of … …**に敬意を表して**, …を記念して.

in …'s honor …(人)**に敬意を表して**：They gave a party *in his honor*. 彼らは彼に敬意を表してパーティーを開いた.

on *one's* **honor** 名誉にかけて, 誓って.

☞ 形 honorable, honorary.

— 動 他 ❶ The Bible says, "*Honor* your father and your mother." 聖書は「父, 母を敬(うやま)え」といっている.

❷ Will you *honor* me *with* your opinion? どうかあなたのご意見を聞かせていただけませんでしょうか.

❸ I *am honored* to be named as a candidate. 私は候補者として指名され光栄に思います / I *am honored* that I have been invited to speak here. ここで講演をするように頼まれたことを光栄に思います.

*hon·or·a·ble /ánərəbl アナラブル | ɔ́n-/ 《★ h は発音されない》形 (more ~; most ~)

❶ (道徳的に) **尊敬すべき**, 立派な (反 dishonorable)《○「名誉として与えられる」は honorary》.

❷《the Honorable で》閣下《○ Hon. と略し, 人名につけるときは姓だけではなく名かその頭文字を必要とし, それが不明のときは Mr. を入れる》.

▶ ❶ an *honorable* person 尊敬すべき立派な人 / *honorable* conduct 立派な行ない. ❷ the *Hon*. Paul Smith ポー

ルスミス閣下 / the *Hon*. Mr. Smith スミス閣下.
☞ 名 honor.

hon·or·a·bly /ánərəbli アナラブリ/ 副 立派に, 見事に.

hon·or·ar·y /ánərèri アナレリ/ 形 名誉として与えられる, 名誉上の.
▶an *honorary* degree 名誉学位 / an *honorary* position 名誉職.
☞ 名 honor.

hónor stùdent 名 © 《米》優等生.

***hon·our** /ánər アナ | ɔ́nə/ 名動 《英》= **honor**.

***hon·our·a·ble** /ánərəbl アナラブル | ɔ́n-/ 形 《英》= **honorable**.

hon·our·a·bly /ánərəbli アナラブリ/ 副 《英》= **honorably**.

***hood** /húd フッド/ 名 (複 ~s /-dz/) ©
❶（頭にかぶる）**ずきん**, (外套・ジャケットなどについている)フード.
❷ⓐ (ずきんのようにかぶせる機械などの)おおい; (電灯などの)かさ.
ⓑ (カメラのレンズの)フード.
ⓒ 《米》(自動車の)ボンネット 《✪《英》では bonnet; ☞ car のさし絵》.
ⓓ (台所の)煙出し 《☞ kitchen のさし絵》.
— 動 他 …をずきん(状のもの)でおおう.

hood·ed /húdid フディド/ 形 フード付きの, おおいのついた.

hood·lum /húːdləm フードルム/ 名 © よた者.

hoof /húː(ː)f フ(ー)フ/ 名 (複 ~s /-s/, hooves /húː(ː)vz/) © (牛や馬の)ひづめ.

***hook** /húk フック/ 名 (複 ~s /-s/) ©
❶（物をひっかけたり, ぶら下げたりする）**かぎ**.
❷釣り針 《✪fishhook ともいう》.
❸（洋服などの）ホック, 留め金 《☞ eye ❹ⓓ》.
❹ (かぎ形の)…かけ.
❺ⓐ 〖ボクシング〗フック 《ひじを曲げて打つ打ち方; ☞ straight, uppercut》. ⓑ 〖ゴルフ〗フック 《打球が途中からきき腕とは逆の方向に切れていくボール; ☞ slice ❸ⓐ》.
— 動 (~s /-s/; ~ed /-t/; ~ing) 他
❶ …をかぎで引っかける[留める], ホックで留める (反 unhook). ❷ …をかぎのように曲げる. ❸ …を釣り針で釣る.
— 自 ❶かぎのように曲がる.
❷ホックで留まる.

▶ 名 *let* [*get*] *... off the hook* (人)を(困難から)助け出してやる.
off the hook (電話の受話器が)はずれて.
— 動 *get* [*be*] *hooked on ...* 《口語》
①…(麻薬など)の中毒になる[なっている]. ②…にやみつきになる[なっている]: *I'm hooked on* Chinese food. 私は中華料理には目がない.
hook up 他 ①…をかぎでつるす. ②(電気器具などを)接続する.

hooked /húkt フックト/ 形 かぎのように曲がった.
▶a *hooked* nose わし鼻, かぎ鼻.

hook·y /húki フキ/ 名 《次の成句で》:
play hooky 《米》学校[仕事]をさぼる 《✪《英》では play truant》.

hoo·li·gan /húːligən フーリガン/ 名 © 不良, 与太者, フーリガン.

hoop /húːp フープ/ 名 © ❶ (おけ・たるの)たが. ❷ (輪回し遊びなどの)輪.
— 動 他 …にたがを掛ける.

hoo·ray /huréi フレイ/ 感 = **hurray**.

hoot /húːt フート/ 名 ❶ © ブーブー, ポーポー《警笛などの音》. ❷ © ホーホー《フクロウの鳴き声》. ❸ © 大笑い; やじる声.
— 動 自 ❶ (警笛などが)ブーブー[ポーポー]鳴る. ❷ (フクロウが)ホーホーと鳴く. ❸ 大笑いする, やじる.
— 他 ❶ (警笛)を鳴らす. ❷ …をやじる.

hooves /húː(ː)vz フ(ー)ヴズ/ 名 hoof の複数形.

***hop**¹ /háp ハップ | hɔ́p/ 動 (~s /-s/; hopped /-t/; hop·ping) 自
❶ⓐ (人間が)**片足でぴょんと[ぴょんぴょん]跳ぶ**. ⓑ (鳥・カエル・ウサギなどが)両足そろえてぴょんと[ぴょんぴょん]跳ぶ.
❷《口語》(飛行機・列車などで)行く.
❸ひょいと[さっと]動く.
❹ (職などを)つぎつぎと移る.
— 他 《米口語》(飛行機・列車など)に乗る, 乗って行く.
— 名 (複 ~s /-s/) © ❶ⓐ (人の)**片足跳び**.
ⓑ (鳥・カエルなどの)ぴょんぴょん跳び.
❷《口語》(飛行機などによる)短距離の旅.
▶ 動 自 ❶ⓐ The girl *hopped* into the room. 女の子はぴょんぴょん跳びながら部屋に入ってきた.

hop

❸ *hop* into 〔out of〕 a car 自動車にとび乗る〔からとび降りる〕.
— ❹ I *hopped* a plane to Sapporo. 私は札幌へ飛んだ.
— 名 ❷ Nagoya is a short *hop* from Haneda. 名古屋は飛行機だと羽田からすぐだ.

hop² /hάp ハップ/ 名 C ❶《植物》ホップ.
❷《複数形で》ホップの実《ビールに芳香・苦味をつける》.

hope /hóup ホウプ/

動 (~s /-s/; hoped /-t/; hop·ing) 他
❶《*hope* (*that*) __》__を望む, __であればよいと思う; __と思う.
❷《*hope* to *do*》__したいと思う.
— 自 希望をもつ, 期待する.
— 名 (複 ~s /-s/) ❶ ⓐ UC 希望, 望み (反 despair).
ⓑ C 希望[期待](するもの).
❷ UC 見込み, 可能性.
❸ C 希望を与えるもの[人], ホープ.

動 他 ❶ I *hope* (*that*) he will be all right. 彼が大丈夫だとよいと思う / Everybody *hoped* (*that*) she would get well soon. みんなが彼女が早くよくなればよいと思った.

類語 **hope** は「(望ましいことを)実現可能を信じて予期する」; **wish** は「(実現不可能なことや困難なことを)望む」, **expect** は「(望ましいことまたは望ましくないことを)かなりの確信をもって予期する」.

語法 肯定的な内容について「そう(であればよいと)思う」というときは I *hope* so. といい, 否定的な内容について「そうでない(とよい)と思う」というときには I *hope* not. という: "Will it be fine tomorrow?" "I *hope* so. (= I *hope* it will be fine tomorrow.)"「あしたは晴れるでしょうか」「そうだといいですね, そう思います」 / "Will it rain tomorrow?"–"I *hope* not. (= I hope it will not rain tomorrow.)"「あすは雨が降るでしょうか」「降らないでほしいですね[と思います]」

❷ I *hope* to see you again. またお目にかかりたいと思います.

hope against hope (見込みがないのに)万一の希望をもつ.

hope for ... …を期待する: We *hope for* your help. あなたの助けを期待しています.

hope for the best (悪い状況の中でうまくいくだろうと)望みを失わない.

— 名 ❶ ⓐ Her words gave me *hope*. 彼女のことばは私に希望を与えた / He is full of *hope*. 彼は希望でいっぱいだ / Tell us your *hope*. 私たちにあなたの希望を話してください / All *hope* is gone [lost]. 希望はまったく失われた.
ⓑ She has high *hopes* of studying in Canada. 彼女はカナダで勉強する強い希望をもっている.
❷ Is there any *hope* of your winning? 君が勝つ見込みがありますか.
❸ He is the *hope* of our class. 彼はわがクラスのホープだ.

beyond [past] (all) hope 望みがない: He is *beyond* [*past*] *hope*. 彼には(成功や回復などの)見込みはない.

in the hope of ... …を希望して, 期待して: I came here *in the hope of* getting a look at the rare butterflies. 珍しい蝶(ちょう)を見られるかもしれないと思って私はここに来ました.

in the hope that __ __を希望して, 期待して: I am writing this *in the hope that* it will be of some use to you. これがあなたのお役に立てばよいと思って私はこれを書いています.

☞ 形 hopeful.

hope·ful /hóupfəl ホウプフル/ 形 (more ~; most ~)
❶ ⓐ (人が)(うまくゆくと)期待している, 思っている, 希望をもっている, (物事が)希望に満ちた (反 hopeless).
ⓑ《*be hopeful of* ...》…を期待している, …と思っている.
ⓒ《*be hopeful that* __》__を期待している, __と思っている.
❷ (人に)希望を与える, (人・物事が)有望な, 見込みのある.
— 名 (複 ~s /-z/) C 有望な人.
▶形 ❶ ⓐ She is *hopeful* about her future. 彼女は将来に希望をもっている / a *hopeful* look 期待[希望]に満ちた表情. ⓑ We're *hopeful* of success [suc-

horrid

ceeding] in our attempt. 私たちは新しい企(くわだ)てで成功するものと期待している. ❸*I'm hopeful that* he will arrive in time. 私は彼が時間までに着くと思っている.

❷*hopeful* signs 有望(そう)なきざし / *hopeful* young people 有望な若者たち.

☞ 名hope.

hope·ful·ly /hóupfəli ホウプフリ/ 副
❶期待[希望]して. ❷《文全体を修飾して》そうなるといいのだが, うまくいけば.
▶❷*Hopefully*, I will be in time for the last train. うまくいけば終列車に間に合うでしょう.

hope·ful·ness /hóupfəlnəs ホウプフルネス/ 名Ⓤ希望に満ちていること, 見込みのあること.

*****hope·less** /hóupləs ホウプレス/ 形 (more ~; most ~)
❶うまくゆく[よくなる]見込みのない, 絶望的な.
❷無能な, ぜんぜんだめな.
❸希望を失った, 絶望している (反hopeful).
▶❶a *hopeless* situation 絶望的な状態 / a *hopeless* idiot どうしようもないばか. ❷He is a *hopeless* musician. 彼は無能な音楽家だ / I am *hopeless at* French. 私はフランス語はぜんぜんだめです.

hope·less·ly /hóupləsli ホウプレスリ/ 副
❶どうにもならないほどに, 絶望的に.
❷絶望して.

hope·less·ness /hóupləsnəs ホウプレスネス/ 名Ⓤどうにもならない[絶望的]状態, 見込みのないこと.

horde /hɔ́ːrd ホード/ 名Ⓒ群衆, 群れ.

*****ho·ri·zon** /həráizn ホライズン/ 名 (複 ~s /-z/)
❶《the をつけて》地平線, 水平線.
❷Ⓒ《ふつう複数形で》(知識・経験などの)限界, 範囲.

・・・・・・・・・・・・・・・・・・・・

❶The sun has sunk below *the horizon*. ちょうど今太陽が地[水]平線の下に沈んだ. ❷broaden one's *horizons* 視野を広げる.

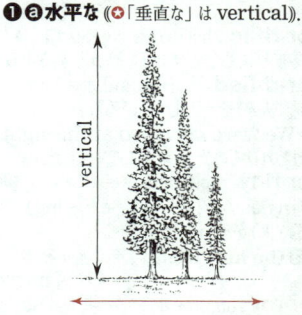

☞ 形horizontal.

*****hor·i·zon·tal** /hɔ̀ːrəzántl ホーリザントル | hɔ̀rəzɔ́n-/ 形 (more ~; most ~)
❶ⓐ水平な (⇔「垂直な」は vertical).

horizontal 形❶ⓐ

ⓑ水平[地平]線の. ❷平らな, 平面の.
▶❶ⓐa *horizontal* line 水平な線.
☞ 名horizon.

hor·i·zon·tal·ly /hɔ̀ːrəzántəli ホーリザンタリ/ 副水平に, 横に (反vertically).

hor·mone /hɔ́ːrmoun ホーモウン/ 名Ⓒ【生理】ホルモン.

*****horn** /hɔ́ːrn ホーン/ 名 (複 ~s /-z/)
❶Ⓒ(ヒツジ・牛・シカ・カタツムリなどの)角(つの).
❷ⓐⓊ(材料としての)角. ⓑⒸ(容器など)角製品《杯など》.
❸Ⓒⓐ(楽器の)ホルン. ⓑトランペット.
ⓒ角笛.
❹Ⓒ(自動車などの)警笛.
▶名*blow one's own horn* 《米》自慢する, 自己宣伝する (☞trumpet).

horned /hɔ́ːrnd ホーンド/ 形角(つの)のある.

hor·net /hɔ́ːrnit ホーニット/ 名Ⓒ【昆虫】スズメバチ (☞bee のさし絵).

hor·o·scope /hɔ́ːrəskòup ホ(ー)ロスコウプ/ 名Ⓒ星占い, 占星術, ホロスコープ.

*****hor·ri·ble** /hɔ́ːrəbl ホ(ー)リブル/ 形 (more ~; most ~)恐ろしい, ぞっとする, ひどい.
▶a *horrible* murder 身の毛のよだつ殺人 / a *horrible* noise すさまじい騒音 / *horrible* weather ひどい天気.
☞ 名horror.

hor·ri·bly /hɔ́ːrəbli ホ(ー)リブリ/ 副恐ろしく, ものすごく, ひどく. ▶It's *horribly* cold today. きょうはひどく寒い.

hor·rid /hɔ́ːrid ホ(ー)リッド/ 形恐ろしい, ぞっとする, ひどい (❸horrible とほぼ

horrific

同じ意味). ☞ 名horror.

hor·rif·ic /hɔ(:)rífik ホ(ー)リフィック/ 形 あまりにもひどすぎる、ぞっとするような.

hor·ri·fied /hɔ́(:)rəfàid ホ(ー)リファイド/ 形 (人が)ぞっとして[いる].
▶We were *horrified* at the sight. われわれはその光景を見てぞっとした.

hor·ri·fy /hɔ́(:)rəfài ホ(ー)リファイ/ 動他 (-ri·fies /-z/; -ri·fied /-d/; ~·ing)
❶ (人)をぞっとさせる.
❷《be horrified で》ぞっとする.
☞ 名horror.

***hor·ror** /hɔ́(:)rər ホ(ー)ラ/ 名 (複 ~s /-z/)
❶ U 恐れ、恐怖、ぞっとする思い.
❷《しばしば複数形で》悲惨なこと、ひどい経験.
❸ C《口語》ひどい人[子ども]、ひどいもの.
▶❶He was filled with *horror* when he saw the sight. 彼はその光景を見て恐怖でいっぱいになった / the *horror* of the Hurricane Katrina ハリケーン・カトリーナの恐怖.
❷the *horrors* of war 戦争の惨事.
❸a little *horror* 手のつけようもない悪がき、小悪魔.

have a horror of ... …が大きらいである: I *have a horror of* spiders. 私はクモが大きらいだ.

in horror ぞっとして.

to ...'s horror …がぞっとしたことには: *To my horror*, the boy fell into the river. その男の子が川へ落ちたので私はぞっとした.
☞ 形horrible, horrid, 動horrify.

hórror mòvie [fìlm] 名 C ホラー映画.

hor·ror-strick·en /hɔ́(:)rər-stríkən ホ(ー)ラ・ストリクン/ 形 ＝**horror-struck**.

hor·ror-struck /hɔ́(:)rər-strʌ́k ホ(ー)ラ・ストラック/ 形 恐怖に襲われた、ぞっとした.

hors d'oeu·vre /ɔ̀:r dɔ́:rv オー・ダーヴ/ 名 (複 hors d'oeuvre(s) /ɔ̀:r dɔ́:rv(z)/) C 前菜、オードブル.

***horse** /hɔ́:rs ホース/ 名 (複 hors·es /-iz/) C
❶ 馬.

❷ (体操用の)跳馬 (✿);(✿**vaulting horse** ともいう);(体操用の)鞍馬 (✿).
❸《**the horses** で》《口語》競馬.

― ― ― ― ― ― ― ― ― ―

❶ ride a *horse* 馬に乗る / get on [mount] a *horse* 馬(の背)にまたがる / get off [dismount] a *horse* 馬から降りる / ことわざ You can take [lead] a *horse* to water, but you cannot make him [it] drink. 馬を水ぎわまで連れては行けるが、水を飲ませることはできない(嫌がる人を無理やりこちらの思い通りに動かすことはできない).

INFO (1) 雄馬を **horse**, 雌馬を **mare**, 雄の子馬を **colt** という. 小型の馬は **pony** という.

(2) 鳴き声の「ヒヒーン」は neigh /néi/, うれしそうな鳴き声は whinny という.

***horse·back** /hɔ́:rsbæ̀k ホースバック/ 名 U 馬の背.
― 形 馬に乗った.
▶名 go on *horseback* 馬に乗って行く.

hórse chèstnut 名 C〖植物〗セイヨウトチノキ(の実)、マロニエ《街路樹によく使われる》.

Hórse Guàrds 名 複《the をつけて》(英国)近衛 (✿) 騎兵隊.

horse·man /hɔ́:rsmən ホースマン/ 名 (複 horse·men /-mən/) C (上手に)馬に乗る人.

horse·play /hɔ́:rsplèi ホースプレイ/ 名 U ばか騒ぎ.

horse·pow·er /hɔ́:rspàuər ホースパウア/ 名 (複 horse·pow·er) C 馬力《hp と略す; ☞ manpower》.

horse·rac·ing /hɔ́:rsrèisiŋ ホースレイスィング/ 名 U 競馬 (✿ 単に **racing** ともいう).

horse·rad·ish /hɔ́:rsrædiʃ ホースラディシュ/ 名 (複 ~·es /-iz/) C セイヨウワサビ.

horse·shoe /hɔ́:rsʃù: ホースシュー/ 名 C ❶ (馬の)蹄鉄 (✿)《魔よけになると信じられている》.
❷ 蹄鉄形[U字形]のもの.

horse·wom·an /hɔ́:rswùmən ホースウマン/ 名 (複 -wom·en /-wìmin/) C (上手に)馬に乗る女性.

hor·ti·cul·tur·al /hɔ̀:rtəkʌ́ltʃərəl ホーティカルチュラル/ 形 園芸の.

abcdefg**h**ijklmnopqrstuvwxyz　　　　　　　　　　　　　　　　　　　　　　　　**hostility**

hor·ti·cul·ture /hɔ́ːrtəkʌ̀ltʃər ホーティカルチャ/ 名U 園芸.

hose /hóuz ホウズ/ (★発音注意) 名 (複 hos·es /-iz/) ❶UC ホース. ❷U くつ下(類).
— 動 (現分 hos·ing) 他 …にホースで水をかける.
▶名 ❶ a fire *hose* 消火ホース.

ho·sier·y /hóuʒəri ホウジャリ/ 名U くつ下類.

hos·pice /háspis ハスピス/ 名C ホスピス (末期患者のための病院).

hos·pi·ta·ble /háspitəbl ハスピタブル, háspit-/ 形 ❶人のもてなしのよい, 人を歓待する (反 inhospitable).
❷ (環境などが)好適な.
▶❶ receive a *hospitable* reception 歓待を受ける.
☞名 hospitality.

hos·pi·ta·bly /háspitəbli ハスピタブリ/ 副 もてなしよく, 歓待して.

＊hos·pi·tal /háspitl ハスピトル | hɔ́s-/ 名 (複 ~s /-z/) C **病院**.

I'm going to the *hospital* to see my aunt. 私はおばさんを見舞いに病院へ行くところです / He was sent to (the) *hospital*. 彼は入院させられた / She is now in (the) *hospital*. 彼女は今入院中だ / enter [go into] (the) *hospital* 入院する / leave (the) *hospital* 退院する (✪「入院」「退院」の場合（英）では the をつけず,（米）では the をつける).

hos·pi·tal·i·ty /hàspətǽləti ハスピタリティ/ 名U あたたかいもてなし, 歓待.
▶They showed *hospitality* to me. 彼らは私を歓待してくれた.
☞形 hospitable.

hos·pi·tal·i·za·tion /hàspitəlizéiʃən ハスピタリゼイション/ 名U 入院, 入院治療.

hos·pi·tal·ize /háspitəlàiz ハスピタライズ/ 動 (現分 -iz·ing) 他 (人)を入院させる.

＊**host¹** /hóust ホウスト/ (★発音注意) 名 (複 ~s /-ts/) C

❶ⓐ (客をもてなす) **主人**, 主人役の人, ホスト (パーティーや食事会を催したり, 人を宿泊させてもてなしたりする人; 男女どちらにも使う; ☞ hostess, guest).

INFO▶ スープ (soup) や肉 (meat) を各人の皿に分けるときは host がするのが原則.
ⓑ (大会などの)主催者(側) (組織・国・都市など).
❷ (形容詞的に) 主催者(側)の.
❸C (テレビ番組などの)ホスト, 司会者.
— 動 (~s /-ts/) 他 ❶ⓐ (大会など)を主催する. ⓑ (大きなパーティーなど)を (主人役をして)催す.
❷ (テレビ番組など)を司会する.

・・・・・・・・・・・・・・・・・・・・・・・・・・・・
❶ⓐ act as *host* at the party パーティーでホスト役をつとめる (✪ as host の場合冠詞はつかない).
ⓑ the *host* of the Summit サミット(先進国首脳会議)の主催国 / the *host* country for the Olympic Games オリンピックの主催国.
play host to ... (国際会議など)を主催する.
— 動 ❶ⓐ *host* the Paralympics パラリンピックを主催する.

host² /hóust ホウスト/ 名C 多数.
▶ a *host* of [*hosts* of] difficulties 多くの困難.

hos·tage /hástidʒ ハスティヂ | hɔ́s-/ 名 (複 -tag·es /-iz/) C 人質.

hos·tel /hástl ハストル/ 名C ❶ (安い)宿泊所. ❷ ユースホステル (✪ youth hostel ともいう).

＊**host·ess** /hóustəs ホウステス/ (★発音注意) 名 (複 ~·es /-iz/) C ❶ (客をもてなす) **女主人** (✪ host¹). ❷ (テレビ番組などの)女性司会者. ❸ (米) (レストランなどで)客をテーブルに案内する女性.

hos·tile /hástl ハストル | hɔ́stail/ 形 ❶敵意のある, 冷淡な, 攻撃的な. ❷反対で(ある). ❸敵の. ❹ (気候・状況などが)悪い.
▶❶ He was *hostile* to us. 彼はわれわれに対して敵意をもっていた / a *hostile* look 敵意をもった表情. ❷They *are hostile* to the new plan. 彼らは新しい計画に反対だ. ❸ a *hostile* army 敵軍. ❹ *hostile* climate 厳しい気候.
☞名 hostility.

hos·til·i·ty /hastíləti ハスティリティ/ 名 (複 -i·ties /-z/) ❶U 敵意, 敵対心, 冷淡 (反 amity).
❷U 強力な反対.

hot

❸《文語》《複数形で》戦争行為, 交戦.
▶ ❶I have no *hostility* toward anyone. 私はだれにも敵意をもたない.
❷There was open *hostility* to the new development plan. 新しい開発計画には公然とした強い反対があった.
☞ 形 hostile.

***hot /hɑ́t ハット | hɔ́t/ 形 (hot·ter; hot·test) ❶ **熱い, 暑い** (反 cold)(☞ warm, cool).
❷(味が)**ぴりっと辛い**, (味が)濃い.
❸ ⓐ(気性などが)**激しい**, おこりやすい(反 cool).
ⓑ興奮して. ⓒ性的に興奮して.
❹(行動・動作などが)激しい, 猛烈な.
❺ⓐ熱中して, 熱狂して;《口語》くわしい. ⓑ熟練した.
❻《口語》ⓐ最新の, 新しい.
ⓑ最近流行の; よく売れる.
ⓒ(料理などが)できたばかりの.
❼《口語》すごい, 見事な.
❽《口語》(クイズなどで)(正解に)近い(反 cold).
❾(問題・事態などが)処理にくい.

❶The bath is too *hot*. 風呂は熱すぎる / I like tea *hot*. 私はお茶は熱いのが好きだ / It's *hot* today, isn't it? = *Hot* today, isn't it? きょうは暑いね / Aren't you *hot* in a sweater? セーターを着ていて暑くありませんか / Kate was *hot* with fever. ケイトは熱があった.
❷This curry is too *hot* for me. このカレーは私には辛(から)すぎる.
❸ⓐHe has a *hot* temper. 彼は激しい気性をもった人だ, 彼はすぐかっとなる.
❹have a *hot* debate 激論をたたかわす.
❺ⓐMike is very *hot* on jazz. マイクはジャズに熱中している[とてもくわしい].
❻ⓐIs there any *hot* news? なにか新しいニュースがありますか / a young man *hot* from school 学校を出たばかりの青年. ⓑthe *hot* fashion 最新の流行. ⓒhave a *hot* meal できたての熱い料理を食べる.
❼*hot* performance 見事な演奏[演技].

❽You are getting *hotter*. 正解に近づいてきている(いい線をいっている).
❾That's too *hot* to handle. それはちょっと扱いかねる.
be in hot water 困った状況にある.
not so hot 《口語》とくによくはない, 平凡な.
☞ 名動 heat.

hót-áir ballòon 名 C 熱気球.
hot·bed /hɑ́tbèd ハトベッド/ 名 C (悪などの)温床(おんしょう).
hot-blood·ed /hɑ́t-blʌ́did ハト-ブラディド/ 形 おこりやすい, 短気な.
hót càke 名 C ホットケーキ.
sell [go] like hot cakes 《口語》飛ぶように売れる.
hotch·potch /hɑ́tʃpɑ̀tʃ ハチパッチ/ 名 (複 ~·es /-iz/)《英》= **hodgepodge**.
hót dòg 名 C ホットドッグ.

***ho·tel /houtél ホウテル/(★アクセント注意) 名 (複 ~s /-z/) C **ホテル** (☞ inn).
▶ We put up at a *hotel* by the ocean. われわれは海辺のホテルに泊まった.

【語の結びつき】
check into [in at] a *hotel* ホテルにチェックインする
check out of a *hotel* ホテルをチェックアウトする
reserve [《英》book] a *hotel* room ホテルを予約する

hot·head /hɑ́thèd ハトヘッド/ 名 C すぐかっかする人, せっかちな人.
hot-head·ed /hɑ́t-hédid ハト-ヘディド/ 形 すぐかっかする, せっかちな.
hot·house /hɑ́thàus ハトハウス/ 名 (複 -hous·es /-hàuziz/) C 温室(✿greenhouse ともいう).
hót lìne 名 C 緊急直通電話, ホットライン.
hot·ly /hɑ́tli ハトリ/ 副 ❶激しく, 熱心に. ❷おこって.
hót pànts 名 複 ホットパンツ《女性用のぴったりしたショートパンツ》.
hót plàte 名 C ホットプレート, 鉄板焼き器.
hót spòt 名 C ❶(政治的・軍事的)紛争

abcdefg**h**ijklmnopqrstuvwxyz　　　　　　　　　　　　　　　　　　　　　　　**house**

地帯. ❷人気のある場所.
hót spríng 名C 温泉.
hot-tem·pered /hát-témpərd ハト-テンパド/ 形 短気な, おこりっぽい.
hót wáter 名U 湯.
hót-wá·ter bòttle 名C 湯タンポ.
hound /háund ハウンド/ 名C 猟犬.
— 動 他 ❶ (獲物(えもの))を追う. ❷ (人)を追いまわす.

*** hour /áuər アウア/ 《★h は発音されない》名 (複 ~s /-z/)

❶ⓐ C **1時間**(時間の単位; 1日の1/24; ✿ h., hr. と略す;「分」は minute,「秒」は second)).
ⓑ《**the** をつけて》正時(しょうじ)《2時0分などぴったりの時点》.
❷ C (1日の中の)**時刻**, 時間.
❸《複数形で》(生活・仕事などの特定の)時間.
❹ C (授業の)時限.
❺ C 1時間で行ける距離.

――――――――――――

❶ⓐ The village is about an *hour's* [two *hours'*] walk from here. その村はここから歩いて約1時間〔2時間〕のところにある / I'll be back in an *hour*. 1時間でもどります / The job will take *hours*. その仕事は何時間もかかるだろう / wait for an *hour* 1時間(の間)待つ / half an *hour* = a half *hour* 30分. ⓑ Buses leave at ten minutes past *the hour*. バスは毎時10分過ぎに出ます.
❷ Our breakfast *hour* is 7:30. 私たちの朝食を始める時間は7時30分です / at an early 〔a late〕 *hour* 早い〔遅い〕時間に / the rush *hour*(s) (朝・晩の乗り物などの)ラッシュアワー / the small *hours* 1時から3時ぐらいの真夜中 (✿数字が 1, 2 など小さいことから).
INFO 「7:30」は seven thirty と読む;24時制の場合, 正時には o'clock の代わりに hours をつけ, 13:00 のように書き, thirteen hundred hours と読む.
❸ working *hours* 労働時間 / Office *hours* are 9 a.m. to 5 p.m. 営業時間は午前9時から午後5時までです.
❹ English is in the third *hour*. 英語は3時限目です.

❺ The town is an *hour* away [distant]. その町はここから1時間のところにある.

after hours 勤務時間[閉店]後に.
at all hours (24時間)いつでも.
by the hour **時間ぎめで**, 1時間いくらで:rent a car *by the hour* 車を時間ぎめで借りる.
for hours (on end) なん時間も.
hour after hour なん時間も(続けて).
keep early [good] hours 早寝早起きする.
keep late [bad] hours 夜ふかし朝寝をする.
keep regular hours (起床・就寝時間を決めて)きちんとした生活をする.
... of the hour 現時点の重要な[話題の] …:the issue *of the hour* 現時点の重要問題.
on the hour 正時に, …時きっかりに 《1時, 3時, 8時などに》.

☞ 形 **hourly**.

hour·glass /áuərglæs アウアグラス/ 名 (複 ~·es /-iz/) C (1時間用の)砂時計.
hour·ly /áuərli アウアリ/ 形 1時間ごとの, 1時間単位の.
☞ 名 **hour**.
— 副 1時間ごとに, 1時間単位で.

*** house

名 /háus ハウス/ (複 hous·es /háuziz ハウズィズ/)《★複数形の発音注意》
❶ⓐ C (建物としての)**家**, 家屋, 住宅(✿ふつう1家族が居住する; ☞ 次ページのさし絵).
ⓑ《**the house** で; 単数または複数扱いで; 集合的に》ひとつの家に住む家族[人々].
❷ C 商社, 会社.
❸ C《しばしば他の語と結合して》(特定の目的のための)建物, (動物・鳥などの)小屋, (品物の)置き場.
❹ C ⓐ 劇場, 演芸場. ⓑ 興行.
ⓒ《単数扱いで; 集合的に》聴衆, 観客.
❺ C《しばしば (the) House で》ⓐ 議院《☞parliament, senate》.
ⓑ《集合的に》議員.
❻ C (学生・生徒の寝泊りする)学寮, 寄宿舎.
❼ C 家系《とくに王侯, 貴族の一家》.
— 動 /háuz ハウズ/《★発音注意》(現分

six hundred and forty-seven　　　　　　　　　　　　　　　　　　　　　　　647

house arrest

hous·ing 他 ❶ (人)を泊める, (人)に住居を提供する. ❷ (品物)をしまう, 収納する.

名 ❶ⓐ The Nakamuras live in a large *house*. 中村家(の人たち)は大きな家に住んでいる / a *house* to let 《英》= a *house* for rent《米》貸し家 / a wooden *house* 木造の家.

語の結びつき
build a *house* 家を建てる
demolish [tear down] a *house* 家を取りこわす
rent a *house* (from …) (…から)家を借りる
rent [let] (out) a *house* (to …) (…に)家を貸す
remodel a *house* 家をリフォームする

INFO 英米の典型的な個人住宅は, たいてい2階建てで, 地階 (basement) には暖房用の炉 (furnace) やボイラー, 食料貯蔵場などがある. 1階には玄関 (hall), 居間 (living room), 食堂 (dining room), 台所 (kitchen) などがあり, 2階にはいくつかの寝室 (bedrooms) と, ふろ, 洗面所, 便所をまとめたひとつの部屋 (bathroom) がある. 表札はないので, 訪問のときは家屋番号 (house number) だけがたよりになる.

ⓑ The whole *house* was asleep. 家中の人々はみな寝ていた.
❷ a *house* of business 商社 / a publishing *house* 出版社.
❸ a boarding*house* 食事つきの下宿 / a hen*house* にわとり小屋 / a store-*house* = a ware*house* 倉庫.
❹ⓐ a movie *house* 映画館 / *House* Full 《掲示》満員.
ⓑ a large *house* 大ぜいの観客.
❺ⓐ He entered the House. 彼は(下院)議員になった / the Upper *House* 上院 / the Lower *House* 下院.
❼ the Imperial *House* of Japan 日本の皇室 / the *House* of Windsor ウインザー家 (現在のイギリス王家).

bring the house down 《口語》観客[聴衆]から拍手かっさいを得る.
keep house 家事をする.
keep open house いつでも人を歓迎する.
move house 《英》転居する.
on the house (飲食の費用などを)経営者の負担で, ただで.
play house ままごと遊びをする.

hóuse arrèst 名Ⓤ自宅監禁, 軟禁.
▶He was under *house arrest*. 彼は軟禁されていた.

house·bound /háusbàund ハウスバウンド/ 形 (病気などで)家を離れられない.

house·break·er /háusbrèikər ハウスブレイカ/ 名Ⓒ (建物に忍びこむ)強盗 (☞ thief の **類語**).

***house·hold** /háushòuld ハウスホウルド/ 名 (複 ~s /-dz/) ❶Ⓒ《単数または複数扱いで; 集合的に》**家族**, 世帯. ❷《形容詞的に》家庭の, 世帯の, 一家の.
▶❶ a large *household* 大家族.

---

(1) chimney 煙突
(2) antenna アンテナ
(3) attic window 屋根裏窓
(4) roof 屋根
(5) window 窓
(6) garage 車庫
(7) shutter シャッター
(8) house number 家屋番号
(9) door ドア
(10) porch 玄関
(11) mailbox 郵便受け
(12) walk 歩道
(13) driveway 車道

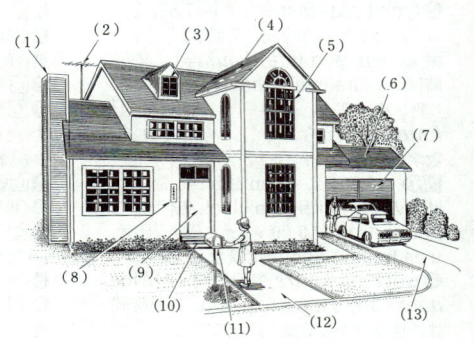

house

❷ *household* expenses 一家の出費.

house·hold·er /háushòuldər ハウスホウルダ/ 名ⓒ世帯主, 家の持ち主.

house·husband /háushʌzbənd ハウスハズバンド/ 名ⓒ（働きに出ないで）家事をする夫, 主夫.

*__house·keep·er__ /háuskì:pər ハウスキーパ/ 名（複 ~s /-z/）ⓒ（家事をまかされている）**家政婦**.

house·keep·ing /háuskì:piŋ ハウスキーピング/ 名 ❶Ⓤ家事. ❷Ⓤ（ホテルなどの）清掃部.

hóuse nùmber 名ⓒ家屋番号, ハウスナンバー.

INFO 英米では1戸1戸の家に別々の家屋番号がつけられている.

Hóuse of Cómmons 名《the をつけて》（イギリスの）下院（☞parliament）.

Hóuse of Cóuncilors 名《the をつけて》（日本の）参議院（☞parliament）.

Hóuse of Lórds 名《the をつけて》（イギリスの）上院（☞parliament）.

Hóuses of Párliament 名《the をつけて》❶（イギリスの）上下両院, 議会. ❷（イギリスの）国会議事堂.

Hóuse of Represéntatives 名《the をつけて》❶（アメリカ・オーストラリアなどの）下院（☞Congressman, senate）. ❷（日本の）衆議院（☞parliament）.

house-to-house /háus-tə-háus ハウス・ト・ハウス/ 形 1軒1軒訪問する, 個別訪問の.

house·warm·ing /háuswɔ̀:rmiŋ ハウスウォーミング/ 名ⓒ新居の披露（ひろう）パーティー.

*__house·wife__ /háuswàif ハウスワイフ/ 名ⓒ（複 house·wives /-wàivz/）（専業）**主婦**（☞homemaker）.

house·wives /háuswàivz ハウスワイヴズ/ 名 housewife の複数形.

*__house·work__ /háuswə̀:rk ハウスワーク/ 名Ⓤ家事《そうじ・洗濯・炊事（すいじ）など; ⊘ homework は「宿題」）.

*__hous·ing__ /háuziŋ ハウズィング/（★発音注意）名Ⓤ❶住宅の供給. ❷《集合的に》住宅.
▶ ❶the *housing* problem 住宅問題.

hóusing devèlopment 名ⓒ《米》住宅団地.

hóusing estàte 名ⓒ《英》= housing development.

hóusing pròject 名ⓒ《米》（低収入者のための）（公営）住宅団地, 団地.

Hous·ton /hjú:stən ヒューストン, ユー・/ 名 ヒューストン《アメリカのテキサス（Texas）州南東部の都市》.

hov·er /hʌ́vər ハヴァ｜hɔ́və/ 動⾃
❶（鳥などが）空に浮かぶ, 空中で停止している. ❷うろうろする.
▶ ❶The helicopter *hovered* over the building. ヘリコプターがその建物の上で停止飛行していた.

hov·er·craft /hʌ́vərkræft ハヴァクラフト/ 名（複 hov·er·craft）ⓒホバークラフト《高圧の空気を水面または地面に吹きつけて浮き上がった状態で進む》.

H

⋆⋆how /háu ハウ/ 副

❶《疑問副詞》ⓐ **どんなふうに**, どんな方法で.
ⓑ《形容詞または副詞の前で》**どの程度**, どれほど.
ⓒ《形容詞または副詞の前で; 感嘆を表わして》**なんと（まあ）**.
ⓓ（健康・元気などが）**どんな状態で**, いかがで.
ⓔ どういう理由で.
❷《関係副詞》ⓐ …する方法, …ということの次第.
ⓑ …ということ.

---

❶ⓐ *How* does she go to work every day? 彼女は毎日どうやって仕事に行きますか（歩いてか乗り物か）/ Do you know *how* I cooked this? 私がどうやってこれを料理したかわかりますか.
ⓑ *How* old is he? 彼はなん歳ですか / *How* many people came to the party? そのパーティーに何人来ましたか / *How* much? （値段は）いくらですか.
ⓒ *How* pretty she is! なんて彼女はかわいいんだ / *How* fast he runs! 彼はほんとうに走るのが速い / *How* (hard) it is raining! まあよく降りますね.
ⓓ *How* do you feel today? きょうはどうですか / *How*'s the weather today? きょうの天気はどうですか.
ⓔ *How* can you say such a rude thing? どうしてそんな無礼なことが言えるのだ.

Howard

❷ ⓐThis is *how* he solved the problem. こういうぐあいにして彼はその問題を解いた.
ⓑHe told her *how* it was wrong to tell a lie. 彼は彼女にうそをつくことが悪いことであることを教えた.

How about ...? (✿*What about ...?*と同じ)①**...についてはどうですか** (✿事情・様子をたずねる):*How about* you, John? ジョン, 君(の場合)はどうですか.
②**...はいかがですか**; __してはどうですか (✿...には名詞, *doing* がくる;相手にものをすすめたり,相手の意見を求めたり提案したりする):*How about* a cup of tea? お茶はいかがですか / *How about* going on a picnic? ピクニックに行きませんか.

How are you? **こんにちは**, ごきげんいかがですか, お元気ですか (✿知人に会ったときのあいさつ).

対話
「ヘンリーさん, お元気ですか」
　　　　「ええ, 元気です, ありがとう」

How are you, Henry?
Fine, thank you.

How come__? (《口語》)どうして__か,なぜ__か:*How come* you're angry? なんでおこっているんだね.

How do you do? /háudjudú ハウデュドゥ/ **初めまして** (✿初対面の人が互いにいうあいさつ).

How is it that__? __はどうしたわけか,なぜ__なのか:*How is it that* you don't like music? どうして音楽がきらいなのですか.

How·ard /háuərd ハウアド/ 图ハワード (《男性の名》).

how·dy /háudi ハウディ/ 間《米口語》やあ, よう (✿*How do you do?* の短縮形).

＊**how·ev·er** /hauévər ハウエヴァ/ (★アクセント注意)

腰**しかしながら**, けれども (✿*but* よりも文語的で文頭にも用いるが,文中や文末に用いることが多い).
— 副 ❶**どんなに...でも**.
❷**どのように...しても**.
❸**...するどのような方法でも**.
❹《疑問副詞》《口語》《驚きを表わして》いったいどのようにして.

腰This, *however*, is not your fault. しかしながら, これは君のせいではない / This is not mine, you may use it, *however*. これは私のものではない. しかし使ってもけっこうです.
— 副 ❶*However* hard you (may) try, you cannot finish it in a day. どんなに一生懸命やっても君は1日でそれを仕上げることはできません.
❷*However* you (may) do it, the result will be the same. それはあなたがどうやっても結果は同じだろう.
❸ You can act *however* you wish. 勝手に行動してよい.
❹*However* did she come home? 彼女はいったいどうやって帰宅したのか.

howl /hául ハウル/ (★発音注意) 動⾃
❶ (犬・オオカミなどが)遠ぼえする (☞*roar* 動⾃❶).
❷ (風などが)うなる.
❸ (人が)わめく, 大声を出す.
— 名ⓒ ❶ (犬・オオカミなどの)遠ぼえの声. ❷ (風などの)ヒューヒュー鳴る音.
❸ (人の)わめき声, 大笑い.

howl·ing /háuliŋ ハウリング/ 形ほえる, わめく.

＊**how's**¹ /háuz ハウズ/ 《口語》《**how is** の短縮形》. ▶*How's* your father? お父さんはお元気ですか / *How's* your brother getting along in his job? 弟さんの仕事の具合はどうですか.

how's² /háuz ハウズ/ 《口語》《**how has** の短縮形》. ▶*How's* the boy got [(米)gotten] it? その子はどうやってそれを手に入れたのか.

how-to /háu-tú ハウ・トゥー/ 形実用的な技術を教える.
▶a *how-to* book 「...のしかた」式の本, ハウツーもの.

HP, hp 《略語》horsepower.

h.q., H.Q. 《略語》headquarters.

hr. 《略語》hour.

html, HTML /éitʃtiːèmél エイチティーエムエル/《略語》［電算］*H*ypertext *M*arkup *L*anguage《インターネットの www で情報を提供する際使われるテキスト形式》.

hub /hʌ́b ハブ/ 名C ❶（車輪の）こしき《中心を心棒が通り, またここから輻(*や*)(spokes) がでている》.
❷（活動の）中心, 中心地.

hud・dle /hʌ́dl ハドル/ 動（現分 huddling）自 ❶体を寄せ合う.
❷体をまるめる, ちぢこまる.
— 名C 集団, 群れ.

Hud・son /hʌ́dsn ハドスン/ 名《the をつけて》ハドソン川《アメリカのニューヨーク (New York) 州の東部を流れニューヨーク湾に注ぐ》.

hue /hjúː ヒュー/ 名C《文語》色, 色調.

huff /hʌ́f ハフ/ 名《a をつけて》立腹, 不機嫌(*げん*).
▶in *a huff* 腹を立てて.

*__hug__ /hʌ́ɡ ハッグ/ 動（~s /-z/; hugged /-d/; hug・ging）他 ❶（愛情をこめて）…を**抱きしめる**.
❷（船・車・人が）…に接近して［沿って］進む.
— 名（複 ~s /-z/）C 抱きしめること.
▶動他 ❶ The young mother *hugged* the little child. その若い母親は小さな子どもを抱きしめた.
— 名 He gave her a *hug*. 彼は彼女をぎゅっと抱きしめた.

*__huge__ /hjúːdʒ ヒュージ/ 形（hug・er; hug・est）**巨大な**, ばく大な.
▶a *huge* rock 巨大な岩 / a *huge* sum of money ばく大な額の金.

huh /hʌ́ ハ/ 感 ❶えっ, なんだって《聞き返し》. ❷《同意を求めて》でしょう？ ❸ふん《不信・不賛成などを表わす》.

hu・la /húːlə フーラ/ 名C フラダンス《ハワイ (Hawaii) の民族舞踊》.

hulk /hʌ́lk ハルク/ 名C ❶ 廃船《倉庫などに用いる》. ❷ ずうたいの大きい人；かさばる物.

hull /hʌ́l ハル/ 名C 船体.

hul・lo /həlóu ハロウ/ 感名《英》= hello.

hum /hʌ́m ハム/ 動（~s /-z/; hummed /-d/; hum・ming）自 ❶（ハチ・機械などが）ブンブンいう, ブーンと音を立てる.
❷鼻歌を歌う, ハミングする.
❸《口語》（場所などが）活気がある.
— 他（歌）をハミングで歌う, 鼻歌で歌う.
— 名《単数形で》❶ ブンブン（いう音）.
❷ ざわめき, 遠い雑音.
▶動自 ❶ Machines *hum* all day in the factory. 機械が一日中その工場でブンブン音をたてている.
❷ We *hummed* to the music. われわれはその音楽に合わせてハミングした.
— 他 *hum* a melody メロディーをハミングする.
— 名 ❶ the *hum* of bees ハチのブンブンいう音.

*__hu・man__ /hjúːmən ヒューマン/
形（more ~; most ~）❶（動物・機械と区別して）**人間の**, 人類の《○「人情のある」は humane》.
❷（感情・弱点・欠点などをもっていて）**人間的な**, 人間らしい《反 inhuman》.
❸（肉体としての）人の.
— 名C 人間 (Homo sapiens).

･････････････････････････････････

形 ❶ *human* behavior 人間の行動 / the *human* race 人類 / *human* history 人類の歴史.
❷ *human* feelings [errors] 人間らしい感情［まちがい］.
❸ a *human* face 人の顔.
　　　　　☞ 名 humanity, humanism,
　　　　　　　動 humanize.

húman béing 名C 人間.

hu・mane /hjuːméin ヒューメイン/ 形 人間的温かみのある, 情のある, やさしい, 人道的な《反 inhuman》《○人間がもっているやさしさ, 思いやりを強調した語；「人間の, 人類の, 人間的な」は human》.
　　　　　　　　　　　　☞ 名 humanity.

hu・mane・ly /hjuːméinli ヒューメインリ/ 副 人間的に温かく, 情け深く, 人道的に.

húman enginéering 名U 人間工学.

hu・man・ism /hjúːmənìzm ヒューマニズム/ 名U 人間主義《宗教ではなく人間の知性や理性を重んじる思想；○ 日本語の「ヒューマニズム」は humanitarianism》.
　　　　　　　　　　　　☞ 形 human.

hu・man・ist /hjúːmənist ヒューマニスト/ 名C（宗教などに頼らない）人間主義者《○ 日本語の「ヒューマニスト」は humanitarian》.

hu・man・is・tic /hjùːmənístik ヒューマニ

humanitarian

スティック/ 形 人間主義的な.

hu·man·i·tar·i·an /hjuːmænətéəriən ヒューマニテ(ア)リアン/ 形 人道主義の, 博愛の.
— 名 C 人道主義者, 博愛家.

hu·man·i·tar·i·an·ism /hjuːmænətéəriənìzm ヒューマニテ(ア)リアニズム/ 名 U 人道主義, 博愛, ヒューマニズム (☞ humanism).

***hu·man·i·ty** /hjuːmǽnəti ヒューマニティ/ 名 (複 -i·ties /-z/)
❶ U ⓐ (動物とは異なる) **人間性**, 人間らしさ. ⓑ 人間的やさしさ.
❷ U 《単数または複数扱いで; 集合的に》**人類**.
❸ 《the humanities で》(自然科学に対する) 人文(科)学 《文学・哲学・歴史などの学問》.

----

❶ ⓐ common *humanity* 共通の人間性. ⓑ treat people with *humanity* 人にやさしく接する. ❷ crimes against *humanity* 人類に対する犯罪.
☞ 形 human, humane.

hu·man·ize /hjúːmənàiz ヒューマナイズ/ 動 (現分 -iz·ing) 他 …を人間性のあるものにする, やさしくする.
☞ 形 human.

hu·man·kind /hjúːmənkàind ヒューマンカインド/ 名 U 《文語》《単数または複数扱いで; 集合的に》人類, 人間 (☞ mankind).

hu·man·ly /hjúːmənli ヒューマンリ/ 副 人間の力で.

húman náture 名 U 人間性, 人情.

húman relátions 名 複《ふつう単数扱いで》人間関係(研究).

húman resóurces 名 U ❶ 人的資源. ❷ (企業の)人事部.

húman ríghts 名 複《複数扱いで》人権.

***hum·ble** /hámbl ハンブル/ 形 (hum·bler; hum·blest) ❶ **謙遜した**, 控えめな (反 proud).
❷ (身分・地位などが) **低い**, 卑しい (反 noble).
❸ ⓐ 粗末な, 貧弱な, みすぼらしい.
ⓑ (ふざけて) つまらない, 大したことのない.
— 動 (現分 hum·bling) 他 《**be hum·bled** で》(他の人・物に) 圧倒される, 自分の見劣りを感じる.
▶ 形 ❶ She is *humble* toward ev-erybody. 彼女はだれに対しても控えめである.
❷ a *humble* position 低い地位 / a *humble* fisherman しがない漁師.
❸ ⓐ a *humble* income 少ない収入.
ⓑ (口語) in my *humble* opinion (つまらない意見ですが)私の意見では.

humble oneself 謙虚な気持ちになる, 謙そんする.

hum·bly /hámbli ハンブリ/ 副 謙虚に, 謙遜して.

hum·drum /hámdrÀm ハムドラム/ 形 平凡な, 単調な, 退屈な.

hu·mid /hjúːmid ヒューミッド/ 形 (空気・天候などが)湿気の多い, じめじめした (☞ wet の 類語).

hu·mid·i·ty /hjuːmídəti ヒューミディティ/ 名 U 湿気, 湿度.

hu·mil·i·ate /hjuːmílièit ヒューミリエイト/ 動 (現分 -at·ing) 他 …に恥をかかせる, …の自尊心を傷つける.
▶ He felt *humiliated* by his son's bad behavior. 彼は息子の悪い態度を恥ずかしいと思った.

hu·mil·i·at·ing /hjuːmílièitiŋ ヒューミリエイティング/ 形 恥をかかせるような, 不面目な, 屈辱的な.

hu·mil·i·a·tion /hjuːmìliéiʃən ヒューミリエイション/ 名 ❶ U 恥をかかせること, 恥をかくこと. ❷ C 恥, 屈辱.

hu·mil·i·ty /hjuːmíləti ヒューミリティ/ 名 U 謙そん, 卑下.

hum·ming·bird /hámiŋbə̀ːrd ハミングバード/ 名 C 【鳥類】ハチドリ (鳥の中で一番小さく, 飛ぶときにブーンという羽音をだす).

***hu·mor** /hjúːmər ヒューマ, ユー・/ 名 (複 ~s /-z/)
❶ U ユーモア (☞ black humor).
❷ U ユーモアを理解する能力 (☞ sense of humor).
❸ 《単数形で》(文語) 気分, 機嫌.

----

❶ His talk is always full of *humor*. 彼の話はいつもユーモアに満ちている. ❷ He has a sense of *humor*. 彼はユーモアがわかる / He is a man without *humor*. 彼はユーモアのわからない人だ.

類語 **humor** は「人間の心に訴えるおかしさ, 笑いの対象などに共感を感じ同

情をもって理解[表現]する能力」; **wit** は「知的で鋭い機知」.

❸ She is now in *a* good [bad] *humor*. 彼女は今上機嫌[不機嫌]です.
☞ 形 humorous.

hu・mor・ist /hjúːmərist ヒューモリスト, ユー・/ 名 C ユーモア作家.

hu・mor・less /hjúːmərləs ヒューモレス, ユー・/ 形 (堅くて)ユーモアのわからない.

***hu・mor・ous** /hjúːmərəs ヒューモラス, ユー・/ 形 (more ~; most ~)
❶ (人が)**ユーモアのある**.
❷ 愉快な, こっけいな, おかしい.
▶ ❶ a *humorous* writer ユーモア作家. ❷ a *humorous* gesture こっけいな身振り.
☞ 名 humor.

hu・mor・ous・ly /hjúːmərəsli ヒューモラスリ, ユー・/ 副 ユーモアたっぷりに, こっけいに.

hu・mour /hjúːmər ヒューマ, ユー・/ 名 《英》= humor.

hump /hʌ́mp ハンプ/ 名 C ❶ (らくだの背などの)こぶ. ❷ 盛り上がり, 小さい隆起.

humph /mmm ムムム/ 感 ふふん, ふーん (《疑い・不満・軽蔑(⁽ˢ⁾)などを表わす》).

Hump・ty Dump・ty /hʌ́mpti dʌ́mpti ハンプティ ダンプティ/ 名 ハンプティーダンプティー.
INFO▶ Humpty Dumpty はなぞなぞ (jingles) のわらべうたの中で卵のこと; 塀(⁽ˢ⁾)から落ちてこわれてしまう.

hunch¹ /hʌ́ntʃ ハンチ/ 名 (複 ~es /-iz/) C 《口語》(なんとなく感じられる)思い, 予感.
▶ I have a *hunch* that he will come. 彼が来るような気がする.

hunch² /hʌ́ntʃ ハンチ/ 動 (三単現 ~es /-iz/) 他 (背)を丸くする.

hunch・back /hʌ́ntʃbæk ハンチバック/ 名 C ねこ背(の人).

*****hun・dred** /hʌ́ndrəd ハンドレド/
名 (複 hundred, ~s /-dz/)
❶ C (数の)**100**, 百 (☞ one).
❷ C **100人**, **100個**, 100ドル[ポンド, ユーロ, 円(など)].
❸《a をつけて》100歳.
— 形 ❶ **100の**, 100人の, 100個の.
❷《a hundred で》非常にたくさんの…. ❸ 100歳で.

━━━━━━━━━━━━━━━━━━━

名 ❶ three *hundred* 300 / five *hundred* (and) sixteen 516.
|語法| (1)「100」というときには a hundred がふつうで, 明確にいうときは one hundred という. (2) 10の位以下が続く数をいうときは《英》では hundred の後に and を入れるが,《米》では and をしばしば省略する. (3) 数詞または数を表わす形容詞が前にくるときは two hundred のようにし, 複数の s をつけない; ☞ million, thousand.
❷ 対話 "How many people were there?" – "About *a hundred*." 「そこには何人の人がいましたか」「約100人です」.
❸ These days many people live to be a *hundred*. このごろはたくさんの人が100歳まで生きる.

a [*one*] *hundred percent* 《米》100パーセント; 完全に.

a hundred to one ほとんど確実に, 十中八九: *A hundred to one*, your plan will be of no use. あなたの計画はまず役に立たないだろう.

hundreds of ... なん百という(非常に多くの)…: *hundreds of* people なん百というたくさんの人.

hundreds of thousands of ... なん十万という(非常に多くの)…: *hundreds of thousands of* people なん十万という多くの人 (◐ a hundred thousand people は「十万人の人」).

— 形 ❶ three *hundred* men 300人の男 / a *hundred* thousand cards 十万枚のカード / a few *hundred* birds 数百羽の鳥.
❷ I have *a hundred* things to tell

hundredth

you. 君に話したいことが山ほどある.
a hundred and one 非常にたくさんの.

*__hun・dredth__ /hʌ́ndrədθ ハンドレドス/ 形
❶《ふつう the をつけて》**100番目の**.
❷100分の1の.
— 名 (複 ~s /-s/) ❶Ⓤ《ふつう the をつけて》**100番目の人[もの]**.
❷ⒸⒸ100分の1.

*__hung__ /hʌ́ŋ ハング/ 動 hang の過去形・過去分詞形.

__Hung.__ (略語) Hungarian; Hungary.

__Hun・gar・i・an__ /hʌŋɡéəriən ハンゲ(ア)リアン/ 形 ❶ハンガリーの. ❷ハンガリー人の. ❸ハンガリー語の(✿Hung. と略す).
— 名 ❶Ⓒハンガリー人. ❷Ⓤハンガリー語.

__Hun・ga・ry__ /hʌ́ŋɡəri ハンガリ/ 名 ハンガリー《ヨーロッパ中南部の共和国; 首都ブダペスト (Budapest); ✿Hung. と略す》.

*__hun・ger__ /hʌ́ŋɡər ハンガ/ 名 ❶Ⓤ**空腹**.
❷Ⓤ飢え, 食料不足.
❸《a をつけて》(…に対する)熱望, 切望.
— 動 (現分 ~・ing /-ɡəriŋ/) 㑊《文語》《__hunger for [after] ...__》…を切望する, 熱望する.

・・・・・・・・・・・・・・・・・・・・・・・・・・・・
名 ❶feel *hunger* 空腹を感じる / ことわざ *Hunger* is the best sauce. 空腹は最上のソース, 「空腹にまずい物なし」.
❷die of *hunger* 餓死する.
❸have a *hunger for* fame (人が)強い名誉欲がある.
☞ 形 hungry.
— 動㑊*hunger for* friends 友だちをひどく欲しがる.

__húnger strìke__ 名ⓊⒸハンガーストライキ, ハンスト. ▶go on (a) *hunger strike* ハンストをする.

__hun・gri・ly__ /hʌ́ŋɡrəli ハングリリ/ 副
❶飢えて, がつがつと.
❷熱望して.

***__hun・gry__ /hʌ́ŋɡri ハングリ/ 形
(-gri・er; -gri・est)
❶**空腹で[の]**, 腹がすいて[た] (✿「のどがかわいた」は thirsty; ☞ rumble).
❷ⓐ食べ物がなくて, 飢えて(いる).
ⓑ《the をつけて》飢えている人たち.
❸熱望して(いる), 切望して(いる).

・・・・・・・・・・・・・・・・・・・・・・・・・・・・
❶look *hungry* 空腹そうな顔をしている / feel *hungry* 空腹を感じている / (as) *hungry* as a bear [horse, shark] 腹ぺこで.
❷ⓐgo *hungry* なにも食べないでいる, 飢える.
❸The child *is hungry for* affection. その子は愛情に飢えている / She's *hungry* to advance in the company. 彼女は会社での出世に燃えている.
☞ 名 hunger.

__hunk__ /hʌ́ŋk ハンク/ 名Ⓒ《口語》❶(パン・肉などの)厚切り. ❷大きくて魅力的な男.

*__hunt__ /hʌ́nt ハント/ 動 (~s /-ts/; ~ed /-id/; ~・ing) ㊀ ❶ⓐ(野生動物の)**狩りをする**.
ⓑ(動物が)(獲物(ᵉもの))をとろうと追いかける.
❷(犯人など)を**追跡する**, 捜(さが)す.
— 㑊 ❶狩りをする. ❷捜す.
— 名 (複 ~s /-ts/)Ⓒ ❶狩り, 狩猟.
❷追跡, 探索.

・・・・・・・・・・・・・・・・・・・・・・・・・・・・
動㊀ ❶ⓐ*hunt* deer シカ狩りをする.
❷*hunt* the robbers 強盗を追跡する.
— 㑊 ❶go out *hunting* in the woods 森へ狩りにでかける. ❷*hunt for* the lost key なくしたかぎを捜す.
__hunt dówn__ ㊀ ①(獲物・犯人など)を追いつめる, 追跡してつかまえる. ②(苦心して)…を捜し出す.
__hunt óut__ ㊀ …を捜し出す.
— 名 ❶go on a *hunt* 狩りに行く.

*__hunt・er__ /hʌ́ntər ハンタ/ 名 (複 ~s /-z/)Ⓒ ❶**ハンター, 狩りをする人**.
❷(物を)さがす人.

__hunt・ing__ /hʌ́ntiŋ ハンティング/ 名Ⓤ
❶狩り, 狩猟. ❷さがすこと.

__hur・dle__ /hə́ːrdl ハードル/ 名 ❶Ⓒ障害, 困難. ❷Ⓒ(陸上競技用の)ハードル.
❸《the hurdles で; 単数または複数扱いで》ハードルレース(✿__húrdle ràce__ ともいう).
— 動 (現分 hur・dling) ㊀ ❶(ハードル)を跳(と)び越す. ❷(困難など)を克服する.
— 㑊ハードル競争をする.
▶❶clear a big *hurdle* 大きな困難を克服する.

__hurl__ /hə́ːrl ハール/ 動 ㊀ ❶…を(強く)投

hur·rah /hurɑ́ː フローˌ -rɑ́ː/ 感 = **hurray**.

hur·ray /huréi フレイ/ 感 万歳, フレー《喜び・歓迎・激励などの気持ちを表わす叫び声》.
▶*Hurray* for the Queen! 女王陛下万歳 / *Hurray*! We've won! 万歳, 勝ったぞ / Hip, hip, *hurray*! ヒップ, ヒップ, フレー!, がんばれ, がんばれ《応援のための叫び文句》.

hur·ri·cane /hə́ːrəkèin ハーリケイン | hǽrikən/ 名 ⓒ ハリケーン《西インド諸島, メキシコ湾などに吹く大暴風; ☞ typhoon, tornado》.

hur·ried /hə́ːrid ハーリッド/ 形 せきたてられた; 大急ぎの, あわただしい.
▶a *hurried* meal あわただしい食事.

hur·ried·ly /hə́ːridli ハーリドリ/ 副 大急ぎで, あわてて.

***hur·ry** /hə́ːri ハーリ | hǽri/
動 (hur·ries /-z/; hur·ried /-d/; ~·ing)
⃝自 急ぐ, 急いで行く[する].
— 他 ❶ⓐ …を**急がせる**, せかす.
ⓑ (人)を急いでつれて行く[来る], (物)を急いで運ぶ.
❷ (仕事など)を急いでする.
— 名 Ⓤ ❶ 大あわて, 大急ぎ.
❷《疑問文・否定文で》急ぐ必要.

⸺⸺⸺⸺⸺⸺⸺⸺⸺

動⃝自 I *hurried* to the station. 私は駅へ急いで行った / Let's *hurry* home. 急いで家へ帰ろう / I *hurried* to apply for the job. 私はその職に急いで応募した.
— 他 ❶ⓐDon't *hurry* me. I like to take my time. 私をせかさないでください. ゆっくり時間をかけたいのです / You should not *hurry* him *into* (*making*) a decision. 早く決心するようにと彼をせかせてはいけません. ⓑ*Hurry* her to the hospital by taxi. 彼女をタクシーで急いで病院へ連れて行きなさい.
❷Let's *hurry* this job. この仕事を急いでしよう.

hurry up ⃝自 急ぐ: *Hurry up*, or you'll be late for school. 急ぎなさい, さもないと学校に遅れるよ.
— 他 ① …を急がせる: Don't *hurry* him *up*. 彼を急がせるな. ② …を急いでやる.

— 名 ❷What's your *hurry*? なんでそんなに急ぐのですか / There's *no hurry*. 急ぐことはない.

be in no hurry to do __するのを急がない, なかなか__しようとしない: She *was in no hurry to* say good-bye. 彼女はなかなか帰ろうとしなかった.

in a hurry ① 急いで, あわてて: Don't be *in* such *a hurry*. そんなにあわてるな / do things *in a hurry* 物事を急いでする. ②《口語》《否定文で》簡単には, すぐには: You *can't* do this kind of work *in a hurry*. この種の仕事は簡単にはできない.

in one's hurry あわてたので《◌「理由」の意味を含む》: *In my hurry* to get on the bus, I fell and broke my leg. バスに乗ろうと急いだので私はころんで脚を折った.

***hurt** /hə́ːrt ハート/
動 (~s /-ts/; hurt; ~·ing) 他 ❶ⓐ …を**傷つける**, (人・体など)に**けがをさせる**《☞ injure の 類語》.
ⓑ《**hurt** *oneself* または **be hurt**》でけがをする.
ⓒ (物)を傷める, (物)に害を与える.
❷ⓐ (感情など)を**傷つける**, 害する.
ⓑ《**be hurt** で》気を悪くする.
❸ …に苦痛を与える, 痛い思いをさせる.
— ⃝自 痛む.
— 名 (複 ~s /-ts/) ❶ⓒ (肉体上の)傷, けが. ❷ Ⓤⓒ (精神的な)苦痛, 損害.
☞ 形 **hurtful**.
— 形 ❶ けがをした.
❷ (気持ちなどが)傷ついた.
❸ 破損した.

⸺⸺⸺⸺⸺⸺⸺⸺⸺

動 他 ❶ⓐHe *hurt* his right hand while he was playing basketball. バスケットボールをしているとき彼は右手にけがをした. ⓑHe *hurt* himself in a fight. = He *was hurt* in a fight. 彼はけんかでけがをした. ⓒThe frost *hurt* the flowers. 霜のために花が傷んだ / It will *hurt* his reputation. それは彼の名声を傷つけるだろう.

❷ⓐBe careful not to *hurt* his feelings. 彼の感情を害さないよう気をつけなさい. ⓑShe *was hurt* that you didn't speak to her. あなたが声をかけ

hurtful

てくれなかったことで彼女は気を悪くした.
❸ These shoes *hurt* me. このくつは(きつくて)痛い.
— ⾃ Does your hand still *hurt*? 手はまだ痛みますか.
It won't hurt to *do* ＿してもいいでしょう: *It won't hurt to* let him have his (own) way. 彼の思い通りにさせてもいいでしょう.
— 形 ***feel hurt*** 気を悪くする.
get hurt けがをする: Five people *got hurt* in the accident. その事故で5人がけがをした.

hurt·ful /hə́ːrtfəl ハートフル/ 形 気持ちを傷つける.

☞ 名 hurt.

hur·tle /hə́ːrtl ハートル/ 動 (現分 hur·tling) ⾃ (ものすごい勢いで)走る, 飛ぶ.

★★★ hus·band /házbənd ハズバンド/ 名 C 夫 (☞ wife).

hush /háʃ ハッシュ/ 動 (~·es /-iz/; ~ed /-t/; ~·ing) ⾃ 静かになる, 黙る.
— 名《単数形で》静けさ, 沈黙.
— 感 /ʃː シュー, háʃ/ 《★発音注意》シーッ, 静かに.
▶ 動 ⾃ The people *hushed* to see the scene. 人々はその光景を見て静まり返った.
hush up ⾃ (不祥事などを)もれないように押さえる.
— 感 "*Hush*!" the baby is asleep. 「静かに!」赤ちゃんが寝ているよ.

hush-hush /háʃ-hàʃ ハッシュ・ハッシュ/ 形 《口語》(計画などが)極秘の, ないしょの.

husk /hásk ハスク/ 名 C (穀類の)殻(から), 皮.

husk·i·ly /háskəli ハスキリ/ 副 しゃがれ声で.

hus·ky¹ /háski ハスキー/ 名 (複 hus·kies /-z/) C ハスキー《エスキモー犬 (Eskimo dog) の一種》.

husk·y² /háski ハスキー/ 形 (husk·i·er; husk·i·est) ❶ (声が)しゃがれた, ハスキーな.
❷《口語》(体が)がっしりした, がん丈な.

hus·tle /hásl ハスル/《★ t は発音されない》動 (~s /-z/; hus·tled /-d/; hus·tling) ⾃ ❶ (人を)押して動かす.
❷《米口語》だまして…を手に入れる.
— ⾃ ❶ 張り切ってやる, 急ぐ.

❷《米口語》不法なことをして稼ぐ.
— 名 ❶ U あわただしさ, ハッスル.
❷ C《米口語》不法な金もうけ.
▶ 動 他 ❶ *hustle* the passengers into the bus 乗客をバスへ無理やり押しこむ.

hus·tler /háslər ハスラ/ 名 C《米》不法な手段で金もうけする人.

★hut /hát ハット/ 名 (複 ~s /-ts/) C 小屋.

hutch /hátʃ ハッチ/ 名 (複 ~·es /-iz/) C
❶ (ウサギなどを入れる)おり, 小屋.
❷《米》茶だんす.

hy·a·cinth /háiəsìnθ ハイアスィンス/ 名 C ヒヤシンス.

hy·brid /háibrid ハイブリッド/ 名 C ❶ (動植物の)雑種, 混合種.
❷ 混合したもの, ハイブリッド.
— 形 雑種の, 混合した.

Hýde Párk 名 ハイドパーク《イギリスのロンドンにある公園》.

hy·drant /háidrənt ハイドラント/ 名 C (ふつう路上の)消火栓(せん), 給水栓.

hy·drau·lic /haidrɔ́ːlik ハイドローリック/ 形 水力[水圧]の, 水圧[油圧]で動く.

hy·dro·e·lec·tric /hàidrouiléktrik ハイドロウイレクトリック/ 形 水力発電の.

hy·dro·gen /háidrədʒən ハイドロヂェン/ 名 U 〔化学〕水素《元素記号 H》.

hýdrogen bòmb 名 C 水素爆弾.

hy·e·na /haiíːnə ハイイーナ/ 名 C ハイエナ《オオカミに似た夜行性の動物》.

hy·giene /háidʒiːn ハイヂーン/ 名 U 衛生. ▶ public *hygiene* 公衆衛生.

hy·gien·ic /haidʒíːnik ハイヂーニック/ 形 衛生的な.

hy·men /háimən ハイメン/ 名 C 処女膜.

hymn /hím ヒム/《★ n は発音されない》名 C 賛美歌, 聖歌.

hype /háip ハイプ/ 名 U 誇大(こだい)な宣伝[広告].
— 動 他 …を誇大に宣伝する.

hy·per /háipər ハイパ/ 形 すごく興奮した.

hy·per·ac·tive /hàipəræktiv ハイパラクティヴ/ 形 (子どもなどが)やたらと動きまわる, 落ち着きのない.

hy·per·mar·ket /háipərmàːrkit ハイパマーキット/ 名 C《英》ハイパーマーケット《都市郊外の巨大スーパー》.

hy·per·sen·si·tive /hàipərsénsətiv ハ

イパセンスィティヴ/ 形過度に敏感な, 過敏症の.
hy·per·sen·si·tiv·i·ty /hàipərsènsətívəti ハイパセンスィ**ティ**ヴィティ/ 名U過敏(症).
hy·per·ten·sion /háipərtènʃən ハイパ**テン**ション/ 名U高血圧.
hy·phen /háifən **ハ**イフェン/ 名C ハイフン(«-の記号»).
hy·phen·ate /háifənèit **ハ**イフェネイト/ 動(現分 -at·ing)他…をハイフンで結ぶ.
hy·phen·a·tion /hàifənéiʃən ハイフェ**ネ**イション/ 名U ハイフンでつなぐこと.
hy·phen·at·ed /háifənèitid **ハ**イフェネイティド/ 形ハイフンで結んだ.
hyp·no·sis /hipnóusis ヒプ**ノ**ウスィス/ 名U催眠(ホル)(状態).
hyp·not·ic /hipnátik ヒプ**ナ**ティック/ 形 ❶催眠の, 催眠術の. ❷眠くさせる.
hyp·no·tism /hípnətìzm **ヒ**プノティズム/ 名U催眠(ホル)術.
hyp·no·tist /hípnətist **ヒ**プノティスト/ 名C催眠術師.
hyp·no·tize /hípnətàiz **ヒ**プノタイズ/ 動(現分 -tiz·ing)他…に催眠術をかける.
hy·po·chon·dri·a /hàipəkándriə ハイポ**カン**ドリア/ 名U憂うつ症.
hy·po·chon·dri·ac /hàipəkándriæk ハイポ**カン**ドリアック/ 名C憂うつ症患者.
— 形憂うつ症にかかった.
hy·poc·ri·sy /hipákrəsi ヒ**パ**クリスィ/ 名(複 -ri·sies /-z/)U偽善(ホォ).
hyp·o·crite /hípəkrìt **ヒ**ポクリット/ 名C偽善者.
☞ 形hypocritical.
hyp·o·crit·i·cal /hìpəkrítikəl ヒポク**リ**ティカル/ 形偽善的な, 偽善者の.
☞ 名hypocrite.
hyp·o·crit·i·cal·ly /hìpəkrítikəli ヒポク**リ**ティカリ/ 副偽善的に.
hy·po·der·mic /hàipədə́ːrmik ハイポ**ダー**ミック/ 形皮下の.
— 名C皮下注射器.
▶形a *hypodermic* injection 皮下注射.
hy·poth·e·sis /haipáθəsis ハイ**パ**セスィス/ 名(複 -e·ses /-sìːz/)C仮説, 仮定.
hy·po·thet·i·cal /hàipəθétikəl ハイポ**セ**ティカル/ 形仮説の, 仮定の.
hys·te·ri·a /histíəriə ヒス**ティ**(ア)リア/ 名U ヒステリー, 病的興奮状態.
hys·ter·i·cal /histérikəl ヒス**テ**リカル/ 形 ❶ ヒステリー(性)の, 病的に興奮した, ヒステリックな. ❷《口語》ひどくおかしい.
hys·ter·i·cal·ly /histérikəli ヒス**テ**リカリ/ 副病的に興奮して, ヒステリーを起こして.
hys·ter·ics /histériks ヒス**テ**リックス/ 名複 ❶ヒステリーの発作.
❷発作的な笑い.
Hz《略語》hertz.

I i 𝓘 𝓲

I¹, i /ái アイ/ 名(複 I's, Is, i's, is /-z/)
❶ ⓤ.ⓒ アイ《英語アルファベットの9番目の文字》. ❷ Ⓤ《ローマ数字の》1.
▶ ❷ *III*=iii＝3／*IV*＝4／V*I*＝6／*IX*＝9.

I² /《弱》ai アイ；《強》ái アイ/ 代《✿所有格 my, 目的格 me, 所有代名詞 mine, 複合人称代名詞 myself》.
《主語に用いて》**私は，私が**，僕は[が]，おれは[が].

I like dogs. 私は犬が好きです／She and *I* are in the same class. 彼女と私は同じクラスだ.

IA《米郵便》Iowa.
IC /áisí: アイスィー/《略語》《電子工学》*i*ntegrated *c*ircut 集積回路.

ice /áis アイス/ 名 Ⓤ ❹ **氷**.
❺《the をつけて》《スケートなどができる》凍った表面.
— 動 他 ❶ （菓子など）に砂糖の衣をかける.
❷ …を氷で冷やす.

名 ❹ Can I have some *ice* in my juice? ジュースに氷をいただけませんか.
be* (*skating*) *on thin ice 危険を冒(ﾞ)している.
break the ice 《パーティーなどで》《かたい雰囲気を》なごやかにする：His joke *broke the ice* at the meeting. 彼の冗談で《しらけていた》会合がなごやかになった.
cut no ice (***with*** ...)《口語》《…（人）に対して》《意見を変えさせるなどの》効果が少しもない.
☞ 形 icy.

— 動 *ice over* [*up*] 圓 氷が張る.

ice·berg /áisbə̀ːrg アイスバーグ/ 名 Ⓒ 氷山.
the tip of the iceberg 氷山の一角, 世間に知られているごくわずかの部分.

ice·box /áisbɑ̀ks アイスバックス/ 名 (複 ~es /-iz/) Ⓒ ❶ （氷を使って冷やす）冷蔵庫. ❷《米文語》電気冷蔵庫 (refrigerator).

ice·break·er /áisbrèikər アイスブレイカ/ 名 Ⓒ ❶ 砕氷(ﾞ)船. ❷ （パーティーなどで）人をなごやかにすることば[行為].

íce càp 名 Ⓒ 氷帽《南極・北極をおおっている氷》.

íce cóffee 名 Ⓤ.Ⓒ アイスコーヒー (iced coffee).

ice-cold /áis-kóuld アイス・コウルド/ 形 氷のように冷たい.

ice cream /áis krí:m アイスクリーム, -krí:m/ 名 (複 ~s /-z/) Ⓤ.Ⓒ **アイスクリーム**.
▶ strawberry *ice cream* イチゴアイスクリーム／Three vanilla *ice creams*, please. バニラアイスを三つください.

íce-crèam còne /áis-krì:m- アイス・クリーム・/ 名 Ⓒ コーンにはいったアイスクリーム《✿「ソフトクリーム」は和製英語》.

íce crèam párlor 名 Ⓒ《米》アイスクリームパーラー，アイスクリーム店.

íce cùbe 名 Ⓒ《飲み物を冷やす》角氷.

iced /áist アイスト/ 形 ❶ 《飲み物が》氷で冷やした，氷を入れた. ❷ 砂糖の衣をかけた. ▶ ❶ *iced* tea [coffee] アイスティー[コーヒー].

íce hòckey 名 Ⓤ アイスホッケー《✿《米》では単に hockey ともいう》.

Ice·land /áislənd アイスランド/ 名 アイスランド《北大西洋にある島；共和国；首都レイキャビク (Reykjavik /réikjəvìk/)》.

íce skàte 名 Ⓒ《ふつう複数形で》アイススケートぐつ《✿単に skates ともいう》.

ice-skate /áis-skèit アイス・スケイト/ 動 (現分 -skat·ing) 圓 アイススケートをする.

íce skàter 名 Ⓒ アイススケートをする人.

íce tèa 名 Ⓤ.Ⓒ アイスティー (iced tea).

íce wàter 名 Ⓤ 《米》（氷を入れた）冷たい水 (iced water).

ideal

i·ci·cle /áisikl アイシクル/ 名C つらら.

i·ci·ly /áisəli アイスィリ/ 副 ❶(人のことばなどが)氷のように冷たく, 冷淡に.

ic·ing /áisiŋ アイスィング/ 名U (菓子などにかける)砂糖の衣.

i·con /áikɑn アイカン/ 名C ❶ 【電算】アイコン《スクリーンに表示される図形や記号》. ❷ 【キリスト教】(東方正教会の)聖画像, イコン. ❸象徴的なもの[人].

ICU /áisì:jú: アイスィーユー/ 《略語》*i*ntensive *c*are *u*nit 集中治療室.

*__**i·cy**__ /áisi アイスィ/ 形 (i·ci·er; i·ci·est)
❶氷のように冷たい.
❷氷の, 氷の張った.
❸冷淡な, 冷やかな.
▶ She had *icy* hands. 彼女の手は氷のように冷たかった / an *icy* wind 冷たい風. ❷ The road was *icy*. 道は凍っていた. ❸ She gave me an *icy* look. 彼女は私を冷淡な目で見た.

☞ 名 ice.

ID 〖米郵便〗Idaho.

*__**I'd**__ /aid アイド/ 《口語》
❶《I had² の短縮形》.
❷《I would の短縮形》.

----

❶ I said *I'd* already done my homework. 私はもう宿題はしたと言った.
❷ I said *I'd* be back by seven. 私は7時までにもどると言った.

I·da·ho /áidəhòu アイダホウ/ 名 アイダホ《アメリカ北西部の州; ❋〖郵便〗ID と略す》.

ID cárd /áidí:- アイディー-/ 名C 身分証明書《❋*i*dentity [*i*dentification] card の略形》. ▶ a student *ID card* 学生証.
INFO▶ 所有者の氏名, 署名(signature), 写真(photograph)などが載っている公的機関などの発行したものをいう. パスポート(passport), クレジットカード(credit card), 運転免許証(driver's license)など.

*__**i·de·a**__ /aidí(:)ə アイディ(ー)ア/ /áidí:- アイディー-/ 名 (複 ~s /-z/) ❶ C (心に浮かんだ) **考え**, 思いつき, アイディア.
❷ C **意見**, 見解, 考え方.
❸ UC 知識, 情報, 理解.
❹ UC 意図, 目的, ねらい.
❺ UC 見方, 印象, 感じ.
❻ C 理念, 観念.

----

❶ Do you have any good *ideas*? なにかいいアイデアがありますか / He came up with a good *idea*. 彼はよい考えを思いついた / She is always full of *ideas*. 彼女はいつもアイデアでいっぱいだ.
❷ What are your *ideas* on conservation of nature? 自然保護の問題についてあなたのご意見[お考え]はどうですか.
❸ These pictures will give you a general *idea* of the town. この写真を見ればその町がどういうところか大体わかるでしょう.
❹ The *idea* of the new zoo is to attract small children. その新しい動物園のねらいは小さな子どもたちを呼びこむことだ.
❺ I have an *idea* (that) we'll win. 私たちが勝ちそうな感じがする / I had no *idea* that you were coming. 君が来るなどとは思わなかった.
❻ Eastern *ideas* 東洋思想 / a fixed *idea* 固定観念.

get the idea 《口語》理解する, わかる.

have an idea that __ __だろうと思う: I *had an idea that* he was telling a lie. 私は彼がうそをついているのだろうと思った.

have no idea わからない: I *have no idea* how to get there. そこへはどうやって行けばよいのかわからない / I *have no idea* what 'tofu' is like. 豆腐とはどんなものか私にはわからない / 対話 "Where is the cat?"–"I *have no idea*." 「ネコはどこにいるの」「わかりません」.

It's a good idea to *do* (アドバイスを与えて)__するといいでしょう: *It'd be a good idea to* ask her advice. 彼女にアドバイスをもらうといいでしょう.

What an idea! なんてばかな, あきれたものだ.

You have no idea ... 《口語》(強調して)…はわかってもらえないほどです: *You have no idea* how happy I was to see you there. そこであなたを見かけてどんなにうれしかったことか.

*__**i·de·al**__ /aidí(:)əl アイディ(ー)アル/ 《★アクセント注意》形 **理想的な**, 申し分のない, 最高の.

659

idealism

— 名(複 ~s /-z/) © ❶ 理想.
❷ 理想的な人[物], 典型.

形 The weather is *ideal* for an outing. 天気は遠足には理想的だった / an *ideal* couple 理想的な夫婦.

— 名 ❶ He found it hard to achieve his *ideal*. 彼は自分の理想を実現することは困難だとわかった.
❷ Her mother is her *ideal*. 彼女の母は彼女の理想の人です.

☞ 動 idealize.

i·de·al·ism /aidí(:)əlìzm アイディ(ー)アリズム/ 名 U 理想主義 (☞ realism).

i·de·al·ist /aidí(:)əlist アイディ(ー)アリスト/ 名 © 理想主義者.

i·de·al·is·tic /aidì(:)əlístik アイディ(ー)アリスティック/ 形 (人が) 理想主義の (☞ realistic).

i·de·al·ize /aidí(:)əlàiz アイディ(ー)アライズ/ 動 (現分 -iz·ing) 他 …を理想化する, 理想的なものと考える.

☞ 形 ideal.

i·de·al·ly /aidí(:)əli アイディ(ー)アリ/ 副
❶ 理想的に, 申し分なく.
❷ 《文全体を修飾して》理想的には.

*__i·den·ti·cal__ /aidéntikəl アイデンティカル/ 形 ❶ 《the をつけて》まったく同一の, 同じ 《その物がひとつしかない場合に用いる》.
❷ (同一ではないが) まったく同じ 《同じ型の物など, 同じ物が複数ある場合に用いる》.

----

❶ This is *the identical* picture I painted then. これはまぎれもなく私がその時描いた絵です.
❷ This desk *is identical to* [*with*] mine. この机は私のとまったく同じだ.

☞ 名 identity, 動 identify.

i·den·ti·cal·ly /aidéntikəli アイデンティカリ/ 副 まったく同じに, 同様に.

*__i·den·ti·fi·ca·tion__ /aidèntəfikéiʃən アイデンティフィケイション/ 名(複 ~s /-z/)
❶ U C 身元[事実]確認, どういう人[物]であるかを確認[証明]すること.
❷ U 身分証明書 (ID).
❸ U C (自分も) 同一だと感じること, 一体感, 共感.

----

❶ (the) *identification* of the victims of the fire 火事の犠牲者の身元の確認.
❷ Do you have any *identification*? なにか身分の証明になるものを持っていますか.
❸ have *identification* with a comic hero 漫画の主人公のつもりでいる.

☞ 動 identify.

identificátion càrd 名 © = **ID card**.

*__i·den·ti·fy__ /aidéntəfài アイデンティファイ/ 動 (-ti·fies /-z/; -ti·fied /-d/; ~·ing) 他
❶ ⓐ (複数のものの中で) …を見分ける, だれ[なに] であるかがわかる.
ⓑ 《identify ... as ~》…が~であることを見分ける.
ⓒ 《identify ... as ~》(物などが) …が~であることを示す.
❷ 《identify ... with ~》…を~と重ね合わせて考える, …が~と深くかかわっていると考える, みなす.
— 自 共感[一体感]をもつ.

他 ❶ ⓐ I *identified* him in the crowd at once. 私は人ごみの中ですぐに彼がわかった[見分けがついた] / The dog was *identified* by his collar. その犬は首輪でだれの犬かわかった.
ⓑ I *identified* the bag *as* my father's. 私はそのかばんが父のものであることを確認した.
ⓒ The uniform *identified* her *as* a flight attendant. 制服で彼女が(飛行機の)客室乗務員であることがわかった.
❷ We *identify* Alfred B. Nobel *with* Nobel Prize. = Alfred B. Nobel is *identified with* Nobel Prize. われわれはアルフレッド・B・ノーベルをノーベル賞と重ねあわせて考えている.

— 自 I *identify with* Hamlet. ハムレット(の生き方)に共感を覚える.

identify oneself 自分がだれであるか名のる: The man didn't *identify himself*. その男は自分がだれであるか名のらなかった.

☞ 形 identical, 名 identification.

*__i·den·ti·ty__ /aidéntəti アイデンティティ/ 名 (複 -ti·ties /-z/)
❶ U C (ある人[もの]と) 同一人[物]であること, 身元, 正体.

❷ [U] その人[もの]らしさ, 独自性, 主体性, アイデンティティー.

❶ The police at last found the *identity* of the body. 警察はついにその死体の身元を知った.
❷ Every country has its own cultural *identities*. どの国も文化的アイデンティティー[独自性]をもっている.
☞ [形] identical.

idéntity càrd [名] [C] = ID card.

i·de·o·log·i·cal /àidiəlɑ́ʤikəl アイディアラヂカル/ [形] イデオロギーの.

i·de·ol·o·gy /àidiɑ́ləʤi アイディアロヂィ, ìd-/ [名] ([複] -o·gies /-z/) [UC] イデオロギー.

id·i·om /ídiəm イディオム/ [名] [C] イディオム, 慣用句, 熟語 《2語以上から成り立っていて特定の意味を持つ表現; 例: do away with (やめる), pull ...'s leg (…をからかう) など》.
☞ [形] idiomatic.

id·i·o·mat·ic /ìdiəmǽtik イディオマティック/ [形] ❶ 慣用(語法)的な.
❷ いかにもその言語らしい.
▸ ❶ an *idiomatic* expression 慣用表現. ❷ *idiomatic* French いかにもフランス語らしいフランス語.
☞ [名] idiom.

id·i·o·syn·cra·sy /ìdiəsíŋkrəsi イディオスィンクラスィ/ [名] ([複] -cra·sies /-z/) [UC] (個人の考え方・行動などの)特異性, 性癖.

id·i·ot /ídiət イディオト/ [名] [C] 《口語》大ばか, まぬけ.

id·i·ot·ic /ìdiɑ́tik イディアティック/ [形] ばかばかしい, ばかな.

***i·dle** /áidl アイドル/ [形] (i·dler; i·dlest)
❶ ⓐ **なにもしていない**, 働いていない, することがない 《✪必ずしも非難の意味は含まない; ☞ lazy の [類語]》.
ⓑ (機械・工場などが)使われていない, 動いていない.
❷ 怠惰(たいだ)な, なまけ(てい)る 《✪この意味ではふつう lazy を用いる》.
❸ くだらない, むだな.
— [動] (~s /-z/; ~d /-d/; i·dling) [他]
❶ …をぶらぶらして過ごす.
❷ 《米》ⓐ (ストライキ・不況などで)(人)に仕事をさせない. ⓑ (ストライキなどで)(機械・工場など)を動かさない.
— [自] ❶ なにもしないでぶらぶら過ごす.
❷ (エンジンなどが)から回りする, アイドリングする.

[形] ❶ⓐ The workmen were *idle* during the rain. 労働者たちは雨の間は働かなかった / I spent many *idle* days. 私はなん日もぼんやり過ごした / I was not *idle* during the holidays. 私は休み中ぶらぶらしていたわけではない[することがあった]. ⓑ These machines are *idle* now. これらの機械は今は動いていない. ❷ an *idle* person なまけ者.
❸ *idle* gossip くだらないうわさ話.
— [動] [他] ❶ *idle away* the whole day 一日中なにもしないで過ごす.
《同音異形語》idol.

i·dle·ness /áidlnəs アイドルネス/ [名] [U] なにもしないでいること.

i·dly /áidli アイドリ/ [副] なにもしないで, ぼんやりと.

***i·dol** /áidl アイドル/ [名] ([複] ~s /-z/) [C]
❶ (人が)**あこがれる人[物]**, アイドル.
❷ (人が崇拝する)偶像.

❶ The soccer player is the boys' *idol*. そのサッカー選手は男の子たちのアイドル[人気者]だ.
❷ worship *idols* 偶像を崇拝する.
make an idol of ... …が大好きである, …を崇拝する.
☞ [動] idolize.
《同音異形語》idle.

i·dol·a·try /aidɑ́lətri アイダラトリ/ [名] [U]
❶ (偶像のように)崇拝すること. ❷ 偶像崇拝.

i·dol·ize /áidəlàiz アイドライズ/ [動] (現分 -iz·ing) [他] …を偶像のように崇拝する, …にあこがれる.
☞ [名] idol.

i·dyl·lic /aidílik アイディリック/ [形] のどかな, 牧歌的な.

i.e. /áií: アイイー, ðǽtíz ザティズ/ すなわち 《✪that is の意味のラテン語 (*id est*) の略; 学術書, 辞書などに用いる; ふつうは that is (to say) を用いる》.

*****if** /《弱》if イフ; 《強》íf イフ/ [接]
❶ **もし…なら(ば)**.
❷ (事実ではないが)**仮に…だとすれば**.
❸ (事実ではないが)**仮に…であったならば**.

igloo

❹《**should** とともに用いて》万一…だったら.
❺たとえ…でも.
❻…のときはいつも.
❼…かどうか.
❽《否定の **if** 節で》《驚きや願望を表わして》(…しなければよかったのに)…してしまった.

---

❶Please come *if* you can. 来られるなら来てください.
❷*If* he studied, he would get good marks. 彼は勉強すればよい点数を取るのだろうが(勉強しないからよい点数がとれない).
❸*If* I had run, I might have got there in time. もし走ったなら私は間に合ったかもしれない.
❹*If* anyone *should* come, please let us know. もしだれかが来たらお知らせください.
❺She will not agree (even) *if* you ask her. たとえ君が頼んでも彼女は賛成しないだろう.
❻*If* I do not understand what he says, I question him. 彼の言うことがわからない時は、いつでも私は彼に質問する.
❼Ask him *if* he knows her address. 彼に彼女の住所を知っているかどうか聞いて下さい(《❏**if** ~ は名詞節で, ask の目的語》).
❽*If* I have*n't* left my camera at home! しまった! カメラを家に忘れてきてしまった.

as if ☞ as.
if any ①もしあれば:Correct mistakes, *if* (there are) *any*. 誤りがあれば訂正しなさい. ②たとえあるにしても(ほとんどない):There are few English books, *if any*, in this library. この図書館には英語の本はたとえあってもごく少ない(ないのと同じ).
if anything どちらかといえば、まあ:He is, *if anything*, better today. 彼はきょうはどちらかといえば具合がよい.
if ever たとえする[ある] としても:He seldom, *if ever* enjoys sports. 彼はめったにスポーツをしない.
if it had not been for ... (= *had it not been for ...*) もし(過去のある時に)…がなかったなら (《❏過去の事実に反する仮定を表わす》):*If it had not been for* your help, she would have failed. もし君の援助がなかったら彼女は失敗していただろう.

if it were not for ... (= *were it not for ...*) もし(現在)…がなければ (《❏現在の事実に反する仮定を表わす》):*If it were not for* your help, she would fail. もし君の援助がなければ彼女は失敗するだろう.

if I were you (人に忠告して)私なら…:*If I were you*, I would buy a different PC. 私ならほかのパソコンを買う.

if necessary もし必要なら:I'll come *if* (it is) *necessary*. 必要なら私は来ます.

if only _ _でさえあれば:*If only* I had a little more money with me, I could buy it. もう少しのお金さえあればそれを買えるのだけれども.

if possible もしできるなら:I'll help you *if* (it is) *possible*. できるならお手伝いします.

What if __? ☞ what.

ig·loo /íglu: イグ**ル**ー/ 名 (複 ~s) © イグルー《氷雪のかたまりで造るイヌイットの住居》.

igloo

ig·nite /ignáit イグ**ナ**イト/ 動 (現分 ig·nit·ing) 他 …に点火する.
—— 自 火がつく.

ig·ni·tion /igníʃən イグ**ニ**ション/ 名
❶ ⓤ 発火, 点火. ❷ © 点火装置.

***ig·no·rance** /ígnərəns イグ**ノ**ランス/ 《★アクセント注意》名 ⓤ **無知**, なにも知らないこと.

He is ashamed of his *ignorance*.
彼は自分の無知を恥ずかしく思っている /

abcdefgh**i**jklmnopqrstuvwxyz　　　　　　　　　　　　　　**illness**

Ignorance of the law is no excuse. 法律を知らないといっても言い訳にならない / ことわざ *Ignorance* is bliss. 知らないでいるうちは気が楽だ,「知らぬが仏」.
be in ignorance (of ...) (…を)知らないでいる.

☞ 形ignorant.

*__ig・no・rant__ /íɡnərənt イグノラント/ 《★アクセント注意》形 (more ~; most ~)
❶**無知な**, ものを知らない (反 learned).
❷《*be ignorant of* [*about*] ...》…を知らない.
▶❶an *ignorant* man 無知な男.
❶He *was ignorant of* Japanese manners and customs. 彼は日本の風俗習慣を知らなかった.

☞ 名ignorance.

*__ig・nore__ /iɡnɔ́ːr イグノー/ 《★アクセント注意》動 (~s /-z/; ig・nored /-d/; ig・nor・ing /-nɔ́ːriŋ/) 他 …を**無視する**, 見て見ないふりをする.

She *ignored* my advice. 彼女は私の忠告を無視した / I *ignore* the traffic signal 交通信号を無視する.

i・gua・na /iɡwáːnə イグワーナ/ 名C〖動物〗イグアナ《熱帯アメリカ産の大トカゲ》.

IL 〖米郵便〗Illinois.

il- /il イル/ 接頭 = **in-**¹ (l-で始まる語の前の変形). ▶*il*legal 不法な / *il*logical 非論理的な.

*__ill__ /íl イル/ 形 (worse /wə́ːrs/; worst /wə́ːrst/)
❶《ふつう名詞の前で用いないで》**病気で(ある)** (反 well, healthy).
❷《文語》《名詞の前で用いて》悪い, 害のある, 敵意のある.
― 副 (worse /wə́ːrs/; worst /wə́ːrst/)
❶《文語》**悪く**, ひどく; 不親切に.
❷まず…ない.
― 名 (複 ~s /-z/) C《複数形で》《文語》苦しみ, 不幸, 災い.

形 ❶She was *ill* in bed. 彼女は病気で寝ていた / He got [fell, was taken] *ill*. 彼は病気になった / He is seriously *ill* with lung cancer. 彼は肺癌(がん)で重体だ.
語法 《米》ではふつう sick を用いる. 「病気の」の意味で名詞の前につけるときは《米》《英》とも sick を用いる: 《米》《英》a *sick* person 病人.
❷*ill* health 不健康 / *ill* will 悪意.
― 副 ❶Don't speak *ill* of her. 彼女の悪口をいわないでください.
❷We can *ill* afford a new car. われわれは新車を買う余裕はまずない.
ill at ease 気分が落ち着かない, 不安で: I was *ill at ease* among the strangers. 私は知らない人たちの中で気分が落ち着かなかった.
― 名 social *ills* 社会悪.

*__I'll__ /ail アイル/ 《口語》《**I will** の短縮形》.

I'll be seventeen next year. 私は来年17歳になる / *I'll* finish it as soon as possible. できるだけ早くそれを仕上げます.

ill-ad・vised /íl-ədváizd イル・アドヴァイズド/ 形 賢明でない, 軽率な, 無分別な.

*__il・le・gal__ /ilíːɡəl イリーガル/ 形 **不法な**, 違法の, 非合法の (反 legal).
▶*illegal* drugs 違法薬物.

☞ 名illegality.

il・le・gal・i・ty /ìliːɡǽləti イリーギャリティ/ 名 (複 -ties /-z/) ❶U不法, 違法.
❷C違法行為.　　　☞ 形illegal.

il・le・gal・ly /ilíːɡəli イリーガリ/ 副 不法に, 違法に.

il・leg・i・ble /ilédʒəbl イレヂブル/ 形 《文字が》読みにくい, 判読しにくい.

il・le・git・i・ma・cy /ìlidʒítəməsi イリヂティマスィ/ 名U ❶結婚していない男女から生まれること. ❷違法, 非合法.

il・le・git・i・mate /ìlidʒítəmət イリヂティメト/ 形 ❶《子どもが》結婚していない男女から生まれた. ❷違法の, 非合法の.

ill-fat・ed /íl-féitid イル・フェイティド/ 形 不運な, 不幸な.

il・lic・it /ilísit イリスィット/ 形 《文語》不法な, 違法の, 世間で認めていない.

Il・li・nois /ìlənɔ́i イリノイ/ 名 イリノイ《アメリカ中部の州; 〇〖郵便〗IL と略す》.

il・lit・er・a・cy /ilítərəsi イリタラスィ/ 名U 読み書きができないこと (反 literacy).

il・lit・er・ate /ilítərət イリタレト/ 形 読み書きのできない (反 literate).
― 名 C 読み書きのできない人, 無学の人.

*__ill・ness__ /ílnəs イルネス/ 名 (複 ~es /-iz/)

six hundred and sixty-three　　　　　　　　　　　　　　663

illogical

❷ ⓤ **病気(にかかっていること)** (反 health)(◎(米)では sickness のほうを多く用いる). ❸ⓒ**病気**.

・・・・・・・・・・・・・・・・・・・・・・・・・・・

❶He is absent from school because of *illness*. 彼は病気のために学校を休んでいる.
❷suffer from a serious [slight] *illness* 重い[軽い]病気にかかる.

類語 **illness** と **sickness** はほぼ同じように用いられるが, sickness のほうがいくぶんくだけた感じのことば. **disease** は illness の原因を示す語で, はっきりとした病名と徴候があげられる具体的な病気, 伝染病または医学的な治療や研究対象となるものをいう.

il·log·i·cal /ìládʒikəl イラヂカル/ 形非論理的な, 不合理な (反logical).
il·log·i·cal·ly /ìládʒikəli イラヂカリ/ 副非論理的に, 不合理に (反logically).
ill-treat /íltríːt イルトリート/ 動他 …を虐待する, いじめる. ▶*ill-treat* immigrants 移民を不親切に扱う.
ill-treat·ment /íltríːtmənt イルトリートメント/ 名ⓤ虐待.
il·lu·mi·nate /ilúːmənèit イルーミネイト/ (★アクセント注意)動 (~s /-ts/; -nat·ed /-id/; -nat·ing) 他 ❶…を明るくする, 照らす, (道路など)を照明する.
❷…をイルミネーションで飾る.

・・・・・・・・・・・・・・・・・・・・・・・・・・・

❶*illuminate* the garden 庭を明るく照明する. ❷The streets were brightly *illuminated*. 街路はあかあかとイルミネーションで飾られた.
☞名illumination.

il·lu·mi·nat·ed /ilúːmənèitid イルーミネイティド/ 形明るく照明された.
il·lu·mi·na·tion /ilùːmənéiʃən イルーミネイション/ 名 ❶ⓤ照明.
❷《ふつう複数形で》イルミネーション.
☞動illuminate.

*il·lu·sion /ilúːʒən イルージョン/ 名 (複 ~s /-z/)
❶ⓒ (まちがった) **思いこみ**, 思い違い, 勘違い, 幻想 (反disillusion).
❷ⓒ錯覚.

・・・・・・・・・・・・・・・・・・・・・・・・・・・

❶She has no *illusions* about her musical talent. 彼女は自分の音楽的才能に幻想などもっていない(才能のないことをよく知っている) / He is under no *illusion* that he is a mathematical genius. 彼は自分が数学の天才だなどと思い込んではいない. ❷an optical *illusion* 目の錯覚, 錯視.
☞形illusory.

il·lu·so·ry /ilúːsəri イルーソリ/ 形《文語》錯覚による, 架空の. ☞名illusion.
*il·lus·trate /íləstrèit イラストレイト, ilʌ́s-treit/ (★アクセント注意)動 (~s /-ts/; -trat·ed /-id/; -trat·ing) 他 ❶…を(実例・図・表などで)**説明する**, 例証する.
❷…にさし絵[図]を入れる；…を図解する.

・・・・・・・・・・・・・・・・・・・・・・・・・・・

❶He *illustrated* his explanation with examples. 彼は例を示して説明を行なった / These figures *illustrate* the success of the project. これらの数字がその計画の成功を裏書きしている.
❷*illustrate* a book *with* beautiful pictures 本にきれいなさし絵を入れる.
☞名illustration, 形illustrative.

*il·lus·tra·tion /ìləstréiʃən イラストレイション/ 名 (複 ~s /-z/)
❶ⓒ**さし絵**, イラスト, 図.
❷ⓒ**実例**.
❸ⓤ実例[絵・図・表など]で示すこと.

・・・・・・・・・・・・・・・・・・・・・・・・・・・

❶This dictionary has a lot of *illustrations*. この辞書にはたくさんのさし絵がある.
❷an *illustration* of natural disaster 自然災害の具体例.
❸by way of *illustration* 例証として.
☞動illustrate.

il·lus·tra·tive /ilʌ́strətiv イラストラティヴ, íləstrèit-/ 形《文語》よい例となる.
☞動illustrate.
il·lus·tra·tor /íləstrèitər イラストレイタ, ilʌ́s-/ (★アクセント注意)名ⓒさし絵画家, イラストレーター.
il·lus·tri·ous /ilʌ́striəs イラストリアス/ 形《文語》非常に有名な.
im- /im イム/ 接頭 = **in-**¹·² (b-, m-, p-で始まる語の前の変形). ▶*im*mortal 不滅の / *im*possible 不可能な.
*I'm /aim アイム/《口語》

❶《**I am**[1] の短縮形》.
❷《**I am**[2] の短縮形》.

❶ *I'm* Japanese. 私は日本人です / *I'm* in senior high school. 私は高校生です.
❷ *I'm* going to visit him tomorrow. あす彼の所へ行くつもりです.

***im·age** /ímidʒ イミヂ/《★発音注意》名（複 **im·ag·es** /-iz/）C ❶（人・もの・物事などについての）**イメージ**, 印象.
❷（鏡・テレビなどの映し出す）**映像**.
❸（写真・絵・ことばなどが描いてある）**像**, 姿.

❶ His behavior ruined his public *image*. 彼の行為は一般の人のもっている彼に対するイメージを台なしにした / He is the (very) *image* of his father. 彼は父親に生き写しだ.
❷ She looked at her *image* in the mirror. 彼女は鏡に映った自分の姿を見た.
❸ a Buddhist *image* 仏像.

im·ag·er·y /ímidʒəri イミチャリ/ 名 U （絵・ことばなどの描く）イメージ, 姿, 像.

i·mag·in·a·ble /imǽdʒənəbl イマヂナブル/ 形 想像できる, 想像できる限りの（✿強意のために形容詞の最上級や all, every, no に添えて用いる）. ▶the *greatest* joy *imaginable* 想像できる最大の喜び / *every* means *imaginable*＝*every imaginable* means 想像できる限りの［ありとあらゆる］方法.

***i·mag·i·nar·y** /imǽdʒənèri イマヂネリ/ 形 (**more** ~; **most** ~) （現実には存在しない）**想像上の**, 仮空の（反 real）.
▶an *imaginary* animal 架空の動物.
☞ 動 imagine.

***i·mag·i·na·tion** /imædʒənéiʃən イマヂネイション/ 名（複 ~s /-z/）
❶ U C **想像**; 想像力, 構想力.
❷ U （実在しない）想像されたもの.

❶ Use your *imagination*. 想像力を働かせなさい / have a lively *imagination* 鋭い想像力を持つ.
❷ That's just your *imagination*. それは君の想像に過ぎないよ［ただの気のせいだよ］.
☞ 動 imagine, 形 imaginative.

i·mag·i·na·tive /imǽdʒənətiv イマヂナティヴ/ 形 ❶ 想像力に富む.
❷ 想像力を働かせた, 新奇な.
▶❶ an *imaginative* writer 想像力の豊かな作家. ❷ an *imaginative* theory 新奇な理論.
☞ 動 imagine, 名 imagination.

***i·mag·ine** /imǽdʒin イマヂン/ 動 (~s /-z/; -ined /-d/; -in·ing) 他 ❶ⓐ …を**想像する**, 心に思い浮かべる.
ⓑ《imagine *do*ing __》__するのを想像する.
ⓒ《imagine ... *do*ing》…が__するのを想像する.
ⓓ《imagine ... (to be) ~》…が~であると想像する.
ⓔ《imagine wh-（疑問詞）__》__かを想像する.
ⓕ《imagine (that) __》__と想像する.
❷ …と思う, 推察する.
— 自 **想像する**, 心に描く.

他 ❶ⓐ Just *imagine* life in the desert. ちょっと砂漠の生活を想像してみなさい / I *imagine* him *as* a genius. 私は彼を天才だと想像している.
ⓑ I can't *imagine traveling* alone in foreign countries. 外国をひとりで旅行するなんて想像できない.
ⓒ Can you *imagine* him [his] *writing* a novel? 彼が小説を書くなんて想像できますか.
ⓓ She *imagined* herself (*to be*) a poet. (＝ She *imagined* that she was a poet.) 彼女は自分は詩人だと思っていた.
ⓔ You cannot *imagine* how I felt then. その時私がどう感じたかあなたには想像できませんよ［すごかったんです］.
ⓕ *Imagine* (*that*) you are traveling in a spaceship. 宇宙船で旅をしていると想像してごらん.
❷ I *imagine* (*that*) she will come. 彼女は来ると思う / I can't *imagine what* you are talking about. 私はあなたが何のことを言っているのかわかりません.

(**Just**) *imagine* (**it**)! まあ考えてもごらん（驚きますね）.
☞ 名 imagination,

imbalance

形imaginary, imaginative.

im·bal·ance /ímbǽləns インバランス/ 名 ⓊⒸ アンバランス, 不均衡 (反 balance) (✪unbalance は「精神的不安定」).
▶ The trade *imbalance* is a big issue between Japan and the U.S. 貿易の不均衡が日米間の大きな課題だ / correct a dietary *imbalance* 食事のかたよりを直す.

im·be·cile /ímbəsəl インベスィル/ 名 Ⓒ ばか.

IMF /áièméf アイエムエフ/ 《略語》〖経済〗the International Monetary Fund 国際通貨基金.

*__im·i·tate__ /ímətèit イミテイト/ 《★アクセント注意》動 (~s /-ts/; -tat·ed /-id/; -tat·ing) 他 ❶ⓐ (態度・ことばなど)を**まねる**, 見習う. ⓑ(人を笑わせようと)…のまねをする. ❷…に似せたものを作る, …を模倣[模造]する.

━━━━━━━━━━━━━━━━━

❶ⓐ Parrots *imitate* human speech. オウムは人間のことばをまねる / He is very good at *imitating* Mr. Kato, the principle. 彼は加藤校長先生の真似をするのがとても上手だ.
ⓑ *imitate* a monkey サルのまねをする.
❷ *imitate* a Toyota car トヨタの車に似せたものを作る.
☞ 名 imitation.

*__im·i·ta·tion__ /ìmətéiʃən イミテイション/ 名 (複 ~s /-z/)
❶ⓊⒸ **まね(ること)**, 模倣.
❷ⓐⒸ 模造(品), イミテーション.
ⓑ 《形容詞的に》模造の, イミテーションの.

━━━━━━━━━━━━━━━━━

❶ She did an *imitation* of her teacher. 彼女は先生のしぐさ[話しかた]をまねた. ❷ⓐ This watch is an *imitation*. この時計は模造品です.
ⓑ an *imitation* pearl 模造真珠.
in imitation of ... …をまねて.
☞ 動 imitate.

im·mac·u·late /imǽkjulət イマキュレト/ 形 ❶ 汚れひとつない. ❷ 欠点のない.

im·mac·u·late·ly /imǽkjulətli イマキュレトリ/ 副 ❶ 汚れひとつなく. ❷ 欠点なく.

im·ma·te·ri·al /ìmətíəriəl イマティ(ア)リアル/ 形 重要でない.

im·ma·ture /ìmətjúər イマトゥア, ・テュア/ 形 未熟な, 発達が十分でない (反 mature).

im·ma·tu·ri·ty /ìmətjúərəti イマトゥ(ア)リティ, ・テュ(ア)・/ 名 Ⓤ 未熟, 未完成(の状態), 子どもっぽさ.

im·meas·ur·a·ble /imézərəbl イメジャラブル/ 形 計りきれないほどの, 限りない.

im·me·di·a·cy /imí:diəsi イミーディアスィ/ 名 Ⓤ 緊急性, 即時性.

*__im·me·di·ate__ /imí:diət イミーディエト/ 《★アクセント注意》形
❶ **すぐさまの**, 即時の.
❷ **今現在の**, 当面の.
❸ (時間・空間・関係などが) **すぐ近い**.
❹ **直接の**.

━━━━━━━━━━━━━━━━━

❶ an *immediate* answer 即答.
❷ an *immediate* plan 今現在の計画 / *immediate* help 即座の助け.
❸ in the *immediate* future ごく近い将来に / in my *immediate* neighborhood 私のすぐ近所に.
❹ the *immediate* cause of the accident 事故の直接の原因.

*__im·me·di·ate·ly__ /imí:diətli イミーディエトリ/ 《★発音注意》副 ❶ **すぐに**, ただちに (at once). ❷ すぐそばに, 間近に.
━━ 接 《英文語》…するとすぐに (as soon as ...).

━━━━━━━━━━━━━━━━━

副 ❶ He returned *immediately* after the party. 彼はパーティーが終わってすぐに帰った. ❷ *immediately* behind [in front of] the church 教会のまうら[まえ]に.
━━ 接 *Immediately* he came home, he went to bed. 家に帰って来ると彼はすぐに寝た.

*__im·mense__ /iméns イメンス/ 形 (more ~, -mens·er; most ~, -est) **非常に大きな**, 広大な, 莫大(ばくだい)な.
▶ an *immense* expanse of desert 広大な砂漠(さばく)(の広がり) / an *immense* fortune 莫大な財産.
☞ 名 immensity.

im·mense·ly /iménsli イメンスリ/ 副 《口語》非常に, とても.

im·men·si·ty /iménsəti イメンスィティ/

名UC広大, 巨大(さ).
☞ 形immense.

im·merse /imə́ːrs イマース/ 動 (現分 im·mers·ing) 他 …を (液体に)浸す, 沈める. ***be immersed in ...*** =***immerse oneself in ...*** …に没頭する: He *is immersed in* his work. 彼は仕事に没頭している.

im·mer·sion /imə́ːrʒən イマージョン/ 名 UC ❶(液体に)浸すこと, 浸っていること. ❷熱中, 没頭.

*__im·mi·grant__ /íməgrənt イミグラント/ 《★アクセント注意》名 (複 ~s /-ts/) C (他国からの)**移住者**, 移民, 入国者 (**○**「他国へ出る移民」は emigrant)).

im·mi·grate /íməgrèit イミグレイト/ 《★アクセント注意》動 (現分 -grat·ing) 自 (人が)(他国から)移住してくる (**○**「人が他国へ移住する」は emigrate)).
▶ *immigrate* to Australia オーストラリアに移住する.
☞ 名immigration.

im·mi·gra·tion /ìməgréiʃən イミグレイション/ 名 UC ❶(他国からの)移住 (☞ emigration)).
❷(国境・空港・港での)入国審査[管理].
☞ 動immigrate.

im·mi·nent /ímənənt イミネント/ 形 (危険などが)差し迫った.

im·mi·nent·ly /ímənəntli イミネントリ/ 副 差し迫って.

im·mo·bile /imóubəl イモウビル/ 形 ❶動かせない (反 mobile). ❷動かない.

im·mo·bil·i·ty /ìmoubíləti イモウビリティ/ 名 U 不動, 固定, 静止.

im·mor·al /imɔ́(ː)rəl イモ(ー)ラル/ 形 (more ~; most ~)不道徳な, 不品行な (反 moral). ☞ 名immorality.

im·mo·ral·i·ty /ìmərǽləti イモラリティ/ 名 U 不道徳(性).
☞ 形immoral.

im·mor·tal /imɔ́ːrtl イモートル/ 形
❶死ぬことのない (反 mortal).
❷不滅の, 不朽の.
▶ ❷ *immortal* fame 不朽の名声.
☞ 名immortality, 動immortalize.

im·mor·tal·i·ty /ìmɔːrtǽləti イモータリティ/ 名 U 不死, 不滅.
☞ 形immortal.

im·mor·tal·ize /imɔ́ːrtəlàiz イモータライズ/ 動 (現分 -iz·ing) 他 …を不朽にする, 不滅にする.
☞ 形immortal.

im·mov·a·ble /imúːvəbl イムーヴァブル/ 形 ❶動かせない; 動かない (反 movable). ❷(意志・考えなどが)確固とした.

im·mune /imjúːn イミューン/ 形 《**be immune to ...**》❶…に対して免疫がある.
❷…に影響されない.
▶ ❶ She *is immune to* the disease. 彼女はその病気に免疫がある.
❷ He *is immune to* persuasion. 彼は説得に負けない.

immúne sỳstem 名 C 免疫発生システム.

im·mu·ni·ty /imjúːnəti イミューニティ/ 名 U ❶免疫(性).
❷(刑罰などの)免除.

im·mu·ni·za·tion /ìmjunizéiʃən イミュニゼイション | -naizéi-/ 名 UC (病気などに対して)免疫性を与えること.

im·mu·nize /ímjunàiz イミュナイズ/ 動 (現分 -niz·ing) 他 …に免疫性を与える.

imp /ímp インプ/ 名 C (童話の)小鬼.

*__im·pact__ /ímpækt インパクト/ 《★アクセント注意》名 (複 ~s /-ts/)
❶ UC (物がぶつかる)**衝撃**, 衝突.
❷ C (強い)影響, 効果, インパクト.
— 動 /impǽkt インパクト/ 《★名詞とのアクセントの違いに注意》 (~s /-ts/; ~ed /-tid/; ~·ing) 他 …に影響を与える.
— 自 影響を与える.

名❷ The news had a great *impact* on us. そのニュースは私たちに大きな衝撃を与えた.
on impact 衝突の瞬間に[はずみで].

im·pair /impéər インペア/ 動 他 《文語》…を害する, 悪くする.

im·pair·ment /impéərmənt インペアメント/ 名 UC 《文語》害すること, 損傷.

im·pale /impéil インペイル/ 動 (現分 im·pal·ing) 他 《文語》…を突き刺す.

im·part /impáːrt インパート/ 動 他 《文語》
❶(情報・知識など)を教える.
❷(性質など)を与える.

im·par·tial /impáːrʃəl インパーシャル/ 形 公平な, かたよらない (反 partial).

im・par・ti・al・i・ty /ìmpɑːrʃiǽləti インパーシアリティ/ 名U 公平, えこひいきしないこと (反 partiality).

im・par・tial・ly /impɑ́ːrʃəli インパーシャリ/ 副 公平に.

im・pass・a・ble /impǽsəbl インパサブル/ 形 (道路などが)通れない (反 passable).

im・passe /ímpæs インパス/ 名C (議論などの)行き詰まり.

im・pas・sioned /impǽʃənd インパションド/ 形 (演説などが)強い感情のこもった.

im・pas・sive /impǽsiv インパスィヴ/ 形 感情を示さない, 平然とした.

im・pas・sive・ly /impǽsivli インパスィヴリ/ 副 平然と.

im・pa・tience /impéiʃəns インペイシェンス/ 名U ❶ いらだち, いらいら, がまんできないこと (反 patience). ❷ (なにかを)したくてたまらない気持ち, 切望.
☞ 形 impatient.

＊**im・pa・tient** /impéiʃənt インペイシェント/ (★発音注意) 形 (more ~; most ~)
❶ (待たされたりして)**いらいらした**, がまんできない (反 patient). ❷ 待ち遠しくて仕方がない.

❶ He became *impatient* and left without seeing her. 彼は(待たされたりして)いらいらしてきて彼女に会わずに帰った / She got *impatient* with the noisy children. 彼女はうるさい子どもたちにいらいらした.

❷ She *is impatient for* his return. 彼女は彼が帰るのを待ちこがれている / He *is impatient to* go there. 彼はしきりにそこへ行きたがっている / We *were impatient for* the holidays to come. 私たちは休みが来るのが待ち遠しかった.
☞ 名 impatience.

im・pa・tient・ly /impéiʃəntli インペイシェントリ/ 副 いらいらして.

im・peach /impíːtʃ インピーチ/ 動 (三単現 ~・es /-iz/) 他 (公務員など)を弾劾(がい)する, 告発する.

im・peach・ment /impíːtʃmənt インピーチメント/ 名UC (公務員などに対する)弾劾(がい), 告発.

im・pec・ca・ble /impékəbl インペカブル/ 形 欠点のない, 完ぺきな.

im・pede /impíːd インピード/ 動 (現分 im・ped・ing) 他 《文語》(動き・進歩など)を妨(さまた)げる, じゃまする.

im・ped・i・ment /impédəmənt インペディメント/ 名C 障害, 妨害.

im・pel /impél インペル/ 《★アクセント注意》動 (~s /-z/; im・pelled /-d/; im・pel・ling) 他 《**impel ... to** *do*》(強い気持ち・考えなどが)…(人)に無理に＿させる.
☞ 名 impulse.

im・pend・ing /impéndiŋ インペンディング/ 形 《文語》今にも起こりそうな.

im・pen・e・tra・ble /impénətrəbl インペネトラブル/ 形 ❶ 突き通せない, 通り抜けられない. ❷ 不可解な.

im・per・a・tive /impérətiv インペラティヴ/ 形 《文語》 ❶ (重要で)緊急にどうしてもしなければならない, 非常に重要で[な]. ❷ 《文法》命令法の (☞ indicative).
— 名 《文語》❶C (重要で)緊急にどうしてもしなければならないこと. ❷ 《the をつけて》《文法》= **imperative mood**.
▶ 形 ❶ *It is imperative that* we (should) start at once. われわれはどうしても今すぐ出発しなければならないのだ (《❍《米》ではふつう should を用いない》).

imperative mood 名 《the をつけて》《文法》命令法 《命令・依頼・禁止などを表わす言い方; ❍ 単に the imperative ともいう》.

im・per・cep・ti・ble /ìmpərséptəbl インパセプティブル/ 形 感じとれない(ほどの), わずかな, かすかな (反 perceptible).

im・per・cep・ti・bly /ìmpərséptəbli インパセプティブリ/ 副 気づかれないほどに, わずかに, かすかに.

im・per・fect /impɚːrfikt インパーフィクト/ 形 不完全な, 欠点のある (反 perfect).

im・per・fec・tion /ìmpərfékʃən インパフェクション/ 名UC 不完全; 欠点, 欠陥.

im・per・fect・ly /impɚːrfiktli インパーフィクトリ/ 副 不完全に, 不十分に.

＊**im・pe・ri・al** /impíəriəl インピ(ア)リアル/ 形 (more ~; most ~) ❶ **帝国の**. ❷ 皇帝の; 皇室の.
▶ ❷ the *Imperial* family 皇室.
☞ 名 empire, emperor.

im・pe・ri・al・ism /impíəriəlìzm インピ(ア)リアリズム/ 名U 帝国主義.

im・pe・ri・al・ist /impíəriəlist インピ(ア)リ

abcdefgh**i**jklmnopqrstuvwxyz　　　　　　　　　　　　　　　　　　　　　　　**imply**

アリスト/ 名C帝国主義者.
　— 形＝ **imperialistic**.
im·pe·ri·al·is·tic /ɪmpɪəriəlístɪk インピ(ア)リアリスティック/ 形帝国主義の.
im·per·son·al /ɪmpə́ːrsənəl インパーソナル/ 形 ❶ 人間的でない, 温かみのない, 冷たい.
❷（特定の）個人に関係のない, 客観的な（反 personal）.

▶ ❶ an *impersonal* manner よそよそしい態度.

im·per·son·ate /ɪmpə́ːrsənèɪt インパーソネイト/ 動（現分 -at·ing）他（人の態度・声など）をまねる.
im·per·son·a·tion /ɪmpə̀ːrsənéɪʃən インパーソネイション/ 名C|U（他人の）ものまね.
im·per·son·a·tor /ɪmpə́ːrsənèɪtər インパーソネイタ/ 名Cものまね芸人.
im·per·ti·nence /ɪmpə́ːrtənəns インパーティネンス/ 名《文語》❶U生意気, 無礼. ❷U|C生意気[無礼]な言動.
im·per·ti·nent /ɪmpə́ːrtənənt インパーティネント/ 形《文語》ずうずうしい, 生意気な, 無礼な.
im·per·vi·ous /ɪmpə́ːrviəs インパーヴィアス/ 形〔…に〕影響されない〔*to*〕.
im·pet·u·ous /ɪmpétʃuəs インペチュアス/ 形せっかちな, 衝動的な.
im·pet·u·ous·ly /ɪmpétʃuəsli インペチュアスリ/ 副せっかちに, 衝動的に.
im·pe·tus /ímpətəs インペタス/《★アクセント注意》名U推進力, 勢い, はずみ.
im·pinge /ɪmpíndʒ インピンヂ/ 動自《文語》（悪）影響を与える.
im·plac·a·ble /ɪmplǽkəbl インプラカブル, -pléɪk-/ 形《文語》執念深い.
im·plant /ɪmplǽnt インプラント/ 動他 ❶〔医学〕（臓器など）を移植する. ❷（思想など）を（心に）しっかり植えつける.
　— 名 /ímplænt インプラント/《★動詞とのアクセントの違いに注意》C（臓器など）移植されたもの.
im·plau·si·ble /ɪmplɔ́ːzəbl インプローズィブル/ 形信じがたい.
im·ple·ment /ímpləmənt インプレメント/《★アクセント注意》名C道具, 器具.
　— 動 /ímpləmènt インプレメント/《★名詞との発音の違いに注意》他（計画など）を実行

する, 実施する.
▶名 gardening *implements* 園芸用具.
　— 動 *implement* reforms 改革を実行する.
im·ple·men·ta·tion /ɪ̀mpləməntéɪʃən インプレメンテイション/ 名U実行.
im·pli·cate /ímpləkèɪt インプリケイト/ 動（現分 -cat·ing）他（人）を（犯罪などに）巻きこむ.
　　　　　　　　☞名 **implication** ❸.
im·pli·ca·tion /ɪ̀mpləkéɪʃən インプリケイション/ 名（複 ~s /-z/）❶U|C言外の意味, ほのめかし. ❷C《複数形で》（予想される）影響, 結果. ❸Uかかわり合い.
▶ ❷ *implications* for the environment 環境への今後の影響.
　☞❶ では 動 **imply**, ❸ では 動 **implicate**.
im·plic·it /ɪmplísɪt インプリスィット/《★アクセント注意》形 ❶（直接述べられていないが）暗に含まれている, 暗黙の（反 explicit）.
❷全面的な, 絶対的な.
▶ ❶ *implicit* consent 暗黙の同意.
❷ *implicit* trust 絶対的信頼.
im·plic·it·ly /ɪmplísɪtli インプリスィトリ/ 副 ❶ 暗黙のうちに, それとなく（反 explicitly）. ❷全面的に, 絶対的に.
im·plied /ɪmpláɪd インプライド/ 形（直接述べられていない）言外の, 暗黙の, それとなくほのめかされた.
im·plore /ɪmplɔ́ːr インプロー/ 動（~s /-z/; ~d /-d/; im·plor·ing /-plɔ́ːrɪŋ/）他《文語》《implore ... to *do*》…に_するように必死に頼む, 懇願(̲)する.
▶We *implored* him *to* stay. 私たちは彼にどうかとどまって[行かないで]くださいとお願いした.
****im·ply** /ɪmpláɪ インプライ/ 動（im·plies /-z/; im·plied /-d/; ~·ing）他 ❶ⓐ（物事が）…を**暗に意味する**, それとなく示す.
ⓑ《imply that ＿》＿ということを暗に意味する, それとなく示す.
❷（人が）…をほのめかす.

ーーーーーーーーーーーーーーーーーー
❶ⓐFreedom *implies* responsibilities. 自由には責任がともなう / Her smile seemed to *imply* approval. 彼女のほほ笑みはそれとなく賛成を意味しているように思えた. ⓑHer tone *implied*

impolite

that she was not happy. 彼女の口調はそれとなく彼女が幸せでないことを示していた. ❷What are you *implying*? 何をおっしゃりたいのですか.
☞ 图 implication ❶.

im·po·lite /ìmpəláit インポライト/ 形 無作法な, 失礼な (反 polite).
▶Don't be *impolite* to her. 彼女に失礼なことのないようにしなさい.

im·po·lite·ly /ìmpəláitli インポライトリ/ 副 無作法に.

＊im·port /impɔ́ːrt インポート/ 動 (~s /-ts/; ~ed /-id/; ~ing) 他
❶ …を**輸入する** (反 export).
❷ (外国などから)(新しい考え・物事など)を持ちこむ.
— /ímpɔːrt インポート/ ((★動詞とのアクセントの違いに注意)) (複 ~s /-ts/)
❶Ｕ**輸入** (反 export).
❷Ｃ**輸入品**.

動 ❶ *import* oil from abroad 石油を外国から輸入する.
☞ Ⓔ では 图 importation.
— 图 ❶the *import* of coffee from Brazil ブラジルからのコーヒーの輸入.
❷They sell *imports* at that store. あの店は輸入品を売っている.

＊im·por·tance /impɔ́ːrtəns インポータンス/ 图Ｕ❶**重要性**, 大切さ.
❷ (社会的に)重要な地位(にあること).

❶the *importance* of regular exercise 欠かさず運動することの大切さ / a matter of great *importance* 非常に重要な事 / His opinion is of no [little] *importance* to us. 彼の意見は私たちにはまったく〔ほとんど〕重要でない.
☞ 形 important.

＊＊＊im·por·tant /impɔ́ːrtənt インポータント/ 形 (more ~; most ~)
❶**重要な**, 重大な, 大切な (反 unimportant).
❷ (人が)**有力な**, 影響力の大きい.

❶What she said is *important*. 彼女の言ったことは重要だ / Rice is an *important* crop in Japan. 米は日本の重要な作物だ / It is *important* for us *to* understand ourselves. 自分自身を知ることが大切である / It is *important that* you (should) practice the piano every day. 毎日ピアノの練習をすることが大切である ((❹(米)ではふつう should を用いない)).
❷He is one of the most *important* people in this city. 彼はこの町の最有力者のひとりだ (☞VIP).
☞ 图 importance.

im·por·tant·ly /impɔ́ːrtəntli インポータントリ/ 副 《文を修飾して》重要なことだが.

im·por·ta·tion /ìmpɔːrtéiʃən インポテイション/ 图Ｕ輸入 (反 exportation).
☞ 動 import ❶.

im·port·er /impɔ́ːrtər インポータ/ 图Ｃ輸入(業)者 (反 exporter).

＊im·pose /impóuz インポウズ/ 動 (im·pos·es /-iz/; im·posed /-d/; im·pos·ing) 他
❶ (規則・税・罰など)を**課す**, 負わせる〔*on*〕.
❷ (意見・仕事など)を**押しつける**〔*on*〕.
— 自 (物事を)押しつける.

❶A heavy tax is *imposed on* tobacco. たばこには重い税金がかかっている / *impose* new regulartions *on* the citizens 新しい規則[法規]を市民に課す.
❷Don't *impose* your own opinion *on* others. 自分の意見を他人に押しつけてはいけない.

impose on [*upon*] ... (人の好意など)**につけこむ**; (人)に無理を頼む: She often *imposed upon* her friends. 彼女はよく友人の好意につけこんだ.
☞ 图 imposition.

im·pos·ing /impóuziŋ インポウズィング/ 形 大きくて立派な.

im·po·si·tion /ìmpəzíʃən インポズィション/ 图 ❶Ｕ (規則・税金・罰など)を課すこと. ❷Ｃ無理に押しつけるもの[仕事].
☞ 動 impose.

im·pos·si·bil·i·ty /impàsəbíləti インパスィビリティ/ 图 (複 -ties /-z/) ＵＣ不可能(なこと) (反 possibility).
☞ 形 impossible.

＊im·pos·si·ble /impásəbl インパスィブル | -pɔ́s-/ 形 (more ~; most ~)
❶**不可能な** (反 possible).

abcdefgh**i**jklmnopqrstuvwxyz　　　　　　　　　　　　　　　　　　　**impression**

❷とてもありえない, 信じられない.
❸(人の行動などが)がまんのならない, ひどい; どうしようもない.

・・・・・・・・・・・・・・・・・・・・・・・・・・・・
❶That's *impossible*. そんなことできませんよ / an *impossible* task 不可能な仕事 / It is *impossible for* me *to* get up so early. 私はそんなに早く起きることはできない(◎I am impossible to get up so early. とはいえない)/ This question *is impossible to* answer. = *It is impossible to* answer this question. この問題は解けない.
❷It is an *impossible* rumor. それは本当とは思えないうわさだ / It *is impossible for* such a thing *to* happen. そんなことは起こりえない(◎Such a thing is impossible to happen. とはいえない).
❸an *impossible* fellow ほんとにいやなやつ.
　　　　　　　　☞ 名impossibility.

im·pos·si·bly /impásəbli インパスィブリ/ 副信じられないくらい, 途方もなく.
▶*impossibly* difficult 途方もなく難しい.

im·pos·tor, im·pos·ter /impástər インパスタ/ 名C (だまそうと)他人になりすます人.

im·po·tence /ímpətəns インポテンス/ 名U ❶無力, 無能. ❷性的不能.

im·po·tent /ímpətənt インポテント/ 形 ❶無力の, 無能な. ❷(性的に)不能な.

im·pov·er·ish /impávəriʃ インパヴァリッシュ/ 動(~es /-iz/) 他 ❶…を貧乏にする. ❷…の質を悪くする.

im·prac·ti·cal /impræktikəl インプラクティカル/ 形 ❶(考えなどが)現実的でない. ❷(人が)物事の処理が不得意な(反 practical).

im·pre·cise /ìmprəsáis インプレサイス/ 形不正確な (反 precise).

*****im·press** /imprés インプレス/ 動(~es /-iz/; ~ed /-t/; ~ing) 他 ❶(人)に(強い)印象を与える.
❷ⓐ(人)を感動させる, すごいと思わせる.
ⓑ《be impressed》感動する, すごいと思う.
❸ⓐ《impress … on [upon] ~》~

(人・心など)に…を印象づける, 痛感させる, よくわからせる.
ⓑ《impress … that __》…(人)に__ということを印象づける, 痛感させる, よくわからせる.
❹(しるし・模様など)を押す, 押してつける.

— 名 /ímpres インプレス/《★動詞とのアクセントの違いに注意》《文語》C (押しつけた)しるし, 模様.

・・・・・・・・・・・・・・・・・・・・・・・・・・・・
動他 ❶She *impressed* me as a hard worker. 彼女は私によく勉強をする人[働き者]だという印象を与えた / He *impressed* me favorably [unfavorably]. 彼は私によい[よくない]印象を与えた.
❷ⓐThe recital *impressed* the audience very much. 聴衆はそのリサイタルに非常に感動した.
ⓑWe were deeply *impressed* by [with] his speech. 私たちは彼の演説にとても感動した.
❸ⓐHis trip to Britain *impressed* on him the need to study English harder. 彼はイギリスを旅行して, 自分がもっと英語を勉強する必要があると痛感した(◎…が長いとimpress on [upon] ~ …となることがある). ⓑShe *impressed* me *that* she was a born leader. 彼女は生まれつき人の先頭に立つ人のように思えた.
　　　　☞ 名impression, 形impressive.

*****im·pres·sion** /impréʃən インプレション/ 名(複 ~s /-z/) C
❶印象, 感じ, 感想.
❷(押してつけた)跡, 痕跡(こんせき).
❸物まね.

・・・・・・・・・・・・・・・・・・・・・・・・・・・・
❶What were your first *impressions* of New York? ニューヨークの第一印象はどうでしたか / It is my *impression* that she doesn't like him. 私の感じでは彼女は彼を好きではないようだ / I had [got] the *impression* that she was not very happy at the university. 彼女はその大学ではあまり楽しくなさそうな印象を受けた.
❷the *impression* of a foot 足跡.
　　　　　　　　　　☞ 動impress.

be under the impression that __
なんだか__という印象をもっている.
　make an impression on ... …に強い印象を与える, すごいと思わせる: The old church *made a* great *impression on* Tom. その古い教会はトムに大きな感銘を与えた.

im·pres·sion·a·ble /impréʃənəbl インプレショナブル/ 形 (人が)感じやすい, 影響されやすい

***im·pres·sive** /imprésiv インプレスィヴ/ 形 (more ~; most ~) **強い印象を与える**, 深い感銘を与える, みごとな.
▶That was an *impressive* speech. それは深い感銘を与える演説だった.
☞ 動 impress.

im·pres·sive·ly /imprésivli インプレスィヴリ/ 副 印象的に, みごとに.

im·print /ímprìnt インプリント/ 名 C (押した)しるし;跡.
— 動 /imprínt インプリント/ (★名詞とのアクセントの違いに注意) 他 (しるしなどを)…に押す;…に跡を残す.
▶名 the *imprint* of a foot in the sand 砂に残った足跡.

im·pris·on /imprízn インプリズン/ 動 他
❶ …を刑務所に入れる (☞prison).
❷ …を閉じこめる, 監禁する.
☞ 名 imprisonment.

im·pris·on·ment /impríznmənt インプリズンメント/ 名 U 刑務所に入れる[入れられる]こと; 監禁.
☞ 動 imprison.

im·prob·a·bil·i·ty /ìmprὰbəbíləti インプラバビリティ/ 名 (複 -i·ties /-z/)
❶ U 起こり[あり]そうもないこと, 本当らしくないこと (反 probability).
❷ C 起こりそうもないできごと.

im·prob·a·ble /ìmprάbəbl インプラバブル/ 形 起こり[あり]そうもない, 本当らしくない (反 probable).
▶*It is improbable* that he knows the truth. 彼がその真実を知っているということはまずないだろう.

im·prob·a·bly /ìmprάbəbli インプラバブリ/ 副 ありそうもなく; ありそうもないことだが.

im·promp·tu /imprάmptju: インプランプトゥー, -テュー/ 形 副 即席の[に], 準備なしの[で]. ▶形 an *impromptu* speech 即席のスピーチ.

im·prop·er /imprάpər インプラパ/ 形
❶ ふさわしくない, 不適当な (反 proper). ❷ まちがった; 違法の.
▶❶ Jeans are *improper* clothing for the ceremony. ジーンズはその式にはふさわしくない.

im·prop·er·ly /ìmprάpərli インプラパリ/ 副 不適当に; まちがって.

im·pro·pri·e·ty /ìmprəpráiəti インプロプライエティ/ 名 (複 -e·ties /-z/) U C 不適当(なこと), 無作法.

***im·prove** /imprú:v インプルーヴ/ 動 (~s /-z/; im·proved /-d/; im·prov·ing) 他 …を**よくする**, 改善する, 改良する.
— 自 **よくなる**, 好転する.

⊕I would like to *improve* my English pronunciation. 私は英語の発音をもっとよくしたい / *improve* living conditions 生活条件を改善する.
— 自 His health is *improving*. 彼の健康はよくなってきている.

　improve on [**upon**] **...** …を改良する, …をよりよくする.
　improve oneself (知識・技術を高めたりして)自分の価値を高める.
☞ 名 improvement.

***im·prove·ment** /imprú:vmənt インプルーヴメント/ 名 (複 ~s /-ts/)
❶ U C **改良, 改善; 進歩, 上達.**
❷ C 改良[改善]されたもの.

❶ The design needs *improvement* [some *improvements*]. そのデザインは改良が必要だ / They made some *improvements* on their house. 彼らは家を少し直した.
❷ This new cell phone is a great *improvement* on [over] the old ones. この新しい携帯(電話)は旧型に比較して非常に改良されている.
☞ 動 improve.

im·pro·vi·sa·tion /ìmprὰvəzéiʃən インプラヴィゼイション | ìmprəvai-/ 名
❶ U ⓐ 即席で(演説・演奏などを)すること. ⓑ 間に合わせに作ること.
❷ ⓐ C 即興詩, 即興曲. ⓑ U 即興演奏.

im·pro·vise /ímprəvàiz インプロヴァイズ/ 動 (現分 -vis·ing) 他 ❶ (詩・音楽などを)を

即席に作る[演奏する].
❷ …を間に合わせに作る.

im·pu·dence /ímpjudəns **インピュデンス**/ (★アクセント注意)名Ⓤ《文語》ずうずうしさ, 生意気. ▶He had the *impudence* to talk back to me. 彼はずうずうしくも私に口答えした.

im·pu·dent /ímpjudənt **インピュデント**/ (★アクセント注意)形ずうずうしい, 厚かましい, 生意気な.

*__im·pulse__ /ímpʌls **インパルス**/ (★アクセント注意)名(複 im·puls·es /-iz/)

❶ⓊⒸ**強い衝動**.

❷Ⓒ推進力; 衝撃.

❶I felt an *impulse* to cry out. 私は大声で叫びたいような衝動を感じた / under the *impulse* of curiosity 好奇心の衝動にかられて.

on impulse 衝動的に:act *on impulse* 衝動的に行動する.

☞動impel, 形impulsive.

im·pul·sive /impʌlsiv **インパルスィヴ**/ 形衝動的な, 衝動的に物事をする.
▶an *impulsive* action 衝動的行為.
☞名impulse.

im·pul·sive·ly /impʌlsivli **インパルスィヴリ**/ 副衝動的に.

im·pure /impjúər **インピュア**/ 形 ❶不純な, 混ざりもののある(反pure).
❷《文語》不純な, 堕落(だらく)した.

im·pu·ri·ty /impjúərəti **インピュ(ア)リティ**/ 名(複 -ri·ties /-z/) ❶Ⓤ不純; よごれ, 不潔. ❷Ⓒ不純物, 混ざりもの.

IN [米郵便]Indiana.

*__in__¹ /(弱) in **イン**; (強) ín **イン**/ 前

❶《場所・位置》**…の中に[で, の]**, …で, …に.

❷《環境・境遇などを表わして》**…の中で[に, の]**.

❸《方向》**…の方で[へ, から]**.

❹《年月》**…に**, …の間に.

❺《時間の経過》**…で**, …たって, …たてば.

❻《手段・方法》**…で**, …でもって.

❼《心の状態》**…(という気持ち)で**.

❽《状態》**…(という状態)に[で, の]**.

❾《着用》**…を身につけて[た]**.

❿《形状》**…(という形)になって**.

⓫《尺度・単位》**…で[は]**.

⓬《範囲・限定・分野》**…の点で**, …に関して.

⓭《活動の分野》**…に従事して**.

── 副 ❶**中へ, 内に**. ❷中で, 家の中で.

── 形 ❶在宅して, うちで.

❷(乗り物などが)到着して.

❸流行して.

❹(果物などが)食べごろで.

前 ❶She has a book *in* her hand. 彼女は手に本を持っている / He is staying *in* New York. 彼はニューヨークに滞在中である / the fruit *in* the basket かごの中の果物.

語法 in は広い狭いは別として「広がりのある場所」に用い, at は点のような面積を感じない場所に用いる: He was standing *at* the gate. 彼は門の所に立っていた.

❷We walked *in* the rain. 私たちは雨の中を歩いた / He is *in* college. 彼は大学にはいっている.

❸The sun rises *in* the east and sets *in* the west. 太陽は東の方から昇り西の方へ沈む / *in* the same direction 同じ方向へ.

❹He was born *in* April 1995. 彼は1995年の4月に生まれた / I haven't seen her *in* a month. ここ1か月彼女に会っていない.

❺I read the book *in* two days. 私はその本を2日で読んだ / I'll be back *in* a few minutes. すぐもどります.

語法 in が時間の経過を表わすのに対して, after は時間が経過した後のある時点を表わす: She will get well *in* a week or so. 彼女は1週間かそこらで元気になるでしょう / She got well *after* a week. 彼女は1週間後に元気になった.

❻He spoke *in* English [*in* a loud voice]. 彼は英語で[大きい声で]話した / pay *in* thousand-yen bills 千円札で支払う / a speech *in* French フランス語の演説.

❼She stepped back *in* horror. 彼女はこわがって一歩さがった.

❽I am always *in* good health. 私はいつも元気です / He was *in* tears. 彼は涙を流していた / She left *in* a hurry.

in ABCDEFGH**I**JKLMNOPQRSTUVWXYZ

彼女は急いで出ていった.
❾The girl was (dressed) *in* white. その少女は白い服を着ていた / a nurse *in* uniform 制服を着た看護婦.
❿People gathered *in* groups. 人々はいくつものグループになって集まった / *in* a line 一列になって.
⓫This bridge is twenty feet *in* length. この橋は長さが20フィートある / Traffic accidents have increased *in* number. 交通事故(の数)が増加している.
⓬She is weak *in* mathematics. 彼女は数学が弱い / The twins are quite different *in* looks. そのふたごは顔つきがまったく違う / *In* my opinion, this plan is not very good. 私の意見ではこの計画はあまりよくない.
⓭My uncle is *in* politics. 私のおじは政治家です.
— 副 ❶Come *in*, please. おはいりなさい.
❷eat *in* うちで食事をする.
— 形 ❶Is your father *in*? お父さんはご在宅ですか.
❷The train will be *in* soon. 列車はまもなく着きます.
❸Short skirts are *in* this year. 今年は短いスカートが流行だ.
❹Peaches will be *in* soon. まもなく桃(ぃ)が食べ頃だ.
be in for ... (人に)(いやなこと)が起こりそうである:You will *be in for* trouble. あなたはひどい目にあうよ.
be in for it 《口語》ひどい目にあう:He will *be in for it* if he does not get home by six. 彼は6時までに帰らないと罰を受けなければならないだろう.
be in on ... 《口語》…に参加している.
be in with ... …と親しい.
in and out ①出たりはいったりして. ②内も外も.
in as much as ＿＿だから.
in so far as ＿＿する限りは.
in²《略語》**inch(es)**.
in-¹ /in イン/ 接頭 「不…,無…」の意味.
▶*in*convenient 不便な / *in*dependent 独立の (《❶l-で始まる語の前ではil-; b-, m-, p- で始まる語の前では im-; rで始まる語の前ではir-となる》).

in-² /in イン/ 接頭 「中へ,中に」の意味.
▶*in*clude 含む / *in*ternal 内部の.
in·a·bil·i·ty /ìnəbíləti イナビリティ/ 名 U (…することが)できないこと (反 ability).
in·ac·ces·si·bil·i·ty /ìnæksèsəbíləti イナクセスィビリティ/ 名 U ❶近づけないこと, 近づきにくいこと. ❷手に入れにくいこと.
in·ac·ces·si·ble /ìnæksésəbl イナクセスィブル/ 形 ❶近づけない, 近づきにくい (反 accessible).
❷手に入れにくい.
in·ac·cu·ra·cy /inǽkjurəsi イナキュラスィ/ 名 (複 -ra·cies /-z/)
❶ U 不正確 (反 accuracy).
❷ C 誤り, 不正確な箇所.
in·ac·cu·rate /inǽkjurət イナキュレト/ 形 不正確な (反 accurate).
in·ac·cu·rate·ly /inǽkjurətli イナキュレトリ/ 副 不正確に.
in·ac·tion /inǽkʃən イナクション/ 名 U 活動しないこと (反 action).
in·ac·tive /inǽktiv イナクティヴ/ 形 活動していない (反 active).
in·ac·tiv·i·ty /ìnæktívəti イナクティヴィティ/ 名 U 活動しないこと (反 activity).
in·ad·e·qua·cy /inǽdikwəsi イナディクワスィ/ 名 (複 -qua·cies /-z/)
❶ U 不十分, 不適当 (反 adequacy).
❷ C 不十分[不適当]な点, 欠点.
in·ad·e·quate /inǽdikwət イナディクワト/ 形 (more ~; most ~)
❶ 不十分な, 不適当な (反 adequate).
❷ (人が)不適格な, 能力がない.
▶❶ His salary was *inadequate* to support his family. 彼の給料では彼の家族を養うのに十分でなかった.
in·ad·e·quate·ly /inǽdikwətli イナディクワトリ/ 副 不十分に; 不適当に.
in·ad·mis·si·ble /ìnədmísəbl イナドミスィブル/ 形 《文語》許せない, 認められない (反 admissible).
in·ad·vert·ent /ìnədvə́ːrtənt イナドヴァーテント/ 形 うっかりやった, 不注意な.
in·ad·vert·ent·ly /ìnədvə́ːrtəntli イナドヴァーテントリ/ 副 うっかり, 不注意にも.
in·ad·vis·a·ble /ìnədváizəbl イナドヴァイザブル/ 形 賢明でない, 愚かな (反

abcdefgh i jklmnopqrstuvwxyz — **incestuous**

in·al·ien·a·ble /ìnéiljənəbl イネイリャナブル/ 形 《文語》(権利などが)奪うことのできない.

in·ane /inéin イネイン/ 形 ばかげた.

in·an·i·mate /inǽnəmət イナニメト/ 形 生命のない (反 animate).

in·ap·pro·pri·ate /ìnəpróupriət イナプロウプリエト/ 形 不適当な, 不適切な, ふさわしくない (反 appropriate).

in·ar·tic·u·late /ìnɑːrtíkjulət イナーティキュレト/ 形 ❶(ことばが)はっきりしない (反 articulate). ❷はっきりもの[意見]が言えない.

in·as·much /ìnəzmʌ́tʃ イナズマッチ/ 副 《inasmuch as ...》《文語》…だから (because).

in·at·ten·tion /ìnəténʃən イナテンション/ 名 U 不注意, うっかり(すること) (反 attention).

in·at·ten·tive /ìnəténtiv イナテンティヴ/ 形 不注意な, うっかりした (反 attentive).

in·au·di·ble /inɔ́ːdəbl イノーディブル/ 形 聞きとれない, 聞こえない (反 audible).

in·au·di·bly /inɔ́ːdəbli イノーディブリ/ 副 聞きとれないほどに.

in·au·gu·ral /inɔ́ːgjurəl イノーギュラル/ 形 (大統領などの)就任(式)の.
▶an *inaugural* address 就任演説.

in·au·gu·rate /inɔ́ːgjurèit イノーギュレイト/ 動 (現分 -rat·ing) 他
❶ (式を行なって)(大統領など)を就任させる 《❃ふつう受身形で》.
❷ (式を行なって)…を(使い)始める.
▶❶ The president *was inaugurated* two years ago. 大統領は2年前に就任した.

in·au·gu·ra·tion /inɔ̀ːgjuréiʃən イノーギュレイション/ 名 UC ❶ (大統領などの)就任(式).
❷ (正式の)開始, 開業.

in·aus·pi·cious /ìnɔːspíʃəs イノースピシャス/ 形 《文語》見通しの暗い, 不吉な.

in-be·tween /ín-bitwíːn インビトウィーン/ 形副 中間の[に].

in·born /ìnbɔ́ːrn インボーン/ 形 生まれつきの, 先天的な, 生来の.

in·box /ínbɑ̀ks インバックス/ 名 C 《電算》(メール)受信箱.

in·bred /ínbréd インブレッド/ 形 ❶生まれつきの. ❷近親交配の.

inc. /íŋk インク, iŋkɔ́ːrpəréitid/ 《略語》 《米》incorporated.

in·cal·cu·la·ble /inkǽlkjuləbl インキャルキュラブル/ 形 数え切れないほどの, 測りしれないほどの (反 calculable).

in·ca·pa·ble /inkéipəbl インケイパブル/ 《★発音注意》形 ❶《**be incapable of doing** [...]》(能力・適性などがなくて)__すること[…]ができない (反 capable).
❷無能な, だめな (反 capable).
▶❶ She *is incapable of* a lie [*telling* a lie]. 彼女はうそが言えない人だ.

in·ca·pac·i·tate /ìnkəpǽsətèit インカパスィテイト/ 動 (現分 -tat·ing) 他 《文語》…を無能力にする.

in·ca·pac·i·ty /ìnkəpǽsəti インカパスィティ/ 名 U 無能, 無力 (反 capacity).

in·car·cer·ate /inkɑ́ːrsərèit インカーサレイト/ 動 他 《ふつう受身で》(人)を投獄する, 監禁する.

in·car·cer·a·tion /inkɑ̀ːrsəréiʃən インカーサレイション/ 名 U 投獄, 監禁.

in·car·nate /inkɑ́ːrnət インカーネト/ 形 人間の姿をした.

in·car·na·tion /ìnkɑːrnéiʃən インカーネイション/ 名 ❶ C (前世または来世の人の)姿.
❷ 《the をつけて》特徴をよく備えた人[もの], (…の)化身(けしん).
▶❷ She is *the incarnation of* kindness. 彼女は親切そのものだ.

in·cen·di·ar·y /inséndièri インセンディエリ/ 形 《文語》放火の, 火事を起こす.

in·cense /ínsens インセンス/ 《★アクセント注意》名 U 香, 香料.

in·censed /insénst インセンスト/ 形 激怒した.

in·cen·tive /inséntiv インセンティヴ/ 名 UC (人の意欲の)刺激.

in·ces·sant /insésnt インセスント/ 形 絶え間のない, ひっきりなしの.
▶*incessant* noise 絶え間ない騒音.

in·ces·sant·ly /insésntli インセスントリ/ 副 絶え間なく, ひっきりなしに.

in·cest /ínsest インセスト/ 名 U 近親相姦(そうかん).

in·ces·tu·ous /inséstʃuəs インセスチュアス/ 形 ❶近親相姦(そうかん)の. ❷《悪い意味で》身内で固めた.

inch

inch /ínʃ インチ/ 名 (複 ~es /-iz/) C

❶ インチ《1フィートの12分の1の長さ, 2.54 cm; ❀ in と略す; 記号 " を用いて 6″ (＝6 inches) などと表わすこともある》.

❷《not ... an inch で》少しも…ない.

❶ He is five feet eight *inches* tall. 彼は身長が5フィート8インチだ / 35″ 35インチ.

❷ We pushed the log, but it did*n't* move *an inch*. 私たちはその丸太を押したが少しも動かなかった.

every inch あらゆる点で, 完全に：He is *every inch* a teacher. 彼はいかにも先生らしい先生だ.

inch by inch 少しずつ, ゆっくりと.

in·ci·dence /ínsədəns インスィデンス/ 名《単数形で》(病気・犯罪・影響などの)発生率. ▶a low *incidence* of crime 低い犯罪発生率.

*in·ci·dent /ínsədənt インスィデント/ 名 (複 ~s /-ts/) C ❶ できごと, 事件. ❷ (暴力をともなう)事件.

❶ an diplomatic *incident* 外交上のできごと / a tragic *incident* 悲劇的な事件.

without incident 何事もなく, 順調に.

☞ 形 incidental.

in·ci·den·tal /ìnsədéntl インスィデントル/ 形 付随した, 付随して起こる.

— 名 C 付随しているもの.

▶ 形 *incidental* expenses 雑費 / These problems are *incidental to* urban life. これらの問題は都会生活にはつきものだ.

☞ 名 incident.

in·ci·den·tal·ly /ìnsədéntəli インスィデンタリ/ 副《文全体を修飾して》ところで, ついでに(言えば).

in·cin·er·ate /insínərèit インスィネレイト/ 動 (現分 -at·ing) 他《文語》…を焼却する.

in·cin·er·a·tor /insínərèitər インスィネレイタ/ 名 C (ごみなどの)焼却炉.

in·ci·sion /insíʒən インスィジョン/ 名 C 〔医学〕切開(された部分).

in·ci·sive /insáisiv インサイスィヴ/ 形《文語》(ことばなどが)鋭い, 辛辣(しんらつ)な.

in·cite /insáit インサイト/ 動 (現分 in·cit·ing) 他 (人)を扇動する.

▶ *incite* people *to* rebellion 人々を扇動して反乱を起こさせる.

in·cite·ment /insáitmənt インサイトメント/ 名 UC 扇動.

in·cli·na·tion /ìnklənéiʃən インクリネイション/ 名 (複 ~s /-z/) UC

❶ (…したい)気持ち, (…する)意向.

❷ (…する)傾向, 癖(くせ).

▶ ❶ I have no *inclination* to accept his offer. 彼の申し出に応じたいとは思わない / He has a strong *inclination* toward arts. 彼は芸術がたいへん好きだ. ❷ She has an *inclination* to evade questions. 彼女は質問をはぐらかす傾向がある.

☞ 動 incline.

*in·cline /inkláin インクライン/ 動 (~s /-z/; in·clined /-d/; in·clin·ing /-/) 他 ❶《文語》《**incline to** *do*》ⓐ __したい気がする. ⓑ __する傾向がある. ❷《文語》(心)が傾く. ❸ 傾く, 身体を曲げる, 身をのりだす.

— 他 …を傾ける, 曲げる, かがめる.

— 名 /ínklain インクライン/《★動詞とのアクセントの違いに注意》C 斜面.

動 他 ❶ ⓐ I *incline to* agree with his proposal. 私は彼の提案に賛成したい気がする. ⓑ He *inclines to* daydream. 彼は空想する傾向がある.

❷ I *incline toward* his point of view. 私は彼の考えに賛成したい気持ちだ.

❸ *incline* forward 前に身をのりだす.

— 他 She *inclined* her head in greeting. 彼女はあいさつする時に頭を下げた.

☞ 名 inclination.

in·clined /inkláind インクラインド/ 形 (more ~; most ~)《**be inclined to** *do*》❶ __したい気がする (反 disinclined). ❷ __する傾向がある.

▶ ❶ I *am inclined to* believe what you say. あなたの言うことを信じたい気がする. ❷ I *am inclined to* gain weight. 私は太るたちです.

*in·clude /inklú:d インクルード/ 動 (~s /-dz/;

in·clud·ed /-id/; in·clud·ing/ 動 (全体のなかの一部として)…を含む, 入れる (反 exclude)(☞contain の 類語).

> The price *includes* postage. その値段は郵送料を含んでいる / This book *includes* all her short stories. この本には彼女の全短編小説がはいっている.

☞ 名inclusion, 形inclusive.

*in·clud·ing /inklú:diŋ インクルーディング/ 前 …を含めて.

▶Five boys were invited, *including* James. ジェームズを入れて5人の男の子が招待された.

in·clu·sion /inklú:ʒən インクルージョン/ 名 ❶ⓤ (一部として)含める[含まれる]こと (反 exclusion). ❷ⓒ含まれているもの[人].

☞ 動include.

in·clu·sive /inklú:siv インクルースィヴ/ 形すべてを含んだ, 包括的な.

▶from April 1st to 30th *inclusive* (1日と30日を含めて) 4月1日から30日まで (☞through 前 ❹).

inclusive of … …を含めて: The meal cost $40 *inclusive of* wine. 食事はワインも含めて40ドルだった.

☞ 動include.

in·cog·ni·to /ìnkɑgní:tou インカグニートウ/ 副 (有名人などが)身分を隠して, 変名で. ▶travel *incognito* 変名で旅行する.

in·co·her·ence /ìnkouhíərəns インコウヒ(ア)レンス/ 名ⓤ支離滅裂, 矛盾.

in·co·her·ent /ìnkouhíərənt インコウヒ(ア)レント/ 形 (人・ことばが)支離滅裂の, 矛盾した (反 coherent).

in·co·her·ent·ly /ìnkouhíərəntli インコウヒ(ア)レントリ/ 副支離滅裂に.

*in·come /ínkʌm インカム/ ((★アクセント注意)) 名 (複 ~s /-z/) ⓤⓒ (定期的な)収入, 所得. ▶He has a large [small] *income*. 彼は収入が多い〔少ない〕/ have an *income* of 400 dollars a week 週400ドルの収入がある.

íncome tàx 名ⓤⓒ所得税.

in·com·ing /ínkʌmiŋ インカミング/ 形 ❶はいってくる, 到着する. ❷次の, 後任の.

in·com·pa·ra·ble /inkɑ́mpərəbl インカンパラブル/ 形比べるものがない(ほどの).

in·com·pa·ra·bly /inkɑ́mpərəbli インカンパラブリ/ 副比べるものがないほど.

in·com·pat·i·bil·i·ty /ìnkəmpæ̀təbíləti インコンパティビリティ/ 名ⓤⓒ ❶両立しがたいこと, 相いれないこと. ❷性格が合わないこと.

in·com·pat·i·ble /ìnkəmpǽtəbl インコンパティブル/ 形 ❶ (あまりにも異なっていて)両立しない, いっしょにやっていけない (反 compatible). ❷ (コンピュータが) (他の機種と)互換性がない.

in·com·pe·tence /inkɑ́mpətəns インカンペテンス/ 名ⓤ無能, 不適格.

in·com·pe·tent /inkɑ́mpətənt インカンペテント/ 形無能な, 役に立たない (反 competent).

in·com·plete /ìnkəmplí:t インコンプリート/ 形不完全な, 不十分な (反 complete).

in·com·plete·ly /ìnkəmplí:tli インコンプリートリ/ 副不完全に, 不十分に (反 completely).

in·com·pre·hen·si·ble /ìnkɑmprihénsəbl インカンプリヘンスィブル/ 形理解できない, 不可解な (反 comprehensible).

in·com·pre·hen·sion /ìnkɑmprihénʃən インカンプリヘンション/ 名ⓤ理解していないこと.

in·con·ceiv·a·ble /ìnkənsí:vəbl インコンスィーヴァブル/ 形想像もつかない, 考えられない (反 conceivable).

in·con·clu·sive /ìnkənklú:siv インコンクルースィヴ/ 形結論の出ない, 決定的でない (反 conclusive).

in·con·clu·sive·ly /ìnkənklú:sivli インコンクルースィヴリ/ 副結論に達しないで.

in·con·gru·i·ty /ìnkəŋgrú:əti インコングルーイティ/ 名 (複 -i·ties /-z/) ❶ⓤ不調和, ちぐはぐ. ❷ⓒ不調和なこと[もの].

in·con·gru·ous /inkɑ́ŋgruəs インカングルアス/ 形 《文語》不調和な, ちぐはぐな (反 congruous).

in·con·gru·ous·ly /inkɑ́ŋgruəsli インカングルアスリ/ 副調和しないで.

in·con·sid·er·ate /ìnkənsídərət インコンスィダレト/ 形思いやりのない (反 considerate).

in·con·sid·er·ate·ly /ìnkənsídərətli インコンスィダレトリ/ 副思いやりなく.

in·con·sist·en·cy /ìnkənsístənsi インコンスィステンスィ/ 名 (複 ten·cies /-z/) [U][C] 首尾一貫していないこと, 矛盾(むじゅん) (反 consistency).

in·con·sist·ent /ìnkənsístənt インコンスィステント/ 形 首尾一貫していない, 矛盾(むじゅん)する (反 consistent). ▶His actions *are inconsistent with* his words. 彼はやることと言うことが一致しない.

in·con·sist·ent·ly /ìnkənsístəntli インコンスィステントリ/ 副 矛盾(むじゅん)して.

in·con·spic·u·ous /ìnkənspíkjuəs インコンスピキュアス/ 形 目だたない (反 conspicuous).

in·con·ven·ience /ìnkənví:njəns インコンヴィーニェンス/ 名 ❶ [U] 不都合, 迷惑, 不便 (反 convenience).
❷ [C] 不都合[厄介]なこと, 迷惑, 不便.
☞ 形 inconvenient.
— 動 (現分 -ienc·ing) 他 …に不都合を感じさせる, 迷惑をかける.

in·con·ven·ient /ìnkənví:njənt インコンヴィーニェント/ 形 (more ~; most ~) 不都合な, 迷惑な, 不便な (反 convenient).

Tomorrow is *inconvenient* for me. あすは私は都合がよくありません / at an *inconvenient* time 都合の悪いときに / in an *inconvenient* location 不便な場所に.
☞ 名 inconvenience.

in·con·ven·ient·ly /ìnkənví:njəntli インコンヴィーニェントリ/ 副 都合悪く, 不便に.

in·cor·po·rate /inkɔ́:rpərèit インコーポレイト/ 動 (現分 -rat·ing) 他 ❶ (組織・計画などに)…を組み入れる. ❷ …を法人組織[株式会社]にする.

in·cor·po·rat·ed /inkɔ́:rpərèitid インコーポレイティド/ 形 ❶ ひとつに合体した. ❷ 《米》法人組織の, 株式会社の (☞ corporation).

incórporated cómpany 名 [C] 《米》法人, 株式会社 (⚫略は Co., Inc. で, 社名のあとにつける: The U.S. Steel *Co., Inc.*;《英》では limited company といい, Co., Ltd. と略す).

in·cor·po·ra·tion /ìnkɔ̀:rpəréiʃən インコーポレイション/ 名 [U] 合併, 合体, 編入.

in·cor·rect /ìnkərékt インコレクト/ 形 不正確な, まちがった (反 correct).
▶*incorrect* answers まちがっている答え.

in·cor·rect·ly /ìnkəréktli インコレクトリ/ 副 不正確に, まちがって.

in·cor·ri·gi·ble /inkɔ́(:)ridʒəbl インコ(ー)リヂブル/ 形 《文語》(人・態度などが)直しようのない; 手に負えない.

***in·crease** /inkrí:s インクリース/ 動 (increas·es /-iz/; in·creased /-t/; in·creas·ing) 自 (数・量・程度などが) **ふえる**, 大きくなる, 強大になる (反 decrease).
— 他 …を**増す**, ふやす (反 diminish).
— 名 /ínkri:s インクリース/ (★動詞とのアクセントの違いに注意) (複 in·creas·es /-iz/) [U][C] **増加**, 増大 (反 decrease).

動 自 The membership has *increased* (by) 10 percent. 会員数は10パーセントふえた / The number of car accidents is *increasing*. = Car accidents are *increasing* in number. 車の事故がふえている.
— 他 The train *increased* its speed. 列車は速度を増した / I'd like to *increase* my English vocabulary. 英語の語彙(ごい)をふやしたい / *increase* sales 売り上げをふやす.
— 名 a sharp *increase* in population 人口の急激な増加 / the rate of *increase* 増加率 / tax *increases* 増税.

be on the increase だんだん増加している.

in·creas·ing /inkrí:siŋ インクリースィング/ 形 ますますふえる.
▶An *increasing* number of people are traveling abroad. 外国旅行をする人がますますふえている.

***in·creas·ing·ly** /inkrí:siŋli インクリースィングリ/ 副 **ますます**, だんだん.
▶It is getting *increasingly* easy to go abroad. 外国へ行くのはますますやさしくなっている.

***in·cred·i·ble** /inkrédəbl インクレディブル/ 形 (more ~; most ~) ❶ 信じられない, 信用できない (反 credible).
❷ 信じられないほどの.

abcdefgh**ij**klmnopqrstuvwxyz　　　　　　　　　　　　　　　　　　　　　　　**indefinitely**

▶ ❶ an *incredible* story 信じられない話. ❷ at *incredible* speed ものすごい速さで.

in·cred·i·bly /ɪnkrédəbli インク**レ**ディブリ/ 副 信じられないほど, 非常に.

in·cred·u·lous /ɪnkrédʒʊləs インク**レ**ヂュラス/ 形 疑い深い (反 credulous).

in·cre·ment /ínkrəmənt **イ**ンクレメント/ 名C (文語) 増加量 [額].

in·cre·men·tal /ìŋkrəméntl インクレ**メ**ントル/ 形 (文語) (少しずつ) 増加する.

in·crim·i·nate /ɪnkrímənèɪt インク**リ**ミネイト/ 動 (現分 -nat·ing) 他 …に罪を負わせる, …を有罪にする.

in·cu·bate /íŋkjʊbèɪt **イ**ンキュベイト/ 動 (現分 -bat·ing) 他 (卵を)抱く; (卵を)かえす.
— 自 (鳥が)卵を抱く; (卵が)かえる.

in·cu·ba·tion /ìŋkjʊbéɪʃən インキュ**ベ**イション/ 名U 卵を抱くこと, ふ化.

in·cu·ba·tor /íŋkjʊbèɪtər **イ**ンキュベイタ/ 名C ❶ ふ卵器. ❷ 未熟児保育器.

in·cum·bent /ɪnkʌ́mbənt インク**ン**ベント/ 形 (公職についている) 現職の.
— 名C (公職の) 現職者.

in·cur /ɪnkə́ːr イン**カー**/ (★アクセント注意) 動 (~s /-z/; in·curred /-d/; in·cur·ring /ɪnkə́ːrɪŋ/) 他 (文語) (自分がしたことの結果) (不愉快なことを) 招く.

in·cur·a·ble /ɪnkjúərəbl インキュ(ア)**ラ**ブル/ 形 (病気などが)治らない, 不治の (反 curable).

in·cur·a·bly /ɪnkjúərəbli インキュ(ア)**ラ**ブリ/ 副 治らないほどに.

in·debt·ed /ɪndétɪd イン**デ**ティド/ (★ b は発音されない) 形 ❶ (助けなどを受けて) 感謝して (いる). ❷ 借金があって.
▶ ❶ I *am indebted to* you *for* your kindness. ご親切に感謝します.
❷ *be indebted to* … *for* a large sum …に多額の借金がある.

in·de·cen·cy /ìndíːsnsi インディースンスィ/ 名 (複 -cen·cies /-z/) ❶ U 下品; わいせつ. ❷ C わいせつ行為.

in·de·cent /ìndíːsnt インディースント/ (★発音注意) 形 下品な; わいせつな (反 decent).

in·de·cent·ly /ìndíːsntli インディースントリ/ 副 下品に; わいせつに.

in·de·ci·sion /ìndɪsíʒən インディ**ス**ィジョン/ 名U 決断できないこと, 優柔不断 (反 decision).

in·de·ci·sive /ìndɪsáɪsɪv インディ**サ**イスィヴ/ 形 ❶ 決断力のない, 優柔不断な (反 decisive). ❷ どちらかはっきりしない, 決着のつかない.

in·de·ci·sive·ness /ìndɪsáɪsɪvnəs インディ**サ**イスィヴネス/ 名U 優柔不断.

＊**in·deed** /ɪndíːd イン**ディード**/ 副 ❶《強調して》ほんとうに, まったく, 確かに.
❷ それどころか(さらに).
❸《indeed … but ~》なるほど…だがしかし~.
— 間《疑い・驚き・皮肉などを表わして》へえ, ほんとう, まさか.

副 ❶ She is *indeed* a bright student. 彼女はじつに頭のいい学生だ / It is *indeed* very cold. ＝It is very cold, *indeed*. まったくひどい寒さだ / 対話 "Are you happy about your new job?"–"Yes, *indeed*." 「新しい仕事が気に入っていますか」「ええ, とても」.
❷ I'm interested in baseball; *indeed*, I am crazy about it. 私は野球に興味があります. いやそれどころか好きでたまらないのです.
❸ *Indeed*, he is clever, *but* he is not honest. なるほど彼は頭はいいがしかし正直ではない.
— 間 He married a movie star? *Indeed*! 彼が映画スターと結婚したって. へえ.

in·de·fen·si·ble /ìndɪfénsəbl インディ**フェ**ンスィブル/ 形 ❶ 弁護しようのない. ❷ (攻撃を)防げない (反 defensible).

in·de·fin·a·ble /ìndɪfáɪnəbl インディ**ファ**イナブル/ 形 (難しくて)定義[説明]できない (反 definable).

in·def·i·nite /ɪndéfənɪt イン**デ**フィニット/ 形 明確でない, はっきりしない, 不定の (反 definite). ▶ an *indefinite* opinion あいまいな意見 / for an *indefinite* time 不定期間.

indéfinite árticle 名《the をつけて》【文法】不定冠詞 (a または an のこと; ☞ definite article).

in·def·i·nite·ly /ɪndéfənɪtli イン**デ**フィニトリ/ 副 期限を定めないで, 無期限に.

679

in·del·i·ble /indéləbl インデリブル/ 形
❶(汚れ・インキなどが)消すことのできない. ❷(思い出・印象などが)忘れられない.

in·del·i·bly /indéləbli インデリブリ/ 副 忘れられずに.

in·del·i·cate /indélikət インデリケト/ 形《文語》品のない, ぶしつけな (反 delicate).

in·dent /indént インデント/ 動 他
❶(段落の冒頭などで)(新しい行)をほかの行より引っ込めて書く[印刷する].
❷…にぎざぎざの刻み目をつける.

in·den·ta·tion /ìndentéiʃən インデンテイション/ 名 C ❶(ほかの行よりも)引っ込んでいる部分, へこみ. ❷ぎざぎざ.

*__in·de·pend·ence__ /ìndipéndəns インディペンデンス/ 名 U ❶(政治的)**独立** (反 dependence). ❷自立.

---

❶India gained [won] *independence* from Britain in 1947. インドは1947年にイギリスから独立した / declare *independence* 独立[自立]を宣言する.
❷He already has financial *independence*. 彼はすでに経済的に自立している / a sense of *independence* 自立心.

☞ 形 independent.

Ìndepéndence Dày 名 ((アメリカ合衆国の))独立記念日 ((● 7月4日; the Fourth of July ともいう)).

*__in·de·pend·ent__ /ìndipéndənt インディペンデント/ 形 (more ~; most ~) ❶(国家・組織などが)**独立した**, 独立の, 自立した (反 dependent).
❷(人が)(ほかに)頼らない, 他の影響を受けない, 自立した.
❸党派に属さない, 無所属の, 独自の.
— 名 (複 ~s /-ts/) C ❶無所属議員[候補者]. ❷特定の政党を支持しない人.

形 ❶ The country is not yet financially *independent*. その国はまだ経済的に独立していない / an *independent* state [country] 独立国.
❷ She is an *independent* thinker. 彼女は(人に頼らないで)自分でものを考える人だ / lead an *independent* life 人の世話にならないで暮らす.
❸ an *independent* candidate 無所属の候補.

be independent of ... ①…**から独立している**: He wanted to *be independent of* his parents. 彼は両親から独立したいと思っていた. ②…と無関係である: These two matters *are* quite *independent of* each other. このふたつの事はお互いになんの関係もない.

☞ 名 independence.

in·de·pend·ent·ly /ìndipéndəntli インディペンデントリ/ 副 独立して, 頼らないで, 自立して.

independently of ... …に関係なく.

in-depth /ìn-dépθ イン・デプス/ 形 徹底的な, 綿密な.

in·de·scrib·a·ble /ìndiskráibəbl インディスクライバブル/ 形 ことばでは言い表わせないほどの (反 describable).

in·de·scrib·a·bly /ìndiskráibəbli インディスクライバブリ/ 副 ことばでは言い表わせないほどに.

in·de·struct·i·ble /ìndistrʌ́ktəbl インディストラクティブル/ 形 (強くて)こわせない.

in·de·ter·mi·nate /ìndité:rminət インディターミネト/ 形 確定できない, 不確定な (反 determinate).

*__in·dex__ /índeks インデックス/ (★アクセント注意)名 (複 ~es /-iz/, in·di·ces /índəsi:z/) C ❶(本の)**索引**(さくいん), インデックス.
❷〖統計〗指数.
❸指(ゆび)し示すもの, 指標.
— 動 (~·es /-iz/; ~ed /-t/; ~·ing) 他 (書物などに)索引をつける.

▶名 ❷ a price *index* 物価指数.

índex càrd 名 C 索引(さくいん)カード.

índex fìnger 名 C 人差し指 ((● forefinger ともいう)).

*__In·di·a__ /índiə インディア/ 名 **インド** ((公式名 the Republic of India インド共和国; 首都ニューデリー (New Delhi))).

☞ 形 Indian ❶.

*__In·di·an__ /índiən インディアン/ 形
❶ⓐ**インドの**. ⓑ**インド人の**.
❷(アメリカ)インディアンの.
— 名 (複 ~s /-z/) C ❶**インド人**.
❷ アメリカインディアン ((現在では

abcdefgh**i**jklmnopqrstuvwxyz　　　　　　　　　　　　　　　　**indignant**

Native American とよぶことが多い；American Indian ともいう》.

形 ❶ⓐthe *Indian* government インド政府.　☞❶ では 名 India.
— 名 ❶the *Indians*（国民全体としての）インド人.

In･di･an･a /índiǽnə インディアナ/ 名 インディアナ《アメリカ中部の州；☞〖郵便〗IN と略す》.

Índian Ócean 名《the をつけて》**インド洋**.

Índian súmmer 名Ⓒ（アメリカ北部・カナダの晩秋から初冬の）小春びより.
INFO アメリカでは10月から11月にかけて一時的に、春のようなおだやかで暖かい日が数日間続くことがある. 風もなく、日中の気温がこの季節にはめずらしいほど上がる.

＊**in･di･cate** /índəkèit インディケイト/《★アクセント注意》動 (~s /-ts/; -cat･ed /-id/; -cat･ing) ⑯ ❶（物事が）…を**示す**, 表わす, …の前兆である.
❷ⓐ（気持ちなど）を**それとなく知らせる**.
ⓑ《*indicate that* ＿》＿とそれとなく知らせる.
❸（人が）…を**さし示す**, 指摘する.

❶A red traffic light *indicates* "stop." 赤い交通信号は止まれを表わす / Those clouds *indicate* rain. (= Those clouds *indicate* that it will rain.) あの雲は雨が降る前兆だ.
❷ⓐThe prime minister *indicated* resignation. 首相は辞職をほのめかした. ⓑShe *indicated that* she might not go to college. 彼女は大学へは行かないかもしれないという意味のことを言った.
　☞名indication, 形indicative ❶.

in･di･ca･tion /ìndəkéiʃən インディケイション/ 名ⓊⒸ徴候, しるし. ▶There is no *indication* that the weather will change. 天気が変わりそうだという徴候はない.
　　　　　　　　　　　　☞動indicate.

in･dic･a･tive /indíkətiv インディカティヴ/ 形 ❶《**be indicative of ...** で》…を表わして［示して］（いる）. ❷〖文法〗直説法の, 叙実法の《☞imperative, subjunctive》.
　　　　　　　　☞❶ では 動indicate.

indícative móod 名《the をつけて》〖文法〗直説法, 叙実法.

in･di･ca･tor /índəkèitər インディケイタ/ 名Ⓒ ❶指標. ❷計器, メーター. ❸《英》（自動車などの）方向指示器.

in･di･ces /índəsìːz インディスィーズ/ 名 index の複数形.

in･dict /indáit インダイト/《★c は発音されない》動⑯ …を起訴(%)する, 告発する.

in･dict･ment /indáitmənt インダイトメント/《★c は発音されない》名 ❶Ⓤ起訴(%), 告発. ❷Ⓒ起訴状, 告発状.

in･dif･fer･ence /indífərəns インディファレンス/ 名Ⓤ無関心, むとんちゃく, 冷淡.
▶He shows complete *indifference* to others' feelings. 彼は他人の気持ちにはまったくむとんちゃくだ.
　　　　　　　　　☞形indifferent.
with indifference むとんちゃくに, 冷淡に.

＊**in･dif･fer･ent** /indífərənt インディファレント/ 形 (**more** ~; **most** ~) ❶**無関心な**, むとんちゃくな.
❷あまりよくない, 大したことはない.
▶❶She *is indifferent to* the way she dresses. 彼女は服装に無関心だ / an *indifferent* look 無関心な目つき.
❷an *indifferent* pianist 大したことのないピアニスト.
　　　　　　　　☞名indifference.

in･dif･fer･ent･ly /indífərəntli インディファレントリ/ 副 無関心に; どっちつかずに.

in･dig･e･nous /indídʒənəs インディチェナス/ 形（人・動植物が）土着の,（その土地に）固有の.

in･di･gest･i･ble /ìndidʒéstəbl インディヂェスティブル/ 形 ❶ 消化しにくい（反 digestible）. ❷理解しにくい.

in･di･ges･tion /ìndidʒéstʃən インディヂェスチョン/ 名Ⓤ消化不良.

in･dig･nant /indígnənt インディグナント/ 形（不正・卑劣などに対して）腹を立てた, 憤慨(%)した.

▶She was *indignant at* his rude manner. 彼女は彼の無礼な態度に腹を立てていた / I was quite *indignant with* the rude man. 私はその失礼な男にとても腹が立った.
　　　　　　　　☞名indignation.

six hundred and eighty-one　　　　　　　　　　　　　　　　681

indignantly　　ABCDEFGH**I**JKLMNOPQRSTUVWXYZ

in·dig·nant·ly /indígnəntli インディグナントリ/ 副 腹を立てて, 憤慨(ホルホィ)して.

in·dig·na·tion /ìndignéiʃən インディグネイション/ 名 U (不正・卑劣などに対する)憤慨(ホルホィ).　☞ 形 indignant.

in·dig·ni·ty /indígnəti インディグニティ/ 名 (複 -ni·ties /-z/) ❶ U 侮辱(ホィュ<), 恥ずかしめ. ❷ C 侮辱的な扱い.

in·di·go /índigòu インディゴウ/ 形 藍(ホヒ)色の.

*in·di·rect /ìndirékt インディレクト, -dai-/ 形 (more ~; most ~)
❶ (通り道が)まっすぐでない, 遠回りの (反 direct).
❷ (表現が)遠回しの.
❸間接の, 副次的な.

❶ take an *indirect* route 遠回りの道を行く.
❷ an *indirect* reply 遠回しの答え.
❸ *indirect* lighting 間接照明 / an *indirect* tax 間接税.

in·di·rect·ly /ìndiréktli インディレクトリ, -dai-/ 副 ❶ 遠回しに. ❷ 間接(的)に.

indiréct narrátion 名 U 〖文法〗間接話法 (o indirect speech ともいう).

indiréct óbject 名 C 〖文法〗間接目的語.

indiréct spéech 名 U 〖文法〗=indirect narration.

in·dis·creet /ìndiskrí:t インディスクリート/ 形 分別のない, 軽率な (反 discreet).

in·dis·cre·tion /ìndiskréʃən インディスクレション/ 名 ❶ U 無分別, 軽率さ (反 discretion).
❷ C 無分別[軽率]な行為.

in·dis·crim·i·nate /ìndiskrímənət インディスクリミネト/ 形 結果がどうなるかも考えない.

in·dis·crim·i·nate·ly /ìndiskrímənətli インディスクリミネトリ/ 副 結果がどうなるかも考えず.

in·dis·pen·sa·ble /ìndispénsəbl インディスペンサブル/ 形 絶対必要な.
▸ Cars are *indispensable* to life in the suburbs. 車は郊外の生活には欠かせない / an *indispensable* member 欠けてはならない一員.

in·dis·pu·ta·ble /ìndispjú:təbl インディスピュータブル/ 形 議論の余地のない, 明白な.

in·dis·tinct /ìndistíŋkt インディスティンクト/ 形 はっきりしない, ぼんやりした (反 distinct).

in·dis·tinct·ly /ìndistíŋktli インディスティンクトリ/ 副 不明瞭に, ぼんやりと.

in·dis·tin·guish·a·ble /ìndistíŋgwiʃəbl インディスティングウィシャブル/ 形 (ほかのものと)区別のつかない, 見分けのつかない.

*in·di·vid·u·al /ìndivídʒuəl インディヴィチュアル/ 形
❶個々の.
❷個人の, 個人用の (反 general).
❸ (他とは異なる)独特の, 個性的な.
— 名 (複 ~s /-z/) C ❶個人.
❷ (なにか特徴をもった)人, 人間.

形 ❶ Each *individual* house has its own yard. どの家にも庭がある / *individual* countries [citizens] 個々の国々[市民].
❷ Each student has an *individual* locker. それぞれの生徒は個人用ロッカーをもっている.
❸ an *individual* way of speaking 独特の話し方.
— 名 ❶ Each *individual* has to carry his own passport. 各自自分のパスポートを携帯しなければならない.
❷ a bad-tempered *individual* 不機嫌な人.

in·di·vid·u·al·ism /ìndivídʒuəlìzm インディヴィチュアリズム/ 名 U 個人主義.

in·di·vid·u·al·ist /ìndivídʒuəlist インディヴィチュアリスト/ 名 C 個人主義者.

in·di·vid·u·al·is·tic /ìndivìdʒuəlístik インディヴィチュアリスティック/ 形 個人主義の.

in·di·vid·u·al·i·ty /ìndivìdʒuǽləti インディヴィチュアリティ/ 名 U (人・ものの)個性.

in·di·vid·u·al·ly /ìndivídʒuəli インディヴィチュアリ/ 副 個別に, 個々に.

in·di·vis·i·ble /ìndivízəbl インディヴィズィブル/ 形 分割できない (反 divisible).

in·doc·tri·nate /indáktrənèit インダクトリネイト/ 動 他 (主義・考えなど)を教えこむ, 吹きこむ.

in·do·lence /índələns インドレンス/ 名

U《文語》怠惰(たい).
in·do·lent /índələnt インドレント/ 形《文語》怠惰(たい)な.
in·dom·i·ta·ble /indάmətəbl インダミタブル/ 形《文語》負けん気の強い.
In·do·ne·sia /ìndəní:ʒə インドニージャ/ 名 インドネシア《正式名は the Republic of Indonesia(インドネシア共和国); 首都ジャカルタ (Jakarta)》.
In·do·ne·sian /ìndəní:ʒən インドニージャン/ 形 ❶インドネシアの. ❷インドネシア人の. ❸インドネシア語の.
— 名 ❶Cインドネシア人. ❷Uインドネシア語.

*__in·door__ /índɔ:r インドー/ 形 屋内の, 室内の (反 outdoor). ▶an *indoor* swimming pool 屋内プール.

*__in·doors__ /ìndɔ́:rz インドーズ/ 副 屋内で[に, へ] (反 outdoors).
▶stay *indoors* (外に出ないで)中にいる.

in·duce /indjú:s インドゥース, ·デュース/ 動 (in·duc·es /-iz/; in·duced /-t/; in·duc·ing) 他 ❶《**induce ... to** *do*》(言い聞かせたりして)…に__させる.
❷(状態)を生じさせる, 引き起こす.
▶ ❶He *induced* her *to* agree. 彼は彼女を説き伏せて賛成させた.
❷This medicine *induces* sleep. この薬は眠気を催させる.
☞ 名inducement.

in·duce·ment /indjú:smənt インドゥースメント, ·デュース·/ 名UC(行動を)する気にさせるもの, 動機.
☞ 動induce.

in·duct /indΛkt インダクト/ 動 他《文語》 ❶(人)を(正式に)就任させる (❖しばしば受身で用いる). ❷…を入会させる.
☞ 名induction.

in·duc·tion /indΛkʃən インダクション/ 名 UC就任, 入会.

in·dulge /indΛldʒ インダルヂ/ 動 (in·dulg·es /-iz/; in·dulged /-d/; in·dulg·ing) ⓐ《**indulge in ...**》ⓐ…を楽しむ, …にふける.
ⓑ(よくないこと)にかかわる.
— 他 ⓐ(子どもなど)を甘やかす, 気ままにさせる. ⓑ《**indulge** *oneself*》自分の好きなようにする.

ⓐⓐ*indulge in* silly games ばかげた遊びにふける / *indulge in* daydreaming 空想にひたる. ⓑ*indulge in playing* cards トランプに夢中になる.
— 他 ⓐHe *indulges* his child. 彼は子どもを甘やかしている.
☞ 名indulgence, 形indulgent.

in·dul·gence /indΛldʒəns インダルヂェンス/ 名 ❶ U好きなことを好きなだけやる[やらせる]こと. ❷C好きなこと[もの].
☞ 動indulge.

in·dul·gent /indΛldʒənt インダルヂェント/ 形 人を気ままにさせる, 甘い.
☞ 動indulge.

*__in·dus·tri·al__ /indΛstriəl インダストリアル/ 形 (more ~; most ~)
❶工業の, 産業の.
❷工業[産業]の発達した.

❶*industrial* waste 産業廃棄物.
❷an *industrial* country 工業国.
☞ 名industry ❶, 動industrialize.

indústrial estáte 名 C《英》= industrial park.

in·dus·tri·al·ist /indΛstriəlist インダストリアリスト/ 名 C実業家, 産業資本家.

in·dus·tri·al·i·za·tion /indΛstriəlizéiʃən インダストリアリゼイション | -laizéi-/ 名 U工業化, 産業化.

in·dus·tri·al·ize /indΛstriəlàiz インダストリアライズ/ 動 (分現 -iz·ing) 他…を工業化する, 産業化する.
☞ 形industrial.

in·dus·tri·al·ized /indΛstriəlàizd インダストリアライズド/ 形工業化された.

indústrial párk 名 C《米》工業団地《❖《英》では industrial estate》.

Indústrial Revolútion 名《the をつけて》産業革命《18世紀末から19世紀にかけてイギリスを中心に機械動力などの発明をきっかけに起こった社会組織上の大変革》.

in·dus·tri·ous /indΛstriəs インダストリアス/ 形《文語》勤勉な, よく働く《❖industrial は「工業の」》.
☞ 名industry ❸.

*__in·dus·try__ /índəstri インダストリ/ 名 (複 -tries /-z/) 《★アクセント注意》
❶Uⓐ(広い意味の)産業, 工業.
ⓑ《集合的に》産業[工業]にかかわっている人《経営者・労働者》.

inedible

❷ⓒ (特定の)産業, 業界.
❸Ⓤ《文語》勤勉.

❶ⓐ heavy [light] *industry* 重[軽]工業.
❷ the tourist *industry* 観光産業 / the steel *industry* 鉄鋼業 / high-tech *industries* ハイテク産業.

☞❶ では 形 industrial,
❸ では 形 industrious.

in·ed·i·ble /inédəbl イネディブル/ 形 食用に適さない, 食べられない (反 edible).

in·ef·fec·tive /ìniféktiv イニフェクティヴ/ 形 効果のない, むだな (反 effective).

in·ef·fec·tive·ly /ìniféktivli イニフェクティヴリ/ 副 効果なく, むだに.

in·ef·fec·tu·al /ìniféktʃuəl イニフェクチュアル/ 形 (人が)役に立たない, 無能な.

in·ef·fi·cien·cy /ìnifíʃənsi イニフィシャンスィ/ 名Ⓤ ❶ 非能率 (反 efficiency). ❷ 無能.

in·ef·fi·cient /ìnifíʃənt イニフィシャント/ 形 ❶ 能率的でない, 効率の悪い (反 efficient). ❷ (人が)無能な.

in·ef·fi·cient·ly /ìnifíʃəntli イニフィシャントリ/ 副 能率悪く.

in·el·e·gant /inéləgənt イネレガント/ 形 洗練されていない, やぼな (反 elegant).

in·el·i·gi·ble /inélidʒəbl イネリヂブル/ 形 資格のない (反 eligible).

in·ept /inépt イネプト/ 形 適性がない, 無器用な.

in·ept·i·tude /inéptətjùːd イネプティトゥード, ·テュード/ 名Ⓤ 無器用.

in·e·qual·i·ty /ìnikwáləti イニクワリティ/ 名 (複 -i·ties /-z/) ⓊⒸ 不平等, 不均衡 (反 equality).

in·ert /inə́ːrt イナート/ 形 ❶ 動かない, 動けない, 不活発な. ❷〖化学〗不活性の.

in·er·tia /inə́ːrʃə イナーシャ/ 名Ⓤ ❶ 動きがないこと; 動きたくないこと. ❷〖物理〗慣性, 惰性.

in·es·cap·a·ble /ìniskéipəbl イニスケイパブル/ 形 避けられない.

in·es·ti·ma·ble /inéstəməbl イネスティマブル/ 形《文語》はかりしれないほどの.

in·ev·i·ta·bil·i·ty /inèvətəbíləti イネヴィタビリティ/ 名Ⓤ 避けられないこと, 必然性.

***in·ev·i·ta·ble** /inévətəbl イネヴィタブル/

形 ❶ 避けられない, 必然的な.
❷《the をつけて》避けられないこと.
▶ ❶ War is not *inevitable*. 戦争は避けられないものではない / the *inevitable* result 必然的結果.

in·ev·i·ta·bly /inévətəbli イネヴィタブリ/ 副 必然的に, 必ず.

in·ex·act /ìnigzækt イニグザクト/ 形 厳密でない, 不正確な (反 exact).

in·ex·cus·a·ble /ìnikskjúːzəbl イニクスキューザブル/ 形 (行動などが)許せない (反 excusable).

in·ex·haust·i·ble /ìnigzɔ́ːstəbl イニグゾースティブル/ 形 使いきれないほど多くの, 無尽蔵の.

in·ex·o·ra·ble /inéksərəbl イネクソラブル/ 形《文語》(人の力では)止められない, どうにもならない.

in·ex·pen·sive /ìnikspénsiv イニクスペンスィヴ/ 形 (値段・費用が)安い (反 expensive)(☞ cheap の 類語).

in·ex·pen·sive·ly /ìnikspénsivli イニクスペンスィヴリ/ 副 (値段・費用が)安く.

in·ex·pe·ri·ence /ìnikspíəriəns イニクスピ(ア)リエンス/ 名Ⓤ 無経験, 未熟, 不慣れ (反 experience).

in·ex·pe·ri·enced /ìnikspíəriənst イニクスピ(ア)リエンスト/ 形 無経験な, 未熟な, 不慣れな (反 experienced).

in·ex·pli·ca·ble /ìniksplíkəbl イニクスプリカブル, inéksplikəbl/ 形 説明不可能な (反 explicable).

in·ex·pli·ca·bly /ìniksplíkəbli イニクスプリカブリ/ 副 説明できないほどに.

in·fal·li·bil·i·ty /infæləbíləti インファリビリティ/ 名Ⓤ 絶対に誤りのないこと.

in·fal·li·ble /infæləbl インファリブル/ 形 まちがいなどを犯さない, 絶対正しい.

in·fa·mous /ínfəməs インファマス/《★発音注意》形 悪名の高い.

in·fan·cy /ínfənsi インファンスィ/《★アクセント注意》名Ⓤ ❶ 幼児期, 幼年時代; 幼少. ❷ 初期.

in infancy ① 幼児期で[に, の]. ② 初期の段階で[の].

***in·fant** /ínfənt インファント/《★アクセント注意》名 (複 ~s /-ts/) Ⓒ ❶ 幼児, 赤ん坊 (baby).
❷《英》《複数形で》(4歳-7歳の)(幼児学校 (infant school) の)生徒.

infield

— 形(企業・組織などが)できたばかりの.

in・fan・tile /ínfəntàil インファンタイル/ 形
❶ 幼児のような,幼稚な. ❷ (病気などが)幼児(期)の.
☞ 名 infant.

in・fan・try /ínfəntri インファントリ/ 名U
《the をつけて；集合的に》歩兵(隊).

ínfant schòol 名C《英》幼児学校(primary school の前半に相当し通例5歳から7歳の幼児対象の学校；この上は junior school になる；☞ kindergarten).

in・fat・u・at・ed /infǽtʃuèitid インファチュエイティド/ 形《be infatuated with ...》(こっけいなほど)…に夢中である.

in・fect /infékt インフェクト/ 動 (~s /-ts/; ~ed /-id/; ~ing) 他 ❶ (病気が)…に伝染する. ❷ …に病菌をうつす. ❸ [電算] (ウィルスが)(コンピューター)を汚染する. ❹ (気分などが)…にうつる.
▶ ❶ His flu *infected* the entire family. 彼のインフルエンザが家族全員に伝染した / The child was *infected* with flu. その子はインフルエンザに感染した. ❷ *infect* a person with flu 人にインフルエンザをうつす. ❹ Her happiness *infected* those around her. 彼女の幸せな様子にまわりにいる人たちまで幸せな気分になった.
☞ 名 infection, 形 infectious.

in・fect・ed /inféktid インフェクティド/ 形
❶ (病気に)感染した. ❷ 汚染された. ❸ [電算]ウイルスに感染した.

in・fec・tion /infékʃən インフェクション/ 名 ❶ U (病気の)伝染,感染 (☞ contagion). ❷ C 伝染病.
☞ 動 infect.

in・fec・tious /infékʃəs インフェクシャス/ 形 (more ~; most ~)
❶ (病気が)伝染性の,伝染する.
❷ (人・動物が)伝染性の病気をもっている.
❸ (気分・笑いなどが)人にうつりやすい.
▶ ❶ an *infectious* disease 感染伝染病. ❷ Yawning is *infectious*. あくびはうつりやすい.
☞ 動 infect.

in・fer /infə́ːr インファー/ (★アクセント注意) 動 (~s /-z/; in・ferred /-d/; in・fer・ring /infə́ːriŋ/) 他 ❶ …を推測する,推論する. ❷ 《**infer that __**》__と推測する,推論する.
▶ ❶ We *inferred* the results *from* his manner. 私たちは彼の態度から結果を推論した. ❷ I *inferred* (*from* his words) *that* he was not happy. 私は(彼のことばから)彼は幸せではないと推測した.
☞ 名 inference.

in・fer・ence /ínfərəns インファレンス/ 名
❶ U 推論,推理. ❷ C 推定,結論.
☞ 動 infer.

***in・fe・ri・or** /infíəriər インフィ(ア)リア/ 形
❶ (他の物・人より)劣っている,下位の.
❷ 《be inferior to ...》(品質・価値などの点で)**…より劣っている**；(地位などが)…より下の (反 superior) (❶「…より」は to で表わし,than を用いない).
— 名 C 目下の者,部下,劣った者.

❶ tea of *inferior* quality 品質の劣る紅茶 / She sang so well that he felt *inferior*. 彼女は上手に歌い,彼は劣等感をもった.
❷ This chair *is inferior* in quality *to* that one. このいすはあのいすより品質が悪い.
☞ 名 inferiority.

in・fe・ri・or・i・ty /infìərió:rəti インフィ(ア)リオーリティ/ 名U (他のもの・人より)劣っていること,下級,下位 (反 superiority). ▶ a sense [feeling] of *inferiority* 劣等感. ☞ 形 inferior.

inferiórity còmplex 名C 〖心理〗劣等感,コンプレックス (反 superiority complex).

in・fer・tile /infə́ːrtl インファートル | infə́ː-tail/ 形 ❶ 生殖能力のない,不妊の.
❷ (土地が)やせた,不毛の (反 fertile).

in・fer・til・i・ty /ìnfərtíləti インファーティリティ/ 名 不毛(であること)；不妊.

in・fest /infést インフェスト/ 動 他 (害虫・ねずみなどが)…にはびこる.

in・fest・ed /inféstid インフェスティド/ 形 (害虫・ねずみなどが)…にはびこった. ▶ The old building is *infested* with rats. その古い建物はネズミがはびこっている.

in・fi・del・i・ty /ìnfədéləti インフィデリティ/ 名 UC 不貞,浮気.

in・field /ínfiːld インフィールド/ 名 〖野球・ク

infielder

リケット】《**the** をつけて》❶ 内野 (反 outfield). ❷《集合的に》内野手.

in·field·er /ínfìːldər インフィールダ/ 名C 【野球・クリケット】内野手 (反 outfielder).

in·fight·ing /ínfàitiŋ インファイティング/ 名U 内輪もめ, 内紛.

in·fil·trate /infíltreit, ínfiltrèit インフィルトレイト/ 動 (現分 -trat·ing) 他 (情報を得るために)(組織・場所など)にひそかに入りこむ, 潜入する.
— 自 (情報を得るために)潜入する.

in·fil·tra·tion /ìnfiltréiʃən インフィルトレイション/ 名U ひそかに入りこむこと, 潜入.

in·fil·tra·tor /ínfíltreitər インフィルトレイタ/ 名C 潜入者.

in·fi·nite /ínfənit インフィニット/ 《★アクセント注意》形 無限の, 限りない, 無数の, ばく大な (反 finite). ▶*infinite* space 無限の宇宙 / The possibilities are *infinite*. その可能性は無限だ.
☞ 名 infinity.

in·fi·nite·ly /ínfənitli インフィニトリ/ 副 無限に, 非常に.

in·fin·i·tive /infínətiv インフィニティヴ/ 名C 【文法】不定詞 (☞ verbal).

in·fin·i·ty /infínəti インフィニティ/ 名U ❶ (時間・空間などの)無限. ❷【数学】無限大. ☞ 形 infinite.

in·firm /infə́ːrm インファーム/ 形《文語》(老齢のため)(体が)弱い, 衰弱した.
☞ 名 infirmity.

in·fir·ma·ry /infə́ːrməri インファーマリ/ 名 (複 -ma·ries /-z/) C ❶ (学校・工場などの)医務室, 診療所. ❷ 病院.

in·fir·mi·ty /infə́ːrməti インファーミティ/ 名 (複 -mi·ties /-z/) UC《文語》(精神・体の)虚弱.
☞ 形 infirm.

in·flamed /infléimd インフレイムド/ 形 炎症を起こした, はれた.

in·flam·ma·ble /inflǽməbl インフラマブル/ 形 燃えやすい, 可燃性の.

in·flam·ma·tion /ìnfləméiʃən インフラメイション/ 名UC【医学】炎症.

in·flam·ma·to·ry /inflǽmətɔ̀ːri インフラマトーリ/ 形 ❶ 人をおこらせる. ❷ 炎症を起こす.

in·flat·a·ble /infléitəbl インフレイタブル/ 形 空気[ガス]でふくらませて使う.
▶an *inflatable* boat ゴムボート.

in·flate /infléit インフレイト/ 動 (現分 in·flat·ing) 他 ❶ (空気・ガスなどで)…をふくらませる. ❷【経済】(通貨)を膨張させる, (物価)をつり上げる (反 deflate).
☞ 名 inflation.

in·flat·ed /infléitid インフレイティド/ 形 ❶ (空気などで)ふくらんだ, 膨張した.
❷ (物価などが)高騰した, インフレになった.

in·fla·tion /infléiʃən インフレイション/ 名 U【経済】インフレ(ーション) (反 deflation). ☞ 動 inflate.

in·fla·tion·ar·y /infléiʃənèri インフレイショネリ/ 形 インフレの.

in·flex·i·bil·i·ty /inflèksəbíləti インフレクスィビリティ/ 名 融通(ﾕｳｽﾞｳ)のきかなさ.

in·flex·i·ble /inflĕksəbl インフレクスィブル/ 形 ❶ (物が)曲げられない, 曲がらない (反 flexible).
❷ 融通のきかない, 頑固な.
❸ (規則などが)変更できない.

in·flict /inflíkt インフリクト/ 動 (~s /-ts/; -flict·ed /-id/; ~·ing) 他 (苦痛・打撃)を与える. ▶The typhoon *inflicted* serious damage *on* the city. その台風は町にひどい損害を与えた.
☞ 名 infliction.

in·flic·tion /inflíkʃən インフリクション/ 名U (苦痛・打撃・罰などを)与えること.
☞ 動 inflict.

***in·flu·ence** /ínfluːəns インフルーエンス/ 《★アクセント注意》名 (複 -enc·es /-iz/)
❶ UC 影響; 影響力.
❷ C 影響を及ぼす人[もの], 有力者.
— 動 (-enc·es /-iz/; -enced /-t/; -enc·ing) 他 …に影響を与える.

名 ❶ Some TV programs have a bad *influence* on children. テレビ番組には子どもに悪影響を与えるものもある / The author has considerable *influence* on college students. その著者は大学生に対してかなり影響力がある.

❷ The teacher was a good *influence* on the students. その先生は生徒によい影響を与えた.

under the influence of ... …の影響

abcdefgh i jklmnopqrstuvwxyz　　　　　　　　　　　　　　　　**informative**

を受けて:*under the influence of* alcohol 酒に酔って[の勢いで].
☞ 形influential.
— 動The book strongly *influenced* young people at that time. その本は当時若者に強い影響を与えた / The crops have been *influenced* by the bad weather. 農作物は悪天候の影響を受けた.

in·flu·en·tial /ìnfluénʃəl インフルエンシャル/ 形 (more ~; most ~)影響力のある, 有力な.
▶an *influential* person 有力者.
☞ 名influence.

in·flu·en·za /ìnfluénzə インフルエンザ/ 名Ⅱインフルエンザ(✿《口語》ではふつう flu; ☞ common cold).

in·flux /ínflʌks インフラックス/ 名U.C.(多数の)流入.

in·fo /ínfou インフォウ/ 名Ⅱ《口語》情報(✿information の短縮形).

*__**in·form**__ /infɔ́ːrm インフォーム/ 動(~s /-z/; ~ed /-d/; ~ing)他
ⓐ《inform ... of ~》…に~を知らせる, 伝える.
ⓑ《inform ... that __》…に__と知らせる, 伝える.

ⓐNewspapers *inform* us *of* daily events. 新聞は私たちに日常のできごとを知らせてくれる / I *informed* the police *of* the accident by phone. 私は電話で警察に事故を知らせた.
ⓑHe *informed* his relatives *that* his mother had died. (= He *informed* his relatives *of* his mother's death.) 彼は親戚の人たちに彼の母が亡くなったことを知らせた.

inform on [*against*] *...* (人)に関して告げ口をする, …を密告する:He *informed on* [*against*] his friend. 彼は友人を密告した.
☞ 名information, informant.

*__**in·for·mal**__ /infɔ́ːrməl インフォーマル/ 形 (more ~; most ~)
❶形式ばらない, 打ちとけた.
❷非公式の, 内輪の(反 formal).
❸(ことばが)くだけた(反 formal).

❶She is *informal* with people. 彼女は人と打ちとけたつき合いをする / *informal* clothes 形式ばらない衣服, 平服 / an *informal* atmosphere 打ちとけた雰囲気.
❷an *informal* visit 非公式訪問 / on an *informal* basis 非公式に.
❸*informal* expressions くだけた表現.
☞ 名informality.

in·for·mal·i·ty /ìnfɔːrmǽləti インフォマリティ/ 名Ⅱ形式ばらないこと, 非公式.
☞ 形informal.

in·for·mal·ly /infɔ́ːrməli インフォーマリ/ 副形式ばらずに, 非公式に.

in·for·mant /infɔ́ːrmənt インフォーマント/ 名Ⓒ情報提供者, 密告者.
☞ 動inform.

*__**in·for·ma·tion**__ /ìnfərméiʃən インフォメイション/ 名Ⅱ ❶情報, 知識, 資料(✿数える場合は a piece of information, two pieces of information のようにいう).
❷(空港・駅・ホテルなどの)案内(所), 受付(係).

❶There is no new *information* about [on] the railroad accident. その鉄道事故については新しい情報がはいっていない / I have *received information* that he may have left the country. 彼は出国したかもしれないという情報を受けている.
☞ 動inform.

語の結びつき

collect [gather] *information* 情報を収集する
get [obtain] *information* 情報を得る
look for [seek] *information* 情報を求める
provide [offer, give] *information* 情報を提供する

informátion cènter 名Ⓒ情報センター, 案内所.

informátion science 名Ⅱ情報科学.

informátion technólogy 名Ⅱ情報技術(ITと略す).

in·form·a·tive /infɔ́ːrmətiv インフォーマティヴ/ 形多くの情報[知識]を与えてくれる; 有益な.

informed

in·formed /infɔ́ːrmd インフォームド/ 形
❶ 情報をもった, 知識のある.
❷ (情報に基づいていて)正確な.
▶ ❶ *informed* sources 消息筋.

infórmed consént 名Ⓤ〖医学〗インフォームドコンセント《医師から十分な説明を受けた上で患者が治療・手術に同意すること》.

in·form·er /infɔ́ːrmər インフォーマ/ 名Ⓒ通報者, 密告者.

in·fra·red /ìnfrəréd インフラレッド/ 形〖物理〗赤外(線)の(☞ultraviolet).
▶ *infrared* rays 赤外線.

in·fra·struc·ture /ínfrəstrʌ̀ktʃər インフラストラクチャ/ 名Ⓒ(国家や社会などの存続に必要な)基本施設, インフラ《交通機関・情報網・病院・発電所など》.

in·fre·quent /ìnfríːkwənt インフリークウェント/ 形 めったにない, たまの, まれな.

in·fre·quent·ly /ìnfríːkwəntli インフリークウェントリ/ 副 たまに, まれに (反 frequently).

in·fringe /infríndʒ インフリンヂ/ 動 (現分 in·fring·ing)他 《文語》 (法律など)を犯す, 破る; (人の権利など)を侵害する.
— 自 〔人の権利などを〕 侵害する 〔*on, upon*〕.

in·fringe·ment /infríndʒmənt インフリンヂメント/ 名Ⓤ Ⓒ (法律などの)違反, (人の権利などの)侵害.

in·fu·ri·ate /infjúərièit インフュ(ア)リエイト/ 動 (現分 -at·ing) 他 …を激怒させる.

in·fu·ri·at·ing /infjúərièitiŋ インフュ(ア)リエイティング/ 形 激怒させる.

in·fu·ri·at·ing·ly /infjúərièitiŋli インフュ(ア)リエイティングリ/ 副 激怒させるほど.

in·fuse /infjúːz インフューズ/ 動 (現分 in·fus·ing) 他 ❶ (人に)(思想・感情など)を吹きこむ. ❷ (茶・薬草など)を湯に浸す.
▶ ❶ He *infused* confidence *into* them.＝He *infused* them *with* confidence. 彼は彼らに自信を呼びおこした.

in·fu·sion /infjúːʒən インフュージョン/ 名
❶ Ⓤ(思想・感情などを)吹きこむこと.
❷ Ⓤ せんじること.
❸ Ⓒ せんじたもの《茶など》.

in·gen·ious /indʒíːnjəs インヂーニャス/ (★発音注意) 形 ❶ 才能のある, 器用な.

❷ よくできた, 巧妙な.
☞ 名 ingenuity.

in·gen·ious·ly /indʒíːnjəsli インヂーニャスリ/ 副 器用に, 巧妙に.

in·ge·nu·i·ty /ìndʒənjúːəti インチェヌーイティ, ·nùː-/ 名Ⓤ 発明の才, 独創力.
☞ 形 ingenious.

in·grained /íngrèind イングレインド/ 形 (習慣・考えなどが)深くしみ込んだ, 根深い.

in·gra·ti·ate /ingréiʃièit イングレイシエイト/ 動 (現分 -at·ing) 他 《文語》《次の成句で》: *ingratiate oneself with ...* …のごきげんとりをする.

in·gra·ti·at·ing /ingréiʃièitiŋ イングレイシエイティング/ 形 ごきげんをとろうとする.

in·grat·i·tude /ingrǽtətjùːd イングラティトゥード, ·tùːd/ 名Ⓤ 感謝の気持ちのないこと, 恩知らず (反 gratitude).

in·gre·di·ent /ingríːdiənt イングリーディエント/ 名(複 ~s /-ts/) Ⓒ ❶ (料理などの)材料. ❷ 要素.

in·hab·it /inhǽbit インハビット/ 動 (~s /-ts/; ~ed /-id/; ~ing) 他 (場所・地域)に住む.
▶ Many rare animals *inhabit* the island. その島にはたくさん希少動物がすんでいる / This area is *inhabited* by wealthy people. この地域には裕福な人々が住んでいる.

*__in·hab·it·ant__ /inhǽbitənt インハビタント/ 名(複 ~s /-ts/) Ⓒ 住民, 居住者.

in·ha·la·tion /ìnhəléiʃən インハレイション, ìnəléi-/ 名Ⓤ Ⓒ 吸いこむこと, 吸入.

in·hale /inhéil インヘイル/ 動 (現分 in·hal·ing) 他 (息・煙など)を吸いこむ (反 exhale).
— 自 息を吸いこむ.

in·her·ent /inhíərənt インヒ(ア)レント/ 形 もともとある, 本来の; 先天的な.

in·her·ent·ly /inhíərəntli インヒ(ア)レントリ/ 副 もともと, 本来.

*__in·her·it__ /inhérit インヘリット/ 動 (~s /-ts/; ~ed /-id/; ~ing) 他 ❶ (財産・権利・地位など)を相続する, 受け継ぐ.
❷ (性質など)を受け継ぐ.

❶ She *inherited* the jewel *from* her mother. 彼女は母からその宝石を受

abcdefghijklmnopqrstuvwxyz   **injure**

け継いだ / *inherit* wealth 財産を相続する.

❷He *inherited* his good teeth *from* his mother. 彼のよい歯は母親ゆずりだ.

☞ 名inheritance.

*in·her·i·tance /inhéritəns インヘリタンス/ 名(複 -tanc·es /-iz/) ❶ C **遺産**, 受け継いだもの. ❷ U 相続. ❸ U 遺伝.

❶His father left him a large *inheritance*. 彼の父は彼に大きな遺産を残した. ❷The house came to her by *inheritance*. その家は相続により彼女のものとなった.

☞ 動inherit.

inhéritance tàx 名U 相続税.

in·her·it·ed /inhéritid インヘリティド/ 形
❶相続した, 受け継いだ.
❷遺伝で伝わった.

in·hib·it /inhíbit インヒビット/ 動他
❶…をおさえる, 抑制する, さまたげる.
❷(人)の気持ちをおさえる.
▶❶*inhibit* crime 犯罪を抑制する.
❷Shyness *inhibits* her *from speaking* in public. 彼女は内気で人前で話せない.

in·hib·it·ed /inhíbitid インヒビティド/ 形
(人が)(心理的に)抑制された.

in·hi·bi·tion /ìnhəbíʃən インヒビション, イニビ/ 名 U C (心理的)抑制.

in·hos·pit·a·ble /ìnhɑspítəbl インハスピタブル/ 形 ❶ (客などに対して)応対の悪い (反 hospitable). ❷ (土地などが)人の住みにくい.

in·hu·man /ìnhjúːmən インヒューマン/ 形 ❶ (行為などが)冷酷な, 非人間的な (反 human). ❷ 恐ろしい.

in·hu·mane /ìnhjuːméin インヒューメイン/ 形 (行為などが)思いやりのない, やさしさのない (反 humane).

in·hu·man·i·ty /ìnhjuːmǽnəti インヒューマニティ/ 名U 冷酷さ.

in·im·i·ta·ble /iním ətəbl イニミタブル/ 形 《文語》(あまりよくて)まねのできない.

*i·ni·tial /iníʃəl イニシャル/ 形 **最初の**, 初めの, 初期の (反 final).

— 名(複 ~s /-z/) C (姓名の)かしら文字, イニシャル.

— 動(~s /-z/; ~ed, (英) i·ni·tialled /-d/; ~ing, (英) i·ni·tial·ling) 他 (書類・手紙などに)かしら文字で署名する.

in the *initial* stage 最初の段階に[の] / the *initial* symptoms 初期の症状.

☞ 動initiate.

— 名His *initials*, which are J. B., stand for John Brown. 彼のイニシャル J. B. は John Brown を表わしている.

i·ni·tial·ly /iníʃəli イニシャリ/ 副 最初は, 初めに, 最初に.

i·ni·ti·ate /iníʃièit イニシエイト/ 動 (現分 -at·ing) 他 ❶ 《文語》…を始める.
❷《initiate ... into ~》 ⓐ …(人)に〜を教える, 手ほどきをする. ⓑ …を〜に入会させる.

☞ 形initial.

in·i·ti·a·tion /iníʃiéiʃən イニシエイション/ 名 ❶ U 開始. ❷ UC 入会(式).

*i·ni·tia·tive /iníʃətiv イニシャティヴ/ 名 (複 ~s /-z/)
❶ C (問題解決のための)**動き**, 計画.
❷《the initiativeで》**主導権**, イニシアティブ.
❸ U (自ら進んで)新しいことを始める能力.

❶an important *initiative* to restore peace 平和を回復するための重要な計画.
❷He took *the initiative* in cleaning up the park. 彼は自ら先に立って公園を清掃した.

in·ject /indʒékt インヂェクト/ 動他
❶《inject ... with ~》…に〜を注射する. ❷《inject ... into ~》…に〜(活気など)を注入する.
▶❶She was *injected with* a vaccine. 彼女はワクチンを注射された.

in·jec·tion /indʒékʃən インヂェクション/ 名 (複 ~s /-z/) C ❶ 注射. ❷ (資金などの)注入.

in·junc·tion /indʒʌ́ŋkʃən インヂャンクション/ 名 C 【法律】(裁判所の)命令, 指示.

*in·jure /índʒər インヂャ/ (★アクセント注意)動 (~s /-z/; in·jured /-d/; in·jur·ing /-dʒəriŋ/) 他 …に**けがをさせる**, …を

six hundred and eighty-nine   689

injured

傷つける.

類語 **injure** は「けがをさせる」の一般的な語; **wound** は「武器で相手を負傷させる」; **hurt** は「肉体的，精神的に傷を与える」.

---

❶She was badly 〔slightly〕 *injured* in the earthquake. 彼女はその地震でひどい〔軽い〕けがをした.

☞ 名injury.

*in・jured /índʒərd インヂャド/ 形
❶けがをした. ❷感情を害した.
▶❶an *injured* dog けがをした犬 / the *injured* 負傷者たち.

*in・ju・ry /índʒəri インヂャリ/ (★アクセント注意) 名 (複 in・ju・ries /-z/) UC **負傷**, けが.
▶The driver received [suffered] a serious *injury* to his head. その運転者は頭に重傷を負った / escape *injury* けがなしですむ.

☞ 動injure.

ínjury tìme 名U 【サッカー・ラグビー】(選手のけがの手当てに要した時間を補う)ロスタイム.

in・jus・tice /indʒʌ́stis インヂャスティス/ 名 (複 -tic・es /-iz/) ❶U不当, 不公正 (反 justice). ❷C不当な行為.
do ... an injustice (人)を不当に扱う: His words *did* me *an injustice*. 彼のことばは私の名誉を傷つけた.

*ink /ínk インク/ 名UC**インク**.
▶Write it in *ink*. インクで書きなさい.

ink・ling /ínkliŋ インクリング/ 名うすうす知っていること.

in・laid /ìnléid インレイド/ 形 (金などを)(飾りに)はめ込んだ, 象眼(ぞうがん)した.

in・land /ínlænd インランド/ 形 (海岸から離れた)内陸部の, 奥地の.
— 副 /ínlænd インランド ‖ inlǽnd/ 内陸部へ[に].

in-laws /ín-lɔ̀ːz イン・ローズ/ 名複 (結婚してできた)義理の親と親戚(しんせき).

in・lay /ínlèi インレイ/ 名UC ❶象眼(ぞうがん)細工[模様], はめ込み細工. ❷【歯科】インレー《虫歯治療のための詰め物》.

in・let /ínlèt インレット/ 名C ❶入江.
❷(液体などを注入する)口.

in・mate /ínmèit インメイト/ 名C ❶(精

神病院などの)入院者. ❷(刑務所などの)収容者.

inn /ín イン/ 名C旅館, (小)ホテル, 宿屋《パブをかねていて飲食のできる古めかしい(作りの)旅館をいうことが多い》.

in・nate /ìnéit イネイト/ 形 (性格などが)生まれつきの, 生来の.

*in・ner /ínər イナ/ 形
❶**内部の**, 内側の, 奥の (反 outer).
❷内面の, 精神の.

---

❶an *inner* office 奥にある事務所.

ínner círcle 名C (組織の中の)中核集団.

ínner cíty 名C都心部《ふつうスラム化した都心部の人口過密地域をいう》.
— 形都心部の.

in・ner・most /ínərmòust イナモウスト/ 形 ❶もっとも奥の (反 outermost).
❷(人に見せない)心の奥底の.

in・ning /íniŋ イニング/ 名C【野球】イニング, 回. ▶ the top 〔bottom〕 half of the fourth *inning* 4回表〔裏〕.

inn・keep・er /ínki:pər インキーパ/ 名C 《文語》旅館[宿屋] (inn) の主人.

*in・no・cence /ínəsəns イノセンス/ (★アクセント注意) 名U
❶無罪, 潔白 (反 guilt).
❷世間ずれしてないこと, 純真.

---

❶ Later, his *innocence* was proved. その後彼の潔白が証明された.
❷ She has the *innocence* of a small child. 彼女には幼児のような純真さがある.

☞ 形innocent.

*in・no・cent /ínəsənt イノセント/ (★アクセント注意) 形 (more ~; most ~)
❶ⓐ**無罪の**, 潔白な (反 guilty).
ⓑ《be innocent of ...》(罪)を犯していない.
❷巻きぞえをくった.
❸世間ずれしていない, 純真な.
❹(ことば・行為が)悪意のない.

---

❶ⓐEverybody believed that he was *innocent*. だれもが彼は無罪だと思った. ⓑHe *is innocent of* the crime. 彼はその罪を犯してはいない.
❷*innocent* victims 巻きぞえにあった

abcdefgh**i**jklmnopqrstuvwxyz　　　　　　　　　　**insistent**

side).
— 前/insáid インサイド, ìnsáid/ ❶ **…の中に[で]**, …の内側に (反 outside).
❷ …以内で[に].

名 ❶ *the inside* of the building 建物の内部.
❷ Do you know anyone on *the inside*? だれか内部の人を知っていますか.
❸ I have a pain in my *insides*. おなかが痛い.

inside out ①裏返しに：He put on his shirt *inside out*. 彼はシャツを裏返しに着た. ②非常に詳しく：He knows London *inside out*. 彼はロンドンを隅から隅まで知りつくしている.

— 形 ❶ the *inside* pocket 内ポケット.
❷ *inside* information 内部情報.
— 副 Please step [come] *inside*. どうぞ中におはいりください.

inside of ... 《口語》…以内で[に]：*inside of* a week 1週間以内に.
— 前 ❶ There was nobody *inside* the car. 車の中にはだれもいなかった.

in·sid·er /insáidər インサイダ/ 名 C 内部のことをよく知っている人 (反 outsider).

in·sid·i·ous /insídiəs インスィディアス/ 形 (病気などが)知らない間に進行する.

*__in·sight__ /ínsàit インサイト/ (★アクセント注意)名 ~s /-ts/ UC (真相などを)**見抜く力**, 洞察(りょく).
▶Her work shows an *insight* into human nature. 彼女の作品は人間性の洞察を示している.

in·sig·ni·a /insígniə インスィグニア/ 名 (複《ときに単数扱い》)(地位を表わす)しるし, 記章.

in·sig·nif·i·cance /ìnsignífikəns インスィグニフィカンス/ 名 U 無意味, 取るに足らないこと.
　　　　　　　　　☞ 形 insignificant.

in·sig·nif·i·cant /ìnsignífikənt インスィグニフィカント/ 形 取るに足らない, つまらない (反 significant).
　　　　　　　　　☞ 名 insignificance.

in·sig·nif·i·cant·ly /ìnsignífikəntli インスィグニフィカントリ/ 副 取るに足らないほどに, わずかに.

in·sin·cere /ìnsinsíər インスィンスィア/ 形 本心からではない, 表面だけの (反 sincere).

in·sin·cere·ly /ìnsinsíərli インスィンスィアリ/ 副 本心からではなく, 表面だけで.

in·sin·cer·i·ty /ìnsinsérəti インスィンセリティ/ 名 U 不誠実 (反 sincerity).

in·sin·u·ate /insínjuèit インスィニュエイト/ 動 (現分 -at·ing) (不愉快なこと)を遠回しに言う, ほのめかす.

in·sin·u·a·tion /insìnjuéiʃən インスィニュエイション/ 名 UC (不愉快な)ほのめかし.

in·sip·id /insípid インスィピッド/ 形
❶ (飲食物が)味のない. ❷ (人や物が)おもしろくない, 退屈(そう)な.

*__in·sist__ /insíst インスィスト/ 動 (~s /-ts/; ~·ed /-id/; ~·ing) 他 《insist that __》__**と強く主張する**, 言い張る.
— 自 ❶ **強く主張する**, 言い張る.
❷ⓐ 《insist on ...》 …を**強く主張する**, 言い張る.
ⓑ 《insist on *do*ing》 __ すると強く主張する, 言い張る.

他 She *insisted that* she was right. 彼女は自分が正しいと強く主張した.
— 自 ❶ 対話 "Let me pay."–"No, I *insist*." 「僕に払わせてくれ」「いや, どうしても僕に払わせてくれ」.
❷ⓐ John *insisted on* his innocence. ジョンは無罪を強く主張した.
ⓑ He *insisted on going* alone. 彼はひとりで行くと言い張った.

if you insist 《口語》《相手にゆずって》あなたがそれほど言うのなら(それでよい).
　　　　　　　　☞ 名 insistence, 形 insistent.

in·sis·tence /insístəns インスィステンス/ 名 U 強い主張; 強要.
　　　　　　　　　　　　　　　☞ 動 insist.

in·sis·tent /insístənt インスィステント/ 形 ❶ 《be insistent on ...》 …を強く主張する, 言い張る. ❷ 《be insistent that __》 __ と強く主張する, 言い張る.
❸ しつこい.
▶❶ She *was insistent on* leaving earlier. 彼女はもっと早く出発しようと言い張った. ❷ He *was insistent that* I was wrong. 彼は私がまちがっていると主張した. ❸ an *insistent* demand しつ

insistently

こい要求.
☞ 動 insist.

in・sis・tent・ly /insístəntli インスィステントリ/ 副 (主張など)強く, しつこく.

in・so・far as /ìnsoufɑ́ːrəz インソウファーラズ/ 接 《文語》…である限り.

in・so・lence /ínsələns インソレンス/ (★アクセント注意) 名 U 《文語》おうへい, ごうまん, 生意気.

in・so・lent /ínsələnt インソレント/ 形 《文語》おうへいな, ごうまんな, 無礼な.

in・so・lent・ly /ínsələntli インソレントリ/ 副 おうへいに, ごうまんに, 生意気に.

in・sol・u・ble /insάljubl インサリュブル/ 形
❶ (水などに)溶けない (反 soluble).
❷ (問題などが)解けない, 解決できない.

in・sol・vent /insάlvənt インサルヴェント/ 形 (借金の)支払い不能の, 破産した.

in・som・ni・a /insάmniə インサムニア/ 名 U 不眠症.

in・som・ni・ac /insάmniæk インサムニアック/ 名 C 不眠症の人.

in・spect /inspékt インスペクト/ 動 (~s /-ts/; ~ed /-id/; ~ing) 他 ❶ …を綿密に検査[点検]する, くわしく調べる.
❷ (調べるために)(場所・組織など)を訪問する, 視察する.
▶ ❶ The customs officer *inspected* our baggage. 税関職員はわれわれの荷物を検査した / *inspect* the records 記録を調べる.

They *inspected* the scene of the accident.
(彼らは事故の現場を検証した)

❷ The committee *inspected* our school. その委員会はわが校を視察した.
☞ 名 inspection.

***in・spec・tion** /inspékʃən インスペクション/ 名 (複 ~s /-z/) UC 綿密な検査[点検]; 視察.
▶ carry out an *inspection* of the factory 工場を視察する.
☞ 動 inspect.

in・spec・tor /inspéktər インスペクタ/ 名 C ❶ 検査官, 視察官. ❷ 《米》警視正, 《英》警部補.

in・spi・ra・tion /ìnspəréiʃən インスピレイション/ 名 (複 ~s /-z/)
❶ UC (考えなどの)ひらめき, (急にひらめいた)名案, 着想; インスピレーション, 霊感; (物事をする)原動力.
❷ C (創作などの)刺激となるもの[人].
▶ ❶ She got *inspiration* from this picture. 彼女はこの絵から着想を得た.
☞ 動 inspire.

in・spi・ra・tion・al /ìnspəréiʃənəl インスピレイショナル/ 形 霊感を与える, 着想を与える.

***in・spire** /inspáiər インスパイア/ 動 (~s /-z/; in・spired /-d/; in・spir・ing /-spáiəriŋ/)
他 ❶ⓐ (人)に (なにかをしたいという) 気持ちを起こさせる, (人)を奮い立たせる.
ⓑ 《*inspire* ... *to do*》(人)に__したいという気持ちを起こさせる.
❷ (考え・感情など)を起こさせる.
❸ …のアイデアを与える.

❶ⓐ His speech *inspired* the students. 彼の話は生徒たちをなにかをしようという気持ちにさせた / Success *inspires* us *to* further efforts. 成功するとわれわれはさらに努力する気になる.
ⓑ Her experience *inspired* me *to* study harder. 彼女の経験のおかげで私はもっと勉強する気になった.
❷ Her success *inspired* admiration *in* me. ＝ Her success *inspired* me *with* admiration. 彼女の成功に私は感心した.
☞ 名 inspiration.

in・spired /inspáiərd インスパイアド/ 形 みごとな.

in・spir・ing /inspáiəriŋ インスパイ(ア)リング/ 形 人を奮い立たせるような, 感動的な.

in・sta・bil・i・ty /ìnstəbíləti インスタビリティ/ 名 U 不安定, 変わりやすいこと.

***in・stall** /instɔ́ːl インストール/ 動 (~s /-z/; ~ed /-d/; ~ing) 他 ❶ (設備・装置など)を取りつける, 据えつける.
❷ (正式に)(人)を就任させる, 任命する.
❸ 【電算】(ソフト)をインストールする.

abcdefgh**i**jklmnopqrstuvwxyz　　　　　　　　　　　　　　　　　　　　　**instill**

❶A new air-conditioner will be *installed* next week. 新しいエアコンは来週つきます / *install* an alarm 警報器を取りつける.
❷Mr. Wright was *installed* as the new president of the club last month. ライト氏が先月クラブの新しい会長に任命された.

☞ 名installation.

in·stal·la·tion /ìnstəléiʃən インストレイション/ 名(複 ~s /-z/) ❶ⓐ⛿(設備・装置などの)取りつけ. ⓑⒸ(取りつけられた)設備, 装置. ❷⛿【電算】(ソフトの)インストール.

☞ 動install.

in·stall·ment /instɔ́ːlmənt インストールメント/ 名Ⓒ ❶ (月賦(*ぷ*)などの)分割払い込み金. ❷ (新聞・雑誌などの連載物の)1回分.

▶ ❶pay for the furniture in monthly *installments* 家具の代金を月賦で支払う.

instállment plàn 名《the をつけて》《米》分割払い方法 (✿《英》では hire purchase (system)).

▶buy a piano on *the installment plan* ピアノを分割払いで買う.

in·stal·ment /instɔ́ːlmənt インストールメント/ 名《英》= **installment**.

***in·stance** /ínstəns インスタンス/ 名(複 in·stanc·es /-iz/)Ⓒ例, 実例; 場合.

･･････････････････････････････････

an *instance* of violence 暴力行為の例 / in most *instances* たいていの場合.

for instance たとえば (for example)：We grow fruit, *for instance*, bananas and pineapples. 私たちは例えばバナナやパイナップルなどの果物を栽培している.

***in·stant** /ínstənt インスタント/ 名(複 ~s /-ts/)Ⓒ**瞬間**, 瞬時.

— 形 (more ~; most ~) ❶**即時の**, 即座の; 緊急の, 差し迫った.
❷即席の, インスタントの.

･･････････････････････････････････

名At that *instant* the doorbell rang. ちょうどそのとき戸口のベルが鳴った.

for an instant ほんのちょっとの間：stop *for an instant* ちょっと立ち止まる.

in an instant すぐに, たちまち：He will be back *in an instant*. 彼はすぐ戻って来ます.

the instant (that) ＿＿するとすぐに (as soon as)：*The instant* I entered my room, I heard a loud knock on the front door. 自分の部屋にはいったとたん, 玄関のドアをはげしくノックする音が聞こえた.

this instant 《口語》今すぐ：Stop talking *this instant*. 今すぐ話をやめなさい.

☞ 形instantaneous.

— 形 ❶She gave me an *instant* reply. 彼女はすぐに返事をくれた / He was in *instant* need of money. 彼はすぐ金が必要だった. ❷*instant* coffee インスタントコーヒー.

in·stan·ta·ne·ous /ìnstəntéiniəs インスタンテイニアス/ 形即座の, 瞬時の.
▶*instantaneous* death 即死.

☞ 名instant.

in·stan·ta·ne·ous·ly /ìnstəntéiniəsli インスタンテイニアスリ/ 副即座に, すぐに.

in·stant·ly /ínstəntli インスタントリ/ 副すぐに, 即座に.
▶Some passengers were killed *instantly*. 何人かの乗客は即死した.

***in·stead** /instéd インステッド/ 副その代わり, そうしないで.

･･････････････････････････････････

If you can't go, can I go *instead*? 君が行かれなければ私が代わりに行ってもいいですか.

instead of … [*doing*] …の代わりに, ＿＿せずに：She had tea *instead of* coffee. 彼女はコーヒーの代わりに紅茶を飲んだ / He sent his brother *instead of going* himself. 彼は自分で行かないで弟をやった.

in·step /ínstèp インステップ/ 名Ⓒ足[くつ]の甲.

in·sti·gate /ínstəgèit インスティゲイト/ 動 (現分 -gat·ing) 他 《文語》…を始める.

in·sti·ga·tion /ìnstəgéiʃən インスティゲイション/ 名⛿《文語》発議.

in·still, 《英》**in·stil** /instíl インスティル/ 動 (in·stills, 《英》in·stils /-z/; in·stilled

/-d/; in·still·ing/ 他 (考え方など)を徐々に教えこむ. ▶She *instilled* manners *into* [*in*] her children. 彼女は子どもたちにマナーを徐々に教え込んだ.

*in·stinct /ínstiŋkt インスティンクト/ 《★アクセント注意》名 (複 ~s /-ts/)
❶ U C 本能. ❷ C 生まれつきの能力[才能], 天性. ❸ U C 勘, 直感.

❶ an *instinct* for survival 生存本能 / act by *instinct* 本能的に行動する.
❷ He has an *instinct* for music. 彼には音楽の才能がある.

☞ 形 instinctive.

in·stinc·tive /instíŋktiv インスティンクティヴ/ 形 本能的な, 直感的な. ▶an *instinctive* reaction 本能的な反応.

☞ 名 instinct.

in·stinc·tive·ly /instíŋktivli インスティンクティヴリ/ 副 本能的に, 直感的に.

*in·sti·tute /ínstətjù:t インスティトゥート, ·テュート/ 《★アクセント注意》名 (複 ~s /-ts/)
C (研究・教育などを目的とする)会, 学会, 協会; 研究所; (理工系)大学.
— 動 (~s /-ts/; -tut·ed /-id/; -tut·ing) 他 《文語》 ❶ (会・組織など)を設立する. ❷ (制度など)を制定する.

動 他 ❶ *institute* a new agency 新しい(官庁)機関を設立する. ❷ *institute* a legal holiday 公休日を制定する.

*in·sti·tu·tion /ìnstətjú:ʃən インスティトゥーション, ·テュー·/ 名 (複 ~s /-z/)
❶ C (社会・教育・研究・金融などの)組織, 団体, 会.
❷ C (公共)施設 《学校・養護施設・老人ホームなど》.
❸ C 慣習, 制度, しきたり.
❹ U (会・組織などの)設立; (規則などの)制定.

❶ a charitable *institution* 慈善団体. ❷ an educational *institution* 教育施設 《学校》. ❸ the *institution* of marriage 結婚の慣習.

☞ 動 institute, 形 institutional.

in·sti·tu·tion·al /ìnstətjú:ʃənəl インスティトゥーショナル, ·テュー·/ 形 ❶ 制度(上)の; 慣習の[による]. ❷ 組織の, 会の; 公共団体[機関]の.

in·sti·tu·tion·al·ize /ìnstətjú:ʃənəlàiz インスティトゥーショナライズ, ·テュー·/ 動 (現分 -iz·ing) 他 ❶ …を制度化する, 習慣化する.
❷ (病人・犯罪者など)を施設に収容する.

*in·struct /instrʌ́kt インストラクト/ 動 (~s /-ts/; ~·ed /-id/; ~·ing) 他 《文語》
❶ 《instruct ... to *do*》…に_するよう指図(ずし)する, 命令する.
❷ …に教える.

❶ He *instructed* us *to* clean the room. 彼は私たちに部屋をきれいにするように指示した. ❷ She *instructed* our class *in* chemistry. 彼女はわれわれのクラスに化学を教えた.

☞ 名 instruction, 形 instructive.

*in·struc·tion /instrʌ́kʃən インストラクション/ 名 (複 ~s /-z/)
❶ 《*instructions*で》指示, 命令, 指図(ずし); (使い方などの)説明.
❷ U 教えること, 教授.

❶ He gave us *instructions* to hand in reports by May 16. 彼はわれわれにレポートを5月16日までに提出するように指示した.

☞ 動 instruct, 形 instructive.

in·struc·tive /instrʌ́ktiv インストラクティヴ/ 形 (知識などを与えてくれて)有益な, 教育的な. ▶a very *instructive* book とても有益な本.

☞ 動 instruct, 名 instruction.

in·struc·tor /instrʌ́ktər インストラクタ/ 名 C ❶ (技術的なことを教えてくれる)教師. ❷ (米)(大学の)専任講師.

*in·stru·ment /ínstrumənt インストルメント/ 《★アクセント注意》名 (複 ~s /-ts/) C
❶ 器具, 道具, 器械; 計器.
❷ 楽器 《❶musical instrument ともいう》.
❸ 手段; 利用[活用]される人, 道具.

❶ medical *instruments* 医療器具 / fly on *instruments* 計器飛行する.
❷ Do you play any *instrument*? なにか楽器を弾きますか / percussion [stringed, wind] *instruments* 打[弦, 管]楽器.
❸ Language is an *instrument* for

communication. 言語は伝達の手段である.

☞ 形 instrumental.

in·stru·men·tal /ìnstrəméntl インストルメントル/ 形
❶ 重要な役割を果たす, 貢献する.
❷〔音楽〕楽器の((⇔「声楽の」は vocal)).
▶❶ He〔His information〕 was *instrumental* in developing the plan. 彼〔彼の情報〕はその計画を立てるのに重要な役割を果たした.
❷ *instrumental* music 器楽.

☞ 名 instrument.

in·sub·or·di·nate /ìnsəbɔ́ːrdənət インサボーディネト/ 形《文語》従順でない.

in·sub·or·di·na·tion /ìnsəbɔ̀ːrdənéiʃən インサボーディネイション/ 名Ⓤ《文語》従順でないこと, 反抗.

in·sub·stan·tial /ìnsəbstǽnʃəl インサブスタンシャル/ 形 しっかりしていない, 強固でない.

in·suf·fi·cien·cy /ìnsəfíʃənsi インサフィシェンスィ/ 名Ⓤ不十分, 不足.

in·suf·fi·cient /ìnsəfíʃənt インサフィシェント/ 形 不十分な(⇔ sufficient).

in·suf·fi·cient·ly /ìnsəfíʃəntli インサフィシェントリ/ 副 不十分に.

in·su·lar /ínsələr インスラ, -ʃu-/ 形 島国的な, 心の狭い.

in·su·lar·i·ty /ìnsəlǽrəti インスラリティ, -ʃu-/ 名Ⓤ島国根性, 心が狭いこと.

in·su·late /ínsəlèit インスレイト/ 動 (現分 -lat·ing) ❶ …に (熱・音などが) はいらない[出ない]ようにする. ❷〔電気〕…を絶縁する. ❸ …を守る.

in·su·la·tion /ìnsəléiʃən インスレイション/ 名Ⓤ ❶ 断熱, 防音; (電気の)絶縁. ❺ 断熱材, 防音材; 絶縁体.

in·su·la·tor /ínsəlèitər インスレイタ/ 名 Ⓒ ❶(電気の)絶縁体; 断熱材, 防音材.

in·su·lin /ínsəlin インスリン/ 名Ⓤ ❶〔生化学〕インスリン(膵臓(ぞう)から分泌されるホルモン). ❷〔薬学〕インスリン(糖尿病の特効薬).

in·sult /ínsʌlt インサルト/ 名(★アクセント注意)((複 ~s /-ts/) Ⓒ 侮辱(ぶじょく), 無礼なことば[行為].
— 動 /insʌ́lt インサルト/ (★名詞とのアクセントの違いに注意)(~s /-ts/; ~ed /-id/; ~ing) 他 …を侮辱する.

名 His remark was an *insult* to me. 彼のことばは私に対する侮辱だった.
— 動他 She〔Her words〕 *insulted* him. 彼女〔彼女のことば〕が彼を侮辱した.

in·sult·ing /insʌ́ltiŋ インサルティング/ 形 (人を)侮辱(ぶじょく)する, 失礼な.

***in·sur·ance** /inʃúərəns インシュ(ア)ランス/ -ʃɔ́ː-/ 名
❶Ⓤ 保険.
❷Ⓤ 保険金, 保険料.
❸Ⓒ (困難などから)守ってくれるもの, 備え, (安全)保証.

❶ buy life *insurance* 生命保険に入る / unemployment〔accident〕 *insurance* 失業〔傷害〕保険.
❸ an *insurance* against earthquakes 地震に対する備え.

☞ 動 insure.

insúrance àgent [bròker] 名Ⓒ保険代理人[店].

insúrance còmpany 名Ⓒ保険会社.

insúrance pòlicy 名Ⓒ保険証券, 保証書.

***in·sure** /inʃúər インシュア/ 動 (~s /-z/; in·sured /-d/; in·sur·ing /inʃúəriŋ/) 他
❶ …に保険をかける. ❷《米》…を保証する(⇔ふつうは ensure を用いる).
— 自 保険をかける.
▶❶ He has *insured* himself for $500,000. 彼は50万ドルの生命保険にはいっている / I have *insured* my house *against* fire. 私の家には火災保険がかけてある.

☞ 名 insurance.

in·sur·gent /insə́ːrdʒənt インサージェント/ 形 反乱を起こした.
— 名Ⓒ 反乱者[兵], 暴徒.

in·sur·mount·a·ble /ìnsərmáuntəbl インサマウンタブル/ 形《文語》(困難・障害などが)克服できない, 打ち勝てない.

in·sur·rec·tion /ìnsərékʃən インサレクション/ 名ⓊⒸ暴動, 反乱.

in·tact /intǽkt インタクト/ 形 もとのままの, 完全な, そこなわれない. ▶ The old house remained *intact* through the earthquake. その古い家はあの地

in·take /íntèik インテイク/ 名(複 ~s /-s/) ❶ Ⓤ(食物・飲料などの)摂取(ৃ), 取り入れ. ❷ Ⓒ《単数形で》取り入れ量[数], 摂取量. ❸ Ⓒ入学[入会, 入社]数.

in·tan·gi·ble /intǽndʒəbl インタンヂブル/ 形 ❶手で触れられない. ❷説明するのが難しい.

in·te·gral /íntigrəl インティグラル/ 形 (全体を構成するのに)欠くことのできない.

in·te·grate /íntəgrèit インテグレイト/ 《★アクセント注意》動 (現分 -grat·ing) 他
❶(効果的になるように)…を統合する, まとめる. ❷(異文化の人など)を受け入れる, …を仲間に入れる. ❸《米》…における人種差別をやめる(反 segregate).
— 自 (社会などに)同化する, とけこむ.
▶ 他 ❶ *integrate* plans 計画を一本にまとめる. ❷ *integrate* immigrants into the society 移民を社会に受け入れる. ❸ *integrate* a school 学校の人種差別をやめる.
— 自 *integrate* into Japanese life 日本の生活にとけこむ.

in·te·grat·ed /íntəgrèitid インテグレイティド/ 形 ❶統合された. ❷人種差別のない.

***in·te·gra·tion** /ìntəgréiʃən インテグレイション/ 名 Ⓤ ❶**統合**. ❷(学校などの)人種差別の撤廃.

in·teg·ri·ty /intégrəti インテグリティ/ 名 Ⓤ ❶誠実, 正直, 高潔. ❷完全さ.

in·tel·lect /íntəlèkt インテレクト/ 《★アクセント注意》名(複 ~s /-ts/) ⓊⒸ知性, 知力. ▶ a woman of *intellect* 知性の豊かな女性.
☞ 形 intellectual.

***in·tel·lec·tu·al** /ìntəléktʃuəl インテレクチュアル/ 形 ❶(人が)**知的な**, 知性的な. ❷頭を使う.
— 名 Ⓒ知識人, インテリ.

形 ❶ an *intellectual* person 知性的な人. ❷ *intellectual* capacity 知的能力.
☞ 名 intellect.

in·tel·lec·tu·al·ly /ìntəléktʃuəli インテレクチュアリ/ 副知的な面では; 知的に.

***in·tel·li·gence** /intéləd͡ʒəns インテリヂェンス/ 名 Ⓤ

❶(高い)**知能, 理解力**; 聡明(ৃ).
❷(外国・敵に関する)**情報**.

❶ The boy shows great *intelligence*. あの少年はすごく頭がよい.
❷ the *intelligence* department [bureau] (政府などの)情報部.
☞ 形 intelligent.

intélligence quòtient 名 Ⓒ【心理】知能指数《❷ IQ, I.Q. と略す》.

intélligence tèst 名 Ⓒ知能検査.

***in·tel·li·gent** /intéləd͡ʒənt インテリヂェント/ 形 (more ~; most ~)
❶(人・動物が)**知能の高い**, 頭のよい, 利口な(反 stupid).
❷頭のよさを示す.
❸(機械・システムなどが)いろいろな状況に対応できる.

❶ an *intelligent* child 頭のよい子ども.
❷ an *intelligent* answer 気のきいた答え.
❸ an *intelligent* system 状況に自動的に対応できるシステム.
☞ 名 intelligence.

in·tel·li·gent·ly /intéləd͡ʒəntli インテリヂェントリ/ 副 ❶利口に, 聡明(ৃ)に.
❷(機械・システムなどが)自動的に対応して.

in·tel·li·gent·si·a /intèləd͡ʒéntsiə インテリヂェンツィア/ 名 《the をつけて》知識階級(の人たち), インテリ(ゲンチア).

in·tel·li·gi·ble /intéləd͡ʒəbl インテリヂブル/ 形 (物事が)理解可能な, わかりやすい(反 unintelligible).

***in·tend** /inténd インテンド/ 動 (~s /-dz/; ~·ed /-id/; ~·ing) 他 ❶《**intend to** *do* [*do·ing*]》**するつもりである**, しようと思う.
❷ ⓐ …を意図する.
ⓑ《intend … ~》…に対して~を意図する.
ⓒ《intend … as ~》…を~として意図する.
❸《intend … for ~》…を~向けに意図する(❷ふつう受身形で).

❶ I *intend to* major in economics in college. 私は大学では経済学を専攻

するつもりだ / She first *intended studying* medicine, but gave up. 彼女は最初は医学を学ぶつもりだったが, あきらめた.

❷ⓐI *intended* no sarcasm. 私は皮肉を言うつもりはありませんでした.
ⓑHe *intended* the dog no harm. 彼は犬を傷つけるつもりはなかった.
ⓒHis words *were intended as* a joke. 彼のことばは冗談のつもりだった.
❸These chairs *are intended for* children. これらのいすは子ども用なのです.

☞ 名intention.

in·tend·ed /inténdid インテンディド/ 形 意図された, 計画された, 予定された.
▶the *intended* result 前もって予定していた結果.

***in·tense** /inténs インテンス/ 形 (in·tens·er, more ~; in·tens·est, most ~)
❶(程度が)**非常に強い**, 激しい.
❷真剣な, 強力な.
❸(感情が)激しい.

❶listen with *intense* interest 非常に興味深く聞く / *intense* cold [pain] ひどい寒さ[苦痛].
❷an *intense* debate 真剣な討議.
☞ 名intensity, 動intensify.

in·tense·ly /inténsli インテンスリ/ 副 激しく; ひどく.

in·ten·si·fi·ca·tion /inténsəfikéiʃən インテンスィフィケイション/ 名 U 強めること, 強化, 増大.

in·ten·si·fy /inténsəfài インテンスィファイ/ 動 (-si·fies /-z/; -si·fied /-d/; ~-ing) 他 …を強める, 激しくする.
— 自 強まる, 激しくなる.
☞ 形intense.

***in·ten·si·ty** /inténsəti インテンスィティ/ 名 U C **強さ**, 激しさ. ▶the *intensity* of their love 彼らの愛の激しさ / with great *intensity* 猛烈に, 熱烈に.
☞ 形intense.

in·ten·sive /inténsiv インテンスィヴ/ 形 (more ~; most ~) ❶(注目・努力などが)集中的な, 徹底的な (反extensive).
❷[農業]集約的な.

❶*intensive* reading 精読 / *intensive* effort 集中的な努力 / *intensive* training 集中訓練. ❷*intensive* agriculture 集約農業.

inténsive cáre 名 U [医学]集中治療.
inténsive cáre ùnit 名 C [医学]集中治療室 (✿略 ICU).

in·ten·sive·ly /inténsivli インテンスィヴリ/ 副 ❶集中的に, 徹底的に. ❷[農業]集約的に.

***in·tent¹** /intént インテント/ 形 **注意を集中している**, 真剣な.
▶an *intent* look 真剣な目つき[表情] / He *is intent on* [*upon*] his task. 彼は仕事に熱中している.

in·tent² /intént インテント/ 名《文語》U 意図, 意志.
to [*for*] *all intents* (*and purposes*) どの点からみても, 事実上.

***in·ten·tion** /inténʃən インテンション/ 名 (複 ~s /-z/) U C **意図**, 意志, 意向.
▶She had no *intention* of meeting him. 彼女は彼に会うつもりはなかった.
☞ 動intend, 形intentional.

in·ten·tion·al /inténʃənəl インテンショナル/ 形 故意の, 意図的な.
☞ 名intention.

in·ten·tion·al·ly /inténʃənəli インテンショナリ/ 副 わざと, 故意に, 意図的に.

in·tent·ly /inténtli インテントリ/ 副 熱心に, 集中して.

in·ter- /íntər インタ/ 接頭「中, 間, 相互」の意味. ▶*inter*national 国際的な.

in·ter·act /ìntərǽkt インタラクト/ 動 自
❶いっしょに活動する[遊ぶ]. ❷互いに作用[影響]し合う.

in·ter·ac·tion /ìntərǽkʃən インタラクション/ 名 U C ❶いっしょに活動する[遊ぶ]こと. ❷相互作用.

in·ter·ac·tive /ìntərǽktiv インタラクティヴ/ 形 ❶いっしょに活動する[遊ぶ]. ❷相互作用の. ❸[電算]対話式の.
▶❸*interactive* computing system 対話式のコンピューターシステム.

in·ter·cept /ìntərsépt インタセプト/ 動 他 …を途中で止める, 妨害する.

in·ter·cep·tion /ìntərsépʃən インタセプション/ 名 U C 途中で止める[妨害する]こと.

in·ter·change /ìntərtʃéindʒ インタチェインチ/ 動 (現分 -chang·ing) 他 ❶ …を交

換する, 取りかえる, 入れかえる. ❷(意見・情報などを)やりとりする, 交換する.
― 圓入れかわる.
― 名/íntərtʃèindʒ インタチェインヂ/《★動詞とのアクセントの違いに注意》❶ UC 交換, やりとり. ❷ C (高速道路の)インターチェンジ, 立体交差.
▶動 他 ❷ *interchange* ideas 意見を交換する.

in·ter·change·a·ble /ìntərtʃéindʒəbl インタチェインヂャブル/ 形 相互に交換可能な.

in·ter·com /íntərkàm インタカム/ 名 C 《口語》インターホン(飛行機・船・建物内の内部通話装置).

in·ter·con·nect /ìntərkənékt インタコネクト/ 動 圓 相互に関連がある, 互いにつながる.
― 他 …を互いに連絡[連結]する.

in·ter·con·ti·nen·tal /ìntərkàntənéntl インタカンティネントル/ 形 大陸間の.

in·ter·course /íntərkɔːrs インタコース/ 名 U 性交(《❶ sexual intercourse ともいう》).

in·ter·de·pend·ence /ìntərdipéndəns インタデペンデンス/ 名 U 相互依存.

in·ter·de·pend·ent /ìntərdipéndənt インタデペンデント/ 形 相互に依存しあっている.

in·ter·dis·ci·pli·nar·y /ìntərdísəplinèri インタディスィプリネリ/ 形 (学問などが)異なった分野にまたがる, 学際的な.

✱in·ter·est /íntərəst インタレスト/ 《★アクセント注意》名 (複 ~s /-ts/)
❶ UC **興味**, 関心.
❷ C 興味をもっているもの[こと], 好きなこと, 興味の対象.
❸ C 利害関係, 利権.
❹《しばしば複数形で》**利益**.
❺ U (貸したり借りたりするときの)利子, 利息.
― 動 (~s /-ts/; ~ed /-id/; ~ing) 他 …に興味を起こさせる, 関心をもたせる.

━━━━━━━━━━━━━━━━━━━

名 ❶ She has no *interest* in music. 彼女は音楽に興味をもっていない / He has a great *interest* in NPO activities. 彼はＮＰＯ活動に大いに関心がある《❶ 形容詞をともなうときは a をつける》/ take an *interest* in English 英語に興味をもつ / lose *interest* in pop music ポップミュージックに興味を失う / a matter of great *interest* 非常に興味のある問題.

【語の結びつき】
arouse [stimulate, provoke] (…'s) *interest* (人の)興味をかき立てる
hold …'s *interest* (人の)興味を引く
show [express] (an) *interest* in … …に興味を示す

━━━━━━━━━━━━━━━━━━━

❷ Internet surfing is his chief *interest* now. ネットサーフィンが今彼が一番興味をもっていることだ / a man of wide *interests* 多趣味な男.
❸ I have an important *interest* in the business. 私はその事業に重大な利権をもっている.
❹ We have to protect the *interests* of our community. 私たちの地域の利益を守らなければならない.
❺ borrow money at five-percent *interest* ５％の利子で金を借りる.

in …'s interest(s) …の(利益の)ために: I did it *in your interest(s)*. 私はあなたのためにそうしたのです.

in the interest(s) of … …のために: *in the interest(s) of* safety 安全のために.

with interest ①興味をもって. ②利息[おまけ]をつけて.

― 動 他 Botany *interests* him. 植物学に彼は興味をもっている / His speech did not *interest* me at all. 彼の演説は全然おもしろくなかった.

✱**in·ter·est·ed** /íntərəstid インタレスティド/ 形 (more ~; most ~)
❶ ⓐ (人が)興味をもった(⇔ uninterested).
ⓑ《be interested in … [*do*ing]》…[__すること]に興味をもっている.
ⓒ《be interested to *do*》__することに興味をもっている, __したがっている(《❶ do には know, learn, hear, see などがくる》).
❷ 利害関係のある(⇔ disinterested).

━━━━━━━━━━━━━━━━━━━

❶ ⓐ Many *interested* students attended his lectures. 興味をもった

学生が大勢彼の講義に出た / She didn't seem *interested*. 彼女は関心はないように見えた / an *interested* look 興味を示している顔つき. ❺I *am* very (much) *interested in* soccer. 私はサッカーに非常に興味をもっています / He *is interested in* collecting foreign stamps. 彼は外国の切手を集めることに興味をもっています. ❻I *am interested to* know the result of the survey. 調査の結果を知りたい.

ínterest gròup 名Ⓒ利益(共有)集団, 圧力団体《共通の利益を得ようとして活動する人々の集団》.

*in·ter·est·ing /íntərəstiŋ **インタレスティング**/ 形 (more ~; most ~) **興味のある**, おもしろい (反 dull, uninteresting)《❖「おかしな, こっけいな」は amusing, funny を用いる》.

|語法| He is *interesting*. は「彼はおもしろい人だ(人々の興味をひく人である)」であり He is *interested*. は「彼は興味をもっている」である.

This is an *interesting* novel. これはおもしろい小説です / The movie was not very *interesting* to me. その映画は私にはあまりおもしろくなかった / It is very *interesting* to walk in the woods. 森の中を歩くのはたいへんおもしろい.

in·ter·est·ing·ly /íntərəstiŋli **インタレスティングリ**/ 副 興味深く, おもしろく.

in·ter·face /íntərfèis **インタフェイス**/ 名 Ⓒ ❶ (ふたつの異なるものの間の)接点.
❷【電算】インターフェイス《コンピューターどうしまたはコンピューターと周辺装置とを接続してデータのやりとりをする装置などをいう》.

*in·ter·fere /ìntərfíər **インタフィア**/《★アクセント注意》動 (~s /-z/; -fered /-d/; -fer·ing /-fíəriŋ/) 圓 ❶ (人が) **干渉する**, 口出しする.
❷ 〔…を〕**じゃまする**, 妨げる, 妨害する 〔*with*〕.

❶Don't *interfere in* my private affairs. 私個人のことに干渉しないでください.
❷Please don't *interfere*. I'm busy. じゃましないでください. 忙しいのです /

The noise *interfered with* my concentration. その騒音が私の集中力を妨げた.

☞ 名 interference.

in·ter·fer·ence /ìntərfíərəns **インタフィ(ア)ランス**/ 名 Ⓤ ❶ じゃま, 妨害; 干渉.
❷ (電波などの)干渉, 混信. ❸ (スポーツでの)妨害; 妨害行為.

☞ 動 interfere.

in·ter·gen·er·a·tion·al /ìntərdʒènəréiʃənəl **インタヂェネレイショナル**/ 形 世代間の.

in·ter·im /íntərim **インテリム**/ 形 (最終ではなく)中間の, 一時的な, 仮の.
▶an *interim* report 中間報告.

*in·te·ri·or /intíəriər **インティ(ア)リア**/ 形 (more ~; most ~) ❶ **内部の**, 内側の; 屋内の (反 exterior).
❷ 奥地の, 内陸の.
— 名 (複 ~s /-z/) ❶ **内部**, 内側; 室内, インテリア.
❷《the をつけて》奥地, 内陸部.
❸《the をつけて》(行政上の)国内.

形 ❶ the *interior* walls 内壁.
— 名 ❶ *the interior* of the theater 劇場の内部.
❷ *the interior* of Africa アフリカの奥地.
❸ the Department of *the Interior* (アメリカの)内務省.

intérior desígn [decorátion] 名 Ⓤ 室内装飾, インテリアデザイン.

intérior desígner [décorator] 名 Ⓒ 室内装飾家, インテリアデザイナー.

in·ter·jec·tion /ìntərdʒékʃən **インタヂェクション**/ 名 Ⓒ【文法】感嘆詞, 間投詞《Oh! (まあ, おお), Hurray!(万歳) など; ❖ interj. と略す》.

in·ter·lock /ìntərlák **インタラック**/ 動 他 …を組み合わせる. — 圓 組み合う.

in·ter·lude /íntərlùːd **インタルード**/ 名 Ⓒ 合間(ｱｲﾏ), 休憩時間, 幕間(ﾏｸｱｲ).

in·ter·mar·riage /ìntərmǽridʒ **インタマリヂ**/ 名 Ⓤ (民族[宗教・集団(など)]の異なる者どうしの)結婚.

in·ter·mar·ry /ìntərmǽri **インタマリ**/ 動 (-mar·ries /-z/; -mar·ried /-d/; ~-ing) 圓 民族[宗教・集団(など)]の異なる人と結婚する.

intermediary

in·ter·me·di·ar·y /ìntərmí:dièri インターミーディエリ/ 名(複 -ar·ies /-z/) C 仲介者, 仲裁者.

***in·ter·me·di·ate** /ìntərmí:diət インターミーディエト/ 形 ❶ **中間の**.
❷ 中級の.

in·ter·mi·na·ble /ìntə́:rminəbl インターミナブル/ 形 終わりのない, 長たらしい.

in·ter·mi·na·bly /ìntə́:rmənəbli インターミナブリ/ 副 終わることなく, 長たらしく.

in·ter·mis·sion /ìntərmíʃən インタミション/ 名 C 《米》(劇・コンサートなどの)休憩時間 (◎《英》では interval).

in·ter·mit·tent /ìntərmítnt インタミトント/ 形 ときどきとぎれる, 断続する.

in·ter·mit·tent·ly /ìntərmítntli インタミトントリ/ 副 ときどきとぎれながら, 断続的に.

in·tern /ìntə:rn インターン/ (★アクセント注意) 名 C 《米》研修生, インターン, 研修医 (◎《英》では houseman という).
— 動 /intə́:rn インターン/ (★名詞とのアクセントの違いに注意) 自 《米》研修をする.

***in·ter·nal** /intə́:rnl インターヌル/ 形
❶ **国内の** (反 foreign).
❷ **内部の** (反 external).
❸ 体内の; (薬が)内服の.
❹ 心の中の, 内面的な.

----

❶ *internal* affairs 国内の問題.
❷ *internal* conflicts 内部抗争.
❸ *internal* organs 内臓 / medicine for *internal* use 内服(用の)薬.

in·ter·nal·ly /intə́:rnəli インターナリ/ 副
❶ 国内に[で].
❷ 内部的[内面的]に.

***in·ter·na·tion·al** /ìntərnǽʃənəl インタナショナル/ 形 **国際間の, 国際的な**, 国際上の (◎「国内的な」は national).

English is an *international* language. 英語は国際語である / an *international* conference 国際会議 / *international* relations 国際関係.

Internátional Bac·ca·láu·re·ate /-bæ̀kəló:riət バカローリアット/ 名《the をつけて》国際バカロレア《大学進学のための国際的資格試験》.

Internátional Dáte Line 名《the をつけて》日付け変更線.

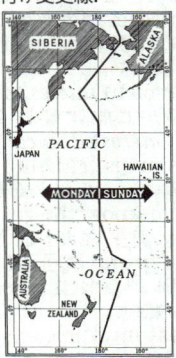

the International Date Line

in·ter·na·tion·al·ly /ìntərnǽʃənəli インタナショナリ/ 副 国際的に.

In·ter·net /íntərnèt **イ**ンタネット/ 名《the をつけて》インターネット《コンピューターネットワーク》.

in·ter·per·son·al /ìntərpə́:rsənəl インタパーソナル/ 形 対人間の.

***in·ter·pret** /intə́:rprit インタープリット/ (★アクセント注意) 動 (~s /-ts/; ~ed /-id/; ~ing) 他 ❶ **…を解釈する**, 説明する (explain).
❷ …を**通訳する**, 翻訳する.
— 自 通訳する.

他 ❶ He *interpreted* the difficult poem for me. 彼はその難しい詩を私に解釈してくれた / They *interpreted* his silence *as* consent. 彼らは彼の沈黙を承諾と解釈した.
❷ She *interpreted* what the guide said. 彼女はガイドの言うことを通訳した.
— 自 Will you *interpret* for me? 私に通訳してくれませんか.
☞ 名 interpretation.

***in·ter·pre·ta·tion** /intə̀:rprətéiʃən インタープレテイション/ 名(複 ~s /-z/) UC
❶ **解釈**, 説明.
❷ 通訳.

***in·ter·pret·er** /intə́:rpritər インタープリタ/ (★アクセント注意) 名(複 ~s /-z/) C **通訳(者)** (◎「翻訳家」は translator).
▶a simultaneous *interpreter* 同時

通訳者.

in·ter·ra·cial /ìntərréiʃəl インタレイシャル/ 形 異人種間の.

in·ter·re·lat·ed /ìntərriléitid インタリレイティド/ 形 相互に関係のある.

in·ter·ro·gate /intérəgèit インテロゲイト/ 動 (現分 -gat·ing) 他 (人)を尋問(じん)する.

in·ter·ro·ga·tion /intèrəgéiʃən インテロゲイション/ 名 UC 尋問(じん).

in·ter·rog·a·tive /ìntərágətiv インタラガティヴ/ 形 【文法】疑問の.
— 名 C 【文法】疑問詞 (what, which, who, when, where, why, how など).

in·ter·ro·ga·tor /intérəgèitər インテロゲイタ/ 名 C 尋問(じん)者.

*__in·ter·rupt__ /ìntərápt インタラプト/ ((★アクセント注意)) 動 (~s /-ts/; ~ed /-id/; ~ing) 他 ❶ (人·話など)の**じゃまをする**, 妨害する.
❷ ···を**中断する**, 中止する.
— 自 じゃまする.

・・・・・・・・・・・・・・・・・・・・・・・・・・・・

他 ❶ Don't *interrupt* me when I am busy. 忙しいときにじゃまをしないでくれ / May I *interrupt* you? (仕事中·話し中の人に話しかけるときに)ちょっとすみませんが.
❷ He *interrupted* his work to have a cup of coffee. 彼は仕事を中断してコーヒーを1杯飲んだ.
☞ 名 interruption.

in·ter·rup·tion /ìntərápʃən インタラプション/ 名 (複 ~s /-z/) UC ❶ じゃま, 口出し. ❷ 中断.
☞ 動 interrupt.

in·ter·sect /ìntərsékt インタセクト/ 動 他 ···を横切る, ···と交差する.
— 自 (道路·線などが)交差する, 交わる.

in·ter·sec·tion /ìntərsékʃən インタセクション/ 名 C (道路·線などの)交差点.

in·ter·sperse /ìntərspə́:rs インタスパース/ 動 (現分 -spers·ing) 他 ···をまばらに置く.

in·ter·state /ìntərstéit インタステイト/ 形 (米)州と州の間の.
— 名 C (米)州間高速道路.

in·ter·twine /ìntərtwáin インタトワイン/ 動 (現分 -twin·ing) 他 ···をからみ合わせる, 織り合わせる. — 自 からみ合う.

seven hundred and three

*__in·ter·val__ /íntərvəl インタヴァル/ ((★アクセント注意)) 名 (複 ~s /-z/) C ❶ (時間の)**間隔**, へだたり.
❷ (場所の)**間隔**, へだたり.
❸ (英)(劇·コンサートなどの)休憩時間 (✪ (米)では intermission)).
❹ 【音楽】音程.

・・・・・・・・・・・・・・・・・・・・・・・・・・・・

❶ Express trains come at twenty-minute *intervals*. 急行列車は20分間隔でくる / after an *interval* of ten years 10年ぶりに / at weekly *intervals* 週間隔で.
❷ There are trees at *intervals* of twenty feet. 木が20フィートごとにある.
at intervals ①(同じような間隔をおいて)ときどき. ②同じ間隔をおいて.

in·ter·vene /ìntərví:n インタヴィーン/ 動 (現分 -ven·ing) 自 ❶ 介入する, 仲裁する. ❷ (人の話に)口をはさむ[出す].
❸ 間にはいる, 間に起こる; じゃまをする.
▶ ❶ *intervene in* a quarrel 争いを仲裁する. ❷ He often *intervened* in our conversation. 彼はよくわれわれの会話に口をはさんだ.
❸ Three months *intervened* before the committee met. その委員会が行われるまでに3か月の間があった.

in·ter·ven·ing /ìntərví:niŋ インタヴィーニング/ 形 間にある, その間の.

in·ter·ven·tion /ìntərvénʃən インタヴェンション/ 名 UC 介入, 仲裁.

*__in·ter·view__ /íntərvjù: インタヴュー/ 名 (複 ~s /-z/) C ❶ (有名人などに話を聞く)**インタビュー**, 会見.
❷ (就職·入学などのための)**面接**.
— 動 (~s /-z/; ~ed /-d/; ~ing) 他
❶ (有名人など)に**インタビューする**, 会見する.
❷ⓐ ···に**面接する**.
ⓑ ···に面接調査する.

・・・・・・・・・・・・・・・・・・・・・・・・・・・・

名 ❶ The magazine had an exclusive *interview* with the Prime Minister. その雑誌は総理大臣と単独インタビューをした / The champion will give an *interview* to the press. チャンピオンは記者会見を予定している.
❷ She is going to have a job *inter-*

703

interviewee

view [an *interview* for a job] next Monday. 彼女は今度の月曜に就職の面接を受ける.
— 動 他 ❶ *interview* the president 大統領にインタビューする.

in·ter·view·ee /ìntərvjuːíː インタヴューイー/ ((★アクセント注意)) 名 C
❶ インタビューされる人. ❷ 面接受験者.

in·ter·view·er /íntərvjùːər インタヴューア/ 名 C ❶ (有名人などに)インタビューする人. ❷ 面接する人, 面接試験官.

in·ter·weave /ìntərwíːv インタウィーヴ/ 動 (~s /-z/; -wove /-wóuv/; -wo·ven /-wóuvən/; -weav·ing) 他 ❶ …を織りまぜる. ❷ …を混ぜ合わせる.

in·ter·wove /ìntərwóuv インタウォウヴ/ 動 interweave の過去形.

in·ter·wov·en /ìntərwóuvən インタウォウヴン/ 動 interweave の過去分詞形.

in·tes·tine /intéstin インテスティン/ 名 C 腸. ▶the large〔small〕*intestine* 大〔小〕腸.

in·tes·ti·nal /intéstinəl インテスティナル/ 形 腸の.

in·ti·ma·cy /íntəməsi インティマスィ/ ((★アクセント注意)) 名 U 親密(であること), 親しい交際.
☞ 形 intimate.

*__in·ti·mate__ /íntəmət インティメト/ ((★発音注意)) 形 ❶ 非常に親しい, 親密な (◐ しばしば ❺ の意味で用いられるので close, good などを用いるほうがよい).
❷ (場所・状況などが)親しみのある.
❸ 個人的な, プライベートな.
❹ (知識が)詳しい, 詳細な.
❺ (男女が)性的関係にある.
— 名 C 親友.

形 ❶ We have had an *intimate* friendship. 私たちは前から親友だ.
❷ an *intimate* atmosphere くつろげる雰囲気. ❸ an *intimate* aspect of life 生活の個人的な面. ❹ have an *intimate* knowledge of American history アメリカの歴史をよく知っている.
☞ 名 intimacy.

in·ti·mate·ly /íntəmətli インティメトリ/ 副 ❶ 親しく; 個人的に. ❷ 深く, 心の奥底から.

in·tim·i·date /intímədèit インティミデイト/ 動 (現分 -dat·ing) 他 …をおどす; おじけさせる.
▶He was *intimidated into* silence. 彼はおどかされて黙ってしまった.

in·tim·i·dat·ed /intímədèitid インティミデイティド/ 形 おじけづいた.

in·tim·i·dat·ing /intímədèitiŋ インティミデイティング/ 形 おどすような, おじけさせるような.

in·tim·i·da·tion /intìmədéiʃən インティミデイション/ 名 U おどし, 脅迫.

**in·to /íntuː イントゥ/ 前
❶ 《運動・方向》…の中に[へ], …の中へはいる.
❷ 《変化・結果》…に, …へ(の).

----

❶ She went *into* the shop. 彼女はその店に入って行った / He threw a stone *into* the river. 彼は石を川に投げ込んだ.

into   out of

A frog jumped *into* the pond and a fish jumped out of the water.
(カエルが池に跳び込んで, そして魚が水面からはね出た)

❷ The rain changed *into* snow. 雨は雪に変わった / translate [put] Japanese *into* English 日本語を英語に訳す / translation *into* Japanese 日本語への翻訳.

in·tol·er·a·ble /intálərəbl インタレラブル/ 形 がまんできない, 耐えられない (反 tolerable). ▶an *intolerable* humiliation 耐えがたい屈辱 / *intolerable* heat 耐えがたい暑さ.

in·tol·er·a·bly /intálərəbli インタレラブリ/ 副 がまんできないほど, 耐えられないほどに.

in·tol·er·ance /intálərəns インタレランス/ 名 U がまんできないこと, 耐えられな

introverted

いこと(反 tolerance).

in·tol·er·ant /ɪntάlərənt イントレラント/ 形 がまんできない, 耐えられない.

in·to·na·tion /ɪntənéɪʃən イントネイション/ 名 U 〖音声〗(声の)抑揚, イントネーション.

in·tox·i·cate /ɪntάksəkèɪt インタクスィケイト/ 動 (現分 -cat·ing) 他 《文語》
❶ (酒が)(人)を酔わせる. ❷ (ものごとが)(人)を興奮させる.

in·tox·i·cat·ed /ɪntάksəkèɪtɪd インタクスィケイティド/ 形 ❶ 《文語》酔った.
❷ うっとりした.

in·tox·i·ca·tion /ɪntὰksəkéɪʃən インタクスィケイション/ 名 U 《文語》❶ 酔い. ❷ うっとりした.

in·tran·si·tive /ɪntrænsətɪv イントランスィティヴ/ 形 〖文法〗自動詞の.
— 名 = **intransitive verb**.

intránsitive vérb 名 C 〖文法〗自動詞 《目的語をとらない動詞; ○ v.i., vi と略す》.

in·tra·ve·nous /ɪntrəvíːnəs イントラヴィーナス/ 形 〖医学〗静脈内(へ)の.
▶an *intravenous* drip 点滴.

in·trep·id /ɪntrépɪd イントレピッド/ 形 《文語》恐れを知らない, 大胆な.

in·tri·ca·cy /ɪ́ntrɪkəsi イントリカスィ/ (★アクセント注意) 名 (複 -ca·cies /-z/)
❶ U 複雑さ. ❷ C 《しばしば複数形で》こみ入った細部.
☞ 形 **intricate**.

in·tri·cate /ɪ́ntrɪkət イントリケト/ (★アクセント注意) 形 こみ入った, 複雑な.
☞ 名 **intricacy**.

in·trigue /ɪntríːg イントリーグ/ 動 (現分 in·trigu·ing) 他 …の好奇心を大いにそそる.
— 名 U C 陰謀(いんぼう) (事件).

in·tri·gu·ing /ɪntríːgɪŋ イントリーギング/ 形 好奇心をそそる.

in·trin·sic /ɪntrínzɪk イントリンズィック/ 形 《文語》本質的な.

in·trin·si·cal·ly /ɪntrínzɪkəli イントリンズィカリ/ 副 《文語》本質的に.

*__in·tro·duce__ /ɪ̀ntrədjúːs イントロドゥース, ・デュース/ 動 (-duc·es /-ɪz/; -duced /-t/; -duc·ing) 他
❶ ⓐ (初めて会って)(人)を**紹介する**.
ⓑ (番組内容など)を紹介する.
❷ (新しいもの)を**導入する**, 取り入れる,

使うようになる.
❸ (人)に(新しいことを)教える, 経験させる.
❹ (議案などを)…に提出する, (話題など)を持ち出す.

❶ⓐ Allow me to *introduce* myself. 自己紹介させてください / Let me *introduce* my friend Mr. Brown (to you). 私の友人のブラウン氏をご紹介します.
❷ Potatoes were *introduced* into Europe by Columbus. じゃがいもはコロンブスによってヨーロッパにもたらされた / *introduce* a new computer system 新しいコンピューターシステムを導入する.
❸ She *introduced* me *to* surfing [the world of music]. 彼女は私に(は初めての)サーフィン[音楽の世界]を教えてくれた.
❹ *introduce* a bill 法案を提出する.
☞ 名 **introduction**.

*__in·tro·duc·tion__ /ɪ̀ntrədʌ́kʃən イントロダクション/ 名 (複 ~s /-z/)
❶ U C 紹介.
❷ U (新しいものの)**導入**, 取り入れ.
❸ C 序文, 序論, 前置き.
❹ C 手ほどき, 初体験, 入門(書).
❺ C 〖音楽〗序奏, 前奏.

❶ The hostess made the *introductions* and we shook hands. 女主人が紹介しわれわれは握手した / a letter of *introduction* 紹介状.
❷ the *introduction* of automation [the euro] オートメーション[ユーロ]の導入.
❸ the *introduction* to the dictionary その辞書の序文.
❹ the *introduction* to skiing スキーへの手ほどき.
☞ 動 **introduce**.

in·tro·duc·to·ry /ɪ̀ntrədʌ́ktəri イントロダクトリ/ 形 ❶ 紹介の; 序文の, 前置きの.
❷ 手ほどきの, 入門の.
☞ 名 **introduction**.

in·tro·vert /ɪ́ntrəvə̀ːrt イントロヴァート/ 名 C 内向的な人 (反 extrovert).

in·tro·vert·ed /ɪ́ntrəvə̀ːrtɪd イントロ

in·trude /intrúːd イントルード/ 動 (~s /-dz/; in·trud·ed /-id/; in·trud·ing) 🅐 勝手にはいりこむ, 侵入する.
▶Someone *intruded* into our yard. だれかがわが家の庭に勝手にはいりこんだ / Don't *intrude* on [*into*] his privacy. 彼の私生活に立ち入るな.
☞ 名intrusion, 形intrusive.

in·trud·er /intrúːdər イントルーダ/ 名 C 侵入者, じゃま者.

in·tru·sion /intrúːʒən イントルージョン/ 名 UC 侵入, じゃま.
☞ 動intrude.

in·tru·sive /intrúːsiv イントルースィヴ/ 形 侵入する, じゃまする.
☞ 動intrude.

in·tu·i·tion /ìntjuíʃən イントゥイション, ·テュイ·/ 名 UC 直観, ひらめき.
▶by *intuition* 直観で.
☞ 形intuitive.

in·tu·i·tive /intjúːitiv イントゥーイティヴ, ·テュー·/ 形 直観の, 直観的な.
▶an *intuitive* understanding of ... …の直観的な理解.
☞ 名intuition.

in·tu·i·tive·ly /intjúːitivli イントゥーイティヴリ, ·テュー·/ 副 直観的に.

In·u·it /ínjuit イヌイト, イニュ·/ 名 (複 ~s /-ts/, ~) C イヌイット, エスキモー《アラスカ北部やカナダ東部に住む民族; ☞ Eskimo》.

in·un·date /ínəndèit イナンデイト/ 動 (現分 -dat·ing) 🅐 ❶《文語》…を水浸しにする. ❷《be inundated with [by] ...で》…であふれる, …が押しよせる.
▶❷The publisher *was inundated with* orders for the book. 出版社にその本の注文が殺到した.

*in·vade /invéid インヴェイド/ 動 (~s /-dz/; in·vad·ed /-id/; in·vad·ing) 🅐
❶ (占領しようと)…に**侵入する**, …を侵略する.
❷ (群れをなして)…に**押し寄せる**.
— 🅑 ❶ (占領しようと)侵入する, 侵略する.
❷ (群れをなして)押し寄せる.

・・・・・・・・・・・・・・・・・・・・・・・・・・・・・・
🅐 ❶ Germany *invaded* many European countries in World War II. ドイツは第二次世界大戦で多くのヨーロッパの国々を侵略した.
❷ Skiers *invade* the small mountain village in the winter. スキー客が冬にはその小さな山村に押し寄せる.
☞ 名invasion.

in·vad·er /invéidər インヴェイダ/ 名 C 侵略者.

in·va·lid¹ /ínvəlid インヴァリッド/ 《★アクセント注意》名 C 病人, 障害者.
— 形 病気の, 障害のある.

in·va·lid² /ìnvǽlid インヴァリッド/ 《★アクセント注意》形 ❶ (法律的に)無効の (反 valid). ❷ 根拠のない, 妥当でない.

in·val·i·date /invǽlədèit インヴァリデイト/ 動 (現分 -dat·ing) 🅐 《文語》❶ (法的に)…を無効にする. ❷ …がまちがっていることを証明する.

in·val·u·a·ble /invǽljuəbl インヴァリュ(ア)ブル/ 形 たいへん貴重な, 非常に価値のある《🔾「評価することができないほどの」という意味で, valuable の反意語ではない》.
▶*invaluable* help たいへん貴重な援助.

in·var·i·a·ble /ìnvéəriəbl インヴェ(ア)リアブル/ 形 一定不変の.

in·var·i·a·bly /ìnvéəriəbli インヴェ(ア)リアブリ/ 副 変わることなく, 常に.

in·va·sion /invéiʒən インヴェイジョン/ 名 UC ❶ (占領するための)侵入, 侵略. ❷ 多数押し寄せること. ❸ (権利などの)侵害.
☞ 動invade.

*in·vent /invént インヴェント/ 動 (~s /-ts/; ~ed /-id/; ~ing) 🅐 ❶ …を**発明する**, 考案する.
❷ (話などを)**でっち上げる**.

・・・・・・・・・・・・・・・・・・・・・・・・・・・・・・
❶ *invent* the telephone 電話を発明する / *invent* a new system 新しいシステムを考え出す.
❷ He *invented* an excuse for being late. 彼は遅れたことの言いわけをでっち上げた.
☞ 名invention, 形inventive.

*in·ven·tion /invénʃən インヴェンション/ 名 (複 ~s /-z/)
❶ U **発明**.
❷ C 発明品, 考案したもの.
❸ U 発明の才, 新しいものを考案する力.

❹ⒶⒸでっち上げ, 作り話.

❶ the *invention* of the steam engine 蒸気機関の発明. ❷ The computer is a wonderful *invention*. コンピューターはすばらしい発明だ.

☞ 動invent.

in·ven·tive /invéntiv インヴェンティヴ/ 形 発明の才のある, 新しいものを考案する力のある.

☞ 動invent.

in·ven·tive·ness /invéntivnəs インヴェンティヴネス/ 名Ⓤ独創性.

in·ven·tor /invéntər インヴェンタ/ 名Ⓒ 発明者, 考案者.

in·ven·to·ry /ínvəntɔ̀:ri インヴェントーリ/ 名(複 -to·ries /-z/)Ⓒ (商品などの)目録, 在庫品.

in·verse /ìnvə́:rs インヴァース/ 形 逆の, 反対の.

in·verse·ly /ìnvə́:rsli インヴァースリ/ 副 逆に, 逆さに.

in·ver·sion /invə́:rʒən インヴァージョン/ 名ⓊⒸ《文語》❶ 逆[逆さ]にすること. ❷ 〖文法〗倒置, 語順転倒.

in·vert /invə́:rt インヴァート/ 動他《文語》 …を逆[逆さ]にする.

in·vert·ed /invə́:rtid インヴァーティド/ 形 逆[逆さ]になった.

invérted cómmas 名複 (英) 引用符 (' ' または" "; ⦿quotation marksともいう).

*__**in·vest**__ /invést インヴェスト/ 動 (~s /-ts/; ~·ed /-id/; ~·ing) 他

❶ (金)を**投資する**.
❷ (時間・努力など)を注ぎこむ.
— 自《invest in …》❶ …に投資する; …を買う.
❷ …に時間[努力など]を注ぎこむ.

他 ❶ He *invested* his savings *in* stocks. 彼は自分の貯金を株式に投資した. ❷ She *invested* a lot of time *in learning* Spanish. 彼女はスペイン語を身につけるのにたくさんの時間を注ぎこんだ.

— 自 ❶ *invest in* a big project 大きなプロジェクトに投資する / *invest in* a new car 新しい車を買う.

☞ 名investment.

*__**in·ves·ti·gate**__ /invéstəgèit インヴェスティゲイト/ (★アクセント注意) 動 (~s /-ts/; -gat·ed /-id/; -gat·ing) 他 (真実・原因などを知るために)…を**調査する**, 調べる.
— 自 (真実・原因などを知るために)調査する, 調べる.

▶ 他 They are *investigating* the cause of the plane crash. 彼らは飛行機の墜落の原因を調査している / *investigate* a murder 殺人事件を調べる.

☞ 名investigation.

*__**in·ves·ti·ga·tion**__ /invèstəgéiʃən インヴェスティゲイション/ 名 (複 ~s /-z/)ⓊⒸ (真実・原因などを知るための)**調査**, 取り調べ.

▶ The police made a close *investigation* into the murder. 警察は殺人事件を綿密に調査した.

be under investigation 調査中である.

☞ 動investigate.

in·ves·ti·ga·tive /invèstəgéitiv インヴェスティゲイティヴ/ 形 調査の, (不正などを)あばく.

in·ves·ti·ga·tor /invéstəgèitər インヴェスティゲイタ/ 名Ⓒ 調査者, 研究者; 捜査員.

*__**in·vest·ment**__ /invéstmənt インヴェストメント/ 名(複 ~s /-ts/) ❶ⓊⒸ**投資**; 投資金.
❷ Ⓒ 投資対象のもの.

☞ 動invest.

in·ves·tor /invéstər インヴェスタ/ 名Ⓒ 投資者, 出資者.

in·vig·or·ate /invígərèit インヴィゴレイト/ 動(現分 -at·ing) 他 …を元気づける, 力づける. ☞ 名vigor.

in·vig·or·at·ing /invígərèitiŋ インヴィゴレイティング/ 形 元気の出る, さわやかな.

in·vin·ci·ble /invínsəbl インヴィンスィブル/ 形《文語》負けることのない, 無敵の.

in·vis·i·bil·i·ty /invìzəbíləti インヴィズィビリティ/ 名Ⓤ ❶ 目に見えないこと, 隠れていること. ❷ (差別などで)正当に扱われていないこと.

*__**in·vis·i·ble**__ /invízəbl インヴィズィブル/ 形 ❶ **目に見えない**; (存在しているが)目には見えない (反 visible).
❷ (統計などの)表に現われない.

invisibly

▶ ❶ become *invisible* 見えなくなる / *invisible* barriers 目には見えない障害.

☞ 名 invisibility.

in·vis·i·bly /invízəbli インヴィズィブリ/ 副 目に見えないほど; 目に見えないように.

＊in·vi·ta·tion /ìnvətéiʃən インヴィテイション/ 名 (複 ~s /-z/) C
❶ **招待**.
❷ **招待状**.

──────────

❶ a letter of *invitation* 招待状 / accept 〔decline〕 an *invitation* 招待を受ける〔断わる〕.
❷ receive an *invitation* to dinner ディナーへの招待状を受け取る.

☞ 動 invite.

＊in·vite /inváit インヴァイト/ 動 (~s /-ts/; in·vit·ed /-id/; in·vit·ing) 他
❶ …を**招待する**, 招く.
❷ ⓐ (人の意見など)を**求める**, 請(こ)う.
ⓑ 《invite ... to *do*》…に__するように**頼む**, 依頼する.
❸ (非難・危険など)をもたらす, 招く.

──────────

❶ We *invited* him to dinner. 私たちは彼を食事に招いた.
❷ ⓐ The speaker *invited* questions. 講演者は遠慮なく質問してくださいと言った.
ⓑ He was *invited to* speak at the conference. 彼はその大会で講演をするように依頼された.
❸ Careless driving *invites* accidents. 不注意運転は事故をもたらす.

☞ 名 invitation.

in·vit·ing /inváitiŋ インヴァイティング/ 形 人をひきつけるような, 魅力的な.

in·vit·ing·ly /inváitiŋli インヴァイティングリ/ 副 人をひきつけるように, 魅力的に.

in·voice /ínvɔis インヴォイス/ 名 C 〔商業〕請求書, インヴォイス.

in·voke /invóuk インヴォウク/ 動 (現分 in·vok·ing) 他 ❶ (法律など)に訴える.
❷ (感情など)を引き起こす.

in·vol·un·tar·i·ly /ìnváləntèrəli インヴァランテリリ/ 副 思わず; 無意識に.

in·vol·un·tar·y /inválənteri インヴァランテリ/ 形 思わず知らずの, 無意識の (反 voluntary).

＊in·volve /inválv インヴァルヴ/ 動 (~s /-z/; in·volved /-d/; in·volv·ing) 他
❶ …を(必然的に)**含む**, 意味する.
❷ ⓐ …を**巻きこむ**, 巻き添えにする.
ⓑ …にまで影響する.

──────────

❶ Foreign travel *involves* a lot of expense. 海外旅行には当然多額の費用がかかる.
❷ ⓐ Don't *involve* me *in* your quarrel. 君たちのけんかに私を巻き込まないでくれ.
ⓑ The traffic jam *involved* school children. 交通マヒは学校の生徒にまで影響した.

involve oneself in ... …にかかわる: You'd better not *involve yourself in* their scheme. 彼らのたくらみにはかかわらないほうがいいよ.

in·volved /inválvd インヴァルヴド/ 形
❶《be involved in ...》…にかかわっている, 参加している.
❷《be involved with ...》…とかかわりをもっている, 関係をもっている; (人)と(性的)関係がある.
❸ こみいった, 複雑な.

──────────

❶ He is deeply *involved in* a social welfare project. 彼はある社会福祉のプロジェクトに深くかかわっている / be *involved in* starting a business 事業を立ち上げるのに参加している.
❷ She *was involved with* the suspect. 彼女はその容疑者とかかわり合いをもっていた.

in·volve·ment /inválvmənt インヴァルヴメント/ 名 U ❶ 巻きこむ[まれる]こと, かかわりをもつこと. ❷ 深い関心, 入れこみ.

in·vul·ner·a·ble /ìnválnərəbl インヴァルネラブル/ 形 傷めつけられることのない, 傷つくことのない, 被害を受けることのない (反 vulnerable).

＊in·ward /ínwərd インワド/ 副 ❶ **内(側)へ[に]**, 内部へ[に] (反 outward).
❷ 心の中で[へ].
── 形 ❶ **内側へ向かう**, 内に向いた, 内部の (反 outward).
❷ 心の中の.

abcdefgh**ij**klmnopqrstuvwxyz　　　　　　　　　　　　　　　　　　　　**irrational**

副 ❶ The door opens *inward*. ドアは内側へ開く.
— **形 ❶**an *inward* curve 内側への湾曲(ホッッ). ❷*inward* happiness 心の中の幸福感.

in·ward·ly /ínwərdli インワドリ/ **副**
❶心の中で, ひそかに. ❷内部へ[に].

in·wards /ínwərdz インワツ/ **副** = inward.

i·o·dine /áiədàin アイオダイン, -dìːn/ **名** ⓒ【化学】ヨー素《元素記号 I》.

i·on /áiən アイオン/ **名**ⓒ【化学】イオン.

IOU, I.O.U. /áiòujúː アイオウユー/ **名**《複 ~s, ~'s /-z/》ⓒ借用証書《◎I owe you の音をとった略字; *IOU* $100, John Smith. (100ドル借用しました, ジョン・スミス)と書く》.

I·o·wa /áiəwə アイオワ/ **名**アイオワ《アメリカ中西部の州; ✲【郵便】IA と略す》.

IPA 《略語》*I*nternational *P*honetic *A*lphabet 国際音標文字.

iPod /áipɑ̀d アイパド/ **名**ⓒアイポッド《Apple Computer社の携帯MP3プレーヤー;商標》.

IQ, I.Q. /áikjúː アイキュー/ **名**ⓒ知能指数《intelligence quotient のかしら文字から作った語》.

ir- /ì イ/ **接頭** = **in-**¹《r-で始まる語の前の変形》.▶*ir*regular 不規則な / *ir*relevant 関係のない.

I·ran /iráːn イラーン/《★アクセント注意》**名**イラン《旧名ペルシア (Persia); 首都テヘラン (Teheran)》.

I·ra·ni·an /iréiniən イレイニアン/ **形**
❶イランの. ❷イラン人の. ❸イラン語の.
— **名 ❶**ⓒイラン人. ❷Ⓤイラン語.

I·raq /iráːk イラーク/《★アクセント注意》**名**イラク《首都バグダッド (Bag(h)dad)》.

I·ra·qi /iráːki イラーキ/ **形 ❶**イラクの.
❷イラク人の. — **名**ⓒイラク人.

i·rate /airéit アイレイト/ **形**《文語》ひどくおこった.

Ire·land /áiərlənd アイアランド/ **名**
❶アイルランド島《南部のアイルランド共和国 (the Republic of Ireland) と北部のイギリスに属する北アイルランド (Northern Ireland) とに分かれている》.
❷アイルランド(共和国)《アイルランドの南

部を占める共和国; 正式名は the Republic of Ireland で the Irish Republic ともいう; 首都ダブリン (Dublin)》.
☞**形**Irish.

i·ris /áiəris アイ(ア)リス/ **名**《複 ~es /-iz/》
❶ⓒ【解剖】(眼球の)虹彩(ミミ゙)《☞eye》.
❷ⓒアイリス《アヤメ科の植物》.

I·rish /áiəriʃ アイ(ア)リシュ/ **形 ❶**アイルランドの. ❷アイルランド人の. ❸アイルランド語の.
☞**名**Ireland.
— **名 ❶**Ⓤアイルランド語. ❷《the をつけて;集合的に》アイルランド人.

٭٭i·ron /áiərn アイアン/《★発音注意》**名**
《複 ~s /-z/》❶Ⓤ鉄《元素記号 Fe》;《形容詞的に》鉄製(の).
❷ⓒアイロン.
❸ⓐ Ⓤ鉄のような堅さ[強さ].
ⓑ《形容詞的に》鉄のように堅い, 強固な.
❹ⓒ【ゴルフ】アイアン《金属ヘッドのついたクラブ》.
— **動**《~s /-z/; ~ed /-d/; ~·ing》他…にアイロンをかける.
— 自アイロンをかける.

名 ❶ This is made of *iron*. これは鉄でできている / an *iron* fence 鉄さく / ことわざ Strike while the *iron* is hot. 鉄は熱いうちに打て(好機を逃がすな).
❸ⓑ an *iron* will 鉄の意志.
— **動**他 *iron* a shirt シャツにアイロンをかける.

iron out 他《口語》(困難・問題など)を処理する.

i·ron·ic /airánik アイラニック/ **形**皮肉な.
☞**名**irony.

i·ron·i·cal /airánikəl アイラニカル/ **形** = ironic.

i·ron·i·cal·ly /airánikəli アイラニカリ/ **副**皮肉に(も).

i·ron·ing /áiərniŋ アイアニング/ **名**Ⓤアイロンかけ.

íroning bòard **名**ⓒアイロン台.

i·ro·ny /áiərəni アイ(ア)ロニ/ **名**《複 i·ro·nies /-z/》❶Ⓤ(ユーモアをこめた)皮肉(な言い方), あてこすり. ❷ⓒ運命の皮肉, 皮肉な巡り合わせ.
☞**形**ironic.

ir·ra·tion·al /irǽʃənəl イラショナル/ **形**不

irrationality

合理な.
ir·ra·tion·al·i·ty /ɪræʃənæləti イラショナリティ/ 名U 不合理.
ir·ra·tion·al·ly /ɪræʃənəli イラショナリ/ 副 不合理に.
ir·rec·on·cil·a·ble /ɪrèkənsáiləbl イレコンサイラブル/ 形 (考えなどが)両立しないほど異なる.
ir·rec·on·cil·a·bly /ɪrèkənsáiləbli イレコンサイラブリ/ 副 両立しないほど(異なって).
*ir·reg·u·lar /ɪrégjulər イレギュラ/ 形 (more ~; most ~)
❶ (時間の間隔などが)**不規則な**, 変則的な (反 regular).
❷ (形などが)ふぞろいの, (表面などが)でこぼこした.
❸ ⓐ 規律にそっていない, だらしのない.
ⓑ 正式でない, 欠点のある, ふつうでない.
❹ 〖文法〗(語形変化が)不規則の.

・・・・・・・・・・・・・・・・・・・・・・・・・・・・
❶ His working hours are *irregular*. 彼の労働時間は不規則だ / an *irregular* heartbeat 不規則な心臓の鼓動.
❷ She has *irregular* teeth. 彼女は歯ならびが悪い / an *irregular* surface でこぼこした表面.
❸ an *irregular* life 不規則な生活.
❹ an *irregular* verb 不規則動詞.
☞ 名 irregularity.

ir·reg·u·lar·i·ty /ɪrègjulǽrəti イレギュラリティ/ 名 (複 -ties /-z/) ❶ U 不規則, 変則; ふぞろい. ❷ C 不規則なもの[こと], 変則(的)なもの[こと]; ふぞろいなもの[こと].
☞ 形 irregular.

ir·reg·u·lar·ly /ɪrégjulərli イレギュラリ/ 副 不規則に, 変則(的)に; ふぞろいに.
ir·rel·e·vance /ɪréləvəns イレレヴァンス/ 名U 無関係, 不適切, 見当違い.
ir·rel·e·van·cy /ɪréləvənsi イレレヴァンスィ/ 名U = **irrelevance**.
ir·rel·e·vant /ɪréləvənt イレレヴァント/ 形 関係のない, 不適切な, 見当違いの (反 relevant).
ir·rep·a·ra·ble /ɪrépərəbl イレパラブル/ 形 ❶ 修理できない (反 reparable).
❷ 取り返しのつかない.

ir·rep·a·ra·bly /ɪrépərəbli イレパラブリ/ 副 ❶ 修理できないほどに. ❷ 取り返しのつかないほどに.
ir·re·place·a·ble /ɪripléisəbl イリプレイサブル/ 形 代わりのない, かけがえのない.
ir·re·press·i·ble /ɪriprésəbl イリプレスィブル/ 形 抑えることのできない.
ir·re·sist·i·ble /ɪrizístəbl イリズィスティブル/ 形 ❶ 抵抗できない, 圧倒的な.
❷ 非常に魅力的な.
ir·re·spec·tive /ɪrispéktiv イリスペクティヴ/ 形 《次の成句で》 : ***irrespective of …*** …にかかわりなく, 関係なく : *irrespective of* age [sex] 年齢[男女]に関係なく.
ir·re·spon·si·bil·i·ty /ɪrispɑnsəbíləti イリスパンスィビリティ/ 名U 無責任 (反 responsibility).
ir·re·spon·si·ble /ɪrispɑnsəbl イリスパンスィブル/ 形 (more ~; most ~) 無責任な, いいかげんな (反 responsible). ▸ an *irresponsible* person 無責任な人.
ir·re·spon·si·bly /ɪrispɑnsəbli イリスパンスィブリ/ 副 無責任に.
ir·rev·er·ence /ɪrévərəns イレヴァランス/ 名U うやまう心がないこと, 不敬.
ir·rev·er·ent /ɪrévərənt イレヴァラント/ 形 うやまう心のない, 無礼な.
ir·rev·er·ent·ly /ɪrévərəntli イレヴァラントリ/ 副 無礼にも.
ir·re·vers·i·ble /ɪrivə́ːrsəbl イリヴァースィブル/ 形 ❶ 逆にできない, 元にもどせない. ❷ 取り消せない, 変更できない.
ir·rev·o·ca·ble /ɪrévəkəbl イレヴォカブル/ 形 《文語》 取り消せない, 変更できない.
ir·ri·gate /ɪ́rəgèit イリゲイト/ 動 (現分 -gating) 他 (土地に)水を引く, 灌漑(かんがい)する.
ir·ri·ga·tion /ɪ̀rəgéiʃən イリゲイション/ 名U 灌漑(かんがい).
ir·ri·ta·bil·i·ty /ɪ̀rətəbíləti イリタビリティ/ 名U いらいらしやすいこと, おこりやすいこと, 短気.
ir·ri·ta·ble /ɪ́rətəbl イリタブル/ 形 すぐにいらいらする, おこりっぽい, 短気な.
ir·ri·tant /ɪ́rətənt イリタント/ 名C いらいらさせるもの; 刺激物.
ir·ri·tate /ɪ́rətèit イリテイト/ 動 (現分 -tating) 他 ❶ ⓐ …をいらいらさせる, おこらせる.

ⓑ《be irritated》いらいらする[している].
❷(肌・目など)をひりひりさせる,刺激する.

---

❶ⓐThe constant noise *irritated* me. その鳴り止まない騒音(そうおん)に私はいらいらした. **ⓑ**She *was irritated* at [by] his bad manners. 彼女は彼の不作法にいらいらした.
❷*irritate* the skin 肌をひりひりさせる.

☞ 名 irritation.

ir·ri·tat·ed /írətèitid イリテイティド/ 形
❶(人が)いらいらした, おこった.
❷(体の一部が)炎症を起こしている.

ir·ri·tat·ing /írətèitiŋ イリテイティング/ 形
❶いらいらさせる. **❷**ひりひりする, 炎症を起こさせる.

ir·ri·ta·tion /ìrətéiʃən イリテイション/ 名
❶ⓐⓊいらいらしていること, いらだち.
ⓑⒸいらいらさせるもの.
❷Ⓤひりひりする[させる]こと.

☞ 動 irritate.

is¹ /(弱) iz イズ, z, s; (強) íz イズ/ 動
(was /(弱) wəz; (強) wáz | wɔ́z/; been /(弱) bin; (強) bí(:)n/; 現分 be·ing) 貞《主語が三人称単数であるときのbe¹の現在形》**❶**…である, …です.
❷…にある, いる.

---

❶This *is* a textbook. これは教科書です / His father *is* a teacher. 彼の父は先生だ.
❷There *is* a big tree in our garden. 私たちの家の庭には大きな木があります / Mary *is* in Tokyo now. メアリーは今東京にいる.

is² /(弱) iz イズ, z, s; (強) íz イズ/ 助
(was /(弱) wəz; (強) wáz | wɔ́z/; been /(弱) bin; (強) bí(:)n/; be·ing)《主語が三人称単数であるときのbe²の現在形》
❶《is *do*ing》《進行形》**ⓐ(今)__している(ところである)**.
ⓑ(もうすぐ)__することになっている.
❷《is+他動詞の過去分詞で》《受身形を作る》__される, __されている.

❸《is to *do*》**ⓐ**__することになっている.
ⓑ__すべきである. **ⓒ**__できる.

---

❶ⓐMy mother *is cooking* in the kitchen. 私の母は台所で料理をしている. **ⓑ**Mary *is coming* this afternoon. メアリーはきょう午後来ます(来るはずです).
❷Wine *is made* from grapes. ワインはブドウからつくられる / English *is spoken* all over the world. 英語は世界中で話されている.
❸ⓐHe *is to* arrive here soon. 彼はまもなくここに着くことになっている.
ⓑShe *is* [*is not*] *to* do it. 彼女はそれをしないとだめです[してはいけません].
ⓒIt *is not to* be denied. それは否定できない.

Is·lam /izlá:m イズラーム, is-/ 名Ⓤイスラム教.

Is·lam·a·bad /islá:məbà:d イスラマーバード, iz-/ 名イスラマバード《パキスタンの首都》.

Is·lam·ic /izlá:mik イズラーミック, is-/ 形イスラム教の; イスラム教徒の.

is·land /áilənd アイランド/《★sは発音されない》名 (複 ~s /-dz/)
❶ⓐⒸ島. **ⓑ**《形容詞的に》島の.
❷Ⓒ(街路上の)安全地帯 (○ *traffic island* または《米》では *safety island* ともいう).

---

❶ⓐthe Hawaiian *Islands* ハワイ諸島. **ⓑ**an *island* country 島国.

is·land·er /áiləndər アイランダ/ 名Ⓒ島の住民.

isle /áil アイル/《★sは発音されない》名Ⓒ島, 小島 (○ 詩語または固有名詞として用いる). ▶the *Isle* of Man マン島.

is·n't /íznt イズント/
❶《口語》《is¹ not の短縮形》**ⓐ**…ではない. **ⓑ**(…には)ない, いない.
❷《口語》《is² not の短縮形》.

---

❶ⓐShe *isn't* sick. 彼女は病気ではない / That's a very big ship, *isn't* it? あれはとても大きな船ではありませんか(大きな船ですね).
ⓑThere *isn't* a zoo in this city. こ

isolate

の市には動物園はない / The dictionary *isn't* on the bookshelf. その辞書は本棚にはない.

❷He *isn't* reading; he is writing a paper. 彼は本を読んでいるのではなく, レポートを書いているのです.

*i・so・late /áisəlèit アイソレイト/ (★アクセント注意) 動 (~s /-ts/; -lat・ed /-id/; -lat・ing) 他 ❶ …を**孤立させる**, 分離する, 切り離す.

❷(患者)を隔離(かくり)する.

・・・・・・・・・・・・・・・・・・・・・・・・・・・・・・・・・・・・

❶ The island is *isolated from* civilization. その島は文明から孤立している / *isolate* a country *from* the world organization ある国を世界組織から切り離して孤立させる.

☞ 名 isolation.

i・so・lat・ed /áisəlèitid アイソレイティド/ 形 ❶ 孤立した, 分離された, 隔離された.
❷(他とは切り離された) 単独の, 独立の.

i・so・la・tion /àisəléiʃən アイソレイション/ 名U 孤立, 分離, 隔離.

in isolation 孤立して.

☞ 動 isolate.

Is・ra・el /ízriəl イズリアル/ 名 イスラエル(共和国)(地中海に面する共和国; 首都エルサレム (Jerusalem)).

Is・rae・li /izréili イズレイリ/ 名 (複 ~s /-z/, Is・rae・li) C イスラエル人.
— 形 ❶ イスラエルの. ❷ イスラエル人の.

*is・sue /íʃu: イシュー/ 名 (複 ~s /-z/)

❶ C (社会的)**問題**, (議論の)話題.
❷ (**the** をつけて) (重要な)点 [問題].
❸ C (特定の月・週などの)雑誌, 新聞, 発行物.
❹ U (証明書・許可などの)発行.
— 動 (~s /-z/; is・sued /-d/; is・su・ing) 他 ❶ (声明・命令・警告など)を**出す**.
❷ (証明書・許可など)を**発行する**.

・・・・・・・・・・・・・・・・・・・・・・・・・・・・・・・・・・・・

名 ❶Discrimination is a serious *issue*. 差別は重大な問題だ / environmental [international] *issues* 環境 [国際] 問題.

（語の結びつき）

address [face] an *issue* 問題に取り組む [直面する]

avoid the *issue* 問題を回避する

confuse the *issue* 論点をぼかす
raise an *issue* 問題を提起する
settle an *issue* 問題を解決する

❸the March [latest] *issue* of the magazine その雑誌の3月[最新]号.
❹the *issue* of drivers' licenses [banknotes] 運転免許証[紙幣]の発行.

at issue 論争中で[の], 問題になっている: the point *at issue* 重要な(問題)点.

make an issue (out) of ... …を問題にして議論する.

take issue with ... (人)に反対する.

— 動 他 ❶The prime minister *issued* a statement. 首相が声明を出した / *issue* a warning to the citizens 市民に警告を発する.
❷ *issue* a visa ビザを発行する / *issue* new stamps 新しい切手を発行する.

***IT** /áití: アイティー/ 名U **情報技術** (*i*nformation *t*echnology の略).

***it** /(弱) it イト; (強) ít イット/ 代 (○所有格 its, 目的格 it, 再帰代名詞 itself).
❶ **それは, それを, それに**.
❷ 《天候・時間・距離・漠然とした状態などをさして》(○日本語には訳されない).
❸ 《うしろの語句を受けて》(○日本語には訳さない).
❹ 《語句を強調する形式 It is ... that で主語として用いて》(○日本語には訳さない).
❺ 《ある種の動詞または前置詞のあとに漠然とした目的語として》

・・・・・・・・・・・・・・・・・・・・・・・・・・・・・・・・・・・・

❶ I bought this CD yesterday. *It* was good buy. きのうこのCDを買ったがいい買い物をした[安かった] / She picked up an orange and smelled *it*. 彼女はオレンジを1個手にとってにおいをかいだ.

❷ *It* is fine today. きょうは晴れです / *It* is seven o'clock now. 今7時です / *It* is only a few minutes' walk from here to my home. ここから私の家へは歩いてほんの2, 3分の距離です / How is *it* in America? アメリカではいかがですか.

❸ *It* is impossible to do that. それを

することは不可能です / I think *it* necessary that you (should) get up earlier in the morning. あなたは朝もっと早く起きる必要があると思います.

❹ *It was* this dog *that* bit me. 私にかみついたのはこの犬です / *It was* on the bus *that* I met her. 私が彼女に会ったのはバスの中でした.

❺ Go *it* while you are young. 若い時はおおいにやれ / I had a very good time of *it*. とても楽しかった.

*I·tal·ian /itǽljən イタリャン/ 形 ❶ イタリアの. ❷ イタリア人の. ❸ イタリア語の.
☞ 名 Italy.
— 名 (複 ~s /-z/) ❶Ⓒイタリア人.
❷Ⓤイタリア語.

i·tal·ic /itǽlik イタリク/ 〔印刷〕形 イタリック体の, 斜体の.
— 名《複数形で》イタリック体 (*Japan* のような斜体活字をいう).

*It·a·ly /ítəli イタリ/《★アクセント注意》名 イタリア《ヨーロッパ南部の共和国; 首都ローマ (Rome)》.
☞ 形 Italian.

itch /itʃ イッチ/ 動 (三単現 ~es /-iz/) 自
❶ かゆい. ❷《**be itching to** *do*》《口語》 …したくてたまらない.
— 他 (人)をかゆがらせる.
— 名 ❶《an をつけて》かゆみ. ❷《単数形で》《口語》ほしくてたまらない気持ち.

動自 ❶ Her arm *itched*. 彼女は腕がかゆかった. ❷ I *was itching to* go out. 私は外出したくてたまらなかった.
— 名 ❶ She had *an itch* on her leg. 彼女は足がかゆかった. ❷ He has an *itch* for [to buy] a new car. 彼は新車を買いたくてうずうずしている.

itch·y /ítʃi イチィ/ 形 かゆい, むずむずする.

*it'd /ítud イトゥド/《口語》❶《**it would** の短縮形》.
❷《**it had**² の短縮形》.

---

❶ He said *it'd* clear up soon. 彼はじきに晴れあがるだろうと言った.
❷ She said *it'd* stopped raining. 彼女は雨はやんだと言った.

*i·tem /áitəm アイテム/ 名 (複 ~s /-z/) Ⓒ
❶ (リストなどの中の)**項目**, 箇条; 品目.

❷ 新聞[雑誌]記事.

❶ the chief export *items* 主要輸出品目 / three *items* of clothing 衣類 3 点.
❷ a news *item* (新聞の)ひとつのニュース.

i·tem·ize /áitəmàiz アイテマイズ/ 動 (現分 -iz·ing) 他 …を項目別にする, 箇条書きにする.

i·tin·er·ant /aitínərənt アイティネラント, it-/ 形 各地を回る, 巡回する.

i·tin·er·ar·y /aitínərèri アイティネレリ, it-/ 名 (複 -ar·ies /-z/) Ⓒ 旅行計画, 旅行日程.

*it'll /ítl イトル/《口語》《**it will** の短縮形》.
▶ *It'll* be all right. それは大丈夫でしょう.

its /(弱) its イツ; (強) íts イッツ/ 代《it** の所有格》**それの**《○ its はかならず後に名詞がくる》.
▶ The flower is pretty and *its* fragrance is sweet. その花はかわいく, その香りはよい.

*it's /its イツ/《口語》❶《**it is**¹ の短縮形》.
❷《**it is**² の短縮形》.
❸《**it has**² の短縮形》.

---

❶ I think *it's* good enough. それはよいと思います.
❷ *It's* getting warmer. 暖かくなってきた.
❸ *It's* been raining since morning. けさから雨が降り続いている.

*it·self /itsélf イトセルフ/ 代
❶《他動詞や前置詞の目的語として》**それ自身を[に]**.
❷《強調に用いて》それ自身, そのもの.

---

❶ The cat was amusing *itself* with a ball. ネコはボールで楽しんでいた.
❷ The vase *itself* is beautiful. 花びんそのものが美しい.

by itself ①（他から離れて）それだけで, 単独で: The house stands *by itself*. その家は一軒だけ離れて立っている. ②（他の助けを借りずに）独力で: The machine works *by itself*. その機械は自動的に動く. ③ひとりでに, 自然に: The light

went out *by itself*. 明かりはひとりでに消えた.
in itself 本来, それ自体: A thing good *in itself* can become harmful through its use. 本来良いものも使いようによっては悪いものになる.

*I've /áiv アイヴ/ 《口語》《**I have**[2] の短縮形》. ▶*I've* just finished lunch. 今昼食を終えたところです.

i·vo·ry /áivəri アイヴォリ/ 名 U ❶ 象牙(ぞうげ). ❷ アイボリー, 象牙色.

ívory tówer 名 C 象牙(ぞうげ)の塔《俗世間から離れた[逃避した]場所をいう》.

i·vy /áivi アイヴィ/ 名 (複 **i·vies** /-z/) UC 〔植物〕ツタ.

Ívy Léague 名《**the** をつけて》アイビーリーグ.
INFO▶ アメリカの東部の名門私立大学8校をさす. これらの大学にはツタ (ivy) でおおわれた古い建物があり, 運動競技の対抗試合をする Ivy League がそのグループの名前になった. 八つの大学とはハーバード大学 (Harvard University), エール大学 (Yale University), プリンストン大学 (Princeton University), コロンビア大学 (Columbia University), ペンシルベニア大学 (University of Pennsylvania), ブラウン大学 (Brown University), ダートマス大学 (Dartmouth College), コーネル大学 (Cornell University) である.

J j

J, j /dʒéi チェイ/ 名(複 J's, Js, j's, js /-z/) UC ジェイ《英語アルファベットの10番目の文字》.

jab /dʒǽb ヂァブ/ 動(~s /-z/; jabbed /-d/; jab·bing) 他 ❶ …をぐいと突く[押す], 突き刺す.
❷ 〖ボクシング〗…をジャブで打つ.
— 自 ❶ ぐいと突く.
❷ 〖ボクシング〗ジャブを出す.
— 名 C ❶ (鋭い)突き. ❷ 〖ボクシング〗ジャブ. ❸ 《英口語》注射.
▶ 動他 ❶ He *jabbed* his fork *into* the potato. 彼はジャガイモにフォークを突き刺した / She *jabbed* me *with* her elbow. 彼女はひじで私をぐいと突いた.

jab·ber /dʒǽbər ヂァバ/ 動 自他 (わけのわからないことを)早口にしゃべる, ペラペラしゃべる.
— 名《単数形で》早口のおしゃべり.

Jack /dʒǽk ヂァック/ 名 ❶ ジャック《男性の名: John の愛称》.
❷《ふつう jack で》C 若者, 男.
▶ ❶ ことわざ *Jack* of all trades (and) master of none. なんでも一応できる人はどれも大したことはない, 「多芸は無芸」(☞ jack-of-all-trades).

jack /dʒǽk ヂァック/ 名 C ❶ (トランプの)ジャック.
❷ 〖機械〗ジャッキ《油圧などを利用して重量物を押し上げる装置》.
❸ (プラグの)差し込み口.
— 動《次の成句で》: **jack up** 他 ① (車など)をジャッキで持ち上げる: She *jacked up* the car to change the tire. タイヤを取りかえるために彼女はジャッキで車を持ち上げた. ② (価格など)を大きく上げる.

jack·al /dʒǽkəl ヂァカル/ 名 C 〖動物〗ジャッカル.

＊jack·et /dʒǽkit ヂァケット/ 名(複 ~s /-ts/) C ❶ ジャケット《丈の短い上着》, ジャンパー(☞ jumper²). ❷ ❷ (本の)カバー(❀ book jacket, dust jacket; 英語の cover は「本の表紙」). ❷ 《米》(レコードの)ジャケット(❀《英》では sleeve).
❸ ジャガイモの皮.

jack-in-the-box /dʒǽkin-ðə-bàks ヂァキン・ザ・バックス/ 名(複 ~es /-iz/, jacks-in-the-box /dʒǽks-/) C びっくり箱.

jack·knife /dʒǽknàif ヂァクナイフ/ 名(複 -knives /-nàivz/) C ジャックナイフ《大型の携帯用折り込みナイフ》.
— 動 自(連結車両が)V字型に折れ曲がる.

jack-of-all-trades /dʒǽkəvɔ́:l-tréidz ヂァカヴォール・トレイヅ/ 名(複 jacks-of-all-trades /dʒǽks-/) C なんでも器用にできる人, よろず屋, 何でも屋《どれも中途半端という含みがある》.

jack-o'-lan·tern /dʒǽkə-lǽntərn ヂァコ・ランタン/ 名 C おばけちょうちん, カボチャのちょうちん(☞ Halloween).

jack·pot /dʒǽkpàt ヂァクパット/ 名 C ❶ 多額の賞金. ❷《口語》大当たり, 大成功.
hit the jackpot ① 多額の賞金を得る. ② 《口語》大もうけする, 大成功する.

Ja·cob /dʒéikəb ヂェイコブ/ 名 ジェイコブ《男性の名》.

Ja·cuz·zi /dʒəkú:zi ヂャクーズィ/ 名 C 〖商標〗ジャクージ《噴流式気泡ぶろ》.

jade /dʒéid ヂェイド/ 名 U 〖鉱物〗ひすい《ふつう緑色》.

jad·ed /dʒéidid ヂェイディド/ 形 へとへとの, うんざりした.

jag·ged /dʒǽgid ヂァゲッド/ (★発音注意) 形 ぎざぎざのある, のこぎりの歯のような.

jag·uar /dʒǽgwɑːr ヂァグワー | -gjuə/ 名 C 〖動物〗ジャガー《熱帯アメリカ産のヒョウに似た動物》.

＊jail /dʒéil ヂェイル/ 名(複 ~s /-z/)
❶ C 刑務所 (prison)(❀《英》では gaol ともつづるが発音は同じ).
❷ U 刑務所への監禁.

jailer

— 動 他 …を投獄する.
▶ 2 break [escape from] *jail* 脱獄する.

jail·er, jail·or /dʒéilər ヂェイラ/ 名 C (刑務所の)看守 (《英》では gaoler ともつづる).

Ja·kar·ta /dʒəkáːrtə ヂャカータ/ 名 ジャカルタ《インドネシア (Indonesia) 共和国の首都》.

*__jam__**¹** /dʒém ヂャム/ 動 (~s /-z/; jammed /-d/; jam·ming) 他 ❶ …を(ぎっしり)押しこむ, 詰めこむ.
❷ (たくさんの人や物が)(場所)をふさぐ.
❸ …をぐいと押す. ❹ (機械など)を動かなくする. ❺ (放送・電波など)を妨害する.
— 自 ❶ (物が詰まって[つかえて])動かなくなる.
❷ ぎっしり詰まる.
— 名 (複 ~s /-z/) C ❶ (身動きがとれないほどの)込み合い, 雑踏. ❷ (機械などの)停止, 故障. ❸ (口語)苦境, 窮地, 困難.

動 他 ❶ The tourist *jammed* all his things *into* one suitcase. その観光客は持ち物をすべてひとつのスーツケースに詰め込んだ. ❷ Crowds *jammed* the streets. 群集が通りにあふれた / The passage *was jammed with* people. その通路は人でぎっしり詰まっていた.
— 名 ❶ a traffic *jam* 交通渋滞(じゅうたい).
❸ He is in a *jam*. 彼は窮地に陥っている.

---

*__jam__**²** /dʒém ヂャム/ 名 U ジャム (☞jelly).
▶ raspberry *jam* ラズベリージャム.

Ja·mai·ca /dʒəméikə ヂャメイカ/ 名 ジャマイカ《西インド諸島 (West Indies) 中の島》.

Ja·mai·can /dʒəméikən ヂャメイカン/ 形
❶ ジャマイカの. ❷ ジャマイカ人の.
— 名 C ジャマイカ人.

jam·bo·ree /dʒæmbərí: ヂャンボリー/ 名 C ❶ ジャンボリー《ボーイスカウトやガールスカウトの大会》. ❷ お祭り騒ぎ.

James /dʒéimz ヂェイムズ/ 名 ジェームズ《男性の名; 愛称 Jim》.

jam-packed /dʒém-pækt ヂャム・パックト/ 形 《口語》 ❶ ぎゅうぎゅう詰めの.
❷ 《be jam-packed with …》で…をぎゅうぎゅう詰め込んでいる, すし詰めである.

▶ ❷ The hall *was jam-packed with* people. ホールは人ですし詰めだった.

jám sèssion 名 C ジャズやロックの即興演奏会.

Jan. (略語)January.

Jane /dʒéin ヂェイン/ 名 ジェーン《女性の名; 愛称 Janet, Jenny, Jennie》.

Jan·et /dʒénit ヂァネット/ 名 ジャネット《Jane の愛称》.

jan·gle /dʒéŋgl ヂャングル/ 動 (現分 jan·gling) 自 (金属と金属がぶつかって)ジャンジャン鳴る.
— 他 ❶ …をジャンジャン鳴らす.
❷ (神経など)をいらだたせる.
— 名 U (鐘などの)やかましい響き, 騒がしさ.

jan·i·tor /dʒénətər ヂャニタ/ 名 C 《おもに米》(ビル・アパートなどの)管理人.

__Jan·u·ar·y__ /dʒénjuèri ヂァニュエリ|-əri/ 名 **1月**(《Jan. と略す》).

I was born *in January*. 私は1月に生まれた / *on January* 26 [*on 26 January*] 1月の26日に.

|語法| January 26 は《米》では January twenty-sixth, 《英》では January (the) twenty-sixth と読む. また 26 January は《米》では twenty-six January, 《英》では the twenty-sixth of January と読む. 「…月に」の場合は前置詞は in を用い, 「…月…日に」の場合は on を用いる.

__Ja·pan__ /dʒəpén チャパン/ 名 **日本**.
INFO マルコポーロ (Marco Polo) は「東方見聞録」で日本を黄金の国ジパング (*Chipangu*) と紹介した. 中国語の *Jihpûn* (日本)が彼にはそう聞こえたらしい. この中国語がマレー語を経て英語にはいって Japan になったといわれる.
☞ 形 Japanese.

__Jap·a·nese__ /dʒæpəní:z ヂァパニーズ/ 形 ❶ **日本の**.
❷ **日本人の**.
❸ **日本語の**.
— 名 (複 Japanese) ❶ ⓐ C **日本人**.
ⓑ 《the をつけて; 複数扱いで》その日本人(たち)《ひとりまたはふたり以上》; 《集合的に》

abcdefghi**j**klmnopqrstuvwxyz　　　　　　　　　　　　　　　　jeep

日本人.
❷Ⓤ **日本語**.

─────────────

形 ❶ *Japanese* food 和食.
❷ She is *Japanese*. 彼女は日本人です《国籍をいう》.
❸ *Japanese* grammar 日本語の文法.

☞ 名 Japan.

── 名 ❶ ⓐ a *Japanese* 日本人(ひとり)/ three *Japanese* 3人の日本人.
ⓑ *The Japanese* are an industrious people. 日本人は勤勉な国民だ.
❷ What is the *Japanese* for 'Thank you'? 'Thank you' は日本語で何と言いますか / in *Japanese* 日本語で.

*jar¹ /dʒɑːr ヂャー/ 名(複 ~s /-z/)Ⓒ
❶ (広口の)**びん**, つぼ《❃日本では「魔法びん」などを「ジャー」とよぶことがあるが, これは和製英語;「魔法びん」は a thermos (bottle)》. ❷ びん[つぼ]1杯分(の量).

jar² /dʒɑːr ヂャー/ 動(~s /-z/; jarred /-d/; jar·ring /-rɪŋ/) ❶ 不快な音をたてる, (キーキー・ガタガタ)きしる. ❷ 不快感を与える. ❸ (意見などが)食い違う. ── 他 ❶ …を(キーキー・ガタガタ)振動させる. ❷ …をぐくりとさせる.
── 名 Ⓒ ❶ 耳ざわりな音. ❷ 衝撃, ショック.

jar·gon /dʒɑːrɡən ヂャーゴン/ 名《しばしば軽蔑的に》ⓊⒸ ❶ わけのわからないことば. ❷ (特殊な人たちのみに通じる)特殊用語, 専門語.
▶ ❷ legal *jargon* 法律用語.

jaun·dice /dʒɔːndɪs ヂョーンディス/ 名 Ⓤ [医学] 黄疸(おうだん).

jaun·diced /dʒɔːndɪst ヂョーンディスト/ 形 ❶ ひがんだ, 偏見(へんけん)をもった. ❷ 黄疸にかかった.

jaunt /dʒɔːnt ヂョーント/ 名 Ⓒ (楽しむための)小旅行.

jaun·ti·ly /dʒɔːntəli ヂョーンティリ/ 副 陽気に, 元気に.

jaun·ty /dʒɔːnti ヂョーンティ/ 形 (jaun·ti·er; jaun·ti·est) 陽気な, 元気な.

Ja·va /dʒɑːvə ヂャーヴァ/ 名 ジャワ《インドネシア (Indonesia) 共和国の主島》.

jav·e·lin /dʒævəlɪn ヂアヴェリン/ 名
❶Ⓒ (やり投げ用の)やり.

❷《the をつけて》= javelin throw.

já·velin thròw 名《the をつけて》[陸上競技] やり投げ《❃単に the javelin ともいう》.

*jaw /dʒɔː ヂョー/ 名(複 ~s /-z/)
❶Ⓒ あご《ふつうただ jaw といえば「下あご」のこと》.
❷《複数形で》口《上下のあごの骨と歯とを含めた部分;「下唇より下で下あご (lower jaw) の前方の部分」が chin》.
❸ⓊⒸ(口語)くだらない話, おしゃべり.
▶ ❶ the upper *jaw* 上あご / the lower *jaw* 下あご.

*jazz /dʒæz ヂアズ/ 名 Ⓤ ❶ ジャズ.
❷《米俗語》くだらない話[行動].
... and all that jazz《俗語》…など.
☞ 形 jazzy.
── 動 (~·es /-ɪz/; ~ed /-d/; ~·ing)《次の成句で》*jazz up ...* 他《口語》…を活気づける, にぎやかにする.

jazz·y /dʒæzi ヂアズィ/ 形 (jazz·i·er; jazz·i·est)《口語》❶ ジャズ的な, ジャズふうの. ❷ はでな, けばけばしい.
☞ 名 jazz.

*jeal·ous /dʒéləs ヂェラス/《★発音注意》形
(more ~; most ~)
❶ **しっと深い**, やきもちやきの.
❷ 油断のない, 警戒して.
▶ ❶ She *is jealous of* your success. 彼女はあなたの成功をねたんでいる.
❷ watch with a *jealous* eye 油断なく見守る / They *are jealous of* their rights. 彼らは自分たちの権利を失わないよう警戒している.
☞ 名 jealousy.

jeal·ous·ly /dʒéləsli ヂェラスリ/ 副
❶ しっとして, ねたんで.
❷ 油断なく, 用心して.

*jeal·ous·y /dʒéləsi ヂェラスィ/ 名(複 jeal·ous·ies /-z/) ❶ⓊⒸ **しっと**, ねたみ.
❷Ⓤ 油断のない警戒.
▶ ❶ He felt *jealousy* toward the winner. 彼は勝利者に対してしっとを感じた.
☞ 形 jealous.

*jean /dʒiːn ヂーン/ 名(複 ~s /-z/)
❶《複数形で》**ジーンズ**, ジーパン《❃「ジーパン」は和製英語》.
❷Ⓤ ジーン布《ジーンズ用》.

jeep /dʒiːp ヂープ/ 名 Ⓒ ジープ《悪い道や坂

jeer /dʒíər ヂア/ 動⾃〔…を〕あざける,ひやかす〔at〕. — 名C からかい,ひやかし. ▶動 Don't *jeer* at the mistakes of others. 他人のあやまちを笑うな.

Jef·fer·son /dʒéfərsn ヂェファスン/ 名 ジェファソン (**Thomas Jefferson** (1743–1826); アメリカの独立宣言の起草者で, 第3代大統領 (1801–9)).

jell /dʒél ヂェル/ 動⾃ ❶ゼリー状になる. ❷《米》(計画・考えが) 固まる, 具体化する (♦《英》では gel).

jel·lo, Jell-O /dʒélou ヂェロウ/ 名U 《米》ゼリー (果汁にゼラチンなどを加え砂糖で固まらせたもの; 食後のデザート用; 商標名 Jell-O が普通名詞化したもの).

jel·ly /dʒéli ヂェリ/ 名U ❶《英》= jello. ❷ゼリー.
▶❷ strawberry *jelly* イチゴゼリー.

jel·ly·bean /dʒélibìːn ヂェリビーン/ 名C ゼリービーン (豆型のゼリー菓子).

jel·ly·fish /dʒélifìʃ ヂェリフィシュ/ 名 (複 ~, ~·es /-iz/) C 〖動物〗クラゲ.

Jen·ny, Jen·nie /dʒéni ヂェニ/ 名 ジェニー (女性の名; Jane の愛称).

jeop·ard·ize /dʒépərdàiz ヂェパダイズ/ (★発音注意) 動 (分 -iz·ing) 他 …を危険にさらす, だめにする.

jeop·ard·y /dʒépərdi ヂェパディ/ (★発音注意) 名U (死・損害・失敗などの) 危険.
in jeopardy 危険な状態で.

jerk /dʒə́ːrk ヂャーク/ 名C ❶ぐいと引く [押す, ねじる, 投げる] こと.
❷急な動き.
❸《俗語》まぬけ.
— 動他 …をぐいと引く [押す, ねじる, 投げる].
— ⾃ 急にぐいと動く.
▶名 ❶ Tom gave the rope a *jerk*. トムはそのロープをぐいと引いた. ❷ His car started with a *jerk*. 彼の車はがくんと動き出した.
— 動他 *jerk* the rope 綱をぐいとっぱる / *jerk* the door open ドアをぐいとあける.
— ⾃ The car *jerked* to a stop. その車はがくんと止まった.

jerk·y¹ /dʒə́ːrki ヂャーキ/ 形 (jerk·i·er; jerk·i·est) ❶急に動く, ガタガタ動く.
❷《米俗語》ばかな, おろかな.

jerk·y² /dʒə́ːrki ヂャーキ/ 名U ジャーキー (細く切ってくんせいにした牛などの肉).

jer·sey /dʒə́ːrzi ヂャーズィ/ 名 ❶U ジャージ (柔らかく伸縮性のある布地). ❷C ジャージのセーター [シャツ].

Je·ru·sa·lem /dʒərúːsələm ヂェルーサレム/ 名 エルサレム.
INFO イスラエル (Israel) とヨルダン (Jordan) の国境にあり, キリスト教徒, ユダヤ教徒, イスラム教徒などの聖地. 現在はイスラエル共和国の首都.

jest /dʒést ヂェスト/ 名C《文語》冗談, しゃれ; 笑い草.
— 動⾃ 冗談を言う, からかう, ばかにする.
▶名 make a *jest* of ... …を笑いものにする, からかう.
in jest 冗談に, ふざけて.

Je·sus /dʒíːzəs ヂーザス/ 名 = Jesus Christ. — 感 えっ, ちくしょう (♦驚き, ショック, ののしりなどを表わす).

Jésus Chríst /-kráist ·クライスト/ 名 イエスキリスト (☞ Christ). — 感 = Jesus.

***jet¹** /dʒét ヂェット/ 名 (複 ~s /-ts/)
❶C (ガス・液体・炎などの) 噴出, 噴射.
❷C **ジェット機** (♦ jet plane ともいう).
❸C 噴出口, 吹き出し口.
❹《形容詞的に》ジェット式の; ジェット機の.
— 動 (~s /-ts/; jet·ted /-id/; jet·ting) ⾃ ❶ 噴出する, 吹き出す.
❷ ジェット機で行く.
— 他 …を噴出させる.

⋯⋯⋯⋯⋯⋯⋯⋯⋯⋯⋯⋯⋯⋯⋯⋯⋯⋯

名 ❶ a *jet* of water 水の噴出.
❷ travel by *jet* [in a *jet*] ジェット機で旅行する.

jet² /dʒét ヂェット/ 名U 〖鉱物〗黒玉(くろたま) (褐炭の一種; よくみがいて飾り石にする).

jet-black /dʒét-blǽk ヂェト・ブラック/ 形 まっ黒な.

jét éngine 名C ジェットエンジン.

jét lág 名UC 時差ぼけ (飛行機で時差のある地域に移動した場合生じる眠りや疲労感などをいう).

jét pláne 名C ジェット機 (♦単に jet ともいう).

jét sèt 名《the をつけて》ジェット族 (ジェット旅客機を利用して世界中を遊び回る金持ち

連中).

jet·ty /dʒéti ヂェティ/ 图(複 jet·ties /-z/) Ⓒ桟橋(㌐).

*****Jew** /dʒú: ヂュー/ 图(複 ~s /-z/) Ⓒ
❶ユダヤ人, ヘブライ人 (Hebrew), イスラエル人 (Israelite).
❷ユダヤ教信者.

*****jew·el** /dʒú:əl ヂューエル/ 《★発音注意》图(複 ~s /-z/) Ⓒ ❶宝石.
❷宝石入りの装身具.
❸すばらしい人［もの］, 大切なもの［人］.

jew·el·er, (英)**jew·el·ler** /dʒú:ələr ヂューエラ/ 图Ⓒ宝石商, 貴金属商.

*****jew·el·ry,** (英)**jew·el·lery** /dʒú:əlri ヂューエルリ/ 图Ⓤ**宝石類**, 宝石装飾品 (❖ jewel は個個の宝石を, jewelry は宝石類全体をさす).

Jew·ish /dʒú:iʃ ヂューイシュ/ 圏 ❶ユダヤ人の. ❷ユダヤ人風の.
▶❶ the *Jewish* people ユダヤ民族 (the Jews).

jig /dʒíg ヂッグ/ 图Ⓒジッグ《テンポの速い軽快な3拍子のダンス(曲)》.
— 動(~s /-z/; jigged /-d/; jig·ging) 圓ジッグを踊る.

jig·gle /dʒígl ヂグル/ 動(現分 jig·gling) 他…を軽くゆする.
— 圓ゆれる.

jig·saw /dʒígsɔ̀: ヂグソー/ 图Ⓒ ❶糸のこ(盤), 電動のこぎり.

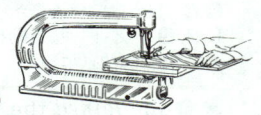

jigsaw ❶

❷ = jigsaw puzzle.

jígsaw pùzzle 图Ⓒジグソーパズル (❖単に jigsaw ともいう).

Jill /dʒíl ヂル/ 图ジル《女性の名》.

Jim /dʒím ヂム/ 图ジム《男性の名; James の愛称》.

jin·gle /dʒíŋgl ヂングル/ 图Ⓒ ❶チンチン［リンリン・チャリンチャリン］と鳴る音.
❷コマーシャルソング.
— 動(現分 jin·gling)他(鈴・金属片など)をチンチン［リンリン, チャリンチャリン］鳴らす.
— 圓(鈴・金属片が)チンチン［リンリン, チャリンチャリン］と鳴る.

jinx /dʒíŋks ヂンクス/ 图(複 ~es /-iz/)

Ⓒ縁起の悪いもの［人］ (❖縁起の悪いこと以外にもいう日本語の「ジンクス」は誤用).

jinxed /dʒíŋkst ヂンクスト/ 圏《口語》ついてない.

jit·ters /dʒítərz ヂタズ/ 图複《the をつけて》《口語》神経過敏, 落ちつかないこと.
▶have [get] *the jitters* びくびくしている［する］.

jit·ter·y /dʒítəri ヂタリ/ 圏神経過敏な, びくびくしている.

jive /dʒáiv ヂャイヴ/ 图 ❶ⓊⒸテンポの早いジャズ. ❷Ⓤ《米俗語》いいかげんな話, でたらめ.
— 動圓ジャイヴに合わせて踊る.
— 他《米俗語》…をだます.

Jo /dʒóu ヂョウ/ 图ジョー《男性名 Joseph または女性名 Josephine の愛称. ❖ Joe ともつづる).

*******job** /dʒáb ヂャブ | dʒɔ́b/ 图 (複 ~s /-z/)
❶Ⓒ《口語》**勤め口**, 職.
❷Ⓒ(収入のともなう)**仕事**, 労働.
❸Ⓒ(特定の人の)**すべきこと**, 義務, 役目.
❹《a をつけて》《口語》難しい仕事.
❺《英口語》《**a good** または **a bad** をともなって》事, 事件, 運.
❻《口語》犯罪, (とくに)盗み.

❶ She got a *job* as a secretary. 彼女は秘書の職についた / He is looking for a *job*. 彼は職をさがしている.

【語の結びつき】

apply for a *job* 職を志望する
change *jobs* 転職する
have (got) [hold] a *job* 職に就(°)いている
lose a *job* 失業する, 働き口を失う
quit [give up, leave, resign from] a *job* 仕事を辞める
take a *job* (与えられた)職に就く

❷ a part-time *job* パートタイムの仕事.
❸ It is your *job* to wash the dishes. さら洗いはあなたの仕事です / My *job* was to meet my aunt at the station. 私の役目はおばを駅まで迎えに行くことだった.
❹ I had quite a *job* persuading

jobless

him.＝It was *a* (real) *job* to persuade him. 私は彼を説得するのに骨が折れた.

❺ You did *a good job*! よくやったね[いい出来だね, お見事].

do [《英》*make*] ***a good job of ...*** …(仕事など)をうまくやる.

do the job 《口語》うまくいく, ぴったりのものである：This screwdriver should *do the job*. このねじまわしならぴったりだろう.

It's a good job .... 《英口語》…とは運がいい[いいことだ].

just the job 《口語》まさしく必要としているもの.

on the job 《口語》①(人が)仕事をして, 仕事中で[に]. ②(機械などが)動いて.

out of a job 失業して.

job·less /ʤábləs ヂャブレス/ 形 失業中の.

jób lòt 名C《口語》がらくた商品の山.

jób shàring 名U《英》(午前と午後など)交替制労働.

jock·ey /ʤáki ヂャキ/ 名C (競馬の)騎手.
— 動 他 ❶ 騎手として(馬に)乗る.
❷ …をだます. — 自 ❶ 騎手を勤める.
❷ うまく立ちまわる.

Joe /ʤóu ヂョウ/ 名 ❶ ジョー《男性の名; Joseph の愛称》. ❷ ジョー《女性の名; Josephine の愛称》.

jog /ʤág ヂャグ | ʤɔ́g/ 動 (~s /-z/; jogged /-d/; ~ing) 自 ❶ (健康のため)ゆっくり走る, ジョギングする. ❷ ゆっくり進む.
— 他 …を上下に揺する, そっと押す[突く].
— 名C ❶ ジョギング (jogging).
❷ ゆさぶり, (軽い)揺れ[押し, 突き].

jog·ger /ʤágər ヂャガ/ 名C ジョギングをする[している]人.

jog·ging /ʤágiŋ ヂャギング/ 名U ジョギング《健康のための軽いかけ足; ✪ 単に jog ともいう》.

John /ʤán ヂャン/ 名 ❶ ジョン《男性の名; 愛称 Johnny, Jack》.
❷ 《聖書》《**Saint John**で》聖ヨハネ.
❸「ヨハネ伝」《新約聖書の第4の福音(ホヘ)書》.

Jóhn Búll /-búl ·ブル/ 名《文語》C ジョンブル《典型的なイングランド人; ☞ Uncle Sam》.

John Bull

John·ny /ʤáni ヂャニ/ 名 ジョニー《男性の名; John の愛称》.

✶✶join /ʤɔ́in ヂョイン/ 動 (~s /-z/; ~ed /-d/; ~ing) 他 ❶ (クラブ・会・仲間などに) **はいる**, 加入する.
❷ (川・道などが)…と合流する.
❸ (ふたつ以上のもの)を**つなぐ**, 結合する (☞ connect の 類語).
— 自 ❶ (川・道などが)**いっしょになる**, 合流する.
❷ ⓐ 〔競争・娯楽・会話などに〕**参加する** 〔*in*〕. ⓑ 〔…と〕〔…で〕行動を共にする, 一緒になる 〔*with*〕〔*in*〕.

————————————————

他 ❶ She *joined* the volleyball club. 彼女はバレー部にはいった / Will you *join* us *in* a game? いっしょにゲームをしませんか.
❷ This stream *joins* the river two miles down. この流れは2マイル下流で川に合流している.
❸ Please *join* the ends of the string. ひもの両端を結んでください.
— 自 ❶ The two roads *join* at this point. ふたつの道はこの地点で合流する.
❷ ⓐ I *joined in* the game. 私はそのゲームに加わった. ⓑ Will you *join with* us in the election campaign? いっしょに選挙運動をしてくださいませんか.

join up 🔘《口語》軍隊にはいる.
☞ 名joint.

join·er /dʒɔ́inər ヂョイナ/ 名C 指物(さしもの)師, 建具(たてぐ)師.

*__joint__ /dʒɔ́int ヂョイント/ 名(複 ~s /-ts/)
C ❶継ぎ目, 接合個所.
❷関節. ❸(骨つきの)大肉片.
— 動 他 ❶(継ぎ目で)…を接合する, 継ぎ合わせる. ❷(肉)を関節ごとに切り分ける.
— 形合同の, 共有の, 共同の.
▶名 ❶a *joint* in a water pipe 水道管の継ぎ目. ❷the elbow *joint* ひじの関節.
out of joint ①関節がはずれて.
②乱れて, 調子が狂って.
— 形by our *joint* efforts われわれの協力によって / *joint* property〔owners〕共有財産〔共有者〕/ a *joint* committee 合同委員会 / *joint* venture 合弁事業.
☞ 動join.

joint·ly /dʒɔ́intli ヂョイントリ/ 副共同で.

*__joke__ /dʒóuk ヂョウク/ 名(複 ~s /-s/)C
❶ⓐ冗談, ジョーク, しゃれ.
ⓑ(ことば・行動による)ふざけ, からかい.
❷もの笑いの種, 笑い者.
❸《しばしば **no** をともなって》どうでもいいこと.
— 動(~s /-s/; ~d /-t/; jok·ing)🔘冗談を言う, からかう.

名 ❶ⓐHe makes [tells, cracks] a good *joke*. 彼はうまい冗談を言う.
ⓑHe put on his wife's hat as a *joke*. 彼はふざけて妻の帽子をかぶった / a practical *joke* 悪質ないたずら, 悪ふざけ / for a *joke* 冗談のつもりで.
❷He was the *joke* of the town. 彼は町の笑い者だった.
play a joke on ... …（ことば・行動で）…をからかう.
— 動🔘I am only *joking*. ほんの冗談だよ / You must be *joking*. ご冗談でしょう.
joking apart=*joking aside* 冗談はさておき.

jok·er /dʒóukər ヂョウカ/ 名C ❶冗談を言う人, ふざける人. ❷(トランプの)ジョーカー.

jok·ing·ly /dʒóukiŋli ヂョウキングリ/ 副冗談に.

jol·ly /dʒáli チャリ | dʒɔ́li/ 形(jol·li·er; jol·li·est)陽気な, 愉快な, 楽しい.
▶a *jolly* old man 陽気なおじいさん.

jolt /dʒóult ヂョウルト/ 動他 ❶…を(急激に)ゆさぶる.
❷(人)にショックを与える.
— 🔘(乗り物が)ガタガタゆれながら進む.
— 名C ❶急激なゆれ. ❷ショック.

Jor·dan /dʒɔ́:rdn ヂョードン/ 名 ❶ヨルダン《中東にある王国》. ❷《**the** をつけて》ヨルダン川《死海に注ぐパレスチナの川》.

Jo·seph /dʒóuzif ヂョウゼフ/ 名 ❶ジョーゼフ《男性の名；愛称 Jo, Joe》. ❷《聖書》ヨセフ《ナザレの大工；聖母マリアの夫》.

Jo·se·phine /dʒóuzifi:n ヂョウゼフィーン/ 名ジョセフィーン《女性の名；愛称 Jo, Joe》.

jos·tle /dʒásl ヂャスル/《★ t は発音されない》動(現分 jos·tling)他(人ごみの中で)…を押す, 突く. — 🔘 ❶(人ごみの中で)押し合う.
— 名C 押し合い, 込みあい.

jot /dʒát チャット/ 動(~s /-ts/; jot·ted /-id/; jot·ting)他…をすばやく書き留める.
▶I *jotted* down his address. 私は彼の住所をちょっと書き留めた.

*__jour·nal__ /dʒɔ́:rnl ヂャーヌル/ 名(複 ~s /-z/)
C ❶ⓐ(日刊)新聞.
ⓑ(定期刊行)雑誌.
❷日誌, 日記；航海日誌.

*__jour·nal·ism__ /dʒɔ́:rnəlìzm ヂャーナリズム/ 名U ❶ジャーナリズム《新聞・雑誌・テレビ・ラジオなど報道に関する活動》.
❷新聞雑誌類.

*__jour·nal·ist__ /dʒɔ́:rnəlist ヂャーナリスト/ 名(複 ~s /-ts/)C ジャーナリスト《報道の取材・執筆・編集などに関わる人》.

*__jour·ney__ /dʒɔ́:rni ヂャーニ/ 名(複 ~s /-z/)
C ❶(おもに陸上の)(長距離の)**旅行**《☞ travel の 類語》.
❷道のり, 行程.
▶❶He started on a *journey* to India. 彼はインドへ旅行に出かけた / A pleasant *journey* to you. 楽しいご旅行をなさいますように / make a *journey* around the world 世界一周旅行をする. ❷It is two days' [a two-day]

juicer

ンジジュース. ☞ 形juicy.

juic·er /dʒúːsər チューサ/ 名C(米)ジューサー, 果汁[野菜汁]絞り器.

juic·i·ness /dʒúːsinəs チューシネス/ 名U水分の多いこと.

juic·y /dʒúːsi チューシィ/ 形 (juic·i·er; juic·i·est) ❶ (果物などが)水分の多い. ❷ もうけの多い. ❸ (うわさ話などが)わくわくするくらいおもしろい.

▶ ❶ a *juicy* orange 水分の多いオレンジ.

☞ 名juice.

juke·box /dʒúːkbɑ̀ks ヂュークバックス/ 名 (複 ~·es /-iz/) C ジュークボックス《硬貨を入れボタンを押すと自分の選んだレコードの曲がかかる機械》.

Jul. 《略語》July.

Ju·liet /dʒúːljət ヂューリェット/ 名 ❶ ジュリエット《女性の名》. ❷ ジュリエット《シェイクスピア (Shakespeare) 作の悲劇「ロミオとジュリエット」(*Romeo and Juliet*) の女主人公》.

Ju·ly /dʒuːlái ヂュライ/ 名 7月
(❏Jul. Jy. と略す; ☞ January の 語法).

jum·ble /dʒʌ́mbl ヂャンブル/ 動 (現分 jum·bling) 他 …をごったまぜにする, 混乱させる.

— 名《a をつけて》ごちゃまぜ, 寄せ集め; 混乱.

júmble sàle 名C(英)(慈善のための)がらくた市 (❏(米) では rummage sale).

jum·bo /dʒʌ́mbou ヂャンボウ/ 名C ❶《口語》ずばぬけて大きい人[動物, もの]. ❷ ジャンボジェット機《数百人の乗客を運べる; ❏ **júmbo jèt** ともいう》.

— 形 ずばぬけて大きい, でっかい.

▶ 形a *jumbo* steak でっかいステーキ.

jump /dʒʌ́mp ヂャンプ/ 動 (~s /-s/; ~ed /-t/; ~·ing) 自

❶ (ぴょんと)跳(と)ぶ, 跳び上がる.
❷ (人・心臓などが)**どきっとする**, びくっとする.
❸ (数字・物価などが)急に上がる.
❹ 〔結論などに〕急に[いきなり]移る〔*to*〕.
— 他 ❶ …を**跳び越える**.
❷ …に跳び越えさせる.
— 名 (複 ~s /-s/) C ❶ ⓐ **跳躍**. ジャン

プ, ひと跳び. ⓑ 跳躍障害物.
❷ (数字・物価などの)**急上昇**.
❸ (話題などの)急に変わること, 飛躍.
❹ びっくりすること.

- - - - - - - - - - - - - - - - - - - -

動 ❶ The child *jumped* over the fence. その子はさくを跳び越えた / *jump* down from the bank 土手から跳びおりる / *jump* onto the table テーブルに跳び乗る / *jump* into a bus バスに跳び乗る / *jump* aside (わきに)跳びのく / *jump* for joy うれしくて小踊りする.

❷ She *jumped* when she heard a scream behind her. うしろから金切り声が聞こえて彼女はびくっとした.

❸ *jump* sharply (値が)急に上がる.

❹ *jump to* the conclusion that — 急いで—という結論を出す[—と早合点する].

— 他 ❶ *jump* a stream 小川を跳び越える.

❷ I *jumped* my horse *over* the fence. 私は馬にかきねを跳び越えさせた.

jump at ... ①**…に跳びつく**: The cat *jumped at* the ball. ネコはボールに跳びついた. ②…(申し出など)に喜んで応じる: He will *jump at* your offer. 彼はあなたの申し出にとびついてくるでしょう.

jump on ... ①**…に跳びかかる**, 跳び乗る. ②…を(急に)ひどくしかりつける.

jump to one's feet 跳び起きる, はね起きる: She *jumped to her feet*. 彼女ははね起きた.

— 名 ❷ a *jump* in prices 物価の急上昇. ❹ That gave him a *jump*. それで彼はびくっとした.

at a jump ひと跳びで.

☞ 形jumpy.

jump·er¹ /dʒʌ́mpər ヂャンパ/ 名C 跳躍(ちょうやく)者, 跳躍選手.

jump·er² /dʒʌ́mpər ヂャンパ/ 名C
❶(米) ジャンパードレス[スカート]《ブラウスやセーターの上に着る婦人・子ども用のそでなしのワンピース; ❏(英) では pinafore (dress); 日本語の「ジャンパー」は jacket; 「手首と腰にゴムバンドがあり風を通さないスポーツ用ジャケット」は windbreaker》.
❷(英)(頭からかぶる)婦人用セーター.
❸ 作業用上着, ジャンパー.

júmp ròpe 名 ❶U なわ跳(と)び. ❷C

abcdefghi**j**klmnopqrstuvwxyz　　　　　　　　　　　　　　　　　　　　**just**

なわ跳びのなわ(《❂(英)》では skip(ping) rope)).

júmp sùit 名C ❶落下傘(*)降下用の服. ❷ジャンプスーツ《上下が一続きになっている服》.

jump·y /dʒʌ́mpi チャンピ/ 形 (jump·i·er; jump·i·est)《口語》びくびくしている.

Jun.《略語》June.

junc·tion /dʒʌ́ŋkʃən チャンクション/ 名C ❶(鉄道の)連絡駅《ふたつ以上の路線が交差している駅》. ❷(道路・川などの)接続点, 合流点.

junc·ture /dʒʌ́ŋktʃər チャンクチャ/ 名U (危機などをはらむ)時点, 情況, 場合.
▶at this *juncture* この重大な時に当たって.

June /dʒúːn チューン/ 名 **6月 (《❂Jun. と略す;☞ January の 語法》).

jun·gle /dʒʌ́ŋgl チャングル/ 名 ❶UC《ふつう the をつけて》ジャングル, 密林(地帯). ❷C もつれ合ったもの.

*jun·ior /dʒúːnjər チューニャ/ 形 ❶年下の(反 senior). ❷年少のほうの, 息子のほうの(《❂父子が同姓同名のとき, 年少者の姓名の後につけて用いる; しばしば Jr. または jr. と略す;☞ senior》). ❸(役職・地位などが)下の, 下位の, 下級の, 後輩の.
— 名 (複 ~s /-z/) C ❶《one's をつけて》年下の人.
❷《one's をつけて》下位の者, 後輩.
❸《米》ジュニア《大学や高等学校で最終学年よりひとつ前の学年の学生をさす;☞ freshman の INFO》).
❹《Junior で; 呼びかけなどで》《米口語》息子.

形 ❶He is three years *junior* to me (= younger than I). 彼は私より三つ年下だ(《❂「…よりも」は than … ではなく to … を用いる》). ❷John Smith, *Junior* [*Jr.*] 息子の方のジョンスミス, ジョンスミス 2 世. ❸They are *junior* to me in the office. 会社では彼らは私より下[後輩]です.

— 名 ❶He is three years *my junior*.= He is *my junior* by three years. 彼は私より三つ年下だ.

júnior cóllege 名UC《(アメリカの)ジュニアカレッジ《2 年制の短期大学》.

júnior hígh schòol 名UC《(アメリカの)ジュニアハイスクール《日本の中学校にあたる; ❂単に **júnior hígh** ともいう;☞ high school》).

júnior schòol 名C イギリスの上級小学校《7–11歳の児童を教育する》.

junk /dʒʌ́ŋk チャンク/ 名U《口語》がらくた, 無価値なもの.

júnk fòod 名U ジャンクフード《すぐ食べられるが炭水化物, 脂肪が多く健康にあまりよくない食品; ポテトチップスなど》.

junk·ie /dʒʌ́ŋki チャンキ/ 名C ❶《口語》麻薬常習者. ❷《こっけいに》マニア, …狂.

júnk màil 名U ジャンクメール, くず郵便物.

junk·yard /dʒʌ́ŋkjàːrd チャンクヤード/ 名 C《米》廃品置き場.

jun·ta /húntə フンタ, dʒʌ́ntə/ 名 C ❶(クーデター後の)軍事政権. ❷(スペイン・南米などの)議会, 行政機関.

Ju·pi·ter /dʒúːpətər チュービタ/ 名 ❶【ローマ神話】ジュピター《神々の王で最高の神; ギリシア神話のゼウス (Zeus) にあたる》. ❷【天文】木星.

ju·ris·dic·tion /dʒùərisdíkʃən チュ(ア)リスディクション/ 名U ❶司法権, 裁判権. ❷管轄権, 支配権.

ju·ror /dʒúərər チュ(ア)ラ/ 名C 陪審員《陪審 (jury) の一員》.

*ju·ry /dʒúəri チュ(ア)リ/ 名 (複 ju·ries /-z/) C ❶《集合的に》**陪審**, 陪審団《❂集団として単数に扱うが, そのメンバーのひとりひとりを考えるときには複数に扱う;☞ court のさし絵》).

INFO 英米の裁判で被告が有罪 (guilty) か無罪 (not guilty) かを決めるのは裁判長ではなくて陪審である. 陪審はふつう一般市民から選ばれた陪審員 (jurors) から構成される. 陪審員の数はふつう12名で, 評決は全員一致を原則とするが, 多数決による場合もある.

❷《集合的に》(コンクール・展示会などの)審査委員会.
▶❶The *jury were* divided in opinion. 陪審員は意見がわかれた.

júry bòx 名C (法廷の)陪審員席.

just /dʒʌ́st チャスト/ 副 ❶ちょうど**,

justice

まさに.
❷《完了形または過去形とともに》**…したばかり**, たった今, ほんの少し前に.
❸《進行形とともに》**ちょうど今**.
❹**ただ**, ほんの.
❺《しばしば only とともに》**やっと**, ようやく.
❻《命令文で》(口語)**ちょっと**《❀表現を和(ﾏｲﾙﾄﾞ)らげる効果がある》.
❼《否定文・疑問文で; 反語的に》(英口語)**ほんとうに**, まったく.
❽(口語)**ほんとうに**, まったく.

— 形 (more ~, most ~) ❶ **公正な**, 正しい (反 unjust).
❷ **正当な**, 当然の, もっともな.

- - - - - - - - - - - - - - - - - - -

副 ❶ It is *just* six o'clock. ちょうど6時です / *Just* then she came in. ちょうどその時彼女がはいって来た / That's *just* what she said. 彼女はまさにそう言ったのです.

❷ He has *just* come back.＝He *just* came back. 彼は今もどったところです.

❸ I'm *just* reading it now. 今それを読んでいるところです.

❹ Give me *just* a little. ほんの少しください / She is *just* an ordinary singer. 彼女はただふつうの歌手にすぎない / I did it *just* because I wanted to. ただそうしたかったからしただけだ.

❺ I *just* caught the train. やっと列車に間に合った / I had (*only*) *just* enough money for the book. 私はその本がやっと買えるくらいしかお金をもっていなかった.

❻ *Just* look at this! ちょっとこれをごらん / *Just* a moment, please. ちょっとお待ちください.

❼ Isn't it *just* beautiful? ほんとうにきれいですね / 対話 "Do you like beer?"–"Don't I, *just*!" 「ビールは好きですか」「好きのなんのって(大好きです)!」.

❽ The heat was *just* terrible. 暑さはほんとにひどかった.

just about だいたい; まずどうやら: I met him *just about* here. だいたいこの辺で彼に会ったよ.

just as ＿ ①**ちょうど＿のときに**: *Just as* I was going to bed, the telephone rang. 私がちょうど寝ようとしていたときに電話が鳴った.
②**ちょうど＿のように**: He did *just as* he was told. 彼はちょうど言われたとおりにした.

just because ＿ 《否定文とともに用いて》ただ＿だからといって.

just now ①《過去形とともに》**たった今**, ついさっき《❀現在完了とともには用いない》: I met him at the club *just now*. つい先ほど彼にクラブで会った. ②《英》《未来形とともに》**すぐに**: I'll do it *just now*. すぐやります.

— 形 ❶ He tried to be *just* to them. 彼は彼らに公正にしようと努めた / a *just* judge 公正な裁判官 / a *just* decision 公正な決定.

❷ a *just* price 適性な価格 / It was *just* that he asked his uncle for advice. 彼がおじさんにアドバイスを求めたのは当然のことだった / a *just* reward 当然の報酬.

☞ 名 justice, 動 justify.

***jus·tice** /dʒʌ́stis ヂャスティス/ 名 (複 -tic·es /-iz/)

❶ Ⓤ **正義**, 公正, 公明正大 (反 injustice).
❷ Ⓤ **正当性**, 合法性.
❸ Ⓤ **裁判**.
❹ Ⓒ 裁判官 《❀(米) では連邦およびいくつかの州の最高裁判所判事の,(英)では高等法院判事の称号としても用いる》.
❺ 《Justice で》正義の女神 《手にはかり (scale) と剣 (sword) を持ち目隠しをしている》.

- - - - - - - - - - - - - - - - - - -

❶ fight for *justice* 正義のために戦う.
❷ I saw the *justice* of his remark. 私は彼の言うことが正しいとわかった.
❸ a court of *justice* 法廷, 裁判所 / the Department of *Justice* (アメリカの)法務省.
❹ the chief *justice* 裁判長 / Mr. *Justice* Smith スミス判事殿.

bring ... to justice …を裁判にかける.

do justice to ... ＝ **do ... justice** ①(認めるべきものを認めて)**…を公平に扱う**, …の価値を正しく評価する 《☞ 成句 to do *justice* to ...》. ②(人・ものなどの)よさ

をそのまま表わす: This photo does not *do* her *justice*. 彼女のこの写真は実物より悪くとれている.

do oneself justice 真価[腕前]を十分に発揮する.

in justice to ... …を公平に評価すれば.

to do justice to ... = ***to do ... justice*** …を公平にみて, …を公平に評価すれば: *To do* her *justice*, she is a kind-hearted woman. 公平にいって彼女は心のやさしい女性である.

☞ 形just, 動justify.

Jústice of the Péace 名C〖法律〗治安判事《地方の簡単な事件を判決する裁判官;《米》では結婚式を行なう権限がある; ✪ JP と略す; ☞ magistrate 》.

jus・ti・fi・a・ble /ʤʌ́stəfàiəbl ヂャスティファイアブル/ 形 正当と認められる, もっともな.

jus・ti・fi・a・bly /ʤʌ́stəfàiəbli ヂャスティファイアブリ/ 副 本当に, 当然のこととして.

jus・ti・fi・ca・tion /ʤʌ̀stəfikéiʃən ヂャスティフィケイション/ 名U (行為などの)正当化, (正当であるとする)弁明.

in justification of ... …の正当な理由として.

☞ 動justify.

jus・ti・fied /ʤʌ́stəfàid ヂャスティファイド/ 形 もっともなことで(ある).

▶He *was* fully *justified in leaving* the matter untouched. 彼がその問題に触れずにいたのはもっともなことだ.

***jus・ti・fy** /ʤʌ́stəfài ヂャスティファイ/ 動 (-ti・fies /-z/; -ti・fied /-d/; ~・ing) 他

❶ (理由などをあげて)(行為・考えなど)を**正しいとする**, 正当化する (☞justified).

❷ (物事が)**正しいことの証明になる**, …の正当な理由になる.

▶❶ Can you *justify* your actions? 君は自分の行為を正当化することができるか. ❷ His success *justified* our faith in him. 彼が成功したので彼へのわれわれの信頼が正しいことが示された / ことわざ The end *justifies* the means. 目的のためには手段を選ばず,「うそも方便」.

justify oneself 自分の行為を正当化する.

☞ 形just, 名justice, justification.

just・ly /ʤʌ́stli ヂャストリ/ 副 ❶《文全体を修飾して》当然のことながら.

❷ 正当に, 正しく.

▶❶ He is *justly* proud of his son. 彼が息子の自慢をするのも無理はない.

❷ He was *justly* rewarded. 彼は正当な報酬を得た.

jut /ʤʌ́t ヂャット/ 動 (~・s /-ts/; jut・ted /-id/; jut・ting) 自 突き出る.

ju・ve・nile /ʤú:vənàil ヂューヴェナイル/ 形 ❶ 未成年の, 少年の, 少女の. ❷子どもじみた. — 名C少年, 少女.

▶形 ❶ *juvenile* offenders 青少年[未成年]犯罪者.

júvenile delínquency /-dilíŋkwənsi ・ディリンクウェンスィ/ 名U 青少年[未成年]非行.

júvenile delínquent /-dilíŋkwənt ・ディリンクウェント/ 名C 非行少年[少女].

jux・ta・pose /ʤʌ̀kstəpóuz ヂャクスタポウズ/ 動 他《文語》(比較のため)…を並べて置く, 一緒に並べる[置く].

jux・ta・po・si・tion /ʤʌ̀kstəpəzíʃən ヂャクスタポズィション/ 名UC《文語》並列, 並置.

Jy. 《略語》July.

K, k /kéi ケイ/ 名 (複 K's, Ks, k's, ks /-z/) UC ケー《英語アルファベットの11番目の文字》.

ka·lei·do·scope /kəláidəskòup カライドスコウプ/ 名 C 万華鏡(まんげきょう).

kan·ga·roo /kæ̀ŋgərúː キャンガルー/《★アクセント注意》名 (複 ~, ~s /-z/) C カンガルー.

Kan·sas /kǽnzəs キャンザス/ 名 カンザス《アメリカ中部の州; ✪【郵便】KS と略す》.

kar·a·o·ke /kæ̀rióuki カリオウキ/ 名 U カラオケ(で歌うこと).

kar·at /kǽrət キャラト/ 名 C カラット《純金含有度を示す単位; 純金を24カラットとする;《英》では carat》.

ka·ra·te /kərɑ́ːti カラーティ/ 名 U 空手(からて).

kart /kɑ́ːrt カート/ 名 C = go-cart.

Kate /kéit ケイト/ 名 ケート《女性の名; Katherine, Catherine の愛称》.

Kath·e·rine /kǽθərin キャサリン/ 名 キャサリン《女性の名; 愛称 Kate, Kitty》.

Kat·man·du /kæ̀tmændúː キャトマンドゥー/ 名 カトマンズ《ネパール (Nepal) 中部にある同国の首都》.

kay·ak /káiæk カイアック/ 名 C カヤック《一人乗りの小舟》.

ke·bab /kəbɑ́ːb カバーブ/ 名 C シシカバブ《トルコの串焼き肉料理》.

keel /kíːl キール/ 名 C (船の)竜骨《船底を船首から船尾まで貫通している木材[鋼鉄]》.
— 動《次の成句で》: **keel over** 自 ①(船が)転覆する. ②(人が)卒倒する.

*****keen** /kíːn キーン/ 形 (~·er; ~·est)
❶(感覚などが)**鋭い**, 鋭敏な.
❷(興味・関心などが)**非常に強い**.
❸《be keen on ...》…が**大好きである**.
❹ⓐ**熱心な**.
ⓑ《be keen to do [on doing]》ぜひ＿したいと思う.

❶He has a *keen* mind. 彼は頭が切れる / a *keen* sense of smell 鋭敏な嗅覚(きゅうかく).
❷She has a *keen* interest in plants. 彼女は植物に強い関心をもっている.
❸You're *keen* on archaeology, aren't you? 君は考古学が大好きなのだね / He *is keen* on Anne. 彼はアンに熱を上げている.
❹ⓐa *keen* golfer 熱心なゴルファー. ⓑHe *is keen* to visit Nepal. 彼はネパールへぜひ行ってみたいと思っている.

keen·ly /kíːnli キーンリ/ 副 ❶鋭く, はげしく, 鋭敏に. ❷熱心に.

keen·ness /kíːnnəs キーンネス/ 名 U ❶鋭さ, はげしさ, 鋭敏. ❷熱心, 熱望.

*****keep** /kíːp キープ/ 動 (~s /-s/; kept /képt/; ~·ing) 他 ❶ⓐ…を(離さないで) **もっている**, 置いておく.
ⓑ…を**引き止めておく**.
ⓒ…をとっておく, 保存する, 保管する.
ⓓ…を心に留めておく.
❷ⓐ《keep ... ~》(努力して・意図的に)…を~(ある状態)**にしておく**《✪~には形容詞・過去分詞・名詞・前置詞つきの句などがくる》.
ⓑ《keep ... *doing*》…をずっと＿させておく.
❸…を**自分のものにしておく**.
❹(動物など)を**飼っている**;(家族)を養っている.
❺ⓐ(動作・状態など)を**続ける**, 保つ.
ⓑ(場所など)を離れない.
❻《keep ... from *doing*》…に＿させない, …が＿するのをじゃまする.
❼ⓐ(約束など)を**守る**. ⓑ(生活上の時間)を**守る**;(時計が)(時間)を正しく守る.
❽(日記・帳簿など)を(規則的に)**つける**, 記入する.
❾(店など)を**経営する**, 管理する.
❿(商品など)を**店においておく**.
⓫ⓐ…を隠しておく.
ⓑ…を知らせ[見せ]ないでおく.

keep

⓬ (祭日など)を祝う, (式など)を行なう.
— 自 ❶ⓐ《keep ~》**ずっと~である**, ~(ある状態)にある(✿~には形容詞がくる).
ⓑ《keep doing》**しつづける**, してばかりいる(☞成句 keep on doing 語法).
❷《keep from doing》しないでいる.
❸ (天気などが)続く, もつ.
❹ (食物などが)(腐らないで)もつ.
❺ (ある場所に)ずっといる.
— 名 Ⓤ 生活費.

動 他 ❶ⓐ Please *keep* this bag for me until I come back. 私がもどるまでバッグをもっていてください.
ⓑ You mustn't *keep* him long. 彼を長く引き止めておいてはいけません.
ⓒ He *keeps* all the letters he gets. 彼はもらう手紙をすべて保存している / *Keep* the fish in the refrigerator. 魚は冷蔵庫に入れておきなさい.
ⓓ *Keep* this proverb in mind. このことわざを覚えておきなさい.
❷ⓐ Please *keep* the window open [shut]. 窓をあけて[閉めて]おいてください / She *kept* her eyes fixed on me. 彼女は私をじっとみつめていた.
ⓑ I'm sorry to have *kept* you waiting so long. こんなにお待たせしてしまって申し訳ありません / Let's *keep* this a secret. これは秘密にしておこう.
❸ You can *keep* the book if you like. よかったらその本あげますよ / Please *keep* the change. おつりはとっておいてください[おつりはいりません].
❹ She has *kept* the cat for ten years. 彼女はもう10年もそのネコを飼っている / He *keeps* a large family on his income. 彼は自分の収入で大家族を養っている.
❺ⓐ Would you *keep* watch outside? 外で見張りをしていてくれませんか.
ⓑ Please *keep* your seat. 席についていてください.
❻ Please *keep* the dog *from running* about. 犬を走り回らせないでください / The rain *kept* us *from going* out. 雨で私たちは外出できなかった.
❼ⓐ You must always *keep* your promise [word]. つねに約束を守らなければいけません.
ⓑ She always *keeps* early [good] hours. 彼女はいつも早寝早起きだ / My watch *keeps* good time. 私の時計は正確です.
❽ *keep* a diary (日常的に)日記をつける.
❾ *keep* a vegetable store 八百屋を経営する.
❿ We *keep* all kinds of cameras. 当店ではすべての種類のカメラの在庫があります.
⓫ⓐ We should not *keep* anything from each other. われわれはたがいになんでも隠しだてをしてはいけない.
ⓑ *keep* a secret 秘密を守る.
⓬ *keep* Christmas クリスマスを祝う.
— 自 ❶ⓐ She *kept* silent all the time. 彼女はずっと黙っていた.
ⓑ The old man *kept standing* all the while. その老人はその間ずっと立ったままだった.
❷ I *could not keep from smiling* at the scene. その情景をみて私は微笑せずにはいられなかった.
❸ The weather will *keep* till Sunday. この天気[好天]は日曜日まで続くだろう.
❹ This meat won't *keep* long. この肉はあまりもたないだろう.
❺ I *kept* in my room all morning. 私は朝はずっと自分の部屋にいた.

keep at ... …を続けてやる：*Keep at it*. やめないで続けなさい.

keep away 他 …を**近づけない**：*Keep the dog away*. 犬を近寄らせないようにしなさい. — 自 **近づかない**, 離れている：*Keep away*. 離れていなさい.

keep away from ... ①**…に近づかない**, …から離れている：*Keep away from the monkey*. サルに近づいてはいけません. ②**…を避ける**, つつしむ：The doctor advised me to *keep away from* liquor. 医者は酒をつつしむようにと私に言いました.

keep ... away from ~ **…を~に近づけない**, …を~から離しておく：*Keep the children away from the river*. 子ど

keep

もたちを川に近づけないようにしなさい.

keep back 他 ①…を**前へ進ませない**, 制止する:*keep back* the crowd 群衆を前へ進ませない. ②(…が出そうになるの)を**抑えておく**, (水など)をせき止める:I could not *keep back* my tears. 私は涙を抑えることができなかった. ③…を隠しておく:She is *keeping* something *back* from me. 彼女はなにか私に隠している. ④(手ばなさないで)…をとっておく. ⑤…の進歩を妨げる. — 自 引っ込んでいる, うしろにいる.

keep down 他 ①(声など)を低くしておく. ②(人・反乱など)を抑えつける, 抑圧する. ③(出費など)を抑える. ④(食物など)を吐かないでいる. — 自 体を低くしている.

keep in 他 ①…を外に出さない, 閉じこめておく:She *keeps* her children *in*. 彼女は子どもを外に出さない. ②(感情など)を抑えておく:He always *keeps* his feelings *in*. 彼はいつも感情を外に表わさない. — 自 外出しないでいる.

keep off 他 …を**離しておく**, 近づけない:*keep* the sun *off* 日があたらないようにしておく / *Keep* your hands *off*. さわってはいけません.

— 自 **離れている**, 近づかない:*Keep off*.《掲示》立ち入り禁止.

keep off ... ①…**から離れている**, …に近づかない:*Keep off* the grass.《掲示》芝生にはいるな. ②(話題など)に触れない.

keep ... off ~ …を~から**離しておく**, …を~に近づけない:Please *keep* your hands *off* the painting. どうぞ絵にさわらないでください.

keep on 他 ①(服など)を**身につけたまでいる**:*Keep* your overcoat *on*, please. どうぞコートは着たままでいてください. ②(電気など)をつけたままにしておく. — 自 ①(困難にまけずに)**続ける**:*Keep on* until you succeed. うまくいくまで続けなさい. ②**進み続ける**:*Keep straight on* for about ten minutes. 10分ばかりまっすぐに進みなさい. ③しゃべり続ける.

keep on *doing* __**し続ける**, __してばかりいる:We *kept on discussing* the problem for four hours. 私たちはその問題を4時間も討論し続けた / *keep on asking* silly questions ばかばかしい質問をし続ける.

|語法| *keep* doing は単に動作や状態の継続を表わす; *keep on* doing はしつこい動作のくり返し[継続]に対する話す人のいらいらした気持ちを含むことが多い.

keep *oneself* **to** *oneself* = *keep* to *oneself*.

keep out 他 …を**中へ入れない**, 締め出す:*keep out* foreign goods 外国の商品を締め出す / *keep out* the cold 寒さを防ぐ. — 自 **中へはいらない**:*Keep out*.《掲示》立ち入り禁止.

keep out of ... ①…の中へはいらない. ②(面倒なことなど)を避ける:*keep out of* danger 危険を避ける.

keep ... out of ~ …を~**の中へ入れない**, …を~から締め出す:*keep* the cat *out of* the room ネコを部屋に入れない.

keep to ... ①(規定・約束など)を固く守る:She *keeps to* her promise. 彼女は約束を守る. ②(道など)を離れない:*Keep to* the right.《掲示》右側通行. ③(本論・話題など)から離れない.

keep together 他 (物)をばらばらにしないでまとめておく.

keep to *oneself* 人とつき合わない, 人を避ける.

keep ... to *oneself* …を**人に話さないでおく**:You should *keep* it *to yourself*. それは人に話してはいけない.

keep under 他 ①(感情など)を抑えておく. ②(人)を抑圧する, 服従させる.

keep up 他 ①…を**やめないで続ける**; …をもち続ける:*keep up* customs 習慣を維持する / *keep up* one's spirits 元気を失わない. ②…を(寝かさないで)起こしておく. ③…を高い[上がった]ままにしておく. — 自 ①(天気などが)続く:The weather will *keep up*. 天気は続くだろう. ②おくれずについていく; 落ちないでいる. ③(今までと)同じでいる, 衰えない. ④夜起きている.

keep up with ... …におくれずについていく, …に負けない:I can't *keep up with* them. 私は(競争・学力などで)彼らについていけない / *keep up with* the times 時代におくれないでついていく.

abcdefghij**k**lmnopqrstuvwxyz　　　　　　　　　　　　　　　　**key ring**

— 名 *for keeps*《口語》永久に, ずっと.

***keep・er** /kíːpər キーパ/ 名 (複 ~s /-z/)
ⓒ ❶ **守る人**, 番人；管理人；飼い主.
❷ (サッカー・アイスホッケーなどの)ゴールキーパー.

keep・ing /kíːpiŋ キーピング/ 名 Ⓤ 保有, 保管.

in keeping with ... …と一致[調和]して.

out of keeping with ... …と一致[調和]しないで.

keep・sake /kíːpsèik キープセイク/ 名 ⓒ 記念品；形見.

keg /kég ケッグ/ 名 ⓒ (ビールなどを入れる)小さいたる.

Kel・ler /kélər ケラ/ 名 ケラー《**Helen Adams Keller** (1880–1968)；アメリカの作家；目, 口, 耳の不自由を克服して数か国語に通じ, 平和運動, 社会運動に貢献した》.

Ken・ne・dy /kénədi ケネディ/ 名 ケネディ《**John Fitzgerald Kennedy** (1917–63)；アメリカの政治家, 第35代大統領 (1961–63)；在任中にテキサス州ダラス (Dallas) で暗殺された》.

ken・nel /kénl ケヌル/ 名 ⓒ ❶ 犬小屋 (✪《米》ではふつう **doghouse**). ❷《米》犬の[ペットの]預かり所 (✪《英》では **kennels** の形で単数にも複数にも用いられる).

Ken・tuck・y /kəntʌ́ki ケンタキ/ 名 ケンタッキー《アメリカ中東部の州；✪【郵便】 **KY** と略す》.

Ken・ya /kénjə ケニャ/ 名 ケニア《アフリカ東部の共和国；首都 **Nairobi**》.

*****kept** /képt ケプト/ 動 **keep**の過去形・過去分詞形.

kerb /kə́ːrb カーブ/ 名《英》＝ **curb**.

ker・nel /kə́ːrnl カーヌル/ 名 ⓒ ❶ 【植物】仁(じん)《ウメ, モモなどの堅い種子の中にある部分》. ❷ (問題などの)核心, 要点.

ker・o・sene, ker・o・sine /kérəsìːn ケロスィーン/ 名 Ⓤ《米》灯油 (✪《英》では **paraffin**).

ketch・up /kétʃəp ケチャプ/ 名 Ⓤ (トマト)ケチャップ.

*****ket・tle** /kétl ケトル/ 名 (複 ~s /-z/) ⓒ **湯わかし, やかん**.

*****key** /kíː キー/ 名 (複 ~s /-z/) ⓒ ❶ **かぎ** (錠(じょう) (**lock**) をあけるためのかぎ).
❷ (成功などの) **秘訣**(ひけつ), 大事な点；(問題・謎の) **解決のかぎ**, 手がかり；手引き.
❸ (ピアノ・コンピューターなどの)キー, 鍵(けん).
❹ 【音楽】(長調・短調の)調.
— 形 最重要な, 主要な.
— 動 他 (キーを使って)(情報など)を入力する.

名 ❶ This is *key* to my room. これが私の部屋のかぎだ / a duplicate *key* 合いかぎ.

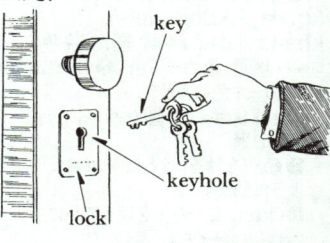

key / keyhole / lock

❷ the *key* to success 成功の秘訣(ひけつ) / the *key* to bringing the war to an end 戦争を終わらせるかぎ.
❸ a shortcut *key* (コンピューターの)ショートカットキー.
❹ the *key* of C major ハ長調.
— 形 the *key* person (かぎとなる)最重要な人 / a *key* point [industry] 重要な点 [産業] / a *key* role 主要な役.
— 動 *Key* the data, please. (コンピューターなどに)データを入力してください.

be keyed up 興奮している, 緊張している.

key in 他 (コンピューターに)(データ)を入力する.

《同音異形語》quay.

key・board /kíːbɔ̀ːrd キーボード/ 名 ⓒ
❶ (コンピューターなどの)キーボード, (ピアノなどの)鍵盤(けんばん).
❷ キーボード《電子楽器》.

key・hole /kíːhòul キーホウル/ 名 ⓒ (ドアの)かぎ穴.

key・note /kíːnòut キーノウト/ 名 ⓒ 主要な点, 重要なもの[点].
— 形 主要な, 重要な.
▶ 形 the *keynote* speech [address] 基調演説.

key・pad /kíːpæd キーパッド/ 名 ⓒ キーパッド《電話・計算機などの小型キーボード》.

kéy rìng 名 ⓒ (いくつかのかぎを通しておく)

keystone

キーホルダー《❏「キーホルダー」は和製英語》.

key·stone /kíːstòun キーストウン/ 名 C
❶ 〖建築〗 (アーチの頂上の中央にある)かなめ石, くさび石. ❷ (考え・計画などの)基本点; 根本原理.

key·word /kíːwə̀ːrd キーワード/ 名 C
❶ (情報検索のために)(コンピューターに打ちこむ)キーワード.
❷ (内容をまとめた)キーワード.

kg. 《略語》kilogram(s).

kha·ki /kǽki キャキ/ 形 カーキ色の.
— 名 U ❶ カーキ色. ❷ 《しばしば複数形で》カーキ色のズボン.

***kick** /kík キック/ 動 (~s /-s/; ~ed /-t/; ~·ing) 他

❶ ⓐ …を**ける**, けとばす; (足など)をけるように動かす.
ⓑ 《kick ... ~》…をけって~にする《❏ ~には形容詞がくる》.
❷ (サッカーなどで)(ゴール)をきめる.
❸ 《口語》(習慣など)をやめる.
— 自 **ける**, 足をバタバタさせる.
— 名 (複 ~s /-s/) C ❶ **ける**[**けられる**]**こと**, 足をけるように動かすこと.
❷ 〖サッカー〗キック.
❸ 《口語》快感.

・・・・・・・・・・・・・・・・・・・・・・・・

動 他 ❶ ⓐ *kick* a ball ボールをける / *kick* a person in the side 人の横腹をける. ⓑ *kick* the door shut ドアをけって閉める.
❷ *kick* a goal 点を入れる.
❸ *kick* the habit of smoking 喫煙(きつえん)の習慣をやめる.

kick around [about] 他 《口語》 ① …を手荒く扱う, 虐待(ぎゃくたい)する. ② …をいろいろな角度から考える[話し合う].

kick around [about] ... …をうろうろする, ぶらぶら旅行する.

kick back 他 ① …をけり返す. ② 《口語》…をリベートとして払いもどす. — 自 《口語》くつろぐ, リラックスする.

kick in 自 《口語》効果を表わす.

kick off 自 ① 〖サッカー〗試合開始のボールをける 《☞kickoff》. ② 《口語》(会合などが)始まる. — 他 ① (くつ)をけって脱ぐ. ② 《口語》(会合など)を始める.

kick oneself 自分自身に対していらだつ.

kick out 他 ① …をけり出す. ② 《口語》…を追い出す, 首にする.

kick up a row [fuss] 《口語》騒動を起こす.

— 名 ❶ He gave the ball a *kick*. 彼はそのボールをけった.

kick·back /kíkbæk キクバック/ 名 U C 《口語》リベート, 割戻し金.

kick·off /kíkɔ̀(ː)f キコ(ー)フ/ 名 C
❶ 〖サッカー〗キックオフ. ❷ 《口語》開始.

***kid**¹ /kíd キッド/ 名 (複 ~s /-dz/) ❶ ⓐ C 子ヤギ. ⓑ U 子ヤギの皮.
❷ C 《口語》 ⓐ 子ども. ⓑ 若者.
— 形 《口語》(兄弟・姉妹で)年下の.

***kid**² /kíd キッド/ 動 (~s /-dz/; kid·ded /-id/; kid·ding) 自 冗談をいう, からかう.
— 他 《口語》…をからかう.

・・・・・・・・・・・・・・・・・・・・・・・・

自 He was just *kidding*. 彼はただ冗談を言っていただけだ.
— 他 He was only *kidding* you. 彼は君をからかっていただけだ.

No kidding! まさか(そんなことないでしょう).

You're kidding! 冗談でしょう!

「ほんとうに」「冗談でしょう」

kid·die /kídi キディ/ 名 =kiddy.

kid·dy /kídi キディ/ 名 (複 kid·dies /-z/) C 《口語》おちびちゃん, 子ども.

kid·nap /kídnæp キドナップ/ 動 (~s /-s/; kid·napped, 《米》ではまた ~ed /-t/; kid·nap·ping, 《米》ではまた ~·ing) 他 (お金目的で)(人)を誘拐(ゆうかい)する.

kid·nap·per, kid·nap·er /kídnæpər キドナパ/ 名 C 誘拐(ゆうかい)犯.

kid·nap·ping, kid·nap·ing /kídnæpiŋ キドナピング/ 名 U 誘拐(ゆうかい).

kid·ney /kídni キドニ/ 名 ❶ C 腎臓(じんぞう).

kilt

❷ ⓊⒸ(食用にする動物の)腎臓.

kídney bèan 名Ⓒ インゲンマメ.

Kil·i·man·ja·ro /kìləməndʒáːrou キリマンチャーロウ/ 名《前に Mount をつけて》キリマンジャロ山《タンザニア (Tanzania) 北部の火山; アフリカの最高峰 (5,895 m)》.

***kill** /kíl キル/ 動 (~s /-z/; ~ed /-d/; ~·ing) 他 ❶ …を殺す, (植物など)を枯らす.

❷《be killed で》(戦争・事故・災害などで)**死ぬ**.

❸ ⓐ …をとめる, やめにする.

ⓑ (議案・申し出など)を否決する, 握りつぶす.

ⓒ …をだめにする, だいなしにする.

❹ ⓐ …をひどい目にあわせる, 痛めつける; …にいやな思いをさせる.

ⓑ (人)をひどくおこる.

❺ (痛み・風など)の勢いをそぐ, 止める.

❻ (時間)をつぶす.

— 自 殺す.

— 名Ⓒ ❶《the をつけて》殺害, 殺すこと.

❷ (ライオンなどが殺した)獲物(をる).

> 類語 **kill** は植物やその他のものにも用いられる; **die** は「死ぬ」, **murder** は「(計画的に)人を殺す」.

動 他 ❶ The earthquake *killed* more than ten thousand of people. その地震で1万人以上の人たちが死んだ / The frost *killed* the flowers. 霜で花が枯れた.

❷ Forty-nine people *were killed* in the train crash. その列車の衝突で49人の人が死んだ.

❸ ⓐ She stopped the car and *killed* the engine. 彼女は車を止めてエンジンを切った / The project was *killed*. そのプロジェクトは取りやめになった / *kill* a light 明かりを消す.

ⓑ The bill was *killed*. その議案は廃案になった.

ⓒ *kill* a chance チャンスをつぶす / The noise *killed* the music. うるさくて音楽がだいなしだった.

❹ ⓐ My knee is *killing* me. ひざが痛くてたまらない.

ⓑ Mother will *kill* me if I break my promise. 母は私が約束をやぶったらひどくおこるだろう.

❺ The tablets *killed* the headache. 錠剤をのんだら頭痛がおさまった.

❻ read a book to *kill* time ひまをつぶすのに本を読む.

if it kills me なにがなんでも, どうしても.

kill off 他 …を絶滅させる.

kill oneself 自殺する: He *killed himself* in despair. 彼は絶望して自殺した.

kill oneself laughing おなかをかかえて笑う.

kill two birds with one stone 一つの石で2羽の鳥を殺す(一つのことをして二つの効果があがる),「一石二鳥である, 一挙両得である」.

kill·er /kílər キラ/ 名 (複 ~s /-z/)

❶ Ⓒ ⓐ 殺人者, 殺し屋.

ⓑ 他の生き物を殺す動物.

❷ Ⓒ (癌(がん)など)命取りとなるもの; 殺す[だめにする]もの.

❸ Ⓒ たいへんきつい[厳しい]こと.

❹《形容詞的に》命取りとなる.

▶❹ *killer* diseases 致命的な病気.

kill·ing /kílíŋ キリング/ 名Ⓒ 殺すこと, 殺害.

▶名 ***make a killing (on [in] …)*** (株・競馬などで)大もうけをする.

kiln /kíln キルン, kíl/ 名Ⓒ (陶器・れんがなどを焼く)かま.

***ki·lo** /kíːlou キーロウ/ 名 (複 ~s /-z/) Ⓒ キロ (kilogram などの省略形).

ki·lo·byte /kíləbàit キロバイト/ 名Ⓒ 〖電算〗キロバイト《情報量の単位; 1024バイト; ✪ k. と略す》.

***ki·lo·gram,** (英) **ki·lo·gramme** /kíləɡræm キログラム/ 名 (複 ~s /-z/) Ⓒ キログラム《1000グラム; ✪ kg. と略す》.

***ki·lo·me·ter,** (英) **ki·lo·me·tre** /kíləmətər キラメタ, kíləmìːtər/ 名 (複 ~s /-z/) Ⓒ キロメートル《1000メートル; ✪ km. と略す》.

ki·lo·watt /kíləwàt キロワット/ 名Ⓒ キロワット《1000ワット; ✪ kw. と略す》.

kilt /kílt キルト/ 名Ⓒ ❶ キルト《✪ スコットランド (Scotland) の男性がはく格子縞(じま) (tartan) の短いスカート. 女性もはくことがあ

ki‧mo‧no /kimóunə キモウノ/ 名(複 ~s /-z/) C ❶ (日本の)着物, 和服. ❷ (着物風の)ドレッシングガウン.

kin /kín キン/ 名 U《古語》《集合的に》親族.

****kind**[1] /káind カインド/ 形 (~er; ~est)
親切な, やさしい, 思いやりのある (反 unkind).

He was very *kind* to us all. 彼は私たちみんなにとても親切だった / a *kind* act 親切な行為 / It is very *kind* of you *to* show me the way. = You are very *kind* to show me the way. 道をおしえていただいてありがとうございます / That's very *kind* of you! それはご親切にありがとう.

***be kind enough to** do* = ***be so kind as to** do* 親切にも__する: Will [Would] you *be kind enough to* tell me the truth? 本当のことをおっしゃっていただけませんか / She *was so kind as to* take me to the station. 彼女は親切にも私を駅へ連れていってくれた.

☞ 名 kindness, 副 kindly[1].

***kind**[2] /káind カインド/ 名 (複 ~s /-dz/) C **種類**.

There are two *kinds* of elephants. 象は2種類いる / What *kind* of flower is this? これはなんという種類の花ですか / He is just the *kind* of man I had wanted. 彼はまさに私の望んでいたとおりの男だ / dictionaries of different *kinds* いろいろな種類の辞書 / this *kind* of book = a book of this *kind* こういう種類の本 (ⓞ a book of this *kind* のほうが種類を強調した表現).

|語法| (1) kind of のあとにはふつう冠詞なしの名詞がつづくが, 《口語》では不定冠詞の a(n) をつけることがある: What *kind of* (*a*) car do you want to get? 君はどんな種類の車を買いたいのかね.
(2) あるものの種類はひとつで数は複数のときは, たとえば questions of *this*

kind (この種の問題)がふつうで,《口語》では these kind of *questions* ともいう. 種類も数も複数のときは, たとえば these kinds of *questions* または *questions* of these kinds という.

a kind of ... (はっきりとはいいきれないが)…に近いもの, …のようなもの: He is *a kind of* gentleman. 彼はまあ紳士といってもいい人だ / feel *a kind of* doubt 疑いめいた気持ちをもつ.

in kind ① (現金でなく)現物で, サービスで. ② (仕返しとして)同じもので.

kind of ... 《口語》いくらか…, ちょっと…; どちらかといえば… (❷《口語》では kinda または kinder; ☞ 成句 sort of ... (⇨ sort)): It's *kind of* hot today. きょうはちょっと暑いですね / I was *kind of* expecting you. なんだか君が来るような気がしていた.

... of a kind (けなして)なにか…のようなもの, いいかげんな…: a resolution *of a kind* 決議のようなもの.

of the kind 《口語》そのような, それに似ている: I want nothing *of the kind*. 私はそのようなものはぜんぜんほしくない.

one of a kind (他とは異なる)まったく別個のもの[人].

kind‧a /káində カインダ/ 副《口語》= kind of ... (⇨ kind[2] の成句). ▶ I'm *kinda* thirsty. なんだかのどがかわいた.

kind‧er‧gar‧ten /kíndərɡɑːrtn キンダガートン/ 名 C 幼稚園 (☞ nursery school).

***kind‧heart‧ed** /káindhɑ́ːrtid カインドハーティド/ 形 **心のやさしい**, 思いやりのある, 親切な.

kin‧dle /kíndl キンドル/ 動 (~s /-z/; kindled /-d/; kin‧dling) 他 ❶ …に火をつける. ❷ (興味・感情など)をかきたてる.
▶ ❶ *kindle* dry wood 乾いた木を燃やす.

***kind‧ly**[1] /káindli カインドリ/ 副 (kind‧li‧er; kind‧li‧est)
❶ **親切に(も)**, やさしく (反 unkindly).
❷《依頼の文で》どうぞ, どうか.

❶ She spoke *kindly* to the boy. 彼女はその少年にやさしく話しかけた / He *kindly* helped me. 彼は親切にも私を助けてくれた.

abcdefghij**k**lmnopqrstuvwxyz　　　　　　　　　　　　　　　　　**kit**

❷ Would you *kindly* shut the door? どうぞドアを閉めてください《❍ please とはちがい, いらだちの気持ちを含む場合がある》.

take kindly to ... 《ふつう否定文で》…を快く受け入れる: He did*n't take kindly to* her suggestion. 彼は彼女の提案をすんなりには受け入れなかった.

*kind・ly² /káindli カインドリ/ 形 (kind・li・er, more ~; kind・li・est, most ~)《文語》**やさしい**, 思いやりのある.

▶a *kindly* old lady やさしい老婦人.

*kind・ness /káindnəs カインドネス/ 名 (複 ~es /-iz/)

❶ Ｕ **親切**, やさしさ (反 unkindness).

❷ Ｃ 親切な行為[態度].

❶ Thank you for your *kindness*. ご親切ありがとう / He had the *kindness* to give up his seat to me. 彼は親切にも私に席をゆずってくれた.

❷ Will you do me a *kindness*? お願いしたいことがあるのですが.

ki・net・ic /kinétik キネティック/ 形 【物理】運動の, 動力学の (☞dynamic, static).

King /kíŋ キング/ 名 キング《**Martin Luther King, Jr.** (1929-68); 米国の黒人牧師；黒人解放運動の指導者；暗殺された》.

*king /kíŋ キング/ 名 (複 ~s /-z/) Ｃ

❶ⓐ **王**, 国王 (☞queen).

ⓑ (動植物界の) 王.

❷ (ある分野の) 第一人者, …王, 最高のもの.

❸ⓐ (トランプの) キング.

ⓑ 【チェス】 キング《将棋の王将にあたる》.

❶ⓐ *King* Edward VIII エドワード八世《❍ VIII は the eighth /ði éitθ/ と読む》.

ⓑ the *king* of beasts 百獣の王 (ライオンのこと).

❷ the home-run *king* ホームラン王 / an oil *king* 石油王.

*king・dom /kíŋdəm キングダム/ 名 (複 ~s /-z/) Ｃ ❶ **王国**《王 (king) または女王 (queen) の治める国》.

❷ 【生物】(分類学上の3つの) 界.

❶ The Netherlands is a *kingdom*.

オランダは王国である.

❷ the animal 〔vegetable / mineral〕*kingdom* 動〔植/鉱〕物界.

Kíng's Énglish /kíŋz- キングズ-/ 名 《**the** をつけて》キングズイングリッシュ《イングランド南部で用いられる標準英語；❍ 女王が王位にあるときは Queen's English という》.

king-size /kíŋ-sàiz キング・サイズ/ 形 特大の, キングサイズの (☞queen-size).

king-sized /kíŋ-sàizd キング・サイズド/ 形 ＝king-size.

kink /kíŋk キンク/ 名 Ｃ (綱などの) よじれ, もつれ；(髪の毛の) 縮れ.

kink・y /kíŋki キンキ/ 形 (kink・i・er; kink・i・est)(糸などが) よじれた；(髪の毛が) 縮れた.

ki・osk /kíːɑsk キーアスク/ 名 Ｃ キオスク 《駅前・公園・街頭などの新聞やたばこなどの売店》.

kip・per /kípər キパ/ 名 Ｃ 薫製(なん)ニシン.

*kiss /kís キス/ 名 (複 ~es /-iz/) Ｃ **キス**, 口づけ.

— 動 (~es /-iz/; ~ed /-t/; ~ing) 他 …に**キスする**. — 自 キスをする.

名 The mother gave her baby a tender *kiss*. 母親は赤ん坊にやさしくキスをした.

blow ... a kiss …に投げキスをする: He blew her a *kiss*. 彼は彼女に投げキスをした.

— 動 他 He *kissed* her gently. 彼は彼女にやさしくキスをした / I *kissed* her cheek. ＝ I *kissed* her on the cheek. 私は彼女のほおにキスをした.

kiss ... good-bye ① …にキスして別れる, 別れのキスをする: I *kissed* her good-bye. 私は彼女に別れのキスをした. ② …をあきらめる.

kíss of déath 名 《**the** をつけて》死の接吻(ぷん), 計画などを台なしにするもの《ユダ (Judas) がキリストを裏切ったキスに由来する；☞Judas》.

kit /kít キット/ 名 (複 ~s /-ts/) Ｃ ❶ 道具ひとそろい. ❷ (模型などの) 組み立て用部品一式.

▶❶ a first-aid *kit* 救急箱 / a carpenter's *kit* 大工(ぎい)道具一式.

❷ a model ship *kit* 船の模型部品ひとそろい.

seven hundred and thirty-five

kitchen

*kitch·en /kítʃən キチェン/ 名(複 ~s /-z/)
C ❶ 台所, キッチン(❖ 食堂としても用いられる;「ダイニングキッチン」は和製英語; ☞下のさし絵).
❷ (ホテルなどの)調理場.

*kite /káit カイト/ 名(複 ~s /-ts/) C
❶ 凧(たこ), カイト.
❷〔鳥類〕トビ.
▶❶fly a *kite* 凧をあげる.

kit·ten /kítn キトン/ 名(複 ~s /-z/) C 子ネコ.

kit·ty /kíti キティ/ 名(複 kit·ties /-z/) C
❶《小児語》ニャン子, 子ネコ.
❷ 共同の積立金.

ki·wi /kí:wi: キーウィー/ 名 C ❶〔鳥類〕キーウィー《ニュージーランド (New Zealand) 産の翼も尾もない小型で夜行性の鳥》.

kiwi ❶

❷ = kiwi fruit.

kíwi frùit 名 C キーウィー(フルーツ)《❖ 単に kiwi ともいう》.

Klee·nex /klí:neks クリーネックス/ 名 U.C 〔商標〕クリネックス《ティッシュペーパー》.

km. 《略語》kilometer(s).

knack /næk ナック/ 《★ k は発音されない》名 C (特別な)腕前, こつ.
▶acquire [get] the *knack* of skiing スキーのこつを身につける.

knap·sack /næpsæk ナプサック/ 名 C ナップザック, リュックサック(rucksack)《❖backpackともいう》.

knead /ní:d ニード/ 動 他 (粉・土)をこねる.

*knee /ní: ニー/ 《★ k は発音されない》名 (複 ~s /-z/) C ❶ ひざ, ひざがしら《ひざの関節部分; ☞ body, lap¹のさし絵》.
❷ (ズボンなどの)ひざの部分.

❶He was down on his *knees*. 彼はひざをついていた.
bring ... to ...'s knees ①…を屈服させる.②(組織・活動など)をだめにする.
on one's knees (祈ったり, 謝ったり, 許可を求めたりするために)ひざまずいて.
☞ 動kneel.

knee·cap /ní:kæp ニーキャップ/ 名 C 〔解

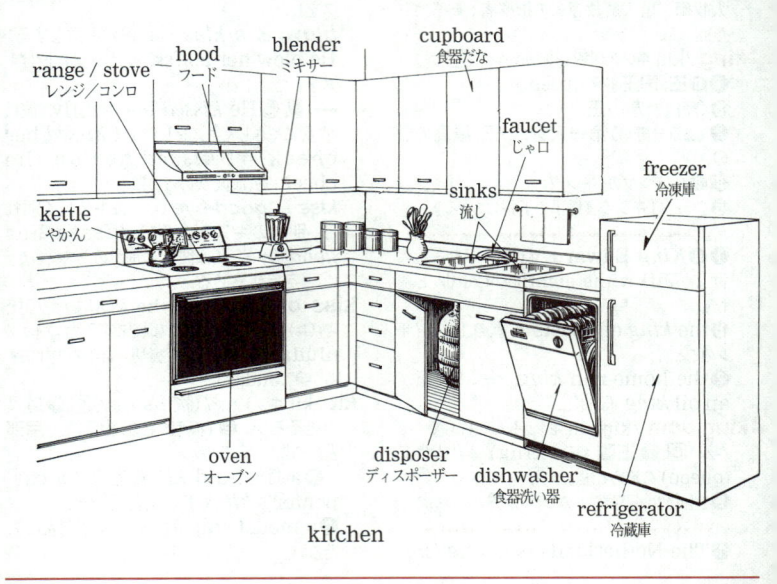

range / stove レンジ/コンロ
hood フード
blender ミキサー
cupboard 食器だな
faucet じゃ口
sinks 流し
freezer 冷凍庫
kettle やかん
oven オーブン
disposer ディスポーザー
dishwasher 食器洗い器
refrigerator 冷蔵庫

kitchen

abcdefghij k lmnopqrstuvwxyz　　　　　　　　　　　　　　　knock

剖〕ひざの皿, 膝蓋骨(ﾋｯｶﾞｲ).
knee-deep /níː-díːp ニー・ディープ/ 形
❶ ひざまでの深さの, ひざまで達する.
❷ (困難などに)深くはまり込んで.

knee-high /níː-hái ニー・ハイ/ 形 ひざま
で届く.

*__kneel__ /níːl ニール/《★ k は発音されない》動
(~s /-z/; knelt /nélt/, ~ed /-d/; ~-
ing) 自 **ひざまずく**, ひざを曲げる.
▶He *knelt* (down) to pick up the
paper. 彼は身をかがめてその新聞を拾っ
た.　　　　　　　　　　　☞ 名 knee.

knelt /nélt ネルト/《★ k は発音されない》動
kneel の過去形・過去分詞形.

***knew** /njúː ヌー, ニュー/《★ k は発音され
ない》動 know の過去形.
《同音異形語》gnu, new.

knick·ers /níkərz ニカズ/ 名複 《英》(女
性用の)パンツ (《米》では panties という).

****knife** /náif ナイフ/《★ k は発音されない》
名 (複 knives /náivz/) C **ナイフ**, 小
刀, ほうちょう.
— 動 (~s /-s/; ~d /-t/; knif·ing) 他 …
をナイフで切りつける.

名 eat with (a) *knife* and fork ナイフ
とフォークで食べる / a bread *knife* パン
切りナイフ.

knight /náit ナイト/《★ k は発音されな
い》名 C ❶《英》ナイト爵(ｼｬｸ)《王や女王に
よって授けられる爵位;姓名または名の前に Sir
をつけて呼ぶ》. ❷(中世の)騎士. ❸〖チェス〗
ナイト.
《同音異形語》night.

knight·hood /náithùd ナイトフッド/ 名
UC ナイト爵(ｼｬｸ)位.

***knit** /nít ニット/《★ k は発音されない》動 (~s
/-ts/; ~, knit·ted /-id/; knit·ting) 他
❶ (針・編棒を使って)…を **編む**.
❷ (人やもの)を結びつける, まとめる.
❸ (まゆ)をひそめる.
— 自 **編み物をする**.
— 形 ニットの.

他 ❶ *knit* a pair of socks ソックスを
一足編む.
❸ She *knit* her brows. 彼女はまゆを
ひそめた.

knit·ting /nítiŋ ニッティング/ 名 U 編み物;

編むこと.

knítting neèdle 名 C 編み針.

knit·wear /nítwèər ニトウェア/ 名 U
ニットウェア(毛糸で編んだ衣類).

***knives** /náivz ナイヴズ/《★ k は発音され
ない》名 knife の複数形.

***knob** /náb ナブ | nɔ́b/《★ k は発音されな
い》名 (複 ~s /-z/) C ❶ (ドア・引き出しな
どの) **取っ手**, 握り.
❺ (テレビ・機械などの調整用の) **つまみ**.

****knock** /nák ナック | nɔ́k/《★ k は発音
されない》動 (~s /-s/; ~ed /-t/; ~-ing) 自
❶ (こぶし・堅いもので) **打つ**, たたく; ノック
する.
❷ ぶつかる, 突きあたる.
❸ (エンジンなどが)ノッキングする.
— 他 ❶ⓐ …を **打つ**, たたく, なぐる.
ⓑ 〈knock … で〉…を打って〜(の状
態)にする (✿〜には形容詞がくる).
❷ …にぶつかる;…にぶつかって倒す.
❸ (うっかりと〔わざと〕)…をぶつける, 衝突
させる.
❹ …を打ちこむ〔*into*〕.
❺ (口語)…の悪口を言う, …をけなす.
— 名 (複 ~s /-s/) C ❶ **たたくこと**, な
ぐること;たたく音, ノック.
❷ (エンジンの)ノッキング.

動 自 ❶ Please *knock* before you
enter. はいる前にノックをしてください /
Knock, and it will be opened to
you. 〖聖書〗ノックしなさい, そうすれば開
けてもらえるであろう, 「たたけよ, さらば開
かれん」/ *knock on* [*at*] the door ドア
をノックする.
❷ A branch *knocked against* the
window. 枝が窓にカタカタと当たった.
— 他 ❶ⓐ He *knocked* me on the
head. 彼は私の頭をなぐった.
ⓑ The blow *knocked* him sense-
less. その一撃で彼は気絶した.
❷ She *knocked* the bottle and it
fell to the floor. ＝ She *knocked* the
bottle to the floor. 彼女はびんにぶつ
かって, びんは床に落ちた.
❸ The little boy *knocked* his head
against the table. その小さな男の子は
頭をテーブルにぶつけた.
❹ *knock* a nail *into* the wall くぎを

seven hundred and thirty-seven　　　　　　　　　　　　　　　　　　　　　　　737

knocker

壁に打ちこむ.

knock around [about] ... …を放浪する.

knock around [about] 他 ①…をあちこちなぐる, 手荒く扱う, ひどい目にあわす: He was badly *knocked about* by an older boy. 彼は上級生にさんざんなぐられた. ②(考えなど)を論じる. ― 自 ぶらつく; (同じ場所にとどまらないで)動きまわる.

knock back 他《口語》(酒)を一気に飲む.

knock down 他 ①…を**打って倒す**, (車が)(人)をはねる: I was *knocked down* by a car last month. 私は先月自動車にはねられた. ②(家など)を取りこわす, 解体する. ③(値段)を下げる.

knock into ... …にぶつかる, 衝突する.

Knock it off! 《口語》そんなことやめろよ.

knock off 他 ①…を打ち[たたき]落とす, …に当たって落とす. ②(口語)…を値引きする, まける. ③…を(記録などから)削除する. ― 自《口語》仕事を中止する.

knock ... off ～ …をたたいて～から落とす: *knock* a vase *off* the table 花びんをテーブルからたたいて落とす.

knock out 他 ①(ボクシングなどで)…を**ノックアウトする**(☞knockout), …の意識をなくさせる: *knock* the challenger *out* 挑戦者をノックアウトする. ②(トーナメントで)(相手)を負かす. ③…をへとへとにさせる. ④…をたたいて出す.

knock over 他 …を**ひっくり返す**, 倒す: *knock over* a heater ストーブをひっくり返す.

― 名 ❶ He got a hard *knock* on the head. 彼は頭をひどくなぐられた / There was a *knock* on [at] the door. ドアをノックする音が聞こえた.

knock·er /nάkər ナカ/ 名 C 《玄関のドアの》ノッカー《来訪者がノックのかわりにカチカチと打ちならすたたき金》.

knock·out /nάkàut ナカウト | nɔ́k-/ 名 (複 ~s /-ts/) C ❶ 〔ボクシング〕ノックアウト(☞KO, K.O., k.o. と略す).
❷相手を負かすこと.

knoll /nóul ノゥル/ 名 C 円型の低い丘, 塚.

***knot** /nάt ナット | nɔ́t/ (★k は発音されない) 名 (複 ~s /-ts/) C ❶ ⓐ **結び目**.
ⓑ (ひもなどの)もつれ(た部分).
❷ 飾り結び; (女性の)丸くまとめたヘアスタイル.
❸ (筋肉・木などの)こぶ, (木の)ふし.
❹ 〔海事〕ノット《1 時間 1 海里 (nautical mile, 約 1,853 m) の速度》.
❺ (小さな)群れ, 集団.
❻ (恐怖・緊張などによる)(締めつけられるような)不快感.
― 動 他 (~s /-ts/; knot·ted /-id/; knot·ting) (ひも・ロープなど)を**結ぶ**; …に結び目をつくる.
― 自 ❶ 結び目ができる.
❷ (胃などが)痛む.

名 ❶ ⓐ tie a *knot* in the rope ロープに結び目をひとつ作る / undo a *knot* 結び目をほどく.

tie the knot 《口語》結婚する.
― 動 他 ❶ He *knotted* his shoelaces. 彼はくつひもを結んだ.

《同音異形語》not.

knot·ted /nάtid ナッティド/ 形 ❶ 結び目のついた[の多い]. ❷ こぶのようになった; こぶだらけの.

****know** /nóu ノウ/ (★k は発音されない) 動 (~s /-z/; knew /njúː/; known /nóun/; ~·ing) 他
❶ ⓐ …を**知っている**, わかっている, …の知識がある.
ⓑ 《*know* (that) __》__ ということを知っている, __ ということがわかっている.
ⓒ 《*know* wh-(疑問詞) __》__ かということを知っている, __ かということがわかっている.
❷ …を**見てわかる**, 区別がつく, 見分けられる.
❸ **…と知り合いである**, 親しい《☞ 自 の 語法》.
❹ …を経験する.
― 自 **知っている**, 承知している; ものごとをわきまえている.

他 ❶ ⓐ I *know* the answer. 私は答えを知っている / I *know* him by name. 私は彼の名前は知っている(知り合いではな

abcdefghij k lmnopqrstuvwxyz **know**

い)(☞⊕ ❸)/She *knows* French and Italian. 彼女はフランス語とイタリア語を知っている / I *knew* nothing about that.＝I didn't *know* anything about that. 私はそれについてはなにも知らなかった / I *know* the poem by heart. 私はその詩を暗記して覚えている / Everybody in this town *knows* Mr. Green. この町の人はだれでもグリーン氏を知っている(✪この文の受動態はふつう Mr. Green *is known to* everybody in this town. となる；前置詞が by でなくて to であることに注意).

❶I *know* (*that*) you are busy. 私はあなたが忙しいことは知っている.

❶Do you *know who* wrote the book? その本はだれが書いたか知っていますか / Nobody [God] *knows where* he is now. 彼が今どこにいるかはだれにもわからない / I don't *know whether* she will come or not. 私には彼女が来るかどうかはわからない / I don't *know what to* do. 私はどうしたらよいかわかりません.

❷Did you *know* him at once? 彼を見てすぐ彼だとわかりましたか / ことわざ A man is *known* by the company he keeps. 人はその交わる友だちを見ればどういう人間だかわかる / Some people do not *know* good *from* evil. 善悪の区別がつかない人がいる.

❸I *know* her very well. 私は彼女とはとても親しい / I got to *know* her at the concert. 私はコンサートで彼女と知り合いになった.

❹She has never *known* poverty. 彼女は貧乏をした経験がない.
— ⓐ 対話 "Where's Mom?"–"I don't *know*." 「お母さんどこ」「さあね」/ I *know of* the writer, but I haven't read any of his novels. 私はその作家のことは知っていますが小説は全然読んだことがありません.

語法 **know** は「…を(直接)よく知っている」，**know of ...** (☞ 成句)は「…のことを(人から聞いて，物を読んで)知っている，少し知っている」，**know about ...** は「…について(かなりくわしく)知っている，知識をもっている」という意味になる．

as far as I know 私が知っている限りでは：She has no brother *as far as I know*. 私が知っている限りでは彼女には兄弟はいない.

as you know ご存じのように：*As you know*, he is a likable person. あなた(方)も知っているように彼はいいやつなんです.

before one knows it 知らないうちに，いつのまにか：*Before* I *knew it* I'd eaten all the cookies. 私はいつのまにかクッキーを全部食べてしまった.

before one knows where one is 知らないうちに，いつのまにか.

for all I know (よくは知らないが)たぶん.

God [*Heaven*] *knows that* __. 確かに__である：*God* [*Heaven*] *knows that* it is true. それは確かにほんとうだ.

God [*Heaven*] *knows wh-*(疑問詞). __はだれにもわからない，神様しか知らない：*God knows who* stole the jewel. だれがその宝石を盗んだのかだれにもわからない.

I know. (相手の言うことに対して)そうですね："He is such a nice guy." "*I know*." 「あいつはいいやつだね」「そうね」.

know a thing or two 《口語》(経験から)いろいろ知っている.

know about ... …について(かなりくわしく)知っている，知識をもっている(☞ ⓑの 語法)：Do you *know about* him? 彼の一件[とかくのうわさ]のことをご存じですか.

know better (そんなことをするより)もっと分別がある，そんなばかなことはしない：You ought to *know better*. 君はもっとものごとをわきまえていなくてはいけないよ(ばかなことをしてはいけない).

know better than to do __するほどばかではない：I *know better than to* trust him. 私は彼を信用するほどばかではない.

know of ... …のことを知っている，うわさに聞いている(☞ ⓑの 語法).

know one's business 自分のやるべきことについてすべてわかっている.

let ... know ～ …に～を教える，知らせる：*Let* me *know* what time you will arrive in Japan. 日本にいつ着くか知らせてください.

know-all

not that I know of 私の知るかぎりではそんなことはない. 対話 "Is he ill?"–"*Not that I know of.*"「彼は病気ですか」「そんなことはないと思いますよ」.

so far as I know = as far as I know.

What do you know! 《米口語》まさか！, ほんとうかい！(⊙驚きを表わす).

Who knows? ①だれにもわからない. ②ひょっとすると.

you know《口語》①**あのー, えーと**, ねえ, …ですからね：*You know*, this tastes pretty good. まずまずの味ですね / I don't like sports very much, *you know*. 私はスポーツはあまり好きじゃないんですよ (⊙人になにかを伝えるとき「よ」とか「ね」とかいう意味でのつけたしの表現として用いられる. 文ır, 文中, 文尾につけて表現を和(やわ)らげたり, 相手の同意を求めたり, 念を押したりする気持ちを表わす；使いすぎるのはよくない). ②(意味を強めて)わかるでしょう.

you never know よくはわからないけど：*You never know*, they might get married. なんだかわからないけどあの二人は結婚するかも.

☞ 名 knowledge.

— 名《次の成句で》：***be in the know*** 内情をよく知っている：He *is in the know* about the company. 彼はその会社の内情に通じている.

《同音異形語》no.

know-all /nóu-ɔ̀ːl ノウ・オール/ 名C《英口語》= know-it-all.

know-how /nóu-hàu ノウ・ハウ/ 名U《口語》ノーハウ, 実際的知識, 技術.

know·ing /nóuiŋ ノウイング/ 形 わかっているような.

know·ing·ly /nóuiŋli ノウイングリ/ 副
❶故意に.
❷心得顔で.

know-it-all /nóu-itɔ̀ːl ノウ・イトール/ 名C《口語》なんでも知ったかぶりをする人.

✱**knowl·edge** /nálidʒ ナリヂ | nɔ́l-/ (★発音注意) 名U 知識, 知っていること, 知られていること；理解(していること).

I have no *knowledge* of Nigeria. 私はナイジェリアについてはまったく知識がない / He has *a* good *knowledge* of English. 彼は英語をよく知っている (⊙形容詞をともなうと a がつく) / every branch of *knowledge* 学問のあらゆる分野 / The boy has no *knowledge* of good and evil. その少年は善悪の区別がつかない / ことわざ *Knowledge* is power. 知識は力である.

語の結びつき

absorb *knowledge* 知識を吸収する
acquire [gain] a good *knowledge* of ... …についての十分な知識を得る
parade [show off] one's *knowledge* (of ...) (…の)知識をひけらかす
show one's *knowledge* of ... …の知識を示す

in [with] the knowledge that ＿＿ ということを知っていて[いるので].

Not to my knowledge. 《口語》私の知るかぎりではそうではない.

to (the best of) ...'s knowledge …の知る限りでは：*To the best of my knowledge*, this bird is not found in Japan. 私の知っている限りではこの鳥は日本にはいない.

without one's knowledge ... …に知らせずに, 無断で.

☞ 動 know.

knowl·edge·a·ble /nálidʒəbl ナリヂャブル/ 形 物をよく知っている；(あることに)詳(くわ)しい.

✱**known** /nóun ノウン/ (★ k は発音されない) 動 know の過去分詞形.

— 形 **よく知られている**, 知れわたっている；有名な (反 unknown).

形 This is the oldest *known* building here. これはここで知られているもっとも古い建物です / a *known* astronaut 有名な宇宙飛行士.

be known as ... **…として知られている**：Her sister *is known as* an opera singer. 彼女の姉はオペラ歌手として知られている.

be known for one's ... **…で知られている**, 有名である：New York *is known for its* skyscrapers. ニューヨークは高層建築で有名だ.

be known to ... **…に知られている**：He *is known to* the police. 彼は警察に知られている(警察は彼に関する情報をつ

KY

かんでいる).
let it be known that __ __ ということを人々に知らせる.
make it known that __ = let it be *known* that __.
make ... known …を知らせる, 発表する: He *made* his plan *known* to his friends. 彼は計画を友だちに知らせた.

knuck·le /nʌ́kl ナクル/ (★最初の k は発音されない) 名 ⓒ 指のつけ根の関節.

KO /kéióu ケイオウ/ 《略語》〘ボクシング〙knockout.

ko·a·la /kouá:lə コウアーラ/ (★アクセント注意) 名 ⓒ 〘動物〙コアラ《オーストラリア産; koala bear ともいう》.

koalas

Ko·dak /kóudæk コウダック/ 名〘商標〙コダック《カメラ・フィルムの商品名》.

Kol·ka·ta /kálkɑ:tə カルカータ/ 名 コルカタ, カルカッタ《インド北東部の河港都市; 旧称 Calcutta》.

Ko·ran /kəræn コラン | kɔráːn/ 名《the をつけて》コーラン《イスラム教の経典》.

*__Ko·re·a__ /kərí(:)ə コリ(ー)ア/ 名 韓国, 朝鮮《1948年以来北緯38度付近でふたつに分割されている》; ☞ South Korea, North Korea). ☞ 形 Korean.

*__Ko·re·an__ /kərí(:)ən コリ(ー)アン/ 形
❶ 韓国の, 朝鮮の. ❷ 韓国人の, 朝鮮人の. ❸ 韓国語の, 朝鮮語の.
☞ 名 Korea.
— 名 (複 ~s /-z/) ❶ ⓒ 韓国人, 朝鮮人. ❷ Ⓤ 韓国語, 朝鮮語.

ko·sher /kóuʃər コウシャ/ 形 ❶ (食べ物・飲食店が) ユダヤのおきてにかなった. ❷《口語》適正な, 正しい.

kph 《略語》kilometers per hour 時速.

KS 〘米郵便〙Kansas.

Kua·la Lum·pur /kwá:lə lúmpuər クワーラ ルンプア/ 名 クアラルンプール《マレーシア (Malaysia) の首都》.

Ku Klux Klan /kjú: klʌ̀ks klǽn クークラックス クラン, キュー·/ 名《米》《the をつけて》クークラックスクラン《ユダヤ人・黒人などの排斥(※)を目的とした非合法な白人の秘密結社; ○ K.K.K. と略す》.

kung fu /kʌ̀ŋ fúː カンフー/ 名 Ⓤ カンフー《空手(※)に似た中国の自己防衛術》.

Ku·wait /kuwéit クウェイト/ 名 クウェート《アラビア北東部ペルシア湾 (Persian Gulf) に接する国; 石油を産出する; 首都クウェート (Kuwait)》.

kw. 《略語》kilowatt(s).

KY 〘米郵便〙Kentucky.

L l *L l*

L¹, l¹ /él エル/ 名(複 L's, Ls, l's, ls /-z/)
❶ UC エル《英語アルファベットの12番目の文字》. ❷ U(ローマ数字の)50.
▶ ❷ *LXV* = 65.

L² /él エル/ (略語)(米)elevated railroad 高架鉄道.

£, l² /páund パウンド, 複 páundz パウンヅ/ (略語)pound(s)《イギリスの貨幣単位のポンドの記号》.
▶ £2 2ポンド (❶ two pounds と読む).

l. (略語)left; line; liter(s).

LA 〔米郵便〕Louisiana.

L.A. (略語)Los Angeles.

la /láː ラー/ 名 C 〔音楽〕ラ《ドレミファ音階の第6音》.

lab /lǽb ラブ/ 名 C (口語)実験室, 研究室《❶ laboratory の短縮形》.

***la·bel** /léibəl レイベル/ (★発音注意)名 (複 ~s /-z/) C ❶ (箱・びんなどにはる)(中身を説明している)**ラベル**, はり紙.
❷ (人などにつける)あだ名, レッテル.
— 動 (~s /-z/; ~ed, (英)la·belled /-d/; ~·ing, (英)la·bel·ling) 他 ❶ …に札[ラベル]をはる.
❷《label ... ~》…に～というレッテルをはる, …を～と呼ぶ(❶ ~ には名詞, 形容詞がくる).
▶ 名 ❶ Put a *label* on the box. 箱にラベルをはりなさい.
— 動 他 ❶ The bottle is *labeled* "Poison." びんには「毒薬」とラベルがはってある. ❷ No one wants to be *labeled* a "liar." だれだって「うそつき」のレッテルははられたくない.

***la·bor** /léibər レイバ/ 名 (複 ~s /-z/)
❶ⓐ U (肉体)**労働**, 労力.
ⓑ C 骨の折れる仕事.
❷ U《集合的に》**労働者**(反 capital).
❸《単数形で》出産(の苦しみ).
— 動 (~s /-z/; ~ed /-d/; ~·ing /-bər·iŋ/) 自 ❶ 一生懸命に働く.
❷ 一生懸命にやる, 努力する, 苦労する.
❸ (人・乗り物などが)苦労して進む.

名 ❶ⓐ Computers save a lot of *labor*. コンピューターは多くの労力を省(はぶ)いてくれる / do manual *labor* 手仕事[肉体労働]をする / the Department of *Labor* (アメリカの)労働省 / lost *labor* むだな労力. ❷ skilled *labor*《集合的に》熟練労働者 / *Labor* and Capital 労働者(階級)と資本家(階級).
☞ 形 laborious.
— 動 自 ❶ He *labored* to finish the job. 彼はその仕事を完成させようと一生懸命に働いた. ❷ *labor* to open a store 店を開こうと努力する.

***lab·o·ra·to·ry** /lǽbərətɔ̀ːri ラボラトーリ｜ləbɔ́rətəri/ 名 (複 -to·ries /-z/) C **実験室**, 試験所, 研究室.
▶ a chemical *laboratory* 化学実験室[研究所].

Lábor Dày 名 (アメリカ・カナダの)労働者の日《9月の第1月曜日で法定休日》.

la·bor·er /léibərər レイバラ/ 名 C (肉体)労働者.

lábor fòrce 名《the をつけて》(国・会社などの)全労働者(総数).

la·bo·ri·ous /ləbɔ́ːriəs ラボーリアス/ (★アクセント注意)形 骨の折れる, 困難な.
▶ *laborious* work 骨の折れる仕事.
☞ 名 labor.

la·bo·ri·ous·ly /ləbɔ́ːriəsli ラボーリアスリ/ 副 骨折って, 苦心して.

lábor màrket 名《the をつけて》労働市場.

la·bor-sav·ing /léibər-sèiviŋ レイバ·セイヴィング/ 形 人の労力を省(はぶ)く, 省力の.

lábor ùnion 名 C (米)労働組合(❶ (英)では trade union).

la·bour /léibər レイバ/ 名(英) = labor.
— 動 (英) = labor.

Lábour Pàrty 名《the をつけて》(イギリスの)労働党《保守党(Conservative

Party) とともにイギリスの二大政党のひとつ).

Lab·ra·dor /lǽbrədɔ:r ラブラドー/ 名C ラブラドルレトリーバー《カナダ原産の猟犬; ○ **Lábrador retríever** ともいう》.

lab·y·rinth /lǽbərinθ ラビリンス/ 名C 迷路, 迷宮 (○maze ともいう).

lace /léis レイス/ 名 (複 lac·es /-iz/)
❶ Uレース(布地). ❷Cふつう複数形で》くつひも, (穴に通して締(し)める)締めひも.
— 動 (現分 lac·ing) 他 (くつなど)をひもで締める (反unlace).
▶ 名 ❶ a lace curtain レースのカーテン. ❷ a pair of laces ひと組のくつひも.
☞ 形lacy.
— 動 他 He laced (up) his shoes. 彼はくつのひもを結んだ.

***lack** /lǽk ラック/ 名 《単数形で》**不足, 欠乏**; 欠如 (《○「十分にないこと」と「まったくないこと」の両方の意味がある》).
— 動 (~s /-s/; ~ed /-t/; ~·ing) 他 (人が) (必要なもの・ほしいものなど)をもっていない; (人が)…が足りない.

名lack of sleep 睡眠不足 / lack of experience 経験不足.
for [through] lack of ... …が(足り)ないので: through lack of rain 雨不足で / For lack of confidence, he couldn't speak up. 自信がなくて彼は思うことが言えなかった.
— 動 他 She lacks common sense. 彼女は良識がない.

lack·ing /lǽkiŋ ラキング/ 形 不足して(いる), 乏しい; 欠けて(いる).
▶ Money is lacking for development. 開発に向けられる資金が不足している / He is lacking in courage. 彼は勇気が欠けている.

lack·lust·er /lǽklʌstər ラクラスタ/ 形 つまらない, 大したことのない.

lac·quer /lǽkər ラカ/ 名U ラッカー《塗料》; (日本・中国産の)うるし.

la·crosse /ləkrɔ́(:)s ラクロ(ー)ス/ 名U ラクロス《ホッケーに似た球技》.

lac·y /léisi レイスィ/ 形 (lac·i·er; lac·i·est) レースの, レースのような.
☞ 名lace.

lad /lǽd ラッド/ 名C 若者, 少年 (☞lass).

***lad·der** /lǽdər ラダ/ 名 (複 ~s /-z/)C

❶はしご.
❷(出世などの)道, 階段.
❸(英)(くつ下の)伝線, ほつれ (○(米)では run).
▶ ❶ climb up [down] a ladder はしごをのぼる[下りる]. ❷ the ladder of success 出世の道.

lad·en /léidn レイドン/ 形 たくさんの荷を積んだ, たくさんの物を持った.
▶ a heavily-laden ship 荷物を満載した船 / trees laden with fruit 枝もたわわに実のなっている木.

La·dies /léidiz レイディズ/ 名C《theをつけて; 単数扱いで》《英口語》婦人用(公衆)トイレ.

la·dies /léidiz レイディズ/ 名ladyの複数形.

lá·dies' ròom 名C《the をつけて, またばしば **Ladies' Room** で》《米》婦人用(公衆)トイレ (○women's room ともいう; ☞ men's room).

la·dle /léidl レイドル/ 名C ひしゃく, おたま. — 動 (現分 la·dling) 他 …をひしゃく[おたま]ですくう[くむ, つぐ].

***la·dy** /léidi レイディ/ 名 (複 la·dies /-z/)

❶ C ⓐ **女性**, 女の方, 婦人 (○woman よりもていねいだが古風なことば).
ⓑ《形容詞的に》婦人の, 女性の.
❷淑女(比), 貴婦人((昔の)家柄のよい・社会的地位のある女性; ○ woman は「成人の女性」; ☞ woman の 類語, gentleman).
❸《女性に対する呼びかけとして》ⓐ **失礼ですが**, もしもし (○ma'amのほうがふつうでていねい). ⓑ《複数形で》みなさん.
❹《英》《Lady ...》…夫人 (Sir または Lord の称号をもつイギリス人の夫人への敬称).

❷ⓐ A lady wants to see you. 女の方がお目にかかりたいそうです / an elderly lady 老婦人. ❸ⓑ Ladies! Please be seated. みなさん, どうぞおかけください / Ladies and gentlemen! (男性も含んだ聴衆に向かって)みなさん.
❹ Lady Smith スミス夫人.
Our Lady 聖母マリア.

la·dy·bird /léidibə:rd レイディバード/ 名

lean

out of the window 窓から身をのりだす / *lean* over the balcony バルコニーから身をのりだす.

❷She *leaned on* his arms. 彼女は彼の両腕にもたれた / *lean against* the wall 壁に寄りかかる.

lean ❶　　　lean ❷

❸ⓐThe tree *leaned* in the strong wind. 木は強風で傾いた. ⓑ*lean toward* socialism 社会主義に傾く.

— ⑯ ❷She *leaned* her elbows *on* the desk. 彼女は机に両ひじをついた / He *leaned* the ladder *against* the wall. 彼は壁にはしごを立てかけた.

lean on [upon] ... …に頼る.

lean² /líːn リーン/ 形 ❶(人・動物などが)(ひきしまって)やせた (反 fat)(☞thin の 類語). ❷(食肉が)脂肪のない[少ない], 赤みの (反 fat). ❸(景気などの)よくない.

▶❶He is tall and *lean*. 彼は背が高くやせている.

leaned /líːnd リーンド/ 動 lean¹の過去形・過去分詞形.

lean·ing /líːniŋ リーニング/ 名 © (考え方などの)傾向.

Léaning Tówer of Písa /-píːzə ピーザ/ 名 《the をつけて》ピサの斜塔.

leant /lént レント/ (★発音注意)動《英》lean¹の過去形・過去分詞形.

***leap** /líːp リープ/ 動 (~s /-s/; ~ed, leapt /líːpt, lépt/; ~ing) ⑱ ❶ (大きく)ぴょんと跳(と)ぶ, 跳び上がる (jump). ❷ (ある方向へ)さっと動く.

❸突然ふえる[よくなる]; 突然変化する.

— ⑯ …を**跳び越える**.

— 名 (複 ~s /-s/) © ❶ (大きな)**跳躍**(ちょうやく). ❷ (数・量などの)急激な増大; 急な変化.

━━━━━━━━━━━━━━━━

動⑱ ❶He *leaped* over the stream. 彼は小川を跳び越えた / *leap* onto the stage ステージに跳び上がる. ❷*leap* into the car 車に飛び乗る. ❸PC sales *leaped* 30%. パソコンの売り上げが30％伸びた.

— ⑯ *leap* a fence さくを跳び越える.

leap to one's feet ぱっと立ち上がる.

— 名 ❶make a *leap* 跳躍をする. ❷a big *leap* in sales 売り上げの急増.

by [in] leaps and bounds 急激に増加[変化]して, とんとん拍子に.

leaped /líːpt リープト, lépt/ 動 leapの過去形・過去分詞形.

leap·frog /líːpfrɔ̀(ː)g リープフロ(ー)グ, -frɑ̀g/ 名 Ⓤ 馬跳び《背をかがめている相手を跳び越す遊び》.

leapt /líːpt リープト, lépt/ 動 leapの過去形・過去分詞形.

léap yèar 名 Ⓒ うるう年《○「平年」は common year》.

***learn** /ləːrn ラーン/ 動 (~s /-z/; ~ed /-d/, learnt /ləːrnt/; ~ing)

⑯ ❶ⓐ(勉強・練習・経験などをして)…を**学ぶ**, **身につける**, 習う.
ⓑ《learn to *do*》__できるようになる, __するようになる.
❷…を覚える, 記憶する.
❸…を知る, 聞く.

— ⑱ ❶覚える, 学ぶ, 身につける.
❷《learn of [about] ...》…(のこと)を**知る**, **聞く**.

━━━━━━━━━━━━━━━━

⑯ ❶ⓐI have decided to *learn* French. 私はフランス語を身につけよう[勉強しよう]と決心した / *learn* manners 礼儀を身につける / *learn* how to use a personal computer パソコンを習う.

| 類語 | *learn* は勉強, 練習, 経験などをして「身につける」「覚える」という意味で, 結果に重点を置き, 必ずしも努力を意味しない. したがって I am learning English very hard. とはいわない; **study** は必ず努力をともなうことを意味するが, その結果「覚えた」かどうかは問題にしない. |

ⓑYou will *learn to* like the music. 今にその音楽が好きになるでしょう / You must *learn to* be more careful. もっと注意深くならなければいけない.

abcdefghijk**l**mnopqrstuvwxyz　　　　　　　　　　　　　　leave

❷ You have to *learn* this poem by tomorrow. この詩をあすまでに覚えなさい.

❸ We tried to *learn* the truth. 私たちは真相を知ろうと努力した / I *learned that* he was sick in bed. 私は彼が病気で寝ていることを(聞いて)知った.

— 🅐 ❶ He is quick 〔slow〕 to *learn*. 彼はもの覚えがいい〔悪い〕 / It is never too late to *learn*. 学ぶのにおそすぎるということはない.

❷ *learn about* ants アリについて学ぶ / I'm sorry to *learn of* [*about*] his failure. 彼が失敗したと知って残念だ.

learn ... by heart …を暗記する: You have to *learn* these poems *by heart*. 君はこれらの詩を暗記しなくてはいけない.

learn one's lesson よい教訓を得る, 懲(こ)りる.

*learned¹ /lə́:rnd ラーンド/ 動 learnの過去形・過去分詞形.

*learn・ed² /lə́:rnid ラーニッド/ (★発音注意)形 ❶ 学問のある, 博学な (反 ignorant). ❷ 学問的な, 学究的な.

▶❶ He *is learned in* the law. 彼は法律にくわしい / a *learned* man 学者, 学識豊かな人.

*learn・er /lə́:rnər ラーナ/ 名 (複 ~s /-z/) © 学ぶ人, 学習者.

▶ a quick 〔slow〕 *learner* もの覚えの早い〔おそい〕人.

*learn・ing /lə́:rniŋ ラーニング/ 名 U ❶ 学問, 学識. ❷ 学ぶこと, 学習.

▶❶ a man of *learning* 学者.

learnt /lə́:rnt ラーント/ 動 learn の過去形・過去分詞形.

lease /lí:s リース/ 名 (複 leas・es /-iz/) © 借家[借地]契約, リース権.

— 動 (現分 leas・ing) 他 ❶ (土地・家などを)賃借(ちんしゃく)りする. ❷ (土地・家などを)賃貸(ちんたい)しする.

▶ 名 a *lease* for an apartment アパート借用契約.

by [on] lease 賃借(ちんしゃく)りで, リースで.

leash /lí:ʃ リーシュ/ 名 (複 ~es /-iz/) © (犬などをつなぐ)皮ひも, くさり. ▶ keep a dog on a *leash* 犬をくさりにつないでおく.

*least /lí:st リースト/

形《little¹ の最上級》❶ (大きさ・量・程度などが)**最も少ない**, 最も小さい. ❷ ほんのわずかの(…さえも).

— 副《little の最上級》**最も少なく**, 最も…ない.

— 代《ふつう the をつけて》最小, 最小量.

・・・・・・・・・・・・・・・・・・・・・・・・・・・・・

形 ❶ He did the *least* work of us all. われわれ全部の中で彼が一番仕事をしなかった. ❷ The *least* debt must be paid. どんなわずかの借金でも返さなければならない.

— 副 He worked (the) *least* and was paid (the) most. 彼は最も少なく働いて最も多くの給料をもらった.

— 代 Mary ate (*the*) *least*. メアリーが一番食べなかった.

at (the) least 少なくとも, せめて (反 at (the) *most*): He visited his uncle *at least* once a month. 彼は少なくとも月に1度はおじを訪ねた.

least of all 何よりも一番…でない: I like physics *least of all*. 私は(科目の中で)物理が一番きらいだ.

not in the least 少しも…ない, 決して…でない: I am *not in the least* tired. 私は少しも疲れていない.

not the least ... 少しの…もない: I don't have *the least* knowledge of Spanish. 私はスペイン語を少しも知らない.

to say the least (of it) ごく控え目に言っても: *To say the least of it*, he is a little too proud. ごく控え目に言って, 彼は少し自慢しすぎる.

*leath・er /léðər レザ/ 名 ❶ U なめし皮.
❷《形容詞的に》皮の.

　　類語　**fur** は「やわらかい毛皮」, **skin** は「(動植物の)皮」, **hide** または **rawhide** は「なめしていない皮」.

▶❷ *leather* gloves 皮の手袋.
　　　　　　　　　　　　　☞ 形 leathery.

leath・er・y /léðəri レザリ/ 形 なめし皮のような.　　　　　　　　☞ 名 leather.

****leave**¹ /lí:v リーヴ/ 動 (~s /-z/; left /léft/; leav・ing) 他
❶ (場所)を**離れる**, 去る, 出発する.
❷ (グループなど)を**やめる**, 抜ける; (仕事な

leave

ど)をやめる；(学校)を退学する, 卒業する.
❸ⓐ…を置いて行く, 預ける.
ⓑ…を置きざりにする, 見捨てる；…と別れる.
❹…を置き忘れる(☞forget 他 ❸).
❺ⓐ…を後に残す. ⓑ…を残して死ぬ.
❻《leave … ～》…で…を～にする(《✿～には形容詞, 分詞がくる》
❻《leave … ～》…を～のままにしておく(《✿～には形容詞, 分詞, as 節などがくる；☞keep ❷ⓐ》).
❼…を任せる；…に任せる.
── 自 ❶〔…に向けて〕去る, 出発する〔for〕.
❷脱会する；退職する；退学する, 卒業する.

.....

他 ❶He *left* the room just now. 彼はついさっき部屋を出ていった / She *left* Tokyo *for* London last week. 彼女は先週東京を発(たっ)ってロンドンへ向かった.
❷Don't *leave* your present job. 今の仕事をやめるな / He *left* school last year. 彼は去年退学[卒業]した.
❸ⓐShe *left* her children at home. 彼女は子どもを家に置いて出かけた / She *left* her baby *with* a babysitter. 彼女は赤ん坊をベビーシッターに預けた / *leave* a bag at the cloakroom バッグをクロークに預ける.
ⓑHe has *left* his family and is living alone. 彼は家族を見捨てて[家族から離れて]ひとりで生活している.
❹I *left* the textbook at home. 私は教科書を家に忘れてきた.
❺ⓐThe thief *left* his footprints in the garden. その泥棒は庭に足跡を残していった / Has she *left* me anything?＝Has she *left* anything *for* me? 彼女は私になにか残してくれましたか / This plan *leaves* much to be improved. この計画はまだ改良すべきところがたくさんある / Seven from ten *leaves* three. 10から7をひくと3残る.
ⓑHe *left* his son a large fortune.＝He *left* a large fortune *to* his son. 彼は息子に莫大な財産を残して死んだ. ⓒHe *left* his wife poor. 彼が死ん

だあと彼の妻は貧乏になった.
❻Don't *leave* the door open. ドアを開け(たままにし)ておいてはいけません / Don't *leave* things half done. ものごとを中途半端(のまま)にしておいてはいけません / *leave* the water running 水を出しっ放しにしておく / *leave* the lights on 明かりをつけっぱなしにしておく / The shock *left* her speechless. ショックで彼女は口もきけなくなった / *Leave* my room as it is. 私の部屋はそのままにしておいて.
❼I will *leave* that *to* your judgment. それは君の判断に任せます / She *left* her house in my charge.＝She *left* me in charge of her house. 彼女は私に家の管理を任せた / I'll *leave* you *to* take care of these children. この子どもたちの世話をあなたに任せます.

── 自 ❶All the guests *left* by eleven. 11時までには客は全部帰った / We *leave* for London tomorrow. われわれはあすロンドンへ向けて出発する.

leave ... alone …をひとりにしておく, …をそっとしておく：She was *left alone*. 彼女はひとりほうっておかれた / *Leave* him *alone*. He is tired. 彼をそっとしておきなさい. 彼は疲れているんです.

leave ... aside (ほかのことがあるので)…は考えない, 別にしておく.

leave ... behind ①…を置き忘れる：Be careful not to *leave* your umbrella *behind*. かさを置き忘れないように気をつけなさい. ②…をあとに残す, あとに残して死ぬ：The painter *left* many great works *behind*. その画家は後世に多くの偉大な作品を残した.

leave it at that (それ以上は言わずに[しないで])その辺でやめておく.

Leave it out. 《口語》(それはしゃべるのを)やめろよ.

leave no stone unturned (**to** *do*) ☞ stone¹.

leave off 《口語》他 …をやめる：He *left off* work at five. 彼は5時に仕事をやめた. ── 自 終わる, やめる.

leave out 他 ①(ことばなど)を省く：*Leave out* all unnecessary words.

abcdefghijk**l**mnopqrstuvwxyz　　　　　　　　　　　　　　　　**leftist**

不必要な語はすべて省きなさい. ②(人・もの)を抜かす, 無視する, 仲間に入れない: Don't *leave* her *out*. 彼女を抜かし[忘れ]てはいけません.

leave over 他 …を残す, 余す: Nothing was *left over* from the party. パーティーのあとには食べ物はなにも残らなかった.

*leave² /líːv リーヴ/ 名 (複 ~s /-z/)

❶ ⓐ Ⓤ 休暇. ⓑ ⒰Ⓒ 休暇期間.

❷ Ⓤ 許可.

▶ ❶ ⓐ ask for *leave* 休暇を願い出る. ⓑ take six months' *leave* 6か月の休暇をとる. ❷ My mother gave me *leave* to go to the dance. 母は私にそのダンスパーティーに行く許可を与えてくれた.

on leave 休暇で: He went home *on leave*. 彼は休暇をとって帰省した / They are *on leave*. 彼らは休暇中です.

take (one's) leave of ... …にいとまごいする, 別れを告げる.

without leave 許可なく, 無断で.

*leaves /líːvz リーヴズ/ 名 leaf の複数形.

Leb·a·non /lébənən レバノン/ 名 レバノン《地中海東岸の共和国》.

*lec·ture /léktʃər レクチャ/ 名 (複 ~s /-z/) Ⓒ ❶ 講義, 講演.

❷ (長い)お説教, 小言.

— 動 (~s /-z/; -tured /-d/; -tur·ing /-tʃərɪŋ/) ⓐ 講義する, 講演する.

— 他 ❶ (人)に講義する.

❷ (人)に(くどくどと)お説教する, (人)をしかる.

名 ❶ give a *lecture* on Japanese culture 日本の文化について講義[講演]をする. ❷ Mother gave us a *lecture* on keeping our rooms clean. 母は私たちに部屋をきれいにしておくようにとお説教をした.

— 動 ⓐ *lecture on* modern art 現代美術について講義する.

lec·tur·er /léktʃərər レクチャラ/ 名 Ⓒ ❶ 講義者, 講演者. ❷ (大学などの)講師.

*led /léd レッド/ 動 lead¹ の過去形・過去分詞形.

ledge /lédʒ レッヂ/ 名 Ⓒ ❶ (壁から突き出ている)たな. ❷ 岩だな.

led·ger /lédʒər レヂャ/ 名 Ⓒ 【会計】元帳, 台帳.

leech /líːtʃ リーチ/ 名 (複 ~es /-ɪz/) Ⓒ ヒル《吸盤(⁂)で血を吸う》.

leek /líːk リーク/ 名 Ⓒ 【植物】リーキ, ニラネギ.

leer /líər リア/ 名 Ⓤ 横目, いやらしい[意地悪い]目つき. — 動 ⓐ 横目[流し目]でじろりと見る.

lee·way /líːwèi リーウェイ/ 名 Ⓤ 《口語》(何かをする)余地.

*left¹ /léft レフト/ 動 leave¹ の過去形・過去分詞形.

****left²** /léft レフト/

形 左の, 左側の (⇔right).

— 副 左へ, 左側へ.

— 名 (複 ~s /-ts/) ❶ Ⓤ 《the または *one's* をつけて》左, 左方, 左側 (⇔right).

❷ ⓐ Ⓤ (スポーツのポジションとしての)レフト, 左翼. ⓑ Ⓒ (選手としての)レフト, 左翼手(《✿「中堅(手)」は center, 「右翼(手)」は right》). ⓒ Ⓒ (ボクシングの)左打ち, レフト.

❸ 《the Left で; 集合的に; 単数または複数扱いで》(政治上の)左派, 左翼, 革新派.

形 He writes with his *left* hand. 彼は左手で字を書く / on the *left* side of the church 教会の左側に.

— 副 Turn *left* at the second corner. 2番目の角を左へ曲がりなさい / part right and *left* 左右に別れる.

— 名 ❶ Keep to *the left*. 左側通行(せよ)(《✿掲示では Keep left. とも書く》)/ Please sit on *my left*. 私の左側にすわってください / turn to *the left* 左へ曲がる.

léft fìeld 名 Ⓤ 【野球】レフト, 左翼.

léft fìelder 名 《the をつけて》Ⓒ 【野球】レフト, 左翼手.

left-hand /léfthænd レフト・ハンド/ 形 左手の, 左側の (⇔right-hand).

▶ the *left-hand* page 左側のページ.

left-hand·ed /léfthændɪd レフト・ハンディド/ 形 左ききの; 左きき用の; 左手でした (⇔right-handed).

left·ist /léftɪst レフティスト/ 名 Ⓒ 左翼[左派]の人, 急進派の人(《✿「右翼の人」は rightist》).

left luggage (office)

― 形 左翼の, 左派の, 急進派の.

léft lúggage (òffice) 名 C《英》(駅の)手荷物一時預かり所(《✪《米》では baggage room》).

left·o·ver /léftòuvər レフトウヴァ/ 名 C《ふつう複数形で》(食べ物の)残り物.

― 形 食べ残した, 残った.

léft wíng 名《the をつけて》左翼, 左派; 革新派(《✪「右翼」は the right wing》).

left-wing /léft-wíŋ レフト・ウィング/ 形 左翼の, 左派の.

***leg** /lég レッグ/ 名 (複 ~s /-z/) C

❶ **脚**(㌍)(足首 (ankle) から上の部分; ✪「足首から下の部分」は foot という; ☞ body のさし絵).

❷ (いす・机・テーブルなどの)**脚**.

❸ (衣服の)脚部.

❹ (旅行・競走などの)ひと区切り.

・・・・・・・・・・・・・・・・・・・・・・・・・・・・・・・・・・

名 ❶ She got injured in the right *leg*. 彼女は右脚をけがした / He was sitting with his *legs* crossed. 彼は足を組んですわっていた (☞cross-legged).

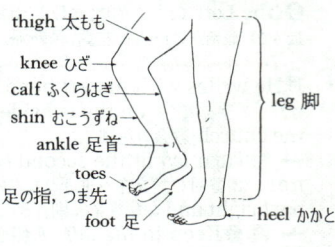

thigh 太もも
knee ひざ
calf ふくらはぎ
shin むこうずね
ankle 足首
toes 足の指, つま先
foot 足
heel かかと
leg 脚

leg

語の結びつき

break one's *leg* 脚を折る
cross one's *legs* 脚を組む
hurt [injure] one's *leg* 脚に傷を負う [けがをする]
lower one's *leg* 脚を下げる[降ろす]
raise [lift] one's *leg* 脚を上げる
spread one's *legs* 脚を広げる, 股を開く

・・・・・・・・・・・・・・・・・・・・・・・・・・・・・・・・・・

❷ That round table has only three *legs*. その丸テーブルは足が3本しかない.

❸ the *leg* of a stocking ストッキングの脚部. ❹ on the last *leg* of the trip 旅行の最後の行程で.

not have a leg to stand on 正当な根拠がない.

on one's last legs 《口語》へとへとで; 死にかけて; (ものが)だめになりかかって.

pull ...'s leg 《口語》…をからかう, だます.

stand on one's own legs 自立する.

stretch one's legs ①足を伸ばす. ②(長くすわっていた後)運動のため少し歩く, 散歩する.

leg·a·cy /légəsi レガスィ/ 名 (複 -a·cies /-z/) C ❶ (遺言(㌭)による)遺産. ❷ 過去の遺産.

***le·gal** /líːgəl リーガル/ 形 ❶ **法律の**, 法律上の.

❷ **法律にかなった**, 合法的な (反 illegal).

❸ 法律で定められた, 法定の.

・・・・・・・・・・・・・・・・・・・・・・・・・・・・・・・・・・

❶ a *legal* adviser 法律顧問. ❷ a *legal* act 合法的な行為. ❸ a *legal* price 法定価格.

☞ 名 legality, 動 legalize.

légal hóliday 名 C《米》法定休日(《✪《英》では bank holiday(公休日)》).

le·gal·i·ty /liːgǽləti リーギャリティ/ 名 U 適法(性), 合法(性). ☞ 形 legal.

le·gal·ize /líːgəlàiz リーガライズ/ 動 (現分 -iz·ing) 他 …を合法化する.

☞ 形 legal.

le·gal·ly /líːgəli リーガリ/ 副 ❶ 法律上, 法的に. ❷ 合法的に.

***leg·end** /lédʒənd レヂェンド/ 名 (複 ~s /-dz/)

❶ UC 伝説, 言い伝え. ❷ C 伝説上の人物.

▶ ❶ *legends* about King Arthur アーサー王についての伝説.

☞ 形 legendary.

leg·end·ar·y /lédʒəndèri レヂェンデリ/ 形 伝説上の; 伝説的な.

▶ a *legendary* hero 伝説的な英雄.

☞ 名 legend.

-leg·ged /légid レギッド, légd レッグド/ 形《他の語と結合して》脚(㌍)[足]がある.

▶ a three-*legged* chair 3本脚のいす.

leg·gings /légiŋz レギンズ/ 名 C 複 スパッツ《女性用の伸縮性のある体にぴったり合うズボン》.

leg·i·bil·i·ty /lèdʒəbíləti レヂビリティ/ 名 U (文字・印刷が)読みやすいこと.

leg·i·ble /lédʒəbl レヂブル/ 形 (文字が)読

abcdefghijk**l**mnopqrstuvwxyz　　　　　　　　　　**lend**

みやすい.

leg·ion /líːdʒən リーヂョン/ 名Ⓒ部隊, 軍勢; 集団.

leg·is·late /lédʒislèit レヂスレイト/ 動 (現分 -lat·ing) 圓法律を制定する.
☞名 legislation.

***leg·is·la·tion** /lèdʒisléiʃən レヂスレイション/ 名Ⓤ ❶立法, 法律の制定. ❷《集合的に》(制定された)法律.
☞動 legislate.

leg·is·la·tive /lédʒislèitiv レヂスレイティヴ, -lətiv/ 《★アクセント注意》形 立法の; 立法権を有する.
▶the *legislative* body 立法府(議会・国会など).

leg·is·la·tor /lédʒislèitər レヂスレイタ/ 名Ⓒ立法者, 法律制定者, 国会議員.

leg·is·la·ture /lédʒislèitʃər レヂスレイチャ/ 名Ⓒ立法府, 立法機関, 議会(☞ parliament).

le·git·i·ma·cy /lidʒítəməsi リヂティマスィ/ 名Ⓤ ❶適法, 合法, 正当性. ❷嫡出(ちゃくしゅつ).　☞形 legitimate.

le·git·i·mate /lidʒítəmət リヂティメト/ 《★アクセント注意》形 ❶合法の, 適法の, 正当な. ❷道理にかなった. ❸(子どもが)嫡出(ちゃくしゅつ)の.
▶❶a *legitimate* claim 正当な要求. ❷a *legitimate* conclusion 筋の通った結論.　☞名 legitimacy.

le·git·i·mate·ly /lidʒítəmətli リヂティメトリ/ 副 ❶合法的に. ❷正当に.

le·i /léi レイ, léiiː/ 名Ⓒ(ハワイの)レイ, 花輪.

***lei·sure** /líːʒər リージャ, léʒər/ 《★発音注意》名 ❶Ⓤ暇(ひま), (仕事から解放された)自由時間, レジャー.
❷《形容詞的に》暇な; 余暇の.
▶❶I have no *leisure* to play golf. = I have no *leisure* for playing golf. 私はゴルフをする暇がない.
❷*leisure* hours 暇な時間 / *leisure* activities 余暇の活動(スポーツなど).
at leisure ①暇で: I am *at leisure* now. 私は今暇です. ②急がずに, ゆっくり.
at one's leisure 暇で都合のよいとき, ゆっくりと: Let us talk about it *at our leisure*. その件はいずれゆっくりとお話ししましょう.

léisure cèntre 名Ⓒ《英》レジャーセンター《スポーツ施設や集会室などを含む建物》.

lei·sured /líːʒərd リージャド, léʒərd/ 形 お金と暇のある; 遊んで暮らせる.
▶the *leisured* classes 有閑(ゆうかん)階級.

lei·sure·ly /líːʒərli リージャリ, léʒərli/ 形 ゆっくりとした, のんびりした.

***lem·on** /lémən レマン/ 名(複 ~s /-z/)
❶Ⓤ Ⓒ レモン(の実). ❷Ⓤ レモン色.
❸Ⓒ《俗語》欠陥製品, 欠陥車.
— 形 レモンの, レモンで作った, レモン風味の, レモン色の.
▶名 ❶a slice of *lemon* レモンひと切れ / squeeze a *lemon* レモンを絞(しぼ)る
❸This car's a real *lemon*. この車はまったくの欠陥車だ.
— 形 *lemon* juice レモンジュース.

lem·on·ade /lèmənéid レマネイド/ 名Ⓤ レモネード《レモンジュースに砂糖と水を加えた飲料》.

lémon squásh 名Ⓤ《英》レモンスカッシュ《レモンジュースにソーダ水を加えた飲料》.

lémon squeèzer 名Ⓒ レモン絞(しぼ)り器.

*****lend** /lénd レンド/ 動 (~s /-dz/; lent /lént/; ~·ing) 他
❶《lend ~ ... または lend ... to ~》~(人)に…を**貸す**(反 borrow).
❷《lend ~ ... または lend ... to ~》~(人)に…を与える(○比喩的に用いる); ~に…(美など)を添える, 増す.

❶I will *lend* you the book. = I will *lend* the book *to* you. あなたにその本を貸してあげましょう / Please *lend* it *to* me. それを私に貸してください.

borrow(借りる)　　　lend(貸す)

❷*Lend* your assistance [aid] *to* him. 彼に力を貸してやりなさい / The

lender

pink summer dress *lent* Mary charm. そのピンクの夏服はメアリーの魅力を増した.
lend ... a hand …を手伝う.
lend an ear [**one's ear(s)**] **to ...** の話を注意して聞く.
lend (**out**) 他 (本などを)貸し出す.

lend・er /léndər レンダ/ 名C 貸す人 (✪「借りる人」は borrower).

*length /léŋkθ レン(ク)ス/ 名 (複 ~s /-s/) UC
❶ (物の)長さ (✪「幅」は width); 距離.
❷ (時間の)長さ, 期間.
❸ (書物などの)長さ.

❶ The river is 600 miles in *length*. = The *length* of the river is 600 miles. その川は長さ600マイルだ / The small child swam the whole *length* of the pool. その小さな子はプールの端から端まで泳いだ.
❷ The *length* of the TV show was one hour. そのテレビ番組の長さは1時間だった.
❸ The booklet is 80 pages in *length*. その小冊子は80ページある.
at (**great**) **length** 詳しく, 長々と: speak *at length* 長々と話す.
go to great[**any**] **length**(**s**) (目的を達成するために)どんなことでもする.
☞ 形 long¹, lengthy.

length・en /léŋkθən レン(ク)スン/ 動 他 …を長くする, 延ばす (反 shorten).
— 自 長くなる, 延びる.
▶ 他 She *lengthened* her skirt. 彼女はスカートの丈(なけ)を長くした.
— 自 The days *lengthen* in the spring. 春になると日が長くなる.
☞ 形 long¹.

length・ways /léŋkθwèiz レン(ク)スウェイズ/ 副 縦長に, 縦に.

length・wise /léŋkθwàiz レン(ク)スワイズ/ 副 = lengthways.

length・y /léŋkθi レン(ク)スィ/ 形 (length・i・er; length・i・est) (時間的に)長ったらしい, 長すぎる. ▶ a *lengthy* talk 長ったらしい話. ☞ 名 length.

le・ni・en・cy /líːniənsi リーニエンスィ/ 名 U (刑罰の)ゆるさ, 寛大さ.

le・ni・ent /líːniənt リーニエント/ 形 (人などが) (刑罰を与えるのに)情け深い.

le・ni・ent・ly /líːniəntli リーニエントリ/ 副 寛大に, 情け深く.

*lens /lénz レンズ/ 名 (複 ~・es /-iz/) C
❶ レンズ.
❷ (眼球の)水晶体.
▶ ❶ a contact *lens* コンタクトレンズ.

Lent /lént レント/ 名 【キリスト教】四旬(じゅん)節 (復活祭 (Easter) の前の日曜日を除く40日間).

*lent /lént レント/ 動 lend の過去形・過去分詞形.

len・til /léntl レントル/ 名 C レンズ豆.

Le・o /líːou リーオウ/ ❶ 獅子(し)座.
❷ⓐ [占星] しし座 (☞ zodiac).
ⓑ C しし座生まれの人.

Le・o・nar・do da Vin・ci /líːənáːrdou də víntʃi リーオナードゥ ダ ヴィンチ/ 名 レオナルド ダ ビンチ (1452-1519) (イタリアの芸術家・建築家・科学者).

leop・ard /lépərd レパド/ (★発音注意) 名 C 【動物】ヒョウ.

le・o・tard /líːətɑːrd リーオタード/ 名 C レオタード (体操やバレエ用の衣類).

lep・ro・sy /léprəsi レプロスィ/ 名 U ハンセン病.

les・bi・an /lézbiən レズビアン/ 名 C 同性愛の女性, レズビアン. — 形 (女性間の)同性愛の, レズビアンの.

****less** /lés レス/
形 《little の比較級》 (量・程度が) **より少ない**, いっそう少ない.
— 副 《little の比較級》 《less ... (than) ~》 (~にくらべて) **より…でなく**; (程度が) (~より)より少なく…, いっそう少なく….
— 代 《不定代名詞》 **より少ないもの[人]**, より少ない数[量, 額].

形 You had better eat *less* meat. 肉を食べる量を減らしたほうがいいですよ / There were *less* road accidents this Christmas than last. 今年のクリスマスは去年より交通事故が少なかった.
— 副 This watch is *less* expensive *than* yours. この時計はあなたのほど高くない / I was *less* hurt *than* surprised. 私は気分を害するよりも驚いたほうが大きかった.
— 代 She eats much *less* than I.

彼女は私より食べる量はずっと少ない.
less and less (...) ますます(…)ない: He worked *less and less*. 彼はますます働かなくなっていった.
more or less ☞ more.
much less ... 《否定文の後に続けて》…はなおさら__でない: I don't like mathematics, *much less* physics. 私は数学がきらいだ, まして物理はいっそうきらいだ / The old man can*not* even walk, *much less* run. その老人は歩くこともできない, まして, 走ることはとてもできない.
no less than ... ①(量・数・額などが)…ほども(たくさん)(《数・量などが大きいことに対する驚きを表わす》): *No less than* 500 people came to the party. 500人もの人々がそのパーティーへやってきた. ②《文語》…同然: He is *no less than* a beggar. 彼はこじき同然だ.
no less ... than ~ ~に劣らず…, ~と同様に…: She is *no less* beautiful *than* her sister. (= She is as beautiful as her sister.) (彼女の姉は美しいが)彼女も姉と同じくらい美しい.
not any less ... than ~ = no less ... than ~.
nothing less than ... まさに…その人[もの]: He is *nothing less than* a liar. 彼はまさにうそつきそのものだ.
not less than ... 少なくとも…(《◎no less than ... ① と異なり, 感情を含めず事実を客観的に述べる》). He paid *not less than* ten dollars. 彼は少なくとも10ドルは払った.
not less ... than ~に(優るとも)劣らないほど…: He is *not less* clever *than* his brother. 彼は兄に劣らず頭がよい(むしろ彼の方がよいかもしれない).
still less ... = much less ....

less·en /lésn レスン/ 動 他 …を少なくする, 減らす.
— 自 少なくなる, 減る.
▶ 他 The drug will *lessen* your pain. その薬は痛みを少なくしてくれるでしょう. ☞ 形 less.

less·er /lésər レサ/ 形 (価値・重要性が)より低い(《◎little¹ の比較級だが less と違って than とともには用いない》).
▶ *lesser* poets 二流詩人.

lésser pánda 名 C 【動物】レッサーパンダ(《ヒマラヤやネパールにいるアライグマ科の動物》).

‼les·son /lésn レスン/ 名 (複 ~s /-z/) C ❶ **授業(時間)**, レッスン, けいこ.
❷ (教科書の中の)**課**.
❸ **経験, 教訓**, 戒(いまし)め.

❶ How many *lessons* do you have on Friday? 金曜日には授業はなん時間ありますか / I took driving *lessons* last spring. 私は去年の春車の運転を習った / a *lesson* in biology = a biology *lesson* 生物の授業 / take a *lesson* 授業を受ける / cut a *lesson* 授業をサボる.
❷ *Lesson* 3 第3課 (◎/lésn θríː/ と読む).
❸ His failure was a *lesson* to us. 彼の失敗はわれわれにとって教訓になった.

lest /lést レスト/ 接 ❶《文語》__しないように, __するといけないから. ❷《**fear**, **be afraid** などにつづいて》《文語》__するのではないかと.
▶ ❶ I stepped aside *lest* I (should) hit an elderly woman. (= I stepped aside because I was afraid that I might hit an elderly woman.) 老婦人にぶつかるといけないので私はわきへ寄った. ❷ I *was afraid lest* he (should) be late. 私は彼が遅刻するのではないかと心配した.

語法 lest は文章のなかに用いられ, 日常の会話では in case __, for fear __ を用いるのがふつう. lest の節の中の動詞に《英》では should を, 《米》では原形, またときに might, would を用いる.

‼let /lét レット/
動 (~s /-ts/; let; let·ting) 他
❶《**let ... do**》…を[に]__させる, …に__させてやる, …に__させてくれる, …に__することを許す(《◎この意味ではふつう受動態は用いない》).
❷《**Let's do** または **Let us do**》__しよう(じゃないか)(《◎Let's と書くほうがふつう. Let's は /léts/ と発音する. Let us も /léts/ と発音するのがふつうで改まった場合は /létəs/ と発音する; ☞ ❶ の 語法》).

let

❸ (土地・建物・部屋など)を**貸す**.

━**動 他 ❶** *Let* me see the photo. その写真を見せてください / *Let* us go, will you? 私たちを行かせてください.

|語法| この意味では Let us は Let's と短縮されることはなく, 発音も /létʌs, letʌ́s/ であって /lets/ とはならない; 付加疑問をつける場合は will you を用いる.

Let him do what he likes. 彼に好きなことをやらせなさい / Please *let* me know by telephone. 電話で知らせてください / Don't *let* anybody touch it. それをだれにもさわらせるな / He is *letting* his hair grow. 彼は髪をのびるにまかせている / *Let* the work be done immediately. その仕事はすぐにしなさい / *Let* there be no mistake about it. そのことについてはまちがい[誤解]のないように(注意しなさい).

❷ *Let's* [*Let us*] play baseball. さあ野球をやろう / *Let's* not talk about it.＝Don't *let's* talk about it. その話はやめましょう (❂《英》では Don't *let's* talk about it. ということもある)/ |対話| "*Let's* sing a song?"–"Yes, *let's*." 「歌をうたいましょう」「うん, そうしよう」(❂「いやよそう」は No, *let's* not. という)/ "Shall we go?"–"Yes, *let's*." 「出かけようか」「うん, そうしよう」(❂答えを Yes, we shall. とは言わない).

|対話|
「歌をうたいましょう」「うん, そうしましょう」
Let's sing a song. Yes, let's.

❸ He *lets* rooms to college students. 彼は大学生に部屋を貸している / a house to *let* 《英》貸し家 (❂《米》では a house for rent)/ To *Let*＝To Be *Let* 《英》《掲示》貸し家 (❂《米》では For Rent).

let alone …は言うまでもなく, まして…でない (❂ふつう否定文のあとに用いる; ☞ 成句 much less …):She can't speak French, *let alone* German. 彼女はドイツ語は言うまでもなく, フランス語も話せない.

let ... alone …をかまわないでおく:*Let* me *alone*. かまわないでくれ.

let ... be …をそのままの状態にしておく, かまわないでおく:*Let* it *be*. それをほうっておいてください; そのことで心配するな.

let down (...) ①を**下げる**, 下ろす:Please *let down* the rope. ロープを下ろしてください. ②(衣類のすそ)を下ろして長くする. ③(人の)期待[信頼]を裏切る:His letter *let* her *down*. 彼の手紙は彼女をがっかりさせた. ④…をだめにする.

let go (つかまえているものを)放してやる.

let ... go ①(つかまえているもの)を放す, 自由にしてやる:*Let* me *go*. (手を)放してくれ / *Let* them *go*! 彼らを自由にしてやりなさい / Don't *let* *go* the rope. ロープを放すな. ②…を解雇する.

let in 他 (…を部屋など)へ入れる; (光・水など)を通す:Please *let* me *in*. どうか中へ入れてください.

let ... into ~ …を~の中に入れる:Who *let* you *into* this room? だれが君をこの部屋に入れたのか.

let loose 他 …を放して[自由にして]やる (☞loose 形)

Let me see. ええと, そうですね, ちょっと考えさせてください (❂ことばがすぐに浮かばないときに言う): |対話| "Where did you see her?"–"*Let me see* – in the gym." 「どこで彼女を見かけたのですか」「ええと一体育館で」.

let off 他 ①(乗り物から)(人)を**降ろす**:Please *let* me *off* at the next stop. 次の停留所で降ろしてください. ②(罰を与えないで)(人)を許してやる:He will *let* you *off* this time. 彼は今度は君を許してくれるだろう. ③(人)を (仕事などから)解放してやる. ④(銃など)を撃つ; (花火など)をあげる:*let off* the gun 銃を撃つ.

let ... off ~ …を (乗り物)から降ろす, …を~ (仕事など)から解放してやる.

let on 《口語》[他]（秘密など）を漏(も)らす，しゃべる：Don't *let on* that I know him. 私が彼を知っているということをだれにも言うな． ― [自]秘密を漏らす．

let out [他] ①…を外へ出す：He *let* the cat *out*. 彼はネコを外へ出してやった．②（秘密など）を漏らす：*let* the news *out* ニュースを漏らす．③（声など）を出す：*let out* a scream 悲鳴を上げる．④（衣服など）を縫い直して大きくする． ― [自]《米》（学校・会などが）終わる．▸Our school *lets out* at 3:00. 私たちの学校は３時に終わる．

Let's see. ＝*Let* me see.

let ... through …を通す，通過させる：Please *let* me *through*. 私を通してください．

let up [自]《口語》①（あらしなどが）弱まる，やむ．②仕事の手を休める，やめる．

let·down /létdàun レトダウン/ [名][C]《口語》失望（させるもの）．

le·thal /líːθəl リーサル/ [形]死をもたらす，致命的な．

le·thar·gic /ləθáːrdʒik レサーヂック/ [形]だるそうな，無気力な．

leth·ar·gy /léθərdʒi レサヂィ/ [名][U]だるさ，無気力．

⁑let's /léts レッツ/ let us の短縮形（☞let ❷）．

⁂let·ter /létər レタ/ [名]（[複] ～s /-z/）

❶[C]**文字**，字．

❷[C]**手紙**（✪あて名 (address) と letter の書き方は下部の INFO 参照）．

❶a capital〔small〕*letter* 大〔小〕文字（☞character ❺）．

❷I got [received] a *letter* from Tom this morning. 私はけさトムから手紙をもらった / a *letter* of introduction〔recommendation〕紹介〔推薦〕状 / mail [send] a *letter* 手紙を出す．

語の結びつき

address a *letter* to ... …にあてて手紙を出す

answer [reply to] a *letter* 手紙の返事を出す

deliver a *letter* 手紙を配達する

forward a *letter* 手紙を転送する

write a *letter* 手紙を書く

INFO 英文のあて名や手紙の書式：

(1) あて名 (address) には郵便番号 (zip code, 《英》 postcode) を忘れないようにする．

封筒のあて名 (address) の書式

Mr. Barack Obama
1600 Pennsylvania Avenue,
N.W., Washigton, D.C. 20500
U.S.A.

stamp
(切手)

BY AIRMAIL

Ms. Shino Ishikawa
11-3 Fujimi 2 chome
Chiyoda-ku, Tokyo
102-8152 Japan

(2) 書出しのあいさつの文句 (salutation) は親しい相手には“Dear John,” とか “Dear Mr.Brown,” などから始める．“My dear John,” は形式ばった言い方．

(3) 本文 (body) は，用件のみを簡潔に書く；☞ sincerely.

by letter **手紙で**：Please let me know *by letter*. 手紙で知らせてください．

to the letter 文字どおりに，厳密に：follow the rules *to the letter* 規則を厳守する．

létter bòx [名][C]《英》❶（郵便局や通りにある）ポスト（《米》では mailbox）．❷（個人の）郵便受け（✪《米》では mailbox）．

let·ter·head /létərhèd レタヘッド/ [名] ❶[C]レターヘッド（便箋(びんせん)の上部に印刷された発信人の住所・氏名など；ふつう会社・官庁などで用いる）．❷[U]レターヘッドを刷り込んだ便箋．

let·ter·ing /létəriŋ レタリング/ [名][U] ❶レタリング（文字を図案化して書いたり刻んだりすること）．❷レタリング，（図案化して）書いた[刻んだ]文字．

***let·tuce** /létəs レタス/ [名]（[複] let·tuc·es /-iz/）[UC]**レタス**．

let·up /létʌ̀p レタップ/ [名][UC]《口語》（活動などの）休止，停止．

leu·ke·mi·a, 《英》**leu·kae·mi·a** /luːkíːmiə ルーキーミア/ [名][U]〔医学〕白血病．

⁑lev·el /lévəl レヴェル/

[名]（[複] ～s /-z/）❶[C]（量・質・程度などの）

L

level crossing

水準, レベル, 高さ.
❷ ⓊⒸ(職・地位などの)高さ, レベル, 段階.
❸ ⓊⒸ ❸ (水平面の)**高さ**. ❺ (建物の)階.
— 形 ❶ **平らな**, 水平の.
❷ ❸ **同じ高さの**, 同じ水準の.
❺ (地位・価値・順位などが)同等の.
❸ 平静な; 公平な.
— 動 (~s /-z/; ~ed, 《英》lev·elled /-d/; ~·ing, 《英》level·ling) ⓗ ❶ …を**平らにする**. ❷ (建物など)を壊(ᇹ)す. ❸ …を平等にする, 一様にする.
❹ (銃)を向ける; (非難など)を向ける, 浴びせる.

名 ❶ a high *level* of inflation 高水準のインフレ / the *level* of water pollution 水の汚染の高さ / *levels* of radiation 放射能のレベル.
❷ That will be discussed at the *level* of managers. それは部長レベルで話し合われるでしょう.
❸ ❸ The hill is [rises] about 1,000 feet above sea *level*. その丘は海抜約1,000フィートある / rise to a *level* of 9 feet 9 フィートまで上がる[高まる].
❺ at basement *level* 地下階に[で].
on a level with ... …と同じ水準[高さ]で.
on a personal level 個人的には.
— 形 ❶ Make the ground *level*. 地面を平らにしなさい / a *level* surface 平らな表面, 平面. ❷ ❸ The boy's head is *level* with his father's shoulders. その少年の頭は父親の肩と同じ高さだ.
— 動 ⓗ ❶ *level* the ground 地ならしをする. ❷ *level* an old building 古いビルを壊す. ❹ *level* the gun at the bear クマに銃を向ける.
level off ⓗ …を平らにする: *level* the ground *off* 地面を平らにする. — 自 ①水平になる, 安定する: Prices have begun to *level off*. 物価は安定し始めた. ②(飛行機が)水平飛行に移る.
level out = *level off*.
level with ... 《口語》…(人)と率直に話す.

lével cróssing 名Ⓒ《英》(道路と鉄道の)平面交差, 踏切《❖ふつう遮断機がある; 《米》では railroad [grade] crossing》.

lev·er /lévər レヴァ, líːvər/ 名Ⓒ
❶ てこ, レバー.
❷ 取っ手, ハンドル.
— 動 ⓗ …をてこで動かす.

le·ver·age /lévəridʒ レヴァリヂ, líːv-/ 名Ⓤ ❶ てこの作用[力]. ❷ 影響力.

Levi's /líːvaiz リーヴァイズ/ 名覆 《商標》リーバイス《アメリカ製ジーンズ(jeans)の商品名》.

lev·y /lévi レヴィ/ 動 (lev·ies /-z/; lev·ied /-d/; ~·ing) ⓗ (税など)を課す, 徴集する. — 名 (覆 lev·ies /-z/) Ⓒ取り立て(金).

lewd /lúːd ルード/ 形 みだらな, わいせつな.

Lew·is /lúːis ルーイス/ 名ルイス《男性の名; 愛称 Lew》.

lex·i·cal /léksikəl レクスィカル/ 形 語彙 (ᇹ)の.

lex·i·cog·ra·pher /lèksəkágrəfər レクスィカグラファ/ 名Ⓒ辞書編集者.

lex·i·cog·ra·phy /lèksəkágrəfi レクスィカグラフィ/ 名Ⓤ辞書編集.

lex·i·con /léksəkàn レクスィカン/ 名Ⓒ
❶《集合的に》(特定の集団の使用する)語彙(ᇹ). ❷ (特定の作家などの)語彙集; 辞書.

li·a·bil·i·ty /làiəbíləti ライアビリティ/ 名 (覆 -i·ties /-z/)
❶ Ⓤ法的責任. ❷《複数形で》負債, 債務 (反 assets). ❸《単数形で》問題を起こしそうな人[こと, もの]. ❹ Ⓤ (病気などに)かかりやすいこと.
▶ ❶ *liability for* damages 損害賠償の責任. ❹ one's *liability to* disease 人が病気にかかりやすいこと.

li·a·ble /láiəbl ライアブル/ 形 ❶ (法律上)責任がある.
❷《be liable to ...》❸ (法律上)…をまぬがれない.
❺ …(病気などに)かかりやすい.
❸《be liable to *do*》__しがちである.
▶ ❶ He *is* not *liable for* his father's debts. 彼は父親の借金を払う責任はない. ❷ ❸ These articles *are liable to* duty. これらの物品には税金がかかる.
❺ I *am liable to* colds. 私はかぜをひきやすい. ❸ His car *is liable to* break down. 彼の車は故障しやすい.

li·ai·son /líːəzɑ̀n リーエザン | liéizn/ 名

abcdefghijk**l**mnopqrstuvwxyz　　　　　　　　　　　　　　　　　**librarian**

❶ⓊU連絡, 接触. ❷ⒸC連絡員.

*li·ar /láiər ライア/ 名(複 ~s /-z/)ⒸC **うそつき**.
▶You're a *liar*. うそつきめ(そんなことがあるか)(❂日本語の「うそつき」よりはるかに強烈に相手を辱(はずかし)めることになる).
　　　　　　　　　　　☞ 動 lie².

lib /líb リブ/ 名ⓊU《口語》解放(運動)(❂ liberation の短縮形)
▶women's *lib* ウーマンリブ.

li·bel /láibəl ライベル/ 名【法律】ⓊⒸUC (文書などによる)名誉毀損(きそん).
— 動(~s /-z/; ~ed, 《英》li·belled /-d/; ~·ing, 《英》li·bel·ling) 他(人の)名誉を傷つける.

***lib·er·al** /líbərəl リベラル/ 形 (more ~; most ~) ❶(考え方が)**寛大な**, 心の広い.
❷**自由主義の**, 進歩的な; 自由党の.
❸**気前のよい**, もの惜しみをしない(反 stingy).
❹豊富な, たっぷりした.
❺(翻訳など)字句にとらわれない, 自由な.
— 名(複 ~s /-z/)ⒸC ❶《Liberal で》(イギリス・カナダの)自由党員.
❷自由主義者.
▶形 ❶ a *liberal* thinker 広い見地からものを考える人. ❷ *liberal* views in politics 政治上の自由思想. ❸ He is *liberal with* his money. 彼は金離れがよい. ❹ a *liberal* supply of water 十分水の供給. ❺ a *liberal* translation 自由訳, 意訳.
　　　　　　☞ 名liberty, 動liberate.

líberal árts 名(複)《米》(大学の)(専門科目に対して)一般教養科目.

lib·er·al·ism /líbərəlìzm リベラリズム/ 名ⓊU自由主義, リベラリズム.

lib·er·al·i·za·tion /lìbərəlizéiʃən リベラリゼイション/ 名ⓊU自由(主義)化, 解放.

lib·er·al·ize /líbərəlàiz リベラライズ/ 動 (現分 -iz·ing) 他 ❶…を自由(主義)化する. ❷(法律・規則などを)緩和(かんわ)する.

lib·er·al·ly /líbərəli リベラリ/ 副 ❶寛大に, 偏見なく. ❷自由に. ❸気前よく.

Líberal Pàrty 名《the をつけて》(イギリスの)自由党.

lib·er·ate /líbərèit リベレイト/ 動 (~s /-ts/; -at·ed /-tid/; -at·ing) 他(国・奴隷(どれい)などを)解放する, 自由にする.

▶*liberate* slaves 奴隷を解放する.
　　　　　　　☞ 形liberal, 名liberation.

lib·er·at·ed /líbərèitid リベレイティド/ 形 ❶(束縛されず)自由な. ❷思うがままに行動する.

lib·er·a·tion /lìbəréiʃən リベレイション/ 名ⓊU ❶(奴隷(どれい)・囚人などの)解放.
❷ⓐ(社会的束縛などからの)解放. ⓑ男女同権運動(❂《口語》では lib という).
　　　　　　　　　　☞ 動liberate.

lib·er·a·tor /líbərèitər リベレイタ/ 名ⒸC 解放者.

Li·be·ri·a /laibíəriə ライビ(ア)リア/ 名リベリア(アフリカ西部の共和国).

***lib·er·ty** /líbərti リバティ/ 名(複 -er·ties /-z/)
❶ⓊⒸUC(自分の思うようにする)**自由**(☞ freedom). ❷《単数形で》**勝手, 気まま**.

❶ You have the *liberty* to use this tennis court. あなたがたは自由にこのテニスコートを使ってよい / *liberty* of conscience 信教の自由 / win one's *liberty* 自由を獲得する / Give me *liberty*, or give me death! われに自由を与えよ, しからずんば死を与えよ《アメリカ独立運動の指導者のひとりパトリック・ヘンリー (Patrick Henry)のことば》.

at liberty 自由で, 束縛されないで: They set the slaves *at liberty*. 彼らは奴隷(どれい)を解放した.

be at liberty to *do*《文語》自由に__してよい: You *are at liberty to* come at any time. いつでも自由においでください.

take the liberty of *doing* 勝手に__する: He *took the liberty of using* my cell phone. 彼は勝手に私の携帯電話を使った.　　　　☞ 形liberal.

Líberty Bèll 名《the をつけて》自由の鐘.
INFO 1776年7月4日のアメリカの独立宣言を記念して7月8日に鳴らした鐘で, 今はフィラデルフィアにある.

Líberty Ísland 名リバティー島(アメリカ New York 港の入口にある小島; 自由の女神像 (the Statue of Liberty) がある).

Li·bra /líːbrə リーブラ/ 名 ❶天秤(てんびん)座.
❷【占星】天秤座, 天秤宮(☞zodiac).

li·brar·i·an /laibréəriən ライブレ(ア)リア

library

ン/ 名C 司書, 図書館員.

***li・brar・y** /láibreri ライブレリ | -brəri/ 名 (複 li・brar・ies /-z/) C

❶ⓐ **図書館**, 図書室.
ⓑ(個人の)書庫, 書斎. ❷(個人の)**蔵書**.

❶ⓐ a public *library* 公共図書館 / a record *library* レコードライブラリー.
❷a large *library* たくさんの蔵書.

Lib・ya /líbiə リビア/ 名 リビア《アフリカ北部の共和国》.

lice /láis ライス/ 名 louse の複数形.

*** li・cense,**《英》**li・cence** /láisns ライスンス/ 名 (複 li・cens・es,《英》li・cenc・es /-iz/) (☞動の❻).

❶C **免許証[状]**, 許可証.
❷UC **免許**, 認可.
— 動 (li・cens・es /-iz/; li・censed /-t/; li・cens・ing)《❻動詞では《英》でも license のつづりのほうがふつう》. 他 ❶ **…を認可する**. ❷…に免許を与える.

━━━━━━━━━━━━━━━

名 ❶ You have to carry your driver's *license* [《英》driving *licence*]. (車の)運転免許証は携帯していなければいけません / a dog *license* 犬の鑑札.

【語の結びつき】
apply for a *license* 免許証を申請する
get a *license* 免許証を受ける[得る]
issue [grant] a *license* 免許証を発行する[与える]
lose *one's license* 免許証[資格]を失う
renew a *license* 免許証を更新する
take away …'s *license* …の免許を取り消す

❷ a *license* to sell alcoholic drinks アルコール飲料の販売認可 / under *license* 認可を得て.
— 動 他 ❶ The shop is *licensed* to sell tobacco. その店はたばこの販売を認可されている.

lícense pláte 名C《米》(自動車・飼い犬などの)ナンバープレート《❻《英》では number plate》.

lick /lík リック/ 動 他 ❶ⓐ…をなめる, なめて食べる. ⓑ《lick … ~》..をなめて~にする《❻~には形容詞がくる》. ❷ⓐ《口語》…を軽く負かす. ⓑ(困難などに)打ち勝つ. ━━ 名 (複 ~s /-s/) C なめること; ひとなめ.

▶ 動 他 ❶ⓐ He *licked* the stamp and put it on the envelope. 彼は切手をなめて封筒にはった / *lick* an ice-cream cone=《英》*lick* an ice アイスクリームをなめる. ⓑ The dog *licked* the dish clean. 犬は皿をなめてきれいにした. ❷ⓐ They *licked* the champion team of the previous year. 彼らは前の年の優勝チームを負かした.

lic・o・rice /líkəris リコリス/ 名U ❶ カンゾウのエキス.
❷(カンゾウのエキス入りの)キャンデー.

***lid** /líd リッド/ 名 (複 ~s /-dz/) C
❶(箱・やかんなどの)**ふた**.
❷まぶた《❻ eyelid ともいう》.
▶ ❶ take off the *lid* ふたを取る.

***lie**[1] /lái ライ/ 動 (~s /-z/; lay /léi/; lain /léin/; ly・ing /láiiŋ/)
自 ❶(人・動物などが)**横たわ(ってい)る**, 横にな(ってい)る《❻「横たえる, 横にする」という意味の他動詞は lay[1]》.
❷(ものなどが)**ある**, 置かれている.
❸《lie …》…の状態で横たわ(ってい)る; …の状態にある, …のままでいる《❻ … には形容詞がくる》.
❹(町・土地などが)ある, 位置する.
❺(遺体などが)埋葬されている.

❶ The tiger was *lying* on the ground. 虎は地面に横たわっていた / *Lie* on the bed. ベッドに横になりなさい / *lie* on *one's* back [face] あおむけ[うつぶせ]に寝る / [ことわざ] Let sleeping dogs *lie*. 眠っている犬はそっとそのままにしておけ; よけいなことをして面倒なことをひき起こすな.
❷ His clothes were *lying* all over the floor. 彼の衣類が床一面にちらかっていた / The problem *lies* in the maintenance. 問題は維持管理にある.
❸ She *lay* still on the sofa. 彼女は身動きしないでソファに横たわっていた / The book *lies* open on the desk. 本は机の上に開いたままになっている / *lie* sick in bed 病気で寝ている.
❹ My hometown *lies* at the foot

abcdefghijk**l**mnopqrstuvwxyz　　　　　　　　　　　　　　　　　**life**

of Mt. Fuji. 私の故郷の町は富士山のふもとにある. ❺Here lies John Smith. ジョン・スミスここに眠る (◎墓碑名).

lie about [around] 散らかったままになっている, 何もしないでぶらぶらしている.

lie ahead (将来に)待ち受けている:A peaceful world *lies ahead*. 平和な世界が待ち受けている.

lie back ⓐ①(あおむけに)寝る. ②うしろにもたれかかる.

lie behind ... …の隠れた原因である.

lie down ⓐ横になる, 寝る:*lie down* on the bed ベッドに横になる.

lie in ⓐ(英)朝寝坊する.

lie in ... (理由・原因などが)…にある, …にかかっている:Her strength *lies in* her honesty. 彼女の強みは彼女の誠実さにある / All her hopes *lie in* him. 彼女の希望はすべて彼にかかっている.

lie with ... …(人)の役目[義務]である:The decision *lies with* you. 決めるのは君の責任だ.

***lie²** /láɪ ライ/ 图 (複 ~s /-z/) ⓒうそ, いつわり (◎強い道徳的非難の感情が含まれる).
— 動 (lies /-z/; lied /-d/; ly·ing /láɪɪŋ/) ⓐうそをつく.

图Never tell (me) a *lie*. 決して(私に)うそをつくな.
— 動ⓐYou are *lying* to me, aren't you? あなたは私にうそをついているでしょう.

lied /láɪd ライド/ 動lie²の過去形・過去分詞形.

líe detèctor 图ⓒうそ発見器.

lie-in /láɪ-ɪn ライ・イン/ 图ⓒ(英)朝寝坊.

Lieut. 《略語》lieutenant.

lieu·ten·ant /luːténənt ルーテナント | lefténənt/ (★発音注意) 图ⓒ ❶(米)海軍大尉, 陸軍[空軍・海兵隊]中尉. ❷(英)海軍大尉, 陸軍中尉. ❸ 上官代理;副官. ❹(米)(警察の)警部補.

lieuténant góvernor 图ⓒ(米)(州の)副知事.

*****life** /láɪf ライフ/ 图 (複 lives /láɪvz/)
❶ⓊⓊ**生命**, 命;生きていること (⇔death).

ⓑⓒ(個々の)**生命**, 命.
ⓒⓊ(集合的)**生物**, 生き物.
❷ⓐⓊⓒ**一生**, 生涯 (◎「生まれてから死ぬまで」を表わす場合と「生まれてから現在またはその時まで」を表わす場合とがある; ☞成句 ***all one's life***).
ⓑⓒ(ものの)寿命.
ⓒ《形容詞的に》一生の, 終身の.
❸Ⓤⓒ**人生**, 世の中, 世間.
❹Ⓤⓒ**生活**, 暮らし.
❺Ⓤ**活気**, 活力;生気を与えるもの.
❻ⓒ伝記.
❼Ⓤ実物;実物大.

❶ⓐ *life* and death 生死 / the struggle for *life* 生存競争 / ことわざWhile there is *life*, there is hope. 命のある間は希望がある,「命あっての物種(ものだね)」. ⓑMany *lives* were lost in the railroad accident. その鉄道事故で多くの人命が失われた. ⓒNo *life* was found on the moon. 月には生物は見つかっていない / animal *life* 動物 / plant *life* 植物.

❷ⓐMy grandmother never saw the sea in her *life*. 祖母は生まれてから一度も海を見たことがなかった / early in *life* 若いころに / late in *life* 晩年に. ⓑThe *life* of this light bulb is about two years. この電球の寿命は2年くらいです.
ⓒa *life* member 終身会員.
❸He has seen much of *life*. 彼はなかなか世間を見てきている / *Life* is not always sweet. 人生はいつも楽しいわけではない.
❹lead [live] a happy *life* 幸福に暮らす / city *life* 都会生活 / family [home] *life* 家庭生活.
❺The city is full of *life*. その市は活気に満ちている. ❻'*Life* of Edison'「エジソン伝」. ❼This portrait is painted from *life*. この肖像画は実物どおりに描かれている.

all one's life ①一生の間;終生:My grandfather lived in the village *all his life*. 祖父は生まれてからずっとその村で暮らした. ②生まれてから(今まで・その時まで)ずっと.

bring ... to life ①…を生き返らせる.

life-and-death

②…を生き生きとさせる, おもしろくする.

come to life ①意識を取りもどす, 生き返る. ②活気づく, おもしろくなる.
for dear life 必死に, 命がけで.
for life 一生涯(ずっと): He was imprisoned *for life*. 彼は死ぬまで刑務所で暮らした.
for one's life = for dear *life*.
for the life of one 《ふつう **cannot** とともに》どうしても: I *can't for the life of me* remember her face. 私はどうしても彼女の顔が思い出せない.
in one's life = all *one's life*.
Such is life. 《口語》人生とはそういうものだ(そんなにがっかりすることはない).
take one's own life 自殺する.
take ...'s life …を殺す.
That's life. = Such is *life*.
this is the life 《口語》これこそ人生というものだ(◎楽しんでいるときに言う).

☞ 動 live¹, 形 alive, live².

life-and-death /láifən-déθ ライファン・デス/ 形 生きるか死ぬかの, 死活の.

life·belt /láifbèlt ライフベルト/ 名ⓒ救命浮き輪.

life·boat /láifbòut ライフボウト/ 名ⓒ救命ボート.

lífe bùoy 名ⓒ救命ブイ.

lífe cỳcle 名ⓒライフサイクル, 生活環《受精卵から成長して次の代の子を生むまでの発育過程》.

lífe expéctancy 名Ⓤ平均寿命.

life·guard /láifgà:rd ライフガード/ 名ⓒ(海・プールなどの)水泳監視員, 救助員.

lífe hìstory 名ⓒ伝記; 生活史.

lífe impríshonment 名Ⓤ終身刑.

lífe insúrance 名Ⓤ生命保険.

lífe jàcket [vèst] 名ⓒ救命胴衣.

life·less /láifləs ライフレス/ 形 ❶生命のない, 死んだ. ❷生気のない, おもしろくない.

life·like /láiflàik ライフライク/ 形 生きているような, 実物そっくりの.

life·line /láiflàin ライフライン/ 名ⓒ
❶救命綱, 命づな.
❷絶対に必要なもの.

life·long /láiflò(:)ŋ ライフロ(ー)ング/ 形 生涯の, 一生の.
▶*lifelong* education 生涯教育.

lífe presérver 名ⓒ《米》救命具.

lífe ràft 名ⓒ(ゴム製の)救命ボート.

life·sav·er /láifsèivər ライフセイヴァ/ 名ⓒ ❶命を救う人. ❷苦境を救ってくれる人[もの].

life·sav·ing /láifsèiviŋ ライフセイヴィング/ 名Ⓤ人命救助.

lífe séntence 名ⓒ終身刑.

life-size /láif-sáiz ライフ・サイズ/ 形 実物大の, 等身大の.
▶a *life-size* statue 等身大の立像.

life-sized /láif-sáizd ライフ・サイズド/ 形 = life-size.

lífe spàn 名ⓒ寿命.

lífe stòry 名ⓒ伝記; 身の上話.

life-style /láifstáil ライフスタイル/ 名ⓒ生活様式, ライフスタイル.

lífe-suppórt sỳstem /láif-səpɔ̀:rtライフ・サポート・/ 名ⓒ生命維持装置.

life·time /láiftàim ライフタイム/ 名ⓒ一生涯, 終生. — 形 一生の, 終身の.

lífe vèst 名ⓒ = life jacket.

*__lift__ /líft リフト/ 動 (~s /-ts/; ~ed /-id/; ~ing) 他 ❶ⓐ…を**持ち上げる**; …を(持ち上げて)運ぶ.
ⓑ(目・頭など)を上げる.
❷ⓐ(元気・気力など)を出させる, (気分)を高揚させる. ⓑ(地位など)を高める.
❸(声)を高くする, (叫び声)を上げる.
❹(木・大根など)を掘り出す, 抜く.
❺(封鎖・禁止など)を解除する.
❻《口語》…を盗む, 万引きする 《☞ shoplifting》.
— 自 ❶(持ち)上がる.
❷ⓐ(雲・霧・やみなどが)晴れる, 上がる.
ⓑ(気分が)晴れる.
— 名 (複 ~s /-ts/)
❶ⓒⓐ(車に)(ただで)**乗せてやること**; 乗せてもらうこと.
ⓑ空輸; 輸送.
❷ⓒⓐ《英》**エレベーター**, 昇降機《◎《米》では elevator》. ⓑ持ち上げる装置.
❸ⓒ**持ち上げること**; 上に上がること.
❹《**a** をつけて》気持ちの高まり, 元気づけ.
❺ⓒ(スキーヤーを運ぶ)リフト《◎ski lift, chair lift ともいう》.

動 他 ❶ⓐShe *lifted* her right arm. 彼女は右腕を持ち上げた / The box

abcdefghijk**l**mnopqrstuvwxyz　　　　　　　　　　　　　　**light**

was too heavy to *lift*. その箱は重くて持ち上げられなかった.
❺He *lifted* his eyes. 彼は眼を上げた(下を向いていた視線を正面に向けた).
❷ⓐThe good news *lifted* their spirits. 良い知らせが彼らの意気を高めた.
❸They *lifted* their voices and sang. 彼らは声をはり上げて歌った.
❹*lift* carrots ニンジンを掘る.
❺The ban on parking was *lifted*. 駐車禁止は解かれた.
— 圓 ❶This window won't *lift*. この窓はどうしても上がらない.
❷ⓐThe fog has *lifted*. 霧が晴れた.
lift off 圓 (ロケットなどが)打ち上げられる, (飛行機が)離陸する.
— 名 ❶ⓐI'll give you a *lift* to the station. 駅まで乗せてあげましょう.
❷ⓐI took the *lift* to the fifth floor. 私は5階((英)6階)までエレベーターで行った(☞floor の **INFO**).
❸I gave the child a *lift* into the high chair. 私はその子をだいて食事用のいすにのせてやった.
❹His praise gave me *a* real *lift*. 彼にほめられて私は本当に心がうきうきした.

lift-off /líftɔ̀(:)f リフト(ー)フ/ 名 Ⓒ (ロケットなどの)発進, 打ち上げ.

líft operàtor 名 Ⓒ (英)エレベーター係((✿(米)では elevator operator)).

*****light**¹ /láit ライト/

名 (複 ~s /-ts/) ❶ Ⓤ **光**, 光線.
❷ Ⓒ **明かり**; 灯火, 電灯, ライト; 信号灯.
❸ Ⓤ.Ⓒ **明るさ**; 明るい所; (絵の)明るい部分.
❹ Ⓤ **日光**; 昼間; 夜明け.
❺ Ⓤ (幸福・興奮などを示す目や表情の)**輝き**.
❻ Ⓒ 明かり取りの窓, 天窓.
❼ Ⓒ (点火用の)火花, (マッチなどの)火((✿fire はこの意味では用いない)).
❽ Ⓒ 見解, 見方, 解釈.
— 形 (~er; ~est) ❶ **明るい** (反 dark).
❷ (色などが)明るい, 薄い (反 dark).
— 動 (~s /-ts/; ~ed /-id/, lit /lít/; ~ing)((✿(米)では一般に lighted を用い

る) 他 ❶ (タバコ・ランプなどに)**火をつける**; 点火する.
❷ …に明かりをつける, ライトをつける, …を照らす(☞成句 *light*¹ up 他 ①).
❸ (顔・目などを)**明るくする**, 輝かす, 活気づける(☞成句 *light*¹ up 他 ②).
— 圓 ❶ (燃料が)火がつく, 燃える.
❷ 明るくなる, 明りがつく(☞成句 *light*¹ up 圓 ①).
❸ (顔・目などが)明るくなる, 輝く(☞成句 *light*¹ up 圓 ②).

名 ❶The sun gives off *light* and heat. 太陽は光と熱を発する / the *light* of the moon 月の光.
❷At last he saw a *light* far away. ついに彼は遠くにひとつの明かりを見た / Go with the green *light*. 青信号になったら進みなさい / turn [switch] on [off] the *light* 明かりをつける[消す] / traffic *lights* 交通信号灯.

語の結びつき

leave a *light* on 明かりをつけたままにする
shine a *light* on [over] … …を照らす
turn up [down] a *light* 明かりを強くする[暗くする]

❸Don't read in poor *light*. うす暗いところで本を読むな.
❹We need *light* for our health. 健康には日光が必要だ / He got up before *light*. 彼は暗いうちに起きた.
❺The *light* in her eyes was very charming. 彼女の目の輝きは非常に魅力的だった.
❼Will you give me a *light*? (たばこの)火をかしてください.
❽He saw the evidence in a new *light*. 彼は証拠を新しい目で見た.
bring ... to light …を明るみに出す, 公にする: His investigation *brought* the secret *to light*. 彼の調査でその秘密が明るみに出た.
come to light 明るみに出る, ばれる: New facts *came to light*. 新しい事実が明るみに出た.
in (the) light of ... …を考慮に入れて, 参考にして: He explained the fact

seven hundred and seventy-one　　　771

in light of recent scientific discoveries. 彼は最近の科学の諸発見を参考にしてその事実を説明した.

see the light ①なるほどと納得する, 理解する. ②改宗する.

see the light (of day) ①(ものが)世に出る, 日の目を見る. ②(計画などが)実現する.

set light to ... …に火をつける.

shed [throw, cast] light on [upon] ... (問題など)**に** (解決の)**新しい光をあてる**.

—— 形 ❶He got up before it was *light*. 彼はまだ暗いうちに起きた / a *light* room 明るい部屋.
❷*light* blue 明るい青色, ライトブルー / *light* brown 薄茶色.
☞ 動 lighten¹.

—— 動 他 ❶*light* a cigar 葉巻きに火をつける / *light* a candle ろうそくをともす. ❷The room is *lighted* by one large window. その部屋はひとつの大きな窓で明かりを取ってある.

—— 自 ❶Dry grass *lights* easily. 枯草はすぐ火がつく.

light up 自 ①**明るくなる**, 明りがつく: The sky *lights up* about five in (the) summer. 夏は5時ごろ空が明るくなる. ②(顔などが)**明るくなる**, 輝く.

—— 他 ①…を明るくする: The whole room was *lighted* [*lit*] *up* brightly. 部屋中にこうこうと明かりがついていた. ②(顔などを)明るくさせる. ③(たばこなどに)火をつける.

‡light² /láit ライト/ 形 (~·er; ~·est)
❶(重さの)**軽い** (反 heavy).
❷(程度・量・密度などが)**少ない**, 軽い; **容易な**, 手軽な.
❸軽便な, 小型の, 積載量の少ない.
❹ⓐ(食べ物が)胃にもたれない, 軽い. ⓑ(アルコール分の)弱い. ⓒ(色の)うすい.
❺(文学・音楽・劇などが)肩のこらない, 軽い. ❻軽快な, 快活な.

—— 副 (~·er; ~·est)軽く, 手軽に.

・・・・・・・・・・・・・・・・・・・・・・・・・・・・・・

形 ❶Your suitcase is *light*. あなたのスーツケースは軽い.
❷wear *light* clothing 軽装をする / a *light* task 軽い仕事 / a *light* punishment 軽い罰 / *light* traffic 少ない交通量.
❸a *light* van ライトバン 《小型の屋根つきトラック》.
❹ⓐ*light* food 消化のよい食物 / a *light* meal 軽い食事. ⓑa *light* wine 軽目のワイン. ⓒ*light* blue うすい青色.
❺*light* music 軽音楽.
❻walk with *light* steps 軽い足取りで歩く.

make light of ... …を軽視する, 軽んじる: Don't *make light of* the job. その仕事は軽く見てはいけません.
☞ 動 lighten².

—— 副 travel *light* (荷物をあまり持たずに)身軽に旅行する / sleep *light* 眠りが浅い.

líght bùlb 名 C (白熱)電球 《❶ bulb ともいう》.

light·en¹ /láitn ライトン/ 動 他 …を明るくする, 照らす.
—— 自 ❶明るくなる, 輝く.
❷(表情などが)明るくなる.
▶ 他 The full moon *lightened* the lake. 満月が湖を明るく照らした.
—— 自 ❶The sky is *lightening*. 空が明るくなりかけている. ☞ 形 light¹.

light·en² /láitn ライトン/ 動 他 ❶…を軽くする, 軽減する.
❷(気分・雰囲気などを)楽にする.
—— 自 ❶軽くなる. ❷(気分・雰囲気などが)楽になる.
▶ 他 ❶*lighten* taxes 税を軽減する.
❷Her comments *lightened* the atmosphere. 彼女のことばが雰囲気を楽にした.

lighten up 他 (気分・雰囲気などを)楽にする. —— 自 《口語》気楽になる.
☞ 形 light².

light·er /láitər ライタ/ 名 C (タバコなどに火をつけるための)ライター.

light-headed /láithédid ライトヘディド/ 形 頭がぼうっと[くらくら]している.

light-heart·ed /láit-há:rtid ライト・ハーティド/ 形 陽気な, 気楽な (反 heavy-hearted).

light·house /láithàus ライトハウス/ 名 (複 -hous·es /-hàuziz/) C 灯台.

líght índustry 名 U 軽工業 《❶「重工業」は heavy industry》.

light·ing /láitiŋ ライティング/ 名 U 照明.

＊light·ly /láitli ライトリ/ 副
❶ 軽く, そっと, 静かに.
❷ 軽快に, 軽やかに.
❸ 少し, 少量(に); (罰など)軽く.
❹ (重要とは思わず)軽く, 気軽に.
▶ ❶ She pressed *lightly* on the door bell. 彼女は玄関のベルを軽く押した / It is raining *lightly*. 小雨が降っている.
❷ The yacht was sailing *lightly* in the breeze. そのヨットはそよ風に軽快に走っていた / step *lightly* 軽い足どりで歩く.
❸ She usually eats *lightly*. 彼女はいつも軽い食事をとる / This dish is *lightly* seasoned. この料理はあっさりと味つけしてある / He was punished *lightly*. 彼は軽い罰をうけた.
❹ He often takes things too *lightly*. 彼はよく物事を軽く考えすぎてしまう.

light·ness¹ /láitnəs ライトネス/ 名 U
❶ 明るいこと; 明るさ. ❷ (色の)薄いこと.

light·ness² /láitnəs ライトネス/ 名 U
❶ 軽いこと; 軽さ. ❷ 軽快, かろやかさ.

＊light·ning /láitniŋ ライトニング/ 名 U いなびかり (✪「雷鳴」は thunder).
▶ The tall tree was struck by *lightning*. その高い木は雷に打たれた.
like lightning 猛スピードで, たちまち.

light·ning-con·duc·tor /láitniŋ-kəndàktər ライトニング・コンダクタ/ 名 C 《英》
= lightning rod.

líghtning ròd 名 C 《米》避雷針.

light·weight /láitwèit ライトウェイト/ 名
C ❶ (ボクシング・レスリングなどの)ライト級の選手. ❷ 標準重量以下の人[動物].
— 形 ❶ 軽量の; ライト級の. ❷ 大したことのない.

light-year /láitjìər ライティア/ 名 C 光年 《光が1年かかって到達する距離; 約9兆5千億キロメートル》.

lik·a·ble /láikəbl ライカブル/ 形 (人が)感じのよい.

＊＊like¹ /láik ライク/ 動 (~s /-s/; liked /-t/; lik·ing)
他 ❶ …が**好きである**, 気に入っている

(反 dislike).
❷ⓐ《like to *do* または like *do*ing》__することが好きである.
ⓑ《否定文で》《like to *do* または like *do*ing》__したい.
❸《like ... to *do* または like ... [...'s] *do*ing》…に__してほしい, …に__させたい.
❹《like ... ~》…が~であることを**好む**[**望む**] (✪ ~ には形容詞, 過去分詞などがくる).
❺ⓐ《would like ...》…がほしい(のですが).
ⓑ《would like to *do*》(できたら)__したい(のですが).
ⓒ《would like ... to *do*》(できたら)…に__してもらいたい(のですが).
— 自 好む, 気に入る, 望む.
— 名 《複数形で》《次の成句で》: *one's likes and dislikes* 人の好きなものときらいなもの (✪ dislikes は /díslaiks/ と発音する).

────────────────

動 他 ❶ I *like* sports very much. 私はスポーツが大好きだ / She *likes* bread better [more] than rice. 彼女はごはんよりパンの方が好きだ / Which do you *like* better, spring or fall? 春と秋とどちらが好きですか / 対話 "What subject do you *like* (the) best?"–"I *like* English (the) best." 「いちばん好きな学科は何ですか」「英語です」.

語法 like を強める副詞はふつう very much, better, best を用いる; しかし well, more, most を用いることもある.

❷ⓐ Mary *likes* to dance. = Mary *likes* dancing. メアリーはダンスが好きだ. ⓑ I *don't like* to ask her. = I *don't like* asking her. 彼女には頼みたくない.
❸ I *like* boys *to* be active. 男の子は活発なのがよい / I don't *like* you [your] *going* there alone. 君をひとりでそこへ行かせたくない (✪ 所有格はやや堅い感じがし, 《口語》ではふつう目的格 you を用いる).
❹ I *like* my tea hot. お茶はあついのが好きだ.
❺ⓐ I *would* [I'd] *like* a cup of tea.

like

お茶を一杯いただきたいのですが（❺I like tea. は「私はお茶が好きだ」と一般的な好みを表わす）/ *Would* you *like* some fruit? 果物はいかがですか.

|語法| 下の ❺, ❻ を含めて,《英》では主語がI, Weの場合にはwouldの代わりにshouldが用いられることもある; しかし, この場合にもwouldが用いられるほうが多い;《米》ではすべての場合にwouldを用いる;《口語》ではI'd like ..., We'd like ... のように短縮されることが多い.

❻I *would* [I'*d*] *like to* go skiing with you. 君とスキーに行きたいものです（❺特定の場合についてのていねいな表現で; would like *doing* とはいわない）.

❼I *would* [I'*d*] *like* you *to* come as soon as possible. あなたにできるだけ早く来ていただきたいのです / *Would* you *like* me *to* call a taxi? タクシーをお呼びしましょうか / I *wouldn't like* you *to* go to such a dangerous place. そんな危険な場所へ君に行ってほしくないのです.

— ⓔYou can do as you *like*. 君は好きなようにしてよい.

How do you like ...? ①…をどう思いますか, …は好きですか: "*How did you like* Kyoto?"–"I liked it very much."「京都はいかがでしたか（気に入りましたか）」「ええとても気に入りました」. ②…はどうするのがよいですか（❺料理・飲み物などについて一般的な好みをたずねる言い方）: "*How do you like* your coffee?"–"I like it strong."「コーヒーはどういうのがお好きですか」「濃いのが好きです」.

How would you like ...? ①…はいかがですか（❺勧誘のていねいな言い方）: *How would you like* tea? お茶はいかがですか. ②…はどうするのがよいですか（❺料理・飲み物などについてそのときの好みをたずねる言い方; ☞ How do you *like* ...? ②）: "*How would you like* your steak?"–"Medium, please."「ステーキの焼き具合はいかがいたしましょうか」「中ぐらいにしてください」.

if you like ①よかったら, お望みなら: You may come *if you like*. よかったらおいでください. ②（そう言いたければ）…と言ってもよい: I'm a baseball fan. A fanatic, *if you like*. 私は野球ファンです, 野球狂といわれてもしかたありません. ③《しぶしぶ同意して》まあいいでしょう: "Let's wait for him a few minutes.""*If you like*."「もう少し彼を待ちましょう」「まあいいでしょう」.

***like**² /láik ライク/

前 /làik ライク/ ❶ ⓐ《類似を表わして》**…に似た, …のような**（反 unlike）（❺目的語をとる形容詞とも考えられる）.

ⓑ**…のように, …と同じように**.

❷《特性の類似を表わして》**…らしい, …にふさわしい**.

— 接 ❶《口語》**…のように**.

❷まるで…であるかのように.

— 形 (more ~; most ~)似ている, 同様な, 類似の（反 unlike）.

— 名《単数形で; the または one's をつけて》似たもの［人］; 同類.

──────────────

前 ❶ ⓐShe looks very much *like* her sister. 彼女は姉にとても似ている / What is he *like*? 彼はどんな(ふうな)人ですか（❺性格・外見などを尋ねる）/ I need someone *like* him. 彼のような人が必要だ. ⓑDo it *like* this. それはこんな風にやりなさい / You should act *like* a man. 男らしく行動しなさい. ❷That's just *like* him. それはいかにも彼らしい / It isn't *like* her to give you such a present. こんなプレゼントを君にくれるなんて彼女らしくない / taste *like* cream クリームのような味がする.

— 接 ❶I cannot cook *like* you do. 私はあなたのようには料理はできません.

❷She spoke just *like* she had visited Canada. 彼女はまるでカナダへ行ったことがあるかのような話しぶりだった.

— 形 The twin brothers are (as) *like* as two peas. そのふたごの兄弟はうりふたつだ /[ことわざ] *Like* father, *like* son. この親にしてこの子あり.

— 名 I've never heard *the like* of it. 私はそのようなことを聞いたことがない / We'll never see *his like* again. 彼のような人物にはまたと出会うことはないでしょう.

and the like その他そのようなもの: We enjoyed playing baseball, football, *and the like*. 私たちは野球とかフットボー

ルとかそのようなものをして楽しんだ.
feel like ... ☞ feel 動.
like anything 《口語》すごく, 猛烈に.
like I say〔said〕 私の言う〔言った〕ように:*Like I said*, he is a nice guy. 私が言ったように, あいつはいい奴です.
like so many ... まるで(同じくらいの数の)…のように:The people were working *like so many* ants. 人々はまるでアリのように働いていた.
look like ... …に似ている (☞前❶ⓐ).
nothing like ... …とはまったく違う:The result was *nothing like* what we expected. 結果はわれわれの期待とはまったくちがった.
something like ... ①…のようなもの:It is *something like* a ball. それはボールみたいなものです. ②だいたい…くらい:It cost *something like* $100. それは100ドルばかりした.
the likes of ... …のような人[もの].
There's nothing like ... …ほどよいものはない:*There is nothing like* a warm bath for relaxing. 身体を休めるには風呂にはいることがいちばんいい.

like·a·ble /láikəbl ライカブル/ 形 = likable.

like·li·hood /láiklihùd ライクリフッド/ 名《単数形で》可能性, 見込み.
▶There is little *likelihood* of his winning. = There is little *likelihood* that he will win. 彼が勝つ見込みはほとんどない.
in all likelihood 十中八九, まずまちがいなく.　　　☞ 形 likely.

***like·ly** /láikli ライクリ/ 形 (like·li·er, more ~; like·li·est, most ~)
❶《be likely to *do*》__しそうである, たぶん__するでしょう.
❷ ありそうな; もっともらしい (反 unlikely)(10のうち 6, 7程度の確かさ); ☞ possible❶の類語).
— 副 《very, most などをともなって》たぶん, おそらく.

・・・・・・・・・・・・・・・・・・・・・・・・・・・・・・・・
形 ❶ⓐIt *is likely to* rain soon. じきに雨が降りそうだ / Prices *are likely to* go up. 物価はたぶん上がるでしょう.
❷*It is likely that* she will bring him. (= She is *likely* to bring him.) 彼女はつれて来そうだ / a *likely* result ありそうな結果 / the most *likely* winner もっとも優勝の可能性が高い人.　　☞ 名 likelihood.
more than likely ほぼ確実な.
— 副 He will *very likely* leave for Paris next week. 彼はたぶん来週パリへ出発するでしょう.

lik·en /láikən ライクン/ 動 他 《文語》《liken ... to ~》…を~にたとえる.
▶Life is often *likened to* a voyage. 人生はよく航海にたとえられる.

like·ness /láiknəs ライクネス/ 名 (複 ~es /-iz/) ❶ⓒ 似ていること, 類似.
❷ⓒ 肖像画[写真], 似顔.

like·wise /láikwàiz ライクワイズ/ 副 《文語》同じように.

lik·ing /láikiŋ ライキング/ 名 《a または one's をつけて》好み, 趣味.
have a liking for ... …が好きだ.
take a liking to ... …が好きになる.
to ...'s liking …の気に入った, 趣味に合った.

li·lac /láilək ライラク/ 名 ❶ⓒ ライラック (の木), リラ. ❷Ⓤ ライラック[リラ]の花. ❸Ⓤ ライラック色, 薄紫色.
— 形 薄紫色の.

Lil·li·put /lílipʌ̀t リリパット/ 名 リリパット《スウィフト (Swift) 作『ガリバー旅行記』(*Gulliver's Travels*) に出てくる小人の国》.

lil·y /líli リリ/ 名 (複 lil·ies /-z/) ⓒ ユリ, ユリの花.

líly of the válley 名 (複 lilies of the valley) ⓒ 《植物》スズラン.

Li·ma /líːmə リーマ/ 名 リマ《ペルー (Peru) の首都》.

***limb** /lím リム/ (★ b は発音されない) 名 (複 ~s /-z/) ⓒ ❶ (動物・人の)手足(の一本).
❷ (樹木の)大枝;
▶❶She broke a *limb* in a car accident. 彼女は自動車事故で手[足]を折った.
out on a limb (意見などで)孤立して.

lime¹ /láim ライム/ 名 Ⓤ 石灰.

lime² /láim ライム/ 名 ⓒ ❶ ライム(の木). ❷ ライムの実.

lime³ /láim ライム/ 名 ⓒ = linden.

lime·light /láimlàit ライムライト/ 名 Ⓤ ❶ ライムライト《舞台の集中照明》. ❷ 注目.

limestone

in the limelight 脚光を浴びて.

lime･stone /láimstòun ライムストウン/ 名C石灰岩, 石灰石.

***lim･it** /límit リミット/
名(複 ~s /-ts/) C ❶(数・量・程度・能力などの)**限界**, (最高)限度.
❷《しばしば複数形で》(決まっている)**区域**, 範囲, 境界.
— 動 (~s /-ts/; ~ed /-id/; ~ing) 他 …を**制限する**, 限定する.

名 ❶ There is a *limit* to what we can do for you. 私たちが君にしてあげられることには限度がある / work to the *limit* of *one's* ability 能力を最大にふるって仕事をする / above the speed *limit* 制限速度を超えて. ❷ They live within ［outside］ the city *limits*. 彼らは市内［市外］に住んでいる.
know no limit(s) 際限がない: His ambition *knows no limits*. 彼の野心には際限がない.
off limits 《米》立入禁止の(地域).
within limits 適度に, 控えめに.
without limit 無制限に.
— 動 他 *Limit* your expenses *to* 50 dollars. 費用を50ドル以内に抑えなさい.
☞ 名 limitation.

***lim･i･ta･tion** /lìmətéiʃən リミテイション/ 名(複 ~s /-z/) ❶C U **制限(すること)**, 限定(すること).
❷ U C (決められた)**限度**.
❸《ふつう複数形で》(能力などの)**限界**.
▶ ❶ the *limitation* of exhaust emissions 排気ガス排出の制限.
❸ He knows his own *limitations*. 彼は自分の限界を知っている(身のほどを心得ている).
☞ 動 limit.

***lim･it･ed** /límitid リミティド/ 形 ❶(数・量などが)**限定された**, 制限された. ❷限りあり, 大したことのない. ❸《米》(列車・バスなどが)特別の.
▶ ❶ a *limited* number of seats 限定数の座席 / a *limited* edition 限定版.
❷ My knowledge of Paris is *limited*. 私のパリについての知識は限られている［大したことはない］.
❸ a *limited* express 特急.

límited cómpany 名C《英》有限(責任)会社, 株式会社《✿社名のあとに Limited または略字 Co., Ltd. または Ltd. をつける;《米》では incorporated company》.

lim･it･less /límitləs リミトレス/ 形無限の, 無制限の.

lim･ou･sine /líməzìːn リムズィーン, lìməzíːn/ 名C ❶ リムジン《大型で運転台と客席の間にガラスの仕切りのある自動車》.
❷(空港などの)送迎用バス.

***limp** /límp リンプ/ 動 (~s /-s/; ~ed /-t/; ~ing) 自(怪我などで)**足を引きずって(よたよた)歩く**.
— 形弱々しい.
▶ 動 自 *limp* off the field 片足をひきずりながらグラウンドを離れる.

Lin･coln /líŋkən リンカン/ 名 リンカーン《**Abraham** /éibrəhæm/ Lincoln (1809-65); アメリカ第16代大統領 (1861-65); 奴隷解放令を公布した》.

Líncoln Memórial 名《the をつけて》リンカーン記念館《アメリカの5ドル紙幣の裏の絵になっている》.

Líncoln's Bírthday /líŋkənz-リンカンズ/ 名《米》リンカーン誕生日《アメリカの法定休日; 多くの州では初代大統領ジョージ・ワシントンの誕生日と合わせて Presidents' Day として祝う; 2月の第3月曜日; ☞ legal holiday》.

Lin･da /líndə リンダ/ 名 リンダ《女性の名》.

lin･den /líndən リンデン/ 名C リンデン《ボダイジュ, シナノキの類の植物》.

***line¹** /láin ライン/
名(複 ~s /-z/) ❶C **線**, 直線.
❷C ひも, 綱, 針金, ロープ; 釣り糸; 物干し綱 (clothesline).
❸C 電話線; 回路.
❹C ⓐ (文の)行; (詩の)一行《✿ l. と略す; 複数形は ll. と略す》. ⓑ 短い手紙.
❺C ⓐ (縦の)**列**, 行列《✿「横の列」は row》. ⓑ 《米》(順番を待つ人・車などの)**列**《✿《英》ではふつう queue》.
❻ ⓐ C (鉄道などの)**線**, 路線, 航路, 航空路. ⓑ 《ふつう **Lines** で; 単数扱いで》(鉄道・飛行機などの)運輸会社《✿固有名詞につける》.
❼C **すじ**, しわ.
❽C 《複数形で》(劇の)せりふ.
❾C 商売分野, 専門分野; 趣味, 得意(なこと).

line

❿ⓒ進路, ルート, 方向.
ⓑ《しばしば複数形で》(考え方・行動などの)方向, 方針, 姿勢, 政策, 路線.
⓫ⓒ系統, 血統.
⓬ⓒ境界(線), 限度;(競技場の)ライン.
⓭《複数形で》輪郭(ॻ).
⓮《the をつけて》ⓐ赤道(《❂the equator ともいう》). ⓑ(緯度・経度の)線.
⓯ⓒ〔軍事〕前線, 戦線.
⓰ⓒ商品の種類, 在庫品, 仕入品.

— 動 (~s /-z/; lined /-d/; lin·ing) 他
❶ …を一列にする;…に沿って並ぶ.
❷ …に線を引く.

名 ❶ Draw a *line* under the word. その単語の下に線を引きなさい / a dotted *line* 点線 / a straight *line* 直線 / a wavy [an undulating] *line* 波線 / a curved *line* 曲線 / a broken *line* 破線.

❷ a power *line* 電線 / a fishing *line* 釣り糸.

❸ She is on another *line*. 彼女は今別の電話に出ています / Hold the *line*, please.《電話》切らずにお持ちください / The *line's* busy. 《米》《電話》お話し中です《交換手のことば; ❂《英》では The number's engaged. という》.

❹ⓐ Look at the third *line* from the bottom. 下から3行目を見なさい / Write on every other *line*. 1行おきに書きなさい. ⓑ drop ... a *line*＝drop a *line* to ... …に短い手紙を(一筆)書き送る.

❺ⓐ a *line* of trees 並木. ⓑ There was a long *line* at the ticket office. 切符売場には長い人の列ができていた.

She cut in *line*.
(＝《英》She jumped the queue.)
(彼女は列に割り込んだ)

❻ⓐ a bus *line* バス路線 / the New Tokaido *Line* 東海道新幹線.
ⓑ Japan Air *Lines* 日本航空.
❼ *lines* on the forehead 額のしわ.
❽ I have to memorize these *lines*. 私はこれらのせりふを覚えなくてはならない.
❾ What *line* (of business) are you in?＝What is your *line*? あなたの職業はなんですか / Basketball is not in my *line*. 私はバスケットボールは得意ではない.
❿ⓐ in a straight *line* まっすぐに.
ⓑ take a strong *line* 強硬な態度をとる / the party *line* 政党の政策.
⓫ come of a good *line* 家柄がよい.
⓬ the state *line* 州の境界線 / go over the *line* 限度を越える.
⓭ a sports car of fine *lines* 形の美しいスポーツカー.
⓮ⓐ cross *the line* 赤道を通過する.
ⓑ *the* date *line* 日付変更線.
⓯ the *line* of battle 戦線.
⓰ a new *line* of hats 新しい種類の帽子.

all along the line 今までずっと, あらゆる段階で.
along the line どこかの段階で.
bring ... into line (with ~) …を(～と)合わせる, 似たものにする.
draw the line 一線を画する, けじめをつける;(…までは)しない: That's where I *draw the line*. 私はそこにはけじめをつける(それ以上のことはしない).
in line 一列に並んで: Stand *in line*. 一列に並びなさい / wait *in line* for the bus 列を作ってバスを待つ.
in line for ... …が手に入りそうで.
in line with ... …と並んで;…と同程度で.
on line 機能して;(コンピューターなどが)作動して.
out of line with ... …と不一致[不調和]で.
read between the lines ☞ read¹ 自.

☞ 形 linear.

— 動 他 ❶ Children *lined* the street to watch the parade. 子どもたちはパレードを見ようと通りに沿って並んだ.
line up 自 (列を作って) **並ぶ**, 整列する

line ABCDEFGHIJK**L**MNOPQRSTUVWXYZ

((☞queue ⓑ)). ― ⓗ①…を整列させる, 並べる. ②…を準備する.

line² /láin ライン/ 動 (現分 lin·ing) ⓗ (服など)に裏をつける, 裏打ちする; …の内部をおおう.
▶Her coat was *lined with* silk. 彼女の上着には絹の裏がついていた.

lin·e·age /líniidʒ リニイッヂ/ 图 Ⓤ Ⓒ 血統, 家系.

lin·e·ar /líniər リニア/ 形 線の, 直線の; 線でできている; 線状の; 長さの.
☞ 图 line¹.

línear mótor 图 Ⓒ リニアモーター.

lined /láind ラインド/ 形 線の引いてある; しわのある.

líne dràwing 图 Ⓒ 線画, ペン画.

líne drìve 图 Ⓒ 〖野球〗 ライナー (◆liner ともいう).

line·man /láinmən ラインマン/ 图 (複 line·men /-mən/) Ⓒ 〖アメリカンフットボール〗前衛.

***lin·en** /línin リニン/ 图 Ⓤ ❶**リンネル, アマ布**. ❷**リンネル製品** ((シーツ・シャツ・下着など)).

lin·er /láinər ライナ/ 图 Ⓒ ❶ (とくに大洋航海の大型快速の)定期船. ❷〖野球〗ライナー (◆line drive ともいう).

lines·man /láinzmən ラインズマン/ 图 (複 lines·men /-mən/) Ⓒ 〖球技〗線審, ラインズマン.

line·up /láinʌp ラインアップ/ 图 Ⓒ 《ふつう単数形で》❶整列, 配列. ❷(米) (野球・フットボールなどの)ラインアップ. ❸出演者の顔ぶれ. ❹ (テレビ・ラジオなどの)番組表.

lin·ger /líŋgər リンガ/ 動 ⓘ ❶なかなか立ち去らない. ❷なかなか消えない, すたれない.
▶❶Her fans *lingered* outside the concert hall. 彼女のファンが演奏会場の外になごりを惜しんで残っていた.
❷The custom still *lingers* (on) among us. その風習はまだ私たちの間に残っている.

lin·ge·rie /là:ndʒəréi ラーンヂェレイ/ 图 Ⓤ (婦人用の)肌着類, ランジェリー.

lin·ger·ing·ly /líŋgəriŋli リンガリングリ/ 副 なかなか去らない[消えない, 終わらない]で; なごり惜しそうに.

lin·guist /líŋgwist リングウィスト/ 图 Ⓒ ❶言語学者. ❷いくつもの外国語が使える人.
▶❷a good *linguist* いろいろな外国語がじょうずな人.

lin·guis·tic /liŋgwístik リングウィスティック/ 形 ことばの; 言語学の.
☞ 图 language.

lin·guis·tics /liŋgwístiks リングウィスティックス/ 图 Ⓤ 言語学.

lin·ing /láiniŋ ライニング/ 图 Ⓤ Ⓒ (服の)裏(地).

***link** /líŋk リンク/ 图 (複 ~s /-s/) Ⓒ ❶ (くさりの)**輪, 環(ﾜ)**. ❷**つながり, きずな, 関連**. ❸(鉄道などの)連絡(線). ❹〖電算〗リンク.
― 動 (~s /-s/; ~ed /-t/; ~·ing) ⓗ …を**つなぐ**, 連結する.
― ⓘ **つながる**, つながっている.

❶The chain is formed of gold *links*. その鎖は金の環でできている.
❷Is there a *link* between smoking and lung cancer? 喫煙と肺癌(ｶﾞﾝ)には因果関係がありますか.
― 動 ⓗ The girls *linked* arms and formed a circle. 少女たちは腕をつないで輪になった / The two facts are *linked*. そのふたつの事実はつながっている / Let's *links* our network *to* [*with*] theirs. われわれのネットワークを彼らのにつなごう.

link up ⓘ つながる, 結びつく; 連合する. ― ⓗ …をつなげる, 連結する.

link·age /líŋkidʒ リンキヂ/ 图 Ⓤ Ⓒ 連結, つながり.

línking vèrb /líŋkiŋ- リンキング-/ 图 Ⓒ 〖文法〗連結動詞 ((be, become など主語と補語をつなぐ動詞; ◆copula ともいう)).

links /líŋks リンクス/ 图 (複) ゴルフ場.

li·no·le·um /linóuliəm リノウリアム/ 图 Ⓤ リノリウム ((床の仕上げ材)).

***li·on** /láiən ライアン/ 图 (複 ~s /-z/) Ⓒ **ライオン, 雄ライオン**.
▶(as) brave as a *lion* ライオンのように勇猛な.
the lion's share いちばん大きい分け前.

li·on·ess /láiənəs ライアネス/ 图 (複 ~·es /-iz/) Ⓒ 雌ライオン.

***lip** /líp リップ/ 图 (複 ~s /-s/)
❶ Ⓒ **くちびる** ((◆日本語の「くちびる」より

範囲が広く, 口の周辺全体をさす）.
❷ C （水差しの）口; （杯・穴などの）へり, 縁（ﾌﾁ）.
❸ U 《俗語》生意気なことば.

❶ the upper〔lower〕*lip* 上〔下〕くちびる / open *one's lips* 口を開く, しゃべる. ❷ the *lip* of a cup 茶わんのへり.
bite one's lip くちびるをかむ《怒り・苦しみ・痛みなどを抑えるしぐさ》.
lick one's lips（楽しいことを期待して）舌なめずりをする.
purse one's lips 口をきゅっと結ぶ《怒り・不快などを表わす》.
put a〔*one's*〕*finger to one's lips* くちびるに指を当てる《静かにしろという合図》.

lip・read /líprì:d リプリード/ 動 自 読唇（ﾄﾞｸｼﾝ）する.
— 他 …を読唇する.

líp rèading 名 U 読唇（ﾄﾞｸｼﾝ）術《ろうあ者が人のくちびるの動きで話の意味を知ること》.

líp sèrvice 名 U 《口語》口先だけの好意.

lip・stick /lípstìk リプスティック/ 名 C （棒状の）口紅.

liq・ue・fy /líkwəfài リクウェファイ/ 動（liq・ue・fies /-z/; liq・ue・fied /-d/; 〜ing）他 …を液化させる.
— 自 液化する.

li・queur /likə́:r リカー | likjúə/ 名 U C リキュール《香料・甘味入りの強い酒》.

*_**liq・uid**_ /líkwid リクウィッド/ 名（複 〜s /-dz/）U C 液体《○種類をいうときは C;「固体」は solid,「気体」は gas,「（液体と気体を含む）流動体」は fluid》.
— 形 液体の, 液状の《○「固体の」は solid,「気体の」は gaseous》.

使 take *liquid* food= be on a *liquid* diet 流動食をとる / *liquid* oxygen 液体酸素 / *liquid* medicine 水薬（☞ medicine）.

liq・ui・date /líkwidèit リクウィデイト/ 動 他 （会社など）を整理倒産する.
— 自 （会社が）整理倒産する.

liq・ui・da・tion /lìkwidéiʃən リクウィデイション/ 名 U C （会社など）を整理して倒産させること.

líquid crýstal 名 C 液晶.

líquid crýstal displáy 名 C 液晶表示《略 LCD》.

*__**liq・uor**__ /líkər リカ/ 名 U 《米》（ウイスキー・ジンのような）（強い）酒.

li・ra /líərə リ(ア)ラ/ 名（複 li・re /líərei/, 〜s /-z/）C リラ《イタリアの貨幣単位》.

Lis・bon /lízbən リズボン/ 名 リスボン《ポルトガル（Portugal）の首都》.

lisp /lísp リスプ/ 動 自 よく回らない舌で話す《とくに /s/ を /θ/, /z/ を /ð/ のように発音すること》.
— 他 （ことば）をよく回らない舌で話す.
— 名《a をつけて》舌もつれ［舌足らず］の発音.

*_**list¹**_ /líst リスト/
名（複 〜s /-ts/）C ❶（名前・数字などの）**一覧表**, 目録; 名簿, リスト. ❷ 順位表.
— 動（〜s /-ts/; 〜ed /-id/; 〜ing）他
❶ …を順番に書く［言う］, 表にのせる, 目録［名簿］に入れる.
❷ …の名簿［一覧表］をつくる.

名 ❶ His name was not on the passenger *list*. 彼の名前は乗客名簿に載っていなかった / Put it on your shopping *list*. それを買物リストに書いておきなさい / Make〔Draw up〕a *list* of them. それらを一覧表にしなさい.
❷ at the top of the *list* 順位表のトップに.
lead〔*head*〕*the list* 首位に立っている.
— 動 他 ❶ The new models are all *listed* in the catalog. 新しい型はすべてカタログにのっている.

list² /líst リスト/ 動 自 （船が）一方に傾く.

*__**lis・ten**__ /lísn リスン/《★ t は発音されない》動（〜s /-z/; 〜ed /-d/; 〜ing）
自 ❶ⓐ（聞こうと思って）**耳を傾ける**, 注意して聞く《○「（自然に）…が聞こえる」は hear》.
ⓑ《listen to …》…（の言うこと）を（注意して）**聞く**, …に耳を傾ける.
❷ⓐ（忠告などに）従う, 耳を貸す.
ⓑ《listen to …》…（忠告・要求など）を**受け入れる**, …に従う.

❶ⓐ I *listened*, but heard nothing. 私は耳を澄ましたが, なにも聞こえなかった.

listener

❻*Listen to* me! 私の言うことをよく聞きなさい / We *listened to* the girl *playing* the harp. われわれはその少女がハープをひいているのに耳を傾けた.

❷ⓐI advised him not to marry her, but he wouldn't *listen*. 私は彼に彼女と結婚しないように忠告したが彼は耳を貸そうとしなかった.
ⓑHe wouldn't *listen to* my advice. 彼は私の忠告を聞き入れようとはしなかった / *listen to* reason 道理に従う.

listen for ... …が聞こえないかと耳を澄ます: *listen for* footsteps 足音がしないかと聞き耳を立てる.

listen in (on ...) …を盗み聞きする.

listen in to ... ①(ラジオの番組)を聴く: *listen in to* the news on the radio ラジオでニュースを聞く. ②= *listen* in on ....

*lis·ten·er /lísənər リスナ/ 名(複 ~s /-z/) Ⓒ**聞く人**, 聞き手; (ラジオの)聴取者.
▶a good *listener* 聞き上手(ジォ)な人.

list·less /lístləs リストレス/ 形 気のない, 無関心な.

list·less·ly /lístləsli リストレスリ/ 副 気乗りしないで, ぼんやりと.

líst príce 名Ⓒ (商品の)表示価格 (実際は割引いて売られることが多い).

lit /lít リット/ 動 light¹の過去形・過去分詞形.

lit. (略語) liter(s).

*li·ter /líːtər リータ/ (★発音注意) 名(複 ~s /-z/) Ⓒ**リットル** (◑l. または lit. と略す).

lit·er·a·cy /lítərəsi リタラスィ/ 名Ⓤ 読み書きの能力 (反 illiteracy).

lit·er·al /lítərəl リタラル/ 形 ❶(意味が)文字通りの, ことばどおりの (反 figurative). ❷(翻訳が)逐語(ミ゚)訳の, 直訳の.
▶❶in the *literal* meaning of the word その語の文字どおりの意味では.
❷a *literal* translation 直訳, 逐語訳 (◑「意訳」は a free translation).
☞名letter.

*lit·er·al·ly /lítərəli リタラリ/ 副 ❶**文字どおりに**, ことばどおりに.
❷文字どおり, まったく.
▶❶I took what she said *literally*. 私は彼女の言うことを文字どおりに解釈した. ❷He did *literally* nothing at all. 彼はまったくなにもしなかった.

*lit·er·ar·y /lítərèri リタレリ | -tərəri/ 形 (more ~; most ~)
❶**文学の**, 文芸の.
❷文語の, 文語的な (◑「口語の」は colloquial).
▶❶*literary* works 文学作品. ❷in a *literary* style 文語体で.
☞名literature.

lit·er·ate /lítərət リタレト/ 形 ❶読み書きのできる (反 illiterate). ❷教養のある.

*lit·er·a·ture /lítərətʃuər リタラチュア, -tʃər/ 名(複 ~s /-z/)
❶Ⓤ**文学**, 文芸, 文学作品.
❷ⓊⒸ (ある分野に関する)**文献**.
❸Ⓤ《集合的に》(広告などの)印刷物.
▶❶English *literature* 英文学 / popular *literature* 大衆文学.
❷medical *literature* 医学の文献.
☞ 形literary.

lith·i·um /líθiəm リスィアム/ 名Ⓤ リチウム (《金属元素; 記号 Li》).

lith·o·graph /líθəgrǽf リソグラフ/ 名Ⓒ リトグラフ, 石版画.

li·tre /líːtər リータ/ 名 (英) = liter.

lit·ter /lítər リタ/ 名 ❶Ⓤ《集合的に》散らかったもの, 紙くず, がらくた.
❷Ⓒ (動物の)ひと腹(៵)の子 (一回に生まれる子全体).
— 動他 ❶(場所)を散らかった状態にする. ❷(物)を散らかす.
▶名 ❶No *litter*, please. 《掲示》ごみを捨てないでください. ❷a *litter* of kittens ひと腹の子ネコ.
— 動 ❶Don't *litter* the park *with* bottles and cans. 公園をびんやかんで散らかしてはいけない. ❷Don't *litter* your toys on the floor. 床におもちゃを散らかしてはいけません.

lit·ter·bin /lítərbìn リタビン/ 名Ⓒ (英) (公共の場所に置かれる)くず物入れ (◑ (米) ではtrash canという).

lit·tle¹ /lítl リトル/
形 (less /lés/, less·er /lésər/, lit·tler /lítlər/; least /líːst/, lit·tlest /-list/)
❶**小さい**, 小さくてかわいい, 小柄な.
❷ (兄弟姉妹で)年下の.
❸つまらない, ちっぽけな, 取るに足らない.

❹(時間, 距離などが)短い.

|類語| little はしばしば「かわいい」「ちっぽけな」「歳のいかない」「つまらない」といった感情がふくまれる; **small** は単に「大きさの小さい」ことを示す.

❶The boy was holding a *little* dog in his arms. その男の子は小犬を抱いていた.
❷She loves her *little* sister very much. 彼女は妹をとてもかわいがっている.
❸Don't worry about such *little* things. そんなつまらない事にくよくよするな.
❹He will be back in a *little* while. 彼はもうすぐもどってくるでしょう.

|語法| (1) ❶, ❸ の意味ではふつう比較級は smaller, 最上級は smallest を代用するが, 《米口語》では比較級は littler, 最上級は littlest を用いることがある. (2) lesser については ☞ lesser.

****lit‧tle**[2] /lítl リトル/ 形副代 (less /lés/; least /líːst/)

❶《**a** をつけずに否定的な意味で》(話し手の感じとして)**ほとんど(__し)ない**, (ほとんど無に等しいほどの)少量.
❷《**a** をつけて; 肯定的な意味で》(話し手の感じとして)少しの, 多少の, 少し(は__する), 少量.

❶形There is *little* wine left in the bottle. ビンにはブドウ酒はほとんど残っていない / 副I slept very *little* last night. 私はゆうべはほとんど寝られなかった / 代She eats *little* for breakfast. 彼女は朝食は少ししか食べない.

|語法| 副詞として単独で little を用いるのはまれで, ふつう very little とするか, または little を用いず not much を用いる.

❷形There is *a little* hope. 望みは少しはある / 副My coat is *a little* too short for me now. 私のコートはもう私にはちょっと短い / 代Give me just *a little* of that brandy. 私にはそのブランデーをほんの少しください.

|語法| ✪ 英語では量を表わす「多い」「少ない」(これは複数扱いにせず単数扱い)と, 数を表わす「多い」「少ない」(これは複数扱い)がある. 前の場合は **much** と **little** で, 後の場合は **many** と **few** を用いる. また little と few には **a little ...** と **a few ...** の形と, **little ...** と **few ...** の形がある.

	量	数
少しはある	a little	a few
少ししかない	little	few
たくさんある	much	many

little better than ... 《悪い意味で》…とほとんど同じようなもの: He is *little better than* a beggar. 彼はこじきも同然だ.
little by little 少しずつ, 徐々に: *Little by little* the sky cleared. 少しずつ空が晴れていった.
little more than ... ①…ぐらいしか, …そこそこ: She said *little more than* that. 彼女はそれくらいしか言わなかった. ②《悪い意味で》…とほとんど同じようなもの: It is *little more than* a toy. それはおもちゃみたいなものだ.
make little of ... …を軽く見る, 軽視する: Don't *make little of* the fact. その事実は軽視してはいけません.
no little ... = ***not a little ...*** 少なからぬ…, かなり多くの…: He lost *not a little* money in gambling. 彼は賭博でずいぶん金を失った.
not a little 少なからず, かなり: He was *not a little* surprised. 彼は少なからず驚いた.
only a little ... 《口語》ほんの少しの…, ほとんどないといってよいほどの…: There is *only a little* sugar in the pot. 砂糖入れには砂糖はほんの少ししかない.
quite a little ... 《口語》かなり多くの…: He has *quite a little* money. 彼はかなりの金を持っている.
think little of = make little of ....
Líttle Béar 图【天文】《**the** をつけて》小ぐ

little finger

ま座(☞polestar).

líttle fínger 图C(手の)小指(☞hand のさし絵).

liv·a·ble /lívəbl リヴァブル/ 形(家などが) (それほどよくはないが)住むのに適する.

live¹ /lív リヴ/ 動 (~s /-z/; lived /-d/; liv·ing)

自 ❶ **住む** (⊕ある時点で一時的に住んでいる場合は進行形にする; ☞ reside).

❷ **生きる**, 生存する, 生きながらえる(⊕「生きている」という状態はふつう be alive または be living で表わす).

❸ **暮らす**, 生活する.

❹ (思い出などが)生きている, 残っている.

— 他 ❶《live a ... life》…な生活をする(⊕…には形容詞がくる).

❷ (信念などを)(生活の中で)示す, 実践する.

動自 ❶ I *live* in the suburbs of Tokyo. 私は東京の郊外に住んでいます / She is *living* in Kobe now. 彼女は今は(一時的に)神戸に住んでいます / Monkeys *live* on this island. この島に猿が住んでいる.

❷ We can't *live* without water. 私たちは水なしでは生きていられない / She is still *living*. 彼女はまだ生きている / He *lived* to be ninety years old. 彼は90歳まで生きた / ことわざ *Live* and let *live*. 自分も生き, 人も生かせ(お互いの欠点は許しあって生きて行け) / *Live* and learn. 長生きすればいろいろなことを知るものだ(⊕新しい経験をして驚いたときに使う).

❸ They *lived* happily. 彼らは幸福に暮らした / *live* in terrible conditions ひどい条件の中で暮らす. ❹ Her memory still *lives*. 彼女の思い出は今もなお生きている.

— 他 ❶ He is *living a* happy *life*. (= He is living happily.) 彼は幸福な生活を送っている / *live an* idle *life* なにもしないでぶらぶら暮らす. ❷ *live one's ideals* 理想を実践して生きる.

live by ... (信念など)にそって生活する.

live down 他《否定文で用いて》(不名誉・罪など)を償う.

live for ... …のために生きる, …を生きがいにする : *live for* world peace 世界平和のために生きる.

live off ... ①…の金をあてにして生活する : He is *living off* his father's inheritance. 彼は父の遺産で生活をしている. ②…を食べて生きている : *live off* fruit and vegetables フルーツと野菜で生きている.

live on 自 生き続ける.

live on ... ①…を食べて生きている : *live on* rice 米を常食とする. ②(収入など)**で暮らす** : He *lives on* a small income. 彼は少しの収入で暮らしている.

live out 他 (夢などを)実現する : He *lived out* his dream. 彼は夢を実現した. — 自 (住み込みでなく)通いで働く, (寮に入らず)通学する.

live through ... (困難など)を切り抜ける, …を生きのびる : *live through* the disaster 災害の中を生きのびる.

live together 自 ①同居する. ②同棲(せい)する.

live up to ... ①…にふさわしい生活をする, …にそって生活する : Do you *live up to* your beliefs? 自分の信念にそって生活していますか. ②(期待など)にこたえる : The sales have not *lived up to* our expectations. 売り上げは予想を下回った.

live with ... ①…(人)の家に住む. ②…と同棲(せい)する. ③…に耐える, …をがまんする. ☞ 图life, 形alive, live².

*live² /láiv ライヴ/《★発音注意》形

❶ **生きている**(反 dead).

❷ (火などが)おきている, 燃えている.

❸ (問題などが)現在関心を集めている, 重要な.

❹ⓐ 電気が通じている. ⓑ (マッチが)まだすってない; (火薬などが)(まだ使ってなくて)爆発力のある.

❺ (放送などが)(録音・録画でない)生(なま)の, ライブの.

— 副 (放送・演奏など)生(なま)で, ライブで.

形 ❶ a *live* cobra 生きているコブラ(⊕ be 動詞の後に用いる形容詞は alive: The cobra is still *alive*. そのコブラはまだ生きている). ❷ *live* coals 燃えている石炭.

❸ a *live* topic 当面の問題.

❹ⓐ a *live* wire 電流の通じている電線. ⓑ a *live* shell 実弾; 不発弾.

❺ a *live* television show 生放送のテ

レビ番組[ショー].

☞ 名 life, 動 live¹, enliven.
— 副 be broadcast *live* 生放送される.

live·li·hood /láivlihùd ライヴリフッド/
《★発音注意》名 U.C 生計(の手段), 暮らし. ▶She earns her *livelihood* by working part-time. 彼女はパートで働いて生活費を得ている.

live·li·ness /láivlinəs ライヴリネス/ 名 U ❶生き生きとしていること; 元気; 陽気. ❷鮮やかさ.

*__**live·ly**__ /láivli ライヴリ/《★発音注意》形 (live·li·er; live·li·est)
❶ⓐ(人が)**生き生きとした**, **元気のよい**.
ⓑ(雰囲気・感じなどが)活気のある, 生き生きした.
❷(議論・頭の働きなどが)活発な.
❸(色・描写などが)あざやかな.
— 副 (live·li·er; live·li·est) 元気よく, 生き生きと.

･･････････････････････

形 ❶ⓐ*lively* children 元気のよい子どもたち. ⓑa *lively* town 活気のある町. ⓒa *lively* debate 活発な議論.
❷a *lively* color あざやかな色.

liv·en /láivən ライヴン/ 動 他 …を活気づける, おもしろくする.
— 自 活気づく, おもしろくなる.

*__**liv·er**__ /lívər リヴァ/ 名 (複 ~s /-z/)
❶ C 肝臓. ❷ U.C (食用にする)レバー, 肝(きも).

Liv·er·pool /lívərpùːl リヴァプール/ 名 リバプール《イギリスのイングランド(England) 北西部の海港, 工業都市》.

*__**lives**__ /láivz ライヴズ/《★発音注意》名 life の複数形.

live·stock /láivstɑ̀k ライヴスタック/ 名 U 家畜《馬・牛・ヒツジなど》.

liv·id /lívid リヴィッド/ 形《口語》激怒した.

*__**liv·ing**__ /líviŋ リヴィング/ 形 ❶ⓐ**生きている**, 生命のある(反 dead).
ⓑ《the をつけて》生きている人たち.
❷**現在の**, 現在活躍して[使われて]いる.
❸生活の. ❹生き写しの.
— 名 ❶ U **生きていること**, 生存.
❷ U **生活**, 暮らし.
❸ C **生計**, 生活費.

･･････････････････････

形 ❶ⓐAll *living* creatures must die. すべての生きものは死ぬ. ⓑ*the living* 現存者たち. ❷a *living* language 現在使われている言語(✪「死語」は a dead language). ❸*living* expenses [costs] 生活費. ❹He is the *living* image of his father. 彼は父に生き写しだ.
— 名 ❶the joy of *living* 生きていることの喜び. ❷the standard of *living* 生活水準. ❸He makes a *living* as a car salesman. 彼は車のセールスマンをして暮らしを立てている.

líving ròom 名 C 居間, リビングルーム《✪《英》では sitting room ともいう; ☞ 下のさし絵》.

(1) video ビデオ
(2) bookshelf 本棚
(3) mantelpiece マントルピース
(4) fireplace 暖炉
(5) cushion クッション
(6) curtain カーテン
(7) sofa ソファー
(8) television テレビ
(9) table テーブル
(10) armchair ひじかけいす
(11) rocking chair ゆりいす

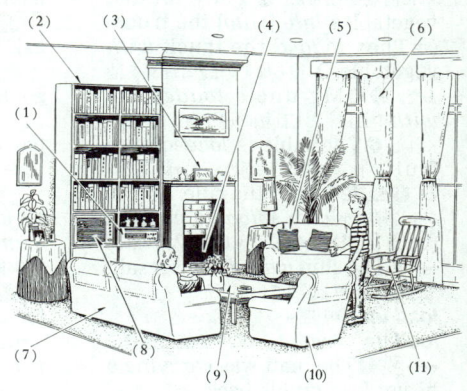

living room

living standard

lív·ing stàndard 名C 生活水準.

lív·ing wàge 名《a をつけて》生活給《基本的生活ができる給与》.

Liz /líz リズ/ 名 リズ《女性の名；Elizabeth の愛称》.

liz·ard /lízərd リザド/ 名C トカゲ.

*'**ll** /l ル/《口語》《will の短縮形》▶I'*ll* (= I will) help you. お手伝いしましょう.

ll. /láinz ラインズ/《略語》lines.

lla·ma /láːmə ラーマ/ 名《複 lla·ma, ~s /-z/》 ラマ《南米産ラクダの一種》.

LNG《略語》liquefied natural gas 液化天然ガス.

***load** /lóud ロウド/ 名 動《~s /-dz/；~ed /-id/；~ing》他 ❶《車・船など》**に多量の荷物を積む**.

❷《車・船などに》…を**積む**《反 unload》.

❸《load ... with ~》ⓐ…に~を**たくさん与える**, 詰め込む.

ⓑ《テーブルなど》に~をどっさり載せる.

❹ⓐ《銃など》に弾丸を込める. ⓑ《カメラ》にフィルムを入れる. ⓒ《データやプログラム》を入力する, インストールする.

— 自 **荷を積む**, 乗客を乗せる.

— 名《複 ~s /-dz/》C ❶ **荷**, 積み荷.

❷《心の》**重荷**, 負担, 苦労, 心配.

❸《人・機械などの》仕事量, 分担量.

❹《火薬・フィルムなどの》装填(そうてん).

❺《a load [loads] of ...》で《口語》たくさんの…. ❻《電気・機械》負担, 荷重.

━━━━━━━━━━━━━━━━━━

動 他 ❶ We *loaded* the car. 私たちは車に荷物を積んだ. ❷ They *loaded* vegetables *into* [*onto*] the truck. (= They *loaded* the truck *with* vegetables.) 彼らはトラックに野菜を積んだ. ❸ⓐ My uncle *loaded* me *with* gifts. おじは私に贈り物をどっさりくれた. ⓑ The table is *loaded with* fruit. 食卓には果物がいっぱい載っている. ❹ⓐ He *loaded* the rifle. 彼はライフルに弾丸を込めた. ⓑ *load* a camera (with film) カメラにフィルムを入れる.

— 自 The ship *loaded* and set sail. その船は荷物を載せて出航した.

load up 他 …を（多量に）積み込む.

load up ... with ~ …に~を詰め込む.

— 名 ❶ The man was carrying a heavy *load* on his back. その人は背に重い荷をかついでいた. ❷ suffer from a *load* of debt 借金の重荷に苦しむ. ❸ a teaching *load*（先生の）担当授業時間数. ❺ *loads of* money たくさんのお金.

load·ed /lóudid ロウディド/ 形 ❶ 荷を積んだ. ❷ 物を詰め込んだ；フィルムを入れた；弾丸を込めた. ❸ 隠された意味［意図］のある.

▶ ❶ a *loaded* truck 荷物を積み込んだトラック. ❷ a *loaded* camera フィルムのはいっているカメラ. ❸ a *loaded* question 誘導尋問(じんもん).

***loaf**¹ /lóuf ロウフ/ 名《複 loaves /lóuvz/》

❶ C パンのひとかたまり《一定の型や大きさに焼き上げ, 切ったりちぎったりする前のパンをいう》.

❷ U.C ローフ《ひき肉や魚をパン粉と卵で練り, 食パンの型に固めて蒸し焼きにしたものなど》.

▶ ❶ a *loaf* of bread ひとかたまりのパン. ❷ have meat *loaf* ミートローフを食べる.

loaf² /lóuf ロウフ/ 動 自 ぶらぶら暮らす.

***loan** /lóun ロウン/ 名《複 ~s /-z/》C

❶《単数形で》**貸すこと**, 貸しつけ.

❷《銀行・国などの》**貸付金**；公債.

— 動 他 ⓐ …を貸し付ける, 貸す《◆ lend よりも形式ばった言い方》.

ⓑ …に~を貸し付ける, 貸す.

▶名 ❶ the *loan* of an apartment アパートを貸すこと. ❷ take out a $1,000 *loan* 1,000ドルを貸してもらう / home *loans* 住宅ローン.

【語の結びつき】

ask [apply] for a *loan* ローンを頼む［申し込む］

get [receive] a *loan* (on ...)（…を担保に）貸付を受ける

pay off [pay back, repay] a *loan* ローンを完済する

on loan 借りて：I have the book *on loan* from the library. 私はその本を図書館から借りている.

— 動 他 ⓐ He *loaned* his car to me for a week. 彼は私に1週間車を貸してくれた. ⓑ He *loaned* me $50. = He *loaned* $50 *to* me. 彼は私に50ドル貸してくれた.

《同音異形語》lone.

lóan shàrk 名C《口語》高利貸し《人》《✪単に shark ともいう》.

loan・word /lóunwə̀ːrd ロウンワード/ 名C外来語, 借用語.

loath /lóuθ ロウス/ 形《文語》《be loath to *do* で》＿するのが大きらいで(ある).

loathe /lóuð ロウズ/《★発音注意》動(現分 loath・ing) 他《文語》…をひどくきらう.

loaves /lóuvz ロウヴズ/ 名 loaf¹の複数形.

lob /láb ラブ/ 名C【テニス】ロビング(ボール), 高くゆるいボール.
— 動(~s /-z/; lobbed /-d/; lob・bing) 他【テニス】(ボール)を高く打ち上げる, ロブで送る.

***lob・by** /lábi ラビ | lɔ́bi ロビ/ 名(複 lob・bies /-z/) ❶ロビー《ホテル・劇場などの入口のホールや廊下；休憩・面談などに用いられる》.
❷圧力団体《政府・議員などに圧力をかける利益代表団》.
❸(政府・議員などに対する)働きかけ《集会・抗議など》.
— 動(lob・bies /-z/; lob・bied /-d/; ~-ing) 他(政府・議員などに対して)働きかける, 圧力をかける.
— 自(政府・議員などに対して)働きかける, 圧力をかける.

lob・by・ist /lábiist ラビイスト/ 名Cロビイスト《政府・議員などに対して圧力をかける人》.

lobe /lóub ロウブ/ 名C耳たぶ《✪earlobe ともいう》.

lob・ster /lábstər ラブスタ/ 名 ❶Cロブスター, イセエビ. ❷Uロブスターの肉.

***lo・cal** /lóukəl ロウカル/
形(more ~; most ~) ❶(その)土地の, (その)地域の, 地元の, 現地の；その土地特有の《✪「いなかの」という意味ではない；「(都市に対して)いなかの」は provincial, rural; ☞ national ❸》.
❷(病気などが)局部[局所]的な.
❸各駅停車の, 各階どまりの.
— 名C ❶《しばしば複数形で》その土地の人.
❷(各駅停車の)普通列車[バス].

・・・・・・・・・・・・・・・・・・・・・・・・

形❶I'm not used to the *local* customs yet. 私はまだ土地の習慣には慣れていない / *local* news (新聞などの)その地域の記事 / a *local* paper 地方新聞《✪「全国紙」は a national paper という》.
❷a *local* pain 局部的な痛み.
❸a *local* train (各駅に停車する)普通列車《✪「急行列車」は an express train》.

lócal cáll 名C市内通話《✪「長距離通話」は a long-distance call という》.

lócal cólor 名U地域の特色, 郷土色.

lócal góvernment 名 ❶U地方自治. ❷C地方自治体.

lo・cal・i・ty /loukǽləti ロウキャリティ/ 名(複 -i・ties /-z/)C《文語》場所, 土地.

lo・cal・ize /lóukəlàiz ロウカライズ/ 動(現分 -iz・ing) 他…を特定の地域[部分]に限定する.

localized /lóukəlàizd ロウカライズド/ 形《文語》特定の地域[部分]に限定された.

lo・cal・ly /lóukəli ロウカリ/ 副 ❶ (住んでいる)地域で, 地元で. ❷地域に限定されて, 局部的に.

lócal tíme 名現地時間. ▶at 10:30 *local time* 現地時間で10時30分に.

***lo・cate** /lóukeit ロウケイト, loukéit / 動(~s /-ts/; lo・cat・ed /-id/; lo・cat・ing) 他❶…の場所[位置]をつきとめる, …を捜し出す；…の位置を指摘する.
❷ⓐ(建物・施設など)の場所を定める, …を設置する.
ⓑ《be located in [at] ...》(建物・施設などが)…にある, 位置している.
— 自《米》(ある場所に)開業する；住居を定める.

・・・・・・・・・・・・・・・・・・・・・・・・

他❶The police *located* the lost child very soon. 警察はすぐに迷い子を捜し出した / Can you *locate* Boston on the map? 地図の上でボストンがどこにあるか示せますか / *locate* the problem 問題箇所を見つける.
❷ⓐ*locate* a store near the bridge 橋の近くに店を設置する. ⓑThe hotel *is located in* the center of the town. そのホテルは町の中心にある.
— 自The supermarket will *locate* in the suburbs. そのスーパーは郊外に店を開くだろう. ☞ 名location.

***lo・ca・tion** /loukéiʃən ロウケイション/ 名(複 ~s /-z/) ❶C場所, 位置；建設地.

loch

❷ⓊⒸ(映画の)スタジオ外の撮影地(◎日本語の「ロケーション」のような「野外撮影」の意味ではない).
▶ ❶a good *location* for an office 事務所に好適な場所. ❷a *location* for diving scenes ダイビングシーンのロケ地.
on location スタジオを離れた場所で,ロケで. ☞ 動locate.

loch /lák ラック/ 名Ⓒ(スコットランドの)湖. ▶ *Loch* Ness ネス湖.

*__lock__¹ /lák ラック∣lɔ́k/
名(複 ~s /-s/)Ⓒ ❶**かぎ,錠**(`ぢょう`)(◎日本語の「かぎ」は「錠」とそれをあけるための「かぎ」の両方を意味するが, key は錠 (lock) をあけるための「かぎ」のみを意味する).
❷(運河の)水門.
❸[レスリング] 固め, ロック.
— 動(~s /-s/; ~ed /-t/; ~ing)他
❶ …に**かぎをかける**, 錠をかける; (かぎで)…を閉める(反unlock).
❷ …を(かぎのかかる場所などに)しまい込む, 閉じこめる.
❸ⓐ …を固定させる. ⓑ …をしっかり組み合わせる, …を抱きしめる.
— 自 ❶**かぎがかかる**.
❷ しっかりはまる, 固定される, 動かなくなる.

名 ❶He opened the *lock* on the box with a key. 彼は箱の錠をかぎであけた.
keep [put] ... under lock and key
① …を厳重に保管しておく. ② …を閉じ込めておく.
— 動他 ❶She forgot to *lock* the back door. 彼女は裏口の戸にかぎをかけ忘れた. ❷She *locked* the papers in the drawer. 彼女は書類を引き出しに(かぎをかけて)しまい込んだ. ❸ⓐThe ship was *locked* in ice. 船は氷にとざされた. ⓑ*lock* arms together 腕を組み合わせる.
— 自 ❶The door *locks* automatically. この戸は自動的にかぎがかかる.
lock away 他(かぎをかけて)…をしまい込む.
lock in 他(かぎをかけて)…を閉じこめる.
lock out 他(人)を締(`し`)め出す.
lock up 他 ①(全体)**にきちんとかぎをかける**: *lock up* the house before going out 外出する前にしっかり家の戸締まりをする. ② …を**閉じこめる**; (人)を刑務所に入れる.

lock² /lák ラック/ 名Ⓒ髪[羊毛]のひと房(`ふさ`).

locked /lákt ラックト/ 形(戸などが)錠(`じょう`)のかかっている.

lock・er /lákər ラカ/ 名Ⓒロッカー(《学校などにあるかぎのかかる個人用戸だな》.

lócker ròom 名Ⓒロッカールーム.

lock・et /lákit ラキット/ 名Ⓒロケット(《小型写真などを入れてペンダントにする》).

lo・co・mo・tive /lòukəmóutiv ロウコモウティヴ/ 名Ⓒ機関車.

lo・cust /lóukəst ロウカスト/ 名Ⓒイナゴ, バッタ.

*__lodge__ /ládʒ ラッヂ∣lɔ́dʒ/ 名(複 lodg・es /-iz/)Ⓒ ❶(休暇などに使用する)**山小屋**, ロッジ; (行楽地の)ホテル. ❷(番)小屋.
— 動(lodg・es /-iz/; lodged /-d/; lodg・ing)自 ❶**泊まる**, 宿泊する.
❷ (針・矢などが)突き刺さる.
— 他 (役所などに)(抗議など)を提出する, 申し出る.
▶ 動自 ❶ *lodge* at a hotel by the sea 海辺のホテルに泊まる. ❷A fish bone *lodged* in his throat. 魚の骨が彼ののどにささった.
— 他 He *lodged* a complaint against his neighbors with the police. 彼は隣人についての苦情を警察に申し出た.

lodg・er /ládʒər ラヂャ∣lɔ́dʒə/ 名Ⓒ宿泊人, 下宿人(◎(米)では roomer がふつう).

lodg・ing /ládʒiŋ ラヂング∣lɔ́dʒ-/ 名ⓊⒸ宿泊(所), 宿.

lódging hòuse 名Ⓒ貸し部屋(◎(米)ではふつう rooming house).

loft /lɔ́(:)ft ロ(ー)フト/ 名Ⓒ ❶屋根裏(部屋), ロフト(《物置きや仕事部屋として使う》).
❷(工場・倉庫などの上の)アパート.

loft・y /lɔ́(:)fti ロ(ー)フティ/ 形(loft・i・er; loft・i・est) ❶《文語》(山・建物などが)非常に高い. ❷《文語》(理想などが)高い, 高尚(`こうしょう`)な.

*__log__ /lɔ́(:)g ロ(ー)グ/ 名(複 ~s /-z/)
❶ⓐⒸ**丸太**, 丸木(☞tree の◎).
ⓑ《形容詞的に》丸太で作った.

abcdefghijk**l**mnopqrstuvwxyz　　　　　　　　　　　　　　　　　**long**

❷ⓒ航海[航空]日誌(**◎logbook** ともいう).
　— 動(~s /-z/; logged /-d/; log-ging)他 ❶(木)を切って丸太にする.
❷…を航海[航空]日誌に記入する.
***log in* [*on*]** 自〖電算〗ログインする, コンピューター操作を始める.
***log off* [*out*]** 自〖電算〗ログアウトする, コンピューター操作を終了する.
sleep like a log 死んだようにぐっすり眠る.

log·book /lɔ́(ː)gbùk ロ(ー)グブック/ 图航海[航空]日誌.

lóg càbin 图丸太小屋.

log·ging /lɔ́(ː)giŋ ロ(ー)ギング/ 图Ⓤ木材切り出し(業).

lóg hùt 图ⓒ丸太小屋.

*__log·ic__ /ládʒik ラヂック | lɔ́dʒ-/ 图Ⓤ ❶**論理**, 理屈, 筋(ᵏ); 理屈に合っていること.
❷**論理学**.
▶ ❶Can you follow her *logic*? 彼女の論理についていけますか / There is much *logic* in his argument. 彼の議論は筋が通っている.　☞圏logical.

*__log·i·cal__ /ládʒikəl ラヂカル | lɔ́dʒ-/ 圏 (more ~; most ~)**論理的な**, 理屈に合った, 筋(ᵏ)の通った (反illogical).
▶a *logical* explanation 筋道(ᵏ)の通った説明 / the *logical* conclusion 論理的結論.　☞图logic.

log·i·cal·ly /ládʒikəli ラヂカリ/ 副論理上, 論理的に; 理屈どおりに (反illogically).

lo·gis·tics /loudʒístiks ロウヂスティクス/ 图《複数扱い》詳細な計画[手配].

lo·go /lóugou ロウゴウ/ 图ⓒ (会社名や商品名の)マーク, ロゴ.

loin /lɔ́in ロイン/ 图《複数形で》腰, 腰部.

loi·ter /lɔ́itər ロイタ/ 動自ぶらつく; ぶらぶら歩く.

loll /lál ラル/ 動自 ❶だらしなく寄りかかる. ❷(舌などが)だらりとたれる.

lol·li·pop /láljpàp ラリパップ/ 图ⓒロリポップ《細い棒の先につけた丸形のペロペロキャンデー》.

lol·ly /láli ラリ/ 图《英》=lollipop.

*__Lon·don__ /lándən ランドン/ 《★発音注意》图**ロンドン**.
ⓘⓝⓕⓞ イングランドの南東部テムズ (Thames) 河畔(ᵏ)の大都市; イギリスの首都.

Lóndon Brídge 图ロンドン橋.
ⓘⓝⓕⓞ テムズ (Thames) 川にかかるロンドンの橋.

Lon·don·er /lándənər ランドナ/ 图ⓒロンドンっ子, ロンドン市民《☞**cockney** ❶》.

lone /lóun ロウン/ 圏《文語》孤独の, たった一人[一つ]の.

lone·li·ness /lóunlinəs ロウンリネス/ 图Ⓤ寂(ᵏ)しさ, 孤独.

*__lone·ly__ /lóunli ロウンリ/ 圏 (lone·li·er; lone·li·est)
❶ (人が)**孤独な**, さびしい.
❷**ひとりだけの**, ひとりぼっちの.
❸人里離れた.
▶❶a *lonely* life 孤独な生活 / feel *lonely* with no friends 友だちがなくて寂しい思いをする. ❷a *lonely* night ひとりぼっちの夜. ❸a *lonely* mountain village 人里離れた山村.

lone·some /lóunsəm ロウンサム/ 圏《おもに米》=lonely.

lóne wólf 图ⓒ《口語》単独行動をする人, 一匹おおかみ.

*__**long**__¹ /lɔ́(ː)ŋ ロ (ー) ング/
圏 (long·er /lɔ́(ː)ŋgər/; long·est /lɔ́(ː)ŋgist/) 《★比較級, 最上級では /-ŋg-/ となることに注意》
❶ (長さ・距離などが)**長い**, 細長い, 遠い (反short).
❷ (時間などが)**長い**, 長期にわたる; 時間がかかる (反short).
❸ 《… long で》(長さ・距離・時間などが)**長さが…の[で]**.
❹ (視力・弾丸・見識など)遠くまで届く.
　— 副 (long·er /lɔ́(ː)ŋgər/; long·est /lɔ́(ː)ŋgist/) ❶**長く**, 長い間.
❷《期間・時間などを表わす語句の後で》…**の間**, …の間中.
❸ (ある時より)ずっと(前にあるいは後に).
　— 图Ⓤ長い間, 長時間.

圏 ❶She has very *long* legs [hair]. 彼女の脚[髪の毛]はたいへん長い / run a *long* distance 長距離を走る / to make a *long* story short 簡単に言えば, 要するに.

long

❷ Our college has a *long* history. 私たちの大学は長い歴史をもっている / He took a *long* time to get here. 彼はここへ着くのに時間がかかった / It is a *long* time [It is *long*] since I came here last. この前ここへ来たのはずいぶん前のことだ / a *long* memory よい記憶力 / a *long* talk 長話.

❸ The garden is 20 meters *long* and 15 meters wide. 庭は縦20メートル, 横15メートルです / The summer vacation is two months *long*. 夏休みは2か月ある / 対話 "How *long* is the river?"–"It is about one hundred miles *long*." 「その川の長さはどれくらいですか」「約100マイルです」/ "How *long* was her speech?"–"It was an hour *long*." 「彼女の話の長さはどのくらいでしたか」「1時間でした」(○距離について質問するときには How far を用いる; ☞ far 副).

❹ a *long* hit 〔野球〕長打, ロングヒット / have *long* sight 先を見通す力がある.

☞ 名 length, 動 lengthen.

— 副 ❶ His speech won't last very *long*. 彼のスピーチはあまり長くはないだろう / Stay here a little *longer*. もうしばらくここにいなさい / She hasn't been dead *long*. 彼女が亡くなってそうたっていない / 対話 "How *long* have you been in Tokyo?"–"I haven't been here very *long*." 「東京に来てどのくらいになりますか」「そう長くありません」.

❷ It snowed all day *long* yesterday. きのうは1日じゅう雪でした.

❸ We started to climb the mountain *long* before the sun rose. 日が昇るずっと前に私たちは山に登り始めた.

a long way まだほど遠い: We are *a long way* from our goal. われわれはまだ目標からはほど遠い.

as long as ... ①…の間は: You may stay here *as long as* you like. いつまでもいたいだけここにいていいですよ. ②…もの長い間: He went on talking *as long as* three hours. 彼は3時間もしゃべり続けた. ③…でさえあれば, …であるかぎり (so long as ...): You may use the book *as long as* you keep it clean. きれいにしておくならその本をもっていてもいいよ.

at (the) longest 長くて, せいぜい: We can stay here three days *at (the) longest*. 私たちは長くても3日間しかここにいられない.

before long 間もなく, 近いうちに: She will be back *before long*. 彼女は間もなくもどるでしょう.

be long 時間がかかる: Don't *be long*. ぐずぐずするな; 早く帰りなさい / I won't *be long*. すぐもどります.

come a long way 大いに進歩する: Medicine has *come a long way*. 医学は大いに進歩した.

for long 長い間.

It will not be long before ... まもなく…でしょう: *It won't be long before* he comes home. 彼はまもなく帰国[帰宅]するだろう.

no longer ... = not ... any *longer*.

not ... any longer もはや…ない: She doesn't live here *any longer*. 彼女はもうここには住んでいない / I can't wait *any longer*. もうこれ以上待てない.

So long. 《米口語》さようなら, じゃまた, それじゃ 《○ good-bye よりもくだけた表現で, 親しい人々同士の別れのあいさつである. 目上の人に対しては用いない方がよい; ☞ bye-bye》.

「さようなら」

so long as ... …でさえあれば, …であるかぎり (as long as ...): You may eat anything *so long as* you don't eat too much. 食べすぎさえしなければなにを食べてもかまいません.

take long 《否定文・疑問文・条件文で》長くかかる: It won't *take long* to read abcdefghijk**l**mnopqrstuvwxyz　　　　　　　　　　　　　　　　**look**

the book. その本を読むのに長くはかからないでしょう.

the long and (the) short of it is that __ 要するに__である:*The long and short of it is that* we could not reach an agreement. 要するに私たちは合意に達することはできなかったということです.

*__long²__ /lɔ́(ː)ŋ ロ(ー)ング/ 動 (~s /-z/; ~ed /-d/; ~ing) 自 《文語》

❶《**long for ...**》…がほしくてたまらない.

❷《**long to *do***》__したくてたまらない.

▶❶ *long for* the summer 夏を待ち焦がれる. ❷He *longed to* see you. 彼はあなたにしきりに会いたがっていた.

long. 《略語》longitude.

lóng dístance 名UC長距離電話.

long-dis·tance /lɔ́(ː)ŋ-dístəns ロ(ー)ング・**ディ**スタンス/ 形 長距離の.
　— 副 長距離電話で.
▶形 a *long-distance* call 長距離電話.

lon·gev·i·ty /lɑndʒévəti ランヂェヴィティ/ 名U《文語》長生き, 長寿.

lóng fáce 名C暗い[悲しい]顔, がっかりした表情.
▶pull [make] a *long face* 悲しい[暗い]顔をする.

long·ing /lɔ́(ː)ŋiŋ ロ(ー)ンギング/ 名UCあこがれ, 強い願い, 熱望.
　— 形 熱望する, あこがれる.
▶名 a *longing for* peace 平和を求める強い気持ち.

long·ing·ly /lɔ́(ː)ŋiŋli ロ(ー)ンギングリ/ 副 熱望して, あこがれて.

Lòng Ísland 名 ロングアイランド《*アメリカのニューヨーク州南東部の島*》.

lon·gi·tude /lɑ́ndʒətjùːd ランヂトゥード, ・テュード/ 名U経度, 経線 (❸long. と略す; ☞ latitude). ▶*longitude* seventy-nine degrees twenty minutes east= *long.* 79° 20′ E. 東経79度20分.

lon·gi·tu·di·nal /lɑ̀ndʒətjúːdənl ランヂトゥーディヌル, ・テュー・/ 形 ❶経度の. ❷縦の; 長さの.

lóng jùmp 名《the をつけて》《英》[陸上競技]《走り》幅跳び (❸《米》では broad jump).

long-last·ing /lɔ́(ː)ŋ-læstiŋ ロ(ー)ン・**ラ**スティン/ 形 長続きする.

long-lived /lɔ́(ː)ŋ-lívd ロ(ー)ング・**リ**ヴド, -láivd/ 形 ❶長命の. ❷永続する.

long-range /lɔ́(ː)ŋ-réindʒ ロ(ー)ング・**レ**インヂ/ 形 ❶長距離(用)の. ❷長期の.
▶❶a *long-range* flight 長距離飛行 (❸a long-distance flight ともいう). ❷a *long-range* plan 長期計画.

lóng rùn 名C(映画・演劇などの)長期興行.
▶have a *long run* ロングランを続ける.
in the long run ☞ run 名.

lóng shòt 名C成功の可能性がほとんどない企(き"i)て.

long-sight·ed /lɔ́(ː)ŋsáitid ロ(ー)ング**サ**イティド/ 形 ❶遠視の, 遠見のきく (因 shortsighted) (❸《米》では farsighted). ❷先見の明のある.

long·stand·ing /lɔ́(ː)ŋstǽndiŋ ロ(ー)ング**ス**タンディング/ 形 ずっと以前からの, 長年の.

long-suf·fer·ing /lɔ́(ː)ŋ-sʎfəriŋ ロ(ー)ング・**サ**ファリング/ 形 じっと耐えている.

long-term /lɔ́(ː)ŋ-tə́ːrm ロ(ー)ング・**タ**ーム/ 形 長期の (因 short-term).
▶a *long-term* project 長期計画.

long-time /lɔ́(ː)ŋ-táim ロ(ー)ング・タイム/ 形 長年の, 長期にわたる.
▶a *long-time* friend 長年の友.

lóng wàve 名U〔電気〕長波.

***__look__** /lúk ルック/ 動 (~s /-s/; ~ed /-t/; ~ing)
自 ❶(注意して)見る, 目を向ける.

❷《**look at ...**》ⓐ…を(気をつけて)見る(☞成句 *look* at ...).

ⓑ《**look at ... *do* [*doing*]**》…が__する[している]のを見る.

❸《**look (to be) ...**》(外見が)…に見える, …の顔つきをしている, …に思われる (❸…には形容詞, 名詞がくる).

❹《方向を表わす副詞(句)をともなって》(家などが)…向きである.

　— 他 ❶…を見る (☞成句 *look* ... in the eye [the face]).

❷…を目で示す.

❸《**look wh-(疑問詞)__**》__か(見て)調べる. ❹(年齢などに)ふさわしく見える.

　— 名 (複 ~s /-s/) ❶C見ること, 一見.

look

❷ⓐ ⓒ **目つき, 顔つき, 表情**. ⓑ Ⓤ **外観, 様子**. ❸《複数形で》**顔形；美貌**(びぼう).

動 ⓐ ❶ *Look*! 見なさい, ほら / *Look*, there she is! ほらあそこに彼女がいるよ / I *looked* carefully, but saw nothing. 私は注意して見たがなにも見えなかった / *look* behind うしろを見る.

> **類語** look と watch は「（注意して見ようと思って）見る」という自発的行為を表わす; see は「（自然に）…が見える」; gaze は「（興味・驚嘆のまなざしで心を集中して）じっと見つめる」; glare は「（怒って）…をにらみつける」; stare は「（好奇心・驚き・軽蔑(けいべつ)などの気持ちで）目を丸くしまともに…をじっと見つめる」.

❷ⓑ We *looked at* the boys *enter* the building. われわれはその少年たちがその建物に入るのを見た / *Look at* the cat *playing* with a ball. ネコがボールにじゃれているのを見てごらん.

❸ She *looked* surprised. 彼女は驚いたような顔をしていた / The apple *looks* sour. そのリンゴはすっぱそうに見える / You *look* sick〔well〕. あなたは気が悪そう〔健康そう〕ですね / She *looked* a perfect lady. 彼女は完璧な女性に見えた.

❹ The house *looks* south [to [toward] the south]. その家は南向きだ.

— ⓗ ❷ She *looked* her thanks〔consent〕. 彼女は感謝〔承諾〕の気持ちを目で示した.

❸ I will *look what* time the train arrives. 列車はなん時に着くか調べてみよう / *Look what* you have done. 自分のしたことを見てみなさい〔こんなことをしたらいけません〕.

❹ He *looked* his age. 彼は年齢相応に見えた.

look about ⓐ = *look* around.

look about for ... = *look* around for ....

look about one ①自分のまわりを見回す: He *looked about him*. 彼はあたりを見回した.

②周囲に気をつける, 状況をよく見る: *Look about you*. 周囲に気をつけろ.

look after ... **…の世話をする**, …に気をつける: I'll *look after* your baby. 赤ちゃんを見てあげましょう / Will you *look after* my baggage? 荷物に気をつけていてくださいね.

look ahead ⓐ ①前の方を見る. ②将来のことを考える.

look around ⓐ ①**まわりを見回す**; 後を振り向く: I *looked around* but saw nobody. 私は見回したけれどもだれもいなかった. ②見て回る.

look around ... ①**…を見回す**: I *looked around* the dusky room. 私は薄暗い部屋を見回した.

②…を見て回る: She *looked around* the stores. 彼女はあちこち店を見て回った.

look around for ... **…を捜し回る**: The old man *looked around for* his hat. 老人はあちこち帽子を捜し回った.

look at ... ①**…を見る**: What are you *looking at*? あなたは何を見ているのですか.

②**…を調べる**, …を検査する: Please *look at* the dishwasher. 食器洗い器を調べてください.

③…を（ある見方で）**見る**, 判断する: I don't *look at* it that way. 私はそれをそのようには見ていない.

④《will not, would not をともなって》…を問題にしない, 無視する: She won't (even) *look at* your offer. 彼女は君の申し出を（まったく）相手にしないだろう.

look away ⓐ **目をそらす**, よそを見る: Don't *look away*. 目をそらさないで見ていなさい.

look back ⓐ ①**ふり返る**: She *looked back* again and again. 彼女は何回も振り返った. ②過去のことをふり返る, 思い出す.

look back on [upon, to] ... （過去のこと）**をふり返ってみる**, 思い出す: She *looked back on* her school days. 彼女は学生時代を思い出した.

look down ⓐ **下を見る**, 見下ろす: *Look down* at the floor. 床を見（下ろし）てごらん.

look

look down on [upon] ... ①…を見下ろす.
②…を軽蔑(%)する (反 *look up to* ...)：They *looked down on* him. 彼らは彼を軽蔑した.

look for ... …をさがす, 求める：I am *looking for* an assistant. 私は助手をさがしている.

look forward to ... …を楽しみにして待つ (○ふつう進行形で)：I am *looking forward to* the summer holidays. 私は夏休みを楽しみに待っています.

look forward to *doing* ＿することを楽しみにして待つ (○ふつう進行形で)：I am *looking forward to seeing* you. あなたにお目にかかるのを楽しみにしています (○ look forward to see you とはいわない).

Look here! ねえ君, いいかい, いいかね (○相手の注意を引いたり, しかるときなどに用いる).

look in (自) ①中をのぞく. ②立ち寄る.

look in ... …の中をのぞく：*Look in* the box. 箱の中をのぞいてごらん.

look in at ... (場所)に立ち寄る：I'll *look in at* the shop. その店にちょっと寄ってみよう.

look ... in the eye [the face] …の顔をまともに見る：He *looked* me *in the eye*. 彼は私をじっと見つめた.

look into ... ①…の中をのぞく：She *looked into* the drawer. 彼女は引き出しの中をのぞきこんだ.
②…を調べる：We have to *look into* the cause of the accident. その事故の原因を調べなければならない.

look like ... ①…に似て見える, …のように見える：He *looks like* his mother. 彼は母親似です / What does it *look like*? それは何に似ていますか(それはどのようなものですか). ②…になりそうである：It *looks like* rain. 雨が降りそうだ.

look on (自)(自分はなにもしないで)見ている, 傍観する：He was just *looking on*. 彼はただ見ているだけだった.

look on ... ①(ある感情をもって)…を見る, 考える：They *looked on* the proposal with distrust. 彼らはその提案を不信の眼で見た. ②…に面している.

look on [upon] ... as ~ …を～と考える[みなす]：I *look on* her *as* my best friend. 私は彼女を一番の親友と考えている.

look out (自)①外を見る：There was a noise outside and I *looked out*. 外で物音がしたので私は外を見た. ②(ふつう命令文で)気をつける：*Look out*! 気をつけろ.

look out ... (米)= *look* out of ....

look out for ... ①…に用心する, 注意する：You must *look out for* pickpockets. すりに注意しなければいけない. ②…が来ない[いない]か見る, …を注意して探す：*Look out for* Tom. トムが来ないか見ていなさい.

look out of ... …から外を見る：He *looked out of* the window. 彼は窓から外を見た.

look over (他)①…にざっと目を通す：Will you *look over* my composition? 私の作文に目を通していただけませんか. ②…をよく調べる, 観察する.
— (自)見渡す；向こう側を見る.

look over ... ①…にざっと目を通す. ②…をよく調べる. ③(家・工場など)を見て回る. ④…越しに見る：He *looked back over* his shoulder. 彼は肩越しにふりかえって見た.

look round (自)= *look* around.

look round ... = *look* around ....

look round for ... = *look* around for ....

look through (他)①…をよく調べる. ②…を見て見ないふりをする. ③…を見抜く.

look through ... ①…を通して見る：*look through* the curtain カーテンを通して見る.
②…にざっと目を通す：*look through* a magazine 雑誌にざっと目を通す.
③…を見て見ないふりをする；…を見ても気づかない.

look to ... (*for* ～) (～を)…にたよる, 依存する：He *looks to* his father *for* advice. 彼はよく父親に忠告を求める.

look up (自)①目をあげる, 上を見る：He *looked* up from his newspaper. 彼は読んでいた新聞から顔を上げた / *look up* at the sky 空を見上げる.

look-alike

②(状況などが)よくなる:Things are *looking up*. 状況はよくなっている.
― 他 ①(辞書で)(ことば)を調べる. ②…を訪問する.

I *looked up* the word in the dictionary.
(私は辞書でその単語を引いた)

look up to ... ①…を尊敬する(反 *look* down on [upon] ...):We *look up to* him as our leader. 私たちは彼を指導者として尊敬している. ②…(の方)を見上げる.

― 名 ❶after one *look* ひと目見て.
❷ⓐShe had a sad *look* on her face. 彼女は悲しそうな顔をしていた.
ⓑFrom the *look* of the sky we will have snow. 空模様からすると雪が降りそうだ / Do not judge a man by his *looks*. 見かけで人を判断するな.
give ... a look …をちらっと見る:He gave her *a look*. 彼は彼女をちらっと見た.
have [take] a look at ... …をちょっと見る:*Have a look at* this insect. この昆虫を見て.

look-a·like /lúkəlàik ルカライク/ 名ⓒ よく似た人[もの].

look·out /lúkàut ルカウト/ 名 ❶《a をつけて》見張り, 警戒.
❷ⓒⓐ見張り所. ⓑ見張り人.
▶❶Keep *a* good *lookout* for them. 彼らをよく見張っていなさい.
on the lookout for ... …を見張って, さがして.

loom /lú:m ルーム/ 動⾃ ❶(霧・暗やみなどの中に)(恐ろしそうに)ぼんやりと現われる, 見える.
❷(危険・問題などが)起こりそうである.

loop /lú:p ループ/ 名ⓒ ❶(ひも・ワイヤなどで作った)輪, 環(ホン). ❷輪の形をしたもの; (筆記体の e, bの字のような)輪.
― 動他(ひも・ワイヤなど)を輪(の形)にする.
― 動⾃ ❶輪になる. ❷輪を描いてまわる.
▶名 ❶a *loop* of string ひもの輪.
― 動他 *loop* a rope around the tree 木にロープを巻きつける.

loop·hole /lú:phòul ループホウル/ 名ⓒ (法律などの)逃げ道, 抜け穴.

*****loose** /lú:s ルース/ (★ *lose* /lú:z/ との発音の違いに注意) 形 (loos·er; loos·est)
❶ⓐ(ひも・結び目などが)**ゆるんだ**(反 tight).
ⓑ(衣服などが)**ゆるい**.
ⓒ(歯などが)ぐらぐらする.
❷**結んでいない**, しばっていない, (紙などが)とじて[たばねて]ない; 入れ物にはいっていない, 包装していない, ばらの.
❸**解放されて(いる)**, (動物などが)つながれて[閉じこめられて]いないで, 自由な.
❹ⓐしまっていない, ゆるい. ⓑしまりのない, ルーズな. ⓒあいまいな, ずさんな.
❺(規則・体制などが)ゆるやかな.
― 名《次の成句で》:***on the loose*** (犯人が)逃亡中で.

形 ❶ⓐOne of the buttons on the coat is *loose*. 上着[コート]のボタンが1つゆるんでとれそうだ / a *loose* knot ゆるい結び目. ⓑa *loose* jacket だぶだぶの上着. ⓒa *loose* tooth ぐらぐらしている歯.
❷the *loose* end of the rope 結んでいない方のロープの端 / a *loose* leaf (とじてなくて)とめはずしできる紙, ルーズリーフ(☞loose-leaf)/ *loose* papers たばねてない書類 / *loose* candy ばら売りのキャンディー.
❸A gorilla got *loose* from the zoo. 動物園からゴリラが脱走した.
❹ⓐ*loose* soil 柔(ヤワ)らかい土. ⓑlead a *loose* life だらしのない生活をする.
ⓒa *loose* translation 不正確な翻訳.
❺*loose* regulations ゆるい規制.
break loose ⾃(束縛から)逃げる, 自由になる:The dog *broke loose*. 犬が逃げた.
come loose ⾃(固定したものが)ゆるむ, (結んだものが)ほどける.
cut loose 他…を切り離す. ― ⾃ ①(拘束などから)逃げる, 自由になる. ②(米

abcdefghijk l mnopqrstuvwxyz **lose**

let [*set, turn*] *loose* 放して[逃がして, 自由にして]やる: Don't *let* the dog *loose*. 犬を放してはいけません.
☞ 動loosen.

loose-fit・ting /lúːs-fítiŋ ルース・フィティング/ 形(衣服が)ゆるい, ゆったりした.

loose-leaf /lúːs-líːf ルース・リーフ/ 《★発音注意》形ルーズリーフ式の(用紙が自由にとめはずしできる). ▶ a *loose-leaf* notebook ルーズリーフ式のノート.

loose・ly /lúːsli ルースリ/ 副 ❶ ゆるく, だらりと; だらしなく. ❷ (規則・組織などが)ゆるく. ❸ おおまかに.

loos・en /lúːsn ルースン/ 《★発音注意》動 他 ❶ (結んだ[締めた]ものなど)をゆるめる, ほどく (反 tighten).
❷ (規則)をゆるめる.
— 自 ゆるくなる.
▶ 他 ❶ *loosen* one's tie ネクタイをゆるめる / *loosen* the knot 結び目をほどく.
❷ *loosen* discipline 規律を緩和する.
— 自 One of the screws *loosened*. ねじが1本ゆるんだ. ☞ 形loose.

loosen up 自①リラックスする. ②(運動の前に)筋肉がほぐれる. — 他 (筋肉)をほぐす.

loot /lúːt ルート/ 名 U 戦利品, 略奪(りゃくだつ)品.
— 動 他 (戦争・暴動などのときに)…からものを略奪する. — 自 略奪する.

lop /láp ラップ/ 動 (~s /-s/; lopped /-t/; lop・ping) 他 (枝など)をばっさり切る.
lop off 他 …をばっさり切る.

lop-sid・ed /láp-sáidid ラプ・サイディド/ 形 ❶ 片側に傾いた, 片側の重い. ❷ 均整がとれていない.

*lord /lóːrd ロード/ 名 (複 ~s /-dz/)

❶ 《the Lord または our Lord で》《キリスト教》主(しゅ), 神, キリスト. ❷ⓐ C 《英》(男性の)貴族(☞lady); 上院議員.
ⓑ 《the Lords で; 集合的に》《イギリスの》上院; 上院議員(☞ parliament ❷ の INFO》). ❸ 《英》《Lord …》ⓐ …卿(きょう)《貴族の敬称; ☞ peerage の INFO》. ⓑ (高位の官職につけて)…長様.
❹ C (封建時代の)君主, 領主.
▶ ❶ *Lord*, have mercy upon us. 主よわれわれを哀れみたまえ 《◎呼びかけの時は冠詞をつけない》/ Christ *the Lord* 主イ

エス. ❷ⓑ the House of *Lords* (イギリスの)上院.

Good Lord! おやおや, あれまあ.
my Lord 《呼びかけ》閣下 《◎ ふつう /milɔ́ːrd/ と発音する》.
Oh Lord! = ***Good Lord!***.

Lòrd Máyor 名 《the をつけて》 《イギリスの大都市の》市長.

lore /lɔ́ːr ロー/ 名 U 伝承, 言い伝え, 伝承的知識 (☞folklore).

*lor・ry /lɔ́(ː)ri ロ(ー)リ/ 名 (複 lor・ries /-z/) C 《英》トラック 《◎ 《米》 では truck》.

Los An・ge・les /lɔ(ː)s ǽndʒələs ロ(ー)スアンチェレス|-dʒəliːz/ 名 ロサンゼルス 《アメリカのカリフォルニア (California) 州の都市; ☞ L.A. と略す》.

***lose** /lúːz ルーズ/ 《★発音注意》動 (los・es /-iz/; lost /lɔ́(ː)st/; los・ing) 他

❶ (もの・人など)を**失う**, なくす.
❷ (戦争・試合など)に**負ける** (反 win).
❸ …を(維持できなくて)**失う**.
❹ (時・機会・お金など)を**むだにする**, 浪費する.
❺ (時計が)…だけ**遅れる** (反 gain).
❻ⓐ (道・人など)を**見失う**.
ⓑ …を見[聞き]そこなう.
— 自 ❶ **負ける**.
❷ **損をする**, 損害を受ける.
❸ (時計が)遅れる (反 gain).

⋯⋯⋯⋯⋯⋯⋯⋯⋯⋯⋯⋯⋯

他 ❶ Did you *lose* your wallet? 財布をなくしたのですか / He has *lost* his job. 彼は失業した / He *lost* his leg in the accident. 彼はその事故で片足を失った.
❷ Our baseball team *lost* the championship game. 私たちの野球チームは決勝戦で負けた / The Giants *lost* the game to the Tigers. ジャイアンツはタイガースに負けた.
❸ I have *lost* interest in video games. 私はテレビゲームに対する興味を失った / *lose* weight 体重が減る.
❹ There is no time to *lose*. ぐずぐずしている時間はない / He *lost* 500,000 yen in gambling. 彼はギャンブルで50万円損をした / *lose* an opportunity 機会を失う.
❺ My watch *loses* five seconds a

loser

day. 私の時計は1日に5秒遅れる.
❻ⓐ We *lost* our way. 私たちは道に迷った / We *lost* him in the crowd. 私たちは彼を人ごみの中で見失った.
ⓑ I *lost* some of what she said. 私は彼女の言うことを一部聞きもらした.
— ⓐ ❶ I always *lose* to my brother at tennis. 私はテニスをすると弟にいつも負ける.
❷ He *lost* on the contract. 彼はその契約で損をした.
❸ My watch neither gains nor *loses*. 私の時計は進みも遅れもしない.
lose oneself ①**道に迷う**. ②途方にくれる, まごつく. ③夢中になる.
lose out (to ...) (…に)負ける.
☞ 名loss.

los·er /lúːzər ルーザ/ 名C ❶ (競技の)敗者；負ける[負けた]人 (反winner).
❷ (人生の)敗者；損をする[した]人.

los·ing /lúːziŋ ルーズィング/ 形負ける, 損をする.

***loss** /lɔ́(ː)s ロ(ー)ス/ 名(複 ~·es /-iz/)
❶ UC **失うこと**, なくすこと, 紛失.
❷ UC **損失**, 損害 (反gain, profit).
❸ C **敗北**, 負けること.
❹ U (時間・労力などの) **浪費**, むだ使い.
❺ C 減ること, 減損.
❻ C 死亡.
❼ 《複数形で》(戦いでの)死傷者.

❶ The *loss* of the camera upset him. そのカメラをなくして彼はあわてた / (the) *loss* of one's health 健康をそこねること / *loss* of confidence 自信の喪失. ❷ His death was a great *loss* to the business world. 彼の死は実業界にとって大損失だった. ❸ the *loss* of a battle [game] 戦争[試合]に負けること / have two wins and three *losses* 2勝3敗している. ❹ without *loss* of time 時間をむだにしないで, すぐに. ❺ a *loss* in weight 目方の減り.
be at a loss 途方にくれて, 困って：Left alone, she *was at a loss*. 一人残されて彼女は途方にくれた / He *was at a loss* for words. 彼はどう言っていいかことばにつまった / She *is at a loss* what to do. 彼女はどうしてよいのか途方にくれている. ☞ 動lose.

***lost** /lɔ́(ː)st ロ(ー)スト/
動loseの過去形・過去分詞形.
— 形 ❶ **失った**, なくなった, 紛失した.
❷ **負けた**；取りそこなった.
❸ **むだになった**, 浪費された.
❹ⓐ (道などに)**迷った**, 行くえ不明の.
ⓑ 途方にくれた, 困惑した.
❺ⓐ 死んだ. ⓑ 滅びた；(霊魂(ホミム)などが)救われない.

形 ❶ All is not *lost*. まだ望みはあるぞ / a *lost* article 紛失物.
❷ a *lost* battle 負け戦(ハメン) / a *lost* prize 取りそこねた賞品.
❸ *lost* time むだになった時間.
❹ⓐ I got *lost* in the woods. 私は森で道に迷った / a *lost* child 迷子.
ⓑ When it comes to science, I'm *lost*. 理科ときたら, もうだめだ.
❺ⓐ the *lost* crew member 死んだ乗組員 / a sailor *lost* at sea 航海中に死んだ水兵[船員]. ⓑ a *lost* art 滅びた芸術 / *lost* souls 地獄に落ちた魂(タポ).
be lost in ... …に夢中である：She *was lost in* thought. 彼女は思いにふけっていた.
be lost on [upon] ... (忠告などが)…に理解されない, ききめがない：Her advice *is lost on* him. 彼女の忠告は彼にはききめがない.
for lost 死んだものとして.

lóst and fóund 名《the をつけて》《米》遺失物(ミッ)取扱所 (◆《英》では lost property).

lóst cáuse 名C 失敗に終わった運動[主義], 成功する見込みのない運動.

lóst próperty 名U《英》遺失物(ミッ)《全体》. ▶the *lost property* (office) 遺失物取扱所 (◆《米》では the lost and found).

lóst shéep 名C = stray sheep.

***lot**¹ /lát ラット | lɔ́t/
名(複 ~s /-ts/) 《a lot または lots で》(数量が)**たくさん**, 多くのもの[人].
— 副《a lot または lots で》**たいへん**, とても.

名 The dog eats *a lot*. その犬はたくさん食べる / She knows *a lot* about

birds. 彼女は鳥についてたくさんのことを知っている.
— 副 I feel *a lot* better now. 私はもうとても気分がよくなった / My home town has changed *a lot* [*lots*]. 私の故郷の町はすっかり変わった / Thanks *a lot*. どうもありがとう《❶くだけたお礼の言い方》.

a lot of ... = **lots of ...** たくさんの…, 多数[多量, 大勢]の…《❶主として肯定文に用い, 疑問文や否定文には many や much を用いることが多い》: There are *a lot of* [*lots of*] bookstores on this street. この通りにはたくさんの本屋がある / We had *lots of* snow last winter. 昨年の冬は雪が多かった.

*lot² /lάt ラット | lɔ́t/ 名 (複 ~s /-ts/)
❶ C (土地の) 一区画, 地所.
❷ C (商品などの) ひと組;(人・物の) 一群, 連中.
❸ⓐ C くじ. ⓑ U くじ引き, 抽選.
❹《単数形で》(人の) おかれた状況, 運命.
▶❶an empty *lot* 空き地 / a parking *lot*《米》駐車場.
❷500 yen a *lot* ひと山500円 / a fine *lot* of boys すばらしい少年たち.
❸ⓐ We drew [cast] *lots* to choose the captain. キャプテンを決めるために私たちはくじを引いた.
ⓑ The chairperson was chosen by *lot*. 議長はくじ引きで選ばれた.
❹ She was happy with her *lot*. 彼女は自分の人生に満足していた.

lo·tion /lóuʃən ロウション/ 名 UC ローション, 化粧水. ▶skin *lotion* スキンローション / eye *lotion* 目薬.

lot·ter·y /lάtəri ラタリ | lɔ́t-/ 名 (複 -ter·ies /-z/) C 宝くじ, 福引き.
▶a *lottery* ticket 宝くじ.

lo·tus /lóutəs ロウタス/ 名 (複 ~es /-iz/) C ハス, スイレン.

*loud /láud ラウド/《★発音注意》
形 (~·er; ~·est) ❶大声の, 声の高い;やかましい (反 quiet, low).
❷ (色彩など) けばけばしい, 下品な (反 quiet).
— 副 (~·er; ~·est) 大声で.

形 ❶ He talks in a *loud* voice. 彼は大声でしゃべる / make a *loud* noise 騒々しい音を立てる. ❷a *loud* dress け

ばけばしい色のドレス.
— 副 Don't talk so *loud*. そんな大声でしゃべるな / *Louder*, please! もっと大きな声で言ってください.

loud·ly /láudli ラウドリ/ 副 ❶大声で;やかましく. ❷(色彩など) けばけばしく.
▶❶talk *loudly* 大声で話す.

loud·ness /láudnəs ラウドネス/ 名 U 大声;騒々しさ.

loud·speak·er /láudspì:kər ラウドスピーカ/ 名 C スピーカー, 拡声器.

Lou·is /lú:is ルーイス, lú:i/ 名 ルイス《男性の名;愛称は Lou /lú:/》.

Lou·i·sa /lu:í:zə ルーイーザ/ 名 ルイーザ《女性の名》.

Lou·ise /lu:í:z ルーイーズ/ 名 ルイーズ《女性の名》.

Lou·i·si·an·a /luì:ziǽnə ルーイーズィアナ/ 名 ルイジアナ《アメリカ南部の州; ❶〔郵便〕LA と略す》.

lounge /láundʒ ラウンヂ/ 名 (loung·es /-iz/) C ❶ (ホテル・クラブ・船などの) ラウンジ, 談話室. ❷ (空港などの) 待合室.
❸《英》居間.
— 動 (現分 loung·ing) ⓐ ぶらぶらする.

louse /láus ラウス/ 名 C ❶ (複 lice /láis/) シラミ. ❷ (複 lous·es /-iz/) 《口語》 ろくでなし.

lous·y /láuzi ラウズィ/ 形 (lous·i·er; lous·i·est)《口語》不愉快な, 不潔な, 卑劣な, ひどい.

Lou·vre /lú:vər ルーヴァ/ 名《the をつけて》(パリにある) ルーブル博物館.

lov·a·ble /lʌ́vəbl ラヴァブル/ 形 かわいい, 愛らしい.

****love** /lʌ́v ラヴ/
名 (複 ~s /-z/) ❶ U (家族・異性・母親などに対する) **愛**, 愛情《反 hatred》;(神の) 慈愛.
❷ U **恋愛**, 恋.
❸ U 《しばしば a をつけて》(非常に) **好きであること**, 愛好;趣味.
❹ C **恋人**, 愛人.
❺ C ⓐ 大好きなこと[もの].
ⓑ 大好きな人.
❻《呼びかけで》《口語》ねえ, あなた《夫婦・恋人どうし・子どもに対する呼びかけ》.
❼ U 〔テニス〕 ラブ, 無得点《☞ fifteen ❻》.

loveable

― 動 (~s /-z/; loved /-d/; lov·ing) 他
❶ⓐ…を**愛している**(反 hate).
ⓑ…を恋している.
❷…が**大好きだ**.
❸ⓐ《would love to *do*》＿したい(◎どちらかというと女性的な表現;(英)では主語が I, We の場合には would の代わりに should を用いることもある; would, should はしばしば 'd と短縮される).
ⓑ《would love ... to *do*》…に＿してほしいと思う(◎(米口語)では would love for ... to *do* を用いることがある).

― 名 ❶ Her *love* for her children is sometimes too strong. 彼女の子どもに対する愛情は強すぎることがある / *love* of one's country 愛国心 / *love* between parent and child 親子の愛.
❷ *love* at first sight 一目ぼれ / his first *love* 彼の初恋 / ことわざ *Love* is blind. 恋は盲目である.
❸ He has *a* great *love* of [for] folk music. 彼はフォークミュージック[民俗音楽]がとても好きだ / *a labor of love* (金銭のためでなく)好きでする仕事.
❹ She was his first *love*. 彼女は彼の最初の恋人でした. ❺ⓐ Football is his *love*. 彼はサッカーが大好きだ. ❻ Come here, (my) *love*. ねえ、こちらへいらっしゃい.

be in love with ... …に恋している.
fall in love with ... …が好きになる, …に恋をする: She *fell in love with* the young man. 彼女はその若者に恋をした.
for love 好きで, 好意で, 報酬なしで.
give [send] my love to ... …によろしく(お伝えください): *Give* [*Send*] *my love to* your sister. お姉[妹]さんによろしく(お伝えください).
make love セックスをする(☞ love-making).

☞ 形 lovely.

― 動 他 ❶ⓐ They *love* each other. 彼らはたがいに愛し合っている / ことわざ *Love* me, *love* my dog. 私を愛するなら私の犬までも愛せ(私のことが好きなら私にかかわることはなんでも大目に見てくれ).

❷ She *loves* novels. 彼女は小説が大好きだ / He *loves* to go fishing. 彼は魚釣りに行くのが大好きだ / I *love watching* baseball on TV. 私は野球をテレビで見るのが大好きだ.
❸ⓐ I *would love to* meet your parents. ご両親にお会いしたいと思います / 対話 "Won't you come with us?"–"I'd *love to*." 「いっしょにいらっしゃいませんか」「喜んでまいります」(◎ *to* の後に come with you が省略されている).
ⓑ I'd *love* (*for*) you *to* come and see us. ぜひ遊びに来てください.

love·a·ble /lʌ́vəbl ラヴァブル/ 形 ＝ lovable.

lóve affàir 名 C 恋愛(事件), 情事.

love·less /lʌ́vləs ラヴレス/ 形 愛のない; 冷たい.

lóve lètter 名 C ラブレター.

love·li·ness /lʌ́vlinəs ラヴリネス/ 名 U かわいらしさ, 愛らしさ; すばらしさ.

***love·ly** /lʌ́vli ラヴリ/ 形 (love·li·er; love·li·est)
❶ **美しい**, かわいらしい(☞ beautiful の 類語). ❷ **すばらしい**, すてきな, 楽しい.

❶ She is such a *lovely* girl. 彼女は本当にかわいらしい少女だ / a *lovely* garden きれいな庭 / a *lovely* sight 美しいながめ. ❷ What a *lovely* day! なんと天気のいい日なんでしょう / We had a *lovely* time at the party. パーティーはとても楽しかった. ☞ 名 love.

love·mak·ing /lʌ́vmèikiŋ ラヴメイキング/ 名 U,C 性行為.

***lov·er** /lʌ́vər ラヴァ/ 名 (複 ~s /-z/) C
❶ **恋人**, 愛人(◎ ふつう女性にとっての男性の恋人の場合にいう; 夫以外の肉体関係にある男性をいうことが多い; 男性にとっての女性の恋人の場合は love という).
❷ 愛好者.
▶ ❶ He is her *lover*. 彼は彼女の恋人です / They used to be *lovers*. 彼らは以前は恋人どうしだった. ❷ a music *lover* 音楽愛好者.

***lov·ing** /lʌ́viŋ ラヴィング/ 形 **愛情の深い**, 愛情のこもった.
▶ *loving* words 愛情のこもったことば.

lov·ing·ly /lʌ́viŋli ラヴィングリ/ 副 愛情をこめて, やさしく.

abcdefghijk**l**mnopqrstuvwxyz　　　　　　　　　　　　　　　　　**Lower House**

***low** /lóu ロウ/

形 (~・er; ~・est) ❶ⓐ(高さが) **低い** (反 high) (✿「背が低い」は short).
ⓑ低い所にある.
❷(緯度・水位などが) **低い**.
❸ⓐ(階級・地位などが) **低い**, 下層の; 卑しい. ⓑ(生物が)下等な.
❹ⓐ(価値・評価・数量・程度・速度などが) **低い**, 少ない.
ⓑ(価格が) **安い** (☞cheap).
ⓒ(温度・熱・圧力などが)弱い, 低い.
ⓓ栄養に乏しい.
❺(声などが) **低い**.
❻(気持ちなどが)沈んだ; (体が)弱っている.
❼品質の劣る, 低級な, 下品な.

— 副 (~・er; ~・est) ❶**低く** (反 high).
❷低い調子で, 低い声で (反 loud).
❸安く.

— 名 ❶ⓒ低位, 低水準, 低価格.
❷ⓤ(自動車の)ローギヤ, 低速ギヤ.
❸ⓤ= low atmospheric pressure.

··

形 ❶ⓐ The sun was *low* in the west. 太陽は西に傾いていた / a *low* sky 雲の低くたれこめた空.
ⓑ *low* branches 低い枝 / a *low* shelf 低いたな.
❷ The river is *low* in winter. 川は冬になると水位が下がる / at *low* tide 干潮で.
❸ⓐ He is *low* in his class. 彼はクラスで成績が下の方だ. ⓑ *low* forms of life 下等生物.
❹ⓐ I have a *low* opinion of his new novel. 私は彼の新しい小説をつまらないと思っている(低く評価している) / at a *low* speed おそい速度で. ⓑ at a *low* price 安い値段で / *low* wages 低賃金. ⓒ a *low* fire とろ火. ⓓ a diet *low* in salt 塩分を抑えた食事.
❺ in a *low* voice 低い声で.
❻ He is in *low* spirits. 彼は元気がない(沈んでいる) (✿「彼は元気がよい」は He is in high spirits.) / feel *low* 気持ちが沈んでいる.
❼ *low* tastes 低級な趣味 / a *low* trick 卑劣なたくらみ. ☞ 動 lower.

— 副 ❶ The candles are burning *low*. ろうそくが燃え尽きるところだ / fly *low* 低く飛ぶ.
❷ I cannot sing so *low*. そんなに低い声では歌えない / talk *low* 小声で話す.
❸ buy *low* and sell high 安く買って高く売りつける.

at (the) lowest 低くとも, 安くても.
lie low うずくまる.
run low (燃料などが)不足する.

lów atmosphéric préssure 名ⓤ 【気象】低気圧 (✿単に low pressure, または low ともいう;「高気圧」は high atmospheric pressure).

lów blóod prèssure 名ⓤ 低血圧 (✿「高血圧」は high blood pressure).

low·brow /lóubràu ロウブラウ/ (★発音注意) 形 (口語) 低俗な, 教養の低い.

*low·er /lóuər ロウア/

形 ❶ (low の比較級) ⓐ **より低い**, より下の (反 higher).
ⓑ (場所が) **下の方の** (反 upper); 南部の.
❷ (段階などが) **下の**, 下級の.

— 動 (~s /-z/; ~ed /-d/; -er·ing /lóuəriŋ/) 他 ❶ …を**低くする**, 下げる (反 raise).
❷ (価格・程度・数量など)を下げる (反 raise).

— 自 低くなる, 下がる.

··

形 ❶ⓐ This table is *lower* than that one. このテーブルはあのテーブルより低い / a *lower* price もっと安い値段.
ⓑ the *lower* lip 下くちびる.
❷ a *lower* court 下級裁判所.

— 動 他 ❶ She *lowered* the blinds. 彼女はブラインドを降ろした / He *lowered* his eyes. 彼は視線を落とした.
❷ Please *lower* your voice. 声を低くしてください.

— 自 The water level in the river is *lowering*. 川の水位が下がっている.

lower oneself (ふつう否定文で) 品位をおとす, 評判をおとす. ☞ 形 low.

lówer cláss 名ⓒ (しばしば the lower class(es) で) 下層階級(の人々) (反 upper class).

low·er-class /lóuər-klǽs ロウア・クラス/ 形 ❶低級な, 劣った. ❷下層階級の.

Lówer Hóuse 名 (the をつけて) (二院制

low-fat

議会の)下院(☞parliament の **INFO**).

low-fat /lóu-fǽt ロウ・ファット/ 形 低脂肪の.

low-key /lóu-kí: ロウ・キー/ 形 控えめの, 抑制のきいた.

low·land /lóulənd ロウランド/ 名 C《しばしば複数形で》低地(反 highland).

low-level /lóu-lévəl ロウ・レヴェル/ 形 (位置・程度・地位などが)低い.

low·ly /lóuli ロウリ/ 形 (low·li·er; low·li·est)地位[身分]の低い.

low-lying /lóu-láiiŋ ロウ・ライイング/ 形 (位置の)低い, 低地の.

low-paid /lóu-péid ロウ・ペイド/ 形 低賃金の.

low-pitched /lóu-pítʃt ロウ・ピッチト/ 形 (音が)調子の低い.

lów préssure 名 Ⓤ = low atmospheric pressure.

low-spir·it·ed /lóu-spíritid ロウ・スピリティド/ 形 元気のない(反 high-spirited).

low-tech /lóu-ték ロウ・テク/ 形 技術水準の低い, ローテクの(☞high-tech).

lów tíde 名 ⓊC引き潮, 干潮(時)(反 high tide).

*__loy·al__ /lɔ́iəl ロイ(ア)ル/ 形 (more ~; most ~) ❶(国・王などに対し)**忠誠な**(反 disloyal). ❷(人・義務などに対し)誠実な, 裏切ることのない.

▶❶He was *loyal to* his country. 彼は自分の国に対して忠誠をつくした / a *loyal* citizen 忠誠な市民. ❷a *loyal* friend 誠実な友.　　　☞ 名 loyalty.

loy·al·ist /lɔ́iəlist ロイアリスト/ 名 C (国・王に対して)忠誠な人, 忠臣, 王党派の人.

loy·al·ly /lɔ́iəli ロイアリ/ 副 忠誠心をもって; 誠実に.

*__loy·al·ty__ /lɔ́iəlti ロイ(ア)ルティ/ (★アクセント注意) 名 (複 -al·ties /-z/) ❶Ⓤ**忠誠**; 誠実. ❷C《ふつう複数形で》忠誠心.　　　☞ 形 loyal.

loz·enge /lázndʒ ラズンヂ/ 名 C (せき止めなどの)錠剤(あめ).

LṔ gás /élpì:- エルピー・/ 名 Ⓤ 液化石油ガス, LP ガス (◉**LPG** ともいう; *l*iquefied *p*etroleum *g*as の略語).

LSD /élèsdí: エルエスディー/ 名 Ⓤ エルエスディー《幻覚剤の一種》.

Lt. 《略語》lieutenant.

Ltd., ltd. /límitid リミティド/ 《略語》limited (☞limited company).

lu·bri·cant /lú:brikənt ルーブリカント/ 名 ⓊC潤滑(ᵏʲᵘ)油[剤], 機械油.

lu·bri·cate /lú:brəkèit ルーブリケイト/ 動 (現分 -cat·ing) 他 (機械)に潤滑油をさす.

lu·bri·ca·tion /lù:brəkéiʃən ルーブリケイション/ 名 Ⓤ(油などをさして)なめらかにすること, 潤滑; 注油.

lu·cid /lú:sid ルースィッド/ 形 ❶(論理・表現などが)明快な, わかりやすい. ❷意識のはっきりした.

lu·cid·i·ty /lu:sídəti ルースィディティ/ 名 Ⓤ❶明快さ, わかりやすさ.
❷はっきりした意識.

*__luck__ /lʌ́k ラック/ 名 ⓊC ❶ 運, めぐり合わせ. ❷(偶然による)**幸運**(◉「(重要な意味をもつ)幸運」は fortune).

----

❶I have had good [bad] *luck* this week. 今週はついていた[ついていなかった] / *Luck* was with me, and I won easily. 運がよくて私は楽に勝った.
❷I wish you *luck* in the entrance exam. 入試がうまくいくように祈ります / I had the *luck* to get a ticket for the concert. 私は運よくそのコンサートの切符が手に入った / He had no *luck*. 彼はついていなかった.

Any luck? 《口語》(うまくいったかどうかたずねて)どうだった?

Bad* [*Hard*] *luck! 残念[お気の毒]《同情のことば》.

be in luck 運がよい.

be out of luck 運が悪い.

Better luck next time! 《口語》(今回はダメでも)次回はうまくいくよ.

by* (*good*) *luck 幸運にも.

for luck 縁起をかついで, 幸運をねがって.

Good luck (to you)! = I wish you good luck. (☞good luck).

try* *one's* *luck 運を試(ため)す: I'll *try my luck*. 一か八(ばち)かやってみます.

with any* [*a little*] *luck うまくいけば.
　　　　　　　　　　☞ 形 lucky.

*__luck·i·ly__ /lʌ́kili ラキリ/ 副**運よく**.

▶*Luckily* I found the missing key. 運よく私はなくした鍵(ᵏᵃᵍⁱ)を見つけた.

abcdefghijk**l**mnopqrstuvwxyz　　　　　　　　　　　　　　　　**lunch counter**

luck·less /lÁkləs ラクレス/ 形 運の悪い, 不幸な.

*****luck·y** /lÁki ラキ/ 形 (luck·i·er; luck·i·est) ⓐ運のよい, 幸運な (反 unlucky). ⓑ⟨be lucky (enough) to *do*⟩運よく＿する. ⓒ⟨it is lucky that ＿⟩＿は運がよい.

ⓐa *lucky* man 運のよい男 / a *lucky* guess [hit] まぐれ当たり / He *is lucky in* everything he does. 彼はなにをしてもついている. ⓑI *was lucky (enough) to* find a seat. 私は運よく席を見つけることができた. ⓒ*It's lucky that* you weren't hurt in the accident. 君がその事故でけがをしなかったことは運がよかった / *It was lucky that* I got a good job. 私は運よくいい仕事につくことができた. ☞名luck.

lu·cra·tive /lúːkrətiv ルークラティヴ/ 形《文語》(商売などが)もうかる.

Lu·cy /lúːsi ルースィ/ 名 ルーシー《女性の名》.

*****lug·gage** /lÁgidʒ ラギヂ/ 名 U 《集合的に》(旅行のときの)**手荷物**《✿《米》ではふつう baggage を用いる》.
▶a piece of *luggage* 手荷物 1 個《✿a luggage, two luggages とはいわない》.

lúggage ràck 名 C ❶ (列車・バスなどの)網棚. ❷《米》(車の屋根につける)荷物台《《英》ではroof rackという》.

Luke /lúːk ルーク/ 名 ❶ ルーク《男性の名》. ❷《**Saint Luke** で》聖ルカ. ❸「ルカ伝」《新約聖書の第 3 の福音(書)書 (Gospel)》.

luke·warm /lúːkwɔ́ːrm ルークウォーム/ 形 ❶ (湯などが)なまぬるい. ❷ 熱意のない, いい加減な.

lull /lÁl ラル/ 動 他 ❶ (子ども)を(あやして)寝つかせる, (子どもなど)をなだめる. ❷ (疑惑・不安など)をやわらげる.
— 名 C ❶ なぎ, (あらしなどの)小やみ. ❷ (病気などの)小康(期); (活動の)一時休止.
▶動 他 ❶ *lull* a baby *to* sleep 赤ん坊をあやして寝つかせる.

lull·a·by /lÁləbài ララバイ/ 名 (複 -a·bies /-z/) C 子守り歌.

*****lum·ber¹** /lÁmbər ランバー/ 名 U 《米》(製材した)**材木**, 板材《✿《英》では timber;

☞ tree の ✿》. ▶a lot of *lumber* たくさんの材木.

lum·ber² /lÁmbər ランバー/ 動 自 よたよた歩く.

lum·ber·jack /lÁmbərdʒæk ランバヂャック/ 名 C 《米》木こり.

lu·mi·nous /lúːmənəs ルーミナス/ 形 (暗い所で)光を発する, 光る, 輝く, 明るい.
▶*luminous* paint 夜光塗料.

*****lump** /lÁmp ランプ/ 名 (複 ~s /-s/) C
❶ (形が定まっていない)**かたまり**.
❷ 角砂糖 1 個.
❸ こぶ, はれもの.
— 動 他 …をひとまとめにする, 一括する.
▶名 ❶ a *lump* of coal [clay] 石炭〔粘土〕ひとかたまり. ❷ How many *lumps* in your coffee, Kate? ケート, コーヒーにいくつ(角)砂糖を入れますか / a *lump* of sugar 角砂糖ひとつ.

have a lump in the** [*one's*] **throat (感動や悲しみで)胸がいっぱいになる.
☞ 形lumpy.

lúmp súm 名 C 一括払い(の金額).

lump·y /lÁmpi ランピ/ 形 (lump·i·er; lump·i·est) でこぼこの, こぶだらけの.
☞ lump.

Lu·na /lúːnə ルーナ/ 名 《ローマ神話》ルナ《月の女神》.

lu·na·cy /lúːnəsi ルーナスィ/ 名 U ばかげた行為, 愚行.

lu·nar /lúːnər ルーナ/ 形 月の, 月の影響による《✿「太陽の」は solar》.
▶the *lunar* orbit 月の軌道.

lúnar eclípse 名 C 月食《✿「日食」は solar eclipse》.

lu·na·tic /lúːnətik ルーナティック/ 《★アクセント注意》名 C 狂人; 狂気じみた人, 変人.

***** **lunch** /lÁntʃ ランチ/
名 (複 ~es /-iz/) UC **昼食**, ランチ《✿種類などをいうときには C》.
▶What did you eat for *lunch*? 昼食になにを食べましたか / eat [have] *lunch* 昼食を食べる / a light *lunch* 軽い昼食.

lúnch bòx 名 C 弁当箱.

lúnch brèak 名 C 昼休み.

lúnch còunter 名 C 《文語》(カウンター

seven hundred and ninety-nine

luncheon

式の)軽食堂.

*__lunch·eon__ /lʌ́ntʃən ランチョン/ 名(複~s /-z/)⎡U⎦(文語)(正式な)**昼食会**; 昼食((✿(英)ではlunchを表わすかたい表現).

　lúnch hòur 名C = lunch break.

　lunch·room /lʌ́ntʃru(:)m ランチル(ー)ム/ 名(米)C(学校・工場などの)食堂.

　lunch·time /lʌ́ntʃtàim ランチタイム/ 名 U 昼食時間.

*__lung__ /lʌ́ŋ ラング/ 名(複~s /-z/)C 肺.
　▶ *lung* cancer 肺癌(がん).

　lunge /lʌ́ndʒ ランヂ/ 名C ❶突進. ❷(剣などでの)突き. — 動(現分 lung·ing)⾃ 突進する; 突きかかる.

　lurch /lə́ːrtʃ ラーチ/ 名(複~es/-iz/) C よろめくこと, ぐらりと傾くこと.
　— 動(三単現 ~es /-iz/)⾃ よろめく, ぐらりと傾く.
　名 ***leave ... in the lurch*** (手を貸さないで)(困っている人)を見捨てる.

　lure /ljúər ルア, リュア/ 名 ❶ⓐ U 強い魅力, 魅惑. ⓑ C 強く引きつけるもの, 魅惑するもの. ❷ C (釣りの)擬似餌(え), ルアー.
　— 動(~s /-z/; lured /-d/; lur·ing /ljúəriŋ/)他 …を誘惑する; …をおびき寄せる.
　▶名 ❶ⓐ the *lure* of the sea [Paris] 海[パリ]の魅力.
　— 動 他 The smell of the sea *lured* him to the beach. 海の香りに誘われて彼は浜へ行った / We *lured* the bird *into* a cage. われわれはその鳥を鳥かごにおびき入れた.

　lurk /lə́ːrk ラーク/ 動⾃ ひそかに待ち伏せる.

　lush /lʌ́ʃ ラッシュ/ 形(草などが)青々と茂った.

　lust /lʌ́st ラスト/ 名 U.C ❶強い性欲, 情欲. ❷(権力などに対する)強い欲望.
　▶ ❷ a *lust* for power 権力欲.
　　　　　　　　☞形 lustful.
　— 動⾃ […を]強くほしがる [*for, after*].

　lus·ter /lʌ́stər ラスタ/ 名 U 光沢(たく), つや.

　lust·ful /lʌ́stfəl ラストフル/ 形 好色な.
　　　　　　　　☞名 lust.

　lust·i·ly /lʌ́stili ラスティリ/ 副 元気よく.

　lus·tre /lʌ́stər ラスタ/ 名(英)= luster.

　lute /lúːt ルート/ 名C リュート《ギターに似た弦楽器》.

　Lu·ther /lúːθər ルーサ/ 名 ルター, ルーテル《**Martin** /máːrtin/ **Luther** (1483–1546); ドイツの宗教改革者》.

　Lux·em·bourg, Lux·em·burg /lʌ́ksəmbəːrg ラクセンバーグ/ 名 ルクセンブルク《ベルギー (Belgium) 南東部の大公国; およびその首都》.

　lux·u·ri·ous /lʌgʒúəriəs ラグジュ(ア)リアス, lʌkʃúər-/ 形 ぜいたくな, 豪華な.
　▶ lead a *luxurious* life ぜいたくな生活をする / a *luxurious* theater 豪華な劇場.　　☞名 luxury.

　lux·u·ri·ous·ly /lʌgʒúəriəsli ラグジュ(ア)リアスリ, lʌkʃúər-/ 副 ぜいたくに, 豪華に.

*__lux·u·ry__ /lʌ́kʃəri ラクシャリ, lʌ́gʒə-/ 名(複 -u·ries /-z/)
　❶ U ぜいたく.
　❷ C ぜいたく品, 高級品.
　❸ C ぜいたくな気分, 楽しみ.
　❹《形容詞的に》豪華な.
　▶ ❶ live in *luxury* ぜいたくな暮らしをする. ❷ I'm not interested in *luxuries*. 私はぜいたく品には関心がない.
　❸ the *luxury* of a good book よい本を読む楽しみ. ❹ a *luxury* hotel [car] 豪華なホテル[高級車].
　　　　　　　　☞形 luxurious.

*__ly·ing__[1] /láiiŋ ライイング/ 動 lie[1]の現在分詞形.
　— 名 U 横たわること.
　— 形 横たわっている.

*__ly·ing__[2] /láiiŋ ライイング/ 動 lie[2]の現在分詞形.
　— 名 U うそをつくこと.
　— 形 うそをつく, うそつきの.

　lynch /líntʃ リンチ/ 動(三単現 ~es /-iz/)他(人)をリンチを加えて殺す.

　lyr·ic /lírik リリック/ 形 叙情(詩)の; 叙情的な.
　— 名 ❶ C 叙情詩《✿「叙事詩」は epic》.
　❷《複数形で》(歌の)歌詞.

　lyr·i·cal /lírikəl リリカル/ 形 叙情詩風の.

　lyr·i·cal·ly /lírikəli リリカリ/ 副 叙情詩的に, 叙情的に.

　lyr·i·cism /lírəsìzm リリスィズム/ 名 U 叙情詩風, 叙情性.

　lyr·i·cist /lírəsist リリスィスト/ 名 C (ポピュラーソングの)作詞家.

abcdefghijkl **m** nopqrstuvwxyz   **mad**

M m *M m*

M¹, m¹ /ém エム/ 名(複 M's, Ms, m's, ms /-z/) ❶ UC エム《英語アルファベットの13番目の文字》.
❷ U (ローマ数字の)1000.
M² (略語)Monday.
m² (略語)meter(s); mile(s); million; minute(s); month.
ma /má: マー/ 名C(口語)おかあちゃん(**○**mama の短縮形; ☞ mother).
MA¹ /éméi エムエイ/ (略語)Master of Arts 文学修士(号)(☞ master ❹).
MA² [米郵便] Massachusetts.
ma'am /məm マム, mǽm/ 名《madam の短縮形》(米口語)奥さま、お嬢さま、先生《**○**目上の女性、女の客、女の先生などに対して用いるていねいな呼びかけのことば; ☞ madam, sir》. ▶Yes, *ma'am*. はい、奥さま[先生].
ma·ca·bre /məká:brə マカーブラ/ 形《文語》気味の悪い、恐ろしい.
Ma·cao /məkáu マカウ/ 名マカオ《中国南東部の港湾都市》.
mac·a·ro·ni /mǽkəróuni マカロウニ/ 名 U マカロニ(☞ spaghetti).
mac·a·roon /mǽkərú:n マカルーン/ 名C マカロン《アーモンド・ココナッツ・卵の白身・砂糖などで作った小さなクッキー》.
Mac·e·do·nia /mǽsədóunjə マセドウニャ/ 名マケドニア《バルカン半島にある共和国》.
Mach /má:k マーク/ (★発音注意)名 U マッハ《超音速の速さを計る単位; マッハ 1 は音の速さと同じで時速約1200キロメートル》. ▶at *Mach* 2 マッハ 2 で.
ma·che·te /məʃéti マシェティ/ 名C なた.
***ma·chine** /məʃí:n マシーン/ 名(複 ~s /-z/)C ❶**機械**, 機械装置.
❷自動車, バイク, 飛行機(など).
❸コンピューター, パソコン.
❹ⓐ組織, 機構.
ⓑ(政党などの)執行機関, 幹部連中.

▶❶a vending [washing] *machine* 自動販売〔洗濯〕機.
❷He got a new powerful *machine*. 彼は新しいパワーのすごいバイクを買った.
❸I got new software for my *machine*. 私はパソコンの新しいソフトを買った.
❹ⓐthe nation's economic *machine* その国の経済機構. ⓑthe Republican *machine* 共和党幹部会.
 ─ 形mechanical.
machíne gùn 名C 機関銃.
***ma·chin·er·y** /məʃí:nəri マシーナリ/ 名 U ❶《集合的に》機械類. ❷機械装置.
❸機構, しくみ.
▶❶We manufacture farm *machinery*. 私たちの会社は農業用機械を製造している(**○**machine は個々の機械をさし, machines という複数形がある; machinery は機械類全体の意味で単数として扱う).
❷The *machinery* has jammed. 装置に何かが挟(はさ)まって動かなくなった.
❸the *machinery* of government 政治機構.
ma·cho /má:tʃou マーチョウ/ 形男っぽい, 繊細さのない.
mack·er·el /mǽkərəl マカレル/ 名UC [魚類]サバ.
mack·in·tosh /mǽkintɑʃ マキンタッシュ/ 名(複 ~es /-iz/)C(英)マッキントッシュ(レインコート).
***mad** /mǽd マッド/ 形(mad·der; mad·dest)
❶ⓐ気が狂って(いる)(反 sane).
ⓑ気が狂ったような, ひどく興奮して(いる).
❷(口語)腹をたてた, おこった, 頭にきた.
❸無謀な, 狂ったような.
❹《be mad about ...》…に夢中になっている, 熱中している.

▶❶ⓐHe must be *mad* to say so. そ

801

mad cow disease

んなことをいうなんて彼は気が狂っているにちがいない. ❺ The audience was *mad* with excitement. 観客は興奮して気が狂ったようだった.

❷ She got very *mad* at [with] him for breaking his promise. 彼女は彼が約束をやぶったことにとても腹を立てた.

❸ a *mad* scheme to get rich quick 手っ取り早く金持ちになろうとする無謀な計画.

❹ She *is mad about* that singer. 彼女はその歌手に夢中になっている.

go mad 気が狂う, 発狂する.

like mad 《口語》必死になって, 猛烈に：work *like mad* 猛烈に働く.

mádców disèase 名Ⓤ《口語》狂牛病(BSEの俗称).

Mad·a·gas·car /mædəgǽskər マダギャスカ/ 名 マダガスカル《アフリカ南東岸沖にある島で共和国》.

＊**mad·am** /mǽdəm マダム/ 名 (複 ~s /-z/, mes·dames /meidάːm | méidæm/) Ⓒ **奥さま, お嬢さま**《❶既婚, 未婚の区別なく一般に女性に対する丁寧な呼びかけ; 男性の場合の sir にあたる; また大文字 Madam または Dear Madam は, 未知の女性への手紙の書出しに用いる; ⇨ ma'am》.
▶ Yes, *madam*. 《女性に対し》はいそうでございます.

mad·den·ing /mǽdniŋ マドニング/ 形 気を狂わせるほどひどい, 腹立たしい.

＊**made** /méid メイド/ 動 make の過去形・過去分詞形.
《同音異形語》maid

mad·ly /mǽdli マドリ/ 副 ❶ 気が狂ったように. ❷《口語》猛烈に.

mad·man /mǽdmæn マドマン/ 名 (複 -men /-mèn/) Ⓒ 気が狂った男.

＊**mad·ness** /mǽdnəs マドネス/ 名Ⓤ ❶ **狂気**, 精神錯乱(%). ❷ 愚(%)かな行為.

Ma·drid /mədríd マドリッド/ 名 マドリッド《スペイン中部の都市; 同国の首都》.

Ma·fi·a /mάːfiə マーフィア, mǽf-/ 名《the をつけて単数形で》マフィア《イタリアやアメリカの大きな犯罪組織》.

＊**mag·a·zine** /mǽgəzìːn マガズィーン, mæ̀gəzíːn/ 名 (複 ~s /-z/) Ⓒ ❶ **雑誌**, 定期刊行物.
❷ (連発銃の)弾倉.

❶ women's *magazines* 女性雑誌 / take a monthly [weekly] *magazine* 月刊[週刊]誌をとる.

ma·gen·ta /mədʒéntə マヂェンタ/ 形 深紅色の, マゼンタの.

Mag·gie /mǽgi マギ/ 名 マギー《女性の名; Margaret の愛称》.

mag·got /mǽgət マゴト/ 名Ⓒ ウジ(虫).

＊**mag·ic** /mǽdʒik マヂック/ 《★アクセント注意》名Ⓤ ❶ **魔法**, 魔術. ❷ **奇術**. ❸ **魔力**, 不思議な力, 魅力.
— 形 ❶ **魔法の**, 魔術の. ❷ 魔法のような, 不思議な, 魅力のある.

名 ❶ The prince was changed into a tree by *magic*. 王子は魔法で一本の木に変えられた / practice [use] *magic* 魔法をかける.
❷ He made the flowers disappear by *magic*. 彼は奇術で花を消した.
❸ the *magic* of her personality 彼女の人がらの不思議な力.

like magic = ***as if by magic*** 魔法のようにたちまち：This medicine acts *like magic*. この薬は不思議なほどよくきく.

— 形 ❶ *magic* arts 魔術. ❷ *magic* beauty 心を奪うような美しさ.

mag·i·cal /mǽdʒikəl マヂカル/ 形 ❶ 魔法の, 魔法を使ったような, 不思議な.
❷ 魅力的な, すばらしい.
▶ ❶ The effect was *magical*. 効果はてきめんだった / in a *magical* way 魔法のように.

mag·i·cal·ly /mǽdʒikəli マヂカリ/ 副 魔法を使ったように, 不思議に.

ma·gi·cian /mədʒíʃən マヂシャン/ 名 (複 ~s /-z/) Ⓒ ❶ 魔法使い. ❷ 奇術師.

mag·is·trate /mǽdʒistrèit マヂストレイト/ 名 (複 ~s /-ts/) Ⓒ 治安判事《軽犯罪を判決する》.

mag·nan·i·mous /mægnǽnəməs マグナニマス/ 形《文語》寛大な, 太っ腹な.

mag·nate /mǽgneit マグネイト/ 名Ⓒ (実業界などの)大物, 有力者.
▶ an oil *magnate* 石油王.

mag·ne·si·um /mægníːziəm マグニーズィアム/ 名Ⓤ《化学》マグネシウム《元素記号 Mg》.

mail

*mag·net /mǽgnit マグニット/《★アクセント注意》名 (複 ~s /-ts/) C ❶磁石, 磁鉄. ❷人を引きつける物[人].

mag·net·ic /mægnétik マグネティック/ 形 (more ~; most ~) ❶磁石の, 磁気をもった. ❷人を引きつける, 魅力のある.
▶❶ *magnetic* force 磁力. ❷a *magnetic* personality 魅力のある人がら.
☞名 magnet.

magnétic fíeld 名 C 磁場.
magnétic dísk 名 C 磁気ディスク.
magnétic póle 名 C 磁極.
magnétic tápe 名 CU 録音テープ.

mag·net·ism /mǽgnətìzm マグネティズム/ 名 U ❶磁気, 磁力, 磁性. ❷人をひきつける力, 魅力.

mag·ni·fi·ca·tion /mæ̀gnəfikéiʃən マグニフィケイション/ 名 U 拡大; 誇張.
☞動 magnify.

mag·nif·i·cence /mægnífəsns マグニフィスンス/《★アクセント注意》名 U 壮大さ, 豪華さ, 壮麗さ.

*mag·nif·i·cent /mægnífəsnt マグニフィスント/《★アクセント注意》形
❶ 壮大な, 壮麗な, みごとな.
❷《口語》すばらしい, 立派な.

❶a *magnificent* view 壮大な景色.
❷a *magnificent* idea すばらしい考え.

mag·nif·i·cent·ly /mægnífəsntli マグニフィスントリ/ 副 壮大に, 壮麗に.

*mag·ni·fy /mǽgnəfài マグニファイ/《★アクセント注意》動 (-ni·fies /-z/; -ni·fied /-d/; ~·ing) 他 (レンズなどで)…を拡大する. ▶*magnify* an object 500 times 物体を500倍に拡大する.
☞名 magnification.

mág·ni·fy·ing glàss 名 C 拡大鏡, 虫めがね.

*mag·ni·tude /mǽgnətjù:d マグニトゥード, -テュード/ 名 (複 ~s /-dz/)
❶ U (量・音などの)大きさ. ❷ U 重要さ.
❸ C マグニチュード《地震の規模を表わす単位》.

ma·hog·a·ny /məhágəni マハガニ/ 名 (複 -a·nies /-z/) ❶ C 〖植物〗マホガニー《常緑樹》.
❷ U マホガニー材《赤褐色で堅く, 家具や楽器を作るのに用いられる》.

*maid /méid メイド/ 名 (複 ~s /-dz/) C

❶ (ホテル・邸宅などで働く)(女性の)お手伝い, メイド.
❷《文語》未婚の女性.
☞形 maiden.
《同音異形語》made.

maid·en /méidn メイドン/ 形 ❶ (女性が)未婚の.
❷初めての.
─ 名 C《文語》少女.
▶形 ❷ the *maiden* voyage〔flight〕処女航海〔飛行〕.
☞名 maid.

máiden náme 名 C (既婚女性の)結婚前の姓《☞ Mrs. の 語法》.

*mail /méil メイル/ 名 U ❶《米》郵便, 郵便制度《☞《英》では post》.
❷《集合的に》郵便物; 一回に配達される郵便物.
❸ 電子メール (e-mail).
─ 動 (~s /-z/; ~ed /-d/; ~·ing) 他
《米》❶ⓐ (手紙・小包など)を郵送する, (手紙)を出す, 投函(とうかん)する《☞《英》では post》. ⓑ《mail ~ ... または mail ... to ~》 ~ (人)に…(手紙・小包など)を郵送する.
❷ (メッセージなど)を電子メールで送る.
語法《英》では airmail, Royal Mail のように特定の修飾語がつく場合以外はふつう post という. 《米》で post を用いるのは post office や parcel post (小包郵便)などに限られる.

名 ❶by registered〔express〕*mail* 書留〔速達〕で / domestic〔foreign〕*mail* 国内〔外国〕郵便 / air*mail* 航空便.
❷Has the *mail* come this morning? けさはもう郵便がきましたか.

語の結びつき
address *mail* 郵便物にあて名を書く
deliver (the) *mail* 郵便物を配達する
forward *mail* 郵便物を転送する
get [receive] *mail* 郵便物を受け取る

by mail 《米》郵便で《☞《英》では by post; ただし by airmail (航空便で)は《英》でも用いる》: Please send me the book *by mail*. その本を郵便で送ってください.
─ 動 他 ❶ⓐ Would you *mail* this

letter on your way home? 家へ帰る途中でこの手紙をポストに入れてくれませんか. ❺*Mail* him the parcel. 彼にその小包を郵送しなさい.

《同音異形語》male.

***mail・box** /méilbɑ̀ks メイルバックス | -bɔ̀ks/ 名（複）~es /-iz/ ©《米》❶**郵便ポスト**（◎《英》pillar-box, letter box, postbox）.

INFO 道路際にあるアメリカの郵便ポストは青色の四角い金属製の箱で, 上部がかまぼこ型をしており, アメリカの国鳥であるハクトウワシ (bald eagle) のマークがついている.

❷ (個人の)郵便受け（◎《英》letter box; ☞ house のさし絵）.

máil・ing lìst /méiliŋ- メイリング-/ 名 ©（会社などがもっている）郵送先名簿.

***mail・man** /méilmæn メイルマン/ 名（複）mail・men /-mèn/）©《米》**郵便配達人**（◎《英》postman）.

máil òrder 名 U 通信販売.

maim /méim メイム/ 動 他（手足などを切断したりして）(人)を障害者にしてしまう.

***main** /méin メイン/ 形 **おもな, 主要な**.
— 名（複）~s /-z/) ❶ ©（水道・下水道・ガスなどの）本管, (電気などの)本線.
❷《the mains で》《英》❹（水道・ガス・電気などの）供給設備, 下水設備.
❺ 元栓.

形 the *main* stream [current] 主流 / the *main* event 主要な試合, メーンイベント / the *main* office 本社 / the *main* plot (劇などの)本筋 / the *main* point 要点.

— 名 **in the main**《文語》だいたい, 大部分は.

the main thing《口語》大事なこと, 肝心なこと：*The main thing* is not to give up. 大事なのはあきらめないことだ.

《同音異形語》mane.

Maine /méin メイン/ 名 メイン《アメリカ北東端大西洋岸の州; ◎【郵便】ME と略す》.

main・frame /méinfrèim メインフレイム/ 名 © 大型コンピューター.

***main・land** /méinlænd メインランド/ 名《the をつけて》(近くの島や半島と区別して) **本土**.

***main・ly** /méinli メインリ/ 副 **おもに, 主として; 大部分は.** ▶My students were *mainly* boys. 私の生徒は大部分は男の子だった.

main・stay /méinstèi メインステイ/ 名《the をつけて》(なくてはならない)中心的な人[もの], 大黒柱.

main・stream /méinstrì:m メインストリーム/ 名《the をつけて》(思想・活動などの)主流, 主潮.

***main・tain** /meintéin メインテイン/《★アクセント注意》動 (~s /-z/; ~ed /-d/; ~ing) 他 ❶ ⓐ …を**維持する**, 保つ, 続ける. ⓑ …をよい状態にしておく, 整備しておく.
❷ …を**主張する**.
❸ …を**扶養する**, …の費用を出す.

❶ⓐ Food is necessary to *maintain* life. 食物は生命を維持するのに必要である / *maintain* a high level 高い水準を維持する.
ⓑ The roads are *maintained* by the city. その道路は市によって整備されている.
❷ He *maintained* his innocence. 彼は自分は無罪であると主張した / She *maintained that* the theory was wrong. 彼女はその説がまちがっていると主張した.
❸ He *maintained* his family by working till late at night. 彼は夜遅くまで働いて家族を養った.

☞ 名 maintenance.

***main・te・nance** /méintənəns メインテナンス/《★アクセント注意》名 U ❶ **維持**, 持続; 整備, 補修, 管理.
❷《英》(離婚[別居]した妻や子どもたちに仕送りされる)生活費, 扶養(料).

☞ 動 maintain.

maize /méiz メイズ/ 名 U《英》トウモロコシ（◎《米・カナダ・オーストラリア》では corn).

ma・jes・tic /mədʒéstik マヂェスティック/ 形 威厳(いげん)のある, 堂々とした.

ma・jes・ti・cal・ly /mədʒéstikəli マヂェスティカリ/ 副 威厳(いげん)をもって, 堂々と.

maj・es・ty /mǽdʒəsti マヂェスティ/ 名《★アクセント注意》(複 -es・ties /-z/)
❶ U 威厳(いげん), (人を威圧するように)堂々としていること, 荘大さ.

❷ⓒ《**Majesty**で》陛下 (◎天皇・皇后・国王・女王・王妃などに対する敬称；ふつう His, Her, Your などを前につける)．

----

❶the *majesty* of the mountain その山の堂々とした威厳．
❷Why does Your *Majesty* think so? (面と向かって)陛下はなぜそうお考えになるのですか / Her *Majesty* Queen Elizabeth エリザベス女王陛下 / His (Imperial) *Majesty* the Emperor 天皇陛下．

☞ 形 majestic.

***ma·jor**¹ /méidʒər メイヂャ/ 《★発音注意》
形 ❶(数・量・大きさ・程度などが)(他のものに比べて)**大きいほうの**, 多いほうの (反 minor).
❷大きな, 主要な, 一流の, 重要な．
❸(米)(科目が)**専攻の**, 専門に勉強している．
❹〔音楽〕長調の (反 minor).
— 名 (複 ~s /-z/) ❶ⓒ(米)**専攻科目**, 専攻分野 (☞minor).
❷ⓒ(米)**専攻学生**．
❸Ⓤ〔音楽〕長調, 長音階 (反 minor).
❹《**the majors** で》(米) = the **major league**.
— 動 (~s /-z/; ~ed /-d/; -jor·ing /-dʒəriŋ/) ⓘ《**major in ...**》(米)(大学で)…を専攻する．

形 ❶the *major* part of the school grounds 校庭の大部分．
❷the *major* industry 主要産業．
❸My *major* field is Japanese literature. 私の専攻分野は日本文学です．
❹a sonata in C *major* ハ長調のソナタ．

☞ 名 majority.

— 名 ❶What is your *major*? あなたの専攻は何ですか．
❷She is an economics *major*. 彼女は経済学専攻だ．
— 動 He *majored in* physics at college. 彼は大学で物理を専攻した．

ma·jor² /méidʒər メイヂャ/ 名ⓒ陸軍少佐 (◎(米)では空軍[海兵隊]少佐もさす).
májor géneral 名ⓒ陸軍少将 (◎(米)では空軍[海兵隊]少将もさす).

***ma·jor·i·ty** /mədʒɔ́(:)rəti マヂョ(ー)リティ/ 名 (複 -i·ties /-z/)
❶ⓒ《集合的に》**大多数**；過半数, 大部分 (反 minority).
❷ⓒ(選挙の一位と二位との)得票差．
❸ⓐ多数派, 多数党 (反 minority).
ⓑ《形容詞的に》多数派による．

----

❶The *majority* of people are against war. 大多数の人々は戦争に反対である / hold a *majority* in the Diet 国会で過半数を得ている / win a *majority* 過半数を得る．
❷He was elected mayor by a *majority* of 200 votes. 彼は200票の差で市長に選ばれた / by a bare [large] *majority* わずかの[大]差で．
❸ⓑ by a *majority* decision 多数決で．

be in the majority 過半数を占めている．

☞ 形 major.

májor léague 名ⓒ(米)メジャーリーグ, 大リーグ (アメリカの二大プロ野球リーグ；アメリカンリーグ (the American League)とナショナルリーグ (the National League)のふたつがある；◎ ふつう the major leagues または the majors という).

*****make** /méik メイク/ 動 (~s /-s/; made /méid/; mak·ing) 他
❶ⓐ…を**作る**, 製造する．
ⓑ《**make ... ～** または **make ... for ～**》～に…を作ってやる．
ⓒ《**make ... from ～**》…を～から作る (◎原料や材料が質的に変化する場合).
ⓓ《**make ... of ～**》…を～で作る (◎材料が質的に変化しない場合).
ⓔ《**make ... into ～**》…に手を加えて～を作る, …を加工して～にする．
❷ⓐ…を**用意する**, 作る, 整える．
ⓑ《**make ... ～** または **make ... for ～**》～に…を用意してやる．
❸《**make ... ～**》ⓐ…を～にする (◎~には形容詞, 名詞がくる).
ⓑ…を～のように見せる．
❹《**make ... do**》(相手の意志に関係なく)…に__させる (◎「相手の意志どおりに__させる」は let).
❺《**make ...** +過去分詞で》…を__(ある状態)にさせる[してもらう] (☞ have¹

make

⑩ ❼)).
❻ (努力して)…を**手に入れる**, 得る.
❼ ⓐ …を**構成する**, (総計・結果などが)…になる.
ⓑ (成長などして)…になる.
❽ 《make ... ~》…を〜と見積もる, (推測して)…を〜と思う(《○〜には形容詞, 名詞がくる》).
❾ …を進む, 行く.
❿ 【いろいろな "make＋名詞" 表現】
☞ 下の欄
— 圓 (ある方向へ)向かう, 進む, 行く.
— 名 ❶ⒸⒸ (製品の)**型**, 作り.
❷Ⓤ (…の)製品 (《メーカー, 国などを示す》).

動 他 ❶ⓐ She *makes* her own skirts. 彼女は自分のスカートを作る / The company *makes* wheelchairs. その会社は車いすを製造している / *make* a plan 計画を立てる / *make* a rule 規則を作る.
ⓑ My father *made* me a wooden chair. = My father *made* a wooden chair *for* me. 父は私に木のいすをつくってくれた.
ⓒ ☞ 右上のさし絵.

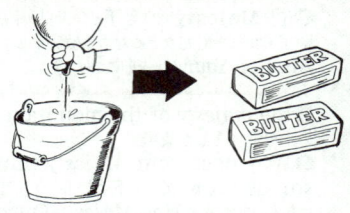

We *make* butter *from* milk.
(= Butter is *made* from milk.)
(バターは牛乳からつくる)

ⓓ ☞ さし絵.

This table is *made of* wood.
(このテーブルは木でできている)

ⓔ We *make* barley *into* beer. = Barley is *made into* beer. ビールは大麦からできる.

【いろいろな "make＋名詞" 表現】

make an address 演説する, あいさつする.
make an advance 進歩する; 前進する.
make an appeal 熱心にたのむ:He *made* an appeal to me to help him. 彼は私に助けてくれるようにたのんだ.
make arrangements 準備をする.
make an attempt やってみる.
make a call to ... …に電話をかける:I have to *make* a call to Ms Smith. 私はスミスさんに電話をしなければいけない.
make a call on ... …を訪問する.
make a comment 意見を述べる; 批判する.
make a comparison 比較する:Let's *make* a comparison between the two cars. そのふたつの車を比較してみよう.

make a contribution 役に立つ; 寄付をする:He *made* a great contribution to medical science. 彼は医学に大きな貢献をした.
make a decision 決心する; 決定する.
make a discovery 発見する.
make a donation 寄付をする.
make an effort 努力する:You must *make* an effort to be punctual. 君は時間を守るように努力しなければならない.
make an error まちがいをする: *make* an error in calculation 計算違いをする.
make an excursion 遠足に行く, 団体旅行をする.
make an excuse 言いわけをする:She *made* an excuse for coming late. 彼女は遅刻した言いわけをした.
make a fuss 大騒ぎする.
make a gesture 身ぶりをする.

abcdefghijkl**m**nopqrstuvwxyz　　　　　　　　　　　　　　　　**make**

❷ⓐ *make* a fire 火を起こす / *make* a bed ベッドメーキングをする, ベッドをととのえる / *make* tea お茶をいれる / *make* sandwiches サンドイッチを作る.

INFO▶ **cook** は「熱・火を使って料理する」こと. 「サンドイッチを作る」「サラダを作る」には **cook** ではなく **make** を用いる.

ⓑ She *made* us coffee. = She *made* coffee for us. 彼女は私たちにコーヒーを入れてくれた.

❸ⓐ The smell *made* me sick. そのにおいで私は気分が悪くなった / *Make* yourself comfortable. くつろいでください / He was *made* class representative. 彼は学級委員にされた.

ⓑ This photo *makes* her look older. この写真では彼女は実際より老けて見える.

❹ We couldn't *make* him change his mind. 私たちは彼の気持ちを変えさせることはできなかった / What *made* him think so? 彼はなぜそう考えたのか / I was *made* to go there alone. 私はひとりでそこへ行かされた (○make が受身形になると《be made to do》の形で用いられる).

❺ His honesty *makes* him respected. 彼は正直なので尊敬されている / I could not *make* myself understood in English. 私は英語で話したが理解してもらえなかった.

❻ He *makes* about ¥300,000 a month. 彼は月30万ほど収入がある / *make* money 金を稼ぐ (☞money 成句) / *make* good marks [《米》grades] at school 学校でよい成績をとる[成績がよい].

❼ⓐ Three and four *make(s)* seven. 3と4で7になる.

ⓑ She will *make* a good singer. 彼女は上手な歌手になるだろう.

❽ What do you *make* the time? 今何時頃だと思いますか.

❾ We *made* three miles (in) an hour. 私たちは1時間に3マイル進んだ.
── ⓐ He *made* toward the church. 彼は教会へ向かって進んだ.

make anything of ... 《疑問文・否定文で; can を伴って》…を理解する.

make as if to *do* __するようなそぶりをする.

make away with ... …を持ち逃げす

---

make a guess 推量する.
make haste 急ぐ.
make inquiries 調査する; 質問する.
make a joke 冗談を言う.
make a journey 旅行する.
make a living 生計をたてる.
make a mistake まちがいをする.
make a noise 音をたてる, 騒ぐ.
make a note 書きとめる, メモをする: I *made* a note of his suggestion. 私は彼の提案をメモした.
make an objection 反対する: He *made* no objection to the plan. 彼はその計画に反対しなかった.
make an offer 提案する, 申し出る.
make payment 支払いをする.
make peace 仲直りする, 和解する.
make preparations 準備をする.
make progress 進歩する; 前進する.
make a proposal 提案する; 申し込む: I'd like to *make* a proposal. 提案をさせていただきます.

make a recovery 回復する.
make a remark 意見を述べる.
make a reply 答える.
make a request 要請する, たのむ: He *made* a request for higher wages. 彼は昇給してくれるようにたのんだ.
make a resolution 決心する.
make a selection 選ぶ.
make a sign 合図する; 身ぶりをする: She *made* a sign to me to keep still. 彼女は私にじっとしているようにと合図した.
make a speech 話をする.
make a stop 止まる; 立ち寄る.
make a suggestion 提案する.
make a survey 調査する; 概観する; 測量する.
make a tour 旅行する.
make a trip 旅行する.
make trouble めんどうなことを起こす.

make

る.

make believe ふりをする (pretend)《☞ **make-believe** 》:Let's *make believe* we are pirates. 海賊ごっこをしよう.

make do 《口語》なんとか間に合わせる:*make do* with a secondhand sweater お古のセーターで間に合わせる / *make do* without ... ...なしですませる.

make for ... ①...に向かって進む:He *made for* the door. 彼はドアの方へ進んだ. ②...の役に立つ:These DVDs will *make for* a pleasant party. これらのＤＶＤはパーティーを楽しくするのに役に立つだろう.

make good ☞ **good** 形.

make it 《口語》①成功する:The competition is stiff, but he'll *make it*. 競争は厳しいが彼なら成功するだろう. ②間に合う:We barely *made it* to class (on time). われわれはやっと授業に間に合った. ③《否定文で》(会合などに)出る. ④(病気・事故などの後で)回復する,よくなる.

make it up to ... for ～の埋め合わせを...にする.

make like 《米口語》ふりをする (pretend).

make little of ... ...を軽く見る,軽視する:He *makes little of* friendship. 彼は友情など軽視している.

make much of ... ☞ **much**.

make nothing of ... ☞ **nothing**.

make ... of ～ ①...を～で作る 《☞ 他❶ⓓ 》. ②～を...にする:He wants to *make* a musician *of* his son. 彼は息子を音楽家にしようと思っている. ③...を～と思う:What do you *make of* it? 君はそれをどう思いますか.

make off 自 急いで去る,逃げる.

make off with ... = *make away with* ....

make one's way ☞ **way**¹.

make out 他 ①《否定・疑問文で》...を**理解する**:I cannot *make out* what he is saying. 彼がなにを言っているかわからない / I cannot *make* her *out*. 私は彼女がどういう人かわからない. ②(文字など)を(苦労して)読みとる:His handwriting is so bad that I can hardly *make* it *out*. 彼の字はへたなので私にはほとんど読めない. ③(見えにくい物)を見る:I can *make out* a ship in the distance. 遠くのほうに船がかすかに見える. ④(表・書類など)を(きちんと)作成する,書く:*make out* a list 一覧表を作る / *make out* a check 小切手を切る. ⑤(本当でないことについて)...であると言う,であると見せかける:Tom *made out* he was sick. トムは仮病を使った. ── 自 《口語》どうにか(うまく)やっていく:How are you *making out* with Mary? メアリーとの仲はどうだい.

make ... out of ～ = *make*... *of* ～ ① ②.

make over 他 ①...を作り直す,変える:She *made over* her suit. 彼女はスーツを作り直した. ②...をゆずり渡す:He has *made over* the business to his son. 彼はその仕事を息子にゆずり渡した.

make sure 確認する 《☞**sure**形》.

make the best of ... ☞ **best** 名.

make the most of ... ☞ **most**.

make up 他 ①...を**構成する**:Water *makes up* most of the earth's surface. 水が地球の表面の大部分を占めている 《◯受身形は be made up of ... となる》. The committee *is made up of* twelve members. その委員会は12人の委員で構成されている. ②(不足分)を**埋め合わせる**;(数・量)を満たす,完全にそろえる:He worked hard to *make up* the loss. 彼はその損失を埋め合わせようと熱心に働いた. ③(いろいろなもの)を(まとめて)**作る**:*make up* a list 表を作る. ④(話など)を**でっちあげる**,適当に作る:*make up* an excuse 言いわけをでっちあげる. ⑤《おもに be made up または make *oneself* up で》化粧する;〔演劇〕メーキャップする:She *is* heavily *made up*. 彼女は厚化粧している / He *made* himself *up* for the role of an old man. 彼は老人役のメーキャップをした. ── 自 ①化粧する,メーキャップする. ②仲直りする:kiss and *make up* キスして仲直りする / Why don't you *make up* with Tom? トムと仲直りしたらどうだい.

make up for ... ...を**埋め合わせる**:

We must *make up for* lost time. 私たちは遅れた時間を取り返さなければならない.

make up *one's mind* 決心する（☞mind 名）.

make up to ... （おせじなどを言って）…に気に入られようとする.

make up with ... …と仲直りする.

make use of ... …を利用する（☞use 名）.

— 名 ❶ These cars are of the newest *make*. これらの自動車は最新型だ.

❷ This watch is of Swiss *make*. この時計はスイス製です / What *make* is this? これはどこ製ですか / cars of foreign [domestic] *make* 外国[国内]製の自動車.

on the make 《口語》ひともうけしようとして.

make-be·lieve /méik-bəlì:v メイク・ベリーヴ/ 名 Ü （実際とは異なる）見せかけ.

— 形 （実際とは異なる）見せかけの.

▸形 a *make-believe* world 空想の世界.

mak·er /méikər メイカ/ 名（複 ~s /-z/）Ⓒ ❶ **作る人**. ❷ 製造会社, 製造元（☞manufacturer）.

make·shift /méikʃìft メイクシフト/ 形 一時の間に合わせの.

▸ a *makeshift* chair 代用のいす.

make·up, make-up /méikÀp メイカップ/ 名 ❶ Ü （俳優などの）メーキャップ, 化粧; 化粧品. ❷ Ⓒ 構成, 構造. ❸ Ⓒ （人の）性質.

▸ ❶ stage *makeup* 舞台用メーキャップ / She uses too much *makeup*. 彼女は化粧をしすぎる.

mak·ing /méikiŋ メイキング/ 名（複 ~s /-z/）❶ **作ること**, 製作, 製造, 構成. ❷ 《*the* をつけて》成功[発展(など)]の原因. ❸ 《*the makings* で》素質, 要素.

❶ the *making* of a TV series テレビのシリーズものの製作. ❷ The failure was *the making* of him. その失敗が彼の成功の原因となった.

in the making 製作中の, 発達中の, 未完成の状態の: A typhoon is *in the making*. 台風が発達中だ.

mal·ad·just·ed /mæləʤÁstid マラヂャスティド/ 形 （人が）社会環境に適応していない.

mal·a·dy /mælədi マラディ/ 名（複 -dies /-z/）Ⓒ ❶ 社会悪. ❷ （慢性の）病気.

ma·laise /məléiz マレイズ/ 名 Ü ❶ 気分がすぐれないこと. ❷ （社会の）沈滞, 不満.

ma·lar·i·a /məléəriə マレ(ア)リア/ 名 Ü 〖医学〗マラリア.

Ma·lay /məléi マレイ/ 名 ❶ Ⓒ マレー人. ❷ Ü マレー語.
— 形 ❶ マレー諸島[半島]の. ❷ マレー人の. ❸ マレー語の.

Ma·lay·sia /məléiʒiə マレイジア/ 名 マレーシア（首都 Kuala Lumpur）.

Ma·lay·sian /məléiʒiən マレイジアン/ 形 ❶ マレーシアの. ❷ マレーシア人の.
— 名 Ⓒ マレーシア人.

male /méil メイル/ 形 **男性の**, 男の; 雄(ぉす)の（反 female）.
— 名（複 ~s /-z/）Ⓒ **男性, 男**; 雄(ぉす)（反 female）.

形 a *male* cat 雄(ぉす)猫 / a *male* (voice) choir 男性合唱隊.
《同音異語》mail.

Ma·li /má:li マーリ/ 名 マリ（アフリカ西部の共和国）.

mal·ice /mælis マリス/ 名 Ü 悪意, 恨み.
▸ I bear no *malice* toward(s) him. 私は彼に対して悪意は少しももっていない.

ma·li·cious /məlíʃəs マリシャス/ 形 悪意をもった, 意地悪の. ▸ *malicious* rumors 意地の悪いうわさ.

ma·lig·nant /məlígnənt マリグナント/ 形 （病気が）悪性の.

mall /mɔ́:l モール/ 名 Ⓒ ショッピングセンター（❶《米》では shopping mall ともいい, 《英》では shopping centre ともいう）.

mal·le·a·ble /mæliəbl マリアブル/ 形 ❶ （金属が）打ち延べられる, 展性の. ❷ （人・性格が）柔順な, 影響されやすい.

mal·let /mælit マリット/ 名 Ⓒ 木づち.

mal·nour·ished /mælnə́:riʃt マルナーリシュト/ 形 栄養不良の.

mal·nu·tri·tion /mælnju:tríʃən マルヌートリション, ·ニュー·/ 名 Ü 栄養失調, 栄養不良.

malt /mɔ́:lt モールト/ 名 Ü 麦芽(ばくが), モル

Malta

ト《発芽させた大麦；ビール醸造用》.

Mal·ta /mɔ́ːltə モールタ/ 名 マルタ《地中海のシチリア島南方にある島；共和国》.

mal·treat /mæltríːt マルトリート/ 動 他 …を虐待(ぎゃくたい)する, 手荒く扱う.

mal·treat·ment /mæltríːtmənt マルトリートメント/ 名 U 虐待(ぎゃくたい), 手荒い扱い.

ma·ma /máːmə マーマ/ 名 C《幼児語》お母さん (mother).

mam·bo /máːmbou マーンボウ/ 名《複~s /-z/》C マンボ《キューバのダンス(曲)》.

mam·mal /mǽməl ママル/ 名 C 哺(ほ)乳動物.

mam·moth /mǽməθ マモス/ 名 C【動物】マンモス《有史以前の巨象》.
— 形 巨大な.
▶ 形 a *mammoth* tanker マンモスタンカー

***man /mǽn マン/ 名 《複 men /mén/》
❶ C ⓐ (大人の)**男性**, 男 (反 woman) 《◎女性と対比して「男性一般」をさす場合は無冠詞で用いられることもある》.
ⓑ 男らしい男, 一人前の男.
❷ U《冠詞をつけずに単数形で》《集合的に》**人類**, **人間** 《◎男性を表わすmanで男女を含めた人間を表わすのを避け, humans, human beings, people などを用いる傾向がある》.
❸ C《文語》(男女を問わず一般に) **人**.
❹ ⓐ《前に名詞をつけて》(…の)男.
ⓑ《a man of …》《ある性格・専門的仕事などをもった》男.
❺ C《ふつう **men** で》(男の)**部下**, 兵士；(男の)従業員；(チームの)(男の)メンバー.
❻ C ⓐ《所有格をつけて》夫, 彼氏, ボーイフレンド.
ⓑ《ふつう **man and wife** で》夫婦.
❼ C (チェスの)こま《◎ **chessman** ともいう》.
— 動 (~s /-z/; manned /-d/; manning) 他 ❶ …に人員を配置する.
❷ …を操作する, 任務につく.

・・・・・・・・・・・・・・・・・・・・・・・・・・

名 ❶ ⓐ He has become a fine *man*. 彼はりっぱなおとなになった / *Men* are generally taller than women. 男性は概して女性よりも背が高い.
ⓑ Be a *man*! 男らしくしなさい.
❷ *Man* is mortal. 人間は死ぬものだ / *Man* has been trying to control nature. 人類は自然を制御しようと努力してきた.
❸ Every *man* has his own merits. 人はだれでもその人なりの長所をもっている / All *men* are created equal. 人は皆平等に生まれついている.
❹ ⓐ He is a Cambridge *man*. 彼はケンブリッジ卒業生だ / He is a party *man*. 彼は政党人だ.
ⓑ He was *a man of* his word. 彼は約束を守る男だった / *a man of* action 活動家 / *a man of* ability 能力のある男 / *a man of* letters 文学者, 作家.
❺ He was loved by his *men*. 彼は部下[使用人たち]に愛された / officers and *men* 将校と兵士たち.
❻ ⓐ Steve is Jane's *man*. スティーブはジェーンの彼氏だ. ⓑ They are *man and wife*. 彼らは夫婦だ.

a man of the world 世の中のことをよく知っている人.

as one man 一致して, 満場一致で.

be one's own man (人の指図を受けない)自立した人間である.

make a man (out) of … …を一人前の男にする.

man to man 率直に.

the man ①《米口語》ボス. ②《英口語》あいつ.

the man of the moment 時の人, 話題の人.

the man on [《英》in] the street ふつうの人, 平均的市民.

to a man 《文語》ひとり残らず, みんなが.

to the last man = to a *man*.
☞❶では 形 **manly**.

*man·age /mǽnidʒ マニヂ/《★アクセント注意》動 (-ag·es /-iz/; man·aged /-d/; -ag·ing)
他 ❶ …を**管理する**, 経営する, 担当する.
❷ ⓐ (難しいこと)を**なんとか成しとげる**.
ⓑ《**manage to** *do*》なんとか__する.
❸ …をうまく扱う, 使う.
❹《口語》《**can** や **could** をともなって》
ⓐ …を食べられる.
ⓑ (時間・お金など)を都合する.
— 自 ❶ 事を処理する, 管理する.
❷《**can** をともなって》(困難な状況の中で)

なんとかやる.

— 他 ❶My uncle *manages* a convenience store. 私のおじはコンビニを経営をしている.
❷ⓐHe *managed* it without help. 彼は助けなしにそれを成しとげた.
ⓑShe *managed* to find his house. 彼女はどうにか彼の家をさがしあてた.
❸He is *managed* by his wife. 彼は妻のしりに敷かれて[言いなりになって]いる.
❹ⓐ*Can* you *manage* some more meat? 肉をもう少し食べられますか.
ⓑ*Could* you *manage* Monday for our meeting? 月曜日にお会いできますか.

— 自 ❶The vice-president will *manage* while the president is away. 社長のいない間は副社長がものごとを処理する. ❷We *cannot manage* without him. われわれは彼なしにはやっていけない.

☞ 名management.

man·age·a·ble /mǽnidʒəbl マニヂャブル/ 形 手におえる, 扱いやすい, 処理しやすい.

*__man·age·ment__ /mǽnidʒmənt マニヂメント/ 名 (複 ~s /-ts/)
❶Ⓤ経営, 運営, 管理.
❷ⓊⒸ《集合的に》(労働者に対して)経営者側, 経営幹部.

❶The store is under foreign *management*. その店は外国人の経営である.
❷A consultation will be held between labor and *management*. 労使間で協議が行なわれるだろう.

☞ 動manage.

*__man·ag·er__ /mǽnidʒər マニヂャ/ (★アクセント注意)名 (複 ~s /-z/) Ⓒ ❶**支配人**, **経営者**, マネージャー.
❷(芸能人などの)マネージャー;(演劇の)監督;(スポーツチームの)監督.
❸《前に形容詞をつけて》(家計などを)やりくりするのが…の人.

❶a general *manager* 総支配人 / a sales *manager* 販売部長[主任].
❷a stage *manager* 舞台監督 / a baseball *manager* 野球の監督.
❸She is a good〔poor〕*manager*. 彼女は(家計の)やりくりがうまい[へただ].

man·ag·ing /mǽnidʒiŋ マニヂング/ 形 経営する, 管理する, 統率する. ▶a *managing* director 専務取締役.

Man·ches·ter /mǽntʃestər マンチェスタ/ 名 マンチェスター《イギリスのイングランド北西部にある都市》.

man·da·rin /mǽndərin マンダリン/ 名
❶Ⓤ《Mandarin で》標準中国語.
❷Ⓒ《植物》= mandarin orange.

mándarin órange 名Ⓒ《植物》マンダリン《ミカンの一種; ✿ 単に mandarin ともいう》.

man·date /mǽndeit マンデイト/ 名Ⓒ
❶(政府・組織などがもつ)権限. ❷命令, 指令.

man·da·to·ry /mǽndətɔ̀ːri マンデトーリ/ 形 強制的な, 決められた.

mane /méin メイン/ 名Ⓒ(馬・ライオンなどの)たてがみ.

《同音異形語》main.

ma·neu·ver /mənjúːvər マヌーヴァ, ·ニュー·/ 名Ⓒ ❶ⓐ(軍隊・軍艦などの)作戦(行動), 巧妙な動き.
ⓑ策略.
❷《複数形で》(軍隊の)大演習.
— 動 他 …を巧みに動かす.

動 他 She *maneuvered* her car into the garage. 彼女は巧みに車をガレージに入れた.

man·ger /méindʒər メインヂャ/ 名Ⓒ かいばおけ, まぐさおけ.

man·gle /mǽŋgl マングル/ 動 (現分 mangling) 他 …をだいなしにする, めちゃめちゃにする.

man·go /mǽŋgou マンゴウ/ 名 (複 ~es, ~s /-z/) Ⓒ ❶《植物》マンゴー. ❷マンゴーの実.

man·grove /mǽŋgrouv マングロウヴ/ 名Ⓒ《植物》マングローブ《熱帯・亜熱帯の海岸, 河岸に生育する低木; 水中に根を出す》.

Man·hat·tan /mænhǽtn マンハトン/ 名 マンハッタン(島) 《✿アメリカのニューヨーク (New York) 市の一つの区で, 主要部はマンハッタン島(Manhattan Island)にある. 経済・商業・文化の中心となっている》.

man·hole /mǽnhòul マンホウル/ 名Ⓒ マ

ンホール《地下にある下水や配線などの修理や点検のために作ってあるふたのついた穴》.

***man·hood** /mǽnhùd マンフッド/ 名 U
❶ 成年男子であること (反 womanhood). ❷男らしさ,勇気.

・・・・・・・・・・・・・・・・・・・・・
❶ reach [arrive at] *manhood* 成年に達する.

man·hunt /mǽnhʌ̀nt マンハント/ 名 C (組織的な)犯人捜査 [*for*].

ma·ni·a /méiniə メイニア/《★発音注意》名 ❶ C (物事に対する)熱狂, 熱中.
❷ U [医学] 躁(そう)病(非常に興奮しやすく, ときには狂暴な動作をともなう精神病).
▶❶ He has a *mania* for computer games. 彼はコンピューターゲームマニアだ.

ma·ni·ac /méiniæ̀k メイニアック/ 名 C
❶ むちゃくちゃな人,気の狂った人.
❷ …狂,…マニア.
▶名 ❷ a car *maniac* 車マニア.

man·i·cure /mǽnəkjùər マニキュア/ 名 U C マニキュア (◎「足のつめの美容法」は pedicure).
— 動 他 …にマニキュアをする.

man·i·fest /mǽnəfèst マニフェスト/《★アクセント注意》形《文語》明白な,はっきりとした.
— 動 他 …をはっきり示す,表わす.
▶形 a *manifest* defect すぐわかる欠陥.
— 動 *manifest* oneself (気持ち・徴候などが)はっきり現れる.
☞ 名 manifestation.

man·i·fes·ta·tion /mæ̀nəfestéiʃən マニフェステイション/ 名 C はっきりした徴候.
☞ 動 manifest.

man·i·fes·to /mæ̀nəféstou マニフェストウ/ 名 (複 ~s, ~es /-z/) C (政府・政党などの)(政策)宣言, マニフェスト.

man·i·fold /mǽnəfòuld マニフォウルド/ 形《文語》多種の, 種々の. ▶形 *manifold* duties いろいろな仕事.

ma·nip·u·late /mənípjulèit マニピュレイト/ 動 (現分 -lat·ing) 他 ❶ (器具など)を巧みに扱う,じょうずに動かす.
❷ (人・世論など)を巧みにあやつる.

ma·nip·u·la·tion /mənìpjuléiʃən マニピュレイション/ 名 U C 巧みな操作; ごまかし.

ma·nip·u·la·tive /mənípjulèitiv マニピュレイティヴ/ 形 人を巧みにあやつる.

***man·kind** /mænkáind マンカインド/《★アクセント注意》名 U 《集合的に》人類, 人間.

man·li·ness /mǽnlinəs マンリネス/ 名 U 男らしさ.

man·ly /mǽnli マンリ/ 形 男らしい (反 unmanly)(◎ よい意味に用いる; ☞ womanly). ▶ He behaved in a *manly* way. 彼は男らしくふるまった.
☞ 名 man ❶.

man·made /mǽn-méid マン・メイド/ 形 (自然ではなく)人間の作った,人工の (☞ artificial).
▶ a *man-made* satellite 人工衛星.

manned /mǽnd マンド/ 形 (操縦する)人を乗せた,乗組員のいる.

man·ne·quin /mǽnikin マネキン/ 名 C マネキン人形.

***man·ner** /mǽnər マナ/ 名 (複 ~s /-z/)
❶ C **方法**, やり方 (◎ way よりも形式張った言い方).
❷ C (他の人に対する)**態度**.
❸《複数形で》**行儀**, 作法, マナー.
❹《複数形で》風俗, 習慣.
❺ U 種類.

・・・・・・・・・・・・・・・・・・・・・
❶ Her *manner* of speaking is elegant. 彼女の話し方はエレガントだ.
❷ She spoke in a decisive *manner*. 彼女は断固とした態度で話した.
❸ Where are your *manners*, Jack?《子どもに向かって》ジャック, お行儀はどうしたの / have no *manners*. 礼儀知らずなことをする / table *manners* 食事の作法.
❹ the *manners* and customs of the West 西洋の風俗習慣.

all manner of ... いろいろな….
in a manner of speaking《文語》ある意味では,いわば.
《同音異形語》manor.

man·ner·ism /mǽnərìzm マナリズム/ 名 ❶ C (話し方・身ぶりなどの)癖. ❷ U マンネリズム (芸術の表現が型にはまっていて新鮮味がないこと).

man·nish /mǽniʃ マニシュ/ 形 (女が)男みたいな (☞ womanish).

ma·noeu·vre /mənjú:vər マヌーヴァ,

abcdefghijkl**m**nopqrstuvwxyz　　　　　　　　　　　　　　　　　**many**

・ニュー・/ 名動《英》= maneuver.

man·or /mǽnər マナ/ 名C ❶(広い土地付きの)古い大邸宅. ❷= manor house.
《同音異形語》manner.

mánor hòuse 名C《英》荘園領主の邸宅.

man·po·wer /mǽnpàuər マンパウア/ 名U労働力, 人的資源.

man·sion /mǽnʃən マンション/ 名C (個人の豪壮な)大邸宅.

INFO 日本でマンションというと少し高級なアパートのことをさすが, 英米では社会的に高い地位にある人の大邸宅を意味する. 日本でいうマンションは《米》の condominium (分譲マンション)または, apartment (house), 《英》の flat にあたる.

man·slaugh·ter /mǽnslɔ̀:tər マンスロータ/ 名U【法律】故殺罪(殺意がなくて人を殺害すること; ♦ murder より軽い罪).

man·tel /mǽntl マントル/ 名= mantelpiece.

man·tel·piece /mǽntlpì:s マントルピース/ 名Cマントルピース《暖炉の前面上部で木や大理石の装飾がある; ☞ living room のさし絵》.

man·tle /mǽntl マントル/ 名C《文語》おおい, 幕; おおいのようなもの.

***man·u·al** /mǽnjuəl マニュアル/ 形手の, 手による, 手でする; 手動の.
—— 名C解説書, 手引書, 案内書.
▶形 *manual* industry 手工業 / a *manual* worker 肉体労働者 / (a) *manual* control 手動制御(装置).
—— 名 a gardening *manual* 園芸手引書.

man·u·al·ly /mǽnjuəli マニュアリ/ 副手で; 手動で.

***man·u·fac·ture** /mǽnjufǽktʃər マヌファクチャ, マニュ・/ 動(~s /-z/; -factured /-d/; -tur·ing /-tʃəriŋ/)他(機械を用いて大規模に)…を**製造する**, 製作する.
—— 名U(大規模の)**製造**, 製作.

動 The factory *manufactures* cars. その工場は車を作っている.
—— 名 the *manufacture* of ships 船の製造.

***man·u·fac·tur·er** /mǽnjufǽktʃərər マヌファクチャラ, マニュ・/ 名(複 ~s /-z/)

C(大規模な)**製造業者**, 製造会社, メーカー.

man·u·fac·tur·ing /mǽnjufǽktʃəriŋ マヌファクチャリング, マニュ・/ 名U製造(業).

ma·nure /mənjúər マヌア, マニュア/ 名U肥料《家畜のふんなど; ♦「化学肥料」は fertilizer》.

***man·u·script** /mǽnjuskript マニュスクリプト/ 名(複 ~s /-ts/)C ❶(本や記事の)**原稿**. ❷(昔の)写本.

****man·y** /méni メニ/ 形 (more; most) **多くの**, たくさんの (反few)《☞several の 語法》.
—— 代**多数, 大勢[多数]の人**.

形 Did you see *many* people there? そこでたくさんの人に会いましたか / He doesn't read very *many* books. 彼はあまり本を読まない / There are too *many* words to learn. 覚えなければならない単語が多すぎる.

—— 代*Many* wish to visit America. アメリカに行きたがっている人は多い / *Many* of the apples are rotten. そのリンゴの中にはくさっているのがたくさんある.

語法 (1) 複数を表わす名詞をともない, 数が多いことを表わす. 量が多いことを表わすのは much. (2)《口語》では主として否定文, 疑問文, 条件文に用い, 肯定文では, 主語を修飾するかまたは too, so, as, how に続く場合以外には, 代わりに a lot of, lots of, plenty of, a large number of, a great many などを用いることが多い.

a good many かなり多数(の), 相当な数(の): He has *a good many* friends. 彼にはかなりたくさんの友だちがいる / *A good many* of them were absent. 彼らのうちのかなりの人数が欠席した.

a great many (非常に)たくさん(の): I saw *a great many* ducks there. 私はそこでたくさんのカモを見た.

as many (前に述べたものの数と)**同数(の)**: She has two sisters and I have *as many*. 彼女にはふたりの姉妹があるが, 私も同じだ / I found six mis-

eight hundred and thirteen　　　　　　　　　　　　　　　813

Maori

takes in *as many* lines. 6行に6個の誤りが見つかった.

as many again 2倍の(数)：I have ten, but I will need *as many again*. 10はあるのだが倍の20は必要だろう.

as many as ... ①…と同じ数だけ(のもの)：You can have *as many as* you want. ほしいだけ(の数)あげます. ②《数詞の前で》…ほどの(たくさんの)数の, …もの(数の)：She visited *as many as* eleven countries. 彼女は11か国も訪れた.

be one too many 1人[ひとつ]だけ多すぎる, 余計である：He *is one too many* on our team. 彼はわれわれのチームでは余計者である.

many a(n) 《文語》《単数形の名詞の前で；単数扱い》多くの：He waited *many a* day. 彼はなん日も(なん日も)待った.

so many ①そんなに多くの：Does she have *so many* friends? 彼女はそんなにたくさん友だちがいるのですか. ②いくついくつの：In Japan we say that a room has *so many* mats. 日本では部屋はなん畳であると言う／ ことわざ *So many* men, *so many* minds. 「十人十色」.

Mao·ri /máuri マウリ/ 名 ❶Ⓒマオリ人《ニュージーランド原住民》. ❷Ⓤマオリ語.
— 形 ❶マオリ人の. ❷マオリ語の.

***map /mǽp マップ/
名 (複 ~s /-s/) Ⓒ (一枚の)**地図**.
— 動 (~s /-s/; mapped /-t/; mapping) 他 …の地図を作る.

> 類語 **map** が集まって「地図帳」になったものは **atlas**,「海図」は **chart**.

名 draw〔read〕a *map* 地図を書く〔読む〕／ a road *map* 道路図 ／ a weather *map* 天気図 ／ on the *map* 地図にのって.

off the map 《口語》へんぴな.

put ... on the map …を有名[重要]にする：The discovery of oil *put* that country *on the map*. 石油が出たのでその国は有名になった.
— 動 ***map out*** 他 …を綿密に計画する.

ma·ple /méipl メイプル/ 名 ❶Ⓒ 【植物】カエデ, モミジ. ❷Ⓤカエデ材.

máple lèaf 名Ⓒカエデの葉.

> **INFO** maple leaf はカナダ (Canada) の国章で, その国旗はサトウカエデ (sugar maple) の葉をかたどったものである.

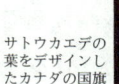

サトウカエデの葉をデザインしたカナダの国旗

máple sýrup 名Ⓤメープルシロップ, カエデ糖みつ.

Mar. 《略語》March.

mar·a·thon /mǽrəθɑ̀n マラサン/ 名Ⓒ ❶マラソン《26マイル385ヤード (42キロ195メートル) が標準距離》. ❷忍耐力を要するもの.

> **INFO** 紀元前490年にギリシア軍がペルシア軍をマラトン (Marathon) の野で破ったという知らせをアテネ (Athens) の一兵士がマラトンからアテネまで約25マイルを走り続けて伝え, その直後に倒れて死んだということからきたことばである.

▶ ❶run a *marathon* マラソンを走る.

*mar·ble /má:rbl マーブル/ 名 (複 ~s /-z/) ❶Ⓤ**大理石**.
❷Ⓒ (遊びに用いる)ビー玉；《複数形で単数扱い》ビー玉遊び《円の中のビー玉を別のビー玉で円の外にはじき飛ばして遊ぶ》.
❸《形容詞的に》大理石(製)の.

❷play *marbles* ビー玉遊びをする.
❸a *marble* bust 大理石の胸像.

***March /má:rtʃ マーチ/ 名 **3月**
《❖Mar. と略す； ☞ January の 語法》.

*march /má:rtʃ マーチ/ 動 (~es /-iz/; ~ed /-t/; ~ing) 自 ❶ⓐ**行進する**, ねり歩く, 進軍する.
ⓑ (集団で)デモ行進する.
❷ずんずん歩く[進む].
— 他 …を行進させる, 進軍させる.
— 名 (複 ~es /-iz/) Ⓒ ❶ⓐ**行進**, 進軍. ⓑデモ行進.
❷【音楽】**行進曲**, マーチ.

動 自 ❶ⓐ The brass band *marched*

abcdefghijkl **m** nopqrstuvwxyz　　　　　　　　　　　　　　　　　　　　**mark**

along the street. ブラスバンドは通りを行進した / *march* against the enemy 敵に向かって進軍する.
❷He *marched* into the crowd. 彼は人ごみの中へずんずん入って行った.
— 他 The sergeant *marched* his men. その軍曹は部下を行進させた.
— 名 ❶ⓐhave a two-kilometer *march* 2キロ行進する.
ⓑan anti-nuclear *march* 核兵器反対のデモ行進.
on the march ①行進中で. ②進行中で, 進歩中で.

Mar·di Gras /máːrdi gràː マーディグラー/ 名 マルディグラ (謝肉祭 (carnival) の最終日).

mare /méər メア/ 名 C 雌馬, 牝馬 (⇨horse).

Mar·ga·ret /máːrgərət マーガレト/ 名 マーガレット (女性の名; 愛称 Maggie, Meg, Peggie, Peggy, Peg).

mar·ga·rine /máːrdʒərin マーチャリン | màːdʒəríːn/ (★発音注意) 名 U マーガリン.

*__mar·gin__ /máːrdʒin マーヂン/ 名 (複 ~s /-z/) C ❶ (ページなどの) 余白, 欄外.
❷ⓐ (時間・空間・経費などの) 余裕, 余地.
ⓑ (得点などの) 差.
❸ 【商業】原価と売値の差, マージン.

❶I wrote notes in the *margin* of the page. ページの余白に私は注を書いた. ❷ⓐThe schedule leaves no *margin* for delays. 計画は遅れる余地はない. ⓑHe won by a *margin* of three votes. 彼は3票差で勝った.
❸There was a large (profit) *margin* in the deal. その取り引きには大きなマージンがあった.

by a narrow 〔***wide***〕 ***margin*** きわどい差〔大差〕で : He came in first *by a narrow margin* in the 100-meter dash. 彼は100メートル競走で少差で1位になった.
☞ 形 marginal.

mar·gin·al /máːrdʒinl マーヂヌル/ 形 (重要性・数量などが) 少ない, わずかな.
▶a *marginal* effect わずかな効果.
☞ 名 margin.

mar·i·jua·na, mar·i·hua·na /mærə-hwáːnə マリ(ホ)ワーナ/ 名 U マリファナ.

ma·ri·na /məríːnə マリーナ/ 名 C マリーナ (ヨットやモーターボートなどをつないでおく小さな港).

mar·i·nade /mærənéid マリネイド/ 名 UC マリネ (酢, ワイン, 油, 香辛料などを合わせた漬(つ)け汁).
— 動 = marinate.

mar·i·nate /mærənèit マリネイト/ 動 (現分 -nat·ing) 他 (肉・魚) をマリネに漬ける.

*__ma·rine__ /məríːn マリーン/ 形 ❶海の; 海にすむ; 海産の. ❷船舶の; 海運の.
— 名 (複 ~s /-z/) ❶ C 水兵; (アメリカの) 海兵隊員. ❷ 《the Marines で》= Marine Corps.

❶ *marine* biology 海洋生物学 / a *marine* plant 海草.
❷ *marine* transportation 海運, 海上輸送.

Maríne Còrps /-kɔ̀ːr コー/ (★発音注意) 名 《the をつけて》 (アメリカ) 海兵隊 (陸, 海, 空の戦闘のできる独立部隊).

maríne insùrance 名 U 海上保険.

mar·i·o·nette /mæriənét マリオネット/ 名 C (糸で動かす) あやつり人形 (✿「(人形劇の) 人形」は puppet).

marionette

mar·i·tal /mærətl マリトル/ 形 結婚の, 夫婦の.

mar·i·time /mærətàim マリタイム/ 形
❶海の, 海上の; 海運の.
❷沿海の, 海岸の.
▶❶ *maritime* law 海上法.

Mark /máːrk マーク/ 名 ❶ マーク (男性の名). ❷ 【聖書】 《Saint Mark で》 聖マルコ.

*__mark__¹ /máːrk マーク/
名 (複 ~s /-s/) C ❶ しるし, 記号, 符号,

mark

マーク.
❷ **斑点**(はん), **跡**, 痕跡(こんせき); きず, しみ.
❸ **目じるし**; **目標**, 標的.
❹ (試験の)**点数**, 評点 (☞ report card).
❺ (気持ちなどの)**現われ**, 徴候, 特徴.
❻ 《**the** をつけて》標準.
❼ 〔競技〕出発点, スタートライン.

― **動** (~s /-s/; ~ed /-t/; ~ing) 他
❶ⓐ …に**しるしをつける**, しみ[傷]をつける. ⓑ (文字・記号などを)書く.
ⓒ 《mark ... with ~》…に~のしるしをつける.
❷ⓐ …を**示す**, 表わす, …のしるしである.
ⓑ 《mark ... as ~》…が~であることを示す.
❸ⓐ …を**特色づける**, 特徴となる.
ⓑ …を記念する.
❹ …を**採点する**.
❺ …に**注意を払う**.

名 ❶ What does this *mark* stand for? このしるしは何を表わしているのですか / punctuation *marks* 句読点.
❷ His dirty hand left a *mark* on the table. 彼の汚い手がテーブルに跡を残した / the *mark* of a wound 傷跡 / a *mark* of blood 血痕(けっこん).
❸ The arrow hit the *mark*. その矢は目標に当たった (☞ 成句 hit the *mark*).
❹ My *mark* in English was B. 私の英語の点はBだった / get full *marks* in geography 《英》地理で満点を取る / the pass(ing) *mark* 及第点 / a failing [failure] *mark* 落第点.
❺ We saw the *mark* of confusion on his face. われわれは彼の顔に困惑の表情を見た / a *mark* of respect 尊敬のしるし.
❻ below [beneath] the *mark* 標準以下で.
❼ (☞ 成句 On your *mark*(s)!)

hit the mark ①的中する: You *hit the mark*. まさにその通りです. ②目的を達成する, 成功する: The new product *hit the mark*. その新製品は当たった.
leave one's ***mark*** …の(悪)影響を残す.
make one's ***mark*** (***on***) ... (…で)(人の)記憶に残る, 有名になる.
miss the mark ①的をはずす, 当たらない: You *missed the mark*. 言うことが的はずれです. ②失敗する.
not up to the mark 水準に達していない, よくない: His new novel is *not up to the mark*. 彼の新しい小説は水準に達していない.
off the mark = wide of the *mark*.
On your mark(s)! 位置について《競技, 競泳の際のスターター(starter)の合図》: *On your marks*! Get set! [Set!] Go! 位置について, 用意, スタート(《英》ではまた Ready, Steady, Go! ともいう).
wide of the mark 的をはずれて, 見当違いで: His answer was *wide of the mark*. 彼の答えは見当違いだった.

― **動** 他 ❶ⓐ *Mark* the words that you can't understand. わからない語にしるしをつけなさい / This table is badly *marked*. このテーブルはひどく傷がついている. ⓑ He *marked* the price *on* the shoes. 彼はそのくつに値段をつけた. ⓒ The bottle *marked* the table cloth *with* rings. びんがテーブルクロスに輪形の跡をつけた.
❷ⓐ This line *marks* your height. この線が君の背の高さを示している.
ⓑ His accent *marked* him *as* a man from the Kansai district. 彼のなまりは彼が関西の人ということを表わしていた.
❸ⓐ Computerization *marks* the second half of the 20th century. コンピューター化が20世紀後半の特徴となっている.
ⓑ A concert *marked* the twentieth anniversary of the foundation of the school. その学校の創立20周年を記念してコンサートが催された.
❹ He is *marking* our papers. 彼は私たちのレポートを採点している.
❺ *Mark* my words. さあよく聞きなさい / *Mark* carefully *how* he does it. 彼がどのようにしてやるかをよく注意して見なさい.

mark down 他 ①…を値下げする. ②(人)の点数を下げる. ③…を書き留める.
mark off 他 …を線で区画する: The building site is *marked off* on the map. 建設予定地ははっきりと地図の上に

mark out 他 (グランド・コートなど)を線を引いて示す: *mark out* a tennis court テニスコートの(白)線を引く.

mark up 他 ①…を値上げする. ②(人)の点数を上げる.

mark² /má:rk マーク/ 名Ｃマルク《ドイツの旧貨幣単位; ✪ Deutsche mark ともいう》.

marked /má:rkt マークト/ 形 ❶しるしのついている; 記号のついた.
❷明らかな, 目だった.
▶ ❶ *marked* paper bags しるしのついている紙袋. ❷a *marked* tendency はっきりした傾向.

mark·ed·ly /má:rkidli マーキドリ/《★発音注意》副明らかに, 目だって.

mark·er /má:rkər マーカ/ 名Ｃ ❶目じるし, しるし. ❷サインペン.

***mar·ket** /má:rkit マーキット/

名 (複 ~s /-ts/) ❶Ｃ**市場**(いちば), 市(いち).
❷Ｃ**食料品店**, マーケット.
❸《the をつけて》**市場**(しじょう), 取引; 株式市場.
❹Ｃ ⓐ(商品の売りこみ先としての)**市場**《国・地域など》, 販路. ⓑ(商品を購入する)市場, 《集合的に》購買者.
❺Ｃ**相場**, 市況.
— 動 (~s /-ts/; ~ed /-id/; ~ing) 他 …を市場へ出す, 売りに出す.

名 ❶The next *market* is on Monday. 次の市場(が立つ日)は月曜日です / a cattle *market* 牛の市.
❷a fish〔meat〕*market* 魚〔肉〕屋.
❸the stock *market* 株式市場 / the job *market* 求人市場.
❹ⓐforeign *markets* 海外市場.
ⓑthe *market* for supplements サプリメントの市場.
❺The *market* is dull. 相場は沈滞している / an active *market* 活発な相場.

in the market for ... …を買う気になって, 求めて.

on the market 市場〔売り物〕に出て: His house is *on the market*. 彼の家は売り物に出ている.
— 動 他 *market* vegetables 野菜を市場に出す.

mar·ket·a·ble /má:rkitəbl マーキタブル/ 形よく売れる, 市場性のある.

márket dày 名Ｃ市(いち)の開かれる日.

mar·ket·ing /má:rkitiŋ マーケティング/ 名Ｕ ❶市場での売買. ❷マーケティング《商品を販売するための市場調査, 製品計画, 流通, 販売, 広告などの活動》.

mar·ket·place /má:rkitplèis マーキトプレイス/ 名Ｃ ❶市場(しじょう)での売買. ❷市場(いちば)《市(いち)の開かれる広場》.

márket resèarch 名Ｕ市場調査.

márket vàlue 名Ｕ【経済】市場価値〔価格〕.

mark·ing /má:rkiŋ マーキング/ 名 ❶Ｕしるしをつけること; 採点. ❷《ふつう複数形で》ⓐしるし, 点. ⓑ(とくに鳥獣の)斑点(はんてん), しま.

marks·man /má:rksmən マークスマン/ 名 (複 marks·men /-mən/)Ｃ射撃の名人.

Mark Twain /má:rk twéin マーク トウェイン/ 名マークトウェイン《1835–1910; アメリカの小説家》.

mar·lin /má:rlin マーリン/ 名Ｃ【魚類】マカジキ.

mar·ma·lade /má:rməlèid マーマレイド/ 名Ｕマーマレード《オレンジなどの果物を皮ごと小さく切って砂糖で煮たジャムの一種》.

ma·roon /mərú:n マルーン/ 名Ｕくり色, えび茶色.
— 形 くり色の, えび茶色の.

ma·rooned /mərú:nd マルーンド/ 形 (人が)置き去りにされて.

mar·quee /ma:rkí: マーキー/ 名Ｃ
❶《米》(劇場・ホテルなどの入口にある)ひさし. ❷(野外行事用の)大テント.

***mar·riage** /mǽridʒ マリヂ/ 名 (複 -riag·es /-iz/)
❶ＵＣ**結婚**; **結婚生活**.
❷Ｃ**結婚式**《✪ふつう wedding ceremony という》.

❶He proposed *marriage* to her. 彼は彼女に結婚を申しこんだ / (an) arranged *marriage* 見合い結婚 / (a) love *marriage* 恋愛結婚 / Her *marriage* is a happy one. 彼女の結婚生活は幸せだ.

☞ 動 marry.

mar·ried /mǽrid マリッド/ 形
❶ 結婚している (反 single).
❷ 結婚の, 夫婦の.

❶ a *married* couple 夫婦 / a *married* lady 既婚の婦人. ❷ *married* life 結婚生活.
be married ①結婚している：They have *been married* seven years. 彼らは結婚して7年になる. ②結婚する：They will *be married* soon. 彼らはじきに結婚する.
***get married* (to ...)** (…と)結婚する：John *got married to* Susan. ジョンはスーザンと結婚した (◎with は用いないことに注意).

mar·row /mǽrou マロウ/ 名 Ü ❶ 骨髄(ずい) (bone marrow).
❷ UC 《英》カボチャ.

***mar·ry** /mǽri マリ/ 動 (mar·ries /-z/; mar·ried /-d/; ~ing) 他 ❶ …と結婚する (☞married).
❷ (牧師が)…の結婚式を行なう.
— 自 結婚する.

他 ❶ He *married* my sister. 彼は私の妹と結婚した (◎with をともなわないことに注意; ☞ 成句 be *married*, get *married* (to ...)).
❷ The minister *married* my brother and Naoko. 牧師さんが兄と直子さんの結婚式をあげてくれた.
— 自 He *married* young. 彼は若い時に結婚した / ことわざ *Marry* in haste, repent at leisure. あわてて結婚, ゆっくり後悔.
marry into ... 結婚して…の一員となる.

Mars /mάːrz マーズ/ 名 ❶ 【天文】火星 (☞planet). ❷ 【ローマ神話】マルス《戦争の神》.

marsh /mάːrʃ マーシュ/ 名 (複 ~es /-iz/) UC 沼地, 湿地. ☞ 形 marshy.

mar·shal /mάːrʃəl マーシャル/ 名 C
❶ (軍の)高官, 元帥. ❷ (行事の)進行係.
❸ 《米》ⓐ 連邦保安官. ⓑ 警察[消防]署長.
— 動 (~s /-z/; ~ed, 《英》 mar·shalled /-d/; ~ing, 《英》 -shal·ling) 他 ❶ (事実など)を整理する. ❷ …を整列させる.

marsh·mal·low /mάːrʃmèlou マーシュメロウ/ 名 C マシュマロ《でん粉, 砂糖, ゼラチンなどで作る白くて柔(やわ)らかい菓子》.

marsh·y /mάːrʃi マーシィ/ 形 沼地の, 湿地の; 沼地の多い.
☞ 名 marsh.

mar·su·pi·al /maːrsúːpiəl マースーピアル/ 名 C 有袋動物《コアラ・カンガルーなど》.

mart /mάːrt マート/ 名 C 市場, マーケット (market).

Mar·tha /mάːrθə マーサ/ 名 マーサ《女性の名》.

mar·tial /mάːrʃəl マーシャル/ 形 戦争の, 軍隊の.

mártial árts 名 複 格闘技, 武道《空手, 柔道など》.

mártial láw 名 Ü 戒厳令.

Mar·tian /mάːrʃən マーシャン/ 形 火星 (Mars)の. — 名 C 火星人.

Mar·tin /mάːrtn マートン/ 名 マーティン《男性の名》.

Mártin Lù·ther Kíng Dày 名 Ü 《米》キング牧師の日《黒人公民権運動の指導者キング牧師の誕生を祝う法定休日; 1月の第3月曜日》.

mar·tyr /mάːrtər マータ/ 名 C ❶ (とくにキリスト教の)殉教者.
❷ (信念・主義などのために)殉じる人.
— 動 他 (主義・信仰などをとがめて)(人)を殺す.
▶名 ❷ die a *martyr* to liberty 自由のために命を捨てる.

mar·tyr·dom /mάːrtərdəm マータダム/ 名 Ü 殉教, 殉死.

mar·vel /mάːrvəl マーヴェル/ 名 (複 ~s /-z/) C すごいこと[人] (◎wonder より格式張った語).
— 動 (~s /-z/; ~ed, 《英》 mar·velled /-d/; ~ing, 《英》 mar·vel·ling) 自 […を]すごいと思う [at].
▶名 This computer is a *marvel* of modern engineering. このコンピューターは現代工学の驚異である / It is a *marvel* that the people survived. その人たちが生き延びたのは驚きだ.
☞ 形 marvelous.
— 動 自 Everybody *marveled at* the Japanese gymnast's skills. みんなその日本の体操選手の技術をすごいと思った.

abcdefghijkl **m** nopqrstuvwxyz　　　　　　　　　　**mass**

*mar·vel·ous, (英)**mar·vel·lous** /máːrvələs マーヴェラス/ 形 (more ~; most ~) **すごい**, すばらしい, 驚くべき.
▶It was a *marvelous* show. すばらしいショーだった / The medicine had a *marvelous* effect on him. その薬は彼にすごくきいた.
☞ 名 marvel.

mar·vel·ous·ly, (英)**mar·vel·lous·ly** /máːrvələsli マーヴェラスリ/ 副 すごく, 驚くばかりに.

Marx·ism /máːrksizm マークスィズム/ 名 U マルクス主義.

Marx·ist /máːrksist マークスィスト/ 名 C マルクス主義者.
— 形 マルクス主義(者)の.

Mar·y /méəri メ(ア)リ/ 名 ❶ メアリー (女性の名; 愛称 May, Molly, Polly). ❷ 聖母マリア (✪the Virgin Mary ともいう).

Mar·y·land /méərələnd メ(ア)リランド/ 名 メリーランド (アメリカ東部の州; ✪〔郵便〕MD と略す).

masc. (略語) masculine.

mas·ca·ra /mæskǽrə マスカラ/ 名 U マスカラ (まつげを染めて長く見せる化粧品).

mas·cot /mǽskɑt マスコット/ 名 C マスコット (幸運をもたらすと思われている人[動物, もの]).

mas·cu·line /mǽskjulin マスキュリン/ 形 ❶ 男性的な, 男らしい (反 feminine). ❷ 〔文法〕 男性の (反 feminine).
▶❷the *masculine* noun 男性名詞.
☞ 名 masculinity.

mas·cu·lin·i·ty /mæskjulínəti マスキュリニティ/ 名 U 男らしさ.
☞ 形 masculine.

mash /mǽʃ マッシュ/ 動 (三単現 ~es /-iz/) 他 …をすりつぶす.

máshed po·tá·to /mǽʃt- マッシュト-/ 名 U マッシュポテト (ジャガイモをゆでてすりつぶしたもの).

*mask /mǽsk マスク | máːsk/ 名 (複 ~s /-s/) C ❶ (顔を保護する)**マスク**.
❷**面**, 仮面 (顔を隠すためのもの; 仮面[仮装]舞踏会や仮面劇などで使われる).
❸ 覆(おお)い隠すもの.
— 動 他 ❶ …に仮面をつける (反 unmask). ❷ (感情など)を隠す, 覆う.

名 ❶ a fencing *mask* フェンシング用マスク. ❷ wear a lion *mask* ライオンの面をつける. ❸ His smile was a *mask* to hide his fear. 彼のほほえみは心の恐怖を隠すためのものだった.

put on a mask 仮面をかぶる, 正体を隠す.

wear a mask 仮面をかぶっている, 正体を隠している.

masked /mǽskt マスクト/ 形 仮面をかぶった, 覆面した.

ma·so·chism /mǽsəkìzm マゾキズム/ 名 U マゾヒズム (苦痛を受けることによって満足を得る異常性欲; ☞ sadism).

ma·so·chist /mǽsəkist マゾキスト/ 名 C マゾヒスト (苦痛を受けることによって満足を得る異常性欲をもつ人; ☞ sadist).

mas·o·chis·tic /mæsəkístik マゾキスティック/ 形 マゾヒズム的な, マゾの.

ma·son /méisn メイスン/ 名 C ❶ 石工(いしく), 石屋 ((米)ではれんが工を兼ねる). ❷ 《Mason で》= Freemason.

ma·son·ry /méisnri メイスンリ/ 名 U 石[れんが]工事.

mas·quer·ade /mæskəréid マスカレイド/ 名 C ❶ (本当の気持ちなどを隠す)みせかけ. ❷ 仮面[仮装]舞踏会.
— 動 (現分 -ad·ing) 自 〔…に〕変装する, 〔…に〕見せかける 〔as〕.

Mass /mǽs マス/ 名 (複 ~es /-iz/) U C ミサ (カトリック教会の聖餐(さん)式).

*mass /mǽs マス/ 名 (複 ~es /-iz/)
❶ ⓐ C (大きな)**かたまり**, 集団.
ⓑ 《形容詞的に》 集団の; 大量の, 大規模な.
❷ 《**a mass of ...** または **masses of ...**》 **多数の…**, 多量の… (✪…には単数名詞も複数名詞もくる).
❸ ⓐ 《**the masses** で》 **一般大衆**, 庶民.
ⓑ 《形容詞的に》 大衆の.
❹ 〔物理〕 質量.
— 動 (三単現 ~es /-iz/) 他 …をひとかたまりにする.
— 自 ひとかたまりになる.

名 ❶ ⓐ I see large *masses* of clouds. いくつもの雲の大きなかたまりが見える. ⓑ a *mass* game 集団競技 / *mass* psychology 群集心理.
❷ *a mass of* papers たくさんの書類 / *a mass of* mud たくさんの泥.

Massachusetts

❸ⓐappeal to *the masses* 大衆に呼びかける / *the* working *masses* 一般労働者. ⓑ*mass* entertainment 大衆娯楽 / *mass* education 大衆教育.

☞形**massive**.

Mas·sa·chu·setts /mǽsətʃúːsits マサチュースィッツ/ 名マサチューセッツ《アメリカ北東部の州; 州都ボストン (Boston); ✿【郵便】MA と略す》.

mas·sa·cre /mǽsəkər マサカ/ 名UC大虐殺.
— 動 (現分 -sa·cring /-səkəriŋ/) 他 《多数の人[動物]を》虐殺する.

mas·sage /məsάːʒ マサージ | mǽsɑːʒ/ 名UCマッサージ.
— 動 (現分 -sag·ing) 他 …にマッサージをする.

máss communicátion 名U《新聞・テレビなどによる》大衆[大量]伝達《✿日本語の「マスコミ(ュニケーション)」は mass media(テレビ・新聞など)をさす》.

mas·sive /mǽsiv マスィヴ/ 形
❶大きくて重い, 巨大な.
❷(規模や程度などが)たいへん大きい.

❶a *massive* building 巨大なビル.
❷a *massive* explosion 大爆発.
☞名**mass**.

máss média /-míːdiə -ミーディア/ 名複《the をつけて》マスメディア, 大衆伝達の手段《✿テレビ, 新聞, 雑誌などをさし, 日本語の「マスコミ」にあたる; 単に the media ともいう》.

mass·pro·duce /mǽsprədjúːs マスプロデュース, -デュース/ 動 (現分 -duc·ing) 他 …を大量生産する.

máss prodúction 名Uマスプロ, (機械による)大量生産, 量産.

mast /mǽst マスト/ 名C ❶【海事】マスト, 帆柱. ❷(放送用)鉄塔.

＊**mas·ter** /mǽstər マスタ | mάːstə/ 名《複 ~s /-z/》C ❶ⓐ名人, 達人, 大家.
ⓑ《形容詞的に》名人の, 熟練した.
❷《文語》ⓐ(男の)主人, 雇い主, 親方.
ⓑ(動物の)飼い主.
❸《英文語》(男の)先生《☞mistress, schoolmaster》.
❹《ふつう Master で》修士号, 修士《Bachelor (学士)の上, Doctor (博士)の下》.

❺《Master ... で》《口語》…ぼっちゃん, …様.
❻ⓐマスター, 原盤《レコードや文書などの複製の元となるもの》. ⓑ《形容詞的に》(テープなどの)元になる, 元の.

— 動 (~s /-z/; ~ed /-d/; -ter·ing /-təriŋ/) 他 ❶(技術など)を習得する, 身につける.
❷ⓐ…を支配する, 思いどおりにする.
ⓑ(感情)を制御する.

名 ❶ⓐa *master* of painting 絵の大家 / a chess *master* チェスの名人.
ⓑa *master* guitarist ギターの名人.
❸a music *master* 音楽の先生.
❹ a *Master* of Arts 文学修士 (MA, A.M. と略す) / a *Master* of Science 理学修士 (✿M.S., M.Sc. と略す) / a *master*'s degree 修士号.
❺*Master* Charles チャールズぼっちゃん.

be master in one's own house 他人の干渉を受けないで自由に自分のことができる.

be master of ... …を支配している, …を自由にできる: He *is master of* his own time. 彼は時間を自分の好きなように使える.

be one's own master 自分の思いどおりのことができる: He likes *being his own master*. 彼は自分の思いどおりにやりたがる.

☞形**masterful**.
— 動 他 ❶He has *mastered* English. 彼は英語をマスターした.

mas·ter·ful /mǽstərfəl マスタフル/ 形
❶人扱いの上手な. ❷技術のすぐれた, 名人の.

☞名**master**.

máster kéy 名C マスターキー, 親かぎ《どのかぎにも合うように作られている》.

mas·ter·mind /mǽstərmàind マスタマインド/ 名C (頭のよい)立案者, 首謀者.
— 動 他 (活動・犯罪などを)立案指導する.

máster of céremonies 名《複 mas·ters /-z/ of ceremonies》C (集会・夕食会・ショーなどの)司会(者), 進行係《✿M.C. と略す》.

mas·ter·piece /mǽstərpìːs マスタピース

| má:stəpìːs/ 名 (複 -piec·es /-iz/) C (芸術作品の)(最高)傑作.

mas·ter·y /mǽstəri マスタリ | máːs-/ 名 U ❶熟達, 精通. ❷支配; 制圧.

mas·tur·ba·tion /mæ̀stərbéiʃən マスタベイション/ 名 U マスターベーション, オナニー, 自慰.

***mat** /mǽt マット/ 名 (複 ~s /-ts/) C
❶ⓐ(床などに敷く)**マット**; 畳, むしろ, ござ. ⓑ(体operationsなどに使う)マット.
❷(玄関の)マット (●**doormat** ともいう).
❸ⓐ(花びんや置き物などの)下敷き.
ⓑ(写真などの)台紙.

....

名 ❶ⓐspread a *mat* マット[ござ]を敷く. ❸ⓐa table *mat* テーブルマット (皿などをのせる).

***match**[1] /mǽtʃ マッチ/ 名 (複 ~·es /-iz/) C **マッチ**. ▶strike a *match* マッチをする / a box of *matches* マッチ1箱.

***match**[2] /mǽtʃ マッチ/ 名 (複 ~·es /-iz/)
❶C (テニス・サッカーなどの)**試合**, 競技.
❷《単数形で》ⓐ(力が同じか上の)**競争相手**, 好敵手. ⓑよくつり合うもの[人], 対(?)になっているものの片方; よく似ているもの.
— 動 (~·es /-iz/; ~ed /-t/; ~·ing) 他
❶ⓐ…と調和する, 似合う (●…に「人」は用いない). ⓑ…と対をなす. ⓒ…を〔…に〕調和させる, 合わせる〔*with*, *to*〕.
❷(力や技術などの点で)…と**対等である**, 匹敵する.
❸…を〔…に〕対抗させる〔*against*, *with*〕.
— 自 調和する.

....

名 ❶ We had [played] a tennis *match* yesterday. われわれはきのうのテニスの試合をした.
❷ⓐI am no *match* for you in golf. 私はゴルフでは君にかなわない.
ⓑThat hat is a *match* for this coat. その帽子はこの上着によくあう / The carpet and the curtains are a (good) *match*. じゅうたんとカーテンはよく調和している.

— 動 他 ❶ⓐThe color of his necktie does not *match* his suit. 彼のネクタイの色はスーツと調和していない.
ⓒYou should *match* your blouse *to* your skirt. ブラウスはスカートに合わせるべきだ.
❷I can't *match* him in swimming. 私は水泳では彼にかなわない.
❸The teacher *matched* me *against* [*with*] him in today's badminton match. きょうのバドミントンの試合で先生は私を彼と試合させた.
— 自 The colors *match* well. 色がよく調和している.

match up 自 ①《ふつうは否定文で》(基準などに)達する〔*to*〕. ②調和する, 一致する〔*with*〕.

match·box /mǽtʃbàks マチバックス/ 名 (複 ~·es /-iz/) C マッチ箱.

match·ing /mǽtʃiŋ マッチング/ 形 (形・色などが)似合う, つり合う.

match·less /mǽtʃləs マチレス/ 形 比べるもののないほどの, 断然すぐれた.

match·mak·er /mǽtʃmèikər マチメイカ/ 名 C 結婚相手をみつけてくれる人.

***mate** /méit メイト/ 名 (複 ~s /-ts/) C
❶仲間, 同僚, 友だち.
❷ⓐ配偶者の一方《夫または妻》.
ⓑ(つがいの動物の)一方, 片方.
— 動 (現分 mat·ing) 他 (鳥・動物などを)〔…と〕つがわせる〔*with*〕.
— 自 (鳥・動物などが)つがう.

....

名 ❷ⓐHis wife is an ideal *mate* for him. 彼の奥さんは彼にとって理想的な人だ. ⓑThe lion lost his *mate*. そのライオンはつれそった雌(?)を失った.

***ma·te·ri·al** /mətíəriəl マティ(ア)リアル/
名 (複 ~s /-z/) ❶ U C **材料**, 原料.
❷ U C (衣類などの)**生地**.
❸ U (本・映画などをつくるための)**資料**, 題材.
❹《複数形で》用具, 道具.
— 形 (more ~; most ~) ❶ⓐ**物質の**, 物質的な (反 spiritual, immaterial).
ⓑ肉体の, 肉体的な.
ⓒ現実的な, 世俗的な.
❷重要な, 不可欠な.

....

名 ❶raw *material* 原材料 / building *materials* 建築材料.
❷This dress is made of light *material*. このドレスは軽い生地でできている.
❸*material* for an essay 論文のため

materialism

の資料．
❹writing *materials* (ペン・インク・紙など文字を書くのに使う)筆記用具，文房具．
— 形 ❶ⓐ*material* civilization 物質文明 / the *material* world 物質界．ⓑ*material* pleasures 肉体的快楽．ⓒ*material* things like money, possessions, and power 金銭，財産，権力のような世俗的なもの．
❷a *material* witness (事件のかぎをにぎっている)重要な証人．
☞ 動 materialize.

ma·te·ri·al·ism /mətíəriəlìzm マティ(ア)リアリズム/ 名 Ⓤ 物質[実利]主義．

ma·te·ri·al·ist /mətíəriəlist マティ(ア)リアリスト/ 名 Ⓒ 物質[実利]主義者．

ma·te·ri·al·is·tic /mətìəriəlístik マティ(ア)リアリスティック/ 形 物質[実利]主義の．

ma·te·ri·al·ize /mətíəriəlàiz マティ(ア)リアライズ/ 動 (現分 -iz·ing) ⓘ (希望・計画などが)実現する．
— ⓣ …を具体化する，実現する．
☞ 形 material.

ma·te·ri·al·ly /mətíəriəli マティ(ア)リアリ/ 副 実質的に，大いに．

ma·ter·nal /mətə́ːrnl マターヌル/ 形
❶母親の，母親らしい．
❷母方の(☞paternal)．

ma·ter·ni·ty /mətə́ːrnəti マターニティ/ 形 出産する女性のための．▶a *maternity* hospital 産院，産科病院．

matérnity léave 名 Ⓤ 産休．

＊**math** /mǽθ マス/ 名 Ⓤ 《米口語》**数学** (❖ mathematics の短縮形; 《英口語》では maths).

＊**math·e·mat·i·cal** /mæ̀θəmǽtikəl マセマティカル/ 形 **数学の**，数理的な．
☞ 名 mathematics.

math·e·mat·i·cal·ly /mæ̀θəmǽtikəli マセマティカリ/ 副 数学的に，数理上．

math·e·ma·ti·cian /mæ̀θəmətíʃən マセマティシャン/ 名 Ⓒ 数学者．

＊**math·e·mat·ics** /mæ̀θəmǽtiks マセマティックス/ 名 Ⓤ **数学** (❖《米口語》では math, 《英口語》では maths).
☞ 形 mathematical.

maths /mǽθs マスス/ 名 Ⓤ 《英口語》＝ math.

Ma·til·da /mətíldə マティルダ/ 名 マチル ダ (女性の名; 愛称 Matty).

mat·i·nee, mat·i·née /mæ̀tənéi マティネイ/ 名 Ⓒ (演劇・音楽会などの)昼の公演，マチネー．

mat·ri·mo·ni·al /mæ̀trəmóuniəl マトリモウニアル/ 形 《文語》結婚の，夫婦の．

mat·ri·mo·ny /mǽtrəmòuni マトリモウニ/ (★アクセント注意) 名 Ⓤ 《文語》結婚生活，夫婦関係．

ma·tron /méitrən メイトロン/ 名 Ⓒ ❶ (年配の)既婚女性．❷看護師長．

mat·ted /mǽtid マティド/ 形 (髪が)もつれた，こんがらがった．

＊＊**mat·ter** /mǽtər マタ/ 名 (複 ~s /-z/) ❶ Ⓒ **ことがら**，問題，事件．
❷《**the** をつけて》**困ったこと**，不快なこと，心配; 故障．
❸《複数形で》(漠然と全般的な)**事情**，事態．
❹ Ⓤ (精神に対して)**物質**，もの．
❺ Ⓤ 《集合的に》物．
❻ Ⓤ (言われたこと・書かれたことの)内容, 題材．

— 動 (~s /-z/; ~ed /-d/; -ter·ing /-təriŋ/) ⓘ 《しばしば **it** を主語にして, 疑問文や否定文で》**重要である**，問題である．

・・・・・・・・・・・・・・・・・・・・

名 ❶ The police looked into the *matter*. 警察は事件を調べた / a serious *matter* 重大な問題 / political *matters* 政治問題 / It is no laughing *matter*. 笑いごとではない．
❷ What is *the matter* (with you)? どうしましたか / Is anything *the matter* with you?＝Is there anything *the matter* with you? 君どうかしましたか / Nothing is *the matter* with me.＝There is nothing *the matter* with me. 私はどうもしません(なんでもありません)．
❸ *Matters* are different here. ここでは事情が違う．
❹ animal *matter* 動物質 / mineral *matter* 鉱物質 / solid *matter* 固体 / liquid *matter* 液体 / gaseous *matter* 気体．
❺ printed *matter* 印刷物 / postal *matter* 郵便物 / reading *matter* 読み物(本・雑誌など)．

maximum

❻the *matter* of a speech 演説の内容.

a matter of ... ①…の問題：It is *a matter of* life and death to me. それは私にとっては死活問題だ / *a matter of* opinion 人によって意見の異なる問題. ②《数詞をともなって》およそ…（時間・距離・金など）(about)：It was only *a matter of* five minutes before we reached there. そこへ着くまでほんの5分ほどだった. ③（時間・距離などが）ほんの…：I'll be back in *a matter of* minutes. 私は2，3分で戻って来るよ.

a matter of course 当然のこと.

as a matter of fact ☞ fact.

for that matter （前述のことがらに関連して）それについては、そのことなら.

in the matter of ... …に関しては：We are lucky *in the matter of* housing. 私たちは住居のことでは運がよい.

No matter! 大したことではない：対話 "She's not here."–"*No matter!*"「彼女がいないんだが」「かまわないよ」.

no matter what [***how / who / which / when / where***] __たとえなに[いかに / だれ / どれ / いつ / どこ]__でも (❃whatever ~, however ~, whoever ~, whichever ~, whenever ~, wherever ~ などと同じ意味の《口語》的な言い方)：*No matter what* he says, I can't trust him. たとえ彼がどんなことを言っても彼は信用できない / *No matter who* asked her for help, she helped. だれが彼女に助けを求めても彼女は助けてあげた / *No matter how* cold it is, he takes a walk with the dog in the morning. どんなに寒くても彼は朝犬と散歩をする.

— 動⦿ *It doesn't matter* whether she comes or not. 彼女が来ても来なくてもかまわない / *It matters little* to me what he says about me. 彼が私のことでなんと言おうと私にはほとんど問題ではない / That *doesn't matter* to me. それは私にとって重要[問題]ではない.

mat·ter-of-fact /mǽtərəv-fǽkt マタロヴ・ファクト/ 形（感情を表に出さない）事務的な.

Mat·thew /mǽθjuː マシュー/ 名

❶マシュー《男性の名；愛称 Mat》.
❷〔聖書〕《**Saint Matthew** で》聖マタイ.

mat·tress /mǽtrəs マトレス/ 名（複 ~es /-iz/）C（寝台の）マットレス.

***ma·ture** /mətjúər マトゥア，マテュア，-tʃər/ 形（ma·tur·er /-tjúərər, -tʃə-/; ma·tur·est /-tjúərist, -tʃúə-/）

❶ⓐ（果物・チーズ・ワインなどが）**熟した**, 熟成した.
ⓑ（動物・植物が）**十分成長した**.
❷（人・態度などが）**大人な**, 分別のある.

— 動（~s /-z/; ma·tured /-d/; ma·tur·ing /-tjúəriŋ, -tʃúə-/）⦿ ❶**成熟する**, 十分に発達する, 大人になる.
❷（ワイン・チーズなどが）熟成する.

━━━━━━━━━━━━━━━━━
形 ❷ Nick behaves in a *mature* manner. ニックは分別のあるふるまい方をする / a *mature* young man 分別のある若者.

☞ 名 maturity.

— 動⦿ ❶ Wine and judgment *mature* with age. ワインと判断は年月がたつにつれて熟す.

ma·tu·ri·ty /mətjúərəti マトゥ(ア)リティ, マテュ(ア)-/ 名Ⓤ ❶ 成熟, 十分な発達.
❷ 分別があること.

☞ 形 mature.

maul /mɔ́ːl モール/ 動⦿（動物が）…にひどい傷を負わせる.

mau·so·le·um /mɔ̀ːsəlíːəm モーソリーアム/ 名Ⓒ大きくて堂々とした墓.

mauve /móuv モウヴ/ 名Ⓤふじ色.
— 形ふじ色の.

max 《略語》maximum.

max·im /mǽksim マクシム/ 名Ⓒ格言.

max·i·mize /mǽksəmàiz マクシマイズ/ 動（現分 -miz·ing）⦿…を最大限度にする, 最高[最大]にする（反 minimize）.

☞ maximum.

***max·i·mum** /mǽksəməm マクシマム/ 名（複 ~s /-z/, -i·ma /-mə/）Ⓒ**最大限**, 最高点, 最大量, 最高値（反 minimum）（❃ **max** と略す）.

— 形 **最高の**, **最大の**.

▶名 The speed of the rocket soon reached its *maximum*. ロケットのスピードは間もなく最高点に達した.

☞ 動 maximize.

— 形 the *maximum* temperature 最高気温.

May /méi メイ/ 名 **5月
(☞January の 語法).

**may /(弱) mei メイ; (強) méi/ 助 (過去 might /mait/)
❶《許可・容認》__してもよい, __してもさしつかえない.
❷《推量》__かもしれない.
❸《譲歩》(たとえ)__しても.
❹《文語》《祈願》__しますように.
❺《目的を表わす副詞節の中で》__するために, するように.
❻《希望・不安などを表わす節の中で》__するよう, __しないかと.

❶ You *may* come in. はいってもいいですよ / 対話 "*May* I use your dictionary?"–"Certainly." 「あなたの辞書を使ってもいいですか」「どうぞ」.
❷ It *may* be true. それは本当かもしれない / She *may* have seen the movie. 彼女はその映画を見たかもしれない.
❸ Whatever he *may* say, I don't believe him. たとえ彼が何を言おうと私は彼の言うことは信じない.
❹ *May* you live long! 長生きなさいますように.
❺ Work hard so that you *may* succeed. うまくいくように一生懸命にやりなさい.
❻ I hope she *may* get well soon. 彼女がじきによくなるよう願っている / I'm afraid she *may* get lost. 彼女が道に迷うのではないかと心配しています.

語法 (1)《口語》では may よりも穏(おだ)やかな許可・容認を表わす can が使われることが多い. 返事として「してはいけない」と強くはっきり禁止するときは must not を用い, やわらかく禁止するときは may not を用いる. (2) "*May* I sit down?" – "Yes, you *may* [No, you *may* not]." 「すわってもよいですか」「ええ, いいですよ[いいえ, いけません]」(○ この答えは子どもや目下の者以外に対しては失礼になるのでふつうは "Certainly [I'm sorry you can't]." のように言う).

*may·be /méibi メイビ/ 副 ❶ もしかすると, ことによると (☞perhaps の 類語).
❷《控えめな提案として》…というのはどうでしょう.

❶ *Maybe* he'll come tomorrow. もしかすると彼はあす来るかもしれない / *Maybe* she has forgotten her promise. ことによると彼女は約束を忘れたのかもしれない / 対話 "Will she come?"–"*Maybe*." 「彼女は来ますか」「もしかするとね」.
❷ *Maybe* you yourself could help us. あなたご自身が私たちに手をかしていただけないでしょうか.

Máy Dày 名
❶ メーデー(《5月1日に行なわれる国際的な労働者の祭典; アメリカでは9月第1月曜日の労働の日 (Labor Day) がこれにあたる》).
❷ 五月祭.
INFO▶ イギリスでは, 伝統的に, 5月1日に村の広場に立てた五月柱 (Maypole) を野の花で飾り, その下にすわる五月の女王 (May queen) の周りで踊った.

may·on·naise /méiənèiz メイオネイズ, mèiənéiz/ 名 ⓤ マヨネーズ.

*may·or /méiər メイア, méər/ 名 (複 ~s /-z/) ⓒ 市長, 町長. ▶ Mr. Jones has been elected *mayor*. ジョーンズ氏が市長に選ばれた.

may·or·ess /méiərəs メイオレス, méə-/ 名 (複 ~es /-iz/) ⓒ ❶《英》市長[町長]夫人. ❷ 女性市長[町長].

May·pole /méipòul メイポウル/ 名 ⓒ 五月柱 (花・リボンなどで飾り, 五月祭 (May Day) にその周囲で踊る).

maze /méiz メイズ/ 名 ❶ ⓒ 迷路, 迷宮 (○labyrinth ともいう). ❷ 迷路のような道路; (迷路のように)複雑なもの.
▶ ❷ a *maze* of rules 複雑な規則.

MBA 《略語》 Master of Business Administration 経営学修士.

M.C. /émsí: エムスィー/ 《略語》 ❶ Member of Congress (アメリカの)国会議員, (とくに)下院議員 (☞member).
❷ master of ceremonies 司会(者) (○発音どおり emcee とも書く).

Mc·Kin·ley /məkínli マキンリ/ 名《前に Mount をつけて》マッキンリー山 (《アラスカ (Alaska) 州中南部の山; 北米大陸の最高峰; 6194m》).

MD 〖米郵便〗Maryland.

M.D. /émdíː エムディー/ 《略語》Doctor of Medicine 医学博士.

***me** /《弱》mi ミ;《強》míː ミィー/ 代
❶《Iの目的格》**私を,私に**.
❷《補語として》《口語》私(だ[です]).

❶ She knows *me* well. 彼女は私をよく知っている / Give *me* the flower, please. その花を私に下さい.
❷ 対話 "Who's there?" – "It's *me*." (見えない人に対して)「どなたですか」「私です」.

Dear me! おやおや,おやまあ 《❂驚き・嘆きなどの気持ちを表わす》.

Me? 《相手のことばを軽く聞き返して》私ですか: 対話 "Hey, you!" – "*Me?*" 「おい君」「僕ですか」.

Me?
(❂相手の言葉を軽く聞き返して "Me?" (私ですか)というが, こういう時日本人は自分の鼻を指すが, 英米人は自分の胸を指す)

Me(,) neither 《相手の言った否定文に同意して》私も(同じです): "I don't like big cities." – "*Me neither*." 「私は大都会は好きではありません」「私もそうです」.

Me(,) too 《相手の言った肯定文に対して》私も(同じです): "I love sushi." – "*Me too*." 「私はスシが大好きです」「私もそうです」.

ME 〖米郵便〗Maine.

*****mead·ow** /médou メドウ/ 《★発音注意》名 《複 ~s /-z/》 C (干し草を作るための)**牧草地**, 草地 《❂「(家畜を放牧するための)牧場」は pasture》.

mea·ger, 《英》**mea·gre** /míːgər ミーガ/ 形 わずかな.

***meal** /míːl ミール/ 名 《複 ~s /-z/》
C (定期的にとる)**食事**; 1食分の食物.

We wash our hands before *meals*. 私たちは食事の前に手を洗う / a light [square] *meal* 軽い[たっぷりとした]食事 / eat between *meals* 間食をする.

INFO 朝食は breakfast, 昼食は lunch, 夕食は dinner 《ただし, 昼食がその日でいちばん充実した食事ならそれが dinner と呼ばれ, 夕食は supper となる》. イギリスでは午後の tea も meals のひとつと考えられている《☞ tea ❹》. 朝昼を一緒にしたものを brunch (*br*eakfast＋*lunch*)という.

語の結びつき

enjoy one's *meal* 食事を楽しむ
have [eat] a *meal* 食事をとる[する]
make [prepare, cook, 《おもに米》fix] a *meal* 食事を作る, 食事の準備をする
order a *meal* 食事を注文する
serve a *meal* 食事を出す
skip a *meal* 食事を抜く

meal·time /míːltàim ミールタイム/ 名 U 食事時間.

***mean**¹ /míːn ミーン/ 動 (~s /-z/; meant /mént/; ~ing) 他 ❶ⓐ (言葉が)…を**意味する**. ⓑ (物事が)…を表わす, 示す.
❷ⓐ (…のこと)を**言う**, 指している. ⓑ (…の意味で[つもりで])言う.
❸ⓐ 《mean to *do*》(本気で)___**するつもりである**.
ⓑ《mean ... to *do*》…に___させる[してもらう]つもりである.
❹ⓐ …を**意図する**, 与えるつもりである.
ⓑ …に(利害などを)与えるつもりである.
❺《mean ... ~ または mean ~ to ...》…にとって～の意味をもつ[重要性をもつ].
❻ⓐ (物事が)(…という)結果になる.
ⓑ《mean *doing*》(結果的に)___することになる.

❶ⓐ What does this word *mean*? この語はどんな意味ですか / 'Eat' *means* 'taberu' in Japanese. eatは日本語で「食べる」という意味だ.
ⓑ Sneezing often *means* a cold. くしゃみはかぜをひいていることを示すことがよくある / That gesture *means* that

mean

he wants us to come to him. その身ぶりは彼が私たちに彼のところに来てもらいたがっていることを示している.

❷ⓐ I don't *mean* you. 君のことではないよ(君のことを言っているのではないよ).
ⓑ What do you *mean* by 'free'? あなたのいう「free」とはどういう意味ですか / I *mean that* he is not honest. 私は彼が正直ではないと言っているのだ.

❸ⓐ I *meant to* call you, but I forgot. あなたに電話するつもりだったのですが, 忘れてしまいました.
ⓑ I didn't *mean* the remark *to* confuse you. その言葉であなたを困惑させようとしたわけではない.

❹ⓐ She says what she *means*. 彼女はほんとうの気持ちを言っている / What do you *mean* by behaving like that? そんな行動をとるとはどういうつもりなのか(よくもそんな行動がとれるものだ).
ⓑ I *mean* you no harm.＝I *mean* no harm *to* you. 私は君に害を加えるつもりはない(悪意があるわけではない).

❺ Modern music *means* nothing 〔very little〕 *to* her. 彼女は現代音楽にはぜんぜん〔ほとんど〕興味をもっていない.

❻ⓐ The accident will *mean* more expense. その事故で出費がふえるだろう. ⓑ Missing the bus *means* waiting for an hour. そのバスに乗らなかったらあと1時間待たなければならないのだ.

be meant for ... …のためのものである, …にあげるものである:The camera *was meant for* his daughter. そのカメラは彼の娘にあげるつもりだった. ② 生まれつき…に向いている.

be meant to *do* ①_するように生まれついている:He *was meant to* lead people. 彼は生まれつき人の先に立つようになっていた. ②_することになっている.

I mean つまり, いや (**○**会話で補足や訂正などをするときに用いる)):May I talk to Susie ... *I mean*, Mrs. Smith? スージーはいますか, …いや(訂正して)スミス夫人はおられますか.

I mean it. ＝I *mean* what I say.

I mean what I say. 私は**本気で言っているのです** (冗談で言っているのではありません).

mean ... as ~ …は～のつもりである:I *meant* it *as* a joke. 私は冗談のつもりで言ったのです.

mean business 《口語》本気である.

mean well (へまはするけれども)**善意でしている〔言っている〕**: You may not like what he does, but he *means well*. あなたは彼のすることが気に入らないかもしれないけれど, 彼は善意でしているのです.

See what I mean? ほら, 私の言うとおりでしょう.

That's what I mean. 私が言いたいのはそれなんです.

＊**mean²** /míːn ミーン/ 形 (~·er; ~·est)
❶(人・行為などが)**意地の悪い**.
❷《英》(人が)けちな.
❸(能力・質が)見劣りのする, 貧弱な.

❶ He is *mean* to me. 彼は私に対して意地悪だ / It was *mean of* him *to* laugh at your failure.＝He was *mean to* laugh at your failure. 君の失敗を笑うなんてあいつはひどい.
❷ He is *mean* with [about] money. 彼は金銭のことではけちだ.
❸ cloth of *mean* quality 質の劣る布地.

no mean ... 立派な…:She is *no mean* painter. 彼女は立派な絵かきだ.

mean³ /míːn ミーン/ 名 (複 ~s /-z/) C 〖数学〗平均値.
— 形 平均の.

me·an·der /miǽndər ミアンダ/ 動 ⓘ
❶(川などが)曲がりくねって進む.
❷あてもなくぶらつく.

＊**mean·ing** /míːniŋ ミーニング/ 名 (複 ~s /-z/) ❶ⓊⒸⓐ **意味**.
ⓑ 意図, 言いたいこと.
❷Ⓤ **重要性**, 意義, 目的.

❶ⓐ This word has several *meanings*. この単語はいくつかの意味がある.
ⓑ What is his *meaning*? 彼の言いたいことはどういうことだろう.
❷ the *meaning* of life 人生の意義.
☞ 形 meaningful.

mean·ing·ful /míːniŋfəl ミーニングフル/ 形 ❶意味のある, 重要な. ❷(表情などが)意味ありげな, 意味深長な.

☞ 名meaning.

mean·ing·ful·ly /míːniŋfəli ミーニングフリ/ 副 意味ありげに, 意味深長に.

mean·ing·less /míːniŋləs ミーニングレス/ 形 無意味な, くだらない.

***means** /míːnz ミーンズ/ 名 (複 means)
❶ C 手段, 方法.
❷《複数扱いで》財産, 資力.

❶ Driving is the quickest *means* of getting there. 車で行くのがそこへ行くいちばん速い方法だ / a *means* to an end 目的を達成する手段.
❷ live within (beyond) *one's means* 身分相応(不相応)な生活をする.

by all means《承諾の気持ちを強めて》いいですとも, どうぞどうぞ："Can I use your PC?"-"*By all means*."「パソコン借りてもいいですか」「どうぞどうぞ」.

by any means《否定文で》どうしても(…でない)：I can*not* beat him *by any means*. 彼にはどうしても勝てない.

by means of ... …によって, …の助けをかりて：climb up the cliff *by means of* a rope 1本のロープでがけを登る.

by no means 決して…でない：He is *by no means* lazy. 彼は決してなまけ者ではない.

***meant** /mént メント/《★発音注意》動 mean¹の過去形・過去分詞形.

mean·time** /míːntàim ミーンタイム/ 名《次の成句で》:in the meantime*** = **meanwhile**.

***mean·while** /míːnhwàil ミーン(ホ)ワイル/ 副 その間に, 一方では. ▶She came in half an hour. *Meanwhile* we had coffee. 彼女は30分したら来た. その間に私たちはコーヒーを飲んだ.

mea·sles /míːzlz ミーズルズ/ 名 U 〔医学〕はしか. ▶have *measles* はしかにかかっている.

mea·sly /míːzli ミーズリ/ 形 (-sli·er; -sli·est)《口語》ほんの少しの.

meas·ur·a·ble /méʒərəbl メジャラブル/ 形 ❶ 測定できる. ❷ ある程度の.

meas·ur·a·bly /méʒərəbli メジャラブリ/ 副 測定できる程度に；ある程度.

***meas·ure** /méʒər メジャ/《★発音注意》動 (~s /-z/; meas·ured /-d/; -ur·ing /-ʒəriŋ/) 他 ❶ (長さ・広さ・量・重さ・時間など)を**測る**.
❷ (人・ものなど)を**評価する**.
— 自 (長さ・高さ・幅・広さなどが)…**ある**.
— 名 (複 ~s /-z/)
❶ C (正式な)**対策, 手段**, 方法, 処置.
❷ C (評価や判断の)**基準**, 尺度.
❸ 程度, 限界.
❹ U C (計量の)**単位**.
❺ C **計量器具**《物差しや計量カップなど》.

動 他 ❶ We *measured* the diameter of the circle. 私たちはその円の直径を測った. ❷ He tried to *measure* his opponent's ability. 彼は相手の能力をはかろうとした.
— 自 The street *measures* six meters across. その通りは幅が6メートルある / Our garden *measures* 5.2 meters by 8 meters. 私たちの庭は縦5.2メートル, 横8メートルある.

measure ... against ~ と比較して…を測る[評価する].

measure off 他 (切る場所を)測って決める：*measure off* two yards of silk 絹を2ヤード測る.

measure out 他 …を(ある一定量に)測って分ける：*measure out* a spoonful of cough medicine スプーン1杯の咳止め液を計ってすくう.

measure up to ... (基準・期待)に達する, かなう：He will *measure up to* the job. 彼はその仕事ができる力量を見せてくれるだろう.

☞ 名measurement.
— 名 ❶ take necessary *measures* to prevent a flood 洪水を防ぐために必要な処置をとる.
❷ a *measure* of a singer's talent 歌手の才能を示す尺度.
❹ Grams and pounds are both *measures* of weight. グラムとポンドはともに重さの単位だ.
❺ a tape *measure* 巻き尺 / a pint *measure* 1パイントます.

a measure of ... ある程度の…：attain *a measure of* success ある程度の成功をおさめる.

beyond measure《文語》かぎりないほ

827

measurement

どの[に], 非常な[に].

for good measure おまけに, 余分に (in addition).

in large measure 《文語》大いに, だいぶ.

in some measure いくぶん, やや.

take [get] ...'s measure =***take [get] the measure of ...*** の人物[才能(など)]を見定める: I needed only one game to *take [get]* his *measure*. 私は彼の力量を見きわめるのに一試合しか必要なかった.

to measure 寸法に合わせて: This suit is made *to measure*. この洋服は寸法に合わせて作ってある.

*meas・ure・ment /méʒərmənt メジャメント/ 名 (複 ~s /-ts/) ❶ U 計ること, 測定. ❷ C 《ふつう複数形で》測定値《寸法・広さ・量など》.

▶ ❶ the metric system of *measurement* メートル法.
☞ 動 measure.

*meat /míːt ミート/ 名 U ❶ (食用の) 肉 《✚「食用にしない肉」は flesh; 種類をいうときは C》.

❷ 大事なこと, おもしろいこと.

---

❶ chilled *meat* 冷蔵肉 / a piece of *meat* ひと切れの肉 / cold *meats* (ハム (ham) やサラミ (salami) など加工した) 冷肉 / a variety of *meats* いろいろな食肉.

語の結びつき

broil [grill] *meat* 肉を焼き網で焼く[あぶる]
cook *meat* 肉を料理する
fry *meat* 肉を油でいためる[揚げる]
roast *meat* 肉を(オーブンで)焼く
slice (up) [carve] *meat* 肉をスライスする[切り分ける]

INFO (1) 英米人の生活は肉が食事の中心となっている. そのため料理法もさまざまあり, オーブン (oven) に入れて焼いたり (roast), 炎の上で焼いたり (grill), フライパン (frying pan, 《米》fry pan) で焼いたり (fry) する. (2) 英語では動物の名前とその肉の名前とは一致しないことが多い. 動物の名前は本来の英語だが, 肉の名前はフランス語からきているものが多いからである.

	動物	その肉 (meat)
1 豚	pig, hog	pork
2 牛	ox, bull, cow	beef
3 子牛	calf	veal
4 にわとり	cock, hen, chicken	chicken
5 ヒツジ	sheep	mutton
6 子ヒツジ	lamb	lamb

☞ 形 meaty.

meat・ball /míːtbɔːl ミートボール/ 名 C ミートボール, 肉だんご.

meat・y /míːti ミーティ/ 形 (meat・i・er; meat・i・est) ❶ 肉の; 肉の多い. ❷ 内容の充実した. ☞ 名 meat.

Mec・ca /mékə メカ/ 名 ❶ メッカ《サウジアラビアの都市》. ❷ C 《mecca で》多くの人がぜひ訪れたいと思っている場所.

▶ ❷ Kyoto is a *mecca* for foreign tourists. 京都は外国人観光客のメッカである.

me・chan・ic /mikǽnik ミキャニック/ 名 (複 ~s /-s/) C 機械工, 職工; 修理工.

*me・chan・i・cal /mikǽnikəl ミキャニカル/ 形 ❶ 機械の, 機械で動く.
❷ (人・行動などが) 機械的な, 自動的な.

---

❶ *mechanical* power 機械力 / a *mechanical* toy 機械で動くおもちゃ / *mechanical* engineering 機械工学.
❷ a *mechanical* way of singing 機械的な[無表情な]歌い方.
☞ 名 machine, 動 mechanize.

me・chan・i・cal・ly /mikǽnikəli ミキャニカリ/ 副 ❶ 機械(力)で. ❷ 機械的に.

me・chan・ics /mikǽniks ミキャニックス/ 名 ❶ U 《単数扱いで》力学; 機械工学. ❷ 《複数扱いで》しくみ.

*mech・a・nism /mékənizm メカニズム/ 《★アクセント注意》名 (複 ~s /-z/) C ❶ 機械装置. ❷ しくみ, 機構.

▶ ❶ the *mechanism* of a watch 時計の機械装置. ❷ the *mechanism* of government 政治機構.

mech・a・ni・za・tion /mèkənizéiʃən メカニゼイション | -nai-/ 名 U 機械化.

mech・a・nize /mékənàiz メカナイズ/ 動 (現分 -niz・ing) 他 …を機械化する.
☞ 形 mechanical.

*med・al /médl メドル/ 名 (複 ~s /-z/) C メダル, 記章, 勲章 (くんしょう). ▶ A gold

abcdefghijkl**m**nopqrstuvwxyz　　　　　　　　　　　　　　　　**meditate**

medal was awarded to the winner. 優勝者には金メダルが与えられた.

med·al·ist, 《英》**med·al·list** /médəlist メダリスト/ 图C（とくにスポーツでの）メダル獲得者.

me·dal·lion /mədǽljən メダリャン/ 图C（メダル状のもののついた）ネックレス.

med·al·list /médəlist メダリスト/ 图《英》= **medalist**.

med·dle /médl メドル/ 動 (med·dles /-z/; med·dled /-d/; med·dling) 圓 [...に]おせっかいをする，干渉する[*in*].
▶*meddle in* other people's affairs 他人のことにおせっかいをやく.
《同音異形語》medal.

med·dler /médlər メドラ/ 图C おせっかい屋.

***me·di·a** /míːdiə ミーディア/ (★発音注意) 图 ❶**medium**の複数形.
❷ (**the**をつけて) = **mass media**.

med·i·ae·val /mìːdíːvəl ミーディーヴァル | mèdí-v-/ 形《英》= **medieval**.

me·di·an /míːdiən ミーディアン/ 图C ❶ 【統計】中位数，中央値. ❷《米》道路の中央分離帯.
— 形 中央の，中間の.

me·di·ate /míːdièit ミーディエイト/ 動（現分 -at·ing）圓 [...の間にはいって] 調停する [*between*].
— 他（紛争など）を調停する.
▶圓 *mediate between* two parties 両者の調停をする.

me·di·a·tion /mìːdiéiʃən ミーディエイション/ 图U 調停.

me·di·a·tor /míːdièitər ミーディエイタ/ 图C 調停者.

Med·i·caid /médikèid メディケイド/ 图U《米》（低所得者・身体障害者への）国民医療保障（制度）.

***med·i·cal** /médikəl メディカル/ 形 **医学の，医療の.**

・・・・・・・・・・・・・・・・・・・・・・・・・・
medical science 医学 / a *medical* college 医科大学 / a *medical* student 医学生 / a *medical* checkup 健康診断 / *medical* care 医療.
　　　　　　☞图**medicine** ❷.

med·i·cal·ly /médikəli メディカリ/ 副 医学上，医学的に.

Med·i·care /médikèər メディケア/ 图U

《米》老齢者医療（制度）《65歳を越える人が対象；○ **medical care** を短縮した語》.

med·i·ca·tion /mèdəkéiʃən メディケイション/ 图UC（医師の出す）薬.

me·dic·i·nal /mədísənl メディスィヌル/ 形 薬用の；薬として効果のある.
　　　　　　☞图**medicine** ❶.

***med·i·cine** /médəsn メディスン/ 图 (複 ~s /-z/)
❶UC 薬（病気を治療するための内服薬や水薬；☞ **drug**）.
❷U 医学，医術，（とくに）内科（○「外科」は **surgery**）.

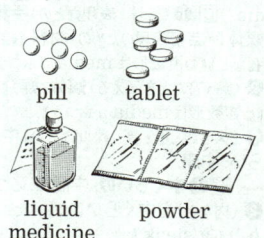

pill　　tablet

liquid　　powder
medicine

medicines

| 類語 | **powder** は粉薬，**tablet** は錠剤，**capsule** はカプセル，**pill** は丸薬，**liquid medicine** は水薬. |

❶ take *medicine* for *one's* cold かぜ薬をのむ / prescribe a *medicine* 薬を処方する / a dose of *medicine* 一服の薬. ❷ practice *medicine* 医者を開業する.
　　☞❶では形**medicinal**, ❷では形**medical**.

me·di·e·val /mìːdíːvəl ミーディーヴァル | mèdíː-v-/ 形 中世の；中世風の《ヨーロッパでは5世紀から15世紀までの間；☞ **ancient**》.
▶*medieval* history 中世史.

me·di·o·cre /mìːdióukər ミーディオウカ/ 形 よくも悪くもない，ふつうの.

me·di·oc·ri·ty /mìːdiákrəti ミーディアクリティ/ 图U 平凡，ふつう.

med·i·tate /médətèit メディテイト/ （★アクセント注意）動（現分 -tat·ing）圓 [...について] 瞑想(*ﾒｲｿｳ*)する，じっくり考える[*on*].
▶He *meditated on* his past life. 彼は過去の生活についてじっくり考えた.

meditation

☞ 名meditation, 形meditative.

med·i·ta·tion /mèdətéiʃən メディテイション/ 名Ⓤ瞑想(❀),熟考.
☞ 動meditate.

med·i·ta·tive /médətèitiv メディテイティヴ/ 形瞑想(❀)的な,もの思いにふける.
☞ 動meditate.

Med·i·ter·ra·ne·an /mèdətəréiniən メディタレイニアン/ 形地中海の.
— 名《the をつけて》地中海.
▶形 the *Mediterranean* Sea 地中海.

me·di·um /míːdiəm ミーディアム/ 《★発音注意》名 (複 ~s /-z/, me·di·a /míːdiə/) Ⓒ ❶ (伝達・表現などの)手段**,機関,媒体;(芸術表現のための)材料《絵の具,木,石など》(**◯**複数形は media がふつう).

❷ (熱・音などを伝える)**媒体**,媒介物,導体(**◯**複数形は media がふつう).

❸ (大きさ・量・質・程度などの)中間,中くらい,中庸.

— 形 ❶**中くらいの**,中間の,ふつうの.

❷ (肉など)を中くらいに焼いた,ミディアムの(☞steak).

名 ❶ The cell phone is a time-saving *medium* of communication. 携帯電話は時間を節約してくれる伝達手段である. ❷ a heat-conducting *medium* 熱を伝える導体.

— 形 ❶ *medium* quality 中くらいの品質 / a shirt of *medium* size 中くらいのサイズのシャツ.

médium wáve 名Ⓤ〖電気〗中波(☞long wave).

med·ley /médli メドリ/ 名Ⓒ ❶ 寄せ集め,ごった混ぜ. ❷〖音楽〗(いろいろな曲の一部を集めた)混成曲,メドレー.

meek /míːk ミーク/ 形おとなしい,従順な.

meek·ly /míːkli ミークリ/ 副おとなしく,従順に.

meek·ness /míːknəs ミークネス/ 名Ⓤおとなしいこと,従順.

**meet /míːt ミート/
動 (~s /-ts/; met /mét/; ~·ing) 他

❶ (偶然に)…に**会う**,出会う.

❷ (約束などをして)…に**会う**,面会する.

❸ (紹介されて)…と**知り合いになる**.

❹ …を**出迎える**.

❺ⓐ (道・川・線などが)…と**合流する**,合う.

ⓑ …と接触する,ぶつかる.

❻ⓐ (反対・抵抗などに)**会う**.

ⓑ (困難・問題など)に**立ち向かう**,対抗する.

ⓒ (事故・災難など)にあう,経験する《**◯**現在では meet with を用いるのがふつう;☞成句》.

❼ⓐ (要求・希望などに)**応じる**,(基準・条件・必要など)を満たす.

ⓑ (義務など)を果たす.

— 自 ❶ (偶然に)**会う**,出会う.

❷ⓐ (約束などをして)**会う**,**集まる**.

ⓑ (会議などが)**開かれる**.

❸ **知り合いになる**.

❹ⓐ (道・川・線などが)**合流する**,交わる.

ⓑ (視線などが)合う.

ⓒ 接触する,ぶつかる.

❺ 試合をする.

— 名Ⓒ《米》**競技会**(**◯**《英》では meeting).

動 他 ❶ I *met* him on the street yesterday. きのう通りで彼に出会った / I *met* many new words in the book. その本でたくさんの新しいことばに出くわした.

❷ I am going to *meet* her this afternoon. 私はきょうの午後彼女に会う予定です.

❸ I have already *met* Mrs. Smith. 私はすでにスミス夫人と知り合いになりました / 対話 "I'm glad [pleased] to meet you."–"I'm glad [pleased] to meet you, too." 「お会いできてうれしく思います」「こちらこそ」.

❹ We went to *meet* our father at the station. 私たちは駅へ父を出迎えに行った.

❺ⓐ This path *meets* the main road about a mile ahead. この道は約1マイル先で本道といっしょになる.

ⓑ His eyes *met* hers. 彼の目が彼女の目に合った.

❻ⓐ His motion *met* opposition. 彼の動議は反対された.

ⓑ He *met* the difficulty calmly. 彼は冷静にその困難に立ち向かった.

❼ⓐ This will surely *meet* your demands. これはきっと君の要求を満た

すだろう / *meet* the standard 基準に適合する / *meet* the cost コストに見合う / *meet* the deadline 締め切りに間に合う. ❻*meet one's* obligations 自分の義務を果たす.

— 圓 ❶We *met* in the bus today. 私たちはバスの中できょう会った.

❷ⓐWe must *meet* again to discuss it. それを話し合うためにまた集まらなくてはならない. ⓑThe student council *meets* next week. 学生会議は来週開かれる / This class *meets* twice a week. この授業は週２回ある.

❸We *met* at the library. 私たちは図書館で知り合いになった.

❹ⓐThe two roads *meet* near the city. そのふたつの道路は町の近くでいっしょになる. ⓑTheir eyes *met*. 彼らの視線が合った.

❺The two teams *meet* on Sunday. その２チームは日曜に試合をする.

— 名 a track〔swimming〕*meet* 陸上〔水泳〕競技会.

make (both) ends meet ☞ end.

meet up 圓①(約束して)会う：Let's *meet up* again for drink. また会って一杯やりましょう. ②偶然出会う. ③(道路などが)合流する.

meet up with ... ①(約束して)…に会う. ②…に偶然出会う. ③(道路などが)…と合流する.

meet with ... ①**…と会合を持つ**, 会議をする：I *met with* her in my office. 私は自分の事務所で彼女と話し合った. ②**…を経験する**,（…）(困難・不幸・事故など)にあう：*meet with* a violent storm 激しいあらしにあう / *meet with* opposition 反対される.

There is more to [in] ... than meets the eye. …には一目見ただけではわからない(隠された)部分がある.

*meet・ing /míːtiŋ ミーティング/ 名(複 ~s /-z/) ⓒ

❶**会, 集会, 会議, 大会** (☞party の 類語).

❷(英)**競技会**(◎(米)では meet).

❸**会うこと, 出会い, 集まること**.

❹(意見などが)一致すること, 合意.

❶Did you attend the club *meeting*? 君はクラブの会に出ましたか / open〔close〕the *meeting* 開会〔閉会〕する, 開会〔閉会〕の辞を述べる / the students' *meeting* 生徒〔学生〕大会.

語の結びつき

arrange a *meeting* 会議の手はずを整える

break up a *meeting* 会議を散会にする

call a *meeting* 会議を招集する

call off [cancel] a *meeting* 会議を中止する

have [hold] a *meeting* 会議を開く

❷an athletics *meeting* 《英》陸上競技会.

❸I shall never forget our first *meeting*. 私は私たちの最初の出会いを決して忘れないでしょう.

meet・ing・house /míːtiŋhàus ミーティングハウス/ 名(複 -houses /-hàuziz/) ⓒ 《米》(クェーカー教徒の)礼拝堂.

Meg /mέg メッグ/ 名 メグ《女性の名；Margaret の愛称》.

meg・a・byte /mégəbàit メガバイト/ 名ⓒ 〔電算〕メガバイト《記憶容量の単位；約100万バイト》.

meg・a・phone /mégəfòun メガフォウン/ 名ⓒ メガホン, 拡声器.

meg・a・ton /mégətʌ̀n メガタン/ 名ⓒ メガトン《爆発力の単位；TNT 火薬の100万トンに相当する》.

mel・an・chol・y /mélənkɑ̀li メランカリ/《★アクセント注意》形 憂うつな, 気持ちの沈んだ.

— 名Ⓤ 憂うつ, ふさぎこみ.

Mel・bourne /mélbərn メルバン/《★発音注意》名 メルボルン《オーストラリア南東部ビクトリア (Victoria) 州の首都；海港》.

mel・low /mélou メロウ/ 形 (~・er; ~・est) ❶ⓐ(果物が)熟して甘い.
ⓑ(酒・チーズなどが)熟してこくのある.
❷(音・光・色・文などが)柔(ら)らかで快い.
❸(人が)円熟した, おだやかな.
— 動 圓 ❶熟す. ❷(人が)円熟する.
— 他 ❶…を熟させる.
❷(人を)円熟させる.

形 ❶ⓐa *mellow* apple 熟したリンゴ.
ⓑa *mellow* wine こくのあるワイン.
❷*mellow* light 柔(ら)らかな光 / a

melodic

mellow tone 柔らかな音色.
❸a *mellow* character 円熟した人がら.

me·lo·dic /məládik メラディック/ 形 メロディーのある; 旋律(½³)の美しい.
☞ 名 melody.

me·lo·di·ous /məlóudiəs メロウディアス/ 形 音楽的な, 耳に快い.
☞ 名 melody.

mel·o·dra·ma /mélədrà:mə メレドラーマ/ 名 UC メロドラマ (いろいろなことが次々と起こる通俗的な劇; ☞ soap opera).

mel·o·dra·mat·ic /mèlədrəmǽtik メロドラマティック/ 形 メロドラマ的な.

*__**mel·o·dy**__ /mélədi メロディ/ 名 (複 -o·dies /-z/) UC ❶【音楽】**メロディー**, 旋律(½³) (☞harmony).
❷歌曲, 歌.
☞ 形 melodic, melodious.

mel·on /mélən メロン/ 名 UC メロン, マクワウリ (☞watermelon).

*__**melt**__ /mélt メルト/ 動 (~s /-ts/; ~ed /-id/; ~ed, mol·ten /móultn/; ~ing)
自 ❶**溶ける**, 溶解する, 解ける.
❷ (色・音などが) **だんだん〔…と〕混ざる**, だんだん〔…に〕変わる 〔*into*〕.
❸ (気持ちなどが) **和らぐ**, (怒りなどが) 次第になくなる.
—— 他 ❶ …を**溶かす**, 溶解する, 解かす.
❷ (気持ちなど)を**和らげる**, (怒りなど)を次第になくす.

━━━━━━━━━━━━━━━━━━

自 ❶The snow on the hill is *melting*. 山の上の雪が解けてきている.
❷The blue of the sky *melts into* the darker blue of the sea. 空の青い色が海の濃い青と混ざりあっている.
❸Her heart *melted* at his kindly words. 彼女の心は彼のやさしいことばで和らいだ.
—— 他 ❶Great heat *melts* iron. 高熱が鉄を溶かす. ❷Her smile *melted* the child's heart. 彼女のほほえみがその子の気持ちを和らげた.

melt away 自①溶けてなくなる: The snow has *melted away*. 雪は消えてしまった. ②消え去る: Their differences gradually *melted away*. 彼らの意見の相違はだんだんなくなっていった. —— 他 …を溶かしてなくす.

melt down 他 (地金をとるために) (金属製品)を溶かす.

melt into ... ①溶けて…になる: The ice cubes *melted into* water. 角氷が溶けて水になった. ②だんだんと…に混ざる; だんだんと…に変わる: The blue of the sky *melts into* the darker blue of the sea. 空の青い色が海の濃い青と混ざりあっている.

mélting pòint /méltiŋ- メルティング-/ 名 C 《しばしば the をつけて》融(解)点 (☞ freezing point).

mélting pòt 名 C ❶ (金属などを溶かすための)るつぼ. ❷ (国籍や人種の異なった)種々の人々の集まった国家〔都市〕.

*__**mem·ber**__ /mémbər メンバ/
名 (複 ~s /-z/) C ❶ (団体・組織・グループなどの) **会員**, 一員, メンバー.
❷同類の一種.

━━━━━━━━━━━━━━━━━━

❶He is a *member* of the committee. 彼はその委員会の一員だ / a *member* of the Diet (日本などの)国会議員 / a regular *member* 正会員.

Mémber of Cóngress 名 C (アメリカの)国会議員, (とくに)下院議員 (●M.C. と略す; ☞ congress).

Mémber of Párliament 名 C (イギリスの)下院議員 (●MP と略す; ☞ parliament).

*__**mem·ber·ship**__ /mémbərʃip メンバシップ/ 名 (複 ~s /-s/) ❶ U **会員であること**, 会員の地位〔資格〕. ❷ⓐ UC **会員数**.
ⓑ《the をつけて; 集合的に》**会員**.
▶ ❶He holds *membership* of the club. 彼はそのクラブの会員である / a *membership* card 会員証 / a *membership* fee 会費.
❷ⓐThe club has a large *membership*. そのクラブは会員が多い.

mem·brane /mémbrein メンブレイン/ 名 C【解剖】膜, 薄膜.

me·men·to /məméntou メメントウ/ 名 (複 ~s, ~es /-z/) C 思い出になるもの, 記念品, かたみ.

mem·o /mémou メモウ/ 名 (複 ~s /-z/) C 《口語》メモ, 覚え書き (●memorandum の短縮形).

mem·oir /mémwa:r メムワー/ 名 ❶《

abcdefghijkl**m**nopqrstuvwxyz　　　　　　　　　　　　　　　　　　**menopause**

数形で)回顧録, 自叙伝. ❷Ⓒ伝記. ❸Ⓒ研究論文.

mem·o·ra·bil·i·a /mèmərəbíliə メモラビリア/ 图(複) (有名人や事件の)記念品, 記念すべきこと.

mem·o·ra·ble /mémərəbl メモラブル/《★アクセント注意》形 記録すべき, 忘れられない, 重要な. ☞ 图memory.

mem·o·ra·bly /mémərəbli メモラブリ/ 副 記憶に残るように.

mem·o·ran·dum /mèmərǽndəm メモランダム/ 图(複 ~s /-z/, -ran·da /-də/) Ⓒ ❶《文語》メモ, 覚え書き (◎《口語》ではmemo). ❷外交上の覚え書き.

＊**me·mo·ri·al** /məmɔ́ːriəl メモーリアル/ 图 (複 ~s /-z/) Ⓒ ⓐ **記念物[碑, 館]**. ⓑ 記念行事.
— 形記念の, 追悼の.

‥‥‥‥‥‥‥‥‥‥‥‥‥‥‥‥

图 ⓐ The school erected a *memorial* to its founder. その学校は創立者の記念碑を建てた.
— 形 a *memorial* service 追悼会.
☞ 图memory.

Memórial Dày 图 (アメリカの)戦没将兵記念日.

＊**mem·o·rize** /méməràiz メモライズ/《★アクセント注意》動 (-riz·es /-iz/; -rized /-d/; -riz·ing) 他 …を記憶する, 暗記する. ▶*memorize* a poem 詩を暗記する.
☞ 图memory.

＊**mem·o·ry** /méməri メモリ/ 图 (複 -ories /-z/)
❶ Ⓤ **記憶**, 覚えていること.
❷ ⓊⒸ《ふつう形容詞をともなって》**記憶力**.
❸ Ⓒ 思い出, 記憶に残っている人[物, 出来事].
❹ ⓐ Ⓒ (コンピューターの)記憶装置.
ⓑ Ⓤ (コンピューターの)メモリー.

‥‥‥‥‥‥‥‥‥‥‥‥‥‥‥‥

❶ She recalled an event buried deep in her *memory*. 彼女は記憶の深いところに埋もれていた出来事を思い出した.

❷ He has a good [bad, poor] *memory* for dates. 彼は日付についての記憶力がよい[悪い].

❸ I have pleasant *memories* of my junior high school days. 私には中学時代の楽しい思い出がある.

from memory 記憶をもとに: He gave his speech *from memory*. 彼は原稿なしで話をした.

in memory of ... の記念として, …を忘れないために: *in memory of* the president 大統領を記念して.

to the best of my memory 私の覚えている限りでは.

to the memory of ... …の霊にささげて, …をしのんで: *To the memory of* my wife. 亡き妻に捧(ささ)ぐ (◎書籍での著者の献辞).

☞ 動memorize, 形memorable, memorial.

＊**men** /mén メン/ 图manの複数形.

men·ace /ménəs メナス/《★アクセント注意》图 (複 -ac·es /-iz/) ❶ Ⓤ おどし, 脅迫(きょうはく) (◎threatよりも強く《文語》的). ❷ Ⓒ 危険なもの[人間].
— 動 (-ac·es /-iz/; men·aced /-t/; -ac·ing) 他《文語》❶ …を危険にさらす. ❷ …をおどす, 脅迫する.

‥‥‥‥‥‥‥‥‥‥‥‥‥‥‥‥

图 ❶ His letter was full of *menace*. 彼の手紙はおどしに満ちていた. ❷ That boy is a little *menace*. あの子は困り者だ.
— 動 他 ❶ The flood *menaced* the village. その洪水はその村を危険にさらした.

men·ac·ing /ménəsiŋ メナスィング/ 形 脅迫(きょうはく)的な, おどすような.

＊**mend** /ménd メンド/ 動 (~s /-dz/; ~ed /-id/; ~ing) 他 ❶ …を直す, 修理する.
❷ (行ないなど)を改める, 直す.
— 图 ❶ Ⓤ 修繕, 改良, 回復.
❷ Ⓒ 修繕箇所.

　似た語 **mend** は「小さな穴や破れを簡単に修理する」; **repair** は「時計や自動車など機械類を修理する」.《米》では いずれにも **fix** を用いる.

‥‥‥‥‥‥‥‥‥‥‥‥‥‥‥‥

動 他 ❶ I had my shoes *mended*. 私はくつを修繕してもらった.
❷ *mend one's* ways 行ないを改める.
— 图 *be on the mend* (病気などが)回復しつつある.

me·ni·al /míːniəl ミーニアル/ 形《軽蔑(けいべつ)的》熟練[知識]のいらない, 単純な.

men·o·pause /ménəpɔ̀ːz メノポーズ/ 图

men's room

Ⓤ【生理】月経閉止期, 更年期.

mén's ròom /ménz- メンズ-/ 名(複 ~s /-z/) Ⓒ《しばしば **Men's Room** で》(米)男性用(公衆)トイレ(❍(英口語)では Gents または Gents' という; ☞ ladies' room, toilet).

men·stru·al /ménstruəl メンストルアル/ 形 生理[月経]の.

men·stru·ate /ménstruèit メンストルエイト/ 自動《文語》生理[月経]がある.

men·stru·a·tion /mènstruéiʃən メンストルエイション/ 名 ❶Ⓤ(女性の)生理, メンス. ❷Ⓒ生理[メンス]期間.

*__**men·tal**__ /méntl メントル/ 形
❶心の, 精神の(反 physical).
❷知能の, 頭の.

❶ *mental* balance 心の平静さ / *mental* concentration 精神集中 / a *mental* case [patient] 精神病患者.
❷ *mental* faculties 知能.

☞ 名 mentality.

méntal aríthmetic 名Ⓤ暗算.

men·tal·i·ty /mentǽləti メンタリティ/ 名(複 -i·ties /-z/)Ⓒ精神状態, ものの見方, 考え方. ▶a childish *mentality* 子どもっぽい考え方.

☞ 形 mental.

men·tal·ly /méntəli メンタリ/ 副 精神的に; 知的に; 心の中で(反 physically).

men·thol /ménθɔ(:)l メンソ(ー)ル/ 名Ⓤ【化学】メントール, はっか脳.

*__**men·tion**__ /ménʃən メンション/
動(~s /-z/; ~ed /-d/; ~ing)他(…のこと)を**話に出す**, 言う, …に言及する.
— 名(複 ~s /-z/)Ⓤ,Ⓒ話題にすること.

動他 I *mentioned* it to him. 私は彼にそのことを話した / You need not *mention* that you met me. 君は私に会ったことを言う必要はない / Our teacher *mentioned* some useful books. 先生は何冊か有益な本のことを話してくれた.
Don't mention it.《英》どういたしまして《❍お礼やお詫びを言われたときの返事; You are welcome. ともいう》:対話 "Thank you very much."–"*Don't mention it.*"「どうもありがとうございました」「どういたしまして」.
not to mention ... …は言うまでもなく: He speaks French, *not to mention* English. 彼は英語はもちろんフランス語も話す.
— 名There is no *mention* of it in this book. この本にはそのことは少しも書かれていない.

make mention of ... …のことを(取り立てて)話に出す, …に言及する: He *made* no *mention of* his family. 彼は家族のことは話さなかった.

*__**men·u**__ /ménju: メニュー/ 名(複 ~s /-z/) Ⓒ❶(レストランなどの)**メニュー**.
❷【電算】メニュー《画面に示された機能の一覧表》.

mer·ce·nar·y /mə́ːrsənèri マーセネリ/ 形 金もうけ[報酬]ばかり考える.
— 名(複 -nar·ies /-z/)Ⓒ(外国の軍隊で働く)雇われ兵.

mer·chan·dise /mə́ːrtʃəndàiz マーチャンダイズ/ 名Ⓤ《集合的に》商品.
— 動(-dis·es /-iz/; ~d /-d/; -dis·ing)他…を売買する.

mer·chant /mə́ːrtʃənt マーチャント/ 名(複 ~s /-ts/)Ⓒ❶(大量の商品を扱う)商人, 貿易商. ❷(米)小売り商人, 商店主.
— 形商業の, 貿易の.
▶名 ❶a tea *merchant* 茶商人.
— 形a *merchant* ship [vessel] 商船.

*__**mer·ci·ful**__ /mə́ːrsifəl マースィフル/ 形
❶情け深い. ❷ありがたい.

☞ 名 mercy.

mer·ci·ful·ly /mə́ːrsifəli マースィフリ/ 副情け深く.

*__**mer·ci·less**__ /mə́ːrsiləs マースィレス/ 形 **情け容赦**(ようしゃ)**ない**.

mer·ci·less·ly /mə́ːrsiləsli マースィレスリ/ 副情け容赦なく.

Mer·cu·ry /mə́ːrkjuri マーキュリ/ 名
❶【天文】水星(☞planet).
❷【ローマ神話】マーキュリー, メルクリウス《神々の使者をする神で旅人, 商人, 盗賊などの守護神》.

mer·cu·ry /mə́ːrkjuri マーキュリ/ 名Ⓤ 【化学】水銀《元素記号 Hg》.

*__**mer·cy**__ /mə́ːrsi マースィ/ 名(複 mer·cies /-z/)❶Ⓤ(苦しんでいる人・弱い人に対する)**やさしさ**, 哀れみ, 情け.
❷Ⓒありがたいこと.

❶They showed *mercy* to the animals. 彼らはその動物たちにやさしくした / Have *mercy* upon me! (神様)私に情けをかけてください.

❷It was a *mercy* that I was not there then. その時私がそこにいなかったのは幸運だった.

***at the mercy of ...* のなすがままに:** The small boat was *at the mercy of* the waves. その小さなボートは波に翻弄(ほんろう)されていた.

☞ [形]merciful.

mércy kìlling [名][U]安楽死(させること)《✪euthanasia ともいう》.

⁑mere /míər ミア/ [形]**単なる**, ほんの, まったくの. ▸He is a *mere* child. 彼はほんの子どもだ / The *mere* sight of a dog frightens him. 犬の姿を見ただけで彼はこわがる.

⁑mere·ly /míərli ミアリ/ [副]**ただ**, 単に《✪only よりも形式ばった語》.

▸She *merely* mentioned his name. 彼女はただ彼の名前を言っただけだった.

***not merely ... but* (*also*)~ …だけでなく~もまた** 《✪not only ... but (also) ~のほうが《口語》的》.

merge /mə́ːrdʒ マーヂ/ [動](merg·es /-iz/; merged /-d/; merg·ing)[他]…を合併する.

— [自]❶ⓐ合併する. ⓑ〔…と〕合併する〔*with*〕. ❷〔…に〕溶けこむ〔*into*〕.

[他]They *merged* the two firms *into* a larger one. 彼らはふたつの会社を合併して大きな会社を作った.

— [自]❶ⓐThe two banks *merged* into one large bank. そのふたつの銀行が合併して大銀行になった. ❷*merge into* the landscape 景色に溶けこむ.

merg·er /mə́ːrdʒər マーヂャ/ [名][C](企業・組織の)合併.

me·rid·i·an /mərídiən メリディアン/ [名][C]〔地理・天文〕子午線, 経線.

me·ringue /məræ̃ŋ メラング/ [名][UC]メレンゲ《砂糖を混ぜて泡立てた卵白; クッキーのように焼いたりパイやプディングの上に載せて焼いて食べる》.

***mer·it** /mérit メリット/ [名]([複] ~s /-ts/)

❶[C]**長所**, 利点, メリット([反]demerit).

❷[U]**すばらしさ**, 価値.

— [動][他]《文語》…に値する.

[名]❶What are the *merits* of the plan? その計画の長所は何ですか / *merits* and demerits 長所と短所.

❷have little *merit* あまり価値がない.

mérit sỳstem [名][C]《米》(公務員の採用・昇進などにおける)実力本位制.

mer·maid /mə́ːrmèid マーメイド/ [名][C]人魚.

mer·ri·ly /mérəli メリリ/ [副]楽しく, 陽気に.

***mer·ry** /méri メリ/ [形](-ri·er; -ri·est)

❶**陽気な**, 快活な.

❷**楽しい**, うきうきした, 愉快な.

❸《英口語》ほろ酔い機嫌の.

❶He is a *merry* fellow. 彼は陽気なやつだ. ❷They sang *merry* songs. 彼らは陽気な歌を歌った / [対話]"I wish you a *merry* Christmas!＝(A) *merry* Christmas (to you)!"–"The same to you." 「クリスマスおめでとう」「(ご同様に)おめでとう」.

mer·ry-go-round /méri-gou-ràund メリ・ゴウ・ラウンド/ [名][C]メリーゴーラウンド, 回転木馬《✪《米》carousel, 《英》roundabout ともいう》.

mesh /méʃ メッシュ/ [名]([複] ~·es /-iz/)[UC]網の目(状のもの).

— [動](三単現 ~·es /-iz/)[自]❶〔機械〕(歯車などが)かみ合う. ❷調和する, ぴったり合う.

mes·mer·ize /mézməràiz メズメライズ/ [動](現分 -iz·ing)[他](おもしろくて)…をうっとりさせる, とりこにする.

⁑mess /més メス/ [名]([複] ~·es /-iz/)

❶[C]**乱雑(な状態)**, 取り散らかした[汚い]状態.

❷ⓐ《a をつけて》(乱雑で)**めちゃくちゃな場所**. ⓑだらしない人; どうしたらよいかわからなくなっている人.

❸《a をつけて》困った状態, 苦境.

❹[C](兵隊・船員などの)食堂.

— [動](三単現 ~·es /-iz/)[他]…を乱雑にする, だいなしにする.

— [自]ばかなことをする, へまをする.

[名]❶His room is always in a terrible *mess*. 彼の部屋はいつもめちゃくちゃだ. ❷ⓐYour room is quite *a*

M

mess. あなたの部屋はめちゃくちゃですよ. ❺He was a *mess*. 彼はだらしない姿だった.

be in a mess 困ったことになっている:Things *are in a mess* at the office. 仕事場で困ったことが起きている.

get into a mess 困ったことになる:He *got into a mess* at school. 彼は学校でトラブルに巻きこまれてしまった.

make a mess of ... 《口語》…をだいなしにする:You have *made a mess of* your clothes. おまえは衣服をだいなしにしてしまった.

☞ 形 messy.

— 動 ***mess around [about]*** ⓐ 《口語》ぶらぶらして過ごす, ばかなことをする[しゃべる].

mess up 《口語》他 ①…を乱雑にする. ②…をだいなしにする:The unfortunate happening *messed up* the boy's life. その不幸なできごとが少年の生活をめちゃめちゃにした.

mess with ... ①…をいじる. ②…をおこらせる.

*mes·sage /mésidʒ メスィヂ/ (《★発音注意》) 名 (複 -sag·es /-iz/)
Ⓒ❶ 言づて, 伝言, 人に伝えたいこと.
❷ 通信, (e-mailの)メール; (公式の)メッセージ.
❸ (大統領の)教書 《政策などを述べた議会に送る公文書》.
❹ (書物・演説・映画などの)(訴えたい)ねらい.

・・・・・・・・・・・・・・・・・・・・・・・・・・・・・・・・・・・・・

❶I left a *message* for him with the receptionist. 私は受付の人に彼あての伝言を頼んでおいた.

語の結びつき
deliver a *message* メッセージを伝える
get [receive] a *message* 伝言を受け取る
leave (...) a *message* (…に)伝言を残す
take a *message* (電話で)(いない人への)言づてを聞いておく

❷a congratulatory *message* 祝電, 祝辞 / get an e-mail *message* Eメールをもらう.

❸a Presidential *message* to Congress 議会への大統領教書.

❹*the message* of the movie その映画の意図.

get the message (人のいいたいことを)理解する.

*mes·sen·ger /mésəndʒər メセンヂャ/ (《★アクセント注意》) 名 (複 ~s /-z/) Ⓒ
❶ 使者. ❷ 使い走りをする人.

Mes·si·ah /məsáiə メサイア/ 名 《the をつけて》❶ 《ユダヤ教》救世主, メシア.
❷ 《キリスト教》イエスキリスト (Jesus Christ).

mess·y /mési メスィ/ 形 (mess·i·er; mess·i·est) ❶ 取り散らかした. ❷ やっかいな.

☞ 名 mess.

*met /mét メット/ 動 meet の過去形・過去分詞形.

met·a·bol·ic /mètəbɑ́lik メタバリック/ 形 《生物》新陳代謝の.

me·tab·o·lism /mətǽbəlizm メタボリズム/ 名 Ⓤ 《生物》新陳代謝.

*met·al /métl メトル/ 名 (複 ~s /-z/) Ⓤ Ⓒ 金属.▶The vase is made of *metal*. その花びんは金属製だ.

☞ 形 metallic.

me·tal·lic /mətǽlik メタリック/ 形 金属の; 金属質[性]の.

☞ 名 metal.

met·a·mor·pho·sis /mètəmɔ́ːrfəsis メタモーフォシス/ 名 (複 -pho·ses /-siːz/) Ⓒ ❶ (昆虫などの)変態. ❷ 大きな変化.

met·a·phor /métəfɔːr メタフォー/ 名 Ⓤ Ⓒ 《修辞》隠喩 (ˈ) 《「…のような」の意の like, as などの語を用いないで, His fist is a hammer. 「彼のこぶしはハンマー(のよう)である」/ He has a heart of stone. 「彼は石の(ような)心(冷酷な心)をもっている」のような比喩 (ˈ) 表現法をいう; ☞ simile》.

met·a·phor·i·cal /mètəfɔ́(ː)rikəl メタフォ(ー)リカル/ 形 隠喩 (ˈ) 的な; 比喩 (ˈ) 的な.

met·a·phor·i·cal·ly /mètəfɔ́(ː)rikəli メタフォ(ー)リカリ/ 副 隠喩 (ˈ) で, 比喩的に.

mete /míːt ミート/ 動 他 《次の成句で》:
mete ... out 《文語》〔罰など〕を与える〔*to*〕.

me·te·or /míːtiər ミーティア/ 名 《天文》 Ⓒ ❶ 流星 (✪shooting star ともいう).

❷隕石(いんせき).
me·te·or·ic /mìːtiɔ́(ː)rik ミーティオ(ー)リック/ 形 ❶流星の. ❷大気の, 気象上の. ❸一時的にはなばなしい.
me·te·or·ite /míːtiəràit ミーティオライト/ 名Ⓒ隕石(いんせき).
me·te·or·o·log·i·cal /mìːtiərəláʤikəl ミーティオロラヂカル/ 形気象の; 気象学上の. ▸a *meteorological* observatory 気象台.
me·te·or·ol·o·gist /mìːtiərάləʤist ミーティオラロヂスト/ 名Ⓒ気象学者.
me·te·or·ol·o·gy /mìːtiərάləʤi ミーティオラロヂィ/ 名Ⓤ気象学.
***me·ter**[1] /míːtər ミータ/ (★発音注意) 名 (複 ~s /-z/) Ⓒ **メートル**《メートル法の長さの単位; ❃ m と略す; ☞ measure ❹》.

The mountain is about three thousand *meters* high. その山は約3,000メートルの高さだ.
　　　　　　　　　　　☞形metric.

me·ter[2] /míːtər ミータ/ 名Ⓒ(ガス・水・電気・タクシーなどの)メーター, 計量器.
me·ter[3] /míːtər ミータ/ 名Ⓤ〔詩学〕韻律.
meth·ane /méθein メセイン/ 名Ⓤ〔化学〕メタン《天然ガスの主成分》.
***meth·od** /méθəd メソド/ 名 (複 ~s /-ʣ/) Ⓒ (組織立った) **方法**, 方式. ▸an effective *method* of learning English 効果的な英語の学習法.
　　　　　　　　　　　☞形methodical.
meth·od·i·cal /məθάdikəl メサディカル/ 形整然とした, きちんとした.
　　　　　　　　　　　☞名method.
me·thod·i·cal·ly /məθάdikəli メサディカリ/ 副整然と, きちんと.
Meth·od·ist /méθədist メソディスト/ 〔キリスト教〕名Ⓒメソジスト教徒.
— 形メソジスト派の.
meth·od·o·log·i·cal /mèθədəláʤikəl メソダロヂカル/ 形《文語》方法論的な.
meth·od·ol·o·gy /mèθədάləʤi メソダロヂィ/ 名ⓊⒸ(原理などに基づいた)方式, 方法.
me·tic·u·lous /mətíkjuləs メティキュラス/ 形綿密な.
me·tic·u·lous·ly /mətíkjuləsli メティキュラスリ/ 副綿密に.

me·tre[1] /míːtər ミータ/ 名《英》= **meter**[1].
me·tre[2] /míːtər ミータ/ 名《英》= **meter**[3].
met·ric /métrik メトリック/ 形メートル法の.
　　　　　　　　　　　☞名meter[1].
métric sỳstem 名《the をつけて》メートル法.
me·tro /métrou メトロウ/ 名 (複 ~s /-z/) Ⓒ(パリなどの)地下鉄.
— 形大都会の.
me·trop·o·lis /mətrάpəlis メトラポリス/《★アクセント注意》名 (複 ~es /-iz/) Ⓒ主要都市, 大都会; 首都. ▸New York is a busy *metropolis*. ニューヨークはにぎやかな大都会である.
　　　　　　　　　　　☞形metropolitan.
***met·ro·pol·i·tan** /mètrəpάlətn メトロパリトン | -pɔ́l-/ 形 **大都市の**, 主要都市の; 首都の. ▸the *Metropolitan* Police 《英》ロンドン警視庁.
　　　　　　　　　　　☞名metropolis.
Mex·i·can /méksikən メクスィカン/ 形 ❶メキシコの. ❷メキシコ人の.
— 名Ⓒメキシコ人.
Mex·i·co /méksikou メクスィコウ/ 名メキシコ《北米南部の共和国; 首都メキシコシティー (Mexico City)》.
México Cíty 名メキシコシティー《メキシコ共和国の首都》.
MI 〔米郵便〕Michigan.
Mi·am·i /maiǽmi マイアミ/ 名マイアミ《アメリカのフロリダ (Florida) 州南東海岸の都市; 避暑地》.
mice /máis マイス/ 名 mouse の複数形.
Mi·chael /máikəl マイケル/ 名マイケル《男性の名; 愛称 Mike, Mickey》.
Mich·i·gan /míʃəgən ミシガン/ 名ミシガン《アメリカの北中部の州; ❃郵便でMI と略す》.
Mick·ey /míki ミキ/ 名ミッキー《男性の名; Michael の愛称》.
Míckey Móuse 名ミッキーマウス《ディズニー (Disney) の漫画の主人公のハツカネズミの名》.
mi·crobe /máikroub マイクロウブ/ 名Ⓒ微生物, 細菌.
mi·cro·bi·ol·o·gy /màikroubaiάləʤi マイクロウバイアロヂィ/ 名Ⓤ微生物学.

might

know it. もしかすると彼女はそのことは知らないかもしれない.

❻He *might have* missed the train. 彼はもしかすると列車に乗りおくれたかもしれない.

❷*Might I* ask your name? 恐れ入りますがお名前をお聞かせ願えませんか.

❸ⓐIf she knew about it, she *might* come. もしそれを知っていれば彼女は来るかもしれない(実際は知っている可能性はなく彼女は来そうもない) / You *might* succeed if you tried harder. 君はもっと熱心にやってみたらうまくいくかもしれないのに(そんなに熱心にやらないからうまくいかない).

ⓑIf you had invited him, he *might have* come. もし君が彼を招待していたら彼は来たかもしれない(実際は招待しなかったから来なかった) / This medicine *might have* cured her. この薬があったら(実際はなかったが)彼女の病気は治ったかもしれないのだ.

❹You *might* post this letter. この手紙をポストに入れてくれないか.

❺ⓐMother said we *might* play in the house. (= Mother said, "You may play in the house.") 母はわれわれに家の中で遊んでもよいといった.

ⓑHe said (that) she *might* not come. (= He said, "She may not come.") 彼女は来ないかもしれないと彼は言った / She said he *might* have read the book. (= She said, "He may have read the book.") 彼はその本を読んだかもしれないと彼女が言った.

ⓒHe decided to do it whatever *might* happen. 彼は何が起ころうともそれをすることを決心した.

ⓓHe worked hard so (that) he *might* succeed. 彼は成功するために熱心に働いた.

ⓔI hoped that she *might* get well soon. 彼女がすぐよくなるように願っていた.

❼I asked her how old the old man *might* be. 私は彼女にその老人はいったいいくつだろうかとたずねた.

《同音異形語》mite.

might[2] /máit マイト/ 名Ⅱ《文語》(大きな)力. ▶**with all** one's **might** 全力で.

《同音異形語》mite.

might・y /máiti マイティ/ 形 (might・i・er; might・i・est)力の強い, 強力な.
— 副《口語》非常に.
▶形a *mighty* enemy 強力な敵.

☞ 名might[2].

— 副It is *mighty* easy. それはとてもやさしい.

mi・graine /máigrein マイグレイン/ 名 ＵＣ 片頭痛.

mi・grant /máigrənt マイグラント/ 名Ｃ
❶移住労働者, 季節労働者.
❷渡り鳥.
— 形(生活の場所を変えながら)渡り歩く.

mi・grate /máigreit マイグレイト ǀ maigréit/ 動 (~s /-ts/; mi・grat・ed /-id/; -grating) 圓 ❶移住する. ❷(鳥・魚などが)(季節的に)移動する.

☞ 名migration.

mi・gra・tion /maigréiʃən マイグレイション/ 名 ❶Ｕ **移住**, 移住. ❷Ｕ (鳥・魚などの)移動, 渡り.

☞ 動migrate.

mi・gra・to・ry /máigrətɔːri マイグラトーリ/ 形(鳥などが)移住性の. ▶a *migratory* bird 渡り鳥.

Mike /máik マイク/ 名マイク《男性の名; Michaelの愛称》.

mike /máik マイク/ 名Ｃ《口語》マイク, マイクロフォン (《❶microphoneの短縮形》).

Mi・lan /milǽn ミラン/ 名ミラノ(《イタリア北部の都市》).

＊**mild** /máild マイルド/ 形 (~・er; ~・est)
❶(気候などが)**穏やかな**, 温暖な.
❷(味・香りなどが)強くない, まろやかな, 口当たりのよい.
❸(人・性質・態度が)穏やかな, 温厚な, やさしい.
❹(罰などが)厳しくない, 寛大な, ゆるい.
❺(病気が)軽い.

──────────────────

❶We have a *mild* climate here all the year round. ここは一年中穏やかな気候です / a *mild* winter 温暖な冬.
❷*mild* beer 苦みの少ないビール / a *mild* sauce 甘口ソース.
❸a *mild* gentleman 温厚な紳士.
❹a *mild* punishment 軽い罰.
❺have a *mild* fever 微熱がある.

mil・dew /míldjùː ミルデゥー, ・デュー/ 名

abcdefghijkl **m** nopqrstuvwxyz　　　　　　　　　　　　　　　　milk tooth

Ⓤ(皮・衣類・食物などに生じる)白かび.

mild·ly /máildli マイルドリ/ 副 ❶穏(ホピ)やかに, やさしく. ❷軽く, 少し.

mild·ness /máildnəs マイルドネス/ 名 Ⓤ 穏(ホピ)やかさ, 温和, やさしさ.

mile /máil マイル/ 名 (複 ~s /-z/)
❶Ⓒ **マイル** 《長さの単位;1609.35メートル,または5280フィートに当たる. ✪ m と略す》.
❷《口語》《複数形で;副詞的に》何マイルも, はるかに.

---

❶ The river is ten *miles* long. その川は長さが10マイルある / It's a 50-*mile* drive from here. そこはここから車で50マイルのところにある / at (a speed of) forty *miles* an hour 時速40マイルで.
❷ The river is *miles* away. その川ははるか向こうだ / We walked (for) *miles* today. 私たちはきょうなんマイルも歩いた.

mile·age /máilidʒ マイリヂ/ 名 ❶ⓐ Ⓤ.Ⓒ (車両の)走行マイル数. ⓑⓊ燃費(1ガロンのガソリンで走れるマイル数). ❷Ⓤ《口語》得, 利益.

mile·stone /máilstòun マイルストウン/ 名 Ⓒ ❶(ある場所までの距離をマイル数で示す)石(の柱). ❷画期的なできごと.

mil·i·tant /mílətnt ミリトント/ 形 好戦的な, 闘争的な.
— 名 Ⓒ 好戦的な人.

mil·i·ta·rism /mílətərìzm ミリタリズム/ 名 Ⓤ 軍国主義.

mil·i·ta·rist /mílətərist ミリタリスト/ 名 Ⓒ 軍国主義者.

mil·i·ta·ris·tic /mìlətərístik ミリタリスティック/ 形 軍国主義の.

mil·i·tar·y /mílətèri ミリテリ | -təri/ 形 **軍隊の**, 軍事上の, 軍事用の, 軍人の.
— 名 《the をつけて; 集合的に》軍隊.

形 a *military* base 軍事基地 / *military* forces 兵力 / a *military* government 軍事政権.

mílitary acàdemy 名 Ⓒ 陸軍士官学校.

mílitary políce 名 《the をつけて; 複数扱いで》憲兵隊 (✪MP と略す).

mi·li·tia /milíʃə ミリシャ/ 名 Ⓒ 《集合的に》市民軍, 国民軍.

milk /mílk ミルク/
名 Ⓤ ❶ⓐ **牛乳**, ミルク.
ⓑ (親が子どもに与える)乳.
❷ 乳状の液, 乳剤.
— 動 (~s /-s/; ~ed /-t/; ~ing) 他
❶ (牛など)の **乳をしぼる**.
❷ⓐ (金など)をしぼり取る.
ⓑ (人)から金(など)をしぼり取る.
— 自 (牛などが)乳を出す.

名 ❶ⓐ a glass of *milk* コップ一杯のミルク / condensed *milk* コンデンスミルク, 練乳 / fresh *milk* 生牛乳 / skim(med) *milk* スキムミルク, 脱脂乳 / whole *milk* (脂肪分を抜き取っていない)全乳 / ことわざ It is no use crying over spilled [《英》spilt] *milk*. こぼした牛乳のことを嘆いてもむだである(やってしまったことをくよくよしてもしかたがない),「覆水(ふく)盆(ぼん)に返らず」.

【ことわざ】「覆水盆に返らず」

INFO▷ 欧米では冷たい牛乳をコップに入れて飲むのがふつうで, 「一杯のミルク」はふつう a glass of *milk* という.

❷ coconut *milk* ココナツのミルク(乳状の汁).

☞ 形 milky

— 動 他 ❶ My sister *milks* the cows every morning. 姉は毎朝牛の乳をしぼる.

milk·man /mílkmæn ミルクマン | -mən/ 名 (複 milk·men /-mèn | -mən/) Ⓒ 牛乳配達(の人).

mílk shàke 名 Ⓤ.Ⓒ ミルクセーキ (冷たいミルクに砂糖, 香料, アイスクリームなどを加えてかきまぜ, あわ立てた飲み物).

mílk tòoth 名 (複 milk teeth) Ⓒ 乳歯(にゅう)(☞ tooth).

milky

milk·y /mílki ミルキ/ 形 (milk·i·er; milk·i·est) ❶乳のような, 乳白色の. ❶乳のはいった.
☞ 名 milk.

Mílky Wáy 名《the をつけて》【天文】天の川, 銀河 (○the Galaxy ともいう).

*__mill__ /míl ミル/ 名 (複 ~s /-z/) C ❶ **製粉所**, 製粉工場.
❷ⓐ **製粉機**. ⓑ (コーヒーや胡椒(ｺｼｮｳ)などをひく)ミル.
❸ **工場**, 製造所 (おもに製粉・製鉄・製紙・紡績(ﾎﾞｳｾｷ)などの工場).
— 動 (~s /-z/; ~ed /-d/; ~·ing) 他 (穀物・コーヒーなど)を**ひく**, 製粉する, 粉砕する.
— 自 (人や家畜の群れが)うろうろ動き回る.

名 ❶run a *mill* 製粉所を経営する.
❷ⓑa coffee *mill* コーヒーミル.
❸a cotton *mill* 紡績工場 / a paper *mill* 製紙工場 / a steel *mill* 製鉄工場.
go through the mill (口語)つらい訓練を受ける, つらい経験をする.
— 動 他 *mill* grain 穀物をひいて粉にする / *mill* coffee コーヒー豆をひく.

mil·len·ni·um /miléniəm ミレニアム/ 名 (複 ~s /-z/, -len·ni·a /-niə/) C 千年(という期間).

mil·let /mílit ミリット/ 名 U 【植物】キビ.

mil·li·gram, (英)**mil·li·gramme** /míləɡræm ミリグラム/ 名 C ミリグラム (1000分の1グラム).

mil·li·li·ter, (英)**mil·li·li·tre** /mílilìːtər ミリリータ/ 名 C ミリリットル (1000分の1リットル; ○ ml と略す).

mil·li·me·ter, (英)**mil·li·me·tre** /míləmìːtər ミリミータ/ 名 C ミリメートル (1000分の1メートル; ○ mm と略す).

*__mil·lion__ /míljən ミリョン/ 名 (複 ~, ~s /-z/) ❶ C **100万** (○m と略す; ☞ one).
❷ C 100万人[個].
❸ C 100万ドル[ユーロ, ポンド, 円など].
🔸《複数形で》何百万, 無数.
— 形 ❶ **100万の**, 100万人の, 100万個の.
❷無数の, 多数の.

名 ❶ten *million* 1000万 / two hundred *million* 2億 / twenty-four *million*, seventeen thousand, three hundred (and) fifty-two 24,017,352.

| 語法 前に数詞がつくと three millions のように -s をつけることがある. しかしその後に端数がつくときは -s をつけない; ☞ hundred, thousand.

❸That will cost a *million*. それには100万ドル[ユーロ]かかるだろう.
❹*millions* of people なん百万もの人々.
one in a million 《口語》百万にひとりの人[ひとつのもの], 最高の人[もの]: He's *one in a million*. 彼はピカイチだ.
— 形 ❶four *million* euros 400万ユーロ / thirty-eight *million* people 3800万人.

mil·lion·aire /míljənéər ミリョネア/ (★アクセント注意)名 C 百万長者, 大金持ち (○「億万長者」は billionaire).

mil·lionth /míljənθ ミリョンス/ 形 ❶《ふつう the をつけて》100万番目の. ❷ 100万分の1の.
— 名 (複 ~s /-s/) ❶《the をつけて》100万番目の人[もの].
❷ C 100万分の1.

Mil·wau·kee /milwɔ́ːki ミルウォーキ/ 名 ミルウォーキー《アメリカのウィスコンシン (Wisconsin) 州最大の都市》.

mime /máim マイム/ 名 ❶ U パントマイム (pantomime). ❷ C パントマイム役者.
— 動 (現分 mim·ing) 自 パントマイムを演じる.
— 他 …をパントマイムで表現する.

mim·ic /mímik ミミック/ 動 (~s /-s/; mim·icked /-t/; -ick·ing) 他 ❶ (ふざけて)(人)のまねをする. ❷ (ものが)…によく似る.
— 名 C ものまねする人.
▶動 他 ❶ *mimic one's* teacher 先生のまねをする.

mim·ic·ry /mímikri ミミクリ/ 名 U ものまね.

min. 《略語》minimum; minute(s).

min·a·ret /mìnərét ミナレット/ 名 C ミナレット《イスラム教の礼拝堂 (mosque) に付属する高い塔》.

minarets《4本の塔》

mince /míns ミンス/ 動 (現分 minc·ing) 他 (肉・ジャガイモなど)を細かく切り刻む.
— 自 気どって小またに歩く.
— 名 U (英)ひき肉, 細かく切った肉 (◎(米)では ground beef という)).
▶動 *mince* (*one's*) *words* 遠回しに言う.

mince·meat /mínsmìːt ミンスミート/ 名 U ミンスミート《細かく刻んだ干しぶどう, りんご, 香料などを混ぜたもの; 肉は入れない; ミンスパイ (mince pie) の中味にする》.

mínce píe 名 UC ミンスパイ《クリスマス用のミンスミート (mincemeat) 入りのパイ》.

****mind** /máind マインド/ 名 (複 ~s /-dz/)
❶ UC **心**, 精神.
❷ C **知性**, 知力, 思考力.
❸ C **考え**, 意見.
❹ C ⓐ (…したい)**気持ち**, 意志. ⓑ 関心.
❺ U **正常な精神状態**, 正気.
❻ U **記憶**, 思い出, 記憶力.
❼ C (知性を持つものとしての)人.

— 動 (~s /-dz/; ~ed /-id/; ~ing) 他
❶《否定文・疑問文で》ⓐ …を**気にする**, いやがる, 迷惑に思う.
ⓑ《mind *doing*》＿することをいやだと思う.
ⓒ《mind ... *doing*》…が＿するのをいやだと思う.
❷ …に**気をつける**, 用心する.
❸ (英)…の世話をする, 番をする.
❹ (米)…の言うことを聞く.
— 自 ❶《否定文・疑問文で》気にする, いやだと思う, 迷惑に思う.
❷ 気をつける, 用心する.

類語 **mind** は肉体と区別して「(人間の思考, 記憶, 学習, 知覚などを受けもつところの)心」; **heart** は「(感情のはいった)心, 感情」.

名 ❶ She has a broad [narrow] *mind*. 彼女は心が広い[狭い] / an independent *mind* 自立心 / a Protestant *mind* プロテスタント精神 / ことわざ A sound *mind* in a sound body. 健全な身体に健全な精神(が宿ることを願う) / So many men, so many *minds*. 人の数だけ心の数もある, 「十人十色」.
❷ She has a quick *mind*. 彼女は頭の回転が速い / a reasoning *mind* 理性的思考力.
❸ I have changed my *mind*. 私は考えを変えた[気が変わった] / He did not speak his *mind*. 彼は自分の考えを言わなかった.
❹ ⓐ He looked as if he had a *mind* to resign. 彼は辞職する気持ちがありそうに見えた. ⓑ His *mind* is on her. 彼の頭は彼女のことでいっぱいです.
❺ Perhaps he has lost his *mind*. おそらく彼は頭がどうかしてしまったのだろう / Is he in his right *mind*? 彼は正気ですか / absence of *mind* 放心, ぼんやり / presence of *mind* 平静, 沈着.
❻ It will soon go [pass] out of *mind*. それは間もなく忘れられるでしょう.
❼ a noble *mind* 気高い心の持ち主.

be of one [*a*] *mind* 意見[気持ち]が一致している：We *are of a mind* . 私たちは同じ気持ちだ.

be of [(英) *in*] *two minds* 考えが決まらず迷っている.

be on ...'*s mind* …の気にかかっている：What *is on your mind*? なにが君の気にかかっているのですか.

bear ... *in mind* = keep ... in *mind*.

call [*bring*] ... *to mind* …を思い出す：I cannot *call* the place *to mind* at all. 私はその場所をどうしても思い出せない.

come to mind (考えなどが)思い浮かぶ：A bold thought *came to mind*. 大胆な考えが心に浮かんだ.

cross ...'*s mind* (考えなどが)(ちらっと)…の頭に浮かぶ.

mind

enter ...'s mind = cross ...'s mind.
give one's ***mind to ...*** …に専念する.
go out of one's ***mind*** 気が狂う：He has *gone out of his mind*. 彼は気が狂ってしまった.
go out of ...'s mind …に忘れられる：The appointment soon *went out of his mind*. その会う約束を彼はじきに忘れてしまった.
have a good mind to *do* (おどしをかけて)__してもいいと思っているのだ(ぞ).
have a mind to *do* __しようと思う.
have half a mind to *do* = have a good *mind* to do.
have ... in mind …を考えている，計画している：She *has* some plan *in mind*. 彼女はなにか計画を考えている.
have one's ***mind on ...*** …に専念している.
have ... on one's ***mind*** …を気にかけている，考えている：He still *has* it *on his mind*. 彼はまだそれを気にかけている.
in one's ***mind's eye*** 心に描いて，想像の中で.
keep ... in mind …をおぼえておく，忘れない：You have to *keep* it *in mind* that you have not fully recovered yet. まだ本調子じゃないことを忘れるなよ.
keep one's ***mind on ...*** …に専念している.
make up one's ***mind*** 決心する，結論に達する：My father *made up his mind* to give up smoking. 父はたばこをやめようと決心した / *My mind* is *made up*. 私の気持ちは決まっている.
out of one's ***mind*** 気が狂って：He seems to be *out of his mind*. 彼は気が狂っているようだ.
put ... in mind of ~ (よく似ているので) …(人)に~を思い出させる：You *put* me *in mind of* my brother. 私は君を見ると弟を思い出す.
put one's ***mind to ...*** = give one's *mind* to ....
set one's ***mind on ...*** …を決心する.
slip ...'s mind …に忘れられる：Names easily *slip my mind*. 私は名前をすぐ忘れる.
spring to mind = come to *mind*.

take ...'s mind off ~ (ものごとが)~から…の気をそらす：Tennis *takes my mind off* my work. テニスをすると私は仕事のことは忘れる.
take one's ***mind off ...*** (人が)…から気をそらす：Father never *takes his mind off* his work. 父は仕事から気をそらすことは決してない.
to my mind 私の意見では.
turn one's ***mind to ...*** = give one's *mind* to ....
with ... in mind …を考えて，考えながら.

☞ 形mindful.

— 動⑯ ❶ⓐI don't *mind* a slight rain. 小雨など平気です / *Never mind* the details. 細かいことは気にするな / I don't *mind* what you say. 君がなにを言っても私はかまわない / I wouldn't *mind* a glass of beer. ビールを一杯飲んでもいいな.

ⓑI don't *mind* standing. 私は立っていてもかまいません / She does not *mind* living alone. 彼女はひとり暮らしをいやがってはいない.

ⓒI don't *mind* your [you] *dating* her. ぼくは君が彼女とデートしてもかまわないよ / 対話 "Do you *mind* my [me] *smoking*?"–"No, not at all." 「私がたばこをすうのがいやですか(たばこをすってもいいですか)」「私はかまいません，どうぞ」(（●断わるときは Yes, I do mind; I don't like cigarettes. (たばこはきらいなのでやめてください)のように理由をそえて言う)) / Do you *mind* the window *being* open? 窓が開いていてもかまいませんか.

❷*Mind* your step. 足元に注意しなさい / *Mind* what I say. 私の言うことを注意して聞きなさい / *Mind (that)* you don't make the same mistake again. 同じまちがいを二度しないように気をつけなさい.

❸I want somebody to *mind* the shop. 私は店番をしてくれる人がほしい.

❹*Mind* what your parents say. 両親の言うことを聞きなさい.

— ⓐ ❶I don't *mind*. 私はかまいません / I will do it if you don't *mind*. もしかまわなければ私がそれをします.

❷*Mind!* You'll slip. 気をつけなさい，

滑りますよ / *Mind* now, be back in an hour. いいか，一時間でもどってくるんだよ．

***Do you mind* doing?** __してくださいませんか: 対話 "*Do you mind waiting* for me?"-"No, I don't"「私を待っていてくださいませんか」「いいですよ」(☞成句 Would you *mind* my doing ...?》

***Do [Would] you mind if* __?** __してもいい[よろしい]でしょうか: 対話 "*Do [Would] you mind if* I smoke?"-"No, I don't [wouldn't]."「たばこをすってもかまいませんか[よろしいですか]」「ええ，どうぞ」(☞他 ❶,成句 Would you *mind* my doing ...?》

mind **(you)**《口語》いいかい，よく聞きなさい: I support your opinion but *mind* (*you*), I don't say it is the best. 私は君の意見を支持するけれども，いいかい，君の意見が一番よいとはいいませんよ．

Mind your own business. 人のおせっかいをするな，よけいなお世話だ《「自分のしていることに注意を向けろ」すなわち「他人のことに口を出すな」ということ》．

never *mind*《ふつう命令法で》《口語》(…のことは)**気にしない，心配するな**，大丈夫: 対話 "I'm sorry."-"*Never mind*"「ごめんなさい」「何でもないよ」(✪ Don't mind. とはふつういわない)/ *Never mind* about the expense. 費用のことなど心配するな．

***Would you mind* doing ...?** …を__してくださいませんか: 対話 "*Would you mind closing* the window?"-"Not at all."「窓をしめてくださいませんか」「いいですよ」．

語法 上記の表現は Will you please close the window? よりもていねいな言い方．mind は「いやだと思う」の意味だから答えは，相手の言う通りにしてあげるときは，上の例のほか Of course not. や Certainly not. (もちろんいいですよ)のように not をつける．ただし I'd be glad to. (喜んで)とか Yes, certainly. (はい，たしかに)のように応じることもある．相手の言う通りにしてあげられないときは I'm sorry [afraid] I can't. ((残念ながら)できません)のようにいう．

Would you mind my doing ...? (私が)…を__してもよろしいでしょうか: 対話 "*Would you mind my sitting* next to you?"-"Not at all."「お隣りにすわってもよろしいですか」「ええ，どうぞ」(✪ 許可するときの返事は Would you mind *doing* ...? の場合と同じで not をつける．許可しないときは，I'm sorry but my wife will be coming back soon. (すみませんが妻がすぐ戻ってきますので)のように理由を述べて断わる)．

mind·bog·gling /máindbɑ̀gliŋ マインドバグリング/ 形《口語》まさかと思うような，うそみたいな．

mind·ful /máindfəl マインドフル/ 形〔…に〕気をつけて(いる)，〔…を〕忘れない〔*of*〕．▶He *is* always *mindful of* his health. 彼はいつも健康に気をつけている．

☞名mind.

mind·less /máindləs マインドレス/ 形
❶ (人や行為が)ばかな，愚かな．❷ (仕事などが)簡単な．

**mine¹ /máin マイン/ 代
❶**私のもの**．
❷《... of mine》私の….

❶That book is *mine*. その本は私のものです / Your parents are young but *mine* (= my parents) are rather old. あなたのご両親は若いが，私の両親はだいぶ年をとっている．
❷He is an old friend *of mine*. 彼は私の旧友です．

*mine² /máin マイン/ 名 (複 ~s /-z/) C
❶**鉱山**．
❷**地雷，機雷，水雷**．
— 動 (~s /-z/; ~d /-d/; min·ing) 他
❶ (鉱石などを)**掘る，採鉱する**．
❷ …に地雷[機雷]を仕掛ける．
— 自 (鉱物を掘り出すために)地面に穴を掘る，坑道を掘る．
▶名 ❶ a coal *mine* 炭鉱 / a diamond *mine* ダイヤモンド鉱山 / dig a *mine* 鉱山を掘る．

mine·field /máinfìːld マインフィールド/ 名 C ❶ 地雷原; 機雷原．❷ 危険をはらんだ状態．

min·er /máinər マイナ/ 名 (複 ~s /-z/)

mineral

©坑夫, 鉱山労働者. ▶a coal *miner* 炭坑夫.

min·er·al /mínərəl ミネラル/ 名(複 ~s /-z/)© ❶(動物・植物に対して)**鉱物**(水・塩・石炭・石油などを含む).
❷(栄養素としての)ミネラル.
— 形鉱物性の, 鉱物を含む.

míneral wàter 名Uミネラルウォーター(鉱物塩や炭酸ガスを含んだ天然の水).

min·gle /míŋgl ミングル/ 動(~s /-z/; ~d /-d/; min·gling)⾃ ❶混ざる, 一緒になる.
❷〔いろいろな人と〕親しく交わる〔*with*〕.
— 他…を混ぜる, いっしょにする.

⾃ ❶The colors don't *mingle* well. その絵の具はよく混ざらない / We *mingled with* the crowd. 私たちはその人ごみの中にはいった. ❷He *mingled with* the guests at his party. 彼はパーティーでお客の中にはいって親しく交わった.
— 他 Her surprise was *mingled with* joy. 彼女の驚きは喜びと入りまじっていた.

min·i /míni ミニ/ 名© =miniskirt.

mini- /míni ミニ/ 接頭「小, 小型の」の意味.

min·i·a·ture /míniətʃùər ミニ(ア)チュア/ (★アクセント注意)形小型の, 縮小した.
— 名©小型にしたもの; 小型の模型, ミニチュア.
▶形a *miniature* camera 小型カメラ / a *miniature* garden 箱庭
— 名*in miniature* 小型の[に], 縮小した[て]:The family is society *in miniature*. 家庭は社会の縮図である.

min·i·bus /mínibÀs ミニバス/ 名(複 ~-es /-iz/)©小型バス, ミニバス.

min·i·cab /mínikæb ミニキャブ/ 名©(英)(呼び出し)タクシー.

min·i·mal /mínəməl ミニマル/ 形きわめて小さい[少量の].

min·i·mize /mínəmàiz ミニマイズ/ 動(現分 -miz·ing)他 ❶…を最小(限)にする(反 maximize). ❷…を(実際より)低く[少なく]みせる.
☞名minimum.

min·i·mum /mínəməm ミニマム/ (★アクセント注意)名(複 -i·ma /-mə/, ~s /-z/)©(量・数などの)**最小限(度)**, 最低限, 最低点(反 maximum).
— 形最小限(度)の, 最低の.

名It will take a *minimum* of three days to drive there. そこへ車で行くには最低3日はかかるでしょう.
☞動minimize.
— 形at a *minimum* price 最低の値段で / a *minimum* standard 最低基準.

mínimum wáge 名U© (法律や契約によって定められた)最低賃金.

min·ing /máiniŋ マイニング/ 名U採鉱, 採掘; 鉱業.

min·i·skirt /míniskə̀:rt ミニスカート/ 名©ミニスカート(©単に mini ともいう).

min·is·ter /mínistər ミニスタ/ 名(複 ~s /-z/)© ❶(イギリス・日本などの)**大臣**(©(米)では secretary).
❷公使(大使 (ambassador) の下位).
❸(キリスト教の)聖職者, 牧師.

名 ❶the *Minister* of [for] Foreign Affairs =the Foreign *Minister* (日本などの)外務大臣 / the *Minister* of Finance (日本の)財務大臣(©イギリスの財務大臣は the Chancellor of the Exchequer という).

min·is·te·ri·al /mìnəstíəriəl ミニスティ(ア)リアル/ 形大臣の; 内閣の.
☞名minister.

min·is·try /mínistri ミニストリ/ 名(複 -is·tries /-z/)©
❶《Ministry で》(イギリス・日本などの)(行政組織の)**省**.
❷聖職者の職務.

❶the *Ministry* of Defence (イギリスの)国防省 / the *Ministry* of Education, Culture, Sports, Science and Technology (日本の)文部科学省.

mink /míŋk ミンク/ 名(複 mink, ~s /-s/) ❶©(動物)ミンク(イタチの類).
❷Uミンクの毛皮.

Min·ne·so·ta /mìnəsóutə ミネソウタ/ 名ミネソタ(アメリカ北中部の州; ©[郵便] MN と略す).

mi·nor /máinər マイナ/ 形 ❶(規模・程

度・重要性などが)(他のものと比べて)**小さい**, 大したことのない([反]major).
❷〔音楽〕短調の([反]major).
— [名] ❶[C]〔法律〕未成年者.
❷[C]《米》副専攻科目(☞major).
❸[U]〔音楽〕短調, 短音階([反]major).
— [動][自]《米》〔…を〕副専攻(科目)にする〔*in*〕.

[形] ❶He received a *minor* injury. 彼は軽傷を負った / make a *minor* change 小さい変更をする / *minor* details (重要でない)こまごましたこと.
❷the *minor* scale 短音階 / a symphony in F *minor* ヘ短調の交響曲.
☞ [名]minority.

***mi·nor·i·ty** /mənɔ́(:)rəti ミノ(ー)リティ | mai-/ [名]([複] -i·ties /-z/) ⓐ[C]《集合的に》**少数派**([反]majority).
ⓑ[C]マイノリティー, 少数民族[グループ]([反]majority).
ⓒ《形容詞的に》少数派の, マイノリティーの.
▸ⓑethnic *minorities* 少数民族集団.
ⓒa *minority* opinion 少数意見.
be in the minority 少数派である.
☞ [形]minor.

mínor léague [名][C]《米》(野球の)マイナーリーグ(☞major league).

mint[1] /mínt ミント/ [名] ❶[U]〔植物〕ハッカ. ❷[C]ハッカ菓子.

mint[2] /mínt ミント/ [名][C]造幣局.
— [形]未使用の, 新品同様の.
— [動][他](貨幣)を鋳造する.

***mi·nus** /máinəs マイナス/ [形]
❶**マイナスの**, マイナスを示す.
❷〔数学〕負の.
❸《評点の後につけて》(評点が)(…の)下.
— [前] ❶〔数学〕…を**引いた**([反]plus).
❷《口語》…なしに, …のない.
— [名]([複] ~·es /-iz/)[C] ❶負数. ❷不足, 損失, 欠損. ❸=minus sign.

[形] ❶The temperature is *minus* three degrees. 温度は零下3度だ.
❸A *minus* Aマイナス(成績でAの下; ✪ A－と書く).
— [前] ❶Five *minus* two is [equals] three. 5引く2は3(5－2＝3; ✪ Two from five leaves three. ともいう).
❷He came home *minus* his bag. 彼はかばんなしで家へもどって来た.

min·us·cule /mínəskjù:l ミナスキュール/ [形]非常に小さい.

mínus sìgn [名][C]マイナス記号(－の記号).

*****min·ute**[1] /mínit ミニット/ [名]([複] ~s /-ts/)
❶[C](時間の単位の)**分**(✪m, min. と略す; ☞ hour).
❷ⓐ《a をつけて》《口語》**短い時間**, ちょっとの間, 瞬間.
ⓑ《aをつけて; 副詞的に》ちょっとの間.
❸[C](角度の単位としての)分(角度1度の60分の1; 符号は′; ☞ degree).

❶seven *minutes* past eight 8時7分過ぎ(✪《米》では past の代わりに after を使うこともある)/ five (*minutes*) to seven 7時5分前(✪《米》では to の代わりに before, of を使うこともある;「…時~分」という場合,《米》では minutes を省くのがふつうで,《英》でも five, ten, twenty などの後では省くのがふつう)/ We arrived ten *minutes* early. われわれは10分早く着いた / My house is fifteen *minutes'* walk [a fifteen-*minute* walk] from here. 私の家はここから歩いて15分です.
❷ⓐHe stopped working for a *minute*. 彼はちょっと仕事の手を休めた.
ⓑWait a *minute*. ちょっと待ってください.
❸thirty degrees and ten *minutes* (＝30° 10′) 30度10分.

(at) any minute **今すぐにも**: It may begin to rain *any minute*. 今にも雨が降りそうだ.
at the last minute いよいよという時に, どたん場で.
in a few minutes **数分で**, すぐに.
in a minute **すぐに**.
Just a minute. ちょっと(待ってください).
the minute (that) – **するとすぐに** (as soon as): I recognized him *the minute* (*that*) I saw him. 会ったとたんに彼だとわかった.
this minute **今すぐ**: Do it *this min-*

M

minute

ute. 今すぐしなさい.
to the minute 1分も違わずきっかり: at 6:30 *to the minute* きっかり6時半に.

up to the minute 最新の.

mi・nute² /mainjú:t マイ**ヌ**ート, **-ニュ**ート, mi-/ 《★発音注意》形 ❶きわめて小さい, 微小の. ❷詳細な, 精密な, 細心の.
▶ ❶ a *minute* particle 微粒子. ❷ a *minute* description 詳細な描写.

mínute hànd 名© (時計の)分針, 長針 (☞ second hand).

***mir・a・cle** /mírəkl ミラクル/ 名 (複 ~s /-z/) © ❶**奇跡**.
❷**奇跡のような事, 驚くべきこと.**
❸ (能力・性質などが)すばらしい人.

❶ the *miracles* of Jesus Christ イエス・キリストの奇跡.
❷ His success was a *miracle*. 彼の成功は奇跡だった / It's a *miracle* that I beat him in tennis. 私がテニスで彼に勝つとはまさに奇跡だ.
❸ She is a *miracle* of patience. 彼女はすばらしい忍耐力をもった人だ.
by a miracle 奇跡的に.
☞ 形 miraculous.

mi・rac・u・lous /mirǽkjuləs ミラ**キュ**ラス/《★アクセント注意》形 奇跡のような, 思いがけない, すばらしい.
☞ 名 miracle.

mi・rac・u・lous・ly /mirǽkjuləsli ミラ**キュ**ラスリ/ 副 奇跡のように, 思いがけず.

mi・rage /mirá:ʒ ミ**ラ**ージュ | mírɑ:ʒ/ 名© 蜃気楼(しんきろう).

***mir・ror** /mírər ミラ/ 名 (複 ~s /-z/)
❶ © 鏡, ミラー, 反射鏡.
❷ © 鏡のようなもの, 真の姿を写すもの.
— 動 他 ⓐ …を映す. ⓑ …を反映する.

名 ❶ Look at yourself in the *mirror*. 自分の姿を鏡に映して見なさい.
❷ The newspapers are a *mirror* of the times. 新聞は時代の鏡である (時勢を正しく反映する).

— 動 他 ⓐ The lake *mirrored* the mountain. 湖が山の影を映した.

mírror ìmage 名© 鏡像 (鏡に映った左右逆になっている像).

mirth /má:rθ マース/ 名Ⓤ 《文語》楽しさ, にぎやかさ.

mis・ad・ven・ture /mìsədvéntʃər ミサド**ヴェ**ンチャ/ 名 《文語》ⒸⓊ 不運, 不幸.

mis・be・have /mìsbihéiv ミスビ**ヘ**イヴ/ 動 (現分 -hav・ing) ⓐ よくない行動をする.

mis・be・hav・ior, 《英》**mis・be・hav・iour** /mìsbihéivjər ミスビ**ヘ**イヴァ/ 名Ⓤ よくない行動.

misc. 《略語》miscellaneous.

mis・cal・cu・late /mìskǽlkjulèit ミス**キャ**ルキュレイト/ 動 (現分 -lat・ing) 他
❶ …の計算違いをする. ❷ …の見込み違いをする.
— ⓐ ❶ 計算違いをする. ❷ 見込み違いをする.

mis・cal・cu・la・tion /mìskǽlkjuléiʃən ミスキャルキュ**レ**イション/ 名ⒸⓊ ❶ 計算違い. ❷ 見込み違い.

mis・car・riage /mìskǽridʒ ミス**キャ**リヂ/ 名© 流産, 早産.

mis・car・ry /mìskǽri ミス**キャ**リ/ 動 (-car・ries /-z/; -car・ried /-d/; ~ing) ⓐ 流産する, 早産する.

mis・cel・la・ne・ous /mìsəléiniəs ミサ**レ**イニアス/ 《★アクセント注意》形 いろいろ取り混ぜた, 種々雑多な (●misc.と略す).
▶ *miscellaneous* goods 雑貨 / a *miscellaneous* collection of pictures いろいろな[雑多な]絵の収集.

mis・chief /místʃif ミスチフ/ 《★アクセント注意》名Ⓤ ❶ (子どもの)いたずら, わるさ.
❷ やっかいなこと, 害, 迷惑.
▶ ❶ Keep the children out of *mischief*. 子どもたちにいたずらをさせないようにしておきなさい. ❷ The storm did a lot of *mischief* to the crops. あらしは作物に大きな害を与えた.
be up to mischief いたずらをする.
get into mischief いたずらを始める.
make mischief わるさをする.
out of mischief いたずら半分に, ふざけて.
☞ 形 mischievous.

mis・chie・vous /místʃivəs ミスチ**ヴァ**ス/《★アクセント注意》形 いたずら好きな, 腕白(わんぱく)な. ▶ He is a *mischievous* boy. あの子はいたずらな少年だ.
☞ 名 mischief.

mis・chie・vous・ly /místʃivəsli ミスチ

mis·con·cep·tion /mìskənsépʃən ミスコンセプション/ 名UC誤解, 思い違い.

mis·con·duct /mìskʌ́ndʌkt ミスカンダクト/ 名U《文語》(地位のある人の)違法行為.

mis·con·strue /mìskənstrúː ミスコンストルー/ 動他《文語》…を誤解する.

mis·deed /mìsdíːd ミスディード/ 名C《文語》まちがった行動, 悪事.

mis·de·mean·or,《英》**mis·de·mean·our** /mìsdimíːnər ミスデミーナ/ 名C ❶《法律》《米》軽犯罪(☞felony). ❷《文語》まちがった行為.

mis·di·rect /mìsdirékt ミスディレクト, -dai-/ 動他 ❶…にまちがった方向を教える; (手紙など)にまちがったあて名を書く. ❷…をまちがった使い方をする.

mi·ser /máizər マイザ/ 名C (お金を使わないで貯めこむ)けち, しみったれ.
☞ 形miserly.

***mis·er·a·ble** /mízərəbl ミゼラブル/ (★アクセント注意)形 (more ~; most ~)
❶**みじめな**, 不幸な, 哀れな, 情けない.
❷**ひどい**, いやな.
❸わずかな, 貧弱な, みすぼらしい.

──────────

❶She felt *miserable*. 彼女はみじめな気持ちだった. ❷He has led a very *miserable* life. 彼はひどい生活をしてきた / *miserable* weather いやな天候. ❸a *miserable* meal 粗末な食事.
☞ 名misery.

mis·er·a·bly /mízərəbli ミゼラブリ/ 副 ❶みじめに. ❷あわれなほど, わずかに.

mi·ser·ly /máizərli マイザリ/ 形 (お金を使わないで貯めこむ)けちな.
☞ 名miser.

***mis·er·y** /mízəri ミザリ/ 名 (複 -er·ies /-z/)UC**みじめさ**, 苦しさ, 不幸, 貧困.
▶live in *misery* 悲惨な生活をする.
☞ 形miserable.

mis·fire /mìsfáiər ミスファイア/ 動 (現分 -fir·ing /-fáiəriŋ/)自 ❶ⓐ (銃などが)不発に終わる. ⓑ (エンジンが)点火しない. ❷ (計画などが)うまくいかない, 失敗する.
── 名C ❶不発, 着火失敗. ❷失敗.

mis·fit /mísfit ミスフィット/ 名C (環境・仕事などに)合わない人.

***mis·for·tune** /mìsfɔ́ːrtʃən ミスフォーチュン/ 名(複 ~s /-z/)UC**不運**, 不幸(反 fortune). ▶He had the *misfortune* to lose his father. 彼は不幸にも父親を失った / The accident was a *misfortune* for him. その事故は彼にとって不運なことだった.

mis·giv·ing /mìsgíviŋ ミスギヴィング/ 名UC不安, 心配.

mis·guid·ed /mìsgáidid ミスガイデッド/ 形まちがった, 考え違いをしている.

mis·han·dle /mìshǽndl ミスハンドル/ 動 (現分 -han·dling)他 …の処置を誤る, …をへたに扱う.

mis·hap /míshæp ミスハップ/ 名UC (ちょっとした)不運, 不幸な出来事, 災難.

mis·in·form /mìsinfɔ́ːrm ミスィンフォーム/ 動他…にまちがった[不正確な]ことを教える.

mis·in·ter·pret /mìsintə́ːrprit ミスィンタープリット/ 動他…を誤解する.

mis·in·ter·pre·ta·tion /mìsintə̀ːrprətéiʃən ミスィンタープレテイション/ 名UC誤解.

mis·judge /mìsdʒʌ́dʒ ミスヂャッヂ/ (現分 -judg·ing)他 ❶…についてまちがった判断[評価]をする, 誤解する.
❷…についてまちがった予想をする.
── 自まちがった判断[評価]をする.

mis·judg·ment,《英》**mis·judge·ment** /mìsdʒʌ́dʒmənt ミスヂャヂメント/ 名UCまちがった判断, 誤解.

***mis·lead** /mìslíːd ミスリード/ 動 (~s /-dz/; mis·led /-léd/; ~·ing)他…にまちがった判断[行動]をさせる, …を誤解させる.

***mis·lead·ing** /mìslíːdiŋ ミスリーディング/ 形 (人に)**まちがった判断[行動]をさせるような**, 誤解を招くような.

mis·led /mìsléd ミスレッド/ 動misleadの過去形・過去分詞形.

mis·man·age /mìsmǽnidʒ ミスマニヂ/ 動 (現分 -ag·ing)他 …をへたに扱う, …の管理[処置]を誤る.

mis·man·age·ment /mìsmǽnidʒmənt ミスマニヂメント/ 名U管理[処置]の仕方を誤ること.

mis·match /mìsmǽtʃ ミスマッチ/ 動 (三単現 ~·es /-iz/)他 (適当でないもの)を誤って組み合わせる.
── 名 (複 ~·es /-iz/)C不適当な組み合

misplace

わせ.

mis・place /mìspléis ミスプレイス/ 動 (現分 -plac・ing) 他 …を置きちがえる, 置き忘れる.

mis・placed /mìspléist ミスプレイスト/ 形 ❶ (愛情などが) 見当違いの. ❷誤って置かれた.

mis・print /mísprìnt ミスプリント/ 名 C (本などの) ミスプリント, 誤植.

mis・pro・nounce /mìsprənáuns ミスプロナウンス/ 動 (現分 -nounc・ing) 他 …の発音をまちがえる.

mis・pro・nun・ci・a・tion /mìsprənÀnsiéiʃən ミスプロナンスィエイション/ 名 U C まちがった発音.

mis・quote /mìskwóut ミスクウォウト/ 動 (現分 -quot・ing) 他 …をまちがって引用する[伝える].

mis・read /mìsríːd ミスリード/ 動 (~s /-dz/; mis・read /-réd/; ~ing) 他 ❶…を読みまちがえる. ❷…の解釈をまちがえる.

mis・rep・re・sent /mìsrèprizént ミスレプリゼント/ 動 他 (故意に) …を誤って伝える, いつわって述べる.

mis・rep・re・sen・ta・tion /mìsrèprizentéiʃən ミスレプリゼンテイション/ 名 U C 誤って伝えること; まちがった[不正確な] 説明.

❋❋❋Miss /mís ミス/ 名 (複 ~・es /-iz/)

❶ⓐ C **…さん**, …嬢; 《英》…先生.
ⓑ(美人コンテストの) ミス(…).
❷《miss で》ⓐ《少女や未婚の女性に対する呼びかけ》お嬢さん (◐やや古風な言い方).
ⓑ《女店員やウエートレスに対する呼びかけ》ちょっと.
ⓒ(英)《女性教師に対する呼びかけ》先生.

----

❶ⓐDo you know *Miss* Mary Smith? メアリースミスさん[嬢]をご存じですか / *Miss* Clark, will you help me? クラークさん, 手伝ってくれませんか / I'm *Miss* Moor. 私はムーアです (Mrs. Moorではありません).
ⓑ*Miss* International ミスインターナショナル (美人コンテストの優勝者).

|語法| (1) 未婚の女性の姓または姓名の前に Miss (Mary) Smith のようにつける敬称; ☞ Mrs., Mr.
(2) 未婚であれば年齢とは無関係に用い

る.
(3) Miss のあとにはピリオドをつけない.
(4) 未婚か既婚かを区別しない Ms, Ms. を用いる傾向にある.

❷ⓐExcuse me, *miss*. 失礼ですが, お嬢さん.

❋miss /mís ミス/ 動 (~・es /-iz/; ~ed /-t/; ~・ing)

❶ (狙(ねら)ったもの)を**取り逃がす**, 打ち[撃ち]そこなう, 捕らえそこなう; (目標)に届かない (◐「ミスする, 失敗する」は make a mistake).

❷ (バスなど)**に乗りそこなう** (反 catch).

❸ⓐ …を得そこなう, (機会など)を逃がす, (目的)を達成しそこなう.
ⓑ《miss *do*ing》__しそこなう.

❹ …を**見つけそこなう**, 見落とす, 聞き落とす.

❺ⓐ …が**ない[いない]** ので寂しい.
ⓑ《miss *do*ing》__しないで残念に思う.
ⓒ …がない[いない] のに気づく.

❻ …が理解できない.

❼ (約束など)を果たさない, …に出席しない.

❽ⓐ …をまぬかれる, 避ける, 逃れる.
ⓑ《miss *do*ing》__するのをまぬかれる.

━ 自 目標に当たりそこなう, 外(はず)れる, 捕らえそこねる.

━ 名 (複 ~・es /-iz/) C 狙ったものに当たらないこと.

動 他 ❶He *missed* the bird. 彼は鳥を撃ちそこなった / He tried to catch the ball but *missed* it. 彼はその球をとろうとしたがとりそこなった / The fox just *missed* the bunch of grapes. キツネはもう少しのところでブドウの房に届かなかった.

miss the bus
(バスに乗りそこなう)

catch the train
(列車に間に合う)

❷I *missed* the bus by just a few seconds. わずか数秒でバスに乗り遅れた.

❸ⓐShe *missed* her chance to go [of going] abroad. 彼女は海外へ行く機会を逃がした / *miss* a promotion 昇進しそこなう.
ⓑHe *missed winning* the scholarship. 彼は奨学金をもらいそこなった.
❹The store is at the corner of the street; you can't *miss* it. その店は町角に立っているから見落とすはずはありません / Don't *miss* a single word that your teacher says. 先生の言うことを1語も聞きもらすな.
❺ⓐI'll *miss* you very much [badly]. あなたがいなくてとても寂しくなってしまいます《別れるときのことば》/ She is so rich that she wouldn't *miss* 100 dollars. 彼女は金持ちだから100ドルぐらいなんとも思わないでしょう.
ⓑI *miss playing* tennis with her. 彼女とテニスができなくて残念だ.
ⓒWe *missed* him at once. われわれはすぐ彼がいないのに気がついた / When did you *miss* your bag? いつバッグがないのに気づいたのですか.
❻*miss* the point 要点を理解しない.
❼He *missed* class yesterday. 彼はきのう授業を欠席した.
❽ⓐHe took another train and *missed* the accident. 別の列車に乗って, 彼は事故にあわなかった. ⓑThe dog narrowly *missed being* run over by a car. その犬はもう少しのところで車にひかれるところだった《✿前に「やっと, 危いところで」という意味を表わす narrowly, barely, just などをともなうことが多い》.
— ⓐThe shot *missed*. そのたまは外れた.

miss out 《英》⑯…を抜かす, 落とす: In copying, he *missed out* a few words. 書き写すときに彼は少しばかりことばを抜かした. — ⓐ楽しむ機会を失う.

miss out on ... …を楽しむ機会を失う: I don't want to *miss out on* the free drinks. ただのドリンクをもらいそこないたくない.

— 图My shot was a *miss*. 私の射撃は当たらなかった.

***mis·sile** /mísl ミスル | -sail/ 图(複 ~s /-z/) ❶ⓐ©**ミサイル**. ⓑ《形容詞的に》ミサイル(用)の. ❷©投げつけるもの, 飛び道具《矢・弾丸・石など》.

❶ⓐa ballistic *missile* 弾道弾 / a guided *missile* 誘導弾 / launch a *missile* ミサイルを発射する.

***miss·ing** /mísiŋ ミスィング/ 圏
❶行方(ゆ)**不明の**, 見当たらない.
❷**欠けている**.

❶*missing* fishermen 行方不明の漁師たち. ❷There are two pages *missing*. = Two pages are *missing*. 2ページ抜けている.

***mis·sion** /míʃən ミション/ 图(複 ~s /-z/)
❶©ⓐ(使節・使節団などの)**任務**, 使命.
ⓑ(軍隊の)任務.
❷©使節団.
❸©(人間として)すべきこと, 使命, 天職.
❹©伝道団体.
❺©(伝道のための)教会, 集会所. ❻UC伝道, 布教.

❶ⓐHe was sent to China on an important *mission*. 彼は重要な任務で中国へ派遣された / He has fulfilled [carried out] his *mission*. 彼は任務を果たした.
❷a cultural [trade/goodwill] *mission* 文化[貿易/親善]使節団.
❸She thought it was her *mission* to care for the poor. 彼女は貧しい人を世話するのが天職だと思った.

mis·sion·ar·y /míʃənèri ミショネリ/ 图 (複 -ar·ies /-z/) ©宣教師.
☞图mission.

Mis·sis·sip·pi /mìsəsípi ミスィスィピ/ 图 ❶ミシシッピー《アメリカのメキシコ湾にのぞむ州; ✿〔郵便〕MS と略す》.
❷《**the** をつけて》ミシシッピー川《アメリカのミネソタ(Minnesota)州から流れてメキシコ湾に注ぐ川》.

Mis·sou·ri /mizúəri ミズ(ア)リ/ 图ミズーリ《アメリカ中西部の州; ✿〔郵便〕MO と略す》.

mis·spell /misspél ミススペル/ 動 (~s /-z/; ~ed /-d/, mis·spelt /-t/; ~ing) ⑯…のつづりをまちがえる.

mis·spell·ing /misspéliŋ ミススペリング/

misspelt

名 UC つづり違い，誤ったつづり．

mis・spelt /mísspélt ミススペルト/ 動 misspellの過去形・過去分詞形．

＊mist /míst ミスト/ 名 (複 ~s /-ts/) ❶ UC **もや**，かすみ，薄い霧（☞fogの類語）．
❷ C（視界・理解・記憶などを）ぼんやりさせるもの．
—— 動 自 もや[かすみ]がかかる．
—— 他 …をもや[かすみ]でおおう．

名 ❶ The hills are covered in *mist*. 丘はもやにおおわれている．
☞ 形 misty．
—— 動 自 The scene *misted* over. その景色は一面もやでおおわれた．

＊mis・take /mistéik ミステイク/ 名 (複 ~s /-s/) C **まちがい**，誤り，**誤解**．
—— 動 (~s /-s/; mis・took /-túk/; -tak・en /-téikən/; -tak・ing) 他 ❶ …を**まちがえる**，誤解する．
❷《mistake ... for ~》…を**～とまちがえる**，誤解する．
—— 自 まちがえる，思い違いをする．

名 He made a *mistake*. 彼はまちがいをした / There are several spelling *mistakes* in your composition. あなたの作文にはいくつかのつづりのまちがいがあります / It was a *mistake* to trust the guidebook. その案内書を信用したのはまちがいだった．

... and no mistake《口語》《前に言ったことを強めて》まちがいなく，きっと：They will succeed, *and no mistake*. 彼らは成功するだろう，きっと．

by mistake まちがって：I put on his hat *by mistake*. 私はまちがって彼の帽子をかぶった．

make no mistake (about it)《口語》《忠告をするときなどに用いて》まちがいなく，確かに：This is of vital importance, *make no mistake (about it)*. これはとても重要なことだよ，いいかい．

make the mistake of *doing* ＿＿するというまちがいをする：I *made the mistake of trusting* him. 彼を信用するというまちがいをしてしまった．

—— 動 他 ❶ She has *mistaken* my meaning. 彼女は私の意図を誤解した / Don't *mistake* the road. 道をまちが

えるな / There is no *mistaking* what he wants. 彼が望んでいることは誤解のしようがない（はっきりしている）．
❷ I *mistook* him *for* his brother. 私は彼を彼の兄[弟]とまちがえた．
—— 自 There is no *mistaking* about that. それについてはまちがえようがない．

＊mis・tak・en /mistéikən ミステイクン/ 動 mistakeの過去分詞形．
—— 形 ❶（人が）**まちがえて**，思い違いをして，誤解して．
❷（行動・考えなどが）まちがった，誤った．

形 ❶ You are *mistaken* about the date. 君は年月日を思い違いしている．
❷ What he says is *mistaken*. 彼の言うことはまちがっている / a *mistaken* idea まちがった考え．

mis・tak・en・ly /mistéikənli ミステイクンリ/ 副 まちがえて．

mis・ter /místər ミスタ/ 名《口語》《知らない男性に呼びかけて》もしもし，あなた（☞ Mr.）．

mis・tle・toe /mísltòu ミスルトウ/《★1の前のtは発音されない》名 U【植物】ヤドリギ（クリスマスの装飾に使う）．

mis・took /mistúk ミストゥック/ 動 mistakeの過去形．

mis・treat /mìstrí:t ミストリート/ 動 他 …を虐待する．

mis・treat・ment /mìstrí:tmənt ミストリートメント/ 名 U 虐待．

＊mis・tress /místrəs ミストレス/ 名 (複 ~es /-iz/) C ❶《文語》❺ **女主人**（☞master）．
❻（おもに英）女の先生（☞master）．
❷（男性からみて）女性の愛人．

mis・trust /mìstrÁst ミストラスト/ 名 U 不信，疑惑（反 trust）．—— 動 他 …を信用しない，…に疑いをもつ（反 trust）．

mist・y /místi ミスティ/ 形 (mist・i・er; mist・i・est) ❶ もやのかかった．❷ ぼんやりとした，かすんだ．☞ 名 mist．

＊mis・un・der・stand /mìsÀndərstǽnd ミサンダスタンド/ 動 (~s /-dz/; -der・stood /-stúd/; ~・ing) 他 …を**誤解する**，…の意味をとり違える．
—— 自 誤解する．

他 She *misunderstood* me. 彼女は私

abcdefghijkl**m**nopqrstuvwxyz　　　　　　　　　　　　　　　　**mixer**

(の言うこと)を誤解した.
— 圓Don't *misunderstand*. 誤解しないでください.

***mis·un·der·stand·ing** /mìsʌndərstǽndiŋ ミサンダス**タ**ンディング/ 图
❶ U.C.**誤解**, 考え違い.
❷ C 意見の相違, 不和.

❶ There is a *misunderstanding* about it. それについては誤解がある.
❷ a little *misunderstanding* between the two people ふたりの間のちょっとした不和.

mis·un·der·stood /mìsʌndərstúd ミサンダス**トゥッ**ド/ 働misunderstandの過去形・過去分詞形.

mis·use /mìsjúːs ミス**ユー**ス/ 图 U.C.誤用, 悪用.
— 動/mìsjúːz ミス**ユー**ズ/ (《★名詞との発音の違いに注意》)(現分 -us·ing) 他 ❶ …を誤用する, 悪用する. ❷ …を虐待(ぎゃく)する, 酷使する.

mite /máit マイト/ 图 C 〔動物〕ダニ.

mit·i·gate /mítəgèit ミティゲイト/ 動 (現分 -gat·ing) 他 ❶ (苦痛など)をやわらげる, 静める. ❷ (刑罰など)を軽くする.

mit·i·ga·tion /mìtəgéiʃən ミティゲイション/ 图 U ❶ (苦痛などを)やわらげること, 鎮静. ❷ (刑罰などの)軽減.

mitt /mít ミット/ 图 C ❶ (野球用)ミット(☞glove). ❷ (手を守る)厚手の手袋.

mit·ten /mítn ミトン/ 图 C 《ふつう複数形で》ミトン《親指だけ離れて他はひとつになっている手袋; ☞ glove》.

***mix** /míks ミックス/
動 (~·es /-iz/; ~ed /-t/; ~·ing) 他
❶ …を**混ぜる**, 混合する, 混ぜ合わせる.
❷ (材料を混ぜ合わせて)…を**作る**, 調合する.
❸ …を〔…と〕一緒にさせる, 結び付ける〔*with, and*〕.
— 圓 ❶ 混じる. ❷ (親しく)つき合う.
— 图 ❶《単数形で》混合. ❷ C 混合物.
❸ U.C.(材料が混ぜられていてすぐに作れる)インスタント食品.

動 他 ❶ *mix* Japanese and English 日本語と英語を混ぜる / *mix* colors 絵の具を混ぜ合わせる / *Mix* this powder *with* water. この粉に水を混ぜなさい.
❷ *mix* a salad サラダを作る / She *mixed* a drink of milk, sugar, and chocolate for us. 彼女は私たちに牛乳と砂糖とチョコレートの飲み物を作ってくれた.
❸ They *mix* boys *with* girls in the same class in that school. その学校では男子と女子を同じクラスに入れている / *mix* business *with* [*and*] pleasure 仕事と楽しみを結びつける.
— 圓 ❶ Oil and water will not *mix*. = Oil will not *mix with* water. 油と水は混ざらない.
❷ She *mixes* well *with* all kinds of people. 彼女はあらゆる人々と親しく付き合う.

be [*get*] *mixed up in* (よくないこと)に関わる: Don't *get mixed up in* their argument. 彼らの口論に関わりをもつな.

be [*get*] *mixed up with* ... (よくない人)と関わりをもつ.

do not mix (ふたつ以上のものが)相性がよくない.

mix up 他 ① …をごちゃごちゃにする. ② (人)を混乱させる.

mix ... up with ~ …と~を取りちがえてしまう: I always *mix* her *up with* her sister. 私はいつも彼女を姉さんとまちがえてしまう.

☞ 图mixture.

***mixed** /míkst ミックスト/ 形
❶ 混ざった, 入り交じった.
❷ 男女両方の, 種々雑多な.

❶ *mixed* candies 各種詰め合わせたキャンデー / have *mixed* feelings 入り交じった複雑な気持ちがする.
❷ a *mixed* chorus 混声合唱 / *mixed* doubles (テニスなどの)混合ダブルス.

míxed bléssing 图 C ありがたいようなありがたくないようなこと[もの].

míxed márriage 图 U.C. 異なる宗教 [人種] 間の結婚.

mixed-up /míkstʌ́p ミクス**タッ**プ/ 形頭の混乱した.

mix·er /míksər ミクサ/ 图 C ❶ 混合機, 撹拌(かくはん)器, ミキサー《フードプロセッサー (food processor) や日本でいうミキサーなど

mixture

の総称; ◎ 日本でいう「ミキサー」は《米》では blender といい,《英》では liquidizer ともいう). ❷ (テレビ・ラジオの)音量調整者[装置]. ❸《形容詞をともなって》人づき合いが…な人. ❹《米》親睦(しんぼく)会, ダンスパーティー.

▶ ❶ a concrete *mixer* コンクリート[セメント]ミキサー. ❷ a good〔poor〕*mixer* 交際じょうず〔べた〕な人.

＊mix·ture /míkstʃər ミクスチャ/ 名(複 ~s /-z/)

❶ C 混合, 調合. ❷ UC 混ざりあったもの, 混合物 (☞compound¹).

❶ *mixture* of blue and yellow 青と黄色の混合.

❷ a *mixture* of cotton and nylon 綿とナイロンの混紡 / a *mixture* of feelings 入り交じった複雑な気持ち.

☞ 動 mix.

mix-up /míksʌp ミクサップ/ 名 C《口語》混乱.

ml《略語》milliliter(s).
mm《略語》millimeter(s).
MN【米郵便】Minnesota.
MO【米郵便】Missouri.
mo.《略語》month(s).

moan /móun モウン/ 名(複 ~s /-z/) C
❶ (悲しみや苦痛の)うめき声. ❷ うめくような音.
— 動 ⾃ ❶ (苦痛や悲しみで)うめく, うめきながら言う; うめくような音を立てる. ❷ ぶつぶつ不平を言う.

名 ❶ emit a *moan* うめき声をあげる. ❷ the *moan* of the wind うめくような風の音.
— 動 ⾃ ❶ *moan* with pain 苦痛でうめく.

《同音異形語》mown.

moat /móut モウト/ 名 C (城・町などの周囲の)堀.

mob /máb マブ | mɔ́b/ 名(複 ~s /-z/)
❶ C《集合的に》暴徒, 野次馬, (無秩序な)群衆.
❷《the をつけて》《俗語》ギャング団.
— 動(~s /-z/; mobbed /-d/; mobbing) 他 (熱狂したり,怒ったりして)…の周囲に群がる, …に群れをなして押し寄せる.

▶ 名 ❶ an angry *mob* おこった暴徒.
— 動 他 The fans *mobbed* the singer. ファンが歌手のまわりに群がった.

mo·bile /móubəl モウビル | -bail/ 形
ⓐ 動きやすい, (物が)簡単に動かせる (反 immobile).
ⓑ (人が)動きまわれる, 移動できる.
— 名 C ❶ = mobile phone. ❷ モビール《天井からつるして微風にも揺れ動くようにした抽象的な造形品》.

▶ 形 ⓐ a *mobile* library 移動図書館.
ⓑ The old man is no longer *mobile*. その老人はもうひとりでは歩きまわれない.

móbile hòme 名 C《米》モービルホーム, 移動住宅《車で引いて移動できるトレーラー型の大きい家; motor home より大きいが, 自力で移動できない; ☞ motor home》.

móbile phóne 名 C 携帯電話 (◎《米》では cell phone ともいう).

mo·bil·i·ty /moubíləti モウビリティ/ 名 U 移動性, 可動性; 機動性.

mo·bi·li·za·tion /mòubəlizéiʃən モウビリゼイション | -lai-/ 名 U (軍隊・人・物などの)動員.

mo·bi·lize /móubəlàiz モウビライズ/ 動 (現分 -liz·ing) 他 (軍隊・人・物など)を動員する, 動かす.

mob·ster /mábstər マブスタ/ 名 C《口語》ギャング[暴力団]のひとり.

moc·ca·sin /mákəsin マカスィン/ 名 C モカシン《もとは北米インディアンがはいたやわらかい皮でできたかかとのないくつ》.

moccasin

mock /mák マック | mɔ́k/ 動 (~s /-s/; ~ed /-t/; ~ing) 他 ❶ …をばかにする, あざ笑う. ❷ …をまねてからかう.
— ⾃〔…を〕ばかにする〔at〕.
— 形 いつわりの, 模擬の.

▶ 動 他 ❶ Don't *mock* others. 人をばかにしてはいけない. ❷ They *mocked* the new boy's accent. 彼らは新しく

はいって来た少年のことばのなまりをまねてからかった.

☞ 名mockery.

— 形*mock* modesty うわべだけの謙遜(ｹﾝｿﾝ) / a *mock* trial 模擬裁判.

mock·er·y /mάkəri マカリ/ 名 ❶ Ｕ ばかにすること. ❷ Ｃ いいかげんなもの.

make a mockery of … …をあざ笑う.

☞ 動mock.

mock·ing·bird /mάkiŋbə̀ːrd マキンバード/ 名 Ｃ 〖鳥類〗モノマネドリ《アメリカ南部産の他の鳥のまねをするツグミの類の鳥》.

mock·ing·ly /mάkiŋli マキングリ/ 副 ばかにして, からかって.

mock-up /mάkʌ̀p マカップ/ 名 Ｃ 実物大の模型.

***mode** /móud モウド/ 名 (複 ~s /-dz/)
❶ Ｃ Ｕ **方法**, やり方, 様式. ⓑ 形式, 流儀; 方式.
❷ Ｃ （衣服などの）流行, はやり, モード.
▶ ❶ⓐ a *mode* of transport 輸送方法. ⓑ the manual *mode* 手動方式.

***mod·el** /mάdl マドル/
名 (複 ~s /-z/) ❶ⓐ Ｃ **模型**.
ⓑ《形容詞的に》**模型の**.
❷ Ｃ （自動車・服などの）**型**, 形式, 設計.
❸ⓐ Ｃ **模範**, 手本.
ⓑ《形容詞的に》**模範的な**, 典型的な.
❹ Ｃ ⓐ （絵・彫刻などの）**モデル**.
ⓑ ファッションモデル.
— 動 (~s /-z/; ~ed, 《英》mod·elled /-d/; ~ing, 《英》-el·ling) 他 ❶ （服など）を**モデルになって着る**.
❷ 〔…を手本にして〕…を作る〔*on*〕.
❸ （粘土など）で形を作る.
— 自 ❶ 模型を作る.
❷ モデルになる.

・・・・・・・・・・・・・・・・・・・・・・・・・・・・・

名 ❶ⓐ a *model* of a spaceship 宇宙船の模型 / a clay *model* 粘土製の模型. ⓑ a *model* yacht 模型のヨット.
❷ unveil the 2010 *model* Cadillac 2010年型のキャディラック車を披露する.
❸ⓐ She is a *model* of honesty. 彼女は誠実の模範だ / a *model* for boys 男の子にとっての模範（となる人）.
ⓑ a *model* farm モデル農場.

after [on] the model of … …を模範として, …にならって.

— 動 他 ❶ *model* a beachwear （浜辺で着る）ビーチウエアのモデルをする.
❷ They *modeled* the garden *on* a Japanese one. 彼らは日本庭園を手本にしてその庭を作った.
❸ *model* clay into a dog 粘土で犬を作る.

model oneself on … …を見習う.

mod·el·ing, 《英》**mod·el·ling** /mάdəliŋ マデリング/ 名 Ｕ モデルをすること, モデル業.

modem /móudem モウデム/ 名 Ｃ 〖電算〗モデム, 変復調装置.

***mod·er·ate** /mάdərət マダレト｜mɔ́d-/
《★発音注意》形 (more ~; most ~)
❶ （量・程度などが）**適度の**, 中くらいの, ふつうの.
❷ **穏**(ｵﾀﾞ)**やかな**, 穏健な, 極端でない（反 extreme）.
— 名 Ｃ 穏健な考えの人.
— 動 /mάdərèit マダレイト/ 《★形容詞との発音の違いに注意》(~s /-ts/; -at·ed /-id/; -at·ing) 他 ❶ …を穏(ｵﾀﾞ)やかにする, 和(ﾔﾜ)らげる.
❷ （討論などの）司会をする.
— 自 穏やかになる, 和らぐ.

・・・・・・・・・・・・・・・・・・・・・・・・・・・・・

形 ❶ at a *moderate* speed 適度のスピードで / a house of *moderate* size ふつうの大きさの家.
❷ We have a *moderate* climate here. このあたりは穏やかな気候だ / a *moderate* opinion 穏健な意見.

mod·er·ate·ly /mάdərətli マダレトリ｜mɔ́d-/ 副 適度に, ほどよく.

mod·er·a·tion /mὰdəréiʃən マダレイション/ 名 Ｕ 適度[穏(ｵﾀﾞ)やか]であること, 穏健(ｹﾝ).

in moderation 適度に.

mod·er·a·tor /mάdərèitər マダレイタ/ 名 Ｃ ❶ （討論会などの）司会者. ❷ 調停者, 仲裁者.

***mod·ern** /mάdərn マダン｜mɔ́dən/ 《★アクセント注意》形 (more ~, ~·er; most ~, ~·est)
❶ **現代の**, 近代の, 近世の（反 ancient）.
❷ⓐ （様式・方式・考え方などが）**現代的な**, 進歩的な, モダンな. ⓑ 最新の. ⓒ （芸術の分野で）伝統にとらわれない.
— 名 Ｃ 《ふつう複数形で》❶ 現代人.

modernization

❷ (考え方などが新しい)現代的な人.

形 ❶ *modern* history (古代史, 中世史に対して)近代史 / *modern* languages (古典語に対して)現代語《現在使われている英語, フランス語など》/ *modern* times 現代. ❷ⓐ *modern* buildings 現代的な建物 / *modern* ideas 現代的な考え / *modern* fashions 最新のファッション. ⓑ *modern* technology 最新の技術. ⓒ *modern* art モダンアート, 現代芸術.
☞ 動 modernize.

mod·ern·i·za·tion /màdərnizéiʃən マダニゼイション | mɔ̀dənai-/ 名 Ⓤ 現代化, 近代化.

mod·ern·ize /mádərnàiz マダナイズ/ 動 (現分 -iz·ing) 他 …を現代化する, 近代化する.
☞ 形 modern.

*mod·est /mádist マデスト | mɔ́d-/ 《★アクセント注意》形 (~·er; ~·est)

❶ **控えめな**, けんそんした, 慎(?)み深い (反 immodest).

❷ (大きさ・量・程度などが) **適度の**, ささやかな.

❸ (とくに女性が)つつましやかな, 地味な.

────────

❶ The scientist was *modest* about his achievements. その科学者は自分の業績についてけんそんした / a *modest* person 控えめな人.

❷ a *modest* demand 穏当な要求 / a *modest* salary まあまあの給料 / a *modest* house 簡素な家. ❸ She is *modest* in her dress. 彼女はいつも地味な服装をしている.

mod·est·ly /mádistli マデストリ/ 副
❶ けんそんして, 控えめに. ❷ 適度に. ❸ しとやかに.

mod·es·ty /mádisti マディスティ | mɔ́d-/ 名 Ⓤ ❶ 控えめ, けんそん (反 immodesty). ❷ 適度, 穏当. ❸ つつましやかさ.
▶ ❶ with *modesty* 控えめに.
☞ 形 modest.

mod·i·fi·ca·tion /màdəfikéiʃən マディフィケイション/ 名 ❶ ⓊⒸ (部分的)修正, 変更. ❷ Ⓤ 〖文法〗修飾.
☞ 動 modify.

mod·i·fi·er /mádəfàiər マディファイア/ 名 Ⓒ 〖文法〗修飾語句.

***mod·i·fy** /mádəfài マディファイ | mɔ́d-/ 動 (-i·fies /-z/; -i·fied /-d/; ~·ing) 他
❶ …を(部分的に)**修正する**, 変更する, 手直しする.

❷ 〖文法〗…を修飾する.
▶ ❶ *modify* the system 組織[制度]を一部変更する.
☞ 名 modification.

mod·u·lar /mádʒulər マヂュラ/ 形 モジュール式の, 規格化された単位からなる.

mod·u·late /mádʒulèit マヂュレイト/ 動 (現分 -lat·ing) 他 …を調節する, 調整する.

mod·u·la·tion /màdʒuléiʃən マヂュレイション/ 名 Ⓤ 調節, 調整.

mod·ule /mádʒuːl マヂュール/ 名 Ⓒ ❶ モジュール《構成単位, ユニット》. ❷ モジュール《宇宙船の一部で, 母船から切り離して独立して行動できる》.

mo·hair /móuheər モウヘア/ 名 Ⓤ モヘア《アンゴラヤギの毛》.

Mo·ham·med /mouhǽmid モウハミド/ 名 = Muhammad.

***moist** /mɔ́ist モイスト/ 形 (~·er; ~·est)
❶ **湿り気のある**《不快感をともなわない; ☞ wet の 類語》. ❷ 涙ぐんだ.
▶ ❶ *moist* soil 湿り気のある土 / a *moist* wind 湿気を含んだ風. ❷ *moist* eyes 涙ぐんだ目.
☞ 名 moisture, 動 moisten.

mois·ten /mɔ́isn モイスン/《★t は発音されない》動 他 …を湿らせる.
── 自 湿る.
☞ 形 moist.

***mois·ture** /mɔ́istʃər モイスチャ/ 名 Ⓤ 湿気, 水分. ▶ Keep the books from *moisture*. 本を湿気から守りなさい.
☞ 形 moist.

mo·lar /móulər モウラ/ 名 Ⓒ 臼歯(*ǵ*).

mo·las·ses /məlǽsiz モラスィズ/ 名 Ⓤ 《米》糖みつ《❂《英》では treacle》.

***mold**[1] /móuld モウルド/ 名 (複 ~s /-dz/)
❶ Ⓒ **型**, 鋳型, (プディングなどの菓子の)流し型. ❷ Ⓒ (人の)タイプ, 型.
── 動 (~s /-dz/; ~ed /-id/; ~·ing) 他 《mold ... into ~》ⓐ …を**型に入れて**~を作る. ⓑ (人)を~にする.

────────

名 ❶ Chocolate bars are made in

abcdefghijkl **m** nopqrstuvwxyz　　　　　　　　　　　　**monarch**

molds. 板チョコは型に入れて作る.
── 動 ❸He *molded* clay *into* a bust. 彼は粘土で胸像を作った. ❹They tried to *mold* him *into* a gentle boy. 彼らは彼をやさしい少年にしようとした.

mold[2] /móuld モウルド/ 名UC かび.

mold·ing /móuldiŋ モウルディング/ 名
❶ UC 型にいれて作ったもの. ❷ C モールディング(壁・家具などのふち飾り).

mold·y /móuldi モウルディ/ 形 (**mold·i·er**; **mold·i·est**) かびのはえた.

mole[1] /móul モウル/ 名C〖動物〗モグラ.

mole[2] /móul モウル/ 名C ほくろ, あざ.

mo·lec·u·lar /məlékjulər モレキュラ/ 形 分子の.

mol·e·cule /málikjù:l マリキュール/ 名 C〖化学〗分子.

mo·lest /məlést モレスト/ 動他 (女性・子どもなど)に性的ないたずらをする.

mol·lusk, (英)**mol·lusc** /máləsk マラスク/ 名C〖動物〗軟体動物(貝類, イカ, タコなど).

molt /móult モウルト/ 動自 (羽・毛・外皮などが)抜け変わる, はえ変わる.

mol·ten /móultn モウルトン/ 動 meltの過去分詞形.
── 形(金属などが)溶けた, 溶融した.

＊mom /mám マム | móm/ 名(複 ~s /-z/) C(米口語) **おかあさん**, ママ (《英口語)では mum). ▶ Are you coming, *Mom*? ママ, 来るの / Ask your *mom* if you can go. 行ってもいいかおかあさんに聞いてごらん.

＊＊＊mo·ment /móumənt モウメント/ 名 (複 ~s /-ts/)
❶ C **瞬間**, ちょっとの間.
❷ C (ある特定の)**時**, 機会, 場合.
❸《the をつけて》**現在**.

────────

❶There was a *moment* of silence. 沈黙の一瞬があった / He appeared a *moment* later. 彼はすぐ後に現われた.
❷This is the happiest *moment* in my life. 今が私の一生でいちばん幸福な時だ.
❸These are the problems of the *moment*. これらが現在の問題だ.

(at) any moment 今にも(＿しそう):
It may begin to rain *at any moment*. 今にも雨が降りだしそうだ.

at the last moment 時間ぎりぎりになって.

at the [this] moment ①ちょうど今(は), 今のところ:She is busy *at the moment*. 彼女は今忙しい. ②(過去の)ちょうどその時(は).

for a [one] moment ①ちょっとの間:Let me speak *for a moment*. ちょっとの間私にしゃべらせてください. ②《否定文で》少し(の間)も(…ない):I did not *for a moment* doubt it. 私は少しもそれを疑わなかった.

for the moment さしあたり, 今のところは:I have nothing to do *for the moment*. 私は今さしあたってすることはなにもない.

in a moment すぐに, たちまち:I will be ready *in a moment*. 私はすぐに用意します.

the (very) moment (that) ＿＿するとすぐに (《❶接続詞として用いられ as soon as と同じ意味; that はふつう省かれる):He ran up to me *the moment* he saw me. 彼は私を見るとすぐ走り寄ってきた.

this (very) moment 今すぐ:Let's go *this moment*. 今すぐ行こう.

to the (very) moment 時間どおりに.
☞❶ では 形 momentary.

mo·men·tar·i·ly /mòuməntérəli モウメンテリリ/ 副 ❶ちょっとの間. ❷《米》すぐに.

mo·men·tar·y /móuməntèri モウメンテリ/ 形 瞬間的な, 一瞬の間の, つかのまの.
▶There was a *momentary* silence. 一瞬の沈黙があった.
☞ 名 moment ❶.

mo·men·tous /mouméntəs モウメンタス/ 形 大変重大な, 大変重要な.

mo·men·tum /mouméntəm モウメンタム/ 名U 勢い, はずみ, 惰性.

mom·my /mámi マミ | mɔ́-/ 名(複 **mom·mies** /-z/) C(米小児語) **ママ, おかあちゃん** (《❹(英)では mummy; ☞ mother の INFO》).

Mon. (略語) Monday.

Mon·a·co /mánəkòu マナコウ/ 名 モナコ(《地中海沿岸の公国; その首都).

mon·arch /mánərk マナク | mónək/ 名

eight hundred and fifty-seven　　　　　　　　　　　　　　　　857

monarchy

©君主《王, 女王, 皇帝, 女帝など》.

mon·arch·y /mánərki マナキ/ 名《複 -arch·ies /-z/》❶ Ⓤ君主政治. ❷ Ⓒ君主国.

mon·as·ter·y /mánəstèri マナステリ/ 名《複 -ter·ies /-z/》Ⓒ《男の》修道院, 僧院《❍「女子修道院」は convent》.

mo·nas·tic /mənǽstik モナスティック/ 形 修道院の; 修道僧の.

***Mon·day** /mándei マンデイ, -di/ 名《複 ~s /-z/》

❶ ⓊⒸ **月曜日**《❍ M, Mon. と略す; ☞ Sunday の 語法》.
❷《形容詞的に》**月曜日の**.
❸《副詞的に》《口語》月曜日に.

❶ We have six classes on *Monday*. 月曜日には授業が6時間ある.
❷ on *Monday* morning 月曜の朝に.
❸ He'll come *Monday*. 彼は月曜日に来るでしょう.

mon·e·tar·y /mánətèri マネテリ/ 形
❶ 貨幣の, 通貨の. ❷ 財政上の.
▶ ❶ the *monetary* system 貨幣制度.
☞ 名 money.

***mon·ey** /máni マニ/ 名 Ⓤ

❶ **お金**, 金銭.
❷ **貨幣**, 通貨.
❸ 富, 財産.

❶ I have no *money* on [with] me. 私はお金の持ち合わせがありません / She spends a lot of *money* on clothes. 彼女は着る物にたくさんお金を使う ことば Time is *money*. 「時は金(なり)なり」.

(語の結びつき)

borrow *money* (from ...)《…から》金を借りる
change *money* 両替する
deposit *money* 預金する
earn *money* 金を稼ぐ
lose *money* 損をする
pay *money* (for ...)《…の代金として》金を払う
raise *money* 《ある目的で》金を集める
save *money* 金を使わないでとっておく [貯める]
withdraw *money* 金を《銀行から》引き出す
waste *money* 金を浪費する

INFO お金を意味するジェスチャーは, 英米では紙幣を数えるように, 親指を中指から人差指にかけてこすり合わせる.

お金をあらわすしぐさ

❷ hard *money* 硬貨 / paper *money* 紙幣 / ready *money*《手持ちの》現金《❍ ready cash ともいう》/ small *money* 小銭; 額の小さい紙幣.
❸ *Money* did not bring her happiness. 財産は手に入ったが彼女は幸福にならなかった.

for money お金のために.
for my money《自分の意見が正しいことを強調して》確かに.
get one's money's worth《楽しんだりして》払ったお金に見合う分を得る: He got his *money's worth* at the buffet table. 彼は料金に見合うだけバイキング料理を食べた.
have money to burn 大金持ちである.
make money 金をもうける[稼ぐ]: He *made* a lot of *money* on the stock market. 彼は株式市場で大もうけをした.
put money on ... …に賭(か)ける.
☞ 形 monetary.

móney chànger 名Ⓒ ❶ 両替屋.
❷ 両替機《❍ 単に changer ともいう》.

mon·ey·mak·er /mánimèikər マニメイカ/ 名Ⓒ もうかる人[商品, 商法].

móney màrket 名Ⓒ 金融市場.

móney òrder 名Ⓒ《米》為替(かわせ), 郵便為替《❍《英》では postal order》.

Mon·gol /máŋɡəl マンゴル/ 名Ⓒ モンゴル人.
— 形 = **Mongolian**.

Mon·go·lia /maŋɡóuljə マンゴウリャ/ 名 モンゴル《モンゴル人民共和国 (the Mon-

Mon·go·li·an /mɑŋgóuliən マンゴウリアン/ 形 ❶モンゴルの. ❷モンゴル人の. ❸モンゴル語の.
— 名 ❶ⓒモンゴル人. ❷Ⓤモンゴル語.

mon·grel /máŋgrəl マングレル/ 名ⓒ雑種犬.

Mon·i·ca /mɑ́nikə マニカ/ 名 モニカ《女性の名》.

mon·i·tor /mɑ́nətər マニタ/ 名 (複 ~s /-z/) ⓒ ❶〖電算〗ディスプレー, モニター（表示装置）.
❷ (情報などを表示する)モニター, チェック[監視]装置.
❸ モニター《正しく行われているか監視する人》.
❹ 学級委員《先生の手伝いをする》.
— 動他 ❶…をモニターする, 監視する, チェックする. ❷ (外国放送・電話など)を傍受(ぼうじゅ)する.

monk /mʌ́ŋk マンク/ 名ⓒ修道士《✿「修道女」は nun》.

*__mon·key__ /mʌ́ŋki マンキ/ 《★発音注意》名 (複 ~s /-z/) ⓒ ❶サル《ふつう尾のある種類をいう; ✿「尾のない大型のサル」は ape》. ❷いたずらっ子.

mónkey bàrs 名 = jungle gym.

mónkey bùsiness 名Ⓤ《口語》いんちき; ごまかし.

mónkey wrènch 名ⓒモンキーレンチ, 自在スパナ《☞ wrench》.

monkey wrench

mon·o /mɑ́nou マノウ/ 形《口語》(録音などが)モノラルの《☞ stereo》.

mon·o·chrome /mɑ́nəkròum マノクロウム/ 形 白黒[モノクロ]の.

mo·nog·a·my /mənǽgəmi モナガミ/ 名Ⓤ一夫一婦主義, 一夫一婦制.

mon·o·gram /mɑ́nəgræ̀m マノグラム/ 名ⓒモノグラム《姓名のかしら文字などを組み合わせて図案化したもの; シャツなどにつける》.

mon·o·log /mɑ́nəlɔ̀(ː)g マノロ(ー)グ/ 名《米》= monologue.

mon·o·logue /mɑ́nəlɔ̀(ː)g マノロ(ー)グ/ 名ⓒ(演劇や映画の)独白《ひとりで長々というせりふ; ☞ soliloquy, dialogue》.

mo·nop·o·lis·tic /mənɑ̀pəlístik モナポリスティック/ 形 独占的な; 独占主義の.

mo·nop·o·li·za·tion /mənɑ̀pəlizéiʃən モナポリゼイション | -nɔ̀pəlai-/ 名Ⓤ独占, 専売.

mo·nop·o·lize /mənɑ́pəlàiz モナポライズ/ 動 (現分 -iz·ing) 他 ❶…を独占する. ❷…の独占[専売]権を得る.
☞名 monopoly.

mo·nop·o·ly /mənɑ́pəli モナポリ | -nɔ́p-/ 名 (複 -o·lies /-z/)
❶ⓒ独占, 独占[専売]権.
❷ⓒ独占[専売]権をもつ会社[人].
❸《Monopoly で》〖商標〗モノポリー《さいころを使った卓上ゲームの一種; 地所の取引を行ない不動産を独占しようと争う》.
▶❶ Our company has a *monopoly* on this machine. わが社はこの機械の独占権がある.
☞動 monopolize.

mon·o·rail /mɑ́nərèil マノレイル/ 名ⓒモノレール《1本の (mono-) レールにまたがったり吊り下がって走る電車》.

mon·o·tone /mɑ́nətòun マノトウン/ 名ⓒ音調を変えない言い[歌い]方.
▶speak 〔read〕 in a *monotone* 一本調子で話す〔読む〕.

mo·not·o·nous /mənɑ́tənəs モナトナス | -nɔ́t-/ 《★アクセント注意》形 単調な, 変化のない, 退屈(たいくつ)な. ▶a *monotonous* voice 単調な声 / a *monotonous* job 単調な仕事.
☞名 monotone, monotony.

mo·not·o·nous·ly /mənɑ́tənəsli モナトナスリ/ 副 単調に.

mo·not·o·ny /mənɑ́təni モナトニ/ 名Ⓤ単調さ, 退屈(たいくつ)さ.
☞形 monotonous.

mon·soon /mɑnsúːn マンスーン/ 名ⓒモンスーン, (インドと南アジアの)雨期.

*__mon·ster__ /mɑ́nstər マンスタ | mɔ́nstə/ 名 (複 ~s /-z/)
❶ⓒ(想像上の)(巨大な)**怪物**, 化け物.
❷ⓐⓒ巨大なもの, 怪物.
ⓑ《形容詞的に》巨大な.
❸ⓒ悪魔のような人.

❶ Sphinxes are imaginary *mon-*

monstrosity

sters. スフィンクスは想像上の怪物である. ❷ⓐ *monsters* of the sea 海の奇怪な動物 / a *monster* of a bee 怪物のように巨大なミツバチ. ⓑ a *monster* potato 化け物のように大きなジャガイモ. ❸ He is a *monster*. 彼は悪魔だ.

☞ 形 monstrous.

mon·stros·i·ty /mɑnstrɑ́səti マンストラスィティ/ 名 (複 -i·ties /-z/) C (ばかでかい)怪物のような(醜い)もの.

mon·strous /mɑ́nstrəs マンストラス/ 形
❶ 巨大な.
❷ 恐ろしい, 途方もない.
▶ ❶ a *monstrous* elephant 巨象.
❷ a *monstrous* crime ひどい犯罪.

☞ 名 monster.

mon·tage /mɑntɑ́:ʒ マンタージュ/ 名 C モンタージュ写真[作品].

Mon·tan·a /mɑntǽnə マンタナ/ 名 モンタナ《アメリカ北西部の州; ✪【郵便】MT と略す》.

month /mʌ́nθ マンス/ 名
(複 ~s /-s/) C ❶(暦の上の)月《✪略: m, mo.》.

❷(時の長さとしての)1か月.

語法 month に this, that のほか次のような語句がつくと前置詞なしで副詞句として用いられる: last month 先月 / next month 来月 / every month 毎月 / the month before last 先々月 / the month after next 再(ふたた)来月.

❶ I haven't seen him this *month*. 今月は彼に会っていない. ❷ I visit my aunt once a *month*. 私はおばを月に1回は訪ねる / My father will be back in two *months*. 私の父は2か月たてばもどります / She left two *months* ago. 彼女は2か月前に発った / 対話 "What day of the *month* is it today?"–"It is the seventh." 「きょうはなん日ですか」「7日です」《✪「曜日」をたずねる時は What day (of the week) is it today?》.

a month ago today 先月のきょう.
a month from today 来月のきょう.
by the month 月ぎめで, 月いくらで: Japanese workers are usually paid *by the month*. 日本の労働者はふつう月ぎめで給料をもらう.

for [in] months 何か月間も: I haven't seen her *for [in] months*. 私はもう何か月も彼女に会っていない.

month after month (連続を表わして)毎月毎月.

☞ 形 monthly.

month·ly /mʌ́nθli マンスリ/
形 毎月の, 1か月間の, 月1回の.
— 副 毎月, 月1回.
— 名(複 month·lies /-z/) C 月刊雑誌.

関連語 「日刊新聞」は **daily**, 「週刊誌」は **weekly**, 「季刊誌」は **quarterly**, 「年鑑, 年報」は **annual**.

形 a *monthly* magazine 月刊雑誌 / a *monthly* meeting 月1回の会議[会合].

☞ 名 month.
— 副 The magazine is published *monthly*. その雑誌は月に1回発行される.

Mont·re·al /mɑ̀ntriɔ́:l マントリオール/ 名 モントリオール《カナダ南東部にある同国最大の都市》.

mon·u·ment /mɑ́njumənt マニュメント | mɔ́n-/ 名 (複 ~s /-ts/) C
❶ 記念碑, 記念像, 記念建造物.
❷(歴史的)記念物, 遺跡, 遺物.
❸ 記念(となるもの).

❶ They erected a *monument* to his memory. 彼らは彼を記念して記念碑を建てた.
❷ ancient *monuments* 古代の記念物 / natural *monuments* 天然記念物.

☞ 形 monumental.

mon·u·men·tal /mɑ̀njuméntl マニュメントル | mɔ̀n-/ 形 ❶ 記念となる. ❷ 巨大な.

☞ 名 monument.

moo /mú: ムー/ 名 (複 ~s /-z/) C モー《雌牛(めうし)の鳴き声; ☞ cow¹》.
— 動 自 (雌牛が)モーと鳴く.

mood /mú:d ムード/ 名 (複 ~s /-dz/) C
❶(一時的な)気分, 気持ち《✪日本語の場

合「ムード」は会合などの「一般的雰囲気」の意味で atmosphere にあたる)).
❷不機嫌, むら気.

❶He is in a good [bad] *mood*. 彼は機嫌がよい[悪い]. ❷She's in a *mood* this morning. 彼女はけさは不機嫌だ.
***be in no mood to** do* ＿する気がしない: I *am in no mood to* sing now. 今は歌う気がしない.
be in the mood for ... …がほしい[をしたい]気分である.

☞ 形 moody.

mood·i·ly /múːdəli ムーディリ/ 副 ❶気まぐれに. ❷むっつりと.

mood·y /múːdi ムーディ/ 形 (mood·i·er; mood·i·est) ❶気まぐれな. ❷不機嫌な, むっつりした.

☞ 名 mood.

****moon** /múːn ムーン/

名 (複 ~s /-z/) ❶《the をつけて》**月**《❏「新月」は new moon,「満月」は full moon,「半月」は halfmoon,「三日月」は crescent》.
❷Ｕ月の光, 月明かり.
❸Ｃ(惑星の)衛星.
— 動 ⾃ 《次の成句で》: ***moon about** [**around**]* ふらふら歩きまわる; ぼんやりして過ごす.
moon over ... …のことを考えて夢見心地で過ごす.

名 ❶*The moon* is shining brightly in the sky. 月は空に明るく輝いている.
|語法| ひとつしかない天体は定冠詞をつけて *the* sun, *the* moon のようにいうが, 状態を表わすときは *a full* moon のように前に形容詞をつけ不定冠詞をつける.
❷The *moon* was full on her face. 月光が彼女の顔をまともに照らしていた.
❸Uranus has five *moons*. 天王星は五つの衛星をもっている / a man-made *moon* 人工衛星.
ask** [**cry**] **for the moon ないものねだりをする, 不可能なことを望む.
once in a blue moon 《口語》めったに…ない.
over the moon とてもしあわせで.

moon·less /múːnləs ムーンレス/ 形 月の出ていない.
***moon·light** /múːnlàit ムーンライト/ 名
❶Ｕ月の光.
❷《形容詞的に》**月光の**.
— 動 ⾃ 《口語》(本業のほかに)アルバイトをする.
▶名 ❶in the *moonlight* 月光を浴びて.

moon·lit /múːnlìt ムーンリット/ 形 月光に照らされた.

moor¹ /múər ムア/ 名 UC 《英》(とくにイングランド, スコットランドのヒース (heath) など低木がはえ耕作に適さない高原の)荒野, 荒地.

moor² /múər ムア/ 動 他 (船)をつなぐ, 停泊させる. — ⾃ 停泊する.

moor·ing /múəriŋ ム(ア)リング/ 名 Ｃ (船の)係留所, 停泊所.

moor·land /múərlənd ムアランド/ 名 ＝ moor¹.

moose /múːs ムース/ 名 (複 moose) 〔動物〕 Ｃ ❶アメリカヘラジカ《北米にすむ大型のシカ; 雄は手のひらのような大きい角をもつ》.
❷ヘラジカ.

mop /máp マップ | mɔ́p/ 名 (複 ~s /-s/) Ｃ モップ《長い柄(*え*)付きのぞうきん》.
— 動 (~s /-s/; mopped /-t/; mopping) 他 (モップなどで)…をふく, そうじする.
mop up 他 …をふきとる.

mope /móup モウプ/ 動 ⾃ ふさぎこむ.

mo·ped /móupèd モウペド/ 名 Ｃ 原動機付き自転車.

***mor·al** /mɔ́(ː)rəl モ(ー)ラル/ 形 (more ~; most ~)
❶**道徳(上)の**, 倫理(上)の.
❷**道徳的に立派な**, 品行方正な《反 immoral》.
❸精神的な, 心理的な.
— 名 (複 ~s /-z/) ❶Ｃ(物語・体験などの)**教訓**.
❷《複数形で》**道徳**, モラル.

形 ❶*moral* law 道徳律 / *moral* sense 道徳観念 / *moral* standards 道徳水準 / a *moral* lesson 教訓.
❷a *moral* man 道徳的に立派な男 / lead a *moral* life 正しい生き方をする.
❸*moral* support 精神的支持 / a

moral victory 精神的な勝利.
☞ 图morality, 動moralize.
— 图 ❶ What is the *moral* of this story? この物語の教訓はなにか. ❷ public *morals* 公衆道徳.

mo·rale /mərǽl モラル ｜ -rá:l/ 图Ｕ(軍隊・グループ・人などの)意欲, 士気, やる気.

mor·al·ist /mɔ́(:)rəlist モ(ー)ラリスト/ 图Ｃ狭い考えで道徳を説く人.

mor·al·is·tic /mɔ̀(:)rəlístik モ(ー)ラリスティック/ 形 (人が)狭い考えで道徳を説く.

mo·ral·i·ty /mərǽləti モラリティ/ 图 (複 -i·ties /-z/) ❶Ｕ道徳, モラル, 道義.
❷Ｃ(社会などの)道徳規範.
▶ ❶ commercial *morality* 商業道徳.
☞ 形moral.

mor·al·ize /mɔ́(:)rəlàiz モ(ー)ラライズ/ 動 (現分 -iz·ing) 自 人にお説教をする.
☞ 形moral.

mor·al·ly /mɔ́(:)rəli モ(ー)ラリ/ 副 ❶道徳上, 道徳的にみて. ❷道徳的に正しく, 品行方正に.

mo·rass /mərǽs モラス/ 图 (複 ~es /-iz/) Ｃ(抜け出せない)泥沼, 苦境.

mor·a·to·ri·um /mɔ̀(:)rətɔ́:riəm モ(ー)ラトーリアム/ 图 (複 ~s /-z/, -to·ri·a /-riə/) Ｃ(協定に基づく)(兵器生産などの)一時停止.

mor·bid /mɔ́:rbid モービッド/ 形 (考えなどが)病的な, 不健全な.

**more /mɔ́:r モー/

形《many, much の比較級》
❶《than とともに》(数・量・程度などが)(…よりも)**もっと多い**, 多くの.
❷《しばしば数字や any, some, no などをともなって》**これ[それ]以上の**, 余分の.
— 副《much の比較級》
❶《… more (than) で》**さらに多く**, もっと….
❷《おもに 2 音節以上の形容詞, 副詞の前に用いて比較級を作る》(〜より)**もっと…**.
❸《more ... than 〜》**〜というよりはむしろ…**.
❹そのうえ, さらに.
— 代 (…より)**(もっと)多くのもの[人], これ[それ]以上のもの**, (…より)(もっと)多くの数[量, 程度].

語法 (1) more は many と much の比較級であるから, 数えられる名詞の複数形にも, 数えられない名詞にもつけられる. したがって反意語は数えられる名詞につく場合は fewer で, 数えられない名詞につく場合は less である.
(2) 日本語では「5 人以上の人」ということと「5 人かそれより多くの人」を表わすが, 英語の more than five people は厳密には「5 人を含まずそれより多くの人」で「6 人以上の人」ということになる. なお 5 人をふくむときには five or more people「5 人あるいはそれ以上の人」といういい方もある.

形 ❶ He has *more* books *than* I (do). 彼は私よりたくさんの本を持っている / We have had *more* rain this year *than* last year. 今年は昨年より雨が多かった.
❷ Please give me three *more* flowers. 私にもう 3 本花をください / We need some *more* water. われわれはもう少し水が必要だ.
— 副 ❶ You should enjoy your life *more*. 君はもっと生活を楽しむべきだ / She laughed *more than* anyone else. 彼女は他のだれよりも笑った.
❷ This question is *more* difficult than that. この問題の方がそれより(もっと)難しい / You must speak *more* carefully. あなたはもっと注意して話さなければならない.

語法 (1) 2 音節の形容詞や副詞でも比較級, 最上級にはそれぞれ -er, -est をつけ more, most を用いないものもある.
(2) 1 音節の語でも, more, most を用いて比較級, 最上級を作ることがある: more [most] real.
(3) 名詞の前に用いない形容詞の比較級, 最上級は more, most によって作られる: Mike must be *more* determined to win than John. マイクのほうがジョンより勝とうと思う気持ちが強いに違いない.

❸ He is *more* (a) politician *than* (a) statesman. 彼は政治家というよりむしろ政治屋だ / She was *more* sad *than* angry. 彼女は腹が立ったというよりは悲しかった.

abcdefghijkl **m** nopqrstuvwxyz　　　　　　　　　　　　　　　more

> 語法　同じ主語についてのふたつの性質を比較する場合に用いる．この場合その形容詞が 1 音節でも more を用い，-er の形をとらない．

❹ "What *more* do you want?" "Nothing *more*." 「ほかに何がほしいですか」「何も（これ以上）ありません」．

— 代 There is no *more* left in the bottle. びんにはこれ以上残っていない／I would like to have a little *more* of the cake. そのケーキをもう少し食べたい．

> 語法　more の表わす内容が数えられるものについていう時は複数で，数えられないものについていう時は単数である．

a few more 《数えられるものについて》もう少し(多くのもの)：I need *a few more*. 私はもう少し(多く)必要だ．

a few more ... 《数えられるものについて》もう少し(多く)の…：I need *a few more* potatoes. 私はもう少し(多く)のジャガイモが必要だ．

a little more 《数えられないものについて》もう少し(多くの)：I need *a little more*. 私はもう少し(多く)必要だ．

a little more ... 《数えられないものについて》もう少し(多くの)…：I need *a little more* time. 私はもう少し(多くの)時間が必要だ．

(*all*) *the more because* ___ ___だから(それだけ)なおさら，ますます：I love her *all the more because* she is modest. 彼女は控えめだからなおさら好きだ．

(*all*) *the more for ...* …があるから(それだけ)なおさら，ますます：I love him *all the more for* his childishness. 彼には子どもっぽいところがあるのでなおさら好きだ．

... and no more 《文の終わりにつけ加えて》…でそれ以上のものではない：He is my classmate, *and no more*. 彼は私の級友で，それ以上のものではない．

(*and*) *what is more* 《文中に挿入して》その上：He is a bright boy, (*and*) *what is more*, he is kindhearted. 彼は頭のいい少年でその上心がやさしい．

any more ... 《疑問文・否定文で》これ以上の…：Do you have *any more* questions? これ以上質問はありませんか．

little more than ... ☞ little 副．

more and more ①ますます多くの(もの，人)：*More and more* people are buying cars. ますますたくさんの人が車を買う．②《形容詞や副詞(的語句)にともなって》ますます：The storm grew *more and more* severe. あらしはますます激しくなった．

more or less ①多少，いくぶん：She was *more or less* willing to help him. 彼女は彼を手伝おうという気持ちが多少はあった．②だいたい，ほとんど，実質的に：They have *more or less* finished the job. 彼らはだいたい仕事を終えている．③約，…くらい：She has read two hundred novels, *more or less*. 彼女はだいたい200冊くらいの小説を読んでいる．

more than ... ①…より多く(の)：I waited (for) *more than* three hours. 私は 3 時間以上も待った．②《名詞・形容詞・副詞・動詞の前で》…どころかそれ以上，…と言うだけでは言いたりない：I am *more than* glad to hear that. 私はそれを聞いてうれしくてうれしくてしかたがありません／He has *more than* repaid my kindness. 彼は私の親切に報いる以上のことをしている．

more than ever (前より)ますます：She loves her son *more than ever*. 彼女は前にもまして息子を愛している．

more than once ☞ once 副．

no more もうこれ以上はない：There is *no more*. もうこれ以上はない．

no more ... もうこれ以上の…はない：I have *no more* questions. もうこれ以上質問はありません．

no more than ... ①たった…にすぎない（❶数量などの少ないことに対する驚きを表わす）：I can pay *no more than* two dollars. 私は 2 ドルしか払えない．②単なる…，…にすぎない：It is *no more than* a guess. それは単なる推測にすぎない．

no more ... than ___ …でないのは___でないのと同じ：I am *no more* mad *than* you are. 君が気が狂っていないのと同様に私も気が狂っていない(私が気が狂っているというのなら，君もそうだ)．

not ... any more [《米》*anymore*] も

moreover

う…しない[でない]：I will *not* come here *any more*. 私はもうこれからここにはこない.

not ... any more than __ …でないのは__でないのと同じ：He is *not* rich *any more than* I am. (= He is no more rich *than* I am.) 彼は私同様お金持ちではない.

not more than ... …より多くない, 多くて…：There were *not more than* fifty people in the crowd. 人ごみにいる人はせいぜい50人だった.

not more ... than ~ ～ほど…ではない：This question is *not more* difficult *than* that one. この問題はその問題ほど難しくない.

nothing more than ... = no *more* than ...

the more ..., the more __ …すればするほどますます__：*The more* I know him, *the more* I love him. 知れば知るほどますます彼が好きになる（◎いつも more が使われるわけではなく, さまざまな比較級が用いられる：The *higher* up we go, the *colder* the air becomes. 高く登れば登るほど空気はそれだけ冷たくなる / The *sooner*, the better. 早ければ早いほどよい).

***more·o·ver** /mɔ́:róuvər モーロウヴァ/ 副《文語》**なおその上**, さらに.

▶A north wind was blowing, and *moreover*, it began to snow. 北風が吹いていて, その上に雪が降りだした.

morgue /mɔ́:rg モーグ/ 名C遺体安置所.

*****morn·ing** /mɔ́:rniŋ モーニング/ 名 (複 ~s /-z/)

❶UC**朝；午前** (◎日の出から正午または昼食時までをいう; ☞ afternoon, evening, night).

❷《形容詞的に》**朝の**.

語法 前置詞は, 漠然と「朝に」を表わすときは in を, いろいろな語句が付いて「…の朝に」を表わす場合は on を用いる. this, that, every, yesterday などが付くと, 前置詞は用いない.

❶I got up at six this *morning*. 私はけさ6時に起きた / I'll be back tomorrow *morning*. あしたの朝帰ります / School begins at half past eight in the *morning*. 学校は朝8時半に始まる / Please come and see me on the *morning* of the tenth. 10日の午前中にたずねて来てください / early in the *morning* 朝早く / on Monday *morning* 月曜の朝に / from *morning* till [to] night [evening] 朝から晩まで / yesterday *morning* きのうの朝 / all (the) *morning* 朝の間中, 午前中 / since *morning* けさからずっと.

❷the *morning* rush hour 朝のラッシュアワー.

good morning ☞ good.

《同音異形語》mourning.

mórning drèss 名U男性の昼間の礼装.

mórning páper 名C朝刊(新聞) (☞ newspaper の INFO).

mórning sìckness 名Uつわり.

mórning stár 名《the をつけて》明けの明星, 金星 (☞evening star, Venus).

Mo·roc·co /mərάkou モラコウ/ 名モロッコ《アフリカ北西岸のイスラム教王国》.

mo·ron /mɔ́:rɑn モーラン/ 名C《軽蔑(⑥)的に》ばか.

mo·rose /məróus モロウス/ 形《文語》気難しい, むっつりした.

mor·phine /mɔ́:rfi:n モーフィーン/ 名U〔化学〕モルヒネ《麻酔, 鎮痛剤》.

Mórse códe /mɔ́:rs- モース-/ 名Uモールス式電信符号 (☞SOS).

mor·sel /mɔ́:rsl モースル/ 名C（食物の）ほんの小量, ひと切れ.

mor·tal /mɔ́:rtl モートル/ 形 ❶必ず死ぬ, 死ぬべき運命の (反 immortal). ❷命にかかわる, 致命的な. ❸極度の, 非常な.

— 名(複 ~s /-z/)C《文語》（神と対比して）（死ぬべき運命の）人間.

▶形 ❶Man is *mortal*. 人間は必ず死ぬ. ❷a *mortal* wound 致命傷 / a *mortal* disease [illness] 不治の病気.

☞ 名mortality.

mor·tal·i·ty /mɔ:rtǽləti モータリティ/ 名U ❶死ぬべき運命. ❷死亡率 (◎**mortálity ràte** ともいう).

mor·tal·ly /mɔ́:rtəli モータリ/ 副 ❶命に

かかわるほどに. ❷極度に.
mor·tar¹ /mɔ́:rtər モータル/ 名Ｕモルタル, しっくい.
mor·tar² /mɔ́:rtər モータ/ 名Ｃ ❶追撃砲. ❷乳(ﾆｭｳ)ばち.
mor·tar·board /mɔ́:rtərbɔ̀:rd モーターボード/ 名Ｃ(卒業式にかぶる房飾り(tassel)のついた)角帽.
mort·gage /mɔ́:rgidʒ モーギヂ/《★tは発音されない》名(複 -gag·es /-iz/)Ｃ
❶住宅ローン(で借りた金). ❷〔法律〕抵当;抵当証書.
— 動(現分 -gag·ing)他…を抵当に入れる.
mor·ti·cian /mɔ:rtíʃən モーティシャン/ 名Ｃ《米》葬儀屋(❏funeral director, undertaker ともいう).
mor·ti·fi·ca·tion /mɔ̀:rtəfikéiʃən モーティフィケイション/ 名Ｕ屈辱, くやしさ.
mor·ti·fy /mɔ́:rtəfài モーティファイ/ 動(-ti·fies /-z/; -ti·fied /-d/; ~·ing)他…にくやしい思いをさせる, …をとまどわせる.
mor·ti·fy·ing /mɔ́:rtəfàiiŋ モーティファイイング/ 形くやしい思いをさせる.
mor·tu·ar·y /mɔ́:rtʃuèri モーチュエリ/ 名(複 -ar·ies /-z/)Ｃ(病院などの)遺体仮置き場.
mo·sa·ic /mouzéiik モウゼイイック/ 名ＵＣモザイク; モザイク画[模様](種々の色の石, ガラス, 木などの小片を組み合わせて模様や絵などを表わしたもの).
Mos·cow /máskou マスコウ | mɔ́s-/ 名モスクワ《ロシアの首都》.
Mos·lem /mázləm マズレム/ 名Ｃ= Muslim.
mosque /másk マスク/ 名Ｃモスク《イスラム教の礼拝堂》.
＊mos·qui·to /məskí:tou モスキートウ/《★アクセント注意》名(複 ~es, ~s /-z/)Ｃ〔昆虫〕蚊(ｶ). ▶ I was bitten by a *mosquito*. 私は蚊にさされた / a *mosquito* net (ベッドの上などにつる)かや.
moss /mɔ́(:)s モ(ー)ス/ 名Ｕ〔植物〕コケ(☞stone¹ の ことば).
moss·y /mɔ́(:)si モ(ー)スィ/ 形(moss·i·er; moss·i·est)コケが一面に生(ﾊ)えた.

＊＊＊most /móust モウスト/
形《many, much の最上級》

❶《the をつけて》(数量・程度などが) **もっとも多くの**.
❷《the をつけないで》 **たいていの**, 大部分の.
— 副《much の最上級》❶ **もっとも多く**, いちばん.
❷《おもに2音節以上の形容詞, 副詞の最上級を作って》《ふつう the をつけて》もっとも.
❸非常に.
❹《米口語》ほとんど.
— 代《many, much の最上級》
❶《ふつう the をつけて》 **最多数, 最大量**, 最高額, 最大限度.
❷《the をつけないで》(…の) **大部分**, たいていの人[もの].

形 ❶ Who got *the most* New Year's cards? 君たちの中でだれが最もたくさん年賀状をもらいましたか.
語法 most は many と much の最上級であるから, 数えられる名詞の複数形にも, 数えられない名詞にもつけられる. したがって, 反意語は数えられる名詞につく場合は fewest で, 数えられない名詞につく場合は least である.

❷ Japanese goods are used in *most* countries. 日本の商品はたいていの国で使われている.
— 副 ❶ That pleased him (the) *most*. それがもっとも彼を喜ばせた.
❷ It is *the most* beautiful flower (that) I have ever seen. それは私が今まで見た最も美しい花です / Kyoto is *most* beautiful in (the) fall. 京都は秋がいちばん美しい / He played the piano *the most* beautifully. 彼が一番美しくピアノを弾いた.
語法 (1) 名詞が後にある形容詞の場合は前に the をつけ, 名詞が後にない形容詞の場合はふつう前に the をつけない.
(2) 副詞の場合《米》では the をつけることが多い.

❸ He is a *most* wise man. 彼はとても賢明な人だ / She was *most* kind to me. 彼女は私にとても親切にしてくれた / I am *most* grateful to you for everything you have done. いろいろとありがとうございます, とても感謝しております / The girl behaved *most* rudely. その女の子はきわめて不作法にふ

mostly

語法 (1) この意味の most が修飾する語は話し手の主観的な判断や感情を表わす形容詞や副詞に限られる. なお, very よりは改まった言い方になることが多い. He is very tall. とはいえるが, He is most tall. とはいえない.
(2) この most は最初の例文のように1音節の語にもつく.
(3) この most は後の形容詞・副詞よりも弱く発音する.

❹ *most* every month ほとんど毎月.

— 代 ❶ She got *the most*. 彼女が一番多くもらった / This is *the most* (that) I can do. これが私がすることのできる最大限度です(私にはこれ以上のことはできない).

❷ *Most* of them were in time. 彼らのたいていの者は間に合った / *Most* of it is true. その大部分は本当だ / *Most* were his classmates. たいていは彼の級友だった.

語法 (1) most of のあとに複数を表わす名詞か代名詞がくれば, 受ける動詞は複数形になり, 単数を表わす名詞か代名詞がくれば受ける動詞は単数形になる.
(2) most of のあとにはふつう the や代名詞の所有格などのついた特定の人や物を表わす名詞あるいは代名詞がくる. *most* of the [my] students (その)学生[私の学生]の大部分. the [my] がないと most of students とはいわないで *most* students という.

at (the) most せいぜい, 多くて (反 at (the) least): I think she is seventeen *at* (the) *most*. 彼女はせいぜい17歳だろう.

for the most part たいてい, 大部分は: Those cars were, *for the most part*, made in Japan. これらの車は大部分が日本製だ.

make the most of ... …をできるだけよく利用する: You must *make the most of* your time. 時間はできるだけ有効に使わなければならない.

most of all だれ[なに]よりも多く, とりわけ: I want this *most of all*. なによりもこれがほしい.

***most·ly** /móustli モウストリ/ 副 だいたい, たいがい, たいてい. ▶ I spent my holidays *mostly* at home. 私は休みはたいてい家ですごした.

***mo·tel** /moutél モウテル/ 《★アクセント注意》 名 (複 ~s /-z/) C モーテル (◆motor (自動車) と hotel (ホテル) とを1語にした語; 車で旅行する人のためのホテルをいい, ふつう大きな道路に面して建っている).

moth /mɔ́(:)θ モ(ー)ス/ 名 (複 ~s /mɔ́(:)ðz mɔ́θs/) [昆虫] C 蛾(").

moth·ball /mɔ́(:)θbɔ̀ːl モ(ー)スボール/ 名 C (しょうのう・ナフタリンなど) 防虫剤の玉.

*****moth·er** /mʌ́ðər マザ/

名 (複 ~s /-z/) ❶ C ⓐ **母**, 母親.
ⓑ 《**Mother** で; 呼びかけで》**おかあさん**.
❷ 《**the** をつけて》生み出すもの, 源.
❸ 《形容詞的に》母の, 母としての, 母のような; 自国の.

— 動 他 ❶ ⓐ …を産む, 母親となる.
ⓑ …を生み出す.
❷ 母として…の世話する.

● ● ● ● ● ● ● ● ● ● ● ●

名 ❶ ⓐ She is a *mother* of four children. 彼女は4人の子どもの母親だ.

語法 家族の間では mother は固有名詞のように用いることがよくあり, その場合は冠詞はつけず Mother と大文字で書く: *Mother* is out. 母は外出中です / I'm hungry, *Mother*. おなかがすいたよ, お母さん.

INFO▶ 英米の家庭では母親のことを呼ぶときは, アメリカの《口語》では Mom, イギリスの《口語》では Mum と呼ぶ. またアメリカの小さな子どもは Mommy, イギリスの小さな子どもは Mummy という. ふだんはこれらの呼び方か Ma と呼ぶのがふつうで, 改まった言い方をするときは Mother と呼ぶ.

❷ ことわざ Experience is *the mother* of wisdom. 経験は知恵の母である.

❸ a *mother* bird 母鳥 / *mother* love 母性愛 / *mother* earth 母なる大地.

☞ 形 motherly.

moth·er·board /mʌ́ðərbɔ̀ːrd マザボード/ 名 C [電算] マザーボード.

moth·er·hood /mʌ́ðərhùd マザフッド/ 名 U 母であること, 母性.

moth·er-in-law /mʌ́ðərin-lɔ̀ː マザリンロー

abcdefghijkl **m** nopqrstuvwxyz　　　　　　　　　　　　　　　　　**motorcycle**

ロー / 名 (複 moth·ers-in-law /mʌ́ð-ərz-/) C 夫[妻]の母, 義母, しゅうとめ.
moth·er·land /mʌ́ðərlænd マザランド/ 名 C 母国, 祖国.
moth·er·ly /mʌ́ðərli マザリ/ 形 ❶母親としての. ❷母のようにやさしい.
　　　　　　　　　　☞ 名 mother.
Móther's Dày /mʌ́ðərz- マザズ-/ 名 《米》母の日《5月の第2日曜日; 《英》では四旬節(Lent)の第4日曜日; ☞ Father's Day》.
móther tóngue 名 C《*one's* または the をつけて》母(国)語.
mo·tif /moutíːf モウティーフ/ 名 (複 ~s /-s/) C (文学・芸術作品の)主題, テーマ, モチーフ.

*****mo·tion** /móuʃən モウション/ 名 (複 ~s /-z/) ❶ U (物体の)動き, 運動; 運行.
❷ C 動作, 身ぶり.
❸ C 動議, 発議, 提案.
　— 動 (~s /-z/; ~ed /-d/; ~ing) 他 …に身ぶりで合図する.
　— 自 身ぶりで合図する

名 ❶ the *motion* of the waves 波の動き / the *motion* of the planets 惑星の運行.
❷ She made a *motion* to him to follow. 彼女は彼について来るように身ぶりで合図した.
❸ He proposed [made] a *motion*. 彼は動議を提出した.
in motion 動いている, 運転中の: Keep it *in motion*. それを動かしておきなさい.
on the motion of ... …の発議[提案]で.
put [*set*] ... *in motion* …を動き出させる.
　　　　　　　　　　☞ 動 move.
　— 動 他 She *motioned* me to a seat. 彼女は私に座るところを身ぶりで示した / He *motioned* me to take a seat. 彼は私に席へつくように身ぶりで示した.
　— 自 She *motioned* to us to come near her. 彼女は私たちに近くへ来るように身ぶりをした.
mo·tion·less /móuʃənləs モウションレス/ 形 動かない, 静止した. ▶ stand *motionless* じっと動かずに立っている.
mótion pícture 名 C 《米》映画.
mo·ti·vate /móutəvèit モウティヴェイト/ 動 (-vates /-ts/; -vat·ed /-id/; -vat·ing) 他 …に(なにかをする)動機を与える, …にやる気を起こさせる. ▶ What *motivated* him to do such a thing? なにが動機で彼はこんなことをしたのだろうか.
　　　　　　　　　　☞ 名 motive.
mo·ti·vat·ed /móutəvèitid モウティヴェイティド/ 形 ❶やる気のある. ❷動機づけられた.
mo·ti·va·tion /mòutəvéiʃən モウティヴェイション/ 名 C 動機(づけ), やる気. ▶ He lacks the *motivation to* work. 彼には働く気がない.

*****mo·tive** /móutiv モウティヴ/ 名 (複 ~s /-z/) C (物事をする[した])動機, 理由.
▶ What was her *motive* for changing her major? 彼女が専攻を変えた動機は何だったのか.
　　　　　　　　　　☞ 動 motivate.

*****mo·tor** /móutər モウタ/ 名 (複 ~s /-z/) C ❶ (自動車などの)モーター, 内燃機関; エンジン《○motorbike, motorboat, motorcar のように複合語としても用いる》.
❷《英口語》自動車.
　— 形 ❶ モーター[エンジン]で動く.
❷ 自動車の, 自動車用の.
❸ 〔生理〕運動の.

名 ❶ An electric *motor* runs the washing machine. 電気のモーターが洗濯機を動かしている / start a *motor* モーターを動かす.
　— 形 ❷ the *motor* industry 自動車産業 / a *motor* race 自動車レース.
mo·tor·bike /móutərbàik モウタバイク/ 名 C ❶《米》(小型)バイク. ❷《英》オートバイ《○《米》ではmotorcycleという; 単にbikeともいう》.
mo·tor·boat /móutərbòut モウタボウト/ 名 C モーターボート.
mo·tor·car /móutərkàːr モウタカー/ 名 = motor car.
mótor càr 名 C 《英》自動車《○ふつう car という;《米》でこれに相当する語は automobile》.
mo·tor·cy·cle /móutərsàikl モウタサイクル/ 名 C オートバイ《○単に cycle ともい

867

う；《英》ではふつうmotorbikeという；「オートバイ」は和製英語）.

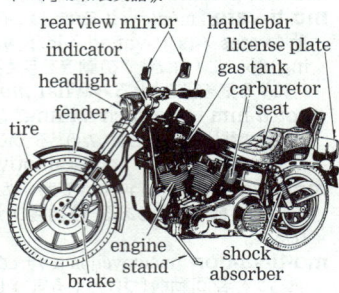

rearview mirror, indicator, handlebar, license plate, headlight, gas tank, carburetor, fender, seat, tire, engine, stand, shock absorber, brake

motorcycle

mo·tor·cy·clist /móutərsàiklist モウタサイクリスト/ 名C オートバイに乗る人.

mótor hòme 名C《米》モーターホーム《日本でいう「キャンピングカー」のこと；車体が住宅として使える旅行・キャンプ用の移動住宅車；☞ camper, mobile home》.

mo·tor·ing /móutəriŋ モウタリング/ 名U ドライブ.

mo·tor·ist /móutərist モウタリスト/ 名C 自動車運転者.

mo·tor·ized /móutəràizd モウタライズド/ 形 モーター[エンジン]のついた.

mótor scòoter 名C スクーター《◐単に scooter ともいう》.

mótor véhicle 名C《文語》自動車（類）《乗用車，バス，トラックなど》.

mo·tor·way /móutərwèi モウタウェイ/ 名C《英》高速道路《◐M1, M10 のように番号がついている；◐《米》では expressway, freeway, speedway, superhighway など；☞ highway》.

mot·tled /mátld マトルド/ 形 まだらの.

mot·to /mátou マトウ | mɔ́tou/ 名（複 ~es, ~s /-z/）C 標語，モットー，生活信条.
▶ "More haste, less speed" is my *motto*.「急がばまわれ」が私のモットーだ.

mould /móuld モウルド/ 名 動《英》＝ **mold**¹,².

mould·ing /móuldiŋ モウルディング/ 名《英》＝ **molding**.

mould·y /móuldi モウルディ/ 形《英》＝ **moldy**.

moult /móult モウルト/ 動《英》＝ **molt**.

mound /máund マウンド/ 名（複 ~s /-dz/）C ❶ 小山；もり上がったところ.
❷ (物が積み上がった)山.
❸ 〖野球〗(投手の)マウンド.

mount¹ /máunt マウント/ 名《山の名の前で》…山《◐Mt. と略す》.
▶ *Mt.* Fuji 富士山.

***mount**² /máunt マウント/ 動 (~s /-ts/; ~ed /-id/; ~ing) 他 ❶（馬・自転車など）に乗る.
❷《mount ... on ~》ⓐ…を〜にのせる. ⓑ…を〜に取り付ける，据え付ける.
❸（行事・行動など）を始める.
— 自 ❶ 馬に乗る. ❷（数量・程度などが）ふえる，上がる.
— 名（複 ~s /-ts/）C ❶ 乗用馬，乗用の動物. ❷ 台紙，アルバム，額縁；台.

動 他 ❶ She *mounted* the horse. 彼女は馬に乗った.
❷ ⓐ He *mounted* his little son *on* the wooden horse. 彼は小さい息子を木馬に乗せた. ⓑ *mount* an astronomical telescope on the roof 屋上に天体望遠鏡を取りつける. ❸ *mount* a campaign キャンペーンを始める.
— 自 ❷ His debts *mounted* rapidly. 彼の借金はどんどんふえていった.

***moun·tain** /máuntin マウンティン/ 名（複 ~s /-z/）
❶ C 山，山岳《◐「富士山」のような山の名前は，前に Mt. をつけて Mt. Fuji のようにする；☞ mount¹》.
❷《the ... Mountains で》…山脈.
❸《形容詞的に》山の.
❹《a mountain of ...》山のような…，多数[多量]の….

❶ climb [go up, ascend] a *mountain* 山に登る / go down [descend] a *mountain* 山を下りる / cross [go across] a *mountain* 山を越える / spend a day in the *mountains* 山で1日を過ごす《◐mountain は hill よりも高い山を表わす；イギリスの山は hill といわれることが多い》.
❷ *the* Himalaya *Mountains* ヒマラヤ山脈.
❸ *mountain* air 山の空気 / *mountain* plants 高山植物 / *mountain*

scenery 山の景色.
❹ *a mountain of* a wave 山のような大波 / *a mountain of* difficulties 山ほどの[多くの]困難 / *a mountain of* work 山のような仕事.

☞ 形mountainous.

móuntain bìke 名Cマウンテンバイク.

móuntain clìmbing 名U登山.

moun·tain·eer /màuntəníər マウンテニア/ (★アクセント注意)名C登山者[家].

moun·tain·eer·ing /màuntəníəriŋ マウンテニ(ア)リング/ (★アクセント注意)名U登山.

moun·tain·ous /máuntənəs マウンテナス/ 形 ❶山の多い. ❷山のような, 巨大な.

▶ ❶ a *mountainous* district 山岳地帯. ❷ *mountainous* waves 山のような大波.

☞ 名mountain.

móuntain rànge 名C山並み, 山脈.

moun·tain·side /máuntinsàid マウンティンサイド/ 名C山腹, 山の斜面.

moun·tain·top /máuntintàp マウンティンタップ/ 名C山頂.

mount·ed /máuntid マウンティド/ 形 馬に乗った. ▶the *mounted* police 騎馬巡査隊.

mount·ing /máuntiŋ マウンティング/ 形 (緊張などが)高まってゆく, 悪化する.

mourn /mɔ́:rn モーン/ 動 自〔…が死んで〕悲しむ〔for〕.
— 他 …の死を嘆き悲しむ.

▶ 動 自 She *mourned for* her only son. 彼女はひとり息子の死を悲しんだ.
— 他 She *mourned* her best friend. 彼女は親友の死を嘆いた.

☞ 形mournful.

mourn·er /mɔ́:rnər モーナ/ 名C弔問(ちょうもん)客, 会葬者.

mourn·ful /mɔ́:rnfəl モーンフル/ 形悲しみに沈んだ; 悲しげな.

☞ 動mourn.

mourn·ful·ly /mɔ́:rnfəli モーンフリ/ 副悲しげに.

mourn·ing /mɔ́:rniŋ モーニング/ 名U
❶ (死などに対する)悲しみ, 嘆き悲しむこと. ❷ 喪(も), 忌中(きちゅう).

▶ ❷ He is in *mourning* for his mother. 彼は母の喪に服している.
《同音異形語》morning.

***mouse** /máus マウス/ 名(複 mice /máis/) C ❶ハツカネズミ《西洋でふつうに見られる小型のネズミ; ◎日本でふつう見かける大型のネズミは rat; 鳴き声の「チューチュー」は squeak》.
❷ (コンピューターの)マウス.

❶ Cats chase *mice*. ネコはネズミを追いかける / a house *mouse* 家ネズミ / ことわざ When the cat is away, the *mice* will play. ネコがいないとネズミがさわぐ, 「鬼のいない間の洗濯」.

(as) poor as a church mouse ひどく貧乏な《◎教会の生活は質素なことから》.

móuse pàd [màt] 名Cマウスパッド《上にコンピューターのマウスをのせて動かす》.

mousse /mú:s ムース/ 名UC ❶ムース《ホイップクリームか泡だてた卵の白身にゼラチンや香料を混ぜて冷やした甘いデザート》.
❷ (髪の毛につける)ムース.

***mous·tache** /mʌ́stæʃ マスタシュ | məstá:ʃ/ 名《英》= mustache.

****mouth** /máuθ マウス/
名(複 ~s /máuðz/) C
❶ (人・動物の)口.
❷ⓐ口の形をしたもの, 口状の部分.
ⓑ河口.
— 動 /máuð マウズ/ (★名詞との発音の違いに注意) 他 ❶ 声に出さずに…(ということば)の形をくちびるでつくる.
❷ …を出まかせに言う.

名 ❶ He has a pipe in his *mouth*. 彼はパイプをくわえている / Their *mouths* dropped open. 彼らは(びっくりして)口をぽかんと開けた / Open your *mouth* a little wider. 口をもう少し大きく開けて / The medicine is taken by *mouth*. その薬は飲み薬です《◎ by mouth は無冠詞》/ big *mouth* おしゃべり(な人), 言ってはいけないことまでしゃべる人.

語の結びつき

close [shut] one's *mouth* 口を閉じる; 口を閉ざす[しゃべらない]
fill [stuff, cram] one's *mouth* with ... …で口をいっぱいにする, 口に…

mouthful

をつめこむ
rinse (out) one's *mouth* 口をすすぐ[ゆすぐ]

❷ⓐthe *mouth* of a bottle＝a bottle's *mouth* びんの口. ⓑthe *mouth* of the Yodo 淀川の河口.
be all mouth 《口語》口先だけである.
do not open one's ***mouth*** しゃべらない.
from mouth to mouth (うわさなどが)口から口へ.
have a big mouth おしゃべりだ, 言ってはいけないことまでしゃべる.
keep one's ***mouth shut*** (自分の考え・秘密をかくして)口を閉じてだまっている.
make ...'s mouth water (食べ物が)(おいしそうで)…によだれを出させる.
Shut your mouth! だまれ.

mouth·ful /máuθfùl マウスフル/ 名(複 ~s /-z/) C ❶ひと口分の量.
❷《口語》長くて発音しにくいことば.
▶❶a *mouthful* of rice ひと口分のごはん.

mouth·piece /máuθpìːs マウスピース/ 名 C ❶ⓐ(楽器などの)口に当てる部分. ⓑ(ボクシングの)マウスピース. ⓒ(電話の)送話口(☞telephoneのさし絵).
❷意見を代弁する人[新聞など].

mouth·wash /máuθwɔ̀(ː)ʃ マウスウォ(ー)シュ, -wàʃ/ 名(複 ~es /-iz/) U.C うがい薬；口内洗浄液.

mouth·wa·ter·ing /máuθwɔ́ːtəriŋ マウス・ウォータリング/ 形 (食物が)よだれがでそうな, うまそうな.

mov·a·ble /múːvəbl ムーヴァブル/ 形 動かせる, 固定していない (反 immovable). ▶形*movable* furniture 動かせる家具.

move /múːv ムーヴ/
動 (~s /-z/; moved /-d/; mov·ing) 他
❶…を**動かす**, 移動させる, 揺り動かす.
❷…を**感動させる**, (悲しみ・怒り・笑いなどの気持ちを)起こさせる, 心を動かす《☞しばしば受身形で用いる》.
❸《*move* ... *to do*》…(人)を**動かして__する気にさせる**, …の気持ちを動かして__させる.
❹(動議など)を提出する, 提案する.

― 自 ❶**動く**, 移動する.
❷《米》**引っ越す**, 移転する, 転居する(◎《英》では remove).
❸(事・劇などが)進行する, 進展する.
❹《口語》立ち去る；出発する.
❺(ある問題に対して)行動を起こす, 措置(ち)を講ずる.
❻活躍する.

― 名 (複 ~s /-z/) C ❶動き, 動作.
❷(目的を達成するためなどの)動き, 行動.
❸(職業・状況などの)変化, 動き.
❹(チェスの)こまを動かすこと.
❺移転.

動 他 ❶Can you *move* your ears? 君は耳が動かせるか / Please *move* the sofa to this corner of the room. ソファーを部屋のこの隅へ動かしてください / She was *moved* to another section. 彼女は別の課に移動させられた.
❷He was deeply *moved* by your words. 彼は君のことばに深く感動した / They were *moved* to tears. 彼らは感動して涙を流した.
❸Curiosity *moved* me *to* go near it. 私は好奇心にかられてそれに近づいた.
❹*move* an amendment 改正案を提出する / I *move* (*that*) the meeting be adjourned. 会議の延期を提案します.

― 自 ❶*Move* closer to me. もっと私のそばへ寄りなさい / The earth *moves* (a)round the sun. 地球は太陽の周りを回る.
❷The Tanakas *moved* to Osaka. 田中さん一家は大阪へ引っ越した / We *moved* into this house last month. 私たちは先月この家へ引っ越してきた.
❸The work is *moving* rapidly. 仕事は急速に進んでいる.
❹It is time to get *moving*. もう出かけなければならない時間だ.
❺We must *move* now. われわれは今こそ行動を起こさなくてはならない.

move about [***around***] 自 ①動きまわる. ②よく転居する. ③よく転職する.
move along 自 ＝ *move* on.
move away 自 立ち去る；転居して出ていく.

move in 圓①引っ越して来る, 新居にはいる. ②[…のところに]移り住む〔*with*〕: He *moved in* with Mrs. Betts. 彼はベッツ夫人と同居するようになった.

move off 圓立ち去る; 動いて出て行く.

move on 圓①先へ進む, ほかへ移る. ②(話などを)先へ進める. ③発展する.
—— 他 …を先へ進ませる.

move out 圓引っ越して出て行く.

move over 圓①(ベンチなどで)席を詰める: Would you *move over* a little, please? どうぞ席を少し詰めてくれませんか. ②(後輩のために)地位を譲る.

move over to ... (新方式など)に移行する.

move up 圓昇進する.
☞ 图 motion, movement.
—— 图 ❶He watched my every *move*. 彼は私のあらゆる動きをじっと見つめた.
❷a smart *move* 賢い動き.

get a move on (口語)急ぐ; 始める.

make a move ①動く. ②行動する, 手段を取る: He made *a* wise *move*. 彼は賢明な行動をとった.

on the move ①動き回って, 旅をして; 忙しくして: He is always *on the move*. 彼はいつも動きまわっている. ②(ものごとが)進行[発展]して.

move·ment /múːvmənt ムーヴメント/ 图 (複 ~s /-ts/)
❶ⓊⒸⓐ運動, 動き.
ⓑ動作, 身ぶり.
❷Ⓒ(ふつう複数形で)動静, 行動.
❸Ⓒ(政治的・社会的な)運動(をする団体).
❹Ⓤ(事件・物語・状況などの)進展, 発展, 動向.
❺Ⓒ(市場の)動き, 変動.
❻Ⓒ機械装置, 仕掛け.
❼Ⓒ便通.

❶ⓐthe *movement* of the stars 星の運行 / the westward *movement* of the Americans アメリカ人の西部への移動. ⓑHer *movements* are very graceful. 彼女の物腰はとても優雅である.
❷We are watching the suspect's *movements*. 私たちは容疑者の動きを見張っている.
❸There is a *movement* to make a park in our neighborhood. 近所では公園を作る運動が行なわれている / the civil-rights *movement* 公民権運動.
❹This novel is full of *movement*. この小説は変化に富んでいる / the *movement* of the times 時勢の動き.
❺the *movement* of the yen against the dollar ドルに対する円の動き.
❻the *movement* of a watch 時計の機械装置.
☞ 動 move.

mov·er /múːvər ムーヴァ/ 图 Ⓒ(米)引っ越し家具運送屋.

*****mov·ie*** /múːvi ムーヴィ/ 图 (複 ~s /-z/)
❶ⓐⒸ(米)映画 (picture) (✿ 正式には motion picture という; (英)では film; ☞ cinema).
ⓑ《形容詞的に》(米口語)映画の.
❷《the movies で》(米)ⓐ(芸術・娯楽としての)映画(✿(英)では the cinema).
ⓑ映画館(✿(英)では cinema).

❶ⓐI saw the *movie* on TV. 私はテレビでその映画を見た / a French *movie* フランス映画. ⓑa *movie* star 映画スター(✿(英)では film star).
❷ⓐgo to *the movies* 映画に行く.

móvie thèater 图 Ⓒ(米)映画館(✿(米)では単に movie または theater ともいい, (英)では cinema という).

mov·ing /múːviŋ ムーヴィング/ 形 ❶動く, 動いている. ❷人の心を動かす, 悲しい思いにさせる.
▶❷a *moving* story 感動的な話.

mov·ing·ly /múːviŋli ムーヴィングリ/ 副 感動的に.

móving vàn 图 Ⓒ(米)引っ越し用トラック(✿(英)では removal van).

mow /móu モウ/ 動 (~s /-z/; ~ed /-d/; mown /móun/, ~ed; ~·ing) 他 (芝・草・麦など)を刈る.
—— 圓 芝[草]を刈る.
▶他 *mow* the lawn 芝を刈る.

mow down 他 …を(数多く)殺す.

mow·er /móuər モウア/ 图 Ⓒ芝[草]刈り機.

mown /móun モウン/ 動 mow の過去分

Mozambique　　ABCDEFGHIJKL**M**NOPQRSTUVWXYZ

詞形.

Mo·zam·bique /mòuzəmbíːk モウザンビーク/ 名 モザンビーク《アフリカ南東部の共和国》.

MP /ém píː エムピー/ 《略語》(複 MPs /-z/)
❶ C 英国下院議員《○ *M*ember of *P*arliament の略》.
❷ C ＝military police.
▶ ❶ He is an *MP*. 彼は下院議員だ《○ MP の発音が /ém píː/ なので冠詞には an が用いられる》.

mpg 《略語》*m*iles *p*er *g*allon （車の）（ガソリン）1ガロン当たりの走行距離.

mph 《略語》*m*iles *p*er *h*our 時速…マイル.

*****Mr., Mr** /místər ミスタ/

❶《男性の姓や姓名の前で》…さん, …氏, …様, …殿, …先生《☞ Miss の 語法 》.
❷《男性の官職の前につけ, 呼びかけで》…殿.
❸《男性が電話で自分の名前につけて》
❹《代表的男性につけて》ミスター….

- -

❶ *Mr*. Smith スミス氏 / *Mr*. John Brown ジョンブラウン氏 / *Mr*. and Mrs. Jones ジョーンズ夫妻 / *Mr*. Sato teaches us biology. 佐藤先生が私たちに生物を教えている.

|語法| (1) もともとは Mister の略であるが, 姓名の前につけるときは Mr. とする.
(2) 《英》ではピリオドをつけずに Mr とすることが多い.
(3) 姓または姓名の前につけ, Mr. Brown, Mr. John Brown のようにいうが, Mr. John のように名だけの前につけていうことはない.
(4) 「佐藤先生」は Teacher Sato ではなくて, Mr. [Mrs., Miss] Sato という.

|INFO▶| (1) 英米では自分と同じグループに属している人とか親しい男性の友だちの場合は, 相手が年上でも Mr. はつけず first name や nickname で John とか Bill のように呼びあうのがふつうである. 固苦しさを取り除くために Call me Bill. （私をビルと呼んでくれ）のように自分から申し出ることがよくある. (2) 英米では子どもは大人の男性に対して, 生徒は男性の教師に対して姓に Mr. をつけて呼ぶようしつけられる; ☞ nickname, teacher の |INFO▶|.

❷ *Mr*. Chairman! 議長 / *Mr*. President 大統領閣下.
❸ This is *Mr*. Green speaking. （電話で）こちらはグリーンです.
❹ *Mr*. America ミスターアメリカ.

*****Mrs., Mrs** /mísiz ミスィズ/

❶《結婚している女性の姓または夫の姓名の前につけて》…夫人, …さん, …先生《☞ Miss の 語法 》.
❷《女性が電話で自分の名前につけて》
❸《代表的な（美人の）既婚女性につけて》ミセス….

- -

❶ *Mrs*. Brown ブラウン夫人 / *Mrs*. John Brown ジョンブラウン夫人 / *Mrs*. Rose is our music teacher. ローズ先生は私たちの音楽の先生だ.

|語法| (1) 《英》ではピリオドをつけずに Mrs とすることが多い.
(2) Mrs. は姓または夫の姓名の前につけることが原則である. しかし Mrs. Mary Brown のように, 女性の姓名の前につけることもある.
(3) 最近既婚か未婚かを示さない Ms. か Ms を女性の姓名の前に用いる傾向が強くなっている; ☞ Ms.

❷ This is *Mrs*. Higgins speaking. （電話で）こちらはヒギンズです《○相手に自分が Miss ではないことを示す》.
❸ *Mrs*. California ミセスカリフォルニア.

MS 〔米郵便〕Mississippi.

***Ms., Ms** /míz ミズ/《女性の姓または姓名の前につけて》…さん, …様, …先生《☞ Mrs. の 語法 (3)》.
▶ *Ms*. Emily Young エミリーヤングさん《○(1) Miss は未婚, Mrs. は既婚の女性に用いるが Ms. はその区別を示さない. (2) Miss と Mrs. の混合語である》.

M.S(c). 《略語》*M*aster of *S*cience 理学修士.

MT 〔米郵便〕Montana.

Mt. /máunt マウント/ 《略語》《山の名前の前で》…山《☞ mountain》. ▶ *Mt*. Fuji 富士山.

****much** /mʌ́tʃ マッチ/

形 (more; most) (量が) たくさんの, 多量の.

— 代 ❶ たくさんのもの, 多量.

much

❷《ふつう否定文に用いて》たいしたこと[もの], 重要なこと[もの].
— 副 ❶ **非常に**, 大いに《◎動詞, 過去分詞, ある種の形容詞, tooなどを強めて》.
❷《形容詞, 副詞の比較級または最上級を修飾して》ずっと, はるかに.

形 We do not have *much* time. 時間があまりない / How *much* money do you want? 君はいくらお金がほしいのか / He drank so *much* milk that he felt sick. 彼は牛乳をたくさん飲んで気分が悪くなった.

語法 (1) 数えられない名詞につけ量の多いこと, 程度の高いことを表わす（☞(3)). (2)《口語》では主として否定文, 疑問文に用い, 肯定文では much が主語を修飾するか, または how, too, as, so に続く場合が多く, それ以外の場合には代わりに a lot of, a great [large] quantity of などを用いることが多い.
(3) 英語では 量を表わす「多い」「少ない」(単数扱い)と, 数を表わす「多い」「少ない」(複数扱い)がある. 量を表わす時は **much** と **little**, 数を表わす時は **many** と **few** を用いる.

	数	量
少しはある	a few	a little
少ししかない	few	little
たくさんある	many	much

many bottles
much beer

— 代 ❶ *Much* of the time was wasted. 時間をだいぶむだにした / I could not understand *much* of what he said. 彼の言ったことはあまりわからなかった / How *much* is this book? この本はいくらですか.
❷ There isn't *much* in what he told us. 彼がわれわれに話したことはたいしたことではない.
— 副 ❶ I like it very *much*. 私はそれが大好きだ / You are *much* too young. 君はあまりに若すぎる / This PC is very *much* improved. このパソコンはたいへんよくなった / I don't like the idea very *much*. 私はその考えはあまり好きでない.
❷ He is *much* taller than I. 彼は私よりずっと背が高い / You can play tennis *much* better than I. 君は私よりずっとテニスがうまい.

as much 同じ程度(のこと), それだけ: He did this much. Did you do *as much*? 彼はこの程度やった. 君はそれだけしましたか / I thought *as much*. そんなことだと思っていた(思ったとおりだ).

as much again その2倍の(量): Peter paid 10 dollars for it; I paid *as much again*. ピーターはそれに10ドル払ったが, ぼくはその2倍払った.

as much as ... ①…と同じだけ(のもの, のこと): She ate *as much as* I did. 彼女は私と同じくらい食べた. ②…ほどの(たくさんの)量[額]の, …ほども: He earns *as much as* 1,000,000 yen in a month. 彼は月に100万円もかせぐ. ③《動詞の前に用いて》ほとんど, 事実上: He *as much as* agreed with me. 彼はもう私に同意したようなものだ.

as much ... as ～と同じくらいの…: She has about three times *as much* money *as* that. 彼女はその約3倍のお金を持っている.

as much as ... can [dare] do …が＿できる精いっぱい(のこと): It was *as much as* I *could* do to finish the job yesterday. きのうはその仕事を終えるのが精いっぱいだった.

as much as to say ... …とでも言うみたいに: He looked *as much as to say*, "That's incredible." 彼は「信じられない」と言うみたいな顔つきをしていた.

be not much of a ... たいした…ではない: He *is not much of a* scientist. 彼はたいした科学者ではない.

be too much for ... (人)には手に負えない: The job *is too much for* me. その仕事は私には重すぎる.

be too much of a ... to do とても…

muck

だから＿できない：He *is too much of a coward to* tell the truth. 彼は非常に臆病者だからとても本当のことは言えない.

make much of ... ①…**を重視する**, 大事にする：He *makes too much of* money. 彼はお金を重視しすぎる. ②甘やかす, ちやほやする：She was *made much of* in her childhood. 彼女は子どものころちやほやされた.

much as 《接続詞のように用いて》…だけれども (although).

much less ... ☞ less.

not so much as *do* ＿さえ(し)ない：He can*not so much as* write his own name. 彼は自分の名前を書くことさえできない.

not so much ... as ~ ①…**よりはむしろ~**：He is *not so much* a scholar *as* a teacher. 彼は学者というよりむしろ教師だ. ②~ほど多くはない…：He did *not* spend *so [as] much* money *as* you (did). 彼は君ほど多くのお金を使わなかった.

so much ①**とても**：Thank you *so much*. たいへんありがとう. ②**それほど**, そんなに：Don't worry *so much*. そんなに心配するな. ③同じ量(の), それだけの量(の)；ある限られた一定量(の), いくらいくら(の)：We can do only *so much* in a day. われわれは 1 日に一定の量の仕事しかできない. ④《**so much the ...**》それだけ(ますます)…：If he is young, *so much the* better. 彼が若ければ若いだけますますよい.

so much for ... ①…**についてはそれだけ**：*So much for* today. きょうはこれでおしまい. ②…とはそんなもの（✿軽蔑（✲）の気持を表わす）：*So much for* his learning. 彼の学問なんてそんなもんさ.

that much それだけ：I have only done *that much*. 私はそれだけやったにすぎない.

think much of ... ☞ think.

this much これだけ：*This much* is certain. これだけは確かだ.

muck /mÁk マック/ 名Ⓤⓐ動物のふん, 肥やし. ⓑ汚物.

mu·cus /mjúːkəs ミューカス/ 名Ⓤ(動物の出す)粘液, 鼻汁.

＊**mud** /mÁd マッド/ 名Ⓤ**泥**, ぬかるみ.
▶The car splashed *mud* on me. その車は私に泥をはねた.
☞ 形muddy.

mud·dle /mÁdl マドル/ 動 (現分 mud·dling) 他 ❶(物事)をごちゃごちゃにする. ❷(人)を混乱させる, まごつかせる.
— 自だらだら過ごす.
— 名Ⓤ混乱(状態), めちゃめちゃ.
▶動自*muddle through* なんとかやりくりする.

mud·dled /mÁdld マドルド/ 形混乱した.

＊**mud·dy** /mÁdi マディ/ 形**泥だらけの**; ぬかるみの.
☞ 名mud.

mud·guard /mÁdgà:rd マドガード/ 名Ⓒ (車などの)泥よけ.

mud·slide /mÁdslàid マドスライド/ 名Ⓒ 泥流, 土石流.

mud·sling·ing /mÁdslìŋiŋ マドスリンギング/ 名Ⓤ人の悪口を言うこと.

muf·fin /mÁfin マフィン/ 名Ⓒ ❶《米》マフィン《カップの型に入れて焼いた卵入りの菓子パン》. ❷《英》マフィン《平たい円形のパン; 薄くふたつに切りトーストにする; ✿《米》では English muffin》.

muf·fle /mÁfl マフル/ 動 (現分 muf·fling) 他(音)を小さくする.

muf·fled /mÁfld マフルド/ 形(音が)小さくされた, 押し殺された.

muf·fler /mÁflər マフラー/ 名Ⓒ ❶《米》(車などの)マフラー, 消音装置《✿《英》では silencer》. ❷《文語》マフラー, えり巻き.

mug¹ /mÁg マッグ/ 名Ⓒマグ《取っ手のついた円筒形の大型コップ》.

mug¹

mug² /mÁg マッグ/ 動 (~s /-z/; mugged /-d/; mug·ging) 他 (路上などで)(人)を襲って奪う.

mug·ger /mʌ́gər マガ/ 名C《戸外で人を襲う》強盗《人》.

mug·ging /mʌ́giŋ マギング/ 名C|U《路上》強盗.

mug·gy /mʌ́gi マギ/ 形 (mug·gi·er; mug·gi·est) 蒸し暑い.

Mu·ham·mad /mouhǽməd モウハンマド/ 名 ムハンマド, モハメット《570?-632; イスラム教の開祖》.

mule /mjúːl ミュール/ 名C ❶〖動物〗ラバ《雄ロバと雌馬との雑種》. ❷スリッパ.

mull /mʌ́l マル/ 動他 …をよく考える〔*over*〕.

mul·ti·col·ored, 《英》**mul·ti·col·oured** /mʌ̀ltikʌ́lərd マルティカラド/ 形 多色の.

mul·ti·cul·tur·al /mʌ̀ltikʌ́ltʃərəl マルティカルチュラル/ 形《社会などが》多様な文化からなる, 多文化の.

mul·ti·lat·er·al /mʌ̀ltilǽtərəl マルティラテラル/ 形 多面的な, 多角的な.

mul·ti·lin·gual /mʌ̀ltilíŋgwəl マルティリングワル/ 形 ❶多数の言語を用いている. ❷多数の言語を話す.
▶ ❶a *multilingual* pamphlet 多国語で書かれたパンフレット. ❷a *multilingual* staff 多国語の話せるスタッフ.

mul·ti·me·di·a /mʌ̀ltimíːdiə マルティミーディア/ 名U マルチメディア, 複合媒体.
— 形 マルチメディアの.

mul·ti·na·tion·al /mʌ̀ltinǽʃənl マルティナショナル/ 形 ❶《企業などが》多国籍の. ❷多国籍の人々からなる.
— 名C 多国籍企業.
▶形 ❶a *multinational* corporation 多国籍企業.

*__mul·ti·ple__ /mʌ́ltəpl マルティプル/ 形 いろいろな要素から成る, 複合の, 多角的な.
— 名C〖数学〗倍数.
▶形 *multiple* interests 多種多様な興味[関心].
☞ 動 multiply.

mul·ti·ple-choice /mʌ́ltəpl-tʃɔ́is マルティプル・チョイス/ 形 複数の選択肢(ʰ)から選ぶやり方の. ▶a *multiple-choice* test 多肢選択テスト.

mul·ti·plex /mʌ́ltəplèks マルティプレックス/ 名C シネマコンプレックス《ひとつの建物に複数のスクリーンがある(単一の)映画館》.

mul·ti·pli·ca·tion /mʌ̀ltəplikéiʃən マルティプリケイション/ 名U ❶〖数学〗掛け算《❀「割り算」は division》. ❷増加, 増殖.
☞ 動 multiply.

multiplicátion tàble 名《ふつう the をつけて》《九九表のような》掛け算表《❀単に table ともいう》.
INFO アメリカやイギリスでは 12×12 まである. 英語では一般に Three times five is [are, make(s)] fifteen. (3×5=15) などとそのまま文章式に習うか, たとえば 3 の段では One three is three, Two threes are six, Three threes are nine, のように言って覚える.

mul·ti·plic·i·ty /mʌ̀ltəplísəti マルティプリスィティ/ 名U 多数性, 多様性.

*__mul·ti·ply__ /mʌ́ltəplài マルティプライ/ 動 (-ti·plies /-z/; -ti·plied /-d/; ~·ing) 他
❶《数・量など》を増やす, 増大させる, 繁殖させる.
❷〖数学〗《multiply ... by ~》…に~を掛ける, 掛け算をする《☞ divide》.
— 自 ❶増加する, 増大する.
❷繁殖する.
❸掛け算をする.

他 ❶We have to *multiply* our efforts. 私たちはもっと努力をしなくてはならない. ❷*Multiply* seven *by* three. 7を3倍せよ / Seven *multiplied by* three is twenty-one. 7掛ける3は21.
— 自 ❶Traffic accidents have *multiplied*. 交通事故が増加した.
❷Rats *multiply* rapidly. ネズミは急速に繁殖する.
☞ 形 multiple, 名 multiplication.

mul·ti·pur·pose /mʌ̀ltipə́ːrpəs マルティパーパス/ 形 多目的の.

mul·ti·ra·cial /mʌ̀ltiréiʃəl マルティレイシャル/ 形 多くの民族から成る.

mul·ti·tude /mʌ́ltətjùːd マルティトゥード, ‑tjùːd/ 名《複 ~s /-dz/》C 非常に多数の人[もの].
▶*a multitude of ...* 非常に多数の: *a multitude of* tourists 非常に多数の観光客.

*__mum__ /mʌ́m マム/ 名《複 ~s /-z/》C《英口語》おかあさん, ママ, マム《❀《米》では mom; ☞ mother の **INFO**》.

mum·ble /mʌ́mbl マンブル/ 動 (現分 mum·bling) 自 (口の中で)もぐもぐ言う．
— 他 (口の中で)…と[を]もぐもぐ言う．

mum·bo jum·bo /mʌ́mbou ʤʌ́mbou マンボウ チャンボウ/ 名U ちんぷんかんなこと．

mum·my¹ /mʌ́mi マミ/ 名 (複 mummies /-z/) C (古代エジプト人が作ったような)ミイラ．

*__mum·my²__ /mʌ́mi マミ/ 名 (複 mummies /-z/) C 名 《英小児語》 **ママ, おかあちゃん** (○《米》では mommy).

mumps /mʌ́mps マンプス/ 名U 《ときどき **the** をつけて》 〖医学〗 耳下腺(せん)炎, おたふくかぜ．

munch /mʌ́nʧ マンチ/ 動 (三単現 ~es /-iz/) 他 …をむしゃむしゃ食う．
— 自 〔…を〕むしゃむしゃ食う 〔on〕．

mun·dane /mʌ̀ndéin マンデイン/ 形 ふつうでおもしろくもない．

mu·nic·i·pal /mju:nísəpəl ミューニスィパル/ 《★アクセント注意》 形 市[町]の, (自治体としての)都市の. ▶ a *municipal* assembly 市[町]議会 / a *municipal* office 市役所, 町役場．

mu·ni·tions /mju:níʃənz ミューニションズ/ 名複 軍需品 (武器, 弾薬など)．

mu·ral /mjúərəl ミュ(ア)ラル/ 名C 壁画 (○ wall painting ともいう)．

*__mur·der__ /mə́:rdər マーダ/ 名 (複 ~s /-z/) UC (計画的な殺意のある) **殺人(事件)**; 〖法律〗 謀殺(ぼう) (☞ manslaughter, homicide).
— 動 (~s /-z/; ~ed /-d/; -der·ing /-dəriŋ/) 他 (計画的に)(人を) **殺す**, 殺害する (○「人, 動物を殺す」「植物を枯らす」は kill; ☞ kill の 類語).

名 Nobody believes he could commit *murder*. 彼に人殺しができるとはだれも信じていない / a case of *murder* 殺人事件 / Two *murders* were reported last week. ふたつの殺人事件が先週報道された．

get away with murder 《口語》 (悪いことをしながら)罰せられないですむ．
☞ 形 murderous.
— 動 他 The gangster *murdered* the man. ギャングはその男を殺した．

mur·der·er /mə́:rdərər マーダラ/ 名 (複 ~s /-z/) C 殺人犯．

mur·der·ous /mə́:rdərəs マーダラス/ 形 殺人をしそうな; 残忍な, ものすごい．
☞ 名 murder.

murk·y /mə́:rki マーキ/ 形 (murk·i·er; murk·i·est) 暗い, 陰気な．

mur·mur /mə́:rmər マーマ/ 名 C ❶ つぶやき, ささやき. ❷ かすかな音, ざわめき．
— 動 (~s /-z/; ~ed /-d/; -mur·ing /-məriŋ/) 自 ❶ つぶやく, ささやく. ❷ かすかな音をたてる, ざわめく．
— 他 …を[と]つぶやく, 小声で言う．

名 ❶ I heard a *murmur* behind me. うしろでつぶやく声が聞こえた．
❷ the *murmur* of the sea 海のざわめき．
— 動 自 ❶ She *murmured* in his ear. 彼女は彼の耳元でささやいた．
— 他 He *murmured* a prayer. 彼はつぶやくような声で祈った．

*__mus·cle__ /mʌ́sl マスル/ 《★c は発音されない》 名 (複 ~s /-z/) ❶ UC **筋肉**．
❷ C 腕力, 力; 体力．

❶ Exercise makes the *muscles* strong. 運動すると筋肉が強くなる．

【語の結びつき】
flex a *muscle* 筋肉を屈伸させる, 力こぶをつくる
pull a *muscle* (無理に伸ばして)筋肉を痛める
relax a *muscle* 筋肉の力を抜く
strain a *muscle* 筋肉を(伸ばして)痛める

---

❷ It takes a lot of *muscle* to be a sumo wrestler. 相撲取りになるにはとても腕力が必要だ / military *muscle* 軍事力．
☞ 形 muscular.

mus·cu·lar /mʌ́skjulər マスキュラ/ 形 ❶ 筋肉の. ❷ 筋肉の発達した, 力の強い．
▶ ❶ *muscular* strength 筋力, 腕力．
❷ a *muscular* man 筋骨たくましい男．
☞ 名 muscle.

Muse /mjú:z ミューズ/ 名 〖ギリシャ神話〗 ムーサ, ミューズ (詩歌, 音楽, 学問をつかさどる女神で9人いる)．

muse /mjú:z ミューズ/ 動 (現分 musing)[自]《文語》じっくり考える, 深く考える, 瞑想(めいそう)する.

mu·se·um /mjuːzí(ː)əm ミューズィ(ー)アム/ 《★アクセント注意》[名] ([複] ~s /-z/) [C] **博物館**, 美術館, 記念館. ▸ a science *museum* 科学博物館 / an art *museum* 美術館.

mush /mʌ́ʃ マッシュ/ [名] [U] ❶《米》トウモロコシがゆ. ❷どろどろしたもの.

mush·room /mʌ́ʃru(ː)m マシュル(ー)ム/ [名] ([複] ~s /-z/) [C] ❶ (食用の)マッシュルーム, キノコ. ❷キノコの型をしたもの.
— [形] キノコの, キノコのような.
— [動] [自] 急速に成長する.

mu·sic /mjúːzik ミューズィック/ [名] [U] ❶**音楽**, 音楽作品, 楽曲.
❷楽譜, 譜面.
❸快い音, 美しい調べ.

❶classical *music* クラシック音楽 / a piece of *music* 1曲 / play *music* 音楽を演奏する / compose [write] *music* 作曲する / dance to the *music* 音楽に合わせて踊る / vocal *music* 声楽曲 / chamber *music* 室内楽 / instrumental *music* 器楽曲.
❷without (the) *music* 楽譜なしに / read *music* 楽譜を読む.
❸the *music* of the birds 鳥の歌.
face the music 《口語》自分の行為の責任をとる.
☞ [形] musical.

mu·si·cal /mjúːzikəl ミューズィカル/ [形] (more ~; most ~)
❶**音楽の**; 音楽をともなう.
❷**音楽的な**, 耳に快い.
❸音楽好きな, 音楽の才のある.
— [名] [C] ミュージカル.

[形] ❶a *musical* instrument 楽器 / a *musical* score 楽譜.
❷a *musical* voice 美しい声.
❸a *musical* family 音楽好きの一家.
☞ [名] music.

músic hàll [名] [C] ❶《米》音楽堂, 音楽会場. ❷《英》演芸場.

mu·si·cian /mjuːzíʃən ミューズィシャン/ 《★アクセント注意》[名] ([複] ~s /-z/) [C] **音楽家** 《作曲家, 指揮者, 演奏者, 歌手など》.

músic stànd [名] [C] 譜面台.

Mus·lim /mʌ́zlim マズリム, mús-/ [名] ([複] ~s /-z/) [C] イスラム教徒.
— [形] イスラム教(徒)の.

mus·sel /mʌ́sl マスル/ [名] [C] 〔貝類〕ムラサキイガイ《食用にする二枚貝》.

must

/《弱》məst マスト; 《強》mʌ́st マスト/ [助] ❶《必要・命令・義務》(どうしても) **_しなければ [でなければ] ならない**, …しなさい.
❷ⓐ《推量》《ふつう **must be** で》**…であるにちがいない**.
ⓑ《以前のことの推量》《**must have**＋過去分詞》_した[だった]にちがいない.
❸ⓐ《主張》どうしても_すると言ってきかない.
ⓑどうしてもしないではいられない.
❹ぜひ…してください, (相手のために)ぜひ…したい.
❺《**I [We] must …** で》(相手のために)ぜひ…したい.
❻《必然性を表わして》必ず…する.
— [名]《**a** をつけて》絶対必要なもの.

[助] ❶ [対話] "*Must* I do so?"–"Yes, you *must*."「そうしなければいけませんか」「ええ, そうしなければいけません」/ You *must* help her. 彼女を手伝ってあげなさい / I *must* be more careful. 私はもっと注意しなくてはならない / You *must* not eat too much. 食べすぎてはいけません.

[語法] (1) must not は「…してはいけない」という「禁止」を表わす. 「…しなければならない」の反対「…しなくてもよい」は need not か do not have to である; ☞ [語法] (4).
(2) must と have to 意味の違いは次の通り.
must は主観的な気持ちを表わし, You *must* come. は「来なさい」に近い意味をもつ. have to は客観的なひびきをもち, You *have to* come. は「(いろいろな事を考え合わせると)来るべきです」のような意味になり, 《口語》では must よりも have to の方が多く用いられる.
(3) must は語形変化がないから「…しなければならなかった」と過去にしたり, 「…しなければならないだろう」と未来にす

mustache

る時は，それぞれ I had to go. I'll have to go. のように have to を用いる．ただし，He said he *must* go. (= He said," I *must* go.") のように主節の動詞が過去の時は従属節の中の must はそのままで過去を表わす．
(4)「…する必要はない」と否定するには You *need not* come. のようにするか，You *don't have to* come. のようにする．

❷ⓐShe *must* be angry. 彼女はおこっているに違いない / Mother *must* be busy now. 母は今忙しいにちがいない．
ⓑI *must have made* a mistake. 私はまちがったにちがいない / You *must have been* absent then. 君はそのときいなかったにちがいない．
|語法| 否定にして「…の[する]はずがない」，「…した[だった]はずがない」という時は，It cannot be true. (それは本当のはずがない)/ It cannot have been true. (それは本当だったはずがない)のように cannot を用いる．

❸ⓐHe *must* always have his own way. 彼はいつも自分の思い通りにしなければ承知しない．
❹You *must* come to our party. ぜひパーティーに来てください．
❺We *must* have you over again sometime. いつかまたぜひ(あなたを)お招きしたい / I *must* serve tea for you. ぜひお茶をどうぞ．
❻All men *must* die. 人は必ず死ぬ．
— 名This book is *a must* for a beginner. この本は初心者には絶対必要だ．

mus·tache /mʌ́stæʃ マスタシュ | məstáːʃ/ 名CⓁひげ(《英》moustache) (《❖「あごひげ」は beard, 「ほおひげ」は whiskers, 「短いほおひげ」や「もみあげ」は sideburns)．

mus·tard /mʌ́stərd マスタド/ 名Ⓤからし，マスタード(香辛料(ミラツ)としてだけでなく古くから薬用にも用いられた)．

****must·n't** /mʌ́snt マスント/ 《must not の短縮形》(☞must 動 ❶, ❷ の|語法|)．
▶You *mustn't* sit here. ここにすわってはいけません．

must·y /mʌ́sti マスティ/ 形かび臭(ちゅ)い．

mu·tant /mjúːtnt ミュータント/ 名Ⓒ【生物】突然変異体，変種．

mu·ta·tion /mjuːtéiʃən ミューテイション/ 名ⓊⒸ【生物】突然変異；変種．

mute /mjúːt ミュート/ 形(mut·er; mut·est) 黙っている，無言の(《❖ふつう silent を用いる》)；口のきけない．
— 動他…の音を弱める，(楽器)に弱音器をつける．

mut·ed /mjúːtid ミューティド/ 形 ❶(音・色などが)弱められた；(感情などが)おさえられた．❷(楽器が)弱音器のついた．

mute·ly /mjúːtli ミュートリ/ 副黙って．

mu·ti·late /mjúːtəlèit ミューティレイト/ 動(現分 -lat·ing)他(手足など)を切断する，…をひどく傷つける．

mu·ti·la·tion /mjùːtəléiʃən ミューティレイション/ 名ⓊⒸ(手足などの)切断．

mu·ti·nous /mjúːtənəs ミューティナス/ 形 ❶反乱に加わった．❷反抗的な．

mu·ti·ny /mjúːtəni ミューティニ/ 名(複 -ti·nies /-z/)ⓊⒸ(軍隊などの)反乱．
— 動(mu·ti·nies /-z/; mu·ti·nied /-d/; ~·ing)⾃反乱を起こす．

***mut·ter** /mʌ́tər マタ/ 動(~s /-z/; ~ed /-d/; -ter·ing /-təriŋ/)⾃ぶつぶつ(不平を)言う(☞murmur 動)．
— 他(不満・怒りなど)をつぶやく．
▶動⾃He *muttered* to himself. 彼はぶつぶつひとり言を言った / *mutter* about high taxes 高い税金に不平をいう．

mut·ton /mʌ́tn マトン/ 名Ⓤマトン(ヒツジ (sheep) の肉；❖「子ヒツジ」の肉は lamb; ☞ meat の|INFO| (2))．

***mu·tu·al** /mjúːtʃuəl ミューチュアル/ 形
❶お互いの，相互の．
❷共通の，共同の．

❶It is to their *mutual* advantage. それは彼ら双方にとって有利だ / *mutual* understanding 相互理解 / by *mutual* consent 合意の上で．❷He is a *mutual* friend of ours. 彼はわれわれの共通の友人だ / *mutual* interests 共通の利益．

mu·tu·al·ly /mjúːtʃuəli ミューチュアリ/ 副お互いに，相互に．

muz·zle /mʌ́zl マズル/ 名Ⓒ ❶(馬・犬・ネコ・サルなどの)鼻づら．
❷(犬などにつける)口輪．❸銃口，砲口．

abcdefghijkl**m**nopqrstuvwxyz　　　　　　　　　　　　**mythology**

— 動（現分 muz·zling）他 ❶ …に口輪をはめる. ❷（人）に口止めする.

***my /（弱）mai マイ；（強）mái マイ/
代《Iの所有格》❶ **私の**.
❷《親しみを表わす呼びかけで》.
— 感《驚きを表わして》おや, まあ.

代 ❶ This is *my* book. これは私の本です / *my* bus 私が乗（ってい）るバス.
❷ *My* boy! おい君.
— 感 Oh, *my*! おや, まあ.

Myan·mar /mjáːnmɑːr ミャーンマー/ 名 ミャンマー《東南アジアの国；1989年からのビルマ（Burma）の公式名；首都ヤンゴン（Yangon /jæŋɡɑ́n ｜ -ɡɔ́n/）》.

*my·self /maisélf マイセルフ/ 代
❶《他動詞や前置詞の目的語として》**私自身を[に]**.
❷《強調に用いて》私自身.

❶ I have hurt *myself*. 私はけがをした / I spoke to *myself*. 私は自分自身に話しかけた（ひとりごとを言った）.
❷ I saw it *myself*. ＝I *myself* saw it. 私自身がそれを見たのだ.
by *myself* ①（他人から離れて）ひとりで, ひとりぼっちで：I want to live *by myself*. 私はひとりで暮らしたい. ②（他人の助けを借りずに）独力で：I did it *by myself*. 私は独力でそれをやった.
for *myself* ①自分のために：I won't live for *myself* alone. 私は自分自身のためだけに生きるつもりはない. ②私個人としては：*For myself*, I would like to go to the sea.（他人のことは知らないが）私個人としては海へ行きたいのです.

*mys·te·ri·ous /mistíəriəs ミスティ（ア）リアス/ 形（more ~; most ~）**神秘的な**, なぞのような, 不思議な, わけのわからない；秘密の.

A *mysterious* thing happened at night. 夜不思議なことが起きた / a *mysterious* murder 不可解な殺人事件 / a *mysterious* smile なぞのような微笑.

☞ 名 mystery.

mys·te·ri·ous·ly /mistíəriəsli ミスティ（ア）リアスリ/ 副 神秘的に, 不思議に.

*mys·ter·y /místəri ミステリ/ 名（複 -ter·ies /-z/）Ⓒ
❶ **不思議なこと**, 神秘的なこと, 不可解なこと. ❷（小説・映画などの）推理[怪奇]もの, ミステリー.

❶ His death is a *mystery*. 彼の死はなぞだ / the *mysteries* of nature 自然界の神秘.
❷ I like *mysteries*. 私はミステリーが好きだ.

☞ 形 mysterious.

mys·tic /místik ミスティック/ 形 ＝mystical.

mys·ti·cal /místikəl ミスティカル/ 形 神秘（主義）的な.

mys·ti·cism /místəsizm ミスティスィズム/ 名Ⓤ 神秘主義.

mys·ti·fi·ca·tion /mìstəfikéiʃən ミスティフィケイション/ 名Ⓤ ❶ 惑わすこと, 煙にまくこと. ❷ 神秘化.

mys·ti·fy /místəfài ミスティファイ/ 動（-ti·fies /-z/; -ti·fied /-d/; ~·ing）他（人）を混乱させる, 煙にまく, 惑わす.

mys·tique /mistíːk ミスティーク/ 名Ⓤ または a をつけて》神秘性.

*myth /míθ ミス/ 名（複 ~s /-s/）Ⓒ ❶ **神話**. ❷ 作り話, 根拠のない考え.

☞ 形 mythical.

myth·i·cal /míθikəl ミスィカル/ 形 ❶ 神話の, 神話の中の. ❷ 架空の.

☞ 名 myth.

myth·o·log·i·cal /mìθəládʒikəl ミソロヂカル/ 形 ❶ 神話の, 神話に出る. ❷ 架空の.

my·thol·o·gy /miθálədʒi ミサロヂィ/ 名Ⓤ《集合的に》神話. ▶ Greek *mythology* ギリシア神話.

eight hundred and seventy-nine　　　　　　879

N n

N¹, n /én エヌ/ 名(複 N's, Ns, n's, ns /-z/) U.C エヌ《英語アルファベットの14番目の文字》.

N² (元素記号) nitrogen.

N., n. (略語) north, northern.

n. (略語) noon; note; noun; name; number.

N. A. (略語) North America.

nab /nǽb ナブ/ 動 (~s /-z/; nabbed /-d/; nab·bing) 他 (口語)…を逮捕する.

nag /nǽg ナッグ/ 動 (~s /-z/; nagged /-d/; nag·ging) 自 がみがみ文句をいう.
— 他 ❶…にがみがみ文句をいう.
❷…を悩ます.

nag·ging /nǽgiŋ ナギング/ 形 ❶口やかましい, がみがみいう. ❷ (痛み・不安などが) 絶えずつきまとう, しつこい.

*__nail__ /néil ネイル/ 名(複 ~s /-z/) C
❶ (人間の手足の指の)**つめ**.
❷**くぎ, びょう**.
— 動 (~s /-z/; nailed /-d/; nail·ing) 他 ❶…を**くぎで打ちつける**, びょうで留める. ❷ (注意など)をひきつける, くぎづけにする. ❸ (口語)…をつかまえる.

名 **hit the nail (right) on the head** 適切なことを言う[する], ずばり正解を出す.

on the nail (口語) (支払いについて) 即座に.

— 動 他 ❶I *nailed* a mailbox to [on] the door. 私は郵便箱を戸にくぎで打ちつけた. ❷Their eyes were *nailed* to the stage. 彼らの目は舞台にくぎづけにされていた.

nail down 他 ①…をくぎづけにする: *nail down* the top ふたを(あかないように)くぎづけにする. ②(人)に態度をはっきりさせる.

nail up 他 ①…をくぎづけにする: *nail up* the window 窓をくぎづけにする. ②…をくぎでとめる.

náil brùsh 名C (つめを洗う)つめブラシ.

náil clìppers 名 複 つめ切り.
náil fìle 名 C (つめの形を整える)つめやすり.
náil pòlish 名 U マニキュア.

na·ive, na·ïve /nɑːíːv ナーイーヴ/ 形 単純な, 人[ものごと]をすぐ信じてしまう, 世間知らずの.
▶It is *naive* of you to trust him. 彼を信用するなんて君は単純すぎる.

na·ive·ly, na·ïve·ly /nɑːíːvli ナーイーヴリ/ 副 単純に, 簡単に人を信じて.

na·ive·té, na·ïve·té /nàːiːvətéi ナーイーヴェテイ/ 名 U 単純さ, 幼稚さ.

na·ive·ty, na·ïve·ty /nɑːíːvəti ナーイーヴェティ/ 名 = **naïveté**.

*__na·ked__ /néikid ネイキッド/ 《★発音注意》形 (more ~; most ~)
❶裸の, 衣服をつけていない (☞bare の 類語).
❷おおいのない, むきだしの.
❸ありのままの, ひどい.

❶He was *naked* to the waist. 彼は上半身裸だった.
❷a *naked* light bulb 裸電球.
❸the *naked* truth ありのままの事実.

náked éye 名 《the をつけて》肉眼, 裸眼.

na·ked·ness /néikidnəs ネイキドネス/ 名 U 裸; むきだし.

***__name__** /néim ネイム/
名 (複 ~s /-z/) ❶ C (人の)**名前**, 名称.
❷ 《a name》**評判**, 名声.
❸ C 有名な人.
❹ C 名義, 名目.
— 動 (~s /-z/; named /-d/; nam·ing) 他 ❶ (人・もの)を…と**名づける**.
❷…の**名前を言う**.
❸ 《name ... ~》…を〜に**指名する**, 任命する.
❹ (日時など)を決める, 指定する.

名 ❶ May I have your *name*,

880　　　　　　　　　　　　　　　　　　　　　　　　eight hundred and eighty

please? お名前はなんとおっしゃいますか《✪相手の名前をきくときには Who are you? は失礼な言い方で, What is your *name*? もややぶっきらぼうな言い方》/ What is the *name* of that flower? あの花の名前は何ですか.

[INFO] 英米人は個人名を先に，姓は後に言う. John Lennon では個人名 John を Christian name, first name または given name《米》といい, 姓 Lennon を surname, last name または family name という. また John Fitzgerald Kennedy のように middle name (この場合は Fitzgerald) をもつ人もいる.

❷Her shop has a *name* for good service. 彼女の店はサービスがいいと評判がよい. ❸a big *name* in pop music ポップス界の大物.

by name ①**名をいって**: He called me *by name*. 彼は私の名を呼んだ. ②(会ったことはないが)名前で: I only know him *by name*. 私は彼の名前だけは知っている. ③名前は: a tall man, Henry *by name* ヘンリーという名の背の高い男.

by the name of ... …という名で[の]: He went [passed] *by the name of* Smith here. 彼はここではスミスという名で通っていた.

call ... names (ばか・まぬけなどといって)…をののしる, …の悪口をいう: He often *called* me *names*. 彼はよく私をののしった.

in name only 名目だけの: a king *in name only* 名目だけの王.

in ...'s name …の名義で.

in the name of ... ①…の名において, 権威によって: *in the name of* the law 法律の権威にかけて. ②…の名義で, 代理として: He attended the party *in the name of* his father. 彼は父の代理としてそのパーティーに出席した.

in the name of God=***in God's name*** ①神の名にかけて, 神に誓って. ②《疑問文で》いったいぜんたい: What *in the name of God* are you doing? いったいぜんたいなにをしているんだ.

under the name of ... …という(本名とは違う)名前で.

☞ [形]nominal ❶.

— [動][他] ❶They *named* their baby Mary. 彼らは赤ん坊をメアリーと名づけた. ❷Can you *name* this flower in English? あなたはこの花の名を英語で言えますか. ❸We *named* him (*as*) chairperson. 私たちは彼を議長に指名した. ❹Have they *named* a day for their wedding? 彼らは結婚の日を決めましたか.

name ... after ~ ～の名を取って…と名づける: The baby was *named* Philip *after* his uncle. 赤ん坊はおじの名を取ってフィリップと名づけられた.

name ... for ~《米》=*name* ... after ~.

name-cal·ling /néim-kɔ̀ːliŋ ネイム・コーリング/ [名][U]悪口を言うこと.

name·less /néimləs ネイムレス/ [形] ⓐ名前のない. ⓑ無名の. ⓒ匿名(とくめい)の.

***name·ly** /néimli ネイムリ/ [副]**すなわち**, つまり. ▶Only one student was late, *namely* Jim. 遅刻したのはひとりの生徒だけ, つまりジムだった.

name·plate /néimplèit ネイムプレイト/ [名][C](ドアなどにつける)名札; 表札.

name·sake /néimsèik ネイムセイク/ [名][C]同名の人[もの].

náme tàg [名][C](胸などにつける)名札.

Nan·cy /nǽnsi ナンスィ/ [名]ナンシー《女性の名; Ann, Anna, Anne の愛称》.

nan·ny /nǽni ナニ/ [名](複 -nies /-z/) [C](ふつう住みこみの)乳母(うば).

***nap** /nǽp ナップ/ [名](複 ~s /-s/)[C]**昼寝**, 居眠り.

— [動](~s /-s/; napped /-t/; nap·ping) [自]昼寝する.

▶[名]take [have] a *nap* 昼寝をする.

nape /néip ネイプ/ [名][C]うなじ, 首すじ.

***nap·kin** /nǽpkin ナプキン/ [名](複 ~s /-z/)[C](食卓用)**ナプキン**.

Na·ples /néiplz ネイプルズ/ [名]ナポリ《イタリア南西部の風景の美しい港市》.

▶[ことわざ] See *Naples* and (then) die. ナポリを見てから死ね(一生に一度はナポリを見に行け).

Na·po·leon I /nəpóuljən ðə fə́ːrst ナポウリョン ザ ファースト/ [名]ナポレオン一世《**Napoleon Bo·na·parte** /bóunəpɑ̀ːrt/ (1769–1821); フランスの皇帝 (1804–15)》.

nap·py /nǽpi ナピ/ [名](複 nap·pies /-z/)

N

narcissism　ABCDEFGHIJKLM**N**OPQRSTUVWXYZ

©《英口語》おむつ《《米》ではdiaper》.

nar·cis·sism /nάːrsəsìzm ナースィスィズム/ 图©〖心理〗自己陶酔, ナルシシズム.

nar·cis·sist /nάːrsəsist ナースィスィスト/ 图©自己陶酔者, ナルシスト.

nar·cis·sus /nɑːrsísəs ナースィサス/ 图 (複 ~es /-iz/, nar·cis·si /-sísai/)©〖植物〗スイセン.

nar·cot·ic /nɑːrkάtik ナーカティク/ 形 ❶麻酔作用のある. ❷麻薬の.
— 图©麻酔剤, 催眠薬; 麻薬.

nar·rate /nǽreit ナレイト | nəréit/ 動 (~s /-ts/; -rat·ed /-id/; -rat·ing) 他《文語》(話など)を語る, 話す, 述べる.
☞图narration, narrative.

nar·ra·tion /nǽréiʃən ナレイション/ 图 ❶Ü叙述, 話をすること. ❷ÜC(テレビなどの)ナレーション. ❸Ü〖文法〗話法.
▶ ❸direct〔indirect〕narration 直接〔間接〕話法.
☞動narrate.

nar·ra·tive /nǽrətiv ナラティヴ/ 图ÜC《文語》物語, 話.
☞動narrate.

nar·ra·tor /nǽreitər ナレイタ | nəréitə/ 图©語り手, ナレーター.

‼nar·row /nǽrou ナロウ/
形 (~·er; ~·est) ❶ⓐ(幅が)**狭い**, 細長い (反broad, wide)《✪「部屋が狭い」のように大きさについていうときはsmallを用いてa small roomのようにいう》.
ⓑ(心が)狭い (反broad).
❷(範囲などが)**狭い**, 限られた.
❸**かろうじての**, やっとの, きわどい.
— 動 (~s /-z/; ~ed /-d/; ~·ing) ⓐ狭くなる, 細くなる.
— 他 …を狭くする, 細くする.

形 ❶ⓐThe dog jumped across the *narrow* stream. 犬は幅の狭い川を跳(と)び越えた / a *narrow* table 細長いテーブル. ⓑHe has a *narrow* mind. 彼は心が狭い.
❷She has a *narrow* circle of friends. 彼女は友人が少ない / take a *narrow* view of things 物事を狭く考える.
❸have a *narrow* victory きわどく勝つ / have a *narrow* escape やっと逃

れる(命びろいする).
— 動ⓐThe road *narrows* near the bridge. 道路は橋の近くで狭くなる.
— 他*narrow* the choice 選択の幅を狭める / *narrow* one's eyes 目を細める.

narrow down 他 (範囲・可能性など)を限定する.

nar·row·ly /nǽrouli ナロウリ/ 副 ❶かろうじて, やっと. ❷狭く, 限定して.
▶ ❶He *narrowly* escaped being run over by a dump truck. 彼はあやうくダンプカーにひかれるところであった.

nar·row-mind·ed /nǽrou-máindid ナロウ・マインディド/ 形 心の狭い.

nar·row-mind·ed·ness /nǽrou-máindidnəs ナロウ・マインディドネス/ 图Ü心の狭さ.

nar·row·ness /nǽrounəs ナロウネス/ 图Ü狭いこと.

NASA /nǽsə ナサ/ 图 ナサ《アメリカ合衆国の航空宇宙局 National Aeronautics and Space Administration の短縮形》.

na·sal /néizl ネイズル/ 形 ❶鼻の. ❷(声が)鼻にかかった, 鼻声の.

nas·ti·ly /nǽstili ナスティリ/ 副不快に, 胸がむかつくほど; 意地悪く; 不潔に.

‼nas·ty /nǽsti ナスティ | nάːs-/ 形 (nas·ti·er; nas·ti·est)
❶**意地の悪い**, ひどい; 卑劣な.
❷(むかつくほど)**いやな**, 不快な (反nice).
❸(天気などが)**荒れた**.
❹(傷などが)ひどい.
❺(問題などが)やっかいな.
▶ ❶Don't be so *nasty* to me. そんなに意地悪しないで / a *nasty* rumor 悪意のあるうわさ. ❷a *nasty* smell いやなにおい. ❸a *nasty* day 天気が悪い日.

‼na·tion /néiʃən ネイション/ 图 (複 ~s /-z/) © 《しばしば **the** をつけて》(政治的統一体としての)**国民**; 国, 国家《☞ country の類語》.
❷民族, 種族《✪共通の言語・宗教・文化などを持つ》.

❶*the* Japanese *nation* 日本国民 / *the* whole *nation* (ひとつの国の)全国民. ❷the Jewish *nation* ユダヤ民族.
☞形national.

‼na·tion·al /nǽʃənəl ナショナル/

882　　eight hundred and eighty-two

abcdefghijklm**n**opqrstuvwxyz　　　　　　　　　　　　　　　　　　**natural**

形 ❶**国民の**；国の，国家の；国内の．
❷**国立の**，国有の．
❸**全国的な**（☞local ❶）．
— 名（複 ~s /-z/）C（ひとりの）国民《❖とくに外国に住んでいる人》．

形 ❶the *national* costume 民族衣装 / the *national* character 国民性 / *national* issues 国家的[国内]問題 / *national* finance 国の財政．
❷a *national* park 国立公園．
❸a *national* paper（新聞の）全国紙《❖「地方新聞」は a local paper》．
　　　☞ 名nation, 動nationalize.
— 名American *nationals* working in Japan 日本で働いているアメリカ人．

nátional ánthem 名C国歌．
nátional flág 名C国旗．
Nátional Héalth Sèrvice 名《英》《**the** をつけて》国民健康保険（NHS と略す）．
nátional hóliday 名C国(民)の祝日．
nátional íncome 名U（年間の）国民所得．
Nátional Insúrance 名《英》国民保険[年金]制度．

*na‧tion‧al‧ism /nǽʃənəlìzm ナショナリズム/ 名U ❶国家主義．❷民族主義．

na‧tion‧al‧ist /nǽʃənəlist ナショナリスト/ 名C ❶民族主義者．❷国家主義者．
— 形 ❶民族主義(者)の．❷国家主義(者)の．

na‧tion‧al‧is‧tic /nǽʃənəlístik ナショナリスティック/ 形愛国主義的な．

*na‧tion‧al‧i‧ty /næ̀ʃənǽləti ナショナリティ/ 名（複 -i‧ties /-z/）UC国籍．
▶対話 "What is your *nationality*?" – "I am Japanese." 「あなたの国籍はどこですか（どこの国の人ですか）」「日本です」《❖英語ではこのように答え "My nationality is Japan." とはいわない》

na‧tion‧al‧i‧za‧tion /næ̀ʃənəlizéiʃən ナショナリゼイション ｜ -lai-/ 名U国有化．
na‧tion‧al‧ize /nǽʃənəlàiz ナショナライズ/ 動（現分 -iz‧ing）他…を国有化する．
　　　　　　　　☞ 形national.
na‧tion‧al‧ly /nǽʃənəli ナショナリ/ 副 ❶国として，国家的にみて．❷全国的に．
nátional párk 名C国立公園．

Nátional Trúst 名《the をつけて》《英》ナショナルトラスト《自然環境や文化財の保護団体》．

na‧tion‧wide /néiʃənwàid ネイションワイド/ 形全国的な，全国的規模の．
— 副全国的に．
▶形a *nationwide* TV network 全国テレビ放送網．

*na‧tive /néitiv ネイティヴ/ 形
❶**生まれ故郷の**，母国の．
❷**生まれたときからの**，きっすいの．
❸**その土地本来の**，原産の《☞exotic》．
❹**生まれつきの**．
— 名（複 ~s /-z/）C ❶（ある土地で）**生まれた人**，（旅行者などに対して）土地の人．
❷その土地特有の動物[植物]．

形 ❶His *native* language [tongue] is French. 彼の母語はフランス語である / She returned to her *native* Germany. 彼女は母国のドイツに戻った．
❷a *native* speaker of English 英語を母語として話す人 / a *native* Londoner きっすいのロンドンっ子．
❸Koalas are *native* to Australia. コアラはオーストラリア原産である．
❹a *native* ability 生まれつきの才能．
— 名 ❶She is a *native* of Ohio. 彼女はオハイオ州生まれである．

Nátive Américan 名Cアメリカ先住民《インディアン (Indian) よりも好まれる表現》．

NATO, Na‧to /néitou ネイトウ/ 名北大西洋条約機構，ナトー《❖**N**orth **At**lantic **T**reaty **O**rganization の略称》．

*nat‧u‧ral /nǽtʃurəl ナチュラル/
形 (more ~; most ~)
❶ⓐ**自然の**，天然の．ⓑ自然のままの《反 unnatural, artificial》．
❷**当然の**，当たり前の，自然な．
❸気取らない，ありのままの．
❹生まれつきの．
— 名C才能のある人，適任者．

形 ❶ⓐthe *natural* world 自然界 / *natural* disasters 自然災害．
ⓑ*natural* death 自然死．
❷It is *natural* for him to get angry. 彼が腹を立てるのは当然だ / It is *natural* that parents love [par-

883

natural gas

ents should love] their children. 親が子を愛するのは当然のことだ.
❸a *natural* way of speaking 自然な話し方.
❹a *natural* story-teller 生まれつき話のうまい人.
come natural to ... 《口語》…にとって簡単にできる.

☞ 名nature.

— 名He is a *natural* for the job. 彼はその仕事には最も適任だ.

nátural gás 名Ⓤ天然ガス.
nátural hístory 名Ⓤ博物学《植物学・動物学・鉱物学などの総称》.
nat·u·ral·ism /nǽtʃərəlìzm ナチュラリズム/ 名Ⓤ〖文学・芸術・哲学〗自然主義.
nat·u·ral·ist /nǽtʃərəlist ナチュラリスト/ 名Ⓒ博物学者.
nat·u·ral·is·tic /næ̀tʃərəlístik ナチュラリスティック/ 形 (芸術作品が)写実的な, 自然主義の.
nat·u·ral·i·za·tion /næ̀tʃərəlizéiʃən ナチュラリゼイション | -lai-/ 名Ⓤ❶帰化.
❷ (ことばなどの)移入. ❸ (動物の)移入, (植物の)移植.
nat·u·ral·ize /nǽtʃərəlàiz ナチュラライズ/ 動 (現分 -ral·iz·ing) 他 ❶(外国人)に市民権を与える. ❷(動物)を移入する, (植物)を移植する.
▶ ❶He was recently *naturalized* in Japan. 彼は最近日本の市民権を得た.

***nat·u·ral·ly** /nǽtʃərəli ナチュラリ/ 副
❶**自然に**, 気どらずに, 気楽に.
❷《文全体を修飾して》**当然**, もちろん.
❸**生まれつき**.
❹自然の力で, 自然に.

❶She can speak *naturally* on stage. 彼女は舞台の上で自然に話すことができる / behave *naturally* 気どらずにふるまう. ❷*Naturally*, she got angry. 当然彼女はおこった / 対話 "Are you going to accept their invitation?"–"*Naturally*." 「彼らの招待を受けますか」「もちろんです」. ❸He is *naturally* musical. 彼は生まれつき音楽の才能をもっている. ❹grow *naturally* 自生する.

nátural résources 名圈天然資源.
nátural scíence 名ⓊⒸ自然科学.
nátural seléction 名Ⓤ〖生物〗自然淘汰(とうた).

***na·ture** /néitʃər ネイチャ/
名 (複 ~s /-z/)
❶ⓐⓊ**自然**, 自然界. ⓑⓊ自然の力.
❷ⓊⒸ**性質**, 天性, 本質.
❸Ⓒ種類.

❶ⓐthe beauties of *nature* 自然の美しさ / a lover of *nature* 自然を愛する人. ❷That's human *nature*. それが人間性だ(人間はそういうものだ) / It is not (in) her *nature* to tell lies. 彼女はうそをつくような人ではない.
❸things of this *nature* この種のもの.

against nature 不自然に[な]; 不道徳に[な].

by nature 生まれつき: She is a musician *by nature*. 彼女は生まれつき音楽の才能に恵まれている.

☞ 形natural.

náture stùdy 名Ⓤ自然観察《教科のひとつ》.
náture tràil 名Ⓒ自然遊歩道.
naught /nɔ́ːt ノート/ 名Ⓤ《文語》無, ゼロ (nothing).
naugh·ty /nɔ́ːti ノーティ/ 形 (-ti·er; -ti·est) (子どもが)わんぱくな, いたずらな, 行儀の悪い. ▶Don't be *naughty*. いたずらをしてはいけない.
nau·se·a /nɔ́ːziə ノーズィア/ 名Ⓤ吐き気.
nau·se·ate /nɔ́ːʒièit ノージエイト/ 動 (現分 -se·at·ing) 他 …に吐きけを起こさせる.
nau·se·at·ing /nɔ́ːʒièitiŋ ノージエイティング/ 形 吐きけを起こさせるような.
nau·seous /nɔ́ːʃəs ノーシャス/ 形《文語》= nauseating.
nau·ti·cal /nɔ́ːtikəl ノーティカル/ 形 船の; 航海(術)の.
náutical míle 名Ⓒ海里《1,852メートル》.
na·val /néivəl ネイヴァル/ 形 海軍の《☞military》. ▶a *naval* base 海軍基地.
☞ 名navy.
na·vel /néivəl ネイヴェル/ 名Ⓒ ❶へそ 《《口語》ではbelly buttonという; ☞ body

nav·i·ga·ble /nǽvigəbl ナヴィガブル/ 形 (川・海が)航行可能な.

nav·i·gate /nǽvəgèit ナヴィゲイト/ 動 (現分 -gat·ing) 他 ❶(船・飛行機など)を操縦する. ❷(川・海)を航行する, 航海する.
— 自 (地図・計器などを使って)進路を決める.
☞ 名 navigation.

nav·i·ga·tion /nævəgéiʃən ナヴィゲイション/ 名 U 航行, 航海, 飛行.
☞ 動 navigate.

nav·i·ga·tor /nǽvəgèitər ナヴィゲイタ/ 名 C ナビゲーター, 航海士, 航空士 《船や航空機の進路を計画したり指示(⑴)する人》.

***na·vy** /néivi ネイヴィ/ 名 (複 na·vies /-z/) ❶C 《ふつう the をつけて》**海軍** 《☞ army, air force》. ❷U = navy blue.
☞ 形 naval.

návy blúe 名 U 濃紺色 《イギリス海軍の制服の色》.

nay /néi ネイ/ 名 C 反対(票).
— 副 《文語》いや 《反 yea, aye》.

Na·zi /náːtsi ナーツィ/ 名 (複 ~s /-z/) ❶C (ドイツの)ナチ党員. ❷《the Nazis で》ナチ党 《ヒトラー(Hitler)が結成した国家社会主義の政党》.
— 形 ナチ党の.

Na·zism /náːtsizm ナーツィズム/ 名 U ドイツ国家社会主義, ナチズム 《☞ fascism》.

N. B., n. b. /énbíː エヌビー/ 《略語》注意せよ.

NBC /énbìːsíː エヌビースィー/ 《略語》National Broadcasting Company ナショナル放送会社 《アメリカ最大級の放送会社のひとつ》.

NC 〔米郵便〕North Carolina.

ND 〔米郵便〕North Dakota.

NE 〔米郵便〕Nebraska.

N.E.¹, n.e. 《略語》northeast, northeastern.

N.E.² 《略語》New England.

Ne·án·der·thal màn /niǽndərtɔ̀ːl- ニアンダートール-/ 名 U C 〔人類学〕ネアンデルタール人 《旧石器時代の原人》.

***near** /níər ニア/
前 ❶(場所的・時間的に)…の**近くに[の]**.
❷(ある状態など)に近づいて, …しそうで.
— /níər ニア/ 副 (~·er /níərər/; ~·est /níərist/) ❶(場所的・時間的に)**近くに[へ]**, 接して[した] 《反 far, distant》. ❷(ある状態などに)**近い**, 近づいて, …しそうで.
— /níər ニア/ 形 (~·er /níərər/; ~·est /níərist/) ❶(場所的・時間的に)**近い** 《反 far, distant》.
❷近親の; 親しい.
❸きわどい, やっとの.
❹(本物に近い, よく似た.
— 動 他 …に近づく.
— 自 近づく, 迫(⑴)ってくる.

前 ❶ The hotel stands *near* the lake. そのホテルは湖の近くにある / *near* midnight 深夜 0 時近くに / the supermarket *near* the school 学校の近くのスーパー. ❷ She was *near* tears. 彼女は今にも泣き出しそうだった / *near* 100% 100%近く / *near* the final stage 最後の段階近くに[で].

come near doing 《口語》もう少しで[あぶなく]__しそうになる 《☞ 成句 come near to *doing* (⇨ near 副)》: She *came near being* drowned. 彼女はあやうくおぼれるところであった.

— 副 ❶ I called and the cat came *near*. 私が呼ぶと猫は近づいてきた / Move the table *nearer* to the wall. テーブルをもっと壁に近づけなさい / The deadline is drawing *near*. 締め切りが近づいている.

come near to doing もう少しで[あぶなく]__しそうになる 《❶《口語》では to は省略されることが多い; ☞ 成句 come near *doing* (⇨ near 前)》: She *came near to being* run over by a car. 彼女はもう少しで車にひかれるところであった.

near at hand = at hand 《☞ hand》.

near by 近くに[で] 《❶ nearby ともつづる》: She lives *near by*. 彼女は近所に住んでいる.

— 形 ❶ the *nearest* bus stop 一番近いバス停 / in the *near* future 近い将来に.
❷ a *near* relative 近い親戚(⑴).
❸ She made a very *near* guess. 彼女の推測はもう少しで当たるところだった /

I had a *near* escape. 私は危機一髪で逃れた. ❹a *near* resemblance とてもよく似ていること / a *near* certainty ほぼ確実なこと.

— 動 ⑯ The airplane was *nearing* the airport. 飛行機は空港に近づいていた.

*near·by /níərbài ニアバイ/ 形 近くの.
— 副 近くに[で].
▶形 a *nearby* park 近くの公園.
— 副 There is a library *nearby*. すぐ近くに図書館があります.

Néar Éast 名《the をつけて》近東《トルコ, イスラエル, サウジアラビア, エジプトなどの地域; ☞ Far East, Middle East》.

*near·ly /níərli ニアリ/ 副
❶ ほとんど, もう少しで.
❷ もう少しで…するところ, あやうく…するところ.

❶ It is *nearly* noon. もうそろそろ正午だ / *nearly* every day ほとんど毎日 / The bus is *nearly* full. バスはほぼ満員だ. ❷ I *nearly* forgot her birthday. 私はもう少しで彼女の誕生日を忘れるところだった.

not nearly ぜんぜん…でない.

néar míss 名 ⓒ ❶（航空機の）異常接近, ニアミス. ❷ 危機一髪.

near·ness /níərnəs ニアネス/ 名 Ⓤ 近いこと, 近接.

near·sight·ed /níərsáitid ニアサイティド/ 形《米》近視の, 近眼の（⇔farsighted）《✪shortsighted ともいう》.

*neat /níːt ニート/ 形 (~·er; ~·est)
❶ きちんとした, 整頓された.
❷（服装が）さっぱりした, 上品な, 身だしなみのよい.
❸ 適切な; 巧みな, すっきりした.
❹《米》すばらしい, すてきな.

❶ Keep your room *neat* and tidy. 部屋はきちんと整頓しておきなさい.
❷ a *neat* uniform さっぱりした制服.
❸ a *neat* solution to the problem その問題の適切な解決.

neat·ly /níːtli ニートリ/ 副 ❶ きちんと. ❷ すっきりと. ❸ 手ぎわよく, 上手に.

neat·ness /níːtnəs ニートネス/ 名 Ⓤ きちんとしていること, 整然, すっきりしていること, 適切.

Ne·bras·ka /nəbrǽskə ネブラスカ/ 名 ネブラスカ《アメリカ中西部の州; ✪【郵便】NE と略す》.

*nec·es·sar·i·ly /nèsəsérəli ネセセリリ | nésəsərə-/ 副
❶ 必ず, 必然的に. ❷《否定文で》必ずしも…ではない《✪部分否定を表わす》.

❶ War *necessarily* causes misery. 戦争は必ず悲惨さをもたらす.
❷ Tall people are *not necessarily* good basketball players. 背の高い人がバスケットがうまいとは限らない.

*nec·es·sar·y /nésəsèri ネセセリ | -səri/ 形 (more ~; most ~) ❶ 必要な, なくてはならない（⇔unnecessary）.
❷ 必然的な, 当然の, 避けることのできない.

— 名 (複 -sa·ries /-z/)《複数形で》必要なもの《☞ necessity ❷》.

形 ❶ Sunshine and water are *necessary* for life. 日光と水は生命になくてはならないものだ / *necessary* skills for this job この仕事をするために必要な技術 / It is *necessary* for you to wear a school uniform. あなたは学校の制服を着る必要があります / It is *necessary* that he (should) start at once. ＝It is *necessary* for him to start at once. 彼はすぐ出発する必要がある《✪《米》ではふつう should を用いない》. ❷ a *necessary* result [conclusion] 必然的な結果[結論] / a *necessary* evil 必要悪.

if necessary 必要ならば:I'll come again *if necessary*. 必要ならまた来ます.

☞ 名 necessity, 動 necessitate.
— 名 *necessaries* for an overnight trip 一泊旅行に必要なもの.

ne·ces·si·tate /nisésətèit ニセスィテイト/ 動（現分 -tat·ing）⑯《文語》（ものごとが）…を必要とする, 必然的に…をさせる.

☞ 形 necessary.

*ne·ces·si·ty /nisésəti ニセスィティ/ 名 (複 -si·ties /-z/)
❶《単数形で》必要, 必要性.

❷[C]**必需品**, 不可欠なもの《✪necessaries よりも必要度の高いものをいう》.
❸[U]必然(性), 避けられないこと.

❶Is there any *necessity* for us to meet again in the afternoon? 私たちが午後もう一度会う必要がありますか / [ことわざ] *Necessity* is the mother of invention. 必要は発明の母. ❷Oil is a *necessity* for our livelihood. 石油はわれわれの生活になくてはならないものだ / daily *necessities* 日常の必需品.
from* [*through, out of*] *necessity 必要に迫られて.
☞ [形]necessary.

***neck /nék ネック/ [名] ([複] ~s /-s/)

❶[C]**首**; 首の骨《✪head と shoulders の間の部分のみをさす. したがって,「窓から首を出す」などの場合には neck でなく head を用いる; ☞ body のさし絵》.

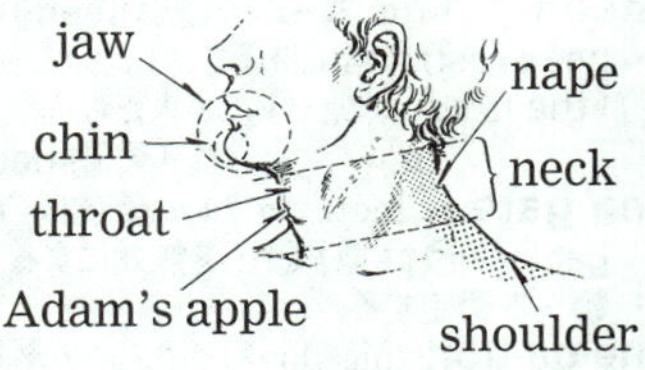
jaw
chin
throat
Adam's apple
nape
neck
shoulder

neck ❶

❷[C](衣類の)**えり**.
❸[C]ⓐ首の形をした物[部分].
ⓑ(陸地・海などの)狭いところ.
— [動][自]《口語》抱きあってキスする.

[名] ❶He has a long *neck*. 彼は首が長い / The horse broke its *neck*. その馬は首の骨を折った.
❷the *neck* of a T-shirt Tシャツのえり.
❸ⓐthe *neck* of a bottle びんの首.
ⓑa *neck* of the sea 入り江, 海峡.
be up to one's* [*the*] *neck in ... 《口語》①…で手一杯である, 大忙しである. ②(借金などで)苦しんでいる.
by a neck (競馬で)首の差で; (競走などで)ほんのわずかの差で.
get it in the neck 《英口語》ひどくしかられる, ひどい罰を受ける.
***neck and neck* (*with ...*)** (…と)(競走で)せりあって.
risk one's neck 命がけでやる, 危険をおかす.

neck·er·chief /nékərtʃif ネカチフ/ [名]([複] ~s /-s/)[C]ネッカチーフ.

neck·lace /néklis ネクリス/ [名][C]ネックレス.

neck·tie /néktài ネクタイ/ [名][C]ネクタイ《✪ふつう tie という》.

nec·tar /néktər ネクタ/ [名][U]花のみつ.

nec·tar·ine /nèktəríːn ネクタリーン | néktərin/ [名][C]〔植物〕ネクタリン《モモの一種》.

Ned /néd ネッド/ [名]ネッド《男性の名; Edgar, Edmond, Edmund, Edward, Edwin の愛称》.

***need /níːd ニード/

[動](~s /-dz/; ~·ed /-id/; ~·ing)[他]
❶…を**必要とする**《☞require》.
❷《**need to** *do*》＿する必要がある.
❸《**need** *doing*》＿される必要がある.
— [助] ❶《疑問文・否定文で》**＿する必要がある**.
❷《**need not have** ＋過去分詞で》＿する必要はなかったのに(してしまった).
— [名]([複] ~s /-dz/)
❶《単数形で》**必要**, 必要なもの.
❷[C]《ふつう複数形で》必要なもの.
❸[U]困っている時, 難局.
❹[U]貧困, 窮乏.

[動][他] ❶I *need* some more money. もう少しお金がいる / These flowers *need* water. これらの花は水が必要だ.
❷You *need to* go and apologize to her. あなたは彼女に謝りに行く必要があります.
❸This house *needs repairing*. この家は修繕が必要だ.

[語法] (1) 疑問文, 否定文では助動詞としても用いられる. この場合は後に 'to' のない不定詞を続け, 三人称単数現在形でも 's' をつけない: *Does* he *need* to go? (彼は行く必要がありますか) 《動詞の場合の疑問文》= *Need* he go? 《助動詞の場合の疑問文》 / He *does* not *need* to go. 彼は行く必要はありません《動詞の場合の否定文》. (2) 《米》では動詞として用いるのがふつう.

N

needle

— 助 ❶ *Need* you work so hard? そんなに一生懸命働く必要があるのですか / You *needn't* do them all at one time. それらを全部一度にする必要はありません.

語法 (1) 否定形 need not, needn't は「…しなければならない」という意味の must, have to の否定に相当する. need not, needn't の代わりに don't [doesn't] have to を用いることが多い. (2) 助動詞の need には過去・過去分詞・現在分詞の変化形はなく, 三人称単数現在形の s もつかない: She said I *needn't* go. (彼女は私は行く必要はないと言った)のように前に過去形の動詞があっても need をそのままの形で使ってよい.

❷ You *need not have* worried so much. あなたはそんなに心配する必要はなかったのに(心配した).

語法 He did not *need* to worry so much. といえば「彼はそんなに心配する必要はなかった」ということだけを表わしており, 実際に彼が心配したかどうかは述べていない.

— 名 ❶ We have a great *need* of your help. われわれはぜひあなたに助けていただきたい.

❷ What are your immediate *needs*? あなたのすぐ必要なものは何ですか.

❸ I'll help you in case of *need*. 困っているときには援助してあげる.

be in need (貧乏で)困っている: He *was in* great *need*. 彼はとても貧乏していた.

be in need of ... …を必要としている: They *are in need of* medicine. 彼らは医薬品を必要としている.

***nee·dle** /ní:dl ニードル/ 名 (複 ~s /-z/) C ❶ **針**, 縫い針, 編み針 (✿「時計の針」は hand). ❷ (注射器などの)針; (磁石・計器などの)針. ❸ (松などの)針状の葉.

▶名 ❸ a pine *needle* 松の葉.

look for a needle in a haystack 見つかりそうもないものを捜(ガ)す, むだ骨を折る (✿「干し草の山の中に針を捜す」ということから)).

***need·less** /ní:dləs ニードレス/ 形 **不必要な**, むだな.

needless to say 《文全体を修飾して》言うまでもなく, もちろん: *Needless to say*, he passed the test. 言うまでもなく彼はテストに合格した.

need·less·ly /ní:dləsli ニードレスリ/ 副 必要ないのに, むだに.

nee·dle·work /ní:dlwə̀:rk ニードルワーク/ 名 U ❶ 針仕事, 裁縫(ほう). ❷ 刺繍(しゅう).

need·n't /ní:dnt ニードント/ 《**need not** の短縮形》

❶ 《**needn't** *do*》__する必要がない (✿ 《米》では don't [doesn't] need to *do* の方がふつう).

❷ 《**needn't have**+過去分詞で》__する必要はなかったのに(してしまった).

▶ ❶ You *needn't* worry about it. それについては心配する必要がありません.

❷ You *needn't have* come so early. そんなに早く来る必要はなかったのに(来た).

need·y /ní:di ニーディ/ 形 (need·i·er; need·i·est) 非常に貧乏な.

▶ the *needy* 非常に貧しい人たち.

☞ 名 need.

ne·gate /nigéit ニゲイト/ 動 (現分 ne·gat·ing) 他 《文語》 ❶ …を無効にする. ❷ …を否定する.

ne·ga·tion /nigéiʃən ニゲイション/ 名 U C 否定; 拒否 (反 affirmation).

***neg·a·tive** /négətiv ネガティヴ/ 形 (more ~; most ~) ❶ **否定の**, 拒否の, 反対の (反 affirmative, positive).

❷ **消極的な**, 非協力的な (反 positive).

❸ よくない, 期待に反する.

❹ ⓐ 【数学】 マイナスの, 負の. ⓑ 【電気】 陰電気の, 負の. ⓒ 【写真】 ネガの, 陰画の. ⓓ 【医学】 (検査結果が)陰性の (反 positive).

— 名 (複 ~s /-z/) C ❶ 否定 (反 affirmative). ❷ 否定の答え, 反対意見, 拒否. ❸ 【文法】 (no, not などの)否定語, 否定文. ❹ ⓐ 【数学】 負数. ⓑ 【電気】 陰極(板). ⓒ 【写真】 ネガ. ⓓ 【医学】 (検査結果の)陰性 (反 positive).

形 ❶ His answer was *negative*. 彼の答えはノーでした / a *negative* vote 反対投票. ❷ Her attitude is very *negative*. 彼女の態度は非常に非協力的である / He has a *negative* character. 彼は消極的な性格である. ❸ The results were *negative*. 結果はよくなかった. ❹ⓐ a *negative* number [quantity] 負数 / the *negative* sign 負[マイナス]の符号(−).

— 名 *in the negative* 否定的に[な]: He answered *in the negative*.＝His answer was *in the negative*. 彼はノーと答えた.

neg·a·tive·ly /négətivli ネガティヴリ/ 副
❶否定的に (反 affirmatively).
❷消極的に.

négative séntence 名Ⓒ否定文 (◎「肯定文」は affirmative sentence).

*__**ne·glect**__ /niglékt ニグレクト/ 動 (~s /-ts/; ~ed /-id/; ~ing) 他

❶ (仕事・義務など)を怠(おこた)る, おろそかにする; ほったらかしにする.
❷ …を無視する, 軽視する.
❸《**neglect to** *do* [*doing*]》うっかり[怠慢にも] (__し)忘れる.

— 名Ⓤ 怠慢; ほったらかしにする[される]こと; 軽視.

動 ❶ He *neglected* his duty. 彼はすべきことをしなかった. ❷ He *neglected* my warning. 彼は私の警告を無視した. ❸ I *neglected to* answer his letter.＝I *neglected answering* his letter. 私はうっかり彼の手紙に返事を出さなかった.
☞ 形 negligent, negligible.
— 名 *neglect* of duty 義務を怠ること.
☞ 形 neglectful.

ne·glect·ed /nigléktid ニグレクティド/ 形 無視された; おろそかにされた, ほったらかしの.

ne·glect·ful /nigléktfəl ニグレクトフル/ 形 怠慢な, 投げやりな, 不注意な.
▶She is *neglectful of* her work. 彼女は自分の仕事に怠慢である.
☞ 名 neglect.

neg·li·gee, neg·li·gé(e) /nèɡləʒéi ネグリジェイ｜néɡliʒèi/ 名Ⓒ (女性用の)部屋着, ガウン (寝巻きの上に着る; 日本でいう「ネグリジェ」の意味はない; ☞ nightdress).

neg·li·gence /néɡlidʒəns ネグリヂェンス/ 名Ⓤ 怠慢, 不注意; だらしなさ.

neg·li·gent /néɡlidʒənt ネグリヂェント/ 形 怠慢な, やるべきことをやらない, 不注意な; だらしがない.
▶He *is negligent of* his duties. 彼は自分の義務を果たさない.
☞ 動 neglect.

neg·li·gi·ble /néɡlidʒəbl ネグリヂブル/ 形 取るに足りない, ごくわずかの.
☞ 動 neglect.

ne·go·ti·a·ble /niɡóuʃiəbl ニゴウシアブル/ 形 交渉の余地がある.

ne·go·ti·ate /niɡóuʃièit ニゴウシエイト/ 動 (~s /-ts/; -at·ed /-id/; -at·ing)
⾃ 交渉する, 協議する.
— 他 ❶ (話し合って)…を取り決める, 協定する. ❷ (困難・障害など)を切り抜ける.
▶⾃ They will *negotiate with* him *about* their working hours. 彼らは労働時間のことで彼と交渉するだろう.
— 他 ❶ *negotiate* a peace treaty 平和条約を取り決める.
☞ 名 negotiation.

*__**ne·go·ti·a·tion**__ /niɡòuʃiéiʃən ニゴウシエイション/ 名 (複 ~s /-z/) ⓊⒸ《しばしば複数形で》**交渉**, 折衝(せっしょう).
▶enter into *negotiations* 交渉を始める.
☞ 動 negotiate.

ne·go·ti·a·tor /niɡóuʃièitər ニゴウシエイタ/ 名Ⓒ 交渉者.

Ne·gro, ne·gro /níːɡrou ニーグロウ/ 名 (複 ~es /-z/) Ⓒ 黒人 (◎軽蔑(けいべつ)的な響きがあるので black の方が好まれる; ☞ black の INFO).
— 形 黒人の.

neigh /néi ネイ/ 名Ⓒ ヒヒーン (馬のいななき). — 動⾃ (馬が)いななく.

*__**neigh·bor**__ /néibər ネイバ/ (★ gh は発音されない) 名 (複 ~s /-z/) Ⓒ ❶ⓐ 近所に**住んでいる人**, 隣人. ⓑ 隣りの席の人.
❷隣りの国, 隣りのもの.

❶ⓐ We are next-door *neighbors*. 私たちは隣り同士だ / She is a bad [good] *neighbor*. 彼女は近所づきあいの悪い〔よい〕人だ. ⓑ They were our *neighbors* at dinner. 彼らは食事のときにわれわれの隣りの席にいた.
❷ The building is much taller

than its *neighbors*. そのビルはまわりのビルよりもひときわ高い / Earth's nearest *neighbor* is the moon. 地球に一番近い星は月である.

neigh·bor·hood /néibərhùd ネイバフッド/ 名 C
❶ **近所**, 付近;(ある特定の)地域.
❷《the をつけて;集合的に》**近所の人**.

❶ I'm a stranger in this *neighborhood*. 私はこのへんの地理はまったくわからない / There are many stores in my *neighborhood*. 私の家の近くには商店が多い / a fashionable *neighborhood* 上流階級の人たちが住んでいる地域. ❷ *The* whole *neighborhood* was talking about the fire. 近所の人たちはみんなその火事の話をしていた.

in the neighborhood of ... ①…の**近くに**:She lives *in the neighborhood of* the museum. 彼女はその博物館の近くに住んでいる. ②《口語》約…, およそ…:The price is *in the neighborhood of* $50. 値段は約50ドルです.

neigh·bor·ing /néibəriŋ ネイバリング/ 形 近所の, 近隣の. ▶ *neighboring* countries 隣接している国々.

neigh·bor·ly /néibərli ネイバリ/ 形 隣人らしい, 親切な.

neigh·bour /néibər ネイバ/ 名《英》= **neighbor**.

neigh·bour·hood /néibərhùd ネイバフッド/ 名《英》= **neighborhood**.

neigh·bour·ing /néibəriŋ ネイバリング/ 形《英》= **neighboring**.

neigh·bour·ly /néibərli ネイバリ/ 形《英》= **neighborly**.

nei·ther /níːðər ニーザ | náiðə/ 《★発音注意》
形《ふたつのうちの》**どちらの…も~でない**.
— 代《ふたつのうちの》**どちらも…ない**.
— 接《neither ... nor ~》**…も~も（どちらも）＿でない**, …でもなく~でもない.
— 副 …もまた…でない.

形 I like *neither* dog. 私はどちらの犬も好きではない.

語法 (1)「(ふたつあって)両方とも…である」と肯定の場合は both を用いる: I dislike *both* (the) dogs. 私はその犬は両方ともきらいだ. (2) both の含まれる否定文は「部分否定」の意味を表わす: I don't dislike *both* (the) dogs. 私はその犬は両方ともきらいというわけではない(どちらか一方は好きで, 他はきらいだ).

— 代 She liked *neither* of the hats. 彼女はどちらの帽子も気に入らなかった.

— 接 *Neither* you *nor* Mike like(s) tennis. あなたもマイクもテニスは好きでないですね / He *neither* drinks *nor* smokes. 彼は酒も飲まないしたばこも吸わない.

— 副 He can't swim. *Neither* can I. 彼は泳げない, 私も泳げない.

語法 (1) neither のあとでは主語と助動詞, 動詞の語順が逆になる. (2)「…もまた…である」と肯定の場合は too, also, so を用いる.

Nel·son /nélsn ネルスン/ 名 ネルソン **(Ho·ra·ti·o** /həréiʃiòu/ **Nelson** (1758–1805); 1805年のトラファルガー海戦でナポレオンの率いるフランスとスペインの連合艦隊を破り, 自らは戦死した英国の提督)).

Ne·o·lith·ic /nìːəlíθik ニーオリスィック/ 形 新石器時代の.

ne·on /níːan ニーアン/ 名 U《化学》ネオン(気体元素; 元素記号 Ne).

Ne·pal /nipɔ́ːl ニポール/ 名 ネパール《インド (India) とチベット (Tibet) の間にある王国》.

Nep·a·lese /nèpəlíːz ネパリーズ/ 形
❶ ネパールの. ❷ ネパール人[語]の.
— 名 ❶ C ネパール人. ❷ U ネパール語.

neph·ew /néfju: ネフュー | névju:/ 名 C (複 ~s /-z/) 甥(おい)(《❖「姪(めい)」は niece)).

Nep·tune /néptju:n ネプトゥーン, ·テューン/ 名 ❶《ローマ神話》ネプチューン《海の神》. ❷《天文》海王星(☞ **planet**).

nerd /nɔ́ːrd ナード/ 名 C《米俗語》まぬけ, ばか; おたく.

Ne·ro /níərou ニ(ア)ロウ/ 名 ネロ《37-68; ローマ皇帝 (54-68); キリスト教徒を迫害した》.

abcdefghijklm**n**opqrstuvwxyz　　　　　　　　　　　　　　　**network**

*nerve /nə́:rv ナ〜ヴ/ 名 (複 ~s /-z/)
❶ C **神経**; 神経繊維.
❷《複数形で》**神経過敏**, 神経質, おくびょう, 憂うつ.
❸ U 勇気, 度胸.
❹ U《口語》あつかましさ, ずうずうしさ.

❶ the dental *nerves* 歯神経.
❷ She had an attack of *nerves*. 彼女は神経過敏になった / suffer from *nerves* いらいらする, 神経質になる, ノイローゼである. ❸ It takes a lot of *nerve* to climb that mountain. その山に登るにはとても勇気がいる. ❹ What a *nerve*! 何てずうずうしい.

get on ...'s nerves …をいらいらさせる, …の神経にさわる.
have the nerve to *do* あつかましくも＿する: He *had* the *nerve to* ask very personal questions. 彼はあつかましくも非常に個人的な質問をした.
hit [touch] a nerve (人の) いやがる話題にふれる.
lose *one's* ***nerve*** 《口語》勇気をなくす.
touch a nerve = hit a *nerve*.
　　　　　　　　　☞ 形 nervous.

nérve cèll 名 C 〖解剖〗神経細胞.
nérve cènter 名 C 〖解剖〗神経中枢.
nérve gàs 名 U 神経ガス (毒ガスの一種).
nerve-(w)rack·ing /nə́:rv-rӕkiŋ ナ〜ヴ・ラキング/ 形 神経にさわる, いらいらさせる.

*nerv·ous /nə́:rvəs ナ〜ヴァス/ 形 (more ~; most ~)
❶ **神経の**.
❷ **神経質な**, 興奮しやすい, いらいらする.
❸ 心配な, 不安な, びくびくしている.

❶ the *nervous* system 神経系統.
❷ a *nervous* smile 神経質そうな笑い.
❸ He felt *nervous* about his future. 彼は自分の将来について不安を感じていた.
　　　　　　　　　☞ 名 nerve.

nérvous bréakdown 名 C ノイローゼ. ▶have a *nervous breakdown* / ノイローゼにかかる.

nerv·ous·ly /nə́:rvəsli ナ〜ヴァスリ/ 副 神経質に, いらいらして, 心配そうに.
nerv·ous·ness /nə́:rvəsnəs ナ〜ヴァスネス/ 名 U 神経質, いらいら, おくびょう.
Ness /nés ネス/ 名《前に Loch /lák | lɔ́k/ をつけて》ネス湖《英国のスコットランドの湖; 怪獣ネッシー (Nessie) がすんでいるといわれている》.
Nes·sie /nési ネスィ/ 名 ネッシー《ネス湖 (Loch Ness) にすんでいるといわれている怪獣》.

*nest /nést ネスト/ 名 (複 ~s /-ts/) C
❶ 巣.
❷ (盗賊などの) 巣, 隠れ家;(悪の) 温床.
― 動 自 (鳥が) 巣を作る, 巣につく.

名 ❶ build [make] a *nest* 巣を作る.

nést ègg 名 C (将来のための) 貯金, 蓄え.
nes·tle /nésl ネスル/ (★ t は発音されない) 動 (現分 nes·tling) 自 ❶ 気持ちよくうずくまる [横たわる]. ❷ 安全な所にある.
― 他 (頭・顔・肩など) をすり寄せる.
▶I *nestle in* the warm bed 暖かいベッドに気持ちよさそうに横たわる.

*net¹ /nét ネット/ 名 (複 ~s /-ts/)
❶ U C 網, ネット.
❷ C (テニスなどの) ネット.
❸《the Net で》インターネット (the Internet).
― 動 (~s /-ts/; net·ted /-id/; net·ting) 他 ❶ …を網で捕える.
❷ …を手に入れる.

名 ❶ a fishing *net* 魚をとる網 / a tennis *net* テニス用ネット / cast [throw] a *net* 網を打つ.

net² /nét ネット/ 形 正味の; 掛け値のない (☞ gross).
― 動 他 …の純益をあげる.
▶形 a *net* profit of $5,000　5000ドルの純益 (経費などを差し引いた利益).

Neth·er·lands /néðərləndz ネザランヅ/ 名 複《the をつけて》オランダ《首都はアムステルダム (Amsterdam); ☞ Holland》.
net·ting /nétiŋ ネティング/ 名 U《集合的に》網製品.
net·tle /nétl ネトル/ 名 C 〖植物〗イラクサ (葉にとげがある雑草).
*net·work /nétwə̀:rk ネトワーク/ 名 (複 ~s

eight hundred and ninety-one　　　　　　　　　　　　　　　　　　891

networking

/-s/) C ❶(鉄道・道路など)**網状の組織**. ❷(ラジオ・テレビの)**放送網**, ネットワーク. ❸(コンピューターの)ネットワーク.
— 動 ⾃ 〖電算〗(コンピューターの)ネットワークを作る.
— 他 〖電算〗(コンピューター)をネットワークで結ぶ.
▶ 名 ❶ a *network* of railways 〔roads〕鉄道〔道路〕網.

net·work·ing /nétwə:*r*kiŋ ネトーワーキング/ 名 U 〖電算〗(コンピューターの)ネットワーク作り.

neu·rol·o·gy /njuráləʤi ヌラロヂィ, ニュ-/ 名 U 〖医学〗神経学.

neu·ro·sis /njuróusis ヌロウスィス, ニュ-/ 名 (複 neu·ro·ses /-si:z/) UC 神経症, ノイローゼ.

neu·rot·ic /njurátik ヌラティック, ニュ-/ 形 神経症の, ノイローゼの.
— 名 C 神経症患者.

neu·ter /njú:tər ヌータ, ニュ-/ 形 〖文法〗中性の (☞ gender).

*neu·tral /njú:trəl ヌートラル, ニュ-/ 形
❶ **中立の**, 中立的な, 公平な.
❷ 特徴のない, 中間の.
❸ (自動車のギヤ (gear) が) ニュートラルの.
❹ 〖化学〗中性の.
— 名 U 〖機械〗(ギヤなどの)ニュートラル.
▶ 形 ❶ a *neutral* state [nation] 中立国 / a *neutral* zone 中立地帯 / a *neutral* attitude 中立的態度.
❷ *neutral* colors 中間色.
☞ 名 neutrality, 動 neutralize.
— 名 put the car into [in] *neutral* 車(のギヤ)をニュートラルにする.

neu·tral·i·ty /nju:træləti ヌートラリティ, ニュ-/ 名 U 中立(状態).
☞ 形 neutral.

neu·tral·i·za·tion /njù:trəlizéiʃən ヌートラリゼイション, ニュ-/ 名 U ❶ 中立化; 中立状態. ❷ 〖化学〗中和, 中性化.

neu·tral·ize /njú:trəlàiz ヌートラライズ, ニュ-/ 動 (現分 -tral·iz·ing) 他 ❶ …を中立化する. ❷ 〖化学〗…を中和する.
☞ 形 neutral.

neu·tron /njú:tran ヌートラン, ニュ-/ 名 C 〖物理〗中性子, ニュートロン.

Ne·vad·a /nəvædə ネヴァダ/ 名 ネバダ 《アメリカ西部の州; ❖郵便 NV と略す》.

never

nev·er /névər ネヴァ/ 副
❶ **今まで…ない**, もう…ない (☞ always の 語法).
❷ **けっして…ない**.

❶ He has *never* been late for school. 彼は今まで学校に遅れたことがありません / The tool is *never* used now. その道具は今はもう使われ(ること が)ない. ❷ He *never* drinks. 彼はけっして酒を飲まない / She is *never* late. 彼女は遅れてくることはけっしてない.

nev·er-end·ing /névəréndiŋ ネヴァ・エンディング/ 形 果てしのない, いつまでも終わることのない.

*nev·er·the·less /nèvərðəlés ネヴァザレス/ 副 **それにもかかわらず**, それでも, やはり. ▶ She was very tired; *nevertheless*, she went to work as usual. 彼女はとても疲れていたが, それでもいつものように仕事に出かけた / She is naughty, but I love her *nevertheless*. 彼女はおてんばだが, それでも私はやはり彼女が好きだ.

new

new /nju: ヌー, ニュー/ 形 (~·er; ~·est)
❶ **新しい, 今まではなかった; 新型の**, 新式の, 新任の (反 old).
❷ **慣れていない**, 経験のない.

❶ a *new* car 新車 / the *newest* fashion 最新の流行 / a *new* member of the club クラブの新会員 / start a *new* life 新しい生活を始める / Your idea is *new* to me. あなたの考えは私にとって新鮮です.
❷ She is *new* to the job. 彼女はまだその仕事に慣れていない.

***new from* ...** …から出た〔来た〕ばかりの: She is *new from* college. 彼女は大学を出たばかりです.

What's new? 《口語》お元気?, 変わりない?: 対話 "*What's new?*"-"Nothing special." 「どう, 変わりない」「とくにないね」(❖ 親しい人どうしのあいさつ).

new·born /njú:bɔ́:*r*n ヌーボーン, ニュー/ 形 ❶ 生まれたばかりの.

❷生まれかわった, 復活した.

new·com·er /njú:kʌmər ヌーカマ, ニュー・/ 名C 来たばかりの人, 新参者, 新米(ホホ)の人.

New Del·hi /njù: déli ヌー デリ, ニュー・/ 名 ニューデリー《インド共和国北部の都市》.

New Eng·land /njù: íŋglənd ヌー イングランド, ニュー・/ 名 ニューイングランド《アメリカ北東部の大西洋に臨む地方で次の 6 州からなる; メイン, ニューハンプシャー, バーモント, マサチューセッツ, ロードアイランド, コネチカット; ◎ N.E. と略す》.

INFO アメリカの植民地の中では最も古い歴史をもつ地方で, 初期には政治, 文化などあらゆる面で指導的な地位を占めていた.

New Eng·land·er /njù: íŋgləndər ヌーイングランダ, ニュー・/ 名C ニューイングランド地方の人.

new·found /njú:fàund ヌーファウンド, ニュー・/ 形 新たに発見された; 手に入ったばかりの.

New·found·land /njú:fəndlənd ヌーファンドランド, ニュー・/ 名 ニューファンドランド《カナダの東方にある島》.

New Guin·ea /njù: gíni ヌー ギニ, ニュー・/ 名 ニューギニア《オーストラリア北方の島, 西半分はインドネシア領の西イリアン, 東半分はパプアニューギニア》.

New Hamp·shire /njù: hæmpʃər ヌーハンプシャ, ニュー・/ 名 ニューハンプシャー《アメリカ北東部の州; ◎【郵便】NH と略す》.

New Jer·sey /njù: dʒə́:rzi ヌー ヂャーズィ, ニュー・/ 名 ニュージャージー《アメリカ東部の州; ◎【郵便】NJ と略す》.

*__new·ly__ /njú:li ヌーリ, ニューリ/ 副 (more ~; most ~) ❶最近(に).
❷新しく, 再び.
▶❶a *newly* married couple 新婚夫婦. ❷The door was *newly* painted. ドアにはペンキが塗り直された.

new·ly·wed /njú:liwèd ヌーリウェッド, ニュー・/ 名 ❶《米口語》C 新婚者.
❷《複数形で》新婚夫婦.

New Mex·i·co /njù: méksikòu ヌー メクスィコウ, ニュー・/ 名 ニューメキシコ《アメリカ南西部の州; ◎【郵便】NM と略す》.

néw móon 名C 新月, (細い)三日月《☞phase》.

new·ness /njú:nəs ヌーネス, ニュー・/ 名U 新しいこと, 新しさ; 珍しさ.

New Or·le·ans /njù: ɔ́:rliənz ヌー オーリアンズ, ニュー・/ 名 ニューオーリンズ《アメリカ ルイジアナ州南東部の都市; カーニバルやジャズで有名》.

*__news__ /njú:z ヌーズ, ニューズ/《★発音注意》名U
❶__ニュース__, 報道, 記事《⊙「ひとつのニュース」「ふたつのニュース」という時は *a piece of* news, *two pieces of* news のようにいう》.
❷たより, 消息.
❸変わったこと, 新しいこと.

❶I heard the *news* on TV. 私はそのニュースをテレビで聞いた / I have some good *news* for you. あなたによい知らせがあります / the front-page *news* (第一面の)トップ記事.
❷Have you heard any *news* from Mary? メアリーからなにかたよりがありましたか / ことわざ No *news* is good *news*.「たよりのないのはよいたより」.
❸That's *news* to me. それは初耳だ.

break the news to ... …に(悪い)知らせを伝える.

néws àgency 名C 通信社《新聞社などにニュースを提供する》.

news·a·gent /njú:zèidʒənt ヌーゼイヂェント, ニュー・/ 名C《英》新聞[雑誌]販売業者《◎《米》では news dealer》.

news·boy /njú:zbɔ̀i ヌーズボイ, ニューズ・/ 名C 新聞配達の少年.

news·cast /njú:zkæst ヌーズキャスト, ニューズ・/ 名C(ラジオ・テレビの)ニュース放送.

news·cast·er /njú:zkæstər ヌーズキャスタ, ニューズ・/ 名C(ラジオ・テレビの)ニュースキャスター, アナウンサー.

néws cònference 名C 記者会見.

néws dèaler 名C《米》新聞[雑誌]販売業者《◎《英》では newsagent》.

news·flash /njú:zflæʃ ヌーズフラシュ, ニューズ・/ 名(複 ~es /-iz/)C ニュース速報.

news·let·ter /njú:zlètər ヌーズレタ, ニューズ・/ 名C(団体・組織から送られる)会報;(官庁の)公報,(会社の)社内報.

*__news·pa·per__ /njú:zpèipər ヌーズペイパ, ニューズ・/ 名(複 ~s /-z/)
❶C 新聞《◎paper ともいう》.
❷U 新聞紙. ❸C 新聞社.

newspaperman

❶ The *newspaper* says that there was a strong earthquake in Italy. 新聞によるとイタリアで大地震が起こったそうだ / a daily *newspaper* 日刊新聞 / take a *newspaper* 新聞を購読する.
INFO (1) 朝刊 (morning paper), 夕刊 (evening paper), 日曜版 (Sunday paper) がある. 英米では朝刊と夕刊はそれぞれ別々の新聞社で発行されている.
(2) アメリカは国が広いので, 地方紙が無数に発行されている.
❷ She wrapped it up in *newspaper*. 彼女はそれを新聞紙で包んだ / a piece of *newspaper* 1枚の新聞紙.

news・pa・per・man /njú:zpèipərmæn ヌーズペイパマン, ニューズ・/ 名 (複 -pa・per・men /-mèn/) ⓒ 新聞記者.

news・print /njú:zprìnt ヌーズプリント, ニューズ・/ 名 Ⓤ 新聞用紙.

news・reel /njú:zrì:l ヌーズリール, ニューズ・/ 名 ⓒ ニュース映画.

néws reléase 名 ⓒ 新聞発表《新聞へ配布する最新情報》.

news・stand /njú:zstænd ヌーズスタンド, ニューズ・/ 名 ⓒ (駅・街頭などの)新聞雑誌売場.

news・wor・thy /njú:zwə̀:rði ヌーズワーズィ, ニューズ・/ 形 ニュースとしての価値がある.

newt /njú:t ヌート, ニュート/ 名 ⓒ 〖動物〗イモリ.

Néw Téstament 名《the をつけて》新約聖書《イエス キリスト (Jesus Christ) の言行などを記したもの;☞ Old Testament》.

New・ton /njú:tn ヌートン, ニュー・/ 名 ニュートン《**Sir Isaac Newton** (1642–1727); イギリスの数学・物理学者; 万有引力の法則を発見》.

néw tówn 名 ⓒ ニュータウン《大都市の過密化を防ぐために, その近くに計画的に建設された都市》.

Néw Wórld 名《the をつけて》新世界, アメリカ大陸《☞ Old World》.

néw yèar 名 ❶ ⓒ 《ふつう the をつけて》新年. ❷《New Year で》正月《新年の数日間》.
▶ a *New Year's* gift お年玉 / *New Year's* greetings [wishes] 新年のあいさつ, 年賀 / 対話 "(I wish you a) Happy *New Year*!"–"The same to you."「新年おめでとう」「(ご同様に)おめでとう」《⚪印刷をする場合にはA Happy *New Year*! とすることが多い》.

Néw Yèar's Dáy 名 元日, 1月1日.

Néw Yèar's Éve 名 大晦日(おおみそか).
INFO 英米ともにクリスマスイブ (Christmas Eve) (12月24日)ほど New Year's Eve を大切にするわけではない.

*★**New York** /njù: jɔ́:rk ヌー ヨーク, ニュー・/ 名 ❶ ニューヨーク《アメリカ東部の州; ⚪ **Nèw Yórk Stàte** ともいう;【郵便】NY と略す》.
❷ = New York City.

Néw Yórk Cìty 名 ニューヨーク市《⚪愛称は **the Bíg Ápple** (ビッグアップル); N.Y.C. と略す》.

New Yor・ker /njù: jɔ́:rkər ヌー ヨーカ, ニュー・/ 名 ⓒ ニューヨーク市民.

*★**New Zea・land** /njù: zí:lənd ヌー ズィーランド, ニュー・/ 名 ニュージーランド《南島 (South Island) と北島 (North Island) のふたつの島を中心とするイギリス連邦内の独立国; 首都ウェリントン (Wellington); ⚪ N.Z.と略す》.

New Zea・land・er /njù: zí:ləndər ヌーズィーランダ, ニュー・/ 名 ⓒ ニュージーランド人.

*★★**next** /nékst ネクスト/ 形
❶ 《順序・配列などが》次の.
❷ 隣りの.
❸ ⓐ 《時間的に》次の, 今度の, 来…《⚪the をつけない;☞ last¹ 形》.
 ⓑ 《the をつけて》その次の, 翌….
 語法 現在からみて「来週」「来月」という時は, the をつけずに next week, next year という. しかし, 過去や未来のある時を基準にして「その翌週」「その翌年」という時は the next week, the next year という.
— 副 ❶ 次に, 次回に, 今度(は)《☞ last¹ 副 ❷》.
❷《the next +最上級で》2番目に.
— 名 Ⓤ《the をつけて》次の人, 次のもの.

形 ❶ We waited for the *next* bus. 私たちは次のバスを待った / Who is *next*? 次はどなたですか. ❷ The lady in abcdefghijklm**n**opqrstuvwxyz　　　　　　　　　　　　　　　　　nice

the *next* chair spoke to me. 隣りのいすにすわっていた女性が私に話しかけた.
❸ⓐHe will be back *next* week. 彼は来週戻ってくるでしょう / Go and see him *next* Friday. 今度の金曜日に彼に会いに行きなさい (☞*next* Friday は, きょうが月曜とすれば「今週の金曜日」であるが「来週の金曜日」を意味することもある. 「今週の金曜日」とはっきりいう時は this Friday といい,「来週の金曜日」とはっきりいう時には on Friday next week という).
ⓑShe left for Paris (on) *the next* Saturday. 彼女はその次の土曜日にパリへ出発した / He came home *the next* day. 彼はその翌日帰ってきた.
in the next place 第2に, 次に.
next time この次, 今度. 《接続詞的に》この次[今度]__するとき:I will bring you the book *next time* I come. 今度来るときはその本を君に持ってきてあげます.
the next (...) but one ひとつおいて隣り(の…):You should get off at *the next* stop *but one* (= at the stop after the next one). ひとつおいて次の停留所で降りなければなりません.
— 副 ❶I asked him what to do *next*. 私は次になにをしたらよいのか彼に聞いた.
❷After Ken, John is *the next* tallest boy. ケンの次にはジョンが2番目に背が高い男の子だ / *the next* best thing 2番目によいもの.
next to ... ①…の隣りに, 隣りの:She sat *next to* me. 彼女は私の隣りにすわった / He lives in the house *next to* mine. 彼は私の家の隣りに住んでいる. ②…の次に[の]:*Next to* English, I like music best. 私は英語に次いで音楽が最も好きです. ③《…に否定語を用いて》ほとんど…でない:He ate *next to* nothing. 彼はほとんど何も食べなかった.
— 名 Who was *the next* to leave the room? 次にその部屋を出たのはだれでしたか.
nèxt dóor 副 隣家に, 隣りに. ▶He lives *next door*. 彼は隣に住んでいる.
next door to ... …の隣りに:We live *next door to* my teacher. 私たちは私の先生の隣りに住んでいる.

next-door /nékst-dɔ́:r ネクスト・ドー/ 形 隣家の, 隣りの. ▶our *next-door* neighbors 隣りの家の人々.
NGO /éndʒí:óu/ 《略語》nongovernmental organization 非政府機関.
NH 〔米郵便〕New Hampshire.
NHS 《略語》《英》National Health Service.
Ni 《元素記号》nickel.
Ni·ag·a·ra /naiǽgərə ナイアガラ/ 名
❶《the をつけて》ナイアガラ川.
❷ = **Niagara Falls**.
Niágara Fálls 名複 《ふつう単数扱いで》ナイアガラの滝.
nib·ble /níbl ニブル/ 動 (現分 nib·bling)
他 …を少しずつかじる.
— 自 […を] 少しずつかじる〔*at*〕.
— 名 ⓒ ひとかじり.
Nic·a·ra·gua /nìkərá:gwə ニカラーグワ/ 名 ニカラグア《中央アメリカの共和国》.

***nice** /náis ナイス/
形 (nic·er; nic·est)
❶ⓐ**すてきな**, すばらしい, 心地よい (pleasant).
ⓑきれいな; おいしい (反 nasty).
❷**親切な**, 思いやりのある.

❶ⓐ*Nice* day, isn't it? いいお天気ですね / *Nice* [A *nice*] play! すばらしいプレーだ / I had a *nice* time yesterday. 私はきのう楽しかった /《別れるときのあいさつ》Have a *nice* day. いってらっしゃい, さようなら /《初対面で, 紹介されたあとのあいさつ》*Nice* to meet you. 初めまして /《初対面同士が別れるときのあいさつ》It was [It's been] *nice* meeting you. お会いできてよかったです (☞**glad**).
ⓑYou look very *nice* in that dress. そのドレスはとてもよく似合いますよ / This jam tastes *nice*. このジャムはおいしい.
❷They are *nice* to me. 彼らは私に親切にしてくれる / It was *nice* of her to offer to help. 彼女が援助を申し出てくれてありがたかった /《客を迎えるあいさつ》How *nice* of you to come! よくいらっしゃいました.
nice and ... /náisn ナイスン/ 《★発音注意》《次にくる形容詞の意味を強めて》とても

nicely

…(な), 十分…(な): It's *nice and warm today.* きょうはとても暖かい日だ.
☞ 名nicety.

nice·ly /náisli ナイスリ/ 副 ❶ りっぱに; 気持ちよく, 楽しく; 親切に. ❷ きちんと; うまく, よく.

nice·ness /náisnəs ナイスネス/ 名U すばらしさ, 気持ちよさ.

ni·ce·ty /náisəti ナイセティ/ 名 (複 niceties /-z/) ❶ C《ふつう複数形で》詳細な点, 微妙な違い.
❷ U(礼儀などの)適切さ.
☞ 形nice.

niche /nítʃ ニッチ/ 名C ❶ (花びん・彫像などを置くための)壁のくぼみ.
❷ (人[もの]に)ふさわしい地位[場所].

Nich·o·las /níkələs ニコラス/ 名 ニコラス《男性の名; 愛称 Nick》.

Nick /ník ニック/ 名 ニック《男性の名; Nicholas の愛称》.

nick /ník ニック/ 名C (物につけた)刻み目, 切り目.
— 動 他 …に刻み目[傷]をつける.
▶ 名 *in the nick of time* ぎりぎり(のところで)間に合って.

***nick·el** /níkəl ニケル/ 名(複 ~s /-z/)
❶ U〔化学〕**ニッケル**《元素記号 Ni》.
❷ C 5 セント白銅貨《アメリカとカナダの通貨》.

***nick·name** /níknèim ニクネイム/ 名(複 ~s /-z/) C **ニックネーム**, あだ名; 愛称.
— 動 (現分 -nam·ing) 他 …にニックネームをつける; …を愛称で呼ぶ.

nic·o·tine /níkətì:n ニコティーン/ 名U 〔化学〕ニコチン《たばこに含まれるアルカロイド》.

***niece** /ní:s ニース/ 名(複 nieces /-iz/) C 姪(めい)《❶「甥(おい)」は nephew》.

Ni·ger /náidʒər ナイチャ/ 名 ニジェール《アフリカ西部の共和国》.

Ni·ge·ri·a /naidʒíəriə ナイヂ(ア)リア/ 名 ナイジェリア《アフリカ西部のイギリス連邦内の共和国》.

****night** /náit ナイト/
名(複 ~s /-ts/)
❶ UC **夜**, 晩《反 day》《日没から日の出までをいう》.
❷《形容詞的に》夜の.
❸ U やみ, 暗闇(くらやみ).

❶ He called me last *night.* 彼は昨晩私に電話をかけてきた《❹ last night のほか, tomorrow *night*(あすの晩), the *night* before last(一昨晩)なども前置詞をつけずに副詞として用いられる》/ on the *night* of April 1 4月1日の夜に《❹「…日の夜に」のように特定の日をさす場合には前置詞 on を用いる; on Friday night 金曜日の夜に》.
❷ a *night* job 夜の仕事.
❸ *Night* began to fall. 日が暮れ始めた.

***all night* (*long*)** ひと晩じゅう, 夜通し: I read the book *all night* (*long*). 私はひと晩じゅうその本を読んだ.

at night 夜に: He often has to work *at night.* 彼はよく夜働かなければならない.

by night (昼間に対して)夜間は: He works *by night* and sleeps by day. 彼は夜働き昼眠る.

day and night = *night* and day.

far* [*deep*] *into the night 夜ふけまで.

for the night その晩は: I stayed with him *for the night.* 私はその夜は彼のところへ泊まった.

have a good* [*bad*] *night よく眠れる[眠れない].

in the night 夜中に, 夜のうちに: He woke up twice *in the night.* 彼は夜中に2回目をさました.

night after night 毎晩毎晩.

night and day 昼も夜も, 昼夜の別なく(day and night).
☞ 形nightly.

night·cap /náitkæp ナイトキャップ/ 名C 《口語》寝酒.
▶ have a *nightcap* 寝酒をやる.

night·club /náitklàb ナイトクラブ/ 名C ナイトクラブ.

night·dress /náitdrès ナイトドレス/ 名 (複 ~es /-iz/) C (女性用の)ナイトドレス, 寝巻き, ネグリジェ.

night·fall /náitfɔ:l ナイトフォール/ 名U 夕暮れ. ▶ at *nightfall* 夕暮れに.

níght gàme 名C (野球の)ナイター《❹「ナイター」は和製英語》.

night·gown /náitgàun ナイトガウン/ 名

abcdefghijklmnopqrstuvwxyz   **ninety**

Ⓒ= **nightdress**.

Night·in·gale /náitngèil ナイトンゲイル/ 名 ナイチンゲール《**Florence Nightingale** (1820-1910);イギリスの看護婦;看護技術の開拓者》.

night·in·gale /náitngèil ナイトンゲイル/ 名Ⓒ〖鳥類〗ナイチンゲール,サヨナキドリ《夕方から夜間に美しい声で鳴く》.

night·life /náitlàif ナイトライフ/ 名Ⓤ(ナイトクラブ・劇場・バーなどでの)夜の娯楽.

night·ly /náitli ナイトリ/ 形 毎晩の.
— 副 毎晩.

☞ 名night.

night·mare /náitmèər ナイトメア/ 名Ⓒ
❶悪夢. ❷恐ろしいこと,恐ろしい経験.
▶❶have a *nightmare* 悪夢をみる,うなされる.

níght schòol 名Ⓒ夜間学校,夜学.

níght shìft 名《ふつう the をつけて》Ⓒ
❶(昼夜交替制の)夜間勤務(時間),夜番. ❷《集合的に》夜間勤務者.

night·shirt /náit-ʃə̀ːrt ナイトシャート/ 名Ⓒ(男性や子ども用のゆったりした)寝巻き.

night·time /náittàim ナイトタイム/ 名Ⓤ夜間(反daytime).
▶in the *nighttime* 夜に,夜間は.

níght wátchman 名Ⓒ夜間警備員.

nil /níl ニル/ 名Ⓤ ❶無,零(nothing).
❷(英)〖スポーツ〗ゼロ.
▶❷four (to) *nil* 4対0.

Nile /náil ナイル/ 名《the をつけて》ナイル川《アフリカの東部を流れ,地中海に注ぐ大河》.

nim·ble /nímbl ニンブル/ 形 ❶(動作が)敏捷(びんしょう)な,すばやい. ❷頭の働きが機敏な.

nim·bly /nímbli ニンブリ/ 副 敏捷(びんしょう)に,機敏に.

nine /náin ナイン/ 名 (複 ~s /-z/)
❶ⓐⓊ(数の)**9**(☞one). ⓑⒸ(数字の)9(9,IX など).
❷《複数扱いで》**9つ**,9人,9個.
❸Ⓤⓐ**9時**,9分.
ⓑ9ドル[ポンド,ペンス,セント,インチ(など)].
❹Ⓤ9歳.
❺Ⓒⓐ9つ[9人,9個]ひと組のもの.
ⓑ《米》(野球の)チーム,ナイン.
— 形 ❶**9つの**,9人の,9個の.

❷9歳で(ある).

名❹a girl of *nine* 9歳の女の子.
dial 999 ☞ dial.
— 形❷My son is *nine*. 私の息子は9歳です.

nine times out of ten 十中八九まで,たいてい.

nine to five (朝9時から午後5時までの)(通常の)勤務時間.

nine·teen /nàintíːn ナインティーン/ 名 (複 ~s /-z/)
❶ⓐⓊ(数の)**19**(☞one).
ⓑⒸ(数字の)19(19,XIX など).
❷《複数扱いで》**19人**,19個.
❸Ⓤⓐ19分,(24時間制で)19時.
ⓑ19ドル[ポンド,ペンス,セント,インチ(など)].
❹Ⓤ19歳.
❺Ⓒ19[19人,19個]ひと組のもの.
— 形❶**19の**,19人の,19個の.
❷19歳で(ある).

名❹at *nineteen* 19歳の時に.

*****nine·teenth** /nàintíːnθ ナインティーンス/ 形❶《ふつう the をつけて》**19番目の**(☞first). ❷19分の1の.
— 名 (複 ~s /-s/)❶Ⓤ《ふつう the をつけて》**19番目の人[もの]**.
❷Ⓤ《ふつう the をつけて》(月の)**19日**(❂略語は19th). ❸Ⓒ19分の1.

名❷on *the nineteenth* [*19th*] of May = on May *19* 5月19日に(❂May 19 は May (the) nineteenth と読む).

*****nine·ti·eth** /náintiiθ ナインティイス/ 形❶《ふつう the をつけて》**90番目の**(☞first). ❷90分の1の.
— 名 (複 ~s /-s/)❶Ⓤ《ふつう the をつけて》**90番目の人[もの]**.
❷Ⓒ90分の1.

nine·ty /náinti ナインティ/
名 (複 nine·ties /-z/)
❶ⓐⓊ(数の)**90**(☞one).
ⓑⒸ(数字の)90(90,XC など).
❷《複数扱いで》**90人**,90個.
❸Ⓤ90ドル[ポンド,ペンス,セント,イン

eight hundred and ninety-seven   897

ninth

チ(など)].
❹ Ⓤ 90歳.
❺ⓐ《the nineties で》(世紀の)90年代. ⓑ《one's nineties で》90歳代.
❻ Ⓒ 90［90人, 90個］ひと組のもの.
── 形 ❶ **90の**, 90人の, 90個の.
❷ 90歳で(ある).

名 ❺ⓐ in *the nineties*(各世紀の)90年代に. ⓑ men in *their nineties* 90歳代の男性たち.

ninth /náinθ ナインス/《★つづり注意》
形 ❶《ふつう the をつけて》**9番目の**(☞ first).
❷ 9分の1の.
── 名《複 ~s /-s/》❶《ふつう the をつけて》**9番目の人[もの]**.
❷ Ⓤ《ふつう the をつけて》(月の) **9日**(◎ 略語は 9th).
❸ Ⓒ 9分の1.

nip /níp ニップ/ 動 (~s /-s/; nipped /-t/; nip·ping) 他 ⓐ …を(軽く)かむ.
ⓑ(英)…をはさむ, つまむ.
── 自 ❶ⓐ かむ. ⓑ はさむ, つまむ.
❷(英口語)急ぐ, 走る.
── 名《a をつけて》ⓐ かむこと.
ⓑ はさむこと, つまむこと.
▶動 他 ⓐ The dog *nipped* my hand. その犬が私の手をかんだ. ⓑ The boy *nipped* his finger in the door. その少年は指を戸にはさんだ.

nip ... in the bud (危険など)を未然に防ぐ.

nip off 他 …を摘(つ)み取る.
── 名 ⓐ The dog gave me *a nip* on the arm. その犬は私の腕をかんだ.

nip·ple /nípl ニプル/ 名 Ⓒ ❶ (人間の)乳首.
❷ (米)哺乳(ほにゅう)びんの乳首(◎ (英)では teat).

nip·py /nípi ニピ/ 形 (nip·pi·er; nip·pi·est)寒い.

Ni·sei, ni·sei /ni:séi ニーセイ/ 名《複 Ni·sei, ~s /-z/》Ⓒ 二世《二世代目の日系アメリカ人》.

ni·tro·gen /náitrədʒən ナイトロチェン/ 名 Ⓤ〖化学〗窒素(元素記号 N).

NJ〖米郵便〗New Jersey.
NM〖米郵便〗New Mexico.

no /nóu ノウ/
副 ❶ⓐ《肯定の質問に答えて》**いいえ**, ちがいます.
ⓑ《否定の質問に答えて》はい, ええ.
❷《驚き・強い疑問などを表わして》まさか, そんなことがあるなんて.
❸《not, nor を強めて》ほんとうに…ない.
❹《比較級の前に用いて》少しも…でない.
❺《or の後に用いて》…であろうとなかろうと.
── 形 ❶《名詞の前で》**少しも…ない**, けっして…ではない.
❷《掲示などで》…してはいけない, 禁止.

副 ❶ⓐ 対話 "Are there any French books in this library?"–"*No*, there aren't." 「この図書館にはフランス語の本がありますか」「いいえ, ありません」.
ⓑ 対話 "Can't you ride a bicycle?"–"*No*, I can't." 「君は自転車に乗れないのですか」「はい, 乗れません」.
❷ 対話 "Tom got 100 in math."–"*No!* That's impossible." 「トムは数学で満点をとったよ」「まさか, そんなことはありえない」.
❸ No one listened to his advice: *no, not* a one. だれも彼の忠告に耳をかたむけなかった, ほんとうにただのひとりも.
❹ He is *no* taller than I (am). 彼は私より背が高いなんてことはない(同じくらい小さい).
❺ You must do it whether *or no* you like it. 君はいやでも応でもそれをしなくてはいけない.
── 形 ❶ She has *no* boyfriends. 彼女にはボーイフレンドがいない / I have *no* money with [on] me. 私はお金をもっていない / He is *no* fool. 彼はけっしてばかなどではない(なかなか抜け目のない男だ).

語法 no の後の数えられる名詞が単数形になるか複数形になるかは文全体の内容によって決まる. 父親は一家にひとりしかいないものなので He has no father. と単数形を用いる. 一方, 子どもというものは一家に何人かいる場合が多いので, He has no children. がふつうである. しかし, 「それに答えられる子どもはいない

よ」と子どもを一般的にとらえている場合は, No child can answer it. と単数形を用いるのがふつう.
❷*No* smoking 禁煙 / *No* visitors allowed. 面会謝絶 / *No* through road. (この先)通り抜けられません.

***No., no.** /nʌ́mbər ナンバ/ (履 **Nos., nos.** /-z/)《略語》**第…番**, 第…号《⬤本来はラテン語 *numero* (=by number) の略》. ▶Room *No.* 5 5号室.

No·ah /nóuə ノウア/ 图【聖書】ノア.
INFO▶ 人類の堕落(だらく)をおこった神は大洪水を起こしたが, 信心深い Noah には前もって彼の一家とひとつがいずつの動物を乗せるノアの箱舟 (Noah's Ark) を作らせたので, この箱舟の中に入っていたものだけが生きのびることができた. (旧約聖書「創世記」5章〜9章より); ☞ olive branch.

Noah's Ark
(ノアの箱舟)

Nóah's Árk /nóuəz- ノウアズ-/ 图【聖書】ノアの箱舟《☞Noah の INFO▶》.
No·bel /noubél ノウベル/ 图 ノーベル《**Alfred B. Nobel** (1833-96); スウェーデン (Sweden) の化学者, ダイナマイトの発明者; ノーベル賞の創設者》.
Nóbel príze 图C ノーベル賞.
▶the *Nobel prize* for [in] chemistry ノーベル化学賞.
no·bil·i·ty /noubíləti ノウビリティ/ 图U
❶気高(けだか)さ, 高尚. ❷《the をつけて; 集合的に》貴族階級, 貴族たち.
▶❶a man of great *nobility* 大変な人格者.
☞ 形 noble.

***no·ble** /nóubl ノウブル/ 形 (**no·bler; no·blest**)
❶気高(けだか)**い**, 高潔な, りっぱな.

❷**貴族の**, 身分の高い.

❶a man of *noble* character 人格高潔な男 / a *noble* deed りっぱな行ない.
❷a *noble* family 貴族の一家.
☞ 图 nobility, 動 ennoble.
no·ble·man /nóublmən ノウブルマン/ 图 (履 **no·ble·men** /-mən/) C 貴族.
no·ble·wom·an /nóublwùmən ノウブルウマン/ 图 (履 **-wom·en** /-wìmin/) C 貴族の婦人.

*****no·bod·y** /nóubədi ノウボディ, -bɑ̀di ǀ -bɔ̀di/ 代 **だれも…ない**.
— 图 (履 **no·bod·ies** /-z/) C 取るに足らない人《☞somebody》.

代*Nobody* knows where he has gone. 彼がどこへ行ったかだれも知らない / *Nobody* called while I was out, did *they*? 《口語》私の外出中にだれも来なかったでしょうね.
語法 (1) no one よりも《口語》的.
(2) 単数として扱い, he あるいは she で受けるが, 《口語》では they で受けることがある.
— 图 He is a mere *nobody*. 彼はただの取るに足らない人物だ.
noc·tur·nal /nɑktə́ːrnl ナクターヌル/ 形 (動物が) 夜活動する, 夜行性の.

***nod** /nɑ́d ナッド ǀ nɔ́d/ 動 (**nods** /-dz/; **nod·ded** /-id/; **nod·ding**) ⓘ ❶ (賛成・承諾の気持ちを表わして) **うなずく**, 首をたてに振る.
❷ (あいさつとして) **頭を下げる**, 会釈(えしゃく)する.
— 他 ❶ (首)**をたてに振る**《☞ 成句 shake *one's* head (⇨ head)》.
❷ (同意・承諾など)をうなずいて示す.
— 图 (履 **~s** /-dz/) C (賛成・承諾などの) **うなずき**; 頭を下げるあいさつ.

動 ⓘ ❶I asked her if she agreed and she *nodded*. 私が彼女に賛成かどうかたずねると彼女はうなずいた / *nod* in agreement うなずいて賛成の気持ちを示す. ❷He *nodded* to me when I greeted him. 私があいさつすると彼は軽く頭を下げて答えた.
— 他 ❶He *nodded* his head in

agreement. 彼はうなずいて賛成した.
❷ She *nodded* a welcome. 彼女はうなずいて歓迎した.
— 名 He gave me a *nod*. 彼は私にうなずいた[頭を下げてあいさつをした].

node /nóud ノウド/ 名C 結び目, こぶ.

nó-gó àrea 名C (暴力集団の支配下にある)危険地帯, 立ち入り禁止区域.

noise /nɔ́iz ノイズ/ 名 (複 nois·es /-iz/)

❶ UC やかましい[うるさい]音, 騒音; 物音 (☞ sound¹).
❷ U (テレビ・ラジオなどの)雑音, ノイズ.

----

❶ What's the strange *noise*? あの変な音はなんだろう / There was a loud *noise* upstairs. 2階で大きな音がした / the *noise* of heavy traffic はげしい交通の騒音.

make (a) noise 音をたてる, 騒ぐ.

Don't make *noise* in the classroom.
(教室で騒いではいけません)

☞ 形 noisy.

noise·less /nɔ́izləs ノイズレス/ 形 音のしない, 静かな.

noise·less·ly /nɔ́izləsli ノイズレスリ/ 副 音もたてずに.

nóise pollùtion 名U 騒音公害.

nois·i·ly /nɔ́izəli ノイズィリ/ 副 騒がしく, がやがやと.

*__nois·y__ /nɔ́izi ノイズィ/ 形 (nois·i·er; nois·i·est) やかましい, 騒がしい (反 quiet) (❀「音声の大きい」は loud).
▶ Don't be so *noisy*! 静かにしろ / a *noisy* street そうぞうしい街路.

☞ 名 noise.

nom·ad /nóumæd ノウマッド/ 名C
❶ 遊牧民. ❷ 放浪者.

no-man's-land /nóu-mænz-lænd ノウマンズ・ランド/ 名U【軍事】(相対する軍隊の間の)中間地帯.

nom·i·nal /námənl ナミヌル/ 形 ❶ 名目だけの, 名ばかりの. ❷ ごくわずかな.
▶ ❶ a *nominal* title 名だけの肩書き.
❷ a *nominal* sum わずかな金額.

☞ 名 name.

nom·i·nal·ly /námənəli ナミナリ/ 副 名義上, 名前だけは; 名目上.

nom·i·nate /námənèit ナミネイト | nɔ́m-/ 動 (~s /-ts/; -nat·ed /-id/; -nat·ing) 他
❶ …を […に]任命する [*for, as*].
❷ …を [… の候補者として]指名する [*for, as*].
▶ ❶ The President *nominated* him as Secretary of State. 大統領は彼を国務長官に任命した. ❷ They *nominated* him *for* President. 彼らは彼を大統領候補者に指名した.

☞ 名 nomination.

nom·i·na·tion /nàmənéiʃən ナミネイション/ 名UC 指名, 任命, 推薦.

☞ 動 nominate.

nom·i·na·tive /námənətiv ナミナティヴ/ 形【文法】主格の. — 名C【文法】主格.

nom·i·nee /nàmə́ní: ナミニー/ (★アクセント注意) 名C ❶ 任命された人. ❷ 推薦された候補者.

non-al·co·hol·ic /nànælkəhɔ́(:)lik ナナルコホ(ー)リック/ 形 アルコールを含まない.

non·cha·lance /nànʃəláːns ナンシャラーンス/ 名U 平気, 無頓着. ▶ with *nonchalance* 平然と, のん気に.

non·cha·lant /nànʃəláːnt ナンシャラーント/ 形 平然とした, のん気な.

non·cha·lant·ly /nànʃəláːntli ナンシャラーントリ/ 副 平然と, 力まずに.

non·com·bat·ant /nànkəmbǽtnt ナンコンバトント/ 名C 非戦闘員.

non·com·mit·tal /nànkəmítl ナンコミトル/ 形 はっきり意志を示さない, どっちつかずの.

non·con·form·ist /nànkənfɔ́ːrmist ナンコンフォーミスト/ 名C 体制に従わない人.

non·de·script /nàndiskrípt ナンディスクリプト/ 形 特徴のない, 目だたない.

none /nʌ́n ナン/ (★発音注意)
代 ❶ だれも…ない, 少しも…ない.

❷《前にある名詞をうけて》**少しも…ない**.
— 副 **少しも…でない**, 決して…でない.

代 ❶ *None* of her classmates were [was] at the party. 彼女のクラスメートはだれもその会には来ていなかった / *None* have prepared the lesson. だれも予習をしていない.

語法 (1) 後の名詞が数えられる名詞の複数形のときは複数として扱われることが多く、数えられない名詞のときは単数として扱われる. (2) ふたつのうちで「どちらも…ない」というときには none を用いずに neither を用いる. none が数えられる名詞について用いられるときは、そのものが三つ以上ある場合である.

❷ I wanted some salt, but there was *none* in the shaker. 塩がほしかったが、食卓塩入れにはまったく入っていなかった.

none other than ... 《文語》《驚きを表わして》なんと、よりによって…: It was *none other than* my father. それはなんと私の父だった.

none the+比較級+**for ...** …だからといってそれだけ__というわけではない、…だけれども少しも[けっして]__ではない: They work *none the harder for* your advice. 彼らは君が忠告したからといって、もっと勉強するようになるわけではない.

none too ... けっして…ではない: The service at the hotel is *none too* good. そのホテルのサービスはけっしてよくない.

《同音異形語》nun.

none·the·less /nʌnðəlés ナンザレス/ 副《文語》それにもかかわらず (nevertheless).

non·ex·is·tent /nànigzístənt ナニグズィステント/ 形 存在しない.

non·fat /nánfǽt ナンファット/ 形 脂肪分を含まない.

non·fic·tion /nànfíkʃən ナンフィクション/ 名U ノンフィクション《随筆・伝記など; ☞ fiction》.

non·flam·ma·ble /nànflǽməbl ナンフラマブル/ 形 不燃性の (反 flammable, inflammable).

non·nu·cle·ar /nànnjúːkliər ナンヌークリア, ・ニュー・/ 形 非核の.
— 名C 非核保有国.

non·pay·ment /nànpéimənt ナンペイメント/ 名U 不払い, 未納 (反 payment).

non·prof·it /nànpráfit ナンプラフィット/ 形《米》非営利目的の.

non·pro·lif·er·a·tion /nànprəlifəréiʃən ナンプロリファレイション/ 名U (核兵器などの)拡散防止.

non·re·fund·a·ble /nànrifʌ́ndəbl ナンリファンダブル/ 形 払い戻しのきかない.

non·re·new·a·ble /nànrinjúːəbl ナンリヌーアブル/ 形 (エネルギー源などが)再生不可能な.

non·res·i·dent /nànrézədnt ナンレズィデント/ 名C (勤務地などに)住んでいない人.

*****non·sense** /nánsèns ナンセンス | nɔ́nsns/ 名U ばかげたこと[考え・行為], ナンセンス.
▶Don't talk *nonsense*. ばかげたことを言うな / *Nonsense*! ばかばかしい.
☞ 形 nonsensical.

non·sen·si·cal /nɑnsénsikəl ナンセンスィカル/ 形 ばかげた, ナンセンスな.
☞ 名 nonsense.

non·smok·er /nànsmóukər ナンスモウカ/ 名C たばこを吸わない人 (反 smoker).

non·smok·ing /nànsmóukiŋ ナンスモウキング/ 形 禁煙の.
▶*nonsmoking* seats 禁煙席.

non·stan·dard /nànstǽndərd ナンスタンダド/ 形 非標準的な.

non·stop /nánstáp ナンスタップ/ 形 途中で止まらない, 直行の.
— 副 直行で, 途中無停車[無着陸]で.
▶形 a *nonstop* train 直行列車.

non·ver·bal /nànvə́ːrbl ナンヴァーバル/ 形 ことばを用いない, 言語によらない (反 verbal). ▶*nonverbal* communication 言語以外による伝達《身振りなど》.

non·vi·o·lence /nànváiələns ナンヴァイオレンス/ 名U 非暴力(主義).

non·vi·o·lent /nànváiələnt ナンヴァイオレント/ 形 非暴力(主義)の.

noo·dle /núːdl ヌードル/ 名C《ふつう複数形で》ヌードル, めん類《おもに小麦粉と卵を混ぜて作り, スープなどに入れる》.

nook /núk ヌック/《★発音注意》名C すみ, 角(%); 引っ込んだ所.

▶look in every *nook* and cranny すみからすみまで捜(%)す.

noon /núːn ヌーン/ 名 U **正午**, 真昼 (☞twelve).

The bell rings at *noon*. ベルは正午に鳴る / The clock is going to strike *noon*. 時計が正午を打つところだ.

no one /nóu wʌ́n ノウ ワン/ 代《単数扱いで》だれも…ない, ひとりも…ない (○ nobody と同じ用法であるが, nobody のほうが《口語》的; ☞ nobody 語法).

I found *no one* in the room. 部屋の中にはだれもいなかった / *No one* believes him. だれも彼のいうことを信じない.

noose /núːs ヌース/ 名 C (引けば締(⁽)まる結び方の)投げなわ, 輪なわ.

nope /nóup ノウプ/ (★最後の /p/ の音はくちびるを閉じるだけで離さない; ☞ yep) 副《口語》= no.

nor /(強)nɔ́ːr ノー | nɔ́ː;; (弱)nər ナァ/ 接
❶《neither ... nor ~》**…でもまた~でもない**.
❷《not, no, never などの後で》~もない.
❸《文頭, または肯定文のあとに用いて》そしてまた…ない.

❶He *neither* drinks *nor* smokes. 彼は酒も飲まないしたばこも吸わない.
❷I'm *not* interested in contemporary music *nor* is my wife. 私は現代音楽に興味がないし, 妻も(興味が)ない.
❸She is happy with him, *nor* need we worry. 彼女は彼といっしょで幸福なのだからわれわれが心配する必要はない.

Nor·dic /nɔ́ːrdik ノーディック/ 形 北欧(人)の.

norm /nɔ́ːrm ノーム/ 名 C《ふつう the をつけて》標準, 基準.

☞ 形 normal.

*nor·mal /nɔ́ːrməl ノーマル/ 形 (more ~; most ~) **正常な**, 標準の, ふつうの (反 abnormal).

— 名 U 標準, 正常, 普通.

形 The baby's weight is *normal*. その赤んぼうの体重は標準です.

☞ 名 norm, normality, 動 normalize.

— 名 return to *normal* 正常に戻る.

nor·mal·cy /nɔ́ːrməlsi ノーマルスィ/ 名 U《米》= **normality**.

nor·mal·i·ty /nɔːrmǽləti ノーマリティ/ 名 U 正常, ふつう, 常態.

☞ 形 normal.

nor·mal·i·za·tion /nɔ̀ːrməlizéiʃən ノーマリゼイション | -lai-/ 名 U 標準化, 正常化.

nor·mal·ize /nɔ́ːrməlàiz ノーマライズ/ 動 (現分 -iz·ing) 他 …を標準化する, 正常化する.

☞ 形 normal.

*nor·mal·ly /nɔ́ːrməli ノーマリ/ 副
❶**正常に**, 標準的に.
❷ふつうは (☞usually).

Nor·man /nɔ́ːrmən ノーマン/ 名 (複 ~s /-z/) C ノルマン人 (10世紀にフランスのノルマンディー (Normandy) を征服してそこに定住した).

— 形 ノルマン(人)の.

Nórman Cónquest 名《the をつけて》【イギリス史】ノルマン人のイングランド征服 (1066年のノルマンディー公ウイリアム征服王 (William the Conqueror) によるイングランド征服).

Nor·man·dy /nɔ́ːrməndi ノーマンディ/ 名 ノルマンディー《イギリス海峡に面したフランス北西部地方》.

north /nɔ́ːrθ ノース/
名 ❶《ふつう the をつけて》**北**, 北方, 北部 (反 south) (○N., n と略す; ☞ south ❶ の 語法).
❷《the North で》北部地方.
— 形 ❶**北の**, 北部の, 北向きの (○方位がやや不明確なときは northern を用いる傾向がある).
❷(風が)北から吹く.
— 副 **北へ**, 北に.

名 ❶It is cold in *the north*. 北国は寒い / The cottage is five miles (to *the*) *north* of the city. その別荘は市の北5マイルのところにある (○to the がつかないときの north は副詞; ☞ 副 用例)

Norway

Norway is in *the north* of Europe. ノルウェーはヨーロッパの北部にある《✿日本語の「東西南北」は英語では north, south, east and west（北南東西）の順序でいう》.

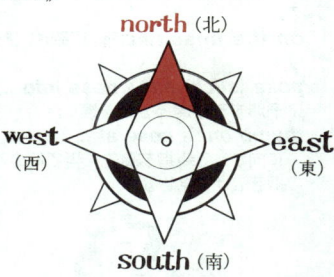

north（北）
west（西）
east（東）
south（南）

☞ 形northern, northerly.
— 形 ❶ the *north* gate 北側の門, 北門 / *North* Japan 北日本.
❷ a *north* wind 北風.
— 副 The town lies *north* of Osaka. その町は大阪の北にある / go *north* 北へ行く.

North América 名北アメリカ大陸, 北米《✿N.A.と略す》.

North Américan 形北アメリカ大陸[北米]の；北アメリカ大陸住民の.
— 名 Ⓒ 北アメリカ大陸の住民, 北米人.

north·bound /nɔ́:rθbàund ノースバウンド/ 形 北行き[回り]の.

North Carolína 名ノースカロライナ《アメリカ南東部大西洋岸の州；✿【郵便】NC と略す》.

North Dakóta 名ノースダコタ《アメリカ北部の州；✿【郵便】ND と略す》.

*__north·east__ /nɔ̀:rθíːst ノースイースト/ 名《**the** をつけて》**北東**, 北東部《✿N.E., n.e. と略す》.

☞ 形northeastern.
— 形 ❶ 北東の, 北東にある. ❷（風が）北東から吹く.
— 副 北東へ, 北東に.

north·east·ern /nɔ̀:rθíːstərn ノースイースタン/ 形 ❶ 北東の, 北東にある《✿N.E.と略す》.
❷（風が）北東から吹く.
☞ 名northeast.

north·er·ly /nɔ́:rðərli ノーザリ/ 形
❶ 北の, 北にある. ❷（風が）北から吹く.
☞ 名north.

*__north·ern__ /nɔ́:rðərn ノーザン/《★発音注意》形 ❶ 北の, 北部の, 北向きの《☞ north 形》《反 southern》《✿N. と略す》.
❷（風が）北から吹く.
❸《**Northern** で》（アメリカの）北部（諸州）の.
☞ 名north.

Nórthern Hémisphere 名《**the** をつけて》北半球《✿「南半球」は Southern Hemisphere》.

Nórthern Íreland 名北アイルランド《アイルランド島北部の地方；イギリスに属している；☞ United Kingdom; N.I. と略す》.

Nórthern Líghts 名複《**the** をつけて》北極光, オーロラ《☞aurora》.

north·ern·most /nɔ́:rðərnmòust ノーザンモウスト/ 形 もっとも北の, 北端の.

Nórth Koréa 名北朝鮮《公式名 the Democratic People's Republic of Korea（朝鮮民主主義人民共和国）；☞ South Korea》.

Nórth Póle 名《**the** をつけて》北極（点）《✿「南極」は South Pole》.

Nórth Séa 名《**the** をつけて》北海《グレートブリテン島（Great Britain）とヨーロッパ大陸北西部との間にある海》.

Nórth Stár 名《**the** をつけて》北極星《✿ the Pole Star, the polestar ともいう》.

north·ward /nɔ́:rθwərd ノースワド/ 副 北へ向かって, 北向きに.
— 形 北の方の, 北へ向かう.

north·wards /nɔ́:rθwərdz ノースワツ/ 副 = northward.

*__north·west__ /nɔ̀:rθwést ノースウェスト/ 名《**the** をつけて》**北西**, 北西部《✿N.W., n.w. と略す》.

☞ 形northwestern.
— 形 ❶ 北西の, 北西にある. ❷（風が）北西から吹く.
— 副 北西へ, 北西に.

north·west·ern /nɔ̀:rθwéstərn ノースウェスタン/ 形 ❶ 北西の, 北西にある《✿N.W.と略す》. ❷（風が）北西から吹く.
☞ 名northwest.

Norw.（略語）Norway.

Nor·way /nɔ́:rwei ノーウェイ/ 名ノルウェー《スカンジナビア半島の西部にある王国；首都オスロ（Oslo）》.

Norwegian

Nor·we·gian /nɔːrwíːdʒən ノーウィーチャン/ 形 ❶ⓐノルウェーの. ⓑノルウェー人の. ❷ノルウェー語の.
— 名 ❶©ノルウェー人. ❷Ⓤノルウェー語.

Nos., nos /nʌ́mbərz ナンバズ/ 《略語》 No., no (number の略語) の複数形.
▶ *Nos.* 2–6 2番から6番まで (❹numbers two to six と読む).

nose /nóuz ノウズ/

名(複 nos·es /-iz/) ❶©鼻.
❷《a をつけて》ⓐ嗅覚(きゅうかく). ⓑ(情報などを)かぎつける能力, 捜(さが)し出す能力.
❸© 鼻に似た突き出た部分, 先端; 銃口; 船首; (飛行機の)機首.
— 動 (現分 nos·ing) 他 (車・船など)をゆっくりと[慎重に]進める.
— 自 (車・船などが)ゆっくりと[慎重に]進む.

名 ❶ I have a cold in my *nose*. 私は鼻かぜをひいている / She has a prominent [flat] *nose*. 彼女は鼻が高い[低い] (❹a high nose, a low nose とはいわない) / My *nose* is stuffed [stopped] up. 鼻がつまった / Your *nose* is running. 鼻水が出ていますよ / have a runny *nose* 鼻水が出る.

❷ⓐa dog with *a* very good *nose* 嗅覚がとても鋭い犬. ⓑ He has *a* great *nose* for news. 彼にはニュースをかぎつける能力が大いにある.

blow *one's* **nose** 鼻をかむ: He *blew* his *nose* into his handkerchief. 彼はハンカチで鼻をかんだ (❹英米では鼻をかむのにふつうハンカチを使う; 音を立てても失礼ではない).

blow *one's* nose
(鼻をかむ)

by a nose ①(競馬で)鼻の差で. ②わずかの差で.

look down *one's* **nose at ...** …を軽蔑(けいべつ)する, 軽視する.

nose to nose 接近して, 向かい合って.

on the nose 《米口語》正確に, ぴったり.

poke [stick] *one's* **nose into ...** …に干渉する, おせっかいを焼く.

thumb *one's* **nose at ...** (馬鹿にして)…に向かって親指を鼻先に当て他の4本の指を広げて見せる.

He *thumbed* his *nose at* me.
(彼は私に向かって,「ざまぁみろ」と手まねした)

turn up *one's* **nose at ...** …を鼻であしらう.

under ...'s (very) nose (人を軽蔑して)…のすぐ鼻先[面前]で, 公然と.

— 動 **nose around [about]** 自 (あちらこちらと)捜(さが)し回る.

nose into ... (他人のことなど)を知りたがる.

nose·bleed /nóuzbliːd ノウズブリード/ 名©鼻血(が出ること). ▶have a *nosebleed* 鼻血がでる.

nose·dive /nóuzdaiv ノウズダイヴ/ 動 (~s /-z/; -dived /-d/; -div·ing)自
❶ (航空機などが)急降下する.
❷ (価格などが)暴落する.
— 名© ❶ (航空機などの)急降下.
❷ (価格などの)暴落.

nos·ey /nóuzi ノウズィ/ 形 = **nosy**.

nos·tal·gia /nɑstǽldʒə ナスタルチャ/ 名Ⓤ(故郷・過去などへの)郷愁(きょうしゅう), ノスタルジア.

nos·tal·gic /nɑstǽldʒik ナスタルチック/ 形 故郷[過去]をなつかしむ, 郷愁(きょうしゅう)の.

nos·tril /nɑ́strəl ナストリル/ 名©鼻の穴.

nos·y, nos·ey /nóuzi ノウズィ/ 形 (nos·i·er; nos·i·est) 《口語》せんさく好きな.

not

***not /nát ナット | nɔ́t/ 副
❶ …でない, …しない.
❷《both, every, all, always などとともに部分否定を表わして》…とは限らない.

---

❶ I do *not* think she is coming today. 私は彼女はきょう来ないと思う / He regrets *not* having done his best then. 彼はそのとき最善をつくさなかったことを(今)後悔している / 対話 "Can you come tomorrow?"–"I'm afraid *not*." 「あす来られますか」「行けないと思います」 / "Will you go shopping this afternoon?"–"*Not* this afternoon; I'm going tomorrow afternoon." 「きょうの午後買い物に行きますか」「きょうの午後は行きませんが, あすの午後行く予定です」.

> 語法 (1) 助動詞, be 動詞のある文ではその後にくる(助動詞がふたつ以上あるときには最初の助動詞の後にくる). その他の一般の動詞のある文では do をともなって動詞の前にくる. have 動詞はその働きや意味により, また《英》と《米》とで not の位置が違う場合がある.
> (2)《口語》では n't という短縮形になることが多い: can*not* (= can*'t*) / must *not* (= mustn*'t*) / shall *not* (= shan*'t*) / will *not* (= won*'t*) / is [are, was, were] *not* (= isn*'t*, aren*'t*, wasn*'t*, weren*'t*) (○ amn't という形はない) / have [has, had] *not* (= haven*'t*, hasn*'t*, hadn*'t*) / do [does, did] *not* (= don*'t*, doesn*'t*, didn*'t*). (3)《俗語》では am not, is not, are not, have not, has not が ain't と短縮されることがある.

❷ I don*'t* want *both* of them. 私はそれらの両方を[ふたつとも]ほしいわけではない(ひとつだけほしい) / His opinions are *not always* wise. 彼の意見がいつも賢明とは限らない.

not a ... ひとり[ひとつ]の…も＿ない: *Not a* minute was wasted in this musical. このミュージカルには一分たりともむだがなかった.

not at all ①少しも…でない: He is *not at all* happy. 彼は少しも幸福ではない.
②《英》《お礼を言われた返事として》どういたしまして: 対話 "Thank you very much for your kindness."–"No, *not at all*." 「ご親切どうもありがとう」「いいえ, どういたしまして」(○《米》では Don't mention it. や You're welcome. を用いる).

対話
「ご親切どうもありがとう」
　　　　「いいえ, どういたしまして」

> Thank you very much for your kindness.
> No, not at all.

not ... but ~ …ではなくて〜だ: He is *not* wise *but* clever. 彼は賢いのではなくて, 利口なのだ.

not only [merely, simply] ... but (also) ~ …だけでなく〜もまた: He wrote *not only* novels *but (also)* poems. 彼は小説だけではなく詩も書いた.

not that ＿ (とはいうものの)＿というわけではない: I have asked you a lot of questions. However, it is *not that* I don't like your plan. 私はあなたにずいぶん色々な質問をしてきました. とは言ってもあなたの案がいやだというわけではないのです.

not that ＿, but that ~ ＿だからではなくて〜だからだ: I was late for school this morning. It was *not that* I overslept, *but that* the bus was late. 今朝私は学校に遅れた. それは私が寝過ごしたからではなくて, バスが遅れたからだ.

not to mention ... …は言うまでもなく.

not to say ... …とは言わないまでも.

not to speak of ... …は言うまでもなく.

not _ until ... ①…まで_しない. Don't move *until* I tell you to. 私が動けというまで動いてはいけない. ②《**It is not until ... that_**》…**して初めて_**: *It was not until* she was forty *that* she learned to swim. 彼女は40歳になって初めて泳げるようになった.

no·ta·ble /nóutəbl ノウタブル/ 形 注目に値する, 目だつ, 著名な.
— 名 C《ふつう複数形で》有名人, 名士.
▶形 a *notable* event 注目に値するできごと / a *notable* painter 有名な画家.
☞ 名 note.

no·ta·bly /nóutəbli ノウタブリ/ 副 ❶著しく, 目だって. ❷とくに.

no·ta·tion /noutéiʃən ノウテイション/ 名 UC 表記法; 記号.

notch /nátʃ ナッチ | nɔ́tʃ/ 名 (複 ~es /-iz/) C ❶(棒や板などにつけた)V字形の刻み目. ❷(口語)段, 級.
— 動 他 …に刻み目[切り目]をつける.
▶動 ***notch up*** 他 (口語)(勝利など)を達成する.

‡**note** /nóut ノウト/ 名 (複 ~s /-ts/)
❶ C メモ, 覚え書き, 記録.
❷ C ⓐ 短い手紙. ⓑ (外交上の)通達, 通告.
❸ C 注, 注釈.
❹ C (英)紙幣 (**◎**bank note ともいう; (米)ではふつう bill).
❺ C ⓐ (楽器などの)音; (声の)調子. ⓑ (鳥の)鳴き声.
❻ (a をつけて)語調, 調子, 気持ち, 様子.
❼ C ⓐ 記号, 符号. ⓑ【音楽】音符. ⓒ (ピアノの)鍵(ケン) (key).
❽ U ⓐ 注意, 注目. ⓑ 有名, 評判.
— 動 (~s /-ts/; not·ed /-id/; not·ing) 他 ❶ …に**注目する**, 気がつく.
❷ …を**書き留める**.
❸ …を述べる, …にふれる.
・・・・・・・・・・・・・・・・・・・・・・・
名 ❶ Please let me copy your *notes*. あなたのとったメモを写させてください / speak from [without] *notes* メモを見ながら[見ないで]演説する / medical *notes* 医療記録.
❷ⓐ I sent her a *note* of thanks. 私は彼女に礼状を出した / He left me a *note*. 彼は私に短い手紙を残していった. ⓑ a diplomatic *note* 外交文書.
❸ This text has a lot of *notes*. このテキストには注がたくさんついている.
❹ a ten-pound *note* 10ポンド紙幣.
❺ⓐ She played a few *notes* on the piano. 彼女はピアノでいくつかの音を弾いた. ❻ There was *a note* of anger in her voice. 彼女の声にはおこっているような響きが感じられた. ❽ⓐ This is an event worthy *of note*. これは注目に値する事件である. ⓑ He is an artist of *note*. 彼は有名な画家である.

make notes [a note] of [(米)**on**] = take *notes* [a *note*] of.

strike [sound] a note of ... …の気持ちを言葉に表わす: He *struck a note of* anger. 彼は怒りの気持ちを表わした.

strike [hit] the right [wrong] note 適切な[見当はずれな]ことをする[いう].

take note of ... …**に注意する**, 注目する: I took *note* of what he said. 私は彼の発言に注目した.

take notes [a note] of [(米)**on**] ... …を書き留める, …のメモをとる: It is difficult to *take notes of* his lectures. 彼の講義のメモをとるのは難しい.
— 動 他 ❶ Please *note* what he says. 彼の言うことをよく聞いてください / *Note* how the machine works. 機械がどう動くかよく見なさい. ❷ Please *note* (down) my phone number. 電話番号を書き留めてください. ❸ The paper *noted* that flu was spreading among children. その新聞はインフルエンザが子どもの間で広がっていると述べた.
☞ 形 notable, noted.

‡‡**note·book** /nóutbùk ノウトブック/ 名 (複 ~s /-s/) C
❶ **ノート**, 手帳, 筆記帳 (**◎**note は「覚え書き, メモ」).
❷ ノートパソコン.

not·ed /nóutid ノウティド/ 形 有名な.
▶ a *noted* singer 有名な歌手.
☞ 名 note.

note·pad /nóutpæd ノウトパッド/ 名 C はぎ取り式ノート.

note·pa·per /nóutpèipər ノウトペイパ/ 名 U ❶ 便箋(ビンセン). ❷ メモ用紙.

note·wor·thy /nóutwə̀:rði ノウトワー

abcdefghijklm**n**opqrstuvwxyz　　　　　　　　　　　　**notice**

ズィ/ 形 注目すべき, 著しい.

***noth·ing /nˈʌθɪŋ **ナ**スィング/

代 なにも…(し)ない.
— 名 ❶ C 取るにたらないこと[人].
❷ U 無, ゼロ.

代 *Nothing* is more important than health. 健康ほど大切なものはない / I have *nothing* to do now. 私には今することはなにもない.

| 語法 (1) 単数として扱う. (2) nothing を修飾する形容詞は nothing important のようにその後に置かれる.

— 名 ❶ He is a mere *nothing*. 彼はまったくつまらない人間だ.

❷ The score was seven to *nothing*. スコアは 7 対 0 だった.

| 語法 西暦年号の2000は twenty hundred と読むが, twenty nothing という読み方もある.

be nothing to ... ① …にとってはなんでもない[重要ではない]:She *is nothing to* me. 私は彼女には関心がない. ② …とは比べものにならない:My difficulties *are nothing to* yours. 君の苦労に比べれば私の苦労などなんでもありません.

come to nothing (計画などが)失敗に終わる, (努力などが)むだになる.

do nothing but do ＿するだけだ, ＿してばかりいる:She *did nothing but* weep all day. 彼女は一日中泣いてばかりいた.

for nothing ①ただで:He got the theater ticket *for nothing*. 彼はただで劇場の切符を手に入れた. ②むだに:All his hard work was *for nothing*. 彼の努力はすべてむだになった. ③なんの理由もなく.

good for nothing なんの役にも立たない:He is *good for nothing*. 彼はなんの役にも立たない.

have nothing to do with ... …とまったく無関係である, かかわりがない:I *have nothing to do with* the plan. 私はその計画とはまったく無関係である / You had better *have nothing to do with* him. 彼とは交際しないほうがいい.

make nothing of ... 《can をともなって》…を理解できない:I *could make nothing of* what he said. 彼の言ったことがさっぱりわからなかった.

nothing but ... ただ…だけ, …にすぎない:He is *nothing but* an assistant. 彼はただの助手にすぎない.

nothing doing 《口語》①《*Nothing doing!* で》《拒絶を表わして》絶対だめだ, どうしてもいやだ: 対話 "Lend me $200."–"*Nothing doing!*"「200ドル貸してくれよ」「いやだ」. ②見込みがない.

there is nothing for it (but to do) (＿するより)ほかにしかたがない.

to say nothing of ... …は言うまでもなく.

***no·tice /nóʊtɪs **ノ**ウティス/

名 (複 no·tic·es /-ɪz/)
❶ ⓐ U 通知, 知らせ; 予告.
ⓑ C 通知書.
❷ C 掲示, はり紙, 広告, びら.
❸ U 注意, 注目, 人の目を引くこと.
— 動 (no·tic·es /-ɪz/; no·ticed /-t/; no·tic·ing) 他 …に気がつく, …を見つける, …に注目する.
— 自 気がつく.

名 ❶ ⓐ He gave us *notice* that he would arrive on Sunday. 彼は日曜日に着くと知らせてきた / She was dismissed without *notice*. 彼女は予告なしで解雇された.

❷ They put a *notice* in the papers that the house was for sale. 彼らは新聞に家を売る広告を出した / put up a *notice* on the bulletin board 掲示板に掲示を出す.

❸ He paid me no *notice*. 彼は私に注目しなかった(私を無視した).

at a moment's notice ＝ at short *notice*.

at [on] short notice 予告なしに, 急に.

bring ... to ~'s notice …を～に注目させる.

come to ...'s notice …の注目を引く.

take notice of ... …に注目する.

until further notice 今後通知があるまで, 当分の間.

noticeable

— 動 他 He *noticed* me at last. 彼はようやく私に気がついた / I *noticed that* he did not look well. 私は彼が気分がよくなさそうなのに気がついた / I *noticed* her *standing* behind me. 私は彼女がうしろに立っているのに気がついた.

no·tice·a·ble /nóutisəbl ノウティサブル/ 形 目だつ, 人目につく. ▶a *noticeable* decrease 目だって減ること.

no·tice·a·bly /nóutisəbli ノウティサブリ/ 副 目だって, 人目を引くほど.

nótice bòard 名 C (英) 掲示板 (《米》では bulletin board)).

no·ti·fi·ca·tion /nòutəfikéiʃən ノウティフィケイション/ 名 ❶ UC 通知, 告示. ❷ C 通知書, 届け書.
☞ 動 notify.

no·ti·fy /nóutəfài ノウティファイ/ 動 (-fies /-z/; -ti·fied /-d/; -fy·ing) 他 (正式に)…に知らせる, 通知する, 通告する.
▶*notify* the police 警察に知らせる.

***no·tion** /nóuʃən ノウション/ 名 (複 ~s /-z/) C 考え, 意志; (何かをしたい)気持ち.
▶She had a *notion* that he was in love with her. 彼女は彼が自分にほれていると思った.
☞ 形 notional.

no·tion·al /nóuʃənəl ノウショナル/ 形 (事実とは無関係で)概念上の, 観念的な.
☞ 名 notion.

no·to·ri·e·ty /nòutəráiəti ノウトライエティ/ 名 U 悪い評判, 悪名.
☞ 形 notorious.

no·to·ri·ous /noutɔ́:riəs ノウトーリアス/ 形 (悪い意味で)有名な, 悪名高い (《❋「(よい意味で)有名な」は famous》).
▶a *notorious* criminal 悪名高い犯罪者 / Our town is *notorious* for its polluted air. 私たちの町は大気汚染で悪名が高い.
☞ 名 notoriety.

no·to·ri·ous·ly /noutɔ́:riəsli ノウトーリアスリ/ 副 悪名高く.

No·tre Dame /nòutrə dá:m ノウトル ダーム/ 名 ノートルダム大聖堂 (《パリにあるゴシック様式の大聖堂》).

not·with·stand·ing /nàtwiθstǽndiŋ ナトウィススタンディング/ 前 (文語)…にもかかわらず.
— 副 (文語) それにもかかわらず.

nought /nɔ́:t ノート/ 名 U (数字の)ゼロ (☞ zero).

***noun** /náun ナウン/ 名 (複 ~s /-z/) C 【文法】名詞 (《❋n. と略す》).
▶an abstract *noun* 抽象名詞.

nour·ish /nɔ́:riʃ ナーリッシュ | nʌ́riʃ/ 動 他 …を養う, 育てる.
▶*nourish* plants 植物を育てる.
☞ 名 nourishment.

nour·ish·ing /nɔ́:riʃiŋ ナーリシング/ 形 栄養になる, 栄養分の多い.

nour·ish·ment /nɔ́:riʃmənt ナーリシュメント/ 名 U 栄養物, 食物.
☞ 動 nourish.

Nov. (《略語》) November.

***nov·el**[1] /návəl ナヴェル | nɔ́v-/ 名 (複 ~s /-z/) C (長篇)**小説** (《❋「短篇小説」は short story》).
▶a popular *novel* 大衆小説.

nov·el[2] /návəl ナヴェル/ 形 目新しい, 新しく珍しい.
▶a *novel* design 目新しいデザイン.
☞ 名 novelty.

nov·el·ist /návəlist ナヴェリスト/ 名 C 小説家.

nov·el·ty /návəlti ナヴェルティ/ 名 (複 nov·el·ties /-z/) ❶ U 目新しさ, 珍しさ. ❷ C 目新しいもの, 珍しいものごと.
☞ 形 novel[2].

****No·vem·ber** /nouvémbər ノウヴェンバ, nə-/ 名 **11月** (《❋Nov. と略す; ☞ January の 語法》).

nov·ice /návis ナヴィス/ 名 C ❶ 初心者. ❷ 見習い僧[尼].

****now** /náu ナウ/ 副
❶ **今**, 現在は, 今度は.
❷ **すぐに**, ただちに.
❸ さて, ところで, さあ (《❋注意を引いたり話題を変えたりするときに感嘆詞的に用いられる. たしなめたり驚きを表わすときにも用いる》).
❹ そのとき, 今や; それから (《❋物語などで過去形とともに用いる》).
— 接 (《しばしば now that __》) 今はもう __だから.
— 名 U 今, 現在.

━━━━━━━━━━━━━━━━━
副 ❶ What is he doing *now*? 彼は今なにをしていますか / She is *now* one of

908　　　　　　　　　　　　　　　　　　　　　　　nine hundred and eight

nudity

the most popular singers in Japan. 彼女は今や日本で最も人気のある歌手のひとりだ. ❷You must do the work (right) *now*, by yourself. 君はすぐにその仕事をやらなければいけない, しかもひとりで. ❸*Now*, let's have a coffee break. さあ, コーヒーブレークにしよう / *Now now*, don't be so angry. これこれ, そんなにおこってはいけない. ❹He was *now* a successful lawyer. 彼はもうすっかり腕ききの弁護士となっていた.

Come now! ①《相手の行動をうながして》さあさあ. ②《相手を非難して》まあ, やれやれ.

(every) now and then [again] ときどき.

just now ☞ just 副.

now for ... それでは…にしよう.

now ..., now [then] ~あるときには…またあるときには~: *Now* he laughs, *now* he weeps. 彼は今笑ったかと思うとすぐまた泣く.

now or never 今こそ絶好のチャンスだ.

right now 《口語》☞ right 副.

— 腰 *Now* (*that*) he is ready, we can leave. もう彼の準備ができたので私たちは出発できます.

— 名 *Now* is the time to tell us the truth. 今こそ私たちに真実を話すべき時だ.

by now 今ではもう, 現在までには: Bill should be in New York *by now*. ビルは今ごろはもうニューヨークに着いていることだろう.

from now on これからは, 今後は: I will be more careful *from now on*. 私はこれからもっと注意します.

till [until, up to] now 今までは: *Till now* I have been lucky. 今までは私は幸運だった.

*****now·a·days** /náuədèiz ナウアデイズ/ 副 (昔とちがって)**このごろは**, 現在では.
▶*Nowadays* many young people study abroad. このごろでは海外へ留学する若者が多い.

*****no·where** /nóuhwèər ノウ(ホ)ウェア/ 副 **どこにも[どこへも] …ない**.

．．．．．．．．．．．．．．．．．．．．．．．．
He went *nowhere* yesterday. 彼はきのうどこへも行かなかった (《❶《口語》ではふつう He didn't go anywhere yesterday. という》) / She was *nowhere* to be found. 彼女はどこにも見あたらなかった.

from [out of] nowhere どこからともなく.

get [go] nowhere うまく行かない: The project is *getting nowhere*. その計画はぜんぜん進んでいない.

nowhere near ... 《口語》全然…でない.

nox·ious /nákʃəs ナクシャス/ 形 有害な, 有毒な.

noz·zle /názl ナズル/ 名 C ノズル, 筒口, 吹き口.

NPO /énpi:óu エヌピーオウ/ 《略語》non-profit organization 非営利団体.

nu·ance /njú:ɑ:ns ヌーアーンス, ニュー・/ 名 C 微妙な違い, ニュアンス.

*****nu·cle·ar** /njú:kliər ヌークリア, ニュー・/ 形【物理】**原子核の**, 原子力の.
▶a *nuclear* power station [plant] 原子力発電所 / *nuclear* war 核戦争 / a *nuclear* weapon 核兵器.
☞ 名nucleus.

núclear énergy 名 U 原子力.

núclear fámily 名 C (父母とその子どもだけの)核家族 (☞extended family).

núclear reáctor 名 C 【物理】原子炉 (《❶単に reactor ともいう》).

nu·cle·us /njú:kliəs ヌークリアス, ニュー・/ 名 (複 nu·cle·i /-kliài/, ~·es /-iz/) C
❶ⓐ【生物】細胞核. ⓑ【物理】原子核.
❷中心, 中核.
▶❷the *nucleus* of our team 私たちのチームの中核.
☞ 形nuclear.

nude /njú:d ヌード, ニュード/ 形 (nud·er; nud·est) (人が)裸の, ヌードの (☞bare の 類語).
— 名 (複 nudes /-dz/) C 裸体画, 裸体像.

in the nude 裸体で.

nudge /nádʒ ナッジ/ 動 (現分 nudg·ing) 他 (注意を引くために)…をひじでそっと突く; …をそっと押す.
— 名 C 軽くひじで突くこと.

nud·ist /njú:dist ヌーディスト, ニュー・/ 名 C 裸体主義者.

nu·di·ty /njú:dəti ヌーディティ, ニュー・/ 名

nuisance

Ⓤ裸(であること).

nui·sance /njúːsns ヌーサンス, ニュー・/
《★発音注意》名(複)-sanc·es /-iz/）Ⓒ
《ふつう a をつけて》厄介な人[もの], うるさい人[もの].
▶Flies are *a nuisance*. ハエはうるさいものだ / What *a nuisance*! まったくうるさいな[困ったな, いやだな].
make a nuisance of oneself 他人に迷惑(%)をかける.

nuke /njúːk ヌーク, ニューク/ 名Ⓒ《俗語》核兵器[爆弾]. ▶No *nukes*! 核反対.

null /nʌ́l ナル/ 形無効な; 無価値な.
null and void 【法律】無効の.

numb /nʌ́m ナム/《★ b は発音されない》形感覚のない, しびれた, (寒さで)かじかんだ.
—— 動他 …の感覚をなくさせる, …をしびれさせる.
▶形 My fingers were *numb* with cold. 私の指は寒さでしびれた.
—— 動他 The icy wind *numbed* her fingers. 冷たい風が彼女の指をしびれさせた / My mind *was numbed* by sleep. 睡眠不足で頭が働かなかった.

***num·ber** /nʌ́mbər ナンバ/
名(複~s /-z/）❶ⓐⓒ(概念としての)数; 数字. ⓑⓊ総数, 合計.
❷Ⓒⓐ **…番目(のもの)**.
ⓑ(電話・部屋・家などの)**番号**; …番地(❆ No., no., n. と略す).
❸Ⓒ(雑誌の)…号.
❹Ⓒ番組のひとつ, 曲目, 出し物.
❺《複数形で》算数.
❻ⓊⒸ【文法】数.
—— 動(~s /-z/; ~ed /-d/; -ber·ing /-bəriŋ/）他 ❶ …に **番号をつける**.
❷ (数・総計が)…になる.
—— 自 合計…になる.

名 ❶ⓐ an even *number* 偶数 / an odd *number* 奇数. ⓑThe *number* of members in the club is twenty. クラブのメンバーの数は20人です.
❷ⓐ room *number* three 3号室.
ⓑ 対話 "Hello. Is this Mr. Smith?" –"I'm sorry, you have the wrong *number*." 「もしもし, スミスさんのお宅ですか」「すみませんが, 番号ちがいですよ」(電話口でのやりとり）/ *one's* [the] room *number* 部屋番号.
❸the January *number* 1月号 / a back *number* (雑誌の)既刊号, バックナンバー.
❹the first *number* on the program プログラムの最初の出し物.
❺He is good at *numbers*. 彼は算数が得意だ.
❻the plural *number* 複数 / the singular *number* 単数.

a large [*great*] *number of* ... とても多くの…: *A large number of* people gathered in the park. 大勢の人々が公園に集まった.

a number of ... **いくらかの…; かなりの…, 多くの…**: *A number of* people disagreed. 何人かの人が反対した.

any number of ... とてもたくさんの….

a small number of ... 少数の….

in great numbers 多数で.

in number ①数は: The crowd was large *in number*. 群衆の数は多かった. ②総計で: We are ten *in number*. 私たちは全部で10人です.

in small numbers 少数で.

numbers of ... 多くの….

☞ 形 numerous, numerical.

—— 動他 ❶ Let's *number* the cards. カードに番号をつけましょう.
❷ The crew of this ship *numbers* twenty-five. この船の乗員は25人いる.

númber óne 名ⓊⒸ ❶ 第一人者, ナンバーワン. ❷ 最上のもの.
—— 形 第1級の, 第1の.

númber pláte 名Ⓒ《英》(自動車・飼い犬などの)ナンバープレート, 認可番号札(❆《米》では license plate).

numb·ly /nʌ́mli ナムリ/ 副《★ b は発音されない》しびれて, こごえて.

numb·ness /nʌ́mnəs ナムネス/《★ b は発音されない》名Ⓤ無感覚, 麻痺(%), しびれ, かじかみ.

nu·mer·al /njúːmərəl ヌーメラル, ニュー・/ 名Ⓒ ❶ 数字. ❷【文法】数詞.

nu·mer·i·cal /njuːmérikəl ヌーメリカル, ニュー・/ 形数の, 数字で表わした.
▶in *numerical* order 番号順に.
☞ 名 number.

abcdefghijklm**n**opqrstuvwxyz N.Z.

nu・mer・i・cal・ly /njuːmérikəli ヌーメリカリ, ニュー・/ 副数の上では, 数的に(は).

***nu・mer・ous** /njúːmərəs ヌーメラス, ニュー・/ 形《文語》多くの.
▶*numerous* Christmas cards たくさんのクリスマスカード.
☞ 名number.

nun /nʌ́n ナン/ 名©修道女, 尼僧《✿「修道士」は monk》.

***nurse** /nə́ːrs ナース/ 名(複 nurs・es /-iz/) ❶看護師.
❷《文語》乳母(うば), 保母, 子もり(女性).
— 動 (nurs・es /-iz/; nursed /-t/; nurs・ing) 他 ❶ⓐ(病人・けが人など)を看護する, 看病する.
ⓑ(病気など)を治(なお)そうと努力する.
❷(赤ん坊)に乳を飲ませる, 授乳する.
❸ⓐ(赤ん坊・子どもなど)の世話をする, 育てる. ⓑ(植物)を育成する.
— 自 ❶看護師として働く, 病人を看病する. ❷(赤ん坊が)乳を飲む.
・・・・・・・・・・・・・
名 ❶a trained *nurse* 正看護師.
— 動 ❶ⓐShe *nursed* me back to health. 彼女は私を看病して健康をとりもどさせてくれた. ⓑ*nurse* a cold かぜをこじらせないようにする.

nurs・er・y /nə́ːrsəri ナーサリ/ 名(複 -er・ies /-z/)© ❶託児所, 保育所; 託児室.
❷苗床(なえどこ), 植木[苗木]畑.

núrsery rhỳme 名©童謡(どうよう).

núrsery schòol 名©(2, 3歳から5歳までの幼児のための)保育学校.

nurs・ing /nə́ːrsiŋ ナースィング/ 名Ｕ
❶(職業としての)看護, 看病. ❷育児, 保育.

núrsing bòttle 名©《米》哺乳(ほにゅう)びん《✿《英》では feeding bottle》.

núrsing hòme 名©老人ホーム.

nur・ture /nə́ːrtʃər ナーチャ/ 動(現分 nur・tur・ing /-tʃəriŋ/) 他《文語》ⓐ(子ども)を育てる, しつける. ⓑ(植物)を育てる.
— 名Ｕ《文語》養育, 育成.

***nut** /nʌ́t ナット/ 名(複 ~s /-ts/) ©
❶木の実, ナッツ《くるみ・くり・アーモンドなどの実; ☞ berry》.
❷〖機械〗親ねじ, ナット.
❸《口語》変な人, 変人.
☞ 形nutty.

nut・crack・er /nʌ́tkrækər ナットクラカ/ 名©くるみ割り器《✿《英》ではふつう複数形で用いる》. ▶a pair of *nutcrackers* くるみ割り器1丁.

nutcracker(s)

nut・meg /nʌ́tmeg ナットメッグ/ 名 ❶Ｕナツメグ《ニクズクノキの種子を粉末にした香辛(こうしん)料》. ❷©〖植物〗ニクズクノキ《常緑高木》.

nu・tri・ent /njúːtriənt ヌートリエント, ニュー・/ 名©栄養物; (とくに食物の中の)栄養素.

nu・tri・tion /njuːtríʃən ヌートリション, ニュー・/ 名Ｕ ❶栄養物摂取. ❷栄養物.

nu・tri・tious /njuːtríʃəs ヌートリシャス, ニュー・/ 形栄養分のある, 栄養になる.

nuts /nʌ́ts ナッツ/ 形《俗語》 ❶気が狂った. ❷《*be nuts about* [*on, over*] ...》…に夢中である.
— 感《米俗語》ばかな, ちぇっ, くそっ.
▶形 ❶go *nuts* 気が狂う. ❷She *is* absolutely *nuts about* opera. 彼女はオペラにすっかり夢中になっている.
— 感*Nuts* to you! ばかを言え, くそくらえ.

nut・shell /nʌ́t-ʃèl ナットシェル/ 名©(くるみなどの)木の実の殻(から).
in a nutshell 簡単に(言えば), つまり.

nut・ty /nʌ́ti ナティ/ 形(nut・ti・er; nut・ti・est) ❶木の実の味がする.
❷《俗語》気の変な; ばかな.
☞ 名nut.

nuz・zle /nʌ́zl ナズル/ 動(現分 nuz・zling) 自鼻をすりよせる, 鼻を押しつける.
— 他 …に鼻をすりよせる.

NV 〖米郵便〗Nevada.

N.W., n.w. 《略語》northwest, northwestern.

NY 〖米郵便〗New York.

N.Y.C., NYC 《略語》New York City.

ny・lon /náilαn ナイラン/ 名 ❶Ｕナイロン.
❷《複数形で》《口語》ナイロン製のくつ下.

nymph /nímf ニンフ/ 名© ❶〖ギリシア・ローマ神話〗ニンフ《海・川・泉・森などにすむ半神半人の少女》. ❷《文語》美少女.

N.Z. 《略語》New Zealand.

O

O¹, o /óu **オウ**/ 图(履 O's, Os, o's, os, oes /-z/) ❶ⓊⒸオー《英語アルファベットの15番目の文字》. ❷Ⓒゼロ (zero) の記号.
▶ ❷3.02 (**○**three point o /óu/ twoと読む) / 91-3005 (**○**電話番号で nine one three o o five または nine one three double o five と読む; ☞ zero)).

O² /óu **オウ**/ 感 = **oh**.

*oak /óuk **オウク**/ 图(履 ~s /-s/)
❶Ⓒ〔植物〕オーク《ナラ・カシ・カシワに似た樹木; ◎ その実どんぐりは acorn という》.
❷Ⓤオーク材.
▶ ❷This table is made of *oak*. このテーブルはオーク材でできている.

OAP (略語)(英) old-age pensioner.

*oar /ɔ́ːr **オー**/ 图(履 ~s /-z/)Ⓒ(ボートの)オール, かい, 櫓(ろ) (☞ paddle).
▶pull on the *oars* オールをこぐ.
put [*shove, stick*] *one's oar in* 《口語》おせっかいをする, 干渉する.

o·a·sis /ouéisis **オウエイスィス**/《★発音注意》图(履 **o·a·ses** /-siːz/)Ⓒオアシス《砂漠(ばく)の中の泉や井戸などのある緑地帯》.

oat /óut **オウト**/ 图《複数形で》カラスムギ, オートムギ《オートミール (oatmeal) に使われたり, 牛馬の飼料にされる; ☞ wheat》.

oath /óuθ **オウス**/ 图(履 ~s /óuðz, óuθs/)Ⓒ誓い, 宣誓(せい). ▶He swore [took] an *oath* of loyalty to his king. 彼は王に対する忠誠を誓約した.
be on [*under*] *oath* (法廷で)(真実を述べることを)宣誓している.
on [*under*] *oath* 誓って, 宣誓して.
take the oath (証人が)(法廷で聖書に手を置いて)真実を述べると宣誓する.

oat·meal /óutmiːl **オウトミール**/ 图Ⓤオートミール.
INFO カラスムギをつぶしたものに砂糖と牛乳をまぜて, 煮てかゆのようにして朝食として食べる. ☞ cereal.

O·ba·ma /oubáːmə **オウバマ**/ 图 オバマ《**Barack** /bərɑ́ːk/ Hussein Obama, Jr.(1961–);第44代アメリカ合衆国大統領(2009–)》.

o·be·di·ence /oubíːdiəns **オウビーディエンス**, əb-/ 图Ⓤ服従; 従順(反 disobedience). ▶in *obedience* to the law 法律に従って.
☞ 動 obey, 形 obedient.

*o·be·di·ent /oubíːdiənt **オウビーディエント**, əb-/ 形 (more ~; most ~)従順な, すなおな (反 disobedient).
▶He is *obedient* to his parents. 彼は親の言うことをよく聞く.
☞ 動 obey, 图 obedience.

o·be·di·ent·ly /oubíːdiəntli **オウビーディエントリ**/ 副 従順に, すなおに.

o·bese /oubíːs **オウビース**/ 形 でっぷり太った, 太りすぎの (☞ fat の 類語).

o·be·si·ty /oubíːsəti **オウビースィティ**/ 图Ⓤ肥満.

*o·bey /oubéi **オウベイ**, əbéi/《★アクセント注意》動 (~s /-z/; ~ed /-d/; ~·ing) 他
❶ (人の)言うことに従う (反 disobey).
❷ (法律・命令など)に従う, 服従する.
— 圓 言われた[命じられた]通りにする.

他 ❶You must *obey* your parents. 両親の言うことを聞かなくてはいけない.
❷ *obey* the law 法律に従う.
☞ 图 obedience, 形 obedient.

o·bit·u·ar·y /əbítʃuèri **オビチュエリ**/ 图(履 -ar·ies /-z/)Ⓒ(新聞・雑誌などの略歴付き)死亡記事.

*ob·ject¹ /ɑ́bdʒikt **アブヂクト** | ɔ́b-/《★アクセント注意》图(履 ~s /-ts/)Ⓒ
❶物, 物体.
❷ (感情・行為などの)対象, …の的(まと).
❸目的, 目標.
❹〔文法〕目的語《◎ O, obj. と略す;「主語」は subject,「補語」は complement》.

------

❶ I touched a strange *object* in the dark. 私は暗やみで変な物にさわった. ❷She was the *object* of envy.

彼女は羨望(ぼう)の的(まと)だった / the *object* of *one's* study 研究の対象.

❸ The *object* of my visit here is to see the exhibition. 私がここへ来た目的はその展覧会を見ることです.

☞ 形 objective.

*ob・ject[2] /əbdʒékt オブ**ヂェ**クト/（★アクセント注意）動（~s /-ts/; ~ed /-id/; ~ing）
自 ❶〔…に〕**反対する**, 異議を唱える〔*to*〕.
❷〔…を〕いやがる〔*to*〕.
▶自 ❶ I *object to* the plan. 私はその計画に反対だ. ❷ Many people *object to* genetically engineered food. 遺伝子組換え食品をいやがる人が多い.

☞ 名 objection.

*ob・jec・tion /əbdʒékʃən オブ**ヂェ**クション/ 名（複 ~s /-z/）C ❶（…に対する）**反対**, 異議. ❷ 反対の理由.
▶ ❶ I have no *objection* to your plan. 私はあなたの案に異議はありません. ❷ His only *objection* to the project is that it will cost too much. その計画に対する彼の唯一の反対理由は費用がかかりすぎるということだ.

raise [voice] *an objection* to ... …に**反対する**.

☞ 動 object[2].

ob・jec・tion・a・ble /əbdʒékʃənəbl オブ**ヂェ**クショナブル/ 形 不愉快な, いやな.

*ob・jec・tive /əbdʒéktiv オブ**ヂェ**クティヴ/ 形（more ~; most ~）❶ **客観的な**（反 subjective）; 偏見のない, 公平な.
❷〔文法〕目的格の.
── 名（複 ~s /-z/）C **目的**, 目標.
▶ 形 ❶ an *objective* test 客観テスト.

☞ 名 object[1].

ob・jec・tive・ly /əbdʒéktivli オブ**ヂェ**クティヴリ/ 副 客観的に.

ob・jec・tiv・i・ty /àbdʒektívəti アブヂェク**ティ**ヴィティ/ 名 U 客観性（反 subjectivity）.

óbject lèsson 名 C 実物教育《観察・実験などを通して行なう教育法》.

ob・li・gat・ed /ábləgèitid **ア**ブリゲイティド/ 形《文語》（法律・道徳上の）義務を負った.
be obligated to *do* 《文語》__する義務がある.

*ob・li・ga・tion /àbləgéiʃən アブリ**ゲ**イション ǀ òb-/ 名（複 ~s /-z/）U C **義務**, 責任.

▶ I have an *obligation* to attend the meeting. 私にはその会議に出席する義務がある.

be under an obligation to ... …に恩[義理]がある.
be under an obligation to *do* __する義務がある.

☞ 動 oblige, 形 obligatory.

ob・lig・a・to・ry /əblígətɔ̀ːri オブ**リ**ガトーリ/ 形《文語》（法律・道徳上）義務となっている.

☞ 名 obligation.

*o・blige /əbláidʒ オブ**ラ**イヂ/ 動（o・blig・es /-iz/; o・bliged /-d/; o・blig・ing）他
❶《文語》 ⓐ《**oblige ... to *do***》（事情などが）…（人）に**やむをえず__させる**;（法律などが）…に__する義務を負わせる.
ⓑ《**be [feel] obliged to *do***》__せざるをえない.
❷《文語》（人）に**喜ぶことをしてあげる**, …の願いを入れてやる.
── 自 人の喜ぶことをしてあげる.
▶ 他 ❶ ⓐ The weather *obliged* us *to* change our plans. 天候のために私たちはやむをえず計画を変更しなければならなかった. ⓑ They *were obliged to* put off the wedding. 彼らは結婚式を延期せざるをえなかった. ❷ If you do so, you'll greatly *oblige* us. そうしてくださればたいへんありがたいのですが.

be obliged《文語》**感謝している**, ありがたく思っている: I *am* much *obliged*. どうもありがとうございます（❶ Thank you very much. よりていねいな表現）/ I *am* much *obliged* to you for your help. 助けていただいてありがとうございます.

☞ 名 obligation.

o・blig・ing /əbláidʒiŋ オブ**ラ**イヂング/ 形 よく人の世話をする, 親切な.

o・blig・ing・ly /əbláidʒiŋli オブ**ラ**イヂングリ/ 副 親切に(も).

ob・lique /əblíːk オブ**リ**ーク/ 形 ❶ 斜めの, はすの. ❷ 間接的の, 遠回しの.
▶ ❶ an *oblique* line [stroke] 斜線（/）.

o・blique・ly /əblíːkli オブ**リ**ークリ/ 副 ❶ 斜めに. ❷ 遠回しに.

o・blit・er・ate /əblítərèit オブ**リ**タレイト/ 動（現分 -at・ing）他《文語》…を完全に破

obliteration

壊(ホォ)する, 抹殺(ホぅ)する.

ob·lit·er·a·tion /əblìtəréiʃən オブリタレイション/ 名 U 完全破壊(ホォ); 抹殺(ホぅ).

ob·liv·i·on /əblíviən オブリヴィオン/ 名 U ❶ 忘却; (世間などから)忘れられること. ❷ 無意識.
▶ ❶ pass [fall, sink] into *oblivion* 忘れられる.

ob·liv·i·ous /əblíviəs オブリヴィアス/ 形 〔…に〕気づいていない〔*of*〕.

ob·long /ɑ́blɔːŋ アブローング/ 名 C 長方形(☞square の 類語).
— 形 長方形の.

ob·nox·ious /əbnɑ́kʃəs オブナクシャス/ 形 非常に不愉快な.

o·boe /óubou オウボウ/ (★発音注意) 名 C オーボエ(木管楽器).

ob·scene /əbsíːn オブスィーン/ 形 みだらな, わいせつな.

ob·scen·i·ty /əbsénəti オブセニティ/ 名 (複 -i·ties /-z/) ❶ U わいせつ, みだらさ. ❷ C わいせつなことば[行為].

***ob·scure** /əbskjúər アブスキュア, əb-/ (★アクセント注意) 形 (ob·scur·er /-skjúərər/; ob·scur·est /-skjúərist/)
❶ (意味などは)**はっきりしない**, わかりにくい.
❷ **ぼんやりした**, はっきり見えない.
❸ 世間に知られていない.
— 動 (現分 ob·scur·ing /-skjúəriŋ/) 他 ❶ …をよく見えなくする.
❷ …をわかりにくくさせる.
▶ 形 ❶ She gave an *obscure* explanation. 彼女はあいまいな説明をした.
❷ an *obscure* figure in the fog ぼんやりとしか見えない霧の中の人影.
❸ an *obscure* poet 無名の詩人.
☞ 名 obscurity.

ob·scu·ri·ty /əbskjúərəti アブスキュ(ア)リティ/ 名 U ❶ はっきりしていないこと. ❷ 世間に知られていないこと.
☞ 形 obscure.

ob·serv·a·ble /əbzə́ːrvəbl オブザーヴァブル/ 形 目に見える, 観察できる.

ob·serv·ance /əbzə́ːrvəns オブザーヴァンス/ 名 U (法律・義務・習慣などを)守ること. ☞ 動 observe ❹.

ob·serv·ant /əbzə́ːrvənt オブザーヴァント/ 形 ❶ よくものを見ている, 観察力の鋭い. ❷ (法律・規則などを)きちんと守る.
☞ 動 observe.

***ob·ser·va·tion** /ɑ̀bzərvéiʃən アブザヴェイション | ɔb-/ 名 (複 ~s /-z/)
❶ ⓐ U C 観察, 観測. ⓑ U 観察力.
❷ C (観察に基づく)意見.

❶ ⓐ You can learn many things by careful *observation*. 注意深い観察でたくさんのことを知ることができる.
ⓑ a man of keen *observation* 鋭い観察力のもち主.
❷ She made an *observation* about Japanese eating habits. 彼女は日本の食習慣について意見を述べた.

under observation 監視[観察]されて.
☞ 動 observe ❶, ❷, ❸.

ob·serv·a·to·ry /əbzə́ːrvətɔ̀ːri オブザーヴァトーリ/ 名 (複 -to·ries /-z/) C 天文台, 気象台. ☞ 動 observe ❶.

***ob·serve** /əbzə́ːrv オブザーヴ/ 動 (~s /-z/; ob·served /-d/; ob·serv·ing) 他
❶ …を**観察する**, 観測する, よく見る.
❷ (見て)…に**気がつく**, …を見つける.
❸ (意見として)…と**述べる**, 言う.
❹ (法律・習慣などを)**守る**.

❶ We *observed* the moon for two nights. 私たちは月をふた晩観測した.
❷ Did you *observe* the difference between the two rats? その2ひきのネズミの違いに気づきましたか. ❸ "Bad weather," the captain *observed*. 「悪い天気だ」と船長が言った / He *observed that* things were getting better. だんだん事態はよくなってきていると彼は言った. ❹ *observe* good manners 礼儀を守る.

☞ ❶, ❷, ❸ では 名 observation, ❹ では 名 observance, 形 observant.

ob·serv·er /əbzə́ːrvər オブザーヴァ/ 名 C ❶ 観察者, 観測者.
❷ (会議などの)オブザーバー, 傍聴人.

ob·sess /əbsés オブセス/ 動 (三単現 ~es /-iz/) 他 《*be obsessed with* [*by*] …》(思いに)取りつかれる. ▶ She *is obsessed with* the fear of death. 彼女は死の恐怖にとりつかれている.

ob·ses·sion /əbséʃən オブセション/ 名
❶ U 思いに取りつかれていること.

abcdefghijklmn o pqrstuvwxyz — **occupation**

❷ C 頭から離れないもの[人].

ob·ses·sive /əbsésiv オブ**セ**スィヴ/ 形 思いに取りつかれている.

ob·so·lete /ɑ́bsəli:t アブソリート/ 形 使われなくなった, すたれた(☞archaic).

*__ob·sta·cle__ /ɑ́bstəkl アブスタクル | ɔ́b-/ (★アクセント注意) 名 (複 ~s /-z/) C 障害(物), じゃま.
▶an *obstacle* to economic development 経済の発展を妨(さまた)げるもの.

ob·ste·tri·cian /ɑ̀bstətríʃən アブステトリシャン/ 名 C 産科医.

ob·stet·rics /əbstétriks アブス**テ**トリックス/ 名 U 産科学.

ob·sti·na·cy /ɑ́bstənəsi **ア**ブスティナスィ/ 名 U がんこ, 強情.
☞ 形 obstinate.

ob·sti·nate /ɑ́bstənət **ア**ブスティネト/ (★アクセント注意) 形 がんこな, 強情な.
▶an *obstinate* stain なかなか落ちないよごれ.
☞ 名 obstinacy.

ob·sti·nate·ly /ɑ́bstənətli アブスティネトリ/ 副 がんこに, 頑強に.

ob·struct /əbstrʌ́kt オブスト**ラ**クト/ 動 他 …を妨(さまた)げる, 妨害する, じゃまする.
▶Trees *obstructed* the view. 樹木が視界をさえぎっていた.
☞ 名 obstruction.

ob·struc·tion /əbstrʌ́kʃən オブストラクション/ 名 ❶ U 妨害, 障害. ❷ C 妨害する物, 障害物.
☞ 動 obstruct.

ob·struc·tive /əbstrʌ́ktiv オブストラクティヴ/ 形 妨害する, 障害になる.

*__ob·tain__ /əbtéin オブ**テ**イン/ (★アクセント注意) 動 (~s /-z/; ~ed /-d/; ~ing) 他 《文語》…を**手に入れる**, 得る, もらう(➡get よりあらたまった語).
▶*obtain* knowledge through study 勉強して知識を得る.

ob·tain·a·ble /əbtéinəbl オブ**テ**イナブル/ 形 手に入る.

ob·tuse /əbtjú:s オブ**トゥ**ース, ・**テュ**ース/ 形 《文語》理解の遅い, 鈍感な.

*__ob·vi·ous__ /ɑ́bviəs **ア**ブヴィアス | ɔ́b-/ (★アクセント注意) 形 (more ~; most ~) **明らかな**, すぐわかる.
▶He made an *obvious* error. 彼は明らかなまちがいをした / *It is obvious that* she is wrong. 彼女がまちがっていることははっきりしている.

*__ob·vi·ous·ly__ /ɑ́bviəsli アブヴィアスリ | ɔ́b-/ 副《文全体を修飾して》**明らかに**, 見ればわかるとおり. ▶*Obviously*, you are to blame. 明らかにあなたが悪い.

*__oc·ca·sion__ /əkéiʒən オ**ケ**イジョン/ 名 (複 ~s /-z/) ❶ C 場合, 時. ❷ C (特別な) 行事, 祭日. ❸ C 機会, 好機.
— 動 他《文語》…を引き起こす, …の原因となる(✪ふつう cause を用いる).

・・・・・・・・・・・・・・・・・・・・・・・・・・・・・・・・・・・・・・

名 ❶ I met her on several *occasions*. 私は何度か機会があって彼女に会った / on this [the present] *occasion* 今の[この]場合 / on one *occasion* あるとき. ❷ The party will be quite an *occasion*. そのパーティーは盛大なものになるでしょう. ❸ I have had no *occasion* to talk to her. 私はこれまでに彼女に話しかける機会がなかった.
on occasion ときどき: I see her *on occasion*. 私はときどき彼女に会います.
☞ 形 occasional.

*__oc·ca·sion·al__ /əkéiʒənəl オ**ケ**イジョナル/ 形 **時折の**, ときどきの. ▶There will be *occasional* showers in the afternoon. 午後にはときどきにわか雨があるでしょう(天気予報) / an *occasional* visitor ときどき訪ねてくる人.
☞ 名 occasion.

*__oc·ca·sion·al·ly__ /əkéiʒənəli オ**ケ**イジョナリ/ 副 **時折**, ときどき. ▶My grandparents *occasionally* visit us. 祖父母がときどき私たちを訪ねてくる.

Oc·ci·dent /ɑ́ksədənt **ア**クスィデント/ 名 《**the** をつけて》《文語》西洋, 西欧諸国, 欧米(☞Orient).

oc·cult /əkʌ́lt オ**カ**ルト/ 形 魔術的な, 神秘的な.
— 名《**the** をつけて》超自然現象, オカルト.

oc·cu·pant /ɑ́kjupənt **ア**キュパント/ 名 C (家・土地などの) 居住者, 占有者.

*__oc·cu·pa·tion__ /ɑ̀kjupéiʃən アキュ**ペ**イション | ɔ̀k-/ 名 (複 ~s /-z/)
❶ C 《文語》 ⓐ **職業**, 仕事. ⓑ (暇なときなどに)すること, 暇つぶし. ❷ U 占領.
▶❶ⓐ What is your *occupation*? ご

occupational

職業はなんですか.

類語 **occupation** は広く「職業」をさす一般的な語であるが, 今ではふつう**job**を用いる; **profession** は弁護士・医師・教師などの専門的知識を要する職業; **business** は商業関係の職業; **trade** は手を用いる技術のいる仕事.

❷ the *occupation* of the city by a foreign power 外国の軍隊によるその都市の占領.

☞ 動occupy, 形occupational.

oc·cu·pa·tion·al /ὰkjupéiʃənəl アキュペイショナル/ 形職業の; 職業から起こる.
▶an *occupational* disease 職業病.

☞ 名occupation.

oc·cu·pied /ákjupàid アキュパイド/ 形
❶ (場所などが)使われて(いる), 占有されて(いる). ❷ (何かをしていて)忙しい, 手がふさがっている. ❸ (国などが)占領されて(いる).

▶❶ Is this seat *occupied*? この席はふさがっていますか.

❷ He was *occupied with* writing Christmas cards. 彼はクリスマスカードを書いていた[書くのに忙しかった].

***oc·cu·py** /ákjupài アキュパイ | ɔ́k-/ (★アクセント注意)動 (oc·cu·pies /-z/; oc·cu·pied /-d/; ~·ing) 他 ❶ⓐ (場所など)を**占める**, ふさぐ.
ⓑ (建物など)に**住む**.
ⓒ (仕事など)(時間)をふさぐ, 占める.
❷ (軍隊などが)…を**占領する**.

❶ⓐ Your books *occupy* a lot of space. 君の本はずいぶん場所をとっている. ⓑ The family *occupies* a three-room apartment. その家族は3部屋のアパートに住んでいる. ⓒ Reading *occupies* all his free time. 彼は暇な時間にはいつも読書をしている.

❷ The rebel army *occupied* the TV station. 反乱軍がテレビ局を占拠した.

☞ 名occupation.

***oc·cur** /əkə́ːr オカー/ (★アクセント注意)動 (~s /-z/; oc·curred /-d/; oc·cur·ring /əkə́ːriŋ/) ⾃ ❶ (できごとなどが)**起こる**, 発生する (⇔happen より形式ばった語; ☞ happen **類語**).

❷《*occur to …*》(考えなどが)…の**心に浮かぶ**.

❶ The accident *occurred* toward evening. 事故は夕方ごろ起こった.
❷ *It occurred to* me *to* visit him. 私は彼の所へ行ってみようという気がふとわいた / *It* never *occurred to* her *that* he was angry with her. 彼が自分のことをおこっていることなど彼女には思いもよらなかった.

A good idea *occurred to* me.
(いい考えが私の心にふと浮かんだ)

☞ 名occurrence.

oc·cur·rence /əkə́ːrəns オカーランス | əkʌ́r-/ (★アクセント注意)名 (複 -renc·es /-iz/) ©できごと, 事件.
▶This is an everyday *occurrence*. こんなことは毎日起こることだ.

☞ 動occur.

***o·cean** /óuʃən オウシャン/ 名 (複 ~s /-z/)
❶《the をつけて》**大洋**, 海洋.
❷《the をつけて》《米》**海** (sea).

❶ *the* Atlantic [Pacific/Indian] *Ocean* 大西洋[太平洋/インド洋] / *the* Arctic [Antarctic] *Ocean* 北氷洋[南氷洋]《以上が世界の五大洋》.
❷ go swimming in *the ocean* 海水浴に行く.

O·ce·a·ni·a /òuʃiǽniə オウシアニア/ 名オセアニア《オーストラリア大陸および太平洋上オーストラリアの北, 北東部に散在する諸島の総称》.

****o'clock** /əklák オクラック | əklɔ́k/ 副 …**時**(○of the clockの短縮形; 「何時何分」までをいう場合は o'clock は略される: It is five (minutes) past ten. 10時5

He comes home (at) about three *o'clock*. 彼は3時ごろ(に)帰宅する / at three *o'clock* 3時に.

Oct. 《略語》October.

oc·ta·gon /ɑ́ktəgɑ̀n アクタガン/ 名C 八角形, 八辺形 (☞square の 類語).

oc·tag·o·nal /ɑktǽgənl アクタゴヌル/ 形 八角形の, 八辺形の.

*****Oc·to·ber** /ɑktóubər アクトウバ | ɔktóubə/

名C **10月** (○Oct. と略す; ☞ January の 語法).

oc·to·pus /ɑ́ktəpəs アクトパス/ 名 (複 ~·es /-iz/, oc·to·pi /-pài/) C 《動物》タコ (○「八つの足」という意味からきている).

oc·u·list /ɑ́kjulist アキュリスト/ 名C 眼科医.

***odd** /ɑ́d アッド | ɔ́d/ 形 (~·er; ~·est)
❶ 変な, 奇妙な, 変わった. ❷ (両方[全部]がそろっていないで)はんぱな. ❸ 奇数の (反 even). ❹ ときどきの, 臨時の. ❺《数詞の後で》端数のある, …余り.

・・・・・・・・・・・・・・・・・・・・・・・・・・・・・・・・・・

❶ *It's odd (that)* she did not speak to me. 彼女が私に話しかけなかったのはおかしい. ❷ an *odd* glove〔shoe〕 片方だけの手袋〔くつ〕. ❸ an *odd* number 奇数 / on *odd* days 奇数の日に. ❹ *odd* jobs 臨時の仕事, アルバイト. ❺ twenty-*odd* years 20数年 (○ハイフン (-) でつなぐことが多い).

☞ 名 oddity.

od·di·ty /ɑ́dəti アディティ/ 名 (複 -i·ties /-z/) C 変な人[もの, こと].

☞ 形 odd.

odd·ly /ɑ́dli アドリ/ 副 変なことに, 奇妙に.

oddly enough 《文全体を修飾して》奇妙なことに(は).

ódd màn [òne] óut 名 (複 odd men out) ❶ C (グループで)あぶれた人. ❷ C 仲間はずれの人.

odds /ɑ́dz アッツ | ɔ́dz/ 名 複 ❶ (うまくゆく)可能性, 勝ち目. ❷ 可能性, 見込み, 確率.

▶ ❶ The *odds* are against us. われわれに勝ち目はない / The *odds* are in our favor. = The *odds* are with us. われわれに勝ち目がある.

❷ The *odds* are that it will rain. たぶん雨になるだろう.

against (all) the odds 困難ではあるが.

be at odds with … …と意見が合わない, …とけんかしている: She *is at odds with* my sister. 彼女は私の姉[妹]と仲が悪い.

make no odds 《英》変わらない, 同じだ: It *makes no odds*. (どっちにしても)大差はない.

ódds and énds 名複 はんぱもの, がらくた.

ode /óud オウド/ 名C 賦(⁺) (《人・ものをたたえる詩》).

o·dor, 《英》**o·dour** /óudər オウダ/ 名C (いやな)におい, 悪臭 (☞ smell の 類語). ▶It has an awful *odor*. それはひどいにおいがする.

o·dor·less, 《英》**o·dour·less** /óudər-ləs オウダレス/ 形 無臭の.

****of** /(弱) əv オヴ; (強) ʌ́v アヴ | ɔ́v/ 前
❶《所有・所属》…の, …の所有する.
❷《部分》…の中の.
❸《分量》〜の量の…, 〜分の….
❹《材料, 構成要素》…でできている.
❺《関連》…について(の).
❻《方向, 分離, 除去》…から.
❼《起源・出身》…から(の).
❽《原因》…で.
❾《米》《時間》…前.
❿ ⓐ《同格関係》…という.
ⓑ《目的関係》…を, …の.
ⓒ《主格関係》…が, …の.
⓫ …の性質をもった.

・・・・・・・・・・・・・・・・・・・・・・・・・・・・・・・・・・

❶ the legs *of* a table テーブルの脚(⁺) / a friend *of* hers 彼女の友だちのひとり.

❷ She is one *of* the members of the tennis club. 彼女はそのテニスクラブのメンバーです / He is the younger *of* the two. ふたりの中では彼のほうが若い.

❸ a cup *of* tea お茶1杯 / a great deal *of* time 多くの時間.

❹She is wearing a dress *of* silk. 彼女は絹のドレスを着ている / I guided a party *of* foreign tourists. 私は外国人観光客の一行のガイドをした.
❺He told us stories *of* his travels in Australia. 彼は私たちにオーストラリア旅行の話をしてくれた.
❻The city is about ten miles northeast *of* Tokyo. その町は東京の北東約10マイルのところある / He is independent *of* his parents. 彼は親から独立している.
❼He is *of* a noble family. 彼は貴族の出である.
❽She died *of* lung cancer. 彼女は肺癌(がん)で死んだ.
❾It's five minutes *of* ten. 10時5分前です(＝It's five minutes to ten.).
❿ⓐthe city *of* Kyoto 京都市.
ⓑ(the) love *of* music 音楽を愛すること / a teacher *of* Japanese 日本語を教える人, 日本語教師.

語法 目的関係とは A of B の形式が「BをAする」という意味になるもの：(the) love of music の love と music の意味上の関係は love music「音楽を愛する」の love と music の関係に等しい.

ⓒWith the coming *of* spring, many flowers come out in the garden. 春が来ると庭には多くの花が咲く.

語法 主格関係とは A of B の形式が「BがAする」という意味になるもの：coming of spring の coming と spring の意味上の関係は Spring comes.「春がくる」の Spring と comes の関係に等しい.

⓫He is a man *of* ability. 彼は有能な人だ / a man *of* his word 約束を守る人 / *of* great value 非常に価値のある.
of course /əv kɔ́ːrs オヴ コース, ef-/ ①**もちろん**, 当然. ②《相手の依頼に喜んで応ずるときなどに》もちろんですよ, どうぞ(☞course).

off 副/(弱) ɔːf オーフ ｜ (強) ɔ́f オフ/
❶**脱いで**, とって.
❷**離れて**, 去って.
❸仕事を離れて, 休んで.
❹《完了》すっかり, 完全に.
— 前 (弱) ɔːf オーフ, (強) ɔ́ːf オーフ ｜ ɔf, ɔ́f/ ❶**…から離れて**.
❷**…からとれて**, はずれて, 脱げて.
❸(仕事など)から離れて.
❹…の沖で[の].
— 形 (強) ɔ́ːf オーフ ｜ (強) ɔ́f オフ/
❶(電気・ガス・水道などが)**切れて**, 止まって.
❷**はずれている**.
❸(仕事などから)離れて, 向こう側の.
❹休みの, 暇な.

・・・・・・・・・・・・・・・・・・・・・・・・・・・・・・・

副 ❶Take *off* your hat.＝Take your hat *off*. 帽子をお脱ぎなさい.
❷They walked *off*. 彼らは歩き去った / My house is two miles *off*. 私の家は2マイル離れている.
❸He took a day *off*. 彼は1日休暇をとった.
❹I paid *off* my debts. 私は借金を完済(さい)した.
off and on ＝ *on and off* やめたり始めたり, ときどき：It has been raining *on and off*. 雨が降ったりやんだりしている.

— 前 ❶The picture fell *off* the wall. 絵が壁からはずれて落ちた / Keep *off* the grass.《掲示》芝生に入るな.
❷A button is *off* your coat. 君の上着のボタンがとれている.
❸I am *off* duty now. 私は今勤務中ではありません.
❹The ship sank *off* Choshi. 船は銚子沖で沈んだ.

— 形 ❶The gas〔water〕was *off*. ガス〔水〕は止まっていた.
❷My guess was *off*. 私の推測ははずれていた.
❸the *off* side of the wall 塀(へい)の向こう側.
❹an *off* day 仕事のない[暇な]日.

off·beat /ɔ́(ː)fbìːt オ(ー)フビート/ 形《口語》意外な, 風変わりな.
of·fence /əféns オフェンス/ 名《稀》 of·fenc·es /-iz/)《英》＝**offense**.
*****of·fend** /əfénd オフェンド/ 動 (~s /-dz/; ~ed /-id/; ~ing) 他 ⓐ(人)の**感情を害する**, (人)をおこらせる.

abcdefghijklmn o pqrstuvwxyz   **offhand**

ⓑ《**be offended**》おこる, おこっている.
— 🈑罪を犯す, 悪いことをする.

🈶ⓐ Your words *offended* her. 君の言ったことが彼女をおこらせた / Have I done anything to *offend* you? なにか気にさわるようなことをしたでしょうか.
ⓑ He *was offended* at [by] my words. 彼は私のことばに腹を立てた / She *was offended* with me. 彼女は私のことをおこった.

☞🈔offense.

of·fend·er /əféndər オフェンダ/ 🈔Ⓒ (法律の)違反者, 犯罪者.
▶a first *offender* 初犯者.

***of·fense** /əféns オフェンス/ 《★アクセント注意》🈔(複 of·fens·es /-iz/)
❶Ⓒ罪, (習慣などの)違反《☞sin の **類語**》.
❷Ⓤ感情を害すること, 無礼, 侮辱(ぶじょく).
❸Ⓤⓐ攻撃(反defense).
ⓑ(競技の)攻撃側.
▶Stealing is a serious *offense*. 物を盗むことは重大な罪だ / commit an *offense* against good manners 礼儀に反することをする.
❷I meant no *offense*. 悪気で言った[した]のではない.

give [cause] offense to ... …をおこらせる.

No offense. 《口語》気を悪くしないでください.

take offense (at ...) (…を)おこる: He *takes offense at* trifles. 彼はささいなことに腹を立てる.

☞🈕offend, 🈝offensive.

of·fen·sive /əfénsiv オフェンスィヴ/ 🈝
❶不愉快な, 人の感情を害する (反 inoffensive).
❷攻撃の, 攻撃的な (反 defensive).
— 🈔《**the** をつけて》攻撃, 攻勢.
▶🈝 ❶ *offensive* language 不愉快なことば.
❷ *offensive* weapons 攻撃用武器.

☞🈔offense.

— 🈔take *the offensive* 攻勢に出る.

of·fen·sive·ly /əfénsivli オフェンスィヴリ/ 🈓 ❶無礼に.
❷攻撃的に.

***of·fer** /ɔ́(ː)fər オ(ー)ファ/ 《★アクセント注意》🈕(~s /-z/; ~ed /-d/; of·fer·ing /-fəriŋ/) 🈶 ❶ⓐ…を**申し出る**, 差し出す, 提供する, 提案する.
ⓑ《**offer ~ ...** または **offer... to ~**》〜に…を申し出る, 差し出す, 提案する.
❷《**offer ... for ~**》…を〜(の金額)で**売りに出す**; 〜に…(の金額)を出そうと申し出る.
❸《**offer to** *do*》_しようと申し出る.
❹(祈り, いけにえなど)を(神に)ささげる.
— 🈔(複 ~s /-z/) Ⓒ ❶申し出, 提案, 提供.
❷金額の提示, つけ値.

🈕🈶 ❶ⓐ He *offered* his seat to an elderly woman. 彼は席をおばあさんにゆずった / She *offered* the use of her room as the meeting place. 彼女は自分の部屋を会合の場所として使うことを提案した / *offer* a new plan 新しい計画を提案する. ⓑ He *offered* us his help. = He *offered* his help *to* us. 彼はわれわれを手伝いましょうと言ってくれた. ❷ She *offered* (me) the car *for* 1,000 dollars. 彼女は(私に)その車を1000ドルでゆずると言った / She *offered* (me) ten dollars *for* the book. 彼女は(私に)その本を10ドルで買おうと言った. ❸ He *offered* to go in my place. 彼は私の代わりに行こうと言った. ❹ *offer* a prayer to God 神に祈りをささげる.

— 🈔 ❶ She accepted his *offer* of marriage. 彼女は彼の結婚の申し出を受け入れた / He made an *offer* of money. 彼はお金を出すことを申し出た / refuse [decline] an *offer* 申し出を断わる. ❷ He made an *offer* of $800 for the old car. 彼はその中古車を800ドルで買おうと言った.

on offer ①安く売りに出て(いる). ②《英》提供されて(いる).

of·fer·ing /ɔ́(ː)fəriŋ オ(ー)ファリング/ 🈔
❶Ⓒ (神への)ささげ物, (教会への)献金.
❷Ⓤ申し出, 提供.

off·hand /ɔ́(ː)fhǽnd オ(ー)フハンド/ 🈖 即座に, その場で; 無造作に.
— 🈝 ❶即座の, 準備なしの. ❷無造作な. ▶🈖I can't give an answer *offhand*. 即答はできない.
— 🈝 ❶an *offhand* reply 即答.

919

office

of·fice /ɔ́(:)fis オ(ー)フィス/ 名
(複 of·fic·es /-iz/)
❶ C **事務所**, 事務室, 会社, 営業所.
❷ ⓐ C **役所**, 官庁.
ⓑ 《Office で》《米》(省 (Department) の なかにある機構の)…局, …部.
ⓒ 《Office で》《英》…省, …庁 (☞ department ❷).
❸ UC (とくに公的な)**官職**, 地位; 職務.

❶ That lawyer's *office* is on the fourth floor. その弁護士の事務所は4階にあります / a branch *office* 支店, 支社 / the head [main] *office* 本店, 本社 / the ticket *office* 切符売り場 / the doctor's *office* 医師の診察室, 診療所. ❷ⓐ a post *office* 郵便局.
❸ Mr. T holds the *office* of mayor. T氏がこの市長の職についている / be in *office* 在職している; (政党が)政権をにぎっている / take *office* 公職につく / leave [resign *one's*] *office* 公職を離れる.

☞ 形 official.

óffice hòurs 名複 ❶ 受付け時間, 営業時間. ❷《米》診療時間.

*of·fi·cer /ɔ́(:)fəsər オ(ー)フィサ/ 名(複 ~s /-z/) C ❶ (軍隊の)**将校**, 士官.
❷ **警察官**, 巡査 (police officer).
❸ (地位の高い)**役人**, 公務員; (団体などの)役員, 幹事.

❶ an army *officer* 陸軍士官 / a naval *officer* 海軍士官. ❷ Come in, *officer*. おまわりさん, おはいりください. ❸ a bank *officer* 銀行の役員 / a customs *officer* 税関の職員.

*of·fi·cial /əfíʃəl オフィシャル/ 《★アクセント注意》形 ❶ **公の**, 公的な, 公務(上)の.
❷ **公式の**, 公認の (反 private).
— 名(複 ~s /-z/) C ❶ (高い地位の)**役人**, 公務員. ❷ 役員.

形 ❶ *official* business 公務 / *official* documents 公文書.
❷ The news is not *official*. そのニュースは公式のものではない / an *official* statement 公式声明.

☞ 名 office.

— 名 ❷ a union *official* 組合の役員.

of·fi·cial·ly /əfíʃəli オフィシャリ/ 副 ❶ 公に, 公式に, 正式に. ❷ 公式には.

off·ing /ɔ́(:)fiŋ オ(ー)フィング/ 名《the をつけて》沖, 沖合.
in the offing ①沖に. ②近い将来に.

off-li·cence /ɔ́(:)f-làisəns オ(ー)フ・ライセンス/ 名 C《英》(店内では飲ませない) 酒類販売店.

off-lim·its /ɔ́(:)f-límits オ(ー)フ・リミッツ/ 形《米》立ち入り禁止の.

off-line /ɔ́(:)f-láin オ(ー)フ・ライン/ 形 【電算】オフライン(式)の《データ処理で主コンピューターとは直結しないで; ☞ on-line》.
— 副 オフラインで.

off-peak /ɔ́(:)f-pí:k オ(ー)フ・ピーク/ 形 ピーク[最盛期]を過ぎた.

off-sea·son /ɔ́(:)f-sì:zn オ(ー)フ・スィーズン/ 名 C シーズンオフ《スポーツ・音楽会などの行事のない時期; ✪「シーズンオフ」は和製英語》.
— 形 シーズンオフの.

off·set /ɔ́(:)fsèt オ(ー)フセット/ 動 (~s /-ts/; off·set; off·set·ting) 他 …を埋め合わせする, 償(?)う.

off·shoot /ɔ́(:)fʃù:t オ(ー)フシュート/ 名 C ❶ (新しい)横枝. ❷ 派生したもの.

off·shore /ɔ́(:)fʃɔ́:r オ(ー)フショー/ 形 沖の. — 副 沖に[で].

off·side /ɔ́(:)fsáid オ(ー)フサイド/ 形 副 【競技】(サッカー・アメリカンフットボール・ホッケーなどで)オフサイドの[で], 反則の位置の[で].

off·spring /ɔ́(:)fspriŋ オ(ー)フスプリング/ 名(複 off·spring, ~s /-z/) C《文語》
❶ (人・動植物の)子孫, 子. ❷ 結果, 産物.

off-stage /ɔ́(:)f-stéidʒ オ(ー)フ・ステイヂ/ 形副 舞台横の[で], 舞台の陰の[で].

off-the-rec·ord /ɔ́(:)f-ðə-rékərd オ(ー)フ・ザ・レコド/ 形 非公式の, 非公開の, オフレコの《✪「オフレコ」は和製英語》.

of·ten /ɔ́(:)fn オ(ー)フン, ɔ́(:)ftn/
《★t は発音されないこともある》副 (~·er, more ~; ~·est, most ~) **よく**, しばしば, なん回も (反 seldom, rarely)《☞ always の 語法》.

He is *often* late for school. 彼はよく

学校に遅れる / I don't go there very *often*. そこにはあまり行きません / How *often* do the buses run between the station and your school? 駅と君の学校の間をバスはなん回運行していますか.

> 語法 often の文中での位置は, 一般動詞の前, be 動詞や助動詞の後である.

all too often (いやなことが)よく, しょっちゅう.

as often as ... …回も: I go to the movies *as often as* twice a week. 私は週に2回も映画を見に行くことがある.

as often as not よく, しばしば.

every so often ときどき.

more often than not よく, しばしば.

o·gre /óugər オウガ/ 名C (童話などの)人食い鬼, こわい人.

oh /óu オウ/ 感

❶ (言葉の前に軽くそえて)**ああ**, あら.

❷ **おお**, おや (○驚き・喜び・苦痛・悲しみなどを表わす).

❶ *Oh*, I see! ああ, わかりました(そうですか) / *Oh*, I almost forgot! ああ, もう少しで忘れるところだった.

❷ *Oh*! dear! おやまあ.

《同音異義語》owe.

OH [米郵便]Ohio.

O·hi·o /ouháiou オウハイオウ/ 名オハイオ《アメリカ北東部の州; ○[郵便] OH と略す》.

OHP 《略語》overhead projector.

oil /ɔ́il オイル/ 名 (複 ~s /-z/)

❶ U **石油**; 潤滑油.

❷ U 油, 食用油.

❸ (肌に塗る)オイル.

❹ 《複数形で》油絵の具 (○oil colors ともいう).

— 動 (~s /-z/; ~ed /-d/; ~·ing) 他 …に油を塗る, 油をさす.

名 ❶ Gasoline is refined from crude *oil*. ガソリンは原油を精製してつくられる.

❷ cooking *oil* 食用油 / animal [mineral, vegetable] *oil* 動物〔鉱物, 植物〕油.

❸ suntan *oil* 日焼けオイル.

be (like) oil and water (ふたりの人間, ふたつの物が)まったく異質である, 水と油である.

☞ 形oily.

— 動他 *Oil* your bicycle. 自転車に油をさしなさい.

óil còlor 名C 《ふつう複数形で》油絵の具 (○単に **oils** ともいう; 「水彩絵の具」は watercolor).

óil pàinting 名 ❶ C 油絵 (○単に oil ともいう). ❷ U 油絵画法.

óil slìck 名C (水面上の)油膜, 油の海.

óil wèll 名C 油井(ゆせい).

oil·y /ɔ́ili オイリ/ 形 (oil·i·er; oil·i·est) 油の, 油のような, 油を塗った; 油を含む.

oink /ɔ́iŋk オインク/ 名C ブーブー《ブタの鳴き声》. — 動 (ブタが)ブーブー鳴く.

oint·ment /ɔ́intmənt オイントメント/ 名 U,C 軟膏(なんこう).

OK¹, O.K. /òukéi オウケイ/ 副 《口語》

❶ **いい(です)よ** (○承諾・承認・賛成などを表わす).

❷ **うまく**, ちゃんと.

— 形 よい, 結構だ, 大丈夫だ.

— 動 (OK's, O.K.'s /-z/; OK'd, O.K.'d /-d/; OKing, O.K.ing) 他

❶ …に O K と書く.

❷ …を承認する, …に同意する.

— 名 (複 OK's, O.K.'s /-z/) C 承認, 許可.

副 ❶ 対話 "Would you help me?"–"*OK*." 「手伝ってくれませんか」「いいですよ」 / "Let's have some coffee."–"*OK*." 「コーヒーを飲もう」「そうしよう」.

❷ Everything went *OK*. 万事うまくいった / This car runs *OK*. この車はちゃんと動くよ / 対話 "*OK*?"–"*OK*." 「いいかい」「いいよ」(○聞く方は語尾を上げ調子に, 答える方は下げ調子に言う).

— 形 That's *OK*. それはいいですよ / Everything is *OK* with me. 私の方はすべて大丈夫だ / Is it *OK* if I borrow your bicycle? 君の自転車を借りていいですか / I'm *OK*. 私は大丈夫〔元気〕だ.

OK

— 動他 ❷My parents *OK'd* my trip. 両親は私が旅行するのを許可してくれた.

— 名 I gave him my *OK*. 私は彼にいいと言った.

OK²〖米郵便〗Oklahoma.

*__o·kay__ /òukéi オウケイ/ 副形動名＝OK.

O·kla·ho·ma /òukləhóumə オウクラホウマ/ 名 オクラホマ《アメリカ南部の州；☉〖郵便〗OK と略す》.

o·kra /óukrə オウクラ/ 名 C〖植物〗オクラ《アオイ科の植物；野菜として食用にされる》.

*__old__ /óuld オウルド/ 形 (〜·er; 〜·est)

❶ⓐ**年をとった**, 高齢の (反 young).
ⓑ《the をつけて》老人たち (old people).

❷(年齢が)**…歳で[の]**, (生まれてから, できてから)…年[月]たって[たつ].

❸ⓐ《比較級 older で》**年上の**(☞elder 形).
ⓑ《最上級 oldest で》**一番年上の**.

❹ⓐ**古い**, むかしの, むかしからある (反 new).
ⓑむかしから知っている, むかしなじみの；なつかしい.

❺旧式の, 古めかしい, 古くさい.

❻《口語》《親しみをこめた呼びかけで》.

❼老練な, 経験豊かな.

— 名 Ⓤ むかし.

. . . .

形 ❶ⓐan *old* woman おばあさん / an *old* tree 老木 / He looks *old* for his age. 彼は年齢の割にはふけて見える / young and *old*＝*old* and young 老人も若者も / *old* Tom トムじいさん.

〖語法〗英語では middle age (中年) が40歳くらいから65歳ぐらいまでをさすので, old はそれを過ぎていることを表わし, 体の動きが自由でないことを暗示する. old を避けて婉曲(えん)に elderly を用いることが多い.

❷The dog is only three months *old*. その犬はまだ生後3か月です 対話 "How *old* is his father?"–"He is forty (years old)." 「彼のお父さんはいくつですか」「40歳です」 / The boy is not *old* enough to go to school. その男の子はまだ学校へ行ける年にはなっていない / a five-year-*old* boy＝a boy five years *old* 5歳の少年 (☉a boy of five ともいうが, a boy of five years old とはいわない).

❸ⓐHe is two years *older* than I [me].＝He is *older* than I [me] by two years. 彼は私よりふたつ年上だ / How many years [How much] *older* is he than Tom? 彼はトムよりいくつ年上ですか (＝《英》 Bill is her *older* brother. (＝《英》 Bill is her elder brother.) ビルは彼女の兄だ. ⓑShe is the *oldest* member of the club. 彼女はそのクラブの最年長の会員だ.

❹ⓐWe live in an *old* house. 私たちは古い家にすんでいる / an *old* castle 古城 / an *old* family 旧家. ⓑHe is an *old* friend of mine. 彼は私のむかしからの友だちです / the good *old* days なつかしいよきむかし.

❺an *old* car 旧式の[古くてよくない]自動車 (☉「中古車」は a used car) / an *old* custom 古めかしい習慣.

❻dear *old* Tom トム君.

get [grow] old 年をとる, 老人になる.

— 名 the days of *old* むかしの時代.

óld áge 名 老年《ふつう65歳以上；☞ middle age》.

óld-àge pénsion /óuldèidʒ- オウルデイヂ-/ 名《英》《the をつけて》老齢年金.

old·en /óuldn オウルドン/ 形《古語》むかしの.

Óld Énglish 名Ⓤ古英語《1100年以前の英語；☉ O.E., OE. と略す》.

old-fash·ioned /óuld-fǽʃənd オウルド・ファションド/ 形 古めかしい, 古風な, 時代[流行]遅れの.

Óld Téstament 名《the をつけて》旧約聖書《☉O.T. と略す》.

old-tim·er /óuld-táimər オウルド・タイマ/ 名 C ❶《口語》古くからいる人, ベテラン. ❷《米口語》老人.

Óld Wórld 名《the をつけて》旧世界, (とくに)ヨーロッパ(大陸)《☞New World》.

ol·ive /áliv アリヴ/ 名 (複 〜s /-z/)

❶ C〖植物〗オリーブ《南ヨーロッパ産の常緑樹；☉花ことばは peace (平和)》.

❷ C オリーブの実《食用にもするが, おもにオリーブ油 (olive oil) をとるのに用いる》.

❸ Ⓤ オリーブ色《黄緑色；☉ olive green ともいう》.

— 形 オリーブ色の.

ólive brànch 名C オリーブの枝《平和の象徴》.

INFO ノア (Noah) が箱舟から放ったハト (dove) がオリーブの枝を持ってきて, 洪水が治まり地上に平和が訪れたことを彼に知らせたという聖書の物語からオリーブの枝は「平和と和解の象徴」とされ, 国連旗のデザインにも用いられている; ☞ United Nations, Noah.

ólive òil 名U オリーブ油 (☞ olive 名 ❷).

Ol·i·ver /άləvər アリヴァ/ 名 オリバー《男性の名》.

O·liv·i·a /əlíviə オリヴィア/ 名 オリビア《女性の名》.

O·lym·pic /əlímpik オリンピック/ 形 ❶ 国際オリンピック競技の. ❷ (古代の)オリンピア競技の.

Olýmpic Gámes 名複《the をつけて》(現代の)国際オリンピック大会《○the Olympicsともいう》.▶ *The Olympic Games* are held every four years. オリンピックは4年ごとに開かれる.

om·buds·man /ámbʌdzmən アンブズマン/ 名 (複 -men /-mən/)C オンブズマン《行政に関する苦情を調査し処理する》.

om·e·let, om·e·lette /άmələt アムレト/ 名C オムレツ.▶ ことわざ You can't make an *omelet* without breaking eggs. 卵を割らずにオムレツは作れない, だれにも迷惑をかけないで重要なことを成しとげることは不可能である.

o·men /óumən オウメン/ 名C 前兆, きざし.▶ a good [bad] *omen* 吉[凶]兆.

om·i·nous /άmənəs アミナス/ (★アクセント注意)形 不吉な; 縁起の悪い.

o·mis·sion /oumíʃən オウミション/ 名 UC 省略, 脱落. ☞ 動 omit.

*__o·mit__ /oumít オウミット/ 動 (~s /-ts/; o·mit·ted /-id/; o·mit·ting) 他 (うっかりまたはわざと)…を**省略する**, 省く, 抜かす.
▶ His name was *omitted* from the list. 彼の名前は名簿から削られ[うっかり落とされ]た.

☞ 名 omission.

om·nip·o·tent /ɑmnípətənt アムニポテント/ 形 全能の.
▶ the *Omnipotent* 全能の神.

***on** /(弱) ɑn アン, ɔ(:)n; (強) án アン, ɔ́(:)n/ 前

❶《接触》**…の上に[で, の]**.
❷《近接》…に**接して(いる)**, …に面して[した].
❸《日・時》…に.
❹《付着・所持》…(身)につけて, 着て, はいて, かぶって.
❺《題目》…に関して, …に関する.
❻《状態・従事》…しているところで[の], …中で[の].
❼《用事・目的》…のため(の), …で.
❽《手段・依存》…で.
❾《同時》…すると(すぐ).
❿《理由・根拠》…に基づいて, 基づく.
⓫《方向》…に向かって.
⓬《所属》…の一員で[の].
⓭《口語》(飲食物などの勘定が)…持ちで.

— 副 ❶ **上に, 乗って**.
❷ **身につけて**, 着て, はいて, かぶって.
❸ 続けて, どんどん, 先へ.
❹ こちらへ, 近づいて.

— 形 ❶ (電気・ガス・水道などが)ついて[出て, 通じて], (機械などが)動いて.
❷ 行なわれて, 上演[上映]されて.

前 ❶ The clock *on* my desk is a present from my uncle. 私の机の上の時計はおじからのプレゼントです.

語法 on は表面, 横面, 裏面のどちらでもそこに接触している場合に用いるが, above は接触していなくて「…よりも位置が高い」で below に対する語; over は「…の真上に」「…を一面におおって」の意味で, 接触している場合もしていない場合もあり, under に対する語.

【さし絵説明】on の用法: (1) There is a vase *on* the table. (テーブルの上に花びんがある)と (2) He sat *on* the floor. (彼は床の上にすわった)では日本語の「…の上に」を表わす. (3) A picture hangs *on* the wall. 絵が一枚壁にかかっている.

【さし絵説明】 (1) The house stands *on* a hill. その家は丘の上に建っている. (2) The moon rose *above* the hill. 月は丘の上にのぼった. (3) A lamp hangs *over* the table. ランプがテーブルの真上にかかっている.

❷ The area lies *on* the north edge of Tokyo. その地域は東京の北側の境に接している / The hotel is *on* the lake. そのホテルは湖に面している.

❸ I was born *on* the 27th of March. 私は3月27日に生まれた.

語法 (1) 単に「午前中〔午後/夕方〕に」は in the morning〔afternoon/evening〕のようにいうのに対して, 「寒い朝」on a cold morning,「5月16日の夕方」on the evening of May 16thのように, 前でもうしろでも修飾語がつくと on を用いる. (2) in April に対して on April 10th と on を使うのは主体になっているのが April ではなくて 10th だからである.

❹ He had a hat *on* his head. 彼は頭に帽子をかぶっていた / I have no money *on* me. 私はお金の持ち合わせがない.

❺ He wrote *on* women's rights. 彼は女性の権利について書いた / He gave a lecture *on* Shakespeare. 彼はシェイクスピアについて講義した.

❻ The house is *on* fire. 家が燃えている / I'm not *on* duty today. 私はきょうは当番ではありません / *on* sale (品物が)売り出し中で〔の〕.

❼ He went to Osaka *on* business. 彼は仕事で大阪に行った.

❽ I watched the baseball game *on* TV. 私はその野球の試合をテレビで見た / play a sonata *on* the violin バイオリンでソナタを弾(ひ)く.

❾ *On* his arrival in Tokyo, he went to see her. 東京に着くとすぐに彼は彼女に会いに行った.

❿ *On* what grounds did you say so? 何を根拠にそう言ったのですか.

⓫ They marched *on* New York. 彼らはニューヨークに向かって行進した.

⓬ He was *on* the basketball team. 彼はそのバスケットボールチームの一員だった.

⓭ It's *on* me. それは私が払います.

— 副 ❶ Is the tablecloth *on*? テーブルクロスはかかっていますか.

❷ He was sleeping with his shoes *on*. 彼はくつをはいたまま寝ていた / Put your cap *on*.＝Put *on* your cap. 帽子をかぶりなさい.

語法 put on のような2語からできていてひとつの働きをするものは, 目的語が名詞の時は put *one's cap* on, put on *one's cap* のふた通りの言い方が可能だが, 代名詞の時は, 必ず put *it* on のようになる.

❸ We walked *on*. 私たちは歩き続けた / from now *on* これから以後ずっと.

❹ Come *on*! さあ来なさい, (挑戦的に)さあ来い / The storm is coming *on*. あらしが近づいている.

— 形 ❶ The gas〔light〕is *on*. ガス〔電気〕がついている.

❷ What's *on*? なにが起こっているのですか, (テレビなどで)なにをやっているのですか / Do you have anything *on* tonight? 今晩, なにか予定がありますか / There's a musical *on* at the theater. その劇場では今ミュージカルがかかっている.

and so on ... …など：We visited such cities as London, Paris, Rome *and so on*. 私たちはロンドン, パリ, ローマなどの町を訪ねた.

on and off やったりやめたり, ときどき：It has been raining *on and off*. 雨が降ったりやんだりしている.

on and on どんどん：They talked *on and on*. 彼らはしゃべり続けた.

once /wʌ́ns ワンス/ 副 ❶ **1回, 1度 (⬥「2回」は twice, 「3回」以上は three〔four, five, ...〕times という).

❷ **かつて**, 以前, むかし.

❸ **いったん(…すると)**, 1度でも(…する

と).
— 接 **いったん…すると**.
— 名 U 1回, 1度.

副 ❶He comes here *once* a week. 彼は週に1度ここに来る. ❷I *once* lived in Hokkaido. 私は以前北海道に住んでいた / He was *once* a baseball player. 彼はむかし野球選手だった.

語法 「かつて」の意味のときは once は be 動詞の後に置かれ, その他の動詞の場合はその前に置かれる.

❸In this region, if it *once* starts raining it won't stop. この地域ではいったん雨が降りだすとなかなか止みません.
more than once なん回も.
once again [more] もう1度: Please say it *once again* [*more*]. もう1回それを言ってください.
once (and) for all 最終的に, きっぱりと:He gave up his business *once and for all*. 彼はその商売をきっぱりと断念した.
once in a while ときどき: I go to the movies *once in a while*. 私はときどき映画に行きます.
once upon a time 《物語の語り出しで》**むかしむかし**: *Once upon a time* there lived a king named Alfred. むかしむかしアルフレッドという王様が住んでいました.
— 接 *Once* you learn this, you'll never forget it. 1度これを覚えたら, 決して忘れないでしょう / He's hard to stop *once* he starts talking. 彼はいったん話し始めると止まらない.
— 名 **all at once** ①**突然** (suddenly):*All at once* I heard a scream. 突然悲鳴が聞こえた. ②同時に, いっせいに:The birds in the tree flew away *all at once*. 木にとまっていた鳥がいっせいに飛び立った.
at once ①**すぐに, ただちに**:He came *at once*. 彼はすぐやって来た. ②**同時に**, 1度に:Don't try to do two things *at once*. ふたつのことを1度にやろうとしてはいけない.
at once ... and ~ …であると同時に~でもある:This book is *at once* interesting *and* instructive. この本

はおもしろくもあり, 同時にためにもなる.
(just) this once 今度だけは(例外として):I will forgive you *just this once*. 今度だけは許してあげます.
(just) for once 1度だけ; 今度だけ:I wish she'd be on time *for once*. 彼女は一度ぐらいは時間通りに来てほしいものだ.

on·com·ing /ɑ́nkʌ̀miŋ アンカミング/ 形 (距離的・時間的に)近づいてくる. ▶an *oncoming* car (前から)近づいてくる車.

***one** /wʌ́n ワン/ 名 (複 ~s /-z/)
❶ⓐ U (数の)**1**.
ⓑ C (数字の)1(1, I など).
❷《ときに C; ふつう無冠詞で》**ひとつ**, ひとり, 1個.
❸ U ⓐ **1時**. ⓑ 1ドル[ポンド, ペンス, セント, インチ(など)].
❹ U 1歳.
— 形 ❶ **ひとつの**, ひとりの, 1個の.
❷ **1歳で**(ある).
❸《時を表わす名詞の前で》ある….
❹ 同じ, 同一の.
❺《人名の前につけて》…とかいう人.
❻《the other, another と呼応して》一方の….
— 代 ❶ **ひとつ, ひとり, 1個**.
❷《文語》(一般的に)人.
❸《the other, another と呼応して》一方, ひとり, ひとつ.

名 ❶ⓐLesson *One* 第1課 / *One* and four make [are] five.＝*One* plus four equals [is] five. 1足す4は5 / *One* from seven is [leaves] six.＝Seven minus *one* equals [is] six. 7引く1は6である.
❷ *one* of the poets その詩人たちのひとり.
❸ⓐThey started at *one*. 彼らは1時に出発した.
— 形 ❶We keep *one* dog and two cats. 家では1匹の犬と2匹のネコを飼っている.

語法 英語では数えられる名詞は, 単数であれば a pencil, 複数であれば pencils のようにいう. この a pencil 「1本の鉛筆」では「1本の」は弱い意味しかもっていない. 「1本の, 1個の, ひと

❷ 対話 "How old is your baby?"– "He's just *one*."「赤ちゃんはおいくつですか」「ちょうど1歳です」.

❸ I ran into her in the train *one* morning. 私はある朝彼女に偶然電車の中で会った.

❹ The two brands belong to *one* company. そのふたつのブランドは同じ会社のものだ.

❺ *One* Bill Scott came to see you. ビル・スコットさんという人が見えました.

❻ from *one* end to *the other* 一方の端からもう一方の端へ, 端から端まで.

— 代 ❶ I want a dictionary, but I have no money with me to buy *one*. 私は辞書がほしいが, それを買うお金を持ち合わせていない / I don't like this striped tie. Show me a spotted *one*. このストライプのネクタイは気に入りません. 水玉模様のを見せてください.

語法 (1) it が特定のものをさすのに対して, one は同種類のもののひとつをさす. 上の例文では *one* = a dictionary であり, one は '不定冠詞+名詞' の代わりをすると考えればよい: I bought a dictionary. *It* is very useful. (私は辞書を1冊買った. それは大変役に立つ) では It は「私が買った辞書」ということで特定のものをさしており, It = The dictionary である. したがって, この文の It の代わりに One を用いることはできない.

(2) この場合に複数のものを表わす語は ones ではなく some である: I've used all the stamps. I must buy *some*. 私は切手をみな使ってしまった. 少し買わなくてはならない.

語法 (1) '不定冠詞+名詞' の代わりに用いられるが, 形容詞がつくときには, one は名詞だけの代わりに用いられて, a spotted *one* のように, 形容詞の前に不定冠詞をつける.

(2) 形容詞がついた名詞の複数形の代わりに用いられるのは some ではなくて ones である: We want large hats, not small *ones*. 私たちは小さいのではなく, 大きい帽子がほしい.

(3) one は数えられない名詞の代わりには用いない: I like white wine better than red. 私は赤ワインより白ワインのほうが好きだ. (🗘red の後に *one* をつけない).

❷ *One* should take care of oneself. 人は自分自身[体]を大切にすべきである.

語法 (1) one はやや形式ばった表現である.

(2) 《口語》では we, you, they あるいは people を用いるのがふつう.

(3) 主語が one の場合には, それを受ける代名詞は one, one's, oneself とするのが原則であるが, とくに《米》では he or she, his or her, himself にいいかえることが多く, 《米口語》では they, their, them, themselves といいかえることが多い: *One* should love *his or her* [*their*] country. 人は自国を愛すべきである.

❸ He has two daughters; *one* is in Tokyo and *the other* is abroad. 彼にはふたりの娘があって, ひとりは東京にもうひとりは外国にいる.

be all one (*to ...*) (…にとって)どれもまったく同じである: These opinions *are all one to* me. これらの意見はいずれも私にとっては同じことである.

for one 個人としては: I, *for one*, don't like the plan. 私は個人としてはその計画はよいとは思わない.

for one thing ひとつの理由として.

one after another 次々と: The buses left *one after another*. バスは次々と出て行った.

one after the other = one after *another*.

one and only ... たったひとつの…, 独自の… (☞ only).

one and the same まったく同一の.

one another お互い(に): We must help *one another*. お互い助け合わなければならない.

one by one ひとつずつ, ひとりずつ, 次々に: The teacher interviewed the students *one by one*. その先生は生徒をひとりずつ面接した.

one of these days 近いうちに, 近日中に.

abcdefghijklmn o pqrstuvwxyz   **only**

the one ... the other ~（ふたつのうち）前者は…後者は~（the latter ~）：I have a sapphire and a ruby. *The one* is blue and *the other* is red. 私はサファイアとルビーをもっている．サファイアは青でルビーは赤い．

one-on-one /wánɑnwán ワナンワン/ 形副 1対1の［で］．

*__one's__ /wánz ワンズ/ 代《**one** の所有格》
自分の, その人の．▶One should manage *one's* own affairs. 自分自身のことは自分で処理すべきだ．

> 語法 この one's は《米》では his とするのがふつうで，《米口語》では their とするのがふつう．また，《口語》では one を使わずに We should manage our own affairs. あるいは，You should manage your own affairs. のようにいうのがふつう．

*__one·self__ /wʌnsélf ワンセルフ/ 代《⊕辞書の見出し・用例などで用いる総称的不定代名詞 one の複合人称代名詞；実際には文脈に合わせて myself, yourself, himself, herself, itself; ourselves, yourselves, themselves などになる》．

❶ 自分自身を［に］．
❷ 自分（自身）で［が］．
❸（身体的，精神的に）いつもの［正常な］自分．

・・・・・・・・・・・・・・・・・・・・・・

❶ I enjoyed *myself* at the party. パーティーでは楽しかった．
❷ I did it *myself*. 私は自分自身でそれをやった / The doctor was sick *himself*. 医者自身病気だった．
❸ Tom was not *himself* yesterday. きのうのトムはいつもの彼ではなかった（どうかしていた）．

(all) by oneself ①（他人から離れて）**ひとりで**，ひとりぼっちで：The old man lived *by himself*. その老人はひとり暮らしをしていた．②（他人の助けを借りずに）独力で，ひとりで：She cooked the entire dinner *by herself*. 彼女はその夕食を全部ひとりで作った．

beside oneself (with ...)（…で）われを忘れて；気が狂って：She was *beside herself with* joy. 彼女はうれしくて有頂天だった．

come to oneself 意識を取り戻す．

for oneself ① **自分のために**：I bought the dictionary *for myself*. 私は自分用にその辞書を買ったのです．② 自分で：Do your homework *for yourself*. 自分の宿題は自分でしなさい．

to oneself 独占して：He had the room *to himself*. 彼はその部屋をひとり占めにしていた．

one-sid·ed /wʌ́n-sáidid ワン・サイディド/ 形 ❶（考えなどが）一方的な，片寄った．
❷（力関係が）一方的な．
▶❶ *one-sided* love 片思い．
❷ a *one-sided* game 一方的な試合．

one-time /wʌ́n-tàim ワン・タイム/ 形 かつての．

one-to-one /wʌ́n-tə-wʌ́n ワン・ト・ワン/ 形 1対1の．

one-way /wʌ́n-wéi ワン・ウェイ/ 形
❶ 一方通行の．❷《米》（切符が）片道の．
▶❶ a *one-way* street 一方通行路．
❷ a *one-way* ticket《米》片道切符（⊕《英》では single (ticket)；「往復切符」は《米》では round-trip ticket，《英》では return ticket）．

on·go·ing /ángòuiŋ アンゴウイング/ 形 継続中の，進行中の．

*__on·ion__ /ʌ́njən アニョン/《★発音注意》名（複 ~s /-z/）UC 玉ネギ．

on-line /àn-láin アン・ライン/ 形〔電算〕オンラインの《他のコンピューターやインターネットと直結している》．
▶an *on-line* trading オンライン取引．

on·look·er /ánlùkər アンルカ/ 名 C 見物人，傍観者（⊕looker-on も同じ意味）．

***__on·ly__** /óunli オウンリ/ 形
❶《単数名詞につけて》**ただひとつの**，ただひとりの．
❷《複数名詞につけて》**ただ…だけの**．
❸《the /ðiː/ をつけて》最適の．
── 副 **ただ…だけ**，たった，わずかに，…ばかり．

・・・・・・・・・・・・・・・・・・・・・・

形 ❶ Lucy is an *only* child. ルーシーはひとりっ子だ / This is the *only* way to the village. これがその村へ行く唯一の道です．
❷ These are the *only* examples (that) I know. 私の知っている例はこれだけです．

❸ *the only* person for the position その職に最適の人.

— 副 (1) I caught *only* three fish. 私はたった3匹しか魚を釣らなかった / She *only* repeated the same answer. 彼女はただ同じ答えをくり返すだけだった / Koalas live *only* in Australia. コアラはオーストラリアにしかすんでいない.

語法 (1)「ただ…だけしかない」というように, 否定的に訳されることが多い. (2) only が置かれる位置は, 修飾する語（句）の前にくるのが原則である. しかし文脈で誤解のおそれがない場合には動詞の前に置かれるのがふつうである. とくに, 話す場合には,「…だけ」と only が修飾する語句は強く発音されてすぐわかるので, その修飾する語（句）を離れて動詞の前に置かれる傾向がある: I *ónly* saw her yesterday. 私だけど, きのう彼女に会ったのは / I *ònly* sáw her yesterday. 彼女をきのう見かけただけでそれだけだ / I *ònly* saw Máry yesterday. きのう会ったのはメアリだけでほかの人には会っていない / I *ònly* saw her yésterday. 私は彼女にきのう会ったばかりだ.

have only to do = *only* have to do.

if only《口語》…でさえあればいいのに: *If only* I had the time! 時間さえあればいいのに.

not only … but (also) ～だけでなく～もまた (☞ not).

one and only … たったひとつの…, 独自の…: This is my *one and only* chance. 今度が私に与えられたたった1回のチャンスです.

only have to do …しさえすればよい: You *only have to* go and ask him about it. ただ彼のところへ行ってそのことについて聞けばいいのです.

only just ①やっと(のことで): I *only just* followed his English. 私は彼の英語についていくのがやっとだった. ②たった今…したばかり: He has *only just* got up. 彼は今起きたばかりだ.

only to do ①《目的を表わして》ただ…するために: I went to town *only to* do some shopping. 私はただ買い物をするだけのために町へ行ったのです. ②《意外なまたは望ましくない結果を表わして》結局…してしまう: He challenged the champion *only to* be defeated. 彼はチャンピオンに挑戦したが（気の毒にも）結局は負けた.

only too … ①残念ながら…: The vacation ended *only too* soon. 残念ながら休暇はすぐに終わってしまった. ②《口語》非常に, たいへん: I'm *only too* glad [pleased] to come. 喜んで行きます (❺ happy, glad, pleased などの前で用いる).

The only thing is(,) …《口語》(ほかのことは大丈夫ですが) ただ…ということ [難点] があります: *The only thing is*, I don't have enough time. ただ私には時間がないのです.

on·set /ánsèt アンセット/ 名 (**the** をつけて) ❶ 始まり. ❷ (病気の) 徴候.

on·slaught /ánslɔ̀ːt アンスロート/ 名 C 猛攻撃.

***on·to**,《英》**on to** /àntu アントゥ ǀ ɔ̀ntu/ 前 …の上へ, …へ.
▶ The cat jumped *onto* the desk. 猫は机の上にとび乗った.

on·ward /ánwərd アンワド/ 副《文語》前方へ, 先へ.
— 形《文語》前方への.
▶ 副 from this day *onward* きょう以後.
— 形 an *onward* movement 前進運動.

on·wards /ánwərdz アンワヅ/ 副 = onward.

oo·long /úːlɔː(ː)ŋ ウーロ(ー)ング/ 名 U ウーロン茶 (❺ **óolong téa** ともいう).

oops /úː(ː)ps ウ(ー)プス/ 感 おっと, しまった!《失敗・ろうばい・驚きなどを表わす》.

ooze /úːz ウーズ/ 動 (現分 ooz·ing) 自 (水・血などが) にじみ出る.
— 他 …をにじみ出す.

op /áp アプ ǀ ɔ́p/ 名 C《口語》手術 (operation).

o·pal /óupəl オウパル/《★発音注意》名 U C 〖鉱物〗オパール《にじ色に輝く乳白色の宝石》.

o·paque /oupéik オウペイク/ 形
❶ 不透明な (反 transparent).
❷ (意味などが) 不明確な.

OPEC /óupek オウペック/《略語》Organization of Petroleum Exporting

abcdefghijklmn**o**pqrstuvwxyz　　　　　　　　　　　**open**

Countries 石油輸出国機構.

o‧pen /óupən オウプン/ 動 (~s /-z/; ~ed /-d/; ~ing) 他
❶ⓐ…を**開く**, あける.
ⓑ…を広げる.
ⓒ…のふたを取る(反 shut, close).
ⓓ(銀行口座)を開く.
❷(会議など)を**開始する**, (営業・活動など)を始める. (店など)をあける.
❸…を**公開する**, 開放する.
❹ⓐ(道など)を**切り開く**, 開通させる, (土地)を開発する.
ⓑ…を切開する.
❺(心など)を開く, (心・秘密など)を打ち明ける.
　— 自 ❶**開く**, 割れる; (花が)咲く.
❷**始まる**, 開始する; 話し始める.
❸(展望などが)開ける, 広がる.
　— 形 (~・er; ~・est) ❶**あいている**, 開いている; (花が)咲いている; 広げられている(反 shut, closed).
❷ⓐ**公開されている**, 自由に出入りできる, 自由に参加できる, オープンの.
ⓑ(店などが)**開いている**, 営業中の.
❸ⓐ**広々とした**, さえぎる物がない.
ⓑ覆(ホォ)い[屋根, 囲い]のない.
❹率直な, (心の)広い, 片寄らない.
❺公然の, 公(キョゥ)の.
❻《be open to ...》…を受けやすい, …の余地がある.
❼(時間・地位など)あいている.
❽未解決の, 未決定の.
　— 名 ❶《the をつけて》野外, 戸外, 広場.
❷Ⓒ公開競技, オープン選手権試合.

動 他 ❶ⓐPlease *open* the window. 窓をあけてください / *Open* your textbook to [《英》at] page 10. 教科書の10ページを開きなさい / He *opened* the package. 彼は包みをあけた.
ⓑ*open* a map 地図を広げる / *open* a letter 手紙を開封する.
ⓒ*open* a jar びんのふたを取る.
ⓓ*open* an account 預金口座を開く.
❷He is going to *open* a coffee shop. 彼は喫茶店を始める予定です / *open* a debate 議論を始める / *open* fire 射撃を開始する.
❸He *opened* his library to the public. 彼は自分の蔵書を一般公開した.
❹ⓐThey *opened* a path through the woods. 彼らは森に道を切り開いた.
❺She at last *opened* her heart. 彼女はやっと心中を打ち明けた.
　— 自 ❶The door *opened* and people came out. ドアがあいて人が出て来た.
❷This store *opens* at 10. この店は10時に開店します / The story *opens* with a murder. その物語は殺人で始まる.

open into ... (ドアが)…へ通じる: The door *opens into* the dining room. そのドアは食堂に通じている.

open onto ... (窓が)…の方に開く: The window *opens onto* the garden. その窓は庭に面している.

open out 他 …を広げる, 開く: *open out* a map 地図を広げる. — 自 広がる, 開く; (道などが)広くなる: A wonderful view *opened out* before our eyes. 目の前にすばらしい景色が広がった / The street *opens out* into a small square. その通りは広くなって小さな広場に通じている.

open to ... …に面している: The window *opens to* the south. 窓は南に面している.

open up 他 ①(包み・箱など)を開く. ②(道など)を切り開く; (土地)を開発する; (市場など)を開拓する. ③(機会など)を開放する, 利用できるようにする. ④(店など)を始める. ⑤(心など)を打ち明ける.
　— 自 ①広がる, 開く. ②打ち解けて話す. ③開店する. ④(国などが)開放的になる. ⑤《ふつう命令文で》(玄関の)ドアをあける. ⑥打ち解けて話す.

　— 形 ❶an *open* window 開いた窓 / The book was lying *open* on the desk. 本は机の上に開いたままになっていた / Keep the gate *open*. 門は開いたままにしておきなさい / with the window *open* 窓をあけたままにして.
❷ⓐThe museum is not *open* to the public. その博物館は一般に公開されていない / an *open* class 公開講座 / an *open* race＝a race *open* to

929

open air

everybody だれでも参加できる競走.
❺ The store is not *open* yet. その店はまだ開いていない / We are *open*. 営業中《店の掲示》.
❸ⓐ an *open* view 広々とした景色 / on the *open* sea 大海原で.
ⓑ an *open* car オープンカー.
❹ He is *open* with everybody. 彼はだれにも率直だ / She has an *open* heart. 彼女は率直な心の持ち主だ / in a very *open* manner たいへん率直な態度で / keep an *open* mind 新しい考えを受け入れる心をもっている《☞ open-minded》.
❺ an *open* secret 公然の秘密.
❻ Children *are open to* various influences. 子どもはいろいろな影響を受けやすい / What he said *is open to* question. 彼の言ったことには疑問の余地がある.
❼ The job is still *open*. その仕事はまだやる人が決まっていない / I'll keep one hour *open* for the interview. そのインタビューのために1時間あけておきます.
❽ We have left the matter *open*. その問題は未解決のままにしてある(今後なお検討することにしてある) / an *open* question 未解決の問題.

— 名 *in the open* ①戸外で, 野外で: play out *in the open* 戸外で遊ぶ. ②公開されて, みんなに知られて.

ópen áir 名《the をつけて》野外, 戸外.
▶ in *the open air* 戸外で.

open-air /óupənéər オウプネア/ 形 戸外の, 野外の. ▶ an *open-air* concert 野外コンサート.

open-ended /óupənéndid オウプネンディド/ 形 (時間・目的などに)制限のない, 自由な. ▶ an *open-ended* discussion 自由討論.

o·pen·er /óupənər オウプナ/ 名Ⓒ あける道具.
▶ a can [《英》tin] *opener* かん切り.

ópen hóuse 名 ❶Ⓤ オープンハウス, 自宅開放パーティー《自宅を開放して知人や友人をだれでも心よく歓迎してもてなすパーティー》. ❷Ⓒ (学校・施設などの)公開参観日.

*o·pen·ing /óupəniŋ オウプニング/ 名(複

~s /-z/)
❶Ⓤ 開くこと, 開始, 開場, 開通.
❷Ⓒ (あいている)穴, 口, すき間; あき地, 広場.
❸Ⓒ (地位・職などの)あき, 欠員.
❹Ⓒ 機会, チャンス.
— 形 開始の, 最初の (反 closing).

▶ ❶ the *opening* of a new highway 新しい幹線道路の開通. ❷ There is an *opening* in the wall. 壁に穴があいている. ❸ an *opening* for a salesclerk 店員の欠員.

— 形 the *opening* speech [address] 開会の辞.

ópening cèremony 名Ⓒ 開会式 (反 closing ceremony).

*o·pen·ly /óupənli オウプンリ/ 副 ❶公然と. ❷率直に.
▶ ❶ He *openly* opposed the government. 彼は公然と政府に反対した.
❷ Speak *openly* to him. 包み隠さずに彼に話しなさい.

o·pen-mind·ed /óupən-máindid オウプン・マインディド/ 形 心の広い, 偏見のない.

o·pen·ness /óupənnəs オウプンネス/ 名Ⓤ 率直, 心の広いこと, 寛大.

Ópen Univérsity 名《the をつけて》(イギリスの)公開大学.
INFO▶ 職場, 家庭などの仕事のために全日制のコースを受けられない人々などのためにテレビやラジオを利用した通信教育制である.

*op·er·a /ápərə アペラ | ɔ́p-/ 名(複 ~s /-z/) ⓊⒸ オペラ, 歌劇. ▶ perform [stage] an *opera* オペラを上演する.

ópera hòuse 名Ⓒ オペラ劇場.

*op·er·ate /ápərèit アパレイト | ɔ́p-/ 《★アクセント注意》(~s /-ts/; -at·ed /-id/; -at·ing) 他 ❶ (機械など)を運転する, (システムなど)を操作する.
❷ …を経営する, 運営する.
— 自 ❶ (機械・システムなどが)動く, 作動する, (器官などが)働く.
❷ (会社が)営業している.
❸ (警察・軍隊が)活動する, 作戦行動をする.
❹ 手術をする.

....
他 ❶ He *operated* the machine himself. 彼は自分で機械を操作した /

Elevators are *operated* by electricity. エレベーターは電気で動く.
❷*operate* a factory 工場を経営する.
— 🄰 ❶ The brakes did not *operate*. ブレーキがきかなかった.
❷ The firm *operates* abroad. その商社は海外に営業所をもっている.
❸ The soldiers are *operating* in the mountains. 兵隊は山岳部で作戦行動をしている.
❹ The surgeon *operated* on him (for appendicitis). 外科医は彼に(盲腸の)手術をした.
☞ 名operation, 形operative.

óper·at·ing sỳstem /ápərèitiŋ-/ 名【電算】オペレーティングシステム《コンピューターを作動させる基本プログラム; OSと略す》.

op·er·a·tion /àpəréiʃən アパレイション | ɔ̀p-/ 名(複 ~s /-z/)
❶ Ⓒ **手術**.
❷ Ⓒ **作業**, 活動.
❸ Ⓤ (機械などの)**運転**, 操作.
❹ Ⓤ **運営**, 経営.
❺ Ⓒ 《しばしば複数形で》軍事行動, 作戦.
❻ Ⓤ (制度・法律などの)実施, 運用.

▶❶ He had an *operation* on his leg. 彼は脚(┬)の手術を受けた / perform an *operation* on a patient 患者に手術をする.
❷ a rescue *operation* 救助活動.
❸ the *operation* of a machine 機械の操作.

in operation ①(機械などが)**運転中で**: The power plant is not *in operation*. その発電所は動いていない. ②経営されて.

put ... into operation ①…(機械などを動かす. ②…(法律など)を実施する.
☞ 動operate, 形operational.

op·er·a·tion·al /àpəréiʃənəl アパレイショナル/ 形 ❶ 操作上の, 運営上の. ❷ 運転可能な. ❸ 作戦上の.
☞ 名operation.

op·er·a·tive /ápərətiv アパラティヴ, -pərèitiv/ 形 (機械などが)動いている, 機能している(反inoperative).
— 名Ⓒスパイ.
☞ 動operate.

op·er·a·tor /ápərèitər アパレイタ | ɔ́pərèitə/ 名(複 ~s /-z/) Ⓒ
❶ (機械を)**操作する人**, 運転者.
❷ (電話)**交換手**《❍telephone operator ともいう》.

o·pin·ion /əpínjən オピニョン/ 名(複 ~s /-z/)
❶ Ⓤ Ⓒ **意見**, 考え.
❷ Ⓤ **評価**, 判断.

▶❶ May I have your *opinion*? あなたの意見を聞かせてくれませんか / She gave [expressed] her *opinion* about education. 彼女は教育について意見を述べた.

語の結びつき

confirm ...'s *opinion* …の考えを固めさせる
form an *opinion* 考えをまとめる
hold [have] an *opinion* 意見を持っている
seek ...'s *opinion* …の意見を求める

❷ What is your *opinion* of the new teacher? 今度の先生を君はどう思うかね / He has a high [good] *opinion* of her talents. 彼は彼女の才能を高く評価している.

be of the opinion that ＿(人が)＿という意見である: I *am of the opinion that* smoking is a bad habit. 私は喫煙は悪習だという意見です.

in ...'s opinion …の意見では: *In my opinion* he is wrong. 私の考えでは彼はまちがっている.

opínion pòll 名Ⓒ世論調査《❍単に poll ともいう》.

o·pi·um /óupiəm オウピアム/ 名Ⓤアヘン《ケシの実から採る麻薬》.

o·pos·sum /əpάsəm オパサム/ 名(複 ~, ~s /-z/) Ⓒ 【動物】フクロネズミ《アメリカ南部産; カンガルーのように子どもを体の袋に入れる; ❍(米口語)では possum ともいう》.

op·po·nent /əpóunənt オポウネント/ 《★アクセント注意》名(複 ~s /-ts/) Ⓒ ❶ (競技などの)**相手**, 敵, ライバル.
❷ 反対者.
▶❶ We defeated our *opponents* in the debate. 私たちは討論で相手方を負かした.

opportune

op·por·tune /ɑ̀pərtjúːn アパトゥーン, ・テューン/ 形《文語》タイミングのよい，適切な(反 inopportune).
☞ 名 opportunity．

op·por·tu·nism /ɑ̀pərtjúːnizm アパトゥーニズム, ・テュー・/ 名 Ⓤ ひより見主義，ご都合主義．

op·por·tu·nist /ɑ̀pərtjúːnist アパトゥーニストゥ, ・テュー・/ 名 Ⓒ ひより見主義者，ご都合主義者．

op·por·tu·nis·tic /ɑ̀pərtjuːnístik アパトゥニスティク/ 形 ご都合主義の．

＊**op·por·tu·ni·ty** /ɑ̀pərtjúːnəti アパトゥーニティ, ・テュー・| əpətjúː-/ 名 (複 -ni·ties /-z/) Ⓤ.Ⓒ **機会**, 好機, チャンス．

▶ I don't have much *opportunity* to listen to the radio other than in my car. 私は車の中以外でラジオを聞く機会があまりない / at the first *opportunity* 機会がありしだい / miss an *opportunity* 好機を逸する．
☞ 形 opportune．

＊**op·pose** /əpóuz オポウズ／（★アクセント注意）動 (op·pos·es /-iz/; op·posed /-d/; op·pos·ing) 他 **…に反対する**, 抵抗する．

They all *opposed* my plan. 彼ら全員が私の計画に反対した / The villagers *opposed* the building of the expressway. 村民が高速道路の建設に反対した．
☞ 名 opposition，形 opposite．

op·posed /əpóuzd オポウズド／ 形 ❶ 反対している．❷ 対立している．

▶ ❶ I *am opposed to* the project. 私はその計画に反対である．❷ Work *is* not always *opposed to* play. 労働は必ずしも遊びと対立するものではない．

as opposed to ... …とはまったく違うものとして(の), 対照的に[な]．

op·pos·ing /əpóuziŋ オポウズィング／ 形 ❶ 敵の, 相手の．❷ (意見などが) 反対の．

▶ ❶ the *opposing* team 対戦チーム．

＊**op·po·site** /ɑ́pəzit アポズィット | ɔ́p-／
《★アクセント注意》
— 形 ❶ (位置が) **反対の**, 反対側の, 向こう側の, 向き合って．❷ (性質・意味などが) **正反対の** (⦿op., opp. と略す).
— 前 …の**反対側に**, 向こう側に, …に向き合って．

— 名 (複 ~s /-ts/) Ⓒ **反対のもの[こと]**, 逆．
— 副 反対側に, 向かい合って．

形 ❶ She lives on the *opposite* side of the street. 彼女は道をはさんで向こう側に住んでいる / The two cars were driving in *opposite* directions. 2台の車はお互い反対方向に走っていた / the house *opposite* to the church 教会と向き合っている家．

❷ Your idea and mine are quite *opposite*. 君の考えと私の考えは正反対だ / the *opposite* sex 異性．
☞ 動 oppose．

— 前 We were sitting *opposite* each other. われわれは向かい合ってすわっていた / My house is just *opposite* his. 私の家は彼の家の真向かいです．

— 名 Love is the *opposite* of hatred. 愛は憎しみの反対です．

＊**op·po·si·tion** /ɑ̀pəzíʃən アポズィション | ɔ̀p-/
❶ Ⓤ **反対**, 対抗, 対立．
❷ Ⓒ 《the をつけて》 ⓐ 反対派．
ⓑ 《しばしば the Opposition で》反対党, 野党．
❸ Ⓤ 《the をつけて》敵, (競争) 相手．

▶ ❶ There was no *opposition* to the motion. その動議には反対はなかった / meet with *opposition* 反対される, 抵抗を受ける．

in opposition to ... …に反対して．
☞ 動 oppose．

op·press /əprés オプレス／ 動 (~·es /-iz/; ~ed /-t/; ~·ing) 他 (人など)を力で支配する, 抑圧する, しいたげる．

▶ They were *oppressed* by the tyrant. 彼らは暴君にしいたげられていた．
☞ 名 oppression, 形 oppressive．

op·pressed /əprést オプレスト／ 形 抑圧された．

op·pres·sion /əpréʃən オプレション／ 名 Ⓤ 圧制, 抑圧．

▶ a feeling of *oppression* 圧迫感．
☞ 動 oppress．

op·pres·sive /əprésiv オプレスィヴ／ 形 抑圧的な．
☞ 動 oppress．

opt /ɑ́pt アプト／ 動 ⓐ 選ぶ (choose)．

▶I *opted for* Mr. Jones's class. 私はジョーンズ先生のクラスを選択した.

opt out [自]（集団・組織などから）抜ける.

op·ti·cal /ɑ́ptikəl アプティカル/ [形] ❶目の, 視覚の. ❷光学の.

▶❶an *optical* illusion 目の錯覚. ❷*optical* instruments 光学器械.

op·ti·cian /ɑptíʃən アプティシャン/ [名][C] めがね屋.

op·ti·mism /ɑ́ptəmìzm アプティミズム/ 《★アクセント注意》[名][U]楽観主義（[反]pessimism）.

op·ti·mist /ɑ́ptəmist アプティミスト/ [名][C]楽観論者, 楽天家（[反]pessimist）.

op·ti·mis·tic /ɑ̀ptəmístik アプティミスティック | ɔ̀p-/ [形]楽観的な, 楽天的な, のんきな（[反]pessimistic）.

op·ti·mis·ti·cal·ly /ɑ̀ptəmístikəli アプティミスティカリ/ [副]楽観的に, 楽天的に.

op·ti·mum /ɑ́ptəməm アプティマム/ [形]最適の.

op·tion /ɑ́pʃən アプション/ [名] ❶《単数形で》選択（choice）, 選択権, 選択の自由. ❷[C]選択する［される］もの.

▶❶I had no *option* but to work. 私は働くしかなかった.

☞ [形]optional.

op·tion·al /ɑ́pʃənəl アプショナル/ [形]自由に選べる. ▶Attendance at today's conference is *optional*. きょうの会議の出席は自由です / an *optional* subject 選択科目 《✪「必修科目」は a compulsory［《米》required］subject》.

☞ [名]option.

*****or** /《強》ɔ́ːr オー; 《弱》ər アー/ [接]

❶**または**, あるいは, …か～か.
❷**すなわち**, 言い換えれば.
❸《命令文などの後で》さもないと.
❹《否定語の後で》…も～も（ない）.
❺《譲歩・対照》…であろうと～であろうと.

❶Henry *or* Jane knows his address. ヘンリーかジェーンのどちらかが彼の住所を知っている / Will you go with me *or* stay here? 私といっしょに行きますか, それともここにいますか.

❷CO_2, *or* carbon dioxide CO_2すなわち二酸化炭素.

❸Take care, *or* you will fall. 気をつけなさい, でないところぶよ / You must hurry, *or* you will miss the bus. 急ぎなさい, そうしないとバスに（乗り）遅れますよ.

❹Mike has *no* brothers *or* sisters. マイクには男のきょうだいも女のきょうだいもいない.

❺I'll be here, rain *or* shine. 雨でも晴れでも私はここにまいります.

[語法] (1) A or B という選択の場合は, Will you have tea↗ or coffee?↘ といい「お茶を飲みますか, コーヒーを飲みますか」という意味だが, 選択の気持ちが弱い場合は Will you have tea or coffee?↗といい「お茶かコーヒーか（なにかこのような飲物）を飲みますか」の意味になる. or の発音も後者では弱音 /ər/ である.
(2) or で結ばれた語が文の主語となるときは動詞の人称や数は動詞に近い語に一致させる.

or else さもないと（☞else ❷）.

or rather いやむしろ, もっと正確に言えば: I am her father, *or rather* her step-father. 私が彼女の父です, もっと正確に言えば継父です.

… or so **…くらい**, …かそこら: He stayed here a year *or so*. 彼は当地に1年くらい滞在した.

… or something 《口語》**…かなにか** 《✪あいまいにやわらげた表現》: The baby is sleepy *or something*. 赤ん坊は眠いかなにかだ.

… or somewhere 《口語》**…かどこか［へ］** 《✪あいまいにやわらげた表現》: I put it on the desk *or somewhere*. 私はそれを机の上かどこかに置いた.

OR 〔米郵便〕Oregon.

***o·ral** /ɔ́ːrəl オーラル/ [形] ❶**口頭の**, 口で言う（[反]written）. ❷口の.

▶❶an *oral* examination 口述［面接］試験 / an *oral* report 口頭による報告.

o·ral·ly /ɔ́ːrəli オーラリ/ [副]口頭で, 口で.

*****or·ange** /ɑ́rindʒ アリンヂ, ɔ́(ː)-/ [名]（[複] or·ang·es /-iz/）❶[C]〔植物〕**オレンジ**, ダイダイ, ミカン（☞tangerine）. ❷[C]オレンジの果実, ミカン.

orangutan

❸ Ｕオレンジ色, だいだい色.
— 形 オレンジ色の.

名 ❷ *orange* juice オレンジジュース.

o·rang·u·tan, o·rang·ou·tan /ərǽŋ-
utæn オラングタン/ 名 Ｃ 〖動物〗オランウー
タン ((✪ マレー語で「森の人」の意味; ☞
Homo sapiens)).

or·a·tor /ɔ́:(:)rətər オ(ー)ラタ/ 名 Ｃ ❶ (文
語)演説者. ❷ 雄弁家.

＊**or·bit** /ɔ́:rbɪt オービット/ 名 (複 ~s /-ts/)
Ｃ (天体・電子などの)**軌道**.
— 動 他 (軌道にのって)…を旋回する.
— 自 軌道を旋回する.
▶ 名 the moon's *orbit* around the
earth 地球を回る月の軌道.
☞ 形 orbital.

or·bit·al /ɔ́:rbɪtl オービトル/ 形 軌道の.
☞ 名 orbit.

or·chard /ɔ́:rtʃərd オーチャド/ 名 Ｃ 果樹
園. ▶ an apple *orchard* リンゴ園.

＊**or·ches·tra** /ɔ́:rkəstrə オーケストラ/ ((★
アクセント注意))名 (複 ~s /-z/) Ｃ **オーケ
ストラ**, 管弦楽団.
☞ 形 orchestral.

or·ches·tral /ɔːrkéstrəl オーケストラル/
形 管弦楽の, オーケストラ (orchestra)
の.
☞ 名 orchestra.

or·chid /ɔ́:rkɪd オーキッド/ ((★発音注意))名
Ｃ 〖植物〗ラン; ランの花.

or·dain /ɔːrdéɪn オーデイン/ 動 他 〖キリス
ト教〗…を牧師[神父]に任命する.

or·deal /ɔːrdíːl オーディール/ 名 Ｃ 試練,
苦しい体験.

＊＊＊**or·der** /ɔ́:rdər オーダ/ 名 (複 ~s
/-z/) ❶ Ｕ **順序**, 順番.
❷ Ｕ **整頓**(とん), 整理; (調整された)状態.
❸ Ｕ **秩序**, 規律 (⇔ disorder).
❹ Ｃ **命令**, 指示, 指図(さしず).
❺ Ｃ **注文**; 注文品.
— 動 (~s /-z/; ~ed /-d/; or·der·ing
/-dərɪŋ/) 他 ❶ ❹ …[_すること]を**命令
する**, 指示する (☞ command).
❺ (人に)…を命令する.
❷ …を**注文する**.

....
名 ❶ He called our names in
alphabetical *order*. 彼はアルファベッ
ト[エービーシー]順に私たちの名前を呼んだ
/ The child arranged the apples
in *order* of size. その子はりんごを大き
い順に並べた / the batting *order* 〖野
球〗打順.

❷ Her room is in good *order*. 彼女
の部屋はきちんとしている / His motor-
cycle is always in good working
order. 彼のバイクはいつも立派に整備され
ている.

❸ law and *order* 法と秩序 / *Order*!
(議長などが)静粛(せいしゅく)に.

❹ He refused to obey *orders*. 彼は
命令に従うことを拒否した / He gave
his men *orders* to start at once. 彼
は部下にすぐ出発せよと命令した / He
gave *orders* that everybody
(should) get ready at once. 彼は全
員すぐ準備するよう命じた (✪ (米)ではふつ
う should を用いない) / I don't take
orders from you. 私は君の指図は受け
ない.

〘語の結びつき〙

cancel an *order* 命令を取り消す
carry out *orders* 命令を実行する
have *orders* (to *do*) (…するようにと
の)命令を受けている

❺ I gave the bookseller an *order*
for the book. 私は本屋にその本を注文
した / take *orders* from ... …から注文
を取る.

〘語の結びつき〙

cancel an *order* 注文を取り消す
fill an *order* 《おもに米》注文に応じる
get [receive, have] an *order* 注文を
受ける
take ...'s [an] *order* (…の)注文を受け
る[取る]

call ... to order (議長などが)…に静粛
(せいしゅく)を命ずる (☞ gavel).
in order ① きちんと, 整頓(とん)して (⇔
out of *order*): You had better put
your room in *order*. あなたの部屋を
片付けたほうがよい. ② 順序正しく: Call
the names *in order*. 順番に名前を呼
びなさい. ③ (機械などが)調子よく動いて.
④ 規則にかなって.
in order for ... to do …が_するよう

に：He spoke slowly *in order for* everybody *to* understand him. 彼はみんながわかるようにゆっくり話した.
in order that ... can [may] do 《文語》…が__するように, …が__するために：He ran *in order that* he *could* arrive in time. 彼は時間に間に合うように走った.
in order to do __するために, __する目的で, __しようとして：He worked hard *in order to* win the scholarship. 彼はその奨学金をもらおうと熱心に勉強した.
in short order 《米》すばやく.
on order 注文してある, 注文中で：The book is *on order*. その本は注文してある.
out of order ①きちんとしていない, 乱雑になって (反 in order)：Everything was *out of order* in the classroom. 教室ではなにもかもめちゃめちゃだった. ②調子が狂って, 故障して：My watch is *out of order*. 私の時計は故障している. ③順序が狂って. ④規則に違反して.
to order 注文に合わせて：These clothes were made *to order*. この服は注文して作った.
☞ ❷, ❸では 形orderly, ❶では 形ordinal.

── 動 他 ❶ⓐ The teacher *ordered* silence. 先生は静かにするようにと命令した / She *ordered that* a chair (should) be brought to her. 彼女はいすを持って来るよう言いつけた (《◆》《米》ではふつう should を用いない).
ⓑ He *ordered* us *to* leave the room. 彼は私たちに部屋を出るように命令した / The chairperson *ordered* the committee member out. 議長はその委員に退場を命じた / He was *ordered* abroad 〔to Australia〕. 彼は海外出張〔オーストラリア行き〕を命じられた.
❷ We *ordered* our dinner. 私たちは食事を注文した / I *ordered* two books *from* the store. 私は本を2冊その店に注文した / He *ordered* a new suit *for* his son. 彼は息子のために新しい服を注文してやった.

order ... about [around] …にあれをしろこれをしろと言う.

or·der·ly /ɔ́ːrdərli オーダリ/ 形
❶ きちんとした, 整頓(とん)した.
❷ 行儀のよい；規律をまもる, 従順な.
▶❶an *orderly* room きちんと整頓された部屋.
☞ 名order ❷, ❸.

or·di·nal /ɔ́ːrdənl オーディヌル/ 形 順序を示す.
── 名 ＝ **ordinal number**.
☞ 名order ❶.

órdinal númber 名Ⓒ 序数 (first (＝1st), second (＝2nd), third (＝3rd), fourth (＝4th) など順序を示す数).

or·di·nar·i·ly /ɔ́ːrdənérəli オーディネリリ｜ɔ́ːdənərə-/ 副 ふつうは, たいてい.

*or·di·nar·y /ɔ́ːrdənèri オーディネリ｜ɔ́ːdənəri/ 形 (more 〜; most 〜)
❶ ふつうの, いつもの, 通常の.
❷ 平凡な, ありふれた.

❶ My *ordinary* bed time is ten o'clock. 私の寝る時間はふつう10時だ.
❷ an *ordinary* man 平凡な男, 凡人.
out of the ordinary ふつうでない, 異常な.

ore /ɔːr オー/ 名 (複 〜s /-z/) ⓊⒸ 鉱石, 原鉱. ▶copper *ore* 銅鉱石.

Or·e·gon /ɔ́(ː)rigən オ(ー)リゴン/ 名 オレゴン (アメリカ太平洋岸北部の州；✪【郵便】OR と略す).

*or·gan /ɔ́ːrgən オーガン/ 名 (複 〜s /-z/) Ⓒ ❶ (動植物の) 器官, 臓器.
❷ オルガン, パイプオルガン (✪ pipe organ ともいう；日本でいうふつうのオルガンは harmonium あるいは reed organ).
▶❶the digestive *organs* 消化器官 / an *organ* transplant 臓器移植.
☞ 動organize, 形organic.

*or·gan·ic /ɔːrgǽnik オーギャニック/ 形 (more 〜; most 〜)
❶ 有機(物)の；〔化学〕有機の (反 inorganic). ❷ 有機農法による.
▶❷*organic* vegetables 有機野菜.
☞ 名organ.

or·ga·ni·sa·tion /ɔ̀ːrgənizéiʃən オーガニゼイション/ 名 《英》＝ **organization**.

or·ga·nise /ɔ́ːrgənàiz オーガナイズ/ 動 《英》＝ **organize**.

or·gan·ism /ɔ́:rgənìzm オーガニズム/ 名 C 有機体, 生物.

or·gan·ist /ɔ́:rgənist オーガニスト/ 名 C (パイプ)オルガン奏者.

***or·gan·i·za·tion** /ɔ̀:rgənizéiʃən オーガニゼイション | ɔ̀:gənai-/ 名 (複 ~s /-z/)
❶ C **団体**, 協会, 組織, 機構.
❷ U **組織化**, 編成.

❶ a welfare *organization* 福祉団体. ❷ the *organization* of workers 労働者の組織化.

☞ 動 organize.

or·ga·ni·za·tion·al /ɔ̀:rgənizéiʃənəl オーガニゼイショナル | ɔ̀:gənai-/ 形 組織の.

***or·gan·ize** /ɔ́:rgənàiz オーガナイズ/ (★アクセント注意) 動 (-iz·es /-iz/; or·gan·ized /-d/; -iz·ing) 他
❶ (団体など)を **組織する**, 編成する; (会社など)を設立する (反 disorganize).
❷ (催(ﾖｳｼ)しなど)を計画する, 準備する.
❸ …を系統だてる, 体系づける.

❶ They *organized* a political party. 彼らは政党を組織した / *organize* workers into a labor union 労働者を組織して労働組合を作る.
❷ We *organized* a group tour to Hokkaido. 私たちは北海道団体旅行を計画した. ❸ *Organize* your thoughts before speaking. 話す前に考えを整理しなさい.

☞ 名 organ, organization.

or·gan·ized /ɔ́:rgənàizd オーガナイズド/ 形 組織された; きちんと整った.

or·gan·iz·er /ɔ́:rgənàizər オーガナイザ/ 名 C ❶ 組織者, 主催者. ❷ 世話人, まとめ役.

or·gas·m /ɔ́:rgæzm オーギャズム/ 名 U C オルガスム《性的感覚の最高点》.

or·gy /ɔ́:rdʒi オーヂィ/ 名 (複 or·gies /-z/) 《複数形で》 飲めや歌えのどんちゃん騒ぎ; 乱交パーティー.

o·ri·ga·mi /ɔ̀:rigá:mi オーリガーミ/ 名 U C 折り紙.

***O·ri·ent** /ɔ́:riənt オーリエント/ 名 《the をつけて》《文語》**東洋**, アジア (☞ Occident).

☞ 形 Oriental.

o·ri·ent /ɔ́:rièntオーリエント/ 動 他 …を適応させる.

orient oneself 適応する.

O·ri·en·tal, o·ri·en·tal /ɔ̀:riéntl オーリエントル/ 形 《文語》東洋の.

☞ 名 Orient.

o·ri·en·tate /ɔ́:riəntèit オーリエンテイト/ 動 (現分 -tat·ing) 他 《英》= **orient**.

***o·ri·en·ta·tion** /ɔ̀:riəntéiʃən オーリエンテイション/ 名 (複 ~s /-z/) U C
❶ **オリエンテーション**《新しい環境や習慣に適応するように指導すること》.
❷ (目的・関心などの)方向性.

o·ri·ent·ed /ɔ́:rièntid オーリエンティド/ 形 …の方に方向づけられた.
▶ family *oriented* 家族志向の.

o·ri·en·teer·ing /ɔ̀:rientíəriŋ オーリエンティ(ア)リング/ 名 U C オリエンテーリング《あらかじめ設定された標識を地図と磁石をもとに捜(ｻｶﾞ)し, できるだけ短い時間でゴールに達する競技》.

***or·i·gin** /ɔ́(:)rədʒin オ(ー)リヂン/ 《★アクセント注意》名 (複 ~s /-z/)
❶ U C **起源**, 始まり, もと; 発端.
❷ U 《または複数形で》**生まれ**, 出身.
▶ ❶ the *origin(s)* of civilization 文明の起源 / *The Origin of Species* 「種(ｼｭ)の起源」《チャールズ・ダーウィン (Charles Darwin) の著書名》/ the *origin* of the war その戦争の原因.
❷ a man of noble *origin(s)* 高貴な生まれの人.

by origin 生まれは: He is Dutch *by origin*. 彼はオランダ出の人だ.

☞ 形 original ❶, 動 originate.

***o·rig·i·nal** /ərídʒənəl オリヂヌル/ 形 (more ~; most ~)
❶ ⓐ **最初の**, もとの. ⓑ (写しではない)もとのままの, オリジナルの.
❷ 独創的な, 独創性のある.
— 名 (複 ~s /-z/) C (写しではない) **原物**, 原作, 原文, 原図.

形 ❶ⓐ the *original* plan 原案 / the *original* owner もとの持ち主.
ⓑ the *original* picture 原画.
❷ an *original* idea 独創的な考え.

☞ ❶ では 名 origin,
❷ では 名 originality.

o·rig·i·nal·i·ty /ərìdʒənǽləti オリヂナリティ/ 名 U 独創性; 目新しさ, 奇抜さ.

☞ 形 original ❷.

abcdefghijklmn**o**pqrstuvwxyz — other

*o·rig·i·nal·ly /ərídʒənəli オリヂナリ/ 副
(more ~; most ~)
❶もとは, 最初は; 生まれは.
❷独創的に; 奇抜に.
▶❶ The capital of the United States was *originally* Philadelphia. 合衆国の首都はもとはフィラデルフィアだった.

o·rig·i·nate /ərídʒənèit オリヂネイト/ 動
(~s /-ts/; -nat·ed /-id/; -nat·ing) 自
(物事が)〔…から〕始まる〔*with, from*〕.
▶This discovery *originated in* her idea. この発見は彼女の着想から生まれた.

☞ 名 origin.

*or·na·ment /ɔ́:rnəmənt オーナメント/ 名
(複 ~s /-ts/) C 装飾品, 飾り. ▶wear *ornaments* 装飾品を身につける.

☞ 形 ornamental.

or·na·men·tal /ɔ̀:rnəméntl オーナメンタル/ 形 装飾(用)の.

☞ 名 ornament.

or·ni·thol·o·gist /ɔ̀:rnəθάlədʒist オーニサロヂスト/ 名 C 鳥類学者.

or·ni·thol·o·gy /ɔ̀:rnəθάlədʒi オーニサロヂ/ 名 U 鳥類学.

or·phan /ɔ́:rfən オーファン/ 名 C 孤児, みなし子, 《時に》片親のいない子.
— 動 他 《ふつう **be orphaned** で》孤児になる.

or·phan·age /ɔ́:rfənidʒ オーファニヂ/ 名 C 孤児院.

or·tho·dox /ɔ́:rθədàks オーソダックス | ɔ́:-θədɔ̀ks/ (★アクセント注意) 形 ❶世間一般に認められた, 伝統的な, オーソドックスな. ❷《宗教上》正統派の.
▶❶ the *orthodox* theory 伝統的理論.

or·thog·ra·phy /ɔ:rθάgrəfi オーサグラフィ/ 名 U (正しい)文字のつづり方, 正字法.

OS 《略語》operating system.

Os·car /άskər アスカ/ 名 ❶ オスカー 《男性の名》. ❷ 【映画】オスカー《アメリカのアカデミー賞 (Academy Award) 受賞者に与えられる金製の人間立像; ハリウッド (Hollywood) で毎年映画関係最優秀者に与えられる》.

Os·lo /άzlou アズロウ/ 名 オスロ 《ノルウェー (Norway) の首都; 海港》.

os·ten·si·ble /asténsəbl アステンスィブル/ 形 表向きの, うわべだけの, 見せかけの.

os·ten·si·bly /asténsəbli アステンスィブリ/ 副 表向きは, うわべは.

os·ten·ta·tious /àstentéiʃəs アステンテイシャス/ 形 見えをはる, これ見よがしの; けばけばしい.

os·tra·cism /άstrəsizm アストラスィズム/ 名 U 追放, 村八分.

os·tra·cize /άstrəsàiz アストラサイズ/ 動 (現分 -ciz·ing) 他 《文語》…を追放する, 村八分にする.

os·trich /άstritʃ アストリッチ/ (★アクセント注意) 名 (複 ~·es /-iz/) C 【鳥類】ダチョウ.

***oth·er /ʌ́ðər アザ/ 形
❶ほかの, 他の.
❷《the をつけて》もうひとつの, 残りの, 反対の, 向こう側の.
— 代 (複 ~s /-z/)
❶《ふつう複数形で》他のもの[人], 他人.
❷《the をつけて》(ふたつのうちの)もう一方, 他方.

形 ❶ I saw Jane, Lucy and three *other* girls in the park. 公園でジェーン, ルーシーとほかに3人の女の子を見かけた / Show me some *other* sweaters. ほかのセーターを見せてください / Mt. Fuji is higher than any *other* mountain in Japan. 富士山は日本の(他の)どの山よりも高い.

語法 other は単数名詞の前にも, 複数名詞の前にも用いる. しかし, 単数名詞の前に用いる場合は必ずその前に any, some, no などをともなう. こういう語がないときは another ... を用いる.

❷ Hold your fork in your left hand and your knife in *the other* hand. 左手にフォークを持ち, もう一方の手でナイフを持ちなさい / Ken is here, but *the other* boys are out. ケンはここにいるが, ほかの男の子たちはみんな外に出ている.

— 代 ❶ Some people like milk; *others* do not. ミルクが好きな人もいればきらいな人もいる.
❷ One was white, and *the other*

(was) black. 一方は白く他方は黒かった / I will carry these, and you carry *the others*. 私がこれらを運ぶから、あなたは残りを運んでください.

|語法| 代名詞の用法の比較は次の通り: I don't like this hat. Show me *another* (= another hat). 私はこの帽子は気にいらないので, (いくつかある中から) 別のをひとつ見せてください / Show me some *others* (= other hats). 別の帽子をいくつか見せてください / Show me *the other* (= the other hat). (ふたつのうち)もう一方を見せてください / Show me *the others* (= the other hats). 残りの帽子を(全部)見せてください.

among others 数ある中で, とくに.
each other おたがい(に) (☞ each).
every other ... ひとつおきの[に] (☞ every).
none other than ... …にほかならない.
of all others すべての中でとくに: on that day *of all others* よりによってその日に.
one after the other かわるがわる.
other than ... ①…を除いて, …以外の: There is nobody there *other than* him. 彼以外そこにはだれもいない. ②…とは別の, 異なった: We expected something *other than* this. われわれはこれとは別のこと[もの]を期待していた.
other things being equal 他のこと[条件]が同じなら: *Other things being equal*, this is much better than that. 他のことが同じなら, こちらのほうがあちらよりずっとよい.
some ... or other …かなにか, …かだれか: He is talking with *some* friend *or other*. 彼は友だちかだれかと話している.
somehow or other どうにかこうにか.
the one ... the other ~ 前者は…後者は~ (☞ one 民 成句).
the other day 先日: We had a discussion about the plan *the other day*. 先日私たちはその計画について話し合った.
the other way about [*around, round*] 逆に, あべこべに: Move it *the other way about*. それを逆に動かしてごらん.

*oth・er・wise /ʌ́ðərwàiz アザワイズ/ 副
❶ 別なふうに, 別の方法で(は).
❷ 他の点では, それ以外は.
— 接 そうでなければ.

副 ❶ I think *otherwise*. 私はそうは思わない / I could not do *otherwise*. 私はそうするほかなかった[ないだろう].
❷ The house is small, but *otherwise* perfect. その家は小さいが, その他は申し分ない.

and otherwise その他.
or otherwise ①あるいはその逆で, あるいはそうでなくて. ②あるいは別の方法で.

— 接 Go at once; *otherwise* you will be late. すぐ行きなさい, そうでないと遅れますよ / I went at once; *otherwise* I would have missed him. 私はすぐ出かけたが, そうでなかったら彼に会えなかったろう.

óther wórld 名《the をつけて》あの世, 来世.

ot・ter /ɑ́tər アタ/ 名C [動物] カワウソ (◎ sea otter はラッコ).

ouch /áutʃ アウチ/ (★発音注意) 感 あいたっ (《突然鋭い痛みなどを感じたときの発声》).

「あいたっ」

*ought /ɔ́ːt オート/ 助《ought to *do* で》
❶ (当然)__すべきだ, __するのが当然だ.
❷ __したほうがよい.
❸ __するはずだ, __するにきまっている.
❹《ought to have+過去分詞で》
ⓐ __すべきだった(のに).
ⓑ __した[してしまっている]はずである.

❶ We *ought to* thank him. われわれは彼に感謝の気持ちを伝えるべきだ / You *ought* not *to* be cruel to animals. 動物に対してむごいことをしてはいけない.

❷You *ought to* eat more slowly. 君はもっとゆっくり食べたほうがよい / You *ought to* see the beautiful view. あの美しい景色はぜひ君に見せたい.

語法 You *had better* do it.「君はそれをしたほうがよい」のように相手に対して使うと命令文よりも強い意味となり押しつけがましく聞こえる. また You *must* do it. も強い要求を表わす. それに対し, You *should* do it. と You *ought to* do it. は, ともに「君はそれをすべきだ[したほうがいい]」という意味で had better や must よりも感じはやわらかい. なおこの場合 ought to のほうが should よりも強い.

❸We *ought to* win. われわれは勝つに決まっている / If he started at ten, he *ought to* be there by now. もし彼が10時に出発したのなら, 今ごろはもうそこに着いているはずだ.

❹ⓐYou *ought to have* seen it. 君はそれを見るとよかったのに(君にそれを見せたかった)(●実際は見なかったことを残念に思っている). ⓑHe *ought to have* finished the work by now. 彼はもうその仕事を終えているはずだ.

*ounce /áuns アウンス/《★発音注意》名 (複 ounc·es /-iz/) ❶Ⓒオンス(重さの単位; 1ポンドの 1/16 (28.35 グラム); ＊ oz. と略す). ❷《an をつけて》少量の….

**our /(弱) ɑːr アー; (強) áuər アウア/代《we の所有格》❶私たちの, われわれの. ❷われわれの(●新聞の社説や批評, 論文などで my の代わりに用いる).

❶We love *our* country. 私たちは自分の国を愛している.
❷It is a worthless book in *our* opinion. われわれの見解によればそれは価値のない本だ.

***ours /áuərz アウアズ, ɑːrz/ 代
❶《we の所有代名詞》私たちのもの, われわれのもの.
❷《… of ours で》私たちの….

❶Your family is bigger than *ours*. 君の家族のほうがわれわれのほうよりも大家族だ.

❷He is a friend *of ours*. 彼は私たちの友だち(の1人)です.

*our·selves /ɑːrsélvz アーセールヴズ, auər-/ 代 ❶《他動詞や前置詞の目的語として》私たち自身を[に].
❷《強調で》私たち自身.

❶We enjoyed *ourselves* at the party. パーティーは楽しかった.
❷We will do the work *ourselves*. 私たちは自分たちでその仕事をします.

by ourselves ①(他人から離れて)私たちだけで: We traveled *by ourselves*. 私たちは自分たちだけで旅をした. ②(他人の助けを借りずに)私たちだけの力で: We built the barn all *by ourselves*. 私たちは小屋を自力で建てた.

for ourselves ①自分たちのために: We worked *for ourselves*, not for the company. 私たちは会社のためではなく, 自分たちのために仕事をした. ②私たちだけの力で(●この意味では by ourselves とほぼ同じ意味であるが, for ourselves には「自分たちの利益のために」という気持ちが含まれている).

oust /áust アウスト/ 動 他《oust … from ~》…(人)を~(場所・地位など)から追い出す.

**out /áut アウト/ 副
❶ⓐ外へ, 外に, 外で.
ⓑ不在で, 外出して.
❷(花などが)開いて.
❸現われ出て, 出版されて, 明らかになって.
❹(火・電気などが)消えて, なくなって.
❺すっかり, 徹底的に, 終わりまで.
❻大声で, はっきりと.
❼仕事を休んで.
❽〖野球〗アウト.
❾まちがって, (調子が)狂って.
— 前《米》…から外へ.
— 形 ❶ⓐ外の, 遠く離れた.
ⓑ(島が)本土から遠く離れた.
❷〖ゴルフ〗(18ホールのコースで)前半(9ホール)の, アウトの.
❸〖野球〗アウトの(反 safe).
— 名 Ⓒ〖野球〗アウト.

副 ❶ⓐPlease let the cat *out*. ネコを

out-

外へ出してあげなさい / go *out* 外出する, 出て行く.
❺Mary is *out*. メアリーは外出中です.
❷The roses are *out*. バラが咲いた.
❸The moon came *out*. 月が出た / My book is *out*. 私の本が出版された / The truth is *out*. 真相が明らかになった.
❹The fire is *out*. 火は消えている.
❺I am tired *out*. 私はくたくたに疲れた / Let's hear her *out*. 彼女の言うことを終わりまで聞こう.
❻Speak *out*. はっきり言え.
❼He is *out* because of illness. 彼は病気で休んでいる.
❽The batter is *out*. 打者はアウトだ.
❾I was *out* in my reckoning. 私は計算をまちがった.

— 前 She looked *out* the kitchen window. 彼女は台所の窓から外を見た.

— 名 He threw to first for the *out*. 彼はファーストに投げてアウトをとった.

be out for ... …を手に入れようとさがしている.

be out to do ＿しようとねらっている.

out and about (病気だった人が)元気になって外出できる.

out of ... ①**…の中から外へ(の)**：He got *out of* the car. 彼は車から下りた. ②**…の外で(の), 外に**：It is still dark *out of* doors. 外はまだ暗い. ③**…の範囲外に, …をはずれて**：The bird flew *out of* sight. その鳥は飛んでいって見えなくなった / He is *out of* danger now. 彼はもう危険な状態ではない. ④**《材料・原料を表わして》…で, …から**：He made a birdhouse *out of* an old box. 彼は古い箱で鳥の巣箱を作った. ⑤**《複数のもの)…の中から**：Three *out of* (the) ten students were absent. 10人の学生のうち3人が欠席した. ⑥**《動機・原因を表わして》…からの**：She did it *out of* kindness. 彼女は親切心からそうした.
⑦**…がなくて**：We are *out of* salt. われわれは塩を切らしている.

out- /àut アウト/ 接頭 ❶動詞・名詞につけて「…以上に, …よりすぐれて」などの意味の他動詞をつくる.
❷名詞・分詞につけて「外の, 外に；離れた(て)」などの意味.

▶❶*outdo* …よりすぐれている / *outlive* …より長生きする. ❷*outdoor* 屋外の.

out-and-out /àutnáut アウトナウト/ 形 まったくの, 徹底的な.

out·back /áutbæk アウトバック/ 名 《しばしば **the outback** で》(オーストラリアの)奥地, 内陸部.

out·bid /àutbíd アウトビッド/ 動 (~s /-dz/; out·bid; out·bid; out·bid·ding) 他 (競売で)(相手)より高値をつける.

out·break /áutbrèik アウトブレイク/ (★アクセント注意) 名 C (戦争・暴動・事件などの)勃発(ぼっぱつ), 発生. ▶the *outbreak* of war 戦争の勃発.

out·burst /áutbəːrst アウトバースト/ 名 C (笑い・怒りなどの)爆発；噴出.

out·cast /áutkæst アウトキャスト/ 名 C (社会・家族などから)見捨てられた人.

*__out·come__ /áutkʌm アウトカム/ 《★アクセント注意》 名 (複 ~s /-z/) C **結果** (result).
▶the *outcome* of the argument 議論の結果.

out·cry /áutkrài アウトクライ/ 名 (複 out·cries /-z/) C (多くの人の)強い抗議.

out·dat·ed /àutdéitid アウトデイティド/ 形 時代遅れの.

out·did /àutdíd アウトディッド/ 動 outdo の過去形.

out·dis·tance /àutdístəns アウトディスタンス/ 動 (現分 -tanc·ing) 他 …をはるかに引き離す.

out·do /àutdúː アウトドゥー/ 動 (out·does /-dʌz/; out·did /-díd/; out·done /-dʌ́n/; ~·ing) 他 …よりすぐれている, …にまさる.
▶He *outdid* me in English. 彼は英語では私よりよくできた.

out·done /àutdʌ́n アウトダン/ 動 outdo の過去分詞形.

*__out·door__ /áutdɔ́ːr アウトドー/ 形 **屋外の, 野外の** (⇔indoor).
▶*outdoor* games 屋外ゲーム / an *outdoor* life 野外生活.

*__out·doors__ /àutdɔ́ːrz アウトドーズ/ 副 **屋外で[へ], 野外で[へ]** (⇔indoors).
▶We ate *outdoors*. 私たちは屋外で食事をした.

*__out·er__ /áutər アウタ/ 形 ❶**外の, 外側の** (⇔inner). ❷(中心部から)遠く離れた.
▶❶*outer* garments (下着に対して)上

着類.

out・er・most /áutərmòust アウタモウスト/ 形 最も外側の (反 innermost).

óuter spáce 名 U (地球の大気圏外の)宇宙 (○ 単に space ともいう).

out・field /áutfìːld アウトフィールド/ 名 《the をつけて》〖野球・クリケット〗外野 (反 infield).

out・field・er /áutfìːldər アウトフィールダ/ 名 C 〖野球・クリケット〗外野手 (反 infielder).

out・fit /áutfìt アウトフィット/ 名 C (ある事をするのに必要な)衣類[装備]ひとそろい.
— 動 (~s /-ts/; -fit・ted /-id/; -fit・ting) 他 …に衣類[装備]をつける.
▶名 a skiing *outfit* スキー用具一式.

out・go・ing /áutgòuiŋ アウトゴウイング/ 形 ❶ 出ていく, 去っていく.
❷ 親しみやすい, 社交的な, 外向性の.

out・grew /àutgrúː アウトグルー/ 動 outgrow の過去形.

out・grow /àutgróu アウトグロウ/ 動 (~s /-z/; out・grew /-grúː/; out・grown /-gróun/; ~ing) 他 …に合わないほど大きくなる.
▶I *outgrew* my clothes. 体が大きくなって服が着られなくなった.

out・grown /àutgróun アウトグロウン/ 動 outgrow の過去分詞形.

out・growth /áutgròuθ アウトグロウス/ 名 C 自然のなりゆき, 結果.

out・ing /áutiŋ アウティング/ 名 C 遠足, ピクニック.
▶go on an *outing* 遠足に行く.

out・last /àutlǽst アウトラスト/ 動 他 …より長もちする.

out・law /áutlɔː アウトロー/ 名 C (昔の)無法者, ならず者.
— 動 他 …を非合法化する, 禁止する.

out・lay /áutlèi アウトレイ/ 名 C 経費.

out・let /áutlèt アウトレット/ 《★ アクセント注意》名 C ❶ 出口, 出道 (反 intake).
❷ (感情などの)はけ口. ❸ 《米》(電気の)コンセント (《英》では (power) point;「コンセント」は和製英語). ❹ (メーカー直結の)直売店.
▶❶ the *outlet* of a lake 湖水の流出口.

out・line /áutlàin アウトライン/ 《★ アクセント注意》名 (複 ~s /-z/) C ❶ 要点, アウトライン. ❷ⓐ 輪郭(りんかく), 外形. ⓑ 略図.
— 動 (~s /-z/; out・lined /-d/; -lin・ing) 他 ❶ …の要点をのべる. ❷ⓐ …の輪郭(りんかく)を描く. ⓑ …の略図を書く.

名 ❶ an *outline* of the history of our school 私たちの学校の歴史の要点. ❷ⓐ I drew the *outline* of her face. 私は彼女の顔の輪郭を描いた.
give an outline of ... …の要点を述べる.
in outline 要点だけ;輪郭だけ.
— 動 他 ❶ She *outlined* the new plan. 彼女は新計画の要点を説明した. ❷ⓐ *Outline* the map of Japan. 日本地図の輪郭を描きなさい.

out・live /àutlív アウトリヴ/ 動 (現分 -liv-ing) 他 …より長生きする.
▶He *outlived* his wife. 彼は妻に先に死なれた.

***out・look** /áutlùk アウトルック/ 《★ アクセント注意》名 (複 ~s /-s/) C
❶ (前途の)**見通し** (prospect); 前途.
❷ 考え方, 気持ち.
▶❶ the business *outlook* for next year 来年の景気の見通し. ❷ a bright *outlook* on life 明るい人生観.

out・ly・ing /áutlàiiŋ アウトライイング/ 形 中心部から遠く離れた, へんぴな.

out・mod・ed /àutmóudid アウトモウディド/ 形 流行遅れの, 旧式の.

out・num・ber /àutnʌ́mbər アウトナンバ/ 動 他 …より数が多い.

out-of-date /áutəv-déit アウトヴ・デイト/ 形 時代遅れの, 旧式の (反 up-to-date).

out-of-the-way /áutəv-ðə-wéi アウトヴ・ザ・ウェイ/ 形 人のめったに行かない, へんぴな.

out・pa・tient /áutpèiʃənt アウトペイシェント/ 名 C 外来患者 (反 inpatient).

out・post /áutpòust アウトポウスト/ 名 C 辺境の地.

***out・put** /áutpùt アウトプット/ 名 UC ❶ **生産高**. ❷ (コンピューターの)アウトプット(《コンピューターから出てくるデータ》) (反 input).
▶❶ the monthly *output* of TV sets テレビの月々の生産高.

out・rage /áutrèidʒ アウトレイヂ/ 《★ アクセント注意》名 (複 -rag・es /-iz/)
❶ UC 憤慨(ふんがい), 激しい怒り.
❷ 乱暴(な行為), 暴力.

outrageous

— 動 (現分 -rag·ing) 他 …を憤慨させる、ひどくおこらせる.
▶ 名 ❶ cause *outrage* 人を憤慨させる.
☞ 形 outrageous.
— 動 他 His words *outraged* his friends. 彼のことばは彼の友だちを憤慨させた.

out·ra·geous /autréidʒəs アウトレイヂャス/ 形 ひどい，あんまりな.
☞ 名 outrage.

out·ra·geous·ly /autréidʒəsli アウトレイヂャスリ/ 副 めちゃくちゃに.

out·ran /àutrǽn アウトラン/ 動 outrun の過去形.

out·right /àutráit アウトライト/ 副 ❶ 完全に，徹底的に. ❷ 率直に，ずばり. ❸ 即座に，すぐ.
— 形 /áutràit アウトライト/ (★ 副詞とのアクセントの違いに注意) ❶ まったくの，完全な. ❷ 明白な.

out·run /àutrʌ́n アウトラン/ 動 (~s /-z/; out·ran /-rǽn/; out·run; -run·ning) 他
❶ …より速く走る，追い越す.
❷ …の限度を越す.

out·set /áutsèt アウトセット/ 名 《the をつけて》最初，初め. ▶ at *the outset* 最初に / from *the outset* 最初から.

out·shine /àutʃáin アウトシャイン/ 動 (~s /-z/; out·shone /-ʃóun/; -shin·ing) 他 …よりずっとよい.

out·shone /àutʃóun アウトショウン/ 動 outshine の過去形・過去分詞形.

__out·side__ /àutsáid, áutsàid/ 名 《the をつけて》**外側，外部**, 外面 (反 inside).
— 形 ❸ **外側の**，外部の (反 inside). ❺ 外からの.
— 副 **外に[へ，で]**，外側に (反 inside).
— 前 ❶ **…の外に[へ，で，の]** (反 inside). ❷ 《口語》…を超えて，はずれて.

··
名 *the outside* of a house 家の外側.
at the (*very*) *outside* 《口語》多くても，最大でも，せいぜい.
on the outside 外見では.
— 形 ❸ the *outside* world 外界.
❺ *outside* help 外からの助け.
— 副 I want to go *outside* for some fresh air. ちょっと新鮮な空気を吸いに外へ出たい.

outside of ... 《米》…の外に[へ，で] (outside): *outside* of the city 市外で.
— 前 ❶ He lives *outside* the city. 彼は市外に住んでいる.

out·sid·er /àutsáidər アウトサイダ/ 名 C 部外者，アウトサイダー (反 insider).

out·size /áutsàiz アウトサイズ/ 形 (衣類などが)特大の.

out·skirts /áutskə̀ːrts アウトスカーツ/ 名 複 町はずれ，郊外. ▶ live on the *outskirts* of town 町の郊外に住む.

out·sourc·ing /àutsɔ́ːrsiŋ アウトソーシング/ 形 外部委託.

out·spok·en /àutspóukən アウトスポウクン/ 形 ずけずけものを言う，あからさまな.

__out·stand·ing__ /àutstǽndiŋ アウトスタンディング/ 形 (more ~; most ~)
❶ **とびぬけてすぐれた**，並みはずれた.
❷ 未払いの，未解決の.
▶ ❶ an *outstanding* swimmer 水泳の名人.

out·stretched /àutstrétʃt アウトストレッチト/ 形 いっぱいに広げた，伸ばした.

out·strip /àutstríp アウトストリップ/ 動 (~s /-s/; out·stripped /-t/; -strip·ping) 他 …を抜く，…にまさる.

__out·ward__ /áutwərd アウトワド/ 副 **外(側)へ[に]**，外部へ[に] (反 inward).
— 形 ❶ **外へ向かう**，外に向いた (反 inward). ❷ **外見の**，うわべの.
▶ 副 This door opens *outward*. このドアは外側へ開く.
— 形 ❶ the *outward* flow of traffic 外へ向かう交通の流れ.
❷ his *outward* cheerfulness 彼のうわべの快活さ.

out·ward·ly /áutwərdli アウトワドリ/ 副 外見は，うわべは.

out·wards /áutwərdz アウトワヅ/ 副 《英》= outward.

out·weigh /àutwéi アウトウェイ/ 動 他
❶ …より重い.
❷ (価値・重要性などが)…より大きい.

out·wit /àutwít アウトウィット/ 動 (~s /-ts/; -wit·ted /-id/; -wit·ting) 他 …の裏をかく.

o·val /óuvəl オウヴァル/ 形 卵形の.
— 名 C 卵形をしたもの[場所].

Óval Òffice 名 《the をつけて》(ホワイトハ

ウス (White House) の)大統領執務室.

o·va·ry /óuvəri オウヴァリ/ 名 (複 o·va·ries /-z/) C [解剖] 卵巣.

o·va·tion /ouvéiʃən オウヴェイション/ 名 C 大かっさい. ▶ a standing *ovation* 総立ちの拍手かっさい.

* **ov·en** /ʌ́vn アヴン/ (★発音注意) 名 (複 ~s /-z/) C (料理用の) **オーブン** (☞ kitchen のさし絵).

She put the cake in the *oven*. 彼女はそのケーキを(焼くために)オーブンに入れた / cookies hot from the *oven* 焼きたてのクッキー.

*** **o·ver** /óuvər オウヴァ/ 前
❶ **…の真上に(ある),…をおおって(いる)**.
❷ **…を越えて**,…を越えたところに(ある),…の向こう側に(ある).
❸ …一面に[の],…のあちこちに[を,の].
❹ (数量・年齢・時間などが) **…を上まわって(いる)**,越えて(いる).
❺ …について(の),…に関して(の).
❻ …(電話・ラジオなど)によって.
❼ …しながら,…している間に.
❽ (期間が)…の間.
── 副 /óuvər オウヴァ/
❶ **向こうへ**, こちらへ, 越えて, 渡って.
❷ こぼれて, あふれて.
❸ 倒れて, 折って, ひっくり返って.
❹ 一面に, いたるところ.
❺ 初めから終わりまで, すっかり.
❻ くり返して.
❼ ひっくり返して;逆さまに.
❽ 《形容詞, 副詞の前で》過度に;余分に.
❾ (相手に)渡して, 譲って.
── 形 **終わって**.

前 ❶ She spread a blanket *over* the bed. 彼女はベッドの上に毛布をかけた / the clouds *over* the mountain 山をおおっている雲.

語法 over は under に対する語で,「上をおおって」の意味があり, 接している場合も接していない場合もある. 接していない場合は over の代わりに above が用いられることが多い: The sun is shining *over* [*above*] our heads. (太陽は頭上で輝いている).

❷ go *over* the hill 丘を越えて行く / go *over* the street to the station 通りを渡って駅へ行く / The car went *over* the cliff. 車はがけの下に落ちた.
❸ I saw cattle wandering *over* the plain. 平原一面に牛があちこち動きまわっているのが見えた.
❹ We stayed there (for) *over* a month. 私たちはそこに 1 か月以上滞在した / He is *over* 60. 彼は60歳を越えている.
❺ I argued with him *over* the matter. 私はそのことについて彼と議論した.
❻ I heard the news *over* the radio. 私はそのニュースをラジオで聞いた.
❼ Let's discuss the matter *over* a cup of tea. お茶を飲みながらそのことを話し合おう.
❽ He kept a diary *over* many years. 彼は長年にわたって日記をつけた.
all over ... …の一面に, …のいたるところに:Flowers bloomed *all over* the field. 野原一面に花が咲いた / The news spread *all over* the world. そのニュースは世界中に広まった.

── 副 ❶ They went *over* to France. 彼らはフランスへ渡った / Come *over* here. こっちへ来なさい.
❷ Water filled the tub and ran *over*. 水がおけにいっぱいになってこぼれた.
❸ He knocked *over* the chair. 彼はいすを倒してしまった / She turned *over* the page. 彼はページをめくった.
❹ The pond has frozen *over*. 池が一面に凍ってしまった.
❺ He took the letter, and read it *over*. 彼は手紙をとって目を通した.
❻ Please read the sentence *over*. その文をもう一度読んでください.
❼ He turned [rolled] *over* in his sleep. 彼は寝返りを打った / *Over*. 《米》裏面をごらんください, 裏面へ続く (☞ P.T.O.).
❽ He is *over* anxious. 彼は心配しすぎている.
❾ Hand this *over* to him. これを彼に渡してください.
all over ①一面に, いたるところに:He was covered *all over* with dust. 彼

は体中ほこりまみれだった. ②体中が：tremble *all over* 全身(が)ふるえる.
over again もう一度くり返して, やり直して：Do it *over again*. もう一度くり返しなさい.
over and done with (不快なことが)すっかり終わって.
over and over (again) くり返しくり返し：He said the same thing *over and over (again)*. 彼はくり返しくり返し同じことを言った.
over here こちらに；こちらでは：Come and sit *over here*. こちらに来てすわりなさい.
over there 向こうに；あちらでは：Carry the table *over there*. テーブルをあそこへ運びなさい.
— 形 School is *over* at two. 授業は2時に終わる.
It is all over (with ...) (…は)もうだめだ：*It is all over with* him. 彼はもう全然だめだ.

o·ver- /òuvər, óuvər オウヴァ/ 接頭 ❶「過度の[に], …を超えた」の意味. ❷「上方に[から], 上部に[から]」の意味.
▶❶ *over*do やりすぎる.
❷ *over*hang …の上に張り出る.

***o·ver·all**¹ /òuvərɔ́:l オウヴァロール/ 形 全部の, 全体にわたる.
— 副 ❶ 全部で, 全長が.
❷ 全体的にみて.

o·ver·all² /óuvərɔ̀:l オウヴァロール/ 名
❶《複数形で》つなぎ服, オーバーオール(《胸当て付き作業ズボン；ふつうのズボンの上にはく)). ❷Ⓒ(英) (衣服の上に着る)仕事着.

o·ver·ate /òuvəréit オウヴァレイト│-verét/ 動 overeatの過去形.

o·ver·awe /òuvərɔ́: オウヴァロー/ 動 (現分 -aw·ing) 他 …を威圧する.

o·ver·bear·ing /òuvərbéəriŋ オウヴァベ(ア)リング/ 形 いばる, おうへいな.

o·ver·board /óuvərbɔ̀:rd オウヴァボード/ 副 船外に；(船から)水中へ.
go overboard (for [about] ...) (…を)熱心にやりすぎる.

o·ver·book /òuvərbúk オウヴァブック/ 動 他 …に定員以上の予約を受ける.
— 自 定員以上の予約を受ける.

o·ver·came /òuvərkéim オウヴァケイム/ 動 overcomeの過去形.

o·ver·cast /óuvərkæ̀st オウヴァキャスト/ 形 (空が)一面に曇った.

o·ver·charge /òuvərtʃɑ́:rdʒ オウヴァチャーヂ/ 動 (現分 -charg·ing) 他 (人)に不当に高い値段をふっかける.
— 自 不当な値段をふっかける.

***o·ver·coat** /óuvərkòut オウヴァコウト/ 名 (複 ~s /-ts/) Ⓒ **オーバー**, 外套(がいとう).
▶ *put on* [*take off*] *one's overcoat* オーバーを着る[脱ぐ]

***o·ver·come** /òuvərkʌ́m オウヴァカム/ (★アクセント注意) 動 (~s /-z/; o·ver·came /-kéim/; o·ver·come; -com·ing) 他 ❶ (困難など)に**打ち勝つ**, (敵など)を負かす.
❷《ふつう *be overcome with* [*by*] *...*》…で(精神的・肉体的に)**参る**.
— 自 打ち勝つ.
━━━━━━━━━━━━━━━━━━━
他 ❶ He *overcame* many difficulties. 彼は多くの困難に打ち勝った.
❷ She *was overcome with* [*by*] grief. 彼女は悲しみに打ちひしがれた.

o·ver·crowd·ed /òuvərkráudid オウヴァクラウディド/ 形 超満員の, 混雑した.

o·ver·did /òuvərdíd オウヴァディッド/ 動 overdoの過去形.

o·ver·do /òuvərdú: オウヴァドゥー/ 動 (o·ver·does /-dʌ́z/; o·ver·did /-díd/; o·ver·done /-dʌ́n/; ~·ing) 他 ❶ …をやりすぎる. ❷ …を焼きすぎる, 煮すぎる.
overdo it (仕事・運動など)をやりすぎる；誇張する.

o·ver·done /òuvərdʌ́n オウヴァダン/ 動 overdoの過去分詞形.
— 形 焼き[煮]すぎた.

o·ver·dose /óuvərdòus オウヴァドウス/ 名 Ⓒ 適量以上の薬.

o·ver·drawn /òuvərdrɔ́:n オウヴァドローン/ 形 【商業】(口座が)貸し[借り]越しの.

o·ver·due /òuvərdjú: オウヴァドゥー, -デュー/ 形 ❶ 支払い期限が過ぎた.
❷ 返還期限の過ぎた.
❸ (飛行機・列車などが)遅れている.

o·ver·eat /òuvərí:t オウヴァリート/ 動 (~s /-ts/; o·ver·ate /-éit│-ét/; -eat·en /-í:tn/; ~·ing) 自 食べすぎる.

o·ver·eat·en /òuvərí:tn オウヴァリートン/ 動 overeatの過去分詞形.

o·ver·es·ti·mate /òuvəréstəmèit オウヴァレスティメイト/ 動 (現分 -mat·ing) 他 …を過

大に評価する, 買いかぶる (反 underestimate).

*o·ver·flow /òuvərflóu オウヴァフロウ/ 動 (~s /-z/; ~ed /-d/; ~ing) 自
❶ (水などが)あふれる, あふれ出る; (河川が)氾濫(はんらん)する.
❷ (人・物が)あふれ出る.
❸ […で]いっぱいである〔with〕.
— 他 ❶ …からあふれ出る.
❷ (人・物が)(場所)にあふれるほど入る.
— 名 /óuvərflou オウヴァフロウ/ ((★アクセント注意))C ❶ あふれること, 洪水.
❷ あふれた人[もの].
❸ 過剰. ❹ 排水口[管].

動 自 ❶ The Nile overflowed every year. ナイル川は毎年氾濫(はんらん)した. ❷ The crowd overflowed into the corridor. 群衆は廊下にまであふれ出た. ❸ Her heart is overflowing with kindness. 彼女の心は親切心にあふれている.
— 他 ❶ The river overflowed its banks. 川は氾濫して岸からあふれ出た. ❷ The fans overflowed the hall. ファンがホールにあふれるほど入った.

o·ver·grown /òuvərgróun オウヴァグロウン/ 形 (草などが)伸び放題の.

o·ver·hand /óuvərhænd オウヴァハンド/ 形 〖野球・クリケット〗上手投げの, オーバースローの (反 underhand).
— 副 〖野球・クリケット〗上手投げで, オーバースローで (反 underhand).

o·ver·hang /òuvərhæŋ オウヴァハング/ 動 (~s /-z/; o·ver·hung /-háŋ/; ~ing) 他 (はみ出して)…の上に張り出る, …に突き出る.
— 自 張り出す, 突き出る.

o·ver·haul /òuvərhɔ́ːl オウヴァホール/ 動 他 …を分解修理する; 根本から見直す.
— 名 /óuvərhɔːl オウヴァホール/ ((★アクセント注意))C 徹底的な修理[手直し], オーバーホール.

*o·ver·head /òuvərhéd オウヴァヘッド/ 副 頭上に[で, を].
— 形 /óuvərhèd オウヴァヘッド/ ((★アクセント注意))頭上の; 高架の.
▶ 副 A bird flew overhead. 鳥が頭上を飛んだ.
▶ 形 overhead lighting 頭上からの照明.

óverhead projéctor 名 C オーバーヘッドプロジェクター ((○OHPと略す)).

o·ver·hear /òuvərhíər オウヴァヒア/ 動 (~s /-z/; o·ver·heard /-hə́ːrd/; -hearing /-híəriŋ/) 他 …をふと耳にする.

o·ver·heard /òuvərhə́ːrd オウヴァハード/ 動 overhearの過去形・過去分詞形.

o·ver·hung /òuvərháŋ オウヴァハング/ 動 overhangの過去形・過去分詞形.

o·ver·joyed /òuvərdʒɔ́id オウヴァヂョイド/ 形 大喜びして.

o·ver·land /óuvərlænd オウヴァランド/ 形 陸上の, 陸路の.
— 副 陸を通って, 陸路で.

o·ver·lap /òuvərlǽp オウヴァラップ/ 動 (~s /-s/; o·ver·lapped /-t/; -lapping) 他 …と(部分的に)重なる.
— 自 (ものが)部分的に重なる, 重複する.
— 名 /óuvərlæp オウヴァラップ/ ((★アクセント注意))U C 重なり, 重複, オーバーラップ.

o·ver·load /òuvərlóud オウヴァロウド/ 動 他 ❶ …に荷を積みすぎる. ❷ (人)に負担をかけすぎる. ❸ …に電気を流しすぎる. — 名 /óuvərloud オウヴァロウド/ ((★アクセント注意))U C ❶ 積みすぎ. ❷ 過重に電流を流すこと.

*o·ver·look /òuvərlúk オウヴァルック/ 動 (~s /-s/; ~ed /-t/; ~ing) 他
❶ (うっかり)…を見落とす, 見のがす.
❷ …を大目にみる, 見のがしてやる.
❸ (人・場所が)…を見おろす.
▶ ❶ You have overlooked an important point. あなたは重要な点を見落とした.
❷ I will overlook your mistake this time. 今回はお前の誤りを大目にみてやる. ❸ The hill overlooked the town. その丘から町が見渡せた.

o·ver·ly /óuvərli オウヴァリ/ 副 やたらと, ひどく.

*o·ver·night /òuvərnáit オウヴァナイト/ 副 ❶ ひと晩, 夜のうちに.
❷ 一夜のうちに, 突然に.
— 形 /óuvərnàit オウヴァナイト/ ((★アクセント注意)) ❶ 夜通しの.
❷ 一夜の, 一泊の.
❸ 一泊用の.

overpass

副 ❶stay *overnight* 一泊する. ❷He became a hero *overnight*. 彼は一夜にして英雄になった.
— 形 ❶an *overnight* drive 夜通しのドライブ. ❷an *overnight* guest 一泊のお客.

o·ver·pass /óuvərpæs オウヴァパス/ 名(複 ~es /-iz/)《米》C(立体交差の)上の道路, 高架道路(《英》では flyover; ☞underpass)).

o·ver·pop·u·lat·ed /òuvərpɑ́pjuléitid オウヴァパピュレイティド/ 形人口過剰の.

o·ver·pop·u·la·tion /òuvərpɑ̀pjuléiʃən オウヴァパピュレイション/ 名U人口過剰.

o·ver·pow·er /òuvərpáuər オウヴァパウア/ 動 他 ❶…を負かす. ❷…を圧倒する.

o·ver·pow·er·ing /òuvərpáuəriŋ オウヴァパウ(ア)リング/ 形(感情など)圧倒的な; 強烈な. ▶*overpowering* grief 耐え切れない悲しみ.

o·ver·ran /òuvərǽn オウヴァラン/ 動 overrun の過去形.

o·ver·rate /òuvərréit オウヴァレイト/ 動 (現分 -rat·ing)他 …を過大評価する, 買いかぶる.

o·ver·re·act /òuvəriǽkt オウヴァリアクト/ 動自 過剰反応する.

o·ver·re·ac·tion /òuvəriǽkʃən オウヴァリアクション/ 名UC過剰反応.

o·ver·ride /òuvərráid オウヴァライド/ 動 (~s /-dz/; o·ver·rode /-róud/; -rid·den /-rídn/; -rid·ing)他
❶(命令・要求など)をはねつける.
❷…に勝る, 優先する.

o·ver·rid·den /òuvərrídn オウヴァリドン/ 動 override の過去分詞形.

o·ver·rid·ing /òuvərráidiŋ オウヴァライディング/ 形最も重要な.

o·ver·rode /òuvərróud オウヴァロウド/ 動 override の過去形.

o·ver·rule /òuvərrúːl オウヴァルール/ 動 (現分 -rul·ing)他 (権限をもって)(決定・提案など)をくつがえす, 却下する.

o·ver·run /òuvərrʌ́n オウヴァラン/ 動(~s /-z/; o·ver·ran /-ræn/; o·ver·run; -run·ning)他 ❶(雑草・害虫など)…にはびこる. ❷(敵などが)(領土)を踏みにじる. ❸(範囲・限度)を越える. ❹〖野球〗(ベース)を走り越す, オーバーランする.
— 自 限度を超す.
▶動他 ❶Weeds have *overrun* the garden. 雑草が庭一面にはびこっている.

o·ver·saw /òuvərsɔ́ː オウヴァソー/ 動 oversee の過去形.

*__**o·ver·seas**__ /òuvərsíːz オウヴァスィーズ/ 副海外へ[で].
— 形海外(から)の; 海外行き[向け]の.
▶副 Today many people travel *overseas*. 今日では多くの人が海外へ旅行する.
— 形 *overseas* students 外国人留学生 (❍students from *overseas* の意味; 外国へ行っている留学生は students *overseas*)/ an *overseas* broadcast program 海外向け放送番組.

o·ver·see /òuvərsíː オウヴァスィー/ 動(~s /-z/; o·ver·saw /-sɔ́ː/; o·ver·seen /òuvərsíːn/; ~·ing)他 (仕事・働く人)を監督する.

o·ver·seen /òuvərsíːn オウヴァスィーン/ 動 oversee の過去分詞形.

o·ver·se·er /óuvərsìːər オウヴァスィーア/ 名C監督者.

o·ver·shad·ow /òuvərʃǽdou オウヴァシャドウ/ 動他 …を見劣りさせる, …の影をうすくさせる.

o·ver·sight /óuvərsàit オウヴァサイト/ 名 ❶UC見落とし, 手落ち.
❷監督 (☞oversee).

o·ver·sim·pli·fy /òuvərsímpləfài オウヴァスィンプリファイ/ 動自 (物事を)単純化しすぎる.
— 他 …を単純化しすぎる.

o·ver·sleep /òuvərslíːp オウヴァスリープ/ 動 (~s /-s/; o·ver·slept /-slépt/; ~·ing)自 寝すごす.

o·ver·slept /òuvərslépt オウヴァスレプト/ 動 oversleep の過去形・過去分詞形.

o·ver·state /òuvərstéit オウヴァステイト/ 動 (現分 -stat·ing)他 …を大げさに話す, …を誇張して言う (反understate).

o·ver·step /òuvərstép オウヴァステップ/ 動 (~s /-s/; -stepped /-t/; -step·ping)他 …の限度を越える.

o·vert /ouvə́ːrt オウヴァート/ 形《文語》明白な, 公然の (反covert).

*__**o·ver·take**__ /òuvərtéik オウヴァテイク/ (★アクセント注意)動(~s /-s/; o·ver·took

/-túk/; o·ver·tak·en /-téikən/; o·ver·tak·ing) 他
❶《英》(動きが速くて)…を**追い越す**.
❷ (進歩などで)…を追い越す.
❸ (突然)…を襲う.
▶ ❶ Their car *overtook* ours. 彼らの車は私たちの車を追い抜いた.
❷ China will soon *overtake* Japan. 中国はじきに日本を追い越すだろう.

o·ver·tak·en /òuvərtéikən オウヴァテイクン/ 動 overtake の過去分詞形.

o·ver·threw /òuvərθrú: オウヴァスルー/ 動 overthrow の過去形.

o·ver·throw /òuvərθróu オウヴァスロウ/ 動 (~s /-z/; o·ver·threw /-θrú:/; o·ver·thrown /-θróun/; ~ing) 他 (政権など)を倒す.
— 名 /óuvərθròu オウヴァスロウ/ (★アクセント注意) C (政権などの)打倒, 転覆(蕊).
▶ 動 他 *overthrow* the government 政府を倒す.

o·ver·thrown /òuvərθróun オウヴァスロウン/ 動 overthrow の過去分詞形.

o·ver·time /óuvərtàim オウヴァタイム/ 名 U 規定外労働時間; 超過勤務時間.
— 形 時間外の, 超過勤務の.
— 副 時間外に, 超過勤務で.

o·vert·ly /ouvə́:rtli オウヴァートリ/ 副 明白に.

o·ver·tone /óuvərtòun オウヴァトウン/ 名 C (ことばなどの)含み, ニュアンス.

o·ver·took /òuvərtúk オウヴァトック/ 動 overtake の過去形.

o·ver·ture /óuvərtʃùər オウヴァチュア/ 名 C 〖音楽〗序曲.

o·ver·turn /òuvərtə́:rn オウヴァターン/ 動 他 …をひっくり返す.
— 自 ひっくり返る.
▶ 他 The waves *overturned* the boat. 波がボートをひっくり返した.

o·ver·view /óuvərvjù: オウヴァヴュー/ 名 C 概要, 概略.

o·ver·weight /óuvərwèit オウヴァウェイト/ 形 重すぎる, 重量超過している; 太り過ぎの.

o·ver·whelm /òuvərhwélm オウヴァ(ホ)ウェルム/ 動 他 ❶ (数量・力などで)…を圧倒する. ❷ (気持ち)を圧倒する, 打ちのめす.

▶ ❷ He was *overwhelmed* by [with] grief. 彼は悲しみに打ちひしがれた.

***o·ver·whelm·ing** /òuvərhwélmiŋ オウヴァ(ホ)ウェルミング/ 形 (数量・力などが)**圧倒的な**, 抵抗できないほどの. ▶ an *overwhelming* majority 圧倒的多数.

o·ver·whelm·ing·ly /òuvərhwélmiŋli オウヴァ(ホ)ウェルミングリ/ 副 圧倒的に.

o·ver·work /òuvərwə́:rk オウヴァワーク/ 動 他 …を働かせすぎる.
— 自 働きすぎる.
— 名 /óuvərwə̀:rk オウヴァワーク/ (★アクセント注意) U 過労, 過度の勉強.
▶ 動 He *overworks* his people. 彼は部下を使いすぎる.
— 名 through [from] *overwork* 過労のために.

o·ver·worked /òuvərwə́:rkt オウヴァワークト/ 形 ❶ 過労の. ❷ (語句などが)使い古した.

ow /áu アウ/ 間 いたっ, うっ (☞ouch).

*****owe** /óu オウ/ 動 (~s /-z/; owed /-d/; ow·ing) 他 ❶ ⓐ 《*owe* … にまたは *owe* ~ to ~》〜に…(金銭)**の借りがある** (《❸ⓐ, ⓑ, ⓒ とも後に for … が続くと「…の代金として」という意味を表わす》).
ⓑ …に借りがある.
ⓒ (金銭)の借りがある.
❷《*owe* … to ~ または *owe* ~ …》ⓐ …は〜の**おかげである**.
ⓑ (当然)〜に…をしなければ[言わなければ]ならない.

....

他 ❶ ⓐ I *owe* him 5,000 yen.＝I *owe* 5,000 yen *to* him. 私は彼に5千円借りがある. ⓑ I still *owe* him *for* the book. 私はまだ彼にその本の金を払っていない. ⓒ He still *owes* a couple of million yen for his house. 彼はまだ家の借金が数百万ある.
❷ ⓐ He *owes* his success *to* you. 彼の成功はあなたのおかげです / I *owe* what I am *to* my uncle. 私が今日あるのはおじのおかげです / He *owes* his wealth *to* diligence and good luck. 彼が金持ちであるのは勤勉と幸運の結果だ.
ⓑ I *owe* you my deepest thanks. 私はあなたにたいへん感謝しています / I

owing

owe him an apology. 私は彼にお詫(わ)びを言わなければならない.
I owe you. 《口語》ありがとう.
《同音異形語》oh.

ow・ing /óuiŋ オウイング/ 形《次の成句で》:
owing to ... **…のために**, …が原因で (on account of ..., because of ...): *Owing to* rain, the game was put off. 試合は雨のため延期となった / His failure was *owing to* poor health. 彼の失敗は不健康のせいだった.

owl /ául アウル/《★発音注意》名C〖鳥類〗フクロウ.

own /óun オウン/ 形《所有格のあとに置いて》**自分自身の**, 自分独自の, 個人の (◐所有・固有の意味を強める).
— 代 自分[それ]自身のもの.
— 動 (~s /-z/; ~ed /-d/; ~ing) 他 …**を所有する**, 持っている (◐have よりも所有の意味が強い; とくに法律的所有権を意味するときに用いる語); …を認める, 白状する.
— 自〔…を〕認める, 白状する〔*to*〕.

形 This is *my own* book. これは私の本です / She saw it with *her own* eyes. 彼女はそれを自分自身の目で見た / That was Mike's *own* idea. あれはマイクの独創によるものだった.
— 代 She brought up the children as if they were her *own*. 彼女はその子どもたちをまるで自分自身の子のように育てた.

(all) on *one's* ***own*** 《口語》①**自分で**, 独力で; 自立して: From now on, you are *on your own*. これからはあなたは自立するのです. ②ひとりぼっちで

come into *one's* ***own*** 真価を発揮する; 真価が認められる: She *came into her own* as a dancer. 彼女はダンサーとして真価を発揮した.

hold *one's* ***own*** 自分の立場を守る; がんばり抜く

of *one's* ***own*** ①**自分自身の**: Do you have a room *of your own*? 自分の部屋をおもちですか. ②**独自の**: She has a charm all *of her own*. 彼女には彼

女なりの魅力がある.
— 動 他 ❶ He *owns* a summer house. 彼は避暑用の別荘を持っている.
— 自 *own up* (*to* ...) (…を)すっかり白状する: You had better *own up* (*to* the theft). (盗みをしたと)すっかり白状したほうが身のためだ.

＊own・er /óunər オウナ/ 名 (複 ~s /-z/) C **持ち主**, 所有者.
▶Who is the *owner* of this bicycle? この自転車の持ち主はだれですか.

own・er・ship /óunərʃìp オウナシップ/ 名 U 持ち主であること; 所有(権).

ox /áks アックス｜ɔ́ks/ 名 (複 ox・en /áksn｜ɔ́ksn/) C (去勢された)雄牛(おうし) 《食用・荷車用》; ☞ cow¹の 類語.

ox・en /áksn アクスン｜ɔ́ksn/ 名 ox の複数形.

Ox・ford /áksfərd アクスフォド｜ɔ́ksfəd/ 名 ❶ オックスフォード《イングランド南部の都市》. ❷ = Oxford University.

Óxford Univérsity 名 オックスフォード大学.
INFO▶ 12世紀に創立されたイギリス最古の大学で, ケンブリッジ大学 (Cambridge University) と並んで世界的な名士を多く出している.

ox・ide /áksàid アクサイド｜ɔ́ksàid/ 名 UC 〖化学〗酸化物.

ox・i・dize /áksədàiz アクスィダイズ/ 動 (現分 -diz・ing) 他 …を酸化させる; …をさびつかせる.
— 自 酸化する; さびる.

＊ox・y・gen /áksidʒən アクスィチェン｜ɔ́ks-/ 名 U 〖化学〗**酸素**《元素記号 O》.▶an *oxygen* tank 酸素タンク / an *oxygen* tent (病院の)酸素吸入用テント.

oys・ter /ɔ́istər オイスタ/ 名 C 〖貝類〗カキ.
INFO▶ 欧米ではカキを食べる季節は月の名の中に r が含まれている間だといわれている. つまり9月 (September) から4月 (April) までである.

oz. /áuns アウンス, 複 áunsiz アウンスィズ/《略語》ounce(s).

o・zone /óuzoun オウゾウン/ 名 U 〖化学〗オゾン.

ózone làyer 名《the をつけて》オゾン層.

P p

P, p¹ /píː ピー/ 名(複 P's, Ps, p's, ps /-z/) U.C ピー《英語アルファベットの16番目の文字》.
mind [*watch*] *one's P's* [*p's*] *and Q's* [*q's*] 言動に注意する.

p² /píː ピー/《英》《略語》penny, pence.

p. /péidʒ ペイヂ/《略語》(複 pp. /péidʒiz/) page¹ ページ. ▶*p*. 10 10ページ (◎page ten と読む).

pa /páː パー/ 名C《小児語》おとうちゃん (◎papa の短縮形).

PA [米郵便] Pennsylvania.

*__pace__ /péis ペイス/ 名(複 pac·es /-iz/) C ❶**一歩**, 歩幅.
❷**歩調**; 速度, ペース.
— 動 (pac·es /-iz/; paced /-t/; pac·ing) 自 ゆっくり(歩調正しく)歩く.
— 他 …を(歩いて)ゆっくり行ったり来たりする.

▶名 ❶ take [walk] two *paces* forward 2歩前へ出る. ❷ walk at a quick *pace* 足早に歩く.

at one's own pace 自分のペースで.
keep pace with ... …と歩調を合わせる; …に遅れずについていく: I cannot *keep pace with* him. 私は彼について歩けない;《勉強・考えなどについて》私は彼にはついていけない.
set the pace (for ...) ①(先に立って) (…に)歩調を示す, ペースメーカーになる. ②…に手本を示す.

— 動 自 He was *pacing* up and down. 彼はゆっくり行ったり来たりしていた.
— 他 *pace* the room 室内を行ったり来たりする.

pace off [*out*] *...* (距離)を**歩いて測る**: *pace off* [*out*] the length of the room 部屋の長さを歩いて測る.

pace·mak·er /péismèikər ペイスメイカ/ 名C ❶(先頭に立ってレースのペースを決める)ペースメーカー. ❷[医学](心臓の)ペースメーカー. ❸先に立って手本を示す人 [集団].

*__Pa·cif·ic__ /pəsífik パスィフィック/ 名《the をつけて》**太平洋**(◎the Pacific Ocean ともいう;「大西洋」は the Atlantic (Ocean)》.
— 形 **太平洋の**.

Pacific Ocean 《the をつけて》太平洋(◎単に the Pacific ともいう》.

Pacific (Stándard) Time 名U (アメリカの)太平洋(標準)時《G(M)T より8時間遅い; ❸ P.(S.)T. と略す》.

pac·i·fi·er /pǽsəfàiər パスィファイア/ 名C《米》(赤ん坊用)ゴム乳首, おしゃぶり (❸《英》では dummy).

pac·i·fism /pǽsəfìzm パスィフィズム/ 名U 平和主義.

pac·i·fist /pǽsəfist パスィフィスト/ 名C 平和主義者.

pac·i·fy /pǽsəfài パスィファイ/ 動 (-i·fies /-z/; -i·fied /-d/; ~·ing) 他 …をなだめる, …を穏やかにする.

*__pack__ /pǽk パック/
名(複 ~s /-s/) C ❶(人・馬が背負う)**包み**, 荷物; リュックサック.
❷ⓐ(トランプ)ひと組. ⓑ《米》では deck ともいう). ⓑ《米》(たばこなどの)ひと箱.
❸(オオカミなどの)群れ; (悪人などの)一団.
— 動 (~s /-s/; ~ed /-t/; ~·ing)
他 ❶ …に詰める, 詰めこむ, 包装する, 荷造りする(反unpack).
❷ …の周囲に詰め物[パッキング]をする.
❸ …をかん詰めにする.
— 自 ❶ 荷造りする. ❷(ものが)荷造りできる. ❸ ぎっしりはいる.

名 ❶ She was carrying a *pack* on her back. 彼女は荷物[リュック]を背負っていた / a hiker's *pack* ハイカーの荷物. ❷ⓐ a *pack* of cards トランプひと組. ⓑ a *pack* of 20 cigarettes 紙巻きたばこ20本入りひと箱. ❸ a *pack* of wolves 一群のオオカミ.

package

— 動他 ❶ Have you *packed* your things yet? もう荷造りはすみましたか / *Pack* your things *into* this suitcase.＝*Pack* this suitcase *with* your things. あなたの身の回りの品をこのスーツケースに詰めなさい / They *packed* the boys *into* a small room. 彼らはその少年たちを小さな部屋に詰めこんだ.

— 自 ❶ You must *pack* tonight. 今晩荷造りしなくてはいけません. ❷ This dress *packs* easily. この服は荷造りしやすい. ❸ *pack* into a train 列車にぎっしり乗りこむ.

pack it in 《口語》やめる.
pack off 他 (人など)をせきたてて追い出す.
pack up 自 ①(旅行などのため)荷物をまとめる. ②《英口語》やめる.

☞ 名 package.

*__pack・age__ /pǽkidʒ パキヂ/ 名 (複 -ag・es /-iz/) ❶ ❶ 包み, 荷物, 小包み (parcel). ❷《米》容器, 箱.

— 動 (-ag・es /-iz/; ~d /-d/; -ag・ing) 他 …を包装する.

名 ❶ a large *package* of books 大きな本の包み.

語の結びつき

deliver a *package* 小包を配達する
get [receive] a *package* 小包を受け取る
open [unwrap] a *package* 小包をあける
send [mail, post] a *package* 小包を送る[郵送する]
sign for a *package* 小包受け取りのサインをする
wrap a *package* 小包を作る

-----

❷ a *package* of cookies クッキーひと箱.

☞ 動 pack.

páckage hòliday 名Ⓒ《英》＝package tour.

páckage tòur 名Ⓒパッケージツアー, パック旅行《旅行業者が提供する一定のコースの費用いっさい込みの団体旅行》.

pack・ag・ing /pǽkidʒiŋ パキヂング/ 名Ⓤ 包装[梱包(ᵉᵘ)]材料.

packed /pǽkt パクト/ 形 ぎっしり詰まった; 混んでいる. ▶ a *packed* train 満員列車 / The train *was packed* *with* skiers. 列車はスキー客でいっぱいだった.

pácked lúnch 名Ⓒ《英》弁当《サンドイッチ・フルーツなどの詰め合わせ》.

pack・er /pǽkər パカ/ 名Ⓒ ❶ 荷造りする人[機械]. ❷ 商品(とくに食品)を包装して市場に出す業者[会社].

***pack・et** /pǽkit パキット/ 名 (複 ~s /-ts/) Ⓒ ❶ **小さな包み**, (たばこなどの)(小さな)箱.

❷ⓐ (手紙などの)(小さな)束. ⓑ (砂糖などの1回分の)包み (☛《英》では sachet).
▶ 名 ❷ⓐ a *packet* of letters ひと束の手紙.

pack・ing /pǽkiŋ パキング/ 名Ⓤ ❶ 荷造り, 包装. ❷ (包装用の)詰め物, 荷造り材料.

pácking bòx [càse] 名Ⓒ (木製の)荷箱《商品を保管したり輸送したりするのに用いる》.

pact /pǽkt パクト/ 名Ⓒ協定, 条約.

pad /pǽd パッド/ 名Ⓒ ❶ 当て物, 詰め物, パット《摩擦・損傷・衝撃を防いだり, 服の形を整えたりするためのもの》.

❷ (はぎとり式の)メモ用紙.
❸ スタンプインキ台.

— 動 (~s /-dz/; pad・ded /-id/; pad・ding) 他 ❶ …に詰め物[当て物]をする. ❷ 引き伸ばす.
▶ 名 ❶ shoulder *pads* 肩当て.

— 動 他 ❶ *pad* a chair (すわりごこちをよくするために)いすに詰め物をする.

pad・ding /pǽdiŋ パディング/ 名Ⓤ ❶ 詰め物. ❷ (新聞・雑誌などの)(文章の)埋め草.

pad・dle /pǽdl パドル/ 名Ⓒ ❶ (小舟・とくにカヌーの)かい (☞ oar, kayak). ❷ (物を混ぜたりするのに使う)かい状のもの, へら. ❸ (卓球の)ラケット.

— 動 (現分 pad・dling) 他 (カヌーなど)をかいでこぐ.

— 自 ❶ かいでこぐ. ❷ 犬かきで泳ぐ. ❸ (浅い水の中で)手足をピチャピチャさせる.

pad・dock /pǽdək パドク/ 名Ⓒパドック《出走前に馬[車]が集合する囲い地》.

pad・dy /pǽdi パディ/ 名 (複 pad・dies

/-z/) C水田, 稲田.
páddy field 名C稲田, 水田.
pad·lock /pǽdlɑ̀k パドラック | -lɔ̀k/ 名Cナンキン錠(%).

keys

padlock

pae·di·a·tri·cian /pìːdiətríʃən ピーディアトリシャン/ 名 = **pediatrician**.
pae·di·a·trics /pìːdiǽtriks ピーディアトリックス/ 名 = **pediatrics**.
pa·gan /péigən ペイガン/《★発音注意》名C異教徒《ふつうキリスト教徒でない者をいう》. — 形異教(徒)の.

***page¹** /péidʒ ペイヂ/ 名 (複 pag·es /-iz/) C ❶ページ《◯p. と略す; また複数形は pp. と略す》.
❷(新聞などの)欄, ページ.
❸《文語》(歴史上の)時期, 事件.

❶ You can find the explanation on *page* 55. 55ページにその説明があります / Open your books to [《英》at] *page* 20. 本の20ページをあけなさい.
❷ the sports *pages* スポーツ欄.

page² /péidʒ ペイヂ/ 名C ❶(ホテルなどの)ボーイ《◯**páge bòy** ともいう》. ❷《英》《結婚式でウエディングドレスのすそを持つ》男の子《◯**páge bòy** ともいう》.
— 動 (現分 pag·ing) 他 (ホテル・劇場・大きな店などで)(人)を呼び出す.
▶動他 Attention, please! *Paging* Mr. Smith! お呼び出し申し上げます. スミスさんはいらっしゃいますか.

pag·eant /pǽdʒənt パヂェント/《★発音注意》名C ❶華やかな行列[見もの].
❷ (歴史・伝説から取材した)野外劇, ページェント.

pag·eant·ry /pǽdʒəntri パヂェントリ/ 名U ❶華やかさ, 壮観.
❷みせかけ, 虚飾.

pag·er /péidʒər ペイヂャ/ 名C ポケットベル《◯**beeper** ともいう》.

pa·go·da /pəɡóudə パゴウダ/《★アクセント注意》名C《仏教やヒンズー教の》塔, パゴダ. ▶ a five-storied *pagoda* 五重の塔.

pagoda

*paid /péid ペイド/ 動 pay の過去形・過去分詞形.
— 形 ❶有給の. ❷支払い済みの.
▶形 ❶*paid* holidays [《米》vacations] 有給休暇.

*pain /péin ペイン/
名(複 ~s /-z/) ❶UC (肉体的)痛み, 苦痛《◯「長く続く鈍(½)い痛み」は ache》.
❷U (精神的)苦痛, 苦しみ, 苦悩.
❸《複数形で》骨折り, 苦労, 努力.
— 動他 …に苦痛を与える.

名 ❶ Don't you feel any *pain*? 痛みませんか / I have a *pain* in my head. 頭が痛い.

(語の結びつき)
bear [endure] *pain* 痛みを我慢する
cause [give] ... *pain* (人に)痛みをひき起こす[与える]
ease [relieve, soothe, lessen, kill] *pain* 痛みをやわらげる
feel [be in, have, suffer (from)] *pain* 痛みがある, 痛みを覚える

❷ go through mental *pain* 精神的苦しみを味わう.
❸ I'll spare no *pains* to help you. 私はあなたを助けるのに骨身を惜しむつもりはない / with great *pains* 非常に努力して.
be in pain 苦痛を感じている.
take pains 骨を折る, 努力する: She *took* great *pains* to educate her children. 彼女は子どもを教育するのに

pained

非常に骨を折った. ☞ 形 painful.
— 動 他 My tooth is *paining* me. 歯が痛む / It *pained* her to see him so unhappy. 彼がとても不幸なのを見て彼女は心を痛めた.
《同音異形語》pane.

pained /péind ペインド/ 形 (表情・態度などが)不機嫌な, 腹を立てた.

❋pain·ful /péinfəl ペインフル/ 形 (more ~; most ~)
❶ **痛い**; 苦痛を与える (反 painless).
❷ **つらい**, 苦しい, 骨の折れる.

❶ a *painful* wound 痛い傷. ❷ The news was *painful* to him. その知らせは彼にとってはつらいものだった / a *painful* experience つらい経験.
☞ 名 pain.

pain·ful·ly /péinfəli ペインフリ/ 副
❶ 痛そうに, 苦しんで. ❷ 苦労して. ❸ ひどく.

pain·kill·er /péinkìlər ペインキラ/ 名 C 鎮痛剤.

pain·less /péinləs ペインレス/ 形 ❶ 痛みのない (反 painful). ❷《口語》楽な, 簡単な.

pains·tak·ing /péinztèikiŋ ペインズテイキング/ 形 ❶ (仕事などが)念入りな, 骨の折れる. ❷ 勤勉な.

pains·tak·ing·ly /péinztèikiŋli ペインズテイキングリ/ 副 骨身を惜しまずに, 丹精こめて.

❋❋paint /péint ペイント/ 名 (複 ~s /-ts/) U|C
❶ **ペンキ**, 塗料.
❷ ⓐ **絵の具**. ⓑ《複数形で》ひとそろいの絵の具.

— 動 (~s /-ts/; ~ed /-id/; ~ing) 他
❶ ⓐ …に**ペンキを塗る**.
ⓑ《paint ... ~》…にペンキを塗って〜の色にする.
❷ (絵の具で)(絵を)**描く** (⦿「(ペン・鉛筆・クレヨンで線を主にして)絵や図を描く」は draw).
❸ (顔など)に化粧する.
— 自 **絵を描く**.

名 ❶ Wet [Fresh] *Paint*《掲示》ペンキ塗りたて.

語の結びつき

mix [dilute] *paint* with ... …でペンキを薄める
put *paint* on ... = spread *paint* on [over] ... …にペンキを塗る
remove [scrape] *paint* (from ...) (…から)ペンキをはがす
spray *paint* on [over] ... = spray ... with *paint* (スプレー式の)ペンキを…に吹きつける

❷ ⓐ a tube of *paint* チューブ入り絵の具1本. ⓑ a box of *paints* 1箱の絵の具.
— 動 他 ❶ ⓐ *paint* the walls 壁にペンキを塗る. ⓑ I *painted* the door white. 私はドアを白く塗った. ❷ He *painted* a portrait of his wife. 彼は妻の肖像画を描いた / *paint* flowers 花の絵を描く.
— 自 *paint* in oils〔watercolors〕油絵〔水彩画〕を描く.

paint out 他 (ペンキで)…を塗りつぶす.

paint·brush /péintbrÀʃ ペイントブラッシュ/ 名 (複 ~es /-iz/) C ❶ 絵筆. ❷ ペンキ用のはけ.

❋paint·er /péintər ペインタ/ 名 (複 ~s /-z/) C ❶ **画家** (⦿ artist ともいう). ❷ ペンキ屋.

❋paint·ing /péintiŋ ペインティング/ 名 (複 ~s /-z/)
❶ U (絵の具で)**絵を描くこと**.
❷ C (絵の具で描いた)**絵**.
❸ U ペンキを塗ること.

❶ She likes *painting*. 彼女は絵を描くのが好きだ. ❷ *paintings* by Picasso ピカソの描いた絵.

❋❋pair /péər ペア/ 名 (複 ~s /-z/) C
❶ ⓐ (同種のふたつからなる)**1対(のもの)**, ひと組 (⦿「同類のものふたつ」は couple).
ⓑ (対応する2部分から成っていて切り離せないものの)**ひとつ**; (ズボンの)**1着**, (はさみの)**1丁**.
❷ **ひと組の男女**《夫婦・恋人同士など》; (動物の)つがい.
❸〔トランプ〕同じ位〔点〕の2枚札.
— 動 他 …のふたつ〔ふたり〕を組み合わ

せる.
— 自 ❶ ふたつ[ふたり]が組になる, 1対[ペア]になる. ❷ (動物が)つがう.

名 ❶ⓐ a *pair* of gloves ひと組の手袋 / a *pair* of socks ソックス1足 / a *pair* of shoes くつ1足.

a pair of gloves 〔socks / shoes〕

ⓑ a *pair* of scissors はさみ1丁 / a *pair* of glasses めがね1個 / two *pair(s)* of pants [trousers] ズボン2着 / three *pair(s)* of scissors はさみ3丁 (○(1) a pair of ... は単数扱い. (2) two, three などの数詞の次ではときどき複数形でなく, pair のままで用いられる).
❷ the happy *pair* (とくに)新郎新婦.
in pairs 対(ご)をなして, ふたりずつ組となって: walk *in pairs* ふたりずつ組になって歩く.
— 動 他 The coach *paired* John and [with] Alice in a doubles tennis match. テニスのダブルスの試合でコーチがジョンとアリスを組ませた.
— 自 ❶ I *paired* with Alice in the match. 私は試合でアリスと組んだ.
pair off 他 ...をひと組にする, ペアにする. — 自 ペアになる.
pair up 他 ...をひと組にする, ペアにする. — 自 ペアになる.
《同音異語》pear, pare.

*pa・ja・mas /pədʒɑ́ːməz パヂャーマズ/ (★アクセント注意) 名 複 《米》パジャマ (○パジャマの上着は jacket, top, ズボンは trousers, pants, bottoms). ▶ a pair of *pajamas* パジャマ1着 (○形容詞用法では単数形で用いる) / a *pajama* top パジャマの上着.

Pa・ki・stan /pǽkistæn パキスタン, pà:kistá:n/ 名 パキスタン《インド北西部のイスラム共和国; 首都イスラマバード (Islamabad)》.

Pa・ki・stan・i /pǽkistæni パキスタニ/ 形 パキスタンの. — 名 Ⓒ パキスタン人.

pal /pǽl パル/ 名 (複 ~s /-z/) 《口語》Ⓒ 友

だち, 仲間. ▶ a pen *pal* 文通友だち, ペンパル.

*pal・ace /pǽləs パレス/ 名 (複 -ac・es /-iz/) Ⓒ ❶ 宮殿. ❷ 大邸宅, りっぱな建物.
☞ 形 palatial.

pal・at・a・ble /pǽlətəbl パレタブル/ 形
❶ (食物など)味のよい, 口に合う.
❷ (考えなどが)かなりよい.

pal・ate /pǽlət パレト/ 名 ❶ Ⓒ 〖解剖〗口蓋(☆)《口の中の上側の部分》. ❷ Ⓤ 味覚; 好み.
▶ ❶ the hard 〔soft〕 *palate* 硬〔軟〕口蓋.

pa・la・tial /pəléiʃəl パレイシャル/ 形 宮殿のような.
☞ 名 palace.

*pale /péil ペイル/ 形 (pal・er; pal・est)
❶ (顔色が)**青ざめた**, 青白い《自然な健康色が失われていること; ☞ white ❷》.
❷ (色・光などが)**薄い**, 弱い.
— 動 (現分 pal・ing)自 ❶ⓐ 青ざめる.
ⓑ (色が)薄くなる, (光が)弱まる.
❷ (他と比べて)見劣りがする.

形 ❶ have a *pale* face 青白い顔をしている / look *pale* 顔色が悪い / turn *pale* 顔が青ざめる.
❷ (a) *pale* green 淡い緑色 / (a) *pale* moonlight 淡い月の光.

Pa・les・tine /pǽləstàin パレスタイン/ 名 パレスチナ《地中海東部海岸のイスラエル (Israel) とヨルダン (Jordan) にまたがる地域》.

pall /pɔ́ːl ポール/ 動 自 (...にとって物事が)飽きてつまらなくなる, 興味が薄れる 〔*on, upon*〕.

pal・let /pǽlət パレト/ 名 Ⓒ (フォークリフト用の)荷台.

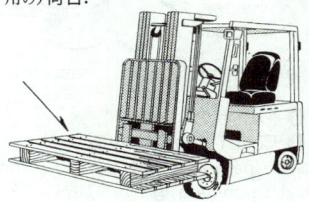

pallet

pal・lid /pǽlid パリッド/ 形 (顔色・肌が)(病気で)青ざめた, つやのない (☞ pale 形

pallor

❶).

pal·lor /pǽlər パラ/ 图Ⅱ(顔色・肌が)青ざめていること.

***palm**¹ /páːm パーム/ (★ l は発音されない)图(複 ~s /-z/)ⓒ **手のひら** (☞hand のさし絵).
— 動他 (手品などで)…を手のひらに隠す.
▶图 Let me read your *palm*. 君の手相を見させてくれ.
grease* [*oil*] ...'s *palm …にわいろを使う.
have an itching* [*itchy*] *palm 欲が深い, わいろをほしがっている (✪むかしお金がほしいと手のひらがむずゆくなると信じられていたことから).
hold* [*have*] ... *in the palm of one's hand (人)を完全に自分の影響下においている.

palm² /páːm パーム/ (★ l は発音されない)图ⓒ〔植物〕 ヤシ, シュロ (✪葉が手のひらの形に似ていることから; **pálm trèe** ともいう).

pal·pa·ble /pǽlpəbl パルパブル/ 形《文語》明白な, すぐわかる (反 impalpable).

pal·try /pɔ́ːltri ポールトリ/ 形 (-tri·er; -tri·est) ❶ つまらない, くだらない.
❷ わずかな.

pam·per /pǽmpər パンパ/ 動他 (子どもなど)を甘やかす, 思い通りにさせてやる.

pam·phlet /pǽmflit パンフリット/ 图ⓒ (政治問題などの)パンフレット, 小冊子.

***pan**¹ /pǽn パン/ 图(複 ~s /-z/)ⓒ
❶ (ふつう片手の柄(とふた)がついている)**なべ, 平なべ** (✪「深いなべ」は pot).

frying pan   saucepan

❷ 平なべ状のもの.
❸ 天びん (balance) の皿.

pan² /pǽn パン/ 動(~s /-z/; panned /-d/; pan·ning) 自 (カメラが)パンする (映画・テレビなどでカメラが全景を映したり, 動物などをとらえるために上下左右に動く).
— 他 (カメラ)をパンする.

Pan·a·ma /pǽnəmàː パナマー, pǽnəmáː/ 图 パナマ (中央アメリカの共和国; その首都).

Pánama Canál 图《the をつけて》パナマ運河.

pan·cake /pǽnkèik パンケイク/ 图ⓒ パンケーキ, ホットケーキ.
INFO 小麦粉に卵や牛乳や砂糖を加えたものを平なべ (pan) で焼く. 熱いうちに数枚重ねて, 間にバターを入れ, 上からたっぷりシロップなどをかけて食べる.
(*as*) *flat as a pancake* 《口語》 平べったい.

pan·da /pǽndə パンダ/ 图 〔動物〕 ⓒ
❶ (ジャイアント)パンダ (✪giant panda ともいう).
❷ ショウパンダ (アライグマの一種; ✪ lesser panda ともいう).

pánda càr 图ⓒ《英》パトロールカー (patrol car), パトカー (✪車体の白と黒または白青の配色がパンダに似ていることから).

pan·de·mo·ni·um /pændəmóuniəm パンデモウニアム/ 图Ⅱ 大混乱.

pan·der /pǽndər パンダ/ 動自〔事・人に〕迎合する 《*to*》.

pane /péin ペイン/ 图ⓒ(窓)ガラス(の1枚). ▶a window *pane* 窓ガラス.
《同音異形語》pain.

***pan·el** /pǽnl パヌル/ 图(複 ~s /-z/) ⓒ
❶ **パネル**, 羽目板 (壁・天井・ドアなどの4角のわくの内側に張った装飾用の板). ❷ (各種の)(小)委員会; (討論会などの)討論者団; (テレビ・ラジオのクイズ番組の)解答者団; 審査員団. ❸ (飛行機・自動車などの)計器盤, パネル. ❹ 画板.

pánel discùssion 图ⓒ パネルディスカッション (対立意見をもつ代表者が定められた論題に関して聴衆の前で行なう討論会).

pan·el·ing, 《英》**pan·el·ling** /pǽnəliŋ パネリング/ 图Ⅱ《集合的に》羽目板.

pan·el·ist, 《英》**pan·el·list** /pǽnəlist パネリスト/ 图ⓒ ❶ パネルディスカッション (panel discussion) の討論者.
❷ (クイズ番組などの)解答者, 出場者.

pang /pǽŋ パング/ 图ⓒ ❶ (突然の)激痛.
❷ (精神的)苦しみ, 苦悩.

pan·han·dle /pǽnhæ̀ndl パンハンドル/ 图ⓒ《米》(他の地域に入りこんでいる)突き出た細長い土地.
— 動自《米口語》(通りで)物乞いをする.

pan·han·dler /pǽnhæ̀ndlər パンハンド

abcdefghijklmno**p**qrstuvwxyz　　　　　　　　　　　　　　　　　　　　paper

ラ/名C《米口語》(通りの)物乞い(人).

***pan·ic** /pǽnik パニック/ 名(複 ~s /-s/)
❶UC ⓐ (突然の抑えようのない)**恐怖**.
ⓑ (集団が)あわてふためくこと, パニック.
❷C〖経済〗恐慌, パニック.
— 動(~s /-s/; pan·icked /-t/; -ick·ing)自(恐怖で)あわてふためく.
— 他 …を(突然の恐怖で)うろたえさせる.
▶名❶get into a *panic* パニック状態になる / in a *panic* パニック状態になって.
— 動他Don't *panic*! (みなさん)落着いて.

pan·ic-strick·en /pǽnik-strìkən パニック・ストリクン/ 形恐怖でどうしてよいかわからない.

pan·o·ra·ma /pæ̀nərǽmə パノラマ/ (★アクセント注意)名Cパノラマ, 全景.

pan·o·ram·ic /pæ̀nərǽmik パノラミック/ 形パノラマ式の, 全景の. ▶have a *panoramic* view 広く全体的に見渡す.

pan·sy /pǽnzi パンズィ/ 名(複 pan·sies /-z/)C〖植物〗パンジー, サンシキスミレ.

pant /pǽnt パント/ 動自 (激しい運動や暑さで)あえぐ, 息切れする.
— 他 …をあえぎながら言う.
▶自He *panted* as he climbed up the hill. 彼はハアハアいいながら丘を登った.
— 他 "Help me," she *panted*. 「助けて」と彼女はあえぎながら言った.

pan·ther /pǽnθər パンサ/ 名(複 ~s /-z/, pan·ther) 〖動物〗C ❶ⓐヒョウ (leopard). ⓑクロヒョウ (black leopard). ❷(米)ピューマ (puma, cougar, jaguar).

pan·ties /pǽntiz パンティズ/ 名複 (婦人・子ども用の)パンティー.

pan·to·mime /pǽntəmàim パントマイム/ 名(★アクセント注意) ❶UC無言劇, パントマイム. ❷UC(英)(クリスマスの)おとぎ芝居. ❸U身ぶり, 手まね.

pan·try /pǽntri パントリ/ 名(複 pan·tries /-z/)C ❶(家庭の)(小さな)食料貯蔵室.
❷(大きな家やホテルの)食器室.

***pants** /pǽnts パンツ/ 名複 ❶(米)**ズボン** (trousers), スラックス (slacks).
❷ⓐ (婦人・子どもの)パンツ, パンティー (panties).
ⓑ (英)(紳士下着の)パンツ, ズボン下.
　語法 (1) 1本であっても These *pants* are nice. (このズボンはすてきだ)のように複数扱いである.
(2) 数えるときは a pair of *pants* (ズボン1本), two pairs of *pants* (ズボン2本)のようにいう.
▶名❶wear *pants* ズボンをはいている.

pant·suit /pǽntsù:t パントスート/ 名C《米》(婦人用)パンツスーツ《ジャケットとズボンを組み合わせた一揃い》. ◎(英)では trouser-suit).

pan·ty·hose /pǽntihòuz パンティホウズ/ 名複(米)パンティーストッキング (◎(英)では tights; panty stockings とはいわない).

***pa·pa** /pá:pə パーパ | pəpá:/ 名(複 ~s /-z/)C(小児語)**パパ**, おとうちゃん.

pa·pa·cy /péipəsi ペイパスィ/ 名(複 pa·pa·cies /-z/)Cローマ教皇 (the Pope)の職[任期, 権威].

pa·pal /péipəl ペイパル/ 形 ❶ローマ教皇 (the Pope)の. ❷カトリック教会の.

pa·pa·raz·zo /pà:pərá:tsou パーパラーツォウ/ 名C(複 -zi /-tsi:/)《ふつう複数形で》パパラッチ《出版を目的として無断で有名人のスナップ写真を撮る人》.

pa·pa·ya /pəpáiə パパイア/ 名C〖植物〗パパイヤ(の実).

****pa·per** /péipər ペイパ/ 名(複 ~s /-z/)
❶U紙;《形容詞的に》紙の.
❷C新聞 (newspaper).
❸C(学生が書く)論文, レポート(◎この意味では report を用いない).
❹C試験問題, 答案(用紙).
❺《複数形で》書類, 証明書.
— 動他 ❶…を紙に包む.
❷(壁)に紙をはる.

名❶a piece of *paper* 1枚の紙 / two sheets of *paper* (形・大きさが一定の)2枚の紙 / wrapping *paper* 包み紙 / a *paper* flower 紙でつくった花.
❷Is there anything interesting in today's *paper*? きょうの新聞にはな

nine hundred and fifty-five　　　　　　　　　　　　　　　　　　　　955

paperback

にかおもしろいことが出ていますか / an evening *paper* 夕刊.
❸a *paper* on air pollution 大気汚染に関する論文[レポート] / hand in a *paper* レポートを提出する.
❹The chemistry *paper* was a very easy one. 化学の試験問題はとてもやさしかった / mark *papers* 答案を採点する. ❺secret *papers* 秘密書類.

on paper ①紙の上では, 理論上では: His plan looks good *on paper*. 彼の計画は理論上はよさそうだ. ②(口頭ではなく)書いた[印刷した]もので.

pa·per·back /péipərbæk ペイパバック/ 名 ❶Ｃペーパーバック((柔(ゃ)らかい)紙表紙の本; ☞ hardcover). ❷Ｕペーパーバック版[形式].
— 形 ペーパーバックの.
▶ 名 ❷ read a novel *in paperback* 小説をペーパーバックで読む.

pa·per·boy /péipərbòi ペイパボイ/ 名Ｃ (男性の)新聞売り人[配達人].

páper clíp 名Ｃ(書類をとめる)クリップ.

pa·per·girl /péipərgə̀ːrl ペイパガール/ 名Ｃ(女性の)新聞売り人[配達人].

pa·per·weight /péipərwèit ペイパウェイト/ 名Ｃ紙押さえ, 文鎮(ᡱん)((❹単に weight ともいう)).

pa·per·work /péipərwə̀ːrk ペイパワーク/ 名Ｕ書類事務.

pa·pri·ka /pæprí:kə パプリーカ/ 名
❶Ｃ[植物]パプリカ((トウガラシの類)).
❷Ｕパプリカ(辛みの少ない香辛(ᡱん)料).

Pap·u·a /pǽpjuə パピュア/ 名パプア((パプアニューギニア (Papua New Guinea) の別名)).

Pápua Nèw Guínea 名パプアニューギニア((ニューギニア島の東半分と付近の島々からなる共和国)).

par /páːr パー/ 名Ｕ ❶同等, 同位. ❷標準, 平均. ❸(健康などの)状態. ❹[ゴルフ]パー(各ホールについての基準打数)).

above [***below***] ***par*** 標準以上[以下]で.

on a par with ... …と同様[同等]で.

up to par ①標準に達して. ②(健康が)いつもの状態で.

par·a·ble /pǽrəbl パラブル/ 名Ｃたとえ話, 寓話(ᡱゎ).

pa·rab·o·la /pərǽbələ パラボラ/ 名Ｃ

❶放物線. ❷放物線形のもの.

par·a·chute /pǽrəʃùːt パラシュート/ ((★アクセント注意))名Ｃパラシュート, 落下傘(ᡱん) ((❹単に chute ともいう)).

par·a·chut·ist /pǽrəʃùːtist パラシューティスト/ 名Ｃパラシュートで降下する人.

***pa·rade** /pəréid パレイド/ 名(複 ~s /-dz/) Ｃ ❶(行進している)行列, 行進; (着飾って音楽に合わせて歩く)パレード.
❷見せびらかし, 誇示.
— 動 (~s /-dz/; pa·rad·ed /-id/; pa·rad·ing) 他 ❶(通りを)行進する, パレードをする.
❷(閲兵(ᡱぃ)のため)…を整列させる.
❸…を見せびらかす.
— 自 ❶行進する. ❷(閲兵のために)整列する.
▶ 名 ❶ have [hold] a *parade* パレードをする[催す] / a circus *parade* サーカスのパレード / walk in a *parade* 行列を作って歩く.

make a parade of ... …を見せびらかす.

on parade ①(軍隊が)閲兵を受けて. ②(俳優・ダンサーなどが)総出演で, オンパレードで.

— 動 他 ❶The band *paraded* the main streets. バンドが本通りを行進した.

***par·a·dise** /pǽrədàis パラダイス/ ((★アクセント注意))名 (複 -dis·es /-iz/)

❶《**Paradise** で》ⓐ天国. ⓑエデンの園 (the Garden of Eden).
❷Ｃ楽園, 天国のように楽しい場所.
▶ ❷Hawaii is called an earthly *paradise*. ハワイは地上の楽園とよばれる.

par·a·dox /pǽrədàks パラドックス │-dɔ̀ks/ ((★アクセント注意))名(複 ~es /-iz/)Ｃ
❶逆説, パラドックス((たとえば The child is father of [to] the man. のように一見矛盾(ᡱゅん)するようにみえるが実際は真理であることば)). ❷矛盾(ᡱゅん)したことば; 矛盾していること[もの, 人].
☞ 形 paradoxical.

par·a·dox·i·cal /pærədáksikəl パラダクスィカル/ 形 ❶逆説的な. ❷矛盾(ᡱゅん)している.
☞ 名 paradox.

par·a·dox·i·cal·ly /pærədάksikəli パラダクスィカリ/ 副 ❶ 逆説的に(いえば). ❷《文全体を修飾して》矛盾(ﾑｼﾞｭﾝ)したことだが.

par·af·fin /pǽrəfin パラフィン/ 名 U ❶ パラフィン, 石ろう(**○ páraffin wàx** ともいう;ろうそくや防水紙を作るのに用いる)). ❷《英》灯油(**○ páraffin òil** ともいう;《米》では kerosene).

par·a·gon /pǽrəgὰn パラガン/ 名 C 模範, 典型.

*__par·a·graph__ /pǽrəgræf パラグラフ│-grὰ:f/ 名(複 ~s /-s/)C ❶(文章の)**段落**, 節, パラグラフ《いくつかの文から成る内容にまとまりのある文章のひと区切り;段落が変わると改行し初めの語を数文字下げて書く》.
❷(新聞・雑誌の)小記事, 短評.

Par·a·guay /pǽrəgwài パラグワイ/ 名 パラグアイ《南米中部の共和国》.

par·a·keet /pǽrəkì:t パラキート/ 名 C 〖鳥類〗インコ.

*__par·al·lel__ /pǽrəlèl パラレル/ 形 ❶ **平行の**. ❷ 同様の, 類似した.
— 名(複 ~s /-z/) C
❶ 平行線, 平行するもの.
❷ⓐ 似ているもの.
ⓑ 匹敵するもの.
— 動(~s /-z/; ~ed,《英》par·al·lelled /-d/; ~ing,《英》par·al·lel·ling) 他
❶ …に**平行している**.
❷ⓐ …に類似する. ⓑ …に匹敵する.

形 ❶ two *parallel* lines 2本の平行線 / The railroad line runs *parallel* to [with] the river. 鉄道線路は川と平行している. ❷ Our situation is *parallel* to yours. 私たちの立場はあなたがたの立場に似ている.

— 名 **draw a parallel between ...** (類似を示すために)…を比較する.
in parallel (with ...) (…と)平行して.
on a parallel with ... ① …と平行して. ② …と互角(ｺﾞｶｸ)で.
without (a) parallel 比べるものがない(ほどの), 類のない(ほどの).

— 動 他 ❶ The road *parallels* the river. 道は川に平行している. ❷ⓑ No other student can *parallel* him in math. 数学で彼にかなう生徒はいない.

párallel bárs 名(複)《the をつけて》(体操の)平行棒《○「段ちがい平行棒」は uneven (parallel) bars》.

par·a·lyse /pǽrəlàiz パラライズ/ 動(現分 -lys·ing)《英》= **paralyze**.

pa·ral·y·sis /pərǽləsis パラリスィス/ 名 U ❶ 麻痺(ﾏﾋ), 中風(ﾁｭｳﾌﾞ). ❷ 機能停止, 麻痺状態.
▶ ❶ cerebral *paralysis* 脳性麻痺.
☞ 動 paralyze.

par·a·lyze /pǽrəlàiz パラライズ/《★アクセント注意》動 (現分 -lyz·ing) 他 ❶ …を麻痺(ﾏﾋ)させる, しびれさせる.
❷ …の正常な機能を果たせなくする, 動けなくする.
▶ ❶ His left arm was *paralyzed*. 彼の左腕は麻痺した[していた]. ❷ Heavy snows *paralyzed* the city. 大雪でその都市が麻痺した.
☞ 名 paralysis.

par·a·med·ic /pærəmédik パラメディック/ 名 C 医療補助員.

pa·ram·e·ter /pərǽmətər パラミタ/ 名 C《ふつう複数形で》要素, 要因.

par·a·mil·i·tar·y /pærəmílətèri パラミリテリ/ 形 (非合法組織が)軍隊組織的な.

par·a·mount /pǽrəmàunt パラマウント/《★アクセント注意》形 最高の, 最もすぐれた.

par·a·noi·a /pærənóiə パラノイア/ 名 U ❶ パラノイア, 偏執病. ❷ 被害妄想.

par·a·noid /pǽrənòid パラノイド/ 形 ❶ 偏執病の. ❷ 被害妄想の.
— 名 C ❶ 偏執病患者. ❷ 被害妄想のひどい人.

par·a·pher·na·lia /pærəfərnéiliə パラファネイリア/ 名 U ❶ 身の回りの品. ❷ めんどうなこと.

par·a·phrase /pǽrəfrèiz パラフレイズ/《★アクセント注意》動 (現分 -phras·ing) 他 …をわかりやすいことばで言い換える, パラフレーズする.
— 名(複 -phras·es /-iz/) C (やさしい表現での)言い換え, パラフレーズ.

par·a·site /pǽrəsàit パラサイト/ 名 C ❶ 寄生動物[植物]. ❷ 居候(ｲｿｳﾛｳ).

par·a·sit·ic /pærəsítik パラスィティック/ 形 ❶ 寄生的な. ❷ 寄生虫によって起こる.

par·a·sol /pǽrəsɔ̀(:)l パラソ(ー)ル/ 名 C パラソル, 婦人用日がさ(**○ sunshade** の

parole

❶ U.C パロディ《有名な詩や文章をこっけいにまたは風刺的にもじった作品》.

❷ C へたなまねごと.

pa·role /pəróul パロウル/ 名 U (刑務所からの)仮釈放. ▶on *parole* 仮釈放されて.

par·rot /pǽrət パロト/ 名 C ❶ 〖鳥類〗オウム. ❷ わけもわからずに人のことばや行為をまねる人.

— 動 他 (ことばなど)を(わけもわからずに)機械的にくり返す.

pars·ley /pάːrsli パースリ/ 名 U 〖植物〗パセリ.

***part** /pάːrt パート/ 名 (複 ~s /-ts/)

❶ⓐ C **部分**, 一部 (反 whole).

ⓑ《(a) part of ... で》…の**一部(分)**.

❷ C 《しばしば複数形で》(機械などの)**部(分)品**.

❸ⓐ C **役割**, 役目.

ⓑ C (劇などの)役; せりふ.

❹《複数形で》地方, 地域.

❺ C (書物などの)部, 編, 巻.

❻ U (論争・利害関係などの)(一方の)側.

❼ C 〖音楽〗声部, 音部, パート.

❽ C 《米》(髪の)分け目 (➡《英》では parting).

— 動 (~s /-ts/; ~·ed /-id/; ~·ing)自

❶ **別れる**. ❷ 分かれる, 割れる, 切れる.

— 他 …を**分ける**, 切断する, 引き離す.

名 ❶ⓐ The greater *part* of his income was spent on books. 彼の収入の大部分は本に費やされた / Some *parts* of his article are interesting. 彼の論文にはところどころおもしろい部分がある. ⓑ *Part* [*A part*] *of* the apple is rotten. そのリンゴは一部分くさっている / *Part* [*A part*] *of* the class were absent. クラスのなん人かは欠席だった (《➡the class には複数の生徒がいるのでその一部でも複数扱い》).

❷ spare *parts* for a motor モーターの予備部分品.

❸ⓐ play *an* important *part* 重要な役割を果たす. ⓑ play the *part* of Hamlet ハムレットの役を演じる.

❹ Some *parts* of the country are dangerous to travel in. その国の一部の地方は旅行するには危険だ.

❺ The book is divided into three *parts*. その本は三部に分かれている.

❻ The error was on our *part*. まちがったのはわれわれの方です.

for my part 私としては：I, *for my part*, don't care. 私(の方)はかまいません.

for the most part ①**大部分は**：They were *for the most part* high

イギリスやアメリカの議会と日本の国会

	イギリスの議会 (Parliament)	アメリカの議会 (Congress)	日本の国会 (the Diet)
上院 (the Upper House)	the House of Lords	the Senate	日本の参議院(議員)は (Member of) the House of Councilors
上院議員	Member of the House of Lords あるいは Lord	Senator	
下院 (the Lower House)	the House of Commons	the House of Representatives	日本の衆議院(議員)は (Member of) the House of Representatives
下院議員	Member of Parliament	Congressman, Representative, Member of Congress	
国会議事堂	the Houses of Parliament	the Capitol	the Diet Building

abcdefghijklmno **p** qrstuvwxyz　　　　　　　　　　　**particular**

school students. 彼らは大部分が高校生だった。②いつもは，たいていは．

***in part* 一部分は**，いくぶん：The rumor was *in part* true. そのうわさは一部分はほんとうだった．

***on ...'s part* = *on the part of ...* …の側では**，…としては：There was no such intention *on my part*. 私にはそんな意図はなかった．

***part and parcel* 重要な部分**．

***take part in ...* …に加わる**，参加する：I *took part in* the contest. 私はコンクールに参加した．

***take ...'s part* …に味方する**：We *took his part* in the dispute. 私たちはその論争で彼に味方した．

***take the part of ...* = *take ...'s part*．
☞ 形 partial．

— 動 ⾃ ❶ They *parted* at the station. 彼らは駅で別れた / Let's *part* (as) friends. 仲よく別れよう．

❷ The road *parted* there. 道はそこで分かれた．

— ⾷ ❶ He *parted* the two dogs. 彼はその２匹の犬を引き離した / *Part* your hair. 髪を分けなさい．

***part company* (*with* ...) (…と)(つき合いなどをやめて)別れる**：He *parted company with* his girlfriend. 彼は恋人と別れた．

***part from ...* …と別れる**；…とつき合わなくなる：He *parted from* her at the station. 彼は駅で彼女と別れた．

***part with ...* …を手放す**：I don't want to *part with* my house. 私は自分の家を手放したくない．

***par·tial** /páːrʃəl パーシャル/ 形 (*more* ~; *most* ~) ❶ **一部分の**，部分的な (⾨ total). ❷ 不公平な，えこひいきする (⾨ impartial). ❸ (…が)とくに好きで(ある)；(…を)えこひいきして(いる)．

▶❶ make a *partial* payment on ... …の代金の一部を払う． ❷ A judge should not be *partial*. 裁判官は不公平であってはならない． ❸ She *is partial to* chocolates. 彼女はチョコレートがとくに好きだ．

☞ 名 ❶ では part,
❷，❸ では partiality．

par·ti·al·i·ty /pàːrʃiǽləti パーシアリティ/

名 ❶ Ⓤ 不公平，えこひいき (⾨ impartiality). ❷ ⟪*a* をつけて⟫ 特別な好み．
☞ 形 partial ❷, ❸．

par·tial·ly /páːrʃəli パーシャリ/ 副 ❶ 部分的に． ❷ 不公平に．

▶❶ It's *partially* true. それは一部正しい．

par·tic·i·pant /paːrtísəpənt パーティスィパント/ 名 Ⓒ 参加者，関与者．

▶*participants* in the marathon マラソン競走参加者．

***par·tic·i·pate** /paːrtísəpèit パーティスィペイト/ (★アクセント注意) 動 (~s /-ts/; -pat-ed /-id/; -pat-ing) ⾃ ⟪**participate in** ...⟫ **…に参加する**，加わる．

▶Many young people *participated in* the contest. 多くの若者がその競技に参加した．
☞ 名 participation．

par·tic·i·pa·tion /paːrtìsəpéiʃən パーティスィペイション/ 名 Ⓤ 参加．
☞ 動 participate．

par·ti·ci·ple /páːrtəsìpl パーティスィプル/ (★アクセント注意) 名 Ⓒ ⟦文法⟧ 分詞 ⟪分詞には現在分詞 (present participle) と過去分詞 (past participle) の２種類がある⟫．

***par·ti·cle** /páːrtikl パーティクル/ 名 Ⓒ
❶ **微粒子**，小片． ❷ ほんの少し． ❸ ⟦文法⟧ 不変化詞 ⟪前置詞・接続詞・感嘆詞など語形変化をしないもの；☞ verbal⟫．

▶❶ small *particles* of nuclear matter 放射性物質の小さな粒．
❷ There wasn't *a particle of* truth in what he said. 彼の言ったことには少しの真実もなかった．

***par·tic·u·lar** /pərtíkjulər パティキュラ/ (★発音注意)

形 (*more* ~; *most* ~) ❶ **特定の**，(同類のものの中で)とくにこの[その] ⟪**○special** は「とくによい」という意味⟫．

❷ 格別の，特別の．

❸ (好みなどが) **やかましい**，きちょうめんな．

— 名 (複 ~s /-z/) ❶ ⟪複数形で⟫ 詳細，詳しい事実． ❷ Ⓒ (個々の)項目，事項．

形 ❶ Why did you choose *this particular* book? なぜあなたはとくにこの本を選んだのか / On *that particular*

nine hundred and sixty-one　　　　　　　　　961

day, I was very busy. その日に限って私は非常に忙しかった / This is my own *particular* problem. これは私だけの問題です. ❷He was absent for no *particular* reason. これといった理由もなく彼は休んだ. ❸He *is* very *particular about* his food. 彼は食物にたいへんやかましい.

— 名 ❶give *particulars* 詳細に述べる.

***in particular* とくに**, とりわけ (☞成句 in general (⇨ general)): She likes sweet things, and chocolates *in particular*. 彼女は甘いもの, とくにチョコレートが好きだ.

par·tic·u·lar·ly /pərtíkjulərli パティキュラリ/ 副 (中でも)**とくに**, とりわけ. ▶ The teacher praised Tom *particularly*. 先生はとくにトムをほめた / I'm not *particularly* interested. 私はとくに関心があるわけではありません / 対話 "Do you want to go?" – "No, not *particularly*." 「君は行きたいかね」「いや, 別に」.

part·ing /pá:rtiŋ パーティング/ 名 ❶ⓊⒸ別れること, 別離; 死, 分離. ❷Ⓒ(英)(髪の)分け目 (✿(米)では part). ❸Ⓒ分岐点.
— 形 ❶去っていく. ❷別れの.
▶名 ❶on *parting* 別れるときに.
— 形 ❷*parting* words 別れのことば.

par·ti·san /pá:rtizn パーティズン | pà:tizǽn/ 名ⒸⓊ ❶(党派・計画などの)熱烈な支持者, 同志.
❷ゲリラ隊員, パルチザン.
— 形 党派意識の強い.

par·ti·tion /pa:rtíʃən パーティション/ 名 ❶Ⓤ仕切ること, 分割, 区分. ❷Ⓒ(部屋などの)仕切り, 仕切り壁. — 動 ⓗ …を仕切る, 分割する.

*****part·ly** /pá:rtli パートリ/ 副 **部分的に**, 一部分(は, が); いくぶんか. ▶ The town was *partly* destroyed. 町は一部が破壊された / I went there *partly* on business and *partly* for pleasure. 私はひとつには用事でまたひとつには楽しみでそこへ行った.

*****part·ner** /pá:rtnər パートナ/ 名 (複 ~s /-z/) Ⓒ ❶**共同経営者**; 仲間. ❷(トランプ・テニス・ダンスなどの) **パートナー**, 組む相手.
❸配偶者(夫または妻).

part·ner·ship /pá:rtnərʃip パートナシップ/ 名 ❶Ⓤ共同, 協力.
❷Ⓒ共同経営; 合名[合資]会社.

par·tridge /pá:rtridʒ パートリヂ/ 名 (複 par·tridge, -tridg·es /-iz/) Ⓒ【鳥類】ヤマウズラ.

part-time /pá:rt-táim パート・**タ**イム/ 形 パートタイムの, 非常勤の (✿full-time).
— 副 パートタイムで, 非常勤で.
▶形 a *part-time* job パートタイムの仕事, アルバイト.
— 副 work *part-time* as a waitress ウエートレスとしてパートタイムで働く.

*****par·ty** /pá:rti パーティ/ 名 (複 parties /-z/) Ⓒ

❶**パーティー**, 会合.
❷**政党**, 党派.
❸(共通のことをする)**集団**, 一行.
❹(訴訟(そしょう)などの)当事者, 関係者.

❶have [give, hold] a *party* パーティーを開く / a birthday *party* 誕生祝いの会.

| 類語 | **party** は「社交を目的とする集まり」, **meeting** は「(討議・取り決めを目的とする)会」, **conference** は「(特定の問題について意見を交換する)会議」.

❷a political *party* 政党 / the Republican〔Democratic〕*Party* (アメリカの)共和〔民主〕党 / the Conservative〔Labour〕*Party* (イギリスの)保守〔労働〕党.

❸The *party* took a rest by the river. 一行は川のそばで休憩した / a rescue *party* 救助隊.

❹the other *party* 相手 / an interested *party* 利害関係者 / a third *party* 〔法律〕第三者.

párty lìne 名 «**the** をつけて» (政党の)政策.

*****pass** /pǽs パス | pá:s/ 動 (~es /-iz/; ~ed /-t/; ~ing)
⾃ ❶**通る**, 通り過ぎる; 追い越す.
❷(時間が) **たつ**, 経過する.

❸(通り過ぎて)(い)なくなる, 去る.
❹(試験などに)**パスする**, 合格する(反 fail).
❺(議案などが)**通過する**.
❻通用する, 認められる; 大目に見られる.
❼(ことばなどが)やりとりされる, 伝わる.
❽〖球技〗ボールをパスする;〖トランプ〗パスする.
— 他 ❶…(のそば[前])を**通る**, 通り過ぎる.
❷…と**すれちがう**; …を**追い越す**.
❸(時)を**過ごす**, 送る.
❹ⓐ(試験など)に**合格する**(反 fail).
ⓑ…を合格させる.
❺ⓐ…を**手渡す**, 順に送る.
ⓑ(ことばなど)を伝える.
❻ⓐ(議案など)を**可決する**.
ⓑ(議案などが)…を通過する.
❼ⓐ(手など)をさっと動かす. ⓑ(糸など)を通す. ⓒ(目など)をざっと通す.
❽〖球技〗(ボール)をパスする.
— 名 (複 ~ es /-iz/) © ❶**通行[入場]許可証**, パス, (無料)入場[乗車]券.
❷**山道**, 峠(とうげ). ❸**合格**.
❹〖トランプ〗パス; 〖球技〗パス.

....

動 自 ❶Let me *pass*, please. 通してください / The car *passed* in front of me. 車は私の前を通り過ぎた.
❷Ten years have *passed* since he died. 彼が死んで10年になる.
❸The typhoon has *passed*. 台風は去った / The fever *passed*. 熱はさがった.
❹They all took the examination, but he alone *passed*. 彼らは皆試験を受けたが彼だけが合格した.
❺The new bill will not *pass* during this time. その新しい法案は今回は通過しないだろう.
❻She *passes* by [under] the name of Aunt Mary. 彼女はメアリーおばさんの名で通っている / Don't let the smallest mistake *pass*. どんな小さなまちがいでも見逃してはいけない.
❼The story *passed* round the town. その話は町中に広まった.
— 他 ❶We *passed* his house on our way home. われわれは帰り道に彼の家の前を通った.
❷I *passed* Mr. Brown in the park. 私は公園でブラウン氏とすれちがった[を追い越した].
❸I *passed* the evening with my old classmates. 私はその晩はむかしの同級生たちと過ごした.
❹ⓐShe *passed* her chemistry test. 彼女は化学の試験に通った.
ⓑThe teacher *passed* him in the examination. その試験で先生は彼を合格させた.
❺ⓐ ☞ 下のさし絵.

対話
「塩をとってくださいませんか」
「はい, どうぞ」

Will you pass me the salt?
Certainly. Here you are.

ⓑThe news was at once *passed* round the village. そのニュースはすぐ村中に広まった.
❻ⓐThe committee *passed* the bill. 委員会はその法案を通過させた.
ⓑThe bill *passed* Congress. その法案は議会を通った.
❼ⓐ*pass one's* hand over the bedspread ベッドカバーをなでる.
ⓑ*pass* a string through a pipe パイプにひもを通す.
ⓒ*pass* an eye over the papers その書類にざっと目を通す.

pass around [round] 他 …を順々に回す, ぐるりと回す.
pass as ... = *pass for ....*
pass away 自 ①(時が)**過ぎ去る**, (雨などが)やむ, (痛みが)なくなる. ②(人が)**なくなる**, 死ぬ (✿die の遠まわしの表現).
— 他 (時)を(楽しく)過ごす.
pass by 自 ①(そばを)**通り過ぎる** (☞ passer-by): I saw her *passing by*. 私は彼女が通って行くのを見た. ②(時が)過ぎ去る. — 他 ①…を無視する; …を

passable

避ける：We cannot *pass by* her opinion. われわれは彼女の意見を無視できない. ②…を見過ごす, 大目に見る.
pass by ... …のそばを通り過ぎる：I *passed by* her house on the way to work. 私は仕事に行く途中で彼女の家の前を通った.
pass for ... (本当はそうでないのだが)…で通る, 通用する：He *passes for* a great scholar. 彼はえらい学者で通っている.
pass off ⓐ①(痛みなどが)だんだん消える：The headache *passed off*. 頭痛がだんだんおさまった. ②(事が)(順調に)行なわれる, 進行する.
pass on ⓐ①先へ進む, 通り過ぎる：*pass on* to the next problem 次の問題へ移る. ②(時が)過ぎ去る. ③＝*pass away* ⓐ②. ── ⓑ (物など)を次へ回す, 伝える：Please *pass* this note *on* to Mr. Kato. このメモを加藤さんに回してください.
pass out ⓐ①気を失う. ②＝*pass away* ⓐ②. ── ⓑ…を配る.
pass over ⓑ①…を省く, 略す, 無視する：You may *pass over* this problem. あなたはこの問題をとばしてもいい. ②…を見落とす, 見過ごす, 大目に見る. ③…をひそかに人に渡す.
pass over ... …を横切る, 越えて行く；…の上[上空]を通り過ぎる：*pass over* a hill 丘を越えて行く.
pass through ⓐ通り抜ける.
pass through ... ①…を通り過ぎる：*pass through* a tunnel トンネルを通り抜ける. ②…を経験する：*pass through* many hardships 多くの困難を経験する.
pass up ⓑ①(チャンスなど)を逃がす. ②(申し出など)を断わる.

☞ 图passage.

── 图 ❶You need a *pass* to get into the building. そのビルに入るには許可証がいる／a free *pass* 無料入場[乗車]券. ❷go up a mountain *pass* 山道を登る. ❸get a *pass* 合格する.
come to pass 《文語》①(物事が)起こる. ②(予言などが)実現する.
make a pass at ... 《口語》(とくに男性が)(女性に)言い寄る, モーションをかける.

pass·a·ble /pǽsəbl パサブル/ 圏 ❶ (質などが)まずまずの, まあまあの, 間に合う程度の.
❷ (道が)通行できる (反impassable).
▶❶a *passable* knowledge of English まあまあの英語の知識.

***pas·sage** /pǽsidʒ パスィヂ/ 《★発音注意》图 (履 -sag·es /-iz/)
❶Ⓤ 通行, 通過；(時間の) 経過.
❷Ⓒ (狭い) 道路, 小道；廊下.
❸Ⓤ (議案などの) 通過.
❹《単数形で》海[空]の旅；旅の費用.
❺Ⓒ (文章・音楽などの) 一節.

❶the *passage* of vehicles 車両の通行／with the *passage* of time 時がたつにつれて.
❷a *passage* between two buildings 2つのビルの間の小道.
❸the *passage* of a bill 法案の通過.
❹a *passage* across the Atlantic 大西洋横断の航海[空の旅].
❺read a *passage* from the Bible 聖書の一節を読む.

☞ 動pass.

***pas·sen·ger** /pǽsəndʒər パセンチャ/ 《★アクセント注意》图 (履 ~s /-z/) Ⓒ (列車・飛行機・船・バスなどの) 乗客. ▶The car can carry five *passengers*. その車は5人の乗客を乗せられる.

pássenger càr 图Ⓒ客車.
pássenger sèat 图Ⓒ乗客席, (自動車の運転席の隣の) 助手席.

pass·er·by /pǽsərbái パサ・バイ/ 图 (履 pass·ers·by /pǽsərz-/) Ⓒ 通行人, 通り合わせた人.

***pass·ing** /pǽsiŋ パスィング | pάːs-/ 图Ⓤ
❶ⓐ 通行, 通過. ⓑ (時間の) 経過.
❷消滅, 終わり；死.
── 圏 ❶通過する, 通りがかりの.
❷一時の, つかの間の.
▶图 ❶ⓐNo *Passing* 《掲示》追い越し禁止 《道路の標識》.
ⓑthe *passing* of time 時の経過.
── 圏 ❶a *passing* taxi 通りがかりのタクシー. ❷*passing* joys つかの間の喜び.

***pas·sion** /pǽʃən パション/ 图 (履 ~s /-z/)
❶Ⓤ 激情, 情念, 情熱 (抑えられない強い愛・怒り・憎しみなど).

❷《単数形で》**強い好み**; 非常に好きなもの.
❸《a をつけて》激怒, かんしゃく.
❹《the Passion で》キリストの受難.
▶ ❶ with *passion* 情熱的に, 激しく.
❷ He has *a passion* for classical music. 彼はクラシック音楽が非常に好きだ / Tennis is his *passion*. 彼はテニスがとても好きだ. ❸ get into *a passion* かっとなる / in *a passion* かっとなって.

☞ 形 passionate.

*pas·sion·ate /pǽʃənət パショネット/《★発音注意》形 (more ~; most ~)
❶ **熱烈な**, 情熱的な (反 dispassionate).
❷ 感情に動かされやすい, おこりっぽい.
▶ ❶ He has a *passionate* interest in politics. 彼は政治に熱烈な関心がある / a *passionate* woman 情熱的な女性.

☞ 名 passion.

pas·sion·ate·ly /pǽʃənətli パショネットリ/ 副 熱烈に.

pas·sion·less /pǽʃənlis パションリス/ 形 情熱のない.

*pas·sive /pǽsiv パスィヴ/ 形 (more ~; most ~) ❶ **受動的な**, 受身の, 活動的でない, 消極的な (反 active). ❷〖文法〗**受身の**, 受動態の (反 active).
— 名《the をつけて》〖文法〗受動態.
▶ 形 ❶ a *passive* person 自分から進んでやろうとしない人 / *passive* resistance (暴力を用いない)消極的抵抗.

pas·sive·ly /pǽsivli パスィヴリ/ 副 受身で, さからわずに, 消極的に.

pássive smóking 名Ⓤ 受動喫煙《他人のたばこの煙をそばにいて吸ってしまうこと》.

pass·key /pǽskì: パスキー/ 名Ⓒ 親かぎ, マスターキー《❶master key ともいう》.

Pass·o·ver /pǽsòuvər パソウヴァ/ 名Ⓒ 〖ユダヤ教〗過ぎ越しの祝い《ユダヤ人の祖先たちのエジプトにおける奴隷状態からの解放を記念して行なう春の祭》.

*pass·port /pǽspòrt パスポート | pá:spò:t/ 名 (腹 ~s /-ts/)Ⓒ ❶**パスポート**, 旅券.
❷(目的を達成するための)手段.
▶ ❶ This *passport* has already expired. このパスポートはもう期限が切れ

ている. ❷ a *passport* to success 成功への手段.

pass·word /pǽswə̀:rd パスワード/ 名Ⓒ
❶(秘密の)合いことば. ❷〖電算〗パスワード《ネットワークなどに接続する際, 本人であることを確認するための暗号》.

past /pǽst パスト | pá:st/ 形
❶ **過去の**, 過ぎ去った.
❷ 今までの, 最近の.
❸ 前任の, もとの.
❹〖文法〗過去(時制)の (☞ present¹ ❸).
— 名 ❶《the をつけて》**過去** (☞ future ❶).
❷《単数形で》**過去の経歴**, 過去の歴史.
❸《ふつう the をつけて》〖文法〗**過去(時制)**.
— 前 ❶ …を過ぎて, (何分)過ぎ 《◐「…前」は to》.
❷ …を通り過ぎて, (場所)の先に.
❸ …以上, …のおよばない.
— 副 (場所・時を)通り越して, 過ぎて.

形 ❶ Let me tell you about my *past* life. 私の過去の生活についてお話しましょう / The time for discussion is *past*. もう議論をしている時ではない.
❷ I have been studying Chinese for the *past* few years. 私はこの何年かずっと中国語を勉強しています / I have been ill for some time *past*. 私はこのしばらく病気でした《◐現在完了とともに用いる》.
❸ three *past* chairpersons of the committee 委員会の 3 人の元委員長.
— 名 ❶ He did many things in *the past*. 彼は過去に多くの事をした.
❷ He never spoke about his *past*. 彼は自分の過去のことは何も話さなかった / a woman with a *past* 過去をもった女性.
— 前 ❶ It is five (minutes) *past* three. 3 時 5 分すぎです《◐時刻のときは《米》では It is five (minutes) after three. ともいう》/ It is *past* midnight. (夜の)12時過ぎです / That old man is *past* ninety. あの老人は90歳を越している. ❷ He ran *past* my house. 彼は私の家の前を走り過ぎた / They walked *past* me. 彼らは私の前を歩い

patriotic

pat·ri·ot·ic /pèitriátik ペイトリアティック | pætriɔ́t-/ 形 愛国的な, 愛国心の強い. ▶a *patriotic* song 愛国的な歌.
☞ 名 patriot.

pat·ri·ot·ism /péitriətìzm ペイトリオティズム | pǽt-/ 名 U 愛国心.

*__pa·trol__ /pətróul パトロウル/ 名 (複 ~s /-z/) ❶ U パトロール, 巡視, 巡回.
❷ C 巡回者; パトロール隊[船, 機].
— 動 (~s /-z/; pa·trolled /-d/; pa·trol·ling) 他 …を巡回する, パトロールする.
— 自 巡回する, パトロールする.
▶名 *on patrol* パトロール中(で): The policeman was *on patrol*. その警官はパトロール中だった.

patról càr 名 C (警察の)パトロールカー, パトカー (○prowl car ともいう).

pa·trol·man /pətróulmən パトロウルマン/ 名 (複 patrol·men /-mən/) C (米) パトロール警官.

pa·tron /péitrən ペイトロン/ (★発音注意) 名 C ❶ 後援者, (芸術家などの)パトロン. ❷ (店などの)ひいき客, 常連.

pat·ron·age /pǽtrənidʒ パトロニチ, péit-/ 名 U ❶ 後援, 保護, 援助. ❷ (商店などを)ひいきにすること, 引き立て.

pat·ron·ize /péitrənàiz ペイトロナイズ, pǽt-/ 動 (現分 -iz·ing) 他 ❶ …を後援する. ❷ (店など)をひいきにする. ❸ …に対して恩をきせるような態度をとる, 先輩ぶる.

pa·tron·iz·ing /péitrənàiziŋ ペイトロナイジング, pǽtrə-/ 形 いばった, おうへいな.

pátron sáint 名 C 守護聖人 (むかし地域や職業などを守ると考えられた聖人; イングランド (England) の聖ジョージ (Saint George), スコットランド (Scotland) の聖アンドルー (Saint Andrew), アイルランド (Ireland) の聖パトリック (Saint Patrick) など).

pat·ter /pǽtər パタ/ 動 自 ❶ (雨などが)パラパラと音を立てる.
❷ (小走りに)パタパタ走る.
— 名 U ❶ パラパラ(雨の音); パタパタ(足音). ❷ ぺらぺらしゃべること, 早口.
▶動 自 ❶ The rain *pattered* on the windowpane. 雨が窓ガラスにパラパラと当たった.

*__pat·tern__ /pǽtərn パタン/ (★アクセント注意) 名 (複 ~s /-z/) C ❶ (服地・壁紙などの) **模様**, 図案.
❷ **模範**, 手本.
❸ **型**, 原型, 型紙; (服地などの)見本.
❹ (行動・思考などの) **型**, 模式, パターン.
— 動 他 ❶ …をまねて作る, 模造する.
❷ …に模様をつける.

名 ❶ clothes with flower *patterns* 花模様の服. ❷ She is a *pattern* of elegance. 彼女は実に上品な人である. ❸ a paper *pattern* for a dress 婦人服の型紙. ❹ the *patterns* of young people's behavior 若者たちの行動のパターン.

pat·terned /pǽtərnd パタンド/ 形 模様のついた.

pat·ty /pǽti パティ/ 名 (複 pat·ties /-z/) C ❶ (肉などの入った)小さいパイ.
❷ (丸く平たく固めた)ひき肉料理.

Paul /pɔ́ːl ポール/ 名 ポール (男性の名).

paunch /pɔ́ːntʃ ポーンチ/ 名 (複 ~es /-iz/) C (とくに男の)つき出た太鼓腹 (☞ potbelly).

pau·per /pɔ́ːpər ポーパ/ 名 C (生活保護を受けている)貧困者, 貧乏人.

*__pause__ /pɔ́ːz ポーズ/ 名 (複 paus·es /-iz/) C ❶ **小休止**, とぎれ; 休息. ❷ 〖音楽〗延長記号, フェルマータ (⌒ または ⌣).
— 動 (paus·es /-iz/; paused /-d/; paus·ing) 自 ❶ (一時) **休止する**; ひと息入れる; 立ち止まる. ❷ よく考える; ためらう.

名 ❶ He made a short *pause* and then went on reading. 彼はちょっと休んでまた読み続けた / after a *pause* 少し休んで.

give pause to ... = ***give ... pause*** (人)に(ちゅうちょさせて)ちょっと考えさせる.
— 動 自 ❶ The dog *paused* when he heard me. 犬は私の声を聞いて立ち止まった.

pave /péiv ペイヴ/ 動 (現分 pav·ing) 他 …を舗装する. ▶*pave* a street 道路を舗装する / The street is *paved with* stone. その通りは石が敷いてある.

***pave the way for [to]* ...** …への道を開く, …への準備をする.

968

abcdefghijklmno**p**qrstuvwxyz　　　　　　　　　　　　　　　　　　　　　**pay**

☞ 名pavement.

*pave·ment /péivmənt ペイヴメント/ 名
(複 ~s /-ts/) ❶ C 舗装道路. ❺ U 舗
装. ❷ C (英)(舗装された)歩道(《✪(米)で
は sidewalk》).

☞ 動pave.

pávement àrtist 名 C (英)街頭画家
《歩道やそこに置いた紙に絵を描いて見る人か
らお金をもらう人; ✪(米)では sidewalk
artist》.

pa·vil·ion /pəvíljən パヴィリョン/ 名 C
❶ (博覧会などの)展示館, パビリオン.
❷ (園遊会・競技会などの)大テント.

páv·ing stòne /péiviŋ- ペイヴィング·/
名 C 敷石(舗装用).

paw /pɔ́ː ポー/ 名 C (犬・ネコなどの)足(つ
め (nail または claw) のある動物の足をいう;
☞ hoof, foot).
— 動 他 ❶ (動物が)…を前足で打つ
[ひっかく]. ❷ (馬などが)(地面など)をひ
づめでける.

pawn[1] /pɔ́ːn ポーン/ 名 ❶ U 質(ぢ). ❷ C
抵当物. — 動 他 …を質に入れる.
▸名 ❶ be in *pawn* 質に入っている /
put ... in *pawn* …を質に入れる.

pawn[2] /pɔ́ːn ポーン/ 名 C ❶ 〖チェス〗ポー
ン(将棋の歩(ふ)にあたる). ❷ 人の手先.

pawn·bro·ker /pɔ́ːnbròukər ポーンブロ
ウカ/ 名 C 質屋《人》. ▸a *pawnbroker's*
shop 質店.

pawn·shop /pɔ́ːnʃàp ポーンシャップ/ 名
C 質店.
INFO 質店の看板として3個の金色の玉
(golden balls)を並べるところから, 質店
のことを three balls とよぶことがあるのは
イギリスとアメリカに共通である.

*****pay** /péi ペイ/ 動 (~s /-z/; paid
/péid/; ~ing) 他 ❶ ⓐ (金・賃金・借
金など)を**払う**.
ⓑ (人)に払う.
ⓒ 《*pay* ~ ... または *pay* ... *to* ~》(~(人)
に…(金)を払う.
❷ 《*pay* ~ ... または *pay* ... *to* ~》~に…
(注意・敬意など)を**払う**.
❸ (仕事・行為などが)…に**利益をもたらす**,
報いる.
— 自 ❶ **金を払う**, 支払いをする.
❷ (仕事などが)**割に合う**, 引き合う.
❸ 罰を受ける, 償(つぐな)いをする (☞ 成句

pay for ... ②).
— 名 U **給料**, 報酬, 手当 (☞salary).

....

動 他 ❶ ⓐ Did you *pay* the money?
お金は払いましたか / I *paid* 90 dollars
for this sweater. 私はこのセーターに90
ドル払った / *pay* a bill〔debt〕勘定〔借
金〕を払う. ⓑ I must *pay* him tomor-
row. あした彼に払わなくてはならない.
ⓒ I *paid* him 5 dollars.＝I *paid* 5
dollars *to* him. 私は彼に5ドル払った.
❷ *Pay* more attention *to* what
young people say. 若い人たちの言うこ
とにもっと注意を払いなさい.
❸ It won't *pay* you to read that
sort of book. そんな本を読んでもために
はならないよ / The job *pays* $100 a
week. その仕事は週100ドルになる.
— 自 ❶ *pay* in cash 現金で払う /
Let me *pay for* lunch. 昼食代は私に
払わせてください. ❷ It *pays* to work
hard. 一生懸命にやればそれだけのことは
ある / Crime does not *pay*. 犯罪は割
に合わない.

pay back 他 ① (金)を**返す**; (人)に借金
を返す: Please *pay back* the money
soon. そのお金はすぐに返してください /
I'll *pay* you *back* tomorrow. あした
借りたお金を返します. ② …に仕返しをす
る.

pay down 他 ① …を即金で支払う. ②
(月賦などで)…を頭金として払う: I *paid*
$500 *down* on the new car. 私は新
車に頭金を500ドル払った.

pay for ... ① …**の代金を支払う** (☞
pay 他 ❶). ② …のために罰を受ける; …
の償いをする: He made a foolish
mistake and had to *pay* dearly *for*
it. 彼はばかなまちがいをしてひどい目にあっ
た.

pay in 他 (銀行などに)…を払いこむ, 預
金する. — 自 預金する.

pay off 他 ① (借金などを)全部支払う:
He *paid off* his father's debts. 彼は
父の借金をすべて返した. ② …を給料を渡
して解雇する. ③ 《口語》(口止めのために)
…を買収する. — 自 (計画などが)うまく
いく.

pay one's **way** 借金をしないでやって
いく.

nine hundred and sixty-nine

payable

pay out 他 ①（多額のお金）を支払う．②…に仕返しをする．③（ロープなど）を繰り出す．

pay up 他（借金など）を（いやいや）全額払う．

☞ 名payment.

— 名 He gets his *pay* every Friday. 彼は金曜日ごとに給料をもらう／ What's the *pay*? 給料はいくらですか．

pay・a・ble /péiəbl ペイアブル/ 形 ❶ 支払うべき，支払うことができる． ❷（小切手が）〔人に〕支払われるべきで〔to〕．

▶ ❷ a check *payable to* the bearer 持参人払いの小切手．

pay・day /péidèi ペイデイ/ 名 C 給料日．

pay・ee /peií: ペイイー/（★アクセント注意）名 C （手形・小切手などの）受取人．

***pay・ment** /péimənt ペイメント/ 名（複 ~s /-ts/）❶ U 支払い，（お金の）納入（反 nonpayment）．❷ C 支払い金額．❸ U 報酬，償（つぐな）い，罰．

▶ ❶ make *payment* 支払う／ *payment* in full〔in part〕全額〔一部〕払い／ on an easy *payment* plan 月賦（げっぷ）で．❷ monthly *payments* 毎月の支払い金額．

in payment for ... …の報酬として．

☞ 動pay.

pay・off /péiɔ̀(:)f ペイオ(ー)フ/ 名《口語》 ❶ U 支払い，納入．❷ U 報酬，報い． ❸ C 《米口語》献金，わいろ． ❹ C （物語などの）結末，クライマックス．

▶ ❸ a political *payoff* 政治家への贈賄．

páy phòne 名 C 公衆電話．

pay・roll /péiròul ペイロウル/ 名 ❶ C 給料支払い名簿．❷《a をつけて》支払い給料総額．

on〔***off***〕***the payroll*** 雇われて〔解雇されて〕．

PC 《略語》personal computer パソコン; Peace Corps; Politically Correct.

PE /pí:í: ピーイー/ 《略語》physical *education* 体育．

***pea** /pí: ピー/ 名（複 ~s /-z/）C 【植物】エンドウ，エンドウ豆．▶ green *peas* 青エンドウ，グリーンピース．

(as) like as two peas (in a pod) とてもよく似ていて，うり二つで．

****peace** /pí:s ピース/ 名
❶ U **平和**（反 war），和平．
❷ U **平穏**（ぉん），なごやかさ；沈黙，静けさ．
❸《the をつけて》治安，秩序．
❹ U《しばしば **Peace** で》平和条約（◎ peace treaty ともいう）．

❶ world *peace* = the *peace* of the world 世界平和．❷ Let me have a little *peace*. 私を少しそっとしておいてくれ／ the *peace* and quiet of the countryside いなかの平穏さと静けさ／ *peace* of mind 心の平穏．❸ keep〔disturb〕*the peace* 治安を維持する〔乱す〕．❹ the *Peace* of Paris パリ平和条約／ sign the *Peace* 講和条約に調印する．

at peace (with ...) ①（…と）**平和に**，仲よく（反 at *war* (with ...)）：We are *at peace with* all the world. われわれは世界中の人々と友好状態にある．②安らかに．③（遠まわしに）死んで．

hold 〔***keep***〕***one's peace***（言いたいことがあるのに）黙っている．

in peace 安らかに，静かに：May her soul rest *in peace*! 彼女の霊よ安らかに眠れ．

make (one's) peace with ... …と仲直りする．

《同音異形語》piece.

☞ 形peaceful, peaceable.

peace・a・ble /pí:səbl ピーサブル/ 形 ❶ 争いを嫌う．❷ 平和な，穏やかな．

☞ 名peace.

Péace Còrps /pí:s kɔ̀:r ピース コー/ （★発音注意）名《the をつけて》（アメリカの）平和部隊（青年を発展途上国に派遣して，開発援助や技術教育にたずさわらせるボランティア組織；アメリカのケネディ (J. F. Kennedy) 大統領の提唱で1961年に発足；PC と略す）．

***peace・ful** /pí:sfəl ピースフル/ 形 （more ~; most ~）❶ 平和な，平穏な．
❷ 平和的な．

▶ ❶ a *peaceful* country life 静かないなかの生活．
❷ *peaceful* uses of atomic energy 原子力の平和利用．

☞ 名peace.

peace・ful・ly /pí:sfəli ピースフリ/ 副 平和

に, 平穏に, 安らかに.

peace·keep·ing /píːskìːpiŋ ピースキーピング/ 名Ⓤ平和維持.
— 形平和維持のための.
▶形 a *peacekeeping* force 平和維持軍.

peace·time /píːstàim ピースタイム/ 名Ⓤ平(和)時 (反 wartime).
— 形平(和)時の.

peach /píːtʃ ピーチ/ 名(複 ~-es /-iz/)
❶Ⓒ〖植物〗モモ. ❷Ⓒモモの果実.
❸Ⓤモモの皮の色(黄みがかった赤).

pea·cock /píːkɑ̀k ピーカック/ 名Ⓒ(雄の)クジャク(✪「雌のクジャク」は **peahen** /píːhèn ピーヘン/ という; ☞ **cock** ❶ⓑ).

peak /píːk ピーク/ 名Ⓒ
❶(とがった)山頂, 峰. ❷最高点, 絶頂, ピーク. ❸(屋根・アーチなどの)とがった先. ❹(帽子の)ひさし.
— 動⾃頂点[ピーク]になる.

名❶the snow-covered *peaks* 雪をかぶった峰々. ❷He is at his *peak* now. 彼は今が絶頂だ.
《同音異形語》peek.

peal /píːl ピール/ 名Ⓒ(鐘・大砲・雷・笑い・拍手などの)(大きな)響き, とどろき.
— 動⾃鳴り響く, とどろく.
— 他…を鳴り響かせる, とどろかせる.
▶名 a *peal* of thunder 雷鳴 / a *peal* of laughter どっと笑う声.
《同音異形語》peel.

pea·nut /píːnʌ̀t ピーナット/ 名❶ⓐⒸ〖植物〗ナンキンマメ. ⓑⓊⒸピーナッツ, 落花生.

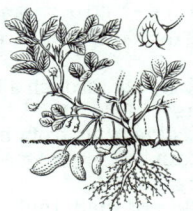

peanut ❶

❷《複数形で》《口語》わずかな金額.
péanut bùtter 名Ⓤピーナッツバター.
*****pear** /péər ペア/ 名(複 ~s /-z/)Ⓒセイヨウナシ《果実は茎のほうが細くなっている. そのまま食べたりかん詰めにしたりするほか, 発酵させてナシ酒 (perry) も作る》.
《同音異形語》pair, pare.

*****pearl** /pə́ːrl パール/ 名(複 ~s /-z/)
❶ⓐⒸ真珠(6月の誕生石).
ⓑ《形容詞的に》真珠(製)の.
❷Ⓒ(露など)真珠に似たもの.
❸Ⓒ貴重な人[もの].
▶❶ an artificial [imitation] *pearl* 人造真珠. ⓑ a *pearl* necklace 真珠のネックレス.

cast pearls before swine ことわざ 「豚に真珠」「ネコに小判」.

peas·ant /pézənt ペザント/ 《★発音注意》名Ⓒ❶(開発途上国などの)小規模自作農, 小作人, 農場労働者(☞farmer). ❷いなか者.

peat /píːt ピート/ 名Ⓤ泥炭(でいたん), ピート《肥料にしたり乾燥させて燃料にする》.

peb·ble /pébl ペブル/ 名Ⓒ(海岸などに見られる水の作用で丸くなった)小石.

pe·can /pikɑ́ːn ピカーン/ 名Ⓒ❶〖植物〗ペカン(北米産; クルミの一種). ❷ペカンの実(食用).

peck /pék ペック/ 動他❶ⓐ(鳥が)(くちばしで)…をつつく. ⓑつついて…を食べる[作る]. ❷《口語》(お義理に)…に軽くキスをする.
— ⾃❶(鳥が)くちばしでつつく, つついて食べる.
❷小言をいう, けちをつける.
— 名Ⓒ❶(くちばしで)つつくこと, つついた跡. ❷《口語》(軽い)キス.
▶動他❶ⓑ A woodpecker is *pecking* a hole in that tree. キツツキがつついてその木に穴をあけている.
— ⾃❶ The chickens were *pecking at* corn. ニワトリがトウモロコシをついばんでいた.

*****pe·cu·liar** /pikjúːljər ピキュリャ/ 形
(more ~; most ~)
❶独特の, 特有の, 特殊な.
❷妙な, 変な.
▶❶ The koala is *peculiar* to Australia. コアラはオーストラリア特有のものだ / She has her own *peculiar* ways. 彼女には独特の癖がある.
❷ This soup has a *peculiar* taste. このスープは妙な味がする.
☞ 名peculiarity.

pe·cu·li·ar·i·ty /pikjùːlíærəti ピキューリアリティ/ (複 -i·ties /-z/) 名 ❶ UC 特性, 特色, 特質. ❷ C 風変わりな点, 癖.
☞ 形 peculiar.

pe·cu·liar·ly /pikjúːljərli ピキューリャリ/ 副 ❶ とくに. ❷ 奇妙に.

ped·a·gog·ic /pèdəgádʒik ペダガヂック/ 形 《文語》= **pedagogical**.

ped·a·gog·i·cal /pèdəgádʒikəl ペダガヂカル/ 形 教育学の; 教育的な.

ped·a·go·gy /pédəgòudʒi ペダゴウヂィ/ 名 U 《文語》教育学, 教授(法).

ped·al /pédl ペドル/ 名 C (ピアノ・自転車などの)ペダル, 踏み板.
— 動 (~s /-z/; ~ed, 《英》ped·alled /-d/; ~ing, 《英》ped·al·ling) 他 …のペダルを踏む. — 自 自転車に乗っていく.
▶ 動 他 *pedal* a bicycle 自転車のペダルを踏む. 《同音異形語》peddle.

pe·dan·tic /pidæntik ピダンティック/ 形 《軽蔑(ケィベッ)的に》学者ぶった, もの知り顔の.

ped·dle /pédl ペドル/ 動 (現分 ped·dling) 自 行商する.
— 他 ❶ …を売り歩く, 行商する. ❷ (うわさなど)を言いふらす.
《同音異形語》pedal.

ped·es·tal /pédistl ペデスィトル/ 名 C (柱や立像の)台, 台座.
put [set] ... on a pedestal …を(その価値以上に)尊敬する, 理想化する.

pe·des·tri·an /pədéstriən ペデストリアン/ 名 C 歩行者, 通行人.
— 形 徒歩の; 歩行者用の.
▶ 名 *Pedestrians* Only. 《掲示》歩行者専用, 車両お断わり.
— 形 a *pedestrian* zone 歩行者専用道路区域, 「歩行者天国」.

pedéstrian cróssing 名 C 《英》横断歩道 (○《米》では crosswalk).

pe·di·a·tri·cian /pìːdiətríʃən ピーディアトリシャン/ 名 C 小児科医.

pe·di·at·rics /pìːdiǽtriks ピーディアトリックス/ 名 U 小児科(学).

ped·i·cure /pédəkjùər ペディキュア/ 名 C ペディキュア《足のつめをみがいてきれいにする美容法; ❀「手のつめの美容法」は man·icure》.

ped·i·gree /pédəgrìː ペディグリー/ 名
❶ U 家系, 血統. ❷ C ❸ (家)系図, 系譜. ❻ (家畜の)血統書.
— 形 (牛・馬などが)血統の明らかな, 血統書つきの.

pee /píː ピー/ 動 自 《俗語》おしっこをする. — 名 《a をつけて》《俗語》おしっこ.
▶ 名 have [take] *a pee* 小便をする.

peek /píːk ピーク/ 動 自 ちらっと盗み見る, (すばやく)そっとのぞく.
— 名 《a をつけて》のぞき見.
▶ 名 take [have] *a peek* at ... …をのぞき見する.
《同音異形語》peak.

peek·a·boo /pìːkəbúː ピーカブー/ 名 U 感 いないいないばあ! (‘Peekaboo!’ といって幼児をあやす).

***peel** /píːl ピール/ 動 (~s /-z/; ~ed /-d/; ~ing) 他 ❶ (果物・野菜など)の皮をむく (☞ pare). ❷ (皮など)をはぐ.
— 自 ❶ (皮などが)むける. ❷ (ペンキなどが)はげ落ちる.
— 名 U (果物・野菜などをむいた)皮.
▶ 動 他 ❶ *peel* a banana バナナの皮をむく. ❷ *peel* the skin off a banana バナナの皮をむく.
— 自 ❶ These apples *peel* easily. これらのリンゴの皮はよくむける. ❷ The paint on the wall is *peeling* off. 壁のペンキがはげ落ち始めている.
《同音異形語》peal.

peel·er /píːlər ピーラ/ 名 C (野菜などの)皮むき器.

peel·ings /píːliŋz ピーリングズ/ 名 複 (ジャガイモ・リンゴなどの)むいた皮.

peep¹ /píːp ピープ/ 動 自 ❶ のぞき見する, こっそりのぞく, そっと見る. ❷ (太陽・月などが)そっと現われる, 顔を出す.
— 名 《a をつけて》のぞき見, ちらっと見ること.
▶ 動 自 ❶ *peep* through a keyhole ドアのかぎ穴からそっとのぞく / Someone is *peeping at* us from behind the curtain. だれかカーテンのかげから私たちをのぞき見している.
— 名 I got [had, took] *a peep* at the room. 私はその部屋をちらりとのぞいた.

peep² /píːp ピープ/ 動 自 (ひな鳥などが)ピーピー鳴く.
— 名 C ピーピー《ひな鳥などの鳴く声》.

peep·hole /píːphòul ピープホウル/ 名 C

ふし穴, のぞき穴.

péep shòw 名©(拡大鏡や箱などの中をのぞいて見る)(いかがわしい)見せ物.

peer[1] /píər ピア/ 名© ❶ (年齢・地位・能力などが)同等の人, 仲間. ❷ 貴族(のひとり).

▶❶ I hope you will treat me as your *peer*. 私を同じ仲間として扱ってほしい.

《同音異形語》pier.

peer[2] /píər ピア/ 動⾃ (よく見えなくて)目をこらしてじっと見る. ▶ I *peered* into the darkness. 私は暗やみを目をこらして見た.

《同音異形語》pier.

peer·age /píəridʒ ピ(ア)リチ/ 名 ❶《the をつけて;集合的に》(一国の)貴族, 貴族階級. ❷ ⓊⒸ 貴族の位, 爵位.

INFO イギリスの貴族の爵位は次の通りである.

	男　性	女性, 夫人
公 爵	duke	duchess
侯 爵	marquess	marchioness
伯 爵	earl	countess
子 爵	viscount	viscountess
男 爵	baron	baroness

なお, イギリス以外の国の貴族の爵位で, イギリスの場合と名称が違うものに次のものがある.

	男　性	女性, 夫人
公 爵	prince	princess
侯 爵	marquis	marquise
伯 爵	count	

残りの5つはすべてイギリスの場合と同じである.

péer gròup 名©(年齢・地位などが同じ)仲間集団.

Peg /pég ペッグ/ 名 ペッグ《女性の名; Margaret の愛称》.

*__peg__ /pég ペッグ/ 名 (複 ~s /-z/)©
❶ (物を掛けたり留めたりするための)**掛けくぎ**《⚫ふつうの「くぎ」は nail》.
❷ (テントなどの)くい.
❸ (英)洗たくばさみ《⚫ clothes peg とも

いう;(米)では clothespin》.
❹ (バイオリンなどの弦を張る)糸巻き.
— 動(~s /-z/; pegged /-d/; pegging)他 …をくぎ[くい]で留める.
▶名❶ a hat *peg* 帽子掛け.

a round peg in a square hole = *a square peg in a round hole* 不適任者《「四角い穴に丸いくぎ, 丸い穴に四角いくぎ」ということから》.

— 動 *peg* down a tent テントをくいで留める.

peg away at ... (口語) …を一生懸命やる.

Peg·a·sus /pégəsəs ペガサス/ 名【ギリシア神話】ペガサス《ペルセウス(Perseus)がメドゥーサ(Medusa)を切り殺したときその血から生まれた翼のある天馬》.

Pegasus

Peg·gie, Peg·gy /pégi ペギ/ 名 ペギー《女性の名; Margaret の愛称》.

pel·i·can /pélikən ペリカン/ 名©【鳥類】ペリカン.

pélican cróssing 名©(英)押しボタン式横断歩道《☞ zebra crossing》.

pel·let /pélit ペリット/ 名© ❶ (紙・ろう・粘土などを指で丸めた)小球. ❷ 小弾丸; 小丸薬.

pelt[1] /pélt ペルト/ 動他 ❶ (石など)を(続けざまに)…に投げつける; …を投げて攻撃する. ❷ (悪口・質問など)を…に浴びせる.
— ⾃ (雨などが)激しく降る.

pelt[2] /pélt ペルト/ 名©(動物の)生皮, (なめす前の)毛皮.

pel·ves /pélvi:z ペルヴィーズ/ 名 pelvis の複数形.

pel·vis /pélvis ペルヴィス/ 名 (複 ~·es /-iz/, pel·ves /-vi:z/)©【解剖】骨盤.

pen[1] /pén ペン/ 名 (複 ~s /-z/)
❶© (ペン先・軸を含む)**ペン**《⚫ 万年筆 (fountain pen), ボールペン (ball-point

pen

[ball] pen) をも含めていう；「ペン先」のみをさすこともある). ❷《the をつけて》文筆, ペン.

❶ with [in] *pen* and ink. ペンとインクで. ❷ ことわざ The *pen* is mightier than the sword. ペンは剣より強い, 「文は武よりも強し」《言論の力は武力よりも強い》.

pen² /pén ペン/ 名C（家畜などを入れる）囲い, おり. ― 動 (~s /-z/; penned /-d/; pen·ning) 他 (動物)を囲い[おり]に入れる.

pe·nal /píːnl ピーヌル/ 《★発音注意》形 刑罰の, 刑事上の. ▶a *penal* offense 刑事犯.

☞ 名penalty.

pénal còde 名《the をつけて》刑法.

pe·nal·ize /píːnəlaiz ピーナライズ/ 動 (現分 -iz·ing) 他 ❶(人)に有罪を宣告する. ❷【競技】(反則者)に罰則を適用する, ペナルティーを課す.
❸…を不利な立場に置く.

*pen·al·ty /pénlti ペヌルティ/《★アクセント注意》名 (複 -al·ties /-z/)
❶UC刑罰, 罰. ❷C罰金.
❸C【競技】(反則に対する)ペナルティー.
❹C報い, 天罰.
▶❶the *penalty* for murder 殺人に対する刑罰.
on [under] penalty of ... 違反すれば…の罰を受ける条件で.

☞ 形penal.

pénalty àrea 名【サッカー】ペナルティーエリア.

pen·ance /pénəns ペナンス/ 名UC罪を償う行為.

*pence /péns ペンス/ 名pennyの複数形.

***pen·cil** /pénsl ペンスル/ 名 (複 ~s /-z/) C 鉛筆 (◆日本でいうシャープペンシルは《米》では mechanical pencil, 《英》では propelling pencil).
― 動 (~s /-z/; ~ed, 《英》pen·cilled /-d/; -cil·ing, 《英》pen·cil·ling) 他 …を鉛筆で書く[描く].

名sharpen a *pencil* 鉛筆を削る / write with a *pencil* [in *pencil*] 鉛筆で書く.

INFO 鉛筆のしんの硬さを表わす記号: H ― hard(硬い), B ― black(黒い, 濃い), F ― fine(細字用の). HBとFが標準で, ふつうは6Bから9Hまである.

péncil shàrpener 名C鉛筆削り.

pen·dant /péndənt ペンダント/ 名Cペンダント.

pend·ing /péndiŋ ペンディング/ 形未解決の, 未決定の, ペンディングの.
― 前《文語》…まで; …を待つ間.
▶形a *pending* question 未解決の問題.

pen·du·lum /péndʒuləm ペンヂュラム/ 名C(時計などの)振り子.
the swing of the pendulum ①振り子の運動. ②(世論などの)変化[転換].

pen·e·trate /pénətreit ペネトレイト/《★アクセント注意》動 (~s /-ts/; -trat·ed /-id/; -trat·ing) 他 ❶ⓐ…を突き通る, …に突きささる. ⓑ(光・声などが)…を通る. ⓒ(人が)…に潜入する.
❷(思想などが)…に浸透(とう)する.
❸…を見抜く, 理解する.
― 自 ❶ しみ通る, はいりこむ.
❷(思想などが)理解される, 意味が通じる.

▶他 ❶ⓐThe bullet *penetrated* the wall. 弾丸は壁を貫通した[壁にめりこんだ]. ⓑThe sunshine *penetrated* the forest. 日光が森にさしこんだ.
❷His idea *penetrated* the minds of his listeners. 彼の考えは聞いている人々に感銘を与えた. ❸ *penetrate* a mystery なぞを見抜く.
― 自 ❶The moonlight *penetrated* into his study. 月光が彼の書斎にさしこんだ.

☞ 名penetration.

pen·e·trat·ing /pénətreitiŋ ペネトレイティング/ 形 ❶貫通する, しみ通る.
❷突き刺すような; (声などが)よく通る.
❸洞察力のある, 鋭い.

pen·e·tra·tion /pènətréiʃən ペネトレイション/ 名U❶浸透(とう), 侵入, 貫通.
❷見抜く力, 洞察(力).

☞ 動penetrate.

pén frìend 名C《英》ペンフレンド(◆pen pal ともいう).

pen·guin /péŋgwin ペングウィン/ 名C

abcdefghijklmno**p**qrstuvwxyz　　　　　　　　　　　　　　　　**people**

〔鳥類〕ペンギン.

pen・i・cil・lin /pènəsílin ペニスィリン/ 名 Ⓤ ペニシリン (抗生物質の一種).

pen・in・su・la /pənínsələ ペニンスラ/ 名 Ⓒ 半島. ▶the Korean *peninsula* 朝鮮半島.

pe・nis /pí:nis ピーニス/ 名 (複 ~es /-iz/, pe・nes /pí:ni:z/)Ⓒ【解剖】ペニス, 陰茎.

pen・i・tence /pénətəns ペニテンス/ 名 Ⓤ 後悔, ざんげ.

pen・i・tent /pénətənt ペニテント/ 形 後悔 [ざんげ] している.

pen・i・ten・tia・ry /pènəténʃəri ペニテンシャリ/ 名 (複 -tia・ries /-z/)Ⓒ (米) (州立[連邦])刑務所.

pen・knife /pénnàif ペンナイフ/ 名 (複 pen・knives /-nàivz/)Ⓒ (小型の)ポケットナイフ.

pen・light /pénlàit ペンライト/ 名 Ⓒ ペンライト (ペン型の小型懐中電灯).

pén nàme 名 Ⓒ ペンネーム, 筆名 (pseudonym).

pen・nant /pénənt ペナント/ 《★アクセント注意》名 Ⓒ ❶ (船が信号や標識のために掲げる長めの)三角旗.

❷ (米) 優勝旗; 応援旗, ペナント.

▶❷ win the *pennant* 優勝する.

pen・ni・less /péniləs ペニレス/ 形 金を全然もっていない.

Penn・syl・va・nia /pènslvéinjə ペンスルヴェイニャ/ 名 ペンシルベニア (アメリカ東部の州; ✉(郵便) PA と略す).

*****pen・ny** /péni ペニ/ 名 (複 貨幣の個数のときは pen・nies /péniz/, 金額のときは pence /péns/)

❶ Ⓒ (英) ペニー, ペンス (貨幣単位; 100ペンスが1ポンド (pound); ✉ p と略す).

❷ Ⓒ (英) 1 ペニー銅貨; 小銭 (✉ p と略す).

❸ Ⓒ (米・カナダ) 1 セント (cent) (貨).

❹ 《a をつけて; 否定文で》びた一文.

❶ 10 *p* /pí:/ (= ten pence) 10 ペンス.
❷ Give me change in *pennies*, please. つり銭は 1 ペニー貨[小銭]でください / ことわざ A *penny* saved is a *penny* earned. 「一銭の節約は一銭のもうけ」. ❹ I haven't got *a penny*. 私は一文なしだ.

A penny for your thought. (口語) (だまっている人に対して)あなたの考えをお話しください.

a pretty penny かなりの額のお金.

pén pàl 名 Ⓒ ペンフレンド (✉(英)では pen friend ともいう).

***pen・sion¹** /pénʃən ペンション/ 名 (複 ~s /-z/)Ⓒ 年金.
— 動 他 …に年金を与える.
▶ 名 live on a *pension* 年金で生活する / retire on a *pension* 年金をもらえるようになって退職する.

pen・sion² /pɑ:nsjóːŋ パーンショーング/ 名 Ⓒ ペンション (フランスなどの食事つき下宿屋; 下宿式小ホテル).

pen・sion・er /pénʃənər ペンショナ/ 名 Ⓒ 年金受給者.

pen・sive /pénsiv ペンスィヴ/ 形 ❶ 考えこんでいる, もの思いに沈んだ. ❷ もの悲しい.

pen・ta・gon /péntəgàn ペンタガン/ 名
❶ Ⓒ 五角[五辺]形 (☞ square の 類語).
❷ 《the Pentagon で》ペンタゴン (アメリカのバージニア (Virginia) 州にある五角形の国防総省の建物).

pent・house /pénthàus ペントハウス/ 名 (複 -hous・es /-hàuziz/)Ⓒ (ビルの屋上につくった)高級アパート[住宅].

pent-up /péntʌ́p ペンタップ/ 形 ❶ 閉じこめられた. ❷ (気持ちなどが)うっ積した, 抑(*)えられた.

******peo・ple** /pí:pl ピープル/
名 (複 ~s /-z/) ❶ 《複数扱いで》**人々**, 世間の人々.

❷ Ⓒ **国民**, **民族**.

❸ 《the をつけて; 複数扱いで》**大衆**, 民衆.

❹ 《複数扱いで》家族, 親族.
— 動 他 ❶ …に人を住まわせる, 植民する. ❷ (人が)…に住む.

名 ❶ Ten *people* were injured in the accident. その事故で10人がけがをした / *People* say that he is in America. 彼はアメリカにいるといううわさだ / I don't mind what *people* say. 人がなんと言おうと私は気にしない / the village *people* = the *people* of the village 村の人々.

❷ The Japanese are said to be an

industrious *people*. 日本人は勤勉な民族[国民]だといわれている / the *peoples* of Asia アジアの諸民族[国民].
❸ government for *the people* 庶民[国民]のための政治.
❹ I want you to meet *my people*. 私の家族に会ってもらいたい.

pep /pép ペップ/ 名U《口語》元気, 気力.
— 動 (~s /-s/; pepped /-t/; pepping) 他 …を元気づける.
▶名 full of *pep* 元気いっぱいで / a *pep* talk (コーチなどがする)(選手への)激励のことば, はっぱ.
— 動 **pep up** 他《口語》(人)を元気づける.

pep·per /pépər ペパ/ 名 (複 ~s /-z/)
❶Uコショウ. ❷C《植物》トウガラシ《トウガラシ属の各種の植物の総称》.
— 動 (現分 ~ing /-pəriŋ/) 他 ❶ …にコショウを振りかける. ❷ (質問・弾丸など)を浴びせかける.
▶名 ❶ black〔white〕 *pepper* 黒〔白〕コショウ. ❷ a green *pepper* ピーマン.

pep·per·mint /pépərmìnt ペパミント/ 名 ❶U《植物》セイヨウハッカ, ペパーミント. ❷C はっか入りキャンデー.

per /pəːr パー/ 前 (数量・価格などが)…につき. ▶60 kilometers *per* hour 時速60キロ《❂60 kph と略す》/ 50 words *per* minute 1分間に50語《キーボードで単語を打つ速度》.
as per ... …により (according to ...).

per·am·bu·la·tor /pəræmbjulèitər ペランビュレイタ/ 名C《英》《文語》うば車《❂《英口語》では pram, 《米》では baby carriage》.

per cápita 副形 ひとり当たり(の).

*per·ceive /pərsíːv パスィーヴ/ 動 (~s /-z/; perceived /-d/; -ceiv·ing) 他
❶ (目や耳などで感覚的に)…に**気づく**, …を認める.
❷ …を理解する.
❸ …と考える.
▶❶ I *perceived* a change in her attitude. 私は彼女の態度の変化に気づいた. ❷ We *perceived* that he was reliable. われわれは彼が信用できる男だとわかった.
☞ 名 perception, 形 perceptive.

*per·cent, per cent /pərsént パセント/ 《★アクセント注意》名 (複 per·cent, per cent) C パーセント《❂記号は %; per cent「100につき」ということ》. ▶ The rate of interest is 3 *percent*. 利率は3分(%)だ / Ten *percent* of the boys have failed. 男子生徒の1割が失敗[落第]した.

*per·cent·age /pərséntidʒ パセンティヂ/ 名 (複 -ag·es /-iz/)
❶C**百分率**, パーセンテージ.
❷《a をつけて》**割合**, 歩合.
▶❶ What *percentage* of your income do you put in the bank? 収入のなん割を銀行に貯金しますか. ❷ A large *percentage* of the students come to school by bus. 多くの学生がバス通学です.

per·cep·ti·ble /pərséptəbl パセプティブル/ 形 ❶ 知覚できる《反 imperceptible》. ❷ 気がつくほどの, かなりの.

per·cep·ti·bly /pərséptəbli パセプティブリ/ 副 ❶ 知覚できる程度に. ❷ 目だって, かなりに.

*per·cep·tion /pərsépʃən パセプション/ 名 UC 知覚(力), 理解, 認知. ▶ a man of keen *perception* 鋭い知覚をもっている人.
☞ 動 perceive.

per·cep·tive /pərséptiv パセプティヴ/ 形 知覚の, 知覚力のある; 知覚の鋭い.
☞ 動 perceive.

perch /pə́ːrtʃ パーチ/ 名 (複 ~·es /-iz/)
C ❶ (鳥の)止まり木.
❷《文語》高い地位.
— 動 自 ❶ (鳥が)(止まり木などに)止まる. ❷ (人が)(高い所などに)腰を掛ける.
— 他 (高い所などに)…を置く.
▶ 動 自 ❶ Sparrows *perched* on the wires. スズメが電線に止まった.

per·co·late /pə́ːrkəlèit パーコレイト/ 動 (現分 -lat·ing) 他 ❶ (液体)をこす, 濾過(%)する.
❷ (パーコレーターで)(コーヒー)を入れる.
— 自 ❶ (液体が)しみ通る, にじみ出る.
❷ (パーコレーターの中の)(コーヒーが)出る.

per·co·la·tor /pə́ːrkəlèitər パーコレイタ/ 名 C パーコレーター《濾過(%)装置つきコーヒー沸かし》.

per·cus·sion /pərkʌ́ʃən パカション/ 名《the をつけて; 集合的に》(オーケストラの)打

楽器(部),打楽器奏者.

pe・ren・ni・al /pəréniəl ペレニアル/ 形
❶絶え間のない;永続する. ❷〔植物〕多年生の.
— 名C〔植物〕多年生植物.

***per・fect** /pə́ːrfikt パーフィクト/
形 ❶**完璧(かんぺき)な,完全な**,申し分のない(反 imperfect)(◎「(必要なものがすべてそろって)完全な」は complete).
❷まったくの.
❸〔文法〕完了の.
— 名U《the をつけて》〔文法〕完了時制.
— 動 /pərfékt パフェクト/(★形容詞とのアクセントの違いに注意)(~s /-ts/; ~ed /-id/; ~ing)他…を**完成する**,仕上げる (finish, complete).

形 ❶His English is almost *perfect*. 彼の英語はほとんど完璧だ / The weather was *perfect* for cycling. 天気はサイクリングに理想的であった / "How do you feel today?" – "*Perfect*." 「きょうの気分は」「最高」/ a *perfect* husband 理想的な夫 / a *perfect* crime 完全犯罪 / a *perfect* game 〔野球〕完全試合 / ことわざ Practice makes *perfect*. 練習すれば完全になる,「習うより慣れよ」. ❷She was a *perfect* stranger to me. 彼女は私のまったく知らない人だった / They sat in *perfect* silence. 彼らは一言もしゃべらずにすわっていた. ❸the *perfect* tense 完了時制.
— 動他 *perfect* a plan 計画を仕上げる.

☞名 perfection.

per・fec・tion /pərfékʃən パフェクション/
名 ❶U完全,完璧(かんぺき). ❷U完成.
❸《the をつけて》最高のもの,極致(きょくち).
▶ ❸ *the perfection* of beauty この上なく美しいもの.
bring ... to perfection …を完成させる,完全なものにする.
to perfection 完全に,申し分なく: The chef cooks fish *to perfection*. シェフの魚料理は申し分ない.

☞動 perfect.

per・fec・tion・ist /pərfékʃənist パフェクショニスト/ 名C完全主義者;凝(こ)り性の人.

***per・fect・ly** /pə́ːrfiktli パーフィクトリ/ 副
❶**完璧(かんぺき)に,完全に**,申し分なく.
❷すっかり,まったく.
▶ ❶She speaks Spanish *perfectly*. 彼女はスペイン語を完璧に話す. ❷He was *perfectly* happy. 彼はこの上なく幸福だった.

per・fo・rate /pə́ːrfərèit パーフォレイト/ 動(現分 -rat・ing)他 ❶…に穴をあける.
❷(切り取りやすいように)(紙など)にミシン目を入れる.

per・fo・ra・tion /pə̀ːrfəréiʃən パーフォレイション/ 名 ❶U穴をあけること. ❷C《しばしば複数形で》(紙などに入れた)ミシン目.

***per・form** /pərfɔ́ːrm パフォーム/ 動(~s /-z/; ~ed /-d/; ~ing)他 ❶ⓐ(仕事・義務など)を**実行する**,果たす.
ⓑ(儀式など)を行なう.
❷ⓐ(役)を**演じる**,(劇)を**上演する**.
ⓑ(音楽)を**演奏する**.
— 自 ❶演奏する;演じる. ❷(動物が)芸当をする. ❸(機械などが)うまく働く.

他 ❶ⓐHe always *performs* his tasks perfectly. 彼はいつも自分の与えられた仕事を完璧にやる / *perform* surgery 手術をする.
❷ⓐShe *performed* the part of the heroine in the play. 彼女はその劇で女主人公の役を演じた / *perform* a comedy 喜劇を上演する.
— 自 ❶She used to *perform* in Shakespeare. 彼女は昔シェイクスピア劇に出演していた. ❷The parrot *performed* quite well. そのオウムは芸当がなかなかうまかった.

☞名 performance.

***per・for・mance** /pərfɔ́ːrməns パフォーマンス/ 名(複 -manc・es /-iz/)
❶U(仕事・義務・約束などを)**すること**,実行,遂行. ❷C**公演**,上演,演奏,演技.
❸U(機械などの)性能. ❹C愚かな行動;(不必要な)大騒ぎ.

------

❶the *performance* of *one's* work 〔duty〕仕事〔義務〕の遂行. ❷This is the best *performance* I have ever seen. これほどの演技は今まで見たことがない / a musical *performance* 音楽の演奏.

performer

☞ 動perform.

per·form·er /pərfɔ́ːrmər パフォーマ/ 名
C ❶演技者, 役者, 出演者, 演奏者.
❷熟達した人, 名人. ❸行為者, 実行者.
▶❷a good *performer* 演技[演奏]の
うまい人.

***per·fume** /pə́ːrfjuːm パーフューム/ 名(複
~s /-z/)UC ❶かおり, 芳香. ❷香水, 香
料.
— 動/pərfjúːm パフューム/ (★名詞とのア
クセントの違いに注意)(現分 -fum·ing)他
…に香水をつける.
▶名 ❶the *perfume* of flowers 花の
かおり. ❷wear [put on] *perfume* 香
水をつける.

***per·haps** /pərhǽps パハプス, præps/ 副
ことによると, もしかすると(…かもしれな
い).

・・・・・・・・・・・・・・・・・・・・・・・・・・・・・・・・・・

Perhaps I'm mistaken. もしかすると
私がまちがっているのかもしれない / *Per-
haps* it will rain. ひょっとすると雨が降
るかもしれない / 対話 "Will he come
tomorrow?" – "*Perhaps* not." 「あし
た彼は来るだろうか」「来ないかもしれない」.
***Perhaps* you would be kind
[good] enough to *do*** 《ていねいな依頼
を表わして》(もしよろしかったら)__していた
だけませんか.

類語 **perhaps** や **possibly** は可能
性があるが確実性はないことを示し, 可
能性の大小を問題にしない; **maybe** は
perhaps, possibly と同義で, とくに
《口語》で多く用いられる; **probably**
は可能性が大きいことを示す.

per·il /pérəl ペリル/ 名U(死・けがなど)(大
きな)危険, 危害. ▶His life is in *peril*.
= He is in *peril* of his life. 彼は生命
が危険な状態にある.
at *one's* ***peril*** 危険を覚悟で: You go
out *at your peril*. 危険を覚悟で外出
するのですよ (❶危いから外出するなという警
告).

☞ 形perilous

per·il·ous /pérələs ペリラス/ 形非常に危
険な, 冒険的な.

☞ 名peril.

pe·rim·e·ter /pərímətər ペリメタ/ 名C
(図形・地域などの)周囲, 周辺(の長さ).

***pe·ri·od** /píəriəd ピ(ア)リオド/ 名(複 ~s
/-dz/)C ❶**期間**, 時期.
❷(歴史上の)**時代**.
❸《米》〖文法〗**ピリオド**, 終止符 (.) (full
stop)(❍《英》では stop; ☞ comma).
❹(授業の)**時限**, 時間; (試合の)ひとくぎ
り.
❺周期; (女性の)生理, 月経.

・・・・・・・・・・・・・・・・・・・・・・・・・・・・・・・・・・

❶for a [the] *period* of two years
= for a two-year *period* 2年間.
❷the *period* of Shakespeare シェイ
クスピアの時代.
❹the second *period* 第2時限 / the
history *period* 歴史の時間.
come to a period 終わる.
put a period to ... …に終止符を打
つ, けりをつける.

☞ 形periodic.

pe·ri·od·ic /pìəriádik ピ(ア)リアディック/
形周期的な; 定期的な.

☞ 名period.

pe·ri·od·i·cal /pìəriádikəl ピ(ア)リアディ
カル/ 名C (日刊新聞以外の)定期刊行物,
雑誌(《月刊・週刊など》).
— 形 = periodic.

pe·ri·od·i·cal·ly /pìəriádikəli ピ(ア)リ
アディカリ/ 副周期的に, 定期的に.

periódic táble 名《the をつけて》〖化学〗
周期律表.

pe·riph·er·al /perífərəl ペリフェラル/ 形
❶周辺の, 周囲の. ❷(問題などが)あまり
重要でない.
— 名C〖電算〗周辺機器(《コンピューター
本体の機能を作動させるために必要な機器; プ
リンターやディスプレイなど》).

☞ 名periphery.

pe·riph·er·y /perífəri ペリフェリ/ 名(複
-er·ies /-z/)C周囲, 周辺.

☞ 形peripheral.

per·i·scope /pérəskòup ペリスコウプ/ 名
C(潜水艇などの)潜望鏡.

***per·ish** /périʃ ペリッシュ/ 動 (~es /-iz/;
~ed /-t/; ~ing)自《文語》(思いがけない災
難などで)**死ぬ**; 滅びる. ▶Ten people
perished in the hotel fire. そのホテル
火災で10人が死んだ.

per·ish·a·ble /périʃəbl ペリシャブル/ 形
(食品などが)腐りやすい (反 imperish-
able).

per·jure /pə́ːrdʒər パーチャ/ 動 (現分 -juring /-dʒəriŋ/) 他《**perjure** *oneself* で》(とくに法廷で)偽証(ぎしょう)する.

per·ju·ry /pə́ːrdʒəri パーチャリ/ 名 (複 -ju·ries /-z/) UC 偽証(ぎしょう).

perk¹ /pə́ːrk パーク/ 名C《複数形で》給料外の給付；役得.

perk² /pə́ːrk パーク/ 動《次の成句で》：
perk up (気分的に)元気になる.

perk·y /pə́ːrki パーキ/ 形 (perk·i·er; perk·i·est) 元気いっぱいな.

perm /pə́ːrm パーム/ 名C《口語》パーマ (○ permanent wave の短縮形).
— 動 他《口語》(髪)にパーマをかける.

per·ma·nence /pə́ːrmənəns パーマネンス/ 名U 永久, 永久不変, 永続性.
☞ 形 permanent.

＊**per·ma·nent** /pə́ːrmənənt パーマネント/《★アクセント注意》形 (more ~; most ~) **永久的な**, 永続的な, 不変の；長持ちする (反 temporary).
— 名 = permanent wave.

形 *one's permanent* address (転居しても連絡がつけられる)連絡先 / a *permanent* committee 常任委員会.
☞ 名 permanence.

per·ma·nent·ly /pə́ːrmənəntli パーマネントリ/ 副 永久に, 永続的に, 不変に.

pérmanent wáve 名C パーマ, パーマネント (○ 単に permanent または《口語》では perm ともいう).

per·me·ate /pə́ːrmièit パーミエイト/ 動 (現分 -at·ing) 他 ❶ (液体が)…にしみ通る. ❷ (匂い・煙・思想などが)…に広がる, 普及する, 行き渡る.
— 自 ❶ しみ通る. ❷ 普及する, 行き渡る.

per·mis·si·ble /pərmísəbl パミスィブル/ 形 許される.

＊**per·mis·sion** /pərmíʃən パミション/ 名U 許し, 許可.▶ He gave them *permission* to go there. 彼は彼らにそこに行く許可を与えた / She asked the teacher for *permission* to leave early. 彼女は先生に早退の許可を求めた / without *permission* 無断で.
☞ 動 permit.

per·mis·sive /pərmísiv パミスィヴ/ 形 ❶《悪い意味で》(道徳や性について)寛大な, 甘い. ❷許可を示す[与える].
▶ ❶ a *permissive* society (性について)寛大な社会.
☞ 動 permit.

＊**per·mit** /pərmít パミット/《★アクセント注意》動 (~s /-ts/; -mit·ted /-id/; -mit·ting) 他 ❶ⓐ …を**許す**, 許可する (反 forbid)(☞ allow の 類語)
ⓑ《**permit** ~ …》…を許す.
ⓒ《**permit** … *to do*》…に__することを許す. ❷ⓐ (もの・ことが)…を可能にする.
ⓑ《**permit** … *to do*》…が__することを可能にする. — 自 (もの・ことが)**許す**.
— 名 /pə́ːrmit パーミット/《★動詞とのアクセントの違いに注意》C 許可証.

動 他 ❶ⓐ Smoking is not *permitted* here. ここでは禁煙です.
ⓑ I cannot *permit* (him) his rudeness. 私は彼の無作法を許せない.
ⓒ Mother didn't *permit* me *to* accompany him. 母は私が彼と一緒に行くのを許してくれなかった.
❷ⓐ The sentence *permits* two interpretations. その文章は2つの解釈が可能である.
— 自 I'll come and see you if time [health] *permits*. 時間[健康]が許せばうかがいます / I'll leave tomorrow, weather *permitting*. 天気がよければあす出発します.

***permit of* …**《文語》…の余地がある.
☞ 名 permission, 形 permissive.
— 名 a parking *permit* 駐車許可証.

per·pen·dic·u·lar /pə̀ːrpəndíkjulər パーペンディキュラ/《★アクセント注意》
形 ❶垂直の, 直角の. ❷直立した.
— 名C 垂線；垂直面.
▶ 形 ❷ a *perpendicular* cliff 絶壁.

per·pe·trate /pə́ːrpətrèit パーペトレイト/ 動 他《文語》(悪事・過失など)を犯す (commit).

per·pet·u·al /pərpétʃuəl パペチュアル/ 形 ❶絶え間のない, 終わることのない. ❷永久の, 永続的な (eternal).
▶ ❶ her *perpetual* complaints 彼女の絶え間のないぐち / (a) *perpetual* pain 絶え間ない苦痛. ❷ *perpetual* snow 万年雪.
☞ 動 perpetuate.

per·pet·u·al·ly /pərpétʃuəli パペチュアリ/ 副 ❶絶え間なく. ❷永久に.

per·pet·u·ate /pərpétʃuèit パペチュエイト/ 動 (現分 -at·ing) 他 《文語》…を永続させる, 不滅にする.

☞形 perpetual.

per·plex /pərpléks パプレックス/ 動 (~·es /-iz/; ~ed /-t/; ~·ing) 他 (わかりにくくて)(人)をまごつかせる, 困らせる.
▶ His silence *perplexed* me. 彼が黙っているので私は困った.

per·plexed /pərplékst パプレクスト/ 形 (人が)困った, 当惑した. ▶a *perplexed* look 困りはてた顔つき / I *was perplexed at* her answer. 私は彼女の答えに当惑した.

per·se·cute /pə́ːrsəkjùːt パーセキュート/ (★アクセント注意) 動 (現分 -cut·ing) 他
❶ (宗教的・政治的理由で)…を迫害する.
❷…を(継続的に)苦しめる.

☞名 persecution.

per·se·cu·tion /pə̀ːrsəkjúːʃən パーセキューション/ 名 UC (宗教的・政治的)迫害, 虐待(%).

☞動 persecute.

per·se·cu·tor /pə́ːrsəkjùːtər パーセキュータ/ 名C 迫害者.

per·se·ver·ance /pə̀ːrsəvíərəns パーセヴィ(ア)ランス/ 名U がんばり, 根性, 不屈の精神.

☞動 persevere.

per·se·vere /pə̀ːrsəvíər パーセヴィア/ (★アクセント注意) 動 (現分 -ver·ing /-víəriŋ/) 自 (困難にもかかわらず)がんばり続ける. ▶ She *persevered* with her piano lessons. 彼女はピアノのけいこをがんばった.

☞名 perseverance.

*__per·sist__ /pərsíst パスィスト/ 動 (~s /-ts/; ~ed /-id/; ~·ing) 自 ❶〖主張などを〗あくまで通す [*in*], しつこく続ける.
❷(望ましくないことが)続く, 持続する.
▶ ❶ The workers *persisted in* demanding higher wages. 労働者たちはしつこく賃金の値上げを要求した / My daughter *persisted in* her opinion. 娘は自分の意見をあくまでも通した. ❷ The bad weather *persisted* all week. 1週間悪天候が続いた.

☞形 persistent, 名 persistence.

per·sis·tence /pərsístəns パスィステンス/ 名 U しつこさ, がんこさ, 持続(性).

☞動 persist.

per·sis·tent /pərsístənt パスィステント/ 形 ❶固執する, しつこい, がんこな.
❷(望ましくないことが)いつまでも続く.
▶ ❶ *persistent* efforts ねばり強い努力. ❷a *persistent* headache なかなかなおらない頭痛.

☞動 persist.

per·sis·tent·ly /pərsístəntli パスィステントリ/ 副 しつこく, がんこに; 絶えることなく.

***per·son** /pə́ːrsn パースン/ 名 (複 ~s /-z/)
❶ C 人, 人間 (○複数形は persons の代わりに people を用いることが多い).
❷ C 《文語》体, 身体 (body).
❸ UC 〖文法〗人称.

❶ He is a nice *person*. 彼はいい人だ / Seven *persons* were present. 7名の人が出席した. ❷ Keep your *person* clean. 体を清潔にしておけ. ❸ the first 〔second/third〕 *person* 一〔二/三〕人称.

in person 自分で, 本人が: I went there *in person*. 私はそこへ自分で出かけて行った.

☞形 personal.

*__per·son·al__ /pə́ːrsənəl パーソナル/ 形 (more ~; most ~)
❶ 個人の, 個人に関する, 私的な (反 impersonal)(☞ private).
❷ 本人の, (本人が)直接の.
❸ 身体の; 容貌(%)の.
❹ 個人に向けられた; 個人攻撃の.
❺ 〖文法〗人称の (☞ personal pronoun).

❶ Let me give you my *personal* opinion. 私個人の見解を述べさせてください / *personal* questions 個人的な質問 (《結婚しているかどうか, 何歳か, 子どもは何人かというような質問》).
❷ I made a *personal* call on her. 私は自分で直接彼女を訪問した / a *personal* experience 個人の直接体験.
❸ *personal* beauty 容貌の美しさ.
❹ *personal* remarks 当てつけがましい

abcdefghijklmno**p**qrstuvwxyz　　　　　　　　　　　　　　**persuade**

ことば.
☞ 名person, personality.

pérsonal compúter 名Ⓒパソコン(✪PCと略す).

*__per·son·al·i·ty__ /pə̀ːrsənǽləti パーソナリティ/ 名(複 -i·ties /-z/)
❶ⓊⒸ**個性**, 性格, 人がら. ❷ⓊⒸ**人格**, 人間性. ❸Ⓒ名士, 有名人.

▶❶ a man of strong *personality* 個性の強い男. ❷ You should respect the *personality* of weak people. 弱い人々の人格を尊重しなくてはならない. ❸ a TV *personality* テレビタレント, テレビの有名人.
☞ 形personal.

per·son·al·ize /pə́ːrsənəlàiz パーソナライズ/ 動 (現分 -iz·ing) 他 ❶ …を(名をいれて)個人の専用とする. ❷ (ものごとを)特定の個人に合うようにする. ❸ (意見など)を(広く一般ではなく)個人にかかわるようにする.

*__per·son·al·ly__ /pə́ːrsənəli パーソナリ/ 副
❶ **直接自分で**. ❷《文全体を修飾して》**自分個人としては**. ❸ **人間として(は)**.
▶❶ I would like to talk to her *personally*. 私は直接彼女と話したいのですが. ❷ I, *personally*, don't like him. 自分としては彼は好きではない. ❸ I like him *personally*, but I can't trust him. 私は人間的には彼が好きだが信用はできない.

take ... personally …を自分に向けられたものと取る.

pérsonal prónoun 名Ⓒ《文法》人称代名詞《代名詞の一種で一人称 (I, we), 二人称 (you), 三人称 (he, she, it, they) がある》.

per·son·i·fi·ca·tion /pərsὰnəfikéiʃən パサニフィケイション/ 名 ❶ Ⓒ化身(けしん), 権化(ごんげ). ❷ Ⓤ《修辞》擬人法《the moon を she で受けるように人間でないものを人間にたとえて表現する方法》.
▶❶ She is the *personification* of pride. 彼女はうぬぼれのかたまりだ.

per·son·i·fy /pərsɑ́nəfài パサニファイ/ 動 (-i·fies /-z/; -i·fied /-d/; ~·ing) 他
❶ …を擬人化する, (人間でないもの)を人間のように扱う.
❷ (ある特質)を持ち合わせている, 象徴する.

*__per·son·nel__ /pə̀ːrsənél パーソネル/《★アクセント注意》名 ❶《複数扱いで; 集合的に》(会社・官庁などの)**職員[社員, 隊員]**.
❷ Ⓤ人事課[部].

*__per·spec·tive__ /pərspéktiv パスペクティヴ/ 名(複 ~s /-z/) ❶Ⓤ(ものごとの)**バランスのとれた見方**, 全体のつりあい.
❷ Ⓤ遠近画法, 透視画法.
❸ Ⓒ将来の見込み, 展望.
▶❶ see [look at] things in [out of] *perspective* バランスのとれた〔とれない〕ものの見方をする.

per·spi·ra·tion /pə̀ːrspəríʃən パースピレイション/ 名Ⓤ ❶ 汗をかくこと, 発汗.
❷ 汗(✪sweat より上品なことば).

per·spire /pərspáiər パスパイア/ 動 (現分 -spir·ing /-spáiəriŋ/)⾃ 汗をかく.

*__per·suade__ /pərswéid パスウェイド/《★発音注意》動 (~s /-dz/; -suad·ed /-id/; -suad·ing) 他 ❶ ⓐ **…を説得する**.
ⓑ《persuade ... to *do*》…を**説得して__させる**《☞ dissuade》.
❷ ⓐ《persuade ... that __》…**を納得させる**, 信じさせる.
ⓑ《persuade ... of ~》…に~を納得させる, 信じさせる.

▶❶ⓐ I tried to *persuade* him, but failed. 私は彼を説得しようとしたがだめだった. ⓑ I *persuaded* him *to* stop smoking. 私は彼を説得してたばこをやめさせた. ❷ⓐ I *persuaded* him *that* he was honest. 私は彼女に彼は誠実だと納得させた. ⓑ I tried to *persuade* him *of* her honesty. (= I tried to *persuade* him that she was honest.) 私は彼女が誠実であることを彼に納得させようとした.

be persuaded of ... [**that __**] …を[__と]確信している: I *am persuaded of* his innocence. = I *am persuaded that* he is innocent. 私は彼の無罪を[彼が無罪であると]確信している.

persuade oneself of ... [**that __**] …を[__と]確信する, 思いこむ: He *persuaded himself of* her honesty. = He *persuaded himself that* she was honest. 彼は彼女の誠実さを確信

persuasion

した.
☞ 名persuasion, 形persuasive.

per·sua·sion /pərswéiʒən パスウェイジョン/ 名 ❶Ⓤ 説得[力], 説得する[される]こと. ❷確信, 信念.
▶ ❶ Use *persuasion* rather than force. 暴力より説得を用いなさい / His argument lacks *persuasion*. 彼の議論は説得力がない.
☞ 動persuade.

per·sua·sive /pərswéisiv パスウェイスィヴ/ 形説得力のある, 口のうまい. ▶a *persuasive* argument 説得力のある議論.
☞ 動persuade.

per·sua·sive·ly /pərswéisivli パスウェイスィヴリ/ 副説得力をもって, ことば巧みに.

pert /pə́ːrt パート/ 形生意気な, ずうずうしい.

per·ti·nent /pə́ːrtənənt パーティネント/ 形 ❶直接関連のある. ❷適切な.

per·ti·nent·ly /pə́ːrtənəntli パーティネントリ/ 副 ❶直接関連して. ❷適切に.

per·turb /pərtə́ːrb パターブ/ 動 他《文語》(心)をかき乱す, 不安にする.

per·turbed /pərtə́ːrbd パターブド/ 形《文語》動揺した, 不安な.

Pe·ru /pərúː ペルー/ 《★アクセント注意》名 ペルー《南米太平洋岸の共和国; 首都リマ (Lima)》.

pe·rus·al /pərúːzl ペルーズル/ 名ⓊⒸ《文語》熟読, 精読.

pe·ruse /pərúːz ペルーズ/ 動 (現分 perus·ing) 他《文語》…を熟読する, 精読する.

per·vade /pərvéid パヴェイド/ 動 (現分 -vad·ing) 他《文語》(におい・考え・気持ちなどが)…に広がる, 浸透する.

per·va·sive /pərvéisiv パヴェイスィヴ/ 形《文語》(におい・考えなどが)広がる, 浸透 (比) する.

per·verse /pərvə́ːrs パヴァース/ 形つむじ曲がりの, ひねくれた, 強情な.

per·ver·sion /pərvə́ːrʒən パヴァージョン/ 名 ❶ⓊⒸ悪用. ❷Ⓒ(性的)倒錯 (錯), 変態.

per·ver·si·ty /pərvə́ːrsəti パヴァースィティ/ 名 (複 -si·ties /-z/) ❶Ⓤひねくれ. ❷Ⓒひねくれた行為.

per·vert /pərvə́ːrt パヴァート/ 動 他 ❶…を悪用する. ❷(人)を堕落(落)させる, (判断)を誤らせる.
— 名 /pə́ːrvərt パーヴァート/《★動詞とのアクセントの違いに注意》Ⓒ変質者; 性的倒錯(錯)者.

per·vert·ed /pərvə́ːrtid パヴァーティド/ 形変態の, 異常な.

pes·si·mism /pésəmìzm ペスィミズム/ 名Ⓤ悲観主義, 悲観論 (反 optimism).

pes·si·mist /pésəmist ペスィミスト/ 名Ⓒものごとを悲観的にみる人, 悲観論者 (反 optimist).

pes·si·mis·tic /pèsəmístik ペスィミスティク/ 形悲観的な (反 optimistic).

pes·si·mis·ti·cal·ly /pèsəmístikəli ペスィミスティカリ/ 副悲観的に.

pest /pést ペスト/ 名Ⓒ ❶害虫, 害獣. ❷やっかい者.

pes·ter /péstər ペスタ/ 動 他(しつこく)(人)を悩ます, 苦しめる.

pes·ti·cide /péstəsàid ペスティサイド/ 名ⓊⒸ殺虫剤.

pes·tle /pésl ペスル/ 《★ t は発音されない》名Ⓒ乳棒, すりこぎ, きね.

***pet** /pét ペット/ 名 (複 ~s /-ts/) Ⓒ
❶ Ⓒペット, 愛玩(玩)動物.
❷かわいがられている人, お気に入り.
— 形 ❶ペットにしている.
❷お気に入りの.
❸(考えなど)いつも抱いている, お得意の.
— 動 (~s /-ts/; pet·ted /-id/; pet·ting) 他 (なでたりして)…をかわいがる, 愛撫(撫)する.

・・・・・・・・・・・・・・・・・・・・・・・・・・・・・・
名 ❶ He has a collie as a *pet*. 彼はコリーをペットとして飼っている.
❷a teacher's *pet* 先生のお気に入り.
make a pet of ... …をかわいがる.
— 形 ❶a *pet* dog 愛犬.
❸a *pet* subject 得意の話題, おはこ.

pet·al /pétl ペトル/ 名Ⓒ〖植物〗花びら, 花弁.

Pete /píːt ピート/ 名ピート《男性の名; Peter の愛称》.

Pe·ter /píːtər ピータ/ 名 ❶ ピーター《男性の名; 愛称 Pete》. ❷〖聖書〗《Saint Peter で》聖ペテロ.

pe·ter /píːtər ピータ/ 動《次の成句で》:

peter out 自次第に消える, 尽きていく.

Péter Pán 名 ピーターパン《イギリスの J. M. Barrie /béeri/ 作の同名劇の主人公》.

pe‧ti‧tion /pətíʃən ペティション/ 名 C 請願[嘆願, 陳情] 書.
— 動 他 …に請願する, 陳情する, 嘆願する.
— 自〔…を〕請願する, 陳情する〔for〕.
▶名 ❶ submit [make] a *petition* 請願書を提出する.
— 動 他 *petition* the mayor *for* more public libraries 市長にもっと多くの公共図書館を造るように請願する.
— 自 *petition for* a retrial (裁判の)再審を請願する.

pét nàme 名 C 愛称《✿たとえばわんぱく坊やを tiger とよんだり, Thomas を Tommy とよんだりする》.

pet‧ri‧fied /pétrəfàid ペトゥリファイド/ 形 ❶ ひどくおびえて. ❷ 石化した.

pet‧ri‧fy /pétrəfài ペトゥリファイ/ 動 (-rifies /-z/; -ri‧fied /-d/; ~ing) 他 ❶ (恐怖などで)…をすくませる, 茫然(ぼうぜん)とさせる. ❷ …を石に変える.
— 自 石化する.

pet‧ro‧chem‧i‧cal /pètroukémikəl ペトロウケミカル/ 形 石油化学(製品)の. ▶a *petrochemical* complex 石油化学コンビナート.

pet‧rol /pétrəl ペトロル/ 名 U (英)ガソリン《✿(米)では gasoline, (米口語)では gas》.

pe‧tro‧le‧um /pətróuliəm ペトロウリアム/ 名 U 石油. ▶raw [crude] *petroleum* 原油.

pétrol stàtion 名 C (英)ガソリンスタンド, 給油所《✿(米)では gas station; filling station は (英), (米) 共通》.

pet‧ty /péti ペティ/ 形 (pet‧ti‧er; pet‧ti‧est) ❶ 取るに足らない, ささいな. ❷ 心の狭い, けちな.
▶ *petty* expenses 雑費 / a *petty* quarrel つまらないけんか.

pet‧u‧lant /pétʃulənt ペチュラント/ 形 (つまらないことに)すぐすねる, かんしゃくを起こす.

pew /pjú: ピュー/ 名 C (教会のベンチ型の)座席.

pew‧ter /pjú:tər ピュータ/ 名 U ❶ しろめ, ピューター《すずと鉛・銅などの合金; 食器などに使う》.
❷ 《集合的に》しろめ製の器物.

PG /pí:dʒí: ピージー/ 名 U (英)〖映画〗父母同伴《親が一緒なら入場可能; *parental guidance*の略》.

phan‧tom /fǽntəm ファントム/ 名 C
❶ 幽霊, 亡霊. ❷ 幻影, 妄想(もうそう).

phar‧ma‧ceu‧ti‧cal /fà:rməsú:tikəl ファーマスーティカル/ 形 製薬の, 薬剤の, 薬学の.

phar‧ma‧cist /fá:rməsist ファーマスィスト/ 名 C 薬剤師.

phar‧ma‧cy /fá:rməsi ファーマスィ/ 名 (複 -ma‧cies /-z/) ❶ C 薬局, 薬屋. ❷ U 調剤学; 薬学.

*****phase** /féiz フェイズ/ 名 (複 phas‧es /-iz/) C ❶ (変化・発達の)段階; 形勢, 局面.
❷ 面, 相.
❸ 〖天文〗(月の)相, 位相.
▶名 ❶ an early *phase* of the project 計画の初期の段階. ❷ a problem with many *phases* 多面的問題.
— 動《次の成句で》: *phase in* 他 …を段階的に導入する.
phase out 他 …を段階的に廃止する.

Ph. D. /pí:èitʃdí: ピーエイチディー/ (略語) Doctor of Philosophy 博士《✿「博士号」「博士号所有者」の意》.

pheas‧ant /féznt フェズント/ 名 (複 pheas‧ant, ~s /-ts/) ❶ C 〖鳥類〗キジ. ❷ U キジの肉.

phe‧nom‧e‧na /fənámənə フェナメナ | -nɔ́m-/ 名 phenomenonの複数形.

phe‧nom‧e‧nal /fənámənl フェナメヌル/ 形 驚くべき, 異常な. ▶the *phenomenal* development of science 科学の驚くべき発達.
☞名 phenomenon.

phe‧nom‧e‧nal‧ly /fənámənli フェナメヌリ/ 副 すごく, 驚異的に.

*****phe‧nom‧e‧non** /fənámənàn フェナメナン, -nɔ́mənɔ̀n/ 名 C ❶ (複 -e‧na /-mənə/) 現象. ❷ (複 ~s /-z/) ふつうではないもの[こと, 人], 驚くべきもの[こと, 人].
▶ ❶ an unusual *phenomenon* 異常現象 / a natural *phenomenon* 自然現象.
☞形 phenomenal.

phenomenon

phew /fjú: フュー/ 感 チェッ《口笛によく似たいらだち・不快・驚きなどを表わす音》.

Phil /fíl フィル/ 名 フィル《男性の名; Philip の愛称》.

phil·an·throp·ic /fìlənθrɑ́pik フィランスラピック/ 形 博愛（主義）の, 人間愛の, 情け深い.

phi·lan·thro·pist /filǽnθrəpist フィランスロピスト/ 名 C 博愛主義者, 慈善家, 社会事業家.

phi·lan·thro·py /filǽnθrəpi フィランスロピ/ 名《複》-thro·pies /-z/) ❶ U 博愛（主義）.
❷ C 慈善行為, 社会事業.

Phil·ip /fílip フィリップ/ 名 フィリップ《男性の名; 愛称は Phil》.

Phil·ip·pine /fíləpì:n フィリピーン/ 《★アクセント注意》形 ❶ フィリピン（諸島）の.
❷ フィリピン人 (Filipino) の.

Phílippine Íslands 名《複》《the をつけて》フィリピン諸島.

Phil·ip·pines /fíləpì:nz フィリピーンズ/ 名《複》《the をつけて》❶《単数扱いで》フィリピン（共和国）《●正式名は the Republic of the Philippines; 首都マニラ (Manila)》.
❷ = Philippine Islands.

phi·los·o·pher /filɑ́səfər フィラソファ/ 名 C ❶ 哲学者 (☞philosophy).
❷ 賢人, 哲人.

phil·o·soph·i·cal /fìləsɑ́fikəl フィロサフィカル/ 形 哲学の, 哲学的な.
☞ 名 philosophy.

phil·o·soph·i·cal·ly /fìləsɑ́fikəli フィロサフィカリ/ 副 哲学的に.

*__phi·los·o·phy__ /filɑ́səfi フィラソフィ | -lɔ́s-/ 名《複》-o·phies /-z/)
❶ U C 哲学; 哲学体系《● philo は「愛する」, sophy は「知」という意味のギリシア語からきたことば》. ❷ C 人生哲学, 人生観; 考え方, 信念. ❸ U 原理.
▶❷ He has his own *philosophy* of life. 彼は自分自身の人生観をもっている.
☞ 形 philosophical.

phlegm /flém フレム/ 名 U たん.

phleg·mat·ic /flegmǽtik フレグマティク/ 形《文語》落ち着いた, 冷静な.

pho·bi·a /fóubiə フォウビア/ 名 U C 病的恐怖感.

phoe·nix /fí:niks フィーニックス/ 名《複》~es /-iz/) C 不死鳥, フェニックス《アラビアの砂漠にすむといわれる想像上の鳥; 500年または600年ごとに香木で巣をつくり, その巣に火をつけて自分を焼き, その灰の中から新たによみがえるという; 不死の象徴》.

***phone** /fóun フォウン/ 名《複》~s /-z/) ❶ U《口語》電話《●telephone の短縮形》.
❷ C 電話器, 受話器.
— 動 (~s /-z/; phoned /-d/; phon·ing) 他《口語》…に電話をかける, 電話をする.
— 自 電話をかける, 電話をする.

名 ❶ You are wanted on the *phone*. あなたに電話ですよ / He is on the *phone* now. 彼は今電話中です / speak [talk] on [over] the *phone* 電話で話す / hang up the *phone*（受話器を置いて）電話を切る / answer the *phone* 電話に出る. ❷ He picked up the *phone*. 彼は受話器をとった.
by phone 電話で: Please answer *by phone*. 電話で返事をください.
— 動 他 I'll *phone* you this evening. 今晩電話します / I'll *phone* you my answer tomorrow. あす電話で返事します.
phone in 自（連絡のために）電話を入れる: *phone in* sick《口語》（職場などに）（電話で）病気で休むと伝える《●call in sick ともいう》.
phone up 他《英口語》…に電話をかける《《米》では call up》.

phóne bòok 名 C《口語》電話帳《● telephone directory [book] ともいう》.

phóne bòoth 名 C《口語》（公衆）電話ボックス.

phóne bòx 名《英口語》= **phone booth**.

phóne càll 名 C《口語》通話, （1回の）電話; 電話の呼び出し. ▶ make a *phone call* 電話をかける.

phone·card /fóunkɑ̀:rd フォウンカード/ 名 C テレフォンカード.

phone-in /fóunìn フォウニン/ 名 C《英》（ラジオ・テレビの）視聴者参加番組《《米》では call-in》.

phóne nùmber 名 C《口語》電話番号.
▶ May I have your *phone number*?

abcdefghijklmno**p**qrstuvwxyz　　　　　　　　　　　　　　　　　　　　　　**physical**

電話番号を教えていただけますか.

pho･net･ic /fənétik フォネティック/ 形 音声(学)の, 音声を表わす.

pho･net･i･cal･ly /fənétikəli フォネティカリ/ 副 音声学的に；発音どおりに.

pho･net･ics /fənétiks フォネティックス/ 名 Ⓤ 音声学.

phon･ey /fóuni フォウニ/ 形 名《俗語》＝ **phony**.

pho･ny /fóuni フォウニ/ 形 (-ni･er; -ni･est)《俗語》にせの, いんちきの.
— 名 (複 pho･nies, ~s /-z/)《俗語》Ⓒ
❶にせ物. ❷ぺてん師.

＊**pho･to** /fóutou フォウトウ/ 名 (複 ~s /-z/) Ⓒ《口語》**写真**(✪photograph の短縮形). ▶I took a *photo* of her. 私は彼女の写真をとった.

pho･to･cop･i･er /fóutəkàpiər フォウトカピア/ 名 Ⓒ 写真複写機(✪単に copier ともいう).

pho･to･cop･y /fóutəkàpi フォウトカピ/ 名 (複 -cop･ies /-z/) Ⓒ (複写機による)複写, コピー.
— 動 (-cop･ies /-z/; -cop･ied /-d/; ~･ing) 他 …を複写機で複写する.

phóto fínish 名 Ⓒ ❶ (競馬などの)写真判定(を必要とする決勝場面). ❷ (選挙などの)大接戦.

pho･to･gen･ic /fòutədʒénik フォウトヂェニック/ 形 写真写りのよい, 写真向きの.

＊**pho･to･graph** /fóutəgræf フォウトグラフ | -grà:f/《★アクセント注意》名 (複 ~s /-s/) Ⓒ **写真**(✪《口語》では短縮形の photo または picture をよく用いる).
— 動 他 …の写真をとる.
— 自 写真に写る.

━━━━━━━━━━━━━━━━━━━━

名 I had [got] my *photograph* taken yesterday. 私はきのう写真をとってもらった / I took a *photograph* of my friends. 私は友だちの写真をとった.

（語の結びつき）

cut out a *photograph* 写真を切り抜く

develop a *photograph* 写真を現像する

enlarge [blow up] a *photograph* 写真を引き伸ばす

pose [sit] for a *photograph* 写真をとってもらうためにポーズをとる

put a *photograph* in a frame ＝ frame a *photograph* 写真を額に入れる

scan a *photograph* 写真をスキャナーで取りこむ

━━━━━━━━━━━━━━━━━━━━

☞ 形 photographic.
— 動 自 *photograph* well〔badly〕写真写りがよい〔悪い〕.

＊**pho･tog･ra･pher** /fətágrəfər フォタグラファ | -tɔ́grəfə/《★アクセント注意》名 Ⓒ (新聞・雑誌の)**写真家, カメラマン**(☞ cameraman).

pho･to･graph･ic /fòutəgrǽfik フォウトグラフィック/ 形 ❶写真の. ❷写真のような, 精密な.

☞ 名 photograph.

＊**pho･tog･ra･phy** /fətágrəfi フォタグラフィ | -tɔ́g-/《★アクセント注意》名 Ⓤ **写真術**；写真撮影(業).

phras･al /fréizl フレイズル/ 形 句の, 句になっている. ▶a *phrasal* verb 句動詞 (look at, put off, take up など).

☞ 名 phrase.

＊**phrase** /fréiz フレイズ/ 名 (複 phras･es /-iz/) Ⓒ ❶【文法】**句**, フレーズ (ふたつ以上の語からなり, 文の中でひとつの品詞(名詞・形容詞・副詞など)に相当する働きをし,「主語＋(述語)動詞」の構造をもたないもの： I wrote it *with a pencil*. (私はそれを鉛筆で書いた)ではイタリック体が動詞 wrote を修飾する副詞句 (adverb phrase)；☞ clause).

❷**表現**, 言いまわし, ことばづかい, 言い方.

❸名言, 警句. ❹【音楽】楽句.
— 動 (現分 phras･ing) 他 …をことばで表わす.

━━━━━━━━━━━━━━━━━━━━

名 ❷ speak in simple *phrases* やさしいことばで話す / a set *phrase* きまり文句.

☞ 形 phrasal.

phráse bòok 名 Ⓒ (外国旅行者用の外国語の)慣用句集, 会話表現集.

＊**phys･i･cal** /fízikəl フィズィカル/ 形 (more ~; most ~) ❶**身体の,** 肉体の(⇔mental, psychic).

❷**物質の** (material)；自然(界の).

nine hundred and eighty-five　　　　　　　　　　　　　　　　　　　　　　985

picture book　　　　　　ABCDEFGHIJKLMNO**P**QRSTUVWXYZ

語の結びつき
frame a *picture* = put a *picture* in a frame 絵を額に入れる
hang a *picture* 絵を掛ける
paint a *picture* (絵の具で)絵を描く

❷I had [got] my *picture* taken yesterday. 私はきのう写真をとってもらった / May I take your *picture* [a *picture* of you]? あなたの写真をとってもいいですか.

❸ⓐa Western *picture* 西部劇(映画).
ⓑgo to the *pictures* 映画を見に行く.
❺This book gives a vivid *picture* of life in Japan. この本は日本の生活を生き生きと描いている.
❻She is *the picture* of her mother. 彼女はお母さんに生き写しだ.
❼He was the *picture* of happiness. 彼は幸せそのものだった.

be in [out of] the picture 事情に通じている[うとい].

get the picture 事情がわかる, 様子がわかる.

put ... in the picture (人)に状況をくわしく教える.
　　　　　　☞ 形 picturesque, pictorial.

pícture bòok 名 ⓒ 絵本.
pícture càrd 名 ⓒ (トランプの)絵札(❖《米》では face card ともいう).
pícture pòstcard 名 ⓒ 絵はがき.
pic·tur·esque /pìktʃərésk ピクチャレスク/ (★アクセント注意) 形 ❶絵のように美しい; 絵になる. ❷ (文体などが)生き生きした.
▶ ❶a *picturesque* town 絵のように美しい町.
　　　　　　☞ 名 picture.
pícture wíndow 名 ⓒ 見晴らし窓(外の景色を眺めるための開閉できない1枚ガラスの窓).

picture window

* **pie** /pái パイ/ 名 (複 ~s /-z/) Ⓤⓒ パイ.
▶bake a meat *pie* ミートパイを焼く.
  INFO 肉や果物などを小麦粉とバターをこね合わせたものに包んで焼いたもの. apple(リンゴ), apricot(アンズ), cherry(サクランボ), peach(モモ), raisin(干しブドウ), pumpkin(カボチャ)などを使う; ☞ apple pie.

*** **piece** /píːs ピース/ 名 (複 piec·es /-iz/) ⓒ ❶ **ひとつ, 1個**, 1本, 1枚 (❖そのままではひとつふたつと数えられない名詞を数えるために用いられる).
❷ (土地などの)**一部分**; (機械などの)**部品**.
❸ (詩・音楽・絵画などの)**作品**.
❹ 硬貨 (coin).
— 動 《次の成句で》: ***piece ... together*** …をつなぎ合わせる, まとめる: *piece* a story *together* 物語をまとめる.

名 ❶a *piece* of chalk チョーク1本 / several *pieces* of meat 数切れの肉 / two *pieces* of paper 2枚の紙 / three *pieces* of wood 木片3つ / a *piece* of advice (ひとつの)忠告 / a *piece* of luck ひとつの幸運.
❷a *piece* of land 1区画の土地.
❸a piano *piece* ピアノ曲 / a fine *piece* of music すぐれた1曲.
❹a five-cent *piece* 5セント白銅貨(1個).

go (all) to pieces ① (物が)ばらばらになる. ② (人が)(肉体的・精神的に)参ってしまう.

in one piece ① (人が)無事で. ② (ものが)こわれないで.

in pieces ばらばらに(なって): The car engine was *in pieces* on the floor. 車のエンジンは床にばらばらに分解されていた.

of a piece (with ...) ① (…と)同じ性質[種類]の, 似た. ② (…と)調和して, 一致して.

piece by piece ひとつひとつ; 少しずつ.

take ... to pieces …**をばらばらにする**, 分解する: *take* a watch *to pieces* 時計を分解する.

to pieces こなごなに, ばらばらに: The clock broke *to pieces*. 時計はばらばら

にこわれた.

《同音異形語》peace.

piece·meal /píːsmìːl ピースミール/ [形]ばらばらの, 断片的な.

piece·work /píːswəːrk ピースワーク/ [名][C]出来高払いの仕事, 賃仕事.

píe chàrt [名][C]円グラフ.

pier /píər ピア/ [名][C] ❶ⓐ桟橋(さんばし), 突堤(とってい) (☞ wharf). ⓑ遊歩桟橋 (海に突き出た桟橋で, レストランや劇場などがある).
❷橋脚, 橋げた.

《同音異形語》peer[1, 2].

***pierce** /píərs ピアス/ [動] (pierc·es /-iz/; pierced /-t/; pierc·ing) [他] ❶ (とがった物で)…を**突き通す**, 刺す, …に穴をあける, …を貫通する.
❷ (悲しみ・寒さなどが)…の**身にしみる**.
❸ (悲鳴などが)…をつんざく.
❹…を見抜く, 見破る.
— [自]貫く, はいりこむ.
▶[他] ❶A nail *pierced* the tire of my bike. 私の自転車のタイヤにくぎがささった / *pierced* earrings ピアス(のイアリング).
❷The cold wind *pierced* me to the bone. 冷たい風が骨身にしみた.
— [自]*pierce* through a forest 森を通り抜ける.

pierc·ing /píərsiŋ ピアスィング/ [形] ❶ (音が)突き刺すような, 鋭い.
❷ (寒さ・風などが)刺すような. ❸洞察力のある, 鋭い.
▶❶a *piercing* cry 金切り声.

pi·e·ty /páiəti パイアティ/ (★発音注意)[名] ([複] pi·e·ties /-z/) ❶[U]敬虔(けいけん), 深く神を敬う気持ち ([反] impiety). ❷[C]敬虔な行為.

☞ [形]pious.

***pig** /píg ピッグ/ [名] ([複] ~s /-z/) ❶ⓐ[C]**ブタ(豚)**. ⓑ[U]ブタ肉.
[INFO] (1) ブタには不潔なイメージがあり, ユダヤ教徒やイスラム教徒は汚れたものとして食用にしない. (2) 肉はポーク (pork). (3) pig の鳴き声「ブーブー」は oink, oink という.
❷[C] (口語)ブタのような(薄ぎたない食いしん坊の)人, どん欲な人; 無作法者.
buy a pig in a poke よく調べもせずに物を買う (✪poke は「袋」で, 「中も見ずに袋に入ったままのブタを買う」の意から).
make a pig of oneself がつがつ食う[飲む].
Pigs might fly. まさか(そんなことはないでしょう) (✪「ブタが空を飛ぶなんて奇跡だ」の意から).

***pi·geon** /pídʒən ピヂョン/ [名] ([複] pigeon, ~s /-z/)[C]
ハト(鳩) (飼われているハトまたは野生のハト; ✪「(野生の)小型のハト」はふつう dove).

pi·geon·hole /pídʒənhòul ピヂョンホウル/ [名][C] ❶ (1羽ずつはいる)ハト小屋の仕切り[穴]. ❷ (整理だななどの)仕切り.

pigeonhole [名]❷

— [動] (現分 -hol·ing) [他] ❶ⓐ (書類など)を(整理だななどに)入れる.
ⓑ…を分類する.
❷…を棚上げにする, あと回しにする.

pig·gy /pígi ピギ/ [名] ([複] pig·gies /-z/) [C] (小児語)ブーちゃん, 子ブタ.
— [形] ❶がつがつした.
❷ブタのような.

pig·gy·back /pígibæ̀k ピギバック/ [副]肩ぐるまをして, おんぶして.
— [名][C]肩ぐるま, おんぶ.

píggy bànk [名][C] (子ブタの形をした子ども用の)貯金箱.

pig·let /píglət ピグレト/ [名][C]子豚.

pig·ment /pígmənt ピグメント/ [名] ❶[UC]顔料 (絵の具の原料). ❷[U] 〔生物〕色素.

pig·pen /pígpèn ピグペン/ [名][C] ❶ (米)豚小屋. ❷ (米口語)汚い部屋[家].

pig·sty /pígstài ピグスタイ/ [名] ([複] pig·sties) [C] (英) = **pigpen**.

pig·tail /pígtèil ピグテイル/ [名][C] 《ふつう複数形で》(少女の)お下げ髪 (☞ponytail).

pike[1] /páik パイク/ [名][C] (米)(有料)高速道路 (✪turnpike の略).

pike[2] /páik パイク/ [名] ([複] pike, ~s /-s/)

P

pile

Ｃ【魚類】カワカマス《欧米では釣りの対象》.

＊pile /páil パイル/ 名(複 ~s /-z/)Ｃ **積み重ね**, (ものの)山.
— 動(~s /-z/; piled /-d/; pil·ing) 他 …を積み重ねる, 積み上げる(《○「荷物を積む」は load》).
— 自 ❶ 積もる, たまる. ❷ どやどやと進む.

名 several *piles of* old books いくつかの古い本の山 / a *pile* of wood 材木[薪(ﾀｷｷﾞ)]の山.

***piles* [*a pile*] *of* ...** たくさんの…; 大量の…: *piles* [*a pile*] *of* homework 山のような宿題.

— 動 他 *pile* plates on the table お皿をテーブルの上に積み重ねる / He *piled* the truck *with* potatoes. 彼はトラックにジャガイモを積み上げた.

— 自 ❶ The fallen leaves *piled* under the trees. 木の下に落ち葉が積もった. ❷ They *piled* into [out of] the bus. 彼らはどやどやとバスに乗りこんだ[バスを降りた].

pile up 他 …を**積み上げる**. — 自 ① **積もる**, たくさんたまる: The snow has *piled up* in the garden. 庭に雪が積もった. ② (何台もの車が)玉突き衝突する.

pile·up /páilʌp パイラップ/ 名Ｃ(車の)玉突き衝突.

pil·grim /pílgrim ピルグリム/ 名Ｃ 巡礼者.

pil·grim·age /pílgrimidʒ ピルグリミチ/(★アクセント注意)名ＵＣ 巡礼の旅.

＊pill /píl ピル/ 名(複 ~s /-z/) ❶Ｃ **丸薬**, 錠剤(☞medicine). ❷《the をつけて; しばしば **Pill** で》ピル《女性が飲む経口避妊薬》.
▶ ❶ take a stomach *pill* 胃薬を飲む.

pil·lar /pílər ピラ/ 名Ｃ ❶ **柱**. ❷ 柱のようなもの. ❸ **中心人物**.
▶ ❶ stone *pillars* 石の柱. ❷ a *pillar* of fire 火の柱.

pil·lar-box /pílər-bɑ̀ks ピラ・バックス/ 名Ｃ(複 ~·es /-iz/)《英》(旧型の)(円柱型の赤い)郵便ポスト(《○postbox または《米》では mailbox という; ☞ postman》).

＊pil·low /pílou ピロウ/ 名(複 ~s /-z/)Ｃ **まくら**(☞bed のさし絵).

pil·low·case /píloukèis ピロウケイス/ 名Ｃ(袋状の)まくらカバー(《○**píllow slíp** ともいう》).

＊pi·lot /páilət パイロト/ 名(複 ~s /-ts/)Ｃ
❶ (飛行機などの)**パイロット**, 操縦士.
❷ **水先案内人**《入港や出港のときに船に乗りこんで水路を案内する人》.
— 形 試験的な.
— 動(~s /-ts/; ~·ed /-id/; ~·ing) 他
❶ …の水先案内をする. ❷ (飛行機・船などを)操縦する. ❸ …を案内する, 先導する. ❹ …を試験的に行なう, 試す.

形 a *pilot* farm 実験農場.

pílot bùrner 名Ｃ(ガス湯わかし器などの)口火.

pílot làmp 名Ｃ パイロットランプ, 表示灯《電流が通じていることなどを示す豆ランプ》.

pílot líght 名Ｃ ❶ = pilot lamp.
❷ = pilot burner.

pim·ple /pímpl ピンプル/ 名Ｃ にきび, 吹き出物.

PIN /pín ピン/ 名(クレジットカードなどの)暗証番号, 個人識別番号《*p*ersonal *id*entification *n*umber の略》.

＊pin /pín ピン/
名(複 ~s /-z/)Ｃ ❶ **ピン**, 留め針, 飾りピン; 留め具.
❷ (ボーリング・ゴルフの)ピン.
— 動(~s /-z/; pinned /-d/; pin·ning) 他 ❶ …を**ピンで留める**.
❷ …を動けなくする, 押さえつける.

名 ❶ a drawing *pin*《英》画びょう / a hair *pin* ヘアピン / a safety *pin* 安全ピン.

on pins and needles ①《英》(手足のしびれがなおりかけて)ちくちくして. ②《米》びくびく[そわそわ]して.

— 動 他 ❶ The notice was *pinned* on the door. その掲示はドアにピンで留められていた / *pin* an insect 昆虫をピンで留める.

pin down 他 ①…を動かないように留める. ②(約束などで)…を縛りつける. ③(人)に(事実[考え]など)をはっきり言わせる. ④(事実など)をはっきりさせる[表現する].

pin ... on ~ …(罪など)を~に着せる.

abcdefghijklmno**p**qrstuvwxyz　　　　　　　　　　　　　　　　pink

pin up 他 (写真・絵など)をピンで留める (☞pinup).

pin·a·fore /pínəfɔːr ピナフォー/ 名C
❶(子ども用の)そでなしエプロン.

pinafore ❶

❷そでなしドレス《ブラウスなどの上に着る; **pínafore drèss** ともいう》.

pin·ball /pínbɔːl ピンボール/ 名U ピンボール《パチンコに似たゲーム》.

pin·cers /pínsərz ピンサズ/ 名複 ❶ペンチ, くぎ抜き《☞pliers》. ❷ (カニ・エビなどの)はさみ.
▶❶a pair of *pincers* くぎ抜き1丁.

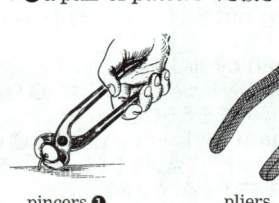

pincers ❶　　　　pliers
(くぎ抜き)　　　　(ペンチ)

*__**pinch** /pínt∫ ピンチ/ 動 (~es /-iz/; ~ed /-t/; ~ing) 他 ❶(親指と人差し指で)…をつねる, つまむ, はさむ.
❷ (くつ・帽子などが)(きつくて)…を**締めつける**.
❸《be pinched で》**苦しむ, 悩む; やつれる**.
— 自 ❶つねる. ❷ (くつなどが)きつくて痛い.
— 名 (複 ~es /-iz/) ❶C つねること, はさむこと. ❷C (くつなどが)きついこと.
❸ (…の)ひとつまみ, 少量. ❹《the をつけて》苦痛, 困難; 危機, ピンチ.
▶動 他 ❶She *pinched* my cheek. 彼女は私のほおをつねった / He *pinched* his finger in the door. 彼はドアに指をはさんだ.
❷This hat *pinches* my head [me]. この帽子はきつくて頭が痛い.
❸His face *was pinched* with hunger 〔poverty〕. 彼の顔は飢え〔貧乏〕でひどくやつれていた.
— 自 ❷My new shoes *pinch*. 私の新しいくつはきつくて痛い.
pinch off 他 …をつまみ取る.
— 名 ❶He gave me a *pinch* on the arm. 彼は私の腕をつねった.
❸*a pinch of* salt ひとつまみの塩.
❹feel *the pinch* of poverty 貧困の苦痛を感じる.
in [《英》*at*] *a pinch* 困ったときに(は), いざというときには: Use this money *in* [*at*] *a pinch*. せっぱつまったらこの金を使え.

pinched /pínt∫t ピンチト/ 形 ❶(顔が)やつれた, 青白い. ❷(金などがなくて)困って.

pinch-hit /pínt∫hít ピンチ・ヒット/ 動 (~s /-ts/; -hit; -hit·ting) 自 ❶ 【野球】代打に出る. ❷代役をする.

pin·cush·ion /pínkùʃən ピンクション/ 名C 針差し.

*__**pine**[1] /páin パイン/ 名 (複 ~s /-z/)
❶C 【植物】**マツ**《❀**píne trèe** ともいう》.
❷U **マツ材**.

pine[2] /páin パイン/ 動 (現分 pin·ing)自
❶ (悲しみ・病気などで)やつれる, やせ衰える. ❷思いこがれる, 切望する.
▶❷*pine for* home 故郷を恋しがる.

pine·ap·ple /páinæpl パイナプル/ 名C 【植物】パイナップル(の実).

pine-cone /páinkòun パインコウン/ 名C 松かさ.

ping /píŋ ピング/ 名C ピン, ピッ《ガラスや岩などに堅い物が当たる音》. — 動自 ピンと音がする.

ping-pong /píŋpàŋ ピン・パング/ 名U 《口語》卓球《❀**table tennis** ともいう》.

*__**pink** /píŋk ピンク/ 名 (複 ~s /-s/)
❶U **ピンク(色)**, もも色; ピンクの服[布].
❷C 【植物】ナデシコ.
— 形 (~er; ~est) ❶**ピンク色の**, もも色の《❀日本語にある性的な意味はない》.
❷《口語》左翼がかった.

pinnacle

名 *in the pink* (*of health*)《口語》とても元気で,健康そのもので.
— 形 ❶ *pink* flowers ピンクの花.

pin·na·cle /pínəkl ピナクル/ 名C ❶(教会などの)小尖塔(誓). ❷(岩山などの)(とがった)頂上. ❸(名声などの)頂点.

pin·point /pínpɔ̀int ピンポイント/ 名C ❶ピンの先.
❷非常に小さい物.
— 形 正確な,狂いのない.
— 動 他 …を正確に指摘する[見つける].

pint /páint パイント/《★発音注意》名C
❶パイント《液量または乾量の単位をいう;《米》では液量は約0.47リットル (liter),乾量は約0.55リットル,《英》では液量,乾量ともに約0.57リットルに相当する; ☞ gallon》.
❷《英》1パイントのビール.
▶❶ a *pint* of beer ビール1パイント.

pin·up /pínʌ̀p ピナップ/ 名《口語》C
❶(ピンで壁に留める水着・ヌードなどの)ピンナップ(写真). ❷ピンナップになる人(とくに女性).

***pi·o·neer** /pàiəníər パイオニア/《★アクセント注意》名(複 ~s /-z/)C **開拓者; 先駆者**,パイオニア.
— 動(現分 -neer·ing /-níəriŋ/)自 開拓者となる.
— 他 …を開拓する,…の先駆者となる.

名 a *pioneer* of space rockets 宇宙ロケット開発の先駆者.

pi·ous /páiəs パイアス/《★発音注意》形
❶信心深い(反 impious). ❷うわべだけ信心深そうな.
☞ 名 piety.

pip /píp ピップ/ 名C(リンゴ・オレンジなどの)種《小さいのがいくつもあるもの; ❶「モモなどの堅い種」は stone》.

****pipe** /páip パイプ/ 名(複 ~s /-s/)C ❶ **管**, 筒, パイプ.
❷(きざみたばこの)**パイプ**; パイプ1服分.
❸管楽器; (パイプオルガンの)パイプ.
— 動(現分 pip·ing)他 ❶ …を管で送る. ❷ …を笛で演奏する.
❸ …を(かん高い声で)歌う[叫ぶ].
— 自 ❶ 笛[管楽器]を吹く.
❷ (鳥などが)ピーピーさえずる.

名 ❶ a water〔gas〕*pipe* 水道〔ガス〕管. ❷ have [smoke] a *pipe*(パイプでたばこを)1服吸う.

Put that in your pipe and smoke it.(そういうわけだから)そう心得ておきなさい,つべこべ言ってもだめだ.

— 動 他 ❶ Oil is *piped* from here to the port. 石油はここからその港へパイプで送られている.

pipe down 自《口語》黙(た)る,静かになる.

pipe up 自《口語》(急に)しゃべり[歌い]だす.

pipe·line /páiplàin パイプライン/ 名C
❶(ガス・石油などの)パイプライン.
❷(情報・物資供給などの)ルート.
in the pipeline 輸送中で; 準備中で.

pípe òrgan 名C パイプオルガン《❶単に organ ともいう》.

pip·er /páipər パイパ/ 名C ❶ 笛を吹く人. ❷ バグパイプ (bagpipe) を吹く人.

pip·ing /páipiŋ パイピング/ 名U ❶ 配管. ❷(衣服の)パイピング《へりがほつれないように包む》.

píping hót 形(食べものなどが)ふーふー吹くほど熱い.

pi·quan·cy /pí:kənsi ピーカンスィ/ 名U
❶(味が)ぴりっとするおいしさ. ❷(刺激的で)興味をそそること.

pi·quant /pí:kənt ピーカント/ 形 ❶(味が)ぴりっとして食欲をそそる. ❷(刺激的で)興味をそそる; きびきびした.

pique /pí:k ピーク/ 名U(プライドなどを傷つけられたための)立腹, 不機嫌(きげん).
— 動(現分 piqu·ing)他 ❶ …の腹を立てさせる,…をおこらせる. ❷(興味など)をそそる.

pi·ra·cy /páiərəsi パイ(ア)ラスィ/ 名(複 -a·cies /-z/)UC ❶ 海賊行為. ❷ 著作権侵害.

pi·ra·nha /pirá:njə ピラーニャ/ 名C《魚類》ピラニア《鋭い歯をもつ南米産熱帯の攻撃的な淡水魚》.

pi·rate /páiərət パイ(ア)レト/ 名 ❶C 海賊. ❷ⓐC 著作権侵害者. ⓑ《形容詞的に》著作権侵害の; 非合法の.
— 動(現分 -at·ing)他 ❶ …を略奪する. ❷ …の著作権を侵害する, …の海賊版を出す.

piteous

▶名 ❷ⓑa *pirate* radio station 非合法ラジオ放送局.

Pi·sces /páisi:z パイスィーズ/ 名 ❶〖天文〗うお座. ❷〖占星〗ⓐⓤうお座, 双魚宮(☞zodiac). ⓑⓒうお座生まれの人.

pis·ta·chi·o /pistá:ʃiòu ピスターシオウ/ 名ⓒ ❶〖植物〗ピスタチオの木. ❷ピスタチオナッツ.

pis·tol /pístl ピストル/ 名ⓒピストル, 拳銃. ▶fire a *pistol* ピストルを撃つ.

pis·ton /pístən ピストン/ 名ⓒ(機械の)ピストン.

*__pit__*¹ /pít ピット/ 名(複 ~s /-ts/)

❶ⓒ(地面にあいた[あけた])**穴**, くぼみ.

❷ⓒ落とし穴, わな.

❸ⓒ炭坑, 採掘場.

❹ⓒⓐ《集合的に》劇場の1階後方の大衆席(の観客). ⓑオーケストラボックス(《❂orchestra pit ともいう》).

❺ⓒ(体の)くぼみ.

❻《**the pits** で》ピット《オートレース場のレース中に点検・修理に使う場所》.

— 動 (pits; pit·ted; pit·ting) 他

❶…を取り組ませる, 戦わせる.

❷《ふつう受身形で》…にはん点をつける.

▶名 ❺ the *pit* of the stomach みぞおち.

pit² /pít ピット/ 名ⓒ《米》(モモ・アンズなどの)(硬い)種(たね)(《❂stone ともいう; ☞pip》).

*__pitch__*¹ /pítʃ ピッチ/ 名 (複 ~es /-iz/)ⓒ

❶(音の)**高さ**, 調子.

❷(強さ・高さの)**程度**, 度合.

❸(船・飛行機の)縦揺れ, 上下動(《❂「横揺れ」は roll》).

❹(野球の)投球, ピッチング.

❺《英》(サッカー・クリケットなどの)競技場.

— 動 (~·es /-iz/; ~ed /-t/; ~·ing) 他

❶(ねらって)…を**投げる**.

❷(テント)を**張る**.

❸(楽器などの)調子を整える.

— 自 ❶〖野球〗(ピッチャーが)登板する, 投球する.

❷(船が)縦[上下]に揺れる(《❂「横[左右]に揺れる」は roll》).

❸まっさかさまに落ちる[倒れる].

・・・・・・・・・・・・・・・・・

名 ❶speak in a high *pitch* かん高い声でしゃべる. ❷at a high *pitch* of excitement ひどく興奮して. ❸The ship gave a *pitch*. 船は縦にひと揺れした. ❹a wild *pitch* 暴投.

— 動 他 ❶She *pitched* the letter into the fire. 彼女は手紙を火の中へほうりこんだ. ❷*pitch* a tent テントを張る. ❸*pitch* a note 調子を合わせる.

— 自 ❶Who is going to *pitch* today? きょうはだれが投げるの. ❷Our ship *pitched* about in the rough sea. 船は荒れた海の上で盛んに揺れた.

pitch in 自《口語》①熱心にとりかかる. ②手を貸す. — 他 …を投げ入れる.

pitch into ... 《口語》①…を激しく非難する. ②(仕事・食事など)を勢いよく始める.

pitch out 他 …をほうり出す. — 自 〖野球〗ピッチアウトする.

pitch² /pítʃ ピッチ/ 名ⓤ ❶ピッチ《原油・コールタールなどを蒸留したあとに残る黒色のかす》. ❷松やに.

▶❶(as) dark [black] as *pitch* 真っ暗[真っ黒]の.

pitch-black /pítʃ-blǽk ピチ・ブラック/ 形 ❶真っ黒の. ❷真っ暗な.

pitch-dark /pítʃ-dá:rk ピチ・ダーク/ 形 真っ暗な.

*__pitch·er__*¹ /pítʃər ピチャ/ 名(複 ~s /-z/) ⓒ(野球の)**投手**, ピッチャー. ▶a starting [relief] *pitcher* 先発[リリーフ]投手.

*__pitch·er__*² /pítʃər ピチャ/ 名(複 ~s /-z/) ⓒ ❶《米》**水差し**《口が広く取っ手がひとつきその反対側に注ぎ口がある; ❂《英》では jug》.

pitcher² ❶

❷《英》陶器製の液体容器《取っ手がふたつついている》.

pitch·fork /pítʃfɔ̀:rk ピチフォーク/ 名ⓒ 干し草用くま手.

pit·e·ous /pítiəs ピティアス/ 形《文語》あわれをさそう, 痛ましい. ☞名pity.

pit·fall /pítfɔːl ピトフォール/ 名C ❶（おおいをかけた）落とし穴. ❷ 思いがけない危険.

pith /píθ ピス/ 名U ❶（木・草の）髄(%). ❷（グレープフルーツ (grapefruit) などの）皮の下の白い部分.

pith·y /píθi ピスィ/ 形 (pith·i·er; -i·est)（表現などが）力強い；簡潔な.

pit·i·ful /pítifəl ピティフル/ 形 ❶ あわれな，かわいそうな. ❷ 情けない，あさましい.

☞ 名 pity.

pit·i·ful·ly /pítifəli ピティフリ/ 副 みじめに（も）.

pit·i·less /pítiləs ピティレス/ 形 無情な.

pit·i·less·ly /pítiləsli ピティレスリ/ 副 無情に（も）.

***pit·y** /píti ピティ/ 名 (複 pit·ies /-z/)
❶ U あわれみ，同情（☞ sympathy）．
❷《a をつけて》残念なこと，気の毒なこと.
— 動 (pit·ies /-z/; pit·ied /-d/; ~ing) 他 …をかわいそう[気の毒]に思う，同情する.

··

名 ❶ I felt *pity* for the dog. 私はその犬をかわいそうに思った / He showed no *pity* for the poor girl. 彼はかわいそうな少女に同情を示さなかった.

❷ It is *a pity* (that) he cannot come. 彼が来られないのは残念だ / What *a pity*! ほんとに残念だ，まあかわいそうに.

for pity's sake《いらいらした気持ちなどを表わして》お願いだから（…してください）．
have pity on ... …を気の毒に思ってやさしくする.
It's a thousand pities (***that*** __) __ はほんとうに残念[気の毒]だ.
more's the pity《口語》残念ながら.
out of pity かわいそうに思って.
take pity on ... = have *pity* on ....
☞ 形 piteous, pitiful.

— 動 他 I *pity* the victims of the flood. 私は洪水の被害者を気の毒に思う.

piv·ot /pívət ピヴォト/ 名C ❶（機械の）回転軸，ピボット.
❷ⓐ 中心点，要点. ⓑ 中心人物.
— 動 自 ❶〔…を〕(中心に)回る〔on〕.
❷〔…によって〕決まる〔on〕.

— 他 …に軸をつける.
▶ 動 自 ❶ The dancer *pivoted on* her toes. 踊り子はつま先でぐるっと回った.

piv·ot·al /pívətl ピヴォトル/ 形 ❶ 回転軸の. ❷ 中心的な，重要な.

pix·el /píksl ピクスル/ 名C【電算】ピクセル，画素《画像の最小構成要素のこと》．

pix·ie, pix·y /píksi ピクスィ/ 名C 小妖精(½).

piz·za /píːtsə ピーツァ/ 名UC ピザ（パイ），ピッツァ.

pl.（略語）plural 複数形.

plac·ard /plǽkəːrd プラカド/《★アクセント注意》名C（掲示・広告用の）張り紙，ポスター.

pla·cate /pléikeit プレイケイト/ 動（現分 -cat·ing）他 （人）をなだめる.

*****place** /pléis プレイス/ 名 (複 plac·es /-iz/) C
❶ **場所**，所；（特定の）**箇所**.
❷ 地域，地方；市，町，村.
❸（住む）家，部屋.
❹席 (seat)，位置.
❺地位，職，勤め口；役目.
❻立場，環境.
❼順位，順番.
❽（入学・受講などの定員の）空き，（入学・登録などの）枠.

— 動 (plac·es /-iz/; placed /-t/; plac·ing) 他
❶（ある場所に）(慎重に)…を**置く** (put)，配置する，配列する.
❷（ある状況に）…を置く.
❸（人）を配置する，地位につける.
❹（注文など）を出す.

··

名 ❶ This is the *place* where we first met. ここが私たちが最初に出会った場所です / a *place* of worship 礼拝の場所，教会 / a swollen *place* on the arm 腕のはれた所.

❷ I visited many *places* in India. 私はインドでいろいろな地域を訪ねた.

❸ He has a nice *place* in the country. 彼はいなかにすてきな家をもっている / She moved to a new *place*. 彼女は住所を変えた.

❹ Go back to your *place*. 自分の席

に戻りなさい / We took our *places* at the table. 私たちはそれぞれ食卓の席についた.

語の結びつき

find one's *place* 自分の席[場所]を見つける

keep [save] ...'s *place* [a *place* for ...] = save ... a *place* …の(ために)席[場所]をとっておく

lose one's *place* 席[場所]をとられる

return to one's *place* 自分の席[場所]へ戻る

❺ He lost his *place* at the bank. 彼は銀行での職を失った / She applied for a *place* there. 彼女はそこへ就職を申しこんだ.

❻ If you were in my *place*, what would you do? もし君が私の立場だったらどうしますか.

❽ He was offered a *place* in the department of economics. 彼は経済学科に入学を認められた.

all over the place ①そこら中に, 方々に. ②ちらかって.

from place to place あちらこちらへ.

give place to ... …に席を譲る, …に代わられる:It is time you *gave place to* your son. もう息子さんに地位を譲る時ですよ.

go places ①いろいろなおもしろいところへ行く. ②《口語》成功する.

in place ①正しい位置に;(いつでも使えるように)整って:Put your books *in place*. 本を置くべき所に置きなさい. ②適切な.

in ...'s place (人)の代わりに:Let me go *in your place*. 君の代わりに行かせてくれ.

in place of ... ①= *in ...'s place*. ②(物)の代わりに:Electric lights came to be used *in place of* lamps. ランプの代わりに電灯が使われるようになった.

in the first place まず第一に.

out of place ①置きちがえて, 正しくない位置に. ②場違いで;不適当な:The topic was *out of place*. その話題はその場では適切でなかった / I felt *out of place* at the ceremony. 私はその儀式では自分が場違いな感じがした.

take place ①(行事などが) **行なわれる** (☞*happen* の **類語**):When will the concert *take place*? コンサートはいつ行なわれるのですか. ②(事件などが)起こる.

take one's place 位置につく.

take ...'s place (人)**の代わりをする**.

take the place of ... ①(人)の代わりをする (take ...'s place). ②(物)の代わりをする:The personal computer has *taken the place of* the word processor. パソコンがワープロに取って代わった.

━ 動 他 ❶ *Place* the luggage on the bench. 手荷物をベンチに置きなさい. ❸ He was *placed* in the sales department. 彼は販売部門に配置された. ❹ I *placed* an order for his new novel with the bookstore. 書店に彼の新しい小説の注文をした.

place·ment /pléismənt プレイスメント/ 名 ❶ U 置くこと, 配置. ❷ U C 職業紹介.

plácement òffice 名 C (大学などの)就職課, 就職相談室.

plácement tèst 名 C クラス分け試験.

place-name /pléisnèim プレイスネイム/ 名 C 地名.

plac·id /plǽsid プラスィッド/ 形 (海などが)穏やかな;(心の)落ち着いた.

plac·id·ly /plǽsidli プラスィドリ/ 副 穏やかに, 落ち着いて.

pla·gia·rism /pléidʒərìzm プレイヂャリズム/ 名 ❶ U 他人の作品や思想などを盗用すること.
❷ C 盗作.

pla·gia·rist /pléidʒərist プレイヂャリスト/ 名 C 盗作者.

pla·gia·rize /pléidʒəràiz プレイヂャライズ/ 動 (現分 -riz·ing) 他 (他人の作品・思想などを)盗用する.

plague /pléig プレイグ/ 名 ❶ C 伝染病. ❷《the をつけて》ペスト, 黒死病. ❸ C 災い, 災難.
━ 動 (現分 pla·guing) 他 (不快なことが)(人)を悩ます.

plaid /plǽd プラッド/《★発音注意》名 C (スコットランド高地人の)格子(^{こうし})じまの肩掛け[布].

＊plain¹ /pléin プレイン/ 形 (~·er; ~·est)

plain

❶ はっきりした, 明らかな.
❷ わかりやすい, 平易な; 簡単な.
❸ 飾りけのない, 率直な.
❹ 質素な, 簡素な; 飾りのない;（布が）無地の. ❺ ふつうの, 平凡な. ❻《遠回しの表現で》（女性が）美人でない（☞ugly ❶）.
── 副 ❶ はっきりと, わかりやすく.
❷《口語》まったく.

形 ❶ Her intentions were *plain* to all. 彼女の意図はだれにも明らかだった.
❷ Will you explain it in *plain* English? それをやさしい英語で説明してください.
❸ a *plain* man 気どりのない人 / in *plain* words 率直なことばで(言えば).
❹ live a *plain* life 質素な生活をする / a *plain* dress （飾りのない）じみな服 / *plain* food あっさりした食物.
❺ a detective in *plain* clothes 私服刑事.
❻ a *plain* girl 器量のよくない女の子.
to be plain with you ありのまま言えば.

── 副 ❶ speak〔write〕*plain* はっきりと話す〔書く〕.
❷ *plain* stupid とてもばかな.
《同音異形語》plane¹,²,³.

plain² /pléin プレイン/ 名 ❶ C 平原, 平野. ❷《しばしば複数形で》大草原.
《同音異形語》plane¹,²,³.

plain-clothes /pléin-klóuz プレイン・クロウズ, -klóuðz/ 形（刑事などが）私服の.

plain·ly /pléinli プレインリ/ 副
❶ わかりやすく, はっきりと.
❷《文全体を修飾して》明らかに（…だ）.
❸ 率直に. ❹ 質素に.
▶ ❶ Explain the reason *plainly*. 理由をはっきり説明しなさい. ❷ *Plainly*, she didn't like the idea. 明らかに彼女はその考えが気に入らなかった.
❸ speak *plainly* 率直に話す.

plain·tiff /pléintif プレインティフ/ 名 C （裁判の）原告, 起訴人.

plain·tive /pléintiv プレインティヴ/ 形 悲しそうな, 哀れな.

plain·tive·ly /pléintivli プレインティヴリ/ 副 悲しそうに.

plait /pléit プレイト, plǽt/ 名 C ❶ 編んだ頭髪, おさげ髪（❶《米》では braids ともいう）. ❷（布の）ひだ.
── 動 他 ❶ （髪・わらなどを）編む（❶《米》では braid ともいう）.
❷（布など）にひだをとる.

***plan /plǽn プラン/ 名（複 ~s /-z/）
C ❶ 計画, 案, プラン.
❷ 図面, 平面図, 設計図.
── 動（~s /-z/; planned /-d/; planning）他 ❶ …を計画する.
❷〈plan to *do*〉＿するつもりである.
❸（家などを）設計する.
── 自〔…を〕計画する〔for〕.

名 ❶ The *plan* worked well. 計画はうまくいった / What are your *plans* for tomorrow? あすの計画はどうなっていますか / The city has a *plan* to build a new shopping center. 市は新しいショッピングセンターを建てる計画をしている / carry out a *plan* 計画を実行する.

（語の結びつき）

cancel a *plan* 計画を中止する
change one's *plan*s 計画を変更する
have *plan*s (for ...) （…の）計画がある;（デートなどの）約束がある
make [lay] *plan*s (for ...) （…の）計画を立てる
obstruct a *plan* 計画を妨げる
present [propose] a *plan* 計画を提出する
put a *plan* into operation [practice] 計画を実行に移す
shelve a *plan* 計画を棚上げにする
stick [keep] to a *plan* 計画を厳守する
work out [draw up, devise] a *plan* 計画を練る

❷ the *plan* of a new city hall 新しい市役所の設計図 / a ground *plan* 平面図.
according to plan 計画通りに[の].
── 動 他 ❶ Have you *planned* your trip around Europe? ヨーロッパ旅行の計画を立てましたか.
❷ I'm *planning to* go to Australia in the near future. 私は近いうちにオーストラリアに行くつもりです.

❸*plan* a garden 庭園を設計する.
— [自]*plan for* a new expedition 新たな探検旅行の計画を立てる.
plan on doing _するつもりである:I *plan on going* skiing. スキーに行くつもりです.
plan out [他]…を綿密に計画する.

***plane¹** /pléin プレイン/ [名] ([複] ~s /-z/) 《口語》[C]**飛行機** (✪airplane の短縮形).

a passenger *plane* 旅客機 / get on [in] a *plane* 飛行機に乗りこむ / get off [out of] a *plane* 飛行機から降りる / take the next *plane* for London 次のロンドン行きの飛行機に乗る.
by plane*=*in* [*on*] *a plane 飛行機で, 空路で:travel *by plane*= travel *in* [*on*] *a plane* (✪by の後では a をつけない;「飛行機に乗って行く」はふつう fly from ... to ~ という).
《同音異形語》plain¹˒².

***plane²** /pléin プレイン/ [名] ([複] ~s /-z/) [C] ❶**平面**, 水平面. ❷ (思想・文化などの) 程度, 水準.
— [形]平らな, 平面の.
▸[名] ❶a horizontal *plane* 水平面 / an inclined *plane* 斜面. ❷a high moral *plane* 高い道徳的水準.
— [形]a *plane* surface 平面 / *plane* geometry 平面幾何学.
《同音異形語》plain¹˒².

plane³ /pléin プレイン/ [名][C] (大工道具の) かんな (西洋のかんなは日本のものと違って, とってがついていて前の方へ押して用いる).
— [動] (現分 plan·ing) [他]…にかんなをかける.
《同音異形語》plain¹˒².

***plan·et** /plǽnit プラニット/ [名] ([複] ~s /-ts/) ❶[C]〔天文〕**惑星** (✪「恒星」は fixed star). ❷《the planet で》(環境面から見た) 地球.
[INFO] 太陽系の惑星は太陽に近い順に次のとおり: Mercury (水星), Venus (金星), the Earth (地球), Mars (火星), Jupiter (木星), Saturn (土星), Uranus (天王星), Neptune (海王星). Pluto (冥王星) は2006年に準惑星となった.
☞ [形]planetary.

plan·e·tar·i·um /plæ̀nətéəriəm プラネテ(ア)リアム/ [名][C] ❶プラネタリウム (星座投影機). ❷プラネタリウム (星座を投影して見せる天文館).

plan·e·tar·y /plǽnətèri プラネテリ/ [形]惑星の. ☞ [名]planet.

plank /plǽŋk プランク/ [名][C]厚板 (ふつう厚さ5–15センチ, 幅20センチ以上の板; board より厚い).

plank·ton /plǽŋktən プランクトン/ [名][U] プランクトン, 浮遊微生物.

plan·ner /plǽnər プラナ/ [名][C]計画を立てる人; 都市計画立案者.

***plan·ning** /plǽniŋ プラニング/ [名][U] ❶**計画(すること)**, 立案. ❷都市計画.

***plant** /plǽnt プラント | plɑ́ːnt/ [名] ([複] ~s /-ts/) ❶[C] (動物に対して) **植物**; (木と区別して) **草**, 苗; 作物.
❷[C]**工場** (factory).
❸[U] (工場の) 生産[機械] 設備.
— [動] (~s /-ts/; ~ed /-id/; ~·ing) [他]
❶ (木・草) を**植える**, (種) をまく.
❷ⓐ…を設置する, 配置する.
ⓑ (爆発物など) を仕掛ける.
❸ (考えなど) を吹きこむ.

[名] ❶tropical *plants* 熱帯植物 / garden *plants* 園芸用の草花 / cabbage *plants* キャベツの苗. ❷an automobile *plant* 自動車製造工場 / a nuclear power *plant* 原子力発電所.
— [動][他] ❶*plant* roses in the garden 庭にバラを植える / *plant* flower seeds 花の種をまく / *plant* the flowerbed *with* tulips 花壇にチューリップを植える. ❷ⓐ*plant* a pole in the ground 地面に柱を立てる. ❸He must have *planted* such an idea in her mind. 彼が彼女にそんな考えを植えつけたにちがいない.

plan·ta·tion /plæntéiʃən プランテイション/ [名][C] ❶大農園, プランテーション (とくに熱帯地方の大規模な農園). ❷植林地.
▸❶a coffee 〔sugar, rubber〕 *plantation* コーヒー〔砂糖, ゴム〕園.

plant·er /plǽntər プランタ/ [名][C] ❶植えつけをする[種をまく] 人. ❷種まき機. ❸大農園主. ❹プランター (おもに飾りのための草花を植える容器).

P

❸ⓐ*Play* started at three. 競技は3時から始まった / during *play* 試合中に. ⓑfair *play* 正々堂々とした行為, フェアプレー / foul *play* 卑劣な行為 / make a great *play* すばらしいプレーをする.
❹lose money at *play* かけで金を失う.
at play 遊んで: Are the children *at play*? 子どもたちは遊んでいますか.
bring ... into play …をかかわらせる, 活用する.
come into play かかわる, 影響をもつようになる, 使われる.
in full play 盛んに活動して; フル回転して.
in play ①ふざけて:I did it merely *in play*. 私はふざけてそれをしただけだ. ②〔球技〕(ボールが)ライン内にあって《試合続行中で》.
out of play 〔球技〕(ボールが)ラインを割って.
☞ 形playful.

play·boy /pléibɔ̀i プレイボイ/ 名C プレイボーイ《金持ちで車好きで, ナイトクラブ・パーティー・スポーツ行事などをわたり歩き, 女性との交際を楽しむ男性》.

***play·er** /pléiər プレイア/ 名 (複 ~s /-z/) C ❶**競技者**; (運動)選手; ゲームをする人. ❷演奏者. ❸レコードプレーヤー《✪record player ともいう》. ❹中心人物[集団, 国(など)].

❶He is a good 〔poor〕 tennis *player*. 彼はテニスがじょうずだ〔へただ〕/ the most valuable *player* 最優秀選手《✪MVP と略す》.

play·ful /pléifəl プレイフル/ 形 ❶遊び好きな; 陽気な. ❷(ことば・態度などが)冗談の, ふざけた.
▶❶a *playful* kitten いたずらな子ねこ.
❷a *playful* remark 冗談(のことば).
☞ 名play.

play·ful·ly /pléifəli プレイフリ/ 副 ❶陽気に. ❷冗談半分に, ふざけて.

play·ful·ness /pléifəlnəs プレイフルネス/ 名U 陽気, ふざけ.

***play·ground** /pléigràund プレイグラウンド/ 名 (複 ~s /-dz/) C ❶(学校の)**運動場**《☞playing field》.
❷(公共の)遊園地, 遊び場.

play·group /pléigru:p プレイグループ/ 名C《単数形でもときに複数扱い》《英》(私設の)保育所の子どもたち.

play·house /pléihàus プレイハウス/ 名 (複 -hous·es /-hàuziz/) C ❶劇場.
❷(子どもが中で遊べるようになっている小さい)子どもの家.

pláy·ing càrd /pléiiŋ- プレイイング・/ 名C トランプの札《✪単に card ともいう》.

pláy·ing fìeld /pléiiŋ- プレイイング・/ 名C (フットボール・クリケットなどの)競技場.

play·mate /pléimèit プレイメイト/ 名C 遊び友だち.

play-off /pléi-ɔ̀(:)f プレイ・オ(ー)フ/ 名C (試合が引き分けまたは同点の時にする)決勝戦, プレーオフ.

play·pen /pléipèn プレイペン/ 名C 赤ん坊の遊び場用の囲い, ベビーサークル《☞crib》.

playpen

play·school /pléisku:l プレイスクール/ 名C《英》= **playgroup**.

play·thing /pléiθiŋ プレイスィング/ 名《文語》C おもちゃ (toy).

play·time /pléitàim プレイタイム/ 名U (学校の)遊び時間.

play·wright /pléiràit プレイライト/ 名C 劇作家.

pla·za /plǽzə プラザ | plɑ́:zə/ 名C ❶(都市の)広場.
❷ショッピングセンター.

PLC, plc /pí:èlsí: ピーエルスィー/《略語》《英》株式公開会社 *p*ublic *l*imited *c*ompany.

plea /plí: プリー/ 名C ❶嘆願(たんがん).
❷〔法律〕申し立て.
▶❶make a *plea* for help 援助を嘆

plead /plíːd プリード/ 動 (~s /-dz/; ~ed /-id/, 《米》pled /pléd/; ~ing) 自
❶ 嘆願する, 懇願(%)する.
❷ (法廷で)弁護する.
— 他 ❶ (法廷で)…を弁護する.
❷ …のせいだと弁解する.
▶ 自 ❶ She *pleaded with* her uncle *for* help. 彼女はおじさんに援助を求めた / The boy *pleaded with* his mother not *to* go out. 少年は母に出かけないでとしきりに頼んだ. ❷ The lawyer *pleaded for* the poor old man. 弁護士はそのあわれな老人を弁護した.
— 他 ❶ The lawyer *pleaded* her case. 弁護士は彼女の事件の弁護に立った. ❷ *plead* ignorance of the rule 規則を知らなかったからだと言い訳する.
plead guilty 自 罪を認める.
plead not guilty 自 罪を認めない.

*pleas・ant /péznt プレズント/ (★発音注意) 形 (more ~, ~・er; most ~, ~・est)
❶ (物事が)**気持ちのよい**, 快い, 楽しい (反 unpleasant).
❷ (人・態度などが)**感じのよい**, 親しみのもてる.

❶ We had a *pleasant* time. 私たちは楽しい時を過ごした / *pleasant* weather 気持ちのよい天気.
❷ a *pleasant* person 感じのよい人.
☞ 動 please, 名 pleasure.

pleas・ant・ly /plézntli プレズントリ/ 副 気持ちよく, 楽しく.

***please /plíːz プリーズ/ 副 《命令文などで》**どうぞ**, **すみませんが**.
— 動 (pleas・es /-iz/; pleased /-d/; pleas・ing) 他 ❶ …を**喜ばせる**, うれしがらせる; …の気に入る (反 displease).
❷ 《be pleased で》**喜ぶ**, **うれしがる**(☞ pleased).
❸ 《as, what などの導く関係詞の節に用いて》したいと思う, 気に入る.
— 自 《as, when, if などの導く副詞節に用いて》したいと思う, 気に入る.

副 *Please* come in. = Come in, *please*. どうぞおはいりください / *Please* don't leave me alone. どうか私をひとりにしないでください / A cup of coffee, *please*. コーヒーを1杯ください / Will you open the door, *please?* = Will you *please* open the door? ドアを開けてくださいませんか / 対話 "Would you like another cup of coffee?" – "Yes, *please*." 「コーヒーのお代わりはいかがですか」「はい、お願いします」.
— 動 他 ❶ What he said *pleased* her. 彼のことばは彼女を喜ばせた(彼のことばを聞いて彼女は喜んだ) / He is hard to *please*. 彼は気難しい人だ(彼を喜ばすのは難しい). ❸ Take as many *as* you *please*. 好きなだけ取りなさい / We cannot always do *what* we *please*. われわれはいつも自分のしたいことができるとはかぎらない.
— 自 I will do *as* I *please*. 私は好きなようにします / You can come *when* you *please*. 気が向いたらいらっしゃい.
if you please **どうぞ**, **よろしかったら** (❶ please のていねいな言い方): Come in, *if you please*. どうぞおはいりください.
please oneself 自分の好きなようにする.
☞ 名 pleasure, 形 pleasant.

*pleased /plíːzd プリーズド/ 形 **喜んだ**, 満足した. ▶ She gave a *pleased* smile. 彼女はうれしそうにほほえんだ / He looked *pleased*. 彼はうれしそうに見えた / I *am* very *pleased with* my new watch. 私は新しい時計がたいへん気に入っている / She isn't *pleased about* her exam results. 彼女は試験の結果に満足していない / He *was pleased at* the news. 彼はその知らせを聞いて喜んだ / He *was pleased that* his grandchildren had come to see him. 彼は孫たちが遊びに来てくれて喜んだ.
be pleased to do ① __してうれしい: I'm *pleased to* meet you. 初めまして(お目にかかれてうれしく思います). ② 喜んで__したい: 対話 "Would you like to try some *sushi*?" – "I'd *be pleased to*." 「おすしを召しあがりませんか」「喜んで」.

pleas・ing /plíːziŋ プリーズィング/ 形 気持ちのよい, 感じのよい, 愉快な, 楽しい.

plea・sur・a・ble /pléʒərəbl プレジャラブ

pleasure

ル/ 形楽しい, うれしい.

***pleas・ure** /pléʒər プレジャ/《★発音注意》名 (複 ~s /-z/)

❶ⓐ Ⓤ **楽しみ**, 喜び, 満足 (反 displeasure). ⓑ Ⓒ **楽しいこと**, うれしいこと.
❷ Ⓤ (世俗的な)快楽.

──────────

❶ⓐ Her success gave me great *pleasure*. 彼女が成功したので私はとてもうれしかった / the *pleasure* of reading 読書の楽しみ. ⓑ It was a *pleasure* to hear from you today. きょうはお便りをいただきうれしく思いました (✿改まった表現). ❷ a man of *pleasure* 道楽者.

at your pleasure あなたの好きなように: You may use this room *at your pleasure*. 好きなようにこの部屋を使っていいよ.

for pleasure 楽しみで[に]: travel *for pleasure* (仕事としてでなく)遊びで旅行する.

have the pleasure of ... ありがたく…させていただく: May I *have the pleasure of* this dance? ダンスのお相手をさせていただけますか.

take pleasure in ... …を楽しむ: He *takes pleasure in* painting. 彼は絵をかくのが楽しみである.

The pleasure is mine. = *It's my pleasure.* = *My pleasure.* どういたしまして, こちらこそ(うれしいです) (✿相手の "Thank you for ..." などに対して): 対話 "Thank you for coming." – "*The pleasure is mine.*" 「おいでくださってありがとうございます」「こちらこそ」.

with pleasure ①喜んで: I'll help you *with pleasure*. 喜んでお手伝いしましょう. ②いいですとも (承諾の返事): 対話 "Will you lend me your pen?" – "Yes, *with pleasure*." 「ペンを貸してくださいませんか」「さあさあどうぞ」.

☞ 動 please, 形 pleasant.

pléasure bòat 名Ⓒ遊覧船; 娯楽用ボート.

pleat /plíːt プリート/ 名Ⓒ (布などの)ひだ, プリーツ. ── 動他 …にひだをつける.

▶ 動 a *pleated* skirt プリーツ[ひだのつい

た]スカート.

pled /pléd プレッド/ 動 《米》plead の過去形・過去分詞形.

pledge /pléʤ プレヂ/ 名

❶ ⓊⒸ (厳粛(げんしゅく)な)誓い; 約束 (promise). ❷ Ⓒ 保証, (友情などの)しるし.
❸ Ⓒ 質に入れた物, 抵当の品.

── 動 (pledg・es /-iz/; pledged /-d/; pledg・ing) 他 ❶ …を誓う. ❷ …に誓わせる.

▶ 名 ❶ make a *pledge* not to tell lies うそをつかないと誓う. ❷ as a *pledge* of love 愛のしるしとして.

── 動他 ❶ He *pledged* his support to me. 彼は私を支持すると誓った / He *pledged* to do his best. 彼は最善をつくすと誓った.

pledge oneself to do …すると誓う.

plen・ti・ful /pléntifəl プレンティフル/ 形たっぷりの, 豊富な, 十分な (反 scarce).
▶ Fruit is *plentiful* at this time of the year. 一年のうち今ごろは果物が豊富だ / a *plentiful* harvest 豊作.

☞ 名 plenty.

plen・ti・ful・ly /pléntifəli プレンティフリ/ 副たっぷりと, 十分に, 豊富に.

***plen・ty** /plénti プレンティ/ 名 Ⓤ たっぷり, たくさん, 豊富, 十分 (肯定文に用いる; ☞ 成句 plenty of ... の 語法).

── 形 (more ~; most ~) たっぷりで(ある), 十分で(ある).

── 副 (口語) たっぷり, 十分に (✿ふつう enough をともなう).

──────────

名 対話 "Won't you have some more pie?" – "No, thank you. I've had *plenty*." 「パイをもう少しいかがですか」「いえ, もう結構です. 十分にいただきました」 / a year of *plenty* 豊年.

in plenty ①たっぷりと, たくさん, 十分に: There is water *in plenty*. 水が豊富だ. ②豊かに: live *in plenty* 豊かに暮らす.

plenty of ... たくさんの…, 十分の…: We have *plenty of* leisure. 暇はたっぷりある.

語法 (1)「必要以上の…」という意味であって「非常にたくさんの…」という意味ではない. (2) …には数えられる名詞の複数形または数えられない名詞の単数形が

plucky

くる. (3) 肯定文に用い, 疑問文や否定では many, much, enough を用いる.

☞ 形plentiful.

— 形 That'll be *plenty*. それで十分でしょう.

— 副 It's *plenty* big *enough*. それで十分な大きさだ.

pli・a・ble /pláiəbl プライアブル/ 形 ❶ 曲げやすい, しなやかな. ❷(心が)柔軟な, 影響されやすい.

pli・ant /pláiənt プライアント/ 形 = **pliable**.

plied /pláid プライド/ 動 ply¹ の過去形・過去分詞形.

pli・ers /pláiərz プライアズ/ 名(複)ペンチ(☞ pincers). ▶a pair of *pliers* ペンチ1丁.

plight /pláit プライト/ 名C《単数形で》(悪い・困難な)状態. ▶He was in a miserable *plight*. 彼はひどい状態であった.

plim・soll /plímsl プリムスル/ 名C《複数形で》(英)スニーカー(《米》では sneakers).

plod /plád プラド/ 動 (~s /-dz/; plodded /-id/; plod・ding) 自 ❶ とぼとぼ歩く. ❷ こつこつ働く[勉強する].
▶❶ *plod* along [on] とぼとぼ歩く.
plod one's way とぼとぼ歩く.

plop /pláp プラプ/ 動 (~s /-s/; plopped /-t/; plop・ping) 自 (液体に)ポチャン[ドブン]と落ちる.

— 名C ポチャン, ドブン《物が液体に落ちる音》.

— 副 ポチャンと, ドブンと.

▶名 The stone fell with a *plop* into the pond. 石が池にポチャンと落ちた.

*plot /plát プラット | plɔ́t/ 名(複 ~s /-ts/)C ❶ **陰謀**, たくらみ.
❷(小説などの)**筋**(すじ), プロット.
❸(小区画の)**土地**, 地面.

— 動 (~s /-ts/; plot・ted /-id/; plot・ting) 他 ❶ (悪事を)**たくらむ**, …をひそかに計画する.
❷(小説など)の筋を考える.
❸…を図面で描く, 図面に記入する.

— 自 陰謀をたくらむ.

▶名 ❶ form [hatch] a *plot* against the government 政府を倒そうと陰謀を企(くわだ)てる / a *plot* to rob a bank 銀行強盗をする計画. ❷ The novel has a thrilling *plot*. その小説はどきどきさせるような筋だ. ❸ a building *plot* 建築用地.

— 動 他 ❶ *plot* the murder of the president 大統領の殺害をたくらむ / *plot to* kill the king 王を殺そうとたくらむ.

— 自 *plot against* the government 政府に対して陰謀を企てる.

plough /pláu プラウ/ 《★発音注意》名動《英》 = **plow**.

*plow /pláu プラウ/ 《★発音注意》名(複 ~s /-z/)C ❶(耕作用の)**すき**(牛・馬・トラクターなどに引かせる).
❷ すきに似た器具(除雪機(snowplow)など).

— 動 (~s /-z/; ~ed /-d/; ~・ing) 他 (すきで)(土地を)耕す.

— 自 ❶ すきで耕す. ❷ かき分けて進む.

▶名 ❶ pull a *plow* すきを引く.
under the plow 耕作されて[た].

— 動 他 *plow* a field 畑を耕す.

— 自 ❷ The ship *plowed* through the waves. 船は波を切って進んだ.
plow one's way 骨折って進む, かき分けて進む.

pluck /plák プラック/ 動 他 ❶ …を引き抜く. ❷(羽毛などを)むしり取る; …から羽毛を抜く. ❸(花・実などを)摘(つ)む.
❹《英》(弦楽器を)指で鳴らす, かき鳴らす(《米》では pick).

— 自 […を]ぐいと引っ張る〔*at*〕.

— 名 ❶《a をつけて》ぐいと引っ張ること.
❷U 勇気 (courage).

▶動 他 ❶ *pluck* weeds in the garden 庭の雑草を引き抜く. ❷ *pluck* the feathers from the duck (料理するために)アヒルの羽をむしりとる / *pluck* a chicken 鶏の羽をむしる.

— 動 Don't *pluck at* my sleeve. 私のそでを引っ張るな.

pluck up (one's) courage 勇気をふるい起こす.

— 名 ❶ He gave *a pluck* at my arm. 彼は私の腕をぐいと引っ張った. ❷ show *pluck* 勇気を示す.

pluck・y /pláki プラキ/ 形 (pluck・i・er; pluck・i・est) 《文語》勇気のある, 大胆な.

plug

plug /plÁg プラグ/ 名(複 ~s /-z/) C
❶ (たる・流しなどの穴をふさぐ)栓(せん).
❷ ⓐ(電気の)差しこみ, プラグ (☞outlet). ⓑ《口語》ソケット.
❸ 消火栓. ❹《口語》(ラジオ・テレビの)短い宣伝文句, スポット広告. ❺ (エンジンの)点火プラグ.
— 動 (~s /-z/; plugged /-d/; plug·ging) 他 ❶ …に栓(せん)をする, …をふさぐ. ❷《口語》(ラジオ・テレビなどで)…を繰り返し宣伝する.
▶名 ❶ pull (out) the *plug* 栓を抜く.
❷ⓐ Put the *plug* in that outlet, please. プラグをそこのコンセントにつないでください.
— 動 他 ❶ *plug* (up) a hole 穴に栓をする.

plug away at ...《口語》…をこつこつとやる: *plug away at one's* studies こつこつと勉強する.

plug in 他 (プラグを差しこんで)…に電流を通す: *plug in* the electric heater ヒーターのプラグを差しこむ.

plug into ... 【電算】(コンピューターネットワークなど)につなぐ.

plum /plÁm プラム/ 名 ❶ C 〖植物〗プラム, セイヨウスモモ. ❷ U 暗紫色.
《同音異形語》plumb.

plum·age /plú:midʒ プルーミヂ/ 名 U《集合的に》鳥の羽 (feather の集まったもの).

plumb /plÁm プラム/ (★ b は発音されない) 名 C おもり《水深・垂直などを知るのに用いる》.
— 形 ❶ 垂直で. ❷《米口語》まったくの.
— 副 ❶ 垂直に. ❷《米口語》まったく.
❸《口語》正確に.
— 動 他 ❶ (水深)を測る. ❷ (考え・心など)を綿密に調べる, 見抜く.
▶形 ❷ *plumb* nonsense まったくのたわごと.
《同音異形語》plum.

plumb·er /plÁmər プラマ/ (★ b は発音されない) 名 C (ガス・水道などの)配管工, 水道屋.

plumb·ing /plÁmiŋ プラミング/ (★ b は発音されない) 名 U ❶ (ガス・水道などの)配管工事. ❷ (ガス・水道などの)配管設備.

plume /plú:m プルーム/ 名 C ❶ (大きく美しい)羽. ❷ 羽飾り. ❸ 羽の形をしたもの.
❹ (煙・雲などの)柱.

▶ ❶ a peacock *plume* クジャクの羽.
❹ a *plume* of steam 水蒸気の柱.

plum·met /plÁmit プラミット/ 動 ⾃
❶ まっすぐ[急]に落ちる.
❷ (物価・率などが)急落する.

plump¹ /plÁmp プランプ/ 形 まるまると太った, かわいらしくふっくらした《☞fatの類語》.
— 動 他 〔まくら・クッションなど〕をふくらませる, ふくらませる〔up〕.

plump² /plÁmp プランプ/ 動 ⾃ ドスンと落ちる. — 他 (物)をドスンと落とす.

plúm púdding 名 UC 干しぶどう入りプディング《○イギリスではクリスマスに出されるので Christmas pudding ともいう》.

plun·der /plÁndər プランダ/ 動 (現分 -der·ing /-dəriŋ/) 他 (とくに戦争や暴動のとき) (人・場所などから)略奪する, 物を盗む. — ⾃ 略奪する.
— 名 U 略奪(品).
▶動 他 *plunder* a town 町を荒らす.

***plunge** /plÁndʒ プランヂ/ 動 (plung·es /-iz/; plunged /-d/; plung·ing) 他
❶ …を突っこむ, 投げこむ, 突き刺す.
❷ …を(前に)のめらせる.
❸ (人・国など)をおとしいれる.
— ⾃ ❶ 〔…に〕とびこむ 〔into〕.
❷ (急に) 〔…の状態に〕突入する 〔into〕.
❸ (急に) 〔…を〕始める 〔into〕.
— 名《a をつけて》飛びこみ, 突入.
▶動 他 ❶ I *plunged* my hand *into* the water. 私は手を水に突っこんだ. ❷ The shock *plunged* the passengers forward. そのショックで乗客は前にのめった. ❸ *plunge* the country *into* war 国を戦争へ突入させる.
— ⾃ ❶ *plunge into* the swimming pool プールに飛びこむ. ❷ *plunge into* war 戦争に突入する.
— 名 take *a plunge* into cold water 冷たい水に飛びこむ.

take the plunge（心配したあとで）思い切ってやる.

plung·er /plÁndʒər プランヂャ/ 名 C プランジャー《排水管のつまりを除く器具; 柄の先にゴムの吸着カップがついている》.

***plu·ral** /plúərəl プル(ア)ラル/ 形 ❶ 〖文法〗複数(形)の (反 singular). ❷ 複数の, ふたつ[ふたり]以上の.
— 名 (複 ~s /-z/) 〖文法〗 ❶ U 複数《○

abcdefghijklmno p qrstuvwxyz　　　　　　　　　　　　　　　　　　　　**pocketful**

plúral nùmber ともいう). ❷ⓒ 複数形 (《略 **pl.** と略す; **plúral fòrm** ともいう; ☞ **singular**).
▶形 ❶ a *plural* noun 複数名詞.
*****plus** /plʌ́s プラス/ 形 ❶《評点の後につけて》プラスの, 少し高い. ❷ⓐ〖数学〗正の. ⓑ〖電気〗陽の.
— 前 ❶…を加えた[て](《反 minus》).
❷…を加えて, …のほかに.
— 名(複 ~**es** /-iz/) ⓒ ❶ 正数. ❷ プラスのもの, 有利な特質; 利益. ❸ = **plus sign**.
▶形 ❶ C *plus* Cプラス《成績でCのなかの上位; C+と書く》.
— 前 ❶ Seven *plus* three is [equals] ten. 7たす3は10, 7＋3＝10 (《Seven and three make(s) ten. ともいう》). ❷ He has intelligence *plus* experience. 彼は頭のほかにさらに経験がある.

plush /plʌ́ʃ プラッシュ/ 名Ⓤ フラシ天《ビロードの一種》. — 形《口語》豪華な.

plús sìgn 名ⓒ 正符号, プラス記号《＋の記号》.

Plu·to /plúːtou プルートウ/ 名〖天文〗冥王(めいおう)星《2006年に惑星から準惑星となった》.

plu·to·ni·um /pluːtóuniəm プルートウニアム/ 名Ⓤ〖化学〗プルトニウム《元素記号 Pu》.

ply[1] /plái プライ/ 動 (plies /-z/; plied /-d/; ~·ing) 他 ❶《文語》(道具など)をせっせと動かす. ❷ (仕事など)にはげむ. ❸ にしつこくすすめる. ❹ (船が)(川など)を定期的に往復する.
— 自 ❶ (船・バスなどが)定期的に往復する. ❷ (タクシーなどが)流す.

ply[2] /plái プライ/ 名Ⓤ ❶ (合板・布の)層. ❷ (綱・糸の)より.

ply·wood /pláiwùd プライウッド/ 名Ⓤ 合板, ベニヤ板(☞ **veneer** ❶).

*****p.m., P.M.** /píːém ピーエム/ 副形 **午後(の)**(《反 a.m., A.M》《ⓞ 時間を表わす数字の後に用いる; ⓞ afternoon (午後)の意味のラテン語 post *m*eridiem の略》).
▶ 2:30 [《英》2.30] *p.m* 午後2時30分(《ⓞ two thirty p.m. と読む》)/ the 9 *p.m.* train 午後9時の列車(《ⓞ the nine p.m. train と読む》)/ Business hours, 9 a.m.–5 *p.m.* 営業時間午前9時より午後5時まで(《ⓞ nine a.m. to five p.m. と読む》).

pneu·mat·ic /njuːmǽtik ヌーマティック, ニュー-/《★ p は発音されない》形 ❶ 圧搾(さく)空気で動かす. ❷ 圧搾空気の入った.

pneu·mo·nia /njuːmóunjə ヌーモウニァ, ニュー-/《★ p は発音されない》名Ⓤ〖医学〗肺炎.

P.O., p.o.《略語》❶ post office 郵便局. ❷ postal order 郵便為替(かわせ).

poach[1] /póutʃ ポウチ/ 動 (三単現 ~·es /-iz/) 他 (割った卵・魚など)を熱湯の中でゆでる(☞ **cook** の [類語]). ▶ *poached* eggs 落とし卵.

poach[2] /póutʃ ポウチ/ 動 (三単現 ~·es /-iz/) 他 ❶…を密猟する, 密漁する. ❷ (他人)の領域を侵す.
— 自 ❶ 密猟する, 密漁する. ❷ 人のなわばりを侵す.

poach·er /póutʃər ポウチァ/ 名ⓒ 密猟者, 密漁者, 侵入者.

P.O. Box《略語》post office box.

*****pock·et** /pɑ́kit パキット | pɔ́k-/
名(複 ~**s** /-ts/) ⓒ ❶ⓐ **ポケット**. ⓑ《形容詞的に》**ポケット型の**, 小型の. ❷ⓒ ポケット状のもの, ポケット型の入れ物《自動車のドアの内側の物入れなど》. ❸ (ポケットの中の)所持金; 収入; 資力.
— 動 他 ❶ …をポケットに入れる.
❷ (不正に)(金)をもうける, 着服する.
▶名 ❶ⓐ He put the key in [into] his *pocket*. 彼はかぎをポケットに入れた / 《英》a trouser *pocket* ズボンのポケット. ⓑ a *pocket* dictionary [camera] 小型辞書[カメラ]. ❸ I paid for it out of my (own) *pocket*. 私は自腹を切ってそれを払った.

***have ... in** one's **pocket**(人)を自分の思うとおりに動かしている.
***in pocket** もうけて.
***out of pocket** 損をして.
— 動 他 ❶ *pocket* the keys 鍵をポケットに入れる.

pock·et·book /pɑ́kitbùk パキトブック/ 名ⓒ ❶《米》(婦人用小型)ハンドバッグ (purse, handbag)《肩ひもがない; お金・かぎなどを入れる》. ❷《米》(ペーパーバックの)ポケット型の本, 文庫本(《ⓞ **pócket bòok** とも書く》). ❸《英》手帳.

pock·et·ful /pɑ́kitfùl パキットフル/ 名ⓒ ポケット一杯分(の量).

one thousand and five　　　　　　　　　　　　　　　　　　　　　　　　　　　　　1005

pock·et·knife /pákitnàif パキットナイフ/ 名 (複 -knives /-nàivz/) C (折りたたみ式の)小型ナイフ.

pócket mòney 名 U ❶ (少額の)手持ちのお金, ポケットマネー. ❷《英》子どもの(毎週の)こづかい《♻《米》では allowance》.

pod /pád パッド/ 名 C (エンドウ (pea) などの)さや.

po·di·a·trist /pədáiətrist ポダイアトリスト/ 名 C《米》足治療医.

po·di·a·try /pədáiətri ポダイアトリ/ 名 U《米》足治療《まめ・たこ・つめの異常などの治療》.

po·di·um /póudiəm ポウディアム/ 名 (複 ~s /-z/, po·di·a /póudiə/) C 演壇, 指揮台.

*__po·em__ /póuəm ポウエム/ 名 (複 ~s /-z/) C (ひとつひとつの)詩《♻「詩歌(全体)」は poetry》. ▶write [compose] a *poem* 詩を書く[作る].
☞ 形 poetic.

*__po·et__ /póuət ポウエト/ 名 (複 ~s /-ts/) C 詩人, 歌人.

*__po·et·ic__ /pouétik ポウエティック/ 形 (more ~; most ~) ❶ 詩の. ❷ 詩人の. ❸ 詩的な.
▶❸ *poetic* imagination 詩的想像力.
☞ 名 poem, poetry.

po·et·i·cal /pouétikəl ポウエティカル/ 形 = poetic.

po·et·i·cal·ly /pouétikəli ポウエティカリ/ 副 詩的に.

*__po·et·ry__ /póuətri ポウエトリ/ 名 U 詩歌《♻「(ひとつひとつの)詩」は poem;☞ prose》. ▶a book of *poetry* 詩集 / epic *poetry* 叙事詩 / lyric *poetry* 叙情詩.
☞ 形 poetic.

poign·an·cy /pɔ́injənsi ポイニャンスィ/《★ g は発音されない》名 U ❶ 痛ましさ.
❷ (ことばなどの)激しさ.

poign·ant /pɔ́injənt ポイニャント/《★ g は発音されない》形 ❶ (悲しみが)痛切な.
❷ (ことばなどが)激しい, 鋭い.
▶❶ *poignant* sorrow 激しい悲しみ.
❷ *poignant* sarcasm 刺すような皮肉.

poign·ant·ly /pɔ́injəntli ポイニャントリ/ 副 痛ましく.

*__point__ /pɔ́int ポイント/ 名 (複 ~s /-ts/) C ❶ (とがった物の)先; 突端, みさき.
❷ (空間的・時間的)点; 場所, 地点.
❸ (事態の発展の)程度, 限度.
❹ 得点, 点数; (目盛りの)点, 度.
❺ (議論・冗談などの)要点, ポイント.
❻ 意義, 目的.
❼ 特質, 特徴.
❽ (考える)点, 細かな点, 細目, 項目.
❾ⓐ〔数学〕小数点 (decimal point).
ⓑ ピリオド, 終止符.
❿《複数形で》《英》(鉄道の)ポイント, 転轍(ぼう)器《♻《米》では switches》.
⓫《英》(電気の)コンセント《♻ power point ともいう; 《米》では outlet》.
— 動 (~s /-ts/; ~ed /-id/; ~ing) 自
《**point to [at] ...**》…を指さす, 指示する.
— 他 ❶ (指・銃など)を [...に] 向ける 〔*at, to, toward*〕. ❷ …をとがらす.

・・・・・・・・・・・・・・・・・・・・・・・・・・・・・・・・・・

名 ❶ Sharpen the *point* of the pencil. 鉛筆の先をとがらしなさい.
❷ At that *point* the two roads cross each other. その地点で2本の道路は交差している.
❸ The shopping bag is full to the bursting *point*. その買物袋はいっぱいではちきれそうだ / (up) to a (certain) *point* ある程度(まで).
❹ get [score] a *point* (ゲームなどで) 1点を得る / the freezing *point* 氷点 / the boiling *point* 沸騰点.
❺ I didn't see his *point*. 私は彼の話の要点がわからなかった / I missed the *point* of his joke. 私は彼の冗談のおもしろさがわからなかった.
❻ There is no *point* in trying to persuade him. 彼を説得しようとしても意味がない.
❼ That's her good [strong] *point*. それが彼女の長所だ / a weak *point* 短所, 弱点.
❽ There are some *points* I missed in his speech. 彼の演説の中で聞きのがした点がいくつかある.
❾ⓐ five *point* six seven 5.67.

at the point of ... まさに…しようとし

abcdefghijklmno p qrstuvwxyz poisonous

て:He was *at the point of* death. 彼は死にかけていた.

beside the point 見当はずれの[で], 要領を得ないで (反 *to the point*):His argument is *beside the point*. 彼の議論は的はずれだ.

come [get] to the point 要点を述べる.

in point 適切な:a case *in point* 適切な事例.

in point of fact 事実上, じつは.

make one's point 相手になるほどと思わせる.

make a point of *doing* 必ず__することにしている, きまって__する:*make a point of taking* a daily walk いつも[必ず]散歩をすることにしている.

make it a point to *do* = make a *point of doing*.

off the point = beside the *point*.

on the point of *doing* まさに__しようとして:He was *on the point of going* out. 彼はちょうど外出しようとしていた.

to the point 適切な, 要領を得て (反 beside the *point*, off the *point*):His explanations are always *to the point*. 彼の説明はいつも的を射ている.

up to a point ある程度まで.

— 動⾃ *point to* a map on the wall 壁の地図を指さす.

— 他 ❶ Don't *point* your gun at me. 私に銃を向けないで. ❷ *point* a stake 杭の先をとがらす.

point out 他 …を**指摘する**; (指などで)…をさし示す:*point out* a mistake in the composition 作文の誤りを指摘する / He *pointed out* that my plan was not practical. 彼は私の計画が実際的でないと指摘した.

point to ... 他 ①…を指さす. ②…にふれる, 言及する.

point up 他 …を強調する, 力説する.

point-blank /póint-blǽŋk ポイント・ブランク/ 形 ❶至近距離からの. ❷真正面からの.

— 副 ❶至近距離で. ❷真正面から.

*****point·ed** /póintid ポインティド/ 形
❶ (more ~; most ~) (先の)**とがった**.
❷ 辛辣(しんらつ)な, きつい; 当てつけた.

▶ ❶ a *pointed* roof とがった屋根.
❷ a *pointed* remark きついことば.

point·ed·ly /póintidli ポインティドリ/ 副 辛辣(しんらつ)に, きつく.

point·er /póintər ポインタ/ 名 C ❶さし示す人[もの]. ❷ (時計・はかりなどの)針. ❸ ヒント, 手がかり. ❹ ポインター (猟犬の一種; 射ち落とした鳥などを鼻でさし示す).

pointer ❹

point·less /póintləs ポイントレス/ 形 無意味な, 要領を得ない.

point of view 名 (複 points of view /póints-/) C 見方, 見地, 観点 (⚬ view-point ともいう). ▶From a practical *point of view* her opinion is nonsense. 実用的観点からみると彼女の意見はナンセンスだ.

poise /póiz ポイズ/ 名 U ❶ (態度などの)落ち着き, 平静. ❷ 優美な身のこなし, 態度.

poised /póizd ポイズド/ 形 空中に浮かんで.

*****poi·son** /póizn ポイズン/ 名 (複 ~s /-z/)
UC ❶ **毒**, 毒薬.
❷ (精神・社会などに対する)害毒, 悪影響.
— 動 (~s /-z/; ~ed /-d/; ~ing) 他
❶ …に**毒を入れる**, 毒殺する.
❷ …に悪影響を与える.

︙

名 ❶ take *poison* 毒を飲む. ❷ the *poison* of bad books 悪書の害.
☞ 形 poisonous.

— 動 他 ❶ Someone *poisoned* his coffee. だれかが彼のコーヒーに毒を入れた / *poison* the king 王を毒殺する.

poi·son·ing /póizniŋ ポイズニング/ 名 UC 中毒. ▶food [gas] *poisoning* 食[ガス]中毒.

*****poi·son·ous** /póizənəs ポイズナス/ 形
❶ 有毒な.
❷ (道徳的に)有害な.

one thousand and seven 1007

poke

▶❶*poisonous* plants 有毒植物.
☞ 名poison.

poke /póuk ポウク/ 動 (~s /-s/; ~d /-t/; pok·ing) 他 ❶ⓐ(指・棒などで)…を突く; ⓑ(指・棒など)を突っこむ. ❷…を突き出す. ❸(火かき棒 (poker) などで)(火など)をかき立てる.
— 🈴 ❶突く, つつく.
❷突き出る.
— 名ⓒ突くこと, ひと突き.
▶動他 ❶ⓐI *poked* him to get his attention. 注意をうながすために私は彼をつついた. ❷Don't *poke* your head out of the train window. 電車の窓から顔を出してはいけない.

poke about [around] 🈴 (捜し物をして)ひっかき回す.
— 名He gave me a *poke* with his elbow. 彼はひじで私をつついた.

pok·er[1] /póukər ポウカ/ 名ⓒ火かき棒.

po·ker[2] /póukər ポウカ/ 名Ⓤポーカー(《トランプゲーム》).

póker fàce 名ⓒ無表情な顔, ポーカーフェイス(《❶ポーカーをする人が表情で手のうちを相手に読み取られまいとすることから》).

poker-faced /póukərféist ポウカ・フェイスト/ 形無表情の, ポーカーフェイスの.

pok·ey, pok·y /póuki ポウキ/ 形 (pok·i·er; pok·i·est) ❶(部屋などが)狭苦しい. ❷《米》のろい.

Po·land /póulənd ポウランド/ 名ポーランド《《ヨーロッパ中東部の共和国; 首都ワルシャワ (Warsaw)》).

po·lar /póulər ポウラ/ 形 ❶北極の (arctic), 南極の (antarctic), 極の. ❷(性質などが)正反対の.
▶❶the *polar* regions 極地.
☞ 名pole[2].

pólar bèar 名ⓒ《動物》ホッキョクグマ, シロクマ《《white bear ともいう》).

po·lar·ize /póulərài z ポウラライズ/ 動 (現分 -iz·ing) 他 ❶(光)を偏光させる. ❷…を分極化させる.
— 🈴 ❶偏光する. ❷分極する.

Pole /póul ポウル/ 名ⓒポーランド人(《☞ Poland》).

***pole**[1] /póul ポウル/ 名 (複 ~s /-z/) ⓒ(木や金属の)**棒**, さお, 柱. ▶a telegraph *pole* 電柱.
《同音異形語》poll.

***pole**[2] /póul ポウル/ 名 (複 ~s /-z/) ⓒ
❶(地球・天体の)**極** (《❶北極 (the North Pole) または南極 (the South Pole) をいう》). ❷電極.
▶❷the positive *pole* 陽極 / the negative *pole* 陰極.

be poles apart 大きく異なっている, 共通点がない.
☞ 形polar.
《同音異形語》poll.

pole·star /póulstɑ̀ːr ポウルスター/ 名《the をつけて; しばしば Polestar で》〖天文〗北極星(《❶the North Star ともいう》).

póle vàult 名ⓒ〖陸上競技〗棒高跳び.

***po·lice** /pəlíːs ポリース/ (★発音注意) 名《the をつけて; 複数扱いで; 集合的に》**警察**; 警官(隊).

The *police* have caught the robber. 警察はその強盗を逮捕した / five *police* (= five police officers) 5人の警官 / phone the *police* for help 警察に電話して助けを求める.

|語法 複数形はない; ひとりの警察官は a policeman, a policewoman または a police officer.

políce cónstable 名ⓒ《英》巡査(《最下位の警察官; ❶単に constable ともいう》).

políce fòrce 名ⓒ警察(隊).

***po·lice·man** /pəlíːsmən ポリースマン/ 名 (複 -lice·men /-mən/) ⓒ(男の)**警(察)官**, 巡査(《❶呼びかけるときにはふつう officer を用いる》).
💡 アメリカの警官は警棒 (club) の他にピストルを持っているのがふつうである. イギリスの警官は持っているのは警棒 (truncheon) だけで, それも自衛のためにだけ使用が許されている; ☞ police.

políce òfficer 名ⓒ(男または女の)警察官(《❶単に officer ともいう》).

políce stàte 名ⓒ警察国家.

políce stàtion 名ⓒ警察署.

po·lice·wom·an /pəlíːswùmən ポリースウマン/ 名 (複 -wom·en /-wìmin/) ⓒ婦人警官.

***pol·i·cy**[1] /páləsi パリスィ | pɔ́l-/ 名 (複 -i·cies /-z/) ⓒ(政府などの)**政策**; 方針; (一般的な)方法, 方策. ▶My *policy* is abcdefghijklmno**p**qrstuvwxyz　　　　　　　　　　　　　　politics

never to complain. 私の方針は不平を言わないことだ / a domestic *policy* 国内政策.

語の結びつき

adopt a *policy* 政策[方針]を採用する
change (a) *policy* 方針[政策]を変える
establish a *policy* 方針を確立する
execute [carry out] a *policy* 政策を実行する
have a *policy* 方針[政策]を持つ
make (a) *policy* 政策を立案する
reject a *policy* 政策を拒否[否定]する
stick to [follow, adhere to] a *policy* 政策[方針]に従う

pol·i·cy² /pάləsi パリスィ /名(複) -i·cies /-z/) ⓒ 保険証券. ▶an insurance *policy* 生命保険証書.

po·li·o /póuliòu ポウリオウ/ 名Ⓤ 〖医学〗 小児麻痺(ひ), ポリオ.

*****pol·ish** /pάliʃ パリシュ | pɔ́l-/ 動 (~es /-iz/; ~ed /-t/; ~ing) 他 ❶(こすって)…を**みがく**, 光らせる.
❷(態度・表現など)を洗練する, …にみがきをかける.
— 自 みがきがかかる, つやがでる.
— 名 ❶ 《a をつけて》みがくこと.
❷ 《単数形で》つや, 光沢.
❸ Ⓤ みがき粉, つや出し.
❹ Ⓤ 洗練, 上品.

動他 ❶*polish* one's shoes くつをみがく. ❷His speech needs *polishing*. 彼の演説はもっとみがきをかける必要がある.

polish off 他 《口語》(食事・仕事など)をすばやくすませる.
polish up 他 ①…をみがき上げる；…を仕上げる. ②(技術)をみがく.
— 名 ❶Give it *a polish*. それをみがきなさい.
❷a table with a good *polish* よくつやの出たテーブル.
❸shoe *polish* くつ墨.

pol·ished /pάliʃt パリシュト/ 形 ❶ みがかれた, 光沢のある. ❷ 洗練された, 上品な.

*****po·lite** /pəláit ポライト/ 《★アクセント注意》形 (more ~, po·lit·er; most ~, po·lit·est)
❶**礼儀正しい**, 思いやりがある (反 impolite, rude).
❷洗練された, 上品な, 上流の.
❸儀礼的な, お義理の.

❶He is *polite* to everyone. 彼はだれに対しても礼儀正しい[ていねいだ] / a *polite* girl 礼儀正しい少女 / It was *polite of* him *to* offer his seat to the old lady.＝He was *polite* to offer his seat to the old lady. 老婦人に席をゆずったとは彼は思いやりがあったね.

po·lite·ly /pəláitli ポライトリ/ 副 ❶礼儀正しく, ていねいに. ❷上品に. ❸儀礼的に, 義理で.

po·lite·ness /pəláitnəs ポライトネス/ 名 Ⓤ ❶礼儀正しさ, ていねい. ❷上品.

*****po·lit·i·cal** /pəlítikəl ポリティカル/ 形 (more ~; most ~) ❶**政治の**, 政治上の. ❷政治に関心のある, 政治活動をする.

▶❶a *political* party 政党 / a *political* view 政見.

☞ 名 politics.

political corréctness 名 Ⓤ (言動の)政治的公正, 反差別(性).

po·lit·i·cal·ly /pəlítikəli ポリティカリ/ 副 政治上, 政策上.

políticallly corréct 形 (言動が)政治的に正しい《女性・少数者・弱者などの差別を避けること》.

political science 形 Ⓤ 政治学.

*****pol·i·ti·cian** /pὰlətíʃən パリティシャン | pɔ̀l-/ 名 (複 ~s /-z/) ⓒ ❶**政治家**.
❷ (利権をあさる)政治屋, うまく立ち回る人.

*****pol·i·tics** /pάlətiks パリティックス | pɔ́l-/ 《★アクセント注意》名
❶《単数扱いで》**政治**; 政治学.
❷《複数扱いで》政見, 政策.
❸《単数または複数扱いで》政治的動き, 策略.

❶study *politics* at college [《英》at university] 大学で政治を学ぶ / enter [go into] *politics* 政界にはいる.
❷What are your *politics*? 君の政治

1009

polka

に関する意見はなんですか. ☞ 形political.

pol·ka /póulkə ポウルカ/ 名C ❶ ポルカ《中部ヨーロッパ起源のふたりで踊る活発な舞踏》. ❷ポルカの曲.

pólka dòt 名C《ふつう複数形で》水玉模様.

poll /póul ポウル/ 名 ❶C世論調査 (opinion poll). ❷U投票. ❸C投票数. ❹《the polls で》《米》投票場. ❺C選挙人名簿.
— 動 他 ❶(投票(数))を得る. ❷(集団・地域)の世論調査をする.
▶名 ❶a newspaper *poll* 新聞の世論調査. ❷the result of the *poll* 投票の結果. ❸a heavy〔light〕*poll* 高い〔低い〕投票率. ❹go to *the polls* 投票場へ行く.

《同音異形語》pole¹,².

pol·len /pálən パレン/ 名U《植物》花粉.

poll·ing /póuliŋ ポウリング/ 名U投票.

pólling bòoth 名C《英》(投票所の)仕切られた記入場所《☺《米》では voting booth》.

pólling plàce 名C《米》投票所.

pólling stàtion 名《英》= polling place.

póll tàx 名C人頭税《成人に一律にかかる税金》.

pol·lut·ant /pəlú:tənt ポルータント/ 名UC汚染物質.

pol·lute /pəlú:t ポルート/ 動 (~s /-ts/; -lut·ed /-id/; -lut·ing) 他 (空気・水・環境など)を汚染する, よごす. ▶The river is *polluted* with oil. その川は油で汚染されている / *polluted* air 汚染した空気.
☞ 名pollution.

***pol·lu·tion** /pəlú:ʃən ポルーション/ 名U ❶(空気・水・環境などの)**汚染**, 公害. ❷汚染物質.
▶air〔water〕*pollution* 大気〔水質〕汚染 / environmental *pollution* 環境汚染.
☞ 動pollute.

po·lo /póulou ポウロウ/ 名U ポロ.
INFO 4人ひと組でふたつのチームが競う馬上競技. 馬に乗ったまま地上にある球を柄(え)の長い mallet といわれる木製のスティックで打ち相手のゴールに入れて得点する.

pólo nèck 名C《英》ポロネック《☺ セーターの首の部分に折り返しのある襟;《米》では turtleneck》.

pólo shìrt 名Cポロシャツ《半そでや長そでの(ニットの)スポーツシャツ; ☺ もとポロ (polo) の選手が着た》.

pol·y·es·ter /páliestər パリエスタ/ 名U《化学》ポリエステル.

pol·y·eth·y·lene /pàliéθəli:n パリエスィリーン/ 名U《米》《化学》ポリエチレン.

po·lyg·a·mist /pəlígəmist ポリガミスト/ 名C《文語》一夫多妻者, 一妻多夫者.

po·lyg·a·mous /pəlígəməs ポリガマス/ 形《文語》一夫多妻(制)の, 一妻多夫(制)の.

po·lyg·a·my /pəlígəmi ポリガミ/ 名U《文語》一夫多妻(制), 一妻多夫(制).

pol·y·gon /páligàn パリガン/ 名C多角形.

pol·y·graph /páligræf パリグラフ/ 名C ポリグラフ; うそ発見器.

pol·y·mer /páləmər パリマ/ 名C《化学》ポリマー, 重合体.

pol·yp /pálip パリプ/ 名C《医学》ポリープ《粘膜などにできる突起》.

pol·y·tech·nic /pàlitéknik パリテクニク/ 形科学技術の.
— 名UC《英》ポリテクニック, 総合技術専門学校《義務教育終了者のための高等教育機関で, 1992年に大学に改編された》.

pol·y·thene /páliθi:n パリスィーン/ 名《英》= polyethylene.

pome·gran·ate /páməgrænit パメグラニット/ 名C ❶《植物》ザクロ. ❷ザクロの実.

pomp /pámp パンプ/ 名 ❶U壮観; はなやかさ.
❷UC見せびらかし, 虚飾.

pom·pon /pámpɑn パンパン/ 名C (帽子・衣類などにつける)玉房(ふさ).

pom·pos·i·ty /pɑmpásəti パンパスィティ/ 名 (複 -i·ties /-z/)《文語》 ❶U尊大さ, もったいぶり, 大げさ. ❷C尊大な言動.

pom·pous /pámpəs パンパス/ 形尊大な, もったいぶった, 大げさな.

pon·cho /pántʃou パンチョウ/ 名Cポンチョ《毛布状の布の中央に穴をあけてそこから頭を通して用いる南米人の外套(がいとう)の一種》.

abcdefghijklmno p qrstuvwxyz　　　　　　　　　　　　　　　　　**poor**

poncho

***pond** /pánd パンド | pónd/ 名（複 ~s /-dz/）C（自然または人工の）池; 小さな湖.

pon･der /pándər パンダ/ 動（現分 -der･ing /-dərɪŋ/）《文語》他 …をよく考える, 熟考する.
— 自［…を］よく考える, 熟考する〔*over, on*〕. ▶ 他 He *pondered* why she avoided him. 彼は彼女がどうして自分を避けるのかじっくり考えた.

pon･der･ous /pándərəs パンダラス/ 形 《文語》❶ どっしりと重い. ❷（文体などが）重苦しい.

pon･toon /pɑntúːn パントゥーン/ 名C ❶（舟橋 (pontoon bridge) 用の）平底（ひらぞこ）舟. ❷（水上飛行機 (seaplane) の）フロート (float). ❸ = **pontoon bridge**.

póntoon brídge 名C 舟橋《平底舟を並べ, その上に板をのせて作った橋; ○ 単に pontoon または floating bridge ともいう》.

po･ny /póuni ポウニ/ 名（複 po･nies /-z/）ポニー《高さ1.5メートルほどにしかならない小型種の馬; 丈夫で忍耐力がある; ☞ horse の INFO》.

póny expréss 名C《アメリカの1860年代の》ポニー便《馬のリレーによる郵便物の配達》.

po･ny･tail /póuniteil ポウニテイル/ 名C ポニーテール《髪をうしろで結んでたらす結い方; ☞ pigtail》.

ponytail 　　　poodle

poo･dle /púːdl プードル/ 名C プードル《小型で縮（ちぢ）れ毛のペット用の犬; ☞ 左段下のさし絵》.

pooh-pooh /púː-púː プープー/ 動他《口語》…をばかにする.

***pool**¹ /púːl プール/ 名（複 ~s /-z/）C
❶ⓐ（自然の）**水たまり**.
ⓑ（血などの）たまったもの.
❷（水泳の）**プール**《✿swimming pool ともいう》.
❸（流れの）よどみ, 淵（ふち）.

----

❶ⓐ *pools* of water 水たまり.
ⓑ a *pool* of oil 油のたまったもの.

pool² /púːl プール/ 名
❶C 共同資金. ❷C（かけごとの）総かけ金. ❸C 共同利用組織《カープール (car pool) など》. ❹C 企業連合《競争を避けるために商品の生産量や価格などを協定する》. ❺U《米》プール《ビリヤードゲームの一種》.
— 動 他 …を共同出資する, 共同利用する.

****poor** /púər プア, pɔːr/ 形 (~･er /púərər, pɔːrər/; ~･est /púərɪst, pɔːrɪst/)
❶ⓐ **貧しい**, 貧乏な（反 rich）. ⓑ《the をつけて》貧しい人々 (poor people).
❷ 乏しい, 不十分な（反 abundant）.
❸ かわいそうな, 気の毒な.
❹（質が）**悪い**, 貧弱な（反 good）.
❺ へたな, まずい（反 good）.

----

❶ⓐ She was born *poor*. 彼女は貧しい家に生まれた. ⓑ work for *the poor* 貧しい人々のためにつくす.

❷ We had a *poor* crop of rice this year. ことしは米が不作だった / Our country *is poor in* natural resources. われわれの国は天然資源が乏しい.

❸ Her *poor* son was killed in the accident. 彼女の息子は気の毒にもその事故で死んだ《○ 話し手の気持ちから poor といっているので, 副詞的に「気の毒に」と訳すとよい場合が多い》/ *Poor* thing! かわいそうに.

❹ I have a *poor* memory. 私は記憶力が悪い / She is in *poor* health. 彼女は体が弱い / a *poor* wine まずいブド

one thousand and eleven　　　　　　　　　　　　　　　　　　　　　1011

poorly

ウ酒 / goods of *poor* quality 質のよくない商品 / *poor* soil やせた土地.
❺a *poor* speech へたな演説 / a *poor* cook 料理のへたな人 / She is *poor* at swimming. 彼女は水泳がへただ.
☞ 名poverty.

*__poor·ly__ /púərli プアリ, pɔ́:r-/ 副 ❶貧しく, みすぼらしく. ❷へたに.
▶ ❶She was *poorly* dressed. 彼女はみすぼらしい服装をしていた. ❷He skates *poorly*. 彼はスケートがへただ.

*__pop__¹ /páp パップ | pɔ́p/ 動 (~s /-s/; popped /-t/; pop·ping) ⾃ ❶ポンという音を出す, ポンとはじける.
❷急に動く[はいる, 出る].
❸発砲する.
❹《口語》行く.
── ⾃他 ❶…をポンとはじけさせる, (コルク栓など)をポンと抜く. ❷《口語》…をひょいと動かす[押す, 入れる].
── 名 (複 ~s /-s/) ❶ C ポン(という音). ❷ U 炭酸入り清涼飲料水(❏soda pop ともいう). ❸ C = pop fly.
── 副 ポンと.
▶動⾃ ❶The cork *popped*. コルク栓がポンと抜けた. ❷*pop* in [out] ひょいとはいる[出る].
── ⾃他 ❶*pop* a cork コルク栓をポンと抜く / *pop* corn トウモロコシをいる(☞popcorn). ❷She *popped* a chocolate into her mouth. 彼女は口にチョコレートをポンと入れた.

pop in ⾃ちょっと寄る.
pop off ⾃急死する.
pop up ⾃① ポンと飛び上がる. ②突然起こる[現われる]. ③ひょっこり顔を出す[現われる].
── 名 ❶The cork came out with a *pop*. コルク栓がポンと抜けた.
── 副 go *pop* ポンと鳴る.

__pop__² /páp パップ | pɔ́p/ 形《口語》大衆的な(❏popular の短縮形).
── 名 U ポピュラーミュージック.
▶形*pop* music ポピュラーミュージック / a *pop* singer ポピュラー歌手.

__pop·corn__ /pápkɔ̀:rn パプコーン/ 名 U ポップコーン《トウモロコシ (corn) をいってはじけさせ, 塩味をつけたもの》.

__pope__ /póup ポウプ/ 名 C (カトリック教会の)教皇(ᵏᵘᵏᵃ), ローマ教皇.

INFO バチカン市国 (Vatican City) を治め, カトリック教会の最高位にあって, 一般にローマ法王とよばれる. この地上においてキリストの代理をつとめる地位にあるとされている.

__póp flý__ 名 C 《野球》凡フライ, ポップフライ.

__pop·lar__ /páplər パプラ/ 名 C 《植物》ポプラ.

__pop·py__ /pápi パピ/ 名 (複 pop·pies /-z/) C 《植物》ポピー《ケシ属の各種の植物》.

__pop·u·lace__ /pápjuləs パピュラス/ 名 U 《the をつけて》《文語》大衆, 民衆.

__pop·u·lar__ /pápjulər パピュラ | pɔ́pjulə/ 形 (more ~; most ~)
❶ (人々の間に) **人気のある**, 流行の(反 unpopular).
❷ **大衆向きの**, ポピュラーな, 通俗の(☞pop²).
❸ **一般の人の**, 民衆の.
❹ (政治家だけではなく)一般民衆の.

・・・・・・・・・・・・・・・・・・・・・・・・・・・・・・・・

❶He is *popular* with [among] the students. 彼は学生に人気がある / a *popular* singer 流行歌手.
❷a *popular* newspaper 大衆紙 / a *popular* concert ポピュラーコンサート / a *popular* novel 通俗[大衆]小説 / at *popular* prices (大衆向きの)安い値段で.
❸*popular* opinion 世論.
☞ 名popularity, 動popularize.

*__pop·u·lar·i·ty__ /pàpjulǽrəti パピュラリティ/ 名 U 人気, 人望, 好評(反 unpopularity). ▶win [lose] *popularity* 人気を得る[失う].
☞ 形popular.

__pop·u·lar·ize__ /pápjuləràiz パピュラライズ/ 動 (現分 -iz·ing) 他 ❶…を大衆化する, 理解しやすくする. ❷…を普及させる.
☞ 形popular.

__pop·u·lar·ly__ /pápjulərli パピュラリ/ 副 ❶一般に, 多くの人々に.
❷(正式ではないが)ふつうは, 俗に.
▶ ❶The story was *popularly* believed to be true. その話は本当であると多くの人々に信じられていた 《❏「じつは本当ではないが」という意味を含むことが多

abcdefghijklmno **p** qrstuvwxyz　　　　　　　　　　　　　　　　　　**porthole**

い)).

pop·u·late /pápjulèit パピュレイト/ 動 (現分 -lat·ing) 他《ふつう受身形で》❶ (地域)に居住する. ❷ …に人を住まわせる, 植民する.
▶ ❶ a densely [sparsely] *populated* district 人口密度の高い[低い]地方.

***pop·u·la·tion** /pàpjuléiʃən パピュレイション ︱ pɔ̀p-/ 名(複 ~s /-z/)
❶ U C 人口.
❷《the をつけて；集合的に》(一定地域の)全住民, 市民, 国民.

❶ This city has a *population* of 50,000. この市の人口は5万です / What [How large] is the *population* of Japan? 日本の人口はどのくらいですか (《 ○How many ...? とはいえない》/ have a large [small] *population* 人口が多い[少ない].
❷ *The* whole *population* of the town came out to see him. その町の全住民が彼を見に来た / the working *population* (その地域の)勤労者たち.

por·ce·lain /pɔ́:rsələn ポーセレン/ 名 U《集合的に》磁器；磁器製品 (《 ○china ともいう；☞ pottery)).

***porch** /pɔ́:rtʃ ポーチ/ 名 (複 ~es /-iz/)
C ❶ 玄関 (☞ house のさし絵), 入り口, ポーチ《建物の外側の屋根のある入口部分をいう》. ❷ (米)ベランダ (veranda).

por·cu·pine /pɔ́:rkjupàin ポーキュパイン/ 名 C 〘動物〙ヤマアラシ (《 ○(米)では headgehog ともいう》).

pore[1] /pɔ́:r ポー/ 名 C (皮膚(ひふ)の)毛穴；(植物の)気孔；小さな穴.
《同音異形語》pour.

pore[2] /pɔ́:r ポー/ 動 (現分 por·ing /pɔ́:riŋ/) 自［…を］じっと読む［見る, 考える］［*over*］.
《同音異形語》pour.

***pork** /pɔ́:rk ポーク/ 名 U 豚肉, ポーク (☞ pig, meat の INFO》).
▶ a *pork* chop 豚の切身.

pórk píe 名 U C ポークパイ《豚肉入りのまるいパイ》.

porn /pɔ́:rn ポーン/ 名 U 《口語》ポルノ (《 ○pornography の短縮形》).
— 形 ポルノの.

por·no·graph·ic /pɔ̀:rnəgræfik ポーノグラフィック/ 形 ポルノの, ポルノ文学[写真, 映画]の.

por·nog·ra·phy /pɔ:rnɑ́grəfi ポーナグラフィ/ 名 (複 -ra·phies /-z/) C ポルノ文学[写真, 映画].

po·rous /pɔ́:rəs ポーラス/ 形 ❶ (小さな)穴の多い. ❷ (布・素焼きのように)水や空気を通しやすい.

por·poise /pɔ́:rpəs ポーパス/ 名〘動物〙C ❶ ネズミイルカ. ❷ イルカ (《 ○dolphin ともいう》).

por·ridge /pɔ́(:)ridʒ ポ(ー)リヂ ︱ pɑ́r-/ 名 U ポリッジ.
INFO カラスムギ (oats) をつぶして作ったオートミール (oatmeal) などを牛乳や水の中に入れて, どろどろになるまで煮込んだものをいい, 好みに応じて砂糖や塩を加えて食べる. 赤ん坊の離乳食にもされ, 朝食によく食べる.

***port**[1] /pɔ́:rt ポート/ 名 (複 ~s /-ts/) C
❶ 港. ❷ 港町 (《 ○seaport ともいう》).
▶ ❶ a free *port* 自由港 / make *port* 入港する / leave *port* 出港する.
　似た語 **port** は商船などの出入りする港, **harbor** は「(波風をさける)港」.

port[2] /pɔ́:rt ポート/ 名 U ❶ (船の)左舷(げん) (反 starboard)《船首に向かって左側》. ❷ (飛行機の)左側.

port[3] /pɔ́:rt ポート/ 名 U ポートワイン《ポルトガル産の強くて甘い赤ブドウ酒》.

port·a·ble /pɔ́:rtəbl ポータブル/ 形 (容易に)持ち運びのできる, 携帯用の, ポータブルの.
— 名 C 持ち運びのできるもの.
▶ 形 a *portable* radio ポータブルラジオ.

por·tal /pɔ́:rtl ポートル/ 名 C ❶〘電算〙ポータル(サイト)《インターネットへの入口として利用できるサイト》. ❷《文語》(堂々とした)表玄関, 正門.

***por·ter**[1] /pɔ́:rtər ポータ/ 名 (複 ~s /-z/) C ❶ (駅・ホテルなどにいる)赤帽, ポーター《客の荷物を運ぶ；《 ○(米)では redcap》.
❷ (米) (寝台車・特等車の)ボーイ.

por·ter[2] /pɔ́:rtər ポータ/ 名 C (ホテル・病院などの)門番, 玄関番 (doorkeeper).

port·fo·li·o /pɔ:rtfóuliòu ポートフォウリオウ/ 名 C 折りかばん, 書類かばん.

port·hole /pɔ́:rthòul ポートホウル/ 名 C

one thousand and thirteen　　　　　　　　　　　　　　　　　　　　　　　　　　　1013

portion

❶舷窓(㌻)《船室の明かり取りの窓》. ❷(飛行機の)窓.

*__por·tion__ /pɔ́ːrʃən ポーション/ 名(複 ~s /-z/) C ❶**部分**, 一部. ❷**分け前**; (食物の)一人前.
▶❶a *portion* of the property 財産[所有地]の一部. ❷order two *portions* of steak ステーキ2人前を注文する.

*__por·trait__ /pɔ́ːrtrət ポートレト, -treit/ 名(複 ~s /-ts/) C ❶**肖像画**, 肖像写真, ポートレート. ❷**描写**.
▶❶paint a *portrait* 肖像画を描く. ☞ 動 portray.

__por·tray__ /pɔːrtréi ポートレイ/ (★アクセント注意)動 他 ❶(絵画・彫刻などで)(人物などを)**描く**. ❷…を**描写する**.
▶❶He *portrayed* his sister in her wedding dress. 彼は花嫁衣装を着た妹[姉]を描いた. ☞ 名 portrait.

__por·tray·al__ /pɔːrtréiəl ポートレイアル/ 名 ❶U(絵・ことばによる)描写. ❷C描写した絵[文].

__Por·tu·gal__ /pɔ́ːrtʃugəl ポーチュガル/ 名 ポルトガル《ヨーロッパ南西部の大西洋に面した共和国; 首都リスボン (Lisbon)》.

__Por·tu·guese__ /pɔ̀ːrtʃugíːz ポーチュギーズ/ (★アクセント注意)形 ❶ポルトガルの. ❷ポルトガル人の. ❸ポルトガル語の.
— 名(複 Portu·guese) ❶Uポルトガル語. ❷Cポルトガル人.

*__pose__ /póuz ポウズ/ 名(複 pos·es /-iz/) C ❶(写真を撮られる時などの)**ポーズ**; 姿勢. ❷見せかけ, 気取った様子.
— 動 (pos·es /-iz/; posed /-d/; pos·ing) 自 ❶〔…のために〕**ポーズをとる**〔*for*〕.
❷ⓐ気取った態度をとる. ⓑ〔…の〕ふりをする, 〔…に〕見せかける〔*as*〕.
— 他 (モデルなど)に**ポーズをとらせる**.
▶名 ❶They assumed *poses for* the camera. 彼らはカメラに向かってポーズをとった.
— 動自 ❶She *posed for* her portrait. 彼女は肖像画を描いてもらうためにポーズをとった. ❷ⓐShe is always *posing*. 彼女はいつも気取っている. ⓑ *pose as* a hero 英雄のようなふりをする.

__posh__ /páʃ パッシュ/ 形 (~·er, more ~; ~·est, most ~)豪華な, しゃれた; (話し方などが)上流階級らしい.

*__po·si·tion__ /pəzíʃən ポズィション/ 名(複 ~s /-z/)
❶C(人や物の)**位置**, 場所.
❷C**姿勢**; (バレエの)ポジション.
❸U.C**地位**, 身分.
❹C**勤め口**, 職.
❺C**立場**, 境遇.
❻C(問題などに対する)**態度**, 意見.

....
❶The policeman took up his *position* in front of the gate. 警官は門の前に陣取った / a key *position* 主要地点.
❷sit in a relaxed *position* 楽な姿勢ですわる / in a standing *position* 立った姿勢.
❸a high *position* in society 社会的に高い地位.
❹get [lose] a *position* 職を得る[失う].
❺I am not in a *position* to give you advice. 私はあなたに助言できる立場ではない / He is in a difficult *position*. 彼は苦しい立場に立っている.
❻He took the *position* that the plan should be changed. 彼はその計画は変更すべきだという態度をとった.

in position 正しい位置に, 適当な地位[位置]に: The players are *in position*. 選手たちは(守備)位置についている.

out of position まちがった位置に, 適当でない地位[位置]に: These books are *out of position*; put them back. これらの本はまちがった位置にある. 正しい位置にもどしなさい.

*__pos·i·tive__ /pázətiv パズィティヴ | pɔ́z-/ 形 (more ~; most ~) ❶ⓐ**積極的な**, 建設的な(反 negative).
ⓑ前向きの, 好意的な.
❷**確信して(いる)** (certain).
❸**明確な**, 確実な, はっきりした.
❹肯定的な (affirmative)(反 negative).
❺(反 negative)ⓐ【数学】プラスの, 正の. ⓑ【電気】正の, 陽の. ⓒ【写真】陽画の, ポジの. ⓓ【医学】(検査結果が)陽性の.
— 名 ❶《the をつけて》【文法】=posi-

abcdefghijklmno p qrstuvwxyz   **possible**

tive degree.

❷C（❸negative）❸〖数学〗正数. ❹〖電気〗陽極(板). ❺〖写真〗ポジ, 陽画. ❻〖医学〗(検査結果の)陽性.

形 ❶ⓐa *positive* attitude 積極的な態度. ⓑShe is always *positive*. 彼女は常に前向きだ.

❷I'm *positive of* [*about*] his success. 私は彼の成功を確信している / I am *positive that* he is right. 彼が正しいと私は確信［断言］する / 対話 "Are you sure?" – "(I'm) *positive*." 「確かですか」「まちがいありません」.

❸a *positive* fact はっきりした事実 / *positive* knowledge 確かな知識.

❹a *positive* answer 肯定的な返事（「はい」という返事）.

❺ⓓThe blood test was *positive*. 血液検査は陽性だった.

pósitive degrée 名《the をつけて》〖文法〗原級（❸単に positive ともいう；「比較級」は comparative (degree), 「最上級」は superlative (degree)).

pos·i·tive·ly /pázətivli パズィティヴリ | póz-/ 副 ❶《米口語》《質問に対する答えとして》まったくその通り. ❷《口語》まったく. ❸建設的に, 積極的に, 前向きに. ❹明確に.

▶ ❶ 対話 "Can you really come?" – "*Positively!*" 「ほんとうに来れるのかい」「もちろんだとも」. ❷The TV show was *positively* dull. そのテレビ番組はほんとうにつまらなかった.

***pos·sess** /pəzés ポゼス/ (★アクセント注意)動 (~es /-iz/; ~ed /-t/; ~ing) 他 ❶ (財産・知識・能力など)を**所有する**（❸ have¹ より形式ばった語).

❷ (魔物・考え・気持ちなどが)…に**とりつく**.

----

❶*possess* a Rolls-Royce ロールスロイスを持っている. ❷Fear suddenly *possessed* me. 私は突然恐怖心にとりつかれた / He was *possessed by* a spirit. 彼は亡霊にとりつかれていた.

☞ 名possession, 形possessive.

pos·sessed /pəzést ポゼスト/ 形 (悪霊などに)とりつかれた(ような), 狂気の.

***pos·ses·sion** /pəzéʃən ポゼション/ 名 (複 ~s /-z/)

❶U所有, 占有.

❷C《しばしば複数形で》**所有物**, 財産.

▶ ❶the *possession* of a passport パスポートの所持. ❷*one's* personal *possessions* 個人財産.

be in possession of ... …を所有している: She *was in possession of* a large fortune. 彼女は莫大(ﾀﾞｲ)な財産を所有していた.

be in the possession of ... = **be in ...'s possession** (物が)…に所有されている.

come into possession of ... …を手に入れる.

come into the possession of ... = **come into ...'s possession** …の手にはいる.

get [**gain, take**] **possession of ...** …を手に入れる.

☞ 動possess.

pos·ses·sive /pəzésiv ポゼスィヴ/ 形 ❶所有の. ❷所有欲の強い. ❸〖文法〗所有を表わす.

☞ 動possess.

— 名 C〖文法〗❶所有格（❸**posséssive cáse** ともいう；☞ subjective).

❷C = possessive pronoun.

posséssive prónoun 名C〖文法〗所有代名詞（This book is *mine*. (この本は私のものです)の mine のように「…のもの」という意味を表わす).

pos·ses·sor /pəzésər ポゼサ/ 名C 所有者.

***pos·si·bil·i·ty** /pàsəbíləti パスィビリティ | pòs-/ 名 (複 -i·ties /-z/)

❶《単数形で》**可能性** (反 impossibility)（❸probability より実現性が低い).

❷C**起こるかもしれないこと**.

❸《複数形で》先の見込み, 将来性.

----

❶There is no *possibility* of his success. 彼が成功する可能性はない / Is there any *possibility that* Flight 107 from London will be late? ロンドンからの107便は遅れる可能性がありますか. ❷Failure is still a *possibility*. まだ失敗することもありうる. ❸wonderful *possibilities* すばらしい将来性.

☞ 形possible.

***pos·si·ble** /pásəbl パスィブル | pós-/ 形

1015

possibly

(more ~; most ~)
❶ **可能な**, 実行できる (反 impossible).
❷ (可能性として) **ありうる**, 起こりうる.

類語 **possible** は可能性はあるが, 実現性は低い; **likely** は10のうち5, 6, 7の程度; **probable** は10のうち8, 9程度の確かさを意味する.

❸《最上級, **all**, **any**, **every** などとともに用いて; 意味を強めて》できる限りの.

❶ a *possible* task 可能な仕事 / a *possible* answer 考えられうる答え / It is *possible* for him *to* do the job in a week. 彼は1週間でその仕事をすることができる (❶He is possible to do the job in a week. とはいわない) / This machine made it *possible* for her *to* save time. この機械のおかげで彼女は時間が節約できるようになった. ❷ Frost is *possible* in late spring. 晩春に霜がおりることもある / Is it *possible* that the report is true? そんな評判がほんとうだなんてことがあるだろうか / It is hardly *possible* that he will come at this late hour. 彼がこんな遅い時刻に来ることはまずない. ❸ He will do *everything possible* to help you. 彼はあなたを助けるためにできる限りのことをするでしょう / with the *greatest possible* speed = with the *greatest* speed *possible* 全速力で (❶possible は名詞の後に置くほうが強意的である).

***as ... as possible* できるだけ…** (❶… には副詞, 形容詞または形容詞をともなう名詞がくる): Be *as* quick *as possible*. (= Be as quick as you can.) できるだけ早くしなさい / read *as* many books *as possible* できるだけたくさんの本を読む.

***if possible* できるなら**, 可能なら: 対話 "Will you come?" – "Yes, *if possible*." 「来ますか」「ええ, できたら」.

☞ 名 possibility.

＊pos・si・bly /pásəbli パスィブリ | pɔ́s-/ 副
(more ~; most ~)
❶ **ひょっとすると**, あるいは (☞ perhaps の **類語**).
❷《**can** とともに用いて》**なんとかして**, できる限り.

❸《**cannot** とともに用いて》**どうしても**(…ない).

❶ She may *possibly* come. 彼女はひょっとすると来るかもしれない / *Possibly* it is true. あるいはそれは本当かもしれない / 対話 "Will you come tomorrow?" – "*Possibly*." 「あした来ますか」「来るかもね」. ❷ Come as soon as you *possibly can*. できるだけ早く来なさい / We have done all we *possibly can*. 私たちはできるだけのことはした. ❸ I *can't possibly* do this. 私にはこれはとてもできない.

Could you possibly do?《ていねいな依頼を表わして》__していただけませんか: *Could you possibly* lend me $1,000? なんとか千ドル貸していただけませんか.

＊post¹ /póust ポウスト/ (★発音注意) 名 (複 ~s /-ts/) ❶ Ⓤ《英》**郵便**, 郵便制度 (❶《米》では mail; ☞ mail¹ の **語法**).
❷ Ⓤ《英》《**the** をつけて; 集合的に》**郵便物**.
❸ Ⓤ《英》(郵便物の) **集配**, 配達.
❹《**the** をつけて》《英》**郵便局** (❶post office ともいう). ❺ 郵便ポスト.
— 動 (~s /-ts/; ~ed /-id/; ~ing) 他《英》…を **郵送する**; (手紙など) を出す (❶《米》では mail).

名 ❷ *The post* came late this morning. けさは郵便が遅れて着いた. ❸ There's no *post* today. きょうは郵便の配達はありません / catch [miss] the last *post* 最終便に間に合う[遅れる]. ❹ ❺ Put your letter in the *post*. 手紙をポストに入れなさい.

by post《英》**郵便で**(❶《米》では by mail): Shall I send it *by post*? 郵便で送りましょうか.

by return of post《英》(郵便で)折り返し, すぐに.

☞ 形 postal.

— 動 他 Please *post* this card for me on your way. このはがきを途中で出してください / Did you *post* him the parcel? = Did you *post* the parcel to him? 小包を彼に送りましたか.

keep ... posted (人) に絶えず最新の

abcdefghijklmno**p**qrstuvwxyz　　　　　　　　　　　　　　　　　　　　post office box

情報を知らせる.

***post²** /póust ポウスト/ (★発音注意) 图 (複 ~s /-ts/) © 柱, くい, 標柱. ── 動 (~s /-ts/; ~ed /-id/; ~ing) 他 (ビラなど)をはる, 掲示する.

━━━━━━━━━━━━━━━━━━━━

图 a telegraph [telephone] *post* 電柱 / fence *posts* フェンスのくい / a finger *post* 道しるべ.
── 動 *post* (up) a notice on the wall 壁に掲示物をはる / *post* the wall *with* an advertisement 壁に広告をはる.

***post³** /póust ポウスト/ (★発音注意) 图 (複 ~s /-ts/) © ❶ **地位**, 職, ポスト.
❷(任務を果たすための)持ち場, 部署.
❸(軍隊の)駐屯地.
── 動 他 ❶ (警官など)を配置する.
❷《英》…を(ある場所に)勤務させる.

━━━━━━━━━━━━━━━━━━━━

图 ❶ She obtained a *post* as a secretary. 彼女は秘書の仕事についた.

【語の結びつき】
accept [get, obtain] a *post* 職[地位]を引き受ける
apply for a *post* 職[求人]に応募する
fill [hold] a *post* 地位につく
give ... a *post* …に職[地位]を与える
lose one's *post* 地位を失う
resign [give up, quit, leave] one's *post* 辞職する
seek a *post* 地位を求める
take up a *post* (重要な)地位につく

❷ The captain died at his *post*. 船長は持ち場についたまま死んだ.

post- /pòust/ 接頭 「後の, 後部の, 次の, …以後の」の意味 (反 pre-). ▶*post*graduate 大学院の / *post*war 戦後の.

***post·age** /póustidʒ ポウスティヂ/ 图 U **郵便料金**. ▶airmail *postage* 航空便の料金.

póstage stàmp 图 © 郵便切手 (◆単に stamp ともいう).

***post·al** /póustl ポウストル/ 形 **郵便の**.
▶*postal* matter 郵便物 / *postal* charges 郵便料金.

☞ 图 post¹.

póstal òrder 图 © 《英》郵便為替(かわせ) (◆P.O., p.o. と略す; 《米》では money order). ▶send 20 pounds by *postal*

order 郵便為替で20ポンド送る.

póstal sèrvice 图 ❶ 《the Postal Service で》(アメリカの)郵便公社.
❷ © 郵便業務.

post·box /póustbɑ̀ks ポウストバックス/ 图 (複 ~es /-ɪz/) © 《英》(郵便)ポスト (◆《米》では mailbox という).

***post·card** /póustkɑ̀ːrd ポウストカード/ 图 (複 ~s /-dz/) © ❶ **はがき**. ❷ 絵はがき (◆picture postcard ともいう).

post·code /póustkòud ポウストコウド/ 图 © 《英》郵便番号(制度) (◆SW19のように文字と数字で表わす; 《米》では zip code).

post·er /póustər ポウスタ/ 图 © ポスター. ▶put up a *poster* ポスターをはる.

pos·te·ri·or /pɑstíəriər パスティ(ア)リア/ 形 ❶(位置が)うしろの, 後部の (反 anterior). ❷(順序・時間などが)後の (反 prior).

pos·ter·i·ty /pɑstérəti パステリティ/ 图 U 《集合的に》子孫; 後世の人々 (反 ancestry).

post·grad·u·ate /póustgrǽdʒuət ポウストグラヂュエト/ 形 大学院の (◆《米》ではふつう graduate).
── 图 © 大学院学生 (◆《米》ではふつう graduate). ☞ undergraduate).

post·hu·mous /pɑ́stʃuməs パスチュマス/ (★発音注意) 形 死後の.

post·hu·mous·ly /pɑ́stʃuməsli パスチュマスリ/ 副 死後に.

Post-it /póustit ポウストイト/ 图 © 【商標】ポストイット (◆付せん).

***post·man** /póustmən ポウストマン/ 图 (複 post·men /-mən/) © 《英》**郵便集配人** (◆《米》では mailman).

post·mark /póustmɑ̀ːrk ポウストマーク/ 图 © (郵便の)消印. ── 動 他 …に消印を押す.

post·mas·ter /póustmæ̀stər ポウストマスタ/ 图 © (男性の)郵便局長 (◆女性は postmistress).

post·mor·tem /póust-mɔ́ːrtəm ポウスト・モーテム/ 图 © 検死. ── 形 死後の.

post·na·tal /póustnéitl ポウストネイトル/ 形 産後の, 生まれた後の (反 prenatal).

póst òffice 图 (複 post offic·es /-ɪz/) © 郵便局 (◆イギリスの郵便局は本局以外は本屋・新聞店・雑貨店などを兼ねていることが多い; ◆P.O., p.o. と略す).

póst òffice bóx 图 © 私書箱 (◆P.O.

one thousand and seventeen　　　　　　　　　　　　　　　　　　　　　　　　　　　　1017

Box と略す).

post・pone /poustpóun ポウスト**ポウン**/ 動 (~s /-z/; -poned /-d/; -pon・ing) 他 …を**延期する**. ▶They *postponed* the meeting until the following day. 彼らは会合を翌日まで延期した / He *postponed visiting* his friend in Nagoya. 彼は名古屋の友人を訪ねるのをあとまわしにした (◎*postpone to do* とはいわない).

☞ 名 postponement.

post・pone・ment /poustpóunmənt ポウスト**ポウン**メント/ 名 UC 延期.
☞ 動 postpone.

post・script /póustskrìpt ポウスト**スク**リプト/ 名 C (手紙の)追伸 (署名のあとに書く; ✿ P.S., PS と略す).

pos・tu・late /pástʃulèit パスチュレイト/ 動 (現分 -lat・ing) 他 《文語》(証明されていないが)…を自明のこととして仮定する, 前提とする.

pos・ture /pástʃər パスチャ/ 名 ❶ UC (体の)姿勢; 態度. ❷ U 《ふつう単数形で》考え方, 態度.
— 動 (現分 -tur・ing /-tʃəriŋ/) 自 ポーズをとる, 気どる.
▶ 名 ❷ the government's *posture* on the issue その問題に対する政府の姿勢.

post・war /póustwɔ́ːr ポウスト**ウォ**ー/ 形 戦後の (反 prewar).

***pot**¹ /pát パット | pɔ́t/ 名 (複 ~s /-ts/) C
❶ (丸型の)**つぼ**, びん, かめ; (深い)なべ; ポット (◎「浅いなべ」は pan).

pot のいろいろ

❷ つぼ[ポット] 1 杯(分の量).

— 動 (~s /-ts/; pot・ted /-id/; pot・ting) 他 ❶ (食ң́など)をつぼ[びん(など)]に入れて保存する.
❷ (花)をはち植えにする.

名 ❶ a flower *pot* 植木鉢 / *pots* and pans なべかま類, 台所道具 / a boiling *pot* 湯わかし / ことわざ The *pot* calls the kettle black. (自分も黒いくせに)なべがかまを黒いという(「自分のことをたなに上げて人を非難する」). ❷ three *pots* of jam びん3本分のジャム.
go to pot 《口語》おちぶれる, だめになる.
pots of ... 《口語》多額の….

pot² /pát パット/ 名 U 《俗語》マリファナ.

po・tage /pɔːtáːʒ ポー**タ**ージュ/ 名 UC ポタージュ(濃いスープ) ☞ consommé).

po・tas・si・um /pətǽsiəm ポ**タ**スィアム/ 名 U 〔化学〕カリウム, カリ (元素記号 K).

***po・ta・to** /pətéitou ポ**テ**イトウ/ (★アクセント注意) 名 (複 ~es /-z/) UC **ジャガイモ** (◎《米》ではサツマイモ (sweet potato) ととくに区別する必要のあるときに Irish potato または white potato という).

mashed *potato* マッシュポテト (ゆでてすりつぶしたジャガイモ) / a baked *potato* ベイクトポテト (バターをつけて食べる焼いたジャガイモ).

語の結びつき
bake *potatoes* ジャガイモを(オーブンで)焼く
boil *potatoes* ジャガイモをゆでる
dig (up) *potatoes* ジャガイモを掘る
fry *potatoes* ジャガイモを揚げる[フライにする]
peel *potatoes* ジャガイモの皮をむく
roast *potatoes* ジャガイモを(オーブン・直火で)焼く

potáto chìps 名 複 《米》ポテトチップス (◎単に chips ともいう; 《英》では (potato) crisps).
potáto crìsps 名 複 《英》= potato chips.
pot・bel・lied /pátbèlid パトベリド/ 形 太鼓腹の.

abcdefghijklmno p qrstuvwxyz   **pour**

pot·bel·ly /pátbèli パトベリ/ 名 (複 -bellies /-z/) C 太鼓腹 (☞paunch).

po·ten·cy /póutənsi ポウテンスィ/ 名 U 力, 効力.

po·tent /póutənt ポウテント/ 形 ❶ (議論などが)説得力のある. ❷ (薬などが)効能がある.

***po·ten·tial** /pətén∫əl ポテンシャル/ 形 (将来の)**可能性のある**, 見込みのある; 潜在的な.

— 名 U (将来の)可能性, 潜在力.
▶形 a *potential* leader 将来指導者になる素質のある人 / *potential* ability 潜在能力.

po·ten·tial·ly /pətén∫əli ポテンシャリ/ 副 潜在的に, 可能性をもって.

pot·hole /páthòul パトホウル/ 名 C 道路にできたくぼみ.

pot·luck /pátlÁk パトラック/ 名 U 《米》あり合わせの料理, 持ち寄りの料理.

pót plànt 名 C 《英》(観賞用の)はち植えの植物.

pot·pour·ri /pòupurí: ポウプリー/ 名 U.C ポプリ《乾燥させた草花を混ぜたもの; 部屋の芳香に用いる》.

pot·ter¹ /pátər パタ/ 名 C 陶工, 陶芸家.
pot·ter² /pátər パタ/ 動 《英》= putter¹.
pot·ter·y /pátəri パテリ/ 名 -ter·ies /-z/) ❶ U 陶器類 (☞china, porcelain). ❷ U 陶器製作. ❸ C 陶器製作所.

pot·ty /páti パティ/ 名 (複 pot·ties) C 《口語》(子ども用の)室内便器, おまる.

pouch /páut∫ パウチ/ (★発音注意) 名 (複 ~es /-iz/) C ❶ポウチ, 小物入れ. ❷ⓐ (カンガルー (kangaroo) などの)腹袋. ⓑ (リスなどの)ほお袋.

poul·try /póultri ポウルトリ/ 名 ❶ 《複数扱いで》(卵や食用に飼う)トリ, 家禽(きん)《ニワトリ・アヒル・七面鳥など》. ❷ U トリの肉.

pounce /páuns パウンス/ 動 (現分 pouncing) 倉 (捕えようと)急にとびかかる.
— 名 C 急にとびかかること.
▶動 倉 The cat *pounced on* the rolling ball. ネコがころがる球に急にとびかかった.

***pound**¹ /páund パウンド/ (★発音注意) 名 (複 ~s /-dz/) C ❶ポンド《重量の単位; 16オンス (ounces), 約453グラム (grams)を表わす; ✪ lb. と略す》. ❷ポンド《通貨の単位; £ または l. と略す》.

❶ Butter is sold by the *pound*. バターはポンドいくらで売られている.
❷ £3.26 = three *pounds* (and) twenty-six pence 3ポンド26ペンス / a five-*pound* note 5ポンド紙幣.

pound² /páund パウンド/ 動 他 ❶ (くり返し)…を強く打つ.
❷…を打ち砕く, すりつぶす.
— 自 ❶ 強く打つ.
❷ (心臓が)ドキドキする.
❸ 激しく砲撃する.
▶他 ❶ *pound* a stone to pieces 石を粉々に砕く.
— 自 ❶ *pound on* the door ドアをドンドンたたく.

póund càke 名 U 《米》パウンドケーキ 《小麦粉・卵・バター・砂糖などで作るケーキ; ✪ 各材料を1ポンドずつ使って作ったことから》.

***pour** /pɔ́:r ポー/ 動 (~s /-z/; ~ed /-d/; pour·ing /pɔ́:riŋ/) 他 ❶ ⓐ …を**注ぐ**, つぐ, …を流す.
ⓑ (人に)…をついでやる.
❷ …を惜しげなく出す[与える].
❸ ⓐ (光・熱などを)注ぐ.
ⓑ (弾丸・ことばなどを)浴びせる.
— 自 ❶ ⓐ (液体などが)(どっと)**流れ出る**, 流れこむ.
ⓑ (人などが)殺到する.
❷ (雨が)**激しく降る**.

他 ❶ ⓐ She *poured* hot water from the kettle into a cup. 彼女はやかんから茶わんに湯を注いだ. ⓑ Will you *pour* me a cup of tea? = Will you *pour* a cup of tea *for* me? お茶をついでくださいませんか.
❷ *pour* gifts upon people 人々にどんどん贈り物をする / *pour* money into a business 事業に金をつぎこむ.
— 自 ❶ ⓐ Muddy water was *pouring* out of the pipe. 泥水がパイプから流れ出ていた. ⓑ The students *poured* into [out of] the gym. 生徒たちはどっと体育館になだれこんだ[から出てきた]. ❷ The rain was *pouring* down. 雨がザアザア降っていた / It's *pouring* now. 今はひどい雨だ.

pour out 他 ① (液体などを)(容器から)出す, つぐ. ②…を洗いざらい話す.

one thousand and nineteen   1019

pout

《同音異形語》pore¹,².

pout /páut パウト/ 動⾃ 口をとがらす, ふくれっつらをする. — 名C 口をとがらすこと, ふくれっつら.

***pov·er·ty** /pávərti パヴァティ | pɔ́vəti/ 名U ❶ 貧乏, 貧困.
❷《文語》欠乏, 不足.
▶ ❶ He lived in *poverty*. 彼は貧乏な生活をした.
☞ 形 poor.

pov·er·ty-strick·en /pávərtistrìk(ə)n パヴァティストリカン/ 形 貧乏に打ちひしがれた, とても貧しい.

POW /pí:òudʌ́blju: ピーオウダブリュー/《略語》prisoner of war 捕虜.

***pow·der** /páudər パウダ/ 名 (複 ~s /-z/) ❶ UC 粉.
❷ U パウダー, おしろい.
❸ UC 粉薬 (☞ medicine).
— 動 (現分 -der·ing /-dəriŋ/) 他
❶ …に粉(状のもの)をふりかける.
❷ …におしろいをつける.

⋯⋯⋯⋯⋯⋯⋯⋯⋯⋯⋯⋯

名 ❶ grind sugar into (a) *powder* 砂糖を粉末にする.
☞ 形 powdery.
— 動 他 ❷ Her face is thickly 〔thinly〕 *powdered*. 彼女は厚〔薄〕化粧をしている.

pow·dered /páudərd パウダド/ 形 ❶ 粉になっている. ❷ 粉のかかった.
▶ ❶ *powdered* milk 粉ミルク.

pówdered sùgar 名UC 粉(末)砕糖 (◎「角砂糖」は lump sugar).

pówder pùff 名C ❶ (化粧用)パフ (◎ 単に puff ともいう). ❷《俗語》弱虫.

pówder ròom 名C (ホテル・劇場などの) 婦人用化粧室〔洗面所〕.

pow·der·y /páudəri パウダリ/ 形 ❶ 粉状の. ❷ 粉だらけの. ❸ 粉になりやすい, もろい.
▶ ❶ *powdery* snow 粉雪.
☞ 名 powder.

***pow·er** /páuər パウア/ 名 (複 ~s /-z/)
❶ UC 力, 能力.
❷ ⓐ U 権力, 支配力; 権限. ⓑ C 権力のある人〔もの〕, 強国.
❸ U (エネルギーを出す)力, 動力; 電力 (◎ electric power ともいう).
— 動 (現分 -er·ing /páuəriŋ/) 他 …に動力を供給する.

名 ❶ We have no *power* to see in the dark. われわれ(人間)は暗い所では目が見えない / the *power* of speech 言語能力 / intellectual *powers* 知的能力.

❷ ⓐ He has *power* over the committee. 彼はその委員会で大きな力をもっている / the *power* of law 法の力.

〘語の結びつき〙

come (in)to [rise to, get into, gain] *power*（選挙などで）政権（の座）につく, 政権をとる

have [exercise] *power* (over …) （…に対して）権力を握っている〔行使する, 振るう〕

lose [fall from] *power* 政権を失う

return to *power* 政権に返り咲く

take [assume, seize] *power* 政権を握る

⋯⋯⋯⋯⋯⋯⋯⋯⋯⋯⋯⋯

ⓑ Mr. Brown is a *power* in this town. ブラウン氏はこの町の実力者だ / a world industrial *power* 世界的な工業大国.
❸ water *power* 水力 / nuclear *power* 原子力.

the power behind the throne 陰の実力者.

beyond …'s power …の力の及ばない, …にはできない: It is *beyond my power* to help him. 彼を援助することは私の力ではできない.

come into power 勢力を得る, 政権を取る.

in power 政権を取っている: the party *in power* 政権を握っている政党.

in one's power ① …にできるだけの: The doctor did everything *in his power* to save the boy. 医者はその少年を助けるためにできるだけのことをした. ② …の支配下に: He has his son *in his power*. 彼は息子を思うままに動かしている.

out of one's power = beyond …'s *power*.

the powers that be 陰の実力者, その筋.

☞ 形powerful, 動empower.
— 動他 This car *is powered* by a 3-liter engine. この車は3,000CCのエンジンがついている.

pow·er·boat /páuərbòut パウアボウト/ 名C (とくに強力な)モーターボート (motorboat).

pówer cùt 名C送電停止, 停電.

*__pow·er·ful__ /páuərfəl パウアフル/ 形 (more ~; most ~)
❶ **強力な, 力強い** (反powerless).
❷ **勢力のある**, 有力な.
❸ 効果的な;説得力のある.

---

❶ a *powerful* engine 強力なエンジン. ❷ a *powerful* state 強国 / a *powerful* people 勢力のある人々, 実力者たち. ❸ a *powerful* drug よく効く薬.
☞ 名power.

pow·er·ful·ly /páuərfəli パウアフリ/ 副 力強く, 強力に, 激しく.

pow·er·house /páuərhàus パウアハウス/ 名(複 -hous·es /-hàuziz/) C ❶ (口語)精力的な人. ❷ 発電所.

pow·er·less /páuərləs パウアレス/ 形 ❶ 力のない, 弱い (反powerful).
❷ 無能な, 権力のない.

pówer plànt 名C(米)発電所.

pówer pòint 名C(英)(電気の)コンセント (○単に point または socket ともいう; (米)では outlet).

pówer stàtion 名C発電所.

pówer stéering 名U(自動車の)パワーステアリング(油圧でハンドル操作を軽くする).

pow·wow /páuwàu パウワウ/ 名C
❶ (北米インディアンの)祈禱(きとう)式.
❷ (口語)会議, 集会.

pp (略語)【音楽】pianissimo ピアニッシモ, きわめて弱い[く].

pp. /péidʒiz ペイヂェズ/ (略語)pages. ▶ *pp*. 10–20 10ページから20ページまで (○ pages ten to twenty と読む).

PR, P.R. /píːáːr ピーアー/ (略語)public relations 宣伝[広報]活動, ピーアール (○「商業的宣伝」は advertising といい, P.R. とはいわない).

prac·ti·ca·ble /præktikəbl プラクティカブル/ 形 (計画などが)実行できる, 実際的な (反impracticable). ▶ a *practicable* plan 実行可能な計画.

*__prac·ti·cal__ /præktikəl プラクティカル/ 形 (more ~; most ~)
❶ (物事が)**実際的な**, 実地の (反impractical, theoretical).
❷ **実用的な**, 役に立つ.
❸ (人・考えなどが)**現実的な**.
❹ 事実上の, 実質上の.

---

❶ She has book learning but no *practical* experience. 彼女は本からの知識はあるが, 実際の経験はない / *practical* difficulties 実際上の困難点.
❷ Your knowledge of English is not *practical*. 君の英語の知識は実際の役に立たない / *practical* English 実用英語 / *practical* advice 役立つ忠告.
❸ Your idea is not *practical*. あなたの考えは現実的ではない.

for all practical purposes 事実上は, 実際上は.
☞ 名practice.

prac·ti·cal·i·ty /præktikæləti プラクティカリティ/ 名 (複 -i·ties) ❶ U実用的であること;実用性. ❷ (複数形で)実用的なこと.

práctical jóke 名C(口だけでなく実際行動をともなった)悪質ないたずら, 悪ふざけ.

practical joke

*__prac·ti·cal·ly__ /præktikəli プラクティカリ/ 副 (more ~; most ~)
❶ 《文全体を修飾して》**事実上**, 実際は, 現実的には.
❷ ほとんど…同然.
❸ 実用的に, 実際的に, 実地に (反theoretically).

▶ ❶ *Practically*, there is no rule

1021

practice

without exceptions. 現実には，例外のない規則はない. ❷The room is *practically* full. 部屋はほとんど満員です / The reply was *practically* a refusal. その回答は拒絶も同然であった.
practically speaking 《文全体を修飾して》実際問題として言うと，実際は.

*** prac・tice /prǽktis プラクティス/
名 (複 -tic・es /-iz/)
❶ UC (繰り返し行なう)**練習**, けいこ.
❷ UC **習慣**, 慣例.
❸ U **実行**, 実施, 実際 (反 theory).
❹ U (医師・弁護士などの)業務, 仕事.
— 動 (-tic・es /-iz/; -ticed /-t/; -tic・ing) 他 ❶ …を(繰り返し)**練習する**, 習う.
❷ (医師・弁護士)を**開業している**.
❸ (日常的に)…を実行する, 行なう.
— 自 ❶ (繰り返し)**練習する**.
❷ (医師・弁護士が)開業する[している].

名 ❶ Driving needs *practice*. 車の運転には練習が必要だ / ことば *Practice* makes perfect. 練習すれば完全になる, 「習うより慣れよ」.
❷ It is our *practice* to have dinner at 6:00. 夕食を6時にするのが私たちの習慣です / the *practice* of shaking hands 握手の習慣.
❸ theory and *practice* 理論と実行.
❹ the *practice* of medicine 医者という仕事.

in practice ①**実際は**: That's not easy *in practice*. それは実際は簡単ではない. ②(医師・弁護士などが)開業中の: He is a doctor *in* (private) *practice*. 彼は開業医です. ③熟練して.
make a practice of *doing* …**するのを習慣としている**: She *makes a practice of getting* up early. 彼女はいつも早起きです.
out of practice 練習不足で(下手な).
put ... into practice …**を実行する**: They *put* the plan *into practice*. 彼らはその計画を実行した.
☞ 形 practical.

— 動 他 ❶ I'd like to *practice* the guitar. ギターを練習したい / *Practice speaking* English every day. 毎日英語を話す練習をしなさい (《○practice to speak とはいわない》).
❷ He *practices* medicine [law]. 彼は医者[弁護士]を開業している.
❸ They *practice* peculiar customs. 彼らは変な習慣をもっている.

— 自 ❶ Our team *practices* every day after school. 私たちのチームは毎日放課後練習する / *practice* at [on] the piano ピアノを練習する.
❷ Does he still *practice*? 彼はまだ開業しているのですか.

prac・ticed /prǽktist プラクティスト/ 形 練習を積んだ, 熟練した.

prac・tise /prǽktis プラクティス/ 動 (現分 -tis・ing) 《英》= practice.

prac・tised /prǽktist プラクティスト/ 形 《英》= practiced.

prac・ti・tion・er /præktíʃənər プラクティショナ/ 名 C ❶ 開業医 (☞ general practitioner). ❷ 弁護士.

prag・mat・ic /prægmǽtik プラグマティック/ 形 ❶ 実際的な, 実用的な. ❷ 〖哲学〗実用主義の.

prag・ma・tism /prǽgmətìzm プラグマティズム/ 名 U 実用主義, プラグマティズム.

prai・rie /préəri プレ(ア)リ/ 名 C プレーリー《北米，とくにミシシッピー (Mississippi) 川流域の樹木のない大草原; ☞ savanna の 類語》.

práirie dòg 名 C 〖動物〗プレーリードッグ《北米大草原にすむリス科の動物; 地中に穴を掘ってすみ，犬のような鳴き声を出す》.

*praise /préiz プレイズ/
動 (praisｅ・es /-iz/; praised /-d/; prais・ing) 他 ❶ …をほめる, 称賛する (反 blame).
❷ (神)を賛美する.
— 名 U ❶ ほめること, ほめられること, 称賛 (反 blame). ❷ (神に対する)賛美, 崇拝.

— 動 他 ❶ Everybody *praised* her speech. みんな彼女の話をほめた / We *praised* him *for* his diligence [bravery]. 私たちは彼の勤勉[勇敢さ]を称賛した.

— 名 ❶ Her new book received a lot of *praise*. 彼女の新しい本は大きな称賛を得た.

praise・wor・thy /préizwə̀ːrði プレイズワーズィ/ 形 ほめるに値する, 感心な.

pram /præm プラム/ 名C《英口語》うば車(✿perambulator の短縮形; 《米》では baby carriage, baby buggy).

prance /præns プランス/ 動 (現分 prancing) 自 ❶ (馬が)おどりはねて進む. ❷ (人が)意気揚々(ようよう)と歩く.

prank /præŋk プランク/ 名C いたずら, 悪ふざけ. ▶play *pranks* on ... (人)をからかう.

prawn /prɔːn プローン/ 名C〖動物〗クルマエビ(☞lobster).

*__**pray**__ /préi プレイ/ 動 (~s /-z/; ~ed /-d/; ~ing) 自 ❶祈る.
❷《文語》[...を]熱心に頼む, 願う[for].
— 他 ❶...を祈る, 神に祈る.
❷《文語》...を願う.

自 ❶Let's *pray* (to God). (神様に)祈ろう / They *prayed* to God *for* his safe return. 彼らは彼が無事にもどるよう神に祈った.
❷*pray for* pardon 許しを請う.
— 他 ❶She *prayed* (that) her son was safe. 彼女は息子が無事であることを祈った.
❷I *pray* you *to* forgive me. どうぞ私を許してください.

☞ 名prayer¹.
《同音異語》prey.

*__**prayer**__¹ /préər プレア/ (★prayer² との発音の違いに注意) 名 (複 ~s /-z/)
❶U 祈り, 祈ること.
❷C《しばしば複数形で》祈りの文句, 祈禱(きとう)文.
❸C 願いごと, 嘆願.
▶❶kneel in *prayer* ひざまずいて祈る.
❷She says her *prayers* before she goes to bed. 彼女は床に就く前にお祈りをする.

☞ 動pray.

pray・er² /préiər プレイア/ 名(★prayer¹ との発音の違いに注意)C 祈る人.

práyer bòok 名 ❶C 祈禱(きとう)書(祈りの言葉が書いてある本). ❷《the Prayer Book で》イングランド国教会 (the Church of England)の祈禱書(✿正式には the Book of Common Prayer という).

pre- /prìː プリー/ 接頭「あらかじめ, 前の, 前部の[にある], ...以前の」の意味 (反post-). ▶*pre*pay 前払いする / *pre*war 戦前の.

*__**preach**__ /príːtʃ プリーチ/ 動 (~es /-iz/; ~ed /-t/; ~ing) 他 ❶ (神の教えなど)を**説教する**, 説く.
❷ (自分のよいと思うこと)を説く, 勧める.
— 自 ❶説教する, 伝道する.
❷考えを説く.
❸お説教をする, (くどくどと)こごとを言う.
▶❶*preach* the word of God 神のことばを説く.
❷*preach* economy 倹約を勧める.
— 自 ❶He *preached* to the villagers. 彼は村人たちに説教をした.
❸Don't *preach* at [to] me. 私にこごとを言わないでくれ.

preach・er /príːtʃər プリーチャ/ 名C
❶説教者[師], 伝道者. ❷熱心に説く人.

pre・ar・ranged /prìːəréindʒd プリーアレインヂド/ 形 打ち合わせずみの.

pre・car・i・ous /prikéəriəs プリケ(ア)リアス/ 形 当てにならない, 不安定な.

pre・car・i・ous・ly /prikéəriəsli プリケ(ア)リアスリ/ 副 不安定に.

pre・cau・tion /prikɔ́ːʃən プリコーション/ 名UC 用心, 警戒. ▶take *precautions* against fire 火事に対して用心する / by way of *precaution* 用心(のため)に.

☞ 形precautionary.

pre・cau・tion・ar・y /prikɔ́ːʃənèri プリコーショネリ/ 形 予防の, 用心のための.

☞ 名precaution.

*__**pre・cede**__ /prisíːd プリスィード/ 動 (~s /-dz/; -ced・ed /-id/; -ced・ing) 他 (時間・順序などが)...より**先になる**, ...に先行する (反follow). ▶The subject *precedes* its verb. 主語は動詞の前にくる / He came in, *preceded* by his wife. 奥さんが先になって彼が入場してきた.

☞ 名precedence, precedent.

pre·ced·ence /présədəns プレセデンス, prisí:d-/ 名 U ❶ (時間・順序などが)先であること, 先行. ❷ (地位などの)上位, 優先(権).
▶ ❷ the order of *precedence* 席次, 優先順位.
take [have] precedence over [of] ... …にまさる, 先行する.
☞ 動 precede.

pre·ced·ent /présədənt プレセデント/ 名 C 先例, 慣例. ▶ There is no *precedent* for it. それには先例がない.
☞ 動 precede.

pre·ced·ing /prisí:diŋ プリスィーディング/ 形 (時間・順序などが)先の, 前の; 前述の (反 following). ▶ the *preceding* chapter 前の章.

pre·cept /prí:sept プリーセプト/ (★発音注意) 名 U C 教訓, 戒(いまし)め, 勧告.

pre·cinct /prí:siŋkt プリースィンクト/ 名 ❶ 《複数形で》(大学・教会などの)構内, 境内(けいだい); 周辺. ❷ C (米)選挙区. ❸ C (米)警察管区. ❹ C (英)(特定の)区域.

*__pre·cious__ /préʃəs プレシャス/
形 (more ~; most ~)
❶ **貴重な**, 高価な.
❷ **大切な**, とてもかわいい.
── 副《口語》とても, ひどく.

―――――――――――――

形 ❶ Nothing is more *precious* than time. 時間ほど大切なものはない.
❷ my *precious* son 私の大事なかわいい息子 / *precious* memories 大事な思い出.
── 副 *precious* little food とても少ない食糧.

précious métal 名 U C (金・銀などの)貴金属.

précious stóne 名 C 宝石.

prec·i·pice /présəpis プレスィピス/ 《★アクセント注意》 名 C (ほぼ垂直な)絶壁, がけ (cliff).

pre·cip·i·tate¹ /prisípətèit プリスィピテイト/ 動 (現分 -tat·ing) 他 ❶ (危機などを)早める. ❷ …を(高いところから)まっさかさまに落とす.

pre·cip·i·tate² /prisípətət プリスィピティト/ 形 《文語》性急な; 軽率な; 突然の.

pre·cip·i·ta·tion /prisìpətéiʃən プリスィピテイション/ 名 U 降雨(量), 降雪(量).

pre·cip·i·tous /prisípətəs プリスィピタス/ 形 けわしい, 絶壁の.

*__pre·cise__ /prisáis プリサイス/ 《★発音注意》 形 (more ~; most ~)
❶ ⓐ **非常に正確な**, 精密な (反 imprecise). ⓑ 明確な.
❷ まさにその.
❸ きちょうめんな, きちんとした.
▶ ❶ ⓐ Give me her *precise* words. 彼女の言った通りのことばを教えてください / a *precise* measurement 正確な寸法[測定].
❷ at that *precise* moment ちょうどその時に.
to be precise 《文全体を修飾して》正確に言うと.
☞ 名 precision.

*__pre·cise·ly__ /prisáisli プリサイスリ/
副 ❶ **正確に** (exactly), きっちりと, はっきり, ちょうど.
❷《返事に用いて》まさにそのとおりです.
▶ ❶ Tell me *precisely* what you want. 君のほしい物をはっきり言いなさい / at 3 o'clock *precisely* きっかり3時に. ❷ 対話 "He said so?" – "*Precisely*." 「彼そんなこと言ったの」「まさにそのとおり」.

*__pre·ci·sion__ /prisíʒən プリスィジョン/ 名 ❶ U 正確, 精密. ❷《形容詞的に》精密な.
▶ ❶ with *precision* 正確に. ❷ *precision* instruments 精密機械.
☞ 形 precise.

pre·clude /priklú:d プリクルード/ 動 (現分 -clud·ing) 他 …をはばむ, 妨(さまた)げる.

pre·co·cious /prikóuʃəs プリコウシャス/ 形 早熟の, ませた.

pre·con·ceived /prì:kənsí:vd プリーコンスィーヴド/ 形 前もって考えた.

pre·con·cep·tion /prì:kənsépʃən プリーコンセプション/ 名 C 先入観.

pre·cur·sor /priká:rsər プリカーサ/ 名 C ❶ 先駆者. ❷ 前任者, 先輩. ❸ 前ぶれ, 前兆.

pred·a·tor /prédətər プレデタ/ 名 C 肉食動物.

pred·a·to·ry /prédətò:ri プレデトーリ/ 形 ❶ (動物が)肉食の. ❷ 人を食い物にする.

pred·e·ces·sor /prédəsèsər プレデセサ/ 《★アクセント注意》 名 C ❶ 前任者 (反 successor). ❷ 前のもの, 前にあったも

abcdefghijklmno p qrstuvwxyz **prefer**

の.

pre·des·tined /prìːdéstind プリーデスティンド/ 形《文語》運命づけられた.

pre·de·ter·mined /prìːditə́ːrmind プリーディターミンド/ 形《文語》前もって定められた.

pre·dic·a·ment /pridíkəmənt プリディカメント/ 名C (どうしてよいかわからない) 苦しい状況, 苦境. ▶be in a *predicament* 苦境にある.

***pre·dict** /pridíkt プリディクト/ 動 (~s /-ts/; ~ed /-id/; ~ing) 他 …を**予言する**, 予報する. ▶The weatherman *predicts* sunshine for tomorrow. 気象予報士はあすはよい天気だと予報している / I *predict that* he will win. 彼は勝つと私は予言する.
☞ 形 predictable, 名 prediction.

pre·dict·a·ble /pridíktəbl プリディクタブル/ 形 予言できる, 予測できる.
☞ 動 predict.

pre·dict·a·bly /pridíktəbli プリディクタブリ/ 副 予想どおりに, 予想されたことだが.

***pre·dic·tion** /pridíkʃən プリディクション/ 名 (複 ~s /-z/) UC **予言**, 予測, 予報.
☞ 動 predict.

pre·dis·pose /prìːdispóuz プリーディスポウズ/ 動 (現分 -pos·ing) 他《文語》❶ (物事が) (人) を (…の気持ちに) させる.
❷ (人) を〔病気などに〕かかりやすくする〔to〕.
▶His reputation *predisposes* me *against* him〔*in* his favor〕. 彼の評判を聞いて会う前から彼が嫌いだ〔彼に好感を持っている〕.

pre·dis·po·si·tion /prìːdispəzíʃən プリーディスポズィション/ 名 C ❶傾向, 質(㒵). ❷体質.

pre·dom·i·nance /pridámənəns プリダミナンス/ 名 U 優勢.

pre·dom·i·nant /pridámənənt プリダミナント/ 形 ❶優勢な, 有力な. ❷目だつ, 主要な.
▶❶a *predominant* member 有力メンバーのひとり.

pre·dom·i·nant·ly /pridámənəntli プリダミナントリ/ 副 ❶優勢に, 圧倒的に.
❷主として.

pre·dom·i·nate /pridámənèit プリダミネイト/ 動 (現分 -nat·ing) 自 ❶ 〔…を〕支配する, 圧倒する〔*over*〕. ❷優勢である, 卓越する.

pre·em·i·nence /priémənəns プリエミネンス/ 名 U 抜群, 傑出.

pre·em·i·nent /priémənənt プリエミネント/ 形 (もっとも) すぐれた, 抜群の, 傑出した.

pre·empt /priémpt プリエンプト/ 動 他
❶ (事前に) …を回避する; 先取りする.
❷ (米) (通常番組) を取りかえる, …の代わりをする.

pre·emp·tive /priémptiv プリエンプティヴ/ 形 先制の.

preen /príːn プリーン/ 動 他 (鳥が) (羽) をくちばしで整える.
— 自 (鳥が) 羽をくちばしで整える.

pre·fab /príːfæb プリーファブ | prìːfǽb/ (★発音注意) 名 C (口語) 組み立て式住宅, プレハブ (○prefabricated house の短縮形).

pre·fab·ri·cat·ed /prìːfǽbrəkèitid プリーファブリケイティド/ 形 プレハブ式の.
▶a *prefabricated* house プレハブ住宅 (○ (口語) では prefab).

pref·ace /préfis プレフィス/ (★発音注意) 名 (複 -ac·es /-iz/) C 序文 (著者自身が書く (もの); ☞ foreword).
— 動 (現分 -ac·ing) 他 ❶ (本など) に序文を書く. ❷ (話など) の前置きをする.

pre·fec·ture /príːfektʃər プリーフェクチャ/ (★アクセント注意) 名 C (フランス・日本などの) 県, 府.
▶Nagano *Prefecture* 長野県.

***pre·fer** /prifə́ːr プリファー/ (★アクセント注意) 動 (~s /-z/; pre·ferred /-d/; -fer·ring /-fə́ːriŋ/) 他 ❶ **…のほうを好む**.
❷《prefer … to ~》〜よりむしろ…のほうを好む.
❸ⓐ《prefer to do》＿するほうを好む.
ⓑ《prefer … to do》…に＿してもらいたい.
ⓒ《prefer (that) ＿》＿ということを望む.

---

❶Many young people *prefer* rock music. 多くの若い人たちは (他の音楽より) ロック音楽のほうが好きだ / 対話
"Which do you *prefer*, dogs or cats?" – "I *prefer* dogs." 「犬とネコと

one thousand and twenty-five 1025

preferable

ではどちらが好きですか」「犬のほうが好きです」.
❷I *prefer* coffee *to* tea. 私は紅茶よりコーヒーのほうが好きです / *prefer* skiing *to* skating スケートよりはスキーのほうが好きだ.
❸ⓐShe *preferred to* stay at home *rather than* go out. (= She *preferred* staying at home *to* going out.) 彼女は外出するより家にいたいといった(○prefer の目的語が to ‐不定詞のときは「…より」の意味を表わす to を用いないで rather than を用いる)/ I *prefer* not *to* go there. 私はどちらかというとそこへは行きたくない. ⓑI *prefer* you *to* stay here with me. 君に一緒にここにいてもらいたい. ⓒI would *prefer* (*that*) you (should) do it now. 今それをしてもらいたいのですが (○(米)ではふつう should を用いない).

☞ 名preference.

pref·er·a·ble /préfərəbl プレファラブル/ ((★アクセント注意))形(…より)好ましい, 望ましい. ▶Cold *is preferable to* heat. 寒いほうが暑いよりはましだ.

pref·er·a·bly /préfərəbli プレファラブリ/ ((★アクセント注意))副なるべくなら, (もし)できれば. ▶I want a secretary, *preferably* one who can speak English. 私は秘書がほしい, できれば英語を話せる人のほうがよい.

*__**pref·er·ence**__ /préfərəns プレファレンス/ ((★アクセント注意))名(複 -enc·es /-iz/)
❶ⓊⒸ(他のものよりもあるものが)**より好きであること**, 好み, (好みによる)選択, ひいき.
❷Ⓒ**好きなもの**. ❸ⓊⒸ優先(権).
❹ⓊⒸ(関税の)特恵.
▶❶I have *a preference* for dark blue. 私は紺色が好きだ. ❷Which of these three is your *preference*? この三つの中であなたはどれが好きですか.
by [***for***] ***preference*** 好んで, なるべくなら.
in preference to *...* …よりはむしろ.

☞ 動prefer, 形preferential.

pref·er·en·tial /prèfərénʃəl プレファレンシャル/ 形 ❶優先の. ❷(関税の)特恵の.

☞ 名preference.

pre·fix /príːfiks プリーフィックス/ ((★アクセント注意))名(複 ~·es /-iz/)Ⓒ ❶〔文法〕接頭辞(*dishonest* の dis-, *enrich* の en- のように語の前につけて意味や品詞を変えて新しい語をつくる働きをする; ○ pref. と略す; ☞ suffix, affix). ❷(氏名の前につける)敬称(Dr., Mr. など).

preg·nan·cy /prégnənsi プレグナンスィ/ 名(複 -nan·cies /-z/)ⓊⒸ妊娠.

☞ 形pregnant.

preg·nant /prégnənt プレグナント/ 形
❶妊娠した. ❷意味深長な.
▶❶She is six months *pregnant*. 彼女は妊娠6か月です / become *pregnant* 妊娠する.

☞ 名pregnancy.

pre·his·tor·ic /prìːhistɔ́(ː)rik プリーヒストー(ー)リック, ‐イスト‐/ 形有史以前の, 先史(時代)の (反historic).

pre·his·to·ry /prìːhístəri プリーヒストリ/ 名Ⓤ先史時代.

*__**prej·u·dice**__ /prédʒudis プレヂュディス/ ((★アクセント注意))名(複 -dic·es /-iz/)
❶ⓊⒸ偏見, 先入観(○悪い意味に用いるのがふつう).
❷Ⓤ不利益, 損害.
— 動(-dic·es /-iz/; -diced /-t/; -dic·ing)他(人)に偏見をもたせる.
▶名 ❶He has a *prejudice* against foreigners. 彼は外国人に偏見をもっている / racial *prejudice* 人種的偏見.
to the prejudice of *...* …の不利益になるように.
without prejudice 偏見なしに, 公平に.

☞ 形prejudiced.

prej·u·diced /prédʒudist プレヂュディスト/ 形偏見のある, 先入観をもった, 公平でない. ▶a *prejudiced* opinion 偏見 / They *are prejudiced against* modern music. 彼らは現代音楽に悪い先入観をもっている.

☞ 名prejudice.

pre·lim·i·nar·y /prilímənèri プリリミネリ/ ((★アクセント注意))形予備的な, 準備の; 前置きの.
— 名(複 -nar·ies /-z/)Ⓒ ❶《しばしば複数形で》予備行為, 準備.
❷ⓐ予備試験. ⓑ(競技などの)予選.
▶形a *preliminary* examination 予備試験.

prel·ude /préljuːd プレリュード/ ((★アクセ

abcdefghijklmno**p**qrstuvwxyz　　　　　　　　　　　　　　　　　prepare

ント注意》名C ❶〖音楽〗前奏曲, プレリュード（☞interlude）．
❷前兆．
▶ ❷a *prelude* to war 戦争の前ぶれ．

pre·mar·i·tal /prìːmǽrətl プリーマリトル/ 形結婚前の．

pre·ma·ture /prìːmətjúər プリーマトゥア, ·テュア｜prémətʃə/ 形 (時期などが) 早すぎる, 時期尚早(ⁿˢᵒʲᵒ)の; 早まった．
▶a *premature* baby 早産児．

pre·ma·ture·ly /prìːmətjúərli プリーマトゥアリ, ·テュア/ 副 ❶(普通より)早く; 早産で. ❷早まって．

pre·med·i·tat·ed /prìːmédəteitid プリーメディテイティド/ 形 (犯罪などが) あらかじめ計画された．

pre·mier /primíər プリミア, príːmiər/ 名C 総理大臣 (《❀新聞用語; prime minister ともいう》). ― 形第1位の．

pre·miere, pre·mière /primjéər プリミェア/ 名C (劇・映画の)初日; (映画の)封切．

prem·ise /prémis プレミス/ 名 ❶C (論理・推論の)前提. ❷《複数形で》(土地・建物を含めた)屋敷, 構内．

pre·mi·um /príːmiəm プリーミアム/ 名C
❶割り増し金, プレミアム（☞discount）.
❷賞与, ボーナス, 奨励金． ❸ (定期的に払う)保険料．

at a premium ①プレミアムつきで, 額面以上で. ②貴重で, 珍重されて．

put a premium on ... ①…を高く評価する. ②…を有利にする, …を奨励する．

pre·mo·ni·tion /prìːməníʃən プリーモニション/ 名C いやな予感．

pre·na·tal /prìːnéitl プリーネイトル/ 形生まれる前の, 出産前の（対 postnatal）．

pre·oc·cu·pa·tion /prìːɑ̀kjupéiʃən プリーアキュペイション/ 名 ❶U 没頭, 夢中．
❷C 夢中になっている問題．

pre·oc·cu·pied /prìːɑ́kjupàid プリーアキュパイド/ 形 (何かに) 夢中になっている．
▶He *is preoccupied with* planning the trip. 彼は旅行の計画に夢中だ．

pre·oc·cu·py /prìːɑ́kjupài プリーアキュパイ/ 動 (-cu·pies /-z/; -cu·pied /-d/; ~·ing) 他 …の心を奪う, …を夢中にさせる．

pre·paid /prìːpéid プリーペイド/ 動 pre-

pay の過去形・過去分詞形．
― 形前払いの．

***prep·a·ra·tion** /prèpəréiʃən プレパレイション/ 名 (複 ~s /-z/)
❶U 準備（すること）, 用意; 予習．
❷C《しばしば複数形で》（すべての）**準備**．
❸ⓐU (薬の)調合. ⓑU (食事の)調理, 料理. ⓒC 調合剤. ⓓC (調理された)食物．

・・・・・・・・・・・・・・・・・・・・・・・・・・・・・・・・・

❶ Have you done enough *preparation* for the exam? 試験の準備は十分しましたか．
❷ My *preparations* are complete. 私の準備はすっかりできています．
❸ⓐ *preparation* of drugs 調剤.

in preparation 準備中で: The meal is *in preparation*. 食事は準備[調理]中です．

in preparation for ... …の準備に: She began to pack *in preparation for* the trip. 彼女は旅行の準備に荷作りを始めた．

make preparations for ... …の準備をする．

☞ 動prepare, 形preparatory.

pre·par·a·to·ry /pripǽrətɔ̀ːri プリパラトーリ/（★アクセント注意）形 準備の, 予備の．

preparatory to ... …の準備として, …の前に．

☞ 動prepare, 名preparation.

preparatory school 名C ❶(アメリカの大学進学を目的とする)私立高校 (《❀《口語》では prep (school) ともいう）．❷(イギリスの)プレップ[プレパラトリー]スクール．

INFO (1) アメリカでは有名大学へ進学するための私立の高等学校を preparatory school といい, だいたい男女別学の全寮制の学校である. (2) イギリスではパブリックスクールへの進学を目的とする8歳から5年間の私立小学校で, 全寮制の学校が多い; ☞ public school の **INFO**．

***pre·pare** /pripéər プリペア/ 動 (~·s /-z/; pre·pared /-d/; -par·ing /-péəriŋ/) 他
❶ …を**準備する**, 用意する．
❷ⓐ (食事など)を**作る**, 調理[調合]する．
ⓑ《**prepare ~ ...** または **prepare ... for ~**》〜のために… (食事など) を作る．

prepared

❸ ⓐ …に(心の)準備をさせる《☞prepared》.
ⓑ《prepare ... to do》…に＿する(心の)準備をさせる.
— 自《prepare for ...》❶ …の準備をする.
❷ …の覚悟をする.

――――――――――

他 ❶ Let's *prepare* the table. 食卓の準備をしよう / We *prepared* the room *for* the party. 私たちはパーティーのために部屋を準備した / He *prepared to* go out. 彼は外出の準備をした.

❷ ⓐ *prepare* lunch 昼食を作る / *prepare* a medicine 薬を調合する. ⓑ He *prepared* us some food. 彼はわれわれのために食べ物を作ってくれた.

❸ ⓐ *prepare* students for an athletic meet 生徒に運動会の準備をさせる. ⓑ *prepare* students *to* take the entrance exam 生徒に入学試験を受ける準備をさせる.

— 自 ❶ He *prepared for* the examination. 彼は試験の準備をした.
❷ *prepare for* death 死ぬ覚悟をする.
prepare oneself 準備をする, 心の準備[覚悟]をする: *Prepare yourself* for the entrance examination. 入学試験の準備をしなさい.

☞ 名preparation, 形preparatory.

prepared /prɪpéərd プリペアド/ 形 用意のできた; 覚悟のできた; 喜んで…する. ▶ We are *prepared* for the worst. 私たちは最悪の場合の心構えができている / I am *prepared* to help you. 私は喜んであなたのお手伝いをします.

pre·pay /prìːpéɪ プリーペイ/ 動 (~s /-z/; pre·paid /-d/; ~·ing) 他 …を前払いする, 前納する.

pre·pos·ter·ous /prɪpάstərəs プリパスタラス/ 形 《文語》まったくばかげた, とんでもない.

prep·pie, prep·py /prépi プレピ/ 名 (複 preppies /-z/) C 《米俗語》プレッピー《preparatory school の学生または卒業生》.

— 形 プレッピー風の《服装などが小ぎれいな》.

prep school /prép- プレプ-/ 名 C 《口語》= **preparatory school**.

pre·req·ui·site /prìːrékwəzɪt プリーレクウィズィット/ 形 前もって必要な, 欠くことのできない.

— 名 C 必要条件.

pre·rog·a·tive /prɪrάgətɪv プリラガティヴ/ 名 C 特権《◐privilege よりも格式ばった語》.

pres·by·ter /prézbətər プレズビタ/ 名 C 【キリスト教】長老派教会 (the Presbyterian Church) の長老.

Pres·by·te·ri·an /prèzbətíəriən プレズビティ(ア)リアン/ 【キリスト教】名 C 長老派教会員.

— 形 長老派教会の.

Presbytérian Chúrch 名《the をつけて》【キリスト教】長老派教会《プロテスタントの一派》.

pre·school /príːskùːl プリースクール/ 形 就学前の《ふつう 2 歳から 5 歳までをさす》.

— 名 C 《米》幼稚園, 保育園.

pre·scribe /prɪskráɪb プリスクライブ/ 動 (現分 -scrib·ing) 他 ❶ (医師が)(薬)を処方する, (療法)を指示する. ❷ ⓐ (法律などが)…を規定する. ⓑ …を指示する.
— 自 ❶ (医者が)[…に] 処方する [for].
❷ ⓐ 規定する. ⓑ 指示する.

▶ 他 ❶ The doctor *prescribed* some medicine *for* my cold. 医師が私の風邪薬を処方してくれた.

☞ 名prescription, 形prescriptive.

＊pre·scrip·tion /prɪskrípʃən プリスクリプション/ 名 (複 ~s /-z/) ❶ C 処方; 処方箋(せん); 処方薬. ❷ ⓐ U 規定(すること). ⓑ C 規則, 法規.

☞ 動prescribe.

pre·scrip·tive /prɪskríptɪv プリスクリプティヴ/ 形 規定する, 指示する.

☞ prescribe.

＊pres·ence /prézns プレズンス/ 名
❶ ⓐ U ある[いる]こと, 存在, 現存, 出席(反 absence). ⓑ《単数形で》(軍隊や警官などの)駐留. ❷ U 風采(さい), 態度.

――――――――――

❶ ⓐ Your *presence* is requested at the meeting. 会議にご出席をお願いいたします.
in ...'s presence = *in the pres-*

ence of ... …のいる前で: He scolded me in *her presence*. 彼は彼女の面前で私をしかりつけた / She said it *in the presence of* two witnesses. 彼女は二人の証人の前でそう言った.

présence of mínd 名 U (危急の時の)落ち着き, 冷静に対応する能力.

***pres·ent¹** /préznt プレズント/
形 ❶ⓐ **出席して(いる), 居合わせて(いる)** (反 absent).
ⓑ (物が) 存在している, ある.
❷ **現在の, 今日の, 現…**.
❸ [文法] 現在(時制)の (☞ past ❹).
— 名 ❶ 《the をつけて》**現在**, 今 (☞ future ❶).
❷ 《ふつう the をつけて》[文法] 現在(時制).

・・・・・・・・・・・・・・・・・・・・・・・・・・・・・・・・

形 ❶ⓐ I was *present* at the meeting. 私はその会に出席し(てい)た / Those *present* were all Japanese. そこにいた人々はみな日本人だった / all the boys *present* 出席していたすべての男子 (《❸ (代) 名詞を修飾するときはその直後にくる》). ⓑ Oxygen is *present* in the air. 空気中には酸素がふくまれている.
❷ The rule does not apply to *the present* case. この規則はこの場合[本件]には当てはまらない / *the present* Cabinet 今の内閣 / *my present* address 私の現住所 / *the present* members 現在の会員 (《the members *present* は出席している[いた]会員》).
— 名 ❶ up to *the present* 現在までは.

at présent 現在は, 目下(ホッ): I am busy *at present*. 私は今忙しい.
for the présent 今のところは: Five hundred dollars will do *for the present*. 500ドルあれば今のところは間に合うだろう.

*pres·ent² /préznt プレズント/ 名 (複 ~s /-ts/) C **贈り物, プレゼント** (《親しい間柄での贈り物をいう》; ☞ gift). ▶ I made [gave] her a *present* of a diamond ring. = I made [gave] a *present* of a diamond ring to her. 私は彼女にダイヤの指輪を贈った / a Christmas *present* クリスマスの贈り物.

*pre·sent³ /prizént プリゼント/ (《★アクセント注意》) 動 (~s /-ts/; ~ed /-id/; ~ing)
他 ❶ …を贈る, 贈呈する (《❸give より形式ばった言い方》).
❷ⓐ (考え・計画など)を**提出する**.
ⓑ (考えなど)を述べる.
❸ⓐ …を上演[上映, 演奏]する.
ⓑ (番組など)を提供する.
❹ …を紹介する (《❸introduce より形式ばった言い方》).

・・・・・・・・・・・・・・・・・・・・・・・・・・・・・・・・

❶ She *presented* a tie *to* him. = She *presented* him *with* a tie. 彼女は彼にネクタイを贈った / The teacher was *presented with* a watch by his students. 先生は生徒たちから時計を贈られた.
❷ⓐ He *presented* his new plan to the president. 彼は新しい計画を社長に提出した. ⓑ May I *present* my ideas at the general meeting? 総会で私の考えを述べてもよろしいですか.
❸ⓐ *present* a new play 新しい劇を上演する.
❹ May I *present* Miss Brown (to you)? ブラウンさんをご紹介します.

presént onesélf ①出頭する, 出席する: She *presented herself* at the city hall. 彼女は市役所に出頭した. ②(機械・問題などが)現われる, 生じる; (考えなどが)浮かぶ: A good idea *presented itself*. いい考えが浮かんだ.
☞ 名 presentation.

pre·sent·a·ble /prizéntəbl プリゼンタブル/ 形 人前に出せる, 見苦しくない.

pre·sen·ta·tion /prì:zentéiʃən プリーゼンテイション | prèz-/ 名 ❶ U.C 贈ること, 授与. ❷ U.C 上演, 上映, 公開. ❸ U 提示, 表示, 説明; 発表; 紹介.
▶ ❶ the *presentation* of a gift 贈り物の贈呈.
☞ 動 present³.

pres·ent-day /préznt-dèi プレズント・デイ/ 形 現代の, 今日の.
▶ *present-day* English 現代英語.

pre·sent·er /prizéntər プリゼンタ/ 名 C
❶ 贈呈者; 提出者. ❷ (英) (ラジオ・テレビの)司会者, (ニュース)キャスター (《❸(米)では anchor》).

*pres·ent·ly /prézntli プレズントリ/ 副

present participle

❶現在, 今. ❷まもなく.
▶❶She is *presently* traveling in America. 彼女は今アメリカを旅行中です. ❷*Presently* he came back. まもなく彼は戻ってきた.

présent párticiple 名C〖文法〗現在分詞(動詞の原形に -ing をつけた形をいう).

présent pérfect 名〖文法〗《the をつけて》現在完了.

présent ténse 名《the をつけて》〖文法〗現在時制.

pres·er·va·tion /prèzərvéiʃən プレザヴェイション/ 名U ❶保存, 貯蔵; 保護, 維持. ❷保存状態.
▶❶*preservation* of the environment 環境の保護.
☞ 動 preserve.

pre·serv·a·tive /prizə́ːrvətiv プリザーヴァティヴ/ 形保存力のある; 腐敗を防ぐ.
☞ 動 preserve.
— 名U.C防腐剤.

*__**pre·serve**__ /prizə́ːrv プリザーヴ/ 動 (~s /-z/; pre·served /-d/; -serv·ing) 他
❶(文書・食品・事物など)を**保存する**.
❷…を**保つ**, 維持する.
❸(動植物)を保護する, …の猟を禁じる.
— 名C ❶《ふつう複数形で》砂糖漬けの果物, かん[びん]詰めの果物.
❷自然保護区, 禁猟区.

～～～～～～～～～～～～～

動 他 ❶They *preserved* the old documents. 彼らは古い文書を保存した / Meat is often *preserved* in [with] salt. 肉はよく塩漬けにされる.
❷He *preserves* his health by jogging. 彼はジョギングで健康を維持している / *preserve* the old customs 古い習慣を残しておく.
❸*preserve* pheasants キジの猟を禁じる.
☞ 名 preservation, 形 preservative.

pre·side /prizáid プリザイド/《★発音注意》動 (現分 -sid·ing) 自 ❶ […で]議長をする, 座長となる, 司会をする [at].
❷ […を]統轄(とうかつ)する [over].
▶❶*preside at* a meeting 会議で議長をする, 会を司会する. ❷*preside over* the business 事業をとりしきる.
☞ 名 president.

***__pres·i·dent__** /prézədənt プレズィデント/ 名 (複 ~s /-ts/) C
❶《しばしば **President** で》**大統領**.
❷会長, 総裁, 学長, 社長, (銀行の)頭取, 議長.

━━━━━━━━━━━━━━━

❶the *President* of the United States アメリカ大統領 / *President* Washington ワシントン大統領.
INFO アメリカでは, 日本の首相とは異なり, 大統領だけが行政府の責任者で, 絶大な権力が大統領個人に集中している. 議会の可決した法律に対する拒否権をもち, 軍の最高指揮官でもあり, 上院の助言と承認を得て, 大公使や最高裁判事を任命する.
❷the *president* of the society その会の会長 / the *president* of Yale University エール大学総長.
☞ 動 preside, 形 presidential.

pres·i·den·tial /prèzədénʃəl プレズィデンシャル/ 形 大統領[会長, 社長(など)]の. ▶the *presidential* election 大統領選挙.
☞ 名 president.

*__**press**__ /prés プレス/ 動 (~·es /-iz/; ~ed /-t/; ~·ing) 他 ❶…を押す, 押しつける.
❷ⓐ…を押しつぶす; (果物など)をしぼる. ⓑ […から](ジュースなど)をしぼって取る [from, out of]. ❸…にアイロンをかける, …をプレスする. ❹…を握りしめる, 抱きしめる.
❺(物・意見など)を押しつける; 強要する.
— 自 ❶ⓐ押す, 押しつける.
ⓑ押し進む.
❷ […を]強く要求する [for].
❸差し迫る, 急を要する.
— 名 (複 ~·es /-iz/) ❶《the をつけて》**新聞, 雑誌, 出版物; 新聞記者たち, 報道陣**.
❷C ⓐ印刷機 (**○printing press** ともいう). ⓑ印刷所, 出版部.
❸C 圧搾(あっさく)機, プレッサー.
❹《a をつけて》(新聞・放送などの)批評.
❺《a をつけて》押すこと, 握ること.

～～～～～～～～～～～～～

動 他 ❶*Press* the button and start the engine. ボタンを押してエンジンをかけなさい / The cat *pressed* its nose against me. そのネコは私に鼻を押しつ

けた.
❷ⓐ*press* grapes ブドウをしぼる.
ⓑ*press* juice *from* [*out of*] apples リンゴをしぼってジュースを作る.
❸He *presses* his own pants. 彼は自分でズボンにアイロンをかける.
❹He *pressed* my hand warmly. 彼は私の手を温かく握った / She *pressed* her baby to her breast. 彼女は赤ん坊を胸に抱きしめた.
❺She *presses* her opinion *on* us. 彼女は自分の意見を私たちに押しつける / He was *pressed* to finish the work quickly. 彼はその仕事を早く終えるように迫られた.
— 倉 ❶ⓑHe *pressed* through the crowd. 彼は人ごみを押しのけて進んだ.
❷*press for* payment 支払いを強く要求する. ❸Time *presses*. 時間が切迫(はく)している.

press on [***forward***] ***with ...*** …を続ける.

☞ 名pressure.

— 名 ❶ freedom of *the press* 出版の自由 / *the* daily *press* 日刊新聞 / The President meets *the press* on Monday. 大統領は月曜に記者会見をします. ❷ⓐⓑbe in the *press* 印刷中である. ❸a wine *press* ブドウしぼり機 / a trouser *press* ズボンプレッサー. ❹The book had [was given] *a* good *press*. その本はマスコミで好評だった.
❺Give it *a* slight *press*. それを軽く押しなさい.

préss àgency 名Ⓒ通信社.
préss àgent 名Ⓒ (劇団・音楽事務所などの)宣伝係.
préss cònference 名Ⓒ記者会見.
pressed /prést プレスト/ 形 ❶押して固めた, 押して平らにした. ❷プレスした, アイロンをかけた. ❸あせって(いる); 忙しくして(いる).

be pressed for ... …がなくて困っている.

press·ing /présiŋ プレスィング/ 形 ❶差し迫った, 緊急の. ❷しつこい.
▶ ❶a *pressing* problem 差し迫った問題.

préss relèase 名Ⓒ (政府機関の)報道関係者への公式発表.

press-up /présʌp プレサップ/ 名Ⓒ《英》腕立てふせ (✪《米》では push-up).

*****pres·sure** /préʃər プレシャ/ 名Ⓤ ❶押すこと, 力を加えること.
❷圧力. ❸気圧. ❹重圧, 苦しみ.
❺圧迫, 強制. ❻ (情勢・時間などの)切迫(はく), 困難; 多忙.
▶ ❶The *pressure* of the wind turned the windmill. 風の力が風車をまわした.
❷blood *pressure* 血圧.
❸high [low] atmospheric *pressure* 高[低]気圧.
❹The city is under financial *pressure*. その市は財政難に苦しんでいる / the *pressure* of poverty 貧困の苦しみ.

語の結びつき

be [come] under *pressure* (to do) (__するように)プレッシャーを感じる, 圧力をかけられる

bear [withstand] the *pressure* 圧力[プレッシャー]に耐える

feel *pressure* 圧力[重圧]を感じる

give in to *pressure* 圧力に屈する

pile on *pressure* 圧力[プレッシャー]をかける

put ... under *pressure* …に圧力[プレッシャー]をかける

raise [increase, build up] (the) *pressure* 圧力を増す

relieve [ease, reduce] (the) *pressure* 重圧を取り除く

resist (the) *pressure* 圧力[重圧]に抵抗する

❻*pressure* for money 金詰まり, 金に困っている.

put pressure on [***upon***] ***...*** …を圧迫する, 強制する.

under pressure ①強制されて. ②忙しいときに, 時間にせかされて.

under the pressure of ... …に迫られて, …のためにやむをえず.

☞ 動press.

préssure còoker 名Ⓒ圧力なべ[がま].
préssure gròup 名Ⓒ圧力団体.
pres·sur·ize /préʃəràiz プレシャライズ/ 動 (現分 -iz·ing) 他 ❶ (飛行機・潜水艦な

ど)の気圧を正常に保つ. ❷(食品)を圧力なべで料理する.

pres·sur·ized /préʃəràizd プレシャライズド/ 形 (航空機・潜水具などの内部が)気圧調節された.

***pres·tige** /prestíːʒ プレスティージ/ (★アクセント注意)名U**名声**, 信望; 威信.
— 形名声のある; 威信を誇る.
▶名He enjoyed great *prestige*. 彼は大きな名声を得ていた / national *prestige* 国の威信.
☞ 形prestigious.

pres·ti·gious /prestídʒəs プレスティチャス/ 形名声のある, 信望のある.
☞ 名prestige.

***pre·sum·a·bly** /prizúːməbli プリズーマブリ | -zjúːm-/ 副 **たぶん**, おそらく.

pre·sume /prizúːm プリズーム | -zjúːm/ 動 (現分 -sum·ing) 他 ❶ …を推定する, …と考える.
❷《ふつう疑問文・否定文で》(本来にはならないのに)厚かましくも[あえて](__)をする. — 自推測する.
▶他 ❶ We *presume* him (*to be*) innocent. われわれは彼が無罪だと考える / I *presume that* he will be back soon. 彼はもうすぐ帰ってくると思う.
❷ Do you *presume to* give me advice? 君は(ずうずうしくも)私に忠告をするというのか.
— 自(You are) Mr. Brown, I *presume*? ブラウンさんでいらっしゃいますか (《✿初対面の人に話しかけるときの形式ばった表現》).
☞ 形presumptuous; 名presumption.

pre·sump·tion /prizʌ́mpʃən プリザンプション/ 名 ❶ C推定, 憶測.
❷ U出しゃばり, ずうずうしさ.
▶❶ on the *presumption* that __ __ と推測して.
☞ 動presume.

pre·sump·tu·ous /prizʌ́mptʃuəs プリザンプチュアス/ 形生意気な.
☞ 動presume.

pre·sup·pose /prìːsəpóuz プリーサポウズ/ 動 (現分 -pos·ing) 他 ❶ 前もって…を推定[予想]する. ❷ …を前提とする.

pre·sup·po·si·tion /prìːsʌpəzíʃən プリーサポズィション/ 名 ❶ U推定, 予想.

❷ C前提(条件).

pre·tence /priténs プリテンス/ 名《英》= pretense.

***pre·tend** /priténd プリテンド/ (★アクセント注意) 動 (~s /-dz/; ~ed /-id/; ~ing) 他 ❶ⓐ …のふりをする.
ⓑ《pretend to *do*》__するふりをする.
ⓒ《pretend (that) __》__というふりをする.
❷ⓐ《pretend to *do*》(子どもが)(遊びで)__するつもりになる.
ⓑ《pretend (that) __》(子どもが)(遊びで)__というつもりになる.
❸《否定文・疑問文で》ⓐ《pretend to *do*》(いつわって)__すると主張する.
ⓑ《pretend (that) __》(いつわって)__と主張する.
— 自 ❶ ふりをする; まねごと遊びをする.
❷ [○…を]主張する, うぬぼれる [to].

....

他 ❶ⓐ He *pretended* illness. 彼は病気のふりをした(仮病をつかった). ⓑ She *pretended* not to hear me. 彼女は私のいうことが聞こえないふりをした. ⓒ She *pretended that* she knew nothing about it.(＝She *pretended to* know nothing about it.) 彼女はそのことはなにも知らないふりをした.

❷ⓐ *pretend to* be a monkey サルになったつもりになる. ⓑ Let's *pretend* we are cowboys. カウボーイごっこをしよう.

❸ⓐ I don't *pretend to* be a scholar. 私は自分が学者だなどというつもりはない. ⓑ I can't *pretend* (*that*) I understood all he said. 私は彼の言ったことを全部わかったとまでは言えない.

— 自 ❷ *pretend to* great talent 大いに才能があると思いこんでいる.
☞ 名pretense, pretension, 形pretentious.

pre·tend·ed /priténdid プリテンディド/ 形にせの, うわべだけの.
▶*pretended* sickness 仮病(ॢॡ).

pre·tense /priténs プリテンス/ 名 ❶《単数形で》見せかけ.
❷U見え(をはること), うぬぼれ.
❸UC口実(じつ).
▶❶ He made *a pretense* of knowing the secret. 彼はその秘密を知ってい

abcdefghijklmno**p**qrstuvwxyz   **prevent**

るふりをした. ❷a man without *pretense* 気どらない人. ❸on [under] (the) *pretense* of urgent business 急用を口実(にし)にして.

☞ 動pretend.

pre‧ten‧sion /priténʃən プリテンション/ 名 ❶ C《しばしば複数形で》(長所などをもっているというあつかましい)主張, 自負. ❷ U 見せかけ, 気取り.

▶❶ I have no *pretensions* to being a scholar. 私は自分が学者であるなどとは思っていない.

☞ 動pretend.

pre‧ten‧tious /priténʃəs プリテンシャス/ 形 もったいぶった, うぬぼれた.

☞ 動pretend.

pre‧text /príːtekst プリーテクスト/ (★アクセント注意)名 C (本意をかくすための)口実(にし). ▶under [on] the *pretext* of friendship 友情を口実(にし)にして.

pret‧ti‧ly /prítəli プリティリ/ 副 きれいに, かわいらしく.

pret‧ti‧ness /prítinəs プリティネス/ 名 U きれいさ, かわいらしさ.

***pret‧ty** /príti プリティ/ 形 (-ti‧er; -ti‧est)

❶ (女の子・小さなものなどが)**かわいらしい**, **きれいな** (☞beautiful の 類語).

❷ **快(**にい**)い**, 楽しい, 美しい.

❸ みごとな, あざやかな.

— 副 **かなり**, ずいぶん.

形 ❶ have a *pretty* face きれいな顔をしている / a *pretty* child かわいい子.

❷ a *pretty* voice 美しい声 / a *pretty* picture 美しい絵.

❸ a *pretty* solution あざやかな解決.

— 副 It is *pretty* hot, isn't it? ずいぶん暑いじゃありませんか / He is *pretty* well. 彼はかなり元気だ / *pretty* much the same ほとんど同じ.

pretty well ① **かなりよく**: He can ski *pretty well*. 彼はなかなかスキーがうまい / 対話 "How's she doing?" – "Oh, (she's doing) *pretty well*." 「彼女はいかがですか」「ああ, かなり順調[好調]です」. ②《口語》**ほとんど** (almost): It's *pretty well* impossible to climb that mountain in such bad weather. こんな悪天候であの山に登るのはほとんど不可能だ.

pret‧zel /prétsl プレツル/ 名 C プレッツェル(棒状または結び目型の塩味のビスケット).

***pre‧vail** /privéil プリヴェイル/ 動 (~s /-z/; ~ed /-d/; ~ing)自 ❶ **普及している**, 流行している.

❷ **勝つ**, 勝利をおさめる.

▶❶ This style *prevails* among young people. このスタイルは若者の間で流行している.

❷ Good will *prevail*. 善はいずれは勝つ / We *prevailed* over [*against*] our enemies. われわれは敵に勝った.

prevail upon [*on*] *... to do*《文語》…を説得して__させる: They *prevailed upon* him *to* join the club. 彼らは説得して彼をクラブにはいらせた.

☞ 名prevalence, 形prevalent.

pre‧vail‧ing /privéiliŋ プリヴェイリング/ 形 広まっている, 流行の; 優勢な. ▶the *prevailing* fashion 流行のファッション / the *prevailing* opinion 世論, 有力な意見.

prev‧a‧lence /prévələns プレヴァレンス/ 名 U 広く行なわれていること, 流行, 普及.

☞ 形prevalent, 動prevail.

prev‧a‧lent /prévələnt プレヴァレント/ (★アクセント注意)形 流行している, 一般にいきわたっている. ▶Colds are *prevalent* this winter. 今年の冬は風邪がはやっている / *prevalent* customs 世間一般の慣習.

☞ 動prevail, 名prevalence.

***pre‧vent** /privént プリヴェント/ 動 (~s /-ts/; ~ed /-id/; ~ing)他

❶ …を**防ぐ**, 予防する.

❷ⓐ …を**妨(**さまた**)げる**.

ⓑ《prevent ... from [...'s] doing》…が__するのを妨げる, …に__させない.

❶ Careful driving *prevents* accidents. 慎重な運転が事故を防ぐ / *prevent* a disaster 災害を予防する.

❷ⓐ *prevent* progress 進行を妨げる.

ⓑ The storm *prevented* the airplane *from taking* off. あらしのため飛行機は離陸できなかった / Business *prevented* him *from going*. = Busi-

one thousand and thirty-three   1033

preventable

ness *prevented* his going. 仕事で彼は行けなかった．

☞ 名prevention, 形preventive.

pre·vent·a·ble, pre·vent·i·ble /privéntəbl プリヴェンタブル/ 形止められる，予防できる．

***pre·ven·tion** /privén∫ən プリヴェンション/ 名U防止，予防． ▶the *prevention* of fire 火災防止 / ことわざ *Prevention* is better than cure. 予防は治療にまさる，「ころばぬ先のつえ」．

☞ 動prevent, 形preventive.

pre·ven·tive /privéntiv プリヴェンティヴ/ 形予防的な，防止する．

☞ 動prevent, 名prevention.
— 名C予防薬；予防[防止]策．

pre·view /prí:vjù: プリーヴュー/ 名C
❶ⓐ試写(会)；(劇などの)試演．
ⓑ(展覧会などの)内見(賞).
❷(テレビ・映画の)予告編．
— 動他…の試写[試演]を見(せ)る．

***pre·vi·ous** /prí:viəs プリーヴィアス/ (★発音注意)形(時間・順序などが)前の，先の．
▶He said that he had met her (on) the *previous* day. (=He said, "I met her yesterday.") 彼はその前日彼女に会ったといった / the *previous* page 前のページ．

***previous to ...** 《文語》…の前に (before).

***pre·vi·ous·ly** /prí:viəsli プリーヴィアスリ/ 副前に，前もって．

pre·war /prí:wɔ́:r プリーウォー/ 形戦前の (反postwar).

***prey** /préi プレイ/ 名 ❶ⓐU(他の動物の)えじき，獲物(詞).
ⓑU《また a をつけて》食いもの，犠牲(者)，被害(者)．
❷U捕食する習性．
— 動自 ❶〔…を〕えじきにする〔on, upon〕．
❷〔人を〕食いものにする〔on, upon〕．
❸〔…を〕苦しめる〔on, upon〕．
▶名 ❶ⓐthe *prey* of lions ライオンのえじき．❷a beast of *prey* 猛獣．

***become [fall] (a) prey to ...** …のえじきになる：The old man *fell (a) prey* to the swindler. 老人はその詐欺(ೀ)師のえじきになった．

— 動自 ❶Cats *prey on* mice. ネコはネズミを取って食う．❷*prey on* innocent old women 無知な老婦人たちを食いものにする．

《同音異形語》pray.

price /práis プライス/ 名 (複 pric·es /-iz/) ❶C値段，価格．
❷《複数形で》物価．
❸《単数形で》代償，犠牲．
❹C懸賞金．
— 動 (pric·es /-iz/; priced /-t/; pric·ing) 他 ❶《ふつう be priced at ...》(…の)値段がつけられている．
❷…の値段を調べる．

────────────────

名 ❶at the *price* of £10 10ポンドで / at a fixed *price* 定価で / at a reduced *price* 割引で / at a high [low] *price* 高い[安い]値段で．

【語の結びつき】

charge [ask] a *price* for ... …の料金を請求する
lower [reduce, cut] *prices* 値下げする
maintain *prices* 価格を維持する
pay a *price* 代金を払う
put up [raise, increase] *prices* 値上げする
set [fix] a *price* 値段を決める[つける]

類語 **price** は売買するときの物の値段，**cost** は「(労力に対して払う)費用」，**rate** は「(単位当たりの基準)料金」，**fare** は「(乗り物の)料金」，**charge** は「(サービス・労働などに対する)料金」．

❷*Prices* are rising [falling]. 物価が上がって[下がって]いる．
❸pay a heavy *price* for freedom 自由を獲得するために非常な犠牲を払う．

***above [beyond, without] price** ものすごく高価な．

***at any price** ①どんな値段でも：I will buy the picture *at any price*. いくら出しても私はあの絵を買うつもりだ．②**どんな犠牲を払っても**．

***at a price** 高い値段で．

***at the price of ...** …を犠牲にして．
— 動他 ❶The piano *was priced*

abcdefghijklmno p qrstuvwxyz   **primary color**

at $1,600. そのピアノには1600ドルの値がつけられていた.

price・less /práisləs プライスレス/ 形 (値のつけられないほど)非常に貴重な.
▶ *priceless* jewels とても価値のある宝石.

pric・ey, pric・y /práisi プライスィ/ 形 (pric・i・er; pric・i・est)《口語》値段の高い, 高価な.

prick /prík プリック/ 動 他 ❶ (針などで)…をちくりと刺す, 突く.
❷ (刺すように)…に苦痛を与える.
— 自 ちくちく痛む.
— 名 C ❶ ⓐ (針などで)ちくりと刺すこと. ⓑ 突き傷. ❷ 心の痛み. ❸ (動植物の)とげ, 針.
▶ 動 他 ❶ Be careful not to *prick* your finger with the needle. 針で指を刺さないように注意しなさい.
— 自 My little finger *pricks*. 小指がちくちく痛む.

prick up *one's ears* ①(馬・犬などが)耳をぴんと立てる. ②(人が)耳をそばだてて聞く.

prick・le /príkl プリクル/ 名 ❶ C (動物・植物の)とげ, 針. ❷《単数形で》ちくちく痛むこと.
— 動 (現分 prick・ling) 他 …をちくりと刺す. — 自 ちくちく痛む.

prick・ly /príkli プリクリ/ 形 (-li・er; -li・est) ❶ とげだらけの. ❷ ちくちく痛い.

＊**pride** /práid プライド/ 名 ❶ U 誇り, 自尊心, プライド.
❷ U 自慢, 得意, 満足.
❸ U うぬぼれ, 思い上がり, 高慢.
❹《単数形で》自慢の種.
— 動《次の成句で》: *pride oneself on* [*upon*] *...* …を自慢する, 誇りに思う.

- - - - - - - - - -

名 ❶ That hurt his *pride*. それは彼のプライドを傷つけた / Her *pride* wouldn't let her admit her error. 自尊心のために彼女は自分の誤りを認めようとしなかった. ❷ She looked at her picture with *pride*. 彼女は得意げに自分の絵を眺めた. ❹ He is his mother's *pride*. 彼は母親の自慢の息子だ.
take pride in ... …を自慢に思う: He *takes pride in* his skill in skating. 彼は自分のスケートの腕前を大したものだと

思っている.
☞ 形 proud.
— 動 He *prides himself on* his success. 彼は自分の成功を自慢している.

pried /práid プライド/ 動 pry¹,² の過去形・過去分詞形.

pries /práiz プライズ/ 動 pry¹,² の三人称単数現在形.

＊**priest** /príːst プリースト/ 名 (複 ~s /-ts/) C ❶ (カトリック教会の)**司祭**.
❷ 聖職者.

priest・ess /príːstəs プリーステス/ 名 (複 ~・es /-iz/) C (キリスト教以外の)女性司祭, みこ, 尼(ぁ).

priest・hood /príːsthùd プリーストフッド/ 名 U ❶ 聖職, 僧職. ❷《集合的に》聖職者.

prim /prím プリム/ 形 (prim・mer; prim・mest) ❶ 堅苦しい; とりすました. ❷ (服装などが)きちんとした.

pri・ma don・na /príːmə dánə プリマ ダナ/ 名 C プリマドンナ《オペラの主役女性歌手》.

pri・mae・val /praimíːvəl プライミーヴァル/ 形 = **primeval**.

pri・mal /práiməl プライマル/ 形 ❶《文語》原始の. ❷ 基本的な.
☞ 名 prime.

＊**pri・mar・i・ly** /praimérəli プライメリリ | práimərəli/ 副 ❶ 主として, とくに.
❷ 第一に; 最初は, 本来は.
▶ It was a concert *primarily* for children. それは主として子どものための音楽会であった.

＊**pri・ma・ry** /práimeri プライメリ | -məri/ 形 (more ~; most ~) ❶ 主要な.
❷ 第一の, 本来の, 基本の《☞ secondary》.
❸ 初等の, 初歩の.
— 名 (複 -ma・ries /-z/) C ❶《米》= **primary election**. ❷ = **primary color**.

- - - - - - - - - -

形 ❶ a matter of *primary* importance 最も重要な事項.
❷ the *primary* meaning of the word その語の第一の[本来の]意味.
❸ *primary* education 初等教育.

prímary cólor 名 C 原色《赤・青・黄

one thousand and thirty-five   1035

prímary elèction 名C(米)予備選挙(◎単に primary ともいう).

INFO アメリカの2大政党である民主党 (the Democratic Party) と共和党 (the Republican Party) がそれぞれの大統領指名候補者を決定するために全国党大会を開き,それに出席する各州の代議員を党の有権者が選ぶ選挙のことをいう.

prímary schòol 名U.C(おもに英)小学校,初等学校《5歳から11歳までの児童を収容するイギリスの公立小学校;◎(米)ではふつう grade school, elementary school という》.

pri‧mate /práimeit プライメイト/ 名C霊長類の動物(人間・サルなど).

*__prime__ /práim プライム/ 形 ❶**最も重要な**,第一の,主な.
❷最良の,上等の.
— 名《the または one's をつけて》**全盛(期)**,最高の状態.
▶形 ❶a matter of *prime* importance 最も重要なことがら. ❷*prime* wine 最上等のワイン.
— 名He is still in *the prime* of life [in *his prime*]. 彼はまだ男ざかりだ.
☞ 形primal.

*__príme mínister__ 名C**総理大臣,首相**(◎premier ともいう).

príme tíme 名U(テレビなどの)ゴールデンアワー《◎「ゴールデンアワー」は和製英語》.

pri‧me‧val /praimí:vəl プライミーヴァル/ 形原始時代の,太古の. ▶a *primeval* forest 原始林.

*__prim‧i‧tive__ /prímətiv プリミティヴ/ 形 (more ~; most ~) ❶**原始の**,太古の.
❷**原始的な**;幼稚な;旧式の.
▶❶*primitive* man 原始人. ❷*primitive* tools 原始的な道具.

prim‧ly /prímli プリムリ/ 副《軽蔑(☆)的に》とりすまして,堅苦しくて.

prim‧rose /prímrouz プリムロウズ/ 名C【植物】サクラソウ.

*__prince__ /príns プリンス/ 名(複 princ‧es /-iz/)(◎女性形は princess). C ❶**王子,親王**.
❷(イギリス以外の国の)公爵(☆☆)《☞ peerage の **INFO** 》.
❸(小国の)王,君主.

❶*Prince* Charles チャールズ王子.
☞ 形princely.

prince‧ly /prínsli プリンスリ/ 形 (prince‧li‧er; prince‧li‧est)
❶王子の,王子にふさわしい.
❷豪華(☆)な;たっぷりした.
☞ 名prince.

*__prin‧cess__ /prínsəs プリンセス | prinsés/ 名(複 ~‧es /-iz/)(◎男性形は prince).
C ❶**王女,内親王**. ❷**親王妃,王妃**.
❸(イギリス以外の国の)公爵(☆☆)夫人《☞ peerage の **INFO** 》.
▶❶*Princess* Anne アン王女.

*__prin‧ci‧pal__ /prínsəpəl プリンスィパル/ 形 **おもな**,主要な,重要な.
— 名(複 ~s /-z/)C ❶**校長**,学長;長,主任. ❷主役,主演者.

形the *principal* cities of the United States 合衆国の主要都市.

prin‧ci‧pal‧ly /prínsəpəli プリンスィパリ/ 副おもに,主として.
▶Accidents occur *principally* through carelessness. 事故はおもに不注意から起こる.

*__prin‧ci‧ple__ /prínsəpl プリンスィプル/ 名 (複 ~s /-z/) ❶C**原理,原則**.
❷C(個人的)**主義**,信条.
❸U道義,節操(☆).

❶the *principle* of natural selection 自然選択[淘汰(☆)]の原理. ❷It is against his *principles* to tell lies. うそをつくことは彼の信条に反する. ❸a man of no *principle* 節操のない人.

in principle **原則として**;大体においてI agree to the plan *in principle*. 原則的にはその計画に賛成です.
on principle 主義として.

*__print__ /prínt プリント/ 動 (~s /-ts/; ~ed /-id/; ~‧ing) 他
❶…を**印刷する**;…を出版する.
❷(名前・住所などを)**活字体で書く**.
❸(写真)を焼きつける;(ワープロなどが)(文字など)を印字する.
❹(模様などを)押しつける,…の跡をつける;…を心に刻みつける.
— 自 ❶印刷する;出版する.

abcdefghijklmno**p**qrstuvwxyz　　　　　　　　　　　　　　　　　　　　**private**

❷活字体で書く.
── 名 (複) ~s /-ts/) ❶ U 印刷(物); 印刷の字体 (○日本語の「(配布する)プリント」は handout という).
❷ C 跡, 痕跡(淡).
❸ C (写真の)印画, 複写; 版画.
❹ U プリント地.

・・・・・・・・・・・・・・・・・・・・・・・・・・・・・・
動 他 ❶ This book was *printed* in France. この本はフランスで印刷された. ❷ Please *print* your name. 活字体で自分の名前を書いてください. ❹ A turtle has *printed* its tracks in the sand. カメは砂に足跡を残した / *print* a pattern on cloth 布地に模様をつける.
print out [*off*] 他 〘電算〙…を打ち出す, 印刷する, プリントアウトする.
── 名 ❶ in large〔small〕*print* 大きな〔小さな〕活字の印刷で. ❷ the *print* of a foot 足跡. ❸ old Japanese *prints* 古い日本の版画.
in print ①印刷されて, 出版されて: It's still *in print*. それはまだ出版されています. ②本で, 新聞で.
out of print (本などが)絶版で.
put ... into print …を印刷する.

prínt·ed màt·ter /príntɪd- プリンティド-/ 名 C 〘郵便〙印刷物.

*__print·er__ /príntər プリンタ/ 名 (複 ~s /-z/) C ❶印刷工; 印刷業者. ❷ ⓐ 印刷機. ⓑ 〘電算〙(コンピューター・ワープロの)印字装置, プリンター.

print·ing /príntɪŋ プリンティング/ 名
❶ U 印刷, 印刷術. ❷ U (写真の)焼きつけ. ❸ C 印刷物; (1回分の)印刷部数, 刷り. ❹ U 《集合的に》(手書きの)活字体の文字.
▶ ❸ This is the fifth *printing* of the book. これはその本の第 5 刷りです.

prínting prèss 名 C 印刷機 (○単に press ともいう).

print·out /príntàut プリントアウト/ 名 UC 〘電算〙プリントアウト《自動的に印字されたデータ》.

pri·or /práɪər プライア/ (★発音注意) 形 (順序・時間などが)前の (反 posterior).
▶ a *prior* engagement 先約.
prior to ... …より前に (before).
　　　　　　　　　☞ 名 priority.

*__pri·or·i·ty__ /praɪɔ́(ː)rəti プライオ(ー)リティ/ 名 (複 -i·ties /-z/)
❶ U (重要性・順序の)優先, 優先権.
❷ C 優先するもの.
▶ ❶ according to *priority* 上位から順番に. ❷ our top *priority* 私たちの最優先事項.
give priority to ... …を優先させる: You must *give priority to* your studies. 君は(なによりも)勉強を優先させなければならない.
have [***take***] ***priority over ...*** …より優先権がある.
　　　　　　　　　☞ 形 prior.

prise /práɪz プライズ/ 動 他 〘英〙…をてこで動かす; こじあける.

prism /prízm プリズム/ 名 C 〘光学〙プリズム.

*__pris·on__ /prízn プリズン/ 名 (複 ~s /-z/)
❶ C 刑務所 (jail).
❷ U (刑務所への)監禁, 投獄; 幽閉(%).
・・・・・・・・・・・・・・・・・・・・・・・・・・・・・・
❶ a state *prison* 〘米〙州立刑務所.
❷ He was sent to *prison*. 彼は刑務所に送られた / He is in *prison*. 彼は服役中である.
break out of prison 脱獄する.

*__pris·on·er__ /príznər プリズナ/ 名 (複 ~s /-z/) C ❶囚人; (刑務所に入れられて裁判を待つ)被告人. ❷捕虜. ❸自由を奪われた人〔動物〕, とりこ.
▶ ❷ a *prisoner* of war (戦争)捕虜 (○POW と略す).
keep [***hold***] ***... prisoner*** …を捕虜にしておく.
take ... prisoner …を捕虜にする.

*__pri·va·cy__ /práɪvəsi プライヴァスィ | prív-/ 名 U ❶他人から干渉されないこと, (他人に干渉されない)私生活, プライバシー.
❷内密.
▶ ❶ Please don't disturb my *privacy*. 私のことに干渉〔プライバシーを侵害〕しないでください. ❷ in strict *privacy* まったく内密に.
　　　　　　　　　☞ 形 private.

*__pri·vate__ /práɪvət プライヴェト/ (★発音注意) 形 (more ~; most ~) ❶ ⓐ (その人)個人の, 私的な (反 public) (☞ personal). ⓑ 特定の集団の.
❷内密の, 親密の, 非公開の, 内輪の (反 official, public) (☞ confidential).

private detective

❸ **私立の**, 私有の, 民間の (反 public).
— 名 C (最上級の) 兵士.

形 ❶ⓐ a *private* room 私室 / one's *private* life 私生活. ❷ This data is strictly *private*. このデータは極秘です / Please keep this *private*. どうかこれはないしょにしておいてください / a letter marked '*Private*' 「親展」と記された手紙 / PRIVATE《掲示》(関係者以外)立入禁止. ❸ a *private* school 私立学校 / a *private* road 私道 / a *private* railway 私鉄.

☞ 名 privacy.

— 名 ***in private*** ないしょで, こっそり (反 in *public*):I wish to speak to you *in private*. 私は君に人のいないところで話した.

prívate detéctive 名 C 私立探偵.
prívate éye 名 C《口語》= **private detective**.
pri·vate·ly /práivətli プライヴェトリ/ 副 ❶ ないしょで. ❷ 個人として, 個人的に.
prívate séctor 名 C 私企業.
pri·vat·ize /práivətàiz プライヴァタイズ/ 動 (現分 -iz·ing) 他 (政府関係の事業など)を民営化する.

***priv·i·lege** /prívəlidʒ プリヴィリヂ/《★アクセント注意》名 (複 -i·leg·es /-iz/)

❶ C (地位・身分などにともなう)**特権**, 特典 (☞ prerogative).

❷ C (特別に与えられる)恩恵, 光栄.

❸《a, the, one's をつけて》(基本的人権としての)権利.

▶ ❶ He has [is given] the *privilege* of traveling first class. 彼にはグリーン車［1等車］で旅行をする特権がある / the *privileges* of (good) birth よい家柄に生まれたという特権. ❷ It is a *privilege* to be asked to address you. 皆様にお話しするようにとのご依頼, 光栄に存じます. ❸ *the privilege* of citizenship 公民権.

priv·i·leged /prívəlidʒd プリヴィリヂド/ 形 特権のある.

prize¹ /práiz プライズ/ 名 (複 priz·es /-iz/) ❶ C 賞, 賞品, 賞金.

❷ C (努力して手に入れる)**貴重なもの**, すばらしいもの.

❸《形容詞的に》ⓐ 入賞した.

ⓑ 賞として与えられる[られた].

— 動 (priz·es /-iz/; prized /-d/; priz·ing) 他 …を**高く評価する**, 大切にする.

名 ❶ He won [got, took] (the) first *prize*. 彼は1等賞を取った / She was awarded a *prize* for her volunteer work. 彼女はボランティア活動で賞をもらった. ❷ Good health is an immeasurable *prize*. 健康は計りしれない宝だ. ❸ⓐ a *prize* poem 入賞詩. ⓑ *prize* money 賞金.

— 動 他 We *prize* liberty more than life. 私たちは生命よりも自由を尊ぶ.

prize² /práiz プライズ/ 動 (現分 priz·ing) 他 …をてこで動かす[上げる], こじあける.

prize·fight /práizfàit プライズファイト/ 名 C プロボクシングの試合 (♦賞金をかけて戦うことから).

prize·fight·er /práizfàitər プライズファイタ/ 名 C プロボクサー (♦単に fighter ともいう).

pro¹ /próu ブロウ/ 名 C《口語》プロの選手 (♦ professional の短縮形).
— 形 プロの.
▶ 名 a golf *pro* プロゴルファー.

pro² /próu ブロウ/ 名 C 賛成論; 賛成者.
the pros and cons 賛否両論.

pro-¹ /prə, prou/ 接頭「前へ, 前に」の意味. ▶ *pro*ceed 進む / *pro*gress 進歩.

pro-² /pròu/ 接頭「…に賛成の, …びいきの」の意味. ▶ *pro*-American アメリカびいきの.

pro-³ /pròu/ 接頭「…の代わり, 代理」の意味. ▶ *pro*noun 代名詞.

prob·a·bil·i·ty /pràbəbíləti プラバビリティ | pròb-/ 名 (複 -i·ties /-z/)

❶ U 起こり[あり]そうであること; (高い)可能性[見込み, 公算] (反 improbability) (☞ possibility ❶).

❷ C 起こり[あり]そうなこと.

❸ U.C【数学】確率(論).

▶ ❶ There is every [little] *probability* that he will succeed. 彼が成功することはまずまちがいない[見込みはほとんどない]. ❷ It is a *probability* that he will come. 彼は来るだろう.
in all probability きっと.

abcdefghijklmno**p**qrstuvwxyz　　　　　　　　　　　　　　　　**proceeding**

☞ 形probable.

****prob·a·ble** /prábəbl プラバブル | prɔ́b-/
形 (more ~; most ~)(十中八九)**ありそうな**, 起こりそうな (反 improbable)(☞ possible の 類語).

Snow is *probable* in the evening. 夕方は雪が降りそうだ / Who is the *probable* winner of the prize? だれがその賞を獲得しそうですか / *It is probable that* he will succeed. 彼は成功しそうだ (○He is probable to succeed. とか It is probable for him to succeed. とはいわない).

☞ 名probability.

****prob·a·bly** /prábəbli プラバブリ | prɔ́b-/
副 (more ~; most ~)**たぶん**, 十中八九は (○可能性が非常に高いことを表わす; ☞ perhaps の 類語).

He will *probably* come. 彼はたぶん来るだろう / 対話 "Will you come?" – "*Probably*."「行くかい?」「たぶんね」.

pro·ba·tion /proubéiʃən プロウベイション/ 名 U ❶(性格・適性などをみる)仮採用; 仮採用[見習い]期間. ❷保護観察, 執行猶予(*1).
on probation ①仮採用[見習い中]の[で]. ②執行猶予の[で].

pro·ba·tion·ar·y /proubéiʃənèri プロウベイショネリ/ 形 ❶仮採用の, 見習いの. ❷執行猶予(*1)中の, 保護観察中の.

pro·ba·tion·er /proubéiʃənər プロウベイショナ/ 名 C ❶見習い(人).
❷執行猶予(*1)中の被告人.

probe /próub プロウブ/ 名 C ❶〖医学〗(傷の深さなどを調べる)探り針. ❷厳密な調査. ❸宇宙探査用ロケット.
— 動 (現分 prob·ing) 他 ❶…を厳密に調べる. ❷〖医学〗(傷の深さなど)を探り針で探る.

****prob·lem** /prábləm プラブレム | prɔ́b-/ 名 (複 ~s /-z/)
❶ C (やっかいな)**問題**;(試験などの)問題.
❷ C 悩みの種, めんどうなこと.
❸《形容詞的に》問題の, 問題となる.

❶ Air pollution is a serious *problem*. 大気汚染は重大問題だ / The *problem* is when we should do it. 問題はいつそれをするかということである / the housing *problem* 住宅問題 / a *problem* in mathematics 数学の問題 / solve a *problem* 問題を解く[解決する] (○answer は question に用いる).

語の結びつき

cause [create, present, pose] a *problem* 問題をひき起こす
deal with [cope with, address] a *problem* 問題を処理する
face a *problem* 問題に直面する
raise [bring up] a *problem* 問題を持ち出す
settle a *problem* 問題を解決する

❷ He is a *problem* to his family. 彼は家族にとって悩みの種だ.
❸ a *problem* child 問題児.
No problem. 《口語》①**簡単だよ**, 心配いらないよ. ②**いいとも**, お安いご用だ.
☞ 形problematic.

prob·lem·at·ic /prɑ̀bləmǽtik プラブレマティック/ 形 問題の, 疑問の, 疑わしい.
☞ 名problem.

***pro·ce·dure** /prəsíːdʒər プロスィーチャ/ 名 (複 ~s /-z/) ❶ C (進行・行動の)**手続き**, 手順, 処置. ❷ UC (法律上などの)訴訟(*う)手続き.
▶ ❶ What *procedure* should I follow? どのような手続きをすればよいですか.

***pro·ceed** /prəsíːd プロスィード/ 動 (~s /-dz/; ~ed /-id/; ~·ing) 自 ❶**進む**, 前進する (反 recede)(○go のほうが《口語》的).
❷ⓐ《*proceed with ...*》(中断した仕事・ことばなど)を**続ける**. ⓑ《*proceed to do*》続けて__する (go on).
❸〔…から〕生じる〔*from*〕.
▶ ❶ *proceed* slowly down the street 通りをゆっくりと進んで行く / *proceed* to the next chapter 次の章へ進む. ❷ⓐ Please *proceed with* your work. どうぞ仕事を続けてください. ⓑ We then *proceeded to* discuss the problem. それから私たちはその問題の検討を始めた.
☞ 名process, procession.

pro·ceed·ing /prəsíːdiŋ プロスィーディン

process

グ/ 名 ❶ Ⓤ進行, 続行. ❷ⒸやりⅤ方；処置. ❸《複数形で》(一連の)行為, 行動；(訴訟(ᓯᠷᠢ)の)手続き. ❹《複数形で》(会議の)議事録.

***proc・ess** /práses プラセス, próus-/ 名 (複 ~es /-iz/) ❶ ⓊⒸ(事の)**過程**, 進行, 経過；作用.
❷ ⓐ Ⓒ製法, 方法. ⓑ《形容詞的に》《米》(化学的に)加工した.
❸ Ⓒ訴訟(ᓯᠷᠢ)手続き.
— 動 (~es /-iz/; ~ed /-t/; ~・ing) 他
❶ (食品・原料など)を**加工する**, (科学的に)処理する.
❷ (写真)を現像する, プリントする.
❸ 〔電算〕(資料など)を処理する.

・・・・・・・・・・・・・・・・・・・・

名 ❶ a natural *process* 自然の過程 / a chemical *process* 化学作用.
❷ ⓐ invent a new *process* of shipbuilding 新しい造船の方法を考案する.
ⓑ *process* cheese プロセス[加工]チーズ.

in process (仕事などが)**進行中で**.
in (*the*) *process of* ... ...が進行中で[の]：The spaceship is *in process of* construction. その宇宙船は建造中である.

☞ 動 proceed.

***pro・ces・sion** /prəséʃən プロセション/ 名 (複 ~s /-z/) ❶ Ⓒ (人や車などの)**行列**, 列. ❷ Ⓤ行列の行進.
▶ ❶ a funeral *procession* 葬式の行列.

in procession 列を作って, 行列して.

☞ 動 proceed, 形 processional.

pro・ces・sion・al /prəséʃənəl プロセショナル/ 形 行列(用)の, 行進の.
☞ 名 procession.

proc・es・sor /prásesər プラセサ/ 名 Ⓒ 〔電算〕(中央)処理装置；言語処理プログラム.

pro・claim /prəukléim プロウクレイム/ 動 他 ...を宣言する, 公布する (declare).
▶ *proclaim* war against ... ...に対して宣戦を布告する.

☞ 名 proclamation.

proc・la・ma・tion /pràkləméiʃən プラクラメイション | prɔ̀k-/ 名 ❶ Ⓤ宣言, 布告.
❷ Ⓒ声明書, 宣言書.
▶ ❶ the *proclamation* of war 宣戦布告.

☞ 動 proclaim.

pro・cure /prəkjúər プロキュア/ 動 (現分 -cur・ing /-kjúəriŋ/) 他 ❶ (努力して)...を手に入れる, 得る (obtain).
❷ (努力して)(人)に...を手に入れてあげる.
▶ ❷ He *procured* a good position *for* me. = He *procured* me a good position. 彼は私によい勤め口を見つけてくれた.

prod /prád プラッド/ 動 (~s /-dz/; prod・ded /-id/; prod・ding) 他 ❶ (指などとがった物で)...をつつく. ❷ (行為をするように)...を励ます.
— 名 Ⓒ ❶ 突き棒. ❷ 突くこと.

pro・di・gious /prədídʒəs プロディヂャス/ 形 《文語》巨大な, ばく大な.

prod・i・gy /prádədʒi プラディヂ/ 名 (複 -i・gies) ❶ Ⓒ並はずれた天才. ❷ Ⓒ (...の)驚くべき実例[見本].

***pro・duce** /prədjú:s プロデュース, ・デュース/ 《★アクセント注意》動 (-duc・es /-iz/; pro・duced /-t/; -duc・ing) 他
❶ ...を**生産する**, 製造する (make).
❷ ...を**産み出す**, 産出する, 生む.
❸ ...を**取り出す**, 提示する.
❹ (劇・映画など)を**製作する**, 演出する, 上演する.
❺ (結果など)を生む, 引き起こす, もたらす.
— 名 /prádju:s プラドゥース, ・デュース/ 《★動詞とのアクセントの違いに注意》Ⓤ生産物, 農産物.

・・・・・・・・・・・・・・・・・・・・

動 他 ❶ The factory *produces* 10,000 cars a month. その工場は月に1万台の車を生産する.
❷ Japan *produces* almost no oil. 日本は石油をほとんど産出しない / Our hens *produce* big eggs. うちの鶏は大きい卵を生む / The prefecture has *produced* many novelists. その県はたくさんの小説家を生んだ.
❸ He *produced* a photo from his pocket. 彼はポケットから1枚の写真を取り出して見せた.
❹ He *produces* movies. 彼は映画を作っている / *produce* a play 劇を演出[上演]する. ❺ *produce* immediate

abcdefghijklmno**p**qrstuvwxyz　　　　　　　　　　　　　　　　**professional**

results すぐ(よい)結果を生む.
☞ 名product, production, 形productive.

— 名garden *produce* 野菜類.

*pro·duc·er /prədjúːsər プロデューサ, ·デュー·/ 名C(複 ~s /-z/) ❶ ⓐ (映画・劇などの)**プロデューサー**, 制作者. ⓑ (劇などの)演出家. ❷生産者 (反 consumer).

*prod·uct /prάdʌkt プラダクト ǀ prɔ́d-/ (★アクセント注意)名(複 ~s /-ts/)C
❶**産物**;(人工の)**製品**, 作品.
❷**結果**, 成果. ❸【数学】積 ((✿ 割り算 (division) の「商」は quotient.))

❶ natural *products* 天然の産物 / farm *products* 農産物 / factory *products* 工場製品. ❷ Her good grades are a *product* of her hard work. 彼女のよい成績は勉強の成果だ.
☞ 動produce.

*pro·duc·tion /prədʌ́kʃən プロダクション/ 名(複 ~s /-z/)
❶ U**生産**, 産出, 製造 (反 consumption);生産高.
❷ U (劇・映画の)製作;演出, 上演.
❸ C (芸術・文学などの)作品.

❶ the cost of *production* 生産費 / *Production* was down last week. 先週は生産高が落ちた.
☞ 動produce.

*pro·duc·tive /prədʌ́ktiv プロダクティヴ/ 形 (more ~; most ~)
❶**生産性の高い**, 多産の;実りの多い.
❷…を生ずる, …を起こしがちである.
▶ ❶ *productive* soil 肥えた土地 / a *productive* writer 多作の作家 / a *productive* discussion 実りのある話し合い. ❷ Poverty *is productive of* crimes. 貧困は犯罪を生む.
☞ 動produce, 名productivity.

pro·duc·tiv·i·ty /pròudʌktívəti プロウダクティヴィティ/ 名U生産力, 創作力, 生産性. ☞ 形productive.

prof /prάf プラフ/ 名C《口語》教授 ((✿ professor の短縮形)).

Prof. 《略語》Professor. ▶ *Prof.* Tom Brown トム・ブラウン教授 ((✿ 読むときは Professor と読む;姓だけの場合は: Prof. Brown とはせずに Professor Brown とか

く)).

pro·fane /prəféin プロフェイン/ 形 ❶神聖なものを汚す, 不敬な. ❷世俗的な.
— 動 (現分 -fan·ing)他 …の神聖を汚す.
▶ 形 ❶ *profane* language 神を冒瀆(とく)する口ぎたないことば.

pro·fan·i·ty /prəfǽnəti プロファニティ/ 名(複 -i·ties /-z/) ❶ U神聖なものを汚すこと, 不敬.
❷ C神聖なものを汚すことば[行為].

pro·fess /prəfés プロフェス/ 動 (~·es /-iz/; ~ed /-t/; ~·ing)他 ❶ (思っていること)をはっきりいう, 公言する.
❷ (いつわって)…と自分で名乗る, …のふりをする.
▶ ❶ She *professed* great admiration for the work. 彼女はその作品に対しておおいに感嘆していると公言した / I *profess* (*that*) I don't like him. はっきりいうと私は彼が好きではありません.
❷ *profess* ignorance 知らないふりをする / He *professed* to know a lot about Japan. 彼は日本について知ったかぶりをした.
☞ 名profession.

pro·fessed /prəfést プロフェスト/ 形 《文語》 ❶ 公言した, 公然の. ❷ 自称の, 見せかけの.

*pro·fes·sion /prəféʃən プロフェション/ 名(複 ~s /-z/) ❶ C**職業** (牧師・弁護士・医師などの知的または専門的職業;☞ occupation の 類語).
❷ 《the をつけて;集合的に》同業者連.
❸ UC公言, 告白;信仰の告白.
▶ ❶ choose a *profession* 職業を選ぶ.
by profession 職業からいうと, 職業は:He is a doctor *by profession*. 彼は職業は医者だ.
☞ 動profess, 形professional.

*pro·fes·sion·al /prəféʃənəl プロフェショナル/ 形 (more ~; most ~) ❶**知的[専門的] 職業の** (反 nonprofessional).
❷ **本職の**, 職業的な, プロの (反 amateur).
— 名(複 ~s /-z/) C ❶**プロ選手** ((✿ 《口語》では pro;☞ amateur)).
❷知的職業の人, 専門家.

形 ❶ a *professional* man (医師・弁護

1041

professionalism

士などの)知的職業の人 / *professional* advice 専門的助言. ❷*professional* baseball プロ野球.
☞ 名 profession.

pro·fes·sion·al·ism /prəféʃənəlìzm プロフェショナリズム/ 名 U ❶ プロ意識.
❷ プロ選手であること; プロの技術.

pro·fes·sion·al·ly /prəféʃənəli プロフェショナリ/ 副 ❶ 専門的に. ❷ 職業上.

*__**pro·fes·sor**__ /prəfésər プロフェサ/ 名 (複 ~s /-z/) C (大学の)**教授**(《口語》では prof; Prof. と略す). ▶a *professor* of history=a history *professor* 歴史学の教授 / *Professor* White ホワイト教授.

pro·fi·cien·cy /prəfíʃənsi プロフィシェンスィ/ (★アクセント注意) 名 U 上達, 熟練.

pro·fi·cient /prəfíʃənt プロフィシェント/ (★アクセント注意) 形 熟達した, 熟練した, 上手な. ▶ He is *proficient* in English [at cards]. 彼は英語[トランプ]がとてもうまい.

pro·file /próufail プロウファイル/ (★発音注意) 名 C ❶ 横顔, プロフィール. ❷ 輪郭(%), 外形. ❸ (新聞・テレビなどの)簡単な人物紹介.
— 動 (現分 -fil·ing) 他 (絵やことばで)…の横顔を描く.
▶名 ❶ draw a *profile* of a girl 女の子の横顔を描く.
in profile 横顔で(は).
keep a low [high] profile 低[高]姿勢を保つ.

*__**prof·it**__ /práfit プラフィット | prɔ́f-/ (★アクセント注意) 名 (複 ~s /-ts/) ❶ UC (金銭的)**利益**, もうけ (反 loss) (☞ advantage の 類語).
❷ U **ためになること**, 益.
— 動 (~s /-ts/; ~ed /-id/; ~ing) 自 […から]利益を得る, 恩恵を受ける [*by, from*].

- -

名 ❶ make a *profit* of $5,000 5000ドルの利益を上げる / gross *profit(s)* 総収益 / net *profit* 純益 / for *profit* 利益めあてに. ❷ gain *profit* from reading 読書をして物事を知る.
at a profit 利益を得て, もうけて.
— 動 自 *profit by [from] one's* experience 経験から学ぶ.

*__**prof·it·a·ble**__ /práfitəbl プラフィタブル | prɔ́f-/ 形 (more ~; most ~) 利益になる; 有益な (反 unprofitable).
▶ It's *profitable* to read good books. 良書を読むことは有益である / a *profitable* business もうかる仕事.

prof·it·a·bly /práfitəbli プラフィタブリ/ 副 有利に, もうけになるように.

prófit màrgin 名 C 利ざや, マージン(◐ 単に margin ともいう).

*__**pro·found**__ /prəfáund プロファウンド/ 形 (~·er; ~·est)
❶ (考え・知識などが)**深い**, 深遠な, 難解な.
❷ 心の底からの. ❸ (影響などが)強い.
▶❶ a *profound* novel 難解な小説.
❷ *profound* sympathy 心からの同情.
☞ 名 profundity.

pro·found·ly /prəfáundli プロファウンドリ/ 副 深く, 心から, 大いに.

pro·fun·di·ty /prəfándəti プロファンディティ/ 名 U 深いこと, 深遠さ.
☞ 形 profound.

pro·fuse /prəfjúːs プロフュース/ 形 ❶ 豊富な, たくさんの. ❷ (人が) […について]もの惜しみしない [*in*].

pro·fuse·ly /prəfjúːsli プロフュースリ/ 副 ❶ 豊富に, たくさん. ❷ 気前よく.

pro·fu·sion /prəfjúːʒən プロフュージョン/ 名 ❶《単数形で》豊富, 大量. ❷ U 浪費, ぜいたく.
▶❶ in *profusion* 大量に.

*__**pro·gram**__ /próugræm プロウグラム/ (★アクセント注意) 名 (複 ~s /-z/) C ❶ **プログラム**, 番組(表).
❷ 計画, 予定(表).
❸ (コンピューターの)プログラム.
— 動 (~s /-z/; ~ed /-d/; gram·med, 《米》ではまた ~ed /-d/; -gram·ming, 《米》ではまた ~ing) 他 ❶ ⓐ …のプログラムを作る.
ⓑ …の計画を立てる (plan).
❷ (コンピューターに)プログラムを入れる.

- -

名 ❶ What is your favorite TV *program*? あなたの大好きなテレビ番組はなんですか / a *program* for a concert 音楽会のプログラム. ❷ a government-sponsored employment *program* 政府後援の雇用計画.

abcdefghijklmno p qrstuvwxyz **projection**

pro･gramme /próυgræm プロウグラム/ 名動《英》= **program**.

pro･gram･mer, pro･gram･er /próυ-græmər プロウグラマ/ 名 C (とくにコンピューターの) プログラム作成者, プログラマー.

pro･gram･ming, pro･gram･ing /próυgræmiŋ プロウグラミング/ 名 U (とくにコンピューターの) プログラム作成, プログラミング.

*__pro･gress__ /prágrəs プラグレス | próυg-/ (★アクセント注意) 名 U ❶ 進歩, 発達, 発展.

❷ 前進, 進行.

— 動 /prəgrés プログレス/ (★名詞とのアクセントの違いに注意) (~･es /-iz/; ~ed /-t/; ~･ing) ⾃

❶ 進歩する; 快方へ向かう.

❷ 前進する, 進行する.

──────────

名 ❶ She has made remarkable *progress* in English. 彼女の英語の進歩はいちじるしい / economic *progress* 経済の発達. ❷ We made slow *progress* through the crowd. われわれは人込みのなかをゆっくり進んだ.

in progress 進行中で: The survey is now *in progress*. 調査が今行なわれているところだ.

— 動 ⾃ ❶ He is *progressing* in his research. 彼の研究は進んでいる. ❷ The construction is *progressing* rapidly. 建設は急ピッチで進んでいる.

☞ 名 progression, 形 progressive.

pro･gres･sion /prəgréʃən プログレション/ 名 ❶ U 進行, 進歩. ❷ C 連続.

☞ 動 progress.

***pro･gres･sive** /prəgrésiv プログレスィヴ/ 形 (more ~; most ~) ❶ 進歩的な, 革新的な (反 conservative).

❷ 進行している, 前進する.

❸ (病気などが) 進行性の.

— 名 C 進歩主義者, 進歩的な人.

▶ 形 ❶ *progressive* ideas 進歩思想 / a *progressive* party 革新政党.

☞ 動 progress.

pro･gres･sive･ly /prəgrésivli プログレスィヴリ/ 副 しだいに, だんだんと.

***pro･hib･it** /proυhíbit プロウヒビット, prə-/ 動 (~s /-ts/; ~ed /-id/; ~ing) ⾃

❶ (法律・規則などで) …を禁じる (《親・教師などが禁じる」は forbid).

❷ (ものごとが) (人) を妨げる.

▶ ❶ Fishing in this pond is *prohibited*. この池で魚を釣ることは禁じられている / Smoking *prohibited*. 《掲示》禁煙. ❷ His poor health *prohibited* him *from* continuing the work. = His poor health *prohibited* his continuing the work. 彼は身体が弱くてその仕事が続けられなかった.

☞ 名 prohibition, 形 prohibitive.

pro･hi･bi･tion /pròυəbíʃən プロウヒビション, ·イビ·/ 名 ❶ U 禁止, 禁制. ❷ C 禁止令. ❸《**Prohibition** で》(アメリカの) 禁酒法実施期間 (1920-33年).

▶ ❶ the *prohibition* of hunting 狩猟の禁止.

☞ 動 prohibit.

pro･hib･i･tive /proυhíbətiv プロウヒビティヴ/ 形 ❶ 禁止の, 禁制の. ❷ (とても買えないほど) 値段が高い.

☞ 動 prohibit.

***proj･ect** /prádʒekt プラヂェクト | pródʒ-/ 名 (複 ~s) C ❶ (長期にわたる) 計画, 企画, 事業, プロジェクト.

❷《米》= **housing project**.

— 動 /prədʒékt プロヂェクト/ (★名詞とのアクセントの違いに注意) (~s /-ts/; ~ed /-id/; ~ing) ⾃ ❶ⓐ (光・影など) を投射する. ⓑ (映画など) を映写する.

❷ⓐ …を投げ出す, …を突き出す.

ⓑ …を発射する.

❸ …を計画する.

— ⾃《文語》突き出る.

──────────

名 ❶ a building *project* 建築計画.

— 動 ⾃ ❶ⓐ The clouds *projected* their shadows on the meadow. 雲が牧場に影を投じた.

ⓑ He *projected* his slides on the screen. 彼はスライドをスクリーンに映した.

❷ⓑ *project* a missile ミサイルを発射する.

❸ *project* a new dam 新しいダムの建設を計画する.

☞ 名 projection.

pro･jec･tion /prədʒékʃən プロヂェクショ

projector

ン/ 名 ❶ⓐ Ⓤ投影, 映写. ⓑ Ⓒ投影されたもの. ❷ Ⓤ投げ出すこと, 発射. ❸ Ⓒ突起, 突出部. ❹ Ⓒ予想.
☞ 動 project.

pro·jec·tor /prədʒéktər プロヂェクタ/ 名 Ⓒ (スライド)映写機, プロジェクター.

pro·lif·er·ate /prəlífərèit プロリフェレイト/ 動 ⾃ ❶ 〖生物〗 増殖[繁殖]する. ❷急増する.
— 他 …を増殖させる.

pro·lif·er·a·tion /prəlìfəréiʃən プロリフェレイション/ 名 Ⓤ ❶ (兵器の)急増, 拡散 (反 nonproliferation). ❷ 〖生物〗 増殖, 繁殖.

pro·lif·ic /prəlífik プロリフィック/ 形 多産の; 多作の.

pro·logue, pro·log /próulɔ(ː)g プロウロ(ー)グ/ 名 Ⓒ ❶序幕; (劇の)開幕の前口上, プロローグ (☞ epilogue). ❷ (事件などの)前ぶれ, 始まり, 発端(ほったん).

*__pro·long__ /prəlɔ́(ː)ŋ プロロ(ー)ング/ 動 (~s /-z/; ~ed /-d/; ~·ing) 他 …を長くする, 延長する. ▶ prolong one's visit 滞在期間を延ばす.

pro·longed /prəlɔ́(ː)ŋd プロロ(ー)ングド/ 形 長くした, 延長した.

prom /prám プラム/ 名 〘口語〙 Ⓒ ❶ 《米》 (高校・大学などの)ダンスパーティー 《アメリカの高校や大学の最上級生が卒業する少し前に催す正式なダンスパーティー》.
❷ 《英口語》= promenade concert.
❸ 《英口語》= promenade ❶ ⓑ.

prom·e·nade /pràmənéid プロメネイド-náːd/ 名 Ⓒ ❶ ⓐ 遊歩道, プロムナード. ⓑ 《英》 (海岸に沿った)遊歩道. ❷ 《文語》 (ゆっくりした)散歩.

prómenade cóncert 名 Ⓒ 《英》 プロムナードコンサート 《一部の聴衆が床にすわったり立ったままで聴く音楽会; ♣《英口語》では prom ともいう》.

prom·i·nence /prámənəns プラミネンス/ 名 ❶ Ⓤ 目だつこと, 顕著(けんちょ); 名声. ❷ Ⓒ 突起, 突出部, 小高い所.
▶ ❶ come into prominence 有名になる.
☞ 形 prominent.

*__prom·i·nent__ /prámənənt プラミネント | prɔ́m-/ 《★アクセント注意》 形 (more ~; most ~) ❶目だつ, 傑出した. ❷突き出た, 突起した. ❸重要な.

▶ ❶ a prominent landmark (建物など)目だつ目標 / a prominent writer すぐれた作家.
☞ 名 prominence.

prom·i·nent·ly /prámənəntli プラミネントリ/ 副 目だって, 著しく.

prom·is·cu·i·ty /pràməskjúːəti プラミスキューイティ/ 名 Ⓤ 性的にだらしのないこと.

pro·mis·cu·ous /prəmískjuəs プロミスキュアス/ 形 (性的に)相手を選ばない, 乱交の.

*__prom·ise__ /prámis プラミス | prɔ́m-/ 名 (複 -is·es /-iz/) ❶ Ⓒ 約束.
❷ Ⓤ (将来の)見込み, 有望.
❸ Ⓤ 気配(けはい), きざし.
— 動 (-is·es /-iz/; -ised /-t/; -is·ing) 他 ⓐ …を約束する.
ⓑ 《promise ~ ... または promise ... to ~》 ~に…を約束する.
ⓒ 《promise (...) to do》 (…に)__すると約束する.
ⓓ 《promise (...) (that) __》 (…に)__と約束する.
❷ ⓐ …の見込みである, …が期待できる.
ⓑ 《promise to be》 __になる見込みがある.
— ⾃ ❶約束する. ❷見込みである.

....

名 ❶ I made a *promise* to write every week. 私は毎週手紙を書く約束をした / He kept 〔broke〕 his *promise* to pay within a week. 彼は1週間以内に払うという約束を守った〔破った〕. ❷ She shows great *promise* as a musician. 彼女は音楽家として大いに有望だ / There is every *promise* of success. 成功の見込みは十分ある.
— 動 他 ❶ ⓐ He *promised* help. 彼は手伝ってくれると約束した. ⓑ He *promised* his son a cellular phone for his birthday. = He *promised* a cellular phone *to* his son for his birthday. 彼は息子に誕生日に携帯電話を買ってやると約束した. ⓒ She *promised to* be back by five. 彼女は5時までには帰ると約束した / He *promised* never to lie to me again. 彼は私に二度とうそはつかないと約束した. ⓓ I *promise* (you) *that* I

abcdefghijklmno**p**qrstuvwxyz　　　　　　　　　　　　　　　　**pronounce**

will never tell it to anyone. 私はそれをだれにもいわないと(あなたに)約束します. ❷ⓐ The weather *promises* large crops. この天気だと豊作になるだろう. ⓑ She *promises to be* a tall girl. 彼女は背の高い女の子になるだろう.
── 圓 ❶ "I'll do it by tomorrow. I *promise*." 「あしたまでにします. 約束します」 ❷The harvest *promises* well. 豊作の見込みだ.

***prom·is·ing** /prάmisiŋ プラミスィング | prɔ́m-/ 形 (more ~; most ~) **将来有望な**, 見込みのある. ▶The weather is *promising*. 天気はよくなりそうだ / a *promising* young man 見込みのある青年.

prom·on·to·ry /prάməntɔ̀:ri プラモントーリ/ 名 (複 -to·ries /-z/) Ⓒ 岬 (*岬).

***pro·mote** /prəmóut プロモウト/ 動 (~s /-ts/; -mot·ed /-id/; -mot·ing) 他
❶ …を**昇進させる**, 進級させる (反 demote).
❷ …を**促進する**, 奨励する, 勧(誌)める.
❸ (宣伝をして)(商品の)販売を促進する.
❹ (催し物などを)主催する.
▶❶He was *promoted to* the next grade. 彼は次の学年に進級した / He was *promoted (to be)* manager. 彼は支配人に昇進した. ❷*promote* a plan 計画を進める / *promote* world peace 世界平和を促進する.
　　　　　　　　☞ 名 promotion.

pro·mot·er /prəmóutər プロモウタ/ 名 Ⓒ
❶ (事業などの)推進者, 助成者, 後援者.
❷ 興行主, プロモーター. ❸ (会社の)発起人, 創立者.

***pro·mo·tion** /prəmóuʃən プロモウション/ 名 (複 ~s /-z/) ❶ⓊⒸ**昇進**, 進級.
❷Ⓤ促進, 増進, 奨励.
❸ⓊⒸ (製品の)販売宣伝.
▶❶He was given a *promotion*. 彼は昇進した. ❸the *promotion* of a new book 新刊書の宣伝.
　　　　　　　　☞ 動 promote.

***prompt** /prάmpt プランプト | prɔ́mpt/ 形 (~·er; ~·est) ❶**すばやい**, 敏速な.
❷今すぐの, 即座の.
── 動 (~s /-ts/; ~·ed /-id/; ~·ing) 他
❶ (人・行動を)刺激する, うながす.
❷ 〔演劇〕 (せりふを忘れた俳優に)陰からせ

りふを教えてやる.
▶形 ❶I expect your *prompt* reply. あなたの返事が今すぐほしい / He *is prompt in* carrying out his duties. 彼はてきぱきと任務を果たす.
❷*Be prompt to* act. すぐに行動を起こしなさい.
── 動 ❶Curiosity *prompted* her *to* go there alone. 彼女は好奇心にかられてそこへひとりで行った.

prompt·ly /prάmptli プランプトリ | prɔ́mpt-/ 副すばやく, 敏速に, 即座に, さっそく.

prone /próun プロウン/ 形 ❶ […〕しがちで(ある) 〔*to*〕(❖ふつう好ましくないことに用いる).
❷《文語》うつぶせになった (反 supine).
▶❶She *is prone to* anger.＝She *is prone to* get angry. 彼女はおこりっぽい.

prong /prɔ́(:)ŋ プロ(ー)ング/ 名 Ⓒ
❶ (フォーク・くま手などの)枝状の突起. また, ❷ 鋭くとがった先 (シカの角の枝など).

-pronged /prɔ́:ŋd プローングド/ 形 《合成語で》…のまたの; (戦術などが)…方面[段階]の.

***pro·noun** /próunaun プロウナウン/ 名 (複 ~s /-z/) Ⓒ 〔文法〕 **代名詞** (❖pron. と略す).

***pro·nounce** /prənáuns プロナウンス/ 動 (-nounc·es /-iz/; -nounced /-t/; -nounc·ing) 他 ❶ …を**発音する**.
❷ …を**宣言する**, 宣告する, 公言する, 断言する.
── 圓 ❶**発音する**.
❷ 《文語》判断を下す, 意見を述べる.

┈┈┈┈┈┈┈┈┈┈┈┈┈┈┈┈

他 ❶How do you *pronounce* this word? この語はどう発音しますか.
❷I hereby *pronounce* you man and wife. これによって二人が夫婦であることを宣言します (司祭が結婚式で言うことば) / The judge *pronounced* sentence on the prisoner. 裁判官は被告に判決を言い渡した / The doctor *pronounced that* she was out of danger. 医者は彼女が危機を脱したとはっきり言った.
── 圓 ❶He *pronounces* well. 彼は発音がいい. ❷She *pronounced for* [against] the proposal. 彼女はその

one thousand and forty-five　　　　　　　　　　　　　　　　　　　　　　　1045

pronounced

提案に賛成〔反対〕の意見を述べた.
☞ 他 ❶, 自 ❶ では 名 pronunciation.

pro·nounced /prənáunst プロナウンスト/ 形 ❶ はっきりした, 明白な. ❷ 断固とした.

*__pro·nun·ci·a·tion__ /prənʌ̀nsiéiʃən プロナンスィエイション/ 名 (複 ~s /-z/) U|C 発音. ▶ Some words have two different *pronunciations*. ふた通りの発音をもつ語もある.

☞ 動 pronounce.

***proof** /prúːf プルーフ/ 名 (複 ~s /-s/)
❶ⓐ U 証明, 証拠, 立証. ⓑ C 証拠となるもの, 証拠品.
❷ C (品質などの)試験, 判定.
❸ C (印刷の)校正刷り (✿galley proof ともいう). ❹ U (酒類の)アルコール度.
── 形 《*be proof against ...*》…に耐える, 負けない.

名 ❶ⓐ I have *proof* of his innocence. 私には彼の無罪の証拠がある / Is there any *proof* that she was there? 彼女がそこにいたという証拠がありますか. ⓑ a *proof* of one's love 愛情の印. ❷ ことわざ The *proof* of the pudding is in the eating. プディングの味は食べてみないとわからない,「論より証拠」. ❸ the first *proof* 初校 / read [correct] the *proofs* 校正をする.
as (a) proof of ... …の証拠として.
in proof of ... …の証拠として.
put ... to the proof …(性質など)をためす, 試験する.

☞ 動 prove.

── 形 This glass *is proof against* bullets. このガラスは弾丸を通さない〔防弾ガラスです〕.

prop /práp プラップ/ 名 C ❶ 支柱, ささえ. ❷ ささえとなる人.
── 動 (~s /-s/; propped /-t/; propping) 他 …をささえる, …につっかい棒をする.
prop up 他 ① …をつっかい棒でささえる. ② …を支持する.

prop·a·gan·da /pràpəɡǽndə プラパギャンダ/ 名 U (ふつう悪い意味の)(主義・主張の)宣伝, プロパガンダ. ▶ anti-government *propaganda* 反政府宣伝.

prop·a·gan·dist /pràpəɡǽndist プラパギャンディスト/ 名 C (おもに政治の)宣伝活動家.

prop·a·gate /prápəɡèit プラパゲイト/ 動 (現分 -gat·ing) 他 ❶ (動植物を)繁殖させる. ❷ (思想などを)広める, 宣伝する.
── 自 (動植物が)繁殖する.

prop·a·ga·tion /pràpəɡéiʃən プラパゲイション/ 名 U ❶ 繁殖, 増殖. ❷ (思想などの)普及, 宣伝.

pro·pane /próupein プロウペイン/ 名 U 【化学】プロパン(ガス).

pro·pel /prəpél プロペル/ (★アクセント注意)動 (~s /-z/; pro·pelled /-d/; -pel·ling) 他 …を前へ進ませる, 推進する. ▶ The plane is *propelled* by jet engines. その飛行機はジェットエンジンで動く.

☞ 名 propulsion.

pro·pel·ler /prəpélər プロペラ/ (★アクセント注意)名 C ❶ (飛行機の)プロペラ (✿ ❶, ❷ とも screw ともいう). ❷ (船の)スクリュー.

pro·pen·si·ty /prəpénsəti プロペンスィティ/ 名 (複 -si·ties /-z/) C 《文語》(好ましくない)傾向, 好み, 癖().

***prop·er** /prápər プラパ | prɔ́pə/ 形 (more ~; most ~)
❶ **適切な**, ふさわしい, 正しい (反 improper).
❷ 礼儀にかなった, 礼儀正しい.
❸《名詞の後に用いて》本来の, 厳密な意味での.
❹ 〔…に〕特有の, 固有の 〔*to*〕.

---

❶ She hasn't yet undergone *proper* training. 彼女はまだ適切な訓練を受けていない / the *proper* way to hold chopsticks 箸(はし)の正しい持ち方 / the *proper* equipment for mountain climbing 適切な登山の装備 / in the *proper* sense of the word その語の正しい意味で. ❷ Such behavior is not *proper*. そのような行為は礼儀に反する. ❸ Tokyo *proper* (周辺部を含まない)本来の東京. ❹ a custom *proper to* our country わが国固有の風習.

***prop·er·ly** /prápərli プラパリ | prɔ́pəli/ 副

abcdefghijklmno**p**qrstuvwxyz　　　　　　**proposal**

❶**適切に**, 正しく, 正確に. ❷**きちんと**, 礼儀正しく. ❸《文全体を修飾して》当然(のことながら).

❶Do your job *properly*. 自分の仕事はきちんとやりなさい. ❷She is always *properly* dressed. 彼女はいつもきちんとした身なりをしている. ❸Quite *properly*, he refused. 当然, 彼は断った.
properly speaking《文全体を修飾して》正確にいえば.

próper nóun 名C［文法］固有名詞.

***prop·er·ty** /prɑ́pərti プラ**パ**ティ｜prɔ́pəti/ 名(複 -er·ties /-z/)

❶U**財産**, 資産. ❷U.C**土地**《そこに建っている家屋を含む場合もある》, 地所. ❸U《集合的に》**所有物**; 所有権. ❹C特性.

❶a man of *property* 財産家 / personal *property* 動産 / real *property* 不動産. ❷He has a large *property* in the country. 彼はいなかに大きな地所をもっている. ❸This sports equipment is school *property*. このスポーツ設備は学校のものです. ❹Extreme hardness is a *property* of diamonds. 非常に堅いことはダイヤモンドの特性のひとつです.

proph·e·cy /prɑ́fəsi プラ**フェ**シィ/ 名(複 -e·sies /-z/) ❶U予言(能力). ❷C予言.

proph·e·sy /prɑ́fəsài プラ**フェ**サイ/ 《★発音注意》動 (-e·sies /-z/; -e·sied /-d/; ~·ing)他 …を予言する.

proph·et /prɑ́fit プラ**フィ**ット/ 《★アクセント注意》名 ❶C予言者; 預言者《神意を人々に告げる人》. ❷❷《the Prophet で》(イスラム教の教祖)マホメット(Mohammed). ❸C教祖, (主義・主張の)唱導者.
☞形prophetic.

pro·phet·ic /prəfétik プロ**フェ**ティック/ 形 ❶予言[預言]者の. ❷予言の.
☞名prophet.

pro·po·nent /prəpóunənt プロ**ポウ**ネント/ 名C提案者; 支持者.

***pro·por·tion** /prəpɔ́ːrʃən プロ**ポー**ション/ 名(複 ~s /-z/) ❶U.C**割合**, 比率.
❷U**つりあい**, 調和, 均衡(ホル)(反 disproportion).
❸《複数形で》**大きさ**, 寸法.

❹C分け前, 部分, 割り当て.
❺U［数学］比例.
— 動 (~s /-z/; ~ed /-d/; ~·ing)他 ❶ …を調和させる.
❷ …を［…に］つりあわせる〔to〕.
▶名 ❶The *proportion* of men to women in the club is two to one. クラブの男性と女性の比率は2対1である / in the *proportion* of three to one 3対1の割合で. ❷a sense of *proportion* バランス感覚 / be in perfect *proportion* 完全につりあいがとれている. ❸a building of large *proportions* 大規模な建物. ❹What *proportion* of entering students finish school? 入学する学生の何割が卒業するのですか. ❺direct ［inverse］ *proportion* 正［反］比例.
in proportion to ... ①…に比例して, つりあって. ②…に比べて, …の割りには.
out of (all) proportion to ... …と(まったく)つりあいを失って.
☞形proportional.
— 動他 ❷*Proportion* your expenditure *to* your income. 支出を収入に合わせなさい.

pro·por·tion·al /prəpɔ́ːrʃənəl プロ**ポー**ショナル/ 形比例した, つりあった.
☞名proportion.

propórtional representátion 名U［政治］比例代表制.

pro·por·tion·ate /prəpɔ́ːrʃənət プロ**ポー**ショネット/ 形＝**proportional**.

***pro·pos·al** /prəpóuzl プロ**ポウ**ズル/ 名(複 ~s /-z/)

❶U.C**提案**, 申しこみ.
❷C(結婚の)**申しこみ**.

❶make a *proposal* 提案をする / offer *proposals* for peace 和平の提案をする.

語の結びつき

accept ［adopt, agree to］ ...'s *proposal* …の提案に同意する［を受け入れる］

consider ［discuss］ a *proposal* (出された)提案を検討する

present ［put forward, submit］ a *proposal* 提案する

turn down ［reject］ a *proposal* 提案

1047

を拒む
withdraw a *proposal* 提案を撤回する

❷He made his *proposal* (of marriage) to her yesterday. 彼はきのう彼女にプロポーズした．

☞ 動propose.

*pro·pose /prəpóuz プロポウズ/ 動 (-poses /-iz/; pro·posed /-d/; -pos·ing) 他
❶ …を**提案する**, 申し出る(☞suggestの 類語).
❷(結婚)を申しこむ．
❸《文語》…を計画する, (_する)つもりである．

— 自**結婚を申しこむ**, プロポーズする．

他 ❶She *proposed* the plan. 彼女はその案を提案した / I *propose* a toast to Mr. Brown. ブラウン氏のために乾杯をお願いします / I *propose* changing the plan. 私は計画の変更を提案します / He *proposed that* the meeting (should) be postponed. 彼はその会合を延期するよう提案した (《米》ではふつう should を用いない)．❷I *proposed* marriage to Mary. 私はメアリーに結婚を申しこんだ．❸I *propose to* take my vacation [《英》holidays] in June this year. ことしは6月に休暇を取ろうと思う / He *proposed* buying a new house. 彼は新しい家を買うつもりだった．

— 自He *proposed* to the girl and was accepted. 彼はその女性に申しこみ承諾を得た．

☞ 名proposal, proposition ❶.

prop·o·si·tion /pràpəzíʃən プラポズィション | pròp-/ 名 ⓒ

❶ 提案, 案．❷ 陳述, 主張．❸〖数学〗定理．❹〖論理〗命題．

▶❶He came to me with an interesting *proposition*. 彼は私におもしろい提案を持ちかけてきた．❷the *proposition* that all men are created equal すべての人は平等であるという説．

☞❶では 動propose.

pro·pri·e·tar·y /prəpráiətèri プロプライエテリ/ 形 ❶所有者の, 所有の．❷独占の, 専売の．

pro·pri·e·tor /prəpráiətər プロプライエタ/ 名 ⓒ (土地・商店・ホテルなどの)所有者, 経営者．

pro·pri·e·tress /prəpráiətrəs プロプライエトレス/ 名 (複 ~es /-iz/) ⓒ 女性の所有者[経営者] (☞proprietor)．

pro·pri·e·ty /prəpráiəti プロプライエティ/ 名 (複 -e·ties /-z/) ❶ Ⓤ (礼儀などが)適切であること, 妥当(とう) (反 impropriety)．
❷《the proprieties で》礼儀作法．

▶❶*propriety* of language ことばの適切さ．❷observe *the proprieties* 礼儀作法を守る．

pro·pul·sion /prəpʌ́lʃən プロパルション/ 名 Ⓤ 推進; 推進力．

☞ 動propel.

pro·sa·ic /prouzéiik プロウゼイイック/ ((★発音注意)) 形 ❶散文の．❷平凡な, 散文的な．

☞ 名prose.

prose /próuz プロウズ/ 名 Ⓤ (詩に対して)散文 (日常使われている書きことば; ☞verse, poetry)．

☞ 形prosaic.

pros·e·cute /prásikjù:t プラスィキュート | prɔ́s-/ ((★アクセント注意)) 動 (現分 -cut·ing) 他 …を起訴(きそ)する, 告発する．▶He was *prosecuted for* theft. 彼は窃盗罪で起訴された．

☞ 名prosecution.

pros·e·cu·tion /pràsikjú:ʃən プラスィキューション/ 名 ❶ Ⓤ Ⓒ 起訴(きそ), 告発．
❷《the をつけて; 集合的に》検察側．

▶❷a witness for *the prosecution* 検察側の証人．

☞ 動prosecute.

pros·e·cu·tor /prásikjù:tər プラスィキュータ/ 名 ⓒ 検事, 検察官 (《●public prosecutor が正式名》)．

*pros·pect /práspekt プラスペクト | prɔ́s-/ ((★アクセント注意)) 名 (複 ~s /-ts/)
❶ ⓐ Ⓤ Ⓒ (将来の)**見通し**, 予想, 期待．
ⓑ《複数形で》(成功などの)見込み．
❷ Ⓒ (高所からの)見晴らし．

▶❶ⓐThere is no *prospect* of fine weather. 晴天の望みはない．ⓑa job with good *prospects* 将来有望な仕事．❷command a fine *prospect* 見晴らしがよい．

at [by] the prospect of ... …を予期

abcdefghijklmno p qrstuvwxyz   **protest**

して：He was excited *at* [*by*] *the prospect of* getting a pet. 彼はペットがもらえそうで興奮していた.

in prospect 見込みがあって, 予期されて.

☞ 形 prospective.

pro·spec·tive /prəspéktiv プロスペクティヴ/ 形 予期される, 将来の. ▶her *prospective* husband 彼女の未来の夫.

☞ 名 prospect.

pro·spec·tus /prəspéktəs プロスペクタス/ 名 (複 ~es /-iz/) C ❶ (事業・計画などの)説明書. ❷ (私立学校の)入学案内書.

pros·per /práspər プラスパ | próspə/ 動 (現分 -per·ing /-pəriŋ/) 自 繁栄する, 成功する.
▶His business will *prosper*. 彼の事業はうまくいくだろう.

☞ 名 prosperity, 形 prosperous.

***pros·per·i·ty** /prɑspérəti プラスペリティ | prɔs-/ 名 U **繁栄**, 成功, 幸運. ▶Peace brings *prosperity*. 平和は繁栄をもたらす.

☞ 動 prosper.

pros·per·ous /práspərəs プラスパラス | prɔ́s-/ (★アクセント注意) 形 繁栄している, 成功した. ▶a *prosperous* business 順調にいっている事業.

☞ 動 prosper.

pros·ti·tute /prástətjùːt プラスティトゥート, -テュート/ 名 C 売春婦.

pros·ti·tu·tion /prɑ̀stətjúːʃən プラスティトゥーション, -テュー-/ 名 U 売春.

pros·trate /prástreit プラストレイト/ 形 ❶ うつぶせになった, 横たわった. ❷ 疲れ果てた, うちひしがれた.
— 動 (現分 -trat·ing) 他 …をひれ伏させる, うつぶせにする, 倒す.

pro·tag·o·nist /proutǽgənist プロウタゴニスト/ 名 C ❶ (劇・小説の)主役, 主人公. ❷ (主義などの)主唱者, 指導者.

***pro·tect** /prətékt プロテクト/ 動 (~s /-ts/; ~ed /-id/; ~ing) 他 (危害などから)…を**保護する**, 守る (☞ defend の 類語).

Protect your head with a helmet. ヘルメットで頭を保護しなさい / *protect* home industries 国内産業を保護する / She *protected* the children *from* [*against*] every danger. 彼女は子どもたちをあらゆる危険から守った.

☞ 名 protection, 形 protective.

pro·tect·ed /prətéktid プロテクティド/ 形 保護された. ▶*protected* trade 保護貿易 (✿「自由貿易」は free trade).

***pro·tec·tion** /prətékʃən プロテクション/ 名 (複 ~s /-z/)
❶ U 保護. ❷ 《a をつけて》保護する人[もの]. ❸ U 保護貿易 (国内産業を守るための貿易制度; ✿「自由貿易」は free trade).
▶❶ We should provide *protection* against violence. 暴力に対しては公衆を保護すべきだ. ❷ *a protection* against sunburn 日焼け止めローション.

under the protection of ... …の保護[援護]を受けて.

☞ 動 protect.

pro·tec·tive /prətéktiv プロテクティヴ/ 形 ❶ 保護する(ための). ❷ 保護してやろうとする.
▶❶ *protective* coloring (動物の)保護色. ❷ *protective* parents 子どもを保護しようとする親.

☞ 動 protect.

pro·tec·tor /prətéktər プロテクタ/ 名 C ❶ 保護者. ❷ ⓐ 保護する物. ⓑ (野球の)プロテクター.

pro·tein /próutiːn プロウティーン/ 名 U C たん白質.

***pro·test** /prətést プロテスト/ 動 (~s /-ts/; ~ed /-id/; ~ing) 自 〔…に〕**抗議する**, 異議を申し立てる 〔*against*〕.
— 他 ❶ (抗議して)…を**強く主張する**.
❷ …に**抗議する**.
— 名 /próutest プロウテスト/ (★動詞との発音の違いに注意) (複 ~s /-ts/)
❶ U C **抗議**, 拒絶.
❷ C 抗議集会.

動 自 *protest against* the new bill 新しい法案に反対する.
— 他 ❶ He *protested* his innocence. 彼は無実を主張した / She *protested that* she knew nothing about it. 彼女はそのことについてはなにも知らないと主張した.

Protestant

❷ *protest* the war 戦争に抗議する. ☞ 名 protestation.

— 名 ❶ make a *protest* against the building of a highway 幹線道路の建設に反対する.

in protest 抗議して：shout *in protest* 抗議して叫ぶ.

under protest いやいやながら，しぶしぶ.

Prot·es·tant /prátəstənt プラテスタント ǀ prɔ́t-/（★アクセント注意）名 C 【キリスト教】新教徒，プロテスタント.

INFO 16世紀以降，（ローマ）カトリック教会から分かれたキリスト教徒たちの諸派をさす．一般に教会の権威や儀式よりも聖書に重きをおく；☞ Catholic.

— 形 新教の，プロテスタントの.

▶ 形 the *Protestant* Reformation 宗教改革.

Prot·es·tant·ism /prátəstəntìzm プラテスタンティズム/ 名 U （キリスト教の）新教.

prot·es·ta·tion /prὰtəstéiʃən プラテステイション/ 名 C 《文語》（抗議の気持ちのこもった）主張，断言；抗議.

☞ 動 protest.

pro·to·col /próutəkɔ̀(:)l プロウトコ(ー)ル/ 名 ❶ C 条約案；議定書． ❷ U （外交上の）儀礼.

▶ ❶ the Kyoto *Protocol* 京都議定書.

pro·ton /próutɑn プロウタン/ 名 C 【物理】陽子，プロトン.

pro·to·type /próutətàip プロウトタイプ/ 名 C 原型． ▶ the *prototype* of a new car 新車の原型.

pro·trude /proutrú:d プロウトルード/ 動（現分 -trud·ing） 自 突き出る，はみ出る.

pro·tru·sion /proutrú:ʒən プロウトルージョン/ 名 ❶ U 突き出（てい）ること．❷ C 突き出ている物［部分］.

***proud** /práud プラウド/（★発音注意）形（~·er; ~·est）

❶ ⓐ 誇らしげな．ⓑ《be proud of ...》…を誇りにしている（反 ashamed）．
❷ **高慢な**，いばった，うぬぼれた（反 humble）.
❸ **自尊心のある**，プライドのある.

──────

❶ ⓐ He looked *proud* when he received the prize. 彼は賞をもらったとき誇らしげなようすだった ／ He is *proud that* he is a teacher. 彼は教師であることを誇りにしている ／ I am *proud to* be a friend of yours. 私は君の友だちであることを誇りに思います.

ⓑ She *is* very *proud of* her son. 彼女は息子がたいへん自慢だ ／ He *is proud of having* studied in Paris. 彼はパリで学んだことを誇りにしている.

❷ She is too *proud* to greet us. 彼女はいばっていてわれわれにあいさつもしない.

❸ He was too *proud* to accept the money. 彼は自尊心が高いのでそのお金を受け取らなかった.

☞ 名 pride.

***proud·ly** /práudli プラウドリ/ 副（more ~; most ~） ❶ 誇らしげに，自慢して．
❷ いばって，うぬぼれて．
❸ 誇りをもって.

▶ ❶ He *proudly* showed off his new motorbike. 彼は誇らしげに新しいバイクを見せびらかした.

***prove** /prú:v プルーヴ/（★発音注意）動（~s /-z/; proved /-d/; proved，《米》ではまた prov·en /prú:vən/; prov·ing）他
❶ …を**証明する**（⇔ disprove）.
❷ …をためす（test）.

— 自《prove (to be) ...》…であることがわかる，（結果として）…となる.

──────

他 ❶ I *proved* her innocence. 私は彼女の無実を証明した ／ Her alibi was *proved* true. 彼女のアリバイは真実であると証明された ／ She *proved that* her husband was innocent. 彼女は夫が無実であることを証明した ／ He *proved* himself (*to be*) honest. 彼は自分がうそをついていないことを証明した.

❷ *prove* a gun 銃の性能をためす.

— 自 The book *proved* (*to be*) interesting. その本は（読んでみたら）おもしろ（いことがわ）かった.

☞ 名 proof.

prov·en /prú:vən プルーヴン/ 動《米》prove の過去分詞形． — 形 証明された.

prov·erb /právə:rb プラヴァーブ/（★アクセント注意）名 C ことわざ． ▶ as the *proverb* goes [says/runs] ことわざにいうように.

pro·ver·bi·al /prəvə́ːrbiəl プロヴァービアル/ 形 ❶ことわざの. ❷だれでも知っている.
▶ ❷ the *proverbial* London fog 有名なロンドンの霧.
☞ 名 proverb.

pro·ver·bi·al·ly /prəvə́ːrbiəli プロヴァービアリ/ 副 ❶ことわざどおりに. ❷広く知られて.

***pro·vide** /prəváid プロヴァイド/ 動 (~s /-dz/; -vid·ed /-id/; -vid·ing) 他 ❶ⓐ (必要なものを)**提供する**, 供給する, 用意する. ⓑ 《provide ~ with ... または provide ... for [to] ~》 ~に…(必要なもの)を供給する, 与える. ❷《provide that __》(法律などが)__と規定する.
— 自 ❶〔不測の事態に対して〕**備える**, 準備する〔against, for〕. ❷〔…を〕養う〔for〕.

・・・・・・・・・・・・・・・・・・・・・・・・・・・・・・

他 ❶ⓐ The hotel *provides* good meals. そのホテルはおいしい食事を出してくれる / Power plants *provide* electricity. 発電所は電気を供給する. ⓑ We will *provide* them *with* food and clothes. (= We will *provide* food and clothes *for* [*to*] them.) 私たちは彼らに食べ物と衣服を用意してやりましょう / He *provided* his son *with* a good education. 彼は息子にりっぱな教育を受けさせた. ❷ The law *provides that* men and women (should) receive equal pay. 法律は男女が同一賃金をもらうよう規定している(《米》ではふつう should を用いない).

— 自 ❶ *provide against* an oil shortage 石油不足に備える / *provide for one's* old age 老年に備える. ❷ He had to *provide for* his large family. 彼は大家族を養わなければならなかった.

☞ 名 provision.

***pro·vid·ed** /prəváidid プロヴァイディド/ 接 もし…ならば (《❶ provided that の形で用いることもある; if より《文語》的; ☞ providing》). ▶ I'll go fishing *provided* (*that*) it is fine tomorrow. あす天気がよければ私は釣りに行きます.

prov·i·dence /právədəns プラヴィデンス/ (★アクセント注意) 名 Ⓤ ❶ 《しばしば Providence で》神, 神の加護. ❷ 神意.

pro·vid·ing /prəváidiŋ プロヴァイディング/ 接 もし…ならば (《❶ providing that の形で用いることもある; if より《文語》的; ☞ provided》).

***prov·ince** /právins プラヴィンス | próv-/ 名 (複 -inc·es /-iz/) ❶ Ⓒ (カナダ・オーストラリアなどの)**州**. ❷ 《the provinces で》地方.
▶ ❶ the *Province* of Quebec (カナダの)ケベック州.
☞ 形 provincial.

pro·vin·cial /prəvínʃəl プロヴィンシャル/ 形 ❶ (都会に対して)地方の (☞ local). ❷ (全国に対して)地方の, 地域的な. ❸ 偏狭な, いなかの.
☞ 名 province.
— 名 Ⓒ 《ふつう悪い意味で》いなか者; 地方の人.

***pro·vi·sion** /prəvíʒən プロヴィジョン/ 名 (複 ~s /-z/)
❶ⓐ Ⓤ (必要なものの)**供給**, 提供. ⓑ Ⓤ (将来のための)**用意**, 備え. ❷《複数形で》**食料**. ❸ Ⓒ 規定, 条項.
▶ ❶ⓐ the *provision* of food for refugees 難民に対する食料の供給. ⓑ He made *provision* for his children's education. 彼は子どもの教育のために(貯金をして)備えた / make *provision against* a rainy day まさかの時に備える. ❷ run short of *provisions* 食料が不足する.
☞ 動 provide, 形 provisional.

pro·vi·sion·al /prəvíʒənəl プロヴィジョナル/ 形 仮の, 臨時の.
☞ 名 provision.

prov·o·ca·tion /pràvəkéiʃən プラヴォケイション/ 名 ❶ Ⓤ おこらせること, 挑発. ❷ Ⓒ おこらせるもの[原因, 理由], 挑発するもの.
☞ 動 provoke.

pro·voc·a·tive /prəvákətiv プロヴァカティヴ/ 形 ❶ おこらせる, 挑発的な. ❷ (性的に)挑発するような, 刺激的な.
☞ 動 provoke.

pro·voc·a·tive·ly /prəvákətivli プロヴァカティヴリ/ 副 人をおこらせるように; 挑発的に.

pro·voke /prəvóuk プロヴォウク/ 動 (現

prow

分 -vok·ing》⑲ ❶ …をおこらせる. ❷ (人)を刺激して〔…〕させる〔into, to〕. ❸ (怒り・笑いなど)を起こさせる.
▶ ❶ His rudeness *provoked* her. 彼の無礼な態度が彼女をおこらせた. ❷ His rude question *provoked* her *into slapping* him. 無礼な質問に彼女はかっとなって彼に平手打ちをくらわせた / His carelessness *provoked* her *to* anger. 彼の不注意が彼女をおこらせた.
❸ *provoke* laughter 笑いを引き起こす.
☞ 名provocation, 形provocative.

prow /práu プラウ/《★発音注意》名©船首, へさき.

prow·ess /práuəs プラウエス/ 名Ⓤ《文語》きわだってすぐれた能力.

prowl /prául プラウル/《★発音注意》動⾃ うろつく. ― 名《単数形で》うろつくこと.

prówl càr 名Ⓒ《米》(警察の)パトカー《◆patrol car, squad car ともいう》.

prowl·er /práulər プラウラ/ 名Ⓒうろつく人[動物]; (夜間の)不審者.

prox·im·i·ty /prɑksíməti プラクスィミティ/ 名Ⓤ近いこと, 近接.

prox·y /prɑ́ksi プラクスィ/ 名(複 prox-ies /-z/) ❶ Ⓤ代理. ❷ Ⓒ代理人.
by proxy 代理で.

prude /prúːd プルード/ 名Ⓒ《軽蔑(ﾍﾞつ)的に》(とくに性的なことで)上品ぶる人.

pru·dence /prúːdns プルードンス/ 名Ⓤ慎重さ, 思慮, 分別.
☞ 形prudent.

pru·dent /prúːdnt プルードント/ 形慎重な, 分別のある (反imprudent).
☞ 名prudence.

pru·dent·ly /prúːdntli プルードントリ/ 副慎重に, 思慮深く.

prud·ish /prúːdiʃ プルーディッシュ/ 形《軽蔑(ﾍﾞつ)的に》(性的なことに)上品ぶった, とりすました.

prune¹ /prúːn プルーン/ 動(現分 prun-ing)⑲ ❶(余分な枝)を刈り取る, (木)を刈りこむ.
❷ (余分なもの)を取り除く, 切り詰める.

prune² /prúːn プルーン/ 名Ⓒプルーン《乾燥したセイヨウスモモ (plum)》.

pry¹ /prái プライ/ 動(pries /-z/; pried /-d/; ~ing)⾃〔…を〕詮索(ﾎﾞ)する, のぞく〔into〕. ▶ *pry into* other people's affairs 他人のことを詮索する.

pry² /prái プライ/ 動(pries /-z/; pried /-d/; ~ing)⑲ ❶(てこなどで)…を動かす, こじあける. ❷(秘密など)を聞き出す.

P.S., PS /píːés ピーエス/《略語》post-script(手紙の)追伸《◎ P.S. という略語を書いてからそのあとに伝えるべき用件を書き加える》.

psalm /sɑ́ːm サーム/《★ p と l は発音されない》名Ⓒ賛美歌, 聖歌 (hymn).

pseu·do·nym /súːdənìm スードニム/ 名Ⓒペンネーム, 筆名《◎ pen name ともいう》.

P.(S.)T. /píːèstíː ピーエスティー/《略語》Pacific (Standard) Time 太平洋標準時.

psych /sáik サイク/ 動《次の成句で》:
psych oneself up ⾃《口語》(…に対する)心構えをする, 覚悟をする.

Psy·che /sáiki サイキ/ 名《ギリシア・ローマ神話》プシュケ《ギリシア神話のエロス (Eros), またはローマ神話のキューピッド (Cupid) に愛された美少女》.

psy·che·del·ic /sàikədélik サイケデリック/ 形(色彩・模様などが)サイケ調の《薬物による幻覚を思わせるような》.

psy·chi·at·ric /sàikiǽtrik サイキアトリック/ 形精神医学の, 精神科の.

psy·chi·a·trist /saikáiətrist サイカイアトリスト, sə-/ 名Ⓒ精神病医[学者].

psy·chi·a·try /saikáiətri サイカイアトリ l sə-/ 名Ⓤ精神医学, 精神病治療法.

psy·chic /sáikik サイキック/ 形 ❶霊魂(ﾚｲ)の; 精神の, 心因性の (反physical).
❷超能力のある; 霊的な. ― 名Ⓒ超能力者; 霊媒(ﾒｲ), みこ.

psy·cho /sáikou サイコウ/ 名Ⓒ = psy-chopath.

psy·cho·a·nal·y·sis /sàikouənǽləsis サイコウアナリスィス/ 名Ⓤ精神分析(学).

psy·cho·an·a·lyst /sàikouǽnəlist サイコウアナリスト/ 名Ⓒ精神分析医[学者].

psy·cho·an·a·lyze /sàikouǽnəlaiz サイコウアナライズ/ 動⑲ (人)に精神分析(療法)をする.

psy·cho·log·i·cal /sàikəlɑ́dʒikəl サイコラヂカル l -lɔ́dʒ-/ 形心理的な; 心理学的な. ▶ a *psychological* explanation 心理学的の説明.

☞ 名psychology.

psy·cho·log·i·cal·ly /sàikəláʤikəli サイコラヂカリ/ 副心理学的に；心理的に.

psy·chol·o·gist /saikáləʤist サイカロヂスト/ 名C 心理学者.

***psy·chol·o·gy** /saikáləʤi サイカロヂィ｜-kɔ́l-/ 名U ❶**心理学**. ❷心理(状態).
▶❷mass [mob] *psychology* 群集心理.

☞ 形psychological.

psy·cho·path /sáikəpæθ サイコパス/ 名C 精神病質者.

psy·cho·sis /saikóusis サイコウスィス/ 名(複 psy·cho·ses/-siːz/) UC 精神病.

psy·cho·ther·a·py /sàikouθérəpi サイコウセラピ/ 名U (暗示・催眠術・精神分析による)精神療法.

psy·chot·ic /saikátik サイカティク/ 形 精神病の.

P.T.A., PTA /píːtìːéi ピーティーエイ/ 《略語》Parent-Teacher Association.

P.T.O., p.t.o. /píːtìːóu ピーティーオウ/ 《略語》《英》Please *t*urn *o*ver 裏面に続く (✿《米》では単に Over と書く；☞ over 副❼).

pub /pʌ́b パブ/ 名C《英口語》パブ, ビアホール, 居酒屋.
INFO▶ public house(居酒屋)を略したもので, イギリスではビアホールのようなものだが昼時にはよくサラリーマンが簡単な食事をしにくる.

pu·ber·ty /pjúːbərti ピューバティ/ 名U 思春期, 年ごろ《生殖能力をもつようになる時期》.

****pub·lic** /pʌ́blik パブリック/ 形
(more~; most~)
❶**公共の**, 公立の, 公開の；社会一般の (反 private). ❷**公務の**, 公職の, 官公庁の (反 private). ❸だれでも知っている, 公然の (反 private).
— 名 ❶《the をつけて》ⓐ**一般大衆**, 国民. ⓑ社会, 世間.
❷U …界, …仲間, 愛好者たち.

・・・・・・・・・・・・・・・・・・・・・・・・・・・・・・

形 ❶*public* buildings 公共建築物 / *public* health 公衆衛生 / *public* holidays 祝祭日 / a *public* library 公立図書館 / *public* welfare 公共の福祉. ❷a *public* servant [official] 公務員. ❸The news was not made *public* for a week. そのニュースは一週間公表されなかった / a matter of *public* knowledge 一般に知れわたっていること.

in the public eye 世間の注目を浴びて, マスコミでよく報道されて.

☞ 動publish, 名publicity.

— 名 ❶ⓐThis swimming pool is open to *the public*. このプールは一般に公開されている. ❷the reading *public* 一般読者層.

in public 公然と, 人前で (反 in *private*)：He insulted me *in public*. 彼は私を人前で侮辱(ぶじょく)した.

públic-addréss sỳstem 名C 拡声装置《マイク・拡声器などを用いて多数の人々に音楽や演説などを聞かせる装置；✿ **PA system**と略す》.

***pub·li·ca·tion** /pʌ̀bləkéiʃən パブリケイション/ 名(複 ~s /-z/)
❶U**発表**, 公表. ❷U**出版**, 発行. ❸C **出版物**.
▶❶the *publication* of the facts 事実の公表. ❷the *publication* of a new novel 新しい小説の出版.

☞ 動publish.

públic convénience 名C《英》公衆便所《✿単に convenience ともいう；《米》では comfort station》.

públic hóuse 名C《英》= pub.

pub·li·cist /pʌ́blisist パブリスィスト/ 名C 広報係.

***pub·lic·i·ty** /pʌblísəti パブリスィティ/ 名U ❶知れわたっていること, 評判.
❷宣伝, 広報.
▶❶avoid *publicity* 人目につくことを避ける / seek [court] *publicity* 有名になりたがる. ❷There is a lot of *publicity* about the dangers of smoking. 喫煙の危険についてはいろいろと宣伝が行なわれている.

☞ 形public.

pub·li·cize /pʌ́bləsàiz パブリサイズ/ 動 (現分 -ciz·ing) 他 …を公表する；宣伝する.

***pub·lic·ly** /pʌ́blikli パブリクリ/ 副 **公に**, 公然と.

públic opínion 名U 世論.

públic reláitions 名(複)U 広報活動,

public school

ピーアール(◎P.R., PR と略す).

públic schòol 名 U C ❶(アメリカなどの)公立学校《公費で運営される初等・中等・高等教育の学校》. ❷(イギリスの)パブリックスクール.

INFO▶ イギリスのパブリックスクールは上中流の子どもたちのための大学進学の予備教育を目的とするおもに寄宿制の学校で,もとは男子のみの私立中等学校のことをいう.イートン校 (Eton College), ハロースクール (Harrow School), ラグビースクール (Rugby School) が有名.

públic sérvice 名 ❶ C 公益事業《電気・ガス・水道・交通など》; 公共事業体. ❷ U 公務, 公職.

públic spírit 名 U 公共心.

púb·lic-spír·it·ed /pʌ́blik-spíritid パブリク・スピリティド/ 形 公共心のある.

públic tránsport 名 U 《おもに英》= public transportation.

públic transportátion 名 U 《おもに米》公共輸送機関《バス・鉄道など》.

públic utílity 名 C 公益企業《電気・ガス・水などを供給する企業》.

públic wórks 名 複 《道路・学校・水道などの建設の》公共土木事業.

*__pub·lish__ /pʌ́bliʃ パブリシュ / 動 (~·es /-iz/; ~ed /-t/; ~·ing) 他 ❶ …を**発表する**, 公表する.

❷ …を**出版する**, 発行する.

● ❶ They *published* the news of their engagement. 彼らは婚約発表をした. ❷ His new novel was *published* last week. 彼の新しい小説が先週発行された.

☞ 形 public, 名 publication.

pub·lish·er /pʌ́bliʃər パブリシャ/ 名 C 出版業者, 出版社.

pub·lish·ing /pʌ́bliʃiŋ パブリシング/ 名 U 出版(業).

puck /pʌ́k パック/ 名 C 《アイスホッケーの》パック《硬質ゴム製の円盤》.

puck·er /pʌ́kər パカ/ 動 他 ❶ …にしわを寄せる, ひだを寄せる.

❷ …をすぼめる.

— 自 ❶ ひだになる. ❷ すぼまる.

— 名 C しわ, ひだ.

▶ 動 他 ❷ *pucker* up *one's* lips くちびるをすぼめる[とがらせる].

pud·ding /púdiŋ プディング/ 名 U C プディング《小麦粉などに果実・牛乳・卵などを入れて作る菓子; ◎ 日本語の「プリン」は caramel cream のこと; ☞ proof 名 ❷》.

pud·dle /pʌ́dl パドル/ 名 C 《雨が降ったあとなどの》小さな水たまり.

Puer·to Ri·can /pwèərtə ríːkən プウェアト リーカン/ 形 プエルトリコ (Puerto Rico) の.

— 名 C プエルトリコ人.

Puer·to Ri·co /pwèərtə ríːkou プウェアト リーコウ/ 《★発音注意》 名 プエルトリコ《西インド諸島 (West Indies) の中にあるアメリカ自治領の島》.

puff /pʌ́f パフ/ 《★発音注意》 名 C
❶ⓐ プッと吹くこと; プッと吹く音.
ⓑ (たばこの)一服.
❷ⓐ ふわっとふくれたもの. ⓑ (衣服・髪などの)ふくらんだ部分[もの], パフ.
❸ (化粧用の)パフ《◎ powder puff ともいう》. ❹ ふわっとした菓子.
— 動 自 ❶ プッと吹き出す[吐き出す],《煙など》ぽっぽと出る.
❷ ぽっぽと音を出しながら動く.
❸ 息を切らす, あえぐ.
❹ ふくらむ.
— 他 ❶ (煙など)をプッと吹く, パッパッと出す.
❷ (たばこ・パイプなど)をふかす.
❸ …をふくらます.
▶ 名 ❶ⓐ A *puff* of wind rippled the lake. 一陣の風が湖にさざ波を立てた. ❷ⓐ a *puff* of smoke ふわっとした(ひとかたまりの)煙. ❹ a cream *puff* シュークリーム.

☞ 形 puffy.

— 動 自 ❶ *puff* (away) *on one's* cigarette たばこをぷかぷか吹かす.
❷ The engine *puffed* along. 機関車がポッポッと音を立てて進んでいった.
— 他 ❶ *puff* clouds of black smoke もくもくと黒い煙を吹き出す.

be puffed up with ... …で得意になっている, 思いあがっている.

puff out 他 ① …をあえぎながらいう. ② …を(プッと)吹き消す: *puff out* a candle ろうそくを吹き消す. ③ …をふくらます.

— 自 ふくらむ.

puff up 他 …をふくらます：*puff up one's* cheeks ほおをふくらます．— 自 ふくらむ．

puf·fin /pʌ́fin パフィン/ 名 C 〖鳥類〗ツノメドリ《みぞのついた大きな平たいくちばしがある》．

puffin

puff·y /pʌ́fi パフィ/ 形 (puff·i·er; puff·i·est)（顔などが）ふくれた, はれた．
☞ 名 puff.

puke /pjúːk ピューク/ 動 他 自 《俗語》（食べたもの）を吐く．

***pull** /púl プル/ 動 (~s /-z/; ~ed /-d/; ~ing) 他
❶ …を**引っぱる**, 引く, …を引っぱって動かす（反 push）．

pull (引っぱる) 　　push (押す)

❷ …を**引っぱって取る**,（歯・栓(&) など）を抜く,（花など）をむしる,（果物など）をもぐ．
❸（人など）を引きつける,（支持など）を得る．
❹ ⓐ（オール）を引く,（ボート）をこぐ．
ⓑ（ボートが）（…本のオール）でこがれる．
— 自 ❶ **引っぱる**．
❷（引っぱると）動く, 進む．
❸（人が）ボートを（…に）こぐ；（ボートが）（…に）こがれていく．
— 名 (複 ~s /-z/) ❶ C **引っぱること**, ひと引き；引く力（反 push）．
❷ C 取っ手, ハンドル,（引っぱる）ひも．

❸《単数形で》(有利な)縁故, コネ, 手づる．

動 他 ❶ *Pull* the string. ひもを引っぱりなさい / He *pulled* the chair towards the fireplace. 彼はいすを暖炉の方へ引き寄せた / *pull* the dog by the tail 犬の尻尾を引っぱる / *pull* the door open 引っぱってドアを開ける．
❷ I had the bad tooth *pulled* (out). むし歯を抜いてもらった / *pull* a cork コルクの栓(&)を抜く / *pull* flowers 花を摘(°)む / *pull* weeds 草をむしる / *pull* peaches 桃をもぎとる．
❸ *pull* many votes 多くの票を集める．
❹ ⓐ He *pulls* a good oar. 彼はボートをこぐのがうまい．
ⓑ The boat *pulls* four oars. そのボートは 4 人こぎだ．
— 自 ❶ *Pull* harder. もっと強く引っぱれ．
❷ This drawer won't *pull*. この引き出しはいくら引っぱっても開かない．
❸ The crew〔boat〕*pulled for* the shore. クルーは岸に向かってボートをこいだ〔ボートは岸に向かってこがれた〕．

pull about 他 …を引っぱって回す, 乱暴に扱う．

pull ... apart …を（引っぱって）ばらばらにこわす．

pull at ... ①…を**つかんで引っぱる**：Don't *pull at* my hair. 私の髪の毛を引っぱらないで．②（たばこなど）をすーっと吸う．③（酒など）をぐいと飲む．

pull away 他 …を引き離す, もぎ取る．
— 自 離れて行く, 引き離していく,（車などが）動き去る．

pull back 他 …を引きもどす．
— 自 引き返す．

pull down 他 ①…を**引っぱって下げる**：*pull down* the blind 日よけを引き下ろす．
②（家など）を**取りこわす**．

pull for ... 《口語》…を応援する．

pull in 他 ①…を引っぱって入れる,（首など）を引っこめる：The turtle *pulled in* its head. カメは首を引っこめた．
②（観衆など）を引き寄せる．
③《口語》…を逮捕する．
— 自 ①（舟・列車などが）着く, はいる．②（車などが）（わきに寄って）止まる．

pull off 他①…を引っぱって取る.
②(着物など)を急いで(引っぱるようにして)脱ぐ.
③(困難にもかかわらず)…をやりとげる.

pull on 他(引っぱって)…を着る, はく, はめる:She *pulled* her socks *on*. 彼女はくつ下をはいた.

pull oneself together 平静を取りもどす, 気を取り直す.

pull out 他①(歯・栓など)を抜く(☞ pull 動 他 ❷).
②(物)を引っぱり出す.
— 自①(引くと)抜ける:These roots *pull out* easily. この根はすぐ抜ける.
②(列車などが)出て行く:The bus *pulled out* of the station. バスは駅を出て行った.
③〔計画などから〕身[手]を引く〔*of*〕: *pull out of* the agreement 契約から手を引く.
④(追い越すために)別車線に出る.

pull over 他①(セーターなど)を頭からかぶって着る(☞pullover).
②(車)を道の端によせる.
③(テーブルなど)をひっくり返す.
— 自車を道の端によせる.

pull round 自《英》健康[意識]を回復する.

pull through 自困難[病気]を切り抜ける, 全快する.
— 他①(困難・病気など)を切り抜ける.
②(人)に困難[病気]を切り抜けさせる: His advice *pulled* her *through*. 彼の忠告のおかげで彼女は困難を切り抜けた.

pull together 自協力する.
— 他(組織など)をまとめる, 立て直す.

pull up 他①(馬・車など)を止める:*pull up* the car 車を止める.
②…を引っぱり上げる[寄せる].
③…を引き抜く.
— 自(車が)止まる:The car *pulled up* in front of the house. 車が家の前で止まった.

pull up with [to] ... (成績などで)…に追いつく.

— 名 ❶He felt a *pull* at his sleeve. 彼はそでを引かれるのを感じた.
❸He has *pull* with the manager. 彼は支配人にコネがある.

pul·ley /púli プリ/ 名C 滑車.

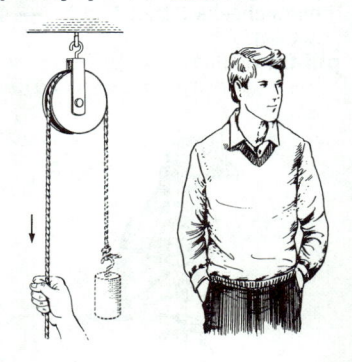

pulley　　　　pullover

pull·out /púlàut プラウト/ 名C ❶(本や雑誌の)折りこみ. ❷撤退.

pull·o·ver /púlòuvər プロウヴァ/ 名C プルオーバー(頭からかぶるセーター;☞ 上のさし絵).

pull-up /púlλp プラップ/ 名C (鉄棒での)懸垂(けんすい)(✿chin-up ともいう).

pulp /pálp パルプ/ 名 ❶UC 果肉(果物・野菜などの柔(やわ)らかい部分). ❷U どろどろしたもの. ❸U (製紙用の)パルプ. ❹C 低俗本[雑誌].

beat ... to a pulp …をめった打ちする.

reduce ... to a pulp …を(精神的・肉体的に)打ちのめす.

pul·pit /púlpit プルピット/ 名C (教会の)説教壇, 演壇.

pul·sate /pálseit パルセイト/ 動 (現分 -sat·ing) 自 ❶(脈が)打つ, (心臓が)鼓動する. ❷(胸が)どきどきする, ふるえる.
☞ 名pulse.

pul·sa·tion /pλlséiʃən パルセイション/ 名UC 脈搏(みゃくはく), 鼓動.

pulse /páls パルス/ 名C ❶脈搏(みゃくはく).
❷鼓動, 律動. ❸ 〖電気〗 パルス.
☞ 動pulsate.
— 動 (現分 puls·ing) 自 ❶脈打つ.
❷鼓動する.
▸ 名 ❶Mother felt [took] my *pulse*. 母は私の脈をみた.

pul·ver·ize /pálvəràiz パルヴァライズ/ 動 (現分 -ver·iz·ing) 他 ❶…を粉にする.

abcdefghijklmno p qrstuvwxyz　　　　　　　　　　　　　　　　　**punctuation mark**

❷ …を粉砕する.

pu·ma /pjúːmə ピューマ, プーマ/ 图 C 〖動物〗ピューマ, アメリカライオン (✿ cougar ともいう).

＊**pump¹** /pámp パンプ/ 图 (複 ~s /-s/) C ポンプ.
— 動 (~s /-s/; ~ed /-t/; ~·ing) 他
❶ⓐ (水など) をポンプで揚(あ)げる, くむ.
ⓑ (タイヤなど) にポンプで空気を入れる.
❷ …をつめこむ; (知識など) を教えこむ.
❸《口語》…を聞き出す.
— 自 ❶ ポンプを動かす.
❷ ポンプのように動く.

图 a water *pump* 水揚げポンプ / a bicycle *pump* 自転車用空気入れ.
— 動 他 ❶ⓐ *pump* up water from the well 井戸から水をくむ / *pump* the well dry ポンプで井戸の水を全部くんで空(から)にする.
ⓑ *pump* up a tire タイヤに空気を入れる.
❷ *pump* ideas into ... …に考えをつめこむ.
❸ I *pumped* the information *out of* my friend. 私は友だちからその情報を聞き出した.

pump² /pámp パンプ/ 图 C 《ふつう複数形で》パンプス《ひもや留め金のないくつ》.

pumps

pump·kin /pámpkin パンプキン/ 图 U C カボチャ(の実). ▶a *pumpkin* pie カボチャパイ《感謝祭 (Thanksgiving Day) につくられる》.

pun /pán パン/ 图 C だじゃれ, ごろ合わせ (wordplay)《I can't *afford a Ford* (フォード《アメリカの車》も買う余裕がない) など》.
— 動 (~s /-z/; punned /-d/; pun·ning) 自 だじゃれをいう.

punch¹ /pántʃ パンチ/ 图 (複 ~·es /-iz/)
❶ C 穴あけ器, 切符切りばさみ, パンチ.
❷ C げんこつで打つこと, パンチ.
❸ U 力強さ, 迫力.
— 動 (~·es /-iz/; ~ed /-t/; ~·ing) 他
❶ⓐ (切符・カードなど) に穴をあける, はさみを入れる. ⓑ 型押しする.
❷ …をげんこつでなぐる, …にパンチを食わす.
▶图 ❷ I gave him a *punch* in the face. 私は彼の顔をなぐった.
pull one's punches 《ふつう否定文で》 (攻撃などで) 手かげんする.
— 動 他 ❷ He *punched* me on the nose. 彼は私の鼻をなぐった.

punch² /pántʃ パンチ/ 图 U ポンチ《酒・砂糖・レモン・香料などを果汁に混ぜて作る飲み物》. ▶fruit *punch* フルーツポンチ.

púnch·ing bàg /pántʃiŋ- パンチング-/ 图 C 《米》(ボクシング練習用の) サンドバッグ.

púnch lìne 图 C (ジョーク (joke) などの) おち, 急所.

＊**punc·tu·al** /páŋktʃuəl パンクチュアル/ 形 (more ~; most ~) 時間［期限］をよく守る.

The train was *punctual*. 列車は時間通りだった / She is *punctual* to the minute. 彼女は1分も時間をたがえない / He *is punctual in paying* his rent. 彼はきちょうめんに部屋代を払う.
☞ 图 punctuality.

punc·tu·al·i·ty /pàŋktʃuǽləti パンクチュアリティ/ 图 U 時間［期限］厳守.
☞ 形 punctual.

punc·tu·al·ly /páŋktʃuəli パンクチュアリ/ 副 時間どおりに, 定時に, 期限を守って.

punc·tu·ate /páŋktʃuèit パンクチュエイト/ 動 (現分 -tu·at·ing) 他 ❶ …に句読(くとう)点をつける. ❷ (ときどき) (演説など) を中断する.
☞ 图 punctuation.

punc·tu·a·tion /pàŋktʃuéiʃən パンクチュエイション/ 图 U ❶ 句読(くとう) (法).
❷ 句読点を付けること.
☞ 動 punctuate.

punctuátion màrk 图 C 〖文法〗句読点《語・句・文の区切りや疑問文・感嘆文などを示すのに用いる記号; period [または full

puncture

stop] (.), comma(,), colon (:), semicolon (;), question mark (?), quotation marks (" ",' '), exclamation mark (!), dash (—) などをいう).

punc·ture /pʌ́ŋktʃər パンクチャ/ 動 (現分 -tur·ing /-tʃəriŋ/) 他 ❶ (とがったもので刺して)…に穴をあける.
❷ (タイヤなど)をパンクさせる.
— 自 (タイヤが)パンクする.
— 名 C ❶ (突き刺してできた)穴.
❷ (タイヤの)パンク (穴から空気がもれたもの; ✿「空気の抜けたタイヤ」はふつう flat tire).

pun·gent /pʌ́ndʒənt パンヂェント/ 形
❶ (におい・味などが)刺すような, ぴりっとした. ❷ (ことばが)辛辣(しんらつ)な, 鋭い.

*__pun·ish__ /pʌ́niʃ パニシュ/ 動 (~es /-iz/; ~ed /-t/; ~ing) 他 ❶ (人)を〔…のかどで〕罰する, こらしめる〔for〕.
❷ (罪)を罰する.
❸ 《口語》(人)をひどい目にあわせる.

・・・・・・・・・・・・・・・・・・・・・・・・・・・・
❶ He was *punished for* being rude. 彼は不作法だったのでこらしめられた.
☞ 名 punishment, 形 punitive.

pun·ish·a·ble /pʌ́niʃəbl パニシャブル/ 形 罰すべき.

pun·ish·ing /pʌ́niʃiŋ パニシング/ 形 (日程などが)へとへとに疲れさせる.

*__pun·ish·ment__ /pʌ́niʃmənt パニシュメント/ 名 (複 ~s /-ts/)
❶ U C 罰, 刑罰, 処罰.
❷ U 《口語》ひどい扱い.
▶ ❶ the *punishment* for stealing 盗みに対する罰 / for *punishment* 罰として.
☞ 動 punish.

pu·ni·tive /pjúːnətiv ピューニティヴ/ 形 罰の, 刑罰の.
☞ 動 punish.

punk /pʌ́ŋk パンク/ 形 パンク調の (パンクロックや奇抜な服装・髪型のことをいう).
— 名 C ❶ パンク調のスタイルの人.
❷ 《米俗語》ちんぴら.

púnk róck 名 C パンクロック (1970年代後半から1980年代初期にかけて若者に人気のあった激しいロック音楽; 反社会的な歌詞が特徴).

punt¹ /pʌ́nt パント/ 名 C 《英》平底の小舟 (両端が四角形をしていてさおでこぐ舟).
— 動 他 (平底の小舟)をさおで川底を押してこぐ. — 自 平底船に乗って行く.

punt² /pʌ́nt パント/ 【アメリカンフットボール・ラグビー】 動 他 (ボール)をパントする (手から落としたボールを地面に落ちないうちにける).
— 名 C パント.

pu·ny /pjúːni ピューニ/ 形 (pu·ni·er; pu·ni·est) ちっぽけな, 取るに足らない.

pup /pʌ́p パプ/ 名 C 子犬 (☞ puppy).

*__pu·pil¹__ /pjúːpəl ピューピル/ 名 (複 ~s /-z/) C ❶ (おもに小・中学校の)生徒 (☞ student).
❷ (個人指導を受けている)教え子, 弟子(でし).

・・・・・・・・・・・・・・・・・・・・・・・・・・・・
❶ There are about thirty *pupils* in each class. 各クラスに約30人の生徒がいる.

pu·pil² /pjúːpəl ピューピル/ 名 C 【解剖】ひとみ, 瞳孔(どうこう).

pup·pet /pʌ́pit パピット/ 名 C ❶ (人形劇につかう)人形 (☞ marionette).
❷ 人にあやつられる人, 人の手先.

pup·pe·teer /pʌ̀pitíər パピティア/ 名 C 操り[指]人形使い.

púppet shòw [plày] 名 C 人形劇.

pup·py /pʌ́pi パピ/ 名 (複 pup·pies /-z/) C 子犬.

*__pur·chase__ /pə́ːrtʃəs パーチェス/ 《★発音注意》 動 (-chas·es /-iz/; pur·chased /-t/; pur·chas·ing) 他 …を買う (✿ buy より形式ばった語).
— 名 -chas·es /-iz/) ❶ U 購入.
❷ C 購入品, 買った物.

・・・・・・・・・・・・・・・・・・・・・・・・・・・・
動 他 *purchase* a new car 新車を購入する.
— 名 ❶ the *purchase* of land 土地の購入. ❷ a costly *purchase* 高価な買い物.

*__pure__ /pjúər ピュア/ 形 (pur·er /pjúərər/; pur·est /pjúərist/)
❶ 純粋な, 混ざり物のない (反 impure).
❷ ⓐ 清潔な, 汚れのない. ⓑ (道徳的・性的に)潔白な, 清純な.
❸ (品種などが)純潔な, 生粋(きっすい)の.
❹ 《口語》まったくの, 単なる.

・・・・・・・・・・・・・・・・・・・・・・・・・・・・
❶ *pure* gold 純金 / *pure* French きっすいのフランス語. ❷ ⓐ *pure* air きれ

いな空気. ❺She is *pure* in heart. 彼女は心の清い人だ. ❸a horse of *pure* Arab blood 純血のアラブ種の馬 / a *pure* Englishman 生粋のイングランド人. ❹out of *pure* kindness まったくの親切から.

pure and simple 《口語》純然たる, まったくの：He is a musician *pure and simple*. 彼は正真正銘の音楽家だ.
☞ 名purity, 動purify.

pu·rée /pjuréi ピュレイ/ 名C ❶ピューレ《野菜・果物・肉などを煮て裏ごししたもの》. ❷ピューレスープ.

***pure·ly** /pjúərli ピュアリ/ 副 ❶まったく；単に. ❷純粋に, 清らかに.
▶ *purely* by accident まったく偶然に. ❷live *purely* 清く生きる.

purge /pə́ːrdʒ パーヂ/ 動 (現分 purg·ing) 他 ❶ (好ましくない者)を(…から)追放する. ❷ (人・心)を清める, (汚れ・罪など)を洗い清める.
— 名C (政治上の)粛正, 追放, パージ.
▶ 動他 ❶They *purged* him *from* the party. = They *purged* the party *of* him. 彼らは彼を党から追放した.

pu·ri·fi·ca·tion /pjùərəfikéiʃən ピュ(ア)リフィケイション/ 名U ❶浄化, 清めること. ❷精製.
☞ 動purify.

pu·ri·fy /pjúərəfài ピュ(ア)リファイ/ 動他 (pu·ri·fies /-z/; pu·ri·fied /-d/; ~ing)
❶…を純化する, 精製する.
❷…を清める, 浄化する.
▶ *purify* water 水をきれいにする.
☞ 形pure, 名purification.

Pu·ri·tan /pjúərətən ピュ(ア)リタン/ 名C ❶清教徒, ピューリタン.
INFO▶ 16世紀後半イングランド国教会 (Anglican Church) の内部でカトリック的な伝統に反対し, 儀式の簡素化や厳格で質素な生活を信条とした新教徒 (Protestant).
❷ 《puritan で》《悪い意味で》(宗教・道徳上) 厳格な人, 堅苦しい人.
— 形 ❶清教徒の(ような).
❷ 《puritan で》《悪い意味で》厳格な.

pu·ri·tan·i·cal /pjùərətǽnikəl ピュ(ア)リタニカル/ 形 《軽蔑》的に》厳格な, 禁欲な.

pu·ri·ty /pjúərəti ピュ(ア)リティ/ 名U ❶純粋さ. ❷清潔. ❸清純；潔白.
☞ 形pure.

***pur·ple** /pə́ːrpl パープル/ 形 紫色の(☞ violet).
— 名 ❶U紫色.
❷ 《the をつけて》❹(高貴な)紫[深紅色]の衣服. ❺王権, 帝位.

pur·port /pə́ːrpɔːrt パーポート/ 名U趣旨, 意味, 意図.
— 動 /pə(:)rpɔ́ːrt パ(ー)ポート/ (★名詞とのアクセントの違いに注意) 他 《**purport to** *do*》(疑わしいが)__するとされている.

***pur·pose** /pə́ːrpəs パーパス/ 《★発音注意》名 (複 -pos·es /-iz/)
❶C目的, 意図.
❷U《文語》意志, 決断力.

❶This book answers [serves] my *purpose*. この本なら私の目的にかなっている / For what *purpose* are you saying so? = What is your *purpose* in saying so? どういう目的で君はそう言うのか / attain [achieve] one's *purpose* 目的を達する.
❷He is firm [weak] of *purpose*. 彼は意志が強い[弱い].

for the purpose of *doing* __する目的で：He went to Italy *for the purpose of studying* art. 彼は美術の研究のためイタリアへ行った.

on purpose わざと, 故意に (反 by *accident*)：Did she break the cup *on purpose*? 彼女はわざと茶わんをこわしたのですか.

to good purpose うまいぐあいに.

to no [little] purpose むだに, むなしく.

to some purpose 多少役に立って；かなり成功して.

to the purpose 適切な[に].
☞ 形purposeful.

pur·pose·ful /pə́ːrpəsfəl パーパスフル/ 形 はっきりした目的のある；決意した (反 purposeless).
☞ 名purpose.

pur·pose·ly /pə́ːrpəsli パーパスリ/ 副 わざと, 故意に.

purr /pə́ːr パー/ 動⾃ ❶(ネコが)(喜んで)のどをゴロゴロ鳴らす.

purse

❷ (機械が)快い音をたてる.
— 他 (賛成の気持ちなど)を満足そうに話す.
— 名 ❶ ゴロゴロ(ネコなどが喜んでのどを鳴らす音). ❷ (機械の)快い音.

***purse** /pə́ːrs パース/ 名 (複 purs·es /-iz/) C ❶《米》(肩ひものない)(婦人用の)**ハンドバッグ** (handbag).
❷ C **さいふ**, がま口《ふつう女性がもち小銭などを入れる; ❏「折りたたみ式の札入れ」は wallet》.

purse ❶
coin purse
(小銭入れ)

❸《単数形で》《文語》資力, 資金.
— 動 (現分 purs·ing) 他 (くちびる)を(さいふの口のように)すぼめる《不賛成・非難などの気持ちを表わす》.

名 ❷ open *one's* coin [change] *purse* 小銭入れをあける. ❸ live within *one's purse* 収入の範囲内で生活する / the public *purse* 国庫.

purs·er /pə́ːrsər パーサ/ 名 C (客船・飛行機の)パーサー《会計・客室などを担当》.

púrse strìngs 名 複《the をつけて》さいふのひも, 財政上の権限. ▶ hold [control] *the purse strings* さいふのひもを握っている.

***pur·sue** /pərsúː パスー | pəsjúː/《★アクセント注意》動 (pur·sues /-z/; pur·sued /-d/; pur·su·ing) 他 ❶ (つかまえようと)…**を追いかける**.
❷ (目的・快楽など)を**追い求める**.
❸ (研究・趣味など)に打ちこむ, …を続ける.
❹ (人)にしつこくつきまとう, …をしつこく悩ます.

❶ The police are *pursuing* the murderer. 警察は殺人犯を追跡中です.
❷ He *pursues* only pleasure. 彼は快楽だけを求める. ❸ She is *pursuing* her studies at Harvard. 彼女はハーバード大学で研究に打ちこんでいる.

☞ 名 pursuit.

pur·su·er /pərsúːər パスーア/ 名 C ❶ 追跡者. ❷ 追求者, 研究者.

***pur·suit** /pərsúːt パスート | pəsjúːt/《★アクセント注意》名 (複 ~s /-ts/)
❶ U **追跡**, 追撃. ❷ U **追求**. ❸ U 従事, 研究. ❹ C 仕事; 趣味.
▶ ❶ the *pursuit* of the robber 強盗を追跡すること. ❷ the *pursuit* of happiness 幸福の追求.
in pursuit of ... …を追いかけて, 得ようとして: He is always *in pursuit of* fame and wealth. 彼は常に名声と富を求めている.

☞ 動 pursue.

pus /pás パス/ 名 U 膿(うみ).

***push** /púʃ プッシュ/ 動 (~·es /-iz/; ~ed /-t/; ~·ing) 他
❶ …を**押す**, 押して動かす(反 pull).
❷ (計画・要求など)を**強く押し進める**.
❸ (商品など)を宣伝する.
❹ ⓐ (人)をかり立てる.
ⓑ …に[…を]強く頼む[言う] 〔*for*〕.
— 自 ❶ 押す.
❷ 押し進む.
— 名 (複 ~·es /-iz/) ❶ C **押すこと**, 押し, 突き (反 pull).
❷ C 努力, がんばり.
❸ U 《口語》押しの強さ.

動 他 ❶ Don't *push* me. 私を押さないでください / *Push* the button when you want me. 私に用があったらボタンを押してください / He *pushed* the cart up the hill. 彼は手押し車を押して坂道を登った / *push* everything into the suitcase なにもかも旅行かばんに押しこむ / *push* the door open ドアを押し開ける.

❷ He always *pushes* his own ideas. 彼はいつも自分の考えを強く打ち出す / *push one's* claims 要求をあくまでつらぬく.

❸ *push* a new product 新製品を宣伝する.

❹ ⓐ He *pushed* me *to* agree. 彼は私

abcdefghijklmno**p**qrstuvwxyz　　　　　　　　　　　　　　　　　　　　　　put

に賛成してくれるようにと強く言った.
❻He *pushed* me *for* a prompt answer. 彼は私に即答するように要求した.

— 自 ❶Don't *push*. Pull. 押すな. 引っぱれ / He *pushed* against the door. 彼はドアを押した.
❷*push* through the snow 雪の中を押し進む.

be pushed for ... …が足りなくて困る: He *is pushed for* money〔time〕. 彼は金〔時間〕が足りなくて困っている.
push along どんどん進む.
push ... along …を押して前へ進める.
push ... around [about] 《口語》(人)を手荒に扱う, こき使う.
push ... aside …をわきへ押しやる: They *pushed* me *aside*. 彼らは私をわきへ押しのけた.
push away 他 …を押しのける: He *pushed* me *away* angrily. 彼はおこって私を押しのけた.
push for ... …を強く要求する, 得ようとがんばる.
push in 自 ①押し入る. ②《口語》口をはさむ. — 他 …を**押して入れる**, 押しこむ.
push off 自 ①(オールで岸を突いて)船を出す. ②《口語》去る, 立ち去る. — 他 (ある場所から)…を押して離す, 押して落とす.
push on 自 ①どんどん進む, 急ぐ: "It's late. We have to *push on*." 「遅くなった. 急がなくてはならない」. ②続ける
push on with ... (仕事・計画など)をどんどん進める: *Push on with* your work. 仕事を進めなさい.
push one's way 押し進む: He *pushed his way* through the crowd. 彼は人ごみを押し分けて進んだ.
push oneself ①自分を目だたせる, 売りこむ. ②努力する.
push out 他 …を**押し出す**, 突き出す: We *pushed* the car *out*. 私たちは車を押して外へ出した.
push ... through …を強引に通す.

— 名 ❶Give it a *push*. それを押してください / The door opened at a slight *push*. ドアは少し押しただけで開いた.

at a push 《英口語》いざとなったら.

púsh bùt・ton 名 C 押しボタン (button)(☞telephone のさし絵).
push-but・ton /púʃ-bʌ̀tn プシュ・バトン/ 形 押しボタン式の. ▶a *push-button* telephone 押しボタン式電話 (❶「プッシュホン」は和製英語).
push-chair /púʃtʃèər プシチェア/ 名 C 《英》折りたたみ式ベビーカー (❶《米》では stroller または (baby) buggy).
push・er /púʃər プシャ/ 名 C ❶麻薬密売人. ❷押す人.
push・o・ver /púʃòuvər プシュオウヴァ/ 名 ❶《a をつけて》《口語》すぐだまされる[影響される]人. ❷《a をつけて》《英口語》とても簡単なこと.
push-up /púʃʌp プシャップ/ 名 C 《米》腕立て伏せ (❶《英》では press-up; 英米では腕を曲げて伏せた姿勢から始めて身体を「押し上げる」).

do *push-ups* (腕立て伏せをする)

push・y /púʃi プシィ/ 形 押しの強い.
puss・y・cat /púsikæt プスィキャット/ 名 C 《小児語》ネコちゃん, ニャンニャン (❶単に pussy ともいう).

***put** /pút プット/ 動 (~s /-ts/; put; put・ting) 他 ❶ (ある場所に)…を置く, のせる, 入れる, つける, 当てる.
❷ⓐ…を(ある状態に)**する**, させる.
　ⓑ…を(ある方向に)**向ける**.
❸…を**表現する**, 述べる.
❹…を**書く**, 記入する.
❺(問題・考えなど)を**出す**, 提出する.

❶*Put* the vase near the window. 花びんは窓の近くに置きなさい / He *put* his hands on the table. 彼はテーブルの上に両手を置いた / She *put* some

put

sugar in [into] her tea. 彼女は紅茶に砂糖を入れた / He *put* his head out of the window. 彼は窓から顔を出した / He *put* the glass to his lips. 彼はコップを口にあてた / *put* a handle on the ax おのに柄をつける.

❷ⓐ Her careless words *put* him in difficulties. 彼女の不用意なことばが彼を困らせた / She *put* her baby to bed〔to sleep〕. 彼女は赤ん坊を寝かせた〔眠らせた〕/ Her bad manners *put* him into [in] a rage. 彼女の行儀の悪さが彼をおこらせた / *put* things right 事態を正常にもどす / *put* the room in order 部屋を整頓(芯)する.

ⓑ He *put* his mind to the problem. 彼はその問題に取り組んだ.

❸ I don't know how to *put* it. 私はそれをなんと言ったらいいかわかりません / to *put* it (in) another way 言いかえれば.

❹ He *put* his name on the paper. 彼はその紙に名前を書いた.

❺ He *put* a difficult question to us. 彼は私たちに難問を出した / *Put* your ideas before us. あなたの考えを示してください.

put about 働①(船など)の方向を変える. ②《英口語》(うわさなど)を広める.
— 圓(船などが)方向を変える.

put across 働(考えなど)を伝える, 人にわかってもらう.

put aside 働①…を**わきに置く:** *Put aside* the book and listen to me. 本をわきに置いて私のいうことを聞きなさい. ②(後の[ある目的の]ために)…を**取っておく:** He *puts aside* a little money every month. 彼は毎月お金を少し貯金している. ③(ほかのことをするために)…を忘れる.

put ... at ~ …を~と見積もる, 評価する: I *put* his income *at* $25,000 a year. 私は彼の年収は2万5千ドルと見積もっている.

put away 働①…を**かたづける**, しまう: *Put* the dishes *away*. お皿をかたづけなさい. ②(お金など)を貯える: He *put* money *away* for his old age. 彼は老後のために貯金した. ③(癖(芯)など)をやめる. ④…をたくさん食べる[飲む].

put back 働①…を(もとの所へ)**返す:** *Put* the book *back* on the shelf. その本をたなにもどしなさい. ②(時計の針)を戻す, 遅らせる (反 put forward).
— 圓(船などが)帰る.

put by 働…を取って[ためて]おく (put aside).

put down 働①…を**下に置く**, 下げる: *Put down* your pen. ペンを(下に)置きなさい. ②《英》…を(車などから)**降ろす:** *Put* me *down* at the next corner. 次の角の所で降ろしてください. ③…を**書きとめる**, 記入する: I *put down* his telephone number. 私は彼の電話番号を書きとめた. ④…を押さえる, 終わらせる, 制圧する. ⑤《口語》…に恥をかかせる, …をけなす. — 圓(飛行機が)着陸する.

put down ... as [for] ~ …を~と考える: I *put* him *down as [for]* a fool. 私は彼をばかだと思う.

put forth 働①(葉・芽など)を**出す:** *put forth* buds 芽を出す. ②(力など)を発揮する, (努力など)をする. ③《米》(考え・案など)を出す, 提案する.

put forward 働①(考えなど)を出す, 提案する. ②(時計の針)を進める (反 put back).

put in 働①…を**入れる**, 差しこむ: *Put* it *in* the trash can. それはごみ入れに入れなさい. ②…を据(ˋ)えつける: *put in* an air conditioner エアコンを入れる. ③(書類・要求など)を提出する. ④(ことばなど)を差しはさむ. ⑤(仕事などに)(時間)を使う. — 圓**入港する:** The steamer *put in* at noon. その船は正午に入港した.

put in for ... …を(正式に)要求する, 申しこむ.

put ... into ~ ①…を**~に入れる**. ②…を~に翻訳する: *Put* the following sentence *into* Japanese. 次の文を日本語に訳せ. ③…(お金・努力など)を~に注ぎこむ.

put off 働①…を**延期する:** They *put off* the outing till next month. 彼らは遠足を次の月まで延期した. ②…の意欲[気力]をなくさせる. — 圓(船が)陸を離れる, 出発する: A boat *put off* from the ship. 1隻のボートが船を離れ

abcdefghijklmno p qrstuvwxyz **puzzle**

た.
put on 他①(服など)を**着る**,(くつ・ズボンなど)を**はく**, 身につける (反 take off)(◎ put on は「着る, はく」などの意味で動作を表わし, wear は「着ている, はいている」などの意味で状態を表わす》:She *put* her coat *on*. 彼女は上着を着た / He *put on* his glasses. 彼はめがねをかけた / *Put* your shoes *on*. くつをはきなさい.

put on 他① (着る)

take off 他① (脱ぐ)

②(電灯・ラジオなど)を**つける**:*Put* the light *on*. 電気をつけなさい. ③…のふりをする:*put on* an air of innocence 無邪気を装う. ④…を上演する:*put on* a play 劇を上演する. ⑤(速度・体重など)を増す:*put on* speed 速度を増す. ⑥(化粧品など)をつける.
put ... on 〜 …(条件・義務など)を〜に課す:They *put* heavy taxes *on* luxury items. ぜいたく品には高い税金がかかる.
put oneself forward (偉そうに)出しゃばる.
put out 他①(火・電気など)を**消す**:*Put out* the light 明かりを消しなさい (◎「消える」は go out). ②…を出す; 差し出す:*Put out* your hand. 手を差し出しなさい. ③…を外へ出す; 追い出す, 解雇する. ④…を生産する, (本)を出版する; …を発表する. ⑤〖野球〗…をアウトにする.
— 自 出港する:The ship *put out* to sea. その船は出港した.
put over 他①(考えなど)を人にわかってもらう. ②…を(向こう側へ)渡す.
put through 他①〖電話で〗…をつなぐ:Please *put* me *through* to Mr. White. ホウイトさんにつないでください. ②(電話)をかける. ③…をやりとげる.

④…を経験させる.
put ... to 〜 …(原因など)を〜のせいにする:I *put* it (down) *to* her ignorance. それは彼女の無知のせいだと思う.
put together 他①…を**組み立てる**:*put* a model ship *together* 模型の船を組み立てる. ②…を**寄せ集める**, 合計する. ③(考えなど)をまとめる.
put up 他①…を**上げる**, (旗)を**揚げる**; (掲示)を出す:*Put up* your hands.＝*Put 'em up*! 両手を上げろ《強盗の言うことば》. ②…を**泊める**:We *put* him *up* for the night. 私たちはその晩彼を泊めた. ③(建物)を建てる, (テント)をはる. ④…を売りに出す. ⑤(値段)を上げる. ⑥(お金など)を出す. ⑦(傘)をさす. ⑧…を推薦する. ⑨(はしご)を掛ける.
— 自 **泊まる**:We *put up* at a small inn. 私たちは小さな宿屋に泊まった.
put up with ... …を**がまんする**:I can't *put up with* the noise. 私はその騒音にがまんできない.

put-down /pútdàun プト・ダウン/ 名 C こきおろすこと.
pu·trid /pjúːtrid ピュートリド/ 形 ❶(動植物が)腐敗した, 悪臭を放っている. ❷《口語》不快な, ひどい.
putt /pʌ́t パット/ 《★発音注意》名 C 〖ゴルフ〗パット《ボールを軽く打ってホールに入れること》.
— 動 〖ゴルフ〗自 パットを打つ.
— 他 (ボール)をパットする.
putt·er[1] /pʌ́tər パタ/ 〖ゴルフ〗C ❶パットする人. ❷パター.
put·ter[2] /pʌ́tər パタ/ 動 自《米口語》だらだらする, ぶらぶら歩く.
pútt·ing gréen /pʌ́tiŋ パティング・/ 名 C 〖ゴルフ〗グリーン《ホール付近のパット用の芝地》.
put·ty /pʌ́ti パティ/ 名 U パテ《石こうを亜麻仁油でねったもの; 窓わくにガラスを固定したり, 割れ目につめたりするのに使う》.
__puz·zle__ /pʌ́zl パズル/ 名 (複 〜s /-z/)
❶C ⓐ わけのわからないもの[人], なぞ, 難問. ⓑ (遊びとしての)パズル.
❷《a をつけて》当惑.
— 動 (〜s /-z/; puz·zled /-d/; puz·zling) 他 ❶…を**困らせる**, 当惑させる.
❷《be puzzled》困る, 当惑する.
— 自 〔…に〕頭を悩ます〔*about, over*〕.

puzzled

▶名 ❶ⓐIt's a *puzzle* to me how she did it. 彼女がそれをどのようにやったのか私には見当がつかない / She is a *puzzle* to me. 彼女は私にはなぞだ《どういう人か全然わからない》.

❷I am in *a puzzle* (about) what to do. 私はどうしていいのか途方にくれています.

— 動他 ❶His question *puzzled* me. 彼の質問にはどう答えてよいのか困ってしまった. ❷I *was puzzled* for an answer. 私は返事に困った / She *was puzzled* what to do. 彼女はどうしてよいのか当惑した.

— 自*puzzle over* a difficult problem 難問に頭をかかえる.

puzzle out 他 (難問など)をじっくり考えて解く.

puz·zled /pʌ́zld パズルド/ 形 (わからなくて)当惑した, 困惑した.

puz·zling /pʌ́zlɪŋ パズリング/ 形 わけのわからない, 人をまごつかせるような. ▶a *puzzling* question わけのわからない質問.

pyg·my /pígmi ピグミ/ 名 (複 pyg·mies /-z/) C ❶《**Pygmy**で》ピグミー族の人《中央アフリカの小人の黒人》.
❷小人(ミス); (動物の)小型のもの.

py·ja·mas /pədʒɑ́ːməz パヂャーマズ/ 名 複 《英》= **pajamas**.

py·lon /páɪlɑn パイラン/ 名 C ❶ (高圧線用の)鉄塔. ❷ (飛行場の)目標[指示]塔.

pyr·a·mid /pírəmɪd ピラミッド/ 《★アクセント注意》名 複 C ❶ピラミッド《古代エジプトの国王を葬った巨大な墓》.
❷ピラミッド状のもの.
❸〔数学〕角錐(芯) (✿「円錐」は cone).

py·thon /páɪθɑn パイサン/ 名 C ニシキヘビ《熱帯地方の巨大なヘビ》.

Q, q /kjúː キュー/ 名(複 Q's, Qs, q's, qs /-z/) |U|C| キュー《英語アルファベットの17番目の文字》.

Q. 《略語》question.

quack¹ /kwǽk クワック/ 動(自)(アヒルが)ガーガー鳴く.
— 名 C ガーガー《アヒルの鳴き声》.

quack² /kwǽk クワック/ 名 C にせ医者.

quad /kwɑ́d クワッド/ 名 C 《口語》＝ quadrangle ❷.

quad·ran·gle /kwɑ́dræŋgl クワドラングル/ 名 C ❶ 四角形, 四辺形《☞ squareの類語》. ❷ (学校・大学などの)中庭《✿《口語》では単に quad》.

quad·ru·ped /kwɑ́drupèd クワドルペッド/ 名 C 四つ足獣《ふつう哺乳(ほにゅう)動物》.

qua·dru·ple /kwɑdrúːpl クワドルーブル/ 形 4倍の.
— 動 他 …を4倍にする.
— 自 4倍になる.

quag·mire /kwǽgmàiər クワグマイア/ 名 C ❶ ぬかるんだ土地. ❷ 苦境, 窮地.

quail /kwéil クウェイル/ 名(複 ~, ~s /-z/) C 【鳥類】ウズラ.

quaint /kwéint クウェイント/ 形 風変わりでおもしろい, 古風で趣(おもむき)のある.
▶a *quaint* old inn 古風で趣のある宿屋.

quake /kwéik クウェイク/ 動(現分 quak·ing) 自 ❶ (大地などが)震動する, 揺れる. ❷ (こわくて)震える.
— 名 C《口語》地震 (earthquake).

qual·i·fi·ca·tion /kwɑ̀ləfikéiʃən クワリフィケイション | kwɔ̀l-/
❶ C《ふつう複数形で》(地位・職業などに対する)資格, 能力.
❷ |U|C| 制限, 限定, 条件.
❸ U (試験に合格して)資格を得ること.
▶❶ What are the *qualifications* for the job? その職につける資格はなんですか / medical *qualifications* 医師の資格 / *qualifications* as a leader 指導者としての能力.

❷ without *qualification* 無条件で.
☞ 動 qualify.

***qual·i·fied** /kwɑ́ləfàid クワリファイド | kwɔ́l-/ 形 ❶ 資格のある, 免許のある, 適任の (反 unqualified)(☞ qualify). ❷ 限定された, 条件つきの.
▶❶ a *qualified* doctor 免許(状)のある医者 / She is *qualified* for teaching English. ＝ She is *qualified* to teach English. 彼女は英語を教える資格がある. ❷ *qualified* agreement 条件つきの賛成.

qual·i·fi·er /kwɑ́ləfàiər クワリファイア/ 名 C ❶ 予選通過者. ❷【文法】修飾語句《形容詞, 副詞など; ✿ modifier ともいう》.

***qual·i·fy** /kwɑ́ləfài クワリファイ | kwɔ́l-/ 動 (-i·fies /-z/; -i·fied /-d/; ~·ing) 自
❶《qualify as ...》…の[になる]資格を得る.
❷《qualify for ...》ⓐ …の資格がある.
ⓑ (予選などを通って)…に出場する資格がある.
— 他 ❶ⓐ《qualify ... as ~》…に〜の[になる]資格を与える.
ⓑ《qualify ... for ~》…に〜の資格を与える.
ⓒ《qualify ... to *do*》…に__する資格を与える.
❷ (意見などに)限定条件をつける.
❸【文法】…を修飾する.

━━━━━━━━━━━━━━━━━

自 ❶ My brother *qualified as* a lawyer last April. 私の兄は4月に弁護士の資格を得た.
❷ⓐ I don't *qualify for* a pension yet. 私にはまだ年金の資格がない.
— 他 ❶ⓐ This exam will *qualify* you *as* a helicopter pilot. この試験に通ればヘリコプターのパイロット免許が取れる. ⓑ Three years of experience *qualified* her *for* the job. 3年の経験があって彼女はその仕事の資格ができた. ⓒ This license *qualifies* you *to*

qualitative

drive in Japan. この免許があればあなたは日本で車を運転できる[運転する資格がある].

❷ The governor *qualified* his statement. 知事は発言に限定条件をつけた.

☞ 名qualification.

qual·i·ta·tive /kwálətèitiv クワリテイティヴ | kwɔ́litətiv/ 形質的な, 性質上の(反 quantitative).

☞ 名quality.

＊**qual·i·ty** /kwáləti クワリティ | kwɔ́l-/ 名(複 -i·ties /-z/)
❶ Ⓤ**質**, 品質, 素質 (反 quantity).
❷ⓐ Ⓤ**良質**, 優秀.
ⓑ《形容詞的に》高級な, 上等の.
❸ Ⓒ **特質**, 特性, 人柄.

---

❶ *Quality* is more important than quantity. 量より質がたいせつである / improve in *quality* 質が向上する.
❷ⓐ wine of *quality* 上等のワイン / a family of *quality* 高貴な家がら.
ⓑ *quality* goods 優良[高級]品 / a *quality* paper 高級新聞.

☞ 形qualitative.

quálity contròl 名Ⓤ品質管理.

qualm /kwá:m クワーム/《★lは発音されない》名Ⓒ《ふつう複数形で》不安, 心配.

quan·da·ry /kwándəri クワンダリ/ 名(複 -da·ries /-z/) Ⓒ困惑, ジレンマ.

quan·ti·fy /kwántəfài クワンタファイ/ 動(-ti·fies; -ti·fied; -fy·ing)他《文語》…の数量をはかる.

quan·ti·ta·tive /kwántətèitiv クワンティテイティヴ/ 形量的な (反 qualitative).

☞ 名quantity.

＊**quan·ti·ty** /kwántəti クワンティティ | kwɔ́n-/ 名(複 -ti·ties /-z/) Ⓤ Ⓒ**量**, 数量 (反 quality).

▶ a large *quantity* of oil 多量の石油 / grow in *quantity* 量がふえる.

in large quantities = ***in quantity*** 多量に, たくさん: buy meat *in large quantities* [*in quantity*] 肉を大量に買う.

☞ 形quantitative.

quar·an·tine /kwɔ́(:)rəntì:n クウォ(-)

ランティーン/ 動(現分 -tin·ing)
他《しばしば **be quarantined** で》(伝染病にかかった人や動物)を隔離する.

— 名Ⓤ Ⓒ(伝染病予防のための)隔離(期間).

▶ 名in *quarantine* 隔離されて.

＊**quar·rel** /kwɔ́(:)rəl クウォ(-)レル/ 名(複 ~s /-z/) Ⓒ ❶(口での)**けんか**, 口論(✪「なぐりあいのけんか」は fight).
❷ 文句, 不平.

— 動(~s /-z/; ~ed, 《英》 quar·relled /-d/; ~ing, 《英》 quar·rel·ling)⾃
❶ **口論する, 口げんかする**.
❷ 文句を言う, 不平を言う.

名 ❶ [ことわざ] It takes two to make a *quarrel*. けんかをするにはふたりが必要である, 「けんかの責任は両方にあるものだ」.

I had a *quarrel* with her.
(私は彼女と口げんかをした)

❷ I have no *quarrel* with him. 私は彼になにも不平はない.

pick a quarrel [quarrels] with ... …にけんかを吹っかける.

☞ 形quarrelsome.

— 動⾃ ❶ The brothers seldom *quarrel*. その兄弟はめったにけんかをしない / I *quarreled with* him *about* the noise he makes. 私は彼のたてるうるさい音のことで彼と言い争った.

quar·rel·some /kwɔ́(:)rəlsəm クウォ(-)レルサム/ 形けんか好きな; おこりっぽい.

☞ 名quarrel.

quar·ry /kwɔ́(:)ri クウォ(-)リ/ 名(複 quar·ries /-z/) Ⓒ石切り場, 採石場.

quart /kwɔ́:rt クウォート/ 名Ⓒクオート《液量の単位: 4分の1ガロン (gallon) または2パイント (pint) に相当し, 《米》では約0.95リットル, 《英》では約1.14リットル》.

＊＊**quar·ter** /kwɔ́:rtər クウォータ/

abcdefghijklmnopqrstuvwxyz — **query**

名 (複 ~s /-z/) ❶ C **4分の1**.
❷ C **15分** (1時間の4分の1).
❸ C **25セント(貨)**((アメリカおよびカナダの通貨で1ドルの4分の1; ☞ dime, nickel)).
❹ C《前に語句がついて》(都市などの)…**地域**, 地区, 街.
❺ C ⓐ **四半期**, 1年の4分の1 (3か月).
ⓑ(米)(4学期制の学校で)学期 (☞ semester).
ⓒ【スポーツ】クウォーター((アメリカンフットボールなどの試合の4分の1; ☞ half)).
❻《複数形で》ⓐ(使用人などの)住んでいる部屋, (建物の)区分.
ⓑ(兵の)宿舎.

名 ❶ A *quarter* of the class supported her. クラスの4分の1が彼女を支持した / Cut the apple into *quarters*. リンゴを4等分しなさい / three *quarters* 4分の3 / a mile and a *quarter* 1マイルと4分の1.
❷ It's (a) *quarter* to [(米) of] eight. 8時(になる)15分前です / at (a) *quarter* past [(米) after] ten 10時15分過ぎに.
❹ the industrial [business] *quarter* 工業地帯[商業地域] / the student *quarter* 学生街.
❺ ⓐ the second *quarter* 第2四半期 ((4, 5, 6の3か月)).
❻ ⓐ living *quarters* (建物の中の)居住区域.

at close quarters 接近して.

quar・ter・back /kwɔ́ːrtərbæk クウォータバック/ 名 C 【アメフト】クオーターバック ((フォワード (forward) とバック (back) の中間に位置し攻撃のかなめになる選手)).

quar・ter・fi・nal /kwɔ̀ːrtərfáinl クウォータファイヌル/ 名 C 準々決勝の試合.

quar・ter・ly /kwɔ́ːrtərli クウォータリ/ 形 年4回の, 3か月ごとの (☞ weekly, monthly).
— 副 年4回, 3か月ごとに.
— 名 (複 -ter・lies /-z/) C 年4回の刊行物, 季刊誌 (☞ weekly, monthly).
▶ 形 ❶ a *quarterly* meeting 年4回の会合.

quar・tet /kwɔːrtét クウォーテット/ 名【音楽】 C ❶ 四重奏[唱]曲 (☞ solo).
❷ 四重奏[唱]団, カルテット.

quartz /kwɔ́ːrts クウォーツ/ 名 U【鉱物】石英(せきえい), クォーツ.

quash /kwɑ́ʃ クワシュ/ 動 他《文語》
❶ (判決など)を無効にする.
❷ …を鎮圧(ちんあつ)する.
❸ (うわさなど)を否定する.

qua・ver /kwéivər クウェイヴァ/ 動 ⓘ (声が)震える.
— 他 …を震え声で言う.

quay /kíː キー/ 《★発音注意》名 C 波止(はと)場, 船着き場, 岸壁 (☞ wharf).
《同音異形語》key.

quea・sy /kwíːzi クウィーズィ/ 形 (人が)吐き気がする, (胃が)むかむかする.

queen /kwíːn クウィーン/
名 (複 ~s /-z/) C
❶ (一国の統治者としての)**女王** (☞ king).
❷ (国王の妻である)王妃.
❸ 女王のような人[もの], 花形.
❹【トランプ・チェス】クイーン.
❺【昆虫】ⓐ 女王バチ (◎ **quéen bée** ともいう). ⓑ 女王アリ (◎ **quéen ánt** ともいう).

名 ❶ *Queen* Elizabeth II エリザベス二世 (◎ II は the second と読む) / Victoria, *Queen* of England イギリス女王ビクトリア (◎ 肩書きや, 同格では無冠詞).
❷ the King and *Queen* 国王夫妻.
❸ The rose is the *queen* of flowers. バラは花の女王だ / a beauty *queen* 美人コンテストの優勝者.

quéen móther 名 C 皇太后 (前国王の末亡人で現国王の母または母).

queen-size /kwíːn-sàiz クウィーンサイズ/ 形 (ベッドが)クイーンサイズの (king-size と標準型の中間).

*****queer** /kwíər クウィア/ 形
❶《文語》**奇妙な**, 変な, 風変わりな.
❷《俗語》《差別的に》同性愛の, ホモの.
— 名 C《俗語》《差別的に》同性愛者, ホモ.
▶ 形 ❶ That's *queer*. そりゃ変だ.

quell /kwél クウェル/ 動 他 ❶ (反乱など)を鎮(しず)める.
❷ (気持ち)を静める.

quench /kwéntʃ クウェンチ/ 動 (三単現 ~・es /-iz/) 他 (のどのかわき)をいやす.

que・ry /kwíəri クウィ(ア)リ/ 名 (複 -ries /-z/) C 質問, 疑問.

1067

quest

— 動 (que・ries /-z/; que・ried /-d/; ~-ing) 他 ❶ (疑わしい点があるので)…について質問する.
❷ …か(と)質問する.

quest /kwést クウェスト/ 名C《文語》捜(さが)し求めること, 探究.
▶the *quest* for truth 真理の探究.

*****ques・tion** /kwéstʃən クウェスチョン/ 名 (複 ~s /-z/)

❶ C **質問**, 問い (《❖Q. と略す》); (試験などの)問題.
❷ U **疑い**, 疑問.
❸ C (議論・解決すべき) **問題**.
❹ C 〖文法〗疑問文.

— 動 (~s /-z/; ~ed /-d/; ~・ing) 他
❶ ⓐ (人)に(いろいろと) **質問する**.
ⓑ (人)を尋問(じんもん)する.
❷ …を疑う.

名 ❶ Do you have any *questions*? 質問がありますか / May I ask (you) a *question*? 質問してよろしいですか, 質問があります / She didn't answer my *question*. 彼女は私の質問に答えなかった / I asked him some *questions* about his school life. 私は彼に学校生活についていくつか質問した / true-false *questions* 正誤問題.

❷ There is no *question* about her honesty.= There is no *question* that she is honest. 彼女が正直であることには疑いの余地がない.

❸ It's not a *question* of money. それは金の問題ではない / The *question* is who will do it. 問題はだれがそれをするかということである.

be open to question (確定ではなくて)議論の余地がある.

beside the question 本題[要点]をはずれた, 的はずれの.

beyond (all) question 疑いなく[ない], 確かに[な] : His victory is *beyond question*. 彼の勝利は疑いない.

call... into question …に疑いをもつ, 異議を唱える (《❖ふつう受身形で》) : His report *was called into question*. 彼のレポートが問題にされた.

in question 問題になっている, 問題の: the matter *in question* 問題になっていることがら.

out of the question (ありえなくて) **問題にならない**, 不可能な : I cannot afford to buy that house; it is *out of the question*. あの家を買う余裕がない, まったく考えられない.

There is no question of ... …はあり得ない : *There is no question of* his succeeding. 彼が成功することはあり得ない (《☞question 名 ❷》).

without question = beyond (all) *question*.

— 動 他 ❶ ⓐ The judge *questioned* him about the matter. 判事はそのことについて彼に質問した.
ⓑ The police *questioned* the man. 警察がその男を尋問した.

❷ I *question* his leadership abilities. 私は彼の指導能力を疑う / I *question whether* he will be able to do it. 彼がそれをすることができるかどうか疑わしい.

ques・tion・a・ble /kwéstʃənəbl クウェスチョナブル/ 形 ❶ 疑わしい, 不確実な.
❷ (行動などが)いかがわしい, 信用できない.

ques・tion・ing /kwéstʃəniŋ クウェスチョニング/ 形 (ことば・表情などが)疑うような.

quéstion màrk 名C 〖文法〗疑問符(?).

ques・tion・naire /kwèstʃənéər クウェスチョネア/ 名C (調査などのための)アンケート, 質問表 (《❖日本語のアンケートはフランス語の *enquête* より》).

***queue** /kjúː キュー/ 名 (複 ~s /-z/) C
《英》(順番を待つ人・車などの) **列** (《❖《米》では line》).

— 動 (~s /-z/; ~d /-d/; queu・ing) 自
《英》(待つために)列を作る.

▶ 名 form a *queue* 列を作る / join a *queue* 列に加わる / a *queue* for the bus バス待ちの列 / a *queue* of cars 車の列 / There was a long *queue* at the gate. 門の所に長い行列ができた.

They are standing in a *queue*.
(彼らは1列に並んでいる)

abcdefghijklmnop**q**rstuvwxyz　　　　　　　　　　　　　　　　　　　　　　**quietly**

be* [*stand*] *in a queue 1列に並ぶ.
— 動自 *queue* (up) for a bus バスを待つために列に並ぶ.
《同音異形語》cue.

quib·ble /kwíbl クウィブル/ 名C (つまらないことに)けちをつけること, 難癖.
— 動 (現分 quib·bling) 自 (つまらないことに)けちをつける.

quiche /kíːʃ キーシュ/ 名CU キッシュ《ベーコン・チーズ・野菜などをつめたパイの一種》.

✶✶**quick** /kwík クウィック/

形 (~·er; ~·est)
❶ (動作が)**すばやい**, (速度・運動などが)**速い**(反 slow)《☞ とくに動作の時間が短いことを意味する; ☞ early, swift ❶》.
❷ (理解などが)**早い**, りこうな, 機敏な.
❸ **短気な**, おこりっぽい.
— 副 (~·er; ~·est)《口語》**速く**, すばやく (反 slow)《☞ quickly よりも《口語》的》.

- -

形 ❶ Be *quick* (about it)! 早くやれ, 急げ / I had a *quick* lunch. 私は大急ぎで昼飯を食べた / He is *quick* on his feet [of foot]. 彼は足が速い / a *quick* reply 即答 / with *quick* steps 速い足どりで.
❷ She has a *quick* eye [ear]. 彼女は目ざとい [耳が鋭い] / *quick* understanding 鋭敏な理解力 / He *was quick to* notice the mistake. 彼はその誤りにすぐ気づいた / She *is quick at* learning French. 彼女はフランス語を覚えるのが早い.
❸ He has a *quick* temper. 彼はおこりっぽい性質だ.
— 副 He spoke too *quick*. 彼は速くしゃべりすぎた / Come *quick*! すぐ[急いで]来なさい.

quick·en /kwíkən クウィクン/ 動他《文語》…を速める.
— 自 速くなる.
▶ 他 He *quickened* his pace. 彼は歩調を速めた.
— 自 The patient's pulse *quickened*. 患者の脈が速くなった.
☞ 形 quick.

quick·ie /kwíki クウィキ/ 名C《口語》手軽に作るもの, 手軽にすること.
— 形 すばやい, 手軽な.

✶**quick·ly** /kwíkli クウィクリ/ 副 (more ~; most ~) **すばやく**, 速く, 急いで; すぐに (反 slowly)《☞ quick 副 の❸》.

- -

I finished my lunch *quickly*. 私はすばやく昼食を終えた / The ambulance came *quickly*. 救急車はすぐにきた.

quick·sand /kwíksænd クウィクサンド/ 名UC 流砂《上にのると吸いこまれてしまう危険な砂地》.

quick-wit·ted /kwík-wítid クウィク・ウィティド/ 形 頭の回転の速い.

✶✶**qui·et** /kwáiət クワイエト/

形 (~·er; ~·est)
❶ⓐ **静かな**, ほとんど音をたてない (反 noisy).
ⓑ (人が)だまっている, 口数の少ない.
❷ **落ちついた**, 心の安らかな, 平穏な.
❸ (性格・態度などが)**おとなしい**, もの静かな.
❹ (服装・色などが)落ちついた, 地味な.
— 名U 静けさ, 落ち着き, 平穏, 平静.
— 動他 …を静かにさせる.
— 自 《米》静かになる, おさまる.

- -

形 ❶ⓐ You must keep *quiet* in the library. 図書館では静かにしていなければならない / Be *quiet*! ＝ *Quiet*! 静かに.
ⓑ He was *quiet* at the party. 彼はパーティーでは口数が少なかった.
❷ lead a *quiet* life 穏やかな生活を送る / a *quiet* town 落ちついた町.
❸ a *quiet* girl おとなしい少女 / *quiet* behavior 落ちついたふるまい.
❹ *quiet* colors 落ちついた色 / a *quiet* dress 地味な服.
☞ 名 quietness.
— 名 enjoy the *quiet* of the country 田園の静けさを楽しむ / live in peace and *quiet* 平穏無事に暮らす.
on the quiet ひそかに.

qui·et·en /kwáiətn クワイエトン/ 動《英》＝ quiet.

✶**qui·et·ly** /kwáiətli クワイエトリ/ 副 (more ~; most ~)
❶ **静かに**, そっと, 音を立てずに.
❷ 穏やかに, 落ちついて.

one thousand and sixty-nine　　　　　　　　　　　　　　　　　　　　　　　　　　　　　　　　1069

quietness

❶She came in *quietly*. 彼女は静かにはいって来た.
❷talk *quietly* 穏やかに話す.

qui·et·ness /kwáiətnəs クワイエトネス/ 名U ❶静けさ.
❷平穏, 平静.

quilt /kwílt クウィルト/ 名C (羽根・羊毛などを入れてキルティング(quilting)した)掛けぶとん, 羽根ぶとん.
— 動他 …をキルティングにする.

quilt·ed /kwíltid クウィルティド/ 形 キルトの.

quin·tet /kwintét クウィンテット/ 名【音楽】C ❶五重奏[唱]曲(☞solo).
❷五重奏[唱]団, クインテット.

quip /kwíp クウィプ/ 名C (即興の)気のきいた(おもしろい)ことば. — 動 (~s /-s/; quipped /-t/; quip·ping) 自 気のきいた(おもしろい)ことを言う.

quirk /kwə́:rk クワーク/ 名C ❶気まぐれ, 奇癖.
❷奇妙な出来事.

quirk·y /kwə́:rki クワーキ/ 形 風変わりな.

＊**quit** /kwít クウィト/ 動 (~s /-ts/; quit, 《おもに英》quit·ted /-id/; quit·ting) 他《口語》❶(学校・仕事など)を**やめる**.
❷《quit *doing*》 ―するのを**やめる**.
— 自《口語》やめる.
▶他 ❶He *quit* his job last week. 彼は先週仕事をやめた. ❷*quit smoking* たばこを吸うのをやめる.

＊＊**quite** /kwáit クワイト/ 副
❶《口語》**かなり**, なかなか.
❷**まったく**, 完全に, すっかり.
❸《否定文で部分否定を表わして》**まったく…というわけではない**.

❶She is *quite* pretty, isn't she? 彼女はなかなかきれいじゃないか / He is *quite* a good player. 彼はなかなかよい選手だ.
❷You're *quite* right. まったく君の言うとおりだ / That is *quite* another thing. それはまったく別のことだ.
❸I don't *quite* know what to do. どうしていいかよくわからない.

quite a few...《口語》**かなり多数の…**(☞few 形) : *quite a few* errors かなりたくさんのまちがい.

quite a little...《口語》**かなり多量の…**(☞little 形).

quits /kwíts クウィッツ/ 形《次の成句で》: *call it quits* やめる, おしまいにする.

quit·ter /kwítər クウィタァ/ 名C《口語》途中でやめてしまう[あきらめる]人.

quiv·er /kwívər クウィヴァ/ 動自 (小刻みに)震える, ゆれる; (怒り・興奮などで)震える.
— 名C (小刻みな)震え, 震動.
▶動自 *quiver* with fear 恐怖で震える.
— 名 a *quiver* of excitement 興奮のための震え.

＊**quiz** /kwíz クウィズ/ 名 (複 quiz·zes /-iz/) C ❶《米》小テスト, 小試験.
❷(テレビなどでの)クイズ.
— 動 (quiz·zes /-iz/; quizzed /-d/; quiz·zing) 他 …にいろいろ質問する.

名 ❶ a math *quiz* 数学の小テスト《アメリカでは, 小学校, ハイスクールばかりでなく, 大学でも小テストを行なうことが多い. これが quiz といわれている》.

quiz·zi·cal /kwízikəl クウィズィカル/ 形 (表情などから判断して)質問したそうな, 不審そうな.

quo·rum /kwɔ́:rəm クウォーラム/ 名《単数形で》(議決に必要な最小)定数.

quo·ta /kwóutə クウォウタ/ 名C 割り当て額[量, 人数].

quo·ta·tion /kwoutéiʃən クウォウテイション/ 名 ❶ⓐC 引用語句[文]. ⓑU 引用.
❷C 見積もり(額).
▶❶ⓐ *quotations* from Shakespeare シェイクスピアからの引用(文).
☞動 quote.

quotátion màrks 名複 引用符《引用語句[文]であることを示す符号; 2重引用符(" ") (double quotation marks) および1重引用符(' ') (single quotation marks) がある; ⦿《英》では inverted commas ともいう》.

＊**quote** /kwóut クウォウト/ 動 (~s /-ts/; quot·ed /-id/; quot·ing) 他 ❶…を**引用する**.
❷(人)の言ったこと[書いたもの]を引用する.
— 自 [(…から)**引用する** [*from*].

― 名《口語》❶ C 引用句[文].
❷《複数形で》引用符 (quotation marks).

動 他 ❶ *quote* (a verse from) the Bible 聖書(から一節)を引用する.
❷ *quote* Lincoln リンカーンのことばを引用する.
― 自 *quote from* Shakespeare シェイクスピアから引用する.

INFO 書き取り，電文などで「引用文」を始めるときには命令形 quote を用いる．終わるときには unquote を用いる：He said, (quote) "I will not run for governor" (unquote). 彼は「(かっこ)私は知事に立候補しない(かっこ閉じ)」と語った．

☞ 名 quotation.

R r

R¹, r /ɑ́ːr アー/ 名(複 R's, Rs, r's, rs /-z/) ⓊⒸ アール《英語アルファベットの18番目の文字》.

R² 《記号》《米》〖映画〗制限つき《17歳未満保護者同伴; ◎ restricted の略》.

r. 《略語》right; radius.

rab·bi /rǽbai ラバイ/ 名(複 ~s, ~es /-z/) Ⓒ ユダヤ教の宗教指導者, ラビ.

*__rab·bit__ /rǽbit ラビット/ 名(複 ~s /-ts/) Ⓒ 穴ウサギ, 飼いウサギ《野ウサギ (hare) より小さく穴にすむ習性がある》.

rab·ble /rǽbl ラブル/ 名Ⓒ やじうまの群れ.

rab·id /rǽbid ラビッド/ 形 ❶激しい, 過激な. ❷狂犬病にかかった.

ra·bies /réibiːz レイビーズ/ 名Ⓤ 狂犬病.

rac·coon /rækúːn ラクーン/ 名(複 ~, ~s /-z/)〖動物〗アライグマ.

raccóon dòg 名Ⓒ〖動物〗タヌキ《狸》.

*__race¹__ /réis レイス/ 名(複 rac·es /-iz/) Ⓒ
❶ **競走**, レース《陸上競技・水泳・自動車・ボートなど》.
❷《競技以外の広い意味の》**競争**, 争い.
❸《the races で》**競馬**.
— 動 (rac·es /-iz/; raced /-t/; rac·ing) 圓 ❶ **競走する**, 競技に出る.
❷《スピードを出して》**走る**, 疾走(読)する.
❸急ぎ, 速く動く.
— 他 ❶ …と **競走する**.
❷ …を **競走させる**, レースに出す.
❸ …を急いで行かせる, 急いで運ぶ.

･･･････････････････

名 ❶ Let's run a *race*! 競走しよう / She won the three-mile *race*. 彼女はその3マイルレースで優勝した / a swimming *race* 競泳. ❷ an [the] arms *race*《国家間の》軍備拡張競争 / a *race* for mayor 市長選挙戦 / a *race* against time《重要なことを期限までに仕上げようとする》時間との競争.

— 動 圓 ❶ I never *raced* against him in swimming. 私は彼とは泳ぐ競争をしたことがない. ❷ We *raced* to the river. 私たちは川までかけて行った / *race* down a hill 丘をかけ降りる.
— 他 ❶ I'll *race* you to the bridge. 橋まで競走しよう. ❷ *race* a horse 競馬に馬を出す. ❸ They *raced* their child to the hospital. 彼らは子どもを急いで病院に連れて行った.

*__race²__ /réis レイス/ 名(複 rac·es /-iz/)
ⓐⒸ **人種**; 民族. ⓑ《形容詞的に》人種の.
▶ⓐ the white [yellow] *race* 白色[黄色]人種. ⓑ the *race* problem 人種問題.

☞ 形 racial.

race·course /réiskɔ̀ːrs レイスコース/ 名Ⓒ ❶ = **racetrack** ❶. ❷《英》競馬場の走路.

race·horse /réishɔ̀ːrs レイスホース/ 名Ⓒ 競走馬.

rac·er /réisər レイサ/ 名Ⓒ 競走者.

race·track /réistræ̀k レイストラク/ 名Ⓒ ❶《陸上・カーレースなどの》トラック. ❷《米》競馬場の走路.

*__ra·cial__ /réiʃəl レイシャル/ 形 **人種の**; 民族の. ▶ *racial* prejudice 人種的偏見.

☞ 名 race².

ra·cial·ly /réiʃəli レイシャリ/ 副 人種的に, 民族的に.

rac·ing /réisiŋ レイスィング/ 名 ❶Ⓤ 競走, 競馬《◎horseracing ともいう》.
❷《形容詞的に》競走(用)の, 競馬(用)の.

rácing càr 名Ⓒ レーシングカー.

rac·ism /réisizm レイスィズム/ 名Ⓤ 民族的優越感, 人種差別主義.

rac·ist /réisist レイスィスト/ 名Ⓒ 人種差別主義者.

rack /rǽk ラック/ 名Ⓒ ⓐ 物をかけておく台[棒]. ⓑ《細い木などを組んだ》物を立て[入れ]ておく台[棚]. ⓒ《列車などの》物をのせる棚《◎luggage rack ともいう》.
— 動 他《病気・心痛などが》《人》をひどく苦しめる.
▶ 名 ⓐ a towel [hat] *rack* タオル[帽子]かけ. ⓑ a magazine *rack* 雑誌立

て、マガジンラック / a plate *rack* 皿立て。❻I put my bag on the *rack*. 私はかばんを網棚に置いた。
— 動 他 He was *racked* with fever. 彼は熱でひどく苦しんだ。
rack one's brains 一生懸命考える。

*__rack・et__[1] /rǽkit ラキット/ 名 (複 ~s /-ts/) ©(テニス・バドミントンなどの)**ラケット**.

__rack・et__[2] /rǽkit ラキット/ 名 ❶《単数形で》**大騒ぎ, 大きな音**. ❷©《口語》不正な金もうけ.
▶❶make a *racket* 大騒ぎをする.

__ra・coon__ /rækúːn ラクーン/ 名 = __raccoon__.

__rac・y__ /réisi レイスィ/ 形 (rac・i・er; rac・i・est) (書き方が)品のない, きわどい.

*__ra・dar__ /réidɑːr レイダー/ 名 (複 ~s /-z/) ❶□ **レーダー**. ❷© レーダー(電波探知機).

__ra・di・al__ /réidiəl レイディアル/ (★発音注意) 形 ❶ 放射状の. ❷ 半径の.
☞ 名 __radius__.
— 名 © = __radial tire__.

__rádial tíre__ 名 © ラジアルタイヤ.

__ra・di・ance__ /réidiəns レイディアンス/ 名 □ ❶ 輝いていること. ❷ (顔・目の)輝き.
☞ 形 __radiant__.

__ra・di・ant__ /réidiənt レイディアント/ 形 ❶ 光り輝く, 明るく光る.
❷ (顔が)はればれとした, にこにこした.
❸ (光・熱などが)放射される.
▶❶the *radiant* sun 輝く太陽.
❷Her face is *radiant* with joy. 彼女の顔は喜びに輝いている. ❸ *radiant* heat 放射熱.
☞ 名 __radiance__.

__ra・di・ant・ly__ /réidiəntli レイディアントリ/ 副 ❶ 輝いて, きらきらと. ❷ (顔が)はればれとして, にこにこして.

__ra・di・ate__ /réidièit レイディエイト/ 動 (~s /-ts/; -at・ed /-id/; -at・ing) 他 ❶ (光・熱など)を放射する, 発する.
❷ (人が)(気持ち)を表に現わす.
— 自 ❶ (光・熱などが)放射される, 出る.
❷ (道路などが)放射状に延びる. ❸ 発散する.
▶他 ❶The sun *radiates* light and heat. 太陽は光と熱を放射する.
— 自 ❶ Light and heat *radiate* from the sun. 光と熱が太陽から放射される.
☞ 名 __radiation__.

*__ra・di・a・tion__ /rèidiéiʃən レイディエイション/ 名 (複 ~s /-z/) □ ❶ (光・熱などの)**放射**, 発光, 放熱.
❷ 放射エネルギー, 放射線.
☞ 動 __radiate__.

__ra・di・a・tor__ /réidièitər レイディエイタ/ (★発音注意) 名 © ❶ 放熱器, (暖房用)ラジエーター.
❷ (自動車などの)冷却器, ラジエーター.

*__rad・i・cal__ /rǽdikəl ラディカル/ 形 (more ~; most ~) ❶ **徹底的な**, 根本的な.
❷ **急進的な**, 過激な, 極端な.
— 名 © 急進論者, 過激主義者.
▶ 形 ❶ make a *radical* change 徹底的に変える / a *radical* difference 根本的な違い. ❷ *radical* ideas 過激な考え / a *radical* reform 過激な改革.

__rad・i・cal・ism__ /rǽdikəlizm ラディカリズム/ 名 □ 急進主義, 急進論.

__rad・i・cal・ly__ /rǽdikəli ラディカリ/ 副 徹底的に, 根本的に, 本質的に.

__ra・di・i__ /réidiài レイディアイ/ 名 __radius__ の複数形.

***__ra・di・o__ /réidiòu レイディオウ/ (★発音注意) 名 (複 ~s /-z/) ❶ⓐ《the をつけて》**ラジオ(放送)**.
ⓑ《形容詞的に》ラジオの.
❷ © **ラジオ(受信機)**.
❸ □ 無線電信.
— 動 (三単現 ~s /-z/) 他 …を無線で送る. — 自 無線で連絡する.

名 ❶ⓐ Listen to *the radio*. ラジオを聞きなさい.
ⓑ a *radio* program ラジオ番組.
❷ Turn on 〔off〕 the *radio*. ラジオをつけ〔消し〕なさい.
❸ send a message by *radio* 無線で通信を送る.
on [over] the radio ラジオで(放送されて).

__ra・di・o・ac・tive__ /rèidiouǽktiv レイディオウアクティヴ/ 形 放射能のある, 放射性の.

__ra・di・o・ac・tiv・i・ty__ /rèidiouæktívəti レイディオウアクティヴィティ/ 名 □ 〖物理〗(放射線の)放射.

__rádio contròl__ 名 □ 無線操縦, ラジコ

radio-controlled

ン.

ra・di・o・con・trolled /réidiou-kəntróuld レイディオウ・コントロウルド/ 形 無線操縦の, ラジコンの.

ra・di・og・ra・pher /rèidiágrəfər レイディアグラファ/ 名 C レントゲン写真技師.

ra・di・ol・o・gist /rèidiálədʒist レイディアロヂスト/ 名 C ❶放射線科の医者.
❷レントゲン写真技師.

rádio státion 名 C ラジオ放送局.

rádio télescope 名 C 電波望遠鏡.

ra・di・o・ther・a・py /rèidiouθérəpi レイディオウセラピ/ 名 U 放射線療法.

rad・ish /rǽdiʃ ラディッシュ/ 名 (複 ~es /-iz/) C 【植物】ハツカダイコン, 赤かぶ.

ra・di・um /réidiəm レイディアム/ (★発音注意) 名 U 【化学】ラジウム.

ra・di・us /réidiəs レイディアス/ 名 (複 ra・di・i /-diài/, ~es /-iz/) C 半径 (◆r. と略す;「直径」は diameter). ▶ within a one-mile *radius* from [of] the station 駅から半径1マイル以内に.
☞ 形 radial.

ra・don /réidan レイダン/ 名 U 【化学】ラドン.

RAF, R.A.F /áːrèiéf アーエイエフ/ 《略語》《**the** をつけて》Royal Air Force イギリス空軍.

raf・fle /rǽfl ラフル/ 名 C 富くじ.

raft /rǽft ラフト | ráːft/ 名 C ❶いかだ.
❷(空気を入れてふくらませた)ゴム製の(救命)ボート.

raft・er /rǽftər ラフタ/ 名 C 【建築】(屋根の)たるき.

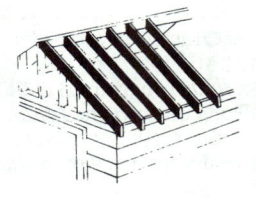

rafters

rag¹ /rǽg ラッグ/ 名 ❶ U C ぼろきれ.
❷《複数形で》ぼろ服.

rag² /rǽg ラッグ/ 名 C ラグタイム (ragtime) の曲.

rág dòll 名 C ぬいぐるみ人形.

*__rage__ /réidʒ レイヂ/ 名 (複 rag・es /-iz/)

❶ U C 激しい怒り, 激怒.
❷ U C (風・波などの)激しさ, 猛威.
— 動 (rag・es /-iz/; raged /-d/; rag・ing) 自 ❶ひどくおこる. ❷(風・戦争・火事・病気などが)猛威をふるう.

▶ 名 ❶ His voice was quivering with *rage*. 彼の声は怒りで震えていた / in a *rage* かっかとして / fly into a *rage* かっとおこり出す.
☞ 動 enrage.
— 動 自 ❶ He *raged* at [against] us for our carelessness. 彼は私たちが不注意だといって猛烈におこった. ❷ Cholera *raged* through the refugee camp. コレラが難民キャンプ中に猛威をふるった.

rag・ged /rǽgid ラギッド/ (★発音注意) 形
❶(衣類などが)ぼろぼろの, ぼろぼろになった. ❷(人が)ぼろを着た. ❸そろっていない, でこぼこの, ぎざぎざの.
▶ ❶ a *ragged* coat ぼろぼろの上着.

rag・ing /réidʒiŋ レイヂング/ 形 ❶激しくおこった. ❷荒れ狂う, 猛烈な.
▶ ❷ a *raging* storm 荒れ狂うあらし.

rag・time /rǽgtàim ラグタイム/ 名 U 【音楽】ラグタイム《初期のジャズ音楽の一種》.

raid /réid レイド/ 名 C ❶襲撃, 急襲.
❷(警察の)手入れ.
— 動 他 ❶…を襲撃する, 急襲する.
❷(警察が)…を手入れする.
▶ 名 ❶ an air *raid* 空襲. ❷ a police *raid* (on ...) (…への)警察の手入れ.

raid・er /réidər レイダ/ 名 C 侵入者[機], 急襲者.

*__rail__ /réil レイル/ 名 (複 ~s /-z/)
❶ C (柵(さく)・垣根などの)横木, 手すり, 欄干(らんかん), 柵. ❷ C ⓐ (鉄道などの)レール.
ⓑ (カーテンなどの)レール. ❸ U 鉄道.

❶ a *rail* fence 横木の柵 / a towel *rail* タオル掛け. ❷ ⓐ The toy train runs on *rails*. その模型列車はレールの上を走る.
by rail 鉄道(便)で.
off the rails 脱線して: The train ran *off the rails*. その列車は脱線した.

rail・ing /réiliŋ レイリング/ 名 C 《しばしば複数形で》金属製の柵(さく).

*__rail・road__ /réilròud レイルロウド/ 名 (複 ~s /-dz/)

1074　one thousand and seventy-four

❶ [C] ((米)) **鉄道**, 鉄道線路 ((✪((英)) では railway)).
❷ [C] ((米)) 鉄道会社.
❸ 《形容詞的に》((米)) 鉄道の.

❶ A *railroad* runs from here to the city. ここからその町まで鉄道が通じている. ❸ There is no *railroad* service on the island. その島には鉄道がない / a *railroad* accident 鉄道事故.

ráilroad stàtion [名] [C] ((米)) (鉄道の)駅 ((✪単に station ともいう; ((英)) では railway station)).

***rail·way** /réilwèi レイルウェイ/ [名] ([複] ~s /-z/) [C] ((英)) **鉄道** ((✪((米)) では railroad)).

ráilway stàtion [名] [C] ((英)) = railroad station.

****rain** /réin レイン/ [名] ([複] ~s /-z/)
❶ [U] **雨**, 降雨.
❷ 《the rains で》(熱帯の) 雨季.
— [動] (~s /-z/; ~ed /-d/; ~·ing) [自]
❶ 《it を主語にして》**雨が降る**.
❷ 雨のように落ちる [降る].

[名] ❶ *Rain* began to fall. (=It began to rain.) 雨が降り始めた / The *rain* stopped. (=It stopped raining.) 雨がやんだ / We have had a lot of *rain* this year. 今年は雨が多かった / It looks like *rain*. 雨が降りそうだ / They walked in the *rain*. 彼らは雨の中を歩いた / a heavy 〔light〕 *rain* 大雨〔小雨〕((✪最後の例のように, heavy (ひどい) や light (少しの) のような形容詞がつくと数えられる名詞になる)).
❷ *The rains* came on [set in]. 雨季がやってきた.
rain or shine **雨が降っても晴れても**, 晴雨にかかわらず: I will go, *rain or shine*. 雨が降っても晴れても行きます.
☞ [形] rainy.
— [動] [自] ❶ *It* is *raining* hard [heavily]. 雨がひどく降っている / [ことわざ] *It* never *rains* but it pours. = ((米)) When *it rains*, it pours. 雨が降れば必ずどしゃ降り, ものごと [(とくに) 不幸] は必ず続いて起こるものだ.
❷ Volcanic ash *rained* down on the town. 火山灰が町に雨のように降った.
be rained off ((英)) = be *rained* out.
be rained out ((米)) 雨で中止 [延期] になる: The baseball game *was rained out*. 野球の試合は雨で中止になった.
rain cats and dogs ☞ cat.
rain down (爆弾などが) 降りそそぐ.
☞ [形] rainy.
《同音異形語》reign, rein.

***rain·bow** /réinbòu レインボウ/ [名] ([複] ~s /-z/) [C] **にじ**. ▶A *rainbow* appeared after the rain. 雨の後でにじが出た.

ráinbow tròut [名] [C] 〔魚類〕ニジマス (虹鱒).

ráin chèck [名] ((米)) [C] ❶ (野球の試合などの) 雨天中止による後日入場券. ❷ (バーゲンセールなどの売り切れ特売品の) 後日購買券.

***rain·coat** /réinkòut レインコウト/ [名] ([複] ~s /-ts/) [C] **レインコート**.

rain·drop /réindràp レインドラップ/ [名] [C] 雨のしずく, 雨つぶ.

rain·fall /réinfɔ̀ːl レインフォール/ [名] [UC] 降雨 [降水] 量. ▶(the) annual *rainfall* in London ロンドンの年間降雨量.

ráin fòrest [名] [C] 熱帯雨林.

rain·storm /réinstɔ̀ːrm レインストーム/ [名] [C] 暴風雨.

rain·wa·ter /réinwɔ̀ːtər レインウォータ/ [名] [U] 雨水.

***rain·y** /réini レイニ/ [形] (rain·i·er; rain·i·est) **雨の**, 雨降りの; 雨の多い.
▶June is a *rainy* month in Japan. 日本では6月は雨の多い月だ / It was *rainy* yesterday. = Yesterday was *rainy*. きのうは雨降りだった / *rainy* weather 雨天.
for a rainy day 困った [必要になる] 場合に備えて: Let's save *for a rainy day*. 万一に備えて貯金しよう.
☞ [名] rain.

****raise** /réiz レイズ/ [動] (rais·es /-iz/; raised /-d/; rais·ing) [他] ❶ …を**上げる**, 立てる, 起こす, 高くする ([反] lower).
❷ ⓐ (値段・給料・名声など) を**上げる**.
ⓑ (人) を昇進させる.
❸ (声など) を**大きくする**.
❹ (家畜) を**飼う**, (家族) を**養う**, (作物) を栽培する.

R

raised

❺ (問題・異議など)を**提出する**.
❻ⓐ(金)を**集める** (gather). ⓑ(兵隊など)を召集する.
❼ⓐ(笑い・恐怖など)を起こさせる. ⓑ(騒ぎなど)を起こす.
❽(家・碑など)を建てる.
❾(封鎖・禁止など)を解く, 解除する.
❿(ほこり・波など)を立てる.
— 名 ⓒ ❶**上げること**, 増加.
❷《米》昇給(《❀英》では rise).

▶ 動 他 ❶He *raised* his hand to answer. 彼は答えようと手を上げた / She *raised* her glass to her lips. 彼女はグラスを口まで持ち上げた.
❷ⓐMy salary was *raised* two months ago. 私の給料は2か月前に上がった / *raise* the standard of living 生活水準を上げる.
ⓑHe was *raised* to the position of chief of the new section. 彼は新しい課の課長に昇進した.
❸She suddenly *raised* her voice. 彼女は突然声を大きくした.
❹*raise* cattle 牛を飼う / *raise* children 子どもを育てる / *raise* rice 米を作る.
❺*raise* an objection 異議を申し立てる.
❻ⓐThey *raised* money to build a home for senior citizens. 彼らは老人ホームを建てるためにお金を集めた.
❼ⓐHis joke *raised* a laugh. 彼の冗談が人々を笑わせた / *raise* a doubt 疑念を起こさせる.
ⓑ*raise* a rebellion 反乱を起こす.
❽They *raised* a monument to his memory. 彼らは彼を記念して記念碑を建てた.
❾*raise* a ban 禁止令を解く.
— 名 ❷I got a *raise*. 給料が上がった.
《同音異形語》raze.

raised /réizd レイズド/ 形 高くした, 一段高い.

rai·sin /réizn レイズン/ 名 ⓒ ほしブドウ, レーズン.

rake /réik レイク/ 名 ⓒ くま手, レーキ.
— 動 (~s /-z/; ~d /-t/; rak·ing) 他
❶ⓐくま手で…をかきならす. ⓑ(くま手などで)をかき集める. ❷(髪の毛など)を(指で)すく. ❸…を銃で掃射(ぞうしゃ)する.
— 自 ❶くま手を使う. ❷徹底的に捜(さが)す.
▶ 動 他 ❶ⓐ*rake* a field くま手で畑をかきならす. ⓑ*rake* fallen leaves 落ち葉をかき集める.

rake in 他 (お金)をたくさんかせぐ[集める].

rake up 他 ①…をかき集める. ②(古いこと)をほじくり出す, 暴露(ばくろ)する.

ral·ly /ræli ラリ/ 動 (ral·lies /-z/; ral·lied /-d/; ~·ing) 他 ❶…を集める.
❷ⓐ(体力など)を回復する. ⓑ(勇気など)をふるい起こす.
— 自 ❶(人が)(集会のために)集まる.
❷体力を回復する, 元気になる.
❸(テニスなどで)続けて打ち合う, ラリーをする.
— 名 (複 ral·lies /-z/) ⓒ ❶(政治目的などの)大集会. ❷(体力などの)回復.
❸(テニスなどでの)ラリー.
❹《英》自動車の長距離競走, ラリー.
▶ 動 他 ❶The labor union *rallied* its members. その労働組合は組合員を招集した. ❷ⓐHe will *rally* his spirits. 彼は気力をふるい起こすだろう.
— 自 ❶Many people *rallied* to her call. 彼女の呼びかけに多くの人たちが集まった.
— 名 ❶a political *rally* 政治的な集会.

Ralph /rælf ラルフ/ 名 ラルフ《男性の名》.

RAM /ræm ラム/ 名 ⓤ 〖電算〗ラム, 読み書き両用の記憶装置 (❀*random-access memory* の略語; ☞ ROM).

ram /ræm ラム/ 名 ⓒ ❶雄ヒツジ.
— 動 (~s /-z/; rammed /-d/; ram·ming) 他 ❶…に激しくぶつかる, 衝突する. ❷…を押しこむ, 詰めこむ.

Ram·a·dan /rá:mədà:n ラーマダーン/ 名 ラマダーン《イスラム暦の9月; この月はイスラム教徒は日の出から日没まで断食する》.

ram·ble /ræmbl ランブル/ 動 (現分 ram·bling) 自 ❶ぶらぶら歩く. ❷とりとめなくしゃべる.
— 名 ⓒ (のんびりとした)(長い距離の)散歩.

ram·bler /ræmblər ランブラ/ 名 ⓒ ❶ぶらぶら歩く人. ❷とりとめなく話す人.

ram·bling /ræmbliŋ ランブリング/ 形

❶ぶらぶら歩き回る, 散策する. ❷(話などが)まとまりのない, とりとめのない. ❸(家などが)大きくてまとまりのない.

ramp /rǽmp ランプ/ 图C ❶ⓐ(高さのちがうふたつの場所を結ぶ)傾斜(通)路, 斜道, ランプ. ⓑ(立体交差路 (interchange) などの)ランプ, 傾斜路.

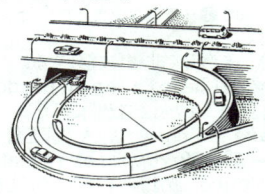

ramp ❶ⓑ

❷(飛行機乗降用の)タラップ.

ram·page /rǽmpeidʒ ランペイヂ/ 图《次の成句で》: *be* [*go*] *on the* [*a*] *rampage* あばれ回る.
— 動 (現分 -pag·ing) ⾃あばれ回る, 荒れ狂う.

ram·pant /rǽmpənt ランパント/ 形 (植物が)はびこっている.

ram·shack·le /rǽmʃæk(ə)l ラムシャクル/ 形 (建物などが)今にもこわれそうな, がたがたの.

***ran** /rǽn ラン/ 動 run の過去形.

ranch /rǽntʃ ランチ/ 图 (複 ~·es /-iz/) C《米》(米国やカナダなどの)大牧場, 大農場.

ranch·er /rǽntʃər ランチャ/ 图《米》C ❶牧場主. ❷牧場労働者.

ránch hòuse 图《米》C ❶牧場主の家. ❷(郊外の)平屋建ての家.

ran·cid /rǽnsid ランスィッド/ 形 (バター・肉などが)腐(く)ったようなにおい[味]のする.

R & D《略語》*r*esearch *and* *d*evelopment 研究と開発.

Ran·dolph /rǽndəlf ランドルフ/ 图 ランドルフ《男性の名》.

***ran·dom** /rǽndəm ランダム/ 形 (more ~; most ~) 手当たりしだいの, でたらめの, 偶然にまかせた.
— 图《次の成句で》: *at random* 手当たりしだいに, でたらめに, 無計画に.
▶形 a *random* guess 当てずっぽう / a *random* remark 出まかせのことば / a *random* shot 乱射.
— 图 He set to work *at random*. 彼は手当たりしだいに仕事をやりだした.

random-access memory /rǽndəmǽksəs mém(ə)ri ランダム・アクセス メモリ/ 图 U〔電算〕=**RAM**.

*__rang__ /rǽŋ ラング/ 動 ring² の過去形.

*__range__ /réindʒ レインヂ/ 图 (複 rang·es /-iz/)
❶《単数形で》ⓐ(同種のものの中の)幅, 範囲, 広がり. ⓑ限界, 幅.
❷UC届く距離; 音域; 視界.
❸C(製品などの)種類.
❹C山脈, 山並み (●mountain range ともいう).
❺C《米》放牧場. ❻C射撃場. ❼C《米》(料理用の)レンジ (●《英》ではcooker; ☞ kitchen のさし絵).
— 動 (rang·es /-iz/; ranged /-d/; rang·ing) ⾃ ❶(範囲・種類などが)及ぶ, 広がる.
❷(山脈などが)連なる, 延びる.
— 他 ❶ …を(一列に)並べる, 整列させる.
❷(探検などで)…を動き回る, さまよう.

图 ❶ⓐHe has *a* wide *range* of interests. 彼は広い趣味をもっている / the whole *range* of history 歴史全般 / a narrow *range* of prices せまい値幅. ⓑthe *range* of the mayor's authority 市長の権限の幅. ❷This gun has *a range* of six kilometers. この大砲は射程6キロだ / out of 〔within〕 *range* 届く範囲外〔内〕に / at long 〔short〕 *range* 遠〔近〕距離から. ❸a wide *range* of toys 幅広い種類のおもちゃ. ❹You can see a *range* of mountains from the roof. 屋上から山並みが見える.

beyond the range of ... …の範囲を越えて: It is *beyond the range of* my ability. それは私にはできない.

within the range of ... …の範囲内に[の]: The work is not *within the range of* our responsibilities. その仕事は私たちの責任外です.

— 動 ⾃ ❶ Their ages *range* from ten to fifteen. 彼らの年齢は10歳から15歳にまでわたっている / Prices *range* between £10 and £50. 値段は10ポン

ranger

ドから50ポンドまでいろいろです．
❷The hills *range* along the coast. その山々は海岸沿いに連なっている．
range over ... ①(話題・関心などが)…に及ぶ．②…を歩き回る．

rang・er /réindʒər レインヂャ/ 名C公園[森林]監視隊員．

Ran・goon /ræŋgúːn ラングーン/ 名ラングーン《ミャンマーの首都の旧名；今は Yangon という》．

*__**rank**__ /rǽŋk ランク/ 名(複 ~s /-s/)
❶UC**地位**, 身分, 階級．
❷C列；(兵隊などの)**横列**《✪「縦列」は file》．
❸《the ranks で》(一般の)兵隊たち, 一般大衆《✪**the ránk and fíle** ともいう》．
— 動(~s /-s/; ~ed /-t/; ~ing)他
❶…を**並べる**, 整列させる．
❷…を格付けする, …を評価する．
— 自**地位を占める**, 位する．
▶名❶She is in the top *rank* of scholars in the field. 彼女はその分野の一流の学者である / a writer of the first *rank* 一流の作家 / people of all *ranks* あらゆる身分の人々. ❷the front [rear] *rank* 前[後]列 / in a *rank* 並んで．
— 動他 ❶The glasses were *ranked* neatly on the table. コップがテーブルの上にきちんと並べられていた.
❷I *rank* his ability very high. 私は彼の能力をとても高く評価する．
— 自She *ranks* among the best opera singers of the day. 彼女は現代最高のオペラ歌手のひとりだ．

rank・ing /rǽŋkiŋ ランキング/ 名C順位, 格, ランキング．
— 形《米》最上位の；高い位の, 一流の．

ran・sack /rǽnsæk ランサック/ 動他
❶…をすみからすみまで捜(が)す．❷…に強盗に入る．
▶❶He *ransacked* the drawer *for* the letter. 彼はその手紙がないかと引き出しの中をくまなく捜した．

ran・som /rǽnsəm ランサム/ 名C身のしろ金．
hold ... for [《英》***to***] ***ransom*** …を人質にして身のしろ金を要求する．

rant /rǽnt ラント/ 動自わめきちらす, どなりちらす. — 名Uわめき, 怒号．

rap /rǽp ラップ/ 名 ❶C コツン[トントン]とたたくこと；コツン[トントン]とたたく音. ❷UC〖音楽〗ラップ. ❸《口語》非難；罰．
— 動(~s /-s/; rapped /-t/; rapping)自〔…を〕コツンとたたく, トントンたたく〔at, on〕．
— 他 ❶…をコツンとたたく, トントンたたく．
❷…を激しく非難[攻撃]する．
▶名❶I heard a *rap* on the door. 戸をトントンとたたく音が聞こえた．
take the rap 《口語》人の罪を着る．
— 動自He *rapped on* the table for silence. 彼は静かにするようにとテーブルをトントンとたたいた / *rap at* the door ドアをコツコツたたく．
— 他 ❶He *rapped* me on the head. 彼は私の頭をコツンとたたいた．
《同音異形語》wrap．

rape /réip レイプ/ 動(現分 rap・ing)他(人)を強姦(ごう)する, レイプする．
— 名 ❶UC強姦, レイプ. ❷C(森林などの)破壊(ぶっ)．

*__**rap・id**__ /rǽpid ラピッド/ 形(more ~, ~er; most ~, ~est)(動作・変化などが)**速い**, すばやい, 急速な《反slow》．
— 名C《ふつう複数形で》急流．

形a *rapid* flow 急な流れ / a *rapid* motion 速い動き / a *rapid* speaker 早口の人 / *rapid* progress 急速な進歩．

☞ 名rapidity．

rap・id-fire /rǽpid-fáiər ラピド・ファイア/
形 ❶(銃などが)速射の. ❷やつぎばやの, たて続けの．
▶❷a *rapid-fire* questions やつぎばやの質問．

ra・pid・i・ty /rəpídəti ラピディティ/ 名U速いこと, 急速, 迅速(じん)．
☞ 形rapid．

*__**rap・id・ly**__ /rǽpidli ラピドリ/ 副**速く**, すばやく, 急速に《反slowly》．

Bamboo grows *rapidly*. 竹は生長が速い．

rap・ist /réipist レイピスト/ 名C強姦(ごう)犯．

rap・port /ræpɔ́ːr ラポー/《★ t は発音され

1078 one thousand and seventy-eight

ない)[名][U]相互に理解し合う関係,信頼し合う関係.

rapt /rǽpt ラプト/ [形]《文語》熱中している,夢中の.
☞[名]rapture.

rap·ture /rǽptʃər ラプチャ/ [名][U]《文語》うれしくてたまらない気持ち,うっとりした気持ち.
be in raptures うれしくてたまらない.
☞[形]rapt, rapturous.

rap·tur·ous /rǽptʃərəs ラプチュラス/ [形]うれしくてたまらない,有頂天の.
☞[名]rapture.

*__rare__[1]__ /réər レア/ [形] (rar·er /réərər/; rar·est /réərist/) **珍しい**,まれな,めったにない,あまり見かけない (反common).

Pandas are *rare* animals. パンダは珍しい動物だ / Sunny days are *rare* around here in winter. このへんでは冬になると晴れる日はまれだ / It is *rare* for him to get angry. 彼はめったにおこらない.

☞[名]rarity.

rare[2] /réər レア/ [形] (rar·er /réərər/; rar·est /réərist/)(ステーキなどが)生焼けの,レアの.

*__rare·ly__ /réərli レアリ/ [副] (more ~; most ~) **めったに…ない**,まれに (反frequently, often)(☞always の [語法]; seldom の [類語]).

He *rarely* catches colds. 彼はめったにかぜをひかない / She is *rarely* at home. 彼女はまれにしか家にいない.
rarely, if ever たとえするとしても,ごくまれにしか…ない.

rar·i·ty /réərəti レ(ア)リティ/ [名] (複 -i·ties /-z/) ❶[U]まれであること,珍しさ. ❷[C]珍しいもの[こと],珍しい人.
☞[形]rare[1].

ras·cal /rǽskəl ラスカル/ [名][C]いたずらっ子.

rash[1] /rǽʃ ラッシュ/ [形]向こうみずな,軽率な. ▶a *rash* young man 向こうみずな若者 / a *rash* decision 軽率な決定.

rash[2] /rǽʃ ラッシュ/ [名] (複 ~es /-iz/)[C]
❶ 発疹(はっしん),湿疹(しっしん),吹き出物.
❷ (ふつういやな出来事などの)続発.
▶❶ have a *rash* 湿疹ができる.

rash·ly /rǽʃli ラシュリ/ [副]向こうみずに,軽率に.

rasp·ber·ry /rǽzbèri ラズベリ/ [名] (複 -ber·ries /-z/)[C][植物]ラズベリー,キイチゴ.

*__rat__ /rǽt ラット/ [名] (複 ~s /-ts/)[C] ❶ **ネズミ** 《ドブネズミ・家ネズミなど; ハツカネズミ(mouse) より大きい》.
[INFO] どぶや川にすんでいるものを rat(ネズミ)といい,住宅に出没してチーズなどを好物にしているものを mouse(ハツカネズミ)という.

rat   mouse

❷《口語》卑劣な信用できないやつ,裏切者.

*__rate__ /réit レイト/ [名] (複 ~s /-ts/)[C]
❶ⓐ**割合**,率. ⓑ(為替(かわせ)の)レート.
❷**料金**,値段(☞price の [類語]).
❸**速度**,速さ.
— [動] (~s /-ts/; rat·ed /-id/; rat·ing)
他 …を**評価する**,見積もる.
— 自 格付けされる,評価される.

[名] ❶ⓐThe birth 〔death〕 *rate* has dropped. 出生〔死亡〕率が下がった / the *rate* of interest 利率 / at the *rate* of 3 to 4 3:4の割合で. ⓑthe exchange *rate*=the *rate* of exchange 為替相場 ❷the water 〔telephone〕 *rates* 水道〔電話〕料金 / at a cut *rate* 割引料金で. ❸at the *rate* of 200 kilometers an hour 時速200キロで.

at any rate ①**とにかく**:*At any rate* I'll come. とにかく来ましょう.②少なくとも.

at that rate 《口語》その調子で(は),そんなことでは.

at this rate 《口語》この調子で(は),こんなことでは:*At this rate* we won't get there in time. この分ではそこに時間内に着けないだろう.

— [動]他I *rate* his latest work as one of the best. 私は彼の最近の作品

rather

を最高傑作のひとつと評価している.
— ❷The singer *rated* second in a popularity poll. その歌手は人気投票で2位になった.

**rath·er /rǽðər ラザ | rάːðə/ 副
❶《好ましくない意味の形容詞・副詞とともに用いて》**かなり** (❃fast, hot など好悪と直接関係のない形容詞・副詞に用いた場合にも,「好ましくない」という気持ちを表わす：☞ fairly ❷).
❷《比較級の形容詞・副詞または類似・相違を意味する形容詞・副詞とともに用いて》**やや**, 少し.
❸《好ましい意味の形容詞・副詞とともに用いて》**非常に**, とても.
❹《しばしば **than** をともなって》(…よりは)**むしろ**.
❺《単数名詞・動詞とともに用いて》**かなり**, 相当.

---

❶He was *rather* poor in those days. 当時彼はかなり貧乏だった / These shoes are *rather* tight. このくつはかなりきつい.
❷The results of the examination were *rather* worse than I had expected. 試験の結果は思っていたよりも少し悪かった / The teacher looked *rather* like my father. その先生はちょっと父に似ていた.
❸I found the English textbook *rather* amusing. 英語の教科書は読んでみたらとてもおもしろかった.
❹He is a teacher *rather than* a writer. 彼は作家というよりはむしろ教師だ.
❺He is *rather* a nuisance. 彼はかなりやっかいな奴だ / I *rather* think you may be mistaken. 私はあなたがまちがっているかもしれないと思っているのですが (❃I think の遠回しな表現).

or rather もっと正確に言えば (☞ or).
would [had] rather *do* むしろ__したい(と思う)：I *would rather* drink tea than coffee. 私はコーヒーよりお茶が飲みたい.

rat·i·fi·ca·tion /rætəfikéiʃən ラティフィケイション/ 名U (条約などの)批准(ひじゅん).

rat·i·fy /rǽtəfài ラティファイ/ 動 (-i·fies /-z/; -i·fied /-d/; ~·ing) 他 (条約など)を批准(ひじゅん)する.

rat·ing /réitiŋ レイティング/ 名 ❶UC評価, 格付け, ランク付け；信用度.
❷《the ratings で》(テレビ・ラジオの)視聴率.

*ra·tio /réiʃou レイショウ, -ʃiòu/ 名 (複 ~s /-z/) C (2者間の)**比率**, 割合.
▶The *ratio* of boys to girls in our class is 3 to 2. 私たちのクラスは男子と女子の比率は3対2である.

ra·tion /rǽʃən ラション/ (★発音注意) 名 C (食料・燃料などの)配給量.
— 動 他 …を(数量を限定して)配給する.
▶名a *ration* of gas ガソリンの配給量.
— 動 他 The government *rationed* gasoline. 政府はガソリンを配給制にした.

*ra·tion·al /rǽʃənəl ラショナル/ 形 (more ~; most ~) ❶**理性的な**, 分別のある (反 irrational). ❷**合理的な**, すじの通った.
▶❶Man is a *rational* animal. 人間は理性の動物である. ❷a *rational argument* すじの通った議論.
☞ 名rationality, 動rationalize.

ra·tion·al·i·ty /ræʃənǽləti ラショナリティ/ 名U 理性的であること, 合理性.
☞ 形rational.

ra·tion·al·i·za·tion /ræʃənəlizéiʃən ラショナリゼイション | -lai-/ 名 UC 合理化.

ra·tion·al·ize /rǽʃənəlàiz ラショナライズ/ 動 (現分 -iz·ing) 他 ❶ …を合理的に説明する. ❷ (企業など)を合理化する.
☞ 形rational.

ra·tion·al·ly /rǽʃənəli ラショナリ/ 副 合理的に, 理性的に.

rát ràce 名《the をつけて》《口語》猛烈な競争.

*rat·tle /rǽtl ラトル/ 動 (rat·tles /-z/; rat·tled /-d/; rat·tling) 自 ガタガタ[ガラガラ]**音を立てる**.
— 他 ❶ …にガタガタ[ガラガラ]音を立てさせる.
❷《口語》(人)をまごつかせる.
— 名 ❶《単数形で》ガタガタ[ガラガラ]いう音. ❷ C (おもちゃの)がらがら.
▶動 自 The windows *rattled* in the wind. 窓が風でガタガタ鳴った.
— 他 ❶The wind *rattled* the slid-

ing doors. 風が引き戸をガタガタいわせた.

rat・tle・snake /rǽtlsnèik ラトルスネイク/ 名C【動物】ガラガラヘビ《南北アメリカにいる毒ヘビ》.

rau・cous /rɔ́:kəs ローカス/ 形 (声が)大きくて耳ざわりな.

rav・age /rǽvidʒ ラヴィッヂ/ 動 (現分 rav・ag・ing) 他 …を荒らす, 破壊する.

rave /réiv レイヴ/ 動 (現分 rav・ing) 自
❶ ほめちぎる. ❷ どなる, わめく.
— 名C ❶ (口語)やたらとほめちぎること. ❷ にぎやかなパーティー.

ra・ven /réivən レイヴン/ (★発音注意) 名C【鳥類】ワタリガラス《大型で, 羽は黒くて光沢がある. 不吉な鳥と考えられている》.

rav・en・ous /rǽvənəs ラヴェナス/ 形 がつがつした, 飢(う)えきった.

ra・vine /rəví:n ラヴィーン/ (★アクセント注意) 名C (長く・狭く・深い)峡谷.

*__raw__ /rɔ́: ロー/ 形 (~・er; ~・est)
❶ⓐ (食べ物が)生(なま)の, 料理してない. ⓑ原料のままの, 加工していない.
❷未熟な, 経験のない.
❸ⓐ (傷などが)皮のむけた, 皮膚のすりむけた. ⓑ (感情が)むき出しの.
❹ (考え・データなどが)まだまとまっていない, 生の.

形 ❶ⓐ We often eat fish *raw* in Japan. 日本ではよく魚を生で食べる / *raw* meat 生肉. ⓑ*raw* silk 生糸(きいと).
❷a *raw* recruit 新参者.
❸His face was *raw* with sunburn. 彼の顔は日焼けで皮がむけていた.
❹*raw* data 生の[未処理の]データ.

raw・hide /rɔ́:hàid ローハイド/ 名U なめしてない牛皮.

ráw matérial 名C 原料.

*__ray__ /réi レイ/ 名 (複 ~s /-z/)
❶Ⓒ光線, 放射状の光. ⓑ放射線; 熱線.
❷《a ray of ...》かすかな….
▶ ❶ⓐthe *rays* of the sun＝the sun's *rays* 太陽光線. ⓑX-*rays* エックス線. ❷*a ray of* hope. わずかな望み.
《同音異形語》re.

Ray・mond /réimənd レイモンド/ 名 レイモンド《男性の名；愛称は Ray》.

ray・on /réiɑn レイアン/ 名U レーヨン.

raze /réiz レイズ/ 動 (現分 raz・ing) 他 …を完全に破壊する.

*__ra・zor__ /réizər レイザ/ 名 (複 ~s /-z/)Ⓒ かみそり. ▶an electric *razor* 電気かみそり.

Rd., rd. 《略語》Road, road.

re /réi レイ/ 名C,U【音楽】レ《音階の第2音》.

re-¹ /ri, rə リ/ 接頭 「後へ, 元へ；さらに, 再び」の意味. ▶*re*call 思い出す / *re*new 再び始める.

re-² /rì: リー/ 接頭 「再び, さらに；…しなおす」の意味. ▶*re*build 再建する / *re*elect 再選する.

__'re__ /ər ア/ 接尾 are の短縮形《we, you, they の後に用いて》. ▶we're* /wiər/ われわれは / you*'re* /juər ǀ jɔə/ あなた(方)は / they*'re* /ðeiər/ 彼らは.

***__reach__ /rí:tʃ リーチ/ 動 (~・es /-iz/; ~ed /-t/; ~・ing) 他 ❶ …に**到着する**, 着く.
❷ …に届く, 達する, 及ぶ, 広がる.
❸ⓐ (手など)を**伸ばす**.
ⓑ …を手を伸ばして取る.
ⓒ《reach ~ ... または reach ... for ~》手を伸ばして~に…を取ってやる.
❹ …と連絡する.
— 自 ❶ 手を伸ばす.
❷ 届く, 達する, 広がる.
❸ (手などが)伸びる.
— 名 (複 ~・es /-iz/) ❶《単数形で》**手の届く範囲**, リーチ.
❷《単数形で》(力・知力などの届く)範囲, 限度.
❸《複数形で》区域.

動 他 ❶ We *reached* the village before noon. 私たちは正午前にその村に着いた.
❷The letter has not *reached* me. その手紙は私のところに届いていない / I can't *reach* the branch. 私はその枝には手が届かない / His losses *reached* 100 dollars. 彼の損害は100ドルに達した / *reach* an agreement 合意[妥協]に達する.
❸ⓐShe *reached* her hand toward the baby. 彼女は赤ん坊のほうへ手を伸ばした. ⓑShe *reached* down a book

react   ABCDEFGHIJKLMNOPQ**R**STUVWXYZ

from the top shelf. 彼女は手を伸ばして一番上の棚(た)から本を取った.
❻Would you *reach* me the salt? (食卓で)塩を取ってくださいませんか.
❹You can *reach* me by telephone. 電話で私に連絡できます.

── 圁 ❶She *reached* across the table for [to get] her bag. 彼女はバッグを取ろうとしてテーブルの向こうに手を伸ばした.
❷Our property *reaches* from the road to that fence. われわれの土地は道路からそこのへいまで続く / We saw nothing but water as far as the eye could *reach*. 見わたすかぎり水しか見えなかった.
❸She *reached* up and took down a book. 彼女は手を上に伸ばして本を下ろした.

reach after ... …を得ようとする, 求める.
reach for ... ①…を取ろうと手を伸ばす. ②…を得ようとする, 求める.
reach into ... …に手を入れる.
reach out 圁(手を差し出す[伸ばす]. ── 圄(手など)を差し出す[伸ばす].
reach out to ... …まで助けの手を差し伸べる.

── 图 ❶He has *a* long *reach*. 彼はリーチ[手]が長い. ❷His imagination has wide *reach*. 彼は広い想像力をもっている. ❸the upper *reaches* of the Hudson ハドソン川上流の地域.

beyond [out of] ...'s reach** = **beyond [out of] the reach of ... …の手の届かない, 力の及ばない: Such a big house is *beyond my reach*. そんな大きな家はとても買えない / I'm afraid the task is *beyond [out of] my reach*. その仕事は私にはできないと思います.
within reach of ... …の届くところに: He lives *within* easy *reach of* the station. 彼は駅のすぐ近くに住んでいる.
within ...'s reach (金銭・能力的に)…の手の届く範囲で.

*****re·act*** /riǽkt リ**ア**クト/ 働(~s /-ts/; ~-ed /-id/; ~-ing)圁 ❶**反応する**.
❷**反発する**, 反抗する.
❸〖化学〗反応する.

❶The eye *reacts to* light. 目は光に反応する / The citizens *reacted* favorably *to* the proposal. 市民はその提案によい反応を示した[賛成した].
❷They *reacted against* the plan. 彼らはその計画に反対した.
☞ 图reaction.

*****re·ac·tion*** /riǽkʃən リ**ア**クション/ 图(圏 ~s /-z/)
❶ⓐⓊⓒ**反応** (反 action). ⓑⓒ身体的な反応. ⓒⓒ反射行動.
❷Ⓤⓒⓒ反抗, 反発.
❸Ⓤⓒ〖化学〗反応; 〖物理〗反作用.

❶ⓐWhat was their *reaction* to the news? その知らせに対する彼らの反応はどうでしたか. ⓑan allergic *reaction* アレルギー反応. ⓒquick *reaction* すばやい反射行動.
❷a *reaction* against tax increase 増税に対する反発.
☞ 働react, 形reactionary.

re·ac·tion·ar·y /riǽkʃənèri リア**ク**ショネリ | -əri/ 形(保守)反動の.
☞ 图reaction.
── 图(圏 -ar·ies /-z/)ⓒ(保守)反動主義者.

re·ac·ti·vate /ri:ǽktəvèit リー**ア**クティヴェイト/ 働(現分 -vat·ing)圄…を再び活発にさせる.

re·ac·tor /riǽktər リ**ア**クタ/ 图ⓒ〖物理〗原子炉 (❍nuclear reactor ともいう).

*****read***¹ /ríːd リード/ 働(~s /-dz/; read /réd/; ~-ing) (★過去・過去分詞の発音注意)圄 ❶ⓐ…を**読む**.
ⓑ…を読んで理解する.
ⓒ《read that ＿》＿ということを読んで知る.
❷ⓐ…を**声を出して読む**, 読んで聞かせる.
ⓑ《read ~ ... または read ... to ~》~に…を読んで聞かせる.
❸(文字以外のもの)を**読み取る**, 理解する.
❹(計器などが)…を**示す**.
❺(英)…を専攻する.
❻〖電算〗(コンピューターが)(データ)を読み取る.

1082   one thousand and eighty-two

abcdefghijklmnopq**r**stuvwxyz **reading**

— 🅰 ❶ⓐ 読書する.
ⓑ 字を読む.
ⓒ (新聞・雑誌などで)読んで知る.
❷ 声を出して読む.
❸ (…と)書いてある, (…と)読み取れる.

他 ❶ⓐ Have you *read* the book? その本を読みましたか. ⓑ I can *read* Spanish a little. 私は少しスペイン語が読める. ⓒ I *read* in the newspaper *that* the orchestra is coming on tour to Japan. そのオーケストラがコンサートツアーで日本に来ると新聞で読んだ.
❷ⓐ Listen while I *read* it. それを読むから聞いてちょうだい.
ⓑ Please *read* us the story. = Please *read* the story *to* us. 私たちにその話を読んでください.
❸ She can *read* music 〔a map〕. 彼女は楽譜〔地図〕が読める / She *read* my thoughts [mind]. 彼女は私の考えを読み取った / I *read* her lips. 私は彼女の唇を読んだ.
❹ The thermometer *reads* 30°C. 温度計はセ氏30度をさしている (⇒30°C は thirty degrees centigrade [Celsius] と読む).
❺ *read* architecture 建築を専攻する.

— 自 ❶ⓐ I have no time to *read*. 私は読書する時間がない. ⓑ Almost all Japanese can *read*. 日本人のほとんど全部が字が読める. ⓒ I once *read* about Atlantis in a book. アトランティス島のことをある本で読んだことがある.
❷ Our teacher often *reads* to us. 私たちの先生はよく私たちに本を読んでくれる.
❸ The sign *reads*, "Keep out." その看板には「立入禁止」と書いてある / This letter *reads* like a threat. この手紙は脅迫(きょうはく)のようにもとれる.

read between the lines 行間を読む, (書かれていないが)筆者が伝えたい意味を読み取る.

read ... into ~ (書かれていないのに)…が~の中に含まれていると解釈する: He *read* more *into* my letter than I had intended. 彼は私の手紙を私の意図以上に解釈した.

read on 自 読み続ける.
read out 他 ① …を声を出して読む. ② (コンピューターが)…を読み出す.
read ... out of ~ 《米》 …を~から除名する.
read over 他 = *read* through.
read through 他 (内容をチェックするために)(文書)を**すばやく読み通す**.
read up 他 = *read* up on ....
read up on [*about*] ... …についていろいろ読む.

****read**² /réd レッド/ (★発音注意) 動 read¹ の過去形・過去分詞形.

read·a·bil·i·ty /rìːdəbíləti リーダビリティ/ 名 Ⓤ おもしろく読めること, 読みやすさ.

read·a·ble /ríːdəbl リーダブル/ 形 ❶ 読みやすい, おもしろく読める. ❷ (筆跡などが)わかりやすい.

****read·er** /ríːdər リーダ/ 名 (複 ~s /-z/) Ⓒ
❶ **読者**, 読む人, 読書家. ❷ **教科書**, リーダー, 読本(とくほん) 《読むことを練習するための教科書》. ❸ 《英》 (大学の)准教授.

❶ She is a great *reader*. 彼女は大の読書家だ. ❷ an English *reader* 英語のリーダー[教科書].

****read·i·ly** /rédəli レディリ/ 副 ❶ **簡単に**, **すぐに**. ❷ **快く**, **進んで**.
▶ ❶ He *readily* understood my intention. 彼はすぐに私の意向を理解した. ❷ I will *readily* do it. 喜んでそういたします.

read·i·ness /rédinəs レディネス/ 名
❶ Ⓤ 用意ができていること.
❷ 《単数形で》喜んでする気持ち.
❸ 《単数形で》迅速(じんそく), 素早さ.
in readiness 用意ができて.

****read·ing** /ríːdiŋ リーディング/ 名 (複 ~s /-z/)
❶ⓐ Ⓤ **読書**; **読むこと**. ⓑ Ⓒ **朗読**.
❷ Ⓤ **読み物**; 《複数形で》作品集.
❸ Ⓒ (字句・文などの)**解釈**, **読み方**.
❹ Ⓒ (計器などの)**表示(する数量)**.
▶ ❶ⓐ She likes *reading*. 彼女は読書が好きだ / *reading* aloud 音読 / silent *reading* 黙読 / *reading*, writing, and arithmetic 読み書き算数 (⇒この三つをまとめて the three R's という). ❷ This book is good *reading*

reading room

for girls. この本は女の子にはよい読み物だ / *readings* from American novels アメリカ小説作品集. ❸ What is your *reading* of this fact? あなたはこの事実をどう解釈しますか. ❹ The 8 o'clock *reading* of the thermometer was 43 degrees F. 8時に温度計はカ氏43度を示していた.

réading ròom 名C図書閲覧(鴛)室.

re·ad·just /rìːəʤʌ́st リーアヂャスト/ 動他…を再び調整する, 調節し直す.

re·ad·just·ment /rìːəʤʌ́stmənt リーアヂャストメント/ 名UC再調整, 再調節.

réad-ònly mémory /ríːd-òunli mémə ri リード・オウンリ メモリ/ 名U〖電算〗= ROM.

read·out /ríːdàut リーダウト/ 名U〖電算〗(情報の)読み出し.

★★★read·y /rédi レディ/ 形 (read·i·er; read·i·est)

❶ **用意ができて(いる)**, 準備ができて(いる).

❷喜んで___する気で(いる); …の覚悟ができて(いる).

❸ⓐ今にも__しようとして(いる).
ⓑすぐに__しがちで(ある).

❹(前もって用意できていたように)すばやい, 即座の.

❺すぐ使える.

──────────────────

❶ Are you *ready*? 用意はできていますか / Dinner is *ready*. 食事の用意ができました / Our team is *ready for* the game. 私たちのチームは試合の準備ができている / We are *ready to* leave. 私たちはいつでも出発できるようになっている.

❷ I am always *ready to* help you. いつでも喜んでお手伝いします / I am *ready for* failure. 失敗したときの覚悟はできている.

❸ⓐ She was *ready to* cry. 彼女は今にも泣き出しそうだった.
ⓑ He is too *ready to* suspect people. 彼は人をすぐ疑う.

❹ a *ready* answer 即答 / She has a *ready* wit. 彼女は頓知(ざ)がある.

❺ *ready* money 現金.

get ready 用意する, 準備する: *Get ready* for departure in five minutes. 5分で出発の用意をしなさい.

get ... ready …の用意をする, …の準備をする: *Get* everything *ready* by noon. 正午までにすべて用意しなさい.

have ... ready …をいつでも使えるようにしている: I always *have* an English dictionary *ready*. 私はいつでも英語の辞書をすぐ使えるように手元においてある.

ready at hand 手近に(用意して): keep a dictionary *ready at hand* 辞書を手近に置いておく.

read·y-made /rédi-méid レディ・メイド/ 形 ❶ レディーメードの, 既製品の (反 made-to-order, custom-made).
❷ (意見などが)受け売りの.

★re·al /ríːəl リー(ア)ル, ríəl/
形 (more ~, ~·er; most ~, ~·est)
❶ **ほんとうの, 本物の** (反 false).
❷ (理論や想像でなく)**現実の**, 実在の, 実際の (反 unreal, imaginary).
── 副 《米口語》《形容詞・副詞を強めて》**ほんとうに**, とても (really, very).
── 名 《次の成句で》: *for real* ①現実の, 本物の; 本気の. ②現実に; 本気で.

──────────────────

形 ❶ I know her pen name, but not her *real* name. 私は彼女のペンネームは知っているが本名は知らない / Do you know the *real* reason for her absence? 彼女の欠席のほんとうの理由を知っていますか / a *real* diamond 本物のダイヤモンド.

❷ Pollution is a *real* problem. 汚染は現実の問題だ / a *real* size 実物大 / *real* life 実生活.
   ☞ 名 reality, realism, 動 realize.
── 副 I'm *real* glad. 私はほんとうにうれしい / a *real* nice guy ほんとうにいい奴.

réal estáte 名U〖法律〗不動産《土地・建物など》.

réal estàte àgent 名C《米》不動産業者(◆《英》では estate agent).

re·al·ise /ríːəlàiz リーアライズ | ríə-/ 動他《英》= realize.

re·al·ism /ríːəlìzm リーアリズム/ 名U
❶現実主義 (☞ idealism). ❷〖美術・文学〗写実主義, リアリズム.
   ☞ 形 realistic.

abcdefghijklmnopq**r**stuvwxyz　　　　　　　　　　　　　　　　　　　**realm**

re·al·ist /ríːəlist リーアリスト/ 名ⓒ ❶現実主義者. ❷《美術・文学》写実主義者.

*__re·al·is·tic__ /rìːəlístik リーアリスティック | rìə-/ 形 (more ~; most ~) ❶**現実主義の**, 現実的な, 実際的な (☞idealistic). ❷写実主義の, 写実的な; 真に迫った.
　　　　　　　　　　☞ 名realism.

re·al·is·ti·cal·ly /rìːəlístikəli リーアリスティカリ/ 副 ❶現実(主義)的に. ❷写実的に.

*__re·al·i·ty__ /riǽləti リ**ア**リティ/ 名 (複 -ies /-z/)

❶Ⓤ**真実性**, 実在性.
❷ⓐⓒ**現実**, 現実のもの.
ⓑⓊ現実(の状態).
❸Ⓤ本物そっくりなこと.

　❶I don't doubt the *reality* of God. 私は神の実在を疑わない.
　❷ⓐHer dream became a *reality*. 彼女の夢は実現した / the *realities* of life 人生の現実[実体]. ⓑescape from *reality* 現実から逃避する.
　❸with *reality* 本物そっくりに.
　in reality (ところが)実は, 実際は：She looks young, but *in reality* she is past forty. 彼女は若くみえるが実は40過ぎだ.
　　　　　　　　　　☞ 形real.

*__re·al·i·za·tion__ /rìːəlizéiʃən リーアリゼイション | rìəlai-/ 名
❶《単数形で》**よく理解すること**, 認識, 実感.
❷《the をつけて》(希望などの)実現, 達成.
　▶ ❶He came to a *realization* of his situation. 彼は自分の置かれた立場がはっきりわかった. ❷The *realization* of this desire took many years. この願いが達成されるまで何年もかかった.
　　　　　　　　　　☞ 動realize.

*__re·al·ize__ /ríːəlàiz リーアライズ | ríə-/ 動 (-iz·es /-iz/; -ized /-d/; -iz·ing) 他
❶ⓐ…を**よく理解する**, 実感する, …に気がつく. ⓑ《realize that __》__ということに気がつく.
❷(希望・計画など)を**実現する**, 達成する.

　❶ⓐHe didn't *realize* the danger. 彼はその危険がよくわからなかった / She *realized* her mistake. 彼女は自分の思い違いに気がついた. ⓑShe *realized that* she had made a mistake. 彼女は自分が思い違いをしていたことがわかった / He has *realized how* precious good health is. 健康がどんなに大切であるかということが彼にはよくわかった.
　❷She has *realized* her dream of becoming a fashion designer. 彼女はファッションデザイナーになるという夢を実現した.
　　　　　　　　☞ 形real, 名realization.

**__re·al·ly__ /ríːəli リー (ア) リ, ríəli/ 副
❶**ほんとうに**, 実際に, 現実に.
❷《形容詞・副詞を強めて》**まったく**, 実に, ほんとうに.
❸《驚き・疑いなどを表わして》**ほんとう(に)**, まさか;《相づちで》そうですか (○語尾を上げるようにしていうことが多い).
❹《否定語の後に用いて》ほんとうは, 実際は.

　❶Do you *really* think so? 君はほんとうにそう思いますか / We must see things as they *really* are. われわれはものごとをあるがままに見なければならない / That *really* isn't true. それはほんとうに事実ではありません (☞❹の 語法).
　❷I'm *really* surprised. 私は本当にびっくりした / That was a *really* funny story. あれは実におかしい話だった / He spoke *really* fast, didn't he? 彼はまったく早口だったね.
　❸ 対話 "I don't like steak."–"Oh, *really*?"「私はビフテキは好きではありません」「ええ, ほんとうですか」 / "Mr. Johnson was hit by a car."–"Not *really*!"「ジョンソンさんが車にはねられたんです」「まさか」 / Well *really*! おやおや(驚いた).
　❹I d*on't really* know him well. 私はほんとうは彼をよく知らない.

　語法　次の意味の違いに注意：I *really* don't like fish. ほんとうに魚はきらいです《強い否定》/I don't *really* like fish. ほんとうは魚はあまり好きではありません.

realm /rélm レルム/ (★発音注意) 名ⓒ
❶《文語》王国. ❷領域, 分野.
　▶ ❷the *realm* of science 科学の領

one thousand and eighty-five　　　　　　　　　　　　　　　　　　　　　1085

real-time /ríːəl-táim リー(ア)ル・タイム/ 形【電算】リアルタイムの.

re·al·tor /ríːəltər リー(ア)ルタ/ 名 C《米》(公認の)不動産業者 (☞ real estate agent).

reap /ríːp リープ/ 動 他 ❶ (作物)を刈る, 取り入れる, 収穫する.
❷ (利益・報いなど)を受ける.

re·ap·pear /rìːəpíər リーアピア/ 動 国 再び現われる, 再現する, 再発する.

re·ap·pear·ance /rìːəpíərəns リーアピ(ア)ランス/ 名 C 再び現われること, 再現, 再発.

*__rear__¹ /ríər リア/ 名 (複 ~s /-z/)
❶《the をつけて》後部 (back) (反 front).
❷ C《口語》おしり (buttocks).
— 形 うしろの, 後部の.
▶ 名 ❶ I moved to *the rear* of the bus. 私はバスのうしろのほうへ移動した / I saw them far in *the rear*. はるか後方に彼らの姿が見えた.
at the rear (of ...) (…の)後方に, 裏に.
— 形 *the rear* entrance うしろの入口.

*__rear__² /ríər リア/ 動 (~s /-z/; ~ed /-d/; rear·ing /ríəriŋ/) 他 (子ども)を育てる, (家畜など)を飼う.
— 国 (馬などが)うしろ足で立つ.
▶ 動 他 She *reared* her children alone. 彼女はひとりで子どもたちを育てた.

re·ar·range /rìːəréindʒ リーアレインヂ/ 動 (現分 -rang·ing) 他 …を整理し直す, 並べ直す.

re·ar·range·ment /rìːəréindʒmənt リーアレインヂメント/ 名 UC 再整理, 再配列.

réar·view mírror /ríərvjùː- リアヴュー・/ 名 C (自動車の)バックミラー (☞ car, motorcycle のさし絵; ● 「バックミラー」は和製英語).

rear·ward /ríərwərd リアワド/ 形 後部の; 後方への. — 副 後部に; 後方へ.

**rea·son /ríːzn リーズン/
名 (複 ~s /-z/) ❶ UC **理由**, わけ, 動機.
❷ U 理性, 判断力, 分別; 正気.
❸ U 道理.

— 動 (~s /-z/; ~ed /-d/; ~ing) 他
❶《reason that __》(論理的に)…であると議論する, 説明する, 判断する.
❷ …を説明[説得]して…させる.
— 国 論理的に考える.

....

名 ❶ What was the *reason* for your absence? (= Why were you absent?) あなたの欠席の理由はなんですか / You have (a) good *reason* for thinking so. 君がそう考える十分な理由がある(そう考えるのももっともだ) / I don't know the *reason* (why) she isn't coming. 彼女が来ない理由はわからない / There is every *reason* to believe what he has said. 彼の言ったことを信ずべき十分な理由がある / The *reason* (why) I did so is that [because] I thought it best. 私がそうしたのはそうすることが最もいいことだと思ったからだ.
❷ You must use your *reason*. 理性を働かせなさい / He has lost *his reason*. 彼は気が狂った.
❸ There is *reason* in what you say. 君が言うことには道理がある / listen to *reason* 道理にしたがう.
for no reason 理由もなく.
for some reason わけはよくわからないが.
It stands to reason that __ __ということはもっともだ: *It stands to reason that* you refused to help him. 君が彼を手伝うのを断わったのは当然だ.
with reason 理由があって, (…するのも)もっともだ: He complains *with reason*. 彼が不平を言うのは無理もない.
within reason 良識の範囲内で.
☞ 形 reasonable.

— 動 他 ❶ She *reasoned that* it was the right thing to do. 彼女はそうするのが正しいと判断した.
❷ We *reasoned* him *into* agreeing. われわれは彼を説得して同意させた / I *reasoned* her *out of* her mistaken idea. 私は彼女を説得して誤った考えをやめさせた.

— 国 We learned to *reason*. 私たちは論理的に考えられるようになった.
reason with ... (人)にものの道理を

言って聞かせる：I *reasoned with* him, but he didn't listen. 私は言って聞かせたけれども, 彼は聞かなかった.

***rea·son·a·ble** /ríːzənəbl リーズナブル/ 形 (more ~; most ~)
❶ 道理をわきまえた, 分別のある, わけのわかった (反 unreasonable).
❷ もっともな, 筋の通った, 無理のない.
❸ (値段などが) 適当な, 手ごろな, 高くない.

❶ a *reasonable* woman 分別のある女性.
❷ That's a *reasonable* excuse. それはもっともな言い訳だ / It is quite *reasonable for* him *to* think so. 彼がそう考えるのはきわめてもっともなことだ / It is *reasonable* that he (should) get angry with her. 彼が彼女に腹を立てるのはもっともだ (✿ (米) ではふつう should を用いない).
❸ He offered a *reasonable* price for the house. 彼はその家に適切な値段をつけた.
☞ 名 reason.

rea·son·a·bly /ríːzənəbli リーズナブリ/ 副 ❶ かなり; 適度に.
❷ 合理的に, 無理なく.
❸ 《文全体を修飾して》もっともで, …のも無理はない.
▶ ❶ a *reasonably* good plan かなりいい計画. ❸ They assumed, *reasonably*, that he would help them. 彼が手をかしてくれると彼らが思いこんでいたのも無理はなかった.

rea·son·ing /ríːzəniŋ リーズニング/ 名 U 理論づけ, 推論, 推理.

re·as·sur·ance /riːəʃúərəns リーアシュ(ア)ランス/ 名 UC 安心させること.

re·as·sure /riːəʃúər リーアシュア/ 動 (~s /-z/; ~d /-d/; -sur·ing /-ʃúəriŋ/) 他 …を安心させる.

re·as·sur·ing /riːəʃúəriŋ リーアシュ(ア)リング/ 形 安心させる, 元気づける.

re·as·sur·ing·ly /riːəʃúəriŋli リーアシュ(ア)リングリ/ 副 安心させるように, 元気づけるように.

re·bate /ríːbeit リーベイト/ (★アクセント注意) 名 C 割りもどし, 割引 (✿日本語の「リベート」とは違って違法ではない).

Re·bec·ca /ribékə リベカ/ 名 レベッカ (《女性の名; 愛称は Becky》).

reb·el /rébəl レベル/ 名 ❶ C 反逆者, (権力などへの) 反抗者.
❷ 《形容詞的に》反逆の.
— 動 /ribél リベル/ (★名詞とのアクセントの違いに注意) (~s /-z/; re·belled /-d/; -bel·ling)
▶ 名 ❶ The *rebels* at last overthrew the government. 反逆者たちはついには政府を倒した. ❷ the *rebel* army 反乱軍.
— 動 ⾃ They *rebelled* against the government. 彼らは政府に反逆した.

re·bel·lion /ribéljən リベリョン/ 名 UC 反乱, 反抗. ▶ A *rebellion* broke out in the capital. その首都に反乱が起きた.
☞ 動 rebel, 形 rebellious.

re·bel·lious /ribéljəs リベリャス/ 形 反乱の, 反抗的な.
☞ 名 rebellion.

re·birth /rìːbə́ːrθ リーバース/ 名 再生, 復活.

re·boot /rìːbúːt リーブート/ 動 【電算】 他 (コンピューターを) 再起動する.
— ⾃ (コンピューターが) 再起動する.

re·born /rìːbɔ́ːrn リーボーン/ 形 再生した.

re·bound /ríːbaund リーバウンド/ 動 ⾃ (ゴムボールなどが) はね返る. — 名 C はね返り, リバウンド.

re·buff /ribʌ́f リバフ/ 名 C そっけない拒絶, つれない反応 [返事].
— 動 他 …をそっけなく拒絶する, はねつける.

re·build /rìːbíld リービルド/ 動 (~s /-z/; re·built /-bílt/; ~·ing) 他 …を再建する, 建て直す.

re·buke /ribjúːk リビューク/ 動 (現分 re·buk·ing) 他 《文語》 …を厳しくしかる, 強くとがめる, 非難する.
— 名 C 強いとがめ, 非難.

rec. (略語) receipt; recipe; record.

***re·call** /rikɔ́ːl リコール/ 動 (~s /-z/; ~ed /-d/; ~·ing) 他 ❶ …を思い出す.
❷ …を呼びもどす.
— 名 (複 ~s /-z/) ❶ U 思い出すこと, 回想.

recap

❷ ⓊⒸ **呼びもどすこと**, 召還（しょうかん）.
❸ Ⓒ (不良製品の)回収, リコール.
❹ ⓊⒸ《米》**リコール**《住民の投票による公務員の解任》.

――動 他 ❶ She *recalled* the old familiar faces. 彼女はむかしなじみの顔を思い出した / I *recalled* seeing him once. = I *recalled* that I had seen him once. 私は彼に一度会ったのを思い出した / I don't *recall* where I left the book. 私はその本をどこに置き忘れたか思い出せない.
❷ The ambassador was *recalled*. 大使は呼びもどされた.

re·cap /ríːkæp リーキャップ/ 動（~s /-s/; re·capped /-t/; re·cap·ping）他 …の要点をくり返す.
―― 自 要点をくり返す.
―― 名 ⓊⒸ《口語》要点をくり返すこと.

re·ca·pit·u·late /rìːkəpítʃuleit リーカピチュレイト/ 動（現分 -lat·ing）= **recap**.

re·ca·pit·u·la·tion /rìːkəpìtʃuléiʃən リーカピチュレイション/ 名 ⓊⒸ = **recap**.

re·cap·ture /rìːkǽptʃər リーキャプチャ/ 動（現分 -tur·ing /-tʃəriŋ/）他 ❶ …を奪い返す, 取りもどす. ❷ …を再びつかまえる. ❸ …を思い出させる.

re·cede /risíːd リスィード/ 動（現分 re·ced·ing）自 ❶（だんだん）遠のく, 後退する（反 proceed）. ❷（だんだん）小さくなる.
▶ ❶ The flood *receded*. 洪水は引いた.

＊**re·ceipt** /risíːt リスィート/《★ p は発音されない》名（複 ~s /-ts/）
❶ Ⓒ **領収書**, レシート（❶rec. と略す）.
❷ Ⓤ《文語》**受け取ること**, 受領.
▶ ❶ Sign the *receipt* for this parcel. この小包の受領証に署名してください.

☞ 動 **receive**.

＊**re·ceive** /risíːv リスィーヴ/ 動（~s /-z/; re·ceived /-d/; re·ceiv·ing）他
❶ …を**受け取る**, もらう（反 send）（❶「喜んで受け取る」は accept）.
❷ ⓐ（教育・治療など）を**受ける**.
ⓑ（親切・同情など）を**受ける**, 経験する.
❸ ⓐ（人）を**迎える**, 歓迎する.
ⓑ（組織・グループなどに）（人）を**受け入れる**.
❹（考えなど）を受け止める.

❺【球技】（ボール）をレシーブする.
❻（放送・電波など）を受信する.
―― 自 ❶ 受け取る. ❷【球技】レシーブする.

他 ❶ I *received* your letter yesterday. きのうあなたの手紙を受け取った / *receive* a master's degree 修士の学位をもらう
❷ ⓐ I *received* my education in Canada. 私はカナダで教育を受けた / *receive* treatment 治療を受ける.
ⓑ *receive* sympathy 同情を受ける.
❸ ⓐ She likes to *receive* guests. 彼女は客を迎えるのが好きだ / He was warmly *received*. 彼は暖かく迎えられた. ⓑ We *received* three new members into our club. 私たちは3人の新会員を会に受け入れた / They *received* him *as* a regular member. 彼らは彼を正会員として受け入れた.
❹ Her new book was warmly *received*. 彼女の新しい本は評判がよかった.

☞ 名 **receipt, reception,** 形 **receptive**.

＊**re·ceiv·er** /risíːvər リスィーヴァ/ 名（複 ~s /-z/）Ⓒ ❶ ⓐ 受取人（反 sender）.
ⓑ 受信機, （テレビ）受像機, （電話の）受話器, レシーバー（☞ **telephone** のさし絵）.
❷【球技】レシーバー（☞ **server**）.

＊**re·cent** /ríːsnt リースント/ 形（more ~; most ~）**最近の**, 近ごろの. ▶ The computer is a *recent* invention. コンピューターは最近の発明だ / in *recent* years 近年.

＊**re·cent·ly** /ríːsntli リースントリ/ 副 (more ~; most ~) **最近**, 近ごろ（❶ ふつう現在完了形・過去形とともに用いられる）.

I haven't heard from him *recently*. 最近彼から便りがない / He has *recently* returned from abroad. 彼は最近帰国した.

re·cep·ta·cle /riséptəkl リセプタクル/ 名 Ⓒ《文語》容器, 入れ物.

＊**re·cep·tion** /risépʃən リセプション/ 名（複 ~s /-z/）
❶ Ⓒ（人を）**迎えること**, 接待, 歓迎.
❷ Ⓒ **歓迎会**, レセプション.

abcdefghijklmnopq r stuvwxyz   **recline**

❸ Ⓤ 受け取ること, 受け入れること.
❹ Ⓤ 《英》(ホテル・会社などの)受付 (❍ reception desk ともいう; 《米》では front desk).
❺ Ⓤ (テレビ・ラジオの)受信(状態).
▶❶ They gave us a warm *reception*. 彼らは私たちを暖かく迎えてくれた.
❷ We had a *reception* for the new principal. 新校長のための歓迎会を開いた / a wedding *reception* 結婚披露(ひろう)宴.
❸ *reception* of new ideas [members] 新しい考え[会員]を受け入れること.
❺ TV *reception* is bad [good] here. 当地ではテレビのうつりが悪い[良い].
         ☞ 動 receive.

recéption dèsk 名 Ⓒ (ホテルの)フロント, 受付 (❍ 単に reception ともいう).

re·cep·tion·ist /risépʃənist リセプショニスト/ 名 Ⓒ 受付係, フロント係.

recéption ròom 名 Ⓒ 《英》居間 《寝室・台所・浴室以外のすべての部屋をさす》.

re·cep·tive /riséptiv リセプティヴ/ 形 (人の考えなどを)すぐ受け入れる.
         ☞ 動 receive.

re·cess /ríːses リーセス, risés/ 名 (複 ~es /-iz/) ❶ Ⓤ Ⓒ ⓐ (仕事中などの)休憩, 休憩時間. ⓑ (議会などの)休会, (法廷の)休廷. ⓒ 《米》(授業の間の)休み時間 (❍ 《英》では break). ❷ Ⓒ 壁面の引っ込んだ所.
▶❶ⓐ during *recess* 休憩時間中に.
ⓑ Parliament is now in *recess*. (イギリス)国会は休会中だ. ⓒ We have a ten-minute *recess* between classes. 授業の間には10分休みがある.

re·ces·sion /riséʃən リセション/ 名 Ⓒ 景気の一時的後退.

rec·i·pe /résəpi レスィピー/ 名 Ⓒ (料理などの)調理法, レシピ. ▶ a *recipe* for stew シチューの調理法.

re·cip·i·ent /risípiənt リスィピエント/ 名 Ⓒ ❶ 《文語》(賞などの)受取人. ❷ レシピエント 《ドナーから血液や臓器を受け取る人》.

re·cip·ro·cal /risíprəkəl リスィプロカル/ 形 相互の (mutual), 互いに関係のある.
▶ *reciprocal* help 相互援助.

re·cip·ro·cal·ly /risíprəkəli リスィプロカリ/ 副 相互に, 互いに.

re·cip·ro·cate /risíprəkèit リスィプロケイト/ 動 (現分 -cat·ing) 他 (恩恵・愛情などに)報いる, 返礼する.
— 自 (相手の行為に)報いる.

re·cit·al /risáitl リサイトル/ 名 Ⓒ リサイタル, 独演会, 独奏会.
▶ give a piano *recital* ピアノリサイタルを開く.
         ☞ 動 recite.

rec·i·ta·tion /rèsətéiʃən レスィテイション/ 名 Ⓤ Ⓒ (人の前での詩などの)暗唱, 朗読, 吟唱.
         ☞ 動 recite.

re·cite /risáit リサイト/ 動 (~s /-ts/; -cit·ed /-id/; -cit·ing) 他 (人の前で)(詩など)を暗唱する, 朗読する.
— 自 暗唱する, 朗読する.
▶他 *recite* an English poem 英語の詩を暗唱[朗読]する.
         ☞ 名 recital, recitation.

reck·less /rékləs レクレス/ 形 向こうみずな. ▶ a *reckless* driver 向こうみずな運転をする人 / *reckless* driving 無謀運転.

reck·less·ly /rékləsli レクレスリ/ 副 向こうみずに.

reck·on /rékən レコン/ 動 他 ❶ 《口語》…と思う (suppose, guess). ❷ …を計算する (count).
— 自 計算する, 数える.
▶ 動 他 ❶ I *reckon* (*that*) she will be here soon. = She will be here soon, I *reckon*. 彼女はすぐここへ来ると思います.

reckon on [*upon*] … …を当てにする: We can't *reckon on* his help. 彼の助けは当てにできない.

reckon up 他 …を総計する.

reckon with … …を考慮に入れる: He's a person to be *reckoned with*. 彼は考慮に入れるべき[無視できない]人だ.

reck·on·ing /rékəniŋ レコニング/ 名 Ⓤ (大まかな)計算, 清算.

re·claim /rikléim リクレイム/ 動 他 ❶ …の返還を要求する. ❷ (土地などを)改良する, 埋め立てる.

rec·la·ma·tion /rèkləméiʃən レクラメイション/ 名 Ⓤ ❶ 土地改良, 埋め立て. ❷ 再生利用.

re·cline /rikláin リクライン/ 動 (現分 re-

one thousand and eighty-nine   1089

reclining seat

clin·ing) ⾃〔…に〕もたれかかる, 横になる〔*on*〕. — 他 …を〔…に〕もたせかける, 横にする〔*against, on*〕.
▶他 He *reclined on* the floor. 彼は床に横になった.
— 他 He *reclined* his head *on* the pillow. 彼は頭を枕にもたせかけた.

re·clin·ing sèat /rikláiniŋ- リクライニング-/ 名Cリクライニングシート.

re·cluse /réklu:s レクルース/ 名C世捨て人.

rec·og·nise /rékəgnàiz レコグナイズ/ 動 他《英》= **recognize**.

*__**rec·og·ni·tion**__ /rèkəgníʃən レコグニション/ 名 ❶ U (前から知っている人や物を見て[聞いて])それとわかること.
❷ U (正式な)承認, 認知; 認識, (事実として)認めること.
❸《単数形で》(功績などを)認めること.

❶ She passed me without a sign of *recognition*. 彼女は私と気づかずに通り過ぎた / My *recognition* of him was immediate. 私は見てすぐ彼だとわかった. ❷ the *recognition* of a new country 新国家の承認. ❸ She received wide *recognition* for her work. 彼女は仕事を広く認められた.
beyond [out of] (all) recognition (だれ[なん]であるか)見分けのつかないほど: My hometown has changed *beyond [out of] recognition*. 私の故郷はむかしの姿がわからないほど変わった.
in recognition of ... …(の価値)を認めて: He was awarded the prize *in recognition of* his services to the country. 彼は国のためにつくした功労により賞を授与された.

☞ 動 recognize.

rec·og·niz·a·ble /rékəgnàizəbl レコグナイザブル/《★アクセント注意》形 それとわかる, 見覚えのある. ▶ a *recognizable* difference 見てわかる違い.

rec·og·niz·a·bly /rékəgnàizəbli レコグナイズブリ/ 副 それとわかるほどに.

*__**rec·og·nize**__ /rékəgnàiz レコグナイズ/《★アクセント注意》動 (-niz·es /-iz/; -nized /-d/; -niz·ing) 他 ❶ …をそれとわかる《過去に会った人や見たり聞いたりしたものと同じだとわかる》, …を見[聞き]覚えがある.

❷ ⓐ …を (事実として)認める.
ⓑ《**recognize that** __》__ であることを認める.
❸ (正式に)…を承認する.
❹ (功績など)を表彰する.

❶ I had not seen her for a long time but I *recognized* her at once. 彼女には長い間会っていなかったがすぐわかった / I could not *recognize* her voice over the telephone. 電話では彼女の声だとは思えなかった.
❷ ⓐ Everybody *recognizes* her talent for music. みんな彼女の音楽の才能を認めている / She *recognized* the hat *as* her daughter's. 彼女はその帽子が娘のものであると認めた. ⓑ She *recognized that* she was defeated. 彼女は自分が負けたことを認めた.
❸ *recognize* the new government 新政府を承認する.

☞ 名 recognition.

re·coil /rikɔ́il リコイル/ 動 ⾃ ❶ (恐怖・驚きなどで)あとずさりする, しりごみする.
❷ ひるむ.
▶ ❶ *recoil* in fear 〔surprise〕 恐怖で[驚いて]あとずさりする.

rec·ol·lect /rèkəlékt レコレクト/ 動 他 (努力して)…を思い出す.
— ⾃ (努力して)思い出す.
▶他 I cannot *recollect* her name. 彼女の名前が思い出せない / I don't *recollect where* I put my car key. どこに車のかぎを置いたか思い出せない.

☞ 名 recollection.

rec·ol·lec·tion /rèkəlékʃən レコレクション/ 名
❶ U 思い出すこと. ❷ C 思い出.
▶ ❶ I have no *recollection* of the incident. 私はそのできごとの記憶がない.
❷ happy *recollections* of my childhood 私の子どものころの楽しい思い出.

☞ 動 recollect.

*__**rec·om·mend**__ /rèkəménd レコメンド/ 動 (~s /-dz/; ~ed /-id/; ~ing) 他
❶ …を推薦(すい)する, 薦(すす)める.
❷ ⓐ …を勧(すす)める, 忠告する (advise).
ⓑ《**recommend** *doing*》__ することを

勧める.
❸《recommend ... to *do*》…に__することを勧める.
❹《recommend that __》__ということを勧める.

❶I'd *recommend* this CD player. 私ならこのＣＤプレーヤーを薦めたい / I *recommend* him for the post. 彼をその地位に推薦します / The teacher *recommended* this dictionary to us. 先生はこの辞書を私たちに推薦した.
❷ⓐThe doctor *recommended* regular exercise. 医者は規則的に運動することを勧めた. **ⓑ**I *recommend* going there by sea. そこへは船で行くことを勧めます. **ⓒ**I *recommend* you *to* read the novel. 私は君にその小説を読むことを勧めます. **ⓓ**I *recommend that* you (should) visit Kyoto in the fall. 私は秋に京都を訪ねるよう君にお勧めします(**✪**(米)ではふつう should を用いない)).
☞ 名recommendation.

*rec·om·men·da·tion /rèkəməndéiʃən レコメンデイション/ 名(複 ~s /-z/)
❶Ｕ推薦(状).
❷Ｃ推薦状, 推薦のことば.
▶**❶**I bought this dictionary on her *recommendation*. 私は彼女の推薦でこの辞書を買った. **❷**write a *recommendation* for a promising student 有望な学生のために推薦状を書く.
☞ 動recommend.

rec·om·pense /rékəmpèns レコンペンス/ 《★アクセント注意》動(現分 -pens·ing)他(文語)(人)に償いをする, 補償する, 弁償する.
— 名《単数形で》償い, 補償, 弁償.
▶動他The man *recompensed* me *for* the damage to my car. その男は私に車の損害の補償をした.

rec·on·cile /rékənsàil レコンサイル/ 《★アクセント注意》動(~s /-z/; ~d /-d/; -on·cil·ing)他 **❶**…を仲直りさせる, 和解させる, 調停する.
❷…を調整する, 一致させる.
▶**❶**I was not able to *reconcile* the two. 私はふたりを仲直りさせることができなかった. **❷**They *reconciled* their differences of opinion. 彼らは意見の違いを調整した / *Reconcile* your words with your conduct. ことばと行動を一致させなさい.
☞ 名reconciliation.

rec·on·cil·i·a·tion /rèkənsìliéiʃən レコンシリエイション/ 名ＵＣ和解, 調停.
☞ 動reconcile.

re·con·firm /rìːkənfə́ːrm リーコンファーム/ 動他(予約など)を再確認する.

re·con·fir·ma·tion /rìːkànfərméiʃən リーカンファメイション/ 名ＵＣ(予約などの)再確認.

re·con·sid·er /rìːkənsídər リーコンスィダ/ 動他…を考え直す, 再考する.
— 自考え直す, 再考する.

re·con·sid·er·a·tion /rìːkənsìdəréiʃən リーコンスィダレイション/ 名Ｕ再考.

re·con·struct /rìːkənstrʌ́kt リーコンストラクト/ 動他 **❶**…を再建する.
❷…を再構成する, 再現する.

re·con·struc·tion /rìːkənstrʌ́kʃən リーコンストラクション/ 名ＵＣ **❶**再建, 復興, 復元. **❷**再構成, 再現.

***rec·ord /rékərd レコド | -kɔːd/ 《★アクセント注意》名(複 ~s /-dz/)
❶ＵＣ(物事についての)記録; 登録.
❷ⓐＣ(競技などの)(最高)記録, レコード. **ⓑ**《形容詞的に》記録的な.
❸Ｃレコード(**✪**disk, disc ともいう).
❹Ｃ経歴, 履歴; (学校の)成績; 前科.
— 動(**✪** 分節は re·cord) /rikɔ́ːrd リコード/ 《★名詞とのアクセントの違いに注意》(~s /-dz/; ~ed /-id/; ~ing)他
❶…を記録する, 書き留める.
❷…を録音する, 録画する.
❸(温度計などが)…を表示する.

名 **❶**The book is a *record* of his travels in Spain. その本は彼のスペイン旅行の記録だ / Please keep [make] a *record* of this meeting. この会議のことを記録しておいてください.
❷ⓐmake [set] a *record* 記録を立てる / break a *record* 記録を破る / He holds the world *record* for the 200-meter butterfly. 彼は200メートルバタフライの世界記録をもっている.
ⓑa *record* rice crop 記録的な米の大

豊作.
❸ Please play [put on] this *record*. このレコードをかけてください.
❹ He has a remarkable *record* as a scholar. 彼は学者としてすばらしい経歴をもっている / She has a good school *record*. 彼女は学校の成績がよい / He has a criminal *record*. 彼には前科がある.

off the record (談話など)**非公式の[に]**；記録に残さない(で), オフレコの[で] (☞ off-the-record)：The President spoke *off the record*. 大統領はオフレコということで話した.

on record ①記録された[て]：the longest rainy season *on record* 記録に残る最も長い雨期. ②公式に発表された[て].

— 動 ⑯ ❶ The secretary *recorded* everything that was said. 秘書は話されたことをみんな記録した.
❷ I *recorded* the lecture on tape. 私はその講義をテープに録音した.
❸ The thermometer *records* 75°. 温度計は(カ氏)75度を示している.

rec·ord-break·ing /rékərd-brèikiŋ レコド・ブレイキング/ 形 記録破りの.

re·cord·er /rikɔ́:rdər リコーダ/ 名 ©
❶(タイムレコーダーなどの)記録器[計]；録音器, テープレコーダー.
❷【音楽】リコーダー (やわらかな音色の縦笛).

*__re·cord·ing__ /rikɔ́:rdiŋ リコーディング/ 名 (複 ~s /-z/) ❶ UC 録音. ❷ © (レコード・テープなど) 録音[録画] したもの.

récord plàyer 名 © レコードプレーヤー (❶ 単に player ともいう).

re·count /rikáunt リカウント/ 動 ⑯ 《文語》…を話す.

re-count /rì:-káunt リー・カウント/ 動 ⑯ …を数え直す. — 名 /rí:-kàunt リー・カウント/ (★動詞とのアクセントの違いに注意)© (投票などの)数え直し.

re·course /rí:kɔ:rs リーコース/ 名 Ⓤ《文語》頼ること.

*__re·cov·er__ /rikʌ́vər リカヴァ/ 動 (~s /-z/; ~ed /-d/; -er·ing /-vəriŋ/) ⑯ 回復する, もとの状態になる.
— ⑯ ❶ (失ったもの・健康など)を**取りもどす**, 回復する.

❷ (損した分)を埋め合わせる, 償(つぐな)う.
▶⑯ She is *recovering from* the flu. 彼女はインフルエンザは快方にむかっている.
— ⑯ ❶ The police *recovered* the stolen jewels. 警察は盗まれた宝石を取りもどした. ❷ She *recovered* her appetite. 彼女は食欲がでてきた.

recover oneself 意識[元気, 落ち着き(など)]を回復する；立ち直る.
☞ 名 recovery.

*__re·cov·er·y__ /rikʌ́vəri リカヴァリ/ 名
❶《単数形で》(病気などからの)**回復**；(経済状態などの)回復；復旧.
❷ Ⓤ 取りもどすこと.
▶❶ make a very quick *recovery* ひじょうにはやく回復する.
❷ *recovery* of stolen bicycles 盗まれた自転車がもどってくること.
☞ 動 recover.

re·cre·ate /rì:-kriéit リー・クリエイト/ 動 (現分 -at·ing) ⑯ …を再生する.

*__rec·re·a·tion__ /rèkriéiʃən レクリエイション/ 名 (複 ~s /-z/) UC **レクリエーション**, 気晴らし, 娯楽. ▶ My *recreation* is cycling. 私のレクリエーションはサイクリングです / I go fishing for *recreation*. 私は気晴らしに釣りに行く.
☞ 形 recreational.

re·cre·a·tion /rì:-kriéiʃən リー・クリエイション/ 名 Ⓤ 再生.

re·cre·a·tion·al /rèkriéiʃənəl レクリエイショナル/ 形 レクリエーションの, 休養の, 娯楽の.
☞ 名 recreation.

re·cruit /rikrú:t リクルート/ 名 © 新人, 新会員, 新党員, 新兵.
— 動 ⑯ (新会員・新社員・新兵など)を募集する.
▶ 動 ⑯ *recruit* employees for the company 会社のために社員を募集する.

re·cruit·ment /rikrú:tmənt リクルートメント/ 名 Ⓤ 新会員[社員] 募集.

rec·tan·gle /réktæŋgl レクタングル/ 名 © 長方形 (☞ square の 類語).

rec·tan·gu·lar /rektǽŋgjulər レクタンギュラ/ 形 長方形の.

rec·tor /réktər レクタ/ 名 © ❶【イングランド国教会】教区司祭. ❷ 校長, 学長.

rec·tum /réktəm レクタム/ 名 (複 ~s /-z/,

rec・ta /rékta/ ⓒ 直腸.

re・cu・per・ate /rikjúːpərèit リクーペレイト, リキュー・/ 動 (現分 -at・ing) 自 健康を取りもどす.

re・cu・per・a・tion /rikjùːpəréiʃən リクーペレイション, リキュー・/ 名 U 健康の回復.

re・cur /rikə́ːr リカー/ (★アクセント注意) 動 (~s /-z/; re・curred /-d/; re・cur・ring /-kə́ːriŋ/) 自 (いやなことが) 再び〔くり返し〕起こる, 思い出される.

re・cur・rence /rikə́ːrəns リカーレンス/ 名 UC 再び〔くり返し〕起こること.

re・cur・rent /rikə́ːrənt リカーレント/ 形 再発する, くり返し起こる.

re・cy・cle /riːsáikl リーサイクル/ 動 (現分 re・cy・cling) 他 …を再生利用する, リサイクルする. ▶ *recycle* empty bottles あきびんを再利用する.

***red /réd レッド/ 形 (red・der; red・dest) 赤い, (顔などが) 真っ赤な.
— 名 U 赤 (☞rainbow).

形 The leaves turned *red*. 葉が赤くなった〔紅葉した〕 / turn *red* with anger〔shame〕おこって〔恥ずかしくて〕真っ赤になる / have *red* eyes 目が赤い.

— 名 She was dressed in *red*. 彼女は赤い服を着ていた.

be in the red (経営が) 赤字である (☞成句 be in the *black* (⇨ black 名)): The company *is in the red*. その会社は赤字だ.

see red (口語) かっとなる (❂牛が赤い布を見て興奮するといわれていることから).

☞ 動 redden.

réd blóod cèll 名 C 〔生理〕 赤血球.

red・brick /rédbrik レドブリック/ 形 《英》(大学の) 新設の. ▶ *redbrick* universities 新設大学 《イギリスで19世紀後半から20世紀初頭に建てられた (赤レンガ造りの) 新設大学; ❂古い大学が石造りであるのに対して用いられた語》.

réd cárd 名 C 〔サッカー〕 レッドカード 《レフェリーからの退場の警告; ☞ yellow card》.

réd cárpet 名 C 赤じゅうたん 《国賓 (ひん) などを迎えるために敷く》.

Réd Cróss 名 《the をつけて》 赤十字社 《正式名は the International Red Cross Society》.

red・den /rédn レドン/ 動 他 赤くする.
— 自 赤くなる.

☞ 形 red.

red・dish /rédiʃ レディッシュ/ 形 赤みがかった.

re・dec・o・rate /riːdékərèit リーデコレイト/ 動 (現分 -rat・ing) 他 (部屋など) を改装する.

re・deem /ridíːm リディーム/ 動 他 ❶ (名誉など失ったもの) を取りもどす, 回復する. ❷ …をお金を払って取りもどす. ❸ (欠点など) を補う; …を埋め合わせる.

redeem oneself (行ないを直して) 名誉を回復する.

☞ 名 redemption.

re・demp・tion /ridémpʃən リデンプション/ 名 U 取りもどし.

beyond〔past〕 redemption 直しようがない; 救いがたい.

☞ 動 redeem.

re・de・vel・op /riːdivéləp リーディヴェロプ/ 動 他 …を再開発する.

re・de・vel・op・ment /riːdivéləpmənt リーディヴェロプメント/ 名 UC 再開発.

red-hand・ed /rédhǽndid レド・ハンディド/ 形 現行犯の〔で〕. ▶ be caught *red-handed* 現行犯で捕らえられる.

red-head /rédhèd レド・ヘッド/ 名 C 赤毛の人.

réd hérring 名 C 人の注意をそらすもの.

red-hot /rédhát レド・ハット/ 形 赤く熱した.

re・di・al /riːdáiəl リーダイアル/ 動 他 (電話番号) にかけ直す, リダイヤルする.
— 自 リダイヤルする.

re・did /riːdíd リーディッド/ 動 redoの過去形.

re・di・rect /riːdirékt リーディレクト, -dai-/ 動 他 ❶ …を別のほうへ向け直す, …の方向を変える. ❷ 《英》 (手紙) のあて名を書き換える (readdress).

re・dis・trib・ute /riːdistríbju(ː)t リーディストリビュ(ー)ト/ 動 (現分 -ut・ing) 他 …を再配分する.

red-let・ter day /rédlétər- レド・レタ-/ 名 祭日, 祝日, 記念日 《❂カレンダーに赤文字で示されていることから》.

réd líght 名C (交通の)赤信号 (☞green light). ▸stop for a *red light* 赤信号で停止する.

réd mèat 名U (マトン (mutton)・牛肉などの)赤肉.

re·do /rìːdúː リードゥー/ 動 (re·does /-dʌ́z/; re·did /-díd/; re·done /-dʌ́n/; ~·ing) 他…をやり直す.

re·done /rìːdʌ́n リーダン/ 動redoの過去分詞形.

réd pépper 名U.C 〔植物〕トウガラシ(唐辛子).

re·dress /ridrés リドレス/ 動他《文語》(不正など)を正す; …を償う.
— 名U《文語》不正を直すこと; 補償; 救済.

Réd Séa 名《the をつけて》紅海 《スエズ運河 (Suez Canal) によって地中海に通じるアラビアとアフリカの間にある細長い内海》.

réd tápe 名U官僚的形式主義.

re·duce /ridjúːs リドゥース, ·デュース/ 動 (re·duc·es /-iz/; re·duced /-t/; re·duc·ing) 他 ❶ (数・量・程度など)を**小さくする**, 少なくする, 減らす; (価格など)を引き下げる.
❷…を〔好ましくない状態に〕**変える**〔*to*〕.
— 自減少する, 縮小する.

他 ❶The teaching staff was *reduced* to 40. 教員数が40に減らされた / *reduce* expenses by 10 percent 出費を10% 切り詰める / He *reduced* his weight by three kilograms. 彼は体重を 3 キロ減らした / *reduce* prices 値を下げる. ❷The houses were *reduced to* ashes. 火事で家々は灰となった[全焼した].
☞ 名reduction.

re·duced /ridjúːst リドゥースト, ·デュー·/ 形減らした, 減額した, 引き下げた. ▸at a *reduced* price 割引値段で.

***re·duc·tion** /ridʌ́kʃən リダクション/ 名 (複 ~s /-z/) U.C **少なくすること**, 縮小, 削減(さくげん); (価格の)割引. ▸at a *reduction* of 10% 10%引きで / a (five-percent) tax *reduction* (5パーセントの)減税.
☞ 動reduce.

re·dun·dan·cy /ridʌ́ndənsi リダンダンスィ/ 名 (複 -dan·cies /-z/) U余分, 余剰.

re·dun·dant /ridʌ́ndənt リダンダント/ 形余分の, 必要以上の.

red·wood /rédwùd レドウッド/ 名U.C 〔植物〕セコイヤメスギ.

reed /ríːd リード/ 名 ❶C〔植物〕アシ(葦), ヨシ.
❷C (クラリネットなどの楽器の)舌, リード.

reef /ríːf リーフ/ 名C暗礁, 砂州(さす).
▸a coral *reef* さんご礁.

reek /ríːk リーク/ 動自 ❶強い悪臭を出す. ❷〔…の〕(悪い)においがする〔*of*〕.
— 名《単数形で》強い悪臭.
▸動自 ❷This room *reeks of* gas. この部屋はガス臭(くさ)い.

reel[1] /ríːl リール/ 名C ❶ⓐ(電線・ロープ・ホースなどの)巻きわく, リール. ⓑ(釣りざおの)リール. ⓒ(フィルムの)リール.
❷(巻いたものの)ひと巻き.
— 動他 (糸など)を(糸巻きなどに)巻き取る.
▸名 ❶ⓐThe hose is wound on a *reel*. ホースはリールに巻かれている.
❷a *reel* of film (映画)フィルム 1 巻.

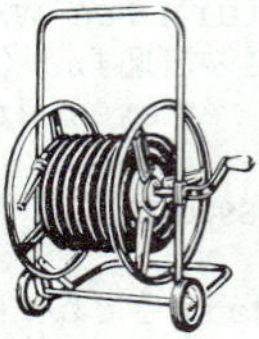
❶ⓐ

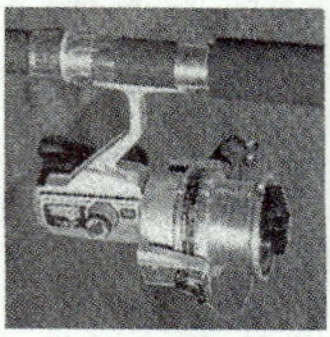
❶ⓑ

❶ⓒ

❷

reel[1] のいろいろ

— 動***reel in*** 他 (魚など)をリールでたぐり寄せる.
reel off 他 ①(糸)を繰りだす. ②…をすらすら言う.

reel[2] /ríːl リール/ 動自 ❶よろめく; よろめきながら歩く. ❷(心が)動揺する, (頭が)混乱する.

re·e·lect /rìːilékt リーイレクト/ 動他…を再選する.

re·e·lec·tion /rìːilékʃən リーイレクション/ 名U.C再選.

abcdefghijklmnopq**r**stuvwxyz　　　　　　　　　　**refill**

re·en·ter /riːéntər リーエンタ/ 動他 …に再びはいる. ― 自 再びはいる.

re·en·try /riːéntri リーエントリ/ 名 (複 re·en·tries /-z/) UC ❶ 再び入れる[はいる]こと.
❷ (宇宙船が)再び大気圏にはいること, 再突入.

re·es·tab·lish /rìːistǽbliʃ リーイスタブリッシュ/ 動他 …を再建する, 再興する.

re·ex·am·i·na·tion /rìːigzæmənéiʃən リーイグザミネイション/ 名 UC 再試験, 再検討.

re·ex·am·ine /rìːigzǽmin リーイグザミン/ 動 (現分 -in·ing) 他 …を再試験する, 再検討する.

ref. 《略語》reference.

*__re·fer__ /rifə́ːr リファー/ 《★アクセント注意》動 (~s /-z/; re·ferred /-d/; re·fer·ring /rifə́ːriŋ/) 自 《refer to ...》 ❶ (論文・話などで) **…にふれる**, …のことを言う; …を引用する.
❷ⓐ …を**参照する**, 参考にする.
ⓑ …に問い合わせる.
❸ …にあてはまる, …に関連する.
― 他 《refer ... to ~》 ❶ …に (~を) **調べるようにいう**, 参照させる.
❷ …を (~を得るために) **行かせる**, 紹介する.

・・・・・・・・・・・・・・・・・・・・・・・・・・・
自 ❶ He *referred to* her research in his report. 彼は報告の中で彼女の研究にふれた / She *referred to* him by name. 彼女は名前を出して彼のことを話した.
❷ⓐ *refer to* a dictionary 辞書をひく. ⓑ Please *refer to* the reception desk for information. お知りになりたいことは受付にお問い合わせください.
❸ The information *refers to* this case. 情報はこの事件に関連している.
― 他 ❶ She *referred* him *to* a technical dictionary. 彼女は彼に専門語辞典を教えてやった.
❷ She *referred* me *to* a general hospital. 彼女は私に総合病院へ行くように言った / I was *referred to* the secretary for information. 私は秘書のところに行って問い合わせるようにと言われた.

refer to ... as ~ …のことを~とよぶ:

People *refer to* him *as* a pioneer in space science. 人は彼を宇宙科学の先駆者だという.

☞ 名 reference.

ref·er·ee /rèfəríː レファリー/ 《★アクセント注意》名 C (フットボール・レスリング・バスケットボールなどの)レフェリー, 審判員 《❖「(野球・テニスなどの) 審判員」は umpire》.
― 動 (~s /-z/; -er·eed /-d/; ~·ing) 他 …の審判をする.
― 自 審判をする.

*__ref·er·ence__ /réfərəns レファレンス/ 名 (複 -enc·es /-iz/)
❶ UC (話の中で) **触れること**, 言及.
❷ U 参照 (**すること**), 参考 (にすること).
❸ C 参照すべきもの, 参考にすべきもの; 引用文; 参考文献.
❹ C **人物証明書**.

・・・・・・・・・・・・・・・・・・・・・・・・・・・
❶ There was no *reference* to the incident in his diary. 彼の日記にはそのできごとについて何もふれていなかった.
❷ We cannot learn foreign languages without *reference* to dictionaries. 辞書を参照しないと外国語は習えない / for *reference* 参考までに.
❸ You will find a list of *references* at the end of the book. 本の終わりに参照すべきものの一覧がある.
❹ He came to me with excellent *references*. 彼はりっぱな人物証明書をなん枚ももってきた.

make reference to ... (話の中で) **…に触れる**, 言及する: He *made reference to* the election. 彼は選挙のことに触れた.

with reference to ... **…に関して**: He said nothing *with reference to* his sickness. 彼は自分の病気についてはなにも言わなかった.

without reference to ... …に関係なく.

☞ 動 refer.

réference bòok 名 C 参考図書 (辞書・百科辞典・年鑑・地図など).

ref·er·en·dum /rèfəréndəm レファレンダム/ 名 (複 ~s /-z/, ref·er·en·da /-də/) UC (政策などについての) 国民[住民]投票 (制度).

re·fill /rìːfíl リーフィル/ 動 他 …を再び満

one thousand and ninety-five　　　　　　　　　　1095

たす, 補充する.
— 图 /ríːfil リーフィル/ 《★動詞とのアクセントの違いに注意》© 補充(物), 詰め替え(品).

*re·fine /rifáin リファイン/ 動 (~s /-z/; ~d /-d/; re·fin·ing) 他 ❶ …を**精製する**, 精練する. ❷ (作法・ことばなど)を洗練する, 上品にする. ❸ (組織・計画など)を改善する, 練る.
▶ ❶ *refine* oil 油を精製する.
☞ 图 refinement.

re·fined /rifáind リファインド/ 形 ❶ 精製された, 精練された. ❷ 洗練された, 上品な (反 coarse). ❸ 改善された, 練られた.
▶ ❶ *refined* sugar 精糖. ❷ *refined* manners〔speech〕洗練された作法〔ことばづかい〕.

re·fine·ment /rifáinmənt リファインメント/ 图 ❶ Ⓤ 精製, 精練. ❷ Ⓤ 洗練, 上品, あかぬけていること. ❸ ⓊⒸ 改善, 改良.
☞ 動 refine.

re·fin·er·y /rifáinəri リファイナリ/ 图 (複 -er·ies /-z/) Ⓒ 精製所, 精練所.

*re·flect /riflékt リフレクト/ 動 (~s /-ts/; ~ed /-id/; ~ing) 他 ❶ (光・熱など)を**反射する**, (音)を反響する.
❷ (鏡などが)…を**映す**.
❸ (意見など)を反映している, 表わしている.
❹《reflect that ___》…ということを真剣に考える; 反省する.
— 自 ❶ (光・熱などが)**反射する**, (音が)反響する.
❷ **真剣に考える**, 熟考する〔on, upon〕.
❸《reflect on [upon] ...》(行為などが)(名誉など)を**傷つける**, …に悪影響を与える.

他 ❶ A mirror *reflects* light. 鏡は光を反射する. ❷ The windowpane *reflected* his face. その窓ガラスは彼の顔を映しだした. ❸ Her smile *reflected* her joy. 彼女のほほえみは彼女の喜びを反映していた[表わしていた]. ❹ He *reflected that* life was full of difficulties. 彼は人生には困難なことがたくさんあるものだと考えた.
— 自 ❶ Light *reflects* from water. 光は水に反射する. ❷ Take time to *reflect* before doing important things. 重要なことをする前には時間をかけて十分考えなさい / He *reflected on* what she said. 彼は彼女の言うことをじっくり考えた. ❸ Your conduct will *reflect upon* your character. 君の行為は君の人格を傷つけることになるだろう.
☞ 图 reflection, reflex, 形 reflective.

re·fléct·ing tèlescope /rifléktiŋ- リフレクティング-/ 图 Ⓒ 反射望遠鏡.

*re·flec·tion /riflékʃən リフレクション/ 图 (複 ~s /-z/)
❶ Ⓤ 反射, 反響.
❷ Ⓒ ⓐ 映ったもの, 映像. ⓑ 反射(したもの), 表われ, 影響.
❸ ⓊⒸ よく考えること, 熟考, 反省; 考え.

❶ *reflection* of light〔sound〕光の反射〔音の反響〕. ❷ ⓐ The baby looked at her *reflection* in the mirror. 赤ちゃんは鏡に映った自分の姿を見た. ⓑ Weeping is a *reflection* of sadness. 泣くことは悲しみの反映である. ❸ *Reflection* increases wisdom. 反省すれば知恵が増す.
on [upon] reflection よく考えた上で, よく考えてみると.
☞ 動 reflect.

re·flec·tive /rifléktiv リフレクティヴ/ 形
❶ 真剣にものを考える, 思慮深い.
❷ ⓐ 反射する, 反影する. ⓑ 反射的な.
☞ 動 reflect.

re·flec·tive·ly /rifléktivli リフレクティヴリ/ 副 真剣に考えて, 反省して.

re·flec·tor /rifléktər リフレクタ/ 图 Ⓒ
ⓐ (光などを)反射するもの, 反射鏡.
ⓑ 反射望遠鏡.

re·flex /ríːfleks リーフレクス/《★アクセント注意》图 (複 ~·es /-iz/) ⓐ Ⓒ すばやい反射運動. ⓑ《複数形で》反射神経.
☞ 動 reflect.

re·flex·ion /rifklékʃən リフレクション/ 图《英》= **reflection**.
☞ 動 reflect.

*re·form /rifɔ́ːrm リフォーム/ 動 (~s /-z/; ~ed /-d/; ~ing) 他 ❶ …を**改革する**, 改善する, 改良する.
❷ (人)を改心させる; (行ない)を改めさせ

abcdefghijklmnopq**r**stuvwxyz　　　　　　　　　　　　　　　**refuse**

る.
― 圓 改心する.
― 名 (複 ~s /-z/) U.C. **改革**, 改善, 改良.

･･････････････････････････････

動 他 ❶ We have to *reform* the student council. 生徒会を改革しなくてはならない.
❷ *reform* criminals 犯罪者を改心させる.
― 名 make *reforms* 改革[改善]をする.

re·form·er /rifɔ́ːrmər リフォーマ/ 名 C 改革者, 改良者.

re·frain[1] /rifréin リフレイン/ 動 圓《文語》〔したいことを〕しない, 差し控える, 慎(つつし)む, がまんする〔*from*〕. ▶ Kindly *refrain from* smoking. 《掲示》たばこはご遠慮ください.

re·frain[2] /rifréin リフレイン/ 名 C （詩歌の)繰り返しの文句, リフレイン.

*__re·fresh__ /rifréʃ リフレッシュ/ 動 (~·es /-iz/; ~ed /-t/; ~·ing) 他 ❶ (睡眠・休息・飲食などが)(人)を**さわやかな気分にする**, 元気にする.
❷ (記憶)を新たにする.
▶ ❶ Sleep *refreshes* us. 睡眠は気分をさわやかにしてくれる. ❷ Her words *refreshed* my memory. 彼女の話を聞いて私は記憶を新たにした.
refresh oneself さわやかな気分になる, 元気になる.
　　　　☞ 名 refreshment.

re·frésh·er còurse /rifréʃər- リフレシャ/ 名 C (新技術・知識を教える)再教育コース.

re·fresh·ing /rifréʃiŋ リフレシング/ 形
❶ 気分をさわやかにする, 元気づける.
❷ (物事が)新鮮な.

*__re·fresh·ment__ /rifréʃmənt リフレシュメント/ 名 (複 ~s /-ts/)
❶ ⓐ《複数形で》(サンドイッチなどの)**軽い飲食物**, 茶菓子. ⓑ U (一般に)飲食物.
❷ U 気分をさわやかにすること.
▶ ❶ ⓐ serve *refreshments* 軽い飲食物を出す.
　　　　☞ 動 refresh.

re·frig·er·ate /rifrídʒərèit リフリヂャレイト/ 動 (現分 -at·ing) 他 (食料品)を冷蔵する.

re·frig·er·a·tion /rifrìdʒəréiʃən リフリヂャレイション/ 名 U 冷蔵.

*__re·frig·er·a·tor__ /rifrídʒərèitər リフリヂャレイタ/ (★アクセント注意) 名 (複 ~s /-z/) C **冷蔵庫** (☞ kitchen のさし絵)(❸《口語》では fridge という).
▶ Keep it in the *refrigerator*. それを冷蔵庫に入れておいてね.

re·fu·el /riːfjúːəl リーフューエル/ 動 (~s /-z/; ~ed, (英) re·fu·elled /-d/; ~·ing, (英) re·fu·el·ling) 他 …に燃料を補給する, 給油する.
― 圓 燃料の補給を受ける.

ref·uge /réfjuːdʒ レフーチ/ (★アクセント注意) 名 ❶ U 避難; 保護.
❷ C 避難所, 隠れ家.
▶ ❶ a port of *refuge* 避難港 / seek *refuge* from the typhoon 台風を避けようとする. ❷ a *refuge* for the victims 被災者の避難所.
take refuge in ... ...に避難する: We *took refuge in* a cave. 私たちはほら穴に避難した.

ref·u·gee /rèfjudʒíː レフュヂー/ (★アクセント注意) 名 C 亡命者; 避難者.

re·fund /rifʌ́nd リファンド/ 動 他 …を払いもどす.
― 名 /ríːfʌnd リーファンド/ (★動詞とのアクセントの違いに注意) C 返済(金), 払いもどし(金).
▶ 動 他 The bank stopped *refunding* deposits. その銀行は預金の払い戻しを中止した.

*__re·fus·al__ /rifjúːzl リフューズル/ 名 (複 ~s /-z/) U.C. **拒否**, 拒絶; 辞退. ▶ His *refusal* to join us surprised us. 彼が私たちの仲間に入ることを拒否してみんな驚いた.
　　　　☞ 動 refuse[1].

*__re·fuse__[1] /rifjúːz リフューズ/ 動 (re·fus·es /-iz/; re·fused /-d/; re·fus·ing) 他
❶ (申し出・要求など)を**断わる**, 拒否する (⇔ accept).
❷ ⓐ …に(援助・許可など)を**与えることを断わる**.
ⓑ《refuse ~ ... または refuse ... to ~》～に…(援助・許可など)を与えない.
❸《refuse to *do*》どうしても__しようとしない.
― 圓 断わる, 拒否する.

refuse

❶ She *refused* our request. 彼女は私たちのお願いを断わった.

類語 **decline** は「ていねいに断わる」, **reject** は「拒絶する」.

❷ ⓐ The city authorities *refused* permission to use the park. 市(当局)はその公園を使う許可を与えなかった. ⓑ The girls *refused* us permission to use their room. その女の子たちは彼女らの部屋を使う許可を私たちに与えてくれなかった[使うことを断わった] / She *refuses* nothing *to* her children.＝She *refuses* her children nothing. 彼女は子どもの言うことにはだめと言わない / We were *refused* admittance to the hall. 私たちはホールにはいることを拒否された.

❸ The boy *refused to* listen to his parents. その男の子はどうしても親の言うことを聞かなかった / The window *refused to* open. その窓はどうしても開かなかった.

— ⓐ I asked him to come, but he *refused*. 私は彼に来るように頼んだが彼は断った.

☞ 名 refusal.

ref·use² /réfju:s レフュース/ 《★発音注意》名 Ⓤ《文語》(台所などの)くず, ごみ.

re·fute /rifjú:t リフュート/ 動 (現分 re·fut·ing) 他《文語》(人・議論などを)まちがっていると証明する.

re·gain /rigéin リゲイン/ 動 他 …を取りもどす, 回復する. ▶ She *regained* her health. 彼女は健康を回復した.

re·gal /rí:gəl リーガル/ 形 王の, 帝王の; 王のような, 堂々とした.

*__**re·gard**__ /rigá:rd リガード/
動 (~s /-dz/; ~ed /-id/; ~ing) 他
❶ 〈regard ... as ~〉 …を~と**考える**[**みなす**] (✿ ~には名詞・形容詞がくる).
❷ (ある気持ちをもって) …のことを**考える**, 見る.

— 名 (複 ~s /-dz/) ❶ Ⓤ **注意**, 関心; 考慮, 思いやり (反 disregard).
❷ Ⓤ **尊重**, 尊敬.
❸ 〈複数形で〉**よろしくというあいさつ**.

動 他 ❶ They *regard* him *as* a fool [*as* foolish]. 人は彼をばかだと思っている / He is *regarded as* the greatest poet of the day. 彼は現代の最大の詩人だと考えられている.
❷ He *regarded* me with suspicion. 彼は私を疑っていた[疑っているような目でながめていた] / I *regard* him highly. 私は彼を尊敬している.

— 名 ❶ They paid no *regard* to his opinion. 彼らは彼の意見に注意を払わなかった. ❷ He has high *regard* for his father. 彼は父を大いに尊敬している. ❸ Give him my (best) *regards*. 彼によろしく(言ってください) (✿《口語》では Say hello to him. という) / With kind [best] *regards* to your wife. 《手紙の文句》奥様によろしく.

as regards ... 《文語》…については, …の点では.

in this regard この点に関しては.

with [in] regard to ... …に関して(は): *With [In] regard to* your plan, I have no objection. 君の計画については私は異議はありません.

without regard for [to] ... …にかまわずに, …を無視して.

*__**re·gard·ing**__ /rigá:rdiŋ リガーディング/ 前 … **に関して(は)**, … について(は) (about).

re·gard·less /rigá:rdləs リガードレス/ 副《口語》どんなことがあっても, なにがなんでも.

— 形 《次の成句で》 *regardless of ...* … **にかまわず**, 関係なく: I'll go *regardless of* the weather. 天候に関係なく行きます.

re·gat·ta /rigátə リガータ/ 名 Ⓒ レガッタ, ボート[ヨット]レース.

re·gent /rí:dʒənt リーヂェント/ 名 Ⓒ 《米》(大学の)理事.

re·gime, ré·gime /reiʒí:m レイジーム/ 名 Ⓒ 政権, 政体.

reg·i·men /rédʒəmən レヂメン/ 名 Ⓒ 食餌(°)療法.

reg·i·ment /rédʒəmənt レヂメント/ 名 Ⓒ (陸軍の)連隊.

reg·i·men·tal /rèdʒəméntl レヂメントル/ 形 連隊の.

*__**re·gion**__ /rí:dʒən リーヂョン/《★発音注意》名 (複 ~s /-z/) Ⓒ ❶ **地帯**, 地域, 地

abcdefghijklmnopq**r**stuvwxyz　　　　　　　　　　　　　　　**regular**

方. ❷(体の)一部分, 部位.

❶an industrial *region* 工業地帯 / forest *regions* 森林地帯.
in the region of ... 約….
☞ 形regional.

***re·gion·al** /ríːdʒənəl リーヂョナル/ 形(ある特定の)**地方の**, 地域の.
☞ 名region.

re·gion·al·ly /ríːdʒənəli リーヂョナリ/ 副 地域的に; 局部[局地]的に.

***reg·is·ter** /rédʒistər レヂスタ/《★アクセント注意》名(複 ~s /-z/) C ❶ 登録簿, 記録簿, 名簿.

❷ レジスター, 金銭登録器.
— 動 (~s /-z/; ~ed /-d/; -ter·ing /-təriŋ/) 他 ❶(正式に)…を**登録する**, 登記する, 記録する, (書類)に記入する. ❷(計器が)…を**示す**, 記録する. ❸(手紙)を**書留にする**.
— 自 登録する, 記名する.
▶名 ❶a hotel *register* ホテル宿泊者名簿. ❷a cash *register* 金銭登録器, レジ.

— 動 他 ❶They *registered* the birth of their first daughter. 彼らは長女の出生を届け出た. ❷The thermometer *registered* 32 degrees centigrade [C]. 温度計が℃氏32度を示した. ❸I would like to have this letter *registered*. この手紙を書留にしてもらいたい.

— 自*register* at a hotel ホテルで名前を宿泊者名簿に記入する / *register* for a course in mathematics 数学の講座の履修登録をする.
☞ 名registration, registry.

reg·is·tered /rédʒistərd レヂスタド/ 形 ❶登録した; 公認の. ❷書留にした.
▶❶a *registered* nurse 正看護師. ❷by *registered* mail 書留郵便で.

reg·is·trar /rédʒistrɑːr レヂストラー/ 名 C (公式文書の)記録係; (大学の)学籍係.

***reg·is·tra·tion** /rèdʒistréiʃən レヂストレイション/ 名(複 ~s /-z/) ❶ U 登録, 登記, 記録. ❷ C 登録証.
▶❶*registration* number (自動車などの)登録番号.
☞ 動register.

reg·is·try /rédʒistri レヂストリ/ 名(複 -is·tries /-z/) C 登記所, 登録所.
☞ 動register.

***re·gret** /rigrét リグレット/ 動(~s /-ts/; re·gret·ted /-id/; re·gret·ting) 他 …を**残念に思う**, 後悔する, 気の毒に思う; …を悲しむ.
— 名(複 ~s /-ts/) U.C ❶ **残念**, 失望; 悲しみ.
❷ 後悔.

動 他 Everybody *regretted* his death. みんなが彼の死を悲しんだ / I *regret* saying so. ＝I *regret* that I said so. 私はそう言ったことを悔いている.

I regret (*to say* [*tell you*]) *that* __. 残念ながら__ということです (**◎**I am sorry to say (that) __. のほうが《口語》的): *I regret* (*to say*) *that* I cannot help you. 残念ながら君を援助してあげられない.

— 名 ❶I heard with *regret* that you had failed in business. 君が実業に失敗したと聞いて残念に思った / a matter for *regret* 残念なこと / a letter of *regret* 悔やみの手紙. ❷I feel great *regret* for my behavior. 私は自分の行動を大いに後悔している.

to ...'s regret …にとって残念ながら: *To my* great *regret*, I cannot accept your offer. たいへん残念ですがお申し出をお受けできません.
☞ 形regretful.

re·gret·ful /rigrétfəl リグレトフル/ 形(人が)後悔している; 残念に思っている.
☞ 名regret.

re·gret·ful·ly /rigrétfəli リグレトフリ/ 副 後悔して; 残念に思って.

re·gret·ta·ble /rigrétəbl リグレタブル/ 形 (行為・事件などが)残念な, 気の毒な, 悲しむべき.

re·gret·ta·bly /rigrétəbli リグレタブリ/ 副 ❶《文全体を修飾して》残念ながら.
❷残念なほどに.
▶❶ *Regrettably*, he failed the examination. 残念なことに彼は試験に失敗した.

re·group /rìːgrúːp リーグループ/ 動 他 …を再編成する.

***reg·u·lar** /régjulər レギュラ/

regularity

形 (more ~; most ~)
❶ **定期的な**, 決まった, いつもの.
❷ **規則正しい**; **整然とした** (反 irregular).
❸ ⓐ **正式の** (formal), 正規の.
ⓑ (選手が)レギュラーの.
❹ 《米》(サイズが)ふつうの, 標準型の.
— 名 © ❶ ⓐ 正会員; 正規兵.
ⓑ (スポーツの)正選手, レギュラー.
❷《口語》常連(の客).

▶形 ❶ a *regular* examination 定期試験 / He has no *regular* work. 彼には定職がない / a *regular* customer いつも来る客.
❷ He leads a *regular* life. 彼は規則正しい生活を送っている / keep *regular* hours 規則正しい生活をする / She has *regular* teeth. 彼女はきれいな歯並びをしている.
❸ ⓐ a *regular* member 正会員.
ⓑ a *regular* player 正選手.
☞ 動 regulate, 名 regularity.

reg·u·lar·i·ty /règjulǽrəti レギュラリティ/ 名 U ❶ 規則正しさ. ❷ 一定であること, 均整.
☞ 形 regular.

*****reg·u·lar·ly** /régjulərli レギュラリ/ 副
❶ 規則正しく, きちんと; 定期的に.
❷ 正式に.

*****reg·u·late** /régjulèit レギュレイト/ 動 (~s /-ts/; -lat·ed /-id/; -lat·ing) 他
❶ …を**規制する**. ❷ …を調整する.
▶ ❶ We *regulate* our export of cars to the U.S. われわれはアメリカへの車の輸出を規制している / *regulate* the flow of traffic 交通の流れを規制する.
☞ 名 regulation, 形 regular.

*****reg·u·la·tion** /règjuléiʃən レギュレイション/ 名 (複 ~s /-z/)
❶ © **規則**, 規定, 法規.
❷ U 規制, 取り締まり.
▶ ❶ traffic *regulations* 交通法規 / school *regulations* 学校の規則.
❷ *regulation* of exhaust gas 排気ガス規制.
☞ 動 regulate.

re·ha·bil·i·tate /rì:həbílətèit リーハビリテイト, リーアビ-/ 動 (現分 -tat·ing) 他
ⓐ (病人など)を正常な生活ができるようにする. ⓑ (犯罪者)を更生させる.

re·ha·bil·i·ta·tion /rì:həbìlətéiʃən リーハビリテイション, リーアビ-/ 名 U (治療・訓練などによる)社会復帰, リハビリテーション.

re·hears·al /rihə́:rsl リハーサル/ 名 U C (劇・音楽などの)リハーサル, けいこ.

re·hearse /rihə́:rs リハース/ 動 (現分 re·hears·ing) 他 (劇・音楽などの)リハーサルをする.
— 自 リハーサルをする, (公演前に)下げいこする.

reign /réin レイン/ (★g は発音されない) 名
❶ © (王などの)在位期間, 治世.
❷ U (王などの)統治, 支配 (☞自 ❶).
— 動 (~s /-z/; ~ed /-d/; ~·ing) 自
❶ (王などが)統治する, 君臨する.
❷ 勢力をもつ, (影響などが)行きわたる.
▶ 名 ❶ the *reign* of King John ジョン王の治世.
— 動 自 ❶ The king *reigned* over the country for forty years. その王は40年間国を治めた. ❷ Silence *reigned* in the woods. 森の中はまったく静かであった.

rein /réin レイン/ 名 © 《しばしば複数形で》手綱(なづな).
give (free) rein to ... …を好きなようにさせる.
keep a tight rein on ... …を(勝手なことをしないように)しっかりとおさえておく.

rein·deer /réindìər レインディア/ 名 (複 ~) © 〖動物〗トナカイ《サンタクロース (Santa Claus) のそりを引く動物とされてきた》.

reindeer

re·in·force /rì:infɔ́:rs リーインフォース/ (★発音注意) 動 (-forc·es /-iz/; ~d /-t/;

abcdefghijklmnopq r stuvwxyz   **relation**

-forc·ing) 他 …を補強する, 強化する.
re·in·force·ment /rìːinfɔ́ːrsmənt リーインフォースメント/ 名 ❶ Ⓤ 補強, 強化. ❷《複数形で》増援隊, 援軍.
re·is·sue /riːíʃu リーイシュー/ 動（現分 -suing) 他 …を再発行する.
— 名 Ⓒ 再発行されたもの.
re·it·er·ate /riːítərèit リーイタレイト/ 動（現分 -at·ing) 他《文語》…をくり返す, くり返して言う.
re·it·er·a·tion /riːìtəréiʃən リーイタレイション/ 名 ⓊⒸ くり返し, 反復.
***re·ject** /ridʒékt リヂェクト/ 動 (~s /-ts/; ~ed /-id/; ~ing) 他 (きっぱり)…を**拒絶する**, 拒否する, はねつける (反 accept) (☞ refuse¹ の **類語**).
— 名 /ríːdʒekt リーヂェクト/（★動詞とのアクセントの違いに注意）Ⓒ はねつけられた物[人], 不良品, 不合格者.
▶ 動 他 She *rejected* his proposal. 彼女は彼の申し出を拒絶した / He *rejected* my offer of help. 彼は私の援助の申し出をきっぱり断わった.
☞ 名 rejection.
re·jec·tion /ridʒékʃən リヂェクション/ 名 ⓊⒸ 拒絶, 却下；排除.

拒絶 (rejection) を表わす身ぶり

☞ 動 reject.
***re·joice** /ridʒɔ́is リヂョイス/ 動 (re·joic·es /-iz/; re·joiced /-t/; re·joic·ing) 自《文語》**非常にうれしがる**, 喜ぶ (◎ be glad のほうが《口語》的). ▶ He *rejoiced at* [*over*] the good news. 彼はそのよい知らせを聞いてとても喜んだ.
re·joic·ing /ridʒɔ́isiŋ リヂョイスィング/ 名 Ⓤ《文語》喜び.
re·join /riːdʒɔ́in リーヂョイン/ 動 他 …に再び加わる.
re·ju·ve·nate /ridʒúːvənèit リヂューヴェネイト/ 動（現分 -nat·ing) 他 …を若返らせる, 元気づける.
re·ju·ve·na·tion /ridʒùːvənéiʃən リヂューヴェネイション/ 名 Ⓤ 若返り, 元気回復.
re·kin·dle /riːkíndl リーキンドル/ 動 (現分 re·kin·dling) 他（気持ちなど）をよみがえらせる.
re·lapse /riláeps リラプス/ 動（現分 re·laps·ing) 自（もとの悪い状態に）もどる.
— 名 Ⓒ（悪いほうへの）逆もどり.
***re·late** /riléit リレイト/ 動 (~s /-ts/; re·lat·ed /-id/; re·lat·ing) 他 ❶ …を**関連づける**. ❷《文語》…を**話す**.

他 ❶ *relate* theory and practice 理論と実際を関連づける / The doctor *related* his illness *to* [*with*] overwork. 医者は彼の病気を過労と結びつけた[過労が原因だと言った].
❷ He *related* his adventure to his friends. 彼は友人に自分の冒険談を話した.

☞ 名 relation, 形 relative.
***re·lat·ed** /riléitid リレイティド/ 形 ❶ 関連のある. ❷ 血縁の；血縁関係がある.
▶ ❶ two *related* questions ふたつの関連のある質問 / The two problems *are related to* each other. そのふたつの問題はお互いに関連がある. ❷ He *is related to* the manager. 彼は支配人と親類である.
***re·la·tion** /riléiʃən リレイション/ 名 (複 ~s /-z/)
❶ Ⓤ 関係, 関連.
❷《複数形で》**利害関係**.
❸ⓐ Ⓤ 血縁［親類］関係.
ⓑ Ⓒ 親類（の人）(relative).

❶ Your answer has no *relation* to the question. 君の答えは質問とはなんの関係もない / the *relation* between theory and practice 理論と実際との関係.
❷ the friendly *relations* between Japan and Thailand 日本とタイ国の友好関係 / international 〔business〕 *relations* 国際〔取り引き〕関係.
❸ ⓑ She is a close *relation* of mine. 彼女は私の近い親せきです.

one thuosand one hundred and one   1101

relationship

in [*with*] *relation to* ... …に関して(は).
☞ 動relate.

＊re·la·tion·ship /riléiʃənʃip リレイションシップ/ 名 (複 ~s /-s/) ⓤⓒ ❶ **関連**, 関係. ❷ 血縁関係, 親類関係.

❶ the *relationship* between supply and demand 需要と供給の関係.

＊rel·a·tive /rélətiv レラティヴ/ (★発音注意) 形 ❶ **関係がある**, 関連している.
❷ **相対的な**, 他と比較した上での, 比較的な (反absolute).
— 名 (複 ~s /-z/) ⓒ ❶ **親類の人；身内**, 家族(の者)《親子・兄弟・姉妹・夫婦など》.
❷ 〖文法〗関係詞.

形 ❶ the facts *relative to* the case その事件に関係がある事実. ❷ The value of things is *relative*. 事物の価値は他との比較で決まる[相対的である] / the *relative* importance of an idea ひとつの考えの(他と比較しての)相対的重要性.

☞ 動relate, 名relativity.

rélative ádverb 名ⓒ〖文法〗関係副詞.

rélative cláuse 名ⓒ〖文法〗関係節.

＊rel·a·tive·ly /rélətivli レラティヴリ/ 副 **比較的に**, 割合に；相対的に. ▶He is *relatively* gentle. 彼は比較的おだやかな人だ.

rélative prónoun 名ⓒ〖文法〗関係代名詞.

rel·a·tiv·i·ty /rèlətívəti レラティヴィティ/ 名ⓤ〖物理〗相対性(原理).

☞ 形relative.

＊re·lax /riléks リラックス/ 動 (~es /-iz/; ~ed /-t/; ~ing /-iŋ/) ⓗ ❶ …を**くつろがせる**, リラックスさせる.
❷ …を**ゆるめる**, 和(やわ)らげる (反tighten).
❸ (規則など)をゆるやかにする.
— ⓐ ❶ くつろぐ, リラックスする.
❷ ゆるむ, 和らぐ.

ⓗ ❶ Music *relaxes* us. 音楽はくつろぎを与えてくれる. ❷ *Relax* your muscles. 筋肉をゆるめなさい. ❸ The rules in school were *relaxed*. 学校の規則がゆるめられた.

— ⓐ ❶ She *relaxed* by reading a fashion magazine. 彼女はファッション雑誌を読んでくつろいだ.

☞ 名relaxation.

re·lax·a·tion /rì:lækséiʃən リーラクセイション/ 名 ❶ ⓤ くつろぎ, 休養. ❷ ⓒ 気晴らし, レクリエーション (recreation).
❸ ⓤ ゆるめること, 緩和.

☞ 動relax.

re·laxed /rilǽkst リラクスト/ 形 くつろいだ.

re·lax·ing /rilǽksiŋ リラクスィング/ 形 くつろがせる, ほっとさせる.

re·lay /rí:lei リーレイ/ 名ⓒ〖陸上競技〗リレー競走 (◆relay race ともいう).
— 動 /rí:lei リーレイ, riléi/ (★アクセント注意) ⓗ (ラジオ・テレビなど)を中継放送する.

rélay ràce 名ⓒ リレー競走 (◆単に relay ともいう).

＊re·lease /rilí:s リリース/ 動 (re·leas·es /-iz/; re·leased /-t/; re·leas·ing /-iŋ/) ⓗ ❶ (束縛・拘束などから)…を**解放する**, 釈放する, 自由にする.
❷ⓐ …を**放す**, はずす. ⓑ (矢など)を放つ, (爆弾などを)投下する.
❸ (ニュースなど)を発表する, (映画)を封切る, (レコード・本など)を発表する.
— 名 (複 re·leas·es /-iz/) ❶ ⓤⓒ ⓐ **釈放**, 解放. ⓑ 解放感.
❷ⓐ ⓤⓒ (ニュースなどの)発表, (映画の)封切り, (ＣＤ・本などの)発表. ⓑ (新発売の)本[ＣＤ・ビデオ], (新封切りの)映画.

動 ⓗ ❶ *release* a prisoner 囚人を釈放する / He was *released from* duty. 彼は任務から解放された.
❷ⓐ She *released* her child's hand. 彼女は子どもの手を放した / *release* the catch (ドアなどの)掛けがねをはずす.
ⓑ *release* an arrow 矢を放つ.
❸ *release* the news to the public そのニュースを一般に公表する / The movie will be *released* soon. その映画はじきに封切りされるでしょう.
— 名 ❶ⓐ the *release* of prisoners 捕虜の釈放. ❷ⓑ his latest CD *release* 彼の最新のＣＤ.

abcdefghijklmnopq**r**stuvwxyz　　　　　　　　　　　　　　**religion**

re·lent /rilént リレント/ 動⾃(態度を)やわらげる.

re·lent·less /riléntləs リレントレス/ 形情け容赦(ようしゃ)のない, 冷酷な.

re·lent·less·ly /riléntləsli リレントレスリ/ 副情け容赦なく, 冷酷に.

rel·e·vance /réləvəns レレヴァンス/ 名Ⓤ直接の関連性.

rel·e·van·cy /réləvənsi レレヴァンスィ/ 名＝relevance.

rel·e·vant /réləvənt レレヴァント/ 形(直接)関連のある (反 irrelevant). ▶That is not *relevant* to the case. それは事件に関連がない.

rel·e·vant·ly /réləvəntli レレヴァントリ/ 副関連して.

re·li·a·bil·i·ty /rilàiəbíləti リライアビリティ/ 名Ⓤ信頼できること, 信頼性.
　　　　　　　　　☞形reliable.

***re·li·a·ble** /rilàiəbl リライアブル/ 形 (more ~; most ~)頼りになる, 信頼できる, 確かな (反 unreliable).
▶a *reliable* assistant 信頼できる助手 / *reliable* information 確かな情報.
　　　　　　　　　☞名reliability.

re·li·a·bly /rilàiəbli リライアブリ/ 副信頼できるように; 確実に.

re·li·ance /riláiəns リライアンス/ 名 ❶Ⓤ信頼, 信用. ❷頼りにすること, 依存.
▶❶I put [place] *reliance* on his ability. 私は彼の能力を信頼している.
　　　　　　　　　☞動rely.

re·li·ant /riláiənt リライアント/ 形〔…に〕頼っている, 〔…を〕当てにしている〔*on*〕.
　　　　　　　　　☞動rely.

rel·ic /rélik レリック/ 名Ⓒ(過去の)遺物, 遺品, 遺跡; なごり.

***re·lief**[1] /rilí:f リリーフ/ 名 (複 ~s /-s/)
❶Ⓤⓐ(苦痛・心配などを)**軽くすること**, 取り除くこと. ⓑ(税金の)軽減.
❷《単数形で》**ほっとさせるもの**; ほっとした気持ち, 安心.
❸Ⓤ**救済**, 救援; 救援金[物資].
❹Ⓒ交替者.

●●●●●●●●●●●●●●●●●●●●●●●●●●

❶ⓐThis medicine will give you *relief* from the pain. この薬を飲めば痛みが取れるでしょう.
❷It is *a relief* to know that you are quite well again. 君の全快を知っ

てほっとしている.
❸*relief* of the poor 貧しい人たちの救済 / send *relief* to the victims 犠牲者に救援物資[金]を送る / a *relief* fund 救済資金.
❹a *relief* driver 交替で運転する人.
to ...'*s relief* …にとってほっとしたことには: *To my relief* he was saved. 安心したことには彼は救助された(彼が救助されたので私はほっとした).
　　　　　　　　　☞動relieve.

re·lief[2] /rilí:f リリーフ/ 名【彫刻】Ⓒ浮き彫り彫刻[細工].

***re·lieve** /rilí:v リリーヴ/ 動 (~s /-z/; re·lieved /-d/; re·liev·ing) 他 ❶(苦痛・心配など)を**和らげる**, 軽くする, 取り除く.
❷ⓐ…をほっとさせる, 安心させる. ⓑ《*be relieved*》ほっとする〔している〕(☞relieved).
❸《*relieve ... of ~*》ⓐ(人)を〜(苦痛など)から解放する.
ⓑ(人)を〜(仕事・地位など)から解任する.
❹…と交替(こうたい)する.
❺(単調・退屈(たいくつ)など)をまぎらす.

●●●●●●●●●●●●●●●●●●●●●●●●●●

❶This medicine will *relieve* your headache. この薬を飲めば頭痛が治る[軽くなる]でしょう.
❷ⓐThe news *relieved* me. 私はその知らせを聞いてほっとした.
❸ⓐThe doctor's words *relieved* the child *of* his fear. 医者のことばがその子から恐怖心を取り除いた.
ⓑHe was *relieved of* the post. 彼はその地位を解かれた.
❹I will *relieve* you at seven. 7時になったら私が君と交替します. ❺*relieve* the boredom 退屈(たいくつ)をまぎらす.
relieve oneself 《文語》《遠回しに》用便をする.
　　　　　　　　　☞名relief[1].

re·lieved /rilí:vd リリーヴド/ 形ほっとした, 安心した. ▶a *relieved* expression 安心した表情 / I'm *relieved* that nobody was hurt. けが人がいなかったということでほっとしている / She will be *relieved* to hear that. 彼女はそれを聞いたら安心するでしょう.

***re·li·gion** /rilídʒən リリヂョン/ 《★アクセン

one thousand one hundred and three　　　　　　　　　　　　　　1103

religious

ト注意》名(複 ~s /-z/)
❶ U 宗教. ❷ C 宗派, …教.
❸ U 信仰；信仰生活.

▶❶ I believe in *religion*. 私は宗教を信じている. ❷ the Christian 〔Buddhist〕 *religion* キリスト〔仏〕教.
☞ 形 religious.

*re·li·gious /rilídʒəs リリヂャス/ 《★アクセント注意》形 (more ~; most ~)
❶ 宗教の, 宗教上の (反 secular).
❷ 信心深い (反 irreligious).

▶❶ *religious* music 宗教音楽 / a *religious* ceremony 宗教上の儀式.
❷ a *religious* man 信心深い男.
☞ 名 religion.

re·li·gious·ly /rilídʒəsli リリヂャスリ/ 副 宗教的に；信心深く.

re·lin·quish /rilíŋkwiʃ リリンクウィッシュ/ 動 (三単現 ~es /-iz/) 他《文語》…を放棄する, あきらめる.

rel·ish /réliʃ レリシュ/ 《★アクセント注意》名 (複 ~es /-iz/) ❶ U 楽しみ, 喜び, 満足感.
❷ U C 調味料；薬味, 付け合わせ.
— 動 (三単現 ~es /-iz/) 他 …を楽しむ, 喜ぶ.
▶名 ❶ I read the book with *relish*. 私はその本を楽しく読んだ.

re·live /rì:lív リーリヴ/ 動 (現分 re·liv·ing) 他 …を心の中で再現する.

re·load /rì:lóud リーロウド/ 動 他 (銃など)に再び弾丸を込める.

re·lo·cate /rì:lóukeit リーロウケイト/ 動 (現分 -cat·ing) 他 …を移転する. — 自 移転する.

re·lo·ca·tion /rì:loukéiʃən リーロウケイション/ 名 U 移転, 配置転換.

re·luc·tance /rilʌ́ktəns リラクタンス/ 名 U 気が進まないこと, いやがること.
▶ with *reluctance* いやいやながら.
☞ 形 reluctant.

*re·luc·tant /rilʌ́ktənt リラクタント/ 形 (more ~; most ~) 気が進まない；いやいやながらの. ▶ He is *reluctant* to go. 彼は行くのをいやがっている.
☞ 名 reluctance.

re·luc·tant·ly /rilʌ́ktəntli リラクタントリ/ 副 いやいやながら, しぶしぶ.

*re·ly /rilái リライ/ 動 (re·lies /-z/; re·lied /-d/; ~ing) 自《**rely on [upon] …**》…を頼りにする, 信頼する, 当てにする.

Rely on [upon] me. 私を信頼しなさい (私がちゃんとやってあげます) / We are *relying on* this map. 私たちはこの地図を頼りにしている / He cannot be *relied on*. 彼は頼りにはできない.
rely upon it 確かに, きっと：*Rely upon it*. He will be here soon. 彼はだいじょうぶ, すぐやって来るよ.
☞ 形 reliant, 名 reliance.

*re·main /riméin リメイン/ 動 (~s /-z/; ~ed /-d/; ~ing) 自 ❶ (そのままある場所に) 残る, 居残る, とどまる；(なくならないで) 残る.
❷ (…の) ままでいる, 相変わらず…である 《《 ❷ ••• には名詞・形容詞・分詞がくる》.
❸《remain to be+過去分詞で》まだ＿されないでいる, これから＿されなければならない.

▶❶ My parents went out, but I *remained* at home. 両親は外出したけれども私は家に残っていた / The old temple still *remains*. その古い寺はまだ残っている.
❷ She *remained* silent. 彼女は黙ったままでいた / He *remained* a bachelor all his life. 彼は一生独身であった.
❸ The question *remains* to be solved. その問題はまだ解決されないでいる(その問題はこれから解決されなければならない) / That *remains* to be seen. そのことはまだ今のところどうなるかわかりません.
☞ 名 remainder.

re·main·der /riméindər リメインダ/ 名 《the をつけて》残り, 残りの部分；残りの人々〔もの〕.
☞ 動 remain.

re·mains /riméinz リメインズ/ 名 複
❶ 残り, 残った物. ❷ 遺跡, 遺物. ❸《文語》遺体.
▶❶ the *remains* of the meal 食事の残り物. ❷ the *remains* of ancient Rome 古代ローマの遺跡.

re·make /rí:mèik リーメイク/ 名 C 改作

abcdefghijklmnopq**r**stuvwxyz　　　　　　　　　　　　　　　　**remember**

されたもの；再映画化作品，リメイク．
*****re‧mark** /rimá:rk リマーク/
　名(複 ~s /-s/)C(ちょっとした)**批評，意見**，感想，ことば，コメント．
　— 動(~s /-s/; ~ed /-t/; ~ing)他(ちょっとした意見・感想として)…**と言う**．
　— 自《remark on [upon] ...》…**について**（ちょっとした）**感想[意見]を言う**．

　名 Her *remarks* hurt his feelings. 彼女のことばが彼の気持ちを害した / He made a *remark* about her new book. 彼は彼女の新しい本についてひとこと感想を述べた / The book is worthy of *remark*. その本は注目に値する．
　— 動他 He *remarked that* tomorrow would be fine. 彼はあすは晴れるだろうと言った．
　— 自 He *remarked on* my painting. 彼は私の絵について感想を言った．

*****re‧mark‧a‧ble** /rimá:rkəbl リマーカブル/
　形(more ~; most ~)**注目すべき**，すばらしい，目立った，著(いちじる)しい．

　a *remarkable* event 注目すべき事件 / a *remarkable* memory すばらしい記憶力．

re‧mark‧a‧bly /rimá:rkəbli リマーカブリ/ 副 目だって，非常に，著しく．
re‧mar‧riage /rì:mǽridʒ リーマリヂ/ 名 U C 再婚．
re‧mar‧ry /rì:mǽri リーマリ/ 動(re‧marries /-z/; re‧mar‧ried /-d/; ~‧ing)自(…と)再婚する．
Rem‧brandt /rémbrænt レンブラント/ 名 レンブラント《1606–69；オランダの画家》．
re‧me‧di‧al /rimí:diəl リミーディアル/ 形 再教育の；悪い点を直すための．
　☞ 名 remedy．
*****rem‧e‧dy** /rémədi レメディ/ 名(複 -e‧dies /-z/)C ❶**治療**，治療法；薬．
　❷(よくないことを)直す方法．
　— 動(-e‧dies /-z/; -e‧died /-d/; ~‧ing)他 ❶(病気)を治療する．
　❷(よくないこと)を直す．
　▶名 ❶This is a good *remedy* for a sore throat. これはのどの痛みによくききます．❷a *remedy* for social evils 社会悪を直す方法．

☞ 形 remedial.

*****re‧mem‧ber** /rimémbər リメンバ/ 動(~s /-z/; ~ed /-d/; -ber‧ing /-bəriŋ/) 他 ❶ⓐ…を**おぼえている**．
　ⓑ《remember that __》__ということをおぼえている．
　ⓒ《remember *doing*》__したことをおぼえている．
　❷ⓐ…を**思い出す**（反 forget）（⦿「(人に)思い出させる」はremind）．
　ⓑ《remember that __》__ということを思い出す．
　❸《remember to *do*》**忘れずに__する**（反 forget）．
　❹《remember ... to ~》…のことを~によろしくと伝える[言う]．
　— 自 ❶**おぼえている**．
　❷思い出す．

❶ⓐI *remember* the accident very well. 私はその事故をよくおぼえている．ⓑI *remember that* I met her at a party. 私は彼女にパーティーで会ったことをおぼえている / I don't *remember where* I met him. 私は彼にどこで会ったかおぼえていない．ⓒI *remember climbing* the mountain with friends. 私は友人とその山に登ったことをおぼえている．
❷ⓐI can't *remember* his phone number. 私は彼の電話番号が思い出せません．ⓑI suddenly *remembered that* I had an appointment with the dentist. 私は突然歯医者に(診てもらう)予約があることを思い出した．
❸*Remember to* mail the letter on your way to school. 学校へ行く途中その手紙を忘れないで出しなさい / I *remember to* water the flowers. 私は忘れずに花に水をやるようにしている．
❹ 対話 "Please *remember* me *to* your parents."–"I certainly will." 「ご両親によろしくいってください」「承知しました」．
— 自 ❶ 対話 "We met before. Don't you *remember*?"–"No, I'm afraid I don't." 「前にお会いしたことがあります．おぼえていませんか」「さあ，思い出せませんが」．

remembrance

☞ 名 remembrance.

re·mem·brance /rimémbrəns リメンブランス/ ((★つづり注意)) 名 (複 -branc·es /-iz/)

❶ U 記憶, 思い出すこと.
❷ C 思い出になるもの, 記念品.
▶ ❶ have no *remembrance* of ... …をまったく覚えていない.
in remembrance of ... …の記念に.
☞ 動 remember.

***re·mind** /rimáind リマインド/ 動 (~s /-dz/; ~ed /-id/; ~ing) 他 ⓐ (人)に思い出させる (❍ 「(人が)…を思い出す」は remember); (人)に注意する, 気づかせる.
ⓑ 《*remind* ... *of* ~》…(人)に~を思い出させる, 気づかせる.
ⓒ 《*remind* ... *that* __ [wh-]》…(人)に__ということ[__か]を思い出させる.
ⓓ 《*remind* ... *to do*》…(人)に__することを思い出させる, __するのを忘れないように注意する.

- - - - - - - - - - - - - - - - - - -

ⓐ Oh, that *reminds* me. ああ, それで思い出した. ⓑ He *reminds* me *of* his grandfather. 彼を見ると私は彼の祖父を思い出す(彼は私に彼の祖父のことを思い出させる). ⓒ He *reminded* me *that* I had promised to help him. 彼は私に手伝ってくれると約束したではないかといった / Her words suddenly *reminded* me *that* I had to call Sam. 彼女のいうことを聞いて突然サムに電話しなければならないことを思い出した.
ⓓ Please *remind* him *to* come home early. 彼に早く帰るようにいってください.

re·mind·er /rimáindər リマインダ/ 名 C 思い出させるもの; 催促(^{さいそく})状.

rem·i·nisce /rèmənís レミニス/ 動 (現分 -nisc·ing) ⓐ (楽しい)思い出にふける, 思い出を話す.

rem·i·nis·cence /rèmənísns レミニスンス/ 名 UC 回想, 思い出.

rem·i·nis·cent /rèmənísnt レミニスント/ 形 (物事が)[…を]思い出させる [*of*].
▶ His way of walking *was reminiscent of* his father. 彼の歩き方は彼のお父さんを思い出させた.

rem·nant /rémnənt レムナント/ 名 C 残り, 余り.

re·mod·el /rì:mádl リーマドル/ 動 (~s /-z/; ~ed, (英) re·mod·elled /-d/; ~ing, (英) re·mod·el·ling) 他 …を作り直す, 改造する.

re·morse /rimɔ́:rs リモース/ 名 U (自分のしたくないことに対する)深い後悔, 自責の気持ち.

re·morse·ful /rimɔ́:rsfəl リモースフル/ 形 深く後悔している, 反省している.

***re·mote** /rimóut リモウト/ 形 (re·mot·er; re·mot·est)
❶ 遠く離れた; へんぴな.
❷ (時間的に現在から)遠く離れた.
❸ 関係の薄い, 関係が直接的でない.
❹ (態度などが)よそよそしい.

- - - - - - - - - - - - - - - - - - -

❶ I was born in a *remote* village. 私はへんぴな村に生まれた. ❷ in the *remote* future [past] 遠い未来[過去]に. ❸ a *remote* relative 遠い親類 / a question *remote* from the subject 主題と直接の関係がない質問.

remóte contról 名 ❶ U リモートコントロール, 遠隔(^{えんかく})操作. ❷ C リモコン.

re·mote·ly /rimóutli リモウトリ/ 副 ❶ 遠く離れて. ❷ 《否定文で》少しも.
▶ ❷ *not remotely* interesting 少しもおもしろくない.

re·mote·ness /rimóutnəs リモウトネス/ 名 U 遠く離れていること.

re·mov·a·ble /rimú:vəbl リムーヴァブル/ 形 取りはずしできる.

***re·mov·al** /rimú:vəl リムーヴァル/ 名 (複 ~s /-z/) UC ❶ 移動, 移転, 引っ越し.
❷ 取り除くこと, 除去, 撤去.
❸ 解任, 免職.
☞ 動 remove.

remóval vàn 名 C (英) 引っ越し用トラック (❍ (米) では moving van).

***re·move** /rimú:v リムーヴ/ 動 (~s /-z/; re·moved /-d/; re·mov·ing) 他 ❶ …を移動させる, 移す.
❷ …を取り除く, …を脱ぐ.
— 名 (複 ~s /-z/) C ❶ 距離, 隔たり.
❷ 等級, 階級.

- - - - - - - - - - - - - - - - - - -

動 他 ❶ He *removed* his desk to the next room. 彼は机を隣りの部屋に移した.

abcdefghijklmnopq**r**stuvwxyz　　　　　　　　　　**rent**

❷He *removed* his hat. (あいさつのため)彼は帽子を取った / *remove* stains しみをぬぐい去る.

☞ 名removal.

re·moved /rimú:vd リムーヴド/ 形異なった, かけ離れた.

re·mov·er /rimú:vər リムーヴァ/ 名C (しみ・ペンキなどを取る)洗剤. ▶paint *remover* ペンキ落とし.

re·nais·sance /rènəsá:ns レネサーンス/ 名《the Renaissance で》ルネサンス, 文芸復興(14-16世紀ヨーロッパに起こった古典文芸・学術の復興).

re·name /rì:néim リーネイム/ 動(現分 re·nam·ing)他 …に新しい名前をつける; …を改名する.

ren·der /réndər レンダ/ 動他《文語》
❶《render ... ~》…を〜にする(《○〜には形容詞(句)がくる)).
❷ⓐ(援助など)を与える.
ⓑ《render 〜 ... または render ... to 〜》〜に…(援助など)を与える.
▶❶The war *rendered* many people homeless. その戦争で多くの人が家を失った.
❷ⓐ*render* aid [help] 援助を与える.
ⓑHe *rendered* us a great service. 彼は私たちに大変つくしてくれた.

ren·dez·vous /rá:ndivù: ラーンディヴー/ 名(複 ren·dez·vous /-z/)C (時間と場所を決めて)会う約束; 約束した会合.
── 動(打ち合わせて)会う.

ren·di·tion /rendíʃən レンディション/ 名C 演奏, 演出.

ren·e·gade /rénigèid レニゲイド/ 名C 脱党者, 裏切り者.

re·new /rinjú: リヌー, リニュー/ 動他
❶…を復活させる.
❷…を再び始める.
❸(契約など)を更新する.
▶❶We *renewed* our old friendship. 私たちはむかしの友情を取りもどした.
❷They *renewed* their discussion after a ten-minute break. 10分の休憩(ホヘピ)の後彼らはまた討論を始めた.
❸I have to *renew* my driver's license. 私は運転免許を更新しなければならない.

☞ 名renewal.

re·new·able /rinjú:əbl リヌーアブル, リニュー・/ 形 ❶(契約などが)継続[更新・延長]可能な. ❷(資源などが)つきることのない.

re·new·al /rinjú:əl リヌーアル, リニュー・/ 名U.Cⓐ回復, 復活. ⓑ更新.

☞ 動renew.

re·newed /rinjú:d リヌード, リニュード/ 形更新した, 新しくした.

re·nounce /rináuns リナウンス/ 動(現分 re·nounc·ing)他《文語》❶(権利など)を(公式に)放棄する.
❷…との縁を切る.
▶❶*renounce* war 戦争を放棄する.

☞ 名renunciation.

ren·o·vate /rénəvèit レノヴェイト/ 動(現分 -vat·ing)他 …をもとのよい状態にする, 修復する.

ren·o·va·tion /rènəvéiʃən レノヴェイション/ 名U.C修繕, 修復.

re·nown /rináun リナウン/ 名U名声(fame).

re·nowned /rináund リナウンド/ 形有名な.

＊**rent** /rént レント/ 名(複 ~s /-ts/) U.C(定期的に払う土地や家の)**借(ホ)り賃, 使用料**; 貸(*)し賃, 賃貸(ミゕ)料.
── 動(~s /-ts/; ~ed /-id/; ~ing)他
❶…を**使用料を払って借りる**(☞borrow の 類語).
❷…を金を取って貸す.
── 自賃貸しされる.

名●The *rent* for this room is 700 dollars a month. 部屋代は1か月700ドルです / I paid the *rent* today. 私はきょう家賃を払った.

【語の結びつき】
collect *rent* 貸し賃を集金する
lower the *rent* 賃貸料を値下げする
pay a high [low] *rent* (for ...) (…に)高い[安い]借り賃を支払う
raise [put up] the *rent* 賃貸料を値上げする

for rent (米)(家・部屋など)賃貸(ミゕ)の(《○(英)では to (be) let): a house *for rent* (米)貸し家(《○(英)では a house to let) / *For Rent* (米)貸し家[間](《○(英)では To (Be) Let).

one thousand one hundred and seven　　1107

rent-a-car

For Rent（貸し間）

― 動 他 ❶ *rent* a house from ... …から家を借りる.
❷ He *rents* rooms to students. 彼は学生に部屋を貸している.
― 自 This house *rents* for [at] 70,000 yen a month. この家は月7万円で貸している.
rent out 他 …を金を取って貸す.

rent-a-car /réntə-kà:r レンタ・カー/ 名 C《米》レンタカー.

rent-al /réntl レントル/ 名 U.C 使用料, 借り賃. ― 形 賃貸(ﾁﾝﾀｲ)しの, レンタルの.
▶形 a video *rental* shop ビデオレンタル店.

rent-er /réntər レンタ/ 名 C 借地[借家・間借]人.

re-nun-ci-a-tion /rinʌnsiéiʃən リナンスィエイション/ 名 U.C《文語》❶（権利などの）放棄, 廃棄. ❷ 関係の否認.
☞ 動 renounce.

re-o-pen /rì:óupən リーオウプン/ 動 他 …を再開する. ― 自 再開する.

re-or-gan-i-za-tion /rì:ɔ:rgənizéiʃən リーオーガニゼイション | -nai-/ 名 U 再組織, 再編成.

re-or-gan-ize /rì:ɔ́:rgənàiz リーオーガナイズ/ 動（現分 -gan·iz·ing）他 …を再組織する, 再編成する.

Rep.《略語》Republican.

re-paid /ripéid リペイド/ 動 repay の過去形・過去分詞形.

***re-pair** /ripéər リペア/ 動（~s /-z/; ~ed /-d/; re·pair·ing /-péəriŋ/）他 ❶ …を**修理する**（☞ mend の 類語 ）.
❷（関係など）を**修復する**, 元に戻す.
― 名（複 ~s /-z/）U.C **修理**, 修繕.

・・・・・・・・・・・・・・・・・・・・・・・・・・
動 他 ❶ He *repaired* the door. 彼はドアを修理した / I got [had] my car *repaired*. 車を修理してもらった. ❷ You have to *repair* your relationship with your father. 君は父親との関係を修復すべきだ.
― 名 The roof needs [is in need of] *repair*. 屋根は修理が必要だ.
beyond [***past***] ***repair*** 修理できないほど破損した.
in good [***bad***] ***repair***（手入れが）よい[悪い]状態で: The house is in good [bad] *repair*. その家は手入れが行き届いている[いない].
under repair 修理中, 工事中.

re-pair-man /ripéərmæ̀n リペアマン/ 名（複 re·pair·men /-mèn/）C（機械などの）修理工.

re-pa-tri-ate /rì:péitrièit リーペイトリエイト | -pǽt-/ 動（現分 -at·ing）他（人）を本国へ送り返す.

re-pa-tri-a-tion /rì:pèitriéiʃən リーペイトリエイション | -pæt-/ 名 U 本国送還.

***re-pay** /ripéi リペイ/ 動（~s /-z/; re·paid /-péid/; ~·ing）他 ❶（人に）（金）を**返す**.
❷ ⓐ（恩など）に**報いる**.
ⓑ（人）に恩返しをする.
▶ ❶ I'll *repay* you the money as soon as possible.＝I'll *repay* the money *to* you as soon as possible. できるだけ早くお金を返します.
❷ ⓐ I must *repay* her kindness. 私は彼女の親切に報いなければならない.
☞ 名 repayment.

re-pay-ment /ripéimənt リペイメント/ 名 U.C ❶ 返金, 返済. ❷ 報いること.
☞ 動 repay.

re-peal /ripí:l リピール/ 動 他（法律など）を無効にする, 廃止する.
― 名 U（法律などを）無効にすること, 廃止.

***re-peat** /ripí:t リピート/
動（~s /-ts/; ~ed /-id/; ~·ing）他
❶ ⓐ …を**くり返して言う**[**書く**].
ⓑ《*repeat that* ＿》＿とくり返して言う[書く].
ⓒ（同じこと）を他の人に言う.
❷ …を**くり返す**, くり返して行なう.
❸ …を暗誦(ｱﾝｼｮｳ)する.
❹（番組）を再放送する.
― 自 ❶ くり返して言う.
❷ くり返す, くり返して起こる.

abcdefghijklmnopq**r**stuvwxyz

reply

— 名(複) ~s /-ts/） C ❶(テレビ・ラジオの)再放送番組. ❷くり返し,反復.

動他 ❶ⓐPlease *repeat* the question. その質問をもう1回言ってください / *Repeat* the sentence after me. 私のあとについて文をくり返しなさい.

ⓑShe *repeated that* she was sorry. すみませんと彼女はくり返し言った.

❷*repeat* the same mistake 同じ誤りをくり返す / *repeat* the third year 3年に留年する.

❸*repeat* a poem 詩を暗唱する.

— 自 ❶*Repeat* after me. 私の後について言いなさい.

repeat oneself ①(知らずに)くり返して同じことを言う[書く]：The old man *repeated himself* again and again. その老人は同じことをくり返しくり返し言った. ②くり返して起こる：ことわざ *History repeats itself.* 歴史はくり返す.

☞ 名repetition, 形repetitious.

re·peat·ed /ripí:tid リピーティド/ 形くり返された,たびたびの.

re·peat·ed·ly /ripí:tidli リピーティドリ/ 副くり返して,たびたび.

re·pel /ripél リペル/ 動 (~s /-z/; re-pelled /-d/; re·pel·ling) ❶…を追い払う,撃退する. ❷…に不快感を与える. ❸…をはね返す.

re·pel·lent /ripélənt リペレント/ 形 不快感を与える,いやな.

— 名 U.C 防虫剤,防水剤.

re·pent /ripént リペント/ 動《文語》自《*repent of ...*》…を後悔する,悪かったと思う. — 他 …を後悔する.

▶ⓐI *repent of* what I have done. 私は自分のしたことを後悔している.

— 他 You will *repent* your laziness. あとになって怠けていたことを後悔するよ.

☞ 名repentance, 形repentant.

re·pent·ance /ripéntəns リペンタンス/ 名 U 後悔,悪かったと思うこと.

☞ 動repent.

re·pent·ant /ripéntənt リペンタント/ 形 後悔している.

☞ 動repent.

re·per·cus·sion /rì:pərkáʃən リーパカション/ 名 C 《ふつう複数形で》(事件などの)影響.

rep·er·toire /répərtwà:r レパトワー/ 名 C レパートリー,上演目録,演奏曲目.

rep·e·ti·tion /rèpətíʃən レペティション/ 名 U.C くり返し,反復.

☞ 動repeat.

rep·e·ti·tious /rèpətíʃəs レペティシャス/ 形 くり返しの多い,くどい.

☞ 動repeat.

re·phrase /rì:fréiz リーフレイズ/ 動(現分 -phras·ing)他 …を言い換える.

*re·place /ripléis リプレイス/ 動 (re·plac-es /-iz/; re·placed /-t/; re·plac·ing) 他 ❶…に取って代わる.
❷…を〔…と〕取り替える〔*with*〕.
❸…をもとへもどす；…を返す.

❶The bus has *replaced* the streetcar. バスが路面電車に取って代わった / Tom *replaced* Bill *as* captain of our team. トムがビルの代わりに私たちのチームの主将になった.

❷*replace* the broken chairs *with* new ones こわれたいすを新しいのと取り替える. ❸*Replace* the book on the shelf. 本をたなにもどしなさい.

☞ 名replacement.

*re·place·ment /ripléismənt リプレイスメント/ 名 (複 ~s /-ts/) ❶ U 取り替え,交替. ❷ C 代わりの人[もの].

☞ 動replace.

re·play /rì:pléi リープレイ/ 動他 ❶…の再試合をする. ❷(曲など)を再演奏する,(テープなど)を再生する,(劇など)を再演する.

— 名 /rí:plèi リープレイ/ (★動詞とのアクセントの違いに注意) C ❶再試合.
❷再演奏；(テープなどの)再生；(劇などの)再演.

rep·li·ca /réplikə レプリカ/ 名 C 模写,複製,レプリカ.

*re·ply /riplái リプライ/ 動 (re·plies /-z/; re·plied /-d/; ~·ing)自 返事をする,答える.

— 他 (__と)答える.

— 名 (複 re·plies /-z/) C 返事,答え,応答.

動他 Have you *replied to* her let-

1109

report

ter? 彼女の手紙に返事を出しましたか.
— ㉺He *replied that* he would come. 彼は行きます[来ましょう]と答えた.
— 图I wrote him a *reply* in English. 私は彼に英語で返事を書いた / There was no *reply* to the knock. ノックに対して応答はなかった.

in reply (to ...) (…に対する)**答えとして, 返事に**:She smiled *in reply to* my question. 彼女は私の質問に答えてほほえんだ.

make a reply (to ...) (…に対して)**返事をする**.

****re‧port** /ripɔ́ːrt リポート/
图 (複 ~s /-ts/) C ❶ ⓐ **報告(書)**.
ⓑ **報道(記事)**.
❷ 《英》 (学校などの)**成績表, 通知表** (《◎《米》では report card》).
❸ うわさ (rumor).
— 動 (~s /-ts/; ~ed /-id/; ~ing) ㉺
❶ ⓐ …を**報告する**.
ⓑ …を**報道する**.
ⓒ 《report that _》_と報告[報道]する.
❷ …のことを訴える, 言いつける.
— ㉑ ❶ 《report on ...》**…を報告する, 報道する**.
❷ 《report to ...》**…に出頭する**, 届け出る.
❸ 《report for ...》**…の記者として働く**.

图 ❶ⓐ I would like to see the *report* of the committee. その委員会の報告を読みたい / a *report* on welfare facilities 福祉施設に関する報告書. ⓑ A *report* of the railroad accident was in yesterday's paper. その鉄道事故の記事はきのうの新聞にのった / a weather *report* (新聞・テレビなどの)天気予報.
❷ I got a good school *report* last year. 私は去年は成績が良かった.
❸ *reports* of an outbreak of flu インフルエンザ発生のうわさ.

Report has it [The report goes] that _. _というううさだ.

— 動 ㉺ ❶ ⓐ Nobody *reported* the incident to the police. だれもその事件を警察に知らせなかった. ⓑ Newspapers *report* daily events. 新聞は日々の出来事を報道する / Three people are *reported* missing. 3人の人が行方不明だと報道されている. ⓒ It is *reported that* the President is seriously ill. 大統領は重病ということだ. ❷ They *reported* him *to* the teacher. 彼らは彼のことを先生に言いつけた.

— ㉑ ❶ He *reported on* [*upon*] the committee meeting to the class. 彼は委員会の会議のことをクラスに報告した / The TV station did not *report on* the accident. そのテレビ局はその事故を報道しなかった. ❷ *Report to* the teacher at once. すぐに先生の所へ報告に行きなさい. ❸ He *reports for* The Times. 彼はタイムズの記者をしている.

report back ㉑ (頼まれたことの結果を)帰って報告する, 報告する.

report oneself to ... …に出頭する; …に届け出る.

repórt cárd 图 C 《米》 成績表, 通知表 (《◎《英》では report, school report》).

re‧port‧ed‧ly /ripɔ́ːrtidli リポーティドリ/ 副 《文全体を修飾して》伝えられるところによれば.

re‧pórt‧ed spéech /ripɔ́ːrtid- リポーティド‑/ 图【文法】 U 間接話法.

****re‧port‧er** /ripɔ́ːrtər リポータ/ 图 (複 ~s /-z/) C ❶ **新聞記者, レポーター**.
❷ ニュースアナウンサー.

****rep‧re‧sent** /rèprizént レプリゼント/ (★アクセント注意)動 (~s /-ts/; ~ed /-id/; ~ing) ㉺ ❶ …を**表わす**, 象徴する, 示す.
❷ (絵などが)…を**描いている**, 描写する.
❸ …を**代表する**, …の代理をする.
❹ …の**代表的な例である**.

❶ The small circles on this map *represent* cities. この地図の小さな丸じるしは市を表わしている.
❷ This picture *represents* my grandmother on my mother's side. この絵は母方の祖母を描いている.
❸ She *represented* our school at the contest. 彼女はわれわれの学校を代表してコンテストに出た.
❹ He *represents* the modern

Repub.

young man. 彼は現代青年の代表的な例である.
☞ 名representation, 形representative.

rep·re·sen·ta·tion /rèprizentéiʃən レプリゼンテイション/ 名 ❶ⓒ表現, 描写. ❷ⓒ表現されたもの, 絵画, 彫刻. ❸Ⓤ代表(すること), 代理.
☞ 動represent.

＊rep·re·sen·ta·tive /rèprizéntətiv レプリゼンタティヴ/ 名 (複 ~s /-z/) ⓒ ❶ **代表者**, 代理人.
❷代議士；《**Representative** で》(アメリカの)**下院議員**(☞senator)；(日本の)衆議院議員(☞parliament).
— 形 ❶代表する, 代議制の；代理の. ❷描写する, 表わす, 象徴する〔of〕.

....

名 ❶ Japan sent *representatives* to the conference. 日本はその会議に代表者を送った / Our company has a *representative* in London. 私たちの会社はロンドンに代理人がいる.
❷ a *representative* from Iowa アイオワ州選出の下院議員
— 形 ❶ *representative* government 代議政治 / Congress is *representative* of the people. 議会は国民を代表している. ❷ This case is *representative* of a growing trend. この事件は現在のひとつの強まりつつある傾向を表わしている.
☞ 動represent.

re·press /riprés リプレス/ 動 (三単現 ~es /-iz/) 他 ❶ (感情など)を抑制する, 抑える. ❷ (暴動など)を鎮圧(ﾁﾝｱﾂ)する.

re·pressed /riprést リプレスト/ 形 抑圧された, 欲求不満の.

re·pres·sion /ripréʃən リプレション/ 名 ❶Ⓤ抑制, 制止. ❷Ⓤ鎮圧. ❸ⓊⒸ〖心理〗抑圧.

re·pres·sive /riprésiv リプレスィヴ/ 形 抑圧的な.

re·prieve /riprí:v リプリーヴ/ 動 (現分 re·priev·ing) 他 …の死刑の執行を延期する.
— 名ⓒ死刑執行猶予(ﾕｳﾖ) [延期].

rep·ri·mand /réprəmænd レプリマンド/ 名ⓊⒸ(公式の)懲戒(ﾁｮｳｶｲ), 非難.
— 動 (公式に)…を非難する.

re·print /rí:prìnt リープリント/ 名ⓒ再版, 増刷. — 動 /rì:prínt リープリント/ (★名詞とのアクセントの違いに注意))他 …を再版する, 増刷する.

re·pris·al /rípráizl リプライズル/ 名ⓊⒸ報復.

re·proach /ripróutʃ リプロウチ/ 動 (~es /-iz/; ~ed /-t/; ~·ing) 他 …をしかる, 非難する.
— 名 (~es /-iz/) ⓊⒸ しかること, 非難.
▶ 動他 The teacher *reproached* Tom *for being* dishonest. 先生はトムの不正直をしかった.
— 名 *above* [*beyond*] *reproach* 非難の余地がない.
☞ 形reproachful.

re·proach·ful /ripróutʃfəl リプロウチフル/ 形 非難するような.
☞ 名reproach.

re·proach·ful·ly /ripróutʃfəli リプロウチフリ/ 副 非難するように.

re·pro·duce /rì:prədjú:s リープロドゥース, ·デュース/ 動 (-pro·duc·es /-iz/; ~d /-t/; -duc·ing) 他 ❶ (音・場面など)を再生する, 再現する. ❷ …の複製を作る, 複写する. ❸ (子)を生む, 繁殖する.
— 自 繁殖する, 生殖する.
▶ 他 ❶ This film *reproduces* American life in the early 19th century. この映画は19世紀初期のアメリカの生活を再現している. ❷ *reproduce* a picture 絵の複製を作る.
☞ 名reproduction, 形reproductive.

re·pro·duc·tion /rì:prədʌ́kʃən リープロダクション/ 名 ❶Ⓤ再生, 再現. ❷ⓊⒸ複写, 複製(☞copy). ❸Ⓤ繁殖, 生殖.
☞ 動reproduce.

re·pro·duc·tive /rì:prədʌ́ktiv リープロダクティヴ/ 形 繁殖の, 生殖の.
☞ 動reproduce.

re·proof /riprú:f リプルーフ/ 名 《文語》 ⓊⒸ しかること, こごと.
☞ 動reprove.

re·prove /riprú:v リプルーヴ/ 動 (現分 re·prov·ing) 他 《文語》…をしかる.
☞ 名reproof.

rep·tile /réptail レプタイル/ 名ⓒ爬虫(ﾊﾁｭｳ)類の動物 (ヘビ・トカゲ・ワニなど).

Repub. 《略語》Republic; Republi-

republic　　　　　　　　　　　　　　ABCDEFGHIJKLMNOPQ**R**STUVWXYZ

can.

*re·pub·lic /rɪpʌ́blɪk リパブリック/ 名(複 ~s /-s/) C 共和国. ▶ the People's *Republic* of China 中華人民共和国.
☞ 形 republican.

*re·pub·li·can /rɪpʌ́blɪkən リパブリカン/ 形 (more ~; most ~) ❶共和国の, 共和制の. ❷《Republican で》(アメリカ)共和党の.
☞ 名 republic.

— 名 C ❶共和主義者. ❷《Republican で》(アメリカ)共和党員 (☞ democrat).

Repúblican Párty 名《the をつけて》(アメリカ)共和党 (GOP (= Grand Old Party) の名で親しまれ, 象 (elephant) がシンボル; ✿「民主党」 は the Democratic Party).

re·pug·nant /rɪpʌ́gnənt リパグナント/ 形 《文語》いやでたまらない, 大きらいな.

re·pul·sion /rɪpʌ́lʃən リパルション/ 名 U 反感, 嫌悪; 【物理】反発力.

re·pul·sive /rɪpʌ́lsɪv リパルスィヴ/ 形 非常に不快な, いやな.

rep·u·ta·ble /répjətəbl レピュタブル/ (★ アクセント注意) 形 評判のよい, りっぱな.

*rep·u·ta·tion /rèpjətéɪʃən レピュテイション/ 名 C 評判. ▶ The school has *a* good 〔poor〕 *reputation*. その学校は評判がよい〔悪い〕 / She has *a* high *reputation* as a writer. 彼女は作家として評判が高い.

語の結びつき

confirm ...'s *reputation* (for [as] ~) (~によって[としての])…の名声を確立する

establish [build up] a *reputation* 評判を築く

gain [acquire, win, earn] a *reputation* (as ...) (…として)評判を得る, 評判になる

ruin one's *reputation* 評判を落とす

re·put·ed /rɪpjúːtɪd リピューティド/ 形 評判のよい; …と言われている.

re·put·ed·ly /rɪpjúːtɪdli リピューティドリ/ 副 評判では.

*re·quest /rɪkwést リクウェスト/ 動 (~s /-ts/; ~ed /-ɪd/; ~ing /-ɪŋ/) 他 …を頼む, お願いする, 要請(ﾖｳｾｲ)する (✿ask よりも形式

ばった語; ☞ ask の 類語).

— 名(複 ~s /-ts/) C ❶願い, 頼み, 依頼.

❷(レコードなどの)リクエスト曲.

動 他 He *requested* a loan from the bank. 彼はその銀行に貸し付けを頼んだ / I was *requested to* make a speech. 私はスピーチをしてくださいと言われた / We *requested that* a rescue team (should) be sent at once. われわれは救助隊をすぐ送ってもらいたいと要求した (✿(米)ではふつう should を用いない).

— 名 ❶ I have a *request*. お願いがあります / He granted my *request*. 彼は私の願いを聞き入れてくれた.

***at* ...'s *request* = *at the request of* ...** …の願いによって.

by request 求めに応じて: She sang several songs *by request*. 彼女は頼まれて数曲歌った.

make a request for ... …をください とお願いする, 要請する.

on [upon] request 請求があれば: A catalog will be sent *on request*. カタログは請求あり次第お送りします.

requést stòp 名 C (英)乗客の要求のあったときだけ止まるバス停留所.

re·qui·em /rékwiəm レクウィエム/ 名 【カトリック】C レクイエム, 鎮魂(ﾁﾝｺﾝ)曲.

*re·quire /rɪkwáɪər リクワイア/ 動 (~s /-z/; re·quired /-d/; re·quir·ing /-kwáɪərɪŋ/) 他 ❶ ⓐ …を必要とする (✿need より形式ばった語).
ⓑ《require that ＿》＿ということを必要とする.

❷ ⓐ …を要求する, 命じる, (義務として)…を求める (demand).
ⓑ《require ... to *do*》…に＿することを要求する.
ⓒ《require that ＿》＿ということを要求する.

❶ ⓐ We *require* your help. われわれはあなたの援助を必要としています / Learning a foreign language *requires* patience. 外国語を身につけるには忍耐が必要だ / *require* time and effort 時間と努力を必要とする.

❷ ⓐ They *required* his presence.

彼らは彼の出席を要求した / A birth certificate is *required* to get a passport. パスポートを取得するには出生証明書が必要だ.

ⓑThe law *requires* people *to* wear seat belt. シートベルトの着用は法律で定められている / Visitors are *required to* buy tickets. 入場者は切符を求めなければならない.

ⓒShe *required that* I (should) apologize. = She *required* me *to* apologize. 彼女は私にあやまるよう要求した(⊘(米)ではふつう should を用いない).

☞ 名requirement.

re·quired /rikwáiərd リクワイアド/ 形 (米)(科目が)必修の (反 elective). ▶a *required* subject 必修科目.

*re·quire·ment /rikwáiərmənt リクワイアメント/ 名 (複 ~s /-ts/) © 必要なもの; 必要条件. ▶*requirements* for admission 入学[入会(など)]のための必要条件.

☞ 動require.

req·ui·site /rékwəzit レクウィズィット/ (★アクセント注意) 形 (文語) 必要な, なくてはならない.

re·ran /rì:rǽn リーラン/ 動 rerun の過去形.

re·run /rì:rʌ́n リーラン/ 動 (~s /-z/; re·ran /-rǽn/; re·run; re·run·ning) ⓗ (映画・テレビ番組など)を再上映する, 再放送する.
— 名 /rí:rʌ̀n リーラン/ (★動詞とのアクセントの違いに注意) © 再上映, 再放送.

re·sale /rí:sèil リーセイル/ 名 ⓤ 再販売, 転売.

re·sched·ule /rì:skédʒu:l リースケチュール/ -[édju:l/ 動 (現分 -ul·ing) ⓗ …の予定を変更する.

*res·cue /réskju: レスキュー/ 動 (~s /-z/; res·cued /-d/; -cu·ing) ⓗ …を**救う**, …を救い出す.
— 名 (複 ~s /-z/) ❶ⓤ© **救出**, 救助.
❷《形容詞的に》救出の.

動ⓗ He *rescued* the child *from* the burning house. 彼はその子を燃えている家から救い出した.
— 名 ❶The *rescue* of the crew was difficult. 乗り組み員の救出は困難だった. ❷a *rescue* party 救助隊.
go〔come〕to the rescue of … = **go〔come〕to …'s rescue** …を救助しに行く〔来る〕.

res·cu·er /réskju:ər レスキューア/ 名 © 救助者.

*re·search /risə́:rtʃ リサーチ, rí:sə:rtʃ/ 名 (複 ~·es /-iz/) ❶ⓤ© (綿密な)**調査**, (科学的な)**研究**, リサーチ.
❷《形容詞的に》調査の, 研究の.
— (~·es /-iz/; ~ed /-t/; ~·ing) ⓘ **研究する**, 調査する.
— ⓗ …を研究する, 調査する.

名 ❶They are doing *research* on [into] water pollution. 彼らは水質汚染の研究をしている / market *research* 市場調査. ▶*research* in medicine 医学の研究 / carry out *research* 研究する. ❷a *research* scientist 研究員.
— 動ⓘ *research* into [on] … …を研究[調査]する.

re·search·er /risə́:rtʃər リサーチャ/ 名 © 研究員.

*re·sem·blance /rizémbləns リゼンブランス/ 名 (複 -blanc·es /-iz/) ⓤ© 似ていること, 類似. ▶The boy shows [has] a great *resemblance* to his father. その少年は父親とよく似ている / There is no *resemblance* between the two. そのふたつは全然類似点がない.

☞ 動resemble.

*re·sem·ble /rizémbl リゼンブル/ 動 (~s /-z/; re·sem·bled /-d/; re·sem·bling) ⓗ …**に似ている**. ▶The two sisters closely *resemble* each other. そのふたりの姉妹はよく似ている.

☞ 名resemblance.

re·sent /rizént リゼント/ 動 ⓗ …に腹を立てる, …をひどくいやがる, おこる.
▶She *resented* his remarks. 彼女は彼の言ったことに腹を立てた / He *resented* having to work overtime. 彼は超過勤務をしなければならないことをひどくいやがった.

☞ 形resentful, 名resentment.

re·sent·ful /rizéntfəl リゼントフル/ 形 憤慨(がい)している.

☞ 動resent.

re·sent·ment /rizéntmənt リゼントメン

reservation

ト/ 名UC憤慨(がい), 憤(いきどお)り.
☞ 動 resent.

*res・er・va・tion /rèzərvéiʃən レザヴェイション/ 名(複 ~s /-z/)
❶ C (部屋・座席などの) **予約** (◎(英)ではbookingともいう). ❷ UC 完全にはよいと思えない気持ち, 疑念; 留保. ❸ C (米) 指定保留地.

▶ ❶ Do you have a *reservation*, sir? ご予約はしておられますか.

I'd like to make *reservations* for a single room on May 10th.
(５月１０日に一人部屋を予約したいのですが)

❷ I have some *reservations* about his story. 彼の話には少し疑わしいところがある / I agree with *reservations*. 私は条件つきで同意する. ❸ an Indian *reservation* インディアン特別保留地.
☞ 動 reserve.

re・serve /rizə́:rv リザーヴ/ 動 (~s /-z/; re-served /-d/; re-serv-ing) 他 ❶ …をとっておく**, 使わずに残しておく.
❷ (部屋・座席など)を**予約する** (◎(英)ではbookともいう).

— 名 (複 ~s /-z/) ❶ C たくわえ, 保存物. ❷ UC 遠慮(えんりょ), 控えめ. ❸ C 補欠選手; 予備軍.

動 他 ❶ *reserve* some money for the future 将来のためにお金をたくわえておく / Some seats on trains are *reserved* for old and handicapped people. 列車には老人や障害者のために席がいくつかとってある. ❷ *reserve* a room at a hotel ホテルに部屋を予約する.
☞ 名 reservation.

— 名 ❶ a *reserve* of food 食物のたくわえ / oil *reserves* 貯蔵してある石油.
in reserve 予備の, とっておいた: We don't have much water *in reserve*. 予備の水はあまりない.
without reserve 無条件で, そのまま.

re・served /rizə́:rvd リザーヴド/ 形
❶ 予約してある, 貸し切りの. ❷ 控えめな, 遠慮がちな.
▶ ❶ a *reserved* seat 予約[指定]席.

re・serv・ed・ly /rizə́:rvidli リザーヴィドリ/ (★発音注意) 副 控えめに, 遠慮して.

res・er・voir /rézərvwà:r レザヴワー/ (★アクセント注意) 名 C ❶ 貯水池. ❷ (知識・富などの) 蓄積.

re・set /rì:sét リーセット/ 動 (~s /-ts/; reset; re・set・ting) 他 (時計・機械など)をセットし直す.

re・shuf・fle /rì:ʃʌ́fl リーシャフル/ 動 (~s /-dz/; -fled /-d/; -shuf・fling) 他 (内閣・組織など)を改造する.
— 名 C (人事の) 入れ替え, (内閣の) 改造.

re・side /rizáid リザイド/ (★発音注意) 動 (~s /-dz/; -sid・ed /-id/; -sid・ing) 自 《文語》住む, 居住する.
☞ 名 residence, 形 resident.

*res・i・dence /rézidəns レズィデンス/ 名 (複 -denc・es /-iz/) 《文語》 ❶ C 住居, 家; (とくに高官などの) 公邸. ❷ U 居住.
▶ ❶ an official *residence* 公[官]邸.
in residence 公邸[学内] に住んで.
☞ 動 reside.

*res・i・dent /rézidənt レズィデント/ 名 (複 ~s /-ts/) C ❶ 居住者. ❷ 医学実習生.
▶ ❶ foreign *residents* in Tokyo 東京の外国人居住者.
☞ 動 reside.

*res・i・den・tial /rèzidénʃəl レズィデンシャル/ 形 (more ~; most ~) (地域が) **住宅用の**. ▶ a *residential* district [area] 住宅地.
☞ 名 resident.

re・sid・u・al /rizídʒuəl リズィチュアル/ 形 《文語》残りの, 余りの.

res・i・due /rézidjù: レズィドゥー, ・デュー/ 名 UC 残留物.

*re・sign /rizáin リザイン/ (★g は発音されない) 動 (~s /-z/; ~ed /-d/; ~ing) 他 (職・地位など)を**やめる**, 辞職する, 辞任する.
— 自 **辞職する**, 辞任する (◎「(定年で)退職する」は retire).

▶ 他 She *resigned* her position as manager. 彼女は支配人の職をやめた.
— 自 He *resigned* from the com-

mittee. 彼は委員会を辞した.
resign oneself to ... 仕方なく…に身をまかせる: He *resigned himself to* his fate. 彼は仕方なく運命に身をまかせた.

☞ 名resignation.

res·ig·na·tion /rèzignéiʃən レズィグネイション/ 名 ❶ⓊⒸ辞職, 辞任. ❷Ⓒ辞表.
❸Ⓤあきらめ; 忍従.
▶❷hand in *one's resignation* 辞表を出す.
with resignation あきらめて.

☞ 動resign.

res·in /rézn レズン/ 名 ❶Ⓤ樹脂, 松やに. ❷ⓊⒸ合成樹脂.

***re·sist** /rizíst リズィスト/ 動 (~s /-ts/; ~ed /-id/; ~ing) ⓗ ❶…に**抵抗する**, 反抗する, 止めようとする.
❷(熱・病気・自然の力など)に**耐える**, 負けない.
❸《ふつう否定文で》…を**がまんする**, こらえる.
— ⓘ ❶抵抗する. ❷がまんする.

ⓗ ❶*Resisting* arrest is a crime. 逮捕されまいと抵抗することは犯罪である / She has *resisted* his influence. 彼女は彼に影響されまいとしてきた. ❷This plastic *resists* heat. このプラチックは熱に強い. ❸I couldn't *resist* smiling. 私はほほえまないではいられなかった / I can't *resist* cheesecake. 私はチーズケーキが大好きだ.

☞ 名resistance, 形resistant.

***re·sist·ance** /rizístəns リズィスタンス/ 名Ⓤ ❶**抵抗**, 反抗; 抵抗力. ❷抵抗感, 反感.

❶They put up no *resistance* to the attack. 彼らはその攻撃に抵抗しなかった / air *resistance* 空気抵抗 / She has little *resistance* to colds. 彼女はかぜに対して抵抗力が弱い.

☞ 動resist.

re·sist·ant /rizístənt リズィスタント/ 形 抵抗する, 反抗する; 抵抗力のある.

☞ 動resist.

res·o·lute /rézəlù:t レゾルート/ (★アクセント注意) 形 断固とした, 決心の堅い.

res·o·lute·ly /rézəlù:tli レゾルートリ/ 副 断固として.

***res·o·lu·tion** /rèzəlú:ʃən レゾルーション/ 名 (複 ~s /-z/)
❶Ⓒ**決心**, 決意.
❷Ⓤ強い意志, 決断力.
❸Ⓒ決議, 決議文[案].
❹Ⓤ(問題などの)解決, 解答.

❶He made a *resolution* to get up early. 彼は早起きをする決心をした.
❷with *resolution* 心を決めて.
❸pass a *resolution* 決議する.
❹a *resolution* of the dispute その紛争の解決.

☞ 動resolve.

***re·solve** /rizálv リザルブ | -zɔ́lv/ 動 (~s /-z/; re·solved /-d/; re·solv·ing) ⓗ (問題など)を**解決する**.
— ⓘ **決心する**, 決める (=decide).
▶動 ⓗ *resolve* a problem [dispute] 問題[論争]を解決する.
— ⓘ She *resolved* to eat less. 彼女は食べる量を減らす決心をした / He *resolved* not to waste time. 彼は時間をむだにしないことに決めた.

☞ 形resolute, 名resolution.

res·o·nance /rézənəns レゾナンス/ (★アクセント注意) 名Ⓤ (音・声などが)よく響くこと.

res·o·nant /rézənənt レゾナント/ 形 (音・声などが)よく響く.

***re·sort** /rizɔ́:rt リゾート/ 名 (複 ~s /-ts/)
❶Ⓒ**行楽地**, 保養地; 人のよく行く所.
❷Ⓒ頼る人[もの]; (訴える)手段.
— 動 (~s /-ts/; ~ed /-id/; ~ing) ⓘ 《*resort to ...*》…**という手段を使う**, …に頼る.
▶名 ❶a seaside *resort* 海水浴場 / a summer [winter] *resort* 夏[冬]の行楽地.
as a last resort = ***in the last resort*** 最後の手段として.
— 動 ⓘ Never *resort to* arms [force]. 決して武力[暴力]に訴えるな.

re·sound /rizáund リザウンド/ (★発音注意) 動 ⓘ ❶ (音・楽器などが)鳴り響く, 共鳴する, 反響する. ❷ (場所が)鳴り響く, 共鳴する.

re·sound·ing /rizáundiŋ リザウンディング/ 形 ❶鳴り響く, 共鳴する. ❷すばらし

resource

い, みごとな.

re·source /rí:sɔ:rs リーソース, -zɔ:rs | rizɔ́:s, -sɔ́:s/ 名 (複 re·sourc·es /-iz/)
❶ C《ふつう複数形で》**資源**, 財源; たくわえ.
❷ C 頼みにするもの[手段].

▶ ❶ America is rich in natural *resources*. アメリカは天然資源に富んでいる / financial *resources* 財源 / *one's resources* of knowledge 知識のたくわえ. ❷ She had no other *resource* but to weep. 彼女は泣くよりほかにしかたがなかった.

☞ 形 resourceful.

re·source·ful /risɔ́:rsfəl リソースフル, -zɔ́:rs-/ 形 困難な事態を処理する能力のある, 臨機応変の才能がある.

☞ 名 resource.

re·spect /rispékt リスペクト/ 名 (複 ~s /-ts/) ❶ U **尊敬**, 敬意 (反 disrespect, contempt).
❷ U **尊重**, 重視; 注目, 関心.
❸ C (特定の)**点** (point); ことがら.
❹《文語》《複数形で》「よろしく」というあいさつ.
— 動 (~s /-ts/; ~ed /-id/; ~ing) 他
❶ …を**尊敬する** (反 despise).
❷ …を**尊重する**, 重んじる.

▶ ❶ I have great *respect* for him. 私は彼を大いに尊敬している / treat children with *respect* 子どもを大事に扱う. ❷ We must show *respect* for the opinions of others. 私たちは他の人の意見を尊重しなければいけない / We must have *respect* for the rules. 規則は尊重しなければならない. ❸ She is right in every *respect*. あらゆる点で彼女は正しい / in many *respects* 多くの点で. ❹ Give your family my *respects*. ご家族のみなさんによろしくお伝えください.

in no respect どの点からも…でない.
in respect of ... = *with respect to ...*.
with respect to ... …に関して(は): I heard nothing *with respect to* that. 私はその事に関してはなにも聞かなかった.

without respect to ... …は構わずに, 無視して: He did it *without respect to* the consequences. 彼は結果のことなど考えずにそれをした.

☞ 形 respectful.

— 動 他 ❶ We *respect* our homeroom teacher. 私たちは学級担任の先生を尊敬している. ❷ We should *respect* the rights of other people. 他人の権利は尊重すべきだ / *respect* the environment 環境を大事にする.

re·spect·a·bil·i·ty /rispèktəbíləti リスペクタビリティ/ 名 U まともであること, 見苦しくないこと.

☞ 形 respectable.

re·spect·a·ble /rispéktəbl リスペクタブル/ 形 (more ~; most ~)
❶ (社会的基準からみて)**まともな**, ちゃんとした (○「尊敬すべき, りっぱな」という積極的意味はない; ☞ respectful). ❷ (服装・態度などが)きちんとした, 見苦しくない.
❸ (質・量などが)かなりの; かなりよい.
▶ ❶ They are poor, but quite *respectable*. 彼らは貧しいけれどもまともな生活をしている. ❷ *respectable* clothes 見苦しくない衣服. ❸ a *respectable* income かなりの収入.

☞ 名 respectability.

re·spect·a·bly /rispéktəbli リスペクタブリ/ 副 ❶ まともに, ちゃんと. ❷ 相当に, かなり.

re·spect·ed /rispéktid リスペクティド/ 形 尊敬されている, 立派な.

re·spect·ful /rispéktfəl リスペクトフル/ 形 (more ~; most ~) (人に)**敬意を表する**, ていねいな, うやうやしい〔*to*〕(☞ respectable).
▶ He is *respectful to* older people. 彼は年上の人に敬意を払う.

☞ 名 respect.

re·spect·ful·ly /rispéktfəli リスペクトフリ/ 副 ていねいに, うやうやしく.

re·spec·tive /rispéktiv リスペクティヴ/ 形 **それぞれの**, おのおのの, 各自の. ▶ The children went to their *respective* rooms. 子どもたちはそれぞれ自分の部屋に行った.

re·spec·tive·ly /rispéktivli リスペクティヴリ/ 副 (その順に)それぞれ, おのおの, 各自. ▶ Tom, Jack and George are

abcdefghijklmnopq **r** stuvwxyz　　　　　　　　　　　　　　**rest**

seventeen, fifteen, and twelve *respectively*. トムとジャックとジョージはそれぞれ17歳，15歳，12歳です．

res·pi·ra·tion /rèspəréiʃən レスピレイション/ 名 U 呼吸；呼吸作用．

*re·spond /rispánd リスパンド｜-spónd/ 動 (~s /-dz/; ~·ed /-id/; ~·ing) 自
❶ 答える，応答する〔to〕．
❷ 反応する，応じる〔to〕．

―――――――――――
❶ He *responded to* the question quickly. 彼はその質問にすばやく答えた．
❷ Children usually *respond to* kindness. 子どもというものは一般に人の親切に敏感に反応するものだ．
　　　　　　☞ 名 response.

*re·sponse /rispáns リスパンス｜-spóns/ 名 (複 re·spons·es /-iz/)
❶ C 応答，返答． ❷ UC 反応，反響．

―――――――――――
❶ He has made no *response* to my letter. 彼はまだ私の手紙に返事をくれない． ❷ There was an immediate *response* to the appeal. その訴えに対してすぐに反応があった．
in response to ... …に応じて．
　　　☞ 動 respond, 形 responsive.

*re·spon·si·bil·i·ty /rispànsəbíləti リスパンスィビリティ｜-spòn-/ 名 (複 -i·ties /-z/)
❶ U **責任**，義務，責任があること（反 irresponsibility）． ❷ C **責任を負わなければならないもの[こと]**，責任をもってすべきこと，負担．

―――――――――――
❶ *Responsibility* for her well-being is yours. 彼女を幸せにする責任はあなたにある / He took the *responsibility* upon himself. 責任は彼が引き受けた / a post of *responsibility* 責任ある地位．

【語の結びつき】
avoid [dodge] *responsibility* 責任を逃れる
bear [accept, take] *responsibility* (for ...) (…に対して)責任を持つ
have *responsibility* (for ...) (監督者などとして)(物事・人)に対して責任がある
share *responsibility* 責任を共有する

❷ A child is the *responsibility* of its parents. 子どもは両親が責任を負うべきものである．
on one's own responsibility 自分の責任で；独断で．
　　　　　　　☞ 形 responsible.

*re·spon·si·ble /rispánsəbl リスパンスィブル｜-spón-/ 形 (more ~; most ~)
❶ 〔…について〕**責任がある**〔for〕．
❷ (物事が)〔…の〕**原因である**〔for〕．
❸ **信頼できる**，責任感のある（反 irresponsible）．
❹ (仕事・地位などが)責任の重い．

―――――――――――
❶ The driver *is responsible for* the passengers' safety. 運転手は乗客の安全についての責任がある．
❷ The bad weather was *responsible for* the delay. 悪天候のために遅れた．
❸ He is a *responsible* man. 彼は信頼できる人だ．
❹ She holds a *responsible* position. 彼女は責任ある地位についている．
　　　☞ 名 responsibility.

re·spon·sive /rispánsiv リスパンスィヴ/ 形 (あることに)すぐ反応する，応じる．
▶She is *responsive* to kindness. 彼女は親切にされると素直に応じる.
　　　　　　　☞ 名 response.

re·spon·sive·ly /rispánsivli リスパンスィヴリ/ 副 すぐ反応して，敏感に．

****rest**¹ /rést レスト/ 名 (複 ~s /-ts/)
❶ UC **休息**，休憩，休養；睡眠．
❷ⓐ U 休止，静止．
ⓑ C 〖音楽〗休止(符)．
❸ C (物をのせる)台，支え（🔶 ふつう合成語にして armrest「ひじかけ」のように用いる）．
　― 動 (~s /-ts/; ~·ed /-id/; ~·ing) 自
❶ **休む**，休憩する，休養する；眠る(sleep)．
❷ **そのままの状態にされている**，中断されている．
❸《否定文で》**安心している**，落ち着いている．
❹ **のっている**，支えられている，寄りかかっている．
❺ (視線などが)向けられている．
❻《文語》埋葬されている．

rest

— 他 ❶ …を**休ませる**, 休養させる.
❷ …を**置く**, もたれかけさせる, のせる.

名 ❶ Let's take [have] a *rest*. ひと休みしよう / Today is our day of *rest*. きょうは休日だ / We stopped for a *rest*. 休むために私たちは立ち止まった [(仕事を)ひと休みした] / We had a good night's *rest*. われわれはひと晩十分に睡眠をとった.

take [have] a *rest*
（休憩する）

at rest ①停止して, 静止して：The machines are *at rest*. 機械は止まっている. ②死んで.
come to rest 静止する, 止まる：The train *came to rest*. 列車は止まった.
put ...'s mind at rest …を安心させる.

☞ 形 restful.

— 動 自 ❶ You have to *rest* from your work for a while. しばらく仕事をやめて休むべきです / I *rested* quite well last night. 昨晩はかなりよく眠れた.

❷ Don't let the matter *rest* there [as it is]. その問題はそのままにしておいてはいけない.

❸ She could *not rest* till she saw her son. 彼女は息子の姿を見るまでは落ち着いていられなかった.

❹ Tom *rested* against the wall. トムは壁に寄りかかっていた.

❺ His eyes *rested on* the rose. 彼はそのバラをじっと見つめていた.

— 他 ❶ He stopped reading and *rested* his eyes. 彼は読むのをやめて目を休ませた.

❷ He *rested* his head against the wall [on a pillow]. 彼は頭を壁にもたせかけた[枕にのせた].

rest on [upon] ... …に基づいている：His argument *rested on* doubtful facts. 彼の議論は疑わしい事実をもとにしていた.

《同音異形語》wrest.

***rest**[2] /rést レスト/ 名《**the** をつけて》**残り**; その他の物, その他の人々.

The rest of the money is in the bank. その金の残りは銀行に預けてある / *The rest* of the students are out in the school grounds. そのほかの生徒たちは校庭に出ている.

and (all) the rest (of it) その他, などなど.

《同音異形語》wrest.

rést àrea 名 C （ハイウェーなどの）休憩所.

****res·tau·rant** /réstərənt レストラント ǀ réstərɔ̀nt/ 名 （複 ~s /-ts/） C **レストラン**, 飲食店.

have dinner at a *restaurant* レストランで夕食をとる / a Chinese *restaurant* 中華料理店.

réstaurant càr 名 C （英）食堂車 (◆《米》では dining car という).

rest·ful /réstfəl レストフル/ 形 安らかな, 安らぎを与える.

☞ 名 rest[1].

***rest·less** /réstləs レストレス/ 形 （more ~; most ~）❶**落ち着かない**, じっとしていない, そわそわする. ❷休息できない, 眠れない.

▶ ❶ A nervous child is *restless*. 神経質な子は落ち着きがない / a *restless* life 落ち着きのない生活. ❷ pass a *restless* night 眠れない夜を過ごす.

rest·less·ly /réstləsli レストレスリ/ 副 落ち着かないで, そわそわして.

rest·less·ness /réstləsnəs レストレスネス/ 名 U 落ち着かないこと, そわそわしていること.

res·to·ra·tion /rèstəréiʃən レストレイション/ 名 ❶ UC もとどおりにする[される]こと, 復旧, 復元; 修復, 回復.
❷ U （王の）復位.

▶ ❶ the *restoration* of an old

abcdefghijklmnopq**r**stuvwxyz　　　　　　　　　　　　　　　　**résumé**

bridge 古い橋の復旧.
☞ 動restore.

*re･store /ristɔ́ːr リストー/ 動 (~s /-z/; ~d /-d/; re･stor･ing /-stɔ́ːriŋ/) 他 ❶ …を**もとどおりにする**, 復旧する, 復元する, 修復する, 回復する. ❷ …をもどす, 返す. ❸ …を復位させる.

▶❶ The old castle was *restored*. その古城は修復された / *restore* peace and order 平和と秩序を回復する.

❷ Please *restore* the book to the shelf. その本を本だなへもどしてください.
☞ 名restoration.

*re･strain /ristréin リストレイン/ 動 (~s /-z/; ~ed /-d/; ~ing) 他 …を**抑える**, 抑制する, 止める.

▶ She could not *restrain* her anger. 彼女は怒りをこらえることができなかった.

restrain *oneself* (**from** *doing*) (＿するのを)がまんする, 自制する.
☞ 名restraint.

re･strained /ristréind リストレインド/ 形 控えめの, 抑制された.

*re･straint /ristréint リストレイント/ 名 (~s /-ts/) ❶ Ⓤ**抑えること**, 抑制, 制止; 自制. ❷ Ⓒ抑制するもの, 抑制力.
☞ 動restrain.

*re･strict /ristríkt リストリクト/ 動 (~s /-ts/; ~ed /-id/; ~ing) 他 …を**制限する**, 限定する.

▶*restrict* freedom of speech 言論の自由を制限する / My doctor *restricted* me *to* a light diet. 医者は私に軽い食事だけにしなさいといった.
☞ 名restriction, 形restrictive.

re･strict･ed /ristríktid リストリクティド/ 形 限られた, 限定された.

*re･stric･tion /ristríkʃən リストリクション/ 名 (~s /-z/) ⓊⒸ**制限**, 限定.

▶*restriction* of exports 輸出制限 / without *restriction* 無制限に / place [put] *restrictions* on the import of cars 車の輸入に制限を加える.
☞ 動restrict.

re･stric･tive /ristríktiv リストリクティヴ/ 形 制限する, 自由にさせない.
☞ 動restrict.

rést･ròom 名Ⓒ《米》(ホテル・劇場などの)

手洗い, トイレ.

re･struc･ture /riːstrʌ́ktʃər リーストラクチャ/ 動 (現分 -tur･ing) 他 …を再編成[再構築]する.

re･struc･tur･ing /riːstrʌ́ktʃəriŋ/ リーストラクチャリング/ 名Ⓤ再編成, (企業の)リストラ.

*re･sult /rizʌ́lt リザルト/ 名 (複 ~s /-ts/) ❶ⓊⒸ**結果**. ❷Ⓒ(試験・競技などの)成績. ❸Ⓒ(計算の)答え.
― 動 (~s /-ts/; ~ed /-id/; ~ing) 自 ❶《*result from ...*》…の結果として起こる. ❷《*result in ...*》結果的に…になる.

名 ❶ What was the *result* of the election? 選挙の結果はどうでしたか. ❷ the *results* of the speech contest スピーチコンテストの成績.

as a result その結果(として): It rained very hard, and, *as a result*, the game was called off. 雨がひどく降って, その結果試合は中止になった.

as a result of ... …の結果として: *as a result of* the earthquake その地震の結果として.

without result むだに.

with the result that ＿ その結果＿: I was sick in bed, *with the result that* I missed his lecture. 私は病気で寝ていて彼の講演を聞きそこなった.

― 動自 ❶ His sickness *resulted from eating* too much. 彼の気分が悪くなったのは食べすぎの結果だ[彼は食べすぎて気分が悪くなった]. ❷ I'm sure your efforts will *result in* success. 君の努力はきっと成功をおさめるだろう.

*re･sume /rizjúːm リズーム, リズューム/ 動 (~s /-z/; ~d /-d/; re･sum･ing) 他 (中断していたこと)を**再び始める**, 再び続ける.
― 自 (話・会議・仕事が)再び始まる, 再開する.

他 We *resumed* our discussion after a ten-minute break. 10分の休憩(ぷけい)のあと私たちはまた話し合いを始めた.

ré･su･mé, ré･su･me /rézəmèi レズメイ

1119

res·ur·rect /rèzərékt レザレクト/ 動 他 (古いもの)を復活させる, よみ返らせる.

res·ur·rec·tion /rèzərékʃən レザレクション/ 名 ❶ ⓤ 復活, 復興. ❷《the Resurrection で》キリストの復活.

re·sus·ci·tate /risÁsətèit リサスィテイト/ 動 他 (意識不明の人)を生き返らせる.

re·tail /rí:teil リーテイル/ 名 Ⓤ (商品の)小売り (✿「卸(ﾋｯﾞ)し売り」は wholesale)).
— 副 小売り(価格)で (反 wholesale).
— 動 /rí:teil リーテイル ∣ ritéil / (★アクセント注意) 他 …を小売りする. — 自 小売りされる.
▶ 名 a *retail* store [shop] 小売り店.

re·tail·er /rí:teilər リーテイラ/ 名 Ⓒ 小売り業者.

*__re·tain__ /ritéin リテイン/ 動 (~s /-z/; ~ed /-d/; ~ing) 他 ❶ …を保つ, 維持する. ❷ …を覚えている.
▶ ❶ The village has *retained* its old customs. その村は古い慣習をいまだに残している.
☞ 名 retention.

re·take /rì:téik リーテイク/ 動 (~s /-s/; re·took /-túk/; re·tak·en /-téikən/; re·tak·ing) 他 ❶ …を再び取る; …を取りもどす.
❷ (写真など)をとり直す; (試験など)を受け直す.

re·tal·i·ate /ritǽlièit リタリエイト/ 動 (現分 -ating) 自 仕返しする, 報復する.

re·tal·i·a·tion /ritæliéiʃən リタリエイション/ 名 Ⓤ 仕返し, 報復.

re·tard·ed /ritá:rdid リターディド/ 形 知能の発達の遅れた, 知的障害をもつ.

re·tell /rì:tél リーテル/ 動 (~s /-z/; re·told /-tóuld/; ~ing) 他 …をほかの言い方でいう.

re·ten·tion /riténʃən リテンション/ 名 Ⓤ 保持, 保有, 維持.
☞ 動 retain.

re·think /rì:θíŋk リースィンク/ 動 (~s /-s/; re·thought /-θɔ́:t/; ~ing) 他 自 …を考え直す.

ret·i·cence /rétəsns レティスンス/ 名 Ⓤ 無口.

ret·i·cent /rétəsnt レティスント/ 形 無口な.

*__re·tire__ /ritáiər リタイア/ 動 (~s /-z/; re·tired /-d/; re·tir·ing /-táiəriŋ/) 自
❶ (定年などで)**退職する**, 引退する.
❷《文章》(自分の部屋などに)**引き下がる**, 引っ込む.
— 他 …を退職させる, 引退させる.

⑱ ❶ He *retired* at the age of 60. 彼は60歳で退職した / *retire from* business [public life]. 実業界〔公的生活〕から引退する.
☞ 名 retirement.

re·tired /ritáiərd リタイアド/ 形 退職した, 引退した. ▶ a *retired* teacher 退職した先生.

re·tire·ment /ritáiərmənt リタイアメント/ 名 ❶ Ⓤ Ⓒ (定年)退職, 引退. ❷ Ⓤ 引退生活.
▶ ❶ *retirement* age 定年.
☞ 動 retire.

re·tir·ing /ritáiəriŋ リタイ(ア)リング/ 形 内気な.

re·told /rì:tóuld リートウルド/ 動 retell の過去形・過去分詞形.

re·took /rì:túk リートゥック/ 動 retake の過去形.

re·tort /ritɔ́:rt リトート/ 動 他 …と言い返す.
— 名 Ⓒ 言い返し, 口答え.
▶ 動 他 "Mind your own business," he *retorted*. 「おせっかいをするな」と彼は言い返した.
— 他 make a sharp *retort* きつい言葉を返す.

re·trace /ritréis リトレイス/ 動 (現分 re·trac·ing) 他 ❶ (道など)をもどる, 引き返す. ❷ (同じ道のり)をたどる.
▶ ❶ *retrace* one's steps 同じ道を引き返す.

re·tract /ritrǽkt リトラクト/ 動 他 (約束・前言など)を取り消す, 撤回する.

re·tract·a·ble /ritrǽktəbl リトラクタブル/ 形 引っ込めることができる.

re·trac·tion /ritrǽkʃən リトラクション/ 名 ❶ Ⓤ 引っ込めること. ❷ Ⓤ Ⓒ 取り消し, 撤回.

re·treat /ritrí:t リトリート/ 動 自 ❶ 退却する, 後に退く.
❷ (静かな所に)引っ込む, 引きこもる.
— 名 ❶ Ⓤ Ⓒ 退却, 後退. ❷ Ⓒ 静かで休

養のできる所.
▶動圓 ❶The soldiers *retreated* into the forest. 兵隊は森の中に退却した. ❷*retreat* to the country いなかに引きこもる.
— 名 ❶make a *retreat* 退却する.

re·tri·al /rìːtráiəl リートライアル/ 名C再審.

re·triev·al /ritríːvəl リトリーヴァル/ 名U 取りもどすこと, 回収, 回復, 復旧, 修正, 訂正, 埋め合わせ.
☞動 retrieve.

re·trieve /ritríːv リトリーヴ/ 動 (現分 re·triev·ing) 他 ❶ …を取りもどす, 回収する. ❷【電算】(情報)を検索して呼び出す.
☞名 retrieval.

re·triev·er /ritríːvər リトリーヴァ/ 名C レトリーバー《射とめた獲物(%)を持ってくる猟犬》.

ret·ro·spect /rétrəspèkt レトロスペクト/ 《★アクセント注意》名U 過去をふり返ること, 回顧, 回想. ▶in *retrospect* 回顧して.

ret·ro·spec·tive /rètrəspéktiv レトロスペクティヴ/ 形 過去をふり返る, 回顧の, 回想の.

re·turn /ritə́ːrn リターン/
動 (~s /-z/; ~ed /-d/; ~ing) 圓
❶ **帰る**, もどる (*《口語》では come back や go back がふつう).
❷ (もとの状態・話題などに) **もどる**.
❸ (季節などが)再びめぐってくる; (病気などが)再発する.
— 他 ❶ⓐ…を **返す**, もどす, 返還する. ⓑ《return ~ ... または return ... to ~》 ～に…を返す, もどす.
❷ …の **お返しをする**; (相手に同じことをして)…に報いる, 応える.
❸ (利益・損失など)を生む.
— 名 (複 ~s /-z/) ❶UC **帰って来ること**, 帰宅, 帰国.
ⓑ 再びめぐってくる[起こる]こと.
❷ⓐU **返すこと**, 返却.
ⓑC お礼, お返し.
❸CU《しばしば複数形で》利益.
❹《複数形で》選挙の結果.
❺C《英》往復切符《○return ticket ともいう; 「片道切符」は single》.
❻《形容詞的に》ⓐ 帰りの.

ⓑ お礼の, 仕返しの.
━━━━━━━━━━━━━━━━
動 圓 ❶My son has not yet *returned* home from school. 息子はまだ学校から帰っていません / They *returned* to Tokyo. 彼らは東京へもどって来た[もどって行った].
❷I'll *return* to this topic later. 後でまたこの話題にもどります.
❸The bad weather has *returned*. また天候が悪くなった / My headaches have *returned*. また頭痛が始まった.
— 他 ❶ⓐPlease *return* the dictionary to the shelf. 辞書を元の棚にもどしなさい. ⓑPlease *return* me the photo. ＝ Please *return* the photo *to* me. 写真を私に返してください.
❷I *returned* his visit. 私は彼の訪問のお返しに彼を訪問した / She *returned* his love. 彼女は彼の愛に応えた / *return* the favor 人の好意に報いる.
❸The investment didn't *return* much. その投資はあまり儲けがなかった.
— 名 ❶ⓐWe are all waiting for your *return* home. 私たちはみんなお帰りを待っています.
ⓑ(I wish you) Many happy *returns* (of the day)! このよい日がなん回もめぐってきますように《誕生日を祝うあいさつ》/ a *return* of the fever 熱の再発.
❷ⓐHe requested the *return* of the money. 彼はその金の返済を求めた.
❸a *return* of 5% 5％の利益.
❺one *return* to Tokyo 東京までの往復切符1枚.
❻ⓐthe *return* voyage 帰りの航海.
ⓑa *return* visit（訪問を受けたのに対する）返礼の訪問.

in return ①お礼に, お礼として：If you help him now, he will help you *in return* someday. 今君が彼を助ければ, 彼はいつかお返しに君を助けてくれるだろう. ②返事として.

in return for ... …のお返しに, お礼として：He sent her a box of candy *in return for* her kindness. 彼は彼女の親切のお礼にキャンデーをひと箱送った.

on one's return 帰ったときに：on my

returnable

return from London 私がロンドンから帰ったときに.

re·turn·a·ble /ritə́ːrnəbl リターナブル/ 形 ❶返すことのできる. ❷返さなくてはならない.

re·turn·ee /ritə̀ːrníː リターニー/ 《★アクセント注意》名 C 帰還者;帰国子女.

retúrn mátch 名 C リターンマッチ《タイトルの奪還（だっかん）試合》.

retúrn tícket 名 C ❶《英》往復切符《❖単に return ともいう;《米》では round-trip ticket; ☞ one-way ❷, single ❸》. ❷帰りの切符.

re·un·ion /riːjúːnjən リーユーニョン/ 名 ❶ C 再会のパーティー. ❷ UC 再会.
▶❶ hold a class *reunion*（卒業生などの）クラス会を開く / a family *reunion* 家族の再会.

re·u·nite /rìːjuːnáit リーユーナイト/ 動 (~s /-ts/; -nit·ed /-id/; -nit·ing) 他（家族・旧友に）再会させる, 再びいっしょにさせる.
— 自 再会する, 再びいっしょになる.

re·use /rìːjúːz リーユーズ/ 動 (re·us·es /-iz/; re·used /-d/; re·us·ing) 他 …を再利用する.
— 名 /riːjúːs リーユース/《★動詞との発音の違いに注意》U 再利用.

rev /rév レヴ/ 名 C （エンジンなどの）回転《❖ revolution の省略形》.
— 動 他 （エンジン）の回転を急に上げる.

Rev.《略語》Reverend《☞ reverend》.

*__re·veal__ /rivíːl リヴィール/ 動 (~s /-z/; ~ed /-d/; ~ing) ❶（今まで見えなかったもの）を見せる, 示す.
❷ …を明らかにする;（秘密など）を明かす.

❶ The boy *revealed* a talent for painting. その少年は絵の才能を示した.
❷ Her voice *revealed that* she was nervous. 彼女の声は彼女がいらいらしていることを示した / *reveal* the truth 真相を明らかにする / *reveal* the secrets 秘密をもらす.

☞ 名 revelation.

re·veal·ing /rivíːliŋ リヴィーリング/ 形
❶（女性の肌などを）露出する.
❷（人の気持ちなどを）あらわに示す.

rev·el /révəl レヴェル/ 動 (~s /-z/; rev-eled,《英》rev·elled /-d/; ~ing,《英》-el·ling) 自 浮かれ騒ぐ.

rev·e·la·tion /rèvəléiʃən レヴェレイション/ 名 ❶ U （未知のことを）明らかにすること. ❷ C 明らかになった新事実.

☞ 動 reveal.

*__re·venge__ /rivéndʒ リヴェンヂ/ 動 (re·veng-es /-iz/; ~d /-d/; re·veng·ing) 他 …のために復讐（ふくしゅう）を果たす.
— 名 U 復讐, 仕返し.
▶ 動 他 The boy *revenged* his dead father. その少年は死んだ父親の復讐をした.

revenge oneself on ... …に復讐する: He *revenged* himself on the dishonest man. 彼はその不誠実な男に復讐した.
— 名 *in revenge* (*for* ...)（…の）仕返しに.

take one's *revenge on* ... …に復讐する: He *took* his *revenge on* them. 彼は彼らに復讐した.

*__rev·e·nue__ /révənjùː レヴヌー, -ニュー/ 名 UC ❶（国家の）歳入. ❷（企業の）収入.

re·ver·ber·ate /rivə́ːrbərèit リヴァーベレイト/ 動 (現分 -at·ing) 自 反響する.

re·ver·ber·a·tion /rivə̀ːrbəréiʃən リヴァーベレイション/ 名 UC 反響.

re·vere /rivíər リヴィア/ 動 (現分 re·ver-ing /-víəriŋ/) 他《文語》…を深く尊敬する.

rev·er·ence /révərəns レヴァレンス/《★アクセント注意》名 U《文語》（深い）尊敬, あがめる気持ち.

rev·er·end /révərənd レヴァレンド/ 形《人名の前に the Reverend をつけて》… 師《聖職者に対する尊称; ❖ Rev. と略す》.
▶ the *Reverend* John Smith ジョン スミス師.

rev·er·ent /révərənt レヴァレント/ 形《文語》うやまう気持ちの深い《反 irreverent》.

rev·er·ie, rev·er·y /révəri レヴェリ/ 名 (複 -er·ies /-z/) UC 空想, 夢想.

re·ver·sal /rivə́ːrsl リヴァースル/ 名 UC 逆にすること, 逆転.

☞ 動 reverse.

*__re·verse__ /rivə́ːrs リヴァース/ 名 (複 re·vers-es /-iz/)

❶《the をつけて》逆, 反対《opposite》.

abcdefghijklmnopq**r**stuvwxyz　　　　　　　　　　　　　　　　　　　　　　　**revoke**

❷《**the**をつけて》(コインなどの)**裏**, 裏面.
❸Ⓤ(機械などの)逆転, 逆進, リバース.
— 形 ❶**逆の**, 裏の, 反対の. ❷(機械などが)逆転[逆進]する.
— 動 (re·vers·es /-iz/; re·versed /-t/; re·vers·ing) 他 ❶…を**逆にする**, 反対にする, 裏返す. ❷…を逆転させる, くつがえす.
— 自 ❶逆になる. ❷逆転する, 逆進する.

・・・・・・・・・・・・・・・・・・・・・・・・
名 ❶My opinion is quite *the reverse* of yours. 私の意見はあなたのの逆だ.
in reverse 逆(の方向)に.
— 形 ❶Write the alphabet in *reverse* order. アルファベットを順序を逆にして書きなさい / Write on the *reverse* side. 裏面に書きなさい.
❷*reverse* gear 逆進ギヤ.
— 動 他 ❶The order is *reversed*. 順序が逆になっている. ❷He *reversed* his car into the garage. 彼は車をバックさせてガレージに入れた / *reverse* the decision 判決[決定]をくつがえす.
☞ 名 reversal.

re·verse·ly /rivə́ːrsli リヴァースリ/ 副 逆に, 反対に.
re·vers·i·ble /rivə́ːrsəbl リヴァースィブル/ 形 ❶逆にできる (反 irreversible). ❷裏返しても着られる.
re·vert /rivə́ːrt リヴァート/ 動 自 ❶〔もとの(望ましくない)状態に〕もどる〔*to*〕.
*re·view /rivjúː リヴュー/ 動 (~s /-z/; ~ed /-d/; ~ing) 他 ❶(米)…を**復習する** (◎(英)では revise).
❷…を**批評する**, 評論をする.
❸…を**見直す**, 再検討する.
— 名 (複 ~s /-z/) ❶Ⓒ**復習** (◎(英)では revision). ❷Ⓒ**批評**, 評論. ❸ⓊⒸ見直し, 再検討.

・・・・・・・・・・・・・・・・・・・・・・・・
動 他 ❶*Review* today's lesson. きょうの課を復習しなさい. ❷He *reviews* books for the newspaper. 彼はその新聞に書評を書いている. ❸*review* the data 資料を再検討する.
— 名 ❶do [make] a *review* of the last lesson 前の課の復習をする. ❷a book *review* 書評. ❸a *review* of the facts 事実の再検討.
under review 検討中で.

re·view·er /rivjúːər リヴューア/ 名Ⓒ批評家, 評論家.

re·vise /riváiz リヴァイズ/ 動 (re·vis·es /-iz/; re·vised /-d/; re·vis·ing) 他
❶…を改訂する, 訂正する, 修正する.
❷(英)…を復習する (◎(米)では review).
▶❶*revise* a dictionary 辞書を改訂する / They *revised* their plan. 彼らは計画を変更した.
☞ 名 revision.

re·vised /riváizd リヴァイズド/ 形 改訂された. ▶a *revised* edition 改訂版.

re·vi·sion /rivíʒən リヴィジョン/ 名
❶ⓊⒸ改訂, 修正. ❷Ⓒ改訂版[書].
❸Ⓤ(英)復習 (◎(米)では review).
☞ 動 revise.

re·vis·it /rìːvízit リーヴィズィット/ 動 他 …を再び訪れる.

re·vi·tal·i·za·tion /rivàitəlizéiʃən リヴァイタリゼイション | -laiz-/ 名Ⓤ再活性化(すること).

re·vi·tal·ize /rìːváitəlàiz リーヴァイタライズ/ 動 (現分 -iz·ing) 他 …を再び活性化させる.

re·viv·al /riváivəl リヴァイヴァル/ 名
❶ⓊⒸ復活, 復興. ❷Ⓒ再上映, 再上演, リバイバル.
▶❶the *revival* of old customs 古い慣習の復活.
☞ 動 revive.

re·vive /riváiv リヴァイヴ/ 動 (~s /-z/; ~d /-d/; re·viv·ing) 自 ❶生き返る, 意識を回復する.
❷復活する, 復興する.
— 他 ❶…を生き返らせる, …の意識を回復させる. ❷…を復活させる, 復興させる.
▶動 自 ❶The cut flowers *revive* in water. 切り花は水に入れてやると生き返る. ❷Their friendship has *revived*. 彼らの友情が復活した.
— 他 ❶The photo *revived* my old memories. その写真で私の古い記憶がよみがえった. ❷*revive* an old fashion 古い流行をまたはやらす.
☞ 名 revival.

re·voke /rivóuk リヴォウク/ 動 (現分 revok·ing) [他] 《文語》…を取り消す, 無効にする.

re·volt /rivóult リヴォウルト/ 《★アクセント注意》[名] [U,C] 反乱, 一揆(いっき).

— [動] [自] 反乱を起こす.

— [他] (人)を非常に不愉快な気持ちにさせる.

▸ [名] the *revolt* of the people against the dictator 人民の独裁者に対する反乱.

in revolt 反抗して.

— [動] [自] *revolt against* the king 王に対して反乱を起こす.

— [他] We were *revolted* by his language. 彼のことばが私たちを不愉快にした.

re·volt·ing /rivóultiŋ リヴォウルティング/ [形] 非常に不愉快な, いやな.

***rev·o·lu·tion** /rèvəlúːʃən レヴォルーション/ [名] ([複] ~s /-z/)
❶ [U,C] (政治上の) **革命**. ❷ [C] **革命的なこと[変化]**. ❸ [C] **回転**.

❶ Another *revolution* broke out in that country. その国にまた革命が起きた. ❷ the Industrial *Revolution* 産業革命. ❸ The wheel makes 90 *revolutions* per minute. その車輪は毎分90回転する / The earth makes one *revolution* around the sun in about 365 days. 地球は約365日で太陽の周囲を回る.

☞ [動] ❶, ❷ は revolutionize, ❸ は revolve, [形] revolutionary.

rev·o·lu·tion·ar·y /rèvəlúːʃənèri レヴォルーショネリ/ [形] ❶ 革命の. ❷ 革命的な.

☞ [名] revolution, [動] revolutionize.

— [名] ([複] -ar·ies /-z/) [C] 革命家[論者].

rev·o·lu·tion·ize /rèvəlúːʃənàiz レヴォルーショナイズ/ [動] (現分 -iz·ing) [他] ❶ …に大変革を起こす. ❷ …に革命を起こす.

☞ [名] revolution ❶, ❷, [形] revolutionary.

re·volve /riválv リヴァルヴ | -vɔ́lv/ [動] (~s /-z/; ~d /-d/; re·volv·ing) [自] 回転する; (天体が)公転する.

▸ The moon *revolves* around the earth. 月は地球のまわりを回る[公転する].

☞ [名] revolution ❸.

re·volv·er /riválvər リヴァルヴァ/ [名] [C] 回転式連発ピストル, リボルバー.

re·volv·ing /riválviŋ リヴァルヴィング/ [形] 回転する.

revólving dóor [名] [C] 回転ドア.

re·vue /rivjúː リヴュー/ [名] [U,C] レビュー《踊り・歌・音楽・寸劇などを組み合わせた演芸》.

re·vul·sion /rivʌ́lʃən リヴァルション/ [名] [U] 嫌悪(けんお)感.

***re·ward** /riwɔ́ːrd リウォード/ [名] ([複] ~s /-dz/) ❶ [U,C] **報酬**, ほうび. ❷ [C] 謝礼金.

— [動] (~s /-dz/; ~ed /-id/; ~ing) [他] …に**報いる**, 謝礼[ほうび]を与える.

[名] ❶ She didn't expect any *reward* for her kindness. 彼女は親切にしたことに対してなにも報酬を期待しなかった. ❷ a *reward* of ¥5,000 5000円の謝礼.

— [動] [他] She *rewarded* me for my help. 彼女は私が手伝ったので謝礼をくれた / The man *rewarded* Tom with five dollars for finding his watch. その男は時計を見つけてくれた謝礼としてトムに5ドルあげた.

re·ward·ing /riwɔ́ːrdiŋ リウォーディング/ [形] やりがいのある. ▸ a *rewarding* job やりがいのある仕事.

re·wind /rìːwáind リーワインド/ [動] (~s /-dz/; re·wound /wáund/; ~ing) [他] (テープ・フィルムなど)を巻き戻す. — [名] [U] 巻き戻し.

re·word /rìːwɔ́ːrd リーワード/ [動] [他] …を言い換える.

re·write /rìːráit リーライト/ [動] (~s /-ts/; re·wrote /-róut/; re·writ·ten /-rítn/; re·writ·ing) [他] …を書き直す.

— [名] [C] 書き直したもの.

Reyn·old /rénld レヌルド/ 《★発音注意》[名] レナルド《男性の名》.

rhap·so·dy /rǽpsədi ラプソディ/ [名] ([複] -so·dies /-z/) [C] 〔音楽〕ラプソディー, 狂詩曲.

rhet·o·ric /rétərik レトリック/ 《★アクセント注意》[名] [U] ❶ 修辞学《ことばを効果的に用いることを研究する学問》. ❷ 気取った大げさな文[ことば].

rhe·tor·i·cal /ritɔ́(:)rikəl リト(ー)リカル/ 形 ❶修辞学の, 修辞的な. ❷気取った大げさなことばを使った, 誇張した.

rhe·tor·i·cal·ly /ritɔ́(:)rikəli リト(ー)リカリ/ 副 修辞(学)的に; 大げさに.

rhetórical quéstion 名C〔文法〕修辞疑問《形は疑問文でも答えを期待しないで逆に自分の考えを強調して述べる言い方: Isn't she pretty? 彼女はかわいいじゃないですか》.

rheu·ma·tism /rúːmətìzm ルーマティズム/ 名U〔医学〕リューマチ.

Rhine /ráin ライン/ 名《theをつけて》ライン川《スイスに発し, ドイツとオランダを貫流して北海に注ぐ》.

rhi·no /ráinou ライノウ/ 名(複 ~, ~s /-z/)(口語)〔動物〕= rhinoceros.

rhi·noc·er·os /rainɑ́sərəs ライナセロス/ 名(複 rhi·noc·er·os, ~·es /-iz/) C〔動物〕サイ《✿(口語)では単に rhino ともいう》.

Rhòde Ísland /ròud- ロウド-/ 名 ロードアイランド州《アメリカ北東部, 大西洋岸の州; ✿(郵便) RI と略す》.

rho·do·den·dron /ròudədéndrən ロウドデンドラン/ 名C〔植物〕シャクナゲ.

rhu·barb /rúːbɑːrb ルーバーブ/ 名U〔植物〕ダイオウ.

rhyme /ráim ライム/ 名 ❶U〔詩学〕韻, 脚韻《詩の各行の終わりに同じ音をくり返すこと》.
❷C 同韻語《kind と mind の /-áind/, long と song の /-ɔ́ŋ/ のように韻をふむ語》.
❸C 詩, 韻文.
— 動 (現分 rhym·ing) 自 韻をふむ.
— 他 …に韻をふませる.
▶ 動 自 "Light" *rhymes* with "night." "light"は"night"と韻をふむ.

rhythm /ríðm リズム/ 名(複 ~s /-z/) UC リズム, 韻, 調子《☞ harmony, verse》.

They danced to the quick *rhythm*. 彼らは速いリズムで踊った.
☞ 形 rhythmic, rhythmical.

rhythm and blúes 名UC〔音楽〕リズムアンドブルース《アメリカ黒人系の音楽》.

rhyth·mic /ríðmik リズミック/ 形 リズミカルな, 調子のよい.

☞ 名 rhythm.

rhyth·mi·cal /ríðmikəl リズミカル/ 形 = rhythmic.

rhyth·mi·cal·ly /ríðmikəli リズミカリ/ 副 リズミカルに, 調子よく.

RI 〔米郵便〕Rhode Island.

*rib /ríb リブ/ 名(複 ~s /-z/) C ❶肋骨(ろっこつ), あばら骨. ❷(牛・羊などの)あばら骨のついた肉《☞ beef のさし絵》.

*rib·bon /ríbən リボン/ 名(複 ~s /-z/)
❶UC リボン; (飾りの)ひも.
❷C リボン状のもの.
▶ ❶ The little girl wore a yellow *ribbon* in her hair. その小さな女の子は黄色いリボンを髪につけていた / Please tie it with a *ribbon*. それにリボンをかけてください.

rice /ráis ライス/ 名U ❶米; ごはん; 《形容詞的に》米の.
❷〔植物〕イネ; 《形容詞的に》イネの.

---

❶ We eat *rice* twice a day. うちでは1日に2食ごはんを食べます / polished *rice* 白米 / boil [cook] *rice* ごはんをたく / boiled *rice* (たいた)ごはん / *rice* cake 餅(もち).
INFO (1) 英米では rice は野菜 (vegetable) の一種と考えられている. (2) 英米では, 結婚式直後新婚旅行に出かける夫婦に多産を象徴するお米を投げて祝福する習慣がある.
❷ a *rice* crop 米作.

ríce pàddy 名C 稲田, 水田《paddy (field)》.

ríce púdding 名UC ライスプディング《牛乳・砂糖・米で作った甘いプディング》.

rich /rítʃ リッチ/ 形 (~·er; ~·est)
❶ⓐ金持ちの, 裕福な (反 poor).
ⓑ《theをつけて》金持ちの人々.
❷豊富な, 豊かな (反 poor).
❸(土地が)肥えている.
❹高価な, りっぱな.
❺ⓐ味の濃い. ⓑ栄養豊富な, 濃厚(のうこう)な. ⓒ風味豊かな.
❻(色が)濃い, 深みのある; (声が)豊かな深みのある.

---

❶ⓐ He is very *rich*. 彼は大変な金持

Richard

ちだ / a *rich* country 豊かな国 / get [become] *rich* 金持ちになる.
❶ *The rich* are not always happy. 金持ちは必ずしも幸福ではない.
❷ He has *rich* experience of life in Asia. 彼はアジアでの生活の経験が豊かだ / a *rich* harvest 豊作 / The country *is rich in* oil. その国は石油が豊富だ / Eels *are rich in* vitamin A. ウナギはビタミンAが豊富だ.
❸ *rich* soil 肥えた土地.
❹ *rich* furniture 高価［りっぱ］な家具.
❺ ⓐ *rich* milk 濃厚なミルク / *rich* food 栄養豊富な食物.
❻ *rich* red 深紅 / a *rich* voice 声量の豊かな声.
rich and poor 金持ちも貧しい人も.
☞ 動enrich.

Rich·ard /rítʃərd リチャド/ 名 リチャード (男性の名; 愛称 Dick).

rich·es /rítʃiz リチェズ/ 名 複《文語》富, 財産 (wealth).

rich·ly /rítʃli リチリ/ 副 ❶ 豊富に, 十分に, たっぷり. ❷ 濃厚に.

rich·ness /rítʃnəs リチネス/ 名 Ⓤ ❶ 豊かさ, 富裕.
❷ ⓐ 豊富さ. ⓑ (土地の)肥沃.
❸ 濃厚であること; (色などの)濃厚さ.

rick·et·y /ríkiti リキティ/ 形 (-et·i·er; -et·i·est) ぐらぐらする, 倒れそうな.

*rid /ríd リッド/ 動 (~s /-dz/; rid, rid·ded /-id/; rid·ding) 他《rid ... of ~》...から ~を取り除く.
▶ *rid* the garden *of* weeds 庭の雑草を取る.
be rid of ... ...が取り除かれている: At last I'm *rid of* debt. やっと借金がなくなった.
get rid of ... ...を取り除く; ...を処分する: I cannot *get rid of* this cold. 私はこのかぜが抜けない / I want to *get rid of* this car. 私はこの車を処分したい.

rid·dance /rídns リドンス/ 名 Ⓤ 取り除くこと, やっかい払い. ▶ *Good riddance!* いいやっかい払いだ.

*rid·den /rídn リドン/ 動 rideの過去分詞形.

rid·dle /rídl リドル/ 名 Ⓒ ❶ なぞ.

INFO なぞなぞ (riddle) の例を次に示す:
1. What is full of holes yet still holds water? 穴がいっぱいあいているけれども水を入れておけるものは? 2. Where does Thursday come before Wednesday? 木曜日が水曜日の前にくるのはどこ?
(答: 1. A sponge. 2. In a dictionary.)

❷ 不可解なもの［こと, 人］.
▶ ❶ He often asks *riddles*. 彼はよくなぞをかける / solve a *riddle* なぞを解く. ❷ She is a *riddle*. 彼女はなぞのような人だ.

ride /ráid ライド/

動 (~s /-dz/; rode /róud/; rid·den /rídn/; rid·ing) 自 ❶ (馬・自転車・バス・列車などに)乗る, 乗って行く (☞ drive).
❷ 馬乗りになる, またがる.
❸ (馬・車などが)乗りごこちが…である.
❹ (水中・空中に)浮かぶ.
— 他 ❶ (馬・車・列車など)に乗る, 乗って行く.
❷ (波・風など)に乗る, 乗って進む, 浮かぶ.
❸ 《米口語》(人)をいじめる.
— 名 (複 ~s /-dz/) Ⓒ ❶ (馬・自転車・車・列車などに)乗ること, 乗せること; (乗り物を使った)旅行.
❷ 乗っている時間.
❸ (遊園地などの)乗り物.

動 自 ❶ I like horses but I can't *ride*. 私は馬は好きだが乗れない / Are you going to walk or *ride*? 歩いて行きますかそれとも乗り物で行きますか / I *ride* to school on my bicycle. 私は自転車に乗って学校へ行く / People used to *ride* on horseback but now they *ride* in cars. 人はむかしは馬に乗ったものだが今では車に乗る / *ride* in a car [bus] 車[バス]に乗って行く / *ride* on a train [bus] 列車[バス]に乗って行く (《❖ふつう大型の乗り物にはonを用いるが乗り物の内部に意識がある場合にはinを用いる》).
❷ The small boy likes to *ride* on his father's shoulders. その小さい男の子はお父さんの肩車に乗せてもらうのが

abcdefghijklmnopq r stuvwxyz　　　　　　　　　　right

好きだ.
❸ The car *rides* quite well. その車はなかなか乗りごこちがよい.
❹ The bird is *riding* on the wind. 鳥は風に乗って飛んでいる.
— 他 ❶ I'm learning to *ride* a horse. 乗馬を習っているところだ / She *rides* her bicycle to school. 彼女は自転車に乗って学校へ行く.

ride a horse （馬に乗る）　　ride a bicycle （自転車に乗る）

❷ *ride* the waves 波に乗って進む.
let ... ride （口語）（よくないこと）を（かまわずに）そのままにしておく.
ride out 他 （あらし・危機など）を無事に乗り切る.
— 名 ❶ We went for a *ride* in the car. 私たちはドライブに出かけた / Please give me a *ride*. 私を乗せてください.
❷ It's half an hour's *ride* by bus. バスで30分の道のりです.
take ... for a ride …をドライブに連れ出す, 《口語》…をだます.
rid·er /ráidər ライダ/ 名Ⓒ乗る人, 騎手.
ridge /rídʒ リッヂ/ 名（複 ~es /-iz/）Ⓒ
❶ 山の背, 尾根; 山脈. ❷ⓐ 細長い隆起.
ⓑ （畑などの）うね. ⓒ 鼻梁(びりょう).
▶ ❶ a (mountain) *ridge* （山の）尾根.
❷ⓒ the *ridge* of the nose 鼻すじ.
rid·i·cule /rídikjùːl リディキュール/ （★アクセント注意）動 （現分 rid·i·cul·ing） 他 …をばかにして笑う.
— 名Ⓤばかにした笑い, ひやかし.
☞ 形 ridiculous.
ri·dic·u·lous /rɪdíkjʊləs リディキュラス/ 《★アクセント注意》形 ばかげた, ばかばかしい. ▶ That's a *ridiculous* idea. それはばかげた考えだ / Don't be *ridiculous!* ばかなこと言う[する]な.
☞ 名 ridicule.
rid·ic·u·lous·ly /rɪdíkjʊləsli リディキュ

ラスリ/ 副 ばかばかしいほど; こっけいに.
rid·ing /ráidɪŋ ライディング/ 名Ⓤ乗馬.
***ri·fle** /ráifl ライフル/ 名（複 ~s /-z/）Ⓒライフル（銃）.
rift /ríft リフト/ 名Ⓒ ❶ 切れ目, 割れ目.
❷ （友人間などの）不和.
rig /ríg リッグ/ 動 (~s /-z/; rigged /-d/; rigging) 他 ❶ （船）に〔帆・ロープ類などを〕装備する〔*with*〕. ❷ …を不正操作する.
rig up 他 《口語》…を間に合わせに作る.
— 名Ⓒ ❶ 石油掘削(くっさく)装置 (oil rig).
❷ 《米》大型トラック.
rig·ging /rígɪŋ リギング/ 名Ⓤ【海事】（帆・帆柱・ロープ類などの）索具.

*****right** /ráit ライト/ 形 （more ~; most ~）
❶ 右の, 右側の （反 left）.
❷ⓐ 正しい, 正当な （反 wrong）.
ⓑ 正確な, まちがいない （反 wrong）.
❸ 適切な, 適当な, ふさわしい （反 wrong）.
❹ 都合のよい, 申し分のない.
❺ （体の）調子がよい, 健康な (healthy); （精神が）健全な, 正常な.
❻ 表の, 正面の （反 wrong）.
❼ 直角の.
❽ 《しばしば **Right** で》 右派の, 右翼の.
— 副 （more ~; most ~）
❶ 右に, 右へ.
❷ⓐ 正しく, 正当に.
ⓑ 正確に, まちがいなく.
❸ ちょうど, きっかり.
❹ すぐに, 直(ただ)ちに.
❺ まっすぐに, まともに.
❻ 都合よく, うまく.
— 名 （複 ~s /-ts/） ❶Ⓤ 《**the** または *one's* をつけて》右, 右側, 右手 （反 left）.
❷Ⓤ （道徳的に）正しいこと, 正当, 正義 （反 wrong）.
❸Ⓒ 権利.
❹Ⓤ （スポーツのポジション・選手としての）ライト.
❺ 《**the Right** で》右派, 右翼.
— 動 他 ❶ …を正常な状態［位置］に戻す, 直す.
❷ （誤りなど）を正す.

形 ❶ The store is on the *right* side of the street. その店は通りの右側にあ

right

る / make a *right* turn 右折する.

❷ⓐDo what is *right*. 正しい事をしなさい / You were *right* in doing so. あなたがそうしたのは正しかった / *right* conduct 正しい行為 / It is *right* of him *to* say so.＝He is *right* to say so. 彼がそう言うのは正しい / Is it *right for* him *to* blame her? 彼が彼女を非難するのは正当なのだろうか.

ⓑThe report that he has been set free is *right*. 彼が釈放されたという報道は正確だ / You are *right*. 君の考え[言うこと]はまちがいない; そのとおり.

❸She said the *right* thing at the *right* moment. 彼女は適切なときに適切なことをいった / He is the *right* man for the job. 彼こそその仕事にふさわしい人だ / the *right* person in the *right* place 適材適所.

❹That's all *right* with me. それは私には好都合です.

❺I feel quite *right*. 私はきわめて健康だ / He is in his *right* mind. 彼の心は正常だ.

❻Which is the *right* side of the paper? この紙の表はどちらですか.

❼at a *right* angle 直角に.

all right《副詞的に》①《返事に用いて》**よろしい, オーライ, オーケー** : 対話 "Help me, please."–"*All right*." 「手伝ってください」「いいですよ(手伝いましょう)」 / "Let's swim."–"*All right*." 「泳ごう」「そうしよう」.

②**ちゃんと, りっぱに** : I did it *all right*. ちゃんとやりました.

③**確かに, まちがいなく** : I'll come *all right*. 私はかならず行きます.

——《形容詞的に》①**悪いところがない, まちがいのない, 正しい** : That's *all right*. それでよい (☞成句 That's *all right*.)／He is *all right*. 彼は大丈夫だ[ちゃんとやれる, 信頼できる].

②**元気な, 健康な; けががない** : I'm *all right* now. 私はもう大丈夫です.

③**なかなかよい** : He is *all right*, but he is sometimes rude. 彼はなかなかいいけれども時々失礼なことをする.

get right 正しくなる, きちんとなる.

get ... right …を正しく理解する.

on the right side of ... …歳前で (☞成句 on the wrong side of ... (⇨wrong 形))) : He is *on the right side of* fifty. 彼はまだ50歳前だ.

put ... right ①…を正常な状態にする, 直す : *Put* the clock *right*. 時計の針を正しい時刻に合わせなさい. ②…の健康[元気]を回復させる : A good sleep will *put* you *right*. ぐっすり寝たら元気になるよ. ③…を訂正する, …(人)のまちがいを訂正する.

Right you are!＝Right oh!《英口語》(相手の言うことに対して)いいですよ (All right).

set ... right＝put ... *right*.

That's all right. どういたしまして, かまいませんよ (❷相手が謝ったときなどに返すことば) : 対話 "I'm sorry I'm late." –"*That's all right*." 「遅れてすみません」「いいですよ」.

That's right.《口語》《相手の言うことに同意したり, 相づちを打つときなど》**そのとおり(です)** : 対話 "Your father is a farmer, isn't he?"–"*That's right*." 「君のお父さんは農業をしているんだったよね」「そう」.

—— 副 ❶The car turned *right*. 車は右に曲がった.

❷ⓐYou must act *right*. 正しく行動しなくてはいけない. ⓑThis is the place, if I remember *right*. 私の記憶が正確ならここがその場所です / She always guesses *right*. 彼女はいつもまちがいなく言い当てる.

❸I found it *right* here. 私はちょうどここでそれを見つけた / *right* in the middle ちょうどまん中に / It's *right* behind you. あなたのすぐうしろにありますよ.

❹I'll be *right* back. すぐにもどります / He left *right* before you arrived. 彼はあなたが着く直前に出て行った.

❺They ran *right* down the slope. 彼らはまっすぐ坂を駆け降りた / He looked me *right* in the eye. 彼は私の目をまともに見た.

❻All went *right*. 万事うまくいった.

Keep right.《掲示》右側通行 (《アメリカの自動車交通標識》; ❷イギリスは日本と同じように車は「左側通行」である》).

right along《米口語》ずっと, 絶えず.

right and left 左右に[へ]；四方八方，あらゆる所で．

right away すぐに：Let's start *right away*. すぐ出かけよう．

right enough 《口語》正にその通りに．

right now 《口語》①**今すぐ**，ただちに：Do it *right now*. 今すぐそれをしなさい．②**今(は)**，現在は：She is out *right now*. 今は彼女は外出中だ．

right off 《口語》= *right away*.

Right on! 《口語》その調子だ！

— 名 ❶ She sat on *my right*. 彼女は私の右側にすわった / Keep to *the right*. 右側通行しなさい．

❷ We should do *right*. 正しいことをすべきだ / He doesn't know the difference between *right* and wrong. = He doesn't know *right* from wrong. 彼は正しいこととまちがっていることの区別がつかない．

❸ You have no *right* to stop me. 君には私を止める権利はない / *rights* and duties 権利と義務 / basic human *rights* 基本的人権 / civil *rights* 市民権 / women's *rights* 女性の権利．

【語の結びつき】
assert [claim] a *right* 権利を主張［要求］する
enjoy a *right* 権利を享受する
protect ...'s *rights* …の権利を擁護する
waive [give up, relinquish, renounce] a [one's] *right* 権利を放棄する
win [gain] a *right* 権利を獲得する

be in the right （道理として）正しい（反 be in the *wrong*）：I'm sure she *is in the right*. 彼女は正しいと思う．

by right 道理として．

by rights 正当な権利として，当然．

in one's own right 自分の本来の能力［資格］で：Elizabeth II is Queen *in her own right*. エリザベス2世は（結婚によらず）もって生まれた権利によって王位についた女王である．

put [set] ... to rights …を元の状態に直す．

the rights and wrongs of ... …の真相．

☞ 形righteous, rightful.
《同音異形語》write, rite.

ríght ángle 名 C 直角．▶ at a *right angle* 直角に．

right-an·gled /ráitæŋɡld ライタングルド/ 形 直角の．

righ·teous /ráitʃəs ライチャス/ 形 《文語》正しい，正当な．
☞ 名 right.

ríght fíeld 名 U 〖野球〗ライト，右翼．

ríght fíelder 名 C 〖野球〗ライト，右翼手．

right·ful /ráitfəl ライトフル/ 形 正当な，合法の．
☞ 名 right.

right·ful·ly /ráitfəli ライトフリ/ 副 正当に，合法的に．

right-hand /ráit-hænd ライト・ハンド/ 形 ❶ 右の，右側の；右への（反 left-hand）．❷ 最も信頼している．
▶ ❶ the *right-hand* side 右側．

ríght-hànd dríve 名 U （車の）右ハンドル．

right-hand·ed /ráit-hændid ライト・ハンディド/ 形 右ききの；右手でした（反 left-handed）．

right-hand·er /ráit-hændər ライト・ハンダ/ 名 C ❶ 右ききの人．❷ 〖野球〗右腕投手．

ríght-hánd mán 名 C 右腕《最も信頼している人》．

right·ist /ráitist ライティスト/ 名 C 右翼［右派］の人，保守派の人《✪「左翼の人」は leftist》．

right·ly /ráitli ライトリ/ 副 ❶ 正しく，適切に．
❷ 《文全体を修飾して》正当に．
▶ ❶ behave *rightly* 正しく振る舞う．❷ It is *rightly* said that time is money. 時は金なりと言われているのはもっともなことである．

right·ness /ráitnəs ライトネス/ 名 U 正しいこと，正義．

ríght of wáy /ráitəv-wéi ライトヴ・ウェイ/ 名 U （交通法規上の）優先権《他の車・船などより先に行く権利》．

ríght tríangle 名 C 直角三角形．

ríght wíng 名 ❶《*the* をつけて》右翼，右派，保守派《✪「左翼」は left wing》．❷ 右

right-wing

翼《アメフト・サッカー・アイスホッケーなどの選手のポジション》.

right-wing /ráit-wíŋ ライト・ウィング/ 形 右翼の, 右派の.

*__rig・id__ /rídʒid リヂッド/ 《★発音注意》形 (more ~; most ~)
❶ 堅い, まがらない; 硬直した.
❷ 厳格な, きびしい (strict).
❸ 固苦しい, 融通がきかない.
▶ ❶ a *rigid* iron bar 堅くてまがらない鉄の棒. ❷ Our school has *rigid* rules. 私たちの学校にはきびしい規則がある.

☞ 名rigidity.

ri・gid・i・ty /ridʒídəti リヂディティ/ 名Ⓤ 硬直, 厳格.

☞ 形rigid.

rig・id・ly /rídʒidli リヂドリ/ 副 硬直して, 厳格に.

rig・or /rígər リガ/ 名 ❶Ⓤ きびしさ, 厳格. ❷Ⓤ 厳密, 正確さ. ❸Ⓒ 困難.

rig・or・ous /rígərəs リガラス/ 形 ❶ 厳密な, 正確な. ❷ きびしい, 厳格な.

rig・our /rígər リガ/ 名《英》= rigor.

rim /rím リム/ 名Ⓒ (円形のものの)縁(ふち), へり. ▶ the *rim* of a cup 茶わんの縁.

rind /ráind ラインド/ 名ⓊⒸ (メロン・レモン・チーズなどの固い)皮, 外皮.

***__ring__¹** /ríŋ リング/ 名 (複 ~s /-z/) Ⓒ
❶ 輪, 環, 円形; 輪の形をしたもの.
❷ 指輪, 輪の形をした飾り.
❸ (円形の)競技場, (ボクシングの)リング, (相撲(すもう)の)土俵.
❹ 徒党(ととう), 一味.
❺ 《英》(ガスレンジなどの)バーナー 《◎ (米)ではburner》.
— 動 他 …を丸く囲む.

名 ❶ The children danced in a *ring*. 子どもたちは輪になって踊った / the *rings* of a tree 木の年輪.
❷ wear a wedding *ring* 結婚指輪をつける.

form a ring 輪をつくる, 輪になる.
— 動 他 *ring* the spelling mistakes in red ink 赤インクで綴(つづ)りのまちがいに丸をつける.

*__ring__² /ríŋ リング/ 動 (~s /-z/; rang /rǽŋ/; rung /rʌ́ŋ/; ~・ing) 自

❶ⓐ (ベル・鐘などが)鳴る. ⓑ (耳が)鳴る.
❷《ring for ...》ベルを鳴らして…を呼ぶ, 要求する.
❸ 鳴り響く, こだまする.
❹《英》電話をかける, 電話をする (call).
— 他 ❶ (ベル・鐘など)を鳴らす.
❷ (ベル・鐘などを鳴らして)…を知らせる.
❸《英》…に電話をかける, 電話をする (phone, call).
— 名 (複 ~s /-z/) ❶Ⓒ ⓐ (ベル・鐘などを)鳴らすこと. ⓑ (ベルなどの)鳴る音.
❷《a をつけて》《英口語》電話(すること).
❸《単数形で》(笑い声などの)響く音.

動 自 ❶ ⓐ The bell 〔telephone〕 is *ringing*. ベル〔電話〕が鳴っている.
❷ The patient *rang for* a nurse. その患者はベルを鳴らして看護師を呼んだ / *ring for* water ベルを鳴らして水をくださいと言う.
❸ Her voice still *rings* in my ears. 彼女の声はまだ私の耳に鳴り響いている / The hall *rang with* laughter. ホールは笑い声が鳴り響いた.
❹ *ring for* a taxi 電話してタクシーを呼ぶ.
— 他 ❶ Please *ring* the bell. ベル〔鐘〕を鳴らしてください. ❷ *ring* the alarm 警報を鳴らす. ❸ I *rang* (up) the doctor. 私は医者に電話した.

ring a bell 《口語》(名前などを聞いて)なんとなく知っているような気がする.

ring back 他《英》…に電話をかけ直す: I'll *ring* you *back* later. 後で電話をかけ直します.

ring in 他 (鐘を鳴らして)(来る年)を迎え入れる 《☞成句 *ring* out》. — 自《米》タイムレコーダーで出勤時間を記録する; 《英》(勤めているところへ)電話する.

ring off 《英》電話を切る.

ring out 自 ①《米》タイムレコーダーで退出時刻を記録する. ② 鳴り響く. — 他 (鐘を鳴らして)(行く年)を送る: *ring out* the old year and ring in the new (year) 鐘を鳴らして行く年を送り, 来る年を迎える.

ring up 他 ①《英》…に電話をかける 《◎ 《米》では call up》: *Ring up* Mr. A at once. すぐAさんに電話をかけなさい. ② (売り上げ)をレジスターに打つ.

abcdefghijklmnopq**r**stuvwxyz   **rise**

— 名 ❶ⓑThere was a *ring* at the door. 戸口でベルが鳴った. ❷Give me a *ring*. 私に電話をください. ❸a *ring* of laughter 笑い声の響き.
ringed /ríŋd リングド/ 形 指輪をはめた.
ríng fìnger 名 C (ふつう左手の)薬指 (○ 婚約・結婚指輪をはめる指なのでこうよばれる; ☞ hand のさし絵).
ring·lead·er /ríŋlìːdər リングリーダ/ 名 C 首謀者.
ring·let /ríŋlit リングリット/ 名 C 巻き毛.
ring·pull /ríŋpùl リングプル/ 名 C 《英》(缶の)引きあけリング.
ríng ròad 名 C 《英》= beltway.
ring·side /ríŋsàid リングサイド/ 名 C (ボクシング・サーカスなどの)リングサイド, 競技場の最前列.
rink /ríŋk リンク/ 名 C スケートリンク.
rinse /ríns リンス/ 動 (現分 rins·ing) 他 …をすすぐ, ゆすぐ.
— 名 ❶ C すすぎ, ゆすぎ.
❷ U C ゆすぎ用の水[液], リンス剤.
Ri·o de Ja·nei·ro /ríːou dèi ʒənéərou リーオウ デイ チャネ(ア)ロウ/ 名 リオデジャネイロ (《ブラジルの南東部の海港》).
ri·ot /ráiət ライオト/ 名 C 暴動, 騒動.
 ☞ 形 riotous.
— 動 自 暴動を起こす, 騒ぐ.
▶名 A *riot* broke out. 暴動が起こった.
ri·ot·ous /ráiətəs ライオタス/ 形 ❶ 暴動を起こす, あばれる. ❷ 騒々しい.
 ☞ 名 riot.
ríot polìce 名 《複数扱いで》機動隊.
rip /ríp リップ/ 動 (~s -s; ripped -t; rip·ping) 他 ❶…を裂く (tear).
❷…をはぎ取る.
— 自 裂ける, 破れる, ほころびる.
— 名 C (布などの)裂け目 (tear).
▶動 他 ❶She *ripped* the cloth with her hands. 彼女はその布を手で裂いた / He *ripped* the packet open. 彼はその小さな箱を破ってあけた. ❷*Rip* the wrapping paper off this box. この箱の包み紙をはぎ取りなさい.
— 自 His trousers *ripped*. 彼のズボンがびりっと裂けた.
rip ... off ①…に法外な金をふっかける. ②…から盗む.
rip up 他 …をずたずたにする.
***ripe** /ráip ライプ/ 形 (rip·er; rip·est)

❶熟した, 実った, 飲み[食べ]ごろの.
❷機が熟して(いる).

❶The pears are *ripe*. ナシは熟している / *ripe* fruit 熟した果物.
❷The time is *ripe* for us to act. 私たちの行動の機は熟している.
 ☞ 動 ripen.
rip·en /ráipən ライプン/ 動 自 熟す.
— 他 …を熟させる.
▶動 他 ❶The strawberries have *ripened*. イチゴが熟した.
 ☞ 形 ripe.
rip·off /rípòːf リプオーフ/ 名 ❶ C 《単数形で》《口語》法外に高いもの. ❷ C にせもの, にせの作品.
ripe·ness /ráipnəs ライプネス/ 名 U
❶成熟; 円熟. ❷準備ができていること.
rip·ple /rípl リプル/ 名 C ❶さざ波; さざ波のような小きざみの動き. ❷さざ波のような音, さざめき.
— 動 (現分 rip·pling) 他 …にさざ波を立てる. — 自 ❶さざ波が立つ. ❷さらさら音をたてる.
▶動 ❶*Ripples* spread over the surface of the pond. さざ波が池の水面に広がった. ❷a *ripple* of laughter 笑いのさざめき.
Rip van Win·kle /ríp væn wíŋkl リップ ヴァン ウィンクル/ 名 リップ バン ウィンクル.
 INFO アメリカの作家アービング (Irving) 作「スケッチブック」(*The Sketch Book*) 中の物語, またその主人公. 日本の「浦島太郎」に似た話.

****rise** /ráiz ライズ/ 動 (ris·es -iz-; rose /róuz/; ris·en /rízn/; ris·ing) 自
❶ⓐ **立ち上がる**, 起き上がる.
ⓑ (ベッドから)起きる (get up).
❷ⓐ (太陽・月などが) **昇る** (反 set).
ⓑ (ものが)上へ上がる (反 fall).
ⓒ (土地などが)高くなる; (パンなどが)膨れ上がる.
❸ⓐ (値段・温度などが) **上がる** (反 fall).
ⓑ 増加する.
ⓒ (勢い・感情などが)強まる, 高まる.
❹ (山・建物などが) **そびえる**.
❺ⓐ 起こる. ⓑ (川などが)源を発する.
❻ 地位が上がる, 昇進する, 出世する.

1131

risen

❼ (政府などに反対して)立ち上がる, 反乱を起こす, 蜂起(ほうき)する.

— 名 (複 ris·es /-iz/) ❶ C **上がること**, (物価などの)上昇 (反 fall); 増加, 増大.

❷ C (英)**昇給**(※(米)では raise).

❸ C 高くなっている所; 上り坂.

❹ U (ものの)起源, 源.

❺《単数形で》昇進, 出世; 繁栄.

━━━━━━━━━━━━━━━━━━━━

動 @ ❶ ⓐ Everybody *rose* when the president walked in. 社長が入って来るとみんなが立ち上がった.

ⓑ I usually *rise* at six in the morning. 私はふつう朝6時に起きる.

❷ ⓐ The sun *rises* early in summer. 夏は太陽は早く昇る / The sun *rises* in the east and sets in the west. 太陽は東から昇り西に沈む.

ⓑ The curtain *rises* at six. 6時に幕があく(6時開演) / A car passed and dust *rose*. 車が通ってほこりが舞い上がった.

❸ ⓐ The temperature *rose* to 33 degrees. 気温が33度まで上がった / Butter has *risen* twenty yen in price. バターが20円値上がりした.

ⓑ The river has *risen* more than a meter. 川は水位が1メートル以上上がった.

ⓒ The wind *rose* rapidly. 風は急に強くなった / His voice *rose* suddenly. 彼の声は突然高くなった.

❹ Mount Fuji *rises* above the clouds. 富士山は雲の上にそびえている / The tower *rises* (to) 300 meters. その塔は高さが300メートルある.

❺ ⓐ Quarrels often *rise* from misunderstandings. けんかはしばしば誤解から起こる.

ⓑ The Rhine River *rises* in Switzerland. ライン川はスイスに源を発する.

❻ He *rose* to the post of chief editor. 彼は編集長の地位に上がった / *rise* in the world 出世する.

❼ *rise* against the government 政府に反抗して立ち上がる.

— 名 ❶ There was a *rise* in the cost of living. 生活費が上昇した / a *rise* in temperature 気温の上昇.

❷ I've been given a *rise* in salary. 私は昇給した.

❸ His house stands on a *rise*. 彼の家は小高い所に立っている / They went up a gentle *rise*. 彼らはなだらかな上り坂を上って行った.

❹ the *rise* of civilization 文明の起源 / the *rise* of the river その川の源.

❺ the *rise* and fall of the Roman Empire ローマ帝国の盛衰.

give rise to ... (よくないこと)**…を生じる**, ひき起こす:Trade friction *gave rise to* serious problems. 貿易摩擦が深刻な問題をひき起こした.

on the rise 上昇中で:Prices are *on the rise*. 物価は上昇中だ.

*ris·en /rízn リズン/ 動 riseの過去分詞形.

ris·er /ráizər ライザ/ 名 C 起きる人.
▶I'm an early [a late] *riser*. 私は早起き[朝寝坊]だ.

ris·ing /ráiziŋ ライズィング/ 形 ❶ 上がりつつある, 昇りつつある. ❷ 増加[増大]しつつある.
▶ ❶ the *rising* sun 朝日. ❷ *rising* water 増していく水かさ.

***risk** /rísk リスク/ 名 (複 ~s /-s/) U C (よくないことが起きる)**危険**, 恐れ.

— 動 (~s /-s/; ~ed /-t/; ~ing) 他
❶ (命など)を**危険にさらす**, 賭(か)ける.
❷ …を覚悟してやる.

━━━━━━━━━━━━━━━━━━━━

名 There is little *risk* of losing your way in this town. この町では道に迷う心配は少ない.

at *one's* **own risk** 自分の責任で:Drivers may park their cars here *at their own risk*. ドライバーは自分の責任でここに駐車してもよい(ここに駐車してもよいが責任はもちません).

at risk 危険にさらされて.

at the risk of ... …の危険を冒(おか)して:He saved the child *at the risk of* his life. 彼は自分の生命の危険を冒してその子を救った.

run [take] a risk 危険を冒す:She doesn't *take* any *risk*. 彼女はあぶないことはしない.

run [take] the risk of *doing* __する危険を冒す:I don't want to *run the*

abcdefghijklmnopq**r**stuvwxyz　　　　　　　　　　　　　　　　　　　　road map

risk of losing my job. 私は職を失う危険を冒すつもりはない.
　　　　　　　　　　　☞ 形risky.

— 動 他 ❶ Don't *risk* your health by smoking. 喫煙で健康を危険にさらすな. ❷ He *risked* losing his job in the attempt. 彼は職を失う覚悟でそれをした.

risk·y /ríski リスキ/ 形 (risk·i·er; risk·i·est) 危険な, 冒険的な.
　　　　　　　　　　　☞ 名risk.

rite /ráit ライト/ 名 C 《しばしば複数形で》(形式の決まった) 儀式. ▶ funeral *rites* 葬儀.

rit·u·al /rítʃuəl リチュアル/ 名 UC 儀式.

*__ri·val__ /ráivəl ライヴァル/ 名 (複 ~s /-z/) C 競争相手, 敵, ライバル.

— 動 (~s /-z/; ~ed, 《英》 ri·valled /-d/; ~·ing, 《英》 ri·val·ling) 他 …に見劣りしない, 匹敵する.

▶ 名 The two are *rivals* for the position. そのふたりはそのポジションを争っている / a *rival* in love 恋がたき / a business *rival* 商売がたき / a *rival* shop 競争相手の店 / She has no *rival* in English. 英語で彼女にかなう者はない.

— 動 他 She *rivals* your sister in beauty. 彼女は美しさの点で君の姉に劣らない.
　　　　　　　　　　　☞ 名rivalry.

ri·val·ry /ráivəlri ライヴァルリ/ 名 (複 ri·val·ries /-z/) UC 競争, 対抗.
　　　　　　　　　　　☞ 動rival.

**__riv·er__ /rívər リヴァ/ 名 (複 ~s /-z/) C ❶ 川.
　❷ 多量の流れ.

　類語　**river** は海・湖または別の大きな川に流れこむかなり大きな川をいう. **stream** は「(river より小さな) 川」, **brook** は「(streamより小さな) 小川」.

　語法　川の名は, 《英》the River Thames (テムズ川), 《米》the Hudson River (ハドソン川) のようにいう. 川であることがわかっているときは《英》, 《米》ともに the Thames, the Hudson のようにいう.

❶ cross a *river* 川を渡る / walk along the *river* 川に沿って歩く.

　語の結びつき
ford [swim] a *river* 川を歩いて渡る [泳ぎ渡る]
sail down (a) *river* 川を船で下る
sail on a *river* 川を航行する [帆走する]
sail up (a) *river* 川を船で上る
swim in a *river* 川で泳ぐ

❷ *rivers* of blood 血の海.

riv·er·bank /rívərbæŋk リヴァバンク/ 名 C 河岸, 川の土手.

riv·er·bed /rívərbèd リヴァベッド/ 名 C 川床.

riv·er·side /rívərsàid リヴァサイド/ 名 C 《the をつけて》川辺, 川岸.

riv·et /rívit リヴェット/ 名 C びょう, リベット. — 動 他 ❶ …をびょうで留める, …をリベットで締める. ❷ (注意を) 集中させる, くぎづけにする.

roach /róutʃ ロウチ/ 名 (複 ~·es /-iz/) 《口語》ゴキブリ (○ **cockroach** の短縮形).

***__road__ /róud ロウド/ 名 (複 ~s /-dz/) C ❶ 道路, 道, 街道 (祭) (町と町を結ぶ主として車の通行のための道をいう; ○ Rd., rd. と略す; ☞ street の 類語).
　❷ …への道, 方法, 手段.

❶ Is this the *road* from Nara to Kyoto? この道は奈良から京都へ行くのですか / We drove along the main *road*. 私たちは幹線道路を車で走った.
❷ He is on the *road* to success. 彼は成功への道を進んでいる / There is no easy *road* to wealth. 富を得る楽な方法はない.

by road (鉄道ではなく) 道路を通って, 車で [徒歩で].

on the road ① 旅行中で. ② (劇団などが) 巡業中で. ③ (スポーツチームが) ロードに出て 《ホームグラウンドを離れて》.
　　　　　　　　　　　《同意異語》rode.

road·house /róudhàus ロウドハウス/ 名 (複 -hous·es /-hàuziz/) C ロードハウス (幹線道路沿いにあるレストラン).

róad màp 名 C 道路地図.

one thousand one hundred and thirty-three　　　　　　　　　　　　　　　　　　　　1133

road show

róad shòw 名C (劇などの)巡回興行.

road·side /róudsàid ロウドサイド/ 名
❶ U 道ばた, 路傍. ❷《形容詞的に》道ばたの.

róad tèst 名C (新車などの)路上テスト.

road·way /róudwèi ロウドウェイ/ 名《the をつけて》車道.

road·work /róudwə̀ːrk ロウドワーク/ 名 U《米》道路工事.

road·works /róudwə̀ːrks ロウドワークス/ 名複《英》= roadwork.

roam /róum ロウム/ 動自 ぶらぶら歩き回る.
— 他 …を歩き回る, 放浪する.

*****roar** /rɔ́ːr ロー/ 動 (~s /-z/; ~ed /-d/; roar·ing /rɔ́ːriŋ/) 自 ❶ (猛獣などが)ほえる.
❷ ゴーゴー音を立てる, うなる, とどろく.
❸ 大声でどなる; 大笑いする.
❹ (車などが)大きな音を立てて動く.
— 他 …を大声で言う[歌う].
— 名 (複 ~s /-z/) C ❶ (猛獣などの)ほえ声, うなり. ❷ ゴーゴーという音.
❸ 叫び声, どめき.

▶動自 ❶ The bull *roared* with anger. 雄牛はおこってうなった.

[類語] *roar* は「猛獣がほえる」; *bark* は「犬がほえる」; *howl* は「オオカミなどがほえる」.

❷ The wind *roared* at the window. 風が窓のところでゴーゴー音を立てた. ❸ *roar* with laughter 大声で笑う. ❹ The train *roared* away. 列車が音を立てて走り去った.
— 名 ❶ the *roar* of a tiger トラのうなり声. ❷ the *roar* of the waves 波のとどろき. ❸ a *roar* of anger 怒りの叫び声.

roar·ing /rɔ́ːriŋ ローリング/ 形 ❶ ほえる, うなる, どなる, 大きな音をたてる.
❷ 大繁盛の.
— 名 U ほえること, ほえる(ような)声[音].

▶形 ❶ a *roaring* fire ごうごうと燃えているかまどの火. ❷ do *roaring* business 商売が大繁盛する.

*****roast** /róust ロウスト/ 動 (~s /-ts/; ~ed /-id/; ~·ing) 他 ❶ (肉など)を(オーブンで)焼く, (火で)あぶる, 蒸し焼きにする (☞ cook の 類語).
❷ (豆など)をいる.
— 自 ❶ 焼かれる, 焼ける. ❷ いられる.
— 名C ❶ 焼き肉.
❷ 《米》(野外の)焼き肉パーティー.
— 形 焼いた, あぶった, いった.

▶動 他 ❶ She *roasted* the beef in the oven. 彼女は牛肉をオーブンに入れて焼いた. ❷ *roast* coffee beans コーヒー豆をいる.
— 形 *roast* beef ローストビーフ.

*****rob** /ráb ラブ | rɔ́b/ 動 (~s /-z/; robbed /-d/; rob·bing) 他 ❶《rob ... of ~》…(人)から~を奪う.
❷《rob ... of ~》…(建物・店など)から~(物)を盗む, (家など)を荒らす (✪ ~(物)の内容を述べないときには of ~ は省略される).

▶ ❶ He was *robbed of* his watch. 彼は時計を奪い取られた / The shock *robbed* him *of* speech. 彼はそのショックで口もきけなかった. ❷ *rob* the supermarket スーパーマーケットを襲う.
☞ 名robbery.

*****rob·ber** /rábər ラバ | rɔ́bə/ 名 (複 ~s /-z/) C 強盗, どろぼう《ふつうおどしや力ずくで奪う者をいう; ☞ thief の 類語 》.

*****rob·ber·y** /rábəri ラバリ | rɔ́b-/ 名 (複 -ber·ies /-z/) UC 強盗, 強奪; 強盗事件.
☞ 動rob.

*****robe** /róub ロウブ/ 名 (複 ~s /-z/) C ローブ《ゆったりした部屋着》.

Rob·ert /rábərt ラバト/ 名 ロバート《男性の名; 愛称 Bob, Bobby, Bert, Robin》.

Rob·in /rábin ラビン/ 名 ロビン《男性の名; Robert の愛称》.

rob·in /rábin ラビン/ 名 【鳥類】C ❶ (ヨーロッパ)コマドリ, ロビン《胸が黄色がかった赤色の鳥; イギリスの国鳥》. ❷《米》コマツグミ.

Róbin Hóod /-húd -フッド/ 名 ロビンフッド《12世紀ごろイングランドの森に住み, 貴族や金持ちから金品を強奪して貧しい人たちに分け与えたという伝説的な盗賊の頭》.

Rob·in·son Cru·soe /rábinsn krúːsou ラビンスン クルーソウ/ 名 ロビンソン クルーソー《イギリスの作家ダニエル デフォー (Daniel Defoe (1661–1731))の小説の主人公; 海で遭難し無人島で28年間冒険的な自給自足の生活をした》.

ro·bot /róubat ロウバット/ 名 C ❶ ロボッ

abcdefghijklmnopq**r**stuvwxyz　　　　　　　　　　Roger

ト. ❷ロボットのような(機械のように動く)人.
ro‧bot‧ics /roubátiks ロウバティックス/ 名Ｕロボット工学.
ro‧bust /roubʌ́st ロウバスト, róubʌst/ 形 たくましい, 頑健(%)な.

rock¹ /rák ラック | rɔ́k/ 名 (複 ~s /-s/)

❶ ＵＣ岩, 岩石.
❷ Ｃ(米)石, 石ころ (stone).
❸《しばしば複数形で》岩礁(%), 暗礁.

- -
❶ The hill is solid *rock*. その山はひとつの岩からできている. ❷ The boy threw a *rock* at the snake. その男の子はヘビをめがけて石を投げた. ❸ The ship ran against a *rock*. その船は暗礁に激突した.

(as) firm [steady, solid] as a rock ①岩のように堅い, しっかりした. ②(人が)信頼できる.

on the rocks ①座礁(%)して. ②破滅しそうになって: Their marriage went *on the rocks*. ふたりの結婚生活は破れた. ③(ウイスキーが)オンザロックで.

*rock² /rák ラック | rɔ́k/ 動 (~s /-s/; ~ed /-t/; ~ing) 他 ❶ …を(前後左右にやさしく)**揺り動かす**, 揺らす. ❷ (地震などが)…を激しく揺さぶる.
❸ (人)を動揺させる, びっくりさせる.
— 自 (前後左右にやさしく)**揺れる**, 揺り動く.
— 名Ｕ〖音楽〗ロック (◆rock'n'rollまたはrock music).

▶動他 ❶ She was *rocking* the cradle. 彼女は揺りかごを揺り動かしていた / The mother *rocked* her baby to sleep. 母親は赤ん坊を静かに揺り動かして寝かしつけた. ❷ The building was *rocked* by an earthquake. その建物は地震でぐらぐら揺れた.
— 自 The boat is *rocking* on the water. ボートが水上で揺れている.

róck and róll 名 = rock'n'roll.
róck bóttom 名Ｕ (価格などの)どん底.
rock-climb‧ing /rák-klàimiŋ ラク-クライミング/ 名Ｕ岩登り(の技術), ロッククライミング.
Rock‧e‧fel‧ler /rákifèlər ラキフェラ/ 名
ロックフェラー (**John Davison Rockefeller** (1839–1937); アメリカの資本家・慈善事業家).
Róckefeller Cénter 名 ロックフェラーセンター (アメリカのニューヨーク (New York) 市マンハッタン (Manhattan) 区の中心地区).
rock‧er /rákər ラカ/ 名Ｃ(米)揺りいす (rocking chair).
*rock‧et /rákit ラキット | rɔ́k-/ 名(複 ~s /-ts/) Ｃ ❶ **ロケット**; ロケット兵器 (爆弾・ミサイルなど). ❷打ち上げ花火.
— 動自 ❶突進する.
❷ (物価などが)急に上がる.
▶名 ❶ The *rocket* shot up into the sky. そのロケットは空高く飛んで行った / launch a *rocket* ロケットを打ち上げる.
róck gàrden 名Ｃ ロックガーデン (岩の間に各種の植物を植える).
Rock‧ies /rákiz ラキズ/ 名複《the をつけて》= **Rocky Mountains**.
róck‧ing chàir /rákiŋ ラキング-/ 名Ｃ揺りいす (☞living room のさし絵).
róck‧ing hòrse 名Ｃ揺り木馬.
rock'n'roll /rákənróul ラクンロウル/ 名Ｕロックンロール (ロック (rock) ともよばれる.).
róck sàlt 名Ｕ岩塩.
rock‧y¹ /ráki ラキ/ 形 (rock‧i‧er; rock‧i‧est)岩の, 岩の多い; 岩でできた.
rock‧y² /ráki ラキ/ 形 (rock‧i‧er; rock‧i‧est)不安定な, 問題のある.
Rócky Móun‧tains 名複《the をつけて》ロッキー山脈 (北米西部のアラスカ西部からメキシコに及ぶ山脈; ○ 単に the Rockies ともいう).
*rod /rád ラッド | rɔ́d/ 名 (複 ~s /-dz/)
❶ Ｃ (金属・木などの)**棒**, さお. ❷ Ｃ釣りざお (◆fishing rod ともいう).
▶❶ a curtain *rod* カーテンレール.
❷ a *rod* and line 糸のついた釣りざお.
*rode /róud ロウド/ 動 ride の過去形.
《同音異形語》road.
ro‧dent /róudnt ロウドント/ 名Ｃ齧歯(%)動物 (リス・ネズミ・ウサギなど).
ro‧de‧o /róudiòu ロウディオウ/ 名Ｃ(米)ロデオ (荒馬を乗り回したり投げなわで牛を捕らえたりするカウボーイの公開競技(会)).
roe /róu ロウ/ 名ＵＣ魚卵; しらこ.
Rog‧er /rádʒər ラヂャ/ 名 ロジャー (男性

rog·er /rάdʒər ラチャ/ 感 (通信で用いる)「了解」.

rogue /róuɡ ロウグ/ 名 C 悪党; いたずらっ子.
— 形 困りものの.

*__role__ /róul ロウル/ 名 (複 ~s /-z/) C
❶ (役者の)**役割**. ❷ **役目**, 役割, 任務.

・・・・・・・・・・・・・・・・・・・・・・・・・・・・・・

❶ play the leading *role* 主役を演じる. ❷ play an important *role* in ... …で重要な役割を果たす.

《同音異形語》roll.

*__roll__ /róul ロウル/ 動 (~s /-z/; ~ed /-d/; ~-ing) 自 ❶ **ころがる**, ころがって動く, ころがり回る.
❷ⓐ (列車・車などが)**進む**.
ⓑ (機械が)動く.
❸ (船・飛行機などが)**横[左右]に揺れる** (❂「縦に揺れる」は pitch).
❹ (波などが)**うねる**, うねるように進む.
❺ (目が)ぎょろぎょろ動く.
❻ (雷が)ゴロゴロ鳴る.
— 他 ❶ …を**ころがす**, ころがして動かす.
❷ …を**巻く**, 丸める (反 unroll).
❸ (ローラーで)…をならす, 伸ばす.
❹ (波・風などが)(船・飛行機など)を横揺れさせる.
❺ (目など)をぎょろぎょろ動かす.
— 名 (複 ~s /-z/) C ❶ **巻いたもの**; ひと巻き.
❷ **名簿**, 出席簿.
❸ **巻いた形をしたもの**, ロールパン.
❹ (船・飛行機の)横揺れ (❂「縦揺れ」は pitch).
❺ ころがること, 回転.
❻ (雷などの)とどろき.

動 自 ❶ The ball *rolled* down the slope. ボールが坂道をころがり落ちた / The cat *rolled* on the grass. そのネコは芝生の上をごろごろころがった.
❷ⓐ The train *rolled* through the tunnel. 列車がトンネルを通過して行った.
❸ The ship *rolled* heavily in the storm. 船はあらしの中で激しく横揺れした.
❹ Heavy clouds were *rolling* past. 重苦しい雲がうねって流れて行った.
❺ His eyes *rolled*. 彼の目がぎょろぎょろ動いた.
❻ The thunder *rolled* again and again. 雷が何回もゴロゴロ鳴った.
— 他 ❶ The small girl was *rolling* a big ball on the lawn. 小さな女の子は芝生で大きなボールをころがしていた / He *rolled* his bicycle to the shed. 彼は自転車を物置まで押して行った. ❷ *roll* a piece of paper into a ball 紙切れを丸める / She *rolled* the baby in a blanket. 彼女は赤ん坊を毛布にくるんだ. ❸ *roll* the tennis court テニスコートを地ならしする.

be rolling in ... 《口語》…をいっぱいもっている: He *is rolling in* money. 彼は金持ちだ.
roll back 他 ① …を巻きもどす, 元にもどす. ② …を撃退する. ③《米》(物価・費用・給与など)を下げる.
roll by 自 ① (車などが)通り過ぎる. ② (時が)過ぎる.
roll down 他 ① (車の窓)を下げて開ける. ② (袖・すそなど)を伸ばして元にもどす.
roll in 自 ① (金・注文などが)どんどんはいってくる. ② 遅れてやってくる.
roll on 自 ① ころがって行く; 進む. ② (時が)過ぎる. — 他 (くつ下など)をくるくるのばしながらはく.
roll out 他 ① (ローラーなどで)…をならす, 平らにする. ② (巻いてあるもの)を広げる.
roll over 自 ころがる. — 他 …をころがす.
roll up 他 ① …を**巻く**, 巻き上げる: He *rolled up* his shirt sleeves. 彼はシャツのそでをまくり上げた. ② …を**くるむ**: He *rolled* himself *up* in the blankets. 彼は毛布にくるまった. ③ (車の窓)を上げて閉める. — 自《口語》遅れてやって来る.

— 名 ❶ a *roll* of wire ワイヤー1巻 / a *roll* of film (カメラなどの)フィルム1本. ❷ the electoral *roll* 有権者名簿 / The teacher called the *roll*. 先生は出席をとった. ❸ a dinner *roll* ロールパン(1個). ❻ a *roll* of thunder 雷のごろごろいう音.

abcdefghijklmnopqrstuvwxyz   **Rome**

《同音異形語》role.

róll càll 名UC 点呼, 出席調べ.

roll·er /róulər ロウラ/ 名C ❶ローラー; 地ならし機. ❷(重い物を動かすのに用いる)ころ, キャスター. ❸(髪をカールするための)ヘアカーラー.

róller còaster 名C ジェットコースター(✿「ジェットコースター」は和製英語).

róller skàte 名C ローラースケートぐつ.

roll·er-skate /róulər-skèit ロウラ・スケイト/ 動 (現分 -skat·ing) ⾃ ローラースケートですべる.

roll·er-skat·ing /róulər-skèitiŋ ロウラ・スケイティング/ 名U ローラースケート(をすること).

roll·ing /róuliŋ ロウリング/ 形 ❶ころがる, 回転する. ❷(波が)うねる. ❸(土地が)起伏する. ❹(雷などが)とどろく.

rólling pìn 名C めん棒, のし棒.

rólling stóne 名C ❶転がる石. ❷住所[職業]をよく変える人(☞ stone¹ 名 ❶ の ことば).

Rolls-Royce /róulz-róis ロウルズ・ロイス/ 名C《商標》ロールスロイス《イギリス製の高級車》.

ROM /rám ラム/ 名U 〔電算〕ロム《読み出し専用の記憶装置; *r*ead-*o*nly *m*emory の略語; ☞ RAM》.

Ro·man /róumən ロウマン/ 形 ❶ⓐローマ (Rome) の, ローマ人の. ⓑ古代ローマ(人)の.
❷《roman で》〔印刷〕ローマン字体の.
— 名 ❶C (古代)ローマ人. ❷ⓑC (現代)ローマ市民.
❷《roman で》〔印刷〕ローマン字体(活字).
▶ 形 ❷ *roman* letters [type] ローマン体活字《ふつうの印刷字体》.

Róman Cátholic 形 (ローマ)カトリック教会の.
— 名C (ローマ)カトリック教徒.

Róman Cátholic Chúrch 名《the をつけて》(ローマ)カトリック教会 (✿単に the Catholic Church ともいう).

ro·mance /rouméns ロウマンス, róuméns/ 名 (複 -manc·es /-iz/) ❶C (男女間の)ロマンス. ❷C 恋愛物語. ❸U ロマンチックな気分[雰囲気].
☞ 形 romantic ❶.

Románce lánguages 名複《ふつう the をつけて》ロマンス語《ラテン語から派生したフランス語・スペイン語・ポルトガル語・イタリア語などのラテン系言語》.

Róman Émpire 名《the をつけて》ローマ帝国《紀元前27年に建国; 395年東西に分裂》.

Ro·ma·ni·a /ru:méiniə ルーメイニア/ 名 ルーマニア《ヨーロッパ中南部の共和国》.

Ro·ma·ni·an /ru:méiniən ルーメイニアン/ 形 ルーマニアの; ルーマニア人の; ルーマニア語の.
— 名C ルーマニア人; ルーマニア語.

Róman nóse 名C ローマ鼻, わし鼻.

Róman númeral 名C ローマ数字 (I (=1), V (=5), X (=10), L (=50), C (=100), D (=500), M (=1,000) など; たとえば VII は (5+2 で) 7, IX は (10−1 で) 9, XLVI は (50−10+5+1 で) 46 を表わす; ☞ Arabic numeral).

*__ro·man·tic__ /rouméntik ロウマンティック/ 形 (more ~; most ~) ❶ ロマンチックな, 空想的な.
❷ (計画・考えなどが)実際的でない.
— 名 ❶C ロマンチックな人.
❷ 実際的でない人.
▶ 形 ❶ a *romantic* girl ロマンチックな少女.
❷ a *romantic* view of life ロマンチックな[非現実的な]人生観.
☞ 名 romance.

ro·man·ti·cal·ly /rouméntikəli ロウマンティカリ/ 副 ロマンチックに, 空想的に.

ro·man·ti·cism /rouméntəsìzm ロウマンティスィズム/ 名U 《しばしば **Romanticism** で》〔美術・文学〕ロマン主義《18世紀末から19世紀にかけて起こった; 感情や想像の自由な表現を求めた》.

ro·man·ti·cist /rouméntəsist ロウマンティスィスト/ 名C 《しばしば **Romanticist** で》ロマン主義者 (✿「ロマンチスト」は和製英語).

ro·man·ti·cize /rouméntəsàiz ロウマンティサイズ/ 動 (現分 -ciz·ing) ⾃⾃ …をロマンチックに表現する[考える].

Rome /róum ロウム/ 名 ローマ《イタリア (Italy) の首都; 古代ローマ帝国の首都》.
▶ ことば *Rome* was not built in a day. ローマは一日にして成らず; 大きな事業は短い年月ではできない / When in *Rome*,

R

1137

Romeo

do as the Romans do.＝Do in *Rome* as the Romans do. ローマではローマ人のするようにせよ,「郷に入っては郷に従え」/ All roads lead to *Rome*. すべての道はローマに通じる; 同じ目的を達するにも方法はいろいろある.

Ro·me·o /róumiòu ロウミオウ/ 名ロミオ《シェイクスピア (Shakespeare) 作の悲劇「ロミオとジュリエット」(*Romeo and Juliet*) の主人公》.

romp /rámp ランプ/ 動⾃ (子ども・動物などが)はね回る, ふざけ回る.
— 名Cはね回ること, ふざけ遊び.

Ron·ald /ránld ラヌルド/ 名ロナルド《男性の名》.

*roof /rú:f ルーフ/ 名 (複 ~s /-s/) C
❶ⓐ屋根(☞house のさし絵).
ⓑ (ビルの)屋上.
❷屋根のようなもの[部分].

- - - - - - - - - - - - - - - - - - - -

❶ⓐThe house has a tile *roof*. その家の屋根は瓦です. ❷the *roof* of the car その自動車の屋根.
under the same roof 同じ家[建物]に, ひとつ屋根に.

róof gàrden 名C屋上庭園.

roof·ing /rú:fiŋ ルーフィング/ 名U屋根ふき材料.

róof ràck 名C ラック《車の屋根の上の物をのせる金属枠》.

roof·top /rú:ftàp ルーフタプ/ 名C屋根, 屋上.

rook·ie /rúki ルキ/《★発音注意》名C
❶ 初心者, 新米. ❷ 《米》(プロスポーツの)新人選手, ルーキー.

**room /rú:m ルーム, rúm/ 名 (複 ~s /-z/)
❶C**部屋**, 室.
❷U**空間**, (人・物の入る)場所.
❸U(あることをする)**余地**, 機会.
❹《the をつけて》部屋にいる人々.

- - - - - - - - - - - - - - - - - - - -

❶enter the *room* 部屋にはいる / go out of the *room* 部屋から出る.

語の結びつき

come [go] into a *room* 部屋に入って来る[行く]
leave [come out of] a *room* 部屋から出る[出て来る]

rent a *room* (from ...) (人から)部屋を賃借りする
rent (out) [《英》let (out)] a *room* (to ...) (人に)部屋を賃貸しする
reserve [book] a *room* 部屋を予約する

- - - - - - - - - - - - - - - - - - - -

❷The sofa takes up too much *room*. そのソファーは場所を取りすぎる / There is *room* for one more in the car. 自動車にはもうひとり乗れる余地がある.
❸There is some *room* for improvement. 改良の余地が多少ある.
❹*The* whole *room* laughed. 部屋の人たちはみんな笑った.
make room for ... …のために場所をあける.

I *made room for* her on the seat.
(私は彼女がすわれるように座席を空けた)

róom and bóard 名Cまかないつき貸間.

room·mate /rú(:)mmèit ル(ー)ムメイト/ 名C同室者, ルームメート.

róom sèrvice 名C(ホテルなどで部屋へ食事などを運ぶ)ルームサービス.

room·y /rú(:)mi ル(ー)ミ/ 形 (room·i·er; room·i·est)広々とした.

Roo·se·velt /róuzəvəlt ロウゼヴェルト/《★発音注意》名 ❶ルーズベルト《**Frank·lin Del·a·no** /délənòu/ **Roosevelt** (1882–1945); アメリカ第32代大統領 (1933–45)》. ❷ ルーズベルト《**The·o·dore** /θí:ədɔ̀:r/ **Roosevelt** (1858–1919); アメリカ第26代大統領 (1901–09)》.

roost /rú:st ルースト/ 名C(鳥の)止まり木, ねぐら.
— 動⾃(鳥が)(夜眠るために)止まり木に

abcdefghijklmnopq**r**stuvwxyz　　　　　　　　　　　　　　　　　　　　　　　　rot

roost·er /rúːstər ルースタ/ 图C《米》おんどり(「めんどり」は hen).

*****root**¹ /rúːt ルート, rút/ 图(複 ~s /-ts/)
❶C(植物の)**根**, 根菜.
❷C**根もと**, つけ根.
❸C**根源**, 根本；起源.
❹《複数形で》(故郷など)自分と気持ちが密接につながっているところ, ルーツ.
── 動(~s /-ts/; ~ed /-id/; ~ing)他
…を**根づかせる**.
── 自**根づく**.

图 ❶Pull out the weeds by the *roots*. 草は根から引き抜くのだよ. ❷the *root* of a tooth 歯の根. ❸*the root* of all evil 諸悪の根源. ❹My *roots* are in Hawaii. 私のふるさとはハワイだ.

take [*strike*] *root* ①根を張る. ②(考えなどが)定着する, 確立する.

── 動他Their prejudice *was* deeply *rooted*. 彼らの偏見は根が深かった.
── 自The roses *rooted* well 〔easily〕. そのバラはよく〔簡単に〕根づいた.

be rooted in ... …に原因がある, …に根ざしている.

root out 他…を根こそぎにする, 根絶する：*root out* the weeds 雑草を根こそぎにする.

《同音異形語》route.

root² /rúːt ルート, rút/ 動自 ❶(ブタなどが)鼻で地面を掘る. ❷〔…をさがそうと〕ひっかき回す〔*for*〕.

root³ /rúːt ルート, rút/ 動自《米口語》〔…を〕応援する〔*for*〕.

róot beèr 图U《米》ルートビア《草の根から取った液を原料とする炭酸飲料》.

róot cròp 图C根菜《ダイコン・ジャガイモなど根を食用とする野菜》.

root·ed /rúːtid ルーティド/ 形 ❶(植物が)根づいた. ❷(思想・習慣などが)定着した.

root·less /rúːtləs ルートレス/ 形 ❶根のない. ❷世の中から浮いた, 根なし草の.

*****rope** /róup ロウプ/ 图(複 ~s /-s/) ❶UC
なわ, 綱, ロープ.
❷《*the ropes* で》(なにかをするのに必要な)必須の知識.
── 動(現分 rop·ing)他 ❶…をなわ

〔ロープ〕でしばる, なわを掛ける.
❷(米)…を投げなわでつかまえる.
▶图 ❶Bind the straw with a *rope*. そのわらをなわでしばりなさい / a wire〔hemp〕*rope* 針金〔麻〕のロープ.

be at the end of one's rope どうすることもできない状態にある.

give ... enough rope …にしたいようにさせる.

on the ropes 追いつめられて.

── 動他 ❶He *roped* the pipes together. 彼はパイプをロープでしばってとめた.

ro·sa·ry /róuzəri ロウザリ/ 图(複 ro·sa·ries /-z/)C(カトリック教徒の用いる)ロザリオ, 数珠(ジュズ).

*****rose**¹ /róuz ロウズ/ 图(複 ros·es /-iz/)
❶C(植物)**バラ(の花)**.
❷U(バラ色；《形容詞的に》バラ色の.

❶ことわざ Every *rose* has its thorn. = No *rose* without a thorn. とげのないバラはない, 世に完全な幸福はない.

☞ 形rosy.

*****rose**² /róuz ロウズ/ 動riseの過去形.

Róse Bòwl 图《*the* をつけて》ローズボウル《毎年1月1日に行なわれる大学アメリカンフットボールの大平洋岸リーグと中西部リーグの決勝戦》.

rose-col·ored, (英)**rose-col·oured**
/róuz-kʌləd ロウズ・カラド/ 形バラ色の.

Rose·mar·y /róuzmeri ロウズメリ/ 图ローズマリー《女性の名》.

rose·mar·y /róuzmeri ロウズメリ/ 图(植物)マンネンロウ《常緑の小低木；葉は香辛(コウシン)料として用いられる》.

rose·wood /róuzwùd ロウズウッド/ 图Uシタン材《熱帯産の高級家具材》.

ros·in /rázn ラズン/ 图Uロジン《松やに(resin)から採れる硬い物質；すべり止めなどに用いる》.

ros·trum /rástrəm ラストラム/ 图(複 ~s /-z/, ros·tra /-trə/)C演壇, 説教壇.

ros·y /róuzi ロウズィ/ 形(ros·i·er; ros·i·est) ❶バラ色の. ❷(将来が)明るい, 希望のある.

▶ ❶*rosy* cheeks バラ色のほお. ❷a *rosy* prospect 明るい見通し.

☞ 图rose¹.

rot /rát ラット | rɔ́t/ 動(~s /-ts/; rot·ted

1139

/-id/; rot·ting) [自] ❶腐(く)る, だめになる. ❷ (道徳的に)堕落(だらく)する.
— [他] ❶…を腐らせる, …をだめにする. ❷…を堕落させる.
— [名][U]腐ること, 腐敗.
▶ [自] ❶The onions have *rotted*. 玉ねぎが腐った.
— [他] ❶The long rain *rotted* the potatoes. 長雨がジャガイモを腐らせた.

ro·ta·ry /róutəri ロウタリ/ [形]回転する, 回転式の.
— [名] ([複] ro·ta·ries /-z/) [C] 《米》ロータリー, 円形交差路 ((✪ 《英》では roundabout という)).

Rótary Clùb [名]《the をつけて》ロータリークラブ ((国際親善と社会奉仕を目的とするクラブ)).

ro·tate /róuteit ロウテイト | routéit/ [動] (~s /-s/; ro·tat·ed /-id/; ro·tat·ing) [自] ❶回転する. ❷順番に交代する.
— [他] ❶…を回転させる. ❷…を順番に交代させる.
☞ [名]rotation.

ro·ta·tion /routéiʃən ロウテイション/ [名] [U,C] ❶回転. ❷循環, 交代.
▶ ❷the *rotation* of crops 輪作.
in rotation 順番に, 順ぐりに, ローテーションで.
☞ [動]rotate.

rote /róut ロウト/ [名]《次の成句で》: ***learn ... by rote*** …を暗記して覚える[習う].

ro·tor /róutər ロウタ/ [名][C] ❶ (機械の)回転部分. ❷ (ヘリコプターの)回転翼.

rot·ten /rátn ラトン | rɔ́tn/ [形] ❶腐った, (腐って)臭(くさ)い. ❷朽(く)ちた. ❸《口語》ひどい, いやな.
▶ ❶a *rotten* egg 腐った卵. ❷a *rotten* bridge 朽ちてくずれ落ちそうな橋.

ro·tund /ròutʌ́nd ロウタンド/ [形]まるまるとした.

ro·tun·da /routʌ́ndə ロウタンダ/ [名]〔建築〕[C]円形の建物; 円形の広間.

rouge /rúːʒ ルージュ/ [名][U]ルージュ, ほお紅.

****rough** /rʌ́f ラフ/ [形] (~·er; ~·est)
❶ⓐ**でこぼこの**, (手ざわりが)**ざらざらの** ([反]smooth). ⓑ(毛が)もじゃもじゃの.
❷**荒っぽい**, 乱暴な, 無作法な.
❸ (天候・海などが)**荒れた**.
❹**おおざっぱな**, だいたいの; 未完成の, 仕上げのしてない.
❺つらい, きつい, 厳しい.
❻ (音が)耳ざわりな.
— [副]荒々しく, 雑に.
— [名][U] ❶《しばしば the をつけて》〔ゴルフ〕ラフ.
❷スケッチ.
— [動]《次の成句で》: ***rough it*** 《口語》(キャンプなどで)不自由な生活をする.
rough up 《口語》[他]…を手荒く扱う, 痛めつける.

[形] ❶ⓐWe drove along a *rough* road. 私たちはでこぼこ道を走った / This cloth feels *rough*. この布はざらざらしている / *rough* paper ざらざらした紙.
❷American football is a *rough* game. アメリカンフットボールは荒っぽいスポーツだ / He has *rough* manners. 彼は無作法だ / *rough* words 荒っぽいことば / *rough* treatment 手荒い扱い.
❸go out in *rough* weather 荒天の中を外出する / a *rough* sea 荒れた海.

a *rough* sea (荒れた海)　a smooth sea (静かな海)

❹a *rough* plan おおざっぱな計画 / a *rough* estimate 概算 / a *rough* diamond ダイヤモンドの原石; みがけば光る素質をもっている人.
❺I had a *rough* time today. きょうはつらかった / have a *rough* week つらい1週間を過ごす.
❻He has a *rough* voice. 彼の声は耳ざわりだ.
☞ [動]roughen.
be rough on ... (人)にとってつらい, つらく当たる: Don't *be rough on* him. 彼につらく当たってはいけない.
— [名] ***in rough*** 下書きとして, おおざっ

ぱに.
rough-and-tum・ble /rʌ́fən-tʌ́mbl ラファン・タンブル/ 名Ⓤ乱闘；混乱.
rough・en /rʌ́fən ラフン/ 動他自 でこぼこにする〔なる〕，ざらざらにする〔なる〕．☞形 rough.
***rough・ly** /rʌ́fli ラフリ/ 副 ❶おおざっぱに，だいたい．❷手荒く，乱暴に．
▶❶It will cost *roughly* 4,000 yen. だいたいそれは4000円かかります．
roughly speaking おおざっぱに言って．
rough・ness /rʌ́fnəs ラフネス/ 名Ⓤ
❶ざらざら，でこぼこ．
❷乱暴；無作法；粗雑．
rou・lette /ruːlét ルーレット/ 名Ⓤ ルーレット．

*****round** /ráund ラウンド/
形 (~・er; ~・est)
❶**丸い**，円形の．
❷まるまると太った，丸みのある．
❸一周の．
❹概数の，端数(はすう)をつけない．
— 前 /raund ラウンド/ 《❂(米)では around が用いられる》
❶**…のまわりに[を, の]**．
❷(角(かど)などを)**曲がって**，曲がったところに，…を回って．
❸**…のあちこちに[を]**．
❹…の近くに[の]．
❺だいたい，約．
— 副
❶《❂(米)では around が用いられる》**まわりに**，あちこちに．
❷ぐるりと，回って．
❸周囲が．
❹回り道をして．
❺(みんなに)ゆき渡って，次から次へと．
❻ある場所に，自宅に．
— 名Ⓒ ❶ⓐひとめぐり，循環；(同じことの)くり返し．ⓑ《しばしば **rounds** で》巡回．ⓒ(英)(牛乳・新聞などの)配達区域[道筋](《❂(米)では route)．
❷ひと勝負，ひと試合，(試合の)ラウンド．
❸丸いもの，円，球，円柱．
❹一連の(くり返される)行為[出来事]．
❺【音楽】輪唱．
— 動 (~・s /-dz/; ~ed /-id/; ~・ing) 他

❶…を丸くする．
❷(角(かど)など)を**回る**，曲がる；…をひと回りする，巡回する．

....

形 ❶The earth is *round* like an orange. 地球はオレンジのように丸い / She has *round* eyes. 彼女の目はまん丸だ．❷He is a short, *round* man. 彼は背の低い丸々と太った男だ．
❸a *round* tour 一周旅行．
❹*round* numbers 概数 (194に対する200のように0で終わる数)．
— 前 ❶We cycled *round* the lake. 私たちは湖のまわりをサイクリングした / The trees *round* the house are evergreens. 家のまわりの木は常緑樹だ．
❷A bus came *round* the corner. バスが角を曲がってやって来た / You'll find a post office *round* the corner. 角を曲がったところに郵便局がありますよ．
❸I'll show her *round* the town. 彼女に町を案内して回りましょう．
❹Is there a pub *round* here? この近くにパブがありませんか．
❺I arrived *round* noon. 私は正午ごろ到着した / *round* here このあたりに．
all round ... ①…のまわりじゅうに，あたり一面に．②…をぐるりと回って．
round about ... ①…のまわりに[を]．②およそ[約] …：*round about* five o'clock 5時ごろに．
— 副 ❶There was an orchard with a fence all *round*. まわり全体を柵(さく)で囲った果樹園があった / I showed him *round*. 私を彼をあちこち案内して回った．
❷The merry-go-round went *round* and *round*. メリーゴーラウンドがぐるぐると回った．
❸The pond is 200 meters *round*. その池は周囲が200メートルです．
❹I came home the long way *round*. 私は遠回りして帰宅した．
❺There was not enough cake to go *round*. みんなにゆき渡るだけのケーキがなかった．
❻go *round* to John's ジョンの家に行く / He asked her *round*. 彼は彼女を

roundabout

自宅へ招待した.
all round まわりじゅう:Everything is quiet *all round*. あたり一面静かで物音もしない.
hand round 他(物)をみんなに手渡す.
round about まわりに[の].

— 名 ❶ⓐthe *round* of (the) seasons 季節のひとめぐり.
❷We played a *round* of golf. ゴルフをワンラウンドした / a fight of ten *rounds* (ボクシングの)10回戦.
❸sit in a *round* 輪になってすわる.
❹a *round* of drinks みんなに飲み物がひとわたりゆきわたること / a long *round* of talks (一回の)長い話し合い.
do [make] the rounds (of ...) (…を)次々と巡る;次々と伝わる.
go the rounds (英) (うわさなどが)広まる.
take a round 一巡する, 歩き回る.

— 動 ❶He *rounded* the corners of the table. 彼はテーブルの角(☆)を丸くした.
❷The yacht *rounded* the island. ヨットは島をひと回りした.
round down 他 (数字)の端数(☆)を切り捨てる.
round off 他①…の角(☆)を落とす. ②…を完成する, 仕上げる. ③…を四捨五入して概数にする.
round out 他 …を完全なものにする.
round up 他①(人[動物]など)を寄せ集める. ②(犯人たち)を検挙する. ③(数字)を切り上げる.

round·a·bout /ráundəbàut ラウンダバウト/ 形 ❶遠回りの, 回り道の. ❷遠回しの, 回りくどい.
— 名Ⓒ ❶(英)ロータリー《円形交差路;(米)では rotary》.
❷(英)回転木馬 ◆ (英) (米) ともに merry-go-round ともいう》.

round·ed /ráundid ラウンディド/ 形 ❶丸い, 丸まった. ❷まとまりのある.

round·ly /ráundli ラウンドリ/ 副 きびしく.

round-shoul·dered /ráund-ʃóuldərd ラウンド・ショウルダド/ 形 ねこ背の.

round-table /ráund-tèibl ラウンド・テイブル/ 形 円卓形式の.

round-the-clock /ráund-ðə-klák ラウンド・ザ・クラック/ 形 (英) =around-the-clock.

róund tríp 名Ⓒ ❶(米)往復旅行 ◆ (英)では return trip ともいう》. ❷(英)周遊旅行.

róund-trip tícket /ráund-trìp- ラウンド・トリップ・/ 名Ⓒ(米)往復切符 ◆ (英)では return ticket; ☞ one-way ❷》.

round·up /ráundʌp ラウンダプ/ 名Ⓒ ❶家畜[人・物]を集めること;一斉検挙. ❷(ニュースの)まとめ.

rouse /ráuz ラウズ/ 動 (現分 rous·ing) 他 …の気持ちを奮い立たせる.

rous·ing /ráuziŋ ラウズィング/ 形 人の気持ちを奮い立たせる.

Rous·seau /ru:sóu ルーソウ/ 名 ルソー《Jean-Jacques /ʒá:ŋʒá:k/ Rousseau (1712–78); フランスの思想家》.

*__route__ /rú:t ルート, ráut/ 名(複 ~s /-ts/) Ⓒ ❶道筋, 道, ルート;航路.
❷(米)(牛乳・新聞などの)配達区域[道筋] ◆ (英)では round》.
— 動 (現分 rout·ing) 他 …を決めたルート[道筋]で送る[行かせる].

名 ❶a new *route* to the top of the mountain その山の頂上へ通じる新しいルート / an air *route* 航空路 / the shortest *route* 最短路. ❷a milkman's *route* 牛乳配達人の配達区域.
《同音異形語》root[1,2,3].

*__rou·tine__ /ru:tí:n ルーティーン/ ((★アクセント注意))名ⓊⒸ ❶毎日のようにしていること, 日常の仕事, 日課. ❷決まりきったやり方.
— 形 ❶決まりきった.
❷当たり前でおもしろみのない, 型にはまった.
▶名 ❶Filing documents is part of her daily *routine*. 書類整理は彼女の日常の仕事の一部です.
— 形 ❶*routine* schoolwork 決まりきった学校の勉強.

*__row__[1] /róu ロウ/ 名(複 ~s /-z/) Ⓒ ❶(人・物などの)(横の)列 ◆ 「縦の列」は line》. ❷(劇場・教室などの)(横の)席の列.

❶Place them in a *row*. それを横1列に並べなさい / a *row* of houses ひと並びの家.

abcdefghijklmnopq**r**stuvwxyz　　　　　　　**rub**

❷ We were seated in the front *row*. 私たちは一番前の列にすわっていた.
in a row ①（横）1列に. ②連続して: three days *in a row* 3日間続けて.
《同音異形語》roe.

*__row__² /róu ロウ/ 動 (~s /-z/; ~ed /-d/; ~ing) 他 ❶（舟を）こぐ. ❷（人・物を）船をこいで運ぶ. ❸（ボートレース）に参加する.
— 自 舟をこぐ.
— 名《a をつけて》舟をこぐこと.
▶ 動 他 ❶ We *rowed* a boat across the lake. 私たちはボートをこいでその湖を渡った. ❷ The man *rowed* me across the river. その男の人が私を舟で川向こうに渡してくれた. ❸ *row* a race ボートレースをする.
— 自 *row* down the river 舟をこいで川を下る.
《同音異形語》roe.

row³ /ráu ラウ/《★発音注意》名 C
❶《英口語》やかましい口げんか. ❷騒ぎ.
— 動《英口語》自 口げんかをする.
▶ 名 ❶ He had a *row* with the big boy. 彼はその大きな男の子と口げんかをした. ❷ What a terrible *row*! なんという騒ぎだ / make a *row* 大騒ぎを起こす.

row·boat /róubòut ロウボウト/ 名 C《米》こぐ舟, ボート (◎《英》では rowing boat).

row·dy /ráudi ラウディ/ 形 (row·di·er; row·di·est) 騒々しい, やかましい.

row·er /róuər ロウア/ 名 C こぐ人, こぎ手.

rów·ing bòat /róuiŋ- ロウイング-/ 名《英》こぐ舟, ボート (◎《米》では row·boat).

Roy /rói ロイ/ 名 ロイ《男性の名》.

*__roy·al__ /rɔ́iəl ロイ(ア)ル/ 形 ❶王の, 女王の, 王室の.
❷《ふつう Royal で》（イギリスの）王立の（◎公共の機関・団体・劇場などの名称に用いる；「国立」とはかぎらない）.
▶ ❶ the *royal* family 王家, 王室 / a *royal* palace 王宮 / a *royal* prince [princess] 王子［王女］.
❷ the *Royal* Opera House（ロンドンの）国立オペラ劇場.
☞ 名 royalty.

Róyal Acádemy 名《the をつけて》イギリス王立美術院.

Róyal Áir Fòrce 名《the をつけて》イギリス空軍 (◎ RAF, R.A.F. と略す).

róyal flúsh 名 C 〖トランプ〗ロイヤルフラッシュ《ポーカーで同じ組の ace, king, queen, jack, ten の5枚がそろう, 最高のそろい札》.

Róyal Híghness 名 C 殿下《◎皇族などに対する敬称；ふつう Your, His, Her, Their をつける》.
▶ *His Royal Highness* Prince Charles チャールズ皇太子殿下.

Róyal Máil 名《the をつけて》《英》王立郵政公社.

Róyal Návy 名《the をつけて》イギリス海軍.

róyal róad 名 C 楽な方法, 近道. ▶ ことわざ There is no *royal road* to learning [knowledge]. 学問を身につけるのに楽な方法はない,「学問に王道なし」.

Róyal Society 名《the をつけて》イギリス学士院.

roy·al·ty /rɔ́iəlti ロイ(ア)ルティ/ 名 (複 -al·ties /-z/) ❶ U《集合的に》王族. ❷ C（著書・作品などの）印税.
☞ 形 royal.

RSVP, R.S.V.P. /á:rèsvì:pí: アーエスヴィービー/《略語》ご返事ください《招待状に"R.S.V.P."と書いてあれば必ず出席か欠席かを返事する必要がある》.

*__rub__ /ráb ラブ/ 動 (~s /-z/; rubbed /-d/; rub·bing) 他 ❶ …をこする, さする, 摩擦する.
❷ …をこすってみがく, …をこすりつける, …をこすり取る.
— 自 すれる, 摩擦する.
— 名《a をつけて》こすること, 摩擦.
▶ 動 他 ❶ He *rubbed* his eyes with his hands. 彼は両手で目をこすった / I *rubbed* my hands (together) to warm them. 私は（冷たい）手を暖めるためにこすり合わせた. ❷ She *rubbed* the tableware with a piece of cloth. 彼女は食器を布でみがいた / She *rubbed* lotion into her skin. 彼女は皮ふにローションをすりこんだ.
— 自 The door *rubs* on [against] the floor. 戸が床にすれる.
rub against ... ①…にあたってすれる. ②…に体をこすりつける.
rub away 他 …をこすって取り去る.

one thousand one hundred and forty-three　　　　　　　1143

rub down 他①(体など)をこすって水分をとる.②…をこすって滑らかにする.
rub in 他…をすりこむ,混ぜこむ.
rub off 自こすれて取れる. ── 他…をこすって取る.
rub off on [onto] (気持ち・習慣などが)…に伝わる.
rub out 他①…をこすって消す[取る].②《米俗語》…を殺す.③《英》…を消しゴムで消す. ── 自こすれて消える.
rub shoulders [elbows] with ... (有名人など)と交際する.

── 名 Give the mirror *a rub*. 鏡をこすってみがきなさい.

*__rub・ber__ /rʌ́bər ラバ/ 名 (複 ~s /-z/)
❶ UC ゴム (☞gum¹);《形容詞的に》ゴム(製)の.
❷ C (英)消しゴム (《米》では eraser).

──────

❶Tires are made of *rubber*. タイヤはゴムでできている.

rúbber bánd 名 C 輪ゴム (《英》では elastic band ともいう).

rúbber stàmp 名 C ゴム印.

*__rub・bish__ /rʌ́biʃ ラビシュ/ 名 U ❶ (英)ごみ, くず (《米》ではふつう garbage という).
❷くだらないこと[考え].

▶❶ The *rubbish* is collected on Fridays. ごみは金曜日に集められる.
❷ He talks *rubbish*. 彼はくだらないことをいう.

rub・ble /rʌ́bl ラブル/ 名 U (石・れんがなどの)破片.

ru・bel・la /ru:bélə ルーベラ/ 名 U 〔医学〕風疹(じん) (《◎German measles ともいう》).

ru・ble /rú:bl ルーブル/ 名 C ルーブル (ロシアなどの貨幣単位).

ru・by /rú:bi ルービ/ 名 (複 ru・bies /-z/)
❶ C ルビー.
❷ U ルビー色, 深紅色.

ruck・sack /rʌ́ksæk ラクサック, rúk-/ 名 C (登山・ハイキング用の)リュックサック, ナップザック (《米》ではふつう backpack という).

rud・der /rʌ́dər ラダ/ 名 C ❶ (船の)かじ. ❷ (飛行機の)方向舵(だ).

rud・dy /rʌ́di ラディ/ 形 (rud・di・er; rud・di・est) 健康で血色のよい.

*__rude__ /rú:d ルード/ 形 (rud・er; rud・est)
❶ 無作法な, 失礼な, 礼儀知らずの (反 polite).
❷ 乱暴な, 荒々しい.
❸ (ことばなどが)下品な, わいせつな.

▶❶ He was *rude* to me. 彼は私に対して失礼だった / It is *rude* to stare at people. 人をじろじろ見るのは無作法だ / It's *rude* of her to say so. 彼女がそんなことを言うとは失礼だ.

rude・ly /rú:dli ルードリ/ 副 無作法に; 荒々しく. ▶ He cut in *rudely*. 彼は無作法に口をはさんだ.

rude・ness /rú:dnəs ルードネス/ 名 U 無作法.

ru・di・ment /rú:dəmənt ルーディメント/ 名《複数形で》基本(的なこと), 基礎.

ru・di・men・ta・ry /rù:dəméntəri ルーディメンタリ/ 形 基本の, 初歩の.

ruf・fle /rʌ́fl ラフル/ 動 (現分 ruf・fling) 他
❶ (きちんとしているもの・髪の毛など)をかき乱す. ❷ …をいらだたせる, おこらせる.
── 名 C (えり・そで・すそなどにつける)ひだ飾り.

▶ 他 ❶ The breeze *ruffled* her hair. そよ風が彼女の髪を乱した.

*__rug__ /rʌ́g ラッグ/ 名 (複 ~s /-z/) C ❶ (床の一部をおおう小型の)敷物 (☞carpet ❶). ❷ (英)ひざ掛け.

rug・by /rʌ́gbi ラグビ/ 名 ❶ U = rugby football. ❷ = Rugby School.

rúgby fóotball 名 U ラグビー (《◎英口語》では rugger).

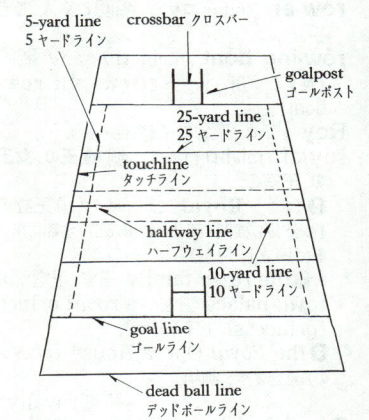

5-yard line / 5ヤードライン
crossbar クロスバー
goalpost ゴールポスト
25-yard line / 25ヤードライン
touchline タッチライン
halfway line ハーフウェイライン
10-yard line / 10ヤードライン
goal line ゴールライン
dead ball line デッドボールライン

Rúgby Schòol 名 ラグビー校 (《イングラ

abcdefghijklmnopq**r**stuvwxyz　　　　　　　　　　　　　　　**ruler**

ンド中部のラグビー (Rugby) にある1567年創立の有名なパブリックスクール (public school)》.

rug・ged /rʌ́gid ラギッド/ 《★発音注意》形
❶ (土地が)でこぼこした,ごつごつした.
❷ (顔つきが)ごつい.
❸ (体などが)がっしりした,頑丈な.
▶ ❶ a *rugged* road でこぼこ道.
❷ *rugged* features 男らしいごつい顔.

rug・ger /rʌ́gər ラガ/ 名Ⅱ《英口語》= **Rugby football**.

*__ru・in__ /rúːin ルーイン/ 名 (複 ~s /-z/)
❶ Ⅱ **破滅**, 滅亡; 破壊(ホィ), 荒廃(ネネ).
❷《複数形で》**廃墟**(ホィ), 遺跡(ネォ).
　— 動 (~s /-z/; ~ed /-d/; ~ing) 他 ❶
…を**だめにする**, 台なしにする.
❷ …を**破滅させる**, 破壊する; …を破産させる.
▶ 名 ❶ the *ruin* of one's hopes 希望がうちくだかれること / the *ruin* of the country 国の滅亡. ❷ We saw the *ruins* of Rome. 私たちはローマの遺跡を見た.
fall into ruin 崩壊する, 破滅する.
go to ruin = *fall into ruin*.
in ruins 廃墟になった; 破滅して: The castle lies *in ruins*. 城は廃墟となっている. ☞ 形 ruinous.
　— 動 他 ❶ The storm *ruined* the apples. あらしでリンゴ(の収穫)がだめになった / The rain *ruined* our picnic. 雨でピクニックは台なしになった.
❷ The city was *ruined* by the earthquake. その町は地震で破壊された.

ru・in・ous /rúːinəs ルーイナス/ 形 破滅 [没落, 破産]を招く, 破壊(ホィ)的な.
☞ 名 ruin.

**rule /rúːl ルール/ 名 (複 ~s /-z/)
❶ Ⓒ **規則**, 規定, ルール.
❷ Ⅱ **支配**, 統治.
❸ Ⅱ **習慣**, 慣例, (ほとんど)いつもすること.
❹《the をつけて》**ふつうのこと**, いつものこと.
　— 動 (~s /-z/; ruled /-d/; rul・ing) 他
❶ …を**支配する**, 統治する, 治(ネォ)める.
❷ (裁判官などが) …と裁定する.
　— 自 ❶ 支配する, 統治する.

❷ 裁定する, 決める.

▶ 名 ❶ follow [obey] the *rules* 規則を守る / It is against the *rules* to park here. ここに駐車するのは規則違反だ / break traffic *rules* 交通規則に違反する.

　　語の結びつき

apply a *rule* 規則を適用する
infringe [violate] a *rule* 規則を破る
enforce a *rule* 規則を守らせる[押しつける]
lay down a *rule* 規則を定める
make [establish] a *rule* 規則を作る
observe a *rule* 規則を守る

❷ the *rule* of Queen Victoria ビクトリア女王の統治 / under the *rule* of foreigners 外国人に支配されて.
❸ It is my *rule* to brush my teeth before going to bed. 寝る前に歯をみがくのが私の習慣だ.
❹ Fair weather is the *rule* here. ここではいいお天気があたりまえです.
as a (general) rule ふつうは, 一般に: *As a rule* it rains little in Tokyo in winter. 東京ではふつう冬は雨があまり降らない.
by the rules 規則どおりに.
make it a rule to *do* __することにしている 《♠今はあまり用いられない》: I *make it a rule to* get up early. 私は早起きすることにしている.
　— 動 他 ❶ A wise king *ruled* the country. 賢明な王がその国を治めた / The teacher couldn't *rule* his class. その先生は自分のクラスを思うように指導することができなかった.
❷ The court *ruled* that he was guilty. 法廷は彼を有罪と裁定した.
　— 自 ❶ The king *ruled* over the country for thirty years. その王はその国を30年統治した.
rule out 他 …を除外する; …は問題外だとする.

rule・book /rúːlbùk ルールブック/ 名 Ⓒ (スポーツなどの)規則集, ルールブック.

rúle of thúmb 名 Ⓒ 大ざっぱなやり方.

*__rul・er__ /rúːlər ルーラ/ 名 (複 ~s /-z/) Ⓒ
❶ **支配者**, 統治者, 主権者. ❷ **定規**.

ruling

▶ ❷ a 30-centimeter *ruler* 30センチ定規.

rul·ing /rúːliŋ ルーリング/ 形 最も勢力のある,有力な.
— 名 C 裁定,判決,決定.
▶ 形 the *ruling* class(es) 支配階級 / the *ruling* party 与党 / the *ruling* opinion 有力な意見.

rum /rám ラム/ 名 U ラム酒.

Ru·ma·ni·a /ruːméiniə ルーメイニア/ 名 = Romania.

Ru·ma·ni·an /ruːméiniən ルーメイニアン/ 形 = Romanian.

rum·ba /rámbə ランバ/ 名 C ルンバ (もとキューバ人の踊り[曲]).

rum·ble /rámbl ランブル/ 動 (現分 rum·bling) 自 ❶ (雷・音などが) ゴロゴロ鳴る,とどろく.
❷ (車などが) ゴロゴロと音をたてて進む.
— 名 U ゴロゴロ,ガラガラ,グーグー (雷・車や空腹などの音).
▶ 動 ❶ I'm sorry. That was my stomach *rumbling*. すみません. それは私のおなかがグーグー鳴る音でした.

My stomach is *rumbling*.
(おなかがグーグーなっている)

ru·mi·nate /rúːmənèit ルーミネイト/ 動 (現分 -nat·ing) 自 《文語》思いめぐらす,よく考える.

rum·mage /rámidʒ ラミヂ/ 動 (現分 -mag·ing) 自 (物を捜(ﾞ)して) ひっかき回す.

rúmmage sàle 名 C 《米》(慈善のための) がらくた市 (◎《英》では jumble sale).

*****ru·mor,**《英》**ru·mour** /rúːmər ルーマ/ 名 (複 ~s /-z/) UC うわさ. ▶ I don't believe the *rumor* about him. 彼についてのそのうわさは信じない / There is a *rumor* that she will get married. 彼女が結婚するといううわさがある.
Rumor has it (that) __ うわさによれば__いうことだ: *Rumor has it that* Mr. Harada will retire. 原田先生は退職するといううわさだ.

rump /rámp ランプ/ 名 C (動物の) しり.

rum·ple /rámpl ランプル/ 動 (現分 rum·pling) 他 (髪・服など) をしわくちゃにする,くしゃくしゃにする.

***run** /rán ラン/ 動 (~s /-z/; ran /rǽn/; run; run·ning) 自
❶ (人・動物・車などが) **走る**, 急いで行く,速く動く.
❷ (バス・列車などが) **定期的に運行する**, 往復する.
❸ (線路・道・山脈などが) **延びている**, 通る.
❹ⓐ (液体・川などが) **流れる**.
ⓑ (時が) 流れる, 過ぎる.
❺ **逃げる**, 逃げ出す.
❻ⓐ (機械などが) (順調に) **動く**.
ⓑ (ことが) うまくいく.
❼ⓐ (ある状態が) 続く.
ⓑ (劇・映画などが) 続演[続映] される.
ⓒ (法律などが) 有効である.
❽ (ある悪い状態) になる.
❾ⓐ 競走に出て走る; 走って…着になる. ⓑ (選挙などに) 立候補する.
❿ (うわさなどが) 伝わる.
⓫ (物語などが) (…と) 書いてある, なっている.
⓬ⓐ (痛みなどが) 走る. ⓑ (考えなどが) 浮かぶ. ⓒ (くつ下が) 伝線する.
⓭ (バターなどが) 溶けて流れる.
⓮ (色などが) しみ出る, にじむ.
— 他 ❶ⓐ (馬・車など) を**走らせる**.
ⓑ (機械など) を動かす.
ⓒ (バスなど) を運行させる.
❷ⓐ (競走) を**する**, (競走) に出る.
ⓑ (馬など) を競争させる, 競馬に出す.
❸ⓐ (ある距離) を**走る**.
ⓑ 通り抜ける, 突破する.
❹ …を**経営する**, 管理する.
❺ⓐ (視線など) を走らせる.
ⓑ (指など) をさっと動かす.
❻ (液体) を流す.
❼ (広告・記事など) を載(ﾟ)せる; 出版する.
❽ (プログラム) を (コンピューターに) かける.
— 名 (複 ~s /-z/) ❶ⓐ C **走ること**, 競走.
ⓑ 《a をつけて》 走る距離.
❷ C (バス・列車などの) **運行**, 運航, 走行.

❸《a をつけて》**ちょっと出かけること**; 小旅行.
❹ⓐ(いいこと・悪いことの)**連続**.
ⓑ《a をつけて》(劇・映画などの)続演.
❺Ⓒ(野球などの)**得点**.
❻《米》(選挙での)立候補, 出馬.
❼ⓐ《a をつけて》急な売れ行き, 大需要.
ⓑ生産量.
❽《米》(女性用くつ下の)伝線, ほつれ (✪《英》では ladder).

動圓 ❶I *ran* to the bus stop. 私はバス停へ走って行った / The car was *running* at full speed. その車は全速力で走っていた / Her fingers *ran* swiftly over the keys. 彼女の指はすばやく(ピアノの)鍵(½)の上を走った.
❷The buses *run* every ten minutes in the morning. バスは朝は10分おきに出ます / This train *runs* from Tokyo to Hakata [between Tokyo and Hakata]. この列車は東京, 博多間を往復しています.
❸The road *runs* to the lake. その道路は湖まで通じている.
❹ⓐTears *ran* down her cheeks. 涙が彼女のほおを流れ落ちた / Your nose is *running*.＝You are *running* at the nose. 鼻水が出ているよ / The river *runs* into the lake. その川は湖へ流れこんでいる.
ⓑTime is *running* out. 時の流れは非常に速い.
❺Soon the enemy *ran*. 敵はすぐ逃げた.
❻ⓐThis engine doesn't *run* well. このエンジンは調子がよくない.
ⓑEverything is *running* smoothly. 万事うまくいっている.
❼ⓐMiddle age *runs* roughly from 40 to 60. 中年とは大ざっぱにいって40歳から60歳までのことである.
ⓑThe play *ran* for a year. その芝居は 1 年続演された.
ⓒThe contract *runs* one more year. この契約はもう 1 年有効だ.
❽Our supplies are *running* low. 蓄えが残り少なくなってきている / Food prices are *running* high. 食べ物の値段が上がっている.
❾ⓐShe *ran* in the 100-meter dash. 彼女は100メートル競走に出た / *run* third 競走で 3 着になる.
❿The rumor *ran* all over the company. そのうわさは会社中に広まった.
⓫The story *runs* like this. その話はこういうふうになっている.
⓬ⓐI felt a sharp pain *running* down my left leg. 左脚にはげしい痛みが走るのを感じた.
ⓑThe melody was *running* in her head all day. そのメロディーが一日中彼女の頭の中でなり続けていた.

— 働 ❶ⓐThe jockeys are *running* their horses up and down. 騎手たちは馬をあちこち走らせている.
ⓑ*run* a computer コンピューターを動かす.
ⓒExtra trains are *run* during rush hours. ラッシュアワーには臨時列車が運転される.
❷ⓐ*run* a race 競走する / He *ran* the 100 meters. 彼は100メートル競走に出た.
ⓑHe decided to *run* his horse in the Derby. 彼は自分の馬をダービーで走らせることにした.
❸ⓐI *ran* the whole course. 私はそのコース全部を完走した.
ⓑ*run* a red light 赤信号を無視して走る / *run* a barricade バリケードを突破する.
❹My father *runs* a grocery store. 私の父は食料品店をやっている.
❺ⓐHe *ran* his eyes through the papers. 彼は書類にざっと目を通した.
ⓑShe *ran* her fingers over the piano keys. 彼女は指をピアノのキーの上に走らせた.
❻She *ran* hot water into the cup. 彼女はカップの中にお湯を注(‡)いだ.
❼*run* an ad in the paper 新聞に広告を載せる.
❽*run* the data through a computer 資料をコンピューターで処理する.
run about ... ＝*run* around.
run across ... ①**…を走って横切る**: Don't *run across* the street. 通りを走って横切ってはいけない. ②**…に偶然出**

会う：I *ran across* Kate. 私はケートに偶然出会った.

run after ... ①(つかまえようと)…**を追いかける**, あとを追う：She *runs after* the latest fashion. 彼女は最新流行を追いかけている.

The cat *is running after* the mouse.
(ねこはねずみを追いかけている)

②《口語》(親しくなろうと)(異性)を追いかける.

run against ... ①…**に衝突する**：I *ran against* the wall. 私は壁にぶつかった. ②…に偶然出会う. ③…に不利になる. ④(競走・選挙などで)…と争う.

run along [自]①走って行く. ②《口語》《しばしば命令文で》(子どもに対して)(離れて)向こうへ行く.

run around [自]①走りまわる. ②《口語》忙しく動き回る.

run around with ... (人・異性)とつき合って遊び回る.

run away [自]**逃げる**, 家出する：The slave *ran away* from his master. その奴隷は主人から逃げた.

run away with ... ①…**を持ち逃げする**：He *ran away with* the money. 彼はそのお金を持ち逃げした. ②…と駆け落ちする.

run down [自]①**走って下りる**, 流れ落ちる：Let's *run down* to the river. 川まで走って下りよう.
②(機械などが)(力がなくなって)**動かなくなる**；(電池などが)なくなる：The clock has *run down*. 時計が止まった.
— [他]①(車などが)…を**はねて倒す[殺す]**：*run down* an old man 老人をはねて倒す. ②…を追いつめてつかまえる；…をさがし出す.

run down ... …を走って下りる, 流れ落ちる：We *ran down* the slope. 私たちは坂道を走って下りた.

run for ... ①…**を求めて走る**；…に乗ろうと走る：*run for* help 助けを求めて走る.
②《米》(議会)**に立候補する** 《✪stand for ... ともいう》：He *ran for* governor. 彼は知事に立候補した.

run in [自]走って入る, 駆けこむ；流れて入る.

run into ... ①…**に走って入る**；…に駆けこむ；(川などが)…**に流れこむ**：The Sumida *runs into* Tokyo Bay. 隅田川は東京湾に流れこんでいる.
②…**に衝突する**：The car *ran into* the guardrail. その車はガードレールにぶつかった.
③…にばったり会う：I *ran into* an old friend of mine on the street. 私は旧友にばったり通りで会った. ④(ある状態)に陥(おちい)る：He *ran into* debt. 彼は借金した.

run off [自]①走って去る, 逃げる. ②流れ出る.
— [他]…を急いでコピー[印刷]する.

run off with ... = *run* away with ....

run on [自]①**走り続ける**.
②(切れ目なく)**続く**：The conference *ran on* for three days. その会議は3日続いた.

run out [自]①**走って出る**；流れて出る.
②(在庫品・お金・補給・時間などが)**なくなる**：My pocket money *is running out*. お小づかいがなくなってきた. ③無効になる.

The food has *run out*.
(食べ物がなくなった)

run out of ... ①…**から走って出る**；…から流れて出る：She *ran out of* the kitchen. 彼女は台所から走って出て来た.
②…**を使い果たす**：I have *run out of* money. 私はお金を使い果たした.

run over [他]①(車などが)…を**ひく**：He was *run over* by a car. 彼は車にひか

run short (金・ものなどが)不足する (☞ short).

run short of ... …に不足する (☞ short).

run through ... …を走ってぬける; …を流れて通りぬける: We *ran through* the tunnel. 私たちはトンネルを走って通りぬけた.

run through 他 ①…に**ざっと目を通す**; …を急いでくり返す: Father *ran through* his mail during breakfast. 父は朝食の間に手紙にざっと目を通した.

② (練習として)…をくり返す: Let's *run through* the song again. もう一度その歌を復習しよう.

③ …を使い果たす.

run to ... ① (数・量などが)…に達する: His debts *ran to* 500,000 yen. 彼の借金は50万円に達した.

② 《英》(金額が)…をする[買う]のに足りる: The money won't *run to* a car. そのお金ではとても車は買えない.

run up ... …を走って上がる: *run up* a slope 坂を走って上がる.

run up 自 走って上がる. ── 他 (旗など)をあげる.

run up against ... (困難など)にぶつかる.

run up to ... …に走り寄る.

── 名 ❶ⓐhave [take] a short *run* 少し走る [take] a three-mile *run* 3マイル走る / go for a *run* 走る.

❷ The bus makes six *runs* an hour. バスは1時間に6回運行している.

❸ We took a *run* out to Hawaii. 私たちはハワイまで出かけてきた.

❹ⓐa *run* of wet weather 雨天続き / a *run* of luck 幸運の連続.

ⓑa long *run* 長期興行, ロングラン.

❺ a two-*run* homer (野球の)2点本塁打 / score three *runs* 3点をあげる.

❻ make a *run* 立候補する.

at a run 走って, 駆け足で.

in the long run 結局は, 最後には: You will win *in the long run*. 結局は君が勝つだろう.

on the run ① 《口語》忙しく動き回って: My mother is always *on the run*. 母はいつも忙しく動き回っている. ② 逃走して.

run·a·way /rʌ́nəwèi ラナウェイ/ 名Ⓒ 家出をした人[子].
── 形 ❶ 逃げ出した.
❷ 制御できなくなった.
❸ 楽勝の.
❹ (物価などが)急に上がる.

run-down /rʌ́ndàun ランダウン/ 名Ⓒ (手短な)報告.

run-down /rʌ́n-dáun ラン・ダウン/ 形
❶ 疲れきった. ❷ 荒廃した.

*__rung__¹ /rʌ́ŋ ラング/ 動 ring² の過去分詞形.

rung² /rʌ́ŋ ラング/ 名Ⓒ ❶ (はしごなどの)横木, 段.
❷ 段階.

run-in /rʌ́nìn ラニン/ 名Ⓒ 《米口語》けんか, 口論.

*__run·ner__ /rʌ́nər ラナ/ 名 (複 ~s /-z/) Ⓒ
❶ⓐ ランナー, 走る人 [動物・物], 競走者. ⓑ 〔野球〕走者, ランナー.
❷ (そり・スケートの)すべり金, 滑走部分.
❸ (麻薬などの)密輸入[出]者.
▶ ❶ⓐ He is a fast *runner*. 彼は走るのが速い. ⓑ a pinch *runner* ピンチランナー, 代走者.

run·ner-up /rʌ́nərʌ̀p ラナラップ/ 名 (複 **run·ners-up** /rʌ́nərz-/) Ⓒ (競走などの)第2位の者.

run·ning /rʌ́niŋ ラニング/ 名Ⓤ ❶ⓐ ランニング, 走ること, 競走. ⓑ 流れること.
❷ (機械などの)運転. ❸ (店などの)経営.
── 形 ❶ 走っている; 走りながらの.
❷ (水などが)流れている, 流動している.
❸ 連続している.
❹ うみの出る; 鼻水が出る.
── 副 連続して.

名**be in the running** 勝つ見こみがある.

be out of the running 勝つ見こみがない.

── 形 ❶ a *running* catch (野球などの)ランニングキャッチ. ❷ *running* water 流水; 水道水.
── 副 It rained for three days *run-*

running commentary

ning. 3日間ぶっ続けに雨が降った.

rúnning cómmentary 名C(ラジオ・テレビの)実況放送.

run·ny /rʌ́ni ラニー/ 形 ❶鼻水の出る. ❷(固まっていないで)軟らかい.

run·off /rʌ́nɔ̀(ː)f ラノ(ー)フ/ 名C (同点者間の)決勝戦;決選投票.

run·through /rʌ́nθrùː ランスルー/ 名C リハーサル.

run·up /rʌ́nʌ̀p ラナプ/ 名C ❶(スポーツの)助走(距離). ❷《the をつけて》(ある事に対する)準備期間[活動].

run·way /rʌ́nwèi ランウェイ/ 名C 滑走路.

ru·pee /ruːpíː ルピー/ 名C ルピー《インド・パキスタン・スリランカなどの貨幣単位》.

rup·ture /rʌ́ptʃər ラプチャ/ 名 UC ❶(血管などの)破裂. ❷(友好関係の)決裂, 仲たがい.
— 動 (現分 -tur·ing /-tʃəriŋ/) 他 …を破裂させる.
— 自 破裂する.

***ru·ral** /rúərəl ル(ア)ラル/ 形 (more ~; most ~) **いなかの**, 田園の(反 urban). ▶*rural* life 田園生活 / *rural* scenery 田園風景.

***rush** /rʌ́ʃ ラッシュ/ 動 (~es /-iz/; ~ed /-t/; ~ing) 自 ❶**突進する, 急ぐ**. ❷向こうみずに[軽率に]**行動する**.
— 他 ❶…を**急がせる**; …を急いで持って行く[送る].
❷…を**急いでする**.
— 名 (複 ~es /-iz/) ❶《単数形で》**突進**, 殺到(^{さっとう}).
❷U あわただしいこと, 忙しいこと.
❸《the rush で》ラッシュ(時間帯・時期).

・・・・・・・・・・・・・・・・・・・・・・・

動 自 ❶Cars are *rushing* along the expressway. 車が高速道路をつっ走っている / The doctor *rushed* to his patient. 医者は患者のところへ急いだ.
❷She *rushed* into marriage. 彼女は急いで結婚した.
— 他 ❶Don't *rush* me. あまりせかさないでください / We have to *rush* him to the doctor. 彼を急いで医者にやらなくてはならない.
❷I have to *rush* the job. その仕事は急いでしなければならない.
— 名 ❶a *rush* of water 速い水の流れ / a *rush* for gold ＝a gold *rush* ゴールドラッシュ《金を求めての人の殺到》/ a *rush* of cars on the road 道路の車の混雑.
❷the *rush* of modern life 現代生活のあわただしさ.

in a rush 急いで.

rúsh hòur 名C ラッシュアワー. ▶the morning *rush hour* 朝のラッシュアワー.

rusk /rʌ́sk ラスク/ 名UC ラスク《薄切りのパンをオーブンできつね色に焼いたもの》.

Russ. 《略語》Russia; Russian.

***Rus·sia** /rʌ́ʃə ラシャ/ 《★発音注意》名 **ロシア**《正式の名称は「ロシア連邦」(the Russian Federation); 首都モスクワ (Moscow)》.
☞ 形 Russian.

***Rus·sian** /rʌ́ʃən ラシャン/ 形 ❶**ロシアの**. ❷ロシア人の. ❸ロシア語の.
☞ 名 Russia.
— 名 (複 ~s /-z/) ❶C **ロシア人**. ❷U **ロシア語**.

Rússian Revolútion 名《the をつけて》ロシア革命《1917年の革命》.

Rússian rouletté 名U ロシア式ルーレット《弾丸が1発だけ入っている回転式ピストルを自分の頭に向けて引き金を引く危険なゲーム》.

rust /rʌ́st ラスト/ 名U さび; さび色.
— 動 自 さびる.
— 他 …をさびさせる.
☞ 形 rusty.

rus·tic /rʌ́stik ラスティック/ 形 いなかの; いなかふうの, 素朴な(反 urban)《☞ rural》. ▶*rustic* clothes いなかふうの着物 / *rustic* charm いなかの魅力.

rus·tle /rʌ́sl ラスル/《★ t は発音されない》(現分 rus·tling) 自 (木の葉・絹の着物・紙などが)サラサラ[カサカサ]音をたてる.
— 他 …にサラサラ[カサカサ]音をたてさせる.
— 名《a をつけて》サラサラ[カサカサ]という音.
▶動 自 The leaves *rustled* in the breeze. 葉がそよ風でカサカサ音をたてた.

— ㊙The wind *rustled* the leaves. 風で木の葉がカサカサいった.

rus·tling /rʌ́slɪŋ ラスリング/ 名UCサラサラ[カサカサ]いう音.

rust·proof /rʌ́stprùːf ラストプルーフ/ 形 さびない.

rust·y /rʌ́sti ラスティ/ 形 (rust·i·er; rust·i·est) ❶ さびた. ❷ (知識・能力などが使わないために)鈍(にぶ)くなった, だめになった. ☞ 名rust.

rut /rʌ́t ラット/ 名C ❶ わだち, 車輪の跡. ❷ 決まりきったやり方[生き方], マンネリ.

in a rut 型にはまって, マンネリで.

Ruth /rúːθ ルース/ 名ルース《女性の名》.

ruth·less /rúːθləs ルースレス/ 形 情け容赦のない, 冷酷な.

RV /áːrvíː アーヴィー/ 名C《米》RV車, レクリエーション用の車《*r*ecreational *v*ehicleの略》.

rye /rái ライ/ 名Uライ麦《パンやウイスキーの原料》.

rýe bréad 名U(ライ麦製の)黒パン.

S, s /és エス/ 图（複 S's, Ss, s's, ss /-iz/） ❶ⓊⒸエス《英語アルファベットの19番目の文字》. ❷ⒸS字型のもの.
▶❷an *S* curve（道路の）S字型カーブ.

S., s.¹《略語》south; southern; small.

s.²《略語》second(s)秒; shilling(s).

$, $ /dálər ダラ | dólə/《記号》dollar(s)ドル《アメリカの貨幣単位》. ▶$10 10ドル《✪ ten dollars と読む》.

Sab·bath /sǽbəθ サバス/ 图《the をつけて》安息日《キリスト教の大部分の派では日曜日, ユダヤ教および一部のキリスト教では土曜日が安息日である; ✪**Sábbath dày** ともいう》.

sab·bat·i·cal /səbǽtikəl サバティカル/ 图 ❶ⒸⓊ（大学教授などの）有給休暇. ❷Ⓒ= sabbatical year.

sab·bát·i·cal yéar /səbǽtikəl- サバティカル-/ 图Ⓒサバティカルイヤー, 休暇年度《研究・休養・旅行のために大学教授に7年目ごとに与えられる（ふつう1年間の）有給休暇; ✪単に **sabbatical**, または **sabbátical léave** ともいう》.

sab·o·tage /sǽbətɑ̀ːʒ サボタージュ/ 图Ⓤ（労働者の）破壊(はかい)活動, 破壊行為, 生産妨害行為.
— 動 他（現分 -tag·ing）…を破壊する, 妨害する.

sac·cha·rin /sǽkərin サカリン/ 图Ⓤ〔化学〕サッカリン《砂糖の代用品》.

sa·chet /sæʃéi サシェイ/ 图Ⓒ ❶《英》（砂糖などの1回分の）包み《《米》では packet》. ❷におい袋.

*****sack** /sǽk サック/ 图（複 ~s /-s/） ❶Ⓒ
ⓐ（粗い布でできた）大型の袋. ⓑ**袋1杯（分の量）**《✪**sackful** ともいう》.
❷Ⓒ《米》ⓐ（商店で客が買った品物を入れてくれる）買物袋. ⓑ買物袋1杯（分の量）.
❸《the をつけて》《米口語》ベッド.
❹《the をつけて》《英口語》くび《解雇》.
— 動 他 ❶ …を袋に入れる.
❷《英口語》…をくびにする.

▶图 ❶ⓑ a *sack* of potatoes ジャガイモひと袋. ❹ He got *the sack* for being lazy. 彼は怠けたためくびになった.

sac·ra·ment /sǽkrəmənt サクラメント/ 图 ❶Ⓒ ⓐ（カトリック教会の）秘跡(ひせき). ⓑ（プロテスタントの）聖礼典. ❷《the Sacrament で》ⓐ聖餐(せいさん)（式）. ⓑ聖餐用のパン.

*****sa·cred** /séikrid セイクリッド/《★発音注意》形（more ~; most ~）
❶神聖な. ❷ⓐ（神などに）ささげられた. ⓑ〔…を〕祭った,〔…を〕記念する〔to〕.
❸厳粛(げんしゅく)な, 侵すことのできない, 必ず実行されるべき.
▶ ❶ *sacred* books 聖典 / *sacred* music 宗教音楽. ❷ⓑ a temple *sacred to* Apollo アポロを祭った神殿.
❸ a *sacred* promise 厳粛な約束.

*****sac·ri·fice** /sǽkrəfais サクリファイス/《★アクセント注意》图（複 -fic·es /-iz/）
❶ⓊⒸいけにえ, ささげ物.
❷ⓊⒸ犠牲, 犠牲的行為.
❸Ⓒ〔野球〕犠牲バント《✪**sácrifice búnt**, **sácrifice hít** ともいう》.
❹Ⓒ投げ売り.
— 動 他（現分 -fic·es /-iz/; -ri·ficed /-t/; -fic·ing） ❶ …を**犠牲にする**.
❷ …をいけにえとしてささげる.
❸〔野球〕（走者）を犠牲バントで進塁させる.

・・・・・・・・・・・・・・・・・・・・・

图 ❶ kill a sheep as a *sacrifice* to God 神へのいけにえとしてヒツジを殺す. ❷ A mother will make *sacrifices* for her child. 母親は子どものために犠牲を払う.

at the sacrifice of ... …を犠牲にして.

fall a sacrifice to ... …の犠牲になる.

make a sacrifice of ... …を犠牲にする.

— 動 他 ❶ She *sacrificed* everything for her children. 彼女は子ども

abcdefghijklmnopqr**s**tuvwxyz　　　　　　　　　　　　　　　　　　　　　　**safe**

のためすべてを犠牲にした / He *sacrificed* his life to save the child. 彼はその子どもを救うために自分の命を犠牲にした.

☞ 形sacrificial.

sac·ri·fi·cial /sækrəfíʃəl サクリフィシャル/ 形 ❶いけにえの. ❷犠牲的な.

☞ 名sacrifice.

sac·ri·lege /sǽkrəlidʒ サクリリヂ/ 名 U C (教会の聖具を盗むなど)神聖を汚(けが)す罪, 冒瀆(ぼうとく).

***sad /sǽd サッド/ 形 (sad·er; sad·est)

❶ (人が)**悲しい**, 嘆き悲しんでいる (反 glad).

❷《口語》ひどい, みじめな, 情けない.

❶ She was *sad* at the news. = She was *sad* to hear the news. 彼女はその知らせを聞いて嘆き悲しんだ / I feel *sad* about his misfortune. 彼の不幸を悲しく思う / look *sad* 悲しそうな顔をする / It is *sad* that he has been sick for such a long time. 彼がそんなに長い間病気なのは悲しいことだ.

❷ The old house is in a *sad* state. その古い家はひどい状態だ.

sad to say 悲しい〔残念な〕ことに.

☞ 動sadden, 名sadness.

sad·den /sǽdn サドン/ 動 他 …を悲しませる (反 gladden). — 自 悲しむ.

☞ 形sad.

*sad·dle /sǽdl サドル/ 名 (複 ~s /-z/) C

❶ (馬などの)**鞍**(くら).

❷ (自転車・バイクなどの)**サドル**.

❸ (ふたつの峰の間の)鞍(あん)部.

— 動 (~s /-z/; ~d /-d/; sad·dling) 他

❶ (馬)に鞍を置く. ❷ (人)に〔責任など を〕負わせる〔with〕.

名**in the saddle** ①馬に乗って. ②《口語》権力を握って.

— 動 ❷ He was *saddled with* debts. 彼は借金を背負っていた.

sad·ism /séidizm セイディズム/ 名 U サディズム 《他人を虐待(ぎゃくたい)して喜ぶ変態性欲; ☞ masochism》.

sad·ist /séidist セイディスト/ 名 C サディスト 《他人を虐待(ぎゃくたい)して喜ぶ人; ☞ masochist》.

sa·dis·tic /sədístik サディスティック/ 形 サディスト的な, 加虐(かぎゃく)的な.

*sad·ly /sǽdli サドリ/ 副 (more ~; most ~)

❶ 悲しんで, 悲しそうに (反 gladly).

❷ 痛ましいほど, ひどく.

❸ 《文全体を修飾して》悲しいことには, 残念ながら.

▶❶ She looked at me *sadly*. 彼女は悲しげに私を見た. ❷ His hometown was *sadly* changed. 彼の故郷の町はひどく変わっていた. ❸ *Sadly*, we lost the finals. 残念ながらわれわれは決勝で負けた.

*sad·ness /sǽdnəs サドネス/ 名 U 悲しみ, 悲哀.

☞ 形sad.

sa·fa·ri /səfá:ri サファーリ/ 名 C ❶ (アフリカでの狩猟・探検・観光などの)遠征旅行, サファリ. ❷狩猟隊, 探検隊.

go on safari サファリに出かける.

safári pàrk 名 C サファリパーク 《野獣が放し飼いになっていて見物人は車の中から見る動物園》.

***safe /séif セイフ/ 形 (saf·er; saf·est) ❶ **安全な**, 危険のない, 無事な (反 dangerous).

❷ ＿してもさしつかえない.

❸ 危険なことはしない, 慎重な, 信頼できる.

❹ 〖野球〗セーフの (反 out).

— 名 (複 ~s /-s/) C **金庫**.

形 ❶ Keep the money in a *safe* place. お金を安全な場所にしまっておきなさい / Is this water *safe* for drinking? この水は飲んでも安全ですか / It is *safe* to swim in the river. その川で泳いでも安全だ / The village was *safe* from the flood. その村は洪水の危険はなかった. ❷ It is *safe* to say that baseball is the most popular sport in Japan. 野球は日本で最も人気のあるスポーツだといってもさしつかえない / You are *safe* in believing him. 彼の言うことを信じても大丈夫だ. ❸ a *safe* driver 〔guide〕 信頼できる運転手〔案内人〕 / *safe* driving 安全運転.

one thousand one hundred and fifty-three　　　　　　　　　　　　　　　　　　　　　　1153

safe-deposit box

❹ The runner is *safe* at second. ランナー2塁セーフ.

be on the safe side 万一を考える, 大事をとる.

safe and sound [***well***] 何事もなく無事で[に].

☞ 名 safety.

— 名 a fireproof *safe* 耐火金庫.

safe・de・pos・it bòx /séif-dipàzit-セイフ・ディパズィット-/ 名 C (銀行などの)貸し金庫.

safe・guard /séifgà:rd セイフガード/ 名 C (規則など)保護措置(ξ); 予防手段, 安全装置.

— 動 他 (利益など)を保護する, 守る.
▶ 名 a *safeguard* against accidents 事故防止装置.

safe・keep・ing /séifkí:piŋ セイフキーピング/ 名 U 保管. ▶ It's in *safekeeping*. それは保管されている.

*__safe・ly__ /séifli セイフリ/ 副 (more ~; most ~)

❶ **安全に**, 無事に.

❷ 《文全体を修飾して》さしつかえなく.
▶ ❶ The parcel has reached me *safely*. その小包は無事に私のところにとどいた. ❷ It may *safely* be said that health is more important than anything else. 健康はほかのなによりも大切であるといってさしつかえない.

*__safe・ty__ /séifti セイフティ/ 名

❶ U **安全**, 無事 (反 danger).

❷ 《形容詞的に》安全のための.

❶ I am anxious about his *safety*. 私は彼の安全が心配だ / *Safety* First 安全第一 《危険防止の標語》. ❷ a *safety* measure 安全策.

in safety 無事に (safely).

play for safety (大事をとって)冒険をしない.

with safety 安全に, 危険なく.

☞ 形 safe.

sáfety bèlt 名 C ❶ (高い所などで仕事をする人の)安全ベルト. ❷ (自動車などの)シートベルト (🞂 seat belt のほうがふつう).

sáfety nèt 名 C ❶ (サーカスなどの)安全ネット. ❷ 安全策.

sáfety pìn 名 C 安全ピン.

sáfety vàlve 名 C ❶ (ボイラーなどの)安全弁. ❷ (感情などの)はけ口.

sag /sǽg サッグ/ 動 (~s /-z/; sagged /-d/; sag・ging) 自 ❶ ⓐ (天井・枝・橋などが)たわむ, 沈下する. ⓑ (皮膚(%)などが)たるむ.

❷ (価値・売り上げなどが)下がる.

❸ 弱まる.

— 名 《単数形で》たるみ, 沈下.

sa・ga /sá:gə サーガ/ 名 C ❶ (中世北欧の)英雄物語. ❷ 大河小説.

sage¹ /séidʒ セイヂ/ 名 C 《文語》賢人, 聖人.

— 形 《文語》賢明な, 思慮深い.

sage² /séidʒ セイヂ/ 名 U 〖植物〗ヤクヨウサルビア.

*__said__ /séd セッド/ 《★発音注意》動 say の過去形・過去分詞形.

*__sail__ /séil セイル/ 名 (複 ~s /-z/) ❶ C (船の)**帆** 《一部をさすことも全部をさすこともある》.

❷ 《単数形で》**航海**, 帆走(²²).

❸ C (複 sail) 船; (とくに)帆船(²²).

❹ C 帆のようなもの, (風車(%)²²²)などの)翼.

— 動 (~s /-z/; ~ed /-d/; ~・ing) 自

❶ **航海する**; 帆で走る.

❷ **出帆する**, 出帆(²²)する.

❸ (鳥・雲・グライダーなどが)(帆船のように)すべるように飛ぶ.

❹ (とくに女性が)さっそうと歩く.

— 他 ❶ (人・船などが)(海など)を**航海する**.

❷ (船など)を走らせる.

名 ❶ with all *sails* set 帆を全部張って / hoist *sail* 帆を揚げる. ❷ go for *a sail* 帆走[航海]に出る / ten day's *sail* 10日間の航海.

in full sail 全部の帆を張って; 全速力で.

set sail 出帆する: *set sail* for San Francisco サンフランシスコに向けて出帆する.

under sail 帆を張って; 航海中で.

— 動 自 ❶ The ship *sailed* slowly up [down] the river. その船は川をゆっくり上がって[下って]行った. ❷ The ship will *sail* for New York tomorrow. その船はあすニューヨークに向けて出帆する. ❸ Wild geese *sailed* overhead. ガンが頭上をすべるように飛んだ. ❹ She *sailed* into the room.

彼女はさっそうと部屋にはいってきた．
— 他 ❶ *sail* the Pacific 太平洋を航海する．
《同音異形語》sale．

sail·board /séilbɔ̀ːrd セイルボード/ 名 C セールボード《ウィンドサーフィン用の帆船》．

sail·boat /séilbòut セイルボウト/ 名 C 《米》帆船, ヨット《◎《英》では sailing boat》．

sail·ing /séiliŋ セイリング/ 名 ❶ U 帆走(術), 航海(術). ❷ U (楽しみのための)帆走, ヨット遊び. ❸ UC 出帆, 出航.

sáiling bòat 名《英》= sailboat.

*__sail·or__ /séilər セイラ/ 名 (複 ~s /-z/) C
❶ 船員, 船乗り. ❷ 水兵, 下級船員.
❸《good または bad などをつけて》船に強い〔弱い〕人.
▶ ❸ a good〔bad, poor〕*sailor* 船に強い〔弱い〕人．

*__saint__ /séint セイント/ 名 (複 ~s /-ts/)
❶ C 聖人, 聖者《キリスト教会で, 高徳のために死後聖人として公認された人, 殉教者などを呼ぶ尊称》．
❷ C 聖人のような人, 人格の高い人．

Sàint Bernárd /-bəːrnáːrd バーナード/ 名 C セントバーナード《もと, アルプスの聖バーナード峠の修道院で雪道に迷った人を救助するために飼われた大型の犬》．

Sàint Válentine's Dày /-vǽləntàinz- ヴァレンタインズ-/ 名 セントバレンタインデー．
INFO▶ 2月14日をさす. 3世紀ごろのローマ人聖バレンタイン (Saint Valentine) は博愛心にあふれ, 不幸な人を哀(あわ)れみ, 子どもを愛した. 年をとって子どもたちと遊べなくなったとき, 子どもたちに愛情をこめた手紙を書き, 贈り物をしたという. この言い伝えが2月14日に恋人や親しい人の間でラブレターやバレンタインカードを送ったり, 贈り物をしたりする風習が生まれるきっかけになったという．

*__sake__ /séik セイク/ 名 (複 ~s /-s/) C (…の)ため, 利益, 目的, 動機《◎(1) 用例と成句で示したような句として用いる. (2) sake の前の名詞の語尾が /s/ の音の場合はふつう所有格の s を省略する, また ' をも省略することもある》．

art *for* art's *sake* 芸術のための芸術

(芸術至上主義)／*for* convenience'〔convenience〕*sake* 便宜(べんぎ)上.

for heaven's [Christ's, God's, goodness('), mercy's, pity's] sake お願いだから《◎for Christ's sake は強すぎるのであまり使わないほうがよい; for goodness(') sake がいちばん柔(やわ)らかい表現》：*For goodness' sake*, stop complaining! お願いだから不平をいうのはやめてくれ．

for the sake of ... = **for ...'s sake** …のために：*for the sake of* his health 彼の健康のために／I'd do anything *for your sake*. 君のためならどんなことでもします.

*__sal·ad__ /sǽləd サラド/ 名 (複 ~s /-dz/)
❶ ⓐ UC サラダ. ⓑ《形容詞的に》サラダの, サラダ用の．
❷ U (サラダ用)生野菜．
▶ ❶ ⓐ make [fix] a [the] *salad* サラダを作る. ⓑ *salad* fork and spoon サラダ用フォークとスプーン《サラダを取るときに使う, いずれもふつう木製》．

sálad bàr 名 C《米》❶ (レストランの中の)サラダカウンター. ❷ (ふつうカウンター式の)サラダ専門の軽食堂．

sálad drèssing 名 UC サラダドレッシング．

sa·la·mi /səláːmi サラーミ/ 名 U サラミソーセージ《塩辛くニンニクで味をつけ燻製(くんせい)にしたソーセージ; イタリア原産》．

sal·a·ried /sǽlərid サラリッド/ 形 給料を取っている, 有給の.
▶ a *salaried* worker サラリーマン．

*__sal·a·ry__ /sǽləri サラリ/ 名 (複 -a·ries /-z/) C 給料, サラリー.
▶ a monthly *salary* 月給／a high〔low〕*salary* 高い〔安い〕給料．

語の結びつき
cut [reduce, lower] *salaries* 給料を下げる
earn a *salary* 給料をかせぐ
get a *salary* 給料を取る
pay [offer] a *salary* 給料を支払う
raise *salaries* 給料を引き上げる

類語 **salary** はおもに事務職, 専門職の人が週給か月給の形で受け取る給料; **wages** は「(肉体労働による)賃金」.

sale

INFO むかし，ローマの兵士たちは塩 (salt) を買うためのお金として給料を与えられた．これを soldier's salt money といった．この salt が変化して salary となった．

*sale /séil セイル/ 名複(~s /-z/)
❶UC **販売**, 売却. ❷《複数形で》**売り上げ高**. ❸C **安売り**, 特売.

──────────

❶ There were no *sales* yesterday. きのうはなにも売れなかった / the *sale* of used cars 中古車の販売. ❷ Today's total *sales* are five thousand dollars. きょうの総売り上げ高は5000ドルだ. ❸ The store is having a *sale* on shoes. その店はくつの安売りをしている / a clearance *sale* 在庫品一掃大売り出し / I buy what I need at *sales*. 私は必要なものは安売りで買う.

for sale (とくに個人の所有物が)**売り物の**: The car is *for sale*. その車は売り物です / Not For Sale《掲示》非売品.

on sale ①(商品が)**売られて**, 販売中: Her new CD went *on sale* today. 彼女の新しいＣＤがきょうから発売です. ②(口語)特売中で.

put ... up for sale …を売りに出す.
☞ 動 sell.
《同音異形語》sail.

sales·clerk /séilzklə̀ːrk セイルズクラーク/ 名C(米)店員(○単に clerk ともいう; (英)では shop assistant).

sáles depártment 名C(生産・流通部門に対して)販売部門.

sales·girl /séilzgə̀ːrl セイルズガール/ 名C(米)(若い)女性店員.

*sales·man /séilzmən セイルズマン/ (★発音注意)名複 sales·men /-mən/)
❶(男性の)**店員**, 販売係. ❷ **セールスマン**, (販売の)外交員.

sales·per·son /séilzpə̀ːrsn セイルズパースン/ 名C店員, 販売係(○男女の差別をなくすために salesman, saleswoman に代わって用いられる).

sáles slìp 名C(米)売上伝票, レシート.

sáles tàx 名UC物品税.

sales·wom·an /séilzwùmən セイルズウマン/ 名複 -wom·en /-wìmin/)C(女性の)店員.

sa·li·ent /séiliənt セイリアント/ 形(文語) 顕著な, 目立った.

sa·li·va /səláivə サライヴァ/ 名U唾液 (絵), つば.

salm·on /sǽmən サモン/ (★lは発音されない)名複 salm·on, ~s /-z/) ❶C(魚類)サケ(鮭). ❷Uサケの肉. ❸Uサケ肉色, サーモンピンク(○**sálmon pìnk** ともいう).

sal·mo·nel·la /sæ̀lmənélə サルモネラ/ 名C サルモネラ菌(食中毒を引き起こす).

sal·on /səlɑ́n サラン | sǽlɔn/ 名C
❶(美容・服飾などの)店. ❷(フランスなどの大邸宅の)大広間, 客間. ❸美術展覧会.
▶ ❶ a beauty *salon* 美容院.

sa·loon /səlúːn サルーン/ 名C ❶(ホテル・客船などの)大広間, 談話室. ❷(米)酒場, バー. ❸…店; …場. ❹(英)セダン型自動車. ❺(英)特別客車(広々としており, 談話室や食堂として使う). ❻(英)上級のバー(パブの中にあり, 値段が少し高い).
▶ ❸ a billiard *saloon* ビリヤード場.

salt /sɔ́ːlt ソールト/ (★発音注意)名複 ~s /-ts/) ❶U **塩, 食塩(○**common salt** ともいう).
❷ⓐC〔化学〕塩(分). ⓑ《複数形で》(下痢(')・気つけ薬などの)薬用塩類.
── 形 塩けのある; 塩づけの(☞fresh ❻).
── 動他 ❶ …に塩味をつける.
❷ …を塩づけにする.
be worth one's salt《しばしば否定文で》給料分の仕事をする; 尊敬に値する(☞salary の INFO).
in salt 塩を振りかけた, 塩づけにした: keep meat *in salt* 肉を塩づけにしておく.
rub salt into ...'s wounds …のいやな思いをいっそうつのらせる.
☞ salty.
── 形 *salt* water 塩水.

salt·shak·er /sɔ́ːlt-ʃèikər ソールトシェイカ/ 名C(米)(振り出し式の)食卓塩入れ.

salt·wa·ter /sɔ́ːltwɔ̀ːtər ソールトウォータ/ 形塩水の, 海水の(○☞freshwater).
▶ *saltwater* fish 海水魚.

salt·y /sɔ́ːlti ソールティ/ (★発音注意)形 (salt·i·er; salt·i·est)塩けのある, 塩辛い.
☞ 名 salt.

abcdefghijklmnopqr**s**tuvwxyz　　　　　　　　　　　　　　　　　　　　**sample**

sal·u·ta·tion /sæljutéiʃən サリュテイション/ 名 ❶ⓊⒸ(ことば・身ぶりでの)あいさつ; あいさつのことば.
❷Ⓒ(手紙の書き出しの)あいさつの文句(Dear John など).
☞ 動 salute.

sa·lute /səlúːt サルート/ 動 (現分 sa·lut·ing) 他 ❶ (軍人が)(挙手して)…に敬礼する.
❷ (お辞儀をしたり帽子を取ったりして)(人)にあいさつする (☞greet の 類語).
— 名 Ⓒ ❶ あいさつ, 敬礼. ❷ 礼砲.
▶動 他 ❶ The soldiers *saluted* their officer. 兵隊たちは彼らの上官に敬礼した. ❷ She *saluted* him with a smile. 彼女はにっこり笑って彼にあいさつした.
☞ 名 salutation.
— 名 ❶ give a *salute* 敬礼する.
❷ fire a 21-gun *salute* 21発の礼砲を放つ.

sal·vage /sælvidʒ サルヴィヂ/ (★発音注意) 名 Ⓤ ❶ⓐ 海難救助. ⓑ (沈没船の)引き上げ.
❷ (海難救助で)救出された物.
— 動 (現分 -vag·ing) 他 ❶ (船・貨物など)を救助する. ❷ (沈没船)を引き揚げる.

sal·va·tion /sælvéiʃən サルヴェイション/ 名 Ⓤ ❶ (宗教上の罪からの)救い, 救済.
❷ 救いとなるもの.

Salvátion Ármy 名《the をつけて》救世軍(福音(ふくいん)伝道と社会救済事業を行なう軍隊式のキリスト教団体).

Sam /sǽm サム/ 名 サム《男性の名; Samuel の愛称; ☞ Uncle Sam》.

***same** /séim セイム/ 形《the をつけて》❶ 同じ, 同様の (反 different).
❷ (以前と)変わらない.
— 代《the をつけて》同じもの, 同じこと.
— 副《the をつけて》同じように.

··

形 ❶ We go to *the same* school. 私たちは同じ学校に行っている / We are *the same* age. われわれは同じ歳(とし)だ.
❷ He was not *the same* cheerful boy after his father died. 彼はお父さんが死んでからは前のような明るい子ではなくなった / My opinion is still *the same*. 私の意見は今も変わらない.
— 代 My name and his are *the same*. 私の名前と彼の名前は同じです / 対話 "He broke the vase."–"He may do *the same* sometime." 「彼が花びんをこわしたんだ」「彼はまたいつか同じことをするかもしれない」.
— 副 'See' and 'sea' are pronounced *the same*. 'see' と 'sea' は同じように発音される.

all the same ①でも, やはり: He is rude, but I like him *all the same*. 彼は礼儀知らずだが, それでもやはり私は彼が好きだ. ②まったく同じ, どうでもいいこと: It's *all the same* to me. 私はどうでもかまわない(どちらでも同じことだ).

amount to the same thing = come to the *same* thing.

at the same time ①同時に: "Splendid!" they all cried *at the same time*. 「すばらしい」と彼らはみないっせいに叫んだ.
②そうではあるが, やはり: It will cost a lot of money, but *at the same time*, I think we need it. それはだいぶ金はかかるが, やはり必要だと思う.

come to the same thing 結局同じ結果になる.

just the same = all the *same*.

one and the same まったく同一の.

the same ... as [*that, who, where, which* __] __と同じ…: You have *the same* pen *as* mine [*as* I have]. あなたは私と同じ万年筆を持っている / These are *the same* boys (who(m)) we saw yesterday. この少年たちはきのう会った少年です.

(The) same to you! ①《Happy New Year! や Merry Christmas! に答えて》あなたもご同様に.
②《侮辱(ぶじょく)的な言葉に対して》君も同じだろ, 自分もそうだってこと.

same·ness /séimnəs セイムネス/ 名 Ⓤ ❶ 同じこと, 類似. ❷ 単調さ; 変化がないこと.

Sam·mie, Sam·my /sǽmi サミ/ 名 サミー《男性の名; Samuel の愛称》.

***sam·ple** /sǽmpl サンプル | sáːm-/ 名 (複 ~s /-z/) ❶ⓐⒸ 見本, 試供品, サン

sampling

プル. ❺《形容詞的に》見本の.
❷ⓒ実例.
— 動 (現分 sam·pling) 他 ❶ …の質を見本でためす.
❷ …を試食する, 試飲する.
▶名 ❶ⓐ a *sample* of clothing material 服地の見本. ❺ a *sample* copy 本の見本.

sam·pling /sǽmpliŋ サンプリング/ 名
❶Ⓤ見本抽出(ちゅうしゅつ)(法). ❷Ⓤ見本でためすこと; 試食, 試飲. ❸ⓒ見本として選んだもの.

Sam·u·el /sǽmjuəl サミュエル/ 名 サムエル《男性の名; 愛称 Sam, Sammie, Sammy》.

san·a·to·ri·um /sæ̀nətɔ́:riəm サナトーリアム/ 名 (複 ~s /-z/, -to·ri·a /-riə/) ⓒ サナトリウム《結核, 神経症, アルコール中毒などの患者の療養所》.

sanc·ti·fy /sǽŋktəfài サンクティファイ/ 動 (-ti·fies /-z/; -ti·fied /-d/; ~·ing) 他
❶ …を神聖にする.
❷ …の罪を清める.

sanc·tion /sǽŋkʃən サンクション/ 名
❶Ⓤ《法令などの》認可, 承認, 是認.
❷ⓒ《ふつう複数形で》《国際上の》制裁, 処罰.
— 動 他 …を認可する, 是認する.
▶名 ❶ without the *sanction* of the chairman 議長の承認なしで. ❷ economic *sanctions*《国連などが違反国に対して加える》経済的制裁.

take sanctions against ... …に制裁手段を採る.

sanc·tu·ar·y /sǽŋktʃuèri サンクチュエリ/ 名 (複 -tu·ar·ies /-z/) ⓒ ❶ 神聖な場所《教会・神殿またはその祭壇など》.
❷ⓐ 聖域《中世のころ教会法によって罪人などが逃げこめば法の力が及ばず逮捕できなかった教会の構内など》. ❺ 安らぎの場所; 避難所. ❸ 鳥獣保護区域.
▶a bird *sanctuary* 鳥類保護区域.

‡sand /sǽnd サンド/ 名 (複 ~s /-dz/)
❶Ⓤ砂.
❷《複数形で》砂地, 砂漠(ばく), 砂浜.
❸《複数形で》《文語》ⓐ《砂時計の》砂.
❺ 時刻, 寿命.
— 動 他 ❶《スリップを防ぐためなどに》…に砂をまく.
❷ …を砂[紙やすり]でみがく.

▶名 ❶ a grain of *sand* 一粒の砂.
❷ the *sands* of Waikiki ワイキキの砂浜. ❸❺ The *sands* (of time) are running out for him. 彼の寿命もわずかとなってきた.

built on sand 砂の上に建てられた; 不安定な.

plow the sand(s) (砂を耕すような) むだぼねをおる.

☞ 形 sandy.

san·dal /sǽndl サンダル/ 名 ⓒ《ふつう複数形で》サンダル.
▶a pair of *sandals* サンダル1足 / put on [take off] *one's* sandals サンダルをはく[脱ぐ].

sand·bag /sǽndbæ̀g サンドバッグ/ 名 ⓒ 砂袋《防壁, 洪水の防止などに用いる; ❖ボクシングの練習で用いる砂を入れた袋のサンドバッグは《米》では punching bag,《英》では punchball》.

sand·bank /sǽndbæ̀ŋk サンドバンク/ 名 ⓒ ❶ 砂州(す). ❷ 砂丘.

sand·box /sǽndbɑ̀ks サンドボックス/ 名 ⓒ《米》《子どもの遊び場の》砂場.

sand·cas·tle /sǽndkæ̀sl サンドキャスル/ 名 ⓒ《子どもが浜辺などで作る》砂の城.

sánd dùne 名 ⓒ 砂丘《❖単に dune ともいう》.

sand·pa·per /sǽndpèipər サンドペイパ/ 名 Ⓤ 紙やすり.

San·dra /sǽndrə サンドラ/ 名 サンドラ《女性の名; Alexandra の愛称》.

sand·storm /sǽndstɔ̀:rm サンドストーム/ 名 ⓒ《砂漠(ばく)にしばしば起こる》砂あらし.

‡‡sand·wich /sǽndwitʃ サンドウィッチ | sǽnwidʒ/ 名 (複 ~·es /-iz/) ⓒ サンドイッチ.
INFO イギリスのサンドイッチ伯 (Earl of Sandwich (1718–92)) はトランプのかけ勝負が好きで, 食事をする時間を惜しみパンの間に肉をはさんで食べながらトランプを続けたことからこの語ができたと言われている.
— 動 (三単現 ~·es /-iz/) 他 …を間にはさむ.

▶名 cheese *sandwiches* チーズサンド(イッチ) / a lettuce and tomato *sandwich* レタスとトマトのサンドイッチ.
— 動 他 His house was *sand-*

abcdefghijklmnopqr**s**tuvwxyz　　　　　　　　　　　**satellite**

wiched between two tall buildings. 彼の家は２つの高い建物にはさまれていた.

San·dy /sǽndi サンディ/ 图 サンディ《男性の名 Alexander または, 女性の名 Alexandra の愛称》.

sand·y /sǽndi サンディ/ 形 (sand·i·er; sand·i·est) ❶砂の; 砂のような.
❷(毛髪などが)薄茶色の.
▶❶ a *sandy* path 砂道.
☞ 图 sand.

sane /séin セイン/ 形 ❶正気の, 気の確かな (反 insane, mad).
❷(考え方などの)まともな, 健全な.
☞ 图 sanity.

San Fran·cis·co /sæn frənsískou サンフランスィスコウ/ 图 サンフランシスコ《アメリカのカリフォルニア (California) 州西部最大の港湾都市》.

＊**sang** /sǽŋ サング/ 動 sing の過去形.

san·guine /sǽŋgwin サングウィン/ 形 ❶快活な, 楽観的な. ❷血色のよい.

san·i·tar·i·um /sæ̀nətéəriəm サニテ(ア)リアム/ 图 (圏 ~s /-z/, san·i·tar·i·a /-riə/) = sanatorium.

san·i·tar·y /sǽnətèri サニテリ/ 形 ❶衛生の, 公衆衛生の. ❷衛生的な, 清潔な (反 insanitary).
▶❶ *sanitary* science 公衆衛生学 / *sanitary* laws 公衆衛生法.
☞ 图 sanitation.

sánitary nàpkin 图 ⓒ《米》生理用ナプキン《✿《米》では単に napkin ともいう;《英》では sanitary towel》.

sánitary tòwel《英》= sanitary napkin

san·i·ta·tion /sæ̀nətéiʃən サニテイション/ 图 Ⓤ ❶公衆衛生. ❷衛生維持.
☞ 形 sanitary.

san·i·ty /sǽnəti サニティ/ 图 Ⓤ
❶正気, 気の確かなこと (反 insanity).
❷(考え方などの)健全さ, 分別.
☞ 形 sane.

＊**sank** /sǽŋk サンク/ 動 sink の過去形.

＊**San·ta Claus** /sǽntə klɔ̀:z サンタ クロー ズ/ 图 **サンタクロース**《✿イギリスでは Father Christmas とよぶ》.

São Pau·lo /sàum páulu: サウム パウルー/ 图 サンパウロ《ブラジル (Brazil) 南部の同国第一の都市》.

sap¹ /sǽp サップ/ 图 Ⓤ ❶樹液. ❷活力, 元気.

sap² /sǽp サップ/ 動 他 ❶（気力・体力など)を（徐々に）弱らせる. ❷…の元気をなくさせる.

sap·ling /sǽpliŋ サプリング/ 图 ⓒ若木.

sap·phire /sǽfaiər サファイア/《★アクセント注意》图 ❶ⓊⒸサファイア《９月の誕生石》.
❷Ⓤサファイア色, るり色, 青空色.

Sar·a, Sar·ah /séərə セ(ア)ラ/ 图 サラ《女性の名; 愛称は Sally》.

sar·casm /sá:rkæzm サーキャズム/ 图 Ⓤ 皮肉, あてこすり, いやみ.
☞ 形 sarcastic.

sar·cas·tic /sa:rkǽstik サーキャスティク/ 形 皮肉な, いやみの.
☞ 图 sarcasm.

sar·cas·ti·cal·ly /sa:rkǽstikəli サーキャスティカリ/ 副 皮肉に, あてこすって.

sar·dine /sa:rdí:n サーディーン/《★発音注意》图 (圏 ~s /-z/, sar·dine) ⓒ《魚類》サーディン《イワシの類の魚; 食用》.
packed like sardines《口語》(かん詰めのイワシのように)すし詰めになって.

sar·don·ic /sa:rdánik サードニク/ 形 冷笑的な.

sa·ri /sá:ri サーリ/ 图 ⓒ サリー《インドの女性の民族衣装》.

sash /sǽʃ サッシュ/ 图 (圏 ~es /-iz/) ⓒ ❶腰につける飾り帯. ❷(肩から腰に掛ける)肩帯, 肩章.

sásh wìndow 图 ⓒ 上げ下げして開閉する窓.

＊**sat** /sǽt サット/ 動 sit の過去形・過去分詞形.

Sat.《略語》Saturday.

Sa·tan /séitn セイトン/《★発音注意》图 《ユダヤ教とキリスト教の)悪魔, 魔王, サタン.

sa·tan·ic /sətǽnik サタニク/ 形 ❶悪魔のような, 極悪な. ❷《Satanic で》魔王の, サタンの.

satch·el /sǽtʃəl サチェル/ 图 ⓒ《学生用の)肩かけかばん.

＊**sat·el·lite** /sǽtəlàit サテライト/ 图 (圏 ~s /-ts/) ⓒ ❶《天文》衛星. ❷人工衛星《✿ artificial satellite または man-made satellite ともいう》.
▶❷ a weather *satellite* 気象衛星.

sátellite dìsh 名C 衛星放送受信用のアンテナ.

sátellite TV 名U 衛星テレビ.

sat·in /sǽtn サトン/ 名U しゅす, サテン, しゅす織り.

sat·in·y /sǽtni サトニ/ 形 しゅす[サテン] (satin) のような, つやのある.

sat·ire /sǽtaiər サタイア/ 《★アクセント注意》名 ❶U 風刺, 皮肉.
❷ⓐU 風刺文学. ⓑC 風刺作品《詩・小説・絵など》.
☞ 形 satirical.

sa·tir·i·cal /sətírikəl サティリカル/ 形 風刺の, 皮肉な.
☞ 名 satire.

sa·tir·i·cal·ly /sətírikəli サティリカリ/ 副 風刺的に; 皮肉に, あてこすって.

sat·i·rist /sǽtərist サティリスト/ 名C ❶ 風刺作家. ❷ 皮肉屋.

sat·i·rize /sǽtəràiz サティライズ/ 動他 …を風刺する; 当てこする.

***sat·is·fac·tion** /sæ̀tisfǽkʃən サティスファクション/ 名 (複 ~s /-z/)
❶ U 満足; 満足させる[する]こと (反 dissatisfaction).
❷ C 満足を与えるもの.

・・・・・・・・・・・・・・・・・・・・・・・・・・・・・・・・
❶ The audience got *satisfaction* from her skillful performance. 聴衆は彼女の巧みな演技に満足した / I heard the news with great *satisfaction*. 私はその知らせを聞いて非常に満足した. ❷ Jane's visit was a great *satisfaction* to her grandmother. ジェーンの訪問は祖母にとってたいへん満足するものだった.

to ...'s satisfaction = to the satisfaction of ... ①…の満足のいく(ほどに). ②…が満足したことには.
☞ 形 satisfactory, 動 satisfy.

sat·is·fac·to·ri·ly /sæ̀tisfǽktərili サティスファクトリリ/ 副 満足できるほどに, 思いどおりに, 申し分なく.

***sat·is·fac·to·ry** /sæ̀tisfǽktəri サティスファクトリ/ 形 (more ~; most ~) **満足できる**, 思いどおりの, 申し分のない, りっぱな, 十分な (反 unsatisfactory).

▶ The result was *satisfactory* to him. 結果は彼にとって満足のいくものだった.

☞ 動 satisfy, 名 satisfaction.

***sat·is·fied** /sǽtisfàid サティスファイド/ 形 (more ~; most ~) ❶ 満足した, 満足している.

類語 **satisfied** は「望みがかなえられて十分満足している」; **content**[2] は「望みがすべて満たされなくても現状に満足している」.

❷ (説明などについて) 納得した[している].
▶ ❶ a *satisfied* customer 満足した(店の)客 / I *am satisfied with* my room. 私は自分の部屋に満足している / I *am satisfied to* hear that. 私はそれを聞いて満足している.

***sat·is·fy** /sǽtisfài サティスファイ/ 《★アクセント注意》動 (-is·fies /-z/; -is·fied /-d/; ~ing) 他 ❶ⓐ (人)を**満足させる**, 喜ばせる (反 dissatisfy). ⓑ《be satisfied》満足する[している].
❷ (欲望・期待など)を満足させる, (条件など)を満たす.
❸ⓐ …を納得させる. ⓑ《be satisfied》納得する[している] (☞ satisfied ❷).

❶ⓐ His paper 〔answer〕 *satisfied* his teacher. 彼の答案〔答え〕は先生を満足させた. ❷ I can't *satisfy* the requirement. 私にはその条件を満たすことはできない.

☞ 名 satisfaction, 形 satisfactory.

sat·is·fy·ing /sǽtisfàiiŋ サティスファイイング/ 形 満足のゆく, 十分な, 申し分ない; 納得のゆく. ▶ a *satisfying* result 満足のゆく結果.

sa·tsu·ma /sætsúːmə サツーマ/ 名C (英) 〖植物〗 ウンシュウミカン《日本産のミカン; **satsúma órange** ともいう》.

sat·u·rate /sǽtʃərèit サチュレイト/ 動 (現分 -rat·ing) 他 …を浸す, ずぶぬれにする.

sat·u·rat·ed /sǽtʃərèitid サチュレイティド/ 形 ❶ ずぶぬれの. ❷ 飽和(ほうわ)状態の.

sat·u·ra·tion /sæ̀tʃəréiʃən サチュレイション/ 名U ❶ しみこますこと, 浸透(しんとう).
❷ 〖化学〗 飽和(ほうわ).

*****Sat·ur·day** /sǽtərdèi サタデイ, -di/ 名 (複 ~s /-z/)
❶ UC **土曜日**《**Sat.** と略す; ☞ Sun-

abcdefghijklmnopqr s tuvwxyz　　　　　　　　　　　　　　**save**

day の 語法)．
❷《形容詞的に》**土曜日の**．
❸《副詞的に》《口語》土曜日に．

❶ We have no school on *Saturday(s)*. 私たちは土曜は授業がありません．❷ on *Saturday* morning 土曜の朝に．

Sat·urn /sǽtərn **サタン**/ 名 ❶〖ローマ神話〗サトゥルヌス《農耕の神》．
❷〖天文〗土星(☞planet)．

*__sauce__ /sɔ́ːs **ソース**/ 名 (複 sauc·es /-iz/) ❶ UC **ソース**《味をよくするために料理にかける種々の液状あるいはクリーム状の風味料；✿ふつう日本でいう「ソース」はウスターソース (Worcestershire sauce)》．
❷《口語》ずうずうしさ，生意気なことば．
▶ ❶ What *sauce* goes best with this dish? この料理にはどういうソースが一番合いますか / tomato *sauce* トマトソース / soy *sauce* しょうゆ．

sauce·pan /sɔ́ːspæn **ソースパン**/ 名 C シチューなべ《長い柄(ˊ)のついた深なべ；☞ pan¹》．

sau·cer /sɔ́ːsər **ソーサ**/ 名 C 受け皿《ティーカップなどをのせる皿；☞ dish の 類語》．

sau·cy /sɔ́ːsi **ソースィ**/ 形 (sau·ci·er; sau·ci·est) 生意気な，こましゃくれた．

sau·na /sɔ́ːnə **ソーナ**/ 名 C サウナ(ぶろ)《✿フィンランド語で bathroom (浴室) の意味；sáuna bàth ともいう》．

saun·ter /sɔ́ːntər **ソーンタ**/ 動 ⾃ ぶらぶら歩く．
— 名 C ぶらぶら歩き，散歩．

*__sau·sage__ /sɔ́(ː)sidʒ **ソ(ー)スィヂ**/ 名 (複 -sag·es /-iz/) UC **ソーセージ**．

sau·té /sóutei **ソウティ**/ 名 UC ソテー《少量の油で軽くいためた料理》．
— 動 他 …をソテーにする，ソテー風に料理する．
▶ 名 pork *sauté* ポークソテー．

*__sav·age__ /sǽvidʒ **サヴィヂ**/ 形 (sav·ag·er, more ~; sav·ag·est, most ~)
❶ **どうもうな，狂暴な；残酷な**．
❷ 野蛮な，未開の (反 civilized)．
❸ 粗野な．
— 名 (複 -ag·es /-iz/) C ❶ **野蛮人**，未開人．❷ 残酷な人．❸ 無作法な人．
— 動 他 (動物が)暴れて…に危害を加え

る；酷評する．
▶ 形 ❶ a *savage* dog どうもうな犬．

sav·age·ly /sǽvidʒli **サヴィヂリ**/ 副 残酷に；野蛮に．

sav·age·ry /sǽvidʒri **サヴィチャリ**/ 名 U ❶ 狂暴性，残酷さ．❷ 野蛮[未開]状態．

sa·van·na, sa·van·nah /səvǽnə **サヴァナ**/ 名 UC サバンナ．

類語 **savanna** は熱帯などの樹木のない大草原；**pampas** は南米，とくにアルゼンチンの大草原；**prairie** は北米，とくにミシッシッピー川流域の大草原；**steppe** はアジア，シベリアなどの大草原．

__save__ /séiv **セイヴ/ 動 (~s /-z/; saved /-d/; sav·ing) 他 ❶ (危険・災難などから)…**を救う**，助ける，守る．
❷ⓐ (お金・体力など)を**(使わないで)とっておく**，たくわえる，しまっておく．
ⓑ《save ... for ~ または save ~ ...》～のために…をとっておく．
❸ⓐ (時間・出費・困難など)を**節約する**，省く．ⓑ《save ~ ...》～のために…を節約してくれる[あげる]．ⓒ《save ... *do*ing》…に_しないですませてくれる．
❹〖電算〗(記憶装置に)(データ)を保存する．
— ⾃ ❶ **貯金する**．❷〖電算〗保存する．❸ (神が)救済する．
— 前《文語》…以外は，…を除けば．
— 名 C〖球技〗(敵の得点の)阻止；〖野球〗(救援投手の)セーブ．

動 他 ❶ The dog *saved* the drowning child. その犬がおぼれかかっている子どもを助けた / God *save* the Queen! 神よ女王を守りたまえ，女王万歳《イギリス国歌の文句；✿仮定法なので saves とはならない》/ He *saved* a child *from* the fire. 彼は子どもを火事から救った．
❷ⓐ She is *saving* money for her trip to Australia. 彼女はオーストラリア旅行のためにお金をためている / *Save* your strength. (それをやる意味がないから)力をたくわえておきなさい．ⓑ *Save* some of the pie *for* him.= *Save* him some of the pie. パイを少し彼に

1161

saver

取っておいてやりなさい．
❸ⓐ The new device *saves* a lot of trouble. 新しい装置のおかげでめんどうが大いに省ける．
ⓑ The new road *saves* (us) a lot of time. その道路のおかげで(われわれの)時間はずいぶん助かる(新しい道路は(われわれの時間を)ずいぶん省いてくれる)．
— ❶ *save for* a new car 新車を買うためにお金をためる． ❷ *save* a file ファイルを保存する． ❸ Christ alone has the power to *save*. キリストのみが救済する力をもっている．

save on ... (時間・お金・燃料など)を節約する．

save the situation 難局を打開する．

save up 圓貯金する：*save up for* a bicycle 自転車を買う金を貯める．

— 前 I know nothing about the boy *save* his name. 私はあの少年については名前以外には何も知らない．

save for ... 《文語》…を除けば．

sav·er /séivər セイヴァ/ 名ⓒ ❶救済者． ❷倹約家，貯蓄家． ❸《時間・労力などのむだを》省いてくれるもの[装置]．

sav·ing /séiviŋ セイヴィング/ 形 ❶ⓐ(人が)倹約する． ⓑ(道具・機具などが)節約してくれる． ❷救いの．
— 名《複数形で》貯金．
▶名 He lost all his *savings*. 彼は貯金を全部なくした．

sávings accòunt /séivinz- セイヴィングズ-/ 名ⓒ ❶《米》普通預金口座(✪《英》では deposit account; ☞ checking account, current account)． ❷《英》積立定期預金．

sávings bànk /séivinz セイヴィングズ-/ 名ⓒ貯蓄銀行(savings account だけを取扱う銀行)．

sav·ior /séivjər セイヴャ/ 名 ❶ⓒ救済者，救い主． ❷《the Savior また our Savior で》救世主，キリスト．

sav·iour /séivjər セイヴャ/ 名《英》= savior.

sa·vor /séivər セイヴァ/ 名《単数形で》味，風味．
— 動圓〔…の〕味[におい] がする〔of〕．
— 他 …をゆっくり味わう．
▶動圓 The soup *savors of* garlic. そのスープはにんにくの味[におい]がする．

sa·vor·y /séivəri セイヴァリ/ 形 (sa·vor·i·er; sa·vor·i·est)味[におい]のよい，風味のある．

sa·vour /séivər セイヴァ/ 名動《英》= savor.

sa·vour·y /séivəri セイヴァリ/ 形《英》= savory.

saw¹ /sɔ́: ソー/ 名(複 ~s /-z/)ⓒのこぎり．
— 動 (~s /-z/; ~ed /-d/; 《米》~ed, 《英》sawn /sɔ́:n/; ~ing) 他(木材など)をのこぎりで切る．
— 圓のこぎりを使う，木をひく．
▶名 a chain *saw* チェーンソー，鎖のこ / a hack*saw* 弓のこ / a hand*saw* 手のこぎり．
— 動他 *saw* a log *into* boards 丸太をのこぎりで切って板を作る．

INFO 日本ののこぎりは手前に引いて切るが，西洋ののこぎりは向こう側に押して切る．

chain saw

handsaw

hacksaw

saw のいろいろ

saw² /sɔ́: ソー/ 動 see の過去形．

saw·dust /sɔ́:dʌst ソーダスト/ 名ⓤ おがくず．

sawn /sɔ́:n ソーン/ 動 saw¹ の過去分詞形．

sax /sǽks サックス/ 名《口語》= saxophone.

sax·o·phone /sǽksəfòun サクソフォウン/ 名ⓒサキソホーン《クラリネットの類の金属製で円錐(㍻)管の木管楽器》．

say /séi セイ/ 動 (~s /séz/《★発音注意》; said /séd/《★発音注意》; ~ing)

abcdefghijklmnopqr s tuvwxyz   say

㊙
❶ⓐ(ことば)を**言う**, (意見など)を述べる.
ⓑ《say (that) ＿ [wh-(疑問詞) ＿]》＿と言う.
❷(意見として)＿と**言う**, 判断する, 推測する(☞成句 cannot say wh-(疑問詞) ＿).
❸《say (that) ＿ [疑問詞 ＿]》(本・手紙・新聞などに)＿と**書いてある**.
❹…を暗誦(あんしょう)する, 唱(とな)える.
❺ⓐ(時計などが)…を示している.
ⓑ(表情などが)…を表わしている.
— ㊙ ❶ **言う**, しゃべる.
❷(意見として)言う, 意見を言う(☞成句 cannot say).
❸(米口語)ⓐおい, ねえ, ちょっと(❂相手の注意をひくために用いる; ☞ 成句 I say ②). ⓑまあ, ほんとに(❂軽い驚き・警告などを表わす; ☞ 成句 I say ①).
❹《挿入的に》たとえば, まあ, そうですね.
— 名 ❶《one's をつけて》言いたいこと, 言い分. ❷《単数形で》発言権.
❸《the をつけて》決定権.

動㊙ ❶ⓐWhat did she *say*? 彼女はなんと言ったのですか / Who *said* that? だれがそう言ったの / She didn't *say* anything to me about it.＝She *said* nothing to me about it. 彼女はそれについては私になにも言わなかった / I have something to *say* about this. 私はこれについてちょっと言いたいことがあります / Tom *said*, "I love her very much." ＝ "I love her very much," Tom *said* (＝ *said* Tom). トムは「ぼくは彼女をとても愛している」と言った(❂直接話法では Tom said の部分は文頭におかなくてもよい. 文頭にない場合は said Tom と主語が後におかれることもある). ⓑShe *said* (*that*) she didn't like coffee. ＝ She *said*, "I don't like coffee." 彼女は「私はコーヒーは好きではありません」と言った(❂＝の前の文は間接話法の文) / She *says* (*that*) she will join our club. 彼女は私たちのクラブに入ると言っている / He didn't *say* *where* he would go. 彼はどこへ行くか言わなかった / She *is said to* be sick. (＝It is *said* that she is sick.) 彼女は病気だそうだ(☞成句 It is *said* that ＿ .).

❷*No* one can *say* *what* may happen. なにが起こるかだれにもわからない.
❸The morning paper *says* (*that*) there was a big fire in London. 朝刊にロンドンに大火があったと出ている / He received a letter *saying that* his mother was ill in bed. 彼は母親が病気で寝ているという手紙を受け取った.
❹Mary is *saying* her prayers. メアリーはお祈りを唱えている.
— ㊙ ❶Do as I *say*. 言う通りにしろ.
❸ⓐ*Say*, Tom, have you finished your homework? おい, トム, 宿題すんだか. ⓑ*Say*, what a beautiful sunset! まあ, なんてきれいな夕日なんでしょう.
❹Can you come and see me, *say*, on Monday? 会いに[遊びに]来られますか, たとえば月曜日にでも.

as one might say いわば.
as much as to say ... …とでも言わんばかりに.
cannot say わからない: I *cannot say*. 私にはわからない / *Nobody can say*. 私にもわからない.
cannot say wh- (疑問詞) ＿ ＿はわからない: I *can't say where* she comes from. 彼女がどこ出身か私にはわからない / *No one can say what* may happen next. 次になにが起こるかだれにもわからない.
I dare say ＿ おそらく＿だろう(☞ dare).
I must [have to] say ＿ 絶対＿だと思う, ほんとうに＿だ.
I say《英口語》①おや, まあ(軽い驚き・警告などを表わす). ②おい, もしもし(❂相手の注意をひくために用いる; ①②ともに(米口語)では単に say という).
I should [I'd] say (that) ＿ . おそらく＿でしょう: *I should say (that)* he is over thirty. 彼はおそらく30歳を越していると思います.
It goes without saying that ＿ . ＿は言うまでもない: *It goes without saying that* health is important. 健康が大切なことはもちろんだ.
It is said that ＿ . ＿**と言われている**, ＿だそうだ(❂口語的な表現では They *say* (that) ＿ . People *say* (that) ＿ .

saying

たは I hear (that) ＿. (⇨ hear 成句)などを用いる)：*It is said that* she is the best tennis player in England. (= She is *said* to be the best tennis player in England.) 彼女はイングランド第1のテニス選手だといわれている.

***let's say**=**let us say** 《挿入的に》たとえば (☞say 圏 ❹).

***not to say …** …とは言わないまでも (❶…にはふつう形容詞がくる).

***People say (that) ＿.** = They *say* (that) ＿.

***say ＿** = let's *say* ＿.

***say for oneself** 言い訳をする, 弁解する：What do you have to *say for yourself*? 何か言い訳することがありますか.

***Say no more.** わかった(それ以上言う必要はない).

***say to oneself** (心の中で)**考える**, 思う (☞成句 talk to *oneself* (⇨ talk))："I am lucky," she *said to herself*.「私は運がいい」と彼女は思った.

***say to oneself aloud** ひとりごとを言う.

***say what you like** 君がどう言おうと, 君は賛成しないかもしれないが.

***Say when!** (酒をつぐ時などに)適量になったら言ってくれ (❶答えは When. または That's enough. など).

***that is to say** **すなわち**, 言いかえれば (❶単に that is ともいう)／on January 1, *that is to say*, on New Year's Day 1月1日に, つまり, 元日に.

***They say (that) ＿.** (うわさによると)＿だそうだ (☞成句 It is *said* that ＿.)：*They say* (*that*) the house is haunted. あの家は幽霊が出るそうだ.

***to say nothing of …** …**は言うまでもなく**：He can speak French and German, *to say nothing of* English. 彼は英語はもちろん, フランス語もドイツ語も話せる.

***to say the least of it** 控えめに言っても.

***What do you say to …** [*to doing*]? ☞ what.

***when all is said (and done)** 結局, 要するに (❶after all のほうがふつう).

***You don't say (so)!** まさか, そんなこ

とはないでしょう.

***You said it!** 《米口語》君の言う通りだ；その通りだ.

say・ing /séiiŋ セイイング/ 名 C ❶ことわざ, 格言. ❷言うこと, 言ったこと.

***as the saying goes [is]** ことわざにもあるように：*As the saying goes*, time is money. ことわざにもあるように, 「時は金なり」.

＊**says** /séz セズ/ (★発音注意) 動 say の三人称単数現在形.

SC 〔米郵便〕South Carolina.

scab /skǽb スキャブ/ 名 UC かさぶた.

scaf・fold /skǽfəld スキャフォルド/ 名 C ❶(建築現場などの)足場. ❷(むかしの)絞首台, 断頭台.

scaf・fold・ing /skǽfəldiŋ スキャフォルディング/ 名 U ❶(建築現場などの)足場. ❷《集合的に》足場材料(厚板・丸太など).

scald /skɔ́:ld スコールド/ 動 他 (熱湯や湯気で)…をやけどさせる.
— 名 C (熱湯や湯気による)やけど.

scald・ing /skɔ́:ldiŋ スコールディング/ 形 やけどするほど熱い.

＊**scale**[1] /skéil スケイル/ 名 (複 ~s /-z/)
❶ C ⓐ **目盛り**, 尺度.
ⓑ (目盛りのついた)定規.
❷ UC **規模**, スケール.
❸ C ⓐ **段階**, 階級, 等級.
ⓑ (賃金などの)等級表.
❹ C (地図などの)縮尺(率), (実物に対する)比率.
❺ C 〔音楽〕音階. ❻ C 〔数学〕…進法.
— 動 (現分 scal・ing) 他 …を(はしごなどで)登る, (山など)に登る.

- -

名 ❶ⓐthe *scale* of a thermometer 温度計の目盛り／the *scale* on a ruler 定規の目盛り.
❷on a large *scale* 大規模に.
❸ⓐthe social *scale* 社会階級.
ⓑthe wage *scale* 賃金表.
❹ The *scale* of the map is one inch to three miles. その地図の縮尺は3マイルが1インチになっている.
❺the major〔minor〕*scale* 長音〔短音〕階. ❻the decimal *scale* 十進法.

***to scale** 一定の比率で.
— 動 他 *scale* the wall by a ladder はしごで塀(ﾍｲ)を登る.

scale down 他 …を一定の率で引き下げる[縮小する].
scale up 他 …を一定の率で引き上げる[拡大する]: *scale up* the price (by) 5 percent 値段を5パーセント引き上げる.

***scale**² /skéil スケイル/ 名(複 ~s /-z/)
❶《複数形で; 単数扱いで》**天秤**(てんびん).
❷ⓒ《英》《しばしば複数形で; 単数扱いで》はかり, 体重計.
— 動(現分 scal·ing) 他 …の目方を量る.
— 自 …の目方がある.
▶名 ❶ the *scales*＝a pair of *scales* 天秤1台. ❷ a counter *scale* (商店で用いる)上(うえ)皿ばかり.

scale³ /skéil スケイル/ 名ⓒ ❶ (魚類の)うろこ, (両生類の)鱗(うろこ)片. ❷ うろこ状のもの, 薄片(はくへん).
— 動(現分 scal·ing) 他 ❶ …のうろこを落とす. ❷ (ペンキなど)をはがす.
— 自 (うろこのように)はげる.
▶他 ❶ *scale* a fish 魚のうろこをとる.

scal·lop /skáləp スカロプ, skél-/ 名ⓒ
❶ ホタテガイ. ❷ ホタテガイの貝殻《◆**scállop shèll** ともいう》. ❸《ふつう複数形で》ホタテガイの貝柱.

scalp /skælp スカルプ/ 名ⓒ 頭髪つきの頭の皮《北米先住民などが戦勝記念品として敵の頭からはぎ取ったもの》.

scal·pel /skǽlpəl スカルペル/ 名ⓒ (外科・解剖用の)メス.

scam·per /skǽmpər スキャンパ/ 動 (子ども・小さい動物などが)あわてて逃げる.

scan /skǽn スキャン/ 動 (~s /-z/; scanned /-d/; scan·ning) 他 ❶ …をよく注意して見る, 調べる.
❷ (何かを知ろうと)(新聞など)をざっと見る, …にざっと目を通す.
❸ⓐ (コンピューターなどが)…を調べる, (情報)を取りこむ. ⓑ (レーダーが)…を探る.
❹ⓐ (コンピューターなどで)…を調べて読みこむ. ⓑ (X線などをあてて)…を調べる.
— 自 (詩が)韻律に合う.
— 名ⓒ ❶ スキャン(すること).
❷ 【医学】 (スキャナーを用いた) 精密検査.
▶❶ She *scanned* their faces. (人探しなどで)彼女はその人たちの顔を次々に見た. ❷ *scan* the newspaper 新聞をざっと見る.

***scan·dal** /skǽndl スキャンドル/ 名(複 ~s /-z/)
❶ⓊⒸ スキャンダル, ひどいできごと; 汚職事件.
❷ⓒ 恥ずべきこと, 恥, 不名誉.
❸Ⓤ 悪い評判, 陰口.
❹ⓒ (世間の)(スキャンダルに対する)反感, 憤慨(ふんがい).
▶❶ a political *scandal* 政治的な汚職事件. ❷ The slums are *a scandal* to the city. そのスラム街は市の恥だ.
❸ talk *scandal* 陰口をきく.
☞動scandalize, 形scandalous.

scan·dal·ize /skǽndəlàiz スキャンダライズ/ 動 (現分 -iz·ing) 他 …を憤慨(ふんがい)させる, あきれさせる.
▶I *am* truly *scandalized* at his behavior. 私は彼のふるまいにすっかり愛想をつかした.
☞名scandal.

scan·dal·ous /skǽndələs スキャンダラス/ 形 (行為などが)ひどい, けしからぬ, あきれるほどの.
☞名scandal.

scan·dal·ous·ly /skǽndələsli スキャンダラスリ/ 副 あきれるほどに, 恥ずかしいほどに, ひどく.

scan·ner /skǽnər スキャナ/ 名ⓒ ❶ 【テレビ・通信・電算】 映像走査機, スキャナー.
❷ 【医学】 (人体の中を調べる) スキャナー.

scant /skǽnt スキャント/ 形 不十分な, 乏しい.

scant·i·ly /skǽntəli スキャンティリ/ 副 不十分に; 惜しんで.

scant·y /skǽnti スキャンティ/ 形 (scant·i·er; scant·i·est) ❶ (衣服などが)寸法が小さすぎる.
❷ 不十分な, 乏しい.
▶❶ a *scanty* bathing suit 肌もあらわな水着.

scape·goat /skéipgòut スケイプゴウト/ 名ⓒ ❶【聖書】贖罪(しょくざい)の山羊《古代ユダヤで罪を清める日に人々の罪を負わせて荒野に放した山羊》.
❷ 他人の罪をかぶらされる人, 身代わり.

scar /skáːr スカー/ 名ⓒ 傷あと.
— 動 (~s /-z/; scarred /-d/; scar·ring /skáːriŋ/) 他 …に傷あとを残す.
▶名 He had a *scar* on his cheek. 彼はほおに傷あとがあった / His insult left a deep *scar* on her. 彼の侮辱(ぶじょく)が

scarce /skéərs スケアス/《★発音注意》形
❶乏しい, 少ない（反 plentiful）(✪ scarcely は「ほとんど…ない」).
❷まれな, 珍しい.
▶ ❶ Water is often *scarce* in summer. 夏にはよく水不足になる.
☞ 名 scarcity.

***scarce·ly** /skéərsli スケアスリ/《★発音注意》副
❶ ⓐほとんど…ない(✪a, b の場合とも, ふつう be 動詞, 助動詞の直後, 一般動詞の直前に置かれる; ☞ hardly の 類語, barely の 語法; scarce は「乏しい」). ⓑ (まず)絶対…ない(✪not の遠回しの表現).
❷やっと, どうにか.

❶ⓐ I *scarcely* remember him. 私はほとんど彼のことはおぼえていない.
ⓑ It can *scarcely* be true. それは絶対にほんとうではありえない.
❷ He was *scarcely* twenty then. 彼は当時20歳になるかならないかだった.

scarcely any ... …がほとんどない: There is *scarcely any* coffee left in the pot. ポットの中にはほとんどコーヒーが残っていない.

scarcely ever めったに…ない(seldom): The child *scarcely ever* cries. その子はめったに泣かない.

***scarcely ... when* [*before*]__** …するかしないうちに__, …するとすぐに__: He had *scarcely* left home *when* it began to rain. = *Scarcely* had he left home *when* it began to rain. 彼が家を出るやいなや雨が降り出した.

語法 (1) 過去のできごとを述べるときにはふつう…には過去完了形の動詞, __には過去形の動詞を用いる. (2) scarcely が文頭に出ると主語の前に had がくる.

scar·ci·ty /skéərsəti スケアスィティ/ 名 (複 -ci·ties /-z/) UC 不足, 欠乏.
▶ a *scarcity* of food 食糧難.
☞ 形 scarce.

***scare** /skéər スケア/ 動 (~s /-z/; scared /-d/; scar·ing /skéəriŋ/) 他
❶ⓐ …をおびえさせる, こわがらせる (☞ frighten の 類語).
ⓑ《be scared で》おびえる, こわがる (☞ scared).

❷ⓐ《scare ... into ~》…（人）をおどかして～させる.
ⓑ《scare ... out of ~》…（人）をおどかして～をやめさせる.
— 自 こわがる, おびえる.
— 名 ❶《単数形で》(突然の)恐れ, 恐怖.
❷ C (根拠のない)不安.
▶ 動 他 ❶ⓐ The sudden noise *scared* the children. その突然の物音は子どもたちをおびえさせた.

scare·crow /skéərkròu スケアクロウ/ 名
C ❶ かかし.

scarecrow

❷《口語》やせこけた人; みすぼらしい服装の人.

***scared** /skéərd スケアド/ 形 (more ~; most ~) ⓐ こわがる.
ⓑ《be scared of ...》…がこわい.
ⓒ《be scared to *do*》__するのがこわい.

ⓐ Don't be *scared*. こわがるな / a *scared* child こわがっている子ども.
ⓑ She *is scared of* snakes. 彼女はヘビがこわい / I *was scared of* walking home alone at night. 私は夜ひとりで歩いて家に帰るのがこわかった.
ⓒ I'm *scared to* ride a horse. 私はこわくて馬に乗れない.

scarf /skάːrf スカーフ/ 名 (複 scarves /skάːrvz/, ~s /-s/) C ❶ スカーフ. ❷《米》細長い布（テーブル掛け・カーペットなど）.

scar·let /skάːrlət スカーレト/ 名 U 緋(ひ)色, スカーレット (crimson (濃紅色) よりも明るい赤色をいう). — 形 緋(ひ)色の.

scárlet féver 名 U 〘医学〙猩紅(しょうこう)熱.

scarves /skάːrvz スカーヴズ/ 名 scarf の

scar·y /skéəri スケアリ/ 形 (scar·i·er; scar·i·est)《口語》(物事が)恐ろしい, こわい.

scath·ing /skéiðiŋ スケイジィング/ 形 (批判などが)痛烈な, きびしい.

*__scat·ter__ /skǽtər スキャタ/ 動 (~s /-z/; scat·tered /-d/; -ter·ing /-təriŋ/) 他
❶ …をまき散らす.
❷ …を追い散らす, ちりぢりにする.
— 自 ちりぢりになる.

他 ❶ The wind *scattered* leaves all over the garden. 風が庭一面に葉をまき散らした / The farmer *scattered* the fields *with* seed(s).＝The farmer *scattered* seed(s) *over* the fields. 農夫は畑に種をばらまいた.
❷ The loud noise *scattered* the birds. その大きな音で小鳥はちりぢりに飛び去った.
— 自 The crowd *scattered* when the police arrived. 警官が到着すると群衆は散った.

scat·ter·brained /skǽtərbrèind スキャタブレインド/ 形《口語》落ちつきのない, 注意力散漫な.

scat·tered /skǽtərd スキャタド/ 形 まき散らされた, 散在している.

scav·enge /skǽvindʒ スキャヴェンヂ/ 動
他 ❶ (動物が)(腐った肉など)をあさる.
❷ (利用できるもの)をごみの中から捜(さが)す.
— 自 (利用できるものはないかと)あさる.

scav·en·ger /skǽvindʒər スキャヴェンヂャ/ 名 C ❶ (死体などの)腐った肉を食べる動物《ハゲタカ (vulture), ハイエナ (hyena) など》. ❷ ごみをあさる人.

sce·na·ri·o /sənéəriou セネ(ア)リオウ | -ná:r-/ 名 C (映画などの)脚本, シナリオ.
▶ a *scenario* writer シナリオライター.

*__scene__ /síːn スィーン/ 名 (複 ~s /-z/)
❶ⓐ C (映画・劇・テレビなどの)場面, シーン, (小説などの)舞台.
ⓑ (劇の)場 (☞act 名 ❷).
❷ C 景色, 風景, ながめ《特定の場所からひと目で見わたせる景色; ☞ scenery 類語》.
❸ C (出来事・行動などの)情景, 場, シーン.
❹《the をつけて》(事件などの)現場, 場所.

❺ C (けんかなどの)大騒ぎ.

❶ⓐ The *scene* is set in London before World War II. 舞台は第二次大戦前のロンドンに置かれている / a beautiful *scene* 美しいシーン. ⓑ Act I, *Scene* 2 第1幕第2場 (◎ Act one Scene two と読む).
❷ I looked out of the window at the beautiful country *scene*. 私は窓から美しい田園風景を見た.
❸ a *scene* from my boyhood in the country いなかで過ごした子どものころの情景.
❹ The police hurried to *the scene* of the crime. 警官は急いで犯罪の現場に駆けつけた.
❺ make a *scene* (泣いたりわめいたり)大騒ぎする.

behind the scenes ①舞台裏で. ②陰でこっそりと, 秘密に.
come [appear] on the scene 登場する, 現われる.
on the scene 現場で, 現場に.
☞ 形 scenic.
《同音異形語》 seen.

*__sce·ner·y__ /síːnəri スィーナリ/ 名 U
❶《集合的に》(ある地域全体の自然の)景色(けしき), 風景.

> 類語 **scene** は個々の景色をさし, **scenes** という複数形がある. **scenery** は景色全体の意味であり常に単数として扱う.

❷《集合的に》(芝居の)背景, 道具立て.
▶ ❶ the mountain *scenery* その山の景色 / the beautiful *scenery* of Hokkaido 北海道の美しい景色.

sce·nic /síːnik スィーニック/ 形 景色のよい.
▶ a *scenic* spot 景色のよい場所, 名所.
☞ 名 scene.

*__scent__ /sént セント/ 名 (複 ~s /-ts/)
❶ C (こころよい)におい, かおり (☞ smell の 類語).
❷ⓐ U C (獣や人の残した)におい. ⓑ C 手がかり. ❸ U C 香水.
— 動 他 ❶ …をかぎ出す. ❷ (秘密など)をかぎつける. ❸ …にかおりをつける, 香水をつける.

▶[名] ❶the *scent* of flowers 花のかおり. ❸She put some *scent* on her handkerchief. 彼女はハンカチに香水をつけた.
follow* (*up*) *the scent ①(猟犬が獲物(えもの)の)においをかぎながら跡を追う. ②(人が)手がかりをたどって追及する.
off the scent ①(猟犬が)臭跡(しゅうせき)を失って. ②手がかりを失って.
on the scent of ... ①…の臭跡を追って;…を求めて. ②…の手がかりを得て: The police are *on the scent of* the criminal. 警察はその犯人の手がかりを得ている.
— [動][他] ❶The hounds *scented* a fox. 猟犬はキツネをかぎ出した. ❷*scent* danger 危険に気づく.
《同音異形語》sent, cent.

scep·tic /sképtik スケプティック/ [名]《英》= **skeptic**.

scep·ti·cal /sképtikəl スケプティカル/ [形]《英》= **skeptical**.

scep·ti·cism /sképtəsìzm スケプティスィズム/ [名]《英》= **skepticism**.

⁑**sched·ule** /skédʒu:l スケチュール | ʃédju:l/ 《★発音注意》[名] ([複] ~s /-z/) [C]
❶**予定(表)**, 計画, スケジュール.
❷《米》**時刻表**, 時間表.
— [動] (~s /-z/; sched·uled /-d/; -ul·ing) [他] …を予定する.

[名] ❶I have a full *schedule* this week. 今週は予定がつまっている / my *schedule* for next week 私の来週の予定.

語の結びつき
change one's *schedule* 予定を変更する
draw up [make (up), plan] a *schedule* (for ...) (…の)予定を立てる
have a busy [tight] *schedule* 予定が詰まっている
stick [keep] to one's *schedule* 予定どおりに行なう

❷a train *schedule* 列車時刻表.
according to schedule ①予定どおりに. ②予定に従えば.
ahead of schedule 予定より早く.
behind schedule 予定より遅れて.
on schedule 時間どおりに, 予定どおりに.
— [動][他] The train *is scheduled to* arrive at 9:30. その列車は9時30分に到着の予定である / The basketball game *is scheduled for* Saturday afternoon. そのバスケットボールの試合は土曜日の午後に予定されている.

***scheme** /skí:m スキーム/ 《★発音注意》[名] ([複] ~s /-z/) [C] ❶ⓐ(大規模な)**計画**, 案. ⓑ(個人的)計画. ❷(悪い)計画, 陰謀. ❸配列, 配合.
— [動] (~s /-z/; schemed /-d/; schem·ing) [他] (陰謀など)を計画する.
— [自]〔悪いことを〕計画する, 陰謀をめぐらす〔*for*〕.
▶[名] ❶ⓐa five-year *scheme* 5年計画. ❷a *scheme* to evade taxes 脱税の計画. ❸the color *scheme* of the drawing room その応接間の色の配合.
— [動][他] He *schemed* to trip up his rival. 彼は競争相手をつまずかせようと計画した.

schiz·o·phre·ni·a /skìtsəfrí:niə スキツォフリーニア/ [名][U]〔医学〕統合失調症.

schiz·o·phren·ic /skìtsəfrénik スキツォフレニック/ [形]〔医学〕統合失調症の.
— [名][C] 統合失調症患者.

***schol·ar** /skálər スカラ | skɔ́lə/ [名] ([複] ~s /-z/) [C] ❶**学者** 《とくに文科系の学者をいう》. ❷(大学の奨学金 (scholarship) をもらう)**奨学生**, 給費生. ❸《口語》学問のある人.
▶❶a *scholar* of American history アメリカ史の学者.
☞ [形] scholarly.

schol·ar·ly /skálərli スカラリ/ [形] 学問的な, 学究的な, 博学な.
☞ [名] scholar.

⁑**schol·ar·ship** /skálərʃìp スカラシップ | skɔ́ləʃìp/ [名] ([複] ~s /-s/) ❶[C] **奨学金**, スカラシップ.
❷[U] 学問, 学識.
▶❶He got a *scholarship* to study in the U.S. 彼はアメリカで勉強するための奨学金をもらった / on a *scholarship* 奨学金で / win a *scholarship* 奨学金を得る.

abcdefghijklmnopqr**s**tuvwxyz　　　　　　　　　　**schoolfellow**

語の結びつき

apply for a *scholarship* 奨学金に応募する

award [grant] a *scholarship* 奨学金を与える

establish [endow, found] a *scholarship* 奨学金(制度)を設ける

have [be on, hold] a *scholarship* 奨学金をもらっている

❷He is a man of great *scholarship*. 彼は大学者だ.

scho‧las‧tic /skəlǽstik スコラスティック/ 形 学校の, 教育の. ▶*scholastic* attainments 学業成績, 研究業績.

✱✱school¹ /skúːl スクール/ 名 (複 ~s /-z/)

❶ⓐ □C **学校** 《建物・施設・制度としての小学校・中学校・高等学校をさす; 《米》では大学を意味することがある; 「余暇, ひま」というギリシア語からきたことば; ☞ high school, college, university》.

ⓑ C **校舎** 《❍schoolhouse ともいう》.

❷ U 《冠詞をつけずに》**授業**, 《学校教育の意味での》**学校**, 学校教育.

❸ 《the をつけて; 単数または複数扱いで》**全校生徒(と教師)**.

❹ UC (大学・大学院の) **学部**.

❺ C (学問・芸術などの) **流派**, 学派.

---

❶ⓐ a night *school* 夜間学校 《ふつう昼間学校へ行けない成人のための学校》 / a day *school* (寄宿制ではない) 昼間学校 / a boarding [dancing] *school* 寄宿[ダンス]学校 / a medical *school* 医学部, 医学大学.

語の結びつき

attend [go to] *school* 学校に通う

begin *school* 学校に上がる

cut *school* 《口語, おもに米》学校をサボる

finish [graduate from] *school* 学校を卒業する

leave [quit, drop out of] *school* 学校をやめる[退学する]

stay away from *school* 学校を休む

❷*School* begins at 8:30. 学校は8時半に始まる / We have [There is] no *school* today. きょうは学校は休みです /

start *school* 学校へ行き始める / leave *school* 学校を中退[卒業]する 《❍(英)では中学・高校を卒業する》/ after *school* 放課後. ❸ *The* whole *school* knows it. 全校生徒がそれを知っている. ❹ the law *school* = the *school* of law 法学部(大学院). ❺ the romantic *school* (文学・芸術史上の)ロマン派.

at school ①学校で, 授業で: study French *at school* 学校でフランス語を勉強する. ②授業中で, 登校中で: Mary is *at school* now. メアリーは今学校です. ③《英》在学中で 《❍《米》では in school》.

in school ①《米》在学中で 《❍《英》では at school》. ②学校で, 授業で. ③授業中で, 登校中で. ④《英》校舎内で.

school² /skúːl スクール/ 名 C (魚・イルカなどの) 群れ.
▶a *school* of porpoises イルカの群れ.

a school of porpoises
(イルカの群れ)

schóol àge 名 U 就学年齢.

school‧bag /skúːlbæɡ スクールバッグ/ 名 C 通学かばん.

schóol bòard 名 C 《米》教育委員会.

✱**school‧boy** /skúːlbɔ̀i スクールボイ/ 名 (複 ~s /-z/) C **男子生徒** 《❍子どもであるという語感があり, 大学生などには用いない; ☞ schoolgirl》.

schóol building 名 C 校舎.

schóol bùs 名 C スクールバス.

school‧child /skúːltʃàild スクールチャイルド/ 名 (複 -chil‧dren /-tʃìldrən/) C 学校の生徒.

schóol dày 名 ❶ C 授業日. ❷ 《複数形で》学校時代, 学生時代.
▶❷in my *school days* 私の学校時代に.

school‧fel‧low /skúːlfèlou スクールフェロウ/ 名 C 学校友だち, 学友 《❍schoolmate ともいう》.

one thousand one hundred and sixty-nine　　1169

schoolgirl　ABCDEFGHIJKLMNOPQR**S**TUVWXYZ

*school·girl /skúːlgəːrl スクールガール/ 名 (複 ~s /-z/) C 女子生徒 (☞ schoolboy).

school·house /skúːlhàus スクールハウス/ 名 (複 -hous·es /-iz/) C 校舎 (◎単に school ともいう).

school·ing /skúːliŋ スクーリング/ 名 U ❶学校教育. ❷(通信教育の)教室授業, スクーリング.

school·mas·ter /skúːlmæ̀stər スクールマスタ/ 名 C ❶(英) ⓐ男性教師 (☞ schoolmistress). ⓑパブリックスクール (public school)の教師. ❷(男性の)校長.

school·mate /skúːlmèit スクールメイト/ 名 C 学校友だち, 学友 (◎schoolfellow ともいう).

school·mis·tress /skúːlmìstrəs スクールミストレス/ 名 (複 ~·es /-iz/) C ❶(英)女性教師 (☞schoolmaster). ❷女性の校長.

schóol repòrt 名 C (英) (学校の)成績表 (◎(米)では report card).

school·room /skúːlrù(ː)m スクールル(ー)ム/ 名 C 教室 (◎classroom のほうがふつう).

school·teach·er /skúːltìːtʃər スクールティーチャ/ 名 C (小・中・高校の)教師.

school·work /skúːlwə̀ːrk スクールワーク/ 名 U 学校の勉強 (予習なども含む).

school·yard /skúːljàːrd スクールヤード/ 名 C 校庭, 運動場.

schóol yéar 名 C 学校年度 (ふつう 9月から 6月まで; ◎academic year ともいう; ☞ semester).

*sci·ence /sáiəns サイエンス/ 名 (複 -enc·es /-iz/) ❶ⓐ U 科学; (とくに)自然科学 (◎natural science ともいう). ⓑ C (特定分野の)科学; (学校の)理科. ❷ U C (体系的な学問としての)…学.

❶ⓐa man [woman] of *science* 科学者. ⓑa *science* teacher 理科の先生. ❷political *science* 政治学 / social *science* (歴史学・経済学などの)社会科学.

☞ 形 scientific.

scíence fíction 名 U 空想科学小説 (◎略して SF, sf ともいう).

*sci·en·tif·ic /sàiəntífik サイエンティフィック/ 形 (more ~; most ~)
❶科学の, 科学に関する, (自然)科学上の.
❷科学的な, 厳正な; 系統立った.

❶a *scientific* discovery 科学上の発見. ❷a *scientific* attitude 科学的態度 (厳正で客観的な態度).

☞ 名 science.

sci·en·tif·i·cal·ly /sàiəntífikəli サイエンティフィカリ/ 副 科学的に, 系統的に.

*sci·en·tist /sáiəntist サイエンティスト/ 名 (複 ~s /-ts/) C 科学者, (とくに)自然科学者.

scin·til·lat·ing /síntəlèitiŋ スィンティレイティング/ 形 (文語) (ことば・会話などが)才気あふれる, 機知に富んだ.

*scis·sors /sízərz スィザズ/ (★発音注意) 名 (複) はさみ (◎数えるときは a pair [two pairs] of scissors はさみ 1丁[2丁]のように用いる). ▶sharp *scissors* よく切れるはさみ.

scoff /skάf スカフ/ 動 自 ばかにする, ばかにして笑う.
▶*scoff at* the mistakes of others 他人のまちがいを笑う.

*scold /skóuld スコウルド/ 動 (~s /-dz/; ~ed /-id/; ~·ing) 他 …をしかる, …にこごとを言う.
— 自 しかる, こごとを言う.
▶他 His mother *scolded* him *for coming* home late. 彼の母は彼がおそく帰宅したのでしかった.

scold·ing /skóuldiŋ スコウルディング/ 名 U C しかりつけること.
▶give [get] a good *scolding* うんとしかる[しかられる].

scone /skóun スコウン/ 名 C (英)スコーン (柔(ゃゎ)らかい小型パン; ◎(米)では biscuit).

scoop /skúːp スクープ/ 名 C ❶小シャベル; 大さじ. ❷ⓐすくうこと; すくうような動作. ⓑひとすくいの量. ❸(新聞の)特種(とくだね), スクープ.
— 動 他 ❶…をすくう, くむ.
❷…を掘る, えぐり取る.
❸ⓐ(他社)を特種で出し抜く.
ⓑ(特種)を報道する.
▶名 ❶a coal *scoop* 石炭シャベル.
❷ⓑa *scoop* of ice cream アイスク

abcdefghijklmnopqr**s**tuvwxyz　　　　　　　　　　　　　　　**scornful**

リームひとすくい．
— 動 ❶ *scoop* up a fish 魚をすくい上げる / *scoop* water out of a boat ボートから水をかい出す．

scoot・er /skúːtər スクータ/ 名 C
❶ スクーター《子どもが片足を乗せもう一方の足で地面をけって走る》．
❷ スクーター《◯motor scooter ともいう》．

scooter ❶　　　scooter ❷

scope /skóup スコウプ/ 名 U ❶ (能力・研究・活動などの)範囲；視野．❷ (何かをする)機会，余地．
▶ ❶ within my *scope* 私にできる範囲内に / a person of wide *scope* 視野[見識]の広い人．❷ give *scope* to *one's* imagination 想像力を発揮する．

scorch /skɔːrtʃ スコーチ/ 動 (三単現 ~es /-iz/) 他 …を焦(こ)がす．
▶ I *scorched* the dress while ironing it. アイロン掛けをしていてそのドレスを焦がしてしまった．

scorch・ing /skɔːrtʃiŋ スコーチング/ 形 焼けつくような，ひどく暑い．
— 副 焼けつくように．
▶ 形 a *scorching* day 焼けつくような暑い日．
▶ 副 It's *scorching* hot outside. 外は焼けつくように暑い．

☆score /skɔːr スコー/ 名 (複 ~s /-z/)
❶ C (a) (競技などの)**得点**，スコア．
b (試験などの)点数，成績．
❷ 〖音楽〗C a 楽譜，総譜．b (劇・映画などの)音楽．
❸ C (文語)20, 20人, 20個《◯複数形も score》．
— 動 (~s /-z/; scored /-d/; scor・ing /skɔːriŋ/) ❶ (競技・試験で)(点)を**得る，得点する**．
❷ (利益・成功など)を**得る**．
❸ ⓐ (得点など)を記録する．

ⓑ (米)(試験・志願者など)を採点する．
— 自 ❶ (競技・試合などで)得点する．
❷ (競技の)得点を記録する．
❸ うまくやる，成功する．

••••••••••••••••••••••••••••••
名 ❶ ⓐ What is the *score*? 得点は何点ですか / win the game by a *score* of three to one 3対1で試合に勝つ / keep (the) *score* 得点を記録する．
ⓑ His *score* on the English test was very good. 彼の英語のテストの得点はとてもよかった．❷ ⓐ a vocal *score* 声楽用の楽譜．❸ a *score* of people 20人の人々．

on that [*this*] *score* その[この]点について(は)．

scores of ... 多数の…．

— 動 他 ❶ *score* five points 5点取る / *score* 85 (points) *on* the English spelling test 英語のスペリングのテストで85点を取る．❷ *score* a victory 勝利を得る．

score off 他 (英)(議論などで)…をやっつける．

score out 他 (一覧表などから)(名前など)を線を引いて消す．

score・board /skɔːrbɔːrd スコーボード/ 名 C (野球などの)得点掲示板，スコアボード．

score・card /skɔːrkɑːrd スコーカード/ 名 C (ゴルフなどの)スコアカード，得点表．

scor・er /skɔːrər スコーラ/ 名 C ❶ (競技の)得点記録係，(野球などの)スコアラー．
❷ 得点した選手．

scorn /skɔːrn スコーン/ 名 U 軽蔑(ベツ)；軽蔑の的，もの笑いの種．
— 動 他 ❶ …を軽蔑する．
❷ (文語)…を(軽蔑して)拒絶する．
▶ 名 with *scorn* 軽蔑して / feel [have] *scorn* for ... …を軽蔑する．

pour scorn on ... …に軽蔑のことばを浴びせる．

— 動 他 ❶ *scorn* a coward おくびょう者を軽蔑する．

☞ 形 scornful.

scorn・ful /skɔːrnfəl スコーンフル/ 形 軽蔑(ベツ)した．
▶ in a *scornful* way ばかにしたように / She *was scornful of* me. 彼女は私を軽蔑していた．

scornfully

☞ 图scorn.

scorn・ful・ly /skɔ́ːrnfəli スコーンフリ/ 副 軽蔑して.

Scor・pi・o /skɔ́ːrpiòu スコーピオウ/ 图 ❶【天文】さそり座. ❷【占星】ⓐさそり座, 天蝎(てんかつ)宮 (☞zoodiac). ⓑ C さそり座生まれの人.

scor・pion /skɔ́ːrpiən スコーピオン/ 图 C 〖動物〗サソリ.

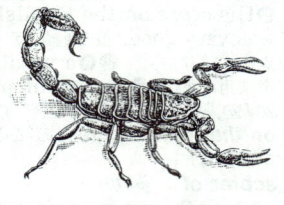

scorpion

Scot /skɑ́t スカット | skɔ́t/ 图 C スコットランド人.

Scotch /skɑ́tʃ スカッチ/ 形 スコットランドの.

語法 スコットランド人には軽蔑(けいべつ)語になるので, Scotch whisky(スコッチウイスキー)など飲食物以外には Scottish か Scots を用いる.

☞ 图Scotland.

— 图 U.C スコッチウイスキー, スコッチ (✪Scotch whisky ともいう).

Scótch tápe 图 U 《米》 〖商標〗 スコッチテープ, セロテープ (✪単に tape ともいう; 《英》では Sellotape).

*__**Scot・land**__ /skɑ́tlənd スカトランド | skɔ́t-/ 图 **スコットランド** 《大ブリテン島 (Great Britain) の一部で, イングランド (England) の北方にある; 首都はエディンバラ (Edinburgh); ☞ United Kingdom》.

☞ 形Scottish, Scotch, Scots.

Scots /skɑ́ts スカッツ/ 形 = **Scottish**.
— 图 U スコットランド語 〔方言〕.

Scots・man /skɑ́tsmən スカツマン/ 图 (複 Scots・men /-mən/) C スコットランド人.

Scots・wom・an /skɑ́tswùmən スカツウマン/ 图 (複 Scots・wom・en /-wìmin/) C スコットランド人女性.

Scot・tish /skɑ́tiʃ スカティシュ | skɔ́t-/ 形 ❶スコットランドの (☞Scotch). ❷ⓐスコットランド人の. ⓑスコットランド語の.

☞ 图Scotland.

— 图 ❶《the をつけて; 集合的に; 複数扱いで》スコットランド人. ❷ U スコットランド語 〔方言〕.

scoun・drel /skáundrəl スカウンドレル/ 图 C 《やや古語》悪党, 悪漢.

scour¹ /skáuər スカウア/ 動 他 ❶…をこすってみがく. ❷(パイプ・みぞなど)を水を流してきれいにする.

scour² /skáuər スカウア/ 動 他 〔…を求めて〕(場所)をくまなく捜(さが)す, 徹底的に捜す〔for〕.

▶scour the town for the thief どろぼうを捕えようと町じゅうを捜し回る.

scourge /skɔ́ːrdʒ スカーヂ/ 图 C ❶《文語》災害[不幸]の元凶; 災難. ❷(むかし, 体罰を与えるときに使った)むち.

*__**scout**__ /skáut スカウト/ 图 (複 ~s /-ts/) C ❶ⓐボーイ[ガール]スカウトの団員. ⓑ《the Scouts で》ボーイ[ガール]スカウト団. ❷ⓐ偵察(ていさつ)兵; 斥候(せっこう). ⓑ偵察機.

— 動 (~s /-ts/; ~ed /-id/; ~ing) 他 (情報を得るために)(場所)を偵察する, 調べる.

— 自 ❶捜(さが)し回る, スカウトする. ❷偵察する, 斥候をする.

....

图 **on the scout** 偵察中で.

— 動 自 ❶ *scout* **about** [**around**] **for** a gift shop みやげもの店がないかとあちこち捜し回る.

scout out 他 …を捜して見つける.

scowl /skául スカウル/ 《★発音注意》 動 自 (おこって)〔…に〕顔をしかめる, いやな顔をする〔at〕.

— 图 C しかめっつら, 苦い顔.

scrab・ble /skræbl スクラブル/ 動 自 手さぐりする, かき回して捜(さが)す.

*__**scram・ble**__ /skræmbl スクランブル/ 動 (~s /-z/; ~d /-d/; -bling) 自 ❶よじ登る, はうように進む.
❷ⓐ〔…を〕奪い合う 〔for〕. ⓑ争って__ しようとする. ❸〖軍事〗(軍用機が)(敵機発見の知らせで)緊急発進する.

— 他 ❶…をごちゃまぜにする, 混乱させる.
❷(卵など)をかき混ぜながら焼く.
— 图 ❶《単数形で》はい登ること.

❷《単数形で》奪い合い.
❸Ⓒ《軍事》緊急発進, スクランブル.

動 ⓐ ❶*scramble* up the steep hill けわしい山をよじ登る. ❷ⓐThe boys *scrambled for* the ball. その少年たちはボールを奪い合った. ⓑ*scramble to* get out of the theater 先を争って劇場から出ようとする.

— 他 ❷*scrambled* eggs いり卵.

*scrap /skrǽp スクラップ/ 名 (複 ~s /-s/)
❶ⓐⒸ小片, 切れはし. ⓑⒸ《a をつけて; 否定文で》少し, わずか.
❷Ⓤ《集合的に》くず鉄, スクラップ, 廃物(はい), くず.
❸《複数形で》残飯, 残り物.
— 動 (~s /-s/; scrapped /-t/; scrapping) 他 …をくずとして捨てる, スクラップにする.

▶ 名 ❶ⓐa *scrap* of bread〔meat〕パン〔肉〕の切れはし. ⓑdo *not* care a *scrap* ちっとも気にしない. ❷collect *scrap* 廃物を集める.

☞ 形 scrappy.

— 動 他 *scrap* an old car 古い自動車をスクラップにする.

scrap·book /skrǽpbùk スクラプブック/ 名Ⓒ(新聞などの)切り抜き帳, スクラップブック.

scrape /skréip スクレイプ/ 動 (現分 scrap·ing) 他 ❶…をこすり取る, 削り取る.
❷…をこすってきれいにする[皮などを取る].
❸…をすりむく, …にすり傷をつける.
❹(お金など)を(苦労して)かき集める.
— 自 ❶こする, こするように進む.
❷〔…を〕どうにか通り[切り]抜ける〔*through*〕.
— 名Ⓒ❶こすること[音], すれること[音]. ❷すり傷, すった跡. ❸《口語》(自分の軽率から生じた)困難, 苦境.

動 他 ❶I *scraped* the mud from [off] my shoes. 私はくつの泥をこすり落とした / *scrape* off the paint ペンキをこすり落とす. ❷*Scrape* your shoes on the door mat. ドアマットでくつをこすりなさい. ❸She fell and *scraped* her knees. 彼女は倒れてひざをすりむいた. ❹*scrape* up enough money to go on a trip 旅行に行くのに足りるだけのお金をかき集める.

— 自 ❶The branch *scraped against* the window. その枝は窓をこすった. ❷*scrape through* the examination その試験にやっと受かる.

scrape along [*by*] 自 どうにか暮らしていく.

scrape a living = *scrape* along.

scrape together [*up*] 他 …を苦労して手に入れる.

— 名 ❷a *scrape* on the desk 机の上のすった跡.

scráp hèap 名Ⓒくず鉄の山, ごみの山.

put [*throw*] *... on the scrap heap*
①…をスクラップにしてしまう. ②(計画など)をやめる.

scráp pàper 名《英》= scratch paper.

scrap·py /skrǽpi スクラピ/ 形 (scrap·pi·er; scrap·pi·est) ❶くずの, 残り物の.
❷断片的な, まとまりのない.

☞ 名 scrap.

scratch /skrǽtʃ スクラッチ/ 動 (~es /-iz/; ~ed /-t/; ~ing) 他 ❶(つめ・針などで)…をひっかく, ひっかいて…の表面に傷をつける.
❷…をひっかいてはがす.
❸(かゆいところ)をかく.
❹(名前など)をとがったものできざみつける.
— 自 ❶ひっかく. ❷かゆいところをかく.
❸(ペンなどが)ひっかかる, がりがりいう.
— 名 (複 ~es /-iz/) ❶《単数形で》ひっかくこと. ❷Ⓒⓐひっかく音, こする音. ⓑ(レコードなどの)スクラッチ《雑音》.
❸Ⓒひっかき傷, かすり傷.

動 他 ❶The cat *scratched* the boy. そのネコは少年をひっかいた.
❷He *scratched* some dried egg yolk off his tie. 彼はネクタイから乾(かわ)いた卵の黄身をつめでかいて取った.
❹He *scratched* his name on the board. 彼は板に自分の名前をきざみつけた.
— 自 ❸My pen *scratches*. 私のペンはひっかかる.

scratch paper

scratch *one's* **head** 頭をかきむしる《困惑・不満・不可解・自己嫌悪などのしぐさ; てれたりはにかんだりするしぐさではない》.

scratch the surface (of ...) (…の) 上っつらだけを扱う, 論じる.

— 名 ❸ He escaped without a *scratch*. 彼はかすり傷ひとつなしに逃げた.

start from scratch《口語》ゼロからスタートする.

up to scratch《口語》よい状態で; 標準に達して.

☞ 形 scratchy.

scrátch pàper 名 U《米》(使用ずみの紙の裏などを利用した)メモ用紙《❺《英》では scrap paper》.

scratch·y /skrǽtʃi スクラチィ/ 形 (scratch·i·er; scratch·i·est) ❶ なぐり書きの. ❷ (衣類が)ちくちくする. ❸ (レコードなどが)がりがりいう. ☞ 名 scratch.

scrawl /skrɔ́ːl スクロール/ 動 他 自 なぐり書きする; 落書きする.
— 名 ❶ C なぐり書きしたもの[手紙]. ❷《単数形で》なぐり書き.

scraw·ny /skrɔ́ːni スクローニィ/ 形《軽蔑的》(がりがりに)やせこけた.

*__scream__ /skríːm スクリーム/ 動 (~s /-z/; ~ed /-d/; ~ing) 自 ❶ (恐怖・苦痛・興奮などのために)**悲鳴をあげる**, 金切り声を立てる.
❷ (風・汽笛などが)鋭い音をたてる.
— 他 …を金切り声で言う.
— 名 (複 ~s /-z/) ❶ C **金切り声**.
❷《a をつけて》《俗語》たいへんおかしな人[もの].

▸ 動 自 ❶ She *screamed* for help. 彼女は助けを求めて悲鳴をあげた.

He *screamed* in pain.
(彼は激痛のあまり金切り声を立てた)

— 他 *scream* out a warning 金切り声で警告する.
— 名 ❶ *screams* of laughter キャッキャッという笑い声.

screech /skríːtʃ スクリーチ/ 動 (三単現 ~es /-iz/) 自 ❶ (怒り・苦痛などで)金切り声で叫ぶ. ❷ キーキー音を立てる.
— 名 (複 ~es /-iz/) C ❶ 金切り声. ❷ 鋭い鳴き声. ❸ キーキーいう音.

*__screen__ /skríːn スクリーン/ 名 (複 ~s /-z/)
❶ C (部屋などの)**仕切り**, 仕切り幕; ついたて《「屏風(ʙʏᵒ́ʙᵘ)」も screen の一種》.
❷ C (枠のついた)**金網**, 網戸.
❸ ⓐ C (映画の)**スクリーン**, (テレビ・コンピューターなどの)**画面**. ⓑ《the をつけて; 集合的に》映画, 映画界, 映画産業.
❹ C さえぎるもの.
— 動 (~s /-z/; ~ed /-d/; ~ing) 他
❶ …を**保護する**, さえぎる, おおい隠す.
❷ ⓐ (罪・罪人など)をかばう. ⓑ 〔罪などから〕(人)をかばう〔*from*〕.
❸ …を審査する, 検査する, 調べる.
❹《ふつう **be screened** で》(映画が)上映される; (小説などが)映画化される.

▸ 名 ❶ A *screen* divided the room into two. 仕切り幕[ついたて]で部屋がふたつに分かれていた. ❷ Window *screens* keep out mosquitoes and flies. 網戸のおかげで蚊(ᴋᴀ)やハエが入ってこない.
❹ a *screen* of trees (風などを防ぐための)木立.

under screen of ... …に紛(ᴍᴀɢ)れて, 隠れて: *under screen of* night 夜のやみに紛れて, 夜陰に乗じて.

— 動 他 ❶ She *screened* her eyes from the light with her hands. 彼女は目を光から守るために手でおおった.
❷ ⓑ She tried to *screen* her son *from* her husband's anger. 彼女は息子を夫の怒りからかばおうとした.

screen off 他 (仕切り・ついたてなどで)(部屋などの一部)を仕切る, かくす.

scréen dòor 名 C 網戸.

screen·ing /skríːniŋ スクリーニング/ 名
❶ U ふるいにかけること. ❷ UC 審査, 選抜. ❸ UC (映画の)上映.

screen·play /skríːnplèi スクリーンプレイ/ 名 C 映画の脚本[シナリオ].

scréen sàv·er 名 C 〖電算〗スクリーンセイバー《同じ画面表示を続けることによるス

scréen tèst 名C (映画俳優志願者の)映画テスト, 撮影オーディション.

***screw** /skrúː スクルー/ 名(複 ~s /-z/)
C ❶ (物を固定するための)**ねじ**, ねじくぎ.
❷ コルク栓(☜)抜き (**corkscrew** ともいう).
❸ⓐ (船の)スクリュー. ⓑ (飛行機の)プロペラ (**❸ⓐ, ⓑ**, ともに **scréw propèller** または単に propeller ともいう).

— 動 (~s /-z/; ~ed /-d/; ~ing) 他
❶ …を**ねじで留める**, 締める (反 unscrew).
❷ …をねじる, ひねる.
❸ (不安・不賛成などのために)(顔など)をゆがめる, しかめる.
❹ …を強引に手に入れる.
— 自 ねじで取りつけられる.
▶名 ❶ a male *screw* 雄(ぉ)ねじ / a female *screw* 雌(め)ねじ.
have a screw loose 《口語》(人が)頭が少し変だ, 少し狂っている(頭のねじがゆるんでいる).
put the screws on ... (言うとおりにせようと)…をおどかす, 締めつける.
— 動 他 ❶ *screw* down the lid of the box (その)箱のふたをねじで留める / *screw* the shelf to the wall ねじで壁に(その)たなを取りつける. ❷ *screw* the bulb into the socket 電球をソケットにねじってはめる. ❸ He *screwed* (up) his face into wrinkles. 彼は顔をしかめた.
screw up 他 ①…をねじで留める (☞ 他❶). ②(顔など)をゆがめる. ③(紙など)をくしゃくしゃにする. ④…をだめにする, 使いものにならなくする.

screw·driv·er /skrúːdràivər スクルードライヴァ/ 名 ❶ C ねじ回し, ドライバー.
❷ UC スクリュードライバー(オレンジジュースとウオッカのカクテル).

scrib·ble /skríbl スクリブル/ 動(現分 scrib·bling) 他 …をなぐり書きする.
— 自 ❶ なぐり書きをする.
❷ (無意味な)落書きをする.
— 名 ❶《単数形で》なぐり書き.
❷ C《しばしば複数形で》落書き.
▶動 他 ❷ No *scribbling*! 《掲示》落書き禁止.

script /skrípt スクリプト/ 名 ❶ C (映画・劇などの)台本, スクリプト.
❷ U 手書き.
❸ UC (印刷)筆記体(活字) (☞type ❸).
❹ UC 表記法, 文字.
▶❹ Russian *script* ロシア文字.

scrip·ture /skríptʃər スクリプチャ/ 名
❶《the Scripture で》(キリスト教の)聖書 (☜新約聖書, 旧約聖書の両方, またはその一方; the Holy Scripture(s) ともいう).
❷ UC (キリスト教以外の)聖典, 経典.

script·writ·er /skríptràitər スクリプトライタ/ 名 C (映画・テレビ・演劇の)台本作家, シナリオライター.

scroll /skróul スクロウル/ 名 C (紙・羊皮紙の)巻き物; 掛け軸.
— 動 自 【電算】(ディスプレイ上で)上下[左右]に移動する.
— 他 【電算】(ディスプレイ上の画面)を上下[左右]に移動する.

scróll bàr 名C 【電算】スクロールバー.

scrounge /skráundʒ スクラウンヂ/ 動 他 《口語》《軽蔑(ぶ)的》(ささいなもの)をねだって手に入れる, せしめる.
— 自 《口語》《軽蔑的》ねだって[ごまかして]せしめる.

scrub¹ /skráb スクラブ/ 動 (~s /-z/; scrubbed /-d/; scrub·bing) 他
❶ …をごしごしこすって洗う, みがく.
❷ ごしごしこすって…を落とす.
— 自 ごしごしこすって洗う, みがく.
— 名《単数形で》(ブラシ・布などで)ごしごしこすること.
▶動 他 ❶ *scrub* the floor 床をごしごしみがく.
❷ *scrub* the stain off the wall ごしごしこすって壁のよごれを落とす.
— 名 Give the floor *a* good *scrub*. 床をよくこすってきれいにしなさい.

scrub² /skráb スクラブ/ 名 U《集合的に》雑木林, 低木.

scruff /skráf スクラフ/ 名 C (人・動物の)えり首, 首すじ.

scruffy /skráfi スクラフィ/ 形 うす汚い, みすぼらしい.

scrum /skrám スクラム/ 名 C ❶ 【ラグビー】スクラム.
❷《口語》争う人の集団.

scru·ple /skrúːpl スクループル/ 名《ふつう複数形で》良心のとがめ.
▶a man with no *scruples* 平気で悪

scrupulous　ABCDEFGHIJKLMNOPQRS**S**TUVWXYZ

事をする人.
without scruple (悪いことを)平気で.
☞ 形scrupulous.

scru·pu·lous /skrú:pjuləs スクルーピュラス/ 形 ❶良心的な. ❷きちょうめんな,綿密な,細心の.
☞ 名scruple.

scru·ti·nize /skrú:tənàiz スクルーティナイズ/ 動 (現分 -niz·ing) 他 …を細かく調べる,綿密に検査する.

scru·ti·ny /skrú:təni スクルーティニ/ 名 (複 -ti·nies /-z/) UC 綿密[厳密]な調査.
come under scrutiny 綿密に調べられる.

scúba díving /skjú:bə- スキューバ-/ 名 U スキューバダイビング (《スキューバをつけて潜水するスポーツ; ☞ skin diving》).

scuff /skʌ́f スカフ/ 動 他 ❶(足)をすりずって床を歩く.
❷…をすり減らす.

scuf·fle /skʌ́fl スカフル/ 動 (現分 scuf·fling) 自 乱闘する. — 名 C 乱闘.

scull /skʌ́l スカル/ 名 C ❶スカル (《船尾で1丁で左右に動かしてこぐオール》).
❷スカル (《両手に1本ずつもってこぐオール》).
❸スカル (《両手に1本ずつのオールをもってこぐ軽い競技用ボート; ☞ kayak》).
❹スカル競技.
— 自 スカルをこぐ.
《同音異形語》skull.

sculp·tor /skʌ́lptər スカルプタ/ 名 C 彫刻家.

sculp·tur·al /skʌ́lptʃərəl スカルプチュラル/ 形 彫刻の, 彫刻的な.
☞ 名sculpture.

sculp·ture /skʌ́lptʃər スカルプチャ/ 名
❶ U 彫刻, 彫刻術. ❷ UC 彫刻(作品),彫像.
☞ 形sculptural.
— 動 (現分 -tur·ing /-tʃəriŋ/) 他 …を彫刻する.

scum /skʌ́m スカム/ 名 ❶ UC (液体の表面にできる)浮きかす, あく, 薄皮.
❷ U (人間などの)くず.

scur·ry /skə́:ri スカーリ/ 動 (scur·ries /-z/; scur·ried /-d/; ~·ing) 自 (ネズミのように)ちょこちょこ走る, あわてて走る.
— 名 《単数形で》あわてて走ること; あわてた足音.

scut·tle /skʌ́tl スカトル/ 動 (現分 scut·tling) 自 あわてて走る, 急いで逃げる.

scythe /sáið サイズ/ 名 C (長柄(^)の)大草刈り鎌(^) (☞ sickle, death ❸).

SD 【米郵便】South Dakota.

S.E., s.e. 《略語》southeast, southeastern.

★★sea /sí: スィー/ 名 (複 ~s /-z/)
❶ ⓐ C 《ふつう the をつけて》海 (反 land).
ⓑ 《the をつけて》海岸, 海辺.
❷ 《固有名詞で》…海.
❸ C 《しばしば複数形で》(ある状態の)海; 波.
❹ 《a sea of ...》たくさん[多数・多量]の….

❶ ⓐ We went swimming in *the sea* yesterday. 私たちはきのう海へ泳ぎに行きました / Almost three-fourths of the earth's surface is covered by *the sea*. 地球の表面のほとんど4分の3は海でおおわれている. ⓑ go to *the sea* 海岸へ行く (☞成句 go to sea).
❷ the Mediterranean *Sea* 地中海 / the North *Sea* 北海.
❸ a calm [stormy] *sea* 穏(おだ)やかな[荒れる]海 / heavy *seas* 大波.
❹ *a sea of* flame(s) 火の海.

at sea ①航海中で, 海上で:The ship is *at sea*. その船は航海中です. ②どうしてよいかわからずに, 困って:I was all *at sea*. 私はどうしてよいかまったくわからなかった.

by sea 船で, 海路で (☞成句 by land (⇨ land), by air (⇨ air)):go to China *by sea* 船で中国へ行く.

go to sea ①船乗りになる. ②(船が)航海に出る.

on the sea ①船に乗って, 海上に[を]. ②海に面して:Dover is located *on the sea*. ドーバーは海に面している.

put (out) to sea 出港する, 出帆(ほ)する:Our ship *put (out) to sea* toward evening. 私たちの船は夕方近く出港した.
《同音異形語》see.

sea·bed /sí:bèd スィーベッド/ 名 《the をつけて》海底.

sea·board /sí:bɔ̀:rd スィーボード/ 名 C

1176　　　　　one thousand one hundred and seventy-six

abcdefghijklmnopqr**s**tuvwxyz　　　　　　　　　　　　　　　　**search**

海岸, 沿海地帯.

sea・food /síːfùːd スィーフード/ 名U 海産物《魚貝類》.

sea・front /síːfrʌ̀nt スィーフラント/ 名《the をつけて》都市の海岸通り, 海岸の遊歩道.

séa gùll 名C〔鳥類〕カモメ（❂単に gull ともいう）.

séa hòrse 名C〔魚類〕タツノオトシゴ.

*__seal__¹ /síːl スィール/ 名(複 ~s /-z/)C

❶印, 印章, 証印.

INFO▶ 日本のように朱肉をつけて押すのではなく, 赤いろう, 鉛, 紙などに押しつけて形をとる. このようにしてできた形も seal といい, それを文書に添えてその文書が本物の公式文書であることを証明する.

❷封, 封印; 密封するもの, シール.

━ 動 (~s /-z/; ~ed /-d/; ~ing) 他

❶…に**封をする**, 密封する, 封印する（反 unseal）.

❷（割れ目・穴など）をふさぐ.

❸…に印を押す, 調印する（☞名 **INFO**）.

❹…を確実にする, 保証する.

- -

名 ❶an official *seal* 公印.

❷break the *seal* of the letter その手紙の封を切る / a Christmas *seal* クリスマス用シール《クリスマスの頃に募金応募者に配布し手紙や小包などにはって用いる》.

━ 動 他 ❶She *sealed* the letter. 彼女は手紙に封をした / *Seal* the jar with the cap. びんにふたをして密封しなさい.

❷*seal* a crack 割れ目をふさぐ.

❸They signed and *sealed* the treaty. 彼らはその条約に署名調印した.

❹They *sealed* their agreement with a handshake. 彼らは握手して意見の一致を確認した.

seal² /síːl スィール/ 名(複 seal, ~s /-z/) C〔動物〕❶アザラシ《耳殻(じかく)がない》.

❷アシカ《耳殻がある; ❂「オットセイ」は fur seal》.

séa lèvel 名U 海面.

▶The mountain is about 3,000 meters above *sea level*. その山は海抜約3000メートルの高さがある.

séa lion 名C〔動物〕アシカ, トド《首のまわりにライオンのたてがみのような短い毛がある》.

seam /síːm スィーム/ 名C ❶縫い目, 継ぎ目; 合わせ目. ❷（鉱石などの）（岩の間の）細長い層.

━ 動 他 …を縫い合わせる.

▶名 ❶My pants came apart at the *seams*. 私のズボンは縫い目のところが破れた.

━ 動 他 *seam* two carpets together 2 枚のじゅうたんを継ぎ合わせる.

《同音異形語》seem.

sea・man /síːmən スィーマン/ 名(複 seamen /-mən/)C ❶船員, 船乗り. ❷（士官を除いた）水兵.

seam・less /síːmləs スィームレス/ 形 縫い目[継ぎ目]のない. ▶*seamless* stockings《女性用の》シームレス・ストッキング《縫い目のないストッキング》.

seam・y /síːmi スィーミ/ 形 (seam・i・er; seam・i・est)（社会の）裏面の, 暗黒の.

se・ance /séiɑːns セイアーンス/ 名C 降霊術の会.

sear /síər スィア/ 動 他 ❶ⓐ …を焦(こ)がす. ⓑ（肉など）をさっと焼く. ⓒ …をやけどさせる.

❷（植物）を枯らす, しなびさせる.

*__search__ /sə́ːrtʃ サーチ/ 動 (~es /-iz/; ~ed /-t/; ~ing)

他 ❶（注意深くまたは徹底的に）（場所など）を**調べる**, 捜索(そうさく)する（☞find 他❶の**類語**）.

❷（人の心など）を探って調べる, （記憶）をたどる.

━ 自 ❶（注意深く）**捜**(さが)**す**, 捜し求める.

❷《search for ...》…を**見つけようと捜す**, 手に入れようと努力する.

━ 名(複 ~es /-iz/)C ❶捜すこと, 探索.

❷調査, 検査.

- -

動 他 ❶The police *searched* his house. 警察は彼の家を捜索した / He *searched* his pockets *for* the ticket. 彼は切符がないかとポケットを捜した. ❷I *searched* my heart before making the decision. その決断をする前にいろいろ私は自分の気持ちを考えてみた.

━ 自 ❷She *searched* everywhere *for* the lost ring. 彼女はなくした指輪

search engine

を見つけようといたるところを捜した.

Search me. 《口語》(私は)知らないよ(私を調べても何もならないよ).

search out ⑲ …を捜し出す: *search out* a new fact 新しい事実を捜し出す.

— 图 ❶ make a *search* for the missing airplane 行方(%)不明の飛行機を捜索する.

in search of ... **…を捜して**, …を求めて: go around *in search of* a hall for the concert コンサート会場を捜して歩きまわる.

séarch èngine 图C〔電算〕検索エンジン.

search·ing /sə́ːrtʃiŋ サーチング/ 形 (観察などの)鋭く綿密な.
▶a *searching* examination 綿密な検査 / a *searching* look 鋭い目つき.

séarch pàrty 图C 捜索隊.

séarch wàrrant 图C 家宅捜索令状.

sea·shell /síːʃel スィーシェル/ 图C (海の)貝, 貝がら.

sea·shore /síːʃɔːr スィーショー/ 图C 海岸, 海辺.
▶on the *seashore* 海岸で.

sea·sick /síːsìk スィースィック/ 形 船に酔った.
▶get *seasick* 船に酔う / be *seasick* 船酔いしている.

sea·sick·ness /síːsìknəs スィースィックネス/ 图U 船酔い.

****sea·side** /síːsàid スィーサイド/ 图 《**the** をつけて》**海辺**, 海岸.
▶go to *the seaside* (海水浴・避暑に)海岸へ行く.

*****sea·son** /síːzn スィーズン/ 图 (複 ~s /-z/) ❶C **季節**; 時節, 時期.

❷ⓐC (なにかをするのに適当な)**時期**; (果物などの)出盛り時, 旬(%:).

ⓑU (スポーツ・旅行・演劇などの)シーズン.

— 働 (~s /-z/; ~ed /-d/; -son·ing /-zəniŋ/) ⑲ …に味をつける, 調味する.

─────────────────────

图 ❶ There are four *seasons* in a year: spring, summer, fall [《英》autumn] and winter. 1 年には四つの季節, 春, 夏, 秋, 冬がある / the best *season* for swimming 水泳にいちばんよい季節 / the rainy *season* 雨期.

INFO 1 年には次の 4 つの seasons (季節)がある.

seasons		months
spring	(春)	3月, 4月, 5月
summer	(夏)	6月, 7月, 8月
《米》fall 《英》autumn	(秋)	9月, 10月, 11月
winter	(冬)	12月, 1月, 2月

ただし南半球は春(9–11月) 夏(12–2月) 秋(3–5月) 冬(6–8月)となる.

❷ⓐ the strawberry *season* いちごの出盛り時. ⓑ the baseball *season* 野球のシーズン.

in season ①**出盛りで**, 食べごろで; 猟期で 《反 out of *season*》: Grapes are now *in season*. ブドウは今が出盛りだ. ②(商売が)かき入れどきで.

out of season ①**季節はずれで**; 猟期でない 《反 in *season*》: Oysters are *out of season* now. カキはもう季節はずれである. ②(商売が)暇で.
　　　　　　　　　　　☞ 形 seasonal.

— 動 ⑲ *season* the soup with salt and pepper スープに塩としょうで味をつける.

sea·son·a·ble /síːzənəbl スィーズナブル/ 形 ❶ 季節にふさわしい 《反 unseasonable》.

❷ (時機が)ちょうどよい; 適切な.
▶ ❶ *seasonable* weather 季節に合った天候. ❷ *seasonable* advice 時を得た忠告 / at a *seasonable* time ちょうどよい時に.

sea·son·al /síːzənəl スィーズナル/ 形 季節の, 季節による.
▶ *seasonal* diseases 季節病 / *seasonal* labor 季節労働.
　　　　　　　　　　　☞ 名 season.

sea·soned /síːznd スィーズンド/ 形 経験豊かな, 熟達した.

sea·son·ing /síːzəniŋ スィーズニング/ 图 ❶U 調味, 味つけ. ❷UC 調味料.

séason tìcket 图C ❶ (英)(鉄道などの)定期[回数]乗車券 (◆(米)では commutation ticket). ❷ (劇場・音楽会・野

球場などの)定期入場券((シーズン中いつでも入場できる)).

seat /síːt スィート/ 名 (複 ~s /-ts/)
Ⓒ❶**座席**, 席, すわる場所.
❷(議員・委員などの)**地位**, 議席.
❸**所在地**, 場所; 中心地.
❹ⓐ(体・着物の)**しり(の部分)**.
ⓑ(いすの)腰をおろす部分, シート.
— 動 (~s /-ts/; ~ed /-id/; ~ing) 他
❶ …を**着席させる**, 腰かけさせる (☞ unseat).
❷ (ある場所が)…だけの座席がある, 収容する.

名 ❶ reserve a *seat* 席を予約する.

語の結びつき

change [exchange] *seats* with ...
　…(人)と席を替える
give (up) one's *seat* to ... …(人)に席を譲る
leave one's *seat* 席を立つ
sit (down) on [in] a *seat* 座席に腰かける
have [take] a *seat* 席につく, 着席する

❷ He has a *seat* in Parliament [Congress]. 彼は議会に議席をもっている ((❖Parliament は((英)), Congress は((米)))) / win a *seat* 当選する / lose one's *seat* 落選する. ❸ the *seat* of government 政府[県庁]所在地 / a *seat* of learning [commerce] 学問[商業]の中心地. ❹ⓐ patch the *seat* of the pants ズボンのしりにつぎあてをする.

— 動 他 ❶ She *seated* her little brother in the chair. 彼女は幼い弟をいすにすわらせた / Please *be seated*. どうぞおすわりください ((❖Please sit down. より形式ばった言い方)) / She *seated* herself in an easy chair. 彼女は安楽いすにすわった. ❷ The theater *seats* about 1,000 (people). その劇場には約1000人の座席がある.

séat bèlt 名Ⓒ (飛行機・自動車などの)シートベルト ((❖safety belt ともいう)).
seat·ing /síːtiŋ スィーティング/ 名Ⓤ ❶着席. ❷座席(の設備).
sea·weed /síːwìːd スィーウィード/ 名Ⓤ 海草.
sec. ((略)) second(s).
se·cede /sisíːd スィスィード/ 動 (現分 se·ced·ing) 自 (政治や宗教組織から)脱退する (from).
se·ces·sion /siséʃən スィセション/ 名Ⓤ 脱退.
se·clud·ed /siklúːdid スィクルーディド/ 形 ❶人里離れた. ❷(人・生活などが)人にわずらわされない, 引退した.
se·clu·sion /siklúːʒən スィクルージョン/ 名Ⓤ (人里離れて)引きこもること.

sec·ond¹ /sékənd セカンド/ ((★発音注意)) 形 《ふつう the をつけて》**2番目の** ((❖2nd と略す; ☞ first)).
❷《a をつけて》**もうひとつの**, 他の, 別の.
❸副の, 補助の.
— 名 (複 ~s /-dz/) ❶Ⓤ《ふつう the をつけて; 単数または複数扱いで》**2番目の人[もの]**, 第2位.
❷Ⓤ《ふつう the をつけて》(月の)**第2日**, ふつか ((❖略語は2nd)).
❸《the Second で》二世, 二代目.
❹Ⓒ 補助者, (ボクシングの)セコンド, (決闘などの)介添え人.
❺Ⓤ《無冠詞で》〖野球〗二塁 ((❖second base ともいう)).
❻Ⓤ (自動車のギアの)セコンド.
— 副 ❶**第2に**, 2番目に. ❷《最上級の形容詞の前で; the をつけて》**2番目に**.
— 動 他 ❶(提案・動議など)に賛成する.
❷ …を支持する, 後援する.

形 ❶ He got [won] (the) *second* prize in the music contest. 彼は音楽コンクールで2等賞をもらった / He was *second* in the race. 彼は競走で2着だった ((❖補語として用いられるときには the がつかない)). ❷ Do try it *a second* time. ぜひもう1度やってごらん / *a second* cousin またいとこ ((親どうしがいとこ)). ❸ the *second* violins (オーケストラの)第2バイオリン.

at second hand 間接に, また聞きで.
be second to none だれ[なに]にも劣らない, 一番すぐれている: He *is second to none* in mathematics. 彼は数学ではだれにも負けない.
in the second place 第2に, 次に.

second

on second thought [《英》*thoughts*]
考え直して.

― 名 ❶ Tom was *the second* to arrive. トムが2番目に到着した. ❷ Today is *the second* of May [May 2]. きょうは5月2日です（○May 2 は May (the) second と読む）. ❸Elizabeth *the Second* エリザベス二世（○ふつう Elizabeth II と書く）.

― 副 ❶ come *second* 第2位になる. ❷ *the second* largest city in Japan 日本で2番目に大きな都市.

sec·ond² /sékənd セカンド/ 名（複 ~s /-dz/）C ❶（時間の単位としての）秒（○s., sec. と略す; ☞ hour）.

❷（口語）ちょっとの間, 瞬間.

❸（角度の単位としての）秒（角度1分の60分の1; 符号は〃; ☞ degree ❷）.

❶ in twenty *seconds* 20秒で.
❷ I'll be back in a *second*. すぐもどって来ます / Could you wait a *second*? ちょっと待ってくださいますか.

sec·ond·ar·y /sékəndèri セカンデリ/ 形
❶（重要性・価値などが）**第2の**, 2次的な（☞primary）.

❷**派生的な**, 副次的な, 補助の.

❸**中等教育[学校]の**.

❶ a matter of *secondary* importance あまり重要でない事.
❷ a *secondary* product 副産物.
❸ *secondary* education 中等教育.

sécondary schòol 名C 中等学校《日本の中学校と高校のように小学校と大学の中間の学校; アメリカの high school やイギリスの comprehensive school, grammar school などをさす》.

sécond bést 名C 2番目によいもの[人].

sec·ond-best /sékənd-bést セカンド・ベスト/ 形 2番目によい, 次善の.

sécond cláss 名U ❶（乗り物の）2等.
❷ⓐ（米）第2種郵便《新聞・雑誌などの定期刊行物用の割り引き郵便》. ⓑ（英）普通郵便（○「速達便」は first class）.

sec·ond-class /sékənd-klǽs セカンド・クラス/ 形 ❶（乗り物が）2等の（☞first-class）.

❷ⓐ（米）（郵便などが）第2種の（☞sec-ond class ❷ⓐ）. ⓑ（英）（郵便物が）普通扱いの.
❸二流の.

― 副 ❶（乗り物の）2等で.
❷ⓐ（米）第2種郵便で. ⓑ（英）普通郵便で.

▶ 形 ❷ⓐ *second-class* mail 第2種郵便. ❸ a *second-class* hotel 二流のホテル.

― 副 ❶ travel *second-class* 2等で旅行する.

sec·ond·hand /sékəndhǽnd セカンドハンド/ 形 ❶中古の, お古の. ❷中古品を扱う. ❸間接の, また聞きの, 受け売りの.

― 副 ❶中古で. ❷また聞きで.

▶ 形 ❶ *secondhand* books 古本 / *secondhand* cars 中古車（○（米）ではふつう used cars）. ❷ a *secondhand* bookstore 古本屋. ❸ *secondhand* news 受け売り[また聞き]のニュース.

― 副 ❶ She bought the piano *secondhand*. 彼女はそのピアノを中古で買った. ❷ I learned the news *secondhand*. 私はその知らせをまた聞きで知った.

sécond hánd 名C（時計の）秒針（☞minute hand）.

sec·ond·ly /sékəndli セカンドリ/ 副 第2に, 次に.

sécond náture 名U 第二の天性《習慣・性格など》.

sec·ond-rate /sékənd-réit セカンド・レイト/ 形 二流の, 平凡な（☞first-rate, third-rate）.

sécond thóught 名U《または複数形で》考え直し.

▶ on *second thought* [《英》*thoughts*] 考え直した結果.

se·cre·cy /síːkrəsi スィークレスィ/《★発音注意》名U ❶秘密（の状態）. ❷秘密を守ること, 口が固いこと.

▶ ❶ in *secrecy* 秘密のうちに.

☞ 形 secret.

se·cret /síːkrət スィークレト/《★発音注意》形 ❶**秘密の**, 人に知られない, 特定の人しか知らない.

❷（場所が）人目につかない, 奥まった.
― 名（複 ~s /-ts/）C ❶**秘密**.
❷秘訣（ひけつ）.

abcdefghijklmnopqr**s**tuvwxyz　　　　　　　　　　　　　　　　**secure**

❸神秘, 不思議.

形 ❶Keep the matter *secret* from him. そのことは彼には秘密にしておきなさい / a *secret* sign [code] 暗号[暗号の仕組み] / a *secret* treaty 秘密条約.
❷a *secret* valley 奥まった谷, 人里離れた谷.

☞ 名secrecy.

— 名 ❶I have no *secrets* from you. 私は君になにも隠しだてはしていない / Let's make no *secret* of it. それは秘密にしないことにしよう / break [disclose] a *secret* 秘密をもらす / an open *secret* 公然の秘密.

〔語の結びつき〕

keep a *secret* 秘密を守る
let a [...'s] *secret* out (…の)秘密をもらす
remain a *secret* (事実が)秘密のままである
reveal a *secret* 秘密をもらす
tell ... a *secret* …に秘密を明かす

❷What is the *secret* of good health? 健康の秘訣はなんですか.
❸the *secrets* of nature 自然の神秘.
in secret 秘密に, こっそりと:meet in *secret* ひそかに会う.

☞ 形secretive.

sécret ágent 名Cスパイ.
sec·re·tar·i·al /sèkrətéəriəl セクレテ(ア)リアル/ 形書記の, 秘書の.

*sec·re·tar·y /sékrətèri セクレテリ/ 名(複 -tar·ies /-z/) C ❶秘書, 書記.
❷(官庁の)書記官, 事務官; (協会などの)幹事, 書記.
❸《Secretary で》(アメリカ合衆国政府の)長官(省 (Department) の長で他国の大臣にあたる;☞ department ❷, minister)).

❶a private *secretary* (個人の)秘書.
sec·re·tar·y-gen·er·al /sékrətèri-dʒénərəl セクレテリ・ヂェネラル | -tri-/ 名(複 sec·re·tar·ies-gen·er·al /sékrətèriz-/) C事務総長, 事務局長.
se·crete /sikríːt スィクリート/ 動(現分 se·cret·ing) 他〖生理〗…を分泌(ホル)する.
se·cre·tion /sikríːʃən スィクリーション/ 名 ❶U〖生理〗分泌. ❷C分泌物.
se·cre·tive /síːkrətiv スィークレティヴ, sikríː-/ 形隠しだてする, 秘密主義の, 無口の.

☞ 名secret.

*se·cret·ly /síːkritli スィークリトリ/ 副秘密に, ひそかに.
sécret sérvice 名《**the** をつけて》(政府の)秘密情報部.
sect /sékt セクト/ 名C(宗教・学問・政治などの)派閥(ばつ), セクト.
sec·tar·i·an /sektéəriən セクテ(ア)リアン/ 形 ❶派閥(ばつ)の. ❷派閥意識の強い.

— 名C派閥意識の強い人.

*sec·tion /sékʃən セクション/ 名(複 ~s /-z/) C ❶部分, 区分, 区画, 地域.
❷部門, (官庁・会社などの)課.
❸(書物・文章などの)節, 項(記号は (§)).
❹断面(図).

❶cut a pie into eight equal *sections* パイを 8 等分する / the business *section* of the city (その)市の商業地区 / the sports *section* of the newspaper (その)新聞のスポーツ欄.
❷the sales *section* 販売課.
❸Chapter III, *Section* 5 第 3 章第 5 節(《⦿chapter three, section five と読む)).
❹a cross *section* of a tomato トマトの横断面.

☞ 形sectional.

sec·tion·al /sékʃənəl セクショナル/ 形 ❶部分に分かれている, 組み立て式の.
❷(ある限られた)地方[部門]の; 派閥(ばつ)的な.
▶❶a *sectional* bookcase 組み立て式本箱.

☞ 名section.

sec·tor /séktər セクタ/ 名C(産業などの)部門, 分野.
sec·u·lar /sékjulər セキュラ/ 形(宗教に関係のない)世俗的な, 非宗教的な(反 religious).

*se·cure /sikjúər スィキュア/ 《★アクセント注意》形 (se·cur·er /-kjúərər/, more ~; se·cur·est /-kjúərist/, most ~)
❶安全な, 危険のない(反 insecure).
❷安心な, 心配のない.

one thousand one hundred and eighty-one　　　　　　　　　　　　　　　　1181

securely

❸ ⓐ (足場・土台などが)しっかりした, 崩れない, 倒れない. ⓑ (戸・窓・錠などが)しっかり閉まっている.
❹ (勝利・成功などが)確実な.
— 動 (~s /-z/; se·cured /-d/; -cur·ing /-kjúəriŋ/) 他 ❶ …を**手に入れる**, 確保する.
❷ …を**安全にする**, 守る.
❸ (戸・窓など)をしっかり閉める, しっかり留める.

形 ❶ The city was *secure* against [from] attack. その市は攻撃を受ける恐れはなかった / a *secure* hiding place 安全な隠れ場所. ❷ I feel *secure* about [as to] the future. 私は将来については安心している. ❸ⓐ stand on a *secure* foundation しっかりした土台の上に立っている. ⓑ The door was *secure*. 戸はしっかり閉まっていた.
☞ 名 security.

— 動他 ❶ He has *secured* a good seat. 彼はよい席を確保した. ❷ The city was *secured* with walls. その市は城壁で防備されていた / *secure* jewelry *against* theft 宝石類を盗まれないように守る. ❸ *secure* the door 戸締まりをする.

se·cure·ly /sikjúərli スィキュアリ/ 副 安全に; 確実に; しっかりと.

*se·cu·ri·ty /sikjúərəti スィキュ(ア)リティ/ 名 (複 -ri·ties /-z/)
❶Ⓤ**安全**, 無事. ❷Ⓤ**安心**. ❸Ⓤ**安全対策**, 防衛[保護]手段. ❹Ⓒ《ふつう複数形で》有価証券.
▶ ❶ national *security* 国家の安全 / a *security* treaty 安全保障条約 / live in *security* 無事に暮らす.
❷ feel great *security* 大いに安心する / with *security* 安心して.
❸ *security* against [from] theft 盗難予防対策.
☞ 形 secure.

se·dan /sidǽn スィダン/ 名Ⓒ《米》セダン型自動車(4人から7人乗りのふつうの箱型乗用車; ◎《英》では saloon).

se·date /sidéit スィデイト/ 形 落ち着いた, 平静な.
— 動 (現分 se·dat·ing) 他 (鎮静剤で)…を落ち着かせる.

sed·a·tive /sédətiv セダティヴ/ 形 鎮静作用の.
— 名 鎮静剤.

sed·en·tar·y /sédntèri セドンテリ/ 形 ❶ (仕事などが)すわりがちの, すわりっぱなしの. ❷ 定住している, (鳥などが)移住しない(反 migratory).
▶ ❶ a *sedentary* job すわってする仕事.

sed·i·ment /sédəmənt セディメント/ 名Ⓤ.Ⓒ 沈殿物, おり.

se·duce /sidjú:s スィデュース, -デュース/ 動 (現分 se·duc·ing) 他 ❶ (悪いことをするように)(人)をそそのかす. ❷ (性的に)(人)を誘惑する.

se·duc·tion /sidʌ́kʃən スィダクション/ 名 ❶Ⓤ そそのかし, (性的)誘惑. ❷Ⓒ《ふつう複数形で》魅惑, 魅力, 引きつけるもの.

se·duc·tive /sidʌ́ktiv スィダクティヴ/ 形 ❶ 人を引きつける. ❷ 誘惑的な.

see /sí: スィー/ 動 (~s /-z/; saw /sɔ́:/; seen /sí:n/; ~·ing) 他 ❶ⓐ …が**見える** (意識しないで自然に目に入る); ☞ look の 類語).
ⓑ《see ... do [doing / 過去分詞]》…が__する[__している/__されている]のが**見える**.
❷ⓐ (人)に**会う**, 出会う, 面会する, (人)を見舞う. ⓑ (医者が)(患者)をみる, 診察する. ⓒ (患者が)(医者)にみてもらう.
❸ …が**わかる**, …を**理解**する, 知る.
❹ (人)を**見送る**, 送り届ける.
❺ⓐ (名所など)を**見物する**, 訪れる.
ⓑ (劇・映画・展覧会など)を見る.
❻ …を**経験する**.
❼ …が**目に浮かぶ**, …を想像する, 思い浮かべる.
❽ …を**よく見てみる**, 確かめる, 調べる.
❾《see (that) __》__するように**気をつける**, 取り計らう, かならず__する(◎ that は省略されることもある).
❿ (時代・場所などに)…が起こる.
— 自 ❶ **見える**, 見る(◎ しばしば can とともに用いる; ☞ 他 ❶ⓐ の 語法).
❷ **わかる**, 理解する.
❸ **確かめる**, 調べる(☞ 成句 You *see*.).
❹ **考える**(☞ 成句 Let me *see*.).

他 ❶ⓐ I looked carefully but *saw*

nothing. よく見たけれどもなにも見えなかった / I *saw* a lot of people on the beach. 浜辺にたくさんの人々を見かけた[たくさんの人々がいた] / I have never *seen* a panda. 私はパンダを見たことがない.

語法 ❶ⓐ の意味では前に can があってもなくても意味はほとんど同じだが, can をともなう時は「(少し注意をしないと見えないもの)が見える」という意味を表わすことが多い.

ⓑI *saw* him go out of the room. 彼が部屋を出て行くのが見えた 《◎see が受身形になると《be seen to *do*》という形で用いられる: He *was seen to* go out of the room.》 / I have never *seen* them talk together. 私は彼らがいっしょに話すのを見たことがない / I *saw* him *mowing* the lawn. 彼が芝生(芝)を刈っているのが見えた / He was *seen watering* the lawn. 彼が芝生に水をやっているのが見えた / I have never *seen* him *scolded* by his parents. 彼が親にしかられているのを見たことがない.

語法 《see ... *do*》では *do* はその動作全体を表わし, 「…が__するのを(始めから終わりまで)見る」という意味になる. それに対して《see ... *doing*》では *doing* は動作が進行中であることを表わし,「…が__しているのを(部分的に)見る」という意味になる.

❷ⓐI'd like to *see* Miss Bloom. ブルームさんにお会いしたいのですが / I am very glad to *see* you. お会いしてたいへんうれしく思います 《◎初めて会った人には see の代わりに meet を用いる; ☞ nice, glad》 / I have *seen* nothing of him recently. 近ごろさっぱり彼に会いません / *See* you tomorrow. またあした《別れのあいさつ; ☞ 成句 *See* you ...!》.

ⓑThe doctor doesn't *see* people on Saturdays and Sundays. その医者は土曜と日曜は診察しない.

ⓒI think you have to *see* a doctor. あなたは医者にみてもらわなければならないと思う.

❸I don't *see* her point. 彼女の言いたいことがわからない / Did you *see* the joke? その冗談のおもしろさがわかりましたか / I *saw* at once *that* he was not

telling the truth. 私は彼がほんとうのことを言っていないことがすぐにわかった / I don't *see what to* do next. 次になにをしてよいのかわかりません.

❹I *saw* her home〔to the door〕. 私は彼女を家〔玄関〕まで(見)送った.

❺ⓐWe are *seeing* the sights of New York. 私たちはニューヨークを見物しています. ⓑ*see* a play〔show〕劇〔ショー〕を見る.

❻She has *seen* a lot in her life. 彼女は今までにいろんな経験をした / *see* two wars 2度戦争を経験する.

❼I cannot *see* myself *speaking* in public. 私は自分が人前で話をするなど想像もできません / I *see* things differently now. 私は今ではものの考え方が以前と違う.

❽Go and *see* if the postman has come around yet. 郵便屋さんがもう回ってきたかどうか行って見てごらん / Someone is at the door. Go and *see who* it is. だれか玄関にいます. だれだか行って見てごらんなさい / Well, I'll *see what* I can do. 私になにができるか考えてみよう.

❾I'll *see* (*that*) everything is ready. すべて準備できているようにしておきます / *See that* you finish your homework before supper. 夕食前に宿題をするようにしなさい / I'll *see that* the door is repaired. ドアを修理させましょう.

語法 (1) that の後の動詞には will, shall, may などの未来を表わす助動詞を用いない. (2) see (to it) that __《☞ see の成句》の形でも用いる.

❿That year *saw* many changes. その年にはずいぶん変化があった.

— ⓐ ❶Cats *can see* in the dark. ネコは暗やみでも目が見える.

❷Do you *see*? わかりますか / Oh, I *see*. ああ, わかりました.

❸I will go and *see*. 私が行って確かめてこよう.

as I see it 私の見方では.

I'll be seeing you (...) ではまた(…に)《◎友だちと別れるときにいう; ☞ 成句 *See* you ...!》.

Let me see. = *Let's see.* ええと, そ

うですね, ちょっと考えさせてください ((✪答えが即座に浮かばないときのことば)).

see a lot [***a great deal***] ***of ...*** …によく会う.

see about ... ①**…のことを考えてみる**: Well, I'll *see about* it. まあ, なんとか考えてみましょう ((✪即答を避けるときのことば)). ②…について処置をする, **…の手配をする**: I'll *see about* dinner. 私が夕食を作りましょう.

see ... across ~ …が~を渡るのにつき添っていく: She *saw* the child *across* the street. 彼女はその子が通りを渡るのについていってあげた.

See here! おいおい, もしもし ((✪警告や非難を表わす)).

see ... in ~《ふつう否定文・疑問文で》~(人)に…(よい性質など)があると思う: I don't know what she *sees in* him. 彼女がどうして彼をよいと思っているのか私にはわからない.

see into ... **…を調べる**: We must *see into* the matter. その事を調べる必要がある.

see much of ... …によく会う ((✪ふつう否定文・疑問文で)): I *haven't seen much of* him lately. 最近はあまり彼に会わない.

see nothing of ... …に全然会わない: We have *seen nothing of* each other lately. われわれは最近はお互いに全然会う機会がない.

see ... off **…を見送る**: *see* him *off* 彼を見送る ((✪*see off* him は誤り)).

I *saw* my friend *off* at the station.
(私は駅で友人を見送った)

see out [他] ①(客)を**玄関まで見送る**: He *saw* the guests *out*. 彼は客を玄関まで見送った. ②…を終わりまで見る, 見届ける: We *saw out* the long play. われわれは長い劇を終わりまで見た.

see over ... (建物など)を見回る, 検分する.

see through ... ①**…を見抜く**, 見破る: They *saw through* the man. 彼らは男の人物を見抜いた. ②…を通して向こうが見える.

see ... through ①(仕事など)を**最後までやりぬく**. ②(人)を最後まで助けてやる.

see ... through ~ (困難など)を切り抜けるまで (人)を助ける: They *saw* the man *through* his troubles. 彼らはその男が困難を切り抜けるのを最後まで助けてやった.

see to ... ①(人)**の世話をする**: *see to* a child 子どもの世話をする. ②(仕事・修理など)を引き受ける: I'll *see to* the matter. 私がその事を引き受けましょう.

see (***to it***) ***that*** ＿＿するように気をつける, 取り計らう ((✪to it を省略することが多い; ☞ see [他] ❾))/ *See* (*to it*) *that* you're not late for school again. 2度と学校に遅れるな.

see ... with ~ …が~といっしょにいるのを見る.

See you ...! **ではまた…**.

[語法] I'll see you ...! の短縮形で親しい間がらでの別れのあいさつ; …には別れるときの状況によって later, soon, again, next week などを用いる; 単に See you! ともいう. 毎日顔を合わせているような人の間ではふつう good-by(e) は用いない: *See you* later! ではまたあとで/*See you* tomorrow! ではまたあした.

You see. ①《相手がすでに知っていると思われることを述べるときに》**あなたも知っている通り, …でしょう**: *You see*, she knows everything about cats. ほら, 彼女はネコのことならなんでも知っているでしょう. ②《自分が説明しようとすることに相手の注意を引きつけようとするときに》じつは, いいですか: I can't come tomorrow. I'm leaving for Paris this evening, *you see*. 私はあすは来られません, じつは今晩パリへ出かけるのです ((✪①と②の区別がはっきりしない場合も多い; 文頭, 文中, 文尾のどこにでもおくことができる; あまり使いすぎるのは品がよくない)).

☞ [名]sight.
《同音異形語》sea.

⁑seed /síːd スィード/ [名] ([複] ~, ~s /-dz/)
❶ [U.C] **種**, 種子.

abcdefghijklmnopqr s tuvwxyz   **seem**

❷ⓒ《ふつう複数形で》もと,根源.
❸ⓒ〔競技〕シードされた選手［チーム］.
❹《形容詞的に》種用の.
— 動 他 ❶（場所）に種をまく.
❷…の種を取り去る.
❸〔競技〕…をシードする（強豪どうしが早い回で対戦しないように組み合わせる）.
— 自 ❶種をまく.
❷実を結ぶ,種ができる.

名 ❶We sowed vegetable *seeds* in the garden. 私たちは菜園に野菜の種をまいた. ❷a *seed* of doubt 疑惑の種. ❹*seed* potatoes 種用のジャガイモ.
— 動 他 ❶The farmer *seeded* the field *with* corn.＝The farmer *seeded* corn in the field. 農夫は畑にトウモロコシの種をまいた.
❷*seed* grapes ブドウの種を取り除く.
— 自 ❶It's time to *seed*. 種をまく季節です. ❷These flowers *seed* in autumn. これらの花は秋に実を結ぶ.

seed·less /síːdləs スィードレス/ 形 種のない.

seed·ling /síːdlɪŋ スィードリング/ 名ⓒ
❶ 実生(みしょう)の植物《種子から発芽した植物》. ❷若木.

seed·y /síːdi スィーディ/ 形 (seed·i·er; seed·i·est)《口語》みすぼらしい. ▶*seedy* clothes みすぼらしい服.

see·ing /síːɪŋ スィーイング/ 名 Ⓤ 見ること.
— 接《seeing (that) __》__であるのを見ると,__を考えると,__だから,__なので.

名 ことわざ *Seeing* is believing. 実際に見ると信じるようになる,「百聞は一見にしかず」.
— 接 *Seeing* (*that*) it is eleven o'clock, he may have missed the bus. もう11時だから,彼はバスに乗り遅れたのかもしれない.

Séeing Éye dòg 名ⓒ盲導犬《シーイングアイ (Seeing Eye)（アメリカの盲導犬を供給する慈善団体）で訓練された犬；◎（英）ではふつう guide dog という》.

*seek /síːk スィーク/ 動 (~s /-s/; sought /sɔːt/; ~ing) 他 ❶ …を捜(さが)す,捜し求める (◎look for ... より改まった表現).

❷ …を得ようとする,求める.
❸《文語》__しようと努力する.
— 自《seek for ...》…を捜す,求める.

他 ❶She is *seeking* a better job. 彼女はもっといい仕事を捜している.
❷You should *seek* his advice on that matter. そのことについては彼の助言を求めたほうがいい ／ *seek* wealth〔fame／happiness〕富〔名声／幸福〕を求める.
❸He *sought* to understand her feelings. 彼は彼女の気持ちを理解しようとした.
— 自 *seek for* happiness 幸福を求める.
seek out 他 …を捜し出す：She *sought out* new evidence. 彼女は新しい証拠を捜し出した.

***seem** /síːm スィーム/ 動 (~s /-z/; ~ed /-d/; ~ing) 自
❶ⓐ《seem (to be) ...》…のように思われる［見える］,…らしい（◎…には名詞,形容詞がくる）.
ⓑ《seem to have been ...》…だったらしい（◎…には名詞,形容詞がくる）.
❷ⓐ《seem to *do*》__するように思われる［見える］,__するらしい.
ⓑ《seem to have＋過去分詞で》__したように思われる［見える］,__したらしい.
❸ⓐ《It seems (to ...) that __》(…には)__のように思われる［見える］.
ⓑ《it seems as if __》まるで__のようだ.
ⓒ《it seems》そうらしい（◎文中・文尾に用いられる）.
❹《There seems (to be) ...》…があるように思われる.

---

❶ⓐHe *seems* (*to be*) a fool. (＝It *seems* that he is a fool.) 彼はばかみたいに見える ／ She *seems* (*to be*) honest. 彼女は正直そうだ ／ She *seems to be* an American. 彼女はアメリカ人のようだ (《to be は省略できない》) ／ You don't *seem* (*to be*) interested in insects. (＝It doesn't *seem* that you are interested in insects.) あなたは昆虫には興味をおもちのようには見えま

seeming

せんね(おもちでないようですね).

語法 to be が省略できるのは a fool, honest, tired などのように「とても正直な,かなり正直な」などと程度の差が考えられる語句がうしろにくる場合であり,an American のような語句の前では省略できない.

ⓑHe *seems* to have been busy. (= It *seems* that he was [has been] busy.) 彼は忙しかったらしい.

❷ⓐShe *seems* to know everything about it. (=It *seems* that she knows everything about it.) 彼女はそのことについてはすべて知っているらしい / They don't *seem to* understand it. (=It doesn't *seem* that they understand it.=It *seems* that they don't understand it.) 彼らはそれを理解していないように見える.

ⓑShe *seems to have told* him about the secret. (=It *seems* that she (has) told him about the secret.) 彼女はその秘密を彼にしゃべったらしい / He *seemed to have caught* (a) cold. (=It *seemed* that he had caught (a) cold.) 彼はかぜをひいたらしかった.

❸ⓐIt *seemed as if* I would die. 死ぬかと思った. ⓒThey like each other, *it seems*. 彼らはお互い好き合っているらしい.

❹*There seems to be* some misunderstanding between them. (=It *seems* that there is some misunderstanding between them.) 彼らふたりの間には誤解があるように思われる.

《同音異形語》seam.

seem·ing /síːmiŋ スィーミング/ 形 うわべだけの, 見せかけの.
— 名 UC うわべ, 外見.

seem·ing·ly /síːmiŋli スィーミングリ/ 副 表面上, 見たところでは.

***seen** /síːn スィーン/ 動 see の過去分詞形.

《同音異形語》scene.

seep /síːp スィープ/ 動 (液体が) しみ出る.

see·saw /síːsɔː スィーソー/ 名 ❶ U シーソー(遊び)(☞ down¹ のさし絵).
❷ C シーソー板.

❸ UC 一進一退.
— 動 ⓐ ❶ (物価などが)(シーソーのように)上下変動する. ❷ シーソーに乗る.
▶名 ❶They played on the *seesaw*. 彼らはシーソーをして遊んだ.

seethe /síːð スィーズ/ 動 (現分 seeth·ing) ⓐ ❶ 煮立つ, 沸騰する. ❷ 激怒する. ❸ 混雑する, ごった返す.

seg·ment /séɡmənt セグメント/ 名 C
❶ (自然にできているまたは人為的に分けた)区切り, 部分, 区分. ❷ (円を直線で切ってできた)弓形, 弧.
▶❶ a *segment* of an orange オレンジの実の中のひと袋 / a *segment* of a TV series 連続テレビ番組の1回分.

seg·men·ta·tion /sèɡmənteíʃən セグメンテイション/ 名 ❶ U (単数形で) 分割, 分裂.
❷ U 〔生物〕 (受精卵の) 卵割, 分割.

seg·re·gate /séɡriɡèit セグリゲイト/ (★アクセント注意) 動 (現分 -gat·ing) ⓗ ❶ … を分離する, 隔離する. ❷ (学校などで) … の人種差別をする (反 integrate).

seg·re·gat·ed /séɡriɡèitid セグリゲイティド/ 形 (人種·性別などによって差別された)―部の人(用)の.

seg·re·ga·tion /sèɡriɡéiʃən セグリゲイション/ 名 ❶〈単数形で〉分離, 隔離. ❷ U 人種差別(をすること)(反 integration).

seis·mic /sáizmik サイズミク/ 形 地震の; 地震性の.

seis·mol·o·gy /saizmάlədʒi サイズマロヂィ/ 名 U 地震学 (☞ earthquake).

***seize** /síːz スィーズ/ 動 (seiz·es /-iz/; seized /-d/; seiz·ing) ⓗ ❶ⓐ (急にぐっと) … をつかむ, 握る. ⓑ … を逮捕する.
❷ⓐ … を差し押さえる, 没収する.
ⓑ … を占領する.
❸ⓐ (権力など)をつかむ.
ⓑ (機会など)をつかむ.
❹ (病気·恐怖感などが)(人)を襲う, …に取りつく.
— ⓐ 《seize on [upon] ...》 … (機会·人の考えなど)に (利用しようとして) **飛びつく**.

ⓗ ❶ⓐI *seized* the cat by the neck. 私はネコの首筋をつかまえた.
❷ⓑThey *seized* the town. 彼らはその町を占領した.

abcdefghijklmnopqr s tuvwxyz   **self-defense**

❸ⓐ *seize* power 権力を握る.
— ⓑ *seize on* [*upon*] a chance 機会をとらえる / They *seized on* [*upon*] my suggestion. 彼らは私の提案にとびついてきた.

seize up ⓘ (機械などが)動かなくなる.
        ☞ 名 seizure.

sei·zure /síːʒər スィージャ/ 名 ❶ ⓤ 捕えること; 捕えられること. ❷ ⓤ 差し押さえ, 没収. ❸ ⓒ (病気の)発作(ほっさ).
        ☞ 動 seize.

*****sel·dom** /séldəm セルダム/ 副 **めったに…ない**(反 often)《✿ふつう be 動詞, 助動詞の直後, 一般動詞の直前に置かれる; ☞ always の 語法, hardly の 類語》.

It *seldom* rains here in winter. ここでは冬はめったに雨は降らない / He is *seldom* late for school. 彼はめったに学校に遅刻しない.

類語 **seldom** は「頻度」について用い, **rarely** とともに「めったに…ない」の意.

seldom, if ever, _ たとえあってもごくまれにしか_しない: He *seldom, if ever*, watches television. 彼はテレビはまずほとんど見ない.

*****se·lect** /səlékt セレクト/ 動 (~s /-ts/; ~ed /-id/ ~ing) 他 **…を選ぶ**, 選抜する.
— 形 (more ~; most ~) ❶ⓐ えり抜きの, 選ばれた. ⓑ 上等の.
❷ⓐ 入選のきびしい. ⓑ 上流社会の.

類語 **select** は **choose** と比較して「より多くの数の中から慎重(しんちょう)に吟味(ぎんみ)して最適なものを選び出す」; **elect** は「(投票によって)選ぶ」.

動 他 He was *selected* from among many candidates. 彼は多くの候補者の中から選ばれた.
        ☞ 名 selection, 形 selective.
— 形 ❶ⓑ *select* oranges 上等のオレンジ / a *select* restaurant [hotel] 高級レストラン[ホテル].

*****se·lec·tion** /səlékʃən セレクション/ 名 (複 ~s /-z/)
❶ ⓤ 選ぶこと, 選択; 選ばれること.
❷ ⓒ 選び抜かれた人[もの], 精選品, 極上品.

❸ ⓒ 選択の対象, (商品などの)品数.
❹ ⓤ [生物] 選択, 淘汰(とうた).
▶ ❶ the *selection* of clothes 衣服を選ぶこと. ❷ *selections* from modern poets 現代詩人選集.
        ☞ 動 select.

se·lec·tive /səléktiv セレクティヴ/ 形 (慎重に)選択する, 精選する.
        ☞ 動 select.

*****self** /sélf セルフ/ 名 (複 selves /sélvz/)
❶ⓐ ⓤⓒ (性格・能力などすべてを備えた人間としての)**自己**, 自身. ⓑ ⓒ 性質, 本質.
❷ ⓤ 私欲, 利己心.

❶ⓐ He put his whole *self* into the experiment. 彼は自分のすべてをその実験にかけた. ⓑ his better *self* 彼の(善悪ふたつの性質のうちで)よい性質, 良心.
❷ He cares for nothing but *self*. 彼は自分の利益しか考えない.
        ☞ 形 selfish.

self-as·sur·ance /sélf-əʃúərəns セルフ・アシュ(ア)ランス/ 名 ⓤ 自信.

self-as·sured /sélf-əʃúərd セルフ・アシュアド/ 形 自信のある.

self-cen·tered, (英) **self-cen·tred** /sélf-séntərd セルフ・センタド/ 形 自己中心の, 利己的な.

self-con·fi·dence /sélf-kánfədəns セルフ・カンフィデンス/ 名 ⓤ 自信.

self-con·fi·dent /sèlf-kánfədənt セルフ・カンフィデント/ 形 自信のある.

self-con·scious /sélf-kánʃəs セルフ・カンシャス/ 形 自意識過剰(かじょう)の, 人前を気にする, 内気な.

self-con·scious·ness /sélf-kánʃəsnəs セルフ・カンシャスネス/ 名 ⓤ 自意識過剰(かじょう).

self-con·tained /sélf-kəntéind セルフ・コンテインド/ 形 ❶ 無口な, 打ち解けない; 人に頼らない. ❷ (英)(アパートなどが)各戸独立した(台所・バスルームなどが共用でない). ❸ 必要物がそろった, (必要なものを)内蔵している.

self-con·trol /sélf-kəntróul セルフ・コントロウル/ 名 ⓤ 自制, 自制心.

self-de·fense, (英) **self-de·fence** /sélf-diféns セルフ・ディフェンス/ 名 ⓤ 自己防衛; [法律] 正当防衛.

in self-defense 自衛上, 正当防衛で.

one thousand one hundred and eighty-seven   1187

self-denial /sélf-dináiəl セルフ・ディナイ(ア)ル/ 名U 自分の欲求をおさえること, 自制; 自己犠牲.

self-de·struc·tive /sélf-distrʌ́ktiv セルフ・ディストラクティヴ/ 形 自己破壊(はかい)的な, 自滅的な.

self-dis·ci·pline /sélf-dísəplin セルフ・ディシプリン/ 名U 自己鍛練, 自己修養.

self-ed·u·cat·ed /sélf-édʒukèitid セルフ・エヂュケイティド/ 形 独学の.

self-em·ployed /sélf-implɔ́id セルフ・インプロイド/ 形 自営の.

self-es·teem /sélf-istí:m セルフ・イスティーム/ 名U 自尊心; うぬぼれ.

self-ev·i·dent /sélf-évədənt セルフ・エヴィデント/ 形 わかりきった, 自明の.

self-ex·plan·a·to·ry /sélf-iksplǽnətɔ:ri セルフ・イクスプラナトーリ/ 形 説明を要しない.

self-help /sélf-hélp セルフ・ヘルプ/ 名U 自立《他人の助けを借りないで自分で努力すること》.

self-im·por·tance /sélf-impɔ́:rtəns セルフ・インポータンス/ 名U 尊大, うぬぼれ.

self-im·por·tant /sélf-impɔ́:rtənt セルフ・インポータント/ 形 尊大な, うぬぼれの強い.

self-in·dul·gence /sélf-indʌ́ldʒəns セルフ・インダルヂェンス/ 名U わがまま, 欲望のままに行動すること.

self-in·dul·gent /sélf-indʌ́ldʒənt セルフ・インダルヂェント/ 形 わがままな, 欲望のままに行動する.

self-in·ter·est /sélf-íntərəst セルフ・インタレスト/ 名U 私利, 私欲.

*****self·ish** /sélfiʃ セルフィシュ/ 形 (more ~; most ~) **利己的な**, 自己本位の, わがままな (反 selfless, unselfish).
▶ Don't be so *selfish*. そんなにわがままを言ってはいけない.
☞ 名 self.

self·ish·ly /sélfiʃli セルフィシュリ/ 副 利己的に, 自己本位に, わがままに.

self·ish·ness /sélfiʃnəs セルフィシュネス/ 名U 利己主義, 自己本位, わがまま.

self·less /sélfləs セルフレス/ 形 自己本位でない, 無欲の (反 selfish).

self-made /sélf-méid セルフ・メイド/ 形 自分の力で成功[出世] した.

self-pit·y /sélf-píti セルフ・ピティ/ 名U 《軽蔑(けいべつ)的》自分に対するあわれみ.

self-por·trait /sélf-pɔ́:rtrət セルフ・ポートレト/ 名C 自画像.

self-pos·sessed /sélf-pəzést セルフ・ポゼスト/ 形 冷静な, 落ち着いた.

self-re·li·ant /sélf-riláiənt セルフ・リライアント/ 形 他人に頼らない.

self-re·spect /sélf-rispékt セルフ・リスペクト/ 名U 自尊心.

self-re·spect·ing /sélf-rispéktiŋ セルフ・リスペクティング/ 形 自尊心のある.

self-re·straint /sélf-ristréint セルフ・リストレイント/ 名U 自分をおさえること, 自制.

self-right·eous /sélf-ráitʃəs セルフ・ライチャス/ 形 ひとりよがりの, 独善的な.

self-sac·ri·fice /sélf-sǽkrəfàis セルフ・サクリファイス/ 名U 自己犠牲, 献身.

self-sat·is·fied /sélf-sǽtisfàid セルフ・サティスファイド/ 形 自己満足の, ひとりよがりの.

self-serv·ice /sélf-sə́:rvis セルフ・サーヴィス/ 名U (食堂・売店などの)セルフサービス.
— 形 セルフサービスの.
▶ 形 a *self-service* restaurant セルフサービスの食堂.

self-suf·fi·cien·cy /sélf-səfíʃənsi セルフ・サフィシャンスィ/ 名U 自給自足.

self-suf·fi·cient /sélf-səfíʃənt セルフ・サフィシャント/ 形 自給自足の, 自立の.

self-sup·port·ing /sélf-səpɔ́:rtiŋ セルフ・サポーティング/ 形 (人が)自活する; 自分でやっていける.

*****sell** /sél セル/ 動 (~s /-z/; sold /sóuld/; ~ing) 他
❶ⓐ …を**売る** (反 buy). ⓑ《sell ~ ... または sell ... to ~》〜に…を売る, 売りこむ.
❷(店が)…を**売っている**.
❸…の**売れ行きをよくする**.
❹《sell ~ ... または sell ... to ~》《口語》〜に…(考え・自分自身など)を売りこむ.
❺(国・友人など)を裏切る.
— 自 ❶ 売る, 販売する.
❷ⓐ (品物が)**売れる**. ⓑ (品物が)(ある値段で)**売られる**.

他 ❶ⓐ John *sold* his car for

20,000 dollars. ジョンは自分の車を2万ドルで売った. ❺I *sold* him my old bicycle for ten dollars. 私は彼に古い自転車を10ドルで売った / Please *sell* it to me. それを私に売ってください.

❷Sorry, we don't *sell* soy sauce. 申し訳ありませんが(うちの店では)しょうゆは扱っておりません / Do you *sell* brandy? (この店には)ブランデーはありますか / They *sell* candy at that store.＝That store *sells* candy. あの店ではキャンデーを売っている.

❸TV commercials *sell* products. テレビのコマーシャルは製品の売れ行きをのばす.

— 圓 ❶Merchants buy and *sell*. 商人は物を売買する.

❷ⓐThe dictionary is *selling* well [fast]. その辞書はよく[どんどん]売れている.

ⓑ*sell* at [for] one dollar apiece 1個1ドルで売られている.

be sold out ①**売り切れてもうない** (☞成句 *sell* out 圓):Strawberries are *sold* out. イチゴは売り切れた. ②(店が)品物を全部売り切ってしまった (☞成句 *sell* out 圓 ①):Sorry, we're *sold* out. すみませんが売り切れです.

be sold out of ... (人・店が)…を全部売り切ってしまった (☞*sell* out of ...):We *are sold out of* shoes in that size. そのサイズのくつは売り切れです.

sell off 他 (安売りして)(品物)を売り払う.

sell oneself ①自分を売りこむ (✪非難めいた意味だけでなくよい意味にも用いる; ☞ sell 他 ❹). ②(お金などのために)自分の考えとはちがうことをする.

sell out 《英》他 …を**売りつくす**:We've *sold* out all the evening papers. 夕刊は売り切れました. — 圓①商品を売り切る:Sorry, we've *sold* out. すみませんが売り切れです. ②(商品が)売り切れる. ③店(など)を売り払う.

sell out of ... …を売りつくす (☞成句 be *sold* out of ...):We've *sold* out of all his novels. 彼の小説は売り切れです.

sell up 《英》他 …を売り払って処分する. — 圓店(など)を売り払う.

☞ 名 sale.
《同音異形語》cell.

*sell・er /sélər セラ/ 名 (複 ~s /-z/) Ⓒ
❶売り手, 販売人 (反 buyer). ❷《前に形容詞をつけて》売れゆきが…なもの.
▶ ❷a good [bad] *seller* 売れゆきのよい[悪い]もの.
《同音異形語》cellar.

séll・ing pòint /sélŋ- セリング-/ 名 Ⓒ セールスポイント (✪「セールスポイント」は和製英語).

Sel・lo・tape /séləteip セロテイプ/ 名 Ⓤ 《英》〖商標〗セロテープ (✪単に tape ともいう; 《米》では Scotch tape).

sell・out /séláut セラウト/ 名 Ⓒ ❶売り切れ. ❷(入場券が売り切れた)大入り満員の催し物. ❸《口語》裏切り行為.

selves /sélvz セルヴズ/ 名 self の複数形.

se・man・tic /siméntik スィマンティック/ 形 ❶意味(上)の. ❷意味論の.

se・man・tics /siméntiks スィマンティクス/ 名 Ⓤ 意味論(言語学の一分野).

sem・blance /sémbləns センブランス/ 名 Ⓤ Ⓒ (外見の)類似.

se・men /síːmən スィーメン/ 名 Ⓤ 〖生理〗精液.

se・mes・ter /səméstər セメスタ/ 名 Ⓒ 《米》(2学期制の大学の)学期 (アメリカの大学はセメスター制が多い; ☞ term, session ❸, academic year, school year).

sem・i /sémi セミ/ 名 Ⓒ 《米口語》セミトレーラー (トラックとトレーラーに切りはなせるようになっている大型貨物自動車).

sem・i・cir・cle /sémisəːrkl セミサークル/ 名 Ⓒ 半円(形).
▶ sit in a *semicircle* 半円になってすわる.

sem・i・cir・cu・lar /sèmisəːrkjulər セミサーキュラ/ 形 半円(形)の.

sem・i・co・lon /sémikòulən セミコウロン/ 名 Ⓒ セミコロン (;) 《句読点の一種; コンマ (,) より大きくピリオド (.) より小さい区切りを示す; ☞ comma》.

sem・i・con・duc・tor /sèmikəndʌ́ktər セミコンダクタ/ 名 Ⓒ 〖物理〗半導体.

sem・i・de・tached hòuse /sèmiditǽtʃt- セミディタチト-/ 名 Ⓒ 2軒続きの住宅 (中央に共通の壁の仕切りがあり, 2軒がまったく左右対称に建てられている; ☞ terraced house).

sem·i·fi·nal /sèmifáinl セミファイヌル/ 形 (競技が)準決勝の. ― 名 C 準決勝の試合, セミファイナル《✪準決勝の2試合をまとめていうときには the semifinals; ☞ final 名 ❸の✪》.

sem·i·fi·nal·ist /sèmifáinəlist セミファイナリスト/ 名 C 準決勝出場選手.

sem·i·nar /sémənɑ:r セミナー/ 名 C セミナー, ゼミナール, ゼミ《教授の指導のもとで少数の学生が研究, 討議する形式の特別演習[クラス]》.

sem·i·nar·y /sémənèri セミネリ/ 名 (複 -nar·ies /-z/) C 神学校.

*__sen·ate__ /sénət セネト/ 名 (複 ~s /-ts/)
❶ 《the Senate で》(アメリカ・フランス・カナダ・オーストラリアなどの)**上院**(☞ house ❺❸).
INFO 上院は下院 (the House of Representatives) とともにアメリカ議会を構成している; ☞ congress.
❷ C (古代ローマの)元老院.
☞ 形 senatorial.

*__sen·a·tor__ /sénətər セネタ/ 名 (複 ~s /-z/)
C ❶ 《Senator で》(アメリカ・フランス・カナダ・オーストラリアなどの)**上院議員** (☞ parliament). ❷ (古代ローマの)元老院議員.
☞ 形 senatorial.

sen·a·to·ri·al /sènətó:riəl セネトーリアル/ 形 上院(議員)の.
☞ 名 senate, senator.

*__send__ /sénd センド/ 動 (~s /-dz/; sent /sént/; ~·ing) 他 ❶ ❸ (物・手紙・電報など)を**送る**, 届ける (反 receive).
❺ 《send ~ ... または send ... to ~》~に…を送る, 届ける.
❷ ❸ (自分が行かないで)(人)を**行かせる**, 送り届ける; (人)を使いにやる.
❺ (軍隊など)を派遣する.
❸ ❸ 《send ... ~》…を~(ある状態)にする(✪…には形容詞(句)・副詞(句)がくる).
❺ 《send ... doing》…を突然__させる.
❹ (矢・ロケットなど)を飛ばす, 発射する, 放つ, 投げる.

❶ ❸ I *sent* the parcel by mail [sea mail/airmail]. 私はその小包を郵便[船便/航空便]で送った / *send* a signal 信号を送る. ❺ My aunt *sent* me a nice present for my birthday. おばが私の誕生日に素敵なプレゼントを送ってくれた / Please *send* it to me at once. すぐにそれを私に送ってください / I'll *send* you the book by mail. この本を郵便で届けましょう.

send (送る)　　deliver (配達する)

❷ ❸ She *sent* her son to buy some butter. 彼女は息子にバターを買いに行かせた / He is going to *send* his daughter to college. 彼は娘を大学にやろうとしている / He *sent* his son *for* the doctor. 彼は息子に医者を呼びに行かせた.

❸ ❸ The news *sent* her almost mad. その知らせで彼女は気が狂ったようになった / His remark *sent* her *into* a rage. 彼のことばは彼女をおこらせた.
❺ *send* shares soar*ing* 株を急上昇させる.

❹ He *sent* an arrow into the air. 彼は空に矢を放った.

send away 他 ① …を(今いる所から)**ほかの所へ行かせる**: The strong wind *sent* the boat *away* from the shore. 強い風でそのボートは岸から離れていった.
② …を追い払う: She *sent* the salesman *away*. 彼女はセールスマンを追い払った.

send away for ... (品物)を郵便で取りよせる: He *sent away for* several samples of cloth. 彼は布地の見本をいくつか郵便で取りよせた.

send for ... ① (使いの者・手紙・電話などで)…**に来るように頼む**, …をよぶ: Please *send for* the doctor. 医者をよんでください. ② (助けなど)を求めにやる[よこす]. ③ …を(郵便などで)注文する.

send forth 他①(かおり・光・熱など)を出す, 発散する. ②(枝・葉など)を出す.

send in 他①(書類など)を**提出する**, 届ける: *Send in* your report by the end of this month. 今月末までにレポートを提出しなさい. ②(人)を行かせる, 派遣する. ③…を(競技などに)参加させる, (参加など)を申しこむ. ④(作品など)を出品する. ⑤…を(部屋などに)入れる, 通す.

send off 他①= *send away*. ②(手紙・小荷物など)を郵便で送る. ③(人)を見送る (☞ see ... off (⇨ see の成句)のほうがふつう).

send off for ... = *send away for ...*.

send on 他①(手紙・荷物など)を前もって送る. ②(別の宛先へ)…を回送する.

send out 他①…を外へ出す. ②…を送り出す, 発送する. ③(芽など)を出す. ④(光・香りなど)を発散する.

send out for ... …の出前をとる, 出前させる: *send out for* coffee and sandwiches コーヒーとサンドイッチの出前をとる.

send up 他①…を上昇させる, 上げる. ②(物価など)を上げる. ③(しぐさなどをまねして)(人)をからかう. ④《米口語》…を刑務所に入れる.

send-off /séndɔ̀(:)f センド(ー)フ/ 名 Ⓒ《口語》(駅などでの)見送り.
▶ give him a good [hearty] *send-off* 彼を盛大に見送る.

se·nile /síːnail スィーナイル/ 形 (老年で)心身の衰えた, 老衰の; もうろくした.

se·nil·i·ty /sinílətɪ スィニリティ/ 名 Ⓤ 老衰; もうろく.

*****sen·ior** /síːnjər スィーニャ/《★発音注意》形 ❶**年上の** (反 junior).
❷**年長のほうの**, 父親のほうの (●人が同姓同名のとき, 年長者を区別するために姓名の後につけて用いる; ☞ junior).
❸(役職・地位などが)**上の**, 上位の, 上級の, 先輩の.
❹《米》(大学・学校の)**最高学年の**.
— 名 (穂 ~s /-z/) Ⓒ ❶《*one's* をつけて》**年長者**, 長老.
❷《*one's* をつけて》**先輩**, 地位が上の人, 上役, 上級生.
❸《米》(大学・高校の)**最上級生** (☞ freshman).

形 ❶ He is three years *senior* to me.= He is *senior* to me by three years. (= He is three years older than I.) 彼は私より三つ年上だ.
❷ John Smith, *Senior* 年上のジョン スミス[父のジョン スミス].
❸ They are *senior* to me in the office. 会社では彼らは私より上[先輩]です / a *senior* officer 位の高い(方の)役人[士官].
❹ the *senior* class 最上級生(全員).
☞ 名 seniority.
— 名 ❶ He is *my senior* by three years.= He is three years *my senior*. 彼は私より三つ年上です(☞ 形 ❶).
❷ Mr. Richards is *my father's senior*. リチャーズさんは私の父の上役だ.

sénior cítizen 名 Ⓒ 高齢者, お年寄り《社会の第一線から引退し年金生活をしている老齢者(ふつう60歳以上または65歳以上程度の人)をさす婉曲な表現》.

sénior hígh schòol 名 Ⓤ Ⓒ 《アメリカの》高等学校.
INFO 12年間の教育期間でのふつう 6-3-3 制(または 6-2-4 制)の最後の 3 年間(または 4 年間); 単に **sénior hígh** ともいう; ☞ high school.

sen·ior·i·ty /siːnjɔ́ːrəti スィーニョーリティ | sìːniɔ́rəti/ 名 Ⓤ 年長, 先任, 先輩, 年功(序列).
☞ 形 senior.

*****sen·sa·tion** /senséiʃən センセイション/ 名 (穂 ~s /-z/)
❶ Ⓤ Ⓒ (暑さ・痛みなどの)**感覚**.
❷ Ⓒ (漠然とした)**感じ**, 感覚, 気持ち.
❸ Ⓒ ⓐ **大評判**, 大騒ぎ, センセーション. ⓑ 大評判のもの[こと・人].
▶ ❶ He had no *sensation* in his hands. 彼の両手はぜんぜん感覚がなかった.
❷ a pleasant *sensation* 気持ちのよい感覚, 快感.
❸ ⓐ produce [cause, create] a great *sensation* 大評判になる.
☞ 形 sensational.

sen·sa·tion·al /senséiʃənəl センセイショナル/ 形 ❶ 世間をあっといわせるような, センセーショナルな. ❷(小説など)興味本位の. ❸ すばらしい.

sensationalism

▶ ❶*sensational* news 世間を驚かすようなニュース.
☞ 名sensation.

sen·sa·tion·al·ism /senséiʃənəlìzm センセイショナリズム/ 名Ⓤ (文学・芸術・政治などの)扇情(主義); 人気取り主義.

＊**sense** /séns センス/ 名(複 sens·es /-iz/)
❶Ⓒ 感覚, 感じ.
❷《単数形で》《善悪・美醜などを感じとる》**感覚**, 観念; 意識.
❸《*one's senses* で》意識; 正気.
❹Ⓤ 思慮, 分別; 道理にかなうこと.
❺Ⓒ 意味.
— 動(現分 sens·ing)他 …を**感じる**, …に感づく.

名 ❶She has a keen *sense* of taste. 彼女は鋭い味覚をもっている / the *sense* of touch 〔sight/hearing/smell/taste〕触〔視/聴/嗅/味〕覚 / a [one's] sixth *sense* 第六感, 直感.

❷He has a strong *sense* of duty. 彼は責任感が強い / She has no *sense* of fun. 彼女は楽しめない人だ / *a sense* of beauty 美しいものを理解する感覚, 美意識 / the moral *sense* 道徳感 / a man with good business *sense* 商売のセンスのある男.

❸Have you lost *your senses*? 気でも狂ったか.

❹There is no *sense* in what he says. 彼の言うことには道理がない / good *sense* 良識 / a man of common *sense* 常識のある男 (☞common sense).

❺He is a gentleman in the true *sense* of the word. 彼はほんとうの意味で紳士だ / The word has a lot of different *senses*. その語にはいろいろな意味がある / in a narrow 〔broad〕 *sense* 狭い 〔広い〕意味で.

come to** one's **senses ①意識を回復する: He soon *came to his senses*. 彼は間もなく意識を回復した. ②分別を取り戻す, まともな人間になる.

in a sense ある意味で(は): She is right *in a sense*. 彼女の言うことはある意味では正しい.

in no sense けっして…ない: He is *in no sense* cruel. 彼はけっして残酷ではない.

make sense (文などが)**意味が通じる**; 道理にかなっている: The sentence doesn't *make sense*. その文は意味をなさない 〔支離滅裂である〕.

make sense of ... 《ふつう否定文または疑問文で》**…を理解する**: Can you *make sense of* what he just said? 彼が今言ったことがわかりますか.

out of** one's **senses 気が狂って, 正気を失って.

talk sense 筋の通ったことを言う.

(there is) no sense (in) doing 《口語》_しても意味がない, _してもむだだ: *There's no sense in talking* to him. 彼に話してもむだだ.
☞ 形sensitive, sensible, sensory.

— 動他 I *sensed* irritation in her words. 私は彼女のことばの中にいらだちを感じ取った / She *sensed that* someone was in the room. 彼女はだれかが部屋にいるような気がした.

sense·less /sénsləs センスレス/ 形 ❶感覚を失った, 気絶した.
❷非常識な, 分別のない.
▶ ❷a *senseless* fellow 非常識な男.

sénse of húmor 名《a をつけて》ユーモアを解する心. ▶He has *a good sense of humor*. 彼はユーモアがわかる.

sénse òrgan 名Ⓒ 感覚器官《目・耳・舌・鼻など》.

sen·si·bil·i·ty /sènsəbíləti センスィビリティ/ 名(複 -i·ties /-z/)ⓊⒸ ❶ (芸術・気持ちなどを理解する)感受性, 敏感さ.
❷《ふつう複数形で》デリケートな気持ち, 敏感な神経.
▶ ❶a woman of artistic *sensibility* 芸術に対するセンスのある女性.
❷respect Japanese *sensibilities* regarding nuclear weapons 核兵器に関する日本人の感情を尊重する.
☞ 形sensible.

＊**sen·si·ble** /sénsəbl センスィブル/ 形 (more ~; most ~) **良識のある**, 分別のある, 賢明な (**❶**「感じやすい, 敏感な」は sensitive).

▶ a *sensible* man 良識のある男 / a *sensible* idea 賢明な考え / *It was*

abcdefghijklmnopqrstuvwxyz — **Seoul**

sensible of you *to* stay at home on that holiday. = You were *sensible* to stay at home on that holiday. あの休日に家にいたとは賢明でしたね.

☞ 名sense, sensibility.

sen・si・bly /sénsəbli センスィブリ/ 副賢明に, 分別をもって.

*__sen・si・tive__ /sénsətiv センスィティヴ/ 形 (more ~; most ~)

❶ⓐ感じやすい, 敏感な (反 insensitive) (✪「良識のある」は sensible).
ⓑ(計器などが)感度のよい.
❷神経質な, 傷つきやすい.
❸慎重に扱う必要のある, デリケートな.

❶ⓐ(a) *sensitive* skin 敏感な[傷つきやすい]皮膚 / The baby *is* very *sensitive to* noise〔cold/heat〕. その赤ちゃんは音〔寒さ/暑さ〕に敏感だ.
❷a *sensitive* child 神経質な子ども / He *was sensitive about* his failure. 彼は失敗したのでよくよくしていた.
❸Religion is always a *sensitive* subject. 宗教はいつでもデリケートなテーマだ.

☞ 名sense, sensitivity.

sen・si・tive・ly /sénsətivli センスィティヴリ/ 副 ❶感じやすく, 敏感に. ❷神経質に.

sen・si・tiv・i・ty /sènsətívəti センスィティヴィティ/ 名Ⓤ❶敏感, 感受性. ❷ⓐ(計器などの)感度. ⓑ(フィルムの)感光度.

☞ 形sensitive.

sen・sor /sénsɔr センソ, -sər/ 名Ⓒ【電子工学】感知器, センサー (熱・光・音・放射線などの刺激に反応する).

sen・so・ry /sénsəri センソリ/ 形感覚の, 知覚の.

▶*sensory* organs 感覚器官.

☞ 名sense.

sen・su・al /sénʃuəl センシュアル/ 形好色な; 官能的な, 肉感的な.

sen・su・al・i・ty /sènʃuǽləti センシュアリティ/ 名Ⓤ好色, みだら.

sen・su・ous /sénʃuəs センシュアス/ 形
❶(知的に対して)感覚的な, 感覚に訴える (✪sensual のように「官能的な」という非難めいた意味を含まない). ❷(音・色などが)感覚に訴える, 気持ちのよい.

▶❶a *sensuous* poet 感覚的詩人.
❷*sensuous* music 気持ちのよい音楽.

*__sent__ /sént セント/ 動send の過去形・過去分詞形.

《同音異形語》cent, scent.

*__sen・tence__ /séntəns センテンス/ 名 (複 -tenc・es /-iz/) Ⓒ❶文.
❷ⓐ(刑の)宣告, 判決. ⓑ刑.
— 動 (-tenc・es /-iz/; -tenced /-t/; -tenc・ing)他《*sentence* ... *to* ~》…(人)に~(刑)を宣告する.

名 ❶an interrogative *sentence* 疑問文 / an imperative *sentence* 命令文.

❷ⓐHe was given a *sentence* of three years' imprisonment. 彼は禁固3年の判決を受けた.
ⓑa life *sentence* 終身刑.

pass [*pronounce*] *sentence on* ... …に刑を言い渡す.

— 動他 He was *sentenced to* a year in prison. 彼は禁固1年の刑を宣告された.

sen・ti・ment /séntəmənt センティメント/ 名 ❶ⒶⒸ気持ち, 思い. ❷Ⓤ感傷, 涙もろさ. ❸Ⓒ(《文語》)意見, 感想.

▶❶She acted from a *sentiment* of pity. 彼女は同情の気持ちから行動した.
❷The movie appeals to *sentiment*. その映画は感情に訴える[お涙ちょうだいの映画だ].
❸public *sentiment* 世間一般の意向, 世論 / my *sentiments* 私の見解.

☞ 形sentimental.

sen・ti・men・tal /sèntəméntl センティメントル/ 形 ❶気持ちの上の. ❷感傷的な, センチメンタルな.

▶❶*sentimental* value 心理的価値.
❷a *sentimental* girl 涙もろい女の子 / a *sentimental* song〔novel〕センチメンタルな歌〔小説〕.

☞ 名sentiment.

sen・ti・men・tal・i・ty /sèntəmentǽləti センティメンタリティ/ 名Ⓤ感傷的なこと.

sen・ti・men・tal・ly /sèntəméntəli センティメンタリ/ 副 ❶感傷[感情]的に. ❷情緒的に.

sen・try /séntri セントリ/ 名 (複 sen・tries /-z/) Ⓒ番兵, 歩哨(ほしょう).

Seoul /sóul ソウル/ 名ソウル《大韓民国

Sep.

(Republic of Korea)の首都;☞ South Korea).

Sep. 《略語》September.

sep·a·ra·ble /séparəbl セパラブル/ 形 分離できる, 分けることのできる.

*__sep·a·rate__ /séparèit セパレイト/ 動（★アクセント注意）(~s /-ts/; -rat·ed /-id/; -rat·ing) 他 ❶ …を**分ける**, 離す, 隔てる (反 unite, combine).

❷ⓐ …(人)を別れさせる.

ⓑ《be separated で》別居している.

— 自 ❶ 〔…から〕**別れる**, 分離する〔from〕.

❷ (人が) **別れる**.

❸ (夫婦が) 別居する.

— 形 /séparət セパレト/ (★動詞との発音の違いに注意) (more ~; most ~)

❶ **別々の**, 個々の. ❷ **分かれた**, 離れた.

動 他 ❶ A wide river *separates* the two cities. 大きな川がそのふたつの町を隔てている / The English Channel *separates* England *from* France. イギリス海峡はイギリスとフランスを隔てている / The teacher *separated* the pupils *into* three groups. 先生は生徒を三つのグループに分けた.

❷ ⓑ He *is separated from* his wife. 彼は妻と別居中である.

— 自 ❶ America *separated from* England in 1776. アメリカは1776年にイギリスから分離独立した. ❷ *separate* at the station 駅で別れる.

☞ 名 separation.

— 形 ❶ Nancy and her sister have *separate* rooms. ナンシーと姉[妹]は別々の部屋をもっている.

❷ He cut the board into three *separate* pieces. 彼はその板を三つの部分に切った.

sep·a·rat·ed /séparèitid セパレイティド/ 形 (夫婦が)別居して.

sep·a·rate·ly /séparətli セパレトリ/ 副 別々に, 単独で.

▶ Did they go together or *separately*? 彼らはいっしょに行ったのか別々に行ったのか.

sep·a·ra·tion /sèparéiʃan セパレイション/ 名 UC 分離, 別離; 別居. ▶ We met after a long *separation*. 私たちは久しぶりに会った.

☞ 動 separate.

Sept. 《略語》September.

*** **Sep·tem·ber** /septémbər セプテンバ/

名 **9月** (◎Sep., Sept. と略す; ☞ January の 語法).

sep·tic /séptik セプティック/ 形 ❶ 腐敗性の. ❷〔医学〕敗血症の.

se·quel /síːkwəl スィークウェル/ 名 C ❶ (文学作品・映画などの)続き, 続編. ❷ 成り行き, 結果.

*__se·quence__ /síːkwəns スィークウェンス/ 名 (複 se·quenc·es /-iz/) ❶ UC **連続**, 続発. ❷ U **順序**.

▶ the *sequence* of the seasons 四季が順にめぐること / a *sequence* of lectures 一連の講演[講義]. ❷ in alphabetical [chronological] *sequence* アルファベット[年代]順に.

in sequence 次々と, 順に.

☞ 形 sequential.

séquence of ténses 名《the をつけて》〔文法〕時制の一致.

se·quen·tial /sikwénʃəl スィクウェンシャル/ 形《文語》続いて起こる; 結果として生じる.

☞ 名 sequence.

se·quin /síːkwin スィークウィン/ 名 C シークイン(飾り) 《衣服につけるきらきらした飾りまたはスパンコール》.

se·quoi·a /sikwóiə スィクウォイア/ 名 C 〔植物〕セコイア 《カリフォルニア (California) 州産の常緑巨木; redwood ともいう》.

ser·e·nade /sèrənéid セレネイド/ 名 C 〔音楽〕セレナーデ 《夜, 恋人の窓下で歌いまたは奏する曲》.

— 動 (現分 -nad·ing) 他 …にセレナーデを歌う[演奏する].

se·rene /sərí:n セリーン/ 形 (se·ren·er, more ~; se·ren·est, most ~) 静かな, 穏(おだ)やかな, 平和な. ▶ a *serene* smile 静かなほほえみ.

☞ 名 serenity.

se·rene·ly /sərí:nli セリーンリ/ 副 静かに, 落ち着いて.

se·ren·i·ty /sərénəti セレニティ/ 名 U 静けさ, 落ち着き.

☞ 形 serene.

abcdefghijk**l**mnopq**r**s**t**uvwxyz serve

ser·geant /sá:rdʒənt サーヂェント/ 名 C
❶ 軍曹(ぐんそう)《軍隊の階級》. ❷ 巡査部長.

se·ri·al /síəriəl スィ(ア)リアル/ 形 ❶(番号などが)連続の, 通しの. ❷(物語・映画・テレビなどの)連続の, 続き物の. — 名 C
❶ 連載小説, (映画・テレビなどの)連続物.
❷(出版物の)続き物, 定期刊行物.

sérial nùmber 名 C (紙幣などの)通し番号.

*__se·ries__ /síəri:z スィ(ア)リーズ/ 名 (複 series)
❶《a series of ...》**一連の…**, 連続の….
❷ C 続き物, シリーズ.

❶ He gave *a series of* lectures on the contemporary English novel. 彼は現代イギリス小説についての連続講演をした / *a series of* tremors 一連の微震《⊃a series of ... はあとに複数名詞がくるが, ふつう単数として扱う》. ❷ a television *series* テレビの続きもの.

in series ①連続して. ②シリーズ物として.

*__se·ri·ous__ /síəriəs スィ(ア)リアス/ 形
(more ~; most ~)
❶ ⓐ (問題・状況などが)**重大な**, たいへんな, ひどい, 深刻な.
ⓑ (病気などが)**重い**, 深刻な.
❷ まじめな, 真剣な.

❶ ⓐ He made a *serious* mistake. 彼は重大な誤りを犯した / a *serious* problem 重大な問題.
ⓑ He has a *serious* illness. 彼は重い病気にかかっている / His injury is *serious*. 彼のけがは重かった.
❷ She looked very *serious*. 彼女は真剣な顔をしていた / He is not *serious* about his job. 彼は仕事に真剣でない / a *serious* student まじめな学生 / a *serious* manner 真剣な態度.

*__se·ri·ous·ly__ /síəriəsli スィ(ア)リアスリ/ 副
❶ **重大に**, 重く, ひどく.
❷ **まじめに**, 本気で, 真剣に.
❸《文全体を修飾して》《口語》まじめな話ですが, 冗談はぬきにして.

▶❶ She was *seriously* injured. 彼女は重傷を負った. ❷ He takes things too *seriously*. 彼はものごとをあまりまじめに考えすぎる.

se·ri·ous·ness /síəriəsnəs スィ(ア)リアスネス/ 名 U ❶ まじめ(なこと). ❷ 重大さ.

▶❶ in all *seriousness* まじめに, 真剣に.

ser·mon /sá:rmən サーモン/ 名 C ❶ 説教. ❷《口語》(皮肉に)お説教, お小言.
▶❶ preach a *sermon* 説教をする.

ser·pent /sá:rpənt サーペント/ 名 C 〖動物〗ヘビ《☞snake》.

ser·rat·ed /səréitid セレイティド/ 形 (ナイフなどが)のこぎり(歯)状の, ぎざぎざになった.

se·rum /síərəm スィ(ア)ラム/ 名 (複 ~s /-z/, se·ra /síərə/) ❶ U 〖生理〗漿液(しょうえき); リンパ液.
❷ U C 〖医学〗血清.

*__ser·vant__ /sá:rvənt サーヴァント/ 名 (複 ~s /-ts/) C ❶ 使用人, 召使い, 従業員.
❷ (公務員など)人のために働く人.
▶❶ have a *servant* 使用人をやとっている. ❷ Policemen are public *servants*. 警察官は公務員です / a civil *servant* (軍務以外に従事する)公務員, 文官.

*__serve__ /sá:rv サーヴ/ 動 (~s /-z/; served /-d/; serv·ing) 他 ❶ (人など)に**仕える**, …のために働く, 奉仕する.
❷ⓐ (飲食物を)**出す**, 食卓に出す.
ⓑ (人)に給仕(きゅうじ)をする.
❸ (店で)(客)に**応対する**, (客)の注文を聞く, (客)の用を承(うけたまわ)る, (客)に品物を見せる.
❹ⓐ …の**役に立つ**, (目的・要求など)にかなう.
ⓑ (食事などが)…分ある.
❺ (年季・任期・刑期など)を務める.
❻ⓐ (定期的に)(ガス・水道・電気・商品など)を供給する. ⓑ (交通機関が)(ある地区)に便宜を与える. ❼ⓐ (人)を扱う, 待遇する. ⓑ …に報いる. ❽ 〖球技〗(ボール)をサーブする.
— 自 ❶ 勤める, 働く. ❷ 役に立つ. ❸ **給仕する**, 食事を出す. ❹ 〖球技〗サーブする.

他 ❶ He *served* his country as a statesman for more than thirty

1195 one thousand one hundred and ninety-five

server

years. 彼は政治家として30年以上も国家に仕えた / No man can *serve* two masters. 〔聖書〕だれもふたりの主人に仕えることはできない(だれも異なるふたつの目的に奉仕することはできない) / *serve* humankind 人類に奉仕する / *serve* God [the Lord] 神に仕える;信心深い生活をする.

❷ⓐMother *serves* tea at four. 母は4時にお茶を出します(4時をお茶の時間としている) / She *served* us wine. = She *served* wine *to* us. 彼女は私たちにワインを出してくれた / Dinner is *served*. 食事の用意ができました.
ⓑ*Serve* the ladies first. ご婦人がたに先にお食事をお出ししてください / Please *serve* yourself. セルフサービスでお願いします.

❸Are you being *served*, sir? もうだれかご用を承っておりますでしょうか.

❹ⓐThat does not *serve* my purpose. それは私の目的には役に立たない.
ⓑThe cake *serves* ten people. そのケーキは10人分ある.

❺He *served* three years in the army. 彼は3年間兵役に服した / He *served* three terms as mayor. 彼は市長を3期務めた.

❻ⓐThat power station *serves* our city. あの発電所が私たちの町に電力を供給している / The lake *serves* the town *with* water. その湖が町に水を供給している.

❼ⓐShe *served* her father very badly. 彼女は父親に対してとてもひどい仕打ちをした.

❽He *served* the ball to his opponent. 彼は相手にボールをサーブした.

— 圓 ❶She *served* as an officer of the bank. 彼女は役員としてその銀行に勤めた / He *served* under Major Smith. 彼はスミス大尉の指揮下にいた / *serve* in the navy 海軍に服役する / *serve* on the committee 委員会の委員を務める. ❷The box will *serve* as [for] a chair. その箱はいすの代わりになるだろう. ❸My sister *served* at (the) table. 姉[妹]が給仕した / The restaurant *serves* from 11 a.m. to 9 p.m. そのレストランは午前11時から午後9時まで営業している. ❹*serve* well [badly] 上手[下手]にサーブする.

serve out 他 ①(食事のときに)(食べ物)を配る. ②(任期・刑など)を終わりまで務める.

serve ... right …にとって当然の報いとなる: That *serves* you *right*. それは当然の報いだ(いい気味だ).

☞ 图service.

serv·er /sə́ːrvər サーヴァ/ 图Ⓒ ❶給仕人. ❷ⓐ(料理を載せる)盆. ⓑ(料理をとりわける)大型スプーン[フォーク]. ❸〔球技〕サーブする人,サーバー(☞receiver). ❹〔電算〕サーバー《ネットワークのコンピューターにサービスを提供する機器》.

****ser·vice** /sə́ːrvis サーヴィス/ 图(稪 -vices /-iz/) ❶ⓐⓊサービス,(店の)客扱い(🞄日本語の「サービス」のような「おまけ」「値引き」「無料」の意味はない). ⓑⓊⒸ(商品に対する)アフターサービス,点検修理(🞄「アフターサービス」は和製英語).
❷ⓊⒸ**公共事業**,(通信・交通などの)施設,(電車・バスなどの)便.
❸ⓐⓊ(公的な)**勤務**. ⓑⓊ(軍隊の)勤務,軍務. ⓒⒸ(陸・海・空の)軍.
❹Ⓒ《しばしば複数形で》**尽力**,ほねおり,世話,奉仕.
❺Ⓤ**役立つこと**,有用(☞成句 at ...'s *service*, be of *service*》.
❻Ⓤ(人などに)**仕えること**,奉公,雇用.
❼Ⓒ**礼拝**,礼拝式.
❽Ⓒ〔球技〕サーブ(すること).
❾Ⓒ(食器などの)ひとそろい.
❿《複数形で》サービスエリア.

— 形 ❶軍の,軍用の. ❷従業員用の.

— 動 他 …のアフターサービスをする,…を点検修理する.

━━━━━━━━━━━

名 ❶ⓐ*Service* is good at that hotel. あのホテルはサービスがよい.
ⓑrepair *service* (商品の)修理サービス.

❷There is no bus *service* between the two villages. そのふたつの村の間にはバスの便はありません / water *service* 給水 / telephone *service* 電話業務 / welfare *service* 社会福祉事業.

❸ⓐpublic *service* 公務, 公職. ⓑMy brother was in the *service* for five years. 兄は5年間軍務に服した.

abcdefghijklmnopqr s tuvwxyz set

❹He did [performed] great *services* for his town. 彼は町のために大いにつくした.
❺This map gave me great *service*. その地図は私には非常に役立った.
❻The gardener was in our *service* for ten years. その庭師は私たちのところで10年働いた.
❼attend a funeral *service* お葬式に出る.
❽Whose *service* is it? だれのサーブの番ですか.
❾a silver tea *service* for twelve 12人分の銀製茶器セット.

at ...'s service (人)が自由に使用できる:I'm always *at your service*. いつでもご用をお言いつけください.

be of service 役に立つ:This dictionary *is of* great *service*. この辞書は非常に役に立つ.

☞ **動**serve.

— **形 ❷***service* entrance 従業員の入口.

ser·vice·a·ble /sə́ːrvisəbl サーヴィサブル/ **形**使える, 役に立つ.

sérvice chàrge **名**ⓒサービス料, 手数料.

ser·vice·man /sə́ːrvismæ̀n サーヴィスマン/ **名**(複 **-men** /-mèn/) ⓒ軍人.

sérvice stàtion **名**ⓒガソリンスタンド(《車の修理や部品の取替えをする所をさすこともある; ⇔**filling station**, 《米》では **gas station** ともいう; 「ガソリンスタンド」は和製英語; ☞ service ❿》).

ser·vice·wom·an /sə́ːrviswùmən サーヴィスウマン/ **名**(複 **-wom·en** /-wìmin/) ⓒ女性の軍人.

ser·vi·ette /sə̀ːrviét サーヴィエット/ **名**ⓒ《英》ナプキン(napkin).

ser·vile /sə́ːrvəl サーヴィル | sə́ːvail/ **形**奴隷(どれい)根性の, 卑屈な.

serv·ing /sə́ːrviŋ サーヴィング/ **名**ⓒ(飲食物の)ひとり分.

ser·vi·tude /sə́ːrvətjùːd サーヴィトゥード, -テュード/ **名**Ⓤ奴隷(どれい)であること; 人に思うように使われていること.

ses·a·me /sésəmi セサミ/ **名** ❶ⓒ〔植物〕ゴマ. ❷Ⓤゴマの実.

*****ses·sion** /séʃən セション/ **名**(複 **~s** /-z/) ❶Ⓤⓒ ⓐ(会議などの)**開会**, 開かれていること. ⓑ(法廷の)開廷.
❷ⓒ会期.
❸ⓒ《米》ⓐ学期(☞semester). ⓑ授業時間.
❹ⓒⓐ(集団でする一定期間の)活動, 集会. ⓑ講習会.

▶ ❶ⓐThe Diet is now in *session*. 議会は今開会中だ. ❷a long *session* 長い会期. ❸ⓐthe summer *session* 夏の学期, (大学の)夏季大学. ❹ⓑa folk dance *session* フォークダンス講習会.

*****set** /sét セット/ **動** (~**s** /-ts/; **set**; **set·ting**) **他** ❶ (ある場所にきちんと)…**を置く**, すえる, のせる.
❷ⓐ(すぐ使えるように)…**を整える**, 調節する.
ⓑ(時計・タイマーなど)を**合わせる**, セットする, (カメラのレンズ)を合わせる.
ⓒ(髪)をセットする.
❸ⓐ(場所・日時・値段など)を**決める**.
ⓑ(規則・制限など)を定める.
❹ⓐ《set ... ~》…を〜(ある状態)に**する**(《~には形容詞(句)・副詞(句)がくる》).
ⓑ《set ... doing》…に__させる, …に__し始めさせる.
❺(人)を**配置する**, 役につける.
❻(ある方向へ)…を向ける, (心など)を注(そそ)ぐ.
❼ⓐ…を当てる, 近づける.
ⓑ(火など)をつける.
❽(新記録など)をつくる.
❾(宝石など)をはめこむ.
❿ⓐ…を固める, 固定する. ⓑ(折れた骨)を(固定して)治す.
⓫ⓐ《set ~ ...》〜に…(仕事・課題など)を与える, 課す.
ⓑ《set ... to do》…に__させる.
⓬ⓐ(模範・基準など)を示す.
ⓑ《set ~ ... または set ... to [for] ~》〜に…(模範など)を示す.
⓭(小説・劇など)の場面を設定する.
— **自** ❶ (太陽・月などが)**沈む** (反rise).
❷ⓐ固まる, 固定する. ⓑ(色などが)定着する. ⓒ(折れた骨が)治る. ⓓ(表情が)こわばる.
❸(流れ・風などが)(ある方向に)向かう.
— **名**(複 ~**s** /-ts/) ❶ⓒ**ひとそろい**, ひと組, セット.

set

❷ⓒ(ラジオ・テレビなどの)**受信機**.
❸《単数形で; 集合的に; ふつう複数扱いで》(趣味・職業・習慣などが共通の)**仲間**, 連中, グループ.
❹ⓒ〖演劇〗舞台装置; (映画の)セット.
❺ⓒ〖球技〗セット.
── 形 ❶**固定した**, 動かない.
❷(あらかじめ)**決められた**, 一定の.
❸型にはまった.
❹頑固(がんこ)な; 意志が固い.
❺《口語》用意ができて.

──────────

動 ⓣ ❶ She *set* the plates on the table. 彼女はその皿をテーブルに置いた / She *set* her baby on her lap. 彼女は赤ん坊をひざにすわらせた / *set* the ladder against the tree はしごを木に立てかける.
❷ⓐ *set* the table for breakfast 朝食のために食卓を整える. ⓑ *set* the alarm clock for six 目覚し時計を6時にセットする. ⓒ She had her hair *set* for the wedding. 彼女は結婚式のために髪をセットしてもらった.
❸ⓐ We must *set* the place 〔the date〕 for the meeting. われわれはその会の場所〔日時〕を決めなければならない / The price of the car is not *set* yet. まだその車の値段は決まっていない. ⓑ The speed limit is *set* at 50 (miles). 速度制限は50(マイル)とされている.
❹ⓐ He *set* the slaves free. 彼は奴隷(どれい)たちを自由にした.
ⓑ His comical gestures *set* them *laughing*. 彼のこっけいな身ぶりをみて彼らはどっと笑った.
❺ *set* a guard at the gates 門に見張りを配置する.
❻ He *set* his mind on [to] the experiment. 彼はその実験に熱中した.
❼ⓐ He *set* the wineglass *to* his lips. 彼はワイングラスに口をつけた.
ⓑ *set* fire *to* the old hut 古い小屋に火をつける.
❽ *set* a world record in the marathon マラソンで世界記録をつくる.
❾ *set* a diamond in a gold ring ダイヤモンドを金の指輪にはめる.
❿ⓐ The cement is *set*. セメントは固まっている. ⓑ The doctor *set* Tom's broken leg. その医者はトムの折れた足を(固定して)治した.
⓫ⓐ He *set* me a difficult job. ＝ He *set* a difficult job *for* me. 彼は私に難しい仕事を課した.
⓬ⓐ *set* guidelines 指針を示す.
ⓑ He *set* us a good example. 彼はわれわれによい模範を示した.
⓭ The novel is *set* in Rome after World War II. その小説の舞台は第2次世界大戦後のローマである.

── ⓘ ❶ The sun *sets* in the west. 太陽は西に沈む.
❷ⓐ The cement *set* overnight. セメントは一晩で固まった.
ⓑ His face *set*. 彼の顔がきっとなった.

set about ... (仕事など)**に取りかかる**, …を始める: He *set about* his homework at once. 彼はすぐ宿題に取りかかった.

set ... against ～ …を～と比較する, 対比する: The high salary must be *set against* the long working hours in evaluating the job. その仕事を評価するには高い給料と長い労働時間を比較してみなければならない.

set apart ⓣ …を目だたせる.

set aside ⓣ ①(ある目的のために)**…を取っておく**: He *set aside* part of his income as savings. 彼は収入の一部を貯金した. ②(願い・要求など)を無視する.

set back ⓣ ①(進行・進歩など)を遅らせる, じゃまする. ②(時計の針)を戻す (反 *set forward*). ③…をうしろへ動かす, うしろに置く.

set ... back ～ 《口語》…に～という(大きな)費用を負担させる: The suit *set* him *back* 500 dollars. そのスーツに彼は500ドル払った.

set down ⓣ ①…を下に置く. ②(乗客など)を降ろす. ③…を書き留める.

set forward ⓣ (時計の針)を進ませる (反 *set back*).

set in ⓘ (望ましくない天候・季節などが)**始まる**: The rainy season has *set in*. 梅雨(つゆ)が始まった.

set off ⓘ **出発する**: *set off* on a journey 旅行に出かける. ── ⓣ ①(ロケットなど)を**発射する**; (花火)を打ち上げる;

を爆発させる. ②…を引き立たせる, 目だたせる:A white belt will *set off* your coat. 白いベルトであなたの上着が引き立つでしょう.

set ... off doing …に__し始めさせる.

set ... on ～… (犬など)を～にけしかける.

set out [自]**出発する**:They *set out* on a trip. 彼らは旅行に出かけた. — [他]①…を並べる, 陳列する. ②(理由・事実など)を述べる.

set out to do __しようと取りかかる:*set out to* explore the island その島を探検し始める.

set to [自]《文語》仕事[議論(など)]を熱心にやり出す.

set to ... …を**始める**:*set to* work 仕事を始める.

set up [他]①(くい・棒など)を**立てる**:*set up* a pole さおを立てる. ②(機械など)を**組み立てる**, 設置する;(テント)を張る, (三脚など)を据えつける. ③(学校など)を**創立する**;(組織・委員会など)をつくる;(事業など)を始める:He *set up* the school half a century ago. 彼はその学校を半世紀前に建てた. ④(人)を仕事につかせる;…を高い地位につかせる:He *set up* his son in business. 彼は息子に商売を始めさせた. ⑤(学説など)を提唱する. — [自](商売など)を始める, 開業する:*set up* as a dentist 歯医者を開業する.

— [名] ❶a tea〔coffee〕*set* 紅茶〔コーヒー〕のセット / a toilet *set* 化粧道具一式 / a *set* of dishes ひとそろいの皿 / a *set* of rules ひと組の規則 / a complete *set* of Shakespeare シェイクスピア全集.

❷a TV *set* テレビ(受像機).

❸a fine *set* of men りっぱな男たち.

❺win the first *set* 第1セットを勝つ.

— [形] ❶She had a *set* smile on her face. 彼女は顔にこわばったようなほほえみを浮かべていた(作り笑いをしていた) / deep-*set* eyes 深くくぼんだ目.

❷The time is *set*. 時間は決められている / according to the *set* rules 決まった規則に従って / a *set* fee 規定の料金. ❸a *set* phrase 決まり文句. ❹He is *set* in his ways. 彼は頑固に自分のやり方を押し通す. ❺Is everyone *set*? みんな用意はよいですか / Get *set*!＝*Set*! 「用意!」《競走・競泳などのスタート直前にかける号令;✪合図は On your mark(s)!「位置について!」, Get set! Go!「スタート!」となる》.

set·back /sétbæ̀k セトバック/ [名][C] ❶(進歩などの)妨(さまた)げ, 後退. ❷(病気などの)ぶりかえし. ❸〘建築〙セットバック, 段形後退《街路への日照を妨げないためや通風をよくするために, 高層建築物の上階を引っこませること》.

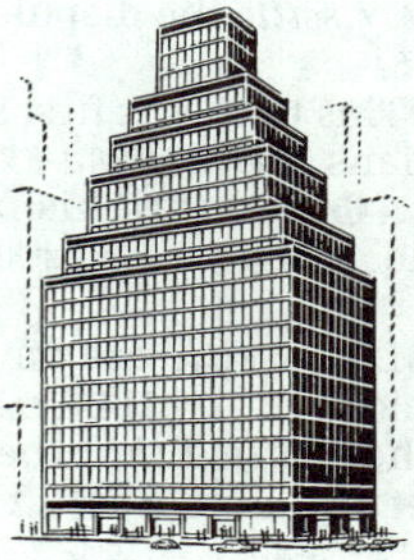

setback ❸

sét squàre [名][C]《英》三角定規《✪《米》では triangle》.

set·tee /setíː セティー/ [名][C](背やひじつきの)長いす, 小型ソファー.

set·ting /sétiŋ セティング/ [名]
❶[U]置くこと, すえつけること. ❷[U](月・太陽の)沈むこと. ❸ⓐ[C](宝石をはめこむ)台. ⓑ[U](宝石などの)はめこみ. ❹[C]舞台装置. ❺[C](事件・劇などの)場面, 背景. ❻[C](人間の)環境, 周囲.
▸❺Rome is the *setting* of the story. ローマがその物語の舞台だ.

‡set·tle /sétl セトル/ [動](~s/-z/; set·tled /-d/; set·tling)[他]
❶(問題・紛争など)を**解決する**.
❷ⓐ(場所)に**移民[植民]する**, …を定住地とする.
ⓑ(ある場所に)…を定住させる.
❸ⓐ…を**決める**.
ⓑ《settle (that) __ [疑問詞 __]》__を決める.
❹ⓐ(慎重に)…を**置く**, 据える.
ⓑ(ある場所に)…を落ち着かせる.
❺ⓐ(痛み・神経など)を落ち着かせる.

S

settled

ⓑ …を安心させる (反 unsettle).
❻ (ほこりなど)を静める, 沈殿させる.
❼ (勘定)を清算する, 支払う.
— 圓 ❶ⓐ **定住する**.
ⓑ 腰を落ち着ける.
❷ (鳥などが)降りる, とまる.
❸ⓐ (興奮などが)**静まる**.
ⓑ (天候などが)定まる.
❹ⓐ (ほこりなどが)落ち着く, つもる.
ⓑ (かすなどが)沈殿する.

他 ❶ Everything is *settled*. すべて解決した / *settle* the dispute 紛争を解決する.
❷ⓐ This town was first *settled* by Italians. この町は最初にイタリア人が植民した. ⓑ He *settled* his family in Ohio. 彼は家族とオハイオ州に住みついた.
❸ⓐ Let's *settle* the day for the picnic. ピクニックの日を決めよう.
ⓑ They *settled that* they would meet on Saturday. 彼らは土曜日に集まることに決めた.
❹ⓐ He *settled* his hat on his head. 彼は帽子をしっかりかぶった.
ⓑ He *settled* himself on the sofa. 彼はソファーにどっかりと腰をおろした.
❺ⓐ The medicine *settled* his stomach 〔nerves〕. その薬で彼の胃〔神経〕は落ち着いた.
❻ The rain *settled* the dust. 雨でほこりが立たなくなった.

— 圓 ❶ⓐ They *settled* in Seattle. 彼らはシアトルに定住した.
❷ A bird *settled* on the branch. 鳥がその枝にとまった.
❸ⓐ The excitement has *settled* (down). 興奮がおさまった.
ⓑ The weather will soon *settle*. 天気はまもなく落ち着くだろう.
❹ⓐ Dust has *settled* on the piano. ほこりがピアノの上につもった.

settle down 圓 (とくに結婚して)**落ち着く**; 定住する: He married and *settled down* in London. 彼は結婚してロンドンに落ち着いた.

settle down to ... = ***settle down to do*** [*doing*] 落ち着いて…に[_する ことに] 専念する: *settle down to* study = *settle down to studying* 落ち着いて勉強する.

settle for ... (不満ではあるが)…を受け入れる.

settle in 圓 (新しい家・仕事などに)落ち着く.

settle on [*upon*] ... …に決める: *settle on* a pink dress ピンクのドレス(を買うこと)に決める.

settle up 圓 (勘定・借金などの)支払いをする; 清算する.

settle (up) with ... …に借金を返す.
☞ 名 settlement.

set·tled /sétld セトルド/ 形 ❶ 固定した, 確立した. ❷ⓐ (天候などが)定まった.
ⓑ (人・生活などが)落ち着いた.
▶❶ a *settled* habit 固定した習慣.
❷ⓐ *settled* weather 定まった天気, 晴天続き.

****set·tle·ment** /sétlmənt セトルメント/ 名 (複 ~s /-ts/)
❶ UC 解決, 決定, 和解. ❷ U 植民, 移民, 定住. ❸ C 植民地, 新開地. ❹ C 社会福祉事業(団), セツルメント《貧民街の改善にあたる団体[事業施設]》.
☞ 動 settle.

set·tler /sétlər セトラ/ 名 C 移民, 移住者, 入植者.

set-up /sétʌp セタップ/ 名 C《ふつう the をつけて単数形で》(組織などの)機構, 仕組み.

*****sev·en** /sévən セヴン/ 名 (複 ~s /-z/) ❶ⓐ U (数の) **7**(☞ one).
ⓑ C (数字の)7《7, VII など》.
❷《複数扱いで》**7つ**, **7人**, 7個.
❸ Uⓐ **7時**, 7分. ⓑ 7ドル[ポンド, セント, ペンス, インチなど].
❹ U 7歳.
❺ C 7つ[7人, 7個]ひと組のもの.
❻ C (トランプの)7の札.
— 形 ❶ **7の**; 7人の, 7個の.
❷ 7歳で(ある).

*****sev·en·teen** /sèvəntíːn セヴンティーン/ 名 (複 ~s /-z/)
❶ⓐ U (数の) **17**(☞ one). ⓑ C (数字の) **17**《17, XVII など》.
❷《複数扱いで》**17**, **17人**, 17個.
❸ Uⓐ 17分, (24時間制で)17時. ⓑ 17ド

abcdefghijklmnopqr**s**tuvwxyz　　　　　　　　　　　　　　　　　sew

ル[ポンド, セント, ペンス, インチなど].
❹Ⓤ17歳.
❺Ⓒ17人[17個]ひと組のもの.
— 形 ❶**17の**; 17人の, 17個の.
❷17歳で(ある).

*sev·en·teenth /sèventíːnθ セヴンティーンス/ 形 ❶《ふつう the をつけて》**17番目の**(☞first).
❷17分の 1 の.
— 名 (複 ~s /-s/) ❶《ふつう the をつけて》**17番目の人[もの]**.
❷《ふつう the をつけて》(月の)**17日**(♦略語は17th). ❸Ⓒ17分の 1 .

**sev·enth /sévənθ セヴンス/ 形
❶《ふつう the をつけて》**7番目の**(☞first). ❷ 7 分の 1 の.
— 名 (複 ~s /sévənθs, sévəns/) ❶Ⓤ《ふつう the をつけて》**7番目の人[もの]**.
❷《ふつう the をつけて》(月の)**7日**(♦略語は7th). ❸Ⓒ 7 分の 1 .

▶形 ❶Beethoven's *Seventh* Symphony ベートーベンの第 7 交響曲.

*sev·en·ti·eth /sévəntiiθ セヴンティエス/ 形 ❶《ふつう the をつけて》**70番目の**.
❷70分の 1 の.
— 名 (複 ~s /-s/) ❶Ⓤ《ふつう the をつけて》**70番目の人[もの]**(☞first).
❷Ⓒ70分の 1 .

sev·en·ty /sévənti セヴンティ/ 名 (複 -en·ties /-z/) ❶ⓐⓊ (数の) **70 (☞one). ⓑⒸ (数字の) **70** (70, LXXなど).
❷《複数扱いで》**70人, 70個**.
❸Ⓤ70ドル[ポンド, セント, ペンス, インチなど].
❹Ⓤ70歳.
❺ⓐ《the seventies で》(世紀の)70年代. ⓑ《one's seventies で》(年齢の)70歳代.
❻Ⓒ70人[70個]ひと組のもの.
— 形 ❶**70の**; 70人の, 70個の.
❷70歳で(ある).

sev·er /sévər セヴァ/ 動 他 ❶…を切断する. ❷(人との関係)を断つ.

▶❶*sever* a rope with a knife ロープをナイフで切断する / *sever* a branch *from* a tree 木から枝を切り落とす.

sev·er·al /sévərəl セヴェラル/ 形 **いくつかの, 数個の.
— 代《複数扱いで》数人, 数個.

形 He stayed with us for *several* days. 彼は私たちの家に数日滞在しました / I've read the book *several* times. 私はその本を数回読みました.

|語法| **several** は 2 (または 3)より多いが, **many** ほど多くない数に用いる; **a few** は大体同じくらいの数を表わすが「少数の」という気持ちが強く, **some** は several よりも数の範囲がばくぜんとした感じで, 場合によってはかなり多い数を意味することもある.

— 代 I saw *several* of my classmates there. 私はそこで数人のクラスメートに会った.

*se·vere /səvíər セヴィア/《★発音注意》形 (se·ver·er /-víərər/; se·ver·est /-víərist/)

❶(法律・人の態度などが)**きびしい**, 厳格な.
❷(気候・苦痛などが)**激しい**, ひどい, 猛烈な.
❸(競争などが)きびしい, 難しい.

❶put on a *severe* face [look] いかめしい顔つきをする / a *severe* teacher 厳格な先生 / He *is* very *severe with* his children. 彼は子どもたちにたいへんきびしい. ❷a *severe* storm ひどいあらし / a *severe* pain 激しい痛み / a *severe* illness 重病. ❸*severe* competition 激しい競争.

☞名severity.

se·vere·ly /səvíərli セヴィアリ/ 副 きびしく, 激しく, ひどく.
▶He was *severely* punished. 彼はきびしい罰を受けた.

se·ver·i·ty /səvérəti セヴェリティ/ 名Ⓤ ❶(天候などの)きびしさ, (痛みなどの)激しさ. ❷厳格さ. ☞形 severe.

*sew /sóu ソウ/《★発音注意》動 (~s /-z/; ~ed /sóud/; sewn /sóun/, ~ed; ~ing) 他 …を**縫う**, 縫って作る.
— 自 縫い物をする, ミシンをかける.
▶他*sew* a dress 服を縫う / She *sewed* a button *on* her coat. 彼女は上着にボタンをぬいつけた.

sew up 他 ①…を縫い合わせる:*sew*

one thousand two hundred and one　　　　　　　　　　　　　　　　　　　　　　　　　　　　1201

sewage

up a wound 傷口を縫い合わせる. ②《口語》(交渉など)をまとめる.
《同音異形語》so¹,²,³, sow¹.

sew・age /sú:idʒ スーイヂ/ 名U 汚水；下水.

sew・er /sú:ər スーア/ 名C 下水道，下水本管.

sew・ing /sóuiŋ ソウイング/ 名U 縫うこと，裁縫；縫い物.

séwing machine 名C ミシン(◎この machine の部分だけの発音から日本語の「ミシン」ということばができた).

sewn /sóun ソウン/ (★発音注意) 動 sew の過去分詞形.
《同音異形語》sown.

*__sex__ /séks セックス/ 名 (複 ~es /-iz/)
❶U 性行為.
❷U C 性，性別.

❶ have *sex* 性行為をする.
❷ the male *sex* 男性 / the female [fair] *sex* 女性 / regardless of age or *sex* 年齢，性の別なく.
☞ 形 sexual, sexy.

sex・ism /séksizm セクシズム/ 名U 性差別.

sex・ist /séksist セクシスト/ 名C 性差別をする人.
— 形 性差別をする，性差別の.

sex・less /séksləs セクスレス/ 形 ❶ 無性の，性的区別のない. ❷ 性的魅力のない. ❸ 性に関心のない.

*__sex・u・al__ /sékʃuəl セクシュアル/ 形 (more ~; most ~) ❶性の. ❷性的な.
▶ ❶ *sexual* equality 性の[男女]平等 / *sexual* desire 性欲 / *sexual* intercourse 性交.
☞ 名 sex.

séxual abúse 名U 性的虐待.

séxual harássment 名U C セク(シャル)ハラ(スメント)，性的いやがらせ.

sex・u・al・i・ty /sèkʃuǽləti セクシュアリティ/ 名U ❶性別. ❷性的能力；性欲；性的関心.

sex・y /séksi セクシィ/ 形 (sex・i・er; sex・i・est) 性的魅力のある，セクシーな.
☞ 名 sex.

SF, sf /éséf エスエフ/ 名U 空想科学小説 (◎science fiction の省略形).

sh, shh /ʃ: シー/ 感《沈黙を命じて》シーッ!

shab・bi・ly /ʃǽbili シャビリ/ 副 みすぼらしく.

shab・by /ʃǽbi シャビ/ 形 (-bi・er; -bi・est) ❶ⓐ(服・住居などが)みすぼらしい，むさ苦しい. ⓑ(人が)みすぼらしい身なりをした. ❷(行為などが)卑しい，卑劣な.
▶ ❶ *shabby* clothes みすぼらしい着物.

shack /ʃǽk シャック/ 名C 掘っ建て小屋.

shack・le /ʃǽkl シャクル/ 名C ❶《ふつう複数形で》手かせ，足かせ(☞fetter❶). ❷《複数形で》束縛.
— 動 (現分 shack・ling) 他 ❶ …に手かせ[足かせ]をかける. ❷ …を束縛する.

*__shade__ /ʃéid シェイド/ 名 (複 ~s /-dz/)
❶U 陰，日陰.
❷C ⓐ 日よけ，日おおい；《米》ブラインド. ⓑ (電気スタンドの)かさ(◎lamp-shade ともいう).
❸U (絵画の)陰，陰影.
❹C 明暗[濃淡]の度，色合い.
❺C (意味の)わずかな違い.
❻《a~》ほんのわずか，少し.
— 動 (~s /-dz/; shad・ed /-id/; shad・ing) 他 ❶ …を陰にする，暗くする. ❷ (物)に光[熱(など)]があたらないようにする.
❸ (電灯)にかさをつける.
❹ (絵など)に明暗[濃淡]をつける.
— 自 (色・意見・方法・意味が)しだいに変化する.

名 ❶ He rested in the *shade* of a tree. 彼は木陰で休んだ.

類語 shade は「光の当たらない部分」をばくぜんとさす；**shadow** は「形のはっきりした影の部分」をさす.

| shade | shadow |

❸ light and *shade* 明暗，光と影.
❹ all *shades* of green あらゆる色合いの緑.

abcdefghijklmnopqr s tuvwxyz   **shake**

❺The word has several *shades* of meaning. その語にはいくつかの微妙に違う意味がある.

❻His words were *a shade* too blunt. 彼の言葉はややぶっきらぼうだった.

in the shade ①日陰で (☞名❶). ②世に知られないで.

put [*throw*] *... into* [*in*] *the shade* (りっぱで)…を圧倒する, …の影をうすくする.

☞ 形shady.

— 動 他 ❶Tall trees *shade* our garden. 高い木で私たちの庭は陰になる.

❷He *shaded* his eyes from the light with his hand. 彼は目にあたる光を手でさえぎった.

— 自*shade* from gold into orange 金色からしだいにオレンジ色に変わる.

＊**shad·ow** /ʃǽdou シャドウ/ 名(複 ~s /-z/)

❶©ⓐ(光がさえぎられてできる形のはっきりした)**影** (☞shade の 類語). ⓑ(鏡・水などに映った)影, 映像 (✿reflection のほうがふつう).

❷UC うす暗がり, 影.

❸《単数形で; おもに否定文で》ごくわずか.

❹©ⓐ《比喩的に》暗い影, いやな感じ. ⓑ前兆.

❺©影のようなもの, 実体のないもの, まぼろし.

— 動 (~s /-z/; ~ed /-d/; ~ing)他

❶…を尾行する, …の後をつける.

❷…を陰にする, 暗くする.

名 ❶ⓐA tall tree cast [threw] its *shadow* on the wall. 1本の高い木が壁に影を投げていた. ❷They sat in the *shadows* of the room. 彼らは部屋のうす暗い所にすわった / Her face was in *shadow*. 彼女の顔は影になっていた. ❸There is *not a shadow* of doubt about that. それについては少しの疑いもない. ❹ⓐThe bad news cast a *shadow* over the family. その悪い知らせは家族に暗い影を投げた(悪い知らせを聞いて家族は暗い気持ちになった).

ⓑthe *shadow* of war 戦争の前兆.

☞ 形shadowy.

shádow cábinet 名©《英》影の内閣 《野党が政権をとった時を想定してつくる内閣》.

shad·ow·y /ʃǽdoui シャドウイ/ 形 (-ow·i·er; -ow·i·est) ❶影の多い, 陰になった, 暗い.

❷影のような, ぼんやりした.

▶❶the *shadowy* woods 暗い森.

☞ 名shadow.

shad·y /ʃéidi シェイディ/ 形 (shad·i·er; shad·i·est) ❶陰の多い, 陰になっている (反 sunny). ❷陰を作る. ❸《口語》いかがわしい.

▶❶a *shady* path 日陰の多い小道.

❷a *shady* tree 陰を作っている木.

❸a *shady* deal いかがわしい取り引き.

☞ 名shade.

shaft /ʃǽft シャフト | ʃάːft/ 名 © ❶ⓐ(ゴルフのクラブなどの)シャフト, 柄(²). ⓑ矢の軸; やりの柄(²). ⓒ矢; やり.

❷ⓐ(機械の)軸, 心棒, シャフト. ⓑ(馬車などの)ながえ, かじ棒, 旗ざお.

❸ⓐ(鉱山の)たて坑. ⓑ建物の細長い空間.

▶❸ⓑan air *shaft* (ビルディングなどの)通気空間 / an elevator *shaft* エレベーターのシャフト《エレベーターが上下する空間部分》.

shag·gy /ʃǽgi シャギ/ 形 (-gi·er; -gi·est) ❶毛深い, 毛むくじゃらの. ❷(毛が)もじゃもじゃの; (織り物が)けばの多い.

＊**shake** /ʃéik シェイク/ 動 (~s /-s/; shook /ʃúk/; shak·en /ʃéikən/; shak·ing) 他

❶(前後や上下に)…を**振る**, 揺(゚)らす, 揺さぶる

❷(にぎりこぶし・棒など)を**振りまわす**, つきつける.

❸(自信・信念など)をぐらつかせる, 動揺させる.

— 自 震(゚)える, 揺れる.

— 名 (複 ~s /-s/) ❶©**振ること**, ひと振り; 振動; 震え.

❷《**the shakes** で》《米口語》(熱・恐怖などによる)ひどい震え, 悪寒(゚).

動 他 ❶*shake* a pepperbox コショウ入れを振る / The bartender is *shaking* a cocktail. バーテンはシェーカーを振ってカクテルをつくっている / A strong earthquake *shook* the Kanto district last night. 昨晩強い地震が関東地方を襲った.

1203

shaken

❷He *shook* his fist as he spoke. 彼は話しながらこぶしを振りまわした. ❸Nothing *shook* his confidence. どんなことがあっても彼の自信はぐらつかなかった / He *was shaken* by the news. 彼はその知らせに動揺した.
— ⓐThe earth〔house〕*shook*. 大地〔家〕が揺れた / I *shook* with cold〔fear〕. 私は寒さで〔恐ろしくて〕震えた.

shake down ⓗ …を振り落とす: *shake down* chestnuts from the tree クリを木から振り落とす. — ⓐ①ゆれ落ちる. ②(ものごとが)落ちつく, 固まる. ③仲間〔環境(など)〕になれる, なじむ.

shake hands (with ...) (…と)**握手する**: I *shook* hands with him. 私は彼と握手した.

shake off ⓗ①(ちりなど)を振り落とす. ②(いやなもの)から逃れる, …を追い払う; (習慣・病気など)を直す: I cannot *shake off* my cold. 私はかぜが抜けない.

shake one's finger at ... ☞ finger.

shake one's head ☞ head.

shake out ⓗ①(帆・旗など)を振って広げる: *shake out* the flag 旗を振って広げる. ②(中のもの)を振って出す, (ほこりなど)を振って落とす.

shake up ⓗ①…を**激しくゆする**; (液体など)を**振って混ぜる**: *shake up* the bottle びんを振って中身をよくまぜる. ②…**の気持ちを動揺**(ﾄﾞｳﾖｳ)**させる**: The news *shook* them *up*. その知らせで彼らは動揺した. ③(組織など)を**刷新する**: We must *shake up* the welfare system. 福祉制度を刷新しなければなりません.

— 图 ❶He gave the tree a *shake*. 彼は木を揺すった / with a *shake* of the head 首を横に振って. ❷The dead body gave me *the shakes*. その死体のため私は震えだした.

☞ 形shaky.

shak·en /ʃéikən シェイクン/ 動shakeの過去分詞形.

shak·er /ʃéikər シェイカ/ 图Ⓒ❶振る人〔物〕. ❷(カクテルを作るための)シェーカー.

Shake·speare /ʃéikspiər シェイクスピア/ 图シェイクスピア《**William Shake**-**speare** (1564–1616); イギリスの世界的劇作家, 詩人;「ハムレット」(*Hamlet*) など38編の戯曲を書いた》.

shake-up /ʃéikʌp シェイカップ/ 图Ⓒ《口語》(人事の)大異動, (組織などの)大改革.

shak·ing /ʃéikiŋ シェイキング/ 图Ⓒ振ること, 揺さぶること.

shak·y /ʃéiki シェイキ/ 形(shak·i·er; shak·i·est)

❶ぐらぐらの, こわれそうな. ❷震える. ❸あてにならない, (信念などが)ぐらついている, (地位などが)不安定な. ❹よたよたした, 病弱な.

▶❶a *shaky* wall ぐらぐらの壁. ❷a *shaky* voice 震え声. ❸He is *shaky* in his beliefs. 彼は信念がぐらついている.

☞ 图shake.

***shall** /(弱)ʃəl シャル; (強)ʃæl シャル/ 助 (過去 should /(弱)ʃəd; (強)ʃúd/)

❶《英》《意志を含まないで単に未来を表わして》《I, We が主語の文で》**__するでしょう**, **__するだろう**, __となるでしょう〔だろう〕.

❷/ʃæl/《未来のことについての意志を表わして》❸《一人称または三人称が主語の疑問文で相手の意志をたずねて》**__しましょうか**, __させましょうか.

ⓑ《Let's *do*, shall we? で》…**しましょうか**.

ⓒ《二人称または三人称が主語の平叙文で話し手の意志を表わして》《文語》**…に__させてやる**.

❸/ʃæl/《I, We が主語の平叙文で強い義務感や意志を表わして》**(きっと)__します**.

❹/ʃæl/《文語》《二人称や三人称に対する命令や禁止を表わして》**__すべし**.

❺/ʃæl/《文語》《予言を表わして》**(必ず)__するであろう**, __**であるべし**.

❻《**shall have**+過去分詞で》__**してしまっているでしょう**.

❶ *We shall* be enjoying ourselves in Hawaii next week. 私たちは来週はハワイの生活を楽しんでいるでしょう / *I shall* be sixteen years old next month. 私は来月16歳になります.

|語法| (1)《米》では will がふつう用いられ, 《英》でもその傾向が強くなってきた.

(2) 意志を含まない単に未来を表わす shall は話法が変わると主語の変化にともなって次のようになるのが原則である: I say, "I *shall* succeed." → I say (that) I *shall* succeed. 私は自分は成功するだろうと言っているのです / You say, "I *shall* succeed." → You say (that) you *will* succeed. あなたは自分は成功するだろうと言っている / He says, "I *shall* succeed." → He says (that) he *will* succeed. 彼は自分は成功するだろうと言っている; しかし上の文で You say (that) you *shall* succeed. He says (that) he *shall* succeed. と shall がそのまま用いられることもある.

❷ What *shall* I do next? 次に何をしましょうか / Where *shall* she sit? 彼女をどこにすわらせましょうか. ❻ "*Let's* go out for a walk, *shall we*?" 散歩に行きませんか.

対話
「公園に行きましょうか」
　　　　　　「ええ, そうしましょう」

Let's go to the park, shall we?　Yes, let's.

❸ You *shall* have my answer tomorrow. (= I will give you my answer tomorrow.) あす返事をしよう / She *shall* use the room if she likes it. その部屋が気に入れば彼女に使わせましょう.

❸ I *shall* never forget your kindness. あなたのご親切は決して忘れません / I *shall* do my best. きっと最善をつくします.

❹ Each member *shall* pay the fee. 会員は会費を払うべし.

❺ All *shall* die. すべて人は死ぬ.

❻ I *shall have* come back by seven. 私は7時までには帰ってきているでしょう.

shal·lot /ʃəlɑ́t シャラット/ 名C【植物】エシャロット《ネギに似た香辛野菜》.

*__shal·low__ /ʃǽlou シャロウ/ 形 (~·er; ~·est) ❶浅い (反 deep).
❷あさはかな, 表面的な.
── 名 (複 ~s /-z/) 《複数形で》浅瀬.
▶形 ❶ a *shallow* river [dish/bowl] 浅い川[皿/おわん]. ❷ a *shallow* person あさはかな人間.

sham /ʃǽm シャム/ 名 ❶《a をつけて》にせ物. ❷ Uごまかし, 見せかけ.
── 形にせの, 模造の, 模擬の.
▶形 a *sham* diamond 模造ダイヤモンド.

sham·bles /ʃǽmblz シャンブルズ/ 名複《口語》《a をつけて》大混乱(の場所).

*__shame__ /ʃéim シェイム/ 名 ❶UC恥ずかしい思い, 恥ずかしさ, 羞恥心.
❷U恥, 不名誉.
❸《単数形で》恥となるような人[こと].
❹《単数形で》大変残念なこと, あんまりなこと.
── 動 (現分 sham·ing) 他 …に恥をかかせる, …の面目をつぶす.

・・・・・・・・・・・・・・・・・・・・・・・・・

名 ❶ He felt *shame* for what he had done. 彼は自分のしたことを恥ずかしいと思った / blush with *shame* 恥ずかしさで赤くなる.
❷ His behavior brought *shame* to the club. 彼の行動はクラブの恥[不名誉]となった.
❸ The polluted river is *a shame* to the town. 汚染された川は町の恥だ.
❹ It's *a shame* that you can't come to the party. 君がパーティーに来られないなんてほんとうに残念だ.

bring shame on ... (人)に恥ずかしい思いをさせる.

put ... to shame ① (人)に(自分のほうが劣っているという)恥ずかしい思いをさせる, …の面目をつぶす. ② …をはるかにしのぐ.

Shame (on you)! 恥を知れ, みっともない.

to ...'s shame …が恥ずかしかったことには.

What a shame! なんてひどい[残念]なこと.

☞ [形]shameful.

— [動][他]His behavior *shamed* his family. 彼の行動は家名を汚(けが)した.

shame·ful /ʃéimfəl シェイムフル/ [形]
❶恥ずべき, 不名誉な.
❷けしからん, いかがわしい.
▸❶His behavior is *shameful*. 彼のふるまいは恥ずべきものだ / a *shameful* error 恥ずべきまちがい.
☞ [名]shame.

shame·ful·ly /ʃéimfəli シェイムフリ/ [副] 恥ずかしくも, 不名誉に.

shame·less /ʃéimləs シェイムレス/ [形]恥知らずな, ずうずうしい.

shame·less·ly /ʃéimləsli シェイムレスリ/ [副]恥知らずに, ずうずうしく.

sham·poo /ʃæmpúː シャンプー/ 《★アクセント注意》[動][他] (髪)をシャンプーで洗う.
— [名]❶[C]髪を洗うこと, 洗髪.
❷[UC]シャンプー, 洗髪剤.

sham·rock /ʃǽmrɑk シャムラック/ [名][C] シャムロック, シロツメクサ《アイルランドの国花》.

shan't /ʃǽnt シャント/ [助]《おもに英》《**shall not** の短縮形》.
▸I *shan't* be busy tomorrow. あすは忙しくないでしょう.

shan·ty /ʃǽnti シャンティ/ [名](複 shan-ties /-z/)[C]掘っ建て小屋.

shan·ty·town /ʃǽntitàun シャンティタウン/ [名][C]貧民街.

***shape** /ʃéip シェイプ/ [名] (複 ~s /-s/) ❶[UC]**形**, かっこう, 姿.
❷[U](計画・考えなどの)**具体的な形**; まとまった形《☞成句 take *shape*》.
❸[U](健康などの)状態, 調子《☞成句 in *shape* ②》.
— [動] (~s /-s/; shaped /-t/; shap·ing) [他] ❶…を形作る.
❷…を決定する, 方向づける.

[名]❶What *shape* is it? それはどんな形ですか / the devil in human *shape* 人間の姿をした悪魔 / the *shape* of a heart ハートの形.
❷give *shape* to a plan 計画を具体化する.
❸I am in bad *shape*. 体の調子が悪い.

in any shape (or form)《否定文で》どんな形でも(…ない), 少しも(…ない):I don't touch alcohol *in any shape or form*. 私は酒にはいっさい手を出さない.

in shape ①形の点では, 形は:An apple is round *in shape*. リンゴは丸い形をしている. ②(健康などが)好調で;(スポーツなどで)コンディションが良くて:She exercises to stay *in shape*. 彼女は体の調子を整えるために運動している.

in the shape of ... ①**…の形をした**;…の姿に変装した[して]:a biscuit *in the shape of* a bird 鳥の形をしたビスケット. ②…の形で:give help *in the shape of* money お金(の形)で援助する.

out of shape ①形がくずれて:His hat is *out of shape*. 彼の帽子は型がくずれている. ②(健康などが)不調で,(スポーツなどで)コンディションが良くなくて.

take shape 具体化する.

— [動][他] ❶*shape* a doll *from* straw = *shape* straw *into* a doll わらで人形を作る. ❷The event *shaped* the course of his life. その事件が彼の人生の進路をきめた.

shape up [自]①行ないを改める《✪人をしかったりするときに用いる》. ②(計画などが)具体化する. ③うまくいく, 進歩する. ④《米口語》体調を整える.

shaped /ʃéipt シェイプト/ [形]《合成語で》(…の)形をした, …形の.

shape·less /ʃéipləs シェイプレス/ [形] ❶形[型]のない. ❷ぶかっこうな.

shape·ly /ʃéipli シェイプリ/ [形](shape-li·er; shape·li·est)かっこうのよい, 姿のよい.

share /ʃéər シェア/ [名](複 ~s /-z/)
❶《単数形で》**分け前**, 取り分, 全体に占める率, シェア.
❷《単数形で》(費用・仕事・責任などの)**分担**, 負担, 割り当て.
❸《単数形で》**役割**, 参加;貢献.
❹[C](会社の)株.
— [動](~s /-z/; shared /-d/; shar·ing /ʃéəriŋ/)[他] ❶(ふたり以上の人が)…**を分け合う**《✪「いくつかの部分に分ける」は divide》.

abcdefghijklmnopqr**s**tuvwxyz　　　　　　　　　　　　　　　　**sharp**

❷ (ふたり以上の人が)…を**いっしょに使う**, 共用する. ❸ (費用・仕事など)を**分担する**. ❹ (人と同じ気持ち・意見など)をもつ.
— ⓐ **分担する**, 共用する, 分け合う.

━━━━━━━━━━━━━━━━━

图 ❶ This is your *share*. これが君の分だ / get a *share* in [of] the profits 利益の分け前をもらう.
❷ Your *share* of the expenses is thirty dollars. あなたの出費の負担分は30ドルです / Do your *share* of the work. 自分のするべき仕事をしなさい.
❸ I had no *share* in the decision. 私はその決定には加わらなかった.
❹ I own three thousand *shares* in the bank. 私はその銀行の株を3000株もっている.

— 動 他 ❶ He *shared* his lunch *with* Tom. 彼はトムに弁当を分けてあげた / Let's *share* the cake *between* [*among*] us. そのケーキをわれわれで分けよう.
❷ The two families *share* the kitchen. そのふたつの家族は台所を共用している / I *share* this room *with* my brother. 私はこの部屋を兄[弟]といっしょに使っている.
❸ We *shared* the expenses. 私たちは費用を分担した / She *shares* the housework *with* her husband. 彼女は家事を夫と分担し合っている.
❹ I am sorry I don't *share* your opinion. 残念ですが私はあなたと同じ意見ではありません.

— ⓐ Everybody has to *share* in the work in order to complete the project. その計画を完成させるにはみんなが協力しなければならない.

share out ⓗ …を分け合う

share·hold·er /ʃéərhòuldər シェアホウルダ/ 图 Ⓒ 株主 (○ stockholder ともいう).

shark /ʃɑːrk シャーク/ 图 Ⓒ ❶ 【魚類】サメ.
❷ 詐欺師, 高利貸し《人》(○ loan shark ともいう).

*****sharp** /ʃɑːrp シャープ/ 形 (~·er; ~·est)
❶ⓐ (刃などが)**鋭い**, よく切れる (⟺ dull, blunt). ⓑ (先・形が)**とがった**.

❷ (角度・カーブなどが)**急な**, (坂などが)けわしい.
❸ (輪郭(ポ)・違いなど)**はっきりした**, 鮮明な.
❹ⓐ (痛み・悲しみなどが)**激しい**, 鋭い; (寒さなどが)きびしい. ⓑ (ことば・性格などが)きびしい, 激しい. ⓒ (声・音などが)かん高い.
❺ (感覚が)**敏感な**, 頭のきれる, 抜け目のない (⟺ dull).
❻ (行動などが)すばやい.
❼ 【音楽】シャープの, 嬰(ホェ)音の, 半音高い (☞ flat¹ 形 ❻).

— 图 Ⓒ 【音楽】シャープ, 嬰(ホェ)音《半音高めた音》; シャープ記号 (#) (☞ flat¹ 图 ❹).

— 副 (~·er; ~·est) ❶ (時間が)**きっかり**.
❷ 鋭く; 急に. ❸ 【音楽】半音高く.

━━━━━━━━━━━━━━━━━

形 ❶ⓐ Use a *sharp* knife. よく切れるナイフを使いなさい. ⓑ He has a *sharp* nose. 彼はとがった鼻をしている / a *sharp* pencil とがった鉛筆 (○「シャープペンシル」は和製英語で, 《米》では mechanical pencil, 《英》では propelling pencil).
❷ There is a *sharp* bend just ahead on this road. この道のすぐ先に急カーブがあります / make a *sharp* turn to the left 急に左にまがる.
❸ a *sharp* outline [difference] はっきりした輪郭[相違] / a *sharp* contrast 鋭い対照.
❹ⓐ I felt a *sharp* pain in my stomach. 私は胃に激しい痛みを感じた / a *sharp* wind 身を切るような風.
ⓑ She used *sharp* words. 彼女は激しいことばを使った.
ⓒ a *sharp* cry かん高い叫び声.
❺ *sharp* eyes よく見える[鋭い]目 / *sharp* ears よく聞こえる耳 / a *sharp* sense of smell 鋭い嗅覚(ポ*) / a *sharp* child 頭のいい子 / a *sharp* businessman 抜け目のない実業家.
❻ a *sharp* punch to the chin あごへの鋭いパンチ.
❼ a sonata in C *sharp* minor 嬰(ホ)ハ短調のソナタ.

☞ 動 sharpen.

— 副 ❶ School starts at 9 o'clock *sharp*. 授業は9時ちょうどに始まる.

sharpen

❷turn *sharp* left 鋭く[急に]左へまがる / stop *sharp* 急に止まる.

sharp・en /ʃɑ́ːrpən シャープン/ 動 他 ❶…を鋭くする, とがらす, (刃物など)をとぐ.
❷ⓐ(感覚)を鋭くする. ⓑ(食欲・痛みなど)を激しくする, 強くする.
― 自 ❶鋭くなる, とがる. ❷激しくなる.
▶他 ❶*sharpen* a knife ナイフをとぐ / *sharpen* a pencil 鉛筆を削る.
☞ 形 sharp.

sharp・en・er /ʃɑ́ːrpənər シャープナ/ 名 C とぐ[削る]道具.
▶a pencil *sharpener* 鉛筆削り.

*****sharp・ly** /ʃɑ́ːrpli シャープリ/ 副
❶鋭く, 激しく. ❷(鋭く)急に. ❸はっきりと, 抜け目なく.
▶❶He criticized her *sharply*. 彼は彼女を激しく批判した.
❷turn *sharply* 急に曲がる.

sharp・ness /ʃɑ́ːrpnəs シャープネス/ 名 U ❶鋭さ, 激しさ, きびしさ. ❷(坂やカーブの)急なこと. ❸鮮明さ. ❹抜け目なさ.

shat・ter /ʃǽtər シャタ/ 動 他 ❶(ガラスなど)を粉々にこわす.
❷(夢・希望など)をだいなしにする; (健康・神経など)をそこなう.
― 自 粉々になる.
▶他 ❶*shatter* the window 窓ガラスを粉々にこわす. ❷Her hopes were *shattered*. 彼女の希望は打ち砕(くだ)かれた.

shat・tered /ʃǽtərd シャタド/ 形
❶ショックを受けた. ❷《英口語》くたくたに疲れた.

*****shave** /ʃéiv シェイヴ/ 動 (~s /-z/; shaved /-d/; shaved, shav・en /ʃéivən/; shav・ing) 他 ❶(顔・ひげなど)を**そる**.
❷ⓐ…を削る, (木など)にかんなをかける. ⓑ…をうすく削り取る.
― 自 ひげをそる.
― 名 C ひげをそること.
▶動 他 ❶The barber *shaved* him. 理髪師は彼のひげをそった.
― 自 He *shaves* every morning. 彼は毎朝ひげをそる.

shave off 他 ①…をそり落とす: I have *shaved off* my beard. 私はあごひげをそり落とした. ②…をうすく削り取る.

― 名 I got a *shave* at the barber's. 私は理髪店でひげをそってもらった.

shav・en /ʃéivən シェイヴン/ 動 shaveの過去分詞形.

shav・er /ʃéivər シェイヴァ/ 名 C ❶そる人. ❷そる道具, 電気かみそり.

shav・ing /ʃéiviŋ シェイヴィング/ 名 ❶ U 顔そり, ひげそり. ❷ C 《ふつう複数形で》かんなくず, 削りくず.

shawl /ʃɔ́ːl ショール/ 名 C 肩掛け, ショール.

****she**[1] /(弱)ʃi シ; (強)ʃíː シー/ 代 (❶所有格 her, 目的格 her, 所有代名詞 hers, 複合人称代名詞 herself)
《主語に用いて》**彼女は[が]** (❶船舶・月・列車・国家・その他女性になぞらえたものにも用いることがある).
▶対話 "Is your sister a college student?" – "No, *she* is a high school student." 「あなたの姉[妹]さんは大学生ですか」「いいえ, 高校生です」 / The Titanic was on her first voyage when *she* sank. タイタニック号は沈んだとき最初の航海の途中であった.

she[2] /ʃíː シー/ 名 C ❶女, 女の子, 女性. ❷(動物の)雌(めす). (反 he[2]).
▶❶Is the baby a he or a *she*? 赤ん坊は男の子ですか女の子ですか. ❷This cat is a *she*. このネコは雌だ.

shear /ʃíər シア/ 動 (~s /-z/; ~ed /-d/; shorn /ʃɔ́ːrn/, ~ed; shear・ing /ʃíəriŋ/) 他 (ヒツジなど)の毛を刈る.
▶*shear* a sheep ヒツジの毛を刈る.
《同音異形語》sheer.

shears /ʃíərz シアズ/ 名 複 大ばさみ, 植木ばさみ.
▶a pair of *shears* 大ばさみ1丁.

sheath /ʃíːθ シース/ 名 (複 ~s /ʃíːðz, ʃíːθs/) C (刀剣の)さや, (はさみなどの)おおい.

sheaves /ʃíːvz シーヴズ/ 名 sheafの複数形.

*****shed**[1] /ʃéd シェッド/ 動 (~s /-dz/; shed; shed・ding) 他 ❶ⓐ(葉・毛・皮・角(つの)など)を**落とす**. ⓑ(外皮・こうらなど)を脱皮する.
❷(不要なもの)を取り除く, (悪習など)を捨てる, (人)を解雇する.
❸(光・熱・香りなど)を発する.

❹《血・涙など》を流す.
— 自 ❶《動物・植物が》葉[毛・皮・角(など)]を落とす.
❷《動物が》脱皮する.
▶ 他 ❶ⓐ The trees have *shed* their leaves. 木々は葉を落とした. ❷ *shed* 300 jobs 300人を解雇する. ❹ *shed* tears 涙を流す.
shed blood ①《自分の》血を流す. ②死ぬ, けがをする. ③流血の惨事を引き起こす.

shed² /ʃéd シェッド/ 名 Ⓒ 小屋; 物置き.

*****she'd** /ʃid シド, ʃíːd/ 《口語》 ❶《**she had²** の短縮形》 (⊙ 過去完了形の had と had better の場合にのみこの短縮形が用いられる).
❷《**she would** の短縮形》.
▶ ❶ She said *she'd* met him once. 彼女は彼に1度会ったことがあると言った.
❷ She said *she'd* come. 彼女は来ると言った.

sheen /ʃíːn シーン/ 名《単数形で》つや, 光沢.
▶ have a *sheen* つやがある.

*****sheep** /ʃíːp シープ/ 名《複 sheep》Ⓒ
❶ ヒツジ(羊).
❷ⓐ おくびょう者, 気の弱い人.
ⓑ 人に影響されやすい人.
▶ ❶ a flock of *sheep* ヒツジの群れ / a wolf in *sheep*'s clothing ヒツジの皮を着たオオカミ《善良を装った危険人物; イソップ物語 (Aesop's fables) から》.
INFO▶ (1) 欧米では寝つきが悪いときは牧場のさくを越える1匹ずつのヒツジを思い浮かべて「ヒツジが1匹, ヒツジが2匹, ヒツジが3匹…」と数えていれば寝つけるといわれている. この事を count *sheep* (ヒツジを数える) という. (2) 「子ひつじ」は lamb;「ひつじの肉」は mutton; ひつじの鳴き声は baa (メー).

The boy fell asleep while he was counting *sheep*.
(少年はヒツジを数えながら眠りについた)

separate the sheep from the goats 善人と悪人を区別する.
☞ 形 sheepish.

sheep·dog /ʃíːpdɔ̀(ː)g シープドッグ/ 名 Ⓒ ヒツジの番犬, 牧羊犬《コリー (collie)・シェトランドシープドッグ (Shetland sheepdog) など》.

sheep·ish /ʃíːpiʃ シーピシュ/ 形 おどおどした. ☞ 名 sheep.

sheep·ish·ly /ʃíːpiʃli シーピシュリ/ 副 おどおどして.

sheep·skin /ʃíːpskìn シープスキン/ 名
❶ ⓊⒸ《ふつう毛のついた》ヒツジの毛皮; ヒツジのなめし皮. ❷ Ⓒ ヒツジの毛皮製のもの. ❸ Ⓤ 羊皮(よう)紙.

sheer /ʃíər シア/ 形 ❶《意味を強めて》まったくの, 純然たる. ❷ 垂直な, 切り立った. ❸《織り物などが》薄い. — 副 垂直に.
▶ 形 ❶ It is a *sheer* waste of time. それはまったく時間の浪費だ / That's *sheer* nonsense! まったくばかげたことだ.
《同音異形語》shear.

*****sheet** /ʃíːt シート/ 名《複 ~s /-ts/》Ⓒ
❶ シーツ, 敷布(ふ)《ベッドでは敷くのと掛けるのと2枚ひと組で用いてその間にはいって寝る; ☞ bed のさし絵》.
❷《紙・板など薄いものの》**1枚**.
❸《**a sheet of ...** または **sheets of ...** で》…《水・火・氷・雪など》の広がり, 一面の…, …の原, …の海.

❶ She put clean *sheets* on the bed. 彼女はベッドにきれいなシーツを敷いた. ❷ a *sheet* of paper 1枚の紙 / a large *sheet* of glass 大きなガラス1枚. ❸ a *sheet* of ice 一面の氷, 氷原.

shéet gláss 名 Ⓤ 板ガラス《⊙「厚板ガラス」は plate glass》.

sheikh, sheik /ʃíːk シーク/ 名 Ⓒ ❶《アラビアの》家長[族長]の尊称. ❷《イスラム教の》高位の僧.

*****shelf** /ʃélf シェルフ/ 名《複 shelves /ʃélvz/》Ⓒ ❶ たな. ❷ たな状の物, がけの岩だな; 暗礁, 浅瀬.
▶ ❶ put up a *shelf* たなをつける[つる]. ❷ a continental *shelf* 大陸だな.
on the shelf 《人・物などが》たな上げされて; 使いものにならなくなって.
☞ 動 shelve.

*****shell** /ʃél シェル/ 名《複 ~s /-z/》❶ ⓊⒸ 貝がら, 《貝類・カニ・エビ・昆虫などの》堅いから, 《カメなどの》こうら, 《クルミ・卵などの》から, 《豆などの》さや. ❷ Ⓒ 《家・船などの》骨組

み, 枠(わく)組み. ❸[C]砲弾; 薬莢(やっきょう).
— [動][他] ❶…のからをとる, …のさや[皮]をむく. ❷…を砲撃する.

❶pick up *shells* on the beach 貝がらを浜辺で拾う / These buttons are made of *shell*. これらのボタンは貝でできている / crack a walnut *shell* クルミのからを割る / pea *shells* エンドウ豆のさや.
come out of one's shell 自分のからから出る, 打ち解ける.
go into one's shell 自分のからに閉じこもる.
— [動] ❶*shell* peas 豆のさやをむく.
shell out [他] (お金)をしぶしぶ支払う.
— [自]金をしぶしぶ払う.

***she'll** /ʃil シル, ʃiːl/ 《口語》《**she will** の短縮形》. ▸*She'll* be here soon. じきに彼女は来るでしょう.

shell·fish /ʃélfìʃ シェルフィッシュ/ [名] ([複] shell·fish, ~·es /-iz/) ❶[C]貝. ❷[C]甲殻(こうかく)類《カニ・エビなど》. ❸[U] (食用の)貝, カニ, エビ(など).

****shel·ter** /ʃéltər シェルタ/ [名] ([複] ~s /-z/) ❶[C]ⓐ(危険・攻撃・風雨などからの)**避難所**, 隠れ場; シェルター. ⓑ(住む所のない人・動物のための)収容施設. ⓒ《米》野生動物保護区. ⓓ[U] (生活の基本としての)住む所. ❷[U]**避難**; 保護.
— [動] (~s /-z/; ~ed /-d/; -ter·ing /-təriŋ/) [他]…を**保護する**, かばう, かくまう.
— [自] ❶**避難する**, かくれる.
❷〔日光・風・雨などを〕さける〔*from*〕.

[名] ❶ⓐThe big tree was a good *shelter* from the rain. その大きな木はよい雨よけだった. ⓓfood, clothing and *shelter* 食衣住《✪日本語の「衣食住」にあたる》. ❷The eaves of the house gave us *shelter* from the rain. その家の屋根のひさしが私たちを雨から守ってくれた.
take [find, seek] shelter 避難する: *take* [*find*] *shelter* from the rain 雨宿りをする.
under the shelter of ... …にかくまわれて, 保護されて.
— [動][他] The beach umbrella *sheltered* us *from* the strong sunlight. ビーチパラソルがわれわれを強い日ざしから守ってくれた.
— [自] ❷*shelter from* the rain 雨宿りする.

shel·tered /ʃéltərd シェルタド/ [形]保護された. ▸*sheltered* trade 保護貿易 《✪「自由貿易」は free trade》.

shelve /ʃélv シェルヴ/ [動] (現分 shelv·ing) [他] ❶…をたなにのせる. ❷ⓐ(めんどうな問題など)をたな上げする. ⓑ(計画など)を延期する.
▸❷ⓑLet's *shelve* the plan. その計画はたな上げにしよう.
☞ [名]shelf.

shelves /ʃélvz シェルヴズ/ [名]shelfの複数形.

shep·herd /ʃépərd シェパド/ 《★ h は発音されない》[名][C]ヒツジ飼い.
— [動][他] (人の群)を案内する, 導く.

shépherd dòg [名][C] ❶＝sheepdog.
❷＝German shepherd.

sher·bet /ʃə́ːrbət シャーベト/ [名] ❶[UC] 《米》シャーベット《果汁に牛乳・卵白またはゼラチンを入れて凍らせたもの; ✪sorbet ともいう》. ❷[U] 《英》シャーベット《果汁から作ったやや発泡性のある粉末; そのまま食べるか水にとかして清涼飲料水として飲む》.

sher·iff /ʃérif シェリフ/ [名][C] ❶《米》保安官《司法・警察権を握る郡 (county) の最高職; 選挙で選ばれる》. ❷《英》州長官《county の執政長官で任期 1 年の名誉職; ✪正式には high sheriff という》.

sher·ry /ʃéri シェリ/ [名] ❶[U]シェリー酒《スペイン産のこはく色の強いワイン; 食前酒としてイギリス人に人気がある》. ❷[C] (1 杯の)シェリー酒.

***she's** /ʃiz シズ, ʃiːz/ 《口語》❶《**she is**[1] の短縮形》.
❷《**she is**[2] の短縮形》.
❸《**she has**[2] の短縮形》.
▸❶*She's* my cousin. 彼女は私のいとこです.
❷*She's* reading a newspaper. 彼女は新聞を読んでいる.
❸*She's* just arrived. 彼女はたった今着いたところです.

shh /ʃː シー/ [感]＝sh.

shield /ʃíːld シールド/ [名][C] ❶楯(たて) 《✪「矛(ほこ)」は pike》.

S

❷(機械などの)カバー, 覆(おお)い.
❸防御物;保護者.
　── 動 他 …を保護する, かばう.
▶ 名 ❶ both sides of the *shield* 楯の両面;ものごとの表裏.
　── 動 他 His mother *shielded* him *from* [*against*] harm. 母親は彼を危害から守った.

*shift /ʃíft シフト/ 動 (~s /-ts/; ~ed /-id/; ~·ing) 他 ❶ (場所・位置・方向など)を**変える**, 移す.
❷(米)(自動車運転で)(ギヤ)を替える.
　── 自 ❶ (少し)**方向が変わる**, 移る, 位置が動く. ❷(米)(自動車の)ギヤを入れ替える(✿(英)では change).
　── 名 (複 ~s /-ts/) C ❶ (位置・方向・状態などの)(少しの)変化; 入れ替え.
❷(工場・病院などの)(交替でする)勤務時間.
❸(米)(文語)(自動車などの)変速装置, シフト.
❹ [電算] シフトキー(☞ shift key).

動 他 ❶ She *shifted* the bag to her other hand. 彼女はバッグを持つ手を変えた / *shift* the scene 場面を変える / *shift* the responsibility onto [to] another 責任を他人に転嫁する.
　── 自 ❶ The wind *shifted* to the south. 風向きが南に変わった.
　── 名 ❶ There was a *shift* in the wind. 風向きが変化した / a *shift* in (the) policy 政策の転換.
❷ work (on) the day [night] *shift* 昼[夜]番で働く / an eight-hour *shift* 8時間交替制.

shift kèy 名 C (コンピューターなどのキーボードの)シフトキー.
shift·y /ʃífti シフティ/ 形 《口語》《軽蔑(けいべつ)的に》ずるい, ずるそうな.
shil·ling /ʃíliŋ シリング/ 名 C シリング.
INFO▶ イギリスの旧貨幣単位; 1 シリングは 1/20 ポンド, 12 ペンスにあたる; 1971 年に廃止され, 新貨幣制度では 1 ポンドは 100 ペンスとなった.
shim·mer /ʃímər シマ/ 動 自 ちらちら光る, かすかに光る.
　── 名 U ちらちらする光, かすかな光.
shin /ʃín シン/ 名 C むこうずね ((ひざ (knee) から足首 (ankle) までの前面; ☞ leg のさし絵)).

shine /ʃáin シャイン/ 動 (~s /-z/; shone /ʃóun | ʃɔ́n/, 他 の場合は shined /-d/; shin·ing) 自 ❶ **輝く**, 光る, 照る.
❷(表情などが)明るく輝く.
❸(すぐれていて)目だつ, すぐれている.
　── 他 ❶ (明りを)**照らす**.
❷(くつなどを)みがく.
　── 名 ❶ U 光, 輝き. ❷ 《a をつけて》光沢, つや. ❸ 《単数形で》みがくこと.

動 自 ❶ The sun *shone* all day yesterday. きのうは一日中太陽が輝いていた / The moonlight *shone into* the room. 部屋に月の光がさしていた.
❷ Her face *shone* with joy. 彼女の顔は喜びで輝いた.
❸ She *shines* in music. 彼女は音楽が得意だ.
　── 他 ❶ *shine* the flashlight on the ground 懐中電灯で地面を照らす.
shine up to ... (米口語)(人)に取り入ろうとする (✿ shine の変化は規則変化).
　── 名 ❸ I gave my shoes *a shine*. 私はくつをみがいた.
rain or shine ☞ rain.
　　　　　　　　　　　　　　☞ 形 shiny.

shin·gle /ʃíŋgl シングル/ 名 C 屋根板.
shin·y /ʃáini シャイニ/ 形 (shin·i·er; shin·i·est) 光る, ぴかぴかした. ▶ a *shiny* new penny ぴかぴか光る新しいペニー銅貨.
　　　　　　　　　　　　　☞ 名 shine.

ship /ʃíp シップ/ 名 (複 ~s /-s/)
❶ C (大きい)**船** ((ふつう帆や動力で動く船旅や物の輸送用の大型船; ✿ふつう代名詞には she を使う; ☞ she¹, boat)).

starboard (右舷)　　aft (船尾)

fore (船首)　　port (左舷)

ship ❶

1211

shipbuilder

❷飛行機, 宇宙船, 飛行船.
— 動 (~s /-s/; shipped /-t/; ship-ping) 他 ❶…を**船で輸送する**, 船に積む.
❷(トラック・列車・航空機などで)…を輸送する.

名 ❶What a lovely *ship*! なんてきれいな船でしょう / a passenger *ship* 客船 / a merchant *ship* 商船 / a sailing *ship* 帆船.

【語の結びつき】
abandon *ship* (沈没)船から脱出する《無冠詞》
build a *ship* 船を建造する
get off a *ship* = disembark from a *ship* 船から降りる
get on [board] a *ship* (for ...) (…行きの)船に乗る
launch a *ship* 船を進水させる
load a *ship* 船に荷物を積みこむ
unload a *ship* 船から荷物を降ろす

by ship 船で, 海路で: I went to Okinawa *by ship*. 私は船で沖縄へ行った.
go [get] on board (a [the]) ship 船に乗る: We *went [got] on board the ship* at Kobe. 私たちは神戸で船に乗った.
on board (a [the]) ship 船に乗って: I met her *on board a ship*. 私は船で彼女に会った.

— 動 他 ❶The cars were *shipped* to America. その車はアメリカへ船で送られた.
☞名 shipment.

ship·build·er /ʃípbìldər シプビルダ/ 名 C 造船業者[技師].

ship·build·ing /ʃípbìldiŋ シプビルディング/ 名 U 造船業[術].

ship·ment /ʃípmənt シプメント/ 名 ❶ U 船積み; (貨物の)発送, 出荷.
❷ C (船・列車・飛行機などの)積み荷.
☞動 ship.

ship·ping /ʃípiŋ シピング/ 名 U ❶《集合的に》(一国・一港の)船舶. ❷船積み, 発送.
▶❷the *shipping* business 海運業.

ship·wreck /ʃíprèk シプレック/ 名
❶ U C 難破, 難船. ❷ C 難破船.

❸ U 破滅, 失敗.
— 動 他《ふつう be shipwrecked で》難破する.
▶名 ❶ suffer *shipwreck* 難破する.
— 動 The yacht *was shipwrecked*. そのヨットは難破した.

ship·yard /ʃípjɑ̀ːrd シプヤード/ 名 C 造船所.

shirk /ʃə́ːrk シャーク/ 動 他 自 (仕事・義務など)を避ける.

★★★shirt /ʃə́ːrt シャート/ 名 (複 ~s /-ts/) C ❶ (男性用の)**ワイシャツ** (※ とくに「白い」ことをはっきりいいたいとき以外は,「ワイシャツ」は white shirt とはいわずに単に shirt という).
❷(米)シャツ, アンダーシャツ, 肌着(※《英》では vest).

❶ put on a *shirt* シャツを着る / take off *one's shirt* シャツを脱ぐ.

shirt-sleeve /ʃə́ːrt-slìːv シャート・スリーヴ/ 名 C ワイシャツのそで.
— 形 ❶ワイシャツ姿の. ❷くつろいだ.
▶名 *in (one's) shirt-sleeves* 上着を脱いで, ワイシャツ姿で.

shiv·er /ʃívər シヴァ/ 動 自 (寒さ・恐怖などで)震える.
— 名 ❶ C 震え, 身震い. ❷《the shivers で》❶寒け. ❷ぞっとすること.
☞形 shivery.
▶動 自 *shiver* with cold 寒さで震える.

shiv·er·y /ʃívəri シヴァリ/ 形 (寒さ・恐怖などで)震えている, 寒けがする.
☞名 shiver.

shoal /ʃóul ショウル/ 名 ❶ C (とくに魚の)大群. ❷《shoals of ... で》多数の….
▶❶a *shoal* of herring ニシンの群れ.
in shoals (魚が)群れをなして; たくさん(に).

★shock /ʃák シャック | ʃɔ́k/ 名 (複 ~s /-s/) U C ❶ (衝突・爆発などによる)**衝撃**(ピ).
❷ⓐ (心の)**衝撃**, 動揺, ショック. ⓑ心にショックを与えるもの[こと].
❸(電流が体内に流れておこる)電撃, 感電.
— 動 (~s /-s/; ~ed /-t/; ~ing) 他
❶ⓐ…の**心に衝撃を与える**, …をぎょっとさせる. ⓑ…を憤慨(ポ)させる, あきれさせる.
❷…を感電させる.

abcdefghijklmnopqr**s**tuvwxyz　　　　　　　　　　　　　　**shoot**

名 ❶ The *shock* of the blast broke windows across the street. 爆発の衝撃で道の向かい側の窓が割れた.
❷ⓐ The news was a great *shock* to her.＝The news gave her a great *shock*. その知らせは彼女には大きなショックだった / die of *shock* ショック死する.
❸ get an electric *shock* 感電する.
— 動 他 ❶ⓐ Everybody was *shocked* at [to hear] the news. だれもがその知らせを聞いてショックを受けた.
ⓑ His behavior *shocked* all of us. 彼の態度には私たちみんなあきれてしまった.

shóck absòrber 名Ⓒ (自動車・飛行機などの) 緩衝(しょう)装置(☞ motorcycle のさし絵).

shocked /ʃákt シャックト/ 形 ❶ ショックを受けた. ❷ 憤慨(ふんがい)した, あきれた.
▶❶ I was *shocked* at [to hear] the news. その知らせに私はショックを受けた.

shock·ing /ʃákiŋ シャキング/ 形 ❶ 驚くような, ぞっとする.
❷《口語》ひどい, あきれるような.
▶❶ *shocking* news 驚くべきニュース.

shóck thèrapy [trèatment] 名Ⓤ【医学】ショック療法.

shod /ʃád シャッド/ 動 shoe の過去形・過去分詞形.

shod·dy /ʃádi シャディ/ 形 (shod·di·er; shod·di·est) ❶ 見かけだけの, 安っぽい; おそまつな.
❷ 卑劣な.

**shoe /ʃúː シュー/ 名 (複 ~s /-z/)
Ⓒ ❶《ふつう複数形で》《米》**くつ**, 《英》短いくつ (✪《米》ではブーツ (boots) 以外の, 足首の上までくるものまで含める; とくに足首の下までの「短いくつ」というときは low shoe(s) という; 《英》では足首の下までの「短いくつ」のみをいう; ☞ boot).
❷ (馬の)蹄鉄(ていてつ) (✪ horseshoe ともいう).

— 動 (~s /-z/; shod /ʃád | ʃɔ́d/, shoed /ʃúːd/; ~·ing) 他 (馬)に蹄鉄を打ってつける.

名 ❶ a pair of *shoes* 1足のくつ

She had her new *shoes* on.＝She was wearing her new *shoes*. 彼女は新しいくつをはいていた.

【語の結びつき】
brush [polish, shine] one's *shoes* くつを磨く
lace (up) one's *shoes* くつのひもを結ぶ
put on one's *shoes* くつをはく
repair [《英》mend, fix] *shoes* くつを修繕する, くつを直す
take off one's *shoes* くつを脱ぐ

INFO 英米ではくつを脱ぐのは, 家族だけでくつろいでいるときやベッドにはいって寝るときぐらいである. 家で室内用の軽い上ぐつ (slippers) にはきかえることもある.

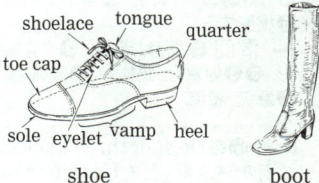

shoelace　tongue　quarter
toe cap　　　　　　　　quarter
sole　eyelet　vamp　heel
　　　　shoe　　　　　boot

fill …'s shoes (人)の代わりをする, のあとを継ぐ.
in …'s shoes (人)の地位 [立場・境遇] になって.
step into …'s shoes ＝ fill …'s shoes.

shoe·horn /ʃúːhɔ̀ːrn シューホーン/ 名Ⓒ くつべら.

shoe·lace /ʃúːlèis シューレイス/ 名Ⓒ くつひも.

shoe·string /ʃúːstrìŋ シューストリング/ 名《米》＝shoelace.

***shone** /ʃóun ショウン | ʃɔ́n/ 動 shine の過去形・過去分詞形.

***shook** /ʃúk シュック/ 動 shake の過去形.

***shoot** /ʃúːt シュート/ 動 (~s /-ts/; shot /ʃát | ʃɔ́t/; ~·ing) 他 ❶ⓐ (人・物など)を**撃つ**, 撃って当てる; 射る, 射殺する (☞自❶).
ⓑ《shoot … ~》…を撃って~にする (✪~には形容詞(句)がくる).
❷ (銃)を撃つ, (矢)を**射る** (✪当たるとは限らない)(☞自❶).

1213

shooting

❸ⓐ(視線などを)**投げる**; (質問など)を浴びせる.
ⓑ《shoot ~ ... または shoot ... at ~》~に…(視線など)を投げる; ~に…(質問など)を浴びせる.
❹(映画・写真など)を**撮**(ʊ)**る**, 撮影する.
❺ⓐ…を勢いよく動かす.
ⓑ(小型ボートで)…を疾走して通る.
❻(サッカーなどで)(ゴールに向けて)(ボール)をシュートする.

— 圓 ❶ⓐ**射撃する**(✿当たるとは限らない). ⓑ狩をする.
❷ⓐ勢いよく動く[走る]. ⓑ(弾丸・炎・水などが)**勢いよく出る**, 吹き出す. ⓒ(痛みが)走る.
❸(芽・枝などが)出る, (草・木などが)芽を出す, のびる.
❹〖球技〗ゴールにボールをシュートする.
❺撮影する.

— 图 C ❶新芽, 若枝. ❷(写真の)撮影. ❸ⓐ射撃会, 銃猟会. ⓑ銃猟地.
❹急流, 激流.

....

動 他 ❶ⓐHe *shot* three ducks. 彼は3羽のカモを撃った / He was *shot* in the left arm. 彼は左腕を撃たれた.
ⓑThe spy was *shot* dead. そのスパイは撃ち殺された.
❷*shoot* a rifle ライフル銃を撃つ / *shoot* an arrow *at* a bird 鳥をねらって矢を射る.
❸ⓐShe *shot* a cold glance *at* me.＝She *shot* me a cold glance. 彼女は私に冷たい視線を投げた.
❹The film was *shot* in Hong Kong. その映画はホンコンで撮影された.
❺ⓑ*shoot* the rapids (ボートで)急流を走る.

— 圓 ❶ⓐDon't move, or I'll *shoot*. 動くな, 動くと撃つぞ / They *shot* at the target. 彼らは的をねらって撃った.
ⓑgo *shooting* 猟に出かける.
❷ⓐHe *shot* past us in his car. 彼は車で私たちのそばをさっと通り抜けた. ⓑFlames were *shooting* up from the window. 窓から炎が吹き上がっていた. ⓒA pain *shot* through [up] my right arm. 右腕に痛みが走った.
❸The new leaves [buds] *shot* forth. 新しい葉[芽]が出た.

shoot down 他 ①(飛行機)を撃墜(ʊ)する. ②《口語》(提案・提案者など)を議論してやっつける. ③(提案などを)断固として否決する.

shoot off 他 ①(空に向けて)(空砲)を撃つ: *shoot off* a round in the air 空に向けて一発打つ. ②(花火)を打ち上げる.

shoot up 圓 ①(子どもが)急に成長する: The baby suddenly *shot up*. その赤ん坊は急に大きくなった. ②(物価などが)急に上がる. ③(塔などが)そびえ立つ. — 他《口語》(人・家など)を無差別[続けざま]に射撃する.

☞ 图 shot¹.

— 图 ❶a bamboo *shoot* たけのこ. 《同音異形語》chute.

shoot·ing /ʃúːtiŋ シューティング/ 图 Ⓤ ❶ 射撃, 銃撃. ❷銃猟(☞hunting).

shóoting stár 图 C 〖天文〗流星(✿meteor ともいう).

★★shop /ʃɑ́p シャップ | ʃɔ́p/ 图 (穫 ~s /-s/) Ⓒ

❶ⓐ(おもに英)**店, 小売店**, 商店(✿《米》では store という. shop は比較的小さく特定の品を売る専門店をさすことが多い; ☞ store の 類語). ⓑ(デパートなどの)特別[特選]品売り場.
❷(仕事場を兼ねた)**店**, 仕事場, 工場(✿workshop ともいう).

— 動 (~s /-s/; shopped /-t/; shop·ping) 圓 **買い物をする**.

....

图 ❶ⓐThey do not sell spices at that *shop*. その店にはスパイスは売っていない / a grocer's [gift] *shop* 食料品[みやげもの]店. ❷an auto repair *shop* 自動車修理店[工場].

all over the shop 《英口語》①取り散らかして. ②あらゆる所を.

close up shop ①店をしめる. ②商売[事業]をやめる.

set up shop 商売[事業]を始める.

shut up shop ＝ close up *shop*.

talk shop (時・場所をかまわず)自分の仕事の話をする.

— 動 圓 go *shopping* in Shibuya 渋谷へ買い物に出かける.

shóp assistant 图 C 《英》(小売店の)店員(✿単に assistant ともいう; 《米》では

clerk または salesclerk》.

shop·keep·er /ʃápkìːpər シャプキーパ/ [名][C]《おもに英》店主, 小売商人《✪《米》では storekeeper》.

shop·lift /ʃáplìft シャプリフト/ [動][他] …を万引きする. — [自]万引きする.

shop·lift·er /ʃáplìftər シャプリフタ/ [名][C]万引き《人》.

shop·lift·ing /ʃápliftiŋ シャプリフティング/ [名][U]万引き《行為》.

shop·per /ʃápər シャパ/ [名][C]買い物客.

shop·ping /ʃápiŋ シャピング | ʃɔ́p-/ [名][U] **買い物**.

▸I do my *shopping* on Saturdays. 私は土曜日に買い物をする.

shópping cènter [名][C]ショッピングセンター《ふつう郊外にあり駐車場完備の小売店の総合施設》.

shópping màll [名][C] ❶ショッピングモール《車の入れない広場や街路が中心の商店街》. ❷＝**shopping center**.

shore /ʃɔ́ːr ショー/ [名]([複] ~s /-z/)

❶[C] ⓐ(海・湖・河川の)**岸**, 岸辺. ⓑ海岸《✪海の方から見た海岸の意味; ☞ coast の [類語]》. ❷[U](海に対して)陸.

❷go [come] on *shore* 上陸する.

off shore 岸から離れて, 沖に.

on shore 陸上に.

☞ [副]ashore.

shorn /ʃɔ́ːrn ショーン/ [動]shearの過去分詞形.

short

/ʃɔ́ːrt ショート/ [形] (~·er; ~·est)

❶ (寸法・距離・時間などが)**短い**, 近い ([反]long).

❷**背の低い** ([反]tall).

❸ ⓐ**不足している**, 不十分な. ⓑ〔時間・金などが〕足りない〔*of*〕. ⓒ〔場所などに〕達していない〔*of*〕.

❹簡単な, 簡潔な, 短縮した.

— [副] (~·er; ~·est) ❶突然, 急に. ❷不足して, 不十分で. ❸簡潔に.

— [名] ❶[C]短編映画. ❷[C]《英口語》(ウイスキー・ラムなど)強い酒の1杯. ❸《複数形で》☞shorts. ❹[C]〔野球〕＝**shortstop**. ❺[C]＝**short circuit**.

[形] ❶My school is a *short* distance from here. 私の学校はここから近いところにある / Have your hair cut *short*. 髪を短く切ってもらいなさい / She stayed here only for a *short* time. 彼女はちょっとの間しかここにいなかった / in a *short* time 少ししてから.

❷Bill is *shorter* than his father. ビルはお父さんより背が低い.

❸ ⓐThe weight is ten grams *short*. 目方が10グラム足りない / I needed twenty dollars, but I was three dollars *short*. 私は20ドル必要だったが3ドル足りなかった / Oil is in *short* supply. 石油が不足している. ⓑI *am short of* money. 私はお金が足りない / He *was short of* breath. 彼は息切れしていた. ⓒWe *are* still a few miles *short of* the town. その町までまだ2, 3マイルある.

❹His answer was *short* and to the point. 彼の答は簡潔で要領を得ていた / make a *short* speech 簡潔な話をする / Beth *is short for* Elizabeth. Beth は Elizabeth を短くしたものだ.

little short of ... ほとんど…に近い: Their victory was *little short of* a miracle. 彼らの勝利はほとんど奇跡的だった.

nothing short of ... まったく…にほかならない: His action was *nothing short of* crazy. 彼の行為はまったくまともでなかった.

to be short 要するに: *To be short*, I don't like him. 要するに私は彼がきらいなんだ.

☞ [動]shorten, ❸では [名]shortage.

— [副] ❶He stopped *short*. 彼は突然立ち止まった[やめた] / He stopped me *short* in the middle of my explanation. 彼は私の説明の最中に急に私をさえぎった / break *short* ぽきっと折れる. ❷The arrow landed *short*. 矢は的に達しなかった.

cut ... short ①…**を短くする**. ②(人・話など)**をさえぎる**: The chairman *cut* the speaker *short*. 議長は演説者に(演説を)突然中止させた. ③(仕事など)を中断する.

fall short ①(矢・弾丸などが)届かない. ②不足する, 不十分である: Our efforts

shortage

fell short. 私たちの努力が足りなかった.
fall short of ... ①(矢・弾丸などが)(的)**に届かない**. ②…に及ばない；…に不足する：Our food supply *fell short of* our needs. 私たちの食糧は足りなくなった. ③(期待など)を満足させない：The result *fell short of* my expectations. 結果は私の期待に反した.
run short (金・ものなどが)**不足する**：Sugar is *running short*. 砂糖が不足してきている.
run short of ... (人が)(もの・金・時間などに)に不足する：We are *running short of* funds. われわれは資金が不足しかけている.
short of ... …を除いては，…以外は.
stop short of doing もう少しで＿するところだがしない.
— 名 ***for short*** 略して，短く：James is called Jim *for short*. ジェームズは略してジムと呼ばれる.
in short 《文全体を修飾して》**簡単に言えば，つまり**：*In short*, I don't like her. 要するに私は彼女が好きじゃないんだ.

***short·age** /ʃɔ́ːrtidʒ ショーティヂ/ 名(複 -ag·es /-iz/) UC **不足，欠乏**.
▶a *shortage* of oil＝an oil *shortage* 石油の不足 / a *shortage* of ten pounds 10ポンドの不足.
☞ 形 short ❸.

short·bread /ʃɔ́ːrtbrèd ショートブレッド/ 名U バタークッキー.

short·cake /ʃɔ́ːrtkèik ショートケイク/ 名U ❶《米》ショートケーキ《イチゴや甘く味つけした果物を上にのせたりして，生クリームをかけたケーキ》. ❷《英》＝shortbread.

short·change /ʃɔ́ːrttʃéindʒ ショートチェインヂ/ 動他 ❶(人)につり銭を少なく渡す. ❷《口語》(人)を不当に扱う，ごまかす.

shórt círcuit 名C 〔電気〕漏電, ショート《●単に short ともいう》.

short-cir·cuit /ʃɔ́ːrt-sə́ːrkit ショート・サーキット/ 動他 ❶〔電気〕…をショートさせる. ❷…を簡略化する. — 自 〔電気〕ショートする.

short·com·ing /ʃɔ́ːrtkàmiŋ ショートカミング/ 名C 《ふつう複数形で》欠点, 短所《●fault のほうが一般的》.

short·cut /ʃɔ́ːrtkʌ̀t ショートカット/ 名C 近道.
▶take a *shortcut* 近道をする.

***short·en** /ʃɔ́ːrtn ショートン/ 動(~s /-z/; ~ed /-d/; ~ing) 他 …を**短くする**《反 lengthen》.
— 自 短くなる, 縮まる.
▶他 *shorten* one's speech 演説を短くする.
— 自 The days *shorten* in (the) winter. 冬には日が短くなる.
☞ 形 short.

short·en·ing /ʃɔ́ːrtniŋ ショートニング/ 名U ❶短縮. ❷ショートニング《ケーキなどの舌ざわりをさくさくさせるためのバターやラード》.

short·fall /ʃɔ́ːrtfɔ̀ːl ショートフォール/ 名U 不足(量・額).

short·hand /ʃɔ́ːrthæ̀nd ショートハンド/ 名U 速記(法)《●《米》では stenography》.
▶write in *shorthand* 速記で書く.

short-hand·ed /ʃɔ́ːrt-hǽndid ショート・ハンディド/ 形 人手の足りない.

shórt líst 名C 最終候補者名簿.

short-list /ʃɔ́ːrt-list ショート・リスト/ 動他 《ふつうは受身形で》《英》…を候補者名簿に載せる〔for〕.

short-lived /ʃɔ́ːrt-lívd ショート・リヴド/ 形 ❶短命の. ❷長続きしない, 一時的な.

***short·ly** /ʃɔ́ːrtli ショートリ/ 副 (more ~; most ~) ❶**まもなく, すぐに**. ❷ぶあいそうに, ぶっきらぼうに.
▶❶He will come *shortly*. 彼はまもなく来るだろう / *shortly* after 〔before〕 eight 8時少し過ぎ〔前〕に.

short·ness /ʃɔ́ːrtnəs ショートネス/ 名U ❶短いこと. ❷不足. ❸ぶっきらぼうなこと.

short-range /ʃɔ́ːrt-réindʒ ショート・レインヂ/ 形 ❶短距離の. ❷短期間の.

***shorts** /ʃɔ́ːrts ショーツ/ 名複 ❶**半ズボン, 運動パンツ, ショーツ**. ❷《米》(男子用)パンツ.
▶❶a pair of *shorts* 半ズボン1着.

shórt síght 名U 近視.

short-sight·ed /ʃɔ́ːrt-sáitid ショートサイティド/ 形 ❶近視の《反 longsighted》《●nearsighted ともいう》. ❷先見の明の

short-stop /ʃɔ́ːrt-stàp ショートスタップ/ 名 C 〖野球〗ショート, 遊撃手 (✪単に short ともいう).

shórt stóry 名 C 短編小説.

short-tem・pered /ʃɔ́ːrt-témpərd ショート・テンパド/ 形 短気な, おこりっぽい.

short-term /ʃɔ́ːrt-tə́ːrm ショート・ターム/ 形 短期の (反 long-term). ▶ a *short-term* plan 短期計画.

short・wave /ʃɔ́ːrtwéiv ショートウェイヴ/ 名 U 〖電気〗短波 (☞long wave).

shot¹ /ʃát シャット | ʃɔ́t/ 名 (複 ~s /-ts/)
❶ C ⓐ 発射, 発砲, 射撃. ⓑ 銃声.
❷ U C (複 shot) (猟銃などの爆発しない)散弾, 銃弾 (✪「爆発する砲弾」は shell).
❸ C 《... shot で》射つのが…な人 (✪…には形容詞がくる).
❹ C 〖球技〗(得点しようとボールなどを)投げる[打つ, ける]こと, シュート.
❺ C ⓐ 試み, 企(くわだ)て. ⓑ 当て推量, 山勘(やまかん).
❻ C ⓐ 写真, スナップ. ⓑ 〖テレビ・映画〗カット (カメラが回転し始めてから止まるまでの連続した1場面(の撮影)). ❼ C 注射.

名 ❶ ⓐ have [take] a *shot* at a bird 鳥をねらって撃つ. ⓑ I heard several *shots*. 数発の銃声が聞こえた.
❷ Three *shot* were extracted from his head. 彼の頭から3発の散弾が摘出された.
❸ He is a good [bad, poor] *shot*. 彼は射撃がうまい[へただ].
❹ take a *shot* at the goal ゴールを目がけてシュートする / Good *shot*! ナイスシュート.
❺ ⓐ have [take] a *shot* at solving a problem 問題を解こうとしてみる.
ⓑ make a good *shot* at the questions on the test 試験でうまく山を当てる.
❻ ⓐ take a *shot* of a monkey サルの写真を撮る.
❼ I got a flu *shot*. インフルエンザの注射をしてもらった.

a shot in the dark 当てずっぽう.
like a shot 弾丸のように速く, 大急ぎで.

☞ 動 shoot.

shot² /ʃát シャット | ʃɔ́t/ 動 shootの過去形・過去分詞形.

shot・gun /ʃátgàn シャトガン | ʃɔ́t-/ 名 C 散弾銃, 猟銃 (☞gun).

should /(弱)ʃəd シュド; (強)ʃúd シュド/ 助 shall の過去形.
❶《義務・必要》__すべきである, __したほうがよい.
❷《should have＋過去分詞で》__すべきだったのに(しなかった), __したほうがよかったのに.
❸《推量》__するはずである.
❹《疑問詞を用いた疑問文に用いて; 驚き, 意外な気持ちなどを表わして》いったい…(なのか).
❺《that ... should *do*》…が__するということ.
❻《要求・提案などを表わす動詞に続く名詞節の中で》(英)__するよう.
❼《時制の一致による **shall** の過去形で》__するでしょう[だろう].
❽《If ... should *do*》万一…が__すれば.
❾《I [We] should *do*》(もし…ならば)私[私たち]は__するでしょうに.
❿《I [We] should have＋過去分詞で》(もしも…だったならば)私[私たち]は__したでしょうに.

❶ We *should* keep our promises. 約束は守るべきだ / *Should* I mail the letter at once? 手紙はすぐ出したほうがいいですか / You *should* go. 君は行ったほうがいいよ (✪次の用例と比較しなさい: You must [have to] go. 君は行かないとだめだよ; must や have to は命令的に用いられる).
❷ You *should have seen* the film. 君はその映画を見るべきだった(実際は見なかった) / You *should* not *have done* that. 君はそんなことをすべきではなかった(実際はしてしまった).
❸ She *should* be aware of that. 彼女はそれに気づいているはずだ.
❹ Why *should* you think so? いったいどうしてあなたはそう考えるのですか / How *should* he know our plan? どうして彼が私たちの計画を知っているのです

❺It is a pity *that* he *should* be sick in bed. 彼が病気で寝ているなんてかわいそうだ / I am surprised *that* you *should* not know of their marriage. あなたが彼らの結婚のことを知らないとは驚いた.

|語法| should を用いないで It is a pity that he is sick in bed./ I am surprised that you do not know of their marriage. ともいえるが, shouldを用いるほうが感情的な表現になる.

❻She suggested we *should* wait and see. 彼女は待ってみるべきだと提案した.

|語法|《米》では She suggested we wait and see. のように should を用いず動詞を原形にするのがふつう.

❼I said (that) I *should* be free soon. (=I said, "I shall be free soon.") 私はじきに暇になるだろうと言った / I asked her if I *should* open the window. (=I said to her, "Shall I open the window?") 窓を開けましょうかと私は彼女にたずねた.
❽*If* it *should* rain tomorrow, we will stay at home. 万一あす雨が降ったら私たちは家にいます.
❾*I should* be very pleased, if you could come. もしあなたが来ることができればとてもうれしいのですが(来ていただけなくて残念だ).
❿If I had left home a little earlier, *I should have been* involved in the accident. もう少し早く家を出ていたら, その事故に巻きこまれていたでしょう.

*shoul・der /ʃóuldər ショウルダ/ 图 (複 ~s /-z/) ❶ C 肩 (☞body のさし絵).
❷《複数形で》ⓐ(体全体からみて)両肩の部分. ⓑ(責任を負う)肩.
❸ C (山・道などの)肩に相当する部分.
— 動 (現分 -der・ing /-dəriŋ/) 他 ❶…を(肩で)かつぐ, になう.
❷(責任など)を引き受ける.
❸…を肩で押す.

──────────

图 ❶The boy was carrying a heavy box on his *shoulder*. その少年は肩に重い箱をかついでいた / She looked at me over her *shoulder*. 彼女は(後をふりむいて)肩越しに私を見た. ❷ⓐHe has broad *shoulders*. 彼は肩幅が広い. ⓑThe responsibility fell on his *shoulders*. その責任が彼の双肩(そうけん)にかかった. ❸the *shoulder* of the road 路肩(ろかた)《道路の端》/ soft *shoulder* 軟路肩《道路の端が舗装していないことを注意する掲示》.

give [*show*] *the cold shoulder to* ... …を冷たくあしらう, 無視する.
shoulder to shoulder ①肩を並べて. ②協力して.
shrug one's shoulders (両腕を広げ両方の手のひらを相手に見せて)肩をすくめる: He just *shrugged* his *shoulders*. 彼は(だまって)ちょっと肩をすくめただけだった.

shrug *one's shoulders*
(肩をすくめる)

take [*carry*] ... *on one's* (*own*) *shoulders* …の責任を負う;…をしょいこむ.
— 動 他 ❶*shoulder* a bag 〔gun〕袋〔銃〕をかつぐ. ❷She *shouldered* responsibility for the project. 彼女はその計画の責任を引き受けた.
shoulder one's way (人ごみなどを)肩で押して進む.
shóulder bàg 图 C ショルダーバッグ.
shóulder blàde 图 C 肩甲(けんこう)骨.

*should・n't /ʃúdnt シュドント/ 助 should not の短縮形.

**shout /ʃáut シャウト/ 《★発音注意》動 (~s /-ts/; ~ed /-id/; ~ing) 自 叫ぶ, 大声で言う, どなる.
— 他 …と叫ぶ, …を大声で言う.

abcdefghijklmnopqrstuvwxyz　　　　　　　　　　　　　　　　　　　　**show**

― 名(複 ~s /-ts/) C **叫び**, どなり声.

動 ⾃ *shout* with [for] joy うれしくて大声を上げる / He *shouted* at the boy. 彼はその少年をどなりつけた / *shout for* the waiter 給仕を大声で呼ぶ.

― 他 "Don't move!" he *shouted*. 彼は動くなと叫んだ / Somebody *shouted* my name. だれかが私の名を大声で呼んだ.

shout ... down 大声を出して…を黙らせる.

― 名 give a *shout* 叫び声をあげる[叫ぶ] / with a *shout* of joy 歓声をあげて.

shove /ʃʌ́v シャヴ/ (★発音注意) 動 (現分 shov·ing) 他 (乱暴に)…を押す, 押しのける. ― 自 押す.
― 名 C 押し, 突き.
▶ 動 他 He *shoved* me out of the room. 彼は私を部屋から押し出した / *shove one's* way 人を押しのけて進む.

shov·el /ʃʌ́vəl シャヴェル/ (★発音注意) 名 C ❶ シャベル, スコップ (☞ spade[1]). ❷ シャベル1杯分(の量).
― 動 (~s /-z/; 《米》shov·elled /-d/; ~ing, 《英》shov·el·ling) 他 …をシャベルですくう, シャベルで掘る[かく].

✻✻✻ show /ʃóu ショウ/ 動 (~s /-z/; ~ed /-d/; shown /ʃóun/, ~ed; ~·ing) 他
❶ⓐ …を**見せる**, 示す.
ⓑ《*show* ~ ... または *show* ... *to* ~》~に…を見せる.
❷ⓐ …を**展示する**, 陳列する, 出品する.
ⓑ (映画)を上映する, (劇)を上演する.
❸ⓐ (気持ち・様子・状態など)を**表わす**, 表に出す.
ⓑ《*show* ~ ... または *show* ... *to* ~》~に…(気持ちなど)を表わす, 示す.
❹ⓐ …を**明らかにする**, 証明する.
ⓑ《*show* ... *to be* __》…が__であることを証明する.
❺《*show* ~ ...》~に…を説明する, (実際にやってみせて)教える.
❻ⓐ …を案内する.
ⓑ《*show* ~ ...》~に…を案内する.
❼ (計器などが)…を示す.
― 自 ❶ 見える, 目につく.

❷《*show* ...》(ある状態に)見える (◎ …には形容詞がくる).
❸ (映画が)上映される, (芝居が)上演される.

― 名 (複 ~s /-z/) ❶ C **展示会**, 展覧会, 品評会.
❷ C 見せ物, 興行, ショー; (テレビなどの)番組.
❸《単数形で》(気持ち・状態などの)現われ, 外観.
❹《単数形で》外見, 見せかけ.
❺ U 見せびらかし, 見え.

動 他 ❶ⓐ *Show* your tickets, please. 切符をお見せください(切符を拝見いたします) / This photo *shows* Mary at the age of six. この写真はメアリーの6歳のときのものだ. ⓑ I'll *show* you the picture of the Tower Bridge.＝I'll *show* the picture of the Tower Bridge *to* you. あなたがたにタワーブリッジの写真をお見せします.

❷ⓐ Summer wear is now being *shown* in the show window. 新しい夏服がショーウィンドーに展示されている. ⓑ They are *showing* "Star Wars" at the movie theater. あの映画館では「スター・ウォーズ」をやっている.

❸ⓐ The weather is *showing* signs of fall. 天気は秋の気配(ｹﾊｲ)を示している. ⓑ He has *shown* me many kindnesses.＝He has *shown* many kindnesses *to* me. 彼は私にいろいろと親切にしてくれた.

❹ⓐ This *shows* the truth of the story. このことはその話がほんとうであることを示している / This *shows* him *to be* honest. (＝This *shows that* he is honest.) これで彼が正直であることがわかる.

❺ Could you *show* me the way to the bus stop? バス停へ行く道をいっしょに行って教えていただけませんか / Please *show* me *how* you cook it. それをどう料理してつくるのか教えてください.

❻ⓐ He *showed* the guest in. 彼はお客を(部屋に)通した / She *showed* me to the store. 彼女は私をその店へ案内してくれた. ⓑ She *showed* me the

one thousand two hundred and nineteen　　1219

show biz

sights of Kyoto. 彼女は私に京都の名所を案内してくれた.
❼My watch *shows* noon. 私の時計は正午をさしている.
— 自 ❶Happiness *showed* in her face. 幸福感が彼女の顔に現われていた / The buds are just *showing*. 芽がちょうど今出かけている.
❷The castle *showed* gray in the distance. 城は遠くの方で灰色に見えた.
❸The movie will *show* next week. その映画は来週上映する.
show around 他 …を案内して回る.
show ... around ~ …を連れて~を案内する.
show off 他 ①(自慢のもの・才能など)を**見せびらかす**：He *showed off* his new camera. 彼は新しいカメラを見せびらかした. ②…を引き立たせる：The black dress will *show off* your pearl necklace. その黒い服はあなたの真珠のネックレスを引き立たせるでしょう.
— 自 人目を引くようなことをする.
show oneself 姿を現わす, 現われる：The new president *showed himself* on the balcony. 新大統領がバルコニーに姿を現わした.
show up 自 ①《口語》姿を現わす, 出席する：He did not *show up* at the meeting. 彼はその会に出て来なかった. ②目だつ. — 他 ①…をはっきり見せる. ②…に恥ずかしい思いをさせる.
— 名 ❶a flower〔dog/horse〕*show* 草花〔犬/馬〕の品評会.
❷a television *show* テレビの(ショー)番組.
❸There was a *show* of health in her rosy cheeks. 彼女のバラ色のほほには彼女が健康であることが現われていた.
❹His sympathy was mere *show*. 彼の同情はうわべだけだった.
for show 見せびらかしに, 見えで.
make a show of ... ①…を見せびらかす. ②…のふりをする：*make a show of* crying 泣いているふりをする.
on show 展示〔陳列〕されて：The new-model cars are now *on show*. 新型車が今展示されている.
☞ 形 showy.

shów bìz /-bìz ビズ/ 名Ｕ《口語》＝show business.

shów bùsiness 名Ｕ (映画・演劇・テレビなどの)芸能産業.

show·case /ʃóukèis ショウケイス/ 名Ｃ
❶陳列用のガラスケース. ❷《単数形で》典型的な例〔状況〕.

show·down /ʃóudàun ショウダウン/ Ｃ
❶(ポーカーで)持ち札全部を開いて並べること《それで勝負が決まる》.
❷(論争などを解決するための)対決.
▶❷have a *showdown* 対決する.

***show·er** /ʃáuər シャウア/《★発音注意》名 (複 ~s /-z/) ❶Ｃシャワー《❂ **shówer bàth** ともいう; ☞ bathroom のさし絵》.
❷Ｃ**にわか雨**, にわか雪.
❸《**a shower of ...** で》**たくさんの…**, …(涙・弾丸・質問など)**の雨**.
❹Ｃ《米》(結婚や出産予定の女性に贈り物をして祝う)パーティー.
— 動 (~s /-z/; -ed /-d/; -er·ing /ʃáuəriŋ/) 他 ❶…に水をかける.
❷…を雨のように降らす, (贈り物・質問など)をたくさんする.
— 自 ❶《**it** を主語にして》**にわか雨が降る**.
❷(贈り物・手紙などが)〔人に〕(雨のように)降り注ぐ〔*on, upon*〕.
❸シャワーを浴(あ)びる.

名 ❶have〔take〕a *shower* シャワーを浴びる.
❷I was caught in a *shower* on the way. 私は途中でにわか雨にあった.
❸*a shower of* questions〔tears〕質問〔涙〕の雨.
— 動 他 ❶*shower* the lawn 芝生(しばふ)に水をやる. ❷*shower* questions 質問を浴びせかける / They *showered* her *with* gifts.＝They *showered* gifts *on* her. 彼らは彼女に贈り物をたくさんやった.
— 自 ❶*It showered* this morning. けさにわか雨が降った. ❷Fan letters *showered on* him. ファンレターが彼のところに殺到した.

show·ing /ʃóuiŋ ショウイング/ 名 ❶Ｃ見せること, 展示, 公開.
❷《a をつけて》外観, 体裁; できばえ.
▶❶a *showing* of new-model cars

abcdefghijklmnopqr s tuvwxyz shroud

新型車の展示. ❷make *a* fine *show-ing* できがよい.

show·man /ʃóumən ショウマン/ 名(複 show·men /-mən/)C ❶見せ物師,(サーカスの)興行師. ❷人の目を引きつけるのが上手な人, ショーマン.

show·man·ship /ʃóumənʃip ショウマンシップ/ 名U ❶興行師としての腕前. ❷人の目を引きつける術, ショーマンシップ.

*__shown__ /ʃóun ショウン/ 動 showの過去分詞形.

show-off /ʃóu-ɔ(:)f ショウ・オ(ー)フ/ 名(複 ~s /-s/)C《口語》見せびらかす人, 自慢屋.

show·piece /ʃóupì:s ショウピース/ 名C ❶展示品. ❷(見本となるような)名作[品].

show·room /ʃóurù(:)m ショウルー(ー)ム/ 名C (商品の)陳列[展示]室, ショールーム.

show·y /ʃóui ショウイ/ 形 (show·i·er; show·i·est) 目だつ, はでな; けばけばしい. ▶a *showy* dress けばけばしい服.
☞ 名 show.

shrank /ʃræŋk シュランク/ 動 shrinkの過去形.

shrap·nel /ʃrǽpnəl シュラプネル/ 名U りゅう散弾(片).

shred /ʃréd シュレッド/ 名 ❶C《しばしば複数形で》断片, 破片, 残りくず. ❷《a shred of ...》《ふつう否定文で》ほんの少しの….
— 動 (~s /-dz/; shred·ded /-id/; shred·ding) 他 …をずたずたに裂く[切る].
▶名 ❶tear a letter to [into] *shreds* 手紙をこまかく引き裂く. ❷There's *not a shred of* truth in his story. 彼の話には真実性がない, 何もない.

shred·der /ʃrédər シュレダ/ 名C ❶(書類などを細かく切る)裁断機, シュレッダー. ❷(大根などをおろす)おろし金.

shrewd /ʃrú:d シュルード/ 形 ❶抜け目のない, 自分の利益に敏感な. ❷鋭い, 鋭敏な.
▶❷a *shrewd* guess 鋭い推測.

shrewd·ly /ʃrú:dli シュルードリ/ 副 ❶抜け目なく. ❷鋭敏に.

*__shriek__ /ʃrí:k シュリーク/ 動 (~s /-s/; ~ed /-t/; ~ing) 自 金切り声を出す, キャッと言う.
— 他 …を金切り声で言う.
— 名C 金切り声, キャッという叫び, 悲鳴.
▶動 *shriek* with laughter キャッキャッと笑う / *shriek* for help 悲鳴をあげて救いを求める.
— 他 *shriek* an alarm 金切り声をあげて危険を知らせる.
— 名 give a *shriek* キャッという悲鳴をあげる.

shrill /ʃríl シュリル/ 形 金切り声の, かん高い. ▶a *shrill* voice 金切り声.

shrimp /ʃrímp シュリンプ/ 名(複 shrimp, ~s /-s/)C【動物】小エビ.

shrine /ʃráin シュライン/ 名C ❶(聖人の遺骨や遺物などを祭った)聖堂. ❷(聖人の)聖骨[聖物]入れ(箱). ❸霊廟(びょう); (日本の)神社(《◎「(日本などの)寺」は temple》).
▶❸Meiji *Shrine* 明治神宮.
☞ 動 enshrine.

*__shrink__ /ʃríŋk シュリンク/ 動 (~s /-s/; shrank /ʃrǽŋk/, shrunk /ʃrʌ́ŋk/; shrunk, shrunk·en /ʃrʌ́ŋkən/; ~ing) 自 ❶(布などが)縮む. ❷しりごみする, ひるむ; 後ずさりする. ❸(量・価値などが)減る, 少なくなる.
— 他 …を縮ませる, 小さくさせる.
▶他 ❶This shirt does not *shrink* in the wash. このシャツは洗っても縮まない. ❷The lion *shrank* when it saw an elephant. ライオンはゾウを見てひるんだ / He *shrank from speaking* in public. 彼は人前で話をするのをいやがった. ❸My savings have *shrunk*. 私の貯金は減った.

shrink·age /ʃríŋkidʒ シュリンキジ/ 名 ❶《単数形で》縮み, 収縮. ❷《単数形で》(量・価値などの)減少.

shriv·el /ʃrívəl シュリヴェル/ 動 (~s /-z/; ~ed, 《英》shriv·elled /-d/; ~ing, 《英》shriv·el·ling) 自 (寒さ・乾燥・年齢などのため)(葉・人の皮膚(ふ)などが)縮む, しわがよる, しぼむ.
— 他 …を縮ませる, しわをよらせる, しぼませる.

shroud /ʃráud シュラウド/ 名C ❶遺体 (remains) を包む白布, 経(きょう)かたびら

shrub

(**○**現在はあまり用いられない). ❷おおうもの, 隠すもの.
— 動他 …をおおう, 隠す.

shrub /ʃrʌ́b シュラブ/ 名C 低木《根元から多くの枝が出ている低い木; ☞ tree の❸》.

shrub·ber·y /ʃrʌ́bəri シュラバリ/ 名 (複 -ber·ies /-z/) UC (公園などの)低木の植えこみ.

shrug /ʃrʌ́g シュラッグ/ 動 (~s /-z/; shrugged /-d/; shrug·ging) 他 (肩を)すくめる.
— 自 肩をすくめる.
— 名C 肩をすくめること.
▶自 She just *shrugged* at my suggestion. 彼女は私の提案に肩をすくめただけだった.
shrug off 他 …を軽くあしらう.
shrug one's ***shoulders*** 肩をすくめる (☞shoulder).

shrunk /ʃrʌ́ŋk シュランク/ 動 shrink の過去形・過去分詞形.

shrunk·en /ʃrʌ́ŋkən シュランクン/ 動 shrink の過去分詞形. — 形《文語》縮んだ, しわのよった.

shud·der /ʃʌ́dər シャダ/ 動自 (恐怖・寒さなどで)身震いする, ぞっとする.
— 名C 身震い.
▶動自 She *shuddered* to see the dead cat. 彼女は死んだネコを見てぞっとした / *shudder* with cold 寒さで身震いする.
— 名 I gave a *shudder*. 私は身震いした.

shuf·fle /ʃʌ́fl シャフル/ 動 (現分 shuf·fling) 他 ❶ⓐ (トランプの札など)を切る.
ⓑ …をごちゃ混ぜにする.
❷ (足)を引きずって小刻みに歩く.
❸ (落ち着かずに)そわそわと (体や足)を動かす.
— 自 ❶ トランプの札を切る. ❷ 足を引きずって歩く. ❸ そわそわと体や足を動かす.
— 名C ❶ⓐ (トランプを)切ること. ⓑ 混ぜること. ❷ 足を引きずって歩くこと.
▶動他 ❷ He *shuffled* his feet. 彼は足を引きずって歩いた.

shun /ʃʌ́n シャン/ 動 (~s /-z/; shunned /-d/; shun·ning) 他 …を避ける, …に近寄らない.

shunt /ʃʌ́nt シャント/ 動他 ❶《英》(列車など)を入れ換える, 待避線に移す. ❷ …を移動させる.

***shut** /ʃʌ́t シャット/ 動 (~s /-ts/; shut; shut·ting) 他
❶ (ドアなど)を**閉じる**, **しめる** (反 open).
❷ (本・ナイフ・かさなど)を**閉じる**, たたむ.
❸ (目・耳・心など)を閉ざす.
❹ …を閉じこめる.
❺ (店・工場など)を閉じる, 閉じて使わない.
— 自 ❶**閉じる**, しまる.
❷ (店などが)しまる, 閉店する.

他 ❶ Please *shut* the door. ドアをしめてください.
❷ She *shut her* umbrella. 彼女はかさをたたんだ.
❸ He *shut* his ears to all criticism. 彼はあらゆる批判に耳をかさなかった.
❹ She *shut* the cat in her room. 彼女はネコを自分の部屋に閉じこめた / He *shut himself* in his house. 彼は自分の家に閉じこもった.
❺ We *shut* the office for a week. 私たちは1週間事務所を閉じた.
— 自 ❶ This door *shuts* automatically. このドアは自動的にしまる.

shut ... away 他 …を人の見えない所にしまいこむ.

shut down 他 ① (窓など)**を降ろす**. ② (工場・店など)を一時閉鎖する: The factory was *shut down* for a week. その工場は1週間閉鎖された. — 自 ① (工場・店などが)休業する. ② (エンジンなどが)止まる. ③ (霧などが)降りる.

shut in 他 …を**閉じこめる** (☞shut 他 ❹): We were *shut in* until it stopped raining. 私たちは雨がやむまで閉じこめられた.

shut off 他 ① (ガス・電気)**を切る**, (ラジオ・エンジンなど)を止める. ② …を遮断する.
— 自 (ガスなどが)止まる.

shut out 他 ① (人・光・音など)を**入れない**; (ながめなど)をさえぎる: The thick walls *shut out* noise. 厚い壁は音をさえぎる / The trees *shut out* the view. その木立ちのために景色が見えな

1222　one thousand two hundred and twenty-two

い. ②【野球】(相手)を完封する, シャットアウトする (☞shutout)：The Tigers *shut out* the Giants. タイガースがジャイアンツをシャットアウトした.

shut ... out of ~ …を~に入れない：She *shut* the cat *out of* the house. 彼女はそのネコを家に入れなかった.

shut up 働 ①(家など)を**しっかりしめる**：*shut up* the house 家の戸締まりをする. ②…を**閉じこめる**, しまいこむ：He *shut* his cat *up* in the closet. 彼は自分のネコを納戸(%)に閉じこめた. ③(店など)を**しめる**, 閉店する. ④(口語)(人)を**だまらせる**：*Shut* her *up*. 彼女をだまらせろ. — 働(口語)だまる：*Shut up!* だまれ.

shut・down /ʃʌ́tdàun シャトダウン/ 图C 営業[操業]停止, (工場などの)一時休業.

shut・in /ʃʌ́tìn シャティン/ 《米》形 (病弱などで)家に引きこもった.
— 图C 家にこもりっきり[寝たきり]の人.

shut・out /ʃʌ́tàut シャタウト/ 图C ❶閉め出し.
❷【野球】シャットアウト, 完封(欵).

shut・ter /ʃʌ́tər シャタ/ 图C ❶よろい戸, シャッター(☞house のさし絵).
❷(カメラの)シャッター.

shut・tle /ʃʌ́tl シャトル/ 图C ❶(近距離の)定期往復列車[バス・航空機] (☞space shuttle). ❷=**shuttlecock**.
❸(はた織り機の)杼(%)(横糸を通す道具, 杼を左右に動かして布を織る).

shut・tle・cock /ʃʌ́tlkɑ̀k シャトルカック/ 图C (バドミントン (badminton) の)羽根 (○単に shuttle ともいう).

*****shy** /ʃái シャイ/ 形 (~・er, shi・er; ~・est, shi・est)
❶ⓐ(人が)**内気な**, 恥ずかしがりの.
ⓑ(態度が)恥ずかしそうな.
ⓒ《**be shy of ...**》…を避けようとする.
ⓓ《**be shy of [about]** *do*ing》恥ずかしがって__することをいやがる, 避けたがる.
❷(動物が)おくびょうな, 用心深い.
❸《米口語》足りない.
— 動 (shies /-z/; shied /-d/; ~・ing)
働 ❶(馬などが)(驚いて)とびのく, あとずさりする.
❷(人が)しりごみする.

形 ❶ⓐShe was too *shy* to speak to him. 彼女は非常に内気で彼に話しかけることができなかった.

類語 **shy** は性格や不慣れからはにかみがちだったりひっこみ思案である; **bashful** は赤面したりぎこちない態度をとる; **modest** は自信はあるがつつましい; **timid** は自信がなくおずおずして内気な; ☞ ashamed, shameful.

ⓑa *shy* smile 恥ずかしそうな微笑 / The girl *is shy with* strangers. その女の子は知らない人を恥ずかしがる[人見知りをする].
ⓒI *am shy of* that kind of person. 私はそういう人とは付き合いたくない.
ⓓShe *is shy of giving* her opinion. 彼女はためらってなかなか自分の意見を言わない.
❸It costs ten dollars, and I *am shy* two dollars [I *am* two dollars *shy*]. それは10ドルするが私のもっているお金では2ドル足りない / Eleven *is* one *shy of* a dozen. 11は1ダースに1だけ足りない.

fight shy of ... …を避けようとする.

shy・ly /ʃáili シャイリ/ 副 はにかんで, おくびょうに.

shy・ness /ʃáinəs シャイネス/ 图U はにかみ, おくびょう.

si /síː スィー/ 图CU 【音楽】= **ti**.

Si・be・ri・a /saibíəriə サイビ(ア)リア/ 图 シベリア (アジア北部のロシア領の広大な地域).

sib・ling /síbliŋ スィブリング/ 图C 《文章》 (男女に関係なく)きょうだい(兄・弟・姉または妹).

*****sick** /sík スィック/ 形 (~・er; ~・est)
❶ⓐ**病気の**, 病気で (⇔healthy, well).
ⓑ《the をつけて; 名詞的に; 複数扱いで》病人たち.
ⓒ病人(用)の, 病気の.
❷《英》**吐き気がする**, 吐いて (○《米》ではふつう sick to *one's* stomach).
❸いやな気分で, 不快で, 気がめいって.
❹《**be sick of ...** [*do*ing]》…に[__することに]うんざりしている, 飽き飽きしている.

sicken

❶ⓐHe is *sick* in bed. 彼は病気で寝ている / You look *sick*. 君は病気のように見える(顔色が悪い) / fall *sick* 病気になる / a *sick* child 病気の子.

|語法| 「病気の」という意味の形容詞は,名詞の前に用いる場合は,《英》《米》ともに sick であるが,名詞の前に用いない場合は,《米》ではふつう sick であり,《英》ではふつう ill, unwell が用いられる;《英》では be sick, feel sick は❷の意味になる.

❷I feel *sick*. 私は吐き気がする / He was *sick* three times. 彼は3回ももどした.

❸It makes me *sick* to think of that. それを思うといやになってしまう.

❹I *am sick of listening* to her complaints. 私は彼女の不平不満を聞くのは飽き飽きした.

be off sick 病気で休む.

be sick and tired of ... …にはまったくうんざりしている.

be sick to [at] one's [the] stomach 《米》吐き気がする, むかつく.

☞ 動 sicken.

sick·en /síkən スィクン/ 動 ⾃ 病気になる.

— 他 ❶…に吐き気を催(ﾓﾖｵ)させる. ❷ …をうんざりさせる.

▶他 ❶The smell *sickened* me. そのにおいで私は吐き気がした.

☞ 形 sick.

sick·en·ing /síkəniŋ スィクニング/ 形 ❶ 吐き気を催(ﾓﾖｵ)させる. ❷ うんざりさせる.

sick·le /síkl スィクル/ 名 Ⓒ (片手用の)鎌(ｶﾏ), 小鎌(☞ scythe).

sick léave 名 Ⓤ 病気休暇(病気・けがなどによる有給休暇).

sick·ly /síkli スィクリ/ 形 (sick·li·er; sick·li·est) ❶ⓐ 病身の, 病弱な. ⓑ (顔色が)青白い. ❷ 吐き気を催(ﾓﾖｵ)すような, いやな.

▶❶ⓐ a *sickly* child 病弱な子ども.

sick·ness /síknəs スィクネス/ 名 (複 ~es /-iz/) ❶ⓊⒸ 病気(☞ illness の |類語|).
❷ Ⓤ 吐き気, (乗り物の)酔い(☞ seasickness).

▶❶ sleeping *sickness* 眠り病.

sick·room /síkrù(:)m スィクル(ー)ム/ 名 Ⓒ 病室.

side /sáid サイド/ 名 (複 ~s /-dz/)
Ⓒ ❶ (左右・上下・表裏などの)側, 面.
❷ (正面・裏側に対して)側面, 横(◎「表面」は surface).
❸ 横腹, わき腹. ❹ 山腹, 斜面.
❺ (人の)そば.
❻ (敵方・味方の)側; チーム.
❼ (ものごと・問題などの)面, 側, 観点, 様相.
❽ (血筋(ｽｼﾞ)が)…方.
— 形 ❶ わきの, 横の; 横からの.
❷ 従属的な, あまり重要でない.
— 動 (~s /-dz/; sid·ed /-id/; sid·ing) ⾃ (議論などで)味方にする.

名 ❶ You may write on both *sides* of the paper. 紙の両面に書いてよい / The theater is on the other *side* of the river. その劇場は川の向こう側にある / on the right [left] *side* of the street 通りの右[左]側に / the right [wrong] *side* (織り物・紙などの)表[裏]側.

❷ There is a small entrance at the *side* of the building. そのビルの横には小さな入り口がある.

❸ I feel a pain in my *side*. 私は横腹が痛い / He is lying on his *side*. 彼は(わきを下にして)横向きに寝ている.

❹ There is a ski slope on the *side* of the hill. その山の斜面にはスキー場がある.

❺ She never left his *side* during the night. 彼女は夜の間ずっと彼のそばを離れなかった.

❻ He took our *side* in the dispute. 彼は論争でわれわれの側を支持した.

❼ look on the bright [dark] *side* of things (人が性格的に)ものごとの明るい[暗い]面をみる.

❽ He is my uncle on my father's *side*. 彼は私の父方のおじです.

at [by] ...'s side …のかたわらに.

by the side of ... = by ...'s side ① …のそばに, 近くに. ② …に比べて: She looked small *by the side of* her daughter. 彼女は娘さんと並ぶと[に比べて]小さく見えた.

from all sides = ***from every side*** あらゆる方面[観点]から.

from side to side 左右に: The ship rolled *from side to side*. 船は左右にゆれた.

on all sides 四方八方に, 至る所に.

on ...'s side = ***on the side of ...*** …に味方して: We are *on your side*. われわれはあなた(がた)の味方だ.

on the right side of ... …歳前で (☞ right 形).

on the ... side いくぶん…ぎみで 《✪…には形容詞がくる》: Apples are *on the cheap side* this year. 今年はリンゴは安いほうだ.

on the wrong side of ... …歳を越えて (☞ wrong 形).

side by side 並んで.

take sides (議論などで)味方の立場をとる: I'm not going to *take sides* this time. 今回はどちらの味方にもならないつもりだ.

take ...'s side …の味方をする: I *took her side* in the argument. 私はその議論で彼女の味方をした.

— 形 ❶ a *side* door 横のドア / a *side* street 横丁. ❷ a *side* job 内職, アルバイト.

— 動 ⾃ He *sided* with [against] us. 彼はわれわれに味方[反対]した.

side·board /sáidbɔːrd サイドボード/ 名 ⓒ ❶ (食堂の)食器だな, サイドボード. ❷《複数形で》(英) = **sideburns** ❶.

side·burns /sáidbəːrnz サイドバーンズ/ 名 複 ❶ (短い)ほおひげ. ❷ もみあげ.

sideburns ❶    sideburns ❷

side·car /sáidkɑːr サイドカー/ 名 ⓒ (オートバイの)サイドカー.

síde dìsh 名 ⓒ (主料理に添える)添え料理.

síde efféct 名 ⓒ (薬などの)副作用.

side·line /sáidlàin サイドライン/ 名 ⓒ ❶ (テニス・サッカーなどの)サイドライン. ❷ 副業.

side·long /sáidlɔ̀(ː)ŋ サイドロ(ー)ング/ 形 斜めの, 横の.
— 副 斜めに, 横に.
▶ 形 He gave her a *sidelong* glance. 彼は彼女を横目でちらっと見た.

síde òrder 名 ⓒ 添え料理 (side dish)の注文.

side·show /sáidʃòu サイドショウ/ 名 ⓒ ❶ (サーカスなどの)余興, つけたしの出し物. ❷ 二次的な問題, 小事件.

side·step /sáidstèp サイドステップ/ 動 (~s /-s/; side·stepped /-t/; side·step·ping) 他 ❶ (攻撃などを)横に寄ってかわす. ❷ (責任・いやな質問など)を避ける, はぐらかす.
— ⾃ 横に寄ってよける.

síde strèet 名 ⓒ (本通りから分かれた)横道, わき道.

side·track /sáidtræk サイドトラック/ 名 ⓒ (鉄道の)側線, 待避線.
— 動 他 ❶ (列車)を側線[待避線]に入れる. ❷ (話など)をわき道にそらす.

*__**side·walk**__ /sáidwɔːk サイドウォーク/ 名 (複 ~s /-s/) ⓒ (米) (舗装した)**歩道** (✪ (英)では pavement; ☞ street ❸).

sídewalk àrtist 名 ⓒ (米) 街頭画家 《歩道に色チョークなどで絵を描いて通行人から金を求める画家; ✪ (英)では pavement artist》.

side·ways /sáidwèiz サイドウェイズ/ 副 横へ, 斜めに. — 形 横の, 斜めの.
▶ 副 look *sideways* 横目で見る.
— 形 a *sideways* glance 横目.

sid·ing /sáidiŋ サイディング/ 名 ❶ ⓒ = sidetrack.
❷ Ⓤ (米) (建物の外側の)壁板.

si·dle /sáidl サイドル/ 動 ⾃ そっと進む[歩み寄る]; にじり寄る 《*up, over*》.

siege /síːdʒ スィーチ/ 名 Ⓤⓒ (軍隊・警察などによる)包囲攻撃.
▶ withstand the *siege* 包囲攻撃をもちこたえる.

lay siege to ... …を包囲する.

raise the siege of ... …の包囲を解く.

under siege 包囲されて.

si·es·ta /siéstə スィエスタ/ 名C (スペイン・中南米などの)シエスタ, 昼寝 (昼食後とることが習慣になっている).

sieve /sív スィヴ/ (★発音注意)名C (目の細かい)ふるい, こし網.
☞ 動 sift.

sift /síft スィフト/ 動 他 ❶ …をふるいにかける, ふるいわける. ❷ (ふるいで)…をふりかける. ❸ …を精査に調べる.
— 自 ふるいを通って落ちる.
☞ 名 sieve.

*__sigh__ /sái サイ/ (★ gh は発音されない) 動 (~s /-z/; ~ed /-d/; ~ing) ❶ (疲労・悲しみ・満足などのために)ため息をつく.
❷《文語》(風が)そよぐ.
— 他 …をため息をついていう.
— 名 (複 ~s /-z/) C ため息.
▶動 自 She *sighed* with relief. 彼女はほっとしてため息をついた.
— 他 "I failed again," he *sighed*. 「またダメだった」と彼はため息をついていった.
— 名 He gave [heaved, uttered] a *sigh*. 彼はため息をついた.

*__sight__ /sáit サイト/ (★ gh は発音されない) 名 (複 ~s /-ts/)
❶《単数形で》見ること, 見えること.
❷ U 視力, 視覚. ❸ U 視野, 視界.
❹ C 光景, ながめ《◎目に見えるものはすべてsight といえる》.
❺《ふつう the sights で》名所.
❻《a をつけて》《口語》《悪い意味で》見もの, もの笑いの種.
❼《しばしば複数形で》(銃の)照準, 照尺.
— 動 他 ❶ (近づいてから)(やっと)…を見つける. ❷ (天体など)を観察する.
❸ …にねらいをつける, 照準を合わせる.

・・・・・・・・・・・・・・・・・・・・・・・・・・・・

名 ❶ The mere *sight* of a spider makes her shudder. クモを見ただけで彼女はぞっとする.

❷ She has good [poor] *sight*. 彼女は目がよい[悪い] / He has lost his *sight*. 彼は失明した / short [near] *sight* 近視 / long *sight* 遠視.

❸ The port was in *sight*. 港が見えていた.

❹ The *sight* of the valley was breathtaking. その谷のながめは息をのむほどだった.

❺ see [do] *the sights* of Tokyo 東京見物をする.

❻ She was *a sight* in that dress. 彼女はあんなドレスを着て見られたざまではなかった.

a sight for sore eyes《口語》見るもうれしいもの; 珍客, 珍品.

at first sight ①一見したところ(では): *At first sight* he looks like a gentleman. 一見したところでは彼は紳士のようだ. ②一目見て: He fell in love with her *at first sight*. 彼は彼女に一目ぼれした.

at sight 見てすぐ: She can sing *at sight*. 彼女は楽譜を見てすぐ歌える.

at the sight of ... …を見ると, …を見て: The little boy smiled *at the sight of* his mother. その男の子は母親を見てにっこりした.

by sight 見て, (名前は知らなくても)顔は: I know him *by sight*. (知人でも友人でもないが)私は彼の顔は知っている.

catch sight of ... …を見つける, ちらっと見かける: I *caught sight of* him as he came out. 私は彼が出てくるのを見た.

come into [in] sight 見えてくる: The ship *came into sight*. 船が見えてきた.

get a sight of ... (やっとのことで)…を一目見る.

go out of sight 見えなくなる: The airplane soon *went out of sight*. 飛行機はまもなく見えなくなった.

in sight ①見えて (☞ 名 ❸). ②近づいて: Peace is now *in sight*. 平和はもう近い.

in sight of ... …が見える所に: I live *in sight of* the sea. 私は海の見える所に住んでいる.

lose sight of ... …を見失う: I *lost sight of* Tom in the crowd. 私は人ごみの中でトムを見失った.

on sight = at *sight*.

out of sight 見えない所に[で]: The ship is *out of sight*. 船は見えない / ことわざ *Out of sight*, out of mind. 姿が見えなくなればだんだん忘れられていく, 「去る者は日々にうとし」.

out of sight of ... …が見えない所に

abcdefghijklmnopqr**s**tuvwxyz　　　　　　　　　　　　　　　　　　　　**signal**

[で]：We were at last *out of sight of* land. われわれはとうとう陸が見えない所に出た.
within sight = in *sight*.
within sight of ... = in *sight of* ...
　　　　　　　　　　　☞ 動 see.
《同音異形語》site, cite.

sight·ing /sáitiŋ サイティング/ 名 ❶ ⓤ 目撃すること, 観察. ❷ ⓒ 目撃例, 観察例.

***sight·see·ing** /sáit-sì:iŋ サイトスィーイング/ 名 観光, 見物, 遊覧.
▶ a *sightseeing* bus 観光バス / go *sightseeing* 見物に出かける.

sight·se·er /sáit-sì:ər サイトスィーア/ 名 ⓒ 観光客.

****sign** /sáin サイン/ 《★g は発音されない》名 (複 ~s /-z/) ⓒ ❶ ⓐ **合図**, 手まね, 身ぶり 《☞ signal の 類語》.
ⓑ (気持ちなどを表わす) **しるし**.
ⓒ 信号.
❷ ⓐ **標識**, 標示.
ⓑ 掲示, 看板.
❸ **表われ**, 前ぶれ, 前兆；示すもの；(病気の) 徴候.
❹ **符号**, 記号.
❺ 《おもに否定文で》 **形跡**.

— 動 (~s /-z/; ~ed /-d/; ~·ing) 他
❶ ⓐ …に**署名する**, サインする.
ⓑ (文書などに) (名前) を書き入れる.
❷ …に合図する, 動作で示す.

— 自 ❶ **署名する**, サインする. ❷ 合図する.

名 ❶ ⓐ He gave me a *sign* to come in. 彼は私に中に入るように合図した / make the *sign* of the cross 十字を切る. ⓑ The gift was a *sign* of his love for her. その贈り物は彼女に対する彼の愛のしるしだった.
❷ ⓐ The road *sign* says you can't make a U-turn here. 道路標識によればここではユーターンできない《標識には No U-turn と書いてある》. ⓑ a barber's *sign* 床屋の看板.
❸ There are some *signs* that business is improving. 景気回復のきざしが見られる / *signs* of recovery 回復の徴候.
❹ the negative 〔positive〕 *sign* マイナス〔プラス〕符号.
❺ There was *no sign* of life in the house. その家には人の住んでいる形跡がなかった.

— 動 ❶ ⓐ He *signed* the letter. 彼は手紙に署名した. ⓑ He *signed* his name on the check. 彼は小切手に彼の名前を書いた.
❷ The policeman *signed* me *to* stop. 警官が私に止まれと合図した / He *signed* *that* he was going home. 彼は家へ帰るよと合図した.

— 自 ❶ Please *sign* here. ここにサインしてください. ❷ He *signed* to [for] me to leave the room. 彼は私に部屋から出るようにと合図した.

sign away 他 (権利など) を署名して手放す.
sign in 自 ホテルなどにサインして入る.
sign off 自 ①(ラジオ・テレビなどでその日の) 放送を終了する. ②(署名などして) 手紙を書き終える. ③契約を破棄する.
sign on 自 ①(契約書に署名して) 雇われる. ②(ラジオ・テレビなどその日の) 放送を開始する.
sign out 自 ホテルなどにサインして出る.
sign over 他 …を署名して譲り渡す.
sign up 他 (契約書に署名させて) (人) を雇う, 仲間に入れる. — 自 (契約書に署名して) 職につく, 仲間にはいる.
　　　　　　　　　　☞ 名 signature.

***sig·nal** /sígnl スィグヌル/ 名 (複 ~s /-z/)
❶ ⓒ ⓐ (動作・音声・光などによる) **信号**, 合図. ⓑ (機器でやり取りされる) 情報 《音声・映像・メッセージなど》.
❷ (何かが起こる) しるし, 表われ.
❸ 信号機, 交通信号機.

— 動 (~s /-z/; ~ed, 《英》 sig·nalled /-d/; ~·ing, 《英》 sig·nal·ling) 他 …を**信号で送る**, 合図する.

— 自 信号を発する, 合図する.

名 ❶ ⓐ The traffic *signal* changed to green. 交通信号が青になった / The referee gave the *signal* to stop. レフリーがストップの合図をした. ⓑ receive TV *signals* テレビ(映像)を受信する.

類語 **signal** は光, 音, 道具などによって表わされるあらかじめ定められた合図；

sign は身ぶり手ぶりで何かを伝えようとする合図.

— [動][他] The policeman *signaled* the cars *to* move on. 警察官は自動車に進めと合図した / The driver *signaled that* he was going to turn left. 運転手は左折の合図を出した.

— [自] *signal* to shore for help 陸に救助を求める信号を発する.

sig·na·to·ry /sígnətɔ̀ːri スィグネトーリ/ [形] 署名した, 調印した.

— [名] ([複] -to·ries /-z/) [C] ❶ 署名者, 調印者. ❷ 条約加盟国.

***sig·na·ture** /sígnətʃər スィグネチャ/ [名] ([複] ~s /-z/) [C] **署名**, サイン (☞ autograph).

▸He put his *signature* to the document. 彼はその書類に署名した.

[INFO] (1) 本人が手で書いた自分の名前をいう. 日本の印鑑の役目をする. 他人にまねされないように独特の書き方をし, つねに一定でなければならない. (2) sign は「署名する」の意味であって名詞の「署名」の意味はない. 日本語の「サイン」はこの signature にあたる.

☞ [動] sign.

****sig·nif·i·cance** /signífikəns スィグニフィカンス/ (★アクセント注意) [名] [U]

❶ **意義**, 意味; 意味があること, 意味深長.

❷ **重要性**, 大切さ.

❶ He did not understand the *significance* of her smile. 彼は彼女がほほえんだ意味がわからなかった. ❷ a matter of great *significance* 非常に重要なこと.

☞ [形] significant, [動] signify.

****sig·nif·i·cant** /signífikənt スィグニフィカント/ [形] (more ~; most ~)

❶ **重要な**, 重大な. ❷ **かなりの**. ❸ (特別な) **意味のある**, 意味ありげな ([反] insignificant).

❶ a *significant* event in Japanese history 日本史の中で重要なできごと. ❷ a *significant* increase in production 生産のかなりの増大. ❸ a *significant* wink 〔look〕 意味ありげなウィンク〔目つき〕.

☞ [名] significance, [動] signify.

sig·nif·i·cant·ly /signífikəntli スィグニフィカントリ/ [副] ❶ 意味ありげに, 意味深長に. ❷ かなり.

sig·ni·fy /sígnəfài スィグニファイ/ (★アクセント注意) [動] (-ni·fies /-z/; -ni·fied /-d/; ~·ing) [他] ❶ …を意味する. ❷ (動作・ことばなどで)…を示す, 表わす.

▸❷ She *signified* her consent with a smile. 彼女はほほえんで承諾を表わした.

☞ [形] significant, [名] significance.

sígn làn·guage [名] [U,C] ❶ 手まね[身振り] 言語. ❷ (聾唖(ろうあ)者の) 手話法.

sign·post /sáinpòust サインポウスト/ [名] [C] 道路標識.

****si·lence** /sáiləns サイレンス/ [名] ([複] si·lenc·es /-iz/) ❶ [U] ⓐ **沈黙**, だまっている[声を出さない] こと.

ⓑ 黙秘.

❷ [U] **静けさ**, 静寂(せいじゃく).

❸ [C] 沈黙[静寂] の時間, 便りをしない期間.

— [動] (現分 si·lenc·ing) [他] ❶ …をだまらせる, 静かにさせる. ❷ (意見など) を封じる.

[名] ❶ ⓐ There was *silence* for a while. しばらくだれもしゃべらなかった / *Silence*, please! お静かに / preserve 〔break〕 *one's silence* 沈黙を守る〔破る〕 / [ことわざ] *Silence* is golden. 沈黙は金 / Her request met with *silence*. 彼女の要請は黙殺された.

❷ There was dead *silence* all around. あたりはしんとしていた / A gunshot broke the *silence*. 銃声が静けさを破った.

❸ He wrote to me after a long *silence*. 彼は久しぶりに私に手紙をよこした.

***in silence* だまって**, 何も言わないで: She worked on *in silence*. 彼女はだまって仕事を続けた.

put ... to silence …をやりこめて沈黙させる.

— [動][他] ❶ The teacher *silenced* the noisy boys. 先生はうるさい男の子たちを静かにさせた.

abcdefghijklmnopqr**s**tuvwxyz　　　　　　　　　　　　　　　　　　　　　　　**silvery**

☞形silent.

si·lenc·er /sáilənsər サイレンサ/ 名C
❶ (ピストルなどの)消音装置. ❷《英》(自動車の)消音器(✪《米》では muffler).

***si·lent /sáilənt サイレント/ 形
(more ~, ~·er; most ~, ~·est)
❶ ⓐ **だまっている**, 沈黙した. ⓑ 無口な.
❷ ⓐ (場所などが)**物音のしない, 静かな**.
ⓑ 無言の, 声[音]をださない.
❸ (文字が)発音されない, 声に出さない.

❶ ⓐ Everybody was *silent*. みんなだまっていた. ⓑ Be *silent*! 静かにしなさい / a *silent* man 口を割らない[無口の]男 (✪ *a quiet* man は「物静かな男」).
❷ ⓐ The house was empty and *silent*. 空家で物音ひとつしなかった.
ⓑ a *silent* protest 無言の抗議 / *silent* reading 黙読.
❸ a *silent* letter 発音されない文字, 黙字 (make の e, doubt の b など).
keep [*remain*] *silent* だまっている.
☞名silence.

*si·lent·ly /sáiləntli サイレントリ/ 副 だまって; 静かに.

sil·hou·ette /siluét スィルエット/ 名C (黒く塗りつぶした)横顔の絵, 影絵, シルエット; 輪郭(%).
in silhouette シルエットで[の]; 輪郭だけで.

sil·i·con /sílikən スィリコン/ 名U 〔化学〕ケイ素(元素記号 Si).

*silk /sílk スィルク/ 名(複 ~s /-s/)
❶ U 絹(%), 絹糸; 絹布, 絹織り物.
❷ C 《ふつう複数形で》絹の衣服.
❸ 《形容詞的に》絹の.
▶ ❶ raw *silk* 生糸(%). ❸ *silk* stockings 絹のストッキング.
☞形silky, silken.

silk·en /sílkən スィルクン/ 形 《文語》
❶ 絹の. ❷ 絹のような; すべすべした, 光沢のある.
☞名silk.

silk·worm /sílkwə:rm スィルクワーム/ 名C 〔昆虫〕蚕(%) (☞cocoon).

silk·y /sílki スィルキ/ 形 (silk·i·er; silk·i·est) ❶ 絹のような, 柔(%)らかい, 光沢のある, すべすべした. ❷ (声などが)もの柔らかな.

☞名silk.

sill /síl スィル/ 名C 敷居(%) 《戸の敷居 (doorsill) や窓の敷居 (windowsill) など》.

sil·li·ness /sílinəs スィリネス/ 名(複 ~·es /-iz/) ❶ U 愚かさ. ❷ C 愚かな言行.

*sil·ly /síli スィリ/ 形 (sil·li·er; sil·li·est) ばかな, 愚かな; ばかげた.
── 名(複 sil·lies /-z/) C 《口語》おばかさん 《✪ しばしば子どもに対して用いる》.

形 He is such a *silly* boy. あの子はほんとうにばかなやつだ / Don't be *silly*! ばかなことをするな[言うな] / a *silly* idea ばかげた考え / It is silly *of* you *to* trust such a man. = You are *silly* to trust such a man. あんなやつを信用するなんて君はばかだ.

si·lo /sáilou サイロウ/ 名C サイロ 《ふつう円形塔状の気密な建物で牧草や穀物などを貯蔵し適度に発酵させて家畜の飼料にする》.

silt /sílt スィルト/ 名U シルト, 沈泥(%) 《川底などにたまった砂やどろ》.
── 動他 (河口などを)沈泥でふさぐ.

*sil·ver /sílvər スィルヴァ/ 名U ❶ 銀 《元素記号 Ag》.
❷ 《集合的に》銀器, 銀(めっき)食器.
❸ 《集合的に》銀貨.
❹ 銀色.
── 形 ❶ 銀の, 銀製の.
❷ 銀のような; 銀色の.
── 動他 …に銀をかぶせる, 銀めっきする.

名 ❶ These spoons are made of *silver*. これらのスプーンは銀でできている. ❷ table *silver* 食卓用の銀の食器類.
☞形silvery.
── 形 ❶ a *silver* cup 銀のカップ.
❷ the *silver* moon 銀色の月 / *silver* hair 銀髪, 白髪.

síl·ver méd·al 名CU銀メダル.

sil·ver·ware /sílvərwèər スィルヴァウェア/ 名U 《集合的に》銀器, 銀細工物, 銀(めっき)食器.

síl·ver wéd·ding 名C銀婚式《結婚25周年記念式[日]》.

sil·ver·y /sílvəri スィルヴァリ/ 形 銀のような, 銀色の.
▶ *silvery* hair 銀髪.

similar

☞ 名silver.

*__sim·i·lar__ /símələr スィミラ/ 形(more ~; most ~)
❶ **同じような**, 似ている (反 dissimilar).
❷ 〖数学〗相似の.

▶ ❶ *similar* colors 同系色 / two *similar* houses 2軒の同じような家 / Her shoes *are similar to* mine. 彼女のくつは私のものと似ている. ❷ *similar* triangles 相似三角形.

☞ 名similarity.

sim·i·lar·i·ty /sìməlǽrəti スィミラリティ/ 名 (複 -i·ties /-z/) ❶ Ⓤ類似, 相似 (反 difference, dissimilarity).
❷ Ⓒ類似点, 相似点.
▶ ❷ There are some *similarities* between the two large cities. そのふたつの大都市の間にはいくつか類似点がある.

☞ 形similar.

sim·i·lar·ly /símələrli スィミラリ/ 副 同じように.

sim·i·le /síməli: スィミリー/ 名ⓊⒸ 〖修辞〗直喩(ちょくゆ)(✿比喩の一種で as, like のような比較を示す語を用いて sing *like* a bird 「鳥のように美しく歌う」, (as) white *as* snow「雪のように白い」のようにあるものを直接に他のものにたとえる言い方; ☞ metaphor).

sim·mer /símər スィマ/ 動 (自)(とろ火で)ぐつぐつ煮える. ━ (他)…をとろ火で煮る.

simmer down (自)①(とろ火で)煮つまる. ②(おこったあとで)冷静になる.

*__sim·ple__ /símpl スィンプル/ 形 (sim·pler; sim·plest)
❶ **簡単な**, やさしい; 単純な (反 complex).
❷ (余計な)**飾りのない**, 質素な, じみな.
❸ **誠実な**, 純真な, 気どらない.
❹ (人が)単純な, 愚かな, お人よしの.
❺ 純然たる, まったくの.

❶ This book is written in *simple* English. この本はやさしい英語で書かれている / a *simple* task 簡単な仕事 / a *simple* eye (昆虫の)単眼.

❷ He led a *simple* life. 彼は質素な生活を送った / a *simple* dress 飾りのない簡素な服.

❸ He is as *simple* as a child. 彼は子どものように無邪気だ / She has a *simple* manner. 彼女の態度には気どったところがない.

❹ She was *simple* enough to believe such a thing. 彼女はお人よしでそんなことを信じた.

❺ the *simple* truth まったくの真実 / a *simple* lie まったくのうそ.

☞ 名simplicity, 動simplify.

sim·ple-mind·ed /símpl-máindid スィンプル・マインディド/ 形 頭の弱い, 低能な.

sím·ple sén·tence 名Ⓒ 〖文法〗単文 (ひとつの主部とひとつの述部から成る文).

sim·plic·i·ty /simplísəti スィンプリスィティ/ 名Ⓤ ❶ 簡単, わかりやすいこと.
❷ 飾りけのなさ, じみ, 質素.
❸ 純真, 無邪気, 素朴(そぼく)さ; 率直.
❹ 単純で愚かなこと.
▶ ❶ The question is *simplicity* itself. その問題はまったく簡単だ.
❷ I like the *simplicity* of the furniture. 私はその家具の飾りけのなさが好きだ.
❸ the charming *simplicity* of a child 子どものかわいらしい純真さ / with *simplicity* 率直に.

☞ 形simple.

sim·pli·fi·ca·tion /sìmpləfikéiʃən スィンプリフィケイション/ 名 ⓊⒸ 簡単にすること, 簡易化, 単純化.

sim·pli·fied /símpləfàid スィンプリファイド/ 形 簡単にした, やさしくした.
▶ a *simplified* story やさしく書き改めた物語.

sim·pli·fy /símpləfài スィンプリファイ/ 動 (-pli·fies /-z/; -pli·fied /-d/; ~·ing) (他) …を簡単にする, やさしくする.

☞ 形simple.

sim·plis·tic /simplístik スィンプリスティク/ 形 《軽蔑(けいべつ)的に》単純すぎる, 短絡的な.

*__sim·ply__ /símpli スィンプリ/ 副 (more ~; most ~)
❶ 単に, ただ.
❷ じつに, まったく, とても.

abcdefghijk**l**mnopq**r**s**t**uvwxyz　　　　　　　　　　　　　　　　　　　　　　　**sincerity**

❸わかりやすく，平易に，明快に．
❹飾りけなく，じみに；質素に．

❶I *simply* told you the truth. 私はただほんとうのことをお話ししただけです / It is *simply* a question of time. それは単に時間の問題です．
❷I was *simply* shocked. 私はほんとうにショックを受けた / That's *simply* impossible. それはまったく不可能だ．
❸She explained it very *simply*. 彼女はそれをとてもわかりやすく説明した．
❹She was *simply* dressed. 彼女はじみな服装をしていた / live *simply* 質素な生活をする．

sim·u·late /símjulèit スィミュレイト/ 動 (現分 -lat·ing)他 …のふりをする；…をまねる．

sim·u·la·tion /sìmjuléiʃən スィミュレイション/ 名 ❶UCふりをすること；まねること． ❷模擬実験，シミュレーション．

sim·u·la·tor /símjulèitər スィミュレイタ/ 名C (飛行訓練などの)模擬実験装置，シミュレーター．

****si·mul·ta·ne·ous** /sàiməltéiniəs サイマルテイニアス, sìm-/（★アクセント注意）形 **同時に起きる**，同時にされる[存在する]．
▶The two events were *simultaneous*. そのふたつの事件は同時に起きたものだった / (a) *simultaneous* interpretation 同時通訳．

si·mul·ta·ne·ous·ly /sàiməltéiniəsli サイマルテイニアスリ, sìm-/ 副 同時に，いっせいに．

****sin** /sín スィン/ 名 (複 ~s /-z/) ❶UC (道徳・宗教上の)**罪**, 罪悪． ❷C (礼儀作法・習慣などに対する)違反．
— 動 (~s /-z/; sinned /-d/; sin·ning) 自 ❶(道徳・宗教上の)罪を犯す． ❷(礼儀作法・習慣などに)そむく．
▶❶It would be a *sin* not to help her. 彼女を助けないことは罪悪だろう / commit a *sin* 罪を犯す．

類語　**sin** は宗教上，道徳上の罪悪； **crime** は殺人，強盗など法律に触れる行為； **vice** は virtue (美徳) の反意語で，道徳に背いた悪い行ない； **offense** は法律，習慣などの違反．

☞ 形 sinful.

****since** /síns スィンス/ 接
❶__してからずっと．
❷…だから．
— 前 …以来(の)．
— 副 /síns スィンス/ 《現在完了時制とともに》**それ以来**(ずっと今まで)．

接 ❶It is [has been] two years *since* I moved here from London. 私がロンドンからここに引っ越してきてから2年になる．
❷*Since* there is no bus service there, we have to walk. そこにはバスの便がないので歩かなくてはならない．

— 前 We have lived here *since* 1983. 私たちは1983年以来ここに住んでいる．

— 副 I met her last month, but I have not seen her *since*. 私は先月彼女に会ったが，その後彼女に会っていない．

ever since その後ずっと：He came to Japan five years ago and has lived in Kyoto *ever since*. 彼は5年前に日本に来て，その後ずっと京都に住んでいる．

long since ずっと前から[に]：My father has *long since* stopped smoking. 私の父はずっと前からたばこはやめている．

****sin·cere** /sinsíər スィンスィア/ (★アクセント注意)形 (sin·cer·er /-síərər/, more ~; sin·cer·est /-síərist/, most ~)
❶ (人が)**正直な**，うそいつわりのない (反 insincere)．
❷ (感情・行動などが)**心からの**，いつわりのない．
▶❶ a *sincere* person うそをつかない人． ❷ a *sincere* letter of thanks 心からの礼状 / *sincere* grief 心からの悲しみ．

☞ 名 sincerity.

****sin·cere·ly** /sinsíərli スィンスィアリ/ 副 (more ~; most ~) **心から**．
▶I *sincerely* hope (that) you'll pass the exam. 君が試験に合格するよう心から願っています．

Sincerely yours＝*Yours sincerely* 敬具 (事務的な手紙の結びの文句)．

****sin·cer·i·ty** /sinsérəti スィンセリティ/ 名

sinful

sin・cer・i・ty ① **正直** (反 insincerity). ▶a man of *sincerity* 言行が一致している男.
in all sincerity 心から, 本気で.
☞ 形 sincere.

sin・ful /sínfəl スィンフル/ 形 ❶(人が)罪を犯した, 罪深い. ❷《口語》ばち当たりの, ひどい.
☞ 名 sin.

✶✶sing /síŋ スィング/ 動 (~s /-z/; sang /sǽŋ/; sung /sʌ́ŋ/; ~ing) 自
❶ **歌う**.
❷ (小鳥・虫が) **鳴く**, さえずる.
❸ⓐ (やかんなどが)シューシューいう.
ⓑ (風などが)ヒューと音を立てる.
ⓒ (耳などが)ガンガン鳴る.
― 他 ❶ⓐ(歌)を**歌う**. ⓑ《sing ~ ... または sing ... for ~》〜のために…を歌う. ⓒ《sing ... to ~》歌を歌って…を〜(の状態)にさせる(《❂〜には名詞がくる》).
❷ (小鳥・虫が)…をさえずる.
❸ (話など)を歌を歌うように言う.

――――――――

自 ❶ She *sings* very well. 彼女は歌がとてもうまい / He *sang to* the guitar. 彼はギターの伴奏で歌った.
❷ Birds are *singing* in the bush. 鳥がやぶの中で鳴いている.
❸ⓒ My ears are *singing*. 耳が鳴っている.

― 他 ❶ⓐ *sing* a Japanese song 日本の歌を歌う. ⓑ The children *sang* us a Japanese song. ＝ The children *sang* a Japanese song *for* us. 子どもたちは私たちに日本の歌を歌ってくれた. ⓒ The mother *sang* her baby *to* sleep. 母親は歌を歌って赤ん坊を寝かしつけた.

sing out《口語》自 大声で叫ぶ[歌う].
― 他 …を大声で言う[歌う].
☞ 名 song.

Sin・ga・pore /síŋɡəpɔ̀ːr スィンガポー/ 名 シンガポール(共和国) 《マレー半島南端にある島国》.

singe /síndʒ スィンチ/ 動 (sing・es /-iz/; singed /-d/; singe・ing) 他 ❶ …の表面を軽く焼く, …を焦がす. ❷ (髪などの)毛の端を焼く.

✶sing・er /síŋər スィンガ/ (★発音注意) 名 (複 ~s /-z/) ⓒ ❶ **歌う人, 歌手**. ❷ 声の美しい鳥.

――――――――

❶ a popular *singer* 流行歌手 / a good *singer* 歌のうまい人, じょうずな歌手.

sing・ing /síŋiŋ スィンギング/ 名Ⓤ 歌うこと.
▶choral *singing* 合唱.

✶sin・gle /síŋɡl スィングル/ 形
❶ⓐ **たったひとつ[ひとり]の**.
ⓑ《否定文で》ただのひとつも(…ない)(《❂ a, one などを強調する》).
❷ **独身の**, 未婚の(反 married).
❸ **ひとり用の**(☞ double ❸).
❹ **個々の**, 別々の, それぞれの(《❂ every, each を強調する》).
❺《英》(切符が)片道の(《❂《米》では one-way》).
― 名ⓒ ❶〔野球〕シングルヒット(《❂「二塁打」は double,「三塁打」は triple》).
❷ (ホテルなどの)ひとり部屋, シングル.
❸《英》片道切符(《❂《米》では one-way ticket》). ❹《米》1 ドル紙幣. ❺(レコードの)シングル盤. ❻《複数形で》☞ singles.
― 動 (~s /-z/; sin・gled /-d/; sin・gling) 他《single out ... for [as] ~》…を〜に**選び出す**.
― 自〔野球〕シングルヒットを放つ.

――――――――

形 ❶ⓐ His *single* aim is to make money. 彼は金もうけだけしか考えていない. ⓑ There is*n't* a *single* mistake in his paper. 彼の答案にはまちがいはひとつもない.
❷ She is still *single*. 彼女はまだ独身だ / a *single* life 独身生活.
❸ a *single* bed ひとり用のベッド / a *single* room ひとり部屋.
❹ I know *every single* student in the class. 私はそのクラスの生徒はひとりひとりみんなよく知っている.
❺ a *single* ticket 片道切符(☞ 名 ❸).
― 名 ❸ Two *singles* to York, please. ヨーク行き片道切符2枚(ください).
― 動 他 He *singled out* Nancy *for* his secretary. 彼はナンシーを秘書に選んだ.

sin・gle-hand・ed /síŋɡl-hǽndid スィン

グル・ハンディド/ 形 ❶独力の, ひとりでやった. ❷片手の, 片手用の.
— 副 ❶独力で. ❷片手で.

sin·gle-heart·ed /síŋgl-háːrtid スィングル・ハーティド/ 形 誠実な, 真心のある.

sin·gle-mind·ed /síŋgl-máindid スィングル・マインディド/ 形 (目的に向かって)わき目もふらない, 一心の.

sín·gle pár·ent 名 C (子育てをする)片親.

sin·gles /síŋglz スィングルズ/ 名 (複 sin·gles) C (テニスなどの)シングルス(の試合). ▶a *singles* tennis match テニスのシングルスの試合.

sin·gly /síŋgli スィングリ/ 副 単独に; ひとりで; 別々に.

*__**sin·gu·lar**__ /síŋgjulər スィンギュラ/ 形 (more ~; most ~) ❶並みはずれた, 非凡な, 特異な. ❷(文語)風変わりな, 奇妙な. ❸(文法)単数(形)の (反 plural).
— 名 (複 ~s /-z/)(文法) ❶ U 単数 (❖ **síngular nùmber** ともいう). ❷ C 単数形 (❖ **síngular fòrm** ともいう; sing. と略す; ☞ plural).
▶形 ❶a person of *singular* ability 非凡な才能の人. ❷*singular* habits 風変わりな習慣, 奇妙な癖().
☞ 名 singularity.

sin·gu·lar·i·ty /sìŋgjulǽrəti スィンギュラリティ/ 名 (複 -i·ties /-z/) ❶ U 風変わり, 特異性. ❷ C 特異な点.
☞ 形 singular.

sin·is·ter /sínistər スィニスタ/ 形 ❶不吉な, 無気味な. ❷悪意のある, 陰険な.

*__**sink**__ /síŋk スィンク/ 動 (~s /-s/; sank /sǽŋk/; sunk /sʌ́ŋk/; ~·ing) 自 ❶ (水面下・地平線などに)**沈む**, 沈没する (反 float).
❷❺(川などの)**水位が下がる**.
❻(土地などが)**沈下する**, 傾斜する.
❸❺(立っているものが)**くずれ落ちる**.
❻(沈むようにゆっくり)倒れる, すわりこむ.
❹ (体力などが)衰弱する, 元気がなくなる.
❺❺(勢いなどが)衰える, 弱まる.
❻(数・程度・価値などが)低下する, 落ちる, 減る.
❻ 〔眠り・沈黙・貧困などに〕陥(ᴼ)る 〔*into*〕.
❼❺(液体が)〔…に〕しみこむ 〔*into*〕.

❻(教訓などが)〔心に〕しみこむ 〔*into*〕.
— 他 ❶…を**沈める**, 沈没させる.
❷(水位[地盤(など)])を下げる.
❸(くいなど)を〔…に〕打ちこむ, 埋める 〔*into*〕.
❹(お金)をつぎこむ.
❺【ゴルフ】(ボール)をホールに沈める.
— 名 (複 ~s /-s/) C ❶(台所の)**流し** (☞ kitchen のさし絵). ❻(米)洗面台 ((❖(英)では washbasin)).

――――――――――――――

動 ❶ The boat *sank* in the middle of the lake. そのボートは湖のまん中で沈んだ / The sun was *sinking* behind the mountain. 日が山の向こう側に沈もうとしていた.
❷❺ The level of the pond is *sinking*. 池の水位が下がってきている.
❻ The road has *sunk* seven centimeters. その道路は7センチ沈下した.
❸❻ He *sank* back into the chair. 彼は身を投げ出すようにいすにすわりこんだ.
❹ My heart *sank* at the news. その知らせを聞いて私はがっかりした.
❺❺ The wind has *sunk* down. 風が静まった. ❻ Prices are *sinking* slowly. 物価はゆっくりと下がっている.
❻ *sink into* a deep sleep 深い眠りに落ちる / *sink into* poverty 落ちぶれる.
❼❺ The rainwater *sinks into* the ground. 雨水は地中にしみこむ.
— 他 ❶ The typhoon *sank* several fishing boats. その台風で数隻の漁船が沈んだ.
❷ The drought *sank* the level of the lake. 日照りで湖の水位が下がった.
sink or swim (他人の助けなしで)一か八()かやる.
— 名 ❺ the kitchen *sink* 台所の流し台.

sin·ner /sínər スィナ/ 名 C (宗教・道徳上の)罪人 (☞ criminal).

si·nus /sáinəs サイナス/ 名 C 洞 (❖鼻孔に通じる頭がい骨の空洞部).

sip /síp スィップ/ 動 (~s /-s/; sipped /-t/; sip·ping) 他 …を少しずつ飲む, 吸う.
— 自 少しずつ飲む.
— 名 (複 ~s /-s/) C ひとすすり, (飲み

six

six /síks スィクス/ 名 (複 ~·es /-iz/)
❶ⓐU (数の)**6** (☞one).
ⓑC(数字の)6 (6, VI など).
❷《複数扱いで》**6つ, 6人, 6個**.
❸Uⓐ**6時**, 6分. ⓑ6ドル[ポンド, ペンス, セント, インチ(など)].
❹U6歳.
❺Cⓐ(トランプの)6の札.
ⓑ(さいころの)6の目.
❻C6つ[6人, 6個]ひと組のもの.
— 形 ❶**6つの**; 6人の, 6個の.
❷6歳で(ある).
▶名 *at sixes and sevens* 《口語》乱雑で, 混乱して.

six·teen /sìkstí:n スィクスティーン/ 名 (複 ~s /-z/) ❶ⓐU (数の) **16** (☞one). ⓑC (数字の) 16 (16, XVI など).
❷《複数扱いで》**16, 16人, 16個**.
❸Uⓐ16分, (24時間制で)16時.
ⓑ16ドル[ポンド, ペンス, セント, インチ(など)].
❹U16歳. ❺C16人[16個]ひと組のもの.
— 形 ❶**16の**; 16人の, 16個の.
❷16歳で(ある).

*six·teenth** /sìkstí:nθ スィクスティーンス/ 形 ❶《the をつけて》**16番目の** (☞first).
❷16分の1の.
— 名 (複 ~s /-s/) ❶U《ふつう the をつけて》**16番目の人[もの]**.
❷U《ふつう the をつけて》(月の)**16日** (✿略語は 16th). ❸C16分の1.

sixth /síksθ スィクスス/ 形 ❶《the をつけて》**6番目の** (☞first).
❷6分の1の.
— 名 (複 ~s /-s/) ❶U《ふつう the をつけて》**6番目の人[もの]**.
❷U《ふつう the をつけて》(月の)**6日** (✿略語は 6th). ❸C6分の1.

síxth sénse 名《単数形で》第六感, 直感.

*six·ti·eth** /síkstiəθ スィクスティエス/ 形
❶《the をつけて》**60番目の** (☞first).
❷60分の1の.
— 名 (複 ~s /-s/) ❶U《ふつう the をつけて》**60番目の人[もの]**.
❷C60分の1.

six·ty /síksti スィクスティ/ 名 (複 six·ties /-z/) ❶ⓐU (数の) **60** (☞one). ⓑC (数字の) 60 (60, LX など).
❷《複数扱いで》**60, 60人, 60個**.
❸U60ドル[ポンド, ペンス, セント, インチなど].
❹U60歳.
❺《複数形で》ⓐ the sixties で》(世紀の)60年代. ⓑ《one's sixties で》(年齢の)60歳代. ❻C60人[60個]ひと組のもの.
— 形 ❶**60の**; 60人の; 60個の.
❷60歳で(ある).

siz·a·ble /sáizəbl サイザブル/ 形 かなり大きい.

*size** /sáiz サイズ/ 名 (複 siz·es /-iz/)
❶UC **大きさ**; 寸法, サイズ.
❷C (帽子・くつなどの)**サイズ**, 型.
— 動 (三単現 siz·es /-iz/) 他 ❶ …を大きさ[寸法]で分類する.
❷ …をある大きさに(合わせて)作る.

・・・・・・・・・・・・・・・・・・
名 ❶ The *size* of the sheet of paper is two feet by one. その紙の大きさは縦2フィート, 横1フィートだ / 対話 "What *size* is it?"–"It's about the *size* of a tennis ball." 「それはどのくらいの大きさですか」「テニスボールぐらいの大きさです」.
❷ What *size* shoes do you wear? どのサイズのくつをおはきですか / a *size* 9 dress 9号のドレス.

of a size 同じ大きさの: These apples are all *of a size*. このリンゴはみんな同じ大きさです.

That's about the size of it. 《口語》まあだいたいそんなところだ.

size up 《口語》他 (人物・状勢など)を判断する, 評価する.

size·a·ble /sáizəbl サイザブル/ 形 = siz·able.

siz·zle /sízl スィズル/ 動 (現分 siz·zling) 自 (揚げ物などが)ジュージューと音を立てる.
— 名《単数形で》ジュージュー《肉などの焼ける音》.

*skate** /skéit スケイト/ 名 (複 ~s /-ts/) C

abcdefghijklmnopqr**s**tuvwxyz　　　　　　　　　　　　　　　　　　　　　　**skilled**

❶《ふつう複数形で》(アイス)**スケートぐつ**(◎ice skates ともいう).
❷《ふつう複数形で》ローラースケートぐつ(◎roller skates ともいう).
— 動(~s /-ts/; skat·ed /-id/; skat·ing)⾃**スケートをする**.
▶名 ❶ a new pair of *skates* 新しいスケートぐつ1足.
— 動⾃ go *skating* スケートに行く.

skate·board /skéitbɔ̀ːrd スケイトボード/ 名Cスケートボード《ローラースケートの車輪のついている長楕円形の板；路上や坂をすべって遊ぶ》.

skate·board·ing /skéitbɔ̀ːrdiŋ スケイトボーディング/ 名Uスケートボードに乗ること.

skat·er /skéitər スケイタ/ 名Cスケートをする人.

skat·ing /skéitiŋ スケイティング/ 名Uスケート《スケートぐつ (skates) をはいてすべること》.

skáting rìnk 名C(屋内)アイススケート場《◎ice rink または 単に rink ともいう》.

skel·e·ton /skélətn スケレトン/ 名C
❶ (人間・動物の)骨格, 骸骨(がいこつ). ❷ (建築の)骨組み(☞shell ❷). ❸ あらすじ, 概略.
▶❷ the steel *skeleton* of a building 建物の鉄骨.

skél·e·ton in the clóset [《英》**cúp·board**] 名C(人に知られたくない)家庭の秘密《◎family skeleton ともいう》.

skep·tic /sképtik スケプティック/ 名C懐疑(かいぎ)論者；疑い深い人.

skep·ti·cal /sképtikəl スケプティカル/ 形懐疑(かいぎ)的な；疑い深い.

skep·ti·cism /sképtəsìzm スケプティスィズム/ 名U ❶ 懐疑(かいぎ)的な考え方. ❷〔哲学〕懐疑論.

*__sketch__ /skétʃ スケッチ/ 名(複 ~es /-iz/)
C ❶ **スケッチ**, 見取り図, 略画. ❷ あらすじ, 概略. ❸ 短編；小曲；小品.
— 動 (~es /-iz/; ~ed /-t/; ~ing) 他
❶ ⓐ …の**スケッチをする**, …を写生する.
ⓑ …の略図をかく.
❷ …の概略を書く[述べる].
— ⾃ ❶ 写生する. ❷ 略図をかく.
▶名 ❶ make a *sketch* of Mount Fuji 富士山をスケッチする.

☞形sketchy.
— 動他 ❷ *sketch* out a plan 計画の概要を作る.
— ⾃ ❶ go *sketching* 写生に行く.

sketch·book /skétʃbùk スケッチブック/ 名C ❶ 写生帳, スケッチブック. ❷ 小品集, 短編集.

sketch·y /skétʃi スケッチィ/ 形 (sketch·i·er; sketch·i·est) スケッチ風の；概略だけの.
☞sketch.

skew·er /skjúːər スキューア/ 名C串(くし), 焼き串. — 動他 …を串に刺す.

*__ski__ /skíː スキー/ 名(複 ~s /-z/)C ❶ **スキー(の板)**《◎スポーツとしての「スキー」は skiing》.
❷ 水上スキー《◎water ski ともいう》.
— 動 (~s /-z/; ~ed /-d/; ~ing) ⾃ **スキーをする**.
▶名 ❶ a pair of *skis* スキー1台.
— 動⾃ We went *skiing* at Naeba. われわれは苗場へスキーに行った.

skid /skíd スキッド/ 名C ❶ (自動車などの)横すべり, スリップ. ❷ 滑材《重い物のすべり道を作る材木など》.
— 動 (~s /-dz/; skid·ded /-id/; skid·ding) ⾃ (飛行機・自動車などが)横すべりする, スリップする.

ski·er /skíːər スキーア/ 名Cスキーをする人, スキーヤー.

ski·ing /skíːiŋ スキーイング/ 名U(スポーツとしての)スキー (☞ski).

*__skil·ful__ /skílfəl スキルフル/ 形《英》= skillful.

skil·ful·ly /skílfəli スキルフリ/ 副《英》= skillfully.

*__skill__ /skíl スキル/ 名(複 ~s /-z/)
❶ U (訓練・経験などで身につけた)**腕前**；熟練, うまさ.
❷ C (訓練・経験で身につけた)**技能, 技術**.

・・・・・・・・・・・・・・・・・・・・・・・
❶ He showed great *skill* at soccer. 彼はサッカーで非常なうまさを発揮した / It takes *skill* to row a boat. ボートをこぐには熟練が必要だ. ❷ He has the *skill* to sail a yacht. 彼にはヨットを走らせる技術がある.

☞形skillful.

skilled /skíld スキルド/ 形 ❶ 熟練した, 腕のよい, じょうずな (反 unskilled).

1237
one thousand two hundred and thirty-seven

skillet

❷熟練を要する.
▶a *skilled* workman 腕のよい職人 / She *is skilled in teaching* music. 彼女は音楽を教えることがじょうずだ.
❷*skilled* work 熟練を要する仕事.

skil·let /skílit スキリット/ 名C《米》フライパン(○frying pan ともいう).

***skill·ful** /skílfəl スキルフル/ 形 (more ~; most ~)**じょうずな**, 熟練した.
▶a *skillful* driver 運転のうまい人 / She *is skillful in* [*at*] *drawing*. 彼女は絵がじょうずである.
☞名 skill.

skill·ful·ly /skílfəli スキルフリ/ 副 じょうずに, 巧みに.

***skim** /skím スキム/ 動 (~s /-z/; skimmed /-d/; skim·ming) 他 ❶ (液体)の**上澄(ﾀﾞ)みを取る**, 上皮をすくい取る. ❷ (水面など)をすれすれに飛ぶ. ❸ …をざっと読む.
— 自 ❶ すべるように進む, すれすれに飛ぶ.
❷ ざっと読む, 目を通す.
▶他 ❶ *skim* the soup スープの上澄みをすくい取る / *skim* the cream *from* the milk 牛乳の表面にできるクリームをすくい取る. ❷ *skim* the water 水面をかすめて飛ぶ.
— 自 ❶ *skim* over the lake 湖面をかすめて飛ぶ. ❷ *skim* through [over] a book 本をざっと読む.

skímmed mílk /skímd- スキムド・/ 名 = skim milk.

skím mílk 名U スキムミルク, 脱脂乳(クリームをすくい取ったあとの牛乳; ○skimmed milk ともいう).

skimp /skímp スキンプ/ 動 他 …を倹約する.
— 自 倹約する, けちる.

skimp·y /skímpi スキンピ/ 形 ❶ 乏しい, 貧弱な. ❷ (衣服などが)小さい, 短くて露出度が高い.

***skin** /skín スキン/ 名 (複 ~s /-z/) UC
❶ **皮膚(ﾋﾌ), 肌(ﾊﾀﾞ)**.
❷ (衣類・敷物などに用いられる)動物の毛皮(☞leather の 類語).
❸ (果物などの)皮, 外皮.
— 動 (~s /-z/; skinned /-d/; skin·ning) 他 ❶ (動物・果物など)の皮をはぐ [むく].

❷ …をすりむく, すり傷をつける.

名 ❶ She has (a) fair *skin*. 彼女は肌が白い / I got wet to the *skin*. 私はずぶぬれになった. ❷ The collar is made of fox *skin*. えりはキツネの皮でできている. ❸ a banana *skin* バナナの皮.
by the skin of one's *teeth* やっとのことで, かろうじて.
get under ...'s skin 《口語》…をいらいらさせる, いやな思いをさせる.
(*all*) *skin and bone*(*s*) 骨と皮ばかりにやせて.
☞形 skinny.
— 動 他 ❶ *skin* the eel [tomato] ウナギ[トマト]の皮をむく. ❷ *skin* one's knee ひざをすりむく.

skín càre 名U スキンケア, 肌の手入れ.

skin-deep /skín-díːp スキン・ディープ/ 形 (美しさ・感情などが)表面[外面]だけの, みせかけの.

skín dìv·ing 名U スキンダイビング(足にゴムのひれ (flippers) をつけて水中にもぐること; ☞ scuba diving, snorkel).

skin·head /skínhed スキンヘッド/ 名C スキンヘッド族(丸刈り頭と特異な服装をした乱暴な若者).

skin·ny /skíni スキニ/ 形 (-ni·er; -ni·est) 骨と皮ばかりの, やせこけた.
☞名 skin.

skin·tight /skíntáit スキンタイト/ 形 (衣服などが)体にぴったり合った.

***skip** /skíp スキップ/ 動 (~s /-s/; skipped /-t/; skip·ping) 自 ❶ ⓐ **ぴょんととぶ**, はねる; ぴょんぴょんとんで進む. ⓑ 《英》なわ跳(ﾄﾞ)びをする.
❷ (一部を) **とばす**, 抜かす, 略す, (本など)をとばして読む.
❸ (話題などが)とぶ.
❹ 《米》(教育)飛び級をする.
— 他 ❶ …を **ぴょんととび越える**.
❷ (一部)を **とばす**, 抜かす, とばして読む.
❸ (授業・会合など)をさぼる.
❹ 《米》(級)を飛び越す.
❺ (石)を水面上をはねるように投げる.
— 名 C ❶ とぶこと, 跳躍(ﾁｮｳ).
❷ とばし読み, 抜かすこと, 省略.

動 自 ❶ ⓐ *skip* about in the garden 庭でぴょんぴょんはね回る / She *skipped*

abcdefghijklmnopqr s tuvwxyz　　　　　　　　　　　　　　　　**skyrocket**

for joy around the room. 彼女はうれしくて部屋をぴょんぴょんはねまわった. ❸His speech *skipped* around. 彼の講演は話題があちこちにとんだ.
　── 他 ❶*skip* a puddle 水たまりをぴょんととび越える. ❷*skip* lunch 昼飯を抜く / *skip* the first ten pages 最初の10ページを読まずにとばす. ❺*skip* a stone across the pond 池で水切り遊びをする.

skip·per /skípər スキパ/ 名《口語》C
❶（小型の商船や漁船の）船長;（一般に）船長. ❷（航空機の）機長. ❸（スポーツチームの）主将.

skip·ping rope /skípiŋ- スキピング-/ 名《英》C なわ跳び用のなわ（《米》jump rope).

skir·mish /skə́ːrmiʃ スカーミシュ/ 名《複 ~·es /-iz/》C 小ぜり合い;（小さな）論争.
　── 動（三単現 ~·es /-iz/）自 小ぜり合いをする.

＊skirt /skə́ːrt スカート/ 名《複 ~s /-ts/》C
❶スカート.
❷《ふつう複数形で》（町などの）周辺, 郊外（◆outskirts ともいう).
　── 動 他 ❶ⓐ…の端にそってある.
ⓑ…の端にそって行く.
❷（問題・困難など）を避ける.

名 ❶wear a *skirt* スカートをはいている.

　語の結びつき

lengthen [shorten] a *skirt* スカートの丈を長く [短く] する
let a *skirt* out スカート（のウエスト）を大きくする
put on one's *skirt* スカートをはく
take a *skirt* in スカート（のウエスト）を詰める
take off one's *skirt* スカートを脱ぐ

skit /skít スキット/ 名C ❶寸劇, スキット《ユーモラスな内容の短い芝居》. ❷軽い風刺（文).

skulk /skʌ́lk スカルク/ 動 自《悪い意味で》こそこそ歩く; こそこそ逃げる [隠れる]〔*around, about*〕.

skull /skʌ́l スカル/ 名C
❶頭蓋（がい）骨.
❷《口語》頭, 頭脳.

▶❷He has a thick *skull*. 彼は頭が鈍（にぶ）い.

《同音異形語》scull.

skull and cross·bones 名U どくろじるし《大腿骨を十字に組みその上に頭蓋骨を置いた図形; 死の象徴》.

skull and crossbones

skunk /skʌ́ŋk スカンク/ 名《複 skunk, ~s /-s/》C ❶【動物】スカンク《北米産のイタチ科の夜行性の動物; 襲われると非常にくさい液体を出して身を守る》.
❷《口語》いやなやつ.

＊＊sky /skái スカイ/ 名《複 skies /-z/》
❶C《ふつう the をつけて》**空**, 天.
❷C《しばしば複数形で》空模様, 天気; 気候, 風土.
❸《the skies》天国（Heaven).

❶There is not a cloud in *the sky*. 空には雲ひとつない《◆形容詞がつくと不定冠詞 a, an が用いられることがある: *a* blue *sky* 青空》. ❷We had sunny *skies* last week. 先週はよく晴れた.
out of a clear (blue) sky 突然.

sky·div·er /skáidàivər スカイダイヴァ/ 名C スカイダイビング競技者, スカイダイバー.

sky·div·ing /skáidàiviŋ スカイダイヴィング/ 名U スカイダイビング《パラシュートを低空まで開かせず落下し, 開いた後定められた点めがけて着地する》.

sky·high /skái-hái スカイ·ハイ/ 副《口語》空高く, 非常に高く.
　── 形《口語》非常に高い.

sky·light /skáilàit スカイライト/ 名C 天窓, 明かり取り.

sky·line /skáilàin スカイライン/ 名C スカイライン《山や市街の建物などが空に描く輪郭（かく)》.

sky·rock·et /skáirɑ̀kit スカイラキット/ 動 自《口語》（物価·名声などが）急にあがる.

1239

sky·scrap·er /skáiskrèipər スカイスクレイパ/ 名C 摩天楼(まてんろう), 高層建築物.

slab /slǽb スラブ/ 名C ❶ (石・木などの)平板. ❷ (肉・チーズなどの)平たく厚いひと切れ.

slack /slǽk スラック/ 形 ❶ (ロープ・結び方などが)ゆるい, ゆるんだ (反 tight). ❷ 不注意な; 怠慢な. ❸ (商売が)不景気な.
☞ 動 slacken.
— 名 ❶ U (ロープなどの)ゆるみ, たるみ. ❷ C 不況(の時期).

slack·en /slǽkən スラクン/ 動 他 ❶ (綱など)をゆるめる. ❷ (速力など)を減じる.
— 自 ❶ (綱などが)ゆるむ, たるむ. ❷ (速力などが)弱くなる.
☞ 形 slack.

slacks /slǽks スラックス/ 名 複 スラックス 《上着と対になっていないスポーティーなズボン; ☞ trousers の ❷》.

slag /slǽg スラッグ/ 名 U 鉱滓(こうさい) 《金属を精錬するとき, 溶かした鉱石の上層に浮かぶかす》.

slain /sléin スレイン/ 動 slay の過去分詞形.

sla·lom /sláːləm スラーロム/ 名 《the をつけて》(スキー・カヌーなどの)スラローム, 回転競技.

slam /slǽm スラム/ 動 (~s /-z/; slammed /-d/; slam·ming) 他 ❶ (ドアなど)をバタンとしめる. ❷ (物)をドサッと置く.
— 自 (戸が)バタンとしまる.
— 名 《a をつけて》バタンとしまる音.
▶ 動 他 ❶ Don't *slam* the door. 戸をバタンとしめないでください.

slan·der /slǽndər スランダ/ 名 ❶ U|C 中傷, 悪口. ❷ U (口頭による)名誉毀損(きそん).
— 動 他 …の悪口を言う, …を中傷する.

slan·der·ous /slǽndərəs スランダラス | slάː-n-/ 形 中傷的な, 口の悪い.

*****slang** /slǽŋ スラング/ 名 U 俗語, スラング. ▶ 'Gal' is the *slang* form of 'girl.' gal(ギャル)は girl の俗語である / student *slang* 学生用語 《❹ 個々の俗語は a *slang* word, *slang* expressions などを用いる》.
☞ 形 slangy.

slang·y /slǽŋi スランギ/ 形 (slang·i·er; slang·i·est) 俗語の, 俗語的な.

☞ 名 slang.

slant /slǽnt スラント | slάːnt/ 動 自 傾斜する, 傾く.
— 他 …を傾斜させる, 傾かせる.
— 名 C ❶ 傾斜. ❷ (かたよった)観点, 見方.
▶ 動 自 The pole *slants* to the right. 柱は右に傾いている.
— 他 The table is *slanted*. テーブルが傾いている.

slant·ed /slǽntid スランティド | slάːntid/ 形 かたよっている; 偏見の.
▶ a *slanted* newspaper article かたよった新聞記事.

*****slap** /slǽp スラップ/ 名 (複 ~s /-s/) C 平手でピシャリとたたくこと.
— 動 (~s /-s/; slapped /-t/; slap·ping) 他 ❶ (平手で)…を ピシャリと打つ (☞ pat¹).
❷ …をポン[バタン]と置く.
— 副 《口語》まともに, まっすぐに.
▶ 名 I gave him a *slap* on the cheek. 私は彼のほおをピシャリとたたいた.
— 動 他 ❶ She *slapped* him on the cheek. 彼女は彼のほおをピシャリとたたいた.

slap ... on the back (ほめたり, 幸福を祈ったりして)(人)の背中をポンとたたく.

slap·dash /slǽpdǽʃ スラップダッシュ/ 形 でたらめの, いいかげんな.

slap·stick /slǽpstìk スラップスティック/ 名 U どたばた喜劇.

slash /slǽʃ スラッシュ/ 動 (~es /-iz/; ~ed /-t/; ~ing) 他 ❶ ⓐ …をサッと切る. ⓑ …に長い裂(き)けめをつける.
❷ (量・額など)を大幅に切り下げる.
— 名 (複 ~es /-iz/) C ❶ 切りつけること, 一撃. ❷ 深い切り傷.
▶ 動 他 ❶ ⓐ *slash* the curtain カーテンを切り裂く. ❷ *slash* expenses 出費を大幅に削減する.

slat /slǽt スラット/ 名 C (木・金属・プラスチックなどの)細長い薄板.

slate /sléit スレイト/ 名 ❶ ⓐ C スレート, 粘板岩のはぎ板《屋根をふくのに用いられる》. ⓑ U 粘板岩. ❷ C 石板《むかし小学校で **sláte pèncil** (石筆)で字を書いた板》.
— 動 他 《米》《be slated》予定である.

abcdefghijklmnopqr s tuvwxyz   sleep

▶動⊕ The election *is slated for* July 9. 選挙は7月9日に予定されている.

slaugh·ter /slɔ́ːtər スローター/ 名Ⓤ ❶畜殺, 屠畜(とちく). ❷(大規模な)虐殺(ぎゃくさつ).
— 動 (現分 -ter·ing /-tərɪŋ/) ⊕ ❶(動物)を畜殺する. ❷(大規模に)(人)を虐殺する.

slaugh·ter·house /slɔ́ːtərhàus スロータハウス/ 名 (複 -hous·es /-hàuzɪz/) Ⓒ 畜殺場, 屠畜(とちく)場.

*__slave__ /sléɪv スレイヴ/ 名 (複 ~s /-z/) Ⓒ
❶奴隷(どれい).
❷(欲望・習慣などの)とりこになった人.
— 動 (現分 slav·ing) ⊜ 奴隷のようにあくせく働く.

▶名 ❶ He was treated like a *slave*. 彼は奴隷のように扱われた. ❷ a *slave* of [to] drink 酒にとりつかれている人.

sláve làbor 名Ⓤ ❶奴隷労働. ❷安い賃金の重労働.

*__slav·er·y__ /sléɪvəri スレイヴァリ/ 名Ⓤ
❶奴隷制度. ❷奴隷の身分[状態].

sláve tràde 名Ⓤ奴隷売買.

slav·ish /sléɪvɪʃ スレイヴィシュ/ 形 奴隷のような; 卑屈な.

slay /sléɪ スレイ/ 動 (~s /-z/; slew /slúː/; slain /sléɪn/; ~·ing) ⊕ 《文語》…を殺す, 殺害する.

slea·zy /slíːzi スリーズィ/ 形 (slea·zi·er; -zi·est) 《口語》 (場所などが)いかがわしい, 低俗な.

sled /sléd スレッド/ 名Ⓒ (米) (そりすべり用の)小型そり (✿(英)では sledge; ☞ sleigh).
— 動 (~s /-z/; sled·ded /-ɪd/; sled·ding) (米) ⊜ そりに乗る, そりで行く.
— ⊕ (米) …をそりで運ぶ.

sledge /slédʒ スレッヂ/ 名Ⓒ ❶(米)荷物運送用の大型そり (☞sleigh). ❷(英) = sled.
— 動 (現分 sledg·ing) ⊜ (英) そりに乗る, そりで行く (sled). — ⊕ (英) …をそりで運ぶ (sled).
go sledging (英) そり遊びに行く.

sledge-ham·mer /slédʒhæmər スレヂハマ/ 名Ⓒ (両手で使うかじ屋の)大つち.

sleek /slíːk スリーク/ 形 ❶ (毛・頭髪・皮膚などが)なめらかな, つやのある.
❷ (自動車などが)かっこいい.

— 動 ⊕ …をなめらかにする, つやを出す.

*__sleep__ /slíːp スリープ/ 動 (~s /-s/; slept /slépt/; ~·ing) ⊜ ❶ⓐ **眠る**, 眠っている (✿sleepは「目を閉じて眠る」; 単に「ベッドに入る, 寝る」の意味では go to bed (☞ bed の成句) を用いる; 「目がさめる」は wake). ⓑ寝る, 泊まる.
❷《文語》眠ったような状態でいる, 活動していない, 非常に静かである.
❸永眠している, 葬られている.
❹《口語》(異性と)寝る.
— ⊕ ❶《*sleep a ... sleep*》…に眠る (✿…には形容詞がくる).
❷(ホテルなどが)…を泊めるだけの設備がある.
❸…を眠って過ごす.
— 名Ⓤ《しばしば a をつけて》**眠り**, 睡眠.

・・・・・・・・・・・・・・・・・・・・・・・・・・・・

動⊜ ❶ⓐ I didn't *sleep* well last night. 私は昨夜はよく眠れなかった.
ⓑ He *slept* at a hotel last night. 彼はゆうべはホテルに泊まった.
— ⊕ ❶ He *slept a* sound *sleep*. 彼は熟睡した.
❷ This hotel *sleeps* 200 guests. このホテルは200人の客を泊められる.

be slept in (ベッドが)人に寝られる: This bed *wasn't slept in* last night. このベッドには昨夜はだれも寝ていない.

sleep away ⊕ …を眠って過ごす: *sleep* the morning *away* 午前中眠って過ごす.

sleep in ⊜ ①(雇い人が)住みこむ (反 *sleep* out). ②朝遅くまで寝る (✿非難の意味合いはない).

sleep like a log [*top*] ぐっすり眠る.

sleep off ⊕ (頭痛など)を寝て直す.

sleep on ... (問題など)をすぐ決めないで一晩寝て考える, …の決定を翌日に延ばす.

sleep out ⊜ ①外泊する. ②戸外で寝る. ③(雇い人が)(住みこみでなく)通いである (反 *sleep* in).

sleep through ... …を知らない[気にしない]で眠る.

☞ 形 asleep.

— 名 I had only three hours'

slingshot

— 動(~s /-z/; slung /slʌ́ŋ/; ~·ing)
他 ❶ⓐ(つり綱や鎖などで)…をつる,つる
す. ⓑ(ハンモック・剣など)をつる,つり下げ
る.
❷(石など)をとばす.
▶名 ❶His arm is in a *sling*. 彼の腕
は包帯でつられている.

sling·shot /slíŋʃɑ̀t スリングシャット/ 名
Ⓒ《米》おもちゃのパチンコ(✿単に sling
または《英》では catapult).

slingshot

slink /slíŋk スリンク/ 動 (slinks; slunk; slink·ing)⾃ こそこそ歩く,こそこそ逃げ
る.

***slip**¹ /slíp スリップ/ 動 (~s /-s/; slipped /-t/; slip·ping)⾃ ❶ⓐ(バランスを失って)
すべる, つるっとすべる; すべってすべる
(☞slide の 類語). ⓑするりと動く.
❷こっそり(すばやく)動く.
❸(時間などが)いつの間にか過ぎる.
❹(記憶などから)消え去る.
❺うっかりまちがえる.
❻《slip into〔out of〕...》(衣類)をす
るりと着る〔脱ぐ〕.

— 他 ❶ⓐ…を**すべらせる**, すべりこ
ませる. ⓑ(指輪など)をそっとはめる〔はず
す〕.
❷《slip ... on〔off〕》(衣服など)をする
りと着る〔脱ぐ〕.
❸(ものごとが)(記憶など)から去る.

— 名(複 ~s /-s/)Ⓒ ❶**すべること**; す
べってころぶこと. ❷(ちょっとした)まちが
い, 失敗. ❸スリップ(婦人用はだ着).

動⾃ ❶ⓐHe *slipped* on the ice
and hurt his leg. 彼は氷の上ですべっ
て足を痛めた. ⓑThe eel *slipped* out
of my hand. ウナギは私の手からするっ
と逃げ出た.
❷*slip* into〔out of〕the room そっと
部屋へはいる〔を出る〕.
❺He often *slips* in his grammar.
彼はよく文法上の誤りをする.
❻*slip into* a T-shirt Tシャツをするり
と着る.

— 他 ❶ⓐHe *slipped* his hand
into his pocket. 彼は手をポケットに
そっと入れた. ⓑShe *slipped* the ring
onto〔《英》on to〕her finger. 彼女は
指輪を指にそっとはめた.
❷She *slipped* the sweater *on*
〔*off*〕.=She *slipped on*〔*off*〕the
sweater. 彼女はセーターをするりと着た
〔脱いだ〕.
❸The name *slipped* her mind
〔memory〕. 彼女はその名前を忘れてし
まった.

slip up ⾃ まちがえる, 失敗する.
☞形 slippery.

— 名 ❶have a *slip* すべってころぶ.
❷make a *slip* in spelling スペリング
をまちがえる / a *slip* of the tongue 言
いそこない.

give ... the slip (人)をまいて逃げる.

slip² /slíp スリップ/ 名Ⓒ ❶(紙・木などの)
細長い一片. ❷伝票,メモ用紙. ❸《園
芸》つぎ枝.
▶❶a *slip* of paper 細長い紙片.

slip·knot /slípnɑ̀t スリプナット/ 名Ⓒ引
き結び(片方を引けば解ける〔締まる〕結び
目).

slip-on /slípɑ̀n スリパン/ 形(洋服・手袋・
くつなど)スリッポン式の(ひもやボタンがなく
て簡単に身につけられる).

— 名(複 ~s /-z/)Ⓒ《ふつう複数形で》(ひ
ものない)スリッポン式のくつ.

slip-on   slippers

***slip·per** /slípər スリパ/ 名(複 ~s /-z/)
Ⓒ《ふつう複数形で》**室内ばき**, (室内用の)
軽い上ぐつ(✿日本語の「スリッパ」のように
かかとのないものは mule).
▶a pair of *slippers* 室内ばき1足.

slip·per·y /slípəri スリパリ/ 形 (-per·i-
er, more ~; -per·i·est, most ~) ❶つる
つるした, すべりやすい. ❷(ものが)すべす
べしてつかまえにくい. ❸(人が)当てにな

らない，ずるい．
▶❶ The roads were wet and *slippery*. 道はぬれていてすべりやすかった．
☞ 動 slip¹.

slip·shod /slípʃɑ̀d スリプシャッド/ 形 だらしない，いいかげんな．

slip-up /slípʌ̀p スリパップ/ 名 C 《口語》ちょっとしたまちがい．

slit /slít スリット/ 動 (~s /-ts/; slit; slitting) 他 ❶ …を切り開く．❷ …を細長く切る．
— 名 C ❶細長い切れ目，裂(き)け目，切りこみ．❷ (自動販売機・公衆電話などの) 料金投入口，郵便箱の投入口．
▶動 他 ❶ *slit* an envelope with a knife 封筒をナイフで切り開く．❷ *slit* cloth into strips 布を細(長)く切る．

slith·er /slíðər スリザ/ 動 ⾃ ずるずるすべる．

sliv·er /slívər スリヴァ/ 名 C (木などの) 細長い木切れ[切れはし]．

slob /sláb スラブ/ 名 C 《口語》だらしない男，きたならしいやつ．

slob·ber /slábər スラバ/ 動 ⾃ よだれを流す．

slog /slág スラッグ/ 動 (~s /-z/; slogged /-d/; slog·ging) 他 (ボクシング・クリケットなどで) …を強打する．
— ⾃ ❶強打する．❷せっせとやる．

slo·gan /slóugən スロウガン/ 名 C ❶スローガン，標語 (⇨ **watchword** ともいう)．❷宣伝文句．

slop /sláp スラップ | slɔ́p/ 名 ❶《複数形で》ⓐ (食べ残しなどの入っている) 台所の汚水．ⓑ (豚などのえさにする) 残飯．ⓒ (かゆなどの) 流動食．❷ Ⓤ 泥水，ぬかるみ．
— 動 (~s /-s/; slopped /-t/; slop·ping) 他 …をこぼす．
— ⾃ こぼれる．

***slope** /slóup スロウプ/ 名 (複 ~s /-s/) C
❶**坂**，斜面．
❷傾斜，勾配(こうばい)．
— 動 ⾃ **傾斜する**，坂になる．
— 他 …を傾斜させる，…に勾配をつける．
▶名 ❶ a steep [slight] *slope* 急な[ゆるやかな]坂 / go up [down] a *slope* 坂を上る[下る]．❷ at a *slope* of 1 in 5 5分の1の勾配で / the *slope* of a roof 屋根の勾配．

— 動 ⾃ The land *slopes* down towards the river. 土地は川に向かって傾斜している．

slop·ing /slóupiŋ スロウピング/ 形 傾斜した，斜めの，勾配のある．
▶*sloping* shoulders なで肩．

slop·pi·ly /slápili スラピリ/ 副 だらしなく，いいかげんに．

slop·py /slápi スラピ | slɔ́pi/ 形 (slop·pi·er; slop·pi·est) ❶ (食物などが) 水っぽい．❷ (道などが) どろどろの．❸ 《口語》(服装・仕事などが) だらしのない，いいかげんな．❹ びしょぬれの；泥んこの．❺ 《口語》感傷的な，めそめそした．

slosh /sláʃ スラッシュ/ 動 他 (水など) をバチャバチャさせる．— ⾃ (水の中などを) バチャバチャはね回る．

sloshed /sláʃt スラッシュト/ 形 《口語》酔っぱらった．

slot /slát スラット/ 名 C ❶細長い小さな穴．❷ (自動販売機などの) 料金入れの口，スロット．❸ 《口語》(組織・計画などの中での) 位置，地位．
— 動 (~s /-ts/; slot·ted /-id/; slot·ting) 他 ❶ …をはめこむ，入れる．❷ 《英》(予定・組織などに) …を入れる．

sloth /slɔ́:θ スロース/ 名 C [動物] ナマケモノ．

slót ma·chìne 名 C ❶《英》(切符・菓子・飲み物などの) 自動販売機 (⇨ **vending machine** ともいう)．❷《米》スロットマシーン (賭博(とばく)機械の一種; ❸《英》では **fruit machine**)．

slouch /sláutʃ スラウチ/ 名 (複 ~es /-iz/)
❶《単数形で》(疲れたように) 前かがみで歩く[立つ，すわる] こと．
❷ C 《口語》《否定文で》だめな人．
— 動 ⾃ (疲れたように) 前かがみで歩く[立つ，すわる]．
▶名 ❷ He is *no slouch* at golf. 彼はゴルフがなかなかうまい．

slov·en·ly /slávənli スラヴンリ/ 形
❶ (人・服装などが) だらしのない．
❷ (仕事などが) いいかげんな．

***slow** /slóu スロウ/ 形 (~·er; ~·est)
❶ⓐ (速度・動作などが) **遅い**，ゆっくりした，のろのろした (反 fast, quick, rapid, swift) (⇨「(時間に)遅れた」は late)．

slowdown

ⓑ《be slow to do または be slow doing》__するのが遅い.
❷ⓐ(もの覚え・理解などが)**遅い**, のろい.
ⓑ《be slow to ...》なかなか…の状態にはならない; 容易に…しない.
❸(時計などが)**遅れて(いる)**(反fast).
❹活気のない, 不活発な; 退屈な.

— 副 (~・er; ~・est)ゆっくり, 遅く, のろく(反quick).

— 動 (~s /-z/; ~ed /-d/; ~・ing)他 ❶(速度を)**遅くする**.
❷…の速度を落とす.
— 自 ❶**遅くなる**, 速度を落とす.
❷活気がなくなる.

・・・・・・・・・・・・・・・・・・・・・・・・・・・・・

形 ❶ⓐShe is a *slow* walker〔runner〕. 彼女は歩く〔走る〕のがのろい / a *slow* worker 仕事ののろい人 / a *slow* train 普通列車 / ことわざ *Slow* and [but] steady wins the race. ゆっくりでも着実なのが競争に勝つ,「急がば回れ」.
ⓑHe *is slow to* make [(in) making] decisions. 彼は決心するのが遅い.
❷ⓐa *slow* pupil 覚えの悪い生徒.
ⓑShe *is slow to* anger. 彼女はなかなかおこらない.
❸The clock was five minutes *slow*. その時計は5分遅れていた.
❹Business is *slow* these days. 近ごろは商売が活気がない.

— 副 Drive *slow*. ゆっくり運転しなさい / How *slow* he runs! 彼はなんと走るのが遅いのだろう / *Slow*, dangerous bend 《掲示》徐行. 急カーブ《道路の標識》.

|語法| 副詞の slow は感嘆文で How slow ... となって文の先頭にくる場合以外は動詞のうしろにおかれる. これに対して slowly は文の先頭, 動詞の前, 動詞のうしろのどの位置にもおくことができる.

go slow ①ゆっくり行く[進む]. ②(仕事などを)のんびりやる, 怠ける.

— 動 他 ❷Fog *slowed* the traffic. 霧のため交通の流れがのろくなった.

— 自 ❶*slow* down [up] and stop 速力を落として止まる. ❷Business *slows* down [up] in summer. 夏は不景気になる.

slow・down /slóudàun スロウダウン/ 名 ⓒ ❶ⓐ減速. ⓑ(景気などの)低迷.

❷《米》サボタージュ(✿《英》では go-slow).

*****slow・ly** /slóuli スロウリ/ 副
(more ~; most ~)**ゆっくりと**, **遅く**, のろく(反 fast, quickly, rapidly, swiftly).

・・・・・・・・・・・・・・・・・・・・・・・・・・・・・

Would you speak a little more *slowly*? もう少しゆっくり話していただけませんか.

slów mótion 名 ⓤ (映画・テレビなどの)スローモーション.
▶in *slow motion* スローモーションで.

sludge /slʌ́dʒ スラッヂ/ 名 ⓤ ❶ぬるぬるの泥, ぬかるみ. ❷(汚水や廃水の中の)沈殿物, へどろ.

slug¹ /slʌ́g スラッグ/ 名 ⓒ 〔動物〕ナメクジ.

slug² /slʌ́g スラッグ/ 名 ❶ⓒ《米口語》弾丸. ❷ⓒ《米口語》(自動販売機で不正に使われる)金属片.

slug³ /slʌ́g スラッグ/ 動 (slugs; slugged; slug・ging)他《口語》…を強打する, なぐりつける.

slug・ger /slʌ́gər スラガ/ 名 ⓒ《米》(野球・ボクシングなどの)強打者, スラッガー.

slug・gish /slʌ́giʃ スラギシュ/ 形 ❶のろのろした, 緩慢な; ゆるやかな. ❷不景気な.

slum /slʌ́m スラム/ 名 ⓒ《しばしば複数形で; the をつけて》スラム街, 貧民街.

slum・ber /slʌ́mbər スランバ/ 動 自《文語》(気持ちよく)眠る.
— 名 ⓤⓒ《文語》《ときどき複数形で》眠り, まどろみ; 休止(状態).

slump /slʌ́mp スランプ/ 動 自 ❶ⓐどすんと落ちる. ⓑばったり倒れる; ぐったりとすわる. ❷ⓐ(物価などが)暴落する. ⓑ(売り上げなどが)激減する. ⓒ(力・人気などが)急に落ちる.

— 名 ⓒ ❶ (物価の)暴落, 不況(反 boom). ❷《米》不調, 不振, スランプ.
▶名 ❷That pitcher is in a *slump*. その投手はスランプだ.

slung /slʌ́ŋ スラング/ 動 slingの過去形・過去分詞形.

slunk /slʌ́ŋk スランク/ 動 自 slinkの過去形・過去分詞形.

slur /slə́ːr スラー/ 動 (~s /-z/; slurred

/-d/; slur・ring /slə́:riŋ/) 他 ❶(酔っぱらったりして)…をわけのわからない言い方で言う. ❷…を不当に批判する. ❸〔音楽〕(音符)を続けて演奏する[歌う].
— 名 ❶《a をつけて》わけのわからないように言うこと. ❷不当な批判. ❸ⓒ〔音楽〕スラー(連結線).

slurp /slə́:rp スラープ/ 動 自 他 (口語)ズルズル[チューチュー]音を立てて飲む[食べる](◆日本人はそばなど音を立てて食べるのがふつうだが英米人には無作法で耐えがたい音である).

slush /slʌ́ʃ スラッシュ/ 名 Ⓤ ❶雪解け; ぬかるみ.
❷くだらない恋愛物.

slush・y /slʌ́ʃi スラシィ/ 形 (slush・i・er; slush・i・est) ❶雪解けの, ぬかるみの.
❷(口語)感傷的な.

sly /slái スライ/ 形 (sli・er, ~・er; sli・est, ~・est) ❶ずるい, 悪賢い; 陰険な. ❷(目つきなど)秘密を知っていると言いたげな.
❸いたずら気のある.
▶❶a *sly* plot 陰険な策略.
on the sly 《口語》こっそりと.

sly・ly /sláili スライリ/ 副 ❶ずるく, こっそりと. ❷ちゃめに, いたずらっぽく.

smack¹ /smǽk スマック/ 名 ❶ⓒほのかな味, 風味.
❷《a smack of …》…風(ふう)なところ, …を思わせるもの.
— 動 自 ⓐ […の]味がする, […の]風味がある〔of〕. ⓑ […を]思わせるところがある〔of〕.
▶名 ❶have a *smack* of lemon レモンの風味がする. ❷*a smack of* corruption 汚職のにおい.
— 動 自 ⓐ*smack of* garlic ニンニクの風味がある. ⓑ*smack of* deception ごまかしのにおいがする.

smack² /smǽk スマック/ 動 他 ❶(平手で)…をピシャリと打つ.
❷(おいしそうにまたは食べ[飲み]たそうに)(くちびる)をパッと鳴らす.
❸(人)にチュッと音をたててキスをする.
— 名 ⓒ ❶平手打ち; (むちなどの)ピシャリという音. ❷(おいしそうに)くちびるをパッと鳴らす音. ❸チュッというキス.
— 副 《口語》 ❶ピシャリと, 激しく.
❷まともに, もろに.
▶動 ❷He *smacked* his lips over the wine. 彼はワインを飲んでおいしそうにくちびるを鳴らした.
— 名 ❶with a *smack* ピシャリと.

small /smɔ́:l スモール/ 形 (~・er; ~・est) ❶**小さい**, 小型の (反 large, big) (✿small は little と違って「かわいらしい」などという感情的な意味は含まない; ☞ little¹ の 類語)
❷(数量が)**少ない**, わずかな.
❸重大でない, 大したことのない, ささいな.
❹ごくわずかな, ほとんどない.
— 副 (~・er; ~・est) ❶小さく; 細かく.
❷小声で. ❸つつましく, こぢんまりと.
— 名 《the をつけて》(体のウェストなど)細い部分.

....

形 ❶Tommy is *small* for his age. トミーは年の割りには小さい / The cap is a little too *small* for me. その帽子は私には少し小さい / a *small* car 小型の車 / a *small* playground せまい遊び場(✿small は「面積が小さい」という意味; narrow は「幅が狭い」) / a *small* business 小規模の商売.
❷a *small* number of people 少数の人々 / a *small* sum of money 小額の金 / a *small* income わずかの収入 / a *small* audience 少ない聴衆.
❸a *small* problem 大したことのない問題 / *small* errors 小さなあやまち.
❹There is *small* hope of success. 成功の望みはほとんどない / pay *small* attention ほとんど注意をしない.
feel small 自分はだめだと思う.
in a small way つつましく:live *in a small way* つつましく暮らす.
make … look small …に肩身の狭い[恥ずかしい]思いをさせる.
no small … 少なからぬ…, かなりの…: He has *no small* interest in it. 彼はそれに大いに興味をもっている.
small wonder 驚くほどのことではない, 当然:It is *small wonder* that he is respected. 彼は尊敬されているがそれも当然だ.
— 副 ❶write *small* 小さい字で書く.

smáll árms 名 複 携帯兵器《ピストル・小銃など》.

small change

smáll chánge 名Ⓤ ❶小銭(㍊) (✪単に change ともいう). ❷《口語》くだらない意見.

smáll hóurs 名《複》《the をつけて》深夜《12時を過ぎて 3，4 時ごろまでの時間；✪ 1 から 4 は小さな数であることから》.

smáll in·tés·tine 名《単数形で》小腸 (✪「大腸」は large intestine).

smáll létter 名Ⓒ小文字 (✪「大文字」は capital letter).

small·pox /smɔ́ːlpɑ̀ks スモールパックス/ 名Ⓤ〔医学〕天然痘，ほうそう.

small-scale /smɔ́ːl-skéil スモールスケイル/ 形 小規模の.

smáll tàlk 名Ⓤ世間話，おしゃべり.

small-time /smɔ́ːl-táim スモール・タイム/ 形 《口語》取るに足らない.

✲smart /smάːrt スマート/ 形 (~·er; ~·est)
❶ⓐ《おもに米》りこうな，頭のよい；抜け目のない. ⓑ (行為などが) 分別のある，気のきいた.
❷生意気な，こざかしい.
❸ (機械などが) よくできた，精巧な.
❹《英》ⓐ (身なりが) しゃれた，スマートな，格好のよい (✪「体つきがほっそりした」という日本語の「スマート」の意味は slim, slender などで表わす). ⓑ (ホテル・場所などが) しゃれた.
❺すばやく力強い.
— 動 ⓐ ❶痛む，うずく.
❷つらい思いをする，苦しむ，感情を害する.
— 名 Ⓒ 痛み，うずき.

────────────────

形 ❶ⓐ a *smart* student 頭のよい学生 / a *smart* idea 気のきいた思いつき.
ⓑ a *smart* question 気のきいた質問.
❷ He makes *smart* remarks from time to time. 彼はときどき生意気なことを言う.
❸ a *smart* robot 精巧なロボット.
❹ⓐ Tom looks very *smart* in his new school uniform. トムは新しい学校の制服を着てなかなかスマートだ. ⓑ a *smart* restaurant しゃれたレストラン.
❺ at a *smart* pace きびきびした足どりで.
— 動 ⓐ ❶ Her eyes *smarted* from the smoke. 彼女の目は煙で痛んだ.
❷ She is still *smarting* over [from] your unkind words. 彼女は君に冷たいことを言われていまだに悩んで [おこって] いる.

smárt càrd 名Ⓤスマートカード《集積回路を組みこんだプラスチックカード》.

smart·ly /smάːrtli スマートリ/ 副 ❶手早く，抜け目なく. ❷小ざっぱりと，小ぎれいに.

✲smash /smǽʃ スマッシュ/ 動 (~·es /-iz/; ~ed /-t/; ~·ing) ⓗ ❶…を**粉々にこわす**，粉砕(㋛)する.
❷…を**強く打つ**.
❸…をぶつける.
❹ⓐ (敵・希望など) を粉砕する.
ⓑ (記録など) を破る. ⓒ …を破産させる.
❺ (テニス・バドミントンなどで) (ボール) をスマッシュする.
— ⓐ ❶粉々にこわれる. ❷激突する.
❸ (テニス・バドミントンなどで) スマッシュする.
— 名 (《複》 ~·es /-iz/) Ⓒ ❶ⓐ 粉々にこわれる [こわす] こと.
ⓑ 粉々にこわれる音.
❷激突，衝突事故.
❸強打；(テニス・バドミントンなどの) スマッシュ.
❹《口語》大成功，(映画などの) 大当たり，大ヒット (✪ **smásh hít** ともいう).
— 副 ❶がしゃんと. ❷まともに.
▶動 ⓗ ❶ He *smashed* the window with a stone. 彼は石で窓ガラスを粉々にこわした. ❷ He *smashed* the man in the face. 彼はその男の顔をなぐった.
— ⓐ ❶ *smash* into pieces 粉々になる. ❷ *smash* into the guardrail ガードレールに激突する.
— 名 ❶ⓑ hear the *smash* of breaking glass ガラスの割れる音を聞く. ❷ a railroad *smash* 列車の衝突.
go to smash 《英》①砕(㋓)ける，めちゃめちゃになる. ②破産する.

smash·ing /smǽʃiŋ スマシング/ 形 《英口語》すばらしい.

smear /smíər スミア/ 動 ⓗ ❶…をよごす，不鮮明にする. ❷…を塗りつける，なすりつける. ❸ (名誉など) を傷つける.
— ⓐ よごれる.
— 名Ⓒ ❶よごれ，しみ. ❷悪口，中傷.
▶動 ⓗ ❷ *smear* butter *on one's* bread＝*smear one's* bread *with*

butter パンにバターをつける.

*smell /smél スメル/ 名(複 ~s /-z/)
❶ⓊⒸⓐにおい, かおり.
ⓑいやなにおい.
❷Ⓤ嗅覚(きゅうかく).
❸《単数形で》においをかぐこと.
— 動(~s /-z/; ~ed /-d/, smelt /smélt/; ~·ing) 他 ❶…のにおいをかぐ.
❷ⓐ…のにおいを感じとる. ⓑ(危険など)をなんとなく感じる. ⓒ《smell ... doing》…が__しているにおいがする.
— 自 ❶ⓐにおう. ⓑ臭(くさ)い, いやなにおいがする. ⓒ《smell ...》…のにおいがする(❀…には形容詞がくる). ⓓ《smell of ...》…のにおいがする.
❷《smell at ...》…のにおいをかぐ.
❸においをかぐ能力がある.

名 ❶ⓐ The room had a pleasing *smell*. その部屋はよいにおいがした.

類語 **smell** は「におい」を表わす最も一般的な語; **odor** は「快いまたは不快なほど強いにおい」, **scent** は「かすかなにおい」, **fragrance** は「花や香水などの快いかおり」.

ⓑ What a *smell*! なんていやなにおいなんだ.
❷ He has a keen sense of *smell*. 彼は嗅覚が鋭い.
❸ have *a smell* of a flower 花のにおいをかぐ.
— 動 他 ❶ Dogs *smell* their food before they eat it. 犬は食べ物を食べる前ににおいをかぐ. ❷ⓐ *smell* gas ガスのにおいがする. ⓑ *smell* danger 危険なことがありそうな感じがする. ⓒ Don't you *smell* something *burning*? なにかこげているにおいがしませんか.
— 自 ❶ⓐ It *smells* like whiskey. それはウイスキーのようなにおいがする / This flower doesn't *smell*. この花はにおいがしない. ⓑ His breath *smells*. 彼の息は臭い. ⓒ Lilies *smell* sweet. ユリはいいにおいがする. ⓓ This room *smells of* tobacco. この部屋はたばこ臭い. ❷ She *smelled at* the liquid. 彼女はその液体のにおいをかいだ.
smell a rat 変だと気づく.
smell out 他 …をかぎ出す, 探り出す:

smell out the secret 秘密をかぎ出す.
smell·y /sméli スメリ/ 形 (smell·i·er; smell·i·est) いやなにおいのする.

*smelt /smélt スメルト/ 動 smell の過去形・過去分詞形.

***smile /smáil スマイル/ 動 (~s /-z/; smiled /-d/; smil·ing) 自
ほほえむ, 微笑する, にっこり笑う (☞ laugh の 類語).
— 他 ❶ …をにっこりして示す.
❷《smile a ... smile》…なほほえみをする(❀…には形容詞がくる).
— 名 (複 ~s /-z/) Ⓒ **ほほえみ**, えがお.

動 自 *smile* sweetly にこやかに笑う.
— 他 ❶ He *smiled* his consent. 彼はにっこりして同意した. ❷ *smile a* hearty *smile* 心からほほえむ.
smile at ... ①…にほほえみかける: She *smiled at* me. 彼女は私にほほえみかけた. ②…を見て[聞いて]にっこり[にやっと]する: *smile at* a story 話を聞いてにっこり笑う.
— 名 He had an ironical *smile* on his face. 彼は皮肉な微笑を顔に浮かべていた / with a *smile* ほほえんで.
be all smiles 大変楽しそうににこにこする: She *was all smiles*. 彼女はにこにこ顔だった.

smirk /smə́:rk スマーク/ 動 自 (優越感などで)にやにや笑う.

smock /smák スマック/ 名Ⓒ (子ども・婦人・画家などの)スモック, 上っ張り, 仕事着.

smog /smág スマッグ | smɔ́g/ 名Ⓤ スモッグ (《大都会や工業都市の上空の煙の混じった霧; ❀ *smoke* (煤煙)と *fog* (霧)の混成語). ▶ photochemical *smog* 光化学スモッグ.

smog·gy /smági スマギ | smɔ́gi/ 形 (smog·gi·er; smog·gi·est) スモッグの(多い).

***smoke /smóuk スモウク/ 名 (複 ~s /-s/) ❶Ⓤ 煙.
❷Ⓤ 煙のようなもの (霧・しぶき・土ぼこりなど).
❸ⓐ《単数形で》喫煙, たばこの一服.
ⓑⒸ (口語) 紙巻たばこ, 葉巻.

smoked

— 動 (~s /-s/; smoked /-t/; smoking) 自 ❶ **たばこを吸う**.
❷煙を出す, けむる, いぶる.
— 他 ❶ (たばこ)を**吸う**.
❷ⓐ…をけむらす, いぶす.
ⓑ…を煙ですすけさせる.
❸…を燻製(くんせい)にする.

━━━━━━━━━━━━━━━
名 ❶ a column of *smoke* (まっすぐに立ち上る) ひとすじの煙 / give out *smoke* 煙を出す / [ことわざ] There is no *smoke* without fire. = Where there is *smoke*, there is fire. 火のない所に煙は立たない(全然事実がなければうわさも立たない).
❷ the *smoke* of a waterfall 滝のしぶき.
❸ⓐ have *a smoke* たばこを一服吸う.
go up in smoke (計画・願いなどが)実現しない, だめになる.

☞形 smoky.

— 動 自 ❶ My father doesn't *smoke*. 父はたばこを吸わない.

— 他 ❶ *smoke* a cigarette たばこを吸う.

smoke out 他 ① (穴などから)…を煙で追い出す. ②…をさがし出す.

smoked /smóukt スモウクト/ 形 ❶ 燻製(くんせい)にした. ❷ 煙などですすけさせた.
▶ ❶ *smoked* salmon スモークサーモン, さけの燻製.

smok·er /smóukər スモウカ/ 名 C
❶ たばこを吸う人 (反 nonsmoker).
❷ (列車内の)喫煙車, 喫煙室.

smoke·stack /smóukstæk スモウクスタック/ 名 C (工場・船・機関車などの)煙突 (✿単に stack ともいう).

*__smok·ing__ /smóukiŋ スモウキング/ 名
❶ Ⓤ **喫煙**(きつえん), たばこを吸うこと.
❷ 《形容詞的に》喫煙のための.
▶ ❶ No *smoking* 《掲示》禁煙.
❷ Where is the *smoking* area? 喫煙席[場所]はどこですか.

smok·y /smóuki スモウキ/ 形 (smok·i·er; smok·i·est) ❶ いぶる, けむる. ❷ 煙でいっぱいの. ❸ 煙のような; こげ臭(くさ)い; (色が)くすんだ.

☞名 smoke.

smol·der /smóuldər スモウルダ/ 動 自
❶ いぶる, くすぶる.

❷ (感情などが) (心の中に)くすぶる.

*__smooth__ /smúːð スムーズ/ 《★発音注意》 形 (~·er; ~·est) ❶ⓐ (表面などの)**なめらかな**, すべすべした (反 coarse).
ⓑ 平らな, でこぼこのない (反 rough).
ⓒ (海などが)波のない.
❷ (ことば・文体などが)なめらかな, すらすらした; (人・態度などが)感じのよい, 穏(おだ)やかな; 人をそらさない, おせじのよい.
❸ (動作・運動などが)なめらかな, 揺れがない, 調子がよい.
❹ (物事が)困難のない, 順調な.
— 動 (~s /-z/; ~ed /-d/; ~·ing) 他
❶ⓐ …を**なめらかにする**, 平らにする, …のしわを伸ばす.
ⓑ (髪など)をなでつける.
❷ (困難・障害など)を取り除く.
❸ (感情など)を静める; …をなだめる.
— 自 ❶ なめらかになる.
❷ 穏(おだ)やかになる.
— 副 (~·er; ~·est) なめらかに, すらすらと.

━━━━━━━━━━━━━━━
形 ❶ⓐ a *smooth* touch なめらかな手ざわり / *smooth* skin なめらかな肌(はだ).
ⓑ a *smooth* road 平坦(へいたん)な道路.
ⓒ The sea was as *smooth* as glass. 海は鏡のように静かだった.
❷ *smooth* speech なめらかな弁舌 / a *smooth* manner 人あたりのよい態度.
❸ a *smooth* flight 揺れない快適な飛行.

— 動 他 ❶ⓐ *smooth* a tennis court with a roller ローラーでテニスコートを平らにする / *smooth* (out) the skirt with an iron アイロンでスカートのしわを伸ばす.

smooth away 他 (困難・しわなど)を取り除く.

smooth over 他 (困難・問題など)を大した事でないように見せる.

smooth·ie /smúːði スムーズィ/ 名 C スムージー《バナナなどをミルク[ヨーグルト]などとまぜた飲み物》.

smooth·ly /smúːðli スムーズリ/ 副 ❶ なめらかに, すらすらと. ❷ 流暢(りゅうちょう)に, 口先うまく. ❸ 穏(おだ)やかに.

smooth·ness /smúːðnəs スムーズネス/ 名 Ⓤ ❶ なめらかさ, すらすらいくこと.
❷ 人あたりのよいこと; 口先のうまいこと

abcdefghijklmnopqr**s**tuvwxyz　　　　　　　　　　　　　　　　　**snap**

と. ❸穏(おだ)やかさ.

smor·gas·bord /smɔ́ːrɡəsbɔ̀ːrd スモーガスボード/ 名 U.C バイキング料理《セルフサービス式料理; ❖英語ではバイキング(Viking)とはいわない》.

smoth·er /smʌ́ðər スマザ/《★発音注意》動 他 ❶ …を窒息(ちっそく)させる. ❷(火)を(物でおおって)消す. ❸(あくびなど)をかみ殺す;(感情)を抑える.
❹…をすっかりおおう, 包む.
▶❶be *smothered* to death 窒息死する.

smoul·der /smóuldər スモウルダ/ 動《英》= smolder.

smudge /smʌ́dʒ スマッヂ/ 名 C (紙・顔などの)よごれ, しみ.
── 動 (現分 smudg·ing) 他 …にしみをつける.

smug /smʌ́ɡ スマッグ/ 形 (smug·ger; smug·gest) ひとりよがりの, うぬぼれた.

smug·gle /smʌ́ɡl スマグル/ 動 (現分 smug·gling) 他 …を密輸する.
▶*smuggle* heroin *into* Japan ヘロインを日本へ密輸入する.

smug·gler /smʌ́ɡlər スマグラ/ 名 C 密輸業者.

smug·ly /smʌ́ɡli スマグリ/ 副 自己満足して.

smut /smʌ́t スマット/ 名 ❶ U.C (すす・石炭などの)一片, かけら. ❷ U.C (すすなどによる)よごれ, しみ. ❸ U 猥談(わいだん), みだらな絵.

smut·ty /smʌ́ti スマティ/ 形 (smut·ti·er; smut·ti·est) ❶黒くなった. ❷わいせつな. ❸下品な.

snack /snǽk スナック/ 名 C (正規の食事以外の)軽食.
▶eat [have] a *snack* 軽い食事をとる.

snáck bàr 名 C 軽食堂, スナック《サンドイッチ・ホットドッグ・飲み物などを出す; アルコール類は出さない》.

snag /snǽɡ スナッグ/ 名 C 思いがけない障害.
── 動 (snags; snagged; snag·ging) 他 …を引っかける.
── 自 (服などが)引っかかる.

snail /snéil スネイル/ 名 C ❶〖動物〗カタツムリ. ❷のろま(な人).

snáil màil 名 U《こっけいに》かたつむり郵便《Eメールに対して, ふつうの郵便》.

***snake** /snéik スネイク/ 名 (複 ~s /-s/) C
❶〖動物〗ヘビ《❖serpent よりも snake が一般的》.
❷(ヘビのように)陰険な人.
── 動 自《文語》(川・道・列車などが)(ヘビのように)くねくねと動く.

***snap** /snǽp スナップ/ 動 (~s /-s/; snapped /-t/; snap·ping) 自 ❶ **ポキッ[パチン]と折れる**, プツッと切れる.
❷ **ポキッ[パチン, プツッ, カチン]と音をたてる**; パチン[ピシャリ]と閉まる.
❸〔…に〕パクッとかみつく, 〔…に〕とびつく〔at〕.
❹〔人に〕がみがみいう〔at〕.
── 他 ❶ …をポキッ[パチン]と折る, プツッと切る.
❷ …をポキッ[パチン, プツッ, カチン]とならす.
❸ …にパクッとかみつく.
❹ かみつくように[鋭く]…を言う.
❺〖写真〗…のスナップをとる.
── 名 (複 ~s /-s/) ❶ C **ポキッ[パチン, プツン]という音**.
❷ C かみつく[とびつく, 引ったくる]こと.
❸ C 〖写真〗スナップ《❖snapshot ともいう》.
❹ C (パチンと締まる)止め金, スナップ.
❺ U 《口語》元気, きびきびしたところ.
── 形 急だ, あわててした.
▶動 自 ❶The stick *snapped* into two. 棒はポキンとふたつに折れた.
❷The twigs *snapped* as they burned. 小枝は燃えるときパチパチ音をたてた / The box *snapped* open〔shut〕. 箱がパチンと開いた〔閉じた〕.
❸The dog *snapped at* my hand. 犬は私の手にかみついた.
❹She is always *snapping at* her children. 彼女はいつも子どもたちにがみがみ言っている.
── 他 ❶ *snap* a stick 棒をポキッと折る / *snap* a thread 糸をプツッと切る.
❷*snap* one's fingers 指をパチンとならす / *snap* a whip むちをパチンとならす / *snap* a box open〔shut〕箱をパチンと開ける〔閉める〕.
❸The dog *snapped* her right leg. その犬は彼女の右足にかみついた.
❹ "Silence!" *snapped* the teacher.

snappy

先生は「静かに」と鋭く言った.
❺ *snap* the baby 赤ん坊のスナップをとる.

snap back 🈩 はね返る；すぐにもとの状態にもどる.

snap one's fingers ①（指をパチンと鳴らして）人［ボーイ（など）］の注意を引く. ②［…を］軽蔑(ﾍﾞつ)する, 無視する［*at*］.

snap off 🈩 （枝などが）ポキッと折れる.
— 🈪 ①（枝など）をポキッと折る. ②…を食いちぎる. ③…をパチッと消す.

snap out of it 《口語》（悪い状態から）さっと抜け出る, 元気を出す.

snap up 🈪 …を急いで買う, 受け取る.

— 名 ❶ The twig broke with a *snap*. その枝はポキッと折れた.
❷ The dog made a *snap* at the meat. 犬は肉にパクッとくいついた.
❹ do up [undo] the *snaps* スナップを留める［はずす］.
❺ with *snap* きびきびと.
☞ 形 snappy.

snap・py /snǽpi スナピ/ 形 (-pi・er; -pi・est) ❶きびきびした, 活気のある.
❷しゃれた, スマートな.
Make it snappy! =《英》***Look snappy!*** 《口語》（話などを）てきぱきとしろ；急げ.
☞ 名 snap.

snap・shot /snǽpʃɑt スナプシャト/ 名 © スナップ写真 (🖒 単に snap ともいう).
▶ take a *snapshot* of a girl 女の子のスナップ写真をとる.

snare /snéər スネア/ 名 © ❶ わな《鳥や動物をつかまえるためのふつう輪なわで作ったもの》. ❷誘惑.
— 動（現分 snar・ing /snéəriŋ/）🈪
❶ …をわなで捕える. ❷（人）をわなにかける.

snarl¹ /snάːrl スナール/ 動 🈩 ❶（動物が）（歯をむき出して）うなる（☞ roar）.
❷がみがみ言う, とげとげしく言う.
— 名 © （動物の）うなり.

snarl² /snάːrl スナール/ 名 © （髪の毛などの）もつれ.

snatch /snǽtʃ スナッチ/ 動 (~・es /-iz/; ~ed /-t/; ~・ing) 🈪 ❶ …をひったくる.
❷ⓐ（機会など）をすばやくつかむ.
ⓑ（食事など）を急いで取る.
❸（勝利など）をかろうじて得る.

— 🈩 ❶［…を］ひったくろうとする［*at*］.
❷［機会などに］とびつく［*at*］.
— 名 (複 ~・es /-iz/) © ❶ ひったくり, ひっつかむこと, とびつくこと.
❷《ふつう複数形で》小量, 断片.
❸《ふつう複数形で》（仕事・睡眠などの）短い時間, いっとき.

- - - - - - - - - - - - - - - - - - - -

動 🈪 ❶ The thief *snatched* the money on the counter. 泥棒はカウンターの上のお金をひったくった.
❷ⓐ *snatch* a kiss 不意にキスをする.
ⓑ *snatch* a hurried meal 急いで食事を取る.
— 名 ❶ The children made a *snatch* at the candy. その子どもたちはキャンデーをひっつかもうとした.
❷ short *snatches* of a song とぎれとぎれの歌.

in [by] snatches （思い出したように）とぎれとぎれに：work *in snatches* 休み休み仕事をする.

sneak /sníːk スニーク/ 動 🈩 こそこそ動く.
— 🈪 ❶ …をこっそり動かす.
❷《口語》…をこそどろする.
— 名 © こそこそやる人［こと］, 卑劣な人.
▶ 動 🈩 *sneak* away こっそり立ち去る / *sneak* in [out] こっそり入る［出る］.

sneak a look at ... …をちらっと盗み見する.

sneak・er /sníːkər スニーカ/ 名 © 《ふつう複数形で》《米口語》スニーカー《ゴム底運動ぐつ；🖒《英》では plimsoll》.

sneak・ing /sníːkiŋ スニーキング/ 形（気持ちなどが）口には出さない, ひそかな.

sneak・y /sníːki スニーキ/ 形 (sneak・i・er; sneak・i・est)《口語》こそこそした, 卑劣な.

sneer /sníər スニア/ 動 🈩 ［…を］あざ笑う, 軽蔑(ﾍﾞつ)する［*at*］.
— 名 © 冷笑, あざ笑い.
▶ 動 🈩 They *sneered at* him [his idea]. 彼らは彼［彼の考え］をあざ笑った.

sneeze /sníːz スニーズ/ 動 (sneez・es /-iz/; sneezed /-d/; sneez・ing) 🈩 くしゃみをする.
— 名 © くしゃみ（の音）.
▶ 名 give a *sneeze* くしゃみをする.

abcdefghijklmnopqrs tuvwxyz　　　　　　　　　　　　　　　　　　　**snorkel**

INFO (1) くしゃみをした人にその場にいあわせた人が即座に "God bless you!" (おだいじに, 神のお加護を) といい, 言われた人は "Thank you." (ありがとう) と言ってそれに答える. (2) くしゃみの「ハクション」は atchoo, 《米》ahchoo, 《英》atishoo /ɑ:tʃú:/ という.

「ハクション」「おだいじに」

snick·er /sníkər スニカ/ 動圓《米》くすくす笑う.
　　— 名C くすくす笑い.

snide /snáid スナイド/ 形 (意見などが) 意地の悪い, いやみな.

sniff /sníf スニフ/ 動圓 ❶鼻をクンクン鳴らす, クンクンとか, クンクンとにおいをかぐ.
❷ 〔…を〕鼻であしらう, ばかにする〔at〕.
❸鼻をすする.
　　— 他 ❶ …を鼻で吸いこむ.
❷ …のにおいをクンクンかぐ.
❸ …をかぎつける.
❹ …と鼻であしらって言う.
　　— 名 (複 ~s /-s/) C ❶ クンクンかぐこと[音]. ❷ 鼻をすすること[音]. ❸ (鼻での) ひと吸い.
▶ 動圓 ❶ She *sniffed at* the flower. 彼女はその花のにおいをかいでみた. ❷ He *sniffed at* my idea. 彼は私の考えを鼻であしらった.
　　— 他 ❸ *sniff* danger 危険をかぎつける[感じとる].
　　— 名 ❸ get a *sniff* of fresh air 新鮮な空気を(鼻から)吸いこむ.

snif·fle /snífl スニフル/ 動 (現分 sniffling) 圓 (かぜのときや泣きじゃくるとき) (続けて)鼻をすする.
　　— 名C ❶鼻をすすること[音].
❷ 《the sniffles で》 《口語》鼻かぜ.

snig·ger /snígər スニガ/ 動名C《英》= snicker.

snip /sníp スニップ/ 動 (~s /-s/; snipped /-t/; snip·ping) 圓他 …をチョキンとはさみで切る.
　　— 名C ❶チョキンと切ること[音].
❷ (切り取った)小片.
❸《単数形で》《英口語》買い得品.

snipe /snáip スナイプ/ 動 (現分 snip·ing) 圓 〔…を〕 (遠く隠れたところから) 狙撃(ﾃﾞｷﾞ)する〔at〕.

snip·er /snáipər スナイパ/ 名C 狙撃(ﾃﾞｷﾞ)兵.

snip·pet /snípit スニピト/ 名C 切れ端, 断片.

sniv·el /snívəl スニヴェル/ 動 (~s /-z/; ~ed, 《英》 sniv·elled /-d/; ~·ing, 《英》 sniv·el·ling) 圓 ❶ すすり泣く. ❷ 泣き言をいう.

snob /snáb スナブ/ 名C ❶紳士気どりの俗物, 俗物紳士《人を真価で評価しないで身分の高い人を尊敬し身分の低い人を軽蔑(ｹｲﾍﾞﾂ)する人》.
❷自分の知識を鼻にかける人.
▶ ❷ a musical *snob* 音楽を知ったかぶりする人.

snob·ber·y /snábəri スナバリ/ 名 (複 -ber·ies /-z/) ❶Ⓤ俗物根性《身分・階級ばかりを重要視する態度》. ❷C俗物的言動.

snob·bish /snábiʃ スナビシュ/ 形自分のことを鼻にかける, 俗物の, 上にへつらい下にいばる.

snook·er /snúkər スヌカ/ 名Ⓤスヌーカー《玉突きの一種: 15個の赤玉と6個の色違いの玉を使う》.

snoop /snú:p スヌープ/ 動圓《口語》うろうろのぞきまわる.

snoot·y /snú:ti スヌーティ/ 形 (snoot·i·er; -i·est)《口語》横柄な, 人を見下した.

snooze /snú:z スヌーズ/《口語》動圓 (昼間)居眠りする.
　　— 名C《単数形で》うたた寝, 居眠り.

snore /snɔ́:r スノー/ 名Cいびき.
　　— 動 (現分 snor·ing /snɔ́:riŋ/) 圓いびきをかく.

snor·kel /snɔ́:rkəl スノーケル/ 名C
❶シュノーケル《潜水艦用の2本のパイプによる換気装置》.
❷シュノーケル《潜水して泳ぐ人が口にくわ

one thousand two hundred and fifty-three　　　　　　　　　　　　　　　　　　　1253

snorkeling

snorkel

snor·kel·ing /snɔ́ːrkəliŋ スノーケリング/ 名U シュノーケル潜水.
snort /snɔ́ːrt スノート/ 動自 ❶(馬などが)鼻を鳴らして荒い息をする. ❷(不賛成・不愉快な気持ちなどを表わして)鼻を鳴らす.
— 他 ❶(不賛成・不愉快な気持ちなど)を鼻を鳴らして表わす. ❷《俗語》(麻薬)を吸う.
— 名C 荒い鼻息.
snot /snάt スナト/ 名 ❶U(口語)鼻水. ❷C(口語)なまいきなやつ.
snout /snáut スナウト/ 名C(ブタなどの)鼻.

***snow** /snóu スノウ/ 名 (複 ~s /-z/) ❶U雪. ❷C降雪.
— 動 (~s /-z/; ~ed /-d/; ~ing)自
❶《it を主語にして》**雪が降る**.
❷雪のように降る, どっと来る.
— 他 《ふつう受身形で》雪で覆(おお)う, 雪で閉じこめる.

名 ❶ We have had little *snow* this year. ことしはほとんど雪が降らなかった.
❷ There was a heavy *snow* last night. 昨晩は大雪が降った.
(*as*) white as snow 雪のように白い.
☞ 形 snowy.
— 動自 ❶*It* is *snowing* hard. ひどく雪が降っている.
be snowed in [up] 雪で閉じこめられる:We *were snowed in [up]* for a week. わたしたちは1週間雪に閉じこめられた.
be snowed under ①雪でうずめられる. ②〔たくさんの仕事などで〕どうにもならなくなる〔*with*〕.
snow·ball /snóubɔ̀ːl スノウボール/ 名C 雪の玉.
— 動自 (雪の玉を転がすように)どんどん大きくなる.

▶名 have a *snowball* fight 雪合戦をする.
snow·board /snóubɔ̀ːrd スノウボード/ 名C スノーボード《幅の広いスキー状の板》.
snow·board·ing /snóubɔ̀ːrdiŋ スノウボーディング/ 名U スノーボード《スポーツ》.
snow·bound /snóubáund スノウバウンド/ 形 雪に閉じこめられた.
snow·drift /snóudrìft スノウドリフト/ 名C(風で運ばれてできた深い)雪の吹きだまり.
snow·drop /snóudràp スノウドラップ/ 名C〔植物〕スノードロップ《早春に白い花をつける球根植物》.
snow·fall /snóufɔ̀ːl スノウフォール/ 名 ❶C降雪. ❷《単数形で》降雪量.
▶ ❶ the first *snowfall* 初雪. ❷ the average annual *snowfall* 年間平均降雪量.
snow·flake /snóuflèik スノウフレイク/ 名C 雪片.
snow·man /snóumæ̀n スノウマン/ 名 (複 snow·men /-mèn/)C 雪だるま.
INFO 英米では「雪人形」といったほうがよく, 帽子をかぶせたり, えり巻きをさせたりし, 目鼻は木片や小石を使ったりする.
snow·mo·bile /snóumoubìːl スノウモウビール/ 名C スノーモービル《雪の多い地域でオートバイがわりとして使われる小型の雪上車など》.
snow·plow, (英)**snow·plough** /snóuplàu スノウプラウ/ 名C ❶雪かき用の道具. ❷除雪車.

snowplow ❷

snow·shoe /snóuʃùː スノウシュー/ 名C 《ふつう複数形で》雪ぐつ, かんじき.
snow·storm /snóustɔ̀ːrm スノウストーム/ 名C ふぶき.
snow·white /snóu-hwáit スノウ·(ホ)ワイト/ 形 雪のように白い, 純白の.
***snow·y** /snóui スノウイ/ 形 (snow·i·er

abcdefghijklmnopqrstuvwxyz　　　　　　　　　　　　　　　　　　　　**so**

snow·i·est ❶雪の降る；雪の多い．
❷雪の積もった．
▶❶a *snowy* day 雪の降る日．
❷*snowy* mountains 雪におおわれた山々．

☞ 图snow．

snub /snʌ́b スナッブ/ 動 (~s /-z/; snubbed /-d/; snub·bing) 他 (目下の者など)を鼻であしらう，無視する，侮辱(ぶじょく)する．
— 名 C 鼻であしらうこと，侮辱．
— 形 (鼻が)低くて先が上を向いた．

snuff /snʌ́f スナッフ/ 動 他 (ろうそく)を消す．
— 名 U 嗅(か)ぎたばこ (鼻孔にすりつけて香気を味わう粉たばこ)．
▶動 ***snuff out*** 他 ①(ろうそく)を消す．②(反乱・希望など)を終わらせる．

snuf·fle /snʌ́fl スナフル/ 動名＝**snif·fle**．

snug /snʌ́g スナッグ/ 形 (snug·ger; snug·gest)
❶ (暖かくて)居心地のよい；気持ちのよい．
❷こぢんまりとした，こぎれいな．
❸ (衣服などが)ぴったり合う；きつい．
▶❶a *snug* chair すわり心地のよいす．❷a *snug* little shop こぢんまりした店．

snug·gle /snʌ́gl スナグル/ 動 (現分 snug·gling) 自 (暖かさ・愛情などを求めて)すり寄る．

snug·ly /snʌ́gli スナグリ/ 副 居心地よく，気持ちよく．

＊＊so¹ /sóu ソウ/ 副
❶《前に出た語句や前に述べられた事柄または文脈上自明の事柄を受けて》 ⓐ《**say**，**speak**，**tell**，**think**，**hope** などのうしろで肯定の that 節の代わりに》**そのように**，そう，そのとおり．
ⓑ《*do* にともなって》**そう** (する)．
ⓒ《補語のように用いて》そうで，そのようで．
❷**それほど**，そんなに，とても．
❸ (口語) 非常に，とても (◎ この so は強く発音し，女性が好んで用いる)．
❹《肯定文のうしろで，その内容を受けて》
ⓐ《*so do* [be 動詞，助動詞] ...》…もまた＿だ，…もまた＿する．
ⓑ《*so ... do* [be 動詞，助動詞]》…はそのとおり．
❺《動詞を修飾して》このように[とおり]に，そのよう[とおり]に．
❻《接続詞として》それで，だから．
❼《目的》(口語)…するように．

❶ⓐ 対話 "Will it be fine tomorrow?"–"I *hope so*." (＝I hope that it will be fine tomorrow.) 「あすはお天気になるだろうか」「そうなるといいね」(◎ 「そうではなさそうだ」は I'm afraid not. という)．
ⓑ I asked him to reserve a room before my departure, but he didn't *do so*. 出発前に部屋を予約するように彼に頼んだのに，彼はそうしなかった．
ⓒ You won't believe it, but it is *so*. あなたはそれを信じないだろうが，それは真実なのだ．
❷ Don't talk *so* fast. そんなに速く話さないでくれ．
❸ It is *so* hot today. きょうはとても暑いわ．
❹ⓐ Tom is a college student, and *so am* I. ＝I am a college student, too. トムは大学生ですが，私もそうです／Nancy can play the violin, and *so can* I. ナンシーはバイオリンがひけますが，私もひけます．
ⓑ You said Helen was a good swimmer, and *so she is*. 君はヘレンは水泳が上手だといったがまさにそのとおりだ／対話 "They work hard."–"*So they do*."「彼らはよくやるね」「まったくだ」．
❺ You should not behave *so*. そんなふうにふるまうものではありません．
❻ She was there, *so* she saw him. 彼女はそこにいた，だから彼を見た[に会った]．
❼ Speak a little louder *so* we can hear you. 聞こえるようにもう少し大きい声で話してください ((☞成句 *so* (that)＿))．
and so だから，従って：I was sick, *and so* I didn't come. 私は気分が悪く，それで来なかったのです．
and so on [***forth***] など：They sell apples, oranges, bananas *and so on*. 彼らはリンゴ，オレンジ，バナナなどを売ります．

1255
one thousand two hundred and fifty-five

even so ☞ **even** 副.
not so much as *do* ☞ **much**.
not so much ... as ~ ☞ **much**.
so ... as ~ ～と同じくらい…な：Do you know any girl *so* charming *as* Kathy? キャシーぐらいチャーミングな女の子を知っていますか.
so as to *do* ＿するために［ように］：I opened all the windows *so as to* let in fresh air. 私は新鮮な空気を入れるために窓を全部開けた／We hurried *so as* not *to* be late. われわれは遅れないように急いだ.
so ... as to *do* ＿するほど…，非常に…なので＿する：She was *so* happy *as to* be almost in ecstasy. 彼女はほとんど有頂天になるほど喜んだ／He is not *so* stupid *as to* do that. 彼はそんなことをするほどばかではない.
so ... can ［**will**］ *do*《米口語》…が＿するように：He is working hard *so* he *can* succeed. 彼は成功するように熱心に働いているところだ.
so far ☞ **far** 副.
so far as ... ☞ **far** 副.
So long! 《口語》さようなら.
so long as ... ☞ **long** 副.
so many ☞ **many**.
so much ☞ **much**.
so much for ... ☞ **much**.
so much so that ＿ あまりにそうなので＿：He is busy – *so much so that* he does not have time to eat. 彼は忙しい―あまり忙しくて食事の時間もないほどだ.
so so《口語》(よさの程度が)まあまあ.
so (that) ＿ そのために＿，それだから＿：She watched, *so (that)* she saw him come. 彼女はじっと見ていた，だから彼が来るのを見た.
so ... (that) ＿ ①非常に…なので＿，＿ほど…だ：The box was *so* heavy (*that*) I could not lift it. その箱は非常に重かったので，私は持ち上げることができなかった (◯《口語》では that はしばしば省略される). ②＿であるように…：The book is *so* written *that* a child can understand it. その本は子どもでも理解できるように書かれている.
so (that) ... may ［**can, will**］ *do* …＿するように：Work hard *so (that)* you *can* pass the exam. 試験に合格するように熱心に勉強しなさい (◯that を用いないのは《口語》で, so を用いないのは《文語》; may よりも can, will のほうが《口語》的).
so to speak いわば.
So what? 《口語》それがどうしたというのか (どうでもよいではないか)：対話 "You drink too much."–"*So what?*" 「君は酒を飲みすぎだよ」「だからどうだというの」.

so[2] /sóu ソウ/ 名 CU 〔音楽〕= sol.
《同音異形語》sew, sow[1].

soak /sóuk ソウク/ 動 他 ❶ (液体に)…をひたす，つける. ❷ …をずぶぬれにする，びしょぬれにする.
— 自 ❶ しみ通る，しみこむ. ❷ ひたる，びしょびしょになる.
— 名 C ひたすこと，つけること.
▶動 他 ❶ *soak* the clothes 衣類を水にひたす.
— 自 ❶ The rain *soaked* through my shoes. 雨が私のくつにしみ通った.
soak oneself in ... ① …にどっぷりかかる. ② …に熱中する.
soak out 他 (汚れなど)をしみ出させる.
— 自 (汚れなどが)しみ出る.
soak up 他 ① (液体)を吸いこむ：*soak up* water 水を吸収する. ② (知識など)を吸収する.
— 名 give the rice a good *soak* 米を十分水につける.

soaked /sóukt ソウクト/ 形 ずぶぬれになって(いる). ▶ We were *soaked* in a rain shower. 私たちはにわか雨でずぶぬれになった.

soak·ing /sóukiŋ ソウキング/ 形 ❶ ずぶぬれの，ずぶぬれになるほどの. ❷《副詞的に》ずぶぬれに.
▶❷ a *soaking* wet coat ずぶぬれにぬれたコート.

so-and-so /sóu-ən-sòu ソウ・アン・ソウ/ 名 (複 ~s /-z/) C ❶ だれそれ；何々 (◯はっきり言いたくないときや言う必要がないときに用いる).
❷ あいつ，いやなやつ.
▶❶ Mr. *So-and-so* 某氏，なんとかさんという人 (☞**blank** 名 ❸).

*soap /sóup ソウプ/ 名

social

❶ⓊせっけんⓁ. ❷Ⓒ＝soap opera.

▶a cake of *soap* 石鹸 1 個.

☞形soapy.

sóap òpera 名Ⓒ(口語)ソープオペラ.
INFO▶ 昼間の家庭の主婦向けのラジオまたはテレビの連続ドラマで，軽いセンチメンタルなホームドラマ調，メロドラマ調の通俗劇をいう．多くの石鹸会社がスポンサーになったことからこの表現が生まれた; ☞ tear-jerker.

soap·y /sóupi ソウピ/ 形 (soap·i·er; soap·i·est) ❶石鹸(せっけん)の，石鹸のような．❷石鹸だらけの．

☞名soap.

soar /sɔ́ːr ソー/ 動⾃ ❶ 舞い上がる，高く飛ぶ，急上昇する．❷ (グライダーなどが)滑空する．❸ (物価などが)急上昇する．❹ そびえる．

▶❶An eagle *soared* into the sky. ワシが空に舞い上がった．❹Mount Fuji *soars* above the nearby peaks. 富士山は近くの峰々よりはるかに高くそびえている．

《同音異形語》sore.

* **sob** /sáb サブ｜sɔ́b/ 動 (~s /-z/; sobbed /-d/; sob·bing) ⾃ ❶ **すすり泣く**, むせび泣く (☞cry の類語). ❷ (風などが)むせび泣くような音をたてる.
   ─ 他 …をすすり泣きながら言う.
   ─ 名Ⓒすすり泣き.

▶動他 *sob* (out) an answer すすり泣きながら答える.

sob one's heart out 胸がはり裂(さ)けるほどに激しくすすり泣く.
sob oneself to sleep すすり泣きながら寝入る.

so·ber /sóubər ソウバ/ (★発音注意)形 (so·ber·er /-bərər/, more ~; so·ber·est /-bərist/, most ~) ❶ 酔っていない, しらふの．
❷まじめな, 謹厳(きんげん)な. ❸ (判断・意見などが)冷静な, 穏健(おんけん)な.

☞名sobriety.

─ 動他 …を落ち着かせる. ─ ⾃落ち着く.
動**sober up** 他 …の酔いをさます.
─ ⾃酔いがさめる.

so·ber·ing /sóubəriŋ ソウバリング/ 形 人をまじめにさせる, 考えさせる.

so·ber·ly /sóubərli ソウバリ/ 副 ❶落ち着いて. ❷まじめに. ❸しらふで.

so·bri·e·ty /səbráiəti ソブライエティ/ 名 Ⓤ ❶酔っていないこと. ❷まじめ; 落ち着き, 冷静; 穏健(おんけん).

☞形sober.

sób stò·ry 名Ⓒお涙ちょうだいの話.

so-called /sóu-kɔ́ːld ソウ・コールド/ 形《信用しない気持ち, 軽蔑(けいべつ)の意をこめて》いわゆる. ▶a *so-called* gentleman (ほんとうの紳士でない)いわゆる紳士.

* **soc·cer** /sákər サカ｜sɔ́kə/ 名Ⓤ**サッカー** (✪正式には association football という).

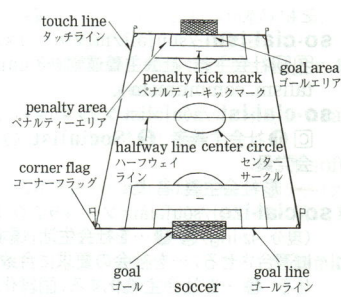

touch line タッチライン
penalty kick mark ペナルティーキックマーク
goal area ゴールエリア
penalty area ペナルティーエリア
halfway line ハーフウェイライン
center circle センターサークル
corner flag コーナーフラッグ
goal ゴール
soccer
goal line ゴールライン

so·cia·ble /sóuʃəbl ソウシャブル/ 形 (人が)交際好きな, 社交的な, 社交じょうずな (反 unsociable) (✪「社交の, 社会的な」は social).
─ 名Ⓒ(米)懇親会 (✪social ともいう).
▶形a *sociable* woman 社交的な女性.

* **so·cial** /sóuʃəl ソウシャル/ 形 (more ~; most ~) ❶ **社会の**, 社会的な (反 unsocial) (✪「(人が)社交好きな」は sociable). ❷ⓐ社交上の; 打ち解けた. ⓑ社交界の. ❸社会の地位に関する. ❹社会生活を営む. ❺社会主義の.
   ─ 名Ⓒ懇親会, 親睦会 (✪(米)では sociable ともいう).

形 ❶*social* problems 社会問題 / *social* morality 社会道徳．
❷ⓐhave an active *social* life 活発な社交的生活をしている / a *social* club 社交クラブ / a *social* contact (仕事の上でない)社交上の関係 [知り合い] /

1257

sol /sóul ソウル/ 名 C【音楽】ソ(ドレミファ音階の第 5 音; ✪so ともいう).

sol·ace /sáləs サレス/ 名 ❶ U(悲しみ・孤独感などを和(やわ)らげる)なぐさめ. ❷ C なぐさめになるもの.
— 動 (現分 -ac·ing) 他 ❶ …をなぐさめる. ❷ (悲しみなど)を和らげる.
▶ 名 ❶ find *solace* in music 音楽になぐさめをみいだす.

*__so·lar__ /sóulər ソウラ/ 形 **太陽の**, 太陽に関する (✪「太陽」を意味するラテン語 *sol* からきている; ☞ lunar).
▶ *solar* energy 太陽エネルギー / a *solar* myth 太陽神話.
☞ 名 sun.

sólar eclípse 名 C 日食 (太陽 (sun) が月 (moon) によって隠される現象; ✪「月食」は lunar eclipse).

sólar sỳstem 名 《the をつけて》太陽系 (☞ planet).

*__sold__ /sóuld ソウルド/ 動 sell の過去形・過去分詞形.

sol·der /sάdər サダ | sóldə/ 名 ❶ U (金属を接合する)はんだ. ❷ C 結合させるもの; きずな.
— 動 他 …をはんだでつける.

*__sol·dier__ /sóuldʒər ソウルチャ/ 名 (複 ~s /-z/) C ❶ (陸軍の)**軍人**. ❷ (将校ではないふつうの)兵隊 (☞ officer).

❶ an old *soldier* 老兵; その道の経験者, ベテラン. ❷ a private *soldier* 兵卒.

sole¹ /sóul ソウル/ 形 ❶ たったひとつの, 唯一の. ❷ 単独の, 独占の.
▶ ❶ the *sole* heir たったひとりの相続人. ❷ the *sole* right(s) to sell the record レコードの販売権の独占.
《同音異形語》soul.

sole² /sóul ソウル/ 名 C ❶ 足の裏. ❷ くつの底, くつ底皮.
— 動 (現分 soling) 他 (くつなど)に底皮をつける (✪ふつう受身形で用いる).
《同音異形語》soul.

sole³ /sóul ソウル/ 名 (複 sole, ~s /-z/) C【魚類】シタビラメ.
《同音異形語》soul.

sole·ly /sóulli ソウルリ/ 副 ただ, 単に.
▶ He works *solely* for money. 彼はただ金のために働く.

*__sol·emn__ /sάləm サレム | sól-/ (★ n は発音されない) 形 (~·er, more ~; ~·est, most ~)
❶ **厳粛**(げんしゅく)**な**, 荘厳な; 正式な.
❷ まじめくさった.
▶ ❶ *solemn* music 荘厳な音楽 / a *solemn* ceremony おごそかな儀式.
☞ 名 solemnity.

so·lem·ni·ty /səlémnəti ソレムニティ/ 名 (複 -ni·ties /-z/) ❶ C 《しばしば複数形で》儀式, 祭典. ❷ U 厳粛(げんしゅく), 荘厳(そうごん), おごそかさ.
☞ 形 solemn.

sol·emn·ly /sάləmli サレムリ/ 副 ❶ 厳粛(げんしゅく)に. ❷ まじめくさって.

so·lic·it /səlísit ソリスィット/ (★アクセント注意) 動 他 …をせがむ, 熱心に求める.
— 動 自 […を]せがむ [for].
▶ 他 He *solicited* my help. 彼は私の助けを強く求めた / He *solicited* me *for* help. 彼は私に助けを求めた.
— 自 *solicit for* money 金をせがむ.

so·lic·i·tor /səlísətər ソリスィタ/ 名 《英》(事務)弁護士《法律顧問になったり barrister (法廷弁護士) と client (弁護依頼人) との間に立って事務を処理する弁護士; 上級裁判所に出ることはない》.

so·lic·i·tous /səlísətəs ソリスィタス/ 形 《文語》心配している, 気づかっている.
▶ He was *solicitous about* my future. 彼は私の将来を案じてくれました.

*__sol·id__ /sάlid サリッド | sól-/ 形 (~·er; ~·est) ❶ **固体の**, 固形の (✪「液体の」は liquid, 「ガス(状)の」は gaseous).
❷ **しっかりした**, がんじょうな.
❸ⓐ 中がからでない, 中身のつまった.
ⓑ 中まで同じ物質の, メッキでない.
❹ (食事などが)実質的な, 食べでのある.
❺ 堅実な, 信頼できる, しっかりした.
❻ 正味の, 完全な; 連続した, まる….
❼ (米) (色が)一様の, 一色の.
— 名 (複 ~s /-dz/) ❶ UC **固体** (✪種類をいうときは数えられる名詞; ☞ gas, liquid).
❷ C【数学】立体.

形 ❶ The pond has frozen *solid*. 池は凍って固くなってしまった / *solid* fuel 固体燃料.

❷ *solid* ground 堅くしまった土地 / a *solid* shed がんじょうな小屋 / a man of *solid* build がっちりした体格の男.
❸ⓐa *solid* plastic toy 中が空になっていないプラスチックのおもちゃ.
ⓑa spoon of *solid* silver (メッキでなく)中まで銀のスプーン (✿純度を表わすのは pure で,「純金」は pure gold).
❹a *solid* meal 食べごたえのある食事.
❺a man of *solid* character 堅実な性格の男 / a *solid* business 堅実な事業 / *solid* reasons 根拠のしっかりした理由.
❻work for ten *solid* hours [for ten hours *solid*] まる10時間働きつづける.
❼a *solid* black dress 黒一色のドレス.
☞ 图solidity, 動solidify.

sol·i·dar·i·ty /sὰlədǽrəti サリダリティ/ 图Ⓤ結束, 連帯, 団結.

so·lid·i·fy /səlídəfài ソリディファイ/ 動 (-·fies /-z/; -·fied /-d/; ～·ing) 他
❶ …を凝固(ぎ°)させる.
❷ …を団結させる.
— 自 ❶凝固する. ❷団結する.
☞ 形solid.

so·lid·i·ty /səlídəti ソリディティ/ 图Ⓤ
❶堅いこと, 固体性.
❷実質的なこと; 中身のあること.
❸堅実, 信頼性 (反fluidity).
☞ 形solid.

sol·id·ly /sálidli サリドリ/ 副 ❶がんじょうに, しっかりと. ❷堅実に. ❸満場一致で.

sol·il·o·quy /səlíləkwi ソリロクウィ/ 图 (複 -o·quies /-z/) Ⓒ〖演劇〗独白《他に登場人物がいない場面で自分の考えなどを言うせりふ; ☞ monologue, dialogue》.

sol·i·taire /sálətèər サリテア/ 图 ❶Ⓒ ソリテヤー《指輪などにひとつだけはめこまれた宝石》. ❷Ⓤ《米》(トランプの)ひとり遊び (✿《英》では patience》.

sol·i·tar·i·ly /sὰlətérəli サリテリリ/ 副 ひとりで; 寂しく.

sol·i·tar·y /sálətèri サリテリ/ 形 ❶(いつも)ひとりの, ひとりぼっちの, ひとりだけの.
❷人里離れた, 人通りのない, 寂しい.
❸ただひとつの.

▶❶lead a *solitary* life 孤独な生活を送る. ❷a *solitary* place 寂しい場所. ❸I found a *solitary* example of the usage. 私はその用法のただひとつの例を見つけた.
☞ 图solitude.

sólitary confínement 图Ⓤ独房監禁.

sol·i·tude /sálətjù:d サリテュード, ·トゥード/ 图Ⓤひとりだけでいること, 孤独.
▶in *solitude* ひとりで, 寂しく.
☞ 形solitary.

so·lo /sóulou ソウロウ/ 图Ⓒ ❶〖音楽〗ⓐ独奏[唱]曲 (✿「二重奏[唱]曲」から「七重奏[唱]曲」までは duet, trio, quartet, quintet, sextet, septet). ⓑ独奏, 独唱, ソロ (✿「独唱者, 独奏者」は soloist).
❷独演.
— 形 ❶独唱[独奏・独演]の. ❷単独の.
▶形❷a *solo* flight 単独飛行 / a *solo* homer 〖野球〗ソロホーマー.

so·lo·ist /sóulouist ソウロウイスト/ 图Ⓒ 独唱者, 独奏者, 独演者.

sol·stice /sálstis サルスティス/ 图Ⓒ〖天文〗至(し)《太陽が赤道から最も遠距離にある時をいう; 年に2回; ☞ equinox》.
▶the summer [winter] *solstice* 夏至(げ)[冬至(とう)].

sol·u·ble /sáljubl サリュブル/ 形 ❶溶ける, 溶解できる (反insoluble).
❷《文語》(問題などが)解決できる.
☞ 動solve.

＊**so·lu·tion** /səlú:ʃən ソルーション/ 图 (複 ～s /-z/)
❶ⓐⓊ(問題などの)**解決**.
ⓑⒸ解決法, 解き方; 解答.
❷Ⓤ溶解. ❸Ⓒ溶液.

❶ⓐ*Solution* of the problem took two years. その問題の解決には2年かかった. ⓑthe *solution* to a math problem 数学の問題の解き方.
❷chemical *solution* (化学変化をともなう)化学的溶解.
❸a *solution* of salt and water 塩の水溶液.
☞ 動solve.

solv·a·ble /sálvəbl サルヴァブル/ 形 (問題などが)解決できる, 解答し得る.

solve /sálv サルヴ | sólv/ 動 (~s /-z/; solved /-d/; solv·ing) 他 (問題などを)**解く**, 解決する.
▶Can you *solve* this problem〔riddle〕? この問題〔なぞ〕を解くことができますか / *solve* the housing shortage 住宅難を解決する.
☞ 名solution, 形soluble.

sol·vent /sálvənt サルヴェント/ 形 ❶ (借金の)返済能力のある (反insolvent).
❷溶解力のある.
── 名 C 溶剤, 溶媒.

som·ber, (英)**som·bre** /sámbər サンバ/ 形 ❶ (色などが)くすんだ, 暗い. ❷ 陰気な.

some /(弱)səm サム/ (強)sám サム/
形 ❶ **いくらかの**, すこしの (☞several の 語法).
❷ **中には**(…もある), 人〔もの〕によると (…もある) (✿しばしば some ... others, some ... some のように対照的に用い, 強く発音される).
❸《単数名詞につけて》**ある**, なにかの, だれか.
❹《口語》相当の, かなりの.
── 代 ❶ **いくらか**, すこし.
❷ ある人々, あるもの, 中には(…もある) (✿しばしば some ... others, some ... some のように対照的に用い, 強く発音される).
── 副 ❶《数詞につけて》**約**, およそ (✿ some は強く発音される).
❷《米口語》ⓐ いくぶんか, 多少.
ⓑ とても, かなり.

━━━━━━━━━━━━━━━━━━

形 ❶ There are *some* books on the desk. 机の上に(なん冊かの)本がある / We need *some* sugar. 砂糖が必要だ.
語法 (1) 複数形の名詞を修飾するときは数を, 数えられない名詞を修飾するときは量を示す. しかし意味は弱く, 日本語に訳さなくてもよいことが多い. この場合 some は弱く発音される.
(2) 肯定文に用いる. 疑問文, 否定文, または if などで始まる条件節では any を用いる.
(3) 形が疑問文でも yes の答えを期待したり, 人にものをすすめたり, 頼んだりする現実性が強いことを表わすときも some を用いる.
❷ *Some* people like sports, and others do not. スポーツが好きな人もいれば, 嫌いな人もいる / Not all wood is hard; *some* wood is soft. すべての木材が堅いとは限らない; 中には柔(ら)らかいものもある.
❸ She is talking with *some* friend over〔on〕the phone. 彼女は電話でだれか友人と話をしている / For *some* reason he was late for the plane. なにかの理由で彼はその飛行機に遅れた.
語法 (1) some は強く発音される.
(2) ふつうはっきりと何か〔だれか〕わからないものに用い, 無関心などの気持ちを表わすことが多い. 知っていても言いたくない時にも用いるが, この場合はふつう a certain を用いる.
❹ She's *some* salesperson. 彼女はかなりのセールスウーマンだ.
── 代 ❶ I want *some* of that bread. そのパンをすこしほしい / 対話 "Are there any eggs?"–"Yes, there are *some*." 「まだ卵が残っていますか」「はい, すこし残っています」.
❷ *Some* came early and *some* didn't. 早く来た人もありそうでない人もあった / *Some* said yes, others said no. 賛成した者もあり反対した者もあった.
── 副 ❶ *Some* forty people were present at the party. およそ40人の人がそのパーティーに出席していた.
❷ ⓐ He looked *some* better today. 彼はきょうは多少顔色がよい.
ⓑ I like coffee *some*. 私はコーヒーがとても好きだ.

some day (or other) いつか, そのうち: I hope to visit London *some day*. 私はいつかロンドンに行ってみたいと思います.

some other day〔time〕 またいつか: Let's discuss it *some other day*. またいつかそれを討論しましょう.

some time ① しばらくの間: I waited *some time*. 私はしばらく待っていた. ② ＝sometime.

some ... or other 何か…, だれか…: His sons tried to help him in *some* way *or other*. 息子たちはなんと

かして彼を援助しようとした．

some·bod·y /sʌ́mbàdi サムバディ | -bòdi/ 代 ある人，だれか．
— 名 (複 -bod·ies /-z/) C 重要な人物，相当な人物 (☞ anybody, nobody).

代 There's *somebody* at the door. ドアのところにだれかがいます / *Somebody* has eaten my pie. だれかが私のパイを食べてしまった / Didn't you see *somebody* go out? だれか出て行くのを見ませんでしたか (見たのでしょう)．

語法 (1) some＋body であるから基本的には some 形 の用法と一致する．(2) someone よりも《口語》的である．(3) 肯定文に用いる．疑問文，否定文，または if などで始まる条件節では anybody を用いる．(4) 単数として扱う．(5) 形が疑問文でも，yes という答えを期待しているときは somebody を用いる．(6) 条件を表わす if 節の中で現実性が強いことを表わすときも somebody を用いる．

— 名 He thinks he is *somebody*. 彼は自分は相当な人物だと思っている．

*some·day /sʌ́mdèi サムデイ/ 副 (未来の)いつか (☞成句 some day (or other) (⇨ some 形))．

*some·how /sʌ́mhàu サムハウ/ 副
❶ なんとかして，どうにかこうにか，ともかく．
❷ どういうわけか．

❶ We must *somehow* be ready by nine. 私たちはともかく 9 時までには準備できていなければならない．
❷ *Somehow* I don't think she will come. どういうわけか彼女は来ないように思う．

somehow or other どうにかこうにか: *Somehow or other* he swam across the river. どうにかこうにか彼はその川を泳ぎ渡った．

some·one /sʌ́mwʌ̀n サムワン/ 代 ある人，だれか．

Someone told us so. ある人が私たちにそう言った / *someone* or other だれか．

語法 (1) 意味，用法は somebody と同じである．
(2) somebody のほうが《口語》的である．

some·place /sʌ́mplèis サムプレイス/ 副《米口語》どこかに，どこかへ (somewhere).

som·er·sault /sʌ́mərsɔ̀:lt サマソールト/ 名 C とんぼ返り，でんぐり返し (♦ 飛行機の宙返りは loop; ☞ cartwheel).
— 動 自 とんぼ返り [でんぐり返し] をする．
▶名 ☞ さし絵のキャプション．

turn [do] a *somersault*
(とんぼ返り[でんぐり返し]をする)

some·thing /sʌ́mθiŋ サムスィング/ 代 ❶ あるもの，なにか．
❷ いくらか，多少のこと．
❸《人名・数字などのはっきりしない部分について》…かなにか，いくらか．
— 名 U かなりのもの，重要なもの[人]．
— 副 いくらか，すこし．

代 ❶ There is *something* in the envelope. 封筒には何か入っている / I saw *something* strange in the darkness. 私は暗闇の中に何か妙なものを見た．

語法 (1) some＋thing であるから基本的には some 形 の用法と一致する．
(2) 肯定文に用い，疑問文，否定文，または if などで始まる条件節では anything を用いる．
(3) 形が疑問文でも，人にものをすすめたり頼んだりする場合は something を用いる；また，条件の現実性が強いことを表わすときも something を用いる．
(4) 単数として扱う．
(5) something を修飾する形容詞はその後に置かれる；☞ nothing, anything, everything.

❷She knows *something* about cars. 彼女は車のことをすこしは知っている.

❸Her name is Chris *something*. 彼女の名前はクリスなんとかだ.

— 名 As an artist she's really *something*. 画家としては彼女はたいした人だ / This software is *something*. このコンピューターソフトはちょっとしたものだ.

— 副 It cost *something* over 10 dollars. それは10ドルちょっとかかった.

have something to do with ... …といくらか関係がある.

... or something 《口語》…かなにか (☞or).

something like ... ☞ like² 前.

something of ... かなりの…: He is *something of* a poet. 彼はちょっとした詩人である.

*some・time /sʌ́mtàim サムタイム/ 副
❶(未来の)いつか, そのうち (❍sometimes は「(ときどき)」). ❷(過去の)いつか.
— 形 前の, かつての.
▶副 ❶I'll call on you *sometime*. そのうちおうかがいします. ❷I saw him *sometime* last year. 私は去年のいつだったか彼に会った.
— 形 a *sometime* teacher at our school かつての私たちの学校の先生.

****some・times** /sʌ́mtàimz サムタイムズ/

副 **ときどき** (☞sometime は「(未来・過去の)いつか」; always の 語法).

He is *sometimes* late for school. 彼はときどき授業に遅刻する.

語法 ふつう be 動詞のあと, 一般動詞のまえに置かれ, 助動詞がある場合は助動詞と動詞の間に置かれるが, 位置は比較的自由である.

some・way /sʌ́mwèi サムウェイ/ 副 《米》何とかして, どうにかこうにか.

*some・what /sʌ́mhwàt サム(ホ)ワット | -hwɔ̀t/ 副 **いくぶんか**, すこし, やや.
— 代 《次の成句で》***somewhat of ...*** ちょっとした…: She is *somewhat of* a pianist. 彼女はちょっとしたピアニストだ.

副 She was *somewhat* disappointed. 彼女はやや失望していた.

*some・where /sʌ́mhwèər サム(ホ)ウェア/ 副
❶どこかに[へ] (❍疑問文, 否定文および条件節では anywhere を用いる).
❷およそ… 〔about, around〕.

❶She lives *somewhere* near the city hall. 彼女は市役所近くのどこかに住んでいます / Her mind seemed to be *somewhere* else. 彼女の心はどこか他のところにある[上の空の]ようだった.
❷He came home *somewhere about* four o'clock. 彼はだいたい4時ごろ帰宅した.

get somewhere なんとかうまくいく.
get ... somewhere …にとってなんとかうまくいく, 役に立つ.
... or somewhere 《口語》…かどこかに[へ] (☞or).

****son** /sʌ́n サン/ (★発音注意) 名 (複 ~s /-z/) ❶ⓒ **息子** (❍「娘」は daughter).
❷ⓒ (年下の男性に呼びかけて)君, おまえ.
❸ 〔キリスト教〕《the Son で》イエス・キリスト.

❶He lost his only *son* in the accident. 彼はひとり息子をその事故で失った. 《同音異形語》sun.

so・na・ta /sənɑ́:tə ソナータ/ (★アクセント注意) 名ⓒ 〔音楽〕ソナタ, 奏鳴曲 (器楽曲の一形式; 3または4楽章から成る).

****song** /sɔ́(:)ŋ ソ(-)ング/ 名 (複 ~s /-z/)
❶ⓒ **歌**.
❷Ⓤ 歌うこと; 声学.
❸Ⓤⓒⓐ (小鳥や虫の)鳴き声.
ⓑ (小川・風などの)たてる音.

❶sing a *song* 歌を歌う / popular *songs* 流行歌.

語の結びつき
compose [write] a *song* 歌を作る
hum a *song* ハミングする, 鼻歌を歌う
play a *song* 曲を演奏する

abcdefghijklmnopqr**s**tuvwxyz　　　　　　　　　　　　　　**sophisticated**

whistle a *song* 曲を口笛で吹く

❷ have the gift of *song* 歌を歌う才能がある.

❸ ⓑ the *song* of a brook 小川のせせらぎ.

for a song 《口語》安値で, ただみたいに.

☞ 動 sing.

song·writ·er /sɔ́(ː)ŋràitər ソ(ー)ングライタ/ 名 ⓒ ソングライター《ポピュラーソングの作詞家・作曲家》.

son·ic /sɑ́nik サニック/ 形 ❶ 音の, 音波の.
❷ 音速の.

son-in-law /sʌ́ninlɔ̀ː サニン・ロー/ 名 (複 sons-in-law /sʌ́nz-/) ⓒ 娘の夫, むこ (☞ daughter-in-law).

son·net /sɑ́nit サニット/ 名 ⓒ ソネット《通例弱強五歩格の14行からできている詩》.

són of a bítch 名 (複 sons of bitch·es)《俗語》❶ ⓒ 野郎 (✪ 非常に下品なことば).
❷《感嘆詞的に》こんちくしょう.

so·no·rous /sənɔ́ːrəs ソノーラス/ 形《文語》❶ 鳴り響く. ❷ 調子[格調]の高い.

★★★soon /súːn スーン/ 副 (~·er; ~·est)

❶ **まもなく**, すぐに.
❷（予定より）**早く**, 早めに.

▸ He will be here *soon*. 彼はまもなく来るだろう / The train got there *soon* after five. 列車は5時ちょっと過ぎにはそこに着いた.

❷ Must you leave so *soon*? そんなに早く帰らなければなりませんか（まだよろしいでしょう）/ The *sooner*, the better. 早ければ早いほどいい.

as soon as ＿＿ するとすぐに：*As soon as* the bell rang, the teacher came into the classroom. ベルがなるとすぐ先生が教室に入ってきた.

as soon as ... can …ができるだけ早く (as soon as possible).

as soon as possible できるだけ早く (as soon as ... can)：Please come *as soon as possible*. できるだけ早くきてください.

at the soonest どんなに早くても：I can't come till five *at the soonest*. どんなに早くても5時までは来られない.

had sooner ... than ~ = would *sooner* ... than ~.

no sooner ... than__ …するとすぐに__, …するかしないうちに__：He had *no sooner* reached [*No sooner* had he reached] his house *than* it began to rain. 彼が家に着くとすぐに雨が降り出した (✪ as soon as ... よりも意味が強く《文語》的).

|語法| ふつう no sooner の次には過去完了形, than の次には過去形が用いられる; 強調のために no sooner が先頭にくるときには主語と had の位置が変わる.

sooner or later 遅かれ早かれ：*Sooner or later* you will regret this. 遅かれ早かれ君はこのことを後悔するだろう.

would as soon ... as ~ ~するよりむしろ…したい (would sooner ... than ~)(✪ …と ~ には動詞の原形がくる)：I *would as soon* die *as* do such a thing.(= I would sooner die than do such a thing.) そんなことをするよりむしろ死んだほうがましだ.

would sooner ... than ~ ~するよりむしろ…したい (would as soon ... as ~)(✪ …と ~ には動詞の原形がくる).

soot /sút スット/ (★発音注意) 名 Ⓤ すす, 煤煙(ﾊﾞｲｴﾝ).

▸ (as) black as *soot* 真っ黒な.

soothe /súːð スーズ/ 動 (現分 sooth·ing) ⓣ ❶ （泣く子など）をなだめる, 機嫌(ｷｹﾞﾝ)をとる.
❷ （苦痛など）をやわらげる.

▸ ❷ *soothe* a toothache 歯の痛みを鎮(ｼｽﾞ)める.

sooth·ing /súːðiŋ スーズィング/ 形 ❶ なぐさめるような, 心の落ち着く. ❷ （痛みなどを）やわらげる.

sooth·ing·ly /súːðiŋli スーズィングリ/ 副 なだめるように, なぐさめるように.

***so·phis·ti·cat·ed** /səfístəkèitid ソフィスティケイティド/ 形 (more ~; most ~)

❶ **洗練された**, 教養のある (反 unsophisticated).
❷ （機械・装置などが）複雑な, 精巧な.

▸ ❷ a *sophisticated* computer 精巧

so・phis・ti・ca・tion /səfìstəkéiʃən ソフィスティケイション/ 名 U ❶ 洗練. ❷ 純真さを失うこと, 世慣れ, 都会化. ❸ (機械などの)精巧さ, 複雑さ.

soph・o・more /sáfəmɔ̀ːr サフォモー/ 名 C (米)(4年制大学・高等学校の) 2年生 (☞ freshman).

sop・ping /sápiŋ サピング/ 形 (口語) ❶ ずぶぬれの, びしょぬれの. ❷《副詞的に》ずぶぬれになるほどに.

sop・py /sápi サピ/ 形 (-pi・er; -pi・est) (口語)感傷的でばかげた.

so・pra・no /səprǽnou ソプラノウ/ 名 (複 ~s /-z/, so・pra・ni /-ni/) 【音楽】❶ U C ソプラノ《女性または子どもの最高音域》; ☞ alto). ❷ C ソプラノ歌手.
— 形 ソプラノの.

sor・bet /sɔ́ːrbit ソービット/ 名 ❶ U C シャーベット (✪(米)では sherbet ともいう). ❷ (英)= sherbet ❷.

sor・did /sɔ́ːrdid ソーディド/ 形 ❶ (人物・行為などが)卑劣な, あさましい. ❷ (環境などが)きたない, むさ苦しい.

***sore** /sɔ́ːr ソー/ 形 (sor・er /sɔ́ːrər/; sor・est /sɔ́ːrist/)
❶ (傷・使いすぎなどで)痛い, ひりひりする, ずきずきする; ただれて痛い.
❷ 人の感情を害する, 不愉快な.
❸ (米口語)(ひどい扱いを受けたりして)おこって(いる), 腹をたてて(いる).
— 名 (複 ~s /-z/) C ❶ 触れると痛い傷, ただれ.
❷ 悲しみ[苦しみ]の種; (心の)古傷, いやな思い出.
▶ 形 ❶ I have a *sore* foot〔throat〕. 私は足を痛めている〔のどが痛い〕/ a *sore* eye 炎症を起こした眼. ❷ a *sore* spot (話題にしてほしくない)不愉快なこと.
❸ He is *sore* at you. 彼は君に腹を立てている.
《同音異形語》soar.

sore・ly /sɔ́ːrli ソーリ/ 副《文語》ひどく, 非常に.

sore・ness /sɔ́ːrnəs ソーネス/ 名 U ひりひり[ずきずき]痛むこと.

so・ror・i・ty /sərɔ́(ː)rəti ソロ(ー)リティ/ 名 (複 -i・ties /-z/) C (米) ソロリティー《女子大学生の社交クラブ》; ☞ fraternity).

***sor・row** /sárou サロウ | sɔ́r-/ 名 (複 ~s /-z/)
❶ U 悲しみ.
❷ C《しばしば複数形で》悲しいこと, 悲しみの原因, 不幸.
❸ U 後悔, 残念(な気持ち).

❶ feel deep *sorrow* 深く悲しむ / in *sorrow* 悲しんで. ❷ Her son was a *sorrow* to her. 彼女の息子は彼女にとって悲しみの種だった.
to ...'s sorrow …にとって悲しい[残念な]ことには: *To my sorrow*, my father suddenly died last year. 私にとって悲しいことには, 父が昨年突然亡くなりました.
☞ 形 sorrowful.

sor・row・ful /sároufəl サロウフル | sɔ́r-/ 形 ❶ (人が)悲しんでいる.
❷ 痛ましい, 悲惨な.
▶ ❷ a *sorrowful* sight 痛ましい光景.
☞ 名 sorrow.

sor・row・ful・ly /sároufəli サロウフリ/ 副 悲しんで, 悲しそうに, 後悔して.

*****sor・ry** /sári サリ, sɔ́(ː)ri/ 形 (-ri・er; -ri・est)
❶《同情・あわれみの表現》**気の毒に思って(いる)**, かわいそうに思って(いる).
❷《おわびの表現》**申し訳ないと思って(いる)**, すまないと思って(いる).
❸《断わり・言い訳などの儀礼的な表現》**残念**です.
❹ みじめな, 情ない.

❶ I'*m* very *sorry*. ほんとうにお気の毒に思います / He *was sorry for* her. 彼は彼女のことを気の毒に思った / I'*m sorry about* her misfortune. 彼女の不幸を気の毒に思う / I'*m sorry to* hear that. それをお聞きしてお気の毒に思います / I'*m sorry that* she has failed. 彼女が失敗したことを気の毒に思う.
❷ I'*m* very *sorry*. ほんとにすみません / I'*m sorry* I'*m* late. 遅刻してごめんなさい / I'*m sorry for* misunderstanding you. 誤解してすみません / You will *be sorry* (*for* it) later. あとで後悔するぞ(覚えていろ) / It's too late to *be sorry*. 悔やんでも遅すぎる(後悔先に

立たず） / I'm *sorry to* interrupt you. おじゃま[口出し]してすみません / I'm *sorry to* have kept you waiting. お待たせしてすみません.

❸I'm *sorry to* leave Japan, but I have to. 日本を離れるのは残念ですが，そうせざるをえないのです / I'm *sorry* I don't know. 申し訳ありませんがわかりません / I'm *sorry* (*that*) I must say good-by now. 残念ながらもうおいとましなくてはなりません.

❹They were in a *sorry* condition. 彼らはみじめな状態だった.

Sorry! ①《おわびの表現》すみません. ②《断わりなどの儀礼的な表現》残念です，すみません（☞成句 Excuse me. (⇨ excuse)）.

Sorry? 《英口語》**すみませんがもう一度言ってください**, 何ですって（❖上昇調で言う）.

＊**sort** /sɔ́ːrt ソート/ 名（複 ~s /-ts/) ❶ⓒ **種類**.

❷人のタイプ，…タイプの人.

❸ⓒ〖電算〗ソート（《アルファベット順などの指定条件に基づいてデータを並べ替えること》.

— 動（~s /-ts/; ~ed /-id/; ~ing)

❶他 …を分類する.

❷〖電算〗（データ）をソートする，並べ替える.

名 ❶There are many different *sorts* of flowers in the park. 公園にはたくさんのいろいろな種類の花があります / I have never seen this *sort* of bird.＝I have never seen a bird of this *sort*. 私はこの種の鳥は見たことがない（❖a bird of this *sort* のほうが種類を強調した表現）.

語法 (1) *sort of* のあとにはふつう冠詞なしの名詞がつづくが，《口語》では不定冠詞の a(n) をつけることがある：What *sort* of (a) car do you like? 君はどういう車が好きですか／He is not the *sort* of (a) man to do such a thing. 彼はそんなことをする男ではない.
(2) 種類はひとつで数は複数のときは，たとえば birds of this sort がふつうで，《口語》では these sort of birdsともいう. 種類も数も複数のときは，たとえば these *sorts* of birds または birds of these *sorts* という.

❷He is not a good *sort*. 彼はいい人ではない / She is (of) my *sort*. 彼女は私の好きなタイプの人だ.

a sort of ... 《はっきりとはいいきれないが》**…のようなもの**，…の一種：a sort of school 一種の学校 / a sort of misunderstanding なにか誤解のようなもの.

of a sort ＝ ***of sorts*** 大したことのない，いいかげんな，いんちきな：a lawyer *of a sort* 大したことのない弁護士.

of the sort 《口語》そのような，それに似ている：対話 "He is a lawyer?"–"Nothing *of the sort*." 「彼は弁護士だって」「とんでもない」.

out of sorts 《口語》①気分がよくない，身体の調子がよくない：I feel *out of sorts*. 私は気分がよくない. ②機嫌（きげん）がわるい.

sort of ... 《口語》**いくらか**…，ちょっと…（☞成句 *kind* of ... (⇨ kind)）：I am *sort of* thirsty. 私はちょっとのどがかわいた / I *sort of* expected it. なんだかそうなると思っていた（❖sorta, sorter とつづって /sɔ́ːrtə/ と発音を示すことがある）.

— 動他 ❶They are *sorting* his library according to the subject. 彼らは彼の蔵書を主題によって分類している.

sort out 他 ①…をえり分ける：*sort out* the best eggs 最もいい卵をえり分けて出す. ②（問題など）を解決する.

sort·a, sort·er /sɔ́ːrtə ソータ/ 副《俗語》＝ sort of ... (⇨ sort の成句).

SOS /ésòués エスオウエス/ 名（複 ~'s, ~s /-iz/）ⓒ ❶（遭難船などの）遭難信号，エスオーエス（《危急のさいに最も打電しやすいモールス式電信符号（Morse code）の組みあわせ（・・・— — —・・・）をいう》.

❷危険信号，救援を求める声.

▶❶send out an *SOS* 遭難信号を発する / pick up an *SOS* エスオーエス信号を受信する.

so-so, so so /sóu-sòu ソウ・ソウ/ 形《口語》よくもなく悪くもない，まあまあの，どうということはない.

— 副《口語》よくも悪くもなく，まあまあの程度に.

▶形 a *so-so* painter 平凡な画家 / 対話

soufflé

"How are you?"–"Just *so-so*." 「元気ですか」「まあまあです」.

souf・flé /suːfléɪ スーフレイ/ 名 UC スフレ《卵白を泡立て,果物やチーズなどを加えてふくらませて焼いたもの》.

*sought /sɔ́ːt ソート/ 動 seek の過去形・過去分詞形.

sought-after /sɔ́ːtæftər ソートアフタ/ 形 需要の多い,ひっぱりだこの.

*soul /sóul ソウル/ 名 (複 ~s /-z/)

❶ C (肉体に対する)**魂**,霊魂(れいこん).

❷ C **精神**,心,気迫.

❸ C 《文語》**人間**,人.

❹ C ⓐ 中心人物. ⓑ 最も大事なこと,(事物の)精髄(せいずい),生命.

❺ U = soul music.

▶ ❶ the immortality of the *soul* 霊魂の不滅. ❷ He put his heart and *soul* into his work. 彼は自分の仕事に身も心も打ちこんだ / the *soul* of the Japanese people 日本人の精神[心]. ❸ She is such a kind〔an honest〕*soul*. 彼女はほんとうに親切な〔正直な〕人だ / Not a *soul* was to be seen in the street. 通りには人っ子ひとりいなかった. ❹ ⓐ the *soul* of the movement その運動の中心人物.

☞ 形 soulful.

《同音異形語》sole¹,²,³.

soul・ful /sóulfəl ソウルフル/ 形 感情のこもった,情熱的な.

☞ 名 soul.

soul・less /sóulləs ソウルレス/ 形 感情のこもっていない;温かみのない.

sóul mù・sic 名 U ソウル(ミュージック)《ジャズ (jazz),リズムアンドブルース (rhythm and blues) などの要素の混じった黒人の音楽;◎単に soul ともいう》.

**sound¹ /sáund サウンド/ 名

(複 ~s /-dz/) ❶ ⓐ UC **音**,物音,響き《おもに自然の音や物が立てる音;◎「雑音」は noise》.

ⓑ 《単数形で》(テレビなどの)音量.

❷ C 〔音声〕音(おん).

❸ 《単数形で》(声・ことばなどの)感じ,印象.

— 動 (~s /-dz/; ~ed /-id/; ~ing) 自

❶ 鳴る,音を出す,響く.

❷ 《sound ...》(話を聞いて)(…のように)**思われる**,聞こえる《◎…には形容詞,like __, as if __ などがくる》.

— 他 ❶ …を鳴らす,響かせる.

❷ (音で)…を知らせる.

❸ 《be sounded》発音される.

❹ (レール・壁・木材など)を(打ってみて)音で検査する,(医者が)(患者)を打診する.

名 ❶ ⓐ I heard a strange *sound*. 奇妙な音が聞こえた / Not a *sound* was heard. 物音ひとつ聞こえなかった.

❷ a vowel *sound* 母音 / a consonant *sound* 子音.

❸ I didn't like the *sound* of his remark. 彼の言ったことはいい感じがしなかった.

within sound of ... …の聞こえるところに.

— 動 自 ❶ The bell *sounded* and the students left the classroom. ベルが鳴って,そして学生は教室を出た.

❷ It *sounded like* a true story. それは実話のように聞こえた[思われた] / Her voice *sounded as if* she were angry. 彼女の声はおこっているように聞こえた.

— 他 ❶ *sound* the trumpet らっぱを吹く. ❷ *sound* the alarm 鐘などで警報を発する. ❸ The "t" in "listen" *is* not *sounded*. "listen" の "t" は発音されない.

****sound²** /sáund サウンド/ 形 (~・er; ~・est)

❶ (判断・考えなどが)**もっともな**,賢明な.

❷ (建物・組織などが)**しっかりした**.

❸ (心身が)**健全な**,健康な,元気な(反 unsound).

❹ 完全な,完璧な.

❺ (睡眠が)十分な.

❻ (打撃などが)激しい.

— 副 (~・er; ~・est) ぐっすりと.

形 ❶ a *sound* opinion しっかりした意見 / *sound* advice もっともな忠告.

❷ a *sound* foundation しっかりした基礎. ❸ He is *sound* in body and mind. 彼は心身ともに健全だ / ことわざ A *sound* mind in a *sound* body. 健全な身体に健全な精神(が宿ることを願う).

❺ a *sound* sleep 熟睡. ❻ a *sound* beating 思いきり殴ること.

abcdefghijklmnopqr**s**tuvwxyz　　　　　　　　　　　　　south

— 副 He is *sound* asleep. 彼はぐっすり寝ている.

sound³ /sáund サウンド/ 動 他 ❶(観測船などで)…の水深を測る.
❷(他人の考えなど)を探る.
▶❷*sound* out her opinion 彼女の見解を探る.

sóund bàr・ri・er 名《the をつけて》音速障壁《飛行機が音速の前後になると生じる空気抵抗》.

sóund ef・fècts 名複 《放送・劇・映画などの》音響効果.

sound・ly /sáundli サウンドリ/ 副 ❶健全に, 堅実に.
❷(眠る状態が)ぐっすり, 深く.
❸(打撃などの状態が)ひどく, 徹底的に.
❹正しい判断で, 正しく.
▶❷sleep *soundly* ぐっすり眠る.

sound・proof /sáundprúːf サウンドプルーフ/ 形 防音の.
— 動 他 …に防音装置をする.
▶形 a *soundproof* room 防音の部屋 / a *soundproof* door 防音ドア.

sóund tràck 名 C ❶(映画フィルムの端の)録音帯, サウンドトラック. ❷サウンドトラック音楽《○**sóundtràck** ともつづる》.

soup /súːp スープ/ 名 U スープ.
▶eat *soup* with a soup spoon スープ用のスプーンでスープを飲む.
INFO▶ スプーンを使ってスープを飲むときは eat soup, 直接カップからスープを飲むときは drink soup という. どちらも音をたてて飲むのはエチケット (etiquette) に反するものとしてきらわれる.

eat soup　　　drink soup

語の結びつき
dish [ladle] out *soup* スープを皿に[おたまで]盛る
have *soup* スープを飲む
make *soup* スープを作る
serve *soup* (to ...) (…に)スープを出す

in the soup 《口語》困って, 苦境におちいって: leave a person *in the soup* 困っている人を見捨てる.

sour /sáuər サウア/ 《★発音注意》形 (~・er /sáuərər/; ~・est /sáuərist/)
❶ⓐ すっぱい, 酸味のある (反 sweet).
ⓑ (発酵して)すっぱくなった.
❷気難しい, 不機嫌な; 意地の悪い.
— 動 (~s /-z/; ~ed /-d/; ~ing /sáuəriŋ/) 他 ❶ …をすっぱくする.
❷ …を気難しくさせる, ひねくれさせる.
— 自 **すっぱくなる**.
▶形 ❶ⓐ *sour* oranges すっぱいオレンジ. ⓑ *sour* milk 腐ってすっぱくなった牛乳. ❷ make a *sour* face 不機嫌な顔をする / look *sour* 気難しい顔をする.
turn [go] sour ①(腐敗して)すっぱくなる. ②うまくいかなくなる, だめになる.

source /sóːrs ソース/ 名 C sourc・es /-iz/ C ❶(川などの)**水源**, 源. ❷(ものごとの)**もと**, 原因. ❸(情報・ニュースなどの)**出所**, 情報源.
▶the *source* of the Nile ナイル川の水源.
❷What's the *source* of their disagreement? 彼らの意見の相違のもとはなんですか.
❸I got the information from a reliable *source*. 私はその情報を信頼できる筋から得た.

sóur crèam 名 U サワークリーム《乳酸を加えて発酵させたクリーム; 料理などに用いる》.

sóur grápes 名複 負けおしみ.
▶It's just *sour grapes*. それは単なる負けおしみだ.

sour・ly /sáuərli サウアリ/ 副 不機嫌に, 気難しく.

sour・ness /sáuərnəs サウアネス/ 名 U
❶すっぱいこと. ❷不機嫌.

south /sáuθ サウス/ 名 ❶《ふつう the をつけて》**南**, 南方, 南部 (反 north) 《○**S.**, **s.** と略す; ☞ north》.
❷《the South で》ⓐ (アメリカの)**南部地方**.
ⓑ (イギリスの)イングランド南部地方.
— 形 ❶**南の**, 南部の, 南向きの《○方位が明確なときは south を, やや不明確なときは southern を用いる傾向がある》.

one thousand two hundred and sixty-nine　　　1269

South Africa　　　　　　　　　　　　　　　　　ABCDEFGHIJKLMNOPQR**S**TUVWXYZ

❷《風が》南から吹く.
— 副 **南へ**, 南に.

名 ❶ Our school is to *the south* of Mount Fuji. われわれの学校は富士山の南方にある / in *the south* of Tokyo 東京の(地域内の)南部に[の] / on *the south* of Tokyo 東京の(地域に接してその)南側に[の] / to *the south* of Tokyo 東京の(地域を離れて)南方に[の].

語法 *in* the south of ... は「…の(地域内の)南部に[の]」, *on* the south of ... は「…の(地域に接してその)南側に[の]」, (*to* the) south of ... は「…の(地域を離れて)南方に[の]」という意味になる.

☞ 形 southern, southerly.

— 形 ❶ My village is on the *south* side of the lake. 私の村は湖の南側にある. ❷ a *south* wind 南風.

— 副 My home town is about twenty miles *south* of London. 私の故郷の町はロンドンの南方約20マイルのところにある / go *south* 南へ行く.

Sòuth África 名 南アフリカ《アフリカ大陸南端の共和国;首都プレトリア(Pretoria)(政府所在地), ケープタウン(Cape Town)(国会所在地); ✪ S. A. と略す》.

Sòuth Áfrican 形 南アフリカ(共和国)の.
— 名 Ⓒ 南アフリカ(共和国)人.

south·bound /sáuθbàund サウスバウンド/ 形 南行き[回り]の.

Sóuth Carolína 名 サウスカロライナ《アメリカ南部の州;〔郵便〕 SC と略す》.

Sóuth Dakóta 名 サウスダコタ《アメリカ中西部の州;〔郵便〕 SD と略す》.

*__south·east__ /sàuθí:st サウスィースト/ 名《**the** をつけて》**南東**; 南東部《✪ S.E., s.e. と略す》.

☞ 形 southeastern.

— 形 ❶ 南東の, 南東にある.
❷《風が》南東から吹く.
— 副 南東へ, 南東に.
▶ 形 ❷ a *southeast* wind 南東の風.

south·east·er·ly /sàuθí:stərli サウスィースタリ/ 形 ❶ 南東の, 南東にある.
❷《風が》南東から吹く.
— 副 ❶ 南東へ[に]. ❷《風が》南東から吹く.

south·east·ern /sàuθí:stərn サウスィースタン/ 形 ❶ 南東の, 南東にある《✪ S.E., s.e. と略す》. ❷《風が》南東から吹く.

☞ 名 southeast.

south·east·ward /sàuθí:stwərd サウスィーストワド/ 形 南東に向かう, 南東向きの.
— 副 南東に向かって, 南東向きに.

south·east·wards /sàuθí:stwərdz サウスィーストワヅ/ 副 = **southeastward**.

south·er·ly /sʌ́ðərli サザリ/《★発音注意》形 ❶ 南の, 南にある. ❷《風が》南から吹く.
— 副 ❶ 南へ. ❷《風が》南から.

☞ 名 south.

*__south·ern__ /sʌ́ðərn サザン/《★発音注意》形
❶ 南の, 南部の, 南向きの《☞ south 形》《反 northern》. ❷《風が》南から吹く. ❸《**Southern** で》《アメリカの》南部諸州の.

❶ She lives in the *southern* part of the city. 彼女は市の南部に住んでいる / *southern* Europe 南ヨーロッパ.
❷ a *southern* breeze 南からの微風.

☞ 名 south.

South·ern·er /sʌ́ðərnər サザナ/ 名 Ⓒ《米》《アメリカ》南部地方の住民[出身者].

Sóuthern Hémisphere 名《the をつけて》南半球《✪「北半球」は Northern Hemisphere》.

south·ern·most /sʌ́ðərnmòust サザンモウスト/ 形 最も南の, 南端の.

Sóuth Koréa 名 韓国《公式名 the Republic of Korea(大韓民国);首都ソウル(Seoul); ☞ North Korea》.

south·paw /sáuθpɔ̀: サウスポー/ 名 Ⓒ
❶《米口語》左ききの人. ❷〔野球〕左腕投手, サウスポー.

south·ward /sáuθwərd サウスワド/ 形 南に向かう, 南向きの.
— 副 南に向かって, 南向きに.

south·wards /sáuθwərdz サウスワヅ/ 副《英》= **southward**.

*__south·west__ /sàuθwést サウスウェスト/ 名《**the** をつけて》**南西**, 南西部《✪ S.W., s.w. と略す》.

☞ 形 southwestern.

— 形 ❶ 南西の, 南西にある.

abcdefghijklmnopqr s tuvwxyz   **space station**

❷ (風が)南西から吹く.
── 副 南西へ, 南西に.
south·west·er·ly /sàuθwéstərli サウスウェスタリ/ 形 ❶ 南西の, 南西にある.
❷ (風が)南西から吹く.
── 副 ❶ 南西へ[に]. ❷ (風が)南西から.
south·west·ern /sàuθwéstərn サウスウェスタン/ 形 ❶ 南西の, 南西にある (◎ S.W., s.w. と略す). ❷ (風が)南西から吹く.
☞ 名 southwest.
south·west·ward /sàuθwéstwərd サウスウェストワド/ 形 南西に向かう, 南西向きの.
── 副 南西に向かって, 南西向きに.
south·west·wards /sàuθwéstwərdz サウスウェストワズ/ 副 (英) ＝ **southwestward**.
sou·ve·nir /sú:vəniər スーヴェニア, sù:vəníər/ 名 C (旅行・出来事などの想い出となるような)記念品, みやげ.
▶buy a doll as a *souvenir* おみやげに人形を買う.
sov·er·eign /sávərən サヴァレン | sóv-/ (★発音注意) 名 C ❶ 主権者, 元首, 君主, 国王. ❷ (英)(むかしの) 1 ポンド金貨.
── 形 ❶ 主権のある; 最高権力のある.
❷ (国が)独立の, 自治の.
▶ 形 ❶ *sovereign* power [authority] 主権. ❷ a *sovereign* state 独立国.
☞ 名 sovereignty.
sov·er·eign·ty /sávərənti サヴァレンティ | sóv-/ 名 (複 -eign·ties /-z/) ❶ U 主権.
❷ C 独立国.
☞ 形 sovereign.

***sow**¹ /sóu ソウ/ 動 (~s /-z/; ~ed /-d/; sown /sóun/, ~ed; ~·ing) 他 ❶ …の種をまく.
❷ (うわさ・争いなど)の種をまき散らす.
── 自 種をまく.
▶ 他 ❶ *sow* wheat 小麦をまく / *sow* the field *with* corn 畑にトウモロコシ[(英) 小麦]をまく.
《同音異形語》sew, so¹,².
sow² /sáu サウ/ (★発音注意) 名 C (成熟した)雌(ﾒｽ)豚 (☞pig).
sown /sóun ソウン/ 動 sow¹ の過去分詞形.

《同音異形語》sewn.
soy /sói ソイ/ 名 ❶ U しょうゆ (◎ soy sauce ともいう). ❷ C [植物] 大豆 (◎ soybean ともいう).
soy·bean /sóibi:n ソイビーン/ 名 C 大豆 (◎ 単に soy ともいう).
sóy sàuce 名 U しょうゆ (◎ 単に soy ともいう).
spa /spá: スパー/ 名 C ❶ 鉱泉, 温泉.
❷ (鉱泉[温泉]の出る)保養地 (☞ hot spring).

***space** /spéis スペイス/ 名 (複 spac·es /-iz/) ❶ U ⓐ (無限に広がっている)**空間** (☞ universe の 類語). ⓑ (地球の大気圏外の)**宇宙空間, 宇宙** (◎ 厳密には outer space という).
❷ UC (なにもない)**空間**, 余地; 空き地. ⓑ 間隔, 距離.
❸ C (ある目的のための)**場所**, 区域.
❹ U (新聞・雑誌などの)紙面, スペース.
❺ UC 時間, 期間.
── 動 他 …を(一定の)間隔を置いて並べる.

- - - - - - - - - - - - - - - - - -

名 ❶ ⓐ He was looking into *space*. 彼は空間を見つめていた(とくに何かを見ているわけではなかった) / time and *space* 時間と空間. ⓑ The rocket soared into *space*. ロケットが宇宙へ飛び立った / travel in *space* 宇宙旅行する.
❷ ⓐ The table takes up too much *space*. そのテーブルは場所を取りすぎる / open *spaces* (とくに都会の)空き地.
ⓑ There is not much *space* between the houses. 家と家の間に十分な間隔がない.
❸ a parking *space* 駐車場.
❺ for a *space* of five years 5 年間.
☞ 形 spacious, spatial.
space·craft /spéiskræft スペイスクラフト/ 名 (複 space·craft) ＝ **spaceship**.
spaced-out /spéist-áut スペイスト-アウト/ 形 (麻薬・疲労などで)ぼうっとした.
space·ship /spéisʃìp スペイスシップ/ 名 C 宇宙船.
spáce shùt·tle 名 C スペースシャトル, 宇宙連絡船.
spáce stà·tion 名 C 宇宙ステーション (《宇宙船の中間基地として大気圏外に建造される有人の人工衛星》).

space·suit /spéissùːt スペイススート/ 名 C 宇宙服.

spa·cious /spéiʃəs スペイシャス/ 形 (家・部屋・庭・街路などの)広々とした, 広大な. ☞ 名 space.

spade¹ /spéid スペイド/ 名 C 鋤(すき), シャベル, スペード (幅広い刃のついたシャベル状の農具; 土を掘り返すのに用いる; ☞ shovel).

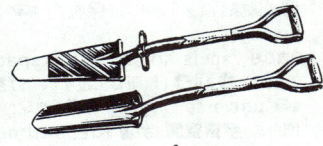

spades

call a spade a spade あからさまに言う, 率直に言う, ことばを飾らない (speak plainly).
— 動 (現分 spad·ing) 他 …を鋤で掘る.

spade² /spéid スペイド/ 名 C (トランプの)スペードの札.

spa·ghet·ti /spəgéti スパゲティ/ 名 U スパゲッティ (☞ macaroni).

Spain /spéin スペイン/ 名 スペイン (ヨーロッパの南西部にあるイベリア半島の王国; 首都マドリッド (Madrid)).
☞ 形 Spanish.

spam /spǽm スパム/ 名 U 【電算】スパム (メール) (広告などの迷惑メール).

span /spǽn スパン/ 名 C
❶ 期間.
❷ⓐ (端から端までの)全長.
ⓑ 張り間 (橋脚などの支点から支点までの距離).
ⓒ 翼幅(よくふく) (飛行機の両翼の端から端までの長さ).
❸ スパン (手を開いたときの親指の先と小指の先の間の長さ; 約23 cm).
— 動 (~s /-z/; spanned /-d/; span·ning) 他 ❶ⓐ (橋などが)(川など)にかかる. ⓑ 《span ... with ~》 …(川など)に~(橋など)をかける.
❷ (時間・空間・範囲が)…に及ぶ, わたる.
▶ 名 ❶ He wrote the book over a *span* of three months. 彼はその本を3か月で書いた / for a short *span* of time しばらくの間. ❷ⓐ a bridge of three *spans* 張り間が3つ[橋脚が2

つ]の橋.

span のいろいろ

— 動 他 ❶ An old bridge *spans* the river. その川には古い橋がかかっている. ⓑ They *spanned* the river *with* a bridge. 彼らは川に橋をかけた. ❷ His life *spanned* almost a century. 彼の一生はほとんど一世紀にも及んだ.

span·iel /spǽnjəl スパニエル/ 名 C スパニエル (毛が長くて耳のたれた小型の犬; コッカースパニエル (cocker spaniel) はその一種).

Span·ish /spǽniʃ スパニシュ/ 形 ❶ スペインの. ❷ スペイン人の. ❸ スペイン語の. — 名 ❶ U スペイン語. ❷ 《the をつけて; 複数扱いで; 集合的に》 スペイン人, スペイン国民.
▶ 形 ❸ the *Spanish* language スペイン語.
☞ 名 Spain.

Span·ish-A·mer·i·can /spǽniʃ-əmérikən スパニシュ・アメリカン/ 形 ❶ スペインとアメリカの. ❷ スペイン語を使用する中南米(人)の.
— 名 C ❶ スペイン系アメリカ人. ❷ スペイン語を使用する中南米人.

spank /spǽŋk スパンク/ 動 他 (平手・スリッパなどで罰として)(子ども)のしりなどをぴしゃりと打つ. — 名 C (おしりなどの)平手打ち.

span·ner /spǽnər スパナ/ 名 C 《英》【機械】スパナ (《米》では wrench).

spar /spάːr スパー/ 動 (~s /-z/; sparred /-d/; spar·ring /spάːriŋ/) 自 ❶ (ボクシングで調整や練習などのため)軽い打ち合いをする, スパーリングする.
❷ 言い合う.

*****spare*** /spéər スペア/ 動 (~s /-z/;

spared /-d/; **spar·ing** /spéəriŋ/ 他
❶《ふつう否定文で》(費用・労力など)を**出し惜**(ｵｼ)**しむ**, (けちけちして)…を使わない. ❷ⓐ(時間・金など)を**さく**. ⓑ(人に)…を**分けてやる[さく]**. ❸ⓐ…をいやな目にあわせない, …に危害[苦痛]を加えない, (命)を助ける. ⓑ…を免除する, (苦労・迷惑など)をかけない.
— 形 ❶使わない(で取っておく), 予備の, 余分の. ❷やせた. — 名Ⓒ予備の部品, スペア.

━━━━━━━━━━━━━━━━

動他 ❶She *spares no* expense in educating her children. 彼女は子どもの教育には費用を惜しまない / ことわざ *Spare* the rod and spoil the child. むちを惜しむと子どもをだめにする,「かわいい子には旅をさせよ」. ❷ⓐI can't *spare* the time for a holiday [《米》vacation]. 私は休暇をとる暇がない. ⓑCan you *spare* me a few minutes?= Can you *spare* a few minutes *for* me? 私に2, 3分をさいていただけますか. ❸ⓐHer life was *spared*. 彼女は死をまぬかれた. ⓑThis medicine will *spare* her pain. この薬を飲むと彼女は痛みがなくなるでしょう.

… to spare ありあまるほどの…, 余分な…: have money *to spare* 余分なお金がある.

enough and to spare ありあまるほど.

spare oneself 苦労[努力]しようとしない.

without sparing oneself 骨身を惜しまず.

— 形 ❶We have a *spare* room. 家には予備の部屋がある / have no *spare* time ひまが全然ない / *spare* parts 予備の部品.

spare·ribs /spéərribz スペアリブズ/ 名 複 スペアリブ《肉がすこしだけついている豚のあばら骨》.

spar·ing /spéəriŋ スペアリング/ 形 ❶ (使い方などが)控えめな. ❷(人が)質素な, 節約する.

▶ ❶a *sparing* use of sugar 砂糖の節約. ❷He *was sparing* with his pains. 彼は苦労をしないですまそうと思っていた.

spar·ing·ly /spéəriŋli スペアリングリ/ 副 控えめに, 倹約して, 惜しんで.

*__spark__ /spáːrk スパーク/ 名 複 ~s /-s/
Ⓒ ❶ⓐ(パッパッと光る)**火花**, 火の粉《 flash の 類語 》. ⓑ電気火花, スパーク. ❷ⓐきらめき. ⓑ(才能の)ひらめき.
— 動 自 ❶火花を出す. ❷スパークする.
▶ 名 ❶ⓐ*Sparks* were flying from the campfire. キャンプファイヤーから火の粉が飛んでいた. ❷ⓐa *spark* of light 閃光(ｾﾝｺｳ). ⓑa *spark* of genius 天才のひらめき.

spar·kle /spáːrkl スパークル/ 動 (~s /-z/; spar·kled /-d/; spar·kling)自
❶ (宝石・目などが)キラキラ光る, きらめく.
❷火花を出す.
— 名 ⓊⒸ ❶(宝石などの)きらめき. ❷火の粉, 火花. ❸(才能などの)きらめき, 活気.
▶ 動 ❶The diamond *sparkled*. ダイヤモンドがキラキラ光った.

spar·kling /spáːrkliŋ スパークリング/ 形
❶キラキラ光る. ❷いきいきしている.

spárkling wíne 名Ⓤ発泡性ワイン.

spárk plùg 名Ⓒ(内燃機関の)点火プラグ, 点火栓.

spar·row /spǽrou スパロウ/ 名Ⓒ〖鳥類〗スズメ, イエスズメ《◎house sparrow, English sparrow ともいう》.

sparse /spáːrs スパース/ 形 (人口・髪の毛などが)まばらな, 希薄(ｷﾊｸ)な, 薄い (反 dense).

sparse·ly /spáːrsli スパースリ/ 副 まばらに, 希薄(ｷﾊｸ)に.

spar·tan /spáːrtn スパートン/ 形 ❶《Spartan で》ⓐスパルタの. ⓑスパルタ人の. ❷ⓐスパルタ式の. ⓑ質実剛健な.
— 名Ⓒ ❶《Spartan で》スパルタ人. ❷(スパルタ人のように)質実剛健な人.

spasm /spǽzm スパズム/ 名 ❶ⓊⒸ痙攣(ｹｲﾚﾝ). ❷Ⓒ(感情・苦痛などの)発作; 突然の[一時的な]活動.
▶ ❶have a *spasm* of pain 痛みの発作を起こす.

spas·mod·ic /spæzmɑ́dik スパズマディック/ 形 ❶痙攣(ｹｲﾚﾝ)(性)の. ❷発作的な. ❸断続的な.
▶ ❷a *spasmodic* cough 発作的なせ

specialization

spe·cial·i·za·tion /spèʃəlizéiʃən スペシャリゼイション | -lai-/ 名U 特殊化, 専門化.
☞ 動 specialize.

***spe·cial·ize** /spéʃəlàiz スペシャライズ/ 動 (-cial·iz·es /-iz/; -cial·ized /-d/; -cial·iz·ing) 他 …を特殊化する, 専門化する.
— 自《specialize in …》…を専門にする.
▶He *specializes in* nuclear physics. 彼は核物理学が専門です.
☞ 形 special, 名 specialization.

spe·cial·ized /spéʃəlàizd スペシャライズド/ 形 専門的な, 特殊用途の.

***spe·cial·ly** /spéʃəli スペシャリ/ 副 とくに, わざわざ (☞especially の 類語).
▶She made this cake *specially* for you. 彼女はこのケーキをとくにあなたのために作りました.

spe·cial·ty /spéʃəlti スペシャルティ/ 名 (複 -cial·ties /-z/) 《米》 (《英》では speciality) C ❶ 専門, 専攻; 得意. ❷ 特質, 特色. ❸ ⓐ (店などの) 名物; 特製品. ⓑ (土地などの) 名産.
▶❶His *specialty* is optics. 彼の専門は光学だ.
☞ 形 special.

***spe·cies** /spí:ʃi:z スピーシーズ/ (★発音注意) 名 (複 spe·cies) C ❶ [生物] 種(しゅ) 《生物の分類上の単位》. ❷ (口語) 種類.
▶❶the human *species* 人類. ❷a new *species* of crime 新種の犯罪.

***spe·cif·ic** /spisífik スピスィフィック/ 形 (more ~; most ~) ❶ 特定の, ある決まった (❂よい悪いの判断とは関係がない). ❷ 明確な, はっきりした. ❸ 〔…に〕特有で(ある), 独特で(ある) 〔to〕.
— 名 C ❶ 特効薬.
❷ 《ふつう複数形で》詳細な点.

形 ❶He didn't recommend any *specific* dictionary. 彼は特定の辞書は推薦(すい)しなかった. ❷You must have a *specific* aim if you want to go to college. 大学に行きたければはっきりした目的をもたなくてはいけない.
❸problems *specific to* big cities 大都市に特有の問題.
☞ 動 specify.

— 名 ❶a *specific* for malaria マラリアの特効薬.

spe·cif·i·cal·ly /spisífikəli スピスィフィカリ/ 副 ❶ (中でも)とくに. ❷ 明確に. ❸ 具体的に言うと, すなわち.
▶❶I came *specifically* to see you. 私はとくにあなたに会うために来たのです.

spec·i·fi·ca·tion /spèsəfikéiʃən スペスィフィケイション/ 名 ❶ U 詳しく述べること, 特定. ❷ 《ふつう複数形で》 (建築物・道路などの) 設計書, 明細書, 仕様書(しよ).

spec·i·fy /spésəfài スペスィファイ/ 動 (-i·fies /-z/; -i·fied /-d/; ~·ing) 他 …を明確に記す[述べる]; …をはっきり指定する.
▶He didn't *specify* the place. 彼は場所ははっきりと言わなかった.
☞ 形 specific.

spec·i·men /spésəmən スペスィメン/ 名 C ❶ 見本, 典型; 代表的な例. ❷ (動植物などの) 標本.
▶❶a fine *specimen* of a Japanese garden 日本庭園のすばらしい見本.

speck /spék スペック/ 名 ❶ C (小さい)しみ, きず, 斑点(はんてん). ❷ C 小粒, 小片. ❸ 《ふつう否定文で》わずかの….
▶❶a *speck* on the tablecloth テーブルクロスのしみ. ❸There is *not a speck of* doubt about it. それには疑問の余地はまったくない.

speck·le /spékl スペクル/ 名 C (たくさんある)斑点(はんてん).

speck·led /spékld スペクルド/ 形 斑点(はんてん)のある, まだらの.

specs /spéks スペックス/ 名 複 《口語》めがね (❂spectacles の短縮形).

***spec·ta·cle** /spéktəkl スペクタクル/ 名 (複 ~s /-z/)
❶ C すばらしいながめ, 光景, 壮観.
❷ C 壮大な見世物, スペクタクル.
❸ C 《ふつうでない, 悲惨な》様子, 情況.
❹ 《複数形で》めがね (❂ふつう glasses という).
▶❶Dawn at sea was a fine *spectacle*. 海の夜明けはすばらしいながめだった / the grand *spectacle* of the Himalayas ヒマラヤ山脈の雄大な光景.
❸a sad *spectacle* あわれな様子.
❹He took off 〔put on〕 his *spectacle-*

cles. 彼はめがねをはずした〔かけた〕 / a pair of *spectacles* めがねひとつ.
***make a spectacle of** oneself* 人のもの笑いの種になる,みっともないことをする.

☞ 形spectacular.

spec·tac·u·lar /spektǽkjulər スペクタキュラ/ ((★アクセント注意))形壮観な, 目を見張るような,すごい,はなばなしい; 劇的な. — 名Cすばらしい催物[見せ物].

▶形*spectacular* scenes はなばなしい場面.

☞ 名spectacle.

***spec·ta·tor** /spékteitər スペクテイタ|spektéitə/ 名(複 ~s /-z/)C ❶(スポーツの) **見物人**, 観客. ❷傍観者.

spec·ter /spéktər スペクタ/ 名《文語》C
❶幽霊, お化け. ❷(イメージとして)恐ろしいもの.

spec·tra /spéktrə スペクトラ/ 名spectrumの複数形.

spec·tre /spéktər スペクタ/ 名《英》= specter.

spec·trum /spéktrəm スペクトラム/ 名(複 spec·tra /spéktrə/, ~s /-z/)C 〖光学〗スペクトル.

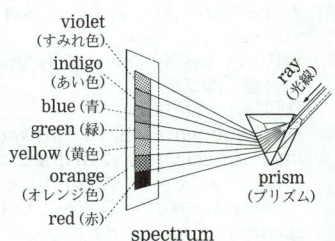

violet (すみれ色)
indigo (あい色)
blue (青)
green (緑)
yellow (黄色)
orange (オレンジ色)
red (赤)
ray (光線)
prism (プリズム)
spectrum

spec·u·late /spékjulèit スペキュレイト/ 動(~s /-ts/; -lat·ed /-id/; -lat·ing)⦿
❶ (十分な根拠なしに)考える,推測する.
❷投機をする.

▶❶*speculate* about [on] the future 未来についてあれこれ考える.

☞ 名speculation, 形speculative.

spec·u·la·tion /spèkjuléiʃən スペキュレイション/ 名UC ❶ (十分な根拠のない)推測. ❷投機.

☞ 動speculate.

spec·u·la·tive /spékjulèitiv スペキュレイティヴ|-lətiv/ 形 ❶ (事実に基づかない)

空論の, 推測の.
❷投機的な.

☞ 動speculate.

spec·u·la·tor /spékjulèitər スペキュレイタ/ 名C投機家,相場師.

sped /spéd スペッド/ 動speedの過去形・過去分詞形.

***speech** /spíːtʃ スピーチ/ 名(複 ~es /-iz/)
❶C**演説**, スピーチ.
❷U話すこと, 言論.
❸U話す能力, 言語能力.
❹U話し方.
❺U話しことば. ❻U〖文法〗話法.

❶He made [gave] a long *speech*. 彼は長い演説をした / the opening [closing] *speech* 開会〔閉会〕の辞.
❷freedom of *speech* 言論の自由 / ことわざ *Speech* is silver, silence is golden. 雄弁は銀, 沈黙は金(いろいろ話をするよりだまっているほうがよい場合がある). ❸ Animals don't have *speech*. 動物は話せない / lose *one's speech* 恐怖・脳溢血(いっけつ)などで口がきけなくなる.
❹informal *speech* くだけた話し方.
❻direct 〔indirect〕 *speech* 直接〔間接〕話法.

☞ 動speak.

speech·less /spíːtʃləs スピーチレス/ 形 (怒り・ショックなどで)(一時的に)口がきけない.

▶She was *speechless* with shock. 彼女はショックで口がきけなかった.

***speed** /spíːd スピード/ 名(複 ~s /-dz/) UC**速度, スピード**.
— 動(~s /-dz/; sped /spéd/, ⦾ ❸, ⦿ ❷の場合は ~ed /-id/; ~·ing)⦿
❶**速く動く**, 急ぐ.
❷(時間が)速く過ぎる.
❸《ふつう現在分詞形で》(車が[で])スピード違反をする(☞speeding).
— ⦾ ❶(仕事などを)急がせる.
❷…の速度を早める, …を加速する.

名His car was running at a *speed* of 80 miles an hour. 彼の車は時速80マイルで走っていた / gather [pick up] *speed* 速度を増す / at full [《米》top] *speed* 全速力で / at a slow *speed* ゆっくりと.

speedboat

類語 **speed** は「速さ」を表わす一般的な語；**velocity** は「一定の方向に動く速度(とくに高速度)」を意味する物理学の用語.

at speed スピードを出して，大急ぎで. ☞ 形 speedy.

— 動 自 ❶ He *sped* along the street. 彼は通りを急いで行った.

speed up 他 ①…のスピードを上げる，速度を速める：*speed up* production 生産の速度を速める. ②…を促進させる.
— 自 スピードを出す，速くなる：She *speeded up* to pass a car. 彼女は車を追い越すためにスピードを上げた. ☞ 形 speedy.

speed·boat /spíːdbòut スピードボウト/ 名 C 快速モーターボート.

speed·i·ly /spíːdəli スピーディリ/ 副 ❶ 速く. ❷ すぐに.

speed·ing /spíːdiŋ スピーディング/ 名 U 自動車のスピード違反.
▶ He was fined for *speeding*. 彼はスピード違反で罰金をとられた.

spéed limit 名 C (自動車の)制限速度.

speed·om·e·ter /spidámətər スピダメタ/ 名 C (自動車などの)速度計.

speed·way /spíːdwèi スピードウェイ/ 名 ❶ U オートレース. ❷ C オートレースのコース.

speed·y /spíːdi スピーディ/ 形 (speed·i·er; speed·i·est) ❶ 速い，敏速な. ❷ さっそくの，即時の.
▶ ❶ a *speedy* worker 仕事の速い人. ❷ a *speedy* answer 即答. ☞ 名 speed.

＊**spell**¹ /spél スペル/ 動 (~s /-z/; ~ed /-d/, spelt /spélt/; ~·ing) 他 ❶ (語)をつづる，(語)のつづりを書く[言う] (♦「つづり」という意味の名詞は spelling で spell ではない). ❷ (~というつづりで)…という単語になる (♦ 受身形には用いない).
— 自 単語をつづる，単語を正しく書く.

．．．．．．．．．．．．．．．．．．．．．．．．．．．．．．．
他 ❶ How do you *spell* your name? 君の名前はどうつづりますか / My name is *spelled* S-T-E-V-E. 私の名前は S-T-E-V-E というつづりです. ❷ L-O-V-E *spells* 'love.' L-O-V-E とつづって love となる.

— 自 learn to *spell* つづりをおぼえる.

spell out 他 ① …を一字一字書く[言う]. ② …を詳細に説明する：She *spelled out* his duties. 彼女は彼の仕事の内容をはっきりさせた. ③ …を略さずに完全なつづりにする.

＊**spell**² /spél スペル/ 名 (複 ~s /-z/) C ❶ (ある状態や活動の続く)期間. ❷ 短時間. ❸ 発作(ほっさ).
▶ ❶ We had a long *spell* of rainy weather. 雨が長く続いた. ❷ rest (for) a *spell* しばらく休憩する. ❸ have a *spell* of dizziness めまいに襲われる.

spell³ /spél スペル/ 名 ❶ C まじない(のことば，しぐさ)，呪文(じゅもん). ❷ 《単数形で》魅力.
▶ ❶ The fairy cast [set] a *spell* on [over] the prince. 妖精は王子にまじないをかけた / The *spell* was broken. まじないが解けた. ❷ under the *spell* of her beauty 彼女の美に魅せられて.

spell·bound /spélbàund スペルバウンド/ 形 ❶ 魔法にかけられた. ❷ 魅了された，うっとりさせられた.

spell·check·er /spéltʃèkər スペルチェカ/ 名 C 【電算】スペルチェッカー《文書ファイルの中の単語のつづりの誤りを指摘するプログラム》.

＊**spell·ing** /spéliŋ スペリング/ 名 (複 ~s /-z/) ❶ C つづり. ❷ U 語のつづり方.
▶ ❶ Some words have two *spellings*, American and British. 単語の中にはアメリカ式とイギリス式のふたつのつづりのあるものがある. ❷ What is the *spelling*? どういうつづりですか.

spélling bèe 名 C 《米》つづり字競争《ふた組に分かれて難しいつづり字を出し合って競争する》.

spelt /spélt スペルト/ 動 spell¹の過去形・過去分詞形.

＊＊**spend** /spénd スペンド/ 動 (~s /-dz/; spent /spént/; ~·ing) 他 ❶ (金)を使う (♦「むだに使う，浪費する」は waste). ❷ ⓐ (時間)を過ごす. ⓑ 《*spend* ... *do*ing》__して…(時間)を過ごす. ❸ (労力など)を使う.

abcdefghijklmnopqr**s**tuvwxyz

― 圓金を使う, 浪費する.

他 ❶I have *spent* all the money. 私はその金をみんな使ってしまった / My sister *spent* 500 dollars *on* [*for*] her new dress. 姉は新しいドレスに500ドル使った.

❷ⓐHow did you *spend* the weekend? 週末をどう過ごしましたか. ⓑHe *spent* the afternoon (*in*) *making* a model plane. 彼は午後を模型飛行機を作って過ごした.

spend·ing /spéndiŋ スペンディング/ 名Ⓤ 支出, 出費.

spend·thrift /spéndθrìft スペンドスリフト/ 名Ⓒ 金使いの荒い人.
― 形 金使いの荒い.

*__spent__ /spént スペント/ 動 spend の過去形・過去分詞形.
― 形 ❶疲れ切った. ❷使い果たした.

sperm /spə́ːrm スパーム/ 名 (複 sperm, ~s /-z/) ❶Ⓤ 【生理】精液. ❷Ⓒ 精子 (❖「卵子」は ovum).

spew /spjúː スピュー/ 動 圓 噴出する, どっと出る.

sphere /sfíər スフィア/ 名Ⓒ ❶球, 球体; 天体. ❷ (興味・活動・勢力などの)範囲, 領域.
▶❶a heavenly *sphere* 天体.
☞ 形 spherical.

spher·i·cal /sfíərikəl スフィ(ア)リカル, sfér-/ 形 ❶球の, 球形の, 丸い; 球面の.
❷天体の.
☞ 名 sphere.

sphinx /sfíŋks スフィンクス/ 名 (複 ~es /-iz/) ❶《**the Sphinx** で》《ギリシア神話》スフィンクス.

INFO 胸より上は女性で, ライオンの胴に翼を備えた怪物. 通行人に「朝は4本足, 昼は2本足, 夜は3本足のものは何か」というなぞをかけて解けないものを殺したという. このなぞの答えは「人間」(赤ん坊の時ははっていくから4本足, 老人になると杖(⁀)をつくから3本足)である.

❷ⓐⒸ (エジプトの)スフィンクス 《エジプトにある巨像; 人間または動物の首とライオンの胴をもった怪物》. ⓑ《**the Sphinx** で》(エジプトのギザ (Giza) 付近にある)スフィンクスの大石像.

*__spice__ /spáis スパイス/ 名 (複 spic·es /-iz/)

❶ⓊⒸ (粉末状の)薬味, 香辛(ā)料, 香味料, スパイス.
❷Ⓤ おもしろみ.
― 動 (現分 spic·ing) 他 ❶…に香辛料を加える. ❷…に(おもしろみなど)を添える.
▶名 ❷His writing lacks *spice*. 彼の書いたものはおもしろみがない.
☞ 形 spicy.

spic·y /spáisi スパイスィ/ 形 (spic·i·er; spic·i·est) ❶香料入りの, 薬味を入れた. ❷(話などが)きわどい, 下品な.
☞ 名 spice.

*__spi·der__ /spáidər スパイダ/ 名 (複 ~s /-z/) Ⓒ 【動物】クモ.

spike /spáik スパイク/ 名Ⓒ ❶(鉄道のレールを留める)大くぎ. ❷長くて先端のとがったもの. ❸くつ底のくぎ, スパイク.
― 動 (現分 spik·ing) 他 ❶…を大くぎで打ちつける; …にスパイクを打ちつける. ❷…を(スポーツではく)スパイクで傷つける.

*__spill__ /spíl スピル/ 動 (~s /-z/; ~ed /-d/, spilt /spílt/; ~ing) 他 (容器にはいっている物)を**こぼす**(☞milk 名).
― 圓 (容器にはいっている物が)こぼれる.
― 名Ⓒ こぼれること; こぼれ.

動 他 Tom *spilled* coffee on the tablecloth. トムはコーヒーをテーブルクロスにこぼした.
― 圓 Some milk *spilled* from the glass. ミルクがコップからこぼれた.

spilt /spílt スピルト/ 動 spill の過去形・過去分詞形.

*__spin__ /spín スピン/ 動 (~s /-z/; spun /spʌ́n/; spin·ning) 他 ❶(糸など)を**紡**ぐ.
❷(クモなどが)(糸)を紡ぐように出す, (巣)をかける.
❸(こまなど)をくるくる回す.
― 圓 ❶**くるくる回る**.
❷**糸を紡ぐ**.
❸(クモなどが)糸を出す, 巣をかける.
❹(車などが)疾走する.
❺めまいがする, (頭が)くらくらする.
― 名Ⓒ ❶《単数形で》回転.
❷《**a** をつけて》(車の)ひと乗り.
❸Ⓒ (飛行機の)きりもみ降下.
❹《**a** をつけて》急落.

spinach

動 他 ❶ *spin* wool into yarn 羊毛を紡いで糸にする / *spin* yarn out of wool 羊毛から糸を紡ぐ. ❷ *spin* a web クモが巣をかける. ❸ *spin* a top こまを回す.

A boy is *spinning* his top.
(男の子がこまを回している)

— 自 ❺ My head is *spinning*. 私はめまいがする.

spin out 他 (話など)をだらだら引き延ばす.

— 名 ❷ go for *a spin* ちょっとドライブに出かける.

in a (flat) spin 《英口語》(心が)混乱状態で.

spin·ach /spínitʃ スピニチ|-idʒ/《★発音注意》名Ⓒ【植物】ホウレンソウ.

spi·nal /spáinl スパイヌル/ 形 背骨の, 脊椎(ᵏᵘⁱ)の. ☞ 名spine.

spínal córd 名《the をつけて》脊髄(ᶻᵘⁱ).

spínal cólumn 名《the をつけて》脊柱(ᶜʰᵘ)(❍spine ともいう).

spín dòctor 名Ⓒ《口語》スピンドクター《情報操作のうまいスポークスマン》.

spine /spáin スパイン/ 名Ⓒ ❶ 背骨, 脊柱(ᶜʰᵘ)(❍the spinal column ともいう). ❷(ヤマアラシ (porcupine)・サボテン (cactus) などの)とげ, 針. ❸ 本の背.
☞ 形spinal.

spine·less /spáinləs スパインレス/ 形 ❶ 無脊椎(ᶜʰᵘⁱ)の, 背骨のない. ❷ 勇気のない, 決断力のない.

spín·ning whèel /spíniŋ- スピニング・/ 名Ⓒ 紡ぎ車《むかし糸を紡いだ糸車; ❍単にwheel ともいう》.

spin-off /spínɔ(ː)f スピノ(ー)フ/ 名《複》~s /-s/ Ⓒ 副産物.

spin·ster /spínstər スピンスタ/ 名Ⓒ《文語》(中老年の)未婚婦人(《❍「オールドミス」は和製英語》).

spi·ral /spáiərəl スパイ(ア)ラル/ 形 螺旋(ᵏᵃⁿ)状の, ねじ状の. — 名Ⓒ 渦巻き曲線, 螺旋(状の物).

— 動 (~s /-z/; ~ed, 《英》spi·ralled /-d/) ~·ing, 《英》spi·ral·ling /自 ❶ 螺旋状に進む, 螺旋状に上昇[下降]する. ❷ (価格などが)急上昇する.

spíral stáircase 名Ⓒ 螺旋(ᵏᵃⁿ)階段(《❍corkscrew staircase ともいう》).

spire /spáiər スパイア/ 名Ⓒ (教会などの)とがり屋根(☞steeple).

***spir·it** /spírit スピリット/ 名《複》~s /-ts/
❶ Ⓤ (肉体・物質に対して) **精神**, 心.
❷ Ⓤ 魂, 霊, 霊魂(ᵏᵒⁿ)(☞soul).
❸ Ⓤ 精霊, 幽霊, 妖精(ᵏᵒⁱ).
❹ Ⓤ (心の働きとしての) **精神**, 魂.
❺ Ⓤ 意欲, 元気, 気迫, 熱意; 活気.
❻ 《複数形で》気分, 機嫌(ᵏᵉⁿ).
❼ Ⓤ (形式に対して) 精神, (法律などの)真意.
❽ 《複数形で》アルコール, (ウイスキー・ジンなどの)強い酒.
— 動 他 …を誘拐(ᵏᵃⁱ)する.

名 ❶ body and *spirit* 肉体と精神 / the poor in *spirit* 心の貧しい人々.
❸ believe in *spirits* 幽霊を信じる / evil *spirits* 悪霊(ʳʸᵒ).
❹ public *spirit* 公共心 / the samurai *spirit* 武士魂.
❺ You lack *spirit* today. 君はきょうは元気がないね / a man of *spirit* 気迫[活気]のある男.
❻ Keep up your *spirits*! 元気を出せ / She was in good *spirits*. 彼女は機嫌がよかった.
❼ the true *spirit* of the law その法律の精神.
☞ 形spiritual.

spir·it·ed /spíritid スピリティド/ 形 元気のよい, 活気のある.
▸ a *spirited* debate 活気のある討論.

***spir·i·tu·al** /spíritʃuəl スピリチュアル/ 形 (more ~; most ~) ❶ **精神的な**, 霊的な, 心の(反 material). ❷ 宗教に関する, 教会の. ❸ (考えなどの)高尚(ᶜʰᵒ)な, 崇高(ᵏᵒ)な.
— 名Ⓒ (黒人)霊歌《アメリカの黒人の信仰の歌; ❍Negro spiritual ともいう》.

形 ❶ the *spiritual* life 精神生活.
☞ 名spirit.

spir·i·tu·al·ism /spíritʃuəlìzm スピリチュアリズム/ 名Ⓤ ❶ 心霊論《死者の霊とは

splendidly

霊媒(????)を介して話ができるという説). ❷心霊術, 霊媒術.

spir·it·u·al·ly /spírit∫uəli スピリチュアリ/ 副 精神的に, 霊的に.

*__spit__¹ /spít スピット/ 動 (~s /-ts/; spat /spǽt/; spit·ting) 圓 ❶つばを吐く.
❷《it を主語にして》(雨・雪などが)パラパラ降る.
❸(火などが)パチパチ音をたてる.
❹(おこったネコなどが)フーッという.
— 他 ❶(口から)…を吐き出す.
❷(怒り・軽蔑(????)などの気持ちで)…を吐き出すように言う.
— 名 ⓤ つば.
▶動 圓 ❶ He *spat* in the man's face. 彼はその男の顔につばを吐きかけた.
— 他 ❶ *spit* out a piece of candy キャンディーを吐き出す.
❷ *spit* out a few words ふたことみこと吐き出すように言う.

spit² /spít スピット/ 名 ⓒ (肉を焼くのに用いる)焼きぐし.

*__spite__ /spáit スパイト/ 名 ⓤ 悪意, 恨(??)み, 意地悪.
— 動 (現分 spit·ing) 他 …に意地悪をする.

名 out of [from] spite 悪意から.
in spite of ... …にもかかわらず, …を無視して: He went out *in spite of* the rain. 彼は雨にもかかわらず出かけた.
in spite of oneself 思わず, われ知らず: I cried out *in spite of myself* when I saw the lizard. 私はトカゲを見て思わず大声をあげた.

spite·ful /spáitfəl スパイトフル/ 形 意地悪な, 悪意に満ちた.

spite·ful·ly /spáitfəli スパイトフリ/ 副 意地悪く, 悪意から.

*__splash__ /splǽ∫ スプラッシュ/ 動 (~es /-iz/; ~ed /-t/; ~ing) 他 ❶ (水・泥など)を**はね散らす**, はねかける.
❷(水・泥など)…にはねかかる.
— 圓 ❶ (水・泥などが)**はね散る**.
❷(人が)水, 泥などをはねちらす, バチャバチャする.
❸ ⓐ (水などに)バシャッとはいる.
ⓑ 水をはね散らして進む.
— 名 (複 ~es /-iz/) ⓒ ❶ バチャバチャはねること[音]. ❷ はね, しみ, 汚(??)れ.

❸ 斑点(????).
— 副 バシャッと.
▶動 他 ❶ *splash* water about 水をまわりにはねかける.

A passing car *splashed* mud *on* me.
= A passing car *splashed* me *with* mud.
(通りかかった車が私に泥をはねかけた)

❷ The mud *splashed* my coat. 上着に泥がはねかかった.
— 圓 ❶ The rain *splashed* on the window. 雨が窓にはねかかった.
❷ The children are *splashing* in the pond. 子どもたちが池で水をバチャバチャやっている.
— 名 ❶ jump into the water with a *splash* ザブンと水の中に飛びこむ.
make a splash《口語》大評判をとる, 世間をあっといわせる.

☞ 形 splashy.

splash·y /splǽ∫i スプラシィ/ 形 (splash·i·er; splash·i·est) ❶ ぬかる, 泥水のはねる. ❷ はねのかかった. ❸《米口語》目だつ, はでな.

☞ 名 splash.

splat·ter /splǽtər スプラタ/ 動 圓 (泥などが)バチャバチャはねる. — 他 (泥など)をバチャバチャはねとばす.
— 名 ⓒ バチャバチャいう音.

splay /spléi スプレイ/ 動 他 ❶ …を外側に広げる.
❷ 【建築】(窓など)を隅切りする, 外広がりにする.

*__splen·did__ /spléndid スプレンディド/ 形 (more ~; most ~)
❶ みごとな, りっぱな.
❷《口語》すてきな, すばらしい.
▶ a *splendid* house りっぱな家 / *splendid* rainbow みごとなにじ.
❷ We had a *splendid* time. 私たちはすばらしい時を過ごした / a *splendid* idea すばらしい考え.

☞ 名 splendor.

splen·did·ly /spléndidli スプレンディド

splendor

リ/ 副 りっぱに,みごとに,すばらしく.

*__splen・dor, (英) splen・dour__ /splén-dər スプレンダ/ 名C ❶輝き,光輝. ❷《ときに複数形で》壮麗, 華麗;みごと, りっぱ.

▶❶the *splendor* of the sun 太陽の輝き. ❷the *splendor(s)* of the palace 宮殿の壮麗さ.

☞ 形 splendid.

splint /splínt スプリント/ 名C (骨折部にあてる)添え木,副木.
— 動 他 …に添え木を当てる.

splin・ter /splíntər スプリンタ/ 名C (木・骨・ガラスなどの)薄くとがったかけら,砕片;とげ.
— 動 他 …を裂く,割る.
— 自 裂ける,割れる.

*__split__ /splít スプリット/ 動 (~s /-ts/; split; split・ting) 他 ❶…を(縦に)**割る**,(布などを)裂く.

❷…を**分ける**,分割する.

❸…を**分裂させる**,分離させる.
— 自 ❶ 裂ける,割れる.
❷ 分裂する,(グループに)分かれる.
— 形 裂けた,割れた;分裂した,分割した.
— 名 (複 ~s /-ts/) C ❶ **裂け目**,割れ目. ❷ 分裂,仲間割れ.

- -

動 他 ❶ She *split* the log *into* three pieces. 彼女はその丸太を三つに割った. ❷I *split* the profits with him. 私は彼と利益を分けた. ❸ The dispute *split* the political party in two. 論争がもとでその政党はふたつに割れた.
— 自 ❶ *split in* [*into*] two まっぷたつに割れる. ❷ The boys *split into* three groups. 少年たちは三つのグループに分かれた.

split hairs (議論などでくだらないことに)細かい区別だてをする.

split *one's* **sides** 腹をかかえて笑う.

split up 自 (夫婦・友人・グループなどが)別れる,解散する: The club *split up*. クラブは解散した. — 他 ① (物)を分配する. ②(グループなど)を解散する,分割する.
— 名 ❶ a big *split* in the board その板の大きな裂け目.

splít sécond 名C 一瞬の間.

split-sec・ond /splít-sékənd スプリト・セカンド/ 形 ほんの一瞬の.

split・ting /splítiŋ スプリティング/ 形 割れるように痛む.
▶a *splitting* headache 割れるような頭痛.

splut・ter /splʌ́tər スプラタ/ 動 自 ❶ ブツブツ[パチパチ]音をたてる. ❷ (興奮して)早口にしゃべる.
— 名C ブツブツ[パチパチ]いう音.

*__spoil__ /spɔ́il スポイル/ 動 (~s /-z/; ~ed /spɔ́ild | spɔ́ilt/, spoilt /spɔ́ilt/; ~・ing) 他 ❶ …を**だめにする**; …をだいなしにする. ❷ (子どもなど)を**甘やかす**,(人)を甘やかして性格をだめにする.
— 自 だめになる,くさる.
— 名U《または複数形で》《文語》略奪したもの,戦利品.

- -

動 他 ❶ The rain *spoiled* our weekend trip. 雨で私たちの週末旅行はつまらないものになった. ❷ She *spoiled* her only son. 彼女はひとり息子を甘やかしてだめにした.
— 自 Milk *spoils* quickly in summer. 夏は牛乳がすぐくさる.

be spoiling for a fight けんかがしたくてうずうずしている.

spoilt /spɔ́ilt スポイルト/ 動 spoilの過去形・過去分詞形.
— 形 甘やかされた.
▶形 a *spoilt* [= *spoiled*] child 甘やかされていてだめな子.

spoke¹ /spóuk スポウク/ 名C ❶ (車輪の)スポーク,輻.
❷ (船の)舵輪(だりん)(helm)の取っ手.

put a spoke in ...'s wheel …のじゃまをする,…の計画の妨害をする.

*__spoke²__ /spóuk スポウク/ 動 speakの過去形.

*__spo・ken__ /spóukən スポウクン/ 動 speakの過去分詞形.
— 形 ❶ 口頭の,口で言う. ❷ 話[談話]に用いられる,口語の(⇔ 「文語の」は written).

- -

形 ❶ a *spoken* message 口頭の伝言. ❷ *spoken* language 口語,話しことば / *spoken* English 口語体の英語.

spokes・man /spóuksmən スポウクスマン/ 名 (複 spokes・men /-mən/) C ス

ポークスマン《代表者として正式に話す人》. ▶a *spokesman* for the government 政府のスポークスマン.

spokes・per・son /spóukspə̀ːrsn スポウクスパースン/ 名 C 代弁者, スポークスマン《✿性別を示す spokesman, spokeswoman の使用を避けるために用いられる》.

spokes・wom・an /spóukswùmən スポウクスウマン/ 名 (複 -wom・en /-wìmin/) C 女性の代弁者, 女性のスポークスマン.

*__sponge__ /spʌ́ndʒ スパンヂ/《★発音注意》名 (複 spong・es /-iz/) ❶ U C スポンジ.
❷ C 〖動物〗海綿動物《岩や海草などにくっつく下等な動物》. ❸ U C 海綿状のもの. ❹ U C 《英》= sponge cake.
── 動 (現分 spong・ing) 他 ❶ …をぬらしたスポンジ[布]でふく. ❷《スポンジ[布]で》…を吸い取る. ❸ …を人からせびり取る.
── 自 液体を吸収する.
▶名 *throw in the sponge*《口語》敗北を認める.
── 動 他 ❶ *sponge* the baby's face 赤ちゃんの顔をスポンジでふく. ❷ *sponge* up spilled milk こぼれたミルクを吸い取る.

sponge on [*off*] *...* …の世話になって暮らす.

spónge càke 名 U C スポンジケーキ《カステラの類》.

spong・y /spʌ́ndʒi スパンヂィ/ 形 (spong・i・er; spong・i・est) 海綿[スポンジ]状の; 小穴の多い.

☞ 形 sponge.

*__spon・sor__ /spɑ́nsər スパンサ | spɔ́nsə/ 名 (複 ~s /-z/) C ❶ (ラジオ・テレビの民間放送の)**スポンサー**. ❷ 保証人, (人や物に)責任をもつ人. ❸ 後援者, 後援組織; 発起人, 主唱者.
── 動 (~s /-z/; ~ed /-d/; ~ing /-sərɪŋ/) ❶ (民間放送)のスポンサーになる. ❷ …の保証人になる. ❸ (提案など)の発起人となる.
▶動 他 ❶ *sponsor* a TV program テレビ番組のスポンサーになる.

spon・ta・ne・i・ty /spɑ̀ntəníːəti スパンタニーイティ/ 名 U (行動などが)自然に現われること, 自発性.

☞ 形 spontaneous.

spon・ta・ne・ous /spɑntéɪniəs スパンテイニアス/《★アクセント注意》形
❶ (行動などが)自発的な, 任意の; 無意識的な, 自然に出る. ❷ (現象などが)自然発生的な.
▶❶ a *spontaneous* offer of help 自発的な援助の申し出. ❷ *spontaneous* combustion 自然発火.

☞ 名 spontaneity.

spon・ta・ne・ous・ly /spɑntéɪniəsli スパンティニアスリ/ 副 自発的に, 自然に.

spoof /spúːf スプーフ/ 名 ❶ C ちゃかし, パロディ. ❷《形容詞的に》もじりの, パロディの.

spook /spúːk スプーク/ 名 C《口語》幽霊, お化け《☞ ghost》.
── 動 他《口語》(人・馬など)をおびえさせる.

spook・y /spúːki スプーキ/ 形 (spook・i・er; spook・i・est) 幽霊の出そうな, 気味の悪い.

spool /spúːl スプール/ 名 C ❶ⓐ《米》糸巻き《✿《英》では reel¹》. ⓑ (釣りざおの)リール. ⓒ (フィルムなどの)リール. ❷ 巻いたもの.
▶❷ two *spools* of film フィルム2本.

***spoon /spúːn スプーン/ 名 (複 ~s /-z/) C ❶ **スプーン**, さじ《☞ fork》.
❷ スプーン1杯(分の量)《✿ spoonful ともいう》.
❸ さじ形の物.
── 動 他 …をスプーンですくう.

名 ❶ eat ice cream with a *spoon* スプーンでアイスクリームを食べる.
❷ a *spoon* of sugar スプーン1杯分の砂糖.

be born with a silver spoon in one's mouth 金持ちの家に生まれる(銀のさじを口にくわえて生まれる).

spoon-feed /spúːnfìːd スプーン・フィード/ 動 (~s /-dz/; -fed /-fèd/; ~ing /-ɪŋ/) 他 ❶ (人)にスプーンで食べさせる. ❷ …にていねいに教える. ❸ …を甘やかす.

spoon・ful /spúːnfùl スプーンフル/ 名 (複 ~s /-z/, spoons・ful /spúːnzfùl/) C スプーン1杯(分の量)《✿単に spoon ともいう》. ▶two *spoonfuls* [*spoonsful*] of sugar 砂糖スプーン2杯.

sporadic

spo·rad·ic /spərǽdik スポラディック/ 形
❶ ときどき起こる, ときおりの. ❷ まばらの. ❸ (病気が)(伝染病でなく)突発性の.

spo·rad·i·cal·ly /spərǽdikəli スポラディカリ/ 副 ❶ ときどき. ❷ まばらに, ところどころに. ❸ 突発的に.

**sport /spɔ́ːrt スポート/ 名 (複 ~s /-ts/)
❶ UC **スポーツ** (《狩猟・釣り・競馬なども含む》).
❷《しばしば複数形で; 形容詞的に》ⓐ スポーツの. ⓑ スポーツ用の. ⓒ (衣服などが)ふだん着の.
❸《複数形で》《英》運動会, 競技会.
❹ C《口語》(スポーツマンのような)負けてもくよくよしない人, さっぱりした人; いい人.
— 動 ⾃《文語》ふざける, 楽しむ, 遊ぶ.
— 他《口語》…を見せびらかす.

・・・・・・・・・・・・・・・・・・

名 ❶ I'm very fond of *sport(s)*. 私はスポーツが大好きだ / Swimming is my favorite *sport*. 水泳はわたしの大好きなスポーツです. ❷ⓐ the *sports* page (新聞などの)スポーツ欄. ⓑ *sport(s)* shoes 運動ぐつ. ⓒ a *sport(s)* shirt スポーツシャツ / a *sport(s)* jacket スポーツジャケット. ❸ The school *sports* were put off. 学校の運動会は延期された.
in sport ふざけて, 冗談に.
make sport of ... …をからかう.
☞ 形 sporty.

sport·ing /spɔ́ːrtiŋ スポーティング/ 形
❶ⓐ スポーツの, スポーツ用の (☞ sport 名 ❷). ⓑ スポーツ好きな, 狩猟好きな.
❷ スポーツマンらしい, 正々堂々の.
▶ ❶ⓐ a *sporting* gun 猟銃 / *sporting* goods 運動具. ⓑ a *sporting* man スポーツ好きな男, 狩猟家. ❷ You are very *sporting*. = It's very *sporting* of you. 君はとても公正だ.

spórts càr 名 C スポーツカー.

sports·cast /spɔ́ːrtskæst スポーツキャスト/ 名 C 《米》スポーツ放送.

***sports·man** /spɔ́ːrtsmən スポーツマン/ 名 (複 sports·men /-mən/) C ❶ スポーツマン 《とくに狩猟・釣り・乗馬などの好きな男; ☞ sport 名 ❶;✪日本語の「スポーツマン」は athlete に相当することが多い》.
❷ スポーツマンらしく正々堂々とした男.

sports·man·like /spɔ́ːrtsmənlàik スポーツマンライク/ 形 スポーツマンらしい[にふさわしい].

sports·man·ship /spɔ́ːrtsmənʃip スポーツマンシップ/ 名 U スポーツマン精神.

sports·wear /spɔ́ːrtswèər スポーツウェア/ 名 U《集合的に》スポーツ着, 運動着.

sports·wom·an /spɔ́ːrtswùmən スポーツウーマン/ 名 (複 -wom·en /-wìmin/) C スポーツウーマン.

sport·y /spɔ́ːrti スポーティ/ 形 (sport·i·er; sport·i·est) 《口語》❶ (服装が)はでな. ❷ 《英》スポーツ好きな. ❸ (車が)スポーティーで速い.
☞ 名 sport.

***spot** /spɑ́t スパット | spɔ́t/ 名 (複 ~s /-ts/)
❶ C 地点, 場所.
❷ C しみ, よごれ.
❸ C (小さな)斑点(はん), まだら.
❹ C にきび, ほくろ, 吹き出物.
❺《**a spot of ...**》《英口語》少量の…, わずかな….   ❻ C = **spotlight** ❶.
— 動 (~s /-ts/; spot·ted /-id/; spot·ting) 他 (多くの中, 広い場所で)…を見つける, 見ぬく.
— ⾃ よごれる, しみがつく.

・・・・・・・・・・・・・・・・・・

名 ❶ a quiet *spot* 静かな場所.
❸ a black dog with white *spots* 白いぶちの黒犬.
❹ Measles gives you *spots* all over. はしかにかかると全身に吹き出物ができる.
❺ *a spot of* sugar 少量の砂糖.
on the spot ①その場で, すぐに: She bought it *on the spot*. 彼女はその場でそれを買った. ②現場に[で]: Five minutes later the patrol car was *on the spot*. 5分後に(警察の)パトロールカーは現場に到着した.
☞ 形 spotty.
— 動 他 We *spotted* a yacht in the offing. 私たちは沖にヨットを見つけた / *spot* a mistake まちがいを見つける.

spót chèck 名 C 抜き打ち検査.

spot·less /spɑ́tləs スパトレス/ 形 ❶ しみのない, よごれのない. ❷ 欠点のない, 純潔な.

spot·light /spɑ́tlàit スパトライト/ 名

❶©(舞台上のひとり,一点をとくに強く照明する)スポットライト《✿単にspotともいう》.
❷《theをつけて》(世間の)注目,注視.
▶❷He is now in *the spotlight*. 彼は今世間の注目をあびている.

spot·ted /spɑ́tid スパテッド/ 形 しみのある,斑点(はん)のある.
▶a *spotted* dog ぶちの犬.

spot·ty /spɑ́ti スパティ/ 形 (**spot·ti·er**; **spot·ti·est**) ❶しみだらけの,斑点(はん)の多い. ❷《米》(仕事などが)むらのある. ❸《英口語》にきびだらけの.
☞ 名 spot.

spouse /spáus スパウス, spáuz/ 名 © 配偶者.

spout /spáut スパウト/ (★発音注意) 動 他
❶(液体・炎など)を吹き出す.
❷《口語》…をとうとうとまくしたてる.
—⾃ (液体・炎などが)吹き出る.
— 名 © ❶(水さしなどの)口.
❷(液体・炎などの)ほとばしり,噴出;噴水.

sprain /spréin スプレイン/ 動 他 (手首・足首など)をくじく,ねんざする. — 名 © ねんざ,筋違い.

sprang /spræŋ スプラング/ 動 springの過去形.

sprawl /sprɔ́ːl スプロール/ 動 ⾃ ❶(腰を下ろしたり,横たわったりして)手足をだらりと伸ばす;腹ばいになる;大の字に寝そべる. ❷(樹木などが)不規則に広がる,(文字が)のたくる. ❸(都市などが開発で)無計画に広がる. — 他 (手足)をだらしなく伸ばす,(体)を大の字に倒す.
— 名 © ❶だらしなく大の字に寝そべること. ❷ぶざまな[不規則な]広がり.

*__spray__ /spréi スプレイ/ 名 (複 ~s /-z/)
❶Ⓤしぶき,水煙.
❷ⓊC(殺虫剤・消毒液・香水などの)噴霧(ふん)液,スプレー. ❸©噴霧器,吸入器.
— 動 (~s /-z/; ~ed /-d/; ~ing) 他
❶…にしぶきをかける.
❷(殺虫剤・香水・塗料など)を吹きかける.
—⾃ ❶しぶきとなって飛び散る. ❷霧を吹く.
▶名 ❶sea *spray* 海水のしぶき.
— 動 他 ❷She *sprayed* paint *on* the kitchen wall. 彼女は塗料を台所の壁に吹きつけた.

*__spread__ /spréd スプレッド/ (★発音注意) 動 (~s /-dz/; spread; ~ing) 他
❶(たたんであるものなど)を**広げる**,伸ばす.
❷…を**一面にぬる**.
❸…を**まきちらす**.
❹(うわさ・知識・ニュースなど)を広める.
❺(一時期に集中せずに)…を長期間に延ばす.
—⾃ ❶**広がる**.
❷(知識・うわさなどが)広まる,伝わる.
❸(一時期に集中しないで)長期間に延びる.
— 名 (複 ~s /-dz/) ❶《単数形で;ふつう **the** をつけて》ⓐ**広がること**,広げること.
ⓑ(教育などの)普及;(病気の)流行.
❷©広がり,幅,範囲.
❸ⓊC(米)(パンに塗る)スプレッド《バター・ピーナッツバターなど》.

･･･････････････････････････････････

動 他 ❶The eagle *spread* its wings. そのワシは翼を広げた / *spread* a map 地図を広げる / *spread* a blanket *on* the bed＝*spread* the bed *with* a blanket ベッドに毛布をかける.
❷She *spread* margarine *on* the toast.＝She *spread* the toast *with* margarine. 彼女はトーストにマーガリンを塗った.
❸*spread* fertilizer over the field 畑に肥料をまく.
❹The villagers *spread* the news. 村人たちはそのニュースを広めた.
❺*spread* the payments over a year 1年間にわたって分割支払いをする.
—⾃ ❶The city *spreads* for 8 kilometers to the north. 町は北の方へ8キロ広がっている.
❷The news quickly *spread* all over the town. そのニュースはすぐ町中に広まった.
❸*spread* over a year 1年間にわたる.

spread oneself ①広がる. ②(人が)手足を伸ばす,大の字になる. ③《口語》よく思われようといろいろ努力する,見えを張る.
— 名 ❶ⓑthe *spread* of civilization 文明の普及.

spréad éa·gle 名 © 翼を広げたワシ《ア

squabble

squab·ble /skwábl スクワブル/ 動 (現分 -bling) 自 (つまらないことで)口げんかする.
— 名 C (つまらないことでの)けんか, 口論.

squad /skwád スクワッド/ 名 C ❶ (軍隊の)分隊 (いくつか集まって小隊 (platoon) となる); (警察の)隊, 班. ❷ (小人数の)一隊, 一団.

squád càr 名 C (警察の)パトカー (◎ patrol car ともいう; (米)では cruiser, prowl car).

squad·ron /skwádrən スクワドロン/ 名 C ❶ [陸軍] 騎兵大隊. ❷ [海軍] 小艦隊 (艦隊の一部). ❸ (米)飛行大隊; (英)飛行中隊. ❹ 団体, 一団.

squal·id /skwálid スクワリッド/ 形 ❶ きたならしい, むさくるしい. ❷ 卑劣な.

squall /skwɔ́ːl スクウォール/ 名 C 突風, スコール (短時間の局地的突風; よく雨や雪などをともなう).

squal·or /skwálər スクワラ/ 名 U ❶ きたなさ, むさくるしさ. ❷ 卑劣.

squan·der /skwɑ́ndər スクワンダ/ 動 他 (時・金など)をむだづかいする, 浪費する.

***square /skwéər スクウェア/
名 (複 ~s /-z/) C
❶ⓐ **正方形** (☞ triangle). ⓑ 四角いもの.
❷ 《しばしば固有名詞とともに》 (ふつう四角な)**広場** (四方を建物で囲まれている; 花や木が植えられていて小公園になっていることが多い; ☞ circus ❷).
❸ [数学] 平方, 二乗 (☞ cube ❷).
— 形 (squar·er /skwéərər/, squar·est /skwéərist/) ❶ **正方形の**; 四角な[の].
❷ 角張った, がっしりした.
❸ [数学] **平方の**, 二乗の.
❹ 貸し借りがない; 対等の, 五分五分の.
— 動 (~s /-z/; squared /-d/; squar·ing /skwéəriŋ/) 他 ❶ⓐ …を清算する, 貸し借りをなくす.
ⓑ (ゲームなど)を同点にする.
❷ …を適合させる, 一致させる.
❸ [数学] …を二乗する, 平方する.
— 自 ❶ […と] 適合する [with].
❷ […と] 一致する [with].
— 副 ❶ 直角に; 四角に.
❷ まともに, まっすぐに.
❸ 公平に, 正直に.

名 ❶ A *square* has four sides. 正方形には4辺がある.

[類語] 「長方形」は **oblong** または **rectangle**, 「三角形」は **triangle**, 「四角形」は **quadrangle**, 「五角形」は **pentagon**, 「六角形」は **hexagon**, 「七角形」は **heptagon**, 「八角形」は **octagon**.

❷ Washington *Square* ワシントン広場 (アメリカのニューヨーク (New York) 市マンハッタン (Manhattan) 五番街 (Fifth Avenue) 南端の広場). ❸ 9 is the *square* of 3. 9は3の平方[二乗]である.

back to square one 振り出しに戻って, 初めからやり直して (◎ 四角います目を用いるゲームの最初の目 (square one) に戻ることから).

on the square ①直角をなして. ②《口語》公平な[に], 正直な[に].

out of square ①直角をなさないで. ②乱雑な[に], 無秩序な[に]. ③不正な[に].

— 形 ❶ a *square* sheet of paper 正方形の紙 / a *square* box [table] 四角い箱 [テーブル]. ❷ He has *square* shoulders. 彼はがっしりした肩をしている. ❸ The park is two *square* miles. その公園は(広さが) 2 平方マイルある (◎ two miles *square* は「縦横2マイルの正方形, 2マイル平方」の意味で面積は four square miles 「4 平方マイル」になる; このように長さの単位の後に用いると「…の平方」「…の二乗」の意味になる). ❹ You had better get your accounts *square*. あなたは勘定を清算したほうがいい (貸し借りなしにしたほうがよい).

get square with ... 《口語》①…と同等になる; …と貸し借りなしになる. ②…に仕返しする.

— 動 他 ❸ 5 *squared* is 25. 5の二乗は25だ.

— 自 ❷ The theory does not *square with* the facts. その理論は事実と一致しない.

square away (米) 自 ①整頓(とん)する. ②準備する. — 他 (問題・仕事など)を片づける.

square up 自①清算する.②〔相手に向かって〕身構える〔*to*〕:It's time you *squared up to* the problem. あなたはその問題に真剣に取り組んでもいいころだ.

— 副 ***fair and square*** ①公正に.②まともに.

squáre bráck・et 名C《ふつう複数形で》角かっこ（[ ];☞ bracket ❶ の **INFO**）.

squáre dànce 名C スクエアダンス《ふたりずつ組んで四人が向かい合って踊るダンス》.

square・ly /skwéərli スクウェアリ/ 副
❶四角に;直角をなして. ❷真正面に,まともに. ❸はっきりと,きっぱりと. ❹公平に,正直に.

squáre róot 名C〔数学〕平方根.

squash¹ /skwɑ́ʃ スクワッシュ/ 動 (三単現 ~es /-iz/) 他 ❶…を押しつぶす. ❷…を〔狭い所へ〕押しこめる,詰めこむ〔*into*〕. ❸(暴動など)を鎮圧する.

— 自 ❶つぶれる,ぐしゃぐしゃになる.
❷割りこむ,押し進む.

— 名 ❶ C ぐしゃり[ぺたん]とつぶれること[音].
❷《単数形で》人ごみ,群衆.
❸ U 《英》スカッシュ《ソーダ水に果汁を入れて作った飲物》. ❹ a U = **squash rackets**. ❺ U = **squash tennis**.

▶ 動 他 ❶ *squash* the box 箱をつぶす.
❷ She *squashed* her clothes *into* her small suitcase. 彼女は服を小さなスーツケースに詰めこんだ.

— 自 ❷ *squash* into the bus バスに押し合って乗る.

squash² /skwɑ́ʃ スクワッシュ/ 名 (複 squash, ~es /-iz/) U C《米》〔植物〕カボチャ.

squásh ràckets 名 U スカッシュ《四方を壁で囲まれたコートでボールを壁にはね返し2回バウンドする前に相手が打ち返せないと得点になる;○単に squash ともいう》.

squásh tènnis 名 U《米》スカッシュテニス《squash rackets よりもすこし広いコートで行なう;○単に squash ともいう》.

squat /skwɑ́t スクワット/ 動 (~s /-ts/; squat・ted /-id/; squat・ting) 自 ❶しゃがむ,うずくまる.
❷(公有地や建物に)無断で居すわる.

— 形 ❶うずくまって. ❷ずんぐりした.

動 *squat down* しゃがむ.

squat・ter /skwɑ́tər スクワタ/ 名 C
❶うずくまる人. ❷無断居住者.

squawk /skwɔ́ːk スクウォーク/ 動 自
❶(めんどり・アヒル・カモなどが)ガーガー鳴く. ❷《口語》ブーブー不平を言う.

— 名 C ❶ ガーガー《めんどり・アヒル・カモなどの鳴き声》. ❷《口語》不平,不満.

squeak /skwíːk スクウィーク/ 動 自
❶(ちょうつがい・車輪・くつなどが)きしる,キーキー鳴る.
❷((ハツカ)ネズミなどが)チューチュー鳴く.

— 名 C ❶キーキー《ちょうつがいなどのきしむ音》. ❷チューチュー《(ハツカ)ネズミの鳴き声》.

squeak・y /skwíːki スクウィーキ/ 形 (squeak・i・er; squeak・i・est) キーキー鳴る,チューチュー鳴る.

squeal /skwíːl スクウィール/ 動 自 (ブタが)キーキー鳴く;(赤ん坊が)キーキー泣く.

— 名 C キーキー《ブタの鳴き声や赤ん坊の泣き声; ○ squeak よりも大きくて長い声[音]》.

squea・mish /skwíːmiʃ スクウィーミシュ/ 形 神経質な;すぐに気持ちが悪くなる.

＊**squeeze** /skwíːz スクウィーズ/ 動 (squeez・es /-iz/; squeezed /-d/; squeez・ing) 他 ❶ a …を(両側から)**締めつける**,(握って)**絞(し)る**.
ⓑ …を**絞り出す**,押し出す.
❷ a …を**ギューッと握る**.
ⓑ …を抱きしめる.
❸ …を**無理につめこむ**,押しこむ.

— 自 ❶押し入る,押し分けて進む.
❷(果物などが)絞れる.

— 名 ❶ C a 絞ること.
ⓑ 少量の絞り汁.
❷ C (他人の手などを)ギューッと握ること,強い握手;抱きしめ.
❸《a をつけて》ぎりぎりのスペース;すし詰め.
❹ C《口語》苦しい状況.

動 他 ❶ⓑ *squeeze* toothpaste out 歯みがきを絞り出す / *squeeze* the juice *from* [*out of*] a lemon レモンから汁を絞り出す.
❷ a He *squeezed* my hand. 彼は私の手をギューッと握った.

squelch

❻He *squeezed* me hard. 彼は私を力まかせに抱きしめた.
❸*squeeze* seven books into the bag かばんに本を7冊つめこむ.
— 名 ❷He gave my hand a *squeeze*. 彼は私の手をギューッと握った. ❸It was *a* tight *squeeze*. 場所がぎりぎりの大きさ[すし詰め]だった.

squelch /skwéltʃ スクウェルチ/ 動他 …を押し[踏み]つぶす.
— 自 ぴしゃぴしゃ音を立てて歩く.

squid /skwíd スクウィッド/ 名(複 squid, ~s /-dz/) C〖動物〗イカ, スミイカ.

squint /skwínt スクウィント/ 名 C ❶斜視.
❷眼を細くしてじっと見ること.
— 形 ❶斜視の.
❷眼を細くして見る.
— 動 自 ❶斜視である. ❷眼を細くして見る.
▶名 ❶He has a bad *squint*. 彼はひどい斜視だ.

squire /skwáiər スクワイア/ 名 C (英)(むかしの)いなかの大地主.

squirm /skwə́ːrm スクワーム/ 動 自
❶(不快・いら立ちなどで)身もだえする. ❷体をくねらせる.
— 名 C ❶身もだえ. ❷体をくねらせること.

*__squir·rel__ /skwə́ːrəl スクワーレル, skwə́ːrl | skwírəl/ 名(複 ~s /-z/) C〖動物〗リス(◆『シマリス』は chipmunk).

squirt /skwə́ːrt スクワート/ 動他 (液体)を噴出させる. — 自 (液体などが)噴出する.
— 名 C (水などの)噴出.

Sr., sr.《略語》senior.

Sri Lan·ka /srìː lάːŋkə スリー ラーンカ/ 名 スリランカ《インドの南方セイロン(Ceylon)島からなる共和国; 首都コロンボ(Colombo)》.

St.¹ /sèint セイン(ト)| sənt/《略語》(複 SS., Sts. /-ts/) Saint 聖…, セント…(◆*St.* Paul「聖パウロ」のように聖人の名に冠して用いる; 地名, 寺院名, 病院名などに用いられているものも多い).

*__St.²__《略語》Street.

stab /stǽb スタブ/ 動 (~s /-z/; stabbed /-d/; stab·bing) 他 ❶…を突き刺す. ❷(感情など)を鋭く傷つける.
— 自 〔…を〕突き刺そうとする〔*at*〕.
— 名 C ❶突き刺すこと. ❷刺し傷. ❸刺すような痛み, 心の傷. ❹(口語)試み.
▶動他 ❶The robber *stabbed* his arm. 強盗が彼の腕を刺した / He *stabbed* the monster in the stomach with his knife. 彼は怪獣の腹をナイフで刺した / *stab* a piece of meat *with one's* fork=*stab one's* fork *into* a piece of meat 肉片をフォークで刺す. ❷Her tears *stabbed* his conscience. 彼女の涙のために彼の良心が痛んだ.

stab ... in the back ①(人)の背中を刺す. ②(人)を裏切る.

stab ... to death …を刺し殺す.

— 名 ❹have [make] a *stab* at ... …をやってみる.

a stab in the back (信頼している人からの)中傷, 裏切り.

stab·bing /stǽbiŋ スタビン/ 名 C 刺殺(事件).
— 形 (痛みが)刺すような.

sta·bil·i·ty /stəbíləti スタビリティ/ 名 U
❶安定, 固定, 安定性(反 instability). ❷(意志などの)強固, 着実. ▶❶political *stability* 政治的な安定状態.
☞ 形stable¹.

sta·bi·li·za·tion /stèibəlizéiʃən ステイビリゼイション | -lai-/ 名 U 安定させること, 安定.

sta·bi·lize /stéibəlàiz ステイビライズ/ 動 (現分 -liz·ing) 他 …を安定させる, 固定する.
☞ 形stable¹.

*__sta·ble¹__ /stéibl ステイブル/ 形 (more ~, sta·bler; most ~, sta·blest) しっかりした, 安定した; 安定して動かない (反 unstable). ▶a *stable* government 安定した政府.
☞ 名stability, 動stabilize.

sta·ble² /stéibl ステイブル/ 名 C ❶馬小屋, 家畜小屋. ❷ⓐ《しばしば複数形で; 単数扱いで》(競馬の)厩舎(きゅうしゃ).
ⓑ《集合的に》《ある厩舎に属する》競走馬.

stack /stǽk スタック/
❶ C (整然と積み重ねた)山.
❷ C 干し草の山, 麦わらの山 (☞ haystack).
❸《*a stack of ...* または *stacks of ...*》

abcdefghijklmnopqrstuvwxyz — **stagnant**

《口語》多数の…, 多量の….

❹ⓒⓐ(屋上の)組み合わせ煙突《家中の煙突を一箇所に集めて屋根の上に出してあるもの; ✪(英)では chimney stack ともいう》.
ⓑ(工場・船などの)煙突《✪smokestack ともいう》.

❺〔電算〕スタック《最後に記憶したデータを最初に読み出せる一時的なデータの記憶領域》.

— 動 他 …をきちんと積み重ねる.

▶名 ❶ a *stack* of books 本の山.
❸ *stacks* of money 多額のお金.

sta·di·um /stéidiəm スティディアム/《★発音注意》名 ⓒ 競技場, スタジアム《ふつう観客席で囲まれている》. ▶a baseball *stadium* 野球場.

＊**staff** /stǽf スタッフ | stάːf/ 名 (複 ~s /-s/)
ⓒ《単数または複数扱いで; 集合的に》(一般)**職員**, 部員, 局員, スタッフ.

❷ⓐ 幹部; (学校の)教員. ⓑ〔軍事〕参謀, 幕僚.

— 動 他 …に職員を配置する.

・・・・・・・・・・・・・・・・・・・

名 ❶ Our firm has a *staff* of 78. うちの会社には78人の職員がいる / She is on the editorial *staff* of our school paper. 彼女は学校新聞の編集部員です / the *staff* of the hospital 病院の職員《医師と看護婦》. ❷ⓑ the general and his *staff* 将軍と幕僚.
— 動 他 The hospital is *staffed* by good doctors. その病院にはよい医者がいる.

staff·er /stǽfər スタッファ/ 名 ⓒ (米)職員, 部員, 局員《staff のひとり》; 編集部員.

stag /stǽg スタッグ/ 名 ⓒ ❶〔動物〕雄(ぉ)ジカ《☞ deer **INFO**》. ❷《口語》= **stag party**.

＊**stage** /stéidʒ ステイヂ/ 名 (複 stages /-iz/)
❶ⓐⓒ 舞台, ステージ, 演壇.
ⓑ《the をつけて》**演劇**; 演劇界; 俳優業.
❷ⓒ (活動の)**舞台**, (大事件などの)起こった場所.
❸ⓒ (発達・発展の)**段階**, 時期, 時代.
❹ⓒ (多段式ロケットの)段《それぞれ燃料タンクとエンジンをもっている》.

— 動 (stag·es /-iz/; staged /-d/; stag·ing) 他 ❶ …を**上演する**.
❷ (ストライキ・デモなど)を行なう.

・・・・・・・・・・・・・・・・・・・

名 ❶ⓐ appear on the *stage* 舞台に登場する / *stage* left〔right〕舞台の上手〔下手〕《観客に向かって舞台の左手〔右手〕》. ❷ an issue on the political *stage* 政界の一問題. ❸ at an early *stage* of development 発展の初期に.

be on the stage 俳優をしている.
go on the stage 俳優になる.
on stage 舞台に出て, 舞台の上で.
set the stage for ... …の準備をする.

— 動 ❶ *stage* a comedy 喜劇を上演する.

stage·coach /stéidʒkòutʃ ステイヂコウチ/ 名 (複 ~·es /-iz/) ⓒ (定期の)駅馬車《汽車以前の主要交通機関; 各駅で新しい馬に替えて走り, 旅客, 郵便物などを運んだ快速馬車; ☞ coach》.

stáge mànager 名 ⓒ 舞台主任《上演中舞台についての責任を持つ》.

＊**stag·ger** /stǽgər スタガ/ 動 (~s /-z/; ~ed /-d/; -ger·ing /-gəriŋ/) 自 ❶ **よろめく**, よろよろ歩く.
❷ (決心などが) **ぐらつく**, ぎょっとする, ためらう.

— 他 ❶ …を**よろめかす**.
❷ (決心など)を**ぐらつかせる**, …をぎょっとさせる.

— 名 ⓒ よろめき, ぐらつき.

▶動 自 ❶ *stagger* along the street よろよろと通りを歩いて行く. ❷ She *staggered* at the price. 彼女はその値段を聞いてぎょっとした.
— 他 ❶ The hard blow *staggered* him. はげしい一撃で彼はよろめいた.
❷ The bad news *staggered* him. = He was *staggered* at the bad news. その悪い知らせは彼をぎょっとさせた.

stag·ger·ing /stǽgəriŋ スタガリング/ 形
❶ⓐ よろよろする. ⓑ 人をよろめかす.
❷ ぼう然とさせるような, 驚くべき.
▶❶ⓑ a *staggering* blow 人をよろめかせるほどの一撃.

stag·ing /stéidʒiŋ ステイヂング/ 名 U.C. (劇の)上演.

stag·nant /stǽgnənt スタグナント/ 形
❶ (液体などが)流れない, よどんでいる.
❷ 不活発な, 沈滞した.

stagnate

stag・nate /stǽgneit スタグネイト/ 動 (現分 -nat・ing) 自 ❶ (液体などが)流れない,よどむ.
❷沈滞する.

stag・na・tion /stæɡnéiʃən スタグネイション/ 名 U ❶よどみ. ❷沈滞,停滞,不景気.

stág pàr・ty 名 C 《口語》男だけのパーティー (◎単に stag ともいう;「女性だけのパーティー」は hen party).

staid /stéid ステイド/ 形 ❶落ち着いた,まじめな. ❷(まじめすぎて)退屈な.

*__stain__ /stéin ステイン/ 動 (~s /-z/; ~ed /-d/; ~・ing) 他
❶ …に**しみをつける**, …をよごす.
❷ (名誉など)を傷つける.
❸ …に着色する.
— 自 **よごれる**, しみがつく.
— 名 (複 ~s /-z/) ❶ C **しみ**, よごれ.
❷ C 《文語》不名誉なこと, 汚点.
❸ UC 着色料, 染料.

▶ 動 他 ❶ The juice *stained* her apron. ジュースが彼女のエプロンにしみをつけた / He *stained* his tie *with* coffee. 彼はネクタイにコーヒーのしみをつけた.
— 自 White cloth *stains* easily. 白い布はすぐよごれる.
— 名 ❶ He has a big *stain* on his shirt. 彼はシャツに大きなシミがある.

stáined gláss /stéind- ステインド-/ 名 U ステンドグラス.

stain・less /stéinləs ステインレス/ 形
❶ さびない, しみのつかない.
❷ よごれのない.

stáinless stéel 名 U ステンレス, さびない鋼鉄.

*__stair__ /stéər ステア/ 名 (複 ~s /-z/) C
❶ 《ふつう複数形で》(屋内の) **階段** (◎「屋外の階段」は steps). ❷ (階段の)段.

❶ go up 〔down〕 the *stairs* 階段を上る〔下りる〕 / a flight of *stairs* (おどり場で区切られている)ひと続きの階段.
❷ on the top 〔bottom〕 *stair* 階段の最上〔最下〕段に〔で〕.

stair・case /stéərkèis ステアケイス/ 名 (複 -cas・es /-iz/) C (手すりなどを含めて)(屋内の) **階段**.

stair・way /stéərwèi ステアウェイ/ 名 = staircase.

*__stake__ /stéik ステイク/ 名 (複 ~s /-s/)
❶ C くい, 棒.
❷ 《複数形で》**かけ金**, 懸賞金.
— 動 (~s /-s/; staked /-t/; stak・ing) 他 ❶ (金・生命など)を〔…に〕**かける** 〔*on*〕.
❷ (土地)をくいで区画する.
❸ (木など)を棒でささえる.

▶ 名 ❶ tie a horse to a *stake* 馬をくいにつなぐ.
❷ play cards for high *stakes* 多額のかけ金をかけてトランプをする.

__be at stake__ ①(現金などが)かけられている. ②危険な状態になっている:His honor *is at stake*. 彼の名誉がかかっている(重大な問題だ).

— 動 他 ❶ *stake* one hundred dollars *on* the horserace その競馬のレースに100ドルかける.

《同音異形語》steak.

stale /stéil ステイル/ 形 ❶ (食物などが)新鮮でない (反 fresh), 腐りかかった; かび臭い; (酒などが)気の抜けた.
❷ 古くておもしろくない.

▶ ❶ *stale* air かび臭いむっとするような空気 / *stale* beer 気の抜けたビール.

stale・mate /stéilmèit ステイルメイト/ 名 UC ❶ 【チェス】指す手のない状態, 手詰まり. ❷ (論争などの)行き詰まり.

stalk¹ /stɔ́ːk ストーク/ 動 他 ❶ (獲物など)に忍び寄る, そっと跡をつける.
❷ (人)の跡をつける.
— 自 (肩を怒らせて)ゆっくり大またで歩く, 威張って歩く.

stalk² /stɔ́ːk ストーク/ 名 C ❶ (植物の)茎. ❷ 葉柄, 花柄.

stalk・er /stɔ́ːkər ストーカ/ 名 C ❶ (獲物・人の)跡をつける人. ❷ (憧れて〔憎んで〕いる人を)つけ回す変質者, ストーカー.

*__stall__ /stɔ́ːl ストール/ 名 (複 ~s /-z/)
❶ C **売店**, 屋台店, スタンド (☞bookstall).
❷ C 馬小屋〔牛舎〕の一仕切り (《1頭分の場所》).
❸ C (部屋などの)小さい一仕切り.
❹ 《複数形で》《英》(劇場で)1階最前部の特等席 (◎《米》では orchestra, parquet).
❺ C (教会の)聖職者席, 聖歌隊席.
— 動 他 ❶ (エンジン・車)を動かなくする, エンストをさせる. ❷ (車など)を(泥・

雪などのために)立ち往生させる. ❸(飛行機)を失速させる.
— ⦿ ❶(一時)停滞する. ❷ⓐ(エンジンが)エンストを起こす. ⓑ(車が)立ち往生する. ❸(飛行機が)失速する.
▶名 ❸a shower *stall* シャワー室.

stal·lion /stǽljən スタリョン/ 名ⓒ種馬(☞horse).

stal·wart /stɔ́ːlwərt ストールワト/ 名ⓒあくまで主義に忠実な人, 愛党心の強い人.

stam·i·na /stǽmənə スタミナ/ 名ⓤスタミナ, 根気, 持久力((✪日本語では「体力, 精力」の意味に用いているが, 英語では「苦労や疲労に耐える力」をいう)).

stam·mer /stǽmər スタマ/ 動⦿どもる.
— ⦾ …をどもりながら言う.
— 名ⓒ口ごもり, どもること.
▶動 ⦾ He *stammered* out his name. 彼はどもりながら自分の名を言った.

✱✱stamp
/stǽmp スタンプ/ 名 (複 ~s /-s/)
❶ⓒⓐ**郵便切手**((✪postage stamp ともいう).
ⓑ印紙, 証紙.
❷ⓒⓐ**スタンプ**, 印, 判.
ⓑ(押された)**印**, スタンプ.
❸ⓒ踏みつけること, じだんだ.
❹《単数形で》特徴, 特質.
❺《単数形で》種類, タイプ.
— 動 (~s /-s/; ~ed /-t/; ~ing) ⦾
❶ⓐ(おこったりして)(足)を**踏みならす**.
ⓑ(おこったりして)…を**足で踏みつける**.
❷ …の印を押す, …にスタンプ[模様(ୖ)]を押す.
❸(手紙)に**切手をはる**.
— ⦿ ❶足を踏みならす, 足音をたてて歩く.
❷[…を]踏みつける[on].

名 ❶ⓐPut an 80-yen *stamp* on the letter. 手紙に80円切手をはりなさい / collect foreign *stamps* 外国切手を集める.
❷ⓑa date *stamp* 日付印.
❹It bears the *stamp* of genius. それは天才の特徴を表わしている.
— 動 ⦾ ❶ⓐHe *stamped* his foot in anger. 彼はおこって足を踏みならした.
ⓑ*stamp* the floor nervously いらいらと床を踏みつける.
❷*stamp* the date *on* the papers = *stamp* the papers *with* the date 書類に日付け印を押す.
❸Remember to *stamp* the letter. 忘れないで手紙に切手をはりなさい.
— ⦿ ❶He *stamped* about the room. 彼は部屋を足音をたてて歩き回った. ❷Don't *stamp* on the ants. そのアリを踏みつぶすな.

stamp on ... …を抑える, 鎮圧する.
stamp out ⦾ ①(火)を踏み消す. ②(反乱など)を鎮圧する. ③(病気など)を絶滅させる.

stam·pede /stæmpíːd スタンピード/ ((★アクセント注意)) 名ⓒ ❶(家畜や人の群れなどが)驚いてどっと逃げ出すこと. ❷(人などが)どっと押し寄せる[動く]こと.
— 動 (現分 -ped·ing) ⦿ ❶(驚いて)どっと逃げ出す. ❷どっと押し寄せる[動く].

stance /stǽns スタンス/ 名ⓒ ❶【ゴルフ・野球】スタンス《打者がボールを打つ時の足の位置》; (立った)姿勢.
❷(問題などに対する)立場, 態度.

stanch /stɔ́ːntʃ ストーンチ/ 動 (三単現 ~es /-iz/) ⦾ (米)(血)を止める, (傷口など)の出血を止める((✪(英)では staunch)).

✱✱stand
/stǽnd スタンド/ 動 (~s /-dz/; stood /stúd/; ~ing) ⦿
❶(人・動物などが)**立っている**.
❷ⓐ(ある場所に)(物が)**ある, 立っている**.
ⓑ置いてある, 立てかけてある.
❸**立ち上がる**((✪しばしば up をともなう)).
❹《stand ...》…の**状態[地位]にある**((✪ …には形容詞, 名詞, 分詞, 前置詞つきの句などがくる)).
❺(高さ・温度・値段・順位などが)…**である**.
❻ⓐ(立ち)止まる; (立ち)止まっている.
ⓑ(水などが)たまる, よどむ.
❼そのままである[いる], 変わらない; 有効である.
❽立候補する.
— ⦾ ❶…を**立てる**; …を立たせる.
❷《ふつう否定文または疑問文で》…を**がまんする**, …に耐える.
❸(攻撃など)に抵抗する, 立ち向かう.

stand

❹ (裁判など)を受ける.
❺ (人に)…をおごる, …の費用を払う.
— 名 (複 ~s /-dz/) ❶ⓒ ⓐ **屋台の店**, **売店**, **スタンド**. ⓑ (タクシーなどの)駐車場, 乗り場 (✪(米)では taxi stand).
❷ⓒ ⓐ (人が乗ったり, ものを置いたりする)**台**. ⓑ …台, …掛け.
❸ⓒ位置, 場所; 席.
❹ⓒ《しばしば複数形で》**観覧席**, スタンド.
❺《a をつけて》立つこと, 立ち止まること; 行きづまること.
❻ⓒ(米)法廷 (court) の証人席 (✪(英)では witness-box).

動 ⓐ ❶ I *stood* all the way in the bus. 私はバスでずっと立っていた / She was *standing* by the gate. 彼女は門のそばに立っていた / *Stand* straight〔still〕. まっすぐ〔動かずにじっと〕立っていなさい / She *stood* there *watching* her baby. 彼女はそこに立って赤ん坊を見ていた.

❷ ⓐ Cherry trees *stand* along the road. 桜の木が道路にそって立っている / Our school *stands* by a river. われわれの学校は川のそばにある.

❸ Everybody *stood* (*up*), when he came in. 彼がはいって来たらみんな立ち上がった (☞成句 *stand up*).

❹ The door *stood* open. ドアはあいていた.

❺ The thermometer *stood* at seven degrees below zero. 温度計は零下7度を指(さ)していた / He *stands* first in math in his class. 彼は数学ではクラスで一番だ.

❻ ⓐ The car *stood* for a moment at the corner. 車はかどでちょっと止まった / No *standing*《掲示》路上停車禁止.
ⓑ Tears *stood* in her eyes. 彼女の目に涙がたまっていた.

❼ The rule still *stands*. その規則は今でも有効だ.

— ⓑ ❶ He *stood* his cane against the table. 彼は杖(え)をテーブルに立てかけた / *stand* a pupil in the corner 生徒を(罰として)(部屋の)すみに立たせる.

❷ I can*not stand* this cold any longer. 私はこの寒さにもう耐えられない / I can*'t stand being* told to do this and that. あれをやれこれをやれと言われるのはがまんできない.

❹ He had to *stand* trial. 彼は裁判を受けなければならなかった.

❺ He *stood* us a dinner. 彼は私たちに夕食をおごってくれた.

as it stands* = *as matters [things, affairs] stand 現状のままで(は).

stand about [around] ぼんやり立っている.

stand against ... ①…によりかかって立つ, …に立てかけてある. ②…を背景にして立つ. ③(人・計画などに)抵抗する, 反対する.

stand aside ⓐ① (よけて)**わきへ寄る**: He *stood aside* and let me pass. 彼はわきへ寄って私を通してくれた. ②なにもしないで見ている.

stand away 離れている, 近よらない: *Stand away* from the dog. 犬から離れていなさい.

stand back ⓐ **うしろへ下がる**; 引っこんでいる.

stand by ⓐ① **そばにいる**; なにもしないで見ている: He *stood by* and did nothing. 彼はそばにいてなにもしてくれなかった. ② 待機する, 準備して待っている: Everybody, *stand by*! 全員待機(号令).

stand by ... ① **…に味方する**, **…を支持する**: I will *stand by* you. 私は君の味方をしよう. ② (約束など)**を守る**: I'll *stand by* my promise. 私は約束を守る.

stand for ... ① **…を表わす**, 意味する: What does UFO *stand for*? ＵＦＯってなにを表わしているのですか / ¥ *stands for* 'yen'. ¥は円を表わす. ②…のために戦う, …を支持する: He *stood for* liberty. 彼は自由のために戦った. ③…に立候補する.

stand in (for ...) ⓐ (…の)代理をする, (俳優の)代役をする (☞ stand-in): She *stands in for* the manager when he is out. マネージャーが外出中は彼女が代理をする.

stand off ⓐ① 離れている, 近寄らない. ② よそよそしくする. — ⓑ①…を近寄

らせない. ②《英》…を一時解雇する.
***stand on** one's **hands** さか立ちする.
***stand on** one's **head** (頭をつけて)さか立ちする.
***stand out** 自①**目だつ**; ほかの人[もの]よりよい: Her evening dress *stood out* well at the dinner party. 彼女のイブニングドレスは晩餐(蓉)会でよく目だった. ②突き出る. ③あくまでがんばる.
***stand over** ... …を監督する.
***stand over** 自延期になる.
***stand up** 自①**立ち上がる** (☞stand 自❸). ②持ちこたえる. ③有効である.
***stand up for** ... …を攻撃から守る, 支持する.
***stand up to** ... ①…に勇敢に立ち向かう. ②…に耐える.
— 名 ❶ⓐa newspaper *stand* 新聞の売店 (**◑**newsstand ともいう).
❷ⓑan umbrella *stand* かさ立て / a hat *stand* 帽子掛け.
❸He took his *stand* near the stage. 彼は舞台の近くに立った.
❹hit a ball into the *stands* ボールをスタンドにたたきこむ, ホームランを打つ.
❺come to *a stand* 立ち止まる, 行きづまる.
❻take the *stand* 証人席につく.
***make a stand** 抵抗する.
***take a stand** はっきりした立場をとる.

‡**stand・ard** /stǽndərd スタンダド/ (★アクセント注意)名(複 ~s /-dz/)C
❶**標準**, 基準, 水準.
❷旗; 軍旗; (主義などの)旗じるし.
❸〔経済〕本位制.
— 形 ❶**標準の**, 標準に従った; ふつうの.
❷広く認められている, 権威のある.

━━━━━━━━━━━━━━━━━
名 ❶establish minimum *standards* of quality 品質の最低基準を設ける / the *standard* of living=the living *standard* 生活水準 / moral *standards* 道徳基準 / meet [be up to] the *standard* 標準に達している / above [below] *standard* 標準を越した[以下の] (**◑**above や below の後では a をつけない).
❷under the *standard* of freedom 自由の旗じるしのもとに.

❸the gold *standard* 金本位制.
— 形 ❶the *standard* size [price] 標準サイズ[価格]. ❷the *standard* book on Japanese history 日本史についての権威のある本.
☞ 動standardize.

stand・ard・i・za・tion /stændərdizéiʃən スタンダディゼイション | -daiz-/ 名U 標準化, 規格化, 統一.

stand・ard・ize /stǽndərdaiz スタンダダイズ/ 動 (-iz・es /-iz/; -ized /-d/; -iz・ing) 他 …を標準化する, 標準に合わせる, 規格化する.
▶a *standardized* test 標準テスト.
☞ 名形standard.

stand・by /stǽndbài スタンドバイ/ 名
❶ C (いざというときに)たよりとなるもの[人]; 代役, 代替品. ❷《形容詞的に》キャンセル待ちの; いつでも使える状態で.
***on standby** ①待機して, スタンバイして. ②キャンセル待ちをして.

stand-in /stǽndìn スタンディン/ 名C
❶ (映画などの)スタンドイン《スターなどの身代わりを勤める人; **◑**stunt man [woman] ともいう》.
❷代役, 身代わり, 代用物.

stand・ing /stǽndiŋ スタンディング/ 形
❶ⓐ立っている. ⓑ立ったままでする.
❷止まって動かない.
❸定まった, 永続的な.
❹常備の, 常置の.
— 名 U ❶ⓐ立場, 身分, 地位. ⓑ世間の評価. ❷継続, 持続.
▶形 ❶ⓐa *standing* tree 立ち木.
ⓑthe *standing* long [broad] jump 〔陸上競技〕(助走なしの)立ち幅跳(ئ)び.
❷*standing* water よどんだ水 / a *standing* train 停車中の列車.
❸a *standing* joke いつもながらの冗談. ❹a *standing* committee 常任委員会.
— 名 ❶a person of high *standing* 評価の高い[身分の高い]人.
❷a quarrel of long *standing* 長い こと続いている争い.

stánding ovátion 名C 立ち上がっての拍手喝采(藞), スタンディング・オベーション.
▶give ... a *standing ovation* …に大喝采を送る.

stánding ròom 名U ❶立っているだけの余地. ❷(劇場などの)立ち見席.
▶ ❷ *Standing Room Only* 立ち見席以外満員 (◎SRO と略す).

stand·off /stǽndɔ̀(ː)f スタンド(-)フ/ 名《米》C(争う双方が動かない)停滞状態.

stand·point /stǽndpɔ̀int スタンドポイント/ 名C立場, 観点, 見地.
▶from a historical [moral] *standpoint* 歴史的な〔道徳的〕観点からすれば.

stand·still /stǽndstìl スタンドスティル/ 名《a をつけて》停止; 行き詰まり.
▶His project is at *a standstill*. 彼の計画は行き詰まっている / come to *a standstill* 停止する; 行き詰まる.

stank /stǽŋk スタンク/ 動 stink の過去形.

stan·za /stǽnzə スタンザ/ 名C(詩の)節, 連 《ふつう韻をふんだ詩句 4 行以上から成る詩の構成単位》.

sta·ple[1] /stéipl ステイプル/ 名C ❶ⓐU字くぎ《かけ金を受ける U 字形のくぎ》. ⓑ掛け金 (hasp) を受ける輪形の金具. ❷ホチキスの針.
— 動 (現分 sta·pling) 他 ❶…をU字くぎで留める, 止め金でとじる.
❷…をホチキスでとじる.

sta·ple[2] /stéipl ステイプル/ 名 ❶C《ふつう複数形で》(ある地方の)主要産物, 名産. ❷C《ふつう複数形で》(生きていくうえでの)基本食品《塩・砂糖など》. ❸C主要素; (話などの)主題. ❹《形容詞的に》主要な, 重要な.
▶❹the *staple* food 主要食品, 主食.

sta·pler /stéiplər ステイプラ/ 名Cホチキス (◎「ホチキス」という呼び名は考案者の Hotchkiss から起ったものだが英語では用いない).

★★star /stάːr スター/ 名 (複 ~s /-z/)
❶C星; 《厳密には》恒星 (◎「惑星」は planet, 「衛星」は satellite, 「彗星(ﾊﾟ)」は comet; ☞ twinkle).
❷Cⓐスター, 人気俳優〔歌手, 演奏家, 選手〕, 人気者. ⓑスター的な存在.
❸C星型をしたもの, 星じるし《★や* (asterisk) など》.
❹C(運勢を左右する)星, 星回り, 運勢.
❺《形容詞的に》ⓐ星の, 星型の.
ⓑスターの, 人気のある.

— 動 (~s /-z/; starred /-d/; star·ring /stάːriŋ/) 自主役を演じる, 主演する.
— 他 ❶…に星のようにちりばめる.
❷…に星じるしをつける.
❸…を主演させる.

━━━━━━━━━━━━━━━━━━━

名 ❶a fixed *star* 恒星 / a shooting *star* 流れ星 / the morning *star* あけの明星 / the evening *star* よいの明星. ❷ⓐa movie [film] *star* 映画スター / a basketball *star* バスケットボールの人気選手. ❸There are fifty *stars* in the American flag. アメリカの国旗には星が50ある (☞Stars and Stripes). ❹He was born under a lucky *star*. 彼は幸運の星の下に生まれた(しあわせに生まれついた).

see stars 《口語》(ひどく殴られたり, 頭をぶっつけたりして)目から火が出る.

— 動自*star* in a movie 映画で主役を演じる.

— 他 ❶The hillside was *starred* with lilies. 山腹にはユリが星のように咲いていた.
❸a movie *starring* Jane Fonda ジェーンフォンダが主演している映画.

star·board /stάːrbərd スターボド/ 名U
❶(船の)右舷(ｹﾞﾝ) (反 port) 《船首に向かって右側; ☞ ship のさし絵》.
❷(飛行機の)右側.
— 形右舷の, 右側の.

starch /stάːrtʃ スターチ/ 名 ❶U.Cでん粉 (☞cornstarch). ❷U.Cでん粉質の食品. ❸U(でん粉製の)のり 《洗たくしたワイシャツやシーツにつける》.
— 動 (三単現 ~·es /-iz/) 他…にのりをつける.
▶動他*starch* a shirt シャツにのりをつける.

starch·y /stάːrtʃi スターチィ/ 形 (starch·i·er; starch·i·est)でん粉を含んだ, でん粉質の.

star·dom /stάːrdəm スターダム/ 名U
❶スターの地位, スターダム.
❷《集合的に》スターたち.

★stare /stéər ステア/ 動 (~s /-z/; stared /-d/; star·ing /stéəriŋ/) 自 ❶ (好奇心・驚き・軽蔑(ﾍﾞﾂ)などの気持ちで) […を〕 じっと見つめる [at] (☞look の 類語).
❷ […を〕 じっとのぞきこむ [into].

abcdefghijklmnopqr**s**tuvwxyz　　　　　　　　　　　start

　── 他 …をじっと見つめる.
　── 名 (複 ~s /-z/) C じっと見つめること, 凝視(ぎょうし).

動 自 ❶ Don't *stare at* me like that. そんなに見つめないでください.
❷ *stare into* the show window ショーウインドウをじっとのぞきこむ.
stare ... in the face …の顔をじっと見る: He *stared* me *in the face*. 彼は私の顔をじっと見た.
stare ... into ~ …をにらみつけて~の状態にする: She *stared* him *into* silence. 彼女は彼をにらみつけて黙らせた.
　── 名 She gave him an icy *stare*. 彼女は彼を冷たくじっと見つめた.

star·fish /stáːrfiʃ スターフィッシュ/ 名 (複 star·fish, ~·es /-iz/) C [動物] ヒトデ.

stark /stáːrk スターク/ 形 ❶ (狂気・ばかなことなどが)まったくの.
❷ ⓐ (景色(けしき)などが)荒涼(こうりょう)とした.
ⓑ (部屋などが)なんの飾りもない.
　── 副 まったく, すっかり.
▶ 形 ❶ *stark* nonsense まったくのばかげたこと.
　── 副 *stark* mad まったく気が狂った[て] / *stark* naked まる裸の[で].

star·light /stáːrlàit スターライト/ 名 U 星の光, 星明かり.

star·lit /stáːrlit スターリット/ 形 《文語》星明かりの.

star·ry /stáːri スターリ/ 形 (star·ri·er; star·ri·est) ❶ 星の出ている, 星の多い.
❷ (目などが)星のように光る.

star·ry-eyed /stáːri-áid スターリ・アイド/ 形 《口語》《軽蔑(けいべつ)的に》夢想的な, 非現実的な.

Stárs and Strípes 名 《the をつけて; 単数扱いで》星条旗(アメリカの国旗; ○ the Star-Spangled Banner ともいう).

Stár-Spàngled Bánner /stáːr-spæŋgld- スター・スパングルド・/ 名 《the をつけて》
❶ アメリカ国歌. ❷ 星条旗(アメリカ国旗; ○ the Stars and Stripes ともいう).

⋆⋆start /stáːrt スタート/ 動 (~s /-ts/; ~·ed /-id/; ~·ing) 自 ❶ ⓐ (仕事などが) **始まる** (反 end). ⓑ とりかかる, 開始する; 働き始める.

❷ 発生する, 起こる.
❸ 出発する, (旅行などに)出かける.
❹ (…へ向かって)動き出す.
❺ (機械などが)動き始める, 始動する.
❻ (驚いたりして)びくっと動く, とび上がる; とび出す.
　── 他 ❶ ⓐ …を **始める**, …に取りかかる (反 end).
ⓑ 《start *doing* [to *do*]》__ し始める.
❷ ⓐ 《start ... in [on] ~》…に~を **始めさせる**.
ⓑ 《start ... *doing*》…に__ し始めさせる.
❸ …を **発生させる**, 起こす.
❹ (機械など)を **始動させる**, スタートさせる.
　── 名 (複 ~s /-ts/) ❶ C (仕事などの) **始まり**, 開始, (機械の)始動; 始め, 最初; 最初の部分.
❷ C ⓐ (旅行などへの) **出発**. ⓑ 出発点.
❸ C びくっと[ぎょっと, はっと]すること.
❹ 《単数形で》(他の人に比べて)有利な条件.

動 自 ❶ ⓐ The game *started* at two o'clock. 試合は 2 時に[から]始まった.
ⓑ We *start* at 8:30 every morning. 私たちは毎朝 8 時 30 分から(仕事を)始める.
❷ How did the war *start*? どうして戦争が始まった[起こった]のですか.
❸ He *started* early this morning. 彼はけさ早く出かけた / He *started from* London *for* New York.(= He left London for New York.) 彼はロンドンからニューヨークへ出発した.
❹ *start* toward the gate 門の方へ歩き始める.
❺ The engine *started* at last. やっとエンジンがかかった.
❻ She *started* at the noise. 彼女はその音を聞いてびくっとした.
　── 他 ❶ ⓐ *start* work at nine 9 時に仕事を始める / *start* a new business 新しい商売を始める. ⓑ She *started singing*. 彼女は歌い始めた.
❷ ⓐ His father *started* him *in* business. 彼の父は彼に商売を始めさせた. ⓑ His joke *started* us *laughing*.

1297

starter

彼の冗談で私たちは笑いだした.
❸ What *started* the argument? どうしてその議論が始まったのだろう / *start* a fire 火事を起こす.
❹ *start* the engine エンジンを始動させる.

start back 自 ①帰り始める. ②(驚いて)とびさがる.

start in to do __し始める.

start off 自 ①出発する,動きだす. ②ぱっと逃げる. ③(職業などを)始める: *start off* as a clerk 最初は店員をする.
— 他 ①…を始める. ②…に始めさせる.

start on ... …に取りかかる: *start on* a task 仕事に取りかかる.

start out 自 ①出発する. ②とび出す.

start out on ... (話・仕事など)を始める.

start over (again) 《米》また最初から始める.

start out to do __し始める.

start up 自 ①(驚いて)**急に立ち[飛び]上がる**: She *started up* from the chair. 彼女は急にいすから立ち上がった. ②急に現われる,急に心に浮かぶ. ③(機械などが)動き出す. — 他 ①(機械など)を始動させる. ②(商売など)を始める.

start with ... …で始まる: The morning gathering *started with* the principal's speech. 朝礼は校長の話で始まった.

to start with 《文全体を修飾して》**まず第一に**, 初めに: *To start with*, you should give us an outline of the plan. まず第一に,私たちにその計画の概略を話してください.

— 名 ❶ from the *start* 最初から.
❸ spring up with a *start* びっくりしてとび上がる.

for a start まず初めに.

from start to finish 初めから終わりまで.

give a start (驚いて)びくっとする.

give ... a start (驚かして)…をびくっとさせる.

make a start 出発する,スタートする: *make a* good *start* うまいスタートをきる.

start·er /stáːrtər スタータ/ 名 C
❶ 始める人[もの]; 最初にやる人.

❷ 出発の合図係, スターター 《☞成句 On your mark(s)! (⇨ mark¹)》.
❸ 競走に出る人[馬, 車].
❹ 起動装置 《エンジンをかける機械》.
❺ 《英口語》(食事の)最初に出る料理.
▶ ❶ a slow *starter* スロースターター 《本調子になるまで[実力を発揮するまで]に時間がかかる人[もの]》.

stárting pòint 名 C 出発点, 起点.

*star·tle /stáːrtl スタートル/ 動 (~s /-z/; star·tled /-d/; star·tling) 他 (突然)…を**ぎくっとさせる**, びっくりさせる.
▶ The strange noise *startled* us. その奇妙な物音は私たちをぎょっとさせた / I *was startled* at the news of his death. = I *was startled* to hear the news of his death. 彼が死んだという知らせを聞いて私はびっくりした.

star·tling /stáːrtliŋ スタートリング/ 形 びっくりさせるような. ▶ *startling* news びっくりするようなニュース.

star·va·tion /staːrvéiʃən スターヴェイション/ 名 U 飢餓(きが), 餓死.
▶ die of *starvation* 飢え死にする.
☞ 動 starve.

*starve /stáːrv スターヴ/ 動 (~s /-z/; starved /-d/; starv·ing) 自
❶ 飢える, 餓死(がし)する.
❷ 《口語》ひどくおなかがすいている.
— 他 …を**餓死させる**, …を飢えさせる.
▶ 自 ❶ *starve* to death 餓死する.
❷ I'm *starving*. 腹ぺこだ.
— *starve* the enemy *into* surrender 敵を兵糧(ひょうろう)攻めにして降伏させる.

be starved of [for] ... …が不足している, 欠乏している.
☞ 名 starvation.

stash /stǽʃ スタッシュ/ 動 他 《口語》…をこっそりしまっておく.

state /stéit ステイト/ 名 (複 ~s /-ts/) ❶ C 《しばしば **State で》**国家**, 国 《☞ country の 類語》.
❷ C 《**State** で》(アメリカ・オーストラリアの) **州**.
❸ C **状態**.
❹ 《**the States** で; 単数扱いで》《**アメリカ**》**合衆国** (the United States) 《❶ ふつうアメリカ人が国外からアメリカ合衆国をさすと

abcdefghijklmnopqrs tuvwxyz　　　　　　　　　　　station wagon

きに用いる》.
❺Ⓤ威厳(ぼ.), 威儀《☞成句 in *state*》.
❻《形容詞的に》❸**国家の**, 国に関する.
❺《しばしば **State** で》《米》**州の**.
❻公式の, 立派な.
━ 動 (~s /-ts/; stat･ed /-id/; stat-ing) 他 (はっきり, 正式に)…を**述べる**, 申し立てる.

名 ❶a welfare *state* 福祉国家.
❷the United *States* (of America) (アメリカ)合衆国 / the *State* of Ohio オハイオ州.
❸The wooden temple is still in a good *state*. その木造の寺院はまだよい状態にある[傷んでいない] / the present *state* of affairs 現在の事態, 情勢 / in a liquid [solid] *state* 液体[固体]で.
❹go back to *the States* アメリカに帰る.
❻ⓐ*state* policy 国策.
ⓑa *state* highway 州道 / the *State* government 州政府.
ⓒa *state* visit 公式訪問.
in *state* おごそかに, 堂々と.
━ 動 他 He *stated* his own opinion. 彼は自身の意見を述べた / The President *stated that* he would visit Japan next year. 大統領は来年日本を訪問するつもりだと述べた.
　　　　　　　　　　☞ 名 statement.

state･ly /stéitli ステイトリ/ 形 (-li･er; -li･est) 威厳(ぼ.)のある, 堂々とした. ▶in a *stately* manner 堂々とした態度で.

***state･ment** /stéitmənt ステイトメント/ 名 (複 ~s /-ts/)
❶Ⓒⓐ(正式に)**述べたこと**, 陳述, 声明.
ⓑ声明書, ステートメント.
❷Ⓤ(あることを)述べること; 述べ方.
❸Ⓒ[商業]報告書, 明細書.

❶ⓐmake a *statement* 申し立てをする, 陳述する. ⓑissue an official *statement* 公式声明を出す.
　　　　　　　　　　☞ 動 state.

state-of-the-art /stéitəvðiɑ́ːrt ステイトフ･ズィ･アート/ 形 (機器などが)最新式の.
▶a *state-of-the-art* computer 最新式のコンピューター.

states･man /stéitsmən ステイツマン/ 名 (複 states･men /-mən/) Ⓒ (立派な)政治家《☞politician》.

states･man･ship /stéitsmənʃip ステイツマンシップ/ 名 Ⓤ 政治的手腕, 政治上の識見.

stat･ic /stǽtik スタティック/ 《★発音注意》形 ❶ⓐ静的な, 静止の (反 dynamic). ⓑ動きがない. ❷【物理】静力学の 《☞ⓑkinetic》; 【電気】静電気の.
━ 名 Ⓤ 空電《ラジオ･テレビなどの電波障害を起こす》.
▶形 ❷*static* electricity 静電気.

****sta･tion** /stéiʃən ステイション/ 名 (複 ~s /-z/) Ⓒ
❶ⓐ(鉄道の)**駅**《ⓞ単に station というと ❷ のいろいろな station と区別がつかないので, 《米》では railroad station, 《英》では railway station という》. ⓑ(バスの)発着所《ⓞふつう bus station という》.
❷(施設･建物としての)**署**, 局, 事業所.
❸持ち場, 部署.
━ 動 (~s /-z/; ~ed /-d/; ~ing) 他 …を部署に配置する, 駐在させる.

名 ❶ⓐI went to meet him at the *station*. 私は彼を出迎えに駅に行った.
❷a fire *station* 消防署 / a police *station* 警察署 / a power *station* 発電所 / a radio [TV] *station* ラジオ[テレビ]放送局 / a gas *station* 《米》／a petrol *station* 《英》ガソリンスタンド.
❸take up *one's station* 部署につく.
━ 動 *station* a guard at the gate 門に警備員を置く.

sta･tion･ar･y /stéiʃənèri ステイショネリ/ 形 ❶動かない, 静止している; 動かせない, 据(")えつけの.
❷(数量などが)変動のない, 安定した.
▶❶a *stationary* crane 据えつけのクレーン.

sta･tion･er /stéiʃənər ステイショナ/ 名 Ⓒ 文房具商《人》.
▶at the *stationer's* 文房具店で.

***sta･tion･er･y** /stéiʃənèri ステイショネリ/ 名 Ⓤ ❶《集合的に》**文房具類**.
❷(会社名などが印刷された)(封筒つき)便箋(貨).

station wàgon 名 Ⓒ《米》ステーションワゴン《後部は座席が折りたたみ式で荷物で

statistical

自由に出し入れできるドアのある大型乗用車；✪《英》では estate car》.

sta·tis·ti·cal /stətístikəl スタティスティカル/ 形 統計(上)の, 統計(学)に基づく.

sta·tis·ti·cal·ly /stətístikəli スタティスティカリ/ 副 統計的に, 統計上.

sta·tis·ti·cian /stætistíʃən スタティスティシャン/ 名 © 統計学者.

* **sta·tis·tics** /stətístiks スタティスティックス/ 名
❶《複数扱いで》**統計(数字)**, 統計資料.
❷ ⓤ《単数扱いで》統計学.
▶ ❶ *Statistics* show that 92 percent of junior high students go on to senior high. 統計によれば中学校の92パーセントの生徒が高校へ進学する.

* **stat·ue** /stǽtʃu: スタチュー/ 名(複 ~s /-z/) © 像, 彫像.
▶ a bronze *statue* 銅像.

Státue of Líberty 名《the をつけて》自由の女神像《ニューヨーク(New York)港のリバティー島(Liberty Island)に立つ高さ45メートルの銅像をいう》.

stat·ure /stǽtʃər スタチャ/《★発音注意》名 ⓤ ❶ 身長, 背の高さ. ❷ 人望, 名声.
▶ ❶ She is small in *stature*. 彼女は背が低い.

* **sta·tus** /stéitəs ステイタス/ 名(複 ~es /-iz/) ❶ ⓤ© (社会的・法的)**地位**, 身分.
❷ ⓤ 高い社会的地位, 信用.
▶ ❶ rise in social *status* 社会的地位が上がる.

státus quó /-kwóu ·クウォウ/ 名《the をつけて》現状.
▶ maintain〔disturb〕*the status quo* 現状を維持する〔乱す〕.

státus sỳmbol 名 © 社会的地位の象徴《その人の社会的地位の高さや経済的豊かさを示す物や習慣》.

stat·ute /stǽtʃu:t スタチュート/ 名 © 法令, 法規.

staunch¹ /stɔ́:ntʃ ストーンチ, stá:ntʃ/ 形 忠実な, 信頼できる.

staunch² /stɔ́:ntʃ ストーンチ, stá:ntʃ/ 動 (三単現 ~es /-iz/) 他《英》= **stanch**.

stave /stéiv スティヴ/ 動(~s; staved; stav·ing) 他 (災難・危険など)を食い止める, 避ける〔*off*〕.

** **stay**¹ /stéi スティ/ 動(~s /-z/; ~ed /-d/; ~ing) ⓘ
❶ (あるところに)**とどまる**, (動かないで)いる.
❷ **滞在する**, 泊まる《☞成句 *stay* with ... 》.
❸《*stay* ...》(…の状態の)**ままでいる**《✪ …には形容詞がくる》.
—— 名(複 ~s /-z/) © **滞在**；滞在期間.

動 ⓘ ❶ I'll be *staying* (at) home all day tomorrow. 私はあすは一日じゅう家にいます / *Stay* where you are. そのまま動かないでいなさい / Couldn't you *stay* for dinner? (このままここにおいでになって)夕食をいっしょにいかがですか.

❷ I *stayed* in Los Angeles for three days. 私はロサンゼルスに3日滞在した / *stay* at a hotel ホテルに泊まる.

❸ The weather is going to *stay* fine for several days. 天気は数日よさそうです / *stay* young いつも変わらず若い.

come to stay 《口語》《ふつう完了形で》定着する：The custom seems to *have come to stay*. その習慣は定着したらしい.

stay away (from ...) ①(…から)離れている：*Stay away from* them. 彼らには近づかないようにしなさい. ②(…を)欠席する：*stay away from* school 学校を欠席する.

stay in ⓘ ①(外に出ないで)**中にいる**, 家にいる. ②(学校などに)居残る.

stay on ⓘ (ある場所に)とどまる.

stay out ⓘ (中に入らないで)**外にいる**, (家に)帰ってこない：Don't *stay out* after dark. 暗くなってからは外にいてはいけません.

stay up ⓘ (寝ないで)**起きている**：Don't *stay up* (till) late. 遅くまで起きていてはいけません.

stay with ... (人)のところに泊まる：I *stayed with* the Joneses in Chicago. 私はシカゴではジョーンズ家に泊まった.

—— 名 We had a pleasant *stay* in

1300　one thousand three hundred

the country. 私たちはいなかに滞在して楽しかった.

STD code /ésti:díː- エスティーディー・/ 名 C《英》(電話の)**市外局番**《❂《米》では area code; STD は *s*ubscriber *t*runk *d*ialling (加入者市外ダイヤル方式)の三つのかしら文字を表わす; ☞ telephone number》.

stead /stéd ステッド/ 《★発音注意》名 U **代わり**《☞instead》.

in ...'s stead ...の代わりに：I went *in* my father's *stead*. 私が父の代わりに出かけた.

stand ... in good stead 大いに(人)の役に立つ：The guidebook *stood* me *in good stead*. 案内書は私に大変役に立った.

stead·fast /stédfæst ステドファスト/ 形 ❶固定した, ぐらつかない. ❷(信念・愛情などが)しっかりした, 不動の, 誠実な.

stead·i·ly /stédəli ステディリ/ 副 着実に, しっかりと; 絶えず. ▶He works *steadily*. 彼はこつこつ仕事をする / The wind was blowing *steadily* from the east. 風が絶えず東から吹いていた.

*__stead·y__ /stédi ステディ/ 《★発音注意》形 (stead·i·er; stead·i·est)
❶ (状態が)**しっかりした**, ぐらつかない (反 unsteady).
❷ (動き・強さ・方向などが)**安定した**, 一様な, むらのない.
❸ **着実な**, 落ち着いた, 信頼のおける, まじめな.
❹ 《口語》《*one's* steady ...》きまった...(異性の友だち).
— 動 (stead·ies /-z/; stead·ied /-d/; ~·ing) 他
❶...をしっかりさせる, 安定させる.
❷...を落ち着かせる.
— 自 しっかりする, 安定する.
— 名 C《米口語》ひとりだけのきまった異性の友人, 恋人, ステディー.

••••••••••••••••••••

形 ❶Though he is very old, his steps are *steady*. 彼はとても年をとっているが歩き方はしっかりしている / Hold the pole *steady*. さおを動かないようにしっかり持っていなさい.
❷We drove at a *steady* speed. 私たちは一定のスピードで車を運転した / a *steady* wind いつも変わらずに吹く風 / a *steady* income 安定した収入 / *steady* friendship 変わらない友情 / make *steady* progress 着々と進歩する.
❸a *steady* student まじめな生徒 / have *steady* nerves 落ち着いた神経[気持ち]をもっている. ❹*his steady girl* 彼のきまったガールフレンド.

go steady 《口語》きまった(異性の)相手とだけつき合う：He is *going steady* with Mary. 彼はメアリーとだけデートしている.

steady state theory 名《the をつけて; 単数扱いで》【天文】定常宇宙説.

***steak** /stéik ステイク/《★発音注意》名(複 ~s /-s/) U|C (焼いたりフライにしたりする牛肉や魚の)**ステーキ**, (とくに)ビフテキ《❂beefsteak をふつうは単に steak という》.
▶a salmon *steak* サーモンステーキ / 対話 How would you like your *steak*?" – "Medium, please." 「ステーキはどのように焼きますか」「ミディアムにお願いします」.
INFO (1) イギリス人にとって最高の料理がローストビーフ (roast beef) なら, アメリカ人にとってのそれはビフテキ (steak) である. (2) 肉の焼きかげんは3種類あり,「生焼けの」はレアー (rare),「中くらいに焼けた」はミディアム (medium),「十分に焼けた」はウェルダン (well-done) という.
《同音異形語》stake.

***steal** /stíːl スティール/ 動 (~s /-z/; stole /stóul/; sto·len /stóulən/; ~·ing) 他
❶ (こっそり)(物)を**盗む**《❂「暴力を用いて人からものを奪う」は rob》.
❷ ...を(す早く)手に入れる, こっそり取る.
❸ 【野球】...に盗塁する.
— 自 ❶盗みをする. ❷こっそり動く.
— 名 ❶ C《口語》盗み.
❷ C《米口語》盗品.
❸《a をつけて》《米口語》安い掘り出しもの.
❹ C【野球】盗塁.

••••••••••••••••••••

動 ❶My camera was *stolen*. 私のカメラが盗まれた / I had my watch *stolen*. 私は時計を盗まれた.
❷He *stole* a kiss from her. 彼は彼女に気づかれないうちにさっとキスした /

stealth

He *stole* her heart. 彼はいつのまにか彼女の愛を得た.
❸ *steal* second [third] 二塁[三塁]に盗塁する / *steal* home ホームスチールする.
── 圓 ❷ She *stole* into [out of] my room. 彼女は私の部屋にこっそりはいって来た[部屋からこっそり出て行った].
☞ 名 stealth.
《同音異形語》steel.

stealth /stélθ ステルス/ 名 (★発音注意) Ⓤ こっそりすること.
by stealth こっそりと, ひそかに.
☞ 動 steal, 形 stealthy.

stealth・i・ly /stélθili ステルスィリ/ 副 こっそり.

stealth・y /stélθi ステルスィ/ (★発音注意) 形 (stealth・i・er; stealth・i・est) こそこそした. ☞ 名 stealth.

*__steam__ /stí:m スティーム/ 名 Ⓤ ❶ 蒸気, スチーム, 湯気(ゆげ). ❷ (口語) 精力, 元気.
── 動 (~s /-z/; ~ed /-d/; ~ing) 圓
❶ 蒸気を出す, 湯気を出す.
❷ 蒸気の力で進む.
── 他 ❶ …を蒸(む)す, ふかす.
❷ …を蒸気にあてる.
▶ 名 ❶ His house is heated by *steam*. 彼の家はスチームで暖房されている.
blow off steam = let off *steam*.
let off steam 《口語》精力[感情]を発散させる.
work off steam = let off *steam*.
── 動 圓 ❶ The kettle is *steaming*. やかんが湯気をたてている.
── 他 ❶ *steam* potatoes ジャガイモをふかす.
steam up 圓 (ガラスなどが) 蒸気などで曇る. ── 他 ① (ガラス) を蒸気などで曇らせる. ② 《口語》…をおこらせる.

stéam èngine 名 Ⓒ 蒸気機関.

steam・er /stí:mər スティーマ/ 名 Ⓒ ❶ 汽船. ❷ (料理用) 蒸(む)し器.
▶ ❶ go by *steamer* 汽船で行く (**○** by の後では *a* をつけない).

steam-roll・er /stí:mròulər スティームロウラ/ 名 Ⓒ (地ならし用) スチーム[蒸気]ローラー.

*__steel__ /stí:l スティール/ 名 Ⓤ ❶ 鋼鉄, はがね, スチール.

❷ (鋼鉄のような) 強さ, 勇気; 非情.
── 動 他 《次の成句で》: *steel oneself* 強くなる, 冷酷になる.
《同音異形語》steal.

steel・works /stí:lwə̀ːrks スティールワークス/ 名 (複 steel・works) Ⓒ 製鋼所 (☞ work 名 ❽).

steel・y /stí:li スティーリ/ 形 (steel・i・er; steel・i・est) ❶ 鋼鉄のような, 堅い, はがね色の《青みがかった灰色についていう》.
❷ 強い.

*__steep__¹ /stí:p スティープ/ 形 (~er; ~est)
❶ (斜面などが) 急な, 険(けわ)しい.
❷ (口語) (要求などが) むちゃな, 途方もない.
▶ ❶ The path up the mountain was very *steep*. その山道はとても急な坂だった / a *steep* cliff 険しい崖.

steep² /stí:p スティープ/ 動 他 (液体に) (物を) 浸す, つける. ▶ *steep* clothes in water 衣類を水に浸す.
be steeped in … …でいっぱいである.

stee・ple /stí:pl スティープル/ 名 Ⓒ (教会などの) 尖塔(せんとう) 《中に鐘があり spire (とがり屋根) が上部にある》.

steep・ly /stí:pli スティープリ/ 副 険(けわ)しく.

steep・ness /stí:pnəs スティープネス/ 名 Ⓤ 険(けわ)しさ.

*__steer__¹ /stíər スティア/ 動 (~s /-z/; ~ed /-d/; ~ing /stíəriŋ/) 他
❶ …のかじを取る; (飛行機など) を操縦(そうじゅう)する; (自動車など) を運転する.
❷ ⓐ (進路・方向) をたどる. ⓑ …を[ある方向へ]向ける, 導く[*to, for*].
── 圓 ❶ (ある方向に) 向かう, 進路をとる.
❷ (車・船などが) 操縦できる, かじがきく.
▶ 他 ❶ *steer* a ship 船のかじをとる.
❷ ⓐ *steer* a steady course 着々と進む.
ⓑ The coach *steered* his team *to* victory. そのコーチは自分のチームを勝利に導いた / *steer* a course *for* the harbor 進路を港に向ける.
steer clear of … 《口語》…を避ける, …に近寄らない.

steer² /stíər スティア/ 名 Ⓒ (食用に去勢された) 若い雄牛(おうし) (☞ cow¹ の 類語).

abcdefghijklmnopqr**s**tuvwxyz　　　　　　　　　　　　　step

stéer·ing commìttee /stíəriŋ- スティアリング-/ 名C(議会などの)運営委員会.

stéering whèel 名C(自動車の)ハンドル(☞ car のさし絵), (船の)舵輪(だりん) (○ the wheel ともいう).

INFO 日本語の「ハンドル」は和製英語. また自転車やオートバイのハンドルは handlebars という.

***stem**¹ /stém ステム/ 名(複 ~s /-z/)C
❶ⓐ(草の)茎(くき). ⓑ(木の)幹(みき).
❷(葉・花などの)柄(え), 軸(花, 葉を支える部分).
❸茎状のもの. ⓐ(パイプの)柄. ⓑ(工具などの)柄. ⓒ(グラスなどの)脚.
❹〔言語〕語幹《語の基本形; たとえば looks, looked, looking などに対する look》.
❺船首, へさき (⇔ stern).
— 動(~s /-z/; stemmed /-d/; stem·ming)⾃〔…から〕生じる, 由来する〔*from*〕.

▶ 名 ❶ⓐ cut a lily at the base of the *stem* ユリを茎のもとで切る.
— 動⾃ The trouble *stemmed from* poor planning. その問題は計画がよくなかったので生じた.

stem² /stém ステム/ 動(~s /-z/; stemmed /-d/; stem·ming)⽤…を食い止める, せき止める, 押さえる.

stench /sténtʃ ステンチ/ 名(複 ~es /-iz/)C いやなにおい, 悪臭.

sten·cil /sténsl ステンスル/ 名C型紙《文字や模様をくりぬいた厚紙やプラスチックなどの板; これを紙などの上にのせてインクをぬれば下に文字や模様がうつる》.

stencil

— 動(~s /-z/; ~ed, 《英》sten·cilled /-d/; ~·ing, 《英》sten·cil·ling)⽤(文字など)を型紙で刷る.

ste·nog·ra·pher /stənágrəfər ステナグラファ/ 名C《米》速記者《○《英》では

shorthand typist》.

ste·nog·ra·phy /stənágrəfi ステナグラフィ/ 名U《米》速記(術)《○ shorthand ともいう》.

****step** /stép ステップ/ 名(複 ~s /-s/) C
❶歩み, 1歩踏み出すこと, 1歩(の歩幅).
❷ⓐ足どり, 歩き方.
ⓑ(ダンスの)ステップ.
❸足音.
❹ⓐ(階段の)段, 踏み段(☞ flight¹ ❹ のさし絵).
ⓑ《ふつう複数形で》(ふつう屋外の)階段, はしご段(○「屋内の階段」は stairs).
❺(目的を達成しようとする一連の行為などのうちの一つの)行為, 手段, 処置.
❻(目的へ向かっての)1段階, 前進.
❼階級, 段階; (計器などの)目盛り.
— 動(~s /-s/; stepped /-t/; step·ping)⾃足を踏み出す, 進む, 歩く.

....

名 ❶ The child took a few *steps* toward the dog. その子は何歩か犬の方へ進んだ / Watch your *step*! 足もとに気をつけなさい.
❷ⓐ walk with light 〔quick/slow〕 *steps* 軽い〔速い/ゆっくりした〕足どりで歩く / with long 〔short〕 *steps* 大〔小〕またで.
❸ We heard *steps* at the entrance. 玄関に足音が聞こえた.
❹ⓐ sit on the top *step* 階段の一番上の段にすわる. ⓑ I ran up the *steps*. 私は階段を駆け上がった.
❺ We must take immediate *steps* to prevent a disaster. 災害を起こさないようにただちに手を打つべきだ.
❻ take a long *step* toward success 成功へ大いに近づく.

follow in ...'s steps ①…の後をついて行く. ②…を手本にする: He *followed in* his father's *steps* and became a baker. 彼は父親を見習ってパン屋になった.

in step 足並み〔歩調〕をそろえて; 調子を合わせて.

keep step with ... …と歩調をそろえる.

out of step 足並みがそろわないで; 調

1303

stepbrother

和しないで.
step by step **一歩一歩**, 一段階一段階と, 着実に: make progress *step by step* 一歩一歩と着実に進歩する.
— 動⾃ I *stepped* inside. 私は中に入った / Please *step* this way. どうぞこちらへおいでください / *step* off the train 列車から降りる / *step* forward〔back〕前へ〔うしろへ〕進む / *step* over a rope ロープをまたぐ.
step aside ⾃ ① わきへ寄る, 道をゆずる: He *stepped aside* to let me pass. 彼は私を通してくれるためにわきへ寄ってくれた. ② ゆずってほかの人にやらせる. ③ = *step* down ❷.
step down ⾃ ①(乗物などから)**降りる**: She *stepped down* from the stage. 彼女は舞台から降りた. ②(人に地位・議席などをゆずるために)辞任する.
step in ⾃ ① **中へはいる**; ちょっと立ち寄る: *Step in* and have some tea. ちょっと寄ってお茶でもどうぞ. ②(干渉や助言をするために)割りこむ, 介入する.
step on ... ① …を踏む: Somebody *stepped on* my foot. だれかが私の足を踏んだ. ②(感情など)を傷つける. ③…をしかる.
step out ⾃ ① ちょっと外へ出る, 外出する. ②(大またで)速く歩く.
step up ⾃ …を促進する, 高める, 強化する: *step up* production 生産を上げる — ⾃ 近づく.

step·broth·er /stépbrʌ̀ðər ステプブラザ/ 名 C (継父(*) または継母(*) が連れてきた)義理の兄〔弟〕(☞ half brother).

step·child /stéptʃàild ステプチャイルド/ 名 (複 step·chil·dren /-tʃìldrən/) C 継子(*).

step·daugh·ter /stépdɔ̀ːtər ステプドータ/ 名 C (女の)継子(*).

step·fa·ther /stépfɑ̀ːðər ステプファーザ/ 名 C 継父(*), 血のつながりのない父.

Ste·phen /stíːvən スティーヴン/ 《★発音注意》名 スティーブン 《男性の名; 愛称は Steve》.

step·lad·der /stéplæ̀dər ステプラダ/ 名 C きゃたつ.

step·moth·er /stépmʌ̀ðər ステプマザ/ 名 C 継母(*), 血のつながりのない母.

step·ping-stone /stépiŋ-stòun ステピング・ストウン/ 名 C ❶ (小川などを渡るための)踏み石, 飛び石.
❷ (成功・出世などへの)手段, 方法, 段階.
▶ ❷ a *stepping-stone* to success 成功への手段.

step·sis·ter /stépsìstər ステプスィスタ/ 名 C (継父(*) または継母(*) が連れてきた)義理の姉〔妹〕(☞ half sister).

step·son /stépsʌ̀n ステプサン/ 名 C (男の)継子(*).

ster·e·o /stériou ステリオウ/ 名
❶ C ステレオ 《装置》.
❷ U ステレオ 《音響》 (☞ mono).
❸ C ステレオレコード〔テープ〕.
— 形 ステレオの.
▶ 名 ❷ record music in *stereo* 音楽をステレオで録音する. ❸ play *one's stereo* ステレオレコード〔テープ〕をかける.

ster·e·o·type /stériətàip ステリオタイプ/ 名 C ❶ ステロ版, 鉛版 《紙型に鉛をつぎこんで作った鉛版; 印刷に用いる》.
❷ ⓐ きまりきった文句. ⓑ 固定概念.
ⓒ (イメージなどが固定化して)型のきまったもの〔人〕.
— 動 他 …を固定化して考える.

ster·e·o·typed /stériətàipt ステリオタイプト/ 形 型にはまった, きまりきった.
▶ a *stereotyped* idea 型にはまった固定した考え.

ster·ile /stérəl ステリル | -rail/ 形 ❶ (動物が)子を生まない; (植物が)繁殖能力のない; (土地が)不毛の (反 fertile).
❷ 殺菌した, 無菌の.
❸ 効果のない, 無益な, むだな.
▶ ❶ *sterile* land 不毛の土地.
❸ a *sterile* discussion むだな議論.

ste·ril·i·ty /stəríləti ステリリティ/ 名 U
❶ (動植物が)繁殖能力のないこと; (土地の)不毛 (反 fertility).
❷ (行為などの)無益, 無効.

ster·i·li·za·tion /stèrəlizéiʃən ステリリゼイション | -lai-/ 名 U
❶ 不妊(*)にすること, 断種.
❷ 殺菌, 消毒.

ster·i·lize /stérəlàiz ステリライズ/ 動 (現分 -liz·ing) 他
❶ …を不妊にする, 断種する.
❷ …を殺菌する, 消毒する.

ster·ling /stə́ːrliŋ スターリング/ 形
❶ (銀が)法定の純度がある; 純銀(製)の.

❷英貨の, ポンドの(◎stg. と略し形式的に数字の次に書く).
❸純粋な; りっぱな.
— 名 Ⅱ ❶イギリス貨幣.
❷純銀(銀の純度が 92.5% 以上のもの; ◎ stérling sílver ともいう).
▶ 形 ❶ a *sterling* spoon 純銀のスプーン. ❷ £500 *stg*. 英貨500ポンド (◎ five hundred pounds sterling と読む).

***stern**[1] /stə́ːrn スターン/ 形 (~**·er**; ~**·est**)
❶(人・行為などが)**きびしい**, 厳格な.
❷(顔つきなどが)きつい, こわい.
▶ ❶ He has a *stern* father. 彼のお父さんはきびしい.
❷ a *stern* face きつい顔.

stern[2] /stə́ːrn スターン/ 名 C 船尾, とも (反 stem[1]).

stern·ly /stə́ːrnli スターンリ/ 副 厳格に, きびしく.

steth·o·scope /stéθəskòup ステソスコウプ/ 名 C 聴診器.

Steve /stíːv スティーヴ/ 名 スティーブ (男性の名; Stephen の愛称).

stew /stjúː ストゥー, ·テュー/ (★発音注意)動 他 …をとろ火で煮る, シチューにする.
— 自 とろ火で煮える, シチューになる.
— 名 Ⅱ C シチュー(肉・野菜をとろ火で煮た料理).
▶ 名 beef *stew* ビーフシチュー.

stew·ard /stjúːərd ストゥーアド, ステュー·/ 名 C ❶(船・飛行機などの)スチュワード, 乗客係 (◎男性をさす; 女性の場合は stewardess).
❷(舞踏会・ショーなどの催(もよお)しの)世話役.
❸(大学・クラブ (club) などの)用度係.
❹執事, 家令 (貴族などの財産・家事などの管理をまかされている人).

stew·ard·ess /stjúːərdəs ストゥーアデス, ステュー·/ 名 (複 ~**·es** /-iz/) C (船・飛行機・列車などの)スチュワーデス (◎女性をさす; 男性の場合は steward; 飛行機の場合, 男女とも flight attendant を用いることが多い).

****stick**[1] /stík スティック/ 名 (複 ~**s** /-s/) C
❶**棒きれ**, 木切れ; 小枝; こん棒.
❷ステッキ, つえ (◎ walking stick ともいう).
❸(棒状のもの) 1 本.
❹(ホッケーの)ステック; (音楽の)指揮棒.

❸ a *stick* of candy 棒状のキャンデー 1 本.

***stick**[2] /stík スティック/ 動 (~**s** /-s/; stuck /stʌ́k/; ~**·ing**) 他
❶…を突き刺す, 刺す.
❷ⓐ…を突っこむ, 差しこむ, 突き出す.
ⓑ…を〔…に〕刺して飾る〔in〕.
❸…に突き刺さる.
❹(のりなどで)…をはる, くっつける.
❺(口語)(ある場所に)…を置く.
❻《ふつう be stuck で》動けなくなる; 行き詰まる.
❼《ふつう否定文で》《英口語》…をがまんする.
— 自 ❶くっつく, くっついて離れない.
❷〔…に〕突き刺さる〔in〕.
❸はまりこむ, つかえる, 立ち往生する.
❹突き出る.

••••••••••••••••••••••••••••••

動 他 ❶ She *stuck* her finger *with* a needle. 彼女は針で指を刺してしまった / He *stuck* his fork *into* a potato. 彼はジャガイモにフォークを突き刺した.

❷ⓐ He *stuck* his hands *in* his pockets. 彼はポケットに手を突っこんだ / Don't *stick* your head *out of* the car window. 車の窓から首を出してはいけません.

ⓑ She *stuck* a rose *in* her hair. 彼女はバラを髪の毛に刺して飾った.

❸ A nail *stuck* me in the hand. くぎが私の手に突き刺さった.

❹ *stick* a stamp on the letter 手紙に切手をはる.

❺ Can you *stick* this book on the desk? この本を机の上に置いてくれませんか.

❻ His car *was stuck* in the mud. 彼の車はぬかるみにはまりこんで動けなくなった.

❼ I can't *stick* that fellow. あいつにはがまんができない.

— 自 ❶ The wet papers *stuck* together. ぬれた書類はくっついてしまった.

❷ The pin *stuck in* my foot. ピンが私の足に刺さった.

❸ The car *stuck in* the mud. その車は泥の中にはまりこんだ.

sticker

❹ *stick out of* the basket かごから突き出る.

stick around 📘《口語》離れないで近くにいる；近くで待つ.

stick at ... (きつい仕事など)をこつこつやる.

stick by ... 《口語》…を見捨てない, …に誠実である：*stick by* a friend 友人を見捨てない.

stick out 📘①**突き出る** (☞stick² 📘❹). ②目だつ. ── 他①…を**突き出す** (☞middle finger)：He *stuck out* his tongue. 彼は舌を突き出した. ②…を頑張って最後までやる.

stick out for ... …をあくまでも要求する.

stick to ... ①**…にくっつく**, しがみついている：The child *stuck to* his mother. その子はお母さんにくっついて離れなかった. ②(主張・主張・約束など)**に忠実である**, …を変えない：You should *stick to* your promise. 君はあくまで約束を守るべきだ. ③(困難でも)(仕事など)をこつこつやる：He *stuck to* his work till five. 彼は5時まで仕事に集中した.

stick together 📘団結している.

stick up 他①…を突き出す. ②(高い所に)…をはりつける. ③(強盗が)(手)を上げさせる：*Stick 'em up!* 両手を上げろ (Put 'em up!). ④(ピストルを使って)…に強盗を働く. ── 📘突き出る.

stick up for ... 《口語》…を支持する, 守る.

stick with ... ①…を続ける. ②(人)から離れないでいる.

stick·er /stíkər スティカ/ 名 C (裏にのりのついた)ステッカー, 張り札 《車の窓などにはる》.

stíck·ing plàster /stíkiŋ- スティキング-/ 名 《英》U.C ばんそうこう (❖《米》では adhesive tape).

stick·ler /stíklər スティクラ/ 名 C (あることに関して)うるさい人.

***stick·y** /stíki スティキ/ 形 (stick·i·er; stick·i·est)
❶**ねばる**, べたべたする.
❷のりのついた.
❸《口語》蒸し暑い.
❹《口語》(状況などが)めんどうな, やっかいな.

▶ ❶ *sticky* fingers べたべたした指.
❸ a *sticky* evening 蒸し暑い晩.

***stiff** /stíf スティフ/ 形 (~·er; ~·est)
❶**堅い**, こわばった, 硬直した.
❷ (関節・機械などが)(動きにくくて)堅い, なめらかに動かない.
❸ (態度・動作などが)堅くてぎこちない, 堅苦しい.
❹ (こねた粉などが)粘りがある, 堅練りの.
❺ⓐ(酒などが)強い.
ⓑ(風・流れなどが)激しい.
❻ (ものごとが)取り扱いが難しい, きびしい.

── 副 《口語》ひどく (extremely).

▶ ❶ I have *stiff* shoulders. 私は肩がこっている / The fish was frozen *stiff*. その魚は凍ってこちこちになっていた.
❷ This wheel is *stiff*. この(車の)ハンドルは堅い / a *stiff* hinge 堅いちょうつがい.
❸ I felt *stiff* at the party. 私はパーティーで堅苦しい気分だった.

stiff·en /stífən スティフン/ 動 他 (態度など)を硬化させる, 堅くする, こわばらせる.
── 📘 (態度などが)硬化する, こわばる.

stiff·ly /stífli スティフリ/ 副 ❶堅く, こわばって. ❷堅苦しく.

stiff·ness /stífnəs スティフネス/ 名 U
❶堅いこと.
❷堅苦しいこと.

sti·fle /stáifl スタイフル/ 動 (現分 sti·fling) 他 ❶ⓐ…を窒息(シツ)させる.
ⓑ…を息苦しくさせる.
❷ (空気を断って)(火)を消す, もみ消す.
❸ (感情・声・あくびなど)を抑える, もみ消す.
❹ …を抑えてやめさせる.
── 📘窒息する；息苦しくなる.

▶ 他 ❶ⓐ The smoke *stifled* them. 彼らは煙で窒息した.
❷ *stifle* the flames 炎をもみ消す.

sti·fling /stáifliŋ スタイフリング/ 形 息がつまるような.

stig·ma /stígmə スティグマ/ 名 U.C 汚名, 恥辱(チシ゛ョク).

stile /stáil スタイル/ 名 C ❶踏み段 《牧場のさくなどを越えるためのもの；人間だけが越えられ家畜は越えられないようになっている》.
❷回転木戸 (❖ turnstile ともいう).

《同音異形語》 style.

abcdefghijklmnopqr**s**tuvwxyz　　　　　　　　　　　　　**stimulate**

still¹ /stíl スティル/ 副 ❶《以前と変わらず》まだ**, 今でも, そのときでも.
❷**それでも**, それにもかかわらず.
❸《比較級を強めて》**さらにもっと**, いっそう, ますます.
❹まだそのうえに, さらに.
— 形 (~・er; ~・est)
❶**動かない**, 静止した, じっとしている.
❷**音のしない**, 静かな, ひっそりした《声や物音, 動きもなく静まりかえっている》.
❸《飲みものが》炭酸を含まない, 泡が立たない.
— 名 ❶《**the** をつけて》《文語》静けさ, 静寂(じゃく). ❷ⒸⅠ映画] スチール写真《広告に用いるフィルムのひとこま》.
— 動 他《文語》❶…をしずめる, 静かにさせる. ❷…をなだめる.

・・・・・・・・・・・・・・・・・・・

副 ❶It is *still* dark outside. 外はまだ暗い / He *still* lives in Japan. 彼は今もまだ日本に住んでいる.

[語法] still は否定文, 疑問文でも用いられる: (1) 否定文で: It is *still* not cool here. 当地はまだ涼しくなっていない(「涼しくない」という状態がまだ続いている). It is not yet cool here. もほぼ同じ意味だが, 「涼しい」という状態にまだなっていないということ. not の位置に注意. 「当地はもう涼しくない」は It is no longer cool here. という.
(2) 疑問文で: Is Tom *still* asleep? トムはまだ眠っていますか. Is Tom asleep yet? は「トムはもう眠りましたか」の意味.

❷It's raining. *Still*, I must go out. 雨が降っていますが, それでも出かけなければならないのです.
❸She is tall but her sister is *still* taller [taller *still*]. 彼女は背が高いが, 彼女の妹[姉]はもっと高い.
❹The third baseman made *still* another error. その3塁手はさらにもうひとつエラーをした.

— 形 ❶Sit [Stand] *still*. じっと静かにすわって[立って]いなさい.
❷The school is *still* at night. 学校は夜は静まりかえっている / [ことわざ] *Still* waters run deep. 静かに流れる川は深い, 「能あるタカはつめを隠す」.

副 ❶《否定文のうしろで》なおさら…ない: He knows little French, and *still less* Latin. 彼はフランス語をほとんど知らない, ラテン語などなおさら知らない.

still more 《肯定文のうしろで》なおさら…: He is fond of beer, but he likes whiskey *still more*. 彼はビールが好きだが, ウイスキーはなおさら好きだ.

still² /stíl スティル/ 名 Ⓒ《酒を作る》蒸留器.

still・birth /stílbə:rθ スティルバース/ 名 Ⓤ Ⓒ 死産.

still・born /stílbɔ:rn スティルボーン/ 形 死んで生まれた.

still life 名 Ⓤ Ⓒ 静物画.

still・ness /stílnəs スティルネス/ 名 Ⓤ 静けさ, 静止; 沈黙.

stilt /stílt スティルト/ 名 ❶ Ⓒ《ふつう複数形で》竹馬《ふつうは木製》.
❷《ふつう複数形で》《建物などを支えるために立てられた》脚柱.

stilt ❷

▶❶walk on *stilts* 竹馬に乗って歩く.

stilt・ed /stíltid スティルティド/ 形 堅苦しい.

stim・u・lant /stímjulənt スティミュラント/ 名 Ⓒ ❶ 興奮剤, (コーヒー・酒類などの)刺激性の飲料.
❷ (行動の)刺激, 励ましとなるもの.

*stim・u・late /stímjulèit スティミュレイト/ 動 (~s /-ts/; -lat・ed /-id/; -lat・ing) 他
❶ (人の気持ち)を**刺激する**, …を元気づける, 励ます.
❷ …を**刺激する**, 興奮させる.

▶❶Our teacher's words *stimulated* us and we did our best. 先生のことばが刺激となって私たちは力一杯やった / The book *stimulated* my interest in physics. その本に刺激されて私は物理に関心をもった / Her praise

one thousand three hundred and seven　　　　　　　　　　　　　　　　　　1307

stimulating

stimulated the boy *to* study harder. 彼女のほめことばに元気づけられてその少年はもっと一生懸命勉強した / His success *stimulated* me *to* further efforts. 彼が成功したのが励みになって私はさらに努力した.

❷Coffee *stimulates* the heart. コーヒーは心臓に刺激を与える.

☞ 名 stimulus, stimulation.

stim·u·lat·ing /stímjulèitiŋ スティミュレイティング/ 形 刺激的な, 励みになる.

stim·u·la·tion /stìmjuléiʃən スティミュレイション/ 名 U 刺激; 激励.

☞ 動 stimulate.

stim·u·lus /stímjuləs スティミュラス/ 名 (複 stim·u·li /-lài/) UC 刺激; 激励.
▶under the *stimulus* of competition 競争に刺激されて

☞ 動 stimulate.

***sting** /stíŋ スティング/ 動 (~s /-z/; stung /stáŋ/; ~ing) 他

❶(針などで)…を**刺す**.

❷ⓐ(身体など)に**刺すような痛みを与える**, …をずきずきさせる.

ⓑ(舌など)にぴりっとした感じを与える.

❸…の心を刺す, …を責める, (心など)を傷つける.

— 自 ❶(昆虫・植物などが)刺す.

❷刺すように痛む.

❸(ことばなどが)(心に)刺すような苦痛を与える.

— 名 C ❶ⓐ(ハチなどの)針, (ヘビなどの)毒牙(どくが). ⓑ(植物の)とげ.

❷刺すこと; 刺し傷.

❸刺すような痛み.

❹(心の)痛み, 苦しみ.

▶動 他 ❶A bee has *stung* him on the nose. ハチが彼の鼻を刺した.

❷ⓑMustard *stings* the tongue. からしは舌にぴりっとくる.

❸His careless words *stung* her pride. 彼の軽率なことばが彼女の誇りを傷つけた.

— 自 ❷My eyes *sting*. 目がずきずきする.

stin·gy /stíndʒi スティンヂィ/ 形 (-gi·er; -gi·est)けちな, 金銭にきたない (反 generous, liberal).

stink /stíŋk スティンク/ 動 (~s /-s/; stank /stǽŋk/, stunk /stáŋk/; stunk; ~ing) 自 ❶ひどい悪臭を出す.

❷《口語》ひどく悪い; ひどく不快感を与える.

— 名 C 悪臭, 臭気.

▶動 自 ❶The room *stinks of* tobacco. その部屋はたばこのにおいがする.

stink·ing /stíŋkiŋ スティンキング/ 形

❶ひどい悪臭のする.

❷《口語》ひどく不快な.

— 副《口語》ものすごく, ひどく.

stint /stínt スティント/ 動 自《ふつう否定文で》〔金・食料などを〕切り詰める, 出し惜しむ〔*on*〕.▶ When cooking, don't *stint on* the butter. 料理をするとき, バターをいっぱい使いなさい.

***stint** oneself of ...* …を切り詰める.

stip·u·late /stípjulèit スティピュレイト/ 動 (現分 -lat·ing) 他 (契約条件として)…を規定する, 明記する.

stip·u·la·tion /stìpjuléiʃən スティピュレイション/ 名 ❶U 契約, 明文化.

❷C 契約の条項, 条件.

***stir** /stə́ːr スター/ 動 (~s /-z/; stirred /-d/; stir·ring /stə́ːriŋ/) 他 ❶(スプーンなどで)…を**かき回す**, かき混ぜる.

❷…を**ちょっと動かす**.

❸ⓐ(人)の気持ちをかきたてる, …を感動させる. ⓑ(気持ち)をかきたてる.

— 自 ❶**ちょっと動く**, 身動きする, 動き出す.

❷(感情が)起こる, わく.

— 名 (複 ~s /-z/) ❶C ちょっと動くこと, すこし動かすこと. ❷C かき混ぜること. ❸《*a* をつけて》混乱, 興奮, 騒ぎ.

動 他 ❶She *stirred* her coffee with her spoon. 彼女はコーヒーをスプーンでかき混ぜた / He *stirred* sugar *into* his tea. 彼は自分の紅茶に砂糖を入れてかき混ぜた.

❷The breeze *stirred* her loose hair. そよ風が彼女のほつれ髪をそっと動かした.

❸ⓐWe were deeply *stirred* by his speech. 私たちは彼の演説に深く心を動かされた. ⓑThe words *stirred* his anger. そのことばは彼をおこらせた.

— 自 ❶Not a leaf *stirred*. 木の葉1枚さえも動かなかった(無風状態だった).

stir up 他 ①(ほこり・泥など)をかき立て

abcdefghijklmnopqrstuvwxyz　　　　　　　　　　　　　　　　　　　　**stockbroker**

る：Don't *stir up* the mud at the bottom of the pond. 池の底の泥をかき立ててはいけない. ②…の気持ちをかき立てる，…を扇動する：*stir up* hatred 憎しみをかき立てる. ③（もめごとなど）を引き起こす.

— 名 ❶There was not a *stir* in the house. 家の中はしんとしていた（なにかが動く気配(ﾞ)がまったくなかった）.

❷give the soup a few *stirs* スープを何回かかき混ぜる.

stir-fry /stə́ːrfrài スターフライ/ 動（肉・野菜など）を強火ですばやくいためる.

— 名 強火ですばやくいためた料理.

stir·ring /stə́ːriŋ スターリング/ 形 人の気持ちを動かす, 興奮させる.

stir·rup /stə́ːrəp スターラブ｜stírəp/ 名 C あぶみ, あぶみがね《乗馬のときに足を掛ける金具》.

stitch /stítʃ スティッチ/ 名（複 ~es /-iz/）

❶ C ひと針（縫(ﾞ)うこと）, ひと縫い, ひと編み.

❷ C 針目, 縫い目, 編み目.

❸ UC 縫い方, かがり方, ステッチ.

❹（a をつけて）（横腹などの）急な激痛.

▶❶She sewed up the rip with neat *stitches*. 彼女は破れたところをていねいに縫い上げた / ことわざ A *stitch* in time saves nine. （破れを）早目にひと針縫っておくとあとで九針〔いく針〕も縫わなくてすむ, 「きょうのひと針あすの十針」, 「転ばぬ先の杖(ﾞ)」. ❷make small [long] *stitches* 針目を小さく〔長く〕縫う. ❸a new *stitch* 新しい縫い方.

in stitches《口語》笑いこけて.

St. Lóuis /-lúːis -ルーイス/ 名 セントルイス《アメリカ ミズーリ(Missouri) 州東部ミシシッピー(Mississippi) 河畔の工業都市》.

*****stock** /sták スタック｜stɔ́k/ 名（複 ~s /-s/）

❶ UC《集合的に》（商品などの）**在庫量**, 仕入れ品, 在庫品, ストック.

❷ C 貯蔵, たくわえ.

❸ U 《集合的に》（農場・牧場で飼われる）**家畜**《牛・馬・ヒツジ・豚など；❶livestock ともいう》.

❹ UC ⓐ《米》**株式**, 株.

ⓑ《英》公債, 国債.

❺ C（木の）切り株；幹, 茎.

❻ UC 家系, 家がら, 血統《❷動物にもい

う》.

— 形 ❶在庫している. ❷標準(品)の. ❸平凡な, ありふれた.

— 動（~s /-s/; ~ed /-t/; ~ing）他

❶（商品）を仕入れておく, …を店に置く.

❷…を貯蔵する, ストックする.

❸（知識など）を身につけている.

— 自 ❶仕入れる. ❷たくわえる.

・・・・・・・・・・・・・・・・・・・・・・・・・・・・・・・・・・・・・

名 ❶We have a large *stock* of DVD recorders. （私どもの店には）DVDレコーダーの在庫はたくさんあります.

❷We keep a good *stock* of canned food. 私たちはかん詰め食品はかなりたくわえています / have a large *stock* of knowledge たくさんの知識のたくわえがある.

❹ⓐ own *stock* in the company その会社の株をもっている.

in stock 在庫があって, 手もとにあって：Do you have any black stockings *in stock*? 黒いストッキングの在庫がありますか.

out of stock 品切れで, 手もとにない：Shoes of this size are now *out of stock*. このサイズのくつは今品切れです.

put stock in …《ふつう否定文・疑問文で》《米》…を重視する, 信用する：I don't *put* much *stock in* what he says. 私は彼の言うことをあまり信用しない.

take stock 自 ①在庫品調べをする. ②（決めるために）よく考える.

take stock in … ①《米》= put *stock* in … ②《米》…に関心をもつ.

take stock of …（決めるために）…をよく考える.

— 動 他 ❶The store *stocks* [They *stock*] various kinds of hats. その商店はいろいろな種類の帽子を仕入れて置いている / She *stocked* her shop *with* lots of Christmas cards. 彼女は店にたくさんのクリスマスカードを仕入れておいた. ❷*stock* wine in the cellar ワインを地下の貯蔵庫に貯蔵する / We've *stocked* the freezer *with* frozen food. 冷凍庫に冷凍食品を入れてある / This library *is* well *stocked with* new books. この図書館には新しい本がたくさんある.

stock·bro·ker /stákbròukər スタクブロ

stock exchange

ウカ/ 名C 株式仲買人 (⊕単に broker ともいう).

stóck exchànge 名C ❶《しばしば Stock Exchange で; the をつけて》株式取引所. ❷《the をつけて》株式売買.

stock·hold·er /stákhòuldər スタクホウルダ/ 名C 株主 (⊕shareholder ともいう).

Stock·holm /stákhoulm スタクホウルム/ 名 ストックホルム《スウェーデン (Sweden) の首都》.

*__stock·ing__ /stákiŋ スタキング | stók-/ 名 (複 ~s /-z/) C《ふつう複数形で》ストッキング (☞sock).

▶put on [take off] *one's stockings* ストッキングをはく[ぬぐ] / a pair of *stockings* ストッキング 1 足.

in one's stockings (くつ・室内ばきなどをはかないで)くつ下をはいただけで.

stóck màrket 名C =stock exchange.

stock·pile /stákpàil スタクパイル/ 名C (緊急の時のための) (多量の) 貯蔵品.
― 動 (現分 -pil·ing) 他 …を(多量に)貯蔵する.

stock·tak·ing /stáktèikiŋ スタクテイキング/ 名U ❶在庫品調べ, たな卸し. ❷状況評価.

stock·y /stáki スタキ/ 形 (stock·i·er; stock·i·est) ずんぐりした, がっしりした.

stodg·y /stádʒi スタヂィ/ 形 (stodg·i·er; stodg·i·est)《口語》❶ (食物が)こってりした, もたれる. ❷ (書物・文体などが)読むのに骨が折れる.
❸ (小説などが)おもしろくない.
❹ずんぐりした.

sto·ic /stóuik ストウイク/ 名C《文語》(不平・不快をおもてに出さない)禁欲主義者.

sto·i·cal /stóuikəl ストウイカル/ 形《文語》(不平・不快をおもてに出さない)禁欲的な.

sto·i·cal·ly /stóuikəli ストウイカリ/ 副 禁欲的に.

sto·i·cism /stóuisìzm ストウイスィズム/ 名U 禁欲主義.

stole[1] /stóul ストウル/ 名C ストール (長く肩からたれ下がる女性用の毛皮[羽毛]の長い肩掛け).

*__stole__[2] /stóul ストウル/ 動 steal の過去形.

*__sto·len__ /stóulən ストウレン/ 動 steal の過去分詞形.
― 形 盗まれた.

▶*stolen* goods 盗品.

stol·id /stálid スタリッド/ 形 鈍感な, 無神経な.

stol·id·ly /stálidli スタリッドリ/ 副 感情を見せずに, 無感動に.

*__stom·ach__ /stámək スタマク/ (★発音注意) 名 (複 ~s /-s/) C
❶ 胃 (☞body のさし絵).
❷ 腹, 腹部 (「腹」を意味する stomach は belly より上品なことばとされる).
― 動 他《ふつうは否定文で can とともに》(侮辱 (ぶじょく) など)をがまんする, 忍ぶ.

・・・・・・・・・・・・・・・・・・・・・・・・・

名 ❷ I have a rash on my *stomach*. おなかに湿疹(しっしん)ができた.

have no stomach for ... ① …を食べたくない. ② …をする気にならない: I *have no stomach for* arguments. 今は議論する気にならない.

on one's stomach ①腹部に. ②うつぶせに (☞prone ❷).

stom·ach·ache /stáməkèik スタマケイク/ 名UC 胃痛, 腹痛.

▶I have a bad [slight] *stomachache*. 私は胃がひどく[すこし]痛い.

stomp /stámp スタンプ/ 動自 足を踏み鳴らして歩く[踊る].

*__stone__[1] /stóun ストウン/ 名 (複 ~s /-z/) ❶C (あまり大きくないひとつひとつ数えられる) 石.
❷U 石材, (物質としての)石.
❸C (モモ・アンズなどの) 堅い種 (⊕(米)では pit ともいう; 「(リンゴ・オレンジなどの)小さい種」は pip[1]).
❹C 宝石 (⊕precious stone ともいう).
― 動 (現分 ston·ing) 他 ❶ …に石を投げる. ❷ (果実)から堅い種を取る.

・・・・・・・・・・・・・・・・・・・・・・・・・

名 ❶ Don't throw *stones* at the birds. 鳥に石を投げてはいけません / ことわざ A rolling *stone* gathers no moss. ころがる石にはコケがつかない《本来は「職業を変えてばかりいる人には金(かね)はたまらない」の意味だが, 「いつも活動している人ははつらつとしている」の意味もある》.

❷ The bridge is made of *stone*. その橋は石でできている / a wall of *stone* 石の壁, 石べい / a *stone* building 石の建物 / *stone* implements 石器.

***leave no stone unturned** (**to** do)*
(__するために)あらゆる手段をつくす
《「ひっくり返さない石はひとつもない」が文字通りの意味》.

stone² /stóun ストウン/ 名(複 stone, ~s /-z/) ©《英》ストーン《とくに体重を表わす単位;1ストーンは14ポンド (pounds) すなわち約6.35キロ》.

Stóne Áge 名《the をつけて》〔考古〕石器時代《☞ Bronze Age》.

stoned /stóund ストウンド/ 形《俗語》(麻薬で)ぼおっとした;酒に酔った.

stóne's thrów 名《a をつけて》至近(きん)距離,石を投げれば届く距離.
▶The bus stop is only *a stone's throw* away. バス停はすぐそこです.

ston·y /stóuni ストウニ/ 形 (ston·i·er; ston·i·est) ❶石の;石の多い.
❷冷酷な;感情のない.
▶❶a *stony* ground (農業に適さない)石の多い土地. ❷a *stony* heart 冷酷な心 / a *stony* stare 無表情に見つめること.

*__**stood**__ /stúd ストゥッド/ 動 stand の過去形・過去分詞形.

stool /stúːl ストゥール/ 名© スツール《ひじ掛けや背もたれがないかまたは小さい,3本または4本脚(あし)のひとり用の腰掛け;☞ chair). ▶a piano *stool* ピアノ用いす.

stools

*__**stoop¹**__ /stúːp ストゥープ/ 動 (~s /-s/; ~ed /-t/; ~·ing) 自 ❶**前かがみになる**,かがむ. ❷ねこ背である,腰が曲がっている.
— 他 (体・頭など)をかがめる.
— 名《a をつけて》前かがみ;ねこ背.
▶動 自 ❶He *stooped* over the desk. 彼は机の上に前かがみになった.
— 名 walk with *a stoop* 前かがみになって歩く.

stoop² /stúːp ストゥープ/ 名©《米》玄関

の階段.

*__**stop**__ /stɑ́p スタップ | stɔ́p/ 動 (~s /-s/; stopped /-t/; stop·ping) 他
❶(動いているもの)を**止める**.
❷ⓐ(自分がしていることなど)を**中止する**,停止する.
ⓑ《**stop** *doing*》__することをやめる.
❸ⓐ…を**やめさせる**,中止させる,妨害する.
ⓑ《**stop** ... (**from**) *doing*》…が__することをやめさせる,中止させる.
❹(供給・支払いなど)を停止する.
❺(穴・通路など)をふさぐ,(びんなど)にふた[栓(せん)]をする.
— 自 ❶(動いているものが)**止まる**.
❷**中断する**,していることをやめる;(雨などが)やむ.
❸《英口語》**泊まる**,滞在する.
— 名 (複 ~s /-s/) ©
❶**停止**,休止,中止;停車,着陸.
❷**停留所**,停車駅.
❸(短い)**滞在**,宿泊,立ち寄ること.
❹ⓐ止めるもの,ふさぐもの,栓(せん).
ⓑ(オルガンの)音栓.
❺《英》〔文法〕句読点,(とくに)終止符(.) (full stop)《☞《米》では period》.

動 他 ❶She *stopped* her car in front of the store. 彼女はその店の前で車を止めた / *stop* traffic 交通を止める. ❷ⓐThey *stopped* work for a week. 彼らは1週間仕事を休んだ / *Stop* the noise. その音はやめなさい. ⓑHe *stopped* working and answered my question. 彼は仕事を中断して私の質問に答えてくれた / Please *stop* talking so loud. そんなに大声で話すのはやめてください / It will *stop* raining soon. まもなく雨はやむだろう / He *stopped* smoking. 彼はたばこを吸うのをやめた(禁煙した).
語法 *stop* のあとに to 不定詞がくると,「__するために今していることをやめる」という意味を表わす: He *stopped to* smoke. 彼はたばこを吸うために立ち止まった(彼は立ち止まってたばこを吸った);彼はたばこを吸うために仕事を中断した(彼は仕事を中断してたばこを吸った); ☞ 自 ❷.

stopgap

❸ⓐThe game was *stopped* by rain. 試合は雨で中止となった. ⓑYou must *stop* the children (*from*) *playing* on the street. 子どもたちが通りで遊んでいるのをやめさせなさい / The typhoon *stopped* the ship *from leaving* port. 台風でその船は出港できなかった / Please *stop* the dog *from coming* near me. 犬が私のそばに来ないようにしてください / The little girl couldn't *stop herself from opening* the box. その少女はその箱を開けないではいられなかった. ❹*stop* the electricity supply 電力の供給を停止する. ❺*stop* a bottle びんにふたをする / *stop* a leak in the roof 屋根の雨漏(^も)りを直す.

― 圓 ❶This train *stops* at each station. この列車は各駅に停車します / The clock has *stopped*. その時計は止まっている. ❷*Stop* and listen. 手を休めて[立ち止まって]聞きなさい / We *stopped to* rest. われわれは立ち止まって[仕事を中断して]休んだ (☞ 他 ❷ の 語法). ❸I *stopped* in London 〔at a hotel〕 for two weeks. 私はロンドンに〔あるホテルに〕2週間滞在した.

stop at nothing 何でもやりかねない.
stop by ... 《口語》(どこかへ行く途中に)…に立ち寄る.
stop by 圓《口語》(どこかへ行く途中に)立ち寄る:He *stopped by* and had tea with us. 彼はちょっと寄って私たちとお茶を飲んでいった.
stop dead 急に立ち止まる.
stop in ①= *stop* by. ②《英口語》(外出しないで)家にいる.
stop off 圓《口語》(旅行の途中ある所に)立ち寄る, 途中下車する:We *stopped off* in San Francisco. 私たちはサンフランシスコに立ち寄った / *stop off* at a store 店に立ち寄る.
stop over 圓《口語》(旅行の途中で2, 3日)一時滞在する:I *stopped over* in Denver during my trip. 旅行の途中デンバーにすこし泊まった.
stop short 急に止まる.
stop short of doing __することまではしない.
stop up 他 …をふさぐ, …にふた[栓(^{せん})]をする. ― 圓《英口語》遅くまで起きている.

☞ 名 stoppage.

― 名 ❶Traffic came to a *stop*. 交通が停止した / without a *stop* 止まらずに. ❷I'm getting off at the next *stop*. 私は次の停留所[駅]で降ります. ❸make an overnight *stop* 一泊する.

be at a stop 停止[停車]している.
bring ... to a stop …を止める, やめさせる.
come to a stop 止まる, 終わる:The bus *came to a* sudden *stop*. バスが急に止まった.
make a stop ①(旅行などをしていて)止まる, 停車する. ②立ち寄る, 短期滞在する.
put a stop to ... …をやめる, やめさせる.

stop·gap /stápgæp スタブギャップ/ 名 ⓒ 間に合わせ, その場しのぎ(のもの).

stop·light /stápkàit スタブライト/ 名 ⓒ ❶交通信号. ❷自動車のストップライト《ブレーキをかけるとつく車体のうしろにあるライト》.

stop·o·ver /stápòuvər スタポウヴァ/ 名 ⓒ 途中下車; (旅行の途中の)短い滞在《◑ layover ともいう》.
▶make a *stopover* 途中下車する.

stop·page /stápidʒ スタピヂ/ 名 ⓒ 活動を止めること, 停止. ☞ 動 stop.

stop·per /stápər スタパ/ 名 ⓒ ❶止める人[もの]. ❷(びん・たるなどの)栓(^{せん}).

stop·watch /stápwàtʃ スタブワッチ/ 名 (履 ~es /-iz/) ⓒ ストップウォッチ.

***stor·age** /stɔ́:ridʒ ストーリヂ/ 名 Ⓤ ❶貯蔵, 保管. ❷貯蔵所, 倉庫. ❸保管料. ❹(コンピューターの)データ保存.
▶❶in cold *storage* 冷蔵して.
☞ 動 store.

****store** /stɔ́:r ストー/ 名 (履 ~s /-z/) ❶ⓒ 店, 商店.
❷ⓒ《しばしば複数形で》(物の)たくわえ, たくさん.
❸《複数形で》《英》デパート, 百貨店《◑ department store ともいう》.

abcdefghijklmnopqr**s**tuvwxyz　　　　　　　　　　　　　　　　　　　　　　　　　　**storm**

❹《複数形で》用品, 備品.
❺ⓒ《英》倉庫, 貯蔵所 (✪storehouse, warehouse ともいう).

— 動 (~s /-z/; stored /-d/; stor·ing /stɔ́ːriŋ/) ⓣ ❶ …を**たくわえる**, 取っておく (☞成句 *store* up).
❷ …を倉庫に入れる, 倉庫に保管する.
❸〖電算〗(データ)を保存する.

名 ❶ I bought cigarettes at that *store*. 私はあの店でたばこを買った / They do not sell liquor at that *store*. あの店では酒類は売っていない / a department *store* デパート, 百貨店.

類語　《米》ではふつうの店のことを **store** といい, **shop** は小型のもので特定の商品を売る専門店をさすのがふつう;《英》ではふつうの店を **shop** といい, **store** はとくに大型のものをいう.

語の結びつき

close [shut] a *store* 店をたたむ[廃業する];(一日の終わりに)店を閉める
open a *store* 店を開業する;(一日の始めに)店を開ける
own a *store* 店主である
run [manage] a *store* 店を経営する

❷ We keep quite a large *store* of homemade jam. うちにはかなりたくさんの自家製ジャムのたくわえがあります / a *store* of knowledge 豊富な知識 / *stores* of wine たくさんのワインのたくわえ.

in store ①たくわえて, 持ち合わせて, 用意して:We keep potatoes *in store* for the winter. 私たちはジャガイモを冬のためにたくわえてある. ②(運命などが)待ちかまえて;起こりそうで:There is a surprise *in store* for you. 君をひとつ驚かすことがある.

— 動 ⓣ ❶ We must *store* wood for the winter. 冬のためにまきをたくわえなければならない / They *store* the barn *with* hay. 彼らは納屋に干し草をたくわえている. ❷ *store* the harvest 収穫物を倉に入れる.
store up ⓣ …をたくわえる.
☞名storage.

store·house /stɔ́ːrhàus ストーハウス/ 名
(複 -hous·es /-hàuziz/) ⓒ ❶ 倉庫, 貯蔵所 (✪warehouse, 《英》では store ともいう).
❷ (知識などの)宝庫.

store·keep·er /stɔ́ːrkìːpər ストーキーパ/ 名 ⓒ《米》店主, 小売商人 (✪《英》では shopkeeper).

store·room /stɔ́ːrrùː(ː)m ストール(ー)ム/ 名ⓒ貯蔵室, 物置き.

sto·rey /stɔ́ːri ストーリ/ 名《英》= **story**².

stork /stɔ́ːrk ストーク/ 名ⓒ〖鳥類〗コウノトリ.

a visit from the stork コウノトリの訪れ《子どもの誕生》.

【さし絵説明】
高い煙突の台に巣をつくることがあり, 巣を作った家には赤ん坊が生まれるという.

＊**storm** /stɔ́ːrm ストーム/ 名 (複 ~s /-z/)
ⓒ ❶ⓐ**あらし**, (ふつう雨・雪・雷などをともなう)暴風 (☞typhoon). ⓑ大雨, 大雪.
❷ あらしのようなもの;激しい動き;感情の爆発.
❸ 〖軍事〗急襲.

— 動 (~s /-z/; ~ed /-d/; ~·ing) ⓘ
❶ 《*it* を主語にして》(天気が)**荒れる**, あらしになる.
❷ 怒り狂う, どなる.
❸ (おこって)突進する.
— ⓣ ❶ …を急襲する. ❷ …とどなる.

名 ❶ⓐ We had a terrible *storm* last night. 昨晩はひどいあらしだった / The *storm* blew for two days. あらしは2日間吹きまくった / ことわざ After a *storm* comes a calm. あらしのあとにはなぎがくる.
❷ with a *storm* of cheers あらしのようなかっさいで / a *storm* of bullets 雨のように飛んでくる弾丸.
a storm in a teacup コップの中のあらし, くだらないことについての大騒ぎ.
　　　　　　　　　　　☞形stormy.

— 動ⓘ ❶ *It stormed* all day yesterday. きのうは一日中(天気が)荒れた.
❸ *storm* into [out of] the room おこって荒々しく部屋へ飛びこむ[から飛び出

stormy

す].
— 他 ❶ They *stormed* the castle. 彼らは城を急襲した.

***storm·y** /stɔ́ːrmi ストーミ/ 形 (storm·i·er; storm·i·est)

❶ (海・天候などが)**あらしの**, 荒れる, 暴風(雨)の (反 calm).

❷ (あらしのように)荒々しい, 荒れた, (議論などが)激しい; 波乱に富んだ.

▶ ❶ It was a *stormy* night. あらしの晩だった / a *stormy* sea あらしの海.

❷ a *stormy* discussion 激しい討論 / a *stormy* life 波乱に富んだ一生.

☞ 名 storm.

*****sto·ry**¹ /stɔ́ːri ストーリ/ 名 (複 sto·ries /-z/)

❶ C **話, 物語** (つくり話にも実際にあった話にも用いる).

❷ C (新聞・雑誌などの)記事, 話.

❸ U C (物語などの)筋.

❹ C (人・ものについての)うわさ; 言い伝え; 由来(ゆらい), 歴史.

❶ Please tell us a *story*. 話[物語]をしてください / She writes *stories* for children. 彼女は子どものための話を書いている / a short *story* 短編小説 / I can't believe his *story*. 私は彼の話が信じられない.

語の結びつき

broadcast [have] a *story* (ラジオ・テレビが)ニュースを放送[放映]する

have [publish, print, run, carry] a *story* (新聞などが)記事を掲載する

make up [invent] a *story* 話をでっちあげる, 作り話をする

tell (...) a *story* (人)に話をする

❷ a front-page *story* 第一面の記事.

❸ This novel has little *story*. この小説にはあまり筋はない.

❹ That diamond ring has a *story*. そのダイヤの指輪にはいわれがある.

a different story (これとは関係ない)まったく別なこと.

another story = a different *story*.

as the story goes うわさによると.

the (same) old story よくあること[言いわけ].

The story goes that __. __という話だ(と伝えられる): *The story goes that* they have divorced. 人の話ではふたりは離婚したそうだ.

to make a long story short 簡単に言えば.

***sto·ry**² /stɔ́ːri ストーリ/ 名 (複 sto·ries /-z/) C (家の)**階**. ▶ The house has two *stories*. その家は2階建てだ / a two-*story* house 2階建ての家 / on the first *story* 1階で (✪ floor のような英米の違いはない); ☞ floor のさし絵).

sto·ry·book /stɔ́ːribùk ストーリブック/ 名 ❶ C おとぎ話の本, 物語の本.

❷ 《形容詞的に》(お話のように)何もかもうまくいっている.

▶ ❷ a *storybook* ending ハッピーエンド.

stout /stáut スタウト/ (★発音注意) 形

❶ (人が)でっぷりした, かっぷくのよい (✪「太っている」の遠回しの言い方; ☞ fat の**類語**). ❷ⓐ じょうぶな, がんじょうな. ⓑ しっかりした. ❸ 勇敢な.

— 名 U スタウト (強い黒ビール).

▶ 形 a *stout* old gentleman 太った老紳士. ❷ a *stout* ship がんじょうな船. ❸ a *stout* heart 勇敢な心.

***stove** /stóuv ストウヴ/ 名 (複 ~s /-z/) C

❶ (料理用の)**レンジ** (✪ (米)では cookstove, (英)では cooker ともいう; ☞ kitchen のさし絵). ❷ 暖炉, ストーブ.

▶ ❶ Put the kettle on the *stove*. やかんをレンジにかけなさい.

❷ Turn on [off] the gas *stove*. ガスストーブをつけ[消し]なさい.

stow /stóu ストウ/ 動 他 …をしまいこむ, 詰めこむ.

▶ He *stowed* his clubs in the locker. 彼はクラブをロッカーにしまった.

stow away 他 …をしまいこむ. — 自 (船や飛行機で)密航する.

stow·a·way /stóuəwèi ストウアウェイ/ 名 C 密航者.

St. Pául's 名 セントポール大聖堂 (ロンドンにある大聖堂; ✪ St. Pául's Cathédral ともいう).

strad·dle /strǽdl ストラドル/ 動 (現分 strad·dling) 他 (馬・自転車・いすなど)にまたがる.

▶ *straddle* a horse 馬にまたがる.

strag・gle /strǽgl ストラグル/ 動 (現分 strag・gling) ⓐ ❶ばらばらになって広がる, 散在する.
❷ (列・仲間などから)落後する, はぐれる.

strag・gly /strǽgli ストラグリ/ 形 (strag-gli・er; -gli・est)ばらばらの; (髪が)ほつれた.

＊straight /stréit ストレイト/ 《★ gh は発音されない》形 (~・er; ~・est) ❶まっすぐな, 一直線の, 曲がっていない.
❷ⓐ直立した, 垂直の.
ⓑ傾いていない, 水平の.
❸ⓐきちんとして, 整然として.
ⓑまちがいを正して.
❹ⓐ正直な, 率直な. ⓑ (目的に向かって)ひたむきの; 筋の通った.
❺ (水・炭酸水などで)割っていない, 混ぜ物のない, ストレートの.
❻《米》支持政党がはっきりしている.
❼連続した, とぎれない.
❽ホモでない, 異性が好きな.

— 副 (~・er; ~・est) ❶まっすぐに, 一直線に, まがらずに.
❷直立して.
❸直接, まっすぐ, 寄り道をしないで; すぐに.
❹正直に, 率直に.
❺連続して, 途切れずに.

— 名 ❶《the をつけて》まっすぐ(の状態, 部分), 一直線, 直線コース.
❷Ⓒ〖トランプ〗ストレート《ポーカーの5枚続き》.
❸Ⓒ〖ボクシング〗ストレート (☞hook, uppercut).

形 ❶Draw a *straight* line. 直線を引きなさい / *straight* hair ちぢれていないまっすぐな毛 (☞curly).
❷ⓐKeep your back *straight*. 背中をまっすぐにしなさい.
❸ⓐPut [Set] the room *straight*. 部屋をかたづけなさい. ⓑput [set] the record *straight* 記録を正す.
❹ⓐKeep *straight*. 悪の道に入らずにまじめにやっていきなさい / I'll be *straight* with you. 君には包み隠さず申しましょう / a *straight* question 率直な質問.
ⓑ*straight* thinking 理路整然とした考え方.
❺drink whiskey *straight* ウイスキーをストレートで飲む.
❻a *straight* Democrat 徹底した民主党員.
❼ten *straight* wins 10連勝 / *straight* A's《米》(学業成績の)オールA, 全優.

get ... straight …をはっきりさせる.
keep a straight face (笑いをこらえて)まじめな顔をしている.

☞ 動straighten.

— 副 ❶He was drunk and couldn't walk *straight*. 彼は酔っていてまっすぐ歩けなかった.
❷sit up *straight* すわり直して姿勢を正す.
❸Let's go *straight* to her house. 彼女の家へまっすぐ行こう / come *straight* to the point (余計なことをいわないで)直接要点に触れる.
❹I told him *straight* I wouldn't do it. わたくしは彼にそれをしないと正直に言った.

go straight (足を洗って)まともにくらす.
straight away [off]《口語》すぐに.
straight from the shoulder 率直に, 遠慮なく (《❖ボクシングのストレートが肩からまっすぐにくり出されることから》).
straight out《口語》率直に, ずばり.
straight up《英口語》ほんとうに (《❖質問, 答え, 強調などに用いる》).

《同音異形語》strait.

straight・en /stréitn ストレイトン/ 動 ⓗ
❶…をまっすぐにする.
❷…を整頓(とん)する.
— ⓐまっすぐになる.

▶ⓗ ❶He *straightened* his tie. 彼はネクタイをまっすぐにした.

straighten out ⓗ① (針金・ロープなど)をまっすぐにする. ② (めんどうな問題など)を解決する. ③ (人)を立ち直らせる.

straighten up ⓗ(腰をかがめた後で)体をまっすぐにする. — ⓗ…を整頓(とん)する, 整理する.

☞ 形straight.

straight・for・ward /stréitfɔ́:rwərd ストレイト**フォ**ーワド/ 形 ❶正直な; 率直な.
❷まっすぐな.

▶❶a *straightforward* person 正直な人 / a *straightforward* answer 率直な返事. ❷follow a *straightfor-*

straightjacket

ward route まっすぐな道を行く.

straight·jack·et /stréitdʒækit ストレイトチャキト/ 图Ⓒ= **straitjacket**.

*strain¹ /stréin ストレイン/ 動 (~s /-z/; ~ed /-d/; ~ing) 他 ❶ (ロープなど)を**ぴんと張る**, 張りつめる.
❷ (身体の一部など)を**最大限に使う**.
❸ⓐ (使いすぎて)(身体の一部)を**痛める**, (筋など)を違える.
ⓑ (力を加えすぎて)…をひずませる.
❹ (不要なものを取り除くために)(液体)をこす.
— 自 ❶ **大いに努力する**.
❷ 〔…を〕強く引っぱる〔*at*〕.
— 图 (複 ~s /-z/) ❶ Ⓤ**ぴんと張っている状態**, 張りつめる力 [重み].
❷ ⓊⒸ (心身の)**緊張**, 過労, ストレス, 重い負担. ❸ ⓊⒸ 筋違え.

・・・・・・・・・・・・・・・・・・・・・・・・・・・・・

動 他 ❶ Don't *strain* the rope too hard. あまりロープをぴんと張りすぎるな.
❷ She *strained* her ears to hear his story. 彼女は彼の話を聞こうとして耳を澄ました / *strain one's* eyes 目をみはる. ❸ⓐ Some children *strain* their eyes by watching TV too much. テレビを見すぎて目を痛める子どもがいる.
— 自 ❶ They *strained* for victory. 彼らは勝とうと努力した.
❷ The horse *strained at* the rope. 馬はその綱を強く引っぱった.
— 图 ❶ The rope broke under the *strain*. 綱はその張りに耐えられずに切れた.
❷ The *strain* of nursing her father was very great. 彼女の父の看病をする苦労はとても大きかった.

strain² /stréin ストレイン/ 图 ❶Ⓒ血統, 家系; (動植物の)品種. ❷ 《a をつけて》(性格などの)血筋, 特徴, 傾向. ❸Ⓒ (話・文などの)調子, 話し方, 文体.

strained /stréind ストレインド/ 形 ❶ (心配などで)(気持ちが)張り詰めた; 緊張した. ❷ 無理な, 不自然な, わざとらしい.
▶ ❶ Relations are *strained* between them. 彼らの関係は緊迫している. ❷ a *strained* smile 作り笑い.

strain·er /stréinər ストレイナ/ 图Ⓒ
❶ ろ過器; うらごし器.

❷ 茶こし.

strainer ❷

strait /stréit ストレイト/ 图
❶Ⓒ 《しばしば複数形で; 単数扱いで》海峡 (《**◆**channel よりも狭いものをいう》).
❷ 《複数形で》苦境, 困難.
▶ ❶ the *Strait(s)* of Dover ドーバー海峡. ❷ be in difficult *straits* ひどく困っている.

《同音異形語》straight.

strait·jack·et /stréitdʒækit ストレイトチャキト/ 图Ⓒ ❶ (凶暴な精神病者・囚人に着せる)拘束衣. ❷ (自由などを)さまたげるもの.

strand¹ /strǽnd ストランド/ 動 他 《ふつう be stranded で》 ❶ (船が)(岸に)乗り上げる, 座礁(ざしょう)する. ❷ 困りきる, どうすることもできない立場におかれる.
▶ ❶ The ship *was stranded* on the reef. 船は暗礁に乗り上げ(てい)た.

strand² /strǽnd ストランド/ 图Ⓒ ❶ (なわの)単線, 子綱, より糸 《これをより合わせてなわやロープを作る》. ❷ (ビーズ・真珠などを糸に通した)一連. ❸ (1本の)髪の毛.
▶ ❷ a *strand* of pearls 一連の真珠.

strand·ed /strǽndid ストランディド/ 形 足止めを食った, 立ち往生(おうじょう)した.

***strange /stréindʒ ストレインヂ/ 形 (strang·er; strang·est)
❶ **奇妙な**, 不思議な, 変な.
❷ **見たことのない**, 聞いたことのない, 初めての, 知らない.

・・・・・・・・・・・・・・・・・・・・・・・・・・・・・

❶ That's *strange*. それは変だな / Something is *strange*. どこかおかしい [変だ] / *strange* clothes 変わった服 / It is *strange that* she should marry such a man. 彼女があんな男と結婚するとは不思議だ 《**◆**この should は驚き, 残念の気持ちを表わす》.
❷ A *strange* man spoke to me on the street. 見たことのない人が通りで私に話しかけてきた / This part of town *is strange to* me. 町のこの地域は私は

知りません.
feel strange (慣れてないので)居心地が悪い, 落ち着かない.
strange to say [tell] 《文全体を修飾して》**不思議なことには**: *Strange to say*, he refused my offer of help. 不思議なことには, 彼は私の援助の申し出をことわった.

*strange・ly /stréindʒli ストレインヂリ/ 副
❶ 奇妙に. ❷《文全体を修飾して》**奇妙にも**, 不思議なことには.
▶❶ He behaved *strangely*. 彼は奇妙なふるまいをした.
❷ *Strangely* (enough), he remained silent all the while. 不思議なことには彼はその間中だまっていた.

strange・ness /stréindʒnəs ストレインヂネス/ 名U ❶ 見慣れないこと, 未知.
❷ 奇妙, 不思議.

*stran・ger /stréindʒɚ ストレインヂャ/ 名 (複 ~s /-z/) C ❶ **見たことのない人**, 知らない人;よそから来た人.
❷ (ある場所に)**初めて来た人**.
❸ 不慣れな人, 未経験者.

❶ A *stranger* spoke to me. 見知らぬ人が私に話しかけた / He is a complete *stranger* to me. 彼のことは全然知りません. ❷ I am a *stranger* to New York. 私はニューヨークは初めてです / I am a *stranger* here. 私はここは全然知りません(ここへは初めてです).
❸ I am no *stranger* to poverty. 私は貧乏を知らないどころではない(貧乏がどういうものかよく知っている).

stran・gle /stræŋgl ストラングル/ 動 (stran-gling) 他 ❶ …を絞(し)め殺す.
❷ (発展・自由などを)抑圧する.

strap /stræp ストラップ/ 名C
❶ (物を固定するための革や布製の)バンド, ひも, 帯;肩つり.
❷ (電車などの)つり革.
— 動 (~s /-s/; strapped /-t/; strap・ping) 他 ❶ …をバンドで縛(しば)る.
❷《英》…に包帯を巻く(⇔《米》では tape).
▶ 名 ❶ a watch *strap* 時計のバンド.
❷ hold on to a *strap* つり革につかまる.

strap・less /stræpləs ストラプレス/ 形 (ド
レス・水着などの)肩ひもなしの.

stra・ta /stréitə ストレイタ | strá:tə/ 名 stratumの複数形.

stra・te・gic /strətí:dʒik ストラティーヂック/ 形 ❶ 戦略(上)の, 戦略的な. ❷ 戦略上重要な.
▶❷ a *strategic* point 戦略地点.

stra・te・gi・cal /strətí:dʒikəl ストラティーヂカル/ 形 = strategic.

stra・te・gi・cal・ly /strətí:dʒikəli ストラティーヂカリ/ 副 戦略的に.

*strat・e・gy /strætədʒi ストラテヂィ/ 名 (複 -e・gies /-z/) ❶ U (戦争における全体の)**戦略, 戦術**, 作戦計画 (☞tactic ❷).
❷ UC (目的を遂げるための)計画, 策略, 計画.

strat・o・sphere /strætəsfiɚ ストラトスフィア/ 名《the をつけて》【気象】成層圏(海抜約10kmから約60kmに及ぶ大気圏).

stra・tum /stréitəm ストレイタム | strá:-/ 名 (複 stra・ta /stréitə | strá:tə/) C
❶ [地質] 地層. ❷ (社会的な)階層.
▶❷ the various *strata* of society いろいろな社会層.

*straw /stró: ストロー/ 名 (複 ~s /-z/)
❶ⓐ U わら, 麦わら.
ⓑ 《形容詞的に》わらの.
❷ C (1本の)わら. ❸ C (ジュースなどを飲むための)ストロー. ❹《単数形で;否定文で》つまらないもの;ほんのすこし.
▶❶ⓐ a bed of *straw* (麦)わらのベッド / spread *straw* わらを敷く.
ⓑ a *straw* hat 麦わら帽子.
❹ I *don't* care *a straw*. 私はすこしもかまわない.

a straw in the wind 風向き[世論]を示すもの.

lást stráw 名《the をつけて》限界すれすれのもの《今までのつらさをこれ以上耐えられないものにすることから》: That's the last straw. もう(それが)限界だ.

make bricks without straw 必要な材料なしに仕事をする.

straw・ber・ry /stró:beri ストローベリ/ 名 (複 -ber・ries /-z/) ❶ C 【植物】イチゴ, オランダイチゴ. ❷ U イチゴ色.
▶❶ *strawberries* and cream クリームをかけたイチゴ.

stray /stréi ストレイ/ 動 (自) ❶ ふらりとどこかへ行ってしまう, はぐれる, 道に迷う.

stray sheep

❷ (話・考えなどが)(本筋から)はずれる.
❸ (道徳的に)道をはずれる.
— 形 ❶ はぐれた, 道に迷った.
❷ たまに見かける.
— 名 C 迷い出た動物; 迷子(ﾏｲｺﾞ).
▶ 動 ⾃ ❶ We *strayed* from the path through the woods. 私たちは森の道を外れてしまった.
❷ Don't *stray* from the point. 問題の要点からそれてはいけない.
— 形 ❶ a *stray* cat のらネコ.
❷ a *stray* instance たまにある例.

stráy shéep 名 C ❶ 迷えるヒツジ, 群れからはぐれたヒツジ(❶lost sheep ともいう). ❷ 罪を犯した人, 正道を踏みはずした人.

streak /stríːk ストリーク/ 名 C ❶ 筋, 線; しま(模様).
❷ (性格上のちょっとした)傾向.
❸ (短期間の幸運・不運などの)連続; 時期.
— 動 ⾃他 …に筋[しま模様]をつける.
— ⾃ 疾走する, 大急ぎで行く.
▶ 名 ❶ She has *streaks* of gray in her hair. 彼女の髪の毛にはすこし白髪がある / a *streak* of blood ひと筋の血 / a *streak* of lightning ひと筋のいなずま. ❷ He has a *streak* of humor in him. 彼にはすこしユーモアがある.
like a streak (of lightning) 《口語》 たちまち, 全速力で.
☞ 形 streaky.
— 動 他 His hair was *streaked* with gray. 彼の髪は白髪まじりだった / Soccer fans *streak* their faces with paint. サッカーファンは顔をしま様にぬる.

streak·y /stríːki ストリーキ/ 形 (streak·i·er; streak·i·est) 筋のはいった, しまのついた. ☞ 名 streak.

*__stream__ /stríːm ストリーム/ 名 (履 ~s /-z/)
C ❶ 小川, 流れ (☞river の).
❷ (水・空気などの) 流れ.
❸ (人・車などの)流れ.
❹ (英) 能力[学力]別クラス.
— 動 (~s /-z/; ~ed /-d/; ~·ing) ⾃
❶ ⓐ (たくさん)流れる, 流れ出る.
ⓑ (目などから)[涙などを]流す 〔with〕.
ⓒ (光などが)強くさしこむ.
❷ (旗・長い髪などが)なびく, ひるがえる.
— 他 ❶ …を流れ出させる.

❷ 《英》 (生徒)を能力別に教育する.

名 ❶ A small *stream* runs in front of our garden. 小さな小川が家の庭の前を流れている.
❷ go up [down] the *stream* 流れを上る[下る] / swim against [with] the *stream* 流れに逆らって[乗って]泳ぐ.
❸ *Streams* of people came out of the stadium. スタジアムから人々がどっと流れ出てきた.
in a stream = *in streams* 流れになって.
on stream (工場などが)操業中で.
— 動 ⾃ ❶ⓐ People *streamed* out of the station. 人が駅から流れ出て来た / Tears *streamed* from her eyes. 涙が彼女の目から流れ出た.
❷ The flag was *streaming* in the wind. 旗が風にひるがえっていた.

stream·er /stríːmər ストリーマ/ 名 C
❶ ⓐ 吹き流し, 長旗. ⓑ (ひらひらした)細長い物; 飾りリボン. ❷《米》(新聞の第一面の)全段抜き大見出し.

stream·line /stríːmlàin ストリームライン/ 名 ❶ C 流線; 流線型. ❷《形容詞的に》流線型の (streamlined).
— 動 (現分 -lin·ing) 他 ❶ …を流線型に作る. ❷ (事務・計画・組織など)を合理化する.

stream·lined /stríːmlàind ストリームラインド/ 形 ❶ 流線型の. ❷ 能率的な.

*__street__ /stríːt ストリート/ 名 (履 ~s /-ts/)
❶ C 通り, 街路; 街(ﾏﾁ).
❷ 《... Street で》…街, …通り, …ストリート (❶ふつう St. と略し, 第1アクセントは置かない).
❸ 《the をつけて》 (歩道と区別して) 車道 (☞sidewalk).
❹ 《the をつけて; 集合的に》町内の人々.

❶ Walk along this *street*, and you will come to the bridge. この通りを行きなさい. そうすればその橋の所へ出ます / My room faces the *street*. 私の部屋はその通りに面している / I met a friend on [《英》in] the *street*. 私は通

りで友人に出会った / the main [《英》high] *street* 目抜き通り / a back *street* 裏通り.

類語 **street** は都市や村落の中を通り，片側または両側に建物が立ち並んでいる舗装道路をさす；**road** は町と町を結ぶ（主として車の通行のための）道をさす．

❷Oxford *Street* オックスフォードストリート《ロンドンのにぎやかな商店街》/ Wall *Street* ウォールストリート《ニューヨーク市の金融街》.

INFO ニューヨークでは東西に走る通りを Street, 南北に走る通りを Avenue《Ave. と略す》という．

❸cross *the street* 車道を横切る．
❹The whole *street* was excited by the news. その知らせを聞いて町中の人が興奮した．

the man [*woman*] *on* [《英》*in*] *the street* ふつうの人，一般の市民．

*street·car /stríːtkɑ̀ːr ストリートカー/ 名 (複 ~s /-z/) Ⓒ《米》**路面電車**，市街電車 (❖《米》では trolley (car) ともいい，《英》では tram という).

*strength /stréŋkθ ストレングス/ 名 (複 ~s /-z/)

❶Ⓤⓐ(身体的・物理的な)**力**，強さ (反 weakness)；強度. ⓑ(精神的・知的な)**力**，能力. ⓒ勢力，影響力. ⓓ(薬などの)効力. ⓔ(議論などの)説得力.
❷ⓐⓊⒸ強み，長所. ⓑⓊ力となるもの.
❸Ⓤ兵力；人数.

❶ⓐDo you have enough *strength* to carry that big suitcase? 君はその大きなスーツケースをもち歩くだけの力がありますか / the *strength* of the bridge その橋の強度 / with all *one's strength* 力いっぱいに. ⓑHe has great *strength* of will. 彼は意志(の力)が強い. ⓒJapan's economic *strength* 日本の経済力.
❷ⓐHonesty is his *strength*. 正直なところが彼の長所だ. ⓑGod is our *strength*. 神がわれわれのささえだ.
❸in full *strength* 全員そろって / in *strength* おおぜいで.

on the strength of ... …をたよりにして，…に基づいて．

☞ 形 strong.

*strength·en /stréŋkθən ストレングスン/ 動 (~s /-z/; ~ed /-d/; ~ing) 他 …を**強くする**，強化する (反 weaken).
— 自 **強くなる**.
▶ 他 We have to *strengthen* the bridge. その橋は強化しなくてはならない / Exercise will *strengthen* your body. 運動すれば体が強くなりますよ.
— 自 The wind *strengthened*. 風が強くなった.

☞ 形 strong.

stren·u·ous /strénjuəs ストレニュアス/ 形 ❶熱心に努力する，精力的な.
❷努力のいる，骨の折れる.
▶ ❶make *strenuous* efforts たゆまぬ努力をする. ❷a *strenuous* task 努力のいる仕事.

stren·u·ous·ly /strénjuəsli ストレニュアスリ/ 副 精力的に，熱心に.

*stress /strés ストレス/ 名 (複 ~es /-iz/)
❶ⓊⒸ**圧力**，圧迫.
❷ⓊⒸ(精神的)**緊張**，ストレス，圧迫感.
❸Ⓤ**強調**，重要視.
❹ⓊⒸ【音声】**強勢**，アクセント.
— 動 (~es /-iz/; ~ed /-t/; ~ing) 他
❶…を**強調する**，強く言う.
❷…に強勢[アクセント]を置く，強めて発音する.

名 ❶The roof couldn't bear the *stress* of the snow. 屋根は雪の圧力に耐えられなかった / under the *stress* of necessity 必要に迫られて.
❷The job he was given put him under great *stress*. 与えられた仕事で彼は非常に緊張した / the *stress* of city life 都会生活のストレス.
❸He laid [placed, put] particular *stress* on saving time. 彼は時間の節約をとくに強調した.
❹In the word "Washington" the *stress* is on the first syllable. Washington という語の強勢は第1音節にある.
— 動 他 ❶Everybody *stresses* the importance of health. だれもが健康の重要性を強調する.

stressed /strést ストレスト/ 形 ❶緊張し

stressful

た, ストレスのかかった.
❷圧力のかかった.
▶❶feel *stressed* ストレスを感じる.

stress·ful /strésfəl ストレスフル/ 形 ストレスの多い, 緊張に満ちた.

***stretch** /strétʃ ストレッチ/ 動 (~・es /-iz/; ~ed /-t/; ~ing) 他 ❶…を**引っ張って伸ばす**, 広げる, (ロープなど)を張る.
❷(手・足)を**伸ばす**, 前へ出す.
— 自 ❶(ゴムなどが)**伸びる**, 伸縮性がある.
❷伸びをする, 手足を伸ばす.
❸ⓐ(土地などが)**広がっている**.
ⓑ(道路などが)伸びている.
❹(時間的に)続く, わたる.
— 名 (複 ~·es /-iz/) C
❶(空間の)**広がり**, 長さ.
❷(仕事・時間などの)連続, 期間.
❸(体を)伸ばすこと, 伸びること.

━━━━━━━━━━━━━━━━

動 他 ❶*stretch* a rubber band ゴムバンドを伸ばす / *stretch* a rope between two trees 2本の木の間にロープを張る. ❷*Stretch* your limbs. 手足を伸ばしなさい / He *stretched* out his hand for the dictionary. 彼はその辞書を取るために手を伸ばした.
— 自 ❶Rubber *stretches* easily. ゴムは引っ張るとすぐ伸びる. ❸ⓐThe coastline *stretches* as far as the eye can reach. 見渡す限り海岸線が続いている. ❹The war *stretched* over ten years. その戦争は10年にも及んだ.

stretch a point 規則などを拡大解釈する, 融通をきかせる.

stretch oneself ①手足を伸ばす, のびをする; 大の字に寝る: She *stretched herself*. 彼女はのびをした / He *stretched himself* out on the sofa. 彼はソファに大の字になって寝た. ②全力を出しきる.
— 名 ❶a *stretch* of green hills 一面に広がる緑の丘 / a long *stretch* of (the) coast 長く伸びた海岸線.
❷for a *stretch* of two years 連続2年間 / a long *stretch* of bad weather 長い間の悪天候続き.
❸have a *stretch* のびをする.

at a stretch 一気に, 休まずに: I can sleep for 14 hours *at a stretch*. 私

は一気に14時間眠れます.

at full stretch 全力を出して.

stretch·er /strétʃər ストレチャ/ 名 C 担架(ﾀﾝｶ).
▶on a *stretcher* 担架に乗って[乗せて].

strew /strúː ストルー/ 動 (~s /-z/; ~ed /-d/; ~ed, strewn /strúːn/; ~ing) 他
❶…をまき散らす.
❷…に散らばっている.
▶❶He *strewed* sand *on* the floor. = He *strewed* the floor *with* sand. 彼は床に砂をまいた.

strewn /strúːn ストルーン/ 動 strewの過去分詞形.

strick·en /stríkən ストリクン/ 動 《古語》 strikeの過去分詞形.
— 形 (病気・悲しみ・災難などで)苦しんでいる.
▶形*stricken* areas 被災地域.

***strict** /stríkt ストリクト/ 形 (~·er; ~·est)
❶(人・規則など)**きびしい**, 厳格な.
❷**厳密な**, 正確な.
▶❶a *strict* teacher きびしい先生 / *strict* discipline きびしいしつけ[訓練] / *strict* orders 厳格な命令 / She is *strict about* table manners. 彼女はテーブルマナーに関してやかましい / He is *strict with* his child. 彼は自分の子どもにきびしい. ❷A *strict* vegetarian doesn't eat dairy products. 厳密な意味での菜食主義者は乳製品を食べない.

***strict·ly** /stríktli ストリクトリ/ 副 ❶きびしく, やかましく. ❷厳密に, 正確に.
▶❶Parking is *strictly* prohibited here. ここに駐車することは厳禁されている.

strictly speaking 《文全体を修飾して》厳密に言うと: *Strictly speaking*, you are not responsible for the accident. 厳密に言えば, 君はその事故に対して責任はない.

strid·den /strídn ストリドン/ 動 strideの過去分詞形.

***stride** /stráid ストライド/ 動 (~s /-dz/; strode; /stróud/; strid·den /strídn/; strid·ing) 自 ❶**大またに歩く**.
❷またいで越える.
— 名 (複 ~s /-dz/) C ❶**大またの一歩**.
❷ひとまたぎ.
❸《しばしば複数形で》(大幅な)進歩.

strike

動⾃ ❶He *strode* out of the room. 彼は大またに歩いて部屋を出て行った. ❷*stride* over the ditch みぞをひとまたぎで越す.

— 名 ❶with vigorous *strides* 元気よく大またで. ❷at [in] a *stride* ひとまたぎに. ❸make great *strides* 大いに進歩する.

take ... in *one's* **stride** (困難)を難なく処理する.

stri・dent /stráidnt ストライドント/ 形 (声・音が)かん高い, 耳ざわりな.

strife /stráif ストライフ/ 名 ⓤ 争い, 闘争.

＊strike /stráik ストライク/ 動 (~s /-s/; struck /strʌ́k/; struck, (古)strick・en /stríkən/; strik・ing) (**○**stricken は今はおもに形容詞として用いる). 他 ❶ⓐ…を打つ, ぶつ, たたく, なぐる. ⓑ《strike ... ~》…に~(打撃など)を与える. ❷ⓐ…にぶつかる, 衝突(しょうとつ)する, 当たる. ⓑ…をぶつける. ❸(刃物などを)突き刺す, 食いこませる. ❹(敵・恐怖・病気・地震などが)…を突然襲う. ❺(時計が)(時)を打つ. ❻(マッチなど)をする. ❼(人)の心を打つ, (人)に印象づける. ❽(考えなどが)(人)の頭に浮かぶ. ❾ⓐ《strike ... ~》(恐怖・驚きなどが)…(人)を圧倒して突然~の状態にする(《**○**~には形容詞がくる》). ⓑ(恐怖心など)を起こさせる.

— 自 ❶ⓐ打つ, なぐる. ⓑ〔…に〕なぐりかかる 〔at〕. ❷ぶつかる, 衝突する. ❸(軍隊・地震・あらしなどが)襲う. ❹ストライキをする. ❺(時計・鐘などが)鳴る, 打つ.

— 名 (複 ~s /-s/) ⓒ ❶スト(ライキ). ❷ⓐ〔野球〕ストライク (反 ball). ⓑ〔ボウリング〕ストライク (《1球でピンを全部倒すこと》); ストライクで得た得点. ❸打つこと, 打撃; 攻撃. ❹ⓐ鉱脈などを掘りあてること. ⓑ大変な幸運, (事業などの)大当たり.

動 他 ❶ⓐThe small boy tried to *strike* me with a stick. その小さい男の子が棒で私を打とうとした / The house was *struck* by lightning. その家は雷に打たれた(落雷にあった) / *strike* a ball ボールを打つ. ⓑI *struck* him a sharp blow in the face. 私は彼の顔に強烈な一撃をくらわした.

❷ⓐThe taxi *struck* the wall. タクシーはへいにぶつかった. ⓑHe *struck* his head against the door. 彼は頭をドアにぶつけた(てしまっ)た. ❸*strike* an ax *into* a log=*strike* a log *with* an ax 丸太におのを食いこませる.

❹The enemy *struck* the camp at night. 敵はその野営地を夜間に襲った / The sight *struck* me with horror. =I was *struck* with horror by the sight. その光景を見て恐怖感が私を襲った.

❺It just *struck* five. たった今5時を打った.

❻*strike* a match マッチをする.

❼The plan *struck* me *as* silly〔a good one〕. その計画は私にはばかげた〔立派な〕ものに思えた / I was *struck* by the boy's kindness. その男の子のやさしさに心を打たれた.

❽A good idea suddenly *struck* me. いい考えがふと私の頭に浮かんだ / It *struck* me *that* he might not be Japanese. 私は彼が日本人でないような気がした.

❾ⓐThe shock *struck* her dumb. =She was *struck* dumb by the shock. そのショックで彼女は口がきけなくなった. ⓑThe news *struck* terror *into* the town. そのニュースで町の人々は恐怖に襲われた.

— 自 ❶ⓐ ことわざ *Strike* while the iron is hot. 鉄は熱いうちに打て(好機を逃すな). ⓑThe man *struck* out at the policeman. その男は警官になぐりかかった.

❷Our heads *struck* when we bent over. かがんだ時に私たちの頭がぶつかった.

❸The typhoon *struck* in the afternoon. 台風は午後襲った.

❹The bus drivers are *striking* for higher wages. バスの運転手は賃上げを求めてストライキをしている.

striker

❻ Five o'clock has just *struck*. 今5時を打ったところだ.

strike against ... ①…にぶつかる: The ball *struck against* the fence. ボールはさくに当たった. ②…に反対してストライキする.

strike back 他 …をなぐり返す; 反撃する.

strike down 他 ①…を打ち倒す[殺す]. ②《ふつう be struck down で》(病気で)寝こむ, 死ぬ.

strike home 自 ①(剣などが)急所にぐさりと突き刺さる. ②(ことばなどが)急所をつく; 感銘させる.

strike in 自 突然横から口を出す.

strike off 他 ①(枝などを)切り落とす. ②(名前など)を削除する: His name was *struck off*. 彼の名前は削除された.

strike ... off ~ … (名前など)を~から削除する.

strike on [upon] ... ①…にぶつかる: The ship *struck on* a rock. 船は暗礁(しょう)に乗り上げた. ②(考えなど)を思いつく: *strike upon* a plan 計画を思いつく.

strike out 他 ①【野球】(打者)を三振させる. ②(文字・名前など)を線を引いて消す. — 自 ①【野球】(打者が)三振する. ②出かける. ③自力で始める.

strike root ☞ root¹ 名.

strike through = *strike* out 他 ②.

strike up ... with ~ … (交際・会話など)を~ (人)と始める.

☞ 名 stroke¹.

— 名 ❶ They are on *strike* now. 彼らは今ストをしている(**○** on の後では a をつけない) / go on *strike* ストをする / a *strike* for higher wages 賃上げのスト.

❷ⓐ The count is one ball and two *strikes*. カウントはツー(ストライク)ワン(ボール)だ(**○** 日本とアメリカではストライクとボールの言い方の順が逆になる).

❸ make a *strike* at ... …を打とうとする, 攻撃する.

strik·er /stráikər ストライカ/ 名 © ❶ ストライキをする人. ❷ 【サッカー】ストライカー(シュートをするのがおもな役割の選手).

***strik·ing** /stráikiŋ ストライキング/ 形 (more ~; most ~) 目だつ, きわだった, 印象的な.

▶ a *striking* dress 人目をひくドレス.

strik·ing·ly /stráikiŋli ストライキングリ/ 副 目だって. ▶ be *strikingly* dressed 人目を引くような服を着ている.

***string** /stríŋ ストリング/ 名 (複 ~s /-z/)
❶ⓊⒸ ひも, 糸 (**○** thread より太く, cord より細い).
❷Ⓒ 連続, ひと続き.
❸Ⓒⓐ (弦楽器の)弦.
ⓑ (弓の)弦 (**○** bowstring ともいう).
❹ 《the strings で》ⓐ (オーケストラの)弦楽器類. ⓑ 弦楽器奏者たち.
❺ 《複数形で》付帯条件.

— 動 (~s /-z/; strung /stráŋ/; ~ing) 他 ❶ …を糸に通す, …をじゅずつなぎにする.
❷ (弓・楽器)に弦を張る (反 unstring).
❸ …をひもにつけてつるす.

名 ❶ I tied the package with white *string*. 私はその包みを白いひもで縛った / a (piece of) *string* 1本のひも / an apron *string* エプロンのひも.

❷ a *string* of pearls ひとつなぎの真珠 / a *string* of cars じゅずつなぎの車 / ask a *string* of questions 次々と質問をする.

❸ⓐ the G *string* バイオリンなどのG線.

harp on one [the same] string 同じことをくり返し言う[書く].

have ... on a string (人)を思うようにあやつる(**○** あやつり人形 (marionette) の連想から).

have two strings [a second string] to one's bow (失敗に備えて)ふたつの方策をもっている (**○** 弓 (bow²) に弦を2本張るということから).

pull strings コネを使う.

pull the strings 支配している, あやつる(**○** あやつり人形の用語からきたことば).

(with) no strings attached 付帯条件のない, 付帯条件なしで.

— 動 他 ❶ *string* beads ビーズを糸に通す. ❷ *string* a guitar ギターに弦を張る. ❸ *string* lanterns up across the lawn 芝生(ふ)の上にちょうちんをじゅずつなぎにしてぶら下げる.

string along 他 《口語》(本気のふりをし

abcdefghijklmnopqr s tuvwxyz　　　　　　　　　　　　　　　　　　　　**stroke**

て)…をだます.
string along with ... (一応)…についていく, …と協力する.
string out 他①…を引き伸ばす. ②…を一列に並べる. ― 自一列に並ぶ.
string up 他①(旗など)を(飾りに)つるす. ②…をつるし首にして殺す.

stríng bèan 名C(米)サヤインゲン, サヤエンドウ (✪(英)では runner bean).

stringed /stríŋd ストリングド/ 形弦のある.

strínged ínstrument 名C弦楽器.

strin·gent /stríndʒənt ストリンヂェント/ 形❶(規則などが)厳重な. ❷(金融などが)切迫した, 金詰まりの.

stríng órchestra 名C弦楽合奏団.

stríng quartét 名C弦楽四重奏(団)[曲]).

stríng tìe 名C ストリングタイ (細いちょうネクタイ).

*__strip__¹ /stríp ストリップ/ 動 (~s /-s/; stripped /-t/; strip·ping) 他 ❶ⓐ(皮・葉・ペンキなど)を**はぐ**. ⓑ(人・木・果物から)(衣類・葉・皮などを)**取り去る**, はぐ.
❷ⓐ(人)から〔所有物・権利・資格などを〕**奪う**〔*of*〕. ⓑ(場所)から〔設備などを〕運び出してからにする〔*of*〕.
― 自(人が)裸になる.

▶他 ❶ a *strip* the walls 壁のペンキを削り取る. ⓑThe mother *stripped* her baby *of* his clothes to give him a bath. その母親はおふろに入れるために赤ちゃんの着ている物を脱がせた / He *stripped* the log *of* its bark. = He *stripped* the bark *from* [*off*] the log. 彼はその丸太の皮をむいた / The typhoon *stripped* the apples *off* the tree. 台風でリンゴが木からすっかり落ちてしまった.

❷ⓐA mugger *stripped* him *of* his valuables. 路上強盗が彼の貴重品を奪った / He *was stripped of* all his rights. 彼はすべての権利を剥奪(はくだつ)された. ⓑ*strip* the house *of* all its furniture その家からすべての家具を運び出す.

― 自He *stripped* to the waist. 彼は上半身裸になった.

strip away 他…をすっかり取り去る, 剥奪(はくだつ)する.

strip down 他…から部品を取りはずす.

strip off 自裸になる. ― 他…をはぎとる.

strip oneself 裸になる:He *stripped himself* to his briefs. 彼は服を脱いでパンツ一枚になった.

*__strip__² /stríp ストリップ/ 名(複 ~s /-s/) C ❶(布・土地などの)**細長い一片**. ❷(飛行場の)滑走路 (✪airstrip, landing strip ともいう). ❸(英)= strip cartoon.

・・・・・・・・・・・・・・・・・・・・・・・・・・・・・・・・・・・・・・・

❶ a *strip* of paper 細長い紙切れ / a *strip* of land 細長い土地 / in *strips* ずたずたに.

stríp cartóon 名C(英)(新聞などの)数コマ漫画 (✪単に strip, comic (strip) ともいう).

*__stripe__ /stráip ストライプ/ 名(複 ~s /-s/) C (色などのちがいでできる細長い)**しま模様**, 筋(すじ), ストライプ.
▶ a dress with blue and white *stripes* 青と白のしま模様のドレス.

striped /stráipt ストライプト/ 形しま模様[筋]のある.

strip·per /strípər ストリパ/ 名C ❶ペンキなどをはぐもの[液]; 皮むき器. ❷(口語)ストリッパー.

strip·tease /stríptìːz ストリプティーズ/ 名U|C ストリップ(ショー).

strive /stráiv ストライヴ/ 動 (~s /-z/; strove /stróuv/; striv·en; striv·ing) 自(文語)一生懸命努力する.
▶ *strive to* succeed 成功しようと一生懸命努力する / *strive for* better marks もっとよい成績をとるよう一生懸命努力する.

☞ 名 strife.

striv·en /strívən ストリヴン/ 動 strive の過去分詞形.

strode /stróud ストロウド/ 動 stride の過去形.

*__stroke__¹ /stróuk ストロウク/ 名(複 ~s /-s/)
❶ C (刃物などで)**打つこと**, 一撃.
❷ C (道具・器具などを使っての)**動き**; (ペン・筆などの)ひと筆, (彫刻の)ひと彫り.
❸ Cⓐ (くり返される動作のそれぞれの)**動き**, 動作.
ⓑ(テニス・ゴルフなどの)一打, ストローク.
ⓒ(オールの)ひとこぎ.

one thousand three hundred and twenty-three　　　　　　　　　　　　　　　1323

stroke

ⓓ (水泳の)ひとかき；泳ぎ方 (☞ breaststroke).
ⓔ (ピストンなどの)一往復.
❹ⓒ (病気の) **発作**, 卒中, 中風.
❺ 《単数形で》思いがけないこと, 突然のこと.

❶ I cut off the branch with one *stroke* of the ax. 私はその枝をおのでスパッと切り落とした.
❷ a thick *stroke* of the brush 太い線のひと筆.
❸ⓑ a backhand *stroke* (テニスなどの)バックハンド. ❹ have a *stroke* 卒中を起こす. ❺ *a stroke* of good luck 思いがけない幸運.

at a stroke ① 一撃で. ② 一挙に.
in one stroke = at a *stroke*.
☞ 動strike.

stroke² /stróuk ストロウク/ 動 (~s /-s/; ~d /-t/; strok·ing) ⓗ …をなでる, さする.
— 名ⓒ なでること, ひとなで.
▶ 動ⓗ *stroke* a cat ネコをなでる.

stroll /stróul ストロウル/ 名 《a をつけて》ぶらぶら歩き, 散歩.
— 動ⓘ ぶらぶら歩く, 散歩する.
▶ 名 take [go for] *a stroll* ぶらぶら散歩する.

stroll·er /stróulər ストロウラ/ 名ⓒ ❶ ぶらぶら歩く人, 散歩する人. ❷ 《米》(折りたたみ式)ベビーカー (《英》では push-chair).

strong /strɔ́(ː)ŋ ストロ(ー)ング/ 形
(strong·er /strɔ́(ː)ŋgər/; strong·est /strɔ́(ː)ŋgist/) (★比較級・最上級の発音注意)

❶ⓐ **強い**, 力が強い, 体力のある (反 weak). ⓑ (物が)がんじょうな, じょうぶな. ⓒ 病気が治っている, 体力が回復している.
❷ⓐ (意志・性格・権力などが) **強い**, 強力な. ⓑ (感情・ことばなどが) **激しい**.
❸ (飲み物などが) **強い**, 濃い (反 weak).
❹ (勢い・可能性などが) **強い**.
❺ⓐ (議論・証拠などが) **説得力のある**, 強力な. ⓑ (文体・表現など)迫力のある.
❻ⓐ 得意な, 優れた. ⓑ 《*be strong in [on]* ...》…が得意である.
❼ 苦しい, はっきりした.
❽ⓐ 多数の, 優勢な. ⓑ 《数詞のあとで》人員[兵員]が…の, …の強さを有する.

❶ⓐ He has *strong* arms. 彼は腕っぷしが強い / a *strong* wind 強い風.
ⓑ *strong* cloth じょうぶな布地.
ⓒ She is not yet *strong* enough to go to school. 彼女はまだ学校へ行けるほどよくなっていない.
❷ⓐ She has a *strong* will. 彼女は強い意志の持ち主だ / He is *strong* in faith. 彼は信仰心が強い. ⓑ speak with *strong* feeling 熱を込めて話す / He objected in *strong* language. 彼は言葉激しく反対した.
❸ *strong* whiskey 強いウイスキー / *strong* coffee 濃いコーヒー (✪「濃いスープ」は thick soup)/ a *strong* accent 強いなまり / *strong* breath くさい息.
❹ The yen is getting *stronger*. 円が強くなっている / There is a *strong* possibility that he will be elected. 彼が選ばれる可能性が強い.
❺ⓐ I have *strong* reasons for believing it. 私にはそれを信じる強い理由がある / a *strong* argument 説得力のある論拠.
❻ⓐ a *strong* point 得意な点, 長所.
ⓑ He *is strong in [on]* mathematics. 彼は数学が得意だ.
❼ a *strong* similarity [contrast] 著しい類似[対照].
❽ⓐ a *strong* candidate (多数の支持者のいる)有力な候補. ⓑ an army 150,000 *strong* 兵力15万の軍隊.

(still) going strong (まだ)元気で, 衰えないで: She is eighty and *still going strong*. 彼女は80でまだ元気にやっています.
☞ 名strength, 動strengthen.

strong·hold /strɔ́(ː)ŋhòuld ストロ(ー)ングホウルド/ 名ⓒ ❶ 砦(とりで), 要塞(ようさい).
❷ (思想・信条などの)中心, 本拠.

strong·ly /strɔ́(ː)ŋli ストロ(ー)ングリ/ 副
❶ 強く, 強硬に, 激しく, 熱心に.
❷ じょうぶに, 頑丈(がんじょう)に.
▶ ❶ He *strongly* supported the plan. 彼は強くその案を支持した.
❷ a *strongly* built wall 頑丈に作られ

abcdefghijklmnopqr**s**tuvwxyz　　　　　　　　　　　　**stuck**

た塀(😮).

strong-mind·ed /strɔ́(ː)ŋ-máindid ストロ(ー)ング・マインディド/ 形 意志の強い,意志の固い.

strong-willed /strɔ́(ː)ŋ-wíld ストロ(ー)ング・ウィルド/ 形 意志の固い.

strove /stróuv ストロウヴ/ 動 striveの過去形.

*****struck** /strʌ́k ストラック/ 動 strikeの過去形・過去分詞形.

struc·tur·al /strʌ́ktʃərəl ストラクチュラル/ 形 構造(上)の; 組織(上)の.
☞ 名 structure.

*****struc·ture** /strʌ́ktʃər ストラクチャ/ 名 (複 ~s /-z/) ❶ⓐU|C 構造, 構成; 体系. ⓑU 構成[組織]されていること. ❷ⓐ C 建造物, 建物. ⓑ (部分で)構成されたもの, 構成物, 組織体.
—— 動 他 …を構成する, 組織する.

名 ❶ⓐ the *structure* of a bridge 橋の構造 / the *structure* of society 社会構造 / the power *structure* 権力構造. ❷ⓐ a stone *structure* 石の建造物.
☞ 形 structural.

*****strug·gle** /strʌ́gl ストラグル/ 動 (~s /-z/; strug·gled /-d/; strug·gling) 自
❶ (逃れようと)**もがく**, あがく; 悪戦苦闘する.
❷ **一生懸命に努力する**.
❸ 〔敵・困難などと〕**戦う**, 取り組む 〔with, against〕. ❹ 苦労して進む.
—— 名 (複 ~s /-z/) C ❶ **もがき**, 苦闘. ❷ (困難な状況の中での)努力. ❸ 戦闘, 闘争.

動 自 ❶ *struggle* to get out of the cage おりから外に出ようとしてもがく.
❷ Mary *struggled* to learn French. メアリーはフランス語を覚えようとして一生懸命努力した / *struggle for* liberty 自由を得ようと奮闘する.
❸ The policeman *struggled with* the thief. 警官はどろぼうととっ組み合いをした / *struggle against* the current 流れに逆(さか)らって泳ぐ.
❹ We *struggled* out through the crowd. わたしたちは人ごみを抜けて外に出た.

struggle along ①やっと歩く. ②苦しい生活をする.

struggle on 苦労しながら何とかやっていく.

struggle to** one's **feet もがいて立ち上がろうとする.

—— 名 ❶ *one's struggle* to escape 逃げようとしてもがくこと. ❷ the *struggle* for existence 生存競争, 生きようとする努力.

strum /strʌ́m ストラム/ 動 (~s /-z/; strummed /-d/; strum·ming) 他 (弦楽器)をかき鳴らす, (へたに)ひく.
—— 自 弦楽器をかき鳴らす.

strung /strʌ́ŋ ストラング/ 動 stringの過去形・過去分詞形.

strut /strʌ́t ストラット/ 動 (~s /-ts/; strut·ted /-id/; strut·ting) 自 (胸をそらして)気どって歩く, そりかえって歩く.
—— 名 C ❶ (胸をそらした)気どった歩き方. ❷ 〖建築〗 支柱.

stub /stʌ́b スタブ/ 名 C ❶ (木の)切り株, 株. ❷ⓐ (主要部を使ったあとの)短い切り端. ⓑ (鉛筆の)使い残し. ⓒ (折れた歯の)根. ⓓ (たばこなどの)吸い残し. ⓔ (ろうそくの)燃え残り.
—— 動 (~s /-z/; stubbed /-d/; stub·bing) 他 (つま先)を切り株(など)にぶつける.
▶名 ❷ⓓ a cigarette *stub* たばこの吸いがら.
—— 動 ***stub out*** 他 (たばこ)をもみ消す.

stub·born /stʌ́bərn スタボン/ 形 がんこな, 強情な.
▶a *stubborn* boy 強情な少年.

stub·born·ly /stʌ́bərnli スタボンリ/ 副 ❶ がんこに, 強情に. ❷ 頑強に.

stub·born·ness /stʌ́bərnnəs スタボンネス/ 名 U ❶ がんこ, 強情. ❷ 不屈.

stuck /stʌ́k スタック/ 動 stick² の過去形・過去分詞形.
—— 形 ❶ (はまってしまい)動けなくて.
❷ 困難な状況にはまりこんで.
▶形 ❶ The door is *stuck*. ドアが動かない. ❷ We are *stuck*. 困ったな(どうにもならない).

be stuck on ... 《口語》 …に夢中になっている.

be 〔***get***〕 ***stuck with ...*** (やっかいなもの)を押しつけられている〔られる〕.

one thousand three hundred and twenty-five　　　　　　　　　　　　1325

stuck-up

get stuck in 🔵《英口語》本気で取りかかる.

stuck-up /stÁkÁp スタカップ/ 形《口語》うぬぼれた, 生意気な.

stud¹ /stÁd スタッド/ 名 C ❶飾りびょう. ❷(カラー・カフスなどの)飾りボタン. ❸ⓐ(スノータイヤの)びょう. ⓑ(スパイクの)びょう. ⓒ(道路を区画するための)びょう.
— 動 (~s /-dz/; stud·ded /-id/; stud·ding) 他 ❶ⓐ…に飾りボタン[びょう(など)]を付ける. ⓑ…を飾る.
❷…に点在する.

stud² /stÁd スタッド/ 名 C 種馬.

stud·ded /stÁdid スタディド/ 形 飾りボタン[びょう(など)]をつけた. ▶a *studded* snowtire びょうつきスノータイヤ.

***stu·dent** /stjúːdnt ストゥーデント, ステュー-/ 名 (複 ~s /-ts/) C
❶ **学生, 生徒** (✪アメリカでは中学生, 高校生, 大学生, イギリスでは大学生について用いられる; それよりも下の生徒は pupil という).
❷ **研究者**, 学者, 学習者.

❶a *student* at Cambridge ケンブリッジ大学の学生 / a medical *student* 医学生.

stud·ied /stÁdid スタディド/ 形 わざとらしい, あらかじめ考えた上での.
▶show *studied* indifference 無関心を装う.

***stu·di·o** /stjúːdiòu ストゥーディオウ, ステュー-/ 名 (複 ~s /-z/)
❶C (芸術家の) **仕事場**, アトリエ.
❷ⓐC 撮影室. ⓑ《複数形で》映画撮影所, スタジオ.
❸C (テレビ・ラジオの) 放送室, 録音室, スタジオ.

stúdio apàrtment 名 C《米》(バス・トイレ・台所つきの)ワンルームマンション.

stu·di·ous /stjúːdiəs ストゥーディアス, ステュー-/ 形 ❶よく勉強する.
❷熱心な, 努力する.
▶❶a *studious* boy 勉強家の男の子.
☞ 動 study.

stu·di·ous·ly /stjúːdiəsli ストゥーディアスリ, ステュー-/ 副 熱心に.

***stud·y** /stÁdi スタディ/ 名 (複 stud·ies /-z/)

❶U **勉強**, 学習, 勉学.
❷C **研究**, 調査.
❸C **勉強部屋**, 書斎.
❹C《ふつう複数形で》研究科目, 研究課題.
— 動 (stud·ies /-z/; stud·ied /-d/; ~ing) 他 ❶ⓐ(努力して)…を **勉強する**, 学ぶ. ⓑ…を **研究する**, 調査する (☞learn の 類語).
❷…をよく調べる, …を精読する.
— 自 勉強する; 研究する, 調査する.

❶He is very fond of *study*. 彼は勉強がとても好きだ.
❷He devoted all his time to the *study* of cancer. 彼は自分の時間を全部癌(ガン)の研究にささげた / Her field of *study* is Chinese history. 彼女は中国史を専門に研究している.
❹social *studies* 社会科 / American *studies* アメリカ研究.

under study (計画などが)検討中で, 研究中で.
☞ 形 studious.

— 動 他 ❶ⓐI want to *study* economics at college. 私は大学で経済学を勉強したい.
❷Let's *study* a map of this area. この地域の地図を調べよう.
— 自 He *studied* hard to become a physicist. 彼は物理学者になるために一生懸命勉強した.

***stuff** /stÁf スタッフ/ 名 U ❶《口語》(数量・種類を問わず漠然(バク)と) **物**.
❷ **材料**, 原料.
❸《口語》食べもの, 飲みもの, 酒, 薬.
❹《口語》所持品, 家財道具.
❺《口語》がらくた, くだらないもの.
❻《口語》ばかげたこと.
— 動 (~s /-s/; ~ed /-t/; ~ing) 他
❶…に **詰め物を入れる**.
❷(剥製(ハクセイ)にするために)(動物)の死体に詰め物を入れる.
▶名 ❶What is that *stuff* in your pocket? ポケットにはいっている物はなんですか. ❷He has bought all the *stuff* for building his summer house. 彼は夏の別荘を建てるための材料を全部買った. ❸green [garden] *stuff* 野菜類. ❹I moved my *stuff*

abcdefghijklmnopqr**s**tuvwxyz　　　　　　　　　　　　　　　　　　**stupefying**

out of the room. 私は自分の持ち物を部屋から運び出した / household *stuff* 家具. ❺The box is full of old *stuff*. その箱は古いがらくたでいっぱいだ.

❻Don't give me that *stuff*. そんなばかなことを言うな.

do* one's *stuff (期待通りに)やるべきことをやる, 実力を発揮する.

know* one's *stuff (経験があって)きちんと物事がやれる.

— 動 他 ❶*stuff* a pillow まくらに詰め物を入れる / The doll *is stuffed with* cotton. その人形には綿が詰められている / He *stuffed* himself *with* cake. 彼はケーキをたらふく食べた / She *stuffed* the books *into* her bag. 彼女はバッグに本を詰めこんだ.

stuff up 他《*be stuffed up* で》(鼻が)詰まっている:My nose *is stuffed up*. 鼻が詰まっている.

stuffed /stÁft スタフト/ 形 ❶詰め物をした. ❷剥製(はくせい)の.
▶❶a *stuffed* turkey 料理するために詰め物を入れた七面鳥.
❷a *stuffed* tiger 剥製のトラ.

stuff·ing /stÁfiŋ スタフィング/ 名 U ❶詰めること. ❷ⓐ (ふとんに詰める)羽毛, わら. ⓑ (料理の鳥などに詰める肉, 野菜などの)詰め物.

stuff·y /stÁfi スタフィ/ 形 (stuff·i·er; stuff·i·est) ❶風通しの悪い; 息詰まる; 蒸し暑い.
❷(考えなどが)古くさい, 堅苦しい.

＊**stum·ble** /stÁmbl スタンブル/ 動 (~s /-z/; stum·bled /-d/; stum·bling) 自
❶つまずく, よろめく.
❷つかえながら言う, 口ごもる.
❸《文語》(道徳的に)まちがいをする.
— 名 ⓒ ❶つまずき; よろめき. ❷失敗, 過失.
▶動 自 ❶The horse *stumbled* and fell. 馬はつまずいて倒れた / *stumble over* [*on*] a stone 石につまずく.
❷He sometimes *stumbled* as he spoke. 彼は話しながらときどき口ごもった / *stumble over* [*on*] a long word 長いことばにつまる, 長たらしい単語をうまく言えない.

stumble across [***on, upon***] ... ①…に偶然会う. ②…を偶然見つける.

stumble along ... …をよろよろ歩く.

stúm·bling blòck /stÁmbliŋ- スタンブリング-/ 名 ⓒ (物事をするときの)じゃま物, 障害.

stump /stÁmp スタンプ/ 名 ⓒ ❶(木の)**切り株**.
❷(残った)切れ端, 残った部分, 折れた歯の根, たばこの吸い残し, (鉛筆の)使い残し, (ろうそくの)燃え残り(など).
— 動 他《口語》(人・質問などが)…を困らせ, まいらせる.
— 自 ぎこちない歩き方で歩く.
▶名 ❶I sat on the tree *stump*. 私はその木の切り株に腰をおろした.
☞ 形 stumpy.

stump·y /stÁmpi スタンピ/ 形 (stump·i·er; stump·i·est) ❶切り株だらけの.
❷ずんぐりした, 太くて短い.
☞ 名 stump.

stun /stÁn スタン/ 動 (~s /-z/; stunned /-d/; stun·ning) 他 ❶ (打って)(人)を気絶させる.
❷(人)をぼう然とさせる.

stung /stÁŋ スタング/ 動 sting の過去形・過去分詞形.

stunk /stÁŋk スタンク/ 動 stink の過去形・過去分詞形.

stun·ning /stÁniŋ スタニング/ 形 ❶すばらしい; すごくきれいな. ❷ぼう然とさせる.

stunt¹ /stÁnt スタント/ 動 他 …の正常発育を妨(さまた)げる, …をいじけさせる.
— 名 ⓒ (発育・発達の)阻止, 阻害.

stunt² /stÁnt スタント/ 名 ⓒ ❶妙技, 離れわざ; 曲技飛行. ❷人目をひくための行動.

stúnt màn 名 (複 -men /-mèn/) ⓒ 【映画】スタントマン《危険な場面などで俳優の代役をする人》.

stúnt wòman 名 (複 -women /-wìmin/) ⓒ 【映画】女性のスタントマン.

stu·pe·fied /stjúːpəfàid ストゥーペファイド/ 形 (人が)仰天(ぎょうてん)した; ぼうっとした.

stu·pe·fy /stjúːpəfài ストゥーペファイ, ステュー-/ 動 (-pe·fies /-z/; -pe·fied /-d/; ~·ing) 他《文語》❶(人)をぼうっとさせる. ❷(人)をびっくり仰天(ぎょうてん)させる.

stu·pe·fy·ing /stjúːpəfàiiŋ ストゥーペファイイング/ 形 仰天(ぎょうてん)させるような, ぼ

stupendous

うっとさせるような.
stu・pen・dous /stjupéndəs ストペンダス, ステュ・/ 形 驚くほど大きい, ものすごい.

＊**stu・pid** /stjú:pid ストゥービッド, ステュー・/ 形 (~・er, more ~; ~・est, most ~)
❶ **ばかな**, 愚かな, のろまな (反 clever, intelligent).
❷ つまらない, くだらない.

❶ Don't be *stupid*. ばかなことをいっては[しては]いけません / a *stupid* person ばか(な人) / It is *stupid* of you to believe him.＝ You *are stupid* to believe him. 彼のいうことを信じるなんて君はばかだ. ❷ a *stupid* game くだらないゲーム.
☞ 名 stupidity.

stu・pid・i・ty /stjupídəti ストゥピディティ, ステュ・/ 名 (複 -i・ties /-z/) ❶ UC 愚かさ, ばか. ❷ UC 《ふつう複数形で》愚かな言動.
☞ 形 stupid.

stu・pid・ly /stjú:pidli ストゥーピドリ, ステュー・/ 副 ❶ ばかみたいに, まぬけて.
❷ 愚かにも.

stu・por /stjú:pər ストゥーパ, ステュー・/ 名 UC 意識もうろうの状態, ぼう然としている状態.

stur・di・ly /stə́:rdəli スターディリ/ 副 ❶ たくましく. ❷ 頑強に, 不屈に.

stur・di・ness /stə́:rdinəs スターディネス/ 名 U ❶ たくましさ. ❷ 頑強.

stur・dy /stə́:rdi スターディ/ 形 (-di・er; -di・est) ❶ がんじょうな, じょうぶな (反 frail).
❷ 頑強な, 確固たる.
▶❶ a *sturdy* oak table がんじょうなカシの木のテーブル.
❷ *sturdy* faith 堅い信仰.

stut・ter /stʌ́tər スタタ/ 動 自 どもる, 口ごもる.
— 他 ...をどもりながら言う.
— 名 C どもり, 口ごもり.

sty /stái スタイ/ 名 (複 sties /-z/) C 豚小屋.

＊**style** /stáil スタイル/ 名 (複 ~s /-z/)
❶ UC (物事の) **やり方**, 流儀, スタイル.
❷ UC **流行**, スタイル 《❏日本語で「スタイルがいい」という場合の「スタイル」は figure》.
❸ UC ⓐ (建築・芸術などの) **様式**, 型, 風, 流儀. ⓑ 表現方法, 文体, 話し方.

❹ U 品位, 上品さ.
❺ C 種類, タイプ.
— 動 (現分 styl・ing) 他 (衣類・髪型など) をデザインする.

名 ❶ They live in the pure Japanese *style*. 彼らは純和風に生活している / European *styles* of living ヨーロッパ風の生活.
❷ She was dressed in the latest *style*. 彼女は最新流行の服装をしていた.
❸ ⓐ the Victorian *style* of architecture ビクトリア時代の建築様式.
ⓑ This book is written in an easy *style*. この本はやさしい文体で書かれている.
❹ Her way of speaking has *style*. 彼女の話し方には品がある.
❺ They sell every *style* of handbag. あの店ではあらゆる種類のハンドバッグを売っている.

in style ① 流行して: Jeans are *in style* now. ジーンズが今流行している. ② はなやかに, ぜいたくに: live *in style* ぜいたくに暮らす.

out of style 流行遅れの[で].

《同音異形語》stile.

styl・ish /stáiliʃ スタイリシュ/ 形 流行の, しゃれた. ▶ a *stylish* evening dress しゃれたイブニングドレス.

styl・ist /stáilist スタイリスト/ 名 C ❶ (服装・室内装飾などの) デザイナー. ❷ 文体に凝(こ)る人; 名文家. ❸ 美容師.

suave /swá:v スワーヴ/ 《★発音注意》形 (人・態度などが) もの柔(やわ)らかな, ていねいな.

sub¹ /sʌ́b サブ/ 名 C 《口語》潜水艦 《♦ submarine の短縮形》.

sub² /sʌ́b サブ/ 名 C 《口語》代用品, 代理人, 補欠 《♦ substitute の短縮形》.

sub- /sʌb, sʌ̀b/ 接頭 「下; 下位; 副; 亜」などの意味 (反 super-).
▶ *sub*culture 下位文化 / *sub*division 細分 / *sub*continent 亜大陸.

sub・com・mit・tee /sʌ́bkəmìti: サブコミティー/ 名 C 小委員会, 分科会.

sub・con・scious /sʌbkánʃəs サブカンシャス/ 形 潜在意識の (☞ conscious).
— 名 《the をつけて》潜在意識.

sub・con・scious・ly /sʌbkánʃəsli サブ

abcdefghijklmnopqr**s**tuvwxyz **subjective**

カンシャスリ/ 副潜在意識的に, ぼんやり意識して.

sub·con·ti·nent /sʌ̀bkάntənənt サブ**カ**ンティネント/ 名C 亜大陸《インドなどのように大きな大陸の一部を成している大陸》.

sub·cul·ture /sʌ́bkʌ̀ltʃər サブカルチャ/ 名C サブカルチャー, 下位文化《ある社会の中の(若者, 同人種など)特定の集団, またはその集団のもつ独特の文化行動様式》.

sub·di·vide /sʌ̀bdiváid サブディ**ヴァ**イド/ 動 (現分 -vid·ing) 他 …をさらに細かく分ける, 下位区分する.
— 自 さらに細かく分けられる.

sub·di·vi·sion /sʌ̀bdivíʒən サブディ**ヴィ**ジョン/ 名 ❶U 細分. ❷C (細分された)一部(分), 一区分.

sub·due /səbdjúː サブ**ドゥ**ー, -**デュ**ー/《★アクセント注意》動 (~s /-z/; sub·dued /-d/; sub·du·ing) 他 ❶ (軍隊などが)…を征服する, …に勝つ, 制圧する.
❷ (感情・欲望などを)抑える.
❸ (光・色・音など)を和(やわ)らげる, 力を弱める.
▶ ❶ *subdue* the enemy 敵に打ち勝つ.
❷ *subdue* a desire to drink 酒を飲みたい気持ちを抑える.

sub·dued /səbdjúːd サブ**ドゥ**ード, -**デュ**ード/ 形 ❶ (光・音などが)和(やわ)らげられた.
❷ (人・態度などが)控えめな, 抑えられた.
▶ ❶ *subdued* lighting やわらかな照明.
❷ a *subdued* manner 落ち着いた態度.

***sub·ject** /sʌ́bdʒikt サブ**ヂェ**クト/ 名 (複 ~s /-ts/) C ❶ **主題**, 題目, 議題, 話題, テーマ, 題材, 画題.
❷ (学校・大学の)**科目**, 学科, 教科.
❸ⓐ〔文法〕 **主語**, 主部《◎S, subj. と略す; ☞ object¹ ❹》.
ⓑ〔哲学〕 主体, 自我.
❹ (心理学・医学などの)実験対象, 実験材料になる人[動物].
❺ (君主に対する)**臣民**, 国民, 家来《◎共和国の国民は citizen》.
— 形 ❶《be subject to …》ⓐ … (かぜなど)**にかかりやすい**, …しがちである, …を受けやすい.
ⓑ … (変更など)を受けることがある.
❷《be subject to …》…という条件つきである, …を受ける必要がある.

❸ⓐ 支配を受けている, 従属している.
ⓑ《be subject to …》…の支配を受けている, …に従属する.
— 動 /səbdʒékt サブ**ヂェ**クト/《★名詞とのアクセントの違いに注意》(~s /-ts/; ~ed /-id/; ~ing) 他 ❶ …を**支配のもとに置く**, 服従させる.
❷《subject … to ~》… (人)を~ (批判・苦痛などに)さらす, 受けさせる.

名 ❶ What was the *subject* of his lecture? 彼の講演の題目はなんでしたか / choose a *subject* for discussion 議論のテーマを決める / change the *subject* 話題を変える.
❷ What *subjects* are you studying [taking]? 君はどの科目を履修していますか / a required [《英》compulsory] *subject* 必修科目 / an elective [《英》optional] *subject* 選択科目.
❹ the *subject* of an experiment 実験材料.
❺ a British *subject* イギリス国民.
☞ 形 subjective.

— 形 ❶ⓐ Japan *is subject to* earthquakes. 日本は地震が起きやすい. ⓑ The prices *are subject to* change without notice. 値段は予告なしで変わることがあります.
❷ This plan *is subject to* your approval. この計画はあなたの承諾が必要です[承諾次第で決まります].
❸ⓐ a *subject* nation 属国.
ⓑ We *are* all *subject to* the laws of the land. われわれはみな国の法律に支配されている.
subject to … …を条件として, もし…があれば: I'll try again, *subject to* my parents' consent. 両親が同意してくれるならもう一度やってみます.
— 動 他 ❶ Napoleon *subjected* Spain *to* his rule. ナポレオンはスペインを自分の支配下においた. ❷ He was *subjected to* insult. 彼は侮辱(ぶじょく)を受けた.

sub·jec·tive /səbdʒéktiv サブ**ヂェ**クティヴ/ 形 ❶ 主観の, 主観的な; 片寄った (反 objective). ❷ 〔文法〕主語の, 主格の.
— 名C 〔文法〕 主格《◎**subjéctive cáse** ともいう; 「所有格」は possessive

1329

subjectively

(case), 「目的格」は objective (case)》.
▶形 ❶ a *subjective* impression 主観的な印象.
☞ 名subject.

sub·jec·tive·ly /səbdʒéktivli サブヂェクティヴリ/ 副主観的に; 片寄って.

súbject màtter 名U《論文・研究・話・映画などの》主題, 内容.

sub·ju·gate /sʌ́bdʒugèit サブヂュゲイト/ 動 (現分 -gat·ing) 他《文語》…を征服する, 服従させる.

sub·ju·ga·tion /sʌ̀bdʒugéiʃən サブヂュゲイション/ 名U《文語》征服, 服従.

sub·junc·tive /səbdʒʌ́ŋktiv サブヂャンクティヴ/ 形【文法】仮定法の《☞indicative》.
— 名《the をつけて》【文法】= **subjunctive mood**.

subjúnctive móod 名《the をつけて》【文法】仮定法《◯単に the subjunctive ともいう》.

sub·let /sʌblét サブレット/ 動 (~s -ts/; sub·let; -let·ting) 他 ❶《マンションなど》をまた貸しする. ❷《米》《仕事など》を下請けに出す.

sub·lime /səbláim サブライム/《★アクセント注意》形 (sub·lim·er; sub·lim·est) ❶ ⓐ 荘厳(そうごん)な, 崇高な, 気高い. ⓑ《the をつけて; 単数扱いで》荘厳, 崇高. ❷《口語》あきれるほどの, ひどい.
▶ ❶ ⓐ *sublime* scenery 荘厳な景色 / *sublime* beauty 崇高な美.

sub·lime·ly /səbláimli サブライムリ/ 副荘厳(そうごん)に, 崇高に.

sub·lim·i·nal /sʌblímənəl サブリミナル/ 形【心理】意識にのぼらない, 潜在意識の.

*__sub·ma·rine__ /sʌ́bmərì:n サブマリーン, sʌ̀bmərí:n/ 名 (複 ~s /-z/) C 潜水艦《◯《口語》では sub¹ ともいう》.
— 形海底の, 海中の; 海底[海中]用の.
▶名 a nuclear *submarine* 原子力潜水艦.

sub·merge /səbmə́:rdʒ サブマーチ/ 動 (現分 -merg·ing) 他 ❶ …を水中に入れる, 沈める. ❷ …をおおい隠す.
— 自 ❶ 水中に沈む. ❷ 潜水する.

sub·merged /səbmə́:rdʒd サブマーチド/ 形水中に隠れた, 水面下の.

sub·mis·sion /səbmíʃən サブミション/ 名 ❶U屈服, 服従. ❷U従順, 柔和.

❸ ⓐU《意見・書類などの》提出. ⓑC意見, 提案.
▶ ❷ with *submission* 従順に.
in submission to ... …に服従して.
☞ 動submit.

sub·mis·sive /səbmísiv サブミスィブ/ 形従順な, おとなしい.
☞ 動submit.

*__sub·mit__ /səbmít サブミット/ 動 (~s -ts/; -mit·ted /-id/; -mit·ting) 他 ❶《審議・判断を得るために》《案・書類・報告など》を**提出する**.
❷【法律】《意見として》…と述べる, 申し立てる.
— 自**服従する**, 屈服(くっぷく)する.
▶ 他 ❶ I have to *submit* my report by next Wednesday. レポートを今度の水曜までに提出しなくてはならない / *submit* a plan *to* the committee 計画を委員会に提出する.
— 自 He would not *submit*. 彼はどうしても服従しなかった / He *submitted to* the majority decision. 彼は多数決に従った.
submit oneself to ... …に服従する, 従う.
☞ 形submissive, 名submission.

sub·or·di·nate /səbɔ́:rdənət サボーディネト/ 形 ❶ 下位の, 下級の;《重要性が》劣った.
❷【文法】従属する《☞coordinate》.
— 名C下級[下位]のもの; 部下.
— 動 /səbɔ́:rdənèit サボーディネイト/《★形容詞との発音の違いに注意》(現分 -nat·ing) 他 …を従属させる, …を下位に置く.
▶形 ❶ A captain is *subordinate to* a major. 大尉は少佐の下位である.
❷ a *subordinate* clause 従属節.
— 動 他 He *subordinates* work *to* play. 彼は仕事よりも遊びを優先する.

sub·scribe /səbskráib サブスクライブ/ 動 (現分 -scrib·ing) 自 ❶ ⓐ 《新聞・雑誌などを》予約購読する《to》.
ⓑ 《…を》予約注文する, 《…の》購入申しこみをする《for》.
❷《英》《…に》寄付する, 寄付の約束をする《to》.
— 他《英》《定期的に》…を寄付する.
▶ ❶ ⓐ I *subscribe to Newsweek*.

abcdefghijklmnopqr**s**tuvwxyz　　　　　　　　　　　　　　　　　　　　　　　　**substitute**

私はニューズウィークをとっている.
❺I *subscribed for* two tickets for the charity concert. 私はそのチャリティコンサートの切符を2枚予約した.
❷She *subscribed to* the Red Cross. 彼女は赤十字に寄付した.
　　　　　　　　☞ 名subscription.

sub·scrib·er /səbskráibər サブスクライバ/ 名 ❶ⓐ（新聞・雑誌などの）予約購読者. ❺購入申しこみ者. ⓒ（電話などの）加入者. ❷(英)寄付者.

sub·scrip·tion /səbskrípʃən サブスクリプション/ 名 ❶ⓐⓊⓒ予約申しこみ, 予約購読. ❺ⓒ予約金.
❷ⓐⓊ寄付(申しこみ). ❺ⓒ寄付金.
❸ⓒ(英)（定期的に納める）会費（♦(英口語)では sub²).
▶ ❶ by *subscription* 予約で / a *subscription* to a newspaper 新聞の予約購読.
　　　　　　　　☞ 動subscribe.

sub·se·quent /sʌ́bsikwènt サブスィクウェント/ (★アクセント注意) 形 その後の;次の,続いて起こる.
▶ a *subsequent* event 続いて起こった出来事 / on the day *subsequent to* his arrival 彼が到着した翌日に.

sub·se·quent·ly /sʌ́bsikwèntli サブスィクウェントリ/ 副 その後に, 次に, 続いて.

sub·ser·vi·ence /səbsə́ːrviəns サブサーヴィエンス/ 名Ⓤ《軽蔑(%)的に》言いなりになること, 卑屈.

sub·ser·vi·ent /səbsə́ːrviənt サブサーヴィエント/ 形《軽蔑(%)的に》言いなりになる, 卑屈な〔to〕.

sub·side /səbsáid サブサイド/ 動（現分 -sid·ing）(自) ❶（洪水などが）引く;（風・雨・騒動・怒り・熱病などが）おさまる, 静まる. ❷（地面・建物が）沈下する, 落ちこむ;（船が）沈む.

sub·sid·i·ar·y /səbsídièri サブスィディエリ/ 形 補助的な, 従属的な, 関連した.
—— 名（複 -ar·ies /-z/）ⓒ子会社.
▶ 形 a *subsidiary* company 子会社.

sub·si·dize /sʌ́bsədàiz サブスィダイズ/ 動（現分 -diz·ing）他 …に助成金[補助金]を与える.

sub·si·dy /sʌ́bsədi サブスィディ/ 名（複 -si·dies /-z/）ⓊⒸ（国家などからの）助成金, 補助金.

sub·sist /səbsíst サブスィスト/ 動(自) ❶《文語》(やっと)生きていく.
❷《文語》存続する, 残っている.

sub·sis·tence /səbsístəns サブスィステンス/ 名Ⓤ最低水準の生活;生計.

＊**sub·stance** /sʌ́bstəns サブスタンス/ (★アクセント注意) 名(複 -stanc·es /-iz/)
❶ⓒ物質, 物.
❷ⓐⓊ（形式・外見などに対して）**実質**, 中身(幻), 内容. ❺（現実的な）重要性.
❸《the をつけて》**要旨**, 趣旨.

- -
❶ a solid *substance* 固体 / a chemical *substance* 化学物質.
❷ⓐ There was no *substance* in his speech. 彼の演説にはまったく内容がなかった.
❸ *the substance* of his lecture 彼の講演の要点.
in substance 実質的には;内容は.
　　　　　　　　☞ 形substantial.

sub·stand·ard /sʌ́bstǽndərd サブスタンダド/ 形 ❶標準以下の. ❷（ことばが）非標準的な.

＊**sub·stan·tial** /səbstǽnʃəl サブスタンシャル/ (★アクセント注意) 形 (more ~; most ~) ❶（量・程度などが）**かなりの**, 相当な;重要な.
❷ **中身(幻)のある**, たっぷりした (反 insubstantial).
❸（建物などが）**しっかりした**, がんじょうな.
❹実質的な, 事実上の.
▶ ❶ make *substantial* progress 相当進歩する / a *substantial* difference 重要な相違. ❷ a *substantial* meal 内容豊富な食事. ❸ a man of *substantial* build がっちりした体格の男. ❹ We are in *substantial* agreement. われわれの考えは実質上一致している.
　　　　　　　　☞ 名substance.

sub·stan·tial·ly /səbstǽnʃəli サブスタンシャリ/ 副 ❶相当に, 大いに.
❷だいたいは, 本質的には, 実質上.

＊**sub·sti·tute** /sʌ́bstətjùːt サブスティトゥート, -テュート/ (★アクセント注意) 動 (~s /-ts/; -tut·ed /-id/; -tut·ing) 他 …を**代わりに使う**, 代理にする.

substitution

— 自《substitute for ...》…の代わりをする, 代理をする.
— 名(複 ~s /-ts/) ❶ C 代用品, 代理人, 補欠(◆(口語)では sub² という). ❷《形容詞的に》代わりの, 代用の.
▶ 動 他 She *substituted* margarine *for* butter. 彼女はマーガリンをバターの代わりに使った / Tom *was substituted for* John. トムはジョンの代わりをさせられた.
— 自 The coach told me to *substitute for* John. コーチは私にジョンの代わりをするようにいった.
☞ 名 substitution.
— 名 ❶ a *substitute* for sugar 砂糖の代用品. ❷ a *substitute* teacher 代用教員.

sub·sti·tu·tion /sÀbstətjúːʃən サブスティテュ́ーション, -テュ́ー/ 名 U 代理, 代用.
☞ 動 substitute.

sub·ter·ra·ne·an /sÀbtəréiniən サブテレ́イニアン/ 形 地下の.
▶ a *subterranean* passage 地下通路.

sub·ti·tle /sÁbtaitl サブタイトル/ 名 ❶ C (書物の)副題. ❷《複数形で》(映画の)字幕, スーパー(インポーズ).

*__sub·tle__ /sÁtl サトル/ (★ b は発音されない) 形 (sub·tler; sub·tlest)
❶ (はっきりせず)微妙な, よくわからない, かすかな.
❷ (感覚・知覚などの)鋭敏な.
❸ 巧妙な, 精巧な.
▶ ❶ There is a *subtle* distinction between the two. そのふたつには微妙なちがいがある / a *subtle* smell かすかなにおい. ❷ *subtle* insight 鋭い洞察力. ❸ a *subtle* device 精巧な装置.
☞ 名 subtlety.

sub·tle·ty /sÁtlti サトルティ/ 名 (複 -tle·ties /-z/) ❶ U 微妙. ❷ C 細かい区別て. ❸ U 鋭敏, 敏感. ❹ U 巧妙, 精巧.
☞ 形 subtle.

sub·tly /sÁtli サトリ/ 副 微妙に; 巧妙に, 精密に.

*__sub·tract__ /səbtrǽkt サブトラクト/ 動 (~s /-ts/; -tract·ed /-id/; -tract·ing) 他 (引き算で) (数)を引く (反 add).
— 自 引き算をする.
▶ 他 If you *subtract* 3 from 7, you get 4. 7引く3は4.
☞ 名 subtraction.

sub·trac·tion /səbtrǽkʃən サブトラクション/ 名 UC ❶ 削減, 控除.
❷〔数学〕引き算(☞ addition ❶ ❻).
☞ 動 subtract.

sub·trop·i·cal /sÀbtrɑ́pikəl サブトロピカル/ 形 亜熱帯(性)の.

*__sub·urb__ /sÁbəːrb サバ́ーブ/ (★アクセント注意) 名 (複 ~s /-z/) 《the suburbs で》(都市周辺の)郊外, 近郊(とくに住宅区域).
▶ I live in *the suburbs* of Tokyo. 私は東京の郊外に住んでいる.
☞ 形 suburban.

sub·ur·ban /səbə́ːrbən サバ́ーバン/ 形 ❶ 郊外の; 郊外に住む. ❷ つまらない, おもしろくない.
☞ 名 suburb.

sub·ur·bi·a /səbə́ːrbiə サバ́ービア/ 名《軽蔑(%)的に》U ❶ 郊外. ❷ 郊外の住民.

sub·ver·sion /səbvə́ːrʒən サブヴァ́ージョン/ 名 U (政府などの)転覆, 打倒.

sub·ver·sive /səbvə́ːrsiv サブヴァ́ースィヴ/ 形 (政府などを)転覆しようとする.
— 名 C 反政府活動家.

sub·vert /səbvə́ːrt サブヴァ́ート/ 動 他 (政府など)を転覆する, (制度など)を破壊する.

*__sub·way__ /sÁbwèi サブウェイ/ (★アクセント注意) 名 (複 ~s /-z/) C ❶ (米)地下鉄 (◆(英)では underground, (英口語)では tube).
❷ (英) (鉄道や他の道路の下を通る)地下道 (◆(米)では underpass).
▶ ❶ take the *subway* 地下鉄に乗る.

*__suc·ceed__ /səksíːd サクスィ́ード/ 動 (~s /-dz/; ~ed /-id/; ~ing) 自
❶ ⓐ 成功する, うまくいく, 出世する (反 fail).
ⓑ 《succeed in ...》(努力して)…に成功する.
❷ 《succeed to ...》…(地位・財産など)を継ぐ.
— 他 ❶ …のあとに続く, …のあとにくる.
❷ …のあとを継ぐ.

⸻

自 ❶ ⓐ He *succeeded* as a lawyer. 彼は弁護士として成功した / Our plan *succeeded*. われわれの計画はうまくいっ

abcdefghijklmnopqr s tuvwxyz　　　　　　　　　　　　　　　　**such**

た. ❻She *succeeded in persuading* her parents. 彼女は両親を説得するのに成功した / *succeed in* (*passing*) the examination 試験に合格する.
❷After the king died, his brother *succeeded to* the throne. 王の死後, その弟が王位を継承した.
— ㊊ ❶Night *succeeds* day. 昼のあとに夜がくる.
❷Elizabeth II *succeeded* George VI as the British sovereign. エリザベス二世がイギリスの君主としてジョージ六世のあとを継いだ.
　　　㊉ ❶ ☞ 名success, 形successful.
　　　　　　 ㊉ ❷, ㊊ ☞ 名succession, 形successive.

suc·ceed·ing /səksíːdiŋ サクスィーディング/ 形続いて起こる, 次の.

*suc·cess /səksés サクセス/ 《★アクセント注意》名 (複 ~es /-iz/)
❶Ⓤ**成功**, 出世; うまくいくこと (反 failure).
❷Ⓒ《補語として用いて》ⓐ**成功者**.
ⓑ成功したこと[もの].
----
❶I wish you *success*. ご成功を祈ります / have great *success* in life 大変出世する.
❷ⓐShe was a great *success* as a singer. 彼女は歌手として大成功した.
ⓑThe party was a *success*. その会は盛会だった.
make a success of ... …を成功させる.
　　　　　　☞ 動succeed ㊉ ❶, 形successful.

*suc·cess·ful /səksésfəl サクセスフル/ 形 (more ~; most ~)(努力の結果)**成功した**, うまくいった (反 unsuccessful).
▶a *successful* candidate (選挙の)当選者, (試験の)合格者 / She *was successful in* the entrance examination. 彼女は入学試験に合格した / He *was successful in finding* a good job. 彼はうまくいい仕事を見つけることができた.
　　　　　☞ 動succeed ㊉ ❶, 名success.

*suc·cess·ful·ly /səksésfəli サクセスフリ/ 副 **うまく**, みごとに.
▶Everything went *successfully*. 万事うまくいった.

*suc·ces·sion /səkséʃən サクセション/ 名 (複 ~s /-z/)
❶ⓐⓊ**連続**. ⓑⒸ連続しているもの[人]. ❷Ⓤ(地位・財産・王位などの)**継承(権)**, 相続(権).
▶❶ⓑWe had a *succession* of rainy days last week. 先週は雨の日が続いた / a *succession* of accidents 事故の続発. ❷the *succession* to the throne 王位継承(権).
by succession 世襲によって.
in succession 連続して, 引き続いて: Misfortunes came *in succession*. 不幸が続いて起こった.
in succession to ... …を継承[相続]して.
　　　　　☞ 動succeed ㊉ ❷, ㊊, 形successive.

suc·ces·sive /səksésiv サクセスィヴ/ 形 連続した; 引き続いての.
▶It rained (for) three *successive* days. 3日連続して雨が降った.
　　　　　☞ 動succeed ㊉ ❷, 名succession.

suc·ces·sive·ly /səksésivli サクセスィヴリ/ 副連続して.

suc·ces·sor /səksésər サクセサ/ 名Ⓒ 後継者, 後任者, 相続者 (反 predecessor); とって代わるもの. ▶the *successor* to the throne 王位継承者.
　　　　　☞ 動succeed ㊉ ❷.

suc·cinct /sʌksíŋkt サクスィンクト/ 形 (ことばが)簡潔な, 簡明な.

suc·cinct·ly /sʌksíŋktli サクスィンクトリ/ 副簡潔に.

suc·cu·lent /sʌ́kjulənt サキュレント/ 形 (果実・肉などが)水分が多くておいしい.

suc·cumb /səkʌ́m サカム/ 《★bは発音されない》動Ⓘ 結局(…に)屈服する, 負ける (*to*). ▶*succumb to* temptation 誘惑に負ける.

****such** /(弱)sətʃ サチ; (強)sʌ́tʃ サッチ/
形 ❶**そのような**, そんな.
❷《such (a)+形容詞+名詞で; 強意的に》この[あの]ように…な, とても…な.
❸《such (a)+名詞で; 強意的に》ⓐそれほどの, これほどの, あれほどの.
ⓑ非常な, たいへんな, ひどい.
❹《単独で》そのような, このような, あの

one thousand three hundred and thirty-three　　　　　　　　　　　　　　　　　　　　　　　1333

suck

ような.
— 代/sʌtʃ/《**such as** ___ で用い, しばしば複数扱いで》そのような人[もの], この[あの]ような人[もの].

形 ❶ I don't know *such* a man. 私はそんな男の人は知らない / All *such* people should be severely punished. そのような人はみなきびしく罰すべきだ.

語法 (1) 不定冠詞をともなうときにはその前におかれ, some, any, no, every, another, many, all などをともなうときにはそのうしろに置かれる.
(2) 前に述べたものや目の前のものと他のものとを比較・対照する.

❷ He makes *such* long speeches. 彼はとても長い演説をする / He's *such a* good boy. 彼はほんとうによい子だ.
❸ⓐ I have never seen *such* a crowd of people (as this). 私はこんなすごい人ごみを見たことがない.
ⓑ We have had *such* fun at the party. パーティは実に楽しかった.
❹ *Such* is life. 人生とはそのような[このような]ものだ / *Such* were his impressions. 彼の印象はこのようなものでした.

語法 前に述べたことの内容または前に出た形容詞(句), 副詞(句)などをさし, 文や節の初めにおかれることが多い.

— 代 All *such as* are hungry may eat here. おなかの空いた人はだれでもここで食べていいですよ.

... and such …など: tools, machines, *and such* 道具, 機械など.
as such ①それとして, その資格で: He's a gentleman and must be treated *as such*. 彼は紳士だから紳士として扱わなければならない. ②それ自体で(は): A name, *as such*, means nothing. 名前というものは, それ自体は, 何の意味もないものだ.
such and such ... 《口語》(ふつう知ってはいるが名前を言わないで)これこれの…: He said he had met Mike at *such and such* a place. 彼はマイクとこれこれの所で会ったと言った.
such ... as ___ = **... such as** ___. ___ のような…, ___ する[である]ような…; たとえば___のような…: She likes *such* detective story writers *as* Agatha Christie. 彼女はアガサ クリスティのような推理作家が好きだ / I visited several European countries, *such as* France, Italy and Switzerland. 私はフランス, イタリア, スイスなどいくつかのヨーロッパの国を訪れた (♦この as は関係代名詞で節がうしろに続くが, しばしば述部が省略され名詞, 代名詞などだけが続く).
such as it is〔**they are**〕こんな[そんな]程度のものではあるが, たいしたものではないが: My income, *such as it is*, supports my family. 私の収入はたいしたことはないが, それで私の家族を養っている.
such ... as to *do* ___ するほど…, ___ するような…: I am not *such* a fool *as to* go there alone. 私はそこへひとりで行くほどばかではない.
such that ___ 《文語》非常に大きい[ひどい]ので ___: The change was *such that* I could hardly recognize the place. あまりにも変わっていたので私にはその場所がどこかよくわからなかった (♦次のように such を前に出すほうが《口語》的である: *Such* was the change *that* I could hardly recognize the place.).
such ... (that) ___ 非常に…なので ___: She is *such* a lovely girl (*that*) everybody likes her. 彼女は非常にかわいらしい少女なのでみんなに好かれる / He spoke for *such* a long time *that* people began to doze. 彼はあまり長い間話をしたので聞いている人は居眠りし始めた

語法 (1) 《口語》では that はしばしば省略される. (2) so ... that ~ と同じ意味である. 例文に so を使えば次のようになるが, 2つ目の文は《文語》的である: She is *so* lovely (*that*) everybody likes her. / She is *so* lovely a girl (*that*) everybody likes her.

*suck /sʌk サック/ 動 (~s /-s/; ~ed /-t/; ~ing) 他 ❶ⓐ (乳・汁など)を**吸う**. ⓑ (空気など)を吸いこむ. ❷ (あめなど)を**しゃぶる**. ❸ (うず巻きなどが)…を巻きこむ.
— 自 吸う.
— 名 ⓒ 吸うこと, 吸収; ひと吸い, ひと口.

abcdefghijklmnopqr s tuvwxyz   **suffice**

動他 ❶ⓐ *suck one's* mother's breast 乳を吸う / The baby is *sucking* milk from the bottle. 赤ん坊はほ乳びんからミルクを吸っている. ⓑ*Suck* air into your lungs. 肺に空気を吸いこみなさい. ❷*suck one's* thumb 親指をしゃぶる.

— 自 The baby *sucked at* the bottle. 赤ちゃんは哺乳びんを吸った.

suck up 他 …を吸い上げる, 吸収する.
                    ☞ 名 suction.

— 名 take [have] a *suck* at ... …をひと吸いする.

suck·er /sʌ́kər サカ/ 名 © ❶《口語》(なんでも信じる)だまされやすい人. ❷《動物》吸盤.

suc·tion /sʌ́kʃən サクション/ 名 Ⓤ ❶吸うこと, 吸いこみ. ❷吸引力.
                    ☞ 動 suck.

Su·dan /su:dǽn スーダン/ 名《**the**をつけて》スーダン《アフリカ北東部の共和国》.

Su·da·nese /sù:dəní:z スーダニーズ/ 形 スーダン(人)の.

***sud·den** /sʌ́dn サドン/ 形 (more ~; most ~) **突然の**, 急な, 不意の.
— 名《次の成句で》**:all of a sudden**《口語》**突然**, 不意に.

....

形 There are *sudden* turns in the road. その道路には急カーブがいくつもある / His decision to get married was rather *sudden*. 彼が結婚を決意したのはかなり突然だった / (a) *sudden* death 急死

***sud·den·ly** /sʌ́dnli サドンリ/ 副 (more ~; most ~) **突然**, 急に.
▶ She *suddenly* stopped and looked back. 彼女は突然立ち止まってふり返った.

sud·den·ness /sʌ́dnnəs サドンネス/ 名 Ⓤ 突然[急]であること, 不意.

suds /sʌ́dz サッツ/ 名 覆 ❶(あわ立った)石鹸(せっけん)水, 石鹸のあわ. ❷《米俗語》ビール(beer).

sue /sú: スー/ 動 (~s /-z/; sued /-d/; su·ing) 他 …を告訴(こくそ)する, 訴える.
— 自 〔…を求めて〕訴訟を起こす〔*for*〕.
▶ 他 He *sued* them *for* the damages. 彼は損害賠償で彼らを告訴した.
— 自 *sue for* a divorce 離婚訴訟を起こす.
                    ☞ 名 suit.

suède, suede /swéid スウェイド/ 名 Ⓤ なめしたヤギの皮, スエード皮.

***suf·fer** /sʌ́fər サファ/ 動 (~s /-z/; ~ed /-d/; -fer·ing /-fəriŋ/) 他
❶(苦痛・損害など)を**受ける**, (いやなこと)を経験する.
❷《おもに否定文で》…を**がまんする**, 耐える.
— 自 ❶**苦しむ**, 悩む, つらい思いをする.
❷《*suffer from ...*》…(病気など)に**苦しむ**, …にかかる.
❸被害をうける, 悪くなる.

....

他 ❶He *suffered* sharp pains in the stomach. 彼は胃に鋭い痛みを感じた / The company *suffered* a 10 % drop in sales. その会社は売上げが10%減った / *suffer* grief 悲しい目にあう / *suffer* hardship つらい目にあう / *suffer* defeat 負ける.
❷She could*n't suffer* such insults. 彼女はそんな侮辱(ぶじょく)には耐えられなかった.
— 自 ❶I *suffered* when I sprained my ankle. 足首をねんざしたときはつらかった / The people *suffered under* heavy taxes. 人々は重税に苦しんだ.
❷He was *suffering from* a cold. 彼はかぜにかかっていた.
❸I'm not surprised that his reputation is *suffering*. 彼の評判が落ちているのも驚くにはあたらない / Her health *suffered from* overwork. 彼女は過労で健康をそこねた.

suf·fer·er /sʌ́fərər サファラ/ 名 © ❶苦しむ者, 悩む人. ❷(災害などの)被害者; 患者.

suf·fer·ing /sʌ́fəriŋ サファリング/ 名 ❶ⓊⒸ苦しみ, 苦痛. ❷Ⓒ《ふつう複数形で》苦労, 不幸, 災難.

suf·fice /səfáis サファイス/ 《★発音注意》動 (現分 -fic·ing) 自 《文語》足りる, 十分である.
— 他 《文語》…にとって十分である.
▶ 自 Ten dollars will *suffice* to buy

sufficient

the atlas. その地図帳を買うには10ドルで足りるでしょう.

Suffice it to say that __. 《文語》__と言えば十分であろう.

☞ 形sufficient.

*__suf·fi·cient__ /səfíʃənt サフィシェント/ 《★アクセント注意》形 **足りる**, 十分な, まにあう (反 insufficient) (✿「ある必要を満たすに足りる」の意味であって「ありあまるほどたくさん」ではない).

▶That is *sufficient* to prove that he is innocent. 彼が無実であることを証明するのにそれで十分だ / *sufficient* food 足りるだけの食料 / The money *is sufficient for* our camping trip. キャンプ旅行をするのにはそのお金で足りる.

類語 **sufficient** は enough より格式ばった語で,「程度が足りる」を表わすことが多く, **enough** は「量的に足りる」を表わす.

☞ 動suffice.

suf·fi·cient·ly /səfíʃəntli サフィシェントリ/ 副 必要なだけ, 十分に.

▶The room is *sufficiently* warm. 部屋は十分に暖かい.

suf·fix /sʌ́fiks サフィックス/ 名 (複 ~es /-iz/) C【文法】接尾辞 (bad*ly*(悪く), kind*ness*(親切)の -ly, -ness など; ✿suf. と略す; ☞ affix, prefix).

suf·fo·cate /sʌ́fəkèit サフォケイト/ 動 (現分 -cat·ing) 他 …を呼吸困難にする, 窒息(たっ)死させる.

— 自 ❶ 息がつまる. ❷ 窒息死する.

▶ 他 The smoke almost *suffocated* me. 煙で私はほとんど窒息しそうだった.

suf·fo·ca·tion /sʌ̀fəkéiʃən サフォケイション/ 名 U 窒息(たっ).

suf·frage /sʌ́frɪdʒ サフリヂ/ 名 選挙権, 参政権. ▶universal [popular] *suffrage* 普通選挙権.

*__sug·ar__ /ʃúgər シュガ/ 名 (複 ~s /-z/)

❶ U **砂糖**. ❷ C(角砂糖など)砂糖1個, スプーン一杯の砂糖.

— 動 他 …を砂糖で甘くする, …に砂糖を入れる.

名 ❶ She doesn't take [put] *sugar* in her coffee. 彼女はコーヒーには砂糖を入れない / cube [lump] *sugar* 角砂糖 / powdered *sugar* 粉砂糖 / a cube [lump] of *sugar* (角)砂糖1個. ❷ 対話 "How many *sugars* in your tea?"–"Two, please." 「紅茶に砂糖をいくつ入れますか」「ふたつにしてください」.

☞ 形sugary.

sug·ar·cane /ʃúgərkèin シュガケイン/ 名 U【植物】サトウキビ (砂糖をとる).

sug·ar·less /ʃúgərləs シュガレス/ 形
❶ 砂糖が入っていない. ❷ 人工甘味料を使用した.

sug·ar·y /ʃúgəri シュガリ/ 形 (-ar·i·er; -ar·i·est) ❶ 砂糖のはいった, 甘い.
❷ 甘ったるい; お世辞の.

☞ 名sugar.

*__sug·gest__ /səɡdʒést サヂェスト, səɡdʒést/
動 (~s /-ts/; ~ed /-id/; ~ing) 他
❶ …を**提案する**, …(をするの)はどうですかという.
❷ (ものごとが)…を**それとなく示す**, 暗示する, 連想させる.

❶ Nobody could *suggest* a solution. だれも解決法を提案することができなかった / He *suggested changing* the topic. 彼は話題を変えてはどうかといった / She *suggested going* to the concert. 彼女はその音楽会に行きませんかといった / *suggest* lunch 昼食にしたらどうかという / *suggest* an idea 考えを述べる / He *suggested that* we (should) give up the plan. 彼は私たちにその計画はあきらめたらどうかと提案した (✿(米)ではふつう should を用いない).

類語 **suggest** は「控えめに提案する」, **propose** は「積極的に提案する」.

❷ The color yellow *suggests* warmth. 黄色という色は暖かさを示す / His pale face *suggests* bad health. 青白い顔からすると彼は健康でないらしい / Dark clouds *suggest* rain. 黒雲が出ると雨になるように思える / His bad manners *suggest that* he is drunk. 無作法なことをしているが彼はどうも酔っているらしい.

suggest itself to ... (考えなどが)…の心に浮かぶ: An idea *suggested itself to* me. ひとつの考えがふと心に浮かんだ.

abcdefghijklmnopqr**s**tuvwxyz　　　　　　　　　　　　　　　　　　　　　　　**suitable**

☞ 名suggestion, 形suggestive.

*sug･ges･tion /səʤéstʃən サヂェスチョン, səgʤés-/ 名(複 ~s /-z/)
❶ⓊⒸ**提案**, 忠告.
❷《a suggestion of ...》…を連想させるもの；すこしばかりの….
❸Ⓤ暗示, ほのめかし.

---

❶Do you have any *suggestions* for our party? パーティーになにかよい提案はありませんか / You must follow his *suggestion*. 彼の忠告に従わなくてはいけません. ❷He speaks English with *a suggestion of* a foreign accent. 彼はかすかな外国なまりで英語を話す. ❸There was no *suggestion* that I was wrong. 私がまちがっているという含みはなかった.

☞ 動suggest.

sug･ges･tive /səʤéstiv サヂェスティヴ/ 形暗示的な, 示唆(さ)に富む.
▶a *suggestive* speech いろいろためになる演説 / The melody *is suggestive of* a quiet summer's evening in the countryside. そのメロディーはいなかの静かな夏の夕暮れを連想させる.

☞ 動suggest.

sug･ges･tive･ly /səʤéstivli サヂェスティヴリ/ 副暗示的に, なにかを思い起こさせるように.

su･i･cid･al /sùːəsáidl スーイサイドル/ 形
❶自殺の. ❷自殺的な, 自滅的な.

☞ 名suicide.

*su･i･cide /súːəsàid スーイサイド/ 《★アクセント注意》名(複 ~s /-dz/)
❶Ⓤ**自殺**. ❷Ⓤ自殺的行為, 自滅. ❸Ⓒ〔法律〕自殺者.
▶❶commit *suicide* 自殺する.
❷social *suicide* 社会的自殺《社会人としての生命を失うこと》.

☞ 形suicidal.

*suit /súːt スート/ 名(複 ~s /-ts/)Ⓒ ❶ⓐ**スーツ**, (衣服) 1 着, ひとそろい《♦男子服の場合は同じ生地の上着 (coat), チョッキ (vest), ズボン (trousers) のそろった三つぞろいをいうが, チョッキのない場合もいう. 婦人服の場合は上着 (coat) とスカート (skirt) あるいはスラックス (trousers) をいう； ☞ dress 名》.
ⓑ(ある目的のための)**衣服**.

❷訴訟(もしょう).
❸【トランプ】 (ハート (hearts), ダイヤ (diamonds), クラブ (clubs), スペード (spades) のうちの) ひと組.

—動(~s /-ts/; ~ed /-id/; ~ing) 他
❶(時間・場所などが)(人)に**都合がよい**.
❷(目的・人など)に**適する**, 合う, …の気に入る, ・を満足させる.
❸(色・柄(ぶ)・服などが)…に**似合う**《✪「(衣服の) 寸法が合う」は fit》.
❹《suit ... to ~》…を~に合わせる, ふさわしくさせる.

—自都合がよい, さしつかえない.

名 ❶ⓐHe had a new *suit* made. 彼は新しいスーツを(店に注文して)作った / a *suit* of clothes 洋服 1 着.
ⓑa bathing *suit* 水着.
❷ She filed [brought] a *suit* against him. 彼女は彼を相手取って訴訟を起こした / a civil *suit* 民事訴訟 / a criminal *suit* 刑事訴訟.

follow suit ①(トランプで)前に出されたカードと同じ組のカードを出す. ②人のやるとおりにする.

☞ 動sue.

—動 他 ❶Six o'clock will *suit* me very well. 6 時ならとても都合がいい.
❷It's a small house but it *suits* us. それは小さい家だけれどもわれわれにはちょうどいい.
❸Does this blouse *suit* me? このブラウスは私に似合いますか.
❹He *suited* his speech *to* the audience. 彼は聴衆に合わせて演説をした.

be suited for [to] ... …に適合している：He *is* not *suited for* [*to*] the post. 彼はその地位には適していない.
be suited to do __するのに適している, ふさわしい：She *is suited to* be a lawyer. 彼女は弁護士に適している.
Suit yourself. 《口語》好きなようにしなさい.

suit･a･bil･i･ty /sùːtəbíləti スータビリティ/ 名Ⓤ適当であること, 似合うこと.

☞ 形suitable.

*suit･a･ble /súːtəbl スータブル/ 形 (more ~; most ~) **適当な**, 都合のよい；似合う, ふさわしい (反unsuitable).

suitably

▶The job is not *suitable* for young girls. その仕事は若い女性には向かない / Is the time *suitable* for you? 時間はあなたに都合がよいですか.

☞ 名suitability.

suit·a·bly /súːtəbli スータブリ/ 副適当に, 都合よく, 似合って.

***suit·case** /súːtkèis スートケイス/ 名 (複 -cas·es /-iz/) C スーツケース (平たい長方形の旅行かばん; ☞ trunk ❸).

suite /swíːt スウィート/ (★発音注意) 名 C ❶ (ホテルやアパートの寝室・居間などの) ひと続きの部屋, スウィートルーム. ❷ ひと組の家具. ❸〔音楽〕組曲.

▶❷a dining-room *suite* 食堂セット 《テーブル・いす・食器戸棚》.

《同音異形語》sweet.

suit·or /súːtər スータ/ 名 C ❶ (文語) (男の)求婚者. ❷訴訟(そしょう)人, 原告.

sul·fur /sʌ́lfər サルファ/ 名 U 〔化学〕硫黄(いおう) (元素記号 S).

sulk /sʌ́lk サルク/ 名 C すねること, ふくれつら.

— 動 (自) すねる.

▶名 be in a *sulk* = have the *sulks* すねている.

sulk·i·ly /sʌ́lkili サルキリ/ 副すねて, 不機嫌(きげん)に.

sulk·y /sʌ́lki サルキ/ 形 (sulk·i·er; sulk·i·est) すねた, 不機嫌(きげん)な.

sul·len /sʌ́lən サレン/ 形 ❶むっつりした, 不機嫌(きげん)な.

❷ (文語) (天候が)陰気な, うっとうしい.

▶❶a *sullen* face むっつりした顔.

sul·len·ly /sʌ́lənli サレンリ/ 副むっつりして, 不機嫌(きげん)に.

sul·phur /sʌ́lfər サルファ/ 名 U (英) = sulfur.

sul·tan /sʌ́ltn サルトン/ 名 C サルタン (イスラム教国君主).

sul·try /sʌ́ltri サルトリ/ 形 (-tri·er; -tri·est) 蒸し暑い, 暑苦しい.

***sum** /sʌ́m サム/ 名 (複 ~s /-z/)

❶ⓐ《the をつけて》**合計**, 総計 《❂sum total ともいう》.

ⓑ《the をつけて》総和, 全体《❂sum total ともいう》.

❷ C 金額.

❸ C 《しばしば複数形で》算数の計算(問題).

— 動 (~s /-z/; summed /-d/; sum·ming) 《次の成句で》: ***sum up*** ⓐ ①…を**合計する**. ②…を要約する, まとめる: ③ (情勢・人がら)をすばやく判断する.

名 ❶ⓐ *The sum* of two, three and four is nine. 2と3と4の合計は9だ / *the sum* of the expenses 支出の合計. ⓑ *the sum* of his knowledge 彼の知識のすべて.

❷ She spends large *sums* of money on clothes. 彼女は多額の金を衣類に使う / He paid the *sum* of 300,000 yen for the PC. 彼はそのパソコンを30万円で買った.

❸ She did a rapid *sum* in her head. 彼女はすばやく暗算をした / He is very good at *sums*. 彼は計算がとても得意だ.

in sum 要するに.

— 動 ❶ She *summed up* the expenses. 彼女は支出を合計した.

❷ *Sum up* his speech in a few words. 彼の演説を簡潔に要約しなさい.

to sum up = ***summing up*** まとめて言えば, 要約すれば.

☞ 名summary.

sum·ma·rize /sʌ́məràiz サマライズ/ 動 (-riz·ing) 他 …を要約する, 手短かに述べる.

☞ 名summary.

***sum·ma·ry** /sʌ́məri サマリ/ 名 (複 -ma·ries /-z/) C **要約**, 概要.

— 形 ❶要約の, 概要の.

❷ (裁判など)即決の, 略式の.

▶名 She gave us a *summary* of the discussion. 彼女は私たちにその話し合いの概要を話してくれた.

☞ 動sum, summarize.

— 形 ❶a *summary* report 概略的な報告.

****sum·mer** /sʌ́mər サマ/

名 (複 ~s /-z/)

❶ⓐ U C **夏** (☞ season).

ⓑ《形容詞的に》夏の, 夏向きの, 夏に使う.

❷《the をつけて》最盛期.

❶ⓐ He went to the seaside with

abcdefghijklmnopqr s tuvwxyz   **sunburned**

his family last *summer*. 彼は去年の夏[この前の夏]は家族と海岸に行った / early [late] *summer* 初[晩]夏 / in (the) *summer* 夏に / in the *summer* of 1998 1998年の夏に. ❺a *summer* dress 夏服 / *summer* holidays《英》夏休み / a *summer* vacation《米》夏休み. ❷*the summer of (one's) life* 人生の最盛期, 壮年時代.
　　　　　　　☞ 形summery.

sum·mer·house /sʌ́mərhàus サマハウス/ 名 (複 -hous·es /-hàuziz/) Ⓒ (庭園・公園などの中にある)あずま屋《屋根を四方にふきおろし, 柱だけの小屋》.

súmmer schòol 名ⓊⒸ (大学などで行なわれる)夏期学校, 夏期講習会.

súmmer sólstice 名《the をつけて》夏至(げ)《❶「冬至」は winter solstice; ☞ equinox》.

sum·mer·time /sʌ́mərtàim サマタイム/ 名Ⓤ夏.

súmmer tìme 名Ⓤ《英》夏時間《❶《米》では daylight-saving time》.
INFO 夏の長い日中を有効に利用するために, 時計の針を原則として1時間進める制度である. イギリスでは3月の末から10月の末まで行なう. 目的は電力の節約である. 6月, 7月は夕食後4時間位明るく, おとなはゴルフやテニスを楽しめるが子どもは眠るのに苦労する.

sum·mer·y /sʌ́məri サマリ/ 形 夏の(ような), 夏らしい; 夏向きの.
　　　　　　　☞ 名summer.

sum·ming-up /sʌ́miŋ-ʌ́p サミング・アップ/ 名 (複 sum·mings-up /sʌ́miŋz-/) Ⓒ要約, まとめ.

*__sum·mit__ /sʌ́mit サミット/《★アクセント注意》名 (複 ~s /-ts/) ❶Ⓒ(山の)**頂上**.
❷《the をつけて》頂点, 絶頂.
❸《the をつけて》(国家などの)**首脳**.
❹Ⓒ**首脳会談**, サミット.
▶ ❷ *the summit of* one's fame 名声の絶頂.

sum·mon /sʌ́mən サモン/ 動 他 ❶ (公式に)(人)を呼び出す, (裁判所に)(人)の出頭を命じる. ❷ (議会など)を召集する. ❸ (勇気など)を奮い起こす.
▶ ❶ He was *summoned* before the judge. 彼は裁判官の前に呼び出された.
❸ He *summoned* (up) his courage. 彼は勇気を奮い起こした.

sum·mons /sʌ́mənz サモンズ/ 名 (複 ~es /-iz/) Ⓒ ❶ ⓐ 呼び出し, (議会などへの)招集. ⓑ 呼び出し状.
❷ (裁判所への)出頭命令, 召喚(かん)状.

sump·tu·ous /sʌ́mptʃuəs サンプチュアス/ 形 高価な, 豪華な, ぜいたくな.

súm tótal 名《the をつけて》❶合計, 総計. ❷総和, 全体《❶単に sum ともいう》.

*★**sun** /sʌ́n サン/ 名 (複 ~s /-z/)
❶《the をつけて》〖天文〗**太陽**《☞ planet》.
❷Ⓤ《しばしば the をつけて》**日光**, ひなた.
❸Ⓒ〖天文〗恒星.
— 動 (~s /-z/; sunned /-d/; sun·ning) 他 …を日にさらす.
— 自 ひなたぼっこをする.

― ― ― ― ― ― ― ― ― ― ― ― ― ―

名 ❶ *The sun* rises in the east and sets in the west. 太陽は東から上り西に沈む / *the* rising *sun* 朝日 / *the* setting *sun* 夕日.
❷ The room doesn't get much *sun*. その部屋にはあまり日が差しこまない / play in *the sun* ひなたで遊ぶ / bask in *the sun* = take *the sun* ひなたぼっこをする.

a place in the sun ①日の当たる場所. ②有利な地位.

under the sun この世で[の], 全世界で[の]《意味を強める》: the best wine *under the sun* 世界で最高のブドウ酒.
　　　　　　　☞ 形sunny, solar.
— 動 *sun oneself* ひなたぼっこをする.

《同音異形語》son.

Sun. 《略語》Sunday.

sun·bathe /sʌ́nbèið サンベイズ/《★発音注意》動 (現分 -bath·ing) 自 日光浴をする.

sun·beam /sʌ́nbì:m サンビーム/ 名Ⓒ日光, 光線.

sun·burn /sʌ́nbə̀:rn サンバーン/ 名Ⓤ (皮膚が赤くなってひりひりするような)日焼け《☞ suntan》.
— 動 (~s /-z/; sun·burnt /-t/, 《米》sun·burned /-d/; ~·ing) 他 (人・皮膚など)を日焼けさせる.

sun·burned /sʌ́nbə̀:rnd サンバーンド/ 形 日に焼けた《☞ suntanned》.

one thousand three hundred and thirty-nine   1339

sunburnt

▶get *sunburned* 日焼けする.

sun·burnt /sʌ́nbə̀ːrnt サンバーント/ 形＝ **sunburned**.

sun·dae /sʌ́ndi サンディ | -dei/ 名C サンデー《果物などを添え果汁をかけたアイスクリーム》.

＊Sun·day /sʌ́ndèi サンデイ, -di/ 名
(複 ~s /-z/)

❶ UC **日曜日**《◎ S., Sun. と略す》.
❷《形容詞的に》日曜日の.
❸《副詞的に》《口語》日曜日に.

・・・・・・・・・・・・・・・・・・・・・・・・・・・・・・・・・・・・・

❶ We go to church on *Sunday*(s). われわれは日曜日に教会に行く / We are going to Nikko on *Sunday*. 私たちは今度の日曜日に日光へ行く / He left here last *Sunday*. 彼は先週の日曜日にここを出発した / last *Sunday*＝《英》on *Sunday* last この前[先週]の日曜日に / next *Sunday*＝《英》on *Sunday* next この次[来週]の日曜日に.

|語法| (1) on Sunday は前後関係で「今度の日曜日に」「この前の日曜日に」の意味にもなる. on Sundays は「日曜日はいつも」の意味.
(2) next, last などとともに用いて副詞句を作る. この場合は前置詞をともなわないのがふつう.

❷ on *Sunday* morning 日曜日の朝に. ❸ He'll arrive *Sunday*. 彼は日曜日に着くでしょう.

INFO 日曜日はキリスト教では安息 (rest) と礼拝 (worship) の日になっており,信者は午前中行なわれる教会の礼拝によそ行きの服 (Sunday clothes, Sunday best) を着て家族と連れだって出席する.

Súnday bést 名《the または *one's* をつけて》＝ **Sunday clothes**.

Súnday clóthes 名複《the または *one's* をつけて》晴れ着, よそ行きの服《◎ Sunday best ともいう; 日曜日に着飾って教会へ礼拝に行くことからきたことば》.

▶in *one's Sunday clothes* 晴れ着をきて.

Súnday schòol 名UC日曜学校《若い人や子どもたちを教会に集め, キリスト教についての講話や行事を行なう》.

sun·di·al /sʌ́ndàiəl サンダイアル/ 名C日時計.

sun·down /sʌ́ndàun サンダウン/ 名U日没.

sun·dry /sʌ́ndri サンドリ/《★発音注意》形種々さまざまな.

— 代《次の成句で》**:all and sundry**《複数扱いで》あらゆる人, みんな.

sun·flow·er /sʌ́nflàuər サンフラウア/ 名C《植物》ヒマワリ《◎ 花が太陽に似ていることから》.

＊**sung** /sʌ́ŋ サング/ 動singの過去分詞形.

sun·glass·es /sʌ́nglæ̀siz サングラスィズ/ 名複サングラス.

＊**sunk** /sʌ́ŋk サンク/ 動sinkの過去分詞形.

sun·ken /sʌ́ŋkən サンクン/ 形 ❶（水面下に）沈んだ. ❷ 地面[周囲]より低い.
❸（目・ほほなどが）くぼんだ.
▶ ❷ a *sunken* garden 沈床園《周りにテラスなどを設けて一段低い所に作った庭園; 主に花壇などに用いる》.

＊**sun·light** /sʌ́nlàit サンライト/ 名U日光.
▶in the *sunlight* 日光をあびて[た].

sun·lit /sʌ́nlìt サンリット/ 形日に照らされた.

＊**sun·ny** /sʌ́ni サニ/ 形 (**-ni·er**; **-ni·est**)
❶ **日が照って明るい**, 晴れた（反 shady）.
❷ 日当たりのよい.
❸ 陽気な, 明るい.

・・・・・・・・・・・・・・・・・・・・・・・・・・・・・・・・・・・・・

❶ a *sunny* day 太陽の輝くよく晴れた日.
❷ a *sunny* room 日当たりのよい部屋.
❸ a *sunny* personality 陽気な人がら / the *sunny* side of life 人生の明るい面.

☞ 名 **sun**.

sún·ny-sìde úp /sʌ́ni-sàid ʌ́p サニ・サイド・/ 形《米口語》《卵が》片面焼きの, 目玉焼きの.
▶fry eggs *sunny-side up* 卵を片面焼きの目玉焼きにする.

＊**sun·rise** /sʌ́nràiz サンライズ/ 名(複 **-ris·es** /-iz/) U日の出; 日の出の時《◎「日没」は sunset》.
▶at *sunrise* 日の出時に.

sun·roof /sʌ́nrù(:)f サンルー(ー)フ/ 名C サンルーフ《日光や空気を入れるために開閉でき

sun·set /sʌ́nsèt サンセット/ 名(複 ~s /-ts/) UC 日没, 日没の時 (◎「日の出」は sunrise).
▶at *sunset* 日没の時に.

sun·shine /sʌ́nʃàin サンシャイン/ 名U ❶日光, 日ざし, ひなた. ❷陽気, 明るさ.

❶I was lying on my back in the *sunshine*. 私は日ざしをあびてあお向けになっていた.

sun·stroke /sʌ́nstròuk サンストロウク/ 名U 日射病.
▶get [suffer from] *sunstroke* 日射病にかかる.

sun·tan /sʌ́ntæn サンタン/ 名U (健康的な)日焼け (小麦色に焼くこと; ☞ sunburn 名).

sun·tanned /sʌ́ntænd サンタンド/ 形 (健康的に)日焼けした (☞sunburned).

sun·up /sʌ́nʌ̀p サナップ/ 名U (米)日の出.

su·per /súːpər スーパ/ 名C (口語)監督(者), 管理者.
— 形 (口語)極上の; 最高の.

super- /sùːpər/ 接頭 「上; 上位; 過度, 超越」などの意味. ▶*super*impose …を上に置く / *super*man 超人的な人.

su·perb /supə́ːrb スパーブ/ 形 じつにりっぱな, みごとな; 堂々とした, 壮麗な.
▶a *superb* view 雄大なながめ / *superb* courage 立派な勇気.

su·perb·ly /supə́ːrbli スパーブリ/ 副 じつにりっぱに, みごとに; 堂々と, 壮麗に.

su·per·cil·i·ous /sùːpərsíliəs スーパスィリアス/ 形 人を見下す, 傲慢(ごうまん)な, おうへいな.

su·per·ex·press /sùːpəriksprés スーパリクスプレス/ 名C 超特急(列車).

su·per·fi·cial /sùːpərfíʃəl スーパフィシャル/ 形 ❶表面的な, 深みのない, 浅い. ❷表面の, 浅い.
▶❶*superficial* knowledge 浅い知識. ❷a *superficial* cut 表面だけの浅い傷.

su·per·fi·cial·ly /sùːpərfíʃəli スーパフィシャリ/ 副 表面上, 表面的に, 浅薄(せんぱく)に.

su·per·flu·ous /suːpə́ːrfluəs スーパーフルアス/ (★アクセント注意) 形 余分な, 不必要な.

su·per·high·way /sùːpərháiwèi スーパハイウェイ/ 名C (米)高速幹線道路 (通例4車線以上の立体交差のある高速道路; ☞ expressway).

su·per·hu·man /sùːpərhjúːmən スーパヒューマン/ 形 超人的な.

su·per·im·pose /sùːpərimpóuz スーパリンポウズ/ 動 (現分 -pos·ing) 他 ❶…を上に置く, 重ねる. ❷[映画・テレビ](別の画像に字幕・絵などを二重焼き付けにする, スーパーインポーズする.

su·per·in·tend /sùːpərinténd スーパリンテンド/ 動 他 (仕事・従業員・施設など)を監督する, 管理する.

su·per·in·ten·dent /sùːpərinténdənt スーパリンテンデント/ 名C ❶監督(者), 管理者; 長官, 院長, 校長. ❷(英)警視 (警察官の上位の階級).

*su·pe·ri·or /supíəriər スピ(ア)リア/ 形 (more ~; most ~) ❶《be superior to …》ⓐ (品質・価値などの点で)…よりすぐれている (反 inferior) (◎「…より」は to で表わし, than を用いない).
ⓑ (階級・身分などの点で)…より上位[上級]である.
❷ⓐ (平均より)すぐれた, (品質・価値などの点で)(平均より)上等の, 上質の.
ⓑ (階級・身分などの点で)(平均より)上位の, 上級の.
❸優勢な, (数量の)多い.
❹ (ことば・態度などが)いばった, 偉(えら)そうな.
— 名(複 ~s /-z/) C 《ふつう one's をつけて》❶上役, 上司, 上官, 目上の人, 先輩.
❷ (あることで)(他より)すぐれた人[もの].

形 ❶ⓐThis coffee *is superior* in quality *to* that. このコーヒーはあれより質の点では上等だ.
❷ⓐShe bought five yards of *superior* cloth. 彼女は上等な生地(きじ)を5ヤード買った. ⓑHe is my *superior* officer. 彼は私の上官だ / a *superior* court 上級裁判所.
❸a *superior* force 優勢な軍隊.
❹*superior* manners 偉そうな態度.
☞ 名superiority.

— 名 ❶She is *my superior*. 彼女は

superiority

私の上役だ. ❷He is *my superior* in science. 彼は理科が私よりできる.

su·pe·ri·or·i·ty /supìəriɔ́ːrəti スピ(ア)リオーリティ/ 名 U ❶ (他のもの・人・平均より)すぐれていること, 優越; 優勢 (反 inferiority). ❷高慢.
▶ ❶their *superiority* to [over] us 彼らのわれわれに対する優越, 彼らがわれわれよりすぐれていること. ❷an air of *superiority* 偉そうなふう.
☞ 形 superior.

superióri·ty còmplex 名 C ❶【心理】優越コンプレックス, 優越複合 (反 inferiority complex). ❷《口語》優越感.

su·per·la·tive /supə́ːrlətiv スパーラティヴ/ 形 ❶最高の, 最上の. ❷《文法》最上級の.
— 名 ❶ C 最高のもの; 最高度, 極致. ❷《複数形で》大げさなことば. ❸《the をつけて》【文法】= superlative degree.
▶ 名 ❷ speak [talk] in *superlatives* おおげさに言う.

supérla·tive degrée 名《the をつけて》【文法】最上級(○ 単に the superlative ともいう; ☞ positive degree).

su·per·man /súːpərmæ̀n スーパマン/ 名 (複 su·per·men /-mèn/) ❶《**Superman** で》スーパーマン《アメリカの漫画の主人公》. ❷ C 超人的な人.

*****su·per·mar·ket** /súːpərmɑ̀ːrkit スーパマーキット/ 名 (複 ~s /-ts/) C **スーパーマーケット** (○ 単に「スーパー」というのは和製英語).

su·per·mod·el /súːpərmɑ̀dl スーパマドル/ 名 スーパーモデル《世界的に有名なファッションモデル》.

su·per·nat·u·ral /sùːpərnǽtʃərəl スーパナチュラル/ 形 超自然的な, 不思議な.
— 名《the をつけて》超自然現象.
▶ 形 *supernatural* powers 超自然的力[能力] / a *supernatural* occurrence 不思議なできごと.

su·per·pow·er /súːpərpàuər スーパパウア/ 名 C 超大国.

su·per·sede /sùːpərsíːd スーパスィード/ 動 (現分 -sed·ing) 他 …にとって代わる.

su·per·son·ic /sùːpərsɑ́nik スーパサニック/ 形 超音速の. ▶ a *supersonic* airplane 超音速旅客機.

su·per·star /súːpərstɑ̀ːr スーパスター/ 名 C (スポーツ・芸能界などの)スーパースター.

su·per·sti·tion /sùːpərstíʃən スーパスティション/ 名 UC 迷信, 迷信的行為[慣習]. ▶ believe in *superstitions* 迷信を信じる / break down a *superstition* 迷信を打ちやぶる.
INFO 13 (thirteen) は縁起のわるい数字 (unlucky number) とされ, 13日が金曜日にあたると最も不吉な日になる. また四つ葉のクローバー (four-leaf clover) は幸運をよぶという; ☞ horseshoe.
☞ 形 superstitious.

su·per·sti·tious /sùːpərstíʃəs スーパスティシャス/ 形 ❶迷信的な, 迷信の. ❷迷信を信じる.
☞ 名 superstition.

su·per·struc·ture /súːpərstrʌ̀ktʃər スーパストラクチャ/ 名 C ❶上部構造, (土台の上の)建築物. ❷ (社会・思想などの)上部構造.

su·per·vise /súːpərvàiz スーパヴァイズ/ 動 (現分 -vis·ing) 他 …を監督する, 管理する.

su·per·vi·sion /sùːpərvíʒən スーパヴィジョン/ 名 U 監督, 管理. ▶ under the *supervision* of … …の監督の下に.

su·per·vi·sor /súːpərvàizər スーパヴァイザ/ 名 C 監督者, 管理人.

su·per·vi·so·ry /sùːpərváizəri スーパヴァイザリ/ 形 監督(者)の, 管理(人)の.

*****sup·per** /sʌ́pər サパ/ 名 (複 ~s /-z/) UC **夕食**, 夜食 (○ 形容詞などがつくときは C).

What are we going to have for *supper*, Mother? 夕食はなに(を食べるの), おかあさん / We had a poor [good] *supper*. わたしたちはまずい[結構な]夕食を食べた / at *supper* 夕食時に.
INFO 1日のうちの最も主要な食事であるディナー (dinner) を食べたあとの1日の最後の食事をいう. 比較的軽い食事のことをさし, サンドイッチ (sandwiches) やハム (ham), ソーセージ (sausage) などを食べる. ふつう夕食が dinner に相当するが, 昼食に dinner を食べれば, 夕食が supper となる; ☞ dinner.

abcdefghijklmnopqr**s**tuvwxyz　　　　　　　　　supportive

sup·plant /səplǽnt サプラント/ 動 他 …にとって代わる，…の地位を奪う．

sup·ple /sʌ́pl サプル/ 形 ❶（木・身体・手足・革などが）しなやかな，柔軟な．
❷（頭などが）柔軟な，適応性のある．

sup·ple·ment /sʌ́pləmənt サプルメント/ 名 C ❶ 補足；補助食品，サプリメント；付録，（書物の）補遺(ほい)．❷ 追加料金，割増し金．
— 動 /sʌ́pləmènt サプルメント/《★名詞との発音の違いに注意》他 …を補う，補足する，追加する；…に付録をつける．
▶名 ❶ a *supplement* to the magazine 雑誌の付録．

sup·ple·men·ta·ry /sʌ̀pləméntəri サプレメンタリ/ 形 補足の，補遺(ほい)の，追加の；付録の．

sup·pli·er /səpláiər サプライア/ 名 C 供給者，供給会社，供給国．

*__sup·ply__ /səplái サプライ/《★発音注意》動 (sup·plies /-z/; sup·plied /-d/; ~ing) 他 ❶（必要なもの）を**供給する**，与える．
❷（必要など）を満たす，…を補う，補充する．
— 名 (複 sup·plies /-z/) ❶ U **供給**（☞demand）．
❷ C **手持ち量**，たくわえ；在庫．
❸《複数形で》（遠征隊・軍隊の装備・食料・衣類など）必需品．

・・・・・・・・・・・・・・・・・・・・・・・・・・・・・・・・・・

動 他 ❶ The lake *supplies* water to the town. その湖が水をその町に供給している / This power plant *supplies* us *with* electric power. = This power plant *supplies* electric power *to* [*for*] us. この発電所がわれわれに電力を供給してくれる / The library is well *supplied with* rare books. その図書館には珍しい本が豊富に備えられている．
❷ *supply* the need for cheap cars 安い車の需要にこたえる．
— 名 ❶ *supply* and demand 需要と供給（☺日本語と順序が逆）．
❷ We have a large *supply* of rice. 米はたくさんある．

*__sup·port__ /səpɔ́ːrt サポート/《★アクセント注意》動 (~s /-ts/; ~ed /-id/; ~ing) 他
❶ ⓐ（倒れ［落ち］ないように）（もの・人）をささえる．
ⓑ …の重みにたえる．
❷ ⓐ（家族など）を**扶養**(ふよう)**する**，養う．
ⓑ（財政的に）…を援助する．
❸（人・主義など）を**支持する**，支援する；…に賛成する．
❹（生命・気持ちなど）を**ささえる**，元気づける；…を維持する．
— 名 (複 ~s /-ts/) ❶ ⓐ U **ささえること**，ささえ．
ⓑ C **ささえるもの**，支柱．
❷ ⓐ U 支持，支援．
ⓑ C 支持者，支援者．
❸ ⓐ U 扶養(ふよう)．
ⓑ U 生活費．
ⓒ C 生計をささえる人．

・・・・・・・・・・・・・・・・・・・・・・・・・・・・・・・・・・

動 他 ❶ⓐ Please *support* the ladder. はしごをささえていてください / Four posts *supported* the tent. 4本の柱がテントをささえていた．
ⓑ The bench will not *support* five. そのベンチは5人はすわれません．
❷ⓐ He *supports* a large family. 彼は大家族を養っている（彼は扶養家族が多い）．ⓑ *support* the local hospital 地元の病院を援助する．
❸ Nobody *supported* his idea. だれも彼の意見を支持しなかった．
❹ Air is necessary to *support* life. 空気は生命を維持するのに必要である．
— 名 ❶ⓐ The walls need *support*. その塀(へい)にはささえが必要だ．
ⓑ Five *supports* hold up the bridge. 五つの支柱がその橋をささえている．
❷ⓐ I asked for his *support*. 私は彼に助け[支持]をお願いした．
❸ⓒ She was the sole *support* of her family. 彼女がひとりで彼女の家族の生計をささえていた．

in support of ... …を支持して；…に賛成して

sup·port·er /səpɔ́ːrtər サポータ/ 名 C
❶ ⓐ 支持者，賛成者，味方．ⓑ（スポーツチームの）ファン，サポーター．❷ ささえ，支柱．❸ 扶養者．❹（運動用の）サポーター．

sup·port·ive /səpɔ́ːrtiv サポーティヴ/ 形
❶ ささえとなる，支持する．
❷（困っている人などに）やさしく接する，協

suppose

力的な.

*__sup·pose__ /səpóuz サポウズ/ 動 (-pos·es /-iz/; sup·posed /-d/; -pos·ing) 他
❶ⓐ《suppose (that) __》__だろうと思う, 考える.
ⓑ《suppose ... to do〔be〕》…が__する〔である〕と思う.
❷…を前提条件とする(☞Suppose (that) __).

──────────────────

❶ⓐI *suppose* (*that*) she is right. 彼女(のいうこと)は正しいと思う / We didn't *suppose* (*that*) he would lose the game. 私たちは彼が試合に負けるとは思わなかった. ⓑI *supposed* him *to* know that. 私は彼はそのことを知っていると思った / I *suppose* her *to be* tired. 彼女は疲れていると思う.

be supposed to do ①《期待・義務などを表わして》__することになっている, __するべきである: Every student *is supposed to* know the school regulations. 生徒は全員学校の規則は知っていることになっている〔べきである〕 / You *are supposed to* prepare the lessons. 予習することになっているのですよ(予習してないのはいけません).
②《否定文で》__してはいけないことになっています (✪遠回しの禁止を表わす): You *are not supposed to* smoke here. ここではたばこはお吸いにならないでください.
③《予定を表わして》__することになっている, __するはずである: She *is supposed to* stay there for three months. 彼女はそこに3か月滞在することになっています.

I should suppose __. どうも__ではないかと思う (✪I suppose よりも控えめな言い方).

Let's suppose (that) __. __と仮定しよう: *Let's suppose* our plan doesn't work. 私たちの計画がうまくいかないと仮定しよう.

Suppose (that) __, ①仮に__としたら: *Suppose* we fail, what shall we do next? 失敗したら, 次にどうしよう. ②仮に__としたらどうなるだろう: *Suppose* the brakes don't work. ブレーキがきかなかったらどうなるだろう. ③__した らどうでしょう, __しませんか: *Suppose* we have a break. ちょっと休んだらどうでしょう. ④__と仮定しよう (☞成句 Let's *suppose* (that) __.).

☞名 supposition.

sup·posed /səpóuzd サポウズド/ 形
❶(あまり根拠のない)想像上の, (…だと)思われている〔いた〕.
❷《be supposed to do》☞ suppose の成句.
▶❶the *supposed* murderer 殺人犯と思われていた人.

sup·pos·ed·ly /səpóuzidli サポウズィドリ/《★発音注意》副 多くの人が言うには; おそらく.
▶*Supposedly* she's a good golfer. (ほんとうかどうかわからないが)聞くところによると彼女はゴルフがうまいそうです.

sup·pos·ing /səpóuziŋ サポウズィング/ 接 もし…ならば.
▶*Supposing* it rains tomorrow, what shall we do? あす雨ならばどうしましょうか.

sup·po·si·tion /sÀpəzíʃən サポズィション/ 名 ❶Ⓤ想像, 推測.
❷Ⓒ仮定, 推測.
▶❶The story is based on *supposition*. その話は想像に基づいている.
on the supposition that __ __と仮定して.

☞動 suppose.

*__sup·press__ /səprés サプレス/ 動 (~es /-iz/; ~ed /-t/; ~ing) 他 ❶ⓐ(反乱・活動など)を(力で)**抑圧する**, 鎮圧(ﾁﾝｱﾂ)する. ⓑ…を禁止する.
❷(感情・欲望など)**を抑える**; (笑い・あくびなど)をがまんする, (かみ)殺す.
❸(真相・証拠・名前など)を公表しない, 隠す.
❹(本など)の出版〔公表〕を禁止する.
▶❶ⓐThe army could not *suppress* the guerrilla activity. 軍隊はゲリラ活動を鎮圧することができなかった.
❷He *suppressed* his anger. 彼は怒りの気持ちを抑えた. ❸*suppress* the news そのニュースを隠す.

☞名 suppression.

sup·pres·sion /səpréʃən サプレション/ 名Ⓤ ❶抑圧; 鎮圧(ﾁﾝｱﾂ). ❷(感情などの)抑制. ❸(事実などを)隠すこと. ❹発売禁

abcdefghijklmnopq**r**stuvwxyz　　　　　　　　　　　　　　　sure

止.
☞ 動suppress.

su·prem·a·cy /suprémǝsi スプレマスィ/ 名 ⓤ 優越, 優位; 最高.
☞ 形supreme.

*__su·preme__ /suprí:m スプリーム/ (★アクセント注意) 形 ❶ 《権力・地位などが》**最高の**.
❷ 《程度などが》**最高の**.
▶ ❶ the *supreme* commander 最高司令官. ❷ *supreme* happiness 最高の幸せ / a *supreme* fool あきれたばか者.
☞ 名supremacy.

Supréme Cóurt 名 《the をつけて》(アメリカの国または州の)最高裁判所.

su·preme·ly /suprí:mli スプリームリ/ 副 最高に, 無上に.

sur·charge /sə́:rtʃɑ:rdʒ サーチャーヂ/ 名 ⓒ 追加料金, 付加金.
— 動 /sɑ:rtʃɑ́:rdʒ サーチャーヂ/ 《★名詞とのアクセントの違いに注意》(現分 -charging) 他 …に追加料金を請求する.

***__sure__** /ʃúər シュア, ʃɔ:r/ 形 (sur·er /ʃúərər/; sur·est /ʃúərist/)
❶ ⓐ 《be sure (that) ＿》＿**と確信している**, まちがいなく＿だと思っている.
ⓑ 《be not sure wh-(疑問詞) ＿ または be not sure whether [if] ＿》＿**は確信できない**, 自信がない.
ⓒ 《be sure of …》…**を確信している**.
ⓓ 《be not sure of [about] …》…**についてはよくわからない**.
❷ 《be sure to *do*》**きっと[必ず]＿する** (☞certain ❸).
❸ **確かな, 確実な; 安全な, 信頼できる**.
— 副 ❶ 《米口語》**確かに**, ほんとに; まったく.

❷ 《米口語》《依頼や質問に応じて》**いいですとも**, もちろん.
❸ 《米口語》どういたしまして.

━━━━━━━━━━━━━━━━

形 ❶ⓐ He *is* **sure** (that) he will succeed. 彼は(自分が)成功すると確信している / I *am* **sure** (that) he will succeed. 私はまちがいなく彼は成功すると思っている ｜対話｜ "*Are* you **sure** he did it?"–"Yes, I am." 「彼がほんとうにそれをしたと思っているのですか」「ええ, そうです」 / ｜対話｜ "The Bus comes

around 3:10."–"*Are* you **sure**?" 「バスは3時10分ごろ来るよ」「ほんとうかい」(《❶ **sure** の後には (that) the bus comes around 3:10 が省略されている》) / I *feel* **sure** (that) he will turn up at the party. 彼はきっとパーティーに来ると思う (《❶ このように be の代わりに feel が用いられることがある》). ⓑ I'*m* not **sure** *what* he means. 彼がなにをいっているのかよくわからない / She *was* not **sure** *whether* [*if*] she was right. 彼女は自分が正しいかどうか自信がなかった / I *was* not **sure** *which* to choose. 私はどっちを選んだらよいか自信がなかった (《❶ このように sure の後に'疑問詞＋不定詞'がくることがある》). ⓒ I'*m* **sure** *of* my success.(= I'*m* **sure** (that) I'll succeed.) 私は成功する自信がある / I'*m* **sure** *of* his honesty.(= I'*m* **sure** (that) he is honest.) 私は彼が正直であると信じている.

ⓓ I'*m* not **sure** *of* her address. 私は彼女の住所はよく知らない / Tom will help us, but I'*m* not **sure** *about* Mary. トムは手伝ってくれるだろうがメアリーのことははっきりいえない.

❷ You *are* **sure** *to* succeed.(= I *am* **sure** (that) you will succeed.) 君はきっと成功するよ / It'*s* **sure** *to* rain.(= I *am* **sure** (that) it will rain.) きっと雨が降るよ / *Be* **sure** *to* come and see us. 必ず遊びに来てください.

❸ Those black clouds are a **sure** *sign* (that) it's going to rain. あの黒い雲は雨が降り出すまちがいない前兆(ぜんちょう)だ / a **sure** method [way] 確かな方法.

be sure and *do* 《口語》《命令文で》必ず＿しなさい (☞sure 形 ❷):*Be* **sure** and *remember* what I told you. どんなことがあってもぼくの言ったことは忘れないように.

be [feel] sure of *oneself* 自信がある: She *is* very **sure** *of* herself. 彼女はたいへんな自信家だ.

for sure 確かに, きっと: We'll win **for sure**. われわれはきっと勝つ / I don't know **for sure** that he has left here. 彼はもう当地を去ったというが確かなことはわからない.

1345

***make sure* 確かめる**, 確認する：You have to *make sure*. 確かめなくてはいけませんよ.

***make sure of ...* ①**（事実など）**を確かめる**, 確認する：*Make sure of* the schedule. 予定（表）を確かめなさい. ②（部屋・座席など）**を確保する**：He *made sure of* a room at the hotel. 彼はそのホテルに部屋を確保した.

***make sure (that)* ＿ ①＿ということを確かめる**, 確認する：She *made sure that* the car was locked. 彼女は車にかぎがかかっているのを確かめた. ②**まちがいなく[きっと]＿する(ように手配する, 配慮する)**：*Make sure (that)* you get here by ten. 必ず10時までにここへ来るようにしておきなさい.

***to be sure* ①確かに[なるほど] …だが**（**◎**しばしばあとに but ＿をともなう）：It is a good way, *to be sure, but* it is not the best way. それは確かにいい方法だが, しかし最善の方法ではない. ②**確かに**：He's a nice guy, *to be sure*. あいつは確かにいいやつだ.

☞ **動** ensure.

— **副 ❶** I *sure* am tired. 私はまったく疲れた.

❷ 対話 "Would you let me see it?"–"*Sure*." 「それを見せてくださいませんか」「どうぞ」／ 対話 "Can I park here?"–"*Sure*." 「ここに駐車していいですか」「ええ, どうぞ」.

❸ 対話 "Thank you."–"*Sure*." 「どうもありがとう」「どういたしまして」.

***sure enough* (口語)はたして, 確かに, 思った通り**：I thought he would come late, and *sure enough* he did. 彼は遅れてくるだろうと思ったが, 思った通りそうだった.

*sure・ly /ʃúərli シュアリ, ʃɔ́ːrli/ 副 (more ~; most ~)

❶《文全体を修飾して》**確かに**, きっと.

❷確実に, 着実に.

❸《ふつう否定文の文頭または文尾で》**まさか**.

❹《米口語》《依頼や質問に応じて》**いいですとも, もちろん**.

----

❶ He will *surely* help us. 彼はきっと私たちを助けてくれるだろう／ *Surely* he is right. 彼の言っていることが正しいのは確かだ. **❷** He works slowly but *surely*. 彼はゆっくりとしかし確実に仕事をする. **❸** *Surely* you are *not* going alone! まさか君はひとりで出かけるのではないだろうね.

súre thíng 名《a をつけて》**確かなこと**.

— **感**《米口語》**❶もちろん. ❷オーケー**.

▶ **感 ❷** 対話 "Mail this letter on your way home, will you?"–"*Sure thing*." 「家へ帰る途中でこの手紙をポストに入れてくれない」「オーケー」.

surf /sə́ːrf サーフ/ 名 U （白く泡だつ）**寄せ波**, 砕け波.

— **動 @ 波乗りをする, サーフィンをする**（☞ **surfing**）.

— **@** （インターネット）**を見て回る**（☞ **net¹** 名 **❸** ）.

▶ 名 *surf* riding 波乗り（遊び）／ ride (on) the *surf* 波乗りをする.

— **動** *surf the net* 〖電算〗ネットサーフィンをする《インターネット上の情報提供源に次々と接続して情報を読み進む》.

***sur・face** /sə́ːrfəs サーフェス/ ((★発音注意)) 名 (複 -fac・es /-iz/) **❶** C **表面**（反 bottom）（**◎**「側面」は side）.

❷《the をつけて》**外観, うわべ**.

❸《形容詞的に》**表面の; うわべだけの**.

❹地上の, 路面の; 水面の.

— **動** (現分 -fac・ing) **@ ❶ ⓐ 表面に浮かんでくる**.

ⓑ （潜水艦などが）**浮上する**.

❷ ⓐ （隠れていたもの・人が）**姿を現わす**.

ⓑ （事件などが）**表面化する**.

— **@ ❶ …の表面を仕上げる**.

❷ （道路）**を舗装**（ほそう）**する**.

名 ❶ a smooth *surface* なめらかな表面／ the *surface* of the earth 地球の表面. **❷** You have to look below *the surface* of matters. ものごとの内側をみなければいけない. **❸** *surface* impressions 表面的な印象. **❹** *surface* transportation （航空機や地下鉄に対し）陸上[水上]輸送機関.

***come to the surface* ①浮かび上がる. ②**（秘密・悪事などが）**表面化する, 知れわたる**.

***on the surface* 表面は, 外見は**：She seems quiet *on the surface*. 彼女は

abcdefghijklmnopqr s tuvwxyz　　　　　　　　　　　　　　　　　　　　**surprise**

外見はおとなしそうに見える.

súrface màil 名Ⓤ(鉄道・船などによる)普通郵便(✿「航空郵便」は airmail).

surf·board /sə́ːrfbɔ̀ːrd サーフボード/ 名Ⓒサーフボード, 波乗り板(☞windsurfing).

sur·feit /sə́ːrfit サーフィト/ (★発音注意)名《a をつけて》《文語》多すぎる量.
▶*a surfeit* of advertisements うんざりするほどの宣伝.

surf·er /sə́ːrfər サーファ/ 名Ⓒサーファー, 波乗りをする人.

surf·ing /sə́ːrfiŋ サーフィング/ 名Ⓤサーフィン, 波乗り.

surge /sə́ːrdʒ サーチ/ 動 (現分 surg·ing) ⓐ ❶ (波・群衆などが)激しく打ち寄せる, 押し寄せる. ❷ (感情が)どっと沸いてくる, 押し寄せる.
— 名Ⓒ ❶ 大波, うねり波. ❷ (群衆などの)殺到(さっとう). ❸(感情の)動揺.
❹ 急増.
▶動ⓐ❶ The waves *surged* against the shore. 波が岸にどっと押し寄せた.
— 名 ❸ a *surge* of anger 怒りの気持ちがこみあげてくる.

sur·geon /sə́ːrdʒən サーヂョン/ 名Ⓒ外科医(✿「内科医」は physician).

sur·ger·y /sə́ːrdʒəri サーヂャリ/ 名(複 -ger·ies /-z/) ❶ ⓐⓊ 外科(✿「内科」は medicine). ⓑ 手術.
❷Ⓒ(米)手術室.
❸(英)Ⓒⓐ 診察室. ⓑ 診察時間.

sur·gi·cal /sə́ːrdʒikəl サーヂカル/ 形 外科の, 外科用の, 手術の(☞medical).

sur·ly /sə́ːrli サーリ/ 形 (-li·er; -li·est) 不機嫌(ふきげん)な, ぶっきらぼうな.

sur·mise /sərmáiz サマイズ/ 動(現分 -mis·ing) ⓣ 《文語》…を推測する, 推量する.
— 名Ⓒ《文語》推量, 推測.

sur·mount /sərmáunt サマウント/ 動 ⓣ (困難・障害など)を乗り越える, 切り抜ける. ▶ We'll have to *surmount* the obstacles. われわれは障害を乗り越えなければならない.

sur·name /sə́ːrnèim サーネイム/ 名Ⓒ姓(せい)(✿family name または last name ともいう; ☞ first name の **INFO**).
INFO surname の起源は次のようにいろいろある: (a) 住んでいた土地からきた Hill (丘), Lake (湖) など. (b) 職業からきた Carpenter (大工), Taylor (= tailor) (仕立屋), Smith (かじ屋) など. (c) 身体の特長からきた Red, Russell (= red-haired) など. (d) 父の名前からきた Williamson 《son は息子の意》や McGregor 《Mc は son (息子)の意》.

sur·pass /sərpǽs サパス/ 動 (三単現 ~es /-z/) ⓣ 《文語》(能力・程度などを)…よりまさる, (予想など)を越える.
▶ His car *surpasses* mine in power. 彼の車はパワーの点で私の車よりすぐれている.

sur·plus /sə́ːrpləs サープラス/ 名 (複 ~es /-iz/) ❶ⓊⒸ 余分, 過剰.
❷Ⓒ 剰余金, 残額.
▶❶ farm *surpluses* 余剰農産物.

**sur·prise /sərpráiz サプライズ/ 動 (-pris·es /-iz/; sur·prised /-d/; -pris·ing) ⓣ ❶ …を驚かす, びっくりさせる(☞surprised).
❷ …を不意に襲う, 奇襲(きしゅう)する.
— 名 (複 -pris·es /-iz/) ❶ⓐⓊ 驚き.
ⓑⒸ 驚くようなこと, 思いがけないこと.
ⓒⒸ 思いがけない贈り物.
❷Ⓤ 不意打ち, 奇襲.

動 ⓣ ❶ She *surprised* us by refusing our offer. 彼女は私たちの申し出を断わって私たちを驚かせた. ❷ They *surprised* the enemy late at night. 彼らは夜遅く敵に不意打ちをかけた.
— 名 ❶ⓐ He showed *surprise* at the news. 彼はその知らせに驚きの表情を見せた. ⓑ I have a *surprise* for you. 君をびっくりさせるようなことがあります(君にすばらしいものをあげますよ) / What a *surprise*! これは驚いた / His visit was a great *surprise* to me. 彼の訪問は私には思いがけないことだった(私はとてもびっくりした).

in surprise 驚いて: He jumped up *in surprise*. 彼は驚いてとび上がった.

take ... by surprise ①(敵陣など)を不意に襲う, …に不意打ちを食わす. ②…を驚かす.

to ...'s surprise ... …が驚いたことには: *To my surprise*, nobody was aware of it. 驚いたことにだれもそれに気づいていなかった.

surprised

***sur·prised** /sərpráizd サプライズド/ 形 (more ~; most ~) ⓐ《be surprised at ...》…に**驚く**, …を見て[聞いて]**驚く**.
ⓑ《be surprised to *do*》__して**驚く**.
ⓒ《be surprised that __》__に**驚く**.
ⓓ驚いた, びっくりした.

ⓐHe *was surprised at* her words. 彼は彼女のことばにびっくりした. ⓑI *was surprised to* see him there.＝I *was surprised at seeing* him there. 私はそこで彼に会ってびっくりした. ⓒI *was surprised that* she spoke English so fluently. 彼女がたいへん流暢(りゅうちょう)に英語を話したので私はびっくりした. ⓓThey looked *surprised*. 彼らはびっくりした顔をしていた / a *surprised* look びっくりした顔つき.

***sur·pris·ing** /sərpráiziŋ サプライズィング/ 形 (more ~; most ~) **驚くべき**, 意外な. ▶It is not *surprising* that she was named for the post. 彼女がその地位に任命されたのは驚くほどのことではない[当然だ] / a *surprising* recovery 驚くほどの回復.

sur·pris·ing·ly /sərpráiziŋli サプライズィングリ/ 副驚くほど.

sur·re·al /sərí:əl サリーアル/ 形超現実的な, 現実にはありえないような.

sur·re·al·ism /sərí(:)əlizm サリ(ー)アリズム/ 名Ⓤ〔文学・美術〕超現実主義, シュールレアリズム.

sur·re·al·is·tic /sərì:əlístik サリーアリスティク/ 形＝surreal.

***sur·ren·der** /səréndər サレンダ/ 動 (~s /-z/; ~ed /-d/; -der·ing /-dəriŋ/) 自
❶**降服する**.
❷〔感情・快楽などに〕身をまかせる, ふける〔*to*〕.
— 他〔文語〕〔敵・相手などに〕…を**引き渡す**, 明け渡す〔*to*〕.
— 名ⓊⒸ ❶降服. ❷引き渡し.

自 ❶They *surrendered* to the enemy. 彼らは敵軍に降服した. ❷*surrender to* despair 絶望におちいる.
— 他They *surrendered* the town *to* the enemy. 彼らは町を敵に明け渡した.

sur·rep·ti·tious /sə̀:rəptíʃəs サーレプ

ティシャス/ 形こそこそ行なわれた.

sur·rep·ti·tious·ly /sə̀:rəptíʃəsli サーレプティシャスリ/ 副こそこそと, 内々に.

sur·ro·gate /sə́:rəgèit サーロゲイト/ 名Ⓒ代理人. — 形代理の.

súrrogate móther 名Ⓒ代理母《他人の夫婦にかわって子どもを産む女性》.

***sur·round** /səráund サラウンド/ 動 (~s /-z/; ~ed /-d/; ~ing /-iŋ/) 他
❶ …を**囲っている**, 巡(めぐ)らしている, 取り巻いている (☞between).
❷ …を**囲む**, 取り巻く.

❶A stone wall *surrounds* the palace. 石垣が宮殿を囲っている / The town *is surrounded by* [*with*] walls. その町は城壁に取り巻かれている.
❷Admirers *surrounded* the star. ファンがそのスターを取り巻いた / He *surrounded* the garden *with* a fence. 彼は庭園をフェンスで囲った.

***sur·round·ing** /səráundiŋ サラウンディング/ 形回りの, 周囲の, 付近の.
— 名 (複 ~s /-z/)《複数形で》《人や場所を取り巻く》**環境**, 周囲の事物[状況] (☞environment ❶).
▶形 the *surrounding* mountains 周囲の山々.
— 名The town has peaceful *surroundings*. その町はのどかな環境に囲まれている.

sur·veil·lance /sərvéiləns サーヴェイランス/ 名Ⓤ《容疑者・囚人などの》監視, 見張り.
▶under *surveillance* 監視されて.

****sur·vey** /sərvéi サーヴェイ/ 動 (~s /-z/; ~ed /-d/; ~ing /-iŋ/) 他 ❶ⓐ …を**調査する**, 詳しく調べる.
ⓑ《調査のために》…に質問する.
❷ …を**見渡す**, 見晴らす.
❸ 《状況など》をざっと見る, 概観する, 概説する.
❹ 《家屋など》を査定する.
❺ 《土地など》を測量する.
— 名 /sə́:rvei サーヴェイ/《★動詞とのアクセントの違いに注意》(複 ~s /-z/) ❶ⓊⒸ**調査**, 検査, 研究. ❷Ⓒ見渡すこと. ❸Ⓒ概観, 概説. ❹ⓊⒸ測量. ❺Ⓒ測量図.

動 ❶ⓐThe engineers *surveyed*

abcdefghijklmnopqr s tuvwxyz　　　　　　　　　　　　　　　　　　　　　　　　**suspend**

the landslide. 技師がその地すべりを調査した. ❷We *surveyed* the town from the top of the tower. 私たちはタワーの上から町を見渡した.
── 名 ❸a *survey* of Japanese history 日本史概説.
make a survey of ... ①…を調査する，検査する. ②…を測量する. ③…を概観する，概説する.

sur・vey・or /sərvéiər サヴェイア/ 名 C 測量技師；(土地・建物の)鑑定士.

*****sur・viv・al** /sərváivəl サヴァイヴァル/ 名 (複 ~s /-z/) ❶ U **生き残ること**，生存；存続.
❷ C 生存者；存続しているもの，遺物.
▶❶the *survival* of the fittest 適者生存.
☞ 動 survive.

*****sur・vive** /sərváiv サヴァイヴ/ (★アクセント注意) 動 (~s /-z/; sur・vived /-d/; -viv・ing) 他 ❶ …より**長生きする**.
❷ⓐ (事故・災害などにあっても)…の**あとまで生き残る**. ⓑ (ものごとが)…のあとまで残る.
── 自 ❶ 生き残る.
❷ (ものごとが)なくならないで残る.

他 ❶He *survived* his wife. 彼は妻より長生きした. ❷ⓐOnly two of the passengers *survived* the accident. その事故で生き残った乗客はふたりだけだった.
── 自 ❶None of the passengers *survived*. 乗客で生き残った者はいなかった.

☞ 名 survival.

sur・vi・vor /sərváivər サヴァイヴァ/ 名 C 生き残った人，生存者.
▶*survivors* of the air crash その飛行機墜落事故の生存者.

Su・san /súːzn スーズン/ 名 スーザン (《女性の名；愛称 Sue, Susie》).

Su・san・na /suːzǽnə スーザナ/ 名 スザンナ (《女性の名；愛称 Sue, Susie》).

sus・cep・ti・ble /səséptəbl サセプティブル/ 形 ❶ 影響を受けやすい，感じやすい.
❷ 〔…に〕影響されやすい；〔病気などに〕かかりやすい 〔*to*〕.
▶❶a *susceptible* young man 感じやすい若者. ❷She *is susceptible* to

colds. 彼女はかぜをひきやすい.

su・shi /súːʃi スーシィ/ 名 UC すし.
INFO 最近，美容や健康上の理由から日本食が注目され，とくにすしを好むアメリカ人が多く，大都市ではすしバー (sushi bar) というカウンターつきの日本食レストランが多く見られるようになっている.

Su・sie /súːzi スーズィ/ 名 スージー (《女性の名；Susan, Susanna の愛称》).

*****sus・pect** /səspékt サスペクト/ 動 (~s /-ts/; ~ed /-id/; ~ing) 他 ❶ (確信はないが)…ではないかと**思う**.
❷ …がしたのではないかと**疑う**.
❸ (危険などが)あるのではないかと**疑う**，…に感づく，気づく.
❹ …の真実性[信頼性]を疑う ((✪この意味では doubt と同じ)).
── 形 /sǽspekt サスペクト/ (★動詞とのアクセントの違いに注意) (more ~; most ~) 疑わしい，怪しい.
── 名 /sǽspekt サスペクト/ (★動詞とのアクセントの違いに注意) (複 ~s /-ts/) C **容疑者**，注意人物.

他 ❶I *suspect* (that) he is a spy. 私は彼はスパイではないかと思う / We *suspected* (that) she forgot the appointment. 私たちは彼女は約束を忘れたのではないかと思った / I *suspect* him *to be* mad. 私は彼は気が狂っているのではないかと思う / We *suspected* him *to have* gotten lost. 私たちは彼が道に迷ったと思っていた.
❷Somebody cracked the cup and Ken was *suspected*. だれかがその茶わんにひびを入れ，ケンが疑われた / The police *suspected* him *of* the murder. 警察は彼に殺人の疑いをかけた / We *suspected* him *of* lying. 彼はうそを言ったのではないかと私たちは思った / He *was suspected of taking* bribes. 彼は収賄(しゅうわい)の疑いをかけられた.
❸*suspect* danger 危険をかぎつける.
❹She *suspects* anything I say. 彼女は私の言うことはなんでも疑う.

☞ 名 suspicion, 形 suspicious.

*****sus・pend** /səspénd サスペンド/ 動 (~s /-dz/; ~ed /-id/; ~ing) 他 ❶ (上から)…を**つるす**，下げる.

one thousand three hundred and forty-nine　　　　　　　　　　　　　　　　　　　　　　1349

suspender

❷《be suspended で》(空中・液中などに)**浮いている**.
❸ (活動・事業など)を(一時)**停止する**, 延期する.
❹ (判断・決定など)を保留する, 決めないでおく.
❺《be suspended で》停職になる, 停学になる, 出場停止になる.
▶ ❶A lamp was *suspended* from the ceiling. あかりが天井から下がっていた. ❷A balloon *was suspended* in midair. 気球が空中にじっと浮いていた. ❸The construction of the bridge has been *suspended*. その橋の建設は一時中止されている / *suspend* payment 支払いを一時停止する. ❹You should *suspend* judgment until you can get more information. もっと情報が得られるまで判断を保留したほうがいい. ❺The student has *been suspended* from school. その学生は停学になっている.
☞ 名 suspense, suspension.

sus·pend·er /səspéndər サスペンダ/ 名
❶ C《ふつう複数形で》《英》(女性の下着についている)くつ下つり, くつ下留め(◎《米》では garters)).
❷《複数形で》《米》ズボンつり(◎《英》では braces).

sus·pense /səspéns サスペンス/ (★アクセント注意)名 U ❶ (結果がどうなるかわからないような)不安, 興奮.
❷未決定, 未解決のままの状態.
▶ ❶We waited in great *suspense* for his arrival. われわれは気をもみながら[興奮して]彼の到着を待った.
❷Our next plan is hanging in *suspense* now. われわれの次の計画は現在未決定のままである.
☞ 動 suspend.

sus·pen·sion /səspénʃən サスペンション/ 名 U ❶ つるすこと, ぶら下がり, 宙ぶらりん. ❷未決定, 保留. ❸ (一時的な)中止, 停止, 不通. ❹停職, 停学, 出場停止.
▶ ❷the *suspension* of a decision 決定の保留. ❹two days' *suspension* from school 2日間の停学.
☞ 動 suspend.

suspénsion brìdge 名 C つり橋(《サンフランシスコの金門橋 (the Golden Gate Bridge) はこの形式の橋》.

suspension bridge

***sus·pi·cion** /səspíʃən サスピション/ 名 (複 ~s /-z/) U C (よくないことをした[よくないことがある]のではないかという)**疑い**, 疑念, 容疑 (◎「…ではないだろうという疑い」は doubt).

I have a *suspicion* about him. 私は彼が信じられない気持ちでいる / He was regarded with *suspicion*. 彼は疑いの目で見られた / I had a *suspicion that* she was telling a lie. 私は彼女はうそをついているのではないかと思った.
above suspicion 疑いをかける余地がない.
beyond suspicion = above *suspicion*.
on suspicion of ... …の疑い[容疑]で.
under suspicion 疑い[容疑]がかけられて(いる).
☞ 動 suspect, 形 suspicious.

sus·pi·cious /səspíʃəs サスピシャス/ 形
❶ⓐ疑い深い, 人を信用しない.
ⓑ […を]怪しいと思って(いる), 疑って(いる) [*of*].
❷怪しい, 疑わしい.
▶ ❶ⓐShe has a *suspicious* nature. 彼女は疑い深い性格だ / a *suspicious* glance 疑い深くちらっと見ること.
ⓑThe children *were suspicious of* the stranger. 子どもたちはその見知らぬ人を怪しんで警戒した. ❷a *suspicious* person 怪しい人, いかがわしい人物.
☞ 名 suspicion, 動 suspect.

sus·pi·cious·ly /səspíʃəsli サスピシャスリ/ 副疑い深く.

sus·tain /səstéin サスティン/ 動 他
❶ …を持続させる.
❷ⓐ (生命・体力)を維持する.
ⓑ …を扶養(ふよう)する.

abcdefghijklmnopqr s tuvwxyz swarthy

❸(人)を励ます.
❹(損害・けがなど)を受ける.
❺…をささえる, 重さに耐える.
❻《法律》…を承認する.
▶ ❶*sustain* the pace そのペースを維持する. ❷ⓐThey had enough food to *sustain* themselves for a week. 彼らは生命を1週間維持するだけの食物をもっていた. ❺Three arches *sustain* the bridge. 三つのアーチがその橋を支えている.

S.W., s.w. 《略語》southwest, southwestern.

swab /swáb スワブ/ 图ⒸⒶ❶(甲板・床などをふくための)モップ(mop). ❷(綿棒などにからめた消毒の)脱脂綿, ガーゼ.
— 動(~s /-z/; swabbed /-d/; swabbing)他 ❶…をモップでそうじする. ❷(消毒用脱脂綿で)(傷)をきれいにする.

swag・ger /swǽɡər スワガ/ 動(自)いばって歩く.
— 图《a をつけて》いばって歩くこと.

*****swal・low**¹ /swálou スワロウ | swɔ́-/ 動 (~s /-z/; ~ed /-d/; ~ing)他 ❶(食物など)を**のみこむ** (《○「液状のものを飲む」は drink》).
❷ⓐ(怒り・笑いなど)を抑える, こらえる.
ⓑ(侮辱(ぶじょく)など)をがまんする.
❸《口語》(ものごと)を(疑わずに)うのみにする.
— (自)❶のみこむ.
❷(緊張などで)のどをごくりとさせる.
— 图Ⓒのみこむこと;ひとのみ(の量).

動他 ❶Jack *swallowed* the candy whole. ジャックはそのキャンデーを丸ごとのみこんだ / The waves *swallowed* the small boat. 波がその小さなボートをのみこんだ.
swallow up 他 ①(海・暗闇(やみ)・群衆などが)…をすっかりのみこむ, 吸いこむ, 見えなくする: His figure was soon *swallowed up* in the dark. 彼の姿はすぐ闇(やみ)の中に吸いこまれて消えた. ②…を使いつくす, …を全部なくす.
— 图at one *swallow* ひとのみで / take a *swallow* of water 水をひと口飲む.

swal・low² /swálou スワロウ/ 图Ⓒ【鳥類】ツバメ(《○英米ではツバメが軒下(のきした)に巣を作ると縁起がよく, 火事や雷の難をまぬがれるとされている》).

*****swam** /swǽm スワム/ 動swimの過去形.

swamp /swámp スワンプ/ 图ⓊⒸ沼地, 湿地.
☞ 形swampy.
— 動他 ❶…を水浸しにする, 浸水させる. ❷《ふつう be swamped で》(仕事・困難などで)どうにもならなくなる.
▶ 動他 ❷I *am swamped* with work. 私は仕事が忙しくて身動きできない.

swamp・y /swámpi スワンピ/ 形(swamp・i・er; swamp・i・est) ❶沼地の, じめじめした. ❷沼地の多い.
☞ 图swamp.

swan /swán スワン/ 图Ⓒ【鳥類】ハクチョウ.

swank /swǽŋk スワンク/ 图 ❶Ⓤ《口語》気取り, 見せびらかし. ❷Ⓒ《口語》気取っている人.
— 動(自)《口語》気取る, 見せびらかす.

swap /swáp スワップ/ 動(~s /-s/; swapped /-t/; swap・ping)他《口語》 ❶…を交換する, 取り換える.
❷(意見・話など)を交わす.
— 图《口語》Ⓒ ❶交換.
❷交換する物.
▶ 動他 ❶He offered to *swap* his camera *for* hers. 彼は自分のカメラを彼女のと換えてほしいと申し出た.

swarm /swɔ́ːrm スウォーム/ 《★発音注意》图Ⓒ ❶(ハチ・ハエなど動きまわる昆虫の)群れ (《○「ヒツジ・ウサギなどの群れ」は flock;「牛・馬などの群れ」は herd》).
❷《しばしば複数形で》(動きまわる)(人などの)大きな群れ, 多数.
— 動(自) ❶群がる, たかる, うようよする.
❷[…で]いっぱいである〔*with*〕.
▶ 图 ❶a *swarm* of ants アリの群れ.
❷in *swarms* 群れをなして / a *swarm* of tourists 非常に多くの旅行者.
— 動(自) ❶People *swarmed* into the ballpark. たくさんの人たちが野球場へどっとはいった. ❷The beach *swarms with* people in summer. 夏にはその海岸は人でいっぱいになる.

swarth・y /swɔ́ːrði スウォーズィ/ 形(swarth-

swat /swát スワット/ 動 (~s /-ts/; swat-ted /-id/; swat-ting) 他《口語》(ハエなど)をぴしゃりと打つ.
— 名 C ❶ぴしゃりと打つこと. ❷ハエたたき.

sway /swéi スウェイ/ 動 ⾃ ❶揺れる, 揺れ動く. ❷(揺れて)傾く.
— 他 ❶…を揺り動かす, ゆすぶる.
❷…を一方に傾ける.
❸ⓐ…の心を動かす. ⓑ(意見・判断・気持ちなど)を動かす, 変えさせる.
— 名 U ❶揺れ. ❷影響力.

▶動 ⾃ ❶ The old woman *swayed* and sat down in a chair. その老婦人はふらふらっとしていすにすわった.
❷ The car *swayed* to the left. 車が揺れて左へ傾いた.
— 他 ❶ The wind *swayed* the swing. 風がぶらんこを揺り動かした.
❸ⓑ You can't *sway* her mind. 彼女の気持ちを変えさせることはできません.
— 名 ❶ The *sway* of the bus made her sick. 彼女はバスが揺れたので気分が悪くなった.

*__swear__ /swéər スウェア/ 動 (~s /-z/; swore /swɔ́ːr/; sworn /swɔ́ːrn/; swear-ing /swéəriŋ/) 他 ❶…を**誓う**, 宣誓(せんせい)する.
❷《口語》(＿と)断言する.
— ⾃ ❶誓う.
❷《ふつう否定文で》〔…を〕断言する〔to〕.
❸ⓐ口ぎたないののしりことばを使う《✪日本語の「ちくしょう」などに相当する By God!, Damn it!, Hell! などの口ぎたないことばを用いること》.
ⓑ〔…を〕ののしる, のろう〔at〕.

・・・・・・・・・・・・・・・・・・・・・・・・・

動 他 ❶ He *swore* to her his eternal love. 彼は彼女に永遠の愛を誓った / He *swore* to keep the secret. ＝ He *swore* that he would keep the secret. 彼はその秘密を守ることを誓った / I *swore* (*that*) I would tell the truth. 私は真実を述べると誓った.
❷ I *swear* he isn't a coward. あの男は決しておくびょう者ではない.
— ⾃ ❶ I *swear* by God. 神かけて誓います / I *swear* on the Bible. 聖書にかけて誓います. ❷ I can't *swear* to *having seen* him there. 私はそこで彼の姿を見たとは断言できない. ❸ⓑ *swear at* a person 人をののしる.

swear by … ①(神など)にかけて誓う(☞swear 他 ❶). ②《口語》(よく知っていて)…を大いに信頼している: He *swears by* his doctor. 彼はかかりつけの医者を大いに信頼している.

swear in 他《しばしば be sworn in で》宣誓して就任する: The new president will *be sworn in* next month. 新大統領は来月宣誓して就任する.

swear off … 《口語》…をやめると誓う: *swear off* smoking たばこをやめると誓う.

swear·word /swéərwə̀ːrd スウェアワード/ 名 C (品のない)ののしりのことば.

*__sweat__ /swét スウェット/ (★発音注意) 名
❶ⓐ U **汗**(☞perspiration).
ⓑ《a をつけて》汗をかくこと, 汗をかいている状態.
❷《a をつけて》《口語》(心配などのために)冷や汗をかくこと; 心配, 不安.
❸《U または a をつけて》(コップなどにつく)水滴.
— 動 (~s /-ts/; ~, ~ed /-id/; ~·ing)
⾃ ❶汗をかく.
❷(物の表面に)水滴がつく.
❸《口語》汗を流して働く, 苦労する.
— 他 ❶…に汗をかかせる.
❷…を酷使する, こき使う.

▶名 ❶ⓐ Wipe the *sweat* from your face. 顔の汗をふきなさい. ⓑ A good *sweat* will cure a cold. 十分汗をかけばかぜはなおる. ❷ in *a* (cold) *sweat* 冷や汗をかいて, 心配して.

be all of a sweat (不安・恐れなどで)冷や汗をかいている.

by the sweat of one's ***brow*** 額に汗して, 一生懸命働いて.

no sweat 《口語》なんでもない簡単なこと.

☞形 sweaty.

— 動 ⾃ ❶ Everybody was *sweating* in the hot summer sun. 暑い夏の日をあびてみんな汗をかいていた. ❸ He is *sweating* over his computer. 彼はコンピューターで一生懸命やっている.

sweat it out ①《口語》激しい運動をする. ②《口語》いやなことに最後まで耐え

abcdefghijklmnopqr**s**tuvwxyz　　　　　　　　　　　　　　　　　**sweep**

る.
sweat off 他 (体重)を汗をかいて減らす.
sweat out 他 ①(病気)を汗をかいて直す. ②《米口語》…を不安な気持ちで待つ.

sweat·er /swétər スウェタ/《★発音注意》名 C セーター.
▶Put on this *sweater*. このセーターを着なさい.

swéat glànd 名 C 〔解剖〕汗腺(せん).

sweat·pants /swétpæntsスウェトパンツ/ 名 複《米》トレーニングパンツ, トレパン.

sweat·shirt /swét-ʃə:rt スウェトシャート/ 名 C ゆるい厚地のシャツ, トレーナー《とくに運動競技者が冷えないように競技の前後に着る》.

swéat sùit 名 C 運動着, トレーナー《sweatshirt と sweatpants とからなる》.

sweat·y /swéti スウェティ/《★発音注意》形 (sweat·i·er; sweat·i·est)
❶ⓐ (体・シャツなどが)汗びっしょりの.
ⓑ (シャツなどが)汗くさい.
❷ (気候などが)暑くて汗の出る(ような).
☞名 sweat.

Swe·den /swí:dn スウィードン/ 名 スウェーデン《ヨーロッパ北部のスカンジナビア半島の王国; 首都ストックホルム (Stockholm); Sw., Swed. と略す; 「スウェーデン人」 は Swede, 「スウェーデン語」 は Swedish》.

Swe·dish /swí:diʃ スウィーディシュ/ 形
❶スウェーデン (Sweden) の. ❷スウェーデン人 (Swede) の. ❸スウェーデン語の.
— 名 ❶ U スウェーデン語. ❷《the をつけて; 複数扱いで; 集合的に》スウェーデン人.

***sweep** /swí:p スウィープ/ 動 (~s /-s/; swept /swépt/; ~ing) 他 ❶ (ほうきなどで)…を**掃**(は)**く**, そうじする.
❷ⓐ (掃くように)…を**運び去る**, 押し動かす, 吹き払う, 洗い流す.
ⓑ (敵・障害などを)一掃する, 取り除く.
❸ⓐ (風・波などが)(場所)を**さっと通る**, 吹きまくる.
ⓑ (火災が)(場所)を焼きつくす.
❹ⓐ …をさっと動かす. ⓑ (服が)(床)をさっと引きずる. ⓒ (光が)…をさっと照らす. ⓓ …をさっとながめる, 見渡す.

❺ …に圧勝する, 完勝する.
— 自 ❶ **掃**(は)**く**, そうじする.
❷ⓐ (風・波などが)**さっと通る**.
ⓑ 襲う, 一掃する.
❸ (土地などが)ずっと広がっている.
— 名 (複 ~s /-s/) C ❶ 掃くこと, そうじ.
❷ さっと動く[動かす]こと.
❸《ふつう複数形で》(大きな)カーブ, 湾曲(きょく); うねり.
❹《ふつう単数形で》広がり, 範囲, 限界.
❺ (選挙での)圧勝, 完勝.
❻《口語》そうじ人; (とくに)煙突そうじ人 (◎chimney sweep(er) ともいう).

🟥🟥🟥🟥🟥🟥🟥🟥🟥🟥🟥🟥🟥🟥🟥🟥🟥🟥🟥

動 他 ❶ *sweep* the room clean 部屋をきれいにそうじする.
❷ⓐ The wind *swept* the fallen leaves from the sidewalk. 風が落ち葉を歩道から吹き払った. ⓑ *sweep* the enemy aside 敵を一掃する.
❸ⓐ The waves *swept* the deck. 波が甲板をさっと洗った / A storm *swept* the island. あらしがその島を吹きまくった. ⓑ The fire *swept* the area. 火はその地域をなめつくした.
❹ⓐ He *swept* his hand over his face. 彼は手で顔をさっとなでた. ⓑ Her dress *swept* the floor. 彼女の服は床をひきずっていた. ⓒ The searchlight *swept* the dark sky. サーチライトが暗い空をさっと照らした. ⓓ *sweep* the horizon with a telescope 望遠鏡で水平線をひと渡りながめる.

— 自 ❶ *sweep* with a broom ほうきでそうじする.
❷ⓐ The wind *swept* over the river 〔along the street〕. 風が川の上〔通り〕をさっと吹きぬけた.
ⓑ The disease *swept* through the country. その病気が国中を荒らした.
❸ The coast *sweeps* southward. 海岸は南方へずっと広がっている.

sweep aside 他 ①…を払いのける. ②…を無視する.
sweep away 他 ①…を運び去る, 吹き飛ばす. ②(洪水などが)…を押し流す. ③…を一掃する, 破壊(かい)する.
sweep ... off ...'s feet ①(人)の足をさらう, …をひっくり返す. ②(人)を夢中

1353

sweeper

sweep one's hands 両手を左右に払いのける《否定, 拒絶のジェスチャー》.
sweep up 他①(ごみなど)を掃き集める, 掃いて取る. ②…を掃いてきれいにする.

── 名 ❶ Your room needs a *sweep*. あなたの部屋はそうじをしなくてはいけませんよ. ❷ a *sweep* of wind 風のひと吹き / with one [a] *sweep* 一回さっと動かすだけで. ❸ The river makes a great *sweep* to the left. 川はぐっと左に曲がっている. ❹ a *sweep* of meadow 広々とした草地 / within [beyond] the *sweep* of the eye 目の届く範囲内[外]に.

at one sweep 一挙に.
make a clean sweep ①すっかりきれいにする. ②圧勝する, 完勝する.
make a clean sweep of ... …を一掃する.

sweep・er /swíːpər スウィーパ/ 名 ⓒ
❶そうじ人. ❷そうじ機.

sweep・ing /swíːpiŋ スウィーピング/ 形
❶ⓐ一掃するような, さっと掃く.
ⓑ押し流す, 吹きまくる.
❷ⓐ全面的な, 広い範囲にわたる.
ⓑ徹底的な, 完全な.
❸おおざっぱな.

── 名 ❶ Ⓤ そうじ, 一掃.
❷《複数形で》掃き寄せた物, ごみくず.
▶形 ❶ⓐ a *sweeping* glance 一回さっと見渡す[ちらっと見る]こと.
❷ⓐ a *sweeping* majority of votes 圧倒的に多数の得票 / a *sweeping* flood 大洪水. ❸ *sweeping* generalization おおざっぱな総括[一般論].

***sweet** /swíːt スウィート/ 形 (~・er; ~・est) ❶ⓐ (味が) **甘い**, 砂糖のはいった (反 sour, bitter). ⓑ (酒などが) 甘口の, 甘みのある (反 dry).
❷ⓐ味のよい. ⓑかおりのよい, 新鮮な.
❸(声・音などが)**美しい**, きれいな.
❹やさしい, 親切な.
❺《口語》**かわいらしい**, 感じのよい(❂とくに女性がよく用いる).
❻ここちよい, 楽しい.
── 副 ＝ sweetly.
── 名 (複 ~s /-ts/) ❶ ⓒ《ふつう複数形で》《キャンデー・ケーキなど》**甘い物**.
❷ ⓒ《英》**キャンデー**, 砂糖菓子(❂《米》では candy).
❸ Ⓤⓒ《英》(食事の後のデザートしての)甘いデザート《プディング (pudding), クリーム (cream), ゼリー (jelly) など》.
❹ ⓒ《*my* をつけて; 愛する人に対する呼びかけで》ねえ君, あなた.

••••••••••••••••••••••••••••••••••••

形 ❶ⓐ This pie is [tastes] too *sweet*. このパイは甘すぎる / She likes her tea *sweet*. 彼女は紅茶は甘いのが好きだ / as *sweet* as honey 蜜(みつ)のように甘い.
❷ⓐ This fruit is [tastes] very *sweet*. この果物はとてもおいしい.
ⓑ These flowers smell *sweet*. この花はよいかおりがする / *sweet* air さわやかな空気.
❸ She has a *sweet* voice. 彼女はよい声をしている.
❹ He is very *sweet* to his wife. 彼は奥さんにとてもやさしい / *sweet* words やさしいことば / It's very *sweet of* you *to* invite me. お招きいただいてありがとう / That's *sweet of* you. あなたってやさしいのね.
❺ She looks *sweet* in that dress. 彼女はあの服を着るとかわいい / a *sweet* little girl かわいらしい少女 / a *sweet* smile かわいいほほえみ.
❻ a *sweet* sleep ここちよい眠り / Home, *sweet* home! わが家よ, 楽しいわが家よ (「埴生(はにゅう)の宿」と訳して日本語の歌詞の題名になっている).

be sweet on [upon] ... 《口語》(人)に恋している.
have a sweet tooth 甘い物が好きである.

── 名 ❶ Children like *sweets*. 子どもは甘い物が好きだ.
❷ a box of *sweets* キャンデー 1 箱.
《同音異形語》suite.

swéet còrn 名 Ⓤ 〖植物〗スウィートコーン《種子に甘味がある》.

sweet・en /swíːtn スウィートン/ 動 他
❶ (砂糖などを加えて)(食品)を甘くする.
❷ (味・におい・音など)をよくする, やわらげる. ❸ (人・気持ちなど)をやわらげる.
❹ (物を与えたりして)(人)に承諾させる.

abcdefghijklmnopqr**s**tuvwxyz　　　　　　　　　　　　　**swim**

— 自甘くなる.

sweet·en·er /swíːtnər スウィートナ/ 名 U.C (人工)甘味料.

sweet·heart /swíːthɑ̀ːrt スウィートハート/ 名 ❶ C 恋人. ❷《恋人や親しい人への呼びかけで》ねえ君, あなた.

sweet·ie /swíːti スウィーティ/ 名 ❶ C《口語》恋人, かわいい人[もの]. ❷ C《英口語·小児語》甘いもの;キャンデー. ❸《子ども·女性に対する呼びかけで》かわいい人, いとしい子.

sweet·ly /swíːtli スウィートリ/ 副 ❶快く, 美しく. ❷やさしく, かわいらしく.
▶ ❶ sing *sweetly* いい声で歌う.
❷ smile *sweetly* かわいらしくほほえむ.

sweet·ness /swíːtnəs スウィートネス/ 名 U ❶甘いこと, 甘さ. ❷かおりのよいこと. ❸声[音]の美しさ. ❹愛らしさ, やさしさ, ここちよさ.

swéet potáto 名 C サツマイモ (☞ potato).

*__swell__ /swél スウェル/ 動 (~s /-z/; ~ed /-d/; ~ed, swol·len /swóulən/; ~-ing) ⓐ ❶ ⓐふくれる, ふくらむ, 大きくなる. ⓑ 起し上がる.
❷ (強さ·量·程度などが)**増大する**, ふえる.
❸ (川などが)増水する.
— 他 ❶ …をふくらませる.
❷ (強さ·量·程度など)を増大させる.
❸ (川など)を増水させる.
— 名 (複 ~s /-z/) ❶《単数形で》ふくらむこと; 膨張(ぼうちょう); (強さ·量·程度などの)増大.
❷ ⓐ《単数形で》(胸などの)ふくらみ, 盛り上がり; (土地の)隆起. ⓑ C うねり, 大波.
❸《単数形で》(音の)高まり.
— 形《米口語》すてきな, すばらしい.

‥‥‥‥‥‥‥‥‥‥‥‥‥‥‥‥‥‥

動 ⓐ ❶ⓐ The sail *swelled* in the wind. 帆が風でふくらんだ. ⓑ His injured forefinger has *swollen* up. 彼の負傷した人指し指がはれている.
❷ His voice *swelled* into a roar. 彼の声は大きくなりどなり声になった.
❸ The river has *swollen* with the rain. 川は雨のため増水している.
— 他 ❶ The wind *swelled* the sails. 風が帆をふくらませた / Her eyes were *swollen* with tears. 彼女は目を泣きはらしていた.

❷ The baby boom *swelled* the population. ベビーブームで人口が増加した.
❸ The melting snow *swelled* the river. 雪解けで川が増水した.

swell out ⓐふくらむ. — 他 …をふくらませる.
swell up ⓐふくらむ, はれる.
— 形 a *swell* hotel 一流ホテル / a *swell* girl すてきな少女.

swell·ing /swéliŋ スウェリング/ 名 ❶ U.C はれもの, はれ, 隆起.
❷ U 膨張(ぼうちょう), 増大.
— 形 ❶ はれている, 盛り上がった.
❷ 増大する.
▶ ❷ have a *swelling* on *one's* leg 脚(あし)にはれものができている.

swel·ter·ing /swéltəriŋ スウェルタリング/ 形 (暑さに)うだるような.

*__swept__ /swépt スウェプト/ 動 sweep の過去形·過去分詞形.

swerve /swə́ːrv スワーヴ/ 動 (現在 swerv·ing) ⓐ ❶ (衝突を避けようとして)(車などが)急に向きを変える.
❷ (本筋などから)それる, はずれる.
— 名 C 急転回, 急にそれること.

*__swift__ /swíft スウィフト/ 形 (~·er; ~·est)
❶ **非常に速い** (反 slow)(⇨ fast, quick より形式ばった語).
❷ 即席の, すばやい, さっそくの.
— 副 = swiftly.
▶ 形 ❶ She is a *swift* runner. 彼女は走るのが速い / a *swift* recovery 非常に速い回復.
❷ give a *swift* answer 即答する.

swift·ly /swíftli スウィフトリ/ 副 すばやく, 即座に (反 slowly).

swig /swíg スウィグ/ 動 (swigs; swigged; swig·ging) 他《口語》(酒など)を一気飲みする, らっぱ飲みする [down].
— ⓐ がぶ飲みする.

swill /swíl スウィル/ 名 ❶ U (豚などに与える)台所のくず. ❷ C がぶ飲み. ❸《a をつけて》水洗い.
— 動 他 ❶ …をがぶがぶ飲む. ❷ …を水洗いする. — ⓐ《俗語》がぶがぶ飲む.

*__**swim**__ /swím スウィム/ 動 (~s /-z/; swam /swǽm/; swum /swʌ́m/; swim·ming) ⓐ ❶ **泳ぐ**, 水泳をする.

swimmer

❷(水・空中などに)浮かぶ,浮かんで動く.
❸(ものが)回るように見える,めまいがする.
── 他 ❶(川など)を泳いで渡る.
❷…を泳がせる.
── 名《単数形で》泳ぐこと,ひと泳ぎ.

動 自 ❶He *swims* very fast. 彼は泳ぎが速い. ❷A cloud was *swimming* slowly across the sky. 一片の雲がゆっくりと空を流れていた. ❸My head began to *swim*. 私はめまいがし始めた.
── 他 ❶*swim* the river 川を泳いで渡る. ❷*swim* a horse across the river 馬に川を泳いで渡らせる.

swim against the tide [stream] ①潮〔流れ〕に逆らって泳ぐ. ②時勢に逆らう.

swim with the tide [stream] ①潮〔流れ〕にそって泳ぐ. ②時勢に順応する.
── 名 Let's go for a *swim*. 泳ぎに行こう.

be in the swim ①実情をよく知っている. ②周囲〔時勢〕に順応している.

be out of the swim ①実情を知らない. ②周囲〔時勢〕に順応しないでいる.

＊**swim・mer** /swímər スウィマ/ 名(複 ~s /-z/) C 泳ぐ人. ▶a good [poor] *swimmer* 泳ぎがうまい〔下手な〕人.

＊**swim・ming** /swímiŋ スウィミング/ 名
❶ U 水泳.
❷《形容詞的に》水泳の,水泳用の.
▶I like *swimming*. 私は水泳が好きだ. ▶a *swimming* teacher 水泳の先生.

swímming bàth 名 C (英)(屋内)公営水泳プール(❖**swímming bàths** ともいう).

swímming còstume 名 C (英)水着.

swímming pòol 名 C 水泳プール.

swímming trùnks 名(複)(男性用の)水泳パンツ(❖単に **trunks** ともいう).

swim・suit /swímsùːt スウィムスート/ 名 C (女性用の)水着.

swin・dle /swíndl スウィンドル/ 動 (現分 swin・dling) 他 (金など)をだまし取る.
── 名 C 詐取(さしゅ), 詐欺(さぎ).
▶動 他 He *swindled* her money *out of* her. = He *swindled* her *out of* her money. 彼は彼女をだまして持っている金を取った.

swin・dler /swíndlər スウィンドラ/ 名 C 詐欺(さぎ)師.

swine /swáin スワイン/ 名(複 **swine**) C
❶《文語》ブタ(☞**pig**).
❷《軽蔑(けいべつ)的に》いやなやつ,ひどいやつ(❖複 に **swines** も用いる).

＊**swing** /swíŋ スウィング/ 動 (~s /-z/; swung /swʌŋ/; ~ing) 自
❶(ぶら下がっている物が)(くり返し)**揺れる**,ぶらぶらする.
❷ⓐ**弧を描く**,ぐるりと回る.
ⓑ(人・乗り物などが)(弧を描いて)**さっと向きを変える**.
ⓒ(ドアが)(ちょうつがいを中心に)動く.
❸**ぶら下がる**.
❹ぶらんこに乗る.
❺(体を左右に振って)さっそうと歩く.
❻(意見・状況などが)大きく揺れ動く[変わる].
❼《口語》絞首刑になる.
❽大きく振って打つ,スイングをする.
── 他 ❶…を**揺り動かす**,振る,振り回す.
❷ⓐ…を**ぐるりと回す**.
ⓑ(乗り物など)の**方向をさっと変える**.
❸…を**ぶら下げる**.
❹(意見・状況など)を大きく変える.
── 名(複 ~s /-z/) ❶ C ⓐ揺れ動くこと, 揺れ; 振ること. ⓑ弧を描く動き,振り回すこと. ❷ C ぶらんこ(❖サーカスの「ぶらんこ」は **trapeze**). ❸ C 体を揺らして歩くこと. ❹ C (意見・状況などの大きな)変動. ❺ U 【音楽】スイング(❖ジャズの一種; 1930–40年代に流行した).

動 自 ❶The hammock is *swinging* gently. ハンモックが静かに揺れている.
❷ⓐThe gate *swung* open. 門が弧を描いて開いた. ⓑThe motorboat *swung* around the rock. モーターボートはさっと曲がって岩をよけた.
❸A lamp *swung* from the ceiling. ランプが天井からぶらさがっていた.
── 他 ❶Don't *swing* your arms. 腕を振り回さないでください.
❷ⓐ*swing* the door open [shut] ドアをぐっと開ける〔閉める〕. ⓑ*swing* the car around the corner 車をぐるっと角を曲がらせる.

❸ *swing* a lamp from the ceiling 天井から電灯をつるす.
— 名 ❶ⓐ the *swing* of a pendulum 振り子の揺れ. ❷ get on [sit in] a *swing* ぶらんこに乗る. ❸ go [walk] with a *swing* 体を揺すって歩く.
get into the swing (していることの)リズムをつかむ.
go with a swing 《英》①(音楽などが)調子がいい. ②(ものごとが)うまくいく.
in full swing まっ最中で,どんどん進行中で: Our work is *in full swing*. 仕事はどんどん進んでいる.

swipe /swáip スワイプ/ 名ⓒ ❶ 強打. ❷ 非難.
— 動 ⓗ ❶ (腕などを振り回して)…を強く打つ. ❷《口語》…を盗む.
— ⓘ 強く打つ.

swirl /swə́ːrl スワール/ 動 ⓘ ❶渦(ｳ)を巻く,くるくる回る. ❷(頭が)ふらふらする.
— ⓗ …を渦に巻きながら運ぶ.
— 名 ⓒ ❶ くるくる回る[回す]こと.
❷ 渦巻き;渦巻き形のもの.
▶ 動 ⓘ ❶ Dust is *swirling* in the air. 空中でほこりが渦を巻いている.
— 名 ❷ *swirls* of dust ほこりの渦巻き.

swish /swíʃ スウィッシュ/ 動 (三単現 ~-es /-iz/) ⓗ (つえ・むち・尾など)をヒュッと振る,振り回す.
— ⓘ ヒュッヒュッと鳴る,(歩くときに)(服が)シュッシュッと音がする.
— 名 (複 ~-es /-iz/) ⓒ (つえ・むち・尾などを振り回すときの)ヒュッヒュッという音.

Swiss /swís スウィス/ 形 ❶ スイスの.
❷ スイス人の.
❸ スイス風の.
— 名 (複 Swiss) ❶ⓒ スイス人.
❷《the をつけて;複数扱いで;集合的に》スイス人.
▶ 形 ❶ a *Swiss* watch スイス製の時計.

*switch /swítʃ スウィッチ/ 名 (複 ~-es /-iz/) ⓒ ❶ (電気の)**スイッチ**;(ガスなどの)栓(ｾ).
❷ (急激な)変更,変化.
❸《複数形で》《米》(鉄道の)転轍(ﾃﾝﾃﾂ)機,ポイント(《◎英》では points).
— 動 (~-es /-iz/; ~ed /-t/; ~-ing) ⓗ
❶ (スイッチなど)を**ひねる**,切り換える(☞成句 *switch off*, *switch on*).
❷ …を**切り換える**,変える.
❸ (座席など)を取り換える.
❹〔鉄道〕(列車・車両など)を転轍(ﾃﾝﾃﾂ)する.
— ⓘ ❶ 切り換える,変える.
❷〔鉄道〕転轍(ﾃﾝﾃﾂ)する.

名 ❶ Turn on 〔off〕 the light *switch*, please. 電気のスイッチをつけて〔消して〕ください / The *switch* is on 〔off〕. スイッチははいって〔切れて〕いる.
❷ make a *switch* in plans 計画を変更する.
— 動 ⓗ ❷ Please *switch* channels. チャンネルを切り換えてください / Let's *switch* the conversation to some other topic. 話をなにか他の話題に変えよう. ❸ We *switched* seats. 私たちは席を交換した.

switch off ⓗ (スイッチをひねって)(ラジオ・テレビ・電灯など)**を消す**.
— ⓘ ① スイッチを切る. ②《口語》知らん顔をする.

switch on ⓗ (スイッチをひねって)(ラジオ・テレビ・電灯など)**をつける**: *Switch on* the light, please. 電気をつけてください. — ⓘ スイッチをひねってつける.

switch over to ... ①…に切り換える: They *switched over to* the opposition party. 彼らは反対党に乗り換えた. ②(テレビのチャンネルなどを)…に切り換える.

switch·back /swítʃbæk スウィチバック/ 名ⓒ ❶ⓐ〔鉄道〕スイッチバック《登山鉄道 (mountain railway) の急な坂を登るための折り返し》. ⓑ ジグザグの山道.
❷《英》(遊園地の)ジェットコースター(《◎ roller coaster ともいう;「ジェットコースター」は和製英語》).

switch·board /swítʃbɔːrd スウィチボード/ 名ⓒ ❶ (電気の)配電盤.
❷ (電信・電話の)交換機.

swiv·el /swívəl スウィヴェル/ 名ⓒ〔機械〕回り継ぎ手.
— 動 (~s /-z/; ~ed, 《英》swiv·elled /-d/; swiv·el·ing, 《英》swiv·el·ling) ⓗ …を回転させる.
— ⓘ ❶ 旋回する,回転する. ❷ 急に向きを変える.

swível chàir 名ⓒ 回転いす.

swol·len /swóulən スウォウレン/ 動 swell の過去分詞形.
— 形 ふくれた, はれた.

swoon /swú:n スウーン/ 動 (自) (強い感情やショックで)気を失いそうになる.

swoop /swú:p スウープ/ 動 (自) (タカ・ワシなどが)さっと舞い降りる, 不意に襲う.
— 名 C (タカ・ワシなどの)急降下, 急襲.
▶ ❶ 動 (自) The hawk *swooped* down on the rabbit. タカはさっと(舞い降りて)ウサギに襲いかかった.
— 名 **with a *swoop*** 一撃で, さっと.
at [in] one fell swoop 一挙(ホボ)に.

swop /swáp スワップ/ 動名 =**swap**.

*__sword__ /sɔ́:rd ソード/ (★ w は発音されない) 名 (複 ~s /-dz/) ❶ C 剣, 刀.
❷ 《**the** をつけて》武力, 兵力.
▶ ❶ He drew his *sword*. 彼は剣を抜いた.

sword·fish /sɔ́:rdfiʃ ソードフィッシュ/ 名 (複 sword·fish, ~es /-iz/) C 〔魚類〕 メカジキ.

swordfish

swore /swɔ́:r スウォー/ 動 swear の過去形.

sworn /swɔ́:rn スウォーン/ 動 swear の過去分詞形.
— 形 誓った, 約束の堅い.
▶ 形 *sworn* brothers 兄弟の誓いをした友.

*__swum__ /swʌ́m スワム/ 動 swim の過去分詞形.

*__swung__ /swʌ́ŋ スワング/ 動 swing の過去形・過去分詞形.

swúng dàsh 名 C スワングダッシュ, 波形記号(~).

syl·la·bi /síləbài スィラバイ/ 名 syllabus の複数形.

syl·la·ble /síləbl スィラブル/ 名 C 〔音声〕 音節, シラブル 《ふつう母音を中心とした音声の単位; たとえば cat は 1 音節からできている語で, wa·ter は 2 音節 (/wɔ́:/+/tər/), beau·ti·ful /bjú:tifəl/ は 3 音節 (/bjú:/+/ti/+/fəl/) からなる語である》.

syl·la·bus /síləbəs スィラバス/ 名 (複 ~es /-iz/, syl·la·bi /-bài/) C (講義の)概要; 教授細目.

*__sym·bol__ /símbəl スィンボル/ 名 (複 ~s /-z/) ❶ C 象徴, シンボル.
❷ 記号, 符号.
▶ ❶ The cross is the *symbol* of Christianity. 十字架はキリスト教の象徴である. ❷ a chemical *symbol* 化学記号 / a phonetic *symbol* 発音記号.
☞ 形 symbolic, symbolical, 動 symbolize.

sym·bol·ic /simbálik スィンバリック | -bɔ́l-/ 形 ❶ 象徴的な, 象徴の.
❷ 符号の, 記号的な.
▶ ❶ a *symbolic* poem 象徴的な詩 / Red *is symbolic of* danger. 赤は危険を象徴する.
☞ 名 symbol.

sym·bol·i·cal /simbálikəl スィンバリカル/ 形 =**symbolic**.
☞ 名 symbol.

sym·bol·i·cal·ly /simbálikəli スィンバリカリ/ 副 象徴的に; 記号的に.

sym·bol·ism /símbəlizm スィンボリズム/ 名 U 〔文学・美術〕 象徴主義, 象徴派.

sym·bol·ize /símbəlàiz スィンボライズ/ 動 (-iz·es /-iz/; -ized /-d/; -iz·ing) 他
❶ …を象徴する, 表わす.
❷ …を符号[記号]で表わす; …を象徴化する.
▶ ❶ A heart *symbolizes* love. ハートは愛を象徴する.
☞ 名 symbol.

sym·met·ric /simétrik スィメトリック/ 形 =**symmetrical**.

sym·met·ri·cal /simétrikəl スィメトリカル/ 形 ❶ (左右)対称の.
❷ 均斉(ホボ)のとれた.

sym·met·ri·cal·ly /simétrikəli スィメトリカリ/ 副 ❶ 左右対称に.
❷ 均斉(ホボ)がとれて, 調和して.

sym·me·try /símətri スィメトリ/ 名 U
❶ (左右の)対称. ❷ 均斉(ホボ), 調和.

*__sym·pa·thet·ic__ /sìmpəθétik スィンパセティック/ 形 (more ~; most ~)
❶ 思いやりのある, 同情的な.

abcdefghijklmnopqr**s**tuvwxyz　　　　　　　　　　　　　　　　　　　**synonymous**

❷ ⓐ〔…に〕同情で(ある)，賛成して(いる)〔*to, toward*〕．
ⓑ好みに合った，気の合った．
▶❶He was *sympathetic* when I failed. 彼は私が失敗したとき同情してくれた / She is *sympathetic toward* old people. 彼女は老人に対して思いやりがある．
❷ ⓐThey *are sympathetic to* our plan. 彼らは私たちの計画に賛成している．
☞ 名 sympathy.

sym･pa･thet･i･cal･ly /sìmpəθétikəli スィンパセティカリ/ 副 ❶同情して．❷同感して，賛成して．

sym･pa･thize /símpəθàiz スィンパサイズ/（★アクセント注意）動 (-thiz･es /-iz/; -thized /-d/; -thiz･ing) 自《*sympathize with …*》❶(人)に同情する．❷…と同感である，…に賛成する．
▶❶I *sympathize with* him. His parents have divorced. 私は彼に同情する．両親が離婚したのだ．
❷I *sympathized with* her when she denounced the proposal. 彼女がその提案に異議を唱えたとき私は同感であった / My mother did not *sympathize with* my desire to become a pianist. 母はピアニストになりたいという私の希望に賛成しなかった．
☞ 名 sympathy.

sym･pa･thiz･er /símpəθàizər スィンパサイザ/ 名 C ❶同情者．
❷支持者，共鳴者，シンパ．

***sym･pa･thy** /símpəθi スィンパスィ/（★アクセント注意）名 U ❶同情(心)，思いやり（反 antipathy）．
❷お悔（ヾ）み，弔慰（゙ﾁょうい）．
❸同感，共感，賛成．
類語 **sympathy** は他人の苦しみ，悲しみを分かち合える心；**pity** は自分より劣っていたり弱い立場にある人に対する哀れみの気持ち．

❶I feel [have] no *sympathy* for such a lazy student. 私はそんななまけものの学生には同情しない．
❷She expressed [offered] her heartfelt *sympathy* to her friend on her husband's death. 彼女は友人の夫が亡くなって心からお悔みを述べた．
❸I have some *sympathy* for what she says. 彼女の言うことにはある程度同感だ．

be in sympathy with … …に賛成している：We *are in sympathy with* your opinion. われわれは君の意見に賛成している．
☞ 形 sympathetic, 動 sympathize.

sýmpathy stríke 名 C 同情スト．

***sym･pho･ny** /símfəni スィンフォニ/（★アクセント注意）名 (複 -pho･nies /-z/)〔音楽〕C **交響曲**，シンフォニー．

symp･tom /símptəm スィンプトム/ 名 C (病気の)症状；徴候，しるし．
▶A runny nose is a *symptom* of a cold. はな水はかぜのひとつの症状だ．

symp･to･mat･ic /sìmptəmǽtik スィンプトマティク/ 形〔悪い物事・病気〕の徴候である〔*of*〕．

syn･a･gogue /sínəgɑ̀g スィナガグ/ 名 ❶ C ユダヤ教会堂．❷《**the** をつけて》シナゴーグ《ユダヤ教徒の集会；☞ Judaism》．

syn･chro･nize /síŋkrənàiz スィンクロナイズ/ 動 (現分 -niz･ing) 自 同時である，同時に起こる．
— 他 ❶(時間的に)…と一致させる．
❷(時計の)時間を合わせる．

sýn･chro･nized swím･ming /síŋkrənàizd- スィンクロナイズド-/ 名 U シンクロナイズドスイミング《音楽のリズムに合わせて泳ぐ一種の水中バレエ競技》．

syn･di･cate /síndikət スィンディケト/ 名 C ❶シンジケート，企業組合[連合]．
❷新聞[雑誌]連盟《新聞[雑誌]に記事や写真などを供給する事業を行なう》．
❸《米》組織暴力団．

syn･drome /síndroum スィンドロウム/ 名 C ❶【医学】症候群，シンドローム《複数の症候からなっている》．❷(一定の)状態．

syn･o･nym /sínənìm スィノニム/ 名 C 同意語（☞ antonym）．
▶"Quick" and "fast" are *synonyms*. quick と fast は同意語である．

syn･on･y･mous /sinɑ́nəməs スィナニマス/ 形 ❶同意語の，同じ意味を表わす．
❷密接に関係している．
▶❶"Good-bye" is *synonymous* with "So long." Good-byeとSo

1359 one thousand three hundred and fifty-nine

syn·op·sis /sinápsis スィナプスィス/ 名 (複 syn·op·ses /-si:z/) ⓒ (映画・劇・小説・論文などの)大意, 概要.

syn·tax /síntæks スィンタクス/ 名 Ⓤ 〖文法〗統語論, シンタクス《文型などのような文の構造に関する研究をする分野》.

syn·the·sis /sínθəsis スィンセスィス/ 名 (複 syn·the·ses /-si:z/) ❶ Ⓤ (多種のものの)総合, 統合. ❷ Ⓒ 総合された物. ❸ Ⓤ 〖化学〗合成.

syn·the·size /sínθəsàiz スィンセサイズ/ 動 (現分 -siz·ing) 他 ❶ (多種のものを)総合する, 統合する.
❷ 〖化学〗…を合成してつくる.

syn·the·siz·er /sínθəsàizər スィンセサイザ/ 名 Ⓒ ❶ 総合する人[もの]. ❷ シンセサイザー《音を電子的に合成する装置》.

syn·thet·ic /sinθétik スィンセティック/ 形 ❶ 総合の, 統合的な.
❷ 〖化学〗人造の, 合成の.
▶ ❷ *synthetic* fiber 合成繊維(*sen*).

syn·thet·i·cal·ly /sinθétikəli スィンセティカリ/ 副 ❶ (多種のものを)総合して.
❷ 〖化学〗合成的に.

sy·phon /sáifən サイフォン/ 名 = **siphon**.

syr·inge /sərínʤ スィリンヂ/ 名 Ⓒ ❶ 注射器. ❷ 洗浄器, 灌腸(*kanchō*)器, スポイト.
— 動 (現分 -ing·ing) 他 …を洗浄する.

syr·up /sɜ́ːrəp サーラプ, sírəp スィラプ/ 名 Ⓤ ❶ シロップ, 糖みつ《◯ アラビア語の「飲み物」の意から》. ❷ 薬入りシロップ.
▶ ❷ cough *syrup* (薬用)せき止めシロップ.

*sys·tem /sístəm スィステム/ 名 (複 ~s /-z/)

❶ Ⓒ **組織**, **制度**, 機構, 仕組み.
❷ Ⓒ ⓐ (学問・思想などの)**体系**, 系統.
ⓑ (通信・道路・鉄道などの)**組織網**.
ⓒ 〖天文〗系, 系統.
ⓓ 〖生物〗系統.
❸ Ⓒ (きちんとした)**方式**, 方法.
❹《the または one's をつけて》身体.
❺ Ⓒ 装置.
❻ Ⓒ 〖電算〗システム《コンピューターを作動させるプログラム》.

・・・・・・・・・・・・・・・・・・・・・・・・・・

❶ the social *system* 社会組織[制度] / the *system* of education = the education(al) *system* 教育制度.
❷ ⓐ a *system* of grammar 文法体系. ⓑ a railroad *system* (ひとつの組織としての)鉄道. ⓒ the solar *system* 太陽系. ⓓ the nervous *system* 神経系(統).
❸ a filing *system* 書類整理方式 / a *system* for taking notes メモの取り方 / the metric *system* メートル法.
❹ The poison has passed into his *system*. 毒が彼の全身にまわった.
❺ a central heating *system* セントラルヒーティング装置.

☞ 形 systematic.

*sys·tem·at·ic /sìstəmǽtik スィステマティック/ 形 (more ~; most ~) **組織的な**, 体系的な, 系統的な.
▶ a *systematic* way of learning English 英語の系統的学習法.

☞ 名 system.

sys·tem·at·i·cal·ly /sìstəmǽtikəli スィステマティカリ/ 副 組織的に, 体系的に, 系統立てて.

T t

T, t /tíː ティー/ 名(複 T's, Ts, t's, ts /-z/)
Ⓤ Ⓒ ティー《英語アルファベットの20番目の文字》.
to a T [tee] 《口語》ぴったりと, 正確に.

tab /tǽb タブ/ 名Ⓒ ❶ (帳簿・カードなどのはしにつける)つまみ, (缶の)口金(絵).
❷《口語》勘定書, 伝票.
▶**keep tabs [a tab] on ...** 《口語》…を見張る.

Ta·bas·co /təbǽskou タバスコウ/ 名Ⓤ 【商標】タバスコ《トウガラシからつくる辛いソース》.

tab·by /tǽbi タビ/ 名(複 tab·bies /-z/) Ⓒ ぶちのネコ, とらネコ.

＊＊＊ta·ble /téibl テイブル/
名(複 ~s /-z/)
❶ Ⓒ ⓐ **テーブル**, **食卓**; 台.
ⓑ (スポーツ・ゲームなどの)台.
❷ Ⓒ (一覧)表.

──────────

❶ ⓐ She quickly cleared the *table*.
彼女はすばやく食卓[テーブル]をかたづけた / lay [set] the *table* 食卓[テーブル]の用意をする / a conference *table* 会議のためのテーブル.
ⓑ a card *table* トランプ用の台.
❷ Look at *Table* 3. 第3表を見なさい / the *table* of contents 内容一覧表.
at the table 食卓について: They are *at the table*. 彼らは食事中である.
on the table (議案などが)審議中で; 《米》(議案などが)たな上げになって.
turn the tables (on ...) ((人)に対して)形勢を逆転させる.
under the table (金がわいろとして)ひそかに.

☞ ❷ では 動 tabulate.

＊ta·ble·cloth /téiblklɔ(ː)θ テイブルクロ(ー)ス/ 名(複 ~s /-klɔ̀ːðz, -klɑ̀(ː)θs/) Ⓒ **テーブルクロス**.

ta·ble·land /téibllæ̀nd テイブルランド/ 名 Ⓤ Ⓒ 台地, 高原.

táble mànners 名 複 テーブルマナー.

ta·ble·spoon /téiblspùːn テイブルスプーン/ 名Ⓒ ❶ テーブルスプーン《食卓で食物を取り分けるためなどに使う大さじ》.
❷ = tablespoonful.

ta·ble·spoon·ful /téiblspuːnfùl テイブルスプーンフル/ 名(複 ~s /-z/, table-spoons·ful /-spuːnz-/) Ⓒ 大さじ1杯(分の量). ▶two *tablespoonfuls* of sugar 大さじ2杯の砂糖.

＊tab·let /tǽblət タブレト/ 名(複 ~s /-ts/) Ⓒ ❶ 錠剤.
❷ (石・木・金属の)平たい板, 銘板《文字を書いたり刻んだりして記念碑や壁面などにはめこむ》.
❸ 《米》(はぎ取り式)メモ帳.
▶take vitamin *tablets* ビタミン錠を飲む.

táble tènnis 名 Ⓤ 卓球(☞ping-pong).

ta·ble·ware /téiblwèər テイブルウェア/ 名 Ⓤ 食器類《皿・グラス・ナイフ・フォーク・スプーンなど》.

táble wìne 名 Ⓤ Ⓒ テーブルワイン《食事をしながら飲む(安い)ブドウ酒》.

tab·loid /tǽblɔid タブロイド/ 名Ⓒ タブロイド版新聞《ふつうの新聞の半分ぐらいの紙面の大衆新聞; 短いニュースやセンセーショナルな記事をのせ, 絵や写真が多い》.

ta·boo /təbúː タブー/ 名 Ⓤ Ⓒ
❶ タブー《ひとつの社会で, ある行為やことばを忌(い)みきらい禁じる風習》.
❷ タブーになっているもの[こと].
── 形 タブーになっている.

tab·u·late /tǽbjulèit タビュレイト/ 動 (現分 -lat·ing) 他 …を表(ひょう)にする.
☞ 名 table ❷.

ta·chom·e·ter /tækámətər タカメタ/ 名Ⓒ タコメーター, (エンジンの)回転速度計.

tac·it /tǽsit タスィット/ 形 口には出さない, 暗黙の.
▶a *tacit* agreement 暗黙の合意.

tac·it·ly /tǽsitli タスィトリ/ 副 暗黙に.

tac·i·turn /tǽsətə̀ːrn タスィターン/ 形 無口な.

tack /tǽk タック/ 名 ❶ C びょう, 留め金. ❷ UC 方針, やり方.
— 動 他 ❶ …をびょうで留める.
❷ …をつけ加える.
▶ 名 ❶ a carpet *tack* じゅうたん留めのびょう / a tie *tack* 《米》ネクタイ留め, タイタック.
— 動 他 ❶ *tack* a poster up on the wall ポスターを壁にびょうで留める.

tack·le /tǽkl タクル/ 名 ❶ U 道具, 器具. ❷ C (ラグビーなどの)タックル.
— 動 (現分 tack·ling) 他 ❶ (相手を)タックルする; (人を)組み伏せる, 捕える.
❷ (問題などに)取り組む.
▶ 名 ❶ fishing *tackle* 釣り道具.
— 動 他 ❷ I don't know how to *tackle* the problem. 私はその問題とどのように取り組んだらよいかわからない.

tack·y /tǽki タキ/ 形 (tack·i·er; tack·i·est) ❶ (ペンキなどが)(なま乾きで)べたつく. ❷ 《口語》安っぽい. ❸ (行動が)格好悪い.

ta·co /táːkou ターコウ/ 名 C タコス 《トウモロコシの粉で作ったトルティーヤにひき肉や野菜をはさんだメキシコ料理》.

tact /tǽkt タクト/ 名 U (人扱いなどの)巧みさ, そつのなさ.

tact·ful /tǽktfəl タクトフル/ 形 (人扱いなどの)巧みな, そつのない (反 tactless).

tact·ful·ly /tǽktfəli タクトフリ/ 副 巧みに, そつなく.

tac·tic /tǽktik タクティック/ 名 ❶ C (目的達成の)手段, 方策.
❷《複数形で》(個々の戦闘における)戦術.
▶ ❶ the *tactics* of a political campaign 政治運動の策略.

tac·ti·cal /tǽktikəl タクティカル/ 形 ❶ 戦術的な, 戦術上の.
❷ (かけひきの)うまい.

tact·less /tǽktləs タクトレス/ 形 (人扱いなどの)下手な, 不手際(ぶてぎわ)な (反 tactful).

tad·pole /tǽdpòul タドポウル/ 名 C 〔動物〕オタマジャクシ.

taf·fy /tǽfi タフィ/ 名 (複 taf·fies /-z/) UC 《米》タフィー 《キャンデーの一種; 《英》では toffee》.

tag¹ /tǽg タッグ/ 名 ❶ C (紙・金属・プラスチックなどでできた)札, 荷札, タグ 《名前・定価・番号などが書いてある》.
❷ C 電子タグ 《犯罪者・動物などにつけてその動きを知るためのもの》.
❸ C 〔文法〕= tag question.
— 動 (~s /-z/; tagged /-d/; tag·ging) 他 ❶ …に (名前・番号・定価などの)札を付ける.
❷ …に電子タグを付ける, …がわかるようにする.
▶ 名 ❶ a price *tag* 定価札 / a name *tag* 名札.
— 動 他 ❶ The dress is *tagged* at 50,000 yen. そのドレスは 5 万円の値札がついている.

tag along 自 (勝手に)ついてゆく.

tag ... on (to ~) (〜に)…をつけ加える.

tag² /tǽg タッグ/ 名 U 鬼ごっこ.
— 動 他 ❶ (鬼ごっこの鬼が)…をつかまえる. ❷ 《米》(野球などで)…にタッチする.
▶ 名 Let's play *tag*. 鬼ごっこをしよう.
— 動 *tag out* 他 〔野球〕(ランナー)をタッチアウトする.

Ta·ga·log /təgáːləg タガーログ/ (複 Ta·ga·log, ~s /-z/) 名 ❶ C タガログ人 《フィリピン諸島の住民》. ❷ U タガログ語 《フィリピンの公用語》.

tág quèstion 名 C 〔文法〕付加疑問(文) 《平叙文につける短い疑問の表現: It's warm, *isn't it*? 暖かいですね / You don't like it, *do you*? あなたはそれを好きではありませんね》.

Ta·hi·ti /təhíːti タヒーティ/ 名 タヒチ(島) 《南太平洋のソシエテ諸島の島》.

Ta·hi·tian /təhíːʃən タヒーシャン/ 形 ❶ タヒチ(島)の. ❷ タヒチ人の. ❸ タヒチ語の.
— 名 ❶ C タヒチ人. ❷ U タヒチ語.

***tail** /téil テイル/ 名 (複 ~s /-z/) C
❶ 尾, しっぽ.
❷ 尾のようなもの.
❸《ふつう the をつけて》後部, 尾部, 末尾.
❹ C 《ふつう複数形で; 単数扱いで》(硬貨の)裏面 (反 heads); (⇨ 成句 Heads or tails? (⇨ head 名)).
❺ 《口語》《複数形で》燕尾(えんび)服 《●tail-coat ともいう》.
❻ 《口語》尾行者.
— 動 他 《口語》…を尾行する.

abcdefghijklmnopqrstuvwxyz　　　　　　　take

名 ❶The dog is wagging its *tail*. その犬は尾を振っている. ❷the *tail* of a comet 彗星(ᵏᴱⁱ)の尾 / shirt *tails* シャツのすそ. ❸*the tail* of a plane 飛行機の後部.

turn tail こわがって逃げる.
with one's **tail between** one's **legs** (犬が)しっぽを巻いて;(人が)しょんぼりと,完全に負けて.

— 動 **tail away** [**off**] 自 しだいに細く[小さく,少なく,弱く]なる:Her voice *tailed off*. 彼女の声はだんだん小さくなった.

《同音異形語》tale.

táil énd 名《the をつけて》最後の部分.
tail・gate /téilgèit テイルゲイト/ 動 自 前の車にぴったりつくようにして運転する.
tail・less /téilləs テイルレス/ 形 尾(部)のない.
táil líght 名 C (列車・自動車などの赤色の)尾灯,テールランプ.
*__**tai・lor** /téilər テイラ/ 名 (複 ~s /-z/) C (紳士服の)**仕立て屋**,テーラー(《✿「婦人服の仕立て屋」は dressmaker》).

— 動 他 …を(必要・目的などに合わせて)つくる.

▶ 名 ことわざ The *tailor* makes the man. 「馬子にも衣装」(つまらない者でも外面を飾れば立派に見える).

— 動 他 *tailor* a program for school children 学校の生徒用にプログラムをつくる.

tai・lor-made /téilər-méid テイラ・メイド/ 形 ❶(洋服が)注文仕立ての(made-to-order)(反 ready-made).
❷(必要・目的などに)ぴったり合った.

tail・pipe /téilpàip テイルパイプ/ 名 C (自動車・飛行機などの後部の)排気パイプ.

taint /téint テイント/ 名 C ❶よごれ,しみ. ❷汚名,汚点.
— 動 他 ❶…をよごす. ❷(名声などを)けがす.

Tai・pei, Tai・peh /tàipéi タイペイ/ 名 タイペイ,台北(ᵖᵉⁱ)(《台湾の首都》).
Tai・wan /tàiwáːn タイワーン/ 名 台湾.
Tai・wan・ese /tàiwəníːz タイワニーズ/ 形 ❶台湾の.
❷台湾人の.
— 名 (複 Tai・wan・ese) C 台湾人.

take

take /téik テイク/ 動 (~s /-s/; took /túk/; tak・en /téikən/; tak・ing) 他

❶ⓐ…を**手に取る**,つかむ,握る,…を抱く.

ⓑ(賞など)を獲得する,手に入れる;(相手)に勝つ.

ⓒ…を捕らえる,つかまえる;…を占領する.

ⓓ(差し出されたもの)を受け取る,…を買う;(家など)を借りる.

❷ⓐ(物)を**持っていく**,(人)を**連れていく**,案内する.

ⓑ(乗り物・道・仕事などが)(人)を到達させる.

ⓒ…を取って行く,持ち去る,盗む,奪う.

ⓓ(引き算で)…を引く.

❸ⓐ(場所・時間・労力など)を**必要とする**.

ⓑ《it を主語として》(＿するのに)(時間・労力など)を必要とする.

❹ⓐ(地位・位置)に**つく**,(職など)を得る,(仕事・責任など)を引き受ける,負う.

ⓑ(忠告・批判など)を受け入れる,聞き入れる,(罰など)を受ける.

ⓒ(不愉快なこと・侮辱(ᵇᵘᶻ)など)をがまんする.

❺ⓐ(授業)を(選択して)**取る**,(試験など)を受ける.

ⓑ…を収容する,…だけ入る.

ⓒ(人)を受け入れる,(下宿人など)をおく,(弟子など)をとる.

❻ⓐ(乗り物)に**乗って行く**,(道・進路など)を通る.

ⓑ(新聞・雑誌など)を購読する.

❼ⓐ…を**理解する**,…を(～と)考える,思う,(ある事態)を(ある気持ちで)受け取る.

ⓑ(意見・感情など)を持つ,(形)をとる.

❽ⓐ(写真)を**とる**.

ⓑ…を書き取る,記録する.

ⓒ…を計る,調べる,(測量・調査など)を行なう.

❾(飲み物・薬など)を**飲む**,(空気など)を吸う.

❿(機会など)を利用する,(手段・道具など)を用いる.

⓫…をする(《✿take＋動作を表わす名詞で表わす;次ページの【いろいろな "take+名詞" 表現】》).

— 自 ❶ⓐ(接種・染料など)つく.

ⓑ(植物が)根づく.

❷評判になる.

one thousand three hundred and sixty-three　　　　　　　　　　　　　　　　　　　　　　1363

take

❸ (写真に)写る.
❹ (魚が)えさに食いつく.
— 名 C ❶ (映画などの)1シーンの撮影.
❷ 捕獲高, 売上高, (金銭の)分け前.

動 他 ❶ⓐShe *took* some cookies from the plate. 彼女はクッキーを皿から取った / I *took* the cat in my arms. 私はネコを抱いた. ⓑ *take* the first prize in the contest コンテストで1等賞を獲得する. ⓒThe thief was *taken* by the police. その泥棒は警察につかまった / Several soldiers were *taken* prisoner in the battle. 数人の兵士がその戦闘で捕虜(ﾘょ)になった. ⓓShe *took* half the profits. 彼女は利益の半分を取った / I'll *take* this skirt. このスカートをいただき[買い]ます / *take* a flat in London ロンドンでアパートを借りる / *take* bribes 賄賂(ﾜぃろ)を受け取る.

❷ⓐYou had better *take* an umbrella with you. かさを持っていったほうがいいですよ / Please *take* me to the zoo. 動物園へ連れていってください. ⓑThat bus will *take* you there. あのバスに乗ればそこへ行けます / Will this road *take* me to the station? この道を行けば駅へ出られますか / What *took* you there? なん(の用)でそこへ行ったのですか.

類語 take と bring の関係は come と go の関係に似ている (☞ come ❶ の 語法).
take は話している人のいる場所から離れた場所へものを持っていったり, 人を連れていく.
bring は話している人のいる場所にものを持ってきたり, 人を連れてくる, 話している相手のいる場所または話題の中心である場所にものを持っていったり人を連れていく.

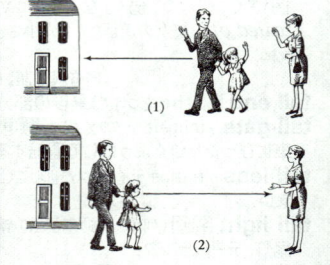

Her brother *brings* her to school in the morning and *takes* her home in the afternoon.
(お兄さんが朝彼女を学校へ連れてきて, 午後には連れて帰る)
《さし絵(1)と(2)の説明》

【いろいろな "take+名詞" 表現】

take action 処置をとる;行動を起こす.
take aim ねらいを定める:He *took* aim at the lion and fired. 彼はライオンにねらいを定めて発砲した.
take a bath 入浴する:I *took* a bath. 私はお風呂に入った.
take a bite 一口食べる:I *took* a bite out of the apple. 私はそのリンゴを一口食べた.
take a break 休憩(ｹぃ)する;休暇をとる.
take a breath 呼吸する:*Take* a deep breath. 深呼吸をしなさい.
take care 気をつける, 注意する:*Take* care not to catch (a) cold. = *Take* care that you don't catch (a) cold. かぜをひかないように注意しなさい / Please *take* care of yourself. どうぞおからだを大切に.
take courage 勇気を出す.
take a drive ドライブをする.
take effect (薬が)きく;(法律が)実施される.
take an excursion 遠足に行く, 団体旅行をする.
take exercise 運動をする.
take a glance ちらっと見る:He *took* a glance at the lady. 彼はその女性をちらっと見た.
take a holiday 《英》休暇をとる, 仕事を休む.
take a journey 旅行をする.
take the lead 先頭に立つ;率先する.

abcdefghijklmnopqrstuvwxyz take

❻The thief *took* her jewels. どろぼうが彼女の宝石を盗んだ / The landslide *took* a lot of lives. 地すべりは多数の生命を奪った.

❹*Take* 32 from 59 and you have 27. 59から32を引けば27になります.

❸ⓐThat work will *take* three hours. その仕事をするには3時間かかるだろう / The homework *took* me a whole day. 私はその宿題にまる1日かかった / We *took* our time in having lunch. 私たちはゆっくり時間をかけて昼食を取った / The wound *took* a long time to heal. その傷はなおるのに長い時間がかかった / This TV *takes* too much space. このテレビはスペースをとりすぎる.

ⓑ*It takes* only ten minutes (*for* me) *to* walk there. そこへ(私が)歩いていくのに10分しかかからない / *It* will *take* you a long time to finish the work. あなたがその仕事を終えるのに長時間かかるでしょう / *It takes* courage to do so. そうするには勇気がいる.

❹ⓐHe *took* the position of chief editor of the magazine. 彼はその雑誌の編集長の地位についた / *take* a job at the store その店に職を見つける / *take* responsibility 責任をとる.

ⓑYou must *take* the doctor's advice. 医者の忠告に従わなければいけません.

ⓒI can't *take* her bad manners. 彼女の不作法にはがまんできない.

❺ⓐ*take* economics 経済学を取る / *take* college entrance examinations 大学の入試を受ける.

ⓑThis auditorium *takes* 800 people. この講堂には800人が入れる.

ⓒThis hotel does not *take* dogs. このホテルは犬は入れません.

❻ⓐLet's *take* a taxi. タクシーに乗りましょう / I *took* a train to Boston. 私はボストンまで列車で行った / Which way shall we *take*? どちらの道を行きましょうか / *take* the road to the left 道を左へ曲がる / *take* a shortcut 近道を行く.

ⓑI *take* two papers. 新聞を2種類とっている.

❼ⓐCan you *take* the hint? 私がそれとなく言ったことがわかりますか / You should *take* things as they are. ものごとをあるがままに理解すべきだ / She didn't *take* seriously what I said. 彼女は私のことばをまじめに考えてくれなかった / I *took* her smile to mean consent. 私は彼女のほほえみが承諾を意味していると思った / You must not *take* her remarks as insults. 彼女のことばを侮辱(ぶじょく)と考えてはいけない.

ⓑShe *takes* no interest in sports.

---

take a look 見る: *Take* a look at this picture. この写真を見てごらん.
take a nap (とくに昼間に)ちょっと寝る.
take note 注意を払う: *Take* note of what I say. 私の言うことをよく聞きなさい.
take notice 注意を払う: He *took* no notice of my advice. 彼は私の忠告を無視した.
take a pause ひと休みする.
take a peep ちらっと見る: She *took* a peep at the guests from behind the door. 彼女はドアのかげから客の方をのぞいて見た.
take refuge 避難する.
take a rest 休憩(きゅうけい)する.
take a ride (乗物・自動車・馬などに)乗る.
take a seat すわる.
take shelter 避難する.
take a shower シャワーを浴びる.
take a sip 一口飲む.
take a step 一歩踏み出す; 処置をとる.
take a tour 旅行する.
take a trip 旅行する: I *took* a trip to Shikoku. 私は四国を旅行した.
take a turn 進行方向を変える; (人に代わって)ひと働きする: I *took* a turn at the computer. 私が代わってコンピューターを操作した.
take a vacation 《米》休暇をとる.
take a walk 散歩する.

take

彼女はスポーツには関心がない / *take* the same view 同じ意見を持つ / *take* a definite form 明確な形をとる.

❽ⓐWould you kindly *take* my photo? 私の写真をとっていただけますか / We had a boy *take* our picture. 私たちは男の子に写真をとってもらった.

ⓑI *took* notes at the meeting. 私はその会議でメモをとった.

ⓒThe nurse *took* my temperature. 看護師は私の体温を測った.

❾*Take* this medicine three times a day. この薬を日に3回服用しなさい / I *took* a deep breath before diving in. ダイビングする前に私は深呼吸をした / *take* tea お茶を飲む.

❿He *takes* every opportunity to master English. 彼は英語をマスターするためにあらゆる機会を利用している.

— ⓐ ❶ⓐThe vaccination *took*. ワクチンがついた.

❷The play did not *take* at all. その芝居はぜんぜん評判にならなかった.

❸That model *takes* well. あのモデルは写真うつりがいい.

be taken ill 病気にかかる:He *was taken ill* last week. 彼は先週病気にかかった.

be taken in だまされる.

take after ... …に似ている (ⓞ顔・姿だけでなく性質についても用いる):She *takes after* her mother. 彼女は母親に似ている.

take along ⓐ…を**連れて行く**, 持って行く:Please *take* me *along*. 私を連れて行ってください.

take apart ⓐ①…を分解する, (機械など)をばらばらにする:He *took* the engine *apart*. 彼はエンジンを分解した. ②(スポーツで)…を簡単に負かす. ③…をきびしく批判する.

take around ⓐ…を連れてまわる.

take ... around ~ …を連れて~を案内してまわる:She *took* me *around* the town. 彼女は町を案内してくれた.

take ... aside …をわきへ連れて行く.

take away ⓐ①…を**持ち去る**, 連れ去る, 取り去る, (苦しみなど)を取り去る:The waiter *took* the used plates *away*. ウエーターが使ったお皿を持って行った. ②(英)(軽食)を買って(店で食べずに)持ち帰る (ⓞ(米)では take out):A hamburger to *take away*, please. テイクアウトのハンバーガーを1つください.

take away from ... …の効果[価値]を減じる.

take back ⓐ①…を**取りもどす**, 連れもどす;(借りた物)を返す:He *took back* his wallet from the pickpocket. 彼はさいふをスリから取りもどした. ②…を持って帰ってくる. ③…を取り消す:He *took back* what he had said about you. 彼は君について言ったことを取り消した. ④…に(むかしのことを)思い出させる. ⑤…を返品する. ⑥(店が)(返品)を受け取る.

take down ⓐ①…を**おろす**:He *took* the big book *down* from the shelf. 彼は棚からその大きな本をおろした. ②…を取りこわす, 解体する:They *took down* the old building. 彼らはその古い建物を取りこわした. ③…を書き留める:Please *take down* my address. 私の住所を書き留めておいてください. ④(ズボンなど)をずり下げる.

take ... for ~ …を~と**思いこむ**, まちがえる:I *took* it *for* the truth. それを真実と思い違いした.

take ... for granted …を**当然のことと思う** (☞grant 動).

take in ⓐ①…を**泊める**, (下宿人など)をおく. ②(身体にそうように)(衣服)をつめる:Please *take in* the waist of my skirt. 私のスカートのウエストをつめてください. ③…を取り入れる:*take in* the washing 洗濯物を取りこむ. ④…を理解する:She *took in* the situation at glance. 彼女は一目で状況がわかった. ⑤(状況など)を受け入れる.

take it (困難・苦痛などに)耐える, がまんする.

take it easy のんびりやる (☞easy).

take it on [***upon***] ***oneself to do*** __ することを自分だけで決める.

take it (that) ... (口語)…だと思う:I *take it (that)* she won't come. 彼女は来ないと思う.

take off ⓐ①…を**取り除く**, (帽子・くつ・服など)を**脱ぐ** (反 put on):Please *take off* the tablecloth. テーブルクロ

スをはずしてください / He *took off* his hat. 彼は帽子を脱いだ. ②…を**連れ去る**: The policeman *took* the man *off*. おまわりさんがその男を連れ去った. ③…を値引きする: Can you *took* another two dollars *off*? もう2ドルまけてくれませんか. ④(ある期間)を休暇としてとる: *take* three days *off* 3日間の休暇をとる. ⑤(口語)(人の)ものまねをする. ― 自①(飛行機が)**離陸する** (反 *touch down*): The plane is due to *take off* at 3:30 p.m. 飛行機は午後3時30分に離陸の予定である.

take off　　　　touch down
(離陸する)　　　(着陸する)

②(口語)(急いで)出発する. ③(口語)急に人気が出る[売れ出す].

take ... off ~ ①…を~から離す, 切り離す: Please *take* your hand *off* my shoulder. 私の肩から手を離してください / *Take* the picture *off* the wall. その絵を壁からはずしなさい. ②~から(値段などを)引く: The shopkeeper *took* 5 dollars *off* the price. 店主は5ドル値引きした. ③(人)を~から解雇する[下ろす].

take on 他①(仕事などを)**引き受ける**: He *took on* the job. 彼はその仕事を引き受けた. ②(性質・様子など)をもつようになる: The situation has *taken on* a serious outlook. 事態は深刻な様相を帯びてきた. ③…を雇う. ④(乗り物が)(人)を乗せる. ⑤(試合・けんかなどで)…を相手にする.

take out 他①…を**取り出す**: He *took out* his passport. 彼はパスポートを取り出した. ②(人)を連れ出す; (パーティーなどに)…を連れていく: He *took* the children *out* for a walk. 彼は子どもたちを散歩に連れ出した. ③…を取り除く, (歯・しみなど)を抜く: The dentist *took out* the bad tooth. 歯医者はその虫歯を抜いた. ④(口座から)(お金)を引き出す. ⑤(本)を借り出す. ⑥(正式に)(契約などを)得る. ⑦(米)(軽食)を買って(店で食べずに)持ち帰る (◎(英)では take away). ⑧…を破壊(はかい)する, …を殺す.

take ... out of ~ …を~から取り[連れ]**出す**: She *took* a pan *out of* the cupboard. 彼女は大きななべを戸だなから取り出した.

take over 他①(仕事・事業など)を**引き継ぐ**: He didn't *take over* his father's business. 彼は父親の仕事を継がなかった. ②(会社など)を乗っ取る. ― 自引き継ぐ, 交代する, (前のもの〔人〕に代わって)優勢[重要]になる.

take part in ... …に参加する (☞part).
take place 起こる (☞place).
take round (英) = *take* around.
take to ... ①…を**好きになる**: I *took to* her at first sight. 私は一目見て彼女が好きになった. ②(習慣的に)…するようになる, (趣味など)に熱中するようになる: He has *taken to* painting in oils. 彼は油絵をかくようになった.

take up 他①…を**取り上げる**, 手に取る: He *took up* his pen. 彼はペンを手に取った. ②(場所・時間など)を**とる**, 占める: I am sorry I've *taken up* so much of your time. たいへんおじゃましてすみません. ③…を(趣味・職業などとして)**始める**: She *took up* pottery. 彼女は焼き物を始めた. ④(問題など)を**取り上げる**: Let's *take up* the problem of smoking. 喫煙の問題を取り上げよう. ⑤(中断したこと)をまた始める. ⑥(衣類など)を短くつめる. ― 自(中断したところから)また始める.

take·a·way /téikəwèi テイカウェイ/ 名 形 (英) = **takeout** (☞成句 take away (⇒ take)).

***tak·en** /téikən テイクン/ 動 takeの過去分詞形.

take·off /téikɔ̀(ː)f テイコ(ー)フ/ 名 ❶ⓊⒸ(飛行機の)離陸 (◎「着陸」は landing). ❷Ⓒ(口語)ものまね.

take·out /téikàut テイカウト/ 名Ⓒ(米) ❶テイクアウト(持ち帰り用の軽食). ❷テイクアウトの軽食を売るレストラン[食堂].
― 形(米)(軽食が)(店で食べない)持ち帰り用の (◎(英)では takeaway).

take-out /téikàut テイカウト/ 形(米)テイ

takeover

クアウト(用)の.

take·o·ver /téikòuvər テイコウヴァ/ 名 C (会社などの)乗っ取り, 買収.

ta·king /téikiŋ テイキング/ 名《複数形で》収益, 売り上げ高.

tál·cum pòw·der /tǽlkəm- タルカム·/ 名U タルカムパウダー《化粧用の粉》.

***tale** /téil テイル/ 名 (複 ~s /-z/) C
❶ (架空の)話, 物語; うそ; うわさ話.
❷ (真実とは思えないような)話.
❸《複数形で》告げ口.

❶ *tales* about witches 魔女の話 / a fairy *tale* おとぎ話.
❷ a tall *tale* 大ぼら.
tell tales 告げ口する.

☞ 動 tell.
《同音異形語》tail.

***tal·ent** /tǽlənt タレント/ 名 (複 ~s /-ts/)
❶ UC (持って生まれた)**才能**.
❷ ❸ C 才能のある人, タレント.
❺《集合的に》才能のある人々.

❶ She has artistic *talent*. 彼女は芸術的な才能がある / He has a *talent* for drawing [music]. 彼には絵[音楽]の才能がある / a person of great *talent* 非常に有能な人物.
❷ ❹ He is a scientific *talent*. 彼は科学的才能のある人だ. ❺ paintings by local *talent* 地方に住む画家たちの絵.

tal·ent·ed /tǽləntid タレンティド/ 形 才能のある.

tal·is·man /tǽlismən タリスマン/ 名 C お守り, 魔よけ.

***talk** /tɔ́:k トーク/ 動 (~s /-s/; ~ed /-t/; ~ing) ⓘ ❶ ❸ **話す**, しゃべる, 話をする.
❺ 講義[講演]をする.
❷ ものを言う, 口をきく.
❸ 話し合う, 相談する.
❹ ❸ おしゃべりをする, うわさ話をする.
❺ 秘密をもらす.
❺ 効力がある, ものを言う.
❻ (身ぶりなどで)意志を表わす.
— ⓗ ❶ (…のこと)を**話す**, 論じる.
❷《口語》(外国語)を話す.
❸ …をことばで表わす, 言う.
— 名 (複 ~s /-s/) ❶ C 話, 会話.

❷ C (まとまりのある軽い)**話**, 講演, 講義.
❸ C《ふつう複数形で》(正式の)**協議**; 相談.
❹ U うわさ, 評判.
❺ U おしゃべり, むだ話.

動 ⓘ ❶ ❸ He doesn't *talk* much. 彼はあまりしゃべらない / *talk* in Japanese 日本語で話す.
❺ He *talked* on social welfare. 彼は社会福祉について講義した.
❷ The child is learning to *talk*. 幼児がものを言い始めた / Parrots can *talk*. オウムはものが言える.
❸ You had better *talk* about it with your teacher. そのことは先生に相談したほうがいいよ《☞ 成句 *talk about …*》.
❹ ❸ People will *talk*. 人の口はふさげないものだ.
❺ I don't think he will *talk*. 彼は(秘密などを)話してくれるとは思いません.
❺ Money *talks*. 金がものを言う.
❻ *talk* in sign language 手話で話す.
— ⓗ ❶ They were *talking* business. 彼らは仕事の話をしていた / *talk* soccer サッカーを論じる.
❷ He can *talk* Spanish. 彼はスペイン語が話せる.
❸ Don't *talk* nonsense. ばかなことを言うな / *talk* sense もののわかったことを言う.

talk about … ①…について話す: I'd like to *talk* (to you) *about* a serious matter. 大事なことを(あなたに)お話したいのですが《☞ ⓗ ❸》. ②《be talked about で》うわさの種になる: I don't want to *be talked about*. 私はうわさの種になりたくない.

talk around … …についてだらだら話す.

talk … around …を説得して自分の意見に同意させる: Let's *talk* him *around* to our plan [*to* buying a car]. 彼を説き伏せて私たちの計画に同調させよう[車を買わせよう].

talk away ⓗ おしゃべりで(時を)過ごす.

talk back ⓘ **口答えする**: He *talked*

abcdefghijklmnopqrs**t**uvwxyz　　　　　　　　　　　　　　　　**tame**

back to the teacher. 彼は先生に口答えした.
talk big 《口語》でかいことを言う, ほらを吹く.
talk ... down 他…をけなす.
talk down to ... …を見下すような言い方で話をする.
talk ... into doing …を説得して__するようにさせる (反 *talk ... out of doing*): He *talked* his father *into buying* a new car. 彼は父をくどいて新しい自動車を買わせた.
talk of ... …のことを話す; …のうわさをする: They were *talking of* you. 彼らはあなたのことを話していましたよ.
talk of doing __しようと思っていると言う: He *talked of giving* up school. 彼は学校をやめようと思っていると言った.
talk ... out 他…を徹底的に話し合う, …を話し合って解決する: Let's *talk* it *out*. そのことは徹底的に話し合おう.
talk ... out of doing …を説得して__しないようにさせる (反 *talk ... into doing*): He *talked* his wife *out of buying* a new table. 彼は妻を説得して新しいテーブルを買うのをやめさせた.
talk over 他①…を話し合う, (…について)相談する: *Talk* it *over* with her. 彼女とよく話し合っておきなさい. ②…を説得する.
talk over ... …について話し合う, 相談する: After school we *talked over* the plans for the field trip. 放課後私たちは校外見学の計画を話し合った.
talk round 他 《英》= *talk ... around*.
talk round ... 《英》= *talk around ...*.
talk through 他 (問題など)を納得がいくまで議論する.
talk to ... ①…と話をする, 話し合いをする: Can I *talk to* you for a minute? ちょっとお話をしたいのですが.
talk to oneself ひとり言を言う (☞成句 *say to oneself* (⇨ *say*)).
talk up 他…をほめる, 誇張して言う.
— 名 ❶ I enjoyed a friendly *talk* with him. 私は彼と親しく話をした.
❷ He gave a *talk* about the Arabs. 彼はアラブ人について話した.
❸ peace *talks* 平和会談.

❹ There is (some) *talk* of a strike. ストライキのうわさがある.
❺ He is all *talk* (and no action). 彼は口先だけの男だ.
talk·a·tive /tɔ́ːkətiv トーカティヴ/ 形 おしゃべりな.
talk·er /tɔ́ːkər トーカ/ 名 C 話す人; おしゃべりな人. ▶a good〔poor〕*talker* 話のうまい〔へたな〕人.
tálk shòw 名 C トークショー, 対談番組 《テレビで有名人とのインタビューなどによる番組》.

＊**tall** /tɔ́ːl トール/ 形 (~·er; ~·est)
❶ (背〔丈〕の)**高い** (反 *short*) (☞ *high* の 類語).
❷ (背の)**高さが…ある**. ❸ 《口語》おおげさな, 信じられないような; 途方もない.

❶ He is very *tall*. 彼は背がとても高い / a *tall* tree 高い木 / a *tall* building 高いビル.
❷ "How *tall* is he?"-"He is five feet four (inches *tall*)." 「彼はどのぐらい背の高さがありますか」「彼の身長は5フィート4インチです」 (❹答えでは *tall* はよく省かれる) / a boy six feet *tall* 身長6フィートの少年.
❸ a *tall* story 〔tale〕ほら話.
tal·low /tǽlou タロウ/ 名 U 獣脂 《牛・ブタ・ヒツジなどの脂; ろうそくや石鹸 (烧) の原料にする》.
tal·ly /tǽli タリ/ 名 (複 tal·lies /-z/) C
❶ 勘定, 計算; 得点.
❷ 計算の単位 《日本の「正」に当たる》.
— 動 (tal·lies /-z/; tal·lied /-d/; ~·ing) 他 …を勘定する.
— 自 〔…と〕一致する 〔*with*〕.
tal·on /tǽlən タロン/ 名 C (ワシ・タカなどのような猛鳥の)つめ (☞ *nail, claw*).

talons

tam·bou·rine /tæmbərí:n タンバリーン/ 《★アクセント注意》 名 C 【音楽】タンバリン 《打楽器》.

＊**tame** /téim テイム/ 形 (tam·er; tam·est)

one thousand three hundred and sixty-nine　　　　　　　　　　　　　　　　　　　　1369

Tamil

❶《動物などが》**飼いならされた**, 人になれた（反 wild）.
❷**退屈**（⁂）**な**, つまらない.
❸《人・動物などが》**おとなしい**, 従順な.
— 動《~s /-z/; tamed /-d/; tam·ing》
他 ❶ …を飼いならす.
❷ …を抑える, 制御（⁂）する.
▶形 ❶ The bear in the cage is not *tame* yet. おりの中のクマはまだ飼いならされていない.
❷ a *tame* baseball game 退屈な野球の試合.
❸ *tame* animals おとなしい動物 / a *tame* husband おとなしい（妻の言うことによく従う）夫.
— 動 ❷ *tame* a river 川を氾濫（⁂）しないようにする.

Tam·il /tǽmil タミル/ 名 ❶ⓒタミル人《インド南部やスリランカに住む》.
❷Ⓤタミル語.

tam·per /tǽmpər タンパ/ 動 (**tamper with ...** で) …をいじくる; …を勝手に変更する. ▶ *tamper with* a motorbike (人の)バイクをいじる.

tam·pon /tǽmpɑn タンパン/ 名ⓒ《生理用の》タンポン.

tan /tǽn タン/ 動《~s /-z/; tanned /-d/; tan·ning》他 ❶ (肌)を日に焼く（☞ tanned）. ❷ (皮)をなめす.
— 自 日焼けする.
— 名 ❶ⓒ (肌の)日焼け; 日焼け色.
❷Ⓤ黄褐色.
— 形《tan·ner; tan·nest》黄褐色の.
▶動他 ❶ The strong sunlight *tanned* his face. 強い日の光で彼の顔は真っ黒に日焼けした.
tan oneself 肌を焼く.
— 名 ❶ You have got a nice *tan*. よく日焼けしましたね.

tan·dem /tǽndəm タンデム/ 名ⓒタンデム式自転車《ふたつの座席が縦に並んだ自転車》.
in tandem (with ...) （…と）いっしょに.

tan·gent /tǽndʒənt タンジェント/ 名ⓒ〔数学〕接線, タンジェント.
go [fly] off at [on] a tangent《口語》《考えなどが》急に変わる, わき道へそれる.

tan·ge·rine /tǽndʒərìːn タンチャリーン/ 名ⓒタンジェリン《アメリカなどに産するミカン; ☞ orange》.

tan·gi·ble /tǽndʒəbl タンヂブル/ 形 ❶ 手で触れることのできる; 実体のある, 有形の（反 intangible). ❷ 確実な, 明白な.

tan·gle /tǽŋgl タングル/ 動《現分 tangling》
他 …をもつれさせる; …を混乱させる.
— 自 もつれる.
— 名ⓒ (糸などの)もつれ(たもの), からまり.

tan·gled /tǽŋgld タングルド/ 形 もつれた.

tan·go /tǽŋgou タンゴウ/ 名ⓒ ❶タンゴ《南米起源のダンス》.
❷タンゴの曲.

tank /tǽŋk タンク/ 名《複 ~s /-s/》ⓒ
❶（液体や気体を入れる）**タンク**.
❷ 戦車, タンク.
▶ ❶ a gasoline *tank*《米》ガソリンタンク / a water *tank* 水槽（⁂）.

tank·ard /tǽŋkərd タンカド/ 名ⓒ（取っ手あるいはふたつきのビール用の）大ジョッキ.

tank·er /tǽŋkər タンカ/ 名ⓒ ❶タンカー, 油槽（⁂）船. ❷タンクローリー.

tánk tòp 名ⓒタンクトップ《ランニングに似た袖なしTシャツ》.

tanned /tǽnd タンド/ 形《肌が》日に焼けた.

tan·ta·lize /tǽntəlàiz タンタライズ/ 動《現分 -liz·ing》他《ほしがるものを見せびらかしたりして》…をじらす.

tan·ta·liz·ing /tǽntəlàiziŋ タンタライズィング/ 形《人の気持ちを》じらす（ような）.

tan·ta·mount /tǽntəmàunt タンタマウント/ 形〔…と〕同等の価値[効果]がある, 〔…に〕等しい〔*to*〕.

tan·trum /tǽntrəm タントラム/ 名ⓒ（子どもの）かんしゃく.

Tan·za·ni·a /tæ̀nzəníːə タンザニーア/ 名 タンザニア《アフリカ東部の共和国》.

tap¹ /tǽp タプ/ 動《~s /-s/; tapped /-t/; tap·ping》他 ❶ …を軽くたたく, トントン[コツコツ]とたたく.
❷ …でトントン[コツコツ]と音をたてる.
— 自 軽く打つ, トントン[コツコツ]と音をたてる.
— 名《複 ~s /-s/》ⓒ **トントン[コツコツ]たたくこと**, 軽くたたく音.

- - - - - - - - - - - - - - - - - - - -

動他 ❶ Someone *tapped* the windowpane. だれかが窓ガラスを軽くたたいた.

She *tapped* him *on* the shoulder.
= She *tapped* his shoulder.
(彼女は彼の肩を軽くたたいた)

❷ He *tapped* his feet to the song. 彼は歌にあわせて足をトントンさせた.
— 自 I *tapped* on [at] the door. 私はドアをコツコツたたいた.
— 名 I heard a *tap* on [at] the window. 窓をコツコツたたく音が聞こえた.

tap² /tǽp タプ/ 名C ❶(水道などの)じゃ口, コック((✿《米》では faucet)).
❷ (たるなどの)飲み口.
❸ⓐ(電話の)盗聴. ⓑ盗聴装置.
— 動 (~s /-s/; tapped /-t/; tap-ping) 他 ❶(樹液を採るために)…に穴をあける. ❷ …を利用する. ❸(電話など)を盗聴する.
— 自 (**tap into ...** で)…を利用する.
▶名 ❶ turn on the *tap* じゃ口をひねって開ける / *tap* water 水道水.
on tap (ビールなどのたるに注ぎ口がついて)すぐ注(ｿ)げるようになって.
— 動 他 ❶ *tap* a maple tree (樹液を採るために)サトウカエデの木の幹に穴をあける.

táp dànce 名C タップダンス.
tap-dance /tǽp-dæns タプ・ダンス/ 動 (現分 -danc·ing) 自 タップダンスをする.
táp dàncing 名U タップダンス(を踊ること).

*__tape__ /téip テイプ/ 名 (複 ~s /-s/)
❶ⓐC(プラスチック・布などの)**テープ**.
ⓑU 接着テープ, セロテープ (《米》では Scotch tape, 《英》では Sellotape ともいう).
❷ⓐU (録音・録画・記録用の)テープ.
ⓑC (録音・録画・記録用の)カセットテープ.
❸C《theをつけて》(決勝点にはる)テープ.
❹C = tape measure.

— 動 (~s /-s/; taped /-t/; tap·ing) 他
❶ …をテープでくくる, テープで留める.
❷ …をテープに録音[録画, 記録]する.
❸《米》…に包帯を巻く(《✿《英》では strap)).

名 ❶ⓑ She fastened the package with *tape*. 彼女はその包みをテープでくくった.
❷ⓐ He recorded the speech on *tape*. 彼はその演説をテープに録音した / play the *tape* テープをかける / a reel of *tape* テープ一巻.
❸ break the *tape* (競技で)テープを切る, 一着になる.
— 動 ❶ *tape* (up) a box 箱をテープでくくる.
❷ *tape* a TV program テレビ番組を録画する.
❸ *tape* (up) the ankle 足首に包帯を巻く.

tápe dèck 名C テープデッキ.
tápe mèasure 名C メジャー, 巻き尺《布・プラスチックまたは金属製; ✿単に tape ともいう).

ta·per /téipər テイパ/ 名C 細長い小ろうそく.
— 動《ふつう **taper off** で》自 先細りになる.
— 他 …を先細りにする.

tape-re·cord /téip-rikɔ́ːrd テイプ・リコード/ 動 他 …をテープに録音[録画]する.
tápe recòrder 名C **テープレコーダー**.
▶a cassette *tape recorder* カセット式テープレコーダー.

tápe recòrding 名UC テープ録音[録画].

tap·es·try /tǽpistri タピストリ/ 名 (複 -es·tries /-z/) UC タペストリー《絵を織りこんだ布;壁掛けなどに用いる》.

tap·i·o·ca /tæpióukə タピオウカ/ 名U タピオカ《熱帯植物キャッサバの根から取れるでんぷん;デザートなどに使われる》.

tar /tɑ́ːr ター/ 名U ❶ タール《石炭や木材を乾留(ｶﾝﾘｭｳ)して得られる物質;薬品原料, 舗装に用いられる》. ❷ たばこのタール.
— 動 (~s /-z/; tarred /-d/; tar·ring /tɑ́ːriŋ/) 他 …にタールを塗る.

ta·ran·tu·la /tərǽntʃulə タランチュラ/ 名 (複 ~s /-z/, -tu·lae /-lìː/) C [動物] タラ

tardily

ンチュラ《毒グモ；全身毛で覆(おお)われている》.

tar·di·ly /tá:rdəli ターディリ/ 副のろのろと.

tar·dy /tá:rdi ターディ/ 形のろい, ぐずぐずした.

***tar·get** /tá:rgit ターギット/ 名(複 ~s /-ts/)
© ❶ (射撃などの)的(まと), 標的.
❷ (努力などの)目標.
❸ (軽蔑(けいべつ)・もの笑いなどの)的.
— 動他 …を(目標・的などに)向ける.

名 ❶ hit the *target* 的に当たる / miss the *target* 的をはずれる.
❷ a *target* of saving $50 a month 月50ドル貯金する目標.
❸ a *target* of criticism 批評の的.

tar·iff /tǽrif タリフ/ 名©
❶関税. ❷料金表.

tar·mac /tá:rmæk ターマック/ 名
❶©ターマック《タールと砕石(さいせき)を混ぜた舗装道路材》.
❷《the をつけて》(空港の)滑走路.

tar·nish /tá:rniʃ ターニシュ/ 動(三単現 ~es /-iz/) 他 ❶ (光沢のあるもの)を曇らせる, 変色させる. ❷ (名誉など)を汚す.
— 自 (光沢のあるものが)曇る, 変色する.

ta·ro /tá:rou タロウ/ 名©《植物》タロイモ《太平洋諸島産のサトイモの一種》.

tar·ot /tǽrou タロウ/ 名(複 ~s /-rou, -rouz/)©タロット《22枚ひと組の占いに用いるカード》.

tar·pau·lin /ta:rpɔ́:lin ターポーリン/ 名 [U]C(タールを塗った)防水布, (おおいに使う)シート.

tart¹ /tá:rt タート/ 形 ❶ すっぱい. ❷辛辣(しんらつ)な.

tart² /tá:rt タート/ 名©タルト《上に果物やジャムのついたパイ》.

tar·tan /tá:rtn タートン/ 名 ❶ [U]タータン《英国スコットランドの格子縞(こうしじま)の毛織物；☞ kilt の ❶》. ❷©格子縞(模様).

tar·tar /tá:rtər タータ/ 名 [U] ❶ 歯石.
❷酒石.

tártar sàuce 名 [U]タルタルソース.

tart·ly /tá:rtli タートリ/ 副辛辣(しんらつ)に.

***task** /tǽsk タスク | tá:sk/ 名(複 ~s /-s/) ©(するべき)(難しい)**仕事**, 役目, 課題.
▶ My *task* is to mow the lawn twice a week. 私の仕事は週に2回芝(しば)を刈ることだ / the *task* of designing a bridge 橋を設計する役目.

task·bar /tǽskbà:r タスクバ/ 名©『電算』タスクバー《画面下部にある起動中のソフトを示す行》.

tásk fòrce 名© ❶ 特別委員会, 専門調査団. ❷ (特殊任務をもった)機動部隊.

Tas·ma·ni·a /tæzméiniə タズメイニア/ 名 タスマニア《オーストラリア南方の島[州]》.

tas·sel /tǽsl タスル/ 名©(飾りの)房.

***taste** /téist テイスト/ 名(複 ~s /-ts/)
❶《単数形で》**味**.
❷ [U]**味覚**.
❸ [U]C**趣味**, 好み.
❹ [U](よいものを見わける)**目**, センス, 美的感覚.
❺《ふつう **a** をつけて》(飲食物の)ひと口, 少量；試食, 味見.
❻《**a taste of ...**》…のちょっとした経験.
— 動(~s /-ts/; tast·ed /-id/; tast·ing)自 (…の)**味がする**.
— 他 ❶ …を**試食する**, …の味をみる；味わう.
❷ …の味を感じる.
❸ …を経験する, 味わう.

名 ❶ Honey has a sweet *taste*. はちみつは甘い味がする / I like the *taste* of this fruit. 私はこの果物の味が好きだ.
❷ He has a keen sense of *taste*. 彼の味覚は鋭い.
❸ She has a *taste* for music. 彼女は音楽の趣味がある / He has a strange *taste* in clothes. 彼は着る物には一風変わった好みがある / ことわざ There is no accounting for *taste(s)*. 人の好みは説明できない, 「蓼(たで)食う虫も好き好き」.
❹ She has good *taste* in music. 彼女は音楽のセンスがよい.
❺ Let me have a *taste of* the wine. そのワインをひと口飲ませてください.
❻ He has had a *taste of* life's hardships. 彼は人生のつらい経験をしている.

be to ...'s taste (人)の好みに合っている：This dress *is not to my taste*. この洋服は私の好みに合いません.

in good [bad, poor] taste 趣味がよ

abcdefghijklmnopqrs**t**uvwxyz   **tax-free**

く〔悪く〕: The displays are *in good taste*. その飾りつけは趣味がよい.

leave a bad [unpleasant] taste in the [...'s] mouth あと味が悪い, 悪い印象を残す.

to taste 好みに合わせて: Please add sugar *to taste*. 好きなだけ砂糖を入れてください.

☞ 形 tasteful, tasty.

— 動 ⓐ This wine *tastes* sweet 〔bitter/good/bad〕. このワインは甘い〔苦い/よい/まずい〕味がする / This meat *tastes* like pork. この肉はブタ肉のような味がする / The soup *tastes* of garlic. そのスープはニンニクの味がする.

— ⓗ ❶ She *tasted* the soup and added some salt. 彼女はスープの味をみて塩をすこし加えた.

❷ I *taste* vanilla in this cake. このケーキの中にバニラがはいっているのがわかる.

❸ He has never *tasted* country life. 彼はいなかの生活を経験したことがない.

taste·ful /téistfəl テイストフル/ 形 趣味のよい, 上品な.

☞ 名 taste.

taste·ful·ly /téistfəli テイストフリ/ 副 趣味よく.

taste·less /téistləs テイストレス/ 形 ❶ 味のない. ❷ 趣味の悪い.

taste·less·ly /téistləsli テイストレスリ/ 副 趣味悪く.

tast·er /téistər テイスタ/ 名 Ⓒ 味をみる人, (紅茶・ワイン・食べ物の味の)鑑定家.

tast·y /téisti テイスティ/ 形 (tast·i·er; tast·i·est) 味のよい, おいしい.

☞ 名 taste.

tat·ter /tǽtər タタ/ 名 Ⓒ 《ふつう複数形で》ぼろぼろの衣服.

in tatters ぼろぼろになって; だめになって.

tat·tered /tǽtərd タタド/ 形 ぼろぼろの.

tat·too /tætú: タトゥー/ 名 Ⓒ 入れ墨(ずみ).

— 動 ⓗ (腕など)に入れ墨をする.

***taught** /tɔ́:t トート/ 動 teach の過去形・過去分詞形.

taunt /tɔ́:nt トーント/ 動 ⓗ …をばかにする, 侮辱(ぶじょく)する. — 名 Ⓒ 侮辱, 冷笑.

Tau·rus /tɔ́:rəs トーラス/ 名 ❶ 〖天文〗牡牛(おうし)座. ❷ 〖占星〗 ⓐ 牡牛座 (☞ zodiac). ⓑ Ⓒ 牡牛座生まれの人.

taut /tɔ́:t トート/ 形 ❶ ぴんと張った. ❷ 緊張した.

tav·ern /tǽvərn タヴァン/ 名 Ⓒ ❶ (英文語)パブ (pub)《宿屋もかねていた》. ❷ (米)バー (bar).

taw·ny /tɔ́:ni トーニ/ 形 (-ni·er; -ni·est) 黄褐色の.

***tax** /tǽks タックス/ 名 (複 ~·es /-iz/) ⓤⒸ 税, 税金.

— 動 (~·es /-iz/; ~ed /-t/; ~·ing) ⓗ
❶ (人・もの)に**税金をかける**, 課税する.
❷ …に重い負担をかける, 苦しめる.

名 ❶ The government has raised *taxes*. 政府は税金を上げた / pay *one's* income *tax* 所得税を払う / collect *taxes* 税金を集める.

語の結びつき

avoid *tax* 節税する

cut [lower, reduce] a *tax* 減税する

dodge [evade] *tax*es 脱税する

increase [put up] a *tax* 増税する

pay (a) *tax* (on …) (…に対する)税金を払う

put [levy, impose] a *tax* on … …に税金を課す, …に課税する

— 動 ⓗ ❶ We are *taxed* on our income(s). 収入には税金がかけられる / Luxuries are heavily *taxed*. ぜいたく品は重い税金がかけられている.

❷ Watching television *taxes* the eyes. テレビを見ると目の負担になる.

☞ 名 taxation.

tax·a·ble /tǽksəbl タクサブル/ 形 課税対象の.

tax·a·tion /tækséiʃən タクセイション/ 名 Ⓤ ❶ 課税. ❷ 税制.

☞ 動 tax.

táx brèak 名 Ⓒ 減税.

táx collèctor 名 Ⓒ 税務署員.

táx cùt 名 Ⓒ 減税.

táx evàsion 名 Ⓤ 脱税.

tax-ex·empt /tǽks-igzémpt タクス・イグゼンプト/ 形 非課税の, 免税の.

tax-free /tǽks-frí: タクス・フリー/ 形 非課税の, 免税の.

— 副 税金なしで, 免税で.

tax haven

táx hàven 名C タックスヘイブン《税金の安い国[地域]》.

tax·i /tǽksi タクスィ/
名 (複 ~s, ~es /-z/) C **タクシー**.
— 動 (~s, ~es /-z/; ~ed /-id/; ~-ing, tax·y·ing) 自 (飛行機が)滑走する.

....

名 take a *taxi* from the station 駅からタクシーで行く / hail a *taxi* タクシーを呼ぶ[拾う].

語の結びつき
call (for) a *taxi* (電話で)タクシーを呼ぶ
get [catch] a *taxi* タクシーを拾う
get in [into] a *taxi* タクシーに乗る
get out of a *taxi* タクシーから降りる
flag (down) a *taxi* タクシーを呼び止める
go by *taxi* タクシーで行く

tax·i·me·ter /tǽksimìːtər タクスィミータ/ 名C (タクシーの)メーター, 料金表示器.

tax·ing /tǽksiŋ タクスィング/ 形 難しい, 骨の折れる.

táxi ránk 名《英》= taxi stand.

táxi stànd 名C タクシー乗り場 《❸《米》では cabstandともいい,《英》では taxi rank という》.

tax·pay·er /tǽkspèiər タクスペイア/ 名C 納税者.

táx retùrn 名C 納税申告(書).

TB /tíːbíː ティービー/《略語》= **tuberculosis**.

T-bone /tíːbòun ティー・ボウン/ 名C (T字型の)骨つきステーキ《❸ **T́-bòne stéak** ともいう》.

tea /tíː ティー/ 名 (複 ~s /-z/)
❶ U (飲み物としての) **お茶**, (とくに)紅茶, ティー《❸「緑茶」は green tea》.
❷ C 《口語》(1 杯の)お茶.
❸ U 茶(の葉).
❹ U.C 《英》ティー, 午後のお茶《☞ afternoon tea, meal, teatime》.

....

❶ I like *tea* with lemon. 私はレモンティーが好きだ / Do you like your *tea* strong? お茶は濃いほうがよいですか / make *tea* お茶を入れる / serve [offer] *tea* お茶を出す.

INFO ミルクティー (tea with milk) やレモンティー (tea with lemon) にして飲むが, イギリスではミルクティーが一般的.

❷ Waiter, two *teas*, please. ボーイさん, お茶をふたつください.
❸ I want half a pound of *tea*. お茶を半ポンドください / They sell several *teas* at that store. あの店では何種類かの紅茶を売っている.
❹ She invited me to *tea*. 彼女は私をティーに招いてくれた.

téa bàg 名C (一人前の茶がはいった)ティーバッグ.

téa brèak 名C《英》お茶の時間《仕事の途中の短い休憩時間;お茶やコーヒーを飲んだり軽いものを食べたりする; ☞ coffee break》.

téa cèremony 名C《ふつう the をつけて》(日本の)茶の湯.

teach /tíːtʃ ティーチ/ 動 (~es /-iz/; taught /tɔ́ːt/; ~ing) 他
ⓐ (科目など)を**教える**.
ⓑ (人・クラスなど)を教える.
ⓒ 《teach ~ ... または teach ... to ~》~に...を**教える**.
ⓓ 《teach (...) that [wh-(疑問詞)]___》(...に)___を教える.
ⓔ 《teach ... (how) to *do*》...に___することができるように**教える[仕込む]**, ...が___できるように(教育)してやる.
— 自 **教える**, 先生をする.

....

他 ⓐ Ms. Fonda *teaches* history at the school. フォンダさんはその学校で歴史を教えている / He *taught* nothing about nuclear fusion. 彼は核融合(ゆうごう)については何も教えなかった.
ⓑ I was *taught* by Mr. Fox. 私はフォックス先生に教わった / She doesn't *teach* our class. 彼女は私たちのクラスは教えない.
ⓒ He *teaches* us chemistry. 彼はわれわれに化学を教えている / Experience has *taught* him a lot. 彼は経験からいろいろなことを学んだ.
ⓓ She *taught* us *that* we should never say bad things about other people. 彼女は私たちに決して人の悪口

abcdefghijklmnopqrs t uvwxyz   **tear**

を言うなと教えた / The experience *taught* me *that* I should be more careful. その経験からもっと注意しないといけないことがわかった.

❺My uncle *taught* me (*how*) *to* swim. おじが私に泳ぎを教えてくれた / Father *taught* me not *to* be so shy. 父はいろいろ言ってくれ私はあまり恥ずかしがらないようになった(父は私があまり恥ずかしがらないように教育してくれた) / The accident *taught* him *to* be careful. その事故が彼に注意深くするように教えた(その事故があって彼は注意深くなった).

── ⓑMy father *teaches* at a grade school. 私の父は小学校で先生をしている.

teach one**self** 独学する: I *taught myself* to play the flute. 私は自分で練習してフルートが吹けるようになった.

teach school《米》学校の先生をする.

teach·er /tí:tʃər ティーチャ/
名(複 ~s /-z/)C❶**先生**, 教える人, 教師.

Mr. Richards is our English *teacher*. リチャーズ先生が私たちの英語の先生です / a *teacher* of math at a junior high school 中学校の数学の先生.

INFO▶ 先生は生徒をトム(Tom)とかジェーン(Jane)というように first name で呼ぶ. 生徒は男の先生には Mr., 女の先生には Miss, Mrs. (または Ms)をつけ, Miss Brown というように family name で呼ぶ.

téach·ers còllege /tí:tʃərz- ティーチャズ-/ 名C《米》教員養成大学(✿《英》では college of education).

téacher's pèt 名C先生のお気に入りの生徒.

teach-in /tí:tʃìn ティーチン/ 名Cティーチイン(《大学などで行なわれる学生, 教員, ゲストなどによる討論集会》).

*teach·ing /tí:tʃiŋ ティーチング/ 名(複 ~s /-z/)
❶U**教えること**, 教職.
❷C《しばしば複数形で》教え, 教訓.
▶❶He gave up *teaching*. 彼は教員をやめた.

❷the *teachings* of Christ キリストの教え.

tea·cup /tí:kÀp ティーカップ/ 名C(紅茶)茶わん, ティーカップ.

tea·house /tí:hàus ティーハウス/ 名(複 -hous·es /-hàuziz/)C(日本・中国などの)喫茶店.

teak /tí:k ティーク/ 名Uチーク材(《材質は堅く船や家具に使われる》).

tea·ket·tle /tí:kètl ティーケトル/ 名C湯わかし.

téa lèaf 名(複 -leaves /-lì:vz/)《複数形で》茶の葉; (とくに)茶がら.

team /tí:m ティーム/
名(複 ~s /-z/)C❶(野球などの)**チーム**, 組(✿個々のメンバーを指す場合は複数として扱う).
❷(仕事などの)チーム, 組.
── 動(現分 ~ing)他…をひと組にする.

名❶He is on [in] the baseball *team*.= He is a member of the baseball *team*. 彼はその野球チームの選手だ / The *team* were all excited. チームのメンバーはみんな興奮した.
❷a *team* of experts 専門家チーム.
team up (*with* ...) (…と)協力する.

team·mate /tí:mmèit ティームメイト/ 名Cチームメート, 同じチームの仲間.

téam plàyer 名Cチームワークのできる人.

téam spìrit 名Uチーム精神(《個人よりもチームを優先させる気持ち》).

team·ster /tí:mstər ティームスタ/ 名C《米》トラックの運転手.

téam tèaching 名Uティームティーチング(《複数の先生がチームをつくって行なう授業方法》).

team·work /tí:mwə̀ːrk ティームワーク/ 名Uチームワーク.

téa pàrty 名C午後のお茶の会(《軽食と紅茶などが出る》).

tea·pot /tí:pàt ティーパット/ 名Cティーポット.

*tear¹ /tíər ティア/《★発音注意》名(複 ~s /-z/)C《ふつう複数形で》**涙**.

Tears rolled down his cheeks. 彼のほおを涙が流れ落ちた / shed *tears* 涙

1375

を流す.
burst [***break***] ***into tears*** わっと泣きだす.
in tears **涙をうかべて**, 泣いて.
move ... to tears …を涙が出るほど感動させる.
☞ [形]tearful.

⁑tear² /téər テア/ (★発音注意) [動] (~s /-z/; tore /tɔ́:r/; torn /tɔ́:rn/; ~·ing /téəriŋ/)
[他] ❶ⓐ…を**引き裂**(さ)**く**, 破る.
ⓑ…に切り傷をつける.
❷ (引き裂いたりして)…を**作る**, (穴など)をひっかいてあける.
❸ⓐ…を**引きはがす**, もぎ取る.
ⓑ…を引き離す.
— [自] ❶**裂ける**, 破れる.
❷ (裂くような勢いで)突進する, 駆ける.
— [名] ([複] ~s /-z/) [C]裂け目, 破れ, ほころび.

[動][他] ❶ⓐShe *tore* the picture to pieces. 彼女はその写真をずたずたに破った / He *tore* his jacket on a nail. 彼はジャケットをくぎに引っかけて破った.
ⓑA piece of broken glass *tore* her skin. ガラスの破片が彼女の皮膚を傷つけた.
❷I *tore* a hole in my trousers. ズボンに穴があいてしまった.
❸ⓐWho has *torn* some pages out of the book? だれがこの本の数ページを引きちぎったのか.
— [自] ❶This paper *tears* easily. この紙はすぐ破れる / My dress *tore* on a nail. 私の服はくぎに引っかかって破れた.
❷He *tore* out of the door. 彼はドアからとび出して行った.

be torn between ... and ~ …と～の板ばさみになる.
tear apart [他] ①…をばらばらにこわす, …を引き離す. ②(人)をひどく悲しませる, 動揺させる.
tear at ... …を引きむしろうとする.
tear away [他] (いやがるのに)…を引き離す, (いやがるのに)やめさせる.
tear down [他] (建物)を解体する, こわす.
tear into ... …にぶつかって行く, (人)を酷評する.
tear off [他] …を引きはがす.
tear oneself away from ... …からいやいやながら立ち去る[離れる].
tear up [他] ①(紙など)を引き裂く. ②…を引き抜く. ③(約束・契約など)を破棄する. ④(人)をひどく悲しませる, 動揺させる.
— [名] a *tear* in the pants ズボンの破れ.

tear·drop /tíərdràp ティアドラップ/ [名][C] 涙のしずく.

tear·ful /tíərfəl ティアフル/ [形] 涙を流している; 泣きそうな.
▸in a *tearful* voice 涙ぐんだ声で.
☞ [名]tear¹.

tear·ful·ly /tíərfəli ティアフリ/ [副] 涙ぐんで, 泣きながら.

téar gàs [名][U] 催涙(さいるい)ガス.

tear·jerk·er /tíərdʒə̀:rkər ティアチャーカ/ [名][C] 《口語》(映画・小説など)お涙ちょうだいもの.

tea·room /tí:rù(:)m ティールー(ー)ム/ [名][C] 軽食堂, 喫茶店 《喫茶と軽食をかねている》.

tea room /tí: rù(:)m ティールー(ー)ム/ [名] ＝**tea shop**.

tease /tí:z ティーズ/ [動] (現分 teas·ing)
[他] …をからかう, いじめる, 悩ます.
— [自] からかう, いじめる.
— [名][C] からかう[いじめる]のが好きな人.
▸[動][他] He *teased* her about her hairstyle. 彼は彼女を髪型のことでからかった.

teas·er /tí:zər ティーザ/ [名][C] ❶いじめる人, からかう人. ❷《口語》難問.

téa sèrvice [sèt] [名][C] ティーセット 《紅茶を出す器具一式》.

téa shòp [名][C] 喫茶店.

teas·ing·ly /tí:ziŋli ティーズィングリ/ [副] からかうように, うるさく.

tea·spoon /tí:spù:n ティースプーン/ [名][C]
❶茶さじ, 小さじ.
❷＝**teaspoonful**.

tea·spoon·ful /tí:spu:nfùl ティースプーンフル/ [名] ([複] ~s /-z/, tea·spoons·ful /tí:spu:nzfùl/) [C] 茶さじ[小さじ] 1 杯(分の量).

teat /tí:t ティート/ [名][C] (動物の)乳首, 乳頭 (☆「人間の乳首」は nipple).

téa tàble [名][C] ティー用小型テーブル.

tea·time /tí:tàim ティータイム/ [名][U] 《英》

(午後の)お茶の時間 (☞tea ❹).

tech. 《略語》*tech*nical; *tech*nology.

＊tech・ni・cal /téknikəl テクニカル/ 形
(more ~; most ~)
❶ **技術(上)の**; 専門(技術)の, 専門的な.
❷ (法の解釈など)厳密な解釈による.

❶ *technical* problems 技術上の問題 / *technical* knowledge 専門(技術的)知識 / *technical* skill 専門的技術 / a *technical* book 専門書 / *technical* terms 専門用語.
☞ 名technicality, technique.

téchnical còllege 名Ⓒ ❶(英)工業技術専門学校. ❷工業大学.

tech・ni・cal・i・ty /tèknikǽləti テクニキャリティ/ 名(複 -ties /-z/)Ⓒ(細部にわたる)専門事項.
☞ 形technical.

tech・ni・cal・ly /téknikəli テクニカリ/ 副
❶技術的に, 専門的に. ❷厳密には.

tech・ni・cian /tekníʃən テクニシャン/ 名Ⓒ ❶**専門技術者**, 専門家.
❷ (芸術・スポーツなどの)技巧のすぐれた人, テクニシャン.

tech・ni・col・or /téknikÀlər テクニカラー/ 名Ⓤ ❶あざやかな色彩.
❷ 《Technicolor で》【商標】テクニカラー(色彩を重視するカラー映画製作法).

＊tech・nique /tekníːk テクニーク/ (★アクセント注意)名(複 ~s /-s/) ❶ Ⓒ (**専門)技術**.
❷ Ⓤ (芸術・運動などの)**技巧**, 技術, 技法.

❶ new *techniques* of heart surgery 心臓手術の新しい技術.
❷ *techniques* of short story writing 短編小説の技法.
☞ 形technical.

tech・no・crat /téknəkræt テクノクラト/ 名Ⓒ テクノクラート (科学技術など専門的技術をもった高級行政官).

＊tech・no・log・i・cal /tèknəládʒikəl テクノラヂカル ｜ -lɔ́dʒ-/ 形**科学技術の**.

tech・nol・o・gist /teknálədʒist テクノロヂスト/ 名Ⓒ科学技術者.

＊tech・nol・o・gy /teknálədʒi テクノロヂィ｜ -nɔ́l-/ 名Ⓤ Ⓒ (先進的)**科学技術[知識]**, テクノロジー.

Ted /téd テッド/ 名テッド《男性の名; Edward, Theodore の愛称》.

Ted・dy /tédi テディ/ 名テディ《男性の名; Edward, Theodore の愛称》.

téddy bèar 名Ⓒぬいぐるみのクマ

teddy bears

te・di・ous /tíːdiəs ティーディアス/ (★発音注意)形退屈(たいくつ)な, あきあきする.
▶a *tedious* class 退屈な授業.
☞ 名tedium.

te・di・um /tíːdiəm ティーディアム/ 名Ⓤ退屈(たいくつ).
☞ 形tedious.

tee /tíː ティー/ 名Ⓒ【ゴルフ】 ❶ ティー (打つときにボールを載せる小さな台). ❷ ティー (第一打を打つすこし高くなった平らな場所).
to a tee = to a T(☞T 成句).

teem /tíːm ティーム/ 動⾃(文語)〔…で〕いっぱいである〔*with*〕.

teen-age /tíːnèidʒ ティーネイヂ/ 形10代の (❶数字に -teen のつく年齢の13歳(thirteen)から19歳(nineteen)をさす).

＊teen-ag・er /tíːnèidʒər ティーネイヂャ/ 名(複 ~s /-z/)Ⓒ**10代の少年[少女]** (☞teen-age).

tee-ny-wee-ny /tíːni-wíːni ティーニ・ウィーニ/ 形《小児語》ちっちゃい.

teens /tíːnz ティーンズ/ 名複《one's をつけて》10代(☞teen-age).
▶She is in *her teens*. 彼女は10代だ.

tee・ny /tíːni ティーニ/ 形(口語)ちっちゃい.

tée shìrt 名 = T-shirt.

tee・ter /tíːtər ティータ/ 動⾃よろよろ歩く; よろめく.

＊teeth /tíːθ ティース/ 名toothの複数形.

teethe /tíːð ティーズ/ 動(現分 teeth・ing)⾃(幼児が)歯が生(は)える.

tee・to・tal /tìːtóutl ティートウトル/ 形絶対禁酒(主義)の.

tee・to・tal・er, (英)**tee・to・tal・ler** /tìːtóutələr ティートウタラ/ 名Ⓒ絶対禁酒(主義)者.

TEFL /téfl テフル/《略語》*T*eaching (of) *E*nglish as a *F*oreign *L*anguage 外国語としての英語教授(法)(☞ TESL, TESOL).

Tef·lon /téflɑn テフラン/ 名Ⓤ【商標】テフロン《こげつき防止のための加工用合成樹脂》.

Te·he·ran, Teh·ran /tèiərǽn テイアラン/ 名テヘラン《イラン (Iran) の北部にある同国の首都》.

tel. 《略語》*tel*egram; *tel*ephone (number).

tel·e- /télə/ 接頭 ❶「遠い」の意味. ❷「テレビ」の意味.
▶❶ *tele*phone 電話 / *tele*scope 望遠鏡. ❷ *tele*vise テレビで放送する.

tel·e·com·mu·ni·ca·tions /tèlikəmjùːnəkéiʃənz テリコミューニケイションズ/ 名Ⓤ《電信・電話・ラジオ・テレビなどによる》電気通信. ▶a *telecommunications* satellite 通信衛星.

tel·e·con·fer·ence /télikɑ̀nfərəns テリカンファランス/ 名Ⓒ遠隔会議《テレビ電話などの遠隔地間の通信手段を使って行なう会議》.

*__tel·e·gram__ /téləgræm テレグラム/《★アクセント注意》名（複 ~s /-z/）Ⓒ電報《電信 (telegraph) で送られるメッセージ》.

*__tel·e·graph__ /téləgræf テレグラフ | -grɑːf/《★アクセント注意》名Ⓤ電信, 電報 (☞ telegram). ▶by *telegraph* 電報で.
☞ 形 telegraphic.

tel·e·graph·ic /tèləgrǽfik テレグラフィク/ 形 ❶ 電信による, 電報の. ❷ 簡潔な.
☞ 名 telegraph.

télegraph pòle [pòst] 名Ⓒ《英》電信柱《❍《米》では telephone pole という》.

te·leg·ra·phy /təlégrəfi テレグラフィ/《★アクセント注意》名Ⓤ電信(術).

te·lep·a·thy /təlépəθi テレパスィ/ 名Ⓤ テレパシー, 以心伝心《ことばを用いないで気持ちを伝え合うこと》.

⁂tel·e·phone
/téləfòun テレフォウン/ 名（複 ~s /-z/）
❶Ⓤ **電話**（❍《口語》ではふつう phone と短縮する；「内線」は extension）.
❷Ⓒ **電話機**.
❸《形容詞的に》電話の.

― 動（~s /-z/; -phoned /-d/; -phoning）他
❶ …に**電話をかける**, …と電話で話す（❍《口語》では phone と短縮して使う）.
❷ …を電話で伝える.
― 自 電話をかける（❍「電話を切る」は hang up）.

━━━━━━━━━━━━━━━━━━

名 ❶ I will contact her by *telephone*. 電話で彼女に連絡します / I spoke to her over [on] the *telephone*. 私は彼女と電話で話した / answer the *telephone* 電話に出る.
❷ May I use your *telephone*? 電話を貸してください / a public *telephone* 公衆電話.

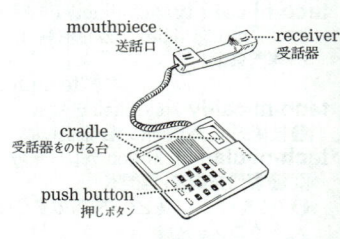

mouthpiece 送話口
receiver 受話器
cradle 受話器をのせる台
push button 押しボタン

telephone ❷

❸ He made a long distance (*telephone*) call to the office. 彼は会社に長距離電話をかけた / international *telephone* service 国際電話.

be on the telephone ①電話に出ている: Your mother *is on the telephone*. あなたのお母さんから電話です. ②《家などに》電話を引いてある.

― 動 他 ❶ I will *telephone* you this evening. 今晩お電話をします / I *telephoned* my mother to come at once. 私は母にすぐに来てくれるようにと電話をした.
❷ Please *telephone* your answer *to* us. あなたの返事を電話で私たちに知らせてください.

― 自 I *telephoned* to thank her. 私は彼女にお礼を言うために電話した.

télephone bòok 名Ⓒ電話(番号)帳.
télephone bòoth 名Ⓒ《公衆》電話ボックス.
télephone bòx 名Ⓒ《英》《公衆》電話ボックス.

abcdefghijklmnopqrs t uvwxyz　　　　　　　　　　　　　　　　　　**tell**

télephone diréctory 名C 電話(番号)帳.

télephone exchànge 名C 電話交換局.

télephone nùmber 名C 電話番号 (《✿口語》ではふつう phone number という; tel. と略す)).
INFO (1) 日本の東京「03」などにあたる市外局番は《米》では area code,《英》では STD code という.
(2) 読み方は,ふつうの数字とは異なり棒読みにする. 3269–4022 であれば (three two six nine four O /ou/ two two) という. 22 のように同じ数字が並ぶときは《英》では "double two" ということが多い. しかし同じ数字が10の位と100の位にまたがるときには 3114 (three one one four) のように別々に読む.

télephone òperator 名C 電話交換手 (《単に operator ともいう)).

télephone pòle 名C《米》電信柱 (《✿《英》では telegraph pole という)).

tel·e·pho·to /tèləfóutou テレフォウトウ/ 形 ❶望遠写真の. ❷電送写真.
▶a *telephoto* lens 望遠レンズ.

*__**tel·e·scope**__ /téləskòup テレスコウプ/ (《★アクセント注意》) 名 (複 ~s /-s/) C 望遠鏡.
▶look at the stars through a *telescope* 望遠鏡で星を見る / an astronomical *telescope* 天体望遠鏡.
☞ 形 telescopic.

tel·e·scop·ic /tèləskápik テレスカピック/ 形 望遠鏡の, 望遠鏡による.
☞ 名 telescope.

tel·e·vise /téləvàiz テレヴァイズ/ 動 (現分 -vising) ⊕ …をテレビで放送する.

__tel·e·vi·sion__ /téləvìʒən テレヴィジョン/ 名 (複 ~s /-z/)
❶ⓐ U (映像としての)**テレビ, テレビジョン** (《✿日常的には略して TV という; ☞ telly)).
ⓑ《形容詞的に》**テレビの**, テレビによる.
❷C (機械としての)**テレビ** (《✿television set ともいう)).

❶ⓐ I *watched* the figure-skating competition on *television*. 私はテレビでフィギュアスケート競技会を見た / What is on *television* at this time of night? 夜のこの時間にテレビはなにをやっていますか. ⓑa *television* station テレビ局 (《ふつう TV station という)) / a *television* program テレビ番組.
❷ Turn on 〔off〕 the *television*. テレビをつけ〔消し〕なさい.

（語の結びつき）
turn down a *television* テレビの音を小さくする〔下げる〕
switch off a *television* テレビを消す
switch [put] on a *television* テレビをつける
turn up a *television* テレビの音を大きくする

télevision sèt 名C ＝ television ❷.

*__**tell**__ /tél テル/ 動
(~s /-z/; told /tóuld/; ~ing) ⊕
❶ⓐ …を**言う, 話す**.
ⓑ …**に話す**.
ⓒ《tell ～ …または tell … to ～》 ～に…を言う, 話す.
ⓓ《tell ～ (that) ＿》 ～に＿ということを話す.
ⓔ《tell ～ 疑問詞＿》 ～に＿ということを教える.
❷《tell … to *do*》 …に＿するように**言う**, 命じる.
❸《ふつう can tell …》ⓐ …を知る, …がわかる.
ⓑ《tell (that) ＿》 ＿ということがわかる.
ⓒ《tell+疑問詞＿》＿がわかる.
❹《ふつう can tell …》 …の見分けがつく, …を区別する.
❺ …を表わす, 示す, 物語る.
— 自 ❶ⓐ …のことを**話す**, 述べる.
ⓑ (ものが)…を示す, 証拠となる.
❷《ふつう can tell で》**わかる**.
❸秘密を漏(ﾗ)らす, 告げ口をする.

⊕ ❶ⓐ Please *tell* the truth. ほんとうのことを話してください / *tell* jokes 冗談を言う / *tell* a lie うそをつく.
ⓑ My father *told* me about his childhood. 父は私に彼の子どものころのことを話してくれた / Don't *tell* anybody. だれにも言うな.
ⓒ *Tell* us the story. 私たちにその話を

one thousand three hundred and seventy-nine　1379

tell

してください / *Tell* it to the whole class. そのことをクラス全体に話しなさい / Will you *tell* me the way to the station? 駅へ行く道を教えてくれませんか.

❹She *told* me (*that*) she liked embroidery. 彼女は私に刺しゅうが好きだと言った(✪*that* は省略されることが多い; 直接話法では: She said to me, "I like embroidery.")/ I am *told* you were sick. ご病気だったそうですね.

❺*Tell* me *why* you were late. どうして遅刻したのか私に言いなさい / She didn't *tell* me *what to* do. 彼女は私にどうしたらよいか言わなかった / Bob kindly *told* me *how to* pronounce the word "leisure". ボブは親切にも私に 'leisure' という単語の発音のしかたを教えてくれた / Please *tell* me *where* you live. どこにお住まいか教えてください.

❷*Tell* him *to* come at once. 彼にすぐ来るように言いなさい / He *told* us *to* keep quiet. 彼は私たちに静かにしてくると言った(✪直接話法では He said to us, "Keep quiet.")/ She *told* me not *to* drive too fast. 彼女は私にあまり車のスピードを出してはいけないと言った(✪直接話法では She said to me, "Don't drive too fast.")/ I was *told* *to* wait a few minutes. 私は数分間待つように言われた / Do as you are *told* (*to* do). 言われたとおりにやりなさい.

❸ⓐNobody can *tell* the reason for it. その理由はだれもわからない.

ⓑHow could you *tell* (*that*) I was in Tokyo? 私が東京にいることがどうしてわかったのですか.

ⓒI can't *tell* *which* is which. 私にはどっちがどっちかわかりません / It is impossible to *tell* *what* may happen next. 次に何がおきるかわからない.

❹I cannot *tell* American English *from* British English. 私はアメリカ英語とイギリス英語の区別がつかない.

❺Her face *told* her joy. 彼女の顔は喜びを表わしていた(彼女が喜んでいることは顔でわかった) / Clocks *tell* time. 時計は時を告げる.

── ⓐ ❶ⓐHe *told* *of* [*about*] a strange deep sea fish. 彼は不思議な深海魚のことを話した(✪*of* のほうが形式ばった言い方).

ⓑHis hands *tell* *of* years of physical labor. 彼の手は長年の肉体労働を物語っている(彼の手を見ると長年肉体労働したことがわかる).

❷How *can* I *tell*? どうして私にわかりますか(私にはわかりません) / Nobody *can tell*.=Who *can tell*? だれにもわからない / You never *can tell*. わからないものですよ(外見や予想はあてにならない).

❸I promise not to *tell*. 人には言いません.

all told 全部で, 総計で: There were eleven *all told*. 全部で11人いた.

Don't tell me .... (口語)(相手のことばをさえぎって)まさか…なんていうことはないだろうね: *Don't tell me*, you won't join our club. まさか私のクラブにはいらないなんていうのではないでしょうね.

I (*can*) *tell you.* = *I'm telling you.* (口語) まちがいなく, ほんとうに, 確かに: It wasn't easy, *I can tell you*. 楽じゃなかったよ, ほんとうに.

I can't tell you how __ (口語) 口で言えないほど[ほんとうに]__: *I can't tell you how* sorry I am. ほんとうにごめんなさい.

(*I'll*) *tell you what* (口語)(提案などをしようとして)あのね, ちょっと聞いてよ: *I'll tell you what* — let's have a break. あのね, ちょっと休もうよ.

I told you (*so*). (口語) ほら私が言ったとおりでしょ.

Let me tell you. (口語)= I (can) *tell* you.

tell ... apart …を見分ける: Can you *tell* those twins *apart*? あの双子を見分けられますか.

Tell me (口語)(質問しようとして)で: *Tell me*, what did she say? で, 彼女はなんて言ったの.

tell off (他)(口語)…をしかる.

tell on ... ①…のことを告げ口をする: I won't *tell on* you. 私はあなたの告げ口はしません. ②…に対して効果を表わす.

tell the time (時計を見て)時間がわかる.

There is no telling .... …は決してわ

abcdefghijklmnopqrs**t**uvwxyz　　　　　　　　　　　　　　　　temporary

からない：*There is no telling* where the typhoon will hit. その台風はどこを襲うかさっぱりわからない.
to tell (you) the truth 実をいうと（☞truth）.
What did I tell you? 《口語》ほら私の言ったとおりでしょう.
You never can tell … = You can never tell … 《口語》…など絶対わからない：*You never can tell* the difference between the two. そのふたつの違いなど絶対わからない.
You're telling me! 《口語》その通りだ.
　　　　　　　　　　☞ 名tale.

tell·er /télər テラ/ 名C ❶話す人, 語り手. ❷（銀行の）窓口係.
▶ ❷an automatic [automated] *teller* machine（銀行の）現金自動預け払い機.

tell·ing /téliŋ テリング/ 形
❶ききめのある, 効果的な.
❷（知らず知らずに）気持ちを表に表わす.

tell·tale /téltèil テルテイル/ 形秘密などを表に表わした.

tel·ly /téli テリ/ 名（複 tel·lies /-z/）《英口語》= **television**.

tem·blor /témblər テンブラ/ 名C《米》地震（earthquake）.

*****tem·per** /témpər テンパ/ 名（複 ~s /-z/）
❶C気分, 機嫌（きげん）.
❷UC かんしゃく, 怒り.
❸UC 気質, 気性.
▶ ❶He is in a good [bad] *temper*. 彼は機嫌がよい[悪い]. ❷She has a *temper*. 彼女は短気[かんしゃくもち]だ / He is in a *temper* now. 彼は今かんしゃくを起こしている. ❸have a sweet *temper* やさしい気性である.
keep one's ***temper*** 怒りを抑える.
lose one's ***temper*** 腹を立てる.
　　　　　☞ 形temperate, 名temperance.

tem·per·a·ment /témpərəmənt テンパラメント/《★アクセント注意》名UC 気質, 気性. ▶have a nervous *temperament* 神経質である.

tem·per·a·men·tal /tèmpərəméntl テンパラメントル/ 形気まぐれな, おこりっぽい.

tem·per·ance /témpərəns テンパランス/ 名U ❶（飲食の）節制. ❷禁酒.

tem·per·ate /témpərət テンパレト/ 形
(more ~; most ~)（気候が）温暖な.
▶ Shikoku has a *temperate* climate. 四国の気候は温暖である.
　　　　　　　　　☞ 名temperance.

témperate zòne 名《the をつけて》温帯.

*****tem·per·a·ture** /témpərətʃuər テンパラチュア/ 名（複 ~s /-z/）
❶UC 温度, 気温.
❷UC 体温.
❸《単数形で》高熱, 発熱（状態）（◆fever ともいう）.

❶The *temperature* in the room is 86 degrees F (= Fahrenheit). 室内温度はカ氏86度だ（◆86°F とも書く）/ What's the *temperature*? 今何度ですか / The *temperature* rose to 36 degrees in Tokyo. 東京では気温が36度まで上がった.
INFO ▶ 英米では日常生活の温度はとくに摂氏 (C) と断わらない場合はカ氏 (F) である；☞ centigrade, Fahrenheit.
❷take *your temperature*. 体温を計りなさい / have a high [low] *temperature* 体温が高い[低い].
❸I have a *temperature*. 私は熱がある.

tem·pest /témpist テンペスト/ 名C《文語》大あらし, 暴風雨, 大ふぶき.

tem·plate /témplət テンプラト/ 名C型（取り）板；【電算】テンプレート《ソフトのサンプル用フォーム集》.

*****tem·ple**[1] /témpl テンプル/ 名（複 ~s /-z/）C❶神殿, 寺院.
❷（仏教の）寺, 寺院（◆「日本の神社」は shrine）.
▶ ❷the Horyuji *Temple* 法隆寺.

tem·ple[2] /témpl テンプル/ 名C（頭部の）こめかみ.

tem·po /témpou テンポウ/ 名（複 ~s /-z/; tem·pi /-pi:/）C
❶【音楽】（演奏の）テンポ, 速度.
❷（動作・活動などの）テンポ, 速さ.

tem·po·rar·i·ly /tèmpəréərəli テンポレリリ | témpərərə-/ 副一時的に, しばらく, 仮に.

*****tem·po·rar·y** /témpərèri テンポレリ/ 形一時的な, 長く続かない, 仮の（反 per-

tempt

manent).
▶a *temporary* job 一時的な仕事 / a *temporary* bridge 仮橋(ﾊｼ).

*__tempt__ /témpt テンプト/ 動(~s /-ts/; ~ed /-id/; ~ing) 他 ⓐ …を**誘惑する**, …の気持ちをそそる《○悪事に誘惑する意味にも, ふつうの誘いの意味にも用いる》.
ⓑ《**tempt ... to do**》…を(誘惑して)__したい気にさせる.
ⓒ《**tempt ... into doing**》…に__したい気にさせる.
ⓓ《**be tempted to do**》__したいと思う.
▶❶ⓐHer offer *tempts* me. 彼女の申し出はとても魅力的だ / He tried to *tempt* me with a bribe. 彼は私をわいろで誘惑しようとした. ⓑThe guidebook *tempted* us *to* go there. 案内書を読んだらそこへ行きたくなった.
ⓒNothing could *tempt* him *into* (committing a) crime. どんなに誘惑されても彼は悪いことをするはずがない.
ⓓI'm *tempted to* try skiing. スキーをやってみたい気がする.
☞ 名 temptation.

*__temp・ta・tion__ /temptéiʃən テンプテイション/ 名(複 ~s /-z/) ❶ Ⓤ **誘惑**.
❷ Ⓒ 誘惑するもの, 人の心をひきつけるもの.
▶❶I felt the *temptation* to smoke. 私はふとたばこを吸いたい誘惑にかられた.
❷the *temptations* of a big city 大都会の誘惑.
☞ 動 tempt.

tempt・ing /témptiŋ テンプティング/ 形 誘惑的な, そのそそるような, 魅力的な, 味覚をそそる.

tempt・ing・ly /témptiŋli テンプティングリ/ 副 誘惑するように.

**ten /tén テン/ 名 (複 ~s /-z/)
❶ⓐⓊ(数の)**10** (☞one).
ⓑⒸ(数字の)10 (10, Xなど).
❷《複数扱いで》**十**(ｼﾞｭｳ), **10人, 10個**.
❸Ⓤⓐ**10時, 10分**. ⓑ10ドル[ポンド, セント, ペンスなど].
❹Ⓤ10歳.
❺Ⓒ10[10人, 10個]ひと組のもの.
— 形 ❶**10の**, 10人の, 10個の.
❷10歳で(ある).

名 ❶ⓐLesson *Ten* 第10課 / Count from one to *ten*. 1から10まで数えなさい / *Ten* times thirty is [makes, equals, are] three hundred. 30の10倍は300(10×30＝300).
❷*Ten* were found. 10個[10人]が発見された.
❸ⓐat *ten* in the morning 午前10時に.
❹a child of *ten* 10歳の子ども.
❺They came in *tens*. 彼らは10人ずつ組になって来た.

tens of thousands of ... 何万という…: *Tens of thousands of* people died in the earthquake. 何万という人が地震で死んだ.

ten to one 十中八九は: *Ten to one* he will succeed. 彼は十中八九成功するだろう.

— 形 ❶I am *ten* centimeters taller than he. 私は彼より10センチ背が高い.
❷My daughter is *ten*. 私の娘は10歳です.

te・na・cious /tənéiʃəs テネイシャス/ 形 執拗(ｼﾂﾖｳ)な, 粘り強い.

te・na・cious・ly /tənéiʃəsli テネイシャスリ/ 副 頑強に, 粘り強く, しっかりと.

te・nac・i・ty /tənǽsəti テナスィティ/ 名Ⓤ 固執; 粘り強さ.

ten・an・cy /ténənsi テナンスィ/ 名(複 -ancies /-z/) ❶Ⓤ(土地・家屋の)借用.
❷Ⓒ借用期間.

ten・ant /ténənt テナント/ 名Ⓒ借家人, 借地人, 間借り人, 入居者.

ténant fàrmer 名Ⓒ小作人, 小作農.

Tén Commándments 名(複)《the をつけて》【聖書】十戒(ｼﾞｯｶｲ)《◆モーセ(Moses)がシナイ山(Mount Sinai)の山頂で神から与えられた10箇条の戒律》.

*__tend__[1] /ténd テンド/ 動(~s /-dz/; ~ed /-id/; ~ing) 他 ❶《**tend to do**》__**する傾向がある**, __しがちである.
❷《**tend toward ...**》(人が)…への傾向がある.
❸(状況などが)傾向がある.

❶She *tends to* talk too much. 彼女はしゃべりすぎる傾向がある.

❷ The boy *tends toward* selfishness. その少年は利己的な傾向がある.
❸ Prices *tended* upward. 物価は上昇傾向にあった.
☞ 名 tendency.

tend² /ténd テンド/ 動 他《文語》…の世話をする, めんどうを見る.

*ten·den·cy /téndənsi テンダンスィ/ 名 (複 -den·cies /-z/) C ❶ 傾向, 風潮. ❷ 癖(&), 性向.
▶ ❶ The market is showing an upward *tendency*. 市況は上向き(の傾向)である / There is a *tendency* for young people to stay single. 若い人には独身のままでいる傾向がある.
❷ He has a *tendency* to get angry if he is criticized. 彼は批判されるとおこりやすい性癖がある.
☞ 動 tend¹.

*ten·der /téndər テンダ/ 形 (-der·er /-dərər/; -der·est /-dərist/)
❶ やさしい, 思いやりのある, 親切な.
❷ⓐ (肉などが) 柔(%)らかい (反 tough).
ⓑ (光・色・感触などが) 柔らかい, 弱い.
❸ⓐ まだ若い, 未熟な.
ⓑ (植物などが) 弱々しい, 傷つきやすい.
❹ (傷など) さわると痛い, 敏感な.
▶ ❶ He has a *tender* heart. 彼はやさしい心の持ち主だ / a *tender* smile やさしいほほえみ.
❷ⓐ This beef is *tender*. この牛肉は柔らかい / *tender* spinach 柔らかいホウレンソウ.
ⓑ a *tender* breeze そよ風.
❸ⓐ at the *tender* age of six 6歳という幼い年令で.
ⓑ *tender* flowers 傷つきやすい花.
❹ My injured foot is still *tender*. 私のけがした足はまだ痛い.

ten·der·heart·ed /téndər-hɑ́ːrtid テンダ・ハーティッド/ 形 心のやさしい, 情け深い.

ten·der·loin /téndərlɔ̀in テンダロイン/ 名 U テンダーロイン《牛・ブタの腰部の柔(%)らかい肉; ☞ sirloin》.

ten·der·ly /téndərli テンダリ/ 副 やさしく, 親切に.

ten·der·ness /téndərnəs テンダネス/ 名 U ❶ やさしさ, 親切さ. ❷ 柔(%)らかさ, もろさ.

ten·don /téndən テンドン/ 名 C 【解剖】腱(½). ▶ **Achilles'** *tendon* アキレス腱.

ten·dril /téndrəl テンドリル/ 名 C 【植物】(ブドウなどの)巻きひげ, つる.

ten·e·ment /ténəmənt テネメント/ 名 C = tenement house.

ténement hòuse 名 (複 -hous·es /-hàuziz/) C (とくにスラム街の)安アパート.

ten·et /ténit テニット/ 名 C 主義, 信条.

ten·fold /ténfòuld テンフォウルド/ 形 副 10倍の〔に〕.

Ten·nes·see /tènəsíː テネスィー/ 名 ❶ (アメリカの)テネシー州《◎【郵便】TN と略す》. ❷《the をつけて》テネシー川.

*ten·nis /ténis テニス/ 名 U テニス.
▶ play *tennis* テニスをする.

ténnis èlbow 名 U テニス肘(¾) 《テニスが原因の肘関節炎》.

ten·or /ténər テナ/ 名【音楽】❶ UC テナー, テノール 《男性の最高音域; ☞ bass¹》. ❷ C テナー歌手.
— 形 テナーの.

ten·pin /ténpìn テンピン/ 名 C テンピンズ (tenpins).

ténpin bòwling 名 U 《英》 = ten·pins.

ten·pins /ténpìnz テンピンズ/ 名 U 《米》 テンピンズ《10本のピンを使うボウリングの一種》.

*tense¹ /téns テンス/ 形 (tens·er; tens·est)
❶ (綱・筋肉などが) ぴんと張った (反 lax).
❷ 緊張した, 張りつめた.
▶ ❶ The rope is *tense* enough. ロープは十分ぴんと張っている / *tense* muscles ぴんと張った筋肉.
❷ They were *tense* with excitement. 彼らは興奮で緊張していた / a *tense* situation 緊迫した情勢.
☞ 名 tension.

tense² /téns テンス/ 名 (複 tens·es /-iz/) UC 【文法】(動詞の)時制.
▶ the present *tense* 現在時制.

tense·ly /ténsli テンスリ/ 副 張りつめて, 緊張して.

tense·ness /ténsnəs テンスネス/ 名 U 緊張.

*ten·sion /ténʃən テンション/ 名 U ❶ 張りつめ(てい)ること, 張っている状態.

tent

❷ⓐ(精神的な)緊張.
ⓑ(情勢などの)緊張.
❸〖物理〗張力.
▶❶*tension* in the muscles 筋肉の緊張.
❷ⓐThey were working under great *tension*. 彼らはとても緊張して仕事をしていた.
❸surface *tension* 表面張力.
☞ 形tense¹.

*tent /tént テント/ 名(複 ~s /-ts/)
©テント.
— 動⾃テントに泊まる.
▶名pitch [put up] a *tent* テントを張る.

ten・ta・cle /téntəkl テンタクル/ 名©〖動物〗(イカ・タコなどの)触手.

ten・ta・tive /téntətiv テンタティヴ/ 形
❶試験的な, 仮の. ❷ためらいがちの.
▶❶a *tentative* plan 試案.

ten・ta・tive・ly /téntətivli テンタティヴリ/ 副 ❶試験的に, 仮に. ❷ためらいがちに.

*****tenth** /ténθ テンス/ 形 ❶《ふつう the をつけて》**10番目の**(☞first).
❷10分の1の.
— 名(複 ~s /-s/) ❶《ふつう the をつけて》**10番目の人[もの]**.
❷《the をつけて》(月の)**10日**(《○略語は10th》).
❸ⓒ10分の1.

ten・u・ous /ténjuəs テニュアス/ 形(根拠・関係などが)弱い, しっかりしていない.

ten・ure /ténjər テニャ/ 名U
❶ⓐ(土地などの)保有; 保有権. ⓑ任期.
❷(米)(教授などの)終身在職権.

te・pee /tíːpiː ティーピー/ 名©ティーピー(《北米先住民の皮でできている円錐形テント》).

tep・id /tépid テピッド/ 形(水などが)ぬるい, なまぬるい.

te・qui・la /təkíːlə テキーラ/ 名Uテキーラ(《メキシコ産の強い酒; リュウゼツランの一種から作る》).

*term /tə́ːrm ターム/ 名(複 ~s /-z/)
❶ⓐⓒ(専門)**用語**, 術語.
ⓑ《複数形で》**言い方**, 表現, ことば遣い.
❷ⓒⓐ(一定の)**期間**, 任期; 期限.
ⓑ(学校のふつう3期制の)**学期**(☞semester).
❸《複数形で》(契約・売買などの)**条件**.
❹《複数形で》(交際上の)**関係**.

— 動(~s /-z/; ~ed /-d/; ~ing)⾃《term ... ~》…を〜と呼ぶ, 名づける.

名 ❶ⓐ"Satellite" is a *term* in astronomy. 「衛星」は天文学の術語である / medical〔legal〕*terms* 医学〔法律〕用語. ⓑHe spoke of you in warm *terms*. 彼はあなたのことをよく言っていました / in broad *terms* おおざっぱな言い方で(は).

❷ⓐThe President's *term* of office is four years. 大統領の任期は4年間である / serve three *terms* 3期勤める / a six-year *term* as senator 上院議員としての6年間の任期 / the *term* of validity 有効期間.
ⓑThe second *term* has begun. 2学期が始まった / the spring〔fall〕*term* 春〔秋〕学期.

❸I cannot accept such *terms*. 私はそんな条件は受け入れられません / on equal *terms* 平等な条件で.

be on ... terms (with ~) (〜とは)…の関係である: She *is on* bad *terms with* Kim. 彼女はキムとは仲が悪い / The two *are on* speaking *terms*. そのふたりは会えば話をする間柄だ.

come to terms with ... ①…と話がまとまる, 合意する: We have *come to terms with* them. われわれは彼らと話がまとまった. ②(困難など)を仕方なく受けいれる.

in terms of ... ①…の点から(は), …に関して(は): We have to consider this *in terms of* morality. 私たちはこのことを道徳の立場から考えなくてはならない. ②…に換算して: He thinks of everything *in terms of* money. 彼はなんでも金に換算して考える人だ.

in the long〔short〕term 長期的〔短期的〕に見れば.

— 動⽤His life might be *termed* happy. 彼の人生はまあ幸福といえるだろう / The drama may be *termed* a comedy. その戯曲はまあ喜劇と呼んでもよいだろう.

*ter・mi・nal /tə́ːrmənl ターミヌル/ 形
❶終着(駅)の, ターミナルの.

abcdefghijklmnopqrs**t**uvwxyz　　　　　　　　　　　　　　　　　**terrier**

❷(病気などが)末期の.
❸学期の, 期末の.
— 名(複 ~s /-z/) C ❶(鉄道・飛行機・バスなどの)**ターミナル**, 終着[始発]駅, 終点(○(英)では terminus のほうがふつう).
❷〖電気〗端子, 電極.
❸〖電算〗端末機(スクリーンとキーボード).
▶形 ❶We reached the *terminal* station. われわれは終着駅に着いた.
❷*terminal* cancer 末期の癌(がん).
❸The *terminal* examination is close at hand. 学期末試験はもうじきだ.
— 名 ❶the bus *terminal* バスターミナル.
☞ 動terminate.

ter·mi·nal·ly /tə́ːrmənəli ターミナリ/ 副
(病気などが)末期的に.

ter·mi·nate /tə́ːrmənèit ターミネイト/ 動
(~s /-ts/; -nat·ed /-id/; -nat·ing)(文語)他 …を終わらせる.
— 自終わる.
▶他 *terminate* the contract 契約をやめる.
— 自The train *terminates* at Tokyo. その列車は東京が終点だ.
☞ 形terminal, 名termination.

ter·mi·na·tion /tə̀ːrmənéiʃən ターミネイション/ 名 ❶UC終結, 終了; 満期.
❷C妊娠中絶.
☞ 動terminate.

ter·mi·nol·o·gy /tə̀ːrmənálədʒi ターミナロヂィ/ 名U《集合的に》術語, 専門用語.

ter·mi·nus /tə́ːrmənəs ターミナス/ 名
(複 ter·mi·ni /-nài/, ~·es /-iz/) C(英)(鉄道・バスなどの)終点, 終着[始発]駅(○(米)では terminal).

ter·mite /tə́ːrmait ターマイト/ 名C〖昆虫〗シロアリ.

térm páper 名C(米)学期末レポート(学期ごとに提出する論文やレポート).

ter·race /térəs テラス/ 名(複 -rac·es /-iz/) C ❶テラス《日光浴をしたりバーベキューやパーティー (party) などに使う; ☞ yard²❶). ❷(段々になっている)台地, 段丘.
❸(英)テラスハウス(○連続式住宅でその中の1軒を terraced houseという).

ter·raced /térəst テラスト/ 形
❶(土地などが)ひな壇状の, テラス式の.
❷(家が)連続した.

▶❶a *terraced* walk 段状の(庭に続く)道.

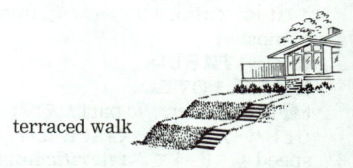

terraced walk

térraced hòuse, térrace hòuse
名C(英)テラスハウス《連続式住宅のうちの一軒; (米)では row house; ☞ semi-detached house》.

ter·ra·cot·ta /tèrə-kátə テラ・カタ/ 名U
テラコッタ《素焼きの赤粘土》.

ter·rain /təréin テレイン/ 名UC地形, 地勢.

ter·res·tri·al /təréstriəl テレストリアル/ 形 ❶地球の.
❷陸の(☞aquatic).

***ter·ri·ble** /térəbl テリブル/ 形 (more ~; most ~)
❶ (程度などが)**ひどい**, きびしい, ものすごい.
❷ (質などが)ひどい, 粗末な, 不快な.
❸恐ろしい, こわい.

❶I have a *terrible* headache. ひどい頭痛がする / We had a *terrible* storm last night. 昨夜はひどいあらしだった / a *terrible* winter きびしい冬 / in a *terrible* hurry ひどくあわてて.
❷I had a *terrible* time. ひどい目にあった / *terrible* food ひどい食べ物.
❸There was a *terrible* accident at the street corner. 街角で恐ろしい事故があった / have a *terrible* dream 恐ろしい夢を見る.
☞ 名terror.

***ter·ri·bly** /térəbli テリブリ/ 副
❶すごく, ひどく, 非常に(○よい意味にも使う).
❷非常にまずく.
▶❶I am *terribly* busy. 私はすごく忙しい / The dog is *terribly* clever. その犬はすごく利口だ / *terribly* difficult ひどく難しい / *terribly* nice すごくよい.
❷She played the violin *terribly*. 彼女のバイオリン演奏はひどいものだった.

ter·ri·er /tériər テリア/ 名Cテリア《鋭敏

one thousand three hundred and eighty-five　　1385

terrific

で小型の犬；愛玩(がん)用や猟犬として飼われる).

*__ter・rif・ic__ /tərífik テリフィック/ 形 (more ~; most ~)
❶《口語》**すばらしい**.
❷猛烈な, ものすごい.
▶❶It was a *terrific* party. それはすばらしいパーティーだった. ❷at a *terrific* speed 猛スピードで / a *terrific* hurricane 猛烈なハリケーン[暴風].
☞ 名 terror.

__ter・ri・fied__ /térəfàid テリファイド/ 形 ⓐこわがっている, おびえた. ⓑ《be terrified at [of] ...》…をこわがっている.
▶ⓐa *terrified* cry おびえた叫び声.
ⓑI *was terrified at* the reckless speed of the bus. 私はそのバスのむちゃくちゃなスピードにぞっとした / The boy *was terrified of* the spiders. その男の子はクモをこわがった.

__ter・ri・fy__ /térəfài テリファイ/ 動 (-ri・fies /-z/; -ri・fied /-d/; ~・ing) 他 ❶ⓐ…をこわがらせる, …に恐怖感を与える.
ⓑ《be terrified で》こわがっている, おびえている (☞terrified ⓑ).
❷ⓐ《terrify ... into ~》(人)をおどかして〜させる. ⓑ《terrify ... out of ~》(人)をおどかして〜を失わせる.
▶❶ⓐTraveling by air *terrifies* her. 彼女は飛行機旅行をこわがっている.
❷ⓐ*terrify* the boys *into* silence 男の子たちをおどかして黙らせる.
☞ 名 terror.

__ter・ri・fy・ing__ /térəfàiiŋ テリファイイング/ 形 恐ろしい, ぞっとするような.

__ter・ri・to・ri・al__ /tèrətɔ́:riəl テリトーリアル/ 形 領土の; 土地の.
▶*territorial* rights 領土権.
☞ 名 territory.

__territórial wáters__ 名複 領海.

*__ter・ri・to・ry__ /térətɔ̀:ri テリトーリ | -təri/ 名 (複 -to・ries /-z/)
❶ⓤⓒⓐ**領土**, 領地 (❖領海も含む).
ⓑ地域, 地区; 場所.
❷ⓤⓒ(動物・野鳥などの)**なわ張り**.
❸ⓐⓤ(学問などの)分野, 領域. ⓑⓤⓒ(セールスマンなどの)担当区域, テリトリー.
❹ⓒ(アメリカ・カナダ・オーストラリアなどの)準州 (❖まだ州 (State) の地位を得ていない地域).

❶ⓐThose islands used to be Japanese *territory*. それらの島はかつては日本の領土だった.
ⓑMuch *territory* in Brazil is covered by large forests. ブラジルの広大な地域が大森林でおおわれている.
❷Some birds have their own *territories*. 鳥の中には自分のなわ張りを持っているものがある.
❸ⓐthe *territory* of physics 物理学の分野.
☞ 形 territorial.

*__ter・ror__ /térər テラ/ 名 (複 ~s /-z/)
❶ⓤ(非常な)**恐怖(心)** (❖fearよりも強い恐怖).
❷ⓒ**恐ろしいもの[人, 状況]**, 恐怖の種.
❸ⓤテロ(行為).
❹ⓒ《口語》やっかい者, 手におえないもの.

❶*Terror* spread throughout the town. 町に恐怖心が広まった.
❷He was a real *terror* to all the girls. 彼はすべての女の子にほんとうにこわがられていた.
❸*terror* tactics テロ作戦.
❹He is a *terror* when he is drunk. 彼は酔っぱらうと手がつけられない.
__in terror__ こわがって: The children fled *in terror*. 子どもたちはこわがって逃げた.
☞ 形 terrible, terrific, 動 terrify, terrorize.

__ter・ror・ism__ /térərìzm テロリズム/ 名 ⓤ (政治的な目的のための)暴力行為, テロ(リズム).

__ter・ror・ist__ /térərist テロリスト/ 名 ⓒ テロリスト, 暴力革命主義者.

__ter・ror・ize__ /térəràiz テロライズ/ 動 (現分 -iz・ing) 他 (おどして)…に恐怖心を起こさせる.
☞ 名 terror.

__terse__ /tá:rs タース/ 形 (ことば遣(づか)いが)きつい.

__terse・ly__ /tá:rsli タースリ/ 副 きつく.

__TESL__ /tésl テスル/ 《略語》*T*eaching (of) *E*nglish as a *S*econd *L*anguage 第2言語としての英語教授(法) (☞TEFL).

__TESOL__ /tésɔ(:)l テソ(ー)ル/ 《略語》

abcdefghijklmnopqrs**t**uvwxyz　　　　　　　　　　**tetanus**

*T*eaching (of) *E*nglish to *S*peakers of *O*ther *L*anguages 他言語話者に対する英語教授(法) (☞TEFL).

＊**test** /tést テスト/ 名(複 ~s /-ts/) C

❶ **試験, テスト**; 検査; 実験.

❷ (力・本質などを)試すもの, 試練, 苦難.

— 動(~s /-ts/; ~・ed /-id/; ~・ing) 他

❶ …**を試験する, テストする**; …を**検査する**, 調べる.

❷ …を試す, …の試練になる.

名 ❶ We had an English *test* yesterday. きのう英語の試験があった / The teacher gave us a *test* in geography. 先生はわれわれに地理の試験をした / take a driving *test* 運転免許の試験を受ける / a written *test* ペーパーテスト (✿「ペーパーテスト」は和製英語》/ a safety *test* 安全検査 / a physical *test* 身体検査 / an intelligence *test* 知能検査 / a nuclear *test* 核実験.

【語の結びつき】

do [《英》sit (for)] a *test* テストを受ける
fail a *test* テストで不合格になる, テストに落ちる
pass a *test* テストに合格する
prepare [make up, 《英》set] a *test* テスト(問題)を作成する

---

❷ a *test* of character 人物を試すもの / the *test* of time 時の試練.

put ... to the test …を試験する, 検査する.

stand the test 試練に耐える.

— 動 他 ❶ He *tested* the class on [in] math. 彼はそのクラスの生徒に数学の試験をした / The boy *tested* the air pressure in his bicycle tires. その少年は自転車のタイヤの空気圧を調べた / I had my eyes *tested*. 私は眼を検査してもらった / *test* the water for mercury 水を分析して水銀がはいっていないか調べる.

❷ Misfortunes *test* a person's character. 不幸になって初めて人の性格がわかる.

tes・ta・ment /téstəmənt テスタメント/ 名 C 証拠.

tést bàn 名 C 核実験禁止協定.

tést càse 名 C 新しい判例となる裁判.

tést drìve 名 C 車の試乗, テストドライブ.

test-drive /tést-dràiv テスト・ドライヴ/ 動 (~s /-z/; -drove /-dróuv/; -driv・en /-drívən/; -driv・ing) 他 (車)を試運転する.

test・er /téstər テスタ/ 名 C ❶ 試験[検査]する人.

❷ 試験装置.

tést flìght 名 C テスト飛行.

tes・ti・cle /téstikl テスティクル/ 名 C 〖解剖〗睾丸(※).

tes・ti・fy /téstəfài テスティファイ/ 動 (-ti-fies /-z/; -ti-fied /-d/; ~・ing) 自 証言する; 証明する.

— 他 《*testify that* ＿》＿と証言する, 証明する.

▶ 自 The witness *testified* for [against] him. その証人は彼に有利な〔不利な〕証言をした / She *testified* to his alibi. 彼女は彼のアリバイを証言した.

— 他 She *testified that* she had seen the man come out of the shop. 彼女はその男がその店から出てくるのを見たと証言した.

tes・ti・mo・ni・al /tèstəmóuniəl テスティモウニアル/ 名 C (人物・品質などの)証明書, 推薦状.

tes・ti・mo・ny /téstəmòuni テスティモウニ/ 名 (複 -mo・nies /-z/) U C ❶ (法廷における)証言.

❷ 証明, 証拠.

▶ Her smile is *testimony* of her pleasure. 彼女のほほえみは彼女が喜んでいる証拠だ.

tést pàper 名 C 試験問題(紙).

tést pàttern 名 C (テレビの)テストパターン.

tést pìlot 名 C (飛行機の)テストパイロット.

tést rùn 名 C 試運転.

tést tùbe 名 C 〖化学〗試験管.

tést-tùbe báby /tést-tjù:b- テスト・トゥーブ・, ・テューブ・/ 名 C 試験管ベビー《体外受精児》.

tes・ty /tésti テスティ/ 形 (-ti・er; -ti・est) いらいらした, おこりっぽい.

tet・a・nus /tétənəs テタナス/ 名 U 〖医学〗破傷風.

one thousand three hundred and eighty-seven　　　1387

teth·er /téðər テザ/ 名C (牛・馬などを柱などにつないでおく)綱, 鎖.
— 動 他 (動物)を綱[鎖]でつなぐ.

Tex·as /téksəs テクサス/ 名 テキサス 《アメリカ南西部の州; ◐[郵便] TX と略す》.

*__text__ /tékst テクスト/ 名 (複 ~s /-ts/)
❶ C **原文**, 原典.
❷ U (序文・注釈・解説などに対して)**本文**.
❸ C =textbook.
▶ This is the full *text* of his speech. これは彼の演説の全文である / the original *text* 原典. ❷The *text* of the book covers 475 pages. その本の本文は475ページにわたっている.
☞ 形 textual.

***text·book** /tékstbùk テクストブック/ 名 (複 ~s /-s/) C **教科書**.
▶ an English *textbook* = a *textbook* for English 英語(学習用)の教科書.

tex·tile /tékstail テクスタイル/ 名 C 織物, 布地. ▶ cotton *textiles* もめん織物.

téxt mèssage 名 C (携帯電話による)メール, 文字通信の内容.

tex·tu·al /tékstʃuəl テクスチュアル/ 形 本文の; 原文の. ☞ 名 text.

tex·ture /tékstʃər テクスチャ/ 名 U C (ひふ・材木などの)きめ, 手ざわり.

Th. (略語) *Th*ursday.

Thai /tái タイ/ 形 ❶タイ国の.
❷タイ語の.
❸タイ人の.
— 名 (複 Thai, ~s /-z/) ❶ C タイ人.
❷ U タイ語.

Thai·land /táilænd タイランド/ 名 タイ(国) 《アジア南東部の王国; 首都バンコク (Bangkok)》.

Thames /témz テムズ/ 《★発音注意》名 《the をつけて》テムズ川 《ロンドン (London) 市内を流れている》.

****than** /(弱) ðən ザン; (強) ðǽn ザン/ 接
❶ **…よりも**, …に比べて.
❷ 《rather などに続いて》…よりはむしろ.
❸ 《other, another, otherwise, else などに続いて》…よりほかの, …よりほかには.

・・・・・・・・・・・・・・・・・・・・・・・・・・・・

❶ He is taller *than* his father. 彼は父親より背が高い / He is stronger *than* I [me]. 彼は私より強い / He spoke more *than* was necessary. 彼は必要以上のことまで話した.
❷ I'll take this *rather than* that. 私はあれよりはむしろこちらをもらいます.
❸ I have no *other* pen *than* that. 私はこれ以外のペンは持っていない.

|語法| (1) ❶ の2番目の例文の *than* I [me] は「私が強いよりも」であるから *than* I であるべきだが, 《口語》では主格よりも目的格にして *than* me にする傾向がある. この場合の than はふつう前置詞と考えられる. しかし次のように主格と目的格で意味が違う場合もある: I like you better *than* he (likes you). 彼よりも私のほうがあなたを好きだ / I like you better *than* (I like) him. 私の好きなのは彼よりあなたのほうだ.
(2) ❶ の最後の例文では than は was の主語になっており, 関係代名詞のような働きをしている.

****thank** /θǽŋk サンク/ 動 (~s /-s/; ~ed /-t/; ~ing) 他 ⓐ …に**感謝する**, 礼をいう.
ⓑ 《**thank** ... **for** *doing*》…に＿してくれたことを感謝する.
— 名 (複 ~s /-s/) 《複合語以外はつねに複数形で》**感謝**, 感謝の気持ち.

・・・・・・・・・・・・・・・・・・・・・・・・・・・・

動 他 ⓐ I *thanked* him from the bottom of my heart. 私は彼に心からお礼を述べた / I *thanked* her *for* the nice present. 私は彼女にすばらしい贈り物のお礼をいった.
ⓑ I *thanked* the boy *for showing* me the way. 私はその男の子に道を教えてくれたことのお礼をいった.

have oneself to thank for ... …は自分の責任だ: You *have* only *yourself to thank for* your bad marks. 成績の悪いのは君の責任だ.

have ... to thank for ~ … (人)には~を感謝しなければならない: We *have* Steve *to thank for* (arranging) this dinner. スティーブにはこの夕食会のことを(手配してくれて)感謝します.

No, thank you. **いいえ, けっこうです** 《◐ 人の申し出や勧められたものを断わるときのことば》.

thankless

対話
「もういっぱいコーヒーいかが」
「いいえ，けっこうです」

Won't you have another cup of coffee?
No, thank you.

Thank God [Heaven(s), goodness]! ああありがたい：*Thank God! You've come.* ああ，ありがたい．あなたが来てくれた．

Thank you anyway. ともかくありがとう《ありがたくないことも含めてとにかく相手の好意に感謝する》．

Thank you (for ...). (…を)ありがとう(ございました)．

語法 I thank you. の I を省略したもの；演説の終わりなどでは「聞いてくださってありがとう」の意味で，ふつう Thank you. または I thank you. という．

Thank you very much. ほんとうにありがとう(ございました) / *Thank you for* your letter. お便りありがとう(ございました) / *Thank you for* coming to see me. おいでいただいてありがとう(ございました) / 対話 "*Thank you.*"–"You're welcome." 「ありがとう」「どういたしまして」《❂(英)では返事として Don't mention it. や Not at all. ともいう》．

対話
「ドアを開けてあげましょうか」
「ありがとう」

Can I open the door for you?
Thank you.

— 名 *Thanks* a lot! どうもありがとう《❂Thank you very much. よりもくだけた表現》/ Please accept my sincere *thanks*. ほんとうにどうもありがとうございました / Mother expressed *thanks* to my teacher. 母は私の先生に感謝の気持ちを述べた / a letter of *thanks* 感謝の手紙．

語の結びつき
earn ...'s *thanks* (人に)感謝される
expect *thanks* お礼を言われることを期待する
《口語》say [give] *thanks* (to ...) (for ~) (人に)(～に対する)感謝を述べる，謝意を表わす
smile one's *thanks* 謝意を笑顔で示す

A thousand thanks. = ***Many thanks.*** どうもありがとう(ございます)：*Many thanks for* your advice. ご忠告ほんとうにありがとうございました．

No, thanks. いや，結構です《❂No, thank you. ほどていねいではない》．

thanks to ... …のおかげで：*Thanks to* your help, I was able to finish it sooner than I (had) expected. あなたの(お手伝いの)おかげで私はそれを思ったより早く終えることができました / *Thanks to* television, our children don't read much. テレビのおかげで，子どもたちはあまり本を読まない《❂このように悪い意味でも用いる》．

☞ 形 thankful.

thank·ful /θǽŋkfəl サンクフル/ 形 (more ~; most ~)［…に］［…を］感謝して(いる) ［*to, for, that*］.
▶She *was thankful to* him *for* his kindness. 彼女は彼の親切をありがたく思っていた / We *are* very *thankful that* no one was killed in the accident. 私たちはその事故で死者がでなかったことをありがたく思っている．

☞ 名 thank.

thank·ful·ly /θǽŋkfəli サンクフリ/ 副 感謝して．

thank·ful·ness /θǽŋkfəlnəs サンクフルネス/ 名 U 感謝していること，感謝の気持ち．

thank·less /θǽŋkləs サンクレス/ 形 (仕事などが)だれも喜ばない，報いのない．

thanks·giv·ing /θǽŋksgíviŋ サンクスギヴィング/ 名 ❶ⓊⒸ神への感謝.
❷《Thanksgiving で》= Thanksgiving Day.

Thanksgíving Dày 名 (アメリカ・カナダの)感謝祭, 収穫感謝日.
▶INFO アメリカでは11月の第4木曜日, カナダでは10月の第2月曜日にあたる. イギリスからアメリカの現在のプリマスに上陸した清教徒 (Puritan) たちが, 苦労の後に収穫を得, 原住民を招いて神に感謝の宴会を開いたことに始まるといわれている. 七面鳥 (turkey) やカボチャパイ (pumpkin pie) のごちそうを食べる. 学校は週末まで休み.

thank-you /θǽŋkju: サンキュー/ 形 感謝の.
▶a *thank-you* gift 感謝の贈り物.

***that**¹ /ðǽt ザット/ 代 (複 those /ðóuz/)《指示代名詞》
❶ **あれ, それ**, あのこと[人], そのこと[人].
❷ (…の)それ.
❸《関係代名詞》
❹ (後者 (this) に対して)前者.
—— 形《指示形容詞》**あの, その**, あちらの.
—— 副《口語》それほど, そんなに.

・・・・・・・・・・・・・・・・・・

代 ❶ *That* is my sister. あれが私の妹です / What will you do after *that*? その後はなにをするのですか / Who is *that*, please? 《英》《電話》(相手に対して)どなた様でしょうか (◎《米》では Who is this, please? という).

|語法| this が近いところにあるもの[人]などをさすのに対して, that は離れているもの[人]など, すこし前に見たり聞いたりしたこと[もの, 人]など, およびすこし前に述べたこと[もの, 人]などをさす.

❷ Our climate is milder than *that* (= the climate) of India. わが国の気候はインド(のそれ)より穏(ぉだ)やかである.
❸ The day *that* comes after Friday is Saturday. 金曜の後に来る曜日は土曜日です / The sport (*that*) I like best is skiing. 私の一番好きなスポーツはスキーだ.
—— 形 Who is *that* girl? あの女の子はだれですか / You see *that* house of hers? 彼女のあの家が見えるでしょう.
—— 副 I didn't know you were *that* tired. あなたがそれほど疲れているとは知らなかった.

and all that その他いろいろ:He told me about his trip and what he bought *and all that*. 彼は旅行のこと, その旅行で買ったものとか, その他いろいろなことを私に話してくれた.

at that《口語》その上, しかも.

that is (to say) すなわち: He came home two hours later than usual, *that is*, about nine o'clock. 彼はいつもより2時間遅く, すなわち9時ごろに帰宅した.

That's all. それだけだ, それでおしまい.

That's it.《口語》① それだ, そうだ (◎思っていることと一致したときに言う). ② それでおしまい.

That's right. そのとおり(です) (☞ right).

That's that.《口語》それでおしまい, それで決まった.

***that**² /ðət ザト/ 接
❶ __ということ.
❷ …という.
❸ __ する[である]とは.

・・・・・・・・・・・・・・・・・・

❶ I think (*that*) he is an Englishman. 私は彼はイギリス人だと思います / *That* she was here is a fact. 彼女がここにいたことはほんとうである / It is true *that* she has won (the) first prize. 彼女が1等賞をとったことはほんとうです (◎ it は形式主語)/ I think it likely *that* he did the work by himself. 彼が一人でその仕事をしたのはほんとうだと思う (◎ it は形式目的語)/ I'm sure (*that*) she'll come. 彼女はきっと来ると思う.
❷ The news *that* his yacht was missing was a great shock to her. 彼のヨットが行方不明だというニュースは彼女にとって大きなショックだった.
❸ Are you mad *that* you should do such a thing? そんなことをするとは気でも狂ったのか.

|語法| 同格を表わす接続詞の that と関係代名詞の that との違い: 同格を表わ

abcdefghijklmnopqrs**t**uvwxyz　　　　　　　　　　the

す接続詞の that は，前の名詞の内容となっている名詞節(同格の名詞節)を導く働きをしており，関係代名詞としての that は，それによって導かれた節は前の名詞(先行詞)について説明する形容詞節を導く働きをする：The news that he died is true.(接続詞)彼が死んだというニュースはほんとうだ / The news that he brought is true.(関係代名詞)彼が伝えたニュースはほんとうだ．

so (*that*) ... *may* [*can will*] ＿ または *in order that* ... *may* ＿ …が＿するよう[ため]に，＿できるように：They hurried *so that* they *might* [*could*] catch the train. 列車に間に合うように彼らは急いだ / He is working hard *in order that* he *may* live a better life. 彼はよりよい生活をするために一生懸命に働いている．

so ... (*that*) ＿ または *such* ... (*that*) ＿ (たいへん)…なので＿；＿なほど…：He walked *so* fast *that* I couldn't keep up with him. 彼はたいへん速く歩いたので私はついていけなかった / She is *such* a cheerful girl *that* everybody likes her. 彼女はとても明るい子なのでみんなに好かれる．

thatch /θætʃ サッチ/ 名 (複 ~es /-iz/)
❶ C 草ぶき屋根．❷ U (麦わら・カヤなど)草ぶき屋根の材料．
— 動 (三単現 ~es /-iz/) 他 (屋根)を草でふく．

thatched /θætʃt サッチト/ 形 草ぶきの，わらぶきの．
▶a *thatched* roof 草ぶき屋根．

***that'll** /ðætl ザトル/ 《口語》《**that will** の短縮形》．▶*That'll* be fun. それはおもしろいでしょう．

***that's** /ðæts ザッツ/ 《口語》
❶《**that**[1] **is**[1] の短縮形》．
❷《**that**[1] **is**[2] の短縮形》．
❸《**that**[1] **has**[2] の短縮形》．

❶ *That's* nice. それは結構だ．
❷ *That's* finished. それは終わりだ．
❸ *That's* been our problem. それがずっと私たちの問題なのです．

thaw /θɔː ソー/ 動 自 ❶ (氷・雪などが)解ける．
❷ (冷凍食品などが)解ける，解凍する，もどる．❸ (態度・感情などが)やわらぐ，打ち解ける．
— 他 ❶ (氷・雪などを)解かす．
❷ (冷凍食品などを)解かす，解凍する，もどす．
— 名 C ❶ 雪解け，解氷．
❷ 雪解けの季節．
▶動 自 ❶ The snow in the garden began to *thaw*. 庭の雪は解け始めた．
❷ The fish has *thawed*. 魚が解凍した．
— 他 ❶ The sun *thawed* the ice on the lake. 太陽が湖の氷を解かした．
❷ *thaw* the meat (冷凍)肉を解凍する．

thaw out 他 (冷凍食品などを)解かす，解凍する，もどす．— 自 (冷凍食品などが)解ける，解凍する，もどる．

*****the** /(弱)子音の前) ðə ザ，(母音の前) ði ジィ；(強) ðiː ジィー/ 冠 《定冠詞》《◎**that**，**this** のようにはっきりと指示することはなく，日本語に訳さないほうがよいことが多い》．

❶ⓐ《前に述べられた名詞を繰り返す場合》**その**．
ⓑ《前後の関係から指し示すものがはっきりわかる場合》例の．
ⓒ《形容詞句や節，形容詞の最上級または順序を表わす語が名詞の前についている場合》．
❷《この世にただひとつしかないものにつけて》．
❸《固有名詞の前につけて》《◎山・国・公園・駅などには the をつけない：Mount Fuji 富士山／Central Park セントラルパーク》．
ⓐ《川・海・半島など》．
ⓑ《公共建物・新聞・雑誌・書物など》．
ⓒ《山脈・諸島・家族などの複数形》．
ⓓ《船・列車などの名》．
❹《数えられる名詞の単数形につけてその種類全体を表わして》…というもの．
❺《**the**＋形容詞または過去分詞または現在分詞でその種類の人々全体を表わして》．
❻《**the**＋単数名詞でそのものがもつ抽象的意味を表わして》．
❼《演奏する楽器の名前の名詞につけて》．
❽《計算の単位となる名詞につけて》．
❾《/ðiː ジィー/ と発音して》比べもののない，優れた．

— 副 《**the**＋比較級 ... または **the**＋比較級で相関的関係を示して》…すればそれだけ(ますます)．

one thousand three hundred and ninety-one　　1391

theater

❶ ⓐI lost a bat and a ball. *The* bat was found, but *the* ball was gone. 私はバットとボールをなくした．そのバットは見つかったがボールはなくしてしまった．
ⓑOpen *the* window, please. （今いる部屋の）窓を開けてください．
ⓒ*The* book on the table is mine. テーブルの上にある本は私のです / He is *the* tallest boy in our class. 彼は私たちのクラスで最も背の高い男の子です / He was *the* first person to come here. 彼が一番先にここへ来た．
❷ *the* earth 地球 / *the* sun 太陽 / *the* West 西洋．
❸ ⓐ*the* Thames テムズ川 / *the* Pacific (Ocean) 太平洋 / *the* Balkan Peninsula バルカン半島．
ⓑ*the* White House ホワイトハウス《アメリカの大統領官邸》/ *The* Times タイムズ紙《イギリスの新聞》．
ⓒ*the* Alps アルプス山脈 / *the* Philippines フィリピン諸島 / *the* Browns ブラウン一家 / *the* United States of America アメリカ合衆国．
ⓓ*the* Queen Elizabeth クイーンエリザベス号 / *the* Hikari ひかり号．
❹ *The* dog is a useful animal. 犬は役に立つ動物である / Alexander Graham Bell invented *the* telephone. アレクサンダー・グラハム・ベルは電話を発明した．

|語法| 《口語》では冠詞をつけない複数形を用いて Cows are useful animals. のようにいうのがふつう．

❺ *The* rich are not always happy. 金持ちが必ずしも幸福とは限らない / *The* wounded were many, but *the* missing were few. 負傷者は多かったが，行方(ゆくえ)不明者はほとんどいなかった．

|語法| (1) *the* accused（被告），*the* deceased（死者）はふつうひとりの人をさすが，複数の人々をさすこともある．
(2) 対句になると the をつけない: rich and poor（金持ちも貧しい者も）．

❻ "From *the* cradle to *the* grave." 「揺りかご（誕生）から墓場（死）まで」．
❼ She can play *the* piano. 彼女はピアノが弾ける．
❽ We were hired by *the* hour. 私たちは時間給で雇われた．
❾ I think this is *the* hotel. 私はこれこそ最高のホテルだと思う．
— 副 *The* harder you work, *the* wiser you become. 勉強すればするほど賢くなる / *The* sooner, *the* better. 早ければ早いほどよい．

***the‧a‧ter** /θíː(ː)ətər スィ(ー)アタ/ 名 (複 ~s /-z/)
❶ ⓒ劇場 (✪《英》では theatre).
❷ ⓒ《米》映画館 (✪《米》では movie theater ともいう; 《英》では cinema).
❸ ⓐ Ⓤ劇, 演劇．
ⓑ《*the* をつけて》演劇界, 演劇の仕事．
❹ ⓒ階段講堂, 階段教室．
❺ ⓒ《英》手術室．

❶ They go to the *theater* once a month. 彼らは月に 1 回（劇を見に）劇場へ行く．
❸ ⓐ modern American *theater* 現代アメリカ演劇．

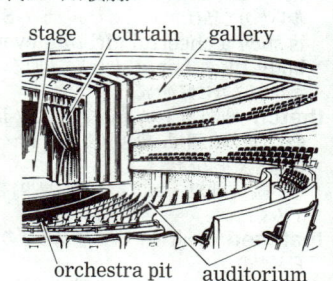

stage　curtain　gallery

orchestra pit　auditorium
theater ❶

☞ 形 theatrical.

***the‧a‧tre** /θíː(ː)ətər スィ(ー)アタ/ 名《英》
= **theater**.

the‧at‧ri‧cal /θiætrikəl スィアトリカル/（★アクセント注意）形 ❶劇場の; 劇の．
❷芝居がかった，大げさな．
▶ ❶ a *theatrical* company 劇団 / *theatrical* performances 演劇, 芝居. ❷ *theatrical* gestures 芝居がかったしぐさ．

☞ 名 theater.

thee /（弱）ðɪ ズィ;（強）ðíː ズィー/ 代《古語》《**thou** の目的格》なんじに，なんじを．
theft /θéft セフト/ 名 ⓊⒸ盗み, 窃盗（せっとう）．

abcdefghijklmnopqrs**t**uvwxyz　　　　　　　　　　**then**

their /(弱) ðər ザ; (強) ðéər ゼア/ 代
《**they** の所有格》**彼らの**, 彼女らの, それらの.

Girls have *their* own interests. 女の子は女の子の興味関心がある / These words are new to me. I don't know *their* meanings. これらの単語は私にとって初めてです. その意味はわかりません / Those trees shed *their* leaves in autumn. それらの木は秋には葉を落とす.

theirs /ðéərz ゼアズ/ 代
《**they** の所有代名詞》**彼らのもの**, 彼女らのもの, それらのもの.

This car is mine. Where is *theirs* (= their car 単数)? この車は私のものです. 彼らのはどこですか / Are these your books or *theirs*? (= their books 複数) これらの本は君のですかそれとも彼らのですか.

the·ism /θí:izm スィーイズム/ 名 U〔哲学〕有神論 (☞atheism).

the·ist /θí:ist スィーイスト/ 名 C 有神論者.

them /(弱) ðəm ゼム; (強) ðém ゼム/ 代 ❶《**they** の目的語》**彼らを[に]**, 彼女らを[に], それらを[に].
❷《口語》《補語として用いて》彼ら (です, だ).

❶ I am looking for the children. Have you seen *them* anywhere? 子どもたちを捜(ガ)しているのですが, どこかで見かけませんでしたか / We have several rose bushes in the garden. Mother waters *them*. うちの庭にバラが何本かあって, 母が(それに)水をやります.
❷ That's *them*. 彼らだ, やつらだ.

***theme** /θí:m スィーム/ 名 (複 ~s /-z/) C
❶ **主題**, 題目, テーマ.
❷《米文語》(学校の課題の)作文.
❸〔音楽〕主題, テーマ, 主旋律(ツェッ).
▶ ❶ What was the *theme* of his speech? 彼の演説の題目はなんでしたか

/ We held a discussion on the *theme* of 'friendship'. 私たちは「友情」というテーマで話し合った.

théme mùsic [sòng] 名 C テーマ音楽.

théme pàrk 名 C テーマパーク《ディズニーランド (Disneyland) のように特定のテーマで造られた遊園地》.

*****them·selves** /ðəmsélvz ゼムセルヴズ/
代 ❶《他動詞や前置詞の目的語として用いて》(彼ら・彼女らが) **自分たち自身を[に]**.
❷《強調で》(彼ら・彼女らが) 自分たち自身.

❶ They blamed *themselves*. 彼らは自分たち自身をとがめた(自分たちが悪いと思った) / They are proud of *themselves*. 彼らは自分たち自身を誇りに思っている.
❷ The teachers *themselves* said the test was too hard. 先生たち自身がその試験は難しすぎると言った.

by themselves ①(彼ら・彼女らが)自分たちだけで, (それらが)それ自体で: Don't let the children go swimming *by themselves*. 子どもたちだけで泳ぎに行かせてはいけません. ②(彼ら・彼女らが)他人の助けを借りずに, 独力で; (それらが)自力で.

for themselves ①(彼ら・彼女ら・それらが)自分自身のために: They spoke *for themselves*. 彼らは(自分自身のために)自分の思うことを話した. ②(彼ら・彼女らが)他人の助けを借りずに, 独力で; (それらが)自力で: They won their freedom *for themselves*. 彼らは独力で自由を勝ち取った《✪この意味では by themselves とほぼ同じ意味であるが, for themselves には「自分たちの利益のために」という気持ちが含まれている》.

then /ðén ゼン/ 副
❶ **その時**, 当時.
❷ それから, その次に.
❸ それなら, それでは.
❹ それに, そのうえ.
— 名 U《前置詞の目的語として》その時.
— 形 その時の, 当時の.

— 副 ❶ It was three o'clock *then*. その

theologian

時3時だった / I was a junior high student *then*. 私は当時中学生だった.
❷ We went to Nara and *then* to Kyoto. 私たちは奈良へ行って,それから京都へ行った.
❸ If you want to go, *then* you may. 行きたいのなら,行ってもよろしい / 対話 "Did you send me some flowers?"–"No."–"Well who did *then*?" 「あなたが私に花をくださったのですか」「いいえ違います」「それではどなたでしょう」.
❹ I have to prepare my lessons, and *then* write a composition. 予習をしなくてはならないし,それに作文を書かなくてはならない.
— 名 I had never seen her before *then*. 私はそれ以前には彼女に会ったことはなかった.
— 形 Mr. Yoshida, the *then* Prime Minister, said so. 当時の総理大臣の吉田さんがそう言った.

and then ①(そして)それから. ②そのうえ.

but then それにしても,しかし,でも: He lost the race, *but then* he never really expected to win it. 彼は競争に負けた,でも彼はけっしてそれに勝てるなどとは思っていなかったのだ.

(every) now and then ときどき.

then and there その時その場で;即座に: He decided to stop smoking *then and there*. 彼は即座に禁煙することに決めた.

the·o·lo·gian /θì:əlóudʒən スィーオロウヂャン/ 名 C 神学者.

the·o·log·i·cal /θì:əládʒikəl スィーオラヂカル/ 形 神学(上)の.

the·ol·o·gy /θiálədʒi スィアロヂィ/ 名 U (キリスト教の)神学.

the·o·ret·i·cal /θì:(:)ərétikəl スィ(ー)オレティカル/ 形 ❶ 理論に基づく,理論的な (反 practical).
❷ (事実とは関係なく)理論上の.
▶ ❶ *theoretical* study 理論的研究.
☞ 名 theory.

the·o·ret·i·cal·ly /θì:(:)ərétikəli スィ(ー)オレティカリ/ 副 理論上,理論的に (反 practically).

the·o·rist /θí:(:)ərist スィ(ー)オリスト/ 名 C 理論家.

the·o·rize /θí:(:)əràiz スィ(ー)オライズ/ 動 (現分 -riz·ing) 自 理論づける.
☞ 名 theory.

*__the·o·ry__ /θí:(:)əri スィ(ー)オリ/ 名 (複 -o·ries /-z/)

❶ C **学説**, 理論.
❷ U (実際に対し)**理論** (反 practice).
❸ C (個人的)意見, 考え; 推測.
▶ ❶ There are many *theories* about the rings of Saturn. 土星の輪についてはたくさんの学説がある / the *theory* of evolution 進化論.
❷ It is easy in *theory*, but it is almost impossible in practice. それは理論では簡単だが,実際には不可能に近い.
❸ My *theory* is that you failed to notice it. 私の推測ではあなたがそれに気づかなかったのだ.
☞ 形 theoretical, 動 theorize.

ther·a·peu·tic /θèrəpjú:tik セラピューティック/ 形 ❶ 治療上の, 治療法の.
❷ 楽にしてくれる.

ther·a·pist /θérəpist セラピスト/ 名 C セラピスト, 治療士.

ther·a·py /θérəpi セラピ/ 名 UC セラピー, 治療, 療法.

***__there__** /《弱》ðər ザ, ðeər ゼア; 《強》ðéər ゼア/ 副

❶ 《/ðéər/ と強く発音して》《離れた場所を示して》**そこに[へ,で,の],あそこに[へ,で,の]**.
❷ 《/ðéər/ と強く発音して》《ある事物に注意を呼び起こす》そら, ほら.
❸ その点で, そのことで.
❹ 《/ðər, ðeər/ と弱く発音して》
ⓐ 《there be …》**…がある, …がいる**.
語法 (1) この there には場所の観念がなく, 後に場所などを表わす副詞(句)がくる. (2) この構文は不特定のものや人がある場所にある[いる]ことを表わす構文で, the dog, his office のような特定のものや人に関しては用いない. 特定のものや人の存在は The dog is in the kennel. (犬が犬小屋にいる) / His office is on the second floor. (彼の事務所は2階にあります) のようにいい, There is the dog in the kennel.

abcdefghijklmnopqrs**t**uvwxyz　　　　　　　　　　　　　　　　　**thermometer**

/ There is his office on the second floor. のようにはいわない. (3)《口語》では there's の後に複数形の名詞がくることがある: *There's* lots of things to do. (やらなければならないことがたくさんある).

❻《there＋be 以外の自動詞》《存在・到着などを表わす動詞が用いられる》…が__する.

── 名/ðéər ゼア/ⓤ《前置詞, 他動詞の後に用いて》そこ, あそこ.

── 感/ðéər ゼア/ そら, それ, そらみろ, ね《✿慰め・同情・励まし・満足感・勝利感などを表わす》.

━━━━━━━━━━━━━━━━

副 ❶ I have never been *there*. 私はそこへ行ったことがない / The chair is out *there*. いすは外のあそこにある / The man *there* is my uncle. あそこにいる人は私のおじです / the shops *there* そこにある店.

❷ *There* he is! ほら彼がいる / *There* is John! ほらジョンだ《✿主語が代名詞の時と名詞の時の語順の違いに注意》/ *There* goes the bell! 鐘が鳴っているぞ.

❸ *There* I cannot agree with your plan. その点では私は君の計画に賛成できない.

❹ⓐ *There is* a tree by the gate. 門のそばに木がある / *There are* five players on [《英》in] a basketball team. バスケットボールのチームには 5 人の選手がいる. ⓑ *There* came a knock at the door. ドアをノックする音がした / *There* once lived an old man in a certain village. むかしある村に一人の老人が住んでいた.

── 名 Please read up to *there*. そこまで読みなさい / He left *there* at seven. 彼は 7 時にそこを出た.

── 感 *There, there,* don't cry. さあさあ, 泣くのはやめなさい.

here and there あちこちで, あちこちへ.

There is no doing ... __することなどとてもできない: *There is no telling* what will happen next. 次に何が起きるかまったくわからない.

There you are. はい, どうぞ《✿相手がほしがっているものを渡すときの言葉》: *There you are!* A nice cup of tea. はい, お
いしいお茶を一杯どうぞ. ②《やっぱり》私が言ったとおりだろう: *There you are!* I said he would fail. やっぱりね, 私は彼は失敗すると言っただろう.

there·a·bout /ðéərəbáut ゼアラバウト/ 副《米》＝ **thereabouts**.

there·a·bouts /ðéərəbáuts ゼアラバウツ/ 副《... or thereabouts》《数量などが》…かその辺に; …かそのころに; …かその程度.

there·af·ter /ðèəræftər ゼアアフタ | -ɑ́ːftə/ 副《文語》その後.

there·by /ðèərbái ゼアバイ/ 副《文語》それによって, そこで.

there'd /ðéərd ゼアド, ðərd/
❶《**there would** の短縮形》.
❷《**there had**[2] の短縮形》.
▶ ❶ The radio said *there'd* be a heavy rain. ラジオは大雨になるだろうといった. ❷ He said *there'd* been a misunderstanding between them. 彼はふたりの間には誤解があったのだと言った.

＊**there·fore** /ðéərfɔːr ゼアフォー/ 副《結果・理由を表わして》**そこで**, だから.
▶ I had a toothache and *therefore* could not attend the party. 私は歯が痛かったのでパーティーに出られなかった.

there'll /ðéərl ゼアル, ðərl/《**there will** の短縮形》. ▶ *There'll* be a concert at the community center tomorrow evening. あしたの晩, 公会堂でコンサートがあります.

＊**there's** /ðéərz ゼアズ, ðərz/
❶《**there is**[1] の短縮形》.
❷《**there has**[2] の短縮形》.

━━━━━━━━━━━━━━━━

❶ *There's* nothing in the paper bag. 紙袋にはなにもはいっていない.
❷ *There's* been no news from him lately. 最近彼から知らせがない.

there·up·on /ðèərəpán ゼアラパン/ 副《文語》❶ その後すぐに.
❷ その結果, そこで.

ther·mal /θə́ːrməl サーマル/ 形 ❶ 熱の, 温度の; 熱を出す. ❷ 保温用の.

＊**ther·mom·e·ter** /θərmάmətər サマメタ | θəmɔ́mətə/《★アクセント注意》名《複 ~s /-z/》ⓒ **温度計**, 寒暖計; 体温計.
▶ The *thermometer* reads [stands

1395

Thermos　　　　　　　　　　　　　　　　　　ABCDEFGHIJKLMNOPQRS**T**UVWXYZ

at] 23°C. 温度計はセ氏 23度をさしている《✪ 23°C は twenty-three degrees centigrade と読む》/ She put a *thermometer* under her arm and took her temperature. 彼女は体温計をわきの下にはさんで体温を計った.

Ther·mos /θə́ːrməs サーモス/ 名C《商標》魔法びん《✪ **Thérmos bòttle** ともいう;《英》では **Thérmos flàsk** ともいう》.

ther·mo·stat /θə́ːrməstæt サーモスタット/ 名C《電気》サーモスタット《一定温度に保つための装置》.

the·sau·rus /θisɔ́ːrəs スィソーラス/ 名《複 ~es /-iz/, the·sau·ri /-rai/》C 類義語辞典《同義語・反意語辞典など》.

✱✱✱these /ðíːz ズィーズ/《*this* の複数形》代《指示代名詞》**これら**.
— 形《指示形容詞》**これらの**.

代 All *these* are my pencils. これらはみんな私の鉛筆です / *These* are some of my friends. この人たちは私の友人です.
— 形 Do you know *these* girls? これらの女の子を知っていますか / *These* problems are too hard for me. これらの問題は私には難しすぎる / I have been living in Sapporo *these* ten years. 私はここ 10年間札幌に住んでいる.

the·sis /θíːsis スィースィス/ 名《複 the·ses /θíːsiːz/》C ❶ (とくに学位取得のための) 論文. ❷ (討論などで提出する) 意見.

✱✱✱they /(弱) ðei ゼイ;(強) ðéi ゼイ/ 代《✪所有格 their, 目的格 them, 所有代名詞 theirs, 複合人称代名詞 themselves》.
❶《主語として》**彼らは[が], 彼女らは[が], それらは[が]**.
❷ 世間の人々, 人々.
❸《ある地域・場所にいる人たちをさして》《✪ 日本語には訳さない》.

---

❶ I know the Whites. *They* live in my neighborhood. 私はホワイト家の人々を知っている. 彼らは私の近所に住んでいる / I want some tennis balls. Where are *they*? テニスボールがほしいけれどもどこにありますか.
❷ *They* (= People) say (that) there will be a general election this fall. この秋には総選挙があるといううわさだ.
❸ *They* serve very good food at that restaurant. そのレストランではとてもおいしいものが食べられる.

✱they'd /ðeid ゼイド/ ❶《**they had²** の短縮形》《✪過去完了形の had と had better …の場合にのみこの短縮形が用いられる》.
❷《**they would** の短縮形》.

---

❶ They said *they'd* visited Japan before. 彼らは以前日本に来たことがあるといった / *They'd* better start at once. 彼らはすぐに出発したほうがよい.
❷ They said *they'd* be a little late. 彼らはすこし遅れるといっていた.

✱they'll /ðeil ゼイル/《**they will** の短縮形》.▶ *They'll* come back around four o'clock. 彼らは 4時ごろ帰って来ます.

✱they're /ðeiər ゼイア/
❶《**they are¹** の短縮形》.
❷《**they are²** の短縮形》.

---

❶ *They're* all back home. みんな家にもどっています. ❷ *They're* watching television. 彼らはテレビを見ています.

✱they've /ðeiv ゼイヴ/《**they have²** の短縮形》.▶ *They've* been practicing judo for two years. 彼らは 2年間柔道を練習している.

✱thick /θík スィック/ 形 (~·er; ~·est)
❶ **厚い**《反 thin》.
❷ **厚さが…で**.
❸ (線など) **太い**《反 slim, thin》.
❹ 密な, 茂った, 込み合った.
❺ (液体・煙・霧などが) 濃い, (霧が) 深い《✪「底までの距離が長い」は deep》.
❻ ⓐ (声などが) はっきりしない, 重い.
ⓑ (ことばのなまりが) 強い.
❼ (頭などが) 重い, ぼんやりした;《口語》頭の悪い.
❽《英口語》(非常に) 仲がよい.
— 副 厚く, 濃く, 密に.
— 名《次の成句で》: **in the thick of ...** …の真っ最中に.
through thick and thin どんなときで

1396　　　　　　　　　　　　　　　　　　　　　　　　　　　　　　one thousand three hundred and ninety-six

abcdefghijklmnopqrs**t**uvwxyz　　　　　　　　　　　　　　　　　　　**thin**

も, 悪い状況でも.

形 ❶ I have never read such a *thick* book. 私はこんな厚い本を読んだことはない / a *thick* board 厚い板 / *thick* clouds 厚い雲.

❷ The wall is two inches *thick*. その壁は2インチの厚さがある / How *thick* is the ice? その氷はどのくらいの厚さがありますか.

❸ a *thick* line 太い線 / a *thick* neck 太い首 / *thick* fingers 太い指.

❹ She has *thick* hair. 彼女は髪が濃い / The crowd was *thickest* in front of the store. その店の前が一番人だかりがしていた / a *thick* forest うっそうとした森.

❺ *thick* soup 濃いスープ (✪「濃いコーヒー」は strong coffee) / a *thick* fog 濃い霧.

❻ⓐ a *thick* voice 聞き取りにくい声.
ⓑ a *thick* Spanish accent ひどいスペインなまり.

❼ a *thick* head 鈍(にぶ)い頭 (☞ thickheaded).

have a thick skin 鈍感だ.
☞ 動 thicken.

── 副 Slice the cheese *thick*. チーズは厚く切りなさい.

thick and fast どんどんと, 続々と.

thick·en /θíkən スィクン/ 動 ⾃ 厚くなる, 太くなる, 濃くなる.
── 他 …を厚くする, 太くする, 濃くする.
☞ 形 thick.

thick·et /θíkit スィキット/ 名 Ⓒ 茂み, やぶ, 雑木林.

thick-head·ed /θík-hédid スィク・ヘディッド/ 形 頭の鈍(にぶ)い.

thick·ly /θíkli スィクリ/ 副 ❶ 厚く, 濃く, 密に. ❷ 激しく. ❸ 不明瞭に.

thick·ness /θíknəs スィクネス/ 名 (複 ~es /-iz/) Ⓤ Ⓒ 厚さ, 太さ, 濃さ, 密度.

thick-skinned /θík-skínd スィク・スキンド/ 形 ❶ 皮[皮膚]の厚い.
❷ 面(つら)の皮の厚い, 鈍感な.

*thief /θíːf スィーフ/ 名 (複 thieves /θíːvz/) Ⓒ どろぼう, こそどろ (✪ こっそり盗む者をいう; 「盗み」は theft).

▶ They arrested the *thief*. 彼らはどろぼうを逮捕した.

類語 「おどしや暴力で奪う者」は **robber**, 「建物に忍びこむ者」は **burglar** または **housebreaker**.

thieves /θíːvz スィーヴズ/ 名 thief の複数形.

thigh /θái サイ/ 名 Ⓒ 【解剖】太もも (尻からひざまでの部分; ☞ leg のさし絵).

***thin** /θín スィン/ 形 (thin·ner; thin·nest).
❶ 薄い (反 thick).
❷ (線などが)細い (反 thick).
❸ (人が)やせた, 細い (反 fat).
❹ 密度の薄い, (木などが)まばらな (反 dense).
❺ (液体・煙・霧などが)薄い (反 dense).
❻ (説明・議論などが)説得力のない, 弱い.
❼ (声が)か細い; (色が)薄い.

── 動 (~s /-z/; thinned /-d/; thinning) ⾃ 薄くなる, 細くなる, まばらになる.

── 他 …を薄くする, 細くする, まばらにする.

── 副 (thin·ner; thin·nest) 薄く.

形 ❶ The ice on the pond is too *thin* for skating. 池の氷はスケートをするには薄すぎる / a *thin* board 薄い板 / a *thin* slice of ham ハムの薄いひと切れ.

❷ I want *thinner* thread. もっと細い糸がほしい.

❸ She is pale and *thin* because of her illness. 彼女は病気をして顔色も悪くやせている.

類語 **thin** はふつう病後など不健康にやせた状態をいう;「(脂肪がついていなくて)ひきしまった」は **lean**; **slender** と **slim** は「ほっそりしてスマートな」; ☞ fat の 類語.

❹ He has *thin* hair. 彼は髪が薄い / a *thin* grove of trees まばらな木立 / a *thin* audience まばらな聴衆.

❺ a *thin* mist 薄もや / *thin* soup 薄いスープ (✪「薄いコーヒー」は weak coffee).

❻ a *thin* excuse 見えすいた言い訳.

❼ in a *thin* voice か細い声で.

── 動 ⾃ His hair is *thinning*. 彼の

髪は薄くなってきた.
— [他] *Thin* the soup a little, please. スープをすこし薄くしてください.
thin down [自]薄くなる, 細くなる, やせる. — [他]…を薄くする, 細くする.
thin out [自]まばらになる. — [他]…をまばらにする.

***thing** /θíŋ スィング/ [名] ([複] ~s /-z/)

❶ [C] **物**, 物体.
❷ [C] **こと**, ことがら, 事件.
❸《複数形で》ⓐ《*one's* をつけて》**所持品**, 持ち物, 身の回りの品; 衣類.
ⓑ《前に名詞がきて》**…用品**.
❹《複数形で》ⓐ**ものごと**, 事情, 情況, 事態. ⓑ事物, 風物.
❺ [C]《あわれみ・愛情をこめて, また軽蔑(けいべつ)的に》**人**, やつ, 者.
❻《**the** をつけて》ⓐ必要なもの, 大切なもの. ⓑ問題. ⓒ理由.

---

❶ What is that strange white *thing*? あの変な白い物はなんだろう / a living *thing* 生き物.
❷ A strange *thing* happened during my absence. 私のいない間に不思議なことが起こった / I can only do one *thing* at a time. 私は一度にひとつのことしかできない / That's a *thing* of the past. それはもうむかしのことだ.
❸ ⓐPut all your *things* into the suitcase. 身の回り品をそのスーツケースに入れなさい / Put on your *things* at once. すぐ服を着なさい.
ⓑtennis *things* テニス用品 / kitchen *things* 台所用品.
❹ ⓐ*Things* don't always go well. ものごとはいつもうまくいくわけではない / How are *things* going? うまくいっていますか / I take *things* as they are. 私はなにごともあるがままに受け入れる.
ⓑHe is interested in *things* Japanese. 彼は日本の風物に興味を持っている《✪この意味の things には形容詞がうしろにつく》.
❺ He is such a dear little *thing*. あの子はほんとうにかわいい子だ / Poor *thing*! かわいそうに.
❻ ⓐThese pills are just *the thing* for a headache. この錠剤は頭痛にずばりよくきく.

among other things とりわけ.
as things are [stand] 現状では, 今のところ.
for one thing **ひとつには**, ひとつの理由として: *For one thing* there isn't time; for another I don't have enough money. ひとつには時間がないし, もうひとつには金がない.
make a big thing of ... 《口語》…のことを騒ぎ立てる.
of all things こともあろうに: Why did you do this *of all things*? いったいどうしてこんなことをしたのですか.
(the) first thing (朝)まず第一に: I read the newspaper *first thing* in the morning. 私は朝まず第一に新聞を読む / I'll do it the first *thing* in the morning. 朝いちばんにそれをしよう.
The thing is, ... 《口語》(説明しようとして)それは…: *The thing is,* he needs it right now. それは, 彼が今すぐそれを必要としているということだ.
things like ... …のようなこと[もの].

***think** /θíŋk スィンク/ [動] (~s /-s/; thought /θɔ́:t/; ~·ing) [他]

❶ ⓐ《**think (that)** __》__**と思う**, 考える《✪that はしばしば省略される; ☞ 成句 *think* of ..., believe の [類語]》.
ⓑ《疑問詞で始まる疑問文で》__と思う.
❷ …を～**と思う**, 判断する《✪～には形容詞(句), 名詞がくる》.
❸ …を考える.
❹《**think wh-**(疑問詞) __》.
ⓐ《**cannot**とともに》__と想像する, わかる, 見当がつく.
ⓑ__を思い出す, 思いつく.
❺《**think to** *do*; ふつう否定文または疑問文で》《口語》__することを予期する.
❻《**think (that)** __》__(しよう)と思う.
❼《**think wh-**(疑問詞) __; ふつう進行形で》__をよく考える.
— [自]**考える**.

[動][他] ❶ ⓐI *think* (*that*) she is a good girl. 彼女はよい女の子だと思う / I *thought* I had been wrong. 私は自分がまちがっていたと思った / I don't abcdefghijklmnopqrs**t**uvwxyz　　　　　　　　　　　　　　　　　　　　　**think**

think it will be very hot today. きょうはあまり暑くならないだろうと思う / She said nothing about that, I *think*. 彼女はそれについてはなにも言わなかったと思う (🔴I think は文の途中や最後に置かれることがある. この場合は that を用いない)/ Mr. Kato, I *think*, lives near the city hall. 加藤さんは市役所の近くに住んでいると思う / *It is thought that* Mr. Heaton will win the election. ヒートン氏が選挙に勝つと考えられている.

❺*What* do you *think* this is? これは何だと思いますか / *Who* do you *think* baked these cookies? だれがこのクッキーを焼いたと思いますか.

語法 (1) I thinkをつけると控えめでていねいな表現になる.
(2)「…しないと思う」は英語ではふつう I don't think ... と表現する.「彼女は来ないと思う」は, I think she will not come. よりも I don't think she will come. のほうがふつうである.
(3)「彼女はどこに住んでいると思いますか」のような Yes, No では答えられない疑問文の場合は, 疑問詞を先頭に置き, *Where* do you *think* she lives? のように言う. その答えは She lives in Kyoto, I think. (彼女は京都に住んでいると思います)のようになる. Yes, No で答える疑問文では疑問詞を先頭におかない: Do you know *where* she lives?" " Yes, I do." 「彼女はどこに住んでいるか知っていますか」「はい，知っています」.

❷I *thought* him (*to be*) mean. (= I *thought* (that) he was mean.) 私は彼は(性質・言動が)きたないと思った / I *think* her a charming girl. (= I *think* (that) she is a charming girl.) 私は彼女はすてきな女の子だと思います / That will not be *thought* fair. (= People will not *think* it fair.) それは公平とは思われないでしょう / I *think* it possible that our plan doesn't work. 私たちの計画はうまくいかない可能性があると思う.

❸What are you *thinking*? 君は何を考えているのか.

❹ⓐI can't *think what* she meant. 私は彼女がなにを言いたかったのかわからな

い / She couldn't *think where* to hide it. 彼女はそれをどこに隠したらいいか見当がつかなかった.
ⓑI can't *think* what his name is. 彼の名前を思い出せない / He tried to *think* how long it was since he had last seen her. 彼はこの前彼女に会ってからどのくらいになるか思い出そうとした.

❺I did *not think* to see you here! あなたにここで会うとは思いもよらなかった(予期しなかった).

❻He *thought* he would try again. 彼はもう1回やってみようと思った.

❼I'm *thinking how* to do it. そのやり方を考えているところだ.

— ⓑHe always *thinks* carefully before deciding. 彼はいつも決める前に注意深く考える.

I should think (*that*) ＿ ＿ ではないかと思います (🔴I think ...よりも控えめな言い方)：*I should think* (*that*) she is around forty. 彼女は40歳前後ではないかと思います.

I think not そうではないと思う：対話 "Will he come?"–"*I think not.* (= I don't *think* so.)"「彼は来ますか」「来ないと思います」.

I think so そう思う：対話 "Will it rain?"–"*I think so.*"「雨は降りますか」「そう思います」.

I would think (*that*) = I should *think* (that).

Just think 疑問詞＿《口語》＿かちょっと と考えてみなさい：*Just think what* Mother would say. お母さんが何と言うか考えてごらんなさい.

think about ... ①…について考える：I was *thinking about* my school days. 私は学校時代のことを考えていた / What do you *think about* that? それについてはどうお考えですか (🔴How do you think about...? とはいわない).
②…のことを(どうしようかと)考える, 検討する：We must *think about* the plan carefully. その計画についてはよく考えなくてはならない.
③《*think about doing*; しばしば進行形で》＿しようかと思う：She *thought about quitting* her job. 彼女は仕事

をやめようかと考えた.
think again 考え直す, 考えを変える.
think aloud 思い浮かぶままにひとりごとを言う.
think back to [on] ... (過去のこと)を思い出す.
think badly of ... …を悪く思う.
think better of ... ①…を考え直してやめる:I hope you'll *think better of* it. それは考え直してやめたほうがよいと私は思う. ②…を見直す, もっと高く評価する.
think big 大きなことを構想する.
think highly [well] of ... **…を高く評価する**, 重んじる:Everybody *thinks highly of* his artistic talent. みんな彼の芸術的才能を高く評価している.
think little of ... …を低く評価する, 軽くみる:They *think little of* her. 彼らは彼女を軽視している.
think much of ... 《否定文で》…を重視する, 高く評価する:He does*n't think much of* her ability. 彼は彼女の能力をあまり認めていない.
think nothing of ... **…をなんとも思わない**, 苦にしない:She *thought nothing of* her difficulties. 彼女は苦労はなんとも思わなかった / He *thinks nothing of driving* fifty miles to see you. 彼はあなたに会うためには50マイルも車に乗るのをなんとも思わない.
Think nothing of it. (お礼を言われたのに対して)なんでもありません.
think of ... ①**…のことを思う**, 考える:I have my wife and children to *think of*. 私は妻子のことを考えねばならない / You needn't *think of* the cost. 費用のことは考えなくていいです / What do you *think of* my new car? 私の新車をどう思いますか《✪How do you think of ...? とはいわない》.
②**…を思い出す**, 思いつく:He could not *think of* the name of the town. 彼はその町の名前を思い出せなかった / Then he *thought of* a new idea. その時彼は新しい考えを思いついた.
③《**think of** *do*ing; しばしば進行形で》__**しようかと思う**:I'm *thinking of going* to Europe this summer. 私は今年の夏はヨーロッパへ行こうかと思っている.
④《**think of** *do*ing》__することを想像する:*Think of living* on a small island. 小さな島に住むことを想像してみなさい / I never *thought of doing* it that way. そうやるなど思ってもみなかった.
think of ... as ~ …を**〜と思う**:I *think of* this novel *as* his best. 私はこの小説は彼の最高のものと考えている.
think out [他] ①(計画など)を(あらゆる検討をしてから)作る:They spent half a year *thinking out* the project. 彼らはその計画を作るのに半年かけた. ②…を徹底的に考える:You have to *think* it *out*. そのことは徹底的に考えなくてはいけません.
think ... over [他] …を**真剣に考える[検討する]**:He *thought* the matter *over* for a time. 彼はしばらくそのことを真剣に考えた.
think poorly of ... = *think* little of ....
think ... through [他] **…をじっくり考える**:*Think* the problem *through*. その問題はじっくり考えなさい.
think to oneself 心の中で思う:"What a lovely girl!" he *thought to himself*. 「なんとかわいい人だろう」と彼はひそかに思った.
think twice [自] ①よく考える. ②思い直す.
think up [他] …を考え出す, 考案する:*think up* an excuse 言い訳を考え出す.
think well of ... = *think* highly of ....
To think (that) __*!* __とは(驚いた, 情けない):*To think that* he failed again! 彼がまた失敗したなんて!
☞ [名]thought².

think·er /θíŋkər スィンカ/ [名][C]考える人; 思想家.

***think·ing** /θíŋkiŋ スィンキング/ [形] 思慮深い, 分別のある.
— [名][U] ❶**考えること**, 思考. ❷考え, 意見.
▶[名] ❶This is the American way of *thinking*. これがアメリカ人の考え方である.

abcdefghijklmnopqrs t uvwxyz   **thirtieth**

to ...'s (way of) thinking …の考えでは.

think tànk 名Cシンクタンク(ある目的のための専門家たちの総合研究組織).

thin·ly /θínli スィンリ/ 副薄く, 希薄に, まばらに.

thin·ner /θínər スィナ/ 名Uシンナー, 溶剤.

thin·ness /θínnəs スィンネス/ 名UC薄いこと, 希薄, まばら.

thin-skinned /θín-skínd スィン・スキンド/ 形 (批判などに)敏感な, おこりっぽい.

★★third /θə́ːrd サード/ 形 ❶《ふつう the をつけて》**3番目の**(☞first).
❷ 3分の1の.
— 名 (複 ~s /-dz/) ❶U《ふつう the をつけて; 単数または複数扱いで》**3番目の人[もの]**.
❷U《ふつう the をつけて》(月の)**3日**, みっか(❍略語は 3rd).
❸C 3分の1.
❹《the Third で; 人名の次において》三世, 三代目.
❺C《無冠詞》〖野球〗三塁(❍third base ともいう).
❻U(自動車のギヤの)サード.
— 副 ❶ 3番目に, 第3位に.
❷《最上級の形容詞の前で》3番目に.

thírd báse 名《無冠詞》〖野球〗三塁(❍単に third ともいう).
▶play *third base* サードを守る.

thírd báseman 名 (複 -base·men /-mən/) C〖野球〗三塁手.

third-class /θə́ːrd-klǽs サード・クラス/ 形 ❶三流の.
❷(米)3等の, (郵便などの)第3種の.
— 副 3等で, 第3種で.

thírd degrée 名《the をつけて》(警察などの)きびしい詰問(ぎつ).

third·ly /θə́ːrdli サードリ/ 副第3に, 3番目に.

thírd párty 名C第三者(当事者でない者).

thírd pérson 名U《the をつけて》〖文法〗三人称.

third-rate /θə́ːrd-réit サード・レイト/ 形三流の, くだらない(☞first-rate, second-rate).

Thírd Wórld 《the をつけて》第三世界(アジア, アフリカの発展途上国).

★thirst /θə́ːrst サースト/ 名 ❶《単数形で》**のどのかわき**, 飲み物を飲みたい気持ち.
❷U**水分不足**, 脱水状態.
❸《単数形で》**強い欲望**, 熱望, 渇望.
▶❶I have *a* terrible *thirst*. 何か飲みたくてたまらない.
❷die of *thirst* 水分不足で死ぬ.
❸She has a strong *thirst* for knowledge. 彼女は強い知識欲を持っている.

☞ 形 thirsty.

thirst·i·ly /θə́ːrstəli サースティリ/ 副のどがかわいて; 渇望して.

★thirst·y /θə́ːrsti サースティ/ 形 (thirst·i·er; thirst·i·est) ❶のどのかわいた(❍「飢えている」は hungry).
❷(仕事などの)のどをかわかせる.
▶❶I am [feel] *thirsty*. 私はのどがかわいている.

☞ 名 thirst.

★★thir·teen /θə̀ːrtíːn サーティーン/ 名 (複 ~s /-z/)
❶ⓐU(数の)**13**(☞one). ⓑC(数字の)13(13, XIII など).
❷《複数扱いで》**13人, 13個**.
❸ⓐU 13分, (24時間制で)13時. ⓑ 13ドル[ポンド, セント, ペンス, インチなど].
❹U 13歳.
❺C 13[13人, 13個]ひと組のもの.
— 形 ❶**13の**; 13人の, 13個の.
❷ 13歳で(ある).

★thir·teenth /θə̀ːrtíːnθ サーティーンス/ 形 ❶《ふつう the をつけて》13番目の(☞first).
❷ 13分の1の.
— 名 (複 ~s /-s/) ❶U《ふつう the をつけて》13番目の人[もの].
❷U《ふつう the をつけて》(月の)13日(❍略語は 13th).
❸C 13分の1.

★thir·ti·eth /θə́ːrtiəθ サーティエス/ 形 ❶《ふつう the をつけて》30番目の(☞first).
❷ 30分の1の.
— 名 (複 ~s /-s/) ❶U《ふつう the をつけて》30番目の人[もの].
❷U《ふつう the をつけて》(月の)30日(❍略語は 30th).
❸C 30分の1.

thirty

***thir・ty /θə́ːrti サーティ/ 名 (複 thirties /-z/)
❶ⓐ U (数の)**30** (☞one).
ⓑ C (数字の)30 (30, XXX など).
❷《複数扱いで》**30人**, **30個**.
❸ U ⓐ 30分.
ⓑ 30ドル[ポンド, ペンス, セント, インチなど].
❹ U 30歳.
❺ C 30人[30個]ひと組のもの.
❻ⓐ《the thirties で》(世紀の)30年代.
ⓑ《*one's* thirties で》30歳代.
❼ U 【テニス】サーティ, 「30」(《 2 点目の得点; ☞ fifteen ❻)).
— 形 ❶**30の**, 30人の, 30個の.
❷30歳で(ある).

- - - - - - - - - - -

名 ❶ⓐOpen your books to page *thirty*. 本の30ページを開けなさい (《❀(英)》では at page *thirty*》).
❷*thirty* of us 私たちのうちの30人.
❹a man of *thirty* 30歳の男.
❻ⓐin *the thirties* 30年代に(1930年代など).

***this /ðís ズィス/ (複 these /ðíːz/)
代 ❶**これ**, この人.
❷今, きょう, この時, 今度.
❸これから述べること, 次のこと.
❹《that と呼応して用いて》(前者 (that) に対して)後者.
— 形 ❶**この**.
❷現在の, 今の.
— 副《口語》**この程度まで**, **こんなに**, これほど.

- - - - - - - - - - -

代 ❶ *This* is my room. これが私の部屋です / Mr. Edmond, *this* is Mr. Green. エドモンドさん, このかたが[は]グリーンさんです /《電話口で名前を名乗ったり, 相手の名前をきくとき》*This* is George speaking. こちらジョージです /《米》《電話》Who is *this*, please? どなたですか (《❀(英)》では Who is *that*, please? という)).

語法 that が離れているもの[人]などをさすのに対し, this は近いところにあるもの[人]などをさす.

対話「トムですか」「はい, そうです」

Is this Tom?
Yes, this is he.

❷ *This* is Monday. きょうは月曜日です / I have heard of it before *this*. 今までに[前に]それは聞いたことがある.
❸I'll just say *this*, I won't do it. これだけは言っておく―私はそれをするのはごめんだ.
— 形 ❶Look at *this* map. この地図をご覧なさい / I'll take *this* one. (買い物などで)私はこちらの物をもらい[買い]ます / *This* blouse of yours becomes you. このブラウスはあなたによく似合いますよ.

語法 英語では this や that と所有格を並べて名詞の前に置いて this your blouse とか your this blouse のようにはいわない; 必ず最後の例文のような表現を用いる: *this* book of mine (私のこの本), *this* camera of Mike's(マイクのこのカメラ).

❷I am busy *this* week. 今週は忙しい / He must have got there by *this* time. 今ごろはもう彼はそこに着いているに違いない.
— 副The fish I caught was *this* big. 私がつかまえた魚はこんなに大きかった.

at this これを聞いて[見て]: *At this*, she got up. これを聞いて彼女は立ち上がった.
this and that 《口語》あれやこれや: We talked about *this and that*. 私たちはあれやこれや話した.

abcdefghijklmnopqrstuvwxyz | **though**

with this こう言って：*With this*, he left the room. こう言って彼は部屋を立ち去った.
(*for*) *this once* 今度だけは（例外として）.

this・tle /θísl スィスル/ 名 C 〖植物〗アザミ.

tho, tho' /ðou ゾウ/ 接 副《口語》= **though**.

Thom・as /táməs タマス | tɔ́-/ 名 トマス《男性の名；愛称 Tom, Tommy》.

thorn /θɔ́ːrn ソーン/ 名 C 〖植物〗のとげ, 針. ▶ remove [pull out] a *thorn* とげを抜く.
a thorn in ... 's side [*flesh*] …の心配のもと, 苦労のたね.
☞ 形 **thorny**.

thorn・y /θɔ́ːrni ソーニ/ 形 (**thorn・i・er**; **thorn・i・est**) ❶とげの多い. ❷やっかいな, 困難な.
☞ 名 **thorn**.

＊**thor・ough** /θə́ːrou サーロウ | θʌ́rə サラ/《★発音注意》形 (**more ~**; **most ~**)
❶ 徹底的な, 完全な. ❷きちょうめんな. ❸まったくの.
▶ ❶ The police made a *thorough* search for the suspect. 警察はその容疑者を徹底的に捜索した / a *thorough* knowledge of English 英語の完全な知識. ❷ She is rather slow but very *thorough*. 彼女はかなりのろいがとてもきちょうめんだ.

thor・ough・bred /θə́ːrəbrèd サーラブレッド/ 形 (とくに馬が)純血種の.
― 名 C (とくに馬の)純血種, サラブレッド.

thor・ough・fare /θə́ːrəfèər サーラフェア/ 名 主要道路, 大通り.

＊**thor・ough・ly** /θə́ːrouli サーロウリ | θʌ́rə-/《★発音注意》副 徹底的に, まったく.
▶ She cleaned the room *thoroughly*. 彼女は部屋を徹底的にそうじした / I am *thoroughly* tired. 私は疲れきっている.

thor・ough・ness /θə́ːrounəs サーロウネス | θʌ́rə-/ 名 U 徹底, 完全.

＊＊＊**those** /ðóuz ゾウズ/ **that¹** の複数形
代 《指示代名詞》❶ **それら, あれら**.
❷《同じ複数形の名詞を繰り返す代わりに》(…の)それら.
― 形 《指示形容詞》**それらの, あれらの**.

代 ❶ All *those* are my books. それらはすべて私の本です / *Those* are my friends. あの人たちは私の友だちです.
❷ These problems are easier than *those* (= the problems) (which) we did last week. これらの問題は先週したものよりやさしい.
those who __する［である］**人たち**: I envy *those who* can speak English easily. 楽に英語が話せる人がうらやましい.
― 形 *Those* books are mine. それらは私の本です.
those ... who __ __する(そういう)…(人たち)：*Those* (people) *who* lived in the neighborhood were all invited. 近所に住む人たちはみんな招待された.
those ... which __ __する(そういう)…(もの)：*those* cars *which* are imported from America アメリカから輸入される車.

thou /(弱) ðau ザウ; (強) ðáu ザウ/ 代 (複 **ye** /ji; jíː/)《古語》《**you** の単数形主格》なんじは［が］(☞ **ye**). ▶ *Thou* shalt not steal. 〖聖書〗なんじ盗むなかれ.

＊**though** /(弱) ðou ゾウ; (強) ðóu ゾウ/《《口語》では **tho, tho'** ともつづる》.
接 ❶ **…だけれども, …にもかかわらず** (☞ **although**).
❷ **たとえ…でも**.
― 副《文尾に置いて》**でも, それでもやはり**.

接 ❶ *Though* it was cold, he was not wearing an overcoat. 寒かったけれども, 彼はオーバーを着ていなかった / I was late for class, *though* I left my house earlier than usual. 私はいつもより早く家を出たが授業に遅れた.
❷ *Though* you may fail, you should try again. たとえ失敗するにしてももう一度やってみるべきです.
even though __ (実際に)__ではあるけれども (☞ **even**).
― 副 I must go now; I'll be back soon, *though*. 行かなければなりません.

thought

でもじきにもどります.

***thought¹** /θɔ́:t ソート/ 動 thinkの過去形・過去分詞形.

***thought²** /θɔ́:t ソート/ 名 (複 ~s /-ts/)

❶ C **考え, 意見**, 思い.
❷ U **思考**, 考えること; 思考力.
❸ U **意図**, 気持ち.
❹ UC 気がかり, 心配.
❺ U (ある集団や時代の)考え方, 思想.

❶ What are your *thoughts* on that? それに関する君の意見はどうですか / She read my *thoughts*. 彼女は私の思いを読み取った.

語の結びつき

collect [compose, gather] one's *thoughts* 考えをまとめる
give some [no] *thought* to ... =give ... some [no] *thought* …について考える[考えない]
have a *thought* 考えが浮かぶ

❷ After serious *thought*, she decided to marry him. よく考えてから彼女は彼と結婚することに決めた / give a matter some *thought* 問題をちょっと考えてみる / The mere *thought* of snakes makes me shudder. ヘビのことを考えただけで身震いがする / be lost in *thought* もの思いにふける.
❸ I had no *thought* of disturbing you. 私はあなたのじゃまをするつもりはなかったのです.
❹ He has no *thought* for his appearance. 彼は服装は気にしない.
❺ progressive *thought* 進歩的な考え方 / ancient Greek *thought* 古代ギリシアの思想.

at the thought of ... …のことを考えて.
it's just a thought 《口語》 ただの思いつきです《自分の言うことにつけ加えて言う》.
on second thought [《英》 **thoughts**] 考え直して.

☞ 動 think, 形 thoughtful.

***thought·ful** /θɔ́:tfəl ソートフル/ 形 (more ~; most ~)
❶ **思いやりのある**, 親切な.

❷ 考えこんで(いる).
❸ **慎重な**, よく考えた (反 thoughtless).

❶ a *thoughtful* boy 思いやりのある少年 / a *thoughtful* gift 心のこもった贈り物 / He is *thoughtful* of others. 彼は他人に思いやりがある / It is very *thoughtful* of you to help me. (= You are very *thoughtful* to help me.) 私を助けてくれるとはあなたはなんて思いやりがある方なのでしょう.
❷ He looked *thoughtful* for a while. 彼はしばらく考えこんでいるようだった.

☞ 名 thought².

thought·ful·ly /θɔ́:tfəli ソートフリ/ 副 思いやりをもって, 親切に.
thought·ful·ness /θɔ́:tfəlnəs ソートフルネス/ 名 U 思いやりのあること.
thought·less /θɔ́:tləs ソートレス/ 形
❶ 思いやりのない, 人の事を考えない.
❷ 思慮のない, 無分別な, 軽率な (反 thoughtful).
▶ ❶ It is *thoughtless* of him to make fun of you.(= He is *thoughtless* to make fun of you.) 君をからかうなんて彼は思いやりのない人だ.
❷ *thoughtless* words 軽率なことば.
thought·less·ly /θɔ́:tləsli ソートレスリ/ 副 ❶ 考えなしに, 無分別に.
❷ 思いやりなく.
thought·less·ness /θɔ́:tləsnəs ソートレスネス/ 名 U ❶ 思いやりのないこと.
❷ 無分別.
thought-out /θɔ́:táut ソータウト/ 形 考え抜いた.

***thou·sand** /θáuznd サウズンド/ 名 (複 ~s /-dz/)
❶ C ⓐ (数の) **1000**, 千.
ⓑ (数字の) 1000 (1000, M など).
❷ 《複数扱いで》1000人, 1000個.
❸ C ⓐ (米口語)1000ドル.
ⓑ (英口語)1000ポンド.
— 形 ❶ **1000の**, 千の; 1000人の, 1000個の.
❷ 《a をつけて》**非常にたくさんの**.

名 ❶ three *thousand* 3千 / ten

abcdefghijklmnopqrs**t**uvwxyz　　　　　　　　　　　　　　　　**threaten**

thousand 1万 / two hundred *thousand* 20万 / fifty-four *thousand* one hundred (and) seventy-eight 54,178.

語法 (1)「1000」というときは a thousand と読むのがふつうで, 強意では one thousand という.
(2) 1000の位と100の間には and を入れない. しかし100の位が 0 のときには10の位または 1 の位の前に and を入れる. ただし《米》ではこの and は省略されることが多い.
(3) 数詞または数を示す形容詞が前にくるときは seven thousand のようにし, 複数の s をつけない; ☞ hundred, million.

by the thousand 千単位で：The cards were filed *by the thousand*. カードは千枚単位で整理された.

hundreds of thousands of ... ☞ hundred.

one in a thousand きわめてまれな人[もの], きわめてすぐれた人[もの].

tens of thousands of ... ☞ ten.

thousands of ... 何千という…, 非常に多くの…：I saw *thousands of* birds flying in the sky. ものすごい数の鳥が空を飛んでいるのを見た.

── 形 ❶There are about a [one] *thousand* students in our school. 私たちの学校には約1000人の生徒がいる / two *thousand* five hundred yen 2500円《☞名 ❶ の 語法 》.
❷*A thousand* thanks. ほんとうにありがとう.

a thousand and one 非常に多くの.

Thóusand and Óne Níghts 名《**The** をつけて》「千夜一夜物語」,「アラビアンナイト」《*The Arabian Nights' Entertainments* ともいう》.

thou·sandth /θáuzntθ サウズントス/ 形
❶《ふつう the をつけて》1000番目の.
❷1000分の 1 の.
── 名 (複 ~s /-zntθs/) ❶Ｕ《ふつう the をつけて》1000番目の人[もの].
❷Ｃ1000分の 1.
▶ 名 ❷ three *thousandths* 1000分の 3.

thrash /θrǽʃ スラシュ/ 動 (三単現 ~·es /-iz/) 他 ❶ (棒・むちなどで)…を打つ, 打ちのめす. ❷…を打ち負かす.
── 自 のたうち回る.

thrash out 他 …を徹底的に話し合う.

*__thread__ /θréd スレッド/ 《★発音注意》名 (複 ~s /-dz/) ❶ＵＣ 糸, 縫(ぬ)い糸 《☞ string ❶, yarn 》.
❷Ｃ (話などの)筋(すじ), つながり, 流れ.
── 動 (~s /-dz/; ~ed /-id/; ~·ing) 他
❶ (針などに)糸を通す.
❷ (糸を通して)…をじゅずつなぎにする.

名 ❶ with nylon *thread* ナイロン糸で. ❷ lose the *thread* of the story 話の筋がわからなくなる.
── 動 他 ❶ *thread* a needle 針に糸を通す. ❷ *thread* beads ビーズをじゅずつなぎにする.

thread one's way 注意しながら縫うように進む.

thread·bare /θrédbèər スレドベア/ 形 すり切れた, 着古した.

*__threat__ /θrét スレット/ 《★発音注意》名 (複 ~s /-ts/) Ｃ ❶ おどし, 脅迫(きょうはく).
❷ (危険・不快なことなどの)きざし, 気配(けはい).
❸ 危険な人[もの], 脅威.

❶ They made a *threat* on his life. 彼らは彼を殺すとおどした.
❷ There is *a threat* of global warming. 地球温暖化のきざしがある.
❸ a *threat* to world peace 世界平和をおびやかすもの / a nuclear *threat* 核の脅威.

☞ 動 threaten.

under threat おどかされて, 脅威にさらされて.

*__threat·en__ /θrétn スレトン/ 《★発音注意》動 (~s /-z/; ~ed /-d/; ~·ing) 他
❶ⓐ (人)を**おどす**, 脅迫(きょうはく)する.
ⓑ …をするとおどす.
❷ⓐ …を**おびやかす**, …に脅威を与える.
ⓑ 《be threatened with ...》(悪いこと)の可能性がある.
❸ …の前兆である.
── 自 ❶ おどす, 脅迫する.
❷ (悪いことが)起こりそうである.

他 ❶ⓐ The bully *threatened* the boys with a knife. いじめっ子はその男

threatening

の子たちをナイフでおどした.
❻The workers *threatened* a walkout. 労働者たちはストをするとおどした / The boss *threatened* to fire him. 上司[親方]は彼を首にするとおどした.
❷ⓐThe heavy snow *threatened* transportation services. 大雪が交通を脅かした. ⓑThe company is *threatened with* bankruptcy. その会社は破産の可能性がある.
❸Those dark clouds *threaten* a storm. あの黒雲はあらしの前兆だ / It is *threatening to* rain. 雨になりそうだ.
☞ 名 threat.

threat·en·ing /θrétniŋ スレトニング/ 形
❶おどしの, 脅迫(きょうはく)の. ❷(悪いことが)今にも起きそうな, 険悪な.

threat·en·ing·ly /θrétniŋli スレトニングリ/ 副 ❶おどして. ❷険悪に.

＊＊＊three /θríː スリー/ 名 (複 ~s /-z/)
❶ⓐ Ⓤ **3** (❖「3番目の(人, もの)」は third,「3度」は three times; ☞ one). ⓑ Ⓒ (数字の) 3 (《3, III など》).
❷《複数扱いで》**3つ, 3人, 3個.**
❸ Ⓤ ⓐ **3時, 3分.** ⓑ 3ドル[ポンド, セント, ペンス, インチなど].
❹ Ⓤ **3歳.**
❺ Ⓒ 3つ[3人, 3個]ひと組のもの.
— 形 ❶ **3つの,** 3人の, 3個の.
❷ 3歳で(ある).

three-D, 3-D /θríː-díː スリー・ディー/ 形 3次元の, 立体の (❖ three-dimensional ともいう).

three-di·men·sion·al /θríː-diménʃənəl スリー・ディメンショナル/ 形 3次元の, 立体の (❖ three-D, 3-D ともいう).

three·fold /θríːfòuld スリーフォウルド/ 形 3倍の, 3重の. — 副 3倍に, 3重に.

three-piece /θríː-píːs スリー・ピース/ 形 (衣服が)三つ揃(そろ)いの, スリーピースの.

three-quar·ter /θríːkwɔ́ːrtər スリークウォーター/ 形 4分の3の.

thrée R's /-áːrz アーズ/ 名《the をつけて; 複数扱いで》読み, 書き, 算数《reading, writing, arithmetic から》.

thresh·old /θréʃhòuld スレショウルド, ・シュホウ・/ 名 Ⓒ ❶敷居(しきい), 入り口.
❷《ふつう the をつけて》始め, 出発点, 第一段階.

be on the threshold of ... 〔*doing*〕今まさに…が始まろう〔__をしよう〕としている.

＊**threw** /θrúː スルー/ 動 throwの過去形.

thrift /θríft スリフト/ 名 Ⓤ 節約, 倹約.

thríft shòp [stòre] 名 Ⓒ《米》中古品安売店.

thrift·y /θrífti スリフティ/ 形 (thrift·i·er; thrift·i·est) 倹約家の, むだ遣(づか)いしない.

＊**thrill** /θríl スリル/ 名 (複 ~s /-z/) Ⓒ
❶(興奮・喜びなどで)ぞくぞくする感じ, スリル. ❷(興奮・喜びなどで)ぞくぞくさせるもの[こと].
— 動 (~s /-z/; ~ed /-d/; ~·ing) 他
❶(興奮・喜びなどで)…をぞくぞくさせる, わくわくさせる.
❷《be thrilled》(興奮・喜びなどで)ぞくぞくする〔している〕(☞ thrilled).
— 自 (興奮・喜びなどで)ぞくぞくする, わくわくする.
▶名 ❶He never forgot the *thrill* of sky-diving. 彼はスカイダイビングのスリルを忘れることはなかった.
❷Meeting the Crown Prince was a real *thrill* to us. 皇太子に会って私たちはほんとうにわくわくした.
— 動 他 ❶The baseball game *thrilled* us. その野球の試合はわれわれをわくわくさせた.

thrilled /θríld スリルド/ 形
ⓐぞくぞくしている.
ⓑ《be thrilled to *do*》__してぞくぞくする.
ⓒ《be thrilled that __》__ということにぞくぞくする.
▶ⓑI *was thrilled to* hear that. それを聞いてうれしくてしかたがなかった.

thrill·er /θrílər スリラ/ 名 Ⓒ スリル満点の小説[劇, 映画].

thrill·ing /θríliŋ スリリング/ 形 ぞくぞくさせる, わくわくさせる, スリル満点の.
▶a *thrilling* moment わくわくさせる一瞬.

thrive /θráiv スライヴ/ 動 (~s /-z/; thrived /-d/, throve /θróuv/; thrived; thriv·ing) 自
❶栄える, 成功する, 好調である.
❷(動植物などが)よく育つ, おい茂る.
▶❶The auto industry is *thriving*.

自動車産業は好調である.

thriv·en /θrívən スリヴン/ 動 thriveの過去分詞形.

thriv·ing /θráiviŋ スライヴィング/ 形 栄えている, 好調な.

*__throat__ /θróut スロウト/ 名 (複 ~s /-ts/)
C のど 《首の前部と食道, 気管のある内部の両方をさす; ☞ body のさし絵》. ▶I have a sore *throat*. 私はのどが痛い.
clear one's **throat** せき払いをする.
force [**push**] ... **down** ~'s **throat** …(意見など)を~(人)に押しつける.
stick in …'s **throat** ①(食べ物が)のどにひっかかる. ②(提案などが)受け入れがたい.

throb /θráb スラブ | θrɔ́b/ 動 (~s /-z/; throbbed /-d/; throb·bing) 自
❶ⓐ(心臓が)どきどきする. ⓑ(脈が)打つ. ❷(傷が)ずきずきする.
—— 名 C ❶動悸(き), 鼓動. ❷ずきずきすること.
▶動 自 ❶ⓐHer heart *throbbed*. 彼女は心臓がどきどきした.
❷His arm *throbbed* with pain. 彼の腕が痛みでずきずきした.
—— 名 ❶the *throb* of one's heart 心臓の動悸.

throne /θróun スロウン/ 名 ❶ C 王座.
❷《the をつけて》王位, 王権.

throng /θrɔ́(ː)ŋ スロ(ー)ング/ 名 《文語》 C 群衆, 人の群れ.
—— 動 他《文語》(人が)…に群がる, 押しかける.
—— 自《文語》(人が)群をなして押しかける.

throt·tle /θrátl スラトル/ 名 C【機械】スロットル《エンジンに入れる燃料の量を調節する弁》.

***through** /(弱) θru スルー; (強) θrú スルー/
前 ❶《通過》…を**通して**, …を通り抜けて[る].
❷《時間》**…の始めから終わりまで(の)**, …じゅう(の).
❸《手段・原因》…によって[よる], …を通して(の).
❹《全域》…じゅう, …のあちこちに[へ, の].
❺《完了》…を終わって.
❻《時間・空間》《米》…まで.
—— 副 ❶通り抜けて.
❷始めから終わりまで, ずっと.
❸すっかり, 徹底的に.
❹終わって.
❺《電話で》(通話相手と)つながって.
—— 形 直通の.

前 ❶Sunlight was coming in *through* the window. 日光が窓ガラスを通り抜けて入ってきている / The Thames flows *through* London. テムズ川はロンドンを貫(ぬ)いて流れている / the path *through* the wood 森を通り抜ける小道.
❷We stayed there *through* the summer. われわれは夏じゅうそこに滞在した.

語法 through the summer は「夏の始めから終わりまでずっと」の意味だが, during the summer は through the summer の意味のほかに, 「夏の間のある時点に[で]」の意味があり, また during のほうが《文語》的である.

❸The accident happened *through* the carelessness of the driver. その事故は運転者の不注意で起こった / *through* the mail 郵便で.
❹I traveled *through* France. 私はフランス中を旅行した / The rumor spread *through* the whole school. うわさは学校中に広まった.
❺Are you *through* your work? 仕事は終わりましたか.
❻We have classes (from) Monday *through* Saturday morning. 私たちは月曜日から土曜日の午前中まで授業がある / Please read from page seven *through* page ten. その本を7ページから10ページまで読んでください.

語法 from page seven to page ten では page ten が含まれるかどうかはっきりしないが through とすれば ten が入ることがはっきりする; 《英》では from page seven to page ten inclusive という.

—— 副 ❶There was a dense crowd of people on the street and I couldn't get *through*. 通りには大群衆がいて通り抜けられなかった.

throughout

❷He read the book *through*. 彼はその本を始めから終わりまで通して読んだ / The next train goes *through* to New York. 次の列車はニューヨークまで直通だ.

❸She got wet *through* to the skin. 彼女は(肌まで)ずぶぬれになった.

❹Are you *through*? (通話・食事・用事などが)もうすみましたか.

❺You are *through*. 先方とつながりました. お話しください / Will you put me *through* to Mr. Yamada? 電話を山田さんにつないでください.

through and through すっかり.

── 形 a *through* train 直通列車.

be through with ... ①…を終えている:*Are* you *through with* your homework? 宿題は済みましたか. ②…と縁を切っている, …とはもう関係がない:I'm *through with* her. 私は彼女とは縁を切った.

****through·out** /θruːáut スルーアウト/《★アクセント注意》前

❶…じゅうに, …のすみからすみまで.
❷…の間じゅう, …を通じて.

── 副
❶すっかり, どこもかも; あらゆる点で.
❷始めから終わりまで, 最後まで.

─────────────

前 ❶The company has branches *throughout* the country. その会社は全国くまなく支店を持っている.

❷It rained *throughout* the day. その日は一日じゅう雨が降った / *throughout* his life 彼の一生の間.

── 副 ❶The forest was green *throughout*. その森はどこもかしこも緑だった. ❷She remained silent *throughout*. 彼女は最後までだまっていた.

through·way /θrúːwèi スルーウェイ/ 名《米》= **thruway**.

throve /θróuv スロウヴ/ 動 thriveの過去形.

****throw** /θróu スロウ/ 動
(~s /-z/; threw /θrúː/; thrown /θróun/; ~·ing) 他

❶ⓐ(物)を**投げる**, ほうる.
ⓑ《throw ~ ... または throw ... to ~》

〜に…を投げる, ほうる.
❷(ことば・視線など)を**向ける**, (光・影など)を投げかける.
❸(突然)(質問・コメントなど)を**する**, 投げかける.
❹ⓐ(馬などが)(人)を**振り落とす**.
ⓑ(レスリングなどで)(相手)を投げ倒す.
❺《throw ... into ~》ⓐ…を〜に投げこむ. ⓑ…を突然〜の状態にする.
❻(手足・大きなスイッチ・レバーなど)をぐいと動かす.
❼《口語》(会など)を催す.
❽《口語》(人)を当惑させる.

── 名 (複 ~s /-z/) C ❶**投げること**.
❷投げて届く距離.

動 他 ❶ⓐI can *throw* the ball 100 meters. 私はそのボールを100メートル投げられる / I *threw* a stone *at* a tree. 私は木を目がけて石を投げた.
ⓑPlease *throw* me the ball. = Please *throw* the ball *to* me. 私にそのボールをほうってください.

❷He *threw* me an angry look at me. = He *threw* me an angry look. 彼は私におこった表情を向けた / The trees *threw* long shadows on the wall. 樹木が長い影を壁に投じた.

❸*throw* questions at the lecturer 講師にいろいろ質問をする.

❹ⓐThe horse *threw* him. その馬は彼を振り落とした.
❺ⓐHe *threw* his clothes *into* the suitcase. 彼は衣類をスーツケースに投げ入れた / They *threw* him *into* prison. 彼らは彼を刑務所に放りこんだ.
ⓑThe explosion *threw* the people *into* a panic. その爆発は人々をパニックに陥(おちい)れた.

❻He *threw* his legs up on his desk. 彼は足をどさっと机の上に投げ出した.

❼*throw* a party パーティーを開く.

throw aside 他 (考え・計画・生活習慣など)を捨てる.

throw away 他 ①(いらないものなど)を**(投げ)捨てる**, 捨ててしまう. ②(時間・金・チャンスなど)をむだにする, 浪費する; (チャンス)を見のがす.

throw back 他 …を投げ返す.

abcdefghijklmnopqrs**t**uvwxyz　　　　　　　　　　　　**thumb**

throw down 他 …を投げ落とす, 投げ捨てる.

throw in 他 ①…を投げこむ, 投げ入れる. ②《口語》…をおまけにつける. ③(ことばなど)をさしはさむ.

throw off 他 ①…を脱ぎ捨てる: He *threw off* his coat. 彼はすばやく上着を脱いだ.
②(じゃまな人[もの])を振り捨てる.
③…から抜け出す, 逃れる.

throw on 他 …を急いで着る: She *threw on* her coat. 彼女は急いでコートを着た.

throw oneself down 横になる.

throw oneself into ... …を一生懸命にし始める.

throw open ①(ドアなど)をぱっと開く. ②(だれでもはいれるように)…を公開する; …に自由に参加できるようにする.

throw out 他 ①…を投げ出す, 追い出す, 捨てる: He *threw* the cat *out* of his room. 彼はネコを自分の部屋から放り出した.
②(申し出など)をはねつける, 拒絶する.
③(光・熱など)を発する.

throw together 他 ①…を急いで組み立てる, 作る. ②(物事が)(人々)を偶然会わせる.

throw up 他 ①…を押し[投げ]上げる: He *threw up* the window. 彼は窓を押し上げてあけた.
②(食べたもの)をもどす, 吐く.
③(職など)をやめる.
④…を急いで建てる.
— 自 食べたものをもどす, 吐く.
— 名 ❶ He made a nice *throw*. 彼はいい投球をした / an overhand [underhand] *throw* 〖野球〗オーバースロー[アンダースロー].

throw・a・way /θróuəwèi スロウアウェイ/ 形 ❶使い捨ての.
❷何げない.

throw・back /θróubæk スロウバック/ 名 C 古いタイプのもの.

***thrown** /θróun スロウン/ 動 throw の過去分詞形.
　　　　　《同音異形語》throne.

thru /θru: スルー/ 前副形《米口語》= through.

thrush /θrʌʃ スラッシュ/ 名 (複 ~es /-iz/) C 〖鳥類〗ツグミ.

***thrust** /θrʌst スラスト/ 動 (~s /-ts/; thrust; ~ing) 他 (急に)…を強く押す, 突く, **突き刺す**.
— 自 (急に)押し進む.
— 名 (複 ~s /-ts/) ❶ C ひと突き, ひと押し.
❷ U (エンジンなどの)推進力.
❸《単数形で》趣旨.
▶動 他 He *thrust* the door open. 彼はドアを押し開いた / Tom *thrust* his hands into his pockets. トムは両手をポケットに突っこんだ / *thrust* a skewer into meat 串を肉に突き刺す.

thrust aside 他 ①…をわきへ押しやる. ②…を無視する.
— 名 ❶ give a *thrust* with a sword 剣でひと突きする.

thru・way, through・way /θrú:wèi スルーウェイ/ 名 C《米》高速道路.

thud /θʌd サッド/ 名 C ドサッ, ドシン, ドタン《重い物の落ちる音》.
▶with a *thud* ドサッと音をたてて.

thug /θʌɡ サッグ/ 名 C 荒くれ者.

***thumb** /θʌm サム/ (★ b は発音されない) 名 (複 ~s /-z/) C ❶親指 (✪finger と区別される; ☞ hand のさし絵).
❷ (手袋などの)親指の部分.
— 動 他 ❶ (親指で)(車に乗せてくれるよう)合図する (☞ 成句 thumb a ride).
❷ (親指で)…に触れる.
— 自 急いで目を通す.

名 ***be all (fingers and) thumbs*** 不器用である: He *is all thumbs*. 彼は無器用だ《彼の指はどれも親指のようだ》.

raise [hold up] one's thumb(s) 親指を立てる.

He *raised his thumb* to me to signal his victory.
(彼は私に向けて親指を立て, 勝利のジェスチャーをした)

raise [put] one's thumb up (親指を上に向けて)よい[ＯＫ]と合図する.

thumb index　　　　　　　　　　　　ABCDEFGHIJKLMNOPQRS**T**UVWXYZ

Thumbs down! だめだ《不賛成・拒否・否決などを表わす》.

Thumbs down!
（だめだ）

Thumbs up! いいぞ《賛成・承諾・承認などを表わす》.
thumbs down 《**the**をつけて》（考えなどに対する）不賛成, 否決：get the *thumbs down* 否決される.
thumbs up 《**the**をつけて》（考えなどに対する）賛成, 承認：get the *thumbs up* 賛成[承認]される / give the *thumbs up* 賛成[承認]する.
under …'s thumb …の言いなりになって：He is completely *under her thumb*. 彼はすっかり彼女の言いなりになっている.
— 動 他 *thumb* through a book 本にざっと目を通す.
thumb a ride [《英》**lift**]（親指で合図して）車に乗せてくれるよう頼む（☞hitchhiking）.
thumb one's nose at ... ☞ nose.
thúmb índex 名 C（辞書などの見出し用の）切り込み, つめかけ.
thumb·nail /θʌ́mnèil サムネイル/ 名 C 親指のつめ. — 形 短い.
thumb·tack /θʌ́mtæk サムタック/ 名 C《米》画びょう（✪《英》では drawing pin）.
thump /θʌ́mp サンプ/ 動 他 …をゴツン[ドン]と打つ.
— 自 ❶ゴツン[ドン]と打つ.
❷（心臓などが）ドキドキする.
— 名 C ❶ゴツン[ドン]と打つこと.
❷ゴツン[ドン]という音.
▶動 他 *thump* the table テーブルをゴツンと打つ.
— 自 ❶ *thump* on the door ドアをドンとたたく.
— 名 ❶ He gave me a *thump* on the back. 彼は私の背中をゴツンとたたいた.

＊＊thun·der /θʌ́ndər サンダ/ 名（複 ~s /-z/）
❶ U 雷（かみなり）, 雷鳴（らいめい）（✪「雷の音」のみをさす, 雷の「ゴロゴロ」は rumble;「いなびかり」は lightning）.
❷ UC 雷のような音.
— 動 (~s /-z/; ~ed /-d/; -der·ing /-dəriŋ/) 自 ❶《**it** を主語にして》雷が鳴る.
❷ⓐ（雷のような）大きな音を出す.
ⓑ大きな音をたてて動く.
❸どなる；激しく非難する.
— 他 ⓐ …を大声で言う, どなる.
ⓑ …とどなる.

━━━━━━━━━━━━━━━━━━
名 ❶ We heard *thunder* in the distance. 遠くに雷が聞こえた.
❷ the *thunder* of applause われるような大かっさい.
steal …'s thunder …を出しぬく, …のすることを先取りする.
　　　　　　　　　　☞ 形 thunderous.
— 動 自 ❶ *It thundered* loudly. 大きな雷鳴がとどろいた.
❷ⓐ The loudspeaker was *thundering*. スピーカーが大きな音をたてていた. ⓑ The train *thundered* by. 列車が大きな音を出して通り過ぎて行った.
— 他 ⓐ He *thundered* his answer. 彼は大声で返事をした.
ⓑ "Keep away!" the man *thundered*. 「離れていろ！」と男はどなった.
thun·der·bolt /θʌ́ndərbòult サンダボウルト/ 名 C ❶雷電, 落雷.
❷思いがけない恐ろしいこと.
thun·der·clap /θʌ́ndərklæ̀p サンダクラップ/ 名 C 雷鳴（らいめい）.
thun·der·cloud /θʌ́ndərklàud サンダクラウド/ 名 C 雷雲.
thun·der·ous /θʌ́ndərəs サンダラス/ 形（音が）雷のような.　☞ 名 thunder.
thun·der·storm /θʌ́ndərstɔ̀ːrm サンダストーム/ 名 C（強風をともなう）雷雨.
thun·der·struck /θʌ́ndərstrʌ̀k サンダストラック/ 形 びっくり仰天（ぎょうてん）した.
Thur. 《略語》*Thur*sday.
Thurs. 《略語》*Thurs*day.

＊＊＊Thurs·day /θə́ːrzdèi サーズデイ, -di/ 名（複 ~s /-z/）
❶ UC 木曜日（✪Th., Thur., Thurs. と

1410　　　　　　　　　　　　　　　　　　　　　　　　　　　　one thousand four hundred and ten

abcdefghijklmnopqrs t uvwxyz   ticklish

略す; ☞ Sunday の 語法》.
❷《形容詞的に》木曜日の.
❸《副詞的に》《口語》木曜日に.

*thus /ðÁs ザス/ 副
❶このように.
❷こうして, だから.
▶ ❶He explained it *thus*. 彼はそれをこんなふうに説明した. ❷He didn't study hard, and *thus* failed the test. 彼は一生懸命勉強しなかった, だから試験に失敗したのだ.

thwart /θwɔ́ːrt スウォート/ 動 他《文語》
❶(人)にやめさせる. ❷…をだめにする.

thy /(弱) ðai ザイ;(強) ðái ザイ/ 代《古語》《thou の所有格》なんじの(**◎your**(あなた の)の古い言い方).

thyme /táim タイム/ 名 U 〖植物〗タイム, タチジャコウソウ《葉を香味料として料理に用いる》.

thy·roid /θáirɔid サイロイド/ 名 C 〖解剖〗甲状腺(せん)(**◎thýroid glànd** ともいう).

ti /tíː ティー/ 名 U.C 〖音楽〗シ《ドレミファ音階の第 7 音; **◎ si** ともいう》.

ti·a·ra /tiǽərə ティアラ | tiúːrə/ 名 C ティアラ《宝石をちりばめた女性用の頭飾り》.

tiara

Ti·bet /tibét ティベット/ 名 チベット《中国南西部の自治区; 首都ラサ (Lhasa)》.

Ti·bet·an /tibétn ティベトン/ 形 ❶チベットの. ❷チベット人の. ❸チベット語の.
— 名 ❶ C チベット人. ❷ U チベット語.

tic /tík ティック/ 名 C 〖医学〗チック, 顔面痙攣(けいれん).

tick¹ /tík ティック/ 名 C ❶ (時計などの)チクタク[カチカチ]いう音.
❷《英》チェック[点検]のしるし(✓)(**◎**《米》では check という; 照合済みのしるし; 「誤りなし」ということを表わすので, 答案の場合は日本の ○ に相当する; ☞ cross 名 ❶ ⓐ).

— 動 自 (時計・機械などが)チクタク[カチカチ]いう.
— 動 他《英》…に点検済みのしるし(✓)を付ける.
▶ 名 ❶the *tick* of a clock 時計のチクタクいう音.
❷put a *tick* しるし(✓)を付ける.
tick away 自 時間がたつ.
tick off 他 …に点検済みのチェックを付ける.

tick² /tík ティック/ 名 C 〖動物〗ダニ.

*tick·et /tíkit ティキット/ 名 (複 ~s /-ts/)
❶ C 切符, 乗車券, 券, チケット.
❷ C 《英》(商品につける)(値)札, タグ(《米》では tag という).
❸ C (宝くじなどの)券.
❹ C (交通違反の)チケット, 呼び出し状.
❺《米》公認候補者名簿.
— 動 他 ❶ (物に)札[カード, 定価票(など)]を付ける.
❷《米》(とくに交通違反者)に呼び出し状を渡す.

名 ❶I have a *ticket* for the recital. そのリサイタルの切符を 1 枚持っている / a one-way *ticket* = 《英》a single *ticket* 片道切符 / a round-trip *ticket* = 《英》a return *ticket* 往復切符 / a theater *ticket* 劇場入場券.
❷a price *ticket* 値札.
❹a speeding *ticket* スピード違反チケット.
❺on the Republican *ticket* 共和党公認候補で.

tícket òffice 名 C (列車・バスの)切符売り場, 出札所(**◎**《英》では booking office という).

tick·le /tíkl ティクル/ 動 (現分 tick·ling)
他 ❶…をくすぐる, むずむずさせる.
❷…をおもしろがらせる, うれしがらせる.
— 自 (物が)くすぐったい, むずむずする.
— 名《単数形で》くすぐったい[むずむずする]感じ; くすぐること.
▶ 動 他 ❷His joke really *tickled* us. 彼の冗談はほんとうに私たちを笑わせた.
— 名 She gave the baby a *tickle*. 彼女は赤ん坊をくすぐった.
☞ 形 ticklish.

tick·lish /tíkliʃ ティクリシュ/ 形 ❶すぐくすぐったがる. ❷やっかいな, 扱いにく

one thousand four hundred and eleven   1411

tick-tack-toe /tík-tæk-tóu ティク・タク・トウ/ 名 U (米)三目(ミッ)並べ(◎(英)では noughts-and-crosses という).

INFO ひとりは ○ をもうひとりは × を９つのます目に早く３つ連続して並べたほうが勝ちとなる五目並べに似た子どもの遊び.

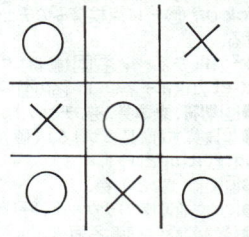

tick·tock /tíktɑ̀k ティクタック/ 名 C (時計の)チクタク[カチカチ]いう音.

tid·al /táidl タイドル/ 形 潮の.
☞ 名 tide.

tídal wàve 名 C 津波(tsunami).

tid·bit /tídbìt ティドビット/ 名 C ❶ うまいもののひと口(◎(英)では titbit). ❷ ちょっとしたニュース.

__tide__ /táid タイド/ 名(複 ~s /-dz/) C
❶ 潮;潮流.
❷《the をつけて》世論の動き, 風潮, 傾向.
❸ (増加の)傾向, 波.
— 動 (現分 tid·ing)《次の成句で》: **tide ... over** 他 (人)を持ちこたえさせる, 切り抜けさせる.

- - - - - - - - - - - - - - -

名 ❶ The *tide* is rising [in]. 潮がさしている / The *tide* is at the full. 満潮(マンチョウ)だ / high *tide* 満潮 / low *tide* 干潮 / the ebbing [falling] *tide* 引き潮 / the flowing [rising] *tide* 上げ潮.
❷ The *tide* turned against him. 形勢は彼に不利になった / swim with [against] the *tide* 時勢に従う[逆らう] / go [swim] against the *tide* 時勢に逆らう / turn the *tide* 形勢を好転させる.
❸ a rising *tide* of crime 犯罪の増加傾向.
— 動 ❶ This money will *tide* us *over* for some time. このお金でわれわれはしばらく持ちこたえられるだろう.

☞ 名 tidal.

ti·di·ly /táidəli タイディリ/ 副 きちんと.

ti·di·ness /táidinəs タイディネス/ 名 U きちんとしていること.

__ti·dy__ /táidi タイディ/ 形 (-di·er; -di·est)
❶ (場所などが)(整理されて)**きちんとした**, 整然とした (反 untidy).
❷ (人などが)きれい好きな, 整然としていることが好きな.
— 動 (ti·dies /-z/; ti·died /-d/; ~·ing) 他 …をきちんとかたづける, 整頓(セイトン)する.

- - - - - - - - - - - - - - -

形 ❶ The kitchen is always *tidy*. 台所はいつもきちんと整頓(セイトン)されている / a *tidy* room きちんとした部屋.
❷ She used to be more *tidy*. 彼女はむかしはもっときれい好きだった.
— 動 他 *Tidy* (up) your room. あなたの部屋をかたづけなさい.

__tie__ /tái タイ/ 動 (~s /-z/; tied /-d/; ty·ing) 他
❶ⓐ …を**結ぶ**, 結びつける (反 untie).
ⓑ (ひも・ロープなどで)…を**縛(シバ)る**, つなぐ.
ⓒ (結び目)をつくる.
❷《ふつう be tied で》(人が)**束縛(ソクバク)される[されている]**.
❸ (競技などで)(相手)と同点になる, タイになる.
— 自 ❶ 結べる.
❷ 同点になる, タイになる.
— 名 (複 ~s /-z/) C
❶ ネクタイ (necktie).
❷ 縛る物, ひも, なわ.
❸《ふつう複数形で》**つながり**, 結びつき, きずな.
❹ (競技の)同点, タイ; 同点[引き分け]試合.

- - - - - - - - - - - - - - -

動 他 ❶ⓐ She *tied* her shoe laces. 彼女はくつのひもを結んだ / The two countries are *tied* by common interests. そのふたつの国は共通の利害で結ばれている / *tie* a necktie ネクタイを結ぶ.
ⓑ She *tied* her hair with a ribbon. 彼女は髪をリボンで結んだ / He *tied* his horse to the post. 彼は馬を柱につないだ.

❸*Tie* a knot in this rope. このロープに結び目をつくりなさい.

(1) He bent down and *tied* his shoelaces.
(彼はかがんでくつのひもを結んだ)
(2) She *tied* her dog to the tree.
(彼女は犬を木につないだ)

❷I am *tied to* my work. 私は仕事に縛られている / Housework *tied* her *to* her home. 家事のため彼女はほかのことができなかった.

❸The game was *tied* at 5–5 [5 all] in the end. その試合は結局 5 対 5 の同点で終わった.

— 自 ❶This ribbon does not *tie* well. このリボンはうまく結べない.
❷The two teams *tied* for second place. 両チームは同点で 2 位になった.

be tied up 暇がまったくない.

tie down 他 ①…を拘束する: His work *tied* him *down*. 彼は仕事で忙しくて暇がなかった. ②…をしばって下へ押さえつける.

tie in with ... …と関連がある, 一致する.

tie up 他 ①…をしっかり縛る, 結ぶ; 包む;(傷など)に包帯する: *Tie up* the books into a parcel. 本を紙で包みひもで縛りなさい. ②(交通など)を渋滞させる,(活動など)を停止させる. ③(計画など)を仕上げる.

tie up with ... ①…と提携する, タイアップする. ②…と関連がある, 一致する.

— 名 ❶He never wears a *tie*. 彼は決してネクタイをつけていることはない / put on [take off] *one's tie* ネクタイをしめる[はずす].

❸Family *ties* used to be strong in Japan. 日本ではかつて家族のきずなは強かった / the *ties* of friendship 友情のきずな.

❹end in a *tie* 引き分けに終わる.

tie·pin /táipìn タイピン/ 名 C (英)ネクタイピン.

tier /tíər ティア/ 名 C 段, 層.

tíe tàck 名 C (米)ネクタイピン.

ti·ger /táigər タイガ/ 名 C 〔動物〕トラ (✿「雌のトラ」は tigress).

***tight** /táit タイト/ (★ gh は発音されない)形 (~·er; ~·est) ❶ (衣類などが)**ぴったりした**, きつい (反 loose).
❷ (きっちり)**締まった**, 堅く結んだ (反 loose).
❸ (ロープなどが)**ぴんと張った** (反 slack).
❹ⓐ (物などが)ぎっしり詰まった.
ⓑ (予定などが)ぎっしり詰まった,(時間の)余裕のない.
❺ (空気・水などの)漏らない (✿とくに複合語をつくるのに用いられる).
❻ (試合などが)互角の.
❼困難な, 扱いにくい, (立場などが)動きがとれない.
❽ (態度・管理などが)きびしい, 厳格な.
❾ (金融などが)ひっ迫した, 緊縮の.
❿ (口語)しまり屋の, けちな.
— 副 堅く, きっちりと, しっかりと.

形 ❶She wears a *tight* skirt. 彼女はタイトスカートをはいている / These shoes are too *tight*. このくつはきつすぎる / a *tight* jacket きついジャケット.
❷a *tight* knot 堅い結び目 / a *tight* drawer きつい(あけにくい)引き出し.
❸walk on a *tight* rope ぴんと張ったロープの上を綱渡りする.
❹ⓐThey stood in a *tight* group. 彼らはがっちり組んで立っていた.
ⓑHe has a *tight* schedule. 彼の予定はぎっしり詰まっている.
❺a *tight* roof 雨漏りしない屋根 / a watertight box 防水の箱.
❻It was a *tight* game. それは互角の試合だった.
❽The soccer coach kept *tight* control over the team members. そのサッカーのコーチはチームの選手をきびしく管理した.
❾a *tight* budget 緊縮予算.

☞ 動 tighten.

— 副 She packed the bag *tight*. 彼女はかばんに物をきっちりと詰めた.

sit tight ①じっと動かずにいる.②意見を変えない.

tight・en /táitn タイトン/ 動(現分 -tening)他 …をしっかり締める,堅くする(反 loosen, relax).
— 自 締まる,堅くなる.
tighten one's belt 倹約する.
tighten up 他(規制など)をきびしくする.
☞ 形 tight.

tight・fist・ed /táitfístid タイトフィスティッド/ 形《口語》けちな.

tight-lipped /táit-lípt タイト・リップト/ 形
❶口を堅く閉じた.
❷黙っている.

*__tight・ly__ /táitli タイトリ/ 副 **きつく**,堅く,しっかりと.

tight・ness /táitnəs タイトネス/ 名U 締まっていること,堅いこと;きついこと.

tight・rope /táitròup タイトロウプ/ 名C (綱渡りの)ぴんと張った綱.
walk a tightrope きびしい状況にある.

tights /táits タイツ/ 名複 (女性がはく)タイツ.

ti・gress /táigrəs タイグレス/ 名(複 ~es /-iz/)C〖動物〗雌(ﾒ)のトラ(⦿「雄(ｵｽ)のトラ」は tiger).

*__tile__ /táil タイル/ 名(複 ~s /-z/)C **タイル**;かわら.
— 動 (~s /-z/; ~d /-d/; til・ing)他
❶…にタイルを張る.
❷…をかわらでふく.

__till__[1] /(弱) til ティル, tl; (強) tíl ティル/ 前 …まで(ずっと).
— 接 …まで(ずっと);…してとうとう.

前 Wait here *till* eight. ここで8時まで待っていてくれ / He did not come home *till* eleven o'clock. 彼は11時まで帰らなかった(11時になってやっと帰ってきた).

— 接 Go straight on *till* you come *to a traffic signal*. 信号の所にくるまでまっすぐに行きなさい / People do not know the value of health *till* they lose it. 人々は健康でなくなるまではその価値を知らない(健康を失って初めてその価値を知る) / He wore his sneakers, *till* they were worn out. 彼はその運動ぐつをすり切れるまではいた[長くはいてついにはすり切れてしまった].

till[2] /tíl ティル/ 動他 (土地)を耕す.

tilt /tílt ティルト/ 動 (~s /-ts/; ~ed /-id/; ~・ing) 自 傾く,かしぐ.
— 他 …を傾ける,かしげる.
— 名C 傾き,傾斜.
▶動自 The boat *tilted*. ボートが傾いた.
— 他 *tilt* the tray お盆を傾ける.
— 名 a roof with a *tilt* 傾斜した屋根.

Tim /tím ティム/ 名 ティム《男性の名;Timothy の愛称》.

*__tim・ber__ /tímbər ティンバ/ 名U **材木**,木材(⦿wood は製材する前の材木;(米)ではlumber[1]ともいう;☞ tree ❶ のさし絵).

__time__ /táim タイム/ 名 (複 ~s /-z/)
❶U (空間に対して)**時**,**時間**.
❷U (…するための)**時間(の余裕)**;(自由に使える)時間,暇;勤務時間.
❸ⓐU **時刻**,時間.
ⓑU.C.(特定の)時,時期,機会.
ⓒU (…すべき)時.
ⓓU《It's time ...＋過去形で》もう…が＿していていい時(間)だ(⦿もうその時間はすぎているという気持ちを表わす).
❹《a をつけて》ⓐ (ある長さの)**時間**,期間.
ⓑ**な時**,…な経験(⦿前に形容詞がくる).
❺C …**回**,度(⦿「1回」は once, 「2回」は twice).
❻C …**倍**(⦿「2倍」は twice がふつう;☞ twice ❷).
❼《しばしば複数形で》**時代**.
❽《しばしば複数形で》時勢,景気.
❾U《ふつう one's をつけて》ⓐ 一生.
ⓑ 若いころ.
❿U〖音楽〗拍子(ﾋﾞｮｳｼ).

— 動 (~s /-z/; timed /-d/; tim・ing)
❶ ⓐ …の**時期を選ぶ**,時間を定める.
ⓑ《be timed to *do*》＿するように時間が決められている.
❷(競技などで)…の**時間を計る**.
❸…の**調子を合わせる**,…を調和させる.

名 ❶ This watch keeps good [bad] *time*. この時計は時間が正確[不正確]だ / ことわざ *Time* is money. 時は金(ｶﾈ)なり.

abcdefghijklmnopqrstuvwxyz　　　　　　　　　　　time

Time flies.
(時のたつのは早い, 「光陰矢のごとし」)

ことわざ *Time* and tide wait for no man. 「歳月人を待たず」 / *Time* is a great healer. 時間は偉大な治療者である(心の傷も時がたてば直る).

❷Do I have *time* to catch the last train? 最終列車に間に合うだろうか / Give me *time*. 時間(の余裕)をください / There's no *time* to lose. ぐずぐずしてはいられない / I have no *time* to spare. 私には暇がない / I have no *time* for reading [to read]. 私には読書の時間がない / Don't waste your *time*. 時間をむだにしてはいけません, それは時間のむだだ / It's soon dinner *time*. じき夕食の時間だ.

❸ⓐWhat *time* is it? = What is the *time*? 今何時ですか 《❸(米)では What *time* do you have? も用いる》/ What *time* does the game begin? 試合は何時に始まりますか / by that *time* その時間までには.
ⓑLilies bloom at this *time* of (the) year. ユリは1年のこの時期に咲く / I will do that another *time*. 私はそれは別の機会にする / I hope that the *time* will soon come when there will be no war. 私は戦争のなくなる時がやがてくることを願っている / Every *time* I try to telephone, the number is busy. 電話をしようとするたびにいつもその番号は話し中だ.
ⓒIt is *time* (for you) to go to bed. もう寝る時間ですよ / It is *time* for lunch. 昼食の時間です / Now is the *time* to do your best. 今こそベストをつくすべき時だ / *Time* is up. もう時間ですよ, 終わりですよ.
ⓓ*It's time* you *went* to bed. もう(当然)寝る時間ですよ / It's *time* I *was* leaving. もう失礼する時間です.

❹ⓐIt will take *a* long *time* to fin-ish the job. その仕事を仕上げるには長い時間がかかる / He died after *a time*. 彼はしばらくたって死んだ / I'll be back in *a* short *time*. 私はちょっとしたら帰って来ます / It's *a* long *time* since I saw you last. この前会ってからずいぶんたちましたね; お久しぶりですね.
ⓑI had *a* good *time* at the party. パーティーで楽しい時を過ごした(パーティーは楽しかった) / I had *a* hard *time* persuading my parents. 両親を説得するのが大変だった.

❺I met her in town three *times* today. きょうは彼女に3回も街で会った / I've told you a dozen *times* not to do that. 私はそうしないように何度もいいましたね / the fourth *time* 4回目.

❻This house is about three *times* as large as ours. この家は私の家の約3倍の大きさだ / Four *times* five is [are] twenty. 4かける5は20 《英語では数式 4×5＝20を5の4倍は20と解する》.
語法 掛け算の数式を読む場合には×をtimesで表わして左からそのままの順序で読む.

❼in *times* past [to come] むかし[将来に] / in ancient *times* 古代に[は].

❽*Times* are getting better. 時勢はよくなりつつある / hard *times* 不景気.

❾ⓐIt won't happen in *my time*. 私の生きているうちにはそれは起こらないだろう.
ⓑHe was a brilliant scholar in *his time*. 彼は若いころは才気(さい)あふれた学者だった.

❿waltz *time* ワルツのテンポ.

against *time* (遅れないよう)時計とにらめっこで, 大急ぎで: work *against time* 時間と競争で仕事をする.

ahead of one's *time* (自分の生きている時代よりも)進んで.

ahead of *time* 予定よりも早く: He arrived ten minutes *ahead of time*. 彼は予定よりも10分早く到着した.

all the *time* ①(その間)ずっと: It snowed *all the time*. その間ずっと雪が降った. ②しょっちゅう, いつも.

at all *times* いつも, 常に (always).

at a *time* 1度に: He ran up the

1415

time

steps two *at a time*. 彼は階段を1度に2段かけ上がった.

(at) any time ①**いつでも**：I will come *(at) any time* (you want). いつでも(あなたのお好きな時間に)まいります.②**今すぐにも**：It may begin to rain *(at) any time*. すぐにも雨が降り出すかもしれない.

at no time 絶対に__ない：*At no time* was he late coming. 彼は絶対に遅刻はしなかった.

at one time ①**かつては**, むかしは (once)：*At one time* I watched TV quite a lot. かつては私はテレビをよく見た.②**同時に**, いっせいに：Please don't speak all *at one time*. みんないっせいにしゃべらないでください.

at the same time ①**同時に**：The children all spoke *at the same time*. 子どもたちはみんないっせいにしゃべった.②**そうではあるが**, やはり：I like this better; *at the same time*, I still like that very much. こっちのほうが好きだけれども, やはりあれも大変好きだ.

at times ときどき：*At times* I think of my childhood. 私はときどき子どものころを思い出す.

before *one's* **time** ①= ahead of *one's time*. ②…が生まれる前に;…が関係する前に. ③…にとって適当な時になる前に：She died *before her time*. 彼女は早死にした.

behind the times 時代遅れで：You are *behind the times* if you're not on the Internet. インターネットに入っていないと時代遅れだ.

behind time (時刻に)**遅れて**：He is always *behind time* with his work. 彼はいつも仕事が遅れる.

by the time __ __のころまでには, __のころにはもう：I will be ready *by the time* you come. あなたが来るころには用意できています.

by this time 今ごろはもう：She will be at home *by this time*. 彼女は今ごろはもう家についている.

for a [some] time しばらくの間：Nobody spoke *for a time*. しばらくだれもしゃべらなかった.

for the first time 初めて：I visited Hokkaido *for the first time* this summer. 私はこの夏初めて北海道を訪ねた.

for the last time 最後に：I visited Kyoto *for the last time* in 2003. 私が京都を訪ねたのは2003年が最後だ.

for the time being 当分は, ここしばらく：This will do *for the time being*. これで当分は間に合うだろう.

from time to time ときどき：He visits me *from time to time*. 彼はときどき私を訪ねてくる.

gain time ①(時計が)進む (反 lose *time*). ②時間をかせぐ.

in good time ①時間通りに. ②予定より前に.

in no time すぐに：He did it *in no time*. 彼はすぐにそうした.

in *one's* **own (good) time** 都合のよい時に.

in time ①**間に合って**：He will be *in time* for the train. 彼は列車に間に合うでしょう.②**やがて**：He will get well *in time*. 彼はまもなく元気になるだろう.③調子が合って.

It's about time __ _(口語)_ **でもよいころだ**：*It's about time* you told me the truth. もうほんとうのことを言ってくれてもいいころだ (__の中の動詞は過去形).

keep bad time (時計が)正確でない.

keep good time (時計が)**正確である**.

keep time ①リズムを合わせる. ②(スポーツで)(審判などが)時間を計る.

kill time 暇をつぶす.

lose no time (in) *doing* **すぐに__する**：He *loses no time (in) doing* things. 彼は物事をすぐ実行する.

lose time ①(時計が)遅れる (反 gain *time*). ②時間をむだにする.

make good time (予定以上に)速く進む.

make time ①(なにかをする)時間をつくる. ②(列車などが遅れをとりもどすために)速く走る.

many a time = many times.

many times 何度も, しばしば (often).

mark time ①(動かないで)足踏みする. ②(好機が訪れるまで)待機する.

most of the time いつも, しょっちゅ

う.

once upon a time むかしむかし (☞ once [副]).

on time **時間どおりに:** The train arrived *on time*. 列車は定刻に着いた.

out of time ①時期はずれで. ②調子がはずれて.

some time or other いつか, そのうちに.

take one's time ゆっくり(自分のペースで)やる: You needn't hurry. *Take your time.* 急ぐことはない. ゆっくりやりなさい.

the last time ＿ **この前＿したとき:** *The last time* I saw her, she looked quite well. この前会ったときは彼女はとても元気そうだった.

(the) ***next time*** ＿ **今度[次に]＿するとき:** I will bring it *the next time* I come. 今度来るとき持って来ます.

time after time 何度も何度も: I saw him there *time after time*. 私はそこで彼を何度も何度も見かけた.

time and **(*time*)** ***again*** = *time* after time.

— [動][他] ❶ⓐHis visit was well *timed*. 彼はちょうどよい時に訪問した. ⓑThis train *is timed to connect* with the express for London. この列車はロンドン行きの急行と接続することになっている.
❷The coach *timed* the runners. コーチは走者のタイムを計った.
❸He *timed* his steps to the music. 彼は音楽にステップを合わせた.

tíme bòmb [名][C] ❶時限爆弾. ❷(政治的に)危険な状況.

tíme càpsule [名][C]タイムカプセル《将来の発掘を予期し時代を代表する文書や物品などを入れて埋める容器》.

tíme càrd [名][C]タイムカード《出社・退社時間などを記録するカード》.

tíme clòck [名][C](出社・退社時間などを記録する)タイムレコーダー.

time-con·sum·ing /tàim-kənsjúːmiŋ タイム・コンス(ュ)ーミング/ [形]多くの時間のかかる.

time-hon·ored /táim-ànərd タイム・アナド/ [形]むかしながらの, 由緒(ゆいしょ)ある.

time·keep·er /táimkìːpər タイムキーパ/ [名][C](競技・作業などの)計時係, 時間記録係.

tíme làg [名][C](ふたつのことの間の)時間のずれ.

time·less /táimləs タイムレス/ [形]永久の, 不変の.

tíme lìmit [名][C]タイムリミット, 時間的制限.

time·ly /táimli タイムリ/ [形](-li·er; -li·est)タイミングのよい, 適切な時期の, タイムリーの.

tíme machìne [名][C](映画や SF の)タイムマシーン.

tíme óut [名][U](仕事・競技などの)中断; 休憩時間.

tim·er /táimər タイマ/ [名][C] ❶(競技などの)時間記録係, 時計係. ❷タイマー.

Times /táimz タイムズ/ 《**The** をつけて》タイムズ《ロンドンで発行されている権威のある日刊新聞》.

time·sav·ing /táimsèiviŋ タイムセイヴィング/ [形]時間節約に役立つ.

Tímes Squáre [名]タイムズスクウェア《ニューヨーク市の中央部にある広場; 付近には劇場が多い》.

tíme swìtch [名][C]タイムスイッチ《決まった時刻に自動的に働く》.

***time·ta·ble** /táimtèibl タイムテイブル/ [名](複 ~s /-z/)[C] ❶(列車などの)**時刻表.** ❷(行事・計画などの)予定表. ❸(授業の)時間割.

tíme zòne [名][C]時間帯《地球上で24分割されている同一標準時を用いる地帯》.

tim·id /tímid ティミッド/ [形]おくびょうな, 気の弱い; おどおどした, 内気な. ▶He is *timid* with girls. 彼は女の子に対して内気だ / a *timid* child おくびょうな子ども.
☞ [名]timidity.

ti·mid·i·ty /təmídəti ティミディティ/ [名][U]おくびょう, 内気. ☞ [形]timid.

tim·id·ly /tímidli ティミドリ/ [副]おくびょうに, おどおどして.

tim·ing /táimiŋ タイミング/ [名][U]タイミング.

Tim·o·thy /tíməθi ティモスィ/ [名]ティモシー《男性の名; 愛称 Tim》.

tim·pa·ni /tímpəni ティンパニ/ [名][複]〔音楽〕ティンパニー《打楽器》.

T

tin /tín ティン/ 名(複 ~s /-z/) ❶ U[化学]**すず**(元素記号 Sn). ❷ C(英)**かん詰め**; かん詰めのかん(◎(米)では can). ❸ C(ふたのついた物を入れておく)かん. ❹《形容詞的に》すず製の; ブリキ製の.
— 動(~s /-z/; tinned /-d/; tin·ning)他 ❶(英)…をかん詰めにする(◎(米)では can).
❷ …をすずでおおう, …にすずメッキをする.
▶名 ❷ a *tin* of peaches モモのかん詰め. ❸ a cookie *tin* クッキーを入れておくかん. ❹ a *tin* box ブリキの箱.
— 動他 ❶ They *tinned* the asparagus. 彼らはアスパラガスをかん詰めにした.

tinge /tíndʒ ティンヂ/ 名 C ❶ 色合い; …み《青み, 赤みなど》. ❷(感情などの)少量.
▶❶ yellow with *a tinge of* red 赤みがかった黄色. ❷ *a tinge of* remorse すこしばかりの後悔.

tin·gle /tíŋgl ティングル/ 動(現分 tin·gling)自 ひりひり[ちくちく]痛む.
— 名 C ひりひり[ちくちく]する痛み.

tin·ker /tíŋkər ティンカ/ 動自 〔…を〕修理する, いじくる〔at, with〕.

tin·kle /tíŋkl ティンクル/ 動(現分 tin·kling)自 (鈴などが)チリンチリン鳴る.
— 名 C (鈴などの)チリンチリン(という音).

tinned /tínd ティンド/ 形(英)かん詰めにされた(◎(米)では canned).

tín òpener 名 C (英)かん切り(◎(米)では can opener).

tin·sel /tínsl ティンスル/ 名 U (飾りに使う)ぴかぴか光る金属片, 金銀糸.

tint /tínt ティント/ 名 C (明るく薄い)色合い.
— 動 他 …に薄い色をつける, …を薄く染める.
▶名 a blue *tint*. 青み.

*****ti·ny** /táini タイニ/《★発音注意》形 (ti·ni·er; ti·ni·est)ちっちゃな, ちっぽけな.

A mosquito is a *tiny* insect. 蚊(か)はちっちゃな昆虫だ / a *tiny* little baby ちっちゃな赤ちゃん.

*****tip[1]** /típ ティップ/ 名(複 ~s /-s/)C
❶ (とがった物の)**先**, 先端.
❷ 先端に付けるもの《傘・ステッキの石突き・

くつの先革・たばこのフィルターなど》.
— 動(~s /-s/; tipped /-t/; tip·ping)他 …に先端を付ける.
▶名 ❶ the *tip* of the forefinger 人さし指の先. ❷ the *tip* of a walking stick ステッキの先端の石突き.

tip[2] /típ ティップ/ 動(~s /-s/; tipped /-t/; tip·ping)他 ❶ …を傾ける, 倒す.
❷ (容器を傾けて)…をあける, 捨てる.
— 自 傾く, 倒れる.
▶動 他 ❶ The child *tipped* the table. その子はテーブルを傾けた.
❷ *tip* the water onto the ground 水を地面にあける.
tip off 他 (人)にこっそり教える.
tip over 他 …をあける, ひっくり返す: *tip over* a glass of milk 牛乳のはいったコップをひっくり返す. — 自 ひっくり返る.

*****tip[3]** /típ ティップ/ 名(複 ~s /-s/) C (お礼の)**チップ**.
— 動(~s /-s/; tipped /-t/; tip·ping)他 …にチップをやる.

名 I gave the waiter a *tip*. 私はウェーターにチップをやった.
INFO 英米ではホテルやレストラン, またタクシーなどのサービスに対して, 請求された料金のほかにチップを与える慣習がある. 額としては請求された料金の10〜15%がふつうである: Here's a *tip* for you. これはチップです《チップをわたす時のことば》.

「これはチップです」

— 動他 She *tipped* the waiter one dollar. 彼女はウェーターにチップを1ドルやった.

tip[4] /típ ティップ/ 名 C ヒント, アドバイス, 情報.

abcdefghijklmnopqrs**t**uvwxyz　　　　　　　　　　　**titanic**

▶He gave me a lot of *tips* on learning English. 彼は私に英語を身につけるためのアドバイスをたくさんくれた.

tip[5] /típ ティップ/ 名 C 軽く打つこと；〖野球〗チップ.
— 動 (~s /-s/; tipped /-t/; tip·ping) 他 …を軽く打つ；〖野球〗(打者が)(ボール)をチップする.
▶名 a foul *tip* ファウルチップ.

tip[6] /típ ティップ/ 名 C 《英》ゴミ捨て場 (❂《米》では dump).

tip·sy /típsi ティプスィ/ 形 (-si·er; -si·est) ほろ酔いの.

tip·toe /típtòu ティプトウ/ 名 C つま先.
on tiptoe つま先で(立って): walk *on tiptoe* つま先で歩く.
— 動 (~s /-z/; tip·toed /-d/; ~·ing) 自 つま先で歩く.

＊**tire**[1] /táiər タイア/ 動 (~s /-z/; tired /-d/; tir·ing /táiəriŋ/) 他
❶ …を**疲れさせる**.
❷ …を**あきさせる**, うんざりさせる.
— 自 ❶ 疲れる.
❷《tire of ...》…に**あきる**, うんざりする.

⸻

他 ❶ The long walk *tired* us. 長く歩いたので私たちは疲れた.
❷ Her chatter *tired* everybody. 彼女のおしゃべりにみんなはあきあきした.
— 自 ❶ She *tires* easily. 彼女はすぐ疲れる. ❷ He never *tires* of watching the stars. 彼は星をいくら見ていてもあきない.
tire out 他 …を疲れ果てさせる.
☞ 形 tiresome.

＊**tire**[2] /táiər タイア/ 名 (~s /-z/) C **タイヤ** (❂《英》では tyre; ☞ motorcycle のさし絵).
▶We had a flat *tire*. タイヤがパンクした.

＊＊**tired** /táiərd タイアド/ 形 (more ~; most ~)
❶ⓐ **疲れた**.
ⓑ《be tired after [from] ...》…で[__することに]**疲れた**.
❷ⓐ うんざりした.
ⓑ《be tired of ...》…に**あきた**, うんざりした.

⸻

❶ⓐ I was too *tired* to speak. 私はあまり疲れて口もきけなかった / She looked *tired* out. 彼女は疲れ果てているようだった / She had a *tired* look. 彼女は疲れた顔をしていた.
ⓑ I *am tired after* [*from*] cycling a long distance. 私は長距離のサイクリングをして疲れた.
❷ⓐ You make me *tired*. 君にはうんざりだ.
ⓑ We *are tired of* your stupid questions. 私たちは君のばかげた質問にうんざりしている.

tired·ly /táiərdli タイアドリ/ 副 ❶ 疲れて.
❷ うんざりして.

tire·less /táiərləs タイアレス/ 形 疲れを知らない, 休むことのない.

tire·less·ly /táiərləsli タイアレスリ/ 副 疲れずに；休まずに.

tire·some /táiərsəm タイアサム/ 形 あきあきする.
▶a *tiresome* game 退屈(くつ)な試合.
☞ 動 tire[1].

'tis /tíz ティズ/《文語・古語》it is の短縮形.

＊**tis·sue** /tíʃu: ティシュー/ 名 (複 ~s /-z/)
❶ U 〖生理〗(筋肉などの) **組織**.
❷ C ティッシュ(ペーパー).
❸ U = tissue paper.

❶ muscular〔nervous〕*tissue* 筋肉〔神経〕組織.
❷ toilet *tissue* トイレットペーパー / facial *tissues* 化粧落としに使うティッシュペーパー.

tíssue pàper 名 U 薄紙 (軽くて薄い紙で物を包んだりするのに用いる; ❂ 日本語でいう「ティッシュペーパー」は tissue ❷ をさす).

tit[1] /tít ティット/ 名 C 〖鳥類〗シジュウカラ.

tit[2] /tít ティット/ 名《次の成句で》: *tit for tat* しっぺ返し.

tit[3] /tít ティット/ 名 C 《俗語》(女性の)乳ぶさ.

Ti·tan /táitn タイトン/ 名 〖ギリシア神話〗タイタン (巨人の神).

ti·tan·ic /taitǽnik タイタニック/ 形 巨大な, 力持ちの (☞ Titan).
— 名《the Titanic で》タイタニック号

one thousand four hundred and nineteen　　　　　　　　　　　　　　　1419

titanium

《1912年氷山と衝突して沈没したイギリスの豪華客船》.

ti·ta·ni·um /taitéiniəm タイテイニアム/ 名 ⓤ〖化学〗チタン《軽くて高熱に耐える》.

tit·bit /títbit ティトビット/ 名《英》= **tid-bit**.

tit·il·late /títəlèit ティティレイト/ 動 (現分 -lat·ing) ⊕ …をくすぐる, (性的に)刺激する.

***ti·tle** /táitl タイトル/ 名 (履 ~s /-z/)

❶ⓒⓐ**題名**, 表題, 書名.
ⓑ本.
❷ⓒ**肩書き**, (爵位など)称号, 敬称.
❸ⓒ選手権, タイトル (championship).
❹ⓤ権利, 資格; (土地などの)所有権.

❶ⓐWhat is the *title* of the book? その本の題名は何ですか.
❷She has received the *title* 'Dr.' 彼女は「博士」の称号をもらった / the *title* of floor manager (デパートなどの)売り場責任者という肩書き.
❸the world lightweight boxing *title* 世界ライト級ボクシング選手権.
❹He has the *title* to this house. 彼がこの家の権利を持っている.

☞ 動 entitle.

títle bàr 名ⓒ〖電算〗タイトルバー《ウィンドー最上段にあるプログラムの名前などが書いてある横長の帯》.

ti·tled /táitld タイトルド/ 形 肩書き[爵位]のある.

ti·tle·hold·er /táitlhòuldər タイトルホウルダ/ 名ⓒ選手権保持者[チーム].

títle pàge 名ⓒ(本の)とびら《書名・著者名・発行所名などが書いてある最初のページ》.

títle ròle 名ⓒ〖演劇〗(劇の題名になっている人物を演じる)主役《「ハムレット」(*Hamlet*) 劇ならば Hamlet》.

tit·ter /títər ティタ/ 動 ⊕ (当惑して)くすくす笑う.
— 名ⓒ(当惑の)くすくす笑い, 忍び笑い.

TN 〖米郵便〗Tennessee.

TNT /tí:èntí: ティーエンティー/ 名ⓤティーエヌティー《強力な火薬; *tri*nitro*t*oluene (トリニトロトルエン)の省略形》.

***to**[1] /(弱)tu トゥ, tə; (強)tú: **トゥー**/ 前

❶《方向・到着点》**…の方へ**, …へ, …に.
❷《動作・行為の対象》**…に**, **…へ**, …への.
❸《時間・到着点・程度・範囲》…まで(の).
❹《結果・状態》ⓐ…になるまで.
ⓑ…したことには.
❺《比較・対比》…と比較して, …に対して.
❻《適合》…に合わせて.
❼《関係》…に付して(の); …にとって(の).
❽《所属・付属》…についている, …の.
❾《目的》…のために.

❶I went straight *to* the library after school. 私は放課後まっすぐ図書館へ行った / Turn *to* the right. 右に曲がりなさい / the road *to* the town その町への道.

語法

(1) to[1] ❶ (2) toward

(1) The dog came *to* the boy. その犬は少年のところへやって来た
(2) The dog is coming *toward* the boy. その犬は少年の方へ近づいて来ている《❊ toward が単に方向を表わすのに対して, to は到着することも含んでいる》.

❷He gave a present *to* me. 彼は私にプレゼントをくれた / Add some water *to* the flour. 小麦粉にすこし水を加えなさい / This is his present *to* you. これは彼のあなたへのプレゼントです.
❸He stayed here *to* the end of May. 彼は5月の末までここに滞在した / from nine A.M. *to* three P.M. 朝9時から午後3時まで / The temperature rose *to* 20°C. 温度は20°Cまで上がった / It is about ten miles from here *to* the town. ここからその町まで約10マイルある.
❹ⓐHe tore the letter *to* pieces. 彼はその手紙をずたずたに裂いた.
ⓑ*To* my surprise he failed. (私が)驚いたことには彼は失敗した.

abcdefghijklmnopqrs**t**uvwxyz　　　　　　　　　　　　　today

❺The score was 5 *to* 3. 得点は5対3だった / I prefer books *to* sports. 私はスポーツより読書が好きだ.
❻We danced *to* the music. われわれはその音楽に合わせて踊った / It is not *to* my taste. それは私の趣味に合わない.
❼Sleep is essential *to* health. 睡眠は健康にぜひ必要だ / What was her answer *to* that? それに対する彼女の返事はどうでしたか.
❽Where is the lid *to* this can? このかんのふたはどこですか.
❾They went *to* her rescue. 彼らは彼女の救助にかかった.

to² /tə トゥ, tu トゥ/ 《動詞の原形の前につけて不定詞をつくる》
❶《名詞的に》__することは[を].
❷《形容詞的に》__する(ための).
❸《副詞的に》ⓐ《目的を表わして》__するために.
ⓑ《原因・理由を表わして》__して.
ⓒ《前にある形容詞についてどういう点でそうなのかを説明して》__するのに.
ⓓ《判断の根拠を表わして》__するとは.

❶ *To* get up early is good for the health. 早起きすることは健康によい / I want *to* go home. 私は家に帰りたい / It is easy *to* solve this problem. この問題を解くのはやさしい (✪it は形式主語) / I find it easy *to* use this dictionary. この辞書は使いやすいと思う (✪it は形式目的語).
❷Give me something cold *to* drink. 何か冷たい飲み物をください.
❸ⓐI went there *to* buy notebooks. 私はノートを買いにそこへ行った. ⓑThe boy was very glad *to* hear the news. 少年はその知らせを聞いてたいへん喜んだ. ⓒThe book is difficult *to* read. その本は読みにくい. ⓓHe must be crazy *to* do such a thing. そんなことをするとは彼は気が狂っているに違いない.

to³ /túː トゥー/ 副 もとの状態に, 正常の状態に.
to and fro 行ったり来たり (☞fro).

toad /tóud トウド/ 名Ⓒ 【動物】ヒキガエル.

toad　　　　　　frog

toast¹ /tóust トウスト/ 名Ⓤ トースト (きつね色に焼いたパン).
— 動 (~s /-ts/; ~ed /-id/; ~ing) 他 (パンなど)を**トーストにする**, 軽く焼く.
▶名two pieces of *toast* トースト2切れ.

toast² /tóust トウスト/ 名Ⓒ 乾杯, 祝杯.
— 動 他 …のために乾杯する.
▶名Let's drink [give] a *toast* to Mr. Anderson! アンダーソン氏のために乾杯! / I propose a *toast* to Mr. Smith. スミス氏のために乾杯をお願いします.

INFO　「乾杯!」の発音には "A toast to Jane!" 「ジェーンに乾杯」のほかに "Here's to you!" 「あなたのために乾杯」, "To your health!" 「あなたの健康を祝して」, "To our happiness!" 「われわれの幸福を祝して」などという. 日常的には "Cheers!" という.

— 動 他 We *toasted* our new members. 私たちは新しいメンバーのために乾杯した.

toast·er /tóustər トウスタ/ 名Ⓒ トースター.

toast·mas·ter /tóustmæstər トウストマスタ/ 名Ⓒ (宴会の)司会者 (乾杯の音頭をとる).

to·bac·co /təbǽkou トバコウ/ 名 (複 ~s, ~es /-z/) Ⓤ ❶ (刻み)たばこ (✪「葉巻き」は cigar, 「紙巻きたばこ」は cigarette; 種類をいうときはⒸになる).
❷ 【植物】タバコ.

to·bog·gan /təbágən トバガン/ 名Ⓒ トボガン (平底のそり).

to·day /tudéi トゥデイ/ 副
❶きょう(は).
❷このごろは, 今(で)は.
— 名Ⓤ ❶きょう.
❷現代, 現在.

副 ❶It's Tuesday *today*. きょうは火曜日です / We had a class meeting

1421
one thousand four hundred and twenty-one

toddle

today. きょうクラスの会合があった / I'll meet her *today*. きょうは彼女に会います.

❷ *Today* much more people travel abroad than before. 今日(こんにち)ではむかしよりも海外旅行をする人がはるかに多い.

— 名 ❶ *Today* is Sunday. きょうは日曜日です / *today's* paper きょうの新聞.

❷ The young people of *today* are realists. 現代の青年は現実主義者だ.

tod·dle /tádl タドル/ 動 (現分 tod·dling) 自 (幼児などが)よちよち歩く.

tod·dler /tádlər タドラ/ 名 C よちよち歩きの幼児.

***toe** /tóu トウ/ 名 (複 ~s /-z/) C

❶ 足の指 (◆「手の指」は finger).

❷ (くつ・くつ下などの)つま先.

— 動 他 《次の成句で》: *toe the line* 規則[命令]に従う.

・・・・・・・・・・・・・・・・・・・・・・・・・・・・

名 ❶ the big *toe* 足の親指 (◆親指のとなりから the first toe, the second toe, the third toe そして the little toe (足の小指)という).

from top [head] to toe ☞ top, head.

step on …'s toes 《米》 ① …の足を踏む. ② …の感情を害する.

tread on …'s toes 《英》= step on …'s toes.

TOEFL /tóufl トウフル/ 名 U 【商標】トーフル (*T*esting *o*f *E*nglish as a *F*oreign *L*anguage の省略語; アメリカやカナダへの留学希望者が受ける英語学力テスト).

TOEIC /tóuik トウイック/ 名 U 【商標】トーイック (*T*est *o*f *E*nglish for *I*nternational *C*ommunication の省略語; 英語によるコミュニケーション能力を測る学力テスト).

toe·nail /tóunèil トウネイル/ 名 C 足の指のつめ (☞fingernail).

tof·fee /táfi タフィ | tɔ́fi/ 名 UC トフィー (ピーナッツを入れたキャンデー).

to·fu /tóufu: トウフー/ 名 U 豆腐.

***to·geth·er** /tugéðər トゥゲザ/ 副

❶ いっしょに.

❷ 同時に, いっせいに.

❸ いっしょにして, 集めて, 合わせて.

❹ 続けて, 休みなく.

・・・・・・・・・・・・・・・・・・・・・・・・・・・・

❶ They went to the store *together*. 彼らはいっしょにその店へ行った.

❷ All those troubles came *together*. そのめんどうな事はすべて同時に起こった.

❸ Mix the butter and sugar *together*. バターと砂糖を混ぜなさい / Tie the ends of the string *together*. ひもの端と端を結び合わせなさい.

❹ He talked for hours *together*. 彼は何時間も(続けて)話した.

get together 集まる: We *get together* on Saturday afternoons. 私たちはいつも土曜日の午後集まる.

together with … …とともに; …に加えて: I am sending you a doll, *together with* a picture book. 人形を絵本といっしょにお送りします.

to·geth·er·ness /tugéðərnəs トゥゲザネス/ 名 U 連体感, 一体感.

toil /tɔ́il トイル/ 動 自 《文語》(長い間)一生懸命に働く, こつこつ働く.

— 名 U つらい仕事, 苦労.

▶ 動 自 He *toiled* to support his family. 彼は家族を養うためにたゆまず働いた.

— 名 after hours of *toil* 何時間も苦労して.

***toi·let** /tɔ́ilit トイリット/ 名 (複 ~s /-ts/) C ❶ トイレ(ット), 便所, 化粧室, 洗面所 (☞bathroom). ❺ 便器.

▶ ❶ go to the *toilet* トイレに行き用を足す.

❺ flush the *toilet* トイレの水を流す.

INFO アメリカではふつう bathroom か restroom を用いる. 英米ではふつう浴室 (bathroom) の中に便器 (toilet) と洗面台 (washstand) がある.

tóilet bàg 名 C 洗面用具入れバッグ.

tóilet pàper 名 U (巻いた)トイレットペーパー.

tóilet ròll 名 C 《英》= toilet paper.

tóilet wàter 名 U 化粧水.

***to·ken** /tóukən トウクン/ 名 (複 ~s /-z/) C ❶ トークン (ゲーム機などの機械に使う金属やプラスチックでできている代用貨幣). ❷ 《文語》(感謝などの気持ちを表わす)しる

abcdefghijklmnopqrs**t**uvwxyz　　　　　　　　　　**tomorrow**

し.
― 形 (大したことのない)名ばかりの, わずかな.
▶名 ❶ insert a *token* into the slot machine スロットマシーンに 1 枚トークンを入れる.
❷ Please accept this as a *token* of my friendship. 私の友情のしるしとしてこれを受け取ってください.

To·kyo·ite /tóukiouàit トウキオウアイト/ 名C 東京の住民.

*__told__ /tóuld トウルド/ 動 tell の過去形・過去分詞形.

tol·er·a·ble /tálərəbl タレラブル | tɔ́l-/ 《★アクセント注意》形 (more ~; most ~)
❶ がまんのできる (反 intolerable).
❷ まあまあの; かなりよい.
▶ ❶ The pain was not *tolerable*. 痛みはがまんができなかった.
❷ *tolerable* food まあまあの食べ物.

tol·er·a·bly /tálərəbli タレラブリ/ 副 (程度などが)まあまあ.

tol·er·ance /tálərəns タレランス/ 名U
❶ 寛容, 寛大. ❷ 忍耐.
☞ 動 tolerate.

tol·er·ant /tálərənt タレラント | tɔ́l-/ 形
ⓐ 寛容な, 寛大な. ⓑ 《be tolerant of [toward(s)] ...》…に対して寛大である.
☞ 動 tolerate.

tol·er·ate /tálərèit タレレイト | tɔ́l-/ 動 (~s /-ts/; -at·ed /-id/ -at·ing /-iŋ/) 他 ❶ …を大目にみる, 許す. ❷ …をがまんする.
▶ ❶ I won't *tolerate* such behavior. 私はそのようなふるまいはそのまま見過ごすわけにはいかない. ❷ *tolerate* a cold climate 寒い気候をがまんする.
☞ 名 toleration, tolerance, 形 tolerant.

tol·er·a·tion /tàləréiʃən タレレイション/ 名U 大目にみること, 寛大.
☞ 動 tolerate.

*__toll__[1] /tóul トウル/ 《★発音注意》名 (複 ~s /-z/) C ❶ (道路・橋・港・長距離電話などの)**使用料金**, 使用税.
❷ 犠牲, 死傷者数, 被害数.
▶ ❶ pay a *toll* of 500 yen to use the highway 高速道路を利用するのに 500 円をはらう.
❷ The flood took a heavy *toll* of lives. その洪水では多数の死者が出た.

toll[2] /tóul トウル/ 《★発音注意》動 他
❶ (鐘)を (晩鐘・とむらいとして, ゆるやかに同じ間隔で)鳴らす.
❷ (時刻など)を鐘を鳴らして告げる.
― 自 (鐘が)(ゆるやかに同じ間隔で)鳴る.
― 名U (ゆるやかに同じ間隔で鳴る)鐘の音.

tóll bòoth 名C 通行料金徴収所.

toll-free /tóul-frí: トウル-フリー/ 形《米》(電話が)料金不要の, 無料の.
― 副 (電話が)料金不要で, 無料で.

toll·gate /tóulgèit トウルゲイト/ 名C (橋・高速道路などの)通行料金徴収所 (☞ toll[1]).

tóll ròad 名C 高速(有料)自動車道路.

Tom /tám タム | tɔ́m/ 名 トム 《男性の名; Thomas の愛称》.

tom·a·hawk /táməhɔ̀:k タマホーク/ 名C (北米先住民が戦いに使った)おの, まさかり.

tomahawk

*__to·ma·to__ /təméitou トメイトウ, -má:-/ 名 (複 ~es /-z/) C トマト.

*__tomb__ /tú:m トゥーム/ 《★ b は発音されない》名 (複 ~s /-z/) C 墓 (☞ grave[1]).

tom·boy /támbɔ̀i タムボイ/ 名C おてんば娘.

tomb·stone /tú:mstòun トゥームストウン/ 名C 墓石 (◉ gravestone ともいう).

tom·cat /támkæt タムキャット/ 名C 雄(ホホ)ネコ.

Tom·my /támi タミ/ 名 トミー 《男性の名; Thomas の愛称》.

**to·mor·row /tumárou トゥマロウ, -mɔ́(:)r-/
副 **あす(は), あした(は)**.
― 名U ❶ⓐ **あす**, あした.
ⓑ《形容詞的に》あすの, あしたの.
❷ 近い将来, あす.

・・・・・・・・・・・・・・・・・・・・・・・・・・・・・
副 It is Thursday *tomorrow*. あすは木曜日だ / I'll leave here *tomorrow*. 私はあす出発します.
― 名 ❶ⓐ *Tomorrow* is Monday. あすは月曜日だ / Wait until *tomor-*

1423

Tom Sawyer

row. あすまで待ちなさい. ❻I'll see you *tomorrow* morning〔evening〕. あすの朝〔晩〕お会いしましょう.
❷the world of *tomorrow* あすの世界.
a week tomorrow 来週のあす(に).
the day after tomorrow あさって (☞成句 the day before yesterday (⇨ yesterday 名)).

Tóm Sáw·yer /-sɔ́ːjər ・ソーヤ/ 名 トムソーヤー(マーク トウェイン (Mark Twain) の「トムソーヤーの冒険」の主人公; 正義感の強いいたずらっ子).

Tóm Thúmb /-θʌ́m ・サム/ 名 親指トム (❂北欧に広く伝えられている童話の主人公).

tom-tom /tʌ́m-tʌ̀m タム・タム/ 名 © トムトム(手で打つ胴長の太鼓).

*****ton** /tʌ́n タン/ (★発音注意) 名 (複 ~s /-z/) © ❶(重量の単位の)**トン**(米トンは2000ポンドで約907キログラム; 英トンは2240ポンドで約1016キログラム; 日本, フランスなどで用いるメートルトン (metric ton) は2204.62ポンドで1000キログラム).
❷(船の大きさ・容積の単位の)**トン**(客船の大きさの単位は100立方フィート, (貨物の)積載トンの単位としては40立方フィート).
❸《ふつう *tons of ...*で》《口語》非常にたくさんの….
▶ ❶This stone weighs about three *tons.* この石は約3トンある.
❷a two-*ton* truck 2トン積みのトラック.
❸*tons of* homework 非常にたくさんの宿題.

*****tone** /tóun トウン/ 名 (複 ~s /-z/)
❶ⓊC ⓐ(声の)**調子**, 語調.
ⓑ(楽器などの)**音色**.
❷ⓒ**色調**, 色合い, 濃淡.
❸ⓊC(全体的)**雰囲気**, 調子.
❹Ⓤ(身体の)調子, 状態.
❺ⓒⓐ〖音声〗音の高低, 抑揚.
ⓑ〖音楽〗楽音, 音程.
— 動 (現分 ton·ing) 他
❶…を強める, (体)をきたえる.
❷…の調子[色合い]を整える.

名 ❶ⓐShe said it in a gentle *tone* of voice. 彼女は穏(おだ)やかな声でそう言った / speak in an angry *tone* おこったような調子で話す.

❷I like the soft green *tone* of the picture. 私はその絵の柔(やわ)らかな緑の色調が好きだ / several *tones* of blue さまざまな濃淡の変化のある青.
❸The *tone* of the discussion was friendly. その話し合いの雰囲気はなごやかだった.

— 動 ***tone down*** 他 …の調子を和らげる, …を弱める: *tone down* the colors 色彩を和らげる.
tone up 他 …を強める, (調子など)を高める.

tone-deaf /tóun-dèf トウン・デフ/ 形 音痴の.

tongs /tɔ́ŋz タングズ, tɔ́(ː)ŋz/ 名 複 物をはさむ道具(やっとこ・火ばし).
▶a pair of *tongs* 火ばし1丁.

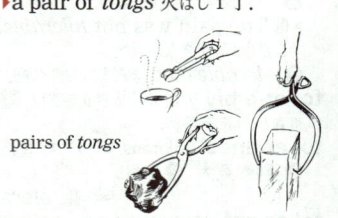

pairs of *tongs*

*****tongue** /tʌ́ŋ タング/ (★発音注意) 名 (複 ~s /-z/) ❶ⓐⓒ舌.
ⓑⓊC(料理に使う動物の)舌肉, タン.
❷ⓒ《文語》言語.
❸ⓒ話し方.
❹ⓒⓐ舌の型をした物(鈴・管楽器・炎など).
ⓑ(くつの)舌革(したがわ).

❶ⓐThe doctor asked me to stick out my *tongue.* 医者は私に舌を出すように言った.
ⓑa slice of *tongue* タンひと切れ.
❷English is his native [mother] *tongue.* 英語は彼の母(国)語だ.
❸He has a sharp *tongue.* 彼は毒舌家だ.
❹ⓐ*tongues* of flame めらめらとした炎.

bite* [*hold*] *one's tongue 話すのを思いとどまる.
click one's tongue 舌打ちをする(いらだちなどを表わす).
put* [*stick*] *one's tongue out at ...

abcdefghijklmnopqrs**t**uvwxyz　　　　　　　　　　　　　　**tool**

…に向かって舌を出す《✿軽蔑(^{けい}_{べつ})のしぐさ》.

slip of the tongue 名Ⓒいいまちがい.

speak in tongues (神がかりのように)わけのわからない話をする.

with (***one's***) ***tongue in*** (***one's***) ***cheek*** 冗談に.

tongue-in-cheek /tʌ́ŋ-in-tʃíːk タングンチーク/ 形冗談の.

tongue-tied /tʌ́ŋ-táid タング・タイド/ 形 (当惑・驚き・恥ずかしさなどで)思うことが言えない.

tóngue twìster 名Ⓒ(舌がもつれて言いにくい)早口ことば.

ton·ic /tɑ́nik タニック/ 名 ❶ⓊⒸ元気づけるもの, 強壮剤. ❷Ⓒ＝tonic water.
— 形元気づける, 強壮にする.
▶名 ❶a hair *tonic* 養毛剤 ヘアトニック.

tónic wàter 名ⓊⒸトニックウォーター《炭酸飲料；ジンなどを割る》.

※**to·night** /tunáit トゥナイト/ 副**今夜(は)**, 今晩(は).
— 名Ⓤ**今夜**, 今晩.

副It will snow *tonight*. 今夜は雪が降るでしょう.
— 名*tonight's* TV shows 今晩のテレビ番組.

ton·nage /tʌ́nidʒ タニッヂ/ 名Ⓤ ❶(船舶の)トン数. ❷トン数.

ton·sil /tɑ́nsl タンスル/ 名Ⓒ【解剖】扁桃腺(^{へんとう}_{せん}).

ton·sil·li·tis /tɑ̀nsəláitis タンスィライティス/ 名Ⓤ【医学】扁桃腺炎.

To·ny /tóuni トウニ/ 名 トニー《男性の名；Anthony の愛称》.

※**too** /túː トゥー/ 副
❶…も**また**, その上.
❷《形容詞・副詞の前で》**あまりにも…すぎて**
❸《口語》非常に.

❶We keep a cat, and a dog(,) *too*. うちではネコを飼っていて, 犬も飼っている.
語法 (1) also と同じ意味であるが, より《口語》的である.

(2) 文尾か修飾する語の直後に置く.
(3) 否定文の「…もまた～ない」の意味の場合には either を用いる: You didn't go, and I did*n't* go(,) *either*. 「あなたも行かなかったし, 私も行かなかった」のようになる.

❷The dress is a little *too* big for you. その服はあなたにはすこし大きすぎます / You walk *too* fast. あなたは足が速すぎます.

❸It's *too* hot. ものすごく暑い.

all too ... あまりにも… (only *too* ...).

cannot ... too ～いくら～しても…すぎることはない, できるだけ～すべきだ: You *cannot* be *too* careful of your health. 健康にはいくら注意しても注意しすぎることはない(できるだけ注意すべきだ).

none too ... あまり…ではない；すこしも…ではない: She was *none too* happy with me. 彼女は私のことをあまりよく思っていなかった.

only too ... ①とてもとても…: I'd be *only too* pleased to help you. ほんとに大喜びでお手伝いしますよ. ②あまりにも….

too ... to do ＿するには…すぎる, あまり…だから＿できない《✿too のうしろには形容詞・副詞がくる》: *I* was *too* tired *to* walk anymore. (＝I was so tired that I couldn't walk any more.) 私はあまりに疲れていてそれ以上歩けなかった.

語法 文の主語と不定詞の意味上の主語が違うときは too ... for ～ to *do* となる: This book is *too* difficult *for* me *to* read. (＝This book is so difficult that I can't read it.) この本はあまりに難しすぎて私には読めない.

※**took** /túk トゥック/ 動 takeの過去形.

※**tool** /túːl トゥール/ 名《複 ～s /-z/》Ⓒ
❶(職人などが手で使う)**道具**, 工具.
❷**手段**, 道具.
❸(悪いことに)利用される者[もの], (人の)手先.

❶Mechanics use a variety of *tools*. 機械工はいろいろな道具を使う.
❷Books are a scholar's *tools*. 本は学者の道具である / The internet is a useful *tool*. インターネットは役に立つ手

one thousand four hundred and twenty-five　　　　　　　　　　　　　　1425

段だ.
toot /túːt トゥート/ 動 他 (警笛など)を鳴らす.
— 自 (警笛などが)鳴る.
— 名 C (警笛などの)鳴る音.

tooth /túːθ トゥース/ 名 (複 teeth /tíːθ/) C ❶歯.
❷歯の型をしたもの《歯車・くし・のこぎりの歯など》.

❶ Did you brush [clean] your *teeth*? 歯をみがきましたか / I must have this *tooth* pulled out. 私はこの歯を抜いてもらわなければならない / a false [an artificial] *tooth* 入れ歯, 義歯.

語の結びつき

drill ...'s *tooth* (歯科医が)…の歯を削る

extract [take out] a *tooth* 歯を抜く
fill a *tooth* 歯に詰め物をする
grind one's *teeth* 歯ぎしりをする
pick one's *teeth* (指やつまようじで)歯をほじくる

❷ the *teeth* of a comb くしの歯.
have a sweet tooth 甘い物が好きである.
have teeth 権力を持っている.
show one's *teeth* ①歯をむき出す. ②おどす.
tooth and nail 必死になって: fight *tooth and nail* 必死に戦う.

tooth·ache /túːθèik トゥーセイク/ 《★発音注意》名 UC 歯痛.
▶ I have (a) *toothache*. 私は歯が痛い.

tooth·brush /túːθbrʌ̀ʃ トゥースブラッシュ/ 名 (複 ~es /-iz/) C 歯ブラシ.

tooth·less /túːθləs トゥースレス/ 形 歯のない.

tooth·paste /túːθpèist トゥースペイスト/ 名 U ねり歯みがき.

tooth·pick /túːθpìk トゥースピック/ 名 C つまようじ (◆単に pick ともいう).

top¹ /táp タップ | tóp/ 名 (複 ~s /-s/)
❶ C **最上部**, 頂上, てっぺん, 一番上の部分 (反 bottom).
❷ C 《ふつう **the** をつけて》 ⓐ **最上位**, 首位.
ⓑ 上座(ざ), 上席(せき).
❸ 《形容詞的に》 ⓐ **最高の**, 頂上の, トップの.
ⓑ 最高で, トップで.
❹ C ⓐ 上の面, 表面, ふた, (びんなどの)栓(せん). ⓑ (車の)屋根.
❺ C (上半身に着る)衣類《シャツ・ブラウスなど》 (☞ topless).
❻ C 【野球】(試合の回の)表(おもて) (反 bottom).

— 動 (~s /-s/; topped /-t/; topping) 他 ❶ ⓐ (額・量などが)…を越える.
ⓑ …にまさる, …を超える.
❷ …をおおう.

名 ❶ We at last reached the *top* of the mountain. 私たちはついに山の頂上に着いた / at the *top* of the steps 石段の一番高いところに / the *top* of a page ページの上部.
❷ ⓐ She is at *the top* of her class. 彼女はクラスでトップだ / at the *top* of the list リストの最初に[トップに].
ⓑ sit at *the top* of the table テーブルの上席にすわる.
❸ ⓐ He was one of the *top* pianists of his time. 彼はその時代の一流のピアニストであった / at *top* speed 全速力で / get *top* marks [《米》grade] in the exam 試験で最高点をとる / the *top* floor 最上階. ⓑ She is *top* in French. 彼女はフランス語で一番だ.
❹ ⓐ the *top* of the table テーブルの上面 / the *top* of the box 箱のふた.
❺ a pyjamas *top* パジャマの上着.
❻ the *top* of the ninth inning 9回の表.

at the top of ... …の最高で: He shouted *at the top of* his voice. 彼は声を限りに叫んだ.

be [feel] on top of the world 幸福 [成功] の絶頂にある, うれしくてしかたがない.

come out on top 結局勝つ.

from top to bottom 完全に, 徹底的に.

from top to toe ①頭のてっぺんから足の先まで: The girl was dressed in blue *from top to toe*. その娘は頭のてっ

abcdefghijklmnopqrs**t**uvwxyz　　　　　　　　　　　　　　**torrential**

ペんから足の先まで青ずくめの服装をしていた. ②完全に, すっかり.
get on top of ... (人の)手に負えなくなる, (人を)苦しめる.
on top ①最上位に. ②優勢で, 勝って.
on top of ... ①…の上に: She put some cream *on top of* the cake. 彼女はケーキの上にクリームをのせた. ②…に加えて: *On top of* those problems, we lost our way. そういう困難に加えて, 私たちは道に迷ってしまった. ③(危険などが)…の間近に.
— 動 他 ❶ⓐThe expense *topped* $1,000. その費用は1000ドルを超えた.
ⓑHe *topped* his previous score. 彼は前の成績を越えた.
❷The mountain is *topped* with snow. 雪が山の頂上をおおっている / The car accident *tops* today's news. その自動車事故がきょうのトップニュースだ / *top* the cake with cream ケーキの上にクリームをのせる.
to top it all (off) なおそのうえに.
top off (米)他 ①…の仕上げを〔…で〕する〔*with*〕. ②…をいっぱいにする.
top out 自 最高に達する.
top up 他 (英)(減った分)をつぎたしていっぱいにする.

top² /táp タップ/ 名 Ⓒ こま.
▶spin a *top* こまをまわす.

top-down /táp-dáun タプ・ダウン/ 形 トップダウンの(上意下達(*たつ*)方式の).

tóp gèar 名 ⓊⒸ(英)(自動車の)トップギア(❶単に top ともいう).

tóp hàt 名 Ⓒ シルクハット.

top-heav·y /táp-hévi タプ・ヘヴィ/ 形
❶頭でっかちな; 不安定な.
❷(組織で)幹部が多すぎる.

＊**top·ic** /tápik タピク | tɔ́p-/ 名 (複 ~s /-s/) Ⓒ 話題, トピック, (演説・随筆などの)論題. ▶current *topics* = the *topics* of the day 今日の話題, 時事問題.

top·less /tápləs タプレス/ 形 (女性が)上半身はだかの, トップレスの.

top·most /tápmòust タプモウスト/ 形 いちばん上の; 最高の.

top·o·graph·i·cal /tàpəgréfikəl タポグラフィカル/ 形 地形上の.

to·pog·ra·phy /təpágrəfi タパグラフィ/ 名 Ⓤ ❶地形, 地勢. ❷地形学.

top·ping /tápiŋ タピング/ 名 ⓊⒸ (ケーキなどの上にかける)トッピング.

top·ple /tápl タプル/ 動 (現分 top·pling)
自 ぐらついて倒れる.
— 他 (政権・国など)を倒す.

top-rank·ing /táp-rǽŋkiŋ タプ・ランキング/ 形 最高位の, 一流の.

top-se·cret /táp-síːkrit タプ・スィークリト/ 形 極秘の.

top-sy-tur·vy /tápsi-tɔ́ːrvi タプスィ・ターヴィ/ 形 ❶さかさまの.
❷めちゃめちゃの.

torch /tɔ́ːrʧ トーチ/ 名 (複 ~es /-iz/) Ⓒ
❶たいまつ. ❷(英)懐中電灯(❉(米)では flashlight).

tore /tɔ́ːr トー/ 動 tear²の過去形.

tor·ment 動 /tɔːrmént トーメント/ (★アクセント注意) 他 ❶(肉体的・精神的に)(人)をひどく苦しめる.
❷…を困らせる, 悩ます.
— 名 /tɔ́ːrment トーメント/ (★動詞とのアクセントの違いに注意)
❶ⓊⒸ(肉体的・精神的な)激しい苦痛.
❷Ⓒ苦痛の原因, 苦労の種.
▶動 他 ❶The pain *tormented* me. 苦痛でとてもつらかった / They were *tormented* with hunger. 彼らは飢えで苦しんだ.
— 名 ❶She screamed in *torment*. 彼女は苦しくて悲鳴をあげた.

tor·men·tor /tɔːrméntər トーメンタ/ 名 Ⓒ 苦しめる人[もの].

torn /tɔ́ːrn トーン/ 動 tear²の過去分詞形.

tor·na·do /tɔːrnéidou トーネイドウ/ 名 (複 ~es, ~s /-z/) Ⓒ 大たつまき.

To·ron·to /tərántou トラントウ/ 名 トロント (❉カナダのオンタリオ (Ontario) 州の州都).

tor·pe·do /tɔːrpíːdou トーピードウ/ 名 (複 ~es /-z/) Ⓒ 魚雷, 水雷.

tor·rent /tɔ́ː(ː)rənt ト(ー)レント/ 名 Ⓒ
❶急流, 激流.
❷急流のようなもの; 多量のもの.
▶❷*torrents* of rain どしゃ降りの雨.
in torrents 急流のように, 滝のように.
☞ 形 torrential.

tor·ren·tial /tɔː(ː)rénʃəl ト(ー)レンシャル/ 形 急流のような; 猛烈な.
☞ 名 torrent.

tor·so /tɔ́:rsou トーソウ/ 名 (複 ~s /-z/, tor·si /tɔ́:rsi:/) ⓒ トルソー《人の胴体部分》.

tor·toise /tɔ́:rtəs トータス/《★発音注意》名 ⓒ 〖動物〗陸ガメ, (陸にすむ)カメ《○「海ガメ」は turtle》.

tortoise (陸ガメ)　　turtle (海ガメ)

tor·toise·shell /tɔ́:rtəsʃèl トータスシェル/ 名 Ⓤ べっこう.

tor·tu·ous /tɔ́:rtʃuəs トーチュアス/ 形 ❶曲がりくねった. ❷ややこしい.

tor·ture /tɔ́:rtʃər トーチャ/ 名 ❶ Ⓤ 拷問(ごう).
❷ Ⓤ.Ⓒ (精神的・肉体的)苦痛.
— 動 (現分 -tur·ing /-tʃəriŋ/) 他
❶…を拷問にかける.
❷…をひどく苦しめる.
▶名 ❶ They were subjected to *torture*. 彼らは拷問にかけられた.
❷ It was real *torture* for the child to be separated from her parents. 親から引き離させるのはその子にはほんとうにつらかった.
— 動 他 ❷ She *was tortured with* anxiety. 彼女は不安に悩まされた.

*__toss__ /tɔ́(:)s ト(ー)ス/ 動 (~·es /-iz/; ~ed /-t/; ~·ing) 他 ❶ⓐ…を**ぽいとほうる**, トスする. ⓑ《toss ~ ... または toss ... to ~》…を~に**ぽいとほうる**.
❷(頭など)を**ぐいと上げる**.
❸《米》(サラダ)をかるくかき混ぜる.
❹…を揺り動かす.
❺(順番などを表か裏かで決めるため)(コイン)を投げ上げる.
— 自 ❶寝返りを打つ, ころげ回る.
❷揺れ動く.
❸(順番などを表か裏かで決めるため)コインを投げ上げる (☞tossup).
— 名 (複 ~·es /-iz/) ⓒ ❶軽く投げ上げること, 軽くほうること, トス.
❷《the をつけて》(コインを投げて表か裏かで決める)トス.
❸(怒りなどで)頭をぐいと上げること.

動 他 ❶ⓐ He *tossed* his hat high up into the air. 彼は帽子を空中にぽいと放り上げた / *toss* a pancake (フライパンの中で)ホットケーキをほうり上げてひっくりかえす. ⓑ Please *toss* me the ball. = Please *toss* the ball *to* me. 私にそのボールを投げてよこしてください.
❷ He *tossed* his head. 彼は頭をつんとそらした (○いらだち・怒りのしぐさ).
❸ Please *toss* the salad. サラダを(ドレッシングと)混ぜてください.
❹ The waves *tossed* the boat (around) wildly. 波で小舟がはげしく揺れた.
— 自 ❶ He *tossed* about in bed all night. 彼はひと晩じゅう寝返りを打っていた. ❷ The branches *tossed* in the wind. 枝が風に揺れ動いた. ❸ There's only one ticket, so let's *toss* (up) for it. 切符は一枚しかないからだれがとるかトスで決めよう.

toss and turn (眠れなくて)(繰り返し)寝返りを打つ.

toss out 他《米口語》…をぽいと捨てる.

toss up 自 コインを投げて(表か裏かで)決める (☞tossup).

— 名 ❶ the *toss* of a coin コインをぽいとほうり上げること. ❷ win [lose] the *toss* トスに勝つ[負ける].

toss·up /tɔ́(:)sʌp ト(ー)サップ/ 名《a をつけて》《口語》(順番・勝負などを表 (heads) か裏 (tails) で決めるために)コインを投げること, トス《☞成句 Heads or tails? (⇒ head 名)》.

INFO 日本のじゃんけんに相当する. コインを軽く投げ上げ, 表 (heads) が出るか裏 (tails) が出るかで順番や勝負を決める時に行なう.

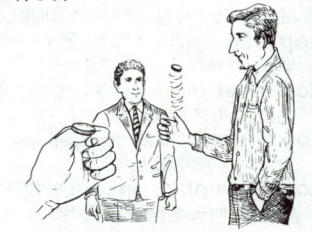

1428　one thousand four hundred and twenty-eight

tot /tát タット/ 名C(口語)小さな子ども.

*to·tal /tóutl トウトル/ 名(複 ~s /-z/)C
総計, 合計, トータル.
— 形 ❶ 総計の.
❷ まったくの, 完全な.
— 動 (~s /-z/; ~ed, (英) to·talled /-d/; ~·ing, (英) to·tal·ling) 他
❶ …を合計する.
❷ (米)…をめちゃめちゃにする.
— (自) (総計が)…である.

名 What does the *total* come to?＝What is the *total*? 合計はいくらになりますか / a *total* of 200 foreign tourists 合計200人の外国人観光客.
in total 合計で.
— 形 ❶ the *total* population of Japan 日本の総人口 / the sum *total* 総額.
❷ The party was a *total* failure. そのパーティーは完全な失敗だった / *total* darkness まっくらやみ.
— 動 他 ❶ She *totaled* the expenses. 彼女は費用を合計した.
— ❷ The doctor's fees *totaled* 700 dollars. 医者の払いは総計700ドルであった.
total up 他 …を集計する, 合計する.

to·tal·i·tar·i·an /toutælətéəriən トウタリテ(ア)リアン/ 形 全体主義の.

to·tal·i·tar·i·an·ism /toutælətéəriənizm トウタリテ(ア)リアニズム/ 名U 全体主義 (☞individualism).

*to·tal·ly /tóutəli トウタリ/ 副 まったく, すっかり. ▶It got *totally* dark. すっかり暗くなった.

to·tem /tóutəm トウテム/ 名C トーテム《北米先住民が一族の象徴として崇拝する動植物など》.

tótem pòle 名C トーテムポール《トーテム (totem) の像を丸太に彫り色をつけたもの》.

tot·ter /tátər タタ/ 動 (現分 -ter·ing /-təriŋ/) (自) ❶ よちよち歩く. ❷ ぐらつく.

**touch /tátʃ タッチ/ 動 (~·es /-iz/; ~ed /-t/; ~·ing) 他 ❶ⓐ …にさわる, 触れる. ⓑ …を触れさせる.
❷ⓐ …に届く; (レベル・数量)に達する. ⓑ …と接する, 隣接する.

❸ⓐ (人)の心を痛める, (人)に同情心を引き起こす.
ⓑ (人・心)を動かす, 感動させる.
❹ …に影響を与える.
❺《ふつう否定文で》ⓐ …に手をつける, 使う.
ⓑ …を扱う. ⓒ …を食べる, 飲む.
❻ …と関係する, かかわりを持つ.
❼ (話の中で)…に触れる, 言及する, 論じる.
❽ …を(軽く)傷(ﾞ)める, 害する.
❾《ふつう否定文で》…に負けない, 匹敵する.
— (自) ❶ 触れる. ❷ 境を接する.
— 名 (複 ~·es /-iz/)
❶C 接触, 触れること.
❷U 感触, 手ざわり.
❸ⓐ《a touch of ...》わずかな…, …気味.
ⓑ《a touch》すこし, ちょっと.
❹《単数形で》(よい)感じ, センス, タッチ.
❺《単数形で》ⓐ (物事をする)センス, 腕; (絵などの)筆づかい, (ピアニストなどの)演奏法, タッチ. ⓑ (絵をかくときなどの)(仕上げの)一筆.
❻U (ラグビーなどの)タッチ《タッチラインの外側》.

動 他 ❶ⓐ Don't *touch* the picture. その絵にさわってはいけません / He *touched* her on the shoulder. 彼は彼女の肩に手を触れた. ⓑ The doctor *touched* her hand to my forehead. 医者は私の額に手を触れた.
❷ⓐ The girl's legs did not *touch* the floor. 女の子は(小さくて)足が床には届かなかった / The speedometer needle *touched* 90 miles per hour. 速度計の針は時速90マイルに達した.
ⓑ The two countries *touch* each other at this point. その2国はこの地点で隣接している.
❸ⓐ The sufferings of the people *touched* me. その人たちの苦難を知って私は心を痛めた. ⓑ We were greatly *touched* by her speech. 私たちは彼女の話に大いに感動した.
❹ The depression *touched* almost everyone. 不況はほとんどすべての人に影響を与えた.

touch-and-go

❺ⓐ *Don't touch* the money. そのお金に手をつけてはいけません. ⓒHe *never touched* the slices of raw fish. 彼は決して刺身(さしみ)には手をつけなかった.

❻ Don't *touch* that kind of business. そういう種類の仕事には関係してはいけない.

❼ He *touched* many topics in his speech. 彼は話の中で多くの話題に触れた.

❽ The frost *touched* the flowers. 霜が花を傷(いた)めた.

❾ *No* one can *touch* him in math. 数学では彼にかなうものはいない.

— 圓 ❶ Their shoulders *touched*. 彼らの肩が触れ合った.

touch down 圓① 〖ラグビー〗タッチダウンする (☞touchdown ❶). ②〖航空〗着陸する (反 *take* off)(☞touchdown ❷).

touch off 他 (事態など)を引き起こす: *touch off* a riot 暴動を引き起こす.

***touch on* [*upon*] ...** (話の中で)…に(簡単に)触れる: He *touched on* several important points. 彼はいくつかの重要な点に触れた.

touch up 他 (すこし手を加えて)…を修正[修復]する.

— 名 ❶ He felt a light *touch* on his shoulder. 彼は肩になにかが軽く触れるのを感じた / *at a touch* さわっただけで.

❷ The cloth is soft to the *touch*. その布は手ざわりが柔(やわ)らかい / the smooth *touch* of silk 絹の滑らかな感触 / the sense of *touch* 触覚.

❸ⓐ Add *a touch of* salt. 塩を少量加えなさい / I have *a touch of* fever. 私はちょっと熱がある. ⓑ It's *a touch* cold today. きょうはすこし寒い.

❺ⓐ The pianist has an excellent *touch*. そのピアニストのタッチはみごとだ / with a light *touch* 軽いタッチで.

❻ put a finishing *touch* on a painting 絵に仕上げの一筆を加える.

be in touch with ... ①…に接触[連絡]がある: *Are* you *in touch with* him now? 今でも彼と接触[連絡]がありますか. ②…について知っている.

be out of touch with ... ①…と接触 [連絡]がない: He *is* now *out of touch with* his old friends. 彼は今では旧友と接触がない. ②…のことは知らない.

get in touch with ... …と連絡をとる: *Get in touch with* him about that. 彼とそのことで連絡をとりなさい.

keep in touch with ... ①…と接触[連絡]を続ける: My father still *keeps in touch with* his old schoolmates. 父はむかしの学校友だちと連絡し合っている. ②…について知っている.

lose touch with ... …と接触[連絡]がなくなる.

touch-and-go /tʌ́tʃən-góu タチャン・ゴウ/ 形 (情勢などが)危険な, きわどい; 一触即発の.

touch・down /tʌ́tʃdàun タチダウン/ 名C ❶ タッチダウン (☞成句 touch down (⇨ touch 動)):ⓐ〖アメフト〗ボールを持った選手がゴールラインを越えること (《得点は6点》). ⓑ〖ラグビー〗タッチダウン. ❷〖航空〗着陸.

touched /tʌ́tʃt タッチト/ 形 感動して(いる), 感謝して(いる).

touch・ing /tʌ́tʃiŋ タチング/ 形 人の心を動かす, 悲しい思いをさせる.

touch・line /tʌ́tʃlàin タチライン/ 名C〖ラグビー・サッカー〗タッチライン, 側線.

touch・stone /tʌ́tʃstòun タチストウン/ 名C試金石(しきんせき), 基準.

touch・y /tʌ́tʃi タチィ/ 形 (touch・i・er; touch・i・est) ❶ おこりっぽい, 短気な. ❷ やっかいな, 扱いにくい.

*****tough** /tʌ́f タフ/ (★発音注意)形 (~・er; ~・est)

❶ じょうぶな, がんじょうな; 粘り強い, タフな.

❷ (肉などが)堅い (反 tender); なかなか切れない[折れない], じょうぶな (ⓞhard は「硬くて, 切ったり割ったり突き刺したりできない」状態をいう).

❸ 困難な, 難しい.

❹ きつい, きびしい, 頑固な, 手ごわい.

❺ (人が)乱暴な, 荒々しい.

— 名C 乱暴者.

・・・・・・・・・・・・・・・・・・・・・・・・・・・・・・・・・・・・・

形 ❶ a *tough* body じょうぶな体 / a *tough* football player タフなフット

ボール選手.
❷a *tough* steak なかなか噛(ﾞ)みきれないステーキ / *tough* leather じょうぶな皮.
❸a *tough* question 難しい質問 / a *tough* job 難しい[つらい]仕事.
❹a *tough* teacher きびしい先生 / a *tough* rival 手ごわい相手 / *tough* laws きびしい法律.
❺a *tough* guy 乱暴なやつ.

tough·en /tʌ́fən タフン/ 動 他 ❶ …をきびしくする. ❷ …をじょうぶにする, 強くする, 堅くする.
— 自 ❶きびしくなる. ❷じょうぶになる, 強くなる, 堅くなる.
☞ 形tough.

tough·ness /tʌ́fnəs タフネス/ 名 U
❶じょうぶさ, 強さ, タフネス. ❷堅さ, 不屈, 強情さ. ❸難しさ.

***tour** /túər トゥア/ (★発音注意) 名 (複 ~s /-z/) C ❶ (観光) **旅行**, ツアー《各地を訪ねて出発地に帰って来る旅行をいう; ☞ travel の 類語 》.
❷ (工場・博物館などを)見て歩くこと, 見学.
❸ⓐ (楽団や劇団などの)ツアー, 巡業.
ⓑ (政治家などの)地方遊説の旅.
— 動 (~s /-z/; ~ed /-d/; tour·ing /túəriŋ/) 他 ❶ …を(観光)**旅行する**, 周遊する.
❷ (工場・博物館など)を見てまわる, 見学する.
❸ (楽団や劇団などが)…を巡業する.
— 自 ❶ (観光) **旅行する**, 周遊する.
❷ (バンドや劇団などが)巡業する.

名 ❶We went on a bus *tour* of [around] Hokkaido. 私たちは北海道のバス旅行をした / make a *tour* of the United States アメリカを旅行する / a foreign *tour* 外国旅行 / a guided *tour* 案内つきの旅行.
❷We made a *tour* of [around] the museum. 私たちは美術館を見て歩いた.
on tour (バンドや劇団などが)ツアーで, 巡業に出て: The band is *on tour* in Shikoku. そのバンドは四国ツアー中だ.
— 動 他 ❶She *toured* Italy on her vacation. 彼女は休暇にイタリアを旅行した. ❷*tour* the Yoshinogari ruins 吉野ヶ里遺跡を見てまわる.
— 自 ❶I *toured* through Canada last year. 私は昨年カナダを旅行した.

tóur guìde 名 C ツアーガイド.

tour·ism /túərizm トゥ(ア)リズム/ 名 U 観光産業.

***tour·ist** /túərist トゥ(ア)リスト/ 名 (複 ~s /-ts/) ⓐ **観光旅行者**, 観光客.
ⓑ《形容詞的に》観光の.
▶ⓑthe *tourist* industry 観光業.

tóurist clàss 名 U (飛行機・船などの)ツーリストクラス, 普通席.

***tour·na·ment** /túərnəmənt トゥアナメント, tɔ́ːr-/ 名 (複 ~s /-ts/) C **トーナメント** (❷「リーグ戦」は league match).

tóur òperator 名 C 旅行業者.

tou·sle /táuzl タウズル/ 動 (現分 tou·sling) 他 (髪などを)かき乱す.

tout /táut タウト/ 動 他 ❶ …をほめそやす. ❷ …を売りこむ, うるさく勧(ｽ)める.
— 自《*tout for ...*》…を(買うように)強く勧める.

tow /tóu トウ/ 動 他 (船・車など)をロープ[チェーン]で引く.
— 名 U C (ロープ・チェーンなどで)引く[引かれる]こと.
in tow 《口語》引きつれて: with kids *in tow* 子どもを引き連れて.

****to·ward** /《弱》tɔːrd トード, twɔːrd;《強》tuwɔ́ːrd トゥウォード/ 前
❶《方向を表わして》**…の方へ(の)**, …に向かって, …の方を向いて.
❷《関連を表わして》**…に対して**, …に関して.
❸《時間の接近を表わして》**…近く(の)**.
❹《目的・結果などを表わして》…に向かう.

❶The children ran *toward* the river. 子どもたちは川の方へ走って行った / The window faces *toward* the south. その窓は南の方を向いている.
❷He seems to feel friendly *toward* us. 彼は私たちに対して親しみを感じているらしい.
❸It happened *toward* the end of the last century. それは前世紀の終わり近くに起こった.
❹He will do his best *toward* finishing it in time. 彼は遅れずにそれを

towards

仕上げるために, できるだけのことをするだろう.

to·wards /《弱》tɔːrdz トーツ, twɔːrdz;《強》tuwɔ́ːrdz トゥウォーツ/ 前《英》= **toward**.

*__tow·el__ /táuəl タウ(エ)ル/《★発音注意》名(複 ~s /-z/)C ❶ **タオル**, 手ふき《ふつう布製だが, 紙製のものもある; ☞ bathroom》. ❷ ふきん.

---

❶ Dry your hands with this *towel*. このタオルで手をふきなさい / a bath *towel* バスタオル / a paper *towel* 紙タオル.

throw in the towel ① 〖ボクシング〗タオルを投げ入れる《敗北を認める》. ② 《口語》敗北を認める.

*__tow·er__ /táuər タウア/ 名(複 ~s /-z/)C 塔, タワー.
— 動(~s /-z/; ~ed /-d/; ~ing /táuəriŋ/) ⾃ (高く)そびえる.

▶ 名 The *tower* rises forty-seven meters. その塔は47メートルの高さがある / Tokyo *Tower* 東京タワー.

— 動⾃ The skyscraper *towers* above the other buildings. その高層ビルは他の建物を越えて高くそびえ立っている.

Tówer Brídge 名《the をつけて》タワーブリッジ《ロンドンのテムズ川にかかっている跳(はね)橋》.

Tówer of Lóndon 名《the をつけて》ロンドン塔《テムズ川の北岸にある古城でのちに監獄にもなり, 現在は博物館》.

tow·er·ing /táuəriŋ タウ(ア)リング/ 形 高くそびえる.

__town__ /táun タウン/ 名(複 ~s /-z/)
❶ C **町**; 都市《❶hometown は市や村を含めて広く「生まれ育ったところ」をいう; ☞ village》.
❷ U《前置詞の後で》❺ **町**《❶自分の住んでいる町[市], 話題にしている町などをさす》.
❻ (郊外に対して) **町(の中心部)**, 下町, 商業地区.
❸《the をつけて》(いなかに対して) **都会**.
❹《the をつけて; 集合的に》❺ 町民.
❻ 町《当局》.
❺《形容詞的に》町の, 都会の.

---

❶ I was born in a small *town* near the sea. 私は海の近くの小さな町で生まれた.

❷❺ They are out of *town* now. (= They are not in *town* now.) 彼らは今町にいません.

❻ I am going to *town* to do some shopping. 私は町へ買い物に行くところです.

❸ I prefer the country to *the town*. 私は都会よりいなかのほうが好きだ.

❹❺ All *the town* was talking about the accident. 町全体がその事故のうわさでもち切りだった.

❻ *town* life 町の生活.

go out on the town (夜)町に出て遊びまわる.

go to town (on ...) 《口語》① (…に)手間ひまかける. ② (…に)たっぷり金をつかう.

tówn cénter 名C《英》町の繁華街.
tówn cóuncil 名C町議会.
tówn cóuncillor 名C町議会議員.
tówn háll 名C町役場, 市役所《❷市役所の場合《米》では city hall ともいう; 集会所[ホール]なども含む》.
tówn·hòuse 名(複 -hous·es /-hàuziz/) C ❶《米》隣家と壁を接した都市住宅, テラスハウス (terraced house).
❷《英》上流階級の人の町の別邸《❷本邸はいなかにあって country house という》.
tówn plánning 名U町の設計[計画].
towns·folk /táunzfòuk タウンズフォウク/ 名(複)= **townspeople**.
town·ship /táunʃip タウンシップ/ 名C《米・カナダ》郡区《郡 (county) をさらに分けた行政区分》.
towns·peo·ple /táunzpìːpl タウンズピープル/ 名《複数扱いで; 集合的に》町民.
tów trùck 名C《米》レッカー車《❷**wrecker** ともいう》.
tox·ic /táksik タクスィック/ 形 有毒な; 毒による.
tox·in /táksin タクスィン/ 名C毒素.
*__toy__ /tɔ́i トイ/ 名(複 ~s /-z/)
❶ C **おもちゃ**.
❷ C おもちゃのようなもの, くだらない物.
❸《形容詞的に》❺ おもちゃの.
❻ (犬が)小型の.

abcdefghijklmnopqrs**t**uvwxyz　　　　　　　　　　　track

― 動 ⓐ《toy with ...》❶ⓐ（手で）…をもてあそぶ．
ⓑ（食べもしないで）（食べ物）をつつく．
❷…を漠然と考える．
❸…を好きなようなふりをする．

名 ❶play with *toys* おもちゃで遊ぶ．
❸ⓐ*toy* soldiers おもちゃの兵隊．
ⓑa *toy* dog 小型の犬．
― 動 ❶ⓐ*toy with* a cellphone 携帯電話をもてあそぶ．

***trace** /tréis トレイス/ 動 (trac·es /-iz/; traced /-t/; trac·ing) 他
❶…を捜(ｶﾞ)し出す，…を追跡する．
❷ⓐ（原因・出所などまで）…を**たどる**，…の**居場所をつきとめる**，調べ出す．
ⓑ（歴史など）をさかのぼって調べる．
❸（透明な薄紙などに）…を**なぞって写す**，トレースする．

― 名 (穫 trac·es /-iz/) ❶ UC 痕跡(ｺﾝｾｷ)；（人・動物などの通った）**跡**，足跡．
❷ C ほんのわずか．
❸ C（計器の描く）線．

動 他 ❶The police are trying to *trace* the missing person. 警察は行方(ﾕｸｴ)不明の人を追跡中である．
❷ⓐWe *traced* the stream *to* a spring. 私たちは小川をたどってわき水のところへ出た / The suspect was *traced to* Philadelphia. その容疑者は調べてみるとフィラデルフィアにいることがわかった．
ⓑHe is *tracing* his family tree. 彼は家系図をさかのぼって調べている．
❸*trace* the map of Japan 日本地図をなぞって写した．

― 名 ❶The *traces* of the old civilization have completely disappeared. その古代文明の痕跡は完全に消えた / The thief left no *trace* in the house. どろぼうはその家になんの跡も残さなかった / *traces* of a hare 野ウサギの足跡．
❷There is a *trace* of garlic in the dressing. そのドレッシングはすこしニンニクの味がする / There wasn't a *trace* of gray in her hair. 彼女はしらががすこしもなかった．

trac·ing /tréisiŋ トレイスィング/ 名 C 透写した図．

trácing pàper 名 U トレーシングペーパー．

***track** /trǽk トラック/ 名 (穫 ~s /-s/)
❶ C（踏みならされてできた）**道**，小道；通り道．
❷ C（人・動物・車などの）**通った跡**，足跡，形跡．
❸ⓐ C（鉄道の）線路，軌道．
ⓑ UC（カーテンなどの）レール．

tracks ❷　　　track ❸ⓐ

❹ⓐ C（競技場の）**トラック**（✪トラックの内側は field）．ⓑ U（米）トラック競技．
❺ C〔音楽〕（CDやテープなどの）トラック．
― 動 (~s /-s/; ~ed /-t/; ~ing) 他
❶…を**追跡する**，…の跡を追う．
❷…の跡をたどる．

名 ❶follow a mountain *track* 山道をたどる．
❷follow the *tracks* of a bear クマの足跡をつける / tire *tracks*（車の）タイヤの跡．
❸ⓐrailroad [train] *tracks* 鉄道線路 / *Track* No. 3 3番線．
❹ⓐa four hundred meter *track* 400メートルのトラック．
ⓑrun *track* トラックレースに出る．

keep track of ... …を見失わないようにする；…に絶えず注意している：*keep track of one's* old school friends. 学校の旧友たちと絶えず連絡をとる．
lose track of ... …を見失う，…のことがわからなくなる．
make tracks 《口語》急いで立ち去る．
off the track（本題から）脱線して，目標からそれて．
off track うまくいきそうになく．
on the right track 正しい考え[やり]方で．

track and field

on the wrong track 誤った考え[やり]方で.
on track うまくいきそうで.
— 動 他 ❶ We *tracked* the car as far as the bridge. 車を橋まで追った.
track down 他 ①…を追いつめてつかまえる. ②…をつきとめる.

tráck and fíeld 名 U 陸上競技.
tráck evènt 名 C 〖陸上競技〗トラック種目.
tráck mèet 名 C 《米》陸上競技大会.
tract /trǽkt トラクト/ 名 C (広い)土地, 地域.
*__**trac·tor**__ /trǽktər トラクタ/ 名 (複 ~s /-z/) C **トラクター**.
*__**trade**__ /tréid トレイド/ 名 (複 ~s /-dz/)
❶ⓐ U **商業, 貿易**, 売買.
ⓑ《単数形で》売買量.
❷ⓐ《the をつけて》特定の…業.
ⓑ《集合的に》同業者仲間, 業界.
❸ U C 職業, 職《特別な技術のいる仕事をいう; ☞ occupation の類語》.
❹ C ⓐ (物の)交換.
ⓑ《米》〖野球〗(選手の)トレード.
— 動 (~s /-dz/; trad·ed /-id/; trad·ing) ⓐ ❶ⓐ (物・サービスの)**取り引きをする**, 貿易をする.
ⓑ《trade in …》…を売買する, 商品として扱う.
❷ 商売をする.
— 他 ❶ …を交換する.
❷ (選手を)トレードする.

名 ❶ⓐ Japan does a lot of *trade* with Australia. 日本はオーストラリアと多くの取り引きをしている / foreign *trade* 外国貿易 / domestic *trade* 国内商業 / free *trade* 自由貿易. ⓑ The shop does a good *trade* on Saturdays. その店は土曜日によく売れる.
❷ⓐ *the* tourist *trade* 観光業 / *the* furniture *trade* 家具製造[販売]業.
ⓑ He is well known in the *trade*. 彼は同業者仲間では有名だ.
❸ What is your father's *trade*? おとうさんのお仕事はなんですか.
by trade 職業は, 商売は: He is an accountant *by trade*. 彼の職業は会計士だ.
— 動 他 ❶ⓐ We *trade* with most countries of the world. わが国は世界のたいていの国と貿易している.
ⓑ We *trade in* foreign goods. わが社は外国製品を扱っている.
— 他 ❶ We *traded* gifts. 私たちは贈り物を交換した / I *traded* shirts *with* my brother. 私はワイシャツを弟と交換した / I *traded* my camera *for* a CD player. 私は私のカメラをCDプレーヤーと交換した.

trade in 他 (古い品物)を下取りに出す: *trade in one's* old car for a new one 古い車を下取りに出して新車を買う.
trade off 他 (妥協して)(物・人など)を交換する.
trade on [upon] ... …を利用する, …につけこむ.
trade up (to [for] ...) ⓐ (高いものと)買い換える. — 他 …を(高いものと)買い換える.

tráde dèficit 名 C 貿易赤字.
tráde fàir 名 C 貿易[産業]見本市.
tráde gàp 名 C = trade deficit.
trade-in /tréidìn トレイディン/ 名 C 下取り(品).
trade·mark /tréidmà:rk トレイドマーク/ 名 C トレードマーク, 商標.
tráde nàme 名 C ブランドネーム (brand name), 商品名.
trade-off /tréidò(:)f トレイド(ー)フ/ 名 C (妥協のための)取引, 交換.
trad·er /tréidər トレイダ/ 名 C 商人, 貿易業者.
tráde schòol 名 C 職業学校.
tráde shòw 名 = trade fair.
trades·man /tréidzmən トレイヅマン/ 名 (複 -men /-mən/) C ❶《米》職人.
❷《英》(小売)商人.
trádes ùnion 名《英》= trade union.
tráde ùnion 名 C 《英》労働組合 (⭗《米》では labor union).
tráde wìnd 名 C 貿易風.
trád·ing còmpany /tréidiŋ トレイディング・/ 名 C 商事会社, 貿易会社.
*__**tra·di·tion**__ /trədíʃən トラディション/ 名 (複 ~s /-z/) U C ❶ **伝統**, 慣習, しきたり. ❷ 伝説, 言い伝え.

❶ follow (a) *tradition* 伝統に従う / in accordance with *tradition* 伝統

abcdefghijklmnopqrs**t**uvwxyz　　　　　　　　　　　　　　　　**trail**

に従って.
❷an old *tradition* 古くからの伝説.
break with tradition 伝統を破る.
in the tradition of ... …の伝統に沿って(いる).

☞ 形traditional, 副traditionally.

＊**tra･di･tion･al** /trədíʃənəl トラディショナル/ 形 (more ~; most ~) **伝統的な**, 慣習上の.

☞ 名tradition.

tra･di･tion･al･ist /trədíʃənəlist トラディショナリスト/ 名Ⓒ伝統主義者.

tra･di･tion･al･ly /trədíʃənəli トラディショナリ/ 副伝統的に.

☞ 名tradition.

Tra･fal･gar /trəfǽlgər トラファルガ/《前に Cape をつけて》トラファルガー岬 (岬)《スペインの南西岸の岬》.

Trafálgar Squáre 名トラファルガー広場《ロンドンの中心部にある広場; 中央にトラファルガー海戦の英雄ネルソン (Nelson) の像が立っている》.

＊**traf･fic** /trǽfik トラフィック/ 名Ⓤ

❶ⓐ(車両の)**交通**; 交通量.
ⓑ《形容詞的に》交通の.
❷ⓐ(列車・船・飛行機などの)**行き来**, 往来. ⓑ(列車・船・飛行機などによる物・人の)行き来, 往来.
❸(麻薬・武器などの)不正取り引き.
— 動 (~s /-s/; traf･ficked /-t/; traf･fick･ing) ⽇ (不正な)取り引きをする.

名 ❶ⓐThere is heavy *traffic* on this street. この通りは交通量が多い.
ⓑ*traffic* accidents 交通事故 / *traffic* control 交通規制 / a *traffic* sign 交通標識.
❷ⓐ*Traffic* is heavy in these straits. この海峡は船の交通が激しい / air *traffic* 飛行機の行き来.
ⓑthe passenger *traffic* on railways 鉄道による人の行き来.
❸*traffic* in drugs 麻薬の取り引き.
— 動⽇*traffic* in drugs 麻薬を売買する.

tráffic cìrcle 名Ⓒ(米) 円形交差路, ロータリー《信号方式ではなくロータリー (rotary) 方式による交差点; ⦿(英) では round-about》.

tráffic còp 名Ⓒ交通巡査.

traf･fick･er /trǽfikər トラフィカ/ 名Ⓒ(麻薬などの)密売人.

tráffic ìsland 名Ⓒ(街路上の)歩行者用安全地帯.

tráffic jàm 名Ⓒ交通渋滞.

traf･fick･ing /trǽfikiŋ トラフィキング/ 名Ⓤ(麻薬などの)密売.

tráffic líght 名Ⓒ ❶交通信号.
❷《複数形で》交通信号機.
▶ ❶ The *traffic light* turned green. 信号が青になった.
INFO▶ 車用の信号は赤 (red), 黄 (yellow, amber, orange), 緑 (green) の3種類が縦にならんでいる. 歩行者用信号は緑色の WALK と赤色の DONT WALK (DON'T のアポストロフィーは省略)のような文字を用いたり絵を用いたりしている.
❷Turn left at the *traffic light(s)*. 信号のところを左へ曲がってください.

tráffic sìgnal 名 = traffic light.

tráffic wàrden 名Ⓒ(英)交通監視員《違法駐車の取り締まりなどを行なう》.

＊**trag･e･dy** /trǽdʒədi トラヂェディ/ 名 (複 -e･dies /-z/) ❶ⓊⒸ**悲劇(的な出来事)**, 惨事.
❷Ⓒ**悲劇**(⦿「喜劇」は comedy).

❶His death in the accident was a *tragedy* for his family. その事故で彼が死んだことは彼の家族にとっては悲劇であった / suffer a *tragedy* 悲惨な目にあう. ❷*Hamlet, Othello, Macbeth* and *King Lear* are Shakespeare's four great *tragedies*. 「ハムレット」, 「オセロ」, 「マクベス」, 「リア王」はシェイクスピアの4大悲劇である.

☞ 形tragic.

trag･ic /trǽdʒik トラヂック/ 形悲劇的な, 悲惨な.

▶A *tragic* accident happened and a lot of lives were lost. 悲惨な事故で多数の人命が失われた.

☞ 名tragedy.

trag･i･cal･ly /trǽdʒikəli トラヂカリ/ 副悲劇的に, 悲惨に.

＊**trail** /tréil トレイル/ 動 (~s /-z/; ~ed /-d/; ~･ing) 他
❶…を**引きずる**, 引きずっていく.
❷ⓐ(ひそかに)…**の後についていく**.
ⓑ(獣 (けもの) などの)**跡をつける**, (犯人など)を

1435

trailer

追跡する.
❸《進行形で》(試合・選挙などで)…にリードされている.
—— 圓 ❶ (すそなどが)**引きずる**.
❷ (足を引きずるように)**のろのろ歩く[進む]**.
❸ⓐ (植物などが)はう, 垂れ下がる.
ⓑ (煙などが)たなびく.
❹《進行形で》(試合・選挙などで)リードされている.
—— 图 (複 ~s /-z/) © ❶ⓐ (田舎・森の中の)**小道**. ⓑ 引きずった跡, 通った跡; 一筋になって続くもの《煙・流星の尾など》.
❷ (獣(けもの)の)においのあと.

・・・・・・・・・・・・・・・・・・・
動 他 ❶ The boy *trailed* a toy car behind him on a string. 少年はひもをつけておもちゃの車を引きずっていた.
❷ⓐ She *trailed* him to his house. 彼女は跡をつけて彼の家まで行った.
❸ The Giants are *trailing* the Tigers. ジャイアンツはタイガースにリードされている.
—— 圓 ❶ Her long skirt *trailed* on the floor. 彼女の長いスカートは床にすそを引きずっていた.
❷ The child was tired and *trailed* behind his mother. その子は疲れて母親の後からのろのろついていった.
❹ We were *trailing* behind them by 3 points. われわれは彼らに3点リードされていた.
trail away [*off*] 圓 (声などが)だんだん小さくなって消える.
—— 图 ❶ⓐ We followed the *trail* along a river. 私たちは川に沿った小道をたどった / a mountain *trail* 山道.
ⓑ a bear's *trail* クマの通った跡 / a *trail* of blood 一筋の血の跡 / leave a *trail* of destruction (台風などによる)破壊(はかい)の跡[つめ跡]を残す.
on the trail of ... …を追跡して.

trail・er /tréilər トレイラ/ 图 © ❶ トレーラー. ❷ (米) (自動車で引く)移動住宅 (◆ (英) では caravan; ☞ mobile home).
❸ (映画などの)予告編.

tráiler pàrk [còurt] 图 © (米) 移動住宅の駐車場《水道, 電気などの設備がある》.

**train¹ /tréin トレイン/

图 (複 ~s /-z/) © ❶ **列車**, (複数の車両が連結された)**電車**, **汽車** (◆ 個々の客車は (米) では car, (英) では carriage).
❷ (動いている人・動物・車などの)**列**, 行列.
❸ (できごと・考えなどの)**連続**.
❹ⓐ (ドレスなどの)長いすそ.
ⓑ (流星・クジャクなどの)尾.

・・・・・・・・・・・・・・・・・・・
❶ The *train* for Osaka leaves from Track No. 3. 大阪行きの列車は3番線から発車します / take the *train* to school 学校へ電車で行く / get on [get off] a *train* at Yokohama 横浜から電車に乗る[で電車を降りる] / come by *train* 列車で来る (◆ by train は冠詞をつけない)/ change *trains* at Shinjuku for Kofu 新宿で甲府行きの列車に乗り換える / a local [slow] *train* (各駅停車の)普通列車[電車] / an express *train* 急行列車 / a special [limited] express (*train*) 特急列車 / a passenger *train* 旅客列車 / (米) a freight *train* ＝ (英) a goods *train* 貨物列車.

語の結びつき
board a *train* 列車に乗りこむ
catch [get] a *train* 列車に乗る
miss a *train* 列車に乗りそこねる
take a *train* (to ...) (…まで)列車で行く

❷ a *train* of wagons ＝ a wagon *train* 幌(ほろ)馬車の列.
❸ a *train* of thought 思考の流れ / a *train* of events 一連のできごと.

**train² /tréin トレイン/ 图 動 (~s /-z/; ~ed /-d/; ~ing) 他
ⓐ …を**訓練する**, 教育する, しつける.
ⓑ《*train* ... *to do*》…を__するように訓練する, しつける.
—— 圓 ❶ 練習する, トレーニングする.
❷ 訓練を受ける.

他 ⓐ My cousin was *trained* as a carpenter. 私のいとこは大工になるように訓練された / *train* swimmers for the Olympics オリンピックのために水泳選手を鍛える / He was *trained* for the army. 彼は軍人になる教育を受けた. ⓑ We *trained* our dog *to* sit

abcdefghijk l mnopqrs t uvwxyz   **transatlantic**

still. 私たちは犬にじっとすわっているように教えこんだ.
— 自 ❶ The runners are *training* for a race. 走者はレースに備えてトレーニングしている. ❷ She *trained* as [to be] an interpreter. 彼女は通訳になる訓練を受けた.

trained /tréind トレインド/ 形 訓練を受けた, しつけられた.

train·ee /treiní: トレイニー/ 名 C 訓練を受けている人, 練習生.

train·er /tréinər トレイナ/ 名 C トレーナー, 調教師, (選手などの)訓練をする人.

*__train·ing__ /tréiniŋ トレイニング/ 名 U 訓練, トレーニング, 教育, しつけ.
▶The *training* for baseball is harder than I thought. 野球のトレーニングは予想以上にきつい / the *training* of dogs 犬の調教.
be in training トレーニング中である: He *is in training* for the Olympics. 彼はオリンピックに向けてトレーニング中である.

tráining còllege 名 C (英)職業訓練学校; 教員養成大学.

tráin sèrvice 名 C 列車の便.
▶There is no *train service* between the two cities. そのふたつの市の間には鉄道はない.

trait /tréit トレイト/ 名 C (習慣・性格などの)特質, 特色, 特徴.
▶national *traits* 国民性.

trai·tor /tréitər トレイタ/ 名 C (友人・国などに対する)裏切り者, 反逆者.

tram /trǽm トラム/ 名 C (英)路面電車, 市街電車 (❖(米)では streetcar, trolley). ▶by *tram* 電車で (❖冠詞はつけない).

tramp /trǽmp トランプ/ 動 自 (長距離を)重い足取りで歩く.
— …を重い足取りで(長距離)歩く.
— 名 C ❶ つらく長い歩行. ❷ 浮浪者.
▶動 自 *tramp* about the room 部屋の中を重い足取りで歩きまわる.
— 他 *tramp* the road 道路を重い足取りで歩く.

tram·ple /trǽmpl トランプル/ 動 (tramples /-z/; -pled /-d/; tram·pling) 他
❶ …を踏みつける.
❷ (権利・気持ちなど)を踏みにじる.

— 自 ❶ ドシンドシンと踏みつける.
❷《**trample on ...**》(人の感情など)を踏みにじる.
▶他 ❶ *trample* the earthworm to death ミミズを踏み殺す.
— 自 ❶ *trample* on the flower bed 花壇を踏みつけて荒らす.
❷ He is always *trampling on* her feelings. 彼は彼女の気持ちを踏みにじってばかりいる.

tram·po·line /trǽmpəlí:n トランポリーン | trǽmpəlin/ 名 C トランポリン.

tram·way /trǽmwèi トラムウェイ/ 名 C (英)路面電車の線路.

trance /trǽns トランス/ 名 C (意識がはっきりしないで)ぼうっとした状態.
in a trance 意識がもうろうとして; ぼうっとして.

tran·quil /trǽŋkwəl トランクウィル/ 形 (~-er, (英) tran·quil·ler; ~-est, (英) tran·quil·lest) 形 穏(おだ)やかな, 静かな, 平穏(おん)な.
▶a *tranquil* lake 穏やかな湖.
☞ 名 tranquility, 動 tranquilize.

tran·quil·i·ty /trǽŋkwíləti トランクウィリティ/ 名 U 穏(おだ)やかさ, 静寂.
☞ 形 tranquil.

tran·quil·ize /trǽŋkwəlàiz トランクウィライズ/ 動 (現分 -iz·ing) 他 …を落ち着かせる. ☞ 形 tranquil.

tran·quil·iz·er /trǽŋkwəlàizər トランクウィライザ/ 名 C 【薬学】鎮静(ざい)剤, トランキライザー.

tran·quil·li·ty /trǽŋkwíləti トランクウィリティ/ 名 (英) = **tranquility**.

tran·quil·lize /trǽŋkwəlàiz トランクウィライズ/ 動 (英) = **tranquilize**.

trans- /trǽns トランス, trǽnz/ 接頭「…を横切って, …を越えて; 貫き通して; 別の場所[状態]へ」などの意味. ▶*trans*atlantic 大西洋横断の / *trans*parent 透明な / *trans*form すっかり変える.

trans·act /trǽnzǽkt トランザクト, -sǽkt/ 動 他《文語》(取り引き)を行なう.
☞ 名 transaction.

trans·ac·tion /trǽnzǽkʃən トランザクション, -sǽk-/ 名《文語》C (商売上の)取り引き. ☞ 動 transact.

trans·at·lan·tic /trǽnsətlǽntik トランサトランティック, trǽnzət-/ 形 大西洋横断

one thousand four hundred and thirty-seven   1437

transcend

の.

tran･scend /trænsénd トランセンド/ 動 他 《文語》(理解・限度などを)越える.

tran･scen･dent･al /trænsendéntl トランセンデントル/ 形 人の知識や理解を越えた.

trans･con･ti･nen･tal /trænskɑ̀ntənéntl トランスカンティネントル/ 形 大陸横断の. ▶a *transcontinental* highway 大陸横断道路.

tran･scribe /trænskráib トランスクライブ/ 動 (現分 -scrib･ing) 他 ❶ …を書き写す, 書き取る. ❷ (テープなど)を文字に書きなおす. ❸ 【音楽】…を編曲する.

tran･script /trænskript トランスクリプト/ 名 C ❶ 写し. ❷ (学校の)成績証明書.

tran･scrip･tion /trænskrípʃən トランスクリプション/ 名 ❶ U 書き写すこと. ❷ C 写し.

＊trans･fer /trænsfɜ́ːr トランスファー/ 動 (《★アクセント注意》)(~s /-z/; -ferred /-d/; -fer･ring /-fɜ́ːriŋ/) 他 ❶ⓐ (物など)を移す, 運ぶ. ⓑ (関心など)を移す.
❷ (人)を転勤させる, 転校させる, 移す.
❸ⓐ (お金・口座)を移す. ⓑ (所有物など)を譲る. ⓒ (権利など)を移す.
❹ (データ・情報・曲など)を移す.
— 自 《transfer to ...》 ❶ …に乗り換える. ❷ …に転勤する, 転校する, 移る.

— /trænsfɜ́ːr トランスファー/ (《★動詞とのアクセントの違いに注意》)(複 ~s /-z/)
❶ U C ⓐ 移すこと, 移ること; 移動, 移転, 転勤, 転校. ⓑ (財産などの)譲渡.
❷ C ⓐ (交通機関の)乗り換え. ⓑ 《米》乗り換え切符.
❸ C 模写された模様 (絵).

動 他 ❶ⓐ They *transferred* the cargo from the ship to trucks. 彼らは荷物を船からトラックに移した / The head office was *transferred* from Hiroshima to Osaka. 本社は広島から大阪へ移された.
❷ I have been *transferred* to the Sendai branch. 私は仙台支店へ転勤を命ぜられた.
❸ⓐ I have *transferred* my account from Bank A to Bank B. 私は口座をA銀行からB銀行へ移した.
— 自 ❶ I will *transfer to* a bus at the next station. 私は次の駅でバスに乗り換えます.
❷ Tom has *transferred to* a new school. トムは新しい学校に転校した.
— 名 ❶ⓐ my *transfer* from Kyoto office to Nagoya office 私の京都支店から名古屋支店への転勤. ⓑ *transfer* of ownership 所有権を移すこと / a *transfer* of power 権力の移動.
❷ⓐ a *transfer* from a train to a ship 列車から船への乗り換え.

trans･fer･a･ble /trænsfɜ́ːrəbl トランスファーラブル/ 形 ❶ 移すことができる.
❷ 譲渡(ʲʸʊ̌)できる.

trans･fixed /trænsfíkst トランスフィックスト/ 形 (驚き・恐怖などで)立ちすくんで(だ).

＊trans･form /trænsfɔ́ːrm トランスフォーム/ 動 (~s /-z/; ~ed /-d/; ~･ing) 他
ⓐ (外見・性質・機能など)をすっかり変える, 変化させる.
ⓑ 《transform ... into ~》…を～にすっかり変える, 変化させる.
▶ⓐ The landslide *transformed* the valley. 地すべりが谷の様子を変えた.
ⓑ They *transformed* the house into a coffee shop. 彼らはその家を喫茶店に変えた.

☞ 名 transformation.

trans･for･ma･tion /trænsfərméiʃən トランスフォメイション/ 名 U C 完全な変化(変形).

☞ 動 transform.

trans･form･er /trænsfɔ́ːrmər トランスフォーマ/ 名 C 【電気】変圧器, トランス.

trans･fu･sion /trænsfjúːʒən トランスフュージョン/ 名 U C 輸血.

tran･sient /trǽnʃənt トランシャント/ 形 ❶ 一時の, つかの間の. ❷ 短期間の.

tran･sis･tor /trænzístər トランズィスタ/ 名 【電気】 C トランジスター.

tran･sit /trǽnzit トランズィット/ 名 U
❶ (人・物の)輸送, 運送. ❷ 通行, 通過.
❸ 《形容詞的に》通過の; 乗り継ぎの.

tran･si･tion /trænzíʃən トランズィション/ 名 U C 移行; 移り変わり.

tran･si･tion･al /trænzíʃənəl トランズィ

abcdefghijklmnopqrs**t**uvwxyz　　　　　　　　　　　　　　　　　transport

ショナル, -zíʃ-/ 形 移り変わる, 過渡期(*ǎ)の, 移行の.

tran·si·tive /trǽnsətiv トランスィティヴ/ 形 〖文法〗他動詞の (☞intransitive).
— 名 C 〖文法〗= **transitive verb**.

tránsitive vérb 名 C 〖文法〗他動詞《目的語をとる動詞; ✿ v.t., vt と略す》.

tran·si·to·ry /trǽnsətɔ̀:ri トランスィトーリ/ 形 一時的な, つかの間の.

tránsit pàssenger 名 C 通過客《立ち寄る空港で空港外へ出ることを許されない乗客》.

tránsit vìsa 名 C 通過査証《その国に滞在することは許されないビザ》.

***trans·late** /trænsléit トランスレイト, trænz-/ 動 (~s /-ts/; -lat·ed /-id/; -lat·ing) 他
❶《translate ... into ~》ⓐ …を〜に**訳す**, 翻訳する. ⓑ …を〜に変える.
❷ …を解釈する, 説明する.
— 自 ❶ 翻訳する, 翻訳の仕事をする.
❷《translate into ...》…に変化する.

他 ❶ ⓐ *Translate* this passage *into* good Japanese. この一節をちゃんとした日本語に訳しなさい / *translate* a fairy tale *from* Japanese *into* English 童話を日本語から英語に翻訳する.

☞ 名 translation.

*****trans·la·tion** /trænsléiʃən トランスレイション, trænz-/ 名 (複 ~s /-z/)
❶ U 翻訳. ❷ C 翻訳 (したもの), 訳.

❶ I read the book in *translation*. 私はその本は翻訳で読んだ.
❷ There are two *translations* of the book. その本にはふたつの翻訳がある.

☞ 動 translate.

trans·la·tor /trænsléitər トランスレイタ/ 名 C 翻訳家, 翻訳者.

trans·lu·cence /trænslú:sns トランスルースンス/ 名 U 半透明.

trans·lu·cent /trænslú:snt トランスルースント/ 形 半透明の (☞transparent).

trans·mis·sion /trænsmíʃən トランスミッション, trænz-/ 名
❶ U (信号・メッセージなどの) 送信, 放送.
❷ U (熱・電気などの) 伝導. ❸ U (病気などの) 伝染. ❹ C (自動車・オートバイの) トランスミッション, 伝導装置.

▶ ❶ the *transmission* of news ニュースの送信.

☞ 動 transmit.

trans·mit /trænsmít トランスミット/《★アクセント注意》動 (~s /-ts/; -mit·ted /-id/; -mit·ting) 他 ❶ (信号・メッセージなど) を送信する, 放送する. ❷ (光・音・熱・電気など) を伝える, 伝導する. ❸ (病気など) を伝染させる, 移す.

▶ ❶ The message was *transmitted* by telephone. その知らせは電話で伝えられた. ❷ Iron *transmits* heat. 鉄は熱を伝える. ❸ Mosquitos *transmit* malaria. 蚊(*)はマラリアを伝染させる.

☞ 名 transmission.

trans·mit·ter /trænsmítər トランスミタ/ 名 C ❶ (信号・メッセージなどの) 送信機.
❷ 伝染させる人 [物].

trans·pa·cif·ic /trænspəsífik トランスパスィフィック/ 形 太平洋横断の.

trans·par·en·cy /trænspéərənsi トランスペ(ア)レンスィ/ 名 (複 -en·cies /-z/) U 透明, 透明性.

☞ 形 transparent.

*****trans·par·ent** /trænspéərənt トランスペ(ア)レント/ 形 (more ~; most ~)
❶ 透明な.
❷ (口語) (うそ・言いわけなど) 見えすいた.
▶ ❶ *transparent* glass 透明ガラス.
❷ tell a *transparent* lie 見えすいたうそを言う.

☞ 名 transparency.

trans·par·ent·ly /trænspéərəntli トランスペ(ア)レントリ/ 副 透明に, 透(*)き通って.

trans·plant /trænsplǽnt トランスプラント/ 動 他 ❶ (植物) を移植する.
❷ (臓器など) を移植する.
— 名 /trǽnsplænt トランスプラント/《★動詞とのアクセントの違いに注意》❶ U C 移植; 移植手術. ❷ C 移植器官 [組織].
▶ 名 ❶ a heart *transplant* 心臓移植.

*****trans·port** /trænspɔ́:rt トランスポート/ 動 (~s /-ts/; ~ed /-id/; ~ing) 他 …を**輸送する**, 運ぶ.
— 名 /trǽnspɔ:rt トランスポート/《★動詞とのアクセントの違いに注意》名 U ❶ 輸送, 運輸; 運輸業. ❷ (英) 運輸機関 (✿ (米) では transportation).

one thousand four hundred and thirty-nine　　　　　　　　　　　　　　　　　　　1439

transportation

▶ 動 他 The cars will be *transported* to America by ship. 車は船でアメリカへ運ばれる.

☞ 名 transportation.

— 名 ❶ the *transport* of mail by air 郵便物の空輸.

*trans·por·ta·tion /trænspərtéiʃən トランスポテイション/ 名 U ❶ 輸送, 運輸; 運輸業. ❷《米》運輸機関 (《◎ 英》では transport).

❶ a means of *transportation* 輸送機関 / railroad *transportation* 鉄道輸送.

❷ All *transportation* came to a stop. すべての輸送機関が止まった / public *transportation* 公共交通機関.

☞ 動 transport.

*trap /trǽp トラップ/ 名 (複 ~s /-s/) C

❶ (獲物(いぬ)を捕らえる)わな, 落とし穴.

❷ **計略**, わな.

❸ (なかなか抜け出せない)困難な状況.

— 動 (~s /-s/; trapped /-t/; trapping) 他 ❶ …をわなで捕らえる.

❷ (人)をわなにかける, 計略に陥(あとし)れる.

❸ (気体・液体など)を流れないようにする.

名 ❶ set a *trap* for a fox キツネをつかまえるわなを仕掛ける.

❷ fall into a *trap* わなにかかる.

trap·door /trǽpdɔ̀ːr トラプドー/ 名 C (天井などの)はね上げ戸; (床・台などの)上げぶた.

tra·peze /træpíːz トラピーズ/ 名 C (サーカス用)空中ぶらんこ.

trash /trǽʃ トラシュ/ 名 U ❶《米》ごみくず, がらくた (rubbish).

❷ くだらないもの, くだらない考え[話].

trásh càn [bìn] 名 C 《米》ごみ入れかん (《◎ 英》では dustbin).

trash·y /trǽʃi トラシィ/ 形 (trash·i·er; trash·i·est) くだらない, ひどい.

trau·ma /tráumə トラウマ, trɔ́ː-/ 名 (複 ~s /-z/, trau·ma·ta /tráumətə, trɔ́ː-/) U C 〔医学〕 ひどい心の傷, 精神的ショック.

trau·mat·ic /traumǽtik トラウマティック, trɔː-/ 形 ショッキングな, 精神的ショック

の.

*trav·el /trǽvəl トラヴェル/ 動 (~s /-z/; ~ed, 《英》 trav·elled /-d/; ~ing, 《英》 trav·el·ling) 自

❶ ⓐ (遠くまで)**旅行する**, 旅をする.

ⓑ 移動する, 動く.

❷ ⓐ (列車・車などが)**進む**.

ⓑ (光・音・うわさなどが)伝わる.

ⓒ (視線などが)移る.

— 他 …を**旅行する**.

— 名 (複 ~s /-z/) ⓐ U 旅行.

ⓑ C 《ふつう複数形で》(いろいろな所を訪ねる長距離)旅行.

ⓒ C (列車・車などによる)移動.

動 ⓔ ❶ ⓐ *travel* to Europe on business ヨーロッパへ出張する / *travel* in Britain イギリスを旅行する.

ⓑ *travel* by bus バスで旅行する.

❷ ⓐ The train *travels* at 120 miles an hour. その列車は時速120マイルで走る. ⓑ Light *travels* faster than sound. 光は音より速く伝わる. ⓒ His eyes *traveled* about the room. 彼はその部屋の中をぐるりと見まわした.

— 他 He *traveled* Africa last year. 彼は去年アフリカを旅行した / *travel* long distances 長距離旅行をする.

— 名 ⓐ I am very fond of *travel*. 私は旅行が大好きだ / air *travel* 飛行機の旅行.

類語 **travel** は「遠い所または長期間にわたる旅行」をいう; **trip** は《英》「短い旅行」をいうが《米》では長短に関係なく用いられる; **tour** は「(各地を訪ねてもとに帰って来る)観光[視察]旅行」; **journey** は「(目的地までかなりの距離をまっすぐ行く)旅行」.

ⓑ Did you enjoy your *travels* in America? アメリカ旅行は楽しかったですか.

trável àgency 名 C 旅行代理店 (《◎ travel bureau ともいう》).

trável àgent 名 C 旅行案内業者.

trável bùreau 名 = travel agency.

*trav·el·er, 《英》 **trav·el·ler** /trǽvələr トラヴェラ/ 名 (複 ~s /-z/) C

❶ 旅行者, よく旅行をする人.

❷《英》(車などで移動し)定住しない人.

abcdefghijklmnopqrs**t**uvwxyz treat

tráv·el·er's chèck /trǽvələrz- トラヴェラーズ-/ 名C トラベラーズチェック, 旅行者用小切手.

trav·el·ing, (英)**trav·el·ling** /trǽvəliŋ トラヴェリング/ 名U 旅行.

tra·verse /trəvə́ːrs トラヴァース/ 動(現分 -vers·ing)他《文語》…を横断する, わたる.

trav·el·sick /trǽvəlsìk トラヴェルスィック/ 形 乗物に酔った.

trawl /trɔ́ːl トロール/ 名C トロール網, 底引き網; はえなわ.
— 動 ⾃ トロール網[はえなわ]で魚をとる.

trawl·er /trɔ́ːlər トローラ/ 名C トロール[はえなわ]漁船.

*__tray__ /tréi トレイ/ 名(複 ~s /-z/)C **盆**, トレー.

treach·er·ous /trétʃərəs トレチャラス/ 《★発音注意》形 ❶ 裏切る(ような), 信用できない. ❷(外見ではわからないが)当てにならない, 危険な.
▶❶ He was *treacherous* to his friends. 彼は友人を裏切った.
❷ a *treacherous* memory 当てにならない記憶.
☞名 treachery.

treach·er·y /trétʃəri トレチャリ/ 《★発音注意》名U 裏切り(行為).
☞形 treacherous.

tread /tréd トレッド/ 《★発音注意》動 (~s /-dz/; trod /trád, trɔ́d/; trod·den /trádn, trɔ́dn/, trod; ~·ing)⾃ 《**tread on [upon] ...**》…を踏む, 踏みつける.
— 他 …を踏む, 踏みつける.
— 名C ❶ くつ裏[タイヤ]の模様.
❷ (階段の)踏み板, 段(☞flight¹ ❹ のさし絵).
▶動 ⾃ She *trod on* the cat's tail. 彼女はネコの尾を踏んだ.
— 他 *tread* grapes to make wine ワインを作るためにブドウを足で踏みつぶす.
tread carefully [cautiously] 言動に注意する.

tread·mill /trédmìl トレドミル/ 名 ❶C トレッドミル(運動のためにぐるぐるまわるベルトの上を歩く道具).
❷U 単調な仕事.

trea·son /tríːzn トリーズン/ 名U (国家などに対する)反逆; 反逆罪.

*__trea·sure__ /tréʒər トレジャ/ 《★発音注意》名(複 ~s /-z/) ❶U《集合的に》**宝物**, 財宝(とくに蓄えられたもの).
❷C ⓐ 貴重品, 重要文化財.
ⓑ 大切な人.
— 動 (~s /-z/; trea·sured /-d/; -sur·ing /-ʒəriŋ/)他 (物・思い出など)を大事にする.
▶❶ buried *treasure* 埋蔵された財宝. ❷ⓐ a national *treasure* 国宝.
— 動他 She *treasures* her memories of her childhood. 彼女は子どものころの思い出を大事にしている.

trea·sured /tréʒərd トレジャド/ (英)大事にしている[されている].

tréasure hùnt 名C 宝捜し(子どもの遊び).

trea·sur·er /tréʒərər トレジャラ/ 名C 会計係.

trea·sur·y /tréʒəri トレジャリ/ 名(複 -sur·ies /-z/)
❶C 国庫, 基金, 資金.
❷《the Treasury で》ⓐ (アメリカの)財務省(○正式には the Department of the Treasury という;「財務長官」は the Secretary of the Treasury).
ⓑ (イギリスの)大蔵省(○the Exchequer ともいう; ☞ department ❷).
❸C〔知識などの〕宝庫;(話などの)名作集.
▶❶ We paid the expenses out of the club *treasury*. その費用はクラブ基金から支払った.
❸ a *treasury* of useful information 有益な知識の宝庫.

*__treat__ /tríːt トリート/ 動 (~s /-ts/; ~·ed /-id/; ~·ing)他
❶ⓐ (人・動物)を**扱う**, (物)を取り扱う.
ⓑ《**treat ... as ~**》…を~として**扱う[みなす]**(○~には名詞, 形容詞がくる).
❷ (問題など)を**論じる**, 扱う.
❸ (病気・病人・けがなど)を**治療する**, …の手当てをする.
❹ (化学薬品などで)…を処理する.
❺《**treat ... to ~**》…(人)に~を**おごる**, ごちそうする.
— 名 (複 ~s /-ts/)C
❶ (思いがけない)うれしいこと, (めったにない)楽しみ, とてもよいもの.
❷ おごり, おごる番.

1441

treatise

動 他 ❶ⓐ She *treats* people with kindness. 彼女は人をやさしく扱う / Don't *treat* me like [*as*] a child. 子ども扱いしないでください.
ⓑ He *treated* my remark *as* a joke. 彼は私の言ったことを冗談だと考えた / The report was *treated as* suspicious. その報告は疑わしいとされた.
❷ He *treated* the subject scientifically in his book. 彼はその問題を本中で科学的に論じた.
❸ *treat* a broken leg 骨折した足を治療する / He was *treated* for skin burns. 彼は皮膚のやけどの治療を受けた.
❹ Leather is *treated* with chemicals. 皮は化学薬品で処理される.
❺ Edward *treated* me *to* a meal. エドワードは私に食事をおごってくれた.
☞ 名 treatment.

— 名 ❶ It was a great *treat* for me to visit Kyoto. 京都を訪ねることは私にはとても楽しいことでした.
❷ This is my *treat*. これは私のおごりです.

trea·tise /trí:tis トリーティス, -tiz/ 名ⓒ 論文, 書物.

*__treat·ment__ /trí:tmənt トリートメント/ 名 (複 ~s /-ts/)
❶ Ⓤ (人に対する)扱い, 扱い方;もてなし.
❷ ⓊⒸ (医者のする)処置, 治療(法), 手当て.
❸ ⓊⒸ (化学的)処理.

❶ I thanked her for her kind *treatment*. 私は彼女の親切なもてなしに感謝した. ❷ receive *treatment* at (the) hospital 病院で治療を受ける / a new *treatment* for cancer 癌(がん)の新しい治療法. ❸ the *treatment* of sewage 汚水処理.
☞ 動 treat.

*__trea·ty__ /trí:ti トリーティ/ 名 (複 trea·ties /-z/) ⓒ 条約. ▶ conclude a peace *treaty* 平和条約を結ぶ.

tre·ble /trébl トレブル/ 形 ❶ 3倍の, 3重の. ❷ 〖音楽〗最高音部の, ソプラノの.
— 名ⓒ ❶ 3倍, 3重. ❷ 〖音楽〗最高音部.

— 動 (現分 tre·bling) 他 …を3倍にする, 3重にする.
— 自 3倍になる, 3重になる.

**tree /trí: トリー/ 名 (複 ~s /-z/)
ⓒ ❶ (立っている)**木**, 樹木, 高木 (《❖「切った丸太」は log, 「材木」は lumber, 「板」は board, 「(材木としての)木」は wood, また「低木」は bush, shrub》).

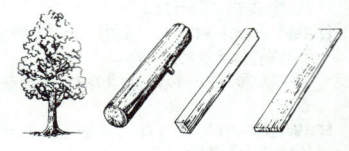

tree　　log　　lumber　　board

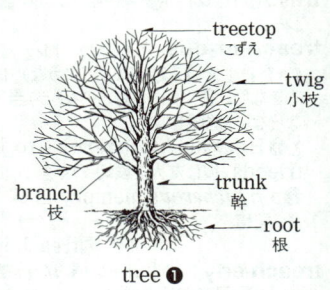

treetop こずえ
twig 小枝
branch 枝
trunk 幹
root 根

tree ❶

❷ (枝のある)木に似たもの, 系統図.

❶ cut a *tree* 木を切り倒す / ことわざ A *tree* is known by its fruit. 木はその実によって評価される;人はその行為で判断される.
❷ the family *tree* 家系図.

tree·top /trí:tɑ̀p トリータップ/ 名ⓒ こずえ.

trek /trék トレック/ 動 (~s /-s/; trekked /-t/; trek·king) 自 トレッキングする (《徒歩で長い旅をする》).
— 名ⓒ トレッキング.

trel·lis /trélis トレリス/ 名 (複 ~·es /-iz/) ⓊⒸ 格子(こうし)棚 (《つる草などをからませる》).

*__trem·ble__ /trémbl トレンブル/ 動 (~s /-z/; trem·bled /-d/; trem·bling) 自
❶ (恐怖・寒さ・興奮などで)(体が)**震える**, 身震いする.
❷ⓐ (地面などが)**震動する**, 揺れる, (木の葉などが)そよぐ. ⓑ (声が)震える.

❸ⓐひどく心配する, こわいと思う.
ⓑ《**tremble to** *do*》…してひどく心配する, こわいと思う.
— 名《単数形で》**震え**, 身震い, 震動, 揺れ.

動⑲ ❶He was *trembling* with cold〔fear〕. 彼は寒さ〔恐怖〕で震えていた. ❷The windows *trembled* as the train passed by. 列車が通ると窓が震動した. ❸ⓑI *tremble* to think what has become of him. 彼がどうなったのか考えると心配で仕方がない.
— 名There was a *tremble* in his voice. 彼の声は震えていた.

*tre・men・dous /triméndəs トリメンダス/ 形(more ~; most ~)
❶（大きさ・量・強さなどが）**ものすごい**, 巨大な, 途方もない.
❷すばらしい.

❶The typhoon did *tremendous* damage to farm crops. 台風は農産物にものすごい被害を与えた / a *tremendous* noise ものすごい音 / a *tremendous* eater ものすごく食べる人, 大食漢 / at *tremendous* speed ものすごいスピードで. ❷a *tremendous* concert すばらしいコンサート.

tre・men・dous・ly /triméndəsli トリメンダスリ/ 副ものすごく, とても.

trem・or /trémər トレマ/ 名ⓒ ❶震え, 身震い. ❷小さな地震.

trench /trént∫ トレンチ/ 名(複 ~es /-iz/)ⓒ ❶（排水などのための）（細長い）溝(みぞ).
❷〖軍事〗ざんごう.

trénch còat 名ⓒトレンチコート.

*trend /trénd トレンド/ 名(複 ~s /-dz/)ⓒ **一般的傾向**; 大勢(たいせい).
▶I see a conservative *trend* in politics. 政治に保守的な傾向がみえる / The *trend* is toward more leisure. 余暇がふえる傾向にある.
set the trend 新しい流行をつくりだす.

trend・y /tréndi トレンディ/ 形(trend-i・er; trend・i・est)《口語》流行の先端をいく.

tres・pass /tréspəs トレスパス/《★アクセント注意》動(三単現 ~es /-iz/)⑲ （不法に）〔他人の土地・家などに〕侵入する〔*on*, *upon*〕.
— 名(複 ~es /-iz/)ⓤⓒ不法侵入.
▶動⑲Hunters often *trespassed on* his fields. ハンターはしばしば彼の畑に侵入して来た.

tres・pass・er /tréspəsər トレスパサ/ 名ⓒ不法侵入者.

tres・tle /trésl トレスル/ 名ⓒ架台, うま《四つの脚で支えた角材》.

tri- /trài トライ, trái/ 接頭《名詞・形容詞につけて》「3, 3重」の意味. ▶*tri*angle 三角形 / *tri*cycle 三輪車.

*tri・al /tráiəl トライアル/ 名(複 ~s /-z/)
❶ⓤⓒ（実際に使う前の）**試験**, ためし.
❷ⓤⓒ**裁判**, 公判.
❸ⓒつらい**経験**, 試練, 苦難, 苦労.
❹ⓒ試み, 努力.
❺《形容詞的に》ためしの, 試験的な.

❶a clinical *trial* 臨床試験.
❷The case came to *trial*. 事件は裁判にかけられた / stand *trial* 裁判を受ける / a criminal *trial* 刑事裁判.
❸His life was full of *trials*. 彼の人生は苦難に満ちていた.
❹He succeeded on his second *trial*. 彼は2度目の試みで成功した.
❺a *trial* match 代表選考試合; 予選試合.

make (a) trial of ... …を試してみる.
on trial ①**ためしに**, 試験的に: They took him *on trial* for a month. 彼らは彼をためしに1か月使ってみた. ②裁判にかけられて: He is *on trial* for murder. 彼は殺人罪で裁判にかけられている.
☞ 動 try.

tríal and érror 名ⓤ試行錯誤.
▶by〔through〕*trial and error* 試行錯誤をして.

tríal rún 名ⓒためし; 試運転, 試乗.
▶make a *trial run* of a new car 新車を試運転する.

*tri・an・gle /tráiæŋgl トライアングル/ 名(複 ~s /-z/)ⓒ ❶**三角形**(☞square).
❷三角形の物.
❸（米）三角定規（✪（英）では set square）.
❹〖音楽〗トライアングル《三角形の打楽器》.

triangular

▶ ❶ a right *triangle* 直角三角形.
☞ 形 triangular.

tri·an·gu·lar /traiǽŋgjulər トライアンギュラ/ 形 三角形の. ☞ 名 triangle.

tri·ath·lon /traiǽθlən トライアスロン/ 名 Ⓒ トライアスロン《遠泳・自転車・マラソンの3種目を連続して行なう競技》.

trib·al /tráibəl トライバル/ 形 部族の, 種族の. ▶ *tribal* customs 部族の習慣.
☞ 名 tribe.

*__tribe__ /tráib トライブ/ 名 (複 ~s /-z/) Ⓒ (酋長(しゅうちょう)のいる)**部族**, 種族.
☞ 形 tribal.

tri·bu·nal /traibjúːnl トライビューヌル/ 名 Ⓒ (特定の問題を扱う)裁判所, 法廷.

trib·u·tar·y /tríbjutèri トリビュテリ/《★アクセント注意》名 (複 -tar·ies /-z/) Ⓒ (川の)支流. ☞ 名 tribute.

trib·ute /tríbjuːt トリビュート/《★アクセント注意》名
❶ Ⓤ Ⓒ 敬意[賞賛]を表わすもの, 賛辞.
❷《単数形で》…の価値[優秀性]を示すもの.
▶ ❶ The monument is a *tribute* to the explorer. その記念碑は探検家に対して敬意を表わすものだ.
❷ His recovery was a *tribute* to the new medicine. 彼の病気が治ったのはその新薬のおかげであった.
pay (a) tribute to ... …に敬意を払う.

*__trick__ /trík トリック/ 名 (複 ~s /-s/) Ⓒ
❶ **策略**, たくらみ, だまし, いんちき.
❷ **いたずら**, 冗談, 悪ふざけ.
❸ **手品**, 芸当, 早わざ, マジック;(映画の)トリック.
❹(ものごとをする)**こつ**, 秘訣(ひけつ), 上手なやり方.
— 動 (~s /-s/; ~ed /-t/; ~·ing) 他(人)をだます, ごまかす.

・・・・・・・・・・・・・・・・・・・・・・・・

名 ❶ The phone call was a *trick* to get him out of the house. 電話は彼を家から出すための策略だった / That's an old *trick*. それはよくある(人をだます)手だ / by a dirty *trick* きたない手[やり方]で.
❷ He likes to play *tricks*. 彼はいたずらをするのが好きだ / a *trick* of the wind 風のいたずら.
❸ Can you do any card *tricks*? ト

ランプの手品ができますか / teach a dog *tricks* 犬に芸を教える.
❹ I'd like to know the *trick* of making good coffee. おいしいコーヒーをいれるこつを知りたい.

do the trick 効果がある, うまくゆく.
play a trick on ... …にいたずらをする, …をからかう.
Trick or treat!《米》お菓子をくれないといたずらするぞ《ハロウィーン (Halloween) の晩に子どもたちが近所の家を回って菓子をせびるときのことば; ☞ Halloween の **INFO**》).
☞ 形 tricky.
— 動 他 I've been *tricked* again. またいっぱい食わされた / He was *tricked into buying* a car that was no good. 彼はだまされてひどい車を買わされた.
☞ 名 trickery.

trick·er·y /tríkəri トリカリ/ 名 Ⓤ だますこと, 詐欺(さぎ), ぺてん. ☞ 動 trick.

trick·le /tríkl トリクル/ 動 (現分 trick·ling) 圓 ❶ⓐ したたる, ポタポタ[タラタラ]落ちる. ⓑ チョロチョロ流れる.
❷ すこしずつ来る[行く].
— 名《単数形で》したたり;細い流れ.

trick·ster /tríkstər トリクスタ/ 名 Ⓒ 詐欺(さぎ)師.

trick·y /tríki トリキ/ 形 (trick·i·er; trick·i·est) やっかいな, 扱いにくい.
☞ 名 trick.

tri·cy·cle /tráisikl トライスィクル/ 名 Ⓒ (子ども用)三輪車.

tried /tráid トライド/ 動 try の過去形・過去分詞形.
— 形 試験済みの, 信頼できる.

tries /tráiz トライズ/ 動 try の三人称単数現在形.
— 名 try の複数形.

tri·fle /tráifl トライフル/ 名 ❶ Ⓒ《文語》つまらないもの[こと], くだらないもの.
❷ Ⓤ Ⓒ《英》トリフル《ワインに浸したスポンジケーキの上にフルーツ, ジャム, カスタードなどをのせたデザート》.
▶ 名 ❶ have a quarrel over a *trifle*. つまらないことでけんかする.
a trifle《副詞的に》**ちょっと**, すこし: He was *a trifle* tired. 彼はちょっと疲れていた.

tri·fling /tráifliŋ トライフリング/ 形 取るに足らない, ささいな, くだらない.

trig·ger /trígər トリガ/ 名C ❶(銃砲の)引きがね. ❷(事件などの)きっかけ.
— 他 ❶(銃)を発射する.
❷(事件など)のきっかけになる.

trill /tríl トリル/ 動 他 …を震え声で歌う[発音する].
— 自 ❶震え声で歌う.
❷(小鳥が)さえずる.
— 名C (かん高い)震え声; 小鳥のさえずり.

tril·lion /tríljən トリリャン/ 名C 兆《100万 (million) の100万倍; 10¹²; ☞ billion》.

trim /trím トリム/ 動 (~s /-z/; trimmed /-d/; trim·ming) 他
❶(生けがき・庭木・髪など)をきちんと刈りこむ, 手入れをする, 整える.
❷(予算・出費など)を削減する.
— 形 (trim·mer; trim·mest)
❶きちんとした, こぎれいな.
❷(人が)スマートな, すらっとした.
— 名 ❶C《a をつけて》刈り込み, 手入れ; 調髪. ❷UC装飾, 飾り.
▶ 動 他 ❶Father *trimmed* the hedge. 父が生けがきを刈りこんだ / *Trim* your nails. つめを切りなさい.
❷We must *trim* costs. 出費を切り詰めなければいけない.
— 形 ❶a *trim* lawn きちんと刈りこんだ芝生(ﾞ).
❷a *trim* figure スマートな体型.
— 名 ❶Your hair needs a *trim*. 君の髪は散髪が必要です.

trim·ming /trímiŋ トリミング/ 名
❶C(ふち)飾り, 装飾.
❷《複数形で》《口語》(料理の)付け合わせ.

trin·i·ty /trínəti トリニティ/ 名《the Trin·i·ty で》〖キリスト教〗三位(ﾞ)一体《父なる神, その子キリスト, 聖霊 (the Holy Ghost) を一体としてみること》.

trin·ket /tríŋkit トリンキット/ 名C (宝石・指輪など値段の安い小さな)装身具.

tri·o /tríːou トリーオウ/ 名C ❶三つ組, 3人組, トリオ.
❷〖音楽〗三重奏[唱]曲.

***trip** /tríp トリップ/ 名 (複 ~s /-s/) C
❶旅行《❀《英》では比較的短い旅行をさし, 《米》では長短に関係なく用いられる; ☞ travel の 類語》.
❷(仕事・用事のために)出かけること, 外出, 通勤.
❸《俗語》麻薬による幻覚, トリップ.
— 動 (~s /-s/; tripped /-t/; trip·ping) 自 ❶つまずく.
❷《俗語》(麻薬による)幻覚経験をする.
— 他 ❶(人)をつまずかせる.
❷(うっかり)(スイッチなど)をつけて[消して]しまう.

名 ❶I took [made] a *trip* to Shi-koku. 私たちは四国へ旅行をした / Have a nice *trip*. どうぞよい旅を《旅行に出かける人に言うことば》/ a three-day bus *trip* 3日間のバス旅行.
❷I make a weekly *trip* to the dentist. 私は毎週歯医者に通っている / The *trip* from here to the town takes about 30 minutes by car. ここからその町へは車で約30分です.

go on a trip to ... …へ旅行に出かける.

— 動 自 ❶He *tripped over* a root and fell. 彼は木の根につまずいて倒れた.
— 他 ❶He put out his foot and *tripped* me. 彼は足を出して私をつまずかせた.

trip up 自 ①つまずく. ②まちがえる.
— 他 ①(人)をつまずかせる. ②(人)をまちがえさせる, 失敗させる.

tri·ple /trípl トリプル/ 形 ❶3倍の. ❷三重の. ❸3部分から成る.
— 名C ❶3倍(の量[数]).
❷〖野球〗三塁打《❀three-base hit ともいう; ☞ single 名 ❶》.
— 動 (現分 tri·pling) 自 3倍になる.
— 他 …を3倍にする.
▶ 形 ❶*triple* pay 3倍の給料. ❷a *tri·ple* play 〖野球〗三重殺, トリプルプレー.

tríple júmp 名《the をつけて》〖陸上〗三段跳(ﾞ)び.

tri·plet /tríplit トリプリット/ 名C 三つ子(のうちの)ひとり《☞ twin》.

tri·pod /tráipɑd トライパッド/ 名C 三脚.

***tri·umph** /tráiəmf トライアンフ/《★アクセント注意》名(複 ~s /-s/) ❶C大勝利, 大成功, 大きな功績.
❷U(勝利[成功]の)大喜び.

triumphal

— 動自（苦労の後）勝利をおさめる，成功する．
▶名 ❶ man's *triumph* over cancer 人類の癌(ホン)に対する勝利（癌の征服）/ one of the *triumphs* of science 科学の大きな功績のひとつ．
❷ cheers of *triumph* 勝利の喜びの歓声．
in triumph 勝ち誇って，意気揚々と．
☞ 形 triumphal, triumphant.
— 動自 *triumph over* difficulties 困難を克服する．

tri·um·phal /traiʌ́mfəl トライアンファル/《◎アクセント注意》形 勝利を祝う，凱旋(ガイ)の．
☞ 名 triumph.

tri·um·phant /traiʌ́mfənt トライアンファント/《★アクセント注意》形 勝ち誇った，意気揚々(ヨウ)とした．▶ a *triumphant* look 勝ち誇った顔つき．
☞ 名 triumph.

tri·um·phant·ly /traiʌ́mfəntli トライアンファントリ/ 副 勝ち誇って，意気揚々と．

triv·i·a /tríviə トリヴィア/ 名 複 ささいなこと，つまらないこと．

triv·i·al /tríviəl トリヴィアル/ 形 ささいな，取るに足らない，つまらない．
▶ a *trivial* matter つまらないこと．

trod /trád トラッド/ 動 tread の過去形・過去分詞形．

trod·den /trádn トラドン/ 動 tread の過去分詞形．

Tro·jan /tróuʒən トロウジャン/ 形 トロイの．

Trójan Hórse 名《the をつけて》〔ギリシア伝説〕トロイの木馬．
INFO トロイ戦争でギリシア軍がトロイ人をあざむくため木馬の中に兵士を忍ばせて城内に送り込み，内部から破壊(ハカイ)活動をした．

trol·ley /tráli トラリ/ 名 複 ~s, trol·lies /-z/) ❶ ⓐ（米）= trolley car.
ⓑ（英）= trolleybus. ❷（英）（料理などをのせて運ぶ）ワゴン（◎（米）では cart）．
❸（英）（スーパーなどの）手押し車．
▶ ❸ a shopping *trolley* ショッピングカー（◎（米）では shopping cart という）．

trol·ley·bus /trálibʌ̀s トラリバス/ 名 複 ~·es /-iz/) Ⓒ トロリーバス（◎（英）では単に trolley という）．

trólley càr 名 Ⓒ（米）路面電車（◎（英）では tram）．

trom·bone /trɑmbóun トランボウン/ 名 Ⓒ トロンボーン（大型の金管楽器）．

***troop** /trúːp トループ/ 名 複 ~s /-s/) Ⓒ
❶（人・動物の）群れ，一群，一団．
❷《ふつう複数形で》部隊．
— 動自 群れをなして動く．

troop·er /trúːpər トルーパ/ 名 Ⓒ ❶ 騎兵［戦車］隊員．❷（米）州警察の警官．

tro·phy /tróufi トロウフィ/ 名 複 tro·phies /-z/) Ⓒ（競技の入賞記念の）トロフィー，カップ．

trop·ic /trápik トラピック/ 名 ❶ Ⓒ 回帰線．❷《the tropics で》熱帯地方．
☞ 形 tropical.

***trop·i·cal** /trápikəl トラピカル/ 形 **熱帯（地方）の**．
▶ a *tropical* climate 熱帯性気候．
☞ 名 tropic.

trópic of Cáncer〔Cápricorn〕 名 《the をつけて》北〔南〕回帰線．

trot /trát トラット/ 動 (~s /-ts/; trot·ted /-id/; trot·ting) 自 ❶（馬などが）速足(ハヤアシ)で進む．❷（人が）急ぎ足で歩く．
— 他（馬を）速足で進ませる．
— 名《単数形で》ⓐ（馬などの）速足《歩み(walk)と走り(run)の中間の歩調；☞ gallop》．ⓑ（人の）急ぎ足，小走り．
▶ 動自 ❶ The horse *trotted* along the river. 馬は川沿いを速足で進んでいた．

trot out（口語）他（いつも言っていること）をまた言う．

at a trot ①（馬が）速足で．②（人が）急ぎ足で．

on the trot（英口語）次々と続いて，忙しく．

***trou·ble** /trʌ́bl トラブル/《★発音注意》名 (複 ~s /-z/) ❶ ⓊⒸ **困難**；苦労，骨折り．
❷ ⓊⒸ **心配（ごと）**，悩み（ごと），問題；手のかかるもの，困りもの．
❸ Ⓤ 迷惑，めんどう，やっかい．
❹ ⓊⒸ もめごと，ごたごた，騒動．
❺ Ⓤ ⓐ（機械などの）故障，不調．
ⓑ（体の）不調，病気，…病．
— 動 (~s /-z/; trou·bled /-d/; trou·bling) 他
❶ …を**悩ませる**，心配させる，苦しめる．
❷ …に**迷惑をかける**，めんどうをかける．

abcdefghijklmnopqrs*t*uvwxyz   **trouble**

❸《*trouble* ... *to do*》(迷惑をかけて)(人)**に__してもらう**(✪ていねいな依頼を表わす).
— 圓《ふつう否定文・疑問文で》《*trouble to do*》**わざわざ__する**.

━━━━━━━━━━━━━━━━━━━

图 ❶ Did you have any *trouble* explaining it? それを説明するのは大変でしたか / It won't be any *trouble* to get there in time. そこに間に合うように着くことは難しいことではないでしょう / without much *trouble* あまり苦労しないで.

❷ Tell me all about your *troubles*. あなたの心配ごとをみな話しなさい / What is the *trouble*? どうしたのですか / The child was a great *trouble* to his parents. その子は親には大きな悩みの種であった.

❸ She gave me very little *trouble*. 彼女は私にほとんど迷惑をかけなかった / Thank you for your *trouble*. ごめんどうをおかけしてすみませんでした.

❹ domestic [family] *troubles* 家庭内のいざこざ / labor *trouble*(s) 労働争議.

❺ⓐ engine *trouble* エンスト. ⓑ He has *trouble* with his stomach. 彼は胃が悪い / heart *trouble* 心臓病.

ask for trouble わざわざ自分で災難[苦労]を招くようなことをする, 軽率なふるまいをする.

be in trouble (with ...) (...と)**困った状態になっている**, 問題[トラブル]を起こしている:The old man *was in* serious *trouble*. その老人はとても困っていた / He *is in trouble with* the boss. 彼は上司とやっかいなことになっている.

get ... into trouble ①(人)**をやっかいなことに巻きこむ**, (人)に迷惑をかける:This will *get* you *into trouble*. このことで君は困ったことになるぞ. ②(未婚の女性)を妊娠させる.

get into trouble (with ...) ①(...と)問題[トラブル]を起こす, もめごとに巻き込まれる. ②しかられる立場にある, 警察に呼ばれる:He is always *getting into trouble with* the police. 彼はしょっちゅう警察のやっかいになっている.

go to trouble 手間をかける, 人のためにつくす:He *went to* a lot of *trouble* for me. 彼は私のために大いに手間ひまをかけてくれた.

look for trouble = *ask for trouble*.

make [cause] trouble **めんどうを起こす**:Don't *make trouble* again. 二度とめんどうを起こしてはいけない.

put ... to trouble ...**にめんどうをかける**.

take the trouble to do **わざわざ__する**, いやがらずに__する:He *took the trouble to* come all the way to see us. 彼はわざわざはるばる私たちを訪ねてきてくれた.

The trouble is (that) __. = ***The trouble is, __.*** **困ったことに__である**: *The trouble is that* we do not have enough money. 困ったことに私たちはお金が足りないのです.

        ☞ 形 troublesome.

— 動 他 ❶ What is *troubling* you? あなたはなんで悩んで[困って]いるのですか / Chronic headaches *trouble* her. = She is *troubled* with [by] chronic headaches. 彼女は慢性の頭痛で苦しんでいる.

❷ I am sorry to *trouble* you, but could you tell me where City Hall is? ごめんどうをおかけしてすみませんけれども市役所はどこにあるか教えていただけませんか.

> [対話]
> 「ご迷惑をお掛けしてすみませんでした」「どういたしまして」
>
> I'm sorry to trouble you. — That's all right.

❸ Could I *trouble* you *to* open the window? すみませんが窓をあけていただけませんか.
— 圓 *Don't trouble to* make coffee for me. わざわざコーヒーを入れていただか

1447

troubled

なくてけっこうです / She *didn't trouble to* write to me. 彼女は私に手紙を書いてよこすことまではしなかった.

trouble ... for ~ …(人)に~を(とってくださいと)頼む. May I *trouble* you *for* the salt? すみませんが塩をお願いします[とっていただけませんか](○食事のときにいう).

trouble oneself 悩む, 心配する: Don't *trouble yourself* about the future. 将来のことは気にするな.

trouble ... with ~ ~のことで…に迷惑をかける, 心配させる: I won't *trouble* you *with* the same error again. 同じまちがいで二度とご迷惑はおかけしません.

trou·bled /trʌ́bld トラブルド/ 形
❶心配そうな, 不安な.
❷悩んで(いる), 苦しんで(いる).
▶❶a *troubled* look 心配そうな表情.

trou·ble·mak·er /trʌ́blmèikər トラブルメイカ/ 名C (常習的に)ごたごたを起こす人, やっかい者.

trou·ble·shoot·er /trʌ́bl-ʃùːtər トラブル・シュータ/ 名C (問題点を見つけ出して)解決する人.

***trou·ble·some** /trʌ́blsəm トラブルサム/ 形 (more ~; most ~) **やっかいな**, めんどうな. ▶a *troublesome* child やっかいな子ども / a *troublesome* cough やっかいなせき. ☞ 名 trouble.

trouble spot 名C (国際関係などの)問題[紛争]の起こりやすい地域.

trough /trɔ́(ː)f トロ(ー)フ/ (★発音注意) 名C (家畜にやる飼料・水などを入れる細長い)かいばおけ, 槽(そう).

troupe /trúːp トループ/ 名C (俳優・サーカスなどの)一座, 一団.

***trou·sers** /tráuzərz トラウザズ/ (★発音注意) 名複 ズボン (○(米)ではふつう pants という).
▶Your *trousers* are dirty. 君のズボンはよごれている (○数えるときには a pair of *trousers* (ズボン1本), two pairs of *trousers* (ズボン2本)のようにいう).

trout /tráut トラウト/ (★発音注意) 名 (複 trout, ~s /-ts/) C【魚類】ニジマス.

trow·el /tráuəl トラウエル/ 名C ❶ (左官などの使う)こて. ❷ (園芸用の)移植ごて.

tru·an·cy /trúːənsi トルーアンスィ/ 名U (学校の)無断欠席.

tru·ant /trúːənt トルーアント/ 名C (生徒・学生の)無断欠席者.

play truant (英)学校をずる休みする (○(米)では play hooky).

truce /trúːs トルース/ 名C 休戦協定.

***truck** /trʌ́k トラック/ 名 (複 ~s /-s/) C
❶ **トラック** (○(英)では lorry という).
❷(英)屋根なしの貨車.
— 動 (~s /-s/; ~ed /-t/; ~ing) 他(米)…をトラックで運ぶ.
▶名 ❶ by *truck* トラックで (○冠詞はつけない).

truck·er /trʌ́kər トラッカ/ 名C (米)トラック運転手.

trúck fàrm 名C (米)市場向け野菜農場 (○(英)では market garden).

truck·load /trʌ́klòud トラクロウド/ 名C トラック1台分の積み荷.

truc·u·lent /trʌ́kjulənt トラキュレント/ 形 口うるさい.

trudge /trʌ́dʒ トラッヂ/ 動 (現分 trudging) 自 とぼとぼ重い足取りで歩く.

***true** /trúː トルー/ 形 (tru·er; tru·est) ❶ⓐ **ほんとうの**, 真実の, 事実に基づいた (反 false, untrue).
ⓑ《the をつけて; 名詞的に; 単数扱いで》真, 真理 (truth).
❷ **誠実な[で(ある)]**, 忠実な, 裏切らない.
❸ 真の, **本物の**; 正当な.
❹ⓐ **正確な**, 確実な.
ⓑ […と]違わない [to].

❶ⓐThat's *true*. そのとおりです / What she says is *true*. 彼女の言うことはほんとうだ / It is *true that* he died in India. 彼がインドで死んだというのは事実です (☞成句 it is *true* (that) __, but ...) / a *true* story 真実の話.
❷He is a *true* friend of mine. 彼は私の真の[誠実な]友人だ / She *has* always been *true to* me. 彼女はいつも私に対して誠実だ / He *is true to* his word. 彼は約束を守る.
❸a *true* gentleman 本物の紳士 / a *true* ruby 本物のルビー / *true* love of

abcdefghijklmnopqrs t uvwxyz　　　　　　　　　　　　　　　　　　　　　　　trust

peace 真実の平和を愛する気持ち / a *true* heir 正当な相続人.

❹ⓐa *true* copy 正確な写し, 正本.
ⓑThe translation *is true to* the original. その訳は原文に忠実である / *true to* life [nature] 実物そっくりで.

be true of ... …についてあてはまる: The same *is true of* the Japanese. 同じことが日本人についてもあてはまる.

come true (夢・希望・心配などが)**実現する**, 言ったとおりになる: His dream of foreign travel has *come true*. 彼の海外旅行の夢は実現した.

***it is true (that)* ＿, *but* ...** なるほど＿だけれどもしかし…: *It is true (that)* he is young (＝He is young, *it is true*), *but* he is cautious. なるほど彼は若いが慎重だ (◐*it is* も略して *True* he is young, *but* ... ということもある).
　　　　　　　　　　　　　☞ 名 truth.

*__tru·ly__ /trúːli トルーリ/ 副 (more ~; most ~)
❶ (強調して)**ほんとうに**, 非常に, とても; 心から.
❷ **正しく**, 正確に.
❸ ほんとうに.

❶ She is *truly* beautiful. 彼女はほんとうに美しい / I *truly* believe so. 私は心からそう信じています.

❷ The facts are not *truly* stated. 事実は正確には述べられていない / It is *truly* said that health is above wealth. 健康は富にまさると言われるがほんとうだ / a *truly* Japanese kimono まちがいなく日本の着物.

❸ *Truly*, I don't know her. ほんとうに私は彼女を知らないのです.

Truly yours＝***Yours (very) truly*** 敬具 (格式ばった手紙の結びのあいさつ).

trump /trʌ́mp トランプ/ 名 C (トランプの)切り札 (◐*trump card* ともいう; 日本語の「トランプ遊び」は英語では cards).
― 動 他 (相手のカードに)切り札を出して勝つ.

trump up 他 (口実(ﾞﾂ)など)をでっち上げる.

trúmp càrd 名 C (トランプの)切り札 (◐単に trump ともいう).
▶play *one's trump card* 切り札を出す, とっておきの手段を使う.

*__trum·pet__ /trʌ́mpit トランペット/ 名 (複 ~s /-ts/) C ❶ **トランペット**.
❷ トランペットの(ような)音.
― 動 自 (ゾウなどが)らっぱのような音をだす.
― 他 …を言いふらす.

trun·cheon /trʌ́ntʃən トランチョン/ 名 C (英)(警察官の持つ)**警棒** (◐(米)ではふつう nightstick という).

trun·dle /trʌ́ndl トランドル/ 動 (現分 trun·dling) 他 (台車などで)(重い物)を動かす.
― 自 (台車などが)動く.

*__trunk__ /trʌ́ŋk トランク/ 名 (複 ~s /-s/)
❶ C (樹木の)**幹** (☞ tree のさし絵, branch の 類語).
❷ C 胴, 胴体.
❸ C トランク (ひとりでは持ち運べないほど大きい物を入れる[入れて運ぶ]箱; ☞ suitcase).
❹ C (ゾウの)鼻.
❺ 《複数形で》水泳パンツ (◐swimming trunks ともいう).
❻ C (米)トランク (自動車後部の荷物入れ). (◐(英)では boot; ☞ car のさし絵).

*__trust__ /trʌ́st トラスト/ 名 (複 ~s /-ts/)
❶ U **信頼**, 信用 (反 distrust, mistrust).
❷ U (信頼にともなう)**責任**, 義務.
❸ 【法律】ⓐ U (金・財産の)信託, **委託**(ﾀ), 保管.
ⓑ C 信託財産, 委託物.
❹ C (慈善事業などの)財団, 基金.
❺ C トラスト, 企業合同 (☞ cartel).
― 動 (~s /-ts/; ~ed /-id/; ~ing) 他
❶ ⓐ …を**信用する**, 信頼する (反 distrust, mistrust).
ⓑ 《*trust ... to do*》 …を信頼して＿させる.
❷ 《*trust ... with* ~》 …に～を**預ける**, まかせる.
❸ 《*trust (that)* ＿》 ＿を**確信する**, 期待する.

名 ❶ You can put your *trust* in him. 彼は信用できる / I have *trust* in you. 私はあなたを信頼している.
❷ a position of *trust* 責任のある地位.
❸ ⓐ The property she left is now

held in *trust*. 彼女の残した遺産は今は委託保管されている.
❹a charitable *trust* 慈善財団.
put ... in the trust of ~ …を~にまかせる.
take ... on trust (よくわからないままに)…を信じる.

— 動 他 ❶ⓐYou can *trust* him completely. 彼は全面的に信頼できます / I can't *trust* these reports. 私にはこれらの報告は信用できない.
ⓑDo you *trust* her *to* take care of your baby? 君は安心して赤ん坊の世話を彼女にまかせられますか.
❷He *trusted* me *with* his money. 彼は私に金を預けた.
❸I *trust* (*that*) our team will win the game. 私たちのチームがゲームに勝つと思います.

trus·tee /trʌstíː トラスティー/ 《★アクセント注意》名 Ⓒ ❶ (他人の財産の)受託者, 保管人. ❷ (大学・病院などの)理事, 評議員.

trúst fùnd 名 Ⓒ 信託資金.

trust·wor·thy /trʌ́stwəːrði トラストワーズィ/ 形 (-thi·er; -thi·est) 信頼できる, あてになる.

*__**truth**__ /trúːθ トルース/ 名 (複 ~s /trúːðz, trúːθs/)
❶ⓐ Ⓤ《ふつう the をつけて》**真実**, 事実, 真相, ほんとうのこと.
ⓑ Ⓒ (具体的な)事実, 真理.
❷ Ⓤ 真実性.

❶ⓐTell (us) the *truth*. ほんとうのことを言いなさい / Nothing could be farther from the *truth*. そんなことは絶対にない / ことわざ *Truth* is stranger than fiction. 事実は小説よりも奇なり / The *truth* will out. 真相はいつかは明らかになるものだ.
ⓑscientific *truths* 科学の真理.
❷There is some *truth* in what she says. 彼女の言うことにはある程度の真理がある / I doubt the *truth* of *what* he said. 彼が言ったことはほんとうかどうかあやしい.

The truth is that__. = ***The truth is, __.*** じつは__である: *The truth is*, I don't like him. じつをいうと私は彼が好きではない.

to tell (you) the truth じつをいうと: *To tell the truth*, I don't know anything about it. じつをいうと私はそのことについて何も知らない.

☞ 形 true, truthful.

truth·ful /trúːθfəl トルースフル/ 形 ❶うそをつかない, 正直な. ❷真実の, 正しい.
☞ 名 truth.

truth·ful·ly /trúːθfəli トルースフリ/ 副 誠実に, 正直に. ▶You can *truthfully* say that he was a great statesman. 彼が大政治家であったといってもまちがいではない.

truth·ful·ness /trúːθfəlnəs トルースフルネス/ 名 Ⓤ ❶ 誠実(であること). ❷真実(であること).

*__**try**__ /trái トライ/ 動 (tries /-z/; tried /-d/; ~ing) 他
❶《try to *do*》__しようと(努力)する.
❷ⓐ…を**ためす**, 使ってみる, やってみる, 試みる; …を食べて〔飲んで〕みる.
ⓑ《try *doing*》**ためしに__してみる**.
ⓒ《try wh- (疑問詞)__》__かどうかためしてみる.
ⓓ (ドアなど)を開くかためしてみる.
❸ (なにかを知ろうと)**…へ行ってみる**, (人)に聞いてみる.
❹ (人)を**裁判にかける**, (事件)を審理する.
❺ …を苦しめる, 悩ます.
— 自 **やってみる**, 努力する.
— 名 (複 tries /-z/) Ⓒ ❶**試み**, ためし, 努力.
❷【ラグビー】トライ《相手のゴール内にボールを触れて得点すること》.

動 他 ❶I *tried to* solve the math problem but couldn't. その数学の問題を解こうとやってみたができなかった / Please *try* not *to* be late. おくれないようにしなさい 《❶try to *do* は「…しようと努力する」の意味で実際にするかどうかはわからないが, try *doing* (☞ 他 ❷ⓑ)は「ためしにやってみる」「実際にやってみる」の意味である》.

❷ⓐPlease *try* this. これをためして〔使って, 食べて〕みてください / *Try* your skill〔luck〕. 君の腕〔運〕をためしてごらんなさい / Have you *tried* sushi? すしは食べてみましたか.

❻I *tried eating* with a knife and fork. ためしにナイフとフォークで食べてみた.

❼She *tried how* long she could stay under water. 彼女はどのくらい長く水にもぐっていられるかやってみた / I *tried whether* I could solve the problem. 私はその問題が解けるかどうかやってみた.

❽He *tried* the door, but it was locked. 彼はドアを開くかやってみたがかぎがかかっていて開かなかった / *try* every window 窓が閉まっているか全部確かめる

❸I'll *try* the new library. 新しい図書館に行ってみよう.

❹He was *tried* for robbery. 彼は強盗の罪で裁判にかけられた / *try* a case 事件を審理する.

❺The noise *tries* my patience. あの音にはがまんができない.

— ⓐHe *tries* hard in everything he does. 彼はどんなことでも一生懸命努力する.

try and do 《口語》…**しようと(努力)する** (✿*try to do*と同じ意味; 命令文や助動詞の後などで用いられることが多い): *Try and* call him on the phone. 彼に電話をしてみなさい.

try for ... (職・地位・賞など)を得ようと努力する: *try for* the scholarship その奨学金を得ようと努力する.

try on 他 《米》…をためしに着てみる (✿ fit onともいう): *Try* this blouse *on* for size. サイズが合うかこのブラウスを着てみてください.

try one's best できるだけの努力をする: *Try* your *best to* finish your assignment today. 宿題は精いっぱいやってきょう終わらせなさい.

try out 他 …をためしてみる: I *tried out* my new bicycle. 私は新しい自転車にためしに乗ってみた.

try out for ... 《米》①(チームなど)のメンバーになろうと努力する: *try out for* the baseball team 野球チームの一員になろうと努力する. ②(地位・役など)を得ようと努力する.

☞ 名 trial.

— 名 ❶Let me have a *try*. 私にやらせてみてください / It is worth a *try*. それはやってみる価値がある.

give ... a try ①…をやってみる. ②(人)にやらせてみる. ③(人)に話しかけてみる.

have a try (at ...) (…を)やってみる: Let's *have a try.* やってみよう.

try·ing /tráiiŋ トライイング/ 形 つらい, 苦しい. ▶Creative writing is very *trying*. 創作はとても苦しい仕事である.

try·out /tráiàut トライアウト/ 名 C (俳優・運動選手などの)選考試験, トライアウト.

tsar /záːr ザー/ 名 = czar.

T-shirt, t-shirt /tíːʃəːrt ティーシャート/ 名 C T シャツ (✿tee shirt ともつづる).

tsu·na·mi /tsunáːmi ツナーミ, su-/ 名 (複 ~s /-z/, tsu·na·mi) C 津波 (tidal wave).

Tu. 《略語》*Tu*esday.

tub /táb タブ/ 名 C

❶ⓐ おけ, たらい. ⓑ《米》ふろおけ, 浴そう (✿《米》《英》ともに bathtub ともいい, 《英》では単に bath ともいう).

❷(プラスチック・紙でできた)容器.

▶❶ⓐ a wash *tub* 洗濯用の大きなおけ.

tu·ba /tjúːbə トゥーバ, テューバ/ 名 C チューバ (低音の金管楽器).

tub·by /tábi タビ/ 形 (tub·bi·er; tub·bi·est) 《口語》(人が)ずんぐりした.

＊**tube** /tjúːb トゥーブ, テューブ/ 名 (複 ~s /-z/) ❶ C ⓐ(金属・ガラス・ゴムなどの)管, チューブ.

ⓑ管[チューブ]状のもの.

ⓒ【医学】管(状器官).

❷《the をつけて》《英口語》(ロンドンの)地下鉄 (✿《英》では underground ともいう; 《米》では subway; ☞ metro).

❸《the をつけて》《米》テレビ.

▶❶ⓐ a rubber *tube* ゴム管 / a test *tube* 試験管. ⓑ a *tube* of toothpaste チューブ入りのねり歯みがき.

tu·ber·cu·lo·sis /tjubə̀ːrkjulóusis トゥバーキュロウスィス, テュ-/ 名 U【医学】結核 (✿TB と略す), (とくに)肺結核.

tuck /ták タック/ 動 他 ❶(衣服・シーツなど)の端をはさみこむ, 押しこむ.

❷ⓐ(狭い所に)…を押しこむ, しまいこむ, 隠す. ⓑ(腕・足などを)(だらしなく伸

ばさないで)きちんとしておく．
❸ (衣服)に縫(ぬ)いひだ[タック]を付ける，(衣服)にあげをする．
❹ⓐ (身体など)をくるむ．
ⓑ (毛布など)を巻きつける．
── 名 C 縫いひだ，タック；(そで・すそなどの)あげ．

動 他 ❶ He *tucked* his shirt into his trousers. 彼はワイシャツのすそをズボンの中へ入れた．
❷ⓐ She *tucked* the letter into the drawer. 彼女は手紙を引き出しにしまいこんだ．
❸ The dress is *tucked* beautifully. そのドレスには美しい縫いひだが取ってある．
❹ⓐ She *tucked* her baby in a blanket. 彼女は赤ん坊を毛布にくるんだ．ⓑ He *tucked* a blanket around his legs. 彼は脚のまわりに毛布を巻きつけた．

be tucked away (場所・建物が)静かなところにある．
tuck away 他 《口語》…をしまいこむ，隠す．
tuck in 他 ① (子ども)をシーツにくるんで寝かせる：She *tucked* the baby *in*. 彼女は赤ん坊を寝具にくるんで寝かせた．② (衣服・シーツなどの)端をはさみこむ．
tuck up 他 ① (すそ・そでなど)をまくり上げる：He *tucked up* his sleeves. 彼はそでをまくり上げた．② (子ども)をシーツにくるんで寝かせる：*tuck* a baby *up* in bed 赤ん坊をシーツにくるんで寝かせる．

Tues. 《略語》*Tues*day.

Tues·day /tjúːzdèi トゥーズデイ, テューˌ, -di/ 名 (複 ~s /-z/)

❶ U C **火曜日** (○ Tues. と略す；☞ Sunday の 語法)．
❷ 《形容詞的に》**火曜日の**．

tuft /tʌ́ft タフト/ 名 C (糸・草・羽毛などの)ふさ．
── 動 他 …にふさを付ける．

tug /tʌ́ɡ タッグ/ 動 (~s /-z/; tugged /-d/; tug·ging) 他 (力をこめて)…をぐいと引く．
── 自 《*tug at ...*》…を(力をこめて)ぐいと引く．
── 名 C ❶ (力をこめて)ぐいと引くこと．

❷ = **tugboat**.
▶ 動 他 She *tugged* him into the shop. 彼女は彼を店の中へ引っ張って入った / *tug* a boat 船を引く．
── 自 The dog *tugged at* the chain and broke it. 犬は鎖を引きちぎった．
── 名 ❶ give a *tug* at the rope ロープをぐいと引く．

tug·boat /tʌ́ɡbòut タグボウト/ 名 C 引き船 (強力なエンジンをのせた小さな船；大きな船を引く；○ 単に tug ともいう)．

tug-of-love /tʌ́ɡəvlʌ́v タガヴラヴ/ 名 《英》《単数形で》(離婚した男女の)子どもの奪い合い．

tug-of-war /tʌ́ɡəvwɔ́ːr タガヴウォー/ 名 U C (複 tugs of war /tʌ́ɡz-/) ❶ 綱引き(競争)．❷ (ふたり・2グループ間の)激しい奪い合い．

tu·i·tion /tjuːíʃən トゥーイション, テューˌ/ 名 U ❶ 授業料．❷ 教えること．

tu·lip /tjúːlip トゥーリップ, テューˌ/ 名 〔植物〕チューリップ．

tum·ble /tʌ́mbl タンブル/ 動 (~s /-z/; tum·bled /-d/; tum·bling) 自 ❶ⓐ (よろよろと)倒れる，ころぶ；ころげ落ちる．
ⓑ (建物などが)こわれる，崩(くず)れる．
ⓒ (組織などが)崩壊(ほうかい)する．
❷ⓐ ころがるようにして来る[行く]，あわてて来る[行く]．
ⓑ (水が)激しく流れる．
❸ ごろりと動く，ころげ回る；宙返りする．
❹ (物価などが)暴落する．
── 名 C ❶ 転倒，転落．
❷ (物価などの)暴落．

動 自 ❶ⓐ *tumble* down the slope 斜面をころげ落ちる．❷ⓐ Children *tumbled* out of the bus. 子どもたちはバスからころがるように出て来た．❸ She *tumbled* into bed. 彼女はごろりとベッドに横になった．❹ Share prices have *tumbled*. 株が暴落した．

tumble down 自 (建物などが)崩れ落ちる．
tumble to ... 《口語》…にはっと気がつく，理解する．
── 名 ❶ take a *tumble* down the stairs 階段をころげ落ちる．❷ take a *tumble* (物価などが)暴落する．

tum·bler /tʌ́mblər タンブラ/ 名C(取っ手のない平底の)コップ, タンブラー.

tum·my /tʌ́mi タミ/ 名(複 tum·mies /-z/)C《小児語》ぽんぽん, おなか.

tu·mor,《英》**tu·mour** /tjúːmər トゥーマ, テューマ/ 名C〔医学〕腫瘍(しゅよう), できもの.

tu·mult /tjúːmʌlt トゥーマルト, テュー-/《★アクセント注意》名UC《文語》大騒ぎ, 騒動.

tu·mul·tu·ous /tjuːmʌ́ltʃuəs トゥーマルチュアス, テュー-/ 形 騒がしい, 混乱した.

tu·na /túːnə トゥーナ/ 名(複 tu·na, ~s /-z/)
❶ C〔魚類〕マグロ.
❷ U マグロの肉, ツナ.

tun·dra /tʌ́ndrə タンドラ/《★発音注意》名UC《ふつう the をつけて》ツンドラ, 凍土地帯.

*__tune__ /tjúːn トゥーン, テューン/ 名(複 ~s /-z/) UC 曲, メロディー, 旋律(せんりつ).
— 動(~s /-z/; tuned /-d/; tun·ing) 他 ❶(楽器)を調律する.
❷(テレビ・ラジオなど)のチャンネル[局]を合わせる.
❸(機械など)を調整する.

名 He played a *tune* on the violin. 彼はバイオリンで1曲ひいた.

change one's **tune**《口語》態度[考え方]を変える.

in tune ①正しい旋律で:This guitar is *in tune*. このギターは調律してある. ②(楽器・他の人の声などで)調子が合って:sing *in tune* with the piano ピアノに合わせて歌う. ③調和して:His ideas are *in tune* with the times. 彼の考えは時勢に合っている.

out of tune ①まちがった旋律で:The piano is *out of tune*. そのピアノは調子が狂っている. ②調子が合わない. ③調和していない:He is *out of tune* with his classmates. 彼は級友とうまくいっていない.

to the tune of ... ①…の曲に合わせて. ②(数量が)…ほどまでも.

— 動 他 ❶ *tune* the piano ピアノを調律する. ❷ *Tune* the radio *to* NHK-FM. ラジオを NHK の FM 放送に合わせなさい.

tune in 自(ラジオ・テレビなどの)チャンネル[局]を合わせる:I *tuned in* to the music program. 私はその音楽番組にダイヤルを合わせた.

tune up 他 ①(楽器)の調子を合わせる. ②(機械など)を調整する:He *tuned up* his car. 彼は車を調整した.

tun·er /tjúːnər トゥーナ, テューナ/ 名C
❶(ピアノなどの)調律師.
❷(ラジオ・テレビの)チューナー.

tune·up /tjúːnʌ̀p トゥーナップ, テュー-/ 名C(機械などの)調整.

tu·nic /tjúːnik トゥーニック, テュー-/ 名C
❶ チュニック《ゆったりした長めの女性用上着》.
❷《英》(軍人・警察官用の)短い上着.

Tu·ni·sia /tjuːníːʒə トゥーニージャ, テュー-/ 名 チュニジア《北アフリカの共和国》.

*__tun·nel__ /tʌ́nl タヌル/《★発音注意》名(複 ~s /-z/)C ❶ トンネル.
❷(動物などがすむ)穴.
— 動(~s /-z/; ~ed,《英》tun·nelled /-d/; ~ing,《英》tun·nel·ling)自 トンネルを掘る.
▶名 ❶ go through a *tunnel* トンネルを通り抜ける

tur·ban /tə́ːrbən ターバン/ 名C ターバン《インドなどの男子が頭に巻く布》.

turban

tur·bine /tə́ːrbin タービン, -bain/ 名C タービン《水・蒸気・ガスなどの力で回るモーター》. ▶a steam〔water〕*turbine* 蒸気〔水力〕タービン.

tur·bu·lence /tə́ːrbjuləns タービュレンス/ 名U ❶(空気・水の)激しい動き.
❷ 混乱, 騒乱.

tur·bu·lent /tə́ːrbjulənt タービュレント/ 形 ❶(海が)荒れ狂う, (空気が)激しく動く. ❷ 混乱した, 不穏な, 動乱の.

turf /tə́ːrf ターフ/ 名(複 ~s /-s/,《英》turves /tə́ːrvz/)
❶ U 芝, 芝地《芝が根を張っている土》.

Turk

❷ ©(移植するために四角に切ってある)芝《turf を植えて lawn (芝生)を作る》.
❸ Ⓤよく知っている地域[分野].

Turk /tə́ːrk ターク/ 图©トルコ人.
☞ 形Turkish.

Tur·key /tə́ːrki ターキ/ 图トルコ(共和国; 首都アンカラ (Ankara)).
☞ 形Turkish.

tur·key /tə́ːrki ターキ/ 图ⓊⒸ七面鳥.
▶a *turkey* cock〔hen〕七面鳥の雄(ホ)〔雌(メ)〕.

Tur·kish /tə́ːrkiʃ ターキッシュ/ 形 ❶トルコの, トルコ風の. ❷ トルコ人の. ❸ トルコ語の.
☞ 名Turkey, Turk.
— 图Ⓤトルコ語.

tur·moil /tə́ːrmɔil ターモイル/ 图《単数形で》騒ぎ, 混乱, 騒動.
▶in (a) *turmoil* 大騒ぎの状態で.

***turn** /tə́ːrn ターン/ 動 (~s /-z/; ~ed /-d/; ~ing) 他
❶ (中心・軸のまわりに)…を**回す**, 回転させる, 転がす, (栓(セ)など)をひねる.
❷ (かどなど)を**曲がる**, 回る.
❸ ⓐ…を**ひっくり返す**, 裏返しにする.
ⓑ (ページなど)をめくる.
❹ ⓐ**…の向きを変える**.
ⓑ …を(ある方向に)向ける.
ⓒ (注意・心など)を向ける.
❺《turn ... into ~》…を**~に変える**.
❻《turn ... ~》…を**~にする**《♦~には形容詞(句)がくる》.
❼ (足など)をくじく.
❽ ⓐ (胃)をむかつかせる.
ⓑ (頭など)を混乱させる.
❾ …を追い払う.
❿ (ある年齢・時刻・額など)を越す, …になる.
— 圓 ❶ (中心・軸のまわりを)**回る**, 回転する.
❷ **向きを変える**, 向く, 曲がる.
❸ **変わる**, 変化する, 移る.
❹ ⓐ《turn ...》(変化して)**…になる**《♦…には形容詞(句), 冠詞がつかない名詞がくる》.
ⓑ《turn into [to] ...》(変化[発達]して)…になる.
❺ ⓐ (胃が)むかつく. ⓑ 目まいがする.
— 图 (履 ~s /-z/) ❶ Ⓒ **回転**, 回転運動.

❷ © **方向を変えること**, 方向転換; 折り返し.
❸ © **曲がりかど**, (川などの)湾曲(ワン)部.
❹ ⓐ《単数形で》(状態・性質などの)(予想外の)**変化**.
ⓑ《the をつけて》変わり目.
ⓒ © 転機.
❺ ©**順番**, 番.
❻ ©《形容詞とともに》行為, 行ない.
❼《単数形で》傾向, 性質, 癖(セ).

....

動 他 ❶ The west wind was *turning* the windmill. 西風が風車を回していた / She *turned* the key (in the lock). 彼女はかぎを回した.
❷ *Turn* the corner to the right. そのかどを右へ曲がりなさい.
❸ⓐ *turn* the pancake ホットケーキを裏返す / *turn* a coat inside out 上着を裏返しにする.
❹ⓐ He *turned* his car toward the center of town. 彼は車の進行方向を町の中心へと変えた.
ⓑ He *turned* his gun *on* me. 彼は銃口を私に向けた.
ⓒ Please *turn* more of your attention to the air pollution problems. 大気汚染にもっと関心を持ってください.
❺ She *turned* her old dress *into* a skirt. 彼女は古い服をスカートにした / His life was *turned into* a movie. 彼の伝記は映画化された.
❻ The dry weather *turned* the grass brown. 日照りのために草は茶色になった.
❼ He *turned* his ankle in the basketball game. 彼はバスケットの試合で足首をくじいた.
❽ⓐ The sight〔smell〕*turns* my stomach. それを見る〔そのにおいをかぐ〕と胸が悪くなる.
❾ He was *turned* from the door. 彼は家へ入れてもらえなかった.
❿ She has just *turned* 21. 彼女は21歳になったばかりだ.

— 圓 ❶ The earth *turns* round the sun. 地球は太陽のまわりを公転する.
❷ The ship *turned* south. その船は

南へ向きを変えた / *Turn* to the left.＝*Turn* left. 左へ曲がりなさい / The tide has *turned*. 潮流の方向が変わった.

❸ The topic *turned* to education in Japan. 話題は日本の教育に変わった.

❹ⓐ The leaves have *turned* yellow. 葉が黄色くなった / He *turned* pale. 彼はまっさおになった / The milk has *turned* sour. ミルクがすっぱくなった / He has *turned* terrorist. 彼はテロリストになった.

ⓑ Caterpillars *turn into* butterflies. 青虫はチョウに変わる / The rain *turn to* snow. 雨が雪に変わった.

❺ⓑ My head is *turning*. 私は頭がふらふらしている.

turn about ＝ *turn around*.

turn against ... (今までとはちがって)…に反対[敵対]する.

turn ... against ~ …を~に反対[敵対]させる.

turn around ⓐ①ぐるりと向きを変える, 振り向く. ②回転する, 考えを変える. ③(状況・経済などが)好転する. — ⓗ① …の向きをぐるりと変える, …を反対向きにする: She *turned* her car *around*. 彼女は自動車の向きを変えた. ②(状況・経済など)を好転させる.

turn around ... ①…の周りを回る. ②(角など)を曲がる.

turn away ⓐ①顔をそむける, 体の向きを変える: She *turned away* and refused to listen. 彼女は顔をそむけて聞こうとしなかった. ②向きを変えて立ち去る. — ⓗ①(顔・視線など)をそむける, (体など)の向きを変える. ②(人)を追い払う. ③(人)を支持しない, 援助しない; (要求など)を受け入れない.

turn away from ... …を支持しない, …に関心を示さない.

turn back ⓗ①…を追い返す. ②(ページ・布など)を折り返す. — ⓐ①引き返す. ②前の状況[状態]に戻る.

turn down ⓗ①(ガスなどの火)を**細く[小さく]する**; (ラジオ・テレビなどの音)を**小さく[低く]する** (☞成句 *turn up* ⓗ): Please *turn down* the volume. ボリュームを下げてください. ②(申し出・依頼・人など)を**拒絶する**: She *turned down* his marriage proposal. 彼女は彼の結婚の申し込みを拒絶した. ③(布・紙など) …を折り返す: *turn down* the corner of a page ページのすみを折る.

turn in ⓗ①…を内側に折り曲げる: *turn in* one's toes 足の指を折り曲げる. ②《米》(書類など)を**提出する**: *Turn in* your assignment on Monday. 月曜日に宿題を出しなさい. ③(犯人など)を引き渡す, 教える. ④…を返却する.

turn off ⓗ①(栓・スイッチなどをひねって)(水道・ガスなど)を**止める**; (テレビ・ラジオなど)を**消す** (☞成句 *turn on* ⓗ ①): *Turn off* the light. 明かりを消しなさい. ②(口語)…に興味を失わせる, …をうんざりさせる. ③(走っている道路)から離れる. — ⓐ(走って[歩いて]いる道路から)それる.

turn off ... (道)をそれる: *Turn off* the road there. そこで(その道路から)わき道へはいりなさい.

turn on ⓗ①(栓・スイッチをひねって)(水道・ガスなど)を**出す**; (テレビ・ラジオなど)を**つける** (☞成句 *turn off* ⓗ ①): She *turned on* the water. 彼女は水を出した. ②(口語)(人)に興味を起こさせる, (人)を興奮させる.

turn on [upon] ... …を襲う: Suddenly the dog *turned on* its master. 突然その犬は飼い主にはむかった.

turn ... on ~ …を~に向ける: *turn* a hose *on* the fire 火にホースを向ける, 水をかける.

turn out ⓗ①(栓・スイッチなどをひねって)(ガス・水など)を**止める**, (電気・テレビなど)を**消す** (*turn off*): *Turn out* the light, please. 明かりを消してください. ②(人・動物など)を追い出す, 解雇する; (いらない物)を処分する: He has been *turned out* (of the club). 彼は(会から)追い出された. ③(製品などを)(大量に)生産する, 作り出す: The factory *turns out* small cars. その工場は小型車を生産している. — ⓐ①(口語)(行事・集まり・選挙などに)**出てくる**, 集まってくる: A large crowd of people *turned out* to see the parade. そのパレードを見るためにたくさんの人々が集まった. ②外側に曲が(ってい)る. ③《as

turn

it turned out で》結局は(…だった)： *As it turned out*, the rumor was true. 結局そのうわさは事実だった.

turn out 《*It turns out that ＿*で》(結局)＿であることがわかる：*It turned out that* the diamond was a natural one. 結局そのダイヤモンドは天然のものであることがわかった.

turn out (to be) ... (結局)…であることがわかる，…になる《✿ …には形容詞(句)，名詞，副詞(句)などがくる》：The news *turned out (to be)* false. そのニュースは結局誤りだった.

turn over 他 ①…を**ひっくり返す**，裏返す：The wave *turned* the boat *over*. その波でボートはひっくり返った. ②(ページ)をめくる. ③…をじっくり考える：He *turned* it *over* in his mind. 彼はそのことを頭の中でじっくり考えた. ④(仕事・話題など)を譲る：He *turned* the business *over* to his son. 彼は商売を息子に譲った. ⑤(土地・建物などの使用)をまかせる. ⑥…を(警察などに)引き渡す. ⑦(金額)の売り上げがある. ⑧(エンジン)を始動させる. ― 自 ①ひっくり返る：The boat *turned over*. ボートがひっくり返った. ②寝返りを打つ.

turn round 自 他 = *turn around*.

turn to ... ①**…の方を向く**；…の方に注意を向ける：*Turn to* me. 私の方を向きなさい. ②…に変わる《☞ 自 ❸》. ③(助け・忠告などを得ようと)…にたよる：He *turned to* me for help. 彼は私に助けを求めた. ④(苦痛・困難から逃れようと)…にたよる：*turn to* drugs 麻薬をやり始める. ⑤(本のページ)を開く，…を参照する：*Turn to* page 34. 34ページを開きなさい. ⑥(仕事など)に取りかかる：He *turned to* his homework. 彼は宿題を始めた.

turn up 他 ①…を**上に向ける**；…をまくり上げる：He *turned up* the collar of his coat. 彼はコートのえりを立てた. ②(ガスなど)の火を強くする；(ラジオ・テレビなど)の音を大きくする《☞ 成句 *turn down* 他》. ③(捜(ｻｶﾞ)して)…を見つける，発見する. ④(短くするために)(すそなど)をあげる. ― 自 ①**上を向く**，あお向けになる：His nose *turns up*. 彼の鼻は上を向いている. ②(思いがけなく)**現われる，姿を現わす**：He *turned up* at my apartment yesterday. 彼はきのう私のアパートにやってきた. ③(偶然)出てくる，見つかる：The lost key has *turned up*. なくしたかぎが見つかった. ④(幸運などが)起こる.

― 名 ❶The wheel makes four *turns* in a second. その車輪は1秒間に4回転する／Give it a *turn* to the left. それを左に1回転させなさい.

❷Make a right *turn* at the corner. そのかどを右へ曲がりなさい／No Left *Turn* 《掲示》左折禁止／the *turn* of the tide 潮の流れの変化.

The car made a left *turn* at the intersection.
(その車は交差点を左に曲がった)

❸There are many *turns* in the road. その道路はたくさんの曲がりかどがある.

❹ⓐThe patient took *a turn* for the better〔worse〕. 患者は快方に向かった〔悪化した〕／Things took *a* complete *turn*. 事態ががらりと変わった. ⓑWe are at *the turn* of the century. 私たちは世紀の変わり目に立っている. A new *turn* in life 人生のひとつの新しい転機.

❺It's your *turn* to sing. あなたが歌う番だ.

❻She did me a good〔bad〕*turn*. 彼女は私に親切にしてくれた〔ひどいことをした〕.

❼She has *an* optimistic *turn* of mind. 彼女は楽天的だ.

at every turn どこでも；いつでも，常に.

by turns (一度にではなく)**かわるがわる，順番に**：They rowed *by turns*. 彼らはかわるがわるこいだ.

in one's turn ①(立場が変わって)**今度は自分が**，自分もまた：He was scolded *in his turn*. (前には彼が他の人をしかったが)今度は彼がしかられた. ②= *in turn* ①.

abcdefghijklmnopqrs**t**uvwxyz　　　　　　　　　　TV

in turn ①**順番に**: They sang *in turn*. 彼らは順番に歌った. ②= in *one's turn* ①.
***take turns* かわるがわるする**: We *took turns* at the wheel.= We *took turns* (at) driving. 私たちはかわるがわる運転した.

turn·a·bout /tá:rnəbàut ターナバウト/ 名 C 大きな変化.

turn·a·round /tá:rnəràund ターナラウンド/ 名 ❶C (米)(よい方への)転換, 転回. ❷C(米)(飛行機・船の)折り返し準備.

*****turn·ing** /tá:rniŋ ターニング/ 名 (複 ~s /-z/) C (英) **曲がりかど**.
— 形 回転している.

túrning pòint 名 C 重大な転換期.

tur·nip /tá:rnip ターニップ/ 名 UC 〔植物〕カブ.

turn·off /tá:rnɔ̀:f ターノーフ/ 名 C ❶いやな気持ちにさせるもの[こと]. ❷わき道.

turn·on /tá:rnɑ̀n ターナン/ 名 C (口語)(性的に)興奮させるもの.

turn·out /tá:rnàut ターナウト/ 名《単数形で; 形容詞をともなって》(行事・集まりなどの)参会者数, 出席者数, 人出; 投票者数.
▶There was quite a good *turnout* at the concert. 音楽会への出足はよかった.

turn·o·ver /tá:rnòuvər ターノウヴァ/ 名《*a* をつけて》(一定期間の)売り上げ高.

turn·pike /tá:rnpàik ターンパイク/ 名 C (米)有料高速自動車道路.

túrn sìgnal 名 C (米)(車の)ウィンカー(《英》では indicator という).

turn·stile /tá:rnstàil ターンスタイル/ 名 C (1度にひとりずつ通す)回転式ゲート.

turnstile

turn·ta·ble /tá:rntèibl ターンテイブル/ 名 C (レコードプレーヤーの)回転盤, ターンテーブル.

tur·pen·tine /tá:rpəntàin ターペンタイン/ 名 U テレビン油《ペンキ, 絵の具などの溶剤》.

tur·quoise /tá:rkɔiz ターコイズ, -wɔiz/ 名 ❶UC トルコ石. ❷U 青緑色.

tur·ret /tá:rit ターリット | tʌ́rit/ 名 C (城壁のかどにある)小塔(た).

tur·tle /tá:rtl タートル/ 名 ❶C 〔動物〕(一般に)カメ(亀)(✿とくに「陸ガメ」は tortoise; ☞ tortoise のさし絵). ❷(英)海ガメ.

tur·tle·neck /tá:rtlnèk タートルネック/ 名 C タートルネックのセーター.

turves /tá:rvz ターヴズ/ 名 (英) turf の複数形.

tusk /tʌ́sk タスク/ 名 C (ゾウ・イノシシなどの)きば.

tus·sle /tʌ́sl タスル/ 名 C 乱闘, 取っ組み合い. — 動 (現分 tus·sling) (自) 取っ組み合いをする.

tut /tʌ́t タット/ 感 チェッ《いらだち・困惑・非難などを示す息を吸うときに出す舌打ちの音; ✿ふつう Tùt, tút! と繰り返す》.
— 動 (~s /-ts/; tut·ted /-id/; tut·ting) (自) 舌打ちする.

tu·tor /tjú:tər トゥータ, テュータ/ 名 C
❶家庭教師, 個人教師.
❷ⓐ (英)(大学の)個別指導教員.
ⓑ (米)(大学の)準講師《専任講師 (instructor) の下位》.
— 動 他 (家庭教師として)(人)に教える.
▶*tutor* a boy in English 男の子に英語の家庭教師をする.

tu·to·ri·al /tju:tɔ́:riəl トゥートーリアル, テュー-/ 形 ❶家庭教師の.
❷(英)(大学の)個人指導の.
— 名 C 個人[小グループ]指導時間.

tux·e·do /tʌksí:dou タクスィードウ/ 名 C
❶(米)タキシード《フォーマルな黒のスーツ》.
❷タキシード, フォーマルな黒のジャケット(《✿(英)では dinner jacket》.

*****TV** /tí:ví: ティーヴィー/ 名 (複 ~s /-z/)
❶ⓐ U **テレビ**(放送)(《✿ television の省略形》. ⓑ《形容詞的に》**テレビの**.
❷ C **テレビ**(受像機)(television set).

❶ⓐ watch *TV* テレビを見る / on *TV*

1457

TV dinner

テレビで.
ⓑ a *TV* show テレビ番組.
TV dínner 名C テレビディナー《加熱するだけで食べられる冷凍食品の詰め合わせパック》.
twang /twǽŋ トワング/ 名C ❶ビーン[ブーン]と鳴る音《弦楽器, 弓の弦の音》.
❷(かん高い)鼻にかかった声.
— 動自 ❶[ビーン「ブーン]と鳴る.
❷(かん高い)鼻にかかった声で言う.
— 他 (楽器など)をかき鳴らす.
tweed /twíːd トウィード/ 名U ツイード《目のあらい毛織物》.
'tween /twìːn トウィーン/ 前《詩語》= between.
tweet /twíːt トウィート/ 名C チュッチュッ, ピーピー《小鳥のさえずり声》.
— 動自 (小鳥が)さえずる.
tweez·ers /twíːzərz トウィーザズ/ 名複 ピンセット, 毛抜き.

**twelfth /twélfθ トウェルフス/ 形
❶《ふつう the をつけて》**12番目の**(☞ first).
❷12分の1の.
— 名 (複 ~s /-s/) ❶U《ふつう the をつけて》**12番目の人[もの]**.
❷U《ふつう the をつけて》(月の)**12日**(○ 略語は 12th).
❸C 12分の1.
▶名 ❸ one [a] *twelfth* 12分の1.

***twelve /twélv トウェルヴ/ 名 (複 ~s /-z/)
❶ⓐU (数の)**12**(☞ one).
ⓑC (数字の)12《12, XII など》.
❷《複数扱いで》**12人, 12個**(☞ one).
❸U **12時**, 12分 (○ 昼の12時は twelve (o'clock) noon といい, 夜中の12時は twelve (o'clock) midnight という》.
❹U **12歳**.
— 形 ❶**12の**, 12人の, 12個の.
❷12歳で(ある).
▶名 ❹ a boy of *twelve* 12歳の男の子.

*twen·ti·eth /twéntiəθ トウェンティエス/ 形 ❶ **第20番目の**(☞ first).
❷20分の1の.
— 名 (複 ~s /-s/) ❶U《ふつう the をつけて》**20番目の人[もの]**.
❷U《ふつう the をつけて》(月の)**20日**《○ 略語は 20th》.
❸C 20分の1.

**twen·ty /twénti トウェンティ/ 名
(複 twen·ties /-z/)
❶ⓐU (数の)**20**《○ 20台の数は twenty-one, twenty-three のようにハイフンを用いて書く; ☞ one》.
ⓑC (数字の)20《20, XX など》.
❷《複数扱いで》**20人, 20個**.
❸U **20分**, (24時間制で)20時.
❹U **20歳**.
❺ⓐ《the twenties で》(世紀の)20年代. ⓑ《*one's* twenties で》20歳代.
— 形 ❶ **20の**, 20人の, 20個の.
❷**20歳で(ある)**.

名 ❹ a man of *twenty* 20歳の男.
❺ⓐ in *the* twenties 20年代に《1920-29 年の間など》. ⓑ He is still in *his* twenties. 彼はまだ20代だ.
— 形 ❷ He was *twenty* then. 彼はそのとき20歳であった.

**twice /twáis トワイス/ 副
❶ **2回, 2度**《○「1回」は once》.
❷ **2倍**.

❶ I read the book *twice*. 私はその本を2回読んだ.
❷ This book is about *twice* as long as that. この本はあれよりも約2倍長い / *Twice* four is [are] eight. 2かける4は8である.

|語法| 3回以上および3倍以上の場合には three times, four times のように数を times の前につけていう; twice の代わりに two times ということもある.

twid·dle /twídl トウィドル/ 動 (現分 twid·dling)自 […を]いじる, ひねり回す 〔*with*〕.
— 他 …をいじる, ひねり回す.
twig /twíg トウィッグ/ 名C 小枝, 細枝 (☞ tree のさし絵, branch の 類語).
twi·light /twáilàit トワイライト/《★発音注意》名U (日没後の)薄明かり, たそがれ.
twill /twíl トウィル/ 名U あや織り(織物).
*twin /twín トウィン/ 名 (複 ~s /-z/) C
❶ **ふたご(のうち)のひとり**.

❷(よく似た)1対のうちのひとつ; 似た人[もの].
— 形 ふたごの; 1対の.

名 **❶** He is a *twin*. 彼はふたご(のひとり)だ.
— 形 *twin* sisters ふたごの姉妹.

twín béd 名 C ツインベッド《2台ひと組の同じ型のベッドの1台》.

twine /twáin トワイン/ 名 U より糸, よりひも.
— 動 (現分 twin·ing) 他 **❶**(糸・ひもなど)をより合わせる. **❷**(つるなど)をからませる.
— 自 (つるなどが)巻きつく, からむ.

twinge /twíndʒ トウィンヂ/ 名 C **❶**刺すような痛み. **❷**(突然で激しい)心の痛み.

twin·kle /twíŋkl トウィンクル/ 動 (現分 twin·kling) 自 **❶**(星などが)きらきら光る, きらめく.
❷(目が)(喜びなどで)輝く, 光る.
— 名《単数形で》**❶**(星などの)きらめき.
❷(目の)輝き.
▶ 動 自 Stars were *twinkling* in the night sky. 星が夜空にきらきら輝いていた.
— 名 **❷** She spoke with a *twinkle* in her eyes. 彼女は目を輝かせて言った.

twin·kling /twíŋkliŋ トウィンクリング/ 形 きらきら光る. — 名《単数形で》**❶**きらめき, ひらめき. **❷**瞬間.

twirl /twə́:rl トワール/ 動 他 …をくるくる回す.
— 自 くるくる回る.
— 名 C くるくる回す[回る]こと.

***twist** /twíst トウィスト/ 動 (~s /-ts/; ~ed /-id/; ~ing) 他
❶…を**ねじる**, ねじ曲げる, ひねる, 回す.
❷…を**巻きつける**, からませる.
❸(手足など)をねんざする, くじく.
❹(苦痛などで)(顔など)をゆがめる.
❺(意味)をゆがめる, 曲解する.
❻(糸など)をよる, より合わせる.
— 自 **❶ ねじれる**, よれる, 曲がる.
❷身をよじる, ひねる.
❸(道・川などが)曲がりくねる.
— 名 (複 ~s /-ts/)
❶ C より, ひねり, ねじれ.
❷ C よった[ねじった]もの, より糸.

❸ C (道・川などの)曲がり, カーブ.
❹ C 突然の変化, 意外な展開.
❺《the をつけて》ツイスト《ダンスの一種; 向かい合って腰を軽くひねって踊る》.

動 他 **❶** *Twist* the handle, and the box will open. ハンドルを回せば箱は開きます / *twist* the cap off キャップを回してはずす.
❷ She *twisted* the scarf around her neck. 彼女はスカーフを首に巻きつけた.
❸ I tripped and *twisted* my ankle. 私はつまずいて足首をくじいた.
❹ She *twisted* her mouth. 彼女は口をゆがめた.
❺ He *twisted* my words. 彼は私の言葉を勝手に解釈した.
❻ *twist* wool together 毛糸をより合わせる.
— 自 **❶** The rope has *twisted* around the pole. ロープが竿(さお)にからみついた. **❷** He *twisted* in his seat to look back. 彼はうしろを見ようといすにすわったまま身をよじった. **❸** The path *twists* through the fields. その小道は畑の中を曲がりくねっている.

twist ...'s arm ①…の腕をねじ上げる.
②《口語》…に(無理に)頼みこむ.
— 名 **❶** He gave a *twist* to the boy's arm. 彼はその少年の腕をねじった. **❷** a *twist* of paper ひねった紙.
❸ The road has a lot of *twists*. その道路は曲がりかどが多い.
❹ experience a *twist* of fate 運命の急な変化を経験する.

twitch /twítʃ トウィッチ/ 動 (三単現 ~es /-iz/) 自 (体の一部が)(無意識に)ぴくぴく動く.
— 名 (複 ~es /-iz/) C (筋肉などの)ひきつり.

twit·ter /twítər トウィタ/ 名 C (小鳥の)さえずり.
— 動 自 (小鳥などが)さえずる.

***two** /tú: トゥー/ 名 (複 ~s /-z/)
❶ a U (数の)**2**《**❷**「2番目の(人, もの)」は second, 「2回」は twice という; ☞ one》.
b C (数字の)2《2, II など》.

❷《複数扱いで》**ふたつ**, ふたり, 2個.
❸Ⓤⓐ**2時**, 2分.
ⓑ2ドル[ポンド, ペンス, セントなど].
❹Ⓤ2歳.
❺Ⓒふたつ[ふたり, 2個]ひと組のもの, 対(?).
— 形 ❶**ふたつの**, ふたりの, 2個の.
❷2歳で(ある).

名 ❷ Only *two* of them failed the examination. 彼らのうちふたりだけが試験に落ちた.
❸ⓐ He arrived there at *two*. 彼は2時にそこに着いた.
in two ふたつに:cut the pie *in* [*into*] *two* パイをふたつに切る.
one or two (...) 1, 2の;すこし(の…), 少数(の…):in *one or two* days 1日か2日で.
— 形 ❷ She was only *two* when her mother died. 彼女の母が死んだとき彼女はわずか2歳だった.

two-by-four /túː-bai-fɔ́ːr トゥー・バイ・フォー/ 名Ⓒツーバイフォー(工法)の木材《厚さ2インチ幅4インチの木材》.
two-faced /túː-féist トゥー・フェイスト/ 形裏表[かげ日なた]のある, 誠実でない.
two·fold /túː-fòuld トゥーフォウルド/ 形 2重の, 2倍の. — 副 2重に, 2倍に.
two-piece /túː-píːs トゥー・ピース/ 形 (服などが)ツーピースの.
▶a *two-piece* suit ツーピースの服.
two·some /túː-səm トゥーサム/ 名Ⓒふたり組, ふたつ組.
two-way /túː-wéi トゥー・ウェイ/ 形
❶ (道路が)両方向交通の. ❷ 双方向の.
❸ (無線通信などが)送信受信両用の.
TX 〖米郵便〗Texas.
ty·coon /taikúːn タイクーン/ 名Ⓒ
❶ (実業界・政界の)大立て者, 実力者.
❷ 大君, 将軍《外国人が徳川将軍を呼んだ名称》.
ty·ing /táiiŋ タイイング/ 動tieの現在分詞形.
***type** /táip タイプ/ 名 (複 ~s /-s/)
❶Ⓒ型, タイプ, 種類.
❷Ⓒⓐ (あるタイプの)人[もの], 代表的な人[もの], 典型.
ⓑ好みの(タイプの)人.
❸Ⓤ(印刷された)文字, 活字.

— 動 (~s /-s/; typed /-t/; typ·ing) 他 (文字)を**キーボードで打つ**.
— 自キーボードで文字を打つ.

名 ❶ This is just the *type* of car I want. これこそ私がほしい型の車だ / What *type* of music do you like? どういうタイプの音楽がお好きですか / drinks of this *type* この種類の飲み物.
❷ⓐ He is the home-loving *type*. 彼は家庭を大事にするタイプの人です.
ⓑ He is not my *type*. 彼は私の好みのタイプではない.
❸ The book is printed in large *type*. その本は大きい活字で印刷されている.

English *English*
Roman italics

𝔈𝔫𝔤𝔩𝔦𝔰𝔥 *English* English
Gothic script sans serif

type ❸

☞ 形typical, 動typify.
— 動他 *type* a letter 手紙をキーボードで打つ.
— 自 She *types* well. 彼女はキーボードで打つのがじょうずだ.
type in 他 …をキーボードで打ちこむ.
type ... into ~ …(データ)を ~ (コンピューター)に入力する.
typed /táipt タイプト/ 形タイプで打った.
***type·writ·er** /táipràitər タイプライタ/ 名 (複 ~s /-z/)Ⓒ**タイプライター**.
▶on a *typewriter* タイプライターで.
type·writ·ten /táipritn タイプリトン/ 形タイプライターで打った.
ty·phoid /táifɔid タイフォイド/ 名Ⓤ〖医学〗腸チフス《**◎***typhoid fever* ともいう》.
ty·phoon /taifúːn タイフーン/《★アクセント注意》名Ⓒ台風《☞ storm, cyclone, hurricane》. ▶The *typhoon* struck [hit] Kyushu. その台風は九州を襲った.
***typ·i·cal** /típikəl ティピカル/《★発音注意》形 (比較級 more ~; 最上級 most ~)
❶ ⓐ**典型的な**, 代表的な. ⓑ (**be typi·cal of ...**) …の特徴をよく示している.
❷《口語》(よくないことが)予想できる, …に

ありがちな.

❶ⓐWe live in a *typical* Japanese-style house. 私たちは典型的な日本風の住宅に住んでいる.
ⓑShe *is typical of* modern American girls. 彼女は現代のアメリカンガールの特徴をよく示している / This answer *is typical of* him. この答え方はいかにも彼らしい.

☞ 名type.

typ·i·cal·ly /típikəli ティピカリ/ 副 ❶典型的に. ❷《文全体を修飾して》例によって; 一般的に.

typ·i·fy /típəfài ティピファイ/ 《★発音注意》動 (-i·fies /-z/; -i·fied /-d/; ~·ing) 他 ❶(人・ものなど)の特徴をよく示して[もって]いる. ❷…を象徴する.
▶❶ Tom Sawyer *typified* the American boy. トムソーヤーはアメリカの少年の特徴をよく示していた.

❷The dove *typifies* peace. ハトは平和を象徴する.

☞ 名type.

typ·ing /táipiŋ タイピング/ 名タイプライター[キーボード]で文字を打つこと.

typ·ist /táipist タイピスト/ 名Ⓒタイピスト《タイプライター[キーボード]で文字を打つ人》. ▶a good *typist* タイプのじょうずな人.

ty·ran·ni·cal /tiránikəl ティラニカル/ 形 専制君主的な, 暴君的な.

☞ 名tyranny.

tyr·an·ny /tírəni ティラニ/ 《★発音注意》名 (複 -an·nies /-z/) ❶ⓊⒸ暴政, 専制政治. ❷Ⓤ暴虐な行為.

☞ 形tyrannical.

ty·rant /táiərənt タイ(ア)ラント/ 《★発音注意》名Ⓒ❶暴君, 専政君主.
❷暴君的な人.

tyre /táiər タイア/ 名《英》= tire².

tzar /zá:r ザー/ 名 = czar.

U u

U, u /júː ユー/ 名(複 U's, Us, u's, us /-z/) [U][C] ユー《英語アルファベットの第21番目の文字》.

u·biq·ui·tous /juːbíkwətəs ユービクィタス/ 形 同時に至るところに存在する[起こる], 偏在する; どこにでもある.

U.C.L.A. /júːsìːèléi ユースィーエルエイ/ 《略語》University of California at Los Angeles (アメリカの)カリフォルニア大学ロサンゼルス校.

ud·der /ʌ́dər アダ/ 名[C] (牛・ヒツジ・ヤギなどの)乳房(ちぶさ).

UFO /júːèfóu ユーエフオウ, júː fou/ 名(複 UFOs, UFO's /-z/) [C] ユーフォー《*unidentified flying object* の短縮形》.

U·gan·da /juːgǽndə ユーギャンダ/ 名 ウガンダ《アフリカ中東部の共和国》.

ugh /úh ウフ, ʌ́h ʌ́g/ 感 ウッ, ワッ, ウフ《嫌悪(けんお)・軽蔑(けいべつ)などを表わす発声》.

ug·li·ness /ʌ́glinəs アグリネス/ 名[U] 醜(みにく)いこと, ぶかっこう.
☞ 形 ugly.

***ug·ly** /ʌ́gli アグリ/ 形 (ug·li·er; ug·li·est)
❶醜(みにく)い, 見苦しい (反 beautiful).
❷不愉快な, 不快な, ひどい.

▶❶ This furniture is *ugly*. この家具はぶかっこうだ / an *ugly* face 醜い顔
❷ an *ugly* rumor いやなうわさ.

úgly dúckling 名[C] みにくいアヒルの子《子どものときはだめでみにくいと思われているが, 立派で美しくなる人; ☆ アンデルセン (Andersen)の童話から》.

UHF, uhf /júːèitʃéf ユーエイチエフ/ 《略語》 *ultrahigh frequency*.

uh-huh /mhm ムフム, əhʌ́, ʌhʌ́/ 《★鼻にかけて上昇調で発音する》感 うん《肯定・同意・満足などを表わす》.

uh-uh /ʌʌ アア/ 《★鼻にかけて下降調発音する》感 ううん《否定・不同意などを表わす》.

***UK, U.K.** /júːkéi ユーケイ/ 名《the をつけて》連合王国, 英国《◎ *the United Kingdom (of Great Britain and Northern Ireland)* の略; あて名に用いる》.

U·kraine /juːkréin ユークレイン/ 名《the をつけて》ウクライナ《ロシア南西部に接する共和国》.

U·krain·i·an /juːkréiniən ユークレイニアン/ 形 ❶ウクライナの. ❷ウクライナ人の. ❸ウクライナ語の.
— 名 ❶[C] ウクライナ人. ❷[U] ウクライナ語.

u·ku·le·le /jùːkəléili ユークレイリ/ 名[C] ウクレレ《ギターに似たハワイの4弦の楽器》.

ul·cer /ʌ́lsər アルサ/ 名[C] [医学] 潰瘍(かいよう).
▶ a stomach *ulcer* 胃潰瘍.

ul·te·ri·or /ʌltíəriər アルティ(ア)リア/ 形 (動機・目的などが)隠された, 表に現われていない.

***ul·ti·mate** /ʌ́ltəmət アルティメト/ 形
❶究極の, 最終の. ❷最良[悪]の.
— 名《the をつけて》最終[究極]の段階.

形 ❶ What is the *ultimate* object [goal] of your life? あなたの人生の究極の目的は何ですか. ❷ the *ultimate* insult 最悪の侮辱(ぶじょく).

ul·ti·mate·ly /ʌ́ltəmətli アルティメトリ/ 副 ❶最後に, 結局.
❷《文全体を修飾して》結局は.
▶❷ *Ultimately*, there is not much difference between these words. 結局はこれらの単語の間には大した違いはない.

ul·ti·ma·tum /ʌ̀ltəméitəm アルティメイタム/ 名(複 ~s /-z/) [C] 最後通告.

ul·tra- /ʌ́ltrə アルトラ/ 《★発音注意》接頭 「極端に…な, 過激に…な」の意味.
▶ *ultra*sonic 超音波の / *ultra*violet 紫外(線)の.

úl·tra·high fré·quen·cy /ʌ́ltrəhài- アルトラハイ-/ 名[U] [電気] 極超短波《◎ UHF または uhf と略す》.

ul·tra·ma·rine /ʌ̀ltrəməríːn アルトラマリーン/ 名[U] 群青(ぐんじょう)色《あざやかな青色》.
— 形 群青色の.

ul·tra·son·ic /ʌltrəsánik アルトラサニック/ 形 超音波の.

ul·tra·sound /ʌltrəsàund アルトラサウンド/ 名U 超音波(診断).

ul·tra·vi·o·let /ʌltrəváiəlit アルトラヴァイオリット/ 形 【物理】紫外(線)の.
▶ *ultraviolet* rays 紫外線 (☞infrared).

***um·brel·la** /ʌmbrélə アンブレラ/ 名 (複 ~s /-z/) C ❶ かさ, 雨がさ, こうもりがさ; 日がさ (☞parasol).
❷ かさ状のもの; 保護(するもの).

❶ Take an *umbrella* with you. かさを持っていきなさい / a folding *umbrella* 折りたたみ式のかさ.

語の結びつき

close an *umbrella* かさをたたむ
get under [share] ...'s *umbrella* …のかさに入る
open [put up] an *umbrella* かさを開く[さす]

um·pire /ʌmpaiər アンパイア/ (★アクセント注意) 名C (野球・テニスなどの)アンパイア, 審判(員).
— 動 (現分 um·pir·ing /-paiəriŋ/) 他 …の審判をする. — 自 審判をする.

ump·teen /ʌmptíːn アンプティーン/ 形 《口語》(やたらに)たくさんの.

ump·teenth /ʌmptíːnθ アンプティーンス/ 形 《次の成句で》*:for the umpteenth time* 何回も何回も.

UN, U.N. /júːén ユーエヌ/ 名 《the をつけて》国際連合, 国連 (◐ *U*nited *N*ations の略).

un- /ʌn アン/ 接頭 ❶《形容詞・副詞・名詞につく》「…ではない」の意味.
❷《動詞につく》「反対の動作, 元へ戻す」の意味.
❸《名詞につく》「取り去る, 奪う」の意味の動詞を作る.
▶ ❶ *un*certain 確かでない / *un*happy 不幸な. ❷ *un*fold 広げる. ❸ *un*mask 仮面をはぐ.

***un·a·ble** /ʌnéibl アネイブル/ 形 《*be unable to do*》…することができない (反 able).

They *were unable to* understand him. 彼らは彼の言うことが理解できなかった / He will *be unable to* finish the work in a week. 彼はその仕事を1週間で終えることはできないでしょう.

un·a·bridged /ʌnəbrídʒd アナブリッヂド/ 形 (本・記事などが)省略してない, 完全な.

un·ac·cept·a·ble /ʌnəkséptəbl アナクセプタブル/ 形 受け入れられない, 認められない.

un·ac·com·pa·nied /ʌnəkʌ́mpənid アナカンパニッド/ 形 ❶(人が)同伴者のない. ❷【音楽】無伴奏の.

un·ac·count·a·ble /ʌnəkáuntəbl アナカウンタブル/ 形 ❶ 説明のつかない, わけのわからない. ❷ (説明)責任のない.

un·ac·count·a·bly /ʌnəkáuntəbli アナカウンタブリ/ 副《文全体を修飾して》不思議なことに.

un·ac·cus·tomed /ʌnəkʌ́stəmd アナカストムド/ 形 ❶ 〔…に〕慣れていない 〔*to*〕 (反 accustomed).
❷ ふつうでない, 珍しい.
▶ ❶ She *is unaccustomed to* city life. 彼女は都会生活に慣れていない.

un·af·fect·ed /ʌnəféktid アナフェクティッド/ 形 ❶ 気どらない, 飾りけのない. ❷ 影響を受けていない.

un·aid·ed /ʌnéidid アネイディッド/ 形 助けを受けない, 助けなしの.
— 副 助けなしで.

un·A·mer·i·can /ʌnəmérikən アナメリカン/ 形 ❶ アメリカ風でない, 非アメリカ的な. ❷ 反米的な.

u·na·nim·i·ty /juːnəníməti ユーナニミティ/ 名U 満場一致.
☞ 形 unanimous.

u·nan·i·mous /juːnǽnəməs ユーナニマス/ (★発音注意) 形 満場一致の, 全員同意見の. ▶by a *unanimous* vote 満場一致の(賛成)投票で.
☞ 名 unanimity.

u·nan·i·mous·ly /juːnǽnəmsli ユーナニマスリ/ 副 満場一致で, 全員異議なく.

un·an·swer·a·ble /ʌnǽnsərəbl アナンサラブル/ 形 ❶ 答えようのない. ❷ 反論しようのない.

un·armed /ʌnɑ́ːrmd アナームド/ 形 武器を持っていない, 非武装の.

un·a·shamed /ʌnəʃéimd アナシェイムド/ 形 恥を知らない, 厚かましい.

unassuming

un·as·sum·ing /ʌ̀nəsúːmiŋ アナスーミング/ 形 気どらない,謙虚な.

un·at·tend·ed /ʌ̀nəténdid アナテンディッド/ 形 ❶付き添いのない. ❷世話[看護]をされていない.

un·at·trac·tive /ʌ̀nətræktiv アナトラクティヴ/ 形 ❶魅力のない,人目を引かない,パッとしない. ❷好ましくない.

un·au·thor·ized /ʌnɔ́ːθəràizd アノーソライズド/ 形 無許可の,非公認の.

un·a·vail·a·ble /ʌ̀nəvéiləbl アナヴェイラブル/ 形 手にはいらない,利用できない (反 available).

un·a·void·a·ble /ʌ̀nəvɔ́idəbl アナヴォイダブル/ 形 避けられない,やむを得ない.

un·a·void·a·bly /ʌ̀nəvɔ́idəbli アナヴォイダブリ/ 副 やむを得ず.

un·a·ware /ʌ̀nəwéər アナウェア/ 形 〔…に〕気づかないで(いる),知らないで(いる)〔*of, that* ⬜〕(反 aware).

▶He *was unaware of* the danger. 彼は危険に気づいていなかった / I *was unaware that* it was so late. 私はそんなに遅い時間になっているとは知らなかった.

un·a·wares /ʌ̀nəwéərz アナウェアズ/ 副 気づかずに,うっかり.

catch [*take*] *... unawares* …をびっくりさせる,…に不意打ちを食わせる.

un·bal·anced /ʌ̀nbǽlənst アンバランスト/ 形 ❶(精神的に)不安定な,おかしい. ❷つりあいのとれていない,不公平な.

un·bear·a·ble /ʌ̀nbéərəbl アンベ(ア)ラブル/ 形 耐えられない,がまんできない.

un·bear·a·bly /ʌ̀nbéərəbli アンベ(ア)ラブリ/ 副 耐えられないほど,がまんできないほど.

un·beat·a·ble /ʌ̀nbíːtəbl アンビータブル/ 形 負けることのない,最善の.

un·beat·en /ʌ̀nbíːtn アンビートン/ 形 無敗の,負け知らずの.

un·be·liev·a·ble /ʌ̀nbəlíːvəbl アンベリーヴァブル/ 形 信じられない(ような).

un·be·liev·a·bly /ʌ̀nbəlíːvəbli アンベリーヴァブリ/ 副 信じられないほど(に).

un·bi·ased /ʌ̀nbáiəst アンバイアスト/ 形 偏見のない,公平な.

un·born /ʌ̀nbɔ́ːrn アンボーン/ 形 まだ生まれていない,まだ胎内にある.

un·bro·ken /ʌ̀nbróukən アンブロウクン/ 形 とぎれのない,引き続いている.

▶an *unbroken* stretch of good weather (なん日も)つづく好天.

un·but·ton /ʌ̀nbʌ́tn アンバトン/ 動 他 (服など)のボタンをはずす (反 button).

un·called-for /ʌ̀nkɔ́ːld-fɔ̀ːr アンコールド・フォー/ 形 不当な,不適切な.

un·can·ny /ʌ̀nkǽni アンキャニ/ 形 薄気味悪い,不思議な.

un·cared-for /ʌ̀nkéərd-fɔ̀ːr アンケアド・フォー/ 形 めんどうを見てもらっていない.

***un·cer·tain** /ʌ̀nsə́ːrtn アンサートン/ 形 (*more* ~; *most* ~) ❶(物事が)**確かでない**,不確実な,はっきりしていない,あやふやな (反 certain).

❷自信がない.

❸ⓐ《be uncertain of [about] ...》…について確信がもてない,よくわからない.

ⓑ《be uncertain wh- (疑問詞) ⬜》⬜か確信がない,よくわからない.

・・・・・・・・・・・・・・・・・・・・

❶an *uncertain* future 予測できない未来 / an *uncertain* number 不確定数 / His success is *uncertain*. 彼が成功するかどうかはわからない / It is *uncertain* who will be elected president. だれが大統領に選ばれるかはっきりしない / The weather is *uncertain* at this time of the year. 1年のうち今ごろの天気ははっきりしない.

❷He felt *uncertain* among strangers. 彼は知らない人の中にいて落ち着かなかった.

❸ⓐI am *uncertain of* her intentions. 私は彼女の意図がよくわからない / I'm *uncertain about* what to do. 私は何をしたらよいかよくわからない.

ⓑI'm *uncertain where* I put the car key. 車のキーをどこに置いたかよくわからない / I'm *uncertain how* to put the English word into Japanese. 私にはその英語の単語をどう日本語に訳せばよいかよくわからない.

☞ 名 uncertainty.

un·cer·tain·ty /ʌ̀nsə́ːrtnti アンサートンティ/ 名 (複 -tain·ties /-z/) ❶Ⓤ不確実,不確定.

❷Ⓒ不確かなこと,不確定なこと.

▶ ❶There's some *uncertainty*

abcdefghijklmnopqrst u vwxyz   **unconsciousness**

about his plan. 彼の計画には少しはっきりしないところがある. ❷Life is full of *uncertainties*. 人生は不確かなことでいっぱいである.

☞ 形 uncertain.

un·changed /ʌntʃéindʒd アンチェインチド/ 形 変わらない, 変化していない.

un·chang·ing /ʌntʃéindʒiŋ アンチェインチング/ 形 変わることのない.

un·checked /ʌntʃékt アンチェックト/ 形 抑えられない, 止められない.

un·civ·i·lized /ʌnsívəlàizd アンスィヴィライズド/ 形 失礼な, 無礼な.

☆☆un·cle /ʌ́ŋkl アンクル/
名 (複 ~s /-z/) ❶ **おじ**, おじさん (⭘「おば」は aunt). ▶I have three *uncles*. 私にはおじが3人いる / Please show me how to ski, *Uncle* Jim. ジムおじさん, スキーのすべり方を教えてください.

un·clean /ʌnklíːn アンクリーン/ 形 よごれた, 不潔な (反 clean).

Úncle Sám 名 《米口語》 ❶ アメリカ (政府). ❷ 《集合的に》 アメリカ人.
INFO▶ アメリカ合衆国 (the United States) を表わす U.S. をもじってできた名前. 政治漫画では典型的なアメリカ人として登場する, やせて背が高くあごひげをはやし, 星としま模様のついたシルクハットにえんび服と赤と白のしまのズボンを身につけている; ☞ John Bull.

Uncle Sam

Úncle Tóm 名 《軽蔑(略)的に》白人にやたらと従順な黒人 (⭘ ストウ (H. B. Stowe) 作『アンクル・トムの小屋』(*Uncle Tom's Cabin*) の主人公の黒人の名前から).

☆un·com·fort·a·ble /ʌnkʌ́mfərtəbl アンカンフォタブル/ 形 (more ~; most ~)
❶ (人が) (ある状況の中で) **いごこちがよくない**, 落ち着かない (反 comfortable).
❷ (ものが) **ここちよくない**.

━━━━━━━━━━━

❶I feel *uncomfortable* with others. 私は他人といっしょにいると落ち着かない. ❷an *uncomfortable* bed 寝ごこちのよくないベッド.

un·com·fort·a·bly /ʌnkʌ́mfərtəbli アンカンフォタブリ/ 副 ここちわるく, 落ち着かないで.

☆un·com·mon /ʌnkámən アンカモン | -kɔ́m-/ 形 **ふつうではない**, 珍しい, まれな (反 common). ▶an *uncommon* experience 珍しい経験 / an *uncommon* ability 非凡な才能.

un·com·mon·ly /ʌnkámənli アンカモンリ/ 副 異常なほど, 途方もなく.
▶*uncommonly* cold とてつもなく寒い.

un·com·pro·mis·ing /ʌnkámprəmàiziŋ アンカンプロマイズィング/ 形 妥協しない, 強硬な.

un·con·cerned /ʌnkənsə́ːrnd アンコンサーンド/ 形 気にしない, 平気な.
▶He is *unconcerned* about his low grades. 彼は低い点数でも平気でいる.

un·con·di·tion·al /ʌnkəndíʃənəl アンコンディショナル/ 形 無条件の.

un·con·firmed /ʌnkənfə́ːrmd アンコンファームド/ 形 未確認の.

☆un·con·scious /ʌnkánʃəs アンカンシャス | -kɔ́n-/ 形
❶ **意識を失った**, 気絶した (反 conscious).
❷ […に] **気づかないで** (いる) [*of*].
❸ 無意識の, 知らず知らずの.

━━━━━━━━━━━

❶He hit his head and was *unconscious* for several minutes. 彼は頭を打って数分間意識不明だった.
❷She *is unconscious of having made a mistake*. 彼女は誤りをおかしたことに気がついていない.
❸an *unconscious* habit 無意識の習慣.

un·con·scious·ly /ʌnkánʃəsli アンカンシャスリ | -kɔ́n-/ 副 気づかずに, 無意識に.

un·con·scious·ness /ʌnkánʃəsnis

1465

unconstitutional

アンカンシャスニス/ 名U 無意識.
un·con·sti·tu·tion·al /ˌʌnkɑ̀nstətjúː-ʃənəl アンカンスティトゥーショナル, ・テュー・/ 形 憲法違反の.
un·con·trol·la·ble /ˌʌnkəntróuləbl アンコントロウラブル/ 形 抑制できない, 手に負えない.
un·con·trolled /ˌʌnkəntróuld アンコントロウルド/ 形 ❶ (感情などが)抑制されていない. ❷規制のない, 自由放任の.
un·con·ven·tion·al /ˌʌnkənvénʃənəl アンコンヴェンショナル/ 形 慣例に従わない, ふつうでない.
un·count·a·ble /ˌʌnkáuntəbl アンカウンタブル/ 形 数えきれない.
— 名C〖文法〗数えられない名詞, 不可算名詞 (反 countable) 《本辞典では U の記号を用いて明示してある; ✪ **uncóuntable nóun** ともいう》.
un·couth /ʌnkúːθ アンクース/ 形 不作法な.
un·cov·er /ʌnkʌ́vər アンカヴァ/ 動 (現分 -er·ing /-vəriŋ/) 他 ❶ (容器などの)おおい[ふた]を取る (反 cover). ❷ (秘密などを)あばく, 暴露(ばく)する.
un·cut /ʌ̀nkʌ́t アンカット/ 形 ❶ (物語・映画などが)カット[短縮]されていない. ❷ (宝石が)まだみがかれていない.
un·daunt·ed /ʌndɔ́ːntid アンドーンティッド/ 形 ひるむことのない, 勇敢な.
un·de·cid·ed /ˌʌndisáidid アンデサイディッド/ 形 ❶ (人が)決心がついていない. ❷ (物事が)まだ決まっていない, 未定の.
un·de·ni·a·ble /ˌʌndináiəbl アンディナイアブル/ 形 否定できない, 明白な.
un·de·ni·a·bly /ˌʌndináiəbli アンディナイアブリ/ 副 否定できないほどに, 明白に.

***un·der** 前 /ʌ́ndər アンダ/
❶《位置》…の下に[へ, を, の].
❷ (数量・年齢・時間などが)…より少ない, …未満で[の].
❸《支配・影響・保護》…のもとに[で, の].
❹《事情・状況・条件》…中で[の], …の状態で[の].
— 副 /ʌ́ndər アンダ/ ❶ 下に; 水面下に.
❷ (数量などが)より少なく, 未満で.
— 形 /ʌ́ndər アンダ/《名詞の前で》
❶ 下の, 下部の. ❷ 下位の.

前 ❶ The road runs *under* a bridge. その道路は橋の下を通る / the soil *under* the fallen leaves 落ち葉の下の土.

There is a cat *under* the table.
(テーブルの下にネコが一匹いる)

He carried his books *under* his arm.
(彼はわきの下に本をはさんでいた)

❷ Children *under* six do not go to school. 6歳未満の子どもは学校へ行かない / It cannot be bought for *under* 10,000 yen. それは1万円以下では買えない.
❸ He studied medicine *under* Dr. Jones. 彼はジョーンズ博士のもとで医学を研究した / The branch bent *under* the weight of the snow. その枝は雪の重みでたわんだ.
❹ The bill is *under* discussion. その法案は討議中である / a bridge *under* repair 修理中の橋 / *under* construction 工事中(で).
— 副 ❶ go *under* (船などが)沈む.
❷ for one dollar or *under* 1ドルそれ以下で.

un·der- /ʌ̀ndər アンダ, ʌ́ndər/ 接頭
❶ 「不足して, 少なすぎて」の意味.
❷《名詞について》「下方の[に, から], 下部の[に, から], 下位の」の意味.
▶ ❶ *under*estimate 安く見積もる / *under*rate 過小評価する. ❷ *under*ground 地下の / *under*line 下に線を引く.

abcdefghijklmnopqrstuvwxyz — **undermine**

un·der·a·chiev·er /ˌʌndərtʃíːvər アンダアチーヴァ/ 名C 成績不振者.

un·der·age /ˌʌndəréidʒ アンダエイヂ/ 形 (法的に)未成年の.

un·der·clothes /ʌ́ndərklòuz アンダクロウズ, -klòuðz/ 名複 下着, はだ着.

un·der·cov·er /ˌʌndərkʌ́vər アンダカヴァ/ 形 秘密に行なわれる, 秘密の.

un·der·cur·rent /ʌ́ndərkə̀ːrənt アンダカーレント/ 名C 表面に現われていない気持ち.

un·der·cut /ˌʌndərkʌ́t アンダカット/ 動 (~s /-ts/; un·der·cut; -cut·ting) 他
❶(競争相手より)安く売る. ❷…を弱める.

un·der·de·vel·oped /ˌʌndərdivéləpt アンダディヴェロプト/ 形 開発の遅れた (❖ふつう developing を用いる).

un·der·dog /ʌ́ndərdɔ̀(ː)g アンダド(ー)グ/ 名C 《the をつけて》負け犬; 負けそうなチーム[選手].

un·der·done /ˌʌndərdʌ́n アンダダン/ 形 (肉などが)生焼けの, 生煮えの (☞ well-done).

un·der·es·ti·mate /ˌʌndəréstəmèit アンダレスティメイト/ 動 (現分 -mat·ing) 他 …を(実際より)安く見積もる; …を見くびる, 過小評価する (反 overestimate).

*__un·der·go__ /ˌʌndərgóu アンダゴウ/ 動 (un·der·goes /-z/; un·der·went /-wént/; un·der·gone /-gɔ́(ː)n/; ~·ing) 他 (変化・試練などを)経験する
▶undergo a great change 大きな変化を経験する ▶We have undergone a lot of hardships. われわれは多くの困難な目にあった.

un·der·gone /ˌʌndərgɔ́(ː)n アンダゴ(ー)ン/ 動 undergo の過去分詞形.

un·der·grad /ˌʌndərgrǽd アンダグラッド/ 名 《口語》= undergraduate.

un·der·grad·u·ate /ˌʌndərgrǽdʒuət アンダグラヂュエット/ 名 (複 ~s /-ts/) C (大学)学部在学生, 大学生 (☞ graduate², postgraduate).
— 形 (大学)学部在学生の, 大学生の.
▶an undergraduate student 大学生.

*__un·der·ground__ /ʌ́ndərgrǎund アンダグラウンド/ 形 ❶地下の, 地下にある. ❷秘密の, 不法の, 反体制の.

— 副 /ˌʌndərgráund アンダグラウンド/
❶地下に[で]. ❷秘密に, 不法に.
— 名 (複 ~s /-dz/) C 《英》《the をつけて》地下鉄 (❖《英口語》では the tube ともいう; 《米》では subway).

形 ❶an underground passage 地下道 / an underground railway 《英》地下鉄. ❷an underground movement (反体制の)地下活動.

un·der·growth /ʌ́ndərgròuθ アンダグロウス/ 名U (木の下や周辺の)下ばえ, やぶ.

un·der·hand /ʌ́ndərhæ̀nd アンダハンド/ 形 ❶『野球・クリケット』下手投げの, アンダースローの (反 overhand). ❷ひそかな, ずるい.
— 副 『野球・クリケット』下手投げで, アンダースローで (反 overhand).

un·der·hand·ed /ˌʌndərhǽndid アンダハンディッド/ 形 ひそかな, ずるい, 不正な.

un·der·lain /ˌʌndərléin アンダレイン/ 動 underlie の過去分詞形.

un·der·lay /ˌʌndərléi アンダレイ/ 動 underlie の過去形.

un·der·lie /ˌʌndərlái アンダライ/ 動 (~s /-z/; un·der·lay /-léi/; un·der·lain /-léin/; -ly·ing) 他 …の基礎となる, もととなる, 原因となる.

*__un·der·line__ 動 /ˌʌndərláin アンダライン/ (~s /-z/; un·der·lined /-d/; -lin·ing) 他 ❶(語句などの)下に線を引く, …にアンダーラインする. ❷…を強調する, …の重要性を示す.
— 名 /ʌ́ndərlàin アンダライン/ (★アクセント注意) (複 ~s /-z/) C 下線, アンダーライン.

動 他 ❶Translate the underlined parts into Japanese. 下線部を日本語に訳しなさい. ❷The speaker underlined the importance of the problem. 演説者は問題の重要性を強調した.

un·der·ly·ing /ˌʌndərláiiŋ アンダライイング/ 動 underlie の現在分詞形.
— 形 基礎となっている.
▶形 the underlying cause 根本的な原因.

un·der·mine /ˌʌndərmáin アンダマイン/ 動 (現分 -min·ing) 他 …を次第にだめにする, 傷つける.

one thousand four hundred and sixty-seven — 1467

underneath

*un・der・neath /ʌ̀ndərníːθ アンダニース/ 前 …の(すぐ)下に[の], 下側に[の](✪「おおわれて」の意味を強調する; ☞ beneath, under).
— 副 (すぐ)下に, 下側に.
▶前 sit down *underneath* the trees 木陰に腰をおろす.

un・der・nour・ished /ʌ̀ndərnə́ːriʃt アンダナーリシュト/ 形 栄養不良の.

un・der・nour・ish・ment /ʌ̀ndərnə́ːriʃmənt アンダナーリシュメント/ 名U 栄養不良.

un・der・paid /ʌ̀ndərpéid アンダペイド/ 形 給料を十分にもらっていない.
▶*underpaid* workers 十分な賃金をもらっていない労働者たち.

un・der・pants /ʌ̀ndərpǽnts アンダパンツ/ 名複 パンツ(《英》では男性用のものを指し,《米》では男性用と女性用の両方を指す).

un・der・pass /ʌ̀ndərpǽs アンダパス/ 名 (複 ~es /-iz/) C 鉄道や他の道路の下を通る道.

un・der・play /ʌ̀ndərpléi アンダプレイ/ 動 他 (反 overplay) …を大したことでないように見せる.

un・der・priv・i・leged /ʌ̀ndərprívəlidʒd アンダプリヴィリチド/ 形 (ふつうの人と比べて社会的・経済的に)恵まれていない.

un・der・rate /ʌ̀ndərréit アンダレイト/ 動 (現分 -rat・ing) 他 …を過小評価する.

un・der・score /ʌ̀ndərskɔ́ːr アンダスコー/ 動 (現分 -scor・ing) 他 《おもに米》= **un・der・line**.

un・der・sea /ʌ̀ndərsíː アンダスィー/ 形 海中の. ▶an *undersea* tunnel 海底トンネル.

un・der・shirt /ʌ̀ndərʃə̀ːrt アンダシャート/ 名 C 《米》アンダーシャツ(《✪英》では vest).

un・der・side /ʌ̀ndərsàid アンダサイド/ 名 C 下側, 底面.

un・der・sized /ʌ̀ndərsáizd アンダサイズド/ 形 ふつうより小さい, 小さすぎる.

*****un・der・stand** /ʌ̀ndərstǽnd アンダスタンド/ 動 (~s /-dz/; un・der・stood /-stúd/; ~・ing)

他 ❶ⓐ (人の言うことなど)を**理解する**, (もの・こと)がわかる.
ⓑ《understand wh-[疑問詞]__》…を理解する, __がわかる.
❷《understand (that) __》(聞いたりして) __**と理解している**, 思っている(✪主語は I か We).
❸《understand (that) __》(当然) __**と思う**, 解釈する.
— 自 **理解する**, わかる.

⋯⋯⋯⋯⋯⋯⋯⋯⋯⋯⋯⋯⋯⋯⋯⋯⋯

他 ❶ⓐ I can't *understand* her [what she says] at all. 彼女の言うことは全然わからない / Do you *understand* French? フランス語がわかりますか / Nobody *understood* his intention. だれも彼がやろうとして[考えて]いることがわからなかった / *understand* one another [each other] お互いに理解し合う.
ⓑ I can't *understand why* she said so. 私は彼女がなぜそう言ったのか理解できない / I *understand how* he feels. 私は彼がどういう気持ちかわかる.
❷ I *understand (that)* you visited America last spring. あなたはこの春アメリカへ行ってきたそうですね / She is, I *understand*, in London now. たしか彼女は今ロンドンにいます / I *understand (that)* he'll come in time. 彼は時間までに来るはずです.
❸ I *understand (that)* you had nothing to do with the matter. あなたはその問題となんの関係もなかったと思っています(それでよいのですね)(✪自分の理解を相手に確認する言い方).
— 自 対話 "Do you *understand*?" –"Yes, I *understand*." 「わかりましたか」「ええ, わかりました」.

make oneself understood 自分の言うことを人にわかってもらう: I was able to *make myself understood* in English. 私の英語が通じた.

un・der・stand・a・ble /ʌ̀ndərstǽndəbl アンダスタンダブル/ 形 理解できる, 納得できる.

un・der・stand・a・bly /ʌ̀ndərstǽndəbli アンダスタンダブリ/ 副 《文全体を修飾して》当然, …なのも無理はない. ▶*Understandably*, she was shocked. 彼女がショックを受けたのも無理はない.

*un・der・stand・ing /ʌ̀ndərstǽndiŋ アンダスタンディング/ 名

❶ⓊⒸ **理解**; 判断.
❷Ⓤ**理解力**, 知力; 思慮, 分別.
❸Ⓒ了解, 同意.
— 形 ものわかりのよい, 思いやりのある.

名 ❶She has a clear *understanding* of the problem. 彼女は問題をはっきり理解している / My *understanding* is that they will accept our proposal after all. 私の判断では彼らは結局私たちの提案を受け入れるでしょう.
❷This problem is beyond his *understanding*. この問題は彼には理解できない.
❸We came to a perfect *understanding*. われわれは完全な意見の一致をみた.
on the understanding that __ という条件で.
— 形 an *understanding* father ものわかりのよい[思いやりのある]父親.

un·der·state /ˌʌndərstéit アンダステイト/ 動 (現分 -stat·ing) 他 …を控えめにいう (反 overstate).

un·der·state·ment /ˌʌndərstéitmənt アンダステイトメント/ 名Ⓒ控えめな言い方[表現] (反 overstatement).

*__**un·der·stood**__ /ˌʌndərstúd アンダストゥッド/ 動 understand の過去形・過去分詞形.

un·der·stud·y /ˈʌndərstʌdi アンダスタディ/ 名 (複 -stud·ies /-z/) Ⓒ (いつでも代役ができるように練習している)代役俳優.

*__**un·der·take**__ /ˌʌndərtéik アンダテイク/ 動 (~s /-s/; un·der·took /-túk/; un·der·tak·en /-téikən/; -tak·ing) 他 ❹ (仕事・役目などを)**引き受ける**, 請け負う.
ⓑ 《*undertake to do*》 __ **することを引き受ける**.

❷She *undertook* the troublesome task. 彼女はそのやっかいな仕事を引き受けた / *undertake* responsibility 責任を引き受ける. ⓑHe *undertook to* repair the sofa. 彼はそのソファーを修理することを引き受けた.

un·der·tak·en /ˌʌndərtéikən アンダテイクン/ 動 undertake の過去分詞形.

un·der·tak·er /ˌʌndərtéikər アンダテイカ/ 名Ⓒ葬儀屋 (✪**funeral director** ともいい, また《米》では **mortician** ともいう).

un·der·tak·ing /ˌʌndərtéikiŋ アンダテイキング/ 名Ⓒ(引き受けたり請け負ったりする)仕事, 事業.

un·der·tone /ˈʌndərtòun アンダトウン/ 名Ⓒ表面に現われない気持ち.

un·der·took /ˌʌndərtúk アンダトゥック/ 動 undertake の過去形.

un·der·val·ue /ˌʌndərvælju: アンダヴァリュー/ 動 (現分 -val·u·ing) 他 …を過小評価する.

un·der·wa·ter /ˈʌndərwɔ̀:tər アンダウォータ/ 形 水面下の, 水中用の.
— 副 水面下で, 水中で.
▶an *underwater* camera 水中カメラ.

*__**un·der·wear**__ /ˈʌndərwèər アンダウェア/ 名Ⓤ**はだ着**, 下着.

un·der·weight /ˈʌndərwèit アンダウェイト/ 形 重さが標準以下の, 重量不足の.

un·der·went /ˌʌndərwént アンダウェント/ 動 undergo の過去形.

un·der·world /ˈʌndərwə̀:rld アンダワールド/ 名Ⓒ悪の世界, 暗黒街.

un·de·sir·a·ble /ˌʌndizáiərəbl アンディザイ(ア)ラブル/ 形 望ましくない, 好ましくない (反 desirable).

un·de·vel·oped /ˌʌndivéləpt アンディヴェロプト/ 形 (地域などが)未開発の.

un·did /ʌndíd アンディッド/ 動 undo の過去形.

un·dis·closed /ˌʌndisklóuzd アンディスクロウズド/ 形 未公開の.

un·dis·put·ed /ˌʌndispjú:tid アンディスピューティド/ 形 議論の余地のない, 明白な.

un·dis·turbed /ˌʌndistə́:rbd アンディスターブド/ 形 乱されない, 平穏な, 静かな.

*__**un·do**__ /ʌndú: アンドゥー/ 動 (un·does /-dʌz/; un·did /-díd/; un·done /-dʌ́n/; ~·ing) 他 ❶ (結び目・包みなどを)**ほどく**, (ボタンなどを)はずす.
❷…をもとどおりにする.
▶❶ Please *undo* the string [package]. ひも[小包]をほどいてください.
❷ こぼざ What is done cannot be *undone*. 一度したことは元に戻せない.

*__**un·done**__ /ʌndʌ́n アンダン/ 動 undo の過

undoubted

去分詞形.
— 形 ❶（仕事などが）されていない，未完成の［で］. ❷ほどけて（いる），はずれて（いる）.
▶形 ❶He left the job *undone*. 彼はその仕事をしないでおいた.
❷Your shoelace is *undone*. 君の片方のくつひもがほどけている.

un·doubt·ed /ʌndáutid アンダウティッド/ 形 疑う余地のない，確実な.

*__un·doubt·ed·ly__ /ʌndáutidli アンダウティッドリ/ 副 **疑う余地なく**，確実に.
▶This is *undoubtedly* her signature. これは確かに彼女の署名だ.

un·dress /ʌndrés アンドレス/ 動（三単現 ~es /-iz/）他 …の着ているものを脱がせる（反 dress）.
— 自 着ているものを脱ぐ.

un·dressed /ʌndrést アンドレスト/ 形 衣類を着ていない，裸の.

un·due /ʌndjúː アンドゥー，·デュー/ 形 過度の，不当な.

un·du·ly /ʌndjúːli アンドゥーリ，·デューリ/ 副 過度に，不当に.

un·earth /ʌnə́ːrθ アナース/ 動他 ❶（物）を掘り出す. ❷（事実など）を明らかにする.

un·earth·ly /ʌnə́ːrθli アナースリ/ 形 (-li-er; -li·est)この世のものとも思われない，気味の悪い.

un·ease /ʌníːz アニーズ/ 名Ⓤ不安，心配.

un·eas·i·ly /ʌníːzəli アニーズィリ/ 副 不安そうに，心配して（反 easily）.

un·eas·i·ness /ʌníːzinəs アニーズィネス/ 名Ⓤ不安，心配.

*__un·eas·y__ /ʌníːzi アニーズィ/ 形 (un·eas·i·er; un·eas·i·est)
❶**不安な**，心配な，気にかかる.
❷安定していない.

・・・・・・・・・・・・・・・・・・・・・・・・・・・・・・・

❶I feel *uneasy* about my future. 私は自分の将来が気にかかる / pass an *uneasy* night 不安な一夜を過ごす.

un·ed·u·cat·ed /ʌnédʒukèitid アネヂュケイティッド/ 形 教育を受けていない，無教育な；教養のない.

un·em·ployed /ʌnimplɔ́id アニンプロイド/ 形 失業した，仕事のない.
▶*unemployed* people 失業者たち.

*__un·em·ploy·ment__ /ʌnimplɔ́imənt アニンプロイメント/ 名Ⓤ**失業**（反 employment）.
▶*unemployment* compensation [《英》benefit] 失業手当 / *unemployment* insurance 失業保険.

un·end·ing /ʌnéndiŋ アネンディング/ 形 終わりのない，いつまでも続く.

un·e·qual /ʌníːkwəl アニークワル/ 形
❶等しくない，同等でない（反 equal）.
❷不当な.

un·e·qualed,《英》**un·e·qualled** /ʌníːkwəld アニークワルド/ 形 比べるものがないほどの.

un·err·ing /ʌnə́ːriŋ アナーリング, ʌnéərər-/ 形 まちがうことのない，的確な.

UNESCO /juːnéskou ユーネスコウ/ 名 ユネスコ（**○**the *U*nited *N*ations *E*ducational, *S*cientific, and *C*ultural *O*rganization（国際連合教育·科学·文化機構）のかしら文字をとった略称）.

un·e·ven /ʌníːvən アニーヴン/ 形 ❶平らでない，でこぼこの（反 even）. ❷平等でない. ❸一様でない，むらのある.

un·e·ven·ly /ʌníːvənli アニーヴンリ/ 副 でこぼこに；一様でなく；平等でなく.

*__un·ex·pect·ed__ /ʌnikspéktid アニクスペクティッド/ 形 (more ~; most ~)思いがけない，意外な，予期しない.
▶an *unexpected* incident 突発事件 / an *unexpected* visitor 突然の来客.

un·ex·pect·ed·ly /ʌnikspéktidli アニクスペクティドリ/ 副 思いがけなく，突然，不意に. ▶An old friend of mine rang me up *unexpectedly*. 旧友が思いがけなく電話をかけてきた.

un·fail·ing /ʌnféiliŋ アンフェイリング/ 形 なくなることのない.

un·fair /ʌnféər アンフェア/ 形 (~·er /-féərər/, more ~; ~·est /-féərist/, most ~) ❶不公平な，不当な（反 fair）. ❷不正な，ずるい.
▶❶an *unfair* decision 不公平な裁定 / It is *unfair* of you *to* show so much favor to her. 彼女をそんなにひいきするのは不公平だ.
❷by *unfair* means 不正な手段で.

un·fair·ly /ʌnféərli アンフェアリ/ 副 不公平に，不当に.

un·fair·ness /ʌnféərnəs アンフェアネス/

un·faith·ful /ʌnféiθfəl アンフェイスフル/ 形 (夫・妻が)不倫をする (反 faithful).

un·fa·mil·iar /ʌnfəmíljər アンファミリャ/ 形 ❶聞き慣れない,見覚えがない,未知の (反 familiar).
❷ (人が)[…を]よく知らない,くわしくない [with].
▶❶ an *unfamiliar* country 未知の国 / The voice was *unfamiliar to* me. その声は私には聞き覚えがなかった.
❷ She is *unfamiliar with* Japanese manners and customs. 彼女は日本の風俗習慣に慣れていない.

un·fas·ten /ʌnfǽsn アンファスン/ (★ t は発音されない) 動 他 …をほどく,はずす,ゆるめる (反 fasten).

un·fa·vor·a·ble, (英) **un·fa·vour·a·ble** /ʌnféivərəbl アンフェイヴァラブル/ 形 ❶ (情況などが)よくない,不利な (反 favorable).
❷好意的でない,冷たい.
▶❶ The weather was *unfavorable* for outdoor sports. 戸外スポーツにはあいにくの天気だった.
❷ an *unfavorable* review 好意的でない批評.

un·feel·ing /ʌnfíːliŋ アンフィーリング/ 形 (人・ことばなどが)冷たい.

un·fin·ished /ʌnfíniʃt アンフィニシュト/ 形 でき上がっていない,未完成の (反 finished).

un·fit /ʌnfít アンフィット/ 形 ❶不適当な,不向きな.
❷体の調子が悪い.

un·fold /ʌnfóuld アンフォウルド/ 動 他 (折りたたんだもの)を開く,広げる.
— 自 ❶ (折りたたんだものが)開く,広がる. ❷ (物事・話などが)展開する,だんだんはっきりしてくる.

⋯⋯⋯⋯⋯⋯⋯⋯⋯⋯⋯⋯⋯⋯⋯⋯⋯

他 *unfold* a map 地図を開く.
— 自 ❷ The TV drama is gradually *unfolding*. そのテレビドラマは徐々に展開している.

un·fore·seen /ʌnfɔːrsíːn アンフォースィーン/ 形 予期しない,思いがけない.

un·for·get·ta·ble /ʌnfərgétəbl アンフォゲタブル/ 形 忘れられない,いつまでも記憶に残る. ▶an *unforgettable* experience 忘れられない経験.

***un·for·tu·nate** /ʌnfɔːrtʃunət アンフォーチュネット/ 形 (more ~; most ~)
❶運の悪い,不運な (反 fortunate).
❷ (物事が)残念な,まずい.

⋯⋯⋯⋯⋯⋯⋯⋯⋯⋯⋯⋯⋯⋯⋯⋯⋯

❶ He is an *unfortunate* man. 彼は運の悪い人だ / You were *unfortunate* to lose your wallet. 財布をなくしたとは運が悪かった / Today was an *unfortunate* day for me. きょうは運の悪い日だった.
❷ an *unfortunate* incident 残念な[起こってほしくなかった]出来事 / It is *unfortunate* that he is misunderstood by many. 彼が多くの人に誤解されているのは残念だ.

***un·for·tu·nate·ly** /ʌnfɔːrtʃunətli アンフォーチュネトリ/ 副 《文全体を修飾して》運悪く,あいにく (反 fortunately).
▶*Unfortunately*, I was not at home then. あいにく私はそのとき家にいなかった.

un·found·ed /ʌnfáundid アンファウンディド/ 形 根拠のない,事実無根の.

un·friend·ly /ʌnfréndli アンフレンドリ/ 形 温かみのない,冷たい (反 friendly).
▶She is *unfriendly* to me. 彼女は私に対してそっけない.

un·furl /ʌnfɔ́ːrl アンファール/ 動 他 (帆・旗など巻いたもの)を広げる.

un·fur·nished /ʌnfɔ́ːrniʃt アンファーニシュト/ 形 (アパートなどが)家具付きでない.

un·gram·mat·i·cal /ʌngrəmǽtikəl アングラマティカル/ 形 文法的に誤った.

un·grate·ful /ʌngréitfəl アングレイトフル/ 形 感謝の気持ちのない.

un·guard·ed /ʌngáːrdid アンガーディド/ 形 ❶不注意な.
❷無防備の.

un·hap·pi·ly /ʌnhǽpili アンハピリ/ 副 《文全体を修飾して》不幸にも,あいにく,運悪く (反 happily).

***un·hap·py** /ʌnhǽpi アンハピ/ 形
❶**不幸な**,不運な,みじめな (反 happy).
❷不満で(ある).

⋯⋯⋯⋯⋯⋯⋯⋯⋯⋯⋯⋯⋯⋯⋯⋯⋯

❶ Why does he look so *unhappy*? なんで彼はあんなに悲しそうな顔をしているのですか.

unhealthy

un·health·y /ʌnhélθi アンヘルスィ/ 形 (un·health·i·er; un·health·i·est)
❶ 健康でない, 体の弱い (反 healthy).
❷ 健康に悪い, 体によくない.
❸ 不健全な.
▶ ❶ an *unhealthy* boy 体の弱い少年. ❷ an *unhealthy* climate 健康によくない気候. ❸ an *unhealthy* amusement 不健全な娯楽.

un·heard /ʌnhə́ːrd アンハード/ 形 聞いてもらえない.

un·heard-of /ʌnhə́ːrdʌv アンハーダヴ/ 形 聞いたことのない(ような), 前例のない. ▶ an *unheard-of* incident 前例のない出来事.

un·hook /ʌnhúk アンフック/ 動 他 ❶ …のホックをはずす. ❷ …をかぎからはずす.

uni- /júːni ユーニ/ 接頭 「1, 単」の意味.
▶ *uni*cycle 一輪車 / *uni*form 制服.

UNICEF /júːnəsèf ユーニセフ/ 名 ユニセフ (《◎*U*nited *N*ations *I*nternational *C*hildren's *E*mergency *F*und (国連国際児童緊急基金)のかしら文字をとった略称; 現在では United Nations Children's Fund (国連児童基金) となっている》).

u·ni·corn /júːnəkɔ̀ːrn ユーニコーン/ 名 C 一角獣 《額に1本の角があり, 身体はウマ, 脚はシカ, 尾はライオンからなる想像上の動物》.

un·i·den·ti·fied /ʌ̀naidéntəfàid アナイデンティファイド/ 形 どういう物[人]かわからない, 正体不明の.

unidéntified flýing óbject 名 C 未確認飛行物体 《◎かしら文字から UFO ともいう》.

u·ni·fi·ca·tion /jùːnəfikéiʃən ユーニフィケイション/ 名 U 統一, 統合.
☞ 動 unify.

*****un·i·form** /júːnəfɔ̀ːrm ユーニフォーム/ 《★アクセント注意》 名 (複 ~s /-z/) UC 制服, ユニフォーム.
— 形 どれも同じ, 一様な, そろいの, 一定の.

名 wear a school *uniform* 学校の制服を着る.
in uniform 制服を着て; 軍隊に入って.
— 形 The three boxes are *uniform* in size. 三つの箱は同じ大きさだ.
☞ 名 uniformity.

u·ni·formed /júːnəfɔ̀ːrmd ユーニフォームド/ 形 制服を着た.

u·ni·form·i·ty /jùːnəfɔ́ːrməti ユーニフォーミティ/ 名 U 一様, 一律, 一定.
☞ 形 uniform.

u·ni·form·ly /júːnəfɔ̀ːrmli ユーニフォームリ/ 《★アクセント注意》 副 一様に, 一律に, 一定して, むらなく.

u·ni·fy /júːnəfài ユーニファイ/ 動 (u·ni·fies /-z/; u·ni·fied /-d/; ~·ing) 他 …を統一する, 統合する.
☞ 名 unification.

u·ni·lat·er·al /jùːnilǽtərəl ユーニラテラル/ 形 一方だけの, 一方的な.

un·i·mag·i·na·ble /ʌ̀nimǽdʒənəbl アニマヂナブル/ 形 想像できない(ような).

un·im·por·tant /ʌ̀nimpɔ́ːrtənt アニンポータント/ 形 重要でない (反 important).

un·in·formed /ʌ̀ninfɔ́ːrmd アニンフォームド/ 形 事情を知らない[知らされていない].

un·in·hab·it·a·ble /ʌ̀ninhǽbitəbl アニンハビタブル/ 形 人が住めない, 居住に適さない.

un·in·hib·it·ed /ʌ̀ninhíbitid アニンヒビティッド/ 形 自由気ままな.

un·in·tel·li·gi·ble /ʌ̀nintéləʤəbl アニンテリヂブル/ 形 理解不能の (反 intelligible).

un·in·ten·tion·al /ʌ̀ninténʃənəl アニンテンショナル/ 形 故意でない, なに気なくやった.

un·in·ter·est·ed /ʌ̀níntəristid アニンタリスティッド/ 形 関心がない, 無関心な.

un·in·ter·rupt·ed /ʌ̀nintərʌ́ptid アニンタラプティッド/ 形 とぎれない, 連続した, 中断されない.

un·in·vit·ed /ʌ̀ninváitid アニンヴァイ

ティッド/ 形招かれたのではない.

***u·nion** /júːnjən ユーニョン/ 名(複 ~s /-z/)
❶ C 結合, 合同, 合併.
❷ C 結合したもの, 連合体; **連合国家**, 連邦.
❸ C 組合, 労働組合, 同盟, 協会, 連合.

----

❶ the *union* of hydrogen and oxygen 水素と酸素の結合. ❷ The United States is a *union* of states. アメリカ合衆国は州が連合した国だ. ❸ form a *union* 組合[協会]を作る.

☞ 動 unite.

Únion Jáck 名《the をつけて》ユニオンジャック, イギリス国旗.

the Union Jack

***u·nique** /juːníːk ユーニーク/ 形
❶ ただひとつしかない, 唯一の, 他に類がない.
❷ […に]独特の, 特有の 〔*to*〕.
❸ (他と比べようのないほど)すばらしい.

----

❶ Each individual is *unique*. 各個人は他の人と代えることなどできない存在だ. ❷ This custom is *unique to* Japan. この習慣は日本独特のものである / She has a *unique* talent for painting. 彼女は絵に対する独特の才能をもっている. ❸ We've had a very *unique* experience. われわれは特別なすばらしい経験をした.

u·ni·sex /júːnəseks ユーニセックス/ 形 (衣類などが)男女両用の.

u·ni·son /júːnəsn ユーニスン/ 名《次の成句で》: *in unison* 一致して, 一緒に; 斉唱で.

***u·nit** /júːnit ユーニット/ 名(複 ~s /-ts/)
❶ C (構成)**単位**; 1個, ひとり.
❷ C (数·量などの) **単位** (☞ yard¹).
❸ C 器具, 装置. ❹ C (人の)集団; (軍隊の)部隊. ❺ C (教育)(科目の)単元, 単位 (☞ credit ❺).

----

❶ The family is the basic *unit* of society. 家族は社会のひとつの基本的な単位である. ❷ A foot is a *unit* of length. フィートは長さの単位である.
❸ a kitchen *unit* (そろいの)台所用具の一式.

***u·nite** /juːnáit ユーナイト/ 動 (~s /-ts/; u·nit·ed /-id/; u·nit·ing) 他 (ふたつ以上のもの)を(結びつけて)**ひとつにまとめる**, 結合させる, 合併させる (反 separate)(☞ connect の 類語).
— 自 ❶ 結合する, 合併する.
❷ 団結する, 協力する.

他 The company *united* the two departments. 会社はそのふたつの部をひとつにまとめた / Common interests *united* these two countries. 共通の利害関係のためこのふたつの国は合併した / *unite* several towns into a city いくつかの町をまとめてひとつの市にする.

— 自 ❶ The two firms *united* to form a new company. そのふたつの会社が合併して新しい会社をつくった.
❷ Several parties *united* to pass the bill. その法案を通過させるためにいくつかの党が協力した.

☞ 名 union.

***u·nit·ed** /juːnáitid ユーナイティド/ 形 (more ~; most ~) ❶ 団結した, 結合した, 連合した. ❷ 協力した, 一致した.
▶ ❶ *united* countries 連合した国々.
❷ make a *united* effort 力を合わせて努力をする.

United Árab Émirates /-émərəts ·エミレツ/ 名 複 《the をつけて》アラブ首長国連邦 (七つの首長国から成る連邦).

***United Kíngdom** 名 《the をつけて》**連合王国**, イギリス.
INFO 大ブリテン (Great Britain) 島のイングランド (England), ウェールズ (Wales), スコットランド (Scotland) および北アイルランド (Northern Ireland) を含む; 正式名は the United Kingdom of Great Britain and Northern Ireland (グレートブリテン及び北アイルランド連合王国); 首都ロンドン (London); ✪ UK, U.K. と略す.

***United Nátions** 名 複 《the をつけて; 単数扱いで》**国際連合**, 国連 (《✪ UN または U.N. と略す》).
▶ a member of *the United Nations*

United States

国(際)連(合)加盟国.

United Nations の旗
《☞olive branch の **INFO**》

***United Státes** 名複《the をつけて；単数扱いで》= United States of America.

***United Státes of América** 名複《the をつけて；単数扱いで》**アメリカ合衆国**, アメリカ《50の州と首都ワシントン (Washington, D.C.)から成る. ◎ USA または U.S.A. と略す》.

u·ni·ty /júːnəti ユーニティ/ 名UC統一, まとまり, 団結. ▶They achieved the *unity* of their people. 彼らは民族の統一を達成した / This paragraph is lacking in *unity*. この段落は統一(性)が欠けている.

univ., Univ.《略語》university.

***u·ni·ver·sal** /jùːnəvə́ːrsl ユーニヴァースル/ 形
❶**世界共通の**, 人類共通の, 全人類の.
❷**普遍的な**, どこにでもある.
❸**すべての人々の**.

❶a *universal* language 世界共通語 / a *universal* problem 世界共通の問題.
❷Superstition is *universal*. 迷信はどこにでもあるものだ / a *universal* truth 普遍的真理.
❸There was *universal* joy at the news. そのニュースを聞いてみんなが喜んだ / *universal* agreement みんなの賛成.

☞ 名universe.

u·ni·ver·sal·i·ty /jùːnəvəːrsǽləti ユーニヴァーサリティ/ 名U普遍性, 一般性.

u·ni·ver·sal·ly /jùːnəvə́ːrsəli ユーニヴァーサリ/ 副どこでも, 普遍的に；例外なく.

***u·ni·verse** /júːnəvəːrs ユーニヴァース/《★アクセント注意》名《the をつけて》**宇宙**；天地万物.

類語 **universe** は宇宙空間に存在するあらゆる物を含み, **space** は宇宙空間そのものだけをさす.

☞ 形universal.

***u·ni·ver·si·ty** /jùːnəvə́ːrsəti ユーニヴァースィティ/ 名(複 -si·ties /-z/)
❶C**総合大学**《いくつかの学部から成る大学をいう》; ◎ Univ. と略す; ☞ college, school[1]》.
❷《形容詞的に》**大学の**, 大学に関係のある.

❶I want to go to *university*. 私は大学へ行きたい《◎《米》ではふつう go to college》/ My father teaches at a *university*. 私の父は大学で教えている / a student at a private *university* 私立大学の学生.
❷a *university* student 大学生.

un·just /ʌndʒʌ́st アンヂャスト/ 形不当な, 不公平な；不正な《反just》.
▶an *unjust* proposal 不当な提案.

un·jus·ti·fi·a·ble /ʌndʒʌ́stəfàiəbl アンヂャスティファイアブル/ 形道理に合わない, 不当な.

un·kempt /ʌnkém*p*t アンケンプト/ 形
❶《髪が》もじゃもじゃの. ❷《服装・外見などが》だらしのない.

***un·kind** /ʌnkáind アンカインド/ 形**不親切な**, 思いやりのない《反kind》. ▶He's *unkind* to her. 彼は彼女に対してつめたい.

un·kind·ly /ʌnkáindli アンカインドリ/ 副不親切に, つめたく《反kindly》.

un·kind·ness /ʌnkáindnəs アンカインドネス/ 名U不親切《反kindness》.

un·know·ing·ly /ʌnnóuiŋli アンノウイングリ/ 副知らないで, 気づかずに.

***un·known** /ʌnnóun アンノウン/ 形**知られていない**, 有名でない《反known》.
▶an *unknown* singer 無名の歌手.

un·law·ful /ʌnlɔ́ːfəl アンローフル/ 形不法の, 違法の《反lawful》. ▶an *unlawful* act 不法行為.

un·law·ful·ly /ʌnlɔ́ːfəli アンローフリ/ 副不法に, 違法に.

***un·less** /ənlès アンレス/ 接**…しないかぎり**, …する場合のほかは.

unnatural

▶I'll come *unless* it rains. 雨が降らない限り来ます / My father comes home in time for dinner, *unless* there is something urgent to do. 何か急いでしなければならないことがある場合を除いて，父は夕食前に帰宅する．

語法 unless 節には仮定法はふつう用いない：*If* he were *not* busy, he would help me.（もし彼が忙しくなかったら彼は私を助けてくれるでしょうが）は正しい文であるが，*Unless* he were busy, he would help me. とはふつう言わない．

un·li·censed /ʌ̀nláisnst アンライスンスト/ 形 無免許の．

***un·like** /ʌ̀nláik アンライク/ 前 ❶ …と違って，…と似ていないで（反 like）．❷ …らしくない[く]．

❶*Unlike* his brother, he was gentle. 兄[弟]と違って彼はおとなしかった．❷It is *unlike* you to be late. 遅刻するなんて君らしくない．

***un·like·ly** /ʌ̀nláikli アンライクリ/ 形 (-li·er, more ~; -li·est, most ~)
❶ ありそうもない（反 likely）．
❷《be unlikely to *do*》__しそうもない．

▶❶an *unlikely* story ありそうもない話 / It is *unlikely* that he will come in time. 彼は時間までに来そうもない．
❷She *is unlikely to* agree. 彼女は賛成しそうもない．

un·lim·it·ed /ʌ̀nlímitid アンリミティッド/ 形 無制限の．▶*unlimited* freedom 無制限の自由．

un·load /ʌ̀nlóud アンロウド/ 動
❶ⓐ（車・船など）から荷を降ろす（反 load）．ⓑ（積み荷など）を降ろす．ⓒ（乗客など）を降ろす．
❷ …を処理する，処分する．
❸ⓐ（銃）から弾丸を抜き取る．
ⓑ（カメラ）からフィルムを取り出す．
—— 自（車・船など）積み荷[乗客]を降ろす．

他 ❶ⓐThey *unloaded* the truck. 彼らはトラックの荷を降ろした．ⓑThe driver *unloaded* some boxes from the truck. ドライバーはトラックからいくつかの箱を降ろした．ⓒThe bus *unloaded* its passengers. バスは乗客を降ろした．

un·lock /ʌ̀nlák アンラック | -lɔ́k/ 動 他（箱・戸・ドアなどの）錠（ぢょう）をあける，かぎをあける（反 lock）．
▶*unlock* the door ドアのかぎをあける．

un·luck·i·ly /ʌ̀nlʌ́kili アンラキリ/ 副《文全体を修飾して》不運にも，不幸にも，あいにく．

***un·luck·y** /ʌ̀nlʌ́ki アンラキ/ 形 (un·luck·i·er; un·luck·i·est)
❶ 運の悪い，不運な，不幸な，ついていない（反 lucky）．
❷ 不吉な，縁起（ぇ&）の悪い．

❶She is an *unlucky* woman. 彼女は不運な人だ / Tom was *unlucky* to miss the bus. トムは運悪くバスに乗り遅れた / an *unlucky* accident 不運な事故．❷Friday the thirteenth is said to be an *unlucky* day. 13日の金曜日は不吉な日だといわれている / an *unlucky* number 縁起のわるい数字（ⓒ 英語圏では13）．

un·manned /ʌ̀nmǽnd アンマンド/ 形（宇宙船などが）乗組員のいない，無人の．
▶an *unmanned* satellite 無人衛星．

un·marked /ʌ̀nmá:rkt アンマークト/ 形 しるし[標示]のない．

un·mar·ried /ʌ̀nmǽrid アンマリッド/ 形 結婚していない，独身の（反 married）．

un·mask /ʌ̀nmǽsk アンマスク/ 動 他 …の仮面をはぐ，正体を暴露（ぼぅろ）する．

un·mis·tak·a·ble /ʌ̀nmistéikəbl アンミスティカブル/ 形 まちがえようのない，明白な．

un·mis·tak·a·bly /ʌ̀nmistéikəbli アンミスティカブリ/ 副 まちがえようもなく，明白に．

un·moved /ʌ̀nmú:vd アンムーヴド/ 形 心を動かされていない．

un·nat·u·ral /ʌ̀nnǽtʃərəl アンナチュラル/ 形
❶ 不自然な，異常な（反 natural）．
❷ わざとらしい，無理な．
▶❶an *unnatural* death 変死 / It is *unnatural* not to love *one's* children. わが子を愛さないのは不自然だ．

1475

un・nat・u・ral・ly /ʌnnǽtʃərəli アンナチュラリ/ 副 ❶不自然に, 異常に. ❷わざとらしく.

un・nec・es・sar・i・ly /ʌnnèsəsérəli アンネセセリリ | ʌnnésəsərəli/ 副必要もないのに, むだに.

*__un・nec・es・sar・y__ /ʌnnésəsèri アンネセセリ/ 形 **不必要な**, 無用の, よけいな (反 necessary).
▶It is *unnecessary* to change the schedule. 予定を変更する必要はない / *unnecessary* expenses 無用な出費.

un・nerve /ʌnnə́ːrv アンナーヴ/ 動 他 …をおじけづかせる.

un・no・ticed /ʌnnóutist アンノウティスト/ 形 人目につかない(で), 気づかれない(で).

un・oc・cu・pied /ʌnɑ́kjupàid アナキュパイド/ 形 (家などが)人が住んでいない, (席などが)あいている.

un・of・fi・cial /ʌnəfíʃəl アノフィシャル/ 形 非公式の; 公認されていない.

un・or・tho・dox /ʌnɔ́ːrθədɑ̀ks アノーソダックス/ 形 正統ではない, ふつうではない.

un・pack /ʌnpǽk アンパック/ 動 他 ❶ (荷・包みなど)を解く (反 pack). ❷ (荷を解いて)(中味)を取り出す.
— 自 荷[包み]を解く.

un・paid /ʌnpéid アンペイド/ 形 ❶未払いの, 未納の. ❷無報酬の.

un・pleas・ant /ʌnplézənt アンプレズント/ 形 不愉快な, いやな (反 pleasant).
▶an *unpleasant* person 不愉快な人 / an *unpleasant* taste いやな味.

un・pleas・ant・ly /ʌnplézntli アンプレズントリ/ 副 不愉快に, おもしろくもなく.

un・plug /ʌnplʌ́g アンプラッグ/ 動 他 …のプラグ[コンセント]をはずす.

un・pop・u・lar /ʌnpɑ́pjulər アンパピュラ/ 形 人気のない; はやっていない (反 popular).

un・pop・u・lar・i・ty /ʌnpɑ̀pjulǽrəti アンパピュラリティ/ 名 U 不人気; はやっていないこと (反 popularity).

un・prec・e・dent・ed /ʌnprésədèntid アンプレセデンティド/ 形 前例のない.

un・pre・dict・a・ble /ʌnpridíktəbl アンプリディクタブル/ 形 予測できない, どうなるかわからない.

un・pre・pared /ʌnpripéərd アンプリペアド/ 形 準備ができていない, 覚悟ができていない.
▶We were *unprepared for* the storm. 私たちはあらしに対して準備ができていなかった.

un・print・a・ble /ʌnpríntəbl アンプリンタブル/ 形 (不道徳で)印刷して公表できない(ような).

un・pro・fes・sion・al /ʌnprəféʃənəl アンプロフェショナル/ 形 専門家にふさわしくない (反 professional).

un・prof・it・a・ble /ʌnprɑ́fitəbl アンプラフィタブル/ 形 利益のない, もうからない (反 profitable).

un・pro・tect・ed /ʌnprətéktid アンプロテクティッド/ 形 保護されていない, 無防備の.

un・qual・i・fied /ʌnkwɑ́ləfàid アンクワリファイド/ 形 ❶ 資格のない (反 qualified). ❷まったくの.
▶❶an *unqualified* nurse 無資格の看護師. ❷an *unqualified* victory 完全な勝利.

un・ques・tion・a・ble /ʌnkwéstʃənəbl アンクウェスチョナブル/ 形 疑いのない, 確かな.

un・ques・tion・a・bly /ʌnkwéstʃənəbli アンクウェスチョナブリ/ 副 疑いなく, 確かに.

un・ques・tioned /ʌnkwéstʃənd アンクウェスチョンド/ 形 疑う余地のない, 明白な.

un・ques・tion・ing /ʌnkwéstʃəniŋ アンクウェスチョニング/ 形 疑うことのない.

un・rav・el /ʌnrǽvəl アンラヴェル/ 動 (~s /-z/; ~ed, 《英》un-rav-elled /-d/; -el-ing, 《英》un-rav-el-ling) 他 ❶ (もつれた糸など)をほぐす. ❷ (難問など)を解く.
— 自 (もつれた糸などが)ほぐれる.

un・real /ʌnríː(ə)l アンリ(ー)アル/ 形 実在しない, 架空の, 非現実的な (反 real).

un・re・al・is・tic /ʌnrí(ː)əlistik アンリ(ー)アリスティック/ 形 (考えなどが)非現実的な.

un・rea・son・a・ble /ʌnríːzənəbl アンリーゾナブル/ 形 ❶ (人・行為などが)無分別な, 道理に合わない (反 reasonable).
❷ (値段・要求などが)不当な, 途方もない.
▶❶His attitude is *unreasonable*. 彼の態度はむちゃくちゃだ / an *unreasonable* person 無分別な人. ❷an

abcdefghijklmnopqrstuvwxyz　　　　　　　　　　　　　　　　　　　　　　　　　　　　　**untangle**

unreasonable price 不当な値段.
- **un·rea·son·a·bly** /ʌ̀nríːzənəbli アンリーゾナブリ/ 副 ❶無分別に, 不合理に. ❷途方もなく, 不当に.
- **un·rec·og·niz·a·ble** /ʌ̀nrékəgnàizəbl アンレコグナイザブル/ 形(変わってしまい)なんだか[だれだか]よくわからない.
- **un·re·li·a·ble** /ʌ̀nriláiəbl アンリライアブル/ 形当てにならない, 信頼できない (反 reliable).
- **un·re·served** /ʌ̀nrizə́ːrvd アンリザーヴド/ 形無条件の.
- **un·re·serv·ed·ly** /ʌ̀nrizə́ːrvidli アンリザーヴィドリ/ 副無条件に.
- **un·rest** /ʌ̀nrést アンレスト/ 名U(社会的な)不安, 不穏.
- **un·ri·valed,** 《英》**un·ri·valled** /ʌ̀nráivəld アンライヴァルド/ 形比べるもの[人]のないほどの.
- **un·roll** /ʌ̀nróul アンロウル/ 動他(巻いた物)を解く, 広げる (反 roll).
— 自(巻いたものが)解ける, 広がる.
- **un·ru·ly** /ʌ̀nrúːli アンルーリ/ 形(扱いにくくて)手に負えない.
- **un·safe** /ʌ̀nséif アンセイフ/ 形安全でない, 危険な, 物騒な.
- **un·said** /ʌ̀nséd アンセッド/ 形(心に思っても)口に出さないで(いる).
- **un·san·i·tar·y** /ʌ̀nsǽnətèri アンサニテリ/ 形非衛生的な.
- **un·sat·is·fac·to·ry** /ʌ̀nsæ̀tisfǽktəri アンサティスファクタリ/ 形不満足な, 不十分な (反 satisfactory).
- **un·sa·vor·y,** 《英》**un·sa·vour·y** /ʌ̀nséivəri アンセイヴァリ/ 形(道徳的に)好ましくない, 不快な.
- **un·scathed** /ʌ̀nskéiðd アンスケイズド/ 形無傷の.
- **un·sci·en·ti·fic** /ʌ̀nsàiəntífik アンサイエンティフィック/ 形非科学的な.
- **un·screw** /ʌ̀nskrúː アンスクルー/ 動他…のねじ[栓]を抜く (反 screw).
- **un·scru·pu·lous** /ʌ̀nskrúːpjuləs アンスクルーピュラス/ 形善悪など構わない.
- **un·scru·pu·lous·ly** /ʌ̀nskrúːpjuləsli アンスクルーピュラスリ/ 副善悪など構わずに.
- **un·seat** /ʌ̀nsíːt アンスィート/ 動他…から地位を奪う.
- **un·self·ish** /ʌ̀nsélfiʃ アンセルフィシュ/ 形他人のことを大事にする (反 selfish).
- **un·set·tled** /ʌ̀nsétld アンセトルド/ 形
❶安定していない, 不安定な.
❷不安な, 心配している.
❸未解決の, かたづいていない.
▶❶*unsettled* weather 定まらない天候. ❸The problem is still *unsettled*. その問題はまだかたづいていない.
- **un·shak·a·ble** /ʌ̀nʃéikəbl アンシェイカブル/ 形(信念などが)ゆるぎない.
- **un·skilled** /ʌ̀nskíld アンスキルド/ 形
❶技術の未熟な, へたな (反 skilled).
❷技術のいらない.
- **un·so·cia·ble** /ʌ̀nsóuʃəbl アンソウシャブル/ 形交際ぎらいの (反 sociable).
- **un·so·lic·it·ed** /ʌ̀nsəlísitid アンソリスィティド/ 形(助言・手紙などが)頼まないのに与えられる.
- **un·so·phis·ti·cat·ed** /ʌ̀nsəfístəkèitid アンソフィスティケイティド/ 形 ❶物をよく知らない; 教養のない (反 sophisticated).
❷(機械などが)複雑でない, 簡単な.
- **un·sound** /ʌ̀nsáund アンサウンド/ 形
❶(考え・理論などが)根拠のない, 不合理な. ❷(建物などが)しっかりしていない.
- **un·speak·a·ble** /ʌ̀nspíːkəbl アンスピーカブル/ 形口では言えないほどひどい.
- **un·spo·ken** /ʌ̀nspóukən アンスポウクン/ 形口に出さない, 無言の.
- **un·sta·ble** /ʌ̀nstéibl アンステイブル/ 形
❶(ものが)不安定な, すわりの悪い (反 stable). ❷(気持ちなどが)不安定な, 落ち着きのない. ❸(情況が)不安定な.
- **un·stead·y** /ʌ̀nstédi アンステディ/ 形(ものが)不安定な, ぐらぐらする (反 steady).
- **un·suc·cess·ful** /ʌ̀nsəksésfəl アンサクセスフル/ 形うまくいかなかった, 不成功の (反 successful).
- **un·suit·a·ble** /ʌ̀nsjúːtəbl アンス(ュ)ータブル/ 形不適当な (反 suitable).
- **un·sure** /ʌ̀nʃúər アンシュア/ 形 ❶確信がない. ❷自信がない.
- **un·sus·pect·ing** /ʌ̀nsəspéktiŋ アンサスペクティング/ 形不用心な.
- **un·tan·gle** /ʌ̀ntǽŋgl アンタングル/ 動(現分 un·tan·gling)他 ❶(もつれたもの)を解く, ほどく (反 tangle). ❷…を明らかにする.

un·tapped /ʌ̀ntǽpt アン**タ**ップト/ 形 (資源・才能などが)まだ利用されていない.

un·think·a·ble /ʌnθíŋkəbl アン**スィ**ンカブル/ 形 まったく考えられないような, とてもありそうもない.

un·think·ing /ʌnθíŋkiŋ アン**スィ**ンキング/ 形 思慮のない, 軽率な.

un·ti·dy /ʌntáidi アン**タ**イディ/ 形 (-di·er; -di·est) ❶取り散らかした (反 tidy).
❷ (人・服装などが)だらしがない.
▶❶ an *untidy* room 乱雑な部屋.

un·tie /ʌ̀ntái アン**タ**イ/ 動 (現分 un·ty·ing) 他 (結び目など)を解く, ほどく (反 tie).

‡un·til /əntíl アン**ティ**ル/ 《❶till より形式ばった感じ》
前《継続時間の終点》**…まで(ずっと)**.
— 接 ❶《継続時間の終点》__まで(ずっと).
❷《ふつう ..., until __ で》…してとうとう__.

・・・・・・・・・・・・・・・・・・・・・・・・・・・・・・・

前 I waited for him *until* four. 私は彼を4時まで待った.
— 接 ❶ Please wait *until* I'm ready. 私が準備できるまで待っていてください.
❷ He walked on and on, *until* he reached his destination. 彼は歩きに歩いてついに目的地に着いた.
not __ until ... **…まで(ずっと)__ない**, …になってやっと__: He did *not* come home *until* midnight. 彼は夜中の12時まで帰宅しなかった(夜中の12時になってやっと帰宅した) / She did *not* speak *until* she was asked to. 彼女は話すようにと言われるまで話さなかった(言われて初めて話した).

un·time·ly /ʌ̀ntáimli アン**タ**イムリ/ 形 ❶ タイミングの悪い. ❷ 早過ぎる.

un·tir·ing /ʌ̀ntáiəriŋ アン**タ**イ(ア)リング/ 形 疲れを知らない, 休むことのない.

un·tir·ing·ly /ʌ̀ntáiəriŋli アン**タ**イ(ア)リングリ/ 副 疲れを知らずに, 休むことなく.

un·told /ʌ̀ntóuld アン**ト**ウルド/ 形 (数量・程度が)測れないほど多くの.

un·touch·a·ble /ʌ̀ntʌ́tʃəbl アン**タ**チャブル/ 形 だれもかなわない.

un·touched /ʌ̀ntʌ́tʃt アン**タ**ッチト/ 形 ❶ 手が加えられていない; もとのままの.
❷ (食べ物などが)手がつけられていない.

un·true /ʌntrúː アン**トル**ー/ 形 ほんとうでない, 真実でない (反 true).

un·truth /ʌntrúːθ アン**トル**ース/ 名 (複 ~s /-trúːðz, -trúːθs/) C うそ (反 truth).

un·used¹ /ʌ̀njúːzd アン**ニュ**ーズド/ 形 ❶ 使われていない. ❷ 使われたことのない.

un·used² /ʌ̀njúːst アン**ニュ**ースト/ 形 〔…に〕慣れていない 〔*to*〕 (反 used).
▶She *is unused to* city life. 彼女は都会生活に慣れていない.

‡un·u·su·al /ʌ̀njúːʒuəl アン**ニュ**ージュアル/ 形 (*more* ~; *most* ~) **普通でない**, 異常な, 珍しい (反 usual).
▶*unusual* weather 異常な天候 / It is *unusual* for her to be late. 彼女が遅れるのは珍しい.

un·u·su·al·ly /ʌ̀njúːʒuəli アン**ニュ**ージュアリ/ 副 異常に, 普通とちがって (反 usually).
▶It is *unusually* cold. 異常に寒い.

un·veil /ʌ̀nvéil アン**ヴェ**イル/ 動 他 (計画など)を明らかにする, …を公開する.

un·want·ed /ʌ̀nwántid アン**ワ**ンティッド/ 形 望まれない, 不必要な.

un·war·rant·ed /ʌ̀nwɔ́ːrəntid アン**ウォ**ーランティド/ 形 不当な.

un·well /ʌ̀nwél アン**ウェ**ル/ 形 具合が悪い, 気分がすぐれない (☞sick).

un·wel·come /ʌ̀nwélkəm アン**ウェ**ルカム/ 形 歓迎されない, 喜ばれない. ▶ an *unwelcome* visitor 歓迎されない客.

un·will·ing /ʌ̀nwíliŋ アン**ウィ**リング/ 形 気が進まない, いやいやながらの (反 willing). ▶ I *was unwilling to* go there alone. 私はそこへひとりで行く気にはなれなかった.

un·will·ing·ly /ʌ̀nwíliŋli アン**ウィ**リングリ/ 副 いやいやながら, しぶしぶ (反 willingly). ▶ She *unwillingly* agreed. 彼女はいやいや同意した.

un·wind /ʌ̀nwáind アン**ワ**インド/ 《★発音注意》動 (~s /-dz/; un·wound /-wáund/; ~ing) 他 (巻いてある物)を解く, ほどく (反 wind).
— 自 ❶ (巻いてある物が)解ける, ほどける. ❷《口語》気分が楽になる, リラックスする.

un·wit·ting·ly /ʌ̀nwítiŋli アン**ウィ**ティングリ/ 副 意図しないで, 知らず知らずに.

abcdefghijklmnopqrst u vwxyz up

un·wor·thy /ʌnwə́ːrði アンワーズィ/ 形 (賞賛・考慮などに)値しない, ふさわしくない (反 worthy). ▶His opinion *is unworthy of* our consideration. 彼の意見はわれわれの考慮に値しない.

un·wound /ʌnwáund アンワウンド/ (★発音注意) 動 unwindの過去形・過去分詞形.

un·wrap /ʌnrǽp アンラップ/ 動 (~s /-s/; un·wrapped /-t/; un·wrap·ping) 他 …の包装を解く (反 wrap).

un·writ·ten /ʌnrítn アンリトン/ 形 (知られてはいても)文書にされてない (反 written). ▶an *unwritten* law 慣習法.

un·zip /ʌnzíp アンズィップ/ 動 (un·zips /-s/; un·zipped /-t/; un·zip·ping) 他 …のジッパーをあける.

up /ʌp アップ/ 副 ❶ 《動作の方向を表わして》**上へ, 高い方へ**.
❷ 体を起こして, 立って, 昇って.
❸ 《中心点・話し手などの方へ》近づいて, 向かって;(南から)北へ.
❹ (勢い・程度・価値・地位などが)上がって, 高く.
❺ すっかり, 完全に.
❻ 勢いよく,(前より)力強く.
❼ 続けて, やめないで.
— 前 /ʌp アップ/ ❶ 《動作の方向・位置を表わして》…**を上のほうへ[の, に]**, 川の上流へ[の, に].
❷ (道など)に沿って.
— 形 ❶ 上の方への, 上向きの.
❷ 《米》(交通機関が)北行きの; 《英》上りの.
❸ (眠らないで)起きて.
❹ 終わって.
❺ (事・話などが)持ち上がって.
— 動 他 《口語》(要求・値段など)を上げる.
— 自 《up and do で》突然__し始める.
— 名 ❶ Ⓒ (道などの)上り, 上り坂.
❷ 《複数形で》幸運, 出世.

・・・・・・・・・・・・・・・・・・・・・・・・

副 ❶ She picked *up* the pebble. 彼女はその小石を拾い上げた / fly *up* in the sky 空中へ飛び上がる.
❷ We stood him *up*. 私たちは彼を立ち上がらせた / I was [stayed, sat] *up* late last night. 私は昨夜遅くまで起きていた / The sun is already *up*. 太陽はすでに昇っている.
❸ He came *up* to me. 彼は私の方へやってきた / He went *up* to Tokyo. 彼は上京した.
❹ Prices have gone *up*. 物価は上がった / Please turn the radio *up*. ラジオのボリュームを上げてください / She moved *up* into an advanced class. 彼女は上級クラスに上がった.
❺ He drank *up* the wine at once. 彼はすぐにそのワインを飲み干した / She used *up* all her savings. 彼女は貯金を使い果たした.
❻ The fire wood flared *up*. まきがめらめらと燃え上がった / Speak *up*! はっきりものを言いなさい.
❼ Let's try to keep *up* the conversation. 会話を続けるようにしましょう.
— 前 ❶ I climbed *up* the tree. 私はその木に登った / The ship sailed *up* the river. 船は川をさかのぼって行った / The climb *up* the hill took two and a half hours. その山に登るのに2時間半かかった / They live *up* the slope. 彼らは斜面をあがった所に住んでいる.
❷ Go straight *up* this street. この通りをずっとまっすぐ行きなさい.
— 形 ❶ an *up* elevator 上りのエレベーター.
❷ the *up* train 《米》(鉄道の)北行きの列車; 《英》上り列車.
❸ I was still *up* at midnight. 私は夜中の12時にはまだ起きていた.
❹ Time is *up*. 時間です (✿決められた時間が過ぎたときいう)).
❺ Something was *up* in the square. 広場でなにかが起こっていた.
— 動 他 She *upped* and hit him. 彼女は彼をいきなりなぐった.

up and down ① **上がったり下がったり**: We went *up and down* on the roller coaster. われわれはジェットコースターで上がったり下がったりした. ② **あちこち**: We walked *up and down* in the park. 私たちは公園の中をあちこち歩き回った.

up and down ... ① **…を上がったり下がったり**: The children were going

one thousand four hundred and seventy-nine 1479

upbeat

up and down the stairs. 子どもたちは階段を上がったり降りたりしていた. ② **…をあちこち行ったり来たり**：He walked *up and down* the street. 彼は通りを行ったり来たりした.

ups and downs ①(道などの)起伏. ②変動, (人生の)浮き沈み.

up to ... ①《時間・程度・数量などの上限を表わして》**…まで**, …に至るまで：I lived there *up to* then. その時までわたしはそこに住んでいた / Count *up to* a hundred. 百まで数えなさい. ②…に匹敵して.

What's up? 《口語》何が起こったのだ, どうしたのだ.

up·beat /ʌ́pbìːt アプビート/ 形 陽気な.

up·bring·ing /ʌ́pbrìŋiŋ アプブリンギング/ 名《単数形で》(幼時期の)養育, 育て方.

up·com·ing /ʌ́pkʌ̀miŋ アプカミング/ 形《米》(行事などが)間もなく行われる.

up·date 動 /ʌpdéit アプデイト/ (現分 up·dat·ing) 他 …を最新のものに直す, アップデートする.
— 名 /ʌ́pdèit アプデイト/ C ❶アップデート. ❷最新情報.
▶動 他 This guide book is *updated* every year. この旅行案内書は毎年新しくされる.

up·grade /ʌ́pgréid アプグレイド/ 動 (現分 up·grad·ing) 他 (品質など)を改良する, グレードアップする.
— 名 /ʌ́pgrèid アプグレイド/ C グレードアップ.

up·heav·al /ʌphíːvəl アプヒーヴァル/ 名 U C 大変動, 激変.

up·held /ʌphéld アプヘルド/ 動 uphold の過去形・過去分詞形.

up·hill /ʌ́phíl アプヒル/ 形 ❶上り(坂)の(反 downhill). ❷困難な, 骨の折れる.
— 副 坂[丘]の上へ.

up·hold /ʌphóuld アプホウルド/ 動 (~s /-dz/; up·held /-héld/; ~·ing) 他 ❶(判決など)を支持する.
❷(法律・制度など)を守る, 支持する.
▶❶ *uphold* the court's decision 裁判所の判決を支持する.

up·hol·ster·y /ʌphóulstəri アプホウルスタリ/ 名 U (いす・ソファーなどの)詰めもの.

UPI /júːpìːái ユーピーアイ/ 名(アメリカの) UPI 通信社(☞AP).

up·keep /ʌ́pkìːp アプキープ/ 名 U ❶(家屋・機械などの)維持. ❷維持費.

up·land /ʌ́plənd アプランド/ 名 C 高地.

up·lift·ing /ʌplíftiŋ アプリフティング/ 形 人を元気づける.

＊**up·on** /əpɑ́n アパン, əpɔ́(ː)n/ 前 **…の上に(ある)**(☞on と同義).
▶Don't sit *upon* it. その上に腰を降ろしてはいけません.
語法 on よりやや《文語》的で語調が強い.

＊**up·per** /ʌ́pər アパ/ 形 ❶(位置などが)**上の方の**, 上部の(反 lower).
❷上級の, 上位の, 上層の.
❸(川の)上流の, 奥地の.
❹《米》北方の.
— 名 C くつの甲(;)《底以外の上の部分全体をいう》.

形 ❶the *upper* lip 上くちびる / an *upper* room 上の部屋.
❸the *upper* Thames テムズ川の上流.

úpper cláss 名 C ❶《the upper class(es) で》上流階級(の人々)(☞ middle class, lower class). ❷(学校の)上級のクラス.

up·per·class /ʌ́pər-klǽs アパ·クラス/ 形 上流階級の.

up·per·class·man /ʌ́pərklǽsmən アパクラスマン/ 名 (複 up·per·class·men /-mən/) C《米》(高校・大学の)上級生《4年制の大学では3年生(junior)と4年生(senior)》.

up·per·cut /ʌ́pərkʌ̀t アパカット/ 名 C 〔ボクシング〕アッパーカット.

Úpper Hóuse 名《the をつけて》(二院制議会の)上院(☞parliament の INFO).

up·per·most /ʌ́pərmòust アパモウスト/ 形 ❶いちばん上の, 最高の. ❷もっとも重要な.

＊**up·right** /ʌ́pràit アプライト/ 《★アクセント注意》形
❶**まっすぐ立った**, 直立した.
❷(人柄が)**まっすぐな**, 誠実な, 立派な.
— 副 ❶まっすぐに, 直立して.
❷誠実に.

形 ❶an *upright* position 直立の姿勢 / an *upright* post まっすぐな柱.

abcdefghijklmnopqrst**u**vwxyz　　　　　　　　　　　　　　　　　　　　　　　　**urban**

❷an *upright* man 誠実な人.
—　副　❶Stand *upright*. まっすぐに立ちなさい, 姿勢をきちんとしなさい.

up·ris·ing /ʌpràiziŋ アプライズィング/ 名 ⓒ反乱, 暴動.

up·roar /ʌprɔ́ːr アプロー/ 名《単数形で》大騒ぎ, 騒動.

up·roar·i·ous /ʌprɔ́ːriəs アプローリアス/ 形騒々しい, やかましい.

up·root /ʌprúːt アプルート/ 動 他 ❶…を根こそぎ引き抜く.
❷(人)を立ちのかせる, 追い立てる.

*****up·set** /ʌpsét アプセット/ 動 (~s /-ts/; up·set; up·set·ting) 他 ❶(人)を**あわてさせる**, うろたえさせる.
❷(胃)の調子を悪くする.
❸…をひっくり返す, 転覆(てんぷく)させる.
❹…をだめにする, めちゃくちゃにする.
—　形 ❶あわてた, 気が動転した.
❷(胃が)調子の狂った.
—　名 /ʌpsèt アプセット/ (複 ~s /-ts/)
❶ⓒ混乱. ❷ⓒ気の転倒. ❸ⓒ胃の不調. ❹ⓒ(競技などでの)番狂わせ.

　　　　　　　　　　　　　　　
動 他 ❶Don't say anything to *upset* her. 彼女をうろたえさせるようなことは言ってはいけない.
❷The fish *upset* my stomach. 私は魚を食べて胃がおかしくなった.
❸The strong wind *upset* the boat. 強風でボートはひっくり返った.
❹The accident *upset* our plan. その事故でわれわれの計画がだめになった.
—　形 ❶She was *upset* that she could not find the ring. 彼女は指輪が見つからなくてうろたえた.

up·shot /ʌpʃɑt アプシャット/ 名《the をつけて》(最終の)結果, 結末, 結論.

*****up·side** /ʌpsàid アプサイド/ 名 (複 ~s /-dz/) ⓒ**上側**, 上方, 上部.

úpside dówn 副 ❶さかさまに, ひっくり返って. ❷めちゃめちゃに(して).
▶ ❶turn the table *upside down* テーブルをひっくり返す / hang *upside down* 逆さにぶら下がる.

up·stage /ʌpstéidʒ アプステイヂ/ 副舞台後方で[へ].

*****up·stairs** /ʌpstéərz アプステアズ/ 副**上の階に[へ, で]**, 2階に[へ, で] (反 downstairs)《♣より上の階であればどの階でもよいが, ふつうの家は2階建てなので, 2階をさすことが多い》.
—　形上の階の, 2階の.
—　名 /ʌpstèərz アプステアズ/ 《the up·stairs で》2階, 上の階.

　　　　　　　　　　　　　　　
副 The bedrooms are *upstairs*. 寝室は2階にある / Go *upstairs*! 2階へ行きなさい.
—　形an *upstairs* room 階上の部屋.

up·state /ʌpstéit アプステイト/ 形《米》州北部の. —　副州北部へ[に].

up·stream /ʌpstríːm アプストリーム/ 副上流に[へ], 川上に[へ], 流れを上って (反 downstream).
—　形上流(へ)の, 流れをさかのぼる.

up·surge /ʌpsɔ́ːrdʒ アプサーヂ/ 名 ⓒ急増.

up·take /ʌptèik アプテイク/ 名 ⓤ理解力.
be quick 〔*slow*〕 *on the uptake* 頭の回転が速い〔遅い〕.

up·tight /ʌptáit アプタイト/ 形《口語》緊張した, 神経質な; いらだった.

*****up-to-date** /ʌp-tə-déit アプ・ト・デイト/ 形 (more ~; most ~)**最新(式)の**, 最近の (反 out-of-date).
▶ *up-to-date* facilities 最新の設備.

up·town /ʌptáun アプタウン/ 副《米》(町の北側の)住宅地区に[で, へ].
—　形《米》(町の北側の)住宅地区の.

up·turn /ʌptɔ́ːrn アプターン/ 名 ⓒ(景気などの)好転 (☞downturn).

up·turned /ʌptɔ́ːrnd アプターンド/ 形 ❶上を向いた. ❷ひっくり返った.

*****up·ward** /ʌpwərd アプワド/ 副**上の方へ**, 上向きに (反 downward).
—　形上の方への, 上向きの.

　　　　　　　　　　　　　　　
副 He looked *upward* at the sign. 彼は看板を見上げた.
upward of ... …以上: *upward of* ten years 10年以上も.
—　形an *upward* current 上昇気流.

up·wards /ʌpwərdz アプワツ/ 副 = upward.

u·ra·ni·um /juréiniəm ユレイニアム/ (★発音注意) 名 ⓤ〖化学〗ウラン, ウラニウム.

*****ur·ban** /ɔ́ːrbən アーバン/ 形都市の, 都会の

urbanization

の(反 rural, rustic).
▶*urban* life 都市生活 / *urban* problems 都市問題.

ur·ban·i·za·tion /ə̀ːrbənizéiʃən アーバニゼイション｜ə̀ːbənaiz-/ 名 Ⓤ 都市化, 都会化.

ur·ban·ized /ə́ːrbənaizd アーバナイズド/ 形 都市[都会]化した.

＊**urge** /ə́ːrdʒ アーヂ/ 動(urg·es /-iz/; urged /-d/; urg·ing) 他
❶ⓐ …を強くすすめる, 力説する.
ⓑ《urge ... to *do*》…に__するように強くすすめる, せき立てる, 力説する.
ⓒ《urge (that) __》__と強くすすめる, せき立てる, 力説する.
❷(人・動物)を追い立てる, かり立てる, 急がせる.
— 名 Ⓒ (…したい)強い気持ち, 衝動.

・・・・・・・・・・・・・・・・・・・・・

動 他 ❶ⓐ The committee *urged* complete reform of the system. その委員会は組織の全面改革を強くすすめた.
ⓑ Father *urged* me *to* study harder. 父はぼくにもっと一生懸命に勉強するようにとしきりに言った.
ⓒ The speaker *urged that* we (should) do our duty first. その演説者はわれわれがまずやるべきことをやらなくてはいけないと主張した(《❶(米)ではふつう should を用いない》).
❷ He *urged* his horse up the hill. 彼は馬を追い立てて丘をのぼった.
urge ... on ①…にどんどん(前へ)進むようにせき立てる. ②…にどんどん(物事を)やるようにせき立てる.
— 名 I felt an irresistible *urge* to go and see her. 私は彼女に会いに行きたいという抑えがたい衝動を感じた.

ur·gen·cy /ə́ːrdʒənsi アーヂェンスィ/ 名 Ⓤ 差し迫っていること, 緊急, 切迫.
▶a matter of *urgency* 緊急の問題.
☞ 形 urgent.

＊**ur·gent** /ə́ːrdʒənt アーヂェント/ 形 (more ~; most ~) 緊急の, 差し迫った; 重大な.
▶He went to Tokyo on *urgent* business. 彼は急用で東京へ行った / She is in *urgent* need of medical attention. 彼女は医者の手当を受ける必要に迫られている.

☞ 名 urgency.

ur·gent·ly /ə́ːrdʒəntli アーヂェントリ/ 副
❶ 差し迫って, 緊急に. ❷ しきりに.

u·ri·nate /júərənèit ユ(ア)リネイト/ 動 (現分 -nat·ing) 値 小便をする.

u·rine /júərin ユ(ア)リン/ 名 Ⓤ 尿, 小便.

URL 《略語》【電算】*Uniform Resource Locator*《インターネットのホームページの住所》.

urn /ə́ːrn アーン/ 名 Ⓒ ❶(注ぎ口つきの)(大きな)コーヒー[紅茶]わかし. ❷ 骨つぼ.

U·ru·guay /júərəgwài ユ(ア)ルグワイ/ 名 ウルグアイ《南米南東部の共和国》.

＊＊**us** /(弱) əs アス; (強) ʌ́s アス/ 代
❶《we の目的格》私たちを[に], われわれを[に].
❷《補語として》《口語》私たち(です, だ), われわれ(です, だ).

・・・・・・・・・・・・・・・・・・・・・

❶ She showed *us* some photos. 彼女はわれわれに何枚か写真を見せてくれた / Our teacher played basketball with *us*. 先生は私たちとバスケットボールをした.
❷ It's *us*. (それは)私たちです.

＊**US, U.S.** /jú:és ユーエス/ 名《the をつけて》《アメリカ》合衆国, アメリカ《● the *United States* (of *America*) の略》.

＊**USA, U.S.A.** /jú:èséi ユーエスエイ/ 名《the をつけて》アメリカ合衆国, アメリカ《● the *United States of America* の略》.

us·a·ble /jú:zəbl ユーザブル/ 形 使うことができる.

＊**us·age** /jú:sidʒ ユースィヂ｜-zidʒ/ 《★発音注意》名 (複 -ag·es /-iz/)
❶ Ⓤ Ⓒ (ことばの)慣用(法); 語法.
❷ Ⓤ 使用, 使い方.
▶❶ The expression has come into common *usage*. その表現はふつうに用いられるようになった / American *usage* アメリカ語法.

☞ 動 use.

＊＊**use** 動 /jú:z ユーズ/ 《★発音注意》(us·es /-iz/; used /-d/; us·ing) 他
❶ …を使う, 用いる, 利用する; …を使わせてもらう.

use

❷(頭・能力など)を**働かせる**.
❸…を**消費する**,使う.
❹(人)を利用する.
❺(麻薬など)を常用する.
— 自 (ある期限までに)使う.
— 名 /júːs ユース/ (★発音注意) (複) us·es /-iz/ ❶ Ⓤ **使用**,利用,用いること.
❷ Ⓤ **効用**,役に立つこと,有用,利用価値.
❸ Ⓒ **使いみち**,用途,使用目的;使用法.
❹ Ⓤ 使う能力,使う自由,使用する権利,使用の必要.

- - - - - - - - - - - - - - - - - - - -

動 他 ❶ I *use* my computer every day. 私は毎日コンピューターを使う / They *used* every chance to attain their aim. 彼らは目的を達成するためにあらゆる機会を利用した / how to *use* a knife and fork ナイフとフォークの使い方 / *use* big words 大げさな言葉を使う / *use* force 暴力を使う.

❷ *Use* your brains and find a way. 頭を働かせて方法を見つけなさい.

❸ We *use* about 20 cubic meters of water a month. 家では月に約20立方メートルの水を使う.

❹ They are just *using* you. 彼らはただあなたを利用しているだけだ.

— 自 *Use* by May 3, 11 賞味期限 2011年5月3日.

could use ... 《口語》…をもらえればありがたいのですが:I *could use* a glass of wine. ワインを一杯いただけたらありがたいんですが.

use up 他 …を**使い果たす**:I have *used up* all the money I saved. 私は貯めたお金を全部使い果たした.

☞ 名 usage.

— 名 ❶ The *use* of fire is forbidden in this area. このあたりでは火の使用が禁じられている / This dictionary is for the *use* of students. この辞書は学生向きです / For *use* only in case of emergency. 《掲示》非常の場合以外使わないでください / the efficient *use* of resources 資源の有効利用.

❷ What is the *use* of learning a foreign language? 外国語を学ぶことはなんの役に立つのか / There's no *use* (in) your going there. あなたがそこへ行ってもむだでしょう《☞成句 It is no *use* do ing __ .》.

❸ This machine has many *uses*. この機械はいろいろな使いみちがある / the proper *use* of a tool 道具の正しい使用法.

❹ He lost the *use* of his right eye in the accident. 彼はその事故で右目が見えなくなった / You have the *use* of your father's car, don't you? 君はお父さんの車を自由に使えるんだろうね.

be of use 役に立つ:This book *is of great use*. この本はとても役に立つ.

be of little use ほとんど役に立たない.

be of no use まったく役に立たない: This guidebook *is of no use*. この案内書はまったく役に立たない.

come into use 使われるようになる.

go out of use 使われなくなる.

have no use for ... ①…は必要ない,…には用がない:I *have no use for* the book. 私はその本はもういらない. ②《口語》…がきらいだ:I *have no use for* lazy people. 私はなまけ者はきらいだ.

in use 使われて,使用中で (反 out of *use*):These tools are still *in use*. これらの道具は今でも使われている.

It's no use! 《口語》(そんなことをしても)むだだよ.

It is no use *doing* __. __してもむだである:It's *no use trying* to persuade him. 彼を説得しようとしてみてもむだだ.

make use of ... …を**利用する**, …を使用する:*make* good *use of* ... …をよく利用する / *make* the best *use of* ... …を最大限利用する.

out of use 使われないで, すたれて (反 in *use*):This idiom is *out of use* now. この熟語はもう使われていない.

put ... to use …を使う,利用する:We have to *put* these waste materials *to use*. これらの廃物は利用しなくてはならない.

There is no use (in) *doing* __ = It's no *use doing* __.

What's the use (of *doing*)? 《口語》(__するのは)むだだ, 無意味だ:*What's the use of asking* him for advice?

彼に意見を求めてもむだだ.
☞ 形useful.

used¹ /júːzd ユーズド/ 《★発音注意》形 (more ~; most ~)
❶ **使い古した**, 中古の (反 unused).
❷ 使用済みの.

❶ *used* cars 中古車 (**○**secondhand cars ともいう)/ *used* books 古本.
❷ *used* stamps 使用済みの切手.

used² /júːst ユースト/ 《★発音注意; used to は /júːstə, -tu/ と発音される》形 (more ~; most ~) 《be used to ...》**…に慣れている**. ▶I *am used to* air travel. 私は空の旅に慣れている / She *is used to* speaking in public. 彼女は人前で話すのに慣れている.
***get used to ...* …に慣れる**: She soon *got used to* her new job. 彼女はじきに新しい仕事に慣れた.

used³ /júːst ユースト/ 《★発音注意; use(d) to は /júːstə, júːstu/ と発音される》動 ⓘ
❶ 《*used to do*》(今はしていないが)**以前は＿していた(ものだった)**.
❷ 《*used to be*》(今はそうではないが)**以前は…であった**.

❶ My father *used to* smoke, but now he doesn't. 父は以前はたばこを吸ったけれども今は吸わない.
❷ She *used to* be slender. 彼女は以前はすらっとしていた / There *used to* be an old temple here. ここにはかつて古いお寺があった.

語法 (1) used to と would との相違: used to は,「(今はしていないが)以前はいつも[ふつう, ずっと]＿した(ものだった)」という意味を表わし, would は「(今はしていないが)以前はよく＿したものだった」という意味で, 動作の反復を表わす often や sometimes とともに用いられることが多い. (2) used to do の否定文は did not use to do を用いる: He didn't *use to* speak very much. (彼は以前はあまりしゃべらなかった). (3) 疑問文も did he *use to* do? を用いる: Did he *use to* go to school with you? (以前(そのころ)は彼は君と一緒に学校へ行っていましたか).

use·ful /júːsfəl ユースフル/ 形 (more ~; most ~) **役に立つ**, 有用な, 有益な, 便利な (反 useless).

a *useful* tool 役に立つ道具 / a piece of *useful* advice 役に立つ助言 / This guidebook will *be useful to* him. この案内書は彼の役に立つでしょう / This map is *useful for* a drive. この地図はドライブに役立つ / It is *useful* to learn foreign languages. 外国語を身につけることは役に立つ.
☞ 名use.

use·ful·ly /júːsfəli ユースフリ/ 副 役に立って, 有効に, 有益に.

use·ful·ness /júːsfəlnəs ユースフルネス/ 名 Ⓤ 役に立つこと, 有効(性), 有益.

use·less /júːsləs ユースレス/ 形 (more ~; most ~) **役に立たない**, むだな (反 useful). ▶She saves *useless* things. 彼女は役に立たない物を取っておく / It is quite *useless* to try to persuade him. 彼を説得しようとしてもむだだ.

use·less·ness /júːsləsnəs ユースレスネス/ 名 Ⓤ 役に立たないこと, 無益.

us·er /júːzər ユーザ/ 名 Ⓒ 使う人, 利用者, ユーザー.

us·er-friend·ly /júːzər-fréndli ユーザ-フレンドリ/ 形 使いやすい, 使い勝手のよい, 扱いやすい, 使用[利用]者に親切な.
▶a *user-friendly* computer 使いやすいコンピューター.

ush·er /ʌ́ʃər アシャ/ 名 Ⓒ (教会・劇場などの座席の)案内係.
— 動 ⑯ …を(座席へ)案内する.
▶動 ⑯ She *ushered* me to the seat. 彼女は私を座席に案内してくれた.
***usher in* ⑯** ① …を案内して入れる. ② (新しいことの)先ぶれとなる.

u·su·al /júːʒuəl ユージュアル/ 形 (more ~; most ~) **いつもの**, ふつうの (反 unusual).

Let's meet again at the *usual* place. またいつものところで会おう / It is *usual for* him *to* stay up late at night. 彼が夜遅くまで起きているのはふつうだ.
***as usual* いつものとおり**: *As usual*, he came home just before dinner.

abcdefghijklmnopqrst u vwxyz   **U-turn**

彼はいつものように夕食直前に帰宅した. *than usual*《比較級の後につけて》**いつもよりも…**: He got up a little earlier *than usual*. 彼はいつもより少し早く起きた.

＊＊＊u·su·al·ly /júːʒuəli ユージュアリ/
副 **いつもは**, たいてい, ふつうは, 通常《反 unusually》(☞always の 語法).

What do you *usually* do after school? 放課後はふつうなにをしますか / "Is it hot in September?"–"(No,) not *usually*." 「9 月は暑いのですか」「(いいえ,)ふつうはちがいます」.

UT【米郵便】Utah.

U·tah /júːtɔː, -tɑː/ ユートー, -ター/ 名 ユタ(アメリカ西部の州; ●【米郵便】UT と略す).

u·ten·sil /juːténsl ユーテンスル/ 名 C(台所用など家庭で日常使う)道具, 用具, 器具. ▶kitchen *utensils* 台所用具.

u·ter·us /júːtərəs ユーテラス/ 名(複 u·ter·i /júːtərài/; ~·es) C【解剖】子宮(womb).

＊**u·til·i·ty** /juːtíləti ユーティリティ/ 名(複 -i·ties /-z/) ❶ C《ふつう複数形で》(ガス・水道・電気などの)**公共事業**. ❷《文語》U 役に立つこと, 有用.
☞動 utilize.

utílity ròom 名 C ユーティリティールーム(洗濯機, そうじ機などを収納しておく小部屋).

u·ti·li·za·tion /jùːtəlizéiʃən ユーティリゼイション | -lai-/ 名 U 利用, 活用.

＊**u·ti·lize** /júːtəlàiz ユーティライズ/ 動 (-liz·es /-iz/; -lized /-d/; -liz·ing) 他《文語》…を**利用する**, 活用する.
▶*utilize* solar energy 太陽エネルギーを利用する.
☞名 utility.

ut·most /ʌ́tmòust アトモウスト/ 形《ふつう **the** をつけて》(程度が)最大の, 最大限の, 極度の.
— 名《**the** または **one's** をつけて》最大限, 極限.
▶take *the utmost* care 最大の注意を払う.
— 名 He did *his utmost* to pass the exam. 彼はその試験に合格するように全力をつくした.

U·to·pi·a, u·to·pi·a /juːtóupiə ユートウピア/ 名(複 ~s /-z/) C 理想郷, ユートピア, 理想社会.

U·to·pi·an, u·to·pi·an /juːtóupiən ユートウピアン/ 形 ユートピアの(ような), 理想郷の.

ut·ter¹ /ʌ́tər アタ/ 形 まったくの, 徹底的な, 完全な. ▶He is an *utter* stranger to me. 彼のことはまったく知らない / *utter* failure 完全な失敗.

ut·ter² /ʌ́tər アタ/ 動 (~s /-z/; ut·tered /-d/; ut·ter·ing /ʌ́təriŋ/) 他《文語》(声など)を口から出す, 発する. ▶*utter* a cry of terror 恐怖の叫び声をあげる.
☞名 utterance.

ut·ter·ance /ʌ́tərəns アタランス/ 名《文語》U 口に出すこと, 発声, 発言.
☞動 utter².

ut·ter·ly /ʌ́tərli アタリ/ 副 まったく, 完全に; 全然.
▶It was *utterly* useless. それはまったく役に立たなかった.

U-turn /júː-tə̀ːrn ユー・ターン/ 名 C U ターン. ▶No *U-turn*《掲示》U ターン禁止.

V v 𝒱 𝓋

V¹, v /víː ヴィー/ 名 (複 V's, Vs, v's, vs /-z/) ❶ⓊⒸブイ《英語アルファベットの22番目の文字》. ❷Ⓤ(ローマ数字の) 5.
▶ ❷ *VI* = 6 / *XV* = 15 / *XXIV* = 24.
V² 《略語》verb.
v. 《略語》verb; verse; versus; volt.
VA 〔米郵便〕Virginia.
va·can·cy /véikənsi ヴェイカンスィ/ 名 (複 va·can·cies /-z/) Ⓒ ❶ あき部屋; あき地. ❷欠員.
▶ ❶ There were no *vacancies* at any of the hotels. どのホテルにも空室はなかった.
❷ fill a *vacancy* 欠員を補う.
☞ 形 vacant.

va·cant /véikənt ヴェイカント/ 形 (more ~; most ~)
❶(家・部屋・席などが)あいている, からの.
❷欠員の.
❸(心が)うつろな, ぼんやりとした.

類語 **vacant** は「当然はいっているべきものがはいっていない」, **empty** は単に「中に人やものがはいっていない」.

❶ The room is *vacant*. その部屋はあいている / a *vacant* seat 空席.
❷ a *vacant* job 欠員になっている職.
☞ 名 vacancy.

va·cant·ly /véikəntli ヴェイカントリ/ 副 ぼんやりと, ぽかんとして.
va·cate /véikeit ヴェイケイト ǀ vəkéit/ 動 (現分 va·cat·ing) 他 《文語》(家・場所)を立ちのく.

****va·ca·tion** /veikéiʃən ヴェイケイション, və-/ 名 (複 ~s /-z/) ❶ ⓐ ⓊⒸ《米》**休暇**, 休み (♦《英》では holiday(s)). ⓑ Ⓒ《英》(大学や法廷などの)(一定期間の)**休み**, 休暇.
❷Ⓒ休日.
— 動 ⓐ《米》休暇をとる, バカンスを過ごす.

類語 **vacation** は《英》では ❶ⓑ の意味で用い,《米》では仕事や勉強のない日をさし, 一日の休みから長期の休みもいう; **holiday** は《米》では「(一日の)休日, 祝日」をいい,《英》では主として「(長期間の)休暇」の意味で用いられる.

名 ❶ⓐ I took a week's [a ten-day] *vacation*. 私は1週間〔10日間〕の休暇をとった / There is a *vacation* from school every year at Christmas. クリスマスの時期には毎年学校は休みになる.

on vacation《米》休暇をとって, 休暇で (♦《英》では on holiday): They went *on vacation* to the ocean. 彼らは休暇をとって海へ行った.

va·ca·tion·er /veikéiʃənər ヴェイケイショナ, və-/ 名 Ⓒ《米》休暇をとって保養地などに遊びに行く人 (♦《英》では holi-day-maker).
vac·ci·nate /væksəneit ヴァクスィネイト/ 動 (現分 -nat·ing) 他 …にワクチン注射をする.
☞ 名 vaccine, vaccination.

vac·ci·na·tion /væksənéiʃən ヴァクスィネイション/ 名 ⓊⒸワクチン注射.
☞ 動 vaccinate.

vac·cine /væksíːn ヴァクスィーン, væksiːn/ 名 ⓊⒸワクチン.
▶ combined *vaccine* 混合ワクチン.
☞ 動 vaccinate.

****vac·u·um** /vækjuəm ヴァキュアム/ 名 (複 ~s /-z/, vac·u·a /vækjuə/)
❶Ⓒ**真空**.
❷《単数形で》空虚, 空白.
❸Ⓒ = vacuum cleaner.
— 動 他《口語》…を**電気そうじ機**でそうじする.
— 自 電気そうじ機でそうじする.

vácuum clèaner 名 Ⓒ電気そうじ機 (♦単に vacuum または cleaner ともいう).
vac·u·um-packed /vækuəm-pækt ヴァキュアム・パックト/ 形 (食品が)真空パックの.

abcdefghijklmnopqrstu**v**wxyz　　　　　　　　　　　**value**

va·gi·na /vədʒáinə ヴァヂャイナ/ 名C〔解剖〕腟(ちつ) 《女性性器》.

va·grant /véigrənt ヴェイグラント/ 名《文語》C 浮浪者, 放浪者.

*__vague__ /véig ヴェイグ/ 《★発音注意》形 (vagu·er; vagu·est)

❶ (意味・考え・ことばなどが)**はっきりしない**, あいまいな (反 clear, distinct).

❷ (形・色などが)はっきりしない.

▶❶ He gave me a *vague* answer. 彼は私にあいまいな返事をした.

❷ a *vague* figure ぼんやりとした人影.

vague·ly /véigli ヴェイグリ/ 副 ぼんやりと, あいまいに.

*__vain__ /véin ヴェイン/ 形 (~·er; ~·est)

❶ **うぬぼれの強い**, 虚栄心の強い.

❷ むだな, 骨折り損の.

❶ (as) *vain* as a peacock クジャクのようにうぬぼれの強い[見栄張りの] / She is *vain about* her beauty. 彼女は自分の美しさを鼻にかけている.

❷ make a *vain* attempt [effort] むだな試み[努力]をする.

in vain むだに, むなしく: We tried *in vain* to open the door. われわれはドアをあけようとしたけれどもむだだった / All his efforts were *in vain*. 彼の努力はすべてむだになった.

☞名 vanity.

vain·ly /véinli ヴェインリ/ 副《文全体を修飾して》むだに, むなしく.

▶try *vainly* to break the code 暗号を解こうとして失敗する.

val·en·tine /vǽləntàin ヴァレンタイン/ 名C ❶《しばしば **Valentine** で》聖バレンタインの祝日 (Saint Valentine's Day) に贈り物などをする相手[恋人] (✿男女を問わない).

❷ 聖バレンタインデーに送るカード.

Válentine's Dày 名 = Saint Valentin's Day.

val·iant /vǽljənt ヴァリャント/ 形《文語》勇敢な, 英雄的な (✿ふつう brave を用いる).

val·iant·ly /vǽljəntli ヴァリャントリ/ 副《文語》勇敢に, 勇ましく.

val·id /vǽlid ヴァリッド/ 形 (more ~, ~·er; most ~, ~·est)

❶ (契約・書類などが)有効な, 合法的な.

❷ (議論・理由などが)妥当な, 正当な, 根拠のある (反 invalid).

▶❶ The ticket is *valid* for two days. この切符は2日間有効です.

☞名 validity.

va·lid·i·ty /vəlídəti ヴァリディティ/ 名U (論拠・理由などの)妥当性, 正当性.

☞形 valid.

*__val·ley__ /vǽli ヴァリ/ 名 (複 ~s /-z/) C (山間の広い)**谷**, 渓谷(けいこく) 《かならず川が流れている》.

▶a village in the *valley* 谷間の村.

*__val·u·a·ble__ /vǽljuəbl ヴァリュ(ア)ブル/ 形 (more ~; most ~)

❶ **高価な**.

❷ **たいへん役に立つ**, 貴重な (反 valueless).

— 名 (複 ~s /-z/) C《ふつう複数形で》**貴重品** 《宝石など》.

形 ❶ a *valuable* painting 高価な絵.

❷ This dictionary is very *valuable* to me. この辞書は私にとって大いに役に立つ.

☞名 value.

— 名 You shouldn't leave your *valuables* on the table. 貴重品をテーブルの上に置いたままにしてはいけない.

*__val·ue__ /vǽlju: ヴァリュー/ 名 (複 ~s /-z/)

❶ UC **価値**, 値打ち; 値段.

❷ U (労力・金銭などに換算した場合の)値打ち.

❸《複数形で》価値観, 価値基準.

— 動 (~s /-z/; val·ued /-d/; -u·ing) 他 ❶ …を**価値がある[重要だ]**と思う.

❷ (金銭的に)…を**評価する**, 見積る.

名 ❶ Those people don't know the *value* of fresh air and sunlight. その人たちには新鮮な空気と日光の価値がわからない / The *value* of this book is much greater than its price. この本の値打ちは値段をはるかに上回る.

❷ This book will give you good *value* for your money. この本は払った金額に見合うだけの価値があるでしょう.

❸ moral *values* 道徳上の価値観.

of value 貴重な, 価値のある; 重要な: Your advice will be *of* great [little] *value* to him. あなたの助言は彼に

valueless

とって大いに価値がある〔ほとんど価値がない〕でしょう.
☞ 形 valuable, 動 evaluate.
— 動 ⑯ ❶ I always *value* your suggestions. 私はいつも君の助言を尊重している.

❷ He *valued* the house *at* $50,000. 彼はその家を5万ドルと評価した.

val·ue·less /vǽlju:ləs ヴァリューレス/ 形 価値のない (反 valuable).

valve /vǽlv ヴァルヴ/ 名 C ❶〖機械〗バルブ, 弁. ❷〖解剖〗(血管・心臓などの)弁膜.

vam·pire /vǽmpaiər ヴァンパイア/ 名 C 吸血鬼(夜間に眠っている人を襲って生血(ﾅﾏﾁ)を吸うという).

vampire

van /vǽn ヴァン/ 名 (複 ~s /-z/) C
❶ バン, ワゴン車(屋根のついたトラック).
❷(英)(鉄道の)屋根のついた貨車.

Van·cou·ver /vænkú:vər ヴァンクーヴァ/ 名 バンクーバー(カナダ (Canada) 南西部の港).

van·dal /vǽndl ヴァンドル/ 名 C (公共物などを)故意に破壊(ﾊｶｲ)する者, わざと傷つける者.

van·dal·ism /vǽndəlìzm ヴァンダリズム/ 名 U (公共物などの)破壊(ﾊｶｲ)(行為).

van Gogh /væn góu ヴァン ゴウ | -góf/ 名 ゴッホ (Víncent van Gógh (1853-90); オランダの後期印象派の画家).

van·guard /vǽngà:rd ヴァンガード/ 名 《the をつけて》(社会・政治運動・研究などの)指導的地位(の人々), 先頭.

va·nil·la /vəníla ヴァニラ/ 名 U バニラ (エッセンス) (アイスクリームなどの香料にする).

*****van·ish** /vǽniʃ ヴァニシュ/ 動 (~·es /-iz/; ~ed /-t/; ~·ing) ⑲
❶ 見えなくなる.
❷ (動植物・伝統・考え・気持ちなどが)存在しなくなる, 消滅する.

❶ The airplane *vanished* behind a cloud. その飛行機は雲の中に消えた / *vanish* from sight (視界から)見えなくなる.

❷ All animal life *vanished* from the island. その島からはすべての動物がいなくなった.

van·i·ty /vǽnəti ヴァニティ/ 名 U うぬぼれ, 虚栄心. ▶She said so out of *vanity*. 彼女は虚栄心からそういった.
☞ 形 vain.

van·quish /vǽŋkwiʃ ヴァンクウィシュ/ 動 (三単現 ~·es /-iz/) ⑯《文語》(敵・相手など)を征服する, 完全に負かす.

ván·tage pòint /vǽntidʒ- ヴァンティチ-/ 名 C ❶ 見晴らしのきく地点. ❷ 立場, 観点.

*****va·por** /véipər ヴェイパ/ 名 U C 蒸気. ▶Water changes into *vapor* when heated. 水は熱すると蒸気になる.
☞ 動 evaporate, vaporize.

va·por·ize /véipəràiz ヴェイポライズ/ 動 (現分 -iz·ing) ⑯ …を蒸発させる, 気化させる.
— ⑲ 蒸発する, 気化する.
☞ 名 vapor.

va·pour /véipər ヴェイパ/ 名《英》= vapor.

var·i·a·bil·i·ty /vèəriəbíləti ヴェ(ア)リアビリティ/ 名 U 変わりやすいこと, 可変性.

*****var·i·a·ble** /vèəriəbl ヴェ(ア)リアブル/ 形 (more ~; most ~) ❶ 変わりやすい, 一定しない (反 constant).
❷ 変えられる, 調節できる.
— 名 C ❶ 変化するもの, 変化しやすいもの. ❷〖数学〗変数.
▶ 形 ❶ We have *variable* weather in (the) fall. 秋は天気が変わりやすい.
☞ 動 vary.

var·i·a·bly /véəriəbli ヴェ(ア)リアブリ/ 副 変わりやすく, 不定に (反 constantly).

var·i·ant /véəriənt ヴェ(ア)リアント/ 名 C 変わり種, 変種. ☞ 動 vary.

*****var·i·a·tion** /vèəriéiʃən ヴェ(ア)リエイション/ (★発音注意) 名 (複 ~s /-z/)
❶ U C 変化, 変動; ちがい.
❷ C (同種のものの)変化したもの.

abcdefghijklmnopqrstu**v**wxyz **Vatican**

❶The price of cotton is liable to *variation*. 綿花の値段は変動しやすい / marked *variations* in prices 物価の著しい変動. ❷Baseball is not a *variation* of cricket. 野球はクリケットが変化したものではない.

☞ 動vary.

var·ied /véərid ヴェ(ア)リッド/ 《★発音注意》形さまざまな, 変化のある.

*__va·ri·e·ty__ /vəráiəti ヴァライエティ/ 《★発音注意》名(複 -e·ties /-z/)

❶ U 変化のあること, 多様性.
❷ C (同類のものの違った)種類, 別種.
❸ U バラエティー(ショー)(歌・ダンス・コントなどを織りまぜた演芸; ✪ **variety shòw** ともいう)).

❶It is necessary for you to add some *variety* to your life from time to time. ときどき生活に変化をつけることが必要だ / ことわざ *Variety* is the spice of life. いろいろあってこそ人生はおもしろい.
❷This is a very rare *variety* of stamp. これはめったに見られない種類の切手である / *varieties* of cloth いろいろな種類の布.
❸a *variety* theater バラエティー劇場;(日本の)寄席(よせ).

a variety of … ①いろいろな…, さまざまな…：He offered *a variety of* excuses. 彼はいろいろ言い訳をいった / They sell *a* large *variety of* foods at the store. あの店では非常に多くの種類の食料品を売っている. ②…の一種：a new *variety* of rose バラの新種(✪of のあとの名詞は a のつかない単数形).

☞ 形various.

*__var·i·ous__ /véəriəs ヴェ(ア)リアス/ 《★発音注意》形 (more ~; most ~) いろいろな, さまざまな, 変化に富んだ.

He has visited *various* countries during his life. 彼は今までにいろいろな国を訪れている / The ships were of *various* sizes and colors. 船は大小さまざまな色とりどりであった / birds of *various* kinds いろいろな種類の鳥.

☞ 動vary, 名variety.

var·i·ous·ly /véəriəsli ヴェ(ア)リアスリ/ 副さまざまに.

var·nish /vɑ́ːrniʃ ヴァーニシュ/ 名(複 ~·es /-iz/) U C ニス, ワニス, 上薬(うわぐすり).
— 動(三単現 ~·es /-iz/)他 …にニスを塗る.

var·si·ty /vɑ́ːrsəti ヴァースィティ/ 名(-si·ties)C(米)(大学などの)代表チーム.
— 形大学[学校]代表の.

*__var·y__ /véəri ヴェ(ア)リ/ 《★発音注意》動 (var·ies /-z/; var·ied /-d/; ~·ing) 自
❶(時・場合で)変わる, 変化する.
❷いろいろ異なる, さまざまである.
— 他 …に変化を与える, …を多様化する.

(自) ❶The weather *varies* from day to day these days. 最近は天気が毎日のように変わる.
❷Shoes *vary* in size and price. くつは大きさと値段がさまざまだ / Stars *vary* in brightness. 星の明るさはさまざまである(いろいろな明るさの星がある).
— 他 You ought to *vary* your diet. 食事に変化をつけたほうがいいですよ.

☞ 形various, variable, variant, 名variation.

*__vase__ /véis ヴェイス, véiz | vɑ́ːz/ 名(複 vas·es /-iz/)C花びん,(装飾用の)つぼ.

*__vast__ /væst ヴァスト | vɑ́ːst/ 形 (~·er; ~·est) ❶広大な, 巨大な.
❷(数・量・程度が)非常に大きい, 多い.

❶a *vast* area of desert 広大な砂漠(さばく)地帯 / a *vast* project 巨大な計画.
❷a *vast* number of people ものすごい数の人々 / a *vast* sum of money 巨額の金.

vast·ly /væstli ヴァストリ/ 副((口語))大いに, 非常に. ▶Her English is *vastly* superior to my own. 彼女の英語は私なんかよりずっとうまい.

vast·ness /væstnəs ヴァストネス/ 名 U 巨大, 広大, 膨大(ぼうだい).

vat /vǽt ヴァット/ 名 C 大きな桶(おけ), 大樽(おおだる).

VAT /víːèitíː ヴィーエイティー, vǽt/ 名((英))((略語)) value-added tax 付加価値税.

Vat·i·can /vǽtikən ヴァティカン/ 名《the をつけて》バチカン宮殿《ローマ教皇(きょうこう)庁》.

1489

Vatican City

カトリック教会の総本部》.

Vát·i·can Cí·ty 名《**the** をつけて》バチカン市国《ローマ教皇 (Pope) の支配下にあるローマ市内の独立国(約44ヘクタール)》.

vault¹ /vɔ́ːlt ヴォールト/ 名C ❶【建築】(石・レンガ製の)アーチ型天井(ﾃﾝｼﾞｮｳ), 丸天井. ❷(教会や墓地の)地下納骨所. ❸金庫室.

vault² /vɔ́ːlt ヴォールト/ 動自(手・棒などをささえとして)跳(ﾄ)ぶ, 跳躍する.
— 他 (手・棒などをささえとして)…を跳び越す.
— 名C (手・棒などをささえとした)跳躍, 跳び越え.

vb. 《略語》verb.

VCR 《略語》videocassette recorder.

*'ve /v ヴ/ 《口語》《**have**² の短縮形》《❂I, we, you, they のあとの助動詞の短縮形として用いられる》.
▶I've seen it. (= I have seen it.) 私はそれを見た(ことがある).

veal /víːl ヴィール/ 名U子牛の肉《☞ meat の **INFO**❷ (2)》.

veer /víər ヴィア/ 動自(方向・進路などを)急に変わる.

veg /védʒ ヴェッヂ/ 《★発音注意》名(複 veg)C《英口語》野菜《❂vegetable(s) の短縮形》;《米口語》では veggie》.

**veg·e·ta·ble /védʒətəbl ヴェヂタブル/ 名 (複 ~s /-z/)
❶C**野菜**《❂《英口語》では veg,《米口語》では veggie と略す》.
❷U植物.
❸《形容詞的に》野菜の; 植物(性)の.

❶We grow our own *vegetables* in the garden. われわれは菜園で自家用の野菜を作っています / root *vegetables* 根菜《carrot(ニンジン), turnip(カブ), potato(ポテト)など》/ green *vegetables* 青野菜《主として葉を食べる野菜》.
❸a *vegetable* garden (家庭の)菜園 / *vegetable* oil 植物性油.

veg·e·tar·i·an /vèdʒətéəriən ヴェヂテ(ア)リアン/ 形菜食(主義)の.
— 名C菜食主義者.

veg·e·ta·tion /vèdʒətéiʃən ヴェヂェテイション/ 名U《集合的に》植物.
▶tropical *vegetation* 熱帯植物.

veg·gie /védʒi ヴェヂィ/ 名C ❶《英口語》菜食主義者. ❷《米口語》野菜《❂ vegetable の短縮形;《英口語》では veg》.

ve·he·ment /víːəmənt ヴィーエメント/《★ h は発音されない》形 (考え・感情などが)激しい, 猛烈な.
▶a *vehement* protest 激しい抗議.

ve·he·ment·ly /víːəməntli ヴィーエメントリ/ 副激しく, 猛烈に; 熱心に.

*ve·hi·cle /víːhikl ヴィーイクル, -ヒクル, víːəkl/《★ h はふつう発音されない》名(複 ~s /-z/)C ❶(陸上を走る)**乗り物**, 車.
❷伝達手段, 表現形式.
▶❶a motor *vehicle* 自動車 / No thoroughfare for *vehicles*《掲示》車両通行止.

*veil /véil ヴェイル/ 名 (複 ~s /-z/)C
❶(女性の)ベール. ❷おおい(のようなもの). ❸(事実などを)おおい隠すもの.
— 動他 ❶…をベールでおおう(反 unveil). ❷(感情など)をおおう, 隠(ｶｸ)す.

名 ❶wear a *veil* ベールをかぶる.
❷a *veil* of mist 霧のベール.
— 動他 ❶As she is a devout Muslim, she *veils* herself in public. 彼女は敬虔(ｹｲｹﾝ)なイスラム教徒なので, 人前ではベールをかぶっている.
❷The truth is *veiled* in mystery. 真実は神秘に包まれている.

*vein /véin ヴェイン/ 名 (複 ~s /-z/)
❶C静脈; 血管《◆「動脈」は artery》.
❷《単数形で》傾向, 調子.
❸C@(昆虫の羽の)翅(ﾊﾈ)脈.
ⓑ(木の葉の)葉脈.
❹C【地質】岩脈, 鉱脈.
▶❷a *vein* of refinement 上品さ.

ve·loc·i·ty /vəlásəti ヴェラスィティ/ 名U (運動の)速さ.

vel·vet /vélvit ヴェルヴィット/《★アクセント注意》名Uビロード, ベルベット.
☞形velvety.

vel·vet·y /vélvəti ヴェルヴェティ/ 形ビロードのような, 柔(ﾔﾜ)らかな, なめらかな.
☞名velvet.

vénd·ing ma·chìne /véndiŋ- ヴェンディング-/ 名C自動販売機《❂《米》では vendor ともいう》.

ven·dor /véndər ヴェンダ/ 名C ❶売り歩

abcdefghijklmnopqrstu**v**wxyz　　　　　　　　　　　**verbal**

く人, 売る人.
❷(米)= **vending machine**.
ve·neer /vəníər ヴェニア/ 名 ❶ U.C 化粧板《家具などの表面に張りつける薄板; ✪ 日本の「ベニヤ板」は veneer を張り合わせた合板 (plywood) に当たる》. ❷ C《文語》うわべ, 見せかけ.
ven·er·a·ble /vénərəbl ヴェネラブル/ 形《文語》(年齢・人格・地位などで)尊敬すべき.
ve·ne·re·al /vəníəriəl ヴェニ(ア)リアル/ 形 性病の.
venéreal diséase 名 U.C 性病.
Ve·ne·tian /vəní:ʃən ヴェニーシャン/ 形 ベネチア[ベニス]の; ベネチア[ベニス]風の. ☞ 名 Venice.
Venétian blínd 名 C ベネチアンブラインド《なん枚もの細い板をひもでつないだブラインド》.
Ven·e·zue·la /vènəzwéilə ヴェネズウェイラ/ 名 ベネズエラ《南米北部の共和国》.
ven·geance /véndʒəns ヴェンヂャンス/ 名 U.C 復讐(ふくしゅう).
with a vengeance《口語》激しく.
Ven·ice /vénis ヴェニス/ 名 ベネチア, ベニス《イタリアの北東部の都市; 運河で有名; イタリア名 Venezia》.
☞ 形 Venetian.
ven·i·son /vénəsn ヴェニスン/ 名 U シカの肉.
ven·om /vénəm ヴェノム/ 名 U ❶ (毒ヘビ・ハチなどの)毒, 毒液. ❷ 恨み, 憎悪.
ven·om·ous /vénəməs ヴェノマス/ 形 ❶ (動物などが)毒液を分泌する. ❷ 悪意に満ちた.
vent /vént ヴェント/ 名 C (気体・液体などの)出口, 通気孔.
— 動 他 (感動・激情など)をぶちまける.
▶名 a *vent* in the crater 噴火口の穴.
give vent to ... (怒りなど)をさらけ出す, 発散する.
ven·ti·late /véntəlèit ヴェンティレイト/ 動 (現分 -lat·ing) 他 (部屋・建物などの)換気をする. ▶*ventilate* the room 部屋の換気をする.
ven·ti·la·tion /vèntəléiʃən ヴェンティレイション/ 名 U 換気, 通風.
ven·ti·la·tor /véntəlèitər ヴェンティレイタ/ 名 C 換気装置, 換気扇, 換気窓.
ven·tril·o·quist /ventríləkwist ヴェントリロクウィスト/ 名 C 腹話術師.
ven·ture /véntʃər ヴェンチャ/ 名 C ベンチャービジネス, 冒険的事業.
— 動 (~s /-z/; ven·tured /-d/; -tur·ing /-tʃəriŋ/) 他 ❶ …を危険にさらす. ❷ 思いきって…を述べる; 危険を冒(おか)して…をする[立ち向かう].
— 自 ❶ 危険を冒して[思いきって]行動する. ❷ 危険を冒して進む.

名 That's quite a *venture*. それは大変な冒険[仕事・旅(など)]だ.
— 動 他 ❶ He *ventured* all his wealth *on* the enterprise. 彼はその事業に全財産をかけた. ❷ *venture* an opinion 思いきって意見を述べる.
— 自 ❶ *venture on* a research project 思いきって研究プロジェクトを始める. ❷ *venture* into a cave 思いきって洞窟(どうくつ)に入る.
ven·ue /vénju: ヴェニュー/ 名 C (競技・会議・演奏会などの)開催予定地.
Ve·nus /ví:nəs ヴィーナス/ 名 ❶ 《ローマ神話》ビーナス. ❷ 《天文》金星, 太白星《宵の明星 (Hesperus), 明けの明星 (Lucifer) として現われる》. ☞ planet》.
Vénus de [of] Mí·lo /-də mí:lou/-デ ミーロウ/ 名《the をつけて》ミロのビーナス《1820年ギリシア領のミロ島で発見された古代ギリシア彫刻の大理石像; パリのルーブル博物館に展示されている》.
ve·ran·da, ve·ran·dah /vərǽndə ヴェランダ/ 名 C ベランダ《✪(米)ではしばしば porch という》.
*****verb** /vɔ́:rb ヴァーブ/ 名 (複 ~s /-z/)《文法》動詞《✪ V, v., vb. と略す》.
☞ 形 verbal ❸.
*****ver·bal** /vɔ́:rbəl ヴァーバル/ 形 ❶ (文書によらない)口頭の《反 written》. ❷ ことばの, ことばによる《反 nonverbal》. ❸《文法》動詞の.
☞ 名 verb.
— 名 C《文法》準動詞《動詞であって名詞, 形容詞, 副詞などの働きをする語; infinitive (不定詞), participle (分詞), gerund (動名詞)の3種がある》.

形 ❶ make a *verbal* promise 口約束をする. ❷ *verbal* instructions ことばによる指示 / *verbal* communica-

verbally　ABCDEFGHIJKLMNOPQRSTU**V**WXYZ

tion ことばによるコミュニケーション.

ver·bal·ly /və́ːrbəli ヴァーバリ/ 副口頭で.

ver·ba·tim /vəːrbéitim ヴァーベイティム/ 形ことばどおりの.
— 副ことばどおりに, 一語も変えずに.

ver·dict /və́ːrdikt ヴァーディクト/ 名C
❶ 〖法律〗 (陪審団 (jury) の) 評決.
❷ 決定, 意見.
▶The jury reached [gave] a *verdict* of "not guilty." 陪審員は「無罪」の評決を下した.

verge /və́ːrdʒ ヴァーヂ/ 名C (道路などの) ふち, へり. — 動 (現分 verg·ing) 自 (質などが) ほとんど〔…に〕等しい〔*on*〕.

- -

名**on the verge of ...** 今にも…しようとして, …の寸前で: She was *on the verge of* tears. 彼女は今にも泣きだしそうだった.

— 動 @ This idea of his *verges on* nonsense. 彼のこの考えはばかげているといってよい.

ver·i·fi·a·ble /vérəfàiəbl ヴェリファイアブル/ 形証明 [立証, 確認] できる.

ver·i·fi·ca·tion /vèrəfikéiʃən ヴェリフィケイション/ 名UC立証, 証明; 確認.

ver·i·fy /vérəfài ヴェリファイ/ 動 (-i·fies /-z/; -i·fied /-d/; ~·ing) 他 ❶ …が正しいことを立証する, 裏づける. ❷ (事実など) を (対照・調査して) 確かめる.
▶❶ This theory has been *verified* by a lot of experiments. この理論は多くの実験によって正しいことが証明されている.

ver·i·ta·ble /véritəbl ヴェリタブル/ 形 《文語》《意味を強めて》真の, ほんとうの.

ver·mil·ion /vərmíljən ヴァミリョン/ 名U朱, 朱色. — 形朱の, 朱色の.

ver·min /və́ːrmin ヴァーミン/ 名U害獣, 害鳥, 害虫 (ネズミ・イタチ・カラス・ノミなど).

Ver·mont /vərmánt ヴァマント/ 名バーモント《アメリカ北東部の州; ○【郵便】VT と略す》.

ver·nac·u·lar /vərnǽkjulər ヴァナキュラ/ 名《the をつけて》(ある国・土地の) 固有の言語; 方言.

Ver·sailles /vəːrsái ヴァーサイ/ 名ベルサイユ《フランス北部パリ (Paris) 南西方にある都市; ベルサイユ宮殿 (**Versáilles Pálace**) がある》.

ver·sa·tile /və́ːrsətl ヴァーサトル | və́ːsətàil/ 形❶多才な, 多芸の.
❷ (道具などが) 用途が広い.

***verse** /və́ːrs ヴァース/ 名 (複 vers·es /-iz/)
❶ U韻文, 詩 (韻 (rhyme) を踏んで書いてある; ☞ prose). ❷ C (詩・歌の) 節.
❸ C (聖書の) 節 《chapter (章) の中の細かい区分》.
▶❶ His plays are written in *verse*. 彼の戯曲は韻文で書かれている.

versed /və́ːrst ヴァースト/ 形〔学問・技術に〕精通して, 熟達して〔*in*〕.
▶He *is* well *versed in* Japanese literature. 彼は日本文学に精通している.

***ver·sion** /və́ːrʒən ヴァージョン/ 名 (複 ~s /-z/) C ❶翻訳, 訳書, 訳文.
❷ (内容の一部などが異なる)版.
❸ (ある個人の) 説明, 話; 意見; 解釈.
▶❶ an English *version* of *The Tale of Genji* 『源氏物語』の英訳.
❷ an abridged *version* of the dictionary その辞書の縮約版.

ver·sus /və́ːrsəs ヴァーサス/ 前 (競技などの) …対〜 《v., vsと略す》 ▶Wales *versus* [v.] Ireland match ウェールズ対アイルランドの (ラグビーの) 試合.

ver·te·bra /və́ːrtəbrə ヴァーテブラ/ 名 (複 ver·te·brae /və́ːrtəbrìː/) C 【解剖】脊椎(ついっ)骨.

ver·te·brate /və́ːrtəbrət ヴァーテブラト/ 形背骨のある, 脊椎(ついっ)動物の.
— 名C脊椎動物.

***ver·ti·cal** /və́ːrtikəl ヴァーティカル/ 形垂直の, (水平面に) 直角の, 直立した 《◆「水平の」 は horizontal (☞ horizontal のさし絵)》.▶a *vertical* line 垂直線.

ver·ti·cal·ly /və́ːrtikəli ヴァーティカリ/ 副垂直に, 縦に (反 horizontally).

****ver·y** /véri ヴェリ/ 副 ❶《形容詞・副詞の原級を修飾して》たいへん.
❷《形容詞の最上級, own, same, next などを修飾して》まったく, まさに.
❸《否定語とともに用いて》 ⓐ あまり (…でない).
ⓑ 決して (…でなどない); …どころか逆である.
— 形 ❶ まさにその….
❷ ただ…だけで, …でさえ.

1492　　　　　　　　　　　　　　　　　　　　　　　　　　　　　　one thousand four hundred and ninety-two

abcdefghijklmnopqrstu**v**wxyz　　　　　　　　　　**veto**

副 ❶It's *very* hot, isn't it? たいへん暑いですね / He works *very* hard. 彼はたいへんよく働く[勉強する].

語法 (1) very は形容詞, 副詞や現在分詞から変化した形容詞の意味を強める. しかし動詞の意味を強める場合は much や very much を用いる: I like tennis *very* much. 私はテニスが大好きです.

(2) 過去分詞を強めるにはふつう much や very much を用いるが, 受身形で感情や心理状態を表わすものにはとくに《口語》では very を用いる傾向がある: I was *very* surprised〔pleased/interested/amused〕. 私はたいへん驚いた〔うれしかった/興味をもった/楽しかった〕.

❷That would be the *very* best solution. それが最善の解決策でしょう / Other fossils were found in the *very* same place. 他の化石もまったく同じ場所で見つかった.

語法 (1) 形容詞, 副詞の比較級を強めるには much を用いる: She can swim *much* better than I. 彼女は私よりもずっと上手に泳げる.

(2) 最上級や same の場合は much と very とでは語順や意味の違いに注意: This is *much* the best. これがばぬけてよい / These are *much* the same. これらはほとんど同じです.

❸ⓐI am *not very* anxious to go there. 私はそこへあまり行きたくない. ⓑHe was *not very* pleased when he was fooled. 彼はばかにされて不愉快だった.

— 形 ❶I first met her at [on] this *very* spot. 私はちょうどここで初めて彼女に会った.
❷ The *very* thought of going abroad delighted her. 海外へかけることを考えただけでも彼女はうれしくなった.

very good たいへんけっこうです, かしこまりました: 対話 "Please gift-wrap this."–"*Very good*, sir [ma'am]." 「これを贈り物用に包装してください」「かしこまりました」(✪要求や命令に対して積極的な同意や承諾の意味を表わし, ていねいな応答に用いる).

very well よろしい, けっこうです: 対話 "You had better give up drinking."–"*Very well*, if you say so." 「お酒を飲むのをやめなさい」「あなたがそうおっしゃるならそうしますよ」(✪*very good* と同じ積極的な同意や承諾を表わす意味だけでなく, いやいやながらの同意や反語的意味にも用いる).

*ves·sel /vésl **ヴェスル**/ 名ⓒ ❶《文語》(大型の)**船**. ❷**容器**, 器. ❸〔解剖・植物〕管, 脈管, 導管.
▶ⓐa blood *vessel* 血管.

vest /vést **ヴェスト**/ 名ⓒ ❶《米》チョッキ, ベスト (✪《英》では waistcoat). ❷《英》下着, はだ着 (✪《米》では undershirt).

vest·ed /véstid **ヴェスティド**/ 形 (権利などが)所有の定まった, 既得の.
▶a *vested* interest 既得権, 利権.

ves·tige /véstidʒ **ヴェスティヂ**/ 名ⓒ 痕跡(こんせき), 面影(おもかげ), なごり.

Ve·su·vi·us /vəsúːviəs **ヴェスーヴィアス**/ 名《前に Mount をつけて》ベスビオ火山《イタリアのナポリの近くにある活火山; 紀元 79 年の爆発でポンペイの町を埋めつくした》.

vet¹ /vét **ヴェット**/ 名ⓒ《口語》獣医 (✪《米》 veterinarian, 《英》 veterinary surgeon の省略形).

vet² /vét **ヴェット**/ 名ⓒ《米口語》退役(たいえき)軍人 (✪veteran の省略形).

*vet·er·an /vétərən **ヴェテラン**/ (★アクセント注意)名(複 ~s /-z/) ⓒ ❶ (経験の多い)**ベテラン**. ❷《米》**退役**(たいえき)**軍人** (✪《米口語》で vet² という).
— 形 老練な, 老巧な.
▶形 a *veteran* statesman 老練な政治家.

vet·er·i·nar·i·an /vètərənéəriən **ヴェテリネ(ア)リアン**/ 名ⓒ《米》獣医 (✪略して vet¹ という;《英》では veterinary surgeon).

vet·er·i·nar·y /vétərənèri **ヴェテリネリ**/ 形 家畜の病気の, 獣医の.

véterinary súrgeon 名ⓒ《英》獣医 (✪略して vet¹ という;《米》では veterinarian).

ve·to /víːtou **ヴィートウ**/ (★発音注意)名 (複 ~es /-z/) ⓊⒸ拒否権《議案を無効にできる権利》. — 動 (三単現 ~es /-z/) 他 (拒否権を使って)(議案)を拒否する.

1493

vexing

▶图exercise the *veto* 拒否権を使う.

vex·ing /véksiŋ ヴェクスィング/ 形 いらいらさせる, 腹の立つ; わずらわしい.

VHF, vhf /ví:èitʃéf ヴィーエイチエフ/《略語》〖通信〗超短波(◉*very high frequency* の頭字語).

v.i., vi《略語》〖文法〗intransitive verb 自動詞.

*__vi·a__ /váiə ヴァイア, ví:ə/ 前 ❶…**経由で**, …回りで. ❷…によって, …を使って.
▶❶I flew to London *via* Paris. 私はパリ経由でロンドンへ飛んだ.
❷*via* airmail 航空便で(◉*by airmail* ともいう).

vi·a·ble /váiəbl ヴァイアブル/ 形 (計画などが) 実行[実現]可能な, ものになる.

vi·a·duct /váiədʌkt ヴァイアダクト/ 名C 高架橋, 陸橋.

vi·brant /váibrənt ヴァイブラント/ 形 ❶(色彩が)明るい. ❷活気にあふれた.
☞動 vibrate.

vi·brate /váibreit ヴァイブレイト｜vaibréit/ 動 (~s /-ts/; vi·brat·ed /-id/; vi·brat·ing) 自 振動する, 細かく揺れる.
— 他 …を振動させる, 細かく揺らす.
▶The violin string *vibrated* when it was touched. バイオリンの弦に触(ふ)ったら振動して音がでた.
☞形 vibrant, 名 vibration.

vi·bra·tion /vaibréiʃən ヴァイブレイション/ 名 UC 振動, 震え.
☞動 vibrate.

vic·ar /víkər ヴィカ/ 名C ❶〖イングランド国教会〗教区司祭[牧師]《ひとつの教区 (parish) を受けもっている牧師》.
❷〖米国聖公会〗(専任)牧師.

vice¹ /váis ヴァイス/ 名 (複 vic·es /-iz/) ❶U 悪, 悪徳, 罪悪(☞sin の **類語**)(反 virtue). ❷C (道徳的な)悪, 弱さ. ❸C 悪習, 非行.

・・・・・・・・・・・・・・・・・・・・・・・・・・・・・

❶The city was full of *vice*. その都市は悪徳にみちていた. ❸Drinking can be a *vice*. 飲酒は悪習になることがある.
☞形 vicious.

vice² /váis ヴァイス/ 名《英》= vise.

vice-chair·man /váis-tʃéərmən ヴァイス・チェアマン/ 名 (複 vice-chair·men /-mən/) C 副議長, 副会長, 副委員長(◉V.C. と略す).

vice-pres·i·dent /váis-prézədənt ヴァイス・プレズィデント/ 名C
❶《**Vice-President** で》副大統領(◉V.P., VP と略す).
❷副総裁, 副会長, 副頭取.

vi·ce ver·sa /váisi vá:rsə ヴァイス(ィ)ヴァーサ/ 副 その逆もまた同じ, 逆に.
▶The teacher blamed his students, and *vice versa*. 先生は学生を学生は先生を非難した.

vi·cin·i·ty /vəsínəti ヴィスィニティ/ 名 U 《文語》近所(◉*neighborhood* よりも格式ばった語).
in the vicinity of ... …の近くに[で]: *in the vicinity of* the town hall 市役所の近くに.

vi·cious /víʃəs ヴィシャス/ 形 ❶凶悪な, 残忍な; 悪意のある. ❷(動物が)獰猛(どうもう)な.
▶❶a very *vicious* criminal 狂悪な犯人 / *vicious* lies 悪意のあるうそ.
☞名 vice¹.

vícious círcle 名C 悪循環.

*__vic·tim__ /víktəm ヴィクティム/ 名 (複 ~s /-z/) C **犠牲者**, 被害者: *victims* of traffic accidents 交通事故の犠牲者.
fall victim to ... …の犠牲になる.

vic·tim·ize /víktəmàiz ヴィクティマイズ/ 動 (現分 -iz·ing) 他 …を不当に苦しめる, いじめる; 犠牲にする.

vic·tor /víktər ヴィクタ/ 名C 勝利者; 征服者(◉*winner* より《文語》的で大げさな語).

Vic·to·ri·a /viktɔ́:riə ヴィクトーリア/ 名
❶ ビクトリア《女性の名》.
❷〖ローマ神話〗ビクトリア《勝利の女神》.
❸《**Queen Victoria** で》ビクトリア女王((1819–1901); 英国の女王 (1837–1901)).

Victoria ❷

1494　　　one thousand four hundred and ninety-four

abcdefghijklmnopqrstu**v**wxyz　　　　　　　　　　　　　　　　　view

Vic·to·ri·an /viktɔ́:riən ヴィクト**ー**リアン/
形 ❶ビクトリア女王時代の.
❷ビクトリア風の, 上品ぶった, 厳格な.
— 名Cビクトリア時代の人.

vic·to·ri·ous /viktɔ́:riəs ヴィクト**ー**リアス/ 形 勝った; 勝利の.
▶the *victorious* team 勝ったチーム.
☞ 名 victory.

***vic·to·ry** /víktəri ヴィクトリ/ 名 (複 -tories /-z/) UC**勝利**, 優勝 (反 defeat).
▶win [get, gain] a *victory* over the enemy 敵に勝つ.
☞ 形 victorious.

***vid·e·o** /vídiòu ヴィディオウ/ 名 (複 ~s /-z/)
❶C(録画された)**ビデオ**; (ビデオ・テレビの)映像.
❷UC**ビデオテープ**.
❸Cビデオデッキ.
❹Uビデオ録画.

語の結びつき

copy a *video* ビデオを複製[ダビング]する

make a *video* ビデオを撮る

make [produce] a *video* ビデオを制作する

rent a *video* ビデオを借りる[貸す]

rewind a *video* ビデオ(テープ)を巻き戻す

start [turn on, play] a *video* ビデオ(テープ)を再生する

stop [turn off] a *video* ビデオを切る[止める]

watch [see] a *video* ビデオを見る

— 形ビデオ[テレビ]の.
— 動他…をビデオテープに録画する.

vid·e·o·cas·sétte recòrder /vìdioukəsét- ヴィディオウカ**セ**ット-/ 名Cビデオテープレコーダー (《○ふつう略して VCR, video recorder, 《英》では video ともいう》).

vid·e·o·disc /vídioudìsk ヴィディオウディスク/ 名Cビデオディスク.

vídeo gàme 名Cテレビゲーム.

vid·e·o·tape /vídioutèip ヴィディオウテイプ/ 名Cビデオテープ.
— 動 (現分 -tap·ing) 他…をビデオテープに録画する.

vie /vái ヴァイ/ (★発音注意) 動 (vies /-z/, vied /-d/, vy·ing) 自競う.

Vi·en·na /viénə ヴィ**エ**ナ/ 名ウィーン《オーストリアの首都》.

Vi·et·nam, Vi·et Nam /viètná:m ヴィエト**ナ**ーム｜vì:etnǽm/ 名ベトナム《インドシナ半島にある共和国; 首都はハノイ (Hanoi)》.

Vi·et·nam·ese /viètnəmí:z ヴィエトナ**ミ**ーズ/ 形 ❶ベトナムの. ❷ベトナム人の.
❸ベトナム語の.
— 名 (複 Vi·et·nam·ese) ❶ⓐCベトナム人. ⓑ《the をつけて; 集合的に》ベトナム人. ❷Uベトナム語.

***view** /vjú: ヴ**ュ**ー/ 名 (複 ~s /-z/)
❶C(ある特定の場所から見た)**ながめ**, 風景, 光景.
❷U視界, 視野, 目の届く所.
❸C(個人的な)**ものの見方[考え方]**, 認識, 意見.
❹C(風景や建物などの)絵, 写真, 図.
— 動他 ❶ (ある見方で)…を考察する, 検討する.
❷…をよく見る, 点検する, 調べる.
❸ⓐ(テレビなど)を見る.
ⓑ(テレビで)…を見る.

名 ❶ We have a full *view* of the park from this window. この窓からその公園がすっかり見える / His room has a wonderful *view* of the sea. 彼の部屋から海のすばらしい景色が見える.
❷ The parade came into *view*. 行列が見えてきた / The car went out of *view* around the corner. 自動車はかどを曲がって見えなくなった.
❸ In my *view*, he is a genius. 私の見るところでは彼は天才だ / I am interested in his *view* on Japanese culture. 私は日本文化についての彼の意見に興味をもっている / from an educational point of *view* 教育的見地から.
❹ a collection of *views* of Mt. Fuji 富士山の写真集 / a front [side] *view* 正面[側面]図.

in view ①見えて, 見える所に: The mountain was *in* full *view*. その山は全部見えた.

in view of ... ①…が見える所に: We came *in view of* the tower. われわれはその塔が見える所に来た. ②**…を考えて**:

They are planning to cut cost *in view of* the recent economic crisis. 最近の経済危機を考えて彼らは経費の節減を計画している.
on view 展示されて:His works are now *on view*. 彼の作品が今展示されている.
with a view to doing **＿する目的で,＿しようとして**:I did my best *with a view to pleasing* my father. 私は父を喜ばせようとできるだけのことをした.
— [動][他] ❶ Cell phones are *viewed* as an absolute necessity by young people. 携帯電話は若い人には絶対的必需品とみられている.

view·er /vjúːər ヴューア/ [名][C] ❶テレビの視聴者. ❷ビューアー《スライドの画面拡大装置》.

view·find·er /vjúːfàindər ヴューファインダ/ [名][C] (カメラなどの)ファインダー.

***view·point** /vjúːpɔ̀int ヴューポイント/ [名] ([複] ~s /-ts/) [C] (ものを考える)**見地**, 視点, 観点, 立場《◎point of view ともいう》.
▸from a different *viewpoint* 別の観点から.

vig·il /vídʒəl ヴィヂィル/ [名][UC] ❶徹夜[の番, 看病], 通夜(つや). ❷(夜の)抗議集会.
▸❶keep *vigil* 徹夜で看病[番(など)]をする.

vig·i·lant /vídʒələnt ヴィヂィラント/ [形]《文語》油断なく警戒している.

vig·or /vígər ヴィガ/ [名][U]活力, 体力, 気力. ▸They ran with *vigor*. 彼らは元気よく走った.
☞ [形]vigorous.

vig·or·ous /vígərəs ヴィガラス/ [形] ❶元気いっぱいな, 活力にあふれた. ❷強い, 強力な.
▸❶a *vigorous* old man はつらつとしている老人.
☞ [名]vigor.

vig·or·ous·ly /vígərəsli ヴィガラスリ/ [副]元気に, 力強く.

vig·our /vígər ヴィガ/ [名]《英》= **vigor**.

Vi·king /váikiŋ ヴァイキング/ [名][C]バイキング《北欧の海賊;8–10 世紀にかけてヨーロッパの北部および西部海岸を襲った;◎ 日本でいう「バイキング料理」は英語では smorgasbord》.

V

vile /váil ヴァイル/ [形]《口語》ひどい, いやな.

vil·la /vílə ヴィラ/ [名][C] (いなかの)邸宅, 別荘.

***vil·lage** /vílidʒ ヴィリヂ/ [名] ([複] -lag·es /-iz/)
❶[C]**村**《◎town よりも小さい;ふつう教会と学校がある》.
❷《the をつけて;集合的に》**村の人たち**.
▸❷All *the village* came to see him off. 村じゅうの人が彼を見送りに来た.

vil·lag·er /vílidʒər ヴィリヂャ/ [名][C]村人.

vil·lain /vílən ヴィラン/ [名][C]かたき役《映画や劇の中での悪役》;悪人, 悪漢.

Vin·ci /víntʃi ヴィンチィ/ [名]☞ Leonardo da Vinci.

vin·di·cate /víndəkèit ヴィンディケイト/ [動] (現分 -cat·ing) [他]《文語》❶(人の)容疑をはらす. ❷(まちがっていると考えられていることが)正しいことを立証する.

vin·di·ca·tion /vìndəkéiʃən ヴィンディケイション/ [名][UC]立証;弁明.

vin·dic·tive /vindíktiv ヴィンディクティヴ/ [形]復讐(ふくしゅう)心の強い;執念深い.

vine /váin ヴァイン/ [名][C]〘植物〙つる性植物, つる草;つる.

vin·e·gar /vínigər ヴィニガ/ [名][U]酢(す).

vine·yard /vínjərd ヴィニャド/ 《★発音注意》[名][C]ブドウ園, ブドウ畑.

vin·tage /víntidʒ ヴィンティヂ/ [名] (ある年の)優良ブドウ(酒)《年号を記して販売する》.
— [形] ❶(ブドウ酒が)(年代ものの)優良な. ❷(車などが)年代ものの, クラシックな.

víntage càr [名][C]《英》ビンテージカー《おもに1920年代につくられたクラシックカー》.

vi·nyl /váinl ヴァイヌル/ 《★発音注意》[名][U]ビニール《☞plastic》.

vi·o·la /vióulə ヴィオウラ/ [名][C]ビオラ《バイオリンによく似たやや大型の楽器》.

vi·o·late /váiəlèit ヴァイオレイト/ [動] (~s /-ts/; -lat·ed /-id/; -lat·ing) [他] ❶(法律・条約・契約など)を破る, …に違反する. ❷(人の尊厳・プライバシーなど)を侵害する.
▸❶*violate* a treaty 条約を破る / *violate* human rights 人権を侵す.
❷*violate* the privacy of others 他

abcdefghijklmnopqrstu▼wxyz   **viscount**

人のプライバシーを侵害する.
☞ 名violation, 形violent.

vi・o・la・tion /vàiəléiʃən ヴァイオレイション/ 名UC (規則・約束などの)違反(行為), 無視, 侵害. ▶a *violation* of the school rules 校則違反.
☞ 動violate.

***vi・o・lence** /váiələns ヴァイオレンス/ 名 U ❶ **暴力**, 暴行, 乱暴 (反 nonviolence).
❷ 激しさ, 猛烈さ.

----

❶ an act of *violence* 暴力行為 / use *violence* 暴力を用いる. ❷ the *violence* of a storm あらしの猛威.
☞ 形violent.

***vi・o・lent** /váiələnt ヴァイオレント/ 形 (more ~; most ~)
❶ ⓐ **暴力的な**, 乱暴な. ⓑ (死が)暴力[事故]による (反 nonviolent).
❷ 激しい, 猛烈な.

----

❶ ⓐ He laid *violent* hands on his wife. 彼は妻に暴力を振るった. ⓑ meet a *violent* death (病気ではなく, 暗殺, 事故などで)変死する.
❷ a man of *violent* temper 激しい気性の人 / a *violent* attack 猛攻撃 / a *violent* quarrel 激しい口論.
☞ 名violence, 動violate.

vi・o・lent・ly /váiələntli ヴァイオレントリ/ 副 ❶ 激しく, 猛烈に;ひどく.
❷ 乱暴に;暴力によって.

vi・o・let /váiəlit ヴァイオリット/ 名 ❶ C 【植物】スミレ. ❷ U すみれ色.

***vi・o・lin** /vàiəlín ヴァイオリン/ ((★アクセント注意)) 名 (複 ~s /-z/) C **バイオリン**.
▶I play the *violin*. 私はバイオリンをひく.

vi・o・lin・ist /vàiəlínist ヴァオリニスト/ ((★アクセント注意)) 名C バイオリニスト.

VIP, V.I.P. /ví:àipí: ヴィーアイピー/ 名C ((口語))重要人物, 大物 (○*v*ery *i*mportant *p*erson の三つのかしら文字を表わす).

vi・per /váipər ヴァイパ/ 名C 【動物】ヨーロッパクサリヘビ(毒ヘビ).

***vir・gin** /vɔ́:rdʒin ヴァーチン/ 名(複 ~s /-z/)
❶ C 処女. ❷ C 童貞.
— 形 未開拓の.
▶形 a *virgin* forest 原生林.
☞ 名virginity.

Vir・gin・ia /vərdʒínjə ヴァヂニャ/ 名 バージニア ((アメリカ大西洋岸南東部の州; ○【郵便】VA と略す)).

vir・gin・i・ty /və(:)rdʒínəti ヴァ(-)ヂニティ/ 名U 処女であること, 処女性.
☞ 形virgin.

Vírgin Máry 名 ((the をつけて))聖母マリア ((キリスト(Christ)の母)).

vir・ile /vírəl ヴィリル | víraɪl/ 形 男性的な, 男らしい.

vi・ril・i・ty /vəríləti ヴィリリティ/ 名U 男性的であること, 男らしさ.

vir・tu・al /vɔ́:rtʃuəl ヴァーチュアル/ 形 (名目は別として)実質上の, 事実上の.

***vir・tu・al・ly** /vɔ́:rtʃuəli ヴァーチュアリ/ 副 **事実上**, 実質的には.
▶The village was *virtually* destroyed by the typhoon. その村は台風で事実上壊滅した.

vírtual reálity 名U 仮想現実(感), ヴァーチャルリアリティー ((コンピューターによって作られる現実に近い世界)).

***vir・tue** /vɔ́:rtʃu: ヴァーチュー/ 名 (複 ~s /-z/) ❶ U 徳, 美徳, 人間的りっぱさ (反 vice).
❷ C 美点, 長所.

----

❶ He is a man of *virtue*. 彼は徳のある[りっぱな]人である. ❷ She has the *virtue* of being kind to everyone. 彼女はだれにも親切にする長所がある.
by [in] virtue of ... …によって, …の力で.
☞ 形virtuous.

vir・tu・o・so /vɔ̀:rtʃuóusou ヴァーチュオウソウ/ 名 (複 ~s /-z/, vir・tu・o・si /-si:/) C (とくに音楽の)名人, 大家, 巨匠(きょしょう).

vir・tu・ous /vɔ́:rtʃuəs ヴァーチュアス/ 形 (道徳的に)りっぱな. ☞ 名virtue.

vi・rus /váiərəs ヴァイ(ア)ラス/ ((★発音注意)) 名 (複 ~es /-iz/) C ウイルス, ビールス.

vi・sa /ví:zə ヴィーザ/ 名 C ビザ, 入国[出国]許可証 ((パスポート(passport)にスタンプで押してもらう)). ▶an entry [exit] *visa* 入国[出国]ビザ.

vis-à-vis /vì:zə-ví: ヴィーザ・ヴィー/ 前 …に関して, …に対して.

vis・count /váikàunt ヴァイカウント/ ((★

one thousand four hundred and ninety-seven   1497

vise s は発音されない》名 C 子爵(ﾋｬｸ)(☞ peerage).

vise /váis ヴァイス/ 名 C 【機械】万力(ﾏﾝﾘｷ) (◎《英》では vice).

vis·i·bil·i·ty /vìzəbíləti ヴィズィビリティ/ 名 U 目に見えること, 視界.
☞ 形 visible.

＊**vis·i·ble** /vízəbl ヴィズィブル/ 形 (more ~; most ~)
❶ **目に見える**, 肉眼で見える (反 invisible).
❷ **明白な**, 簡単にわかる.

---

❶ The star was clearly *visible* to the naked eye. その星は肉眼ではっきり見えた. ❷ with no *visible* cause はっきりした原因もなく.
☞ 名 visibility.

vis·i·bly /vízəbli ヴィズィブリ/ 副 目に見えるほどに, 明白に.

＊**vi·sion** /víʒən ヴィジョン/ 名 (複 ~s /-z/)
❶ U **視力**, 視覚；見えること.
❷ U **先を見抜く力**, ビジョン.
❸ C **幻**, 幻想, 幻影.

---

❶ She has poor *vision*. 彼女は視力が弱い. ❷ a statesman of great *vision* 先を見る力のある政治家.
☞ 形 visionary.

vis·ion·ar·y /víʒənèri ヴィジョネリ/ 形 先見の明のある, ビジョンをもっている.
☞ 名 vision.

＊＊**vis·it** /vízit ヴィズィット/ 動 (~s /-ts/; ~ed /-id/; ~ing) 他
❶ ⓐ (人)に**会いに行く**, (人)を訪問する. ⓑ (人)を見舞う.
❷ (土地・場所など)を**訪れる**, …へ見物に行く[来る], (寺・神社に)参拝する.
❸ …の家に泊まる.
❹ (仕事で)…へ行く, (患者)を往診する.
❺ 〖電算〗(ホームページ)を見る.
— 自 ❶ 訪れる, 滞在する.
❷ (米)(人と)話す, おしゃべりする(☞ 成句 *visit* with ... ②).
— 名 (複 ~s /-ts/) C ❶ ⓐ **訪問**.
ⓑ 見舞い.
❷ 見物(に行くこと).
❸ (客としての)**滞在**.
❹ (医者の)往診；検察, 巡回.

❺《米口語》おしゃべり.

動 他 ❶ⓐ I will *visit* my uncle next week. 来週私はおじに会いに行きます. ⓑ I *visited* her in the hospital. 私は入院中の彼女を見舞った.
❷ We have *visited* the museum many times. 私たちはその博物館には何度も見学に行きました / *visit* a shrine 神社に参拝する.
❸ I *visited* my aunt for a week. 私はおばさんのところに1週間滞在した.
❹ The doctor was out *visiting* his patients. 医者は往診に出ていた.
— 自 ❶ 対話 "Do you live in this town?" – "No, we are only *visiting*."「あなたたちはこの町にお住まいですか」「いいえ, 滞在しているだけです」 / He is *visiting* in New York [at a hotel] for the weekend. 彼は週末を過ごすためにニューヨークに[ホテルに]滞在しています.

***visit* with ...** ①…を訪ねて泊めてもらう：He is now *visiting with* his uncle. 彼は今おじさんの家に泊まっている. ②《米口語》…とおしゃべりをする：*visit with* a friend on the telephone 電話で友人とおしゃべりをする.
☞ 名 visitation.

— 名 ❶ⓐ Her sudden *visit* surprised us. 彼女の突然の訪問で私たちはびっくりした / have a *visit* from May メイが訪ねてきてくれる.
❷ This is my first *visit* to Kyoto. 京都を訪れたの[京都見物]はこれが初めてです / Kanazawa is worth a *visit*. 金沢は行ってみる価値がある.
❸ He was on a *visit* to a friend's house. 彼はある友人の家に泊まっていた.
❹ He had a doctor's *visit*. 彼は往診してもらった.

go on a *visit* to ... …を訪問する(◎ くに, 比較的長い間の訪問をいう).

pay [make] a *visit* to ... = **pay ... a *visit*** …を訪問する：I *paid* him a short *visit*. 私は(訪問して)短時間彼のところにいた / pay a *visit* to a temple お寺にお参りに行く.

vis·it·a·tion /vìzətéiʃən ヴィズィテイション/ 名 ❶ U C (公式の)訪問, 視察.

❷Ⓤ(離婚後の)子どもとの面会権.
☞動visit.

vis·it·ing /vízitiŋ ヴィズィティング/ 名Ⓤ 訪問, 見舞い, 視察.
— 形訪問(中)の, 見舞いの, 巡視の.
▶形*visiting* day 面会日 / a *visiting* team 遠征チーム, ビジター (⇔「地元のチーム」 is the home team).

vísiting cárd 名Ⓒ(英)(訪問用の)名刺 (⇔(米)では calling card).

vísiting hòurs 名覆(入院患者などの)面会時間.

vísiting proféssor 名Ⓒ客員教授.

*__vis·i·tor__ /vízitər ヴィズィタ/ 名(覆 ~s /-z/)
Ⓒ❶来訪者, 来客; 見舞い客.
❷観光客, 参観者.
❸《複数形で》[スポーツ]遠征チーム, ビジター《相手チームの本拠地へ出かけて試合をするチーム》.

名❶We had three *visitors* yesterday. うちにはきのう3人のお客があった.

類語 **visitor**は「あらゆる目的の訪問者」または「観光客」をさす; **guest**は「招かれた客やホテルの客」; **customer**は「いつも店に来てくれるお客」.

visitors 　　guest

customer

❷The number of *visitors* to the resort suddenly increased. その行楽地の観光客が急にふえた.

vi·sor /váizər ヴァイザ/ 名Ⓒ❶(帽子・ヘルメットの)つば.
❷サンバイザー《自動車のフロントガラスの上部についている日よけ》.

vis·ta /vístə ヴィスタ/ 名Ⓒ《文語》(広い)ながめ.

*__vis·u·al__ /víʒuəl ヴィジュアル/ 形視覚の, 視覚による.
▶*visual* impairment 視覚障害.

vísual áid 名Ⓒ視覚教材《テレビ・映画・スライド・写真・掛け図など》.

vis·u·al·ize /víʒuəlàiz ヴィジュアライズ/ 動(-iz·ing)他…を心に描く, 想像する.

*__vi·tal__ /váitl ヴァイトル/ 形(more ~; most ~)
❶非常に重要な, なくてはならない.
❷ⓐ生命の, 生命に関する.
ⓑ生命をささえる, 生命に必要な.
❸生気に満ちた, 生き生きとした, 活気のある.

❶Your help is *vital* to [for] the success of my plan. 私の計画の成功には君の援助がぜひ必要だ / Her suggestion was of *vital* importance. 彼女の提案はきわめて重要だった / a *vital* role 非常に重要な役割.
❷ⓐ*vital* energies 生命力, 活力.
ⓑ*vital* organs 生命をささえる諸器官(心臓・脳など).
❸He has a *vital* personality. 彼は活発な性格だ.
☞名vitality.

vi·tal·i·ty /vaitǽləti ヴァイタリティ/ 名Ⓤ活力, 生命力.
▶a man of *vitality* 活力のある男.
☞形vital.

vi·tal·ly /váitəli ヴァイタリ/ 副きわめて重大に, 非常に.

vítal statístics 名覆❶人口動態統計《出生・結婚・死亡などの統計》.
❷《口語》女性の(バスト・ウエスト・ヒップの)サイズ.

*__vi·ta·min__ /váitəmin ヴァイタミン | vít-/ 《★アクセント注意》名(覆 ~s /-z/)Ⓒビタミン.

vi·va·cious /vivéiʃəs ヴィヴェイシャス/ 形(女性が)快活な, 活発な.

*__viv·id__ /vívid ヴィヴィッド/ 形(~·er; ~·est)
❶(印象・記憶・描写などが)生き生きとした, 真に迫った, 目に見えるような.
❷(光・色などが)あざやかな, 目のさめるような.

❶I have *vivid* memories of the party. 私はそのパーティーのことをはっきり

vividly

覚えている / a *vivid* description of the scene その情景の生き生きとした描写 / *vivid* impressions 鮮明な印象.
❷ *vivid* red roses あざやかな赤色のバラ.

viv·id·ly /vívidli ヴィヴィドリ/ 副 あざやかに；はっきりと.

viv·id·ness /vívidnəs ヴィヴィドネス/ 名 U あざやかさ；鮮明さ.

V-neck /ví-nèk ヴィー・ネック/ 名 C V字形のえり.

V.O.A. /ví:òuéi ヴィーオウエイ/《略語》Voice of America.

*vo·cab·u·lar·y** /voukǽbjuléri ヴォウキャビュレリ/ 名 (複 -lar·ies /-z/) UC 語彙(ごい) (知っている・用いられる語の全体).
▶ You must increase your *vocabulary*. あなたは語彙をふやさなければなりません / His *vocabulary* is large. 彼の用いることばは豊富だ.

*vo·cal** /vóukəl ヴォウカル/ 形 (more ~; most ~) ❶ 声の, 音声の；口頭の.
❷《口語》はっきりものをいう.
❸【音楽】声楽の (⇔「楽器の」は instrumental).
☞ 名 voice¹.
— 名 C【音楽】ボーカル, 声楽曲.
▶形 ❶ the *vocal* organs 発声器官 / a *vocal* message 口頭の伝言 / *vocal* music 声楽. ❷ The public's response was *vocal*. 世間の人々の反応ははっきりしていた.

vócal còrds 名 複《the をつけて》声帯.

vo·cal·ist /vóukəlist ヴォウカリスト/ 名 C (音楽バンドの)歌手.

vo·cal·ly /vóukəli ヴォウカリ/ 副 声に出して, 口頭で；はっきりと.

vo·ca·tion /voukéiʃən ヴォウケイション/ 名 C (自分に合った)職業, 仕事, 商売；天職.

vo·ca·tion·al /voukéiʃənəl ヴォウケイショナル/ 形 職業の.▶ a *vocational* school 職業(訓練)学校.

vo·cif·er·ous /vousífərəs ヴォウスィファラス/ 形《文語》(不満などを)大声で叫ぶ, やかましい.

vod·ka /vádkə ヴァドカ/ 名 U ウオッカ《ロシアのアルコール分の強い蒸溜酒》.

vogue /vóug ヴォウグ/ 名 UC《ふつう the をつけて》流行, はやり.▶ *the vogue* of the 1990s 1990年代の流行.
be in vogue 流行している：Miniskirts *are* again *in vogue*. ミニスカートが再び流行している.

voice¹ /vóis ヴォイス/ 名 (複 voic·es /-iz/)

❶ UC (人の)声, 音声；(人の歌う)声.
❷《単数形で》発言(権), 投票権, (主義・主張を)訴える声, 選択.
❸ ⓐ C (個人・集団の)意見.
ⓑ《単数形で》(代表して)意見を述べる人 [組織・新聞], 代弁者.
— 動 (現分 voic·ing) 他 …を声に出す, はっきりと言い表わす.

名 ❶ He spoke in a loud *voice*. 彼は大声で話した / She has a sweet *voice*. 彼女はいい声をしている.

語の結びつき
(can) hear a *voice* 声が聞こえ(てく)る
have (got) a lovely *voice* すてきな声をしている
lower one's *voice* 声を低くする

❷ We have little *voice* in the decision. われわれはその決定についてはほとんど発言権がない.
❸ ⓐ the *voice* of the majority 大多数の意見. ⓑ The paper is the *voice* of the left wing. その新聞は左翼思想を代弁している.

at the top of one's **voice** 声を張りあげて.
give voice to ... (気持ちなど)を表明する, …を口に出す.
lose one's **voice** 声が出なくなる.
make one's **voice heard** 意見をはっきり述べる[示す]：They marched to *make their voice heard*. 彼らは考えをはっきり示すために行進をした.
raise one's **voice** ① 声を大きくする. ② 不平を言う, 抗議する.
...'s voice breaks (男の子)が声変わりする.

— 動 他 They *voiced* their feelings. 彼らは気持ちを言葉で表現した.
☞ 形 vocal.

voice² /vóis ヴォイス/ 名 C【文法】態.
▶ the active [passive] *voice* 能動[受

abcdefghijklmnopqrstu**v**wxyz　　　　　　　　　　　　　　　　　　**volunteer**

動]態.
voiced /vɔ́ist ヴォイスト/ 形〖音声〗有声音の (反 voiceless). ▶*voiced* sounds 有声音《声帯の震動をともなう音；母音全部および /b/ /d/ /g/ などの子音》.
voice·less /vɔ́isləs ヴォイスレス/ 形〖音声〗無声音の (反 voiced). ▶*voiceless* sounds 無声音《声帯の震動をともなわない音；/p/ /t/ /k/ などの子音》.
vóice màil 名Uボイスメール《電話を録音しておいて後で聞けるシステム》.
Vóice of América 名《the をつけて》アメリカの声《アメリカ政府の海外向け放送；⊙ V.O.A. と略す》.
voice·print /vɔ́isprìnt ヴォイスプリント/ 名C声紋《⊙「指紋」は fingerprint》.
void /vɔ́id ヴォイド/ 形 ❶欠けた，(…が)ない．❷(法律上)無効の．
— 名 ❶C空虚感．❷C空間，すき間．
▶形 ❶a statement *void of* meaning 意味のない声明.
vol. 《略語》volume.
vol·a·tile /válətl ヴァラトル | vɔ́lətàil/ 形 ❶(状況などが)急変しそうな，不安定な．❷おこりっぽい．
vol·can·ic /valkǽnik ヴァルキャニック/ 形火山(性)の，火山の多い．
　　　　　　　　　　　　　☞名volcano.
*****vol·ca·no** /valkéinou ヴァルケイノウ | vɔl-/《★アクセント注意》名(複 ~es, ~s /-z/) C**火山**．
　▶an active 〔a dormant / an extinct〕 *volcano* 活〔休/死〕火山．
　　　　　　　　　　　　　☞形volcanic.
Vol·ga /válgə ヴァルガ/ 名《the をつけて》ボルガ川《ロシア西部に発しカスピ海に注ぐ長い川》.
vo·li·tion /voulíʃən ヴォウリション/ 名U《文語》意志(の働き)，決断力．
of one's own volition 自分の意志で．
vol·ley /váli ヴァリ | vɔ́li/ 名C
❶(弾丸などの)連発，一斉(ミッ)射撃．
❷(質問などの)連発．
❸〖テニス・サッカー〗ボレー《ボールが地につかないうちに打つ［キックする］こと》．
▶名 ❷a *volley* of questions 次々に浴びせられる質問．
*****vol·ley·ball** /válibɔ̀ːl ヴァリボール | vɔ́l-/ 名 ❶U**バレーボール**．
❷Cバレーボール用のボール．

vols. 《略語》volumes.
volt /vóult ヴォウルト/ 名C〖電気〗ボルト《電圧の単位；⊙ v. と略す》.
volt·age /vóultidʒ ヴォウルティヂ/ 名UC電圧．
*****vol·ume** /válju(ː)m ヴァリュ(ー)ム | vɔ́l-/《★アクセント注意》名(複 ~s /-z/)
❶U**音量，ボリューム**．
❷UC a体積，容積．b量．
❸C a (2巻以上からなる書物・刊行物の)冊，巻《⊙vol., vols. と略す；Book I などという場合の book は本の内容の区分をさすのに対して，volume は本の外型をさす》．
b (月刊誌などの1年分の)巻．
❹C《文語》本，書物．

❶Turn down〔up〕the *volume* on the TV. テレビの音量を下〔上〕げなさい．
❷a the *volume* of a barrel たるの容積．b the *volume* of traffic 交通量．
❸ a *Volume* [*Vol.*] I of this dictionary has just appeared. この辞書の第1巻が出たところだ／a novel in four *volumes* 4巻本の小説．
b *Vol.* 4, no 1 (雑誌の)第4巻第1号．
❹ a library of fifty thousand *volumes* 5万冊の蔵書をもつ図書館．
　　　　　　　　　　　　　☞形voluminous.
vo·lu·mi·nous /vəljúːmənəs ヴォリューミナス/ 形《文語》非常に大きい．
　　　　　　　　　　　　　☞名volume.
vol·un·tar·i·ly /vàləntérəli ヴァランテリリ/ 副自分から進んで，自発的に．
*****vol·un·tar·y** /váləntèri ヴァランテリ | vɔ́ləntəri/《★アクセント注意》形**自ら進んでする，自発的な**，自由意志による (反 compulsory).
▶*voluntary* work 自ら進んでする仕事．
　　　　　　　　　　　　　☞名volunteer.
*****vol·un·teer** /vàləntíər ヴァランティア | vɔ̀ləntíə/《★アクセント注意》名(複 ~s /-z/) C ❶**自ら進んで(物事を)する人，志願者，有志，ボランティア**．
❷志願兵，義勇兵．
— 動 他…を自ら進んでする，自発的に申し出る．
— 自自発的に(奉仕)する．

名 ❶Are there any *volunteers* for

this work? この仕事を進んでやる人はいませんか / invite *volunteers* 志願者を募る. ☞ 形 voluntary.

— 動 他 He *volunteered* his services. 彼は自発的に奉仕をしてくれた / After dinner he *volunteered to* do the dishes. 彼は夕食後洗いものをすると申し出た.

— 自 He *volunteered for* the campaign. 彼はその運動に志願した.

vo·lup·tu·ous /vəlʌ́ptʃuəs ヴォラプチュアス/ 形 (女性が)官能的な, 色っぽい.

vom·it /vɑ́mit ヴァミット/ (★アクセント注意) 動 他 (食べたもの)を吐く, (胃から)…をもどす.

— 自 食べたものを吐く, もどす.

— 名 U 吐いた物.

▶ 動 他 He *vomited* (up) all he had just eaten. 彼は食べたばかりの物を全部もどした.

‡**vote** /vóut ヴォウト/ 名 (複 ~s /-ts/)

❶ C **投票**, (投票・挙手・起立などによる)票決.

❷ C (個々の)**票**.

❸ 《the をつけて》**投票権**, 選挙権; 議決権.

❹ 《ふつう the をつけて》投票総数; 得票総数.

— 動 (~s /-ts/; vot·ed /-id/; vot·ing) 自 投票する.

— 他 ❶ …に投票する.

❷ 《vote ... ~》…を〜に投票で選ぶ.

❸ ⓐ 《vote to *do*》__することを投票で決める.

ⓑ 《vote that __》《口語》__と投票で決める.

❹ 《vote that __》《口語》__と提案する.

━━━━━━━━━━━━━━━━━━
名 ❶ We chose the chairperson by a *vote*. 私たちは投票で議長を選んだ / He cast his *vote* for [against] the proposal. 彼はその提案に賛成〔反対〕の票を投じた / a *vote* of confidence [no confidence] 信任〔不信任〕投票.

❷ He was elected chair(person) by 20 *votes*. 彼は20票で議長に選出された.

語の結びつき

count (the) *votes* 票を数える
get [receive, poll] 2,000 *votes* 2000票獲得する
hold a *vote* (on ...) (…について)決を採(と)る

❸ In Japan those under 20 do not have *the vote*. 日本では20歳未満の人には投票権がない.

❹ She got forty percent of the *vote*. 彼女は投票総数の40パーセントをとった.

have [*take*] *a vote on* ... …を投票で決める: *have a vote on* where to go. どこへ行くか投票で決める.

put ... *to the vote* …を投票で決める.

— 動 自 I am old enough to *vote*. 私は(選挙で)投票できる年齢になった.

— 他 ❶ He *voted* the Republican Party. 彼は共和党に投票した.

❷ He was *voted* most valuable player. 彼は投票で最高殊勲(しゅくん)選手に選ばれた.

❸ ⓐ We *voted* to go on a school trip to Okinawa. われわれは沖縄へ修学旅行に行くことを投票で決めた.

ⓑ They *voted* (that) she (should) be punished. 彼女が罰せられることが票決で決定した (❷《米》ではふつう should は用いない).

❹ I *vote* (that) we go fishing tomorrow. あす魚釣りに行こう.

vote against ... …に反対投票する: They *voted against* the bill. 彼らはその議案に反対投票した.

vote down 他 …を投票で否決する.

vote for ... …に賛成投票する.

vote in 他 (人)を投票で選出する.

vote out 他 (人)を投票でやめさせる.

vot·er /vóutər ヴォウタ/ 名 C 投票者, 選挙人.

vót·ing bòoth /vóutiŋ- ヴォウティング-/ 名 C 《米》(投票所の)仕切られた記入場所 (❷《英》では polling booth).

vouch /váutʃ ヴァウチ/ (★発音注意) 動 (三単現 ~·es /-iz/) 自 保証する, 保証人になる. ▶ His friends *vouched for* him [his honesty]. 友人たちが彼の人物〔正直さ〕を保証した.

vouch·er /váutʃər ヴァウチャ/ 名 C

❶ 証書, 領収書. ❷ (買い物・食事などの)引換券, クーポン券.

▶❷ travel *vouchers* 旅行用クーポン券.

vow /váu ヴァウ/ 《★発音注意》名ⒸC誓い.
— 動他 …を誓う.
▶名 I made a *vow* never to be late. 私は絶対に遅刻しないという誓いを立てた.
under a vow 誓いを立てて: They are *under a vow* of silence. 彼らは沈黙を守るという誓いを立てている.
— 動他 She *vowed* (*that*) she would never tell a lie. 彼女はけっしてうそをつかないと誓った / He *vowed to* give up smoking and drinking. 彼は禁酒禁煙を誓った.

vow·el /váuəl ヴァウエル/ 名ⒸC ❶ 〖音声〗母音 (◐「子音」は consonant).
❷ 母音字 (a, e, i, o, u またときには w, y を含む).

*****voy·age** /vɔ́iiʤ ヴォイイヂ/ 《★発音注意》名 (複 -ag·es /-iz/) Ⓒ **航海**, 宇宙旅行 (船・宇宙船などによる長い旅をいう).
▶The *voyage* from Japan to America used to take one month. 日本からアメリカまでの航海はむかしは1か月かかったものだ / I wish you a pleasant *voyage*. よい航海であるようにお祈りします (いってらっしゃい) / go on a *voyage* 航海に出る.

V.P., VP 《略語》Vice-President.

vs. 《略語》versus.

V sign /víː sàin ヴィー サイン/ 名ⒸC V サイン《人さし指と中指で勝利 (victory) を意味するV字形をつくって前にさし出し, 勝利・承認・団結などを示す合図》.

Churchill gave the *V sign* to the crowd. (チャーチルは群集に向かってVサインを見せた)

VT 〖米郵便〗Vermont.

v.t., vt 《略語》〖文法〗transitive verb 他動詞.

vul·gar /vʌ́lɡər ヴァルガ/ 形 (~·er, more ~; ~·est, most ~) 俗悪な, 下品な (反 elegant).
▶a *vulgar* joke 下品な冗談 / *vulgar* manners 下品な態度.
☞ 名 vulgarity.

vul·gar·i·ty /vʌlɡǽrəti ヴァルギャリティ/ 名ⓊU 俗悪, 下品.
☞ 形 vulgar.

vul·ner·a·bil·i·ty /vʌ̀lnərəbíləti ヴァルネラビリティ/ 名ⓊU 傷つきやすいこと.

vul·ner·a·ble /vʌ́lnərəbl ヴァルネラブル/ 形 (人・感情などが) 傷つきやすい.
▶a *vulnerable* point 弱点.

vul·ture /vʌ́ltʃər ヴァルチャ/ 名ⒸC 〖鳥類〗ハゲタカ.

vy·ing /váiiŋ ヴァイイング/ 形 互いに競争しあう.
☞ 動 vie.

W w 𝒲 𝓌

W, w /dʌ́blju:ダブリュー/ 名(複) W's, Ws, w's, ws /-z/) U.C.ダブリュー《英語アルファベットの23番目の文字》.

W.¹, w. 《略語》west, western.
W.² 《略語》Wednesday.
WA 〔米郵便〕Washington.

wad /wάd ワッド/ 名C ❶ (ぼろ布・紙・綿などを丸めた)固まり. ❷ (紙幣・書類などの)束.

wad・dle /wάdl ワドル/ 動(現分 wad-dling)自 よたよた歩く.
—— 名C よたよた歩き.

wade /wéid ウェイド/ 動(現分 wad·ing) 自(水・泥・雪などの中を)歩く, 歩いて渡る.
—— 他 (川など)を歩いて渡る.
▶自 *wade* across a stream 流れを歩いて渡る / *wade* through snow 雪の中を歩く.
wade in 自 (議論などに)割りこむ.
wade into ... (議論などに)割りこむ.
wade through ... (資料など)を読み通す, 全部読む.

wa・fer /wéifər ウェイファ/ 名C ウェハース《薄い軽焼き菓子; よくアイスクリームに添える》.

waf・fle /wάfl ワフル/ 名C ワッフル《小麦粉・牛乳・卵などをまぜてパリパリに薄く焼いた網の目模様のケーキ; バターやはちみつなどをのせて食べる; ✪日本でいう「ワッフル」とは違う》.

waft /wάːft ワーフト, wǽft/ 動他(風などが)(もの・音・においなど)をふわふわと運ぶ, …をただよわせる.
—— 自(空中を)ふわふわと飛ぶ, ただよう.

wag /wǽg ワッグ/ 動(~s /-z/; wagged /-d/; wag·ging)他 ❶(犬などが)(尾)を振る.
❷(首・指)を左右に動かす《不快感を示す》.
—— 自(尾など)が振れる, 揺れ動く.
—— 名C (尾や頭などを)振り動かすこと.
▶動他 ❶The dog *wagged* its tail. 犬が尾を振った. ❷She *wagged* her finger at him. 彼女は彼に向かって(不快感を示して)指を左右に振った.

＊wage /wéidʒ ウェイヂ/ 名(複 wag·es /-iz/)C《ふつう複数形で》**賃金**, 給料《✪時間・日・週単位; ☞ salary の 類語》.
—— 動(現分 wag·ing)他 (戦争・闘争など)を仕掛ける.

━━━━━━━━━━━━━━━━
名His *wages* are $300 a week. 彼は週給300ドルだ / make good *wages* よい給料を取る.

語の結びつき
cut [lower, reduce] *wages* 賃金を下げる
earn *wages* 賃金をかせぐ
freeze *wages* 賃金を凍結する
get *wages* 賃金を受け取る
pay *wages* 賃金を払う
raise *wages* 賃金を上げる
━━━━━━━━━━━━━━━━

—— 動他 *wage* (a) war against drugs 麻薬と戦う.

wáge èarner 名C 賃金労働者, 給料生活者.

wáge hìke 名C 賃上げ, ベースアップ《✪「ベースアップ」は和製英語》.

＊wag・on /wǽgən ワゴン/ 名(複 ~s /-z/) C ❶(馬または牛が引く4輪の)**荷馬車**.
❷(英)屋根なし貨車《✪(米)ではfreight car》.
❸(米口語)ステーションワゴン.
be on the wagon 禁酒している.

Wai・ki・ki /wàikikíː ワイキキー/ 名ワイキキ《ハワイのホノルル (Honolulu) 市内の海水浴場》.

wail /wéil ウェイル/ 動自 ❶泣きわめく; 嘆き悲しむ. ❷泣きわめくような音を出す.
—— 名C ❶泣きわめく声.
❷(風などの)泣きわめくような音.
▶動自 ❶The boy *wailed* for his dead mother. その少年は死んだ母を思い出して泣きわめいた. ❷The wind

abcdefghijklmnopqrstuv**w**xyz　　　　　　　　　　　　　　　　　　**waiter**

wailed in the trees. 風が木々の間をヒュウヒュウと音を立てて吹いた.

***waist** /wéist ウェイスト/ 图(複 ~s /-ts/)
Ⓒ ❶ **ウエスト**《腰のくびれた部分; ☞ body のさし絵》.
❷(衣類の)胴部, ウエスト.
▶❶She has a very small *waist*. 彼女はウエストがとても細い.

waist·band /wéistbænd ウェイストバンド/ 图 Ⓒ ウエストバンド《スカート・ズボンなどの腰部の布》.

waist·coat /wéskət ウェスカト, wéistkòut/《★発音注意》图 Ⓒ 《英》**チョッキ, ベスト**《✿《米》では vest》.

waist-high /wéist-hái ウェイスト・ハイ/ 形副 腰までとどく高さの[に].

waist·line /wéistlàin ウェイストライン/ 图 Ⓒ ❶ ウエストサイズ. ❷〖服飾〗ウエスト部分.

****wait** /wéit ウェイト/ 動 (~s /-ts/; ~ed /-id/; ~ing)
🅐 ❶ⓐ **待つ**.
ⓑ《wait for ...》…を待つ.
ⓒ《wait for ... to *do*》…が＿するのを待つ.
ⓓ《wait to *do*》＿するのを待つ.
❷《口語》《ふつう **can** とともに》《ものごとが》後回しにされる, ほうっておかれる.
— 他 (機会・合図・順番など)を待つ.
— 图《単数形で》待つこと; 待ち時間.

・・・
動 🅐 ❶ⓐ Please *wait* a minute. ちょっとお待ちください / The bus was *waiting* by the school gate. バスが校門のところで待っていた / Let's *wait* till she comes. 彼女が来るまで待とう / I'm sorry to have kept you *waiting* so long. たいへん長くお待たせしてすみません / Let's *wait* and see. 待って様子を見よう.
ⓑ A woman is *waiting for* you outside. 女の人が外であなたを待っています / What are you *waiting for*? 君は何を待っているの; 何をぐずぐずしているの.
ⓒ They *waited for* Tom *to* arrive. 彼らはトムが到着するのを待った.
ⓓ Children were *waiting to* go out into the playground. 子どもたち

は校庭に出るのを待っていた.
❷ That can *wait*. それはすぐしなくてよい / The job can't *wait* till tomorrow. この仕事はあすまで待てない.
— 他 Please *wait* your turn in this room. この部屋で順番を待っていてください.

can hardly wait to *do* = can't *wait* to *do*.

can't wait for ...《口語》…が待ちきれない: I *can't wait for* the summer holidays. 夏休みが待ちきれない[早く来てほしくてたまらない].

can't wait to *do*《口語》＿したくて待ちきれない[したくてたまらない]: I *can't wait to* see you. あなたに会いたくて会いたくてたまらない.

wait about 🅐《英》= *wait* around.

wait and see（あわてないで）待つ.

wait around 🅐 (何もせずに)ぶらぶらして待つ.

wait at table《英》=《米》*wait* (on) table.

wait behind 🅐《英》(ほかの人がいなくなって)後に残る.

wait on [upon] ... ①…に(食事の)給仕(*ʦ̣*)をする: She is the same waitress who *waited on* us the other day. 彼女は先日われわれの食事の給仕をしてくれたウエートレスだ. ②…に(召使いとして)仕(ʦ̣)える, …の世話をする.
③(店員が)…の用を聞く: Are you *waited on*? だれかご用をお聞きしておりましょうか（店員が客に言うことば）.

wait (on) table《米》ウエーター[ウエートレス]をする.

wait up 🅐《口語》(人の帰りなどを)寝ないで待つ: You don't have to *wait up* (for me) tonight. 今夜は（私を）寝ないで待っている必要はない.

You wait!《口語》(おどして)覚えていろ, 今に見ていろ, いつか仕返しをするぞ.
— 图 You will have an hour's *wait* for the next plane. 次の飛行機まで1時間待たなければならないでしょう.

lie in wait for ... …を待ち伏せする.
《同音異形語》weight.

***wait·er** /wéitər ウェイタ/ 图(複 ~s /-z/) Ⓒ (ホテル・レストランなどの)**ウエーター, ボーイ**《✿呼びかけにも用いる; 女性形は wait-

waiting

ress》.
wait·ing /wéitiŋ ウェイティング/ 名U ❶待つこと. ❷仕えること, 給仕をすること.
wáiting lìst 名Cウェイティングリスト《待っている人の名簿》.
wáiting ròom 名C待合室.
*__wait·ress__ /wéitrəs ウェイトレス/ 名 (複 ~·es /-iz/) C 《ホテル・レストランなどの》ウエートレス 《❶呼びかけにも用いる; ☞waiter》.
waive /wéiv ウェイヴ/ 動 (現分 waiving) 他 (権利・要求など)を放棄する.
《同音異形語》wave.
waiv·er /wéivər ウェイヴァ/ 名U権利[要求]放棄.
*__wake__[1] /wéik ウェイク/ 動 (~s /-s/; waked /-t/, woke /wóuk/; waked, wo·ken /wóukən/; wak·ing) 自 **目がさめる, 起きる.**
— 他 …の目をさまさせる, …を起こす.
— 名C 《葬式前夜の》通夜《☞funeral》.

･･････････････････････････
動自 I *woke* (up) at four this morning. 私はきょう4時に目がさめた.
【類語】 **wake (up)** することは必ずしも **get up** (床から起きる)ことにはならない.

wake (up)
(目がさめる)

get up
(ベッドから起きる)

— 他 *Wake* me (up) at six tomorrow morning. あすの朝6時に私を起こしてください / The noise *woke* him (up) from his nap. その音で昼寝をしている彼は目をさました.
wake up (ぼんやりしていないで)ちゃんと聞く[見る].
wake up to ... …を[に]気づく: She began to *wake up to* the danger at last. 彼女はとうとうその危険に気がつきだした.
☞ 形wakeful.
wake[2] /wéik ウェイク/ 名C ❶船の通った跡, 航跡(みゃく). ❷ (ものの)通った跡.
in the wake of ... …のすぐ後に続いて, …の結果: Floods came *in the wake of* the typhoon. 台風が去った後で(その結果として)洪水が起こった.
wake·ful /wéikfəl ウェイクフル/ 形 目がさめている; 眠れない.
☞ 動wake[1].
wak·en /wéikən ウェイクン/ 動 《文語》= wake.
wak·ing /wéikiŋ ウェイキング/ 形 目がさめて(いる). ▸in his *waking* hours 彼が起きている時に.
*__Wales__ /wéilz ウェイルズ/ 名 ウェールズ 《大ブリテン島 (Great Britain) 西南部の地方》.
☞ 形Welsh.
***__walk__** /wɔ́ːk ウォーク/ 《★l は発音されない》 動 (~s /-s/; ~ed /-t/; ~·ing) 自
❶ **歩く, 歩いて行く.**
❷散歩する.
❸ 〖野球〗(四球で)一塁に出る, 歩く 《☞walk 名 ❹》.
— 他 ❶ⓐ (道・場所など)を歩く, 歩いて行く. ⓑ (距離)を歩く.
❷ (安全のため)…を送っていっしょに歩いて行く, (人)を連れて歩く.
❸ (動物など)を歩かせる, 散歩させる.
❹ 〖野球〗(四球で)(打者)を一塁に歩かせる.
— 名 (複 ~s /-s/) C ❶ **散歩**, 歩くこと.
❷《単数形で》歩いて行く距離, 道のり.
❸ⓐ遊歩道. ⓑ歩く道筋. ⓒ《米》歩道.
❹ 〖野球〗フォアボール, フォアボールで一塁に出ること 《❶base on balls ともいう;「フォアボール」は和製英語》.

･･････････････････････････
動自 ❶He *walks* slowly. 彼はゆっくり歩く / I *walk* to school. 私は学校へは歩いて行く. ❷He *walks* in the park every morning. 彼は毎朝公園を散歩する / go *walking* 散歩に行く.
— 他 ❶ⓐ We *walked* the main

abcdefghijklmnopqrstuv**w**xyz　　　　　　　　　　　　　　　**wallaby**

street. 私たちは大通りを歩いた / *walk* a tightrope 綱渡りをする. ⓑ*walk* three kilometers 3キロ歩く.
❷Tom *walked* me about the village. トムは私を連れて村を案内して歩いてくれた / I'll *walk* you home. 家まで歩いてお送りしましょう. ❸He's *walking* his dog. 彼は犬を散歩させている.

walk about [around] ⓐ歩きまわる.
walk away ⓐ①歩き去る, 行ってしまう. ②無事に逃れる.
walk away with ... 《口語》①(賞など)をらくらくと手に入れる:*walk away with* the championship 選手権を楽々と取る. ②…を持ち逃げする, 盗む.
walk in ⓐ歩いて(中に)はいる.
walk into ... ①歩いて…にはいる. ②(仕事など)を楽に見つける.
walk off ⓐ(おこって, だまって)歩いて立ち去る. ― ⓗ(頭痛など)を歩いて直す, …を歩いて取り除く:*walk off one's* headache 歩いて頭痛を直す.
walk off with ... = *walk away with* ....
walk out ⓐ①歩いて(外に)出る. ②(立腹して)出て行く. ③ストライキをする.
walk out of ... 歩いて…から(外に)出る.
walk out on ... 《口語》(人)を見捨てる.
walk over ... 《口語》(人)にひどい扱いをする.
walk up ⓐ①歩いて近寄る. ②歩いて上がる.

― 名❶He went (out) for a *walk* with the dog. 彼は犬と散歩に出かけた / We took [had] a *walk* around the park. 私たちは公園をあちらこちら散歩した. ❷It's a long *walk* to the station. 駅までは歩くと遠いですよ / The library is a ten-minute *walk* from here. 図書館はここから歩いて10分です. ❸ⓐThere are a lot of nice *walks* in this town. この町にはすばらしい散歩道がたくさんある.

walk·er /wɔ́ːkər ウォーカ/ 名ⓒ ❶歩く人; 散歩が好きな人. ❷ⓐ(病人・身障者の)歩行器. ⓑ(幼児の)歩行器.

walk·ie-talk·ie /wɔ́ːki-tɔ́ːki ウォーキ・トーキ/ 名ⓒ携帯用の無線交信器, トラン

シーバー.

walk·ing /wɔ́ːkiŋ ウォーキング/ 名Ⓤ歩くこと; 散歩.
― 形❶歩いている, 歩く. ❷歩行用の. ▶形❷*walking* shoes 散歩用のくつ.

wálking encyclopèdia 名ⓒ生き字引き, もの知りの人.

wálking stick 名ⓒつえ, ステッキ.

Walk·man /wɔ́ːkmən ウォークマン/ 名ⓒ 【商標】ウォークマン《携帯用オーディオプレーヤー》.

walk·out /wɔ́ːkàut ウォークアウト/ 名ⓒ (労働者の)ストライキ (strike).

walk·o·ver /wɔ́ːkòuvər ウォーコウヴァ/ 名ⓒ《口語》(ほとんど)競争相手のいない独走, 楽勝.

walk·way /wɔ́ːkwèi ウォークウェイ/ 名ⓒ(公園・街路などの)歩道.

**wall /wɔ́ːl ウォール/ 名 (複 ~s /-z/)
ⓒ❶ⓐ**壁**, 壁面, 外壁.
ⓑ(石・れんがなどの)**塀**(へい).
❷《ふつう複数形で》**城壁, 防壁**.
❸(心理的)障壁, 壁; (壁のような)障害.
― 動ⓗ…を壁[塀(へい)]で囲う, …に城壁をめぐらす.

名 ❶ⓐThere is a clock on the *wall*. 壁に時計がかかっている / ことわざ *Walls* have ears. 壁に耳あり《だれが聞いているかわからないから気をつけて話をしなさい》. ⓑa brick *wall* れんが塀.
❷The town was surrounded by high stone *walls*. その町は高い石の防壁で囲まれていた.
❸break down the *wall* of *one's* inferiority complex 劣等感という壁を打ち破る.

come up against a (brick) wall (壁にぶつかり)動きがとれなくなる.

go to the wall 《英口語》(事業などに)失敗する.

hit the wall (肉体的・精神的に)限界に達する.

run into a (brick) wall = *come up against a (brick) wall*.

― 動***wall in*** ⓗ…を塀で囲う; …を閉じ込める.

wal·la·by /wɔ́ləbi ワラビ/ 名 (複 wal·la·by; -la·bies /-z/) ⓒ 【動物】ワラビー

one thousand five hundred and seven　　　　　　　　　　　　　　　1507

wallet

《オーストラリア産の小型カンガルー》.

*__wal･let__ /wάlit ワリット | wɔ́l-/ 名 (複 ~s /-ts/) C 札入れ, さいふ (☞purse).

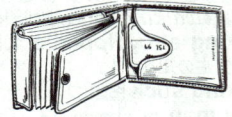

wallet

__wall･flow･er__ /wɔ́:lflàuər ウォールフラウア/ 名 C ❶ 《口語》壁の花《ダンスパーティーで相手がいなくて壁側で見ている女性, 時には男性》. ❷ 〖植物〗ニオイアラセイトウ.

__wal･lop__ /wάləp ワロプ/ 動 他 《口語》…を強くなぐる.

__wal･low__ /wάlou ワロウ/ 動 自 (動物などが) (泥・水などの中で) ころげ回る.
__wallow in ...__ (感情など)におぼれる.

__wall･pa･per__ /wɔ́:lpèipər ウォールペイパ/ 名 U 壁紙.

__Wáll Strèet__ /wɔ́:l- ウォール-/ 名 ウォールストリート《ニューヨーク市マンハッタンの南端近くにあるアメリカの金融界の中心》.

__wall-to-wall__ /wɔ́:ltəwɔ́:l/ 形 ❶ (敷物が)壁から壁にしきつめられた, 床一面の. ❷ (空間的・時間的に)びっしりの, ひっきりなしの.

__wal･nut__ /wɔ́:lnʌt ウォールナット/ 名 ❶ C 〖植物〗クルミ. ❷ U クルミ材.

__wal･rus__ /wɔ́:lrəs ウォールラス/ 名 (複 wal･rus, ~･es /-iz/) C 〖動物〗セイウチ.

walrus

__Wal･ter__ /wɔ́:ltər ウォールタ/ 名 ウォールター《男性の名》.

__waltz__ /wɔ́:lts ウォーツ/ (★発音注意) 名 (複 ~･es /-iz/) C ❶ ワルツ《ふたりひと組で踊るダンス》. ❷ ワルツの曲, 円舞曲.
— 動 (三単現 ~･es /-iz/) 自 ❶ ワルツを踊る. ❷ 自信たっぷりに歩く.

__wan__ /wάn ワン/ 形 (病気・心配などで)血の気のない, 青ざめた.

__wand__ /wάnd ワンド/ 名 C 《魔法使い・手品師などが使う》細いつえ, 棒.

*__wan･der__ /wάndər ワンダ | wɔ́ndə/ 動 (~s /-z/; ~ed /-d/; -der･ing /-dəriŋ/) 自
❶ (当てもなく)歩き回る, さまよう.
❷ 歩き去る, いなくなる.
❸ (川・道などが)曲がりくねる.
❹ (話・考えなどが)横道にそれる.
❺ (頭・考えなどが)定まらない, 乱れる.
❻ (視線が)あちらこちらさまよう.

──────────────

❶ He *wandered* about the village. 彼は村の中を歩き回った.
❷ The child *wandered* (off) before we knew it. その子はいつのまにやらいなくなった.
❸ The river *wanders* through the jungle. その川はジャングルをうねりながら流れている.
❹ The principal often *wanders* from the subject. 校長先生はしばしば話が脱線する.
❺ His mind is *wandering*. 彼は頭が混乱している.

__wan･der･er__ /wάndərər ワンダラ/ 名 C 放浪者, 歩き回る人.

__wan･der･ing__ /wάndəriŋ ワンダリング/ 名 U 放浪.
— 形 ❶ 放浪する. ❷ (川などが)曲がりくねった.

__wane__ /wéin ウェイン/ 動 (現分 wan･ing) 自 《文語》❶ (月が)欠けてゆく (反 wax). ❷ (力・気力などが)弱る, 衰える.
— 名 《次の成句で》__:on the wane__ ①(月が)欠け始めて. ②(人気などが)衰えかけて.

__wan･gle__ /wǽŋgl ワングル/ 他 《口語》…をうまく手に入れる, だまし取る.

__wan･na__ /wάnə ワナ/ 《米口語》= __want to__ 《○くだけた発音の通りにつづったもの》. ▶ I *wanna* go home. 家へ帰りたい.

__wan･na･be__ /wάnəbi ワナビ/ 名 C 《口語》《軽蔑的に》(有名人などをまねる)熱狂的なファン.

__want__ /wάnt ワント, wɔ́(:)nt/ 動 (~s /-ts/; ~ed /-id/; ~･ing) 他 ❶ …がほしい, …を望む.
❷ (人に)用がある, (用があって)(人)を呼

1508　　　　　　　　　　　　　　　　　　　　　　　　　one thousand five hundred and eight

abcdefghijklmnopqrstuv w xyz   **war**

❸《want to *do*》__したい.
❹ⓐ《want ... to *do* [*doing*]》…に__してもらいたい, …が__することを望む.
ⓑ《want ... +過去分詞で》…が__されることを望む.
ⓒ《want ... ~》…が~であることを望む(✿~には形容詞(句)がくる).
❺ⓐ…が**必要である**, …を必要とする.
ⓑ《英》《want *doing*》(物が)__される必要がある.
❻《want to *do*》《口語》(忠告をして)__したほうがいいよ.
— 名 (複 ~s /-ts/) ❶《単数形で》**欠乏**, 不足;必要. ❷ C《ふつう複数形で》**必要品**, ほしい物;欲望.

動他 ❶ I *want* some water. 私は水がほしい / She *wants* a job. 彼女は仕事をほしがっている.

|語法| *want* はかなりきつい響きをもち, 相手に要求する意味あいがあり, 相手に対して失礼になることがある. たとえば, I want some water. は「水がほしいから出しなさい」ともとれ, 年長者や知らない人には使わないほうがよい. かわりに I'd like some water. といえばよい;☞ ❸, ❹ の |語法|.

❷ Please tell Tom that I *want* him. トムに私が用があると言ってください / You are *wanted* in the office. 事務所であなたを呼んでいますよ / You are *wanted* on the phone. あなたに電話ですよ.

❸ I *want to* go to college. 私は大学へ行きたい / I *want to* be a secretary. 私は秘書になりたい.

|語法| *want to do* はかなりきつい響きをもち, I want to see your father. は「お父さんに会わせなさい」の意になることがある. 相手と直接かかわり合いのあることは I'd like to see your father. のようにいうとよい;☞ ❶, ❹ の |語法|.

❹ⓐ She *wanted* me *to* help her. 彼女は私に手伝ってくれと言った / I don't *want* you *playing* the guitar all day long. 君が一日中ギターを弾いているのは困る (✿*doing*は否定文で用いられる).
ⓑ I *want* this work *finished* by Friday. 金曜日までにこの仕事を仕上

げてもらいたい.
ⓒ I *want* everything ready by seven. すべてを7時までに用意してもらいたい.

|語法| ⓐ, ⓑ, ⓒ ともに命令的響きがあり, ⓑの例文は「…を仕上げなさい」の意味になることがある. I'd like this work finished by Friday. というとていねいになる;☞ ❶, ❸の |語法|.

❺ⓐ Children *want* plenty of sleep. 子どもには十分な睡眠が必要だ.
ⓑ My watch *wants repairing*. 私の時計は修理しなければいけない.
❻ You *want* to go to the doctor. 医者に行ったほうがいいよ.

want in 《口語》中に入りたい, 加わりたい.

want out 《口語》外へ出たい, やめたい.

— 名 ❶ They suffered from *want* of water. 彼らは水不足に苦しんだ. ❷ a man of few *wants* 欲の少ない人.
for want of ... …がないために, …が不足で:The plan failed *for want of* money. 資金不足でその計画は失敗した.

wánt àd 名 C 《米口語》(新聞などの)求人広告.

want·ed /wάntid ワンティド/ 形 指名手配されている.

want·ing /wάntiŋ ワンティング/ 形
❶ (ものが)足りない.
❷《be wanting in ...》…がない, 欠けている.
▶ 形 ❶ The first few pages are *wanting*. 最初の2, 3ページが欠けている. ❷ He *is wanting in* experience. 彼には経験が欠けている.

wan·ton /wάntən ワントン/ 形 ❶正当な理由[目的]のない, むちゃな. ❷(植物などが)伸び放題の.

★★war /wɔ́ːr ウォー/《★発音注意》名 (複 ~s /-z/)

❶ⓐ U (国家間の)(大規模で長期的な)**戦争**, 戦争状態 (反 peace) (✿「個々の戦い, 戦闘」は battle). ⓑ C (個々の)**戦争**.
❷ C 《比喩(ひゆ)的に》**争い**, 戦い.

❶ⓐ I am absolutely against *war*. 私は戦争には絶対反対だ / prevent

warble

war 戦争を防止する. ❺ The *war* came to an end. 戦争が終結した / World *War* II broke out in 1939. 第二次世界大戦は1939年に起こった.
❷ the *war* against cancer 癌(がん)との戦い / a trade *war* 貿易戦争.
at war **(with ...)** (…と)戦争中で[の].
go to war 戦争を始める.

war・ble /wɔ́:rbl ウォーブル/ 動 (現分 war・bling) ⓐ (鳥が)さえずる.

wár críme 名C 戦争犯罪.

wár crỳ 名C ときの声《戦争で勇気を奮い起こしたり敵を圧倒するためにあげる叫び声》.

ward /wɔ́:rd ウォード/《★発音注意》名C
❶ (特定の病気の)病棟(びょうとう), 共同病室.
❷ (都市の)区.
❸ 後見人(こうけんにん)のついた子ども《❍「後見人」は guardian》.
— 動 他 …から身を守る.
▶ 名 ❶ the children's *ward* 小児病棟[病室] / the cancer *ward* 癌(がん)病棟.
— 動 他 *ward off* danger 危険をよける.

ward・en /wɔ́:rdn ウォードン/《★発音注意》名C ❶ 管理人, 看視人. ❷《米》刑務所長.

ward・er /wɔ́:rdər ウォーダ/ 名C《英》(刑務所の)看守《❍《米》では guard》.

ward・robe /wɔ́:rdròub ウォードロウブ/《★発音注意》名C ❶ 洋服だんす, 衣装だんす.
❷《集合的に》《所有する》衣類.
▶ ❷ She has a large *wardrobe*. 彼女は衣類をたくさんもっている.

ware /wéər ウェア/ 名 ❶《ふつう他の語と結合して》U 製品.
❷《複数形で》(ふつう街頭などで売る)商品.

ware・house /wéərhàus ウェアハウス/ 名 (複 -hous・es /-hàuziz/) C (大きな)倉庫.

war・fare /wɔ́:rfèər ウォーフェア/ 名U 戦争, 戦争状態. ▶ nuclear *warfare* 核戦争.

war・head /wɔ́:rhèd ウォーヘッド/ 名C (ミサイルなどの)弾頭(だんとう).

war・i・ly /wéərəli ウェ(ア)リリ/ 副 用心して; 油断なく.

war・like /wɔ́:rlàik ウォーライク/ 形 戦争好きな.

***warm** /wɔ́:rm ウォーム/ 形 (~・er; ~・est) ❶ 暖かい, 温かい《反 cool》《☞ hot》.
❷ (心の)温かい, 思いやりのある, 心からの《反 cold, cool》.
❸ (色が)暖かさを感じさせる《反 cool, cold》.
— 動 (~s /-z/; ~ed /-d/; ~・ing) 他
❶ …を暖める.
❷ (心)を温める, 暖かい気持ちにさせる, 元気づける.
— 自 ❶ 暖かくなる, 暖まる.
❷ 熱心になる.
— 名《*the* をつけて》《英口語》暖かい場所.

形 ❶ We have *warm* weather in May. 5月は暖かい気候だ / It is getting *warmer* day by day. 1日ごとに暖かくなっている / *warm* clothes 暖かい衣類 / I feel a little *warm*. 私(の体)は少し熱い.

|語法| *warm* は hot (暑い)と cool (涼しい)の中間の比較的快適な状態を表わす.

❷ a *warm* person 心の温かい人 / get a *warm* welcome 心からの歓迎を受ける.

❸ a *warm* color (赤・黄などの)暖色.
☞ 名 warmth.

— 動 他 ❶ She *warmed* herself [her hands] at [by] the fire. 彼女は火にあたって体[手]を暖めた / Please *warm* some milk for the baby. 赤ちゃんにミルクを温めてやってください.

❷ The sight of his grandchildren *warmed* his heart. 孫たちの姿を見ると彼の心はほのぼのと温まった.

— 自 ❶ The rolls are *warming* in the oven. ロールパンがオーブンの中で温まっている.

warm to ... ①…に親しみを感じるようになる, …が好きになる: He *warmed to* the girl. 彼はその女の子が好きになっていった. ②…に興味をもつようになる, 熱中する: He *warmed to* the idea of living on the island. 彼はその島で生活しようと思うようになった.

warm up 自 ①(運動競技などの前に)準

1510　　one thousand five hundred and ten

abcdefghijklmnopqrstuv**w**xyz　　　　　　　　　　　　　　　　　　**warp**

備運動をする. ②暖かくなる：The room has *warmed up*. 部屋が暖まった. ③(機械などが)作動の準備ができる. ④(パーティーなどが)盛り上がる. ── 他 ①…を暖める. ②(料理など)を温めなおす. ③(機械など)を作動できるようにする.
warm up to ... = *warm to ....*

warm-blood·ed /wɔ́ːrm-bládid ウォーム・ブラディド/ 形 (動物が)温血の (反 cold-blooded)(鳥・哺乳動物などにいう).

wárm frònt 名C 〔気象〕温暖前線.

warm-heart·ed /wɔ́ːrm-háːrtid ウォーム・ハーティド/ 形 心の温かい, 思いやりのある, 親切な.

warm·ly /wɔ́ːrmli ウォームリ/ 副
❶暖かく. ❷心をこめて.
▶❷We thanked her *warmly* for her help. 私たちは心から彼女の援助に感謝した.

*warmth /wɔ́ːrmθ ウォームス/ 名U
❶暖かさ, 温暖.
❷心の温かさ, 思いやり.
▶❶The *warmth* of the room made us sleepy. 部屋が暖かいので私たちは眠くなった. ❷the *warmth* of her words 彼女のことばの温かさ.
☞ 形 warm.

warm-up /wɔ́ːrmʌ̀p ウォーマップ/ 名C 〔競技〕(試合前などの軽い)準備運動, ウォーミングアップ.

*warn /wɔ́ːrn ウォーン/ (★発音注意)動 (~s /-z/; ~ed /-d/; ~ing)
他 ❶a (危険などに関して)…に**警告する, 注意を与える**, 知らせる.
ⓑ《warn ... (that) __》…に__という警告をする, 忠告する.
ⓒ《warn ... to *do*》…に__するように警告する, 忠告する.
❷a …に前もって知らせる, 届け出る.
ⓑ《warn ... (that) __》…に__ということを知らせる.
── 自 《warn of ...》…を警告する.

・・・・・・・・・・・・・・・・・・・・・・・・・・・・・

❶ⓐThe police decided to *warn* careless drivers. 警察は不注意なドライバーに対して警告することに決めた / The TV news *warned* us *of* [*about*] the coming typhoon. テレビニュースは私たちに接近している台風に注意するように言った / I *warned* her *against* pickpockets in crowds. 私は人ごみの中ではスリに気をつけるようにと彼女に注意した.
ⓑThe father *warned* his son *that* overwork would make him ill. 父親は自分の息子に仕事をしすぎると病気になると注意した / "Watch your step," he *warned*. 「足もとに気をつけなさい」と彼は注意した.
ⓒHe *warned* me *not to* go there alone. (= He *warned* me *against going* there alone.) 彼は私にひとりではそこへ行かないように注意した / I will *warn* him *to* be more punctual. 私は彼にもっと時間を守れと注意しよう.

❷ⓐYou must *warn* the police before you hold a fireworks display. 花火大会をやる前に警察に届けなければいけない.

── 自《*warn of* the spread of AIDS エイズの流行を警告する.
warn ... off (from) ~ ①…に~から離れるようにと警告する：He *warned* me *off from* the fence. 彼は私にさくから離れるように注意した. ②…にやめるようにいう.

*warn·ing /wɔ́ːrniŋ ウォーニング/ 名 (複 ~s /-z/) ⓐUC警告, 注意. ⓑUC(悪い)前兆, 徴候；警告となるもの[人]. ⓒ《形容詞的に》警告の, 注意しろという.
▶ⓐHe would not listen to my *warning* not to go there [*warning* against going there]. 彼はそこへ行くなという私の注意を聞こうとしなかった.
ⓑThe black clouds were *warning* of an approaching storm. その黒雲は近づきつつあるあらしの前兆だった.
ⓒa *warning* signal 危険信号.
give ... a warning …に警告[注意]する：She *gave* me *a warning* not to do it again. 彼女は私に二度とそれをするなと警告した.
without warning 警告なしに, 突然.

warn·ing·ly /wɔ́ːrniŋli ウォーニングリ/ 副 警告して, 警戒して.

warp /wɔ́ːrp ウォープ/ (★発音注意)動 他
❶(板など)をそらせる, (型など)をゆがめる.
❷(性格・意見・事実など)をゆがめる.

one thousand five hundred and eleven　　　　　　　　　　　　　　　　1511

warrant

— 自(板などが)そる, ゆがむ.

war・rant /wɔ́(:)rənt ウォ(ー)ラント/ 《★発音注意》名C《法律》令状.
— 動他 …が正当であることを証明する, …の十分な理由になる.

名 an arrest *warrant* 逮捕(令)状 / a search *warrant* 家宅捜索(※)令状.
— 動他 The facts *warrant* his statement. 彼の話したことが正しいことはその事実が証明している.
☞ 名 warranty.

war・ran・ty /wɔ́(:)rənti ウォ(ー)ランティ/ 名(複 -ran・ties /-z/) UC (品質などの)保証; 保証書.
☞ 動 warrant.

war・ren /wɔ́(:)rən ウォ(ー)レン/ 名C
❶ (ウサギなどの)群生している場所.
❷ (迷路のような)地域, 建物.

war・ri・or /wɔ́(:)riər ウォ(ー)リア/ 名C《文語》戦士, 軍人.

war・ship /wɔ́:rʃip ウォーシップ/ 名C 軍艦.

wart /wɔ́:rt ウォート/ 名C いぼ, 魚(%)の目.

war・time /wɔ́:rtaim ウォータイム/ 名
❶ U 戦時.
❷ 《形容詞的に》戦時の.

war・y /wéəri ウェ(ア)リ/ 形 (war・i・er; war・i・est) 用心深い, 油断のない, 慎重な. ▶ a *wary* answer 慎重な答弁 / She is *wary* of strangers. 彼女は知らない人に対して用心深い.

was¹ /(弱) wəz ワズ; (強) wɑ́z ワズ | wɔ́z/ 動 《am¹, is¹ の過去形》 ❶ …であった, …だった.
❷ (…に)あった, いた.
❸ 《仮定法で》(事実はそうなのだが)(仮に[もしも])…である[になる]としたら; (仮に[もしも])…にいる[ある]としたら.

❶ He *was* a salesman then. 彼はそのころはセールスマンだった / *Was* the party a success? そのパーティーは盛会でしたか.
❷ There *was* a hotel on the beach. 浜辺にホテルがあった / He *was* not home yesterday. 彼はきのう家にいなかった.
❸ If I *was* (=were) a bird, I would fly to you at once. もし私が鳥だったら, すぐあなたのところへ飛んで行くのだが.

was² /(弱) wəz ワズ; (強) wɑ́z ワズ | wɔ́z/ 助 《am², is² の過去形》
❶ 《was doing》《進行形を作る》__してい(るところだっ)た.
❷ 《was+過去分詞で》《受身形を作る》__された; __されていた.
❸ 《was to do》 ⓐ __することになっていた, __する予定だった.
ⓑ __すべきだった.
ⓒ __することができた.
❹ 《仮定法で》(事実はそうではないのだが)仮に[もしも] …としたら.

❶ I *was taking* a bath when you called me. あなたが私に電話してくれたとき, 私はお風呂にはいっているところでした.
❷ He *was elected* chairman. 彼は議長に選ばれた / The room *was* already *cleaned*. その部屋はすでにそうじされていた.
❸ ⓐ I *was to* meet her that day. 私はその日彼女に会うことになっていました.
ⓑ She thought she *was to* meet him. 彼女は彼に会うべきだと思った.
ⓒ Nobody *was to* be seen in the park. 公園にはだれひとり見えなかった.
❹ If it *was* (=were) raining, we would have to change our schedule. もし雨が降っていれば計画を変更しなければならないのですが(実際は降っていないから変更しないでよい).

wash /wɔ́(:)ʃ ウォ(ー)シュ, wɑ́ʃ/ 動 (~・es /-iz/; ~ed /-t/; ~・ing) 他
❶ ⓐ …を洗う, 洗濯(%)する.
ⓑ 《wash ... ~》…を洗ってきれいにする (○ ~には形容詞(句)がくる).
ⓒ …を洗い落とす.
❷ (波などが)(岸など)を洗う, 打ち寄せる.
❸ (波・流れが)…を押し流す.
— 自 ⓐ 洗濯(%)する. ⓑ 体を洗う.
❷ (波が)洗う, 打ち寄せる.
— 名 ❶ 《単数形で》洗うこと, 洗濯(%).
❷ 《単数形で; 集合的に》(1回分の)洗濯

物.
❸《the をつけて》(波の)打ち寄せ; 波の打ち寄せる音.

[動][他] ❶ ⓐ *Wash* your face with soap and water. 石けんと水で顔を洗いなさい / He *washed* his own shirt. 彼は自分のシャツを自分で洗濯した.
ⓑ *Wash* your hands clean. 手をきれいに洗いなさい.
ⓒ *wash* a stain out of the tablecloth テーブルクロスのしみを洗い落とす.
❷ Waves are *washing* the shore. 波が岸を洗っている.
❸ An empty boat was *washed* ashore by the waves. 人が乗っていないボートが波に流され岸に打ち上げられた.
— [自] ❶ ⓐ She *washes* on Monday and Thursday. 彼女は月曜日と木曜日に洗濯をする.
ⓑ You must *wash* before going to bed. 寝る前にお風呂にはいり[シャワーを浴び]なさい.
❷ The waves *washed* against the cliff. 波ががけに打ち寄せた.

wash away [他]①…を洗い落とす. ②…を洗い流す, 押し流す.
wash down [他]①(大きなもの)をどんどん水を流して洗う: *wash down* the garden walls 水を流して庭の塀(へい)を洗う.
②(食物・薬など)を(液体といっしょに)飲みこむ.
wash off [他] = *wash* away. — [自] = *wash* out [自]①.
wash oneself 体を洗う, 風呂にはいる, シャワーを浴びる.
wash one's hands of ... 《口語》…と手を切る, …と関係を断つ: I *wash my hands of* you. 私はあなたと手を切る / I *washed my hands of* the affair. 私はそのことからは手を引いた.
wash out [他]①(入れ物など)を洗ってきれいにする. ②(洪水などが)…を押し流す, 破壊(はかい)する. ③(雨などが)(ゲームなど)を流す, 中止にする; (計画など)をだめにする.
— [自]①(よごれが)洗濯で落ちる: That stain will *wash out*. そのしみは洗えば落ちるだろう. ②(洗って)色がさめる. ③押し流される. ④《米》落第する.
wash up [自]①《英》(食後に)食器などを洗う. ②《米》顔や手を洗う.
— [他]①(波などが)…を浜に打ち上げる. ②《英》(食器など)を洗って片づける. ③《米》…を洗ってきれいにする.

— [名] ❶ do the *wash* 洗濯をする / have a *wash* 顔や手を洗う / give the car a good *wash* 車をよく洗う / send the shirts to the *wash* シャツを洗濯に出す.
❷ I have a large *wash* this week. 今週は洗濯物が多い.
❸ listen to *the wash* of the waves 岸を洗う波音を聞く.

come out in the wash ①ばれる. ②結局よい結果になる.
put ... in the wash (衣類)を洗濯物に入れる[洗濯する].

Wash. 《略語》Washington.

wash·a·ble /wáʃəbl ワシャブル/ [形](衣類・織物が)洗濯のきく.

wash-and-wear /wáʃən-wéər ワシャン・ウェア/ [形]アイロンがいらない, 洗って乾(かわ)いたらすぐ着られる.

wash·ba·sin /wáʃbèisn ワシュベイスン/ [名][C]洗面台(✪《米》では washbowl, sinkともいう).

wash·bowl /wáʃbòul ワシュボウル/ [名][C]《米》= **washbasin**.

wash·cloth /wáʃklɔ̀ːθ ワシュクロース/ [名]([複] -cloths /-klɔ̀ːðz, -klɔ̀(ː)θs/)[C]《米》(顔・体などを洗うのに使う)小形のタオル(✪《英》では facecloth).

washed-out /wáʃt-áut ワシュタウト/ [形] ❶洗いざらしの, 色のあせた. ❷(人が)疲れきった, 元気のない.

washed-up /wáʃtʌ́p ワシュタップ/ [形]《口語》(人が)だめな.

wash·er /wáʃər ワシャ/ [名][C]洗濯機.

wash·ing /wáʃiŋ ワシング/ [名][U] ❶洗うこと, 体を洗うこと, 洗濯. ❷《集合的に》洗濯物.

wáshing machìne [名][C]洗濯機.

Wash·ing·ton /wáʃiŋtən ワシントン/ [名]
❶ワシントン《**George Washington** (1732–99); アメリカ独立戦争の総指揮官で初代の大統領(1789–97)》.
❷ワシントン《太平洋沿岸にあるアメリカ北西端の州; ✪【郵便】WA と略す》.

Washington, D.C.

❸ = Washington, D.C.

WASHINGTON ワシントン州

WASHINGTON, D.C. ワシントン

Wáshington, D.C. /-dìːsíː ・ディースィー/ 名 ワシントン(アメリカの首都; 政府の直轄地; ✿ ワシントン州と区別するため Washington, D.C. という; ☞ **District of Columbia**).

Wáshington's Bírthday 名(米)ワシントン誕生日(2月の第3月曜日に祝う).

wash·out /wɑ́ʃàut ワシャウト/ 名 C
❶ (道路の)流失, 崩壊(壊). ❷ (口語)大失敗.

was·n't /wάznt ワズント | wɔ́z-/ (口語)

❶ 《**was¹ not** の短縮形》ⓐ **…ではなかった**.
ⓑ (…には) **なかった**, いなかった.
ⓒ 《仮定法で》(事実はそうなのだが)(仮に[もしも])…でない[にならない]としたら; (仮に[もしも])…に(い)ないとしたら.
❷ 《**was² not** の短縮形》ⓐ《進行形・受身形》
ⓑ《仮定法で》(事実はそうなのだが)(仮に[もしも])…でないとしたら.

❶ⓐ He *wasn't* yet ten years old then. その時彼はまだ10歳になっていなかった.
ⓑ There *wasn't* any mistake in her test paper. 彼女の答案にはまちがいはひとつもなかった / I *wasn't* at home yesterday. 私はきのうは家にいなかった.
ⓒ If she *wasn't* (= weren't) busy, she would help you. 彼女が忙しくなければ, あなたを手伝ってくれるでしょうが.
❷ⓐ He *wasn't* driving the car; his wife was. 彼がその車を運転していたのではなくて, 彼の奥さんが運転していた / The man *wasn't* trusted by the villagers. その男は村の人に信用されなかった / He *wasn't* to start so early. 彼はそんなに早く出発すべきではなかった.
ⓑ If it *wasn't* (= weren't) raining, I would go out. 雨が降っていないのなら外出するのですが.

WASP, Wasp /wάsp ワスプ/ 名 C (米) ワスプ(《*White Anglo-Saxon Protestant* の略で, アングロサクソン系白人プロテスタントのこと; アメリカ社会に多大な影響力をもつ》).

wasp /wάsp ワスプ/ 名 C (昆虫) スズメバチ, ジガバチ (☞ **bee**).

*§**waste** /wéist ウェイスト/ (★発音注意) 動 (~s /-ts/; wast·ed /-id/; wast·ing) 他
❶ (金・労力・時間など)を**むだに使う**, 浪費する(✿「使う, 費やす」は spend).
❷ (機会など)をむだにする, 使わないでしまう.
❸ (病気などが)…をやせ衰えさせる, 消耗させる.
❹ (米俗語) (人)を殺す.
— 名 (複 ~s /-ts/) ❶ 《単数形で》(時間・金などの)**浪費**, むだづかい.
❷ 《U または複数形で》**廃物**, くず.
— 形 ❶ **廃物の**, くずの.
❷ (土地が) **荒れはてた**, 放置された.

動 他 ❶ Don't *waste* time! 時間をむだに使ってはいけない / You shouldn't *waste* your money on such a thing. そんなものに金をむだづかいしないほうがいいよ / His efforts were *wasted*. 彼の努力はむだになった.
❷ Don't *waste* this opportunity. この機会をむだにしないようにしなさい.
❸ The long sickness *wasted* his strength. 長い病気で彼の力は衰えた.

be wasted on ... (人)にはそのよさがわからない.

waste away 自 やせ衰える, 衰弱する.

waste no time (*in*) *doing* すぐに…する.

— 名 ❶ It's a *waste* of time to try to persuade him. 彼を説得しようとしてもむだだ. ❷ kitchen *waste* 台所のごみ / factory *waste* 工場の廃棄物 / radioactive *wastes* 放射性廃棄物.

abcdefghijklmnopqrstuv**w**xyz　　　　　　　　　　　　　　　　　　**watch**

go to waste 廃物になる，むだになる：All our work *went to waste*. 私たちの仕事はすべてむだになった.

☞ 形 wasteful.

— 形 ❶ *waste* water 廃水. ❷ *waste* ground 荒れ地.

lay waste (土地・家などを)荒らす，破壊(；；)する：Our fields were *laid waste*. われわれの畑は荒らされた.

《同音異形語》waist.

waste·bas·ket /wéistbæskit ウェイストバスキット/ 图 C (米) くずかご(●(英)ではwastepaper basket; ☞ bathroomのさし絵).

waste·ful /wéistfəl ウェイストフル/ 形 不経済な，むだ遣(☆)いする. ▶ *wasteful* methods 不経済な方法 / You are *wasteful of* your time. 君は時間をむだにしている.

☞ 图 waste.

waste·ful·ly /wéistfəli ウェイストフリ/ 副 不経済に，むだに.

waste·land /wéistlænd ウェイストランド/ 图 UC ❶ 荒れ地. ❷ 荒廃(な)した場所[時代，人生].

waste·pa·per /wéistpéipər ウェイストペイパ/ 图 U 紙くず.

wástepaper bàsket 图 C (英) = wastebasket.

wáste pìpe 图 C 排水管.

wáste pròduct 图 C (工場などの) 廃棄物.

watch /wátʃ ワッチ, wɔ́(:)tʃ/ 動
(~·es /-iz/; ~ed /-t/; ~·ing) 他
❶ ⓐ …を**じっと見(てい)る**, 注意して見る(☞lookの類語).
ⓑ 《watch ... *do* 〔*doing*〕》…が__する〔している〕のを見(てい)る.
ⓒ 《watch+疑問詞 __》__かをよく見(てい)る.
❷ ⓐ …を**見張る**, 注意して見る, 監視する. ⓑ …の世話をする, 看病する.

— 圓 ❶ じっと見(てい)る.
❷ ⓐ 注意して見張る, 監視する.
ⓑ 《watch for ...》…が現われる〔起こる〕のを注意して(待つ).

— 图 (複 ~·es /-iz/) ❶ C (携帯用の小さな) **時計**, **腕時計**.
❷ 《単数形で》見張り, 警戒, 注意; (寝ないでする) 世話, 看護.
❸ 《単数形で》(ひとりまたはひと組の) 番人, 警備員, 夜回り.

● ●

動 他 ❶ⓐShe likes to *watch* the stars. 彼女は星を見るのが好きだ / *watch* television テレビを見る / *watch* a night game on TV テレビでナイターを見る.
ⓑI *watched* the sun set. 私は日が沈むのをじっとながめていた / She *watched* him *walking* on the beach. 彼女は彼が浜辺を歩いているのをじっと見ていた.
ⓒ *Watch where* the cat will go. ネコがどこへ行くかよく見ていなさい / *Watch how* I use my chopsticks. 私のはしの使い方をよく見ていなさい.
❷ⓐThe soldiers were closely *watching* the enemy. その兵隊たちは敵を注意深く監視していた / Will you please *watch* my things for a few minutes? しばらくの間私の荷物を見ていてくれませんか / *Watch* your head. 頭をぶつけないように注意しなさい / *Watch* your weight. 体重には注意しなさい.
ⓑI'll *watch* the child while you are away. あなたの留守中その子のめんどうをみましょう.

— 圓 ❶I *watched* and saw how to throw a curve. 私はよく見て，カーブの投げ方がわかった.
❷ⓐI *watched* through the night, but all was quiet. ひと晩じゅう警戒したがすべてが平穏だった.
ⓑ *watch for* poachers 密猟者を[が来たらつかまえようと]見張る / *watch for* a chance 機会を待つ.

Watch it! 《口語》気をつけろ.

watch oneself 言動に注意する, けがをしないように注意する.

watch one's step ①足もとに気をつける. ②《口語》慎重に行動する.

Watch out! 《口語》(危険に対して)気をつけろ.

watch out for ... 《口語》①…が現われないか[見えないか]見張る. ②…に気をつける.

watch over ... ①…の世話をする, 看病をする. ②…の安全を守る, …を見張る.

watchband

— 名 ❶ What time is it by your *watch*? あなたの時計では今何時ですか / a *watch* and chain 鎖つき時計 (☞ wristwatch).

語の結びつき
adjust one's *watch* 時計の時刻を合わせる
put on a *watch* 腕時計をする[はめる]
reset a *watch* 時計の時刻を直す
take off a *watch* 腕時計をはずす
wear a *watch* 腕時計をしている

❷ a nurse's *watch* over a patient 患者に対する看護婦の看病.
keep (a) watch on [over] ... …を見張(ってい)る: She *kept (a) close watch on* the man. 彼女はその男をよく見張っていた.
on the watch for ... ①…を油断なく警戒して: Be *on the watch for* cars when you cross the street. 通りを横断するときは車に注意しなさい. ②…を待ち構えて.
under watch 守られて, 護衛されて.

watch·band /wɑ́tʃbæ̀nd ワチバンド/ 名 C 《米》 腕時計のバンド (《○英》では watchstrap).
watch·dog /wɑ́tʃdɔ̀ːɡ ワチドーグ/ 名 C ❶ 番犬. ❷ 番人(たち).
watch·er /wɑ́tʃər ワチャ/ 名 C 見張り人, 番人.
watch·ful /wɑ́tʃfəl ワチフル/ 形 用心深い, 警戒する, 油断のない.
watch·mak·er /wɑ́tʃmèikər ワチメイカ/ 名 C 時計屋 《修理・製造する人》.
watch·man /wɑ́tʃmən ワチマン/ 名 (複 watch·men /-mən/) C (建物などの)ガードマン.
watch·strap /wɑ́tʃstræ̀p ワチストラップ/ 名 C 《英》 腕時計のバンド (《○米》では watchband).
watch·word /wɑ́tʃwə̀ːrd ワチワード/ 名 C 標語, スローガン (《○slogan ともいう》).

✻✻wa·ter /wɔ́ːtər ウォータ, wɑ́tər/ 名 (複 ~s /-z/)
❶ U 水 (《○英語の water は「湯」も含み, 日本語の「水」と違い「cold (冷たい)」とは限らない》).
❷ U 《ふつう the をつけて》(空・陸に対して) 水.
❸ 《複数形で》 ❹ 領海, 海域.
❺ (川・湖・海などの)水; 川, 湖, 海(など).
❻ (ある状態にある)水.
❹ U 水位, 水面.

— 動 (~s /-z/; ~ed /-d/; -ter·ing /-tərɪŋ/) 他 ❶ …に水をかける, 水をまく.
❷ (土地)を灌漑(かんがい)する.
— 自 ❹ 涙が出る. ❺ よだれがたれる.

名 ❶ drinking *water* 飲料水 / fresh *water* 淡水, 清水 / running *water* 水道水 / drink a glass of *water* コップ1杯の水を飲む.

語の結びつき
boil *water* 湯を沸かす
pour *water* (on [over] ...) (…に)水を注ぐ
run *water* (蛇口やホースから)水を流す
spill *water* (on [over] ...) (…に)水をこぼす
splash *water* on [over] ... = splash ... with *water* …に水をはねかける
sprinkle *water* on [over] ... = sprinkle ... with *water* …に水をまく
turn on [off] the *water* 水を出す[止める]

❷ Fish live in *the water*. 魚は水中にすむ / jump into *the water* 水中に飛びこむ.
❸ ❹ Japanese *waters* 日本の領海.
❺ *the waters* of the Nile ナイル川の水.
❻ ことわざ Still *waters* run deep. 静かな流れは深い(思慮のある人は口数が少ない).
❹ at high *water* 満潮《高水位》 時に / low *water* 干潮《低水位》.

by water 船で: go *by water* 船で行く.
in deep water(s) 《口語》たいへん困って.
keep one's head above water 経済的に困らないでいる.
like water 惜しげなく: spend money *like water* 湯水のように金を使う.
throw [pour] cold water on [upon]

abcdefghijklmnopqrstuv**w**xyz　　　　　　　　　　　　　　　　　　　　　　　　**wave**

…(計画など)に水を差す,けちをつける. ☞形watery.

― 動他 ❶He *waters* the plants every day. 彼は毎日植物に水をやる / *water* the garden 庭に水をまく.

― 自 ❶When he saw the food, his mouth *watered*. その食物を見ると彼の口からよだれが出た.

water down ①…を水で薄める. ②(表現など)を穏(お)やかにする,和(やわ)らげる.

wáter bìrd 名C水鳥.

wa·ter·borne /wɔ́:tərbɔ̀:rn ウォータボーン/ 形水で運ばれた.

wáter bòttle 名(英)C水筒.

wáter bùffalo 名(複 water buffalo, ~s, ~es /-z/) C【動物】スイギュウ.

wáter clòset 名C(英文語)便所(✿W.C., WCと略す).

wa·ter·col·or, (英)**wa·ter·col·our** /wɔ́:tərkʌ̀lər ウォータカラ/ 名 ❶UC水彩絵の具. ❷C水彩画.

wa·ter·cress /wɔ́:tərkrès ウォータクレス/ 名U〖植物〗オランダガラシ,クレソン.

wa·ter·fall /wɔ́:tərfɔ̀:l ウォータフォール/ 名C滝(☞Niagara Falls).

wa·ter·front /wɔ́:tərfrʌ̀nt ウォータフラント/ 名C(町の)海に面した地区,海岸,川岸,湖岸.

wáter hòle 名C(野生動物の)水飲み場,水たまり.

wa·ter·ing can /wɔ́:təriŋ- ウォータリング/ 名C(水をまく)じょうろ.

wátering hòle 名C ❶= water hole. ❷(口語)飲み屋,バー.

wáter lily 名C〖植物〗スイレン.

wa·ter·logged /wɔ́:tərlɔ̀(:)gd ウォータロ(ー)グド/ 形水びたしの.

Wa·ter·loo /wɔ̀:tərlú: ウォータールー/ 名ワーテルロー(ナポレオンがイギリス軍に大敗したベルギー中部の小さな村).

meet one's Waterloo 大負けに負ける.

wa·ter·mel·on /wɔ́:tərmèlən ウォータメロン/ 名UCスイカ.

wáter pòlo 名U〖競技〗水球.

wa·ter·pow·er /wɔ́:tərpàuər ウォータパウア/ 名U水力.

wa·ter·proof /wɔ́:tərprù:f ウォータプルーフ/ 形防水の. ▶a *waterproof* watch 防水の時計.

wáter ràte 名C(英)水道料金.

wa·ter·shed /wɔ́:tərʃèd ウォータシェッド/ 名C ❶分水界(ふたつ以上の川の流れを分ける境界). ❷(状況などの)重大な分岐点.

wa·ter·side /wɔ́:tərsàid ウォータサイド/ 名C(*the* をつけて)(川・海・湖の)水辺.

wáter skì 名C水上スキー(スキーの板).

wa·ter-ski /wɔ́:tər-skì: ウォータ・スキー/ 動自水上スキーをする.

wa·ter-ski·ing /wɔ́:tər-skì:iŋ ウォータ・スキーイング/ 名U水上スキー(競技).

wáter supplỳ 名UC給水,水道.

wa·ter·tight /wɔ́:tərtàit ウォータタイト/ 形 ❶防水の,水を通すようなすきまのない. ❷(議論など)完璧(かんぺき)な,綿密な,すきのない.

wa·ter·way /wɔ́:tərwèi ウォータウェイ/ 名C水路(川・運河など).

wa·ter·works /wɔ́:tərwə̀:rks ウォータワークス/ 名(複 wa·ter·works)C《単数または複数扱い》水道設備.

wa·ter·y /wɔ́:təri ウォータリ/ 形 (wa·ter·i·er; wa·ter·i·est) ❶水っぽい;味の薄い. ❷涙ぐんだ.

▶❶*watery* soup 味の薄いスープ. ❷*watery* eyes 涙ぐんだ目.

☞名water.

Watt /wát ワット/ 名ワット(**James Watt** (1736–1819); スコットランドの技師;蒸気機関を完成).

watt /wát ワット/ 名Cワット(電力の単位).

*****wave** /wéiv ウェイヴ/ 名(複 ~s /-z/) C
❶波.
❷ⓐ(波のような)うねり,起伏.
ⓑ人の波,群衆.
❸ⓐ〖気象〗(気圧・温度などの)波.
ⓑ〖物理〗(熱・音・光・電気などの)波.
❹(手・旗・ハンカチなどを)振ること.
❺(髪などの)ウェーブ.
❻(感情・行動・形勢などの)一時的高まり,波.

― 動 (~s /-z/; waved /-d/; wav·ing)
自 ❶(波のように)**揺れる**,ゆらゆら動く;(旗などが)たなびく.
❷手を振る;(手・旗を振って)合図する.

1517

wavelength

❸《髪・土地などが》《波のように》**うねる**, 起伏する.
— 他 ❶ (手・旗など)を**振る**, 振り回す, なびかせる.
❷ⓐ手などを振って…の**合図をする**.
ⓑ《wave ~ ... または wave ... to ~》~(人)に手(など)を振って…の合図[あいさつ]をする.
❸(髪)にウェーブをかける.

- - - - - - - - - - - - - - - - - - - -

名 ❶ *Waves* broke on the rocks. 波が岩に当たってくだけた / The *waves* are high today. きょうは波が高い.
❷ⓐgolden *waves* of grain (収穫期の)穀物のこがね色の波. ⓑ*waves* of protesters 抗議をする群衆の波.
❸ⓐa cold [heat] *wave* 寒[熱]波. ⓑSound moves in *waves*. 音は波動で伝わる.
❹She greeted us with a *wave* of her hand. 彼女は手を振って私たちにあいさつした.
❺Her hair has a natural *wave*. 彼女の髪は自然にウェーブがかかっている.
☞ 形 wavy.
— 動 ⓐ ❶Branches *waved* in the wind. 枝が風に揺れた.
❷She *waved* (to me) when she saw me. 彼女は私を見て手を振った.
❸Her hair *waves* naturally. 彼女の髪は自然にウェーブしている.
— 他 ❶The boys and girls *waved* their flags to welcome the queen. 少年少女たちは女王を歓迎して旗を振った.
❷ⓐShe *waved* good-bye. 彼女は手[ハンカチ(など)]を振って別れのあいさつをした / He *waved* the children off the grass. 彼は手を振って子どもたちに芝生から出るように合図した. ⓑShe *waved* us good-bye. ＝She *waved* good-bye *to* us. 彼女はわれわれに手[ハンカチ(など)]を振って別れのあいさつをした.

wave aside 他 ①…を手を振ってわきへどかせる. ②(意見など)を無視する.
wave away 他 ①手(など)を振って…を追い払う. ②(提案など)をはねつける.
wave down 他 手(など)を振って(車など)を止める.
wave off 他 手(など)を振って(人)と別れる.

wave·length /wéivlèŋkθ ウェイヴレンクス/ 名Ⓒ《物理》(音・光などの)波長.
on the same wavelength 《口語》波長が合って, 気が合って.

wa·ver /wéivər ウェイヴァ/ 動ⓐ ❶ゆらゆら揺れる; 震える. ❷(人が)(決心などに)迷う, ためらう.
▶ ❶The flames *wavered* in the breeze. 炎はそよ風にゆらめいた. ❷He *wavered* in his judgment. 彼は判断に迷った.

wav·y /wéivi ウェイヴィ/ 形 (wav·i·er; wav·i·est)波のような, 波形の, 起伏のある. ▶ *wavy* hair ウェーブした髪 / a *wavy* line 波線.
☞ 名 wave.

*__wax__¹ /wǽks ワックス/ 名 ❶ⓐⓊろう; (ミツバチの)みつろう; ワックス. ⓑ《形容詞的に》ろう製の. ❷Ⓤ耳あか.
☞ 形 waxy.
— 動 (~·es /-iz/; ~ed /-t/; ~·ing) …にろうを塗る, …をワックスでみがく.
▶ 動 *wax* a car 車にワックスをかける.

wax² /wǽks ワックス/ 動 (三単現 ~es /-iz/) ⓐ (月が)だんだん大きくなる, 満ちる (反 wane).

wáx pàper 名Ⓤろう紙, パラフィン紙.

wax·y /wǽksi ワクスィ/ 形 (wax·i·er; wax·i·est)ろうのような.
☞ 名 wax¹.

****way**¹ /wéi ウェイ/ 名 (複 ~s /-z/)
❶ⓐⒸ**方法**, やり方.
ⓑ《the way ... で; 接続詞的に》…(の)ように.
❷Ⓒⓐ(世の中の)**風習**, 習慣.
ⓑ(個人的)癖(⁀), やり方.
❸ⓐ《a をつけて》(気持ち・健康・景気などの)状況, 状態.
ⓑ《the way ... で》…という状況, 状態.
❹Ⓒⓐ《しばしば the をつけて》(…へ行く)**道**, 通路, 道筋(☞road).
ⓑ道路, 通り(《❶road, street のほうがふつう》).
❺《単数形で》**距離**, 道のり(《❶形容詞などをともなってしばしば副詞的に用いられる; 《米》では ways を用いることもある》).
❻Ⓒ**方向**, 方角(《❶前置詞をつけずに副詞的

❼ⓒ**点**, 面.
❽(口語)**規模**, **程度**.

・・・・・・・・・・・・・・・・・・・・・・・・・・

❶ⓐThat is not the right *way* to write a letter. ＝That is not the right *way* of writing a letter. それは正しい手紙の書き方ではない / They answered in the same *way*. 彼らは同じように答えた［同じ答えをした］/ Don't speak in a careless *way*. 不用意な話し方をするな / You can do it (in) this *way*. それはこのようにすればできる / Do it (in) your own *way*. 君の好きなやり方でそれをしなさい （❃this, that, one's などがつくとしばしば in なしで副詞的に用いられる）.
ⓑI can't jump *the way* she does. 私は彼女のようには跳(は)び上がれない / That is not *the way* he talks. 彼はそんなふうな話し方はしない.

❷ⓐthe American *way* of life アメリカ風の生活様式. ⓑI don't like his *way* of smiling. ＝I don't like *the way* he smiles. 私は彼の笑い方が気に入らない / Mary has very unusual *ways*. メアリーはとても変な癖がある.

❸ⓐHe has lost his job and is in a bad *way*. 彼は職を失って今はひどい状況だ［落ちこんでいる］.
ⓑI don't like *the way* things are in Japan now. 今の日本の状況はいやだ.

❹ⓐIs this *the way* to the station? これは駅へ行く道ですか / This is *the* right *way* to Kyoto. これは京都へ行く正しい道です / A man asked me *the way* to the post office. 男の人が私に郵便局へ行く道をたずねた / I have taken *the* wrong *way*. 私は道をまちがえてしまった.
ⓑThey live in a house across the *way*. 彼らは道路の向こう側の家に住んでいる.

❺We walked a long *way*. 私たちは長い距離を歩いた / His home is a long *way* off. 彼の故郷は遠く離れている / We still had some *way* to go before dark. 私たちはまだ日が暮れるまでにもう少し行かなければならなかった / It is just a little *way* to the town. その町までほんの少しの道のりです.

❻(Come) this *way*, please. どうぞこちらへ / Which *way* did he go? 彼はどっち（の方向）へ行ったか / She looked the other *way*. 彼女はそっぽを向いた / Look both *ways* before you cross the street. 道路を横断する前に左右を見なさい.

❼I don't like her in some *ways*. いくつかの点で私は彼女が気に入らない.

❽in a big〔small〕*way* 大〔小〕規模に, 大いに.

all the way ①**途中ずっと**：I stood *all the way* in the train. 私は電車でずっと立ち通しだった. ②**はるばる**：He came *all the way* to my house. 彼ははるばる私の家まで来てくれた. ③**完全に**：I support you *all the way*. 私は全面的にあなたに賛成です.

all the way from ... to ～ …**から**～**までさまざまに**：Prices of watches in this store vary *all the way from* $30 *to* $1,500. この店の腕時計の値段は30ドルから1500ドルまでさまざまである.

along the way ＝on the *way*.

by a long way （程度が）ずば抜けて.

by the way **ところで**, **ついでですが** 《話の途中などでふと思いついたことを述べるときに用いる》：*By the way*, are you free this afternoon? ところで, きょうの午後はお暇ですか.

by way of ... ①…**を通って**, **経由で**：He came to Osaka *by way of* Hong Kong. 彼はホンコン経由で大阪へ来た. ②…**として**, …**のつもりで**：I said so *by way of* a joke. 私は冗談のつもりでそういった.

come a long way 大いに進歩する.

come ...'s way …**の方に来る**, …**の身に起こる**, …**の手にはいる**：Good luck *came her way*. 幸運が彼女をおとずれた.

either way 《口語》どちらにしても.

feel one's way ☞ feel.

fight one's way 戦いながら進む 《☞ fight》.

find one's way 苦労して進む 《☞ find》.

force one's way 無理やり進む 《☞ force》.

way

get in the way (of ...) (…の)じゃまをする.

get *one's* **(*own*) *way*** 思いどおりにする: He always tries to *get his own way*. 彼はいつも自分の思い通りにしようとする.

give way ①くずれる, 折れる, 破れる, 切れる: The right bank *gave way*. 右岸の堤防がくずれた. ②**負ける**, 譲歩する: She didn't *give way* to the temptation. 彼女はその誘惑に負けなかった / *give way* to tears 泣きだす.

give way to ... ①(他の車に)**道をゆずる**: You must *give way to* cars coming from the right. 右から来る車には道をゆずらなければいけません. ②とって代わられる: His tears *gave way to* smiles. 彼の涙は微笑に変わった.

go a long way ①(人が)成功する, 有名になる. ②《ふつう否定文で》(金が)使いでがある. ③大いに役立つ: *go a long way* toward(s) [to] solving the problem その問題を解決するのに大いに役立つ.

go *one's* **(*own*) *way*** 思いどおりにする: You *go your own way* and I'll go mine. 君は好きなようにしろよ, ぼくもそうするから.

go out of the **[*one's*] *way*** ①回り道をする. ②《*to do* をともなって》わざわざ__する: He *went out of his way* to help me. 彼は私を助けるためにわざわざほねをおってくれた.

have a way of *doing* __する癖(:)がある.

have *one's* **(*own*) *way*** = *get one's own way*.

in a **[*one*] *way*** ある意味で, ある点で; 多少, いくぶん: He is a genius *in a way*. 彼はある意味で天才だ.

in no way けっして…ない: He is *in no way* lazy. 彼はけっしてなまけものではない.

in one way or another どうにかして, 何とかして.

in *one's* **(*own*) *way*** 自分[それ]なりに: The picture is beautiful *in its way*. その絵はそれなりに美しい.

in some ways = *in a way*.

in the **[*...'s*] *way*** じゃまになって (⇔ *out of the way*): The driver can't move the bus because the motorcycle is *in the way*. オートバイがじゃまになっているので運転手はバスを動かすことができない / Don't get *in my way*. 私のじゃまをするな.

in the way of ... ①…のじゃまをして: Don't leave your bicycle where it will be *in the way of* pedestrians. 通行人のじゃまになるような所に自転車を置いておくな. ②《否定・疑問文で》…の点では, …としては.

lead the way 先頭に立って行く (☞ *lead*).

lose the **[*one's*] *way*** **道に迷う**: He *lost his way* in the forest. 彼は森の中で道に迷った.

make *one's* **way** ①(苦労して)**進む**, 行く: He *made his way* through the crowd. 彼は群衆の中を通り抜けて行った. ②だんだんと出世していく, 成功する.

make way ①道をゆずる: *Make way* for elderly people. お年寄りには道をゆずりなさい. ②進む;(仕事などが)はかどる.

not in any way **[*shape*]** = *in no way*.

no way 《口語》絶対に…ない: *No way* will I sing. 私は絶対歌わないよ / 対話 "Will you help me?"–"*No way!*" 「手伝ってくれない?」「いやだよ」.

on *one's* **way** ①途中で (《❹あとに home, from ..., to ...などがつくことが多い》): Please mail this letter *on your way* home. 家へ帰る途中この手紙をポストに入れてください. ②(とまっていないで)進んで, 行って, 帰って: I must be *on my way* home now. もう家へ帰らなければなりません.

on the way ①途中で: Don't play *on the way*. 途中で遊んでいてはいけない. ②近づいて, 進行中で: He is *on the way* to recovery. 彼は回復にむかっている.

on the **[*one's*] *way out*** ①出かけるところで. ②(流行などが)すたれかかって.

one way or another = *in one way or another*.

out of the way ①じゃまにならない所

に[ように] (反 in the [...'s] way): Take this chair *out of the way*. このいすをじゃまにならない所におけ. ②道筋からはずれて、人里離れた所に(ある). ③《否定文で》異常な: She said nothing *out of the way*. 彼女はなにも変なことは言わなかった.
push one's way 押し進む (☞ push).
the other way around [about, round] 反対に[で], 逆に[で].
under way (事が)進行中で: Our plan is well *under way*. われわれの計画はかなり進行している.
《同音異形語》weigh.

way² /wéi ウェイ/ 副《口語》《副詞, 副詞句などを強めて》はるかに, ずっと. ▶ *way ahead* ずっと先に / *way down the river* はるか川下に.

wáy ín 名C(複 ways in) 入り口(反 way out).

wáy óut 名C(複 ways out)《英》出口 (反 way in)(○掲示として用いる;《米》では exit).

「出口」

way·side /wéisàid ウェイサイド/ 名
❶《the をつけて》道ばた. ❷《形容詞的に》道ばたの.
▶ ❶ *by the wayside* 道ばたに.
fall [go] by the wayside 落伍(ごう)する; だめになる.

way·ward /wéiwərd ウェイワド/ 形 人の言うことを聞かない, 気まぐれな.

W.C., WC /dʌ́bljuː síː ダブリュ スィー/ 《英略語》water closet(○現在はほとんど用いられない).

we /(弱) wi ウィ; (強) wíː ウィー/ 代
《○所有格 our, 目的格 us, 所有代名詞 ours, 複合人称代名詞 ourselves》《主語として》❶ **私たちは[が]**.
❷(一般に)人は.
❸《自分の属する国・地域・会社などにいる人々をさして》われわれは[が].
❹《子ども、病人、生徒などに対して親しみの気持ちをこめて》お前は[が]、あんたは[が].
❺《新聞、雑誌の論説などで論者全体を表わして》われわれは[が].
❻《国王、女王などが公式に自分のことをさして》私は[が].

❶ *We* left the hotel early in the morning. 私たちは朝早くホテルを出た.
❷ *We* should do our best in everything. (われわれ)人間はあらゆることに最善をつくすべきである.
❸ *We* have had a lot of rain this June here in Tokyo. ここ東京では今年の6月は雨が多かった.
❹ How are *we* this morning, John? ジョンきさは気分はどうなの.

***weak** /wíːk ウィーク/ 形 (~·er; ~·est)
❶ⓐ(体・力などが) **弱い** (反 strong).
ⓑこわれやすい.
❷ⓐ(能力・機能などが) **劣っている**.
ⓑ(頭・意志などが)弱い.
❸(飲物などが) **薄い** (反 strong) (☞ thin 形 ❺).
❹(論拠などが)不十分な, 説得力の弱い.

❶ⓐ She is *weak* in the legs. = She has *weak* legs. 彼女は足が弱い / I still feel a bit *weak* after my illness. 私は病後でまだ少し体に力がない / in a *weak* voice 弱々しい声で.
ⓑ The legs of the desk are very *weak*. その机の脚はとても弱い / a *weak* building 弱い建物.
❷ⓐ His hearing is *weak*. = He has *weak* hearing. 彼は耳が遠い / His eyes are *weak*. = He has *weak* eyesight [eyes]. 彼は視力が弱い / He is *weak* in [at] mathematics. 彼は数学が弱い / This is my *weak* point. これが私の弱点だ / a *weak* leader 弱い指導者.
ⓑ He is too *weak* to disagree. 彼は性格が弱いので人と言い争いはしない / a *weak* character 弱い性格.
❸ I like my coffee *weak*. 私はコーヒーは薄いのがいい / *weak* wine (アル

weasel

weary 疲れた様子をしている / *weary eyes* 疲れた目. ❷*I am weary of* her long stories. 私は彼女の長い話にはうんざりしている.

wea·sel /wíːzl ウィーズル/ 名C【動物】イタチ.

***weath·er** /wéðər ウェザ/ 名U 天気, 天候 《weather は特定の時と場所の一時的な気象状態をいう; ✿「ある地域の年間を通じてみた気象状態」は climate》.

— 動 他 ❶ (あらし・国難など)を無事に切り抜ける.

❷ (風雨があたって)…を変化させる, …を風化させる.

— 自 風雨にさらされて変化する, 風化する.

名 The *weather* is good here. こちらは天気がよい / We had nice [fine, fair, good] *weather* all day yesterday. きのうは一日じゅう天気がよかった / wet [rainy] *weather* 雨天.

語法 単に「天気は…」という時には the をつけるが, 形容詞をともなって天気の状態などをいう時には上の例のように冠詞をつけない.

be [feel] under the weather 《口語》体のぐあいが悪い.

in all weathers どんな天気でも; どんな時にも.

weather permitting 天気がよければ: *Weather permitting*, we will go on a picnic. 天気がよければ, われわれはピクニックに行くつもりだ.

— 動 他 ❶ *weather* a financial crisis 経済的危機を切り抜ける.

❷ *weather* wood 木材を風化させる.

weather the storm あらしを切り抜ける, 困難を切り抜ける.

weath·er-beat·en /wéðərbìːtn ウェザビートン/ 形 ❶ (岩などが)風雨にさらされた. ❷日に焼けて赤銅(しゃくどう)色をした.

wéather fòrecast 名C 天気予報.

wéather fòrecaster 名C (テレビ・ラジオの)天気予報官, 気象予報士.

weath·er·man /wéðərmæn ウェザマン/ 名 (複 weath·er·men /-mèn/)C《口語》(テレビやラジオに出てくる)天気予報係.

weath·er·proof /wéðərprùːf ウェザプルーフ/ 形 (衣服・建物が)風雨に耐えうる.

wéather repòrt 名C 天気予報[概況].

wéather sàtellite 名C 気象(観測人工)衛星.

wéather stàtion 名C 測候(そっこう)所.

wéather vàne 名C (鶏の型をしていない)風見(かざみ), 風向計.

***weave** /wíːv ウィーヴ/ 動 (~s /-z/; wo·ve /wóuv/; wo·ven /wóuvən/; weav·ing) 他 ❶ⓐ (布など)を織る, …を織って作る. ⓑ (花)を編む.

❷ (物語・計画など)を作り上げる.

— 自 ❶ 織物を織る.

❷ 縫うように進む (✿しばしば過去形・過去分詞形は weaved を用いる).

— 名 UC 織り方, 編み方.

動 他 ❶ⓐShe is *weaving* a rug. 彼女は敷物を織っている / They *wove* the wool *into* a blanket. 彼らはその羊毛を織って毛布を作った / *weave* hats *out of* straw わらを編んで帽子を作る.

❷ *weave* a touching love story 感動的な恋愛小説を作り上げる / *weave* two plots together *into* one story 二つの筋を一つの話にまとめる.

— 自 ❷The path *wove* through the woods. その道は森の中を縫うように通じていた.

weave one's way 縫うように進む: He *wove his way* through the crowd. 彼は群衆の中を縫って通り抜けていった.

☞ 名 web.

— 名 a cloth of loose *weave* 目の荒い織物.

weav·er /wíːvər ウィーヴァ/ 名C 織る人, 編む人.

web /wéb ウェブ/ 名C ❶ クモの巣 (✿ cobweb ともいう). ❷ クモの巣のようなもの, 入り組んだもの. ❸《the Web で》インターネット.

▶❷a *web* of railroads 鉄道網.

☞ 動 weave.

webbed /wébd ウェブド/ 形 水かきのある.

web-site /wébsàit ウェブサイト/ 名C【電算】(ウェブ)サイト.

Wed. 《略語》Wednesday.

***we'd** /wid ウィド, wiːd/ 《口語》

1524　　　　　　　　　　　　　　　　one thousand five hundred and twenty-four

❶《we had² の短縮形》《❏過去完了形の had と had better の場合にのみこの短縮形が用いられる》.
❷《we would の短縮形》.
▶❶I said *we'd* made an error. 私は私たちはまちがっていたと言った / *We'd* better start at once. すぐ出発するほうがいい. ❷We were afraid *we'd* never meet again. 私たちは二度と会えないのではないかと思った.

***wed·ding** /wédiŋ ウェディング/ 名 (複 ~s /-z/) C 結婚式, 婚礼. ▶They held their *wedding* last month. 彼らは先月結婚式を挙げた.

hold one's *wedding* (結婚式を挙げる)

wédding càke 名 C ウェディングケーキ.

wédding recéption 名 C 結婚披露宴.

wédding rìng 名 C 結婚指輪.

wedge /wédʒ ウェッヂ/ 名 C ❶くさび. ❷くさび型の物.
— 動 (現分 wedg·ing) 他 ❶ …をくさびで固定する. ❷ …を(くさびのように)むりに押しこむ, 詰めこむ.

Wedg·wood /wédʒwud ウェヂウッド/ 名 U【商標】ウェッジウッド《有名なイギリスの陶器》.

*****Wednes·day** /wénzdèi ウェンズデイ, -di/《★発音注意》名 (複 ~s /-z/)
❶ UC 水曜日《❏W., Wed. と略す; ☞ Sunday の 語法》.
❷《形容詞的に》水曜日の.
❸《副詞的に》《口語》水曜日に.

❷on *Wednesday* morning 水曜日の朝に. ❸He'll arrive *Wednesday*. 彼は水曜日に着くでしょう.

***weed** /wíːd ウィード/ 名 (複 ~s /-dz/) C 雑草.
— 動 (~s /-dz/; ~ed /-id/; ~ing) 他 …の雑草を取る, …の草刈りをする.
— 自 草取りをする.
▶名 pull *weeds* 雑草を取る.
☞ 形 weedy.
— 動 他 My father is *weeding* the lawn. 父は芝生(しばふ)の草刈りをしている.
weed out 他 ① (雑草)を取り除く. ② (役に立たないもの[人])を取り除く.

weed·y /wíːdi ウィーディ/ 形 (weed·i·er; weed·i·est) ❶雑草の多い.
❷《口語》(人・動物などが)ひょろひょろした.
☞ 名 weed.

*****week** /wíːk ウィーク/ 名 (複 ~s /-s/)
❶ C ⓐ (暦(こよみ)の上の) 週 《ふつう日曜日から土曜日まで; ❏ wk. と略す》.
ⓑ (時の長さとしての) 1週間, 7日間.
❷ C 平日《ふつう土, 日曜日以外の5日間》.
❸ C 週労働時間[日数] (制).
❹ U 《... Week》《特別の運動・行事を行なうために定めた》…週間.

語法 week に this, that のほか次のような語句がつくと, 前置詞なしで副詞句として用いられる: last week 先週 / next week 来週 / every week 毎週 / the week before last 先々週 / the week after next 再来週.

❶ⓐ What day (of the *week*) is it (today)? きょうは何曜日ですか《☞ date¹ 名 ❶》/ I have been busy this *week*. 今週は忙しかった / He will come (on) Monday *week*. = He will come a *week* on Monday. 《英》彼は来週の月曜日に来るだろう / He came (on) Monday *week*. = He came a *week* on Monday. 《英》彼は先週の月曜日に来た.

語法 曜日の名前の後に week をつけたり, 前に a week on をつけるのは《英》で, ふつうは「来週の…曜日」という意味になり, 時には「先週の…曜日」という意味になる. どちらの場合かは文の動詞の形などできまる. 《米》では「来週の月曜

weekday

日」は (on) Monday next week または a week from Monday,「先週の月曜日」は (on) Monday last week または a week ago Monday というが, このほうが明確な表現なので《英》でもふつうに使われる.

❻He will be back in a *week*. 1週間したら彼は帰って来るだろう / She stayed there for *weeks*. 彼女はそこに何週間も滞在した / This baby is two *weeks* old. この赤ちゃんは生後2週間です.

❷The museum is open during the *week*. 博物館は平日に開館しています.

❸He works a 40-hour *week*. 彼は週40時間労働で働く / Our school has a five-day *week*. われわれの学校は週5日制だ.

❹Book *Week* 読書週間.

a week ago today 先週のきょう.
a week from today 《米》来週のきょう.
a week tomorrow 《英》来週のあす.
by the week 1週間いくらという**単位で**: They hired a truck *by the week*. 彼らは週ぎめでトラックを借りた.
this day week 《英》①(ふつうは)来週のきょう: I'll see him *this day week*. 私は来週のきょう彼に会う. ②(ときには)先週のきょう: I saw him *this day week*. 私は先週のきょう彼に会った.
〖語法〗① ② のどちらの意味になるかは動詞の形などできまる.《米》では① を a week from today, ② を a week ago today というが, このほうが明確なので《英》でもふつうに用いられる.
today week 《英》= *this day week*.
tomorrow week 《英》= *a week tomorrow*.
week after week = *week in, week out*.
week in, week out 毎週毎週.
yesterday week 《英》先週のきのう《8日前》.

☞ 形 weekly.

*week・day /wíːkdèi ウィークデイ/ 名 (複 ~s /-z/)
❶ C 平日《土曜日と日曜日以外の日》.
❷《形容詞的に》平日の.

▶❶I get up at six on *weekdays*. 私は平日は6時に起きる. ❷the *weekday* fee 平日料金.

*week・end /wíːkènd ウィーケンド/ 名 (複 ~s /-dz/)
❶ C 週末《仕事や学校のない日で, ふつう土曜日と日曜日》.
❷《形容詞的に》週末の.

▶❶We spent a nice *weekend* in Rome. われわれはすばらしい週末をローマで過ごした / over the *weekend* 週末の間(じゅう) / on the *weekend* 《米》= at the *weekend* 《英》週末に.
❷a *weekend* trip 週末旅行.

week・end・er /wíːkèndər ウィーケンダ/ 名 C 週末旅行者;(ホテルなどの)週末泊まり客.

*week・ly /wíːkli ウィークリ/ 形 **毎週の**, 週1回の, 週刊の.
— 副 毎週, 1週に1回, 週単位で.
— 名 C 週刊誌, 週刊新聞《☞monthly の 類語 》.

形 a *weekly* wage of $300 300ドルの週給 / a *weekly* magazine 週刊誌.
☞ 名 week.
— 副 I'm paid *weekly*. 私は週単位で賃金をもらっている.

*weep /wíːp ウィープ/ 動 (~s /-s/; wept /wépt/; ~ing) ⓐ《文語》(涙を流して)泣く.
— 他 (涙を)流す.

ⓐShe *wept* at the news. = She *wept* to hear the news. 彼女はその知らせを聞いて泣いた / *weep* for [with] joy うれし泣きする.
— 他 *weep* bitter tears つらい涙を流す.

wéep・ing wíl・low /wíːpiŋ- ウィーピング-/ 名 C 〖植物〗シダレヤナギ.

wee-wee /wíː-wíː ウィーウィー/ 名《a をつけて》《小児語》おしっこ.

*weigh /wéi ウェイ/ (★ gh は発音されない) 動 (~s /-z/; ~ed /-d/; ~ing) 他
❶ …の重さを量る.
❷ (他と比較して)…をよく検討する, 考える.
— ⓐ ❶ 重さが…である.
❷ 重要である, 大きな影響力をもつ.

abcdefghijklmnopqrstuv w xyz   **welcome**

❸《**weigh on ...**》…の重荷となる, …を苦しめる.

― 他 ❶ The greengrocer *weighed* the tomatoes. 八百屋はそのトマトの重さを量った. ❷ She *weighed* the plans before making a decision. 彼女は決める前に計画をよく検討した / They *weighed* its advantages *against* its disadvantages. 彼らはその利点と欠点とを比較検討した.
― 自 ❶ 対話 "How much does it *weigh*?"–"It *weighs* 10 pounds." 「それはどのくらい重さがありますか」「10ポンドあります」 / I *weigh* 53 kilos. 私は体重は53キロだ.
❷ His opinion will *weigh* heavily in making a decision. 決めるには彼の意見が重要だ.
❸ His lie *weighed* heavily *on* his conscience. 彼のうそが彼の良心を苦しめた.

weigh down 他 ① 重さをかけて…を下に下げる：Snow *weighed down* the branches. 雪の重みで枝はしなっていた. ②（悲しみ・苦しみなどが）（人）の気持ちを参らせる：They were *weighed down* with their poverty. 彼らは貧乏のために精神的に参っていた.
weigh in 自 （ボクサーなどが）（試合前に）体重測定を受ける.
weigh up 他 …を慎重に検討する.
☞ 名 weight.
《同音異形語》 way¹,².

***weight** /wéit ウェイト/ （★ gh は発音されない） 名 (複 ~s /-ts/) ❶ U **重さ**, 体重 (❖英米ではふつうキログラム (kilogram) ではなくポンド (pound) を用いる；1ポンドは約453グラム).
❷《単数形で》**心の重荷**, 重圧, 負担, 責任.
❸ U 重要性, 価値.
❹ⓒ ⓐ （はかりの）分銅 (ふんどう), おもり. ⓑ 重い物, おもし. ⓒ 紙押え, 文鎮 (ぶんちん) (◆ paper weight ともいう).
― 動 他 …を重くする, …に重い荷物を積む, …におもりをつける.

名 ❶ My *weight* is 150 pounds. (= I *weigh* 150 pounds.) 私の体重は150

ポンド (=67.95キログラム)です / This dictionary is about two pounds in *weight*. この辞書は重さが約2ポンドです / gain *weight* =put on *weight* 体重がふえる / lose *weight* 体重が減る.
❷ My debts were a *weight* on my mind. 借金の重荷が私を悩ませた.
❸ an idea of great *weight* 非常に重要な考え.
❹ⓒ hold the papers down with a *weight* 文鎮で書類を押さえる.
by weight 重さで, 目方 (めかた) で：Meat is sold *by weight*. 肉は重さ(いくら)で売られる.
under the weight of ... …の重みを受けて, …に圧迫されて.
☞ 動 weigh, 形 weighty.
― 動 **weight down** 他 …を（重くして）おさえる.

《同音異形語》 wait.

weight·less /wéitləs ウェイトレス/ 形 無重力の.

wéight lifting 名 U 重量あげ（競技）.

weight·y /wéiti ウェイティ/ 形 (weight·i·er; weight·i·est) ❶ （問題などが）重要な. ❷《文語》重い (◆ heavy が一般に用いられる).
☞ 名 weight.

weird /wíərd ウィアド/ 形 （この世のものと思えないほど）気味の悪い.

*****wel·come** /wélkəm ウェルカム/ 感 （やって来た人に対して） **ようこそ**, よくいらっしゃいました, 歓迎.
― 動 (~s /-z/; wel·comed /-d/; -com·ing) 他 ❶ …を（喜んで）**迎える**, **歓迎する**.
❷（意見など）を喜んで受け入れる.
― 名 ⓒ ❶《ふつう形容詞をともなって》**歓迎**, 歓待.
❷ 歓迎のあいさつ.
― 形 (more ~; most ~) ❶ⓐ 歓迎される. ⓑ 喜びを与える, うれしい気持ちにさせる, ありがたい.
❷ⓐ《be welcome to *do*》自由に＿してよい. ⓑ《be welcome to ...》自由に…を使って［食べて］よい.

感 *Welcome* home (again)! （帰国した

one thousand five hundred and twenty-seven   1527

人に)お帰りなさい / *Welcome* to Japan! ようこそ日本へ.
— [動][他] ❶We *welcome* you to our club. あなたのわれわれのクラブへのご入会を歓迎します / He was warmly *welcomed* by the villagers. 彼は村人たちに心から歓迎された.
❷She *welcomed* my advice. 彼女は私の忠告を喜んで受け入れた.
— [名] ❶He gave me a hearty *welcome*. 彼は私を心から歓迎してくれた / They had [received] rather a cold *welcome*. 彼らはどちらかというと冷たく迎えられた / receive a warm *welcome* 心から歓迎される.
— [形] ❶ⓐYou are always *welcome* at my house. あなたが私の家へ来ればいつでも歓迎します / a *welcome* guest 歓迎される客. ⓑA holiday is very *welcome* to us after a long spell of work. 続けて長く働いたあとの休日は私たちにはとてもうれしい / *welcome* news うれしい知らせ.
❷ⓐYou *are welcome to* stay here as long as you like. 君はここにいたいだけいてけっこうです.
ⓑYou *are welcome to* the telephone. 電話を自由に使っていいです.
make ... welcome (人)を温かく迎える.
You are welcome. ((米))《お礼のことばに対して》**どういたしまして:** [対話] "Thank you very much."—"*You're welcome.*" 「どうもありがとう」「どういたしまして」.

[対話]
「どうもありがとう」「どういたしまして」

weld /wéld ウェルド/ [動][他] …を溶接する.

*__wel·fare__ /wélfèər ウェルフェア/ [名]
❶[U]**幸福**; 福祉(ふくし) ((国などの提供する人の幸せ・健康などへの配慮)). ❷[U] (困っている人のための)福祉事業. ❸[U] ((米))社会福祉手当 ((✪((英))では social security)).
❹《形容詞的に》福祉の.
▸❶public *welfare* 公共の福祉.
on welfare ((米))社会福祉手当を受けて.

wélfare stàte [名][C]《**the** をつけて》福祉国家.

⁑well¹

/wél ウェル/ [副] (bet·ter /bétər/; best /bést/)
❶**じょうずに**, りっぱに ([反]badly).
❷都合よく, うまい具合に.
❸(程度などが)十分に, よく.
❹かなり, 相当.
— [形] (bet·ter /bétər/; best /bést/)
❶**健康で** ([反]ill, sick).
❷適切で, 好都合で.
— [感] ❶《驚き・安心・あきらめなどを表わして》おやっ, やれやれ.
❷《譲歩を表わして》そうね, それじゃあ.
❸《話をまた続けて》さて, ところで.
❹《躊躇(ちゅうちょ)して》ええと, まあ.
❺《同意を表わして》よろしい, いいですよ.

[副] ❶He speaks English *well*. 彼は英語を話すのがじょうずだ / Mike is doing very *well* at school. マイクは学校の成績がとてもいい.
❷Everything is going *well* with my business. 私の仕事は万事うまくいっています.
❸I slept *well* last night. 昨夜はよく眠れた / This book is *well* worth reading. この本は読む価値が十分ある.
❹She must be *well* over fifty. 彼女は50歳をかなり越しているにちがいない.
— [形] ❶She will soon get *well*. 彼女(の病気)はすぐよくなります.
❷All is *well* with us. われわれに関してはすべてうまくいっている.
— [感] ❶*Well*! It's you, Mary. (おや)まあ, あなただったの, メアリー / *Well*, here we are at last. やれやれ, やっと着いたぞ.
❷*Well*, you may be right. まあ君の

abcdefghijklmnopqrstuv w xyz **well-known**

いう通りかもしれないね.
❸ *Well*, what is your business? ところで，君の仕事は.
❹ *Well*, let me see. ええと，そうですね.
❺ *Well*, I will try. いいですよ，私がやってみましょう.

副 *... as well* そのうえ…も，…もまた：He knows English, and (he knows) French *as well*. 彼は英語を知っているが，その上フランス語も知っている.

... as well as ~だけでなく…も：She is kind *as well as* beautiful. 彼女は美人であるだけでなく親切でもある.

be well off ☞ well-off.

cannot very well do どうしてもうまく＿できない：She *could not very well* refuse his offer to help her. 彼女は彼が助けてやろうと言ったのをどうしても断われなかった.

do well to do ＿するのが賢明だ：You'll *do well to* stay here. あなたはここにいるほうがよい.

just as well 《返答に用いて》それでもさしつかえない：対話 "I'm sorry I don't have a pen."–"A pencil will do *just as well*"「ペンは持っていません」「鉛筆でもけっこうですが」.

may [*might*] (*just*) *as well do* (…するくらいなら)＿したほうがよい[ました]：You *may as well* begin at once. 君はすぐ始めたほうがよい.

may [*might*] *well do* きっと＿するだろう，＿するのもいいだろう.

might as well ... as ~～するくらいなら…するほうがましでしょう（◎…にも~にも動詞の原形がくる）：You *might as well* throw your money away *as* lend it to him. 君は彼に金を貸すくらいなら投げ捨てるほうがまだよい.

speak well of ... …のことをほめる.
think well of ... …を高く評価する.
Well done! よくやった，よくできた（◎人をほめることば）.

＊**well²** /wél ウェル/ 名（複 ~s /-z/）C
❶ 井戸．
❷ⓐ油井（鯰）．ⓑ天然ガス井戸．
❸ⓐ（階段の）吹き抜け（◎stairwell ともいう）．ⓑ（エレベーターの）縦穴．
❹（知識などの）源泉，源．

— 動 ⓘ《しばしば **well up** で》わき出る，噴出する.
▶名 ❶ draw water from the *well* 井戸から水をくむ / dig a *well* 井戸を掘る. ❷ⓐ an oil *well* 油井.
— 動 ⓘ Tears *welled up* in his eyes. 涙が彼の目にわき出た.

＊**we'll** /wil ウィル, wi:l/《口語》《**we will** の短縮形》．▶ *We'll* have the party next Saturday. こんどの土曜に私たちはそのパーティーを開く．

well-ad·vised /wél-ədváizd ウェル・アドヴァイズド/ 形 思慮分別のある，賢明な．

well-bal·anced /wél-bǽlənst ウェル・バランスト/ 形 ❶（食事などが）バランスのとれた. ❷ 常識のある，分別のある．

well-be·haved /wél-bihéivd ウェル・ビヘイヴド/ 形 行儀のよい．

well-be·ing /wél-bí:iŋ ウェル・ビーイング/ 名 U 幸福(感)，福利．

well-born /wélbɔ́:rn ウェルボーン/ 形 家柄のよい．

well-brought-up /wélbrɔ̀:tʌ́p ウェルブロータプ/ 形（人が）育ちのよい，しつけのよい．

well-done /wél-dʌ́n ウェル・ダン/ 形（肉などが）十分に焼けた[煮えた]，ウェルダンの（☞steak の INFO (2), underdone ）．
▶ I like my steak *well-done*. 私はステーキはよく焼いたのが好きです.

well-dressed /wél-drést ウェル・ドレスト/ 形 身なりのよい．

well-earned /wél-ɔ́:rnd ウェル・アーンド/ 形 十分受けるに値する，受けて当然の．

well-es·tab·lished /wél-istǽbliʃt ウェル・イスタブリシュト/ 形 確立した，定着した．

well-fed /wél-féd ウェル・フェッド/ 形 栄養十分な．

well-found·ed /wél-fáundid ウェル・ファウンディド/ 形 根拠の確かな．

well-in·formed /wél-infɔ́:rmd ウェル・インフォームド/ 形 知識の広い，博識な．

well-in·ten·tioned /wél-inténʃənd ウェル・インテンションド/ 形 ＝ **well-meaning**．

well-kept /wél-képt ウェル・ケプト/ 形 手入れの行き届いた．

＊**well-known** /wél-nóun ウェル・ノウン/ 形 (bet·ter-known /bétər-/; best-known

one thousand five hundred and twenty-nine　1529

well-meaning

/bést-/ **世間によく知られた**, 有名な.
▶ Naples is *well-known* for its beautiful scenery. ナポリは美しい景色でよく知られている.

well-mean·ing /wél-míːniŋ ウェル・ミーニング/ 形 善意の.

well-off, well off /wél-ɔ́(ː)f ウェル・オ(ー)フ/ 形 (bet·ter-off /bétər-/; best-off /bést-/) 金持ちの, 裕福な (反 badly-off).

well-paid /wél-péid ウェル・ペイド/ 形 ❶ (仕事が)給料のよい. ❷ (人が)高給取りの.

well-read /wél-réd ウェル・レッド/ (★発音注意) 形 読書家の; 博識な.

well-round·ed /wél-ráundid ウェル・ラウンディド/ 形 ❶つり合いのとれた. ❷ (知識・経験などが)幅の広い, 多方面にわたる.

well-spo·ken /wél-spóukən ウェル・スポウクン/ 形 ことばづかいが上品な.

well-thought-of /wél-θɔ́ːtɑ̀v ウェル・ソータヴ/ 形 (人が)評判のよい.

well-timed /wél-táimd ウェル・タイムド/ 形 タイミングのよい.

well-to-do /wél-tə-dúː ウェル・ト・ドゥー/ 形 金持ちの, 裕福な.

well-wish·er /wél-wìʃər ウェル・ウィシャ/ 名 C 他人の幸運[成功など]を祈る人.

well-worn /wél-wɔ́ːrn ウェル・ウォーン/ 形 (ことば・冗談などが)古くさい, 月並みな.

Welsh /wélʃ ウェルシュ/ 形 ❶ウェールズの. ❷ウェールズ人の. ❸ウェールズ語の.

☞ 名 Wales.

— 名 ❶《the をつけて; 集合的に; 複数扱いで》ウェールズ人. ❷ U ウェールズ語.

Welsh·man /wélʃmən ウェルシュマン/ 名 (複 Welsh·men /-mən/) C ウェールズ人(男) (☞ Wales).

Welsh·wom·an /wélʃwùmən ウェルシュウマン/ 名 (複 Welsh·women /-wìmin/) C ウェールズ人の女性.

went /wént ウェント/ 動 go の過去形.

wept /wépt ウェプト/ 動 weep の過去形・過去分詞形.

were[1] /(弱) wər ワ; (強) wə́ːr ワー/ 動 《are[1] の過去形》 ❶ **…であった, …だった.**
❷ **…にあった, いた.**
❸ 《仮定法で》(事実はそうなのだが)(仮に[もしも])…である[になる]としたら; (仮に[もしも])…にいる[ある]としたら.

- -

❶ We *were* all tired out. 私たちはみんな疲れ果てていた / Rivers *were* much cleaner fifty years ago. 川は50年前はずっときれいだった.
❷ There *were* some spelling mistakes in your composition. あなたの作文にはいくつかつづりの誤りがありました.
❸ If they *were* here with us, it would be much more fun. もし彼らが私たちといっしょにここにいるなら, ずっと楽しいのに / I wish I *were* taller. もっと背が高いといいのだけど.

were[2] /(弱) wər ワ; (強) wə́ːr ワー/ 助 《are[2] の過去形》
❶ 《were *doing*》《進行形を作る》 __して い(るところだっ)た.
❷ 《were+過去分詞で》《受身形を作る》 __ された; されていた.
❸ 《were to *do*》 ⓐ __することになっていた, __する予定だった.
ⓑ __すべきだった.
ⓒ __することができた.
❹ 《仮定法で》(事実はそうではないのだが)仮に[もしも]…としたら.

- -

❶ We *were having* lunch then. 私たちはその時昼食をとっていた.
❷ We *were taught* English by Miss Sato. 私たちは佐藤先生に英語を習った / The fields *were covered* with snow. 野原は雪でおおわれていた.
❸ⓐ We *were to* meet them that afternoon. その日は午後私たちは彼らに会うことになっていた.
ⓑ She said we *were to* be ready by ten. 私たちは10時までには準備ができていなければならないと彼女はいった.
ⓒ No wolves *were to* be seen in this mountain area. この山岳地方ではオオカミは全然見ることはできなかった.
❹ If you *were* given a hundred dollars now, what would you do with it? もし今100ドルもらったら, あなた

abcdefghijklmnopqrstuv**w**xyz　　　　　　　　　　　**westernize**

はそれをどうしますか.

*we're /wiər ウィア/ 《口語》❶《**we are**¹ の短縮形》. ❷《**we are**² の短縮形》.
▶ ❶ *We're* all very well. われわれはみなとても元気です.
❷ *We're* going to Europe next year. われわれは来年ヨーロッパへ行く予定です.

*were・n't /wə́ːrnt ワーント/
❶《**were**¹ **not** の短縮形》ⓐ…ではなかった.
ⓑ(…には)なかった, いなかった.
ⓒ《仮定法で》(事実はそうなのだが)(仮にも)…でない[にならない]としたら;(仮に[もしも])…に(い)ないとしたら.
❷《**were**² **not** の短縮形》ⓐ《進行形・受身形》.
ⓑ(事実はそうなのだが)(仮に[もしも])…でないとしたら.

・・・・・・・・・・・・・・・・・・・・・・・

❶ⓐ We *weren't* very busy last week. 先週は私たちはあまり忙しくなかった.
ⓑ There *weren't* any seeds in the grapes. そのブドウには種は全然なかった / They *weren't* home yet when I called on them. 私が訪ねたとき, 彼らはまだ家にいませんでした.
ⓒ If he *weren't* busy, he would help us. もし彼が忙しくなければ, 私たちを手伝ってくれるのでしょうが.
❷ⓐ They *weren't* doing anything then. 彼らはそのとき何もしていなかった / We *weren't* given any homework. 私たちは宿題は出されなかった.
ⓑ If I *weren't* cooking dinner, I would help you. 夕食を作っていないなら手伝ってあげるのですが.

***west /wést ウェスト/ 名
❶《ふつう **the** をつけて》**西**, 西方, 西部(反 east)(○ W., w. と略す; ☞ **south** ❶の 語法).
❷《**the West** で》(東洋に対して)**西洋**, 欧米.
❸《**the West** で》(アメリカの)西部地方.
── 形 ❶**西の**, 西部の, 西向きの(○方位がやや不明確な場合は western を用いる傾向がある).
❷(風が)西から吹く.

── 副**西へ**, 西に.

名 ❶ in the *west* of Tokyo 東京の西部に / to the *west* of Tokyo 東京の西方に(離れて).
　　　　　　　　☞ 形 western, westerly.
── 形 ❶ the *West* Coast (アメリカの)西海岸. ❷ a *west* wind 西風.
── 副 China lies *west* of Japan. 中国は日本の西にある / His room faces [looks] *west*. 彼の部屋は西に面している.

west・bound /wéstbàund ウェストバウンド/ 形 西へ向かう.

Wést Énd 名《**the** をつけて》ウェストエンド《ロンドンの西部の地域;金持ちが多く住み, 大きな商店, 公園, 主要な劇場などがある;☞ **East End**》.

west・er・ly /wéstərli ウェスタリ/ 形
❶ 西への. ❷ (風が)西から吹く.
　　　　　　　　　　　　☞ 名 west.

*west・ern /wéstərn ウェスタン/ 形
❶ **西の**, 西部の, 西向きの(反 eastern)(☞ west 形 ❶).
❷ (風が)西から吹く.
❸《**Western** で》ⓐ (アメリカ)西部の.
ⓑ 西洋の, 欧米風の.
── 名 Ⓒ (米)《しばしば **Western** で》西部もの, 西部劇(の映画・小説).

・・・・・・・・・・・・・・・・・・・・・・・

形 ❶ *western* Europe 西ヨーロッパ / the *western* window 西向きの窓.
❸ⓐ the *Western* States 西部諸州.
ⓑ *Western* countries 西欧諸国 / *Western* civilization 西洋文明.
　　　　　　　☞ 名 west, 動 westernize.

Wéstern Hémisphere 名《**the** をつけて》西半球.

Wéstern Róman Émpire 名《**the** をつけて》西ローマ帝国《395–476》.

West・ern・er /wéstərnər ウェスタナ/ 名 Ⓒ ❶ 西部地方の住民[出身者]. ❷ 西欧人.

west・ern・i・za・tion /wèstərnizéiʃən ウェスタニゼイション | -nai-/ 名 Ⓤ 欧米化.

west・ern・ize /wéstərnàiz ウェスタナイズ/ 動 《現分 -iz・ing》他…を西洋風にする, 欧米化する.
　　　　　　　　　　　　☞ 形 western.

one thousand five hundred and thirty-one　　　　　　　　　　　1531

West Indian

Wést Índian 形 西インド諸島の.

Wést Índies 名 複《the をつけて》西インド諸島《北アメリカ東南部と南アメリカ北部との間の諸島》.

West·min·ster /wéstmìnstər ウェストミンスタ/ 名 ❶ ウェストミンスター《ロンドンの中心部の区; バッキンガム宮殿, 国会議事堂などがある》.

❷ C (英) 英国国会議事堂; 英国国会.

Wéstminster Ábbey 名 ウェストミンスターアベイ.

INFO ロンドンのウェストミンスターにあるゴシック様式の壮厳(そうごん)な教会をいう. 国王の戴冠式(たいかんしき)の場として用いられ, 多くの国王の墓や礼拝堂 (chapel) がある.

Wést Virgínia 名 ウェストバージニア《アメリカ東部の州; ✿《郵便》 WV と略す》.

west·ward /wéstwərd ウェストワド/ 副 西へ向かって, 西向きに.

— 形 西へ向かう, 西向きの.

▶副 travel *westward* 西へ向かって旅行する.

west·wards /wéstwərdz ウェストワヅ/ 副《英》= westward

***wet** /wét ウェット/ 形 (wet·ter; wet·test) ❶ⓐ ぬれた, 湿った (反 dry).

ⓑ まだ乾(かわ)いていない.

❷ 雨降りの.

❸ (英口語) 弱気な.

— 動 (~s /-ts/; wet, wet·ted /-id/; wet·ting) 他 …をぬらす, 湿らせる.

形 ❶ⓐ I don't want to get *wet* in the rain. 私は雨でぬれるのはいやだ / Her eyes were *wet* with tears. 彼女の目は涙にぬれていた.

類語 **wet** は「水その他の液体でぬれている」; **damp** は「(不快なほど)湿気のある」, **moist** は「(不快感をともなわない)湿り気のある」, **humid** は「(空気や天候などが)湿ってむしむしする」.

ⓑ *wet* cement 乾(かわ)いていないセメント / *Wet* Paint 《掲示》ペンキ塗りたて 《✿《英》では Fresh Paint ともいう》.

❷ *wet* weather 雨天 / the *wet* season 雨期.

wet behind the ears 《口語》若くてまだ経験不足な.

wet through = **wet to the skin** 肌(はだ)までぬれて, びしょぬれになって.

— 動 他 *wet* the towel with water 水でタオルを湿らせる / *wet* the bed (おねしょで)ベッドをぬらす.

wét sùit 名 C ウェットスーツ(潜水用ゴム服).

***we've** /wiv ウィヴ, wi:v/ 《口語》《**we have**[2] の短縮形》. ▶ *We've* been living here for ten years. 私たちはここに 10 年住んでいます.

whack /hwǽk (ホ)ワック/ 動 他 (ステッキなどで)…をピシャリと打つ.

— 名 C ⓐ ピシャリと打つこと.

ⓑ ピシャリという音.

***whale** /hwéil (ホ)ウェイル/ 名 複 whale, ~s /-z/) C 《動物》クジラ.

whal·ing /hwéiliŋ (ホ)ウェイリング/ 名 U 捕鯨(ほげい).

wharf /hwɔ́:rf (ホ)ウォーフ/《★発音注意》名 (複 ~s /-s/, wharves /hwɔ́:rvz/) C 波止場(はとば), 埠頭(ふとう) (☞ pier ❶, quay).

wharves /hwɔ́:rvz (ホ)ウォーヴズ/ 名 wharfの複数形.

*****what** /hwát (ホ) ワット / hwɔ́t/ 代

❶ 《疑問代名詞》**なに**, どんなもの[こと, 人], どのくらい.

❷ /hwat | hwɔt/《関係代名詞》(__する[__である])もの[こと].

— 形 ❶ 《疑問形容詞》ⓐ **なんの**, なんという, どんな.

ⓑ 《感嘆を表わして》**なんという**, なんと.

❷ 《関係形容詞》(__する[__である])どんな…でも; (__する[__である])全部の….

代 ❶ *What* is that? あれはなんですか / "*What* is she?"–"She is a nurse." 「彼女はなにをしている[どんな]人ですか」「看護師です」(職業, 性格, 国籍などをたずねる; 相手の職業をたずねるときは What (kind of work) do you do? のほうがていねいな言い方)/ *What* do you think of my new hat? あなたは私の新しい帽子をどう思いますか (✿ この場合 How do you think of my new hat? とはいわない)/ *What* is the price? 値段はいくらですか (✿ この場合 How much is the price? とはいわない; How much is it? ならばよい).

❷ *What* he says is true. 彼の言うこ

1532　　　　　　　　　　　　　　　　　　　　　　　　one thousand five hundred and thirty-two

abcdefghijklmnopqrstuv**w**xyz　　　　　　　　**whatnot**

とは本当です / I will do *what* I can for you. 私はあなたのためにできる限りのことをします.

— 形 ❶ⓐ *What* day (of the week) is it (today)? きょうは何曜日ですか.
ⓑ *What* a good driver he is! 彼はなんと運転が上手なんだろう.
❷ I will send you *what* books you want to read. 君が読みたい本はすべて貸してあげよう.

代 **and what not**=**and what have you** 《口語》その他いろいろ,…など: She bought butter, cheese, sugar, *and what not*. 彼女はバター, チーズ, 砂糖の他いろいろな物を買った.

A is to ... what B is to ~ Aの…に対する関係はBの~に対する関係と似ている: Air *is to* us *what* water *is to* fish. 空気と人間の関係は水と魚の関係と同じである.

... or what? 《口語》…とかなにか?
So what? 《口語》それでどうしたというの(⊕「どうということはないではないか」の意味を含む).
What about ...? ①《しばしば *do*ing をともなって》__してはどうですか(⊕相手の意見を求めたり, 提案する): *What about going* on a picnic next Saturday? 今度の土曜日にピクニックに出かけるのはどうですか(行かないか). ②…はいかがですか(⊕相手にものをすすめる): *What about* some more tea? もう少し紅茶はいかがですか. ③…はどうなっているのですか(⊕事情, 様子をたずねる): *What about* the ten dollars I lent you? 私が貸した10ドルはどうなりましたか(返してください).

What do you say to ... [to doing]? …する[__する]のはどうですか, いかがですか(⊕相手の意向を問う): *What do you say to* a cup of coffee? コーヒーを1杯どうだい / *What do you say to asking* him for advice? 彼の忠告を求めてはいかがですか.

What (...) for? なぜ, なんのために: *What* did you do that *for*? 君は何のためにそれをしたのか.
What if __ ? もし__だったらどうか: *What if* I should lose my passport? もし万一パスポートをなくしたらどうなるだろう(大変だ).

what is called=*what we [you, they] call* いわゆる.
What of ...? …がどうだというのだ(問題はない): *What of* the rain? 雨なんかなんだ.
What's up? 《口語》① なにごとですか, どうした. ②《あいさつ代りに》どうしてる.
What's what (重要な)事実.
what with ... and (what with) ~ …や～のため: *What with* overwork *and (what with)* poor meals, she fell ill. 過労や粗末な食事のために彼女は病気になった.

*✱**what·ev·er*** /hwàtévər (ホ)ワテヴァ | hwɔ̀tévə/ 代

❶《関係代名詞》ⓐ (__する[である])ものはなんでも.
ⓑ たとえなにが[を]__としても.
❷《疑問代名詞》《口語》《驚きを表わして》いったいなにが[を].

— 形《関係形容詞》❶ (__する[__である])ものはどんな…でも.
❷ たとえどんな…が[を]__としても.
❸《否定や疑問を強調して》少しの…も, 少しでも.

──────────

❶ⓐ You can eat *whatever* you like. なんでも好きなものを食べていいですよ.
ⓑ *Whatever* you (may) do, do your best. たとえなにをするにしても, 最善をつくしなさい(⊕《口語》ではふつう may を用いない).
❷ *Whatever* has happened? いったいなにが起こったのだ.

— 形 ❶ You can have *whatever* CDs you like. 君の好きなどんなCDでも君にあげよう.
❷ *Whatever* food you (may) eat, you must not eat too much. たとえどんな食べ物を食べるにしても食べ過ぎてはいけません(⊕《口語》ではふつう may を用いない).
❸ There is *no* information *whatever* about it. それについてはなんの情報もない.

what'll /hwátl (ホ)ワトル | hwɔ́tl/ 《口語》《**what will** の短縮形》.
▸ *What'll* happen? どうなるでしょうか.
what·not /hwátnàt (ホ)ワトナット/ 名 Ⓤ

what're /hwátər (ホ)ワタ/ hwɔ́tə/《**what are** の短縮形》. ▶ *What're* you doing? なにをしているんだ.

＊what's /hwáts (ホ)ワッツ/ hwɔ́ts/《口語》
❶《**what is**¹ の短縮形》.
❷《**what is**² の短縮形》.
❸《**what has**² の短縮形》.

・・・・・・・・・・・・・・・・・・・・・
❶ *What's* that? あれはなんだろう / *What's* in your pocket? ポケットの中になにがあるのですか.
❷ *What's* going on? なにが起こっているのですか / Take notes on *what's* discussed. 話されていることをメモしておきなさい.
❸ *What's* happened? なにが起こったのですか / This is *what's* been discussed so far. こんなことが今まで話し合われた.

what·so·ev·er /hwàt-souévər (ホ)ワトソウエヴァ, hwɔ̀t-/ = **whatever**.

＊wheat /hwíːt (ホ)ウィート/ 名Ⓤ小麦（☞ flour）.

＊wheel /hwíːl (ホ)ウィール/ 名（複 ~s /-z/)
❶Ⓒ ⓐ 車輪. ⓑ（歯車・ろくろなど）車輪状のもの.
❷《**the** をつけて》（自動車の）**ハンドル**（○ steering wheel ともいう;「自転車・オートバイのハンドル」は handlebars; ☞ car のさし絵）.
— 動 ⓗ（車のついたもの）を動かす, 押す, 引く.
— ⓗ ❶ 旋回する. ❷ 向きを変える.

・・・・・・・・・・・・・・・・・・・・・
名 ❶ⓐ car's *wheels* 車の車輪 / a front *wheel* 前輪.
❷ Who takes the *wheel*? だれが運転するのですか.
at [behind] the wheel ① **ハンドルを握って**, 運転して: He was *at the wheel* then. その時は彼が運転していた. ② 支配権を握って.
keep the wheel turning とめないで動かしておく.
— 動 ⓗ *wheel* a baby carriage ベビーカーを押して行く.

wheel·bar·row /hwíːlbærou (ホ)ウィールバロウ/ 名Ⓒ（手押し）一輪車, ねこ車（○ 単に barrow ともいう）.

wheelbarrow

wheel·chair /hwíːltʃèər (ホ)ウィールチェア/ 名Ⓒ 車いす.

wheeze /hwíːz (ホ)ウィーズ/ 動（現分 wheez·ing）ⓘ（のど・気管などが）ゼーゼーいう.

＊＊＊when /hwén (ホ)ウェン/ 副
❶《疑問副詞》**いつ**《時間をたずねる》.
❷ /hwen/《関係副詞》ⓐ __する[__である]…（○ ふつうは時を表わす名詞を先行詞とする》.
ⓑ《前にコンマをつけて》そしてそのときに.
— 接 ❶（__する[である]）**ときに**.
❷ __であるのに（もかかわらず）.
❸ もし__ならば;__だとしても.
— 代《前置詞の目的語として》《疑問代名詞》いつ.

・・・・・・・・・・・・・・・・・・・・・
副 ❶ *When* did you arrive here? いつこちらに着いたのですか.
❷ⓐ Please tell me the day *when* you'll be back. 君が帰ってくる日を教えてください. ⓑ Please wait until the 7th, *when* she will be back. 7日まで待ってください. そのころには彼女は帰ってきますから.

— 接 ❶ *When* I called on her, she was playing the piano. 私が彼女を訪ねたとき, 彼女はピアノを弾いていた / I'll ask him *when* he comes back. 彼が帰ってきたら聞いてみます.

|語法| when で導かれた節が副詞節の場合には, 未来のことは現在形で表わされる. when が疑問副詞で when で導かれた節が名詞節の場合は, 未来を表わす表現が用いられる: I'll ask him when he will come back. (彼がいつ帰ってくるか聞いてみます).

❷ The waitress brought me coffee *when* I asked for tea. 紅茶を注

abcdefghijklmnopqrstuv**w**xyz　　　　　　　　　　　　　　　　　　　　　**wherever**

文したのにウエートレスはコーヒーを持ってきた.
❸How can I finish the work *when* he refuses to help me? 彼が私を援助してくれるのを断わったら私はどうしたらその仕事を仕上げられるでしょうか.
— 代Till *when* are you going to stay here? いつまであなたはここに滞在するのですか.

***when‧ev‧er** /hwènévər (ホ)ウェネヴァ/
接❶(＿する)ときはいつでも.
❷たとえいつ＿としても.
— 副❶《口語》いつでも.
❷《疑問副詞》《口語》《驚きを表わして》**いったいいつ**.

接❶I go to the theater *whenever* I get the chance. 私は機会があればいつも必ず芝居を見に行く.
❷*Whenever* you (may) come, you will be welcomed. 君はいつ来ても歓迎されるだろう(✿《口語》ではふつう may を用いない).
— 副❷*Whenever* did you come back? 君はいったいいつ帰って来たのか.

*****where** /hwéər (ホ)ウェア/ 副
❶《疑問副詞》**どこに[で, へ]**.
❷/hwéər/《関係副詞》ⓐ(＿する[＿である])…(✿ふつうは場所を表わす名詞を先行詞とする).
ⓑ《前にコンマをつけて》そしてそこで[に, へ].
— 接❶(＿する)ところへ[で, に].
❷＿するところはどこへでも.
— 代《疑問代名詞》**どこ**.

‥‥‥‥‥‥‥‥‥‥‥‥‥‥‥‥‥‥

副❶*Where* is my hat? 私の帽子はどこにありますか / *Where* did you buy this sweater? あなたはこのセーターをどこで買いましたか.
❷ⓐThis is the village *where* my mother was born. ここは私の母が生まれた村です / This is (the point) *where* he is mistaken. そこが彼がまちがっているところだ. ⓑWe went together as far as Paris, *where* we parted. 私たちはパリまでいっしょに行き, そしてそこで別れました.
— 接❶He looked *where* she

pointed. 彼は彼女が指さした方へ目を向けた.
❷Go *where* you will, I will follow you. あなたがどこへ行こうとも私はついてゆきます.
— 代*Where* have you come from? どこからおいでになりましたか.

where‧a‧bouts /hwéərəbàuts (ホ)ウェアラバウツ/ 名U《単数または複数扱いで》**いる場所, ある場所**.
— 副《疑問副詞》どの辺に(✿正確な場所がわかりそうもないときに用いる).
▶名Her *whereabouts* is [are] unknown. 彼女の居どころは不明だ.
— 副*Whereabouts* did you last see him? この前彼に会ったのはどの辺でしたか.

where‧as /hwèəræz (ホ)ウェアラズ/ 接《文語》＿なのに, ところが一方. ▶He is short, *whereas* she is tall. 彼は背が低いのに, 彼女は背が高い.

where‧by /hwèərbái (ホ)ウェアバイ/ 副《関係副詞》《文語》それによって＿する[である]…. ▶Tell me the signs *whereby* he shall be known. 彼だとわかるしるしを教えてください.

***where's** /hwéərz (ホ)ウェアズ/《口語》
❶〈where is¹ の短縮形〉.
❷〈where is² の短縮形〉.
❸〈where has² の短縮形〉.
▶❶*Where's* my watch? 私の時計はどこだろう.
❷*Where's* she going? 彼女はどこへ行くのだろう.
❸*Where's* the dog been? 犬はどこにいたのだろうか.

***wher‧ev‧er** /hwèərévər (ホ)ウェアレヴァ/ 接❶(＿する)ところはどこへ[に]でも.
❷たとえどこへ[に]＿としても.
— 副《疑問副詞》《口語》《驚きを表わして》**いったいどこに[へ, で]**.

‥‥‥‥‥‥‥‥‥‥‥‥‥‥‥‥‥‥

接❶You may go *wherever* you like. 君が好きなところへどこでも行ってよい.
❷*Wherever* you may be (= Wherever you are), you must do your best. あなたがどこにいようとも, 最善をつくさなければならない(✿《口語》ではふつう

whet

— 副 *Wherever* did you see him? いったいどこで彼に会ったのですか.

whet /hwét (ホ)ウェット/ 動 (~s /-ts/; whet･ted /-id/; whet･ting) 他
❶ (刃物)をとぐ. ❷ (食欲・好奇心など)を刺激する.

wheth･er /hweðər (ホ)ウェザ/ 接
❶《名詞節または名詞句を導いて》__かどうか.
❷《譲歩の副詞節を導いて》《**whether __ or not**》__であろうとなかろうと.

- - - - - - - - - - - - - - - - - -

❶ I asked him *whether* I could use the telephone. 私は彼に電話を借りてもいいかどうか聞いた / I don't know *whether* he will come (or not). 彼が来るか来ないか私は知りません / It doesn't matter *whether* he is going by train or by car. 彼が列車で行こうと車で行こうと問題ない / Please advise me *whether* to accept the offer (or not). その申し出を受け入れるべきかどうか私に教えてください.

❷ *Whether* you take part *or not*, the result will be the same. 君が参加してもしなくても結果は同じだろう.

whether or not __ ①__かないか: Tell me *whether or not* it is true. (= Tell me whether it is true or not.) それが本当かどうか教えてくれ. ②__であろうとなかろうと: *Whether or not* you like it (= Whether you like it or not), you must eat it. 君は好きであろうとなかろうと, それを食べなければいけない.

whew /hwúː (フ)ウー, hjúː/ 感 ヒャー, ヘエー《驚き・失望などの発声》.

which /hwítʃ (ホ)ウィッチ/ 代
❶《疑問代名詞》**どちら**, どれ, どの人.
❷ /hwitʃ/《関係代名詞》《✿所有格 whose》
ⓐ …するところの.
ⓑ 《前にコンマをつけて》そしてそれは[を].
— 形 ❶《疑問形容詞》どちらの, どの.
❷《関係形容詞》《前にコンマをつけて》そしてその….

- - - - - - - - - - - - - - - - - -

代 ❶ *Which* is your hat? どれがあなたの帽子ですか.

語法 which は特定のもの[人]の中の「どれ」ということであり, what, who はそういう制限をつけずにただそれぞれ「なに」「だれ」ということである.

❷ⓐ The hat *which* is on the table is Mary's. テーブルの上にある帽子はメアリーのものです.
ⓑ Shakespeare's works, *which* were written more than 350 years ago, are still very popular all over the world. シェイクスピアの作品は350年以上前に書かれたが, 今でも世界中で人気がある.

— 形 ❶ *Which* umbrella is yours? どのかさが君のですか.
❷ He said nothing, *which* fact made her angry. 彼は何も言わずに黙っていたが, そのことが彼女をおこらせた.

which･ev･er /hwitʃévər (ホ)ウィチェヴァ/ 代 ❶《関係代名詞》ⓐ (__する[__である])ものはどちらでも.
ⓑ たとえどちらが[を, に] __としても.
❷《疑問代名詞》《口語》《驚きを表わして》いったいどっちが[を].
— 形《関係形容詞》❶ (__する[__である])ものはどちらの[どの] …でも.
❷ たとえどちらの[どの] …が__としても.

- - - - - - - - - - - - - - - - - -

代 ❶ⓐ Choose *whichever* you like. どれでも好きなものを選びなさい.
ⓑ *Whichever* you (may) read, you will find it interesting. 君はどちらを読んでもおもしろいと思うよ《✿《口語》ではふつう may を用いない》.
❷ *Whichever* do you like? いったいどっちが好きなのだ.

— 形 ❶ You can have *whichever* doll you like best. どのお人形でもあなたの一番好きなものをあげます.
❷ *Whichever* train you (may) take, you can get to Dover. どちらの列車に乗ってもドーバーへ行けます《✿《口語》ではふつう may を用いない》.

whiff /hwíf (ホ)ウィフ/ 名 ❶《a をつけて》かすかなにおい. ❷《a をつけて》かすかな形跡(跡), 気配(跡).

while /hwáil (ホ)ワイル/ 接 /hwàil/ ❶ …している間に.
❷ⓐ …なのに, …けれども.

abcdefghijklmnopqrstuv w xyz　　　　　　　　　　　　　　　　　　　　　**whirl**

❺《, while ＿ で》ところが一方, それに反して＿.
── 名《単数形で》時間, 間.
── 動《while away で》…(時)をぶらぶら過ごす.

接 ❶ It began to rain *while* we were walking in the park. われわれが公園を散歩しているときに雨が降り出した / *While* (I was) in London, I visited the British Museum. 私はロンドンにいる間に大英博物館を訪れた.
[語法] while の節の主語が主節の主語と同じ場合は, "主語(代名詞)＋be 動詞" はしばしば省かれる.
❷ ⓐ *While* he is good at tennis, he is bad at swimming. 彼はテニスは得意だが, 水泳は苦手だ.
ⓑ He is fat, *while* his son is thin. 彼は太っているが, 息子の方はやせている.
── 名 He arrived here a short *while* ago. 彼は少し前にここに着いた.
after a while しばらくして.
all the while その間ずっと：It was very cold *all the while*. その間ずっととても寒かった.
for a while しばらくの間.
once in a while ときどき.
── 動 He *whiled away* a few hours at the beach. 彼は浜辺で数時間すごした.

whim /hwím (ホ)ウィム/ 名 ⓒ 気まぐれ.
▶He is full of *whims*. 彼はとても気まぐれだ.

whim·per /hwímpər (ホ)ウィンパ/ 動 ⓐ
❶(恐怖・苦痛などで)シクシク泣く.
❷(子犬などが)クンクン鳴く.
── 他 …を泣き声で言う.
── 名 ⓒ ❶ すすり泣き. ❷(犬などの)鼻を鳴らす声.

whim·si·cal /hwímzikəl (ホ)ウィムズィカル/ 形 気まぐれな.

whine /hwáin (ホ)ワイン/ 動 (現分 whining) ⓐ ❶(犬などが)クンクン鳴く；哀れっぽく泣く.
❷ぶつぶつ不平を言う.
── 名 ⓒ ❶(犬などの)クンクン鼻を鳴らす声.
❷不平, ぐち.

whin·ny /hwíni (ホ)ウィニ/ 名 (複 whin-nies /-z/) ⓒ 馬のいななき.
── 動(whin·nies /-z/; whin·nied /-d/: ~·ing) ⓐ(馬が)いななく.

＊**whip** /hwíp (ホ)ウィップ/ 名 (複 ~s /-s/) ⓒ むち.
── 動(~s /-s/; whipped /-t/; whip-ping) 他 ❶ …をむちで打つ.
❷(雨・風などが)…に激しくあたる.
❸(卵・クリーム)を強くかき回してあわ立てる.
❹…をすばやく動かす.
── ⓐ 急に動く.
▶名 with a *whip* むちで.
── 動 他 ❶ *whip* the horse 馬にむちを当てる. ❷ The rain is *whipping* the windowpanes. 雨が激しく窓ガラスにあたっている. ❹ He *whipped* it into his pocket. 彼はそれをすばやくポケットに入れた.
── ⓐ She *whipped* behind the door. 彼女はドアのうしろにさっと隠れた.
whip up 他(人・感情など)をあおる：The agitator *whipped up* the crowd. 扇動(せんどう)者が群衆を扇動した. ②…を手早く用意する：*whip up* a meal 食事を手早く料理する.

whip·lash /hwíplæʃ (ホ)ウィプラシュ/
❶ ⓒ むちで打つこと. ❷ ⓤ むち打ち症.

whip·ping /hwípiŋ (ホ)ウィピング/ 名 ⓒ むち打ちの刑.

whir /hwə́:r (ホ)ワー/ 名《単数形で》(機械の)ブーンという音；ブンブン回る音.
── 動(~s /-z/; whirred /-d/; whir-ring /hwə́:riŋ/) ⓐ ブンブン音をたてる.

whirl /hwə́:rl (ホ)ワール/ 動 ⓐ ❶ ぐるぐる回る. ❷(頭が)混乱する, めまいがする.
── 他 …をくるくる回す.
── 名 ❶《単数形で》回転, 旋回.
❷(動き・会合などの)目まぐるしい連続.
❸《a をつけて》頭の混乱.
▶動 ⓐ ❶ The leaves *whirled* in the wind. 木の葉が風に吹かれて舞った.
❷ My mind is *whirling*. 私は頭が混乱している.
── 名 ❶ a *whirl* of dead leaves 風に舞う枯葉. ❷ a *whirl* of parties パーティーの連続.
give ... a whirl《口語》(ためしに)…をやってみる.

one thousand five hundred and thirty-seven　　　　　　　　　　　　　　　　　　　　　　1537

whirlpool

in a whirl ①旋回して. ②(頭が)混乱して.

whirl·pool /hwə́:rlpù:l (ホ)ワールプール/ 名C(海や川などの)渦(ﾞ)巻き.

whirl·wind /hwə́:rlwìnd (ホ)ワールウィンド/ 名C ❶つむじ風. ❷あわただしいこと.
— 形あわただしい, 急な.

whirr /hwə́:r (ホ)ワー/ 名動(英)= whir.

whisk /hwísk (ホ)ウィスク/ 名C(卵・クリームなどの)あわ立て器, 撹拌(ｶｸ)器.
— 動他 ❶(卵・クリームなど)を強くかきまわす. ❷…をすばやく動かす[運ぶ].

whisk·er /hwískər (ホ)ウィスカ/ 名C ❶《ふつう複数形で》ほおひげ(☞mustache).
❷(ネコ・ライオン・ネズミなどの)ひげ.
▶❶wear *whiskers* ほおひげをはやす.

*****whis·key, whis·ky** /hwíski (ホ)ウィスキ/ 名(複 whis·keys, whis·kies /-z/)
❶Uウィスキー(✿ふつう whiskey はアメリカ産またはアイルランド産に, whisky はスコットランド産またはカナダ産に用いる; 種類をいうときはC).
❷C1杯のウィスキー.
▶❶Scotch *whisky* スコッチ(ウィスキー) / *whiskey* and water 水割りウィスキー / *whiskey* and soda ハイボール.

*****whis·per** /hwíspər (ホ)ウィスパ/ 動(~s /-z/; ~ed /-d/; -per·ing /-pəriŋ/)倒さ さやく, ひそひそ話をする.
— 他 ⓐ…をささやく, 小声で言う.
ⓑ《whisper (that) __》__とささやく.
— 名(複 ~s /-z/)Cささやき, 小声.

She *whispered* in my ear.
(彼女は私の耳もとでささやいた)

他 ⓐHe *whispered* a few words to me. 彼は私に二言三言(ﾆｺﾞﾝｻﾝｹﾞﾝ)ささやいた.
ⓑShe *whispered that* she had a slight headache. 彼女は(私に)少し頭が痛いと小声で言った.
— 名speak in a *whisper* [*whispers*] 小声で話す.

*****whis·tle** /hwísl (ホ)ウィスル/《★t は発音されない》動(~s /-z/; whis·tled /-d/; whis·tling)倒 ❶ⓐ口笛(で曲を)吹く. ⓑ(人の注意を引いたりするために)口笛を吹く.
❷笛[ホイッスル]を吹く, 汽笛を鳴らす.
❸ピューと飛ぶ.
— 他(曲)を口笛で吹く.
— 名(複 ~s /-z/)C❶口笛(の音).
❷笛, ホイッスル, 汽笛, 警笛.

動倒 ❶ⓐHe often *whistles* while he works. 彼は仕事をしながらよく口笛を吹く. ⓑHe *whistled* to me and smiled. 彼は私に向かって口笛を吹きほほえんだ.
— 他He *whistled* a happy tune. 彼は楽しい曲を口笛で吹いた.
whistle for ... …を口笛で呼ぶ: *whistle for* a taxi タクシーを口笛で呼ぶ.
— 名 ❶He gave a loud *whistle*. 彼は大きな音で口笛を吹いた. ❷blow a *whistle* ホイッスルを鳴らす.

******white** /hwáit (ホ)ワイト/ 形(whit·er; whit·est) ❶白い; 純白の.
❷(顔など)青白い.
❸白色人種の(☞colored).
❹(英)(コーヒーが)ミルク[クリーム]のはいった(反black).
— 名(複 ~s /-ts/) ❶U白, 白色.
❷ⓐUC白い部分; (卵の)白身(✿「黄身」は yolk). ⓑC(目の)白目(☞eye のさし絵).
❸C白人.

類語 white は「恐怖・病気などで血の気を失った」様子. pale は「顔色が悪く健康色でない」.

形 ❶a *white* rose 白バラ / a *white* wedding dress 純白のウェディングドレス / He has *white* hair. 彼は白髪[銀髪]です.
❷Her face went *white* at the

sight.＝She turned *white* at the sight. そのありさまを見て彼女の顔はまっさおになった / His lips were *white* with fear. 恐ろしさで彼のくちびるは血の気がなかった.

❸ the *white* race 白色人種.

❹ A *white* coffee, please. ミルクコーヒーをお願いします.

☞ 動 whiten.

— 名 ❷ⓐ the *white* of an egg 卵の白身.

ⓑ the *white* of the eye 白目.

whíte ánt 名Ⓒ【動物】シロアリ.

whíte blóod cèll 名Ⓒ白血球.

white-col·lar /hwáit-kálər (ホ)ワイト・カラ/ 形 ホワイトカラーの, 事務(系の)職の(☞blue-collar). ▸ a *white-collar* job 事務職.

white élephant 名Ⓒ やっかいなもの, もてあましもの.

ⓘNFO むかしタイでは白象は神聖なものとされ, 所有できるのは国王だけであった. あるとき国王が自分の嫌いな高官に白象を贈り, その高官は象の飼育にお金と手間ばかりかかって大変困ったという話からきている.

whíte flág 名Ⓒ白旗(降伏(ごうふく)のしるし).

White·hall /hwáithɔ̀ːl (ホ)ワイトホール/ 名 ❶ ホワイトホール《ロンドンの諸官庁所在地域; 東京でいえば霞ケ関のようなところ》. ❷ イギリス政府(☞White House ❷).

white-hot /hwáit-hát (ホ)ワイト・ハット/ 形 白б熱の, 白熱した; 熱列な.

White Hòuse 名 ❶《the をつけて》ホワイトハウス《ワシントン(Washington, D.C.)にあるアメリカ大統領官邸》. ❷《the をつけて》ホワイトハウス当局, アメリカ政府.

whíte líe 名Ⓒ罪のないうそ.

whit·en /hwáitn (ホ)ワイトン/ 動 他 …を白くする, 白く塗る.
— 自白くなる.
☞ 形 white.

white·ness /hwáitnəs (ホ)ワイトネス/ 名Ⓤ白さ, 白いこと.

whíte páper 名Ⓒ《しばしば White Paper で》白書,《政府・とくにイギリス政府発行の》報告書. ▸ a *white paper* on education 教育白書.

whíte sàuce 名Ⓤホワイトソース《牛乳・バター・小麦粉などを原料としたソース》.

white·wash /hwáitwɔ̀ʃ (ホ)ワイトウォーシュ/ 名(複 ~es /-iz/) ❶Ⓤ水性石灰塗料《壁・天井などの上塗りに用いる》. ❷Ⓤ Ⓒ《隠すための》うわべのごまかし.
— 動(三単現 ~es /-iz/) ❶ …に水性石灰塗料を塗る. ❷ …のうわべをごまかす.

Whit·sun /hwítsn (ホ)ウィトスン/ 名 ❶ ＝Whitsunday. ❷ ＝Whitsuntide.

Whit·sun·day /hwítsʌ́ndei (ホ)ウィトサンデイ/ 名 聖霊降臨節［日］《 ☞**Whít Súnday** ともつづる》.

ⓘNFO 復活祭(Easter)から49日目(7週後)の日曜日にあたるキリスト教の祭日.

Whit·sun·tide /hwítsntàid (ホ)ウィトスンタイド/ 名 聖霊降臨節《聖霊降臨節(Whitsunday)に始まる1週間, とくに最初の3日間》.

whit·tle /hwítl (ホ)ウィトル/ 動(現分 whit·tling) 他 ❶《木》をナイフで削る. ❷ …を木を削って作る.

whiz, whizz /hwíz (ホ)ウィズ/ 動(whizzes /-iz/; whizzed /-d/; whiz·zing) 自《口語》ピューと音を立てて飛ぶ[走る].

★★who /húː フー/ 代《☞所有格 whose, 目的格 whom,《口語》では who》.

❶《疑問代名詞》ⓐ《主語または補語として》**だれが**.

ⓑ《口語》《動詞または前置詞の目的語として》**だれを［に］**.

❷ /huː/《関係代名詞》《人を表わす名詞に続いて》ⓐ（＿する）….

ⓑ《前にコンマをつけて》そしてその人は.

❶ⓐ *Who* is that boy? あの男の子はだれですか / *Who* said so? だれがそう言ったのですか. ⓑ *Who* do you mean? だれのことを言っているのですか.

❷ⓐ I have an American pen pal *who* can write letters in Japanese. 私には日本語で手紙が書けるアメリカ人のペンパル[文通友だち]がいます.

ⓑ I passed the ball to Tom, *who* shot it into the goal. 私はそのボールをトムにパスした. すると彼はそれをゴールにシュートした.

WHO /dʌ́bljuèitʃóu ダブリュエイチオウ, húː/

who'd

世界保健機構(**○**World Health Organization の略).

*who'd /húːd フード/《口語》❶《who would の短縮形》.
❷《who had² の短縮形》.
▶❶ *Who'd* believe such nonsense? だれがそんなばかげたことを信じるだろうか(だれも信じないだろう).
❷ Nobody knew *who'd* done it. だれがそれをしたのかだれも知らなかった.

who·dun·it /hùːdÁnit フーダニット/ 名C《口語》推理小説[映画, 劇]《**○**Who done it?(だれがそれをしたか)をもじったもの》.

*who·ev·er /hùːévər フーエヴァ/ 代《関係代名詞》

❶(＿する[＿である])人はだれでも.
❷ たとえだれが＿としても.
▶❶ Give the book to *whoever* wants to read it. その本をだれでも読みたい人にあげなさい / You can invite *whoever* you like. あなたは好きな人をだれでも招待してよい《**○**《口語》ではこのように whomever の代わりに whoever が用いられる》.
❷ *Whoever* may come (= *Whoever* comes), you must not open the door. たとえだれが来ても戸を開けてはいけません《**○**《口語》ではふつう may は用いない》.

***whole /hóul ホウル/ 形

❶《the または one's をつけて; 単数名詞の前で》(ひとつのもの, ひとまとまりのものについて)**…全体, 全…**《**○**分割されない「全体の…」「まるごとの…」の意味を表わす》.
❷(時間・距離などが)**まる…, …全部**.
❸ ⓐ(欠けていなくて)完全な, 全部そろった. ⓑ まるごとで, ひとかたまりで.

— 名 ❶《単数形で》**全体**, 全部(反 part).
❷《単数形で》完全なもの, 統一体.

・・・・・・・・・・・・・・・・・・・・・・・・・・・・・・

形 ❶ Did you read *the whole* book? あなたはその本を始めから終わりまで読みましたか / *The whole* class applauded. クラスの全員が拍手した / He stayed ill in bed *the whole* week. その1週間ずっと彼は病気で寝ていた.
語法 (1) all との語順の違いに注意: the *whole* world = all the world 全世界 / his *whole* family = all his family 彼の家族全員. (2) the *whole* book は「1冊の本の始めから終りまで全部」で, all the books は「何冊かある本の全部」.
❷ It snowed (for) five *whole* days. まる5日も雪が降り続いた / a *whole* year まる一年.
❸ ⓐ a *whole* set of Shakespeare's works シェイクスピア全集 / a *whole* loaf of bread (切ったりしてないまるごとの)1個のパン. ⓑ The bird swallowed the fish *whole*. その鳥は魚をまるのみにした / The potatoes were baked *whole*. そのジャガイモはまる焼きにされた.
☞ 副 wholly.

— 名 ❶ The *whole* of his money was gone. 彼の金は全部なくなった / the *whole* of Japan 日本全体.

as a whole 全体として: We must consider those problems *as a whole*. われわれはそれらの問題を全体として考えなければならない.

on the whole 大ざっぱに言って, 全体からみて: *On the whole* I am pleased with the result. (細かいことは別として)大体において私はその結果に満足している.

whole·food /hóulfùːd ホウルフード/ 名 U 自然食品, 無添加(ポム)食品.

whole·heart·ed /hóulhάːrtid ホウルハーティド/ 形 真心をこめた, 心からの.

whole·heart·ed·ly /hóulhάːrtidli ホウルハーティドリ/ 副 真心をこめて, 心から.

whole·meal /hóulmìːl ホウルミール/ 形《英》= whole-wheat.

whóle númber 名C【数学】整数.

*whole·sale /hóulsèil ホウルセイル/ 名 U (商品の)卸(キッ)し売り《**○**「小売り」は retail》.

— 形 ❶ 卸し売りの.
❷《悪い意味で》大規模な, 無差別の, 徹底的な.

— 副 ❶ 卸し売りで(反 retail).
❷(悪い意味で)大規模に.
▶ 名 **at wholesale** = by *wholesale*.
by wholesale ①卸し売りで. ②大規模に.

— 形 ❶ at the *wholesale* price 卸し値で / a *wholesale* dealer 卸し売り商

人. ❷ *wholesale* slaughter 大量殺人.

whole·some /hóulsəm ホウルサム/ 形 ❶健康によい. ❷(とくに道徳的に)健全な, 有益な.
▶ ❶(a) *wholesome* exercise 健康によい運動 / (a) *wholesome* food 健康によい食物. ❷a *wholesome* story 健全な物語.

whole-wheat /hóul-hwìːt ホウル-(ホ)ウィート/ 形《米》(胚芽(はいが)やふすまがついたままひいた)全粒(ぜんりゅう)小麦粉の(《英》では wholemeal).

who'll /húːl フール/《口語》❶《who(疑問代名詞)will の短縮形》.
❷ /hul/《who(関係代名詞)will の短縮形》.
▶ ❶ *Who'll* help me? だれが私を助けてくれるのだろう.
❷ Is there anyone *who'll* help us? 手伝ってくれる人はだれかいませんか.

*whol·ly /hóulli ホウルリ/ 副 **すっかり**, 完全に. ▶ The town was *wholly* destroyed by the earthquake. その町は地震で完全に破壊(はかい)された / I don't *wholly* believe what you say. 私はあなたの言うことを全面的に信じるわけではない.

語法 wholly は否定語のあとでは「完全に…というわけではない」という部分否定の意味になる.

☞ 形 whole.

*****whom** /húːm フーム/ 代《who の目的格》

❶《疑問代名詞》**だれを, だれに**.
❷ /hum/《関係代名詞》ⓐ《人を表わす名詞に続いて》(__する)….
ⓑ《前にコンマをつけて》そしてその人を[に].

••

❶ By *whom* was radium discovered? ラジウムはだれによって発見されましたか / *Whom* (=Who) did you meet there? そこで君はだれに会いましたか.

語法 (1) 前置詞＋whom を文の先頭に置くのは《文語》であり,《口語》では前置詞を文の終わりに置いて whom の代わりに who を用いる.
(2) 動詞の目的語の whom も文の先頭に用いられるのは《文語》であり,《口語》では代わりに who を用いる.
(3) 文の先頭でなくても,《口語》ではよく whom の代わりに who が用いられる.

❷ ⓐ The boy to *whom* I spoke is the captain of our basketball team.＝The boy (*whom*) I spoke to is the captain of our basketball team. 私が話しかけた少年はわれわれのバスケットボールチームのキャプテンです.

語法 (1) 動詞の目的語の働きをする whom は《口語》では用いないことが多い.
(2) 前置詞の目的語の働きをする whom と前置詞の位置に注意; 前置詞がうしろに置かれたときは whom を用いないことが多い.

ⓑ This is Mrs. Brown, *whom* I have known since she was in high school. この方はブラウン夫人で, 私は彼女が高校生の時から知っています.

語法 (1) この whom は省略できない.
(2) ふつう先行詞は特定の人間で, 固有名詞か代名詞の所有格か the がついている名詞である.

whom·ev·er /huːmévər フーメヴァ/ 代《関係代名詞》❶(__する)人はだれでも.
❷たとえだれを[に]__としても.
▶ ❶ She spoke to *whomever* she met. 彼女は会う人にだれでも話しかけた(✗《口語》では whomever はふつう whoever で代用される).
❷ *Whomever* you (may) meet, you mustn't say anything about it. だれに会ってもそのことについてなにも言ってはいけません(✗《口語》ではふつう may を用いない).

whoop /húːp フープ/ 名ⓒ(喜びなどの)叫び声.
— 動䓪(喜びなどの)叫び声をあげる.

whóop·ing còugh /húːpiŋ- フーピング-/ 名U 百日ぜき.

whop·ping /hwápiŋ (ホ)ワピング/ 形《口語》ものすごく大きな.

whore /hóːr ホー/ 名ⓒ 売春婦.

***who're** /húːər フア/《口語》❶《who(疑問代名詞)are[1] の短縮形》.
❷ /huər/《who(関係代名詞)are[2] の短縮形》.

▶ ❶ *Who're* those boys? あの男の子たちはだれですか.
❷ Do you know the boys *who're* playing soccer over there? あそこでサッカーをしている少年たちを知っていますか.

who's /húːz フーズ/《口語》
❶《**who**（疑問代名詞）**is**¹ の短縮形》.
❷《**who**（疑問代名詞）**is**² の短縮形》.
❸《**who**（疑問代名詞）**has**² の短縮形》.
❹ /hu(ː)z/《**who**（関係代名詞）**is**¹ の短縮形》.
❺ /hu(ː)z/《**who**（関係代名詞）**is**² の短縮形》.
❻ /hu(ː)z/《**who**（関係代名詞）**has**² の短縮形》.

❶ *Who's* that boy? あの男の子はだれですか.
❷ *Who's* singing? だれが歌っているのですか.
❸ *Who's* drawn this picture on the wall? 壁のこの絵はだれが描いたのですか.
❹ Mr. Smith, *who's* already over seventy, sometimes plays golf with us. スミスさんは, もう70歳を越えていますが, ときどき私たちとゴルフをします.
❺ Do you know the boy *who's* playing over there? あそこで遊んでいる男の子を知っていますか.
❻ Do you know anybody *who's* been there? そこへ行ったことのある人をだれか知っていますか.

whose /húːz フーズ/ 代
❶《疑問代名詞》《**who** の所有格》❷《名詞の前で》**だれの**.
❻《単独で》**だれのもの**.
❷ /huːz/《関係代名詞》《**who, which** の所有格》❷《人・人以外のものなどを表わす名詞に続いて》その…が(する)….
❻《前にコンマをつけて》そしてその…は[を].

❶❷ *Whose* guitar is this? このギターはだれのですか. ❻ *Whose* is this umbrella? このかさはだれのですか.
❷❷ I know a woman *whose* mother was a famous film star before the war. 私は母親が戦前有名な映画女優だった女性を知っている.
❻ My uncle, *whose* wife is French, lives in Paris. 私のおじは, 奥さんはフランス人で, パリに住んでいます(✿ふつう先行詞は特定の人またはもので, 固有名詞か代名詞の所有格や the のついている名詞である).

Who's Who, who's who /húːz húː フーズ フー/ 名 ❶ⓒ(各界の)名士録.
❷《**the** をつけて》(ある分野の)有力者たち.

who've /huːv フーヴ/《**who**（関係代名詞）**have**² の短縮形》. ▶ I know some people *who've* been there. 私はそこへ行ったことのある人を何人か知っています.

why /hwái (ホ)ワイ/ 副 ❶《疑問副詞》**なぜ**.
❷ /hwai/《関係副詞》(__する)…, (__である)…《✿ふつうは reason のように理由や原因を表わす語を先行詞とする;《口語》では先行詞は省略されることもある》.
— 感 ❶《驚き・反対などを表わして》あれ, まあ, でも, なんだって.
❷《言い始めのきっかけとして》えーと, それでは.
— 名 ⓒ 理由.

副 ❶ *Why* is he absent today? 彼はどうしてきょう休んでいるのですか.
❷ I can think of no reason *why* he didn't come. 彼が来なかった理由が思いつかない / That is *why* I want to live in the country. それが私が田舎に住みたい理由です.
— 感 ❶ *Why*, it is past noon. おやもう昼を過ぎている / *Why*, what is the use of doing such a thing? でも, そんなことをしてなんの役に立つのか(なんの役にも立たないではないか).
❷ 対話 "Is it true?"–"*Why*, yes, I think so." 「ほんとうかね」「そうね, まあそう思うね」.
— 名 I'll tell you *why*. (なぜだか)その理由をお話ししましょう.
Why don't we __?《口語》__しようじゃないか: *Why don't we* all go? みんなで行こう.

Why don't you __?= Why not __?
《口語》__してはどうですか, __しませんか: *Why don't you* (= *Why not*) *come and see me this evening?* 今晩遊びに来ないかい (◎相手に何かすることをすすめる表現; 親しい間で用い, 目上の人には用いない).

Why is it that __? なぜ__なのか: *Why is it that you don't like him?* なぜ彼がきらいなのですか.

Why not? ①どうして(…ではないのか): "*You don't eat much. Why not?*"「あまり食べませんね どうしてですか」(◎相手や自分が言った否定文の内容について「なぜか」と聞く場合には, "Why?" ではなく "Why not?" という).

対話
「私は君とは一緒に行けません」
「どうして行けないの」

②ええどうぞ, もちろんですとも (◎「どうしていけないのだろうか, いけないことはない」ということ): 対話 "*May I have some more coffee?*"–"*Why not?*"「もう少しコーヒーを頂けますか」「ええ, どうぞ」. ③そうしよう, 賛成: 対話 "*Let's go swimming.*"–"*Why not?*"「泳ぎに行こう」「そうしよう」.

WI【米郵便】Wisconsin.

wick /wík ウィック/ 名C (ろうそく・ランプなどの)芯(しん).

*__**wick・ed**__ /wíkid ウィキド/ (★発音注意)形 (~・er; ~・est)
❶(道徳的に)**悪い**, ひどい, 意地悪な.
❷いたずらな.
▶❶a *wicked* man 悪人 / *It is wicked of him to tell a lie to a child.* 子どもにうそをつくなんて彼は悪い人だ.

wick・ed・ly /wíkidli ウィキドリ/ 副 不正に, 不道徳に; 意地悪く.

wick・ed・ness /wíkidnəs ウィキドネス/ 名U 邪悪, 不道徳; 悪意.

wick・er /wíkər ウィカ/ 名U ❶(かごなどを編む)小枝, 柳の枝. ❷《形容詞的に》小枝で作った, 柳細工の.
▶❷a *wicker* chair 柳の枝で編んだいす.

wick・et /wíkit ウィキット/ 名C
❶(ふつう大きな門の脇についている)小門, くぐり戸. ❷ⓐ(駅の)改札口. ⓑ(銀行・切符売り場などの)窓口. ❸【クリケット】三柱門 (☞cricket²).

***__**wide**__ /wáid ワイド/ 形 (wid・er; wid・est)
❶**幅が広い** (反narrow) (☞broad).
❷**幅が…の[で]**.
❸(面積・範囲などが)**広々とした**.
❹ⓐ十分にあけた, 大きく開いた.
ⓑ(レンズが)広角(こうかく)の.
❺(知識・範囲・種類などが)広い, 片寄りのない.
❻(違いなどが)大きい, 遠く離れた.
— 副 (wid・er; wid・est) ❶**広く**.
❷(開き方などが)**大きく**, すっかり.
❸(目標・見当などから)遠くはずれて.

形 ❶a *wide* road 幅の広い道路.
❷ 対話 "*How wide is the street?*"– "*It is twelve feet wide.*"「その通りは幅はどのくらいですか」「幅は12フィートあります」. ❸a *wide* sea 広大な海 / the *wide* world 広い世界, 全世界 (◎部屋などが「広い」というときは large か big を用いる) / a *wide* view 広々とした展望.

❹ⓐShe stared at me with *wide* eyes. 彼女は目を大きく見開いて私をじっと見つめた / The baby gave a *wide* smile. 赤ちゃんは大きくにっこりと笑った / Open your mouth *wide*. 口を大きくあけなさい.

❺He has a *wide* knowledge of English. 彼は英語について広い知識をもっている / a man of *wide* interests いろいろなことに興味をもっている男の人 / a *wide* variety of roses 幅広い種類のバラ.

❻There is a *wide* difference of opinion between them. 彼らの間には大きな意見の相違がある.

be wide of the mark 的(まと)をはずれ

ている，見当違いである：The shot *was wide of the mark*. その一撃は的から遠くはずれた.

☞ 名 width, 動 widen.

— 副 ❶ He traveled far and *wide*. 彼は遠く広く旅行をした. ❷ The gate was *wide* open. 門は大きくあけてあった / He is *wide* awake. 彼はすっかり目がさめている.

keep** one's eyes **wide open ①目を大きく見開いている. ②油断しないでいる.

wide-an·gle /wáidæŋgl ワイダングル/ 形 (レンズが)広角(ホヘミ)の. ▸a *wide-angle* lens 広角レンズ.

wide-eyed /wáidáid ワイダイド/ 形 (驚きや恐怖などで)目を大きく見開いた.

***wide·ly** /wáidli ワイドリ/ 副 (more ~; most ~)

❶ 広く, 広範囲に. ❷ 大いに, 非常に.

❶ She has traveled *widely*. 彼女は広くあちこちと旅行してきた / It's *widely* known. それは広く知られている. ❷ They are *widely* different in opinion. 彼らは意見がかなり違う.

***wid·en** /wáidn ワイドン/ 動 (~s /-z/; ~ed; ~ing) 他 …を広くする, 広げる.

— 自 広くなる.

▸ 他 The bypass will be *widened* next year. そのバイパスは来年広げられるでしょう.

☞ 形 wide.

wide·spread /wáidspréd ワイドスプレッド/ 形 広い範囲に及ぶ, 広まった. ▸*widespread* flu 広くはやっているインフルエンザ.

***wid·ow** /wídou ウィドウ/ 名 (複 ~s /-z/) C 夫に死なれた妻, 未亡人, やもめ.

wid·ow·er /wídouər ウィドウア/ 名 C 妻に死なれた男.

***width** /wídθ ウィドス, wítθ/ (★発音注意) 名 (複 ~s /-s/) UC 幅, (幅の)広さ (◎「長さ」は length). ▸The road has a *width* of 20 feet. その道路は幅が20フィートある / This room is ten meters in *width* and fifteen meters in length. この部屋は間口10メートル奥行き15メートルです.

☞ 形 wide.

wield /wí:ld ウィールド/ 動 他 ❶(剣・道具など)を手にもって使う. ❷(権力・武力など)をふるう.

wie·ner /wí:nər ウィーナ/ 名 C (米) フランクフルト(ソーセージ) (☞frankfurter); ウィンナソーセージ.

****wife** /wáif ワイフ/ 名 (複 wives /wáivz/) C 妻, 夫人, 主婦 (◎「夫」は husband).

Mary will make him a good *wife*. メアリーは彼のよい奥さんになるでしょう / Mr. Jones and his *wife* ジョーンズ氏夫妻.

wig /wíg ウィッグ/ 名 C かつら.

wig·gle /wígl ウィグル/ 動 (現分 wiggling) (口語) 他 …をぴくぴく動かす, くねくね動かす.

— 自 くねくね動く.

wig·wam /wígwæm ウィグワム/ 名 C ウィグワム (アメリカインディアンのテント小屋; 獣皮・木皮などが張ってある).

****wild** /wáild ワイルド/ 形 (~·er; ~·est)

❶ⓐ (植物が) **野生の** (反 cultivated).
ⓑ (動物が) **野生の**, 人に飼いならされていない (反 domestic, tame).
❷ (土地などが) **自然のままの**, 人の手のはいっていない, 人の住まない.
❸ (天候・海などが) **荒れた**, 荒れ狂う.
❹ **乱暴な**, 礼儀をわきまえない, 手に負えない.
❺ⓐ (状態など) 荒れた, めちゃくちゃな, 混乱した.
ⓑ (服装・髪などが) 手入れしてない, 乱れた.
❻ⓐ ひどく興奮した, 狂気じみた, 熱狂的な.
ⓑ (口語) ひどくおこって.
❼ (口語) […に]夢中になって(いる) 〔about〕.
❽ (考え・計画などが) 途方もない, むちゃくちゃな.
❾ あてずっぽうの, でたらめな.
❿ (口語) すごい, すごく楽しい, すばらしい.

— 副 (~·er; ~·est) ❶ むちゃくちゃに, でたらめに. ❷ 野生で.

abcdefghijklmnopqrstuv w xyz　　　　　　　　　　　　　　**will**

— 名《the wilds で》荒野, 未開地, 人の住んでいない土地.

形 ❶ⓐ *wild* flowers 野生の花. ⓑ *wild* animals 野生の動物 / *wild* beasts 野獣.
❷ *wild* land 自然のままの[人の住まない]土地 / a *wild* mountainous area 自然のままで山の多い地域.
❸ We had *wild* weather in November. 11月は荒れ模様の天気だった / a *wild* sea 荒れ狂う海.
❹ He was very *wild* in his youth. 彼は若いころはとても手に負えなかった / *wild* children 手に負えない子どもたち / *wild* words 暴言.
❺ⓐ His room was in *wild* disorder. 彼の部屋はめちゃくちゃに散らかっていた / live a *wild* life 荒れた生活をする / *wild* times 混乱している時代. ⓑ *wild* hair ぼうぼうとした髪.
❻ⓐ She was *wild* with rage. 彼女は怒り狂っていた / The fans were *wild* with excitement. ファンは興奮して気も狂わんばかりだった / It was a *wild* party. それはばか騒ぎのパーティーだった. ⓑ She was *wild* with [at] him for being late. 彼女は彼が遅れたことをとてもおこっていた.
❼ He *is wild about* netsurfing. 彼はネットサーフィンに夢中になっている.
❽ He has *wild* ideas. 彼はむくちゃくちゃな考えをしている / a *wild* hope 途方もない希望.
❾ make a *wild* guess あてずっぽうで言う.
❿ We had a really *wild* time last night. 昨晩はすごく楽しかった.
go wild ①すごく興奮する: She *went wild* over the letter from him. 彼女は彼からの手紙に大興奮だった. ②すごくおこる: He *went wild* to hear that. 彼はそれを聞いて怒りまくった.

— 副 ❶ shoot *wild* 乱射する / throw *wild* 暴投する / talk *wild* 出まかせを言う.
grow wild 野生で育つ: Rice does not grow *wild*. 米は野生では育たない.
run wild ①（草木が）やたらにはえる；（動物が）放し飼いにしてある: The weeds are *running wild*. 雑草がはびこっている. ②（子どもなどが）自由気ままにふるまう: She allowed her children to *run wild*. 彼女は彼女は子どもたちをしたい放題にさせておいた.

— 名 in *the wilds* of Siberia シベリアの荒野に.

wíld bóar 名 C 〖動物〗イノシシ (⊙単に boar ともいう).

wíld dúck 名 C 〖鳥類〗マガモ.

*****wil・der・ness** /wíldərnəs ウィルダネス/（★発音注意）名 C ❶ 荒地, 荒野. ❷ 手入れされていない土地.

wild・fire /wáildfàiər ワイルドファイア/ 名 野火(ʊ̈).
spread [*run*] *like wildfire*（野火のように）ものすごい速さで広がる.

wíld góose 名（複 wild geese /-gíːs/）C 〖鳥類〗ガン, カリ (⊙単に goose ともいう).

wild・life /wáildlàif ワイルドライフ/ 名 U《集合的に》野生の動物《植物を含むこともある》.

*****wild・ly** /wáildli ワイルドリ/ 副 ❶ 荒々しく, 乱暴に. ❷ 狂気のように. ❸ でたらめに, やたらに.

wild・ness /wáildnəs ワイルドネス/ 名 U ❶ 野生. ❷（土地が）荒れていること, 荒廃(ばい). ❸ 乱暴, 粗暴.

wíld pitch 名 C 〖野球〗暴投.

Wíld Wést 名《the をつけて》アメリカ開拓時代の（無法・未開の）西部.

wil・ful /wílfəl ウィルフル/ 形 = willful.

Will /wíl ウィル/ 名 ウィル《男性の名; William の愛称》.

*****will**[1] /（弱）wəl ウィル, əl;（強）wíl ウィル/（過去 would /（弱）wəd, əd;（強）wúd/）助
❶《意志を含まないで単に未来を表わして》__するでしょう, __するだろう.
❷《未来のことについての意志を表わして》__するつもりだ, __しようと思う.
❸ どうしても __しようとする.
❹ （習性として）__するものだ.
❺ __する習慣がある.
❻《現在についての推量を表わして》__だろう.
❼《will have＋過去分詞で》ⓐ《完了したことについての推量》(もう) __したであろう.

1545

❶ (未来のある時までに)__してしまっているだろう.

❶ It *will* soon begin to rain. じきに雨が降り出すでしょう / I *will* be sixteen next month. 私は来月16歳になります / The train *will* be ten minutes late. 列車は10分遅れの見込みです.
語法 (1) 意志を含まないで未来や現在についての推量を表わすには,《米》では各人称ともに will を用いる.《英》では,一人称には shall を用いることもあるが, 今では will を用いるようになってきた.
(2)《口語》では I'll, He'll, That'll などのように will は 'll と短縮され, 否定形 will not は won't となることが多い: We'll be late if we don't hurry. 急がないと私たちは遅れるでしょう / They *won't* be back before noon. 彼らは正午前にはもどらないでしょう.

❷ I *will* be more careful next time. 今度はもっと注意します / We *will* start early tomorrow morning. われわれはあすの朝早く出発するつもりです.

❸ He *will* have his (own) way. 彼は自分の好きなようにするといってきかない.
語法 (1) この will は強く /wíl/ と発音され, 'll と短縮されない. 否定の場合は not を強く発音する. ただし, 否定の場合は won't /wóunt/ と短縮されることもある.
(2) 無生物が主語になることもある: This door *will* not open. この戸はどうしても開かない.

❹ Accidents *will* happen. 事故は(どんなに注意しても)起こるものだ.

❺ He *will* often stay up all night. 彼はよく徹夜することがある.

❻ That *will* be the house we are looking for. あれがわれわれの捜(さが)している家だろう.

❼ ⓐ You *will have heard* the news. あなたはそのニュースをお聞きになっているでしょう. ⓑ He *will have finished* the work before you come back. 君が帰って来る前に彼は仕事を終えているでしょう.

Will you __? ① __してくださいませんか《✪依頼を表わす》: *Will* you pass me the salt? (食卓で)塩を取ってくださいませんか (✪Pass me the salt, *will you?* のように上昇調で命令文の後につけると「塩を取ってくださいね」という軽い命令を表わす. 下降調でつけると命令口調が強くなる).

「少し席を詰めてくれませんか」

Will *you* move over a little, please?

② __しませんか《✪勧誘を表わす》: *Will you* have some coffee? コーヒーはいかがですか.

＊**will²** /wíl ウィル/ 图 (圈 ~s /-z/)
❶ ⓊⒸ **意志**, 強い気持ち.
❷ Ⓒ **遺言**(ゆいごん), 遺言書.
▶ ❶ He has a strong *will*. 彼は強い意志をもっている / the *will* to stop smoking たばこをやめようとする意志 ことわざ Where there's a *will*, there's a way. 意志のあるところには方法がある, やる気があればできるものだ. ❷ make a *will* 遺言書を作成する.

against one's *will* 自分の意志に反して: He went there *against his will*. 彼は自分の意志に反して[いやいやながら]そこへ行った.

at will 自分の思い通りに.

of one's *own* (*free*) *will* 自分の意志で.

☞ 形 willful.

will·ful /wílfəl ウィルフル/ 形 ❶ わがままな, 勝手な. ❷ 故意の, わざとした.
☞ 名 will.

will·ful·ly /wílfəli ウィルフリ/ 副 わがままに, 勝手に; 故意に, わざと.

Wil·liam /wíljəm ウィリャム/ 图 ウィリアム《男性の名; 愛称 Bill, Billy, Will, Willie, Willy》.

Wíl·liam Téll 图 ウィリアムテル《スイスの伝説的勇士; 息子の頭の上にのせたリンゴを射落とした》.

Wíl·liam the Cón·quer·or /-káŋkərər

abcdefghijklmnopqrstuvwxyz **wind**

・カンカラ/ 名 ウィリアム征服王(1027?–87)《ノルマン人の王; 1066年にイギリス軍を破りイギリス王になった; ウィリアム一世の異名》.

Wil·lie /wíli ウィリ/ 名 ウィリー《男性の名; William の愛称》.

‡will·ing /wíliŋ ウィリング/ 形 (more ~; most ~)
❶《be willing to *do*》__してもよいと思っている, いやがらずに__する.
❷(人が)喜んでする, 自発的な.

❶ I *am willing to* help you. お手伝いしてもよろしいですよ.
❷ a *willing* worker 自発的に働いてくれる人.

*will·ing·ly /wíliŋli ウィリングリ/ 副 (いやがらず)喜んで, 進んで(反 unwillingly).
▶対話 "Will you come with me?" – "Yes, *willingly*." 「いっしょに来ませんか」「はい, 喜んで」.

will·ing·ness /wíliŋnəs ウィリングネス/ 名 U (いやがらず)喜んですること.

wil·low /wílou ウィロウ/ 名 C 〖植物〗ヤナギ.

will·pow·er /wílpàuər ウィルパウア/ 名 U 意志の力, 自制心.

Wil·ly /wíli ウィリ/ 名 ウィリー《男性の名; William の愛称》.

wil·ly-nil·ly /wíli-níli ウィリ・ニリ/ 副
❶《口語》いやおうなしに. ❷《口語》無計画に.

wil·y /wáili ワイリ/ 形 (wil·i·er; wil·i·est)ずる賢い.

Wim·ble·don /wímbldn ウィンブルドン/ 名 ウィンブルドン《ロンドン近郊の都市; 毎年国際的なテニス選手権試合が行なわれる》.

‡‡win /wín ウィン/ 動 (~s /-z/; won /wán/; win·ning) 他
❶ (競技・戦いなど)に **勝つ** (反 lose).
❷ⓐ(勝利・名声・賞・愛など)を(努力して・人と競争して)**得る**.
ⓑ《win ~ ... または win ... for ~》~に…(名声など)を得させる.
❸…に気に入られる, …を味方につける.
— 自 **勝つ**.
— 名 (複 ~s /-z/) C《口語》(とくにスポーツでの)**勝利**.

動 他 ❶ Our team *won* the game. われわれのチームが試合に勝った / *win* the battle 戦闘に勝つ / *win* the election 選挙に勝つ / ことわざ Slow and steady *wins* the race. のろくても着実な者が競走に勝つ,「急がば回れ」.

類語 **win** は「試合, 戦いに勝つ」, **beat** または **defeat** は「相手に勝つ」.

❷ⓐHe couldn't *win* her love. 彼は彼女の愛を得ることができなかった / *win* a victory 勝利を得る / *win* fame 名声を得る / *win* first prize 一等賞を獲得する. ⓑThe book *won* him a reputation. その本で彼は有名になった.
❸ His eloquence *won* his audience. 彼の話のうまさが聴衆の心をつかんだ.
— 自 Which team *won*? どちらのチームが勝ったか / You *win*! 君の勝ちだ / *win* at chess チェスで勝つ / *win* by 3 points 3点差で勝つ.

win back 他 …を(努力して)取りもどす.

win over 他 …を(説き伏せて)味方に引き入れる: She *won* her mother *over* to her side. 彼女は母を説き伏せて自分の味方に引き入れた.

win the day (危うかったが結局)勝つ, 成功する.

You can't win them all.《口語》(人に同情して)負けることもあるものです.
— 名 Our team has had six *wins* and four defeats. わがチームは現在6勝4敗です.

wince /wíns ウィンス/ 動 (現分 winc·ing) 自 (当惑・苦痛などで)顔をしかめる, ひるむ.

winch /wíntʃ ウィンチ/ 名 (複 ~es /-iz/) C 巻き揚げ機, ウィンチ.
— 動 他 …をウィンチで動かす.

‡‡wind¹ /wínd ウィンド/ 名 (複 ~s /-dz/)
❶ UC **風**(✿「気持ちのよい風」は breeze).
❷ U 息, 呼吸.
❸ C 《集合的に; the winds で》(オーケストラの)管楽器部(の演奏者たち).
❹ U 《英》(胃・腸内の)ガス (✿《米》では gas).

❶ The *wind* is strong today. =

1547

wind

There is a strong *wind* (blowing) today. きょうは風が強い / A north *wind* is blowing. 北風が吹いている / a gentle *wind* そよ風 / a fair [favorable] *wind* 順風.

[語法] 単に「風」というときは the をつけるが，風の種類を表わすときは a または an をつけ，風の量を表わすときは冠詞をつけない．

❷ I stopped running to get my *wind* (back). 私は呼吸を整えるために走るのをやめた / lose *one's wind* 息を切らす．
❹ break *wind* おならをする．

against the wind ①風に逆らって．②時流[世論]に逆らって．

get wind of ... ①…のにおいをかぎつける．②…のうわさ[秘密など]をかぎつける．

in the wind 今にも起こりそうで，ひそかに行なわれて: There's something *in the wind*. なにかが起こりそうだ．

see which way the wind blows [is blowing] ①風向きを知る．②(行動する前に)状況を知る．

☞ 形 windy．

wind² /wáind ワインド/ (★発音注意) 動 (~s /-dz/; wound /wáund/; ~ing) 自
❶ (道・川などが) **曲がりくねる**．
❷ **巻きつく**．
— 他 ❶ (糸など)を**巻く** (反 unwind)．
❷ⓐ …を巻きつける．
ⓑ …を包む，…に巻きつける．
❸ⓐ (時計のねじ)を巻く．
ⓑ (ハンドルなど)を回す．

自 ❶ The river *winds* to the lake. 川は曲がりくねって湖に流れこんでいる / The path *winds* among the hills. その小道は山の中を曲がりくねっている．
❷ The ivy *wound* around the tree. その木にツタが巻きついていた．
— 他 ❶ *wind* yarn into a ball 毛糸を巻いて玉にする．
❷ⓐ She *wound* a scarf around her neck. 彼女は首にスカーフを巻いた．
ⓑ She *wound* her baby in a shawl. 彼女は赤ん坊を肩掛けでくるんだ / *wind* ...'s arm with a bandage …の腕に包帯(㌶)を巻く．

wind back 他 (録音テープなど)を巻きもどす．

wind down 他 ①(シャッター・車の窓など)を下ろす．②(事業など)を徐々に縮小する．— 自 ①(仕事・興奮のあと)落ち着く．②(時計・機械などが)徐々に止まる．

wind forward 他 (録音テープなど)を早送りする．

wind up 他 ①(時計など)の**ねじを巻く**: *Wind up* the toy. おもちゃのねじを巻きなさい．②(糸など)をしっかり巻く，巻いて締める．③(シャッター・車の窓など)をハンドルを回して上げる，巻き上げる．④(話・議論など)のしめくくりをつける．⑤《**be wound up** で》緊張している，興奮している．⑥ …をおこらせる，挑発する．— 自 ①〔野球〕(投手が)(投球前に)腕をあげる，ワインドアップする．②(話・議論などが)終わる，決着がつく: The book *winds up* with a happy ending. その本はハッピーエンドで終わっている．③結局…という状態になる: *wind up* in jail 結局は刑務所入りとなる．

wind·break·er /wíndbrèikər ウィンドブレイカ/ 名 C (米)ウィンドブレーカー (スポーツ用ジャケット)．

wind·fall /wíndfɔ̀ːl ウィンドフォール/ 名 C 思いもかけない授かり物(遺産など)．

wínd gàuge /-gèidʒ ゲイヂ/ 名 C 風力計，風速計．

wind·ing /wáindiŋ ワインディング/ 形 曲がりくねっている (☞ spiral staircase).
▶ a *winding* road 曲がりくねった道．

wínd instrument 名 C 管楽器，吹奏楽器．

wind·less /wíndləs ウィンドレス/ 形 風のない．

wind·mill /wíndmìl ウィンドミル/ 名 C 風車 (風力でまわる車; 製粉・水くみ・発電・風力計などに利用される)．

win·dow /wíndou ウィンドウ/ 名 (複 ~s /-z/) C
❶ **窓** (☞ house のさし絵)．
❷ 〔電算〕 ウインドウ, 表示窓．

❶ Please open the *window*. 窓をあけてください / He looked out (of) the *window*. 彼は窓から外をのぞいた / look in through the *window* 窓から

1548　　　　　　　　　　　　　　　　one thousand five hundred and forty-eight

abcdefghijklmnopqrstuv*w*xyz **wink**

中をのぞきこむ.

window box 名C(窓の下わくに置く細長い)植木箱.

window dressing 名U ❶ショーウィンドーの飾りつけ. ❷見せかけ.

win·dow·pane /wíndoupèin ウィンドウペイン/ 名C(1枚の)窓ガラス.

win·dow-shop /wíndou-ʃàp ウィンドウ・シャップ/ 動(~s /-s/; -shopped /-t/; -shopping) 自 ショーウィンドーをのぞき歩く.

go window-shopping ウィンドーショッピングに行く.

win·dow·sill /wíndousìl ウィンドウスィル/ 名C 窓の敷居(いき).

wind·pipe /wíndpàip ウィンドパイプ/ 名C 気管.

wind·screen /wíndskrì:n ウィンドスクリーン/ 名(英)= **windshield**.

wind·shield /wíndʃì:ld ウィンドシールド/ 名C(米)(自動車前部の)フロントガラス(✪(英)では windscreen;「フロントガラス」は和製英語).

windshield wiper 名C(車の)ワイパー.

Wind·sor /wínzər ウィンザ/ 名 ウィンザー《イングランド南部の都市；ウィンザー城(Windsor Castle)の所在地》.

the House of Windsor ウィンザー王家《1917年以来現在英国王室の公称》.

wind·surf·ing /wíndsə̀:rfiŋ ウィンドサーフィング/ 名U ウィンドサーフィン.

wind·swept /wíndswèpt ウィンドスウェプト/ 形 ❶(場所が)風にさらされた,吹きさらしの. ❷(髪などが)風で乱れた.

wind·y /wíndi ウィンディ/ 形 (wind·i·er; wind·i·est) ❶風の強い. ❷風の当たる.

▶ ❶ *It is windy today.* きょうは風が強い.

☞ 名 wind¹.

*wine /wáin ワイン/ 名(複 ~s /-z/)

❶ⓐU ワイン, ブドウ酒《✪品質・産地などをいうときはC》.
ⓑC (グラス一杯の)ワイン.
❷UC 果実酒.

—— 動《次の成句で》:*wine and dine* 他 (高級レストランなどで)(人)にごちそうする. —— 自 (高級レストランなどで)ごちそうを食べる.

▶ 名 ❶ ⓐ *Wine is made from grapes.* ワインはブドウから作られる / *a glass of wine* グラス1杯のワイン / white (red) *wine* 白(赤)ワイン / French *wines* フランス製の各種ワイン.
❷ peach *wine* モモ酒《✪日本酒(sake)も wineの仲間とされる》.

wine bar 名C ワインバー.

wine cellar 名C (地下の)ワイン貯蔵室.

wine·glass /wáinglæs ワイングラス/ 名(複 ~es /-iz/)C ワイングラス.

win·er·y /wáinəri ワイナリ/ 名C(米)ワイン醸造(ぞう)所, ワイナリー.

*wing /wíŋ ウィング/ 名(複 ~s /-z/)

❶ C (鳥などの)翼《✪「一本の羽」は a feather》; (昆虫の)羽.
❷ C ⓐ (飛行機の)翼.
ⓑ 翼状の物.
❸ C (建物などの)翼(よく), そで《主要部から横に突き出した部分》.
❹ C (英)(自動車の)泥よけ《✪(米)では fender》.
❺ C ⓐ (アメリカンフットボール・サッカーなどの前衛の)ウィング. ⓑ ウイングの選手.
❻ C (政党などの左右の)党派.
❼《the wings で》(舞台の)そで《観客席からは見えない舞台の両端の部分》.
▶ ❸ the north *wing* of the hospital 病院の北病棟.
❻ the left *wing* 左翼, 急進派 / the right *wing* 右翼, 保守派.

in the wings (後継者などが)受け継ぐ準備ができて, 待機して.

take ... under one's wing …を保護〔援助・世話〕する.

winged /wíŋd ウィングド/ 形 翼のある.

wing·span /wíŋspæ̀n ウィングスパン/ 名C 飛行機の翼長《両翼の端から端までの長さ》.

*wink /wíŋk ウィンク/ 動(~s /-s/; ~ed /-t/; ~·ing) 自 ❶(人が)**ウインクする**; まばたきする.
❷(星・光が)明滅する, きらめく.

—— 名(複 ~s /-s/) ❶ C まばたき.
❷ C ウインク, 目くばせ.
❸《a をつけて》《否定文で》一瞬.

動 自 ❶ Father *winked at* Tom to let him know it was a joke. 父はそ

one thousand five hundred and forty-nine 1549

れが冗談であることを知らせるためにトムに合図の目くばせをした.
❷A light *winked* in the distance. あかりが遠くで明滅した.
wink at ... …を見て見ないふりをする.
— 图 ❷She gave him an inviting *wink*. 彼女は彼を誘うように目くばせした. ❸I didn't sleep *a wink*.＝I didn't get *a wink* of sleep. 私は一睡もしなかった(少しも眠れなかった).

*****win·ner** /wínər ウィナ/ 图(履 ~s /-z/)
Ⓒ❶ⓐ**勝利者**(反 loser). ⓑ勝ち馬.
❷受賞者.
▶ ❷a Nobel prize *winner* for literature ノーベル文学賞受賞者.

Win·nie-the-Pooh /wíni-ðə-púː ウィニ・ザ・プー/ 图 くまのプーさん(《A. A. Milne 作の童話の主人公のクマ》.

win·ning /wíniŋ ウィニング/ 形 ❶勝った, 優勝した. ❷勝利の. ❸人の心を引きつける, あいきょうのある.
— 图 ❶Ⓤ勝利. ❷Ⓤ獲得. ❸《複数形で》(競技・競馬などで勝って得た)賞金.
▶ 形 ❶the *winning* team 勝利チーム. ❷the *winning* run (野球などの)決勝の一点. ❸a *winning* smile 人を引きつけるほほえみ.

******win·ter** /wíntər ウィンタ/ 图 (履 ~s /-z/) ❶Ⓤ.Ⓒ**冬** (☞season). ❷《形容詞的に》冬の.

图 ❶We have had a very cold *winter* this year. 今年の冬はとても寒かった / We go skiing and skating in (the) *winter*. 私たちは冬になるとスキーやスケートに行きます / I am going to Rome this *winter*. 今年の冬にはローマへ行く予定だ 《❖this, that, last, next が前につくと前置詞 in なしで副詞句として用いられる》.
❷*winter* sports 冬のスポーツ《スキー・スケートなど》.
☞ 形wintry.

win·ter·time /wíntərtàim ウィンタタイム/ 图Ⓤ冬(季).

win·try /wíntri ウィントリ/ 形 (-tri·er; -tri·est) ❶冬の, 冬らしい. ❷寒い, わびしい.
☞ 图winter.

*****wipe** /wáip ワイプ/ 動 (~s /-s/; wiped /-t/; wip·ing) 他 ❶ⓐ(きれいにするために)…を**ふく**, ぬぐう.
ⓑ〈wipe ... ~〉…をふいて～にする 《❖~ には形容詞(句)がくる》.
❷(よごれ・水分など)を**ふき取る**.
❸(テープ・ディスクなどから)(データ)を消す.
— 图Ⓒ❶ふくこと. ❷(汚れを取る)(使い捨ての)湿らせた布.
▶ 動 他 ❶ⓐ *Wipe* your hands with [on] the towel. そのタオルで手をふきなさい. ⓑShe *wiped* the table clean. 彼女はテーブルをきれいにふいた.
❷She *wiped* the tears from her face. 彼女は顔から涙をふき取った / *Wipe* the mud off your shoes. くつの泥をふき取りなさい.

wipe away 他 …をふき取る.
wipe off 他 ①…をふき取る: *wipe off* the dirt よごれをふき取る. ②(負債)を帳消しにする. ③…を減らす.
wipe out 他 ①…を完全に破壊(は)する, 全滅させる: The city was *wiped out*. その市は全滅した / *wipe out* the enemy 敵を一掃(はっ)する. ②(容器などの中)をふく: *wipe out* a glass コップをきれいにふく. ③…をへとへとに疲れさせる.
wipe up 他 ①…をふき取る: *wipe up* spilt oil こぼれた油をふき取る.
— 图 ❶give the floor a *wipe* 床をふく.

wip·er /wáipər ワイパ/ 图Ⓒ (自動車のフロントガラスの)ワイパー (☞carのさし絵).

*****wire** /wáiər ワイア/ 图 (履 ~s /-z/)
❶Ⓤ.Ⓒ ⓐ**針金**. ⓑ(針金をねじり合わせて作った)ケーブル, 電線, 電話線.
❷Ⓒ**電報**.
❸Ⓒ《米》盗聴器.
— 動 (~s /-z/; wired /-d/; wir·ing /wáiəriŋ/) 他 ❶《米》…に**電報を打つ**.
❷(電報為替で)(金)を送る.
❸…に電線を引く, 配線工事をする.
❹…に盗聴器を取りつける.
❺…を針金で縛(ば)る.
— 自《米口語》電報を打つ.

图 ❶ⓐa piece of copper *wire* 1本の銅線. ⓑthe telephone *wire*(s) 電話線.
❷I'll send you a *wire*. あなたに電報

abcdefghijklmnopqrstuv**w**xyz　　　　　　　　　　　　　　　　　　　　　　**wish**

を打ちます / Here's a *wire* for you. 電報ですよ.

☞ 形wiry.

― 動他 ❶ *Wire* him at once. すぐ彼に電報を打ちなさい.

❸ This building is not *wired* (for electricity) yet. この建物はまだ電気配線がなされていない.

wire up 他…に電線をつなぐ.

wire·less /wáiərləs ワイアレス/ 形無線（電信）の.

wire·tap /wáiərtæp ワイアタップ/ 動 (~s /-s/; -tapped /-t/; -tap·ping) 他 (電話)を盗聴する.

― 自 電話を盗聴する.

― 名 C ❶ (電話の)盗聴. ❷盗聴器.

wire·tap·ping /wáiərtæpiŋ ワイアタピング/ 名 U (電話の)盗聴.

wir·ing /wáiəriŋ ワイ(ア)リング/ 名 U (電気の)配線.

wir·y /wáiəri ワイ(ア)リ/ 形 (wir·i·er; wir·i·est) ❶ 針金のような; (毛・草などが)かたい.

❷やせているが頑強な.

☞ 名wire.

Wis·con·sin /wiskánsin ウィスカンスィン/ 名ウィスコンシン《アメリカ中北部の州; ❂[郵便] WI と略す》.

＊**wis·dom** /wízdəm ウィズダム/ 《★発音注意》名 U ❶ (人の)**賢いこと**, 賢明, 分別 (反folly).

❷ (判断・行為などの)賢明さ, 適切さ.

▶He had the *wisdom* to refuse the offer. 彼は賢明にもその申し出を断った.

☞ 形wise.

wísdom tòoth 名 (複 -teeth /-tìːθ/) C 知恵歯, 親知らず.

＊**wise** /wáiz ワイズ/ 形 (wis·er; wis·est) ❶ (人が)**賢い**, 分別のある (反 foolish) (☞clever の 類語).

❷ (判断・行為などが)賢明な.

❶ You would be *wise* to refuse his offer. 彼の申し出は断わるほうがよいでしょう / a *wise* man 賢い人.

❷ a *wise* plan 賢明な計画 / *It was wise of* you *to* keep away from him. 君が彼をさけていたのは賢明だった.

none the wiser for ... …があっても

相変わらずなにもわからずに: I was *none the wiser for* his explanation. 私は彼の説明を聞いても相変わらずなにもわからなかった (得るところはなかった).

☞ 名wisdom.

wise·crack /wáizkræk ワイズクラック/ 名 C (口語)気のきいたことば.

wise·ly /wáizli ワイズリ/ 副 ❶ 賢明に, 思慮深く. ❷《文全体を修飾して》賢明にも.

▶❷ She *wisely* kept silent. 彼女は賢明にも沈黙を守った.

＊**wish** /wíʃ ウィッシュ/ 動 (~·es /-iz/; ~ed /-t/; ~·ing) 他 ❶ 《wish (that) __》 (❂ ふつう that は省略する; ☞ hope の 類語). ⓐ《__の部分の動詞は過去形》 __であれば[すれば]いいのにと思う (❂その時点における事実とは逆のことまたは実現しそうもないことを望んでいる).

ⓑ《__の部分の動詞は had＋過去分詞》__であったら[したら]よかったのにと思う (❂その時点以前における事実とは逆のことを望んでいる).

ⓒ《__の部分の動詞は would *do*》(無理ではあろうが)__であれば[すれば]いいと思う.

❷ ⓐ《wish to *do*》__したい(と思う), __したいと言う (❂wantよりもていねいな表現).

ⓑ《wish ... to *do*》…に__してもらいたい.

❸ ⓐ《wish ... ~》…が~であってほしいと願う (❂~には形容詞(句)・分詞・副詞(句)などがくる).

ⓑ《wish ~ ... または wish ... to ~》~ (のため)に…を祈る, ~に…のあいさつをする.

― 自 ❶ ⓐ 望む.

ⓑ《wish for ...》…を**ほしがる**, 望む (❂ 簡単には得られないものに用いる).

❷ 願いごとを言う[する].

― 名 (複 ~·es /-iz/) ❶ U C 願い, 願望, 要求.

❷ C 望みのもの.

❸ C 《ふつう複数形で》(人の成功や幸運を祈る)祈願; 好意; 祝福のことば.

― 動 他 ❶ ⓐ I *wish* he *were* here with me now. 今彼がここにいっしょにいてくれればいいのだが(彼はいない).

wishful

語法 (1) be 動詞の過去形は主語に関係なく were を用いる.
(2) 主語が一人称か三人称の単数のときは《口語》では were の代わりに was も用いられることがある.

I *wish* I *could* attend the party. パーティーに出られるといいのですが(残念ながら出られません) / I *wished* I *could* attend the party. パーティーに出られればいいのだが(残念ながら出られない)と思った / He *wished* he *lived* near the sea. 彼は海のそばに住んでいればいいのにと思った.

ⓑI *wish* I *had* not *eaten* so much. (私はとてもたくさん食べたのだが)あんなに食べなければよかった / I *wish* you *had been* at home when he came. 彼が来たときあなたが家にいたらよかったのにと思う / She *wished* she *had* never *met* him. 彼女は彼に会わなければよかったと思った.

ⓒI *wish* you *would* come here around noon tomorrow. (だめでしょうけれども)あす正午ごろここに来ていただけるといいのですが / How I *wish* the vacation *would* last longer! 休暇がもっと続くならばどんなにかよいのに.

❷ⓐI *wish* to see him. 彼に会いたい / He *wishes* to come with us. 彼はわれわれといっしょに来たがっている.

ⓑI *wish* you *to* be more careful. 君にもっと注意深くしてもらいたい.

❸ⓐI *wish* you well. 君の幸福を祈る / I *wish* that forgotten. それは忘れてもらいたい.

ⓑI *wish* you luck! 幸運を祈ります(❂《口語》ではふつう I wish you を省略して, 単に Good luck! という)/ I *wish* you a happy New Year. (=Happy New Year (to you)!) 新年おめでとう / I *wish* you many happy returns of the day. お誕生日おめでとう(❂I wish you はふつう省略される)/ John *wished* me sweet dreams. ジョンは私にいい夢を見なさいと言った / She *wished* good health *to* all of us. 彼女はわれわれすべてに健康を祈るといってくれた.

— 圓 ❶ⓐYou may stay home if you *wish*. あなたが望むならば家に残っていてよろしい.

ⓑWe all *wish for* peace. われわれはみな平和を望む / Tom *wishes for* a new bicycle. トムは新しい自転車をほしがっている.

❷Don't forget to *wish* when you throw your coin. 貨幣を投げるときに忘れずに願いごとを言いなさい.

I wish I knew. 残念ながらわかりません.

wish ... well …の幸運を祈る.

— 图 ❶I have no *wish* for wealth. 私は金持ちになりたいという望みはない / He has not much *wish* to go abroad. 彼は外国へ行きたいという願望はあまりもっていない / grant ...'s *wish* …の願いをかなえてあげる.

❷She got her *wish*. 彼女は望みのものを手に入れた[願いごとがかなった].

❸(With) best *wishes* (to you). (手紙の結びで)あなたのご幸福を祈って / Please give him my best [kindest] *wishes*. 彼によろしくお伝えください.

make a wish 願いごとをする.
☞ 形 wishful.

wish·ful /wíʃfəl ウィシュフル/ 形 ものほしそうな, 切望している.
☞ 图 wish.

wíshful thínking 图 Ⓤ 希望的観測《起こりそうもないことを信じてしまうこと》.

wish·y-wash·y /wíʃi-wàʃi ウィシィ・ワシィ/ 形 (-wash·i·er; -wash·i·est) (考えなどが)しっかりしていない.

wisp /wísp ウィスプ/ 图 Ⓒ ❶(髪の毛の)ふさ. ❷(煙・雲などの)細長い一片.

wis·te·ri·a /wistíəriə ウィスティ(ア)リア/ 图 Ⓤ Ⓒ 〔植物〕フジ.

wist·ful /wístfəl ウィストフル/ 形 (思いが満たされないで)悲しそうな, ものたりなそうな.

*****wit** /wít ウィット/ 图 (徳 ~s /-ts/)
❶ⓐ Ⓤ 機知, ウィット(☞humor の 類語). ⓑ Ⓒ 機知に富んだ人.
❷《複数形で》知力, 理解力.
▶ ❶ⓐHis speech was full of *wit*. 彼の話は機知にあふれていた / a man of *wit* 機知に富んだ男の人. ❷Jane has quick [slow] *wits*. ジェーンは頭の回転が早い[おそい] / He didn't have the *wit(s)* [didn't have *wit* enough] to see what was needed.

彼にはなにが必要か理解できなかった.

at** one's **wits'** [**wit's**] **end どうしてよいかわからないで.

have [***keep***] ***one's wits about one*** いつでも適切に行動できるようにしている.

live by [***on***] ***one's wits*** 要領よく暮らす.

out of one's wits 正気を失って.
☞ 形 witty.

witch /wítʃ ウィッチ/ 名 (複 ~-es /-iz/)
C 魔女 《ほうきの柄に乗って空を飛び悪事を働くと信じられていた女性;☞ wizard》.
INFO 中世のヨーロッパでは牧師や神学者なども魔女の存在を信じたのでしばしば魔女狩りが行なわれ,なんの罪もない多くの女性を宗教裁判にかけ火あぶりの刑にした.

witch·craft /wítʃkræft ウィチクラフト/ 名 U 魔法(を使うこと).

witch-hùnt 名 C ❶ 魔女狩り.
❷ 不当な理由で政敵を迫害すること.

***with** /《弱》wið ウィズ, wiθ;《強》wíð, wíθ/ 前
❶《同伴》…といっしょに[の].
❷《同時》…と同時に[の], …につれて.
❸《所有》…をもって(いる), 身につけて(いる), …がついて(いる).
❹《手段》…での, …を使っての.
❺《原因》…が原因で(の), …のために[の].
❻《状況》《with ... ~》…を~にして[したままで].
❼《感情の対象》…を相手にして(の).
❽《関係》…に関して(は), …については.
❾《一致》…に賛成して(の).
❿ …に比例して(の), …につれて(の).
⓫ …にまかせて, …のところに.
⓬ もし…がある[あった]ならば.

----

❶ I went to the movies *with* Tom. 私はトムと映画を見に行きました / the girl *with* Jack ジャックといっしょにいる女の子.

❷ We get up *with* the sun. 私たちは日の出とともに起きる(早起きする) / *with* the approach of fall 秋が近づくにつれて.

❸ I traveled in Europe *with* this suitcase. 私はこのスーツケースをもってヨーロッパ旅行をした / a girl *with* blue eyes 青い目の少女.

❹ What are you going to buy *with* the money? そのお金で何を買うのですか.

❺ He is in bed *with* a cold. 彼はかぜで寝ている / She trembled *with* fear. 彼女は恐怖で身体が震えた.

❻ She spoke *with* tears in her eyes. 彼女は目に涙を浮かべて話した / Don't speak *with* your mouth full. 口に食べ物をほおばったまま話をしてはいけない.

❼ He quarreled *with* his brother over the money. 彼はそのお金のことで兄と口げんかをした.

❽ What is the matter *with* you? どうしたのですか / It's O.K. *with* me. 私(に関して)は結構です.

❾ I am totally *with* you in your plan. 私は君の計画については全面的に君に賛成だ.

❿ Many wines improve *with* age. 年がたつにつれておいしくなるワインが多い.

⓫ She left her jewelry *with* me. 彼女は宝石類を私に預けた.

⓬ *With* your help, he could have succeeded. 君の助けがあったならば, 彼は成功することができただろうに(なかったので彼は失敗した).

with all …があるにもかかわらず: *With all* his faults, she loves him. 彼はあんなに欠点があるのに, 彼女は彼を愛している.

***with·draw** /wiðdrɔ́ː ウィズドロー/ 動 (~s /-z/; with·drew /-drúː/; with·drawn /-drɔ́ːn/; ~ing) 他 ❶ …を引っこめる.
❷ …を取り消す, 撤回する.
❸ (預金)を引き出す.
❹ⓐ …を(学校などから)やめさせる.
ⓑ (軍隊など)を撤退させる.

withdrawal

— 自 ❶ⓐ 脱会する, やめる.
ⓑ (軍隊などが)撤退する.
❷ 発言を取り消す.
▶ 他 ❶ The child quickly *withdrew* his hand from the stove. その子はストーブからすばやく手を引っこめた.
❷ He *withdrew* his proposal. 彼は自分の提案を取り消した.
❸ *withdraw* 1,000 dollars from the bank 銀行から預金を1000ドルおろす.
❹ⓐ His parents *withdrew* him from school. 両親は彼に学校をやめさせた.
☞ 名 withdrawal.

with·draw·al /wiðdrɔ́:əl ウィズドローアル/ 名 U C ❶ やめること; 撤回, 取り消し. ❷ (預金の)引き出し. ❸ 退学; 脱退. ❹ (軍隊などの)撤退.
☞ 動 withdraw.

with·drawn /wiðdrɔ́:n ウィズドローン/ 動 withdrawの過去分詞形.

with·drew /wiðdrú: ウィズドルー/ 動 withdrawの過去形.

with·er /wíðər ウィザ/ 動 自 ❶ (植物が)しぼむ, 枯れる. ❷ 弱くなる, 衰える.
— 他 (植物を)しぼませる, 枯らす.
▶ 自 ❶ The flowers soon *withered*. 花はすぐにしぼんだ.
— 他 The long drought *withered* all the crops. 長い日照りで作物はみな枯れた.

with·held /wiðhéld ウィズヘルド/ 動 withholdの過去形・過去分詞形.

with·hold /wiðhóuld ウィズホウルド/ 動 (~s /-dz/; with·held /-héld/; ~ing) 他 …を与えない[知らせない]でおく, 保留する.
▶ The chief *withheld* (his) approval of the plan. 主任はその計画の承認を与えないでおいた / You had better *withhold* the truth *from* them. 彼らに真相を伝えないほうがよい.

with·in 前 /wiðín ウィズィン/ ❶ⓐ …の範囲に[で, の], 以内で[の] (❂時間・距離・程度などについて用いる).
ⓑ 《within ... of ~》~から…以内のところに[で, の].
❷ …の内部に[で, の], 内側に[の].
— 副 /wiðín ウィズィン/ 《古語》内に, 内へ, 内で; 室内に[は]; 内部は (反 without).

前 ❶ⓐ He will be back *within* a week. 彼は1週間以内に帰って来ます (❂ *in* a week は「1週間たったら, 1週間後に」の意味). I live *within* sight of the sea. 私は海が見える所に住んでいる / The task is well *within* my power. その仕事は私の能力でじゅうぶんできる / He lives *within* his income. 彼は自分の収入の範囲内で生活している / The cat plays with anything *within* its reach. そのネコは手のとどくものはなんでも使って遊ぶ.
ⓑ It is situated *within* a mile *of* the station. それは駅から1マイル以内にある / the cities *within* 100 kilometers *of* Tokyo 東京から100キロ以内の市.
❷ *within* the walls 壁の内側に[で].
— 副 *within* and without 内外に, 内も外も, 内からも外からも (❂現代の英語では inside and outside を用いる).

✱✱with·out 前 /wiðáut ウィザウト/
❶ⓐ …なしで, …をもたないで.
ⓑ …がないと, …がなかったら.
❷ 《without *doing*》…しないで.
— 副 /wiðáut ウィザウト/ 《古語》外に[へ, で]; 外側は (反 within).

前 ❶ⓐ He drinks tea *without* sugar. 彼は砂糖を入れないで紅茶を飲む / She came *without* her children. 彼女は子どもをつれないで来た.
ⓑ I can't eat this *without* chopsticks. これははしがないと食べられない / *Without* your help, he would fail. あなたの助けがないと彼は失敗するでしょう (❂仮定法の文で実際は「あなたの助けがあるから彼はうまくいくでしょう」の意).
❷ She spoke *without* thinking. 彼女は考えないで話した.

with·stand /wiðstǽnd ウィズスタンド/ 動 (~s /-dz/; with·stood /-stúd/; ~ing) 他 …に耐(た)える, 持ちこたえる.
▶ *withstand* (a) temptation 誘惑に負けない / *withstand* a storm あらしに耐える.

abcdefghijklmnopqrstuv w xyz   **women's lib**

with·stood /wiðstúd ウィズス**トゥ**ッド/ 動 withstandの過去形・過去分詞形.

***wit·ness** /wítnəs **ウィ**トネス/ 名 (複 ~-es /-iz/) ❶ⓒ **目撃者** (◎ eyewitness ともいう). ❷ⓒ (法廷などの) **証人** (☞ court のさし絵). ❸ⓒ (文書の) 連署人, 保証人.
— 動 (~-es /-iz/; ~ed /-t/; ~ing) 他
❶ …を**目撃する**.
❷ (証人として)…に署名する.
▶名 ❶ He is a *witness* to the accident. 彼はその事故の目撃者です.
❷ a *witness* for the defense 弁護側の証人.
bear witness to ... ①…を証言する. ②…の証拠となる.
— 動 他 ❶ He *witnessed* the incident. 彼は事件を目撃した.
❷ *witness* a document (証人として) 証書に署名する.

wit·ness-box /wítnəs-bàks **ウィ**トネス・バックス/ 名 (複 ~-es /-iz/) ⓒ (英) ＝ **witness stand**.

witness stànd 名 (米) (法廷の) 証人席 (◎ (英) では witness box).

wit·ti·cism /wítəsìzm **ウィ**ティスィズム/ 名 ⓒ 機知に富んだことば, しゃれ, 名言.

wit·ti·ly /wítəli **ウィ**ティリ/ 副 機知をきかせて, しゃれて.

wit·ty /wíti **ウィ**ティ/ 形 (-ti·er, more ~; -ti·est, most ~) 機知に富んだ, 才気のある.
              ☞ 名 wit.

wives /wáivz **ワ**イヴズ/ 名 wifeの複数形.

wiz·ard /wízərd **ウィ**ザド/ 名 ⓒ ❶ (男の) 魔法使い (☞ witch). ❷ 名人.

wk. (略語) week.

wob·ble /wábl **ワ**ブル/ 動 (現分 wob·bling) 自 よろめく, ぐらぐらする.

wob·bly /wábli **ワ**ブリ/ 形 (-bli·er; -bli·est) ぐらぐらする, よろよろする.

woe /wóu **ウォ**ウ/ 名 ⓒ 《複数形で》《文語》災難, 不幸 (の種).

woe·ful /wóufəl **ウォ**ウフル/ 形 ひどい, いたましい.

woe·ful·ly /wóufəli **ウォ**ウフリ/ 副 ひどく, いたましく.

***woke** /wóuk **ウォ**ウク/ 動 wakeの過去形.

***wo·ken** /wóukən **ウォ**ウクン/ 動 wakeの過去分詞形.

***wolf** /wúlf **ウ**ルフ/ 名 (複 wolves /wúlvz/) ⓒ **オオカミ**.
— 動 他 (口語) (もの) をがつがつ食う.
▶ 名 ***a wolf in sheep's clothing*** ヒツジの皮を着たオオカミ, 偽善者.
cry wolf 人騒がせなデマをとばす.

wólf whìstle 名 ⓒ (魅力的な女性を見て男性が吹く) 口笛 (高音から下降調になる).

wolves /wúlvz **ウ**ルヴズ/ 名 wolfの複数形.

✱✱wom·an /wúmən **ウ**マン/ 名 (複 wom·en /wímin/)
❶ ⓒ (一般の成人の) **女性**, 女の人, 女 (反 man) (◎「(異性に対して) 女性 (というもの)」を表わすときは冠詞をつけないで用いることがある).
❷ 《形容詞的に》婦人…, 女の….

---

❶ a single *woman* 独身女性.
  類語 **woman**は一般に「(成人の) 女性」をさす; **lady** は女性に敬意を表することば.

❷ a *woman* doctor 女医 / a *woman* driver 女性ドライバー (◎ 複数形は women drivers).
              ☞ 形 womanly.

wom·an·hood /wúmənhùd **ウ**マンフッド/ 名 Ⓤ 女であること (反 manhood).

wom·an·ish /wúmənɪʃ **ウ**マニシュ/ 形 《軽蔑（蔑）的に》(男が) めめしい (☞ womanly).

wom·an·kind /wúmənkàind **ウ**マンカインド/ 名 Ⓤ 《集合的に》女性たち (☞ mankind).

wom·an·ly /wúmənli **ウ**マンリ/ 形 (-li·er; -li·est) 《よい意味で》女性らしい (☞ manly, womanish). ▶ *womanly* feelings 女性らしい感情.
              ☞ 名 woman.

womb /wú:m **ウ**ーム/ (★ b は発音されない) 名 ⓒ 【解剖】 子宮.

wom·bat /wámbæt **ワ**ンバット/ 名 ⓒ 【動物】 ウォンバット (《オーストラリア産のアナグマに似た有袋類の動物》).

***wom·en** /wímin **ウィ**ミン/ (★発音注意) 名 womanの複数形.

wómen's líb /wíminz-/ 名 Ⓤ (口語)

1555

women's liberation

ウーマンリブ(**○**women's liberation の略).

wómen's liberátion 名Ⓤウーマンリブ《1970 年代にアメリカで始まった女性解放運動; **○**(口語)では women's lib という; **○**「ウーマンリブ」は和製英語》.

wómen's móvement 名《集合的に; the をつけて》女性の地位改善運動家.

*__won__ /wʌ́n ワン/ (★発音注意) 動 win の過去形・過去分詞形.

*__won・der__ /wʌ́ndər ワンダ/ (★発音注意) 動 (~s /-z/; ~ed /-d/; -der・ing /-dəriŋ/) 他《wonder+疑問詞[whether, if]__》__かしらと**思う**, __かどうか知りたいと思う.

— 自 ❶ **不思議に思う**, 驚く, すごいと思う.

❷(どうしてなのか)知りたいと思う.

— 名 (複 ~s /-z/) ❶ⓊC **どうしてなのかという気持ち**, 驚き; すばらしいと思う気持ち, 驚嘆.

❷Ⓒ 不思議なもの[こと・人]; 驚くべきもの[こと・人].

・・・・・・・・・・・・・・・・・・・・・・・・・・・・

動 他 I *wonder if* it will rain. 雨が降るかしら / She *wondered why* he kept silent. 彼女はどうして彼がだまっているのかと思った (**○** I wonder を疑問文の後につけることもある: What has become of him, *I wonder*? 彼はどうなったのかしら) / "Why does he know my brother?" she *wondered*. 「どうして彼は私の弟を知っているのかしら」と彼女は思った / I'm just *wondering what to* do next. 次になにをしようかと考えているのです.

— 自 ❶ I shouldn't *wonder if* she wins the scholarship. 彼女が奨学金をもらったとしても私は驚かない(彼女はもらって当然だ) / We *wondered at* his refusal. 私たちは彼が拒否したことに驚いた / They *wondered at* the splendor of the sunset. 彼らは落日の美しさに感嘆した.

❷ I *wonder about* the origin of the earth. 地球の起源(はどんなだったか)について知りたいと思う / I *wonder about* his honesty. 彼の誠実さには疑問を感じる / 対話 "I'm sure he will come." – "I *wonder*." 「彼はきっと来ると思う」「さあどうかな」.

I wonder if [*whether*] __ (口語)《ていねいにお願いして》__でしょうか: *I wonder whether* I might ask you a question. あなたに質問してもよろしいでしょうか (**○** May I ask you a question? をていねいにしたもの).

— 名 ❶ I was filled with *wonder* to see so many salmon swimming upstream. 私はあんなにたくさんのサケが川をさかのぼるのを見て驚きの気持ちでいっぱいだった.

❷ The sea is full of *wonders*. 海には不思議なものが満ちあふれている / He is a perfect *wonder*. 彼はまったくすごい人だ / work [perform, do] *wonders* 奇跡(きせき)的なことをする.

a nine day's wonder すぐに忘れられてしまうこと.

and no [*little, small*] *wonder* それも不思議ではない: She succeeded, *and no wonder*. 彼女は成功したが, それも当然だった.

in wonder 驚嘆(きょうたん)して: All stared at his performance *in wonder*. みんな驚嘆して彼の演技をじっとみつめた.

It is no [*little, small*] *wonder* (*that*) __. (口語) __というのは不思議ではない, 当然だ: *It is no wonder* (*that*) she is liked by everybody. 彼女がみんなから好かれるのも当然だ.

It's a wonder (*that*) __. (口語) __は驚きだ, すごい: *It is a wonder* (*that*) he did not die. 彼が死ななかったとは不思議だ.

No wonder! なるほど, 当然.

No [*Little, Small*] *wonder* (*that*) __. = It is no *wonder* (that) __.

☞ 形 wonderful.

won・der・ful /wʌ́ndərfəl ワンダフル/ 形 (more ~; most ~) **すばらしい, すごい.

・・・・・・・・・・・・・・・・・・・・・・・・・・・・

That's *wonderful*! それはすてきだ / We had *wonderful* weather. すばらしい天気だった / What a *wonderful* girl! なんとすてきな少女だろう / He has quite a *wonderful* memory. 彼の記憶力はまったく大したものだ / How won-

abcdefghijklmnopqrstuv**w**xyz　　　　　　　　　　**woolgathering**

derful! なんとすばらしい．
☞ 名wonder.

won·der·ful·ly /wʌ́ndərfəli ワンダフリ/ 副驚くばかりに；すばらしく．

won·der·ing·ly /wʌ́ndəriŋli ワンダリングリ/ 副不思議そうに．

won·der·land /wʌ́ndərlænd ワンダランド/ 名UC不思議な国；おとぎの国；すばらしい所．

***won't** /wóunt ウォウント/《★発音注意》
《will not の短縮形》
❶《意志を含まないで単に未来を表わして》__しないでしょう．
❷《未来のことについての意志を表わして》__しません，どうしても__しない．
❸《現在についての推量を表わして》__しないでしょう．

❶ It *won't* rain. 雨は降らないでしょう / You *won't* be in time. あなたは間に合わないでしょう．
❷ I *won't* do it again. 2度とそんなことはしません / The door *won't* open. そのドアはどうしても開かない（《○無生物が主語になることもある》）．
❸ She *won't* like it. 彼女はそれは好きではないでしょう．
***Won't you** __?*《勧誘を表わして》__しませんか：*Won't you* have a cup of tea? お茶を一杯どうですか．

woo /wúː ウー/ 動他…に支持を求める．

***wood** /wúd ウッド/《★発音注意》名
（複 ~s /-dz/）
❶UC木材，材木（☞tree ❶）．
❷C《しばしば複数形で》森（○forestよりも小さい）．

❶ The table is made of *wood*. そのテーブルは木製です / Pine is a soft *wood*. 松は柔(やわ)らかい木材だ（《○種類をいう場合はC》）．
❷ They went on a picnic in the *wood(s)*. 彼らは森へピクニックに行った / a beech *wood* ブナの林．
cannot see the wood for the trees 木を見て森を見ない，細かいところに気を奪われて全体を見失う．
knock on wood《米》= touch *wood*.
touch wood 木に手（など）を触れる．

INFO まじないの一種で，自分は運がいいというような話をした後で，好運が逃げないように"Touch wood!" とか "Knock (on) wood!" とか言いながら，身近な木製品をたたく．
☞ 形wooden.

wóod blòck 名C❶（木版画の）版木(はんぎ)．❷（舗装用・床材の）木れんが．

wóod cárving 名U木彫り，木彫(ぼり)．

wood·chuck /wúdtʃʌk ウドチャク/ 名C《動物》ウッドチャック（アメリカ産のマーモット；○groundhogともいう）．

wood·cut /wúdkʌt ウドカト/ 名C
❶（木版画の）版木(はんぎ)．❷木版画．

wood·ed /wúdid ウディド/ 形森におおわれた．

*wood·en /wúdn ウドン/《★発音注意》形
(more ~; most ~) 木製の．▶a *wooden* house 木造家屋．
☞ 名wood.

wood·land /wúdlənd ウドランド/ 名U森林地帯．

wood·peck·er /wúdpèkər ウドペカ/ 名C《鳥類》キツツキ．

wóod púlp 名U木材パルプ（製紙原料）．

wood·wind /wúdwìnd ウドウィンド/ 名《the woodwinds で》（オーケストラの）木管楽器部．

wood·work /wúdwəːrk ウドワーク/ 名U❶（建物などの）木造部（戸・階段など）．
❷（家具などの）木工技術．❸木工品．

woof /wú(ː)f ウ(ー)フ/ 感名Cうー（○犬のうなり声）．

*wool /wúl ウル/《★発音注意》名U
❶羊毛（ヤギ・ラマ・アルパカなどの毛も含む）．
❷毛糸．
▶❶ The hat is made of *wool*. その帽子は毛でできている．❷ knitting *wool*（編みもの用の）毛糸．
☞ 形woolen, wooly.

wool·en /wúlən ウレン/ 形《米》❶羊毛製の，毛織りの．
❷毛織物［羊毛］を扱う．
▶❶ *woolen* cloth 毛織物 / *woolen* socks ウールのくつ下．❷ a *woolen* manufacturer 毛織物製造業者．
☞ 名wool.

wool·gath·er·ing /wúlgæ̀ðəriŋ ウルギャザリング/ 名U（ぼんやりしている）放心状態．

woollen　　　　　　　　ABCDEFGHIJKLMNOPQRSTU**V****W**XYZ

wool·len /wúlən ウレン/ 形(英)=**woolen**.

wool·ly /wúli ウリ/ 形 (-li·er; -li·est) 《英》= **wooly**.

wool·y /wúli ウリ/《★発音注意》形 (wool·i·er; wool·i·est) ❶羊毛の, 羊毛でできている. ❷羊毛のような.
☞ 名 wool.

wooz·y /wúːzi ウーズィ/ 形 (wooz·i·er; wooz·i·est)頭がふらふらする, 目まいがする.

word /wə́ːrd ワード/《★発音注意》名 (複 ~s /-dz/) ❶ C **語, 単語.
❷ C （話された・書かれた）**ことば**.
❸ C 《しばしば複数形で》（短い）**話**, 会話.
❹ U 《冠詞をつけずに》**知らせ**, たより, 伝言.
❺ 《one's word で》**約束**; 保証のことば.
❻ 《単数形で; ふつう **the** または *one's* をつけて》指示, 命令.
— 動 他 （注意深く）…をことばで言い表わす.

名 ❶Tell me the meaning of the *word*. その単語の意味を教えてください / a composition of 200 *words* 200語の作文.

❷She went out without saying a *word*. 彼女はひとこともいわずに出て行った / He is a man of few *words*. 彼はあまりしゃべらない人です / Let me give you a *word* of advice. 君にひと言忠告したいのだが / big *words* 大げさなことば, ほら.

❸Can I have a *word* with you? ちょっとお話ししたいことがあるのですが.

❹Send me *word* as soon as you get home. 家に着いたらすぐたよりをください / *Word* came that Mr. Smith would be a little late. スミス氏は少し遅刻をするという伝言が届いた.

❺He is a man of *his word*. 彼は必ず約束を守る / He never breaks [keeps] *his word*. 彼は決して約束を破ら〔守ら〕ない / I give you *my word* for it. そのことについては私が保証します.

give the word 《口語》しろ［してもよい］と言う.

have [***get***] ***the final*** [***last***] ***word*** 最終決定をする.

have words with ... …と口論する.

in a [***one***] ***word*** ひと言で言えば, 要するに.

in other words 言い替えれば.

in so many words そのとおりのことばで; はっきりと.

say [***put in***] ***a*** (***good***) ***word for ...*** …を推薦（ホネ）する, 弁護する.

say the word = give the *word*.

take ... at ...'s word （人）の言うことをそのまま信じて行動する.

take ...'s word for it …の言うことをそのまま受け容れる.

word for word 一語一語正確に: Translate the sentence *word for word*. その文を直訳しなさい.
— 動 She *worded* her idea carefully. 彼女は注意深く自分の考えをことばで言い表わした.

word·book /wə́ːrdbùk ワードブック/ 名 C 単語集, 辞書.

word-for-word /wə́ːrd-fər-wə́ːrd ワード・フォ・ワード/ 形 （訳が）逐語（ホネ）的な.

word·ing /wə́ːrdiŋ ワーディング/ 名 U ことばづかい, 言い回し, 表現.

word·less /wə́ːrdləs ワードレス/ 形 口をきかない.

word·play /wə́ːrdplèi ワードプレイ/ 名 U ことば遊び, しゃれ.

wórd pròcessor 名 C ワープロ.

Words·worth /wə́ːrdzwərθ ワーヅワス/ 名 ワーズワス《**William Wordsworth** (1770–1850); イギリスのロマン派の詩人》.

word·y /wə́ːrdi ワーディ/ 形 (word·i·er; word·i·est)やたらとことば数の多い, くどい.

wore /wə́ːr ウォー/ 動 wearの過去形.
《同音異形語》war.

work /wə́ːrk ワーク/《★発音注意》名 (複 ~s /-s/) ❶ U （体や頭を使う）仕事**, 労働; 作業, 研究, 勉強.
❷ U （生活するための）**職**, 職業, 仕事, 勤め口, 職業, 職場《✿theをつけない》.
❸ⓐ U ❸**細工**（ポポ）, 製作.
ⓑ 《集合的に》製作品, 細工物《✿他の語と結びついて合成語をつくる》.
❹ C （とくに芸術上の）**作品**.
❺ U したこと, しわざ, 行為.
❻ U 《集合的に》（やっている）仕事; （仕事に

1558　　　　　　　　　　　　　　　　　　　　　　　　　　one thousand five hundred and fifty-eight

使っている)材料[道具(など)].
❼[C]《ふつう複数形で》(時計などの)仕掛け,機械部分.
❽《複数形で》工場,製作所(✪他の語と結びついて合成語を作る;☞ glassworks).
— [動](~s; ~ed /-t/, wrought /rɔ́:t/; ~ing)[自] ❶ ⓐ(体や頭を使って)**働く**, **勉強する**.
ⓑ**職についている**, 働いている, 勤めている.
❷(機械などが)(正常に)**動く**.
❸ ⓐ(計画などが)**うまくいく**.
ⓑ(薬などが)効く.
❹ ⓐ《副詞(句を)ともなって》少しずつ進む,骨折って進む. ⓑ《**work** ...》だんだん…になる(✪…には形容詞(句)がくる).
— [他] ❶ ⓐ…を**働かせる**. ⓑ《**work** ... ~》…を働かせて~にする(✪~には形容詞(句)がくる).
❷(機械など)を**動かす**, 運転する;(道具など)を使う.
❸ ⓐ(土地)を耕す. ⓑ…を経営する.
❹(徐々に)(ある状態・影響・変化・効果など)をひき起こす.
❺(粉・粘土など)をこねる,加工する.

> [類語] **job** は「(収入のともなう)仕事」, **labor** は「骨の折れる,つらい,主として肉体的な労働」, **toil** は「長い間続く肉体的,精神的に疲れる仕事」, **task** は「することを命じられた仕事」の意味.

[名] ❶ I have a lot of *work* to do today. きょうはしなければならないこと[仕事・勉強]がたくさんある / It is hard *work* to build a house. 家を建てるのは骨の折れる仕事だ / This machine can do the *work* of ten people. この機械は10人分の仕事をする / [ことわざ] All *work* and no play makes Jack a dull boy. 勉強ばかりして遊ばない子どもはおもしろみのない人間になる,「よく学びよく遊べ」.
❷ What's his *work*? 彼の仕事はなんですか / He walks to *work*. 彼は歩いて勤めに行きます / Father comes home from *work* around 6:30. 父は6時半ごろ仕事から帰ります / He is looking for *work*. 彼は職を捜(さが)している.
❸ ⓐ This table is my own *work*. このテーブルは私が作ったものです / What beautiful *work*! なんて美しい作品なのだろう.
ⓑ stone*work* 石細工 / iron*work* 鉄製品 / wood*work* 木工品.
❹ a *work* of art 芸術作品 / the complete *works* of Shakespeare シェイクスピア全集.
❺ The broken vase is the *work* of that boy. こわれた花びんはあの子のしわざだ.
❻ She stopped sewing and put her *work* in the basket. 彼女は縫い物をやめて(縫っていた物を)かごにしまった.

all in a day's work 《口語》(困難なことなどが)まったく日常の,よくあることで.
at work ①**仕事中で**, 働いて;職場で: He is hard *at work*. 彼は熱心に働いている / Men *at work* 《掲示》工事中. ②(機械などが)運転中で,動いて. ③(影響などが)作用して.
get to work ①仕事にとりかかる. ②= set to *work*.
go about one's work 忙しく仕事をする.
go to work ①**仕事に行く**, 出勤する. ②= set to *work*.
in the works 計画中で,進行中で.
in work 仕事をもって,就職して([反] out of *work*).
out of work **失業して**([反] in *work*): He has been *out of work* for a month. 彼は失業して1か月になる.
put ... to work = set ... to *work*.
set about one's work 仕事に取りかかる.
set to work = get to *work*.
set ... to work (人)に仕事を始めさせる.

— [動][自] ❶ ⓐ He *works* hard all day. 彼は一日中熱心に働く / *Work* hard, and you will pass your exams. いっしょうけんめい勉強しなさい.そうすれば試験は通ります.
ⓑ She *works* in [for] a bank. 彼女は銀行に勤めている / My father is not *working* at present. 父は今働いていない(退職[失職]している).
❷ The car is not *working* well

today. きょうは車は調子が悪い / This car *works* on electricity. この車は電気で動く.

❸ⓐThe plan *worked* quite well. その計画はうまくいった.
ⓑThis medicine will *work* on your nerves. この薬はあなたの神経を休める効果があるでしょう.
❹ⓐThe rain *worked* through the roof. 雨がだんだん屋根を通ってもれてきた. ⓑThe rope *worked* loose. ロープがだんだんゆるんできた.

— ⓗ ❶ⓐHe *works* his employees too hard. 彼は社員をこき使う.
ⓑDon't *work* yourself sick. 働きすぎて病気になってはいけません.
❷I don't know how to *work* the machine. 私はその機械の動かし方を知らない.
❸ⓑHe used to *work* a farm. 彼はかつては農場を経営していた.
❹The medicine *worked* wonders for his cold. その薬は彼のかぜに驚くべき効果があった / *work* a miracle 奇跡(きせき)を行なう.
❺*work* clay *into* a vase 粘土で花びんを作る.

work against ... …の不利になる
work at ... ①…で働く:*work at* a bank 銀行で働く. ②…で努力する:She is *working* hard *at* mathematics. 彼女はいっしょうけんめい数学の勉強をしている.
work for ... ①…に勤めている:I *work for* a trading company. 私は貿易会社に勤めている. ②…のために働く:*work for* peace 平和のために働く.
work in ⓗ ①…をうまく間に入れる:*work in* a few jokes in the speech スピーチに少しジョークを入れる. ②(かぎなど)を差しこむ. ③(クリームなど)を塗りこむ.
work ... into ~ ①…をうまく~に入れる. ②…を~に混ぜこむ.
work off ⓗ ①(借金など)を(金ではなく)働いて少しずつ返す. ②(運動などをして)…を減らす,(気持ちなど)を静める.
work on ... ①…のことで努力する,…に取りかかっている:*work on* a book 本を書く. ②…を説得する:I'll try to *work on* him. 彼を説得してみよう.
③…に影響を与える:The appeal *worked on* his conscience. その訴えは彼の良心に大きな影響を与えた.
work one's way ①努力して進む. ②働きながらやっていく:He's *working his way* through college. 彼は働きながら大学に通っている.
work out ⓗ ①(問題など)を解く,計算して出す:*work out* the problem その問題を解く / *work out* a sum 合計を出す. ②(努力して)…を考え出す;(計画など)を立てる:*work out* a theory 理論を考え出す. ③(人)を理解する. ④(努力して)…を仕上げる,達成する. ⑤…を決める. — ⓘ ①うまくいく,成功する:Everything will *work out* in the end. 結局は万事うまくいくよ. ②…という結果になる:Things will *work out* all right. すべてうまく行くだろう. ③(健康のため)運動する.
work through ... …を処理する,解決する.
work up ①…を(徐々に)興奮させる,刺激する,扇動(せんどう)する:*work up* the crowd 群衆を扇動する. ②(気持ち・食欲など)を起こさせる. ③(計画など)を作る.
work upon ... = *work on* ....

work·a·ble /wə́ːrkəbl ワーカブル/ 形 (計画などが)実行可能な.

work·a·hol·ic /wə̀ːrkəhɔ́(ː)lik ワーカホ(ー)リック/ 名 C 仕事中毒者,働きすぎる人.

work·bench /wə́ːrkbèntʃ ワークベンチ/ 名 (複 ~es /-iz/) C (大工・工具などの)仕事台,作業台.

work·book /wə́ːrkbùk ワークブック/ 名 C ワークブック.

work·day /wə́ːrkdèi ワークデイ/ 名 C
❶ (休日以外の)平日,勤務日. ❷ (1日の)労働時間.
▶ ❷ an eight-hour *workday* 1日8時間労働.

*__**work·er**__ /wə́ːrkər ワーカ/ 名 (複 ~s /-z/) C ❶ⓐ働く人,仕事をする人;労働者,(特定の細工をする)職人. ⓑ(形容詞をつけて)…に働く〔勉強する〕人.
❷(昆虫)ⓐ働きバチ. ⓑ働きアリ.

❶ⓐa factory *worker* 工場労働者 /

a skilled *worker* 熟練した職人. ❻a hard *worker* よく働く[勉強する]人.

work·force /wə́ːrkfɔ̀ːrs ワークフォース/ 图《the をつけて》労働力, 労働人口.

work·ing /wə́ːrkiŋ ワーキング/ 形
❶ 働いている.
❷ 労働の(ための), 作業用の.
❸ (の)実際に役立つ.
— 图C《複数形で》作用, 働き, 動き方.
▶形 ❶ the *working* population 労働人口. ❷ long [short] *working* hours 長い〔短い〕労働時間 / *working* clothes 作業服. ❸ He has a *working* knowledge of the machine. 彼はその機械についての実際的な知識をもっている / a *working* theory 実行できる理論.

in working order ① 正常に運転できる[動ける]状態にある: I want you to put the car *in working order*. 車を運転できる状態にしておいてもらいたい. ② (ものごとが)順調に進んで.
— 图 the *working*(s) of the brain 脳の働き / the *working*(s) of a machine 機械の動き方.

wórking clàss 图Ⓤ《ふつう the をつけて》労働者階級(の人々) (●(英)では **the working classes** ともいう). ▶ He comes from *the working class*. 彼は労働者階級の出身である.

*__**work·man**__ /wə́ːrkmən ワークマン/ 图 (複 work·men /-mən/) C (肉体)**労働者**, 職人.

work·man·like /wə́ːrkmənlàik ワークマンライク/ 形 仕事がきちんとした.

work·man·ship /wə́ːrkmənʃìp ワークマンシップ/ 图Ⓤ (職人の)技量, 腕前.

work·out /wə́ːrkàut ワークアウト/ 图C (スポーツなどの)練習; 練習期間.

work·room /wə́ːrkrù(ː)m ワークルー(ー)ム/ 图C 仕事部屋, 作業室.

work·sheet /wə́ːrkʃìːt ワークシート/ 图C 練習問題用紙; 作業表.

*__**work·shop**__ /wə́ːrkʃàp ワークショップ | wə́ːkʃɔ̀p/ 图 (複 ~s /-s/) C ❶ (機械の修理などの)**仕事場**, 作業場 (●単に **shop** ともいう). ❷ (特定の課題についての)研究会, セミナー.
▶ ❷ a poetry *workshop* 詩の研究会.

work·sta·tion /wə́ːrkstèiʃn ワークステーション/ 图 【電算】ワークステーション《情報処理システムに連結した端末装置(のある仕事場)》.

work·week /wə́ːrkwìːk ワークウィーク/ 图C《米》1週の労働時間. ▶ a 5-day *workweek* 週5日制.

*__**world**__ /wə́ːrld ワールド/ 《★発音注意》图 (複 ~s /-dz/)
❶《the をつけて》ⓐ **世界**; 地球.
ⓑC (生物が住んでいるかもしれない地球以外の)惑星, 天体.
❷《the をつけて》ⓐ **世界じゅう(の人々)**.
ⓑ 世の中, 世間(の人).
❸《the をつけて; 修飾語をともなって》(特定のグループなどが作る)…界, …の世界.
❹C ⓐ (特定の地域・時代などに限られた)世界. ⓑ (個人が経験する)世界.
❺C《修飾語をともなって》…の世.
❻《a [the] world of ...》多数の…, 多量の….

❶ ⓐ He went around *the world* in eighty days. 彼は80日で世界を一周した / The *world* is undergoing a change. 世界は変化しつつある.
ⓑ creatures from another *world* 他の天体から来た生物.
❷ ⓐ The new discovery shocked *the world*. その新しい発見は全世界に衝撃を与えた / feed *the world* 世界の人々に食料を供給する.
ⓑ He doesn't know *the world*. 彼は世の中がわかっていない / live apart from *the world* 俗世間から離れて暮らす / a man [woman] of *the world* 世慣れた人.
❸ *the* business *world* 実業界 / *the* baseball *world* 野球の世界 / *the world* of science 科学の世界 / the animal *world* 動物界 / the Arab *world* アラブ世界 / the *world* of imagination 想像の世界.
❹ ⓐ the New *World* 新世界《アメリカ大陸》/ the Old *World* 旧世界《ヨーロッパ・アジア・アフリカ》.
ⓑ Her *world* is narrow. 彼女の世界は狭い / He and I live in different *worlds*. 彼と私は別々の世界に住んでいる(考え方が全然違う).

❺this *world* この世 / the other [next] *world*＝the *world* to come あの世, 死後の世界.

❻*a world of* troubles 多くの困難.

all over the world 世界中に[で]：It is known *all over the world*. それは全世界に知れ渡っている.

for (all) the world ①あらゆる点で; まったく：You look *for all the world* like my brother. 君は本当に私の兄に似ている. ②《ふつう否定文で》《強調して》絶対に：I wouldn't hurt her feelings *for the world*. 絶対に彼女の感情は傷つけたくない.

in the world ①《強調して》大変, すごく：the best food *in the world* 世界一の食事. ②《疑問詞を強めて》いったい：What *in the world* did he mean? いったい彼はどういうつもりなのだろう.

on top of the world 《口語》幸福[成功]の絶頂にあって：The newlyweds were *on top of the world*. 新婚夫婦は幸福いっぱいだった.

out of this world 《口語》すばらしい, すごい：The food at that restaurant was *out of this world*. あのレストランの食事はすごかった.

think the world of … 《口語》…が大好きである：He *thinks the world of* her. 彼は彼女が大好きだ.

throughout the world ＝all over the *world*.

worlds apart まったく異なる：The two are *worlds apart*. その二つはまったく異なる.

Wórld Bánk 图《the をつけて》世界銀行《1944 年に設立された国際復興開発銀行》.

world-class /wə́:rld-klǽs ワールド・クラス/ 形 世界で一流の.

Wórld Cúp 图《the をつけて》ワールドカップ《サッカーなどの世界選手権試合》.

world-famous /wə́:rld-féiməs ワールドフェイマス/ 形 世界的に有名な, 国際的な.

world·li·ness /wə́:rldlinəs ワールドリネス/ 图Ⓤ 俗っぽさ, 物欲.

world·ly /wə́:rldli ワールドリ/ 形 (-li·er; -li·est) ❶この世の, 俗世間の. ❷世間をよく知っている.

▶ ❶*worldly* affairs 俗事 / *worldly* fame 世間の名声. ❷*worldly* young people 世間ずれした若者たち.

wórld pówer 图Ⓒ《政治・経済・軍事上の》世界的強国.

Wórld Séries 图《the をつけて》《アメリカの》ワールドシリーズ《プロ野球の選手権試合》.

Wórld Wàr Í /-wán・ワン/ 图 第一次世界大戦 (1914–18).

Wórld Wàr ÍÍ /-tú:・トゥー/ 图 第二次世界大戦 (1939–45).

world-wide, world·wide /wə́:rld-wáid ワールド・ワイド/ 形 全世界に広まった, 世界的な.

— 副 世界的に.

▶ 形*a world-wide* reputation 世界的名声.

— 副 He is famous *worldwide*. 彼は世界的に有名である.

Wórld Wíde Wéb 图《the をつけて》〔電算〕ワールドワイドウェブ《世界規模の情報ネットワーク; 略 WWW》.

*****worm** /wə́:rm ワーム/《★発音注意》图 (複 ~s /-z/) Ⓒ ❶《足がなくて細長く骨のない》虫《ウジ・ミミズ・毛虫・回虫など; ⇨「アリ」, 「ミツバチ」の昆虫は insect》.

❷虫けら同様の人間, 卑劣な[あわれな]人間.

❸〔電算〕ワーム《コンピューターウイルスの一種》.

— 動 (~s /-z/; ~ed /-d/; ~ing) 他《犬など》から寄生虫を駆除(く)する.

▶ 图 ❶*Worms* creep [crawl]. 虫ははう.

worm one's way (虫がはうように)のろのろ進む.

*****worn** /wə́:rn ウォーン/ 動 wearの過去分詞形.

— 形《衣類・くつなどが》すり切れた, 使い古した.

worn-out /wə́:rnáut ウォーナウト/ 形 ❶《衣類・機械などが》すり切れた, 使い古した. ❷疲れ果てた, やつれ果てた.

▶ ❶*worn-out* shoes はき古したくつ. ❷She looks *worn-out*. 彼女はやつれた様子である.

*****wor·ried** /wə́:rid ワーリッド | wʌ́rid/《★発音注意》形 (more ~; most ~) 心配して[した], 心配そうな.

I'm not *worried*. 私は心配していません

abcdefghijklmnopqrstuv**w**xyz　　　　　　　　　　　　　　　　　　**worsen**

/ He is *worried about* your health. 彼はあなたの健康を心配している / She was *worried that* she might be late. 彼女は遅れるかもしれないと心配していた / His *worried* mother phoned the police. 心配した彼の母は警察に電話した / a *worried* look 心配そうな顔[表情] / look *worried* 心配そうな顔をしている.

*__wor・ry__ /wə́ːri ワーリ | wʌ́ri /（★発音注意）動 (wor・ries /-z/; wor・ried /-d/; ~-ing) 他 ❶ⓐ …を**心配させる**, 気をもませる. ⓑ《be worried》心配している, 気をもんでいる (☞worried).

❷ …を**悩ます**, うるさがらせる.

— 自 **心配する**, くよくよする.

— 名 (複 wor・ries /-z/) ❶ Ⓤ **心配**, 気苦労.

❷ Ⓒ **心配の種**, 苦労の種.

・・

動 他 ❶ⓐ Sandra's poor health *worried* her mother. サンドラの健康がよくなくて母親は心配した / It *worries* me when my daughter comes home late. 娘の帰りが遅いと私は心配になる.

❷ The boy always *worries* me *with* questions. その少年はいつも私にうるさく質問をする.

— 自 Don't *worry* if you are late. 遅れても気にするな / She *worries about* the slightest thing. 彼女はほんとにささいなことでもくよくよする / That's nothing to *worry about*. そんなことはなにも心配することはない / The doctor *worried that* his patient might die. 医者はその患者が死ぬかもしれないと心配した.

worry *oneself* 心配する：Don't *worry yourself about* me. 私のことで心配しないでください.

— 名 ❶ She showed no signs of *worry*. 彼女は心配している様子を見せなかった / I have no *worry* about my health. 私は健康には心配していない.

❷ Robert has been a great *worry* to his mother. ロバートは彼の母には大きな苦労の種だった.

***worse** /wə́ːrs ワース/（★発音注意）形

❶《bad の比較級》**いっそう悪い**（反 bet-ter）.

❷《ill の比較級》（身体の状態などが）**いっそう悪い**（反 better）.

— 副 ❶《badly, ill の比較級》**いっそう悪く**（反 better）.

❷《badly の比較級》いっそうひどく, いっそう激しく（●want, need などとともに用いることが多い）.

— 名 Ⓤ いっそう悪いこと[もの]（反 better）.

・・

形 ❶ This is *worse* than that. これはあれより悪い / Will the weather get *worse* tomorrow? 天気はあすもっと悪くなるでしょうか / There is nothing *worse* than war. 戦争ほど悪いものはない. ❷ The patient is getting *worse* day by day. 患者の容態は日増しに悪くなっていく.

none the worse for ... …にもかかわらず同じ状態で（☞副 成句）.

what is worse＝*to make matters worse* そのうえさらに悪い[困った]ことには：Our car broke down, and, *what was worse*, it began to rain. 私たちの車は故障し, そして, さらに悪いことには, 雨まで降り出した.

☞ 動 worsen.

— 副 ❶ He sang *worse* than before. 彼の歌は前よりももっとへただった. ❷ It is blowing *worse* than before. 前よりも激しく風が吹いている / I want it *worse* than you do. 私は君よりももっとそれをほしい.

be worse off《be badly off の比較級》暮らしむきが（前よりも）悪くなっている（反 be *better* off）：He *is worse off* than he was. 彼はむかしよりも今のほうが貧乏だ.

none [*never*] *the worse for ...* …にもかかわらずやはり, 同じように（☞形 成句）：I like him *none the worse for* his faults. 彼には欠点があるけれども, それでも私は彼が好きだ.

— 名 *for the worse* 悪い方へ, いっそう悪く.

go from bad to worse ますます悪くなる.

wors・en /wə́ːrsn ワースン/ 動 他 …をいっそう悪くする.

1563

worship

— 圓いっそう悪くなる.

☞ 形worse.

wor·ship /wə́ːrʃip ワーシップ/《★発音注意》名 ❶ Ⓤ (神などを)**あがめること**；崇拝. ❷ Ⓤ (人に対する)**崇拝**, 尊敬.

— 動 (~s /-s/; ~ed, 《英》wor·shipped /-t/; ~ing, 《英》wor·ship·ping) 他
❶ (人)を**大いに尊敬する**, 崇拝する.
❷ (神など)をあがめる.

名 ❶ a place of *worship* 礼拝所, 教会. ❷ the *worship* of beauty 美を崇拝すること / hero *worship* 英雄崇拝.

— 動 他 ❶ *worship* heroes 英雄を崇拝する.

wor·ship·er, 《英》**wor·ship·per** /wə́ːrʃipər ワーシパ/ 名 Ⓒ 崇拝者.

***worst** /wə́ːrst ワースト/《★発音注意》形
❶《bad の最上級》**もっとも悪い**, もっともひどい, 最低の (反 best).
❷《ill の最上級》(身体の状態などが)もっとも悪い (反 best).

— 副 ❶《badly, ill の最上級》**もっとも悪く**, もっともひどく (反 best).
❷《badly の最上級》(程度・度合が)もっともひどく, もっとも激しく (✪ want, need などとともに用いることが多い).

— 名《the をつけて》もっとも悪いこと[もの], 最悪の事態 (反 best).

形 ❶ His attendance record is (the) *worst* in the class. 彼の出席状況はクラスの中でいちばん悪い / the *worst* typhoon in ten years この10年間でいちばんひどい台風.
❷ The patient was *worst* last night. その病人は昨夜がいちばん危険な状態だった.

— 副 ❶ She sings *worst* when she is nervous. 神経のいらだっている時の彼女の歌はもっともひどい.
❷ She needs your help (the) *worst* of all. 彼女がいちばん君の助けを必要としている.

worst of all 《文を修飾して》何よりも悪いことには.

— 名 I am prepared for *the worst*. 私は最悪の事態を覚悟している / *The worst* (of it) was that we had no food left. いちばん困ったことは食糧がすっかりなくなってしまったことだった.

at one's worst 最悪の状態で.
at (the) worst いくら悪くても (反 at (the) *best*).
if (the) worst comes to (the) worst 万一の場合には.

wort /wə́ːrt ワート/ 名 Ⓤ 麦汁(ばくじゅう) (《発酵前の麦芽浸出液；ビールの原料》).

****worth** /wə́ːrθ ワース/《★発音注意》形
ⓐ《be worth ...》…**の価値のある** (✪ worthは前置詞のように目的語をとる).
ⓑ《be worth *doing*》__**する価値がある.**

— 名 Ⓤ 価値.

形 ⓐ This picture *is worth* 1,000 dollars. この絵は1000ドルの価値があります / This work *is worth* the trouble. この仕事はほねおりがいがある / A bird in the hand *is worth* two in the bush. (☞ bird の ことわざ) / *be worth* little [a lot] ほとんど価値がない[大した値打ちがある].
ⓑ This movie is well *worth* seeing. この映画は見る価値が十分ある.

It is worth doing __**する価値がある**: *It is worth asking* her for advice. 彼女にアドバイスをお願いするとよい.

It is worth ...'s while doing. = ***It is worth ...'s while to do.*** (…にとって)__**する価値がある**: *It is worth your while reading* [*to read*] the book. その本は君が読むだけの価値がある.

worth it やるだけの[それだけの]価値のある.

worth ...'s while (…にとって)**時間をかけるだけの価値がある**, やりがいがある: The work was *worth our while*. その仕事はわれわれが時間をかけてやるだけの値うちがあった.

— 名 We should read books of real *worth*. われわれは真に価値のある本を読むべきだ / He bought two dollars' *worth of* apples. 彼はリンゴを2ドル分買った / three pounds' *worth of* meat 3ポンド分の肉.

☞ 形worthy.

worth·less /wə́ːrθləs ワースレス/ 形
❶ 価値のない, 役に立たない. ❷ (人が)くだらない, しょうがない.

worth・while /wə́ːrθhwáil ワース(ホ)ワイル/ 形 (時間や労力などをかけて)やるだけの価値のある. ▶a *worthwhile* job やるだけの値うちのある仕事 / *It is worthwhile to* read that book. その本は読む価値がある.

***wor・thy** /wə́ːrði ワーズィ/ (★発音注意) 形 (-thi・er; -thi・est) ❶《**be worthy of …**で》**…に値する**, …だけの価値がある.

❷ 尊敬すべき, りっぱな.
— 名 (複 worth・ies /-z/) C《しばしば皮肉な意味で》《文語》おえら方, 名士.

▶形 ❶ Her piano performance *was worthy of* admiration. 彼女のピアノ演奏は見事だった.

❷ a *worthy* enemy 相手として不足のない敵 / a *worthy* cause りっぱな目的.

☞ 名 worth.

*****would** /(弱) wəd ウド, əd; (強) wúd ウッド/ 助 will¹の過去形.

❶《過去の習慣》**よく＿したものだった**.
❷《強い主張》**どうしても＿しようとした**.
❸《仮定法で》(もしも…ならば)**＿するのだが**; ＿するだろうに.
❹《仮定法で》《**would have**＋過去分詞で》(もしも…だったならば)**＿したものだが**, ＿しただろうに.
❺《時制の一致による will の過去形で》**＿するだろう**, ＿するつもりだ, ＿(する)だろう.
❻《ていねいまたは控えめな言い方で》**＿(する)だろう**.

- -

❶ He *would* say so when he was young. 彼は若いときよくそう言ったものだった.

❷ He *would* climb mountains even if his parents objected. 彼は両親が反対しても山に登ると言ってきかなかった / The bottle cap *would* not come off. びんのふたはどうしてもとれなかった.

❸ If I had a chance, I *would* try. 機会があればやってみたいのだが(機会がないからやらない) / If you were here with us, it *would* be fun. もしあなたがいっしょにここにいるのなら楽しいのに.

❹ We *would have come* if it had not rained. 雨が降らなければ来たかったのですが(降ったので来なかった) / If you had helped him, he *would* not *have failed*. もし君が彼を助けていたら, 彼は失敗しなかっただろうに(助けなかったから失敗した).

❺ I said he *would* come soon. (＝I said, "He will come soon.") 私は彼はすぐ来るでしょうと言った / I said I *would* keep my promise. (＝I said, "I will keep my promise.") 私は約束は守りますと言った / I thought she *would* be about sixty years old. 私は彼女は60歳くらいだろうと思った.

❻ You *would* doubt it, but he failed. 信じないでしょうけれども, 彼は失敗したのです / That *would* be nice. それでけっこうだと思います.

Would you ＿? 《◎相手に対するていねいな依頼や勧誘を表わす》**＿していただけませんか**; ＿なさいませんか: *Would you* please help us? 私たちを手伝っていただけないでしょうか (◎**Will you ＿?** よりもていねいな言い方).

Would you speak a little louder?

「もう少し大きい声で言ってくださいませんか」

would-be /wúdbìː ウド・ビー/ 形 …になるつもりの, なりたがっている. ▶a *would-be* writer 物書きになりたがっている[作家志望]の人.

*****would・n't** /wúdnt ウドント/《**would not** の短縮形》❶《時制の一致による **won't** の過去形》**＿しないだろう**.
❷《仮定法の文の主節で》ⓐ (もしも…ならば)**＿しないだろう**.
ⓑ《**wouldn't have**＋過去分詞で》(もしも…だったならば)**＿しなかっただろう**.
❸《過去の強い意志を表わして》**どうしても**

wound

＿しようとしなかった.

❶I thought she *wouldn't* come. 私は彼女は来ないだろうと思った.
❷ⓐIf it were not raining, the children *wouldn't* be at home. 雨が降っていないなら、子どもたちは家にはいないでしょう(降っているからいる).
ⓑShe *wouldn't have come* if she hadn't finished her work. 彼女は仕事を終えていなかったら、来なかったでしょう(終えていたから来た).
❸The cow *wouldn't* move. 牛はどうしても動こうとしなかった.

Wouldn't you ＿? 《相手に対するていねいな勧誘を表わす》＿なさいませんか: *Wouldn't you* join us? 私たちの仲間に入りませんか(✿Won't you ＿? よりていねいな言い方).

***wound**¹ /wáund ワウンド/《★発音注意》動 wind²の過去形・過去分詞形.

***wound**² /wúːnd ウーンド/《★発音注意》名 (複 ~s /-dz/) Ⓒ ❶負傷, 傷, けが.
❷(感情・名誉などを)傷つけるもの.
— 動 (~s /-dz/; ~ed /-id/; ~ing) 他
❶…に傷をつける, …を負傷させる(☞injure の 類語).
❷(感情・名誉など)を傷つける.

名 ❶a knife *wound* ナイフの傷 / a fatal [mortal] *wound* 致命傷.
❷a *wound* to his pride〔honor〕彼の誇り〔名誉〕を傷つける
— 動 ❶He was *wounded* in the left leg. 彼は左足を負傷した. ❷You must not *wound* her feelings. 君は彼女の感情を害してはいけない.

wound·ed /wúːndid ウーンディド/ 形
❶傷ついた, 負傷した.
❷(感情・名誉などを)傷つけられた.
▶❶a *wounded* soldier 負傷兵.
❷*wounded* pride 傷つけられたプライド.

wove /wóuv ウォウヴ/ 動 weaveの過去形.

wo·ven /wóuvən ウォウヴン/ 動 weave の過去分詞形.

wow /wáu ワウ/ 感 うわー, ああ《驚き・称賛の叫び》.

wran·gle /ræŋɡl ラングル/ 動 (現分 wrangling) 自 やかましく口論する.
— 名 Ⓒ やかましい口論.

***wrap** /rǽp ラップ/《★発音注意》動 (~s /-s/; wrapped /-t/; wrap·ping) 他
❶(紙・布・衣類などで)…を**包む**, くるむ (反 unwrap). ❷…を**巻きつける**, 掛ける. ❸(霧などが)…を包む.
— 名 Ⓒ 包むもの, ラップ.

動 他 ❶Please *wrap* this gift. このプレゼントを(包装紙に)包んでください / She *wrapped herself* in a fur coat. 彼女は毛皮のコートにくるまった.
❷The girl *wrapped* a scarf around her neck. 少女はスカーフを首に巻いた.

***be wrapped up in* ...** ①…に包まれている. ②…に気を奪われている.

wrap up 他 ①…を包む: *Wrap* them *up* as gifts, please. それらを贈りものとして包装してください. ②…に暖かい衣類を着せる. ③(事実など)を包み隠す. ④《口語》…を終わらせる, かたづける. — 自 暖かい衣類を着る.

wrap·per /rǽpər ラパ/ 名 Ⓒ 包むもの, 包み紙.

wrap·ping /rǽpiŋ ラピング/ 名 ⓊⒸ 包装材料, 包装紙〔布〕.

wrápping pàper 名 Ⓤ 包装紙, 包み紙.

wrath /rǽθ ラス | rɔ́θ/ 名 Ⓤ《文語》激怒.

wreath /ríːθ リース/ 名 (複 ~s /ríːðz/) Ⓒ (花・葉・枝を編んで作った)輪.

wreath

***wreck** /rék レック/ 名 (複 ~s /-s/)
❶Ⓒ(船・車・列車などの)**事故**.
❷Ⓒ《米》(破壊された)船・車・列車・飛行機・建物などの)**残骸**.
❸Ⓒ こわれて使えそうもないもの.
❹Ⓒ(心身が)だめになった人.
— 動 (~s /-s/; ~ed /-t/; ~·ing) 他

1566　　　　　　　　　　　　　　　　　　　　one thousand five hundred and sixty-six

wring

❶(船)を**難破**させる.
❷(車・建物など)をめちゃめちゃに破壊する.
❸…をだいなしにする, めちゃめちゃにする.

名 ❶The storm caused a lot of *wrecks*. そのあらしは多くの難破[衝突など]事故を引き起こした.
— 動 他 ❶The ship *was wrecked* on a rock. 船は岩に乗り上げて難破した. ❷The collision *wrecked* his car. その衝突事故で彼の車はめちゃめちゃになった. ❸The snow *wrecked* our plan. その雪でわれわれの計画はめちゃめちゃになった.

☞ 名 wreckage.

wreck·age /rékidʒ レキヂ/ 名 U ❶ (車・飛行機・建物などの)残骸, 破片.
☞ 動 wreck.

wreck·er /rékər レカ/ 名 C ❶ (米) (事故や不法駐車の車を移動させる)レッカー車. ❷ (米)建物解体業者.

wren /rén レン/ 名 C 【鳥類】ミソサザイ.

wrench /réntʃ レンチ/ 名 (複 ~es /-iz/) C ❶急に激しくねじること. ❷ (米)レンチ, スパナ《ナット(nut)を締めたりゆるめたりする工具; ※(英)では spanner》. ❸つらいこと.
— 動 (~es /-iz/; ~ed /-t/; ~ing) 他 ❶…をぐいとねじる, ねじり取る.
❷(足首など)をねんざする, くじく.
▶ 名 ❶He gave the handle a *wrench*, but the door would not open. 彼はドアの取っ手をぐっと回したがドアはあかなかった.
— 動 他 ❶The policeman *wrenched* the pistol *from* the bank robber's hand. 警官はその銀行強盗の手からピストルをもぎ取った.

wrest /rést レスト/ 動 他 …をねじり取る, もぎ取る. ▶He *wrested* the knife *from* the burglar. 彼は強盗からナイフをもぎ取った.

wres·tle /résl レスル/ 《★ w と t は発音されない》動 (~s /-z/; wres·tled /-d/; wres·tling) 自 ❶取っ組み合う, レスリングをする. ❷取り組む.
— 他 …と取っ組み合いをする, レスリングをする.

▶ 自 ❶He *wrestled with* Robert. 彼はロバートと取っ組み合いになった.
❷*wrestle with* a difficult math problem 難しい数学の問題に取り組む.
— 他 I *wrestled* him to the floor. 私は彼を床にねじふせた.

wres·tler /réslər レスラ/ 名 C レスリング選手.

wres·tling /réslɪŋ レスリング/ 名 U レスリング.

wretch /rétʃ レッチ/ 名 (複 ~es /-iz/) C 《文語》哀れな人, みじめな人.

wretch·ed /rétʃid レチッド/ 《★発音注意》形 ❶みじめな, 不幸な, 悲惨な.
❷ひどい, 不快な.
▶ ❶live a *wretched* life 悲惨な生活をする / feel *wretched* みじめな気持ちになる.

wretch·ed·ness /rétʃidnəs レチドネス/ 《★発音注意》名 U ❶悲惨, みじめさ.
❷ひどさ.

wrig·gle /rígl リグル/ 動 (現分 wrig·gling) 自 ❶体をくねらす, もじもじする.
❷体をくねらせて進む.
— 他 (体・尾など)をくねくね動かす.
▶ 自 ❶The boy kept *wriggling* in his seat. その少年は座席でもじもじし続けていた. ❷The snake *wriggled* across the path. そのヘビはくねくねと道を横切って行った.

wriggle out of ... …からなんとかうまく抜け出す.

Wright /ráit ライト/ 名 ライト《**Or·ville** /ɔ́ːrvil/ Wright (1871–1948) 弟; **Wil·bur** /wílbər/ Wright (1867–1912) 兄; 1903年に人類最初の動力飛行に成功したアメリカ人の兄弟》.

wring /ríŋ リング/ 動 (~s /-z/; wrung /rʌ́ŋ/; ~ing) 他 ❶…を絞(しぼ)る, 強くねじる.
❷《wring ... out of ~》❶(水分)を〜から絞り出す.
❶を〜からむりやり取る[引き出す].
❸(手)をかたく握る.
— 名 C ❶絞(しぼ)ること, ひと絞り.
❷ぐっと握ること.
▶ 動 他 ❶She *wrung* her wet towel. 彼女はぬれたタオルを絞った. ❷❶He *wrung* the water *out of* his wet shirt. 彼はぬれたワイシャツの水を絞った.

wrinkle

ⓑWe *wrung* the truth *out of* him. われわれはむりやり彼に本当のことを言わせた.
wring one's hands (気の動転・恐怖などで)手を握り合わせる.
wring out ⓣ…から絞って水をとる.
wrin·kle /ríŋkl リンクル/ 图ⓒ(皮膚・布などの)しわ.
— 動 (~s /-z/; -kled /-d/; -kling) ⓣ…にしわを寄せる.
— ⓘしわが寄る,しわになる.

图 *wrinkles* in *one's* face 顔のしわ / a dress full of *wrinkles* しわだらけの服.
— 動 ⓣ He *wrinkled* his forehead. 彼は額にしわを寄せた[まゆをひそめた].
— ⓘ This cloth *wrinkles* easily. この生地(きじ)はすぐしわになる.
wrin·kled /ríŋkld リンクルド/ 形しわの寄った.
*__**wrist**__ /ríst リスト/ 图(複 ~s /-ts/)ⓒ手首. ▶He grabbed me by the *wrist*. 彼は私の手首をぐっとつかんだ.
wrist·watch /rístwɑtʃ リストワッチ/ 图 (複 ~es /-iz/)ⓒ腕時計 (✿単に watch ともいう)).
writ /rít リット/ 图ⓒ【法律】令状.

***__**write**__** /ráit ライト/ 動 (~s /-ts/; wrote /róut/; writ·ten /rítn/; writ·ing)
ⓣ❶ⓐ(文字・文章など)を**書く**.
ⓑ(小説・論文・本など)を書く,(詩・歌)を作る,(音楽)を作曲する.
ⓒ《*write (that)* __》__ということを書く.
❷ⓐ(手紙)を**書く**.
ⓑ《米口語》…に手紙を書く.
ⓒ《*write ~ ... または write ... to ~*》~に…(手紙)を書く;〜に…を手紙で知らせる.
ⓓ《*write (that)* __》__ということを手紙に書く,手紙で知らせる.
❸(コンピューターのプログラム)を書く.
— ⓘ❶字を書く.
❷文章を書く,小説[詩・劇(など)を]書く,作曲する.
❸手紙を書く.
❹(ペンなどが)書ける.

ⓣ❶ⓐThe teacher *wrote* her name on the blackboard. 先生は自分の名前を黒板に書いた / Don't *write* your answers in red ink〔with a pencil〕. 赤インク〔鉛筆〕で答を書いてはいけません.
ⓑHe *wrote* a lot of novels. 彼はたくさんの小説を書いた / *write* a symphony 交響曲を作る.
ⓒHe *wrote* in the preface *that* he owed a lot to his wife. 彼は(本の)まえがきに自分の妻の助けが大きかったと書いた.
❷ⓐShe *wrote* the letter in Spanish. 彼女はその手紙をスペイン語で書いた.
ⓑShe *wrote* her mother once a month. 彼女は月に1度お母さんに手紙を書いた (✿(英)ではふつう *wrote to* her mother という)).
ⓒHe *wrote* her a letter.=He *wrote* a letter *to* her. 彼は彼女に手紙を書いた / Please *write* me the results as soon as possible. できるだけ早く結果を手紙で知らせてください.
ⓓShe *writes that* she is getting better. 彼女はだんだん回復しつつあると手紙に書いてきている.
— ⓘ❶The child can read and *write*. その子は読み書きができる / She *writes* very badly. 彼女はとても字[文章]がへただ / *write* with a pencil [in pencil] 鉛筆で書く. ❷She *wrote* on pollution in the area. 彼女はその地域の汚染について書いた.
❸*Write* to me soon. 早く手紙をください / He *writes* home once a week. 彼は週に1回家に手紙を書く.
❹This pen *writes* well. このペンはよく書ける.

write back ⓘ手紙で返事を書く:She *wrote back* thanking him. 彼女は彼にお礼の返信を書いた.
write down ⓣ…を**書き留める**,記録する:You should *write* his address *down* in case you forget it. 忘れるといけないから彼の住所を書き留めておいたほうがよい.
write for ... ①(新聞・雑誌など)に寄稿す

abcdefghijklmnopqrstuv**w**xyz　　　　　　　　　　**wrong**

る.
②…を手紙で求める:He *wrote* (to) me *for* advice. 彼は私に助言を求める手紙をよこした.
write in 他 …を書きこむ, (文書中)に書き入れる.
write off 他 ①(負債など)を帳消しにする. ②…を無価値だとする. ③…を損失[失敗]とみなす.
write off for ... …を手紙で求める.
write out 他 ①…を(略さずに)全部書く, きちんと[正式に]書く. ②…を全部書き直す.
write up 他 ①(できごとなど)を詳しく略さずに書く. ②(メモなど)をまとめてレポートにする.
《同音異形語》right, rite.

***writ·er** /ráitər ライタ/ 名 (複 ~s /-z/) C
❶作家.
❷書く[書いた]人, 筆者.

❶a woman *writer* 女流作家 / a popular *writer* 流行作家.
❷Who is the *writer* of this letter? この手紙の筆者はだれですか.

write-up /ráitʌp ライタップ/ 名 《口語》 C (新聞・雑誌などの)(演劇や新製品などについての)記事.

writhe /ráið ライズ/ 動 (現分 writh·ing) 自 もだえ苦しむ.

***writ·ing** /ráitiŋ ライティング/ 名 (複 ~s /-z/)
❶ U 書くこと, 執筆.
❷ U 筆跡.
❸ U 書いた物, 文書.
❹《複数形で》**作品集**, 著作集.

❶He is busy with his *writing*. 彼は執筆で忙しい. ❷I cannot read your *writing*. 君の字は私には読めない.
❹the *writings* of Hemingway ヘミングウェイの著作集.
in writing 文書にして.

wríting dèsk 名 C (引き出しつきの)書き物机.

wríting pàper 名 U 便箋(びんせん).

***writ·ten** /rítn リトン/ 動 writeの過去分詞形. ── 形 ❶**書かれた**, 文書にした (反 oral, unwritten, verbal).
❷書くときに用いる, 書きことばの (《◎「口語の」は spoken》).

形 ❶a *written* examination 筆記試験 / *written* law 成文法.
❷*written* English 書きことばの英語.

****wrong** /rɔ́(ː)ŋ ロ(ー)ング/ 形 (more ~; most ~)
❶**まちがっている**, 誤った (反 right).
❷**不適当な**, ふさわしくない (反 right).
❸(道徳的に)**悪い**, 不正な (反 right).
❹故障した, ぐあいが悪い, 調子が悪い.
❺逆の, 裏の (反 right).
── 副《ふつう文の終わりで》**まちがって**; 逆に, あべこべに.
── 名 (複 ~s /-z/) ❶ U **悪**, 不正 (反 right).
❷ C よくないこと, **不当なこと**, 虐待(ぎゃくたい).
── 動 他 …を不当に扱う, 虐待する.

形 ❶I am afraid you are *wrong*. あなたの言っている[考えている]ことはまちがいではないでしょうか / He gave the *wrong* answer. 彼は誤った答えをした / Sorry, you have the *wrong* number. 《電話》お気の毒ですが番号がちがいます / He took the *wrong* bus. 彼は行き先のちがうバスに乗ってしまった / I was *wrong*. I thought she was your cousin. 私はまちがっていました. 彼女はあなたのいとこばかり思っていました.
❷He is the *wrong* person for the job. 彼はその仕事には向いていない / That was the *wrong* time to visit her. あの時間は彼女を訪問するのに適当な時間ではなかった.
❸Telling lies is *wrong*.＝It is *wrong* to tell lies. うそをつくのは悪いことだ / What is *wrong* with telling her the truth? 彼女に本当のことを話してどこが悪いのか(いいではないか) / *It was wrong of* me *to* ride his bicycle without (his) permission. (＝I was *wrong* to ride his bicycle without (his) permission.) 彼の許可なしに彼の自転車に乗ったのは私が悪かった / *Is it wrong for* me *to* receive the same pay as you? 私があなたと同じ給料をもらうのはよくないことですか / *It is wrong that* you blame her. 君が彼女を非難するのは不当だ.

1569

Y¹, y /wái ワイ/ 名 (複 Y's, Ys, y's, ys /-z/) UC ワイ《英語アルファベットの25番目の文字》.

¥, Y² /jén イェン/《略語》yen《日本の貨幣単位である円の記号》. ▶¥500 500円《✿ five hundred yen と読む》.

ya /jə ヤ/《口語》＝ **you**.

yacht /jɑ́t ヤット/ 名 C ❶ ヨット《レースなどに用いられる小型の帆船》.
❷ ヨット《動力つきの大型で豪華なレジャー用の船》.

yacht·ing /jɑ́tiŋ ヤティング/ 名 U ヨットを走らすこと, ヨット遊び.

yachts·man /jɑ́tsmən ヤツマン/ 名 (複 yachts·men /-mən/) C 男性のヨット操縦者.

yachts·wo·man /jɑ́tswùmən ヤツウマン/ 名 (複 yachts·wom·en /-wìmin/) C 女性のヨット操縦者.

yak¹ /jǽk ヤック/ 名 (複 yak, ~s /-s/) C 【動物】ヤク《中央アジア産の毛の長い牛》.

yak² /jǽk ヤック/ 動 国《米口語》ぺちゃくちゃしゃべる.

Yále U·ni·vèr·si·ty /jéil- イェイル-/ 名 エール大学《アメリカ東部のコネティカット (Connecticut) 州にある大学; ☞ Ivy League》.

yam /jǽm ヤム/ 名 UC ❶【植物】ヤム《ヤマイモの一種》. ❷《米》サツマイモ.

Yan·gon /jæŋɡɔ́ːn ヤンゴーン/ 名 ヤンゴン《ミャンマーの首都; 旧名 Rangoon》.

Yang·tze /jæŋtsí: ヤンツィー ｜ jǽŋtsi/ 名《the をつけて》長江, 揚子江(ﾖｳｽ)《中国最大の川》.

yank /jǽŋk ヤンク/ 動 他 …をぐいと引っぱる.
— 自 ぐいと引く.

Yan·kee /jǽŋki ヤンキ/ 名 C ヤンキー《アメリカ北東部, とくにニューイングランド (New England) の人》;《軽蔑(ｹｲﾍﾞﾂ)的に》アメリカ人.
— 形 ヤンキー(流)の, アメリカ流の.

yap /jǽp ヤップ/ 動 (~s /-s/; yapped /-t/; yap·ping) 自 (小犬が)キャンキャンほえたてる.
— 名 C (小犬のキャンキャンいう)ほえ声.

***yard¹** /jɑ́:rd ヤード/ 名 (複 ~s /-dz/) C ヤード《長さの単位; 3フィート (feet); 約91.4 cm; ✿ yd(s). と略す》; ヤール《布地の長さの単位》.
▶by the *yard* ヤール単位で.

***yard²** /jɑ́:rd ヤード/ 名 (複 ~s /-dz/)
❶ C ⓐ《米》(家などの周囲の)(芝生(ｼﾊﾞﾌ)の)庭. ⓑ《英》(建物に隣接していてふつうは塀などに囲まれた)庭, 中庭, 構内《ふつう舗装してある; ☞ garden》.
❷ C《ふつう他の語と結合して》(塀などに囲ま

(1)	fence	垣根
(2)	balcony	バルコニー
(3)	lawn mower	しば刈り機
(4)	sprinkler	スプリンクラー
(5)	terrace	テラス
(6)	flower bed	花壇
(7)	birdbath	小鳥用水盤
(8)	walk	歩道
(9)	trellis	格子(ｺｳｼ)棚

yard

れた)仕事場, 運動場; (材料などの)置き場.
❸《英》(小さな家の)裏庭.
[INFO] アメリカのふつうの家では歩道から芝生(しばふ)が建物まで続いており, これをふつう front yard という. 建物の裏にある庭(backyard) のほうが広く, yard といえば backyard をさすことが多く, その一部は菜園や花園になっている.

❷a brick*yard* れんが製造所 / a lumber*yard* 《米》材木置き場 《✪《英》では timber-yard》/ a school*yard* 校庭.

yárd sàle [名][C]《米》ガレージセール《庭で不要になった衣類・家具などを売る; ☞ garage sale》.

yard·stick /jáːrdstìk ヤードスティック/ [名][C] ❶ヤード尺《木または金属製の長さ1ヤードのものさし》. ❷(判断・比較の)基準.

yarn /jáːrn ヤーン/ [名](複 ~s /-z/)
❶[U](編物用の)毛糸.
❷[C]《口語》(長い)ほら話, 作り話.

*__yawn__ /jɔ́ːn ヨーン/ [動](~s /-z/; ~ed /-d/; ~ing)[自] ❶**あくびをする**.
❷(割れ目などが)大きく開く.
— [名](複 ~s /-z/)[C] ❶**あくび**. ❷退屈(たいくつ)な人[もの].
▶[動][自] ❶*yawn* widely 大あくびをする.

yd. 《略語》yard(s)[1].

yds. 《略語》yards[1].

ye /《弱》ji イ; 《強》jíː イー/ [代]《古語》《thou の複数形》あなたがたは.

yea /jéi イェイ/ [名][C]ⓐ賛成票 ([反] nay). ⓑ賛成投票者.

*__yeah__ /jéə イェア, jǽə/ [副]《口語》= yes.

***year** /jíər イア | jə́ː/ [名] (複 ~s /-z/)

❶[C](暦の上の)**年**.
❷[C](時の長さとしての) **1年(間)**.
❸[C]《数詞の後で》…**歳**.
❹《複数形で》《口語》長い年月, 多年.
❺[C]年度, 学年.

❶My grandmother died last *year*. 私の祖母は昨年なくなった / I'm going to study in Britain next *year*. 私は来年イギリスで勉強するつもりです.

[語法] year に last, next のほか次のような語句がつくと前置詞なしで副詞句として用いられる: this year 今年 / that year その年に / every year 毎年 / the year before last 一昨年, おととし / the year after next さ来年.

❷It is [has been] just a *year* since I came to Japan. 私が日本に来てちょうど1年になる / She has been dead for three *years*. = Three *years* have passed since she died. 彼女が死んで3年になる / a five-*year* plan 5か年計画.
❸She is fifteen *years* old. 彼女は15歳です.
❹It is [has been] *years* since I left Tokyo. 東京を離れてからずいぶん久しくなる / He died *years* ago. 彼はなん年も前に死んだ.
❺the fiscal *year* 会計年度 / the school [academic] *year* 学年 《✪ヨーロッパやアメリカではふつう9月に始まり6月に終わる》.

all (the) year round **1年中**: It is warm here *all (the) year round*. ここは1年中暖かい.

a year ago today 1年前のきょう.

a year* (《米》*from*) *today 1年後のきょう.

by the year 1年単位で: We rent the house *by the year*. 私たちは家を1年単位で借りている.

every other* [*second*] *year 1年おきに.

for years 何年もの間: I haven't seen her *for years*. ここ何年も彼女に会っていない.

in a year 1年たてば, 1年で: Swallows will be back *in a year*. ツバメは1年たてば戻ってくる.

in years 《否定文で》= for *years*.

year after year **毎年毎年**: He comes here for his health *year after year*. 彼は毎年ここに保養に来る.

year by year **年々**, 年ごとに: *Year by year* we grow a little older. 年々われわれは少しずつ年をとる.

year in(,)* [*in and*] *year out = *year* after *year*.

☞ [形]yearly.

year·book /jíərbùk イアブック/ [名][C] ❶年鑑, 年報. ❷《米》(高校・大学の)卒業

yearling

アルバム《写真のほかにクラブ活動や行事などが記録されている》.

year·ling /jíərliŋ イアリング/ 名C満1歳の動物《満1歳以上で満2歳未満》.

year·long /jíərlɔ́(ː)ŋ イアロ(ー)ング/ 形 1年間続く, 1年を通じた.

***year·ly** /jíərli イアリ | jə́ː-/ 形 年1回の; 毎年の《☞ weekly》.
— 副 年に1度; 毎年.
▶形 a *yearly* meeting 毎年1回開かれる会 / a *yearly* income of $ 30,000 3万ドルの年収.
☞ 名 year.

yearn /jə́ːrn ヤーン/ 動(自)《文語》切望する.

yearn·ing /jə́ːrniŋ ヤーニング/ 名U切望.

year-round /jíər-ráund イア・ラウンド/ 形副 一年中(の), 年間を通して(ある).

yeast /jíːst イースト/ 名U イースト, 酵母(ぼ).

***yell** /jél イェル/ 動(~s /-z/; ~ed /-d/; ~·ing)(自)《怒り・恐怖・興奮などで》**大声で叫ぶ**, わめく.
— (他)…を大声で叫ぶ.
— 名(複 ~s /-z/)C《怒り・恐怖・興奮などの》**叫び声**, わめき.
▶動(自) He got angry and *yelled* at us. 彼はおこって私たちをどなりつけた / *yell* for help 大声で助けを呼ぶ.
— (他) We *yelled* our good-byes to him. わたしたちは大声で彼にさよならを言った.

*****yel·low** /jélou イェロウ/ 形 (~·er; ~·est) **黄色い**.
— 名U **黄色**《☞ rainbow》.
— 動(自)黄色になる.

形 Poplars turn *yellow* in the fall. ポプラ(の葉)は秋になると黄色になる / a *yellow* flag 黄色い旗.
— 動(自) The curtains have *yellowed*. カーテンは黄色くなっている.

yéllow cárd 名C【サッカー】イエローカード《レフェリーが選手に警告を与える時に示す黄色のカード; ☞ red card》.

yéllow féver 名U【医学】黄熱病.

Yéllow Páges 名(複)《the をつけて》職業別電話帳[欄].

Yéllow Ríver 名《the をつけて》黄河《☞ 中国北部の大河》.

Yéllow Séa 名《the をつけて》黄海《東シナ海北部の海》.

Yéllowstone Nátional Párk 名 イエローストーン国立公園《アメリカのワイオミング, モンタナ, アイダホの3州にまたがるアメリカ最古の国立公園》.

yelp /jélp イェルプ/ 動(自)《苦痛や興奮で》叫び声をあげる.
— 名C《苦痛や興奮を示す》叫び声.

Yem·en /jémən イェメン/ 名 イエメン《アラビア半島南部の共和国》.

yen /jén イェン/ 名(複 yen)C 円《日本の貨幣単位; ◎ ¥ または Y と略す》.
▶ I bought this for 3,000 *yen*. 私はこれを3000円で買った.

yep /jép イェップ/ 副《口語》= yes《◎最後の /p/ の音はくちびるを閉じたまま離さない; ☞ nope》.

****yes** /jés イェス/ 副
❶ⓐ《肯定の質問に答えて》**はい**, そうです.
ⓑ《否定の質問に答えて》いいえ.
❷《呼ばれて》はい.
❸《同意を示して》そうです, その通りです.
❹《上昇調で発音して》《疑ったり話をうながして》ほんとうですか, それで.
❺《強調的に》それに, その上に, しかも.
— 名C 「はい」という返事[ことば].

INFO Yes と No の使いわけはうっかりまちがえることが多い. 日本語は「はい」「いいえ」のあとに否定も肯定もくるからである. "Isn't it cold?"《寒くはありませんか》に対して「ええ, 寒くはありません」の英語は "No, it isn't." になり, 「いいえ, 寒いですよ」は "Yes, it is." になる. つまり英語では否定の質問であろうと肯定の質問であろうと, 答えが否定なら No, … であり, 肯定なら Yes, … である.

「あなたはそれを知らないのですか」
「いいえ, 知っています」

副 ❶ⓐ 対話 "Do you know that?"–

abcdefghijklmnopqrstuvwxyz　　　　　　　　　　　　**yield**

"*Yes*, I do."「それを知っていますか」「はい, 知っています」.
❻対話 "Don't you know that?"–"*Yes*, I do."「それを知らないんですか」「いいえ, 知っています」.
❷対話 "John!"–"*Yes*, Mom."「ジョン」「はいおかあさん」.
❸ "This is a good picture."–"*Yes*, but I prefer that one."「これはよい絵ですね」「そうですね, だけど私はあのほうが好きです」.
❹対話 "She is good at singing."–"*Yes*?"「彼女は歌が得意なんです」「ほんとうですか」 / "I went to the railroad station this morning."–"*Yes*?"「私はけさ駅へ行きました」「それで」.
❺ He wrote the play, *yes*, and he acted the hero himself. 彼がその劇を書きました. しかも自分で主役を演じたのです.

yes‧ter‧day /jéstərdèi イェスタデイ, -di/ 副 **きのう(は)**.
— 名 ❶ⓐ Ⓤ **きのう**.
ⓑ《形容詞的に》きのうの.
❷ Ⓤ 最近, 近ごろ.

副 I stayed home *yesterday*. 私はきのう家にいました / *Yesterday* he was very angry. きのうは彼はとても腹を立てていた.
— 名 ❶ⓐ *Yesterday* was your birthday, wasn't it? きのうはあなたの誕生日でしたね / *yesterday*'s newspaper きのうの新聞.
ⓑ I met her *yesterday* evening. 私は昨晩彼女に会った / *yesterday* morning きのうの朝.
❷ a thing of *yesterday* 最近の事.
the day before yesterday おととい
(☞成句 the day after tomorrow (⇨ tomorrow 名)): It rained *the day before yesterday*. 一昨日(ｉっさくじつ)は雨が降った.

yet 副 /jét イェット/
❶《否定文で》**まだ…ない**.
❷《肯定の疑問文で》**もう**, すでに.
❸《肯定文で》(今のところ)まだ.
❹ まだその上に, さらに.

❺《比較級を強めて》なおいっそう, さらに.
❻ やがては, いつかは, そのうちに.
— 接 /jet イェット/ **それにもかかわらず**, しかしそれでも.

副 ❶ She has not come *yet*. ＝ She has not *yet* come. 彼女はまだ来ていない.
❷ Has the bell rung *yet*? もう鐘が鳴りましたか / Is it raining *yet*? もう雨が降っていますか.
❸ He looks young *yet*. 彼はまだ若く見える.

語法 still は単純に「まだ(…だ)」の意味だが, yet は「でもやがてはそうではなくなる」という気持ちを含む.

❹ He sang the song *yet* once more. 彼はその歌をさらにもう1回歌った.
❺ She became *yet* more excited. 彼女はさらにいっそう興奮した.
❻ He may *yet* get rich. 彼はやがては金持ちになるかもしれない.
— 接 You promised, *yet* you have done nothing. 君は約束したが, それなのに何もしていない.

and yet それにもかかわらず, しかし: It is strange, *and yet* true. 不思議だが本当だ.
as yet《ふつう否定文で》(将来のことはわからないが)今までのところでは: He has not *as yet* arrived. 彼は今のところまだ到着していない.
be yet to *do* まだ__してない: The time *is yet to* come. その時はまだ来ていない(これからくる).
have yet to *do* まだ__していない: I *have yet to* ask my parents about it. まだ両親はそのことについては聞いていない.
not yet まだです: "Have you finished the work?"–"*Not yet*."「仕事は終わりましたか」「(いや)まだです」.

yew /júː ユー/ 名 Ⓒ【植物】イチイ《常緑樹でしばしば墓地に植えられる》.

*****yield** /jíːld イールド/ 動 (〜s /-dz/; 〜ed /-id/; 〜ing) 他 ❶ⓐ(作物など)を**生産する**. ⓑ(利益など)を生む, (結果など)を出す. ❷(要求などにより)…を**ゆずる**, 与える, 認める.

Y.M.C.A.

❸《圧迫や強制されて》…を放棄する,明け渡す.
— ⑧ ❶《yield to ...》…**に屈服する**,従う,負ける.
❷《圧力・重みなどで》曲がる,たわむ,つぶれる,こわれる.
❸《米》《他方向からの車に》先をゆずる.
— 图 (複 ~s /-dz/) Ⓒ ❶ **生産[産出]額**, 収穫高.
❷収益, 利回り.

動 ⑲ ❶ⓐ This land *yields* heavy crops. この土地からは収穫がたくさんある / Cows *yield* milk. 雌牛(%)は乳を出す. **ⓑ** His effort didn't *yield* any result. 彼の努力はなんの成果ももたらさなかった / *yield* a profit 利益を出す.
❷ He *yielded* his rights to her. 彼は自分の権利を彼女にゆずった / She unwillingly *yielded* her consent to the plan. 彼女はしぶしぶその計画に承諾を与えた.
— ⑧ ❶ The government *yielded* to their demand. 政府は彼らの要求に屈した / *yield* to pressure 圧力に屈する.
❷ The floor *yielded* under the weight. 床は重みでたわんだ[抜けた] / The gate *yielded* to the strong push. 強く押したら門があいた.
❸ *YIELD*《他方向からの車に》先をゆずれ《アメリカの道路標識に用いる; ⇨《英》ではGIVE WAY》.

Y.M.C.A. /wáiemsìːéi ワイエムスィーエイ/《略語》Young Men's Christian Association キリスト教青年会《☞Y.W.C.A.》.

yo·del /jóudl ヨウドル/ 動 (~s /-z/; ~ed,《英》yo·delled /-d/; ~·ing,《英》yo·del·ling)⑲ ヨーデルで歌う《裏声をはさみながら歌う》.

Yo·ga, yo·ga /jóugə ヨウガ/ 图 Ⓤ ヨガ(の行(%)). ▶do *yoga* ヨガを行なう.

yo·ghurt /jóugərt ヨウガト/ 图 = yogurt.

yo·gurt /jóugərt ヨウガト/ 图 Ⓤ Ⓒ ヨーグルト.

yoke /jóuk ヨウク/ 图 (複 ~s /-s/) ❶ Ⓒ 《一対の牛を首のところでつなぐ》くびき.
❷《the をつけて》《文語》束縛.

yolk /jóuk ヨウク/《★lは発音されない》图 Ⓤ Ⓒ《卵の》黄身《⇨「白身」は white》.

yon·der /jándər ヤンダ/ 副《文語》あそこに, 向こうに.

York /jɔ́ːrk ヨーク/ 图 ヨーク《イングランドのノースヨークシャー (North Yorkshire) の州都》.

York·shire /jɔ́ːrkʃiər ヨークシア/ 图 ヨークシャー《イングランド北東部の旧州; 現在は分割されている》.

Yórkshire púdding 图 Ⓤ Ⓒ ヨークシャープディング《小麦粉, 卵, ミルクを混ぜローストビーフの焼き汁で焼いたもの; ローストビーフに添える》.

Yórkshire térrier 图 Ⓒ ヨークシャーテリア《小さなむく毛のテリア》.

Yo·sem·i·te /jousémət̬i ヨウセミティ/《★発音注意》图 ヨセミテ《アメリカのカリフォルニア州東部シエラネバダ山脈中の深い渓谷(%); 一帯はヨセミテ国立公園 (**Yosémite Nátional Párk**) になっている》.

you /《弱》ju ユ;《強》júː ユー/ 代《⇨所有格 your, 目的格 you, 所有代名詞 yours, 複合人称代名詞 yourself; 複 所有格 your, 目的格 you, 所有代名詞 yours, 複合人称代名詞 yourselves》.
❶《主語として》**あなた(がた)は**, 君(たち)は, おまえ(たち)は.
❷《目的語として》**あなた(がた)を[に]**, 君(たち)を[に], おまえ(たち)を[に].
❸《一般の人をさして》人は.
❹《相手の人を含めてある地域, 場所の人々を表わして》《⇨日本語には訳さない》.

---

❶ *You* are a kind person. あなたは親切な人ですね.
❷ I love *you* all. 私はあなたがたみんなが好きです / This is for *you*. これはあなたにあげるものです(あなたの分です).
❸ *You* must be kind to others. 人には親切にすべきだ.
❹ Do *you* speak English in Canada? カナダでは英語を話しますか.

you'd /juː(ː)d ユ(ー)ド/《口語》
❶《you had² の短縮形》.
❷《you would の短縮形》.
▶❶ She said *you'd* already done your homework. 彼女は君はもう宿題を終えたと言っていたよ.
❷ You said *you'd* finish it by noon,

1576　　one thousand five hundred and seventy-six

abcdefghijklmnopqrstuvwxyz　　　　　　　　　　　yours

didn't you? お昼までにそれを終えるとあなたは言ったでしょう.

you'll /ju(ː)l ユ(ー)ル/ 《口語》《**you will** の短縮形》.
▶*You'll* be late if you don't hurry up. 急がないと遅れますよ.

young /jʌŋ ヤング/ 形 (young·er /jʌ́ŋgər/; young·est /jʌ́ŋgist/) (★比較級, 最上級では /-ŋg-/ となることに注意)
❶ⓐ **若い**; 若々しい; 歴史の浅い（反 old）.
ⓑ若い人向けの.
ⓒ《the をつけて; 複数扱いで》若い人々.
❷（子どもなどが）**幼い**, 年のいかない.
❸《比較級 **younger** で》**年下の**（☞ elder）; 《最上級 **youngest** で》**一番年下の**（☞ eldest, senior, junior）.
❹（同名の, 同姓の, または父子・兄弟などの）年下の方の.
― 名《複数扱いで》（動物の）子.

形 ❶ⓐ *Young* people are sometimes reckless. 若い人は向こうみずなところがある / He used to play football in his *young* days. 彼は若い時はフットボールをしたものです / He died *young*. 彼は若死にした / She looks *young* for her age. 彼女は年の割に若く見える / stay *young* 若さを保っている / a *young* organization 歴史の浅い組織.
ⓑThis dress is too *young* for you. このドレスはあなたには若向きすぎる.
ⓒ*the* educated *young* 教養ある若者たち.
❷*young* children 幼い子どもたち / a *young* sheep 子ヒツジ / the *young* ones 子どもたち; 動物の子, ひな.
❸You are two years *younger* than I [me].= You are *younger* than I [me] by two years. あなたは私より2歳年下です / Mike's *younger* brother マイクの弟 / my *youngest* child 私の一番下の子ども.
❹*young* Jones （父[兄]のほうでない）子ども[弟]のほうのジョーンズ / *young* Mrs. Brown ブラウンさんの若奥様.
　　　　　　　　　　　　☞ 名 youth.
young and old 《複数扱いで》老人も若

い人も: *Young and old* came together. 老人も若い人もともに集まってきた.

young at heart 気が若い: My grandpa is very *young at heart*. 私の祖父はまだとても気が若い.

young·er /jʌ́ŋgər ヤンガ/ 形 young の比較級（☞young ❸）.
young·est /jʌ́ŋgist ヤンギスト/ 形 young の最上級（☞young ❸）.

*young·ster /jʌ́ŋstər ヤングスタ/ 名 (複 ~s /-z/) C 子ども.

your /（弱）juər ユア | jɔː; （強）júər ユア | jɔ́ː/ 代 **あなた（がた）の**.
▶Is this *your* bag? これはあなたのバッグですか.

*you're /juər ユア | jɔə/ 《口語》
❶《you are¹ の短縮形》.
❷《you are² の短縮形》.
▶❶ *You're* Mr. Kemp, aren't you? ケンプさんですね. ❷ *You're* surfing the Net, aren't you? ネットサーフィンをしているのでしょう.

yours /júərz ユアズ | jɔ́ːz/ 代
❶ **あなた（がた）のもの**.
❷《副詞とともに手紙の結びで》敬具.
▶❶ My books are here; *yours* are there. 私の本はここにあるが, 君の（本）はそこにある.
❷ *Yours* sincerely = Sincerely *yours* 敬具.

対話
「これはあなたのですか」
「はい, そうです」

Is this *yours*?
Yes, it's mine.

... of yours あなた（がた）の…: a friend *of yours* あなたの友だち（✿「あなたの複数の友だちのうちの一人」の意）.

1577

yourself

*your･self /juərsélf ユアセルフ | jɔː-sélf/
代 ❶《他動詞や前置詞の目的語として》**あなた自身を[に]**.
❷《強調に用いて》あなた自身.
❸本来のあなた.

❶ Please take care of *yourself*. どうぞお体を大切に.
❷ Do it *yourself*. 自分でそれをしなさい / You *yourself* said so. あなた自身がそう言ったのだ.
❸ You are not quite *yourself* tonight. あなたは今夜どうかしている.

by yourself ①（他人から離れて）ひとりで，ひとりぼっちで：Why are you sitting (all) *by yourself*? なぜひとりっきりですわっているんですか. ②（他人の助けを借りずに）自分で，独力で：Can you do it *by yourself*? それをあなたはひとりでできますか.

for yourself ①自分のために：Please keep it *for yourself*. どうぞそれはあなたの分としてとっておきなさい. ②＝ *by yourself* ②.

*your･selves /juərsélvz ユアセルヴズ | jɔː-/
代 ❶《他動詞や前置詞の目的語として》**あなたたち自身を[に]**.
❷《強調に用いて》あなたたち自身.
❸本来のあなたたち[君たち].

▶ ❶ You must ask *yourselves* whether you are right or not. あなたがたは自分たちが正しいかどうかを自分自身に問わねばならない.
❷ You should do it *yourselves*. 君たちはそれを自分でやるべきだ.
❸ You are not *yourselves* today. きょうはいつもの君たちと違うね.

by yourselves ①（他人から離れて）あなたたちだけで. ②（他人の助けを借りずに）あなたたちだけの力で.

for yourselves ①あなたたち自身のために. ②＝ *by yourselves* ②.

*youth /júːθ ユース/ 名（複 ~s /júːθs, júːðz/）
❶ Ｕ **青年時代**，青春（期）；初期.
❷ Ｕ **若さ**，若々しさ.
❸ Ｃ （とくに男の）**若者**，ティーンエイジャー.

❹《**the**をつけて》若い人たち.

❶ I enjoyed sports in my *youth*. 私は若い頃スポーツを楽しんだ / during the *youth* of the country その国の初期（の時代）に.
❷ He has suddenly lost his *youth*. 彼は急に若さを失った.
❸ a *youth* of seventeen 17歳の若者.
❹ *the youth* of our nation わが国の若者たち.

☞ 形 young, youthful.

*youth･ful /júːθfəl ユースフル/ 形（more ~; most ~）❶**若々しい**，元気な.
❷若者の，若者らしい.

▶ ❶ The old man had a *youthful* spirit. その老人は若々しい精神の持ち主だった. ❷ *youthful* ambition 若者らしい野心.

☞ 名 youth.

yóuth hòstel 名Ｃ ユースホステル（ⓞ単に hostel ともいう；旅行する青年男女が安い費用で宿泊できる非営利的な宿泊施設）.

youths /júːθs ユースス, júːðz/ 名 youth の複数形.

*you've /juː(ː)v ユ(ー)ヴ/《口語》《you have² の短縮形》. ▶ *You've* never been to Hokkaido, have you? 君は北海道へは行ったことはないよね.

yo-yo /jóujòu ヨウ･ヨウ/ 名（複 ~s /-z/）Ｃ ヨーヨー（おもちゃ）.

yr.（略語）year.

yrs.（略語）years.

yuck /ják ヤク/ 感《口語》げっ，ひどい.

Yu･kon /júːkɑn ユーカン/ 名 ❶ ユーコン《カナダ北西部の準州》. ❷《**the** をつけて》ユーコン川《Yukon 地方に源を発してベーリング海 (the Bering Sea) に注ぐ川》.

yum･my /jámi ヤミ/ 形《口語》おいしい.

yup･pie /jápi ヤピ/ 名Ｃ ヤッピー《若くて高所得，ぜいたくな生活をする人》.

Y.W.C.A. /wáidʌ̀blju:sìː éi ワイダブリュースィーエイ/（略語）Young Women's Christian Association キリスト教女子青年会《☞Y.M.C.A.》.

abcdefghijklmnopqrstuvwxyz   **zip**

Z z

Z, z /zíː ズィー | zéd/ 名(複 Z's, Zs, z's, zs /-z/) U.C. ズィー, ゼッド《英語アルファベットの26番目の文字》.
from A to Z ☞ A.

Zam·bi·a /zémbiə ザンビア/ 名 ザンビア《アフリカ南部の共和国》.

za·ny /zéini ゼイニ/ 形 (za·ni·er; za·ni·est) 変でおもしろい.

zap /zép ザップ/ 動 (~s /-s/; zapped /-t/; -zap·ping) 他 ❶ …を(銃・電気などで)殺す. ❷ …を電子レンジで調理する. ❸ …をさっと動かす, 変える.

zeal /zíːl ズィール/ 名 U 熱心, 熱意.
▸ He shows no *zeal* for his work. 彼はぜんぜん仕事に熱意を示さない / work with *zeal* 熱心に働く.
☞ zealous.

zeal·ous /zéləs ゼラス/ (★発音注意) 形 熱心な, 熱狂的な. ▸ a *zealous* worker 熱心に働く人.
☞ 名 zeal.

zeal·ous·ly /zéləsli ゼラスリ/ 副 熱心に.

ze·bra /zíːbrə ズィーブラ/ (★発音注意) 名 (複 ze·bra, ~s /-z/) C 【動物】シマウマ, ゼブラ.

zébra cròssing 名 C《英》(白いペンキで塗ったしま模様の)歩行者横断歩道《◐《米》では crosswalk という》.

Zen /zén ゼン/ 名 U 禅.

zen·ith /zíːniθ ズィーニス | zén-/ 名 ❶《the をつけて》【天文】天頂《天体観測者の真上の天球上の点》. ❷ C 頂点, 絶頂.

***ze·ro** /zíərou ズィ(ア)ロウ, zíːrou/ (★発音注意) 名 (複 ~s, ~es /-z/)
❶ C (アラビア数字の)ゼロ, 0, 零.
❷ U 零度; 零点.
❸ U 最下点, 無, どん底.
INFO 小数点以下の読み方は次の通り:「3.01」は three point o [zero] one /「0.5%」は zero [nought] point five percent /「0.300(3割)バッター」は a three hundred hitter.
(1) 競技の場合の読み方:「6対0で勝つ」は win the game by six to nothing.
(2) テニスの場合の0は love を用いる:「得点は0対1です」は The score is love fifteen.
(3) the 9:09 train (9時9分発の列車[電車])の 9:09 は /náin ou náin/ と読む.
(4) 温度や角度を表わす0°は zero degrees と読む.
(5) 英語には時間を表わす0時の言い方はなく, つねに twelve o'clock (12時)で表わす.

❷ The temperature was ten degrees below *zero*. 温度は零下10度であった.

zest /zést ゼスト/ 名 U 強い興味, 熱心.
▸ with *zest* 強い興味をもって, 熱心に.

Zeus /zúːs ズース | zjúːs/ (★発音注意) 名《ギリシア神話》ゼウス《オリンパス (Olympus) 山の神々の主神; ローマ神話のジュピター (Jupiter) にあたる》.

zig·zag /zígzæg ズィグザグ/ 名 C ジグザグ形.
— 形 ジグザグの.
— 動 (~s /-z/; zig·zagged /-d/; -zag·ging) 自 ジグザグに進む.

zilch /zíltʃ ズィルチ/ 名 U《口語》無, 何もないこと, ゼロ.

Zim·ba·bwe /zimbáːbwi ズィンバーブウィ/ 名 ジンバブエ《アフリカ南東部の共和国》.

zinc /zíŋk ズィンク/ 名 U【化学】亜鉛.

Zi·on /záiən ザイオン/ 名 シオン(山)《エルサレムにある丘; ダビデとその子孫が宮殿を建てた》.

Zi·on·ism /záiənizm ザイオニズム/ 名 U シオニズム《離散しているユダヤ人をパレスチナに戻して国家的統一を与えようとしたユダヤ民族運動; 1948年にイスラエルの建国となった》.

Zi·on·ist /záiənist ザイオニスト/ 名 C シオニスト.

zip /zíp ズィップ/ 名 (複 ~s /-s/)

zip code

❶ ⓒ《英》= **zipper**. ❷《米》= **zip code**. ❸ ⓤ《口語》元気, 活力. ❹ ⓤ ゼロ.

— 動 (~s /-s/; zipped /-t/; zip·ping) 自 ピュッと進む.

— 他 …をジッパーで締める[開ける].

▸ 動 他 She *zipped* her bag open [shut]. 彼女はジッパーを引いてかばんを開いた[閉じた].

zip up 他 …をジッパーで締める.

zíp còde 名 ⓒ《米》郵便番号《5けたより成り, 最初の三つの数字は州と都市を, あとのふたつは郵便区を表わす; ✪《英》では postcode; ☞ **letter** の **INFO**》.

zip·per /zípər ズィパ/ 名 (複 ~s /-z/) ⓒ《米》ジッパー, ファスナー, チャック《✪《英》では zip》.

zit /zít ズィット/ 名 ⓒ《口語》にきび.

zo·di·ac /zóudiæk ゾウディアック/ 名

❶ 《**the** をつけて》《天文》黄道帯《天球上で太陽の軌道である黄道を中心に南北に広がっている想像上の帯; おもな惑星, 月, 太陽はこの帯内を運行する》.

❷ 《占星》十二宮; 十二宮図.

the signs of the zodiac 【天文・占星】黄道十二宮《春分点を起点に黄道の周囲を12等分したもの; ☞ 下のさし絵》.

zom·bie /zámbi ザンビ/ 名 ⓒ ❶ のろま, ふぬけ. ❷ ゾンビ, 魔術で生き返った死体.

*****zone** /zóun ゾウン/ 名 (複 ~s /-z/) ⓒ

❶ 地帯, 地域, 区域.

❷ (地球を緯度と気温で分けた五つの)帯.

— 動 (現分 zon·ing) 他 …を地区[地帯]に分ける.

▸ 名 ❶ a safety *zone* 安全地帯 / the school *zone* 文教地区 / a residential *zone* 住宅地区.

❷ the temperate 〔frigid / torrid〕 *zone* 温〔寒 / 熱〕帯.

*****zoo** /zú: ズー/ 《★発音注意》名 (複 ~s /-z/) ⓒ 動物園. ▸ We went to the *zoo* to see the giant pandas. 私たちはパンダを見に動物園に行った.

zo·o·log·i·cal /zòuəládʒikəl ゾウオラヂカル/ 形 動物(学)の.

zo·ol·o·gist /zouálədʒist ゾウアロヂスト/ 名 ⓒ 動物学者.

zo·ol·o·gy /zouálədʒi ゾウアロヂィ/《★発音注意》名 ⓤ 動物学.

zoom /zú:m ズーム/ 動 自 ❶ 猛スピードで進む. ❷ (物価などが)急上昇する.

zoom in 自 【映画・テレビ】(カメラが)ズームインする.

zoom out 自 【映画・テレビ】(カメラが)ズームアウトする.

zóom lèns 名 ⓒ ズームレンズ.

zuc·chi·ni /zuki:ni ズキーニ/ 名 ⓒ《米》ズッキーニ《暗緑色のかぼちゃの一種》.

Zu·rich /zúərik ズ(ア)リック | zjúər-/ 名 チューリッヒ《スイス北部の都市》.

ZZZ, zzz /z: ズー/ 感 グーグー《いびきの音; 漫画の中などで用いられる》.

「グーグー」

【さし絵説明】

(1) みずがめ座, 宝瓶(ほうへい)宮 (1月20日–2月18日)
(2) うお座, 双魚宮 (2月19日–3月20日)
(3) おひつじ座, 白羊宮 (3月21日–4月19日)
(4) おうし座, 金牛宮 (4月20日–5月20日)
(5) ふたご座, 双子宮 (5月21日–6月21日)
(6) かに座, 巨蟹(きょかい)宮 (6月22日–7月22日)
(7) しし座, 獅子宮 (7月23日–8月22日)
(8) おとめ座, 処女宮 (8月23日–9月22日)
(9) てんびん座, 天秤宮 (9月23日–10月23日)
(10) さそり座, 天蠍(てんかつ)宮 (10月24日–11月21日)
(11) いて座, 人馬宮 (11月22日–12月21日)
(12) やぎ座, 磨羯(まかつ)宮 (12月22日–1月19日)

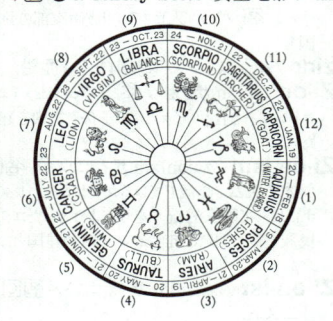

the signs of the zodiac

和　英　索　引

この和英索引には，約 1 万 2 千語の基本的な語を収録し，日常的な表現の用例も付けた．

あ

ああ Oh!, Ah!;（返事）yes
アーケード arcade
アーチ arch
アーチェリー archery
アーメン amen
アーモンド almond
あい[1] 愛(する) love
あい[2] 藍(色) indigo
あいかぎ 合い鍵（複製した）duplicate key
あいかわらず 相変わらず as usual; as ... as ever
あいきょう 愛敬のある charming; attractive
あいこくしゃ 愛国者 patriot 愛国心 patriotism
アイコン icon
あいさつ 挨拶 greeting ～する greet ～状 greeting card
アイシャドウ eye shadow
あいじょう 愛情 affection
あいじん 愛人 lover; *one's* man [woman]
あいず 合図(する) signal
アイスクリーム ice cream
アイスコーヒー iced coffee
アイススケート ice skating
アイスティー ice(d) tea
アイスホッケー ice hockey
あいそ 愛想:～のよい friendly;（社交的な）sociable; affable; amiable（☞ぶあいそう）/ ～が尽きる be disgusted [sick]
あいだ (…の)間(に) for, during; between, among; while
あいて[1] 相手 partner, companion;（競技の）opponent
あいて[2] (開いて) open; (空いて) vacant; empty; (暇で) free
アイデア idea
アイテム item
あいどくしょ 愛読書 *one's* favorite book

アイドル idol
あいにく 生憎 unfortunately
アイバンク eye bank
あいま 合間 interval
あいまい 曖昧な vague;（2つの意味にとれて）ambiguous ～に vaguely
あいらしい 愛らしい lovely
アイルランド Ireland ～の Irish ～人 Irishman
アイロン(をかける) iron
あう[1] 遭う(事故などに) meet
あう[2] 会う meet; see;（思いがけなく）run into
あう[3] 合う fit; agree;（正しい）be correct
アウェー away; visiting
アウト out
アウトプット output
アウトレット(ショップ) outlet
あえぐ 喘ぐ pant; gasp
あえて(…する) dare [pretend; venture] to do;
あお 青 blue 青い blue;（信号などが）green;（顔色が）pale
あおぐ 扇ぐ(扇などで) fan
あおじろい 青白い (顔色が) pale
あおむけ 仰向けに on *one's* back
あか[1] 赤 red 赤い red (顔が) 赤くなる flush
あか[2] 垢 dirt; grime;（耳垢）wax
あかじ 赤字で in the red
あかちゃん 赤ちゃん baby
アカデミー ～賞 Academy Award
あがめる 崇める respect; worship
あかり 明かり light; lamp
あがる 上がる go up; rise;（緊張する）get nervous
あかるい 明るい light, bright;（陽気）cheerful 明るくなる light up 明るさ lightness
あかんぼう 赤ん坊 baby
あき[1] 空き opening; vacancy; space ～地 vacant lot ～びん empty bottle

あき[2] 秋 fall; autumn
あきらか 明らかな clear ～に obviously
あきらめる 諦める give up
あきる 飽きる be tired
アキレスけん アキレス腱 Achilles' tendon;（弱点）Achilles' heel
あきれる 呆れる be astonished; be disgusted
あく[1] (開く) open;（空く）become vacant
あく[2] 悪 evil; wrong
あくい 悪意 ill will
あくしゅ (…と)握手する shake hands (with)
あくしゅう 悪臭 bad smell
あくじゅんかん 悪循環 vicious circle
アクション action
あくせい 悪性の bad; malignant
アクセサリー accessories
アクセス(する) access
アクセル accelerator
アクセント accent
あくび 欠伸(をする) yawn
あくま 悪魔 devil
あくむ 悪夢 bad dream; nightmare
あぐら 胡座をかく sit cross-legged
アクロバット acrobatics
あけがた 明け方 dawn
あける[1] (開く) open;（空にする）empty;（包みを）open (up) 開け放しにする leave (a door) open
あける[2] 明ける(夜が) break 明けましておめでとう(A) Happy New Year.
あげる[1] 上げる raise;（やる）give
あげる[2] 揚げる deep-fry;（たこを）fly
あご 顎 jaw;（先端）chin
アコーディオン accordion
あこがれる 憧れる yearn for
あさ[1] 朝 morning

1581

和英索引

あざ² 麻 hemp
あざ 痣 (打ち身) bruise; (生来の) birthmark; mole
あさい 浅い shallow; (眠りが) light
あさがお 朝顔 morning glory
あさせ 浅瀬 ford; shallows; shoal
あさって 明後日 the day after tomorrow
あさねぼう 朝寝坊 ☞ ねぼう
あさひ 朝日 the morning [rising] sun
あさめし 朝飯 breakfast: そんなことは~前だ It's only child's play.
あざやか 鮮やかな vivid; bright
あざらし 海豹 seal
あし¹ 足 foot; (脚) leg; (犬・猫の) paw 足の指 toe 足の裏 sole
あし² 葦 reed
あじ 味 taste (…の)味がする taste 味をつける season
アジア Asia ~の[人] Asian
あしあと 足跡 footprint
あしおと 足音 footstep
あしか sea lion
あしくび 足首 ankle
あじさい 紫陽花 hydrangea
アシスタント assistant
あした 明日 tomorrow
あしどり 足どり step: ~も軽く with a light step
あしもと 足もと step: ~に注意 Watch your step.
あじわう 味わう taste; enjoy
あす 明日(は) tomorrow
あずかる 預かる keep
あずき 小豆 red bean
あずける (~に…を)預ける give ... to~; leave ~ with ...
アスパラガス asparagus
アスファルト asphalt
アスベスト asbestos
アスリート athlete
アスレチック athletic
あせ 汗 sweat
アセスメント assessment
あせる 焦る get impatient
あせる² 褪せる (色が) fade
あそこに over there; there
あそび 遊び play: ~にいらっしゃい Come and see me. ~時間 playtime; recess ~友だち playmate (…で[と])遊ぶ play (with ...)
あたい (…に)値する worth (doing)
あたえる 与える give
あたかも as if
あたたかい 暖[温]かい warm; (心が) warm-hearted
あたたかさ 暖[温]かさ warmth
あたたまる 暖[温]まる warm (up); warm oneself
あたためる 暖[温]める warm; heat; (エンジンなどを) warm up
アタック attack
アタッシュケース attaché case
あだな 綽名 nickname
あたふたと in a hurry
あたま 頭 head 頭の切れる sharp 頭を下げる bow
あたらしい 新しい new; fresh; (ニュースなどが) hot
あたり¹ 当たり (成功) hit; success
あたり² 辺りに[で] around
…あたり …当たり a ...; per ...
あたりまえ 当たり前の natural; …を~のことと考える take ... as a matter of course; take ... for granted
あたる 当たる hit; (予想が) come true; (かち合う) fall on
アダルト adult
あちこちに[で, を] here and there
あつ Oh!; Ah! あっという間に in a moment
あつい¹ 厚い thick
あつい² 熱い[暑い] hot
あつかう 扱う (品物を) handle; (人・問題を) treat
あつかましい 厚かましい cheeky; pushy
あつくるしい 暑苦しい sultry
あつさ¹ 厚さ thickness ~が…で ...thick
あつさ² 熱[暑]さ heat
あっさり easily; simply; frankly ~した (食べ物が) plain
あっしゅく 圧縮する condense
あっち (over) there
あっとう 圧倒する overwhelm 圧倒的な overwhelming
アットマーク @ at sign
あっぱく 圧迫 pressure
アップ up; (クローズアップ) close-up ~する (上がる) rise; (上げる) raise
アップグレード ~する upgrade
アップデート ~する update
あつまり 集まり meeting; gathering
あつまる 集まる gather; collect; (人が) get together
あつめる 集める gather; collect
あつらえる 誂える order
あつりょく 圧力 pressure ~を加える press
あて 当てにする count upon; depend on; 当てもなく aimlessly
…あて …宛ての for ...
あてさき 宛先 address
あてな 宛名 address
あてはまる (…に)当てはまる apply to
あてはめる (…を~に)当てはめる apply ... to ~
あてる 当てる put, hit; (推測) guess
あと¹ 跡 track; mark (…に)跡を残す mark (…の)跡をたどる trace
あと² 後で later; afterward(s) …の後に after ...
あとかたづけ 後片付けをする clear (the table); (整頓) put ... in order
アドバイス advice ~をする advise ... (to do)
アドバルーン (advertising) balloon
アドベンチャー adventure
アトラクション attraction
アトリエ studio
アドリブ ad lib
アドレス address
あな 穴 hole
アナウンサー announcer
アナウンス announcement
アナコンダ anaconda
あなた (呼びかけ) dear; darling
あなた(がた) you ~は[が] you ~の your ~に[を] you

1582　　　　　　　　　　　　　　　　　　　　　　　　　　　　one thousand five hundred and eighty-two

~のもの yours ~自身 yourselves
アナログ analog(ue)
あに 兄(big) brother
アニメ(ーション) animation
あね 姉(big) sister
あの that; those ~ころ in those days ~時 at that time
あのね Well, ...; Listen.
アパート apartment (house)
あばく 暴くdisclose
あばら(ぼね) 肋(骨) rib
あばれる 暴れるact violently
アピール appeal
あひる 家鴨duck
あびる 浴びる(水を) pour over oneself; (シャワーを) take
アフガニスタン Afghanistan ~人[の] Afghan
アフターケア aftercare
アフターサービス service
あぶない 危ない dangerous: 危ない! Look out!
あぶら 油oil; (料理用の) fat 油でいためる[揚げる] fry
あぶらえ 油絵oil painting ~をかく paint in oils
あぶらみ 脂身fat
あぶらむし 油虫cockroach
アフリカ Africa ~の African
アプリケーション application
あぶる 炙るroast; broil; grill
あふれる 溢れる overflow; run over; (人・希望で) be full of
アベック couple
アボカド avocado
アポストロフィ apostrophe
あま 尼nun
あまい 甘い sweet; (考えが) naive; (人に対して) indulgent, soft, lenient
あまえる 甘えるbehave like a spoiled child; (べたべたする) cling, flirt; (好意などに) impose (on); take advantage (of); be too dependent
あまぐつ 雨靴rain shoes
あまだれ 雨だれraindrop
アマチュア amateur
あまのがわ 天の川the Milky Way

あまやかす 甘やかすspoil
あまやどり 雨宿りする take shelter from the rain
あまり¹ 余りにtoo; very ~…ではない not very
あまり² 余りthe rest
…あまり over ...; more than ...
あまる 余る remain 手に~ (子どもが) be beyond control; (問題が) be beyond ...'s ability
あみ 網net 網で捕らえる net
あみだな 網棚rack
あみど 網戸 screen door; window screen
あむ 編むknit; braid
あめ¹ 飴candy
あめ² 雨 rain 雨が降る It rains. 雨降りの rainy; wet
アメーバ amoeba, 《米》 ameba
アメリカ America; (米国) the United States (of America) ~人[の] American アメリカンフットボール (American) football
あやうく 危うく almost; nearly
あやしい 怪しい doubtful; strange 怪しむ suspect; doubt
あやつる 操る manipulate; handle
あやとり 綾取り cat's cradle
あやまち 過ちfault
あやまり 誤りmistake; error
あやまる¹ 誤る 誤って by mistake
あやまる² (…に~のことを) 謝る apologize (to ... for ~)
あやめ 菖蒲(Japanese) iris
あら¹ Oh!
あら² ~捜しする find fault; criticize; pick on ...
アラーム alarm
あらい 粗い coarse; (手触りが) rough
あらいぐま 洗い熊raccoon
あらう 洗うwash
あらし 嵐storm
あらす 荒らす ruin; devastate; damage; (略奪する) rob, loot
アラスカ Alaska
あらすじ outline
あらそい 争いconflict

あらそう 争う fight; (言い争う) quarrel; (競争で) compete
あらた 新たなnew; fresh 新たに newly
あらためる 改める change; reform 改めて again; anew; later
あらっぽい 荒っぽい violent; rough
アラビア Arabia ~人 Arab ~の Arabian ~数字 Arabic numerals
あらゆる all; every
あられ 霰 hail ~が降る It hails.
あらわす 表わす express; show; stand for ...
あらわれる 現われる appear; show
あり 蟻ant
ありありと clearly; vividly
ありがたい 有り難い grateful; Thank God! ~ことに luckily ありがたく思う appreciate
ありがとう 有り難う Thank you.; Thanks.
ありくい 蟻食いanteater
ありそうな likely; probable
アリバイ alibi
ありふれた common (place); everyday; ordinary; usual
ある (…が) 有るthere is [are]; be; (持つ) have; (会などが) be held
ある … one; some; a certain
あるいは 或いはor; perhaps
アルカリ alkali
あるく 歩くwalk
アルコール alcohol
アルツハイマーびょう アルツハイマー病 Alzheimer's disease
アルト alto
アルバイト part-time job
アルバム album
アルファベット alphabet ~順に in alphabetical order; alphabetically
アルミ aluminum
あれ that; those
あれから since then
あれこれ this and [or] that
あれる 荒れる be stormy [rough]; (人が) be wild

和英索引

アレルギー allergy: 何か薬に対する~がありますか Are you allergic to any medicine? ~性の allergic
アレンジ arrange(ment)
アロエ aloe
アロマセラピー[テラピー] aromatherapy
あわ 泡 bubble; foam
あわせる 合わせる put together; (時計を) set; (予定を) fit 合わせて all together
あわただしい 慌ただしい busy
あわてる 慌てる hurry; be confused 慌てて confusedly; in a hurry
あわれ 哀れな poor; miserable
あわれみ 哀れみ pity
あわれむ 哀れむ (take) pity; have mercy
あん 案 idea; plan
あんい 安易な easy
アンカー anchor
あんがい 案外 unexpectedly
あんき 暗記する learn ... by heart; memorize
アンケート questionnaire
あんごう 暗号 code; cipher
アンコール encore
あんさつ 暗殺 assassination ~する assassinate
あんざん 暗算する make a mental arithmetic [calculation]; do sums in one's head
あんじ 暗示する suggest
あんしつ 暗室 darkroom
あんしょう[1] 暗唱する recite
あんしょう[2] 暗礁 (hidden) rock; (行き詰まり) dead end, deadlock, snag
あんじる 案じる worry
あんず 杏 apricot
あんせい 安静 rest
あんぜん 安全 safety ~な safe; secure ~地帯 (街路の) island ~ピン safety pin
アンソロジー anthology
アンダーライン underline
あんてい 安定した stable; steady
アンティーク antique
アンテナ antenna

あんな such; ...like that
あんない 案内 guidance ~する show; guide ~所 information (desk [office])
アンパイア umpire
アンバランス imbalance
アンプ amplifier
アンモニア ammonia
あんらくいす 安楽椅子 easy chair
あんらくし 安楽死 euthanasia; mercy killing: ~させる put ... out of ...'s misery; put ... to sleep; euthanize

い

い 胃 stomach: 胃が痛い have a stomachache
いあわせる 居合わせる (たまたま) happen to be
いい good; nice; fine いいよ (承諾) Sure, Certainly; ☞ けっこう …してもいい may [can] do …しなくてもいい do not have to do (~より) …のほうがいい like ... better (than ~); prefer ... (to ~) …したほうがいい It would better (for you) to do; You should [had better] do
いいあらそう 言い争う quarrel
いいあらわす 言い表わす express
いいえ no
いいかえす 言い返す retort; talk [answer] back
いいかえる 言い換えると in other words
いいかげん いい加減な irresponsible
いいつける 言いつける (…にのことを) tell ... on ~
いいつたえ 言い伝え legend; tradition; (folk) tale; story
いいはる 言い張る insist
いいまわし 言い回し expression
イー[E]メール e(-)mail
いいわけ 言い訳 excuse
いいん 委員 member of a committee; (class) monitor ~会 committee; board ~長 chairman; chairperson

いう 言う say; speak; tell ~までもなく needless to say; of course; to say nothing of
いえ 家 house; home
いえで 家出する run away (from home), leave home: ~人 runaway
イエローカード yellow card
いおう 硫黄 sulfur
イオン ion
いか 烏賊 cuttlefish; squid
…いか …以下 less than ...; under ...
いがい 意外な unexpected ~に unexpectedly
…いがい …以外に[は] except
いかが how ...?; how about ...?: (ご気分は) ~ですか How do you feel now? / お母さんは~ですか How's your mother? / お茶を 1 杯~ですか How about a cup of tea?
いがく 医学 medicine
いかさま cheat; fraud; fix; trick ~する cheat; fix; rig; trick; ☞ だます
いかす 生かす (殺さない) let ... live, spare, keep ... alive; (活用する) use, make use [the most] of ..., take advantage of ...
いかだ 筏 raft
いかり[1] 錨 anchor
いかり[2] 怒り anger
いかる 怒る ☞ おこる[2]
いき 息 breath 息が切れる be out of breath 息をする[吸う] breathe 息を引き取る breathe one's last
…いき …行き(の) for ...
いぎ[1] 意義 meaning; significance ~深い significant
いぎ[2] 異議 objection: ~あり! Objection! ~を唱える challenge
いきいき 生き生きした lively; fresh; vivid
いきおい 勢い power; energy; force
いきかえる 生き返る come back to life; revive
いきづまる 息詰まるような thrilling
いきどまり 行き止まり dead end

いきなり suddenly
いきのこる 生き残る survive
いきもの 生き物 living thing; creature
イギリス the United Kingdom; (Great) Britain: 彼は～人だ He is British.
いきる 生きる live 生きている living; alive
いく 行く go; (相手の方へ) come 行ってきます Good-bye.
イグアナ iguana
いくじ 育児 child care; parenting; ☞ そだてる
いくじなし 意気地なしの chicken hearted; faint; cowardly
いくつ how many; (年齢) how old
いくつか(の) some; several
いくぶん 幾分 somewhat
いくら how much: ～ですか How much is it?; How much does it cost? / ～[しても] however ...
いくらか some; any; a little
いけ 池 pond
いけがき 生け垣 hedge
いけどる 生け捕る catch alive
いけない (悪い) bad …しては～ Don't do; must not do …すると～から in case ...
いけにえ 生け贄 sacrifice
いけばな 生け花 flower arrangement
いける 生ける arrange
いけん 意見 opinion ～が一致する agree ～が合わない disagree
いげん 威厳 dignity; majesty
いご 以後 after; since; (今後) in (the) future; from now on
いこう 意向 intention
イコール equal
いこく 異国 foreign country [land]
いごこち 居心地がよい comfortable; at ease 居心地が悪い uncomfortable; ill at ease
いさかい 諍い conflict; quarrel
いさましい 勇ましい brave
いさん 遺産 inheritance; (文化的な) heritage

いし[1] 石 stone; rock
いし[2] 意志 will; intention
いし[3] 医師 doctor
いじ[1] 維持 maintenance ～する maintain
いじ[2] 意地 (自尊心) pride; ～でもやる be determined to do; will do at any cost; never give up / 意地っ張りな obstinate; stubborn / ～汚い greedy; ☞ いじわる
いしき 意識 consciousness: ～を失う pass out ～のある conscious ～不明の unconscious
いじめっこ 苛めっ子 bully
いじめる 苛める bully
いしゃ 医者 doctor
いじゅう 移住する (国外へ) emigrate; (国外から) immigrate
いしょ 遺書 will
いしょう 衣装 clothes; costume
いじょう[1] 異状 something wrong: ～なし (Everything is) OK.
いじょう[2] 異常な unusual; extraordinary
…いじょう …以上 more than ...; over ...
いしょく[1] 異色の unique
いしょく[2] 移植(する) transplant
いしょくじゅう 衣食住 food, clothing and shelter
いじわる 意地悪な nasty; mean
いす 椅子 chair
いずみ 泉 spring
イスラエル Israel: ～人[の] Israeli
イスラムきょう イスラム教 Islam ～徒 Muslim
いずれか either ... or ～
いせい[1] 異性 the opposite sex
いせい[2] 威勢がいい lively
いせき 遺跡 ruins
いぜん[1] 以前 before; once ～の former; formerly ～はよく…した used to do
いぜん[2] 依然(として) still
いそ 磯 (浜辺) beach; (海岸) seashore
いそがしい 忙しい busy

いそぎんちゃく 磯巾着 (sea) anemone
いそぐ 急ぐ hurry: 急ぎますか Is there any hurry? / 急ぐ必要はない There's no hurry. 急いで in a hurry
いぞん[1] 異存 objection
いぞん[2] 依存する depend (on)
いた 板 board; plate
いたい[1] 痛い sore; hurt: 痛い! Ouch! / のどが～ I have a sore throat. / 足のここが～ My leg hurts here.
いたい[2] 遺体 (dead) body; remains; corpse
いだい 偉大な great
いたいたしい 痛々しい pitiful
いたく 委託(する) trust
いだく 抱く hold
いたずら 悪戯 mischief; trick ～な mischievous
いただき 頂 mountaintop; top
いただく 頂く: (…して)いただけませんか Would you please ...?
いたち weasel
いたで 痛手 damage; blow
いたみ 痛み pain; (鈍い) ache
いたむ 痛[傷]む ache; hurt; (傷つく) be damaged [injured]; (腐る) go bad, spoil, rot
いためる[1] 炒める fry
いためる[2] 傷める hurt; injure
イタリア Italy ～の Italian ～人[語] Italian
イタリック italics
いたる 至る (着く) get (to); reach; (導く) lead (to)
いたるところ 至る所で everywhere
いたわる 労わる take good care (of ...); nurse; be kind [considerate] to...
いち[1] 一, 1 one 1番目の first
いち[2] 位置 position; place: ～について, 用意, どん! On your mark(s), get set, go!; Ready, get set, go!
いち[3] 市 market; fair
いちがつ 1月 January
いちご 苺 strawberry
いちじ[1] 一次(の) primary
いちじ[2] 一時 (かつて) once; (しばらく) for a while ～的な temporary ～しのぎ ☞ きゅう

和英索引

1585

うばしのぎ

いちじかん 一時間 an hour
いちじく 無花果 fig
いちじるしい 著しい remarkable 著しく remarkably
いちど 一度 once ～に at a time; at once ～も…ない never
いちにち 一日 a day 一日一日 day by day 一日中 all day (long)
いちねん 一年 a year ～中 all (the) year round ～生 first-year student [pupil] ～生の (植物が) annual
いちば 市場 market
いちばん 一番 first; top; best; most
いちぶ 一部 part; a copy ～は partly
いちべつ 一瞥 glance; glimpse ～する take a glance at; catch a glimpse of ～して at a glance
いちまい 一枚 a sheet; a slice
いちめん 一面に all over
いちょう 銀杏 ginkgo
いちらんひょう 一覧表 list; table
いちりつ 一律に equally; evenly; each; indiscriminately
いちりゅう 一流の first-class
いちりんしゃ 一輪車 monocycle
いちるい 一塁 first base ～手 first baseman
いちれん 一連の a chain [series] of...; serial
いつ 何時 when ～から[まで] how long ... ～の間にか before one knows it ～までも forever ～でも always; at any time
いつか[1] some day
いつか[2] 五日 (月の) fifth
いっかい[1] 一回 once
いっかい[2] 二階 the first floor
いっけん 一見 seemingly; apparently
いっこ 一個; one; a piece
いっこう 一行 party
いっさい 一切 everything; all: ～知りません I don't know anything.
いっさくじつ 一昨日 the day before yesterday
いっさんかたんそ 一酸化炭素 carbon monoxide
いっしゅ 一種(の) a kind of ...
いっしゅう 一周 lap (…を) ～する go around
いっしゅうかん 一週間 a week; for a week
いっしゅん 一瞬 a moment
いっしょ 一緒に together …と～に with
いっしょう 一生 one's life
いっしょうけんめい 一生懸命(に) hard
いっせい 一斉に at the same time; (all) at once; all together
いっそう[1] 一層 more than ever; more and more; all the more; still; even more
いっそう[2] 一掃 sweep; clear (away); wipe out
いっそく 一足 a pair (of shoes)
いったい 一体(全体) on earth
いったん 一旦(…すれば) once
いっち 一致(意見の) agreement ～する agree; correspond
いつつ 五つ five
いっつい 一対 a pair
いってい 一定の a certain; definite; regular; uniform; fixed
いっとうしょう 一等賞 (the) first prize
いっぱい[1] 一杯 a cup [glass] (of)
いっぱい[2] (…で)～の[で] full (of) (…で)～にする fill (with)
いっぱく 一泊する stay overnight [for a night]
いっぱん 一般の general ～(的)に generally ～的に言って generally speaking
いっぺん 一遍 ☞ いちど
いっぽ 一歩 a step
いっぽう[1] 一方 one side ～通行 One Way ～的な one-sided ～では on the one hand …の～で meanwhile; while
いっぽう[2] 一報 let ... know; inform ... (of)

いつも always ～の usual
いつわり 偽りの false
いつわる 偽る lie; fake; pretend; counterfeit
イディオム idiom
イデオロギー ideology
いてざ 射手座 the Archer; Sagittarius
いてつく 凍てつく freeze: ～ように寒い It's freezing.
いてん 移転する move
いでん 遺伝 heredity ～子 gene
いと[1] 意図 intention
いと[2] 糸 thread
いど[1] 井戸 well
いど[2] 緯度 latitude
いどう 移動 transfer ～する move
いとこ 従兄弟・従姉妹 cousin
いとしい 愛しい dear
いとなむ 営む run; keep
いどむ 挑む challenge; try
…いない …以内に[で] within
いなか 田舎 the country ～の country; rural
いなご 蝗 locust
いなずま 稲妻 lightning
イニシャル initial
いにん 委任する leave ... (to)
イニング inning
いぬ 犬 dog 犬小屋 doghouse
イヌイット Inuit
いね 稲 rice
いねむり 居眠りする doze; nod
いのしし 猪 wild boar
いのち 命 life: 命からがら逃げる run for one's life
いのる 祈る (神に) pray; (願う) wish, hope: 幸運を～ Good luck! 祈り prayer
いばる 威張る be proud [bossy]
いはん 違反 violation ～する violate …に～して in violation of
いびき 鼾(をかく) snore
いふく 衣服 clothes
イベント event
いほう 違法な illegal; unlawful
いま[1] 居間 living room
いま[2] 今 now: 今行きます I'm coming. 今ごろ about this time 今しがた a moment ago; just now 今すぐ right

1586   one thousand five hundred and eighty-six

now [away] 今まで till now: 今までどこにいたの Where have you been all this while?
いまだ 未だyet; as yet
いみ 意味 meaning ~する mean
イミテーション imitation
いみん 移民 (他国からの) immigrant; (他国への) emigrant
イメージ image ~アップ[ダウン]になる improve [damage] the image (of)
いも 芋 potato; (さつまいも) sweet potato
いもうと 妹 (younger) sister
いもむし 芋虫 caterpillar
いもり newt
いや 嫌な unpleasant …が～になる be [get] tired of …するのが～だ hate to do; hate doing ~、結構(です) No, thank you. 嫌々 reluctantly 嫌がらせ harassment
いやくひん 医薬品 medicine; medical supplies
いやし 癒し healing; cure; comfort
いやしい 卑しい humble; low; vulgar; base
イヤホーン earphone
いやらしい dirty; nasty; obscene
イヤリング earring
いよいよ at last
いよう 異様な strange; eccentric
いよく 意欲 will; eagerness; motivation; ambition ~的な ambitious; motivated; (熱心な) eager
いらい 依頼(する) request ~人 client
…いらい …以来 since ...
いらいらする be nervous
イラク Iraq
イラスト illustration イラストレーター illustrator
いらっしゃい Welcome! いらっしゃいませ (店員が) May [Can] I help you?
イラン Iran
いりえ 入り江 inlet
いりぐち 入り口 entrance; door

いりくんだ 入り組んだ complex; complicated
いる¹ be; there is [are]; (兄弟などが) have; (滞在) stay
いる² 射る shoot
いる³ 要る need; want
いるい 衣類 clothing
いるか 海豚 dolphin
イルミネーション illumination
いれい 異例の exceptional
いれかえる 入れ替える replace ... (with)
いれば 入れ歯 false tooth; dentures
いれる 入れる put (in [into]); (人を部屋などへ) let in 入れもの container; case
いろ 色 color 色鉛筆 colored pencil
いろいろ 色々な various; different; many kinds of ...
いろじろ 色白の fair
いろん 異論 different opinion; objection
いわ 岩 rock
いわう 祝う celebrate
いわし 鰯 sardine
いわば 言わば so to speak
いわゆる what is called; what you call
いんき 陰気な gloomy
インク ink
イングランド England ~の English
いんこ parakeet
インサイダー ~取引 insider trading
いんさつ 印刷 printing ~する print
いんしゅ 飲酒 drinking ~運転 drunk(en) driving
いんしょう 印象 impression ~を与える impress
いんしょくてん 飲食店 restaurant
インスタントの instant
インストールする install
インストラクター instructor
インスピレーション inspiration
いんせき 隕石 meteor(ite)
インターチェンジ interchange
インターネット Internet; the Net

インターバル interval
インターフェース interface
インターホン intercom
インターン intern
いんたい 引退する retire
インタビュー(する) interview
インチ inch
いんちょう 院長 director; president
インディアン Indian
インテリ intellectual
インテリア interior design
インド India ~の[人] Indian
イントネーション intonation
イントラネット intranet
インパクト impact
インフォームドコンセント informed consent
インプット input
インフルエンザ influenza; flu
インフレ inflation
いんぼう 陰謀 plot; scheme
いんよう 引用 quotation ~する quote; cite
いんりょうすい 飲料水 drinking water
いんりょく 引力 gravitation

う

ウィークエンド weekend: ~に on weekend
ウィークデー weekday
ウィークポイント weak point; weakness
ういういしい 初々しい innocent; fresh
ウイスキー whiskey
ウィット wit ~に富んだ witty
ウイルス virus
ウィンカー turn signal; blinkers
ウィンク(する) wink
ウィンタースポーツ winter sports
ウィンドー window ~ショッピング window-shopping
ウィンドサーフィン windsurfing
ウィンドブレーカー windbreaker
ウインナー wiener

和英索引

ウィンブルドン Wimbledon
ウール wool
ウーロンちゃ ウーロン茶 oolong (tea)
うえ¹ 飢え hunger
うえ² 上 top …の上に[へ] on; above; over; up
ウェーター waiter
ウェートレス waitress
ウェーブ wave
ウェールズ Wales ～の Welsh
うえき 植木 garden tree ～ばち flowerpot ～屋 gardener
ウエスト waist
ウエットスーツ wet suit
ウェディング wedding ～ケーキ wedding cake ～ドレス wedding dress ～マーチ wedding march
ウェハース wafer
ウェブ Web ～サイト website, Web site ～ブラウザ web browser
うえる¹ 飢える starve 飢えた hungry
うえる² 植える plant
ウェルダン well-done
うお 魚 fish ～座 the Fishes; Pisces
ウォークマン Walkman
ウォーミングアップ warm-up ～する warm up
ウォールがい ウォール街 Wall Street
うがい(する) gargle
うかがう 伺う (訪問する) visit, call; (質問する) ask
うかぶ 浮かぶ float; (考えが) occur 浮かべる float
うかる 受かる pass (an exam)
うき 浮き float
うきうき 浮き浮きして cheerfully
うきわ 浮き輪 (救命用) life buoy; float; (タイヤチューブを代用した) inner tube
うく 浮く float
うぐいす 鶯 Japanese bush warbler
ウクレレ ukulele
うけあう 請け合う guarantee; assure
うけいれる 受け入れる accept
うけつぐ 受け継ぐ succeed (to)

うけつけ 受付 reception desk ～係 receptionist
うけとり 受取 receipt
うけとる 受け取る receive
うけもつ 受け持つ be in charge of
うける 受ける receive; get; (球を) catch; (試験を) take
うごかす 動かす move; (機械を) operate; work
うごく 動く move; (機械が) work 動き motion
うさぎ 兎 rabbit; hare
うし 牛 (雌牛) cow; (雄牛) bull; ox; (総称) cattle
うしなう 失う lose
うしろ 後ろ(の, へ) back …の～に behind ～へ下がる get back ～足 hind leg
うず 渦(巻く) whirl; (水の) whirlpool
うすい 薄い thin; (コーヒーが) weak; (色などが) light 薄く切る slice 薄々 slightly; vaguely 薄める dilute; thin; (水で) water down
うずうずする (…したくて) long to do
うずくまる crouch; squat; hunker
うすぐらい 薄暗い dim
うずら 鶉 quail
うすれる 薄れる fade
うせつ 右折する turn (to the) right
うそ 嘘 lie; ～(でしょ)! You're kidding! ～をつく lie; tell a lie ～つき liar
うた 歌 song 歌う sing
うたがう 疑う (信じない) doubt; (嫌疑をかける) suspect 疑い doubt; suspicion 疑い深い suspicious 疑わしい doubtful; suspicious
うたたね うたた寝(する) snooze; doze; nap
うち¹ 家 home
うち² 内 inside …の～(で) between; among; (out) of …の～から out of …の～に in; within; during …する～に while …しない～に before
うちあける 打ち明ける tell; confide
うちあげる 打ち上げる set off; launch

うちあわせ 打ち合わせ arrangement
うちかつ 打ち勝つ overcome; get over
うちがわ 内側 the inside …の～に[へ, で] inside
うちき 内気な shy; bashful; timid
うちとける 打ち解ける (心を開く) open up; (親しくなる) get friendly, make friends with
うちゅう 宇宙 universe; space ～ステーション space station ～船 spaceship ～飛行士 astronaut ～服 space suit
うちょうてん 有頂天 rapture; ecstasy ～の ecstatic; rapturous; overjoyed
うちよせる 打ち寄せる lap; wash
うちわ 団扇 fan
うつ¹ 打つ hit; strike
うつ² 撃つ shoot; (銃を) fire
うっかりして carelessly
うつくしい 美しい beautiful
うつし 写し copy
うつす¹ 移す (病気を) infect; (物や人を) transfer; (物を) move
うつす² 映す project; reflect
うつす³ 写す copy; (写真を) take
うったえ 訴え appeal
うったえる 訴える appeal; complain; sue
うっとうしい gloomy; depressing; oppressive; (気にさわる) annoying
うっとりする be fascinated うっとりさせる (美しさで) charm
うつぶせ 俯せに on one's face
うつむく 俯く look down
うつりかわり 移り変わり changes
うつる¹ 移る (移動) move; (病気が) infect
うつる² 映る be reflected
うつろ 虚ろな hollow
うつわ 器 (容器) container, receptacle; (能力・器量) ability, capacity, caliber, talent
うで 腕 arm; (能力) skill,

technique, ability 腕を組んで arm in arm; (腕組みして) with folded arms 腕ずもう arm wrestling 腕立て伏せ push-up 腕時計 watch 腕輪 bracelet

うてん 雨天 rainy [wet] weather

うながす 促す urge; promote; press; demand

うなぎ 鰻 eel

うなずく 頷く nod

うなる 唸る growl; (風が) howl

うに (sea) urchin

うぬぼれ 自惚れ pride うぬぼれた proud

うねる (波などが) roll

うのみにする swallow; believe blindly; take... at face value

うば 乳母 nurse

うばう (…から～を)奪う rob ... of ～; deprive ... of ～

うばぐるま 乳母車 baby carriage

うぶ 初な innocent

うま 馬 horse

うまい （上手） good; skillful; （巧妙） clever; （おいしい） good; delicious; nice

うまく well ～いく work out; succeed

うまる 埋まる be buried

うまれ 生まれ birth ～つき by nature

うまれる 生まれる be born

うみ 海 the sea; ocean

うみがめ 海亀 turtle

うみだす 産み出す produce

うみべ 海辺 beach; seaside

うむ 産む give birth to ...; (卵を) lay; （利子を） bear; bring in

うめ 梅 Japanese apricot

うめあわせる 埋め合わせる make up (for)

うめく 呻く moan; groan

うめたてる 埋め立てる (海を)reclaim; （池などを） fill in [up] 埋め立て地 reclaimed land

うめる 埋める bury

うやまう 敬う respect

うよく 右翼 the right (wing); (個人) rightist, right-winger

うら 裏 the back; the reverse: (野球で) 7回の裏 the bottom (half) of the seventh inning …の裏に behind; at the back of

うらがえす 裏返す turn over 裏返しに inside out

うらぎる 裏切る betray …の期待を～ let down

うらぐち 裏口 back door

うらなう 占う tell one's fortune 占い fortune-telling

うらにわ 裏庭 backyard

うらみ 恨み grudge ～を晴らす revenge

うらやましい 羨ましい be envious; envy

ウラン uranium

うり 瓜 melon: うりふたつで (as) like as two peas

うりあげ 売上 sales; turnover

うりこむ 売り込む sell; promote; advertise; campaign

うりょう 雨量 rainfall

うる 売る sell 売り切れる be sold out

うるうどし 閏年 leap year

うるさい noisy; annoying

うるし 漆 japan; Japanese lacquer

うれしい 嬉しい glad; delighted; happy

うれゆき 売れ行き sales; (発行部数) circulation: ～がいい sell well

うれる 売れる sell

うろこ 鱗 scale

うろたえる panic; be upset

うろつく wander; prowl; loiter; hang around [about]

うわき 浮気する (…に隠れて) cheat on ..., deceive ...; (…と） play [mess] around with ...

うわぎ 上着 coat; jacket

うわさ 噂 rumor

うわばき 上履き slippers; indoor shoes

うわべ 上辺 surface ～は on surface

うん 運 fortune; luck; chance 運のいい fortunate; lucky 運の悪い unlucky

うんえい 運営 management ～する manage

うんが 運河 canal

うんきゅう 運休する be suspended [canceled]

うんこ poop; shit

うんざりする be sick [disgusted]

うんせい 運勢 fortune; destiny

うんそう 運送 transportation ～会社 express company

うんちん 運賃 fare

うんてん 運転 (機械の) operation; (車の) driving ～する (機械を) operate; (車を) drive ～手 driver ～免許証 driver's license

うんどう 運動 exercise; (社会的・政治的な) movement; campaign; (物体の) motion; movement ～する take [get] exercise ～靴 sports shoes; sneakers ～会 athletic meet ～場 playground

うんめい 運命 fortune; fate; destiny

え

え¹ 絵 picture; drawing; painting 絵をかく draw; paint 絵かき painter 絵はがき (picture) postcard

え² 柄 handle

エアコン air conditioner

エアバッグ air bag

エアメール airmail

エアロビクス aerobics

エイ (sting) ray

えいえん 永遠に forever; eternally

えいが 映画 movie; film movies ～館 movie theater

えいかいわ 英会話 English conversation

えいきゅう 永久に forever

えいきょう 影響(する) influence; affect

えいぎょう 営業 business ～中の open ～時間 business hours ～所 office

えいご 英語 English

えいこう 栄光 glory

えいこく 英国 United Kingdom; (Great) Britain; Eng-

和英索引

land
えいさくぶん 英作文 English composition
えいしゃ 映写する project ~機 projector
エイズ AIDS ~ウイルス HIV
えいせい 衛星 satellite ~都市 satellite city ~放送 satellite broadcasting
えいせいてき 衛生的な sanitary
えいぞう 映像 picture
えいぞくてき 永続的な everlasting
えいびん 鋭敏な sharp; keen
えいぶんぽう 英文法 English grammar
えいやく 英訳する put into English
えいゆう 英雄 hero; (女性) heroine
えいよ 栄誉 honor
えいよう 栄養 nourishment ~のある nutritious
えいわじてん 英和辞典 English-Japanese dictionary
ええ yes; yeah ~どうぞ Sure.; Certainly.; By all means.
エース ace
ええと Let me see.; Let's see.; Well ...
エープリルフール April Fool's Day
えがお 笑顔 smile
えがく 描く paint; draw
えき 駅 station 駅員 station employee 駅長 stationmaster
エキサイトする be excited
えきしょう 液晶 liquid crystal ~テレビ[ディスプレイ] liquid crystal television [display]
エキス essence, extract
エキストラ extra
エキスパート expert
エキゾチックな exotic
えきたい 液体 liquid
えくぼ 靨 dimple
エクレア éclair
エゴ ego ~イズム ego(t)ism; selfishness ~イスト ego(t)ist, selfish person
エコー echo (effect)
エコノミー(クラス) economy class

えこひいき 依怙贔屓する favor
エコロジー ecology
えさ 餌 (をやる) feed
えじき 餌食 prey; victim
エジプト Egypt ~人[の] Egyptian
えしゃく 会釈する nod
エスカレーター escalator
エスカレートする escalate
エスニックな ethnic
えだ 枝 branch; (大枝) bough; (小枝) twig
エチケット etiquette
えっきょう 越境する cross the border
エックスせん エックス線 X rays
エッセー essay
エッセンス essence, extract
エッチ sex;《卑》fuck ~な dirty; obscene
えつらん 閲覧する read ~室 reading room
エナメル enamel ~革 patent leather
エネルギー energy
えのぐ 絵の具 paint; color
えはがき 絵葉書 picture postcard
えび 海老 lobster; prawn; shrimp
エピソード episode; anecdote
えふで 絵筆 brush
エプロン apron
エベレストさん エベレスト山 Mt. Everest
えほん 絵本 picture book
エメラルド emerald
えもの 獲物 (狩猟の) game; (釣りの) catch; (動物の捕らえる) prey
エラー error
えらい 偉い important; big
えらぶ 選ぶ choose; select; (選挙で) elect
えり 襟 collar
エリート the elite
えりぬきの えり抜きの select(ed); best; choice; elite
える 得る get
エルニーニョ El Niño
エレキ(ギター) electric guitar

エレクトロニクス electronics
エレベーター elevator
エロ(チック) erotic; dirty; pornographic
えん¹ 円 circle; (通貨) yen
えん² 縁 (関係) relation; connection
えんかい 宴会 (dinner) party; reception; banquet; feast; revel
えんかつ 円滑な smooth
えんがん 沿岸 coast
えんき 延期する put off
えんぎ¹ 演技 performance
えんぎ² 縁起のいい lucky; 縁起の悪い unlucky
えんきょく 婉曲な indirect; euphemistic
えんげい¹ 園芸 gardening ~植物 garden plant
えんげい² 演芸 entertainment
エンゲージリング engagement ring
えんげき 演劇 play; drama
えんこ 縁故 connection
えんし 遠視 farsightedness ~の farsighted
エンジニア engineer
えんしゅう¹ 円周 circumference ~率 pi
えんしゅう² 演習 seminar; (軍隊の) maneuvers; (予行演習) rehearsal
えんじゅく 円熟した mature
えんしゅつ 演出する direct ~家 director
えんじょ 援助(する) help; aid
えんじる 演じる play
エンジン engine; ~をかける start an engine
えんすい 円錐 cone ~形の conical
エンスト stall
えんせい 遠征 expedition; (スポーツの) tour ~チーム visiting team; visitor
えんぜつ 演説 speech ~する speak ~者 speaker
えんそ 塩素 chlorine
えんそう 演奏する play; perform ~会 concert; recital
えんそく 遠足 excursion
エンタイトルツーベース ground rule double

1590　one thousand five hundred and ninety

えんだん 演壇 platform; (説教壇) pulpit
えんちゅう 円柱 column
えんちょう 延長する extend; prolong
えんとう 円筒 cylinder
えんどう 豌豆 pea
えんとつ 煙突 chimney
エントリー entry
えんばん 円盤 disk ~投げ the discus throw
えんぴつ 鉛筆 pencil ~入れ pencil case ~けずり pencil sharpener
えんぶん 塩分 salt
えんまん 円満な peaceful; amicable; friendly
えんりょ 遠慮(する) reserve; hesitate

お

お 尾 tail
オアシス oasis
おい 甥 nephew
おい! Hey!
おいおい 追々 gradually
おいかける 追い掛ける run after; chase
おいこす 追い越す pass 追い越し禁止 No Passing
おいしい 美味しい delicious; good
おいしげる 生い茂る grow thick
おいだす 追い出す get out; put out
おいつく 追いつく catch up (with)
おいていく 置いていく leave
おいはらう 追い払う drive away
おいる 老いる get old; age
オイル oil
おいわい 御祝い celebration
おう¹ 王 king
おう² 追う run after; chase; follow
おう³ 負う (背負う) ☞ おんぶ; (責任を) take (responsibility), be in charge; (恩恵を) owe; (傷を) be wounded [injured]
おうえん 応援する cheer ~団 cheering party ~団員 cheerleader
おうかくまく 横隔膜 diaphragm
おうかん 王冠 crown
おうぎ 扇 fan
おうきゅう 応急の first-aid
おうこく 王国 kingdom
おうごん 黄金(の) gold
おうじ 王子 prince
おうしざ 牡牛座 the Bull; Taurus
おうしつ 王室 royal family
おうしゅう 欧州 Europe
おうじょ 王女 princess
おうじる 応じる answer; accept (…に)応じて according to
おうしん 往診 house call
おうせつしつ 応接室 reception [living] room
おうだん 横断する cross ~禁止 No Crossing ~歩道 pedestrian crossing
おうちゃく 横着な lazy
おうとう 応答 answer; response ~する reply
おうひ 王妃 queen
おうふく 往復する go and return ~切符 round-trip ticket ~葉書 return postal card
おうへい 横柄な arrogant; haughty; insolent; bossy
おうべい 欧米 Europe and America; (西洋) the West
おうぼ 応募する apply for ~者 applicant
おうむ 鸚鵡 parrot
おうよう 応用 application ~する apply (to) ~問題 applied question; exercise
おうらい 往来 traffic
おうりょう 横領する embezzle
おうレンズ 凹レンズ concave lens
おえる 終える finish; end; (話などを) close
おおい¹ 多い many; much; a lot of …
おおい² 覆い cover
おおいそぎ 大急ぎで in a great hurry
おおいに 大いに very; greatly; much; widely
おおう 覆う cover; (すっかり) cover up
オーエル (OL) office girl
おおがかり 大掛かりな large-scale
おおがた 大型(の) large; big
おおかみ 狼 wolf
おおきい 大きい large; big; great 大きさ size
おおく 多くの many; much; a lot of …
オーク oak
オークション auction
オーケー OK; okay
おおげさ 大袈裟な exaggerate
オーケストラ orchestra
おおごえ 大声で in a loud voice
おおざっぱな 大ざっぱな rough; broad; general
オーストラリア Australia ~の[人] Australian
おおぜい 大勢(large) crowd ~で in great numbers; in crowds ~の a great number of; a crowd of
オーソドックスな orthodox
オーダー(する) order オーダーメードの custom-made
オーディオ audio
オーディション audition
オーデコロン eau de Cologne
おおどおり 大通り main street
オートバイ motorcycle
オードブル hors d'oevre
オートマチックの automatic
オートメーション automation
オーナー owner
オーバー overcoat ~な exaggerated
オービー (OB) graduate
オーブン oven
オープンする open
オーボエ oboe
おおまか 大まかな rough ~に言って roughly speaking
おおみそか 大晦日 New Year's Eve
おおむぎ 大麦 barley
おおめ 大目に見る overlook
おおもじ 大文字 capital letter
おおもの 大物 number one; VIP; big name; (獲物) big

おおや 大家 (男性の) landlord; (女性の) landlady
おおやけ 公の public; official
オーラ aura
オーライ all right; OK
おおらか 大らかな broad-minded; generous; easygoing
オール oar
オールナイトの all-night
オーロラ aurora
おか 丘 hill
おかあさん お母さん mother; mom
おかえり お帰りなさい Hi!; Welcome home.
おかげ (…の)お陰で thanks to
おかしい funny; (奇妙) strange
おかす¹ 犯す (罪を) commit
おかす² 冒す (危険を) run
おかす³ 侵す (権利を) violate
おかっぱ bob
おがむ 拝む worship
オカルト occult
おがわ 小川 stream
おかわり お代わり another helping
おき 沖 offing …沖に off (the coast of) …: 沖合いの offshore
おきあがる 起き上がる get up
おきざり 置き去りにする leave behind
オキシダント oxidant
おきて 掟 rule
おきどけい 置き時計 clock
おぎなう 補う make up for
…おきに every…: 1日～ every other day / 10分～ every ten minutes
おきにいり お気に入り pet ～ の favorite
おきる 起きる get up; (目ざめる) wake up
おきわすれる 置き忘れる leave
おく¹ 億 hundred million 十億 billion
おく² 置く put; (きちんと) set; (下に) put down; (受話器を) hang up …にして～ keep; leave
おく³ 奥 back; recess; depth; interior 奥の inner(most)

おくがい 屋外(の) outdoor; open-air ～で[へ] outdoors
おくさん 奥さん (…'s) wife
おくじょう 屋上 roof
おくない 屋内(の) indoor ～ で[へ] indoors
おくびょうな 臆病な timid; cowardly; fainthearted 臆病者 coward
おくやみ 御悔やみ condolence; sympathy
おくゆき 奥行き depth
オクラ okra, 《米》gumbo
おくる¹ 送る (見送る) see off; (家まで) see [take] … home; (車で) drive … home
おくる² 贈る give; present 贈り物 present; gift
おくれ 遅れ delay
おくれる 遅れる be late; (時計が) lose …より遅れて behind
おけ 桶 (手桶) pail, bucket; (風呂桶) (bath) tub
おこす 起こす wake; call; (事故を) cause
おごそかな 厳かな solemn; grave; awe-inspiring; stately
おこたる 怠る neglect
おこない 行ない behavior; conduct
おこなう 行なう perform; hold
おこりうる 起こりうる possible
おこる¹ 起こる happen
おこる² 怒る get angry 怒った angry 怒らせる make … angry; offend 怒りっぽい short-tempered
おごる treat; buy: 昼食をおごってあげよう I'll treat you to lunch. おごり treat: これは僕のおごりだ This is my treat.
おさえる¹ 押さえる hold
おさえる² 抑える control; check; restrain
おさげ お下げ braid
おさない 幼い very young ～ ころに when young; as a child
おさまる 治[収]まる abate, subside; (風などが) die down, calm, stop; (痛みなどが) ease (away), go away; (騒動が) settle down; (場所に) fit (into …)
おさめる¹ 治める govern; rule
おさめる² 納める (支払う) pay
おじ 伯父, 叔父 uncle
おしあける 押し開ける push … open
おしあげる 押し上げる push [press] up
おしあてる 押し当てる press … (against [to])
おしい 惜しい regrettable; It's a pity!
おじいさん お爺さん grandfather; (老人) old man
おしいれ 押し入れ closet
おしえご 教え子 pupil
おしえる 教える teach; (道などを) show; tell
おじぎ お辞儀(する) bow
おしつける 押しつける press; impose; force
おしっこ pee; piss
おしつぶす 押し潰す press; squash
おしとどめる 押し止める hold back
おしばな 押し花 pressed flower
おしボタン 押しボタン button; push button
おしまい end
おしむ 惜しむ spare
おしめ diaper
おしゃべり chat; (人) chatterbox ～する chat; talk ～ な talkative
おしゃれな fashionable
おしょく 汚職 corruption; scandal
おす¹ 押す push
おす² 雄(の) male
オスカー Oscar
オセアニア Oceania
おせじ お世辞を言う flatter
おせっかい お節介を焼く meddle; poke one's nose
おせん 汚染 pollution
おそい 遅い (時刻が) late; (速度・動作が) slow 遅くとも at the latest
おそう 襲う attack
おそらく 恐らく perhaps; maybe

おそれいる 恐れ入る：恐れ入りますが… Excuse me, but ...
おそれる 恐れる be afraid of ...; fear 恐れ fear 恐ろしい horrible; terrible
おそわる 教わる be taught; learn
オゾン ozone ～層 ozone layer ～ホール ozone hole
おたがい お互い(に) each other
おだてる flatter; please
おたふくかぜ お多福風邪 mumps
おたまじゃくし tadpole
おだやか 穏やかな calm; gentle
おち 落ち omission; (冗談の) punch line
おちあう 落ち合う meet
おちいる 陥る fall [go, sink] into...
おちこぼれる 落ちこぼれる drop out
おちこむ 落ち込む be depressed
おちついた 落ち着いた calm
おちつき 落ち着き calmness ～のない restless 落ち着く calm (down)
おちば 落ち葉 fallen leaf
おちゃ お茶 tea
おちる 落ちる fall; go down; drop; (階段などを) fall down ...; (試験に) fail
おっと 夫 husband
おっとせい fur seal
おっぱい (母乳) milk; (乳房) breast
おつり change
おてあらい お手洗い (家庭の) bathroom; (公共の) restroom, men's [women's] room
おでき boil
おでこ forehead
おてんば お転婆 tomboy
おと 音 sound; (騒音) noise
おとうさん お父さん father; dad; daddy
おとうと 弟 (younger) brother
おどおどした timid; shy
おどかす 脅かす frighten
おとぎばなし お伽話 fairy tale
おとこ 男 man 男の male 男の子 boy 男らしい manly

おどし 脅し threat
おとす 落とす drop; (科目などを) fail; (失くす) lose
おどす 脅す threaten
おとずれる 訪れる visit (…の) 訪れ coming (of)
おととい 一昨日 the day before yesterday
おととし 一昨年 the year before last
おとな 大人 grown-up; adult ～になる grow up
おとなしい quiet; good
おとめざ 乙女座 Virgo; the Virgin
おどり 踊り(を踊る) dance
おとる 劣る be inferior (to)
おとろえる 衰える become weak; weaken
おどろかす 驚かす surprise; (ひどく) astonish
おどろき 驚き surprise
おどろく 驚く be surprised ～べき surprising
おなか stomach: ～がすく be hungry / ～が痛い have a stomachache
おなじ 同じ the same ～くらい... as... as
おならをする break wind
おに 鬼 ogre; (鬼ごっこの) it 鬼ごっこ tag
おにいさん お兄さん ☞ あに
おねえさん お姉さん ☞ あね
おの 斧 ax(e); hatchet
おば 伯母，叔母 aunt
おばあさん お婆さん grandmother; (老女) old woman [lady]
オパール opal
おばけ お化け bogey; ghost ～屋敷 haunted house
おはよう(ございます) Good morning.
おび 帯 belt; (waist) band; sash
おびえる 怯える be scared [frightened, afraid]
おひつじざ 牡羊座 Aries; the Ram
おひとよし お人好し dupe; sucker; soft touch
おびやかす 脅かす threaten
オフィス office
オフサイドの offside
オフライン off-line

オフレコ off the record
オフロード off-road
オペラ opera
オペレーター operator
おぼえる 覚える learn; memorize 覚えている remember
おぼれる 溺れる drown
おまけ (景品) giveaway; freebie ～する throw in ～に besides; furthermore; too; in addition
おまもり お守り charm
おまわりさん お巡りさん policeman; police officer
おむつ diaper
オムレツ omelet
おめでたい happy; (愚かな) foolish, stupid, naive
おめでとう(ございます) Congratulations!
おもい¹ 重い heavy; (病気などが) serious 重そうに heavily
おもい² 思い thought
おもいがけない 思いがけない unexpected 思いがけなく unexpectedly
おもいきって 思い切って…する dare to do
おもいきり 思い切り to the full; to one's heart's content: ～殴る hit ... as hard as one can
おもいだす 思い出す remember
おもいちがい 思い違いをする be mistaken
おもいつき 思いつき idea; (気まぐれ) fancy, whim 思いつく think of
おもいで 思い出 memory
おもいやり 思いやり sympathy ～のある sympathetic; thoughtful
おもう 思う think; (…ではないかと) suppose; (感じとして…と) feel …かなと～ I wonder …ならよいのにと～ I wish
おもくるしい 重苦しい heavy
おもさ 重さ weight ～が…である weigh
おもしろい 面白い interesting; (おかしい) funny; amusing
おもちゃ toy; plaything
おもて 表 the face; (野球で) 3回の表 the top (half) of the

和英索引

third inning
おもな 主な chief; main 主に mainly
おもに 重荷 burden
おもり 重り weight; (釣り糸の) sinker
おもわず 思わず in spite of *oneself*
おもんじる 重んじる (pay) respect; think much [highly] of; esteem; value
おや 親 parent
おやすみ お休み(なさい) Good night.
おやつ snack
おやゆび 親指 thumb; (足の) big toe
およぐ 泳ぐ swim
およそ 凡そ about; roughly
および 及び and
および 及ぶ extend; go; reach; spread: 及ばない (かなわない) be not equal to ..., be no match for ...; (必要ない) not have [need] to do
オランウータン orangutan
オランダ the Netherlands; Holland ～の Dutch ～人 Dutchman
おり 檻 cage
おりあう 折り合う agree; compromise; get along
オリーブ olive ～油 olive oil
オリエンテーション orientation
オリエンテーリング orienteering
おりかえす 折り返す turn around
オリジナルな original
おりたたむ 折り畳む fold 折り畳み(の) folding
おりまげる 折り曲げる bend
おりめ 折り目 fold
おりる¹ 下りる come down; go down; fall
おりる² 降りる (乗用車から) get out of; (列車・バス・旅客機・船から) get off
オリンピック the Olympic Games
おる¹ 折る break; (たたむ) fold
おる² 織る weave
オルガン (reed) organ
オルゴール music box

おれる 折れる break
オレンジ orange
おろか 愚かな foolish; stupid; silly ～者 fool
おろしうり 卸売り wholesale
おろす 降ろす bring [take, get] down
おわび お詫び ☞ わび
おわり 終わり end; close
おわる 終わる end; be over; ☞ おえる
おん 恩 kindness; favor; obligation; debt: 恩返しする repay / 恩知らずの ungrateful / 恩をあだで返す bite the hand that feeds *one*; return evil for good
オンエア ～される go on the air; ☞ ほうそう¹
おんがく 音楽 music ～家 musician ～会 concert
おんけい 恩恵 benefit
おんけん 穏健な moderate
おんこう 温厚な gentle
おんしつ 温室 greenhouse
おんせい 音声 sound ～学 phonetics
おんせつ 音節 syllable
おんせん 温泉 hot spring
おんたい 温帯 the Temperate Zone
おんだん 温暖な warm; mild
おんち 音痴の tone-deaf
おんど 温度 temperature ～計 thermometer
おんどり 雄鶏 cock
おんな 女 woman 女の female 女らしい womanly 女の子 girl
おんぱ 音波 sound wave
おんぷ 音符 note
おんぶする carry ... on *one's* back; carry ..., piggyback
おんぼろの worn-out
オンライン on-line
おんりょう 音量 volume
おんわ 穏和な mild

か

か¹ 蚊 mosquito
か² 科 course; (生物学で) family
か³ 課 lesson; section
が 蛾 moth

…か～(か) (either) ... or ... するかどうか if; whether
カーキ (色) khaki
ガーゼ gauze
カーソル cursor
カーディガン cardigan
ガーデニング gardening
カーテン curtain
カード card
ガード guard ～マン guard ～レール guardrail
カートリッジ cartridge
カーニバル carnival
カーネーション carnation
カーブ curve
カーペット carpet
カール curl
ガールスカウト girl scout
ガールフレンド girlfriend
かい¹ 会 meeting; club, society
かい² 階 (建物の) floor; story
かい³ 貝 shell; shellfish
…かい ～回 time; (野球) inning
がい 害 harm 害する harm; (人の感情を) hurt
かいいん 会員 member
かいおうせい 海王星 Neptune
かいが 絵画 picture
かいかい 開会する open ～式 opening ceremony
かいがい 海外に[へ] abroad; overseas ～の foreign
かいかく 改革 (する) reform
がいかく 外角 outside ～球 outside ball
かいがら 貝殻 shell
かいかん 会館 hall
かいがん 海岸 seashore; coast
がいかん 外観 appearance
かいき 会期 session
かいぎ 会議 meeting; conference
かいきゅう 階級 class; rank
かいきょう 海峡 strait; channel
かいぎょう 開業する[している] practice ～医 practitioner
かいぐん 海軍 navy
かいけい 会計 accounting: ～係[士] accountant
かいけつ 解決 solution; settlement ～する solve; settle

かいけん 会見 interview
がいけん 外見 appearance
かいげんれい 戒厳令 martial law
かいこ¹ 蚕 silkworm
かいこ² 解雇する dismiss
かいご 介護 care; nursing ～する (take) care; look after; attend
かいごう 会合 meeting
がいこう 外交 diplomacy ～員 (販売の) salesman ～官 diplomat ～辞令 diplomatic language
がいこうてき 外向的な extroverted
がいこく 外国 foreign country ～の foreign ～へ abroad ～語 foreign language ～人 foreigner
がいこつ 骸骨 skeleton
かいさい 開催する hold
かいさつぐち 改札口 gate
かいさん 解散する break up; (議会が) dissolve 解散! (号令) Dismiss!
かいさんぶつ 海産物 seafood
かいし 開始する start; opening ～する start; begin; open
がいして 概して generally
かいしめ 買い占め corner 買い占める buy up; corner
かいしゃ 会社 company; office ～員 office worker
がいしゃ 外車 imported [foreign] car
かいしゃく 解釈 interpretation ～する interpret
かいしゅう¹ 回収する collect; (欠陥商品を) call in
かいしゅう² 改修する repair
かいしゅう³ 改宗する convert
かいじゅう 怪獣 monster
がいしゅつ 外出する go [be] out
かいしょう 解消する dissolve; cancel; break up; disappear; heal
かいじょう¹ 海上で[に] on the sea ～の marine
かいじょう² 会場 (concert [assembly]) hall; ground
がいしょく 外食する eat out
かいしん 改心する[させる] reform
がいじん 外人 foreigner

かいず 海図 chart
かいすい 海水 seawater
かいすいよく 海水浴 sea bathing ～に行く go swimming in the sea
かいすうけん 回数券 coupon ticket
かいせい¹ 快晴の clear
かいせい² 改正する revise; (法律を) amend
かいせつ 解説(する) comment ～者 commentator
かいせん 回線 circuit
かいぜん 改善 improvement ～する improve
かいそう¹ 回想 recollection ～する look back (on)
かいそう² 海草 seaweed
かいそう³ 階層 stratum; class; rank
かいそう⁴ 改装する remodel
かいそう⁵ 回送 (行先表示で) not in service ～する forward
かいぞう 改造する adapt; remodel
かいぞうど 解像度 resolution
かいぞく 海賊 pirate
かいたく 開拓する reclaim; break; (植民地を) colonize; (資源を) exploit ～者 pioneer
かいだん¹ 怪談 ghost story
かいだん² 階段 stairs; (屋外の) steps
かいだん³ 会談 talks
ガイダンス guidance; (入学時の) orientation
かいちく 改築する rebuild; remodel
がいちゅう 害虫 harmful insect
かいちゅうでんとう 懐中電灯 flashlight
かいちょう 会長 president; chairman
かいて 買い手 buyer
かいてい¹ 海底 the bottom of the sea ～の submarine
かいてい² 改訂する revise ～版 revised edition
かいてき 快適な comfortable
かいてん¹ 回転 revolution ～する turn (around); revolve ～競技 (スキーの) slalom ～ド

ア revolving door
かいてん² 開店する open
ガイド guide
かいとう¹ 解答[回答](する) answer
かいとう² 解凍する thaw; defrost; (データを) decompress
かいどう 街道 highway
がいとう 街灯 street light
ガイドブック guidebook; guide
かいならす 飼いならす tame
かいにゅう 介入 intervention ～する intervene
かいぬし 飼い主 master
がいねん 概念 idea; concept
がいはく 外泊する stay overnight
かいはつ 開発 development ～する develop ～途上国 developing country
かいばつ 海抜 above sea level
かいひ¹ 会費 membership fee
かいひ² 回避する avoid
かいひょう 開票する count the ballots [votes]
がいぶ 外部 the outside [exterior] ～の outside
かいふく 回復 recovery ～する recover; get well
かいぶつ 怪物 monster
かいほう¹ 開放する (throw) open ～的な expansive; free; open
かいほう² 介抱する nurse; attend; take care of [look after]...
かいほう³ 解放する set free
かいぼう 解剖する dissect
かいまく 開幕する open
がいむしょう 外務省 Ministry of Foreign Affairs
かいめん 海綿 sponge
かいもの 買い物 shopping ～をする shop ～に行く go shopping
がいや 外野 the outfield; (選手) outfielder
がいらいご 外来語 loanword; word of foreign origin
かいらく 快楽 pleasure; fun
がいりゃく 概略 outline
かいりゅう 海流 ocean current

和英索引

かいりょう 改良 improvement ～する improve
かいろ 回路 circuit
がいろ 街路 street ～樹 street tree
かいわ 会話 conversation
かいん 下院（米国）the House of Representatives;（英国）the House of Commons ～議員（米国）representative;（英国）Member of Parliament
かう¹ 飼う have; keep;（家畜を）raise
かう² 買う buy
カウボーイ cowboy
ガウン gown
カウンセラー counselor
カウンセリング counseling
カウンター counter
カウント count ～ダウン countdown
かえす 返す return; take back;（もとの所へ）put back;（持ち主に）give back;（借金を）pay back
かえって on the contrary; in fact; after all; actually
かえで 楓 maple
かえる¹ 蛙 frog; toad
かえる² 孵る（卵が）hatch
かえる³ 帰る go back [home]; come back [home];（元の場所へ）return: 帰りに on one's [the] way home
かえる⁴ 変［換，替］える change; turn (into); exchange; replace
かえる⁵ 返る return
かえん 火炎 flame; fire; blaze ～瓶 Molotov cocktail ～放射器 flamethrower
かお 顔 face: 窓から顔を出す put one's head out of the window / 顔色が悪い[いい] look pale [well]
かおり 香り smell; aroma
がか 画家 painter; artist
かがい 課外の extracurricular
かかえる 抱える hold
カカオ cacao
かかく 価格 price
かがく¹ 化学 chemistry ～の chemical ～者 chemist
かがく² 科学 science ～の scientific ～技術 technology ～者 scientist
かかし 案山子 scarecrow
かかと 踵 heel
かがみ 鏡 mirror
かがむ 屈む stoop
かがやく 輝く shine; twinkle
かかる¹（病気に）have; get; catch
かかる²（時間・金が）take; cost
かかる³ 掛かる hang; lock
かかわる 関わる concern; get involved …にも関わらず in spite of …; though
かき¹ 牡蠣 oyster
かき² 柿 persimmon
かぎ 鍵 key;（錠）lock 鍵をかける lock 鍵穴 keyhole
かききず 掻き傷 scratch
かきこむ 書き込む write in;（書類に）fill in
かきたてる かき立てる（感情を）stir
かきとめ 書留 registered mail
かきとめる 書き留める write down
かきとり 書き取り dictation
かきなおす 書き直す rewrite
かきね 垣根 fence; hedge
かきまわす 掻き回す stir
かきみだす 掻き乱す disturb
かきゅう 下級の lower ～生 lower-class student
かぎり 限り limit ～ない limitless; infinite
…かぎり（…する）限り as far as … できる～ as … as possible
かぎる 限る limit;（…とは）限らない not all …; not always
かく¹ 掻く（つめで）scratch
かく² 書く write
かく³ 書く，描く（絵の具で）paint;（鉛筆・クレヨンで）draw
かく⁴ 核(の) nuclear 核実験 nuclear test 核家族 nuclear family 核兵器 nuclear weapon
かく⁵ 角 angle
かく⁶ 欠く lack ～ことのできない essential
かく⁷ 各 each; every; all
かぐ¹ 嗅ぐ smell
かぐ² 家具 furniture
がく 額 frame;（金額）sum; amount
がくい 学位 degree
かくう 架空の imaginary
かくえきていしゃ 各駅停車の local
かくげん 格言 proverb; saying; maxim; aphorism
かくご 覚悟する be ready [prepared]
かくざとう 角砂糖 cube sugar; lump
かくじ 各自 each; every; respective
かくしきばった 格式張った formal
かくじつ 確実な certain; sure
がくしゃ 学者 scholar
かくしゅ 各種の various; kinds of…; diverse
がくしゅう 学習 learning ～する learn
かくしん¹ 革新 innovation ～的な innovative
かくしん² 確信する be sure [certain]
かくす 隠す hide;（涙を）hold back 隠された hidden
がくせい 学生 student ～時代 one's school days
かくせいき 拡声器 loudspeaker
がくせつ 学説 theory
かくだい 拡大する expand; magnify ～鏡 magnifying glass
がくだん 楽団 band
かくちょう 拡張する expand; extend
がくちょう 学長 president
かくづけ 格付けする rank
カクテル cocktail
かくど 角度 angle
かくとう 格闘 a fight
かくとく 獲得する get; obtain;（賞品などを）win
かくにん 確認 confirmation ～する confirm
がくねん 学年 grade
かくばった 角ばった square
がくひ 学費 school expenses
がくふ 楽譜 music; score
がくぶ 学部 department; faculty; school

かくほ 確保する secure; make sure of
かくめい 革命 revolution
がくもん 学問 learning ～的な academic
かくりつ 確立する establish
がくりょく 学力 achievement; academic ability; skill
がくれき 学歴 academic [educational] background [record]
かくれる 隠れる hide
かくれんぼ hide-and-seek
かけ 賭け bet; (賭け事) gambling
かげ¹ 陰 shade
かげ² 影 shadow
がけ 崖 cliff
かけい¹ 家計 household economy [budget]
かけい² 家系 ancestry; descent; genealogy; pedigree; root ～図 family tree
かげえ 影絵 silhouette
かげき¹ 歌劇 opera
かげき² 過激な extreme
かげぐち 陰口 backbiting; gossip ～をたたく speak ill of ... behind ...'s back
かけざん 掛け算 multiplication
かけつ 可決する approve; pass
かけっこ 駆けっこ race
かけら 欠片 broken piece
かける¹ (覆う) cover; (電話を) call; (かぎを) lock; (レコードなどを) play; (座る) sit down
かける² 欠ける lack
かける³ 掛ける hang; (掛け算) multiply
かける⁴ 駆ける run
かける⁵ 賭ける bet; (命を) risk
かこ 過去 the past
かご 篭 basket; (鳥かご) cage
かこい 囲い fence
かこう¹ 火口 crater
かこう² 河口 mouth
かこう³ 加工する process
かごう 化合する combine ～物 compound
かこむ 囲む surround; circle
かさ 傘 umbrella 傘立て umbrella stand
かさい 火災 fire ～報知機 fire alarm
かさなる 重なる be piled up; (事が) happen at the same time
かさばる be bulky [unwieldy, hulky]
かざみどり 風見鶏 weathercock
かざり 飾り decoration
かざる 飾る decorate
かざん 火山 volcano: 活[休, 死]～ active [dormant, extinct] volcano
かし¹ 樫(の木) oak
かし² 歌詞 the words (of a song); lyrics
かし³ 菓子 cake; candy
かし⁴ 華氏 Fahrenheit
かじ¹ 舵 (船の) steering wheel
かじ² 火事 fire
かじ³ 家事 housework
がし 餓死 starvation ～する starve
かじかんだ 悴んだ numb
かしきり 貸し切り(の) chartered
かしこい 賢い clever; wise
かしだす 貸し出す lend out
かしつ 過失 mistake; error; fault; slip; lapse
かじつ 果実 fruit
カジノ casino
カシミヤ (織物) cashmere
かしや 貸家 house for rent
かしゃ 貨車 freight car
かしゅ 歌手 singer
カジュアル casual: ～な服を着る dress down
かじゅう 果汁 fruit juice
カシューナッツ cashew (nut)
かじゅえん 果樹園 orchard
かじょう 過剰の excessive
かじょうがき 個条書きにする list; itemize
かしょくしょう 過食症 bulimia
…かしら I wonder ...
かしらもじ 頭文字 initial
かじる 齧る bite
かす¹ 貸す lend; (有料で) rent
かす² 滓 dregs; lees; (コーヒーなどの) grounds
かず 数 number 数に入れる count
ガス gas ガスレンジ gas range
かすかな 幽かな, 微かな faint
カスタード custard
カスタネット castanets
カスタマー (顧客) customer
カスタマイズ customize
カステラ sponge cake
かすむ blur; mist
かすめる graze; glance off; skim; sweep
かぜ¹ 風邪 cold ～をひく catch (a) cold
かぜ² 風 wind
かせい¹ 火星 Mars
かせい² 家政 housekeeping ～婦 housekeeper
かぜい 課税する tax
かせき 化石 fossil
かせぐ 稼ぐ earn
かせつ¹ 仮説 hypothesis
かせつ² 仮設の temporary ～住宅 temporary housing; barracks
カセット cassette
かせん 下線(を引く) underline
かそ 過疎 depopulation ～の depopulated; underpopulated
がぞう 画像 image; graphics
かそうぎょうれつ 仮装行列 fancy dress parade
かそうげんじつ 仮想現実 virtual reality
かぞえる 数える count
かそく 加速(度) acceleration ～する accelerate; speed up; step on the gas
かぞく 家族 family
ガソリン gasoline; gas ～スタンド gas station
かた¹ 肩 shoulder 肩をすくめる shrug one's shoulders
かた² 型 pattern; model
…かた …方 c/o
かたい¹ 堅い firm; (肉などが) tough
かたい² 硬い (物体が) hard
かだい¹ 課題 assignment
かだい² 過大な excessive ～評価する overestimate
かたおもい 片思い unrequited love
かたがき 肩書き title
かたき (敵) foe; enemy: ～を

和英索引

うつ[とる] avenge; revenge
かたく 堅く fast, tight, tightly; strongly, firm
かたくるしい 堅苦しい formal
かたち 形 form; shape
かたづける 片付ける put in order; finish (off)
かたつむり 蝸牛 snail
かたな 刀 sword
かたほう 片方（二つのうちの）one: もう~ the other (one) / この靴のもう~ the mate to this shoe ~だけの odd
かたまり 塊 lump; mass
かたまる 固まる harden; become solid; bind; set
かたみ¹ 形見 keepsake; memento; remembrance
かたみ² 肩身が狭い feel small [ashamed]
かたみちきっぷ 片道切符 one-way ticket
かたむく 傾く lean 傾ける lean; (努力を) put in
かたよる 偏る be partial [prejudiced]
かたる 語る talk; tell; narrate
カタログ catalog
かだん 花壇 flower bed
かち 価値 value; worth ~のある valuable: 読む~がある be worth reading
かちく 家畜 domestic animal
がちょう 鵞鳥 goose
かつ 勝つ win; (人に) beat
かつお 鰹 bonito
がっか 学科 subject
がっかりする be disappointed
かっき 活気のある lively
がっき¹ 学期 term
がっき² 楽器 (musical) instrument
かっきてき 画期的な epoch-making
がっきゅう 学級 class ~委員 class monitor
かつぐ 担ぐ carry on one's shoulder [back]
がっく 学区 school district
かっこ 括弧 parenthesis; bracket
かっこう¹ 格好 appearance; shape; form; style かっこいい smart; cool かっこ悪い

ugly; unfashionable
かっこう² 郭公 cuckoo
がっこう 学校 school
かっさい 喝采(する) cheer
かつじ 活字 print; type
かっしゃ 滑車 pulley
がっしゅく 合宿する lodge together; have a training camp
がっしょう 合唱 chorus ~する sing in chorus ~隊 chorus; choir
かっしょく 褐色(の) brown
がっしりした strong and firm; solid
がっそう 合奏 ensemble
かっそうろ 滑走路 runway
カッター cutter
がったい 合体する incorporate; unite; combine; merge
ガッツ courage; guts
かつて once
かって 勝手な selfish
カット cut
かつどう 活動 activity ~的な active
かっとなる get angry; lose one's temper
かっぱつ 活発な active
カップ cup
カップル couple
がっぺい 合併 merger ~する merge
かつやく 活躍する be active
かつよう 活用する make use of
かつら wig; (部分の) hairpiece
かつりょく 活力 energy; vitality; life
かてい¹ 家庭 home ~科 domestic science ~教師 tutor ~的な domestic
かてい² 過程 process
かてい³ 課程 course
かてい⁴ 仮定する suppose
かど 角 corner
かとう 下等な lower
カドミウム cadmium
カトリックの Catholic
…かな I wonder ...
かなう¹ 敵う match; be equal
かなう² 適う suit; meet
かなう³ 叶う (夢などが) come true かなえる fulfill; realize
かなきりごえ 金切り声(を上

げる) scream
かなしい 悲しい sad 悲しみ sorrow 悲しむ grieve; regret
カナダ Canada ~の[人] Canadian
かなづち 金槌 hammer
かならず 必ず certainly, sure; always ~しも(…で)ない not necessarily
かなり considerably; fairly; rather ~の considerable; fair
カナリア canary
かに 蟹 crab 蟹座 Cancer
かにゅう 加入 entry ~する enter
カヌー canoe
かね¹ 金 money
かね² 鐘 bell
かねもち 金持ちの rich
かのう 可能な possible ~性 possibility
かのじょ 彼女 she ~は[が] she ~の[を, に] her ~のもの hers ~自身 herself
かば 河馬 hippo(potamus)
カバー cover; (本の) jacket
かばう protect; defend
かばん 鞄 bag
かはんすう 過半数 majority
かび 黴 mildew; mold
がびょう 画鋲 (thumb)tack
かびん¹ 花瓶 vase
かびん² 過敏な oversensitive; hypersensitive
かぶ¹ 株 (会社の) share; stock; (切り株) stump
かぶ² 蕪 turnip
カフェオレ café au lait
カフェテリア cafeteria
カプセル capsule
かぶと 兜 helmet ~虫 beetle
かぶる 被る put on; wear
かふん 花粉 pollen ~症 pollen allergy
かべ 壁 wall 壁紙 wallpaper
かへい 貨幣 money
かぼちゃ 南瓜 pumpkin
かま 鎌 sickle
かまう 構う mind; care
かまきり 蟷螂 mantis
がまん 我慢する stand for; endure ~強い patient
かみ¹ 紙 paper
かみ² 神 god

1598　　　　　　　　　　　　　　　　　　　　　　　　　　　　　one thousand five hundred and ninety-eight

かみ³ 髪(の毛) hair	からまる 絡まる twist; twine; catch	(of); for
かみきず 咬み[噛み]傷 bite	かり¹ 借り debt ～がある owe	かわる¹ 代わる take the place of 代わる代わる by turns
かみそり 剃刀 razor	かり² 狩り(をする) hunt	かわる² 変わる change; turn; (いろいろに) vary
かみつく 噛み付く bite	かり³ 仮の temporary 仮に (even) if	かん¹ 巻 volume; book
かみなり 雷(雷鳴) thunder; (稲妻) lightning	カリウム potassium	かん² 管 pipe; (金属・ガラス・ゴムなどの) tube
かむ¹ 噛む,咬む bite; chew	カリキュラム curriculum	かん³ 缶 can: 缶ビール canned beer
かむ² (鼻を) blow	カリスマてきな カリスマ的な charismatic	かん⁴ 勘 hunch; intuition; sixth sense
ガム (chewing) gum	カリフォルニア California	がん 癌 cancer
カムフラージュ camouflage; disguise	カリフラワー cauliflower	かんおけ 棺桶 coffin
かめ 亀 tortoise; (海がめ) turtle	かりゅう 下流の[に] downstream; below	がんか 眼科 ophthalmology
カメラ camera ～マン photographer; cameraman	かりる 借りる borrow; (電話・トイレを) use	かんがい 灌漑する irrigate
カメレオン chameleon	かる 刈る mow; cut	かんがえ 考え idea; opinion; thinking; thought
かめん 仮面 mask	かるい 軽い light; (痛みなどが) slight	かんがえる 考える think …のことを～ think about ... …しようかと～ think of ... よく～ consider; think over 考え出す work out 考えつく think of ... 考えられない unlikely
がめん 画面 (テレビの) screen; (映画・テレビの) picture	カルシウム calcium	
かも 鴨 (wild) duck	かれ 彼 he 彼は[が] he 彼を[に] him 彼の(もの) his 彼自身 himself	
かもく 科目 subject		
…かもしれない may		
かもつ 貨物 freight ～船 freighter ～列車 freight train	かれい 鰈 flatfish	
	カレー curry	
	ガレージ garage	かんかく¹ 感覚 sense
かものはし 鴨嘴 (duck-billed) platypus	カレーライス curry and rice	かんかく² 間隔 interval
	かれら 彼ら they ～は[が] they ～の～ their ～を[に] them ～のもの theirs ～自身 themselves	かんがっき 管楽器 wind instrument
かもめ 鴎 (sea) gull		カンガルー kangaroo
かやく 火薬 gunpowder		かんきつるい 柑橘類 citrus
かゆい 痒い itch	かれる¹ 嗄れる(声が) get husky	かんきゃく 観客 audience; spectator ～席 seat; stands
かよう 通う go to ...		
かようきょく 歌謡曲 popular song	かれる² 枯れる die 枯れた dead	かんきょう 環境 environment; surroundings ～汚染[保護] environmental pollution [protection]
	カレンダー calendar	
がようし 画用紙 drawing paper	かろう 過労 strain; overwork	
	かろうじて barely; with difficulty	
かようび 火曜日 Tuesday		かんきり 缶切り can opener
から¹ 殻 shell; (穀物の) hull	カロリー calorie	かんけい 関係 relation
から² 空の[にする] empty	かわ¹ 川 river	かんげい 歓迎(する) welcome ～会 welcome party; reception
…から from; (中から) out of; (以来) since; after	かわ² 皮 skin; (果物の) peel	
	かわ³ 革 leather	
カラー (襟) collar	がわ 側 side	
カラーの color	かわいい 可愛(らし)い pretty; lovely	かんげき 感激する be moved
からい 辛い hot; (塩辛い) salty		かんけつ 完結する conclude; complete; end; (次号)～ (to be) concluded
	かわいがる 可愛がる love	
カラオケ karaoke	かわいそう 可哀想な poor; pitiful	
からかう make fun of		かんげんがく 管弦楽 orchestral music ～団 orchestra
がらがらへび がらがら蛇 rattlesnake	かわうそ otter	
	かわかす, かわく 乾かす[く] dry; ☞ のど	かんご 看護 care; nursing ～師[婦] nurse ～する (take) care; look after; nurse; attend
からし 辛子 mustard		
からす 鴉,烏 crow	かわせ 為替 exchange	
ガラス glass	かわった 変わった strange	
からだ 体 body; (健康) health: 体に毒だ It is harmful to the health.	かわら 瓦 tile	がんこ 頑固な stubborn
	かわり (…の)代わりに instead	かんこう 観光 sightseeing ～
カラット (金の) karat; (宝石の) carat		

1599

和英索引

旅行する tour ～客 tourist
かんこく¹ 勧告 advice; recommendation ～する advise; recommend
かんこく² 韓国 South Korea ～の[人] South Korean ～語 Korean
かんさつ 観察 observation ～する observe
かんし¹ 冠詞 article
かんし² 監視 watch
かんじ¹ 感じ feeling; (印象) impression ～のいい pleasant
かんじ² 漢字 Chinese character
がんじつ 元日 New Year's Day
かんしゃ 感謝する thank; be grateful
かんじゃ 患者 patient
かんしゃく 癇癪 (short) temper; (子どもの) tantrum: ～を起こす lose one's temper; have [throw] a (temper) tantrum ～持ちの hot-[ill-, short-, quick-]tempered; irritable ～玉 firecracker
かんしゅう 慣習 custom
かんじゅせい 感受性 sensibility; susceptibility: ～の強い sensitive; susceptible
がんしょ 願書 application (form)
かんしょう¹ 干渉 interference ～する interfere
かんしょう² 感傷 sentiment
かんしょう³ 鑑賞する appreciate
かんじょう¹ 感情 feelings; emotion
かんじょう² 勘定 check: お～お願いします Check, please. ～に入れる count
がんじょう 頑丈な strong; tough; sturdy
かんしょく¹ 感触 sense; feel; touch; texture; (印象) impression, feeling, atmosphere
かんしょく² 間食する eat between meals
かんじる 感じる feel 感じやすい sensitive
かんしん¹ (…に)関心がある be interested in

かんしん² 感心する admire
かんせい¹ 完成 completion ～する complete
かんせい² 歓声を上げる cheer
かんぜい 関税 customs; tariff
がんせき 岩石 rock
かんせつ¹ 関節 joint
かんせつ² 間接の indirect
かんせん 感染 (空気・水による感染) infection; (接触感染) contagion ～症 infectious [contagious] disease ～者 infected person; (保菌者) carrier ～する (病気・病原体が) infect; (病気をもらう) catch; (病気をうつす) give
かんぜん 完全な perfect; complete; whole
かんそ 簡素な simple; plain
かんそう¹ 感想 impression
かんそう² 乾燥した dry
かんぞう 肝臓 liver
かんそく 観測する observe
かんたい 艦隊 fleet; (小艦隊) squadron
かんだい 寛大な generous
かんだかい 甲高い shrill; piping: ～声 shriek; squeal
かんたく 干拓する reclaim
かんたん¹ 簡単な easy; simple; light; brief
かんたん² 感嘆 ～符 exclamation point [mark] ～文 exclamatory sentence ～詞 interjection; expletive ～する admire; be impressed
がんたん 元旦 New Year's Day
かんだんけい 寒暖計 thermometer
かんちがい 勘違い misunderstanding; mistake; illusion ～する misunderstand; be mistaken [wrong]
がんちく 含蓄 implication; connotation; overtone
かんちょう¹ 官庁 government office
かんちょう² 干潮 low tide; ebb (tide)
かんつう 貫通する penetrate; go through; pierce
かんづめ 缶詰(にする) can: さけの～ canned salmon
かんてい 鑑定 judg(e)ment;

examination; appraisal ～家 judge; connoisseur ～する judge; examine; appraise
かんてん 観点 point of view; viewpoint
かんでん 感電 electric shock; (電気椅子による感電死) electrocution
かんでんち 乾電池 dry cell; dry battery
かんどう 感動する be moved ～的な moving
かんとうし 間投詞 interjection
かんとく 監督 coach; manager; (映画などの) director ～する coach; direct
かんな plane
カンニング(する) cheat
カンニングペーパー crib sheet [note]; cheat sheet; trot
かんぬき 閂 bar
かんねん 観念 concept; idea; notion; sense ～的な ideal; ideological; (抽象的な) abstract ～する give up; resign oneself; surrender
かんぱ 寒波 cold wave
カンパ fund-raising; collection ～する pass the hat; donate; contribute
かんぱい 乾杯 toast
カンバス canvas
かんばつ 旱[干]魃 drought
がんばる 頑張る try hard がんばれ! Come on!; Hold out!
かんばん 看板 signboard
かんぱん 甲板 deck
かんびょう 看病する nurse
かんぺき 完璧な perfect
かんべん 勘弁する forgive
がんぼう 願望 desire; wish
かんむり 冠 crown
かんめい 感銘 impression, admiration
かんゆう 勧誘する invite; induce; recruit
かんよう¹ 寛容な tolerant; generous; open-minded
かんよう² 慣用 (語法の) usage; ☞ かんれい ～句 idiom; phrase
がんらい 元来 originally
かんらく 陥落(する) fall

かんり 管理 administration ~する manage ~人 janitor; caretaker
かんりょう¹ 完了する complete; finish; accomplish; perfect ~形 perfect (form)
かんりょう² 官僚 bureaucrat; government official
かんれい 慣例 practice; custom; convention; tradition
かんれいぜんせん 寒冷前線 cold front
かんれん 関連 relation(ship); connection ~する have a relation to; be connected with ~した relevant
かんわ 緩和 modification ~する modify

き

き¹ 木 tree
き² 気 mind; mood; feeling …したい気がする feel like doing 気がつく become aware; (見て) notice 気が強い strong-minded 気が狂ってる mad 気が小さい timid 気が短い short-tempered 気が長い patient 気にする care; mind 気に入る like 気をつける be careful; watch; look out ☞ きのどく, きてん
ギア gear
きあつ 気圧 atmospheric pressure ~計 barometer
ぎあん 議案 bill
キー key
キーパー keeper
キーボード keyboard
キーホルダー key ring
きいろ 黄色(い) yellow
キーワード keyword
ぎいん 議員 member of parliament [assembly, the Diet], MP, assembly(wo)man; (米国下院の) congress(wo)man; (上院の) senator
キウイ kiwi (fruit)
きえる 消える disappear; (明かりが) go out
きおく 記憶 memory ~する memorize ~力 memory
キオスク kiosk

きおん 気温 temperature
ぎおんご 擬音語 onomatopoeia
きか¹ 気化する evaporate; vaporize; gasify
きか² 帰化する be naturalized
きかい¹ 機会 chance; opportunity
きかい² 機械 machine; (総称) machinery; (器械) instrument
きがい 危害 harm ~を加える do harm (to)
ぎかい 議会 assembly; (日本の) Diet; (米国の) Congress; (英国の) Parliament
きがえる 着替える change (one's clothes)
きかがく 幾何学 geometry
きかく¹ 規格 standard
きかく² 企画 plan(ning); project; proposition; idea
きがく 器楽 instrumental music
きがる 気軽に freely; readily: お~に…してください please don't hesitate [please feel free] to do …
きかん¹ 器官 organ
きかん² 期間 period
きかん³ 機関 engine; (政府などの) agency ~車 locomotive ~銃 machine gun
きかん⁴ 季刊(の) quarterly
きかん⁵ 気管 windpipe; trachea ~支 bronchial tubes ~支炎 bronchitis
きき 危機 crisis: ~を脱している be out of danger
ききとる 聞き取る get; catch; follow; hear; ☞ ヒアリング
ききめ 効き目 effect
ききゅう 気球 balloon
きぎょう 企業 business; enterprise
ぎきょく 戯曲 drama
ききん¹ 基金 fund
ききん² 飢饉 famine
ききんぞく 貴金属 precious metal; (宝石類) jewelry
きく¹ 聞く hear; listen; ask
きく² 効く be effective; work
きく³ 菊 chrysanthemum
きぐ 器具 appliance; apparatus; tool; instrument; tackle

きぐらい 気位 pride: ~が高い proud; grand; vain
きげき 喜劇 comedy
きけん¹ 危険 danger; risk ~な dangerous
きけん² 棄権 abstention ~する abstain (from voting)
きげん¹ 期限 time limit; (締め切り) deadline
きげん² 機嫌 mood ~がいい [悪い] be in a good [bad] mood
きげん³ 起源 origin
きこう¹ 気候 climate
きこう² 寄稿する contribute (to)
きこう³ 機構 institution; organization; system
きごう 記号 sign
きこう 技巧 technique; art; skill
きこえる 聞こえる (人が音を感じる) hear; (音が感じられる) be audible: …のように~ sound …
きこく 帰国する return to one's country; come [go] home ~子女 returnee
ぎこちない awkward; clumsy; stiff; uneasy; wooden
きざ 気障な affected; conceited
きざむ 刻む chop; carve
きし¹ 岸 bank; (海岸) shore
きし² 騎士 knight ~道 chivalry
きじ¹ 雉 pheasant
きじ² 記事 article
きし³ 生地 cloth
ぎし 技師 engineer
ぎじ 議事 ☞ ぎだい ~録 proceedings; minutes ~日程 agenda ~堂 ☞ こっかい
ぎしき 儀式 ceremony
きじつ 期日 date
きしゃ¹ 記者 writer; reporter; journalist ~会見 press conference ~団 press
きしゃ² 汽車 train; (蒸気機関車) steam locomotive
きしゅ¹ 機首 nose
きしゅ² 騎手 horseman; jockey
きしゅう 奇襲 surprise attack ~する (take … by) surprise
きしゅく 寄宿 ~学校 boarding school ~舎 dormitory;

和英索引

hall (of residence)
きじゅつ¹ 奇術 magic
きじゅつ² 記述 description; account ~する describe; portray
ぎじゅつ 技術 technique ~者 engineer
きじゅん 基準 standard
きしょう 気象 weather ~衛星 weather satellite ~台 weather station
きしょう² 起床する get up
きず 傷 wound; injury; hurt 傷つける wound; injure; hurt
きずあと 傷跡 scar
きすう 奇数 odd number
きずく 築く build; construct
きずな 絆 bond; ties
キス(をする) kiss
きせい¹ 規制 regulation ~する regulate
きせい² 帰省する go [come] home
きせい³ 既製の ready-made
きせい⁴ 既成の established; existing; present
ぎせい 犠牲(にする) sacrifice ~者 victim
ぎせいご 擬声語 onomatopoeia
きせいちゅう 寄生虫 parasite
きせき 奇跡 miracle
きせつ 季節 season
きぜつ 気絶する faint; pass out
きせる 着せる dress; clothe
きせん 汽船 steamer; steamship
ぎぜん 偽善 hypocrisy
きそ¹ 基礎 base; basis; (建物の) foundation …に〜の基礎を置く base ~ on … 〜の basic; fundamental ~的な fundamental; elementary
きそ² 起訴する prosecute; indict; press charges
ぎぞう 偽造する forge; counterfeit; fabricate
きそく 規則 rule; regulation ~的な regular
きぞく 貴族 nobleman; (総称) the nobility
きた 北 north 北の north(ern)
ギター guitar

きたい¹ 期待 expectation ~する expect
きたい² 気体 gas
ぎだい 議題 issue; topic; question
きたえる 鍛える train; (体を) build up
きたく 帰宅する go [come] home
きたちょうせん 北朝鮮 North Korea
きだて 気立てのよい good-natured; kind(hearted)
きたない 汚い dirty
きち 基地 base
きちょう¹ 貴重な valuable; precious ~品 valuables
きちょう² 機長 captain
ぎちょう 議長 chairman; chairperson
きちょうめん 几帳面な exact; precise
きちんと neatly きちんとした neat; straight
きつい (辛い) hard; (窮屈) tight
きつえん 喫煙 smoking ~室 smoking room ~車 smoking car
きづかう 気遣う care; be anxious; worry
きっかけ chance; cause; trigger; cue; occasion
きっかり flat
きづく 気付く notice
キッチン kitchen
きつつき 啄木鳥 woodpecker
きって 切手 stamp
きっと certainly; sure
きつね 狐 fox
きっぱり completely; flatly; decisively; positively; firmly; once and for all
きっぷ 切符 ticket ~売場 ticket office
きてい 規定 regulation; provision; prescription; rule
ぎていしょ 議定書 protocol
きてん 気[機]転 wit; tact: 〜のきく quick-witted; tactful: 〜

のきかない tactless
きどう¹ 軌道 orbit
きどう² 起動する start; boot
きどうたい 機動隊 riot police
きとく 危篤の critical
きどった 気取った affected
きにゅう 記入する write in; fill in [out]; book; enter
きぬ 絹 silk
きねん 記念 commemoration 〜写真 souvenir picture 〜碑 monument 〜日 memorial day; anniversary 〜品 souvenir; memento
きのう¹ 昨日(は) yesterday: 〜の夜 last night
きのう² 機能(する) function
ぎのう 技能 skill
きのこ 茸 mushroom
きのどく 気の毒な poor: お〜です I'm sorry …
きば 牙 fang; (象の) tusk
きばつ 奇抜な novel; eccentric; fanciful; original
きはつせい 揮発性の volatile
きばらし 気晴らし pastime; recreation; diversion
きびきびした brisk
きびしい 厳しい strict; severe
きふ 寄付する contribute
ギブアップする give up
ギプス、ギブス (plaster) cast
きぶん 気分 mood …したい〜だ be in the mood to do
きぼ 規模 scale
きぼう 希望(する) hope
きほん 基本 basis 〜的な basic; fundamental
きまえ 気前のよい generous; liberal
きまぐれ 気紛れな capricious; changeable
きまつしけん 期末試験 terminal examination
きまり 決まり rule 〜文句 set phrase
きみ 黄身 yellow; yolk
きみつ 機密 secret 〜情報 confidential [classified] information
きみょう 奇妙な strange
ぎむ 義務 duty 〜教育 compulsory education
きむずかしい 気難しい difficult; hard to please; par-

ticular; fastidious
きめ ~の粗い coarse; ~の細かい fine
ぎめい 偽名 false name; alias
きめる 決める decide; fix
きもち 気持ち feeling ~のよい pleasant; comfortable
きもの 着物 clothes; kimono
ぎもん 疑問 question
ギヤ gear
きゃく 客 guest; (旅館の) visitor; (商店の) customer; (乗り物の) passenger 客車[船] passenger car [boat]
ぎゃく 逆の opposite; reverse
ギャグ gag
ぎゃくさつ 虐殺 massacre; slaughter; carnage
ぎゃくせつ 逆説 paradox ~的な paradoxical
ぎゃくたい 虐待 abuse; ill-treatment; battering; cruelties ~する abuse; ill-treat
きゃくほん 脚本 scenario ~家 playwright
ギャザー gathers
きゃしゃ 華奢な delicate
キャスター (ニュース解説者) newscaster, broadcaster; (脚輪) caster
キャスト cast
きゃっかんてき 客観的な objective
キャッシュ cash ~カード cash [bank] card
キャッチフレーズ catchphrase; slogan
キャッチボール ~をする play catch
キャッチャー catcher
キャップ (鉛筆・ペンの) cap
ギャップ gap
キャビア caviar
キャビネット cabinet
キャプテン captain
キャベツ cabbage
キャミソール camisole
ギャラ performance fee
キャラクター character
キャラメル caramel
ギャラリー gallery
キャリア career; (経験) experience ~ウーマン career woman
ギャング gangster
キャンセル cancel

キャンデー candy
キャンバス canvas
キャンパス campus
キャンピングカー camper
キャンプ(する) camp ~場 campsite ~ファイア campfire
ギャンブル gamble; gambling
キャンペーン campaign
きゅう[1] 九, 9 nine 9番目の ninth 9分の1 ninth
きゅう[2] 急な (突然の) sudden; (登りが) steep; (カーブが) sharp; (流れが) rapid 急に suddenly
きゅう[3] 級 class; grade; level; rank
きゅうえん 救援 relief
きゅうか 休暇 vacation
きゅうかく 嗅覚 smell
きゅうぎ 球技 ball game
きゅうきゅうしゃ 救急車 ambulance
きゅうきゅうばこ 救急箱 first-aid kit
きゅうぎょう 休業する close: 本日~ Closed (today).
きゅうきょく 究極の extreme; ultimate; final
きゅうくつ 窮屈な tight
きゅうけい 休憩 rest; (短い) break ~する take a rest; take [have] a break
きゅうけつ 吸血 ~動物 bloodsucker ~鬼 vampire ~こうもり vampire bat
きゅうこう[1] 急行(列車) express (train)
きゅうこう[2] 休校する close the school
きゅうこうか 急降下する dive
きゅうこん 球根 bulb
きゅうさい 救済 relief
きゅうし[1] 急死 sudden death ~する die suddenly
きゅうし[2] 休止(する) pause; rest
きゅうしき 旧式の old-fashioned
きゅうじつ 休日 holiday
きゅうしゅう 吸収 absorption ~する absorb
きゅうじゅう 九十, 90 ninety 90番目の, 90分の1 ninetieth
きゅうしゅつ 救出(する), きゅ

うじょ 救助(する) rescue
きゅうじょう 球場 ballpark; stadium
きゅうしょく 給食 school lunch
きゅうせい[1] 旧姓 maiden name: 旧姓… née ...
きゅうせい[2] 急性の acute
きゅうせん 休戦 armistice; truce; cease-fire
きゅうそく[1] 休息(する) rest
きゅうそく[2] 急速な rapid; fast ~に fast
きゅうち 窮地 fix; (tight) corner; difficult situation, difficulty; extremity
きゅうてい 宮廷 court; palace
きゅうでん 宮殿 palace
ぎゅうにく 牛肉 beef
ぎゅうにゅう 牛乳 milk ~配達人 milkman
きゅうばしのぎ 急場凌ぎの stopgap; makeshift
きゅうめい 救命 lifesaving ~胴衣 life jacket ~ボート lifeboat
きゅうゆ 給油 fill up; refuel ~所 gas [filling] station
きゅうゆう[1] 級友 classmate
きゅうゆう[2] 旧友 old friend
きゅうよう[1] 休養(する) rest
きゅうよう[2] 急用 urgent business
きゅうり 胡瓜 cucumber
きゅうりょう[1] 丘陵 hill
きゅうりょう[2] 給料 pay; salary ~日 payday
きよう 器用な skillful
きょう 今日(は) today: ~の午後 this afternoon
ぎょう 行 line
きょうい[1] 脅威 threat
きょうい[2] 驚異 marvel; wonder; miracle ~的な marvelous; wonderful; amazing; phenomenal
きょうい[3] 胸囲 chest size; (バスト) bust
きょういく 教育 education ~する educate ~的な educational
きょういん 教員 teacher
きょうか[1] 強化する reinforce
きょうか[2] 教科 subject

和英索引

きょうかい¹ 協会 association; society
きょうかい² 境界 border; boundary
きょうかい³ 教会 church
きょうがく 共学 coeducation
きょうかしょ 教科書 textbook
きょうかん 共感 sympathy 〜する sympathize
きょうき¹ 狂気 madness; insanity; lunacy
きょうき² 凶器 (lethal) weapon
きょうぎ¹ 競技 event; game 〜場 stadium; field
きょうぎ² 協議 conference; deliberation; consultation
ぎょうぎ 行儀 manners 〜よくする (子どもが) behave
きょうきゅう 供給(する) supply
きょうぎゅうびょう 狂牛病 BSE; mad cow disease
きょうぐう 境遇 circumstance; situation
きょうくん 教訓 lesson
きょうけんびょう 狂犬病 rabies
きょうこう¹ 恐慌 panic; (不況) depression
きょうこう² 強硬な firm; strong
きょうこう³ 強行する (en)force; resort to force 〜軍 forced march
きょうこく 峡谷 canyon; gorge; ravine
きょうざい 教材 teaching material
きょうさんしゅぎ 共産主義 communism 〜者 communist 共産党 communist party
きょうし 教師 teacher
ぎょうじ 行事 event
きょうしつ 教室 classroom
きょうじゅ 教授 professor
きょうしゅうじょ 教習所 school 自動車〜 driving school
きょうしゅく 恐縮する (感謝して) be grateful [thankful]; (反省して) be ashamed [sorry]
きょうせい¹ 教生 student teacher

きょうせい² 強制する force; compel
きょうせい³ 矯正(する) remedy; correct; (歯を) straighten
ぎょうせい 行政 administration
ぎょうせき 業績 achievement
きょうそう¹ 競争 competition; race 〜する compete
きょうそう² 競走(する) race
きょうぞう 胸像 bust
きょうそうきょく 協奏曲 concerto
きょうぞん 共存 coexistence 〜する coexist
きょうだい 兄弟 brothers
きょうだん 教壇 platform
きょうちょう¹ 強調 emphasis; stress 〜する emphasize
きょうちょう² 協調(性) cooperation; harmony; team spirit 〜する cooperate
きょうつう 共通の common
きょうてい 協定 agreement; convention; consultation
きょうとう 教頭 head teacher
きょうどう 共同の joint; common; mutual 〜 cooperative 〜墓地 cemetery 〜体 community 〜募金 community chest
きょうはく 脅迫 threat 〜する threaten
きょうはん 共犯 complicity 〜者 accomplice; accessory
きょうふ 恐怖 terror; fear
きょうみ 興味 interest …に〜がある be interested in 〜深い interesting
ぎょうむ 業務 service; business
きょうゆう 共有(する) share; have in common
きょうよう 教養 culture
きょうりゅう 恐竜 dinosaur
きょうりょく¹ 協力 cooperation 〜する cooperate
きょうりょく² 強力な strong; powerful
きょうれつ 強烈な intense
ぎょうれつ 行列 line; procession; parade

きょうわこく 共和国 republic
きょうわとう 共和党(米国の) the Republican Party
きょえいしん 虚栄心 vanity: 〜の強い vain
きょか 許可 permission 〜する permit
ぎょぎょう 漁業 fishery
きょく¹ 曲 tune
きょく² 局 (官庁の) bureau; (放送局) station
きょく³ 極 pole
きょくせん 曲線 curve
きょくたん 極端なextreme
きょくとう 極東 Far East
きょくぶ 局部的な local
きょくめん 局面 phase; aspect; situation
きょじゅう 居住 residence 〜者 resident; dweller
きょしょくしょう 拒食症 anorexia
きょじん 巨人 giant
きょぜつ 拒絶 refusal 〜する refuse
ぎょせん 漁船 fishing boat
きょだい 巨大な huge; enormous; gigantic; tremendous
ぎょっとする be startled
きょねん 去年 last year
きょひ 拒否する refuse; reject
きよらか 清らか clean; pure; innocent
きょり 距離 distance
きらう 嫌う dislike; hate
きらく 気楽な easy; comfortable; careless
きらす 切らす run short of
きり¹ 錐 drill
きり² 霧 fog
ぎり 義理の …の…-in-law
きりかぶ 切り株 stump
きりきず 切り傷 cut
きりぎりす grasshopper
きりさめ 霧雨 drizzle 〜が降る It drizzles.
ギリシア Greece 〜の Greek 〜人[語] Greek
キリスト Jesus Christ 〜教 Christianity 〜教の Christian 〜教徒 Christian
きりたおす 切り倒す cut down
きりたった 切り立った sheer

きりつ¹ 規律 discipline
きりつ² 起立する stand up
きりつめる 切り詰める cut down
きりとる 切り取る cut (off)
きりぬき 切り抜き clipping; cutting
きりぬく 切り抜く cut out; clip
きりはなす 切り離す separate
きりみ 切り身 (肉の) cut
きりゅう 気流 air current
きりょく 気力 spirit; will-power; energy
きりん 麒麟 giraffe
きる¹ 切る cut; (薄く) slice; (のこで) saw; (電源を) switch [turn] off; (トランプを) shuffle
きる² 着る put on; wear
キルト quilt
きれ 布 cloth
…きれ …切れ piece; slice
きれあじ 切れ味がよい[悪い] be sharp [dull]
きれい 綺麗な beautiful; pretty; (清潔な) clean ～にする clean
きれる 切れる break; (be) cut; (期限などが) run out
キロ (キロメートル) kilometer; (キログラム) kilogram
きろく 記録(する) record
キロバイト kilobyte
ぎろん 議論 argument; discussion ～する argue; discuss
ぎわく 疑惑 suspicion; doubt
きわどい 際どい narrow; close
きわめて 極めて extremely
きん 金(の) gold 金色の golden 金髪 golden [blond] hair
ぎん 銀(の) silver
きんえん 禁煙 No Smoking ～する give up smoking
ぎんが 銀河 the Milky Way; the Galaxy
きんがく 金額 sum of money
きんがん 近眼の nearsighted
きんきゅう 緊急の urgent ～事態 emergency
きんぎょ 金魚 goldfish
きんこ 金庫 safe
きんこう 均衡 balance
ぎんこう 銀行 bank ～員 bank clerk
きんし¹ 禁止する prohibit
きんし² 近視の nearsighted
きんじょ 近所 neighborhood ～の人 neighbor
きんずる 禁ずる forbid
きんせい 金星 Venus
きんせん 金銭 money
きんぞく 金属 metal
きんだい 近代の[的な] modern
きんちょう 緊張する feel nervous; (情勢などの) tension
ぎんなん 銀杏 ginkgo nut
きんにく 筋肉 muscle
きんぱつ 金髪 ☞ きん
きんべん 勤勉な diligent
きんむ 勤務 duty
きんゆう 金融 finance ～市場 money market
きんようび 金曜日 Friday

く

く¹ 区 ward
く² 句 phrase
ぐあい 具合 condition; state; ～が悪い don't feel well; There's something wrong with …
くい 杭 stake; post; pile; pilings
くいき 区域 area
くいしんぼう 食いしん坊 big [heavy] eater; glutton
クイズ quiz ～番組 quiz show
くう 食う eat
くうかん 空間 space
くうき 空気 air ～銃 air gun
くうぐん 空軍 air force
くうこう 空港 airport
ぐうすう 偶数 even number
くうせき 空席 vacant seat
ぐうぜん 偶然 chance ～…する happen to do ～(に) by chance; by accident
くうそう 空想(する) fancy
ぐうぞう 偶像 idol
くうちゅう 空中に in the air
クーデター coup (d'état)
くうはく 空白 blank
くうふく 空腹の hungry
クーポン coupon
クーラー air conditioner
くうらん 空欄 blank
クーリングオフ ～期間 cooling-off period
クールな cool(-headed)
ぐうわ 寓話 fable
クォーツ quartz
くがつ 九月 September
くき 茎 stem
くぎ 釘 nail
くぎる 区切る divide
くぐる go under [through] …
くさ 草 grass
くさい 臭い smell (bad)
くさり 鎖 chain
くさる 腐る go bad 腐った rotten; bad
くし¹ 櫛 comb
くし² 串 skewer; spit
くじ 籤 lot ～を引く draw [cast] lots ～(引き)で決める decide by lot
くじく 挫く (手足を) sprain, twist; (希望などを) crush; damp(en); defeat; discourage
くじゃく 孔雀 peacock; (雌) peahen
くしゃみ(をする) sneeze
くじょう 苦情 complaint ～を言う complain
くじら 鯨 whale
くしん 苦心する take pains
くず 屑 waste
くずかご 屑篭 wastebasket
ぐずぐずする delay
くすくす笑う chuckle
くすぐる tickle
くずす destroy; (金を) break; change
くすり 薬 medicine
くすりゆび 薬指 third finger
くずれる 崩れる (建物などが) fall down
くせ 癖 habit
くそ 糞 shit; crap: くそっ! Shit!
くだ 管 tube; pipe
ぐたいてき 具体的な concrete
くだく 砕く break
ください (…して) 下さい please
くたびれる be tired
くだもの 果物 fruit
くだらない worthless; useless くだらん! Nonsense!
くだる 下る go down; descend

くち 口 mouth 口をきく talk; speak 口をそろえて in chorus
ぐち 愚痴 complaint; grumble; beef; whine
くちげんか 口喧嘩 quarrel
くちごたえ 口答えする talk [answer] back (to)
くちばし 嘴 beak; bill
くちひげ 口髭 mustache
くちびる 唇 lip
くちぶえ 口笛(を吹く) whistle
くちべに 口紅 lipstick ～をつける wear lipstick
くちょう 口調 tone
くつ 靴 shoes; (長靴) boots; (運動靴) sneakers 靴墨 shoe polish 靴ひも shoelace 靴べら shoehorn 靴屋 shoe store; (人) shoemaker
くつう 苦痛 pain
クッキー cookie
くっきりと sharply
クッキング cooking
くつした 靴下 (短い) sock; (女性用の長い) stockings
クッション cushion
グッズ goods
ぐっすりと ～眠(っている) be fast [sound] asleep; sleep well
くっする 屈する give (in); yield; submit; surrender
くっつく［つける］ stick (to)
くつろぐ relax; make oneself at home
くとうてん 句読点 punctuation (mark)
くに 国 country; nation
くばる 配る hand out; distribute
くび 首 neck 首にする fire
くびかざり 首飾り necklace
くびわ 首輪 collar
くふう 工夫 device; idea; ingenuity ～する devise; think out [up]; invent; contrive
くべつ 区別する distinguish
くぼんだ 窪んだ hollow
くま 熊 bear
くまで 熊手 rake; fork
くみ 組 class; group; (1そろい) set; (1対) pair
くみあい 組合 union
くみあわせ 組み合わせ combination
くみたてる 組み立てる assemble; put together
くむ¹ (水を)汲む draw 汲み出す bail out
くむ² 組む (手・足を) cross; (腕を) fold; (人と) pair
くも¹ 蜘蛛 spider ～の巣 (cob)web
くも² 雲 cloud
くもり 曇りの, 曇った cloudy 曇る become cloudy; fog
くやくしょ 区役所 ward office
くやしい 悔しい frustrated; mortified
くやむ 悔む regret; be sorry
くよくよする worry
くらい 暗い dark; gloomy; dim
…くらい about...
グライダー glider
クライマックス climax
グラウンド ground; playground
くらがり 暗がり dark
クラクション horn
くらげ 海月 jellyfish
くらし 暮らし life; living
クラシック classical music
くらす 暮らす live; get along
クラス class ～会 class meeting; class reunion ～メート classmate
グラス glass
グラタン gratin
クラッカー cracker
ぐらつく totter; shake
クラッシュ crash
クラブ club
グラフ graph: 棒～ bar graph / 円～ pie chart
グラブ glove
くらべる 比べる compare
くらむ 眩む be dazzled [blinded]
グラム gram
くらやみ 暗闇 the dark
クラリネット clarinet
グランプリ grand prix; ☞いっとうしょう
くり 栗 chestnut
クリア ～する clear; (克服する) overcome; (解決する) solve
クリアランスセール clearance sale
クリーニング cleaning ～屋 laundry
クリーム cream
グリーン green
くりかえす 繰り返す repeat
クリケット cricket
クリスタル(ガラス) crystal (glass)
クリスチャン Christian
クリスマス Christmas
クリックする click
クリップ clip
クリニック clinic
くる 来る come
くるう 狂う go mad; (計画などが) go wrong
クルーザー cruiser
グループ group
くるくる, ぐるぐる ～巻く coil; bind ～回る turn (a)round; whirl; spin; twirl
くるしい 苦しい hard; painful 苦しむ suffer; feel [be in] pain
くるぶし 踝 ankle
くるま 車 (乗用車) car; (総称) vehicle 車椅子 wheelchair
くるみ 胡桃 walnut
くるむ cover [wrap] up
グルメ gourmet
ぐるりと (回って) around
グレー gray
グレード grade ～アップ upgrade
クレープ crepe
グレープフルーツ grapefruit
クレーム complaint ～をつける complain
クレーン crane
クレジット credit
クレジットカード credit card
クレヨン crayon
くれる¹ give …してくれませんか Will [Would] you please ...?
くれる² 暮れる: 日が暮れてきた It's getting dark. / 日が～前に before dark
クレンジングクリーム cleansing cream
くろ 黒(い) black: 目が黒い have dark eyes
くろう 苦労 trouble; difficulty

くろうと 玄人 professional; expert
クローク cloakroom
クローズアップ close-up
クローゼット closet
クローバー clover
グローブ glove
クロール the crawl
クローン clone
くろじ 黒字である be in the black
クロスカントリー cross-country (race)
クロスワード crossword (puzzle)
グロテスクな bizarre; grotesque; weird
クロワッサン croissant
くわ¹ 鍬 hoe
くわ² 桑 mulberry
くわえる¹ 加える add (to)
くわえる² 咥える (口に) hold [have] ... in one's mouth [between one's teeth]
くわしい 詳しい detailed 詳しく in detail
くわだて 企て(る) attempt
くわわる 加わる join
ぐん 郡 county
ぐんかん 軍艦 warship
ぐんじ 軍事の military; martial ~演習 drill; exercise ~行動 campaign ~政権 military [martial] regime; (政変後の) junta ~大国 military power ~力 armament; force
くんしゅ 君主 lord; monarch; sovereign ~政治 monarchy
ぐんしゅう 群衆 crowd
ぐんしゅく 軍縮 disarmament
くんしょう 勲章 decoration; order; medal; (リボン状の) ribbon; (十字型の) cross
ぐんじん 軍人 soldier; service (wo)man; warrior; (海軍の) sailor; (空軍の) airman
ぐんそう 軍曹 sergeant
ぐんたい 軍隊 army
ぐんだん 軍団 (army の下位区分) corps
ぐんび 軍備 armament ~縮小 disarmament

くんれん 訓練 training; (防災訓練) drill ~する train; drill

け

け 毛 hair
ケアレスミス careless mistake
げい 芸 trick
けいえい 経営 management ~する (会社を) manage; (店を) keep; run ~者 executive; manager
けいか 経過する pass; go on
けいかい¹ 軽快な light
けいかい² 警戒する be cautions of; look [watch] out
けいかく 計画 plan; program; project; scheme ~する plan; (悪だくみを) scheme
けいかん 警官 policeman; police officer
けいき¹ 景気 business
けいき² 計器 instrument; meter
けいぐ 敬具 Sincerely yours,
けいけん 経験 experience ~する experience; go through
けいげん 軽減する reduce
けいこ 稽古(する) practice
けいこう 傾向 tendency; trend …する~がある tend [be inclined] to do
けいこうとう 蛍光灯 fluorescent lamp
けいこく 警告する warn
けいざい 経済 economy ~上の economic ~的な economical ~学 economics
けいさつ 警察 police ~官 policeman; police officer; officer ~署 police station
けいさん 計算 calculation ~する calculate ~機 calculator
けいじ¹ 刑事 detective ~の criminal
けいじ² 掲示 notice ~板 bulletin board
けいしき 形式 form
けいしゃ 傾斜(する) slant; slope; incline
げいじゅつ 芸術 art ~家 artist

けいしょく 軽食 snack
けいせい 形勢 situation; state; things
けいせき 形跡 trace; sign
けいせん 罫線 ruled line
けいぞく 継続する continue
けいそつ 軽率な careless; rash
けいたい¹ 形態 form
けいたい² 携帯する carry ~電話 cellular [mobile] phone ~用の portable
けいてき 警笛 horn
けいと 毛糸 wool
けいど 経度 longitude
けいとう 系統 system
げいとう 芸当 trick
ゲイ(の) gay; homosexual
げいのう 芸能 entertainment ~界 show business ~人 entertainer, (テレビタレント) TV personality
けいば 競馬 horse racing ~場 race track
けいばつ 刑罰 penalty; punishment
けいひ 経費 expense
けいび 警備する, 警備員 guard
けいひん 景品 giveaway
けいべつ 軽蔑する look down on ...; despise
けいほう¹ 警報 alarm; warning; ~を鳴らす sound the alarm
けいほう² 刑法 criminal law
けいむしょ 刑務所 prison
げいめい 芸名 stage name
けいやく 契約(する) contract
けいゆ (…を)経由して via ...
けいようし 形容詞 adjective
けいり 経理 accounting; ☞かいけい
けいりゃく 計略 trap; trick; strategy; plan
けいれき 経歴 career; record
けいれん 痙攣 cramp
ケーキ cake
ケース case ケースバイケースで on a case-by-case basis
ケースワーカー caseworker
ゲート gate
ケーブルカー cable car
ゲーム game ~センター (amusement) arcade
けが 怪我 injury; hurt;

和英索引

wound ~をする be injured [hurt, wounded]
げか 外科 surgery ~医 surgeon
けがす 汚す(神聖を) blaspheme, violate; (名誉を) (bring) disgrace, dishonor
けがらわしい 汚らわしい dirty; filthy; disgusting; (不浄な) unclean, unholy, sacrilegious, blasphemous
けがわ 毛皮 fur
げき 劇 play; drama 劇的な dramatic 劇作家 playwright
げきじょう[1] 劇場 theater
げきじょう[2] 激情 passion
げきど 激怒(する) rage
げきれい 激励(する) encourage; stimulate; cheer up; pep talk
げこう 下校する leave school
けさ 今朝 this morning
けし 芥子 poppy
げし 夏至 summer solstice
けしいん 消印 postmark; stamp: ~を押す cancel
けしき 景色 scene; scenery
けしゴム 消しゴム eraser
げしゃ 下車する get off
げしゅく 下宿する room; board
けしょう 化粧 makeup ~する make up ~品 cosmetics
けす 消す(明かりなどを) turn off; (火を) put off; (消しゴムで) erase
げすい 下水 sewage
ゲスト guest
けずる 削る(鉛筆を) sharpen; (横線や×などで) cross out ~から…を削る cross ... off ~
けだかい 気高い noble
けだもの 獣 beast
けち miser けちな stingy
ケチャップ ketchup
けつあつ 血圧 blood pressure
けつい 決意 resolution
けつえき 血液 blood ~型 blood group [type] ~銀行 blood bank
けっか 結果 result; consequence; outcome
けっかい 決壊する burst

けっかん[1] 欠陥 defect ~車 defective car
けっかん[2] 血管 blood vessel
げっかんし 月刊誌 monthly
けつぎ 決議 resolution ~する resolve
げっきゅう 月給 monthly salary
けっきょく 結局 after all
げっけいじゅ 月桂樹 laurel
けっこう 結構です(賛成) All right.; I agree.(断わり) No, thank you.; No, thanks.
けつごう 結合する combine; unite
けっこん 結婚 marriage …と~する marry; get married to ~を申し込む propose ~式 wedding
けっさく 傑作 masterpiece
けっして 決して…ない never
けっしょう 結晶 crystal
けっしょうせん 決勝戦 final
げっしょく 月食 lunar eclipse
けっしん 決心 determination ~する decide (to do); make up one's mind; determine
けっせい 結成する form; organize
けっせき 欠席 absence ~する be absent (from)
けっちゃく 決着をつける settle; decide; (勝負などの) play off [out], have a showdown
けってい 決定 decision ~する decide
けってん 欠点 fault
げっぷ(をする) belch
けつぼう 欠乏 want; lack; shortage ~する lack; run short (of)
けつまつ 結末 end
げつまつ 月末 the end of the month
げつようび 月曜日 Monday
けつろん 結論 conclusion ~を下す conclude
けなす put down
ゲノム genome
けばけばしい gaudy
げひん 下品な vulgar
けぶかい 毛深い hairy
けむし 毛虫 caterpillar

けむり 煙(を出す) smoke
けもの 獣 beast
げり 下痢 diarrhea
ゲリラ guerrilla
ける 蹴る kick
けれども but; however …だけれども though; although
ゲレンデ slope
けわしい 険しい steep
けん[1] 券 ticket
けん[2] 県 prefecture 県立の prefectural
けん[3] 剣 sword
げん 弦(楽器の) string
けんい 権威 authority ~主義的な authoritarian
げんいん 原因(となる) cause: ~と結果 cause and effect
けんえき 検疫 quarantine
けんお 嫌悪(感) abhorrence; disgust; hatred ~する abhor; hate; dislike
けんか 喧嘩(口論) quarrel; (取っ組み合い) fight
げんか 原価 cost (price)
げんかい 限界 limit
けんがく 見学する visit
げんかく[1] 幻覚 illusion; hallucination
げんかく[2] 厳格な austere; severe; stern; strict
げんかん 玄関 the front door; entrance; hall
けんぎ 嫌疑 suspicion: ~をかける suspect
げんき 元気 vigor ~いっぱいな vigorous ~な fine; well ~のよい lively ~づける cheer
けんきゅう 研究 research; study ~する study
げんきゅう 言及する refer
けんきょ 謙虚な modest; humble
げんきん 現金 cash: ~ですかカードですか Cash or charge?
けんけい 原型[形] original; pattern; model; (動詞の原形) root 原形不定詞 bare infinitive
けんげん 権限 authority; power; (選挙で委任された) mandate: ~を与える authorize; empower
げんご 言語 language ~学 linguistics

けんこう 健康 health　~な healthy　~食品 health food　~診断 physical [medical] checkup
げんこう 原稿 manuscript
げんこく 原告 plaintiff; accuser
げんこつ 拳骨 fist
けんさ 検査 examination　~する examine; test
げんざい 現在 the present; now
けんさく 検索(する) retrieval; retrieve; search　~エンジン search engine
げんさく 原作 original
けんじ 検事 prosecutor
げんし 原子 atom　~爆弾 atomic bomb　~力 nuclear [atomic] energy　~力空母 nuclear carrier　~力発電所 nuclear power plant [station]　~炉 (nuclear) reactor
けんじつ 堅実な steady
げんじつ 現実 reality　~の actual　~的な practical
げんしてき 原始的な primitive
けんじゅう 拳銃 gun
げんじゅう 厳重な strict; severe; tight
げんじゅうみん 原住民 native
げんしゅく 厳粛な grave; solemn
けんしょう¹ 憲章 charter
けんしょう² 懸賞(金) prize (money)
げんしょう¹ 減少する decrease
げんしょう² 現象 phenomenon
げんじょう 現状 present conditions; status quo
けんしん 献身 dedication; devotion　~的な dedicated; devoted; committed
けんすい 懸垂 chin-up　~をする chin *oneself*
けんせい 厳正な fair; impartial; just; lawful
げんぜい 減税 tax reduction [cut]　~する cut [lower, reduce] a tax
けんせつ 建設 construction

けんぜん 健全な healthy
げんそ 元素 element
げんそう 幻想 illusion
げんしょう 現像 development　~する develop
げんそく 原則 principle
けんそん 謙遜する be modest　~した(態度が) modest
げんぞん 現存の existent; in existence; present
げんだい 現代 the present day; modern times　~の contemporary; modern
けんち 見地 viewpoint; standpoint
けんちく 建築 architecture　~家 architect
けんちょ 顕著な conspicuous; noticeable; remarkable; striking
けんてい 検定 authorization; licensing; certification; qualification
げんてい 限定する limit; confine; restrict
げんてん 減点する subtract
げんど 限度 limit(ation); bound; end
けんとう¹ 検討 examination; consideration　~する consider; examine; study
けんとう² 見当(をつける) guess; ~もつかない not have the slightest idea
げんば 現場 scene
げんばく 原爆 atom(ic) bomb
けんびきょう 顕微鏡 microscope
けんぶつ 見物 sightseeing
げんぶつしきゅう 現物支給 payment in kind
げんぶん 原文 text
けんぽう 憲法 constitution
げんみつ 厳密な strict; exact
けんめい 賢明な wise
げんめつ 幻滅する be disillusioned [disappointed]
げんや 原野 wilderness; moor
けんやく 倹約 thrift
げんゆ 原油 crude oil
けんり 権利 right
げんり 原理 principle
げんりょう 原料 raw materials

けんりょく 権力 power
げんろん 言論 speech; ~の自由 freedom of speech

こ

こ 子 child
こ… 故… late ...
ご¹ 五, 5 five　5番目の, 5分の1 fifth
ご² 語 word
…ご …後 after; since; in
コアラ koala
こい¹ 鯉 carp
こい² 濃い (霧などが) thick; (お茶が) strong; (色が) dark; deep
こい³ 恋(する) love: 恋人 girlfriend; boyfriend 恋しい homesick; miss; long
こい⁴ 故意に intentionally; on purpose
ごい 語彙 vocabulary
こいし 小石 stone; pebble
こいぬ 小犬・子犬 puppy
コイル coil
コイン coin　~ランドリー Laundromat　~ロッカー coin(-operated) locker; locker
こうあつ 高圧の (気体などが) high-pressure; (電気が) high-voltage　~的な overbearing; authoritative
こうあん 考案する contrive; invent; devise
こうい¹ 好意 good will; favor　~的な friendly; (意見が) favorable
こうい² 行為 act; action
ごうい 合意する consent (to)
こういしつ 更衣室 locker room
ごういん 強引なpushy; insistent; forcible; aggressive　~に by force; *one's* own way
こううん 幸運 good luck　~な fortunate; lucky　~にも fortunately
こうえい 光栄 honor
こうえん¹ 後援する back up
こうえん² 公園 park
こうえん³ 公演 performance
こうえん⁴ 講演 lecture;

和英索引

こくし 酷使する overwork; drive ... hard; abuse; (体を) strain, tax
こくじん 黒人 black
こくせいちょうさ 国勢調査 census
こくせき 国籍 nationality
こくそ 告訴する charge; accuse; sue
こくど 国土 country; land; soil ～交通省 Ministry of Land, Infrastructure and Transport
こくどう 国道 national highway
こくない 国内の domestic
こくはく 告白 confession ～する confess
こくはつ 告発する charge
こくばん 黒板 blackboard ～ふき eraser
ごくひ 極秘(の) top secret; classified; confidential
こくふく 克服する overcome
こくべつしき 告別式 funeral
こくみん 国民 people; citizen
こくもつ 穀物 grain
こくりつ 国立の national
こくれん 国連 the United Nations; UN
こけ 苔 moss
コケコッコー cock-a-doodle-doo
こげる 焦げる burn
ごげん 語源(学) etymology
ここ[1] here ここに[へ] here
ここ[2] 個々の individual
ごご 午後 afternoon
ココア cocoa; chocolate
こごえる 凍える freeze 凍え死ぬ freeze to death
ここちよい 心地よい comfortable
ココナッツ coconut
ここのか (月の) ninth
ここのつ 九つ nine
こころ 心 heart; mind 心ゆくまで to *one's* heart's content
こころざす 志す intend; plan; aim; be ambitious
こころみ 試み trial; try
こころみる 試みる try
こころよい 快い pleasant 快く readily; willingly
こさめ 小雨 light rain

こし 腰 waist; hip; back: 腰を下ろす sit (down)
こじ 孤児 orphan
こじき 乞食 beggar
ゴシップ gossip; (うわさ) rumor
ごじゅう 五十, 50 fifty 50番目の, 50分の1 fiftieth
こしょう[1] 胡椒 pepper
こしょう[2] 故障 trouble ～する break (down); be out of order
ごしょく 誤植 misprint; typo
こじん[1] 個人 individual ～の individual; personal; private
こじん[2] 故人 the deceased [departed]
こじんまりした small
こす[1] 越す・超す ☞ こえる
こす[2] 漉す filter; strain
コスチューム costume
コスモス cosmos
こする 擦る rub
こせい 個性 personality
こぜに 小銭 (small) change ～入れ purse
ごぜん 午前 morning ～(中)に in the morning
こたい 固体 solid
こだい 古代の ancient
ごだいこ 五大湖 (米国の) the Great Lakes
こたえ 答え answer
こたえる[1] 応える (要求に) meet; (期待に) meet [come up to] (…'s expectation)
こたえる[2] 答える answer
こだま(する) echo
ごちそう 御馳走 wonderful dinner ～する treat
こちょう 誇張する exaggerate
こちら here; this: ～へどうぞ This way, please.
こつ (商売・芸・技術などの) trick; knack
こっか[1] 国家 nation; state ～間の international
こっか[2] 国歌 national anthem
こっかい 国会 (米国の) Congress; (日本の) the Diet ～議員 member of the Diet ～議事堂 (米国の) the Capitol; (日本の) the Diet Building; (英国の) Houses of Parliament

こづかい 小遣い pocket money; (月々の) allowance
こっかく 骨格 skeleton; frame (work)
こっき 国旗 national flag
こっきょう 国境 border; frontier
コック cook ～長 chef
コックピット cockpit
こっくりする nod
こっけい 滑稽な funny
こっこう 国交 diplomatic relations
こっせつ 骨折(する) break; fracture
こっそり secretly
こづつみ 小包 parcel; package
こっている (…に) 凝っている be crazy about...
こっとうひん 骨董品 curiosity; antique
コップ glass
こてい 固定する fix ～観念 fixed idea
こてん 古典 classic
…ごと …毎に every ...
こどう 鼓動 beat; pulse
こと(がら) 事(柄) thing; matter; affair; fact: …という～を知る know (that) ...
こどく 孤独 lonely
ことし 今年 this year
ことづけ 言づけ message
ことなる 異なる differ; (それぞれに) vary
ことば 言葉 (単語) word; (言語) language
こども 子供 child; kid
ことわざ 諺 proverb
ことわる 断わる refuse; (丁重に) decline
こな 粉 powder 粉せっけん soap powder 粉ミルク powdered milk
こなごな 粉々に into pieces ～にする break up
コネ connection
こねこ 子猫 kitten
こねる 捏ねる knead
この this; these ～あたりに around here ～ごろ these days ～まま as it is; as they are ～間[前] recently; the other day ～前の last
このみ[1] 好み taste

1612 one thousand six hundred and twelve

和英索引

このみ² 木の実 nut
このむ 好む like; (大いに) love
こばむ 拒む refuse; decline
ごはん 御飯 rice; (食事) meal
コピー(を取る) copy ～機 (photo)copier
こひつじ 子羊 lamb
こびと 小人 dwarf
こぶ 瘤 bump
こふう 古風な old; (表現などが) old-fashioned; out-of-dated
こぶし 拳 fist
コブラ cobra
こぼす, こぼれる spill
こま¹ 独楽 top: ～を回す spin a top
こま² 駒 (ゲームの) piece, (chess)man; (映画・漫画の) frame
ごま 胡麻 sesame
コマーシャル commercial
こまかい 細かい small; fine
ごまかす cheat
こまく 鼓膜 eardrum
こまどり 駒鳥 robin
こまる 困る have difficulty; be at a loss; be in trouble
ごみ trash ～箱 trash can
こみち 小道 path
コミュニケーション communication
こむ 込む be crowded; be jammed
ゴム rubber
こむぎ 小麦 wheat ～粉 flour
こめ 米 rice
こめかみ temple
コメディアン comedian
コメディー comedy
コメント comment; remark; (意見)opinion: ノーコメント No comment.
ごめんなさい I'm sorry.; Excuse me.
こもじ 小文字 small letter
こもり 子守 baby-sitter ～をする baby-sit ～歌 lullaby
こもん 顧問 consultant; adviser
こや 小屋 hut; cabin
こやぎ 子山羊 kid
こゆう 固有の proper; peculiar ～名詞 proper noun

こゆび 小指 little finger
こよう 雇用する employ; hire
こよみ 暦 calendar
ごらく 娯楽 recreation; entertainment
コラム column
こりつ 孤立させる isolate
ゴリラ gorilla
こる (肩が)凝る be stiff
コルク cork
ゴルフ golf ～場 golf course
これ this; these ～から(は) from now (on) ～まで(は) so far
コレクション collection
コレクトコール collect call ～する call collect
コレステロール cholesterol
コレラ cholera
ころ (…する)頃 while; when
ゴロ grounder
…ごろ …頃 around; toward
ころがる 転がる, ころがす roll
ころす 殺す kill; (人を計画的に) murder
コロッケ croquette
ころぶ 転ぶ fall down
コロン colon
こわい (…が)怖い be scared [afraid] (of) 怖がる fear
こわす 壊す break; (建物を) pull down
こわれる 壊れる break (down); be out of order 壊れやすい fragile; delicate
こん 紺 dark blue
こんき 根気 endurance; patience; perseverance
こんきょ 根拠 ground ～のない groundless
コンクール contest
コンクリート(の) concrete
こんげつ 今月 this month
こんご 今後 from now on
こんごう 混合する mix
コンサート concert
こんざつ 混雑 crowd; (交通の)(traffic) jam; rush
コンサルタント consultant
こんしゅう 今週 this week
こんじょう 根性 push; (fighting) spirit; guts
コンセンサス consensus
コンセント outlet
コンソメ consommé
コンタクトレンズ contact lens
こんだて 献立 menu
こんちゅう 昆虫 insect
コンテスト contest
コンテナ container
コンデンスミルク condensed milk
コンテンツ content(s)
こんど 今度(この度) now; (この次) next time
こんどう 混同する confuse; mix up
コンドーム condom
ゴンドラ gondola; car
コントラバス (double) bass
コンドル condor
コントロール control; manipulation
こんな such; this ～ふうに (in) this way; like this
こんなん 困難 difficulty; trouble ～な difficult
こんにち 今日 today
こんにちは Good morning [afternoon].
コンパクト compact ～ディスク compact disc
コンパス (pair of) compasses
こんばん 今晩 this evening
こんばんは Good evening.
コンビ (二人組の)duo; pair; combination
コンビーフ corned beef
コンビニ convenience store
コンピューター computer
コンプレックス inferiority complex
こんぼう 棍棒 club
こんぽん 根本 root; basis; foundation ～的な fundamental; basic
コンマ comma
こんや 今夜(は) tonight
こんやく 婚約 engagement ～する get engaged ～者 fiancé(e)
こんらん 混乱する be confused
こんわく 困惑 confusion ～させる confuse

さ

さ 差 difference
さあ Come on!; Now ...; (考

1613

えて) Well ...
サーカス circus
サーキット circuit
サークル circle
サーチ ~エンジン search engine ~ライト searchlight
サード third base; (選手) third baseman
サーバー server
サービス service
サーファー surfer
サーフィン surfing ~をする surf
サーブ(する) serve
サーフボード surfboard
さい 犀 rhinoceros; rhino
…さい …歳 ... years old
さいあく 最悪のworst
さいえん 菜園(家庭の)garden
さいかい¹ 再会するmeet again
さいかい² 再開するreopen
さいがい 災害disaster
さいきどう 再起動するreboot
さいきん¹ 最近 recently; lately
さいきん² 細菌bacteria
さいく 細工(する) work, (小細工する) manipulate, doctor, cook, tamper [fiddle] with ...
サイクリング cycling
サイクル cycle
さいけつ 採決するvote
さいけん¹ 再建 reconstruction ~する reconstruct
さいけん² 債券bond
さいげん¹ 再現する reproduce; reenact; reconstruct; re-create
さいげん² 際限limit ~がない boundless; endless
ざいげん 財源 finance; funds; revenue; ways and means
さいご 最後のlast
さいこう¹ 再考する think ... over again
さいこう² 最高のhighest; the best; wonderful
さいこうさい 最高裁 Supreme Court
さいこ(ひん) 在庫(品) stock
さいころ 賽子dice
ざいさん 財産fortune; property

さいじつ 祭日holiday
さいしゅう¹ 最終のlast
さいしゅう² 採集するcollect
さいしょ 最初のfirst まず~に first of all
さいしょう 最小のminimum; smallest
さいじょう 最上のbest ~級(形容詞の) the superlative (degree); ☞ じょうきゅう,ちょうきゅう
ざいしょく 在職するhold office; be in office
さいしょくしゅぎしゃ 菜食主義者vegetarian; vegan
さいしん¹ 最新のlatest
さいしん² 再審review; retrial
サイズ size
さいせい 再生する(音・画像などを) reproduce; replay
ざいせい 財政finance
ざいせき 在籍するbe registered [enrolled]
さいぜん 最善のbest
さいそく 催促するurge
サイダー soda pop
さいだい 最大のmaximum; biggest; greatest
ざいたく 在宅している be at home; be in ~勤務者telecommuter
ざいだん 財団foundation
さいちゅう (…の)最中に in the middle of
さいてい 最低のlowest; minimum
さいてき 最適の only; best; fit; perfect; appropriate; suitable
さいてん 採点する mark; grade
サイト (Web) site
さいど 再度again
サイドテーブル side table
サイドボード sideboard
サイドミラー side(view) mirror
さいなん 災難misfortune
さいにゅう 歳入 revenue; ways and means
さいのう 才能talent; (天賦の) gift
サイバースペース cyberspace
さいばい 栽培する grow; raise

さいばん 裁判 trial ~官 judge ~所 court
さいふ 財布wallet
さいぶ 細部detail
さいほう 裁縫sewing
さいぼう 細胞cell
さいまつ 歳末のyear-end
さいみんじゅつ 催眠術hypnotism
ざいむしょう 財務省Ministry of Finance
ざいもく 材木lumber
さいよう 採用する (案を) adopt; (雇う) employ
さいりょう 最良のbest
ざいりょう 材料material
サイレン siren
さいわい 幸い(に) luckily
サイン signature; (俳優などの) autograph ~する sign
サインペン felt pen
サウスポー southpaw
サウナ sauna
サウンドトラック sound track
…さえ even ... …しさえすれば if only ...
さえぎる 遮る (話を) interrupt; (遮断) shut out; (人目から) screen
さえずる sing; chirp; twitter; warble
さお 竿pole; rod
さか 坂slope; hill
さかい 境border; boundary; frontier
さかえる 栄える prosper; flourish
さかさま 逆さまに upside down
さがす¹ 捜すsearch
さがす² 探すlook for ...; seek
さかだち 逆立ちhandstand
さかな 魚fish
さかのぼる 遡る(起源が…に) date (from)
さからう 逆らう resist; disobey: 時流に逆らう swim against the tide …に逆らって against
さかり 盛り height; peak; prime
さがる 下がる go down; fall; (後ろへ) step back
さかんな 盛んなpopular
さき 先 end; point; (将来) future 先に(まず) first; (空

間的) ahead: お先にどうぞ After you.
さぎ¹ 鷺 heron
さぎ² 詐欺 swindle; fraud; confidence game ～師 swindler
さきだつ 先立つ precede; (先立たれる) survive: …に先立って in advance of; before
さきゅう 砂丘 (sand) dune
さぎょう 作業 work; operation ～服 working clothes
さく¹ 割く (時間を) spare
さく² 咲く come out; bloom
さく³ 裂く split; tear
さく⁴ 柵 fence
さくいん 索引 index
さくげん 削減する cut down
さくし 作詞する write the lyrics ～家 lyricist; (作詞作曲家) songwriter
さくじつ 昨日(は) yesterday
さくしゃ 作者 writer; author
さくじょ 削除する cut
さくせい 作成する make
さくせん 作戦 operations
さくねん 昨年 last year
さくばん 昨晩 last night
さくひん 作品 work
さくぶん 作文 composition
さくもつ 作物 crop
さくや 昨夜 last night
さくら 桜(んぼ) cherry
さぐる 探る fumble; feel; grope; investigate
ざくろ 石榴 pomegranate
さけ¹ 鮭 salmon
さけ² 酒 sake; drink; alcohol 酒を飲む drink
さけぶ 叫ぶ cry; shout
さける¹ 避ける avoid
さける² 裂ける tear 裂け目 break; gap; split
さげる 下げる (ぶら下げる) hang; (値段などを) lower
ささい 些細な trivial; trifling; small; minor
ささえる 支える support
ささげる 捧げる devote (to)
さざなみ さざ波(を立てる) ripple
ささやく 囁く whisper
さじ 匙 spoon ～を投げる give up
さしあたり 差し当たり for the present [moment]; for the time being
さしえ 挿絵 illustration
さしかえる 差し替える replace ... (with ～)
さしこむ 差し込む put in (to)
さししめす 指し示す point out; indicate
さしず 指図 directions; instruction ～する direct
さしせまった 差し迫った pressing; urgent
さしだしにん 差出人 sender
さしだす 差し出す hold out
さしつかえない (…しても)差し支えない safe
さしはさむ 差し挟む(ことばを) put in
さす¹ (かさを) put up
さす² (日が) shine
さす³ 刺す stab; prick; (ハチが) sting; (カが) bite
さす⁴ 指す point
さずける 授ける award; give; grant; confer
サスペンス suspense
ざせき 座席 seat
させつ 左折する turn (to the) left
させる (…に～を) make; (させてやる) let …に～をさせないようにする restrain ... from ～
さぞ very surely
さそう 誘う invite; ask; (誘惑) tempt 誘い invitation
さそり 蠍 scorpion ～座 Scorpio; the Scorpion
さだめる 定める fix; set; decide; determine; appoint
ざだんかい 座談会 symposium
さつ 札 bill
さつえい 撮影する take a picture; shoot
ざつおん 雑音 noise
さっか 作家 writer
サッカー soccer; football
さつがい 殺害する murder
さっかく 錯覚 illusion
さっき some time ago; a short while ago
さっきょく 作曲 composition ～する compose ～家 composer
サックス sax(ophone)
さっさと quickly
ざっし 雑誌 magazine
ざっしゅ 雑種(犬) mongrel; hybrid
さつじん 殺人 murder
ざっそう 雑草 weed
さっそく 早速 at once; immediately; right away
ざつだん 雑談 chat ～する chat; have a chat
さっちゅうざい 殺虫剤 insecticide
さっとう 殺到する rush; flood
さっぱり ～した refreshed; neat; frank; (味が) plain; ☞ まったく
さつまいも ☞ いも
さて Well ...; Now ...
さてい 査定する assess; value; estimate
さとう 砂糖 sugar ～きび sugarcane
さどう¹ 作動する function; start; operate; work
さどう² 茶道 tea ceremony
さとる 悟る realize
サドル saddle
さなぎ 蛹 chrysalis; pupa
さば 鯖 mackerel
サバイバル survival
さばき 裁き judgment
さばく¹ 裁く judge
さばく² 砂漠 desert
サバンナ savanna(h)
さび 錆 rust さびる rust
さびしい 寂しい lonely …がいないので寂しく思う miss
サファイア sapphire
サファリ safari
さべつ 差別 discrimination ～する discriminate
さほう 作法 manners
サポーター supporter; fan
サボテン cactus
サボる (授業を) cut (a class); play truant
さまざまな 様々な various
さます¹ 覚ます wake up
さます² 冷ます cool
さまたげ 妨げ obstruction
さまたげる 妨げる disturb; prevent; obstruct
さまよう wander
サミット summit
さむい 寒い cold
さむけ 寒気 chill: 少し～がする I have a slight chill.
さむさ 寒さ cold

和英索引

さめ 鮫 shark
さめる¹ 覚める wake up
さめる² 冷める get cold
さもないと or; otherwise
さゆう 左右 right and left ~する influence
ざゆうのめい 座右の銘 motto
さよう 作用 action ~する act
さようなら Good-bye.; Bye-bye.; So long.
さよく 左翼 the left (wing); (個人) leftist
さら 皿 (取り皿) plate; (盛り皿) dish; (受け皿) saucer
さらいげつ 再来月 the month after next
さらいしゅう 再来週 the week after next
さらいねん 再来年 the year after next
ざらざらした coarse; rough; ragged; textured
さらす 曝す (日光などに) expose
サラダ salad
さらに besides; still; more
サラブレッド thoroughbred
サラミ salami
サラリー salary
サラリーマン office worker
ざりがに crayfish
さる¹ 猿 monkey; ape
さる² 去る leave
さわがしい 騒がしい noisy
さわぐ 騒ぐ make a noise; (大騒ぎ) make a fuss
さわやか 爽やかな fresh; refreshing
さわる 触る touch; feel
さん¹ 三, 3 three 3番目の third 3分の1 third
さん² 酸 acid
…さん (男性) Mr.; (未婚女性) Miss; (既婚女性) Mrs.; (女性) Ms.
さんか¹ 参加する take part; join
さんか² 酸化する oxidize
さんかくけい 三角形 triangle
さんがつ 三月 March
さんぎいん 参議院 the House of Councilors
サンキュー Thank you.
さんぎょう 産業 industry
ざんぎょう 残業する work overtime ~手当 overtime

(pay)
サングラス sunglasses
ざんげ 懺悔 confession
さんご 珊瑚 coral ~礁 coral reef
さんこう 参考にする refer to; consult ご~までに for your information ~書 reference book; study aid
ざんこく 残酷な cruel
さんざし hawthorn
さんじゅう 三十, 30 thirty 30番目の, 30分の1 thirtieth: 2時30分 half past two; two thirty
さんしょう 参照 reference ~する refer
さんしょううお 山椒魚 salamander
さんしん 三振 strikeout ~する strike out
さんすう 算数 arithmetic
さんせい¹ 賛成する agree: 彼の提案に(大)~です I'm (all) for his proposal.
さんせい² 酸性(の) acid ~雨 acid rain
さんせいけん 参政権 franchise; suffrage; (投票権) vote
さんそ 酸素 oxygen
サンタクロース Santa Claus
サンダル sandals
さんだん 散弾 shot ~銃 shotgun
さんだんとび 三段跳び triple jump; the hop, step [skip], and jump
さんちょう 山頂 summit; (先のとがった) peak
サンドイッチ sandwich
サンドバッグ punching bag, punchball
ざんねん 残念で sorry ~に思う regret
サンバ samba
さんばし 桟橋 pier; wharf
さんぱつ 散髪 haircut: ~してもらう have one's hair cut
さんびか 賛美歌 hymn
さんぷ 散布する spray; spread; sprinkle; dust
さんぷく 山腹 (mountain) side; hillside
さんぶつ 産物 product
サンフランシスコ San Fran-

cisco
サンプル sample
さんぶん 散文 prose
さんぽ 散歩 walk ~する take a walk
さんみゃく 山脈 range …山脈 … Mountains
さんりんしゃ 三輪車 tricycle
さんるい 三塁 third base ~手 third baseman ~打 triple; three-base hit
さんれつ 参列する attend (the ceremony) ~者 attendant

し

し¹ 四, 4 four
し² 市 city ☞ しえい
し³ 死 death
し⁴ 詩 (1編の) poem; (総称) poetry
じ 字 character; letter: 彼女は字がきれいだ She has good handwriting.
じ² 地 (模様の) background
…じ …時… o'clock
しあい 試合 match; game: サッカーの~をする play football
しあげる 仕上げる finish
しあわせ 幸せな happy ~に暮らす live happily どうか あなた~に I wish you every happiness.
しいく 飼育する raise
シーズン season ~オフ off-season
シーソー seesaw
シーツ sheet
シート (座席) seat; (カバー) cover; (切手など) sheet
シードこう シード校 seeded school; seed
シートベルト seat belt
ジーパン jeans
ジープ jeep
シーフード seafood
シーラカンス coelacanth
しいる 強いる force; compel
シール seal; sticker
しいれる 仕入れる stock
しいん 子音 consonant
シーン scene
じいん 寺院 temple; abbey; ☞ モスク

1616　　　　　　　　　　　　　　　　　　　　　　　　　　　　　　　　one thousand six hundred and sixteen

ジーンズ jeans
シェアウエア shareware
しえい 市営の city; municipal
じえい 自衛 self-defense ～隊 (Japanese) Self-Defense Force(s)
ジェスチャー gesture ～ゲーム charade
ジェットき ジェット機 jet (plane)
ジェットコースター roller coaster
シェパード (German) shepherd dog
シェフ chef
シェルター shelter
しえん 支援 support ～する back up; support
しお[1] 塩 salt
しお[2] 潮 tide : 潮が満ちて[引いて]きた The tide is coming in [going out].
しおからい 塩辛い salty
しおひがり 潮干狩に行く go to gather shellfish
しおり 栞 bookmark; guide
しおれる 萎れる wither
しか[1] 鹿 deer
しか[2] 歯科 dentistry ～医 dentist
…しか (…ない) only
じか 直に directly; firsthand; personally
じが 自我 ego; self
しかい[1] 視界 sight
しかい[2] 司会をする take the chair ～者 chairperson; master of ceremony
しがい[1] 死骸 (dead) body; carcass
しがい[2] 市外 ～局番 area code ～電話 long-distance call
じかい 次回(に)は next time
しがいせん 紫外線 ultraviolet rays
しかえし 仕返しをする (侮辱などの) revenge; (人に…の) pay (him) back (for …)
しかく[1] 四角 square; rectangle
しかく[2] 資格 qualification ～のある qualified
しかく[3] 視覚 (eye)sight; vision
じかく 自覚する be conscious (of); be aware (of); awake to…; realize
しかけ 仕掛け device : 時計～ clockwork …しかけ(てい)る be going [about] to do; begin [start] doing
シカゴ Chicago
しかし but; however
しかた 仕方 way; how to do ～がない It can't be helped. …しがちである tend to do; be apt to do
しがつ 四月 April
じかつ 自活した independent
しがみつく cling (to)
しかめる 顔を～ frown
しかも and that
しかる 叱る scold
しかん 士官 officer
しがん 志願する volunteer ～者 volunteer
じかん 時間 hour; time; (授業の) period : ～を守る punctual ～割 (class) schedule
しき[1] 式 ceremony
しき[2] 四季 the four seasons
しき[3] 指揮する (楽団を) conduct; (軍を) command ～官 commander; commandant ～者 conductor
じき[1] 時期 time
じき[2] 磁気 magnetism ～の magnetic
じき[3] 次期の next
じき[4] 磁器 porcelain; china
しきい 敷居 threshold
しききん 敷金 deposit
しきさい 色彩 color ～豊かな colorful
しきたり convention; habit; custom
しきち 敷地 ground; lot; site
しきちょう 色調 tone
しきてん 式典 ceremony
じきに 直に soon
しきもの 敷物 carpet
しきゅう[1] 至急 immediately
しきゅう[2] 四球 walk; a base on balls
しきゅう[3] 死球 ☞ デッドボール
しきゅう[4] 支給する issue; supply
しきゅう[5] 子宮 womb; uterus
じぎょう 事業 business
しきり 仕切り (部屋の) partition; screen
しきる 仕切る (区画する) divide, partition; (取り仕切る) manage, organize, control, be in charge (of)
しきん 資金 fund; finance; capital; money
しきんきょり 至近距離で at close range; point-blank
しく 敷く lay
じく 軸 axis; (車軸) axle
しぐさ 仕種, 仕草 gesture
ジグザグ zigzag
しくじる fail
ジグソーパズル jigsaw puzzle
しくみ 仕組み mechanism; structure; (仕掛け) device; (原理) principle
しくむ 仕組む scheme; plot; contrive; frame
シクラメン cyclamen
しけい 死刑 death penalty : ～を言い渡す sentence … to death
しげき 刺激する stimulate; provoke; excite
しげみ 茂み thicket; bush
しげる 茂る grow thick
しけん 試験 examination; exam; test; (簡単な) quiz : ～を受ける take an examination (in history) / ～に受かる[落ちる] pass [fail] the examination ～をする test
しげん 資源 resources
じけん 事件 (大きな) event; (付随した) incident; affair; (犯罪などの) case
じげん[1] 時限 (授業の) period ～爆弾 time bomb
じげん[2] 次元 dimension
じこ[1] 事故 accident
じこ[2] 自己 self ～紹介をする introduce oneself
しこう 思考 thinking; thought
じこく 時刻 time; hour ～表 time schedule; timetable
じごく 地獄 hell
しごと 仕事 work; job ～で on business
しさ 示唆 suggestion ～する suggest
じさ 時差 time difference ～ぼけ jet lag
しさつ 視察 inspection ～する inspect
じさつ 自殺 suicide ～する commit suicide; kill one-

和英索引

self
しさん 資産 property; wealth
じさん 持参する bring
しし 獅子 lion ~座 Leo; the Lion
しじ¹ 指示 directions ~する direct
しじ² 支持する support; back; stand by ...
じじ 時事 current
じじつ 事実 fact: ~は小説よりも奇なり Truth [Fact] is stranger than fiction.
ししゃ¹ 支社 branch office
ししゃ² 死者 dead person
ししゃ³ 試写(会) preview
ししゃ⁴ 使者 messenger
ししゃく 子爵 viscount ~夫人 viscountess
じしゃく 磁石 magnet
じしゅ 自主 ~的な free; voluntary; independent; autonomous ~規制 voluntary restraint
ししゅう 刺繍 embroidery ~をする embroider
しじゅう¹ 四十, 40 forty
しじゅう² 始終 always
じしゅう 自習する study by oneself
ししゅつ 支出 expense
ししゅんき 思春期 puberty
じしょ 辞書 dictionary
しじょう 市場 market ~調査 market research
じじょう 事情 circumstances; things
ししょうしゃ 死傷者 casualties
じしょく 辞職 resignation ~する resign
ししん 指針 guide
しじん 詩人 poet
じしん¹ 自信 confidence
じしん² 地震 earthquake
しずかな 静かな silent; quiet; still 静かに quietly
しずく 滴, 雫 drop
しずけさ 静けさ silence
システム system
しずむ 沈む sink; go down; (太陽が) set
しずめる¹ 静める calm
しずめる² 沈める sink
しせい 姿勢 posture; (心構え) attitude

じせい¹ 時制 tense
じせい² 自制する control [restrain] oneself; bear ~心 self-control; self-restraint
じせき 自責(の念) bad [guilty] conscience; guilt ~点 earned run
しせつ¹ 施設 institution; facilities
しせつ² 使節 envoy; delegate ~団 mission; delegation
しぜん 自然 nature ~の natural ~に naturally; (ひとりでに) by itself ~科学 (natural) science
じぜん 慈善 charity
しそう 思想 thought; idea
…しそうである be likely [going] to do ☞ …そうだ
じそく 時速 speed [miles, kilometers] per hour: ~50マイル[キロ] 50 mph [kph]
じぞく 持続する last
しそこなう し損なう fail to do
しそん 子孫 descendant
じそんしん 自尊心 pride
した¹ 舌 tongue
した² 下: (…の)下に under; below; down
したい 死体 (dead) body; corpse; remains; (動物の) carcass
…したい want [would like] to do
しだい 次第に gradually
…しだい …次第である depend on
じたい¹ 事態 situation
じたい² 辞退する decline
じたい³ (それ)自体では in oneself
じだい 時代 age; (the) times; period
したがう 従う follow; (服従) obey
したがき 下書き (rough) draft, rough copy; (絵の) sketch
したがって 従って therefore …に~ according to
…したがる want to do
したぎ 下着 underwear
したく 支度 preparations: ~はできましたか Are you ready? ~をする prepare (for); (食事などの) fix

じたく 自宅 one's house [home]
したしい 親しい friendly; close
したたる 滴る drop
しち 七, 7 seven 7番目の seventh 7分の1の seventh
じち 自治 self-government
しちがつ 七月 July
しちじゅう 七十, 70 seventy
しちめんちょう 七面鳥 turkey
しちゃく 試着する try on
シチュー stew
しちょう 市長 mayor
しちょうかく 視聴覚の audiovisual
しちょうしゃ 視聴者 (TV) viewer 視聴率 rating
しつ 質 quality
じつ 実に very; really 実は in fact; to tell the truth
じつえん 実演 demonstration
しっかり(と) tightly しっかりした firm しっかりしろ Cheer up!
しつぎょう 失業 unemployment ~する lose one's job ~中で out of work
じっきょう 実況(の) running commentary; live
じつぎょうか 実業家 businessman
じっくり carefully; without haste: ~考える consider; contemplate; deliberate; meditate; think over
しっけ 湿気 humidity; damp ~の多い humid
しつけ(る) 躾(る) discipline
じっけん 実験(する) experiment ~的な experimental ~室 laboratory
じつげん 実現する (夢を) realize; (夢が) come true
しつこい persistent; (食べ物が) heavy
じっこう 実行する carry out
じっさい 実際の actual; true; real ~に actually
じつざい 実在の real
しっさく 失策 error; mistake
じっし 実施する carry out;

1618　one thousand six hundred and eighteen

execute; conduct; enforce; bring [put] into effect
じっしつ 実質 substance ~的な[上の] virtual
じっしゅう 実習(する) practice ~生 trainee; (教育実習生) student teacher
しっしん¹ 失神(する) faint; black out
しっしん² 湿疹 eczema
じっせん 実践 practice
しっそ 質素な simple; plain; frugal; humble
じったい 実体 substance; reality
しっている 知っている know
しっと 嫉妬 jealousy; envy ~深い jealous; envious
しつど 湿度 humidity
じっと still; patiently ~見つめる stare (at)
しつない 室内の indoor ~競技 indoor games ~楽 chamber music
しっぱい 失敗 failure ~する fail
しっぴつ 執筆する write
じつぶつ 実物 real thing; (絵に対し) life; (見本) sample, demonstrator: ~大 life [actual] size
しっぽ 尻尾 tail
しつぼう 失望 disappointment ~する be disappointed
しつめい 失明する lose one's sight; become blind
しつもん 質問(する) question
しつよう 執拗な obstinate; persistent; tenacious
じつようてき 実用的な practical
じつりょく 実力のある able; capable ~テスト achievement test
しつれい 失礼なimpolite: そろそろ~します I must be going [leaving] now. / ちょっと~ Excuse me.
じつれい 実例 example
しつれん 失恋する be disappointed in love
じつわ 実話 true story
…して …している be doing
してい 指定する appoint ~席 reserved seat
してき¹ 指摘する point out

してき² 私的な private; personal
してつ 私鉄 private railroad
してん¹ 支店 branch (office)
してん² 視点 point of view; viewpoint
じてん¹ 辞典 dictionary; (百科)事典 encyclopedia
じてん² 自転 rotation
じでん 自伝 autobiography
じてんしゃ 自転車 bicycle; bike
しどう¹ 指導 guidance ~する guide; direct ~者 leader
しどう² 始動する[させる] start
じどう¹ 児童 child
じどう² 自動的な automatic ~的に automatically ~販売機 vending machine
じどうしゃ 自動車 car
…しない do not do …しないうちに before … …しない(か)? Why not [don't you] do …?; Won't you do …? …しなければならない must do; have to do
しなもの 品物 article; goods
シナモン cinnamon
しなやかな flexible; elastic; supple
シナリオ scenario
しぬ (病気などで)死ぬ die (of [from] …); (事故・戦争で)be killed 死にかかっている dying 死んだ dead
じぬし 地主 landlord; landowner
しのぐ 凌ぐ (勝る) exceed; surpass; (耐える) endure, bear; (雨を) shelter (from rain)
しのびこむ 忍び込む steal into
しば 芝(芝生) lawn; (芝生用の) turf 芝刈り機 lawn mower
しはい 支配(する) rule ~者 ruler ~人 manager
しばい 芝居 play
じはく 自白 confession ~する confess
じばくテロ 自爆テロ[テロ犯] suicide bombing [bomber]
しばしば often; frequently
じはつてき 自発的な voluntary

しばふ 芝生 lawn; grass
しはらい 支払い payment (…の)~をする, 支払う pay (for)
しばらく for a while ~ぶりだね Long time no see!
しばる 縛る bind
じばん 地盤 ground
じひ 慈悲 mercy
シビアな severe; difficult; tough
しびれる 痺れる be numb; (足が) be asleep
しぶ 支部 branch
しぶい 渋い sharp and stinging
しぶき 飛沫 spray; splash
ジプシー gypsy
しぶしぶ reluctantly
ジフテリア diphtheria
じぶん 自分の one's (own) ~自身 self; oneself
しへい 紙幣 paper money; bill
しぼう¹ 死亡 death ~する die ~率 death rate
しぼう² 脂肪 fat
じほう 時報 time signal; chime
しぼむ 萎む wither
しぼる 絞る squeeze; (布を) wring; (乳を) milk
しほん 資本 capital ~家 capitalist; (総称) capital ~主義 capitalism
しま¹ 縞 stripe
しま² 島 island 島国 island country 島の住民 islander
しまい 姉妹 sisters
しまう put away しまっておく hold back
しまうま 縞馬 zebra
しまぐに 島国 island nation
しまつ (後)始末する manage; dispose of; settle; take care of
しまった! oops; uh-oh
しまり 締まりのない loose
しまる 閉まる close; shut
じまん 自慢 pride (…を)~する be proud (of); boast
しみ 染み stain; spot
じみ 地味な plain
しみこむ 染み込む soak; sink
シミュレーション simulation

和英索引

しみん 市民 citizen
じむ 事務 office work ~員 clerk ~所[室] office
ジム gym
しめい¹ 指名する nominate
しめい² 氏名 name
しめい³ 使命 mission
しめきり 締め切り deadline
じめじめした damp
しめす 示す show
しめだす 締め出す shut out
じめつ 自滅する destroy oneself
しめった 湿った wet; moist
しめる¹ 占める occupy
しめる² 締める fasten
しめる³ 閉める close; shut
じめん 地面 ground
しも 霜 frost 霜焼けになる be frostbitten
じもと 地元の local
しもん 指紋 fingerprint
しや 視野 field of view
ジャー thermos
じゃあく 邪悪な evil
ジャージー jersey
ジャーナリスト journalist
ジャーナリズム journalism
シャープ sharp ~ペンシル mechanical pencil
シャーベット sherbet
シャイな shy; reserved
しゃいん 社員 employee
ジャガー jaguar
しゃかい 社会 society ~の social ~学 sociology ~主義 socialism
じゃがいも potato
しゃがむ crouch
しゃく 癪に障る be annoyed [irritated]
しゃくしょ 市役所 city hall
じゃぐち 蛇口 faucet
じゃくてん 弱点 weak point; weakness
しゃくど 尺度 measure
しゃくほう 釈放(する) release
しゃくめい 釈明 explanation ~する explain
しゃっきん 借金する borrow
しゃげき 射撃 shoot; shooting; shot
ジャケット jacket
しゃこ 車庫 garage
しゃこうてき 社交的な sociable
しゃざい 謝罪 apology ~する apologize
しゃじつ 写実 ~的な realistic
しゃしょう 車掌 conductor
しゃしん 写真 picture; photo(graph)
ジャズ jazz
ジャスミン jasmine
しゃせい 写生する sketch
しゃせつ 社説 editorial
しゃちょう 社長 president
シャツ undershirt; (ワイシャツ) shirt
ジャッカル jackal
じゃっかん 若干(の) some; a little
しゃっきん 借金 debt
しゃっくり(する) hiccup
シャッター shutter: ~を切る[押す] press the shutter
シャットアウト shutout
しゃてい 射程 range
しゃどう 車道 road(way)
しゃぶる suck
しゃべる 喋る talk; (ある言語を) speak
シャベル shovel
シャボンだま シャボン玉 soap bubble
じゃま 邪魔 disturbance; interference ~する disturb; interrupt; interfere
ジャム jam
しゃめん 斜面 slope
じゃり 砂利 gravel
しゃりょう 車輌(車) vehicle; (鉄道の) car
しゃりん 車輪 wheel
しゃれ 洒落 joke; (だじゃれ) pun ~を言う[飛ばす] crack a joke
しゃれい 謝礼 reward
シャワー shower: ~を浴びる take a shower
ジャンクフード junk food
ジャングル the jungle
ジャングルジム jungle gym
シャンデリア chandelier
ジャンパー windbreaker
シャンプー(する) shampoo
ジャンプ(する) jump
シャンペン champagne
ジャンボ(ジェット) jumbo (jet)

ジャンル genre; category
しゅ 種 species
しゅい 首位 first place
しゆう 私有の private
しゅう¹ 州 state
しゅう² 週 week
じゆう 自由 freedom; liberty ~な free
じゅう¹ 十, 10 ten 10番目の, 10分の1 tenth
じゅう² 銃 gun
…じゅう …中 throughout …; all over …: そこら中 all around; all over
じゅうあつ 重圧 pressure
しゅうい 周囲 circumference
じゅうい 獣医 veterinarian
じゅういち 十一, 11 eleven 11番目の, 11分の1 eleventh 十一月 November
しゅうえき 収益 earnings; proceeds; profit
しゅうかい 集会 meeting; (ある目的のための) assembly
しゅうかく 収穫(する) harvest ~高 crop; harvest
じゅうがつ 十月 October
しゅうかん 習慣 habit; custom
しゅうかんし 週刊誌 weekly
しゅうき 周期 cycle; period
しゅうぎいん 衆議院 the House of Representatives
じゅうきょ 住居 dwelling; house; residence
しゅうきょう 宗教 religion
じゅうぎょういん 従業員 employee; worker
しゅうぎょうしき 終業式 closing ceremony
しゅうきん 集金する collect (money)
じゅうく 十九, 19 nineteen 19番目の, 19分の1 nineteenth
ジュークボックス jukebox
シュークリーム cream puff
しゅうげき 襲撃(する) attack
じゅうご 十五, 15 fifteen 15番目の, 15分の1 fifteenth 15分(間) quarter
しゅうごう 集合する gather
ジューサー juicer
しゅうさい 秀才 bright [brilliant] student
じゅうさん 十三, 13 thirteen

13番目の, 13分の1 thirteenth
しゅうし 修士 master
しゅうじ¹ 習字 penmanship; calligraphy
しゅうじ² 修辞 ～学 rhetoric ～疑問 rhetorical question
じゅうし¹ 十四, 14 fourteen
じゅうし² 重視する make much of; attach importance to; lay emphasis on
じゅうじ 従事する engage; follow; occupy
じゅうじか 十字架 cross
じゅうしち 十七, 17 seventeen　17番目の, 17分の1 seventeenth
しゅうじつ¹ 終日 all day
しゅうじつ² 週日 weekday
じゅうじつ 充実した fruitful; rich; substantial
しゅうしふ 終止符 period
しゅうしゅう 収集する collect
じゅうじゅん 柔順 obedient
じゅうしょ 住所 address
じゅうしょう 重傷 seriously injured [wounded, hurt]
しゅうしょく¹ 就職する get a job
しゅうしょく² 修飾する modify
じゅうじろ 十字路 crossroads
しゅうじん 囚人 prisoner
じゅうしん 重心 center of gravity
しゅうしんけい 終身刑 life imprisonment [sentence]
シューズ shoes
ジュース juice; (スポーツ) deuce
しゅうせい¹ 修正 amendment ～する amend
しゅうせい² 習性 habit
じゅうぞく 従属した subject; subordinate ～節 subordinate clause
じゅうたい¹ 渋滞 traffic jam
じゅうたい² 重体[重態]である be seriously ill
じゅうだい 重大な important ～さ importance
じゅうたく 住宅 house
しゅうだん 集団 group

じゅうたん 絨毯 carpet
しゅうちゅう 集中 concentration ～する concentrate (on)
しゅうてん 終点 terminal
じゅうてん 重点 accent; emphasis; stress
じゅうでん 充電する charge
しゅうと 舅 father-in-law
シュート shot ～する shoot
しゅうどういん 修道院 monastery; convent
しゅうとく 習得する learn; acquire
しゅうとめ 姑 mother-in-law
じゅうなな 十七, 17 seventeen　17番目の, 17分の1 seventeenth
じゅうなん 柔軟な flexible; supple; soft
じゅうに 十二, 12 twelve 12番目の, 12分の1 twelfth 十二月 December
しゅうにゅう 収入 income
しゅうにん 就任(式) inauguration ～する take office; be inaugurated as ...; (宣誓して) be sworn in
じゅうにん 住人 inhabitant
しゅうねんぶかい 執念深い revengeful
しゅうはすう 周波数 frequency; wavelength
じゅうはち 十八, 18 eighteen　18番目の, 18分の1 eighteenth
しゅうふく 修復 restoration ～する restore
しゅうぶん 秋分 autumnal equinox
じゅうぶん 十分(な) enough ～に well; fully
しゅうまつ 週末 weekend
じゅうみん 住民 inhabitant
じゅうやく 重役 executive; director
しゅうよう 収容する contain; accommodate ～力 capacity
じゅうよう 重要な important; significant ～性 importance
じゅうよん 十四, 14 fourteen 14番目の, 14分の1 fourteenth
じゅうらい 従来(は) till now;

hitherto; in the past; conventionally; traditionally: ～の traditional; present; existing
しゅうり 修理 repair ～する repair; mend
しゅうりょう 終[修]了する end; complete
じゅうりょう 重量 weight ～挙げ weight lifting
じゅうりょく 重力 gravity
しゅうろく 収録する record
じゅうろく 十六, 16 sixteen 16番目の, 16分の1 sixteenth
しゅえい 守衛 guard
しゅえん 主演 the leading actor [actress] ～する star; play the lead; top the bill
しゅかんてき 主観的な subjective
しゅぎ 主義 principle
じゅきょう 儒教 Confucianism
じゅぎょう 授業 class; lesson ～料 school fee
じゅくご 熟語 idiom
しゅくじ 祝辞 congratulations
じゅくした 熟した ripe; mature
しゅくじつ 祝日 holiday
しゅくしょう 縮小する cut down; reduce
しゅくだい 宿題 homework; assignment
しゅくてん 祝典 celebration
しゅくはく 宿泊する stay
しゅくふく 祝福する bless
しゅくめい 宿命 destiny
じゅくれん 熟練 skill ～した skilled ～者 expert
しゅげい 手芸 handicraft
じゅけん 受験する take an (entrance) examination ～生 examinee
しゅご 主語 subject
しゅさい 主催する sponsor
しゅじゅつ 手術 operation ～をする operate
しゅしょう¹ 主将 captain
しゅしょう² 首相 prime minister
じゅしょう 受賞する be awarded ～者 winner
しゅしょく 主食 the staple

和英索引

diet …を~とする live on ...
しゅじん 主人 master; (夫) one's husband
じゅしん 受信 reception ~する receive ~機 receiver
しゅじんこう 主人公 hero; (女性) heroine
じゅせい (受精) fertilization; (授精) insemination 人工授精 artificial insemination 受精卵 fertile egg
しゅぞく 種族 tribe
しゅだい 主題 subject
しゅだん 手段 ~を選ばず by fair means or foul
しゅちょう 主張する insist; claim
しゅつえん 出演する appear
しゅつがん 出願 application ~する apply
しゅっきん 出勤する go [come] to work [the office]
しゅっけつ 出血する bleed
しゅつげん 出現 appear; come into being
じゅつご 述語 predicate
しゅっさん 出産 birth ~する give birth to
しゅっしょ 出所 (情報などの) source
しゅつじょう 出場する take part in; enter
しゅっしん (…の)出身である be [come] from: 出身はどちらですか Where are you from?; Where do you come from?
じゅっしんほう 十進法 decimal system
しゅっせ 出世する succeed in life; be promoted
しゅっせい 出生 birth
しゅっせき 出席する attend ~をとる call the roll ~簿 roll (book)
しゅっちょう 出張する go on business
しゅっとう 出頭する report (to the police)
しゅっぱつ 出発 departure; start ~する start; leave; depart; (旅行に) set off
しゅっぱん 出版する publish ~社 publishing company; publisher
しゅっぴ 出費 expense

しゅつぼつ 出没する haunt; infest
しゅと 首都 capital
しゅどうけん 主導権 the initiative
しゅどうたい 受動態 passive voice
しゅとして 主として chiefly; mainly
しゅび 守備 defense
しゅびよく 首尾よく successfully
しゅふ 主婦 housewife
しゅほう 手法 touch; technique; method
しゅみ 趣味 hobby
じゅみょう 寿命 life
しゅもく 種目 event
じゅもく 樹木 trees
じゅもん 呪文 spell
しゅやく 主役 leading role
しゅよう 主要な chief; primary; main
じゅよう 需要 demand
しゅりょう 狩猟 hunting; shooting
しゅるい 種類 kind; sort
シュレッダー shredder
しゅわ 手話 sign language
じゅわき 受話器 receiver
じゅん 順 order: 年齢順に in order of age / 順を追って in order
じゅんい 順位 place
じゅんかい 巡回 patrol; round
しゅんかん 瞬間 moment
じゅんかん 循環 circulation ~する circulate
じゅんきょうしゃ 殉教者 martyr
じゅんきょうじゅ (准教授) associate professor; (日本の准教授) assistant professor
じゅんけっしょう 準決勝 semifinal: 準々決勝 quarterfinal
じゅんさ 巡査 policeman; police officer
じゅんじょ 順序 order ~よく in order
じゅんしん 純真な naive
じゅんすい 純粋な pure
じゅんちょう 順調な satisfactory ~に satisfactorily;

smoothly
じゅんのう 順応 adjustment …に~する adjust (oneself) to
じゅんぱく 純白の snow-white
じゅんばん 順番 turn ~に in turn
じゅんび 準備 preparation ~する prepare (for) ~運動 [体操] warm-up
しゅんぶん 春分 vernal equinox
じゅんれい 巡礼 pilgrim(age)
しよう 使用(する) use ~中の occupied
…しよう Let's do ...; How about ...?
しょう¹ 省 ministry; (米国の) department
しょう² 章 chapter
しょう³ 賞 prize
じょう¹ 錠(をかける) lock
じょう² …乗(数の) power
じょういん 上院 (米国) Senate; (英国) House of Lords ~議員 (米国) senator; (英) peer(ess)
じょうえい 上映する show; play
じょうえん 上演する stage; present
しょうか¹ 消化 digestion ~する digest ~のよい digestible
しょうか² 消火する put out the fire ~器 fire extinguisher ~栓 hydrant
しょうが 生姜 ginger
しょうかい 紹介 introduction ~する introduce
しょうがい¹ 生涯 life
しょうがい² 傷害 injury
しょうがい³ 障害 bar; block; obstacle; barrier; hindrance; (身体上の) handicap, disability; (精神の) mental disorder, insanity ~者 disabled person
しょうがくきん 奨学金 scholarship
しょうがくせい 小学生 school child
しょうがつ 正月 the New Year
しょうがっこう 小学校 ele-

しょうき 正気 sanity; sense; (right) mind; ~でない crazy; mad; insane; out of one's mind; of unsound mind ~の sane; rational; of sound mind

じょうき¹ 蒸気 steam ~機関車 steam locomotive

じょうき² 上記 above; above-mentioned

じょうぎ 定規 ruler

じょうきゃく 乗客 passenger

しょうきゅう 昇給 raise

じょうきゅう 上級の advanced; upper ~生 senior student

しょうぎょう 商業 commerce; business

じょうきょう 状況 circumstances; situation

しょうきょくてき 消極的な passive; negative

しょうきん 賞金 prize money

しょうぐん 将軍 general; (江戸時代までの) shogun

じょうげ 上下に up and down

しょうげき 衝撃 shock ~的な shocking

しょうけん 証券 securities; bond

しょうげん 証言 testimony ~する testify

じょうけん 条件 condition ~反射 conditioned reflex

しょうこ 証拠 evidence; (確実な) proof

しょうご 正午 noon

しょうごう¹ 照合(する) check

しょうごう² 称号 title

じょうこう 条項 article

しょうさい 詳細 details; particulars ~な detailed ~に in detail

じょうざい 錠剤 tablet

しょうさん 称賛する praise

じょうし 上司 boss; superior

じょうじ 情事 (love) affair

しょうじき 正直 honesty ~な honest ~に honestly ~なところ honestly; to be honest (with you)

じょうしき 常識 common sense; common knowledge

しょうしつ¹ 焼失する burn down

しょうしつ² 消失する disappear; vanish

じょうしつ 上質の quality

しょうしゃ¹ 勝者 winner

しょうしゃ² 商社 business; trading company; (commercial) firm

じょうしゃ 乗車する get on ~券 ticket

しょうしゅう 招集する call; summon; convene

じょうしゅう 常習 ~的な frequent; habitual; chronic; confirmed; inveterate

しょうじょ 少女 girl

しょうしょう 少々 a little

じょうじょう 症状 symptom

じょうしょう 上昇 rise ~する go up; rise

しょうしん 昇進 promotion ~する be promoted

しょうしんしょうめい 正真正銘の genuine

じょうず 上手な good; skilled; skillful ~に well

しょうすう 小数 decimal ~点 decimal point

しょうすう(は) 少数(派) minority ~の a few ~民族 minority

じょうせい 情勢 situation

しょうせつ 小説 novel; story ~家 novelist

じょうぞう 醸造する brew

しょうぞう(が) 肖像(画) portrait

しょうたい¹ 招待 invitation ~する invite ~状 invitation (card)

しょうたい² 正体: ~を現わす show one's true colors / ~を暴く unmask, debunk / ~不明の unidentified

じょうたい 状態 condition; state

じょうだく 承諾 consent; agreement; assent; permission; approval

じょうたつ 上達する improve

じょうだん 冗談 joke; ~でしょ You're kidding.

しょうち 承知する consent ~した Sure.; Okay.

しょうちょう¹ 象徴 symbol

しょうちょう² 小腸 small intestine

しょうてん¹ 商店 store

しょうてん² 焦点 focus …に~を合わせる bring ... into focus

しょうどう 衝動 impulse ~的な impulsive

じょうとう 上等な excellent

しょうどく 消毒する disinfect; sterilize

しょうとつ 衝突(する) crash; (意見・利害の) conflict

しょうにか 小児科 pediatrics

しょうにん 使用人 servant; employee

しょうにん¹ 承認 recognition ~する recognize

しょうにん² 商人 storekeeper; merchant

しょうにん³ 証人 witness

じょうねつ 情熱 passion ~的な passionate

しょうねん 少年 boy

じょうば 乗馬 (horse) riding

しょうばい 商売 business

じょうはつ 蒸発する evaporate

しょうひ 消費 consumption ~する consume ~者 consumer

しょうひん¹ 商品 goods

しょうひん² 賞品 prize

じょうひん 上品な elegant

しょうぶ 勝負 game; bout; match

じょうぶ 丈夫な (体が) healthy; (物が) strong

しょうべん 小便 urinate; pass water; piss

じょうほ 譲歩する concede; compromise; give way

じょうほう 情報 information ~検索 information retrieval; ☞ けんさく

しょうぼうし 消防士 fireman; firefighter 消防車 fire engine 消防署 fire station

じょうみゃく 静脈 vein

じょうむいん 乗務員 crew

しょうめい¹ 照明 lighting

しょうめい² 証明 proof ~する prove ~書 certificate

しょうめつ² 消滅する vanish; disappear

しょうめん 正面 the front
しょうもう 消耗する exhaust
じょうやく 条約 treaty
しょうゆ 醬油 soy (sauce)
しょうらい 将来 the future: 近い~(に) in the near future ~性のある promising
しょうり 勝利 victory ~する win ~者 victor
じょうりく 上陸する land
しょうりゃく 省略 omission; (短縮) abbreviation ~する omit; abbreviate
じょうりゅう[1] (…の)上流に[へ] above; up ~階級 the upper class; (high) society
じょうりゅう[2] 蒸留する distill
しょうりょう 少量(の) a little
じょうりょくじゅ 常緑樹[の] evergreen
しょうれい 奨励 encouragement ~する encourage
じょうろ 如雨露 watering can
ショー show ショーウインドー (show) window ~ルーム showroom
じょおう 女王 queen ~あり[ばち] queen ant [bee]
ジョーカー joker
ジョーク joke
ショーツ shorts
ショート (野球) shortstop; (回路の) short (circuit) ~ケーキ shortcake ~ヘア bob ~パンツ shorts
じょがい 除外する omit; exclude; except; set aside
しょき[1] 書記 clerk
しょき[2] 初期の[に] early
しょきか 初期化する format
しょきゅう 初級の elementary; primary ~者 beginner
じょきょ 除去する remove; omit
じょきょうじゅ 助教授 assistant professor; ☞ じゅんきょうじゅ
ジョギング jogging ~をする jog
しょく 職 job; work
しょくいん 職員 staff ~室 teachers' room
しょくえん 食塩 salt
しょくぎょう 職業 occupation
しょくじ 食事 meal ~をする eat (a meal); have a meal
しょくたく 食卓 table
しょくちゅうどく 食中毒 food poisoning
しょくどう 食堂 dining room; (店) restaurant
しょくにん 職人 craftsman
しょくひ 食費 food expenses
しょくひん 食品 food ~添加物 food additive
しょくぶつ 植物 plant ~園 botanical garden ~性の vegetable
しょくみん 植民する settle ~地 colony
しょくむ 職務 duty
しょくもつ 食物 food ~連鎖 food chain
しょくよう 食用の edible
しょくよく 食欲 appetite
しょくりょう 食料(品) food ~品店 grocery (store)
しょけい 処刑する execute
しょけん 所見 opinion
じょげん 助言 advice ~する advise
じょこう 徐行する go slow(ly); slow down
しょさい 書斎 study
じょさんし[ぷ] 助産師[婦] midwife
じょし 女子 girl ~大学 women's college
じょしゅ 助手 assistant
しょじょ 処女 virgin
じょじょ 徐々に gradually
しょしんしゃ 初心者 beginner
じょせい 女性 woman
しょせき 書籍 book
しょぞく 所属する belong (to)
しょち 処置 disposition; step; measure; treatment ~する treat 応急~ first aid (treatment)
しょっき 食器 dishes ~だな cupboard
ジョッキ mug
ショッキングな shocking
ショック(を与える) shock
しょっぱい salty
ショッピング shopping ~センター shopping center; (shopping) mall
しょてん 書店 bookstore
しょどう 書道 calligraphy
じょどうし 助動詞 auxiliary verb
しょとく 所得 earnings; income
しょぶん 処分する do with; dispose of
じょぶん 序文 preface; foreword
しょほ 初歩の elementary
しょほうせん 処方箋 prescription
しょみん 庶民 (ordinary [common]) people; commoner
しょめい 署名 signature ~する sign
しょゆう 所有する own; possess ~者 owner ~格 the possessive (case)
じょゆう 女優 actress
しょり 処理 disposal ~する deal (with)
しょるい 書類 papers ~かばん briefcase
ショルダーバッグ shoulder bag
じらい 地雷 (land) mine
しらが 白髪 gray hair
しらける 白ける be chilled
しらせる 知らせる tell; let … know 知らせ news
しらべる 調べる examine; check; (参考書などを) consult; (辞書などを) look up …を詳細に~ go through
しらみ 虱 louse
しり 尻 buttocks
しりあい 知り合い acquaintance …と~である be acquainted with 知り合う get to know
シリアル cereal
シリーズ series
しりごみ ~する hesitate; recoil
しりつ[1] 市立の municipal
しりつ[2] 私立の private
じりつ 自立 independence
しりゅう 支流 branch; offshoot; tributary
しりょ 思慮 thought ~深い thoughtful ~に欠ける thoughtless
しりょう 資料 data
しりょく 視力 eyesight; sight
しる[1] 知る know; learn
しる[2] 汁 juice
シルエット silhouette

1624

one thousand six hundred and twenty-four

シルク silk
しるし 印(をつける) mark
しれい 指令(する) order; command 司令官 commander 司令部 headquarters
じれったい (じらすような) irritating, tantalizing; (じらされて) impatient
しれん 試練 trial
ジレンマ dilemma
しろ¹ 城 castle
しろ² 白(い) white
しろあり 白蟻 white ant; termite
しろうと amateur
しろくま 白熊 polar bear
じろじろ ~見る stare; gaze
シロップ syrup
しろみ 白身(卵白) (egg) white; (肉) white meat
しわ 皺 wrinkle
しん 芯(果物の) core; (鉛筆の) lead; (ろうそくの) wick
しんあい 親愛なdear
しんか 進化 evolution ~する evolve
しんがい 侵害 violation; breach; infringement
しんがく¹ 進学するgo on to
しんがく² 神学theology
じんかく 人格character
シンガポール Singapore
しんぎ 審議する deliberate; discuss
しんきゅう 進級 promotion ~させる promote
しんきろう 蜃気楼 mirage
しんくう 真空 vacuum
シングルス singles
シングルの single
シンクロ synchronized swimming
しんけい 神経 nerve: あいつは~が図太い He has a nerve. ~質な nervous
しんけん 真剣な serious ~に seriously
じんけん 人権 human rights
しんげんち 震源地 focus; epicenter
しんこう¹ 信仰 faith; belief
しんこう² 進行 progress
しんごう 信号 signal; traffic light
じんこう¹ 人口 population

じんこう² 人工のartificial ~衛星 artificial satellite ~呼吸 artificial respiration
しんこきゅう 深呼吸 deep breath ~をする take [draw] a deep breath
しんこく¹ 申告 declaration ~する declare
しんこく² 深刻な serious
しんこん 新婚のnewly married ~旅行 honeymoon
しんさ 審査するexamine
しんさつ 診察するexamine; see
しんし 紳士gentleman
しんしつ 寝室bedroom
しんじつ 真実truth ~の true
しんじゃ 信者believer
じんじゃ 神社(Shinto) shrine
しんじゅ 真珠(の) pearl
じんしゅ 人種 race
しんしゅつ 進出するadvance
しんしょう 心象impression
しんじょう 心情feelings
しんしょく 侵[浸]食する erode; eat away
しんじる 信じるbelieve; trust
しんじん 新人 newcomer; rookie
しんじんぶかい 信心深い religious
しんすい¹ 浸水するbe flooded
しんすい² 進水するbe launched
しんずい 神髄 essence
しんせい 神聖なsacred; holy
じんせい 人生life
しんせき 親戚relative
シンセサイザー synthesizer
しんせつ 親切kindness ~な kind; nice ~に(も) kindly
しんせん 新鮮なfresh
しんぜん 親善friendship
しんそう 真相the truth
しんぞう 心臓heart ~まひ heart attack
じんぞう 腎臓kidney
しんぞく 親族kin; relative
しんたい 身体 body ~検査(する) checkup, physical (examination); (ボディチェック) security check, body search, frisk
しんだい 寝台bed ~車 sleeping car
しんだん 診断するdiagnose
しんちゅう 真鍮brass

しんちょう¹ 身長 height: 身長は170センチです I'm 170 centimeters tall.
しんちょう² 慎重なcareful
しんちんたいしゃ 新陳代謝 metabolism
シンデレラ Cinderella
しんてん 進展development
しんでん 神殿temple
しんどう 振動vibration ~する vibrate
じんどうてき 人道的な humanitarian
シンナー thinner; ~遊び glue sniffing
しんにゅう 侵入する invade; break into ...
しんにゅうしゃいん 新入社員recruit; ☞ しんじん
しんにゅうせい 新入生freshman
しんねん¹ 信念belief
しんねん² 新年 new year ~ おめでとう (A) Happy New Year.
しんの 真のtrue
しんぱい 心配anxiety; worry; fear; care ~事 trouble ~して afraid; anxious ~そうな worried
シンバル cymbals
しんぱん 審判(員) umpire; referee; judge
しんぴ 神秘 mystery ~的な mysterious
しんぴん 新品の(brand-)new
しんぷ¹ 新婦bride
しんぷ² 神父father; priest
じんぶつ 人物person; character; figure
シンプルな simple
しんぶん 新聞(news)paper
しんぽ 進歩(する) progress; advance
しんぼう 辛抱するbe patient
シンボル symbol
しんみつ 親密なclose
じんみん 人民people
じんめい 人命(human) life; ☞ きゅうめい
じんもん 尋問interrogation; questioning; (法廷での) examination
しんや 深夜(at) midnight
しんゆう 親友 good [best, close] friend

和英索引

しんよう 信用(する) credit; trust
しんらい 信頼(する) trust; rely on
しんらつ 辛らつな severe; bitter; pungent
しんり¹ 心理(学) psychology ～的な psychological
しんり² 真理 truth
しんり³ 審理する try
しんりゃく 侵略 invasion ～する invade
しんりょうじょ 診療所 clinic
しんりん 森林 forest
しんるい 親類 relative
じんるい 人類 mankind; humankind; man
しんろ 進路 way; course; direction
しんろう 新郎 bridegroom
しんわ 神話 myth; (総称) mythology

す

す¹ 巣 nest
す² 酢 vinegar
ず 図 figure 図案 design
スイートピー sweet pea
スイート(ルーム) suite
すいえい 水泳 swimming
すいか 西瓜 watermelon
すいがい 水害 flood
すいぎゅう 水牛 (water) buffalo
すいぎん 水銀 mercury
すいげん 水源(地) source; (川の) head
すいこう 遂行する do; perform; carry out; execute
すいこむ 吸い込む (息を) breathe in; (液体を) suck; (吸収する) absorb
すいさい 水彩 watercolor ～画 watercolor
すいさつ 推察(する) guess
すいし 水死する drown
すいじ 炊事する cook
すいしゃ 水車 waterwheel ～小屋 water mill
すいじゃく 衰弱する weaken ～した weak; feeble; infirm
すいじゅん 水準 level
すいしょう 水晶 crystal
すいじょうき 水蒸気 steam; vapor
すいじょうスキー 水上スキー waterskiing
すいしん 推進する promote; propel
スイス Switzerland ～の[人] Swiss
すいせい¹ 彗星 comet
すいせい² 水星 Mercury
すいせん¹ 推薦(状・文) recommendation ～する recommend
すいせん² 水仙 narcissus; (らっぱすいせん) daffodil
すいそ 水素 hydrogen
すいそう 水槽 (貯水用の) tank; (魚の) aquarium
すいそく 推測(する) guess
すいぞくかん 水族館 aquarium
すいたい 衰退する decline; decay
すいちゅう 水中に[の] under [in] water; underwater, aquatic ～めがね goggles
すいちょく 垂直な vertical
スイッチ switch ～を入れる[切る] switch on [off]
すいてい 推定する presume; assume; suppose
すいでん 水田 (rice) paddy; paddy field
すいとう 水筒 canteen
すいどう 水道 water supply; (水道水) tap water ～を出す [止める] turn on [off] the water
ずいひつ 随筆 essay
すいぶん 水分 water; moisture
ずいぶん 随分 very; much
すいへい¹ 水兵 sailor
すいへい² 水平な level ～線 the horizon
すいみん 睡眠 sleep
すいようび 水曜日 Wednesday
すいり 推理する guess ～小説 mystery; detective story
すいりょく 水力 waterpower ～発電所 waterpower plant; hydroelectric power station
すいれん 睡蓮 water lily
すいろ 水路 channel
スイング swing
すう 吸う (たばこを) smoke; (息を) breathe; (液体を) suck
すうがく 数学 math(ematics)
すうじ 数字 figure
ずうずうしい impudent; shameless
スーツ suit ～ケース suitcase
スーパー(マーケット) supermarket
スーパーマン superman
すうはい 崇拝(する) worship
スープ soup
すうりょう 数量 quantity
すえ 末 (終わり) end; …の末に after …
スエット ～スーツ sweat suit ～パンツ sweatpants
すえる 据える set
スカート skirt
スカーフ scarf
ずかい 図解 diagram; illustration
ずがいこつ 頭蓋骨 skull; cranium
スカイダイビング skydiving
スカウト scout
すがすがしい 清々しい refreshing
すがた 姿 figure 姿を消す disappear 姿を現わす show up; appear
スカッシュ squash
すがりつく 縋り付く cling
スカンク skunk
すき¹ 好き(である) like; be fond of; love ～な favorite
すき² 鋤 spade; plow
すぎ 杉 Japanese cedar
…すぎ …過ぎ past, after; over
スキー skiing ～をする ski ～に行く go skiing ～靴 ski boots ～場 ski ground
すきとおった 透き通った clear; transparent
すきま 隙間 opening; gap ～風 draft
スキャナー scanner
スキャンダル scandal
スキューバ(ダイビング) scuba (diving)
すぎる 過ぎる pass; be over; ☞ たべすぎる (…に)過ぎない only 過ぎ去る pass by; (時が) go by
スキンヘッド skinhead

す

すく 空く(腹が) be hungry; (場所が) be not crowded
すぐ 直ぐ at once; right away; soon; immediately; (簡単に) easily
スクイズ squeeze (play)
すくう¹ 救う save
すくう² 掬う scoop; ladle; spoon
スクーター scooter
スクープ scoop
スクールバス school bus
すくない 少ない(数が) few; (量が) little; small 少なくとも at least
すくめる (肩を) shrug
スクラップ (不用品) scrap; (切り抜き) clipping ～ブック scrapbook
スクラム scrum
スクリーン screen ～セーバー screen saver
スクリュー screw; propeller
すぐれた 優れた excellent
スクロールする scroll
ずけい 図形 figure
スケート skating ～をする skate ～靴 skates ～リンク skating rink
スケートボード skateboard
スケール scale
スケジュール schedule
スケッチ sketch ～ブック sketchbook
スコア score ～ボード scoreboard
すごい 凄い wonderful; terrific
スコール squall
すこし 少し (数) a few; (量) a little ～も…でない not ... at all
すごす 過ごす spend
スコットランド Scotland ～の Scottish
スコップ shovel; trowel
すこやか 健やか healthy
すさまじい fearful
すし 寿司 sushi
すじ 筋 (小説・劇の) plot; (線) line
すす 煤 soot
すず¹ 錫 tin
すず² 鈴 bell
すすぐ 濯ぐ rinse
すずしい 涼しい cool

すすむ 進む go forward, advance; (時計が) gain 進んで be ready to do
すずめ sparrow
すずめばち 雀蜂 hornet; wasp
すすめる¹ 進める go ahead [along] with; further; promote
すすめる² 勧める advise; recommend 勧め advice; recommendation
すずらん lily of the valley
すすりなく すすり泣く sob
すそ 裾 hem
スター star
スタート(する) start ～ライン starting line
スタイリスト stylist
スタイル figure; style: ～がいい have a good figure
スタジアム stadium
スタジオ studio
スタッフ staff
スタミナ stamina
すたれた 廃れた out of use [fashion]; obsolete
スタンディングオベーション standing ovation
スタンド stand ～プレー grandstand play
スタントマン stunt (wo)man; stand-in
スタンバイする stand by
スタンプ stamp
スチーム steam
スチュワーデス stewardess; flight attendant
…ずつ by 1つ～ one by one
ずつう 頭痛 headache: ～がする have a headache
すっかり quite
ズッキーニ zucchini
ずっと all the time; all the way; (はるかに) much ～…している keep on doing
すっぱい 酸っぱい sour
ステーキ steak
ステージ stage
すてき 素敵な nice; wonderful; splendid
ステッカー sticker
ステッキ (walking) stick
すでに 既に already; (疑問文で) yet
すてる 捨てる throw away

ステレオ stereo
ステンドグラス stained glass
ステンレス stainless steel
ストーカー stalker
ストーブ heater
ストッキング stockings
ストック stock
ストップ(ウォッチ) stop(watch)
スト(ライキ) strike ～をする (go on) strike ～中で on strike
ストライク strike
ストラップ strap
ストレートの straight
ストレス stress
ストロー straw
すな 砂 sand 砂時計 hourglass 砂浜 sands
すなお 素直な gentle; obedient
スナック snack; (店) snack bar
スナップ (写真) snapshot
すなわち 即ち that is (to say)
スニーカー sneakers
すね 脛 shin
すねる become sulky
ずのう 頭脳 head; brain
スノーボード snowboard
スノーモービル snowmobile
スパイ spy
スパイク spike
スパイス spice
スパゲッティ spaghetti
スパッツ ☞ レギンス
スパムメール spam
すばやい 素早い quick すばやく swiftly; quickly
すばらしい 素晴らしい wonderful; splendid; beautiful; excellent
スパルタ ～式の spartan
スピーカー (loud)speaker
スピーチ speech
スピード speed ～を上げる[落とす] speed up [down] ～違反 speeding
ずひょう 図表 chart
スフィンクス sphinx
スプーン spoon
ずぶぬれになる get wet to the skin
スプリンクラー sprinkler
スプレー spray

スペア spare ～リブ spare-ribs
スペイン Spain ～の[語] Spanish ～人 Spaniard
スペース space; (余地) room ～シャトル space shuttle
スペード spade
…すべき ought (to do); should (do)
スペシャリスト specialist
すべて 全て all; everything ～の all; every
すべる 滑る, 滑らす slip; slide 滑り込む slide (into) 滑り台 slide 滑りやすい slippery
スペル spelling
スポーツ sports ～ウェア sportswear ～マン athlete ～マン精神 sportsmanship
スポットライト spotlight
ズボン pants; trousers
スポンサー sponsor
スポンジ sponge
スマートな slim; smart
すます 済ます finish …なしで済ませる do without
スマッシュ smash
すみ¹ 隅 corner …の隅から隅まで throughout
すみ² 炭 charcoal
すみ³ 墨 (India) ink
すみこむ 住み込む live in: 住み込みの live-in; resident
すみません I'm sorry.; Excuse me, but ...; (感謝) Thank you.
すみやか 速やかに quickly
すみれ 菫 violet
すむ¹ 住む live
すむ² 澄む (become) clear
すむ³ 済む be over [finished]
スムーズな smooth
ずめん 図面 plan
すもう 相撲 sumo ～取り sumo wrestler
スモッグ smog: 光化学～ photochemical smog
スライド slide
ずらす move; shift
すらすら(と) (簡単に) easily; (滑らかに) smoothly; (流ちょうに) fluently
スラム slum
スランプ slump
すり pickpocket
すりきれる 擦り切れる wear away [off] 擦り切れた threadbare; worn
すりこむ 擦り込む rub
スリッパ scuffs; slippers
スリップ (下着) slip
スリップ(する) skid
すりへらす 摩り減らす wear (off)
すりむく skin; chafe
スリラー thriller
スリル thrill
する¹ do …することになっている be to do …すると when ...; if ...; (まさに)…するところ be going [about] to do …するな Don't do ...
する² 擦る (マッチを) strike
する³ 刷る print
する⁴ 掏る pick ...'s pocket
ずる(がしこ)い 狡(賢)い, 猾(賢)い cunning; sly
するどい 鋭い sharp
すれちがう 擦れ違う pass (each other)
スローイン throw-in
スローガン slogan
スロープ slope; ramp
スローモーション slow motion
すわる 座る sit down
すんぽう 寸法 measurement; size

せ

せ 背 back; (身長) height 背の高い tall 背の低い short 背の高さが…で ... tall
せい¹ 性 sex 性の sexual
せい² 姓 family name
せい… 聖 saint
ぜい 税 tax; duty
…せい …製の made in [of]
(…の)せい (過失) fault ～で because of ...の～にする blame
せいい 誠意 sincerity
せいいっぱい 精一杯 as hard as possible
せいえん 声援する cheer
せいか¹ 成果 outcome; result
せいか² 聖火 the Olympic Flame; (ランナーが運ぶ) Olympic torch
せいか³ 聖歌 hymn ～隊 choir
せいかい 正解 correct answer ～です Correct.; Right.
せいかく¹ 性格 character
せいかく² 正確 correct; exact; accurate
せいかつ 生活 life ～する live
ぜいかん 税関 (the) Customs
せいき¹ 世紀 century
せいき² 正規の regular
せいき³ 性器 sex organ; (生殖器) genitals
せいぎ 正義 justice
せいきゅう 請求する charge ～書 bill
せいぎょ 制御(する) control
せいきょう 生協 co-op; cooperative
ぜいきん 税金 tax; duty
せいけい¹ 生計 livelihood; living
せいけい² 整形 ～外科 orthopedics ～手術 cosmetic [plastic] surgery; (顔の) face-lift
せいけつ 清潔な clean
せいけん 政権 (政府) government ～の座につく come to power
せいげん 制限 limit; restriction ～する limit; restrict
せいこう¹ 成功 success ～した successful ～する succeed; be successful
せいこう² 性交 sex; (sexual) intercourse
せいこう³ 精巧な delicate; elaborate; sophisticated
せいざ 星座 constellation
せいさい 制裁 sanction; punishment
せいさく¹ 政策 policy
せいさく² 製作する make; (劇・映画を) produce
せいさん¹ 生産 production ～する produce
せいさん² 清算する settle; (運賃精算) fare adjustment
せいし¹ 制止 restraint
せいし² 静止する rest ～した still; stationary ～衛星 stationary satellite
せいし³ 精子 sperm
せいじ 政治 politics; government ～の political ～家

politician
せいしき 正式の formal
せいしつ 性質 nature
せいじつ 誠実な sincere; true
せいじゅく 成熟する mature
せいしゅん 青春 youth
せいじゅん 清純な pure; innocent
せいしょ 聖書 the Bible
せいじん¹ 成人 grown-up; adult ～映画 adult movie ～する come of age
せいじん² 聖人 saint
せいず 製図 drawing
せいせい 精製する refine
せいぜい at most; at best
せいせいどうどう 正々堂々と fair (and square)
せいせき 成績 result; grade; record
せいぜん 整然と regularly; systematically
せいそう¹ 正装 full dress
せいそう² 清掃する clean
せいぞう 製造(する) manufacture ～業者 manufacturer
せいそく 生息する live; inhabit ～地 habitat; home
せいぞん 生存 existence ～する live; exist
せいたい 生態(学) ecology
せいだい 盛大な grand
ぜいたく 贅沢(品) luxury ～な luxurious
せいちょう 成長 growth ～する grow (up)
せいつう 精通している be familiar; be at home
せいてい 制定する enact; establish; institute; legislate; make (a law)
せいてき 性的(な) sexual ～いやがらせ sexual harassment
せいてん 晴天 fine [fair] weather; (sun)shine
せいてんのへきれき 青天の霹靂 a bolt from [out of] the blue; thunderbolt
せいと 生徒 student; pupil
せいど 制度 system

せいとう¹ 政党 party
せいとう² 正当な right; just; fair; valid; legal; lawful; legitimate ～化する justify ～防衛 self-defense
せいどう 青銅 bronze
せいとん 整頓する keep ... tidy
せいねん 青年 young man
せいねんがっぴ 生年月日 the date of one's birth
せいのう 性能 performance
せいひん 製品 product
せいふ 政府 government; administration
せいぶ 西部の west(ern) ～劇 western
せいふく 征服 conquest ～する conquer
せいふく² 制服 uniform
せいぶつ¹ 生物 living thing ～学 biology
せいぶつ² 静物 still life
せいぶん 成分 ingredient; element
せいほうけい 正方形 square
せいみつ 精密な precise
ぜいむしょ 税務署 tax office
せいめい¹ 生命 life
せいめい² 姓名 one's full name
せいめい³ 声明 statement; communiqué; proclamation
せいもん 正門 the front gate
せいやく 制約 restriction
せいよう 静養(する) rest
せいよう 西洋(の) West(ern)
せいよく 性欲 sexual desire
せいり¹ 生理 (menstrual) period
せいり² 整理する put ... in order
せいりょういんりょう 清涼飲料 soft drink
せいりょく¹ 勢力 power; influence
せいりょく² 精力 energy ～的な energetic
せいれき 西暦 Christian era; A.D.
せいれつ 整列する line up
セーター sweater
セーフ safe
セーブ(する) save
セーフティーバント drag bunt

セール sale セールスポイント selling point セールスマン salesman
せおう 背負う carry ... on one's back
せおよぎ 背泳ぎ backstroke
せかい 世界 the world
セカンド second base; (選手) second baseman ～オピニオン second opinion
せき¹ 咳(をする) cough
せき² 席 seat 席につく take one's seat 席を立つ leave one's seat
せきがいせん 赤外線 infrared rays
せきずい 脊髄 spinal cord
せきたてる 急き立てる rush; urge
せきたん 石炭 coal
せきついどうぶつ 脊椎動物 vertebrate
せきどう 赤道 the equator
せきにん 責任 responsibility ～について…に責任がある be responsible to ... for ～
せきゆ 石油 oil; petroleum
セキュリティー security
セクシーな sexy; hot
セクシャルハラスメント, セクハラ sexual harassment
せけん 世間 the world
せこう 施行する[される] enforce; execute; come into effect
…せざるをえない cannot help doing
せたい 世帯 household
せだい 世代 generation ～の断絶 generation gap
せつ¹ 節(書物の) section
せつ² 説 opinion; theory; hypothesis
せっかい 石灰 lime
せっかちな impatient
せっきょう 説教 sermon ～する preach
せっきょくてき 積極的な active; positive; aggressive ～に actively; aggressively
せっきん 接近(する) approach
セックス sex ～する have sex; make love; 《卑》fuck
せっけい 設計(する) design ～図 plan
せっけっきゅう 赤血球 red

1629

blood cell; red corpuscle
せっけん 石鹸 soap
せっこう 石膏 plaster (of Paris)
ぜっこう¹ 絶交する break off relations with ...
ぜっこう² 絶好の best; perfect; ideal
せっし 摂氏 centigrade; Celsius
せっしょく 接触(する) contact
せっする 接する border; touch
せっせと hard
せつぞく 接続 connection ～する connect
せつぞくし 接続詞 conjunction
ぜったい 絶対(に) absolutely ～に…ない never
せつだん 切断する cut
せっち 設置する establish; set up; fit; install
せっちゃくざい 接着剤 glue; adhesive
ぜっちょう 絶頂 climax; height; peak; prime; summit; top
せっとう 窃盗 theft
せっとうじ 接頭辞 prefix
せっとく 説得 persuasion ～する persuade
セット(する) set
せっぱくした 切迫した urgent
せつび 設備 equipment
せつびじ 接尾辞 suffix
ぜっぺき 絶壁 cliff; precipice
ぜつぼう 絶望(する) despair ～して in despair ～的な hopeless
せつめい 説明 account; explanation ～する explain ～書 manual; instruction
ぜつめつ 絶滅する die out ～した extinct
せつやく 節約 economy ～する save
せつりつ 設立 establishment; foundation ～する establish; set up; (基金を出して) found
せなか 背中 back
ぜひ 是非(とも) at any cost
せびろ 背広 suit
せぼね 背骨 backbone
せまい 狭い narrow; (部屋が) small

せまる 迫る be near; press
せみ 蝉 cicada
ゼミ, セミナー seminar
セミコロン semicolon
せめて at least
せめる¹ 攻める attack
せめる² 責める blame (for); accuse (of)
セメント cement
ゼラチン gelatin(e)
セラピー therapy
ゼリー jelly
せりふ 台詞, 科白 lines
セル cell
セルフサービス self-service
セルライト cellulite
セレブ celebrity
ゼロ zero; nothing
セロテープ (Scotch) tape
セロリ celery
せろん 世論 public opinion; ☞ よろん
せわ 世話 care …の～をする look after; take care of ～の焼ける troublesome
せわしい 忙しい busy
せん¹ 千 thousand
せん² 線 line; track
せん³ 栓 stopper; cap 栓抜き cap opener; corkscrew
ぜん 善 good
せんい 繊維 fiber
ぜんい 善意 good will
せんいん 船員 sailor
ぜんいん 全員 ☞ みんな
ぜんえい 前衛 avant-garde; vanguard; (球技の) forward
ぜんか 前科 police [criminal] record
せんきょ¹ 選挙 election ～する elect
せんきょ² 占拠する take over
せんくしゃ 先駆者 pioneer; forerunner
せんげつ 先月 last month
せんげん 宣言 declaration ～する declare
せんけんのめい 先見の明 foresight: ～がある farsighted; visionary
ぜんご 戦後の postwar
ぜんご 前後に (動作が) back and forth; (位置が) in front and behind

せんこう¹ 専攻(科目) major …を～する major in
せんこう² 選考する select; choose
せんこう³ 先行する precede; lead; (試合で) be ahead ～詞 antecedent
せんこく 宣告(刑の) sentence
ぜんこく 全国 all over the country
センサー sensor
せんさいな 繊細な delicate
せんざい¹ 洗剤 detergent
せんざい 潜在 ～意識 the subconscious ～的な(能力) potential
せんし 戦死する be killed in action [battle]
せんしゃ 戦車 tank
ぜんしゃ 前者 the former
せんしゅ 選手 player ～権 championship
せんしゅう 先週 last week
ぜんしゅう 全集 complete works
せんじゅつ 戦術 tactics; strategy
せんじょう 戦場 (battle) field
せんしょくたい 染色体 chromosome
ぜんしん¹ 前進(する) advance; progress
ぜんしん² 全身 whole body; (体中が) all over, from head to foot; (全身像の) full-length ～麻酔 general anesthetic
せんしんこく 先進国 advanced country
センス sense; taste
せんすい 潜水する dive ～艦 submarine
せんせい¹ 先生 teacher
せんせい² 宣誓 oath ～する take the oath
せんせいじゅつ 占星術 astrology
せんせいせいじ 専制政治 tyranny; autocracy; despotism
センセーショナルな sensational

和英索引

センセーション sensation
せんぜん 戦前のprewar
ぜんせん 前線front
ぜんぜん 全然…ないnot ... at all
せんぞ 先祖ancestor
せんそう 戦争war
ぜんそく 喘息asthma
ぜんそくりょく 全速力で at full speed [throttle]; as fast as ... can
センター center (field); (選手) center fielder
ぜんたい 全体the whole
せんたく¹ 選択choice; selection ～する choose; select
せんたく² 洗濯する wash ～機 washing machine ～物 washing ～屋 laundry
せんたん 先端point; tip; top; nose; head; (学問の) the frontiers ～技術 high technology 最～の at [on] the cutting edge; in [at] the forefront; trendy; fashionable; state-of-the-art
ぜんちし 前置詞preposition
センチ(メートル) centimeter
センチメンタルな sentimental
せんちょう 船長captain
ぜんちょう 前兆sign; omen ～となる signal; indicate
ぜんてい 前提premise; precondition; postulate
せんでん 宣伝advertisement ～する advertise
セント cent
ぜんと 前途future; outlook; prospect; ～有望な promising; with a future
せんとう¹ 先頭(競走の) the lead; (行列の) the front …の～に立つlead; head
せんとう² 戦闘battle
せんどう¹ 先導するlead
せんどう² 扇動するagitate; instigate; incite
セントラルヒーティング central heating
せんにん 専任のfull-time ～講師 instructor
せんぬき 栓抜きbottle opener; (コルク用の) corkscrew
ぜんのう 全能のalmighty

せんばい 専売(権) monopoly ～特許(品) patent
せんぱい 先輩one's senior
せんぱつ 先発 ～投手 starting pitcher ～メンバー starting lineup; starter
ぜんはん 前半the first half
ぜんぶ 全部all ～で in all; altogether
せんぷうき 扇風機(electric) fan
せんぼう 羨望(の的) envy
ぜんぽう 前方にahead ～へ forward
ぜんまい spring ～仕掛 clockwork
せんめい 鮮明なclear; vivid
ぜんめつ 全滅させる[する] annihilate; wipe out; exterminate; die out; perish
せんめんき 洗面器basin 洗面所 bathroom 洗面台 sink
せんもん 専門 ～家expert ～学校 professional school; college ～用語 (technical) term
せんよう …専用の for the exclusive use of ...; of one's own
せんりつ 旋律melody
せんりょう 占領occupation ～する occupy
ぜんりょう 善良なgood(-natured)
ぜんりょく 全力を尽くすdo one's best
せんれい 洗礼baptism
せんれん 洗練されたrefined
せんろ 線路(railroad) track

そ

そあく 粗悪なpoor
そう¹ so ～ですyes; (That's) Right. ～ですね well ... ～でなければ otherwise
そう² 僧priest
そう³ 相aspect
そう⁴ 層layer; bed; stratum
ぞう¹ 象elephant
ぞう² 像statue; image
そうい 相違difference
ぞうお 憎悪hatred; abhor-

rence; detestation
そうおん 騒音noise
ぞうか¹ 増加(する) increase
ぞうか² 造花artificial flower
そうかい 総会 general assembly
そうがく 総額the sum (total)
そうがんきょう 双眼鏡binoculars
そうぎ¹ 争議dispute
そうぎ² 葬儀funeral
ぞうき 臓器organ
ぞうきん 雑巾duster
ぞうげ 象牙ivory
そうけい 総計total
そうげん 草原grasslands
そうこ 倉庫warehouse
そうご 相互のmutual
そうごう 総合する put ... together; synthesize ～的な synthetic; general
そうさ¹ 捜査investigation ～する investigate
そうさ² 操作operation ～する operate
そうさい 総裁president
そうさく¹ 捜索(する) search
そうさく² 創作するcreate
そうじ 掃除する clean; sweep ～機 (vacuum) cleaner
そうしき 葬式funeral
そうしつ 喪失 loss ～する lose
そうしゃ 走者runner
そうじゅう 操縦する(飛行機を) fly; (機械を) operate ～士 pilot
ぞうしょ 蔵書library
そうしょく 装飾するdecorate ～品 ornament
そうせつ 創設するfound
ぞうせん 造船shipbuilding ～所 shipyard
そうせんきょ 総選挙general election
そうぞう¹ 想像 imagination ～する imagine ～上の imaginary ～力 imagination
そうぞう² 創造creation ～する create ～的な creative
そうぞうしい 騒々しいnoisy
そうぞく 相続する inherit ～人 heir(ess)
そうそふ[そぼ] 曽祖父[曽祖母] great-grandfather [great-grandmother]

one thousand six hundred and thirty-one 1631

和英索引

…そう(だ) look; appear …だそうだ I hear [They say] ...

そうたい 早退する leave work [school] early

そうだい 壮大な grand

そうだい 増大する gather; swell; increase

そうたいてき 相対的な relative ～に relatively

そうだん 相談する consult; talk

そうち 装置 device

そうてい 想定 assumption ～する assume; suppose; anticipate

そうとう 相当に considerably

そうとく 総督 governor

そうなん 遭難する meet with an accident

そうにゅう 挿入する insert

そうべつかい 送別会 farewell party

そうほう 双方 both

そうむしょう 総務省 Ministry of Internal Affairs and Communications

そうりだいじん 総理大臣 prime minister

そうりつ 創立 foundation ～者 founder

そうりょう 送料 postage

ソウル (韓国の首都) Seoul

ソウルミュージック soul (music)

そえる 添える attach ... (to)

ソース (Worcestershire) sauce

ソーセージ sausage

ソーダすい ソーダ水 soda water

ソーラーハウス solar house

ゾーン zone; area

そがい 疎外する alienate

ぞくご 俗語 slang

そくざ 即座に immediately

そくし 即死する be killed on the spot [instantly]

そくしん 促進する promote

ぞくする 属する belong (to)

そくせき 即席の instant

そくたつ 速達 special delivery

そくてい 測定する measure

そくど 速度 speed ～計 speedometer

そくばく 束縛 bond ～する bind; (自由などを) tie

そくりょう 測量(する) survey

ソケット socket

そこ 底 bottom; (靴の) sole

そこく 祖国 one's country

そこで[に,へ] there

そこなう 損なう spoil; ☞ しそこなう

そし 阻止する check

そしき 組織 organization; system; (筋肉などの) tissue ～する organize

そしつ 素質 the makings

そして and; and then

そしょう 訴訟 (law)suit; action

そせん 祖先 ancestor

そそぐ 注ぐ pour

そそっかしい careless

そそのかす 唆す egg; entice; instigate; tempt

そだつ 育つ grow 育てる grow; raise; (子どもを) bring up

そち 措置 measure

そちら[で] there

そっき 速記 stenography; shorthand

そつぎょう 卒業 graduation ～する graduate; leave ～式 graduation ～証書 diploma ～生 graduate

ソックス socks

そっくり (全部) whole; all ...に～ be (just) like ...

ぞっこう 続行する continue

そっちょく 率直な frank; open

そって (…に) 沿って along

そっと quietly; gently

そで 袖 sleeve

そと 外(側) the outside; the open air …の外に[へ, で] outside 外を見る look out 外へ出る go out

そなえる 備える provide (against); prepare (for)

その that; the; its; those ～間に meanwhile ～上 besides; moreover ～うち soon; some day ～くらい so many ～後 after that; later ～ころ at that time ～他 the others ～通り That's right. ～時 then ～辺 around there

そば[1] 蕎麦 buckwheat; (めん) buckwheat noodles

そば[2] (…の)側に by; beside; near

そびえる 聳える rise

そふ 祖父 grandfather

ソファー sofa

ソフト ～(ウエア) software ～クリーム (ice-cream) cone ～ボール softball

そふぼ 祖父母 grandparents

ソプラノ soprano

そぼ 祖母 grandmother

そぼく 素朴な simple

そまつ 粗末な poor ～にする waste; neglect

そむく 背く disobey

そめる 染める dye

そや 粗野な coarse; crude; gross; rough; rude; vulgar

そよかぜ そよ風 breeze

そら 空 the sky

そらいろ 空色 sky blue

そらす 逸らす avert; divert; distract; deflect; evade; lean back; (話を) sidetrack; 目を～ turn one's gaze away, look the other way

そり 橇 sled; sleigh

そる[1] 剃る shave

そる[2] 反る warp

それ that; it ～は[が, を] it ～の its ～自身 itself

それいらい それ以来 since (then)

それから then; after that

それぞれ each; respectively ～の each

それで then; and; (and) so: それでいい That will do.; That's OK.

それでも still; and yet

それとなく indirectly ～言う suggest; hint; allude

それとも or

それなら then

それに besides

それほど so ～…でない not very [so] ...

それら those; they ～は[が] they ～の their; those ～に[を] them ～自身 themselves

それる 逸れる (わき道などへ) turn off

ソロ solo
そろう 揃う gather; be complete そろえる arrange
そろそろ soon: ~失礼します I must be going [leaving] now.
そわそわする be restless; be nervous
そん 損 loss そんをする lose
そんがい 損害 damage; loss
そんけい 尊敬(する) respect
そんざい 存在 being; existence ~する exist
そんしつ 損失 loss
そんぞく 存続する continue; endure
そんちょう 尊重する respect; value
そんな such; ... like that
そんなに so; that
ゾンビ zombie

た

た 田 rice field
ターゲット target; aim
ダース dozen
ダーツ darts
タートルネック turtleneck
ターバン turban
ダービー the Derby
ターミナル terminal
たい 隊 party
タイ(になる) tie
…たい …対~to; versus: 5対3 five to three / フランス対ドイツ France versus Germany
だい[1] 題 title; subject
だい[2] 台 stand; rest
タイアップ (…と)~する tie up with...
たいいく 体育 physical education; PE ~館 gym(nasium)
だいいち 第一に first (of all)
ダイエット diet ~する[している] go [be] on a diet
たいおう 対応する correspond
ダイオキシン dioxin
たいおん 体温 temperature
たいか 退化する[させる] degenerate; degrade ~した degenerate; vestigial
たいかい 大会 (mass) meeting; meet

たいがい 大概 mostly; generally; in general ~の most
たいかく 体格 build
たいがく 退学する leave school
だいがく 大学 university; (単科) college ~生 college [university] student ~院 graduate school
たいかくせん 対角線 diagonal
たいき 大気 atmosphere ~汚染 air pollution
だいきぼ 大規模な large-scale; extensive; big; mass
たいきゃく 退却(する) retreat
だいく 大工 carpenter
たいぐう 待遇 treatment
たいくつ 退屈する be bored ~な boring; dull
たいぐん 大群 cloud; host; troop; army; group
たいけい 体系 system
たいけん 体験(する) experience
たいこ 太鼓 drum
たいこう 対抗する match
だいこん 大根 Japanese radish
たいざい 滞在(する) stay
たいさく 対策 measures
たいし 大使 ambassador ~館 embassy
たいじ 退治する get rid of
だいじ 大事な important ~にする treasure; cherish; prize お~に(なさってください) Please take care of yourself.
ダイジェスト digest
たいしつ 体質 constitution
たいして[1] (…に)対して against; for; to
たいして[2] 大して…ない not very ...
たいしゅう 大衆 the public; the masses
たいじゅう 体重 weight ~計 scales
たいしょう[1] 対照 contrast
たいしょう[2] 対称 symmetry
たいしょう[3] 対象 object; (非難の) target
たいしょう[4] 大将; (海軍) admiral
だいじょうぶ 大丈夫で all right; safe

たいしょく 退職する retire
だいじん 大臣 minister
だいず 大豆 soybean
だいすう 代数(学) algebra
たいせいよう 大西洋 the Atlantic (Ocean)
たいせき[1] 体積 volume
たいせき[2] 退席する leave one's seat
たいせつ 大切な important; valuable; dear ~に carefully ~にする ☞ だいじ
たいせん 対戦する play (against); fight
たいそう 体操 gymnastics; (運動) exercise
だいそう 代走 pinch runner
だいだ 代打 pinch hitter
たいたい 大体 about; on the whole
だいだい 橙色(の) orange
だいたすう 大多数 majority
タイタニック ~号 the Titanic
たいだん 対談 conversation; talk
だいたん 大胆な bold
だいち[1] 大地 earth
だいち[2] 台地 terrace; plateau
たいちょう[1] 体調 condition: ~がよい[悪い] be in good [poor] condition; be in [out of] shape [condition]; be fit [unfit]
たいちょう[2] 隊長 captain; leader
だいちょう 大腸 large intestine
タイツ tights
たいてい 大抵(は) usually ~の most
たいど 態度 attitude; manner
たいとう[1] 台頭 rise
たいとう[2] 対等な equal
だいとうりょう 大統領 president
だいどころ 台所 kitchen
タイトル title
だいなし 台なしにする[なる] spoil
ダイナマイト dynamite
ダイナミック ~な dynamic; powerful
ダイニングルーム dining room
だいのう 大脳 cerebrum

ダイバー diver
たいばつ 体罰 corporal punishment
たいはん 大半 majority; most; almost all
タイピスト typist
だいひょう 代表 representative; delegate ～する represent ～団 delegation
ダイビング diving
タイプ type: 彼女は好みの～だ She is my type. ～する type
だいぶ 大分 very; pretty; much
たいふう 台風 typhoon
だいぶぶん 大部分の most ～は mostly
タイプライター typewriter
たいへいよう 太平洋 the Pacific (Ocean)
たいへん 大変 very; good deal; great deal ～な serious; terrible
だいべん 大便 stools; feces; 《卑》 shit
たいほ 逮捕(する) arrest
たいほう 大砲 cannon; gun
タイマー timer
たいまつ 松明 torch
たいまん 怠慢 neglect: 職務～ neglect of duty
タイミング timing ～のいい timely
タイム time
タイムリーな timely
だいめい 題名 title
だいめいし 代名詞 pronoun
タイヤ tire
ダイヤ (列車の) train schedule; timetable
ダイヤ(モンド) diamond
ダイヤル(する) dial
たいよう 太陽 the sun ～系 the solar system ～電池 solar cell
だいよう 代用する substitute
たいらな 平らな flat; level
だいり 代理(人) deputy; agent …の～を務める act for …; act as …'s deputy ～店 agency
だいリーグ 大リーグ the Major Leagues; MLB
たいりく 大陸 continent
だいりせき 大理石 marble
たいりつ 対立 opposition ～する be opposed
たいりょう 大量の a lot of … ～に in large quantities
たいりょく 体力 (physical) strength
タイル tile
ダイレクトメール direct mail
だいろっかん 第六感 sixth sense
たいわ 対話 dialogue
たいわん 台湾 Taiwan ～の[人] Taiwanese
ダウンロード download
だえき 唾液 saliva
たえず 絶えず always; constantly; continually; continuously; without a break
たえる¹ 耐える stand; bear; endure
たえる² 絶える become extinct
だえん 楕円 ellipse
たおす 倒す knock down; (木を) bring down
タオル towel ～掛け towel rack
たおれる 倒れる fall (down)
たか 鷹 hawk; falcon
だが but; though
たかい 高い high; (背が) tall; (値段が) expensive 高くする raise 高くなる go up
たがい 互いに each other; one another
たがく 多額の a large amount of
たかさ 高さ height ～が…で[の] … high
たかとび 高跳び high jump
たかまる 高まる rise
たがやす 耕す plow; cultivate
たから 宝 treasure 宝くじ lottery
…だから because; since
たかる (はえなどが) swarm
たき 滝 waterfall
タキシード tuxedo
たきび 焚き火 fire
だきょう 妥協(する) compromise
たく 焚く (火を) make (a fire)
たく² 炊く (ごはんを) cook (rice)
タグ tag
だく 抱く hug; hold; carry
たくえつ 卓越した excellent
たくさん 沢山(の) a lot (of); many; much
タクシー taxi; cab
たくじしょ 託児所 public nursery; day-care center
タクト baton
たくましい 逞しい tough; strong; robust; sturdy; muscular
たくみ 巧みな skillful; clever; sophisticated
たくらむ 企む plot; conspire
たくわえ 蓄え stock; store たくわえる store; (お金を) save
たけ 竹 bamboo 竹の子 bamboo shoot 竹馬 stilts
…だけ only; by
だげき 打撃 batting; blow
たこ¹ 蛸 (軟体動物) octopus
たこ² 凧 kite
たこくせき 多国籍の multinational
タコス taco
ださん 打算 calculation ～的な calculating
たしか 確かな sure; certain ～に certainly; surely
たしかめる 確かめる make sure
たしざん 足し算 addition ～をする add
だしぬく 出し抜く outwit
だしゃ 打者 batter; hitter
たしょう 多少 some; a little
たす 足す add (to)
だす 出す take out; (手紙を) mail; (提出する) hand in; (栓をひねってガス・水を) turn on; (飲食物を) serve; (宣言・命令などを) issue
たすう 多数(の) a large number (of) ～決 majority decision [rule]; 多数決で決める vote
たすけ 助け(る) help
たずねる¹ 尋ねる ask
たずねる² 訪ねる call on [at]; visit
たそがれ 黄昏 dusk; twilight
ただ (無料の) free ～…だけ only
たたえる 称える praise
たたかい 戦い fight; struggle
たたかう 戦う fight; struggle
たたく 叩く strike; (棒などで) beat; (手を) clap; (こぶしで戸などを) knock (on); (平手

で) slap
ただし 但しbut
ただしい 正しい right; correct
ただちに 直ちに at once; immediately
たたむ 畳むfold
ただよう 漂うdrift
たたり 祟りcurse
たち 質nature ～の悪い bad; nasty; vicious
たちあがる 立ち上がる stand up
たちいりきんし 立ち入り禁止 《掲示》 Keep Out [Off]; No Trespassing ～の off-limits
たちぎき 立ち聞きする (偶然) overhear; (故意に) eavesdrop
たちさる 立ち去る go away; move away; leave
たちどまる 立ち止まるstop
たちなおる 立ち直るrecover
たちば 立場 position; situation; stand(point)
たちまち 忽ちin a moment; at once
たちむかう 立ち向かう confront; meet
だちょう 駝鳥ostrich
たちよみ 立ち読みするbrowse
たちよる 立ち寄る drop in; (人を呼びに) call for ...
たつ¹ 経つ(時が) pass; go by
たつ² 立つstand
たつ³ 断つcut off
たつ⁴ 発つleave
たつ⁵ 建つbe built
たっきゅう 卓球 ping-pong; table tennis
だっきゅう 脱臼するdislocate
ダックスフント dachshund
タックル(する) tackle
ダッシュ(する) dash
だっしゅつ 脱出するescape
ダッシュボード dashboard
たつじん 達人expert
たっする 達するreach; come to; get to
たっせい 達成するachieve
だつぜい 脱税 tax evasion [fraud] ～する evade [dodge] taxes
だっせん 脱線する (列車が) run off [jump] the tracks [rails], be derailed; (話が) get sidetracked, wander
だっそう 脱走する desert; escape; break out
たった only ～今 just now
タッチ(する) touch; 〘野球〙 tag
たづな 手綱rein
たつのおとしご 竜の落とし子 sea horse
だっぴ 脱皮する shed; cast
たっぷり plenty
ダッフルコート duffel coat
たつまき 竜巻tornado
たて¹ 縦length
たて² 盾shield
たてつづけ 立て続けに continuously
たてもの 建物building
たてる¹ 立てる stand; (くい・棒・像を) set up
たてる² 建てるbuild; put up
だとう¹ 打倒 overthrow: 政府を打倒せよ! Down with the Government!
だとう² 妥当なappropriate
たとえ (…しても) even if ...
たとえば 例えばfor example
たとえる 比べる compare (to) たとえ話 fable; parable
たどる 辿る(道を) follow; (跡を) trace
たな 棚shelf
たに 谷valley
だに mite; tick
たにん 他人others
たぬき 狸raccoon dog
たね 種(をまく) seed
たの 他のother; else
たのしい 楽しい happy; pleasant 楽しむ enjoy 楽しませる entertain 楽しみ pleasure …が楽しみだ look forward to
たのむ 頼む ask …に～を[～してくれと]頼む ask ... for ～ [to do] 頼み favor: 頼みがある I have a favor to ask (of) you.
たば 束bundle; bunch
たばこ 煙草 cigarette; (葉巻き) cigar; (パイプ用) tobacco ～を吸う smoke (cigarettes)
たび¹ 旅trip; journey; travel
たび² (…する)度にevery time ...
たびたび 度々 frequently; often
ダビングする dub
タブー taboo
だぶだぶの too large
タフな tough
ダブル double ～クリック double click
たぶん 多分 probably; perhaps; maybe
たべすぎる 食べ過ぎるeat too much 食べ過ぎ overeating
たべもの 食べ物food
たべる 食べるeat; have
だぼく 打撲bruise
たま¹ 球ball
たま² 弾bullet
たまご 卵egg
たましい 魂soul
だます 騙す deceive; cheat; take in
たまたま 偶々 by chance [accident]
たまに 偶にonce in a while
たまねぎ 玉葱onion
たまる accumulate; collect
だまる 黙る become [keep, be] silent; shut up 黙って in silence
ダム dam
ため (…の) for ...; because (of) ... ～する (in order) to do (体・健康の)～になる be good (for)
だめ (…して)駄目であるIt is no good [use] doing. …しては～だ mustn't [can't] do ～にする spoil
ためいき 溜息(をつく) sigh
ダメージ damage; loss
ためし 試しtry: …を～に着てみる try ... on
ためす 試す try: 試してみよう I'll give it a try.
ためらう hesitate
ためる 貯めるsave
たもつ 保つkeep
たよう 多様なvarious
たより 頼りになる dependable; reliable 頼る depend; rely
たら 鱈cod
だらく 堕落corruption
…だらけである be full of [covered with] ...
だらしない sloppy; untidy; lax; (いくじない) spineless
たらす 垂らすdrip

タラップ （船の）gangplank, gangway; （飛行機の）ramp
ダリア dahlia
だりつ 打率 batting average
たりょう 多量 ☞ たいりょう
たりる 足りる be enough 足りない lack; be lacking in
たる 樽 barrel; （小さい）keg
だるい feel tired
タルタルソース tartar sauce
だれ 誰 who: ~ですか Who is it? ~の whose ~も…ない nobody; none; no one
だれか 誰か someone; anyone; somebody; anybody
だれでも 誰でも anyone; anybody; everyone; everybody
たれる 垂れる （幕が）hang; （ぼたぼたと）drip
タレント （TV) personality
タワー tower
だん¹ 団 group
だん² 段 step
だん³ 壇 platform
だんあつ 弾圧する suppress; oppress
たんい 単位 unit; （学科の）credit
たんか 担架 stretcher
タンカー tanker
だんかい 段階 stage ~的に in stages
だんがい 断崖 cliff; precipice
たんがん 嘆願する beg
だんがん 弾丸 bullet; shot: ~を込める load (a gun)
たんき¹ 短気な short-tempered
たんき² 短期の short-term ~大学 junior college
たんきゅう 探究する pursue
タンク tank
ダンクシュート dunk (shot)
タンクトップ tank top
タンクローリー tank truck
だんけつ 団結 union ~する unite
たんけん 探検 exploration ~する explore
だんげん 断言する assure
たんご 単語 word
タンゴ tango
ダンサー dancer
たんさん 炭酸 ~飲料 carbonated drinks; soda pop ~ガス carbon dioxide
だんし 男子 boy; man ~生徒 schoolboy
だんじき 断食 fast
たんしゅく 短縮する shorten; （語を）abbreviate
たんじゅん 単純な simple
たんしょ 短所 weak point; fault
たんじょう 誕生 birth; arrival ~する be born; come into existence [being]; be created [established] ~会 birthday party ~石 birthstone
たんじょうび 誕生日 birthday ~おめでとう Happy birthday (to you)!
たんす 箪笥 wardrobe; chest (of drawers)
たんすい 淡水 fresh water ~魚 freshwater fish
たんすいかぶつ 炭水化物 carbohydrate
たんすう 単数 singular
ダンス(をする) dance ~パーティー dance
だんせい 男性 man; male
たんそ 炭素 carbon
だんぞくてき 断続的な continual; intermittent
たんだい 短大 junior college
だんたい 団体 group ~旅行 group tour; package tour
だんだん(と) gradually
たんちょう¹ 単調な monotonous
たんちょう² 短調 minor
だんちょう 団長 the head
たんてい 探偵 detective
たんとう 担当する be in charge of
たんどく 単独で alone
たんなる 単なる mere 単に only; merely; simply
たんにん （…の）担任である be in charge of
だんねん 断念する give up
たんぱ 短波 shortwave
たんぱく 淡白な plain
たんぱく 蛋白質 protein
タンバリン tambourine
ダンプカー dump truck
タンブラー tumbler
ダンベル dumbbell
たんぺん 短編 short story

だんぺん 断片 scrap; fragment; piece ~的な fragmentary; patchy
たんぼ 田んぼ (rice) paddy
たんぽ 担保 guarantee; security
だんぼう 暖房 heating ~器具 heater
だんボール 段ボール(箱) (corrugated) cardboard (box)
たんぽぽ 蒲公英 dandelion
たんまつ 端末 terminal
たんまり(と) in plenty
だんめん 断面 (cross) section
だんらく 段落 paragraph
だんりょく 弾力 elasticity: ~のある elastic; resilient; bouncy
だんろ 暖炉 fireplace

ち

ち 血 blood
チアガール cheerleader
チアリーダー cheerleader
ちあん 治安 peace
ちい 地位 post
ちいき 地域 area ~の regional; local
ちいさい 小さい small; little
チーズ cheese
チーター cheetah
チーフ chief
チーム team ~ワーク teamwork
ちえ 知恵 wisdom
チェーン chain ~店 chain store ~メール chain e-mail
チェス chess
チェックする check チェックアウト[イン]する check out [in]
チェロ cello
ちか¹ 地下の underground
ちか² 地価 land price
ちかい¹ 近い near
ちかい² 誓い oath
ちかう 誓う swear
ちがう 違う be different; （誤る）be wrong 違った different 違い difference …に違いない must 違います No.
ちかく 近くの nearby ~に in the neighborhood of; near
ちがく 地学 earth science;

和英索引

(地質学) geology
ちかごろ 近頃 recently
ちかしつ 地下室 basement; (貯蔵用) cellar
ちかづく 近づく approach; draw near
ちかてつ 地下鉄《米》subway;《英》underground
ちかどう 地下道《米》underpass;《英》subway
ちかみち 近道 shortcut
ちから 力 power; force; strength; (能力) ability
ちかん 痴漢 molester; (変質者) pervert
ちきゅう 地球 the earth ～儀 globe
ちぎる tear
チキン chicken
ちく 地区 area; district
ちくせき 蓄積する accumulate; store
チケット ticket
ちこく 遅刻する be late
ちじ 知事 governor
ちしき 知識 knowledge
ちしつがく 地質学 geology
ちじょう 地上の on the ground; earthly; terrestrial; surface
ちじん 知人 acquaintance
ちず 地図 map ～帳 atlas
ちせい 知性 intellect
ちそう 地層 stratum; layer
ちたい 地帯 zone
ちち¹ 乳(を搾る) milk
ちち² 父(親) father
ちぢむ 縮む shrink
ちぢめる 縮める shorten
ちちゅうかい 地中海 the Mediterranean (Sea)
ちぢれる 縮れる wave; curl
ちつじょ 秩序 order
ちっそ 窒素 nitrogen
ちっそく 窒息する be suffocated [choked]
ちっとも(…ない) (not) at all
チップ tip
ちてき 知的な intellectual
ちてん 地点 point; (特定の) spot
ちのう 知能 intelligence ～指数 intelligence quotient
ちぶさ 乳房 (人の) breast; (牛などの) udder
ちへいせん 地平線 the horizon

チベット Tibet
ちほう 地方 district; region ～の local
ちめいてき 致命的な fatal; mortal
ちゃ 茶 tea 茶わん bowl; cup
チャーターする charter
チャーミングな charming
チャイム chimes
チャイルドシート child seat
ちゃいろ 茶色(の) brown
ちゃくじつ 着実な steady
ちゃくしょく 着色する color; stain ～料 color(ing)
ちゃくすい 着水する land
ちゃくせき 着席する sit down; take a seat
ちゃくりく 着陸する land
チャック zipper
チャット(する) chat ～ルーム chat room
チャペル chapel
チャリティー charity
チャレンジ challenge
チャンス chance; opportunity
ちゃんと tidily; neatly
チャンネル channel
チャンピオン champion
ちゅう 注 note
…ちゅう …中(に) during; within; under
ちゅうい 注意 caution; care; warning; (注目) attention …に～する caution; warn; (注目) note; notice; pay attention to ～深い careful
チューインガム (chewing) gum
ちゅうおう 中央 the center
ちゅうがく 中学(校) junior high school ～生 junior high school student
ちゅうかりょうり 中華料理 Chinese food [dishes]
ちゅうかん 中間 the middle ～の middle; halfway ～試験 midterm examination
ちゅうくらい 中くらいの medium
ちゅうけい 中継(する) relay; (生放送の) live broadcast
ちゅうこ 中古の used ～車 used car
ちゅうこく 忠告 advice ～する advise

ちゅうごく 中国 China ～の[人, 語] Chinese
ちゅうさい 仲裁 intervention; arbitration; mediation
ちゅうし 中止する stop (試合などが)～になる be canceled
ちゅうじつ 忠実な faithful
ちゅうしゃ¹ 注射 injection ～する inject
ちゅうしゃ² 駐車する park ～禁止(掲示) No Parking ～場 parking lot
ちゅうしょう 抽象的な abstract ～画 abstract painting
ちゅうしょく 昼食 lunch ～会 luncheon
ちゅうしん 中心 center
ちゅうせい¹ 中世 the Middle Ages ～の medieval
ちゅうせい² 忠誠 loyalty; allegiance
ちゅうせい³ 中性の neutral
ちゅうぜつ 中絶 abortion
ちゅうせん 抽選 lot: ～で賞金を当てる draw a prize
ちゅうだん 中断 interruption ～する interrupt
ちゅうちょ 躊躇する hesitate
ちゅうとう 中東 Middle East
ちゅうどく 中毒 poisoning
ちゅうとはんぱ 中途半端な halfway
チューナー tuner
ちゅうねん 中年の middle-aged ～太り middle-aged spread
チューブ tube
ちゅうもく 注目 attention ～する pay attention to ～すべき remarkable
ちゅうもん 注文(する) order
ちゅうりつ 中立の neutral
チューリップ tulip
ちゅうりゅう 中流(階級) the middle class
ちょう¹ 蝶 butterfly 蝶ネクタイ bow (tie)
ちょう² 兆 trillion
ちょう³ 腸 intestines
ちょういん 調印する sign
ちょうおんぱ 超音波 ultrasound
ちょうか 超過 excess ～する

1637

和英索引

exceed
ちょうかん¹ 朝刊 morning paper
ちょうかん² 長官 secretary
ちょうき 長期の long-term; long-range
ちょうきょり 長距離の long-distance
ちょうこく 彫刻 sculpture ~家 sculptor
ちょうさ 調査 investigation; research ~する investigate; research
ちょうし 調子 condition; (音・声の) tone
ちょうしゅう¹ 徴収 collection ~する collect
ちょうしゅう² 聴衆 audience
ちょうしょ 長所 strong point; merit
ちょうじょう 頂上 top; summit
ちょうしょく 朝食 breakfast
ちょうしんき 聴診器 stethoscope
ちょうせい 調整する adjust
ちょうせつ 調節する control; adjust
ちょうせん¹ 挑戦(する) challenge ~者 challenger
ちょうせん² 朝鮮 Korea ~の [語] Korean
ちょうちょう¹ 町長 mayor
ちょうちょう² 長調 major
ちょうつがい 蝶番 hinge
ちょうてん 頂点 top; peak; climax
ちょうど 丁度 just
ちょうのうりょく 超能力 psychic powers; ESP
ちょうへい 徴兵 draft; conscription
ちょうほう 重宝な useful
ちょうほうけい 長方形 rectangle
ちょうみりょう 調味料 seasoning
ちょうやく 跳躍(する) jump; leap
ちょうり 調理 cooking
ちょうわ 調和 harmony ~する harmonize ~のとれた harmonious
チョーク chalk
ちょきん 貯金 savings ~する save (money) ~箱 piggy bank
ちょくげき 直撃する hit
ちょくせつ 直接の direct; immediate ~に directly
ちょくせん 直線 straight line
ちょくつう 直通の through; nonstop
ちょくめん 直面する face
ちょくりつ 直立した erect; straight; upright
チョコレート chocolate
ちょさく 著作 writings
ちょさくけん 著作権 copyright ~侵害 piracy
ちょしゃ 著者 author
ちょすいち 貯水池 reservoir
ちょぞう 貯蔵する store
ちょちく 貯蓄 ☞ ちょきん
ちょっかく 直角 right angle ~三角形 right triangle
ちょっかん 直観 intuition
チョッキ vest
ちょっけい 直径 diameter
ちょっと just a minute; a little; (呼びかけ) Say [Hey]!
ちらかす 散らかす scatter
ちらし (hand)bill; flier; leaflet; (折込みの) insert(ion)
ちらっと ~見る glance
ちり¹ 塵 dust ~紙 tissue ~取り dustpan
ちり² 地理 geography
ちりぢり 散り散りになる scatter
ちりょう 治療 treatment ~する treat ~法 cure
ちる 散る (花が) fall; scatter …で気が~ ... distract one's attention
チワワ chihuahua
ちんあつ 鎮圧する suppress; put down
ちんか 沈下する sink; subside; sag
ちんぎん 賃金 wage
ちんじょう 陳情(する) petition; lobby
ちんたい 賃貸の rental; for rent
チンパンジー chimpanzee
ちんぴら hoodlum; punk
ちんぼつ 沈没する sink
ちんもく 沈黙 silence
ちんれつ 陳列する exhibit; set out

つ

ツアー tour
つい¹ only; just; (うっかり) carelessly
つい² 対 pair; couple
ツイード tweed
ついか 追加する add ~の additional ~料金 additional charge; extra
ついきゅう 追求 pursuit ~する pursue
ついげき 追撃する chase
ついしん 追伸 postscript; P.S.
ついせき 追跡する pursue
ついたち 一日 (月の) first
…ついて (…に) about; of; on
ついていく ついて行く follow
ついている be lucky; have good luck
ついでに on one's [the] way
ついとつ 追突する strike … from behind
ついに 遂に at last; finally
ついほう 追放する expel; exile; banish
ついやす 費やす spend (on)
ついらく 墜落(する) crash
ツインの twin
ツインベッド twin bed
つうか¹ 通貨 money; currency
つうか² 通過する pass
つうがく 通学する go to school
つうきん 通勤する commute
つうこう 通行 passage; traffic ~人 passer-by ~料金 toll
つうこく 通告 notice
つうじょう 通常 usually
つうじる (…へ)通じる lead to …を通じて through; via
つうしん 通信 correspondence; communication
つうせつ 痛切な poignant; bitter ~に poignantly; (close to) home
つうち 通知 notice ~表 report card
つうちょう 通帳 bankbook; passbook
つうふう 痛風 gout
つうふうこう 通風孔

1638 one thousand six hundred and thirty-eight

つうやく 通訳 interpretation; (人) interpreter: 同時~ simultaneous interpretation ~する interpret
つうよう 通用する be accepted [used, spoken]
ツール tool
つうれつ 痛烈な bitter; sharp; poignant
つうろ 通路 aisle; passage
つえ 杖 stick
つかい 使い errand ～にやる[よこす] send
つがい 番 pair
つかう 使う use; (金・時間を) spend 使い果たす exhaust 使い捨ての throwaway; disposable
つかえる¹ (ひっかかる) get stuck; block
つかえる² 仕える attend; serve; wait on
つかまえる 捕まえる catch; (逮捕する) arrest
つかまる (物に) hold (on to); (捕まえられる) be arrested [caught]
つかむ 掴む catch; take; seize
つかる 浸かる be flooded; dip
つかれる 疲れる be tired 疲れ fatigue; tiredness 疲れた tired; exhausted
つき¹ (幸運) luck
つき² 月 the moon; (暦の) month
…つき¹ (…に)つき a; per: 1つにつき each
…つき² …付きの with …; to …
つぎ¹ 継ぎ patch
つぎ² 次の next; coming; following 次に next
つきあう 付き合う associate (with); go out
つきさす 突き刺す stick (into)
つきそう 付き添う attend; escort; accompany
つきづき 月々 every month
つぎつぎ 次々に one after another
つきとめる 突き止める find out; locate; trace
つきなみ 月並みな commonplace
つきひ 月日 time
つぎめ 継ぎ目 joint

つきる 尽きる run out (of)
つく¹ 点く (電灯・テレビなどが) come on; (明かりが) go on
つく² 付く (のりで) stick
つく³ 点く (火が) catch (fire)
つく⁴ 着く arrive; come to …; get to …
つく⁵ 突く poke; prick; stab
つぐ¹ 継ぐ succeed to…; come after …; (引き継ぐ) take over
つぐ² 注ぐ pour
つくえ 机 desk
つぐなう 償う compensate (for); make up (for)
つくりばなし 作り話 fiction
つくる 作る make; create; produce; manufacture; (料理を) prepare; cook; (栽培する) raise; grow; (建てる) build; (組織を) organize
つくろう 繕う mend
つげぐち 告げ口する report; tell tales; tell (on…)
つけくわえる 付け加える add
つけね 付け根 root
つけもの 漬け物 pickle(s)
つける¹ 点ける (明かり・テレビを) turn on; (火を) light
つける² 着ける (身に) put on; (着けている) wear; have on
つける³ (パンにジャムなどを) spread; (薬などを) apply (to); put (on); (あとを) follow
つける⁴ 漬ける soak; dip
つげる 告げる tell
つごう 都合のよい convenient ～の悪い inconvenient
つた 蔦 ivy
つたえる 伝える (話を) tell; (伝導する) conduct
つたわる 伝わる (光などが) travel; (伝説などが…に) come down (to); (性質などが) descend
つち 土 earth; soil
つつ 筒 pipe; tube
つっきる 突っ切る break through
つつく poke; (鳥が) peck
つづく 続く continue; (後に) follow; (天候などが) last
つづける 続ける continue; go on with … し～ go on doing;

keep doing
つっこむ 突っ込む(突進する) dash; (物を) stick; plunge; thrust
つつじ azalea
つつしみ 慎み modesty ～深い modest
つつしむ 慎む refrain [abstain] (from…)
つつみ 包み package; parcel ～紙 wrapper
つつむ 包む wrap
つづり 綴り spelling
つづる 綴る spell
つとめ 務め duty
つとめる¹ 勤める (会社に) work for …; (任期を) serve 勤め口 job 勤め先 office
つとめる² 努める try
つとめる³ 務める act (as)
つな 綱 rope
ツナ tuna
つながり 繋がり relation
つながる 繋がる connect
つなぐ 繋ぐ join; (電話を) connect
つなひき 綱引き tug of war
つなみ 津波 tidal wave; tsunami
つねに 常に always
つねる 抓る pinch
つの 角 horn
つば 唾 (を吐く) spit
つばき 椿 camellia
つばさ 翼 wing
つばめ 燕 swallow
つぶ 粒 grain
つぶす 潰す crush; squash; (時間を) kill 潰れる be crushed
つぶやく murmur
つぶる (目を) close
ツベルクリン tuberculin
つぼ 壺 pot
つぼみ 蕾 bud
つま 妻 wife
つまさき 爪先 tiptoe
つまずく 躓く stumble
つまむ 摘む pick 摘み上げる pick up [out]
つまようじ 爪楊枝 (tooth)pick
つまらない dull: ～ことでけんかをする quarrel over trifles
つまり that is (to say); in short
つまる 詰まる (管などが) be

和英索引

stopped [blocked, clogged] (up); (一杯だ) be filled [full]
つみ 罪 crime; (道徳・宗教上の) sin
つみき 積み木 building blocks
つみたてる 積み立てる save
つむ¹ 積む pile; (荷を) load 積み上げる heap; pile 積み重ねる pile
つむ² 摘む pick
つむぐ 紡ぐ spin
つめ 爪 nail; (動物の) claw ~切り nail clippers
つめあわせ 詰め合わせの assorted; mixed
つめたい 冷たい cold; …を冷たくあしらう give ... the cold shoulder
つめる 詰める(詰め込む) pack; stuff; cram; (衣服などの幅を) take in; (席を) move over
つもり (…する)つもりである be going to do
つもる 積もる lie (deep)
つや 艶 gloss; polish; shine
つゆ¹ 梅雨 the rainy season
つゆ² 露 dew
つよい 強い strong; powerful 強く strongly 強さ strength
つらい 辛い hard; painful
つらぬく 貫く run through
つらら 氷柱 icicle
つり¹ (金銭の) change
つり² 釣り fishing : ~に行く go fishing (in ...)
つりあい 釣り合い balance
つりあう 釣り合う match; go together; (平衡) balance
つりかわ 吊革 strap
つりせん 釣り銭 change
つりばし 吊橋 suspension bridge
つる¹ 鶴 crane
つる² 釣る fish
つる³ 蔓 vine
つるす 吊るす hang
つれこむ 連れ込む bring in
つれさる 連れ去る take away
つれだす 連れ出す take out
つれだって (…と)連れ立って with
つれて (…に) as ...
つれていく 連れて行く take; (相手の所へ) bring
つれてくる 連れて来る bring

つれもどす 連れ戻す take back
ツンドラ tundra

て

て 手 hand 手を振る wave 手に入れる get; have
…で in; at; by; with; on; of; from
であう 出会う meet; come across ...; (思いがけなく) run into ...
てあし 手足 limb
てあたりしだい 手当たり次第の random
てあて 手当て treatment; (お金) allowance
ていあん 提案 proposal; suggestion ~する propose; suggest
ティー (ゴルフの) tee
ティーシャツ T-shirt
ティーバッグ tea bag
ていいん 定員 capacity
ティーンエージャー (13~19歳の) teenager
ていえん 庭園 garden
ていか¹ 定価 price
ていか² 低下する fall off
ていがく 停学 suspension
ていき 定期 ~券 commutation ticket ~的な regular
ていぎ 定義 definition ~する define
ていきあつ 低気圧 low (atmospheric) pressure
ていきょう 提供する present; offer; (臓器を) donate
テイクアウト takeout
ていけい 提携 cooperation
ていけつ 締結する conclude
ていけつあつ 低血圧 low blood pressure
ていこう 抵抗 resistance ~する resist
ていこく¹ 帝国 empire
ていこく² 定刻に on time
ていさい 体裁 appearance; (本などの) format ~のよい presentable; respectable
ていし 停止(する) stop
ていしゃ 停車(する) stop
ていじゅう 定住する settle (down)

ていしゅつ 提出する hand in
ディスカウント(ストア) discount (store [shop])
ディスク disk, disc ~ジョッキー disk jockey; DJ ~ドライブ disk drive
ディスコ disco
ディズニーランド Disneyland
ディスプレー display
ていせい 訂正 correction ~する correct
ていせん 停戦 cease-fire; truce; armistice
ていたい 停滞する be delayed
ていちゃく 定着する take root; be here [have come] to stay; be settled [established]
ティッシュ(ペーパー) tissue
ていでん 停電 power failure; blackout
ていど 程度 degree; level:ある~ to some extent [degree]
ディナー dinner
ていねい 丁寧な polite
ていねん 定年退職する retire
ディベート debate
ていぼう 堤防 bank
でいりぐち 出入り口 door
ていりゅうじょ 停留所 stop
ていれ 手入れする take care of; repair; maintain
ディレクター director
ディレクトリー directory
データ data ~処理 data processing ~ベース data base
デート(する) date
テープ tape ~レコーダー tape recorder
テーブル table
テーマ theme; subject
てがかり 手掛かり clue; key
てがき 手書きの handwritten
てがける 手掛ける deal with
でかける 出掛ける go [be] out
てがた 手形 bill; note; draft
てがみ 手紙 letter
てがら 手柄 credit
てがる 手軽な light; simple; handy
てき 敵 enemy 敵意 hostility; hatred; malice:敵意ある hostile; unfriendly; malicious
できあがる ☞ できる
てきおう 適応する adapt
できごと 出来事 happening;

1640　　　　　　　　　　　　　　　　　　　　　　　　　　　　　　　　　one thousand six hundred and forty

和英索引

event
できし 溺死する drown
テキスト textbook
てきする 適する be suitable for
てきせい 適性 aptitude; competence
てきせつ 適切な proper ～に properly
できたて 出来立ての fresh
てきど 適度の moderate
てきとう 適当な suitable
てきぱきした businesslike; speedy
てきよう 適用 application ～する apply
できる （仕上がる）be finished; （家が）be built （…することが）～ can [be able to] do （…で）できている be made from [of] ～だけ as ... as possible できれば if possible
でぐち 出口 exit
テクニック technique
テクノロジー technology
てくび 手首 wrist
てこずる 手こずる have trouble with
でこぼこ 凸凹の rough
デコレーションケーキ fancy cake
てごろ 手頃な reasonable; handy
デザート dessert
デザイナー designer
デザイン（する）design
てざわり 手触り touch
でし 弟子 pupil
デジタル digital ～カメラ digital camera
てじな 手品 magic; trick ～師 magician
でしゃばる intrude; poke [stick] one's nose
てじゅん 手順 arrangements
てじょう 手錠 handcuff
てすう 手数 trouble ～料 (service) charge; commission
デスクトップ（の）desktop
テスト test ～(を)する test
てすり 手摺 handrail
てせい 手製の handmade
てそう 手相を見る read ...'s palm
てだすけ 手助け(する) help

でたらめ nonsense; lie ～な random; far from truth
てぢか 手近の[に] at hand
てちがい 手違い mistake
てちょう 手帳 notebook
てつ 鉄 iron
てっかい 撤回する withdraw; retract; （発言を）take back
てつがく 哲学 philosophy
デッキ（船の）deck
てっきょう 鉄橋 railroad bridge
てっきん 鉄筋 コンクリート reinforced concrete
てづくり 手作りの homemade
デッサン sketch
てったい 撤退する withdraw; retreat
てつだう 手伝う help; assist
でっちあげ fiction; frame-up
でっちあげる make up; invent; fake; cook [trump] up
てつづき 手続き procedure
てっていてき 徹底的な thorough ～に thoroughly
てつどう 鉄道 railroad
デッドボール ～を食らう be hit by a pitch ～を与える hit with a pitch
てつぼう 鉄棒 iron bar; （体操の）horizontal bar
てつや 徹夜する stay up all night
テナント tenant
テニス tennis
デニム denim
てにもつ 手荷物 baggage; luggage
テノール tenor
てのひら 手のひら palm
デパート department store
てはい 手配 arrangements
てはず 手筈を決める arrange
てばなす 手放す part with; give up; sell (off)
てびき 手引き guide
デビュー debut
デフォルト default
てぶくろ 手袋 glove; （二また の）mitten
デフレ deflation
てほん 手本 model; example
てま 手間 trouble
デマ false [groundless] rumor

てまねき 手招きする beckon
でむかえる 出迎える meet
デモ demonstration; demo ～をする demonstrate
…でも even ...; even if ...
デュエット duet
てら 寺 temple
てらす 照らす light
テラス terrace
デラックスな deluxe
デリケートな （肌が）sensitive; （問題が）delicate
てる 照る shine
でる 出る （外へ）go out; （場所を）leave; （現われる）appear; （出席する）attend; （芽が）come out
テレパシー telepathy
テレビ television; TV ～局 TV station
テレホンカード phonecard
てれる 照れる be shy てれくさい embarrassed
テロ（リスト）terror(ist)
てわたす 手渡す hand (over)
てん¹ 天 the sky
てん² 点 dot; point; （成績）grade, mark
でんあつ 電圧 voltage
てんいん 店員 (sales)clerk
てんか¹ 点火する ignite; light; fire
てんか² 転嫁: 責任を～する shift [lay] the blame; pass the buck
てんか³ 添加する add ～物[剤] additive
てんかん¹ 転換する convert; change; divert; switch 方向～ U-turn; turning
てんかん² 癲癇 epilepsy
てんき 天気 weather ～図 weather map ～予報 weather forecast [report]
でんき¹ 伝記 biography ～作者 biographer
でんき² 電気 electricity; （明かり）light
テンキー keypad
でんきゅう 電球 (light) bulb
てんきょ 転居(する) move (away); ～先の住所 new [forwarding] address
てんきん 転勤する be transferred
てんけいてき 典型的な typi-

和英索引

てんけん 点検する check
でんげん 電源 power supply
てんこ 点呼 roll call
てんこう¹ 天候 weather
てんこう² 転校する transfer
てんごく 天国 heaven; paradise
でんごん 伝言 message: ～をお願いできますか May I leave a message?
てんさい¹ 天才 genius
てんさい² 天災 natural disaster
てんさく 添削する correct
てんし 天使 angel
てんじ¹ 展示 display ～する exhibit; display; show
てんじ² 点字 braille
でんし 電子 electron ～レンジ microwave oven
でんしこうがく 電子工学 electronics
でんしゃ 電車 train
てんじょう 天井 ceiling
てんじょういん 添乗員 tour guide
でんしん 電信 telegraph
てんすう 点数 mark
てんせい 天性 nature
でんせつ 伝説 legend
てんせん 点線 dotted line
でんせん¹ 電線 electric wire
でんせん² 伝染する infect ～病 epidemic; infectious disease
てんそう 転送する forward
てんたい 天体 heavenly [celestial] body; star ～望遠鏡 astronomical telescope
でんたく 電卓 (pocket) calculator
でんたつ 伝達 communication ～する communicate
でんち 電池 cell; battery
でんちゅう 電柱 telephone [utility] pole
テント tent
てんとう 転倒(する) fall
でんとう¹ 伝統 tradition ～的な traditional
でんとう² 電灯 (electric) light
てんとうむし 天道虫 ladybug
てんねん 天然 natural

てんのう 天皇 emperor
てんのうせい 天王星 Uranus
でんぱ 電波 radio wave; (放送・通信の) airwaves, signal
でんぴょう 伝票 (勘定書) check; (売り上げの) (sales) slip
てんびん 天秤 scale; balance ～座 Libra; the Balance [Scales]
てんぷ 添付する attach ～ファイル attachment; attached file
てんぷく 転覆する[させる] overturn; upset; overthrow
テンプレート template
でんぷん 澱粉 starch
テンポ tempo
てんぼう 展望 view; prospects
でんぽう 電報 telegram
てんめつ 点滅する flash; blink; wink
てんもんがく 天文学 astronomy ～(上)の astronomical 天文台 observatory
てんらく 転落する fall
てんらんかい 展覧会 exhibition
でんりゅう 電流 electric current
でんりょく 電力 electric power
でんわ 電話 (tele)phone; call: 電話ですよ You are wanted on the phone.; Telephone! ～する call ～帳[ボックス] phone book [booth]

と

と 戸 door
…と with; against
…と～ and
…ど …度 degree; (回) time
ドア door
とい 問い question
といあわせる 問い合わせる ask; inquire 問い合わせ inquiry; reference
ドイツ Germany ～の German ～人[語] German
トイレ toilet; bathroom
トイレットペーパー toilet paper

とう¹ 塔 tower
とう² 党 party
どう¹ how ...?; what ...?; how about ...?: 日本の印象は～ですか How do you find Japan? / このセーターは～ How about this sweater? ～したのですか What's wrong [the matter] with you? ～いうわけか somehow ～いたしまして You're welcome.; That's all right. ～しようもない hopeless
どう² 銅 copper 銅メダル bronze medal
とうあん 答案 paper
どうい 同意する agree
とういつ 統一 unity
どういつ 同一の the same
どうか please
とうがらし 唐辛子 red pepper
とうき 陶器 china
とうぎ 討議 discussion …について～する discuss
どうき¹ 動機 motive
どうき² 動悸 beat
どうぎ 道義 morality
どうぎご 同義語 synonym
とうきゅう 等級 grade; rate; class; rank
とうぎゅう 闘牛 bullfight(ing) ～士 bullfighter; matador
どうきゅうせい 同級生 classmate
どうきょ (…と)同居する live with ...
とうきょく 当局 authorities
どうぐ 道具 tool
どうくつ 洞窟 cave
とうげ 峠 pass
とうけい 統計 statistics
とうげい 陶芸 ceramic art
とうけつ 凍結する freeze
とうこう 登校する go to school
とうごう 統合する unite ～失調症 schizophrenia
どうこうかい 同好会 club
とうごく 投獄する imprison; put... in prison [jail]
どうさ 動作 movement
とうさん 倒産する go bankrupt
とうし¹ 投資 investment ～する invest
とうし² 闘志 fight; fighting spirit

| 和英索引 |

とうし³ 凍死する be frozen [freeze] to death
とうじ¹ 当時(は) then; in those days
とうじ² 冬至 winter solstice
どうし 動詞 verb
どうじ 同時に at the same time
どうして why; (どうやって) how
とうしゅ¹ 投手 pitcher
とうしゅ² 党首 leader of a political party
とうしょ 当初(は) at first
とうじょう 登場する appear ～人物 character
どうじょう 同情 sympathy
とうせい 統制(する) control
どうせい 同棲する cohabit; live together
どうせいあい 同性愛 homosexuality ～者 homosexual; gay
とうせん 当選する be elected
とうぜん 当然 naturally ～の natural
どうぞ Please.; Sure.; Certainly.
とうそう¹ 逃走する run away
とうそう² 闘争する fight
どうぞう 銅像 bronze statue
どうそうかい 同窓会 class reunion; alumni association
とうだい 灯台 lighthouse
どうたい 胴体 body
とうたつ 到達する come to
とうち 統治する rule
とうちゃく 到着 arrival ～する arrive
とうちょう 盗聴する(wire)tap; listen in on... ～機 bug; (wire)tap
とうてい 到底 possibly
どうてん 同点 tie
とうとい 尊い precious
とうとう at last; after all
どうどう 堂々と boldly; fearlessly; ☞ せいせいどうどう
どうとく 道徳 morals
とうなん 盗難 theft
とうなんアジア 東南アジア Southeast Asia
どうにか…する manage to do; ☞ かろうじて
とうにゅう 豆乳 soybean milk

どうにゅう 導入する introduce
とうにょうびょう 糖尿病 diabetes
とうばん 当番 turn
とうひ 逃避する escape
とうひょう 投票(する) vote
とうふ 豆腐 tofu; bean curd
とうぶ 東部の east(ern)
どうふう 同封する enclose
どうぶつ 動物 animal ～園 zoo
とうぶん 当分 for the time being; for now [the present]; (連絡あるまで) until further notice
とうぼう 逃亡 ～者 fugitive ～する escape; run away; flee
どうみゃく 動脈 artery
とうみん 冬眠 hibernation ～する hibernate
とうめい 透明な transparent; (透き通った) clear
どうめい 同盟 alliance
どうめいし 動名詞 gerund
どうもう 獰猛な fierce; savage; ferocious
とうもろこし corn
どうやって how
どうやら(…らしい) likely
とうゆ 灯油 kerosene, paraffin
とうよう 東洋 East; Orient ～の Eastern; Oriental
どうよう¹ 童謡 nursery rhyme
どうよう² 動揺する be shaken
どうよう³ 同様の similar
どうり 道理 reason ～に合った reasonable
どうりょう 同僚 colleague
とうるい 盗塁(する) steal
どうろ 道路 road; street
とうろく 登録する register
とうろん 討論 discussion ～する discuss
どうわ 童話 fairy tale
とうわく 当惑する be embarrassed [perplexed, puzzled]
とお 十, 10 ten
とおか 十日 (月の) tenth
とおく 遠くの distant; faraway ～に in the distance; far
トークショー talk show

とおざかる 遠ざかる go away
とおす 通す let pass: 通してください Let me pass, please.
トースター toaster
トースト toast
ドーナツ doughnut
トーナメント tournament
とおぼえ 遠吠え(する) howl
ドーム dome
とおり 通り street 通り道 passage
とおる 通る pass 通り過ぎる pass; go by 通り抜ける go through
トーン tone
とかい 都会 city
とかげ 蜥蜴 lizard
とかす¹ (髪を) comb
とかす² 溶かす melt
とがった 尖った sharp; pointed
とき 時 time (…する)とき when ... 時々 sometimes; occasionally
どきどきする (心臓が) beat (fast)
ときふせる 説き伏せる persuade
ドキュメンタリー documentary
どきょう 度胸 courage
とぎれる 途切れる break
とく¹ 解く untie; (問題などを) solve; work out
とく² 説く persuade
とく³ 得 profit
とぐ 研ぐ sharpen; whet
どく¹ 退く get out (of ...'s way)
どく² 毒 poison; ☞ からだ
とくい¹ (…が)得意な good at ...; (自慢の) proud of ...
とくい² 特異な unusual
どくさいしゃ 独裁者 dictator
とくさん 特産 special product
どくじ 独自の one's own; original; unique
とくしつ 特質 characteristic
どくしゃ 読者 reader
とくしゅ 特殊な special
とくしゅう 特集 special issue
どくしょ 読書 reading ～する read
とくしょく 特色 characteristic

どくしん 独身の single
どくせん 独占する monopolize
どくそう 独奏 solo
どくそうてき 独創的な original
どくだん 独断 ～的な dogmatic; arbitrary
とくちょう 特徴 characteristic; (著しい) feature
とくてい 特定の specific
とくてん 得点 score; mark; (野球) run; (ゴールに入れた) goal
どくとく 独特の peculiar; unique
とくに 特に especially; particularly
とくばい 特売 sale ～品 bargain
とくはいん 特派員 correspondent
とくべつ 特別の special
どくぼう 独房 (刑務所の) cell
とくめい 匿名の anonymous
どくりつ 独立 independence ～の independent
とげ 棘 (ばらの) thorn; (木の) splinter
とけい 時計 watch; clock
とける¹ 解ける be solved
とける² 溶ける dissolve; melt
とげる 遂げる accomplish
どける 退ける remove
どこ where ～かに somewhere ～(に)でも anywhere; everywhere ～にも…ない nowhere ～まで how far
とこや 床屋 barbershop; (人) barber; ～へ行く go to the barber's
ところ 所 place: ちょうど…した ～だ have just done …である[する] ～に where
ところが but; however
…どころか far from …
ところで By the way …; Well …
とざす 閉ざす shut
とざん 登山 climbing
とし¹ 年 year; (年齢) age 年を取った old 年上の older 年下の younger 年月 years
とし² 都市 city
とじこめる 閉じ込める shut up
…として(は) as (for)
どじな stupid
とじまり 戸締まりをする lock
どしゃくずれ 土砂崩れ landslide
どしゃぶり 土砂降り downpour
としょかん 図書館 library
としより 年寄り old man [woman]
とじる¹ 綴じる file
とじる² 閉じる close; shut; (すっかり) shut up
トス (する) toss
どせい 土星 Saturn
どだい 土台 base
とだな 戸棚 cupboard
とたん (…した) 途端に as soon as; the (very) moment; just then
どたんば 土壇場 ～で at the last moment ～の last-minute, last-ditch
とち 土地 land; ground
どちゃく 土着の native
とちゅう 途中で on one's [the] way ～下車する stop off
どちら which ～か either ～かと言えば rather (than) ～にしても either way ～も both
とっきゅう 特急 limited express (train)
とっきょ 特許 patent
ドッキング ～する dock
ドック dock
とっくに long ago; already
とつげき 突撃する charge
とっけん 特権 privilege
ドッジボール dodge ball
とっしん 突進する dash; charge; dart
とつぜん 突然 suddenly: ～…しだす break into … ～の sudden
とって¹ (…に) とって for
とって² 取っ手 handle
とっておく 取っておく (人や将来のために) keep; (使わずに) reserve
とってくる 取ってくる fetch
ドット dot
とっぱ 突破する break through
トップ top
とつレンズ 凸レンズ convex lens
どて 土手 bank
とても very; much
とどく 届く reach; be delivered
とどける 届け(出)る deliver; send; (警察などに) report (to)
ととのえる 整える arrange
とどまる 留まる stay
とどろく 轟く roar; rumble; thunder
ドナー donor
トナカイ reindeer
どなた who
となり 隣の next …の隣に[の] next (door) to …
どなる 怒鳴る shout
とにかく anyway
どの which どの…(で)も all, every; any ～くらい how
とはいえ but
とぶ 飛ばす fly
とび 鳶 kite
とびあがる 跳び上がる jump (up)
とびうお 飛び魚 flying fish
とびおきる 跳び起きる jump out of the bed; jump to one's feet
とびおりる 飛び下りる jump down
とびこえる 跳び越える jump over …
とびこむ 飛び込む jump [dive] into …
とびさる 飛び去る fly away
とびだす 飛び出す jump [run] out
とびつく 飛びつく jump at …
トピック topic
とびら 扉 door
とぶ (跳ぶ) jump; spring; (飛ぶ) fly
とほ 徒歩で on foot
とほう 途方 ～に暮れる don't know what to do / ～もない extraordinary; absurd
どぼく 土木工事 (civil) engineering
とぼしい 乏しい poor (in)
トマト tomato
とまりぎ 止まり木 perch
とまる¹ 止まる stop; (水道・電気など) shut off
とまる² 泊まる stay
とみ 富 wealth; fortune
とむ 富む be rich in …
ドメイン domain
ドメスティックバイオレン

和英索引

ス domestic violence
とめる¹ 止める stop; (車を) park; (水・ガスなどを) turn off
とめる² 泊める put up; take in
とめる³ 留める pin; fasten
とも(だち) 友, 友達 friend
ともなう 伴なう (人を) take …に~ accompany
ともに 共に (…と) with ...
どもる stammer; stutter
どようび 土曜日 Saturday
とら 虎 tiger
トライ try
ドライアイス dry ice
トライアスロン triathlon
トライアングル triangle
ドライな businesslike
ドライバー driver; (大工道具) screwdriver
ドライブ drive ~スルー drive-in [-through] ~する drive; take a drive
ドライヤー dryer
トラウマ trauma
とらえる 捕えるcatch; (逮捕) arrest
トラクター tractor
トラック (車) truck; (競技場の) track
ドラッグ¹ (薬) drug ~ストア drugstore
ドラッグ² (マウスを)~する drag
トラックボール trackball
ドラフト draft
トラブル trouble
トラベラーズチェック traveler's check
ドラマ drama
ドラマチックな dramatic
ドラム drum
トランク suitcase; trunk
トランジスター transistor
トランプ cards
トランペット trumpet
トランポリン trampoline
とり 鳥 bird ~インフルエンザ bird flu
とりあえず right away
とりあげる 取り上げる (問題を) take up; (奪う) take away
とりあつかう 取り扱う handle; treat 取り扱い(対人的)treatment: 取り扱い注意 Handle with care.

とりいれ 取り入れ harvest
とりいれる 取り入れる take in
とりえ 取り柄 merit
トリオ trio
とりかえす 取り返す get back
とりかえる 取り替える change; exchange
とりかかる 取りかかる begin
とりかご 鳥籠 cage
とりかこむ 取り囲む surround
とりきめ 取り決め agreement
とりきめる 取り決める arrange; (会合などを) fix
とりくむ 取り組む tackle
とりけす 取り消す cancel; (約束・命令を) call off
とりこわす 取り壊す pull down
とりさら 取り皿 plate
とりさる 取り去る remove; (危険物などを) take away (from)
とりしまる 取り締まる control; regulate; police
とりしらべ 取り調べ investigation
とりそろえる 取り揃える provide
とりだす 取り出す take out
とりつく 取り付く possess; haunt
トリック trick
とりつける 取り付ける (器具などを) fit; (設備などを) install; (大きいものに小さいものを) attach
とりで 砦 fort
とりにがす 取り逃がす miss
とりにく 鶏肉 chicken
とりのぞく 取り除く take off; take out
とりはからう 取り計らう arrange; see to it that ...
とりひき 取引 business
ドリブル(する) dribble
とりぶん 取り分 share
とりまく 取り巻く surround
とりもどす 取り戻す get back; regain; get back; (物を) take back; (失ったものを) recover
とりやめる 取り止める cancel
どりょく 努力 effort ~する make efforts [an effort]
とりよせる 取り寄せる order; send for ...
ドリル drill

とりわけ especially
とる take (off); get; (写真を) take; (食事を) have; (時間・場所を) take up; (盗む) steal 取ろうとする (手を伸ばして…を) reach for ...
ドル dollar
どれ which ~でも any; every, all
どれい 奴隷 slave
トレード trade
トレーナー sweatshirt
トレーニング training ~パンツ sweat pants
トレーラー trailer
ドレス dress
トレッキング(する) trek
ドレッシング dressing
とれる (ボタンなどが) come off; (抜ける) come out; (捕まる) be caught;
トレンチコート trench coat
どろ 泥 dirt; mud
トロフィー trophy
どろぼう 泥棒 thief
トロンボーン trombone
トン ton
どんかん 鈍感な dull
どんぐり acorn
どんこう 鈍行 local train
とんでもない terrible; outrageous; (否定して) Of course not!
どんどん (速く) fast; (着々と) steadily; on and on; one after another
どんな what (kind of ...) ~ …も any ~ふうに how
トンネル tunnel
とんぼ 蜻蛉 dragonfly
ドンマイ Never mind.; Don't worry.
とんや 問屋 wholesaler
どんよく 食欲な greedy
どんよりした cloudy; dull; heavy

な

な 名 name: …の名をあげる[出す] mention
ナース nurse
ない (…が) be not, there is [are] no ...; do not have; (危険・じゃまなどが) free (from);

1645

和英索引

(…のない、…なしで) without; ☞ …しない なくてはならない necessary
ナイアガラ Niagara (Falls)
ないか 内科 (internal) medicine 〜医 doctor; physician
ないかく 内閣 cabinet
ないしゅっけつ 内出血 internal bleeding
ないしょ 内緒 secret
ないしょく 内職 sideline; side job
ないせん¹ 内線 extension
ないせん² 内戦 civil war
ないぞう 内臓 internal organs
ナイター night game
ナイフ knife
ないぶ 内部 the inside [interior]
ないみつ 内密の confidential; secret
ないや 内野 the infield 〜手 infielder
ないよう 内容 content
ないりく 内陸(の) inland
ナイロン nylon
なえ 苗 young plant
なお (いっそう) still
なおさら all the more
なおす¹ 治[直]す cure; heal
なおす² 直す mend, repair; (訂正) correct
なおる¹ 治[直]る recover; heal; get better [well]
なおる² 直る be mended [repaired]; (訂正) be corrected
なか¹ 中 the inside …の中から out of …の中で[に、へ、を] in; into; inside; among; through; of 中へ入る go in
なか² 仲…'s relation(ship); ☞ なかたがい、なかよく
ながい 長い long 長く long; for a long time
ながぐつ 長靴 boots
ながさ 長さ length 長さが…で[の] … long

ながねん 長年 for years
なかば 半ば half; partly
ながびく 長引く drag (on); linger
なかま 仲間 friend; fellows; circle
なかみ 中身 contents
ながめ 眺め view
ながめる 眺める look at
ながもち 長持ちする last (for a long time)
なかゆび 中指 middle finger
なかよく 仲良くやっていく get along
なかよし 仲良し good friend
(…し)ながら as …
ながらく 長らく for a long time
ながれ 流れ stream
ながれる 流れる flow 流れ星 shooting star
なきごえ¹ 泣き声 cry
なきごえ² 鳴き声 cry; song
なきごと 泣き言 complaint
なきむし 泣き虫 crybaby
なく¹ 泣く cry
なく² 鳴く(鳥が) sing; (動物が) cry; (猫が) mew; (虫が) chirp
なぐさめる 慰め(る) comfort
なくす lose
なくなく 泣く泣く reluctantly
なくなる be gone; (在庫品などが) run out (of); (痛みなど が) go away; (人が) pass away
なぐる 殴る hit; strike 殴り合う 喧嘩 fight
なげく 嘆く grieve 嘆かわしい regrettable
なげる 投げる throw 投げ上げる throw up; (軽く) toss (〜に) 投げ入れる throw … into 〜
なこうど 仲人 matchmaker
なごやか 和やかな friendly
なさけ 情け sympathy; mercy 〜深い kindhearted; merciful 〜ない shameful; miserable; deplorable
なし 梨 pear
なしとげる 成し遂げる accomplish; achieve
なじみ 馴染みの familiar
なじる 詰る blame
なす 茄子 eggplant
なぜ why 〜なら… because
なぞ 謎 riddle; mystery 〜めいた mysterious

なだかい 名高い famous
なだめる soothe; quiet
なだれ 雪崩 snowslide
なつ 夏 summer 夏休み summer vacation
なつける 名付ける name; call
ナッツ nut
なっとく 納得させる convince
なでる 撫でる stroke
…など and so on; etc.
ナトリウム sodium
なな 七(つ), 7 seven 7番目 の seventh 7分の1 seventh
ななじゅう 七十, 70 seventy 70番目の, 70分の1 seventieth
ななめ 斜めの diagonal; oblique; on a slant; slantwise
なに 何 what 何か something; anything 何気ない casual 何とぞ please 何も…ない nothing; not anything; none
なのか 七日(月の) seventh
…なので because (of)
ナノテクノロジー nanotechnology
…なのに though; in spite of
なびかせる 靡かせる stream
なびく 靡く wave
ナプキン napkin
なふだ 名札 name tag
なべ 鍋 pan; saucepan; pot
なま 生の raw; fresh; (演奏が) live
なまいき 生意気 cheeky; saucy: 〜にも…する have the cheek to do / 〜言うな None of your cheek!
なまえ 名前 name
なまけもの 怠け者 lazybones; lazy person; (動物) sloth
なまける 怠ける be lazy
なまず 鯰 catfish
なまなましい 生々しい vivid
なまぬるい 生温い lukewarm; tepid
なまり¹ 訛り accent
なまり² 鉛 lead
なみ¹ 波 wave
なみ² 並の average
なみき 並木 row [line] of trees 〜道 avenue
なみだ 涙 tear
なめくじ slug
なめしがわ なめし革 leather
なめらか 滑らかな smooth;

(話し方が) fluent
なめる 舐めるlick
なや 納屋barn
なやます 悩ますbother
なやみ 悩みworry; trouble
なやむ 悩むworry; trouble
なよなよした effeminate
…なら if
ならう¹ 習うlearn
ならう² 倣うfollow
ならす¹ 馴らす(動物を) tame
ならす² 慣らすaccustom
ならす³ 鳴らすring; sound
(…しなければ)ならない must [have to] do
ならぶ 並ぶstand in a line
ならべる 並べる place in a line
ならわし 習わしcustom
なりたち 成り立ちorigin
なる¹ (ある状態に) come; get; go; fall …に~ become; (変化して) turn into ... …するように~ come [get] to do
なる² 生る(実が) bear (fruit)
なる³ (…から) 成るconsist (of)
なる⁴ 鳴る(ベル・鈴・鐘などが) ring; (汽笛や管楽器などが) blow; sound
ナルシスト narcissist
なるべく (できるだけ) as ... as possible; (できるなら) if possible
なるほど indeed
ナレーション narration
ナレーター narrator
なれる 慣れる get used [accustomed] (to) …に慣れている be used [accustomed] to 馴れている (動物が) be tame
なわ 縄 rope ~跳び(をする) jump rope
なんか 軟化するsoften
なんかい 何回 how many times
なんきょく 南極the Antarctic; (南極点) the South Pole
なんじ 何時what time: 今~ですか What time is it now?
なんせい 南西southwest
ナンセンス nonsense
なんですって 何ですってI beg your pardon?; Pardon (me)?
なんでも 何でもanything; everything: ~ないよ It's nothing. / Forget it. …するもの[こと]は~ whatever
なんど 何度how many times
なんとう 南東southeast
なんとか 何とかsomehow
なんぱ 難破するbe wrecked
ナンバープレート license plate
ナンバーワン number one; top; ace
なんみん 難民refugee

に

に¹ 二, 2 two　2番目でsecond　2分の1 half
に² 荷pack; load 荷を積むload
…に at; in; on; to; for; with; by
にあい 似合いの人[物]match
にあう 似合うbecome; suit
ニアミス near miss
にえる 煮えるboil
におい 臭い, 匂い(をかぐ) smell: いい~がする It smells good.; (食べ物が) It smells delicious. / においですか What does it smell like?
におう 臭う, 匂うsmell
にかい¹ 2回twice
にかい² 2階(へ, に, で) upstairs
にがい 苦いbitter
にがす 逃がす(set) free; miss
にがつ 二月February
にがて (…が)苦手だ be weak in; be poor at
にかよった 似通ったsimilar
にきび pimple
にぎやか 賑やかな(場所が) busy; crowded; (人が) lively, cheerful
にぎる 握るhold; grasp; (ぎゅっと) grip
にぎわう 賑わう be crowded [bustling]
にく 肉meat; flesh 肉屋butcher('s)
にくい¹ 憎いhateful
にくい² 難い …しにくい hard to do
にくがん 肉眼naked eye
にくしみ 憎しみhatred
にくしん 肉親relative

にくたい 肉体body
にくむ 憎むhate
にぐるま 荷車cart
にげる 逃げる run away; get away
ニコチン nicotine
にごった 濁ったmuddy
にこにこする smile
にし 西west　西のwest(ern)
にじ 虹rainbow
にじてき 二次的なsecondary
…にしては for
にじむ 滲むrun; smudge; blur
にじゅう 二十, 20twenty　20番目の, 20分の1 twentieth
にじゅう 二重のdouble
にじょう 2乗square
にしん 鰊herring
にしんほう 二進法 binary system
ニス varnish
にせ 偽のfalse 偽物imitation
にせる 似せるimitate
にだい 荷台carrier
にたつ 煮立つboil (up)
にちじょう 日常のeveryday
にちぼつ 日没sunset
にちようび 日曜日 Sunday 日曜大工 do-it-yourself
にちようひん 日用品 daily necessaries
にっかんし 日刊紙daily
にっき 日記 diary: ~をつける keep a diary
ニックネーム nickname
にづくり 荷造りをするpack
ニッケル nickel
にっこう 日光sunshine; sunlight ～浴をする bathe in the sun; sunbathe
にっこりする smile
にっしゃびょう 日射病 sunstroke
にっしょく 日食solar eclipse
にっちゅう 日中during the day
にってい 日程schedule
ニットの knit
にっぽん 日本Japan
にている 似ている be like ...; resemble
にど 2度twice
…にとって to ... for ...
ニトログリセリン nitroglycerin(e)
にばい 二倍double; twice: ~

にする[なる] double
にぶい 鈍い(刃・感覚が) dull; (刃が) blunt
にほん 日本 Japan ～の[人, 語] Japanese
にもつ 荷物 load; (手荷物) baggage
ニュアンス nuance
にゅういん 入院する go to (the) hospital
にゅうかい 入会(する) admission; entrance; enrollment; join ～金 admission [entrance] fee
にゅうがく 入学entrance ～する enter a school ～試験 entrance examina-tion
にゅうぎゅう 乳牛cow
にゅうし 入試 entrance exam(ination)
ニュージーランド New Zealand ～人 New Zealander
にゅうしょう 入賞する win a prize
にゅうじょう 入場entrance; admission ～料 admission
ニュース news ～キャスター newscaster ～速報 flash
にゅうもん 入門(書) introduction; guide (book)
ニューヨーク New York
にゅうよく 入浴する bathe; take a bath
にゅうりょく 入力(する) input
にらむ 睨む glare
にりゅう 二流のsecond-rate
にる¹ 煮るboil
にる² 似るresemble
にるい 二塁(手) second base(man) ～打 double
にれ 楡elm
にわ 庭 garden; yard 庭師 gardener
にわかあめ 俄雨shower
にわかに suddenly
にわとり 鶏chicken
にんい 任意のany; arbitrary; random; (自発的な) spontaneous, voluntary
にんか 認可permission
にんき 人気のある popular ～者 favorite
にんぎょ 人魚mermaid
にんぎょう 人形doll; puppet
にんげん 人間man; human (being)

にんしき 認識 recognition; perception
にんしん 妊娠するbe pregnant
にんじん 人参carrot
にんたい 忍耐 patience ～強い patient
にんにく 大蒜garlic
にんむ 任務duty
にんめい 任命 appointment ～する appoint

ぬ

ぬいぐるみ 縫いぐるみの stuffed: 動物の～ stuffed animal
ぬう 縫う sew 縫い目 seam 縫い物 needlework
ヌード nude
ヌードル noodles
ぬかす 抜かす omit; skip; leave out
ぬかるみ mud
ぬきうち 抜き打ちの[で] sudden; surprise; without warning ～テスト pop quiz
ぬく 抜く pull out; (追い越す) outstrip 抜き出す draw out 抜き取る pull out
ぬぐ 脱ぐtake off 脱ぎ捨てる take off
ぬぐう 拭うwipe
ぬけめ 抜け目が[の]ない shrewd
ぬける 抜けるcome out; (通り抜ける) go through
ぬすむ 盗むsteal; rob 盗み theft
ぬの 布cloth
ぬま 沼marsh
ぬらす 濡らすwet
ぬる 塗る (ジャムを) spread; (薬を) put; (ペンキを) paint; (色を) color
ぬるい 温いlukewarm ぬるま湯 lukewarm water
ぬるぬるの slippery; slimy; greasy
ぬれる 濡れるget wet

ね

ね¹ 根 root
ね² 値 price

ねあげ 値上げするraise prices
ネイティブスピーカー native speaker
ネイルアート nail art
ねいろ 音色tone
ねうち 値打ち price; value ～のある valuable; worth
ネオン neon (sign)
ネガ negative
ねがい 願い, 願うwish
ねがえり 寝返りをうつ toss (and turn); turn [roll] over
ネガティブな negative; (悲観的な) pessimistic
ねぎ 葱leek
ネクタイ tie
ネグリジェ nightdress, nightgown
ねこ 猫cat
ねこむ 寝込むbe sick (in bed)
ねさげ 値下げ price cut [reduction]
ねじ screw ～回し screwdriver
ねじる 捩るtwist
ねすごす 寝過ごすoversleep
ねずみ 鼠mouse; rat ～取り mousetrap ～色(の) gray
ねそべる 寝そべるlie down
ねたきり 寝たきりのbedridden
ねたましい 妬ましい envious (of) ねたむ envy
ねだる ask; beg; coax; bother
ねだん 値段price
ねつ 熱heat; (病気の) fever: 熱が高い have a high fever / 熱を測る take ...'s temperature 熱する heat
ねつい 熱意 zeal; enthusiasm
ねっきょう 熱狂する get excited ～的な enthusiastic
ネックレス necklace
ねっしん 熱心な earnest; eager
ねったい 熱帯 torrid zone; tropics
ねっちゅう (…に)熱中している be absorbed (in); be crazy (about)
ねっとう 熱湯boiling water
ネットカフェ cybercafé; (Inter)net café
ネットワーク network
ねっぱ 熱波heat wave
ねつれつ 熱烈なenthusiastic

…ねばならない must
ねばる 粘る (物が) be sticky; (人が) persist 粘り強い persistent
ねびき 値引き(する) discount
ねぶくろ 寝袋 sleeping bag
ねぼう 寝坊する oversleep 朝～ late riser
ねまき 寝巻き nightclothes; nightgown; pajamas
ねもと 根元 root
ねらう 狙う, 狙い aim (at)
ねる¹ 寝る go to bed; sleep
ねる² 練る knead
…ねん …年 year; ☞ いちねん
ねんいり 念入りな careful; elaborate
ねんかん 年鑑 yearbook; almanac
ねんがん 念願 dream; wish
ねんきん 年金 pension
ねんげつ 年月 time
ねんざ 捻挫(する) sprain; twist; wrench
ねんしゅう 年収 annual [yearly] income
ねんじゅう 年中 all (the) year round ～無休《掲示》 Always Open
…ねんせい …年生 ... grader
ねんだい 年代 era; date; period: 50〜 the fifties, the 50's ～物(の) vintage
ねんど 粘土 clay
ねんぱい 年配の elderly
ねんまつ 年末 the end of the year
ねんりょう 燃料 fuel: ～が切れる run out of fuel [(車の) gas]
ねんりん 年輪 (annual) ring
ねんれい 年齢 age ～制限 age limit

の

の 野 field
…の of; at; on; in; by
ノア ～の箱舟 Noah's Ark
ノイローゼ neurosis; nervous breakdown
のう 脳 brain 脳死 brain death 脳波 brain waves

のうえん 農園 farm
のうか 農家 farmhouse
のうぎょう 農業 agriculture
のうこう 濃厚な thick
のうさくぶつ 農作物 crop
のうしゅく 濃縮する condense; concentrate
のうじょう 農場 farm
のうそん 農村 farm village
のうどうたい 能動態 active voice
ノウハウ know-how
のうみん 農民 farmer; (小作) peasant
のうやく 農薬 agricultural chemicals
のうりつ 能率 efficiency ～的な efficient
のうりょく 能力 ability; capacity
のうりんすいさんしょう 農林水産省 Ministry of Agriculture, Forestry, and Fisheries
ノーコメント ☞ コメント
ノースリーブ ～の sleeveless
ノート notebook …の～をとる make [take] a note of ～パソコン notebook; laptop
ノーベルしょう ノーベル賞 Nobel prize
のがす 逃す miss
のがれる 逃れる escape
のこぎり 鋸 saw
のこり 残り the rest; (食べ残り) leftover 残る be left; remain; stay 残す leave
ノズル nozzle
のせる¹ 乗せる (車に) drive
のせる² 載せる put (on); (記事を) carry
のぞく¹ 覗く look in [into]; peep
のぞく² 除く remove (…を) 除いて except …
のぞむ 望む want; hope 望ましい desirable 望み wish; hope
のち 後に later; afterward
ノック knock (戸を)～する knock (on the door)
ノックアウト knockout ～する knock out
のっとる 乗っ取る take over; (ハイジャックする) hijack
…ので because (of)

のど 喉, 咽 throat: ～が痛い have a sore throat / ～が渇く be thirsty
のどかな calm
…のに in spite of; though
ののしる swear; curse; abuse; call ... names
のばす¹ 延ばす put off; postpone
のばす² 伸ばす lengthen; (引っ張って) stretch; (才能を) develop
のはら 野原 field
のび 伸び (成長) growth ～をする stretch; give [have] a stretch
のびる¹ 延びる be put off
のびる² 伸びる lengthen; grow; (引っ張って) stretch
のべる 述べる state; say
のぼり 上りの uphill; up
のぼる¹ 上る (太陽・月が) rise; climb; go up; (話題・審議に) come up
のぼる² 登る climb; go up
のみ (虫) flea; (工具) chisel
…のみ only; alone …～ならず not only ... but (also)
のみこみ のみ込みがいい[速い] be quick of understanding ～が悪い[遅い] be slow of understanding
のみこむ 飲み込む swallow
ノミネートする nominate
のみもの 飲み物 drink
のむ 飲む drink; (お茶を) have; (薬を) take
のり¹ 糊 paste
のり² 海苔 seaweed
のりおくれる 乗り遅れる miss
のりかえ 乗り換え(る) transfer; change (trains)
のりきる 乗り切る survive; get through; make it (through...); ride out; tide *one*self over
のりくみいん 乗組員 crew
のりこえる 乗り越える get over
のりこむ 乗り込む get on
のりもの 乗り物 vehicle
のる¹ 乗る (乗用車・タクシーに) get in; (列車・バス・旅客機・船に) get on; (馬に) ride; (交通機関を利用する) take
のる² 載る (本に) appear
のろう 呪う curse

のろまな, のろい dull; slow
のんきな easygoing
ノンストップの non-stop
のんびりした peaceful; leisurely
ノンフィクション nonfiction

は

は¹ 刃 edge
は² 葉 leaf
は³ 歯 tooth
ば 場 spot; scene; (劇の) scene
バー bar
ばあい 場合 occasion; case
パーカッション percussion
パーキングメーター parking meter
はあく 把握する grasp
バーゲンセール sale
バーコード bar code
バージョン version
パーセント percent
バーチャルリアリティー virtual reality
パーティー party
バーテン(ダー)《米》bartender, 《英》barman
ハート heart
ハードウェア hardware
バードウォッチング bird watching
ハードスケジュール full [tight, heavy] schedule
パート(タイム)の part-time: パートで働く work part-time (at) パートタイマー part-timer
ハードディスク hard disk
パートナー partner
ハードル hurdle
ハーブ herb
ハープ harp
バーベキュー barbecue; BBQ
パーマ permanent (wave) ~をかける perm
ハーモニー harmony
ハーモニカ harmonica
はい¹ yes; (出席の返事) here; present ~どうぞ (手渡すときに) Here you are [it is].
はい² 灰 ash
はい³ 肺 lung
…ばい …倍 ... times 倍の double; twice as ... as

パイ pie
はいいろ 灰色(の) gray
ハイウェー expressway; superhighway
ハイエナ hyena
はいえん 肺炎 pneumonia
バイオテクノロジー biotechnology
パイオニア pioneer
バイオリン violin
はいきガス 排気ガス exhaust (gas)
はいきぶつ 廃棄物 waste(s)
はいきょ 廃墟 ruin
ばいきん 黴菌 germ
ハイキング hiking; hike ~に行く go hiking; go on a hike
バイキング (料理) smorgasbord, buffet; (歴史上の) Viking
バイク motorbike
はいぐうしゃ 配偶者 spouse; (夫) one's husband; (妻) one's wife
はいけい¹ 拝啓 dear
はいけい² 背景 background
はいざら 灰皿 ashtray
はいし 廃止 abolition ~する abolish
はいしゃ 歯医者 dentist
ハイジャック hijacking ~する hijack
ばいしゅう 買収する (わいろで) bribe; (買い取る) buy; purchase; acquire
はいしゅつ 排出する discharge; emit
ばいしゅん 売春 prostitution
ばいしょう 賠償する compensate ~金 compensation; damages
ばいしん 陪審 jury ~員 juror; juryman
はいすい 排水 ~管 drainpipe ~する drain
はいせん¹ 敗戦 defeat; loss
はいせん² 配線 wiring; line
はいた 歯痛 toothache
はいたつ 配達 delivery ~する deliver
はいたてき 排他的な exclusive
バイタリティー vitality
はいち 配置 layout
ハイテク high tech(nology)

ばいてん 売店 stand; kiosk
バイト¹ part-time job: ~をする work part-time; moonlight
バイト² (情報量単位) byte ; ☞ キロバイト, メガバイト
はいとう 配当(金) dividend
パイナップル pineapple
ハイパーリンク hyperlink
ばいばい 売買(する) trade; deal (in...)
バイバイ bye-bye
バイパス bypass
ハイヒール high heels
ハイビジョンテレビ high-definition television; HDTV
ハイビスカス hibiscus
はいふ 配布する hand out
パイプ pipe
パイプオルガン (pipe) organ
バイブル Bible
ハイフン hyphen
はいぶん 配分する distribute; divide; allocate
はいぼく 敗北 defeat
はいやく 配役 casting
はいゆう 俳優 actor; (女優) actress
ハイライト highlight
はいりょ 配慮する consider
バイリンガルの bilingual
はいれつ 配列 arrangement
はいる 入る enter; come in; (押し入る) break in [into]; (加わる) join: この瓶は2リットル~ This bottle holds two liters.
パイロット pilot
はう 這う crawl
バウンド(する) bounce
はえ 蝿 fly
はえる 生える grow; (歯が) cut
はか 墓 grave
ばか 馬鹿 fool ~げた silly ~な stupid; foolish; silly: ~な! Nonsense!
はかい 破壊 destruction ~する destroy
はかいし 墓石 gravestone
はがき 葉書 postcard; (postal) card
はがす 剥がす tear (off)
はかせ 博士 doctor
はかどる 捗る get along with
はかない transient; short-lived; vain; empty
はがね 鋼 steel

和英索引

ばかばかしい foolish; silly
はかり 秤 scales
…ばかり just; always; only
はかる 計[測, 量]る (温度を) take; (時間を) time; (寸法を) measure; (重さを) weigh
はがれる 剥がれる come off; peel (off)
はきけ 吐き気がする be [feel] sick
はく¹ 掃く sweep
はく² 吐く throw up; vomit
はく² 履く put on; wear
はぐ 剥ぐ tear
バグ bug
はくがい 迫害する persecute
はぐき 歯茎 gums
はぐくむ 育む bring up
ばくげき 爆撃する bomb
はくし¹ 博士 doctor
はくし² 白紙 blank paper
はくしゃ 拍車 (をかける) spur
はくしゅ 拍手する clap (one's hands)
はくじょう¹ 白状する confess
はくじょう² 薄情な cold-hearted
はくしょん ahchoo
はくじん 白人 white
ばくぜん 漠然とした vague
ばくだい 莫大な vast; great
ばくだん 爆弾 bomb
はくちょう 白鳥 swan
バクテリア bacteria
ばくは 爆破 blow
ばくはつ 爆発 explosion ～する explode
はくぶつかん 博物館 museum
はくらんかい 博覧会 exposition; fair
はぐるま 歯車 gear; cogwheel
はぐれる get lost
ばくろ 暴露する expose
はけ 刷毛 brush
はげあたま 禿頭 bald head
はけぐち はけ口 vent; outlet
はげしい 激しい violent; (痛みなどが) severe; (ことば・痛みなどが) sharp; (風雨・力・程度などが) heavy
はげたか 禿げ鷹 vulture
バケツ bucket
はげます 励ます encourage; cheer up 励み encouragement 励む work hard

ばけもの 化け物 monster
はげる 禿げる, 剥げる become bald; (ペンキが) come off; peel はげた bald
はけん 派遣する send (away); dispatch
はこ 箱 box; case
はこぶ 運ぶ carry
バザー bazaar
はさみ 鋏 scissors; (大きな) shears; (カニなどの) claw
はさむ 挟む put between; (口を) put in 挟まる get between; get caught in
はさん 破産 bankruptcy ～する go bankrupt
はし¹ 箸 chopsticks
はし² 橋 bridge
はし³ 端 edge; end
はじ 恥 shame 恥知らずな shameless 恥じる be ashamed
はしか 麻疹 measles
はしがき 端書き preface
はじく 弾く (指で) flip, toss; (水などを) repel
はしご 梯子 ladder
はじまる 始まる begin; start; (戦争などが) break out 始まり beginning
はじめ 初め beginning ～は at first 初めて for the first time 初めまして How do you do?; Nice to meet you.
はじめる 始める begin; start
ばしゃ 馬車 carriage
はしゃぐ frolic; romp; play around [about]; get excited; be overjoyed; have fun
パジャマ pajamas
ばしょ 場所 place; (空間) room
はしら 柱 post 柱時計 wall clock
はしる 走る run 走り出る run out (of) 走り寄る run up 走り高跳び high jump 走り幅跳び long [broad] jump
はす 蓮 lotus
はず (…する) 筈である be to do; ought to do …する～はない cannot do
バス bus バス停 bus stop
はずかしい 恥ずかしい ashamed; shy; shameful; embarrassed
ハスキー(な) husky

バスケット(ボール) basketball
はずす 外す take off; undo; (的を) miss
バス(する) pass
パスタ pasta
バスタオル bath towel
パステル pastel
バスト bust
パスポート passport
はずむ 弾む bounce
パズル puzzle
はずれる 外れる come off; (壊れて) break off; (的から) miss
バスローブ (bath)robe
パスワード password
パセリ parsley
パソコン personal computer
はそん 破損する break
はた 旗 flag
はだ 肌 skin
バター butter
パターン pattern
はだか 裸の naked; nude
はだぎ 肌着 underwear
はたけ 畑 field
はだざわり 肌触り touch
はだし 裸足で barefoot
はたして 果たして really
はたす 果たす (義務を) fulfill; (役割を) play; (任務・義務を) do
はたち 二十歳 twenty (years old)
バタフライ butterfly (stroke)
はたらく 働く work
はち¹ 八, 8 eight 8番目の eighth 8分の1 eighth
はち² 蜂 bee; hornet; wasp
はち³ 鉢 bowl
はちがつ 八月 August
はちきれる burst
はちじゅう 八十, 80 eighty 80番目の, 80分の1 eightieth
はちどり 蜂鳥 hummingbird
はちみつ 蜂蜜 honey
はちゅうるい 爬虫類 reptile
ばつ 罰 punishment; penalty
はつあん 発案 idea
はついく 発育 growth
はつおん 発音 pronunciation ～する pronounce
はつか 二十日 (月の) twentieth

1651

和英索引

はっか peppermint
ハッカー hacker; cracker
はっかく 発覚するbe found out
はっき 発揮するexhibit; show
はっきょう 発狂するgo mad
はっきりした clear; (違いが) distinct はっきりと clearly
ばっきん 罰金fine; penalty
バック (背景) background ~する back ~ナンバー back issue ~ネット backstop ~ミラー rearview mirror
バッグ bag
バックアップ backup ~する back up
バックする pack
はっくつ 発掘するexcavate; dig (up)
バックル buckle
ばつぐん 抜群のoutstanding
パッケージ package
はっけっきゅう 白血球 white blood cell; white corpuscle; leukocyte
はっけつびょう 白血病 leukemia
はっけん 発見discovery ~する discover
はつげん 発言するspeak
はつこい 初恋one's first love
はっこう 発行するpublish; (切手・通貨を) issue
はっさん 発散するwork off; vent; let off steam; ☞ はっする
バッジ badge
はっしゃ¹ 発射する (打ち上げる) launch; (銃を) fire
はっしゃ² 発車するdepart; leave
ばっすい 抜粋excerpt; extract; abstract
はっする 発する give (off); send (out); emit; exude; (声を) utter
ばっする 罰するpunish
はっせい 発生するoccur; break out
はっそう¹ 発想idea; way of thinking
はっそう² 発送するsend
ばった grasshopper
バッター batter ~ボックス the batter's box
はったつ 発達development; growth ~する develop

バッティング batting
ばってき 抜擢するselect
バッテリー battery
はってん 発展development ~する develop ~途上国 developing country
はつでん 発電する generate electricity ~機 generator ~所 power plant
バット bat
ハットトリック hat trick
はっぱ 発破をかけるspur; pep up
はつばい 発売するsell; put ... on sale; (新発売する) launch, bring ... to market
ハッピーエンド happy ending
はっぴょう 発表announcement ~する announce
はっぽう 発砲するfire
はっぽうスチロール 発泡スチロール (商標名) Styrofoam
はつめい 発明invention ~する invent
はつらつ 溌剌としたlively
はて 果てend ~しない endless
はで 派手なshowy; gaudy
ばてる be tired out
はと 鳩pigeon; dove
パトカー squad car
バドミントン badminton
パトロール patrol
バトン baton: ~タッチをする pass the baton ~トワラー baton twirler
はな¹ 花flower; (果樹の) blossom 花が咲く bloom
はな² 鼻nose: 鼻(水) が出る have a running nose / 鼻をかむ blow one's nose
はなうた 鼻歌hum(ming): ~を歌う hum
はなし 話talk; chat; conversation; speech; story …について話をする speak about [of]; talk about …と話をする talk to [with]
はなしあい 話し合いtalks
はなしあう 話し合う talk (about, over); discuss
はなしかける 話しかける speak to; talk to
はなす¹ 話すspeak; talk; tell
はなす² 放すlet go; set free

はなす³ 離すpart; separate
はなたば 花束bouquet
はなち 鼻血nosebleed
バナナ banana
はなび 花火fireworks
はなびら 花弁petal
はなむこ 花婿bridegroom
はなやかな 華やかなbright
はなよめ 花嫁bride
はなれる 離れるleave …と離れて暮らす live separate from
はなわ 花輪wreath; garland; lei
はにかんだ shy
パニック panic ~状態になる (get into a) panic
バニラ vanilla
はね 羽feather; (翼) wing; (バドミントンの羽根) shuttlecock
ばね spring
はねつける (提案などを) turn down
ハネムーン honeymoon
はねる¹ (車が人を) knock down
はねる² 跳ねるjump
パネル panel
パノラマ panorama
はは 母(親) mother
はば 幅width 幅が…で[の] … wide 幅が狭い narrow 幅の広い broad; wide
パパ dad; daddy
パパイヤ papaya
はばたき 羽ばたきflap
はばつ 派閥faction
はばむ 阻むkeep ... from ~
パパラッチ paparazzo
パフェ parfait
パフォーマンス performance; (見せかけ) act, pose
はぶく 省く(省略する) omit; (節約する) save
ハプニング happening
はブラシ 歯ブラシtoothbrush
バブル bubble
はへん 破片piece
はまき 葉巻きcigar
はまぐり 蛤clam
はまべ 浜辺beach
はまる fit in; fall into
はみがき 歯みがきtoothpaste ~をする brush one's teeth
ハミングする hum

ハム ham ～エッグ ham and eggs
ハムスター hamster
はめつ 破滅する be ruined
はめる fit (in); (手袋・指輪を) put on; wear
ばめん 場面 scene
はやい¹ 早い early: ～ほどよい The sooner the better. 早く early; soon
はやい² 速い fast; quick; rapid 速く fast; quickly; quick; rapidly 速さ speed
はやおき 早起きする get up early
はやくちことば 早口言葉 tongue twister
はやし 林 woods
はやす 生やす (ひげを) wear; grow
はやまる 早まる (予定が) be advanced, be brought [put] forward; (あわてる) rush, be rash, haste; (結論を急ぐ) jump [leap] to conclusions
はやめ 早めに early
はやり fashion
はやる be popular; be in fashion; (病気が) be prevalent
はら 腹 stomach; belly: 腹がへる be hungry / 腹が立つ be angry 腹いっぱいの full
ばら 薔薇 rose
バラード ballad
はらう 払う pay 払い戻す pay back; ☞ しはらい 払い戻し refund
バラエティー variety
パラグラフ paragraph
パラシュート parachute
はらす 晴らす (疑いを) clear
ばらす (分解する) take ... apart
パラソル parasol ビーチ～ beach umbrella
パラダイス paradise
はらだち 腹立ち anger ～まぎれに in a fit of anger
はらばい 腹這いになる lie on
ばらばらに apart; to pieces; separately: ～なる[する] take [tear] apart; break up; fragment
ばらまく scatter

パラリンピック Paralympics
バランス balance
はり¹ 針 needle; (釣り針) hook; (ハチの) sting; (時計の) hand
はり² 梁 beam
パリ Paris
はりあう 張り合う compete
はりあげる (声を)張り上げる raise
バリアフリーの barrier-free
バリエーション variation
はりがね 針金 wire
バリケード barricade
ハリケーン hurricane
はりだす 張り出す put up
はりねずみ 針鼠 hedgehog
はる¹ 春 spring
はる² 張る stretch; (テントを) pitch
はる³ 貼る stick (on); (ビラを) post
はるか 遥かに (by) far; much
バルコニー balcony
はるばる 遥々 all the way
バレエ ballet
パレード parade
バレー(ボール) volleyball
はれた 晴れた clear; fair; fine
はれつ 破裂(する) burst
パレット palette
バレリーナ ballerina
はれる¹ 腫れる swell (up)
はれる² 晴れる clear
ばれる come out; leak out; be found out; (ばらす) betray, expose
バレンタインデー St. Valentine's Day
ハロウィーン Halloween
バロック baroque
パロディー parody
パワー power; strength
ハワイ Hawaii ～の Hawaiian
はん¹ 判 seal; stamp
はん² 半 (時刻の) half
はん³ 版 (本の) edition
はん⁴ 班 group
ばん¹ 晩 evening; night
ばん² 番 turn: 番をする keep (a) watch
…ばん …番 number ...
バン van
パン bread ～屋 bakery; (人) baker: ～屋へ行く go to the baker's

はんい 範囲 range
はんいご 反意語 antonym
はんえい¹ 繁栄 prosperity ～する prosper
はんえい² 反映 reflection ～する reflect
はんが 版画 print, engraving; (銅版画) etching; (石版画) lithograph; (木版画) wood block, woodcut
ハンガー hanger
ハンガーストライキ hunger strike
はんかがい 繁華街 downtown; busy street
ハンカチ handkerchief
はんかん 反感 antipathy; hostility
はんぎゃく 反逆 treason; rebellion ～する rebel; revolt ～者 rebel; traitor
はんきょう 反響 echo; response
パンクする go flat: 車がパンクした I've had a flat tire.
ばんぐみ 番組 program
パンクロック punk rock
はんけい 半径 radius
はんげき 反撃する fight back; counterattack
はんけつ 判決 judgment: …に～を下す sentence
ばんけん 番犬 watchdog
はんこ 判子 seal; stamp
はんこう¹ 犯行 crime
はんこう² 反抗 resistance ～する resist
ばんごう 番号 number
ばんごはん 晩御飯 supper; dinner
はんざい 犯罪 crime
ばんざい 万歳! hurray ～三唱する give three cheers
ハンサム handsome
ばんさん 晩餐 dinner
はんじ 判事 judge
パンジー pansy
バンジージャンプ bungee jumping
はんしゃ 反射 reflection ～する reflect
はんじょう 繁盛する flourish; thrive; prosper
はんしょく 繁殖する breed; multiply
ハンスト hunger strike

one thousand six hundred and fifty-three

1653

和英索引

パンスト pantyhose
はんズボン 半ズボン shorts
はんせい 反省する reflect on
はんせん 帆船 sail (boat)
はんそう 帆走するsail
ばんそう 伴奏 accompaniment　～する accompany
ばんそうこう 絆創膏 (adhesive) bandage [tape]
はんそく 反則 foul
はんそで 半袖の short-sleeved
パンダ panda
はんたい 反対 opposition, objection; opposite; ～ですか Are you against it?　～の contrary; opposite; the other　～する oppose; object　～語 antonym
バンダナ bandan(n)a
はんだん 判断(力) judgment　～する judge
パンチ punch
はんちゅう 範疇 category
パンツ briefs; shorts; trunks
ハンデ handicap
パンティー panties　～ストッキング pantyhose
ハンディキャップ handicap
はんてん¹ 斑点 spot
はんてん² 反転する turn over
バント bunt
バンド (楽団) band; (ベルト) belt
はんとう 半島 peninsula
はんどう 反動 reaction
はんどうたい 半導体 semiconductor
ハンドバッグ handbag; purse
ハンドボール (team) handball
パントマイム mime
ハンドル (車の) steering wheel; (自転車・オートバイの) handlebars　～を切る steer (a car)
はんにん 犯人 criminal
ばんにん 番人 guard
はんのう 反応 reaction; response　～する react
ばんのう 万能の almighty; all-around
はんぱ 半端な odd
ハンバーガー hamburger
ハンバーグ hamburger
はんばい 販売 sale　～する sell　～員 salesclerk

はんぷく 反復 repeat
パンプス pumps
パンフレット pamphlet; brochure
はんぶん 半分 half
ハンマー hammer
ばんめし 晩飯 supper; dinner
はんらん¹ 反乱 rebellion
はんらん² 氾濫する flood
はんろん (…に)反論する argue against

ひ

ひ¹ 火 fire; (ライター・たばこの) light …に火をつける light
ひ² 比 ratio
ひ³ 日 day; (太陽) the sun; sunshine: もうすぐ日が暮れる It will soon get dark.　日当たりのよい sunny
び 美 beauty
ピアス pierced earring
ピアニスト pianist
ピアノ piano
ヒアリング (公聴会) (public) hearing; (外国語の) listening comprehension
ビーカー beaker
ひいき 晶屓　～客 patron　～する favor; patronize　～の favorite
ピーク peak
ピーケーせん PK戦 penalty shoot-out
ビーズ bead
ヒーター heater
ビーだま ビー玉 marble
ビーチパラソル beach umbrella
ピーナッツ peanut
ビーバー beaver
ビーフ beef
ピーマン green pepper
ヒール heel
ビール beer
ヒーロー hero
ひえる 冷える get cold
ピエロ clown; pierrot
ビオラ viola
ひがい 被害 damage
ひがいしゃ 被害者 victim
ひかえ 控え copy; (副本) duplicate; ☞ ほけつ

ひかえめ 控えめな modest
ひかえる 控える (減らす) cut down on; (行動を) refrain from
ひかく 比較 comparison　～する compare　～的 comparatively
びがく 美学 aesthetics; (芸術) art
ひかげ 日陰 shade
ひがし 東 east 東の east(ern)
ひかり 光 light　光ファイバー optical fiber
ひかる 光る shine; (星が) twinkle; (ぴかぴか・きらきらと) glitter; (ぎらぎらと) glare
ひかんてき 悲観的な pessimistic
ひきあう 引き合う (行為・仕事などが) pay
ひきあげる 引き上[揚]げる (物を) pull up; (船を) salvage; (去る) leave; withdraw
ひきあわせる 引き合わせる introduce (to)
ひきいる 率いる command; lead
ひきうける 引き受ける (仕事・責任を) take on; (難しい仕事・役目を) undertake; (役目を) assume
ひきおこす 引き起こす cause; (騒動を) create; (変化・事故を) bring about
ひきかえ (…と)引き換えに for; in exchange for　引き換える exchange
ひきかえす 引き返す come back
ひきがえる ひき蛙 toad
ひきさく 引き裂く tear apart
ひきさげる 引き下げる lower
ひきざん 引き算 subtraction　～をする subtract
ひきしお 引き潮 low tide; ebb (tide)
ひきずる 引きずる drag; trail
ひきだし 引き出し drawer
ひきだす 引き出す draw (out of, from); (性質・意味を) bring out; (利益・情報・楽しみを) derive (from)
ひきたたせる 引き立たせる show off
ひきつぐ 引き継ぐ take over

ひきつける 引き付ける attract
ひきとめる 引き止める keep
ひきとる 引き取る take back
ビキニ bikini
ひきぬく 引き抜く pull out
ひきのばす 引き伸ばす enlarge
ひきょう 卑怯な cowardly; (不正な) unfair 〜者 coward
ひきわけ(る) 引き分け(る) draw
ひきわたす 引き渡す deliver; surrender; give over [up]; hand over; yield; (逃亡犯を外国に) extradite
ひく¹ 挽く(のこぎりで) saw
ひく² 轢く(車で) run over
ひく³ 挽く(粉に) grind
ひく⁴ 引く pull; draw; (辞書を) consult; (注意・興味を) catch; (減ずる) subtract
ひく⁵ 弾く play (the piano)
ひくい 低い low; (背が) short 低くする[なる] lower
ピクセル pixel
ピクニック picnic
ピクルス pickle
ひげ 髭 (あごひげ) beard; (口ひげ) mustache; (ほおひげ) whisker
ひげき 悲劇 tragedy 〜的な tragic
ひけつ¹ 秘訣 secret
ひけつ² 否決する vote down; reject
ひご 庇護する protect
ひこう 非行 delinquency
ひこうき 飛行機 airplane; plane 〜で行く fly to
ひこうじょう 飛行場 airfield; airport
ひこうせん 飛行船 airship
ひこく 被告 defendant; the accused
ひざ 膝 knee; lap
ビザ visa
ピザ pizza
ひさいしゃ 被災者 victim
ひざし 日差し sunlight
ひさしぶり 久し振りに after a long time
ひざまずく 跪く kneel
ひさん 悲惨な miserable; terrible
ひじ 肘 elbow 〜掛けいす armchair

ビジネス business 〜マン office worker; (実業家) businessman
ビジュアル visual
びじゅつ 美術 art 〜館 art gallery
ひしょ 秘書 secretary
びじょ 美女 beauty
ひじょう¹ 非常に very (much); greatly 〜口 emergency exit 〜の場合には in case of emergency; in an emergency
ひじょう² 非情な cruel; inhuman; coldhearted
びしょう 微笑(する) smile
ひじょうしき 非常識な absurd; unreasonable; irrational
ひしょち 避暑地 summer resort
びじん 美人 beauty
ビスケット cookie; biscuit
ヒステリー hysteria
ピストル pistol; gun
びせいぶつ 微生物 microorganism
ひそか 密かに secretly
ひぞく 卑俗な vulgar
ひたい 額 forehead
ひたす 浸す dip; soak
ビタミン vitamin
ひたむきな earnest
ひだり 左 (the) left
ひつう 悲痛な sad; sorrowful
ひっかかる 引っ掛かる catch
ひっかく 引っかく scratch
ひっかける 引っ掛ける catch
ひつぎ 棺 coffin
ひっきしけん 筆記試験 written test [examination]
ひっきようぐ 筆記用具 writing materials
ひっきりなしに continually
ビッグバン big bang
ひっくりかえす[かえる] 引っくり返す[返る] turn over; upset
びっくりする be surprised; (ひどく) be astonished びっくり箱 jack-in-the-box
ひづけ 日付 date
ひっこす 引っ越す move; ☞ てんきょ
ひっこむ 引っ込む retire
ひっこめる 引っ込める draw in
ひっし 必死の desperate
ひつじ 羊 sheep

ひっしゃ 筆者 writer
ひっしゅう 必修の required
ひつじゅひん 必需品 necessaries
ひっせき 筆跡 (hand)writing
ひつぜんてき 必然的に necessarily
ひっそりと quietly
ひったくる snatch
ひったり exactly
ピッチ pitch
ヒッチハイク hitchhiking 〜する hitchhike; thumb a ride
ピッチャー pitcher
ピッチング pitching
ひってき 匹敵する compare; compete; equal; match; parallel; rival; come up to...
ヒット hit
ビット bit
ひっぱる 引っ張る pull; draw; (重い物を) drag
ヒップ hip; (しり) buttocks
ひづめ 蹄 hoof
ひつよう 必要 need 〜な necessary …する〜がある need …する〜はない don't have to do; need not do
ひてい 否定 denial 〜する deny
ビデオ video; (録画器) videocassette recorder 〜テープ videotape
ひでり 日照り drought; dry weather
ひと 人 person; man; one
ひどい 酷い terrible; (天候・病気・調子などが) bad; (残酷な) cruel ひどく very (much)
ひといき 一息 breath: 〜に飲む (drink) in one breath
ひとがら 人柄 personality
ひときれ 一切れ (パン・肉などの薄い) slice
びとく 美徳 virtue
ひとくち 一口 mouthful; bite
ひとくみ 一組 pair
ひとごみ 人込み crowd
ひとごろし 人殺し murder
ひとさしゆび 人差し指 forefinger
ひとしい 等しい be equal
ひとじち 人質 hostage: 〜にとる hold [take] ... hostage

和英索引

ひとつ 一つ one; a piece (of)：～ 100円 100 yen each ～の a(n); one
ひとで¹ 海星 starfish
ひとで² 人手 hand
ひとで³ 人出 crowd
ひとどおり 人通り traffic
ひとなみ 人並み average
ひとにぎり 一握りの handful of...; few; little
ひとびと 人々 people
ひとまえ 人前で in public
ひとみ 瞳 pupil
ひとめ 一目で at a glance 一目惚れする fall in love at first sight
ひとり 一人[独り](の) one ～で alone; by [for] oneself ～でに by itself ～言を言う talk to oneself ～じめする have ... all to oneself
ひな 雛 chick(en)
ひなぎく 雛菊 daisy
ひなた 日向で[に] in the sun
ひなん¹ 避難する shelter
ひなん² 非難する blame (for); accuse (of)
ビニール plastic; vinyl ～袋 plastic bag
ひにく 皮肉 irony ～なことに ironically
ひにひに 日に日に day by day
ひにん¹ 否認する deny; renounce
ひにん² 避妊 contraception; birth control; ☞ ピル
ひねる 捻る twist
ひのいり 日の入り sunset
ひので 日の出 sunrise
ひばな 火花 spark
ひばり 雲雀 skylark; lark
ひはん 批判 criticism ～する criticize ～的な critical
ひばん 非番の off (duty)
ひび crack ～が入る crack
ひびき 響き sound
ひびく 響く sound
ひひょう 批評 review; (文芸・美術などの) criticism ～する criticize; comment; review ～家 critic
ひふ 皮膚 skin ～炎 dermatitis
ビフテキ steak
びぼう 美貌 good looks
ひぼん 非凡な extraordinary

ひま 暇 time; leisure 暇な free：今晩は暇ですか Are you free tonight?
ひまご 曾孫 great-grandchild
ひまわり sunflower
ひまん 肥満の fat
びみ 美味な delicious
ひみつ 秘密(の) secret
びみょう 微妙な delicate
ひめい 悲鳴(をあげる) scream
ひも 紐 string; (物をしばる) band
ビヤガーデン beer garden
ひやかす 冷やかす make fun of
ひゃく 百, 100 hundred 100番目の,100分の1 hundredth 100万 million
ひゃくぶんりつ 百分率 percentage
ひやけ 日焼け(する) tan; suntan; (痛いほどの) sunburn
ヒヤシンス hyacinth
ひやす 冷やす cool
ひゃっかじてん 百科事典 encyclopedia
ひゃっかてん 百貨店 department store
ひやひやする be afraid (of)
ひややかな 冷ややかな cold
ひゆ 比喩 comparison；(直喩) simile；(隠喩) metaphor
ヒューズ fuse
ヒューマニズム humanitarianism
ビュッフェ buffet
ひよう 費用 expenses; cost
ひょう¹ 豹 leopard; panther; jaguar
ひょう² 雹(が降る) hail
ひょう³ 票 vote
ひょう⁴ 表 list; table 表計算ソフト spreadsheet software
びょう¹ 秒 second 秒針 second hand
びょう² 鋲 thumb (tack)
びよういん 美容院 beauty parlor
びょういん 病院 hospital：～へ行ったほうがいいよ You'd better go to see a doctor.
ひょうか 評価する estimate; value
ひょうが 氷河 glacier
びょうき 病気 disease; illness ～の sick, ill

ひょうきん 剽軽な funny
ひょうげん 表現 expression ～する express
ひょうざん 氷山 iceberg ～の一角 the tip of the iceberg
ひょうし¹ 表紙 cover
ひょうし² 拍子 time
ひょうじ 表示 display; sign; mark
びようし 美容師 beautician; hairdresser
ひょうしき 標識 sign
びょうしつ 病室 sickroom
びょうしゃ 描写 description ～する describe
びょうじゃく 病弱な weak
ひょうじゅん 標準 standard
ひょうしょう 表彰する honor
ひょうじょう 表情 expression
びょうしょう 病床 sickbed
びょうじょう 病状 condition
ひょうだい 表題 title
ひょうたん 瓢箪 gourd; calabash
ひょうてき 標的 target
ひょうでん 評伝 critical biography
びょうとう 病棟 ward
びょうどう 平等 equality ～な equal ～に equally
びょうにん 病人 sick person
ひょうばん 評判 reputation
ひょうほん 標本 specimen
ひょうめい 表明する express
ひょうめん 表面 surface ～上は on the surface
ひょうりゅう 漂流する drift
ひょうろん 評論 criticism
ひよけ 日除け blind; shade
ひよこ chicken
ビラ bill
ひらおよぎ 平泳ぎ breaststroke
ひらく 開く open；(会などを) give; hold
ひらたい 平たい flat
ピラニア piranha
ピラフ pilaf(f)
ピラミッド pyramid
ひらめ 平目 flatfish
ひらめく 閃く flash
びり the last
ピリオド period
ひりつ 比率 ratio; proportion
ぴりっとする (舌に) hot
ビリヤード billiards

ひりょう 肥料 fertilizer
ひる¹ 蛭(吸血動物) leech
ひる² 昼(正午) noon; (昼間) day; daytime　昼飯 lunch　昼休み lunchtime
ビル building
ピル the pill [Pill]
ひるがえす 翻す(意見などを) change
ひるがえる 翻る fly
ひるね 昼寝 nap　～する have [take] a nap
ひれ 鰭 fin
ヒレ (肉) fillet
ひれい 比例する be in proportion
ひれつ 卑劣な mean; nasty; dirty; base
ひろい 広い wide; (家・部屋が) large
ヒロイン heroine
ひろう¹ 拾う pick up
ひろう² 疲労 fatigue
ビロード velvet
ひろがる 広がる expand; extend; spread; stretch
ひろげる 広げる expand; spread; stretch
ひろさ 広さ area; extent; width
ひろば 広場 square
ひろびろ 広々とした wide
ひろま 広間 hall
ひろまる 広まる spread
ひろめる 広める spread
びわ 枇杷 loquat
びん¹ 瓶 bottle
びん² 便(飛行機の) flight; (郵便) mail
ピン pin: ～で留める pin
びんかん 敏感な sensitive
ピンク(の) pink
ひんけつ 貧血 anemia
ビンゴ bingo
ひんこん 貧困 poverty
ひんし 品詞 part of speech
ひんしつ 品質 quality
ひんじゃく 貧弱な poor
ひんしゅ 品種 kind
びんしょう 敏捷な quick
ピンセット tweezers
びんせん 便箋 letter paper; writing pad
ピンチ pinch　～ヒッター pinch hitter
ヒント hint

ひんど 頻度 frequency
ぴんと ぴんと張った tight
ピント focus: ～が合って[外れて] in [out of] focus
ひんぱん 頻繁な frequent
ひんぴょうかい 品評会 fair
ひんぼう 貧乏 poverty　～な poor
ピンポン ping-pong
びんらん 便覧 manual

ふ

ぶ 部 part; (部門) department; (クラブ) club
ファースト first base; (選手) first baseman　～クラス first-class　～レディ first lady
ファーストフード fast food
ぶあい 歩合 rate
ファイアウォール firewall
ぶあいそう 無愛想な blunt
ファイバー fiber; ☞ ひかり
ファイル file
ファインダー finder
ファインプレー fine play
ファウル foul
ファシズム fascism　ファシスト fascist
ファスナー fastener
ぶあつい 分厚い thick
ファックス fax
ファッション fashion
ファミリー family
ふあん 不安な uneasy
ファン fan
ファンクション function　～キー function key
ふあんてい 不安定な unstable; changeable
ファンデーション foundation
ファンファーレ fanfare
ふい 不意の sudden　～に suddenly; unexpectedly
フィアンセ (男) fiancé; (女) fiancée
フィート foot; feet
フィールド field
フィギュアスケート figure skating
フィクション fiction
ふいっち 不一致 disagreement
フィナーレ finale
フィヨルド fjord, fiord

フィリピン the Philippines　～人 Filipino　～(人)の Philippine; Filipino
フィルター filter
フィルム film: ～を入れる load (a camera)
ぶいん 部員 staff; (クラブの) member (of a club)
ふう 封(をする) seal
…ふう …風 style; type
ブーイング boo(ing); ☞ やじ
ふうがわり 風変わりな strange
ふうき 風紀 public morals
ブーケ bouquet
ふうけい 風景 landscape; scenery
ふうさ 封鎖する block
ふうし 風刺 satire
ふうしゃ 風車 windmill
ふうしゅう 風習 custom; manners
ふうせん 風船 balloon　～ガム bubble gum
ふうそくけい 風速計 wind gauge
ブーツ boots
ふうとう 封筒 envelope
プードル poodle
ふうふ 夫婦 husband and wife; couple
ふうみ 風味 flavor
ブーム boom
ブーメラン boomerang
フーリガン hooligan
プール (swimming) pool
ふうん 不運な unlucky; unfortunate　～にも unfortunately; unluckily
ふえ 笛 whistle; (横笛) flute
フェアプレー fair play
フェニックス phoenix
フェミニズム feminism
フェリー ferry
ふえる 増える increase; (体重が) gain (weight)
フェンシング fencing
フェンス fence
フォアボール walk; base on balls
フォーク fork
フォークソング folk song
フォーマット format
フォルダー folder
フォワード forward
ふか 鱶 shark
ぶか 部下 one's people; one's

staff [men]; subordinate
ふかい¹ 深いdeep
ふかい² 不快なunpleasant ～指数 discomfort index
ふかかい 不可解な mysterious; strange; inexplicable; incomprehensible
ふかけつ 不可欠な[の] integral; essential; indispensable; vital; imperative
ふかこうりょく 不可抗力の inevitable
ふかさ 深さdepth ～が…で[の] ... deep
ふかのう 不可能なimpossible
ふかんぜん 不完全な imperfect
ぶき 武器weapon; arms
ふきげん 不機嫌なcross; bad-tempered
ふきこむ 吹き込む（考えなどを）inspire, infuse, put ... into ～'s head;（風が）blow in (to ...);（録音する）record
ふきさらし 吹きさらしの exposed; bleak; windswept
ふきそく 不規則なirregular ～に irregularly
ふきだまり 吹き溜まりdrift
ふきつ 不吉なunlucky; ominous
ふきとる 拭き取るwipe off
ぶきみ 不気味なweird
ふきゅう¹ 不朽のeverlasting
ふきゅう² 普及する become popular [widespread]; spread; prevail; diffuse; pervade
ふきょう 不況depression
ぶきよう 無器用なawkward
ふきん¹ 布巾dish towel
ふきん² 付近（に）(in the) neighborhood [vicinity]
ふく¹ 拭くwipe
ふく² 吹くblow
ふく³ 服clothes
ふく⁴ 福luck
ふく… 副…vice- …:副大統領 vice president
ふぐ 河豚globefish
ふくいん 福音gospel
ふくがん 複眼compound eye
ふくごう 複合のcomplex; multiple
ふくざつ 複雑なcomplicated
ふくさよう 副作用side effect

ふくし¹ 福祉welfare
ふくし² 副詞adverb
ふくしゃ 複写copy ～する（絵・写真などを）reproduce;（複写機で）copy
ふくしゅう¹ 復習するreview
ふくしゅう² 復讐するrevenge
ふくじゅう 服従obedience ～する obey
ふくすう 複数plural
ふくそう 服装clothes
ふくつ 不屈の dogged; stubborn; invincible; indomitable; tough
ふくつう 腹痛stomachache
ふくびき 福引きlottery
ふくむ 含むcontain; include …を含めて including
ふくめん 覆面mask
ふくよう 服用するtake ～量 dose
ふくらはぎ 脹ら脛calf
ふくらむ 膨らむswell;（膨張）expand 膨れる swell;（不機嫌）be sullen
ふくろ 袋bag
ふくろう owl
ふけ 頭垢dandruff
ふけいき 不景気depression
ふけつ 不潔なdirty
ふける¹ 耽る be absorbed [deep, involved] in...; indulge in...; be addicted to...
ふける² 老けるgrow old; age
ふける³ 更ける（夜が）get late
ふこう 不幸unhappy ～なことに unhappily
ふごう¹ 富豪rich man
ふごう² 符号code; sign; mark
ふごうかく 不合格になる fail; be unsuccessful [rejected]
ふこうへい 不公平なunfair; unjust
ふさ 房tuft;（ぶどうの）bunch
ブザー buzzer
ふさい¹ 夫妻husband and wife; Mr. and Mrs. ...
ふさい² 負債debt; liabilities
ふざい 不在でout; away ～の absent
ふさがる 塞がる（道が）be blocked;（部屋が）be occupied
ふさぎこむ 塞ぎ込むbe depressed [in low spirits, gloomy]; mope

ふさく 不作poor harvest: 米は～だった The rice crop was small [poor].
ふさぐ 塞ぐ（穴を）stop, close;（道を）block
ふざける frolic; romp;（からかう）joke ふざけて for a joke; in fun
ぶさほう 不作法なimpolite; rude
ふさわしい 相応しいsuitable ふさわしくない unsuitable
ふさんせい 不賛成 disapproval:～です I'm against it.
ふし¹ 節joint; knot;（曲）melody
ふし² 不死のimmortal; imperishable; ☞ ふじみ ～鳥 phoenix
ふじ 藤wisteria
ぶじ 無事にsafely
ふしぎ 不思議（に思う）wonder
ふしぜん 不自然なunnatural
ふじちゃく 不時着 crash [forced] landing
ふじみ 不死身でbe immortal; have a charmed life
ふじゆう 不自由な（体の）challenged, disabled, handicapped;（目の）blind;（耳の）deaf;（不便な）inconvenient ～する want [lack] (for ...); run short (of ...)
ふじゅん 不順な（天候が）changeable; unsettled 生理～ menstrual irregularity
ぶしょ 部署post; position; department
ふしょう 負傷injury; wound ～する be injured [wounded] ～者 injured [wounded] person
ぶしょう 無精なlazy
ぶじょく 侮辱（する）insult
ふしん¹ 不振のdull; depressed; poor; unsatisfactory
ふしん² 不審なsuspicious; doubtful; dubious
ふじん¹ 夫人wife; Mrs. ...
ふじん² 婦人woman; lady ～警官 policewoman ～服 dress
ふしんせつ 不親切なunkind
ふせい 不正なunfair
ふせぐ 防ぐdefend; protect
ふせる 伏せるlie down

和英索引

ぶそう 武装する arm oneself (with) 〜した armed
ふそく 不足 lack; shortage 〜した lacking
ふぞく 付属の attached 〜品 accessories
ふた 蓋 lid; (びんの) cap
ふだ 札 tag
ぶた 豚 pig 豚肉 pork
ぶたい 舞台 stage; scene
ふたご 双子 twin 〜座 Gemini; the Twins
ふたたび 再び again
ふたつ 二つ two 〜とも both
ふたん 負担 burden
ふだん 普段(は) usually 〜着 casual wear
ふち 縁 edge; brim
ふちゅうい 不注意な careless
ふつう 普通の common; ordinary; average 〜は usually 〜列車 local train
ふつか 二日 (月の) second 〜酔い hangover
ぶっか 物価 prices 〜指数 prices index
ふっかつ 復活する revive; come back
ぶつかる run into; bump; hit; knock; run up against
ぶっきょう 仏教 Buddhism 〜徒 Buddhist
ブックマーク bookmark
ぶつける throw ... at; bump; hit; knock
ぶっしつ 物質 matter; substance
プッシュホン push-button telephone
ぶったい 物体 object; body
ふっとう 沸騰する boil
フットボール football
ぶつぶつ 〜言う murmur; (不満で) grumble, complain
ぶつり 物理(学) physics 〜学者 physicist
ふで 筆 brush; pen
ふていし 不定詞 infinitive
ブティック boutique
ふでばこ 筆箱 pencil case
ふと casually; suddenly; by chance [accident]; unexpectedly: 〜見つける come across, find / 〜思いつく hit on, occur
ふとい 太い thick; (声が) deep

ふとう 不当な unjust; unfair; unreasonable
ぶどう 葡萄 grape; (木) grapevine 〜酒 wine
ぶとうかい 舞踏会 (正装の) ball; (気軽な) dance
ふどうさん 不動産 real estate
ふどうひょう 浮動票 swing vote
ふとさ 太さ thickness 〜が... で ... thick
ふとる 太る grow fat; gain weight 太った fat
ふとん 布団 mattress; quilt; bedding
ブナ beech
ふね 船 ship; boat
ふはい 腐敗する rot; decay
ふひつよう 不必要 ☞ ふよう²
ぶひん 部品 part
ふぶき 吹雪 snowstorm
ぶぶん 部分 part
ふへい 不平 complaint 〜を言う complain (about, of)
ふべん 不便 inconvenience 〜な inconvenient
ふへんてき 普遍的な universal
ふぼ 父母 parents
ふまん 不満 complaint 〜な dissatisfied; discontented
ふみきり 踏切 grade [railroad] crossing
ふむ 踏む step on; tread 踏みつける tramp; stamp
ふめい 不明の unknown; obscure; vague; unidentified; unaccounted; ☞ いしき, ゆくえ
ふめつ 不滅の immortal; undying; eternal
ふもう 不毛の barren; sterile
ふもと 麓 the foot
ぶもん 部門 department; division; sector; section; branch
ふやす 増やす increase
ふゆ 冬 winter
ふゆかい 不愉快な unpleasant
ふよう¹ 扶養する support
ふよう² 不要 [不用] の unnecessary; useless; needless
フライ¹ 〜を打つ fly
フライ² 〜にする deep-fry; fry
プライド pride
フライドチキン fried chicken

フライドポテト french fry
プライバシー privacy
フライパン frying pan
プライベートな private
フライング 〜する make a false start; jump the gun
ブラインド blind; 《英》 shade
ブラウザ (web) browser
ブラウス blouse
プラカード placard
ぶらさがる[さげる] ぶら下がる[下げる] hang
ブラシ brush
ブラジャー bra; brassiere
プラス plus
フラスコ flask
プラスチック plastic
ブラスバンド brass band
プラズマテレビ plasma television
プラチナ platinum
ブラックホール black hole
ブラックリスト blacklist
フラッシュ flashlight
フラット flat
プラットホーム platform
プラネタリューム planetarium
フラミンゴ flamingo
プラム plum
プラモデル plastic model
プラン plan
プランクトン plankton
ぶらんこ swing
フランス France 〜の[語] French 〜人 Frenchman; Frenchwoman
フランチャイズ franchise
ブランデー brandy
ブランド brand (name); luxury [name] brand
ふり¹ 不利 disadvantage
ふり² (...の) 振りをする pretend
...ぶり(で) for the first time in ...
フリーウェア freeware
フリーエージェント free agent
フリーズする freeze
フリーの free
ブリーフ briefs
ブリーフケース briefcase
フリーマーケット flea market
ふりおとす 振り落とす throw; shake

和英索引

ふりかえる 振り返る turn around; (過去を) look back on
ふりかかる 振りかかる happen to...; befall; attack
ブリキ tinplate
ふりこ 振り子 pendulum
プリズム prism
ふりつけ 振り付け choreography
ふりむく 振り向く turn around
ふりょう 不良の bad
ふりょく 浮力 buoyancy
ぶりょく 武力 (military) power [force]; arms; armament
プリン custard pudding
プリンス prince
プリンセス princess
プリンター printer
プリント handout ~アウト printout ~アウトする print out
ふる¹ 降る fall; (雨が) rain; (雪が) snow
ふる² 振る shake; swing; (手を) wave; (尾を) wag
ふるい 古い old(-fashioned)
ブルース blues
フルーツ fruit
フルート flute
ブルーベリー blueberry
ふるえる 震える tremble; shake
ふるさと 古里, 故郷 one's home(town)
ブルドーザー bulldozer
ブルドッグ bulldog
プルトニウム plutonium
フルネーム full name
ブルペン bull pen
ふるほん 古本 secondhand [used] book
ふるまい 振る舞い behavior
ふるまう 振る舞う behave
ぶれい 無礼な rude; impolite
フレー! Hurray!
プレー play ~オフ playoff
ブレーキ (をかける) brake
ブレザー blazer
ブレスレット bracelet
プレゼント present
プレッシャー pressure
プレハブじゅうたく プレハブ住宅 prefabricated house
プレミア premium
ふれる 触れる touch
ふろ 風呂 bath: ~に入る take a bath ~おけ bathtub ~場 bathroom
プロ pro(fessional)
ブローカー broker
ブローチ brooch
ブロードウェー Broadway
ブロードバンド broadband
ブロガー blogger
ふろく 付録 supplement; extra
ブログ blog
プログラマー programmer
プログラム program
ブロック block
ブロッコリー broccoli
フロッピー(ディスク) floppy (disk)
プロテスタント Protestant
プロデューサー producer
プロトコル protocol
プロの professional
プロバイダー provider; ISP
プロパティ property
プロパンガス propane gas
プロファイリング profiling
プロフィール profile
プロペラ propeller
プロポーズ proposal ~する propose
フロリダ Florida
プロレス professional wrestling プロレスラー professional wrestler
プロローグ prologue
フロンガス CFC
ブロンズ bronze
フロンティア frontier
フロント front desk; reception desk
ブロンド blond(e)
フロントガラス windshield
ふん¹ 分 minute
ふん² 糞 feces; droppings; turd
ぶん 文 sentence
ふんいき 雰囲気 atmosphere
ふんか 噴火 eruption ~する erupt ~口 crater
ぶんか 文化 culture ~的な civilized
ふんがい 憤慨 indignation; rage; resentment
ぶんかい 分解する (化学的に) resolve; (機械を) take apart; break down
ぶんがく 文学 literature
ぶんかつ 分割する divide
ふんき 奮起させる rouse; stir; awaken; spur
ぶんごてき 文語的な literary
ぶんし¹ 分子 molecule; (分数の) numerator
ぶんし² 分詞 participle ~構文 participial construction
ふんしつ 紛失する lose
ふんしゅつ 噴出する jet; gush; erupt
ぶんしょ 文書 document; papers: ~で in writing
ぶんしょう 文章 writing: ~がうまい be a good writer
ふんすい 噴水 fountain
ぶんすう 分数 fraction
ぶんせき 分析 analysis ~する analyze
ふんそう¹ 紛争 dispute
ふんそう² 扮装 makeup; costume; disguise
ぶんたい 文体 style
ぶんたん 分担する share
ふんだんに in plenty
ぶんつう 文通 correspondence ~する correspond
ふんとう 奮闘する struggle; strive
ぶんぱい 分配 distribution ~する distribute
ぶんぷ 分布 distribution
ぶんぼ 分母 denominator
ぶんぽう 文法 grammar ~上の grammatical
ぶんぼうぐ 文房具 stationery
ふんまつ 粉末 powder
ぶんみゃく 文脈 context
ぶんめい 文明 civilization
ぶんや 分野 field
ぶんり 分離する separate
ぶんりょう 分量 quantity
ぶんるい 分類 classification ~する classify
ぶんれつ 分裂する split

へ

…へ to; for; in; into
ヘア hair
ペア pair
へい 塀 wall
へいおん 平穏 peace; quiet
へいか 陛下 majesty
へいき¹ 兵器 weapon
へいき² 平気である do not

和英索引

mind
へいきん 平均(の) average
へいげん 平原 plain
へいこう 平行した parallel ~線 parallel
べいこく 米国 the United States
へいし 兵士 soldier
へいじつ 平日 weekday
へいじょう 平常の usual
へいせい 平静な quiet; calm
へいたい 兵隊 soldier
へいてん 閉店する close
へいほう 平方(の) square
へいぼん 平凡な commonplace; ordinary
へいめん 平面 plane; level
へいや 平野 plain
へいりょく 兵力 force
へいわ 平和(的な) peace(ful)
ベーカリー bakery
ベーコン bacon ~エッグ bacon and eggs
ページ page
ベージュ beige
ベース (塁) base; (楽器) bass
ペース pace
ペースト(する) paste
ペースメーカー pacemaker
ペーパー paper ~テスト written test
ベール veil
(…す)べきだ should [must] do
ペキン 北京 Beijing, Peking ~原人 Peking Man
ヘクタール hectare
へこむ be dented
ベジタリアン vegetarian
ベスト (最善)(the) best; (チョッキ) vest ~セラー best-seller
へそ 臍 navel
へた 下手な poor: 料理が~だ be a poor cook; be poor at cooking
へだたり 隔たり distance; interval; gap
へだてる 隔てる separate; divide
ペダル pedal
べつ 別の another; other; different 別々の separate
べっそう 別荘 villa
ベッド bed ~カバー bed-spread ~タウン bedroom suburb
ペット pet ~ショップ pet shop
ヘッドホーン headphones
ペットボトル plastic bottle
ヘッドライト headlight
へつらう 諂う flatter
ペディキュア pedicure
ヘディング header
ベテラン(の) expert
べとべとする adhesive
ペナルティー penalty ~キック[エリア] penalty kick [area]
ペナント pennant
ペニー penny
ペニス penis
ベニヤいた ベニヤ板 plywood
ペパーミント peppermint
へび 蛇 snake
ベビーカー baby carriage [buggy]
ベビーシッター baby-sitter
ヘブライご[じん] ヘブライ語[人] Hebrew
へや 部屋 room
へらす 減らす reduce; cut down; decrease
ベランダ veranda; balcony
へり 縁 border; edge
ペリカン pelican
ヘリコプター helicopter
へる 減る decrease
ベル bell
ベルト belt
ヘルメット helmet
ベレーぼう ベレー帽 beret
ヘロイン heroin
へん 変な strange; odd; (気が) crazy
ペン pen
へんか 変化(する) change
べんかい 弁解(する) excuse
へんかん 返還(する) return
べんき 便器 toilet
ペンキ paint: ~を塗る paint
べんぎ 便宜 convenience
へんきゃく 返却する return; take [bring] back ~期限 due [expiration] date
べんきょう 勉強(する) study; work
へんきょく 編曲する arrange
ペンギン penguin
へんけい 変形する[させる] transform; change
へんけん 偏見 prejudice; bias
べんご 弁護する defend ~士 lawyer
へんこう 変更(する) change
へんさい 返済する pay back; repay
へんさち 偏差値 deviation
へんじ 返事(をする) answer; reply
へんしつしゃ 変質者 pervert
へんしゅう 編集する edit ~者 editor
べんじょ 便所 bathroom; toilet; (劇場などの) rest room
べんしょう 弁償する compensate; pay for...
へんしん 返信 reply
へんせい 編成する organize
へんそう 変装(する) disguise
ペンダント pendant
ベンチ bench
ペンチ pliers
べんとう 弁当 lunch
へんとうせん 扁桃腺 tonsil
ペンネーム pen name
へんぴ 辺鄙な remote; out-of-the-way
べんぴ 便秘 constipation
ペンフレンド pen pal
べんり 便利な convenient; handy

ほ

ほ¹ 帆 sail: 帆を揚げる set [hoist] a sail
ほ² 穂 ear
ほあんかん 保安官 sheriff
ほいくえん 保育園 day-care center; 《英》 day nursery
ボイコット(する) boycott
ぼいん 母音 vowel
ポイント point
ほう¹ 法 law
ほう² (…の)方へ[に] to; toward
ぼう 棒 stick; pole
ほうあん 法案 bill
ほうい 包囲する surround: …の~を解く raise [lift] the siege of
ほうえい 放映する broadcast ... on television
ぼうえい 防衛 defense ~する defend
ぼうえき 貿易(をする) trade

one thousand six hundred and sixty-one 1661

和英索引

~会社 trading company
ぼうえんきょう 望遠鏡 telescope
ぼうおん 防音の soundproof
ほうか 放火 arson ~する set fire to ...
ほうかい 崩壊する fall down
ぼうがい 妨害 disturbance; obstruction ~する disturb; obstruct
ほうがく¹ 方角 direction
ほうがく² 法学 law
ほうかご 放課後(に) after school
ほうかつてき 包括的な comprehensive; inclusive
ぼうかん 傍観する look on; stand by ~者 onlooker, looker-on; bystander
ぼうがんし 方眼紙 graph paper
ほうき¹ 箒 broom
ほうき² 放棄する abandon; resign; renounce; surrender; waive
ぼうぎょ 防御 defense ~する defend
ぼうくん 暴君 tyrant
ほうげん 方言 dialect
ぼうけん 冒険 adventure ~家 adventurer
ほうけんてき 封建的な feudal
ほうこ 宝庫 treasury; (比喩的に) treasure trove, (gold) mine, storehouse
ほうこう 方向 direction: ~音痴だ have a bad [poor] sense of direction
ぼうこう¹ 暴行 violence
ぼうこう² 膀胱 bladder
ほうこく 報告(する) report
ほうさく 豊富な rich harvest: 今年は米が~だ We have a good crop of rice this year.
ほうし 奉仕 service
ぼうし¹ 帽子 hat; cap
ぼうし² 防止する prevent
ほうしき 方式 system
ほうしゃ 放射 ~する radiate; emit; send ~性の radioactive ~線 radiation ~能 radioactivity
ほうしゅう 報酬 reward
ほうしん¹ 方針 line; policy
ほうしん² 放心状態の absent(minded); vacant

ぼうすい 防水の waterproof
ほうせき 宝石 jewel; (総称) jewelry ~商 jeweler
ほうそう¹ 放送する broadcast ~局 broadcasting station ~網 network
ほうそう² 包装する wrap ~紙 wrapping paper
ほうそく 法則 law
ほうたい 包帯 bandage
ぼうたかとび 棒高跳び pole vault
ほうち 放置する leave
ほうちょう 包丁 kitchen knife
ぼうちょう 膨張する expand
ほうっておく leave alone
ぼうっと vaguely
ほうてい 法廷 court
ほうてき 法的な legal
ぼうと 暴徒 mob
ほうどう 報道(する) report ~陣 press
ぼうどう 暴動 riot
ほうび 褒美 reward
ほうふ¹ 豊富な rich (in)
ほうふ² 抱負 plan; resolution
ぼうふうう 暴風雨 rainstorm; storm
ほうほう 方法 way; method
ほうむしょう 法務省 Ministry of Justice
ほうむる 葬る bury
ぼうめい 亡命する defect: ~を求める seek political asylum
ほうめん 方面 area; direction; field
ほうもん 訪問(する) visit; (短い) call ~客[者] visitor
ほうよう 抱擁(する) embrace
ほうりつ 法律 law
ぼうりょく 暴力 violence ~団 gang
ほうる 放る throw
ぼうれい 亡霊 ghost
ほうれんそう 菠薐草 spinach
ほうろう 放浪する wander
ほえる bark; (猛獣が) roar; (遠ぼえで) howl
ほお 頬 cheek
ボーイ bellboy
ボーイスカウト the Boy Scouts; (団員) Boy Scout
ボーイフレンド boyfriend
ポーカーフェース poker face
ボーカル vocal(ist)

ポーク pork
ホース hose
ポーズ(をとる) pose
ボーダーライン borderline
ポータル portal
ボート boat
ボーナス bonus
ホーム (駅の) platform; (野球の) home plate ~シック homesick ~ステイ homestay ~ページ home page; site ~ラン home run; homer ~ルーム homeroom ~レス homeless
ボーリング bowling: ~をする bowl ~場 bowling alley
ホール hall
ボール (球) ball; (鉢) bowl ~紙 cardboard ~ペン ballpoint pen
ほか 他に[の] else; another; other …の~に besides …の~は except
ほがらか 朗らかな cheerful
ほかん 保管する keep
ぼき 簿記 bookkeeping
ボキャブラリー vocabulary
ほきゅう 補給する supply ... (with)
ぼきん 募金する raise funds
ボクサー boxer
ぼくし 牧師 clergyman
ぼくじょう 牧場 stock farm; pasture
ボクシング boxing
ほくせい 北西 northwest
ぼくそう 牧草 grass ~地 meadow
ぼくちく 牧畜 stock farming
ほくとう 北東 northeast
ほくとしちせい 北斗七星 the Big Dipper
ほくろ mole
ぼけ 惚け senility
ほけつ 補欠(で) substitute; reserve; spare; on the bench
ポケット pocket
ほけん¹ 保健 health ~室 infirmary ~所 health center
ほけん² 保険(金) insurance ~料 insurance (premium)
ほご 保護 protection ~する (危険から) protect; (環境などを) preserve ~者 parent; guardian ~色 protective

coloring
ぼこう 母校 alma mater
ほこうしゃ 歩行者 pedestrian
ぼこく 母国 homeland; one's country ～語 mother tongue
ほこり¹ 埃(を払う) dust ～っぽい dusty
ほこり² 誇り pride …を～に思う be proud of ～高い proud
ほし 星 star 星占い astrology
ほしい 欲しい want
ほしくさ 干し草 hay
ほしぶどう 干し葡萄 raisin
ほしゅ¹ 捕手 catcher
ほしゅ² 保守的な conservative
ほしゅう 補修する repair
ほじゅう 補充する (re)fill; supply
ぼしゅう 募集する recruit
ほじょ 補助 aid; assistance; help; support ～的な subsidiary; assistant; auxiliary; second ～金 subsidy; grant
ほしょう 保証(する) guarantee
ほす 干す dry; (洗濯物を) hang out (to dry)
ボス boss
ポスター poster
ポスト mailbox
ボストン Boston
ホスピス hospice
ほそい 細い thin; slim; (道が) narrow
ほそう 舗装(道路) pavement ～する pave
ほそく 補足(する) supplement
ほそながい 細長い long and narrow
ほぞん 保存 preservation ～する preserve
ほたる 蛍 firefly
ボタン button: ～を掛ける[はずす] fasten [undo] a button
ぼち 墓地 graveyard; (大規模な) cemetery; (教会付属の) churchyard
ホチキス stapler
ほちょう 歩調 pace
ほちょうき 補聴器 hearing aid
ほっきょく 北極 the Arctic; (北極点) the North Pole ～

ぐま polar bear ～星 the polestar
ホック hook
ホッケー hockey
ほっさ 発作 fit; stroke
ほっそりした slender
ポット pot; (魔法瓶) thermos
ぼっとう 没頭する be absorbed in
ホットケーキ hot cake
ほっとする feel relieved; feel relaxed
ホットドッグ hot dog
ポップコーン popcorn
ぼつらく 没落 fall
ボディーチェック(する) body search; frisk
ポテトチップス potato chips
ほてる 火照る burn; flush; glow
ホテル hotel
…ほど (～だ) as [so] ～ as …; so ～ that …; (約) about …
ほどう 歩道 sidewalk
ほどうきょう 歩道橋 pedestrian overpass; footbridge
ほどく 解く undo; untie; release
ほとけ 仏 the Buddha
ボトル bottle
ほとんど almost; nearly ～…(し)ない hardly; scarcely …は～ない few; little
ポニーテール ponytail
ほにゅうるい 哺乳類 mammal
ほね 骨 bone: 脚の骨を折る break one's leg 骨の折れる painstaking
ほねぐみ 骨組み frame(work); skeleton
ほのお 炎 flame
ほのめかす hint; allude
ポピュラーな popular
ボブスレー bobsled
ポプラ poplar
ほぼ nearly; almost; approximately
ほほえむ 微笑む smile ほほえましい pleasant
ほまれ 誉れ honor
ほめる 褒める praise
ぼやけた dim; obscure; blurred
ほようち 保養地 resort
ほら big talk; tall tale ～を吹

く talk big ～吹き boaster
ホラー horror
ほらあな 洞穴 cave
ボランティア volunteer
ほり 堀 moat
ほりだしもの 掘り出し物 bargain; (lucky) find; steal
ほりゅう 保留する reserve; withhold
ボリューム volume: ～のある食事 substantial meal
ほりょ 捕虜 prisoner ～にする capture
ほる¹ 掘る dig
ほる² 彫る carve
ボルト (ねじ) bolt; (電圧) volt
ポルノ porn(ography)
ホルモン hormone
ホルン horn
ボレー volley
ほれる 惚れる fall in love (with)
ぼろ rag ぼろぼろの ragged; worn
ポロシャツ polo shirt
ほろびる 滅びる die out
ほろぼす 滅ぼす destroy
ホワイトハウス the White House
ほん 本 book
ぼん 盆 tray
ほんき 本気の serious: ～です I mean what I say.
ホンコン 香港 Hong Kong
ほんしつ 本質 essence; nature ～的な essential
ほんじつ 本日 today
ほんしゃ 本社 head office; headquarters: …に～がある be based in …
ほんだな 本棚 bookshelf
ぼんち 盆地 basin
ほんど 本土 mainland
ポンド pound
ほんとう 本当の true; real: ～ですか Really? ～に really; indeed ～は in fact; really; (ところが) actually
ボンネット 《米》 hood; 《英》 bonnet
ほんの just; only; mere
ほんのう 本能 instinct ～的に instinctively
ほんぶ 本部 headquarters
ポンプ pump

和英索引

ほんぶん 本文 text
ほんもの 本物の real; true; genuine
ほんや 本屋 bookstore
ほんやく 翻訳 translation ～する translate ～者 translator
ぼんやりと vaguely; (上の空で) absent-mindedly; ☞ぼやけた
ほんらい 本来 originally

ま

まあ Oh!; Dear!
マーガリン margarine
マーク mark
マーケット market
マージャン 麻雀 mah-jongg
マーチ march
まあまあの so-so; acceptable: 調子はどう?－～だ How are you?－Just so-so.
マーマレード marmalade
まい… 毎… every
まいあがる 舞い上がる fly high; soar
マイクロバス minibus
マイク(ロホン) microphone; mike
まいご 迷子 lost child ～になる get lost
まいしゅう 毎週 every week; weekly
まいそう 埋葬する bury
まいつき 毎月(の) every month; monthly
まいとし 毎年(の) every year; yearly; annual
マイナー minor
マイナス minus
まいにち 毎日 every day; daily
まいる 参る can't stand; give up: 参ったな Uh-oh!
マイル mile
マイルドな mild
まう 舞う dance; (ちょう・花びらが) flutter
マウス mouse
マウスパッド mouse pad [mat]
マウスピース mouthpiece
マウンテンバイク mountain bike
マウンド mound

まえ 前に (以前) before …する前に before …の前に (場所) in front of …前に (今から) ago; (過去のある時点から) before: 前に述べたように as stated above 前の前; (時間的) previous; last, former 前へ forward; ahead 前もって in advance
まえうりけん 前売券 advance ticket
まえがき 前書き preface
まえばらい 前払い(する) (pay in) advance
まかす 負かす beat
まかせる 任せる leave (to)
まがりかど 曲がり角 corner
まがる 曲がる (角などを) turn; (物が) bend 曲がった bent
マカロニ macaroni
まき 薪 firewood; wood
まきあげる 巻き上げる wind [roll] up; (だまし取る) cheat, hustle, milk
まきげ 巻き毛 curl
まきこまれる (…に)巻き込まれる get into [involved]
まきちらす 撒き散らす scatter
まきもどす 巻き戻す rewind
まく 撒く, 播く (水を) sprinkle; (種を) sow
まく 巻く (ぜんまいなどを) wind; (丸く) bend; wrap; bind
まく³ 幕 curtain; (劇の) act
まく⁴ 膜 skin; membrane; film
マグカップ mug
マグニチュード magnitude
マグネシウム magnesium
まくら 枕 pillow ～カバー pillowcase
まぐれ fluke; luck
まぐろ 鮪 tuna
まけ 負け defeat; loss
まけおしみ 負け惜しみ sour grapes: ～を言うやつ a bad [sore] loser
まける 負ける lose
まげる 曲げる bend
まご 孫 grandchild
まごころ 真心 sincerity
まごつく get confused
まさか! No!; You're kidding!; You don't say (so)!
まさつ 摩擦 friction
まさに just; exactly

まさる 勝る be better than
まざる 混ざる mix; mingle
まし(な) better (than…): …したほうが～だ might [may] (just) as well do; would rather do
マジック magic; (ペン) felt tip, (商標) Magic Marker
まじめ 真面目な serious; earnest ～に seriously
まじゅつ 魔術 magic
マシュマロ marshmallow
まじょ 魔女 witch
まじわる 交わる cross; (道・川などが) meet
マシンガン machine gun
ます¹ 鱒 trout
ます² 増す increase; (力・重さを) gain
まず first (of all)
まずい 麻酔 anesthesia ～をかける anesthetize
まずい (味が) don't taste [be not] good: ～ぞ! Uh-oh!
マスカラ mascara
マスク mask
マスコット mascot
マスコミ mass media
まずしい 貧しい poor
まずしさ 貧しさ poverty
マスター (店の) owner, proprietor ～キー master key
マスターする master
マスタード mustard
マスト mast
ますます more and more: ～寒くなってきた It's getting colder and colder.
ませた precocious
まぜる 混ぜる mix; mingle
また¹ (再び) again
また² (同様に) also; too …も～ない neither; not either
また³ 股 crotch; (分岐) fork, prong
まだ still …～しない not yet
またがる 跨る ride (on); straddle; (跨いで通る) stride
またぎき 又聞きの secondhand
またたく 瞬く wink; blink; twinkle ～間に in an instant
マタニティドレス maternity clothes
または or
まだらの 斑の spotted; speckled; mottled

まち 町town; city; (街) street
まちあいしつ 待合室waiting room
まちあわせる 待ち合わせる meet
まちうける 待ち受けるwait for
まちか 間近の near
まちがえる 間違える(make a) mistake; …を~と間違える take ... for~　間違い mistake; error　間違った mistaken; (答えが) wrong
まちどおしい …が待ち遠しい look forward to ...; be impatient for ...
まつ¹ 待つwait (for)
まつ² 松pine
まつげ 睫毛eyelashes
マッサージ massage
まっすぐ 真っ直ぐなstraight
まったく 全く completely; entirely; indeed　~…ない not at all
マッチ match
マット mat
マットレス mattress
マッハ Mach
まつば 松葉pine needle ~杖 crutch(es)
まつり 祭riﾞfestival
…まで to; as far as; up to; till　~…に by; before
まと 的target
まど 窓(口) window
まとめる 纏めるcollect; gather; (考えを) form; (組織などを) hold together, coordinate, integrate; (取引を) clinch; (要約する) sum; (荷物を) pack up
まともな respectable; decent; reasonable; sane
マトン mutton
マナー manners
まないた まな板cutting board; chopping block
まなつ 真夏midsummer
まなぶ 学ぶlearn; study
マニア fan; enthusiast
まにあう 間に合うbe in time; (列車などに) catch; (役立つ) will do
マニキュア manicure
マニュアル manual
まぬがれる 免れるescape
まぬけ 間抜けfool; dope

まね 真似imitation; (物まね) mimicry　~をする imitate; mimic
マネージャー manager
マネキン mannequin
まねく 招くinvite
まねる 真似るimitate; (物まね) mimic
まばたき 瞬きするwink; blink
まばらな thin; sparse; scattered
まひ 麻痺するbe paralyzed
まひる 真昼noon
マフィア Mafia
マフィン muffin
まぶしい 眩しいdazzling
まぶた 瞼eyelid
まふゆ 真冬midwinter
マフラー scarf; muffler
まほう 魔法magic　~使い wizard; magician　~びん Thermos
まぼろし 幻vision; phantom; hallucination; illusion
ママ mom; mommy
…まま (の)~である stay ...; remain ...　その~ as it is
ままごとをする play house
ままはは 継母stepmother
まめ¹ (手足の) blister
まめ² 豆bean; pea
まもなく soon; shortly
まもり 守りdefense
まもる 守るdefend
まやく 麻薬drug
まゆ¹ 繭cocoon
まゆ² 眉(毛) eyebrow
まよう 迷うget lost; (ちゅうちょする) hesitate
まよなか 真夜中に in the middle of the night; at midnight
マヨネーズ mayonnaise
マラソン marathon
マラリア malaria
まり 鞠ball
マリネ marinade
マリファナ marijuana
まりょく 魔力magic; spell
まる 丸circle
まる… full ...
まるあんき 丸暗記rote
まるい 丸いround
まるた 丸太log
マルチーズ Maltese

マルチメディア multimedia
まるで just like; as if　~…ない not ... at all
まれ 稀にrare　~に rarely
まわす 回すturn; (こまを) spin; (食卓などで) pass
まわり (…の)回りに (a)round ...　回り道detour
まわりくどい 回りくどいroundabout; circuitous; (本題を避ける) beat around the bush
まわる 回るturn; circle
まん 万ten thousand
まんいち 万一: 失敗したら if you should fail / ~にそなえる prepare for the worst
まんいん 満員のfull
まんが 漫画cartoon; comic strip; (風刺漫画) caricature　~家 cartoonist; caricaturist
まんかい 満開でin full bloom
マングローブ mangrove
まんげきょう 万華鏡kaleidoscope
まんげつ 満月full moon: ~だ The moon is full.
マンゴー mango
まんじょういっち 満場一致のunanimous
マンション apartment house; condominium
まんせい 慢性のchronic
まんぞく 満足satisfaction　~する be satisfied　~のいく satisfactory
まんちょう 満潮high [flood] tide; high water
まんてん 満点(をとる) (get) a perfect score
マント cloak
マンドリン mandolin
まんなか 真ん中middle
マンネリ stereotype; routine; rut
まんねんひつ 万年筆fountain pen
まんびき 万引き shoplifting; (人) shoplifter　~する shoplift
まんぷく 満腹だbe full
マンホール manhole
マンモス mammoth
まんるい 満塁であるThe bases are full [loaded]. ~ホームラン grand slam

み

み¹ 実fruit;（堅い）nut
み² 身（肉体）body;（魚・果実の）flesh;（立場）place: 身から出たさびだ You asked for it. / 身も心も捧げる give body and soul (to)
みあげる 見上げるlook up
ミーティング meeting
ミートボール meatball
ミイラ mummy
みうしなう 見失うlose sight of
みうち 身内 one's relative
みえ 見栄:~を張る show off
みえすいた 見え透いた obvious; transparent; blatant
みえる 見える see; be visible …のように~ ☞ みたい
みおくる 見送る see off
みおとす 見落とす overlook; miss
みおろす 見下ろす look down (on)
みかい 未開の primitive; uncivilized
みかえり 見返り reward
みかく 味覚 taste
みがく 磨く polish;（靴・金具などを）shine
みかけ 見かけ appearance
みかた¹ 味方 friend …に~る take sides with; stand by …に~して on …'s side; on the side of …
みかた² 見方 point of view; viewpoint
みかづき 三日月 new moon; crescent
みがって 身勝手な selfish
みかん 蜜柑 Japanese orange
みき 幹 trunk
みぎ 右(the) right
ミキサー blender
みくだす 見下す look down (on)
みくらべる 見比べるcompare
みぐるしい 見苦しい unsightly; indecent
みごと 見事な wonderful; excellent; splendid
みこみ 見込み chance;（将来の）promise ~のない hopeless

みこん 未婚の unmarried; single
ミサ Mass
ミサイル missile
みさき 岬cape
みじかい 短いshort
みじめな miserable
みじゅくな 未熟な immature; inexperienced; poor
みしらぬ 見知らぬstrange
ミシン sewing machine
ミス mistake
ミス… Miss …
みず 水(をやる) water
みすい 未遂の attempted
みずいろ 水色 light blue
みずうみ 湖lake
みずがめざ 水瓶座 Aquarius; the Water Bearer
みずぎ 水着 bathing suit
みずさきあんないにん 水先案内人 pilot
みずさし 水差しpitcher
ミスター（敬称）Mr.
みずたま 水玉polka dots
みずたまり 水たまり puddle; pool
みずてっぽう 水鉄砲 water pistol
ミステリー mystery story
みすてる 見捨てるdesert
みずぶくれ 水脹れblister
ミスプリント misprint
みずぼうそう 水疱瘡 chicken pox
みすぼらしい shabby
みずみずしい 瑞々しいfresh
みずむし 水虫 athlete's foot
みせ 店store
みせいねん 未成年者 minor ~で in one's minority
みせかける 見せかけるpretend
みせじまい 店じまいける close
ミセス（敬称）Mrs.;（既婚女性）married woman, (house) wife
みせもの 見せ物show
みせる 見せる show 見せ付ける, 見せびらかす show off
みぞ 溝ditch
みぞおち pit of the stomach
みぞれ 霙（が降る）sleet
…みたいである look [be] like; seem; appear
みだし 見出し headline ~語

headword; entry (word)
みたす 満たす fill;（満足）satisfy
みだす 乱すdisturb 乱れてin disorder
みだら 淫らな dirty; obscene
みち¹ 道 way; route;（街路）street; road
みち² 未知のunknown
みぢか 身近なfamiliar
みちしるべ 道しるべguidepost
みちばた 道端roadside
みちびく 導くlead
みちる 満ちる become full; ☞ まんちょう
みつ 蜜（蜂みつ）honey;（花の）nectar
みつあみ 三つ編み braid
みっか 三日（月）の third
みつける 見つける find; discover
みつご 三つ子 triplet(s)
みっせつ 密接な close; intimate
みっつ 三つthree
ミット mitt
みつど 密度 density
みっともない shameful; indecent; unsightly; ugly
みつばち 蜜蜂(honey) bee
みつめる 見つめる stare (at)
みつもる 見積もる estimate
みつゆ 密輸する smuggle
みつりん 密林jungle
みてい 未定のuncertain; undecided; unsettled
ミディアムの medium
みとおす 見通す see through … 見通し（視界）visibility;（将来の）prospect; outlook
みとめる 認める admit; approve; recognize
みどり 緑(の) green
みとれる 見とれるbe fascinated [charmed]
みなおす 見直す look over; think better of
みなしご 孤児orphan
みなす 見なすregard
みなと 港harbor; port
みなみ 南(の) south(ern)
みなもと 源source
みならう 見習う follow …'s example; imitate
みなり 身なりappearance
みなれた 見慣れたfamiliar

1666

みにくい 醜いugly
ミニ(スカート) mini(skirt)
ミニチュア miniature
ミニバン minivan
みぬく 見抜くsee through
みね 峰peak
ミネラルウォーター mineral water
みのがす 見逃すmiss; overlook
みのしろきん 身代金ransom
みのる 実るbear fruit
みはらす 見放すgive up
みはらし 見晴らしview
みはり 見張りwatch; guard
みはる 見張るwatch
みぶり 身振りgesture
みぶるいする 身震いするshudder; shiver
みぶんしょうめいしょ 身分証明書 identity card; I.D. card
みぼうじん 未亡人widow
みほん 見本sample
みまい 見舞いに行くvisit
みまもる 見守るwatch
みまわす 見回すlook around
…みまん …未満でunder
みみ 耳ear: 耳が遠い be hard of hearing / 耳を傾ける[澄して聞く] listen to 耳ざわりな harsh; loud; noisy 耳たぶ earlobe 耳の聞こえない deaf
みみず earthworm
みみずく (horned) owl
みもと 身元 identity; background ～保証人 reference; personal guarantor ～不明の unidentified
みゃく 脈pulse
みやげ 土産souvenir; gift
みやこ 都capital; metropolis
みやぶる 見破るsee through…; find out; detect
ミュージカル musical
ミュージシャン musician
みょう 妙なstrange
みょうじ 名字family name
みらい 未来the future
ミリ(メートル) millimeter
みりょく 魅力charm ～的な attractive; charming
みる 見るsee; look at; (じっと) watch; (ちらっと) glance; …して～ try doing

ミルク milk
みわける (…を～から) 見分ける tell [know] … from ～; distinguish … from ～
みわたす 見渡す overlook; command: ～限り as far as … can see; within view; in [within] sight
みんかん 民間の private ～人 civilian; citizen
ミンク mink
みんじ 民事のcivil
みんしゅう 民衆 people; masses
みんしゅしゅぎ 民主主義democracy 民主的な democratic
みんしゅとう 民主党(米国の) the Democratic Party
みんぞく 民族people; nation ～の ethnic
ミンチ (肉を)～にする grind
ミント mint
みんな all; everyone, everybody; (物) everything
みんぽう 民法civil law
みんよう 民謡folk song
みんわ 民話folktale

む

む 無nothing
むいか 六日(月の) sixth
むいしき 無意識の unconscious ～に unconsciously
むいみ 無意味なmeaningless
ムース mousse
ムード atmosphere
むえき 無益なuseless
むかい 向かいの(,に) opposite
むがい 無害なharmless
むかう 向かう leave for …; head …に向かって to; at; toward 向かい風 head wind
むかえる 迎えるmeet; welcome
むがく 無学の ignorant; uneducated; illiterate
むかし 昔(は) a long time ago; in the old days; once 昔々 once upon a time
むかつく feel sick; get angry; be disgusted
むかで 百足centipede
むかんけい 無関係である have nothing to do with
むかんしん 無関心なindifferent
むき 向きを変える(進路などの) turn; (くるっと) turn around
むぎ 麦(小麦) wheat; (大麦) barley; (ライ麦) rye ～わら(帽) straw (hat)
むきず 無傷の whole; intact; without injury; safe; (新品が) clean
むきだし むき出しのbare
むきりょく 無気力なapathetic; languid; lethargic; lazy
むく¹ 剥く(皮を) peel
むく² 向く turn; look; face; (ふさわしい) be suitable
むくいる 報いるreward
むくち 無口なsilent
むける 向けるturn; (指・銃・カメラなどを) point
むげん 無限の infinite; limitless
むこ 婿(花婿) bridegroom; (娘の夫) son-in-law
むごい 惨い, 酷いcruel
むこう¹ 向こうに over there …の～に[へ] beyond ～側 the other side …の～側に across; opposite
むこう² 無効の no good; invalid
むこうみず 向こう見ずなreckless
むごん 無言のsilent
むざい 無罪 innocence; (判決で) Not guilty. ～の innocent
むし¹ 虫insect; bug; worm
むし² 無視するignore
むしあつい 蒸し暑いsultry
むしば 虫歯bad tooth
むしばむ 蝕むerode; undermine; eat away; damage
むじひ 無慈悲なmerciless; cruel
むしめがね 虫眼鏡 magnifying glass
むじゃき 無邪気なinnocent
むじゅうりょく 無重力 zero gravity; weightlessness
むじゅん 矛盾 contradiction ～する contradict
むじょうけん 無条件で unconditionally

むしょく¹ 無職の jobless; unemployed
むしょく² 無色の colorless
むしろ rather (than) … ～…したい would rather do
むじん 無人の vacant
むしんけい 無神経な inconsiderate; insensitive; tactless
むす 蒸す steam
むすう 無数の numberless; countless
むずかしい 難しい difficult; hard 難しさ difficulty
むすこ 息子 son
むすぶ 結ぶ tie; (実を) bear; (条約などを) conclude 結び付き connection 結び目 knot
むすめ 娘 daughter
むぜい 無税の tax-free
むせきついどうぶつ 無脊椎動物 invertebrate
むせきにん 無責任な irresponsible
むせん 無線 radio
むだ 無駄 waste: 時間の～だ It's a waste of time. / …しても～だ It is no use doing [to do].; It is useless to do.
むだん 無断で without permission [leave]
むち¹ 鞭(で打つ) whip
むち² 無知の ignorant
むちゃ 無茶な reckless; unreasonable
むちゅう 夢中になる be absorbed
むっつ 六つ six
むっつり(した) sullen; glum
むてっぽう 無鉄砲な rash; foolhardy; reckless; risky
むとんちゃく 無頓着な indifferent; casual; careless; nonchalant; unconcerned
むなしい 空[虚]しい useless; fruitless; vain; empty
むね 胸 chest; breast 胸も張り裂けるような heartbreaking
むねやけ 胸焼け heartburn
むのう 無能な incompetent
むひょうじょう 無表情な blank; deadpan
むぼう 無謀な reckless
むほん 謀反 rebellion; ☞ はんぎゃく

むめい 無名の obscure
むら¹ 村 village 村人 villager
むら² 斑: ～のない constant; even; regular; smooth; steady / ～のある inconstant; uneven; irregular; rough; variable
むらがる 群がる crowd
むらさき 紫(の) purple
むり 無理な impossible; (要求などが) unreasonable; (無理やりの) forcible, forced
むりょう 無料の[で] free
むれ 群れ crowd; flock; swarm; group

め

め¹ 目 eye: 目がいい have a good eyesight …にざっと目を通す look over [through] …の目をくらませる blind; dazzle …の目を覚まさせる wake 目が覚める wake (up)
め² 芽 bud 芽を出す (草が) come up
めい 姪 niece
めいあん 名案 good idea
めいおうせい 冥王星 Pluto
めいかく 明確な clear; definite
めいがら 銘柄 brand
めいさい 明細 details
めいさく 名作 masterpiece
めいし¹ 名刺 visiting card; business card
めいし² 名詞 noun
めいし³ 名士 celebrity; personality
めいしょ 名所 sights; famous place
めいじる 命じる order; tell
めいしん 迷信 superstition
めいじん 名人 expert; master
めいせい 名声 fame
めいせき 明晰な brilliant; clear(headed); lucid; sharp
めいそう 瞑想 meditation; contemplation ～する meditate
めいちゅう 命中する hit
メイド maid
めいはく 明白な clear; evident
めいぶつ 名物 specialty

めいぼ 名簿 list
めいめい¹ 銘々 each
めいめい² 命名する name
めいもく 名目上の nominal; in name; token
めいよ 名誉 honor ～ある honorable
めいりょう 明瞭な clear
めいれい 命令(する) order; command
めいろ 迷路 maze
めいわく 迷惑 trouble; annoyance; nuisance
メイン(の) main ～イベント main event ～フレーム mainframe
メーカー manufacturer
メーキャップ makeup ～する make up
メーター meter
メーデー May Day
メートル meter
メーリングリスト mailing list
メール e-mail
めかた 目方 weight
めがね 眼鏡 glasses ～屋(人) optician
メガバイト megabyte
メガホン megaphone
めがみ 女神 goddess
めぐすり 目薬 eye lotion
めくばせ 目配せ(する) wink
めぐまれる 恵まれる be blessed with 恵み blessing
めぐりあう 巡り合う run into
めくる turn (over)
めぐる 巡る come around; (旅する) travel; tour
めざす 目指す aim (at)
めざましい 目覚ましい remarkable
めざましどけい 目覚まし時計 alarm clock
めざわり 目障り(な) eyesore; harsh; unsightly; ugly
めし 飯 (cooked) rice; (食事) meal
めしつかい 召し使い servant
メジャー¹ (巻尺) (tape) measure
メジャー² ～な major; famous
メジャーリーグ ☞ だいリーグ
めじるし 目印 mark
めす 雌(の) female
めずらしい 珍しい rare; unusual

メゾソプラノ mezzo-soprano
めだつ 目立つ stand out 目立った striking
メタボリックシンドローム metabolic syndrome
めだま 目玉 eyeball ~焼き fried eggs
メダリスト medalist
メダル medal
メッカ Mecca
めつき 目つき look
メッセージ message
メッセンジャー messenger
めった 滅多に…しない rarely; seldom
メディア media
めでたい happy
メドレー medley
メニュー menu
めまい 目眩[眩暈]がする feel dizzy
めまぐるしい 目まぐるしい quick
メモ memo; note
めもり 目盛り scale
メモリー memory
メリーゴーラウンド merry-go-round
メリット merit; advantage
メロディー melody
メロドラマ melodrama; soap opera
メロン melon
めん¹ 綿 cotton
めん² 面 side
めん³ 麺 noodle
めんえき 免疫 immunity
めんかい 面会する see; visit
めんきょ 免許 license (運転)~証 driver's license
めんくらう 面食らう be confused
めんしき 面識 acquaintance
めんじょ 免除する exempt; excuse
めんじょう 免状 certificate
めんする (…に)面する face
めんぜい 免税の tax-[duty-]free
めんせき 面積 area
めんせつ 面接(する) interview
めんぜん (…の)面前で in front of
メンテナンス maintenance
めんどう 面倒な troublesome ~を見る take care of ~をかける trouble
めんどり 雌鶏 hen
メンバー member
めんぼう 綿棒 swab; (商標で) Q-tip
めんみつ 綿密な close ~に closely
めんるい 麺類 noodles

も

…も too; also; either …も~も both ... and ~ …も~も…ない neither ... nor ~
もう already: ~10分すれば in another ten minutes ~…ない not ... any more; not ... any longer 一度 again; once more ~すぐ soon ~少し a little more [longer] ~少しで…するところで nearly ~ひとつの another; (2つのうちの) the other
もうかる 儲かる be profitable; pay もうけ profit もうける make a profit (on); make money
もうける 設ける establish
もうしあわせ 申し合わせ agreement
もうしいれ 申し入れ offer
もうしこむ 申し込む apply for; (結婚を) propose 申込書 application
もうしたて 申し立て statement
もうしでる (…しようと)申し出る offer 申し出 offer; proposal
もうしぶんない 申し分ないperfect
もうじゅう 猛獣 wild beast
もうしわけない 申し訳ない I'm sorry.
もうちょう 盲腸 appendix
もうどうけん 盲導犬 Seeing Eye dog; guide dog
もうふ 毛布 blanket
もうもく 盲目の blind
もうれつ 猛烈な violent; terrible
もえあがる 燃え上がる flame
もえる 燃える burn
モーター motor
モーテル motel
モード mode; fashion
モーニング morning ~コール wakeup call
もがく struggle; writhe
もぎ 模擬の mock; simulated
もぐ pick もぎ取る break off
もくげき 目撃する witness ~者 witness
もくざい 木材 lumber; wood
もくじ 目次 contents
もくせい 木星 Jupiter
もくぞう 木造の wooden
もくたん 木炭 charcoal
もくてき 目的 purpose; aim; object ~地 destination
もくひょう 目標 goal
もくようび 木曜日 Thursday
もぐら mole
もぐる 潜る go under water
もくろく 目録 list; catalog
もくろむ 目論む plot; conspire; plan; meditate; scheme
もけい 模型 model
モザイク mosaic
もし (…とすれば) if ~でなければ if not; unless
もじ 文字 letter; (表意の) character
もしかしたら maybe; perhaps; possibly
もじばん 文字盤 (時計・羅針盤の) dial
もしもし Hello!
もしゃ 模写 copy; facsimile; replica
モジュール module
モスク mosque
モスクワ Moscow
もぞう 模造 imitation
もたらす bring; (結果を) lead (to)
もたれる lean
モダンな modern
もち 餅 rice cake
もちあげる 持ち上げる lift
もちあるく 持ち歩く carry
モチーフ motif
もちいる 用いる use
もちこたえる 持ちこたえる bear; endure; last; stand; hold
もちこむ 持ち込む(中へ) bring in
もちさる 持ち去る take away
もちだす 持ち出す take out; (話題・問題を) bring up
もちにげする 持ち逃げする go

one thousand six hundred and sixty-nine 1669

和英索引

away with
もちぬし 持ち主 owner
もちはこぶ 持ち運ぶ carry 持ち運べる portable
もちもの 持ち物 one's belongings [things]
もちろん 勿論 of course
もつ¹ (天候などが) last; (食量などが) hold out; (腐らないで) keep
もつ² 持つ have; hold; (費用・責任などを) bear …を持たないで without …を持って with 持って行く (手に取って) take; (他の場所へ) carry 持って帰る bring back 持って来る bring
もっか 目下の present
もっきん 木琴 xylophone
もったいない wasteful
もっと more
モットー motto
もっとも¹ 最も most 〜…でない least
もっとも² 尤も〜な (理にかなった) reasonable; natural
もっぱら 専ら only; exclusively
もつれる 縺れる (糸などが) tangle; (事態が) be complicated
もてなす (客を) entertain
モデム modem
もてる be popular
モデル model
もと 元,基 cause, origin 〜の original; former 〜どおりにする restore
モトクロス motocross
もどす 戻す return; (元へ) get back
もとづく 基づく be based (on)
もとめる 求める ask for; demand
もともと 元々 from the first
もどる 戻る go back; come back; get back; (前の話題などに) return
モニター monitor
もの 物 (事) thing
ものおき 物置 closet; (物置用の小屋) shed
ものおと 物音 noise
ものがたり 物語 story
ものさし 物差し ruler
ものずき 物好きな curious

ものすごい terrible
ものまね 物真似 mimicry 〜をする mimic
モノラルの monaural
モノレール monorail
モバイル mobile
もはん 模範 example; model
もふく 喪服 mourning dress
もほう 模倣 imitation 〜する imitate
もみじ 紅葉 maple
もむ 揉む massage
もめる 揉める have trouble
もめん 木綿(の) cotton
もも¹ 腿 (脚の) thigh
もも² 桃 peach 桃色 pink
もや 靄 haze
もやし bean sprouts
もやす 燃やす burn
もよう 模様 pattern
もよおし 催し event; entertainment 催す hold
もらう 貰う get; be given; have; receive …してもらう have [get] 〜 done … …に〜してもらいたい would like … to do
もらす 漏らす let out; leak
モラル morals
もり 森 forest; woods
もる 盛る heap (up); fill; help
モルタル mortar
モルヒネ morphine
モルモット guinea pig
もれる 漏れる leak (out)
もろい 脆い fragile
もん 門 gate
もんく 文句 complaint 〜を言う complain (about)
もんげん 門限 curfew
モンスター monster
モンタージュ montage
もんだい 問題 problem; question

や

や 矢 arrow
…や 〜 and; or
やあ Hello!; Hi!
ヤード yard
やおちょう 八百長(する) fix; rig
やおや 八百屋 vegetable store; grocery; (人) grocer

やがい 野外(の) outdoor
やがて soon
やかましい noisy; loud; (厳格な) strict; (好みが) particular
やかん kettle
やぎ 山羊 goat 〜座 Capricorn; the Goat
やきいん 焼き印(を押す) brand
やきもち jealousy 〜をやく be jealous
やきゅう 野球 baseball 〜場 stadium; ballpark
やきん 夜勤 night duty [shift]
やく¹ 焼く burn; (パン・ケーキを) bake; (トーストを) toast; (肉を) roast; broil
やく² 役 part 役に立つ useful 役に立たない useless
やく³ 訳 translation
やく… 約… about; around
やくいん 役員 executive
やくざいし 薬剤師 pharmacist; chemist; druggist
やくしょ 役所 public [government] office
やくす 訳す translate …を〜に訳す put … into 〜
やくそく 約束(する) promise; (面会などの) appointment
やくにん 役人 officer; official
やくひん 薬品 medicine; chemicals
やくめ 役目 duty
やくわり 役割 role; part
やけ 〜を起こす get desperate
やけい 夜景 night view
やけど 火傷 (火による) burn; (熱湯による) scald
やける 焼ける burn
やさい 野菜 vegetable
やさしい¹ 易しい easy
やさしい² 優しい kind; gentle; nice
やし 椰子 palm 〜の実 coconut
やじ 野次(る) boo; heckle; hoot; jeer; catcall
やじうま 野次馬 (curious) crowd; onlooker; mob
やしなう 養う support
やしゅ 野手 fielder
やじるし 矢印 arrow

和英索引

やしん 野心 ambition 〜的な ambitious
やすい 安い (品物が) cheap; (値段が) low; (手ごろな) inexpensive 安く買う buy cheap 安売り sale 安っぽい cheap …しやすい easy to do
やすみ 休み (休息) rest; (短い) break; (休日) holiday; (休暇) vacation 〜時間 recess
やすむ 休む rest; (欠席[勤]する) be absent
やすらか 安らかな peaceful 〜に peacefully
やすり 鑢 file
やせい 野生の wild
やせる 痩せる become thin; lose weight やせた lean; slim
やたい 屋台 booth; stall; stand
やちょう 野鳥 wild bird
やちん 家賃 rent
やつ 奴 fellow
やっかい (…に)厄介をかける trouble 〜な troublesome
やっきょく 薬局 drugstore; pharmacy
やっつ 八つ eight
やってくる やって来る (こちらへ) come; (近くへ) come around; (はるばる[わざわざ]) come over; (偶然) come along
やっと at last; barely
やっぱり all the same; at the same time: 〜行くことにしました I decided to go after all. / 〜彼は失敗した He failed as I (had) expected.
やとう¹ 雇う employ; hire
やとう² 野党 opposition (party)
やどや 宿屋 inn
やなぎ 柳 willow
やぬし 家主 landlord
やね 屋根 roof 〜裏部屋 attic
やばん 野蛮な barbarous
やぶ 薮 thicket; bush
やぶる 破る tear, break; (負かす) beat; defeat
やぶれる 破れる tear; (負ける) lose; be beaten
やぼう 野望 ambition

やま 山 mountain; hill; heap; (山場) peak, climax, crisis
やまい 病 illness
やまびこ 山彦 echo
やみ 闇 darkness
やむ¹ 止む stop
やむ² 病む be sick
やむをえない be unavoidable; cannot be helped
やめる¹ 止める stop; (習慣などを) give up
やめる² 辞める quit; (辞任) resign
やもり gecko
やや rather; somewhat; a little [bit]
ややこしい complicated
やり 槍 spear
やりくりする manage
やりぬく やり抜く carry out
やる (する) do; (物を) give; (人を) send やり方 way; how to do やり遂げる accomplish やり直す do over again
やわらかい 柔らかい soft; tender
やわらぐ 和らぐ soften 和らげる soften; ease
やんわりと softly

ゆ

ゆ 湯 hot water 湯わかし器 water heater
ゆいいつ 唯一の only
ゆいごん 遺言 will
ゆういぎ 有意義な meaningful
ゆううつ 憂鬱な depressed
ゆうえき 有益な useful; instructive
ゆうえつかん 優越感 superiority complex
ゆうえんち 遊園地 amusement park
ゆうが 優雅な elegant
ゆうかい 誘拐 kidnapping 〜する kidnap 〜犯 kidnapper
ゆうがい 有害な harmful
ゆうがた 夕方 evening 〜に in the evening
ユーカリ eucalyptus
ゆうかん¹ 夕刊 evening paper

ゆうかん² 勇敢な brave; courageous
ゆうき¹ 勇気 courage 〜づける encourage
ゆうき² 有機(的な) organic 〜化学 organic chemistry 〜体 organism 〜農業[肥料] organic farming [fertilizer]
ゆうぎ 遊戯 play
ゆうきゅう 有給の paid 〜休暇 paid vacation
ゆうぐれ 夕暮れ dusk; evening
ゆうげん 有限な limited
ゆうけんしゃ 有権者 voter; constituent
ゆうこう 有効な effective; (通用) valid
ゆうこうてき 友好的な friendly
ユーザー user
ゆうざい 有罪 guilt; (判決で) Guilty. 〜の guilty
ゆうし 融資する finance
ゆうしゅう 優秀な excellent
ゆうしょう 優勝 victory 〜旗 pennant 〜者 champion 〜杯 cup
ゆうじょう 友情 friendship
ゆうしょく 夕食 dinner; supper
ゆうじん 友人 friend
ユースホステル (youth) hostel
ゆうせい 優勢な dominant; superior; prevailing; leading
ゆうせん 優先 priority
ゆうそう 郵送する mail 〜料 postage
ユーターン U-turn
ゆうだい 雄大な grand
ゆうだち 夕立 shower: 〜にあう be caught in a shower
ゆうとう 優等 honors 〜生 honor [outstanding] student
ゆうどう 誘導する lead; guide 〜尋問 leading [loaded] question
ゆうどく 有毒な poisonous
ユートピア utopia
ゆうのう 有能な able
ゆうはん 夕飯 dinner; supper
ゆうひ 夕日 the setting sun

和英索引

ゆうびん 郵便 mail ～受け mailbox ～局 post office ～配達人 mailman ～番号 zip code
ゆうふく 裕福な rich; wealthy
ゆうべ タベ (昨晩) last night [evening]; (夕方) evening
ゆうべん 雄弁な eloquent; telling
ゆうぼう 有望な promising
ゆうめい 有名な famous
ユーモア humor ～のある humorous
ユーモラスな humorous
ゆうやけ 夕焼け evening glow
ゆうよ 猶予 grace; moratorium; (執行の) probation, stay
ユーラシア Eurasia
ゆうらんせん 遊覧船 pleasure boat
ゆうり 有利な advantageous
ゆうりょう¹ 優良な excellent
ゆうりょう² 有料である There is a charge for ... ～道路 toll road
ゆうりょく 有力な influential; important
ゆうれい 幽霊 ghost ～屋敷 haunted house
ユーロ euro
ゆうわく 誘惑 temptation ～する tempt
ゆか 床 floor
ゆかい 愉快な pleasant
ゆがむ 歪む be twisted [distorted]
ゆき 雪 snow 雪が降る It snows. 雪だるま snowman
ゆきさき 行き先 destination
ゆきづまり 行き詰まり deadlock; dead end; standstill
ゆきどけ 雪解け thaw
ゆきどまり 行き止まり dead end
ゆく 行く go
ゆくえ 行方:～不明の missing
ゆくゆくは someday
ゆげ 湯気 steam
ゆけつ 輸血 blood transfusion
ゆさぶる 揺さぶる shake
ゆしゅつ 輸出(する) export
ゆすぐ 濯ぐ rinse
ゆする 揺する shake; (脅迫する) blackmail
ゆずる 譲る give (way); yield; concede; hand [turn] over; transfer; relinquish; (地位を) step aside, abdicate; (売る) sell, part with ...
ゆそう 輸送 transportation ～する transport
ゆたかな 豊かな rich
ゆだねる 委ねる leave ... (to)
ユダヤじん ユダヤ人 Jew
ゆだん 油断する be off *one's* guard; be careless
ゆたんぽ 湯たんぽ hot-water bottle
ゆっくり slowly; leisurely
ゆでたまご 茹で卵 boiled egg
ゆでる 茹でる boil
ゆでん 油田 oil field; (oil) well
ゆとり margin; (余地) space, (elbow)room, clearance; (余暇) leisure, spare time:…の～がない can't afford
ユニークな unique
ユニコーン unicorn
ユニセックスの unisex
ユニセフ UNICEF
ユニット unit
ユニフォーム uniform
ゆにゅう 輸入(する) import
ユネスコ UNESCO
ゆび 指 finger; (足の) toe
ユビキタスの ubiquitous
ゆびさき 指先 fingertip
ゆびさす 指差す point
ゆびわ 指輪 ring
ゆみ 弓 bow
ゆめ 夢(を見る) dream; have a dream:…の夢を見る dream of / 楽しい夢を見る have a happy dream
ゆらい 由来 origin; history ～する derive; originate
ゆり 百合 lily
ゆりかご 揺り籠 cradle
ゆるい 緩い loose
ゆるす 許す forgive, pardon; (許可) allow; permit
ゆるむ 緩む, 緩める loosen
ゆるやか 緩やかな gentle; slow
ゆれる 揺れる shake; sway; (ぶらんこ・振り子・腕などが) swing

よ

よあけ 夜明け dawn
よい good ☞ いい
よう¹ 酔う get drunk
よう² 用 ☞ ようじ: 何かご用ですか? What can I do for you? / …に用はない have no use for ...; don't need ...
(…の)よう look; seem; appear; be like …(する)～に as; in order that ...; so (that) ... まるで…の～に as if
ようい¹ 容易な easy
ようい² 用意する prepare; get [make] ready: 用意はできましたか Are you ready? / ☞ いち²
よういん 要因 factor
ようえき 溶液 solution
ようか 八日 (月の) eighth
ようがん 溶岩 lava
ようき¹ 陽気な merry
ようき² 容器 container; receptacle
ようぎ 容疑 suspicion ～者 suspect
ようきゅう 要求(する) demand; (権利として) claim
ようぐ 用具 tool
ようご¹ 用語 term
ようご² 擁護する support
ようこうろ 溶鉱炉 blast furnace; smelter
ようこそ Welcome!
ようし¹ 要旨 outline
ようし² 用紙 paper
ようし³ 養子 adopted [foster] child
ようじ¹ 幼児 infant
ようじ² 用事 business ～で on business ～がある have something to do
ようじ³ 楊枝 toothpick
ようしき¹ 様式 style
ようしき² 洋式 western style
ようしゃ 容赦する forgive
ようしょく 養殖 culture ～する cultivate
ようじん 用心する take care; be careful ～深い careful
ようす 様子 look; appearance ～を見る wait and see
ようする 要する require; need
ようするに 要するに in short
ようせい¹ 妖精 fairy
ようせい² 養成する train
ようせい³ 要請(する) request

和英索引

ようせき 容積 capacity
ようそ 要素 element
ようだい 容体 condition
ようち¹ 幼稚な childish ～園 kindergarten
ようち² 用地 ground; site; lot
ようちゅう 幼虫 larva
ようてん 要点 point
ようと 用途 use
ようにん 容認する accept
ようふく 洋服 clothes ～だんす wardrobe ～屋 tailor; dressmaker
ようぶん 養分 nourishment; nutrition
ようほう 用法 how to use
ようぼう¹ 容貌 looks
ようぼう² 要望(する) desire; request
ようむいん 用務員 custodian
ようもう 羊毛 wool
ようやく¹ 漸く at last; finally
ようやく² 要約(する) sum(marize); condense; boil down; recap; digest
ようりょう¹ 要領: ～のいい efficient; clever; shrewd / ～の悪い awkward; clumsy
ようりょう² 容量 capacity; volume
ようりょくそ 葉緑素 chlorophyll
ようれい 用例 example
ヨーグルト yogurt
ヨーヨー yo-yo
ヨーロッパ Europe ～の European
よか 余暇 leisure
ヨガ yoga
よかん 予感 hunch; premonition; foreboding
よき 予期 expectation ～する expect
よきょう 余興 entertainment
よきん 預金 deposit ～通帳 bankbook
よく¹ well; often; (昔は)～した used to do
よく² 欲 greed
よく… 翌… the next...
よくあつ 抑圧する suppress; repress; hold down; inhibit
よくしつ 浴室 bathroom
よくせい 抑制 control
よくそう 浴槽 bathtub
よくなる 良くなる (改善) improve; (体が) get better [well]
よくばり 欲張りな greedy
よくぼう 欲望 desire
よけい 余計な unnecessary: ～なお世話だ It's none of your business.
よける 避ける avoid
よげん 予言 prophecy ～する prophesy ～者 prophet
よこ 横(の) width; side; horizontal 横になる lie (down) …の横に at [by] the side of ...; beside ... 横切る cross; (横切って) across 横たわる lie (down) 横たえる lay (down) 横顔 profile 横目で sideways; out of the corner of one's eye
よこく 予告 notice
よこす 汚す stain; make ... dirty
よこちょう 横町[丁] alley (way); side street; lane
よごれる 汚れる stain 汚れ stain 汚れた dirty
よさ 良さ good point
よさん 予算 budget
よしゅう 予習 prepare one's lessons
よせん 予選 preliminary
よそ another place; somewhere else
よそう 予想 expectation ～する expect ～外の unexpected
よそく 予測する predict
よそみ 余所見をする look away
よだれ 涎(が出る) drool; slobber; (make …'s mouth) water ～掛け bib
よち 余地 room
よっか 四日 (月の) fourth
よっきゅう 欲求 desire
よっつ 四つ four
ヨット yacht; sailboat
よっぱらい 酔っ払い drunken man [woman] ～運転 drunk driving
よっぱらう 酔っ払う get drunk
よてい 予定(表) plan; schedule ～する・～だ be to do
よとう 与党 ruling party
よなか 夜中 in the middle of the night
よのなか 世の中 the world
よはく 余白 margin; space
よび 予備の spare
よびもどす 呼び戻す recall
よびもの 呼び物(とな)る feature
よびりん 呼び鈴 doorbell
よぶ 呼ぶ call; (招待) invite
よふかし 夜ふかしする stay up late
よぶん 余分な extra; spare ～に extra
よほう 予報 forecast
よぼう 予防 prevention ～する prevent ～接種 vaccination; inoculation ～措置 preventive measures
よむ 読む read 読み上げる read out
よめ 嫁(花嫁) bride; (息子の妻) daughter-in-law
よやく 予約 reservation; (診察などの) appointment ～する (部屋・座席などを) reserve; book
よゆう 余裕(空間) room; (時間) time to spare
…より(も) than
よりかかる 寄り掛かる lean
よる¹ (…に)依る(基づく) be based on; (理由) be due to; (…次第だ) depend (on): 場合に～ That depends. (…によれば according to (…によって by; through
よる² 寄る come near; drop in
よる³ 夜 night 夜に at night
よろい 鎧 armor
よろこぶ 喜ぶ be glad [pleased] 喜んで with pleasure 喜んで…する be glad [ready] to do 喜ばせる please 喜び joy; delight
よろしい 宜しい Good.; All right.; OK.; Sure(ly).
よろしく 宜しく(伝える) say hello (to); give …'s regards
よろめく stumble; stagger; lurch
よろん 世論 public opinion ～調査 (opinion) poll
よわい 弱い weak; (雨・程度などが) light; 数学に～ be poor at math 弱さ, 弱み weakness; weak point 弱虫 coward 弱る weaken
よん 四, 4 four 4番目の

和英索引

fourth　4分の1 fourth; quarter
よんじゅう　四十, 40 forty　40番目の fortieth　40分の1 fortieth

ら

ラード lard
ラーメン Chinese noodles
らいう　雷雨 thunderstorm
ライオン lion
らいきゃく　来客 visitor
らいげつ　来月 next month
らいしゅう　来週 next week
ライセンス license
ライター lighter
ライト[1]（照明）light
ライト[2]（野球）right field;（選手）right fielder
ライトバン delivery van
ライナー line drive; liner
らいねん　来年 next year
ライバル rival
ライフスタイル lifestyle
ライブの live
ライブラリー library
ライフル rifle
ライフワーク lifework
ライム lime
ライむぎ　ライ麦 rye
ライラック lilac
ラインナップ lineup
らく　楽な comfortable; easy
らくえん　楽園 paradise
らくがき　落書き scribbles; graffiti
らくせん　落選する lose [be defeated in] an election
らくだ　駱駝 camel
らくだい　落第する fail
らくたん　落胆する be disappointed
らくてんてき　楽天的な optimistic　楽天家 optimist　楽天主義 optimism
らくのう　酪農　～場 dairy (farm)
ラグビー rugby
らくようじゅ　落葉樹 deciduous tree
らくらく　楽々と easily
ラケット racket
…らしい seem; look;（うわさ）They say [I hear] …

ラジウム radium
ラジオ radio
ラジカセ radio cassette recorder
ラジコンの radio-controlled
らっか　落下（する）fall
らっかさん　落下傘 parachute
らっかんてき　楽観的な optimistic
ラッキーな lucky
らっこ sea otter
ラッシュアワー rush hour
らっぱ　喇叭 trumpet; bugle
ラップ（音楽）rap;（包む）wrap
ラップトップ laptop
ラテンアメリカ(の)　Latin America(n); Hispanic
ラテンの Latin
ラフな rough; casual
ラブレター love letter
ラベル label
ラベンダー lavender
ラリー rally
らん[1]　欄 column
らん[2]　蘭 orchid
ランキング, ランク rank(ing); rate, rating; class
らんざつ　乱雑な untidy
らんし　卵子 ovum; egg cell
ランジェリー lingerie
ランチ lunch
ランナー runner
らんにゅう　乱入する burst into
ランニング running　～をする run
ランプ lamp
らんぼう　乱暴な violent; rough;（無茶な）reckless
らんよう　乱用（する）abuse

り

リアリズム realism
リアルな realistic
リーグ league
リース（賃貸）lease
リーダー leader　～シップ leadership
リード（する）lead
りえき　利益 profit
りか　理科 science
りかい　理解 understanding　～する understand; make out　～させる get across

りがい　利害 interest
りきがく　力学 dynamics
りきせつ　力説する emphasize
リキッド liquid
リキュール liqueur
りく　陸 land　陸軍 army　陸上競技 track and field
リクエスト request
りくつ　理屈 reason
リクライニングシート reclining seat
りこう　利口な bright; clever; smart
リコーダー recorder
リコール recall
りこしゅぎ　利己主義 egoism　～者 egoist　利己的な selfish
りこん　離婚（する）divorce
リサイクル recycling　～する recycle
リサイタル recital
りし　利子 interest
りじ　理事 director; commissioner　～会 board; council
りす squirrel
リスク risk
リスト list
リストラ restructuring; layoff
リスナー listener
リスニング ☞ ヒアリング
リズム rhythm
りせい　理性 reason　～的な rational
リセット reset
りそう　理想 ideal　～的な ideal
リゾート resort
りそく　利息 interest
リターナブルびん returnable bottle
リターン(キー) return
リタイアする retire; drop out
りだつ　離脱する separate; drop out
りつ　率 rate
りっけんくんしゅこく　立憲君主国 constitutional monarchy
りっこうほ　立候補する run for
りっしょう　立証する prove
りっしょく　立食の stand-up; ☞ バイキング
りったい　立体 solid　～的な three-dimensional
リットル liter
りっぱ　立派な fine; splendid;

1674　one thousand six hundred and seventy-four

和英索引

great
リップ（スティック）lipstick
りっぽう¹ 立方(体) cube 〜センチ cubic centimeter
りっぽう² 立法 legislation 〜府 legislative body
りてん 利点 advantage
りとう 離島 island
リニアモーター linear motor
リハーサル rehearsal
リバーシブルの reversible
リバイバル revival
リバウンドする（ボールが）rebound;（ダイエット後に）put on weight again
りはつし 理髪師 barber
リハビリ rehabilitation
リビングルーム living room
リフト chair [ski] lift
リベート kickback; rake-off; ☞ rebate (本文)
リベラルな liberal
リボン ribbon
りまわり 利回り yield; interest
リミット limit
リムジン limousine
リメイク remake
リモコン remote control
りゃく 略す abbreviate; shorten;（省略する）omit: 略して for short / 〜の略である stand for ... 略式の informal; casual
りゃくご 略語 abbreviation
りゃくだつ 略奪(する) loot; plunder
りゆう 理由 reason
りゅう 竜 dragon
りゅういき 流域 basin
りゅうがく 留学する study abroad
りゅうけつ 流血 bloodshed
りゅうこう 流行 fashion: 〜している be in fashion; be popular 〜の fashionable; popular
りゅうしゅつ 流出する flow out
りゅうせい 流星 meteor; shooting [falling] star
りゅうちじょう 留置場 jail
りゅうちょう 流暢な fluent; smooth
りゅうつう 流通 distribution; circulation
りゅうどう 流動 〜体 fluid 〜的な fluid; floating; mobile
リューマチ rheumatism
リュックサック rucksack
りよう 利用(する) use; make use of 〜できる be available
りょう¹ 漁 fishing
りょう² 猟 hunting: 猟に行く go hunting
りょう³ 寮 dormitory
りょう⁴ 量 quantity
りょういき 領域 area
りょうかい¹ 了解！OK.;（無線で）roger
りょうかい² 領海 territorial waters
りょうがえ 両替する change
りょうがわ 両側 both sides
りょうきん 料金 charge; fare; fee; toll 〜を請求する charge
りょうさん 量産 mass production 〜する mass-produce
りょうし¹ 漁師 fisherman
りょうし² 猟師 hunter
りょうじ 領事 consul 〜館 consulate
りょうしつ 良質の good; choice; high-quality
りょうしゅうしょ 領収書 receipt
りょうしん¹ 両親 parents
りょうしん² 良心 conscience 〜的な conscientious
りょうせいるい 両生類 amphibian
りょうど 領土 territory
りょうほう 両方(とも) both 〜とも…ない neither
りょうようじょ 療養所 sanitarium, sanatorium
りょうり 料理 cooking;（個々の）dish: 〜がうまい be a good cook 〜する cook 〜長 chef 〜人 cook
りょかく，りょきゃく 旅客 passenger 〜機 airliner 〜列車[船] passenger train [ship]
りょかん 旅館 hotel; inn
りょこう 旅行 travel; trip; journey; tour 〜する travel;（観光で）tour 〜者 traveler; tourist

リラックスする relax
リリース release
リリーフ relief pitcher
りりく 離陸する take off
リレー relay
りれき 履歴 one's personal history 〜書 curriculum vitae; résumé
りろん 理論 theory
リンカ（ー）ン Lincoln
りんかく 輪郭 outline
りんきおうへん 臨機応変に[の] according to circumstances; resourceful
りんぎょう 林業 forestry
リンク link;（スケートの）(skating) rink
リング ring
りんご apple
りんじ 臨時の special; extra
りんじん 隣人 neighbor
リンス rinse;（シャンプー後に使うコンディショナー）conditioner 〜する rinse
りんせつ 隣接した adjacent, adjoining; neighboring; next to...
リンチ（ぶちのめす）beat up;（非合法に処刑する）lynch
りんり 倫理(学) ethics; moral, morality

る

ルアー lure
るい¹ 塁 base
るい² 類 sort; kind; type: 類は友を呼ぶ Birds of a feather flock together. 類のない unique
るいご 類語 synonym
るいじ 類似した similar
るいじんえん 類人猿 ape; anthropoid
るいすい 類推 analogy
ルージュ rouge; ☞ くちべに
ルーズな loose; careless
ルーター router
ルーツ root
ルート route
ルームサービス room service
ルール rule
ルーレット roulette
るす 留守 absence 〜である be

和英索引

out [absent] (…の)中に in [during] …'s absence
るすばん 留守番する stay behind; housesit ～電話 answering machine
ルックス looks:～のよい good-looking
ルネッサンス the Renaissance
ルビー ruby
ルポ(ルタージュ) report
ルンバ rumba

れ

レア rare
れい[1] 例 example; instance
れい[2] 礼(をする)(おじぎ) bow; (謝礼) reward 礼を言う thank
れい[3] 霊 spirit; soul; ghost
レイアウト layout
れいか 零下 below zero; minus
れいがい 例外 exception …を～とする make an exception for ～なく without exception
れいかん 霊感 inspiration; (超能力的な) ESP:～のある [強い] psychic
れいぎ 礼儀 manners ～正しい polite
れいきゃく 冷却する cool
れいきゅうしゃ 霊柩車 hearse
れいこく 冷酷な cruel
れいこん 霊魂 soul; spirit
れいしょう 例証 evidence
れいじょう 礼状 letter of thanks
れいせい 冷静な calm; cool
れいぞうこ 冷蔵庫 refrigerator
れいたん 冷淡な cold
れいちょうるい 霊長類 primate
れいてん 零点 zero
れいど 零度 zero
れいとう 冷凍する freeze ～庫 freezer
れいはい 礼拝 service; worship; church ～堂 chapel
レイプ rape ～犯 rapist
れいぼう 冷房 air conditioning

レインコート raincoat
レインシューズ overshoes
レーサー racer
レーザーディスク laser disk
レース (競争) race; (編み物) lace
レーズン raisin
レーダー radar
レール rail
レオタード leotard
れきし 歴史 history ～上の historical ～家 historian
れきぜん 歴然とした obvious
レギュラーの regular
レギンス leggings
レクイエム requiem
レクリエーション recreation
レゲエ reggae
レコード record
レジ register ～係 cashier
レシート receipt
レシーバー receiver
レシピ recipe
レジャー (娯楽) recreation; (余暇) leisure
レストラン restaurant
レズビアン lesbian
レスラー wrestler
レスリング wrestling
レセプション reception
レタス lettuce
れつ 列 line; (横列) row
レッカーしゃ レッカー車 wrecker; tow truck
れっしゃ 列車 train
レッスン lesson
レッテル (を貼る) label
れっとうかん 劣等感 sense of inferiority; inferiority complex
レッドカード red card
レディー lady
レディーメード ready-made
レバー (臓物) liver; (機械の) lever
レパートリー repertoire
レフェリー referee
レフト left field; (選手) left fielder
レベル level
レポーター reporter
レポート report; paper
レモネード lemonade
レモン lemon
れんあい 恋愛 love
れんが 煉瓦 brick

れんきゅう 連休 consecutive holidays
れんけつ 連結する link; join; couple
れんごう 連合 alliance; association; combination; federation; union; ☞ こくれん ～国 (第二次大戦の) Allies
レンジ range; microwave
れんじつ 連日 every day; day after day
れんしゅう 練習(する) practice ～問題 exercise
レンズ lens
れんそう 連想する associate; remind
れんぞく 連続する continue
レンタカー rent-a-car; rental car
レンタル rental
レントゲン X-ray
れんぽう 連邦の federal
れんめい 連盟 league; federation
れんらく 連絡(する) contact …から～がある hear from …
れんりつ 連立 coalition

ろ

ろ 炉 furnace; fireplace; hearth: 原子炉 ☞ げんし
ろう[1] 蝋 wax
ろう[2] 牢 prison
ろうあ 聾唖 deaf and mute
ろうか[1] 廊下 corridor
ろうか[2] 老化 aging; senility
ろうし 労使(の) (between) labor and management
ろうじん 老人 old man [woman]; (総称) old people
ろうすい 老衰 senility; aging:～で死ぬ die of old age
ろうそく 蝋燭 candle
ろうどう 労働 labor ～組合 labor union ～者 laborer; worker
ろうどく 朗読する read aloud
ろうひ 浪費(する) waste
ローカルな local
ローション lotion
ローストビーフ roast beef
ロータリー rotary
ローテーション rotation
ロープ rope

1676　　　　　　　　　　　　　　　　　　　　　　　　one thousand six hundred and seventy-six

ロープウェー ropeway
ローマ Rome ～字 (アルファベット) (Roman) alphabet ～数字 Roman numeral ～法王[教皇] the Pope; the Pontiff
ローラー roller: ～でならす roll
ローラースケート roller skating ～をする roller-skate
ロールキャベツ (meat-) stuffed cabbage
ロールパン roll
ローン loan; mortgage
ろか 濾過するfilter
ろく 六, 6 six 6番目の, 6分の1 sixth
ログアウト log out [off]
ろくおん 録音するrecord
ろくが 録画するvideotape
ろくがつ 六月 June
ろくじゅう 六十, 60 sixty 60番目の, 60分の1 sixtieth
ロケ ～地 location ～中に on location
ロケット rocket; (装身具) locket
ロゴ logo
ろこつ 露骨な open; frank; plain;
ロサンゼルス Los Angeles
ろじ 路地lane; alley
ロシア Russia ～の[人, 語] Russian
ろしゅつ 露出 exposure ～する[した] expose(d); bare; (肌を) scanty ～狂 exhibitionist; flasher
ロス ☞ ロサンゼルス, そんしつ ～タイム injury time
ろせん 路線route
ロッカー locker
ロック (音楽) rock; (鍵) lock
ロッククライミング rock-climbing
ろっこつ 肋骨rib
ロッジ lodge
ろてん 露店 stall; booth; stand
ろば 驢馬donkey
ロビー lobby; lounge
ロボット robot
ロマンス romance
ロマンチスト romantic
ロマンチックな romantic
ろんぎ 論議 discussion ～する discuss
ろんじる 論じるdiscuss
ろんそう 論争dispute; argument; controversy
ロンドン London
ろんぶん 論文 paper; (学位論文) thesis
ろんり 論理(学) logic ～的な logical

わ

わ 輪circle; ring
ワークステーション workstation
ワークブック workbook
ワープロ word processor
ワールドカップ the World Cup
わいきょく 歪曲するdistort; twist; falsify
ワイシャツ shirt
わいせつ 猥褻な obscene; dirty
ワイドな wide(-angled)
ワイパー (windshield) wiper
ワイヤー wire ワイヤレスの wireless
わいろ 賄賂(を送る) bribe
ワイン wine
わおん 和音chord; harmony
わかい¹ 若いyoung
わかい² 和解する reconcile; make up; make peace [settle] with...
わかさ 若さyouth
わかす 沸かすboil
わがまま 我侭なselfish
わかもの 若者 young man; young people; youth
わがや 我が家 (one's) home [house, family]
わかる understand; see; get わかりますか Do you understand?; Do you see? わかった I've got you [it].; I see. ...であることが～ (人・物事が) prove; (物事が) turn out わかってくる come [begin] to understand
わかれる¹ 分かれるdivide 分かれた separate
わかれる² 別れるpart (from); say good-bye
わき 脇,腋 side; (わきの下) armpit: わきに抱える hold .. under one's arm ...のわきに beside; by わきへ aside
わき腹 side: わき腹が痛い have a pain in one's side
わき役 supporting role cameo; (補佐) assistant second fiddle, backseat
わく¹ 沸くboil
わく² 湧くspring
わく³ 枠frame
わくせい 惑星 planet
ワクチン vaccine
わくわくする be excited [thrilled]
わけ 訳reason: どういう～か for some reason (or other) / ～がわからない I can't understand.
わけまえ 分け前share
わける 分ける divide; separate; part; (取り分を) share
わゴム 輪ゴムrubber band
ワゴン wagon
わざ 技art; skill; technique; trick
わざと on purpose
わざわい 災いdisaster
わざわざ specially ～する take the trouble to do
わし 鷲eagle
ワシントン Washington
わずか 僅かな[の] a few; a little
わずらわしい 煩わしい troublesome; annoying
わすれなぐさ 勿忘草 forget-me-not
わすれる 忘れるforget; (置き忘れる) leave (behind) 忘れっぽい forgetful
わた 綿cotton
わだい 話題topic
わたし 私 I 私は[が] I 私の my 私を[に] me 私のもの mine 私自身 myself
わたしたち 私達 ☞ われわれ
わたしぶね 渡し舟 ferry (boat)
わたす 渡すhand; give
わたる¹ 亘る (ある範囲に) cover ...にわたって over
わたる² 渡る cross; get across
わたりどり 渡り鳥 bird of passage; migratory bird
ワックス wax
ワット watt

ワッフル waffle
ワッペン emblem; badge
わな 罠 trap
わなげ 輪投げ quoits
わに 鰐 alligator; crocodile
わび 詫び apology わびる apologize (to)
わびしい 侘しい bleak; lonely; dreary; desolate; forlorn
わへい 和平 peace ～会談 peace talks
わほう 話法 narration; speech
わめく 喚く shout; yell
わら 藁 straw
わらい 笑い laugh; smile ～声 laughter ～話 joke
わらう 笑う laugh (at); smile
わらび 蕨 bracken
わらべうた 童歌 nursery rhyme; Mother Gosse rhyme
わり 割(り) percent(age); (1割) ten percent ～と[に] comparatively; relatively; rather ～に合わない do not pay (well); be poorly paid 年の～には for *one's* age

わりあい 割合 rate
わりあて 割り当て assignment
わりあてる 割り当てる assign
わりかん 割り勘にする split the check [bill]
わりき(れ)る 割り切(れ)る (数が) divide into ...; be divisible: (考えが) 割り切った black-and-white, pragmatic, businesslike / (どうも)割り切れない not be convinced [satisfied]; have *one's* doubt
わりこむ 割り込む break; cut in; push into ...
わりざん 割り算 division ～をする divide
わりつけ 割付け layout
わりびき 割引 discount; reduction ～する, 割り引く discount; reduce
わりまし 割増(料金) extra
わる 割る (固い物を) break; (縦に) split; (割り算で) divide
わるい 悪い bad; evil; wicked; wrong

わるがしこい 悪賢い cunning; sly
わるぐち 悪口 (…の)～を言う speak ill of
ワルツ waltz
わるふざけ 悪ふざけ practical joke
われめ 割れ目 crack
われる 割れる break
われわれ 我々 we ～は [が] we ～の our ～に [を] us ～のもの ours ～自身 ourselves
わん¹ 椀 bowl
わん² 湾 bay; gulf
わんしょう 腕章 armband
わんぱく 腕白な naughty
ワンパターン predictable; stereotyped
ワンピース dress
ワンマン dictator ～ショー one-man show
わんりょく 腕力 force
ワンルームマンション studio apartment [flat]
わん(わん) (犬) doggie; (吠え声) bowwow

不規則動詞活用表

赤色は * 2つ以上の重要語を表わす

原　形	過　去　形	過　去　分　詞
alight[1] (文語) 降りる	alighted, alit	alighted, alit
arise 起こる	arose	arisen
awake 目がさめる, 目をさまさせる	awoke, awaked	awaked, awoken
baby-sit 子もりをする	baby-sat	baby-sat
be [am, is, are] …である	was, were	been
bear[2] (子)を産む, 生まれる	bore	borne, born
beat 打つ	beat	beaten, beat
become …になる	became	become
befall 起こる	befell	befallen
begin 始める, 始まる	began	begun
bend 曲げる, 曲がる	bent	bent
beset つきまとう	beset	beset
bet (金)をかける	bet, betted	bet, betted
bid 値をつける	bade, bid	bidden, bid
bind 縛る	bound	bound
bite かむ	bit	bitten, bit
bleed 血が出る	bled	bled
bless (牧師などが)祝福する	blessed, blest	blessed, blest
blow[1] (風が)吹く, 吹きとばす	blew	blown
break こわす, こわれる	broke	broken
breast-feed 母乳で育てる	breast-fed	breast-fed
breed 飼育する, (動物が)子を産む	bred	bred
bring もってくる	brought	brought
broadcast 放送する	broadcast, broadcasted	broadcast, broadcasted
build 建てる	built	built
burn 燃える, 燃やす	burned, burnt	burned, burnt
burst 破裂する, 破裂させる	burst	burst
buy 買う	bought	bought
can[1] ＿することができる	could	—
cast 投げる	cast	cast
catch つかまえる, ひっかかる	caught	caught
choose 選ぶ	chose	chosen
cling しがみつく	clung	clung
clothe (文語) …に衣服を着せる	clothed, (古) clad	clothed, (古) clad
come 来る	came	come
cost 値段が…である	cost	cost
creep はう	crept	crept
crow[2] (おんどりが)鳴く	crowed, crew	crowed
cut 切る, 切れる	cut	cut
deal[2] 分配する, 処理する	dealt	dealt
dig 掘る	dug	dug
dive 飛び込む	dived, (米) dove	dived
do[1] する	did	done
draw 引く	drew	drawn
dream 夢を見る	dreamed, dreamt	dreamed, dreamt

one thousand six hundred and seventy-nine　　1679

不規則動詞活用表

原　形	過　去　形	過　去　分　詞
drink 飲む	drank	drunk
drive (自動車など)を運転する	drove	driven
dwell 《文語》住む	dwelt, dwelled	dwelt, dwelled
eat 食べる	ate	eaten
fall 落ちる	fell	fallen
feed (動物に)餌を与える, 物を食う	fed	fed
feel (…だと)感じる, …に触る	felt	felt
fight 戦う	fought	fought
find 見つける	found	found
flee 逃げる	fled	fled
fling 投げつける	flung	flung
floodlight 投光照明で照らす	floodlighted, floodlit	floodlighted, floodlit
fly[1] 飛ぶ	flew	flown
forbear 《文語》差し控える	forbore	forborne
forbid 禁じる	forbade, forbad	forbidden
forecast (天気など)を予報する	forecast, forecasted	forecast, forecasted
foresee 予見する	foresaw	foreseen
foretell 予言する, 予告する	foretold	foretold
forget 忘れる	forgot	forgotten, forgot
forgive 許す	forgave	forgiven
forgo (…)なしですませる	forwent	forgone
forsake 《文語》見捨てる	forsook	forsaken
freeze 凍る, 凍らせる	froze	frozen
get 手に入れる, 着く	got	got, 《米》gotten
gild (…に)金ぱくをかぶせる	gilded, gilt	gilded, gilt
give 与える	gave	given
go 行く	went	gone
grind ひいて粉にする	ground	ground
grow 成長する, (作物など)を育てる	grew	grown
hang 掛ける, 掛かる	hung	hung
have[1] 持っている	had	had
hear 聞こえる	heard	heard
hide[1] 隠す, 隠れる	hid	hidden, hid
hit 打つ	hit	hit
hold 手に持つ, もちこたえる	held	held
hurt 傷つける, 痛む	hurt	hurt
interweave 織りまぜる	interwove	interwoven
keep もっている, ずっと~である	kept	kept
kneel ひざまずく	knelt, kneeled	knelt, kneeld
knit 編む, 編み物をする	knit, knitted	knit, knitted
know 知っている	knew	known
lay[1] 置く	laid	laid
lead[1] 導く, 先頭に立つ	led	led
lean[1] 上体を曲げる, 傾ける	leaned, 《英》ではまたleant	leaned, 《英》ではまたleant
leap 跳ぶ, 跳び越える	leaped, leapt	leaped, leapt
learn 学ぶ, 覚える	learned, learnt	learned, learnt
leave[1] 離れる, 去る	left	left
lend 貸す	lent	lent
let …を__させる	let	let

1680　　　　one thousand six hundred and eighty

不規則動詞活用表

原　　形	過　去　形	過　去　分　詞
lie[1] 横になる	lay	lain
light[1] 火をつける	lighted, lit	lighted, lit
lose 失う, 負ける	lost	lost
make 作る	made	made
may __してもよい	might	—
mean[1] 意味する	meant	meant
meet 会う	met	met
melt 溶ける, 溶かす	melted	melted, melten
mislead まちがった判断[行動]をさせる	misled	misled
misread 読みまちがえる	misread	misread
misspell つづりをまちがえる	misspelled, misspelt	misspelled, misspelt
mistake まちがえる	mistook	mistaken
misunderstand 誤解する	misunderstood	misunderstood
mow[1] 刈る	mowed	mown, mowed
must —しなければならない	(must)	—
offset 埋め合わせする	offset	offset
outbid (相手より)高値をつける	outbid	outbid
outdo …よりすぐれている	outdid	outdone
outgrow …に合わないほど大きくなる	outgrew	outgrown
outrun …より速く走る	outran	outrun
outshine …よりずっとよい	outshone	outshone
overcome 打ち勝つ	overcame	overcome
overdo やりすぎる	overdid	overdone
overeat 食べすぎる	overate	overeaten
overhang …の上に張り出る	overhung	overhung
overhear ふと耳にする	overheard	overheard
override はねつける	overrode	overridden
overrun …にはびこる	overran	overrun
oversee 監督する	oversaw	overseen
oversleep 寝過ごす	overslept	overslept
overtake 追い越す	overtook	overtaken
overthrow 倒す	overthrew	overthrown
pay 払う	paid	paid
pinch-hit 代打に出る	pinch-hit	pinch-hit
plead 嘆願する, 弁護する	pleaded, 《米》pled	pleaded, 《米》pled
prepay 前払いする	prepaid	prepaid
prove 証明する	proved	proved, 《米》ではまたproven
put 置く	put	put
quit 《口語》やめる	quit, 《おもに英》quitted	quit, 《おもに英》quitted
read[1] 読む	read	read
rebuild 再建する	rebuilt	rebuilt
redo やり直す	redid	redone
repay (人に)(金を)返す	repaid	repaid
rerun 再上映する	reran	rerun
reset セットし直す	reset	reset
retake 再び取る	retook	retaken
retell ほかの言い方でいう	retold	retold
rewrite 書き直す	rewrote	rewritten
rid …から〜を取り除く	rid, ridded	rid, ridded

不規則動詞活用表

原　　形	過　去　形	過　去　分　詞
ride 乗る	rode	ridden
ring[2] 鳴る, 鳴らす	rang	rung
rise 立ち上がる	rose	risen
run 走る	ran	run
saw[1] のこぎりで切る	sawed	《米》sawed, 《英》sawn
say 言う	said	said
see 見える	saw	seen
seek 捜す	sought	sought
sell 売る	sold	sold
send 送る, 行かせる	sent	sent
set 置く, 沈む	set	set
sew 縫う	sewed	sewn, sewed
shake 振る, 震える	shook	shaken
shall __するでしょう	should	—
shave (ひげを)そる	shaved	shaved, shaven
shear 毛を刈る	sheared	shorn, sheared
shed[1] (葉・毛・皮・角など)を落とす	shed	shed
shine 輝く, 照らす	shone, 他 の場合はshined	shone, 他 の場合はshined
shoe (馬に蹄鉄を)打ってつける	shod, shoed	shod, shoed
shoot 撃つ	shot	shot
show 見せる, 見える	showed	shown, showed
shrink 縮む	shrank, shrunk	shrunk, shrunken
shut 閉じる	shut	shut
sing 歌う	sang	sung
sink 沈む, 沈める	sank	sunk
sit 腰を下ろす, すわらせる	sat	sat
slay 《文語》殺す	slew	slain
sleep 眠る	slept	slept
slide すべる, すべらせる	slid	slid
sling つる	slung	slung
slit 切り開く	slit	slit
smell …のにおいをかぐ, におう	smelled, smelt	smelled, smelt
sow[1] 種をまく	sowed	sown, sowed
speak 話す	spoke	spoken
speed 早く動く, 急がせる	sped, speeded	sped, speeded
spell[1] つづる	spelled, spelt	spelled, spelt
spend (金)を使う, 過ごす	spent	spent
spill こぼす, こぼれる	spilled, spilt	spilled, spilt
spin 紡ぐ, くるくる回る	spun	spun
spit[1] つばを吐く, 吐き出す	spat	spat
split 割る, 裂ける	split	split
spoil だめにする, だめになる	spoiled, spoilt	spoiled, spoilt
spread 広げる, 広がる	spread	spread
spring 跳ぶ, 跳躍させる	sprang, sprung	sprung
stand 立っている, 立てる	stood	stood
steal 盗む, 盗みをする	stole	stolen
stick[2] 突き刺す, くっつく	stuck	stuck
sting (針などで)刺す	stung	stung
stink ひどい悪臭を出す	stank, stunk	stunk

不規則動詞活用表

原　　形	過　去　形	過　去　分　詞
strew まき散らす	strewed	strewed, strewn
stride 大またに歩く	strode	stridden
strike 打つ	struck	struck, 《古》stricken
string …を糸に通す	strung	strung
strive 《文語》一生懸命努力する	strove	striven
sublet また貸しする	sublet	sublet
sunburn 日焼けさせる	sunburnt, 《米》sunburned	sunburnt, 《米》sunburned
swear 誓う	swore	sworn
sweat 汗をかく	sweat, sweated	sweat, sweated
sweep 掃(は)く	swept	swept
swell ふくれる, 増大する	swelled	swelled, swollen
swim 泳ぐ, 泳いで渡る	swam	swum
swing 揺れる, 揺り動かす	swung	swung
take 手に取る, 連れていく	took	taken
teach 教える	taught	taught
tear[2] 引き裂く, 裂ける	tore	torn
tell 言う, 話す	told	told
think __と思う, 考える	thought	thought
thrive 栄える	throve, thrived	thrived
throw 投げる	threw	thrown
thrust 強く押す	thrust	thrust
tread 踏む	trod	trodden, trod
undercut より安く売る	undercut	undercut
undergo (変化・試練など)を経験する	underwent	undergone
underlie …の基礎となる	underlay	underlain
understand 理解する	understood	understood
undertake 引き受ける	undertook	undertaken
undo (結び目・包みなど)をほどく	undid	undone
unwind (巻いてあるもの)を解く	unwound	unwound
uphold 支持する	upheld	upheld
upset あわてさせる	upset	upset
wake[1] 目がさめる, …の目をさまさせる	waked, woke	waked, woken
wear 身につけている, 長もちする	wore	worn
weave 織る	wove	woven
weep 《文語》泣く	wept	wept
wet ぬらす	wet, wetted	wet, wetted
will[1] __するでしょう, __するつもりだ	would	—
win 勝つ	won	won
wind[2] 曲がりくねる, 巻く	wound	wound
withdraw 引っ込める	withdrew	withdrawn
withhold 与えないでおく	withheld	withheld
withstand …に耐える	withstood	withstood
work 働く, 働かせる	worked, wrought	worked, wrought
wring 絞(しぼ)る	wrung	wrung
write 書く	wrote	written

写真提供

伊藤 肇　櫻庭信之　下村純一　改田 宏

さし絵

木村久美子　野原 茂　和田慧子

地図制作

有限会社 ジェイ・マップ

装丁・デザイン

亀井昌彦（株式会社 シータス）

DTP・編集協力

株式会社 ジャレックス

制　作

加藤益己　橋本一郎　鈴木隆志　菅原めぐむ

編集部

改田 宏　大谷千明　三谷 裕　鈴木美和